Habersack/Schäfer
Das Recht der OHG

de Gruyter Kommentar

Habersack/Schäfer

Das Recht der OHG

Kommentierung der §§ 105 bis 160 HGB

Von

Mathias Habersack, Carsten Schäfer

De Gruyter

Diese Sonderausgabe enthält die Vorbemerkungen Vor § 105 sowie die Kommentierung der §§ 105 bis 160 HGB aus dem Band 3 des Staub, Großkommentar zum Handelsgesetzbuch, 5. Auflage.

Zitiervorschlag: *Bearbeiter* in Habersack/Schäfer, Die OHG, § 113 Rn 24

Sachregister: Dr. *Ulrike Gaebel*, Leipzig

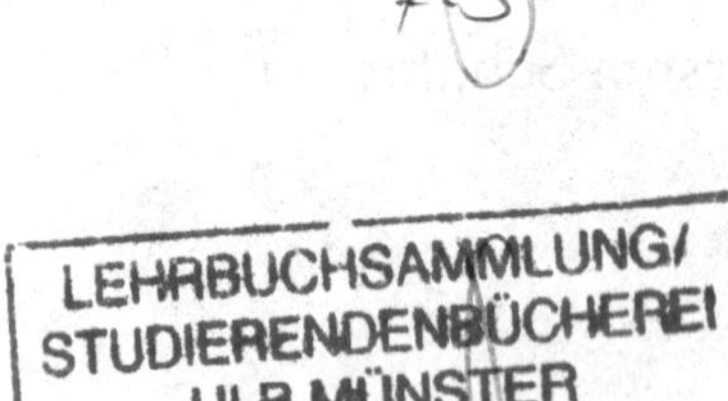

ISBN 978-3-89949-807-3
e-ISBN 978-3-89949-808-0

Bibliografische Information der Deutschen Nationalbibliothek

Die Deutsche Nationalbibliothek verzeichnet diese Publikation in der Deutschen Nationalbibliografie; detaillierte bibliografische Daten sind im Internet über http://dnb.d-nb.de abrufbar

Datenkonvertierung/Satz: Werksatz Schmidt & Schulz GmbH, Gräfenhainichen

Druck: Bercker Graphischer Betrieb GmbH & Co. KG, Kevelaer

∞ Gedruckt auf säurefreiem Papier

Printed in Germany
www.degruyter.com

Vorwort

Die mit diesem Sonderband vorgelegte systematische Kommentierung des gesamten OHG-Rechts (§§ 105 bis 160 HGB) ist eine Auskoppelung aus der fünften Auflage des von Hermann Staub begründeten Großkommentars zum HGB. Mit der Sonderveröffentlichung, für die dem Verlag Dank gebührt, soll die besondere Bedeutung dieser für das gesamte Personengesellschaftsrecht zentralen Materie gewürdigt werden. Sie macht ihre wohl umfangreichste Erläuterung auch denjenigen zugänglich, die auf das Gesamtwerk verzichten wollen. Im Rahmen der Neubearbeitung waren die seit Erscheinen der 4. Auflage des Staub zu verzeichnenden gesetzlichen Veränderungen im Handelsrecht, namentlich durch die große Handelsrechtsreform 1998, aber auch durch EHUG und zuletzt MoMiG und BilMoG, ebenso zu berücksichtigen wie zahlreiche Grundsatzentscheidungen des BGH, besonders im Bereich der Mehrheitsbeschlüsse, der Nachschusspflichten, der Gewinnverwendung und der Gesellschafterhaftung.

Wie der Staub'sche Großkommentar insgesamt soll insbesondere auch diese Erläuterung des OHG-Rechts sowohl wissenschaftlichen Ansprüchen genügen als auch Belange und Gepflogenheiten der Praxis berücksichtigen. Demgemäß wird auf die höchstrichterliche Rechtsprechung stets besonderes Augenmerk gerichtet, ohne dass sich der Text aber auf ein bloßes Referat beschränkte. Sein Anliegen ist es vielmehr, die Rechtsprechung kritisch zu begleiten, sie systematisch zu verankern und sie in eine Gesamtentwicklung einzuordnen, selbstverständlich unter Berücksichtigung des wesentlichen Schrifttums.

Die Kommentierung der §§ 105 bis 122 HGB hat *Carsten Schäfer* aus der 4. Auflage des Staub von *Peter Ulmer* übernommen und in seinem Sinne fortgeführt. Wie schon in der 4. Auflage des Staub hat *Mathias Habersack* die §§ 123 bis 130a, §§ 145 bis 160 und *Carsten Schäfer* die §§ 131 bis 144 kommentiert. Auf diese Weise konnte die gesamte Bearbeitung auf einen einheitlichen und zeitgemäßen Stand, nämlich von September 2009, gebracht werden.

Tübingen und Mannheim, Januar 2010 — Mathias Habersack, Carsten Schäfer

Vorwort

Inhaltsübersicht

ZWEITES BUCH

Handelsgesellschaften und stille Gesellschaft

Abkürzungsverzeichnis

aA	anderer Ansicht
aaO	am angegebenen Ort
abl.	ablehnend
ablehn.	ablehnend
Abs.	Absatz
Abschn.	Abschnitt
abw.	abweichend
AcP	Archiv für civilistische Praxis
ADAC	Allgemeiner Deutscher Automobil-Club
ADHGB	Allgemeines Deutsches Handelsgesetzbuch v. 1861
aE	am Ende
a.F.	alte Fassung
AG	1. Amtsgericht 2. Aktiengesellschaft
AGB	Allgemeine Geschäftsbedingungen
AGG	Allgemeines Gleichbehandlungsgesetz
AiB	Arbeitsrecht im Betrieb
AktG	Aktiengesetz
Aktz.	Aktenzeichen
allg.	allgemein
allgM	allgemeine Meinung
a.M.	andere(r) Meinung
amtl. Begr.	Amtliche Begründung
AnfG	Anfechtungsgesetz
Anh.	Anhang
Anl.	Anleitung
Anm.	Anmerkung(en)
AO	1. Amtsordnung (Schleswig Holstein) 2. Abgabenordnung
AöR	Archiv des öffentlichen Rechts
AP	Arbeitsrechtliche Praxis
ApothekenBetrO	Apothekenbetriebsordnung
ApothekenG	Apothekengesetz
ArbG	Arbeitsgericht
ArbGG	Arbeitsgerichtsgesetz
AR-Blattei	Arbeitsrecht-Blattei
ArbR	Arbeitsrecht
ArbstättVO	Arbeitsstättenverordnung
ArbZG	Arbeitszeitgesetz
ArchBürgR	Archiv für Bürgerliches Recht
Art.	Artikel
AÜG	Arbeitnehmerüberlassungsgesetz
Aufl.	Auflage
AV	Ausführungsverordnung
AWD	Allgemeiner Wirtschaftsdienst
AZR	Gesetz über das Ausländerzentralregister
Baden-Württ.	Baden-Württemberg

BaFin	Bundesfinanzaufsicht
BAnz	Bundesanzeiger
BauspG	Gesetz über Bausparkassen
BayERVV	Bayerische Verordnung über den elektronischen Rechtsverkehr und elektronische Verfahren (E-Rechtsverkehrsverordnung – ERVV)
BaWüNotZ	Baden-Württembergische Notarzeitung
BayObLG	Bayerisches Oberlandesgericht
BayZ	Bayerische Zeitung
BAG	Bundesarbeitsgericht
BAO	Bundesabgabenordnung
BÄO	Bundesärzteordnung
BB	Der Betriebs-Berater
BBiG	Berufsbildungsgesetz
Bd.	Band
Bek. v.	Bekanntmachung vom
Begr.	Begründung
Beschl.	Beschluss
BetrAVG	Gesetz zur Verbesserung der betrieblichen Altersversorgung (Betriebsrentengesetz)
BetrVG	Betriebsverfassungsgesetz
BeurkG	Beurkundungsgesetz
BfA	Bundesversicherungsanstalt für Angestellte
BFH	Bundesfinanzhof
BFHE	Entscheidungen des Bundesfinanzhofes
BGB	Bürgerliches Gesetzbuch vom 18.8.1896
BGBl.	Bundesgesetzblatt
BGH	Bundesgerichtshof
BGHR	BGH-Rechtsprechung, hrsg. von den Richtern des Bundesgerichtshofes
BGHZ	Entscheidungen des Bundesgerichtshofes in Zivilsachen
BKartA	Bundeskartellamt
BKR	Zeitschrift für Bank- und Kapitalmarktrecht
Bl.	Blatt
BMJ	Bundesministeriums der Justiz
BNotO	Bundesnotarordnung
BörsG	Börsengesetz
BörsZulV	Börsenzulassungsverordnung
BPatG	Bundespatentgericht
BPatGE	Entscheidungen des Bundespatentgerichts
BRAGO	Bundesgebührenordnung für Rechtsanwälte
BRAK-Mitt	Mitteilungen der Bundesrechtsanwaltskammer
BT	Bundestag
BT-Drucks.	Bundestagsdrucksache
BUrlG	Bundesurlaubsgesetz vom 8.1.1963
BVerfG	Bundesverfassungsgericht
BVerfGE	Entscheidungen des Bundesverfassungsgerichts
BVK	Bayerische Versicherungskammer
BWNotZ	Zeitschrift für das Notariat in Baden-Württemberg
bzgl.	bezüglich
bzw.	beziehungsweise
CDH	Centralvereinigung Deutscher Wirtschaftsverbände für Handelsvermittlung und Vertrieb e.V.
cic	culpa in contrahendo

CISG	United Nations Convention on Contracts for the International Sale of Goods, UN-Kaufrecht
DAR	Deutsches Autorecht
DAV	Deutscher Anwaltsverein
ders.	derselbe
DB	Der Betrieb
d.h.	das heißt
dies.	dieselbe(n)
DIHT	Deutscher Industrie- und Handelstag
Dipl.	Diplom
Diss	Dissertation
DJT	Deutscher Juristentag
DNotZ	Deutsche Notarzeitung
DR	Deutsches Recht
DStR	1. Deutsche Steuerrundschau 2. Deutsches Strafecht
DV	1. Durchführungsverordnung 2. Deutsche Verwaltung
DZWIR	Deutsche Zeitschrift für Wirtschafts- und Insolvenzrecht
E	Entscheidung
EBE/BGH	Eildienst Bundesgerichtliche Entscheidungen
EBJS	Ebenroth/Boujong/Joost/Strohn
EDV	elektronische Datenverarbeitung
EFG	Entscheidungen der Finanzgerichte
EFZG	Entgeltfortzahlungsgesetz
EG	Europäische Gemeinschaft
EGBGB	Einführungsgesetz zum Bürgerlichen Gesetzbuch
EGHGB	Einführungsgesetz zum Handelsgesetzbuch
EGInsO	Einführungsgesetz zur Insolvenzordnung
EGVP	Elektronisches Gerichts- und Verwaltungspostfach
EGVVG	Einführungsgesetz zum Versicherungsvertragsgesetz
ehem.	ehemalige
EHUG	Gesetz über elektronische Handelsregister und Genossenschaftsregister sowie das Unternehmensregister
einh.	Einheitlich
Einl.	Einleitung
e.K.	Eingetragener Kaufmann/Eingetragene Kauffrau
Entsch.	Entscheidung
ErbStG	Erbschaftsteuer- und Schenkungsteuergesetz
E-Register	elektronisches Register
ERJuKoG	Gesetz über elektronische Register und Justizkosten für Telekommunikation
Erl.	Erläuterung
EStG	Einkommenssteuergesetz
etc.	et cetera
EU	Europäische Union
EuGH	Europäischer Gerichtshof
EuGHE	Entscheidungen des Europäischen Gerichtshofs
EuG	Europäisches Gericht Erster Instanz
EuGVVO	Verfahrensverordnung des Europäischen Gerichts Erster Instanz vom 1.3.2002
EuGVÜ	Übereinkommen über die gerichtliche Zuständigkeit und die Vollstreckung von Entscheidungen in Zivil- und Handelssachen,

	vom 27.9.1968, seit dem 1.3.2002 weitgehend durch die EuGVVO ersetzt
EuInsVO	Europäische Insolvenzverordnung
EuLF	European Law Forum
EuZVO	Europäische Zustellungsverordnung
EuZW	Europäische Zeitung für Wirtschaftsrecht
EuroEG	Euro- Einführungsgesetz
EWiR	Entscheidungen zum Wirtschaftsrecht
EWIV	Europäische wirtschaftliche Interessenvereinigung
EWR	Europäischer Wirtschaftsraum
EWS	1. Europäisches Währungssystem 2. Europäisches Wirtschafts- und Steuerrecht
EV	1. Eigentumsvorbehalt 2. Einführungsverordnung
EzA	Entscheidungssammlung zum Arbeitsrecht
f	folgende
FamFG	Familienverfahrensgesetz
FAZ	Frankfurter Allgemeine Zeitung
FeiertagslohnzahlungsG	Feiertagslohnzahlungsgesetz
ff	fortfolgende
FG	Finanzgericht
FGG	Gesetz über die Freiwillige Gerichtsbarkeit
FGPrax	Praxis der freiwolligen Gerichtsbarkeit
Fn	Fußnote
FS	Festschrift
GBO	Grundbuchordnung
GbR	Gesellschaft bürgerlichen Rechts
gem.	gemäß
GenG	Genossenschaftsgesetz
GewO	Gewerbeordnung
GesRZ	Der Gesellschafter
GG	Grundgesetz
ggf.	gegebenenfalls
GK	Großkommentar
GmbH	Gesellschaft mit beschränkter Haftung
GmbHG	Gesetz betreffend die Gesellschaften mit beschränkter Haftung
GmbHR	GmbH-Rundschau
GenG	Genossenschaftsgesetz
GewO	Gewerbeordnung
GewStG	Gewerbesteuergesetz
GoA	Geschäftsführung ohne Auftrag
GOÄ	Gebührenordnung für Ärzte
GOZ	Gebührenordnung für Zahnärzte
GREStG	Grunderwerbsteuergesetz
GRUR	Gewerblicher Rechtsschutz und Urheberrecht
GRUR-RR	Gewerblicher Rechtsschutz und Urheberrecht/Rechtsprechungs-report
GSG	Gerätesicherheitsgesetz
GV	Gebührenverzeichnis
GVG	Gerichtsverfassungsgesetz
GVO	Gerichtsvollzieherordnung
GWB	Gesetz gegen Wettbewerbsbeschränkungen

hA	herrschende Ansicht
HAG	1. Heimarbeitsgesetz 2. Hessisches Ausführungsgesetz
Halbbd.	Halbband
HansGZ	Hanseatische Gerichtszeitschrift
HandelsR	Handelsrecht
Hdb.	Handbuch
HGB	Handelsgesetzbuch
HK	Handelskammer
HKO	Haager Landkriegsordnung
hL	herrschende Lehre
hM	herrschende Meinung
HOAI	Honorarordnung für Architekten und Ingenieure in der Bekanntmachung vom 4.3.1991
HRefG	Handelsrechtsreformgesetz vom 22.6.1998
HRegGebV	Verordnung über Gebühren in Handels, Partnerschafts- und Genossenschaftsregistersachen (Handelsregistergebührenverordnung)
HRegGebNeuOG	Handelsregistergebühren-Neuordnungsgesetz
HRR	Höchstrichterliche Rechtsprechung
Hrsg.	Herausgeber
HRV	Verordnung über die Einrichtung und Führung des Handelsregisters
Hs./Hs	Halbsatz
HSG	Hochschulgesetz
HV	Handelsvertreter
HVR	Humanitäres Völkerrecht
HVuHM	Der Handelsvertreter und Handelsmarker
HWK	Handwerkskammer
ICC	1. Intergovernmental Copyright Committee 2. International Chamber of Commerce
i.d.F.	in der Fassung
i.d.R.	in der Regel
i.E.	im Ergebnis
i.e.S.	im engeren Sinne
IHR	Internationales Handelsrecht
insbes.	insbesondere
Ind.- u. Handelsk.	Industrie- und Handelskammer
InsO	Insolvenzordnung
InsoBekV	Verordnung zu öffentlichen Bekanntmachungen in Insolvenzverfahren im Internet
InvG	Investmentgesetz
InvStG	Investmentsteuergesetz
IPRax	Praxis des Internationalen Privat- und Verfahrensrechts
IPRsp.	Die Deutsche Rechtsprechung auf dem Gebiet des internationalen Privatrechts
i.S.d.	im Sinne des
i.S.v.	im Sinne von
i.V.m.	in Verbindung mit
i.w.S.	im weiteren Sinne
IZPR	Das Internationale Zivilprozess
JA	Juristische Arbeitsblätter
jew.	jeweils
JMBl.	Justizministerialblatt

JR	Juristische Rundschau
JRPV	Juristische Rundschau für Privatversicherung
JURA	Juristische Ausbildung
JuS	Juristische Schulung
JVKostO	Justizverwaltungskostengesetz
JW	Juristische Wochenschrift
JZ	Juristenzeitung
Kart	Kartell
Kfm.	Kaufmann
KFR	Kommentierte Finanzrechtsprechung
Kfz	Kraftfahrzeug
KG	1. Kammergericht 2. Kommanditgesellschaft
KGaA	Kommanditgesellschaft auf Aktien
KGJ	Jahrbuch für Entscheidungen des Kammergerichts in Sachen der freiwilligen Gerichtsbarkeit und Kosten-, Stempel- und Strafsachen
KO	1. Kassenordnung 2. Konkursordnung
KOM	Kommissionsdokumente
Königl.	Königlich
KostG	Kostengesetz
KostO	Kostenordnung
krit.	kritisch
KSchG	Kündigungsschutzgesetz in der Bekanntmachung vom 25.8.1969
KTS	Konkurs-, Treuhand- und Schiedsgerichtswesen
KWG	1. Kommunalwahlgesetz 2. Kreditwesengesetz
LAG	Landesarbeitsgericht
LG	Landgericht
lit.	litera
LM	Nachschlagewerk des Bundesgerichtshofes, hrsg. v. Lindemaier
LS	1. Landessatzung 2. Leitsatz
Ltd.	Private Company Limited by Shares
LVA	Landesversicherungsanstalt
LZ	Leipziger Zeitschrift für Deutsches Recht
m.	mit
M.	Meinung
MarkenG	Markengesetz
m.a.W.	mit anderen Worten
m. Bespr.	mit Besprechung
mglw.	möglicherweise
MitbestG	Mitbestimmungsgesetz
MittRhNotK	Mitteilungen Rheinische Notar-Kammer
MittBayNot	Mitteilungen der Bayerischen Notarkammer
MiZi	Mitteilungen in Zivilsachen
mN	mit Nachweisen
MoMiG	Gesetz zur Modernisierung des GmbH-Rechts und zur Bekämpfung von Missbräuchen
MuW	Markenschutz und Wettbewerb
mwN	mit weiteren Nachweisen
m.W.v.	mit Wirkung vom

Nachw.	Nachweise
NaStraG	Gesetz zur Namensaktie und zur Erleichterung der Stimmrechtsausübung
NdsRpfl.	Niedersächsische Rechtspflege
n.F.	neue Fassung
NJOZ	Neue Juristische Online Zeitschrift
NJW	Neue Juristische Wochenschrift
NJW-RR	Neue Juristische Wochenschrift, Rechtssprechungsreport
NotBZ	Zeitschrift für die notarielle Beurkundungspraxis
Nr.	Nummer
NRW	Nordrhein-Westfalen
n.v.	nicht veröffentlicht
NZA	Neue Zeitschrift für Arbeits- und Sozialrecht
NZA-RR	Neue Zeitschrift für Arbeits- und Sozialrecht, Rechtsprechungsreport
NZG	Neue Zeitschrift für Gesellschaftsrecht
NZI	Neue Zeitschrift für das Recht der Insolvenz und Sanierung
NZM	Neue Zeitschrift für Miet- und Wohnungsrecht
o.	oben
o.ä.	oder ähnliches
österr.	Österreichisches
(ö)OGH	Oberster Gerichtshof (Österreich)
OGHZ	Entscheidungen des Obersten Gerichtshofs für die Britische Zone in Zivilsachen
OHG	Offene Handelsgesellschaft
OLG	Oberlandesgericht
OLGR	OLG-Report: Zivilrechtsprechung der Oberlandesgerichte
OWiG	Ordnungswidrigkeitengesetz
PartGG	Partnerschaftsgesellschaftsgesetz
PflegeVG	Pflege-Versicherungsgesetz
ppa.	per procura (in Vollmacht)
ProdHaftG	Produkthaftungsgesetz
PublG	Publizitätsgesetz
PucheltsZ	Zeitschrift für französisches Zivilrecht
RabelsZ	Zeitschrift für ausländisches und internationales Privatrecht
RAG	Reichsarbeitsgericht
RAG ARS	Reichsarbeitsgericht, Arbeitsrechts-Sammlung (Entscheidungen des Reichsarbeitsgerichts und des Reichsehrengerichts, der Landesarbeitsgerichte, Arbeitsgerichte und Ehrengerichte, 1928 ff)
RBerG	Rechtsberatungsgesetz
RdA	Recht der Arbeit
Rdn	Randnummer
Rdsch.	Rundschau
RdW	Das Recht der Wirtschaft
RegBegr	Regierungsbegründung
RegE	Regierungsentwurf
RG	1. Reichsgericht 2. Reichsgesetz
RGSt	Entscheidungen des Reichsgerichts in Strafsachen
RGZ	Entscheidungen des Reichsgerichts in Zivilsachen
RIW	Recht der Internationalen Wirtschaft
RJA	Entscheidungen in Angelegenheiten der freiwilligen Gerichtsbarkeit und des Grundbuchrechts, zusammengestellt im Reichsjustizamt

RKS	Rechtsprechung kaufmännischer Schiedsgerichte
RL	Richtlinie
RNotZ	Rheinische Notar-Zeitschrift
Rn	Randnummer
ROHG	Reichsoberhandelsgericht
ROHGE	Entscheidungen des Reichsoberhandelsgerichts
Rpfleger	Rechtspfleger
RPflG	Rechtspflegergesetz
Rs.	Rechtssache
Rspr.	Rechtsprechung
RuS	Recht und Schaden
Rz	Randziffer
s.	siehe
S.	Seite
s.a.	siehe auch
SAE	Sammlung arbeitsgerichtlicher Entscheidungen
Sächs.	Sächsisch
ScheckG	Scheckgesetz vom 14.8.1933
SE	Societas Europaea – Europäische Gesellschaft
SEAG	Gesetz zur Ausführung der Verordnung des Rates über das Statut der Europäischen Gesellschaft (SE)
Sg	Sozialgericht
SGB	Sozialgesetzbuch
SigG	Signaturgesetz
Slg.	Sammlung
sog.	Sogenannte
SpruchG	Gesetz über das gesellschaftsrechtliche Spruchverfahren – Spruchverfahrensgesetz
st.	ständige
std. Rspr.	ständige Rechtsprechung
StGB	Strafgesetzbuch
str.	strittig
s.u.	siehe unten
TB-Merkmale	Tatbestandsmerkmale
TDG	Gesetz über die Nutzung von Telediensten – Teledienstegesetz
teilw.	teilweise
TranspR	Transportrecht
TUG	Transparenzrichtlinie-Umsetzungsgesetz
TVG	Tarifvertragsgesetz
Tz	Teilziffer
TzBfG	Teilzeit- und Befristungsgesetz
u.a.	unter anderem
u.ä.	und ähnliches
UG	Unternehmergesellschaft
umf.	umfassend
UmwG	Umwandlungsgesetz
unstr.	unstrittig
Unterabs.	Unterabsatz
UrhG	Urheberrechtsgesetz
Urt.	Urteil
URV	Verordnung über das Unternehmensregister
usf.	und so fort

UWG	Gesetz gegen den unlauteren Wettbewerb
u.U.	unter Umständen
v.	von/vom
VAG	Versicherungsaufsichtsgesetz
VerBAV	Veröffentlichungen des Bundesaufsichtsamtes für das Versicherungswesen
VerkprospG	Verkaufsprospektgesetz
VersVerm	Versicherungsvermittlung
Vertikal-GVO	Die Gruppenfreistellungsverordnung für vertikale Vereinbarungen
VertriebsR	Vertriebsrecht
VGA	Bundesverband der Geschäftsstellenleiter und Assekuranz
Vgl.	Vergleiche
v.H.	von Hundert
VO	Verordnung
Voraufl.	Vorauflage
Vorb.	Vorbemerkung
VRS	Verkehrsrechts-Sammlung
VvaG	Versicherungsverein auf Gegenseitigkeit
VVG	Gesetz über den Versicherungsvertrag
VW	Versicherungswirtschaft
VwVfG	Verwaltungsverfahrensgesetz
WarnRprs	1. Rechtsprechung des Reichsgerichts auf dem Gebiete des Zivilrechts, soweit sie nicht in der amtlichen Sammlung der Entscheidungen des RG abgedruckt ist, hrsg. v. Warnmeyer 2. Sammlung zivilrechtlicher Entscheidungen des Reichsgerichts hrsg. von Buchwald (Begründet von Warnmeyer)
WechselG	Wechselgesetz
weit.	weitere(n)
WG	1. Wassergesetz 2. Wechselgesetz 3. Wohnwirtschaftliche Gesetzgebung
WM	1. Wertpapier Mitteilungen, Zeitschrift für Wirtschafts- und Bankrecht 2. Wohnwirtschaft und Mietrecht
wN	weitere Nachweise
WpAIV	Wertpapierhandelsanzeige- und Insiderverzeichnisverordnung
WpHG	Wertpapierhandelsgesetz
WPO	Gesetz über eine Berufsordnung der Wirtschaftsprüfer. (Wirtschaftsprüferordnung)
WpÜG	Wertpapiererwerbs- und Übernahmegesetz
WRP	Wettbewerb in Recht und Praxis
WuW	Wirtschaft und Wettbewerb
WuW-E	Wirtschaft und Wettbewerb, Entscheidungen zum Kartellrecht
WVK	Wiener Vertragsrechtskonvention
Z	(in Zusammenhängen) Zeitschrift, Zeitung, Zentralblatt
z.B.	zum Beispiel
ZBH	Zentralblatt für Handelsrecht
ZBR	Zeitschrift für Beamtenrecht
ZErb	Zeitschrift für die Steuer- und Erbrechtspraxis
ZEuP	Zeitschrift für Europäisches Privatrecht
ZEV	Zeitschrift für Erbrechts- und Vermögensnachfolge
ZfA	Zeitschrift für Arbeitsrecht

ZfLR	Zeitschrift für Immobilienrecht
ZfV	1. Zeitschrift für Versicherungswesen
	2. Zeitschrift für Verwaltung
ZGR	Zeitschrift für Unternehmens- und Gesellschaftsrecht
ZHR	Zeitschrift für das gesamte Handelsrecht
ZIP	Zeitschrift für Wirtschaftsrecht
ZInsO	Zeitschrift für das gesamte Insolvenzrecht
ZPO	Zivilprozessordnung
ZR	Zivilrecht
ZRP	Zeitschrift für Rechtspolitik
ZS	Zivilsenat
ZSR	1. Zeitschrift für Schweizerisches Recht
	2. Zeitschrift für Sozialrecht
z.T.	zum Teil
zust.	zustimmend
ZustErgG	Zuständigkeitsergänzungsgesetz
zutr.	zutreffend
ZVersWiss	Zeitschrift für Versicherungswissenschaft
ZVglRWi(ss)	Zeitschrift für vergleichende Rechtswissenschaft
zwh.	zweifelhaft

Verzeichnis der abgekürzt zitierten Literatur

Soweit andere als im nachfolgenden Verzeichnis angegebene Auflagen zitiert werden, sind diese mit einer hochgestellten Ziffer gekennzeichnet.

Adler	Das Handelsregister, seine Öffentlichkeit und sein öffentlicher Glaube, 1908
AnwKommBGB	Dauner-Lieb/Heidel/Ring (Hrsg.), Anwaltkommentar BGB, 5 Bd., Bonn, 2005 ff
Assmann/Schütze/*Bearbeiter*	Assmann/Schütze (Hrsg.), Handbuch des Kapitalanlegerechts, München, 3. Aufl. 2007
Bamberger/Roth	Kommentar zum Bürgerlichen Gesetzbuch, 3 Bd., München, 2. Aufl. 2008
Bassenge/Roth FGG/RPflG	Bassenge/Roth, Gesetz über die Angelegenheiten der freiwilligen Gerichtsbarkeit. Rechtspflegergesetz, Kommentar, Heidelberg, 11. Aufl. 2006
Bauer/Diller Wettbewerbsverbote	Bauer/Diller, Wettbewerbsverbote, München, 4. Aufl. 2006
Baumbach/Hefermehl/Casper WechselG u. ScheckG	Baumbach/Hefermehl/Casper, Wechselgesetz, Scheckgesetz, Recht der kartengestützten Zahlungen: WG, ScheckG, Kartengestützte Zahlungen, München, 23. Aufl. 2008
Baumbach/Hueck/*Bearbeiter* GmbHG	Baumbach/Hueck, GmbH-Gesetz, München, 18. Aufl. 2006
Baumbach/Hopt/*Bearbeiter*	Baumbach/Hopt, Handelsgesetzbuch, München, 33. Aufl. 2008
Baumbach/Lauterbach/Albers/ *Bearbeiter*	Baumbach/Lauterbach/Albers/Hartmann, Zivilprozessordnung: ZPO, München, 66. Aufl. 2008
Baums	Eintragung und Löschung von Gesellschafterbeschlüssen, 1981
BeckRS	Beck Rechtsprechung
Bokelmann Firmenrecht	Der Recht der Firmen- und Geschäftsbezeichnungen, Freiburg, 5. Aufl. 2000
Bohnert OWiG	Bohnert, OWiG, Kommentar zum Ordnungswidrigkeitenrecht, München, 2. Aufl. 2007
Boos/Fischer/Schulte-Mattler/ *Bearbeiter* KWG	Boos/Fischer/Schulte-Mattler (Hrsg.), Kreditwesengesetz: KWG, München, 2. Aufl. 2004
Bork	Bork, Der Vergleich, Berlin 1988
Braun, InsO	Braun (Hrsg.), Insolvenzordnung: InsO, München, 3. Aufl. 2007, zitiert: *Bearbeiter* in: Braun, InsO
Bruck/Möller	Möller, Hans/Sieg, Karl/Johannsen, Ralf (Hrsg.), Kommentar zum Versicherungsvertragsgesetz und Allgemeine Versicherungsbedingungen unter Einschluss des Versicherungsvermittlerrechts, Berlin, 8. Aufl. 1970 ff; 9. Aufl. 2008 ff
Brox/Henssler	Brox/Henssler, Handelsrecht mit Grundzügen des Wertpapierrechts, München, 20. Aufl. 2009
Brox/Walker	Brox/Walker, Allgemeiner Teil des BGB, Berlin, 32. Aufl. 2008

Bürgers/Körber/*Bearbeiter* AktG	Bürgers/Körber (Hrsg.), Heidelberger Kommentar zum Aktiengesetz, Heidelberg, 2008
Bumiller/Winkler FGG	Kommentar zum Gesetz über das Verfahren in Familiensachen und in den Angelegenheiten der freiwilligen Gerichtsbarkeit, München, 8. Aufl. 2006
Canaris Handelsrecht	Canaris, Claus-Wilhelm, Handelsrecht, München, 24. Aufl. 2006
Canaris Vertrauenshaftung	Canaris, Claus-Wilhelm, Die Vertrauenshaftung im deutschen Privatrecht, München 1971
Christ/Müller-Helle	Veröffentlichungspflichten nach dem neuen EHUG, Freiburg 2007
Düringer/Hachenburg	Düringer, Adelbert/Hachenburg, Max, Das Handelsgesetzbuch vom 10. Mai 1897 (unter Ausschluß d. Seerechts) auf d. Grundlage d. Bürgerl. Gesetzbuchs, Mannheim 1935
Ebenroth/Boujong/Joost/Strohn/*Bearbeiter*; EBJS	Ebenroth/Boujong/Joost/Strohn (Hrsg.), Handelsgesetzbuch: HGB, Band 1 §§ 1–342e, München, 2. Aufl. 2008, Band 2 §§ 343–475h, München, 1. Aufl. 2001
Ehrenbergs Hdb	Ehrenbergs Handbuch des gesamten Handelsrechts, 5. Band, I. Abteilung, 1. Hälfte, 1. Lieferung, 1926
Eidenmüller	Ausländische Kapitalgesellschaften im deutschen Recht, München 2004
Emmerich/Habersack KonzernR	Konzernrecht, Kommentar, München, 9. Aufl. 2008
Ensthaler	Ensthaler (Hrsg.), Gemeinschaftskommentar zum Handelsgesetzbuch: HGB, Neuwied, 7. Aufl. 2007, zitiert: *Bearbeiter* in: Ensthaler
Erman/*Bearbeiter*	Erman, Bürgerliches Gesetzbuch, Kommentar, Köln, 12. Aufl. 2008
Fezer MarkenG	Markenrecht, Kommentar, München, 3. Auflage 2006
FK-InsO/*Bearbeiter*	Wimmer (Hrsg.), Frankfurter Kommentar zur Insolvenzordnung, München, 4. Aufl. 2006
Fleischhauer/Preuß	Handelsregisterrecht – Verfahren – Anmeldemuster – Erläuterungen, Berlin 2006
Frankfurter Kommentar zum Kartellrecht/*Bearbeiter*	Jaeger, u.a. (Hrsg.), Frankfurter Kommentar zum Kartellrecht, 65. Lieferung Juni 2008 (Loseblatt)
Gesetzgebungsmaterialien zum ADHGB	Lutz, Protokolle der Kommission zur Berathung eines allgemeinen deutschen Handelsgesetzbuches 1858 ff
Geßler/Hefermehl	Geßler/Hefermehl/Eckardt/Kropff, Aktiengesetz, 1973 ff
v. Gierke/Sandrock Handels- und Wirtschaftsrecht	v. Gierke/Sandrock, Handels- und Wirtschaftsrecht, Berlin, 9. Aufl. 1975
Goldmann	Der Schutz des Unternehmenskennzeichens, Berlin, 2. Aufl. 2005
Großkommentar AktG/*Bearbeiter*	Hopt/Wiedemann (Hrsg.), Aktiengesetz Großkommentar, Berlin, 4. Aufl. 1987 ff
Großkomm/*Bearbeiter*	Staub, Hermann, Handelsgesetzbuch: Großkommentar, Berlin, 4. Aufl. 1995–2005
GroßkommUWG/*Bearbeiter*	Jacobs/Lindacher/Teplitzky (Hrsg.), Großkommentar zum UWG, Berlin, 1991 ff
Grüll/Janert Die Konkurrenzklausel	Grüll/Janert, Die Konkurrenzklausel, Heidelberg, 5. Aufl. 1993

Habersack	Habersack, Europäisches Gesellschaftsrecht, München, 3. Aufl. 2006
Hachenburg/*Bearbeiter* GmbHG	Ulmer (Hrsg.), Hachenburg, GmbHG – Gesetz betreffend die Gesellschaften mit beschränkter Haftung, Kommentar, 3 Bd., Berlin, 8. Aufl. 1992/1997
Hahn ADHGB	von Hahn, Friedrich, Das Handelsgesetzbuch vom 10. Mai 1897 (mit Ausschluss des Seerechts) auf der Grundlage des Bürgerlichen Gesetzbuchs, Braunschweig, 4. Aufl. 1894
Handbuch des Außendienstrechts I	Küstner/Thume, Handbuch des gesamten Außendienstrechts, Band I: Das Recht des Handelsvertreters. Ohne Ausgleichsrecht, Heidelberg, 3. Aufl. 2000
Heidel/*Bearbeiter* AktienR	Heidel (Hrsg.), Aktienrecht, Gesellschaftsrecht, Kapitalmarktrecht, Steuerrecht, Europarecht, Kommentar, Baden-Baden, 2. Aufl. 2007
Hefermehl/Köhler/Bornkamm/*Bearbeiter*	Gesetz gegen den unlauteren Wettbewerb: UWG – PAngV – UKlaG, München, 27. Aufl. 2009
Heymann/*Bearbeiter* HGB	Horn (Hrsg.), Heymann, Handelsgesetzbuch (ohne Seerecht), Kommentar, 4 Bd., Berlin, 2. Aufl. 1995 ff
Hess/Binz/Wienberg Gesamtvollstreckungsordnung	Hess/Binz/Wienberg, Gesamtvollstreckungsordnung, Neuwied, 4. Aufl. 1998
Hess/Weis/Wienberg InsO	Hess/Weis/Wienberg (Hrsg.), Insolvenzordnung, Heidelberg, 2. Aufl. 2001 zitiert: *Bearbeiter* in: Hess/Weis/Wienberg InsO
Hirte/Bücker	Grenzüberschreitende Gesellschaften, Berlin, 2. Aufl. 2006
HK-HGB	Glanegger/Kirnberger/Kusterer u.a., Heidelberger Kommentar zum Handelsgesetzbuch, Heidelberg, 7. Aufl. 2007 zitiert: *Bearbeiter* HK-HGB
Hoeren/Sieber/*Bearbeiter*	Handbuch Multimediarecht – Rechtsfragen des elektronischen Geschäftsverkehrs, Loseblatt, München 2009
Hopt/Mössle/*Bearbeiter* Handelsrecht	Hopt/Mössle, Handelsrecht, München, 2. Aufl. 1999
Hueck/Canaris Recht der Wertpapiere	Hueck/Canaris, Recht der Wertpapiere, München, 12. Aufl. 1986
Hueck/Nipperdey Arbeitsrecht	Hueck, Alfred, Lehrbuch des Arbeitsrechts, Band 2: Kollektives Arbeitsrecht, Berlin, 7. Aufl. 1967/1970
A. Hueck OHG	Alfred Hueck, Das Recht der offenen Handelsgesellschaft, Berlin, 4. Aufl. 1971
Hüffer AktG	Hüffer, Aktiengesetz, München, 8. Aufl. 2008
Ingerl/Rohnke	Markengesetz, Kommentar, München, 2. Aufl. 2003
Jansen/*Bearbeiter*	von Schuckmann/Sonnenfeld (Hrsg.), Großkommentar zum FGG, 3. Auflage, 3. Bd., Berlin 2005/2006
Kallmeyer/*Bearbeiter*	Kallmeyer u.a., Umwandlungsgesetz, Köln, 3. Aufl. 2006
Keidel/Krafka/*Bearbeiter* RegisterR	Keidel/Krafka (Hrsg.), Registerrecht, München, 7. Aufl. 2007
Keidel/Kuntze/Winkler FGG	Freiwillige Gerichtsbarkeit: FG, Kommentar, München, 15. Aufl. 2003
Köhler BGB, Allgemeiner Teil	Köhler, Helmut, BGB Allgemeiner Teil, München, 31. Aufl. 2007
Koller/Roth/Morck/*Bearbeiter*	Koller/Roth/Morck, Handelsgesetzbuch: HGB, München, 6. Aufl. 2007
KölnKomm-AktG/*Bearbeiter*	Claussen/Zöllner (Hrsg.), Kölner Kommentar zum Aktiengesetz, 7 Bd., Köln, 2. Aufl. 1988 ff

KK-OWiG/*Bearbeiter* — Senge (Hrsg.), Karlsruher Kommentar zum Gesetz über Ordnungswidrigkeiten: OWiG, München, 3. Aufl. 2006

Küstner/Thume — Küstner/Thume, Handelsvertreterverträge, Frankfurt am Main 2006

Küstner/Thume Außendienstrecht — Küstner/Thume, Handbuch des gesamten Außendienstrechts, Band 3: Vertriebsrecht. Reisende, Vertragshändler, Kommissionsagenten, Versicherungsmakler, Franchising und Direktvertrieb, Heidelberg, 2. Aufl. 1998

Küstner/Thume I — Küstner, Thume (Hrsg.), Handbuch des gesamten Außendienstrechts, Band 1: Das Recht des Handelsvertreters. Ohne Ausgleichsrecht, Heidelberg, 3. Aufl. 2000

Küstner/Thume II — Küstner, Thume (Hrsg.), Handbuch des gesamten Außendienstrechts, Band 2: Der Ausgleichsanspruch des Handelsvertreters. Warenvertreter, Versicherungs- und Bausparkassenvertreter, Heidelberg, 8. Aufl. 2008

Küting/Weber — Handbuch der Rechnungslegung 5. Aufl.

Lettl — Handelsrecht, München 2007

Loewenheim/Meessen/Riesenkampff/*Bearbeiter* — Loewenheim/Meessen/Riesenkampff (Hrsg.), Kartellrecht, 2 Bände, München, 1. Aufl. 2005 f

Lohmüller/Beustien/Josten — Lohmüller u.a., Handels- und Versicherungsvertreterrecht, 2. Aufl. 1970/71, Loseblatt Ausgabe

Lutter/*Bearbeiter* UmwG — Lutter/Winter (Hrsg.), Umwandlungsgesetz, 2 Bd., Köln, 4. Aufl. 2009

Lutter/Hommelhoff/*Bearbeiter* GmbHG — Lutter/Hommelhoff u.a., GmbH-Gesetz, Köln, 16. Aufl. 2004

Manigk — Manigk, Alfred, Willenserklärung und Willensgeschäft, Berlin 1907

Martinek Franchising — Martinek, Michael, Franchising, Heidelberg 1987

Martinek/*Bearbeiter* — Martinek, Michael (Hrsg.), Handbuch des Vertriebsrechts, München, 3. Aufl. 2008

Medicus AT — Allgemeiner Teil des BGB, Heidelberg, 9. Aufl. 2006

Meilicke/von Westphalen PartGG — Meilicke/Graf von Westphalen/Hoffmann/Lenz/Wolff, Kommentar, Partnerschaftsgesellschaftsgesetz: PartGG, Gesetz über Partnerschaftsgesellschaften Angehöriger Freier Berufe, München, 2. Auflage 2006

Melchior/Schulte — HandelsregisterVO, Online-Version 2008; abrufbar unter www.melchior-schulte.de (zuletzt abgerufen am 1. August 2008)

Michalski/*Bearbeiter* GmbHG — Michalski (Hrsg.), Kommentar zum Gesetz betreffend die Gesellschaften mit beschränkter Haftung (GmbH-Gesetz), 2 Bd., München, 2002

MünchHdbGesR/*Bearbeiter* — Münchner Handbuch des Gesellschaftsrechts, 6. Bd., München, 2. Aufl.

MünchKommAktG/*Bearbeiter* — Münchener Kommentar zum Aktiengesetz, Band I, II §§ 1–117, 3. Aufl., München 2008, Band 3-9/2, München, 2. Aufl. 2000 ff

MünchKommBGB/*Bearbeiter* — Rebmann/Säcker/Rixecker (Hrsg.), Münchener Kommentar zum Bürgerlichen Gesetzbuch, München, 5. Aufl. 2006 ff

MünchKommHGB/*Bearbeiter* — Schmidt, Karsten (Hrsg.), Münchener Kommentar zum Handelsgesetzbuch: HGB, München, 2. Aufl. 2005 ff

MünchKommInsO/*Bearbeiter*	Kirchhof/Lwowski/Stürner (Hrsg.), Münchener Kommentar zur Insolvenzordnung, 3 Bd., München, 2. Aufl. 2007 f
MünchKommZPO/*Bearbeiter*	Rauscher/Wenzel (Hrsg.), Münchener Kommentar zur Zivilprozessordnung, 3 Bd., München, 3. Aufl. 2007 f
Musielak/*Bearbeiter* ZPO	Musielak (Hrsg.), Kommentar zur Zivilprozessordnung: ZPO, München, 6. Aufl. 2007
Noack/*Bearbeiter*	Noack (Hrsg.), Das neue Gesetz über elektronische Handels- und Unternehmensregister – EHUG, 2007
Oetker Handelsrecht	Handelsrecht, Heidelberg, 5. Aufl. 2006
Oppenländer/*Bearbeiter*	Praxishandbuch der GmbH-Geschäftsführung, München 2004
Palandt/*Bearbeiter*	Palandt, Bürgerliches Gesetzbuch: BGB, München, 67. Aufl. 2008
Prölss/Martin/*Bearbeiter* VVG	Prölss/Martin, Versicherungsvertragsgesetz: VVG, München, 27. Aufl. 2004
PWW/*Bearbeiter*	Prütting/Wegen/Weinrich (Hrsg.), BGB Kommentar, Köln, 3. Aufl. 2008
Prütting/Wegen/Weinreich/Bearbeiter	Prütting/Wegen/Weinrich (Hrsg.), BGB Kommentar, Köln, 3. Aufl. 2008
Raiser/Veil	Recht der Kapitalgesellschaften, München, 4. Aufl. 2006
Reithmann/Martiny/*Bearbeiter*	Reithmann/Martiny (Hrsg.), Internationales Vertragsrecht Internationales Vertragsrecht, Köln, 6. Aufl. 2004
RGRK/*Bearbeiter* BGB	Das Bürgerliche Gesetzbuch mit besonderer Berücksichtigung der Rechtsprechung des Reichsgerichts und des Bundesgerichtshofes, Berlin, 12. Aufl. 1975–1999
RGRK-HGB/*Bearbeiter*	Kommentar zum Handelsgesetzbuch, Berlin, 1. Aufl. 1939 ff
Richardi Wertpapierrecht	Richardi, Reinhard, Wertpapierrecht, Heidelberg 1987
Ritter HGB	Ritter, Kommentar zum HGB, 2. Aufl. 1932
Röhricht/v. Westphalen/*Bearbeiter*	Röhricht/Westphalen (Hrsg.), Handelsgesetzbuch: HGB, Kommentar zu Handelsstand, Handelsgesellschaften, Handelsgeschäften und besonderen Handelsverträgen (ohne Bilanz-, Transport- und Seerecht), Köln, 2. Aufl. 2001
Roth/Altmeppen	GmbHG-Gesetz betreffend die Gesellschaften mit beschränkter Haftung, Kommentar, München, 5. Aufl. 2006
Rowedder/Schmidt-Leithoff/ *Bearbeiter* GmbHG	Rowedder/Schmidt-Leithoff (Hrsg.), Gesetz betreffend die Gesellschaften mit beschränkter Haftung: GmbHG, München, 4. Aufl. 2002
Schlegelberger/*Bearbeiter*	Schlegelberger/Geßler, Handelsgesetzbuch Kommentar, München, 5. Aufl. 1973
K. Schmidt Gesellschaftsrecht	Schmidt, Karsten, Gesellschaftsrecht, Köln, 4. Aufl. 2002
K. Schmidt Handelsrecht	Schmidt, Karsten, Handelsrecht, Köln, 5. Aufl. 1999
K. Schmidt/Lutter AktG	Schmidt, Karsten/Lutter, Marcus, Kommentar zum Aktiengesetz, 2007
Scholz/*Bearbeiter* GmbHG	Scholz (Hrsg.), Kommentar zum GmbHG, 3 Bd., Köln, Band 1 und 2: 10. Aufl. 2006/2007; §§ 53–87: 9 Aufl. 2002
Schönke/Schröder/*Bearbeiter* StGB	Schönke/Schröder (Hrsg.), Strafgesetzbuch: StGB, Kommentar, München, 27. Aufl. 2006

Schubert/Schmiedel/Krampe	Schubert, Werner/Schmiedel, Burkhard/Krampe, Christoph (Hrsg.), Quellen zum Handelsgesetzbuch von 1897, Frankfurt am Main 1988 Zitiert: *Schubert/Schmiedel/Krampe* Bd. / Seitenzahl
Schultze/Wauschkuhn/Spenner/Dau	Schultze/Wauschkuhn/Spenner/Dau, Der Vertragshändlervertrag, Frankfurt am Main, 4. Aufl. 2008 zitiert: *Bearbeiter* in: Schultze/Wauschkuhn/Spenner/Dau
Schwark/*Bearbeiter*	Schwark, Eberhard (Hrsg.), Kapitalmarktrechts-Kommentar, München, 3. Aufl. 2004
Soergel/*Bearbeiter*	Soergel/Siebert (Hrsg.), Bürgerliches Gesetzbuch mit Einführungsgesetz und Nebengesetzen, Stuttgart, 13. Aufl. 2001 ff
Spindler/Stilz/*Bearbeiter* AktG	Spindler/Stilz (Hrsg.), Aktiengesetz, Kommentar, 2 Bd., München, 2007
Staub/*Bearbeiter*	Staub, Großkommentar zum Handelsgesetzbuch, HGB, Berlin, 1.–15. Aufl.; 5. Auflage neuer Zählung Canaris/Habersack/Schäfer (Hrsg.), Berlin 2008 ff
Staub ADHGB	Staub, Hermann: Kommentar zum Allgemeinen Deutschen Handelsgesetzbuch, Berlin, 5. Aufl. 1897
Staudinger/*Bearbeiter*	J. von Staudingers Kommentar zum Bürgerlichen Gesetzbuch mit Einführungsgesetz und Nebengesetzen, 13. Bearbeitung, Berlin 1993 ff
Staudinger/*Bearbeiter* (Erscheinungsjahr)	J. von Staudingers Kommentar zum Bürgerlichen Gesetzbuch mit Einführungsgesetz und Nebengesetzen (Erscheinungsjahr des Bandes), Berlin
Stolterfoht	Stolterfoht, Joachim N., Handelsrecht, Berlin 1973
Straatmann/Ulmer	Strattmann/Ulmer, Handelsrechtliche Schiedsgerichts-Praxis (HSG), 1975 ff
Straube/*Bearbeiter*	Straube (Hrsg.), Kommentar zum Handelsgesetzbuch, Wien, 3. Aufl. 2003 ff
Ströbele/Hacker	Markengesetz, Kommentar, Köln, 8. Aufl. 2006; 9. Aufl. 2009
Stumpf/Jaletzke/*Bearbeiter*	Stumpf/Jaletzke, Der Vertragshändlervertrag, Heidelberg, 3. Aufl. 1997
Stüsser	Stüsser, Rolf, Die Anfechtung der Vollmacht nach Bürgerlichem Recht und Handelsrecht, Berlin 1986
Thomas/Putzo/*Bearbeiter*	Thomas/Putzo, Zivilprozessordnung: ZPO, München, 28. Aufl. 2007; 29. Aufl. 2008
Uhlenbruck/*Bearbeiter*	Uhlenbruck (Hrsg.), Insolvenzordnung: InsO, Kommentar, München, 12. Aufl. 2003
Ulmer/Brandner/Hensen AGB-Recht	Ulmer/Brandner/Hensen, AGB-Recht Kommentar, Köln, 10. Aufl. 2006
Ulmer/Habersack	Ulmer/Habersack, Verbraucherkreditgesetz, München, 2. Aufl., 1995
Ulmer/Habersack/Winter/*Bearbeiter* GmbHG	Ulmer/Habersack/Winter (Hrsg.), GmbH-Gesetz, Kommentar, 3 Bd., Tübingen, 2005 ff
Ulmer/Schäfer	Ulmer/Schäfer, Gesellschaft bürgerlichen Rechts und Partnerschaftsgesellschaft, München, 5. Aufl. 2009
v. Gierke/Sandrock	Gierke, Julius von/Sandrock, Otto, Handels- und Wirtschaftsrecht, Bd. 1, Allgemeine Grundlagen, Der Kaufmann und sein Unternehmen, Berlin, 9. Aufl. 1975
von Godin/Wilhelmi	Aktiengesetz, Kommentar, Berlin, 4. Aufl. 1971

Wessel/Zwernemann/Kögel Firmengründung	Wessel/Zwernemann/Kögel, Firmengründung, Heidelberg, 7. Aufl. 2001
Zöller/*Bearbeiter* ZPO	Zöller, Richard, Zivilprozessordnung: ZPO, Kommentar, Köln, 26. Aufl. 2007; 27. Aufl. 2009
Zöllner Wertpapierrecht	Zöllner, Wolfgang, Wertpapierrecht, München, 14. Aufl. 1987

ZWEITES BUCH

Handelsgesellschaften und stille Gesellschaft

Vorbemerkungen

Schrifttum

Gesamtdarstellungen und Lehrbücher. *Flume* Allgemeiner Teil des Bürgerlichen Rechts, Bd. I/1 Die Personengesellschaft (1977), Bd. I/2 Die Juristische Person (1983); *Alfred Hueck* Das Recht der OHG[4] (1971); *Götz Hueck/Christine Windbichler* Gesellschaftsrecht[21] (2008); *Gummert/Riegger/Weipert* (Hrsg.) Münchener Handbuch des Gesellschaftsrechts, Band 1: BGB-Gesellschaft, Offene Handelsgesellschaft, Partnerschaftsgesellschaft, Partenreederei, EWIV[2] (2004); *Kübler/Assmann* Gesellschaftsrecht[6] (2006); *Welf Müller/W.-O. Hoffmann* Beck'sches Handbuch der Personengesellschaften[2] (2002) *Karsten Schmidt* Gesellschaftsrecht[4] (2002) (zit. *K. Schmidt* GesR); *Harm Peter Westermann* (Hrsg.), Handbuch der Personengesellschaften I (43. Lfg. 2008); *Wiedemann* Gesellschaftsrecht, Bd. 1: Grundlagen (1980); Bd. 2: Recht der Personengesellschaften (2004); *Wieland* Handelsrecht, Bd. 1 (1921); *Würdinger* Gesellschaften I: Recht der Personengesellschaften (1937).

Monographien. *Ascheuer* Der Anteil des Gesamthänders am Gesamthandsvermögen (1992); *Berninger* Die societas quoad sortem (1994); *Blaurock* Unterbeteiligung und Treuhand an Gesellschaftsanteilen (1981); *Brodersen* Die Beteiligung der BGB-Gesellschaft an den Personenhandelsgesellschaften (1988); *Dauner-Lieb* Unternehmen in Sondervermögen (1998); *Fabricius* Relativität der Rechtsfähigkeit (1963); *Friehe* Die Unterbeteiligung bei Personengesellschaften (1974); *Gogos* Die Geschäftsführung der offenen Handelsgesellschaft (1953); *Grothe* Die ausländische Kapitalgesellschaft & Co. (1989); *Grunewald* Der Ausschluß aus Gesellschaft und Verein (1987); *Habersack* Die Mitgliedschaft – subjektives und „sonstiges" Recht (1996); *Hadding* Actio pro socio (1966); *Hallerbach* Die Personengesellschaft im Einkommensteuerrecht (1999); *Heckelmann* Abfindungsklauseln in Gesellschaftsverträgen (1973); *Ulrich Huber* Vermögensanteil, Kapitalanteil und Gesellschaftsanteil von Personengesellschaften des Handelsrechts (1970); *Ulrich Hübner* Interessenkonflikt und Vertretungsmacht (1977); *Götz Hueck* Der Grundsatz der gleichmäßigen Behandlung im Privatrecht (1958); *Immenga* Die personalistische Kapitalgesellschaft (1970); *John* Die organisierte Rechtsperson (1977); *Kornblum* Die Haftung der Gesellschafter für Verbindlichkeiten von Personengesellschaften (1972); *Lamprecht* Die Zulässigkeit der mehrfachen Beteiligung an einer Personengesellschaft (2002); *Michalski* Gesellschaftsrechtliche Gestaltungsmöglichkeiten zur Perpetuierung von Unternehmen (1980); *ders.* oHG-Recht (2000); *Morck* Die vertragliche Gestaltung der Beteiligung an Personen-Handelsgesellschaften (1980); *Nitschke* Die körperlich strukturierte Personengesellschaft (1970); *Pfister* Die Einmann-Personengesellschaft (1999); *Reuter* Privatrechtliche Schranken der Perpetuierung von Unternehmen (1973); *Rieker* Die Mehrfachbeteiligung einer Person an einer Personengesellschaft (1998); *Rittner* Die werdende juristische Person (1973); *Roitzsch* Der Minderheitenschutz im Verbandsrecht (1981); *Säkker* Gesellschaftsvertragliche und erbrechtliche Nachfolge in Gesamthandsmitgliedschaften (1970); *Carsten Schäfer* Die Lehre vom fehlerhaften Verband (2004); *Karsten Schmidt* Zur Stellung der OHG im System der Handelsgesellschaften (1972); *Thorsten Schmidt* Einmann-Personengesellschaften (1998); *Schünemann* Grundprobleme der Gesamthandsgesellschaft (1975); *Schulze-Osterloh* Das Prinzip der gesamthänderischen Bindung (1972); *ders.* Der gemeinsame Zweck der Personengesellschaften (1973); *Martin Schwab* Das Prozessrecht gesellschaftsinterner Streitigkeiten (2005); *Teichmann* Gestaltungsfreiheit in Gesellschaftsverträgen (1970); *Ulbrich* Die Unterbeteiligungsgesellschaft an Personengesellschaftsanteilen (1982);

Ulmer Richterrechtliche Entwicklungen im Gesellschaftsrecht 1971–1985 (1986); *Hansjörg Weber* Zur Lehre von der fehlerhaften Gesellschaft (1978); *Harm Peter Westermann* Vertragsfreiheit und Typengesetzlichkeit im Recht der Personengesellschaften (1970); *Wiedemann* Die Übertragung und Vererbung von Mitgliedschaftsrechten bei Handelsgesellschaften (1965); *Wiesner* Die Lehre von der fehlerhaften Gesellschaft (1980); *Martin Winter* Mitgliedschaftliche Treubindungen im GmbH-Recht (1988); *Zöllner* Die Schranken mitgliedschaftlicher Stimmrechtsmacht bei den privatrechtlichen Personenverbänden (1963); *ders.* Die Anpassung von Personengesellschaftsverträgen an veränderte Umstände (1979).

Übersicht

A. System der Handelsgesellschaften

I. Überblick

1 **1. Begriff der Handelsgesellschaft.** Einen allgemeinen Begriff der Handelsgesellschaften enthält das HGB in § 6. Er bezieht sich auf **Zusammenschlüsse in der Rechtsform einer Personen- oder Kapitalgesellschaft**, die entweder aufgrund ihrer Tätigkeit (Betrieb eines Handelsgewerbes unter gemeinschaftlicher Firma, §§ 105 Abs. 1, 161 Abs. 1) oder kraft ausdrücklicher gesetzlicher Anordnung (Formkaufmann, vgl. §§ 3, 278 Abs. 3 AktG für die AG und KGaA, § 13 Abs. 3 GmbHG für die GmbH) **den HGB-Vorschriften** über Handelsstand, Handelsbücher und Handelsgeschäfte **unterliegen.**

2 Organisationsrechtliche Vorschriften über Handelsgesellschaften finden sich nicht nur im HGB, sondern auch in einer Reihe von Spezialgesetzen. Die **Überschrift des Zweiten Buchs des HGB** „Handelsgesellschaften und stille Gesellschaft" greift angesichts seines inzwischen auf *Personen*handelsgesellschaften (OHG und KG) beschränkten Inhalts **zu weit.** Das erklärt sich in Bezug auf AG und KGaA aus deren bis 1937 im HGB selbst (§§ 178 bis 334 a.F.) enthaltenen, heute im AktG 1965 zu findenden Regelung. Demgegenüber war die GmbH von Anfang an Gegenstand einer Sonderregelung (GmbHG von 1892); von deren Übernahme in das HGB wurde schon bei seinem Erlass abgesehen. Entsprechendes gilt für die den Handelsgesellschaften angenäherten Zusammenschlussformen der eingetragenen Genossenschaft (eG) und des Versicherungsvereins auf Gegenseitigkeit (VVaG), für die ebenfalls von Anfang an spezialgesetzliche Regelungen außerhalb des HGB getroffen wurden (Rn 4).

2. **Arten.** Als Handelsgesellschaften im Sinne von § 6 kennt das deutsche Recht **fünf Organisationsformen**, und zwar zwei Rechtsformen für *Personen*handelsgesellschaften (OHG und KG einschließlich der Sonderform der GmbH & Co. OHG/KG) und drei Rechtsformen für Kapitalgesellschaften (AG, KGaA, GmbH). Der im Hinblick auf § 6 relevante Unterschied zwischen den beiden Arten von Zusammenschlüssen (zu weiteren Unterschieden vgl. Rn 6 f) liegt darin, dass es sich bei den **Kapitalgesellschaften** um Handelsgesellschaften **kraft Rechtsform** handelt. Sie unterliegen dem Handelsrecht nach § 6 Abs. 2 unabhängig von Art und Umfang ihres Geschäftsbetriebs; auch das Betreiben eines nichtgewerblichen „Unternehmensgegenstands" steht ihrer Behandlung als Handelsgesellschaft nicht entgegen (vgl. § 6 Rn 2, 7 und 23 [*Oetker*]). Demgegenüber entscheidet über die Qualifizierung einer **Personengesellschaft** als Handelsgesellschaft (OHG oder KG) der **Gegenstand des gemeinsamen Zwecks:** Es muss sich um den Betrieb eines kaufmännischen Gewerbes i.S.v. § 1 oder eines im Handelsregister eingetragenen kannkaufmännischen Unternehmens unter gemeinsamer Firma handeln (vgl. § 105 Rn 23 ff). Das gilt auch für den Sonderfall der GmbH & Co. OHG/KG.[1] Zur umstrittenen Frage der Kaufmannseigenschaft der Gesellschafter vgl. § 105 Rn 77 ff. 3

Den **Handelsgesellschaften angenähert** ist die *Partnerschaftsgesellschaft*. Die zahlreichen Verweisungen in §§ 2, 4 bis 10 PartGG auf die §§ 105 ff machen deutlich, dass sich die 1995 geschaffene Rechtsform für den Zusammenschluss weitgehend an der OHG orientiert. Im Unterschied zur OHG betreibt die PartG jedoch kein Handelsgewerbe, sondern ist den traditionell vom Gewerbebegriff ausgenommenen Freiberuflern (s. § 1 Abs. 2 PartGG) vorbehalten.[2] Die *eingetragene Genossenschaft* gilt nach § 17 Abs. 2 GenG als Kaufmann und untersteht demgemäß dem 1., 3. und 4. Buch des HGB, soweit das GenG keine Sonderregelungen enthält. Entsprechendes gilt nach § 16 VAG für den *Versicherungsverein auf Gegenseitigkeit* sowie für die *Europäische Wirtschaftliche Interessenvereinigung* (EWIV, vgl. dazu Rn 34 ff). 4

Keine Handelsgesellschaft ist die *Gesellschaft bürgerlichen Rechts* als obligatorische Rechtsform für Personengesellschaften, die nicht auf einen (ist-)kaufmännischen Zweck gerichtet sind (zur formwechselnden Umwandlung zwischen GbR und OHG/KG als Folge der Zweckänderung bzw. der Handelsregistereintragung in den Fällen der §§ 2, 3, vgl. § 105 Rn 56). Gleiches gilt für die *Stille Gesellschaft* (§ 230); das bringt schon die Überschrift des Zweiten Buches („Handelsgesellschaften *und* stille Gesellschaft") zum Ausdruck. Es handelt sich um die Sonderform einer GbR in der Form der Innengesellschaft, deren Aufnahme in das HGB sich aus dem Gegenstand dieser Gesellschaft, der Beteiligung des Stillen am Handelsgewerbe eines anderen, erklärt (Rn 14). Keine Handelsgesellschaft ist nach der Systematik des HGB schließlich auch die *Partenreederei*, d.h. der Zusammenschluss mehrerer Personen zur gemeinsamen Verwendung eines Seeschiffes für den Erwerb durch Seefahrt (§ 489 Abs. 1). Das zeigt die Gegenüberstellung von Reederei und Handelsgesellschaft in § 489 Abs. 2. Eine Eintragung der Reederei ins Handelsregister scheidet daher aus. Ihre Rechtsverhältnisse nach innen und außen bestimmen sich nach den Sondervorschriften der §§ 490 bis 555; eine Anwendung der auf Kaufleute zugeschnittenen Vorschriften des HGB ihr gegenüber kommt nur im Analogiewege in Betracht.[3] 5

---

1 So zutr. BayObLG BB 1985, 78 (79); *K. Schmidt* Gesellschaftsrecht, § 56 III 1.a, S. 1269; *ders.* GmbHR 1984, 274 f gegen *Schulze-Osterloh* NJW 1983, 1281 ff (1287) (Kaufmann kraft Rechtsform).

2 MünchKommBGB[5]/*Ulmer*/*C. Schäfer* Vor § 1 PartGG Rn 13.

3 HM, vgl. *Rabe* Seehandelsrecht[4] (2000), § 489 Rn 3 f; *Ruhwedel* Die Partenreederei (1973) S. 159 f; *Ruhwedel* DZWiR 1996,

6 **3. Personen- und Kapitalgesellschaften.** Mit der für das deutsche Recht der Handelsgesellschaften charakteristischen Unterscheidung zwischen Personen- und Kapitalgesellschaften, d.h. zwischen OHG und KG einerseits, AG, KGaA und GmbH andererseits verbinden sich **grundlegende,** sowohl das Innen- als auch das Außenverhältnis des Zusammenschlusses betreffende **strukturelle Unterschiede.** Die Unterscheidung fällt zusammen mit der schon erwähnten weiteren zwischen Handelsgesellschaften kraft Unternehmenstätigkeit und solchen kraft Rechtsform (Rn 3). Im Zuge der seit Jahrzehnten zu beobachtenden Grundtypenvermischung, insbesondere bei der GmbH (bzw. AG) & Co. (Rn 19), haben sich die Unterschiede in der Praxis zwar teilweise nivelliert. Auch besagt die Zuordnung zur einen oder anderen Gruppe nicht notwendig etwas über die innere Struktur des Zusammenschlusses und über das Vorhandensein oder Fehlen persönlicher Beziehungen zwischen den Gesellschaftern; das zeigen insbesondere die Beispiele der *personalistisch* strukturierten typischen GmbH als Kapitalgesellschaft,[4] erst recht in der neuen Variante der Unternehmergesellschaft (§ 5a GmbHG), und des hiervon grundlegend abweichenden Zusammenschlusses von Kapitalanlegern in der Rechtsform einer *kapitalistisch* strukturierten Publikums-KG als Personengesellschaft.[5] Diese Besonderheiten ändern jedoch nichts an der grundlegenden, das Organisationsrecht der Handelsgesellschaften prägenden Bedeutung der Differenzierung.

7 Die einzelnen **Ausprägungen** der Unterscheidung zwischen Personen- und Kapitalgesellschaften können im Rahmen dieses einführenden Überblicks nur angedeutet werden.[6] So wird die **Rechtsnatur** der Kapitalgesellschaften und ihre Verselbständigung gegenüber den Gesellschaftern durch ihre gesetzliche Anerkennung als *juristische Personen* und durch die Möglichkeit der Vereinigung sämtlicher Anteile bei AG und GmbH in der Hand *eines* Gesellschafters bestimmt, während für die Personengesellschaften die Organisationsform der gesellschaftsrechtlichen *Gesamthand* und die Notwendigkeit des Vorhandenseins von mindestens *zwei* Gesellschaftern gelten.[7] Für die **Entstehung** der Personengesellschaft genügt der Vertragsschluss zwischen den Mitgliedern (§ 105 Rn 49); demgegenüber bedarf es zur Entstehung einer Kapitalgesellschaft als juristische Person der Eintragung ins Handelsregister nach Erfüllung der gesetzlichen Gründungserfordernisse.[8] Die **Außenhaftung** für Gesellschaftsverbindlichkeiten trifft bei Personengesellschaften auch die Gesellschafter persönlich, im Fall der Kommanditisten unter Beschränkung auf den Betrag der Hafteinlage (§§ 171, 172); bei den Kapitalgesellschaften tritt an die Stelle persönlicher Gesellschafterhaftung die gesetzliche Sicherung der Aufbringung

---

393; **aA** *K. Schmidt* Gesellschaftsrecht, § 65 I 3c, S. 1895 f; *ders.* Die Partenreederei als Handelsgesellschaft (1995).

4 Vgl. nur *Ulmer*/Habersack/Winter GmbHG Einl. Rn A 8, A 72 f; Scholz/*Westermann* GmbHG[10] Einl. Rn 2 ff; zur Treupflicht in der GmbH insbes. *M. Winter* Treubindungen.

5 Vgl. dazu näher Voraufl. Anhang zu § 161 (*Schilling*).

6 Dazu statt aller *Wiedemann* Gesellschaftsrecht Bd. I, § 2 I, S. 88 ff; *Kübler/Assmann* Gesellschaftsrecht[6] § 3, S. 22 ff; allgemeiner (auf den Unterschied zwischen juristischer Person und Gesamthand abstellend) *K. Schmidt* Gesellschaftsrecht, § 8, S. 181 ff.

7 Zur Rechtsfigur der Gesamthand und zu ihrer Unterscheidung von der juristischen Person trotz der partiellen Gleichstellung in § 124 vgl. § 105 Rn 38 f mN.

8 Registrierungssystem (System der Normativbestimmungen), vgl. §§ 41 Abs. 1 S. 1 AktG, 11 Abs. 1 GmbHG, dazu *K. Schmidt* Gesellschaftsrecht, § 8 II 5, S. 192 ff; *Raiser/Veil* Recht der Kapitalgesellschaften (2006) S. 4; *Wiedemann* Gesellschaftsrecht Bd. I, § 4 II 1a, S. 206.

und Erhaltung eines (Mindest-)Haftungsfonds.[9] Das **Innenverhältnis** der OHG und KG ist durch Selbstorganschaft (Geschäftsführung und Vertretung nur durch Gesellschafter), Einstimmigkeitsprinzip und weitgehend dispositives Recht bestimmt; demgegenüber gelten bei den Kapitalgesellschaften Drittorganschaft, Mehrheitsprinzip und – im Falle von AG und KGaA – grundsätzlich zwingendes Recht auch für die Innenbeziehungen. Schließlich ist eine **Anteilsübertragung** nach gesetzlicher Regel nur bei den Kapitalgesellschaften vorgesehen; bei der OHG und KG wird sie von der heute ganz hM zwar auch zugelassen, bedarf jedoch der Zustimmung der Mitgesellschafter oder der Zulassung im Gesellschaftsvertrag (§ 105 Rn 291, 294 ff).

II. Die Handelsgesellschaften des HGB

1. Offene Handelsgesellschaft. Die Definition der OHG findet sich in § 105 Abs. 1: Erforderlich ist ein Gesellschaftsvertrag zwischen mindestens **zwei unbeschränkt persönlich haftenden Gesellschaftern,** dessen Zweck auf den Betrieb eines Handelsgewerbes (§§ 1–3) unter gemeinsamer Firma gerichtet ist. Dabei ist seit der Handelsrechtsreform von 1998 unerheblich, ob der Geschäftsbetrieb eine kaufmännische Einrichtung i.S.v. § 1 Abs. 2 erfordert, solange OHG oder KG in das Handelsregister eingetragen sind (§ 105 Abs. 2). Bei der OHG handelt sich um die **Grundform** eines Zusammenschlusses zu gemeinsamer unternehmerischer Betätigung; sie greift unabhängig von einer entsprechenden Rechtsformwahl der Beteiligten schon dann ein, wenn diese sich nicht in wirksamer Weise auf eine andere Rechtsform ihres Zusammenschlusses geeinigt haben (zum Problem der Rechtsformverfehlung vgl. § 105 Rn 158). Die Rechtsverhältnisse in der OHG bestimmen sich außer nach §§ 106 bis 160 auch nach den über § 105 Abs. 3 subsidiär anwendbaren Vorschriften der §§ 706 bis 740 BGB. 8

Den **typischen Anwendungsbereich** der OHG bildet der gemeinsame Betrieb mittelständischer Unternehmen durch zwei oder mehr tätige Gesellschafter, sei es aufgrund einer Neugründung oder der gemeinsamen Fortführung des Unternehmens eines Einzelkaufmanns unter Aufnahme von Familienangehörigen oder Einbringung des ererbten Handelsgeschäfts in eine zwischen den Erben gegründete Gesellschaft. Die **wirtschaftliche Bedeutung** der OHG ist seit längerem rückläufig; es ist eine deutliche Verlagerung insbesondere zur GmbH und zur GmbH & Co. KG zu beobachten (Zahlen vgl. bei § 105 Rn 12). Das beruht auf dem Rückgang der Haftungsbereitschaft der Gesellschafter auch bei kleinen und mittleren Unternehmen als Ausdruck zunehmender Unsicherheit über die wirtschaftliche Entwicklung, aber auch auf dem Wegfall der doppelten Ertragsbesteuerung der GmbH als Folge der Körperschaftsteuerreform 1977. Zur Sonderform der GmbH & Co. OHG vgl. Rn 12. 9

2. Kommanditgesellschaft. Die KG unterscheidet sich von der OHG nach der Definition des § 161 Abs. 1 durch das Vorhandensein von **zwei Gesellschafterklassen:** den unbeschränkt haftenden Gesellschaftern (*Komplementären*) und den in Höhe der (Haft-) Einlage beschränkt haftenden, den sog. *Kommanditisten.* Zur Gründung oder zum Fortbestand der KG bedarf es der Beteiligung von mindestens je einem Mitglied jeder Klasse. Dem unterschiedlichen Haftungsstatus entsprechen auch im Übrigen unterschiedliche 10

[9] Eine Abweichung gilt nur für den gesetzlichen Mischtyp der KGaA, der die persönliche Haftung des Komplementärs mit der Sicherung des von den Kommanditaktionären aufgebrachten Haftungsfonds verbindet (vgl. § 278 Abs. 2 und 3 AktG).

Rechte und Pflichten der beiden Gesellschafterklassen; insbesondere ist die organschaftliche Vertretung der KG zwingend den Komplementären vorbehalten (Voraufl. § 170 Rn 4 [*Schilling*]). Während sich die Rechtsstellung der Komplementäre (über die Verweisung in § 161 Abs. 2) nach OHG-Recht bestimmt, finden sich die für Kommanditisten geltenden Vorschriften in §§ 164 bis 177; wie bei der OHG sind sie im Innenverhältnis dispositiver Natur (Rn 17). Im Übrigen gelten auch für die KG über die Verweisung der §§ 161 Abs. 2, 105 Abs. 2 subsidiär die Vorschriften der §§ 706 bis 740 BGB.

11 Zur **Wahl der Rechtsform einer KG** kommt es typischerweise entweder für den *Zusammenschluss tätiger und als Kapitalgeber beteiligter Gesellschafter* zum Betrieb eines mittelständischen Unternehmens oder infolge der Umwandlung der Stellung des Nachfolger-Erben eines verstorbenen OHG-Gesellschafters in diejenigen eines Kommanditisten unter Berufung auf § 139 Abs. 1. Daneben findet die KG auch als Rechtsform für *Großunternehmen*[10] oder für Gesellschaften mit einer *Vielzahl von Mitgliedern*[11] Verwendung. Insgesamt hat sich im Lauf der Jahrzehnte, nicht zuletzt im Zuge des Generationenwechsels, eine deutliche Gewichtsverlagerung von der OHG zur (GmbH & Co.) KG ergeben (vgl. die Zahlenangaben bei § 105 Rn 12).

12 3. **GmbH & Co. OHG/KG.** Beginnend mit dem 1. WiKG 1976, in der höchstrichterlichen Rechtsprechung schon früher,[12] kam es zur Einführung eines **Sonderrechts** für solche Personengesellschaften in der Rechtsform der OHG oder KG, an denen keine natürlichen Personen als (unmittelbar oder mittelbar) unbeschränkt haftende Gesellschafter beteiligt sind.[13] Den Grund für diese Abweichungen von dem allgemein für OHG und KG geltenden Recht bildet die funktionelle **Vergleichbarkeit der Haftungsverfassung** derartiger Personengesellschaften ohne voll haftende natürliche Personen **mit derjenigen einer GmbH;** sie ließ es notwendig erscheinen, aus Gründen des Gläubigerschutzes für solche Vertragsgestaltungen dem GmbH-Recht entsprechende, das Fehlen unbeschränkt persönlicher Haftung kompensierende Grundsätze und Vorschriften zu entwickeln. Demgemäß besteht heute auch für die GmbH & Co. OHG/KG eine Pflicht zur Offenlegung der Haftungsbeschränkung in der Firma (§ 19 Abs. 2) und auf den Geschäftsbriefen (§§ 125a, 177a). Es gelten die Vorschriften des GmbHG über eigenkapitalersetzende Gesellschafterdarlehen (§§ 129a, 172a). Zur Konkursanmeldung sind die Geschäftsführer nicht nur bei Zahlungsunfähigkeit, sondern auch bei Überschuldung der Gesellschaft verpflichtet (§§ 130a, 177a). Seit 2000 gelten gem. § 264a auch die ebenfalls gläubigerschützenden Bilanzierungs-, Prüfungs- und Publizitätsvorschriften der Kapitalgesellschaft (§§ 264 ff); vgl. dazu näher die Erl. zu Voraufl. § 264a (*Hüttemann*).

13 Die **typische GmbH & Co. KG** als primäre Adressatin der in Rn 12 genannten Sonderregelungen ist dadurch gekennzeichnet, dass an ihr neben der Komplementär-GmbH eine beschränkte Zahl von Kommanditisten beteiligt ist, wobei diese regelmäßig zugleich die Anteile der Komplementär-GmbH halten und hierüber auf die Geschäfte der KG Ein-

---

[10] Nach den Feststellungen der Monopolkommission (Hauptgutachten 2006/2007, S. 120 ff) waren im Jahr 2006 von den 100 größten Unternehmen immerhin 5 in der Rechtsform der KG (Tengelmann, Edeka, Würth, Freudenberg, Miele) gegenüber 1 in der Rechtsform der OHG (Merck) organisiert.

[11] Vgl. die Beispiele BGHZ 85, 350 (358) = NJW 1983, 1056 (145 Gesellschafter); BGH NJW 1988, 411 (65 Gesellschafter). Ferner die Fälle der Publikums-KG (Rn 13).

[12] Vgl. BGHZ 60, 324 (328 f) = NJW 1973, 1036 (analoge Anwendung der §§ 30, 31 GmbHG); BGHZ 62, 216 (222 ff) = NJW 1974, 1191 (obligat. GmbH & Co.-Zusatz in der Firma der KG).

[13] Zum Anwendungsbereich der Sondervorschriften vgl. die Legaldefinition in § 19 Abs. 2 (dazu § 19 Rn 11 ff [*Burgard*]).

fluss nehmen. Meist wird eine Kopplung beider Anteile und ein übereinstimmendes Beteiligungsverhältnis der Gesellschafter in beiden Gesellschaften angestrebt (Voraufl. § 161 Rn 30 [*Schilling*]). Das führt vorbehaltlich unterschiedlicher Beteiligungshöhe zur rechtlichen Gleichstellung der Gesellschafter der GmbH & Co. KG abweichend von dem für die KG typischen Zweiklassenverhältnis (Rn 10); es nähert auch deren innere Struktur derjenigen einer GmbH an. Hiervon klar zu unterscheiden ist die Erscheinungsform der **Publikums- (GmbH & Co.)KG** mit einem in Initiatoren (Management) und eine Vielzahl untereinander nicht verbundener Kapitalanleger aufgeteilten Mitgliederkreis. Für sie hat die höchstrichterliche Rechtsprechung aus Gründen des Gläubiger- und Minderheitenschutzes zu Recht ein umfangreiches, über dasjenige der typischen GmbH & Co. KG weit hinausgehendes Sonderrecht geschaffen, das deutlich am aktienrechtlichen Regelungsmodell orientiert ist,[14] und das Schrifttum ist dem BGH darin ganz überwiegend gefolgt.[15] Derartigen Verbandsformen ist durch die Handelsrechtsreform von 1998 (§ 105 Abs. 2 Satz 1) der *Zugang zum Handelsrecht* als **OHG oder KG** auch dann eröffnet, wenn sie sich – als **Immobilien-Fonds** oder sonstige Vermögensanlagegesellschaften – auf Vermögensverwaltung beschränken (vgl. näher Voraufl. Anhang zu § 161 [*Schilling*]).

III. Die stille Gesellschaft

Die stille Gesellschaft ist im HGB – inhaltlich seit 1900 im Wesentlichen unverändert – **14**
in den §§ 230 bis 237 geregelt. Ihr Kennzeichen ist die Beteiligung des „Stillen" mit einer Vermögenseinlage an dem von einem anderen (dem „Inhaber" des Handelsgeschäfts) betriebenen Handelsgewerbe (§ 230 Abs. 1). Im Unterschied zum Kommanditisten tritt der Stille nicht nach außen in Erscheinung und erlangt **keine gesamthänderische Mitberechtigung** an dem Unternehmen, sondern nur einen obligatorischen Anspruch gegen den Inhaber auf anteiligen Gewinn und Auseinandersetzungsguthaben. Ihrer **Rechtsnatur** nach ist die stille Gesellschaft keine Handelsgesellschaft, sondern eine als Sonderfall einer GbR zu qualifizierende Innengesellschaft, für die (mit Vorrang gegenüber §§ 706 bis 740 BGB) die Vorschriften der §§ 231 bis 237 gelten.[16] Ihre Regelung im HGB erklärt sich aus dem Abstellen des § 230 Abs. 1 auf das Handelsgewerbe des Inhabers als Gegenstand der internen Beteiligung des Stillen. Wegen der Einzelheiten vgl. Erl. zu §§ 230 bis 237 (*Harbarth*).

---

14 Vgl. etwa BGHZ 63, 338 (348) = NJW 1975, 1022; BGHZ 64, 238 (241) = NJW 1975, 1318; BGHZ 66, 82 (86) = NJW 1976, 958; BGHZ 104, 50 (53 ff) = NJW 1988, 1903; BGHZ 125, 74 (79 ff) = NJW 1994, 1156; weit. Nachw. insbes. bei *Krieger* FS Stimpel, 1985, S. 307 (312 ff). Dazu namentlich auch *Stimpel* FS Rob. Fischer, 1979, S. 771 ff.

15 Vgl. nur *K. Schmidt* Gesellschaftsrecht § 57, S. 1665 ff; *Kübler/Assmann* Gesellschaftsrecht[6] § 21 III; *U. H. Schneider* ZHR 142 (1978), 228 ff; *Kellermann* FS Stimpel, 1985, S. 259 ff; *Krieger* FS Stimpel, 1985, S. 307 (312 ff); jew. mwN; kritisch vor allem *Kraft* FS Rob. Fischer, 1979, S. 321 ff.

16 Allgemein zu den Innengesellschaften des bürg. Rechts und ihrer rechtlichen Behandlung vgl. MünchKommBGB[5]/*Ulmer* § 705 Rn 275 ff; zur stillen Gesellschaft des bürgerlichen Rechts (im Unterschied zu derjenigen nach § 230) daselbst Rn 286 ff.

B. Rechtsgrundlagen

I. Wahl der Gesellschaftsform

15 Das deutsche Gesellschaftsrecht lässt den an einem Zusammenschluss interessierten Personen weitgehend **Freiheit** hinsichtlich der Art und Ausgestaltung ihres Zusammenschlusses. Das gilt auch für die Wahl der Rechtsform, allerdings unter Beschränkung auf die vom Gesetzgeber zur Verfügung gestellten Organisationsformen; die privatautonome Schaffung beliebiger Zusammenschlussformen oder – bezogen auf die Bildung juristischer Personen – das „System freier Körperschaftsbildung“[17] sind dem geltenden Recht unbekannt. Die Einschränkung erlangt Bedeutung namentlich auch für die gemeinsame Verfolgung handelsrechtlicher Zwecke: sie ist vorbehaltlich der Sonderfälle vereinsrechtlicher Organisation[18] nur in einer der Rechtsformen der Handelsgesellschaften (Rn 3 f) möglich. Es gilt der **Numerus clausus der Gesellschaftsformen.** Zur Zulassung organisationsrechtlicher Typenverbindung und -vermischung vgl. jedoch Rn 19.

16 **Einschränkungen** gegenüber der freien Rechtsformwahl finden sich **aus Gründen der Wirtschaftsaufsicht** in einer Reihe von Sondergesetzen (vgl. auch § 105 Rn 23). So dürfen *Versicherungsgeschäfte* nur in der Rechtsform der AG (einschließlich der SE) oder des VVaG betrieben werden (§ 7 Abs. 1 VAG). Für private *Bausparkassen* ist die Rechtsform der AG vorgeschrieben (§ 2 Abs. 1 BauspG). *Kreditinstitute*, die einer Erlaubnis nach § 32 Abs. 1 KWG benötigen, dürfen nicht in der Rechtsform des Einzelkaufmanns betrieben werden (§ 2c Abs. 1 KWG), *Kapitalanlagegesellschaften* dürfen nur in der Rechtsform der AG oder GmbH errichtet werden (§ 6 Abs. 1 Satz 2 InvG), *Unternehmensbeteiligungsgesellschaften* nur in der Rechtsform der AG, GmbH, KG oder KGaA (§ 2 Abs. 1 UBGG), *Apotheken* als Gesellschaften nur in der Form einer OHG oder GbR (§ 8 ApG).

II. Gestaltungsfreiheit und Schranken

17 Das Ausmaß vertraglicher Gestaltungsfreiheit hängt für das **Innenverhältnis** der Beteiligten von der jeweils gewählten Rechtsform ab. Die Privatautonomie ist bei OHG, KG und GmbH im Wesentlichen unbeschränkt; die vertraglichen Abreden haben Vorrang vor dem dispositiven Recht (vgl. §§ 109, 163 HGB, 45 Abs. 1 GmbHG). Auch das Recht der stillen Gesellschaft kennt nur wenige zwingende Vorschriften. Demgegenüber beansprucht das Aktienrecht grundsätzlich zwingende Geltung; es lässt der Satzungsautonomie der Gesellschafter nur wenig Spielraum (§ 23 Abs. 5 AktG). Im **Außenverhältnis** der OHG und KG, hinsichtlich der Vertretung der Gesellschaft im Rechtsverkehr und der Außenhaftung der Gesellschafter, gilt demgegenüber grundsätzlich zwingendes Recht (vgl. Erl. zu § 123 [*Habersack*]). Den Haftungsregelungen bei den Personengesellschaften entsprechen bei der AG und GmbH die Vorschriften über Aufbringung und Erhaltung des Grund-(Stamm-)Kapitals einschließlich seiner Sicherung gegen mittelbare Abflüsse. Auch sie sind zwingender Natur.

---

[17] Vgl. dazu *Wiedemann* Gesellschaftsrecht Bd. I, § 4 II 1a, S. 206; *K. Schmidt* Gesellschaftsrecht, § 8 II 5, S. 192 f.

[18] Rechtsfähiger Idealverein mit erlaubtem wirtschaftlichem Nebenzweck (§ 21 BGB), wirtschaftlicher Verein (§ 22 BGB), ferner eingetragene Genossenschaft als Rechtsform eines Zusammenschlusses zur Erbringung wirtschaftlicher Hilfstätigkeiten für ihre Mitglieder (§ 1 GenG); zum Ganzen vgl. statt aller *K. Schmidt* Gesellschaftsrecht, § 23, S. 659 ff mN.

Gegenstand eingehender Erörterung in Rechtsprechung und Literatur ist die Frage nach **ungeschriebenen Schranken der Vertragsgestaltungsfreiheit** in Bezug auf das Innenverhältnis der OHG und KG.[19] Sie dient nicht nur dem Minderheitsschutz gegenüber unangemessenem Gebrauch von Mehrheitskompetenzen, sondern auch dem Schutz vor Selbstentmündigung oder ihr nahekommendem Verzicht auf zentrale Gesellschafterrechte. Im Einzelnen wird dabei zwischen **unbeweglichen und beweglichen Schranken** der Vertragsgestaltungsfreiheit unterschieden (vgl. näher § 109 Rn 20 ff). Während jene den Kreis der *unverzichtbaren*, trotz Zustimmung der betroffenen Gesellschafter nicht zur Disposition der Beteiligten stehenden Rechte und Gestaltungen umschreiben, wozu neben Abspaltungsverbot (§ 717 Satz 1 BGB) und Selbstorganschaft auch der Schutz der Verbandssouveränität und der Kernbereich der Mitgliedschaftsrechte gehören (§ 109 Rn 30 ff), geht es bei den beweglichen Schranken um die *Begrenzung der Mehrheitsherrschaft* im Hinblick vor allem auf Treupflicht und Gleichbehandlungsgrundsatz (§ 109 Rn 36 ff). Eine darüber hinausgehende **Inhaltskontrolle** von Gesellschaftsverträgen auf ihre inhaltliche Angemessenheit wird von der Rechtsprechung mit Zustimmung der Literatur nur bei der Publikums-Gesellschaft (KG, GbR) praktiziert (§ 109 Rn 39 f). 18

III. Typenverbindung, atypische Gestaltung

Eine **Verbindung** verschiedener Gesellschaftstypen findet sich vor allem bei der „typischen" GmbH & Co. KG mit ihrer Verflechtung von Personen- und Kapitalgesellschaft (Rn 13). **Atypische** Gestaltungen begegnen in der Kautelarjurisprudenz häufig, insbesondere in Gestalt der kapitalistischen Personengesellschaft und der Publikums-KG (Rn 13), aber auch bei der Verwendung der Rechtsform von Personengesellschaften als Konzerninstrumente u.a. (vgl. Anh. zu § 105). Entgegen Bestrebungen der Literatur namentlich in den 60er und 70er Jahren[20] hat die Rechtsprechung die Wirksamkeit derartiger Gestaltungen weder im Grundsatz verneint noch ihnen deutliche Schranken gesetzt. Vielmehr hat sie sich in neuerer Zeit zutreffend um die **Herausarbeitung spezifischer,** an die atypische Gestaltung anknüpfender **Rechtsfolgen** bemüht, und der Gesetzgeber ist ihr seit 1976 auf diesem Wege gefolgt (vgl. auch § 109 Rn 23). Dementsprechend ist davon auszugehen, dass vorbehaltlich der erwähnten, allgemein geltenden Schranken der Vertragsgestaltungsfreiheit (Rn 18) die Erstellung von Personengesellschaftsverträgen auch künftig keinen vom Vertragstypus abgeleiteten Wirksamkeitsschranken unterliegt, etwa notwendig erscheinende Korrekturen vielmehr auf der Rechtsfolgenseite eingreifen. 19

C. Instrumente der Umgestaltung von Handelsgesellschaften

I. Formwechsel, Verschmelzung, Spaltung

Zur Umwandlung von Handelsgesellschaften unter Wechsel der Rechtsform kann es auf zwei nach Voraussetzungen und Rechtsfolgen unterschiedliche **Arten** kommen (vgl. näher § 105 Rn 51 ff). Beim **Formwechsel** besteht die Gesellschaft als solche *fort* und unterliegt hinsichtlich Struktur, Vermögen und Mitgliederkreis keinen über den Wechsel 20

[19] Zur entsprechenden Problematik im GmbH-Recht vgl. Baumbach/Hueck/*Zöllner* GmbHG[18] § 45 Rn 6 ff; für satzungsändernde Mehrheitsbeschlüsse jetzt eingehend *M. Winter* Treubindungen, S. 135 ff.

[20] Vgl. die Nachw. bei § 109 Rn 23 (Fn 32, 33).

der Rechtsform hinausgehenden Änderungen. Seit 1994 anerkennt das UmwG auch den identitätswahrenden Formwechsel (§§ 191 Abs. 1 Nr. 1, 202 Abs. 1 Nr. 1 UmwG) zwischen Personen- und Kapitalgesellschaft, beschränkt ihn nach § 214 UmwG aber auf den **Formwechsel in eine Kapitalgesellschaft** oder Genossenschaft (bzw. umgekehrt auf den Wechsel einer Kapitalgesellschaft in eine Personengesellschaft, § 226 UmwG). Der Formwechsel zwischen Personengesellschaften vollzieht sich demgegenüber notwendig außerhalb des UmwG. Er kommt nicht nur *zwischen OHG und KG* (unter Eintritt oder Ausscheiden eines Kommanditisten) in Betracht, sondern auch (bei Änderung des Gesellschaftszwecks oder Eintragung in das Handelsregister nach § 105 Abs. 2) *zwischen OHG/KG einerseits, GbR andererseits* (vgl. näher § 105 Rn 56). Je nach Fallgestaltung kann er mit oder ohne vertragsändernden Gesellschafterbeschluss eintreten. Die inneren Rechtsverhältnisse der Gesellschaft bleiben von der formwechselnden Umwandlung im Zweifel unberührt (§ 109 Rn 17 f).

21 Demgegenüber richtet sich die **Verschmelzung** der Personen- auf eine Kapitalgesellschaft (§ 2 UmwG) auf die Ersetzung der Rechtsform der übertragenden Personengesellschaft (OHG oder KG) durch diejenige der aufnehmenden Kapitalgesellschaft (AG, KGaA, GmbH) oder umgekehrt (vgl. § 105 Rn 55). Ihre Voraussetzungen und Rechtsfolgen sind eingehend im **UmwG** geregelt (§§ 2 ff, 39 ff UmwG); Personenhandelsgesellschaften sind ausdrücklich als verschmelzungsfähig anerkannt (§ 3 Abs. 1 Nr. 1 UmwG). Im Unterschied zum Formwechsel kommt es hier zur *Gesamtrechtsnachfolge* der neuen gegenüber der durch die Umwandlung erlöschenden alten Gesellschaft (§ 20 Abs. 1 UmwG), also um die Vereinigung der Vermögen zweier (oder mehrerer) Personengesellschaften. Eine Gesamtrechtsnachfolge lässt sich bei Personengesellschaften auch dadurch erreichen, dass sämtliche Anteile der übertragenden Personengesellschaft (PG 1) von deren Gesellschaftern an die fortbestehende (übernehmende) Gesellschaft (PG 2) abgetreten werden, ggf. gegen Gewährung von Mitgliedschaftsrechten an dieser.[21] Folge der Vereinigung sämtlicher Anteile der PG 1 in der Hand der PG 2 ist das Erlöschen der PG 1, verbunden mit dem Übergang (der Anwachsung) ihres Gesamthandsvermögens unter Gesamtrechtsnachfolge auf die PG 2; die Praxis spricht hier deshalb gelegentlich auch von einer „anwachsenden Verschmelzung" (vgl. § 105 Rn 57).

22 Das UmwG hat 1994 mit der Spaltung als Gegenstück zur Verschmelzung erstmals die Möglichkeit einer (erleichterten) Umstrukturierung mittels Übertragung von Vermögensteilen geschaffen.[22] Seither sind auch **Personenhandelsgesellschaften** spaltungsfähig (§ 124 Abs. 1 i.V.m. § 3 Abs. 1 Nr. 1 UmwG), d.h. Vermögensteile der OHG/KG können als Sachgesamtheiten auf einen bestehenden oder neu zu gründenden Rechtsträger übertragen werden (§ 123 UmwG). Die **Aufspaltung** (§ 123 Abs. 1 UmwG) einer Personenhandelsgesellschaft auf mehrere (neue oder bestehende) Gesellschaften führt ebenfalls zum liquidationslosen Erlöschen des übertragenden Rechtsträgers. Demgegenüber bleibt die sich umwandelnde Gesellschaft bei **Abspaltung und Ausgliederung** (§ 123 Abs. 2 und 3 UmwG) als solche erhalten; es werden lediglich Teile ihres Vermögens im Wege der partiellen Universalsukzession auf andere Rechtsträger übertragen, bei denen es sich entweder um unabhängige Gesellschaften (Abspaltung) oder um eine 100 %-Tochter handelt (Ausgliederung). Den Gesellschaftern steht damit ein weiterer Weg offen, das Ver-

---

[21] Vgl. allg. § 105 Rn 51 ff; zur Beteiligung einer Personenhandelsgesellschaft als Gesellschafterin einer anderen OHG/KG vgl. § 105 Rn 96 f, zur Mindestzahl von zwei Gesellschaftern § 105 Rn 70.

[22] Widmann/Mayer/*Schwarz* Umwandlungsrecht § 123 Rn 1; *Wiedemann* Gesellschaftsrecht Bd. II, § 6 II 1a, S. 531.

mögen der Gesellschaft aufzuteilen; bis 1994 war dies nur im Weg der **Realteilung**, also durch Einzelrechtsübertragung, möglich.[23]

Um einen Sonderfall der „Abspaltung" handelt es sich bei der **Betriebsaufspaltung.** 23
Sie ist typischerweise dadurch gekennzeichnet, dass die Gesellschafter der OHG oder KG entweder selbst oder unter Zwischenschaltung der OHG (KG) eine *Betriebsgesellschaft* in der Rechtsform der GmbH oder GmbH & Co. KG gründen, dieser das Anlagevermögen verpachten, das Umlaufvermögen übertragen und das laufende Geschäft auf sie überleiten. Die OHG/KG wird nicht liquidiert, sondern besteht als *Besitzgesellschaft* fort, ggf. verbunden mit der formwechselnden Umwandlung von der OHG/KG zur GbR (§ 105 Rn 56), wenn sie sich (wie meist) auf die Rolle des Verpächters beschränkt (vgl. § 105 Rn 29).

II. Unternehmensverbindungen

Die Rechtsverhältnisse verbundener Unternehmen sind nur im Aktienrecht geregelt; 24
die Regelung knüpft in erster Linie an die Rechtsform der abhängigen (Tochter-)Gesellschaft als AG an. Zum **Personengesellschafts-Konzernrecht** vgl. Anh. § 105.

D. Geltungsschranken

I. Zeitliche (Intertemporäres Recht)

Schrifttum

Großfeld/Irriger Intertemporales Unternehmensrecht, JZ 1988, 531.

Zeitliche Schranken für die Geltung der Vorschriften des Zweiten Buches des HGB 25
ergeben sich aus der das intertemporäre Recht der Schuldverträge regelnden Vorschrift des **Art. 170 EGBGB.** Danach gilt für heute allenfalls ganz ausnahmsweise noch zu begegnenden Altverträgen aus der Zeit vor Inkrafttreten des HGB am 1.1.1900 grundsätzlich das alte Recht fort, d.h. im Fall der Personengesellschaften das ADHGB und etwaiges sie ergänzendes altes Landesrecht. Der Rechtsgedanke der Vorschrift lässt sich auf sonstige Änderungen des Schuldvertrags-(Gesellschafts-)rechts übertragen, soweit der Gesetzgeber auf eine besondere Überleitungsvorschrift verzichtet hat.[24] Ein **Altvertrag** in diesem Sinne liegt nur vor, wenn der aus der Zeit vor 1900 stammende Gesellschaftsvertrag ohne Neuabschluss, Vertragsverlängerung, rechtsgeschäftliche Aufnahme neuer Gesellschafter oder sonstige nicht rein formale Vertragsänderungen fortbesteht.[25] Der Anteilsübergang aufgrund erbrechtlicher Gesellschafternachfolge oder die Ausübung eines im Gesellschaftsvertrag vorgesehenen Eintrittsrechts lassen den Charakter als Altvertrag unberührt.[26]

---

23 Dazu Voraufl. Rn 24 (*Ulmer*).

24 Std. Rspr., vgl. BGHZ 10, 391 (394) = NJW 1954, 231; BGHZ 44, 192 (194) = NJW 1966, 155; dazu MünchKommBGB[4]/*Grothe* Art. 170 EGBGB Rn 3 mwN.

25 Vgl. RGZ 84, 136 (138); 109, 56 (57); *Großfeld/Irriger* JZ 1988, 531 (535); zur zeitlichen Reichweite des § 354a: BGH NJW 2001, 1724.

26 RGZ 145, 289 (291) (vorbehaltlich konkludenter Unterwerfung der Beteiligten unter das neue Recht). Zu den Schranken der Fortgeltung vgl. 3. Aufl. Rn 29 (*Rob. Fischer*).

26 Zur **Handelsrechtsreform 1998** enthielt **Art. 41 EGHGB a.F.** eine bis speziell auf die §§ 131–142 bezogene Übergangsregelung.[27] Eine weitere Übergangsregelung sieht **Art. 31 EGHGB** für die Anwendung des § 160 vor (dazu näher § 160 Rn 38 ff [*Habersack*]).

II. Sachliche (Internationales Gesellschaftsrecht)

Schrifttum

Vgl. die eingehenden *Kommentierungen* des Internationalen Gesellschaftsrechts bei MünchKommBGB[4]/*Kindler* Bd. 11 (2006) Internationales Gesellschaftsrecht; Soergel/*Lüderitz*[12], Bd. 10 (1996), EGBGB Art. 10 Anh.; Staudinger/*Großfeld* (1998), EGBGB Internationales Gesellschaftsrecht; dazu die Gesamtdarstellungen *Eidenmüller* (Hrsg.) Ausländische Kapitalgesellschaften im deutschen Recht (2004); *Habersack* Europäisches Gesellschaftsrecht[3] (2006) (zitiert: *Habersack* EuGesR); *Wiedemann* Gesellschaftsrecht I (1980), § 14. Ferner: *Altmeppen* Schutz vor europäischen Kapitalgesellschaften, NJW 2004, 97; *Altmeppen/Willhelm* Gegen die Hysterie um die Niederlassungsfreiheit der Scheinauslandsgesellschaften, DB 2004, 1083; *Bitter* Flurschäden im Gläubigerschutzrecht durch „Centros & Co."? WM 2004, 2190; *Eidenmüller* Wettbewerb der Gesellschaftsrechte in Europa, ZIP 2002, 2233; *Hoffmann* Die stille Bestattung der Sitztheorie durch den Gesetzgeber, ZIP 2007, 1581; *Hofmeister* Grundlagen und Entwicklungen des Internationalen Gesellschaftsrechts, WM 2007, 868; *Horn* Deutsches und europäisches Gesellschaftsrecht und die EuGH-Rechtsprechung zur Niederlassungsfreiheit – Inspire Art, NJW 2004, 893; *Kindler* „Inspire Art" – Aus Luxemburg nichts Neues zum internationalen Gesellschaftsrecht, NZG 2003 1086; *ders.* Auf dem Weg zur Europäischen Briefkastengesellschaft? NJW 2003, 1073; *Leible/Hoffmann* „Überseering" und das (vermeintliche) Ende der Sitztheorie, RIW 2002, 925; *Roth* Die deutsche Initiative zur Kodifizierung der Gründungstheorie. FS Harm Peter Westermann (2008), S. 1345; *Sandrock* Sitzrecht contra Savigny? BB 2004, 897; *Schäfer* Das Gesellschaftsrecht (weiter) auf dem Weg nach Europa – am Beispiel der SE-Gründung, NZG 2004, 785; *K. Schmidt* Verlust der Mitte durch „Inspire Art"? ZHR 168 (2004), 493; *Ulmer* Gläubigerschutz bei Scheinauslandsgesellschaften, NJW 2004 1201; *Zimmer* Grenzüberschreitende Rechtspersönlichkeit, ZHR 168 (2004), 355.

27 **1. Überblick.** Das deutsche internationale Gesellschaftsrecht ist als Teildisziplin des Internationalen Privatrechts Gegenstand einer umfangreichen, in neuerer Zeit durch Einflüsse auch des EG-Rechts geprägten Diskussion. In ihrem Mittelpunkt steht die Frage nach dem *Personalstatut der Gesellschaft*, d.h. nach der Bestimmung der für ihre Rechtsverhältnisse nach innen und außen maßgebenden Rechtsordnung: sie beantwortet sich nicht nach der Staatsangehörigkeit oder dem Wohnsitz der Gesellschafter, sondern nach eigenständigen Anknüpfungspunkten der Gesellschaft (Rn 29 f). Weitere, in Art. 11 Abs. 1, Halbsatz 2 EGBGB zugunsten des alternativen Eingreifens der lex fori entschiedene Fragen stellen sich im Hinblick auf die Form des Gesellschaftsvertrags (Rn 32). Die folgende Darstellung beschränkt sich auf eine **Kurzübersicht** über einige zentrale, für das Recht der OHG und KG relevante Probleme des internationalen Gesellschaftsrechts; im Übrigen wird auf das Spezialschrifttum verwiesen.

28 Vom internationalen Gesellschaftsrecht zu unterscheiden sind die Regeln des **Fremdenrechts.** Dabei geht es um inländische Sachnormen über die Betätigung ausländischer Personen und Gesellschaften im Inland; ihr Eingreifen setzt die rechtliche Qualifizierung der Gesellschaft als ausländische (einem ausländischen Personalstatut unterstehende) und ihre Anerkennung im Inland voraus. §§ 28 GebrMG, 58 GeschmMG, 35 WZG über die Stellung ausländischer Schutzrechtsinhaber ohne inländische Niederlassung, §§ 55, 110 ff

---

[27] Vgl. zu dieser § 131 Rn 4.

ZPO über die Prozessfähigkeit von Ausländern und die Sicherheitsleistung für ihre Prozesskosten u.a.[28] Weitere fremdenrechtliche Bestimmungen finden sich in zwischenstaatlichen Abkommen.

2. Personalstatut. Das Personalstatut (Gesellschaftsstatut) bezeichnet diejenige **nationale Rechtsordnung,** nach der sich die „persönlichen" Rechtsverhältnisse einer juristischen Person oder Personengesellschaft bestimmen.[29] Es geht um die Voraussetzungen für ihre Gründung und Entstehung (unter Vorbehalt der Formerfordernisse, vgl. Rn 32), um ihre rechtliche Qualifikation als juristische Person oder Personengemeinschaft, um ihre Struktur und Organverfassung, um die Regelung ihres Innenverhältnisses und ihres Außenhandelns, um die Vertretungsbefugnis und die Haftungsverhältnisse, um Auflösung, Liquidation und Beendigung der Gesellschaft (zur grenzüberschreitenden Sitzverlegung vgl. § 13 Rn 68 [*Koch*]). Das EGBGB enthält bislang keine gesetzliche Regelung über die Bestimmung des Personalstatutes. Bis in die jüngste Vergangenheit war hierfür die **Sitztheorie** vorherrschend.[30] Sie knüpft an den effektiven Verwaltungssitz einer Gesellschaft an und wendet das nationale Gesellschaftsrecht dieses Staates an.[31] Demgegenüber wendet die **Gründungstheorie** immer das Recht des Staates an, in dem die Gesellschaft gegründet wurde, gleich in welchem Land sich ihr Verwaltungssitz befindet.[32] Daneben wurden noch einige vermittelnde Theorien vertreten.[33] Durch die Anwendung der Sitztheorie sollte verhindert werden, dass durch die Wahl einer ausländischen Gesellschaftsform die nationalen Vorschriften des Gläubiger- und Minderheitenschutzes umgangen werden.[34] 29

Seit der EuGH in den Rechtssachen *Centros*, *Überseering* und *Inspire Art* entschieden hat, dass mit Rücksicht auf die Niederlassungsfreiheit aus Art. 43 und 48 EG sogar die **Scheinauslandsgesellschaft** im Inland als solche, d.h. mit ihrer ausländischen Rechtsform, **anzuerkennen** sei,[35] wird darüber gestritten, ob dies zwingend auf die Gründungstheorie für Gesellschaften aus dem Bereich der Europäischen Union[36] und aus EWR-Staaten[37] hinausläuft.[38] Demgegenüber wird für Gesellschaften, die aus Drittstaaten zuziehen, 30

---

[28] Weit. Bsp. vgl. bei MünchKommBGB[4]/*Kindler* IntGesR Rn 881 ff, 888 f; Staudinger/*Großfeld* (1998) IntGesR Rn 961 ff, 963; *Wiedemann* Gesellschaftsrecht Bd. I, § 15 I 1, S. 825 ff; *Ebenroth* JZ 1988, 75 (84 f).

[29] Vgl. statt aller MünchKommBGB[4]/*Kindler* IntGesR Rn 331 ff; Staudinger/*Großfeld* (1998) IntGesR Rn 16 ff, 249 ff.

[30] Statt aller Voraufl. Rn 33 ff (*Ulmer*).

[31] *Eidenmüller* § 1 Rn 4; Staudinger/*Großfeld* (1998) IntGesR Rn 26 ff; *Hofmeister* WM 2007, 868 (869); MünchKommBGB[4]/*Kindler* IntGesR Rn 400 ff.

[32] *Eidenmüller* § 1 Rn 2 ff; Staudinger/*Großfeld* (1998) IntGesR Rn 31 ff; *Hofmeister* WM 2007, 868 (869); MünchKommBGB[4]/*Kindler* IntGesR Rn 339 ff.

[33] Vgl. nur die Übersichten bei *Eidenmüller* § 1 Rn 9; Staudinger/*Großfeld* (1998) IntGesR Rn 34 ff; MünchKommBGB[4]/*Kindler* IntGesR Rn 367 ff.

[34] *Eidenmüller* § 1 Rn 6; Staudinger/*Großfeld* (1998) IntGesR Rn 41 ff; MünchKommBGB[4]/*Kindler* IntGesR Rn 401 ff; Voraufl. Rn 34 (*Ulmer*).

[35] EuGH Slg. 2003, I-10155 = NJW 2003, 3331 – *Inspire Art*; Slg. 2002, I-9919 = NJW 2002, 3614 – *Überseering*; Slg. 1999, I-1459 = NJW 1999, 2027 – *Centros*. Dazu *Habersack* EuGesR § 3 Rn 15 ff; MünchKommBGB[4]/*Kindler* IntGesR Rn 103 ff.

[36] Dazu insbes. BGH NJW 2005, 1648 (1649); BGHZ 154, 185 (190) = NJW 2003, 1461; MünchKommBGB[4]/*Kindler* IntGesR Rn 338; *Horn* NJW 2004, 893 (896); *Ulmer* NJW 2004, 1201 (1209).

[37] Dazu BGHZ 164, 148 (151) = NJW 2005, 3301 (Liechtensteinische AG).

[38] Dafür etwa *Eidenmüller* § 2 Rn 87 ff; *Leible/Hoffmann* RIW 2002, 925 (935) RIW; dagegen z.B. *Sandrock* BB 2004, 897 (901) sowie die in Fn 41 Genannten.

unverändert die Einordnung als GbR vertreten.[39] Indessen ist auch für den EG-Bereich daran festzuhalten, dass Aussagen des EuGH zur Niederlassungsfreiheit schon aus kompetenziellen Gründen keine kollisionsrechtlichen Vorgaben beinhalten.[40] Maßstab kann allein das Primärrecht, hier die Niederlassungsfreiheit sein. Damit ist zwar die Auslandsgesellschaft als wirksam nach ihrem Heimatrecht gegründet anzuerkennen, doch schließt dies die Anwendung einzelner Bestimmungen des deutschen Gesellschafts- und (erst recht) gesellschaftsbezogenen Insolvenzrechts nicht aus. Insbesondere gläubigerschützende Vorschriften des nationalen Gesellschaftsrechts und entsprechende Verhaltenspflichten der Gesellschafter und deren Geschäftsführer können deshalb durchaus auch auf die EU-Gesellschaft zur Anwendung kommen, sofern sie nicht deren Niederlassungsfreiheit verletzen, sich namentlich nicht zuzugsbeschränkend auswirken.[41] Als Lösung des Streits um das zutreffende Personalstatut würde sich idealerweise die Schaffung einer an das SE-Statut angelehnten europäischen Kollisionsnorm anbieten.[42] Doch schickt sich der deutsche Gesetzgeber derzeit an, zunächst eine nationale Regelung zu verwirklichen. **Art. 10 EGBGB-E** des Referentenentwurfs eines Gesetzes zum Internationalen Privatrecht der Gesellschaften, Vereine und juristischen Personen möchte allgemein die Gründungstheorie im Gesetz verankern.[43]

31 Nach den Urteilen *Daily Mail* und *Überseering* war umstritten, ob die europarechtliche Niederlassungsfreiheit auch den **Wegzug von Gesellschaften** gestattet.[44] Während sich der Generalanwalt in seinem Schlussantrag[45] im Verfahren *Cartesio* hierfür ausgesprochen hatte, entschied der EuGH die Frage unter Anknüpfung an die *Daily Mail*-Entscheidung dahin[46], dass die Artt. 43, 48 EG nationalen Regelungen nicht entgegenstehen, die eine Verlegung des Verwaltungssitzes in einen anderen Mitgliedsstaat unter Beibehaltung des Gesellschaftsstatuts des Gründungsstaates verwehren. Jeder Mitgliedsstaat könne nach nationalem Recht nicht nur die Anforderungen aufstellen, die eine Gesellschaft erfüllen müsse, damit sie wirksam gegründet sei, sondern auch solche, die für den Erhalt dieses Status erforderlich seien.[47] Das Urteil ist im Schrifttum unterschiedlich[48] aufgenommen worden, doch hat es definitiv geklärt, dass die Niederlassungsfreiheit nicht auch den freien Wegzug garantiert. Im deutschen Personengesellschaftsrecht existieren zwar keine § 4a Abs. 2 GmbHG a.F. bzw. § 5 Abs. 2 AktG vergleichbaren Regelungen, weshalb GbR, OHG und KG ihren Verwaltungssitz aus Sicht des deutschen Rechts prinzipiell ungehindert in das Ausland verlegen können.[49] Doch führte die Anwendung der Sitztheorie klassischer Prägung bei wegziehenden Gesellschaften zu einem Statuten-

---

[39] BGHZ 151, 204 = NJW 2002, 2359; *Hofmeister* WM 2007, 868 (872); *Horn* NJW 2004, 893 (897).

[40] *Altmeppen* NJW 2004, 97; *Bitter* WM 2004, 2190 (2192); *Kindler* NZG 2003, 1086; *ders.* NJW 2003, 1073 (1077 f); *C. Schäfer* NZG 2004, 785 (787); vgl. auch *Ulmer* NJW 2004, 1201 (1205).

[41] *Altmeppen* NJW 2004, 97 (100); *Bitter* WM 2004, 2190; *C. Schäfer* NZG 2004, 785 (786); ähnlich *K. Schmidt* ZHR 168 (2004), 493 (500).

[42] *C. Schäfer* NZG 2004, 785 (787 f). Ähnl. *Zimmer* ZHR 167 (2004), 355 (362 f).

[43] Vgl. dazu kritisch: *Roth* FS Westermann, 2008, 1345 ff.

[44] Dafür Ebenroth/Boujong/Joost/Strohn/*Wertenbruch* § 105 Rn 213; dagegen MünchKommBGB[4]/*Kindler* IntGesR Rn 498 jew. mwN.

[45] EuGH GA (Generalanwalt Poiares Maduro), Schlussanträge v. 22.5.2008 – Rs C-210/06, ZIP 2008, 1067.

[46] EuGH Große Kammer, Urt. v. 16.12.2008 – Rs C-210/06 (*Cartesio*), NJW 2009, 569.

[47] EuGH (Fn 46), NJW 2009, 569 (571).

[48] Zustimmend: *Kindler* NZG 2009, 130; ablehnend: *Leible/Hoffmann* BB 2009, 58; *Knof/Mock* ZIP 2009, 30.

[49] Ebenroth/Boujong/Joost/Strohn/*Wertenbruch* § 105 Rn 213; einschränkend aber MünchKommBGB[4]/*Kindler* IntGesR Rn 504 f.

wechsel, der nicht durch das primäre EG-Recht überlagert wird. Ob allerdings die Sitztheorie weiterhin auf deutsche Gesellschaften anwendbar bleibt, die ihren Sitz ins Ausland verlegen, bleibt ohne Regelung im (deutschen) Internationalen Gesellschaftsrecht ungeklärt. Freilich geht der deutsche GmbH-Gesetzgeber offenbar davon aus, dass schon die Aufhebung des § 4a Abs. 2 GmbHG a.F., der einen Inlandssitz für zwingend erklärte, der GmbH den Weg zur identitätswahrenden Verlagerung ihres Verwaltungssitzes eröffnet hat (vgl. die Begr. RegE MoMiG, BT-Drucks. 16/1640, S. 29).

3. **Formprobleme.** Für die Wahrung der Form von Rechtsgeschäften genügt nach 32
Art. 11 Abs. 1, Halbsatz 2 EGBGB abweichend vom Personalstatut die Beachtung der **Ortsform,** d.h. der nach der lex loci maßgebenden Formvorschriften. Ob die Vorschrift auch für Gesellschaftsverträge gilt, ist umstritten.[50] Da die Gesellschaftsverträge einer OHG und KG grundsätzlich formfrei sind, kommt eine Anwendung des § 11 Abs. 1 EGBGB nur in Betracht, wenn der Abschluss eines Gesellschaftsvertrages mit Rücksicht auf den Gegenstand der Einlageleistung nach deutschem Recht ausnahmsweise formbedürftig ist (§ 105 Rn 167 ff). Danach kann ein Gesellschaftsvertrag, der die Pflicht eines Gesellschafters zur Einbringung eines Grundstücks oder eines GmbH-Anteils begründet, auch ohne notarielle Form wirksam geschlossen werden, wenn das am Ort des Vertragsschlusses geltende Recht auf diese Form verzichtet; der Vorbehalt des Art. 11 Abs. 4 EGBGB steht mangels entsprechender Regelung im deutschen Recht nicht entgegen.[51] Anderes gilt für die Auflassung des Grundstücks an die Gesellschaft in Erfüllung der Einlageverpflichtung; sie bedarf nach Art. 11 Abs. 5 EGBGB der Form des § 925 BGB.

E. Europäisches Gesellschaftsrecht

Schrifttum

Habersack Europäisches Gesellschaftsrecht[3] (2006); *Grundmann* Europäisches Gesellschaftsrecht (2004); MünchKommBGB[4]/*Kindler* IntGesR V., Rn 32 ff.

I. Rechtsangleichung

Abgesehen von der Niederlassungsfreiheit des Art. 43, 48 EG (dazu Rn 30) prägen 33
bislang elf Richtlinien[52] das europäische Gesellschaftsrecht. Sie sind auf die Koordinierung des Gesellschaftsrechts der Mitgliedstaaten gerichtet und haben ausschließlich die Angleichung des Kapitalgesellschaftsrechts (vorwiegend des Aktienrechts) zum Gegenstand.[53] Eine entsprechende Angleichungspflicht für das Personengesellschaftsrecht ist nicht begründet worden. Allerdings hat der deutsche Gesetzgeber der Vorschrift des

[50] Vgl. die Übersicht bei MünchKommBGB[4]/*Kindler* IntGesR Rn 532 ff; dafür vgl. nur Soergel/*Kegel*[12] EGBGB Art. 11, 24; dagegen vgl. nur Staudinger/*Großfeld* (1998) IntGesR Rn 467; zum Streit über die Anwendbarkeit der Vorschrift auf formbedürftige Satzungen und Gründungsurkunden von Kapitalgesellschaften vgl. Ulmer/Habersack/Winter/*Behrens* GmbHG Einl. Rn B 133 ff; Scholz/*Westermann* GmbHG[10] Einl. Rn 134 ff.

[51] MünchKommBGB[4]/*Spellenberg* Art. 11 EGBGB Rn 124.

[52] Zusammenstellung bei: MünchKommBGB[4]/*Kindler* IntGesR Rn 33 ff. Z.T. abgedruckt bei *Habersack* EuGesR § 5 Rn 1 ff.

[53] Näher zum Harmonisierungskonzept etwa *Habersack* EuGesR § 4 Rn 5 ff.

Art. 4 der 1. (Publizitäts-)Richtlinie[54] auch für die typische GmbH & Co. OHG/KG (Rn 13) Rechnung getragen; nach §§ 125a, 177a ist sie zur Angabe der Rechtsform, des Sitzes, des Registergerichts (mit Nummer), der Firmen ihrer Gesellschafter und – soweit diese die Rechtsform einer GmbH oder AG haben – der insoweit nach §§ 35a GmbHG, 80 AktG vorgeschriebenen Angaben verpflichtet (vgl. Erl. zu § 125a [*Habersack*]). Daneben bestehen Unternehmensformen des Gemeinschaftsrechts wie die Europäische wirtschaftliche Interessensvereinigung (dazu unten Rn 34 ff), die Europäische (Aktien-)Gesellschaft (SE) und die Europäische Genossenschaft (SEC).

II. Europäische wirtschaftliche Interessenvereinigung

34 Die Europäische wirtschaftliche Interessenvereinigung (EWIV) ist eine im Kern **supranationale** (europäische) **Gesellschaftsform.**[55] Sie beruht auf einer vom Rat aufgrund von Art. 308 EG erlassenen, am 1.7.1989 in Kraft getretenen Verordnung,[56] dient der grenzüberschreitenden Zusammenarbeit von Unternehmen oder Angehörigen freier Berufe und gilt als Handelsgesellschaft i.S.v. § 6.[57] Gründungsvoraussetzungen sind die Beteiligung von mindestens zwei unternehmerisch oder freiberuflich tätigen Gesellschaftern (auch juristischer Personen oder Personenvereinigungen) mit Haupttätigkeit oder Hauptverwaltung in mehr als einem Mitgliedstaat und ein auf Unterstützung der wirtschaftlichen (unternehmerischen oder freiberuflichen) Tätigkeit ihrer Mitglieder gerichteter Zweck. Zur Entstehung bedarf es abweichend vom deutschen Personengesellschaftsrecht außer dem Vertragsschluss auch der Eintragung im Handelsregister.[58] Im Übrigen wird die EWIV mit Sitz im Inland **weitgehend der OHG gleichgestellt**; wie bei dieser haften die Mitglieder unbeschränkt und gesamtschuldnerisch für die Schulden der EWIV.[59]

35 Die **Rechtsgrundlagen** der EWIV setzen sich aus drei Rechtsquellen zusammen. Die oberste – innerhalb der EG einheitlich geltende – Rechtsquelle bildet die **Verordnung** über die EWIV; sie befasst sich in erster Linie mit Errichtung, Existenz und Struktur der neuen Rechtsform. Hinzu kommt ein **nationales Ausführungsgesetz**, das dazu bestimmt ist, eine Reihe von Regelungslücken der Verordnung unter Beachtung der darin enthaltenen Vorgaben auszufüllen.[60] Dementsprechend beschäftigt sich das deutsche EWIV-Ausführungsgesetz vom 14.4.1988[61] vor allem mit der *Anmeldung der EWIV zum Handelsregister* einschließlich ihrer Eintragung und Bekanntmachung, mit den Pflichten der *Geschäftsführer* der EWIV, mit Fragen der Auflösung, des Ausscheidens von Mitgliedern, der Abwicklung sowie mit den Voraussetzungen und Rechtsfolgen eines Konkursverfah-

[54] Richtlinie v. 9.3.1968, ABl. EG Nr. L 65 v. 14.3.1968, S. 8 ff.

[55] Vgl. dazu *Abmeier* NJW 1986, 2987 ff; *Ganske* DB 1985 Beilage 20; *Gleichmann* ZHR 149 (1985), 633 ff; *Meyer-Landrut* RIW 1986, 107 ff; *K. Schmidt* Gesellschaftsrecht, § 66, S. 1901 ff.

[56] VO v. 25.7.1985, ABl. EG Nr. L 199 v. 31.7.1985, S. 1 ff, abgedruckt bei *Habersack* EuGesR § 11 Rn 41.

[57] So § 1 des Gesetzes zur Ausführung der EWG-Verordnung über die Europäische wirtschaftliche Interessenvereinigung (EWIV-AusführungsG) vom 14.4.1988, BGBl. I 514.

[58] Nach Art. 1 Abs. 2 VO hat die Vereinigung von der Eintragung an „die Fähigkeit, im eigenen Namen Träger von Rechten und Pflichten jeder Art zu sein, Verträge zu schließen oder andere Rechtshandlungen vorzunehmen und vor Gericht zu stehen"; § 123 Abs. 2 findet also keine Anwendung.

[59] Dazu *Habersack* EuGesR § 11 Rn 28 ff.

[60] Zu den damit verbundenen Regelungs- und Auslegungsproblemen *Abmeier* NJW 1986, 2988 ff; *Meyer-Landrut* Die Europäische wirtschaftliche Interessenvereinigung, 1988, S. 29 ff; *Habersack* EuGesR § 11 Rn 2.

[61] Vgl. Fundstelle in Fn 57.

rens über das Vermögen der EWIV. Eine dritte Schicht bildet das subsidiär anwendbare **nationale Gesellschaftsrecht**; insoweit verweist das deutsche Ausführungsgesetz auf das **Recht der OHG.**[62] Die in der Verordnung vorgesehene Kombination von europäischem und nationalem Recht als Rechtsgrundlage der EWIV führt dazu, dass ihre Ausgestaltung sich je nachdem, in welchem Mitgliedstaat sie ihren Sitz hat, nicht unwesentlich unterscheiden wird.[63] Der angestrebte supranationale (europäische) Charakter wird dadurch nur teilweise erreicht.

Unterschiede zur OHG weist die EWIV trotz ihrer Behandlung als Handelsgesellschaft und der subsidiären Geltung des OHG-Rechts in einer Reihe von Punkten auf. Neben dem Erfordernis von Mitgliedern aus mehr als einem Mitgliedstaat und dem nicht auf den gemeinsamen Betrieb eines Handelsgewerbes, sondern auf die Förderung der Mitgliedsunternehmen gerichteten Zweck gilt das einerseits für die **Einbeziehung der freien Berufe** als Förderungsgegenstand unter Verzicht auf das Vorliegen der Eintragungsvoraussetzungen der §§ 1–3, andererseits für die Einsetzung der – im Grundsatz mehrheitlich entscheidenden[64] – **Mitgliederversammlung** als oberstes Organ und die Zulassung von **Drittgeschäftsführern** unter Verzicht auf den Grundsatz der Selbstorganschaft. **36**

[62] So § 1 des Gesetzes (Fn 57).

[63] Vgl. dazu und zu der daraus resultierenden Problematik bei grenzüberschreitender Sitzverlegung der EWIV *Abmeier* NJW 1986, 2989 f; nach Art. 14 VO bedarf es für diese Fälle einstimmiger Beschlussfassung und der Einhaltung detaillierter Verfahrensregeln.

[64] So Art. 16 Abs. 2 VO unter Vorbehalt einer Reihe qualifizierter, nur einstimmig zu fassender Beschlüsse (Änderungen des Unternehmensgegenstands, des Stimmrechts, der Beitrags- und sonstigen Mitgliederpflichten, der Dauer der EWIV u.a.); näher zur Willensbildung – mwN – *Habersack* EuGesR § 11 Rn 20.

ERSTER ABSCHNITT

Offene Handelsgesellschaft

ERSTER TITEL

Errichtung der Gesellschaft

§ 105

(1) Eine Gesellschaft, deren Zweck auf den Betrieb eines Handelsgewerbes unter gemeinschaftlicher Firma gerichtet ist, ist eine offene Handelsgesellschaft, wenn bei keinem der Gesellschafter die Haftung gegenüber den Gesellschaftsgläubigern beschränkt ist.

(2) Eine Gesellschaft, deren Gewerbebetrieb nicht schon nach § 1 Abs. 2 Handelsgewerbe ist oder die nur eigenes Vermögen verwaltet, ist offene Handelsgesellschaft, wenn die Firma des Unternehmens in das Handelsregister eingetragen ist. § 2 Satz 2 und 3 gilt entsprechend.

(3) Auf die offene Handelsgesellschaft finden, soweit nicht in diesem Abschnitt ein anderes vorgeschrieben ist, die Vorschriften des Bürgerlichen Gesetzbuchs über die Gesellschaft Anwendung.

Schrifttum

Vgl. Angaben zu Beginn der Vorbem. zu § 105 sowie vor Rn 38, 51, 58, 72, 77, 84, 102, 109, 114, 228, 239, 247, 256, 288, 315, 373.

Übersicht

Alphabetische Übersicht

A. Einführung

I. Die OHG als Handelsgesellschaft

1. Die Regelung des § 105. Die Vorschrift des § 105 Abs. 1 behandelt die offene Handelsgesellschaft als die beim Fehlen besonderer Vereinbarungen eingreifende, **typische Rechtsform für den gemeinschaftlichen Betrieb eines Handelsgewerbes** durch zwei oder mehr Personen. Seit 1998 steht die Rechtsform auch Gesellschaften offen, die ein kleingewerbliches oder vermögensverwaltendes Unternehmen betreiben (Abs. 2); als OHG entsteht eine solche Gesellschaft allerdings erst, wenn sie im Handelsregister eingetragen ist (Rn 25, 28 ff). Nach der gesetzlichen Systematik handelt es sich bei der OHG um eine „qualifizierte" Form der Gesellschaft bürgerlichen Rechts (§ 705 BGB), deren Zweck zwingend entweder auf den Betrieb eines Handelsgewerbes oder die Verwaltung eigenen Vermögens gerichtet ist. Dieser Zusammenhang kommt auch in § 105 Abs. 3 zum Ausdruck, der auf die Vorschriften der §§ 705 bis 740 BGB verweist, soweit das OHG-Recht keine besonderen Vorschriften enthält (vgl. dazu näher Rn 63 ff). Im Einzelnen setzt das Bestehen einer OHG nach § 105 den Abschluss eines **Gesellschaftsvertrags** sowie den darin dokumentierten Willen der Gesellschafter voraus, unter gemeinschaftlicher Firma zum Betrieb eines Handelsgewerbes oder der Verwaltung eigenen Vermögens am Rechtsverkehr teilzunehmen. Aus dem Bezug auf das Handelsgewerbe folgt, dass die OHG notwendig auf Dauer gerichtet ist, aus dem Handeln unter gemeinschaftlicher Firma, dass es sich bei ihr um eine Außengesellschaft im Sinne einer Gesamthandsgemeinschaft der Gründer handelt (vgl. näher Rn 46 f). Ihre Rechts- und Parteifähigkeit ist positivrechtlich in § 124 bestimmt; sie ist damit zwar keine juristische Person, gehört aber zur Gruppe der rechtsfähigen Personengesellschaften (§ 14 Abs. 2 BGB). Die Vorschrift bringt lediglich diejenige Rechtsqualität zum Ausdruck, die sich nach zutreffendem neuerem Verständnis mit der gesellschaftsrechtlichen Gesamthand („Gruppe") ohnehin verbindet und die daher auch die (Außen-)Gesellschaft bürgerlichen Rechts prägt (vgl. Rn 40). 1

Eine weitere (freilich negative) Voraussetzung einer OHG besteht darin, dass der Gesellschaftsvertrag bei keinem der Gesellschafter die Haftung gegenüber den Gesellschaftsgläubigern beschränken darf (vgl. näher Rn 36 f). Die OHG ist daher nicht nur Handlungs-, sondern auch **Haftungsgemeinschaft** der in ihr zusammengeschlossenen Gesellschafter, wobei systematisch zwischen der Haftung der Gesellschaft und derjenigen der Gesellschafter zu unterscheiden ist (vgl. §§ 124, 128 bis 130, 159, 160). In der *unbeschränkten* Haftung *sämtlicher* Gesellschafter liegt die rechtlich entscheidende **Abgren-** 2

zung gegenüber der Kommanditgesellschaft; diese kennt nach § 161 Abs. 1 abweichend von der OHG zwei Gruppen von Gesellschaftern mit unterschiedlichem Herrschafts- und Haftungsstatus. Von diesem Unterschied abgesehen weisen die Rechtsformen der OHG und der KG als die zwei gesetzlich geregelten Fälle gemeinschaftlichen Betriebs eines Handelsgewerbes weitgehende Übereinstimmung auf; beide sind auf Vertrag beruhende, nach außen unter gemeinschaftlicher Firma auftretende Personenhandelsgesellschaften in Form von Gesamthandsgemeinschaften. Daher ist auch der identitätswahrende Formwechsel einer OHG in eine KG und umgekehrt problemlos möglich (s. schon Vorbem. Rn 20 ff). Er vollzieht sich stets außerhalb des UmwG und wird allein dadurch bewirkt, dass wenigstens bei einem Gesellschafter im Gesellschaftsvertrag die Haftung auf den Betrag seiner (Haft-)Einlage beschränkt bzw. eine *bestehende* Haftungsbeschränkung durch Ausscheiden des beschränkt Haftenden oder vertragliche Änderung seiner Gesellschafterstellung beseitigt wird (Rn 51, 56).

2. Abgrenzung von anderen Gesellschaften und Körperschaften

3 a) **Von sonstigen Personengesellschaften.** Zur Abgrenzung der OHG von der Kommanditgesellschaft als der anderen Rechtsform einer Personenhandelsgesellschaft vgl. schon Rn 2. Zu den „Gesellschaften" im Sinne des BGB und des HGB gehören weiter die sonstigen auf vertraglicher Grundlage (§ 705 BGB) beruhenden, nicht zur juristischen Person verselbständigten oder in Vereinsform errichteten Personengemeinschaften. Über die Abgrenzung zur **Gesellschaft bürgerlichen Rechts** (GbR) entscheidet der besondere, in §§ 105 Abs. 1, 2, 161 Abs. 1 geregelte *Gesellschaftszweck* der OHG und KG, d.h. der Betrieb eines Handelsgewerbes oder der Verwaltung eigenen Vermögens unter gemeinschaftlicher Firma. Der gemeinsame Zweck einer GbR kann von den Beteiligten innerhalb der Schranken der §§ 134, 138 BGB zwar grundsätzlich beliebig festgesetzt werden. Eine zwingende Ausnahme hiervon gilt jedoch für die Verfolgung handelsrechtlicher Zwecke; sie macht die Gesellschaft nach Maßgabe der §§ 1 bis 3 auch dann zur Handelsgesellschaft (OHG oder KG), wenn die Parteien eine entsprechende Rechtsformwahl nicht getroffen haben (zum Rechtsformzwang näher Rn 15)[1]. Umgekehrt hat allerdings die Verminderung des Umfangs des Gewerbes oder gar die Änderung des Gesellschaftszwecks zur ausschließlichen Verwaltung eigenen Vermögens wegen Abs. 2 den Formwechsel Gesellschaft kraft Rechtsformzwangs nur dann zur Folge, wenn die Gesellschaft – entgegen § 29 – nicht im Handelsregister eingetragen ist (Rn 15 aE). Ebenfalls zu den „Gesellschaften", wenn auch nicht zu den Handelsgesellschaften (§ 6 Abs. 1 HGB), gehört die **stille Gesellschaft** der §§ 230 ff. Bei ihr handelt es sich um einen Sonderfall der Innengesellschaft bürgerlichen Rechts.[2] Dass ihre Regelung im HGB erfolgt ist, steht nicht entgegen; sie erklärt sich aus der Art des gemeinsamen Zwecks: der (Innen-)Beteiligung des Stillen am Handelsgewerbe des Geschäftsinhabers.

---

1 Ganz hM, vgl. BGHZ 10, 91 (97) = NJW 1953, 1217; 22, 240 (245) = NJW 1957, 218; MünchKommHGB/*K. Schmidt* Rn 19; MünchKommBGB[5]/*Ulmer* § 705 Rn 3; Baumbach/*Hopt* Rn 7; *K. Schmidt* Stellung der OHG S. 158 ff; *Wiedemann* Gesellschaftsrecht Bd. II, § 8 I 1a, S. 678; ebenso für den umgekehrten Fall (GbR entgegen dem auf OHG gerichteten Parteiwillen) BGHZ 32, 307 (310) = NJW 1960, 1664; BGH WM 1962, 10 (11); **aA** zum Ganzen *Lieb* Die Ehegattenmitarbeit im Spannungsfeld zwischen Rechtsgeschäft, Bereicherungsausgleich und gesetzlichem Güterstand, 1970, S. 24 ff; *Battes* AcP 174 (1974), 429 (434 f, 438 f); i.E. auch *Jahnke* ZHR 146 (1982), 595 (609 f).

2 MünchKommHGB/*K. Schmidt* § 230 Rn 10; MünchKommBGB[5]/*Ulmer* § 705 Rn 282; *Wiedemann* Gesellschaftsrecht Bd. II, § 10 I 3, S. 880; vgl. näher Erl. zu § 230.

b) **Von den Kapitalgesellschaften.** Als Kapitalgesellschaften kennt das geltende Recht die Aktiengesellschaft, die Kommanditgesellschaft auf Aktien, die Gesellschaft mit beschränkter Haftung und die Europäische (Aktien-) Gesellschaft (SE). Alle diese Rechtsformen sind zwar, ebenso wie die OHG und KG, Handelsgesellschaften i.S.d. § 6 Abs. 1. Hiervon abgesehen weisen sie jedoch nach gesetzlicher Ausgestaltung, Rechtsnatur und Art der Entstehung eindeutige Unterschiede gegenüber OHG und KG auf (vgl. näher Vor § 105 Rn 6 f); das gilt vor allem für ihre Qualität nicht als Gesamthandsgemeinschaft, sondern als juristische Person sowie – damit zusammenhängend – für die von der Erfüllung normativer Erfordernisse abhängige Eintragung im Handelsregister als notwendige Entstehungsvoraussetzung. Es handelt sich überdies durchgehend um Formkaufleute i.S.v. § 6 Abs. 2, so dass es auf den konkreten Unternehmensgegenstand für die Anwendung des Handelsrechts nicht ankommt. Die Wahl einer dieser Rechtsformen setzt somit voraus, dass die Beteiligten sich bewusst hierfür entscheiden und dass sie im notariellen Gründungsakt sowie im anschließenden Eintragungsverfahren den jeweiligen Erfordernissen des AktG oder GmbHG entsprechen. Abgrenzungsschwierigkeiten können sich nur in solchen Fällen ergeben, in denen die Beteiligten zwar bereits ein Handelsgewerbe unter gemeinschaftlicher Firma betreiben, jedoch ohne die Rechtsform einer Kapitalgesellschaft trotz notariellen Gründungsakts ernsthaft anzustreben oder die Eintragungsabsicht nach erfolgter Gründung, aber vor Eintragung der Gesellschaft weiterzuverfolgen (sog. *unechte* Vorgesellschaft). In derartigen Fällen greifen wegen der Auffangfunktion der Rechtsform der OHG[3] die Vorschriften der §§ 105 ff sofort bzw. nach Wegfall der Eintragungsabsicht ein;[4] die Bezeichnung des Zusammenschlusses durch die Beteiligten als AG, KGaA oder GmbH steht nicht entgegen. **4**

c) **Vom wirtschaftlichen Verein.** Verein und Gesellschaft sind nach den Regelungen der §§ 21 ff, 705 ff BGB im Grundsatz klar getrennt, auch wenn der Gesetzgeber für den nichtrechtsfähigen Verein durch die strukturwidrige Verweisung des § 54 S. 2 BGB auf das Gesellschaftsrecht für zahlreiche Auslegungsprobleme gesorgt hat[5]. Kennzeichen des Vereins sind der von der Person der jeweiligen Mitglieder losgelöste, am Vereinszweck orientierte Zusammenschluss einer grundsätzlich unbegrenzten Zahl von Personen, die Möglichkeit des Eintritts und Ausscheidens von Vereinsmitgliedern ohne Veränderung des Bestands des Vereins sowie die körperschaftliche, durch Fremdorganschaft und Mehrheitsprinzip geprägte Vereinsverfassung (vgl. Rn 38). Sie bestimmen die **besondere Struktur des Vereins** und unterscheiden ihn von der Gesellschaft unabhängig davon, ob es sich um einen eingetragenen Idealverein (§ 21 BGB), einen durch Konzession (§ 22 BGB) oder spezialgesetzliche Regelung[6] zugelassenen wirtschaftlichen Verein oder einen nicht rechtsfähigen Verein (§ 54 BGB) handelt[7]. **5**

---

[3] Vgl. insbes. *A. Hueck* OHG, § 1 I 4 und II, S. 13 ff; *K. Schmidt* Stellung der OHG, S. 141 ff, 189 ff, 242 ff.

[4] Sog. unechte Vorgesellschaft, vgl. BGHZ 152, 290 (294 f) = NJW 2003, 429; BGH NZG 2004, 663 (nachträglicher Wegfall der Eintragungsabsicht); BGHZ 22, 240 (244) = NJW 1957, 218; BGH NJW 2000, 1193 (1194) (anfängliches Fehlen der Eintragungsabsicht); eingehend *Ulmer*/Habersack/Winter GmbHG § 11 Rn 26 ff.

[5] Vgl. nur MünchKommBGB[5]/*Reuter* § 54 Rn 3 f; Staudinger/*Weick* BGB (2005) § 54 Rn 2, 28; *Flume* ZHR 148 (1984), 503 ff.

[6] Vgl. insbes. §§ 15 ff VAG (Versicherungsverein auf Gegenseitigkeit). Weit. Bsp. spezialgesetzlicher Normativbestimmungen bei *K. Schmidt* Verbandszweck und Rechtsfähigkeit im Vereinsrecht, 1984, S. 82 ff, 163 ff.

[7] Zu den Strukturunterschieden zwischen Verein und Gesellschaft (Körperschaft und Personengesellschaft) vgl. die Nachw. in Fn 98; relativierend *Flume* ZHR 148 (1984), 503 ff. Zur zwingenden Behandlung des nichtrechts-

6 Trotz dieser für den Typus von Verein und Gesellschaft kennzeichnenden Unterschiede hat die Rechtsprechung es zugelassen, dass sich körperschaftlich strukturierte Zusammenschlüsse, gekennzeichnet durch eine Vielzahl untereinander nicht bekannter Mitglieder und durch Geltung des Mehrheitsprinzips, aus steuerrechtlichen Gründen als Personenhandelsgesellschaft konstituieren[8]. Bekanntgeworden sind derartige Verbindungen – als sog. **Publikums-KG** – vor allem in der Rechtsform der KG (vgl. näher Voraufl. Anhang zu § 161 [*Schilling*]); sie finden sich aber auch als Gesellschaften bürgerlichen Rechts[9]. Über die Gründung einer „Publikums-OHG" ist demgegenüber in neuerer Zeit nichts bekanntgeworden[10]; hieran dürfte schon wegen der unbeschränkten Haftung aller Gesellschafter kaum jemals Interesse bestehen. Für etwa dennoch in der Rechtsform einer OHG auftretende Publikumsgesellschaften kann wegen der vergleichbaren Struktur im Wesentlichen auf die Erläuterungen zur Publikums-KG (Voraufl. Anh. zu § 161 [*Schilling*]) verwiesen werden, soweit sich nicht aus dem abweichenden Außenrecht der OHG (§§ 123 ff) zwingend etwas anderes ergibt. Zur Behandlung eines nicht rechtsfähigen wirtschaftlichen Vereins im Außenverhältnis als OHG vgl. Rn 15.

II. Entwicklung des OHG-Rechts

7 **1. Vom ADHGB zum HGB.** Zur Entwicklung des Personengesellschaftsrechts bis zum 19. Jahrhundert vgl. die Darstellung von *Robert Fischer* in der 3. Auflage (Rn 1). Die erste einheitliche deutsche Kodifikation des OHG-Rechts findet sich in Art. 85 ff ADHGB[11]. Entsprechend dem Entwurf eines ADHGB von 1848/49[12] knüpfte sie in erster Linie an die Regelung der Société en nom collectif im französischen Code de commerce von 1807 an; ihr war eine entsprechende gesetzliche Regelung in der unter Ludwig XIV. erlassenen Ordonnance sur le commerce von 1673 vorausgegangen. **Kennzeichen der Regelung im ADHGB** sind die klare Unterscheidung zwischen Innen- und Außenverhältnis der Gesellschaft und zwischen Geschäftsführung und Vertretung, die Unbeschränkbarkeit der grundsätzlich jedem Gesellschafter allein zustehenden Vertretungsmacht sowie die Behandlung des Gesellschaftsvermögens als vom Privatvermögen der Gesellschafter getrenntes, auf dem Gesamthandsprinzip beruhendes und dem ausschließlichen Zugriff der Gesellschaftsgläubiger unterliegendes Sondervermögen[13]. Auch die Regelung der Kommanditgesellschaft im HGB geht auf das ADHGB zurück und hat dort eine eindeutige, sie insbes. von einer stillen Gesellschaft zwischen tätigem Gesellschafter und Kapitalgeber unterscheidende Regelung gefunden.[14]

8 Das **HGB** hat das OHG-Recht in seinen Grundzügen unverändert aus dem ADHGB übernommen. Soweit es dabei zu **redaktionellen Änderungen** kam, beruhen diese auf der

---

fähigen wirtschaftlichen Vereins als OHG vgl. BGHZ 22, 240 (244) = NJW 1957, 218; MünchKommBGB[5]/*Reuter* § 54 Rn 13; Soergel/*Hadding*[13] § 54 Rn 3 und 25; Staudinger/*Habermeier* BGB (2002) Vor § 705 Rn 68; *K. Schmidt* Stellung der OHG, S. 212 ff; *Wiedemann* Gesellschaftsrecht Bd. I, § 2 I 1 b, S. 93 f.

[8] Kritisch zu dieser Entwicklung insbes. *Knobbe-Keuk* Das Steuerrecht – eine unerwünschte Rechtsquelle des Gesellschaftsrechts? 1986, S. 7 ff, 10 f.

[9] Vgl. etwa BGH NJW 1979, 2304 (2305) – Forum S; dazu *Flume* ZHR 148 (1984), 503 ff.

[10] Vgl. immerhin den Fall RGZ 36, 60 (OHG mit 159 Gesellschaftern).

[11] Allg. zum ADHGB und seiner Entstehung vgl. *Rehme* in Ehrenberg Handbuch I, S. 237 ff; *Wieland* I, S. 24 ff.

[12] *Baums* Entwurf eines allgemeinen Handelsgesetzbuchs für Deutschland (1848/49), ZHR-Beiheft 54 (1982).

[13] *Wieland* I, S. 524.

[14] Vgl. *Wieland* I, S. 734 ff.

zugleich mit dem HGB in Kraft getretenen Kodifikation des bürgerlichen Rechts im BGB; sie machte es erforderlich, den Inhalt der beiden Gesetzbücher unter Beachtung der Ergänzungsfunktion des HGB für den kaufmännischen Verkehr aufeinander abzustimmen. Im Zusammenhang mit der Ausgestaltung auch der Gesellschaft bürgerlichen Rechts als Gesamthandsgemeinschaft wurden daher eine Reihe gesellschaftsrechtlicher Regelungen aus dem ADHGB in das BGB übernommen (vgl. §§ 706 bis 708, 717 bis 719, 738 bis 740), verbunden mit einem neuen Verweisungstatbestand in § 105 Abs. 2. Daneben kam es zu einigen **inhaltlichen Modifikationen** wie dem grundsätzlichen Verzicht auf die Schriftform des Gesellschaftsvertrags oder der Schaffung der Möglichkeit, nicht nur die Geschäftsführungsbefugnis, sondern auch die Vertretungsmacht aus wichtigem Grund zu entziehen[15]. Eine einschneidende Reform des OHG-Rechts war mit der Einführung des HGB jedoch nicht verbunden; seine wesentlichen Grundlagen gehen nach wie vor auf das ADHGB von 1861 zurück.

2. Rechtsentwicklung seit 1900

a) **Novellierung.** Die erste Novellierung der §§ 105 bis 160 erfolgte erst im Jahr 1976. 9
Auch seitdem ist es zu Änderungen nur vereinzelt gekommen. Die Neuregelungen betrafen ganz überwiegend den Sonderfall einer **GmbH & Co. OHG,** d.h. solche Personengesellschaften in der Rechtsform der OHG, für deren Verbindlichkeiten *keine* natürliche Person als unmittelbarer oder – über eine andere OHG oder KG – mittelbarer Gesellschafter unbeschränkt haftet (vgl. die Definition in § 125a Abs. 1). Für sie führte das **1. WiKG 1976** in §§ 130a, 130b die Konkursantragspflicht der Geschäftsführer bei Zahlungsunfähigkeit oder Überschuldung ein. Die **GmbH-Novelle 1980** brachte mit den neuen §§ 125a, 129a überdies Vorschriften über bestimmte Pflichtangaben auf Geschäftsbriefen sowie über Gesellschafterdarlehen, jeweils nach dem Regelungsvorbild des GmbH-Rechts. Eine geringfügige Modifikation erfolgte schließlich durch das **Bilanzrichtliniengesetz 1985,** das das Kontrollrecht des § 118 Abs. 1 auf den „Jahresabschluss" ausdehnte und die Regelung dadurch an die neuen, auch die Personenhandelsgesellschaften betreffenden Bilanzierungsvorschriften der §§ 242 ff anpasste. Erwähnung verdient daneben auch das Publizitätsgesetz von 1969; als rechtsformübergreifendes Gesetz ließ es den Inhalt der §§ 105 bis 160 unberührt und beschränkte sich darauf, für Unternehmen ab einer bestimmten Mindestgröße, auch solche in der Rechtsform der OHG (§ 3 Abs. 1 Nr. 1 PublG), die Prüfung und Offenlegung des Jahresabschlusses anzuordnen. Die **Handelsrechtsreform 1998**[16] hat zu recht weitreichenden Änderungen des Rechts der OHG geführt. Abgesehen von den mittelbaren Auswirkungen des grundlegend reformierten Kaufmannsbegriffs (vgl. dazu Einl. Rn 11, § 2 Rn 1 ff [*Oetker*]) betrafen diese zunächst den erweiterten Kreis zulässiger Gesellschaftszwecke (§ 105 Abs. 2). Seither können zum einen Kleingewerbetreibende i.S.v. § 2 eine OHG betreiben – und damit auch die Haftungsbeschränkung als Kommanditist erreichen (§ 161 Abs. 2),[17] zum anderen steht die Rechtsform sogar Gesellschaften offen, die nur ihr eigenes Vermögen verwalten (näher unten Rn 28 ff). Die zweite größere Änderung betraf die §§ 131 ff mit dem Ziel, die

---

[15] Vgl. näher Denkschrift zum Entwurf eines HGB, S. 80 ff.

[16] Gesetz zur Neuregelung des Kaufmanns- und Firmenrechts und zur Änderung handels- und gesellschaftsrechtlicher Vorschriften vom 22.6.1998, BGBl. I 1998, 1474; vgl. dazu auch die Gesamtüberblicke von *Priester* DNotZ 1998, 691; *K. Schmidt* NJW 1998, 2161.

[17] BegrRegE BT-Drucks. 13/8444, S. 39.

„Unternehmenskontinuität" möglichst zu sichern, so wurden insbesondere personenbezogene Auflösungsgründe in bloße Ausscheidensgründe umgewandelt (dazu näher § 131 Rn 2 ff).

10 **b) Sonstige Entwicklungen.** Im Unterschied zum – dem im Übrigen ohne relevante Änderungen fortbestehenden – Gesetzesrecht hat die Rechtspraxis des OHG-Rechts seit 1900 wesentliche Änderungen, namentlich des Innenrechts, erfahren. Sie beruhen einerseits auf dem Einfluss der **Kautelarjurisprudenz,** die unter Ausnutzung des dispositiven Charakters des OHG-Innenrechts (§§ 109 bis 122, 131 ff) zunehmend zu Abweichungen gegenüber der gesetzlichen Ausgestaltung kam[18]. Anders als im KG-Recht ging es dabei weniger um die Entwicklung einer neuen, auf Typenvermischung von OHG und GmbH beruhenden Rechtsform nach Art der GmbH & Co. KG, auch wenn die GmbH & Co. OHG nicht nur vereinzelt begegnet. Im Vordergrund stand vielmehr die Anpassung des OHG-Rechts an geänderte Bedürfnisse und Vorstellungen der Beteiligten, darunter die stärkere Berücksichtigung unterschiedlicher Kapitalbeteiligung der einzelnen Gesellschafter unter Abweichung von der Berechnung nach Köpfen (§§ 119 Abs. 2, 121 Abs. 3), die unterschiedliche, auf die Besonderheiten der jeweiligen Gesellschaft zugeschnittene Ausgestaltung der Rechte und Pflichten der einzelnen Gesellschafter und die Entwicklung einer besonderen Kategorie von „Gesellschaftern minderen Rechts"[19], die Absicherung des Familieneinflusses auf die nach Familienstämmen strukturierten Gesellschaften, die Einführung zusätzlicher Gesellschaftsorgane (Gesellschafterversammlung, Beirat) sowie schließlich die Zulassung der Übertragung und Vererbung von Gesellschaftsanteilen unter Abgrenzung des als Erwerber oder Erbe in Betracht kommenden Personenkreises.

11 Neben der Kautelarjurisprudenz und zum Teil in Reaktion hierauf hat die **höchstrichterliche Rechtsfortbildung** in Verbindung mit der Verfeinerung der Gesellschaftsrechtsdogmatik wesentlich zur Rechtsentwicklung im Personengesellschaftsrecht beigetragen und für dessen Anpassung an sich ändernde Bedürfnisse und Gestaltungsaufgaben gesorgt[20]. Unter den zahlreichen, im Lauf der Jahrzehnte zu beobachtenden richterrechtlichen Entwicklungen verdienen Erwähnung vor allem die rechtliche Anerkennung der fehlerhaften Gesellschaft, die stärkere Verselbständigung der Gesellschaft gegenüber ihren Gesellschaftern durch Behandlung der Mitgliedschaft (des Kapitalanteils) als selbständig übertragbares Recht, die Entwicklung der Treupflicht und sonstiger, „beweglicher" Schranken mehrheitlicher Willensbildung in der Gesellschaft, der Übergang zur Inhaltskontrolle bei Regelungen im Gesellschaftsvertrag, die wie das Recht zum Ausschluss einzelner Gesellschafter ohne wichtigen Grund oder die weitgehende Beschränkung des Abfindungsanspruchs in den Kernbereich der Mitgliedschaft eingreifen, die Entwicklung eines Sonderrechts für Publikumsgesellschaften sowie schließlich die Lösung der mit der Kollision von Gesellschafts- und Erbrecht verbundenen Probleme, die in der prinzipiellen

---

[18] Zum Einfluß der Kautelarjurisprudenz auf die Entwicklung des Gesellschaftsrechts vgl. auch *Rob. Fischer* Das Entscheidungsmaterial der höchstrichterlichen Rechtsprechung in: Schriften zur Rechtsvergleichung, Bd. 80 (1976); *Maria Plum* FS 100 Jahre DJT, Bd. 2, 1960, S. 137 ff; *Morck* Die vertragliche Gestaltung der Beteiligung an Personen-Handelsgesellschaften, 1980; *Wiedemann* Gesellschaftsrecht Bd. I, § 1 IV 2, S. 78 ff.

[19] Vgl. dazu näher *Flume* I/1, S. 137 f, 179, 181.

[20] Dazu *Rob. Fischer* Die Weiterbildung des Rechts durch die Rechtsprechung, 1971; *Stimpel* in Pehle/Stimpel Richterliche Rechtsfortbildung, 1968, S. 15 ff; *Ulmer* Richterrechtliche Entwicklungen im Gesellschaftsrecht 1971–1985, 1986; *Hüffer* ZHR 151 (1987), 396 ff; *K. Schmidt* ZHR 171 (2007) 2 (5 f); *Wiedemann* Gesellschaftsrecht II, S. 38.

Anerkennung der Testamentsvollstreckung gipfelten. Folge dieser einschneidenden Wandlungen des Personengesellschaftsrechts ist dessen weitgehende Ablösung vom geschriebenen Recht, soweit es nicht wie die §§ 105 bis 108, 123 bis 130 zwingende Geltung beansprucht, sowie die Herausbildung eines für den Außenstehenden nur schwer überschaubaren case law, das an die Gestaltungsaufgabe der Kautelarjurisprudenz und an die Erläuterungsfunktion von Kommentaren und Monografien hohe Anforderungen stellt.

III. Rechtliche und wirtschaftliche Bedeutung

1. Verbreitung in der Praxis. Die OHG war lange Zeit die am weitesten verbreitete Rechtsform der Handelsgesellschaften. Sie übertraf nicht nur die AG und die GmbH, sondern auch die KG. Ihr typischer Anwendungsbereich lag einerseits bei der Zusammenarbeit tätiger Gesellschafter in mittelständischen Unternehmen, andererseits bei der gemeinsamen Fortführung des Unternehmens eines Einzelkaufmanns unter Aufnahme von Familienangehörigen oder Einbringung des ererbten Handelsgeschäfts in eine OHG. Die sich schon seit längerem abzeichnende **Verlagerung von der OHG zur GmbH & Co. KG** (Voraufl. Rn 12 [*Ulmer*]) hat sich mittlerweile vollzogen. Nach Schätzungen standen schon im Jahre 2002 nur noch 56.100 in der Rechtsform der OHG organisierten Unternehmen 424 .500 in der Rechtsform der KG gegenüber, wovon 345.300 auf die GmbH & Co. KG entfielen[21]. Dass das Aufkommen der OHG weiter rückläufig ist, zeigen die aktuellen Zahlen zu An- und Abmeldungen beim Handelsregister: 2006 standen 4.727 Anmeldungen in der Rechtsform der OHG oder KG (2005: 4.827) 20.105 Anmeldungen einer GmbH & Co. KG (2005: 19.325) gegenüber, während im selben Zeitraum 5.232 OHG und KG (2005: 5.516), aber nur 10.832 GmbH & Co. KG (2005: 12.082) vom Handelsregister abgemeldet wurden.[22] Inwiefern durch die Öffnung des deutschen Marktes für **ausländische Rechtsformen** (vgl. dazu vor § 105 Rn 33 ff) der OHG zusätzliche Konkurrenz durch die englische Private Company Limited by Shares (Ltd.) entsteht, ist noch nicht abzusehen. Aktuelle Untersuchungen beziehen sich auf das Verhältnis zwischen GmbH und Ltd[23]. Gleichwohl wird die Ltd. unverändert, insbes. von unseriösen Gründungsagenturen, speziell für kleine Unternehmern als Alternative zur OHG angedient. Hierauf hat die Bundesregierung im Gesetz zur Modernisierung des GmbH-Rechts und zur Bekämpfung von Missbräuchen (MoMiG) mit der Schaffung eines GmbH-Ablegers, der **Unternehmergesellschaft (UG) haftungsbeschränkt,** reagiert (§ 5a GmbHG). Bei ihr muss die Befreiung von der persönlichen Haftung der Gesellschafter lediglich mit einem Stammkapital von 1 EURO (und gewissen Einschränkungen bei der Gewinnausschüttung) „erkauft" werden, so dass der OHG vermutlich weitere Konkurrenz erwachsen wird. 12

2. Der Einfluss des OHG-Rechts. Der bei der Rechtsform der OHG zu beobachtende Rückgang des wirtschaftlichen Gewichts wirkt sich auf das **OHG-Recht** nicht ohne Weiteres aus. Ihm kommt erhebliche, über die Rechtsverhältnisse der OHG weit hinaus- 13

[21] *Kornblum* GmbHR 2003, 1157 (1172). – In späteren Jahren erschienene Beiträge des Autors enthalten hierzu keine Angaben mehr.

[22] Zahlen für 2006 aus: *Angele* Wirtschaft und Statistik 2007, 567, 572. Zahlen für 2005 aus: Statistisches Jahrbuch 2006, 486 ff.

[23] *Bayer/Hoffmann* GmbHR 2007, 414; *Niemeier* ZIP 2006, 2237; *Westhoff* GmbHR 2007, 474.

reichende Bedeutung in erster Linie deshalb zu, weil die OHG die Grundform aller Personenhandelsgesellschaften bildet. Infolge der Verweisung des § 161 Abs. 2 gilt das OHG-Recht in weiten Teilen, insbes. hinsichtlich der Rechtsstellung der persönlich haftenden Gesellschafter, unmittelbar für die Rechtsverhältnisse in der KG. Auch werden die Grundfragen des Personengesellschaftsrechts in erster Linie im Rahmen des OHG-Rechts diskutiert mit der Folge, dass es seit langem eine **Pilotfunktion für die anderen Personengesellschaften** übernommen hat. Entsprechendes gilt in abgeschwächter Form aber auch für seinen **Einfluss auf das Kapitalgesellschaftsrecht,** darunter namentlich das Innenrecht personalistisch strukturierter Kapitalgesellschaften. Derartige Einflüsse sind etwa bei der Diskussion über die Treupflicht der GmbH-Gesellschafter[24] oder zur Geltung der Kernbereichslehre im GmbH-Recht[25] unverkennbar. Deshalb besteht auch unabhängig vom wirtschaftlichen Gewicht der OHG kein Grund, vom OHG-Recht Abschied zu nehmen oder ihm nur noch begrenzte Aufmerksamkeit zu widmen.

B. Grundlagen

I. Begriff und Wesensmerkmale

1. Allgemeines

14 a) **Begriffsbestimmung.** § 105 Abs. 1 bestimmt den Begriff der OHG. Danach ist sie eine Gesellschaft, deren Zweck auf den Betrieb eines Handelsgewerbes unter gemeinschaftlicher Firma gerichtet ist. Nach Abs. 2 kann der Zweck überdies auf die gemeinsame Verwaltung des Gesellschaftsvermögens gerichtet sein (Rn 28 ff). Unter Gesellschaft versteht das HGB entsprechend der Regelung im BGB ein **vertragliches Schuldverhältnis i.S.d. § 705 BGB,** durch das sich die Gesellschafter verpflichten, den gemeinsamen Zweck durch Beitragsleistung zu fördern. Erforderlich sind also der Abschluss eines Gesellschaftsvertrags (Rn 16) und die Beitragsleistung der Beteiligten (Rn 17). Dieser Begriffsbestimmung fügt Abs. 1 noch ein weiteres negatives Merkmal hinzu: Die Haftung der Gesellschafter gegenüber den Gesellschaftsgläubigern darf nicht beschränkt sein (Rn 36 f).

15 b) **Rechtsformzwang.** Die Begriffsmerkmale der OHG in § 105 Abs. 1 sind **zwingend**[26]. Der Betrieb eines istkaufmännischen Handelsgewerbes (§ 1) unter gemeinsamer Firma macht den Zusammenschluss der Beteiligten daher *ohne Weiteres*, im Unterschied zu den Fällen des Abs. 2 also auch ohne Eintragung im Handelsregister zur OHG, wenn sie sich nicht in rechtlich zulässiger Weise für eine andere Handelsgesellschaftsform (KG, GmbH, AG, KGaA) entscheiden. Entsprechendes gilt für eine auf den Betrieb eines Handelsgewerbes gerichtete, als nichtrechtsfähiger Verein geplante Personenverbindung (vgl. Nachw. in Fn 7): Ihre Mitglieder haften für die Vereinsverbindlichkeiten unbeschränkt

[24] Vgl. nur *M. Winter* Treubindungen, S. 63 ff.

[25] Dazu hier nur *C. Schäfer* Der stimmrechtslose GmbH-Geschäftsanteil, 1997, S. 153 ff.

[26] EinhM, vgl. RGZ 155, 75, (82 ff); BGHZ 10, 91 (97) = NJW 1953, 1217; BGHZ 22, 240, (245) = NJW 1957, 218; BGHZ 32, 307, (310) = NJW 1960, 1664; Baumbach/*Hopt* Rn 7; MünchKommHGB/*K. Schmidt* Rn 10; Röhricht/Graf v. Westphalen/*v. Gerkan/Haas* Rn 1; Ebenroth/Boujong/Joost/Strohn/*Wertenbruch* Rn 2; *A. Hueck* OHG, § 1 II S. 14 f; *Battes* AcP 174 (1974), 430 mN in Fn 2 und 3; *Jahnke* ZHR 146 (1982), 595 (620 ff). Zur abw. Ansicht von *Battes* und *Jahnke* für den Fall unzutr. Rechtsformwahl vgl. Rn 158 und Fn 507.

persönlich nach § 128. Wegen dieser in § 105 Abs. 1 angelegten Automatik hat die Rechtsform der OHG zugleich eine **Auffangfunktion**; sie greift auch in denjenigen Fällen ein, in denen ursprünglich die Gründung einer Kapitalgesellschaft geplant war, die Beteiligten dann aber die Absicht der Eintragung als GmbH, AG u.a. nicht weiterverfolgen, ohne gleichzeitig den Geschäftsbetrieb einzustellen (unechte Vorgesellschaft, vgl. Rn 4). **Im Einzelnen** folgt aus dem Rechtsformzwang, dass es für die Entstehung der Gesellschaft als OHG oder GbR auf die Vereinbarung der Parteien über die Rechtsform nicht ankommt; eine unzutreffende Rechtsformwahl lässt die Wirksamkeit des Gesellschaftsvertrags unberührt (Rn 158). Richtet sich der gemeinsame Zweck auf den Betrieb eines Handelsgewerbes i.S.v. § 1, so entsteht die Gesellschaft sofort als OHG (Rn 49); im Falle eines kleingewerblichen oder vermögensverwaltenden Unternehmens entsteht sie hingegen zunächst als GbR und wandelt sich erst mit Eintragung im Handelsregister in eine OHG um (Rn 50). Zur umgekehrten formwechselnden Umwandlung von der OHG zur GbR kommt es nur dann, wenn die Beteiligten durch Änderung des Zwecks den Betrieb eines Gewerbes auf Dauer aufgeben *und* auch keine Vermögensverwaltung mehr betreiben (Rn 27) oder wenn dieser auf kleingewerblichen Umfang zurückgeht und die Firma im Handelsregister gelöscht wird (vgl. Rn 27). In allen diesen Fällen ist die Änderung der Rechtsform vom Parteiwillen unabhängig; sie lässt die Identität der Gesellschaft als Personenvereinigung mit Gesamthandsvermögen unberührt. Zu den Folgen des Rechtsformwechsels für das Innenverhältnis der Beteiligten vgl. § 109 Rn 17 f.

2. Gesellschaft

a) **Gesellschaftsvertrag.** Erste Voraussetzung für das Vorliegen einer OHG ist nach 16
§ 105 Abs. 1 der Abschluss eines Gesellschaftsvertrags mit dem auf den Betrieb eines Handelsgewerbes unter gemeinschaftlicher Firma gerichteten Zweck (s. schon Rn 14 und näher Rn 23 ff). Der Vertrag bedarf im Regelfall keiner Form; er kann ausdrücklich oder konkludent geschlossen werden (vgl. näher Rn 154 ff). Stets erforderlich ist jedoch eine **rechtsgeschäftliche,** auf den gemeinsamen Betrieb des Handelsgewerbes oder die Verwaltung eigenen Vermögens gerichtete **Willensübereinstimmung** der Beteiligten. Deren Fehlerhaftigkeit (Anfechtbarkeit oder Nichtigkeit) schließt das Bestehen einer OHG nicht aus, sobald sie nach außen in Erscheinung getreten und dadurch in Vollzug gesetzt ist (vgl. Rn 315 ff, 335). **Ohne** einen auf den gemeinsamen Zweck i.S.v. § 105 Abs. 1, 2 gerichteten, sei es auch fehlerhaften Vertragsschluss kommt eine OHG nicht zur Entstehung; frühere abweichende Ansichten, die entweder nur auf das gemeinsame Auftreten nach außen und die damit verbundene beschränkte Haftung aller Beteiligten abstellten[27] oder das Vorliegen einer „Außengesellschaft“ ohne interne gesellschaftsvertragliche Vereinbarungen zwischen den Beteiligten genügen lassen wollten[28], sind seit langem überholt.[29] In derartigen Fällen einer Scheingesellschaft kommt es zwar aus Rechtsscheingründen zur unbeschränkten Haftung derjenigen Beteiligten, denen der mit dem Handeln der Scheingesellschaft verbundene Rechtsschein zurechenbar ist[30]. Ein Gesellschaftsverhältnis wird hierdurch jedoch nicht begründet; es gibt weder Gesell-

[27] So *Laband* ZHR 30 (1885), 469 (508 f) unter Berufung auf den von § 105 Abs. 1 abweichenden Wortlaut des Art. 85 ADHGB; dazu näher noch 3. Aufl. Rn 6 (*Rob. Fischer*).

[28] So noch *Wieland* I, S. 501 ff; vgl. dazu *A. Hueck* OHG, § 1 Id, S. 5 f.

[29] Näher *C. Schäfer* S. 71 ff, 120 f.

[30] Zur Lehre vom Scheinkaufmann und zu den Voraussetzungen einer Rechtsscheinhaftung im Handelsrecht vgl. § 5 Rn 24 ff (*Oetker*), zur Scheingesellschaft vgl. Rn 367 ff.

schaftsorgane noch ein Gesamthandsvermögen, auf das die Gläubiger der Scheingesellschaft zugreifen könnten. Das gilt selbst dann, wenn die Scheingesellschaft in das Handelsregister eingetragen ist, falls man nicht in der Anmeldung durch alle Beteiligten (§ 108 Abs. 1) einen konkludenten Vertragsschluss sehen kann[31]. Zur Fortführung eines ererbten Handelsgeschäfts durch eine Erbengemeinschaft ohne Gesellschaftsvertragsschluss vgl. Rn 58 ff, zur Unterscheidung zwischen fehlerhafter Gesellschaft und Scheingesellschaft vgl. Rn 370.

17 b) **Pflicht zur Beitragsleistung.** Die Pflicht aller Gesellschafter, den gemeinsamen Zweck durch Leistung von Beiträgen zu fördern, ist nach § 105 Abs. 3 i.V.m. § 705 BGB **notwendiger Inhalt** des Gesellschaftsvertrags; im Fall des OHG-Beitritts folgt die Beitragsleistung (iwS) freilich schon aus der unbeschränkten Gesellschafterhaftung (§ 128). Art und Umfang der Leistung von Beiträgen ieS (Rn 18) richten sich nach den Vorschriften des **§ 706 BGB**[32], soweit der Gesellschaftsvertrag hierüber nicht – wie regelmäßig – besondere Regelungen enthält. Auch der Grundsatz, dass gleiche Beiträge zu leisten sind (§ 706 Abs. 1 BGB), steht unter dem Vorbehalt abweichender Vereinbarung; die Dispositionsfreiheit der Gesellschafter ist insoweit nicht eingeschränkt[33]. Für die Erbringung der Beiträge gilt in vollem Umfang Gesellschaftsrecht: die Gesellschafter unterliegen der Treupflicht, die Rechtsfolgen von Leistungsstörungen richten sich nicht nach §§ 320 ff BGB, sondern nach allgemeinen Grundsätzen (Rn 145 ff), und den Mitgesellschaftern steht das Recht zu, die Beitragsansprüche der OHG im Wege der actio pro socio geltend zu machen (Rn 256 ff). Durch diese Besonderheiten unterscheiden sich die Beitragspflichten namentlich auch von Verpflichtungen der Gesellschafter aufgrund von sog. *Drittgeschäften*, die sie als Austauschverträge mit der OHG schließen und für deren Erfüllung die gesellschaftsrechtlichen Bindungen der Beteiligten allenfalls beschränkten Einfluss haben (vgl. Rn 213 f).

18 Auch hinsichtlich der **Art der Beiträge** und ihrer Einbringung haben die Gesellschafter abweichend vom Kapitalgesellschaftsrecht[34] volle Dispositionsfreiheit. Der Aufbringung eines bestimmten Haftungsfonds im Interesse der Gläubiger bedarf es bei der OHG schon deshalb nicht, weil die Gesellschafter auch persönlich für die Gesellschaftsverbindlichkeiten haften. Neben Geld- oder Sachleistungen kommen namentlich auch Dienstleistungen der Gesellschafter in Betracht (vgl. § 706 Abs. 3 BGB); sie bilden wegen der Geschäftsführungspflicht aller Gesellschafter nach § 114 Abs. 1 sogar die Regel. Zu denken ist weiter an sonstige geldwerte Leistungen wie gewerbliche Schutzrechte, Geschäftsverbindungen, Bezugsquellen oder Know-how.[35] Soweit die Einbringung vermögens-

---

[31] Zur Anwendbarkeit des § 15 Abs. 3 in derartigen Fällen, wenn die Beteiligten die Scheingesellschaft zur Eintragung anmelden und sie infolgedessen auch bekanntgemacht wird, vgl. Voraufl. § 15 Rn 60 (*Hüffer*).

[32] Vgl. dazu und zur Unterscheidung zwischen Beiträgen im engeren und solchen im weiteren Sinn näher MünchKommBGB[5]/*Ulmer/C. Schäfer* § 706 Rn 2 f, 7 ff.

[33] Das gilt auch für die Bewertungsmaßstäbe, vgl. Soergel/*Hadding*[12] § 706 Rn 10; MünchKommBGB[5]/*Ulmer/C. Schäfer* § 706 Rn 8. Zur Sittenwidrigkeit einer grob einseitigen Einlagebewertung vgl. BGH WM 1975, 325.

[34] Vgl. nur *Ulmer*/Habersack/Winter GmbHG § 5 Rn 99 zur zwingenden Ausgestaltung der Kapitalaufbringungsvorschriften im GmbH-Recht.

[35] Vgl. MünchKommBGB[5]/*Ulmer/C. Schäfer* § 706 Rn 10; Erman/*Westermann*[12] § 706 Rn 7; Bamberger/Roth/*Timm/Schöne*[2] § 706 Rn 6; Soergel/*Hadding*[12] § 706 Rn 7. Zur Einbringung von Know-how vgl. *Barz* FS W. Schmidt, 1959, S. 157 ff; BGH v. 25.1.1955, I ZR 15/53 („*Geheimverfahren*"), BGHZ 16, 172 (175) (Know-How als betrieblicher Vermögenswert); BFH v. 27.2.1975, I R 11/72, BFHE 115, 518

werter Leistungen unter Rechtsübertragung auf die Gesellschaft (quoad dominium, vgl. Rn 225) erfolgt und zu einer Vermehrung des Gesamthandsvermögens führt, handelt es sich um **Beiträge im engeren Sinne (Einlagen)**[36]. Die in § 705 BGB vorausgesetzte Förderung des gemeinsamen Zwecks kann aber auch in sonstiger Weise, sogar allein durch den Beitritt zur Gesellschaft und durch die damit verbundene, aus § 128 folgende **Erweiterung der Kreditgrundlagen der OHG** bewirkt werden[37]. Auch derartige Beiträge im weiteren Sinne reichen für die Förderungspflicht nach § 705 BGB aus[38]. Wegen dieses weiten Beitragsbegriffs kommt es auf die Frage, ob es auch beitragsfreie Beteiligungen geben kann, im Ergebnis nicht an.

Zur **Erhöhung der vereinbarten Beiträge** oder zum Ausgleich von Verlusten sind die Gesellschafter nach der zwingenden Vorschrift des **§ 707 BGB** nicht verpflichtet.[39] Freilich kann somit die stets notwendige Zustimmung der betroffenen Gesellschafter unter engen Voraussetzungen auch im Voraus, namentlich bereits im Gesellschaftsvertrag erklärt werden. Solche Einwilligungen sind freilich nur wirksam, wenn sie limitiert sind, insbesondere eine **Obergrenze** oder sonstige überschaubare Kriterien enthalten, die das Einverständnis der Höhe nach begrenzen.[40] In diesem Falle ist es unerheblich, ob die Fälligkeit der Nachschüsse von einem Mehrheitsbeschluss abhängt. Nicht um einen Fall der Beitragserhöhung handelt es sich, wenn bereits der **Gesellschaftsvertrag** in objektiv bestimmbarer, nicht von zusätzlichen Gesellschafterbeschlüssen abhängiger Weise erhöhte Leistungspflichten der Gesellschafter vorsieht, seien sie auch bedingter oder befristeter Natur, um dadurch künftigen Entwicklungen Rechnung zu tragen, etwa im Sinne aufschiebend bedingter Nachschuss- oder begrenzter Verlustausgleichspflichten[41]. Eine Vertragsbestimmung, wonach Gewinne und Verluste „auf Privatkonto verbucht" werden, gestattet freilich nicht den Schluss auf eine Verlustausgleichspflicht abweichend von § 735 BGB vor Auflösung der Gesellschaft.[42] **19**

(520 f) (zum Know-How als Gegenstand der Vermögenseinlage des stillen Gesellschafters); hierzu auch Kommentierung zu § 230 HGB; weitere BFH-Entscheidungen zu Bewertungsfragen.

36 Die Terminologie ist nicht einheitlich; wie hier MünchKommBGB[5]/*Ulmer*/*C. Schäfer* § 706 Rn 4; *K. Schmidt* Gesellschaftsrecht, § 20 II 3, S. 572 f; Röhricht/Graf v. Westphalen/*v. Gerkan*/*Haas* Rn 73 sowie eingehend *U. Huber* Vermögensanteil, S. 191 ff, 195 mN zum Diskussionsstand.

37 Allg. Ansicht seit RGZ 37, 58 (61).

38 Ganz hM, vgl. BGH WM 1987, 689 (690); *A. Hueck* OHG § 1 I 1c, S. 5; Soergel/*Hadding*[12] § 706 Rn 6; MünchKommBGB[5]/*Ulmer*/*C. Schäfer* § 706 Rn 2 und 10; **aA** nur *Herrmann* ZHR 147 (1983), 313 (317).

39 Näher MünchKommBGB[5]/*Ulmer*/*C. Schäfer* § 707 Rn 1 und *C. Schäfer* in VGR (Hrsg.) Gesellschaftsrecht in der Diskussion, 2008, S. 137 ff.

40 Std. Rspr., prägnant etwa BGH WM 2006, 577 (578) und 774 (775) (mit Anm. *C. Schäfer* EWiR § 707 BGB 1/06, 301); vgl. ferner *Abram* MDR 2006, 7 (8 f); *Barfuß* DB 1977, 571 (572); *Wagner* WM 2006, 1273 (1274); *Wiedemann* ZGR 1977, 690 (692); *Leenen* FS Larenz, 1983, S. 371, (386); *K. Schmidt* Gesellschaftsrecht § 16 III 3b; *ders.* ZGR 2008, 1 (20 f) (Obergrenze muss absolut sein); MünchKommBGB[5]/*Ulmer*/*C. Schäfer* § 707 Rn 7 f; Soergel/*Hadding*[12] § 707 Rn 3; zur Problematik des Bestimmtheitsgrundsatzes und zu Mehrheitsbeschlüssen, die in den Kernbereich der Mitgliedschaft eingreifen, vgl. § 119 Rn 34 ff.

41 BGH WM 2006, 577 (578); 774 (775); 2005, 1608 (1609); 1979, 1282 (1283). Vgl. MünchKommBGB[5]/*Ulmer*/*C. Schäfer* § 707 Rn 3; großzügiger wohl BGH WM 1961, 32; NJW 1980, 339 (340) und Soergel/*Hadding*[12] § 707 Rn 1, wonach es genügen soll, dass die Beitragshöhe sich aus dem sachlich und wirtschaftlich begrenzten Gesellschaftszweck ergibt.

42 BGH NJW 1983, 164.

3. Gemeinsamer Zweck

20 a) **Grundlagen.** Der gemeinsame Zweck und die hierauf gerichteten Förderungspflichten der Beteiligten (Rn 17 ff) bilden nach § 705 BGB die **konstitutiven Merkmale** des Gesellschaftsvertrags. Sie kennzeichnen dessen Rechtsnatur als Verhältnis der Interessengemeinschaft und grenzen ihn dadurch von den Austauschverträgen unter Einschluss der partiarischen Rechtsverhältnisse ab[43]. Notwendiger Inhalt des Gesellschaftsvertrags ist danach die Einigung der Parteien auf den von ihnen gemeinsam zu verfolgenden Gesellschaftszweck und dessen Förderung. Für das Verständnis des gemeinsamen Zwecks wesentlich ist seine Qualität als **überindividueller Verbandszweck**[44] und – damit zusammenhängend – seine inzwischen ganz überwiegend anerkannte Unterscheidung von den persönlichen Interessen, die die einzelnen Gesellschafter mit dem Beitritt verfolgen, also von ihren zum Vertragsschluss führenden **Motiven.**[45] Nicht zum Verbandszweck, sondern zu den Zwecken oder Motiven der Gesellschafter gehört namentlich auch das Interesse an der Erfolgsbeteiligung; dessen Fehlen bei einigen oder allen Gesellschaftern – etwa wegen der Verfolgung altruistischer Interessen – steht dem Vorhandensein eines gemeinsamen Zwecks und der Anerkennung als Gesellschaft nicht entgegen (Rn 22).

21 Abgesehen von der Vermögensverwaltung i.S.v. Abs. 2 (dazu Rn 28 ff) ist bei der OHG notwendiger **Gegenstand** des gemeinsamen Zwecks der Betrieb eines Handelsgewerbes unter gemeinschaftlicher Firma (vgl. näher Rn 23 ff); seine Konkretisierung auf eine bestimmte *Art* von Geschäften als *Unternehmensgegenstand* (einen für den Vorrang des Gesellschaftsinteresses und für das Wettbewerbsverbot des § 112 Abs. 1 bedeutsamen relevanten Markt, vgl. § 112 Rn 15) erfolgt im Gesellschaftsvertrag[46]. Mit Rücksicht auf diesen in § 105 Abs. 1 vorgeschriebenen Gesellschaftszweck ist die OHG stets Außengesellschaft (Rn 46), hat notwendig ein Gesamthandsvermögen (vgl. dazu Rn 40 ff) und muss jeweils auf Dauer angelegt sein (Rn 47). Abgrenzungsprobleme zu partiarischen Rechtsverhältnissen, wie sie etwa in Bezug auf die stille Gesellschaft häufig auftreten (vgl. Erl. in der Voraufl. zu § 230 [*Zutt*]), sind für die OHG ohne Bedeutung. Auch die aus dem Recht der GbR bekannte Abgrenzung zwischen Gesellschaft und bloßer Gefällig-

---

[43] Zur Rechtsnatur des Gesellschaftsvertrags als Verhältnis der Interessengemeinschaft vgl. Rn 138; zur Abgrenzung von Gesellschaft und partiarischem Rechtsverhältnis vgl. MünchKommBGB[5]/*Ulmer* Vor § 705 Rn 107 ff; MünchKommHGB/*K. Schmidt* § 230 Rn 54 ff.

[44] Vgl. dazu näher *Flume* I/1 § 3 I, S. 37 f; *K. Schmidt* Gesellschaftsrecht, § 4 I 2b, S. 60.

[45] BGH NJW 1951, 308; 1960, 145 (147); *Ballerstedt* JuS 1963, 253 (254 f); *Fikentscher* FS Westermann, 1974, S. 87 (94 f); *Westermann* Handbuch Rn I 37; *Wiedemann* Gesellschaftsrecht Bd. I, § 1 I 1b, S. 9 f; wohl auch *K. Schmidt* Gesellschaftsrecht, § 4 I 2a, S. 59 f. Näher dazu und zu den Folgen für die Bejahung des gemeinsamen Zwecks *U. Lenz* Personenverbände – Verbandspersonen – Kartellverträge, 1987, S. 15 f, 29 ff, 148 ff. Vgl. auch unten Fn 48.

[46] Insofern besteht bei der OHG zumindest partielle Identität zwischen (umfassenderem) Gesellschaftszweck und (konkretisiertem) Unternehmensgegenstand; bestehende Unterschiede sind vor allem für die Änderungsvoraussetzungen bedeutsam (zutr. *Zöllner* Schranken mitgliedschaftlicher Stimmrechtsmacht, 1963, S. 27 f; *K. Schmidt* Gesellschaftsrecht, § 4 II 3a, S. 65). Die deutliche Unterscheidung, die das Kapitalgesellschaftsrecht zwischen Gesellschaftszweck und Unternehmensgegenstand trifft (vgl. näher *Ulmer*/Habersack/Winter GmbHG § 1 Rn 5 ff), findet im Personengesellschaftsrecht schon wegen des engeren, in § 105 Abs. 1 vorausgesetzten Gesellschaftszweck, keine Entsprechung.

keit ohne Rechtsbindung[47] ist für die OHG angesichts des klar definierten gemeinsamen Zwecks regelmäßig nicht relevant. Insbesondere der gemeinsame Betrieb eines bestimmten Handelsgewerbes gestattet vielmehr den Rückschluss darauf, dass die Beteiligten sich auf den in § 105 Abs. 1 vorausgesetzten gemeinsamen Zweck geeinigt haben; dieser Schluss kann nur durch den fehlenden Vertragsschluss widerlegt werden, abgesehen vom Fall der Fortführung des ererbten Handelsgeschäfts durch die Erbengemeinschaft (Rn 62), also durch den Nachweis, dass es sich um eine Scheingesellschaft (Rn 367 ff) handelt.

Die **Erfolgsbeteiligung** der Gesellschafter verbindet sich zwar regelmäßig mit ihrer **22**
Gesellschafterstellung (vgl. § 120); sie ist jedoch **kein notwendiges Merkmal** der OHG. Das folgt aus der in Rn 20 erwähnten Differenzierung zwischen gemeinsamem Zweck und persönlichen Interessen (Motiven) der Beteiligten. Eine OHG ist nach zutr. Ansicht daher auch dann gegeben, wenn ein Teil der Gesellschafter im Gesellschaftsvertrag von der Beteiligung am Gewinn oder Verlust ausgeschlossen ist[48]. Der Grund für eine derartige Gestaltung kann etwa darin liegen, dass die auf eine Gewinnbeteiligung verzichtenden oder sich mit einem geringen Anteil begnügenden Gesellschafter mit dieser Gestaltung eine Zuwendung an Mitgesellschafter oder dritte Destinatäre erbringen wollen. **Grenzen** für die Privatautonomie ergeben sich insoweit nur aus § 138 BGB, bei grob einseitiger, unter Ausnutzung der Unterlegenheit von Mitgesellschaftern durchgesetzter Regelung über die Ergebnisverteilung i.S. einer *societas leonina*[49]. Dagegen hat ein freiwilliger Verzicht auf die Gewinnbeteiligung das Eingreifen des § 138 BGB nicht schon zur Folge. Allerdings ist der Ausschluss eines Gesellschafters von jeder Gewinnbeteiligung bei der OHG nur selten anzutreffen; für die Annahme einer entsprechenden Ausschlussklausel im Gesellschaftsvertrag bedarf es daher eindeutiger Auslegungskriterien[50]. Entsprechendes gilt für Vereinbarungen, wonach ein Gesellschafter nur mit einem festen Betrag am Gewinn teilnimmt oder wonach er unabhängig vom Erfolg der Gesellschaft jährlich eine feste Summe erhalten soll[51]; auch sie sind zulässig, aber wenig naheliegend. – Auch die Ertragslosigkeit der Gesellschaft hat keine Auswirkungen auf ihren Bestand als OHG, solange nur dadurch das für den Gewerbebegriff erforderliche Erwerbsstreben der Gesamthand nicht in Frage gestellt ist (vgl. dazu näher Rn 23).

b) Betrieb eines Handelsgewerbes (§ 105 Abs. 1). Nach § 105 Abs. 1 ist eine OHG **23**
eine Gesellschaft, deren Zweck auf den Betrieb eines Handelsgewerbes gerichtet ist. Erstes Erfordernis für dieses Begriffsmerkmal der OHG ist ein **Gewerbe** als Gegenstand der gemeinsamen Tätigkeit. Darunter versteht die hM mit Differenzierungen im Einzelnen die selbständige, planmäßige (auf Dauer gerichtete), nicht als freier Beruf zu qualifi-

---

[47] Vgl. dazu MünchKommBGB[5]/*Ulmer* § 705 Rn 17 ff mN.

[48] HM, vgl. BGH WM 1987, 689 (690); *Böhmer* JZ 1994, 982 (989); *A. Hueck* OHG, § 1 I 1b, S. 3 f; *Flume* I/1 § 3 II, S. 42 ff; MünchKommBGB[5]/*Ulmer* § 705 Rn 149 ff; Soergel/*Hadding*[12] § 705 Rn 36; *U. Lenz* (Fn 45), S. 30 ff, 46 ff; **aA** noch *Ballerstedt* JuS 1963, 255; *Schulze-Osterloh* Der gemeinsame Zweck der Personengesellschaften, 1973, S. 25, 66; sowie früher RGZ 95, 147 (149); RG JW 1930, 2655; *Düringer/Hachenburg/Flechtheim* Rn 2; *Wieland* I, S. 462, 548.

[49] So auch *Flume* I/1 § 3 V, S. 48 f; *A. Hueck* OHG, § 1 I 1b, S. 3 f; *Böhmer* JZ 1994, 982 (989); Soergel/*Hadding*[12] § 705 Rn 36; MünchKommBGB[5]/*Ulmer* § 705 Rn 151; Erman/*Westermann*[12] § 705 Rn 32; **aA** – keine Gesellschaft – noch *Ballerstedt* JuS 1963, 253 (255); Staudinger/*Keßler* BGB (1979) Vor § 705 Rn 179. Für weitgehende Anerkennung der societas leonina vorbehaltlich konzernrechtlicher Unterordnungsverhältnisse *U. Lenz* (Fn 45), S. 36 ff, 38.

[50] So zutr. *A. Hueck* OHG, § 1 I 1b, S. 5.

[51] Vgl. RGZ 90, 14 (16); RG JW 1915, 1470.

zierende entgeltliche Tätigkeit eines Anbieters am Markt (vgl. näher § 1 Rn 18 ff [*Oetker*]). Auf die Absicht zur Gewinnerzielung[52] kommt es nicht an; es reicht die **wirtschaftende Tätigkeit am Markt,** sofern sie im Wettbewerb mit Privatunternehmen nach betriebswirtschaftlichen Grundsätzen erbracht wird und nicht ausschließlich der Erfüllung öffentlicher Aufgaben dient[53]. Für den in der Rechtsform einer Personengesellschaft verfolgten, auf entgeltliche Tätigkeit am Markt gerichteten Zweck dürfte es auf diese Abgrenzung allerdings kaum je ankommen, solange nur die Merkmale des selbständigen, planmäßigen Anbietens am Markt gegeben sind[54]. Das Vorliegen eines Gewerbes ist in diesen Fällen daher regelmäßig zu bejahen, soweit nicht der Vorbehalt für freie Berufe eingreift (vgl. dazu § 1 Rn 27 ff [*Oetker*]). **Ausgeschlossen** ist die OHG nur für wenige gewerbliche Tätigkeiten, darunter einerseits für *Versicherungsgeschäfte*, die nach § 7 Abs. 2 VAG nur in der Rechtsform der AG (bzw. SE) oder des VVaG betrieben werden dürfen, andererseits für bestimmte Arten von Bankgeschäften (*Kapitalanlagegesellschaften* nur als AG oder GmbH, vgl. § 6 Abs. 1 Satz 2 InvG; *Bausparkassen* nur als AG, vgl. § 2 Abs. 1 BauspG). Demgegenüber kann das allgemeine Bankgeschäft vorbehaltlich der hierzu erforderlichen aufsichtsrechtlichen Genehmigung auch in der Rechtsform einer OHG oder KG betrieben werden; gesperrt ist diese Tätigkeit nach § 2c KWG nur für Einzelkaufleute. Auch der Betrieb einer Apotheke ist in der Rechtsform einer OHG zulässig, sofern nur sämtliche Gesellschafter die Apotheker-Approbation besitzen (§ 8 ApG).

24 Die Qualifizierung des Gewerbes als **Handelsgewerbe** bestimmt sich nach §§ 1 bis 3, 5. Seit der Handelsrechtsreform 1998 (Rn 9) ist gem. **Abs. 1** jede Gesellschaft, die ein Gewerbe im Umfang des § 1 Abs. 2 betreibt, OHG schon kraft des Gewerbebetriebs, also unabhängig von ihrer Eintragung im Handelsregister. Bei dem von der OHG betriebenen Handelsgewerbe muss es sich also um ein nach Art und Umfang **istkaufmännisches** Unternehmen handeln; andernfalls ist die Personengesellschaft bis zur Eintragung als GbR zu qualifizieren[55] (Rn 50). Nicht notwendig ist, dass das Handelsgewerbe schon bei Vertragsschluss betrieben wird oder sofort (ist-)kaufmännische Dimensionen[56] erreicht; für das Vorliegen einer OHG genügt es, dass das geplante Handelsgewerbe von vornherein auf den Umfang eines kaufmännischen Unternehmens **angelegt** ist (§ 1 Abs. 2) und genügend Anhaltspunkte dafür gegeben sind, dass das Unternehmen eine entsprechende Ausgestaltung und Einrichtung in Kürze erfahren wird[57]. In derartigen Fällen

---

[52] So noch *A. Hueck* OHG, § 1 I 2a, S. 7; *Winkler* NJW 1970, 449 (450) sowie früher std. Rspr., vgl. noch BGHZ 36, 273 (276) = NJW 1962, 868; BGHZ 53, 222 (223) = NJW 1970, 938. Vgl. auch die Übersichten bei *Röhricht*/Graf v. Westphalen § 1 Rn 24 und BGHZ 95, 155 (157 ff) = NJW 1985, 3063 (Deutsche Bundesbahn als Gewerbebetrieb).

[53] Vgl. § 1 Rn 18 (*Oetker*) sowie *Gierke*/*Sandrock* I, § 6 II 5, S. 114; *Raisch* Geschichtliche Voraussetzungen, 1965, S. 186 ff; *Th. Raiser* Das Unternehmen als Organisation, 1969, S. 112; *Sack* ZGR 1974, 197; *Canaris* Handelsrecht, § 2 Rn 14; *K. Schmidt* Handelsrecht, § 9 IV 2d, S. 289; *Hopt* ZGR 1987, 145 ff; wohl auch BGHZ 83, 382 (386 f) = NJW 1982, 1815; BGHZ 95, 155 (157 f) = NJW 1985, 3063; offenlassend aber BGHZ 155, 240 (244).

[54] Bei den in der Rspr. behandelten Grenzfällen aus dem Bereich der Daseinsvorsorge (Wasserwerk, Fernsehanstalt, Bundesbahn vor ihrer Umwandlung in die Deutsche Bahn AG u.a.) waren die Unternehmen in aller Regel nicht als Personengesellschaft organisiert.

[55] MünchKommHGB/*K. Schmidt* Rn 34; Röhricht/Graf v. Westphalen/*v. Gerkan*/*Haas* Rn 8a.

[56] Zu den dafür erforderlichen, von Art und Umfang des Geschäftsbetriebs abhängigen Größenverhältnissen vgl. § 1 Rn 100 f (*Oetker*) und OLG Frankfurt WM 1983, 222.

[57] EinhM, vgl. BGHZ 10, 91 (96) = NJW 1953, 1217; BGHZ 32, 307 (311) = NJW 1960, 1664; RGZ 112, 280 (281 f); BayObLG NJW

sind auch schon *Vorbereitungsgeschäfte* für das Handelsgewerbe der Gesellschaft Handelsgeschäfte nach § 343 (zur davon abweichenden Behandlung des Gesellschaftsvertrags vgl. Rn 44).

Für **Kleingewerbebetriebe** und **land- oder forstwirtschaftliche Unternehmen** besteht nach § 2 S. 2, 3 bzw. § 3 Abs. 2 ein Eintragungswahlrecht (vgl. näher Erl. zu §§ 2, 3 [*Oetker*]). In diesem Falle entsteht die Gesellschaft gem. **Abs. 2** naturgemäß erst mit der Eintragung, die zugleich das gewerbliche zu einem handelsgewerblichen Unternehmen werden lässt. Die erste Variante des Abs. 2 versteht sich somit lediglich als Konsequenz aus dem geänderten Kaufmannsbegriff, enthält also lediglich **klarstellende Funktion:** Auch die Personengesellschaft (s. § 6 Abs. 1) kann als Trägerin eines gewerblichen Unternehmens gem. § 2 (oder § 3) die Kaufmannseigenschaft durch Eintragung erlangen und dadurch zur OHG (bzw. KG) werden.[58] Wegen der ohnehin bloß deklaratorischen Bedeutung schadet es nicht, dass **land- und forstwirtschaftliche** Unternehmen (§ 3) nicht ausdrücklich in Abs. 2 erwähnt werden; dass auch sie sich als OHG eintragen lassen können, ist nicht zweifelhaft.[59] Zur Frage der Anwendung von OHG-Recht auf das Innenverhältnis schon vor Eintragung vgl. § 109 Rn 15 f. Wird ein bereits im Handelsregister eingetragenes Unternehmen in die Gesellschaft eingebracht oder tritt jemand nach § 28 unter gleichzeitigem Abschluss eines Gesellschaftsvertrags in das Geschäft eines eingetragenen Kaufmanns ein, so ist die Gesellschaft stets von Anfang an OHG, auch wenn die auf die Gesellschaft bezogenen, in § 106 vorgeschriebenen Eintragungen noch nicht erfolgt sind.[60] Entsprechendes gilt auch für die im Wege der Verschmelzung durch Neugründung entstehende OHG (Rn 52). Zur OHG kraft Eintragung (§ 5) und zur Schein-OHG vgl. Rn 31 f. **25**

Betrieben wird das Handelsgewerbe von der Gesellschaft, wenn sie unter ihrer Firma, **im eigenen Namen,** handelt (§ 1 Rn 51 ff [*Oetker*]). Darauf ob sie die Geschäfte auf eigene Rechnung ausführt oder auf fremde, etwa im Rahmen eines Treuhand- oder eines Betriebsführungsvertrags[61], kommt es nicht an[62]. Tritt nach außen nur *einer* der Gesellschafter als Geschäftsinhaber in Erscheinung, so fehlt es auch dann, wenn die Gesellschaft als Innengesellschaft iwS über Gesamthandsvermögen verfügt, am gemeinschaftlichen Betrieb eines Handelsgewerbes (zum gemeinschaftlichen Handeln unter Fortführung der Firma eines der Gesellschafter vgl. demgegenüber Rn 33 ff). Ebenso liegt kein gemeinschaftlicher Betrieb vor bei Verpachtung des Unternehmens; Betreiber und Kaufmann i.S. der §§ 1 ff ist der Pächter[63]. Der Betrieb des Handelsgewerbes dauert fort bis zu seiner **endgültigen Einstellung,** unabhängig von der Löschung im Handelsregister (§ 1 Rn 106 [*Oetker*]). Eine bloß vorübergehende Betriebsstilllegung mit der Absicht anschließender Fortführung lässt die Kaufmannseigenschaft des Betreibers und damit die **26**

1985, 982 (983); *A. Hueck* OHG, § 5 I 2, S. 41; Baumbach/*Hopt* Rn 4. Vgl. auch § 106 Rn 7 ff.

[58] Vgl. nur MünchKommHGB/*K. Schmidt* § 2 Rn 8, § 105 Rn 35, 49.

[59] Vgl. nur MünchKommHGB/*K. Schmidt* Rn 37; *Koller*/Roth/Morck Rn 10.

[60] Noch zum alten Recht, insoweit aber übertragbar BGHZ 59, 179 (183) = NJW 1972, 1660 (anders aber bei Übernahme des Unternehmens einer eingetragenen GmbH); BGHZ 73, 217 (220) = NJW 1979, 1361.

[61] Zum Betriebsführungsvertrag vgl. Anh. § 105 Rn 69.

[62] EinhM, vgl. RGZ 99, 158 (159); BGH BB 1976, 1192 (1193); OLG Hamm DNotZ 1964, 421 (423); § 1 Rn 53 (*Oetker*); *Röhricht*/Graf v. Westphalen § 1 Rn 73.

[63] Vgl. OLG Köln NJW 1963, 541; § 1 Rn 53 23 (*Oetker*); *K. Schmidt* Handelsrecht § 5 I 1c, S. 92; *Röhricht*/Graf v. Westphalen § 1 Rn 84.

Rechtsform der Gesellschaft als OHG unberührt[64]; Entsprechendes gilt bei der Abwicklung, solange die Abwicklungsmaßnahmen andauern (§ 156). Zur Betriebsaufspaltung vgl. Vor § 105 Rn 23.

27 **Spätere Änderungen** der Unternehmensdimensionen können zum Formwechsel kraft Rechtsformzwangs führen (Rn 15). Das spätere Herabsinken auf den Umfang eines kannkaufmännischen Unternehmens (§ 2) führt nur dann zu einem Rechtsformwechsel von der OHG zur GbR, wenn die Gesellschaft – entgegen § 29 nicht im Handelsregister eingetragen ist. Anderenfalls bleibt die Kaufmannseigenschaft gem. § 5 erhalten, solange überhaupt noch ein Gewerbe betrieben wird (§ 1 Rn 107 [*Oetker*]). Diese Vorschrift ist entsprechend anwendbar, wenn die Gesellschaft zur Vermögensverwaltung i.S.v. Abs. 2 (Rn 28 ff) übergeht.[65] Zur Rechtslage bei dauernder Einstellung des Geschäftsbetriebs vgl. § 131 Rn 10. Soweit danach ein Rechtsformwechsel in Betracht kommt, also namentlich im umgekehrten Fall (Wechsel in die OHG bei Erreichen (ist-)kaufmännischen Zuschnitts) oder bei fehlender Eintragung, tritt der Formwechsel ein, sobald die fragliche Schwelle auf Dauer über- oder unterschritten ist (Rn 56). Zur Beurteilung des Innenverhältnisses nach erfolgter Rechtsformänderung vgl. § 109 Rn 17 f.

28 c) **Vermögensverwaltende Gesellschaft (§ 105 Abs. 2 Var. 2).** Seit der Handelsrechtsreform 1998 (Rn 9) kann auch eine Gesellschaft, die kein Handelsgewerbe betreibt, in der Rechtsform der OHG geführt werden, sofern sie im Handelsregister eingetragen wird. Zuvor war den nur vermögensverwaltenden Gesellschaften der Weg ins Handelsregister versperrt (dazu Voraufl. Rn 26 [*Ulmer*]). Wie im Falle eines kleingewerblichen Unternehmens (dazu Rn 25) entsteht die OHG erst mit der Eintragung im Handelsregister; zuvor handelt es sich um eine GbR. Anders als die – im Grunde überflüssige – 1. Variante von Abs. 2 (dazu Rn 25) hat **Variante 2 rechtsbegründende Funktion**; denn sie wirkt unabhängig vom Kaufmannsbegriff: Obwohl die Gesellschaft kein Gewerbe betreibt, kann sie durch die Eintragung zur OHG (bzw. KG) und damit zum Kaufmann (§ 6 Abs. 1) werden.

29 Der **Begriff der Vermögensverwaltung** ist umstritten: Die hM hält im Grundsatz am Wortlaut fest,[66] verlangt jedoch im Anschluss an die Gesetzesmotive einen „gewerbeähnlichen Umfang" bzw. einen „berufsmäßigen Betrieb" und reduziert den Begriff deshalb um die Verwaltung im alltäglichen, privaten Bereich.[67] Zum Teil wird hingegen eine solche Einschränkung einerseits abgelehnt[68] oder Abs. 2 gar als Auffangtatbestand für alle unternehmenstragenden – unter Einschluss der freiberuflichen – Gesellschaften verstanden,[69] und andererseits verlangt, dass die Gesellschaft *nur* eigenes Vermögen verwalten

---

[64] BGHZ 32, 307 (312) = NJW 1960, 1664; RGZ 110, 422 (424 f); LG Köln DB 1980, 923; vgl. auch § 1 Rn 47 (*Oetker*).

[65] Dazu § 1 Rn 23 ff (*Oetker*); s. auch § 131 Rn 13; zur Rechtslage bei völliger Einstellung des Geschäftsbetriebs s. § 131 Rn 12.

[66] *Koller*/Roth/Morck Rn 10; Röhricht/Graf v. Westphalen/*v. Gerkan*/*Haas* Rn 9; Ebenroth/Boujong/Joost/Strohn/*Wertenbruch* Rn 22 ff; *Siems* NZG 2001, 738 (742); *E. Schäfer* DB 1998, 1269 (1273 f); *Priester* DNotZ 1998, 691 (702).

[67] So im Anschluss an Begr. RegE BTDrucks. 13/8444, S. 39 („einem Gewerbe vergleichbar") und 41 (wo das Beispiel der Grundstücksgesellschaft zwischen Eheleuten erwähnt wird); Ebenroth/Boujong/Joost/Strohn/*Wertenbruch* Rn 23 f; *Koller*/Roth/Morck Rn 10; Röhricht/Graf v. Westphalen/*v. Gerkan*/*Haas* Rn 9.

[68] Baumbach/*Hopt* Rn 13 (für private Vermögensverwaltung).

[69] MünchKommHGB/*K. Schmidt* Rn 58, 63; *ders.* NJW 1998, 2161 (2165); tendenziell auch *Schlitt* NZG 1998, 580 (581).

darf, um sich nach Abs. 2 als OHG eintragen zu lassen.[70] – Hierzu ist wie folgt *Stellung zu nehmen*: Der Gesetzgeber wollte einerseits nicht sämtlichen unternehmenstragenden Gesellschaften den Weg in die OHG öffnen; denn er hat an der Partnerschaftsgesellschaft, die anderenfalls überflüssig wäre, unverändert festgehalten und mit dem Begriff der Vermögensverwaltung ein durchaus abgrenzbares Tatbestandsmerkmal geschaffen, was eine Auffangfunktion des Abs. 2 ausschließt. Mit der lex lata lässt sich die Erstreckung möglicher OHG-Zwecke auf den Betrieb sämtlicher Unternehmen somit nicht vereinbaren. Im Gegenteil gibt auch die Begründung deutlich zu erkennen, dass der Gesetzgeber den Bereich möglicher Zwecke moderat, nämlich nur um den als praktisch besonders bedeutsam angesehenen Bereich der Vermögensverwaltung (**Immobilienverwaltungs-, Objekt-, Besitz- und Holdinggesellschaften**) erweitern wollte.[71] Es kommt daher insbesondere nicht mehr darauf an, ob die Verwaltung des Beteiligungsbesitzes durch die Holdinggesellschaft oder die Verpachtung des Betriebsvermögens durch eine Besitzgesellschaft im Rahmen der Betriebsaufspaltung[72] als Gewerbe zu qualifizieren sind, worüber häufig Unklarheit herrscht (§ 1 Rn 23 ff [*Oetker*]). Dies spricht im Ausgangspunkt dafür, unter den Tatbestand nur solche Formen der Vermögensverwaltung einzuordnen, die nicht schon als Gewerbe zu erfassen sind, so dass die Fremdverwaltung im Ansatz ausscheidet.[73] Freilich sollte diese Abgrenzungsfunktion des Merkmals nicht überspitzt werden: Einer Gesellschaft, die sowohl eigenes als auch fremdes Vermögen verwaltet, ist der Weg ins Handelsregister nicht deshalb versperrt, weil ihre Verwaltung von Fremdvermögen einerseits keinen gewerblichen Umfang erreicht (dazu § 1 Rn 23 f [*Oetker*])[74], sie aber andererseits nicht „nur" eigenes Vermögen verwaltet.[75] Demgemäß fällt die Holdinggesellschaft gewiss auch dann unter Abs. 2, wenn sie ihren Anteilsbesitz nicht „nur" verwaltet, sondern überdies eine Konzernleitungsfunktion wahrnimmt, und Entsprechendes muss dann auch für die Komplementär-GmbH & Co. KG gelten.[76] In diesem Sinne ist es also für Abs. 2 als ausreichend anzusehen, wenn die Gesellschaft *auch* eigenes Vermögen verwaltet. Deshalb kann man aber andererseits zu Abgrenzungszwecken auf einen – auch mit dem Gewerbebegriff verbundenen – **Mindestumfang** und die **Berufsmäßigkeit** (dazu § 1 Rn 43 [*Oetker*]) nicht verzichten. Das Gesetz möchte in einem bestimmten, zumindest gewerbenahen Bereich die unternehmerische Betätigung auch dann in der Form einer OHG/KG ermöglichen, wenn nach herkömmlicher Abgrenzung der Gewerbebegriff nicht verwirklicht wird, nicht jedoch Privatleuten zu kaufmän-

---

70 *Schön* DB 1998, 1169 (1174).

71 BegrRegE, BT-Drucks. 13/8444, S. 40.

72 Vgl. dazu MünchKommBGB[5]/*Ulmer* § 705 Rn 10. Die Praxis hatte die Besitzgesellschaft trotz Verpachtung des Geschäftsbetriebs an eine hierzu gegründete Betriebs-GmbH in der Regel weiterhin als Handelsgesellschaft (meist KG) behandelt und im Handelsregister belassen, sofern der Umfang ihrer Tätigkeit kaufmännische Einrichtung erforderte (in diesem Sinne etwa noch OLG München NJW 1988, 1036 [1037]; LG Heidelberg BB 1982, 142; Baumbach/*Hopt*[29] § 2 Rn 2; Voraufl. § 17 Rn 20 [*Hüffer*]); dies wurde jedoch - in der Sache zu Recht - kritisiert von *K. Schmidt* Gesellschaftsrecht, § 12 II 3d; Schlegelberger/*K. Schmidt* § 105 Rn 39; so auch schon *ders.* DB 1971, 2345 (2347); DB 1988, 897 f und DB 1990, 93 (94) (für die doppelstöckige GmbH & Co. KG); ebenso Voraufl. Rn 26 (*Ulmer*).

73 Im Ansatz überzeugend *Schön* DB 1998, 1969 f.

74 So hat etwa BGHZ 63, 32 (33) = NJW 1974, 1462; BGHZ 74, 273 (276 f) = NJW 1979, 1650 die Grundstücksvermietung und -verwaltung als i.d.R. nicht gewerblich qualifiziert.

75 Übereinstimmend Baumbach/*Hopt* Rn 13 („nur" sei typologisch zu verstehen).

76 Zutr. *K. Schmidt* NJW 1998, 2161 (2165) und MünchKommHGB/*K. Schmidt* Rn 60, 64.

nischen Unternehmen verhelfen, die gelegentlich ihren Bargeldbestand von einer Börse in die andere schichten. Es kommt daher zwar nicht darauf an, dass die Gesellschaft anbietend am Markt tätig ist (was beispielsweise für die Besitzgesellschaft nicht gilt) und ebenso ist gewiss nicht erforderlich, dass die Vermögensverwaltung einen „kaufmännischen" Umfang wie nach § 1 Abs. 2 erreicht. Wohl aber ist eine „Berufsmäßigkeit" in dem Sinne erforderlich, dass die Verwaltungstätigkeit eine gewisse Planmäßigkeit und eigenständige wirtschaftliche Bedeutung für das Unternehmen aufweist. Dass die Gesellschaft über ein einzelnes (auch wertvolles) Grundstück verfügt, das von Zeit zu Zeit vermietet wird, reicht demgemäß nicht aus.[77]

30 Mangels Auffangcharakters von Abs. 2 (Rn 29) bleibt es dabei, dass **Kartelle** und **Konsortien**, die sich auf die Koordination der Tätigkeit ihrer Mitglieder beschränken, ohne selbst als Anbieter am Markt aufzutreten, typischerweise **keine OHG** (KG), sondern eine GbR bilden; es fehlt sowohl am Gewerbebetrieb als auch an einer „berufsmäßigen" Vermögensverwaltung.[78] Für **Arbeitsgemeinschaften** (Arge) der Bauwirtschaft, die häufig gemeinsam unter der Arge-Bezeichnung nach außen auftreten und Werkverträge abschließen, ist die Frage hingegen umstritten. Zwar wird die Gewerbsmäßigkeit von der ganz hM mit Recht abgelehnt, weil die Arge regelmäßig zur gemeinsamen Erstellung eines bestimmten Bauwerks gegründet wird, weshalb es sich unabhängig von der Bauzeit um eine Gelegenheitsgesellschaft handelt, so dass hier das Merkmal der planmäßigen, auf Dauer gerichteten Tätigkeit fehlt.[79] Neuerdings ist die hM in Hinblick auf Abs. 2 mit dem Argument bestritten worden,[80] dass eine Arge, die ja gegründet werde, weil das Geschäftsvolumen die Kapazität eines einzelnen Bauunternehmens übersteige, aus Gründen der Gleichbehandlung für die Einbeziehung der Argen in den Bereich der OHG sprächen, damit diese sich nicht dem Handelsrecht entziehen könnten[81]. Hiergegen spricht jedoch, dass eine Arge in der Regel nur einmalig gegenüber einem konkreten Kreis von Bauherren tätig wird.[82] Sie wird zudem nicht selbst unternehmerisch tätig, sondern koordiniert lediglich die unternehmerische Tätigkeit der beteiligten Bauunternehmen.[83] Im Ergebnis bleibt es daher dabei, dass die Arge typischerweise nicht gewerblich tätig wird; auch unter dem Aspekt der Vermögensverwaltung ist ihr mangels Berufsmäßigkeit **kein Wahlrecht** nach Abs. 2 zuzubilligen. Entsprechendes gilt für die **freien Berufe**. Sie können mangels Gewerbebetriebs, aber auch aus berufsrechtlichen Gründen

---

[77] Übereinstimmend Ebenroth/Boujong/Joost/Strohn/*Wertenbruch* Rn 23; **aA** wiederum MünchKommHGB/*K. Schmidt* Rn 64.

[78] Vgl. hierzu näher MünchKommBGB⁵/*Ulmer* Vor § 705 Rn 51 ff, 65 ff mN.

[79] Vgl. § 1 Rn 20 f (*Oetker*) sowie *Hochstein/Jagenburg* Der Arbeitsgemeinschaftsvertrag, 1974, Einl. Rn 53 f; *Lutz Fischer* Die Gesellschaft bürgerlichen Rechts, 1977, S. 201; *K. Schmidt* in: Gutachten und Vorschläge zur Überarbeitung des Schuldrechts, 1983, S. 454; aus der Rspr. BGHZ 61, 338 (340 ff) = NJW 1974, 451; BGHZ 72, 267 (271) = NJW 1979, 308; BGHZ 86, 300 (307) = NJW 1983, 1114; BGHZ 146, 341 (342) = NJW 2001, 1056.

[80] Ebenroth/Boujong/Joost/Strohn/*Wertenbruch* Rn 15; für Wahlrecht nach Abs. 2 auch *Wiedemann* Gesellschaftsrecht Bd. II, § 7 I 5d, S. 614; MünchKommHGB/*K. Schmidt* Rn 64; KG BauR 2001, 1790; OLG Dresden NZG 2003, 124; OLG Frankfurt OLGR 2005, 257; LG Bonn BauR 2004, 1170.

[81] OLG Dresden NZG 2003, 124 (125 f).

[82] Gegen ein Wahlrecht aus § 105 Abs. 2 auch OLG Karlsruhe BauR 2006, 1190; MünchKommBGB⁵/*Ulmer* Vor § 705 Rn 43 mwN; *Schmitz* EWiR 2004, 341; gegen Gewerblichkeit, aber für Wahlrecht dagegen *K. Schmidt* DB 2003, 703 (704 f) und MünchKommHGB/*K. Schmidt* Rn 64.

[83] Insoweit übereinstimmend *K. Schmidt* DB 2003, 703 (705) und MünchKommHGB/*K. Schmidt* Rn 64 (der aber gleichwohl für ein Wahlrecht plädiert).

grundsätzlich nicht als Handelsgesellschaft, sondern nur als GbR, Partnerschaft oder Kapitalgesellschaft betrieben werden,[84] zumal sie ihr Vermögen typischerweise nicht berufsmäßig verwalten. Ausnahmen gelten nach §§ 27 Abs. 1 WPO, 49 Abs. 1 StBerG für Wirtschaftsprüfungs- und Steuerberatungsgesellschaften. Ihnen stehen neben den Rechtsformen der AG oder GmbH auch diejenigen der OHG oder KG offen, wenn sie wegen ihrer gleichzeitigen Treuhandtätigkeit in das Handelsregister eingetragen sind (§§ 27 Abs. 2 WPO, 49 Abs. 2 StBerG).

d) **OHG kraft Eintragung und Schein-OHG.** Den Fall der OHG kraft Eintragung regelt § 5. Aufgrund der Eintragung fingiert die Vorschrift, dass ein Handelsgewerbe betrieben wird (näher § 5 Rn 3 [*Oetker*]). Diese Fiktion greift freilich nur ein, wenn und solange die Gesellschaft unter der eingetragenen Firma ein **Gewerbe** betreibt (§ 5 Rn 8 ff [*Oetker*]); anderenfalls handelt es sich um eine Schein-OHG (Rn 32). Nachdem die Handelsrechtsreform 1998 (Rn 9) das Handelsregister für sämtliche Gewerbebetriebe geöffnet hat, ist der Anwendungsbereich für die Vorschrift des § 5 beschränkt. Für sie bleibt nur noch Raum, wenn die Eintragung nicht auf einer von § 2 S. 2 vorausgesetzten Auswahlentscheidung der Gesellschafter beruht, namentlich also in Fällen der nachträglichen Reduktion des Gewerbebetriebs und bei irrtümlicher Annahme einer Eintragungspflicht nach § 29. Entsprechendes gilt, wenn der Gesellschaftszweck nachträglich zur Vermögensverwaltung geändert wird (s. schon Rn 27, ferner § 131 Rn 11 und näher § 5 Rn 4 [*Oetker*]). Wegen der **Rechtsfolgen** gelten für die OHG kraft Eintragung keine Besonderheiten: § 5 gilt im Geschäftsverkehr unbeschränkt, ferner für gesetzliche Verbindlichkeiten, zumal es sich nicht um eine Rechtsscheinvorschrift handelt, nach hL jedoch nicht im öffentlichen Recht, so dass namentlich § 238 auf den Kaufmann nach § 5 keine Anwendung findet (§ 5 Rn 22 [*Oetker*]). Deshalb müssen die Gesellschafter entscheiden, ob sie von ihrem Wahlrecht nach § 2 S. 2 bzw. Abs. 2 Gebrauch machen wollen. Verbleiben sie auch über längere Zeit nach Herabsinken des Gewerbebetriebs bzw. nach der Änderung des Gesellschaftszwecks im Register, ist zu vermuten, dass sie eine (rückwirkende) Auswahlentscheidung zugunsten der OHG getroffen haben, so dass auch die öffentlich-rechtlichen Normen des Handelsrechts u.a. in vollem Umfang zur Anwendung kommen. In Anlehnung an § 139 Abs. 3 und § 27 Abs. 2 wird man hierfür grundsätzlich eine Entscheidungsfrist von 3 Monaten zugrunde legen. 31

Demgegenüber ist von einer **Schein-OHG** entsprechend der Lehre vom Scheinkaufmann (§ 5 Rn 24 ff [*Oetker*]) in denjenigen Fällen auszugehen, in denen eine Gesellschaft im Rechtsverkehr als OHG auftritt, *ohne* die Voraussetzungen der § 105 Abs. 1 und 2 oder des § 5 zu erfüllen[85]. Seit der Handelsrechtsreform kann es sich dabei nur um eine im Rechtsverkehr zu Unrecht unter einer (OHG-)Firma auftretende, nicht eingetragene Gesellschaft handeln. Rechtlich liegt in diesen Fällen ein als GbR zu qualifizierender Zusammenschluss vor. Die Beteiligten können sich jedoch denjenigen gegenüber, die auf das Auftreten als OHG vertrauen, nicht auf das Fehlen der OHG-Qualifikation berufen. Sie müssen das Handeln von Mitgesellschaftern namens der Schein-OHG gegen sich gelten lassen, wenn diesen nicht in einer den guten Glauben Dritter beseitigenden Weise, etwa unter Eintragung im Handelsregister, die Vertretungsmacht entzogen war. Nach Anerkennung der Rechtsfähigkeit der GbR und der akzessorischen Gesellschafterhaftung 32

---

[84] MünchKommBGB[5]/*Ulmer*/*C. Schäfer* Vor § 1 PartGG Rn 13 ff, § 1 Rn 82 ff; vgl. auch MünchKommHGB/*K. Schmidt* Rn 64 aE.

[85] Vgl. zu den Rechtsverhältnissen einer Schein-OHG insbes. *A. Hueck* OHG, § 5 III, S. 46 ff; MünchKommHGB/*K. Schmidt* Rn 258 f.

analog § 128 durch die höchstrichterliche Rechtsprechung[86] hat die Bedeutung der Schein-OHG freilich abgenommen.[87] Von Bedeutung ist sie seither nicht mehr für die Gesellschafterhaftung, sondern allenfalls noch für die Anwendung des § 126 gegenüber Gutgläubigen, sofern man mit der bisher hM dessen analoge Anwendung auf die GbR ablehnt, so dass interne Beschränkungen der Vertretungsmacht der Geschäftsführer bei der GbR zu Lasten des Rechtsverkehrs zu berücksichtigen sind.[88] Von einer *Scheingesellschaft* i.S.v. § 117 BGB (Rn 367 ff) unterscheidet sich die Schein-OHG dadurch, dass es nicht am Abschluss eines Gesellschaftsvertrags fehlt, sondern nur am Betrieb eines Handelsgewerbes oder Vermögensverwaltung (bzw. an der Wirkung des § 5).

33 **4. Gemeinschaftliche Firma?** Weiteres Erfordernis für das Vorliegen einer OHG ist nach dem *Wortlaut* des § 105 Abs. 1, dass der Betrieb des Handelsgewerbes (Rn 23) oder die Vermögensverwaltung (Rn 28) unter gemeinschaftlicher Firma erfolgt. Gemeint ist damit das für die Außengesellschaft kennzeichnende, die OHG von der stillen Gesellschaft unterscheidende **gemeinschaftliche Auftreten nach außen**; da die OHG – im Unterschied zum Einzelkaufmann – nicht über einen bürgerlichen Namen verfügt, kann sie nach außen nur unter einer besonderen Bezeichnung (ihrer Firma) als notwendigem Teil ihrer Identitätsausstattung[89] in Erscheinung treten. Dass die Beteiligten sich im Gesellschaftsvertrag nicht auf eine gemeinschaftliche Firma geeinigt haben, steht der Qualifikation der Gesellschaft als OHG allerdings nicht entgegen (Rn 35); die Pflicht zur ordnungsgemäßen Bildung einer gemeinsamen Firma ist Folge, nicht Voraussetzung der OHG. Kennzeichnet das Merkmal somit lediglich das Erfordernis einer Außengesellschaft, so ist naturgemäß ein auf das Innenverhältnis beschränkter Zusammenschluss unter je eigenständigem Auftreten der Beteiligten nach außen (vgl. schon RGZ **33** 125, 127 f) nicht als OHG, sondern als BGB-Innengesellschaft zu qualifizieren.

34 Die Grundsätze über Bildung und Fortführung der Firma einer OHG bestimmen sich nach allgemeinem **Firmenrecht,** insbes. §§ 18 f, 22, 24 (vgl. Erl. daselbst [*Burgard*]). Für die *Neubildung* der Firma gelten §§ 18, 19; demnach kommt eine zur Kennzeichnung geeignete und unterscheidungskräftige Personen-, Sachfirma- oder Phantasiebezeichnung in Betracht (§ 18 Rn 56 ff [*Burgard*]); zwingend erforderlich ist ein auf die OHG hinweisender Rechtsformzusatz (§ 19 Abs. 1 Nr. 2, vgl. § 19 Rn 9 [*Burgard*]). Die früher in diesem Kontext strittigen Fälle (Voraufl. Rn 35 [*Ulmer*]) haben sich durch die Handelsrechtsreform 1998 im Wesentlichen erledigt. Umstritten ist namentlich noch, ob bei der Bildung einer Personalfirma die namensgebenden Personen einen gesellschaftsrechtlichen Bezug zur Gesellschaft aufweisen müssen (dazu § 18 Rn 59 [*Burgard*]). Die **Zulässigkeit** der von den Beteiligten gewählten Firma ist allerdings ausschließlich ein Problem des Firmenrechts; für die Entstehung der OHG ist sie **ohne Bedeutung**[90]. Auch eine unzulässige Firma oder sonstige Geschäftsbezeichnung[91] ist geeignet, den Rechtsverkehr auf die OHG als Außengesellschaft hinzuweisen und das gemeinschaftliche Handeln der Gesellschafter deutlich zu machen. Ist die gewählte Firma unzulässig, so sind die Gesellschafter

[86] BGHZ 146, 341.
[87] MünchKommHGB/*K. Schmidt* Rn 259.
[88] Dazu MünchKommBGB⁵/*Ulmer*/*C. Schäfer* § 714 Rn 26.
[89] Vgl. dazu § 17 Rn 7 (*Burgard*) und insbes. *John* Die organisierte Rechtsperson, 1977, S. 92 ff, 242 ff.
[90] EinhM, vgl. BGHZ 22, 240 (243) = NJW 1957, 218; BGH LM § 133 HGB Nr. 3 = NJW 1958, 418; RGZ 82, 24 (25); MünchKommHGB/*K. Schmidt* Rn 43; Ebenroth/Boujong/Joost/Strohn/*Wertenbruch* Rn 29; *A. Hueck* OHG, § 1 I 3b, S. 11; Baumbach/*Hopt* Rn 5; *Koller*/Roth/Morck Rn 11.
[91] Vgl. BGH LM § 133 HGB Nr. 3 = NJW 1958, 418 („*Café K.*").

zwar zur Beseitigung des Verstoßes durch Änderung der Firma verpflichtet; der Registerrichter hat die Anmeldung (§ 106 Abs. 2 Nr. 2) zurückzuweisen und kann nach § 37 Abs. 1 gegen den unzulässigen Firmengebrauch einschreiten. Für die Wirksamkeit der OHG nach § 105 Abs. 1 ist all dies aber ohne Belang. Da die Firma zugleich der Name der OHG ist, kann diese nur **eine** Firma führen[92]. Erlangt die OHG im Rahmen eines Unternehmenserwerbs eine weitere Firma, so kann sie diese als Firma einer Zweigniederlassung fortführen, sofern darin der Zusammenhang mit der Hauptniederlassung offengelegt wird (vgl. Vor § 17 Rn 47 f [*Burgard*]).

Haben sich die Gesellschafter zwar auf den gemeinsamen Betrieb eines **kaufmännischen** Handelsgewerbes nach § 1 als *Außengesellschaft* geeinigt, im Gesellschaftsvertrag aber – etwa wegen Verkennung der Rechtslage – **keine Firma** vereinbart, hat das richtigerweise nicht zur Folge, dass die OHG erst mit der nachträglichen Annahme einer Firma entsteht, zu der die Beteiligten verpflichtet sind[93]. Angesichts des Rechtsformzwangs des § 105 Abs. 1 (Rn 15) haben die Beteiligten es nicht in der Hand, durch Verzicht auf eine Firma das Entstehen der Gesellschaft als OHG und die Anwendung von Handelsrecht zunächst zu vermeiden, wenn sie sich nicht mit einer Innengesellschaft begnügen, sondern gemeinsam am Rechtsverkehr teilnehmen wollen. Das bestätigt zugleich, dass die **gemeinschaftliche Firma** entgegen dem Wortlaut des § 105 Abs. 1 **keine Voraussetzung, sondern notwendige Folge** des gemeinschaftlichen Betriebs eines Handelsgewerbes i.S.v. § 1 ist und dass die Qualifikation der Gesellschaft als OHG hiervon nicht abhängt; der Wortlaut des § 105 Abs. 1 ist insoweit irreführend[94]. In den Fällen des § 105 **Abs. 2**, also bei kannkaufmännischem Gewerbe oder Vermögensverwaltung, ist die Vereinbarung einer gemeinschaftlichen Firma hingegen Teil der Rechtswahl. Die Gesellschaft wird als OHG erst eingetragen, wenn eine gemeinschaftliche Firma angenommen wurde; ein Rechtsformzwang besteht insofern eben nicht.[95] 35

5. **Keine Beschränkung der Außenhaftung.** Dieses **negative,** auf die Rechtsfolge des § 128 verweisende Begriffsmerkmal der OHG grenzt sie von der Kommanditgesellschaft ab. Zugleich macht es die aus dem Rechtsformzwang der §§ 105, 161 für den gemeinschaftlichen Betrieb eines Handelsgewerbes folgende *Auffangfunktion der Rechtsform der OHG* deutlich: Eine OHG liegt immer dann vor, wenn der Zweck der Vereinigung auf den gemeinsamen Betrieb eines Handelsgewerbes gerichtet ist, ohne dass die Beteiligten in rechtlich zulässiger Weise eine andere Rechtsform (AG, KGaA, GmbH, KG) gewählt haben (Rn 4, 15). Zu Recht wird dem Merkmal der fehlenden Haftungsbeschränkung daher vor allem **beweisrechtliche Bedeutung** zugemessen[96]: Der Betrieb eines Handelsgewerbes unter gemeinschaftlicher Firma führt zum Vorliegen einer OHG und damit zur unbeschränkten Außenhaftung aller Gesellschafter (§ 128), wenn die Beteiligten nicht nachweisen können, dass sie für ihre Vereinigung wirksam eine andere Rechtsform gewählt haben. 36

[92] BGHZ 67, 166 (167 ff) = NJW 1977, 2163; vgl. § 17 Rn 1 ff (*Burgard*).

[93] So aber noch 3. Aufl. Rn 18 a (*Rob. Fischer*); gegen ihn bereits Voraufl. Rn 36 (*Ulmer*).

[94] *K. Schmidt* Gesellschaftsrecht, § 46 I 1d, S. 1359; Röhricht/Graf v. Westphalen/*v. Gerkan/Haas* Rn 13; Baumbach/*Hopt* Rn 5; **aA** Ebenroth/Boujong/Joost/Strohn/*Wertenbruch* Rn 29; offenlassend *Wiedemann* Gesellschaftsrecht Bd. II, § 8 I 1b, S. 679.

[95] MünchKommHGB/*K. Schmidt* Rn 43.

[96] So zutr. schon *Wieland* I, S. 520; ihm folgend *A. Hueck* OHG, § 1 4, S. 13 f; *Schlegelberger/Geßler* HGB[4] Rn 20. Ebenso die heute hM, MünchKommHGB/*K. Schmidt* Rn 48; Ebenroth/Boujong/Joost/Strohn/*Wertenbruch* Rn 30.

37 Über das Fehlen einer Haftungsbeschränkung gegenüber den Gesellschaftsgläubigern und damit über das Vorliegen einer OHG entscheidet der **Inhalt des Gesellschaftsvertrags.** Ist darin auch nur bei einem Gesellschafter eine Beschränkung der Außenhaftung auf den Betrag der (Haft-)Einlage vorgesehen, so handelt es sich nach § 161 Abs. 1 um eine KG mit entsprechend unterschiedlicher Ausgestaltung der Rechtsstellung von Komplementären und Kommanditisten. **Nicht als Haftungsbeschränkung** sind solche gesellschaftsvertragliche Vereinbarungen zu werten, nach denen die geschäftsführenden Gesellschafter die Mitgesellschafter nicht oder nur in beschränktem Umfang verpflichten dürfen oder nach denen bestimmte Gesellschafter mit nur interner Wirkung von der Haftung freigestellt werden. Im ersten Fall sind die Geschäftsführer gehalten, beim Abschluss von Rechtsgeschäften namens der OHG mit dem jeweiligen Geschäftsgegner eine Freistellung der betreffenden Mitgesellschafter von der aus § 128 folgenden Außenhaftung zu vereinbaren, ohne dass sich damit eine – nach § 126 Abs. 2 unzulässige – Beschränkung ihrer Vertretungsmacht verbindet (zu Zulässigkeit und Voraussetzungen einer derartigen Haftungsbefreiung vgl. Erl. zu § 128 [*Habersack*]). Demgegenüber bezieht sich eine gesellschaftsvertraglich vereinbarte interne Haftungsfreistellung nur auf das Verhältnis *zwischen* den Gesellschaftern; sie begründet einen Anspruch der begünstigten Gesellschafter gegen die Übrigen auf alsbaldigen Ausgleich in denjenigen Fällen, in denen sie von Gesellschaftsgläubigern nach § 128 in Anspruch genommen werden, ihren Regressanspruch gegen die Gesellschaft wegen Unzulänglichkeit des Gesellschaftsvermögens aber nicht durchsetzen können (vgl. Erl. zu § 110). Gemeinsam ist derartigen Abreden, dass sie die Haftung aus § 128 im Grundsatz unberührt lassen und nur deren Folgen für die begünstigten Gesellschafter vermeiden oder abschwächen sollen. Auf die Qualifikation der Gesellschaft als OHG haben sie daher keinen Einfluss.

II. Rechtsnatur

1. Personengesellschaft (Gesamthand)

Schrifttum

Flume Gesellschaft und Gesamthand, ZHR 136 (1972), 177; *Hadding* Zum Erlangen von Rechtsfähigkeit nach deutschem Zivilrecht, in: FS Kraft (1998), S. 137; *G. Hueck* Drei Fragen zur Gesamthandsgesellschaft, in: FS Zöllner (1998), S. 275; *Mülbert* Die rechtsfähige Personengesellschaft, AcP 199 (1999) 38; *Raiser* Gesamthand und juristische Person im Licht des neuen Umwandlungsrechts, AcP 194 (1994) 495; *ders.* Gesamthandsgesellschaft oder juristische Person. Eine Geschichte ohne Ende, in: FS Zöllner I (1998), S. 469; *ders.* Der Begriff der juristischen Person. Eine Neubesinnung, AcP 199 (1999) 104; *Reuter* Rechtsfähigkeit und Rechtspersönlichkeit, AcP 207 (2007) 673; *K. Schmidt* Universalsukzession kraft Rechtsgeschäfts, AcP 191 (1991) 495; *Ulmer* Die Gesamthandsgesellschaft – ein noch immer unbekanntes Wesen, AcP 198 (1998) 113; *Wächter* Die Aufnahme der Gesamthandsgemeinschaften in das Bürgerliche Gesetzbuch (2002); *Zöllner* Rechtssubjektivität von Personengesellschaften? in: FS Gernhuber (1995), S. 563; *ders.* Rechtsfähigkeit der BGB-Gesellschaft – ein Sachverstands- oder Kommunikationsproblem? in: FS Kraft (1998), S. 701.

38 a) **Unterschiede gegenüber Kapitalgesellschaften und sonstigen Körperschaften.** Nach der insoweit eindeutigen Regelung der §§ 105 ff HGB i.V.m. §§ 705 ff BGB ist die OHG eine **rechtsfähige Personengesellschaft,** die ihre Grundlage in einem Gesellschaftsvertrag zwischen ihren Mitgliedern findet, nicht zur juristischen Person verselbständigt ist und deren Vermögen (als Gesamthandsvermögen) den Mitgliedern zur gesamten Hand (§§ 718, 719 BGB) zusteht. Nicht nur § 14 BGB und § 11 InsO, sondern auch die Ausgestaltung in verschiedenen Regelungskomplexen lassen eindeutig erkennen, dass der

Gesetzgeber, auch wenn er die Rechtsfähigkeit der Personengesellschaften explizit anerkennt, zwischen rechtsfähigen Verbänden mit und ohne Rechtspersönlichkeit unterscheidet.[97] Von der Kapitalgesellschaft (AG, GmbH, KGaA) und von sonstigen mit eigener Rechtspersönlichkeit ausgestatteten Körperschaften (Verein, Genossenschaft u.a.) unterscheidet sich die Personengesellschaft (OHG, KG, GbR, stille Gesellschaft) durch eine Reihe typischer, wenn auch überwiegend dispositiver Merkmale[98]. Zu diesen **Unterschieden** gehört die Abhängigkeit der Existenz der Gesellschaft von den Personen ihrer Mitglieder und die grundsätzliche Unübertragbarkeit der Mitgliedschaft, das Fehlen einer körperschaftlichen, durch Verselbständigung der Satzung gegenüber den sie errichtenden Gründern und durch Fremdorganschaft gekennzeichneten Verfassung, die Willensbildung nicht nach dem Mehrheits-, sondern nach dem Einstimmigkeitsprinzip, die unmittelbare Verbundenheit der Mitglieder untereinander und die entsprechend gesteigerten mitgliedschaftlichen (Treu-)Bindungen sowie die dem Gesamthandsprinzip folgende Zuordnung des (nur bei der Innengesellschaft ieS fehlenden) Gesellschaftsvermögens (Rn 40 f). In der **Realität** weisen diese scheinbar strikten Gegensätze zwischen (Personen-)Gesellschaft und Körperschaft zwar eine Vielzahl von Überschneidungen auf; sie treten bei der körperschaftlich strukturierten KG einerseits, bei der personalistischen GmbH andererseits am sichtbarsten in Erscheinung[99]. Derartige atypische Gestaltungen oder – wie im Fall der GmbH & Co. KG – Typenvermischungen ändern jedoch nichts an den grundsätzlichen strukturellen Unterschieden zwischen den beiden Verbandsformen.

Zwar ist diese Unterscheidung mit Rücksicht auf die Rechtsfähigkeit der Handels- **39**
gesellschaft (§ 124) und die verbreitet anzutreffenden Typenvermischungen im Schrifttum immer wieder in Frage gestellt worden.[100] In neuerer Zeit wird das Postulat einer Anerkennung der Personengesellschaft als juristische Person zusätzlich auf die Anerkennung der „formwechselnden" Umwandlung zwischen Personen- und Kapitalgesellschaften in §§ 190, 191 UmwG gestützt.[101] Indessen ist mit der hM an der rechtlichen Differenzierung zwischen juristischer Person und gesellschaftsrechtlicher Gesamthand festzuhalten.[102] Zwar ist die Rechts- und Parteifähigkeit nicht länger ein Unterscheidungskrite-

---

[97] Vgl. dazu auch *Ulmer* ZIP 2001, 585 (588 f).

[98] Vgl. zum Folgenden etwa *A. Hueck* OHG, § 3 I, S. 26; *Kübler/Assmann* Gesesllschaftsrecht, § 3 I, S. 22 f; *K. Schmidt* Gesellschaftsrecht, § 3 I 2, S. 46 f; *Wiedemann* Gesellschaftsrecht Bd. I, § 2 I 1, S. 88 ff; *ders.* Gesellschaftsrecht Bd. II, § 4 III 1, S. 359 ff (zu den Unterschieden der Vermögensorganisation); *Reuter* AcP 207 (2007), 673 (687 f).

[99] Vgl. außer den Nachw. in Fn 98 insbes. einerseits *Boesebeck* Die kapitalistische Kommanditgesellschaft, 1938 und *Nitschke* Die kapitalistisch strukturierte Personengesellschaft, 1970; andererseits *Immenga* Die personalistische Kapitalgesellschaft, 1970. S. auch *K. Schmidt* Gesellschaftsrecht, § 3 I 2c, S. 47.

[100] Vgl. aus dem älteren Schriftttum etwa Schlegelberger/*Geßler* Rn 28; *Lehmann/Dietz* Gesellschaftsrecht S. 131; tendenziell auch 3. Aufl. Rn 8 (*Rob. Fischer*) und *A. Hueck* OHG, § 3 IV, S. 33; weitergehend *Wieland* I, S. 396 ff, 425 und ein Teil der noch älteren Literatur (*Kohler* ArchBürgR 40 [1914], 229 u.a.). Dazu näher schon Voraufl. Rn 40 (*Ulmer*) mit Fn 78.

[101] So insbes. *Raiser* AcP 194 (1994), 495 (499 ff); *ders.* FS Zöllner, 1998, S. 469 (474 ff); ebenso *Timm* NJW 1995, 3209 (3214) und ZGR 1996, 247 (251 f); *Bälz* FS Zöllner, 1998, S. 35 (47 ff); *Hadding* FS Kraft, 1998, S. 137 (142 ff); tendenziell auch *K. Schmidt* Gesellschaftsrecht § 8 I 3; *Mülbert* AcP 199 (1999), 38 (62 ff).

[102] *Flume* I/1 § 7 I, III, S. 87 ff; MünchKommBGB[5]/*Ulmer* § 705 Rn 308 und Vor § 705 Rn 12 f; *Mülbert/Gramse* WM 2002, 2085 (2093 f); *Reuter* AcP 207 (2007), 673 (687 ff); *Habersack* SchiedsVZ 2003, 241 (243); Röhricht/Graf v. Westphalen/*v. Gerkan/Haas* Rn 6; Erman/*Westermann*[12] vor § 705 Rn 18; *Wiedemann* Gesellschaftsrecht Bd. I § 1 II, Bd. II § 1 I 2a b; *Kübler/Assmann* Gesellschafts-

rium zwischen Personengesellschaft und Körperschaft. Wie aber § 14 BGB (ebenso § 11 InsO) unmissverständlich zu erkennen gibt, hat sich die Differenzierung damit keineswegs erledigt. Das ist in der Sache auch zutreffend; denn die in Rn 38 beschriebenen **Strukturunterschiede** bestehen unverändert.[103] Das gilt sowohl für das unterschiedliche Gläubigerschutzsystem als auch für das jeweilige *Innenrecht,* namentlich in Bezug auf die freie Übertragbarkeit der Anteile, die Geltung des Mehrheitsprinzips und die Zulassung der Fremdorganschaft nur bei der Kapitalgesellschaft. Zudem ist die *juristische Person* nach wie vor stärker von ihren Mitgliedern abstrahiert; insbesondere kann ein Mitglied mehrfach beteiligt sein, der Verband nur ein Mitglied haben oder gar eigene Anteile erwerben. Nur bei der juristischen Person verselbständigt sich der Gesellschaftsvertrag zur Satzung – mit Folgen für seine (autonome) Auslegung und Abänderung. Es bleibt daher sinnvoll, diese strukturellen Unterschiede in je eigenen rechtlichen Kategorien zu erfassen. Solange der Gesetzgeber zudem explizit an dem eigenständigen Rechtssubjekt der **rechtsfähigen Personengesellschaft** festhält, besteht kein Grund, diese zugunsten der juristischen Person contra legem preiszugeben. Den Analogieschluss im OHG-Recht zu bestimmten Vorschriften des Körperschaftsrechts schließt das nicht aus.[104]

40 b) **Die OHG als Gesamthand.** Das Verständnis der Gesamthand als besondere Rechtsfigur beschäftigte die gesellschaftsrechtliche Diskussion im vergangenen Jahrhundert stark[105]. Die traditionelle Lehre verstand die Gesamthand als gebundenes Sondervermögen für die Zwecke der GbR, das als Objekt den Gesellschaftern zur gesamten Hand zustehe[106]. Demgegenüber begriff *Flume*[107] – anknüpfend an *Otto v. Gierke*[108] – die gesamthänderische GbR als eine auf personenrechtlicher Verbundenheit beruhende Personenmehrheit, die durch das Gesamthandsprinzip zu einer Personeneinheit werde. Die somit gesellschaftsvertraglich zu einer „Gruppe" (*Flume*) verbundenen Gesellschafter der Gesamthand sind danach als Rechtssubjekt anzusehen, das hinsichtlich seiner Rechtsfähigkeit den Regeln des § 124 unterliegt[109]. Das Gesamthandsprinzip stellt folglich nicht nur eine bloße Bündelung der gemeinsamen Vermögensgegenstände dar, sondern eröffnet der Gesamthand die Teilnahme am Rechtsverkehr. Die „Gruppen-Lehre" ist von *Peter Ulmer*, auch in diesem Kommentar, entscheidend mitgeprägt worden;[110] sie hat sich in der Literatur durchgesetzt.[111] Auch die nachfolgende Darstellung knüpft daran

---

recht § 4 III, IV und V. Aus der traditionellen Lehre *Zöllner* FS Gernhuber, 1993, S. 563 (567 ff); *ders.* FS Kraft, 1998, S. 701 (707); *G. Hueck* FS Zöllner, 1998, S. 275 (287).

103 Zutr. *Ulmer* AcP 198 (1998), 113 (119 ff); *ders.* ZIP 2001, 585 (588); ebenso unter Betonung der Unterschiede bei Gesellschafterhaftung und Selbst- bzw. Fremdorganschaft auch *Reuter* AcP 207 (2007), 673 (687 ff).

104 So insbes. zu §§ 31, 35 BGB, vgl. § 124 Rn 14 (*Habersack*). Allgemein zur Herausbildung eines rechtsformübergreifenden Verbandsrechts vgl. auch *Lutter* AcP 180 (1980), 155 f und *K. Schmidt* Gesellschaftsrecht, §§ 1–21.

105 Überblick über die Entstehung der Gesamthand bei *Wächter* Die Aufnahme der Gesamthandsgemeinschaften in das Bürgerliche Gesetzbuch (2002).

106 *Zöllner* FS Gernhuber, 1993, S. 563 ff; *ders.* FS Kraft, 1998, S. 701 ff; *G. Hueck* FS Zöllner, 1998, S. 275 ff mit jew. umfangreichen Literaturnachweisen.

107 *Flume* ZHR 136 (1972), 177 ff und *ders.* I/1 § 4 II.

108 *Otto v. Gierke* Deutsches Privatrecht I, 1895 (Nachdruck 1936), S. 671 ff.

109 *Flume* ZHR 136 (1972), 177 (187) und *ders.* I/1 § 4 I und II.

110 Voraufl. Rn 41 f (*Ulmer*); ferner MünchKommBGB^2/*Ulmer* § 705 Rn 127 ff, 130; *ders.* AcP 198 (1998) 113 ff.

111 *Hadding* FS Kraft, 1998, S. 137 ff; *Mülbert* AcP 199 (1999), 66 f; *Raiser* AcP 194 (1994), 495 (498 f); *K. Schmidt* Gesellschaftsrecht, § 8 III, S. 196 ff; *Wiedemann*

an. Die Vorteile der Gruppen-Lehre liegen in einer deutlicheren Unterscheidung zwischen Gesellschaft und Gesellschaftern sowie in einem einheitlichen zivilrechtlichen Fundament der Personengesellschaften unter Einschluss der Vor-Kapitalgesellschaften[112]. Mit der Anerkennung der Rechts- und Parteifähigkeit der Außen-OHG – und damit der Gruppen-Lehre – durch den BGH in seinem Grundsatzurteil vom 29.1.2001[113] dürfte die Diskussion einen Abschluss gefunden haben.[114]

Demnach ist die Gesamthand eine Verbindung von mindestens zwei Personen zu einer rechtsfähigen **Wirkungseinheit** mit einheitlicher Willensbildung und Organisation, wobei die Umsetzung gemeinsamer Entscheidungen den Geschäftsführern als Organen der Gesamthand obliegt. Teilnehmer am Rechtsverkehr unter der Firma der OHG/KG oder dem ihr funktional entsprechenden Namen der GbR[115] sind nicht die einzelnen Gesellschafter (als Gesamthänder), sondern es ist die durch ihre Organe handelnde Gesamthand oder *Gruppe* als solche. Sie ist somit Zuordnungsobjekt für das Gesamthandsvermögen und steht den Gläubigern der Gesamthand als Haftungsobjekt zur Verfügung[116]. Bestand und Identität der Gesellschaft bleiben durch einen Mitgliederwechsel unberührt (Rn 291). Das Gesamthandsvermögen bildet nicht die Grundlage für die Einheitlichkeit der Gesellschaft,[117] sondern setzt umgekehrt die Existenz eines rechtsfähigen **Personenverbands** voraus und kennzeichnet die Zuordnung des ihm gewidmeten oder durch sein Auftreten im Rechtsverkehr erworbenen Vermögens (§ 718 BGB) zur Gesamtheit der Gesellschafter. Das erklärt zugleich die Figur der „Anwachsung" (§ 738 Abs. 1 S. 1 BGB), d.h. der Vermehrung der quotalen Beteiligung der verbliebenen Mitglieder am Gesellschaftsvermögen beim Ausscheiden eines Gesellschafters[118], sowie die Unübertragbarkeit des – rechtlich gar nicht existenten – „Anteils am Gesellschaftsvermögen" (§ 719 Abs. 1 BGB; dazu Rn 276, 294 ff): Die gesamthänderische Mitberechtigung am Gesellschaftsvermögen steht zwingend nur denjenigen Personen zu, die gemeinsam (als „Gruppe") das Zuordnungssubjekt für das Gesamthandsvermögen bilden. Andererseits ist auch die **Mitgliedschaft** in der Gruppe keine bloße „Teilhaberschaft" am gesamthänderisch gebundenen Vermögen,[119] vielmehr hat sie ebenso eine personenrechtliche Grundlage wie bei der Körperschaft und kann wie diese insgesamt übertragen werden.[120] 41

Das **Verständnis der Gesamthand als** von den Mitgliedern zu unterscheidende **rechtsfähige Gruppe** (*Ulmer:* „kollektive Rechtsperson") ist nicht nur von theoretischem Interesse, sondern hat erhebliche, für OHG und KG allerdings durch § 124 weitgehend 42

Gesellschaftsrecht Bd. II, § 7 III 1, S. 644 f; MünchKommHGB/*K. Schmidt* Rn 7; Röhricht/Graf v. Westphalen/*v. Gerkan/Haas* Rn 6; Ebenroth/Boujong/Joost/Strohn/*Wertenbruch* Rn 7 ff; Heymann/*Emmerich* Rn 32; Erman/*Westermann*[12] vor § 705 Rn 18; vgl. auch die Nachweise bei *Ulmer* AcP 198 (1998), 113 (114), Fn 6. **AA** *Zöllner* FS Gernhuber, 1993, S. 563; *ders.* FS Kraft, 1998, S. 701; *G. Hueck* FS Zöllner, 1998, S. 275; *Wächter* (Fn 105), S. 322 f.

112 *Ulmer* AcP 198 (1998), 113 (115).

113 BGHZ 146, 341 (344 ff).

114 MünchKommBGB[5]/*Ulmer* § 705 Rn 301.

115 Zum Gesellschaftsnamen der GbR vgl. MünchKommBGB[5]/*Ulmer* § 705 Rn 270 ff.

116 Ausführliche Übersicht über die Entwicklung s. MünchKommBGB[5]/*Ulmer* § 705 Rn 296 ff.

117 So aber *U. Huber* Vermögensanteil, S. 106; dagegen zutr. *Flume* I/1 § 4, S. 51.

118 So zutr. *Flume* I/1 § 17 VIII, S. 370; *K. Schmidt* BMJ-Gutachten (Fn 79), S. 473; vgl. auch MünchKommBGB[5]/*Ulmer*/*C. Schäfer* § 736 Rn 8 f.

119 So aber noch v. Gierke ZHR 119 (1956), 141 (150); *Müller-Erzbach* Das private Recht der Mitgliedschaft, 1948, S. 401 ff.

120 Eingehend *Habersack* Die Mitgliedschaft, S. 104 ff; s.a. MünchKommBGB[5]/*Ulmer*/*C. Schäfer* § 719 Rn 13 ff.

klargestellte **praktische Bedeutung.** Es dokumentiert sich in der ausschließlichen Zuständigkeit der Gesellschaftsorgane (vertretungsbefugte Geschäftsführer) für Rechtshandlungen der Gesamthand und Verfügung über das Gesellschaftsvermögen, in der klaren Unterscheidung zwischen den Verbindlichkeiten der Gesamthand und der akzessorisch ausgestalteten persönlichen Gesellschafterhaftung (§ 128) sowie in der deutlichen Trennung zwischen Gesellschaft und Gesellschaftern im Prozess[121]. Bei all diesen für die gesellschaftsrechtliche Gesamthand charakteristischen Merkmalen handelt es sich nicht etwa um eine nur für die OHG und KG maßgebliche, aus § 124 folgende positivrechtliche Gestaltung, sondern um ein Strukturprinzip der Personengesellschaft mit eigenständigem, gesamthänderisch gebundenem Gesellschaftsvermögen. Es gestattet die weitgehende Gleichbehandlung von OHG und KG einerseits, Außen-GbR andererseits in vermögensrechtlicher Hinsicht und unterstreicht die Möglichkeit identitätswahrender Umwandlung zwischen diesen Rechtsformen je nachdem, ob sich hinsichtlich des für die Handelsgesellschaften notwendigen gemeinsamen Betriebs eines kaufmännischen Handelsgewerbes eine nachträgliche Änderung ergibt (Rn 56).

43 **2. Handelsgesellschaft.** Die OHG ist wie die KG notwendig Handelsgesellschaft (§ 6 Abs. 1). Das folgt anders als bei AG und GmbH (§§ 3 AktG, 13 Abs. 2 GmbHG) nicht aus ihrer Rechtsform; vielmehr richtet sich umgekehrt die Rechtsform als OHG (KG) oder GbR danach, ob die Beteiligten den **gemeinsamen Betrieb eines Handelsgewerbes** bzw. der gemeinsamen Vermögensverwaltung (Abs. 2) bezwecken (Rn 23 ff, 28 ff). Die Erweiterung des Kreises zulässiger Gesellschaftszwecke durch die Handelsrechtsreform 1998 (Rn 9) hat daran nichts geändert, zumal Abs. 2 die Rechtsform der OHG/KG eben *nicht* sämtlichen unternehmenstragenden Gesellschaften eröffnet (Rn 29 f).[122] Zur Handelsgesellschaft wird eine Personengesellschaft demgemäß nur, aber auch stets dann, wenn entweder der gemeinsame Zweck auf ein Gewerbe im Umfang des § 1 Abs. 2 gerichtet ist (Rn 24) oder wenn es nach § 105 Abs. 2 bzw. § 2 S. 2 zur Eintragung ihres gewerblichen oder vermögensverwaltenden Unternehmens in das Handelsregister kommt (Rn 25, 28). Die Qualität als Handelsgesellschaft besteht nach § 5 fort bis zur Löschung der Handelsregistereintragung, es sei denn, dass der gemeinsame Gewerbebetrieb oder die Vermögensverwaltung schon vorher auf Dauer eingestellt wird (vgl. Rn 27).

44 Als Handelsgesellschaft unterliegt die **OHG** nach § 6 Abs. 1 voll dem Handelsrecht und wird wie ein **Kaufmann** behandelt. Umstritten ist lediglich, ob auch ihre **Gesellschafter** Kaufleute sind (vgl. dazu Rn 77 ff). Anders als bei Einzelkaufleuten gehören sämtliche von der OHG geschlossenen Geschäfte zum Betrieb ihres Handelsgewerbes und sind daher **Handelsgeschäfte** i.S.d. § 343, ohne dass es auf die Vermutung des § 344 ankommt; die OHG hat kein „Privatleben". Dagegen greift § 343 für die von den Gesellschaftern persönlich geschlossenen, die Gesellschaftssphäre betreffenden Geschäfte wie Bürgschaften für Gesellschaftsverbindlichkeiten u.a. auch dann nicht unmittelbar ein, wenn man die Gesellschafter mit der früher hM zu den Kaufleuten rechnet, da das Handelsgewerbe nicht von ihnen persönlich, sondern von der OHG betrieben wird; insoweit kommt nur die analoge Anwendung des § 343 in Betracht (Rn 79, 81). Der **Abschluss oder die Änderung des Gesellschaftsvertrags** ist nur für diejenigen Gesellschafter ein

[121] Vgl. Näheres in Erl. zu § 124 sowie für die GbR bei MünchKommBGB[5]/*Ulmer/C. Schäfer* § 718 Rn 39 ff mN zum Diskussions-Stand.

[122] AA *K. Schmidt* NJW 1998, 2161 (2166), der Abs. 2 – gegen den Wortlaut – als Auffangtatbestand interpretiert und damit konsequentermaßen bei der Anerkennung der OHG als Formkaufmann landet.

Handelsgeschäft, die die Beteiligung im Rahmen eines *eigenen*, neben demjenigen der OHG bestehenden Handelsgewerbes eingehen. In Bezug auf die OHG ist er ein Grundlagengeschäft, an dem sie nicht beteiligt ist; schon deshalb wird er nicht von § 343 erfasst[123].

Für **gesellschaftsvertragliche Schiedsgerichtsabreden** kommt es hingegen nicht auf die Kaufmanns- bzw. Verbrauchereigenschaft der Gesellschafter an. An die letztere knüpft zwar § 1031 Abs. 5 ZPO ein besonderes Formerfordernis (eigenhändig unterzeichnete Urkunde); richtigerweise unterfällt die Schiedsvereinbarung im OHG/KG-Vertrag indessen entgegen der noch hM[124] nicht den §§ 1029 ff ZPO; sie ist vielmehr infolge des geänderten Verständnisses der Mitgliedschaft aufgrund der Gruppenlehre (Rn 41 aE) ebenso zu behandeln wie die in der Satzung einer Körperschaft enthaltene Vereinbarung (**§ 1066 ZPO**)[125]. Auf diese Weise lässt sich ihre Geltung gegenüber eintretenden und ausscheidenden Gesellschaftern sowie gegenüber Rechtsnachfolgern überzeugender begründen als nach der Rechtsprechung, die insofern § 401 BGB anwendet, dabei aber naturgemäß an Grenzen stößt.[126] Besonderheiten gelten für die in Verträgen von **Publikumsgesellschaften** enthaltenen Schiedsvereinbarungen; sie sind einer Inhaltskontrolle unterworfen, die in der Regel zur Unwirksamkeit der Vereinbarung führt.[127] Auch insofern bedarf es daher nicht des vom Verbraucherrecht vermittelten (überdies zu geringen) Schutzes. 45

3. **Außengesellschaft.** Der Zweck der OHG muss auf den **gemeinschaftlichen Betrieb** des Handelsgewerbes durch die Gesellschafter („unter gemeinschaftlicher Firma", vgl. Rn 33) gerichtet sein. Die OHG ist daher notwendig eine Außengesellschaft zwischen sämtlichen Gesellschaftern unabhängig davon, ob diese eine neue gemeinschaftliche Firma annehmen oder sich darauf einigen, im Rahmen von § 22 die Firma eines Gesellschafters fortzuführen (Rn 33 ff). Sollen abweichend hiervon einzelne Gesellschafter nicht nach außen in Erscheinung treten, so können sie auch nicht Mitglieder der OHG (KG) sein[128]. Neben einer Treuhandkonstruktion (vgl. Rn 102 ff) kommt insoweit stattdessen die Vereinbarung einer stillen Gesellschaft zwischen der OHG und dem oder den nur intern beteiligten Personen in Betracht. Denkbar ist auch, dass sich sämtliche Beteiligten unter Verzicht auf gemeinsames Außenhandeln auf eine reine Innengesellschaft beschränken und vereinbaren, dass zwar ihre internen Beziehungen dem OHG-Recht unterliegen, das Handelsgewerbe nach außen aber nur auf den Namen eines von ihnen 46

[123] Vgl. Baumbach/*Hopt* Rn 49; *Zöllner* DB 1964, 795 ff; *Landwehr* JZ 1967, 198 (204 f); *Lieb* DB 1967, 759 (762); *G. H. Roth* FS Nagel, 1987, S. 318 (327 f); **aA** *A. Hueck* OHG, § 3 Fn 9; MünchKommHGB/*K. Schmidt* Rn 115; nicht eindeutig *Flume* I/1 § 4 II, S. 60; offenlassend BGHZ 45, 282 (284 f) = NJW 1966, 1960; zum älteren Schrifttum vgl. Voraufl. Fn 88 (*Ulmer*).

[124] BGH NJW 1980, 1049; NZG 2002, 955; Baumbach/*Hopt* Vor § 1 Rn 90; *Koller*/Roth/Morck Rn 6; *Schwab*/*Walter* Schiedsgerichtsbarkeit, 2005, Kap. 32 Rn 3; MünchKommZPO³/*Münch* § 1066 Rn 10; *Schütze* BB 1992, 1877 (1880).

[125] So zutr. *Habersack* SchiedsVZ 2003, 241 (243 ff); *K. Schmidt* ZHR 162 (1998), 265 (277 ff); *ders.* BB 2001, 1857 (1862 f) und MünchKommHGB/*K. Schmidt* Rn 17, 121 f; *Roth* FS Nagel, 1987, S. 318 (325 ff); Zöller/*Geimer* ZPO²⁶ § 1066 Rn 1.

[126] *Habersack* SchiedsVZ 2003, 241 (243 f) gegen BGH NZG 2002, 955.

[127] Zutr. *Habersack* SchiedsVZ 2003, 241 (242 f) (dort auch zum Problem der nachträglichen Einführung einer Schiedsabrede); *K. Schmidt* ZHR 162 (1998) 265 (282 f).

[128] BGHZ 10, 44 (48) = NJW 1953, 1548; RGZ 33, 125 (127 f); 165, 260 (265); *A. Hueck* OHG, § 3 V, S. 35; MünchKommHGB/*K. Schmidt* Rn 5.

betrieben wird, der für Rechnung auch der Übrigen handelt. Eine solche das Innenverhältnis betreffende Vereinbarung ist vorbehaltlich der Einbeziehung der Gestaltungsklagen (§§ 117, 133, 140) zulässig;[129] sie lässt die Rechtsnatur der (Innen-)Gesellschaft als GbR aber unberührt.

47 **4. Dauergesellschaft.** Zum **Gewerbe** als notwendige Voraussetzung für das Vorliegen einer OHG gehört die **planmäßige,** auf Dauer gerichtete Art der geplanten **Tätigkeit** (§ 1 Rn 20 f [*Oetker*] sowie oben Rn 23). Die OHG ist daher stets Dauergesellschaft; ihre Verwendung als Rechtsform für Gelegenheitsgesellschaften scheidet aus[130]. Das gilt etwa für Emissionskonsortien,[131] im Regelfall aber auch für Arbeitsgemeinschaften der Bauwirtschaft. Sie haben auch dann die Rechtsform einer GbR, wenn die Beteiligten eine Außengesellschaft bilden und unter gemeinsamem Namen als Anbieter am Markt auftreten (Rn 30).

III. Entstehung (im Innenverhältnis)

48 **1. Grundlagen.** Hinsichtlich der Entstehung der OHG sind zwei Fragenkreise zu unterscheiden: Der erste betrifft die Rechtsform der neu entstehenden Gesellschaft, namentlich die Frage, ob die **Personengesellschaft** sogleich **als OHG oder** (zunächst) **als GbR** entsteht. Sie beurteilt sich danach, ob der gemeinsame Zweck auf den Betrieb eines *Handelsgewerbes* i.S.v. § 1 oder auf den Betrieb eines kannkaufmännischen Gewerbes (§ 2) bzw. auf Vermögensverwaltung (Abs. 2) gerichtet ist (dazu oben Rn 20 f, 23, 25, 28). Im ersten Fall entsteht die Gesellschaft mit Aufnahme des Geschäftsbetriebs als OHG (§ 123 Abs. 2), im zweiten Fall bedarf es hierfür der Eintragung im Handelsregister (Abs. 2 i.V.m. § 123 Abs. 1). Die zweite Differenzierung betrifft die **Entstehung im Innen- und Außenverhältnis.** Während § 105 für die Entstehung im Innenverhältnis lediglich den Abschluss eines Gesellschaftsvertrages verlangt, ist nach § 123 für die Entstehung gegenüber *Dritten* entweder die Handelsregistereintragung (§ 123 Abs. 1) oder der ihr vorausgehende Geschäftsbeginn (§ 123 Abs. 2) erforderlich. Hier ist folglich nur die Entstehung im Innenverhältnis zu behandeln, welches die Beziehungen zwischen den Gesellschaftern einschließlich der Begründung von Gesamthandsvermögen betrifft. Hierfür ist der – ausdrückliche oder konkludente – Abschluss eines **Gesellschaftsvertrags** zwischen den Beteiligten **unverzichtbar** (Rn 16). Ein auf Abschluss eines Gesellschaftsvertrags gerichteter *Vorvertrag* (Rn 201 ff) oder der Weiterbetrieb eines vom Erblasser als Einzelkaufmann geführten Handelsgewerbes durch die Erbengemeinschaft (Rn 58 ff) reichen nicht aus. Zur Entstehung im Außenverhältnis vgl. die Erl. zu § 123 (*Habersack*), zur rückwirkenden Entstehung vgl. Rn 164.

---

[129] Zur Unzulässigkeit privatautonomer Vereinbarung von Gestaltungsklagen vgl. *Jauernig* Zivilprozeßrecht[29] § 34 III, S. 111; *A. Hueck* FS Heymanns Verlag, 1965, S. 287 (292 ff); *Nitschke* (Fn 99), S. 207; **aA** *Schlosser* Gestaltungsklagen und Gestaltungsurteile, 1966, S. 293.

[130] Zur abweichenden Rechtslage im ADHGB, das in Art. 266 bis 270 eine Sonderregelung für Gelegenheitsgesellschaften kannte, vgl. 3. Aufl. Rn 111 (*Rob. Fischer*).

[131] Siehe dazu MünchKommBGB[5]/*Ulmer* Vor § 705 Rn 52 ff.

2. Entstehung durch Neugründung

a) Mit Abschluss des Gesellschaftsvertrags. Unmittelbar als *OHG* entsteht die Personengesellschaft zwischen den Beteiligten dann, wenn der gemeinsame Zweck von Anfang an auf den gemeinschaftlichen Betrieb eines vollkaufmännischen Handelsgewerbes gerichtet ist (Rn 23 ff). Den Hauptfall bildet die zum Betrieb eines **Handelsgewerbes** (§ 1) gegründete Gesellschaft (Rn 23 f, 26). Auf den Beginn der Geschäfte unter gemeinschaftlicher Firma bzw. auf das sonstige Auftreten nach außen kommt es nicht an[132]; diese Umstände betreffen nur das Außenverhältnis (§ 123). Als weiterer Fall kommt die **gemeinsame Fortführung eines** sonstigen, im Handelsregister **eingetragenen Unternehmens** in Betracht, sei es durch Aufnahme eines Gesellschafters in das Geschäft eines Einzelkaufmanns (§ 28) oder durch sonstige Fortführung des eingetragenen Unternehmens (vgl. Rn 25 aE und Fn 60). In allen diesen Fällen kommt der nach § 106 gebotenen Handelsregistereintragung für die Rechtsnatur als OHG nur deklaratorische Bedeutung zu; die Rechtsverhältnisse der Beteiligten richten sich vom Abschluss des Gesellschaftsvertrags an in vollem Umfang nach OHG-Recht. 49

b) Mit Eintragung im Handelsregister (§ 105 Abs. 2). Richtet sich der gemeinsame Zweck auf den Betrieb eines bisher nicht eingetragenen **kannkaufmännischen Unternehmens** oder auf **die Verwaltung eigenen Vermögens,** so entsteht die Personengesellschaft zunächst als GbR[133]. Zur OHG wird sie erst durch – konstitutive – Handelsregistereintragung. Eine früher verbreitete Gegenansicht nahm zwar generell an, im Innenverhältnis bestehe auch in derartigen Fällen von Anfang an eine OHG, wenn nur die Handelsregistereintragung von den Beteiligten gewollt sei[134]. Dies ist jedoch nur insofern zutreffend, als aus dem auf die Eintragung gerichteten Willen der Beteiligten regelmäßig auf die alsbaldige Geltung von OHG-Recht zwischen ihnen kraft konkludenter Vereinbarung zu schließen ist, mögen sich auch die Rechtsverhältnisse in der OHG wie hinsichtlich der Alleingeschäftsführung deutlich von denjenigen in der GbR unterscheiden (vgl. § 109 Rn 16). Indessen begegnen auch im OHG-Innenrecht eine Reihe von Vorschriften, die nicht privatautonom außerhalb der OHG (oder KG) vereinbart werden können, darunter auch heute insbesondere noch die Gestaltungsklagen der §§ 117, 127, 133, 140[135]. Insoweit bleibt die Differenzierung zwischen GbR und OHG für das **Durchgangsstadium zwischen Vertragsschluss und Eintragung** von Bedeutung. Der sofortigen Qualifikation der Gesellschaft als OHG steht in derartigen Fällen entgegen, dass das den Gegenstand des gemeinsamen Zwecks bildende Gewerbe erst durch Eintragung im Handelsregister zum Handelsgewerbe wird. 50

3. Entstehung der OHG durch Umwandlung

Schrifttum

Kommentare zum UmwG: *Kallmeyer* Umwandlungsgesetz³ (2006); *Lutter* Umwandlungsgesetz⁴ (2009); *Semler/Stengel* Umwandlungsgesetz² (2007); *Widmann/Mayer* Umwandlungsrecht, Loseblattausgabe (Stand 08/2007). Lehrbücher: *K. Schmidt* Gesellschaftsrecht, §§ 12 f, S. 331 ff; *Wiedemann* Gesellschaftsrecht, Band II, § 6 II, S. 530 ff; Westermann/*Heckschen* Handbuch des Personengesell-

---

132 RGZ 112, 280 (281 f).

133 MünchKommHGB/*K. Schmidt* Rn 65; *ders.* Gesellschaftsrecht, § 46 III 2a, S. 1371; *Wiedemann* Gesellschaftsrecht Bd. II, § 8 II 1a, S. 687; Ebenroth/Boujong/Joost/Strohn/*Wertenbruch* Rn 26. Gegenansichten vgl. in Fn 134.

134 So namentlich *A. Hueck* OHG, § 5 I 2, S. 40 f und *Schlegelberger/Geßler* HGB⁴ Rn 47 sowie früher schon *Düringer/Hachenburg/Flechtheim* Rn 11 und *Wieland* I, S. 526 f.

135 Zur Unwirksamkeit privatautonomer Vereinbarung von Gestaltungsklagen vgl. Nachw. in Fn 129.

schaftsrechts, Band I, § 58; Materialien: *Ganske* Umwandlungsrecht (1994); Aufsätze: *Kießling* Der Rechtsformwechsel zwischen Personengesellschaften, WM 1999, 2391; *Mülbert* Die rechtsfähige Personengesellschaft, AcP 199 (1999), 38; *Priester* Personengesellschaften im Umwandlungsrecht, DStR 2005, 788; *H. Schmidt* Mehrheitsklauseln für Umwandlungsbeschlüsse in Gesellschaftsverträgen von Personenhandelsgesellschaften nach neuem Umwandlungsrecht, in FS Brandner (1996), S. 133; *Seibt* Gesamtrechtsnachfolge beim gestalteten Ausscheiden von Gesellschaftern aus Personengesellschaften: Grundfragen des Gesellschafter-, Gläubiger- und Arbeitnehmerschutzes, in FS Röhricht (2005), S. 603; *Wiedemann* Identität beim Rechtsformwechsel, ZGR 1999, 568.

51 a) **Überblick.** Bis 1994 kam für eine Personengesellschaft als (damals sog.) „formwechselnde Umwandlung" (Voraufl. Rn 51 f [*Ulmer*]) mangels gesetzlicher Regelung nur der Wechsel in eine andere Personengesellschaft in Betracht. Im UmwG 1965 geregelt war darüber hinaus die übertragende Umwandlung einer Kapitalgesellschaft unter Errichtung einer OHG,[136] nach heutigem Verständnis eine Verschmelzung durch Neugründung. Praeter legem war und ist darüber hinaus die sog. „anwachsende Verschmelzung" anerkannt (dazu Vor § 105 Rn 21 und sogleich Rn 57). Mit dem **UmwG 1994**[137] hat der Gesetzgeber der Personenhandelsgesellschaft weitere Umwandlungsmöglichkeiten eröffnet (s. schon Vor § 105 Rn 20 ff): Namentlich kann sie in die Rechtsform einer Kapitalgesellschaft oder Genossenschaft wechseln bzw. umgekehrt die Kapitalgesellschaft in eine Personengesellschaft (§ 226 UmwG). Der **Formwechsel** zwischen Personengesellschaften vollzieht sich demgegenüber nach wie vor notwendig außerhalb des UmwG (Rn 56). Ferner sind Personenhandelsgesellschaften ausdrücklich als **verschmelzungs-** (§ 3 Abs. 1 Nr. 1 UmwG) und **spaltungsfähig** (§ 124 Abs. 1 i.V.m. § 3 Abs. 1 Nr. 1 UmwG) anerkannt. Die Vermögensübertragung nach den §§ 174 ff. UmwG ist ihnen dagegen versperrt. Durch sämtliche der erwähnten Umwandlungen kann es **zur Entstehung einer OHG** oder KG kommen, so beim Formwechsel einer Kapitalgesellschaft in eine OHG/KG (§§ 190 f, 226 UmwG), bei der Verschmelzung auf eine hierdurch gegründete OHG/KG (§§ 2 Nr. 2, 3 Abs. 1 UmwG) sowie auch bei der Aufspaltung, Abspaltung oder Ausgliederung zur Neugründung einer OHG/KG (§§ 123 Abs. 1 Nr. 2, Abs. 2 Nr. 2, Abs. 3 Nr. 2; 124 i.V.m. 3 Abs. 1 Nr. 1 UmwG). Aus diesem Grund wird nachfolgend ein Überblick über das Procedere gegeben; wegen der Einzelheiten ist auf die Kommentare zum Umwandlungsrecht zu verweisen.

52 b) **Verschmelzung (UmwG).** Die hier vor allem interessierende **Verschmelzung durch Neugründung einer OHG** richtet sich im Wesentlichen nach den Vorschriften der Verschmelzung zur Aufnahme (§ 36 Abs. 1 UmwG). Zunächst schließen die Vertretungsorgane der an der Verschmelzung beteiligten Rechtsträger einen notariellen **Verschmelzungsvertrag** (§ 4 ff UmwG),[138] der nach § 37 UmwG auch schon den Gesellschaftsvertrag der neu zu gründenden OHG/KG enthalten muss, für den das UmwG aber keine besonderen Anforderungen aufstellt. Nach **§ 40 Abs. 1 UmwG** muss bei der Verschmelzung auf eine OHG/KG der Verschmelzungsvertrag allerdings die Einlagen der Gesellschafter der übertragenden Gesellschaften festlegen und ggf. bestimmen, wer persönlich haftender Gesellschafter, wer Kommanditist der neuen Gesellschaft werden soll. Nach § 40 Abs. 2 UmwG ist den beschränkt haftenden Gesellschaftern der übertragenden Gesellschaft eine Kommanditistenstellung einzuräumen. Entsprechendes gilt nach § 43

[136] Voraufl. Rn 54 (*Ulmer*). Zur Umwandlung von Personengesellschaften vor dem UmwG 1994 *Priester* DStR 2005, 788.

[137] BGBl. 1994 I, 3210; Referentenentwurf und Begründung abgedruckt bei *Ganske* Gesetz zur Bereinigung des Umwandlungsrechts, 1992.

[138] Widmann/Mayer/*Mayer* UmwG § 4 Rn 20.

Abs. 2 Satz 3 UmwG für unbeschränkt persönlich haftende Gesellschafter der übertragenden (Personen-)Gesellschaften, die der Verschmelzung widersprechen (§ 43 Abs. 2 Satz 3 UmwG). Beide Vorschriften folgen dem Rechtsgedanken des § 139 und dienen dem Schutz der Minderheitsgesellschafter.[139] Mit ihrer Zustimmung kann den Gesellschaftern deshalb in beiden Fällen auch die Stellung eines Komplementärs eingeräumt werden (§ 40 Abs. 2 Satz 2 UmwG). Der Verschmelzungsvertrag wird zwischen den – in diesem Falle mindestens – zwei übertragenden Gesellschaften geschlossen, die als Gründer der neuen Gesellschaft anzusehen sind (§ 36 Abs. 2 S. 2 UmwG). Es ist daher davon auszugehen, dass sie bis zur Eintragung der Verschmelzung die Rolle der Gesellschafter der im Entstehen begriffenen OHG/KG übernehmen und dass ihre Mitgliedschaft erst mit ihrem liquidationslosen Erlöschen durch die Eintragung wieder untergeht, während zugleich ihre Anteilsinhaber originär zu Gesellschaftern der neuen OHG/KG werden (§ 20 Abs. 1 Nr. 3 UmwG). Die Fähigkeit, Gründer bzw. Gesellschafter der neuen OHG zu sein, richtet sich nach allgemeinen Regeln (Rn 70 ff).[140] Mit der **notariellen Beurkundung** des Verschmelzungsvertrages (§§ 4 Abs. 1, 6 UmwG) wird zugleich der Gesellschaftsvertrag wirksam, so dass die neue OHG im Innenverhältnis bereits entsteht, sofern die Beteiligten die Wirksamkeit nicht auf die Eintragung der Verschmelzung bedingen. Dies wird freilich häufig ihrem Willen entsprechen, zumal an einer Zwischenexistenz der OHG meist kein Interesse bestehen dürfte. Falls eine solche aufschiebende Bedingung nicht gewollt ist, kann freilich die neue Gesellschaft nach § 123 Abs. 2 HGB mit der – allseits einverständlichen – Aufnahme ihrer Geschäfte schon vor der Eintragung auch nach außen wirksam werden.[141] Ohne den Beginn eigener Geschäfte entsteht die Gesellschaft dagegen nach §§ 36 Abs. 1, 20 Abs. 1 UmwG im Außenverhältnis erst mit der Eintragung der Verschmelzung in das Handelsregister, die sich inhaltlich nach § 106 Abs. 2 richtet[142] und zum Übergang der übertragenen Unternehmen bzw. Vermögen auf die neue Gesellschaft führt (§§ 36 Abs. 1, 20 Abs. 1 UmwG).

Eine OHG/KG kann (zugleich) auch als **übertragender (oder übernehmender) Rechtsträger** an einer Verschmelzung beteiligt sein. Abgesehen von den auch insofern zu beachtenden §§ 40, 43 UmwG (Rn 52), besteht eine Besonderheit auch darin, dass ein **Verschmelzungsbericht** entbehrlich ist, sofern alle Gesellschafter zur Geschäftsführung berufen sind (§ 41 UmwG), weil sie in diesem Falle über das Umwandlungsvorhaben ohnehin ausreichend informiert sind (vgl. auch § 42 UmwG). Eine **Verschmelzungsprüfung** gem. §§ 9 bis 12 UmwG ist bei der OHG nur dann erforderlich, wenn der Gesellschaftsvertrag für den Verschmelzungsbeschluss eine Mehrheitsentscheidung ausreichen lässt und ein Gesellschafter die Prüfung verlangt (§ 44 Satz 1 UmwG). Die Regelung des § 44 UmwG soll insbesondere die Gesellschafter von Publikumspersonengesellschaften schützen.[143] Der nach § 13 Abs. 1 S. 1 UmwG erforderliche **Verschmelzungsbeschluss** bedarf nach § 43 Abs. 1 UmwG bei OHG/KG grundsätzlich der Zustimmung **aller** Gesellschafter, gleichviel ob sie in der Gesellschafterversammlung anwesend sind oder nicht. 53

139 Westermann/*Heckschen* Handbuch Rn I 3723; Widmann/Mayer/*Vossius* UmwG § 40 Rn 3, 38; *Wiedemann* Gesellschaftsrecht Bd. II, § 6 II 2b, S. 542.

140 Semler/Stengel/*Bärwaldt* UmwG[2] § 36 Rn 24.

141 Semler/Stengel/*Bärwaldt* UmwG[2] § 36 Rn 23; Widmann/Mayer/*Mayer* UmwG § 36 Rn 210; gegen die Anwendbarkeit des § 123 Abs. 2 HGB aber Kallmeyer/*Zimmermann* UmwG[3] § 38 Rn 7.

142 Widmann/Mayer/*Mayer* UmwG § 36 Rn 213; Kallmeyer/*Zimmermann* UmwG[3] § 38 Rn 7.

143 Semler/Stengel/*Ihrig* UmwG[2] § 44 Rn 1; Kallmeyer/*Müller* UmwG § 44 Rn 1; *H. Schmidt* in Lutter UmwG[3] § 44 Rn 2; Widmann/Mayer/*Vossius* UmwG § 44 Rn 5.

Nach hM ist auch die Zustimmung der stimmrechtslosen Gesellschafter erforderlich.[144] Eine gesellschaftsvertragliche **Mehrheitsklausel** erfordert nach § 43 Abs. 2 S. 2 UmwG wenigstens ein 75 %-Quorum (bezogen auf abgegebene Stimmen); sie muss Umwandlungsmaßnahmen zumindest generell erwähnen.[145] Auch bei wirksamer Mehrheitsklausel kann die Zustimmung aller Gesellschafter gleichwohl erforderlich sein, sofern nämlich die Umgestaltung der Mitgliedschaft als Eingriff in den Kernbereich anzusehen ist.[146] Als übertragender Rechtsträger **erlischt** die Gesellschaft nach § 20 Abs. 1 Nr. 2 Satz 1 UmwG mit der Eintragung liquidationslos; ihr Vermögen geht nach § 20 Abs. 1 Nr. 1 UmwG auf den übernehmenden oder neuen Rechtsträger im Wege der Universalsukzession über[147]. § 45 UmwG sieht nach dem Vorbild des § 160 eine Haftungsbegrenzung auf fünf Jahre für Gesellschafter vor, die in der neuen Gesellschaft nicht mehr unbeschränkt persönlich haften, was auch auf die KG zutrifft.[148]

54 c) **Spaltung (UmwG).** Durch Spaltung können Teile des Unternehmens im Wege der Gesamtrechtsnachfolge auf einen anderen Rechtsträger übertragen werden;[149] das UmwG stellt dafür die Aufspaltung, die Abspaltung und die Ausgliederung zur Verfügung (s. Vor § 105 Rn 22), die jeweils zur Neugründung einer OHG/KG erfolgen können. Personenhandelsgesellschaften können dabei auf beiden Seiten beteiligt sein (§§ 124 i.V.m. 3 Abs. 1 Nr. 1 UmwG). Für die Spaltung gelten die Vorschriften des Verschmelzungsrechts mit einigen in den §§ 126 ff UmwG normierten Ausnahmen entsprechend (§ 125 UmwG). Hinsichtlich der Verschmelzung von Personengesellschaften bestehen keine Besonderheiten, so dass auf die Ausführungen zur Verschmelzung (Rn 52 f) verwiesen werden kann.[150]

55 d) **Formwechsel zwischen Kapitalgesellschaft und Personengesellschaft (UmwG).** Ein zur Entstehung einer OHG/KG führender Formwechsel nach dem UmwG ist nur der Kapitalgesellschaft möglich (Rn 51); er funktioniert nach dem Identitätsprinzip (§§ 191 Abs. 1 Nr. 1, 202 Abs. 1 Nr. 1 UmwG), so dass kein Vermögensübergang erforderlich ist.[151] Umstrukturierungsmaßnahmen, die im Wege der Einzel- oder Gesamtrechtsnachfolge durchgeführt werden, stellen keinen Formwechsel dar (vgl. aber Rn 56 zum Formwechsel zwischen Personengesellschaften). Die Durchführung des Formwechsels einer Kapitalgesellschaft in eine OHG richtet sich speziell nach den §§ 226 bis 237 UmwG und allgemein nach den §§ 190 ff UmwG (den umgekehrten Fall regeln die §§ 214 bis

---

144 Semler/Stengel/*Ihrig* UmwG² § 43 Rn 17; *H. Schmidt* in Lutter UmwG³ § 43 Rn 81; Widmann/Mayer/*Vossius* UmwG § 43 Rn 13 f. **AA** Kallmeyer/*Zimmermann* UmwG³ § 43 Rn 16. Näher zum Zustimmungsrecht bzw. Stimmrechts wegen Eingriffs in den Kernbereich § 119 Rn 42 f.

145 Semler/Stengel/*Ihrig* UmwG² § 43 Rn 31; *Priester* DStR 2005, 788 (790); *H. Schmidt* in Lutter, UmwG³ § 43 Rn 12; Widmann/Mayer/*Vossius* UmwG, § 43 Rn 114 f; *Wiedemann* Gesellschaftsrecht Bd. II, § 6 II 2b, S. 541 f; Kallmeyer/*Zimmermann* UmwG³ § 43 Rn 9. Näher zum sog. „Bestimmtheitsgrundsatz" § 119 Rn 34 ff.

146 Zutr. im Ansatz Widmann/Mayer/*Vossius* § 43 UmwG 118 ff und 69 ff aus Sicht der übertragenden Gesellschaft für den Fall, dass keine Abfindung nach § 29 UmwG anzubieten ist; allgemein zum Kernbereichseingriff bei Umstrukturierungen § 119 Rn 43.

147 Widmann/Mayer/*Vossius* UmwG § 20 Rn 26.

148 *K. Schmidt* Gesellschaftsrecht, § 13 III 7c, S. 393; *Wiedemann* Gesellschaftsrecht Bd. II, § 6 II 2b, S. 542.

149 *Wiedemann* Gesellschaftsrecht Bd. II, § 6 II 1a, S. 531.

150 Zur Spaltung von Personengesellschaften siehe auch *Priester* DStR 2005, 788 (791 f).

151 *Wiedemann* Gesellschaftsrecht Bd. II, § 6 II 1a, S. 531; kritisch zu diesem Begriff *Mülbert* AcP 199 (1999), 38 (56 f).

225 UmwG speziell). Es bestehen zahlreiche Parallelen zur Verschmelzung.[152] Der Formwechsel erfolgt nach §§ 193, 233 UmwG mittels eines **Umwandlungsbeschlusses,** der stets der Zustimmung aller Gesellschafter bedarf, die in der OHG oder KG unbeschränkt persönlich haften sollen (§ 233 Abs. 1, Abs. 2 Satz 3 UmwG). Beim Wechsel in die KG bedarf es darüber hinaus mindestens einer 3/4-Kapitalmehrheit (§ 233 Abs. 2 Satz 1 UmwG; für den Wechsel in die Kapitalgesellschaft s. §§ 207, 217 UmwG). Mit der Eintragung wechselt der Rechtsträger die Rechtsform und besteht in der neuen Rechtsform weiter (§ 202 Abs. 1 Nr. 1 UmwG).

e) **Formwechsel zwischen Personengesellschaften.** Stets außerhalb des Umwandlungsrechts findet der Formwechsel zwischen Personengesellschaften statt; er ist problemlos durch Änderung des Gesellschaftsvertrags oder aufgrund Rechtsformzwangs (dazu Rn 3) möglich[153]. Er liegt immer dann vor, wenn sich der Gesellschaftszweck oder die Haftungsverhältnisse der Gesellschafter ändern. Zum **Wechsel einer GbR in eine OHG** kommt es kraft Rechtsformwahl, wenn das von ihr betriebene kannkaufmännische oder vermögensverwaltende Unternehmen in das Handelsregister eingetragen wird (Rn 25, 28) oder kraft Rechtsformzwangs, wenn die GbR aus sonstigen Gründen (spätere Entwicklung des Handelsgewerbes zu einem istkaufmännischen Unternehmen; Erwerb eines Handelsgeschäfts u.a.) erst nachträglich die Voraussetzungen des § 1 erfüllt (Rn 3, 23 ff). Der **Wechsel einer KG in eine OHG** tritt dann ein, wenn sämtliche Kommanditisten ausscheiden oder ihre Haftung durch nachträgliche Änderung des Gesellschaftsvertrags zur unbeschränkten erweitert wird; häufiger ist aber die umgekehrte Entwicklung von der OHG zur KG, sei es durch nachträgliche Beschränkung der Haftung bei einem Teil der Gesellschafter oder durch Hinzutritt beschränkt haftender Gesellschafter. Allen diesen Fällen ist gemeinsam, dass die *Identität der Personengesellschaft* durch den Rechtsformwechsel *nicht berührt* wird und ein Vermögensübergang im Unterschied zur übertragenden Umwandlung nicht stattfindet[154]. Beim Vorhandensein von Grundstücken ist die Grundbucheintragung zu berichtigen;[155] bei schwebenden Prozessen kommt es im Fall der Umwandlung einer GbR in eine OHG/KG oder umgekehrt zu einem gesetzlichen Parteiwechsel[156]. Zu den Rechtsfolgen der formwechselnden Umwandlung für das Innenverhältnis der Gesellschafter vgl. § 109 Rn 17 f. Sofern der Formwechsel gewillkürt ist, sich also durch Änderung des Gesellschaftsvertrages vollzieht, ist zu erwägen, ob die Vorschriften des UmwG, namentlich in Bezug auf Informationspflichten und Beschlussfassung (§§ 215 bis 217 und § 225 UmwG) entsprechend anzuwenden 56

[152] *Wiedemann* Gesellschaftsrecht Bd. II, § 6 II 3b bb, S. 550.

[153] S. dazu auch *K. Schmidt* Gesellschaftsrecht, § 44 III 1, S. 1305 ff und eingehend *Freund* Der Rechtsformwechsel zwischen Personengesellschaften, 2005 (insbes. im Falle von Veränderungen des Gewerbeumfangs bzw. beim Wechsel zwischen Gewerbebetrieb und Vermögensverwaltung, S. 75 ff, 102 ff).

[154] Ganz hM, vgl. BGHZ 32, 307 (312) = NJW 1960, 1664; BGH NJW 1967, 821; WM 1962, 10 (12); WM 1975, 99; MünchKommBGB[5]/*Ulmer* § 705 Rn 13; *Soergel/Hadding*[12] § 705 Rn 3; Schlegelberger/*Martens* § 161 Rn 59; MünchKommHGB/*K. Schmidt* Rn 109; *ders.* Gesellschaftsrecht § 12 I 4a, S. 335; *Freund* (Fn 153) S. 170 ff. Zu Unrecht zweifelnd BayObLG WM 1983, 1199.

[155] RGZ 155, 75 (85 f); BayObLG NJW 1952, 28 f und BB 1983, 333; OLG Hamm DB 1984, 341. MünchKommBGB[5]/*Ulmer* § 705 Rn 13; Erman/*Westermann*[12] § 705 Rn 4. Dabei handelt es sich nicht um eine Berichtigung nach §§ 894 BGB, 22 GBO, sondern um eine Richtigstellung tatsächlicher Angaben (BayObLG aaO).

[156] Vgl. näher MünchKommBGB[5]/*Ulmer*/*C. Schäfer* § 718 Rn 65.

sind.[157] Die hM lehnt dies ab.[158] Für den Formwechsel wird man in der Tat die bewusste Entscheidung des Gesetzgebers, nur den Wechsel zwischen Kapitalgesellschaft und Personengesellschaft den Regeln des Umwandlungsrechts zu unterstellen, zu akzeptieren haben (s.a. § 190 Abs. 2 UmwG); der hM ist also insofern zuzustimmen.

57 f) **„Anwachsende Verschmelzung".** Die Übertragung von Vermögen zwischen einer Personengesellschaft und anderen Personen lässt sich auch durch das Ausnutzen der An- und Abwachsung im Recht der Gesamthandsgesellschaften (§ 738 Abs. 1 S. 1 BGB) erreichen (Vor § 105 Rn 21). Bilden A und B eine OHG, so erlischt beim Ausscheiden des A die Gesellschaft liquidationslos und das vormals gesamthändische Vermögen wird alleiniges Vermögen des B. Der gleiche Effekt tritt ein, wenn sämtliche Gesellschafter ihre Anteile gleichzeitig auf einen Erwerber übertragen (§ 131 Rn 9).[159] Diese Form des Vermögensübergangs ist neben den Umstrukturierungsmaßnahmen des UmwG zulässig und gebräuchlich.[160] Es wird in der Praxis hauptsächlich verwandt, um eine „Verschmelzung" des Vermögens einer Personengesellschaft auf eine andere Gesellschaft oder einen „Formwechsel" von einer GmbH & Co. KG auf die Komplementär-GmbH zu erreichen.[161] Hintergrund ist es, die Anwendung der Vorschriften des UmwG – insbesondere die arbeitsrechtlichen Zuleitungspflichten sowie die Vorschriften zum Schutz der Gläubiger und der Arbeitnehmer – zu vermeiden.[162] Zu diskutieren ist daher, ob bestimmte Schutzvorschriften des UmwG analog anzuwenden sind;[163] die Diskussion hierüber hat noch kaum begonnen; der Fall liegt insofern jedenfalls nicht so eindeutig wie hinsichtlich des Formwechsels zwischen Kapitalgesellschaften (Rn 55 aE).

4. Umwandlung des Handelsgeschäfts einer Erbengemeinschaft in eine OHG?

Schrifttum

Vgl. Nachw. zu § 27 (*Burgard*). Ferner *Aicher/Ostheim* OHG und Erbengemeinschaft, ÖJZ 1981, 253; *Damrau* Die Fortführung des von einem Minderjährigen ererbten Handelsgeschäfts, NJW 1985, 2236; *Dauner-Lieb* Unternehmen in Sondervermögen (1998); *John* Urteilsanm. JZ 1985, 246; *K. Schmidt* Die Erbengemeinschaft nach einem Einzelkaufmann, NJW 1985, 2785; *ders.* Gesetzliche Vertretung und Minderjährigenschutz im Unternehmensprivatrecht, BB 1986, 1238, *Strothmann* Einzelkaufmännisches Unternehmen und Erbenmehrheit im Spannungsfeld von Handels-, Gesellschafts-, Familien- und Erbrecht, ZIP 1985, 969.

58 a) **Handels- und erbrechtliche Grundlagen.** Zu den Rechtsverhältnissen beim erbrechtlichen Übergang des Unternehmens eines Einzelkaufmanns auf mehrere Erben und dessen Fortführung durch die Erbengemeinschaft vgl. schon Vor § 27 Rn 91 ff (*Burgard*). Nach std. Rspr. sind die Miterben nicht gehindert, das ererbte Handelsgeschäft ohne

---

157 *Kießling* WM 1999, 2391 (2397 ff); *Wiedemann* Gesellschaftsrecht Bd. II, § 6 II 3a, S. 544 f; *ders.* ZGR 1999, 568.

158 *K. Schmidt* Gesellschaftsrecht, § 13 I 4c, S. 368 mwN; *Priester* DStR 2005, 788 (793).

159 BGH ZIP 1990, 505 (506) – *Bleyle* („Verschmelzung" der Betriebsgesellschaft auf die Besitzgesellschaft, die dadurch zur OHG wird); weitere Nachw. bei § 131 Fn 20; s.a. MünchKommBGB[5]/*Ulmer/C. Schäfer* § 738 Rn 11.

160 *K. Schmidt* Gesellschaftsrecht, § 12 I 4b, c, S. 336 f und § 13 I 4a, S. 366 f.

161 *Seibt* FS Röhricht, 2005, S. 603 (604 ff).

162 *Sagasser* in S/B/B, Umwandlungen, H Rn 24; *Seibt* FS Röhricht, 2005, S. 603 (608).

163 Dazu eingehend *Seibt* FS Röhricht (2005), S. 603, der die entsprechende Anwendung der Schutzvorschriften des UmwG 1994 ablehnt. Die Diskussion darüber ist jedoch gerade erst eröffnet.

(Teil-)Auseinandersetzung **in Erbengemeinschaft fortzuführen.**[164] Hierfür kann trotz fehlender Ausrichtung der für die Erbengemeinschaft geltenden Vorschriften an den Erfordernissen des Handelsverkehrs[165] ein praktisches Bedürfnis bestehen;[166] dass die Erbengemeinschaft kein nachlassfremdes Unternehmen betreiben kann, sei es aufgrund Neugründung, Hinzuerwerbs u.a.[167], steht nicht entgegen. Bei Fortführung durch die Erbengemeinschaft sind die Miterben nach § 31 Abs. 1 in das Handelsregister einzutragen (vgl. Voraufl. Vor § 22 Rn 71 [*Hüffer*]); auch die Eintragung der Vertretungsverhältnisse ist zulässig. Über die Erbenhaftung nach §§ 2058 bis 2060 BGB hinaus haften die Miterben für die *alten* Geschäftsverbindlichkeiten nach Maßgabe von § 27 unbeschränkt, wenn sie das Geschäft über die Dreimonatsfrist des § 27 Abs. 2 hinaus fortführen. Für Neuverbindlichkeiten folgt die **unbeschränkte Haftung** im Falle gemeinsamen Handelns oder solchen durch Bevollmächtigte aller Erben aus § 427 BGB, ansonsten aus den Grundsätzen über die Haftung für Nachlasserbenschulden[168], wenn man nicht zur generellen unbeschränkten Haftung der Erben analog § 128 wegen des gemeinsamen Betriebs eines Handelsgewerbes kommt[169]. Zur Fortführung durch einen Testamentsvollstrecker vgl. § 27 Rn 76 ff (*Burgard*).

Mit Rücksicht auf die in Rn 58 erwähnten Haftungsfolgen wird zu Recht auf die **59**
Notwendigkeit eines **einstimmigen Fortsetzungsbeschlusses der Erben** nach § 2038 Abs. 1 BGB bei Fortführung des Handelsgeschäfts über die Dreimonatsfrist des § 27 Abs. 2 hinaus hingewiesen[170]. Allerdings hat der Beschluss nur Bedeutung für das **Innenverhältnis** der Erben[171]. Sein Fehlen berechtigt die mit der Fortsetzung nicht einverstandenen Erben dazu, die sofortige Einstellung des Geschäftsbetriebs sowie ggf. Schadensersatz von den eigenmächtig die Geschäfte fortführenden Erben zu verlangen. Dagegen wird die Haftung gegenüber Dritten aus § 27 sowie aus sonstigen, für Neuverbindlichkeiten relevanten Rechtsgründen durch das Fehlen des Fortsetzungsbeschlusses nicht berührt; insoweit genügt für Altverbindlichkeiten das Faktum der Fortführung durch die Erbengemeinschaft, für Neuverbindlichkeiten der Fortbestand von Vertretungsverhältnissen aus der Zeit vor dem Erbfall oder das Eingreifen der Grundsätze über die Anscheins- oder Duldungsvollmacht.

---

164 RGZ 132, 138 (142); BGH NJW 1951, 311; BGHZ 17, 299 (302) = NJW 1955, 1227; BGHZ 30, 391 (394) = NJW 1959, 2114; BGHZ 32, 60 (67) = NJW 1960, 959; BGHZ 92, 259 (262) = NJW 1985, 136; KG DB 1998, 2591 (2592); MünchKommHGB/*K. Schmidt* Rn 22; weit. Nachw. § 27 Fn 133 f (*Burgard*). Kritisch zu dieser Rspr. unter Hinweis auf den begrenzten Aussagegehalt der Urteile *Rob. Fischer* ZHR 144 (1980), 4 ff.

165 So zutr. namentlich *Rob. Fischer* (Fn 164) S. 2 f mwN; vgl. auch *Strothmann* ZIP 1985, 974 f; *K. Schmidt* NJW 1985, 2788 f; *Dauner-Lieb* S. 355, 377, 408 ff.

166 Vgl. die Hinweise in BGHZ 92, 259 (263 f) auf entsprechende Fallkonstellationen; zu bedenken sind auch die mit der Teilauseinandersetzung des Nachlasses verbundenen Folgen für die Erbenhaftung (§§ 2058, 2059 Abs. 1 BGB).

167 EinhM, vgl. KG JFG 9, 111 = HRR 1932 Nr. 749; Voraufl. Vor § 22 Rn 71 (*Hüffer*).

168 Vgl. näher KG JW 1937, 2599; § 27 Rn 74, 91, 34 ff (*Burgard*); *K. Schmidt* NJW 1985, 2790 f; *M. Wolf* AcP 181 (1981), 503 ff; MünchKommBGB[4]/*Heldrich* § 2032 Rn 44; Soergel/*M. Wolf*[13] § 2032 Rn 9; *Canaris* Handelsrecht, § 9 Rn 7 ff.

169 So MünchKommHGB/*K. Schmidt* Rn 22; *ders.* NJW 1985, 2791; tendenziell auch *M. Wolf* AcP 181 (1981), 505 f; **aA** *Sobich* Erbengemeinschaft und Handelsgeschäft, 1974, S. 45 ff.

170 So schon *Hueck* ZHR 108 (1941), 1 (24); ihm folgend *Rob. Fischer* ZHR 144 (1980), 10 ff; *John* JZ 1985, 246; Soergel/*M. Wolf*[13] § 2038 Rn 7.

171 So zutr. *K. Schmidt* NJW 1985, 2791.

60 b) **Umwandlungsvoraussetzungen.** Die Umwandlung eines (ererbten) Handelsgeschäfts in eine OHG (KG) und deren Gesamtrechtsnachfolge in das zum Nachlass gehörende Geschäftsvermögen sind dem geltenden Recht unbekannt[172]. Die Erbengemeinschaft ist im Übrigen auch kein umwandlungsfähiger Rechtsträger nach §§ 3, 191 UmwG[173]. Die Entstehung einer OHG setzt vielmehr auch im Falle des gemeinsamen Betriebs eines ererbten Handelsgeschäfts den **Abschluss eines Gesellschaftsvertrags** zwischen den Beteiligten voraus und erfordert zusätzlich die Übertragung des Geschäftsvermögens auf die Gesellschaft. Das Faktum der gemeinsamen Fortführung kann ihn nicht ersetzen[174]. Die abweichend hiervon teilweise vertretene Annahme **automatischer Umwandlung** des auf mehrere Erben übergegangenen und von diesen fortgeführten Handelsgeschäfts in eine OHG[175] ist **erbrechtlich nicht geboten** und **gesellschaftsrechtlich nicht vertretbar**. Das gilt auch dann, wenn die Erben ausdrücklich oder konkludent die gemeinsame Fortsetzung des Handelsgeschäfts beschlossen haben, da ihnen die Fortsetzung in Erbengemeinschaft nicht verwehrt ist und ein Rechtsformzwang in die OHG (oder KG) nicht besteht (ganz hM, vgl. Rn 58). Immerhin mag es in derartigen Fällen nicht selten naheliegen, im Fortsetzungsbeschluss der Erben ein **Indiz** für die Gesellschaftsgründung zu sehen[176]. Das gilt namentlich dann, wenn die Erben gleichzeitig Regelungen über die Ausgestaltung der Geschäftsführung treffen oder für einen Teil von ihnen eine Haftungsbeschränkung vorsehen. Auch in der Veränderung der Firma kann ein Hinweis auf den rechtsgeschäftlichen Willen zum Betrieb eines Handelsgewerbes unter gemeinsamer Firma (§ 105 Abs. 1) liegen.

61 Die außer dem Vertragsschluss weiter erforderliche (Teil-)Auseinandersetzung des Nachlasses unter **Übertragung des Geschäftsvermögens** von der Erbengemeinschaft auf die OHG/KG[177] kann auch konkludent erfolgen, soweit sie keiner formgebundenen Verfügungsgeschäfte (§§ 925, 873 BGB; § 15 Abs. 3 GmbHG u.a.) bedarf. Wurden für den Gesellschaftsvertrag Formvorschriften (§§ 311b Abs. 1 BGB, 15 Abs. 4 GmbHG u.a.) nicht beachtet oder wurde die wegen §§ 1629, 1795, 181 BGB erforderliche Bestellung eines Pflegers oder die Einholung der Genehmigung des Vormundschaftsgerichts versäumt, so greifen die Grundsätze über die fehlerhafte Gesellschaft ein (Rn 328 ff). Ein

---

[172] Vgl. *Rob. Fischer* ZHR 144 (1980), 12 mN in Fn 50. Zur Möglichkeit der Umwandlung erbrechtlichen in gesellschaftsrechtliches Gesamthandsvermögen vgl. Fn 177.

[173] *Wiedemann* Gesellschaftsrecht Bd. II, § 8 II 1b, S. 688.

[174] Ganz hM, vgl. BGH NJW 1951, 311 (312); BGHZ 92, 259 (264) = NJW 1985, 136; MünchKommHGB/*K. Schmidt* Rn 22; *ders.* NJW 1985, 2787; *M. Wolf* AcP 181 (1981), 482; MünchKommBGB[4]/*Heldrich* § 2032 Rn 45; *Wiedemann* Gesellschaftsrecht Bd. II, § 8 II 1b, S. 689.

[175] So – bezogen auf den Ablauf der Dreimonatsfrist des § 27 Abs. 2 – insbes. *Rob. Fischer* ZHR 144 (1980), 12 ff; für das österr. Recht auch *Aicher/Ostheim* ÖJZ 1981, 253 (256) m. Rspr.-Nachw. Ebenso schon *Lion* LZ 1925, 842 (847) und JW 1925, 2105; *Legers* JW 1926, 552; *Sobich* (Fn 169), S. 78 ff. Dagegen zutr. *M. Wolf* AcP 181 (1981), 482 ff; zweifelnd *Buchwald* BB 1962, 1407; *Johannsen* FamRZ 1980, 1074 (1077).

[176] Die Literatur (*John* JZ 1985, 246; *K. Schmidt* NJW 1985, 2787; *M. Wolf* AcP 181 [1981], 482 ff u.a.) hebt in Auseinandersetzung mit den in Fn 175 genannten Gegenansichten vor allem den Unterschied zwischen Fortsetzungsbeschluss und Gesellschaftsvertragsschluss hervor. Zur Frage der Auslegung des Beschlusses äußert sie sich meist nicht. Wie im Text *A. Hueck* OHG, § 6 V 5, S. 70 f.

[177] Sie lässt sich nur dann vermeiden, wenn sämtliche Miterben ihre Erbanteile nach § 2033 BGB auf die OHG (KG) übertragen mit der Folge, dass bei dieser Anwachsung eintritt und das erbrechtliche Gesamthandsvermögen sich dadurch in gesellschaftsrechtliches umwandelt (so zutr. *Aicher/Ostheim* ÖJZ 1981, 256).

Gesellschaftsvertragsschluss unter Teilauseinandersetzung des Nachlasses ist namentlich auch dann anzunehmen, wenn die Miterben übereinkommen, dass das Handelsgeschäft nur durch einen Teil von ihnen fortgeführt wird unter Anrechnung des Wertes auf die Erbquoten; hier kommt es zur Entstehung einer OHG (KG), beschränkt auf die abredegemäß fortführenden Erben.[178]

c) **Rechtsverhältnisse in der fortbestehenden Erbengemeinschaft.** Kommt es in Bezug auf das ererbte Handelsgeschäft nicht zur Entstehung einer OHG (KG), so bestimmt sich das Verhältnis zwischen den Beteiligten grundsätzlich nach Erbrecht (§§ 2032 ff BGB). Immerhin ist zumal bei längerer Dauer der gemeinsamen Fortführung nicht ausgeschlossen, ergänzend auf Gesellschaftsrecht zurückzugreifen.[179] Der Umstand, dass die Beteiligten dessen Geltung vereinbaren könnten, steht nicht entgegen.[180] Als methodischer Ansatz bietet sich die Anknüpfung an §§ 2038 Abs. 2, 745 BGB i.V.m. den Grundsätzen über die ergänzende Vertragsauslegung (§ 157 BGB) an. Auf diese Weise lassen sich namentlich Zufallsergebnisse vermeiden, die darauf beruhen, dass die Beteiligten in Unkenntnis der rechtlichen Zusammenhänge die Gründung einer Gesellschaft versäumt haben, ohne dass es der Fiktion eines Vertragsschlusses bedarf. Zur Anpassung des Außenverhältnisses an die für Handelsgesellschaften geltenden Haftungs- und Vertretungsregelungen vgl. Rn 58.[181] Besondere Probleme bei gemeinsamer Fortführung eines ererbten Handelsgeschäfts durch die Erbengemeinschaft hat in der Vergangenheit der **Schutz minderjähriger Erben** bereitet, zumal die Genehmigungstatbestände der §§ 1643, 1821, 1822 BGB in diesem Fall nicht eingreifen[182]. Nachdem das BVerfG diesen Rechtszustand für nicht mit Art. 2 Abs. 1 GG vereinbar erklärt hatte,[183] führte der Gesetzgeber durch das Minderjährigenhaftungsbeschränkungsgesetz schließlich § 1629a BGB ein, wonach der minderjährige Erbe seine Haftung auf das bei Eintritt der Volljährigkeit vorhandene Vermögen beschränken kann. § 1629a Abs. 1 BGB erfasst sämtliche von den Eltern wirksam für das Kind begründeten Verbindlichkeiten sowie auch solche, die „aufgrund eines … Erwerbs von Todes wegen entstanden sind.“ 62

IV. Die Bedeutung von § 105 Abs. 3

1. Die kraft Verweisung geltenden Vorschriften der §§ 705 bis 740 BGB

a) **Überblick.** Die generelle Vorschrift über das **Verhältnis des BGB zum HGB** enthält Art. 2 Abs. 1 EGHGB. Danach kommen in Handelssachen die BGB-Vorschriften nur insoweit zur Anwendung, als das HGB keine Sonderregelungen enthält. Für das OHG- (und KG-)Recht bringt die Verweisungsnorm des § 105 Abs. 3 diese **Subsidiaritätsregel** nochmals besonders zum Ausdruck. Zugleich stellt sie klar, dass mit der „Gesellschaft“ 63

---

178 So auch *M. Wolf* AcP 181 (1981), 488.

179 So zutr. BGHZ 17, 299 (302) = NJW 1955, 1227; MünchKommHGB/*K. Schmidt* Rn 22; *ders.* NJW 1985, 2788; Soergel/*M. Wolf*[13] § 2032 Rn 5; Erman/*Schlüter*[12] § 2032 Rn 4. Gegenansichten in Fn 180. Für eine „tiefgreifende Rechtsfortbildung des Gesamtsystems der §§ 2032 ff BGB“: *Dauner-Lieb* S. 459 ff.

180 So aber *M. Wolf* AcP 181 (1981), 491; zurückhaltend auch *Strothmann* ZIP 1985, 975; MünchKommBGB[4]/*Heldrich* § 2032 Rn 45; Staudinger/*Werner* BGB (2002) § 2032 Rn 18.

181 *K. Schmidt* NJW 1985, 2788 ff; *M. Wolf* AcP 181 (1981), 495 ff.

182 HM, vgl. BGHZ 92, 259 (265 ff); *Damrau* NJW 1985, 2236 f; *John* JZ 1985, 246; *K. Schmidt* NJW 1985, 139.

183 BVerfGE 72, 155 = NJW 1986, 1859 unter Aufhebung von BGHZ 92, 259 (263 ff) = NJW 1985, 136.

i.S.d. § 105 Abs. 1 das Schuldverhältnis des § 705 BGB gemeint ist. Über die Frage, **welche Vorschriften** aus dem Recht der GbR von der Verweisung des § 105 Abs. 2 erfasst sind und daher auch für OHG und KG gelten, besteht im Wesentlichen Einigkeit. Es handelt sich um die §§ 705 bis 708, 712 Abs. 2, 713, 717 bis 720, 722 Abs. 2, 725 Abs. 2, 732, 735 und 738 bis 740 BGB (vgl. näher Rn 64 bis 68). Nicht voll geklärt ist angesichts der besonderen Ausgestaltung der Geschäftsführerstellung im OHG- und KG-Recht nur die Tragweite der in § 713 BGB enthaltenen (Weiter-)Verweisung auf die §§ 664 bis 670 BGB (vgl. Rn 69).

64 b) **Gesellschaftsvertrag und Beiträge.** Eine erste Gruppe von Vorschriften, die kraft Verweisung auch für die Personenhandelsgesellschaften gelten, bilden die **§§ 705 bis 707 BGB.** Für die Definition der Gesellschaft als besonderes Schuldverhältnis (§ 705 BGB) und die damit verbundene Notwendigkeit eines Gesellschaftsvertrags (Rn 16) folgt das schon aus dem Begriff „Gesellschaft" in § 105 Abs. 1 und aus dem allgemeinen Verhältnis zwischen umfassender Kodifikation (BGB) und Sonderprivatrecht (HGB). Über Art und Erbringung der Beiträge (§ 706 BGB) sowie über die Erhöhung vereinbarter Beiträge (§ 707 BGB) sind Regelungen im OHG-Recht nicht enthalten. Die Verweisung des § 105 Abs. 3 kommt insoweit voll zum Zuge (vgl. auch Rn 17 ff, 224 ff). Zur Geltung von § 732 BGB über die Rückgabe der der Gesellschaft zur Benutzung überlassenen Gegenstände bei Liquidation der OHG vgl. Rn 67.

65 c) **Geschäftsführungsregelungen.** Die Regelungen über Ausgestaltung, Umfang und Entziehung der Geschäftsführungsbefugnis in der OHG/KG sind in §§ 114 bis 117 abweichend von den §§ 709 bis 712 Abs. 1 BGB getroffen. Insoweit bleibt für die Verweisung des § 105 Abs. 3 kein Raum. Anderes gilt nur für das in **§ 712 Abs. 2 BGB** vorgesehene Recht des Geschäftsführers, aus wichtigem Grund auch seinerseits die Geschäftsführung niederzulegen; es wird von § 117 nicht verdrängt und steht daher auch dem Geschäftsführer der OHG und KG zu (vgl. Erl. zu § 117). Nicht im HGB geregelt ist demgegenüber der für Geschäftsführer geltende Sorgfaltsmaßstab; insoweit tritt auch im OHG-Recht **§ 708 BGB** als speziellere Norm an die Stelle des § 276 Abs. 1 BGB (vgl. § 109 Rn 12). Zur Tragweite der (Weiter-)Verweisung in § 713 BGB auf §§ 664 bis 670 BGB für das OHG-Recht vgl. Rn 69.

66 d) **Gesamthandsvermögen.** Von wesentlicher Bedeutung in Bezug auf § 105 Abs. 3 sind vor allem die Vorschriften der **§§ 717 bis 720 BGB** über die Bildung von Gesamthandsvermögen, über dessen Bindung zugunsten der Gesellschaft und über die Unzulässigkeit einer Abspaltung von Verwaltungsrechten der Gesellschafter. Das OHG-Recht hat insoweit ganz auf Sonderregelungen verzichtet, sieht man von der (in erster Linie klarstellenden, vgl. Rn 42) Norm des § 124 Abs. 1 über den Rechtserwerb der OHG unter ihrer Firma ab. Ebenfalls zu diesem Regelungsbereich gehört das in **§ 738 Abs. 1 S. 1 BGB** verankerte Anwachsungsprinzip beim Ausscheiden eines Gesellschafters als logische Folge der Rechtsfigur der Gesamthand (Rn 40 f). Es gilt für OHG und KG ebenso wie für die GbR. Zur Möglichkeit und zu den Voraussetzungen einer Übertragung von Gesellschaftsanteilen vgl. Rn 294 ff.

67 e) **Auflösung und Ausscheiden.** Die **Liquidation** der OHG und deren Folgen sind in §§ 145 bis 158 im Grundsatz umfassend geregelt. Für die Verweisung auf das Recht der GbR bleibt daher Raum nur in Bezug auf die Rückgabe der zur Benutzung überlassenen Gegenstände (**§ 732 BGB**) und die Nachschusspflicht der Gesellschafter bei einem nach Liquidation des Gesellschaftsvermögens verbleibenden Verlust (**§ 735 BGB**). Demgegenüber finden sich zum Ausscheiden einzelner Gesellschafter Sonderregelungen des OHG-Rechts nur hinsichtlich der Voraussetzungen des Ausscheidens (§§ 138, 140), dessen Anmeldung beim Handelsregister (§ 143) und hinsichtlich der Sonderverjährung des § 159. Die Durchführung des Ausscheidens und die Berechnung der daraus resultierenden Ansprüche beider Seiten bestimmen sich nach **§§ 738 bis 740 BGB.**

f) **Sonstige.** Neben den in Rn 64 bis 67 genannten Regelungsbereichen erfasst die Verweisung des § 105 Abs. 3 noch zwei Vorschriften aus dem Recht der GbR, denen jeweils nur geringe Bedeutung zukommt. Bei der einen geht es um die Auslegungsnorm des **§ 722 Abs. 2 BGB;** sie besagt, dass eine vertragliche Abrede über die Ergebnisverteilung im Zweifel für Gewinn- wie für Verlustbeteiligung der Gesellschafter gilt, auch wenn sie nur auf Gewinn oder Verlust bezogen ist; sie greift nur in den Fällen ein, in denen die Gesellschafter es nicht beim gesetzlichen Verteilungsschlüssel des § 121 belassen haben. Eine weitere kraft Verweisung geltende Norm ist **§ 725 Abs. 2 BGB**, die den selbstverständlichen Grundsatz aufstellt, dass ein nach Anteilspfändung kündigender Privatgläubiger außer dem Gewinnanspruch keine sonstigen Mitgliedschaftsrechte des betroffenen Gesellschafters geltend machen kann (vgl. Erl. zu § 135). **68**

2. **Die Tragweite der Weiterverweisung in § 713 BGB.** Zur Tragweite der Verweisung in § 713 BGB auf die Vorschriften der §§ 664 bis 670 BGB vgl. näher § 110 Rn 33 ff. Die Geltung der **§§ 667, 669 BGB** für und gegen die Geschäftsführer einer OHG oder KG bereitet insoweit keine Probleme. Allerdings wird die Herausgabepflicht des Geschäftsführers nach § 667 BGB nur selten praktisch relevant werden, da er in aller Regel namens der OHG (KG) handelt und dadurch die Rechte unmittelbar für das Gesamthandsvermögen erwirbt[184]; hinsichtlich der Verzinsung gilt § 111 an Stelle des § 668 BGB[185]. Die Vorschussregelung des § 669 BGB ergänzt den Aufwendungsersatzanspruch, der für die Geschäftsführer einer OHG/KG abweichend von § 670 BGB in § 110 verankert ist. Für die Substitutionsregelung in § 664 Abs. 1 S. 2 und 3 BGB ist regelmäßig schon deshalb kein Raum, weil der Geschäftsführer seine Funktionen nicht auf Dritte übertragen darf. Ein Rückgriff auf die Auskunfts- und Rechenschaftspflicht des Geschäftsführers nach **§ 666 BGB** kommt schließlich nur insoweit in Betracht, als es um einen der *Gesamthand* zustehenden, insbes. aufgrund Beschlussfassung der Mitgesellschafter geltend gemachten Auskunftsanspruch geht, während hinsichtlich des Informationsrechts der *einzelnen* Mitgesellschafter die Sonderregelungen der §§ 118, 164 vorgehen (str., vgl. Erl. zu § 118 und Voraufl. § 166 Rn 3 [*Schilling*]). Hinsichtlich **§ 665 BGB** hat sich zu Recht die Auffassung durchgesetzt, dass eine **Weisungsbindung** mit der eigenständigen Stellung des Geschäftsführers einer OHG/KG und dem ihm in § 114 Abs. 1 eingeräumten Recht auf Geschäftsführung **nicht** vereinbar wäre[186]. Soweit der Gesellschaftsvertrag nicht ausnahmsweise die Geschäftsführer an Weisungen von Mitgesellschaftern bindet, ist für die Anwendung von § 665 BGB im OHG-Recht daher kein Raum. **69**

---

184 Vgl. § 718 Abs. 1 BGB, dazu MünchKommBGB[5]/*Ulmer*/*C. Schäfer* § 713 Rn 12 und § 718 Rn 18 f.

185 **AA** anscheinend MünchKommHGB/*K. Schmidt* Rn 271.

186 HM, vgl. *A. Hueck* OHG, § 10 V 3, S. 138 f; Ebenroth/*Boujong*/Joost HGB[1] Rn 124; MünchKommBGB[5]/*Ulmer*/*C. Schäfer* § 713 Rn 7; Soergel/*Hadding*[12] § 713 Rn 6; Baumbach/*Hopt* § 114 Rn 9; unklar Erman/*Westermann*[12] § 713 Rn 2. Unvereinbarkeit nur hinsichtlich eines am Gesellschaftsvermögen beteiligten Komplementärs und Vereinbarkeit beim angestellten Komplementär MünchKommHGB/*K. Schmidt* Rn 271.

C. Gesellschafter

I. Allgemeines

70 **1. Mindest- und Höchstzahl.** Als Personengesellschaft setzt eine OHG (KG) die Beteiligung von **mindestens zwei Gesellschaftern** voraus. Das folgt aus dem Erfordernis eines Gesellschaftsvertrags zwischen den Beteiligten, d.h. eines zwischen ihnen bestehenden Schuldverhältnisses (Rn 16). Die aus dem Kapitalgesellschaftsrecht bekannte Rechtsfigur der Einmann-GmbH[187] (oder -AG) lässt sich auf das OHG-Recht zumindest in der Regel und generell für das Gründungsstadium nicht übertragen (näher Rn 72 ff). Folge des ersatzlosen Ausscheidens des vorletzten Gesellschafters ist die Umwandlung der OHG in ein einzelkaufmännisches Unternehmen unter Anwachsung des Gesamthandseigentums zu Alleineigentum des letzten Gesellschafters (§ 738 Abs. 1 S. 1 BGB), ggf. verbunden mit der Pflicht zur Abfindung des Ausgeschiedenen oder seiner Erben (s.a. Rn 288 ff). Der Erwerb eines Kommanditanteils durch einen persönlich haftenden Gesellschafter führt zu seiner Einbeziehung in die bestehende Mitgliedschaft unter Wegfall der Haftungsbeschränkung (näher § 131 Rn 111 ff).[188] Soll diese Rechtsfolge vermieden und die Rechtsform der OHG bzw. KG erhalten werden, muss ein neues Mitglied vor oder gleichzeitig mit dem Ausscheiden des vorletzten Gesellschafters aufgenommen werden. Zur Mitgliedschaft von Gesamthandsgemeinschaften vgl. Rn 96 ff.

71 Eine **Höchstzahl** ist für Gesellschafter einer OHG (KG) **nicht** vorgesehen. Personengesellschaften mit hundert oder mehr Mitgliedern finden sich – abgesehen vom Sonderfall der „Publikums-KG" (Voraufl. Anhang § 161 [*Schilling*]) – zwar nur selten[189]; die Vielzahl der Mitglieder steht der Anerkennung der Personenvereinigung als Gesellschaft jedoch nicht grundsätzlich entgegen[190]. Abgrenzungsprobleme zum *Verein* (vgl. dazu Rn 5 f) können sich in denjenigen Fällen ergeben, in denen die Vereinigung – als „Gesellschaft" – von einer großen Zahl von Mitgliedern gegründet wird und eine deutlich körperschaftliche Verfassung aufweist. Anderes gilt bei „großen" Personengesellschaften, die aus einem ursprünglich überschaubaren, durch Erbfolge oder sonstigen Anteilsübergang zunehmend angewachsenen Mitgliederbestand hervorgegangen sind[191]. Sie haben allein durch die gestiegene Zahl ihrer Mitglieder ihre Rechtsnatur als Gesellschaft nicht verändert. Allerdings ist der geänderten Quantität der Mitglieder auch qualitativ, in Hinsicht auf das Innenverhältnis der OHG (KG), Rechnung zu tragen.[192]

2. Mehrfache oder einheitliche Mitgliedschaft?

Schrifttum

Baumann Die Einmann-Personengesellschaft BB 1998, 225; *ders.* Der Nießbrauch am Anteil einer Einmann-Personengsellschaft NZG 2005, 919; *Bippus* Einheitlichkeit der Mitgliedschaft und Selbständigkeit der Beteiligung in der Personengesellschaft AcP 195 (1995), 13; *Esch* Einheitlichkeit

---

187 Vgl. § 1 GmbHG, dazu *Ulmer*/Habersack/Winter GmbHG § 1 Rn 51 ff; Scholz/*Emmerich* GmbHG[10] § 1 Rn 26 ff mN.

188 BGHZ 101, 123 (129) = NJW 1987, 3184. Zur Unmöglichkeit gleichzeitiger Beteiligung als Komplementär und Kommanditist vgl. auch OLG Hamm BB 1981, 1849; Röhricht/Graf v. Westphalen/*v. Gerkan*/*Haas* § 161 Rn 19; Baumbach/*Hopt* § 124 Rn 16.

189 Vgl. immerhin RGZ 36, 60 (OHG mit 159 Gesellschaftern); RG LZ 1914, 1030 (48 Gesellschafter); BGHZ 85, 350 (358) = NJW 1983, 1056 (145 Gesellschafter).

190 MünchKommHGB/*K. Schmidt* Rn 26.

191 Vgl. den Fall BGHZ 85, 350: Entwicklung von 18 (1936) zu 145 (1981) Gesellschaftern.

192 Zur Nichtgeltung des Bestimmtheitsgrundsatzes für die „große" KG vgl. BGHZ 85, 350 (355 ff) = NJW 1983, 1056, dazu § 109 Rn 40 sowie Erl. zu § 119.

der Personengesellschaftsbeteiligung BB 1993, 664; *ders.* Das Dogma der Einheitlichkeit der Personengesellschaft BB 1996, 1621; *Joussen* Die einheitliche Mitgliedschaft in Personengesellschaften DB 1992, 1173; *Kanzleiter* „Mehrfach-Beteiligung" einer Person an Gesamthand oder Rechtsgemeinschaft? „Einmann-Gesamthand"?!, Freundesgabe Weichler (1997), S. 39; *Kießling* Das Gesamthandprinzip bei Personalgesellschaften, FS Hadding (2004), S. 477; *Lamprecht* Die Zulässigkeit der mehrfachen Beteiligung an einer Personengesellschaft (2002); *Lüttge* Die zulässige Mehrfachbeteiligung an einer Personengesellschaft NJW 1994, 5; *Priester* Die zwingende Einheitlichkeit des Personengesellschaftsanteils – ein überholtes Prinzip DB 1998, 55; *Raiser* Gesamthand und juristische Person im Licht des neuen Umwandlungsrechts AcP 194 (1994), 495; *Thorsten Schmidt* Einmann-Personengesellschaften (1998); *Sieveking* Keine Mehrfachbeteiligung an Personengesellschaften, FS Schippel (1996), S. 505; *Steinbeck* Zur „Einheitlichkeit" der Mitgliedschaft in einer Personengesellschaft DB 1995, 761; *Timmann* Vor- und Nacherbschaft innerhalb der zweigliedrigen OHG oder KG (2000); *Ulmer* Die Einheitlichkeit der Mitgliedschaft in einer Personengesellschaft – ein überholtes Dogma? ZHR 167 (2003), 103; *Weimar* Einmann-Personengesellschaften – ein neuer Typ des Gesellschaftsrechts? ZIP 1997, 1769; *Wiedemann* Anteilsumwandlung und Mehrfachbeteiligung in der Personengesellschaft, FS für Zöllner, Band I (1998), S. 635; *ders.* Gesellschaftsrecht, Band II, § 1 VI 2, S. 85 und § 5 II 3 b), S. 454 ff.

a) **Der Grundsatz der Einheitlichkeit der Mitgliedschaft.** Nicht nur für die Gründung, sondern auch für den **Fortbestand** einer von zwei oder mehr Personen gegründeten GbR entsprach es früher einhelliger Ansicht, dass die mehrfache Mitgliedschaft einer Person in einer Personengesellschaft und, darauf aufbauend, die **Einpersonen-Gesellschaft** (dazu Rn 74) mit der vertraglichen Grundlage der Personengesellschaften und ihrer Gesamthandsstruktur **unvereinbar** ist.[193] Grundlage für die früher ausnahmslos als einheitlich angesehene Mitgliedschaft ist der unmittelbare Zusammenhang der Mitgliedschaft mit der Stellung des Mitglieds als Vertragspartner des Gesellschaftsvertrags; an ihm kann das einzelne Rechtssubjekt notwendig nur einmal beteiligt sein. In neuerer Zeit mehren sich indessen **abweichende Stimmen**, die zwar nicht beim einseitigen, zur Anwachsung nach § 738 führenden Ausscheiden des vorletzten Gesellschafters (Rn 70), wohl aber bei dem auf rechtsgeschäftlichem oder erbrechtlichem Übergang beruhenden Zusammentreffen sämtlicher Anteile in der Hand des letzten verbleibenden Gesellschafters die **Möglichkeit mehrfacher Beteiligung** sowie ggf. des Fortbestands der Gesellschaft trotz Reduktion der Gesellschafterzahl auf eine Person anerkennen wollen.[194] Das soll einerseits dann in 72

193 Std. Rspr., BGHZ 24, 106 (108) = NJW 1957, 1026 (1027); BGHZ 58, 316 (318) = NJW 1972, 1755; BGHZ 66, 98 (101) = NJW 1976, 848 (849); BGHZ 91, 132 (137) = NJW 1984, 2104 (2105); BGHZ 101, 123 (129) = NJW 1987, 3184 (3186); ebenso schon RGZ 163, 142 (149); anders dann (für das Innenverhältnis zwischen Alleingesellschafter und Testamentsvollstrecker) BGHZ 98, 48 (57) = NJW 1986, 2431 (IV a-Senat); offen lassend BGHZ 108, 187 (199) = NJW 1989, 3152 (II. Senat); Voraufl. Rn 71 (*Ulmer*) sowie aus neuerer Zeit noch *Joussen* DB 1992, 1773 ff; *Sieveking* FS Schippel, 1996, S. 505 (511 f) und (trotz Anerkennung unterschiedlicher „Beteiligungen" eines Gesellschafters) Bippus AcP 195 (1995), 13 (24 ff).

194 So – mit z.T. unterschiedlichen Voraussetzungen – namentlich MünchKommHGB/*Grunewald* § 161 Rn 4 f; *Esch* BB 1993, 664 ff und BB 1996, 1621 ff; *Lüttge* NJW 1994, 5 (8); *Kanzleiter* FS Weichler, 1997, S. 39 ff; *Weimar* ZIP 1997, 1769 (1772 ff); *W. Baumann* BB 1998, 225 ff; *Priester* DB 1998, 55 ff; *Kießling* FS Hadding, 2004, S. 477 (493 ff); *Th. Schmidt* Einmann-Personengesellschaften, 1998; *Pfister* Die Einmann-Personengesellschaft – ein interdisziplinärer Ansatz, 1999; für mehrfache Beteiligung in einer Hand insbes. auch *Lamprecht* Die Einheitlichkeit der Mitgliedschaft in einer Personengesellschaft – ein überholtes Dogma? 2002 (dazu kritisch *Ulmer* ZHR 167 (2003), 103 ff); an der hM zweifelnd (ohne konkrete Alternative) auch Stau-

Betracht kommen, wenn der hinzuerworbene Anteil sich von demjenigen des letztverbleibenden Gesellschafters dadurch unterscheidet, dass an ihm zugleich ein *dingliches Recht Dritter* besteht, namentlich **Nießbrauch**[195] (dazu allgemein Rn 114 ff), **Pfandrecht** (dazu allgemein Rn 131 ff)[196] oder qualifizierte (offene) **Treuhand** (dazu allgemein Rn 107).[197] In derartigen Fällen scheide eine Verschmelzung beider Anteile aus; der Grundsatz der Einheitlichkeit der Mitgliedschaft finde insoweit keine Anwendung.[198] Entsprechendes soll im Fall bestimmter *erbrechtlicher Institute* gelten, namentlich bei Testamentsvollstreckung (§ 2197 BGB),[199] Nachlassverwaltung und Nachlassinsolvenzverfahren (§ 1976 BGB),[200] Vor- und Nacherbschaft (§§ 2139, 2143 BGB)[201] sowie beim Anteilsvermächtnis (§ 2175 BGB);[202] hier sei es geboten, die Gesellschaft trotz Anteilsvereinigung in einer Hand als fortbestehend anzuerkennen.[203] Gelegentlich wird auch auf die

---

dinger/*Habermeier* BGB (2005) § 705 Rn 20 und Vorbem Rn 29a. Für Vor- und Nacherbschaft auch schon *Baur/Grunsky* ZHR 133 (1970), 209 ff; für weitere Sonderfälle (Nießbrauch, Testamentsvollstreckung u.a.) seither auch MünchKommHGB/*K. Schmidt* § 105 Rn 24 f; *H.P. Westermann* Handbuch Rn I 78, 78b; Bamberger/Roth/*Timm/Schöne* Rn 51 und *Wiedemann* Gesellschaftsrecht Bd. II § 1 VI 3 S. 87 f.

195 So jetzt ausdrücklich LG Hamburg NZG 2005, 926. Anders noch OLG Düsseldorf NZG 1999, 26 = NJW-RR 1999, 619.

196 HM; Baumbach/*Hopt* § 135 Rn 15 f; *Bippus* AcP 195 (1995), 13 (31); *Koller*/Roth/Morck Rn 14; *Lüttge* NJW 1994, 5 (8); MünchKommHGB/*K. Schmidt* Rn 25 und 78; Ebenroth/Boujong/Joost/Strohn/*Wertenbruch* Rn 36; MünchKommBGB⁵/*Ulmer* § 705 Rn 63; *ders.* ZHR 167 (2003), 103 (114); *Westermann* Handbuch Rn I 78a; *Wiedemann* Gesellschaftsrecht Bd. II, § 5 II 3b, S. 457.

197 *Koller*/Roth/Morck Rn 14; *K. Schmidt* Gesellschaftsrecht, § 45 I 2b bb, S. 1313; MünchKommHGB/*K. Schmidt* Rn 78; MünchKommBGB⁵/*Ulmer* § 705 Rn 63; *ders.* ZHR 167 (2003), 103 (114 f); *Wiedemann* Gesellschaftsrecht Bd. II, § 5 II 3b, S. 457; **aA** Ebenroth/Boujong/Joost/Strohn/*Wertenbruch* Rn 34.

198 So insbes. *Baumann* BB 1998, 230; *Kanzleiter* (Fn 194) S. 46, 50; *Lüttge* NJW 1994, 8; *Lamprecht* (Fn 194) insbes. S. 56 ff aber auch MünchKommHGB/*K. Schmidt* § 105 Rn 24 f; *Wiedemann* Gesellschaftrecht Bd. II § 1 VI 2 S. 85 f; *Ulmer* ZHR 167 (2003), 103 (114 f).

199 Vgl. BGHZ 98, 48 (57 f) = NJW 1986, 2431; BGH NJW 1996, 1284 (1286). Wie hier: *Bippus* AcP 195 (1995), 13 (31); *Koller*/Roth/Morck Rn 14; *K. Schmidt* Gesellschaftsrecht, § 45 I 2b bb, S. 1313; MünchKommHGB/*K. Schmidt* Rn 78; MünchKommBGB⁵*Ulmer* § 705 Rn 64; *ders.* ZHR 167 (2003), 103 (115); Ebenroth/Boujong/Joost/Strohn/*Wertenbruch* Rn 33; *Wiedemann* Gesellschaftsrecht Bd. II, § 5 II 3b, S. 457; *T. Schmidt*, S. 51 ff. Offenlassend: BGHZ 108, 187 (199) = NJW 1989, 3152; *Sieveking* FS Schippel, 1996, S. 505 (516) sieht den Testamentsvollstrecker als Treuhänder an und will die Anordnung der Testamentsvollstreckung im Testament als Vermächtnis zugunsten des Testamentsvollstreckers auslegen, kraft dessen er die treuhänderische Übertragung zur Ausübung der Testamentsvollstreckung fordern kann.

200 *Koller*/Roth/Morck Rn 14; MünchKommHGB/*K. Schmidt* Rn 78; Ebenroth/Boujong/Joost/*Wertenbruch* Rn 34; *Westermann* Handbuch Rn I 78 b; *Wiedemann* Gesellschaftsrecht Bd. II, § 5 II 3b, S. 457; **aA** Heymann/*Emmerich* Rn 33a; MünchKommBGB⁵/*Ulmer* § 705 Rn 65. Offenlassend BGHZ 113, 132 (137) = NJW 1991, 844. Ebenso *T. Schmidt*, S. 53 ff.

201 *Baur/Grunsky* ZHR 133 (1970), 209 ff; *Bippus* AcP 195 (1995), 13 (31); *Esch* BB 1996, 1621 (1625 f); *Koller*/Roth/Morck Rn 14; *K. Schmidt* Gesellschaftsrecht, § 45 I 2b bb, S. 1313; MünchKommHGB/*K. Schmidt* Rn 78; *Weimar* ZIP 1997, 1769 (1772 f); *Wiedemann* Gesellschaftsrecht Bd. II, § 5 II 3b, S. 457; *T. Schmidt*, S. 47 ff, 51.

202 MünchKommHGB/*K. Schmidt* Rn 25; MünchKommBGB⁵/*Ulmer* § 705 Rn 65.

203 So, bezogen auf Testamentsvollstreckung, Nachlassverwaltung und Vor- und Nacherbschaft, MünchKommHGB/*K. Schmidt*

Privatautonomie der Gesellschafter verwiesen, die es ihnen generell gestatte, an der Anteilstrennung trotz Zusammentreffens in einer Hand festzuhalten (Rn 74).[204]

Stellungnahme: Am Grundsatz der Einheitlichkeit ist zwar festzuhalten (s. noch Rn 74); **73**
doch sind mit der jetzt hM **Ausnahmen** anzuerkennen. Dies gilt vor allem für die Fälle, in denen verschiedene Anteile zwar in einer Person zusammentreffen, infolge **dinglicher Belastung** jedoch in rechtlich gesicherter Weise jenseits der Rechtsträgerschaft von verschiedenen Personen verwaltet werden, wie es bei Nießbrauch, Pfandrecht und offener Treuhand der Fall ist (Rn 72). Eine solche Konstellation, die zur Verteilung der Anteilsverwaltung auf verschiedene Personen führt, kann auch durch bestimmte **erbrechtliche Anordnungen** entstehen. Die pauschale Anerkennung eines Sonderguts durch Übertragung erbrechtlicher Rechtsgedanken (insbes. aus §§ 1976, 2175 BGB) erscheint zwar zweifelhaft.[205] Mit der Situation bei beschränkten dinglichen Rechten am Anteil vergleichbar ist die Rechtslage indessen bei der Belastung eines (KG-)Anteils mit einer **Testamentsvollstreckung** (Rn 134), so dass eine Vereinigung der Anteile auch insofern nicht stattfindet.[206] Entsprechendes gilt bei **Nachlassverwaltung** und für die Eröffnung eines **Nachlassinsolvenzverfahrens.**[207] Der Fortbestand des betroffenen Anteils folgt hier zwar nicht aus § 1976,[208] wohl aber – wie bei Testamentsvollstreckung – aus der selbständigen Dispositionsbefugnis des Nachlass(insolvenz)verwalters über den Anteil.[209] Schließlich kann auch dann vom Fortbestand der Gesellschaft ausgegangen werden, wenn der vorletzte Gesellschaftsanteil, der durch Erbfolge auf den letzten verbliebenen Gesellschafter übergeht, mit einem **Vermächtnis** zugunsten eines Dritten belastet ist. Hier lässt sich die Sondervorschrift des § 2175 BGB mit Rücksicht auf die regelmäßig kurze Zeitdauer bis zur Erfüllung ausnahmsweise schon auf den Erbfall beziehen.[210] Demgegenüber rechtfertigt das Vorhandensein einer **Erbengemeinschaft** schon wegen der Sondervererbung des Anteils (§ 139 Rn 45) nicht dessen isolierten Fortbestand und mithin keine Aufrechterhaltung der Gesellschaft, und Entsprechendes dürfte auch gelten, wenn **Vor- und Nacherbschaft** für einen Nachlass angeordnet ist, zu dem ein Gesellschaftsanteil gehört. Wenn hier alle Anteile in der Hand des Vorerben vereinigt sind, ist der Fortbestand der Gesellschaft nicht erforderlich, um die Rechte des Nacherben zu schützen;[211] es genügt das aus

---

§ 105 Rn 26; *Westermann* Handbuch Rn I 78b; *Kanzleiter* (Fn 194) S. 50; *Lüttge* NJW 1994, 8 f; *Wiedemann* FS Zöllner, 1998, S. 635 (647 f); für Testamentsvollstreckung und Nachlaßverwaltung auch *Ulmer* ZHR 167 (2003), 114 f.

204 Vgl. insbes. *W. Baumann* BB 1988, 225; *Kanzleiter* FS Weichler, 1997, 39; *Priester* DB 1998, 55 und *Weimar* ZIP 1997, 1769 (1772 ff).

205 So aber *Wiedemann* Gesellschaftsrecht Bd. II, § 5 II 3b, S. 457 f; *ders.* FS Zöllner, Bd. I, 1998, S. 635 (648).

206 So i.E. bereits BGHZ 98, 48 (57) = NJW 1986, 2431 (IV a-Senat), wenn auch beschränkt auf das Innenverhältnis (insoweit kritisch *Ulmer* JuS 1986, 856 [858 f]); OLG Schleswig ZIP 2006, 615 (617); offen lassend BGHZ 108, 187 (199) (II. Senat).

207 Ebenso OLG Hamm ZEV 1999, 234 (236); wohl auch OLG Schleswig ZIP 2006, 615 (617).

208 Näher *Ulmer* ZHR 167 (2003), 103 (114 f) und MünchKommBGB[5]/*Ulmer* § 705 Rn 65; **aA** Soergel/*Stein*[13] § 1976 Rn 2 (als Fiktion?); MünchKommHGB/*K. Schmidt* § 105 Rn 78; *Westermann* Handbuch Rn I 78b; *Kanzleiter* FS Weichler, 1997, S. 39 (50); *Fett/Brand* NZG 1999, 52; offen lassend BGHZ 113, 132 (137) = NJW 1991, 844; **aA** MünchKommBGB[4]/*Siegmann* § 1976 Rn 7 und *Marotzke* ZHR 156 (1992), 17 (32 ff).

209 Vgl. *Ulmer* ZHR 167 (2003), 103 (114 f); ähnlich auch Ebenroth/Boujong/Joost/Strohn/*Wertenbruch* Rn 34.

210 Ebenso MünchKommHGB/*K. Schmidt* § 105 Rn 78.

211 **AA** die wohl hM, MünchKommHGB/*K. Schmidt* Rn 78; Ebenroth/*Boujong*/Joost

§§ 2139, 2143 BGB folgende Wiederaufleben der Gesellschaft bei Eintritt des Nacherbfalls.[212]

74 b) **Einmannpersonengesellschaft?** Bisweilen wird über die in Rn 72 f erwähnten Ausnahmen hinaus gefordert, den Grundsatz der Einheitlichkeit der Mitgliedschaft generell zugunsten privatautonomer Gestaltung preiszugeben.[213] Dies hätte letztlich die allgemeine Anerkennung der Einmannpersonengesellschaft, auch für die Gründungsphase, zur Folge.[214] Namentlich, wenn die Anteile mit unterschiedlichen Mitgliedschaftsrechten ausgestattet seien, könne ein anerkennenswertes Interesse hieran bestehen. Hintergrund ist der Streit darüber, ob dem Gesellschafter in einem solchen Falle die Rechte aus beiden ursprünglich selbständigen Anteilen zukommen[215] oder ob die Regelung undurchführbar wird[216]. Insbesondere für KG-Anteile wird überdies auf deren generelle Vererblichkeit (§ 177)[217] und ihre Rechtsähnlichkeit mit GmbH-Anteilen hingewiesen, insbesondere seit Anerkennung der Rechtsfähigkeit der Personengesellschaft.[218] – Demgegenüber ist mit der hM[219] am Grundsatz der Einheitlichkeit der Mitgliedschaft – abgesehen von den Sonderkonstellationen (Rn 72 f) – **festzuhalten,** so dass auch die Einpersonengesellschaft notwenig **ausgeschlossen** bleibt. Das im Personengesellschaft herrschende **Vertragsprinzip** steht nicht zur Disposition der Gesellschafter. Hieran hat sich auch durch die allgemeine

---

HGB[1] Rn 34; *Koller*/Roth/Morck § 124 Rn 2; *Westermann* Handbuch Rn I 78b; *Marotzke* AcP 187 (1987), 243; *Kanzleiter* FS Weichler, 1997, S. 39 (50); *Lüttge* NJW 1994, 8 f.

212 Näher *Stimpel* FS Rowedder, 1994, S. 477 (481 ff) und *Jan Timmann* Vor- und Nacherbschaft innerhalb der zweigliedrigen OHG oder KG, 2000, insbes. S. 54 ff, 119 ff, 140 ff; so auch *Fett/Brand* NZG 1999, 54; Heymann/*Emmerich* Rn 33a; *Sieveking* FS Schippel, 1996, S. 505 (517); MünchKommBGB[5]/*Ulmer* § 705 Rn 65; Ebenroth/Boujong/Joost/*Wertenbruch* Rn 34; *Westermann* Handbuch Rn I 78b; *Flume* I/1, § 7 III 4.

213 *Baumann* BB 1998, 225; *Bippus* AcP 195 (1995), 13; *Lüttge* NJW 1994, 5; MünchKommHGB/*Priester* § 120 Rn 93; *ders.* DB 1998, 55. Nur für Kommanditisten: *Esch* BB 1992, 664 (668); *ders.* BB 1996, 1621.

214 So denn auch ausdrücklich *Baumann* BB 1998, 225 (230); *Raiser* AcP 194 (1994), 495 (509 f); *Weimar* ZIP 1997, 1769. **Dagegen** aber die hM, Baumbach/*Hopt* Rn 18; *Bippus* AcP 195 (1995), 13 (32); Heymann/*Emmerich* Rn 33; MünchKommHGB/*K. Schmidt* Rn 24; *ders.* Gesellschaftsrecht, § 8 IV 2b, S. 209; MünchKommBGB[5]/*Ulmer* § 705 Rn 62; Ebenroth/Boujong/Joost/Strohn/*Wertenbruch* Rn 31; *Westermann* Handbuch Rn I 78; *Wiedemann* Gesellschaftsrecht Bd. II, § 5 II 3b, S. 459; noch zweifelnd hingegen *ders.* FS Zöllner Bd. I, 1998, S. 635 (650).

215 So *Kanzleiter* FS Weichler, 1997, S. 39 (49); *K. Schmidt* Gesellschaftsrecht, § 45 I 2b cc, S. 1314; *Sieveking* FS Schippel, 1996, S. 505 (515); *Steinbeck* DB 1995, 761 (764 f); MünchKommBGB[5]/*Ulmer* § 705 Rn 183; *ders.* ZHR 167 (2003), 103 (115 f); *Westermann* Handbuch Rn I 78a.

216 So *Joussen* DB 1992, 1173 (1174); Ebenroth/Boujong/Joost/Strohn/*Wertenbruch* Rn 36.

217 *Esch* BB 1996, 1621; *Priester* DB 1998, 55 (58).

218 *Esch* BB 1992, 664 (667); *ders.* BB 1996, 1621 (1625); *Kanzleiter* FS Weichler, 1997, S. 39 (49). Einschränkend: *Bippus* AcP 195 (1995), 13 (25 f); vgl. ferner MünchKommHGB/*Priester* § 120 Rn 93; *Raiser* AcP 194 (1994), 495 (509) und *T. Schmidt*, S. 28 ff.

219 *Joussen* DB 1992, 1173 (1174); MünchKommHGB/*K. Schmidt* Rn 77; *ders.* Gesellschaftsrecht, § 45 I 2 b, S. 1312; *Steinbeck* DB 1995, 761; MünchKommBGB[5]/*Ulmer* § 705 Rn 181; *ders.* ZHR 167 (2003), 103 (113 ff); Ebenroth/Boujong/Joost/Strohn/*Wertenbruch* Rn 32; *Westermann* Handbuch Rn I 78a; *Wiedemann* Gesellschaftsrecht Bd. II, § 5 II 3b, S. 457; *ders.* FS Zöllner Bd. I, 1998, S. 635 (649 f).

Anerkennung rechtsfähiger Personengesellschaften nichts geändert,[220] zumal zentrale Strukturunterschiede zwischen Personen- und Kapitalgesellschaft hiervon nicht berührt werden (oben Rn 39).[221] Zusätzlich spricht für den Grundsatz der Einheitlichkeit, dass die Rechtsordnung bei subjektiven Rechten generell bestrebt ist, die Einheit der darin gebündelten Befugnisse zu erhalten; denn Aufspaltung und Absplitterung von subjektiven Rechten oder der Beteiligungen an ihnen beeinträchtigen Sicherheit und Leichtigkeit des Rechtsverkehrs.[222]

3. Mehrere offene Handelsgesellschaften mit denselben Mitgliedern. Vom Grundsatz einheitlicher Mitgliedschaft in derselben OHG oder KG scharf zu unterscheiden ist die Möglichkeit, mehrere offene Handelsgesellschaften mit jeweils denselben Mitgliedern zu gründen. Rechtliche Grenzen bestehen insoweit nicht. Die jeweiligen Gesellschaften müssen sich jedoch nach ihrer Identitätsausstattung (Firma, Sitz, Gesellschaftszweck)[223] deutlich voneinander unterscheiden und dürfen auch nicht im Verhältnis von Haupt- und Zweigniederlassung zueinander stehen (vgl. dazu § 13 Rn 49 [*Koch*]). Als **Indiz für das Vorliegen paralleler Gesellschaften** bietet sich die Verschiedenheit der Firmen[224] und Geschäftszweige an. Allerdings können mehrere, an verschiedenen Orten bestehende Gesellschaften grundsätzlich auch die gleiche Firma führen (Umkehrschluss aus § 30 Abs. 1); in derartigen Fällen bedarf es daher des Rückgriffs auf zusätzliche Unterscheidungsmerkmale, darunter insbes. das Vorhandensein eines einheitlichen oder verschiedener Gesellschaftsverträge. Zum Konzernrecht der Personengesellschaften vgl. Anh. § 105. **75**

Das Bestehen verschiedener, aus denselben Mitgliedern zusammengesetzter Gesellschaften äußert sich in der **Verschiedenheit der Organe** und des jeder Gesellschaft zugeordneten, jeweils eine selbständige Vermögensmasse bildenden **Gesellschaftsvermögens**[225]. Die Verschiedenheit gestattet es, dass zwischen den Gesellschaften wie zwischen Dritten Rechtsgeschäfte abgeschlossen und Prozesse geführt werden[226]. Im Fall der Insolvenz ist für jede Gesellschaft ein besonderes Konkursverfahren zu eröffnen, soweit dessen Voraussetzungen vorliegen[227]. Die Aufrechnung eines Gesellschaftsgläubigers, der eine Forderung gegen eine der Gesellschaften hat, gegen eine Verbindlichkeit gegenüber einer anderen Gesellschaft ist ausgeschlossen. **76**

---

220 MünchKommHGB/*K. Schmidt* Rn 77; *Sieveking* FS Schippel, 1996, S. 505 (512 f); *Steinbeck* DB 1995, 761 (763 f); MünchKommBGB[5]/*Ulmer* § 705 Rn 181; *ders.* ZHR 167 (2003), 103 (104); *Westermann* Handbuch Rn I 78a.

221 Vgl. im vorliegenden Kontext insbes. *Ulmer* ZHR 167 (2003), 103 (114) und *Wiedemann* FS Zöllner, Bd. I, 1998, S. 635 (641); *ders.* Gesellschaftsrecht Bd. II, § 5 II 3b, S. 456.

222 Dazu näher *Wiedemann* FS Zöllner Bd. I, 1998, S. 635 (640 f); vgl. auch *Sieveking* FS Schippel, 1996, S. 505 (508 f).

223 Dazu näher *John* Die organisierte Rechtsperson, 1977, insbes. S. 74 ff, 79 f, 135 ff, 145 f.

224 RGZ 43, 81 (82); *A. Hueck* OHG, § 1 IV 1, S. 17; MünchKommHGB/*K. Schmidt* Rn 79; zur Unzulässigkeit des Führens von mehr als einer Firma durch die OHG vgl. Rn 34.

225 So zutr. schon RGZ 16, 16 (17); 43, 81 (82); 47, 156 (157); MünchKommHGB/*K. Schmidt* Rn 80 f.

226 Vgl. etwa RGZ 47, 156 (157); *A. Hueck* OHG § 1 IV 2, S. 17 f; *Jaeger* FS Sohm, 1915, S. 44; *Rob. Fischer* FS Hedemann, 1958, S. 75 (81); MünchKommHGB/*K. Schmidt* Rn 80; **aA** bzgl. der Prozessführung noch *Müller-Erzbach* Handelsrecht, S. 188.

227 Vgl. nur RGZ 43, 81 (82); MünchKommHGB/*K. Schmidt* Rn 80; Jaeger/*Ehricke* InsO § 11 Rn 62.

4. Kaufmannseigenschaft der Gesellschafter?

Schrifttum

Dauner-Lieb/Dötsch DB 2003, 1666; *Häuser* Sind persönlich haftende Gesellschafter einer OHG oder KG i. S. der §§ 29 Abs. 2, 38 Abs. 1 ZPO prorogationsfähig? JZ 1980, 760; *Landwehr* Die Kaufmannseigenschaft der Handelsgesellschafter, JZ 1967, 198; *Habersack* Die Personengesellschaft und ihre Mitglieder in der Schiedsgerichtspraxis, SchiedsVZ 2003, 241; *Lieb* Zur Kaufmannseigenschaft der Gesellschafter von KG und OHG, DB 1967, 759; *Karsten Schmidt* Zur „Kaufmannsfähigkeit" von Gesamthandsgemeinschaften, JZ 1973, 299; *ders.* Formfreie Bürgschaften eines geschäftsführenden Gesellschafters, ZIP 1986, 1510; *Zöllner* Die Formbedürftigkeit von Schiedsklauseln in OHG-Verträgen, DB 1964, 795.

77 a) **Zur Fragestellung.** Die sowohl im Handels- wie im Gesellschaftsrecht ausführlich diskutierte Frage nach der Kaufmannseigenschaft von Gesellschaftern einer OHG (vgl. Rn 44 und § 1 Rn 65 [*Oetker*]) ist in dieser Form zu undifferenziert gestellt. Auch wird ihre Bedeutung meist überschätzt, wie der Blick auf das für die Anwendung von Handelsrecht zusätzlich erforderliche Vorliegen eines Handelsgeschäfts (§ 343) lehrt; mangels eigenen Handelsgewerbes lässt sich dieses Merkmal bei Gesellschaftern einer OHG oder KG nur im Analogiewege bejahen (Rn 81). Für eine sachgerechte Diskussion bedarf es der Unterscheidung zwischen **drei Fragen.** Die erste bezieht sich auf sog. *Statusnormen*, die wie § 109 GVG, §§ 29, 38 ZPO nicht an das Vorliegen eines Handelsgeschäfts, sondern nur an die Kaufmannseigenschaft anknüpfen, und auf ihre Anwendung gegenüber Gesellschaftern einer OHG oder KG (Rn 80). Bei der zweiten Frage geht es um die Voraussetzungen, unter denen „unternehmensbezogene" Geschäfte eines Gesellschafters *Handelsgeschäften* i.S. des § 343 gleichgestellt werden können (Rn 81). Die dritte Frage betrifft – als Sonderproblem – die Qualifikation des *Gesellschaftsvertrags* und der im Zusammenhang damit getroffenen *Schiedsabrede* als privates oder Handelsgeschäft der Gesellschafter (Rn 82).

78 b) **Meinungsstand.** In der **Rechtsprechung** herrscht immer noch die Ansicht vor, **Gesellschafter einer OHG** seien stets Kaufleute, weil sie, wenn auch in ihrer Verbundenheit als Gesellschafter, ein Handelsgewerbe betrieben.[228] Die Tragweite dieser Aussage wurde freilich nicht selten dahin eingeschränkt, ein Gesellschafter sei nur in dieser Eigenschaft Kaufmann (sog. „Gesellschafter-Kaufmann")[229]. Auf von ihm geschlossene Rechtsgeschäfte soll Handelsrecht danach nur dann zur Anwendung kommen, wenn er als Vertreter der OHG in deren Namen handelt[230]; indessen folgt für derartige Rechtsgeschäfte die Geltung von Handelsrecht bereits aus der Kaufmannseigenschaft der OHG (Rn 43 f). Den OHG-Gesellschaftern stellt die Rechtsprechung die Komplementäre einer KG gleich, während sie für **Kommanditisten** die Kaufmannseigenschaft mit Rücksicht auf dessen geringeren Mitwirkungsrechte verneint[231]. Aus der Sicht des Kaufmannsbegriffs kann

[228] So insbes. BGHZ 34, 293 (296 f) = NJW 1961, 1022; ähnl. BGHZ 45, 282 (284) = NJW 1966, 1960; BGH NJW 1960, 1852; BB 1968, 1053; NJW 2006, 917 (918); OLG Karlsruhe DB 1991, 903; umfassende Nachw. zur früheren Rspr. (RG u.a.) bei *Landwehr* JZ 1967, 198 Fn 2.

[229] Vgl. BGH NJW 1960, 1852; BB 1968, 1053; NJW 1980, 1049.

[230] So für § 406 BGH NJW 1960, 1852; für § 350 BGH BB 1968, 1053.

[231] BGHZ 45, 282 (285) = NJW 1966, 1960; BGH NJW 1980, 1049; NJW 1980, 1572 (1574); NJW 1982, 569 (570); NJW 2006, 917 (918).

dies jedoch nicht entscheidend sein.[232] So verweist die heute hL[233] denn auch auf den grundlegenden Unterschied zwischen der OHG (KG) als Gesamthand (Gruppe) und den in ihr zusammengeschlossenen Gesellschaftern und rechnet das gemeinsam betriebene Handelsgewerbe nicht diesen (je persönlich) zu, sondern nur der Gesellschaft als solcher.

c) **Stellungnahme.** Der heute hL ist im Ansatz zuzustimmen, erst recht, seit BGHZ 146, 241 die Gesamthandspersonengesellschaft auch allgemein als rechtsfähig anerkannt hat.[234] Soweit die Rechtsprechung (auch) die unbeschränkt haftenden Gesellschafter als Kaufleute ansieht, setzt sie sich über die notwendige Trennung zwischen Gesamthand und Gesellschaftern (Rn 40 ff) hinweg; auch vermag sie die abweichende Behandlung der Kommanditisten nicht plausibel zu begründen. In Frage steht nicht die – nur der OHG (KG) als solcher zukommende – Kaufmannseigenschaft nach §§ 1 bis 5, sondern das Normanwendungs- oder **Analogieproblem** einer Gleichstellung der Gesellschafter mit Kaufleuten. Dabei hat die Lösung zwar grundsätzlich bei den einzelnen, auf Kaufleute bezogenen Normen des Handelsrechts und der sonstigen Sondergesetze anzusetzen[235]. Jedoch zeigt sich vorbehaltlich der Unterscheidung zwischen Statusnormen (Rn 80) und Normen für Handelsgeschäfte (Rn 81) Übereinstimmung in Bezug auf den Analogieschluss im Wesentlichen darin, dass die Sonderregelungen für Kaufleute durchweg auf ihrer **besonderen Geschäftserfahrung,** im Hinblick auf die Handelsgeschäfte auch auf ihrer **geringeren Schutzbedürftigkeit** beruhen.[236] Hieran ist auch für die Behandlung der Gesellschafter als Kaufleute und die Anwendung von Handelsrecht anzuknüpfen. Gesellschafter einer OHG (KG) sind deshalb immer dann Kaufleuten gleichzustellen, wenn sie wie diese die Geschäfte der OHG (KG) betreiben, d.h. als **geschäftsleitende Gesellschafter** tätig sind. Dies gilt für die organschaftlichen Vertreter der OHG (KG), nicht dagegen für sonstige, nicht selbst an der Unternehmensführung beteiligten unbeschränkt haftenden Gesellschafter;[237] die unbeschränkte Haftung ist nicht etwa Ausdruck für das persönliche Betreiben des Handelsgewerbes, sondern nach § 128 gesetzliche Folge der Gesellschafterstellung. Auch hinsichtlich der Kommanditisten ist die Gleichstellung mit Kaufleuten trotz § 170 nicht schlechthin ausgeschlossen. Maßgebend ist vielmehr die Art ihrer Tätigkeit im Unternehmen; insbesondere bei Kommanditisten, die zugleich Geschäftsführer der Komplementär-GmbH sind, spricht viel für ihre Behandlung als Kaufleute.[238] 79

[232] So zutr. insbes. *Landwehr* JZ 1967, 199 ff; *Lieb* DB 1967, 759 f; *Dauner-Lieb/Dötsch* DB 2003, 1666 (1668) sowie – vom umgekehrten Standpunkt aus – *Ballerstedt* JuS 1963, 259.

[233] *Zöllner* DB 1964, 795 ff; *Landwehr* JZ 1967, 198 ff; *Lieb* DB 1967, 759 ff; *Wagner* Die Kaufmannseigenschaft des OHG-Gesellschafters, S. 18 ff; ihnen folgend Baumbach/*Hopt* Rn 19 ff; *Dauner-Lieb/Dötsch* DB 2003, 1666 (1668); MünchKommHGB/*K. Schmidt* § 1 Rn 67, § 105 Rn 14; *ders.* JZ 1973, 299 f; *ders.* Handelsrecht, § 5 I 1b, S. 90 f; Koller/*Roth*/Morck § 1 Rn 23; Ebenroth/Boujong/Joost/Strohn/*Wertenbruch* Rn 37; *Westermann* Handbuch Rn I 237; zu älteren abweichenden Ansichten vgl. Voraufl. Rn 76 (*Ulmer*).

[234] So auch Ebenroth/Boujong/Joost/Strohn/*Wertenbruch* Rn 37; MünchKommHGB/*K. Schmidt* Rn 14.

[235] Ebenso – unter Bezug auf § 350 – eingehend *K. Schmidt* ZIP 1986, 1510 (1512 ff).

[236] Vgl. etwa *Müller-Freienfels* FS v. Caemmerer, 1978, S. 583 (597 ff); Schlegelberger/*Hefermehl* HGB[4] Vor § 348 Rn 1; einschränkend *Dauner-Lieb* Verbraucherschutz durch Ausbildung eines Sonderprivatrechts für Verbraucher, 1983, S. 30 ff, 46 ff.

[237] Abw. *K. Schmidt* ZIP 1986, 1515 und die früher hL (vgl. die Nachweise in Voraufl. Rn 76 bei Fn 140 [*Ulmer*]), die ein wesentliches Kriterium für die Behandlung von Gesellschaftern als Kaufleute in der unbeschränkten Haftung sieht.

[238] So im Grundsatz auch Schlegelberger/*Martens* HGB[4] § 161 Rn 46 und *K. Schmidt* ZIP 1986, 1515.

80 d) **Folgerungen.** Soweit Normen – als **Statusnormen** – nur auf die Kaufmannseigenschaft des Normadressaten und nicht auf das Vorliegen eines Handelsgeschäfts abstellen, bestehen keine Bedenken, sie im Analogieweg auf geschäftsleitende Gesellschafter und geschäftsführende Kommanditisten (Rn 79) anzuwenden.[239] Das gilt namentlich für **§ 109 GVG,** der den Kreis der Handelsrichter über die Kaufleute hinaus ausdrücklich auch auf Vorstandsmitglieder einer AG und Geschäftsführer einer GmbH, d.h. in der Geschäftsleitung einer Handelsgesellschaft tätige Personen ausdehnt.[240] Ebenso stellt die Befreiung der Kaufleute vom Prorogationsverbot in **§§ 29, 38 ZPO** nach zutr. hM nicht darauf ab, dass die betreffenden Rechtsgeschäfte einen Bezug zum Handelsgewerbe des Kaufmanns haben, sondern beruht auf dessen fehlender Schutzbedürftigkeit;[241] sie kann daher analog auf Rechtsgeschäfte geschäftsleitender Gesellschafter angewandt werden.[242]

81 Bei Normen, die zusätzlich auf das Vorliegen eines **Handelsgeschäfts** auf Seiten des Kaufmanns abstellen (§§ 346 ff u.a.), setzt die Anwendung auf Gesellschafter einer OHG (KG) einen **doppelten Analogieschluss** voraus. Da geschäftsleitende Gesellschafter als solche kein (eigenes) Handelsgewerbe betreiben, können die von ihnen *persönlich* geschlossenen Geschäfte die Qualifikation von Handelsgeschäften (§ 343) nicht erfüllen. Eine Gleichstellung ihrer Rechtsgeschäfte mit Handelsgeschäften ist jedoch dann veranlasst, wenn diese einen **Bezug zur Geschäftstätigkeit der Gesellschaft** aufweisen, d.h. in einem sachlichen Zusammenhang mit ihrer Gesellschafterstellung stehen und der Förderung des gemeinsamen Zwecks dienen.[243] Diese Voraussetzung liegt jedenfalls vor bei einer Bürgschaft oder einer Vertragsstrafe, die der geschäftsleitende Gesellschafter zur Absicherung einer Leistungspflicht der Gesellschaft übernimmt[244], sowie bei Geschäften von Gesellschaftern, die als mittelbarer Stellvertreter oder sonst im Interessenkreis der Gesellschaft tätig werden.[245] Auch bei sog. Drittgeschäften zwischen Gesellschaft und Gesellschafter (Rn 213) liegt die Gleichstellung mit Handelsgeschäften auf Seiten des Gesellschafters nahe.[246] Demgegenüber ist die Frage einer Gleichstellung für innergesellschaftliche (sozialrechtliche) Rechtsverhältnisse zwischen Gesellschafter und Gesellschaft meist ohne Interesse (vgl. aber § 113 Rn 26): für sie gelten die handelsrechtlichen Sonder-

---

239 Zustimmend MünchKommHGB/*K. Schmidt* Rn 16; *Westermann* Handbuch Rn I 237 aE.

240 Für Analogie bzgl. vertretungsberechtigter Gesellschafter auch *Landwehr* JZ 1967, 204 und *Wagner* (Fn 233), S. 79; weitergehend (Einbeziehung aller OHG-Gesellschafter) die früher h.L. (vgl. die Nachweise in Voraufl. Rn 76 bei Fn 140 [*Ulmer*]); aber auch Baumbach/*Hopt* Rn 20; *Zöllner* DB 1964, 796 und aus der verfahrensrechtlichen Lit. *Baumbach/Lauterbach/Albers/Hartmann* ZPO[65] § 109 Rn 4 GVG.

241 Vgl. etwa Stein/Jonas/*Bork* ZPO[22] § 38 Rn 10; *Thomas/Putzo* ZPO[27] § 38 Rn 9; Zöller/*Vollkommer* ZPO[26] § 38 Rn 2 mwN; **aA** *Canaris* Handelsrecht, § 24 Rn 6; *Diederichsen* BB 1974, 379.

242 Gegen die analoge Anwendung der §§ 29, 38 ZPO aus Gründen der Rechtsklarheit allerdings *Hopt* AcP 183 (1983), 608 (675 f); *Kornblum* ZHR 138 (1974), 478 (490).

243 Ähnlich stellt *K. Schmidt* ZIP 1986, 1516 auf einen wirtschaftlichen Sachzusammenhang dergestalt ab, dass das Geschäft Bestandteil der handelsgewerblichen Tätigkeit ist.

244 So auch Ebenroth/Boujong/Joost/*M. Hakenberg* HGB[1] § 350 Rn 11; MünchKommHGB/*K. Schmidt* § 105 Rn 17, § 350 Rn 10; *ders.* ZIP 1986, 1516; **aA** Voraufl. § 350 Rn 8 (*Koller*); Schlegelberger/*Hefermehl* HGB[4] § 350 Rn 21; Baumbach/*Hopt* Rn 21, § 350 Rn 7; Heymann/*Horn* § 350 Rn 5; *Lieb* DB 1967, 762; wohl auch die BGH-Rspr. (vgl. Nachw. in Fn 230).

245 *Kurz* Die Kaufmannseigenschaft des Gesellschafters der OHG, S. 65 f mN aus dem älteren Schrifttum; **aA** *Zöllner* DB 1964, 796; *Wagner* (Fn 233), S. 68.

246 **AA** *Wagner* (Fn 233), S. 67; *Kurz* (Fn 245), S. 70. Siehe dazu auch OLG Rostock NJW-RR 1999, 42.

vorschriften der §§ 110 bis 122.[247] – Für die Anwendung der Vermutungsregel des § 344 Abs. 1 ist im Analogiebereich kein Raum.[248]

Einen Sonderfall stellen schließlich die sog. **Grundlagengeschäfte,** insbes. Abschluss oder Änderung des Gesellschaftsvertrags dar. Sie weisen keinen ausreichenden Bezug zur laufenden Geschäftstätigkeit im eben genannten Sinne auf, sondern sind für die Gesellschaft von konstitutiver Bedeutung.[249] Eine Anwendung von Handelsrecht kommt insoweit daher nur in Betracht, wenn die Gesellschafter die Beteiligung an der OHG (KG) im Rahmen eines eigenen, von demjenigen der Gesellschaft zu unterscheidenden Handelsgewerbes eingehen (str., vgl. Rn 44 mN). Seit der Neuregelung des Schiedsverfahrensrechts kommt es für die Beurteilung gesellschaftsvertraglicher **Schiedsklauseln** nicht mehr auf die Kaufmannseigenschaft der Gesellschafter an; im Übrigen unterfällt die Schiedsklausel richtigerweise § 1066 ZPO, so dass es auch auf die für § 1031 ZPO erhebliche Verbrauchereigenschaft der Gesellschafter nicht ankommt (oben Rn 45). **82**

e) **Gesellschafter als Verbraucher?** Eine inhaltlich eng verwandte Frage betrifft die Geltung von **Verbraucherschutzvorschriften** für die Gesellschafter einer OHG.[250] Wie § 343 das Handelsgeschäft (subjektiv) definiert, so beschreiben die §§ 13, 14 BGB den Begriff des Verbrauchergeschäfts. Insofern steht fest, dass die Gesellschafter jedenfalls dann als Verbraucher i.S.v. § 13 BGB einzuordnen sind, wenn sie außerhalb ihrer Gesellschaftertätigkeit handeln.[251] Der **Bundesgerichtshof** behandelt aber **GmbH-Geschäftsführer** auch dann als Verbraucher, wenn sie im Zusammenhang mit ihrer Gesellschafterstellung handeln.[252] Nur die GmbH selbst sei Unternehmer bzw. Kaufmann, während sogar der geschäftsführende Mehrheitsgesellschafter nur sein eigenes Vermögen verwalte.[253] Der Geschäftsführer einer GmbH sei zudem nicht selbständig, sondern bloß als Angestellter beruflich tätig.[254] Ferner sei die „Privilegierung des Kaufmanns" eine Folge der persönlichen Haftung und komme daher für GmbH-Gesellschafter nicht in Frage.[255] Die geschäftliche Erfahrenheit eines Gesellschafter-Geschäftsführers begründe nicht die Versagung der Verbrauchereigenschaft, anderenfalls auch der berufserfahrene Fremdgeschäftsführer als Unternehmer behandelt werden müsste.[256] – **Ungeklärt** ist jedoch, ob diese Rechtsprechung **auf die Gesellschafter einer OHG** zu übertragen ist.[257] **83**

---

247 Vgl. insbes. §§ 110 Abs. 2, 111 Abs. 2; zu ihrer Bedeutung für den Streit um die Kaufmannseigenschaft der OHG-Gesellschafter vgl. einerseits (bejahend) *Zöllner* DB 1964, 797, andererseits (verneinend) *A. Hueck* OHG, § 3 Fn 8; *Flume* I/1 § 4 II, S. 59.

248 HM, vgl. BGH NJW 1960, 1852.

249 Nur für Gesellschaftsvertrag: Baumbach/*Hopt* Rn 21.

250 Dazu, in Bezug auf § 8 AbzG, Voraufl. Rn 79 (*Ulmer*); Schlegelberger/*K. Schmidt* Rn 15.

251 Palandt/*Heinrichs/Ellenberger*[67] § 13 Rn 3; *Westermann* Handbuch Rn I 237c.

252 BGHZ 133, 71 (77 f) = NJW 1996, 2156; BGHZ 220, 223 = NJW 1996, 2865; BGH NJW 1997, 1443 f; BGHZ 144, 370 (380 f) = NJW 2000, 3133; BGH NJW 2004, 3039; NJW 2006, 431 (432 f); (jeweils zu GmbH-Geschäftsführern); kritisch MünchKomm-BGB[5]/*Ulmer* § 491 Rn 41; *Canaris* AcP 200 (2000), 273 (355 ff); *Dauner-Lieb/Dötsch* DB 2003, 1666 (1667); *Kurz* NJW 1997, 1828; *Hänlein* DB 2001, 1185; *Wackerbarth* DB 1998, 1950 (1951 ff); tendenziell zustimmend dagegen MünchKommHGB/*K. Schmidt* Rn 17a (vgl. aber auch *dens.* ZIP 1986, 1510 [1515]).

253 BGHZ 133, 71 (78); 220, 223 (VIII. Senat); BGH NJW 2006, 431 (432) (XI. Senat).

254 BGHZ 133, 71 (78); 220, 223 (VIII. Senat).

255 BGH NJW 2006, 431 (432) (XI. Senat).

256 BGH NJW 2006, 431 (433) (XI. Senat).

257 **AA** anscheinend MünchKommHGB/*K. Schmidt* Rn 17a, der dies ohne weiteres annimmt; wie hier im Ansatz *Dauner-Lieb/Dötsch* DB 2003, 1666 (1668 f).

Wenn die Rechtsprechung entscheidend auf die fehlende persönliche Haftung abstellt, so spricht dies *gegen* eine Übertragung und für die Annahme, dass Gesellschafter, die in eigenem Namen, aber im Zusammenhang mit ihrer Beteiligung Geschäfte schließen, nicht als Verbraucher anzusehen sind. Andererseits rechtfertigt die persönliche Haftung als solche gerade nicht, die Gesellschafter wie Kaufleute (bzw. Unternehmer) zu behandeln; dieses Kriterium ist vielmehr irrelevant (Rn 79). Im Ergebnis sprechen gleichwohl die besseren Gründe dafür, die in Rn 81 erwähnten Grundsätze entsprechend anzuwenden, zumal wenn man den für die GmbH nicht gültigen Grundsatz der Selbstorganschaft berücksichtigt: Demnach sind die Gesellschafter einer OHG/KG **nicht als Verbraucher** zu betrachten, soweit sie als Geschäftsführer nicht schutzbedürftig sind *und* das fragliche Geschäft einen Bezug zur Geschäftstätigkeit der Gesellschafter aufweist.[258]

II. Arten von Gesellschaftern

Schrifttum

Maier-Reimer/Marx NJW 2005, 3025 ff; *Rust* DStR 2005, 1942 f.

1. Natürliche Personen

84 a) **Allgemeines.** Für die Beteiligung natürlicher Personen an einer OHG oder KG bestehen nach deutschem Gesellschaftsrecht **keine Schranken.** Als Teil der Privatautonomie steht der Abschluss eines Gesellschaftsvertrags oder der Beitritt zu einer bestehenden Gesellschaft allen Menschen jedes Alters oder Nationalität frei; auch die Insolvenz begründet kein Beteiligungshindernis, die Eröffnung eines Insolvenzverfahrens allerdings einen Ausscheidensgrund (§ 131 Abs. 3 Nr. 2, dazu § 131 Rn 89 ff). Es gibt keine Höchstgrenzen für die Beteiligung einer Person an verschiedenen Gesellschaften (zur Möglichkeit der Gründung oder des Bestehens von zwei oder mehr Gesellschaften unter Beteiligung derselben Personen vgl. Rn 75). Auf die *ausländerrechtliche* Problematik der Unternehmenstätigkeit von Ausländern im Rahmen inländischer Gesellschaften ist hier nicht näher einzugehen.[259]

85 b) **Nicht voll Geschäftsfähige.** Die Beteiligung nicht voll geschäftsfähiger Personen an einer OHG oder KG unterliegt gesellschaftsrechtlich keinen Schranken. Entscheidend ist die **Rechtsfähigkeit** der Gesellschafter; sie beginnt unabhängig von der Geschäftsfähigkeit mit der Vollendung der Geburt (§ 1 BGB). Daher können auch geschäftsunfähige (§ 104 BGB) und beschränkt geschäftsfähige Personen (§§ 106, 114 BGB) Gesellschafter werden. Soweit die Beteiligung nicht erbrechtlich erworben (dazu § 139 Rn 38), sondern **kraft Rechtsgeschäfts** eingegangen wird, bedarf es zu ihrer wirksamen Begründung im Regelfall sowohl der Mitwirkung des *gesetzlichen Vertreters* (oder bei seiner Verhinderung eines Ergänzungspflegers, § 1909 BGB) als auch der Genehmigung des *Familiengerichts* (vgl. näher Rn 86, 87). Zwischen beiden Akten ist scharf zu unterscheiden; das Fehlen des einen kann nicht durch den anderen ersetzt werden. Zur Rechtslage im Fall

---

[258] Ähnlich auch *Dauner-Lieb/Dötsch* DB 2003, 1666 (1668 f).

[259] Vgl. dazu vor § 105 Rn 32; MünchKommBGB[4]/*Kindler* IntGesR Rn 881 ff, 888 f; Staudinger/*Großfeld* IntGesR (1998) Rn 961 ff, 963; Ulmer/Habersack/Winter/*Behrens* GmbHG Einl. Rn B 156 ff; *Wiedemann* Gesellschaftsrecht Bd. I, § 15 I 1, S. 825 ff; *Ebenroth* JZ 1988, 84 ff, jew. mwN.

unwirksamer Beteiligung nicht voll Geschäftsfähiger an einer OHG/KG (fehlerhafte Gesellschaft) vgl. Rn 338 ff. Zur Haftungsbeschränkung nach § **1629a BGB** kommt es auf das bei Eintritt der Volljährigkeit vorhandene Vermögen des Minderjährigen an vgl. § 128 Rn 9 (*Habersack*).

Der rechtsgeschäftliche Erwerb der Mitgliedschaft in einer OHG/KG, sei es durch Beteiligung an der Gesellschaftsgründung, sei es durch späteren Beitritt oder Anteilserwerb, bedarf in aller Regel der **Mitwirkung des gesetzlichen Vertreters,** bei nicht volljährigen Kindern also der Eltern (§ 1629 Abs. 1 S. 1 BGB). Bei Geschäftsunfähigen handeln sie an deren Stelle. Soweit beschränkt Geschäftsfähige die auf den Beitritt gerichtete Willenserklärung selbst abgeben, bedürfen sie nach § 107 BGB der Einwilligung. Das gilt grundsätzlich auch dann, wenn Minderjährigen nach § 112 BGB die Ermächtigung zum selbständigen Betrieb eines Erwerbsgeschäfts erteilt ist: Diese erstreckt sich nach § 112 Abs. 1 S. 2 BGB nicht auf solche Geschäfte, zu denen der gesetzliche Vertreter der Genehmigung des Familiengerichts bedarf (vgl. dazu und zum Sonderfall unentgeltlichen Anteilserwerbs Rn 87). Ist der gesetzliche Vertreter oder sein Ehegatte selbst Gesellschafter, so sind sie an der Vertretung verhindert, soweit nicht einer der Ausnahmefälle des § **181 BGB**[260] vorliegt (vgl. §§ 1629 Abs. 2, 1795 Abs. 1 Nr. 1 BGB). In diesen Fällen bedarf es der Bestellung eines **Ergänzungspflegers** durch das Familiengericht nach § 1909 Abs. 1 S. 1 BGB; das gilt auch für spätere Änderungen des Gesellschaftsvertrags oder das Ausscheiden des nicht voll Geschäftsfähigen, nicht dagegen für die Beschlussfassung der Gesellschafter in laufenden Angelegenheiten der OHG oder KG. Betrifft die Verhinderung mehrere nicht voll Geschäftsfähige als (künftige) Gesellschafter, so muss ein Ergänzungspfleger für *jeden* von ihnen bestellt werden[261]. Das nach § 109 BGB dem anderen Teil eingeräumte Widerrufsrecht bis zur Genehmigung der Gesellschaftsbeteiligung oder der sonstigen Vertragsänderung steht jedem der übrigen Gesellschafter zu[262]. Zu den Folgen des Widerrufs bei in Vollzug gesetzter Gesellschaft vgl. Rn 338. **86**

Zusätzlich zur Mitwirkung des gesetzlichen Vertreters (Pflegers) bedarf es nach §§ 1643 Abs. 1, 1822 Nr. 3 BGB der **Genehmigung des Familien- (oder Vormundschafts-)gerichts,** wenn es um die *rechtsgeschäftliche* Beteiligung eines nicht voll Geschäftsfähigen an einem Gesellschaftsvertrag zum Betrieb einer OHG oder KG geht. Das gilt sowohl für die Mitwirkung bei der Gründung als auch für den späteren Beitritt und den rechtsgeschäftlichen Anteilserwerb (Rn 299). Daran hat sich durch die Möglichkeit zur Haftungsbeschränkung nach § 1629a BGB nichts geändert[263]. Zweifelhaft ist nur der *unentgeltliche* Erwerb eines Gesellschaftsanteils. Er ließe sich bei wörtlicher Auslegung des § 1822 Nr. 3 BGB dem (nach Hs. 1 nicht genehmigungsbedürftigen) unentgeltlichen (Teil-)Erwerb eines Erwerbsgeschäfts gleichstellen[264]; dagegen spricht jedoch die funktionelle Ver- **87**

---

260 Vertragsschluss in Erfüllung einer Verbindlichkeit des Vertreters (vgl. BGH NJW 1961, 724) oder mit ausschließlich rechtlichen Vorteilen für den Minderjährigen (BGHZ 59, 236 [240] = NJW 1972, 2262).

261 BayObLGZ 1958, 373 (376); OLG Hamm MDR 1972, 783; OLG Zweibrücken NZG 1999, 717 f; MünchKommBGB[4]/*Schwab* § 1909 Rn 40; Palandt/*Diederichsen*[67] § 1909 Rn 6; *Stöber* RPfleger 1968, 2 (13).

262 *A. Hueck* OHG, § 7 I 2, S. 77, Soergel/*Hadding*[12] § 705 Rn 20; MünchKommBGB[5]/*Ulmer* § 705 Rn 69.

263 MünchKommHGB/*K. Schmidt* Rn 145; MünchKommBGB[5]/*Ulmer* § 705 Rn 70; MünchKommBGB[5]/*Wagenitz* § 1822 Rn 28.

264 So KG NJW 1962, 54 (55); *Fortun* NJW 1999, 754 (755); Staudinger/*Engler* BGB (2004) § 1822 Rn 52 ff; MünchKommBGB[5]/*Wagenitz* § 1822 Rn 14; Soergel/*Zimmermann*[13] § 1822 Rn 14. Für die unentgeltliche Übertragung eines GmbH-Anteils BGHZ 107, 23 (28 f).

gleichbarkeit von Beitritt und Anteilserwerb (Rn 288 ff), auch abgesehen von der Genehmigungsbedürftigkeit der Haftungsübernahme nach § 1822 Nr. 10 BGB[265]. Bezog sich die Beteiligung ursprünglich auf eine nicht zum Betrieb eines Erwerbsgeschäfts gegründete GbR und war sie deshalb genehmigungsfrei, so bedarf der spätere Übergang zu einem erwerbswirtschaftlichen Zweck der Genehmigung[266]. Anderes gilt für sonstige **Änderungen des Gesellschaftsvertrags** einschließlich des Beitritts oder des Ausscheidens von Mitgesellschaftern; sie sind aus Gründen der Rechtssicherheit nach zutr. hM auch dann nicht genehmigungspflichtig, wenn sie die Rechtsstellung des nicht voll geschäftsfähigen Gesellschafters inhaltlich verändern[267]. Nicht genehmigungspflichtig sind auch solche Rechtsgeschäfte der Gesamthand, für die der nicht voll Geschäftsfähige bei Vornahme im eigenen Namen einer Genehmigung nach §§ 1821, 1822 BGB bedürfte[268] sowie allgemein Gesellschafterbeschlüsse **in laufenden Angelegenheiten**, zumal § 181 BGB der mehrfachen Stimmabgabe eines Vertreters nicht entgegensteht.[269] – Wird die Rechtsstellung eines nicht voll geschäftsfähigen Kommanditisten in diejenige eines Komplementärs umgewandelt, so folgt die Genehmigungsbedürftigkeit aus § 1822 Nr. 10 BGB[270]. Die Genehmigungsbedürftigkeit des einvernehmlichen **Ausscheidens** des nicht voll Geschäftsfähigen folgt aus § 1822 Nr. 3, 1. Hs. BGB (auf die Veräußerung eines Erwerbsgeschäfts gerichteter Vertrag)[271]; der Fall kundigungsbedingten Ausscheidens wird hiervon allerdings nicht erfasst[272]. Für das Widerrufsrecht der Mitgesellschafter

---

[265] Zu Recht OLG Hamm OLGZ 1974, 158; Ebenroth/Boujong/Joost/Strohn/*Wertenbruch* Rn 56, 161 f; MünchKommHGB/*K. Schmidt* Rn 145; *Wiedemann* Übertragung und Vererbung von Mitgliedschaftsrechten bei Handelsgesellschaften, 1965, S. 245 f; *Winkler* ZGR 1973, 177 (186).

[266] So auch Soergel/*Hadding*[12] § 705 Rn 21; MünchKommBGB[5]/*Ulmer* § 705 Rn 70; *Hilsmann* Minderjährigenschutz durch das Vormundschaftsgericht bei der Änderung von Gesellschaftsverträgen, 1993, S. 93 f und für den Fall der (Rück-)Umwandlung einer aufgelösten Gesellschaft *Winkler* ZGR 1973, 200.

[267] Std. Rspr., vgl. BGHZ 17, 160 (163) = NJW 1955, 1067; BGHZ 38, 26 (28) = NJW 1962, 2344; BGH NJW 1961, 724 (725); NJW 1992, 300 (301); DB 1968, 932; WM 1972, 1368 (1370); so auch Staudinger/*Engler* BGB (2004) § 1822 Rn 68, Soergel/*Hadding*[12] § 705 Rn 21; *A. Hueck* OHG, § 6 IV, S. 63 f; MünchKommHGB/*K. Schmidt* Rn 145, 159; Baumbach/*Hopt* Rn 26; Ebenroth/Boujong/Joost/Strohn/*Wertenbruch* Rn 68; Heymann/*Emmerich* Rn 36; *Michalski* OHG Rn 50; MünchKommBGB[5]/*Ulmer* § 705 Rn 71; *Wiedemann* Übertragung, S. 250 f; *ders.* Gesellschaftsrecht Bd. II, § 2 II 5a, S. 113; *Winkler* ZGR 1973, 193 ff; **aA** Erman/*Saar*[12] § 1822 Rn 16; Soergel/*Zimmermann*[13] § 1822 Rn 26; MünchKommBGB[5]/*Wagenitz* § 1822 Rn 28; *Beitzke* JR 1963, 182; *Knopp* BB 1962, 939 (942); *Stöber* RPfleger 1968, 2 ff.

[268] EinhM, vgl. *Winkler* ZGR 1973, 211 f. Für *Verfügungen der Gesellschaft über Grundstücke* oder andere von § 1821 erfasste Gegenstände ist ein Genehmigungserfordernis auch dann abzulehnen, wenn der Zweck der OHG auf Vermögensverwaltung gerichtet ist, vgl. – zur entspr. Frage bei der GbR – MünchKommBGB[5]/*Ulmer* § 705 Rn 70; MünchKommBGB[5]/*Wagenitz* § 1821 Rn 9 mwN; s.a. OLG Koblenz NJW 2003, 1401 (1402).

[269] Näher MünchKommBGB[5]/*Ulmer* § 705 Rn 72; aus der Rspr. nur BGHZ 112, 339 (341) = NJW 1991, 691.

[270] MünchKommBGB[5]/*Wagenitz* § 1822 Rn 28; Soergel/*Zimmermann*[13] § 1822 Rn 43; Heymann/*Emmerich* Rn 35a; MünchKommHGB/*K. Schmidt* Rn 159; *Michalski* OHG Rn 50.

[271] BGHZ 17, 160 (164 f) = NJW 1955, 1067; RGZ 122, 370 (372 f); OLG Karlsruhe NJW 1973, 1977; Soergel/*Zimmermann*[13] § 1822 Rn 20; MünchKommBGB[5]/*Ulmer* § 705 Rn 71; *Winkler* ZGR 1973, 202 f.

[272] So zutr. auch *Winkler* ZGR 1973, 204 f; Soergel/*Zimmermann*[13] § 1822 Rn 19; MünchKommHGB/*K. Schmidt* Rn 145; **aA** *Wiedemann* Übertragung, S. 246 f.

nach § 1830 BGB bis zur Erteilung der Genehmigung gilt Entsprechendes wie zu § 109 BGB (Rn 86 aE). Zur Genehmigungsbedürftigkeit des Erwerbs der Treugeberstellung im Fall der offenen Treuhand vgl. Rn 107 Fn 342.

Wenig Klarheit herrscht über die Frage, welche **Kriterien für die Erteilung der familiengerichtlichen Genehmigung** bestimmend sind.[273] Eindeutig ist, dass *Wohl und Interesse des Kindes* entscheiden[274]. Die Anwendung dieses Maßstabs führt jedoch nicht selten zu Schwierigkeiten, zumal das **Gesamtbild** der mit der Mitgliedschaft verbundenen Vor- und Nachteile zu zeichnen ist.[275] Neben Wertungsgesichtspunkten finanzieller (ggf. auch ideeller) Art sollen bei einer vernünftigen Abwägung der für das Kindesinteresse relevanten Umstände die Vermögensverhältnisse der gesetzlichen Vertreter und der Mitgesellschafter sowie Einschätzungen über deren fachliche und charakterliche Eignung zum Betrieb der Gesellschaft einfließen.[276] Haftungsrisiken oder die interne Verlustbeteiligung bilden für sich genommen keinen Ablehnungsgrund. Sie fallen jedoch um so stärker ins Gewicht, je größer das Geschäftsrisiko der Gesellschaft insgesamt ist, auf je längere Dauer die Beteiligung unkündbar ist und je geringere Mitspracherechte dem nicht voll Geschäftsfähigen bzw. seinem Vertreter zustehen.[277] Andererseits muss das Familiengericht auch die Rechtslage in Betracht ziehen, die sich für den nicht voll Geschäftsfähigen bei Nichtgenehmigung ergibt; die Erlangung der Haftungsbeschränkung als Kommanditist kann sich etwa als deutlich vorteilhaft gegenüber den Haftungsrisiken aus der Fortführung eines Handelsgeschäfts in ungeteilter Erbengemeinschaft erweisen[278]. Mit zu berücksichtigen sind auch offensichtliche Wirksamkeitsschranken des Gesellschaftsvertrags, insbes. Verstöße gegen §§ 134, 138 BGB.[279] Dagegen scheidet eine Berücksichtigung von Belangen des öffentlichen Interesses im Rahmen der Genehmigungsentscheidung aus[280]. Die Entscheidung des Familiengerichts ist eine Ermessensentscheidung[281]. 88

c) **Ehegatten.** Für die Beteiligung von Ehegatten an einer OHG (KG) bestehen **gesellschaftsrechtlich** keine Schranken; eine Ausnahme gilt für die – als solche ausgeschlossene – gesamthänderische Beteiligung von in Gütergemeinschaft lebenden Ehegatten (Rn 92, 101). Im Grundsatz unbedenklich ist auch die Gründung einer OHG (KG) zwischen Ehe- 89

273 Vgl. immerhin Palandt/*Diederichsen*[67] § 1828 Rn 8; Staudinger/*Engler* BGB (2004) § 1828 Rn 15 ff; MünchKommBGB[5]/*Wagenitz* § 1828 Rn 16 ff; Soergel/*Zimmermann*[13] § 1828 Rn 8 ff; *Haarländer* Die vormundschaftsgerichtliche Genehmigung nach § 1822 Nr. 3, 2. Alt. BGB, 1971; *Stöber* RPfleger 1968, 11 und die Rspr.-Nachw. in Fn 274.

274 So neben den Nachw. in Fn 273 auch BGH NJW 1986, 2829 (2830); BayObLG FamRZ 2003, 631; OLG Hamm FamRZ 2001, 373; BayObLGZ 1976, 281 ff = BB 1977, 669 und DB 1979, 2314 f; OLG Hamm BB 1983, 791.

275 Vgl. OLG Zweibrücken NJW-RR 2001, 145; OLG Hamm NJW-RR 2001, 1086; OLG Bremen NZG 1999, 588 = NJW-RR 1999, 876; sowie *Behnke* NJW 1998, 3078; *ders.* NZG 1999, 245; *Fortun* NJW 1999, 754.

276 BayObLGZ 1976, 281 (283 f); *Haarländer* (Fn 273), S. 89 f.

277 So in zutr. Abwägung OLG Hamm BB 1983, 791 (792).

278 Vgl. den Fall BGHZ 92, 259 ff = NJW 1985, 136 bei dem die Haftung der minderjährigen Erben durch die (an der Ablehnung des Vormundschaftsgerichts gescheiterten) Einbringung des Handelsgeschäfts in eine KG hätte vermieden werden können (dazu oben Rn 55 ff).

279 Staudinger/*Engler* BGB (2004) § 1828 Rn 13; MünchKommBGB[5]/*Wagenitz* § 1828 Rn 22; Soergel/*Zimmermann*[13] § 1828 Rn 10.

280 Soergel/*Zimmermann*[13] § 1828 Rn 9; MünchKommBGB[5]/*Wagenitz* § 1828 Rn 18.

281 HM, BGH NJW 1986, 2829 (2830); Palandt/*Diederichsen*[67] § 1828 Rn 8 mwN; **aA** MünchKommBGB[5]/*Wagenitz* § 1828 Rn 17.

gatten zum gemeinsamen Betrieb eines Handelsgewerbes[282]; Abgrenzungsprobleme treten hier im Unterschied zu konkludent vereinbarten Ehegatteninnengesellschaften[283] in aller Regel nicht auf. **Familienrechtlich** ist nach dem jeweiligen zwischen den Ehegatten geltenden Güterstand zu unterscheiden[284]. Aus der Sicht der Mitgesellschafter am unproblematischsten ist es, wenn verheiratete Gesellschafter mit ihrem Ehegatten Gütertrennung vereinbaren, da der Gesellschaft in diesem Fall Risiken weder im Hinblick auf einen Zugewinnausgleich bei Beendigung der Ehe[285] noch auch mit Rücksicht auf die Schranken des § 1365 BGB (Rn 90) drohen. Nicht selten finden sich daher Bestimmungen im Gesellschaftsvertrag, die den Gesellschaftern die Vereinbarung der Gütertrennung zur Pflicht machen und die Nichtbeachtung als Ausschlussgrund qualifizieren. Rechtliche Bedenken gegen die Wirksamkeit solcher Klauseln bestehen nicht.

90 Die Geltung des gesetzlichen Güterstands der **Zugewinngemeinschaft** (§§ 1363 ff BGB) lässt das Dispositionsrecht jedes Ehegatten über sein Vermögen und seine Fähigkeit, rechtsgeschäftliche Verpflichtungen einzugehen, im Grundsatz unberührt. Jeder Ehegatte kann sich daher ohne Mitwirkung des anderen an einer OHG (KG) beteiligen oder über den Anteil verfügen. Auch der Abschluss eines Gesellschaftsvertrags zwischen den Ehegatten begegnet keinen Bedenken. **Schranken** gelten nach **§ 1365 BGB** und der für seine Auslegung maßgeblichen „subjektiven Einzeltheorie"[286] nur dann, wenn die Gesellschaftsbeteiligung (bzw. der Gegenstand der Einlagepflicht) tatsächlich das *wesentliche Vermögen* des Ehegatten-Gesellschafters bildet und diese Vermögensverhältnisse den übrigen Gesellschaftern *bekannt* sind. Liegt diese doppelte Voraussetzung ausnahmsweise vor, so ist nach § 1365 Abs. 1 S. 1 und 2 BGB sowohl das Verpflichtungsgeschäft (der Beitrittsvertrag) als auch das Erfüllungsgeschäft (die Einbringung der Einlage in das Gesamthandsvermögen) ohne Einwilligung des anderen Ehegatten schwebend unwirksam[287]; lehnt dieser die Genehmigung ab, tritt endgültige Unwirksamkeit ein (vgl. näher § 1366 BGB; zu den Folgen für die in Vollzug gesetzte Gesellschaft vgl. Rn 342). Zur Anwendbarkeit von § 1365 BGB auf die Kündigungserklärung eines Ehegatten-Gesellschafters, dessen wesentliches Vermögen in der Gesellschaftsbeteiligung besteht, vgl. § 132 Rn 8.

91 Im Fall der ehevertraglichen Vereinbarung von **Gütertrennung** (§ 1414 BGB) bestehen familienrechtlich keine Besonderheiten für die Gesellschaftsbeteiligung. Die Eheschließung und deren Folgen wirken sich auf die Mitgliedschaft in der OHG oder KG nicht aus. Darauf beruht das Interesse der Mitgesellschafter daran, dass Gesellschafter im Fall ihrer Eheschließung diesen Güterstand vereinbaren (vgl. Rn 89 aE).

92 Schwierigkeiten bereitet die Gesellschaftsbeteiligung von Ehegatten, die im Güterstand der **Gütergemeinschaft** (§§ 1415 ff BGB) leben, soweit sie die Beteiligung nicht mit

[282] Zum Sonderfall einer OHG zwischen Ehegatten, die in Gütergemeinschaft leben, vgl. BGHZ 65, 79 (81) = NJW 1975, 1774 und unten Rn 90.

[283] Dazu vgl. näher MünchKommBGB[5]/*Ulmer* Vor § 705 Rn 73 ff; *Lipp* Die eherechtlichen Pflichten und ihre Verletzung, 1988, S. 119 ff.

[284] Vgl. Rn 88 bis 90. Zu etwaigen Schranken ausländischen Familienrechts bei Beteiligung von verheirateten Ausländern vgl. Staudinger/*Großfeld* IntGesR (1998) Rn 755 mN.

[285] Vgl. dazu und zur Möglichkeit des Risikoausschlusses etwa *Fasselt* Ausschluss von Zugewinnausgleichs- und Pflichtteilsansprüchen bei Beteiligungen an Familienunternehmen, DB 1982, 939.

[286] HM, vgl. näher MünchKommBGB[4]/*Koch* § 1365 Rn 11, 13 ff und 27 ff; Soergel/*H. Lange*[12] § 1365 Rn 9 ff jew. mwN.

[287] Kasuistik bei MünchKommBGB[4]/*Koch* § 1365 Rn 70 ff und Soergel/*H. Lange*[12] § 1365 Rn 52 ff; Staudinger/*Thiele* BGB (2007) § 1365 Rn 58 ff.

Mitteln des nicht gesamthänderisch gebundenen, ihrer selbständigen Verwaltung unterliegenden Vorbehaltsguts (§ 1418 BGB) eingehen. Die Schwierigkeiten beruhen auf dem Surrogationsprinzip des § 1416 Abs. 1 S. 2 BGB. Danach würde eine **Beteiligung mit Mitteln des Gesamtguts** grundsätzlich dazu führen, dass auch der Gesellschaftsanteil zum Gesamtgut gehört; dies ist aber unvereinbar mit der mangelnden Fähigkeit der Gütergemeinschaft, Gesellschafter einer OHG oder KG zu sein (Rn 101).[288] Sofern die Ehegatten nicht in der Form des § 1410 BGB die Beteiligung nach § 1418 Abs. 1 Nr. 1 BGB zum Vorbehaltsgut erklären, ist die Kollision zwischen Familien- und Gesellschaftsrecht daher so zu lösen, dass der Gesellschaftsanteil als *Sondergut* (§ 1417 BGB) behandelt, d.h. vom Gesellschafter selbständig gehalten und für Rechnung des Gesamtguts verwaltet wird[289]. Für diese Lösung spricht auch, dass die Umqualifizierung zu Sondergut nach § 1417 Abs. 2 BGB bereits kraft Gesetzes eintritt, wenn – wie meist – der Gesellschaftsanteil nicht ohne Zustimmung der Mitgesellschafter übertragbar ist. Mit Rücksicht auf die aus § 1417 BGB folgende Aussonderung des Gesellschaftsanteils aus dem Gesamtgut ist sogar der Abschluss eines Gesellschaftsvertrags zwischen in Gütergemeinschaft lebenden Ehegatten als einzigen Gesellschaftern möglich.[290] Bedenken gegen diese Lösung sind zwar unter Hinweis auf § 1410 BGB in der höchstrichterlichen Rechtsprechung geäußert worden.[291] Sie vermögen jedoch schon deshalb nicht zu überzeugen, weil die Umwandlung von Gesamtgut in Sondergut[292] nicht Gegenstand, sondern gesetzliche Folge der Gesellschaftsbeteiligung der Ehegatten ist.

2. Juristische Personen

a) **Grundsatz.** Die Fähigkeit juristischer Personen, Gesellschafter einer OHG oder KG 93
zu sein, ist seit vielen Jahrzehnten anerkannt. Die Entwicklung hierzu begann im Jahr 1912 mit der Anerkennung einer GmbH als Komplementärin einer KG (GmbH & Co. KG) durch das BayObLG (OLGE 27, 331) und der Bestätigung dieser Rechtsprechung im Jahr 1922 durch RGZ 105, 101[293]. Aufgrund der Einführung einer Reihe von **Sondervorschriften für die GmbH & Co. OHG/KG** seit 1976 hat die Beteiligung juristischer Personen an einer OHG oder KG inzwischen auch ihre gesetzliche Anerkennung gefunden, dies freilich in Verbindung mit verschärften Regelungen betr. Verkehrsschutz und

288 So auch MünchKommHGB/*K. Schmidt* Rn 105; s.a. BayObLG NZG 2003, 431 = NJW-RR 2003, 899; mit Anm. *Grziwotz* ZIP 2003, 848.

289 Vgl. insbes. *Reuter/Kunath* JuS 1977, 378 ff. So i.E. auch BGHZ 57, 123 (128) = NJW 1972, 48; BGH LM § 260 Nr. 1 BGB; RGZ 146, 282 (283); BayObLG DB 1981, 519 (520); Soergel/*Gaul*[12] § 1416 Rn 6; Erman/*Gamillscheg*[12] § 1417 Rn 2; Staudinger/*Thiele* BGB (2007) § 1408 Rn 24; MünchKommBGB[5]/*Ulmer* § 705 Rn 75; Baumbach/*Hopt* Rn 25; *Michalski* OHG Rn 53; *Gernhuber/Coester-Waltjen* FamR[5] § 38 Rn 16; i.E. auch MünchKommHGB/*K. Schmidt* Rn 105 („automatisches Sondergut"); **aA** (Zugehörigkeit zum Gesamtgut) noch BFH BB 1969, 571 (572); MünchKommBGB[4]/*Kanzleiter* § 1416 Rn 10; *Tiedtke* FamRZ 1975, 676 ff. – Das ist mit der fehlenden Eignung der Gütergemeinschaft, Gesellschafter zu sein, unvereinbar.

290 So auch *Lutter* AcP 161 (1962) 163 (170); *Beitzke* FamRZ 1975, 575; *Reuter/Kunath* JuS 1977, 376 (381); Soergel/*Hadding*[12] § 705 Rn 23 und i.E. (jedoch unter Zuordnung der Anteile zum Gesamtgut) *Tiedtke* FamRZ 1975, 675 (676 f); Gegenansicht in Fn 291.

291 BGHZ 65, 79 (82 ff) = NJW 1975, 1774; zust. *Schünemann* FamRZ 1976, 138; Gegenansicht vgl. in Fn 290.

292 Nicht aber in Vorbehaltsgut, wie der BGH (BGHZ 65, 79 [81]) zu Unrecht befürchtete.

293 Vgl. zur Entwicklung der GmbH & Co. KG näher Voraufl. § 161 Rn 29 ff (*Schilling*).

Haftung für diejenigen Gesellschaften, bei denen keine natürliche Person unbeschränkt für die Gesellschaftsverbindlichkeiten haftet (vgl. §§ 19 Abs. 2, 125a Abs. 1 S. 2, 130a, 172 Abs. 6, 177a).

94 b) **Arten.** Aus der Sicht des Personengesellschaftsrechts bestehen für die Zulassung juristischer Personen als Gesellschafter **keine Schranken.** Das gilt nicht nur für juristische Personen des *Privatrechts* (AG, KGaA, e.V., rechtsfähige Stiftung u.a.), sondern auch für juristische Personen des *öffentlichen Rechts*[294]. Für die Beteiligung einer **ausländischen** juristischen Person an einer inländischen OHG oder KG kommt es neben der nach deutschem internationalen Gesellschaftsrecht zu beurteilenden Anerkennung ihrer Rechtsfähigkeit im Inland auch darauf an, dass sie nach ihrem ausländischen Personalstatut fähig ist, sich an Gesellschaften nach Art der OHG oder KG zu beteiligen[295], was aber nicht bedeutet, dass das ausländische Recht deshalb eine Kapitalgesellschaft und Co. erlauben muss. Schon das BayObLG hatte deshalb mit Rücksicht auf die Grundfreiheiten des EG keine Bedenken, die Beteiligung einer *Private limited company* britischen Rechts als Komplementärin einer deutschen KG trotz der damit verbundenen Möglichkeit der Umgehung innerstaatlichen Rechts zuzulassen[296]. Berücksichtigt man die aktuelle Rechtsprechung des EuGH zur Niederlassungsfreiheit aus Artt. 43, 48 EG[297], so hat sich dies im Ansatz als vorausschauend erwiesen. Unabhängig davon, welche international-gesellschaftsrechtlichen Konsequenzen aus den EuGH-Judikaten im Einzelnen zu ziehen sind (dazu Vor § 105 Rn 27 ff, 30), ist jedenfalls die EU/EWR-ausländische und US-amerikanische Gesellschaft im Inland als wirksame juristische Person der jeweiligen ausländischen Rechtsform anzuerkennen. Freilich betrifft dies allein die Gesellschaftereigenschaft als solche. Eine andere, tendenziell zu verneinende Frage – des deutschen KG-Rechts – ist es nämlich, ob eine Gesellschaft ohne Gesellschafterhaftung und ohne Garantiekapital in einer KG komplementärfähig sein kann;[298] sie wird demnächst in Bezug auf den durch das MoMiG eingeführten GmbH-Subtypus der Unternehmergesellschaft (UG) erneut zu diskutieren sein.

95 c) **Vorgesellschaft.** Die Fähigkeit einer **Vor-GmbH,** sich an einer OHG oder KG zu beteiligen, war früher umstritten[299]. Die Frage stellte sich insbesondere im Hinblick auf die Gründung einer GmbH & Co. KG mit einer noch nicht im Handelsregister eingetra-

---

[294] RGZ 163, 142 (149); Soergel/*Hadding*[12] § 705 Rn 27; Röhricht/Graf v. Westphalen/*v. Gerkan*/*Haas* Rn 57. Hiervon unabhängig ist die Frage etwaiger Beteiligungsschranken nach öffentl. Organisationsrecht.

[295] Sog. besondere Rechtsfähigkeit, vgl. BayObLG WM 1986, 968 (970); *Ebenroth*/*Eyles* DB 1988, Beil. 2, S. 18 f; MünchKommBGB[4]/*Kindler* IntGesR Rn 548, 550; Staudinger/*Großfeld* IntGesR (1998) Rn 303 ff, jew. mwN. Allg. zur Anerkennung ausländischer jur. Personen im Inland vgl. MünchKommBGB[4]/*Kindler* aaO Rn 296 ff; Staudinger/*Großfeld* IntGesR (1998) Rn 162 ff.

[296] BayObLG WM 1986, 968 (970); dazu krit. *Großfeld* IPrax 1986, 351 ff; *Ebke* ZGR 1987, 245 ff; *Ebenroth*/*Eyles* (Fn 295), S. 16 ff. Für Zulassung ausländischer jur. Personen als Komplementäre einer inländischen KG auch schon *Bokelmann* BB 1972, 1426.

[297] EuGH NJW 1999, 2027 – *Centros*; NJW 2002, 3614 – *Überseering*; NJW 2003, 3331; weit. Nachw. Vor § 105 Rn 30.

[298] So zu Recht MünchKommHGB/*K. Schmidt* Rn 89; kritisch zur Komplementärfähigkeit der Ltd. außer den in Fn 296 Genannten und *K. Schmidt* aaO auch Ebenroth/*Boujong*/Joost HGB[1] Rn 98; Röhricht/Graf v. Westphalen/*v.Gerkan*/*Haas* Rn 59; *Westermann* Handbuch Rn I 163b; *Süß* GmbHR 2005, 673; *Werner* GmbHR 2005, 288.

[299] Vgl. Nachw. bei *Ulmer*/Habersack/Winter GmbHG § 11 Rn 160 Fn 347, 349; s.a. Voraufl. Rn 93 (*Ulmer*).

genen (Vor-)GmbH als Komplementärin. Durch das Grundsatzurteil BGHZ 80, 129 (132 ff, 143) = NJW 1981, 1373 wurde die Komplementärfähigkeit der Vor-GmbH unter einhelliger Zustimmung der Lit. zum GmbH-Recht[300] anerkannt. Voraussetzung für die Wirksamkeit der Beteiligung ist allerdings, dass die GmbH-Gründer dem Geschäftsführer eine über die notwendigen Gründungsgeschäfte hinausgehende, erweiterte Vertretungsmacht eingeräumt haben[301]. Wird die GmbH im Handelsregister eingetragen, so geht das Vermögen der Vor-GmbH im Wege der Gesamtrechtsnachfolge auf sie über. Damit erwirbt sie auch die Beteiligung an der OHG oder KG. Entsprechende Grundsätze gelten für die **Vor-AG**[302] und andere im Entstehen begriffene juristische Personen vergleichbarer Struktur, falls bei ihnen die Beteiligung an einer OHG oder KG ausnahmsweise praktisch wird.

3. Gesamthandsgemeinschaften

a) **OHG und KG.** Die Zulässigkeit der Beteiligung einer Personenhandelsgesellschaft **96**
(OHG oder KG) an einer anderen OHG oder KG wurde in der Rechtsprechung der Instanzgerichte auch nach Inkrafttreten des HGB lange Zeit verneint, während das Reichsgericht und zunächst auch der Bundesgerichtshof keine Gelegenheit zu einer Stellungnahme hatten[303]. Der ablehnende Standpunkt war schwer verständlich angesichts der in § 124 zum Ausdruck kommenden Verselbständigung der OHG (KG) gegenüber ihren Mitgliedern, aber auch angesichts der Zulassung der OHG (KG) als Gesellschafter einer GbR[304]; er stieß bei der im Schrifttum hM zu Recht auf Widerspruch[305]. Der Streit hat spätestens dadurch seine Erledigung gefunden, dass der **Gesetzgeber** im Zuge der Einführung der Sondervorschriften für die GmbH & Co. OHG/KG in das HGB (vgl. Rn 93), aber auch in § 4 Abs. 1 MitbestG die Existenz der „doppelstöckigen" OHG oder KG ausdrücklich **anerkannt** hat[306]. Haftungsrechtliche Bedenken gegen derartige

---

[300] Vgl. nur *Ulmer*/Habersack/Winter GmbHG § 11 Rn 160; Baumbach/*Hueck*/*Fastrich* GmbHG[18] § 11 Rn 70; Scholz/*K. Schmidt* GmbHG[10] § 11 Rn 162 mwN; ebenso auch die HGB-Kommentare, s. nur MünchKommHGB/*K. Schmidt* Rn 86; Ebenroth/*Boujong*/Joost/Strohn/*Wertenbruch* Rn 94; Baumbach/*Hopt* Rn 23.

[301] Vgl. näher *Ulmer*/Habersack/Winter GmbHG § 11 Rn 66, 68 ff, 122; Baumbach/*Hueck*/*Fastirch* GmbHG[18] § 11 Rn 70; **aA** Scholz/*K. Schmidt* GmbHG[10] § 11 Rn 26, 63 f, 162.

[302] Vgl. dazu GroßkommAktG/*Röhricht*[4] § 29 Rn 5; KölnerKomm-AktG[2]/*Kraft* § 41 Rn 18 ff, 35 ff; MünchKommAktG[3]/*Pentz* § 41 Rn 52.

[303] Vgl. die Rspr.-Nachw. in 3. Aufl. Rn 27 (*Rob. Fischer*). Abw. dann – wohl erstmals – OLG Stuttgart DR 1944, 575; LG Göttingen NJW 1949, 789 f und LG Lüneburg BB 1971, 1076. In BGH GmbHR 1973, 263 und NJW 1973, 2198 hatte dann auch der BGH mit Fällen einer doppelstöckigen KG zu tun, ohne ihre Zulässigkeit in Frage zu stellen.

[304] Vgl. RGZ 136, 236 (240); 142, 13 (21); **aA** wohl (obiter) BGHZ 46, 291 (296) = NJW 1967, 826.

[305] Vgl. schon *Düringer*/*Hachenburg*/*Flechtheim* Anm. 22; *Wieland* I, S. 837; *Boesebeck* Die kapitalistische KG, 1938, S. 78; *Geiler* JW 1924, 1113. Heute einhM, vgl. nur *A. Hueck* OHG, § 2 I 3a, S. 22; MünchKommHGB/*K. Schmidt* Rn 92 f; Röhricht/Graf v. Westphalen/*v. Gerkan*/*Haas* Rn 62.

[306] Vgl. die Formulierungen in §§ 19 Abs. 5 S. 2, 125a Abs. 1 S. 3 u.a., die solche OHG/KG von der Anwendung der Sondervorschriften für die GmbH & Co. OHG/KG ausnehmen, zu deren persönlich haftenden Gesellschaftern eine andere OHG/KG mit einer natürlichen Person als persönlich haftender Gesellschafter gehört, sowie die Zurechnungsvorschriften des § 4 Abs. 1 S. 2 und 3 MitbestG.

Gestaltungen bestehen nicht[307]. Auch der Umstand, dass der Rechtsverkehr sich im Fall der Mitgliedschaft einer OHG/KG bei einer anderen Gesellschaft Kenntnis über die dahinterstehenden Gesellschafter durch Einblick in das Handelsregister auch jener Gesellschaft verschaffen muss, bildet ebenso wie im Fall juristischer Personen als Gesellschafter einer OHG/KG kein ernstliches Hindernis. Soweit sich mit der Konstruktion der doppelstöckigen OHG oder KG wegen des mehrstufigen Willensbildungsprozesses und der Möglichkeit eines von der (Unter-)Gesellschaft nicht kontrollierten Mitgliederwechsels bei der beteiligten OHG/KG Schwierigkeiten für das *Innenverhältnis* der (Unter-)Gesellschaft verbinden, ist es Sache der Mitgesellschafter dieser Gesellschaft, auf eine geeignete Ausgestaltung des Gesellschaftsvertrags hinzuwirken. Zu mehrstufigen Unternehmensverbindungen im Konzernrecht der Personengesellschaften vgl. Anh. § 105 Rn 51 f.

97 Eine Einschränkung erfährt der in Rn 96 dargelegte Grundsatz allerdings dadurch, dass die Rechtsnatur der OHG/KG als auf einem Schuldvertrag beruhende Gesamthand (Rn 16, 38 f) den **Erwerb eigener Anteile** durch die OHG/KG **ausschließt:** diese kann nicht Vertragspartner des ihre Grundlage bildenden Gesellschaftsvertrags sein. Die „Übertragung" des Gesellschaftsanteils an die OHG/KG führt zum Wegfall der Mitgliedschaft unter Ausscheiden des Veräußerers und Anwachsung des Gesamthandsvermögens bei den verbleibenden Gesellschaftern. Parallelen zur Figur des Erwerbs eigener Anteile im Kapitalgesellschaftsrecht (§§ 71 AktG, 33 GmbHG) scheitern an der unterschiedlichen Rechtsnatur von juristischer Person und gesellschaftsrechtlicher Gesamthand. Wohl aber ist es konstruktiv möglich, dass Personenhandelsgesellschaften sich aneinander **wechselseitig beteiligen,** d.h. dass die OHG/KG A auch ihrerseits Gesellschafter der an ihr beteiligten OHG/KG B wird. Eine Grenze bildet insoweit nur das Erfordernis von mindestens je *zwei* Gesellschaftern für den Bestand der OHG/KG (Rn 70); es schließt eine wechselseitige Beteiligung zu je 100 % aus.

98 **b) Gesellschaft bürgerlichen Rechts.** Wurde früher die Fähigkeit einer GbR, Gesellschafter einer OHG oder KG zu werden, von der ganz hM abgelehnt[308], ist mittlerweile die Kommanditisten-Fähigkeit einer Außen-GbR außer Zweifel. Sie wurde zunächst durch den BGH,[309] und im Anschluss an seine Rechtsprechung durch das Gesetz in **§ 162 Abs. 1 S. 2** ausdrücklich anerkannt. Das Problem der fehlenden Handelregisterpublizität der GbR, die auch ihrer Kommandisteneigenschaft nach früher hM entgegenstand (Voraufl. Rn 96 [*Ulmer*]), regelt § 162 Abs. 1 S. 2 jetzt dahin, dass bei einer GbR nicht nur diese selbst, sondern auch ihre Gesellschafter (in jeweils aktueller Zusammensetzung) einzutragen sind. Nach wie vor **offen** ist indessen, ob eine GbR auch **persönlich haftende Gesellschafterin** einer OHG oder KG sein kann[310]. Die Frage ist mit der inzwischen wohl hM zu

---

307 Anders noch *Pfander* DB 1969, 823 (824 f) unter Hinweis auf die Möglichkeit, dass sich an den zwei (oder mehr) verschachtelten OHG/KG ganz oder teilweise dieselben Personen beteiligen und die Gläubiger daher jeweils nur auf dieselben Vermögensmassen zugreifen können.

308 Nachw. in Voraufl. Rn 96 (*Ulmer*).

309 BGHZ 148, 291 (293) = NJW 2001, 3121.

310 Dafür: LG Berlin BB 2003, 1351 ff; *Bergmann* ZIP 2003, 2331 ff; Baumbach/*Hopt* Rn 28; Röhricht/Graf v. Westphalen/*v. Gerkan*/*Haas* Rn 64; *K. Schmidt* Gesellschaftsrecht § 46 I 1b, S. 1356 f; MünchKommHGB/*K. Schmidt* Rn 99; *R. Schmidt*/*Bierly* NJW 2004, 1210 ff; *Wälzholz* DStR 2003, 1585; Ebenroth/Boujong/Joost/Strohn/*Wertenbruch* Rn 97; Erman/*Westermann*[12] § 705 Rn 21; *Westermann* Handbuch Rn I 166; *Wiedemann* Gesellschaftsrecht Bd. II, § 7 III 2c, S. 650; *ders.* JZ 2001, 661 (663); aA: *Koller*/Roth/Morck Rn 19; *Michalski* OHG Rn 56; MünchKommBGB[5]/*Ulmer* § 705 Rn 317; *ders.* ZIP 2001, 585 (596). Offenlassend: Soergel/*Hadding*[12] § 718 Rn 6.

bejahen. Nachdem BGHZ 146, 341 die Gesellschafterhaftung in der als rechtsfähig anerkannten Außen-GbR auf eine Analogie zu § 128 gestützt und BGHZ 154, 370 die Haftung ausdrücklich auf Altverbindlichkeiten (§ 130) erstreckt hat, greifen auf mangelnde Haftungskongruenz zwischen GbR und OHG gestützte Bedenken nicht mehr durch[311]. Aber auch die fehlende Registerpublizität der GbR sollte heute kein unüberwindliches Problem mehr darstellen.[312] Nicht nur sind analog § 162 Abs. 1 S. 2 die aktuellen OHG-Gesellschafter im Register anzumelden;[313] entsprechend §§ 106 Abs. 2 Nr. 4, 107 ist die Eintragungspflicht vielmehr auf die Vertretungsverhältnisse in der GbR zu erstrecken, damit aus dem Register hervorgeht, welche Gesellschafter vertretungsberechtigt sind[314]. Auf diese Weise lässt sich die gegenüber der KG zusätzlich bestehende, von § 161 Abs. 1 S. 2 wegen § 170 nicht zu bedenkende Publizitätslücke wirksam schließen. Dass der Gesetzgeber sich mit § 161 Abs. 1 S. 2 zunächst darauf beschränkt hat, den schon erreichten Stand der Rechtsprechung in Gesetzesform zu gießen, rechtfertigt im Übrigen keinen Umkehrschluss.

c) **„Nichtrechtsfähiger“ (nicht eingetragener) Verein.** Auch dem nicht eingetragenen **99**
Verein versagte die früher hM wegen der fehlenden Registerpublizität die Fähigkeit, Mitglied einer OHG oder KG zu sein[315]. Mittlerweile mehren sich jedoch die Stimmen, die parallel zu der Entwicklung bei der GbR (Rn 98) und unter Hinweis auf das von § 54 BGB zur Anwendung berufene Recht der GbR[316] den „nichtrechtsfähigen“, in Wahrheit wie die GbR rechtsfähigen Verein als **tauglichen Gesellschafter** einer Personenhandelsgesellschaft ansehen[317]. Dem ist im Ansatz zu folgen: Probleme bereitet zwar auch hier die mangelnde Publizität des nicht eingetragenen Vereins.[318] Sie lassen sich aber im Prinzip ebenso lösen wie bei der GbR (Rn 98), namentlich durch Eintragung der jeweils aktuellen Vereinsmitglieder wie auch der Vertretungsverhältnisse im Handelsregister. Dies ist freilich vor allem für größere Vereine praktisch mit erheblichen Schwierigkeiten verbunden und wäre überdies nur zu akzeptieren, wenn alle Mitglieder für die sich aus der Gesellschafterhaftung ergebenden Verbindlichkeiten ohne Rücksicht auf sonst bestehende Haftungsbeschränkungen persönlich einzustehen hätten.[319] Deshalb dürfte die

---

311 Insoweit übereinstimmend MünchKommBGB[5]/*Ulmer* § 705 Rn 317; anders noch Heymann/*Emmerich* Rn 46; *Westermann* Handbuch Rn I 166.

312 Ausführlich MünchKommHGB/*K. Schmidt* Rn 100, 102.

313 Ebenso LG Berlin 2003, 1351 (1352); Baumbach/*Hopt* Rn 28; MünchKommHGB/*K. Schmidt* Rn 99; **aA** *Wiedemann* Gesellschaftsrecht Bd. II, § 7 III 2c, S. 650 (wg. eines Umkehrschlusses zu § 161 Abs. 1 S. 2).

314 Ebenso MünchKommHGB/*K. Schmidt* Rn 102; *Bergmann* ZIP 2003, 2231 (2237); anders aber Soergel/*Hadding*[12] § 718 Rn 6; MünchKommBGB[5]/*Ulmer* § 705 Rn 317 aE (wg. verbleibender Unklarheiten für den Rechtsverkehr).

315 Nachweise in Voraufl. Rn 96 (*Ulmer*).

316 MünchKommHGB/*K. Schmidt* Rn 87; Ebenroth/Boujong/Joost/Strohn/*Wertenbruch* Rn 98.

317 Röhricht/Graf v. Westphalen/*v. Gerkan*/*Haas* Rn 65; Baumbach/*Hopt* Rn 28; Ebenroth/Boujong/Joost/Strohn/*Wertenbruch* Rn 98; MünchKommHGB/*K. Schmidt* Rn 87 (mit Einschränkung für Großvereine); **aA** *Koller*/Roth/Morck Rn 19; MünchKommBGB[5]/*Ulmer* § 705 Rn 80; *Westermann* Handbuch Rn I 167.

318 Vgl. *Westermann* Handbuch Rn I 167 und MünchKommHGB/*K. Schmidt* Rn 87, der die Zusammenfassung der Mitglieder unter dem Namen des Vereins bei Großvereinen (Gewerkschaften und Parteien) als möglich erachtet (dazu auch MünchKommBGB[5]/*Ulmer* § 705 Rn 80). **AA** unter Verweis auf Publikumspersonengesellschaften Baumbach/*Hopt* Rn 28.

319 MünchKommHGB/*K. Schmidt* Rn 87; die für Idealvereine grundsätzlich anzuerkennende Beschränkung der Gesellschafterhaftung (MünchKommBGB[5]/*Ulmer*/*C. Schäfer* § 714 Rn 60) könnte also insoweit keine Geltung beanspruchen.

Frage auch künftig kaum praktische Relevanz gewinnen. Soweit Großvereine (Gewerkschaften u.a.) am Erwerb der Mitgliedschaft interessiert sind, können sie für diese Zwecke einen Treuhänder einschalten. Irgendwelche Abstriche an der erforderlichen Registerpublizität sind deshalb nicht veranlasst.[320]

100 d) **Erbengemeinschaft.** Eine Erbengemeinschaft kann nach std. Rspr. und im Schrifttum ganz hM **nicht** Gesellschafter einer **werbenden OHG/KG** sein[321]. Als Hinderungsgründe werden die auf Auseinandersetzung gerichtete Struktur der Erbengemeinschaft (§ 2042 Abs. 2 BGB), das Verfügungsrecht der Mitglieder über ihren Erbanteil (§ 2033 Abs. 1 BGB) sowie die bis zur Auseinandersetzung bestehende Haftungsbeschränkung der Miterben auf den Nachlass (§ 2059 Abs. 1 BGB) genannt: Sie seien unvereinbar mit der Struktur der OHG/KG als einer auf persönlichen Zusammenschluss gegründeten Arbeits- und Haftungsgemeinschaft. Auf diesen Gründen beruht die von der Rechtsprechung in Abweichung von § 2032 BGB seit rund 100 Jahren anerkannte **Sondervererbung** eines vererblich gestellten Gesellschaftsanteils unmittelbar an den oder die nachfolgeberechtigten Erben persönlich (§ 139 Rn 45). Angesichts dieser wohl etablierten höchstrichterlichen Rechtsfortbildung besteht einstweilen kein Anlass, ihre Prämissen in Frage zu stellen, auch wenn die Sondererbfolge in Kommanditanteile nach dem heute erreichten Stand nicht unzweifelhaft erscheint. Anderes gilt schon seit jeher wg. § 146 Abs. 1 S. 2 für die durch den Tod aufgelöste Gesellschaft (§ 139 Rn 6). – Zur davon zu unterscheidenden Fortführung eines ererbten Handelsgeschäfts durch die Erbengemeinschaft vgl. Rn 58 ff.

101 e) **Eheliche Gütergemeinschaft.** Für die eheliche Gütergemeinschaft gelten nach hM entsprechende Grundsätze wie für die Erbengemeinschaft (Rn 100): auch sie (bzw. die Ehegatten als Gesamthänder) kann als solche nicht Gesellschafterin einer OHG/KG sein[322]. Das schließt die Beteiligung von in Gütergemeinschaft lebenden Ehegatten an einer OHG/KG, ja sogar die Gründung einer OHG/KG ausschließlich zwischen ihnen, zwar nicht aus[323]. Jedoch fällt der Gesellschaftsanteil nicht in das Gesamtgut, sondern wird zum Sondergut des (der) beteiligten Ehegatten (§ 1417 BGB), soweit er im Ehevertrag nicht zum Vorbehaltsgut (§ 1418 BGB) erklärt oder mit Mitteln des Vorbehaltsguts erworben worden ist (vgl. näher Rn 92).

---

320 Erwogen für Großvereine bei MünchKommHGB/*K. Schmidt* Rn 87 aE.

321 So schon RGZ 16, 40 (56); vgl. weiter BGHZ 22, 186 (192) = NJW 1957, 180; BGHZ 68, 225 (237) = NJW 1977, 1339; auch § 139 Rn 45.

322 So auch *A. Hueck* OHG, § 2 I 3d, S. 24; *Westermann* Handbuch Rn I 168; *Wiedemann* Übertragung, S. 205 ff; MünchKommHGB/*K. Schmidt* Rn 105; eingehend *Reuter/Kunath* JuS 1977, 376 (380). Unklar BayObLG DB 1981, 519 (520) (gegen Gesellschafterbeteiligung, aber für Zuordnung eines übertragbaren Anteils zum Gesamtgut) sowie diejenigen Autoren, die sich für Zugehörigkeit des Anteils zum Gesamtgut aussprechen (Nachw. in Fn 289 aE).

323 AA BGHZ 65, 79 (81) = NJW 1975, 1774; vgl. dagegen Rn 90 und Fn 290, 291.

III. Sonderfälle

1. Treuhand

Schrifttum

Armbrüster Die treuhänderische Beteiligung an Gesellschaften (2001); *Bälz* Treuhandkommanditist, Treuhänder der Kommanditisten und Anlegerschutz – Für eine organschaftliche Publikumstreuhand, ZGR 1980, 1; *Beuthien* Treuhand an Gesellschaftsanteilen, ZGR 1974, 26; *Blaurock* Unterbeteiligung und Treuhand an Gesellschaftsanteilen (1981); *Coing* Die Treuhand kraft privaten Rechtsgeschäfts (1973); *Eden* Treuhandschaft an Unternehmen und Unternehmensanteilen[2] (1989); *John* Die treuhänderische Übertragung von Anteilen an einer handelsrechtlichen Personengesellschaft, in: *Hadding/U. H. Schneider* (Hrsg.) Gesellschaftsanteile als Kreditsicherheit (1979), S. 83; *Kapitza* Die Rechtsstellung der Treugeber in geschlossenen Immobilienfonds in der Form der kupierten Publikumskommanditgesellschaft (1995); *Kötz* Trust und Treuhand (1963); *Kraft* Beendigung des Treuhandverhältnisses bei der treuhänderisch organisierten Publikums-KG – Besprechung der Entscheidung BGHZ 73, 294, ZGR 1980, 399; *Kümmerlein* Erscheinungsformen und Probleme der Verwaltungstreuhand bei Personenhandelsgesellschaften (1971); *Markwardt* Rechtsgeschäftliche Treuhandverhältnisse bei Personengesellschaften (1973); *Maulbetsch* Beirat und Treuhand in der Publikumspersonengesellschaft (1984); *ders.* Die Unabhängigkeit des Treuhandkommanditisten von der Geschäftsführung bei der Publikums-Personengesellschaft, DB 1984, 2232; *Mathews/Liebich* Treuhand und Treuhänder in Recht und Wirtschaft[2] (1983); *Waltraud Müller* Die Sicherungsübertragung von Anteilen an Personengesellschaften (1968); *Tebben* Unterbeteiligung und Treuhand an Gesellschaftsanteilen (1999); *ders.* Die qualifizierte Treuhand im Personengesellschaftsrecht, ZGR 2001, 586; *Ulmer* Zur Treuhand an GmbH-Anteilen, FS Odersky (1996), S. 873; *Vossius* Sicherungsgeschäfte bei der Übertragung von Gesellschaftsanteilen, BB 1988, Beil. 5; *Wank* Missbrauch der Treuhandstellung und der Vertretungsmacht, JuS 1979, 402; *Hans-Jürgen Wolff* Der Treuhänderkommanditist (1966).

a) **Vorkommen, Arten.** Treuhandverhältnisse sind – in der Form der fiduziarischen Vollrechtstreuhand[324] – bei Gesellschaftsanteilen einer OHG oder KG nicht selten anzutreffen.[325] Entsprechend umfangreich ist die Literatur zur gesellschaftsrechtlichen Treuhand.[326] Für die Vereinbarung einer Treuhand kann es eine **Vielzahl von Gründen** geben, angefangen von der Nichtoffenlegung der Berechtigung des Treugebers als des wirtschaftlich Beteiligten über die Ausübung der Gesellschafterrechte durch einen Dritten (Testamentsvollstrecker u.a., vgl. Erl. zu § 139) anstelle des „wahren" Inhabers bis hin zu Vereinfachungszwecken wie im Fall des einheitlichen Treuhänders für zahlreiche Treugeber bei der Publikums-KG (vgl. Voraufl. Anh. § 161 Rn 3 [*Schilling*]). Insoweit handelt es sich jeweils um Fälle einer fremdnützigen oder *Verwaltungstreuhand*. Von ihr unterscheidet sich die ebenfalls nicht selten vorkommende eigennützige oder *Sicherungstreuhand*, bei der der Treugeber den Gesellschaftsanteil zur Absicherung eines Kredits oder **102**

[324] Im Unterschied zur Ermächtigungs- und zur Vollmachtstreuhand, bei denen die dingliche Berechtigung (= Mitgliedschaft) beim Treugeber verbleibt. Vgl. MünchKommBGB[5]/*Schramm* Vor § 164 Rn 31; *Coing* Treuhand kraft privaten Rechtsgeschäfts, 1973, S. 88 ff; *Beuthien* ZGR 1974, 29; *Blaurock* Unterbeteiligung und Treuhand an Gesellschaftsanteilen, 1981, S. 123; MünchKommHGB/*K. Schmidt* Vor § 230 Rn 35. Den Fall einer – wegen „Selbstentmündigung" des Treugebers nach § 138 BGB nichtigen – Ermächtigungstreuhand behandelt BGHZ 44, 158 (161) = NJW 1965, 2147.

[325] Vgl. nur *Armbrüster* S. 49 ff; *Wiesner* FS Ulmer, 2003, S. 673 ff.

[326] Vgl. außer den Literatur-Angaben vor Rn 101 insbes. auch MünchKommHGB/*K. Schmidt* Vor § 230 Rn 33.

sonstiger Verbindlichkeiten auf ein Kreditinstitut o.Ä. als Treuhänder überträgt[327]. Zur Abgrenzung von Treuhand und Unterbeteiligung und zu den Parallelen zwischen beiden Instituten vgl. Rn 110.

103 Aus gesellschaftsrechtlicher Sicht ist wesentlich, dass die **Mitgliedschaftsrechte und -pflichten** grundsätzlich den **Treuhänder** als (formalen) Inhaber des Gesellschaftsanteils betreffen. Das gilt jedenfalls für die Fälle der *verdeckten* Treuhand, in denen die Treuhandbeziehung – meist ein Auftrag oder Geschäftsbesorgungsvertrag (§§ 662, 675 BGB)[328] – sich auf das Innenverhältnis zwischen Treuhänder und Treugeber beschränkt, während ein unmittelbares Rechtsverhältnis des Treugebers zur Gesellschaft nicht besteht (vgl. Rn 104 ff). Demgegenüber kann bei der *offenen*, im Gesellschaftsvertrag zugelassenen oder mit Zustimmung der Mitgesellschafter eingegangenen Treuhand nach außen neben dem Treuhänder als Gesellschafter auch der Treugeber in Erscheinung treten; er ist ggf. im Handelsregister einzutragen (str., vgl. § 106 Rn 16). Dementsprechend finden sich in diesen Fällen nicht selten Gestaltungen, die dem Treugeber eigene Mitspracherechte in der Gesellschaft einräumen und ihn auf diese Weise in den Gesellschaftsverband einbeziehen (vgl. näher Rn 107 f). Demgegenüber **lehnt die hM** eine **persönliche (Außen-) Haftung** des Treugebers für Gesellschaftsschulden nach §§ 128, 171 mit Rücksicht auf die Haftung des Treuhänders auch bei der offenen Treuhand zu Recht **ab** und verweist auf Regressansprüche des Treuhänders gegen den Treugeber aus §§ 675, 670 BGB, auf welche die Gläubiger ggf. zugreifen können.[329]

104 b) **Verdeckte Treuhand.** Den Regelfall der fiduziarischen Vollrechtstreuhand bildet die sog. verdeckte Treuhand, die vom Treuhänder nicht offengelegt oder jedenfalls ohne Zustimmung der Mitgesellschafter eingegangen ist. Insoweit bewendet es bei dem in Rn 103 betonten Grundsatz, wonach gegenüber Gesellschaft und Mitgesellschaftern aus dem Anteil berechtigt und verpflichtet nur der Treuhänder ist, nicht aber der Treugeber oder Hintermann[330]. Die **Eingehung des Treuhandverhältnisses** begründet nur obligatorische Bindungen zwischen Treugeber und Treuhänder; sie gewährt dem Treugeber keine unmittelbar gegenüber der Gesellschaft wirkenden Rechte (Rn 105). War der Treuhänder schon bisher Gesellschafter und unterwirft er sich nunmehr unter Fortbestand der Mit-

---

[327] Näheres zur Sicherungstreuhand an Gesellschaftsanteilen von Personengesellschaften in den Beiträgen von *John, Pick, Rümker, U. Wagner* im Sammelband von *Hadding/Schneider* (Hrsg.) Gesellschaftsanteile als Kreditsicherheit, 1979; ferner *Eden* Treuhandschaft an Unternehmen und Unternehmensanteilen, 1989, S. 285 ff; *Armbrüster* S. 42 ff; *W. Müller* und *Vossius* BB 1988 Beil. 5; aus der Rspr. etwa BGHZ 77, 392 = NJW 1980, 2708.

[328] Zum Inhalt des Treuhandvertrags vgl. näher MünchKommHGB/*K. Schmidt* Vor § 230 Rn 51 m.N.

[329] BGHZ 178, 271 = ZIP 2008, 2354 (2355 f; XI. Senat); für PublikumsGbR, in der richtigerweise aber auch den Treuhänder keine Haftung trifft, vgl. MünchKommBGB[5]/*Ulmer/C. Schäfer* § 714 Rn 62 ff; bestätigt von BGH DB 2009, 1397 (1398); MünchKommHGB/*K. Schmidt* Vor § 230 Rn 60; Baumbach/*Hopt* Rn 34; *Tebben* ZGR 2001, 586, (612 f); *Wiesner* FS Ulmer, 2003, 673 (677 f); *Weipert* ZHR 157 (1993), 513 (515); **aA** noch Voraufl. Rn 102 (*Ulmer*); *Schiemann* FS Zöllner, 1998, S. 503 (511); *Kindler* ZIP 2009, 1146 (1147); *ders.* FS K. Schmidt, 2009, S, 871 ff (allerdings mit der Begründung, dass der Treugeber bei Einräumung gesellschaftlicher Rechte selbst zum Gesellschafter werde).

[330] Ganz hM, vgl. BGHZ 3, 354 (360) = NJW 1952, 178; BGHZ 32, 17 (29) = NJW 1960, 866; RGZ 138, 106 (108); 159, 272 (281); *Beuthien* ZGR 1974, 47 ff; MünchKommHGB/*K. Schmidt* Vor § 230 Rn 43 und 57; Ebenroth/Boujong/Joost/Strohn/*Wertenbruch* Rn 108.

gliedschaft einer Treuhandbeziehung, so bedarf sie nicht der Zulassung durch die Mitgesellschafter[331]. Die verbreitet anzutreffende Gegenansicht[332] ist wenig praktikabel, da die Durchsetzung des Erfordernisses einer besonderen Zulassung meist schon an der mangelnden Offenlegung der Treuhand scheitern dürfte. Sie setzt sich aber auch dem Einwand aus, nicht hinreichend zwischen den verschiedenen Vertragsbeziehungen zu unterscheiden und die Unwirksamkeit des Treuhandvertrages aus einem Rechtsverhältnis zu Dritten (dem Gesellschaftsvertrag) abzuleiten. Daran ändert auch der Umstand nichts, dass Gegenstand der Treuhand der Gesellschaftsanteil einschließlich der damit verbundenen Verpflichtungen ist[333]; er führt nicht etwa zur Erstreckung dieser Pflichten auf den Treugeber oder zur Einschränkung der Verpflichtungsfähigkeit des Treuhänders gegenüber Dritten. Wohl aber sind Schadensersatzansprüche der Gesellschaft gegen den Treuhänder wegen Treupflichtverletzung denkbar, wenn nach Lage des Falles eine Interessenkollision zwischen Treugeber und Gesellschaft unvermeidlich ist, etwa wegen eines bestehenden Konkurrenzverhältnisses[334]. Sittenwidrigkeit des Treuhandvertrages kommt nach § 138 BGB nur in den seltenen Fällen eines kollusiven Zusammenwirkens zwischen Treuhänder und Treugeber zum Schaden der Mitgesellschafter oder der Verleitung des Gesellschafter-Treuhänders durch den Treugeber zum Vertragsbruch in Betracht[335].

Der strikten Trennung zwischen Gesellschaft und Treuhandvertrag bei der verdeckten Treuhand entspricht das Fehlen unmittelbarer Beziehungen des Treugebers gegenüber der Gesellschaft. Für die **Rechtsstellung des Treugebers** ist kennzeichnend, dass ihm Einwirkungen auf die Gesellschaft nur auf dem Weg über den Treuhänder möglich sind; ihre Durchsetzung wird begrenzt durch die für den Treuhänder geltenden, geschriebenen und ungeschriebenen gesellschaftsrechtlichen Schranken[336]. Demgemäß ist eine ohne Zulassung durch die Mitgesellschafter eingegangene uneingeschränkte **Stimmbindung** des Treuhänders unwirksam[337]; sie kann nicht nach § 894 ZPO vollstreckt werden. **Auskunfts- und Rechenschaftsansprüche** stehen dem Treugeber nur gegen den Treuhänder zu, und auch das nur, soweit nicht das vorrangige Geheimhaltungsinteresse der Gesell- **105**

[331] So auch *Armbrüster* S. 117 ff, 121; *Beuthien* ZGR 1974, 39; *Markwardt* S. 46 f; *Tebben* S. 236 ff, 241; *Koller*/Roth/Morck Rn 20; MünchKommBGB[5]/*Ulmer* § 705 Rn 88; Gegenansicht vgl. in Fn 332. – Zur Zustimmungsbedürftigkeit der treuhänderischen Abtretung vgl. BGHZ 24, 106 (114) = NJW 1957, 1026.

[332] So *Blaurock* S. 153; Heymann/*Emmerich* Rn 50; MünchKommHGB/*K. Schmidt* Vor § 230 Rn 54; *Kümmerlein* S. 30 f und die im GmbH-Recht für den Fall der Genehmigungsbedürftigkeit der Anteilsübertragung hM (vgl. Ulmer/Habersack *Winter*/*Löbbe* GmbHG § 15 Rn 212; *Wiedemann* Übertragung, S. 84 mwN).

[333] Hierauf stellt etwa *Blaurock* S. 134 ab.

[334] Für mögliche Treupflichtverletzung schon bei Nichtoffenlegung des Treuhandverhältnisses *Beuthien* ZGR 1974, 41 ff; vgl. auch BGH WM 1971, 306 (rechtl. Interesse der Mitgesellschafter an Feststellung der Treuhändereigenschaft eines Gesellschafters) und BGH WM 1982, 234 (235) (Treupflichtverstoß durch Anteilsübertragung an einen Wettbewerber).

[335] BGH WM 1977, 525 (527); allg. vgl. auch Soergel/*Hefermehl*[13] § 138 Rn 35, 142 ff, 155; MünchKommBGB[5]/*Armbrüster* § 138 Rn 96 ff mwN.

[336] HM, vgl. BGHZ 3, 354 (360) = NJW 1952, 178; *Blaurock* S. 134; MünchKommHGB/*K. Schmidt* Vor § 230 Rn 73; MünchKommBGB[5]/*Ulmer* § 705 Rn 91; Ebenroth/Boujong/Joost/Strohn/*Wertenbruch* Rn 103.

[337] Vgl. näher Erl. zu § 119; zur abw. Beurteilung bei der offenen Treuhand vgl. Rn 107. Allgemein für Zulässigkeit uneingeschränkter Stimmbindung des Treuhänders aber *Blaurock* S. 189 ff; *Eden* S. 62 ff; *Markwardt* S. 63 ff; Heymann/*Emmerich* Rn 53; MünchKommHGB/*K. Schmidt* Vor § 230 Rn 63.

schafter entgegensteht[338]. Keinen Schranken unterliegt zwar die Geltendmachung der mit dem Anteil verbundenen, nach § 717 S. 2 BGB selbständig übertragbaren **Vermögensrechte** (Gewinn, Anspruch auf das Auseinandersetzungsguthaben). Anderes gilt jedoch für den Anspruch auf Übertragung des Treuguts (des Gesellschaftsanteils) auf den Treugeber bei Beendigung des Treuhandverhältnisses; er kann nur mit Zustimmung der Mitgesellschafter erfüllt werden[339], soweit nicht der Gesellschaftsvertrag die Anteilsübertragung gestattet (Rn 294 f).

106 Die **Rechtsstellung des Treuhänders in der Gesellschaft** wird durch das Bestehen der verdeckten Treuhand grundsätzlich nicht berührt. Er ist nach außen und innen uneingeschränkt Gesellschafter; für die Eintragung eines Treuhandvermerks im Handelsregister ist kein Raum[340]. Bei Eingehung der Treuhand und Befolgung von Wünschen oder Weisungen des Treugebers hat er die Treupflicht in der Gesellschaft zu respektieren und eine Schädigung oder Gefährdung der Gesellschaft zu vermeiden. Verstöße hiergegen können zu seiner Schadensersatzhaftung führen und einen wichtigen Ausschlussgrund ihm gegenüber bilden[341]; eine Rechtfertigung durch die bestehende Treuhandbeziehung scheidet als Einwand aus einem Rechtsverhältnis zu Dritten aus. Seine **Ansprüche gegen den Treugeber** richten sich nach §§ 669, 670 BGB: Neben dem Ersatz der Aufwendungen kann er vom Treugeber grundsätzlich auch Freistellung von den ihn nach §§ 128, 171 treffenden Verbindlichkeiten der Gesellschaft verlangen,[342] ohne dass aber den Treugeber selbst eine unmittelbare Haftung trifft (Rn 103). In den durch die Treupflicht in der OHG/KG gesetzten Grenzen ist er dem Treugeber zu sorgfältiger Amtsführung verpflichtet und hat ihm das aus dem Treugut (der Mitgliedschaft) Erlangte herauszugeben.

107 c) **Offene Treuhand.** Im Unterschied zur verdeckten kann die im Gesellschaftsvertrag als solche zugelassene oder mit **Zustimmung der Mitgesellschafter** eingegangene offene (qualifizierte) Treuhand im **Innenverhältnis** der Gesellschaft zur Einbeziehung des Treugebers in den Gesellschaftsverband und zu dessen interner Mitberechtigung führen[343]; im Fall eines nicht voll geschäftsfähigen Treugebers oder Treuhänders ergibt sich daraus die Notwendigkeit familien- bzw. vormundschaftsgerichtlicher Genehmigung nach § 1822 Nr. 3 BGB[344]. Das Treuhandverhältnis geht dadurch über eine obligatorische Beziehung

---

[338] HM, vgl. *Armbrüster* S. 304 ff; *Blaurock* S. 134; *Eden* S. 74; MünchKommHGB/*K. Schmidt* Vor § 230 Rn 74.

[339] Soweit nicht die Zustimmung zur Begründung des Treuhandverhältnisses erteilt war und hierin zugleich die vorweggenommene Zustimmung zur Rückübertragung zu sehen ist (vgl. Rspr.-Nachw. in Fn 353).

[340] HM, vgl. *Blaurock* S. 159 f; MünchKommHGB/*K. Schmidt* Vor § 230 Rn 57; Ebenroth/Boujong/Joost/Strohn/*Wertenbruch* Rn 103. Zur verwandten Problematik eines Testamentsvollstreckervermerks vgl. Erl. zu § 139.

[341] Vgl. BGHZ 32, 17 (33) = NJW 1960, 866; MünchKommHGB/*K. Schmidt* Vor § 230 Rn 56; Baumbach/*Hopt* Rn 31; näher dazu in den Erl. zu § 140.

[342] So zutr. *Kapitza* S. 79 ff; *Markwardt* S. 74; *Maulbetsch* S. 168 f; Heymann/*Emmerich* Rn 52; *Koller*/Roth/Morck Rn 20; MünchKommHGB/*K. Schmidt* Vor § 230 Rn 59 und 75. Vgl. auch BGHZ 76, 127 (130 f) = NJW 1980, 1163 zu den Rechten des Treuhänders in der Publikums-KG.

[343] BGHZ 10, 44 (49 f) = NJW 1953, 1548; BGH WM 1987, 811; *Armbrüster* S. 276 ff, 281; MünchKommHGB/*K. Schmidt* Vor § 230 Rn 43 und 78; *Tebben* ZGR 2001, 586 (612 f); MünchKommBGB[5]/*Ulmer* § 705 Rn 92.

[344] So auch *Armbrüster* S. 124; *Beuthien* ZGR 1974, 37 f; Ebenroth/Boujong/Joost/Strohn/*Wertenbruch* Rn 102; *Koller*/Roth/Morck Rn 20; zur abw. Ansicht des BGH (in NJW 1968, 1471 nicht abgedruckt) vgl. *U. Huber* JZ 1968, 792.

zum Treuhänder u.U. deutlich hinaus[345]. Das gilt namentlich dann, wenn dem Treugeber gesellschaftsvertraglich **Kontrollrechte oder Anweisungsbefugnisse** gegenüber der OHG/KG eingeräumt sind[346], um ihm auf diese Weise das „wirtschaftliche Eigentum" am Anteil zu verschaffen. Das für Mitverwaltungsrechte geltende Abspaltungsverbot (§ 717 S. 1 BGB, vgl. dazu § 109 Rn 25, 28) steht derartigen Vereinbarungen mit Rücksicht auf die (Teil-)Einbeziehung des Treugebers in den Gesellschaftsverband nicht entgegen[347]. Aus denselben Gründen bestehen, anders als bei der verdeckten Treuhand, auch keine Schranken für **Stimmbindungsverträge** zwischen Treugeber und Treuhänder[348]. Gefahren für die Gesellschaft sind hieraus schon deshalb nicht zu befürchten, weil auch der Treugeber als mittelbar Beteiligter der **Treupflicht** unterliegt[349]. Die Mitgesellschafter haben auch ihrerseits die zwischen ihnen und dem Treugeber begründeten Beziehungen zu respektieren. Der Treuhänder kann ihnen gegenüber nicht mit Wirksamkeit für den Treugeber gegen dessen Willen Vertragsänderungen zustimmen, die eine einseitige Verschlechterung von dessen Rechtsposition zur Folge haben[350]. Zur Möglichkeit des Ausschlusses des Treuhänders aus Gründen in der Person des Treugebers vgl. § 140 Rn 7; zur Eintragung nur des Treuhänders auch bei offener Treuhand im Handelsregister vgl. § 106 Rn 16 (str.), zur Außenhaftung des Treugebers vgl. Rn 103, zur Stellung eines Gesellschafters als Treuhänder eines weiteren Anteils vgl. Rn 106 .

Hinsichtlich der **Anteilsverfügung** ist im Fall der offenen Treuhand zu unterscheiden. **108**
Zustimmungsbedürftig seitens der Mitgesellschafter ist vorbehaltlich abweichender Regelungen im Gesellschaftsvertrag[351] die Begründung der offenen Treuhand und die Einräumung damit verbundener Mitverwaltungsrechte gegenüber der Gesellschaft, und zwar unabhängig davon, ob sie sich mit der Übertragung des Gesellschaftsanteils auf den Treuhänder verbindet oder auf der Umwandlung seiner bisherigen Vollrechtsstellung durch vertragliche Unterwerfung gegenüber dem Treugeber beruht. Zustimmungsbedürftig ist auch die **Übertragung der Treugeberstellung** ohne Auswechslung des Treuhänders, da sie die Mitwirkungsrechte des Treugebers in der Gesellschaft auf den Erwerber über-

---

[345] Das entspricht der allgemein für die „offene" Treuhand zu beobachtenden Tendenz, Treuhandbeziehungen abweichend von der formalen Rechtsstellung in gewissem Umfang Drittwirkung zu verleihen (vgl. etwa Soergel/*Leptien*[13] Vor § 164 Rn 63 ff).

[346] BGHZ 10, 44 (50) = NJW 1953, 1548; ebenso *Fleck* FS Rob. Fischer, 1979, S. 107 (127); *Blaurock* S. 181 f; *Reuter* ZGR 1978, 633 (642); *A. Hueck* OHG, § 2 I 4, S. 25; *Tebben* ZGR 2001, 586 (613); Erman/*Westermann*[12] § 705 Rn 27; MünchKommHGB/*K. Schmidt* Vor § 230 Rn 78. Vgl. dazu und zu abw. Ansichten MünchKommBGB[5]/*Ulmer* § 705 Rn 92 und Fn 244, 245.

[347] So zutr. insbes. *Fleck* FS Rob. Fischer, 1979, S. 107 (118 ff) (für die GmbH); im Grundsatz auch *Blaurock* S. 181 f; MünchKommHGB/*K. Schmidt* Vor § 230 Rn 67, 78 mwN; MünchKommBGB[5]/*Ulmer* § 705 Rn 93; Ebenroth/Boujong/Joost/Strohn/*Wertenbruch* Rn 108; Soergel/*Hadding*[12] § 705 Rn 29. Vgl. auch BGH WM 1976, 1247 (1249 f) zur Stimmrechtsabspaltung bei treuhänderisch gehaltenen GmbH-Anteilen.

[348] So auch *Beuthien* ZGR 1974, 43 (45) und *Flume* I/1 § 14 IV, S. 232; zur abw. Beurteilung bei der verdeckten Treuhand (str.) vgl. Rn 105 und Fn 337.

[349] Vgl. näher *Fleck* FS Rob. Fischer, 1979, S. 107 (118 ff); so auch *Blaurock* S. 202 und MünchKommHGB/*K. Schmidt* Vor § 230 Rn 78; MünchKommBGB[5]/*Ulmer* § 705 Rn 93. Im Ergebnis auch *Armbrüster* S. 340 ff.

[350] Vgl. den Fall BGH NJW 1968, 1471 (einseit. Verminderung der Gesellschaftsbeteiligung), dazu *U. Huber* JZ 1968, 791.

[351] Die Zulassung der Verfügung über Anteile (bzw. Treugeberpositionen) findet sich typischerweise in Gesellschaftsverträgen von Publikums-Kommanditgesellschaften, vgl. *Blaurock* S. 152 f; MünchKommHGB/*K. Schmidt* Vor § 230 Rn 85.

gehen lässt[352]. War bei Begründung der Treuhandschaft der Gesellschaftsanteil mit Zustimmung der Mitgesellschafter vom Treugeber auf den Treuhänder übertragen worden, so umfasst die Zustimmung regelmäßig auch die spätere Rückübertragung des Anteils bei Beendigung der Treuhandschaft[353]; sie kann nur aus wichtigem Grund widerrufen werden[354]. Der **Treuhänder** selbst kann – als formeller Anteilsinhaber – mit Zustimmung der Mitgesellschafter zwar noch über den Anteil verfügen; jedoch müssen sich Anteilserwerber, die den Missbrauch der Verfügungsbefugnis kennen, diese Kenntnis nach den Grundsätzen über den Vollmachtsmissbrauch entgegenhalten lassen[355].

2. Unterbeteiligung

Schrifttum

Bender Nießbrauch und Unterbeteiligung an Personengesellschaftsanteilen, DB 1979, 1445; *Bilsdorfer* Gesellschafts- und steuerrechtliche Probleme bei Unterbeteiligung von Familienangehörigen, NJW 1980, 2785; *Blaurock* Unterbeteiligung und Treuhand an Gesellschaftsanteilen (1981); *Böttcher/Zartmann/Faut* Stille Gesellschaft und Unterbeteiligung[3] (1978); *Esch* Die Unterbeteiligung an Handelsgesellschaftsanteilen, NJW 1964, 902; *Friehe* Die Unterbeteiligung bei Personengesellschaften (1974); *Gerd Meyer* Die Unterbeteiligung an Handelsgesellschaftsanteilen (1971); *Merkel* Zur Problematik der Unterbeteiligung an einer OHG-Beteiligung, NJW 1966, 1552; *Petzold* Die Unterbeteiligung im Gesellschafts- und Steuerrecht, NWB 1974, Fach 18, S. 2195 ff; *Tebben* Die Unterbeteiligungsgesellschaft an Personengesellschaftsanteilen (2000); *Ulbrich* Die Unterbeteiligungsgesellschaft an Personengesellschaftsanteilen (1982); *Udo Wagner* Die Unterbeteiligung an einem OHG-Anteil (1975); *Winterstein* Die Unterbeteiligung an OHG- und KG-Anteilen als stille Gesellschaft (1969).

109 a) **Allgemeines.** Unter Unterbeteiligung versteht man die vertraglich eingeräumte Mitberechtigung einer oder mehrerer Personen an einem dem „Hauptbeteiligten" zustehenden Gesellschaftsanteil, insbes. an dessen Erträgen, je nach Vertragsgestaltung auch an dem auf den Anteil entfallenden Verlust und an dessen Wertzuwachs[356]. Die **Gründe für die Eingehung** der Unterbeteiligung sind vielfältiger Natur.[357] Sie reichen von der verdeckten Beteiligung eines Dritten am Erfolg der Gesellschaft über die Befriedigung zusätzlichen Kapitalbedarfs des Hauptgesellschafters oder die teilweise interne Vorwegnahme der Gesellschafternachfolge bis hin zur Beteiligung „weichender" Erben am Erfolg des Unternehmens zur Vermeidung von Abfindungszahlungen des Nachfolger/Erben.[358] Meist geht es darum, die wirtschaftliche Mitberechtigung eines Dritten am

[352] So für Treugeberrechte an GmbH-Anteilen auch BGH NJW 1965, 1376 (1377); RGZ 159, 272 (280 ff); Ulmer/Habersack/*Winter/Löbbe* GmbHG § 15 Rn 216 (hM).

[353] BGHZ 77, 392 (395) = NJW 1980, 2708; BGH NJW 1965, 1376; WM 1985, 1143 (1144).

[354] Weitergehend – für Unwiderruflichkeit der Zustimmung im Fall der Sicherungsabtretung – BGHZ 77, 392 (397 f); anders noch BGH NJW 1965, 1376.

[355] Str., wie hier *Coing* S. 167; Ebenroth/Boujong/Joost/Strohn/*Gehrlein* § 230 Rn 91; *Kötz* NJW 1968, 1471 f; MünchKommHGB/*K. Schmidt* Vor § 230 Rn 69; *Tebben* S. 188 ff; *Blaurock* S. 130 ff. **AA** BGH NJW 1968, 1471 und WM 1977, 525 (527); so auch *Armbrüster* S. 163; *Beuthien* ZGR 1974, 60 f; *U. Huber* JZ 1968, 791 ff; Soergel/*Hadding*[12] § 705 Rn 29.

[356] Vgl. etwa MünchKommBGB[5]/*Ulmer* Vor § 705 Rn 92; MünchKommHGB/*K. Schmidt* § 230 Rn 191 f; *Blaurock* S. 54; *Tebben* S. 36 f; Staudinger/*Habermeier* BGB (2003) Vorbem zu §§ 705–740 Rn 64.

[357] Vgl. näher MünchKommHGB/*K. Schmidt* § 230 Rn 206; *Blaurock* S. 55 ff.

[358] Vgl. den Fall von BGHZ 50, 316 = NJW 1968, 2003 und dazu *Rüthers* AcP 168 (1968), 263 (281 ff).

Anteil auch ohne die zur (Teil-)Übertragung erforderliche Zustimmung der Mitgesellschafter zu ermöglichen. Insgesamt dürfte der Unterbeteiligung an Personengesellschaftsanteilen nicht unerhebliche praktische Bedeutung zukommen, auch wenn sie bisher nicht in größerem Umfang Gegenstand höchstrichterlicher Entscheidungen war[359]. Auf Einzelheiten sowie auf das Rechtsverhältnis zwischen Haupt- und Unterbeteiligtem ist hier nicht näher einzugehen.[360] In Bezug auf das Recht der OHG/KG ist wesentlich, dass der **Unterbeteiligte** im Regelfall in keiner direkten Beziehung zur (Haupt-)Gesellschaft steht, insbes. **kein Mitglied der OHG/KG** ist, sondern auf obligatorische Rechte gegenüber dem Hauptgesellschafter beschränkt ist. Zum Sonderfall der offenen Unterbeteiligung vgl. Rn 113.

b) **Parallelen und Unterschiede zur Treuhand.** Von der Treuhand am Gesellschaftsanteil wird die Unterbeteiligung üblicherweise scharf unterschieden.[361] Überschneidungen werden nur für solche Fälle anerkannt, in denen der Ertrag der Beteiligung im Innenverhältnis voll dem Unterbeteiligten zusteht und der Hauptbeteiligte sich dessen Weisungen unterwirft[362]. Nach der Rechtsprechung schließen Treuhand und Unterbeteiligung sich nicht zwangsläufig aus; auch wenn Haupt- und Unterbeteiligter gesellschaftsrechtlich verbunden seien, so der BGH im Anschluss an die Voraufl., könne das Rechtsverhältnis als „eine Art Treuhand" verstanden werden.[363] In der Tat unterscheidet sich das **Innenverhältnis** zwischen Haupt- und Unterbeteiligtem – regelmäßig eine GbR in Form der Innengesellschaft[364] – zwar typischerweise deutlich von dem „vertikalen" Auftrags- oder Geschäftsbesorgungsverhältnis als üblicher Rechtsnatur der Treuhand (Rn 103). Anderes gilt jedoch, wenn man zusätzlich das hier im Mittelpunkt stehende **Verhältnis des Unterbeteiligten oder Treugebers zur OHG/KG** berücksichtigt. Insofern sind die bestehenden Parallelen zur Treuhand auch dann unverkennbar, wenn man davon ausgeht, dass wegen des typischen Eigeninteresses des Hauptbeteiligten am Gesellschaftsanteil die Gefahr von Interessenkollisionen im Fall der Unterbeteiligung geringer ist als im Fall der Treuhand. Wegen dieser Parallelen ist es geboten, die rechtliche Beurteilung der beiden Rechtsinstitute in ihrem Verhältnis zur OHG/KG eng aufeinander abzustimmen. Das gilt nicht zuletzt für die zentrale, Treuhand und Unterbeteiligung in gleicher Weise betreffende Unterscheidung zwischen *verdeckter* und *offener*, mit Zustimmung der übrigen Gesellschafter der (Haupt-)Gesellschaft erfolgender Eingehung der Bindung durch den Hauptgesellschafter (Treuhänder). 110

---

[359] Vgl. insbes. BGHZ 50, 316 (323 ff) = NJW 1968, 2003; ferner BGH WM 1966, 188; 1967, 685; NJW 1994, 2886 (2887).

[360] Zu verweisen ist auf die Kommentierungen zur stillen Gesellschaft (Voraufl. § 230 [*Zutt*]); MünchKommHGB/*K. Schmidt* § 230 Rn 191 ff; vgl. ferner MünchKommBGB[5]/*Ulmer* Vor § 705 Rn 92 ff. Aus dem Spezialschrifttum (Nachw. vor Rn 108) vgl. insbes. die Monografien von *Blaurock, Friehe, Tebben, Ulbrich* und *U. Wagner*.

[361] Vgl. insbes. *Armbrüster* S. 24; *Eden* S. 29 f; *Tebben* S. 51 ff; *Wiedemann* Übertragung, S. 387; im Grundsatz auch *Blaurock* S. 108, 115 und *Ulbrich* S. 84 ff; zu Recht stärker relativierend *Hüffer* JuS 1979, 460 und MünchKommHGB/*K. Schmidt* Vor § 230 Rn 45.

[362] So MünchKommHGB/*K. Schmidt* Vor § 230 Rn 45 und § 230 Rn 198, 202 und 210.

[363] BGH NJW 1994, 2886; NJW-RR 1995, 165; s.a. MünchKommHGB/*K. Schmidt* Vor § 230 Rn 198, 202 und 210. **AA** *Tebben* S. 65 ff, 75.

[364] Vgl. dazu und zur Anwendbarkeit des Rechts der stillen Gesellschaft (§§ 230 bis 238) auf diese untypische GbR: MünchKommBGB[5]/*Ulmer* Vor § 705 Rn 92 und 98 ff sowie MünchKommHGB/*K. Schmidt* Vor § 230 Rn 204 jew. mwN (hM).

111 c) **Verdeckte Unterbeteiligung.** Die Eingehung einer „verdeckten“, keine unmittelbaren Rechtsbeziehungen zu den übrigen Gesellschaftern der OHG/KG begründenden Unterbeteiligung bedarf ebenso wie diejenige eines Treuhandverhältnisses (str., vgl. Rn 104) **nicht** der **Zulassung** durch die Mitgesellschafter des Hauptbeteiligten[365]. Es handelt sich um eine schuldrechtliche Beziehung des Hauptgesellschafters zu einem Dritten, die vorbehaltlich sittenwidriger Abreden[366] in Entstehung und Bestand von dem Rechtsverhältnis der OHG/KG klar getrennt ist. Auch ein etwaiges **Verbot** von Unterbeteiligungen im Gesellschaftsvertrag oder die Verletzung einer vertraglichen Offenlegungspflicht steht der Wirksamkeit der Unterbeteiligung im Grundsatz nicht entgegen[367]. Jedoch kann sich der Hauptbeteiligte gegenüber den Mitgesellschaftern schadensersatzpflichtig machen oder einen wichtigen Grund zu seinem Ausschluss setzen, wenn er derartigen Vertragspflichten zuwiderhandelt. Der verbreitet vertretene, **angebliche Vorrang der Hauptgesellschaft** gegenüber der Unterbeteiligung[368] trifft im Ergebnis zwar zu, soweit das Schicksal des den Gegenstand der Unterbeteiligung bildenden Gesellschaftsanteils auf die Unterbeteiligung ausstrahlt, da Änderungen der Mitgliedschaftsrechte des Hauptbeteiligten in der OHG/KG mittelbar auch die Unterbeteiligung betreffen und insbes. der Ausschluss des Hauptbeteiligten aus der OHG/KG oder deren Auflösung zur Beendigung auch der Unterbeteiligung nach § 726 BGB führen. Auch sind Pflichten, die der Hauptbeteiligte gegenüber dem Unterbeteiligten übernimmt, wegen Unmöglichkeit undurchsetzbar, wenn sie auf eine nach dem Recht der Hauptgesellschaft unzulässige Bindung oder auf einen Treupflichtverstoß des Hauptgesellschafters hinauslaufen[369]. Unmittelbare Auswirkungen kommen dem Inhalt des OHG/KG-Vertrags im Verhältnis zum Unterbeteiligungsvertrag jedoch nicht zu; die Regelungen des letzteren sind nicht schon deshalb unwirksam, weil sie mit denjenigen in der Hauptgesellschaft kollidieren.[370] Die Ausstrahlung des OHG/KG-Vertrags auf den Unterbeteiligungsvertrag beschränkt sich insoweit vielmehr darauf, seine *Auslegung* zu beeinflussen, da die Beteiligten bei seinem Abschluss Kollisionen mit dem OHG/KG-Vertrag im Zweifel vermeiden wollten[371]. Aus entsprechenden Gründen kann auch für die *Schließung von Lücken* des Unterbeteiligungsvertrags der Inhalt des OHG/KG-Vertrags mit herangezogen werden[372]. Die grundsätzliche Unterscheidung zwischen den beiden Rechtsverhältnissen wird hierdurch jedoch nicht berührt.

---

365 Für die Begründung der Unterbeteiligung ganz hM, vgl. BGHZ 50, 316 (325) = NJW 1968, 2003; *Blaurock* S. 153; *Friehe* S. 52; Ebenroth/Boujong/Joost/Strohn/*Gehrlein* § 230 Rn 93; MünchKommHGB/*K. Schmidt* § 230 Rn 221; MünchKommBGB[5]/*Ulmer* Vor § 705 Rn 97; zweifelnd jedoch *Großfeld* JZ 1982, 163. Zur überw. abw. Beurteilung bei der verdeckten Treuhand vgl. Rn 104 und Fn 332.

366 Vgl. dazu Nachw. in Fn 335.

367 Zutr. MünchKommHGB/*K. Schmidt* § 230 Rn 221.

368 So etwa, *H. Schneider* FS Möhring, 1965, S. 120; *Ulbrich* S. 112 f; tendenziell auch MünchKommHGB/*K. Schmidt* § 230 Rn 233 und *Friehe* S. 44 ff, 46 f. **AA** *Tebben* S. 175 ff, 187 f; MünchKommBGB[5]/*Ulmer* Vor § 705 Rn 95; Staudinger/*Habermeier* BGB (2003) Vorbem zu §§ 705–740 Rn 64. Offenlassend: *Ulmer* FS Odersky, 1996, S. 873 (887).

369 Vgl. BGHZ 50, 316 (324 f) = NJW 1968, 2003 (zum Auskunftsanspruch) und die in Fn 368 Genannten, insoweit zutr. Stimmen.

370 Unter Vorbehalt besonderer Umstände auch MünchKommBGB[5]/*Ulmer* Vor § 705 Rn 95; näher *Tebben* S. 184 ff.

371 Für eine dem Hauptgesellschaftsvertrag konforme Auslegung des Unterbeteiligungsvertrags zutr. *Friehe* S. 49 f; ähnlich *Ulbrich* S. 114 f.

372 Die Berücksichtigung abweichender Interessen des Unterbeteiligten ist dadurch freilich nicht ausgeschlossen; vgl. auch *Friehe* S. 50; *Ulbrich* S. 115.

Im Einzelnen setzen sich uneingeschränkte **Stimmbindungen** des Hauptbeteiligten gegenüber dem Unterbeteiligten denselben Bedenken aus wie im Fall der verdeckten Treuhand (Rn 105 und § 119 Rn 72). Ein **Treupflichtverstoß** des Hauptbeteiligten gegenüber dem Unterbeteiligten durch eine für diesen nachteilige Stimmabgabe in der Hauptgesellschaft ist zwar nicht ausgeschlossen, setzt jedoch voraus, dass der Hauptbeteiligte ohne Verletzung seiner Treupflicht in der OHG/KG in abweichendem, dem Unterbeteiligten günstigen Sinn hätte abstimmen können[373]. **Auskunfts- und Kontrollrechte** des Unterbeteiligten bestehen nur gegenüber dem Hauptbeteiligten, nicht auch gegenüber der OHG/KG. Ihr Inhalt beschränkt sich entsprechend § 233[374] darauf, vom Hauptbeteiligten jährlich einen „Jahresabschluss" über dessen Gesellschaftsanteil zu verlangen, aus dem der Unterbeteiligte die auf den Anteil entfallenden Erträge und deren Zusammensetzung (Gewinnanteil, Kapitalzinsen, Geschäftsführergehalt u.a.) sowie die Entwicklung der Kapitalkonten ersehen kann[375]; die Kontrolle dieser Informationen durch den Unterbeteiligten richtet sich nach §§ 259, 260 BGB. Die Überlassung des Jahresabschlusses der OHG/KG kann der Unterbeteiligte vom Hauptbeteiligten nur verlangen, wenn der Unterbeteiligungsvertrag einen solchen über § 233 hinausgehenden Anspruch gewährt *und* der OHG/KG-Vertrag oder die Mitgesellschafter die Weitergabe gestatten[376]; dabei kann der Inhalt des OHG/KG-Vertrags zur Auslegung des Umfangs des vertraglichen Auskunftsanspruchs des Unterbeteiligten herangezogen werden[377]. **112**

d) **Offene Unterbeteiligung.** Entsprechend der Rechtslage bei der offenen Treuhand (Rn 107 f) kann auch die Unterbeteiligung als „offene" (qualifizierte) in der Weise ausgestaltet werden, dass dem Unterbeteiligten mit **Zustimmung der Mitgesellschafter** unmittelbare Mitverwaltungsrechte in der Hauptgesellschaft eingeräumt werden[378]. In Betracht kommen direkte Auskunfts- und Kontrollrechte, aber auch das Stimmrecht in Gesellschaftsangelegenheiten. Es handelt sich um die durch die Privatautonomie (§ 109) gedeckte, auf das Innenverhältnis der Gesellschafter beschränkte **Einbeziehung des Unterbeteiligten in den Gesellschaftsverband;** ihr korrespondiert eine Treupflicht des Unterbeteiligten gegenüber OHG/KG und Mitgesellschaftern. Das Abspaltungsverbot greift in derartigen Fällen nicht ein. Auch Stimmbindungsverträge sind im Rahmen offener Unterbeteiligungsverhältnisse abweichend vom Regelfall unbedenklich zulässig. Wegen der Einzelheiten vgl. Rn 107. **113**

---

[373] BGH WM 1977, 525 (528 f); ähnlich *Ulbrich* S. 117; gegen grundsätzlichen Vorrang des Interesses des Hauptgesellschafters aber umgekehrt – für Treupflicht auch des Unterbeteiligten gegenüber der Hauptgesellschaft – MünchKommHGB/*K. Schmidt* § 230 Rn 233.

[374] HM, vgl. BGHZ 50, 316 (323) = NJW 1968, 2003; *Paulick* ZGR 1974, 271; *Friehe* S. 60 f; *Ulbrich* S. 125; Ebenroth/Boujong/Joost/Strohn/*Gehrlein* § 230 Rn 100; MünchKommHGB/*K. Schmidt* § 233 Rn 33 ff. **AA** – für Anwendung von § 716 BGB – *Blaurock* S. 183 f; Heymann/*Emmerich* Rn 63; *Tebben* S. 276 ff und *U. Wagner* S. 105 ff.

[375] BGHZ 50, 316 (323) = NJW 1968, 2003.

[376] So zutr. BGHZ 50, 316 (325) = NJW 1968, 2003 und *Esch* NJW 1964, 905; weitergehend (unter Abstellen nur auf den OHG/KG-Vertrag) MünchKommHGB/*K. Schmidt* § 233 Rn 34; *Ulbrich* S. 139.

[377] So zutr. BGH aaO (Fn 376).

[378] So grds. auch *Blaurock* S. 184 f; vgl. auch und *Ulbrich* S. 128 f zur Möglichkeit direkter Beziehungen zwischen Unterbeteiligtem und Hauptgesellschaft.

3. Nießbrauch

Schrifttum

Bender Nießbrauch und Unterbeteiligung an Personengesellschaftsanteilen, DB 1979, 1445; *Blaurock* Unterbeteiligung und Treuhand an Gesellschaftsanteilen (1981); *Bunke* Der Nießbrauch an der Beteiligung an einer Personengesellschaft, DNotZ 1968, 5; *Finger* Der Nießbrauch am Gesellschaftsanteil einer Personengesellschaft, DB 1977, 1033; *Göbel* Der Nießbrauch an Personengesellschaftsanteilen (2004); *Hadding* Pfandrecht und Nießbrauch an der Mitgliedschaft in einer OHG oder KG als Kreditsicherheit, in: *Hadding/U. H. Schneider* (Hrsg.), Gesellschaftsanteile als Kreditsicherheit (1979), S. 37; *Haas* Nießbrauch an Gewinnanteilen an Personengesellschaften, FS L. Schmidt (1993), S. 315; *Hepp-Schwab* Die Mitgliedschaft des Personengesellschafters und der Nießbrauch an seinem Gesellschaftsanteil (1998); *Hoyer* Der Nießbrauch an einem Gesellschaftsanteil, BB 1978, 1459; *Kreifels* Nießbrauch am Anteil von Personengesellschaften, in Freundesgabe für Hengeler (1972), S. 158; *Langmaack* Nießbrauch an Anteilen von Personengesellschaften (1960); *Lohr* Der Nießbrauch an Unternehmen und Unternehmensteilen (1989); *Petzoldt* Zum Nießbrauch an dem „Gewinnstammrecht“, GmbHR 1980, 197; *ders.* Nießbrauch an Kommanditanteilen und GmbH-Geschäftsanteilen, GmbHR 1987, 381 und 433; *ders.* Nießbrauch an Personengesellschaftsanteilen, DStR 1992, 1171; *Reichert/Schlitt* Nießbrauch an GmbH-Geschäftsanteilen, FS für Flick (1997), S. 217 ff; *Rohlff* Die Verwendung des Nießbrauchs am Anteil einer Personenhandelsgesellschaft zur Ersparung von Schenkungs- und Erbschaftsteuer, NJW 1971, 1337; *K. Schmidt* Stimmrecht beim Anteilsnießbrauch, ZGR 1999, 601; *Schön* Der Nießbrauch am Gesellschaftsanteil, ZHR 158 (1994), 229; *Schüller*, Nießbrauch und Pfandrecht am Anteil einer Personengesellschaft, MittRhNotK 1980, 97; *Siebert* Nießbrauch am Gewinnrecht des Gesellschafters einer offenen Handelsgesellschaft, BB 1956, 1126; *Sudhoff* Der Nießbrauch am Anteil einer Personengesellschaft, NJW 1971, 481; *ders.* Nochmals: Der Nießbrauch am Gesellschaftsanteil, NJW 1974, 2205; *Teichmann* Der Nießbrauch an Gesellschaftsanteilen – gesellschaftsrechtlicher Teil, ZGR 1972, 1; *ders.* Der Nießbrauch an Gesellschaftsanteilen – Probleme der praktischen Gestaltung, ZGR 1973, 24; *ders.* Ausstrahlungen des Umwandlungsgesetzes auf den Nießbrauch am Unternehmen und an Gesellschaftsanteilen, FS Lutter (2000), S. 1261; *Ulmer* Zur Bedeutung des gesellschaftsrechtlichen Abspaltungsverbots für den Nießbrauch am OHG-(KG-)Anteil, FS Fleck (1988), S. 383; *Vossius* Sicherungsgeschäfte bei der Übertragung von Gesellschaftsanteilen, BB 1988, Beil. 5, S. 13; *Weber/Luther* Der Nießbrauch an Gesellschaftsanteilen – Steuerrechtliche Behandlung – 2. Teil: Personengesellschaften, ZGR 1973, 45.

114 a) **Übersicht.** Die Bestellung des Nießbrauchs an einem Gesellschaftsanteil soll dem Nießbraucher das Recht verschaffen, die **Nutzungen** des Anteils zu ziehen (§§ 1068, 1030 Abs. 1 BGB). Zu den Nutzungen (§ 100 BGB) gehören im Fall eines Gesellschaftsanteils insbes. die Rechtsfrüchte, d.h. die Erträge, die das belastete Recht seiner Bestimmung nach gewährt (§ 99 Abs. 2 BGB); das sind mangels abweichender Abrede im Bestellungsvertrag die nach dem Gesellschaftsvertrag entnahmefähigen Gewinne (Rn 120). Die mit dem Nießbrauch verbundene **dingliche Berechtigung** kommt im Fall des Anteilsnießbrauchs darin zum Ausdruck, dass der Nießbraucher die Rechte aus dem Nießbrauch (vgl. näher Rn 120 ff) nicht nur gegen den Besteller (Gesellschafter), sondern auch unmittelbar gegen die OHG/KG und die Mitgesellschafter des Bestellers geltend machen kann und dass die Aufhebung oder Änderung des mit dem Nießbrauch belasteten Gesellschaftsanteils nach § 1071 BGB im Grundsatz seiner Zustimmung bedarf (vgl. Rn 124 f). Das *Abspaltungsverbot* (§ 109 Rn 25, 28) greift wegen der Mitberechtigung des Nießbrauchers am Anteil und seiner daraus folgenden Einbeziehung in den Gesellschafterverband unter Einschluss der Treupflicht nicht ein.[379]

---

[379] Vgl. insbes. *Fleck* FS Rob. Fischer, 1979, S. 107 ff (125) (für die Stimmrechtsabspaltung in der GmbH); *Ulmer* FS Fleck, 1988, S. 383 (387 ff); MünchKommHGB/*K. Schmidt* Vor § 230 Rn 14; MünchKommBGB⁵/*Ulmer* § 705 Rn 96; Wester-

Rechtliche Zulässigkeit und Ausgestaltung des Nießbrauchs an Personengesellschaftsanteilen waren lange Zeit **umstritten** und bildeten den Gegenstand eines umfangreichen Schrifttums.[380] Neben dem Fehlen richtungsweisender höchstrichterlicher Entscheidungen hatte das seinen Grund vor allem darin, dass die Besonderheiten des Gesellschaftsrechts, darunter die höchstpersönliche Natur der Mitgliedschaft und das Abspaltungsverbot, der Anwendung des Nießbrauchsrechts unter Aufteilung der Mitgliedschaftsrechte zwischen Nießbraucher und Besteller entgegenzustehen schienen (Voraufl. Rn 115 [*Ulmer*]). Inzwischen besteht Einigkeit darüber, dass der Nießbrauch am Gesellschaftsanteil einer OHG/KG **im Grundsatz zulässig** ist, sofern nur die Mitgesellschafter im Gesellschaftsvertrag oder ad hoc seiner Bestellung zugestimmt haben (vgl. Rn 119). Des Ausweichens auf einen Nießbrauch an den übertragbaren Vermögensrechten (§ 717 S. 2 BGB, vgl. dazu Rn 129 f) oder auf die zur Vollrechtsübertragung führende Treuhandlösung[381] bedarf es daher nicht. Die eigentlichen Schwierigkeiten liegen aus heutiger Sicht nicht im Ob, sondern im Wie des Nießbrauchs, d.h. in der Ausgestaltung der Rechtsstellung des Nießbrauchers und der genauen Aufteilung der Mitgliedschaftsrechte zwischen ihm und dem Besteller. **115**

Die **Abgrenzung** des Nießbrauchs von ähnlichen Rechtsinstituten, insbes. der Treuhand und der Unterbeteiligung, bereitet im Grundsatz keine Schwierigkeiten. Gegenüber der **Treuhand** unterscheidet sich der Nießbrauch dadurch, dass die Nießbrauchsbestellung nach zutr., heute hM (Rn 119) nicht die treuhänderische Übertragung des Vollrechts auf den Nießbraucher erfordert, sondern sich auf die Einräumung einer dinglichen Mitberechtigung des Nießbrauchers an dem beim Besteller verbleibenden Anteil beschränkt; die formale Rechtsstellung des Nießbrauchers bleibt somit hinter derjenigen des Treuhänders zurück. Die umgekehrte Feststellung gilt für den Vergleich des Nießbrauchs mit der **Unterbeteiligung,** da diese sich im Regelfall auf die Begründung obligatorischer Rechte des Unterbeteiligten gegenüber dem Hauptbeteiligten beschränkt, nicht aber zu unmittelbaren Rechtsbeziehungen zwischen dem Unterbeteiligten und der OHG/KG oder den Mitgesellschaftern des Hauptbeteiligten führt (Rn 111). **Übergänge** sind demgegenüber je nach Ausgestaltung denkbar im Hinblick auf die Sonderfälle der *offenen* (qualifizierten) Treuhand oder Unterbeteiligung, die ähnlich wie der Nießbrauch die Einbeziehung eines Dritten (Treugeber; Unterbeteiligter) in den Gesellschaftsverband der OHG/KG zur Folge haben kann (vgl. Rn 107, 113). Darin zeigt sich eine zutr. Auflockerung des **116**

---

mann/*Wertenbruch* Handbuch Rn I 677a; ähnlich schon *Wiedemann* Übertragung, S. 411; *Rohlff* NJW 1971, 1339; *Teichmann* ZGR 1972, 6; der Sache nach auch *Flume* I/1 § 17 VI, S. 363. Zur vergleichbaren Lage bei der *offenen* (qualifizierten) Treuhand und Unterbeteiligung vgl. Rn 106, 113. **AA** noch *Bunke* DNotZ 1968, 7 f; *Petzoldt* GmbHR 1987, 383; *Sudhoff* NJW 1971, 481.

[380] Vgl. außer den Angaben zum Spezialschrifttum (vor Rn 114) aus neuerer Zeit insbes. *Flume* I/1 § 17 VI, S. 359 ff; MünchKommHGB/*K. Schmidt* Vor § 230 Rn 8 ff; MünchKommBGB[4]/*Pohlmann* § 1068 Rn 19 ff; MünchKommBGB[5]/*Ulmer* § 705 Rn 94 ff; Soergel/*Stürner*[13] § 1068 Rn 7 ff; Staudinger/*Frank* BGB (2002) Anh. §§ 1068 f Rn 47 ff.

[381] Darauf verwies die früher hM, vgl. 3. Aufl. § 109 Rn 20 (*Rob. Fischer*); *A. Hueck* OHG § 27 II 8, S. 400 f; *Sudhoff* NJW 1974, 2205 (2207 ff); so auch aus neuerer Zeit noch MünchKommBGB[2]/Petzoldt § 1068 Rn 14; Soergel/*Baur*[11] § 1068 Rn 7; *Staudinger/Keßler* BGB (1979) § 717 Rn 27; *Petzoldt* GmbHR 1987, 381 (383) (aufgegeben in DStR 1992, 1171 [1173]); heute wird die Treuhandlösung nurmehr als Alternative empfohlen von MünchKommHGB[2]/*K. Schmidt* Vor § 230 Rn 12; MünchKommBGB[4]/*Pohlmann* § 1068 Rn 30; Soergel/*Stürner*[13] § 1068 Rn 7d.

formalen Abspaltungsverbots unter stärkerer Berücksichtigung materiell-inhaltlicher Gesichtspunkte (vgl. Rn 114 aE).

117 In der Gesellschaftspraxis ist der **Nießbrauch an Personengesellschaftsanteilen** allem Anschein nach **verbreitet** anzutreffen[382]. Die lange Zeit herrschende Unsicherheit hinsichtlich seiner rechtlichen Anerkennung stand seiner Durchsetzung offenbar nicht entgegen. Neben steuerrechtlichen Motiven (Rn 118) waren und sind dafür vor allem **erb- und gesellschaftsrechtliche Gründe** maßgebend. Von den Sonderfällen eines Sicherungsnießbrauchs abgesehen[383], wird der Anteilsnießbrauch einerseits als Instrument *vorweggenommener Gesellschafter-Nachfolge* eingesetzt, indem Eltern ihren Kindern den Anteil ganz oder zum Teil schenkweise übertragen, sich selbst aber den Nießbrauch hieran vorbehalten; in diesen Fällen sind mit dem Nießbrauch regelmäßig auch die Mitspracherechte in laufenden Angelegenheiten verbunden (vgl. Rn 126). Einen zweiten Anwendungsbereich bildet die Vererbung des Anteils an die Abkömmlinge, verbunden mit der letztwilligen Anordnung eines Nießbrauchsvermächtnisses, meist zugunsten des überlebenden Ehegatten. In derartigen Fällen hat der – von den Erben in Vollzug des Vermächtnisses zu bestellende – Nießbrauch in erster Linie *Versorgungsfunktion,* während die Mitspracherechte typischerweise den Gesellschafter-Nachfolgern zustehen sollen. Gegenüber der alternativ in Betracht kommenden Vor- und Nacherbschaft am Anteil (vgl. § 139 Rn 37) hat diese Gestaltung den Vorteil, dem mit dem Nießbrauch belasteten Erben die Gesellschafterstellung sofort zu verschaffen und ihm dadurch eine im Vergleich zum Nacherben stärker gesicherte, nicht durch das Wahlrecht des Vorerben nach § 139 bedrohte Rechtsstellung einzuräumen.

118 In **steuerrechtlicher** Hinsicht bestanden die Vorteile des Nießbrauchs an Gesellschaftsanteilen bis1974 vor allem darin, mit Rücksicht auf die Nießbrauchsbelastung den Anfall von **Schenkung- oder Erbschaftsteuer** bei unentgeltlicher Übertragung oder Vererbung des Anteils zu vermeiden (vgl. Voraufl. Rn 118 [*Ulmer*]). Sie waren mit der Erbschaftsteuerreform 1974 durch das in § 25 Abs. 1 S. 1 ErbStG enthaltene Abzugsverbot im Wesentlichen entfallen. Durch das Erbschaftssteuerreformgesetz (ErbStRG) vom 24. Dezember 2008 (Rn 388) ist indes § 25 ErbStG mit Wirkung zum 1. Januar 2009 ersatzlos gestrichen worden. Dadurch können vorbehaltene Nießbrauchsrechte bei Übertragung der Gesellschafterstellung, sei es im Wege der Schenkung oder der Erbfolge, wertmindernd in Ansatz gebracht werden. Nießbrauchsgestaltungen haben hierdurch wieder deutlich an Attraktivität gewonnen[384] (näher zu den erbschaft- und schenkungsteuerlichen Konsequenzen der Übertragung der Gesellschafterstellung Rn 388 f). Auch im **Einkommensteuerrecht** kann die mit dem Nießbrauch verbundene Übertragung eines Teils der Einkommensquelle[385] je nach den sonstigen Einkommensverhältnissen des Nießbrauchers zu einer geringeren Besteuerung aus Gründen des progressiven Steuersatzes führen. Für die einkommensteuerlich maßgebliche Anerkennung als Mitunternehmer ist darauf abzustellen, ob der Nießbraucher Mitunternehmer*risiko* trägt und Mitunternehmer*initiative* entfaltet (vgl. dazu Rn 381). Dies gilt weitgehend unabhängig von der zivilrechtlichen Ausgestaltung des Nießbrauchs.[386] Dabei ist zu beachten, dass das Unternehmerrisiko beim Nießbraucher relativ gering ausfällt. Wird die Gesellschaft nämlich liquidiert oder veräußert, so partizipiert er nicht an der Realisierung stiller Reserven oder des Geschäfts-

---

[382] MünchKommHGB/*K. Schmidt* Vor § 230 Rn 8.

[383] Vgl. dazu näher *Hadding* S. 66 ff.

[384] *Hannes/Onderka/v. Oertzen* ZEV 2009, 289.

[385] Zur einkommenssteuerrechtlichen Aufteilung der Gewinne zwischen Nießbraucher und Besteller vgl. *Petzoldt* GmbHR 1987, 436 f; *ders.* DStR 1992, 1172 (1175) mN.

[386] *Stuhrmann* in *Blümich* EStG[95] § 15 Rn 364.

werts. Um eine Mitunternehmerstellung zu begründen, muss daher dieses Minus an Unternehmerrisiko durch ein Plus an Unternehmerinitiative kompensiert werden. Hierfür wird allerdings als ausreichend angesehen, dass der Nießbraucher zusammen mit oder für den Gesellschafter das Stimmrecht ausübt.[387] Der Nießbrauch am Gewinnanspruch oder am „Gewinnstammrecht“ (Rn 129 f) wird dagegen einkommensteuerrechtlich wegen fehlender Verwaltungsrechte nicht anerkannt.[388]

b) Anteilsnießbrauch

aa) **Grundlagen.** Nach zutr. hM ist die Bestellung eines Nießbrauchs am Anteil an einer OHG/KG zulässig; sie beurteilt sich nach den für den **Nießbrauch an Rechten** (§§ 1068 ff BGB) geltenden Vorschriften[389]. Da die Mitgliedschaft durch Vertrag zwischen Veräußerer und Erwerber mit Zustimmung der Mitgesellschafter übertragen werden kann (Rn 294 ff), kann sie nach § 1069 Abs. 2 BGB auch Gegenstand eines Nießbrauchs sein. Voraussetzung hierfür ist, dass die Mitgesellschafter ihre **Zustimmung zur Nießbrauchsbestellung** erklären oder dass diese im Gesellschaftsvertrag zugelassen ist[390]; die allgemeine Zulassung der Anteilsübertragung reicht wegen der – zu Erschwerungen auch für die Mitgesellschafter führenden – regelmäßigen Aufspaltung der Mitverwaltungsrechte zwischen Nießbraucher und Besteller (Rn 124 ff) nicht aus[391]. Liegt diese Voraussetzung vor, so bestehen auch gesellschaftsrechtlich keine Hindernisse für die 119

387 BFHE 224, 144; dazu Anm. *Jülicher* ZErb 2009, 128; vgl. auch *Stuhrmann* in *Blümich* EStG[95] § 15 Rn 365.

388 BFHE 119, 63 (66) = NJW 1976, 1656; so auch *L. Schmidt* EStG[26] § 15 Rn 314; *Stuhrmann* in *Blümich/Falk* EStG[97] § 15 Rn 370; *Fichtelmann* FR 1977, 244 ff; *Hoyer* BB 1978, 1459 (1460); *Kruse* AG 1980, 216 ff (220); *Petzoldt* GmbHR 1987, 438 (einhM). Zur Möglichkeit abw. Beurteilung bei Anteilsübertragung unter Vorbehalt des Nießbrauchs am Gewinn vgl. BFHE 137, 481 (485) = DB 1983, 1181 (1182) (offenlassend).

389 So insbes. Baumbach/*Hopt* Rn 44; *Flume* I/1 § 17 VI, S. 359 ff; *Kreifels* Freundesgabe Hengeler, 1972, S. 158 ff; *Rohlff* NJW 1971, 1337 (1339 ff); MünchKommHGB/*K. Schmidt* Vor § 230 Rn 14; Palandt/*Bassenge*[67] § 1068 Rn 4 f; Heymann/*Emmerich* Rn 65; *Michalski* OHG Rn 74; MünchKommBGB[5]/*Ulmer* § 705 Rn 96; MünchKommBGB[4]/*Pohlmann* § 1068 Rn 23; Soergel/*Stürner*[13] § 1068 Rn 7 ff; Ebenroth/Boujong/Joost/Strohn/*Wertenbruch* Rn 110; *Goebel* S. 32 ff; Westermann/*Wertenbruch* Handbuch Rn I 676; *Wiedemann* Gesellschaftsrecht Bd. II, § 5 II 2a, S. 441 f; im Grundsatz ebenso, wenn auch unter Verneinung unmittelbarer Mitspracherechte des Nießbrauchers gegenüber der Gesellschaft *U. Huber* Vermögensanteil, S. 413 ff; *Wiedemann* Übertragung, S. 411 ff; *Blaurock* S. 143 f; *Teichmann* ZGR 1972, 10 f; *ders.* FS Lutter, 2000, S. 1261 (1273); Staudinger/*Frank* BGB (2002) Anh. §§ 1068 f Rn 57, 70 f. Rspr.-Nachw. vgl. in Fn 392.

390 So zutr. Baumbach/ *Hopt* Rn 44; Heymann/*Emmerich* Rn 65; MünchKommHGB/*K. Schmidt* Vor § 230 Rn 16; MünchKommBGB[4]/*Pohlmann* § 1068 Rn 32 f; MünchKommBGB[5]/*Ulmer* § 705 Rn 97; Soergel/*Stürner*[13] § 1068 Rn 7; Ebenroth/Boujong/Joost/Strohn/*Wertenbruch* Rn 111; *Wiedemann* Übertragung, S. 400, *ders.* Gesellschaftsrecht Bd. II, § 5 II 2a bb, S. 442; *Flume* I/1 § 17 VI, S. 366; *Petzoldt* GmbHR 1987, 382; *Haas* FS L. Schmidt, 1994, S. 315 (316); *Teichmann* FS Lutter, 2000, S. 1261 (1275).

391 MünchKommBGB[4]/*Pohlmann* § 1068 Rn 33; MünchKommBGB[5]/*Ulmer* § 705 Rn 97; *ders.* FS Fleck, 1988, S. 383 (399); Ebenroth/Boujong/Joost/Strohn/*Wertenbruch* Rn 111; *Lohr* S. 57; *Wiedemann* Übertragung, S. 400, *ders.* Gesellschaftsrecht Bd. II, § 5 II 2a bb, S. 442; *Flume* I/1 § 17 VI, S. 366; *Petzold* DStR 1992, 1171 f; *Schön* ZHR 158 (1994), 229 (239, 253 f); **aA** MünchKommHGB[2]/*K. Schmidt* Vor § 230 Rn 16.

Anerkennung des Anteilsnießbrauchs[392]; insbes. steht ihm das Abspaltungsverbot nicht entgegen[393]. Der Nießbrauch am Anteil eines **Minderjährigen** muss vom Familien- bzw. Vormundschaftsgericht genehmigt werden[394].

120 **Verfügungen** über den Anteil, die den **Bestand des Nießbrauchs** betreffen, bedürfen zu ihrer Wirksamkeit nach **§ 1071 BGB** neben der Zustimmung des Bestellers auch diejenige des Nießbrauchers; sie kann – als Einwilligung (§ 183 BGB) – auch schon im Voraus erteilt werden[395]. Der Zustimmungsvorbehalt ist Ausdruck der dinglichen, grundsätzlich unentziehbaren Position des Nießbrauchers. Er erfasst nur solche Verfügungen, die – wie die Aufhebung oder inhaltliche Änderung des Rechts – sich auf dessen Bestand auswirken, nicht dagegen die Übertragung des belasteten Anteils auf einen Dritten (vgl. näher Rn 125).

121 **bb) Vermögensrechte.** Wesentlicher Inhalt des Anteilsnießbrauchs ist der auf den Anteil entfallende **bestimmungsgemäße Ertrag** (Rn 114). Er umfasst den nach Gesetz oder Gesellschaftsvertrag *entnahmefähigen* Gewinn, soweit er nicht als Geschäftsführungsvergütung dem Besteller zusteht[396], nicht dagegen die von der Verteilung unter den Gesellschaftern ausgeschlossenen Gewinnanteile[397]. Diese kommen als Substanzmehrung dem Besteller zugute; er hat umgekehrt auch etwaige Verluste ohne Beteiligung des Nießbrauchers zu tragen[398]. Außerordentliche Erträge können durch Gesellschafterbeschluss

---

[392] BGHZ 58, 316 (319 ff) = NJW 1972, 1755; BGH BB 1975, 295 f; NJW 1999, 571.

[393] Str., vgl. Nachw. in Fn 379.

[394] Ebenroth/Boujong/Joost/Strohn/*Wertenbruch* Rn 111.

[395] Das soll nach *Flume* I/1 § 17 VI, S. 364 sogar schon im Zusammenhang mit der Nießbrauchsbestellung möglich sein und zur Unwiderruflichkeit der Einwilligung führen. Dagegen spricht jedoch die mit dieser Konstruktion verbundene Aushöhlung der in § 1071 BGB geregelten dinglichen Sicherung des Nießbrauchers.

[396] Vgl. RGZ 170, 358 (369) (für die GmbH); Heymann/*Emmerich* Rn 67a; Baumbach/*Hopt* Rn 45; *Michalski* OHG Rn 78; MünchKommHGB/*K. Schmidt* Vor § 230 Rn 18; Ebenroth/Boujong/Joost/Strohn/*Wertenbruch* Rn 112; MünchKommBGB[5]/*Ulmer* § 705 Rn 103; MünchKommBGB[4]/*Pohlmann* § 1068 Rn 50; *Wiedemann* Übertragung, S. 405; *ders.* Gesellschaftsrecht Bd. II, § 5 II 2a cc, S. 443; *Teichmann* ZGR 1972, 9; *Reichert*/*Schlitt* FS Flick, 1997, S. 217 (233); *Petzold* DStR 1992, 1171 (1175); *Lohr* S. 80; *Goebel* S. 305; *Hepp-Schwab* S. 163, 173.

[397] HM, vgl. BGHZ 58, 316 (320) = NJW 1972, 1755; BGH BB 1975, 295; NJW 1981, 1560 (1561); Staudinger/*Frank* BGB (2002) Anh. §§ 1068 f Rn 77 f, 87; Heymann/*Emmerich* Rn 67a; Baumbach/*Hopt* Rn 45; MünchKommHGB/*K. Schmidt* Vor § 230 Rn 18; Ebenroth/Boujong/Joost/Strohn/*Wertenbruch* Rn 112; MünchKommBGB[5]/*Ulmer* § 705 Rn 103; Westermann/*Wertenbruch* Handbuch Rn I 682a; *Wiedemann* Übertragung, S. 404 f; *ders.* Gesellschaftsrecht Bd. II, § 5 II 2a cc, S. 443; *Reichert*/*Schlitt* FS Flick, 1997, S. 217 (233); *Lohr* S. 80 f; *Hepp-Schwab* S. 164, 173; *Blaurock* S. 139 f; *Bunke* DNotZ 1968, 15; *Petzoldt* GmbHR 1987, 384; *Stimpel* ZGR 1973, 99; einschränkend *Schön* ZHR 158 (1994), 229 (241 ff): Beteiligung des Nießbrauchers an nicht entnommenen Gewinnen (*Schön* aaO, 242); **aA** – voller bilanzmäßiger Gewinn – *Sudhoff* NJW 1971, 483 und NJW 1974, 2209; wohl auch *Finger* DB 1977, 1036 ff; *Haas* FS L. Schmidt, 1994, S. 315 (320); offenlassend MünchKommBGB[4]/*Pohlmann* § 1068 Rn 51.

[398] Heymann/*Emmerich* Rn 67c; *Michalski* OHG Rn 78; MünchKommBGB[4]/*Pohlmann* § 1068 Rn 67; MünchKommHGB/*K. Schmidt* Vor § 230 Rn 23; MünchKommBGB[5]/*Ulmer* § 705 Rn 103; Ebenroth/Boujong/Joost/Strohn/*Wertenbruch* Rn 113; Staudinger/*Frank* BGB (2002) Anh. §§ 1068, 1069 Rn 86; *Lohr* S. 89; *Goebel* S. 371 ff; *Petzoldt* GmbHR 1987, 384; *ders.* DStR 1992, 1171; *Teichmann* ZGR 1972, 13 f; **aA** *Sudhoff* NJW 1971, 483; wohl auch *Schön* ZHR 158 (1994), 229 (247 f), für den Fall, dass der Nießbraucher eine Unternehmerposition inne hat.

von der Verteilung ausgenommen und den Rücklagen überwiesen werden; eine Verkürzung der Rechte des Nießbrauchers ist hierin nicht zu sehen[399]. Eine aus Gesellschaftsmitteln bewirkte Erhöhung des Kapitalanteils steht ebenso wie eine solche durch Erbringung von Einlagen dem Besteller zu[400]. Hinsichtlich der auf das erhöhte Kapital entfallenden Erträge ist danach zu differenzieren, ob es sich um eine nominelle (aus Gesellschaftsmitteln bewirkte) oder eine echte Kapitalerhöhung handelt; im letzteren Fall stehen die Erträge im Zweifel dem Besteller zu, der die Erhöhung aus eigenen Mitteln bewirkt hat[401]. Die Beteiligten können im Rahmen der Nießbrauchsbestellung **abweichende Vereinbarungen** über die Aufteilung der Erträge treffen, insbes. den Nießbrauch auf einen Teil des Anteils (und des hierauf entfallenden Ertrags) beschränken, solange sie dadurch die Wesensmerkmale des Nießbrauchs (§ 1030 BGB) unberührt lassen. **Lasten**, die im Außenverhältnis auf den Nießbraucher entfallen, hat dieser nach §§ 1047, 1068 BGB auch im Innenverhältnis vorbehaltlich einer abweichenden Vereinbarung zwischen ihm und dem Besteller zu tragen.[402]

Das in § 122 Abs. 1 vorgesehene, gesellschaftsvertraglich meist modifizierte gewinnunabhängige **Entnahmerecht** unterliegt als solches nicht dem Zugriff des Nießbrauchers, auch wenn man es als besonderes, mit der Mitgliedschaft verbundenes Vermögensrecht ansieht (§ 122 Rn 5, 15). Das folgt aus der Beschränkung der Rechte des Nießbrauchers auf den *Ertrag* des Anteils, während gewinnunabhängige Entnahmen zu Lasten der Substanz gehen[403]. Hat freilich der Besteller in ertraglosen Jahren Entnahmen getätigt und führen diese in den Folgejahren dazu, dass an sich entnahmefähige Gewinne zur Wiederauffüllung des um die Entnahme verminderten Kapitalkontos verwendet werden, so ist er dem Nießbraucher zum Ersatz verpflichtet. **122**

Scheidet der Besteller aus der Gesellschaft aus oder wird sie liquidiert, so setzt sich der Nießbrauch am **Auseinandersetzungsguthaben** des Bestellers fort[404]; es bildet das **123**

---

399 BGH BB 1975, 295 (296); vgl. ferner die in Fn 402 Genannten. **AA** *Schön* ZHR 158 (1994), 229 (241 f).

400 BGHZ 58, 316 (319) = NJW 1972, 1755; *Michalski* OHG Rn 79; Ebenroth/Boujong/Joost/Strohn/*Wertenbruch* Rn 112.

401 Ebenso BGH GmbHR 1983, 148; Heymann/*Emmerich* Rn 67b; MünchKommBGB⁵/*Ulmer* § 705 Rn 104; *Blaurock* S. 145 f; *Petzoldt* GmbHR 1987, 385; *Teichmann* ZGR 1972, 17 ff mwN; wohl auch MünchKommHGB/*K. Schmidt* Vor § 230 Rn 20; Ebenroth/Boujong/Joost/Strohn/*Wertenbruch* Rn 112; offenlassend BGHZ 58, 316 (319) = NJW 1972, 1755 und Staudinger/*Frank* BGB (2002) Anh. §§ 1068 f Rn 87; *Goebel* S. 318 ff.

402 § 1047 ist gem. § 1068 auf den Nießbrauch an Rechten entsprechend anwendbar, vgl. OLG Karlsruhe BB 1988, 2128; MünchKommBGB⁵/*Ulmer* § 705 Rn 104; Ebenroth/Boujong/Joost/Strohn/*Wertenbruch* Rn 113 einschränkend Voraufl. Fn 265 (*Ulmer*).

403 Ebenroth/Boujong/Joost/Strohn/*Wertenbruch* Rn 112; *Wiedemann* Gesellschaftsrecht Bd. II, § 5 II 2a cc, S. 443; ähnlich *Blaurock* S. 141 f und wohl auch Staudinger/*Frank* BGB (2002) Anh. §§ 1068 f Rn 81 ff, 84; freilich mit der Einschränkung, dass auch der Besteller das Entnahmerecht nicht geltend machen könne. **AA** *Michalski* OHG Rn 78.

404 *Hepp-Schwab* S. 188; *Koller*/Roth/Morck Rn 22; die rechtliche Konstruktion ist umstritten: für entsprechende Anwendung der §§ 1074, 1075 BGB: *Bunke* DNotZ 1968, 13; *Michalski* OHG Rn 80; MünchKommBGB⁵/*Ulmer* § 705 Rn 105; wohl auch *Petzoldt* GmbHR 1987, 385; *Wiedemann* Gesellschaftsrecht Bd. II, § 5 II 2a cc, S. 444; für eine Surrogation entsprechend §§ 1077 ff Staudinger/*Frank* BGB (2002) Anh. §§ 1068 f Rn 88; für Notwendigkeit der Neubegründung eines Nießbrauchs am Liquidationserlös – *Wiedemann* Übertragung, S. 403 f; MünchKommHGB/*K. Schmidt* Vor § 230 Rn 19; **aA** *Schön* ZHR 158 (1994), 229 (246 f) (dem Nießbraucher steht der seit Bestellung ent-

Surrogat des belasteten Anteils. Der Nießbraucher kann danach die auf das Guthaben entfallenden Zinsen beanspruchen, während die Substanz dem Besteller verbleibt. Er kann vom Besteller auch Mitwirkung bei der wirtschaftlich gesicherten Wiederanlage des Guthabens verlangen[405].

124 cc) **Verwaltungsrechte.** Schwierigkeiten bereitet beim Anteilsnießbrauch vor allem die **Aufteilung** des mit dem Anteil verbundenen **Stimmrechts** zwischen Nießbraucher und Besteller. Vom Sonderfall der Aufgabe oder Änderung des Anteils abgesehen, für die § 1071 BGB dem Nießbraucher ausdrücklich ein Mitspracherecht einräumt (vgl. Rn 125), sind in den Vorschriften über den Nießbrauch an Rechten Regelungen hierüber nicht enthalten. Insbesondere sollte als Ausgangspunkt feststehen, dass sich die Verwaltungsrechte nicht ohne weiteres als *Nutzungen* des Anteils (Gebrauchsvorteile, § 100 BGB) beurteilen lassen, die nach §§ 1068, 1030 Abs. 1 BGB dem Nießbraucher zustehen.[406] Wegen der unklaren Rechtslage ist die Aufteilung des Stimmrechts naturgemäß umstritten. Die Ansichten reichen von einem völligen Ausschluss des Nießbrauchers vom Stimmrecht[407] über eine Teilung zwischen Nießbraucher und Gesellschafter[408] bis zur gemeinschaftlichen Zuordnung mit der Folge, dass das Stimmrecht bei Unstimmigkeiten überhaupt nicht ausgeübt werden kann.[409] Die besseren Gründe sprechen indessen dafür, an der in der Voraufl. von *Ulmer* vertretenen Auffassung festzuhalten. Einerseits stößt die theoretisch begründbare These von der gemeinschaftlichen Rechtsausübung auf erhebliche praktische Schwierigkeiten,[410] andererseits widerspräche eine Alleinzuständigkeit des Gesellschafters den mittels Nießbrauch angestrebten wirtschaftlichen Zielen wie auch dessen dinglichen Wirkungen. Namentlich folgt aus § 1071 BGB zumindest die Zuständigkeit des Nießbrauchers für Änderungen des Gesellschaftsvertrags (Rn 125), so dass jedenfalls ein völliger Ausschluss des Nießbrauchers von jeder Mitsprache mit dem Gesetz nicht vereinbar wäre. Damit hat es indessen nicht sein Bewenden; vielmehr entspricht es der Wertung der §§ 1036, 1066 BGB, die Verwaltungsrechte im Zweifel dem Nießbraucher zuzuweisen.[411] Demgemäß bleibt der *Besteller* nur für solche (Grundlagen-)Beschlüsse

standene, nicht ausgeschüttete Überschuss i.S.d. § 734 sowie daneben die Nutzung der dem ausgeschiedenen Gesellschafter zufließenden Kapitaleinlage zu).

[405] Vgl. § 1079 BGB; so auch *Wiedemann* Übertragung. S. 403; einschränk. MünchKommHGB/*K. Schmidt* Vor § 230 Rn 19.

[406] Vgl. nur MünchKommBGB[5]/*Ulmer* § 705 Rn 99 und näher *Schön* ZHR 158 (1994), 229 (248 f) mN auch zur Gegenansicht.

[407] MünchKommHGB/*K. Schmidt* Vor § 230 Rn 21; *ders.* ZGR 1999, 601 (607 f); Soergel/*Stürner*[13] § 1068 Rn 7g; Staudinger/*Frank* BGB (2002) Anh. §§ 1068 f Rn 70; MünchKommBGB[4]/*Pohlmann* § 1068 Rn 81; *Blaurock* S. 142 ff; *Wiedemann* Übertragung, S. 412 f; *ders.* Gesellschaftsrecht Bd. II, § 5 II 2a dd, S. 446; *Reichert/Schlitt* FS Flick, 1997, S. 217 (226); im Ergebnis ebenso *Teichmann* FS Lutter, 2000, S. 1261 (1269 ff) (mit sachenrechtlicher Argumentation).

[408] *Flume* § 17 VI, S. 364; Baumbach/*Hopt* Rn 46; Koller/Roth/*Morck* Rn 22; MünchKommBGB[5]/*Ulmer* § 705 Rn 99; *ders.* FS Fleck, 1988, S. 383 (394); *Petzold* DStR 1992, 1171 (1173); tendenziell auch BGH NJW 1999, 571; modifizierend *Goebel* S. 88 ff, 274 f (Aufteilung ist abhängig von Vereinbarung zwischen Gesellschafter und Nießbraucher); *Hepp-Schwab* S. 181 (für Stimmrecht des Nießbrauchers nur bei Gewinnfeststellung, -verwendung).

[409] So *Schön* ZHR 158 (1994), 229 (260 ff).

[410] Dazu *K. Schmidt* ZGR 1999, 601 (608 f); *Reichert/Schlitt* FS Flick, 1997, S. 225.

[411] Vgl. MünchKommBGB[5]/*Ulmer* § 705 Rn 99; vorbehaltlich eines wichtigen Grundes auch *Göbel* S. 274 f; aA MünchKommHGB/*K. Schmidt* Vor § 230 Rn 21.

zuständig, die seine Rechtsstellung innerhalb der Gesellschaft tangieren,[412] vor allem also bei *Eingriffen in den Kernbereich* der Mitgliedschaft. Gesellschaftsrechtliche Schranken stehen dem nicht entgegen, insbesondere greift das Abspaltungsverbot nicht ein (Rn 114 aE) und die Mitgesellschafter sind schon deshalb nicht schutzbedürftig, weil sie auf die Nießbrauchsbestellung und deren Ausgestaltung Einfluss nehmen können.

Die Mitspracherechte des Nießbrauchers bei **Änderungen des Gesellschaftsvertrags und sonstigen Grundlagengeschäften** richten sich nach **§ 1071 BGB;**[413] sie verdrängen nicht etwa das Verfügungsrecht des Bestellers, sondern lassen die Wirksamkeit der Änderung in bestimmten Fällen **zusätzlich** von der **Zustimmung des Nießbrauchers** abhängen. Damit ist weder eine Verdoppelung des Stimmrechts verbunden noch kann der Nießbraucher verhindern, dass der Gesellschafter in einer Grundlagenangelegenheit überstimmt wird, sofern nicht der **Kernbereich** der Mitgliedschaft betroffen ist und der Beschluss aus diesem Grund nicht ohne die Zustimmung des Gesellschafters wirksam wird (§ 119 Rn 38 ff).[414] Denn es lässt sich nicht begründen, dass die Nießbrauchsbestellung zu einem erweiterten Vetorecht führen soll. Soweit gesagt wird, dass auch solche Änderungen vom Zustimmungsvorbehalt auszunehmen sind, die nicht nur den belasteten Anteil, sondern die Gesellschaft als Ganzes betreffen,[415] ist dem nur mit der Einschränkung zu folgen, dass nicht der Kernbereich der Mitgliedschaft betroffen ist. Zwar wird ein Eingriff in den Kernbereich bei gleichmäßiger Betroffenheit aller Gesellschafter häufig zu verneinen sein (§ 119 Rn 41, 44); doch ist dies nicht zwingend, wie das Beispiel des Fortsetzungsbeschlusses zeigt (§ 131 Rn 66). Entgegen der Voraufl. Rn 125 (*Ulmer*) fällt allerdings der Auflösungsbeschluss nicht in diese Kategorie, denn er stellt keinen Eingriff in den Kernbereich der Mitgliedschaft dar (§ 131 Rn 22) und ist deshalb auch vom Nießbraucher hinzunehmen. Hinzunehmen hat der Nießbraucher schließlich die Ausübung derjenigen außerordentlichen Gestaltungsrechte durch den Besteller oder seinen Rechtsnachfolger, die zum Schutze der Gesellschafter zwingend ausgestaltet sind, so im Falle der §§ 133, 139.[416] – Von diesen Sonderfällen abgesehen greift das *Zustimmungserfordernis* des § 1071 BGB jedoch bei allen Rechtsgeschäften ein, die sich unmittelbar nachteilig auf den belasteten Anteil auswirken. Insoweit müssen auch die Mitgesellschafter das Recht des Nießbrauchers auf Mitwirkung respektieren[417]; sie können die Auf- 125

[412] So tendenziell BGH NJW 1999, 571 (572); ebenso schon BGHZ 108, 187 (199) = NJW 1989, 3 (obiter); MünchKommBGB[5]/*Ulmer* § 705 Rn 99; *ders.* FS Fleck, 1988, S. 383 (394 f); *Flume* I/1 § 17 VI, S. 366 f; *Rohlff* NJW 1971, 1337 (1339 ff).

[413] Vgl. MünchKommHGB/*K. Schmidt* Vor § 230 Rn 22; MünchKommBGB[5]/*Ulmer* § 705 Rn 102; **aA** MünchKommBGB[4]/*Pohlmann* § 1068 Rn 76, § 1071 Rn 10; wohl auch *Wiedemann* Gesellschaftsrecht Bd. II, § 5 II 2a dd, S. 446 f.

[414] So zutr. *Wiedemann* Übertragung, S. 417; *ders.* Gesellschaftsrecht Bd. II, § 5 II 2a ee, S. 447; *Flume* I/1 § 17 VI, S. 364; *Teichmann* ZGR 1972, 15; MünchKommHGB/*K. Schmidt* Vor § 230 Rn 22; MünchKommBGB[5]/*Ulmer* § 705 Rn 102; *Schön* ZHR 158 (1994) 229 (266 ff); *Hepp-Schwab* S. 184.

[415] *Flume* I/1 § 17 VI, S. 364; MünchKommHGB/*K. Schmidt* Vor § 230 Rn 22; Staudinger/*Frank* BGB (2002) Anh. §§ 1068 f Rn 74; *Hepp-Schwab* S. 184 f; i.E. ähnlich – auf unmittelbare Schädigungen des Nießbrauchers als Voraussetzung für sein Mitspracherecht nach § 1071 BGB abstellend – *Wiedemann* Übertragung, S. 419.

[416] MünchKommHGB/*K. Schmidt* Vor § 230 Rn 22; *Ulmer* FS Fleck, 1988, S. 394; *Flume* I/1 § 17 VI, S. 364; *Teichmann* ZGR 1972, 15 f; *Hepp-Schwab* S. 184; weitergehend *Wiedemann* Übertragung, S. 417; *ders.* Gesellschaftsrecht Bd. II, § 5 II 2a ee, S. 447 f, der das einseitige Lösungsrecht des Bestellers insgesamt von den Beschränkungen des § 1071 BGB ausnehmen will.

[417] *Schön* ZHR 158 (1994), 229 (267); einschränkend MünchKommHGB/*K. Schmidt* Vor § 230 Rn 22 und *Goebel* S. 153 ff, 158;

nahme neuer Gesellschafter oder sonstige für den Nießbraucher relevante Vertragsänderungen nicht ohne seine und des Bestellers Zustimmung beschließen.

126 Hinsichtlich der **Beschlussfassung in laufenden Angelegenheiten** kommt es abweichend von § 1071 BGB nicht zur Verdoppelung der mit dem Anteil verbundenen Mitspracherechte. Vielmehr steht das Stimmrecht insoweit nach den Wertungen der §§ 1036, 1066 BGB (Rn 124) im Zweifel allein dem **Nießbraucher** zu. Er hat dabei die ihn als Mitberechtigten in der OHG/KG treffende Treupflicht zu beachten, muss aber auch auf das Interesse des Bestellers Rücksicht nehmen und darf ihn nicht willkürlich schädigen. Ein für den Anteilsnießbrauch unverzichtbares Kriterium ist in der Zuweisung der laufenden Mitspracherechte an den Nießbraucher allerdings nicht zu sehen, da sie die ihm zustehenden Nutzungen nur am Rande berührt[418]. Daher bestehen keine Bedenken gegen eine **vertragliche Ausgestaltung** des Anteilsnießbrauchs, die die Mitspracherechte in laufenden Angelegenheiten dem Besteller vorbehält oder zu ihrer Aufspaltung zwischen Nießbraucher und Besteller je nach dem Gegenstand der Beschlussfassung kommt[419]. Die Ausgestaltung kann entweder – mit bindender Wirkung für die Beteiligten – im Gesellschaftsvertrag getroffen werden. Sie kann aber auch im Rahmen der Nießbrauchsbestellung vereinbart werden[420].

127 Das in Rn 126 Ausgeführte gilt – vorbehaltlich abweichender Vereinbarungen – auch für die mit dem Anteil verbundenen **Geschäftsführungsrechte**[421]. Freilich gelingt die Abgrenzung zwischen Beschlüssen in laufenden und in Grundlagenangelegenheiten nicht

---

aA OLG Hamm BB 1971, 13, wonach sich (in der GmbH) das Mitspracherecht des Nießbrauchers aus § 1071 BGB auf das Innenverhältnis zum Besteller beschränkt.

418 Gegen die Anerkennung von Verwaltungsrechten des Nießbrauchers, weil sie nicht zu den „Nutzungen“ gehören insbes. *Huber* Vermögensanteil, S. 416; ähnlich auch *Wiedemann, Blaurock* und Staudinger/*Frank* BGB (2002) Anh. §§ 1068 f Rn 74. Dagegen zutr. *Flume* I/1 § 17 VI, S. 360, 362 f; ähnlich *Kreifels* Freundesgabe Hengeler, 1972, S. 158 ff; *Rohlff* NJW 1971, 1337 (1339 ff); *Michalski* OHG Rn 78; MünchKommHGB/*K. Schmidt* Vor § 230 Rn 14; MünchKommBGB[5]/*Ulmer* § 705 Rn 96; *Teichmann* FS Lutter, 2000, S. 1261 (1269 ff); Ebenroth/Boujong/Joost/Strohn/*Wertenbruch* Rn 114. Offenlassend BGH BB 1975, 295 (296); für Wiederaufleben des Stimmrechts des Bestellers bei Vorliegen eines wichtigen Grundes, *Goebel* S. 274 f.

419 Für eine vertragliche Aufteilung zur Vermeidung der Rechtsunsicherheit auch Westermann/*Wertenbruch* Handbuch Rn I 683c; allg. zur Problematik der Stimmrechtsaufteilung zwischen Nießbraucher und Besteller vgl. auch *Flume* I/1 § 17 VI, S. 362 f; *Rohlff* NJW 1971, 1340 f; MünchKommHGB/*K. Schmidt* Vor § 230 Rn 21; *Fleck* FS Rob. Fischer, 1979, S. 107 (125 f) (für den Nießbrauch am GmbH-Anteil) sowie *Langmaack*.

420 Die sachenrechtliche Zulässigkeit derartiger Vereinbarungen steht außer Zweifel, solange dadurch der Nießbrauch nicht in seinem Wesensgehalt als Nutzungsrecht berührt wird. Vgl. § 1030 Abs. 2 BGB, dazu MünchKommBGB[4]/*Petzoldt* § 1030 Rn 57 und Staudinger/*Frank* BGB (2002) § 1030 Rn 54 ff; zur Möglichkeit von Modifikationen des Besitzrechts des Nießbrauchers (§ 1036 Abs. 1 BGB) vgl. auch MünchKommBGB[4]/*Petzoldt* § 1036 Rn 4 f und Staudinger/*Frank* BGB (2002) § 1036 Rn 3.

421 Für grundsätzliche Ausübung der „Herrschaftsrechte“ durch den Nießbraucher auch *Flume* I/1 § 17 VI, S. 363; weitergehend (sämtliche Verwaltungsrechte beim Nießbraucher) *Sudhoff* NJW 1971, 482; *Michalski* OHG Rn 78; MünchKommBGB[5]/*Ulmer* § 705 Rn 100; Ebenroth/Boujong/Joost/Strohn/*Wertenbruch* Rn 114; *Goebel* S. 275 f; **aA** etwa *Teichmann* ZGR 1972, 13; Staudinger/*Frank* BGB (2002) Anh. §§ 1068 f Rn 70, 73; wohl auch MünchKommHGB/*K. Schmidt* Vor § 230 Rn 21; *Wiedemann* Gesellschaftsrecht Bd. II, § 5 II 2a ee, S. 447 und für den Nießbrauch am GmbH-Anteil RGZ 170, 358 (359). *Schön* ZHR 158 (1994), 229 (262 f): Förderpflicht fällt Nießbraucher, Arbeitspflicht fällt Besteller zu.

immer trennscharf (vgl. dazu § 119 Rn 46 f).[422] Zu den laufenden Angelegenheiten gehören jedenfalls auch *außergewöhnliche Geschäftsführungsmaßnahmen*, während die Überschreitung des Gesellschaftszwecks (Unternehmensgegenstands) als materielle Änderung des Gesellschaftsvertrags den Grundlagenbereich betrifft. Auch die für den Nießbraucher besonders wichtige Beschlussfassung über die jährliche *Rechnungslegung und Gewinnverwendung* ist nach der aktuellen Rechtsprechung des BGH (§ 120 Rn 41) den laufenden Angelegenheiten zuzurechnen;[423] allerdings muss der Nießbraucher bei seiner Stimmabgabe auch auf das (Thesaurierungs-)Interesse von Gesellschaft und Mitgesellschaftern Rücksicht nehmen. Empfehlenswert ist in jedem Fall eine **vertragliche Regelung** zwischen Besteller und Nießbraucher über die Aufteilung der Verwaltungsrechte, sei es im Zusammenhang mit der Nießbrauchsbestellung, sei es durch eine Regelung im Gesellschaftsvertrag unter Beteiligung sämtlicher Gesellschafter und des Nießbrauchers.[424] Häufig wird das Interesse der Mitgesellschafter, die Geschäftsführung den Gesellschaftern selbst vorzubehalten, sogar dazu führen, den Nießbraucher von der Geschäftsführung ganz auszuschließen. In Bezug auf die **Informations- und Kontrollrechte** ist für die Rechtsausübung in laufenden Angelegenheiten nach §§ 118 Abs. 1, 166 Abs. 1 regelmäßig von der Zuständigkeit des Nießbrauchers auszugehen. Dem Besteller verbleiben als unverzichtbarer Mindestbestand die Rechte aus §§ 118 Abs. 2, 166 Abs. 3. Sind die mitgliedschaftlichen Kontrollrechte im Gesellschaftsvertrag oder im Rahmen der Nießbrauchsbestellung dem Besteller vorbehalten, so hat der Nießbraucher doch ein seiner dinglichen Berechtigung entsprechendes, eigenes Auskunfts- und Kontrollrecht hinsichtlich der auf ihn entfallenden Erträge[425].

dd) Außenhaftung. Der **Besteller** haftet wegen seiner trotz Nießbrauchsbestellung **128**
fortbestehenden Gesellschafterstellung wie bisher für die Verbindlichkeiten der Gesellschaft nach § 128 oder §§ 171, 172[426]. Das gilt unabhängig vom Übergang der Mitverwaltungsrechte auf den Nießbraucher. Zur Vermeidung unerwünschter Haftungsrisiken mag es sich empfehlen, die Mitgliedschaft vor Nießbrauchsbestellung in eine Kommanditbeteiligung umzuwandeln[427]; die Umwandlung kann etwa von dem mit einem Nießbrauchsvermächtnis belasteten Gesellschafter-Erben (Rn 117) nach § 139 betrieben wer-

422 So namentlich *Schön* ZHR 158 (1994), 229 (261 f); dem zust. *K. Schmidt* ZGR 1999, 601 (608).

423 BGHZ 170, 283 (289 Rn 13) = NJW 2007, 1685 (1687) – *Otto* (anders noch BGHZ 132, 263 [266] = NJW 1996, 1678). Ebenso bereits *K. Schmidt* ZGR 1999, 606.

424 Vgl. hierzu eingehend *Reichert/Schlitt* FS Flick, 1997, S. 227 ff, bezogen auf das Stimmrecht in der GmbH. Für zwingende Alleinzuständigkeit des Bestellers gegenüber den Mitgesellschaftern aber *Wiedemann* Gesellschaftsrecht Bd. II, § 5 II 2a dd, S. 446.

425 So auch *Blaurock* S. 147 f; *Goebel* S. 277 ff; *Teichmann* ZGR 1972, 9; *Wiedemann,* S. 419 f; *ders.* Gesellschaftsrecht Bd. II, § 5 II 2a ee, S. 447; *Petzold* DStR 1992, 1171 (1174); Heymann/*Emmerich* Rn 68; MünchKommHGB/*K. Schmidt* Vor § 230 Rn 21; MünchKommBGB[5]/*Ulmer* § 705 Rn 100. **AA** Westermann/*Wertenbruch* Handbuch Rn I 683d; vgl. auch *Schön* ZHR 158 (1994), 229 (263 f), der, wie beim Stimmrecht, für eine Vergemeinschaftung eintritt; ebenso *Wiedemann* Gesellschaftsrecht Bd. II, § 5 II 2a ee, S. 447.

426 MünchKommHGB/*K. Schmidt* Vor § 230 Rn 24; für die GbR: MünchKommBGB[5]/*Ulmer* § 705 Rn 106; Ebenroth/Boujong/Joost/Strohn/*Wertenbruch* Rn 114, 116; *Goebel* S. 369 ff.

427 Dafür spricht auch die ansonsten drohende Gefahr, die Nießbrauchsbestellung könnte wegen des damit verbundenen Übergangs der laufenden Mitspracherechte auf den Nießbraucher einer „Selbstentmündigung" des Bestellers gleichgestellt werden (vgl. dazu BGHZ 44, 158 [161] = NJW 1965, 2147).

den. Zweifelhaft ist die Rechtslage des **Nießbrauchers.** Seine mit derjenigen des Bestellers konkurrierende Außenhaftung ist insbes. von *Flume*[428] bejaht worden. Dafür spricht seine dingliche Mitberechtigung am Anteil und die regelmäßige Zuständigkeit hinsichtlich der Verwaltungsrechte in laufenden Angelegenheiten, die man auch im Rahmen der §§ 128, 171 f zur Geltung bringen könnte. Höchstrichterliche Rechtsprechung und hL lehnen indessen bei der offenen Treuhand eine Haftung des Treugebers im Ergebnis zu Recht ab (Rn 103), was konsequentermaßen auch für den Nießbraucher zu berücksichtigen ist. Gleichwohl sprechen gute Gründe dafür, den Nießbraucher neben dem Besteller als Mitinhaber des Anteils im **Handelsregister** einzutragen[429]. Die Anmeldepflicht folgt aus einer entsprechenden Anwendung der §§ 106 bis 108, 162; neben den Gesellschaftern trifft sie auch den Nießbraucher (vgl. § 106 Rn 16).

c) **Nießbrauch am Gewinn?**

129 aa) **Die Ansprüche nach § 717 S. 2 BGB.** Neben dem Anteilsnießbrauch wird vielfach die Bestellung eines auf die nach § 717 S. 2 BGB übertragbaren Vermögensrechte, insbes. auf den Gewinnanspruch beschränkten Nießbrauchs für möglich gehalten[430]. Ein solcher Nießbrauch ist unproblematisch, wenn er sich nur auf die nach § 717 S. 2 BGB selbständig übertragbaren Vermögensrechte als solche, darunter insbes. die **Gewinnansprüche für die einzelnen Geschäftsjahre** bezieht[431]. Er kann nach § 1069 BGB ohne Zustimmung der Mitgesellschafter bestellt werden, wenn nicht im Gesellschaftsvertrag die Abtretung der Vermögensrechte nach § 399 BGB ausgeschlossen ist. Allerdings beschränkt sich die Berechtigung des Nießbrauchers in diesem Fall auf die *Nutzung* des ausgezahlten Gewinns, d.h. auf seinen Einsatz durch den Nießbraucher zu Finanzierungszwecken bzw. auf die darauf entfallenden Zinsen; die Gewinne selbst bilden die Substanz des Nießbrauchsgegenstands und sind daher bei Beendigung des Nießbrauchs nach § 1067 BGB an den Besteller herauszugeben[432]. Auch die *dingliche Absicherung* des Nießbrauchs am Gewinnanspruch ist derjenigen beim Anteilsnießbrauch nicht vergleichbar. Vom Nießbrauchsrecht erfasst und nach § 1071 BGB geschützt, wird nur

---

[428] *Flume* I/1 § 17 VI, S. 364 f; *Koller*/Roth/Morck Rn 22; *Schön* ZHR 157 (1994), 256; MünchKommBGB[5]/*Ulmer* § 705 Rn 100; *ders.* FS Fleck, 1988, S. 396; **aA** *Blaurock* S. 148 f; *Goebel* S. 366 ff; *Hepp-Schwab* S. 185 f; Staudinger/*Frank* (2002) Anh. §§ 1068 f Rn 91; Heymann/*Emmerich* Rn 68; MünchKommHGB/*K. Schmidt* Vor § 230 Rn 24; MünchKommBGB[4]/*Pohlmann* § 1068 Rn 67; *Michalski* OHG Rn 78; Ebenroth/Boujong/Joost/Strohn/*Wertenbruch* Rn 116; Westermann/*Wertenbruch* Handbuch Rn I 681a; *Staudinger*/Frank (2002) Anh. §§ 1068, 1069 Rn 91.

[429] Zutr. *Flume* I/1 § 17 VI, S. 366; *Koller*/Roth/Morck Rn 22; *Schön* ZHR 158 (1994), 256; *Ulmer* FS Fleck, 1988, S. 396 und MünchKommBGB[5]/*Ulmer* § 705 Rn 106; **aA** Heymann/*Emmerich* Rn 68; MünchKommHGB/*K. Schmidt* Vor § 230 Rn 16; Ebenroth/Boujong/Joost/Strohn/*Wertenbruch* Rn 116.

[430] Vgl. etwa *Michalski* OHG Rn 81; MünchKommBGB[5]/*Ulmer* § 705 Rn 107; Ebenroth/Boujong/Joost/Strohn/*Wertenbruch* Rn 117; *Wiedemann* Gesellschaftsrecht Bd. II, § 5 II 2a bb, S. 442; *Haas* FS L. Schmidt, 1994, S. 315 (317 f); Soergel/*Baur*[13] § 1068 Rn 7a; Soergel/*Hadding*[12] § 717 Rn 18 f; *Bunke* DNotZ 1968, 5 ff; *Petzoldt* GmbHR 1987, 385 ff. **AA** (wegen eines Verstoßes gegen das Abspaltungsverbot) *Schön* ZHR 158 (1994), 229 (264 ff, 266).

[431] Zur Frage eines Nießbrauchs am Auseinandersetzungsguthaben vgl. Rn 123; er greift erst beim Ausscheiden des Bestellers oder bei Liquidation der OHG/KG ein.

[432] So zutr. *Finger* DB 1977, 1033; Staudinger/*Frank* BGB (2002) Anh. §§ 1068 f Rn 65; ähnlich schon *Wiedemann* Übertragung, S. 400.

der jeweils aufgrund eines Bilanzfeststellungsbeschlusses (§ 122 Rn 4) *entstandene* Anspruch auf den entnahmefähigen Gewinn[433]. Künftige Ansprüche unterfallen nur dann der Nießbrauchsbestellung, wenn der Besteller im Zeitpunkt ihrer Entstehung den Anteil weder veräußert noch durch Kündigung oder vereinbartes Ausscheiden liquidiert hat[434]. Anders als beim Anteilsnießbrauch ist in Bezug auf derartige künftige Rechte das Verfügungsrecht des Bestellers nicht durch § 1071 BGB zugunsten des Nießbrauchers beschränkt.

bb) Ersatzkonstruktionen? Um die dem Nießbrauch am Gewinnanspruch offenkundig anhaftenden Schwächen zu vermeiden und zu einem vermögensrechtlich dem Anteilsnießbrauch entsprechenden, wenn auch nicht auf die Verwaltungsrechte erstreckten Ertragsnießbrauch zu kommen, sind in der Literatur verschiedene Ersatzkonstruktionen entwickelt worden. Von ihnen zielt die eine unter Hinweis auf die dispositive Natur des § 1067 BGB[435] darauf ab, im Fall des Nießbrauchs am Gewinnanspruch dem Nießbraucher nicht nur die Nutzungen des Gewinns, sondern diesen selbst auf Dauer zu belassen und die Wertersatzpflicht des **§ 1067 BGB abzubedingen**[436]. Die Lösung vermag schon deshalb nicht zu überzeugen, weil sie der Sache nach nicht zu einem Nutzungsrecht, sondern zu einer (Voraus-)Abtretung der Gewinnansprüche führt[437]. Mit dem in §§ 1068, 1030 BGB definierten Nießbrauch an Rechten hat sie nichts mehr gemein; der Hinweis auf den dispositiven Charakter des § 1067 BGB ist irreführend[438]. Im Übrigen ist die Konstruktion auch nicht geeignet, die fehlende dingliche Sicherung des „Nießbrauchers" hinsichtlich der künftigen Gewinnansprüche (Rn 129) zu kompensieren. Sie erweist sich daher insgesamt als untauglich. Auch die auf *Siebert* (BB **1956**, 1126) zurückgehende Konstruktion eines Nießbrauchs am **Gewinnstammrecht** als einem zentralen, die Grundlage der einzelnen Gewinnansprüche bildenden vermögensrechtlichen Mitgliedschaftsrecht, hat sich zu Recht nicht durchsetzen können (näher Voraufl. Rn 130 [*Ulmer*])[439]. Letztlich kann die Frage nach Ersatzkonstruktionen dahinstehen. Denn 130

---

[433] So auch *Sudhoff* NJW 1971, 483; MünchKommBGB[5]/*Ulmer* § 705 Rn 107.

[434] Zur Unwirksamkeit der Abtretung künftiger Gewinnansprüche im Fall zwischenzeitlicher Anteilsveräußerung durch den Zedenten vgl. Rn 309, zum Zeitpunkt der Entstehung des Gewinnanspruchs vgl. § 121 Rn 5.

[435] HM, vgl. MünchKommBGB[4]/*Petzoldt* § 1067 Rn 7; Staudinger/*Frank* BGB (2002) § 1067 Rn 10 ff.

[436] So Soergel/*Hadding*[12] § 717 Rn 19; *Hadding* S. 73; *Bunke* DNotZ 1968, 9 f; *Petzoldt* GmbHR 1987, 386; offenlassend *ders.* DStR 1992, 1171 (1176 f).

[437] MünchKommBGB[5]/*Ulmer* § 705 Rn 107.

[438] Das zeigen die sonstigen für Abweichungen von § 1067 BGB angeführten Beispiele, bei denen es nicht etwa um den Ausschluss des Wertersatzanspruchs geht, sondern um dessen inhaltliche Modifizierung (vgl. nur Staudinger/*Frank* BGB [2002] § 1067 Rn 14 ff mN). Ähnlich auch *Bökelmann* Nutzungen und Gewinn beim Unternehmensnießbrauch, 1971, S. 212. S.a. MünchKommBGB[5]/*Ulmer* § 705 Rn 107 aE.

[439] Dagegen *Flume* I/1 § 17 VI, S. 360 f; *Huber* Vermögensanteil, S. 414 f, *Wiedemann* Übertragung, S. 400 f; *Teichmann* ZGR 1972, 21; MünchKommBGB[4]/*Pohlmann* § 1068 Rn 29; Soergel/*Hadding*[12] § 717 Rn 19; Staudinger/*Frank* BGB (2002) Anh. §§ 1068 f Rn 66; *Michalski* OHG Rn 77; MünchKommHGB/*K. Schmidt* Vor § 230 Rn 14; Ebenroth/Boujong/Joost/Strohn/*Wertenbruch* Rn 112; MünchKommBGB[5]/*Ulmer* § 705 Rn 108; *Wiedemann* Gesellschaftsrecht Bd. II, § 5 II 2a bb, S. 442; *Blaurock* S. 139 f; *Rohlff* NJW 1971, 1341; dafür noch 3. Aufl. § 139 Rn 88 (*Rob. Fischer*); *Sudhoff* NJW 1971, 483 f; offenlassend BGH BB 1975, 295 und Staudinger/*Habermeier* BGB (2003) § 717 Rn 7: „Stellung des Nießbrauchers […] mitgliedschaftlicher Art".

eigenständige Bedeutung gegenüber dem Anteilsnießbrauch kommt ihnen **nicht** zu[440]; sie scheinen daher ohne weiteres verzichtbar (näher Voraufl. Rn 132 [*Ulmer*]).

131 **4. Pfändung, Verpfändung.** Die **Pfändung** des OHG/KG-Anteils durch Gläubiger des Gesellschafters ist entsprechend § 859 Abs. 1 ZPO unabhängig davon zulässig, ob im Gesellschaftsvertrag die Übertragung des Anteils zugelassen ist; der Anwendungsbereich des § 859 Abs. 1 ZPO beschränkt sich entgegen seinem Wortlaut nicht auf Anteile an einer GbR (Rn 281). Allerdings ist die Anteilspfändung ungewöhnlich, da Privatgläubigern eines Gesellschafters nach § 135 der für die Realisierung des Anteilswerts einfachere und direktere Weg einer Pfändung des Anspruchs auf das Auseinandersetzungsguthaben mit anschließender Kündigung der Gesellschaft offensteht, während Gesellschaftsgläubiger unmittelbar in das Gesellschaftsvermögen vollstrecken können, statt den Umweg über § 128 i.V.m. § 859 Abs. 1 ZPO zu gehen.

132 Die **Verpfändung** eines OHG/KG-Anteils richtet sich nach § 1274 BGB: Voraussetzung ist die Zulassung der Anteilsübertragung im Gesellschaftsvertrag oder die Zustimmung der Mitgesellschafter zur Verpfändung (Rn 282). Davon zu unterscheiden ist die Verpfändung der nach § 717 S. 2 BGB übertragbaren Vermögensrechte: sie ist auch ohne Zustimmung der Mitgesellschafter möglich. Da sie aber erst mit Entstehung der betroffenen Ansprüche wirksam wird[441], verschafft sie dem Pfandgläubiger keine entsprechend gesicherte Stellung wie die Verpfändung des Anteils.

133 Die **Rechtsstellung des Pfandgläubigers** beschränkt sich im Fall von Pfändung und Verpfändung gleichermaßen auf das Recht zur *Verwertung* des Anteils, ggf. auf dem Wege über die Kündigung nach § 135. Mitgliedschaftliche Verwaltungsrechte stehen ihm im Unterschied zum Nießbraucher nicht zu; eine Ausnahme gilt für die zu seinem Schutze erforderlichen Informations- und Kontrollrechte (vgl. näher Rn 281 aE, 282 aE).

134 **5. Testamentsvollstreckung, Nachlassverwaltung, -insolvenz.** In die seit Jahren – vor allem für die Personen*handels*gesellschaften – geführte Diskussion über die Zulassung der **Dauer-Testamentsvollstreckung** an Gesellschaftsanteilen ist, vor allem durch ein Grundsatzurteil des BGH aus dem Jahr 1989,[442] Bewegung geraten. Seither sieht die hM die Testamentsvollstreckung am *Kommanditanteil* als zulässig an, während hinsichtlich des Anteils eines persönlich haftenden Gesellschafters wegen dessen unbeschränkter Haftung für die Gesellschaftsschulden die Bedenken unverändert vorherrschen. Denn der Testamentsvollstrecker kann durch sein rechtsgeschäftliches Handeln den Erben wirksam nur mit Bezug auf den Nachlass, nicht aber mit dessen Privatvermögen verpflichten (§§ 2206–2208 BGB). Zu Recht hat die höchstrichterliche Rechtsprechung unter Zustimmung der hL (s. § 139 Rn 58) daraus gefolgert, dass diese TV-Schranke nicht nur der unmittelbaren persönlichen Verpflichtung des Erben durch das rechtsgeschäftliche Handeln des Testamentsvollstreckers, sondern auch der Einbeziehung des *OHG-Anteils* in den Machtbereich des Testamentsvollstreckers entgegensteht. Wegen der Einzelheiten ist auf § 139 Rn 57 ff zu verweisen.

---

[440] So auch *Blaurock* S. 140; MünchKommHGB/*K. Schmidt* Vor § 230 Rn 14; MünchKommBGB[5]/*Ulmer* § 705 Rn 108 und früher schon *Wiedemann* S. 400 f; *Huber* Vermögensanteil, S. 414 f; *Teichmann* ZGR 1972, 21; *Petzold* DStR 1992, 1171 (1177).

[441] Vgl. näher MünchKommBGB[5]/*Ulmer*/*C. Schäfer* § 717 Rn 31 und 45.

[442] BGHZ 108, 187 = NJW 1989, 3152 und dazu *Brandner* FS Kellermann, 1991, S. 37; *Flume* ZHR 155 (1991), 501; *D. Mayer* ZIP 1990, 976; *Stodolkowitz* FS Kellermann, 1991, S. 439; *Ulmer* NJW 1990, 73.

Angesichts der durch BGHZ 108, 187 geklärten Nachlasszugehörigkeit des Anteils wird dieser auch von der einer **Nachlassverwaltung oder -insolvenz** erfasst. Der Nachlass(insolvenz)verwalter ist jedoch auf die Ausübung der Vermögensrechte beschränkt, hat allerdings ein eigenes Kündigungsrecht analog § 135, um den Anteilswert zu liquidieren (§ 139 Rn 35). Die Verwaltungsrechte bleiben seinem Zugriff schon deshalb entzogen, weil es für diesen Fall regelmäßig an der Zustimmung der Mitgesellschafter fehlt; diese kann auch nicht aus der generellen Übertragbarkeit der Anteile abgeleitet werden. Außerdem rechtfertigt die auf Abwicklung des Nachlassvermögens beschränkte Funktion nicht die Übertragung der Verwaltungsrechte (§ 139 Rn 35). Für die Wahrnehmung der Vermögensrechte bedarf der Nachlass(insolvenz)verwalter, wie der Abwicklungs-Testamentsvollstrecker, keiner Zustimmung der Mitgesellschafter. **135**

D. Gesellschaftsvertrag

I. Grundlagen

1. Vertragsschluss als notwendiges Erfordernis. Das Vorliegen einer „Gesellschaft“, d.h. eines vertraglichen Schuldverhältnisses i.S.d. § 705 BGB (Rn 16), ist nach § 105 Abs. 1 notwendige Voraussetzung für die Entstehung einer OHG (KG). Der Gesellschaftsvertrag bedarf grundsätzlich keiner Form (Rn 167). Er kann ausdrücklich oder konkludent geschlossen werden (Rn 154 f) und muss die Wesensmerkmale einer OHG (gemeinsamer Zweck; Beitragspflichten; Haftungsbeschränkung bei keinem der Beteiligten; vgl. Rn 17 ff) enthalten. **Ohne** rechtsgeschäftliche Grundlage kommt eine OHG **nicht zur Entstehung** (einhM). Das gilt auch bei gemeinsamer Fortführung eines ererbten Handelsgeschäfts durch die Erbengemeinschaft (Rn 59). Auch die rechtliche Anerkennung einer *fehlerhaften* Gesellschaft setzt neben deren Invollzugsetzung den auf einen Vertragsschluss gerichteten, wenn auch fehlerhaften Willen der Beteiligten voraus (Rn 331). Ein Scheinvertrag (§ 117 BGB) oder das bloß äußerliche Zusammenwirken der Beteiligten in Kenntnis der fehlenden Vertragsgrundlage reichen für die Anerkennung einer – sei es auch fehlerhaften – Gesellschaft nicht aus (Rn 370). **136**

2. Rechtsnatur

a) Schuldvertrag. Nach der Einteilung des BGB gehört der Gesellschaftsvertrag zu den „Einzelnen Schuldverhältnissen“ des besonderen Schuldrechts; er bildet dort den 14. Titel. Die Einteilung geht auf die römischrechtliche *societas* als bloßes Schuldverhältnis der Beteiligten zurück; sie ist trotz Einbeziehung von Gesamthandselementen in die Regelung der §§ 705 bis 740 BGB während der Gesetzesberatungen des BGB beibehalten worden[443]. Diese Systematik verdient insoweit Zustimmung, als der Gesellschaftsvertrag unbeschadet der darin enthaltenen Organisationselemente (Rn 139) und der mit seinem Abschluss verbundenen Begründung von Gesamthandsvermögen (Rn 269 f) allein durch **rechtsgeschäftliche Einigung der Beteiligten** zustande kommt und für sie zur Begründung obligatorischer **Beitragspflichten** (Rn 18) führt. **137**

---

[443] Zum Einfluss von societas und Gesamthand auf die Ausgestaltung der §§ 705 bis 740 BGB und zum Gang des Gesetzgebungsverfahrens vgl. *Flume* ZHR 136 (1972), 177 f; *dens.* I/1 § 1 II, S. 2 ff und *Hadding* FS zum 100-jährigen Gründungstag des Reichsjustizamts, 1977, S. 263 (270 ff).

138 Über die **Rechtsnatur** des Gesellschaftsvertrags als gegenseitiger Vertrag, Gemeinschaftsvertrag, personenrechtlicher Vertrag, Organisationsvertrag u.a. wurde früher viel gestritten.[444] Für die Ableitung konkreter Rechtsfolgen war diese heute überholte Diskussion von vornherein wenig geeignet. Fest steht, dass der Gesellschaftsvertrag **nicht** zu den **Austauschverträgen** nach Art des Kauf-, Miet- oder Werkvertrags gehört, auf die die Vorschriften der §§ 320 ff BGB über gegenseitige Verträge angewandt werden könnten (Rn 145 ff). Soweit § 705 BGB von „gegenseitigen" Verpflichtungen spricht, sind damit *wechselseitige*, nicht den Mitgesellschaftern, sondern der Gesamthand gegenüber eingegangene Verpflichtungen der Beteiligten gemeint.[445] Zutreffend wird daher auch der auf Begründung einer **Interessengemeinschaft** gerichtete Charakter der Gesellschaft im Unterschied zu den Typen eines Austausch- und Interessenwahrungsvertrags betont.[446] Für das Innenverhältnis bedeutsam sind das *Gemeinschaftselement* und der für den Gesellschaftsvertrag kennzeichnende *persönliche Zusammenschluss* der Mitglieder. Sie beeinflussen die Auslegung des Vertrags und führen zur Anerkennung bestimmter ungeschriebener, das Gesellschaftsverhältnis prägender Rechtsgrundsätze, darunter vor allem des Gleichbehandlungsgrundsatzes (Rn 247 ff) und der Treupflicht (Rn 228 ff). Sie überlagern das allgemeine Schuldrecht und bestimmen das Innenverhältnis der Beteiligten. Zum Gesellschaftsvertrag als Organisationsvertrag vgl. Rn 139.

139 b) **Organisationsvertrag.** Anders als sonstige Schuldverträge beschränkt sich der Gesellschaftsvertrag in der Regel nicht darauf, obligatorische Beziehungen zwischen den Beteiligten zu begründen. Vom Sonderfall der Innengesellschaft ohne Gesamthandsvermögen abgesehen[447], bildet er vielmehr zugleich die Grundlage für die Gesamthand (Gruppe) als gemeinsame Handlungsorganisation (Wirkungseinheit) der Beteiligten und eigenständiges Rechtssubjekt, wie es in § 124 zum Ausdruck kommt (Rn 40 ff). Kennzeichen dieser Handlungsorganisation sind die **Organe** der Gesellschaft und das der gemeinsamen Zweckverfolgung dienende, gesamthänderisch gebundene **Gesellschaftsvermögen**[448]. Organisationsrechtliche und schuldvertragliche Elemente lassen sich bei der Außengesellschaft nicht trennen:[449] der **schuldvertraglichen Stellung** als Vertragspartner **entspricht die Mit-**

---

444 Vgl. nur MünchKommBGB[5]/*Ulmer* § 705 Rn 158 und *Wiedemann* Gesellschaftsrecht Bd. II, § 2 I 1, S. 90 ff.

445 Heute hM, vgl. Baumbach/*Hopt* Rn 48; MünchKommBGB[5]/*Ulmer* § 705 Rn 161; MünchKommHGB/*K. Schmidt* Rn 114; *ders.* Gesellschaftsrecht, § 20 III 2, S. 580 ff; *Wiedemann* Gesellschaftsrecht Bd. II, § 2 I 1, S. 97; Soergel/*Hadding*[12] § 705 Rn 44; *Michalski* OHG Rn 2; für Beurteilung des Gesellschaftsvertrags als „gegenseitiger Vertrag iwS" die früher hM, vgl. *Enneccerus/Lehmann*[15] § 176 III 1, S. 732; *A. Hueck* OHG, § 6 II 3, S. 52 f; ähnlich noch 3. Aufl. Rn 47b (*Rob. Fischer*); Heymann/*Emmerich* Rn 5 und Ebenroth/Boujong/Joost/Strohn/*Wertenbruch* Rn 77, der den Gesellschaftsvertrag als gegenseitigen Vertrag ansieht, allerdings ohne dass die §§ 320 ff BGB pauschal Anwendung finden sollen.

446 Vgl. insbes. MünchKommBGB[5]/*Ulmer* § 705 Rn 162; *Esser/Schmidt* Schuldrecht AT, § 12 III 3, S. 188 f.

447 Vgl. dazu MünchKommBGB[5]/*Ulmer* § 705 Rn 275 ff, 286 ff.

448 Der Begriff „Organisationsvertrag" geht zurück auf *Würdinger* Gesellschaften I, 1937, § 8 II 3. Der Sache nach ist er heute für die Personengesellschaften (mit Ausnahme der reinen Innengesellschaft) allgemein akzeptiert; vgl. etwa *Flume* I/1§ 1, S. 4, § 4, S. 61; Soergel/*Hadding*[12] Vor § 705 Rn 24; Baumbach/*Hopt* Rn 48; Heymann/*Emmerich* Rn 3; *Michalski* OHG Rn 2; MünchKommHGB/*K. Schmidt* Rn 114; *ders.* Gesellschaftsrecht, § 59 I 2c, S. 1733 (für die GbR); Ebenroth/Boujong/Joost/Strohn/*Wertenbruch* Rn 39; *Wiedemann* Gesellschaftsrecht Bd. II, § 2 I 1a, S. 91 f; MünchKommBGB[5]/*Ulmer* § 705 Rn 158.

449 MünchKommBGB[5]/*Ulmer* § 705 Rn 158.

gliedschaft in der Organisation als ein mit Zustimmung der Mitgesellschafter übertragbarer Inbegriff der mit der Gesellschafterstellung verbundenen Rechte und Pflichten (Rn 204). Eine weitere Konsequenz dieser, auf die Hervorbringung eines eigenen Rechtssubjekts gerichteten Gesellschaftsvertrages gegenüber sonstigen vertraglichen Schuldverhältnissen zeigt sich in der Lehre von der fehlerhaften Gesellschaft bzw. vom fehlerhaften Verband (LfV), d.h. in der rechtlichen Anerkennung des Verbands trotz mangelhafter (nichtiger oder angefochtener) Vertragsgrundlage (vgl. näher Rn 315 ff).

c) **Dauerschuldverhältnis.** Die Rechte der Beteiligten aus dem Gesellschaftsvertrag **140**
und die von ihnen übernommenen Pflichten, insbes. die Förderpflicht, betreffen nicht eine klar umgrenzte, auf die Erbringung einer oder mehrerer bestimmter Leistungen gerichtete Leistungsbeziehung nach Art eines Kauf- oder Werkvertrags, deren Erfüllung das Schuldverhältnis beendet. Die Partner schulden sich vielmehr eine **dauernde Pflichtenanspannung.** Sie wird durch die vertraglich festgelegte oder mittels Kündigung gestaltbare Zeitdauer eingegrenzt und besteht während dieser Zeit unabhängig von den einzelnen Erfüllungshandlungen. Das gilt im Grundsatz auch für die versprochenen Einlagen; sie sind zwar typischerweise nur einmal zu bewirken, müssen der Gesellschaft aber während der ganzen Vertragsdauer belassen werden. Diese Besonderheiten machen die OHG/KG zum Dauerschuldverhältnis, und zwar auch dann, wenn der Gesellschaftsvertrag nicht auf unbestimmte Zeit eingegangen ist, sondern eine feste Zeitdauer vorsieht[450]. Seine Eigenart besteht darin, dass das Instrument der Kündigung (bzw. der Gestaltungsklagen nach §§ 133, 140) eine Reihe von Funktionen übernimmt, für die bei einfachen Schuldverhältnissen der Rücktritt, die Anfechtung[451] und die Lehre vom Wegfall der Geschäftsgrundlage zur Verfügung stehen[452].

d) **Kein Handelsgeschäft.** Obwohl der Gesellschaftsvertrag der OHG/KG auf den **141**
gemeinsamen Betrieb eines Handelsgewerbes abzielt, ist er nicht etwa stets oder regelmäßig ein Handelsgeschäft (§ 343) der Beteiligten[453]. Wegen seines Grundlagencharakters würde das selbst dann gelten, wenn man die unbeschränkt haftenden Gesellschafter mit der früher hM als Kaufleute qualifizieren wollte (vgl. näher Rn 44, 77 ff). Eine andere Beurteilung ist nur in solchen Fällen veranlasst, in denen Gesellschafter außerhalb ihrer Beteiligung an der OHG ein eigenes Handelsgewerbe betreiben und in denen sich für sie der Erwerb der Mitgliedschaft an der OHG aus diesem Grunde nach §§ 343, 344 Abs. 1 als Handelsgeschäft erweist[454]. Zur analogen Anwendung von Handelsrecht auf Rechtsgeschäfte, die Gesellschafter im sachlichen Zusammenhang mit ihrer Beteiligung an der OHG und in deren Interesse Dritten gegenüber eingehen, vgl. Rn 81.

3. Anwendbares Recht

a) **Allgemeiner Teil des BGB.** Der Vertragsnatur der Personengesellschaft entspricht **142**
die grundsätzliche Anwendbarkeit der Vorschriften des Allgemeinen Teils des BGB auf

---

450 Zum Dauerschuldverhältnis als besondere Vertragskategorie vgl. näher *Beitzke* Nichtigkeit, Auflösung und Umgestaltung von Dauerrechtsverhältnissen, 1948; *Wiese* FS Nipperdey I, 1965, S. 837 ff; *Larenz* Schuldrecht I, § 2 VI; MünchKommBGB[5]/*Kramer* Vor § 241 Rn 97 ff; *Ulmer* Der Vertragshändler, 1969, S. 252 f.

451 Zu ihrer Ersetzung durch die Auflösungsklage nach den Grundsätzen für die fehlerhafte Gesellschaft vgl. Rn 361.

452 So auch BGHZ 10, 44 (51) = NJW 1953, 1548; Staudinger/*Habermeier* BGB (2003) § 723 Rn 24.

453 So auch Baumbach/*Hopt* Rn 49; MünchKommHGB/*K. Schmidt* Rn 115.

454 Heymann/*Emmerich* Rn 3b.

die OHG/KG. Das gilt **uneingeschränkt** für die Vorschriften über die Geschäftsfähigkeit, ferner für diejenigen über Fristen, Termine und Verjährung. Gewisse **Modifikationen** in ihrer Anwendung auf Außengesellschaften nach Art der OHG und KG erfahren demgegenüber die Vorschriften über Willenserklärungen und Verträge. Für den Vertragsschluss ergeben sich bei Beteiligung von mehr als zwei Gesellschaftern gewisse Abweichungen von den auf das Zweipersonenverhältnis zugeschnittenen Vorschriften der §§ 145 ff BGB (Rn 154). An die Stelle der Anfechtung nach §§ 119, 123 BGB bzw. an diejenige der Berufung auf einen der Nichtigkeitsgründe des BGB tritt grundsätzlich die Erhebung der Auflösungsklage (§ 133), wenn die Gesellschaft in Vollzug gesetzt ist (vgl. näher Rn 315 ff, 350). Die gesetzlichen Auslegungsregeln der §§ 139, 154 BGB sind auf Gesellschaftsverträge nicht unverändert anwendbar (Rn 183, 160). Vereinbarungen über Bedingung oder Zeitbestimmung (§§ 158, 159 BGB) sind im Gesellschaftsvertrag nur eingeschränkt zulässig (Rn 162 ff). Für die ergänzende Vertragsauslegung zur Schließung von Lücken des Gesellschaftsvertrags gilt der Vorrang des hypothetischen Parteiwillens vor dem dispositiven Recht (Rn 198).

b) Schuldrecht

143 aa) **Grundsatz.** Die Vorschriften der §§ 241 ff BGB sind nach dessen Systematik auch auf die Gesellschaft **anwendbar,** soweit sie sich der Sache nach hierzu eignen (zum Sonderfall der §§ 320 ff vgl. Rn 145 ff) und **soweit nicht** in §§ 105 ff HGB bzw. §§ 705 bis 740 BGB **Sonderregelungen** enthalten sind. Derartige Sondervorschriften finden sich etwa in den §§ 128 ff, 171 ff im Verhältnis zu §§ 420 ff BGB; Entsprechendes gilt für den Haftungsmaßstab des § 708 BGB in Abweichung von § 276 BGB. Weitere Besonderheiten ergeben sich aus Gleichbehandlungsgrundsatz und Treupflicht als ungeschriebenen, auf dem Gemeinschaftscharakter des Gesellschaftsvertrags beruhenden gesellschaftsrechtlichen Grundsätzen (Rn 138). Hiervon abgesehen bestehen im Grundsatz keine Bedenken dagegen, für die Rechtsverhältnisse der Beteiligten auf das allgemeine Schuldrecht zurückzugreifen. Zum Sonderproblem der Leistungsstörungen vgl. Rn 150 ff.

144 **Im Einzelnen** greifen die Vorschriften der §§ **241 ff** BGB mangels abweichender Vereinbarungen im Gesellschaftsvertrag jedenfalls insoweit ein, als es um die Art (Gegenstand, Zeit, Ort) der Einlageleistung geht; für die kaufrechtliche Modifikation in § 447 BGB ist kein Raum[455]. Die §§ **311b, 311c** BGB über Inhalt, Form und Umfang bestimmter vertraglicher Leistungsversprechen gelten auch für Einlagevereinbarungen in Gesellschaftsverträgen[456]. Vereinbarungen über das Recht zu einseitigen Vertragsänderungen können nach Maßgabe der §§ **315, 317** BGB im Gesellschaftsvertrag getroffen werden[457]. Soweit sich damit Eingriffe in den Kernbereich der Mitgliedschaft verbinden, muss die Ermächtigung als Wirksamkeitserfordernis zugleich die Grenzen der Bestimmungsmacht fixieren (vgl. § 109 Rn 35). Gesellschaftsverträge zugunsten Dritter (§ 328 BGB) scheitern im Regelfall daran, dass die Gesellschafterstellung neben Rechten auch Pflichten begründet; Verträge zu Lasten Dritter ohne entsprechende Ermächtigung durch den Dritten sind dem geltenden Recht unbekannt[458]. Der Anwendbarkeit der Regelun-

---

[455] HM, vgl. Soergel/*Hadding*[12] § 706 Rn 22; nach dem Ort der Versendung differenzierend *A. Hueck* OHG, § 14 II, S. 207.

[456] Vgl. Rn 170, 173 zu den Formvorschriften der §§ 311b, 311c BGB.

[457] MünchKommBGB[5]/*Ulmer* § 705 Rn 156. Zur Einordnung einer auf Vertragsänderungen bezogenen Mehrheitsklausel vgl. § 119 Rn 31; s.a. BGH NJW 1960, 963 (964) zur Übertragung von Gesellschaftsangelegenheiten an Dritte entsprechend § 317 BGB.

[458] Statt aller Palandt/*Heinrichs*[67] Einf. vor § 328 Rn 10. Die Frage hat Bedeutung für rechtsgeschäftliche Nachfolgeklauseln,

gen über das Erlöschen der Schuldverhältnisse (§§ 362 bis 397 BGB) schließlich steht der Dauerschuldcharakter des Gesellschaftsvertrags entgegen. Gleiches gilt nach Vollzug der Gesellschaft für das Rücktrittsrecht (§§ 346 ff BGB); an seine Stelle tritt die Auflösungsklage (§ 133).

bb) §§ 320 bis 326 BGB und spezialvertragliches Mängelrecht; Meinungsstand. Die zur Anwendung einzelner Vorschriften des §§ 320 bis 327 BGB a.F. auf Personengesellschaftsverträge vertretenen Meinungen war schon bis zur Schuldrechtsreform 2002 vielfältig. Die grundsätzliche Anwendbarkeit der §§ 320 bis 327 BGB a.F. (§§ 320–326 BGB n.F.) auf Gesellschaftsverträge wurde vom **Reichsgericht** unter Hinweis auf deren Charakter als gegenseitiger Vertrag in std. Rspr. bejaht[459]. Der **BGH** hat hingegen die Grundfrage bisher jeweils offen gelassen, sich im Einzelfall aber stets *gegen* die Anwendung dieser auf gegenseitige Verträge zugeschnittenen Vorschriften ausgesprochen[460]. Das **Schrifttum** war zunächst davon ausgegangen, dass die Vorschriften der §§ 320 ff BGB insoweit anwendbar seien, als sich das mit den Besonderheiten der Gesellschaft vereinbaren lasse.[461] Demgegenüber stand die *neuere Lehre* vor der Schuldrechtsreform der Anwendbarkeit jedenfalls der §§ 320 bis 322 BGB überwiegend ablehnend gegenüber;[462] nur für Zweipersonengesellschaften wurde sie überwiegend bejaht.[463] Auch hinsichtlich der §§ 323 bis 327 BGB a.F. überwogen diejenigen Stimmen, die sich unter Hinweis auf die besondere Rechtsnatur des Gesellschaftsvertrags gegen die Anwendbarkeit dieser Vorschriften aussprachen.[464] Dies entspricht auch nach der Schuldrechtsreform unverändert der hM.[465] Demgegenüber haben sich seit einiger Zeit vereinzelte Stimmen gegen die grundsätzliche Unanwendbarkeit der Regeln über gegenseitige Verträge gewandt. So differenziert *Karsten Schmidt*[466] zwischen dem gestörten Beitragsverhältnis und dem Organisationsverhältnis im Ganzen. Die Anwendung schuldrechtlicher Regeln könne zwar 145

---

die – im Unterschied zu erbrechtlichen – nur zugunsten (und zu Lasten) von *Mitgesellschaftern* vereinbart werden können; vgl. § 139 Rn 11 ff.

459 RGZ 76, 276 (279); 78, 303 (305); 100, 1 (3); 147, 340 (342); 163, 385 (388).

460 BGH BB 1954, 92; WM 1959, 53 (54 f); NJW 1983, 1188 (1189); vgl. auch die Analyse bei *Wertenbruch* NZG 2001, 306.

461 Vgl. namentlich *A. Hueck* OHG, § 6 II 3; näher dazu 3. Aufl. Rn 47c ff (*Rob. Fischer*) mwN; aus dem neueren Schrifttum noch *Heymann*/Emmerich § 105 Rn 5 und Bamberger/Roth/*Timm*/*Schöne* Rn 67.

462 Vgl. aus der Zeit vor 2002 insbes. die früheren Auflagen von Baumbach/*Hopt* Rn 48; *Soergel*/Hadding[12] § 705 Rn 44; ungeachtet ihres die Anwendbarkeit der §§ 320 ff grundsätzlich bejahenden Ansatzes auch Heymann/*Emmerich* § 105 Rn 6; mit Einschränkungen auch Erman/*Westermann* § 705 Rn 41 („nicht gänzlich unpassend"); *Flume* I/1 § 2 IV, S. 29 ff.

463 HM, Nachw. zum älteren Schrifttum in Voraufl. Rn 148 (*Ulmer*); vgl. ferner unten Fn 480 sowie MünchKommBGB[5]/*Ulmer* § 705 Rn 169; *Koller*/Roth/Morck Rn 31; so i.E. auch *K. Schmidt* Gesellschaftsrecht, § 20 III 2b bb, S. 582; **aA** Baumbach/*Hopt* § 105 Rn 48 („u.U. § 242").

464 So vor 2002 Erman/*Westermann* § 705 Rn 43; Soergel/*Hadding*[12] § 705 Rn 44 f; Staudinger/*Keßler* BGB (1979) Rn 11 ff; *Larenz* Schludrecht II, § 60 Ib; **aA** noch Soergel/*Schultze-v. Lasaulx*[10] § 705 Rn 35 ff; vorbehaltlich gesellschaftsrechtlicher Besonderheiten auch *A. Hueck* OHG, § 6 II 3, S. 52 ff; *Flume* I/1 § 2 IV, S. 29 ff; für Zulässigkeit von privatautonom vereinbarter Geltung des § 326 a.F. an Stelle von § 723 *Wertenbruch* NZG 2001, 306 (307 f).

465 Röhricht/Graf v. Westphalen/*v. Gerkan*/*Haas* Rn 74; Baumbach/*Hopt* Rn 48; Ebenroth/*Boujong*/Joost HGB[1] Rn 78; *Koller*/Roth/Morck Rn 31.

466 MünchKommHGB/*K. Schmidt* Rn 186; *ders.* Gesellschaftsrecht, § 20 III, S. 578 ff; sympathisierend *Wiedemann* Gesellschaftsrecht Bd. II, § 2 I 2, S. 96 f; *Westermann* Handbuch Rn I 136 aE.

immer nur das Beitrags-, nicht das Gesellschaftsverhältnis betreffen, sei insofern aber zu befürworten. Aus § 323 BGB sei einerseits zu folgern, dass bei einer nicht (vertragsgemäß) erbrachten Beitragsleistung das Beitragsverhältnis durch einseitige Erklärung gegenüber dem Schuldner beendet werden könne; andererseits stehe aber fest, dass eine Gesellschaft nicht durch Einrede nach § 320 BGB außer Vollzug gesetzt oder durch Rücktritt (bzw. im Schadensersatzwege) aufgehoben werden könne. *Hüttemann*[467] zufolge hat der Gesetzgeber bewusst auch den Gesellschaftsvertrag als gegenseitigen Vertrag angesehen[468]. Die demnach grundsätzlich zu befürwortende Anwendung der §§ 320 ff BGB dürfe allerdings nicht pauschal, sondern nur von Fall zu Fall unter Beachtung der Besonderheiten des Gesellschaftsvertrages erfolgen.[469] Hierbei sei einerseits die Gegenseitigkeit zwischen den Beitragspflichten, andererseits die Teilhabe am Gesellschaftsergebnis zu berücksichtigen und mit den gesellschaftsrechtlichen Sonderregelungen abzustimmen.

146 **Stellungnahme.** Die **Schuldrechtsreform** hat die Problematik zwar vereinfacht. Denn sie hat den Unterschied zwischen anfänglicher objektiver Unmöglichkeit und sonstigen Fällen anfänglicher oder nachträglicher Leistungsstörungen wie auch die Differenzierung zwischen den verschiedenen Arten von Leistungsstörungen nivelliert. Geblieben sind allerdings die teilweise unterschiedlichen Rechtsfolgen, die an eine Pflichtverletzung anknüpfen. Dementsprechend gestaltet auch § 437 BGB n.F. die Rechtsfolgen für Sach- und Rechtsmängel im Ansatz einheitlich aus und stimmt die Rechtsfolgen einer mangelhaften Leistung auf das allgemeine Leistungsstörungsrecht ab. Die Grundfrage, ob sich das an Austauschverträgen orientierte Leistungsstörungs- oder Kaufmängelrecht für die Anwendung auf die Nicht- oder Schlechterfüllung von Beitragspflichten eignet und welche gesellschaftsrechtlichen Besonderheiten zu berücksichtigen sind, hat sich damit jedoch nicht erledigt. Sie ist für das neue Schuldrecht nicht anders zu beantworten als für das bisherige Recht.[470]

147 Deshalb bleibt es dabei, dass die Vorschriften über gegenseitige Verträge, die auf der synallagmatischen Verknüpfung vertraglicher Leistungen beruhen, nicht ohne weiteres auf die aus dem Gesellschaftsvertrag folgenden Beitragspflichten passen; denn der Gesellschaftsvertrag ist durch die Verpflichtung auf den gemeinsamen Zweck geprägt. Insbesondere lässt sich nicht sagen, dass die einzelnen Gesellschafter ihre Beitrags- und sonstigen Förderpflichten wegen der entsprechenden Leistungen der *Mitgesellschafter* übernehmen; auch zwischen Beitragspflichtigen und Gesellschaft besteht kein Gegenseitigkeitsverhältnis, das etwa auf den Austausch von Beitragsleistungen gegen Gewinn hinausliefe. Daher ist für die unmittelbare Anwendung der **§§ 320 bis 326 BGB und** (inbes.) **das kaufvertragliche Mängelrecht im Grundsatz kein Raum,** was die Berücksichtigung einzelner Vorschriften oder ihrer Wertungen nicht ausschließt (näher Rn 148 ff). Eine grundsätzliche **Ausnahme** von der grundsätzlichen Unanwendbarkeit kommt nur für Zweipersonen-Innengesellschaften des BGB einschließlich der stillen Gesellschaft in Betracht, bei denen die Übergänge zu den gegenseitigen Verträgen fließend sind[471]. Die in Rn 145 referierten neueren Ansichten geben keinen Anlass zu einer grundsätzlichen Revision der hM. Dass sich das Schicksal der gestörten Beitragsleistung im Ansatz, namentlich hinsichtlich des

---

[467] *Hüttemann* Leistungsstörungen bei Personengesellschaften, 1998, S. 37 ff, 48 ff.

[468] *Hüttemann* (Fn 467), S. 37 ff, 48 ff; auch Ebenroth/Boujong/Joost/Strohn/*Wertenbruch* Rn 77.

[469] Zusammenfassend *Hüttemann* (Fn 467), S. 485 f.

[470] MünchKommBGB[5]/*Ulmer*/*C. Schäfer* § 706 Rn 23.

[471] Nachw. in Fn 463, speziell zur Ausnahme für § 320 BGB vgl. Rn 149 und Fn 480.

Tatbestands der Leistungsstörung, nach den §§ 275 ff, 434 BGB richtet, ist unstreitig; problematisch ist allein das Schicksal des Gesamtvertrages (*K. Schmidt:* des „Organisationsverhältnisses“) und die Abstimmung der allgemeinen Rechtsfolgen von Pflichtverletzungen hierauf, namentlich soweit sie zur Gesamtabwicklung des Vertrages führen (Rücktritt, Schadensersatz statt der Leistung). Insofern bestreiten auch *Karsten Schmidt* und *Hüttemann* nicht, dass die §§ 323 ff BGB nur unter Berücksichtigung der gesellschaftsrechtliche Sonderregelungen über Auflösung (§ 133), Ausschluss (§ 140) und in Bezug auf eine Anpassung des Gesellschaftsvertrages angewandt werden können,[472] weshalb sie bei der Lösung von Einzelfragen zu weitgehend gleichen Ergebnissen gelangen. Auch erkennen die Verfechter der Alternativkonzepte im Prinzip an, dass die Einrede des nicht erfüllten Vertrages (§ 320 BGB) nur im Rahmen des Gleichbehandlungsgrundsatzes zu berücksichtigen bzw. durch diesen zu ersetzen ist.[473]

cc) **Folgerungen.** Die §§ **320 bis 322** BGB passen nach ihrem über den Zusammenhang zwischen Leistungserbringung und Gegenleistung nicht auf die andersartige Struktur der Personengesellschaft, denn zwischen den Einlageleistungen der verschiedenen Gesellschafter besteht kein Synallagma[474]. Ein Leistungsverweigerungsrecht hinsichtlich der versprochenen **Einlagen** steht den Gesellschaftern auch dann nicht zu, wenn Mitgesellschafter sich mit ihrer Einlagepflicht in Verzug befinden[475]. Wohl aber können Gesellschafter sich Einredeweise auf den *Gleichbehandlungsgrundsatz* berufen, wenn ausstehende Einlagen ohne sachlichen Grund nicht auch von Mitgesellschaftern eingezogen werden[476]. In Ausnahmefällen kommt auch der Missbrauchseinwand in Betracht[477]. Dem Eintritt einer wesentlichen Vermögensverschlechterung bei Mitgesellschaftern nach Vertragsschluss (§ 321 BGB) kann durch Erhebung der Auflösungs- oder Ausschlussklage (§§ 133, 140) Rechnung getragen werden[478]. Auch für **laufende Verpflichtungen** der Gesellschafter einer OHG/KG scheidet die Berufung auf die §§ 320 bis 322 BGB aus. Weder die Pflicht zur Geschäftsführung noch diejenige zur Mitwirkung an im Interesse **148**

---

[472] *K. Schmidt* Gesellschaftsrecht, § 20 III 5, S. 586; *Hüttemann* (Fn 467), S. 234 ff, 381 ff, 488 f, 491 und passim (abweichend von der hM will *Hüttemann* [Fn 467], S. 455 ff, 492 allerdings die Wandlung wegen mangelhafter Beitragsleistung nach §§ 493, 462 a.F. unbeschränkt zulassen; dagegen zu Recht MünchKommBGB[5]/*Ulmer* § 705 Rn 167).

[473] *K. Schmidt* Gesellschaftsrecht, § 20 III 2b aa, S.581; *Hüttemann* (Fn 467), S. 87 ff, 487.

[474] Baumbach/*Hopt* Rn 48; Heymann/*Emmerich* Rn 6; Staudinger/*Habermeier* BGB (2003) § 706 Rn 18; Soergel/*Hadding*[12] § 705 Rn 45; MünchKommBGB[5]/*Ulmer* § 705 Rn 168; MünchKommBGB[5]/*Ulmer*/*C. Schäfer* § 706 Rn 20; Erman/*Westermann*[12] § 705 Rn 43; *Wiedemann* Gesellschaftsrecht Bd. II, § 2 I 2, S. 97; Ebenroth/Boujong/Joost/Strohn/*Wertenbruch* Rn 79. So im Ergebnis auch: *K. Schmidt* Gesellschaftsrecht, § 20 III 5, S. 586 und *Hüttemann* (Fn 467), S. 87 ff, 486 f.

[475] So für die mehrgliedrige Gesellschaft ganz hM, vgl. Nachw. in Fn 461.

[476] So zutr. auch Soergel/*Hadding*[12] § 705 Rn 45; Staudinger/*Keßler* BGB (1979) § 705 Rn 12; MünchKommBGB[4]/*Ulmer* § 705 Rn 168; MünchKommBGB[5]/*Ulmer*/*C. Schäfer* § 706 Rn 20.

[477] Vgl. BGHZ 26, 330 (335) = NJW 1958, 668 (offenlassend); *A. Hueck* OHG, § 6 II 3b, S. 55 mwN.

[478] So auch Soergel/*Hadding*[12] § 705 Rn 45; MünchKommBGB[5]/*Ulmer* § 705 Rn 169; Erman/*Westermann*[12] § 706 Rn 10; anders die auf § 321 BGB abstellende bisher hM, vgl. 3. Aufl. Rn 47d (*Rob. Fischer*); *A. Hueck* OHG, § 6 II 3c, S. 56 f; RGRK/*von Gamm* BGB[12] § 705 Rn 9; Soergel/*Schultze-v. Lasaulx*[10] § 705 Rn 39; auf die Verschlechterung der Vermögensverhältnisse der Gesellschaft abstellend *Westermann* Handbuch Rn I 89.

der Gesellschaft notwendigen Beschlüssen darf davon abhängig gemacht werden, dass auch die Mitgesellschafter ihren mitgliedschaftlichen Pflichten nachkommen[479].

149 Eine **Ausnahme** ist für **Zweipersonengesellschaften** anzuerkennen;[480] die wechselseitigen Beitragspflichten nähern sich hier den Leistungen in einem Austauschverhältnis so weitgehend an, dass der entsprechenden Anwendung der §§ 320, 322 BGB keine Bedenken entgegenstehen[481]. Der Erfüllung verlangende Mitgesellschafter, dessen Beitrag ebenfalls noch aussteht, kann also nur Verurteilung des säumigen Gesellschafters auf Leistung gleichzeitig mit der Erbringung des eigenen Beitrags in das Gesellschaftsvermögen verlangen. Ob diese Ausnahme auch auf Mehrpersonengesellschaften ohne besondere Organverfassung zu erstrecken ist[482], lässt sich nicht generell beantworten, sondern hängt von der Vergleichbarkeit der jeweiligen Konstellation mit den von §§ 320, 322 BGB erfassten Schuldverhältnissen ab.

150 Die Vorschriften der §§ **323 bis 326 BGB** regeln die Folgen von Leistungsstörungen für die Gegenleistung; sie enthalten insoweit teils Ergänzungen, teils Modifikationen der allgemeinen Vorschriften der §§ 275 ff BGB. Bei der Verletzung von *Mitgliedschaftspflichten* ist für ihre Anwendung kein Raum. Vielmehr bestimmen sich die Rechtsfolgen solcher Leistungsstörungen für den Gesellschaftsvertrag und die Rechte der Mitgesellschafter nach gesellschaftsrechtlichen Grundsätzen.[483] Neben den Instrumenten der **Auslegung** und der **Anpassung des Gesellschaftsvertrags** an veränderte Umstände ist in schwerwiegenden Fällen auch an die **Gestaltungsklagen** der §§ 133, 140 (Auflösung, Ausschließung) zu denken. Die Frage, ob die anfängliche Unmöglichkeit einer Beitragsverpflichtung zur Nichtigkeit des Gesellschaftsvertrags oder der betroffenen Beitrittserklärung führen kann, hat sich durch Aufhebung der Nichtigkeitsvorschrift des § 306 BGB a.F. erledigt. Demgegenüber bleiben die **unterschiedlichen Rechtsfolgen** einer Verletzung der Beitragspflicht eines Gesellschafters zu bedenken; insoweit ist trotz grundsätzlicher Vereinheitlichung zwischen den verschiedenen Arten von Erfüllungsmängeln zu differenzieren. Für die – anfängliche oder nachträgliche – **Unmöglichkeit** der Beitragsleistung gelten grundsätzlich die Vorschriften der §§ 275, 280, 281, 283 bis 285 BGB. Hat der Gesellschafter nach Maßgabe von § 708 BGB die Unmöglichkeit zu vertreten, so haftet er auf *Schadensersatz* (§ 283 Abs. 1 BGB)[484]. Einen seinerseits erlangten Ersatz hat er der Gesellschaft nach § 285 BGB herauszugeben. Die Mitgesellschafter haben bei ersatzlosem Ausfall der vereinbarten Beitragsleistung[485] einen Anspruch auf Vertrags-

---

[479] BGH LM HGB § 105 Nr. 11 = BB 1954, 52; BGH WM 1987, 841 (zur Zustimmungspflicht kraft Treupflicht in der GmbH); Lit.-Nachw. vgl. in Fn 461.

[480] Im Ergebnis ganz hM: MünchKommBGB[5]/*Emmerich* § 320 Rn 21; Heymann/*Emmerich* Rn 6; MünchKommBGB[5]/*Ulmer* § 705 Rn 169; MünchKommBGB[5]/*Ulmer*/*C. Schäfer* § 706 Rn 20. So auch *A. Hueck* OHG, § 6 II 3b; wohl auch *Flume* I/1 § 2 IV, S. 30. **AA** *Wiedemann* Gesellschaftsrecht Bd. II, § 2 I 2, S. 98.

[481] So i.E. auch *K. Schmidt* Gesellschaftsrecht, § 20 III 2a, S. 580.

[482] Dafür *K. Schmidt* Gesellschaftsrecht, § 20 III 2b bb, S. 582.

[483] Zutr. OLG München ZIP 2000, 2255 (2256 f); so im Ergebnis auch *K. Schmidt* Gesellschaftsrecht, § 20 III 2, 3, S. 580 ff, freilich auf Grund seines abweichenden Ansatzes.

[484] So auch *Wiedemann* Gesellschaftsrecht Bd. II, § 2 I 2, S. 97.

[485] Zur Geltendmachung von Schadensersatzansprüchen eines in der Gesellschaft tätigen Gesellschafters gegen einen Dritten wegen des ihm persönlich durch den Ausfall seiner Arbeitskraft entstandenen Schadens als Gesellschafter vgl. BGH VersR 1963, 433 (434) und 585 (586); DB 1972, 2201 (2202), dort akzeptierte der BGH im Wege der hypothetischen Schadensberechnung die Geltendmachung der (fiktiven) Aufwendungen für eine Ersatzkraft. Ebenso OLG Karls-

anpassung insbesondere hinsichtlich der Kapital- und Gewinnbeteiligung des Beitragsschuldners; maßgebend hierfür sind nicht die Grundsätze über die Störung der Geschäftsgrundlage (§ 313 BGB)[486], sondern diejenigen über die treupflichtbedingte Zustimmungspflicht zu Vertragsänderungen[487]. Je nach Lage des Falles kann stattdessen auch entweder die Auflösung der Gesellschaft nach § 133 oder die Ausschließung des Schuldners nach § 140 in Betracht kommen, wenn die Fortsetzung der Gesellschaft mit dem Schuldner wegen des Ausfalls von dessen Beitragsleistung den übrigen Gesellschaftern nicht zumutbar ist[488]. Der **Verzug** des Beitragsschuldners und seine Folgen regeln sich nach §§ 286 bis 290 BGB. Auch hier kommt bei Unzumutbarkeit der Fortsetzung mit dem Beitragsschuldner die Ausschließung nach § 140 in Betracht.

Hinsichtlich der besonderen **Mängelvorschriften des Kauf-, Miet- oder Dienstvertragsrechts** wegen mangelhafter Erbringung von Sacheinlagen zu Eigentum oder zum Gebrauch der Gesellschaft[489] oder fehlerhafter Dienste[490] gilt Folgendes: Wegen des Mangeltatbestands ist wiederum an die spezialvertraglichen Regeln anzuknüpfen, deren Rechtsfolgen aber an die gesellschaftsrechtlichen Besonderheiten anzupassen sind[491]. Dies führt zu folgenden Konsequenzen: Bei Sach- oder Rechtsmängeln der in das **Eigentum** der Gesellschaft geleisteten Einlage fragt sich zunächst, ob die Leistung überhaupt **Erfüllungswirkung** hat. Hier hat das seit 2002 geltende Schuldrecht insofern eine Änderung gebracht, als für Rechts- und Sachmängel nach §§ 435, 437 BGB jetzt einheitliche Rechtsfolgen gelten,[492] welche die allgemeinen Leistungsstörungsregeln verdrängen. Ist jedoch der Inferent im Zeitpunkt des vorgesehenen Rechtserwerbs der Gesellschaft gar nicht Eigentümer einer von ihm geschuldeten **Sache**, so liegt nach wohl überwiegend vertretener Auffassung kein Rechtsmangel, sondern Unmöglichkeit vor, sofern nicht die Gesellschaft gutgläubig erwirbt.[493] Entsprechendes wird für den Fall angenommen, dass der Inferent die Übertragung eines in Wahrheit nicht existenten **Rechts**, insbesondere 151

---

ruhe FamRZ 1975, 341 (343) (Kosten einer Ersatzkraft, selbst einer nicht eingestellten, als liquidationsfähiger Schaden des Gesellschafters) m. kritischen Anm. *Fenn*.

[486] So aber noch BGH DB 1972, 2201 (2202), vorbehaltlich einer im Wege ergänzender Vertragsauslegung zu erzielenden Lösung (hier: Geldersatz für den unfallbedingten Arbeitsausfall?).

[487] So zutr. *Lettl* AcP 202 (2002), 3 (16 f, 23, 39) unter Differenzierung zwischen Störungen bei Verfolgung des Gesellschaftszwecks als Gegenstand treupflichtbedingter Vertragsanpassung und nachteiligen Änderungen in der Sphäre einzelner Gesellschafter als Gegenstand des § 313 (dazu vgl. Rn 239 ff); MünchKommBGB[5]/*Ulmer*/*C. Schäfer* § 706 Rn 25; für Vertragsanpassung auch OLG München NZG 2001, 558 (560). Ähnlich Ebenroth/Boujong/Joost/Strohn/*Wertenbruch* Rn 82; *Wiedemann* Gesellschaftsrecht Bd. II, § 2 I 2, S. 98.

[488] Vgl. näher MünchKommBGB[5]/*Ulmer* § 705 Rn 164. So auch Ebenroth/Boujong/Joost/Strohn/*Wertenbruch* Rn 82; *Wiedemann* Gesellschaftsrecht II, § 2 I 2, S. 98.

[489] Vgl. §§ 434 ff, §§ 536 ff BGB.

[490] §§ 616 f, 626 ff BGB.

[491] So zum Kaufrecht; *A. Hueck* OHG, § 14 II 1, S. 206 f; MünchKommBGB[5]/*Ulmer*/*C. Schäfer* § 706 Rn 27; Ebenroth/Boujong/Joost/Strohn/*Wertenbruch* Rn 82; Soergel/*Hadding*[12] § 706 Rn 19 ff; Staudinger/*Habermeier* BGB (2003) § 706 Rn 23 aE; zum Mietrecht Soergel/*Hadding*[12] § 706 Rn 27; Staudinger/*Habermeier* BGB (2003) § 706 Rn 23; einschränkend *A. Hueck* OHG, § 14 II 2, S. 208; zum Dienstvertragsrecht Staudinger/*Habermeier* aaO, wenn auch mit z.T. deutlichen Einschränkungen; Soergel/*Hadding*[12] § 706 Rn 31. **AA** Baumbach/*Hopt* Rn 48; MünchKommHGB/*K. Schmidt* Rn 187; *ders.* Gesellschaftsrecht, § 20 III 3 d, S. 583 f.

[492] MünchKommBGB[5]/*Westermann* § 435 Rn 1.

[493] Vgl. MünchKommBGB[5]/*Westermann* § 435 Rn 7; **aA** etwa Jauernig/*Chr. Berger*[12] § 435 Rn 5; *Canaris* JZ 2003, 832.

einer Forderung, schuldet.[494] Hier sind also die für die **Unmöglichkeit** geltenden Grundsätze anwendbar (Rn 150).

152 Für die **Fälle mangelhafter Einlageleistung** können die **kaufrechtlichen Gewährleistungsregeln** hingegen in weiterem Umfang herangezogen werden, als dies vor 2002 der Fall war (dazu Voraufl. Rn 154 [*Ulmer*]), zumal § 438 BGB die Verjährung der Rechtsbehelfe des Käufers an die allgemeine Verjährungsregelung angeglichen hat.[495] Für nicht behebbare **Rechts- oder Sachmängel**, die schon bei Vertragsschluss vorlagen, ergibt sich hieraus eine Schadensersatzpflicht nach § 311a Abs. 2 BGB, sofern nicht die Voraussetzungen des § 311a Abs. 2 S. 2 BGB vorliegen, der Inferent hinsichtlich des Mangels also nicht einmal fahrlässig ohne Kenntnis war[496]. Auch die bei nachträglichen Mängeln eingreifenden Schadensersatzansprüche aus § 281 BGB (bei Behebbarkeit des Mangels) bzw. § 283 BGB (im Falle der Unbehebbarkeit) kommen bei zu vertretendem Mangel prinzipiell in Betracht, sofern sie nach der Differenzmethode berechnet werden. Das Nacherfüllungsrecht aus § 439 BGB gerät ebenfalls nicht in Konflikt mit gesellschaftsrechtlichen Besonderheiten. Lediglich die Rechte des Käufers zum Rücktritt (§§ 323, 326 Abs. 5 BGB) und zur Minderung (§ 441 BGB) bleiben aus gesellschaftsrechtlichen Gründen unverändert ausgeschlossen.[497] Hat der Inferent die Mangelhaftigkeit nicht zu vertreten und ist eine Nacherfüllung ausgeschlossen, so bleibt vielmehr nur der Weg der treupflichtbedingten Vertragsanpassung oder der Kündigung bzw. des Ausschlusses wegen Unzumutbarkeit unveränderter Fortsetzung der Gesellschaft. Demgegenüber führte die früher oft vertretene Lösung, den Beitragsschuldner unter Berufung auf §§ 459, 462 BGB a.F. auch bei nicht zu vertretenden Mängeln stets entweder auf Zahlung der Wertdifferenz oder – im Fall der Rückgabe der Sache („Wandelung“) – des vollen Geldwerts in Anspruch zu nehmen, nicht selten zu für den Schuldner unzumutbaren Lösungen (Voraufl. Rn 154 [*Ulmer*]). Auch nach neuem Recht ist einer solchen auf Rücktritt oder Minderung (nur scheinbar) gestützten Ansicht daher nicht zu folgen.[498]

153 Die in Rn 151 f dargelegten Grundsätze finden auch Anwendung bei Mängeln einer Sache oder eines Rechts, die der Gesellschaft **dem Werte nach** oder **zum Gebrauch überlassen** werden sollen. Sind die Mängel vom Beitragsschuldner zu vertreten, so bedarf es eines Rückgriffs auf § 536a BGB (= § 538 BGB a.F.) schon deshalb nicht, weil die Schadensersatzfolge sich bereits aus §§ 280, 281 BGB ergibt. Ist der Mangel dagegen nicht zu vertreten, so kann der von der hM befürworteten Umgestaltung der Rechtsfolgen des § 536 BGB so wenig zugestimmt werden wie im Fall der §§ 459, 462 BGB a.F.

---

494 MünchKommBGB[5]/*Westermann* § 435 Rn 9; *Eidenmüller* NJW 2002, 1626; **aA** Jauernig/*Chr. Berger*[12] § 435 Rn 4.

495 Ebenso auch *Ulmer*/Habersack/Winter GmbHG § 5 Rn 109; Ebenroth/Boujong/Joost/Strohn/*Wertenbruch* Rn 82; MünchKommBGB[5]/*Westermann* § 433 Rn 6; Staudinger/*Habermeier* BGB (2003) § 706 Rn 23. Gegen eine – auch analoge – Anwendung der kaufrechtlichen Gewährleistungspflichten auf den Gesellschaftsvertrag MünchKommHGB/*K. Schmidt* Rn 187, der die Rechtsfolgen aus dem Gesellschaftsvertrag ableiten will. Siehe auch *K. Schmidt* Gesellschaftsrecht, § 20 III 3d, S. 583 f.

496 MünchKommBGB[5]/*Ulmer*/*C. Schäfer* § 706 Rn 27.

497 *Ulmer*/Habersack/Winter GmbHG § 5 Rn 109; MünchKommBGB[5]/*Ulmer*/*C. Schäfer* § 706 Rn 27. So zum alten Recht (Minderung/Wandlung): *A. Hueck* OHG, § 14 II 1, S. 206 f.

498 Im Ergebnis wie hier auch *K. Schmidt* Gesellschaftsrecht, § 20 III 3d, S. 583 f und *Hüttemann* (Fn 467), S. 455 ff; MünchKommBGB[5]/*Ulmer*/*C. Schäfer* § 706 Rn 27. Zur ähnlichen Problematik bei Sacheinlagen im GmbH-Recht vgl. *Ulmer*/Habersack/Winter GmbHG § 5 Rn 105 ff.

(Rn 152).[499] Auch hier bleiben vielmehr nur Vertragsanpassung oder Gebrauchmachen von den Lösungsmöglichkeiten der §§ 723, 737 BGB. Entsprechendes gilt schließlich für Störungen bei der Erbringung von **Dienstleistungen.** Sie führen bei zu vertretender Schlechterfüllung zu Schadensersatzansprüchen wegen Pflichtverletzung nach §§ 280, 281 BGB.[500]

II. Vertragsschluss und Änderungen

1. Abschluss

a) **Allgemeines.** Der Abschluss des Gesellschaftsvertrags unterliegt grundsätzlich den Vorschriften der **§§ 145 ff BGB** über den Vertragsschluss. Die Besonderheiten der Gesellschaft machen allerdings gewisse **Abweichungen** erforderlich (zur Nichtanwendung der Auslegungsregeln des § 154 Abs. 1 und 2 BGB vgl. Rn 160 f). Auch abgesehen vom Sonderfall der „Sternverträge"[501] beruhen sie darauf, dass Gesellschaftsverträge häufig von mehr als zwei Personen geschlossen werden. In derartigen Fällen lässt sich der Abschluss nicht mehr auf einen Antrag und dessen Annahme durch den anderen Teil zurückführen. Der Vertrag kommt grundsätzlich erst dann zustande, wenn die entsprechenden Beitrittserklärungen *sämtlicher* als Gesellschafter vorgesehener Personen vorliegen (zum Fall subjektiver Teilnichtigkeit oder sonstiger Beitrittsmängel vgl. Rn 184 f, 191). Die einzelnen Beitrittserklärungen können auch nacheinander abgegeben werden[502]. Sie müssen grundsätzlich allen anderen Vertragspartnern zugehen (§ 130 Abs. 1 BGB), soweit diese nicht einen Zugangsbevollmächtigten bestellt oder auf den Zugang verzichtet haben (§ 151 S. 1, 2. Fall BGB). Zum konkludenten Vertragsschluss (§ 151 S. 1, 1. Fall BGB) vgl. Rn 155, zum Mindestinhalt Rn 157. **154**

Der Vertrag einer OHG oder KG bedarf vorbehaltlich besonderer, mit Rücksicht auf die Art der Einlageleistungen eingreifender Formvorschriften (vgl. dazu Rn 167) **keiner Form.** Er kann daher grundsätzlich auch **konkludent** abgeschlossen werden, sofern nur Einigung über seinen Mindestinhalt (Rn 157) zwischen den Beteiligten erzielt ist. Der konkludente Abschluss eines Vertrags zum gemeinsamen Betrieb eines Handelsgewerbes liegt zwar weniger nahe als im Fall typischer Gelegenheitsgesellschaften des BGB[503]; von Rechts wegen begegnet er jedoch keinen Bedenken. Für die Bejahung einer stillschweigenden gesellschaftsrechtlichen Bindung spricht insbesondere der Umstand, dass die Beteiligten bewusst und gewollt mit der gewerblichen Tätigkeit unter gemeinsamer Firma beginnen oder diese beim Handelsregister anmelden, obwohl noch nicht über alle als regelungsbedürftig angesehenen Punkte Einigung erzielt ist oder die beabsichtigte schriftliche Fassung des Vertrages noch aussteht; die abweichenden Auslegungsregeln des § 154 **155**

---

[499] Für § 537 a.F. von der hM abw. auch *A. Hueck* OHG, § 14 II 2, S. 208; zweifelnd auch Erman/*Westermann*[12] § 706 Rn 11.

[500] Vgl. BGH LM § 276 (Hb) Nr. 33 = NJW 1983, 1188 (1189) (mangelhafter Vertrieb eines Verlagswerks durch den hierzu verpflichteten Gesellschafter).

[501] Bei ihnen treten an die Stelle eines unmittelbaren Vertragsschlusses zwischen den Beteiligten inhaltlich übereinstimmende, aufeinander bezogene zweiseitige Verträge mit einer zentralen Stelle (Agentur u.a.) zur Förderung eines gemeinsamen Zwecks; vgl. BGH WM 1987, 581; MünchKommBGB[5]/*Ulmer* § 705 Rn 21 sowie eingehend *Martinek* Franchising, 1987, S. 544 ff.

[502] RGZ 163, 385 (392); Ebenroth/Boujong/Joost/Strohn/*Wertenbruch* Rn 40; Erman/*Westermann*[12] BGB § 705 Rn 6; Soergel/*Hadding*[12] BGB § 705 Rn 4.

[503] Vgl. dazu MünchKommBGB[5]/*Ulmer* § 705 Rn 26.

BGB stehen mangels Anwendbarkeit auf Gesellschaftsverträge nicht entgegen (Rn 160 f). In derartigen Fällen fehlt es allerdings im Zweifel an einer Einigung auf eine feste oder Mindestlaufzeit[504]; ein Abschluss auf unbestimmte Zeit mit der Möglichkeit ordentlicher Kündigung nach § 132 dürfte den Vorstellungen der Beteiligten meist besser entsprechen. Zur Abgrenzung des konkludenten Vertragsschlusses vom gemeinsamen Betrieb eines Handelsgewerbes kraft anderweitiger Verbindung der Beteiligten vgl. Rn 159.

156 Der Vertragsschluss bringt die Gesellschaft zwischen den Gesellschaftern zur Entstehung (Rn 49). Von ihr zu unterscheiden ist die Entstehung im Außenverhältnis (§ 123) sowie die rechtliche Qualifikation der neu gegründeten Gesellschaft als OHG/KG oder – noch – als GbR (Rn 50). Aufgrund des Rechtsformzwangs der §§ 105 Abs. 1, 161 Abs. 1 hängt die Entscheidung davon ab, ob das gemeinsam betriebene Gewerbe Handelsgewerbe i.S.v. § 1 Abs. 2 ist oder erst durch Eintragung im Handelsregister zum Handelsgewerbe wird (Rn 24). Darauf, ob die Parteien aus dem Rechtsformzwang die zutreffenden Konsequenzen ziehen oder ob sie von einer abweichenden Rechtsnatur ihres Zusammenschlusses ausgehen, kommt es für die Wirksamkeit des Gesellschaftsvertrags nicht an (Rn 158).

157 b) **Mindestinhalt.** Zu den essentialia negotii, die im Gesellschaftsvertrag bestimmt oder doch bestimmbar geregelt sein müssen, gehören die **Wesensmerkmale** der OHG/KG, darunter der gemeinsame Zweck (Rn 20 ff) und die Beitragsleistungen (Rn 17 ff), nicht aber die gemeinschaftliche Firma (vgl. Rn 33 ff, 35).[505] Sie müssen entweder im Gesellschaftsvertrag festgesetzt oder in wirksamer Weise der Bestimmung durch einen Teil der Gesellschafter bzw. einen Dritten nach §§ 315, 317 BGB vorbehalten sein. **Nicht** zum Mindestinhalt gehören Bestimmungen über Dauer der Gesellschaft, Geschäftsführung und Vertretung, Beschlussfassung und Stimmrecht, Gewinnverteilung, über Auflösungsgründe und Gesellschafternachfolge im Todesfall, auch wenn sie typischerweise in Gesellschaftsverträgen anzutreffen sind[506]. Soweit es hierzu an hinreichenden Anhaltspunkten für einen durch ergänzende Vertragsauslegung zu berücksichtigenden mutmaßlichen Parteiwillen fehlt, bestimmen sich die Rechtsverhältnisse der Beteiligten nach dispositivem Recht (zum grundsätzlichen Vorrang ergänzender Vertragsauslegung vor der Anwendung dispositiven Gesellschaftsrechts vgl. Rn 197).

158 **Nicht** zum Mindestinhalt des Gesellschaftsvertrages gehört nach zutr. hM auch die **Einigung über die Rechtsform** der Gesellschaft als OHG, KG oder GbR[507]. Das folgt aus

---

[504] So zutr. RGZ 103, 73 (75); ähnl. auch BGHZ 11, 190 (192) = NJW 1954, 231.

[505] Eine Differenzierung zwischen gesetzlichen und vertraglichen Mindestbestandteilen ist nicht veranlasst (so aber MünchKommHGB/*K. Schmidt* Rn 118 f); vielmehr ist auch hinsichtlich des Gesellschaftsvertrages zwischen den Essentialen zu unterscheiden, ohne die ein Vertrag nicht zustande kommt, und den Fällen der §§ 154, 155 BGB, bei denen es allein auf den Willen der Parteien ankommt, ob der Vertrag gelten soll oder nicht. Zur Umkehrung der Auslegungsregel des § 154 BGB s. Rn 160.

[506] Vgl. etwa die Musterverträge für OHG und KG von *Blaum* im Beck'schen Formularbuch zum Bürgerlichen, Handels- und Wirtschaftsrecht, 9. Aufl. 2006, S. 1338 ff und 1380 ff, und von *Oldenburg* und *Riegger/Götze* im Münchener Vertragshandbuch, 6. Aufl. 2005, S. 85 ff und 225 ff.

[507] Ganz hM, vgl. BGHZ 10, 91 (97) = NJW 1953, 1217; BGHZ 22, 240 (244) = NJW 1957, 218; BGHZ 32, 307 (310) = NJW 1960, 1664; BGH WM 1962, 10 (11); MünchKommHGB/*K. Schmidt* Rn 118; *ders.* Stellung der OHG, S. 158 ff, 164, 169; Ebenroth/Boujoung/Joost/Strohn/*Wertenbruch* Rn 42; *Westermann* Handbuch Rn I 131. **AA** *Lieb* Die Ehegattenmitarbeit im Spannungsfeld zwischen Rechtsgeschäft, Bereicherungsausgleich und gesetzlichem

dem im Personengesellschaftsrecht geltenden Rechtsformzwang nach Maßgabe der §§ 105 Abs. 1, 161 Abs. 1 (Rn 3). Die Beteiligten haben es in diesen Grenzen zwar in der Hand, durch Auswahl des Gesellschaftszwecks und vertragliche Beschränkung der Außenhaftung eines Teils der Gesellschafter Einfluss auf die Rechtsform ihres Zusammenschlusses zu nehmen. Insbesondere können sie auch im Falle eines Kleingewerbes (§ 2) bzw. bei Verwaltung eigenen Vermögens die Entstehung einer OHG/KG durch Eintragung bewirken. Eine von §§ 105 Abs. 1, 2, 161 Abs. 1 abweichende Qualifikation ist ihnen jedoch verwehrt (Rn 50), sofern sie sich nicht für die Wahl einer Kapitalgesellschaftsform entscheiden. Haben die Beteiligten sich im Gesellschaftsvertrag auf eine unzutreffende Rechtsform geeinigt, so steht das seiner Wirksamkeit nicht entgegen und führt nicht etwa zur Teilnichtigkeit[508]. Von den Fällen einer bloßen falsa demonstratio abgesehen, kann dieser Umstand jedoch – als beachtlicher Rechtsfolgenirrtum – je nach Lage des Falles zur Anfechtung nach § 119 Abs. 1 BGB berechtigen[509]; nach Vollzug der Gesellschaft kann dieser Irrtum freilich nur durch Auflösungsklage geltend gemacht werden (Rn 350).

c) **Abgrenzung zu anderen Formen des Zusammenwirkens.** Die Abgrenzung der OHG/KG von Gefälligkeitsverhältnissen bereitet im Unterschied zur GbR[510] meist keine Schwierigkeiten: Das gewollte Zusammenwirken zum gemeinsamen Betrieb eines Handelsgewerbes gestattet in aller Regel den Schluss auf einen entsprechenden Bindungswillen der Beteiligten. Wohl aber kann die **Mitarbeit von Ehegatten oder Angehörigen** in einem Familienunternehmen Abgrenzungsprobleme aufwerfen. Der Umstand, dass die Firma des bisherigen Einzelkaufmanns oder der schon bestehenden Gesellschaft unverändert fortgeführt wird, ist wegen § 24 Abs. 1 nicht ausschlaggebend; Entsprechendes gilt für die fehlende Handelsregistereintragung dieser Personen. Entscheidend kommt es darauf an, ob die mitarbeitenden Familienangehörigen nach dem Willen der Beteiligten eigenverantwortliche Tätigkeiten übernehmen und am Erfolg des gemeinsamen Unternehmens teilnehmen sollen[511]. Insbes. bei Ehegatten reicht die Mitarbeit als solche, auch wenn sie ohne Unterordnung erfolgt, in der Regel nicht aus, um daraus auf den konkludenten Abschluss eines Gesellschaftsvertrags zwischen ihnen zu schließen. Vielmehr muss die bestehende familienrechtliche Verbindung durch das Zusammenwirken der Beteiligten bewusst und gewollt überschritten werden[512]. Anhaltspunkte dafür ergeben sich 159

Güterstand, 1970, S. 24 ff, 27 (für Nichtigkeit des Gesellschaftsvertrages wegen „juristischer Unmöglichkeit"); *Battes* AcP 174 (1974), 429 (434 f, 438 f) (für Eingreifen von § 134 BGB, ggf. mit Aufrechterhaltung der Gesellschaft entgegen § 139 BGB); i.E. ähnlich (für Teilnichtigkeit betr. die Rechtsformwahl) *Jahnke* ZHR 146 (1982), 595 (609 f) trotz seiner der hM zustimmenden Ausgangsthese (S. 602 ff). Von „Umdeutung" spricht auch BGHZ 19, 269 (272 ff) = NJW 1956, 297, freilich ohne auf Voraussetzungen und Grenzen von § 140 BGB einzugehen (vgl. *K. Schmidt* aaO S. 160 Fn 5 mwN).

508 **AA** *Battes* und *Lieb* (Fn 507); im Ansatz auch *Jahnke* (Fn 507) S. 609 ff, der Teilnichtigkeit bezüglich der Rechtsformwahl annimmt und das Schicksal des Restvertrages davon abhängig macht, ob die Parteien den Vertragsschluss auch bei nichtiger Rechtsformbezeichnung gewollt haben.

509 So auch Soergel/*Hadding*[12] § 705 Rn 6; **aA** *K. Schmidt* Stellung der OHG, S. 168 f. Allg. zu den Fällen eines beachtlichen Rechtsfolgenirrtums als Unterfall des Inhalts-(Geschäfts-)Irrtums vgl. RGZ 88, 278 (284); 89, 29 (33); 134, 195 (197 f); MünchKommBGB[5]/*Kramer* § 119 Rn 86; Palandt/*Heinrichs*/*Ellenberger*[67] § 119 Rn 15; *Mayer-Maly* AcP 170 (1970), 133 (168, 170).

510 Vgl. dazu MünchKommBGB[5]/*Ulmer* § 705 Rn 17 ff.

511 Vgl. etwa BFH BB 1980, 1835.

512 Vgl. näher MünchKommBGB[5]/*Ulmer* Vor § 705 Rn 73 ff.

nach der Rechtsprechung aus dem Einsatz erheblicher Vermögenswerte des anderen Teils zur Begründung oder zum Ausbau eines von beiden getragenen Unternehmens[513]. Dass aus den Erträgen der gemeinsamen Tätigkeit nicht nur Vermögen gebildet, sondern *auch* der *Lebensunterhalt bestritten* wurde, steht der Annahme einer Gesellschaft nicht entgegen.[514] Dagegen soll es grundsätzlich **nicht** ausreichen, wenn die Ehegatten nur bei der Beschaffung der Familienwohnung oder dem Erwerb und der Bebauung des hierfür bestimmten Grundstücks zusammenwirken.[515] – Zur Abgrenzung der OHG/KG vom Weiterbetreiben eines ererbten Handelsgeschäfts durch die Erbengemeinschaft vgl. Rn 58 ff.

160 d) **Unvollständiger Vertragsschluss.** Um eine in tatsächlicher Hinsicht dem konkludenten Vertragsschluss ähnliche, rechtlich jedoch Besonderheiten aufweisende Frage geht es in den Fällen, in denen die Parteien sich darin einig sind, eine OHG/KG gründen zu wollen, ohne jedoch über sämtliche als regelungsbedürftig angesehene Punkte eine Verständigung erzielt oder die beabsichtigte Beurkundung des Vertrags vorgenommen zu haben. Nach den Auslegungsregeln des § 154 Abs. 1 und 2 BGB wäre in diesen Fällen der Vertrag im Zweifel nicht geschlossen. Demgegenüber hat die Rechtsprechung[516] mit Zustimmung der Literatur[517] wiederholt ausgesprochen, dass das Invollzugsetzen der Gesellschaft vor abschließender Klärung des Vertragsinhalts oder dessen schriftlicher Fixierung zu einer **Umkehrung der Auslegungsregeln des § 154 BGB** führe und dass es den Schluss auf den Willen der Parteien gestatte, zumindest einen vorläufigen (d.h. also uneingeschränkt kündbaren) Vertrag abzuschließen. Dem ist angesichts des im Vollzug dokumentierten Bindungswillen der Beteiligten grundsätzlich zuzustimmen. Entsprechendes gilt, wenn die Beteiligten die Gesellschaft zum Handelsregister anmelden, bevor die offenen Punkte geklärt sind, sowie auch für den Fall des **verdeckten Einigungsmangels**, bei dem es nach **§ 155 BGB** darauf ankommt, ob anzunehmen ist, dass die Parteien den Vertrag auch ohne die in Wahrheit nicht vereinbarte Bestimmung geschlossen hätten. Auch hier ist also der Vertrag im Zweifel zustande gekommen. Die bestehenden Lücken sind beim Scheitern nachträglicher Einigung entsprechend § 157 BGB im Wege ergänzender Vertragsauslegung zu füllen[518], soweit nicht die Parteien die Bestimmung einem Gesellschafter oder einem Dritten übertragen haben[519]. Darauf, dass der Gesellschaftsvertrag in allen wesentlichen Teilen bereits einen bestimmten Inhalt aufweist, kommt es

---

513 BGHZ 31, 197 (201) = NJW 1960, 428; BGHZ 47, 157 (163) = NJW 1967, 1275; BGH FamRZ 1962, 110; OLG Karlsruhe FamRZ 1973, 649 (650).

514 BGHZ 142, 137 (145) = NJW 1999, 2962; BGH WM 1990, 877. Anders dann aber BGHZ 165, 1 (6) = NJW 2006, 1268 (bei gleichem Ausgangspunkt); vgl. auch BGHZ 155, 249 (254) = NJW 2003, 2982; detaillierterer Rspr.-Überblick bei MünchKommBGB[5]/*Ulmer* Vor § 705 Rn 77 f.

515 So namentlich BGHZ 84, 361 (366) = NJW 1982, 2236; vgl. auch schon BGH DB 1976, 1956; WM 1969, 191.

516 BGHZ 11, 190 (192) = NJW 1954, 231; BGH NJW 1960, 430; 1982, 2816 (2817); WM 1958, 1105; RGZ 103, 73 (75).

517 Heymann/*Emmerich* Rn 9; Baumbach/*Hopt* Rn 50; Soergel/*Hadding*[12] § 705 Rn 5; 3. Aufl. Rn 48 (*Rob. Fischer*); *K. Schmidt* Stellung der OHG S. 170; MünchKommBGB[5]/*Ulmer* § 705 Rn 29; Ebenroth/Boujong/Joost/Strohn/*Wertenbruch* Rn 41; Erman/*Westermann*[12] § 705 Rn 6.

518 Heymann/*Emmerich* Rn 9; vgl. näher Rn 203. Allg. zum Vorrang ergänzender Auslegung und Anwendung dispositiven Rechts vgl. auch Soergel/*M. Wolf*[13] § 157 Rn 109; MünchKommBGB[5]/*Busche* § 157 Rn 38 f (mN zur teilw. abw. Rspr.).

519 §§ 315, 317 BGB; so auch BGH LM HGB § 105 Nr. 13a = NJW 1960, 430; 3. Aufl. Rn 48 (*Rob. Fischer*) gegen RG JW 1935, 1783 (1784) (Bestimmung durch Schiedsgericht); MünchKommBGB[5]/*Ulmer* § 705 Rn 29; Soergel/*Hadding*[12] § 705 Rn 5.

nicht an[520]. Wohl aber muss eine Einigung über den Mindestinhalt (Rn 157) vorliegen, da ohne sie eine rechtsgeschäftliche Bindung als Gesellschafter ausgeschlossen ist.

Vom Fall eines auf offenem oder verdecktem Einigungsmangel (§§ 154 Abs. 1, 155 BGB) beruhenden lückenhaften Vertrages zu unterscheiden ist eine gesellschaftsvertragliche Einigung, die sich bewusst und gewollt auf wenige Abreden beschränkt und die Ausfüllung des Vertrags im Übrigen dem **dispositiven Recht** überlässt. Hier handelt es sich nicht um einen lückenhaften, sondern einen den gesetzlichen Regeln unterstellten Vertrag[521]. Für eine richterliche Vertragsergänzung abweichend vom dispositiven Recht ist daher im Zweifel kein Raum. 161

e) **Bedingter und befristeter Vertrag, Rückdatierung.** Der Gesellschaftsvertrag kann unter aufschiebender Bedingung oder Zeitbestimmung geschlossen werden[522]. In beiden Fällen wird – was zulässig ist – die Wirksamkeit des Vertrages zeitlich hinausgeschoben. Als **aufschiebende Bedingung** kommt etwa die Erteilung einer für das beabsichtigte Handelsgewerbe notwendigen Konzession oder die familiengerichtliche Genehmigung der Beteiligung nicht voll Geschäftsfähiger in Betracht, aber auch die zufriedenstellende Klärung bestimmter mit der Gesellschaftsbeteiligung verbundener Rechts- oder Steuerfragen[523]. Eine aufschiebende **Befristung** (vgl. dazu § 131 Rn 19) bietet sich bei der Gesellschaftsgründung dann an, wenn mit der Geschäftstätigkeit erst von einem bestimmten Zeitpunkt an begonnen werden und bis dahin für die als Geschäftsführer vorgesehenen Gesellschafter noch keine Vertretungsmacht begründet werden soll; das schließt die Anerkennung einer Treupflicht der Beteiligten und sonstiger schon im Vorbereitungsstadium einsetzender Mitgliedschaftspflichten nicht notwendig aus[524]. Im Falle des Beitritts eines Kommanditisten zu einer bestehenden OHG/KG wird dessen Wirksamwerden erst zum Zeitpunkt der Eintragung des Beitritts im Handelsregister nicht selten deshalb vereinbart, um die nach § 176 Abs. 2 bis zur Eintragung eintretende unbeschränkte Haftung zu vermeiden[525]. 162

Keinen Bedenken begegnet auch die **auflösende Bedingung** (§ 158 Abs. 2 BGB), d.h. die Vereinbarung automatischer Auflösung der Gesellschaft bei Eintritt eines zukünftigen *ungewissen* Ereignisses (§ 131 Rn 43)[526]. Sie dient dazu, die Gesellschaftsdauer vom (Nicht-)Eintritt solcher Umstände abhängig zu machen, die für den Gesellschaftszweck 163

---

520 So aber noch RGZ 95, 147 (149); Soergel/*Schultze-v. Lasaulx*[10] § 705 Rn 2.

521 Das dispositive Recht gilt hier kraft Gesetzes, nicht etwa kraft vertraglicher Verweisung; **aA** BGHZ 38, 306 (316) = NJW 1963, 46; wohl auch 3. Aufl. Rn 48 (*Rob. Fischer*). Siehe auch MünchKommBGB[5]/*Ulmer* § 705 Rn 29.

522 Ganz hM, vgl. RG JW 1936, 2065 sowie zum aufschiebend bedingten Beitritt zu einer Publikums-KG BGH WM 1979, 613; NJW 1985, 1080; OLG Koblenz WM 1979, 1435 (1437); OLG München WM 1984, 1335; ferner MünchKommHGB/*K. Schmidt* § 105 Rn 107, 127; Heymann/*Emmerich* Rn 8a; Baumbach/*Hopt* Rn 50; Ebenroth/Boujong/Joost/Strohn/*Wertenbruch* Rn 40; Soergel/*Hadding*[12] § 705 Rn 4; MünchKommBGB[5]/*Ulmer* § 705 Rn 31; So – unter grundsätzlicher Beschränkung der Bedingungswirkung auf das Innenverhältnis der Beteiligten – auch *Koller/Buchholz* DB 1982, 2172 ff.

523 Vgl. die Fälle aufschiebend bedingten Beitritts zu einer Publikums-KG: BGH WM 1979, 613 und NJW 1985, 1080; OLG Koblenz WM 1979, 1435 (1437) und OLG München WM 1984, 1335.

524 So zutr. *A. Hueck* OHG, § 5 I 3, S. 41 f.

525 BGHZ 82, 209 (212) = NJW 1982, 883; BGH NJW 1983, 2258 (2259); Voraufl. § 176 Rn 16 (*Schilling*).

526 MünchKommHGB/*K. Schmidt* Rn 127; Baumbach/*Hopt* Rn 50; Soergel/*Hadding*[12] Vor § 723 Rn 7; Staudinger/*Habermeier* BGB (2003) Vorbem zu § 723 Rn 5 ff; MünchKommBGB[5]/*Ulmer* § 705 Rn 31.

besonders wichtig sind; dadurch entspricht sie in ihrer Funktion dem für die GbR in § 726 BGB vorgesehenen Auflösungsgrund der Zweckerreichung oder -unmöglichkeit. Ausgeschlossen ist allerdings die Vereinbarung *rückwirkender* Auflösung der Gesellschaft nach § 159 BGB; sie verträgt sich nicht mit dem Grundsatz, dass die Auflösungswirkungen bei einer (Außen-)Gesellschaft stets *ex nunc* eintreten. Vgl. § 131 Rn 7 ff.

164 Hinsichtlich der **Rückdatierung** des Gesellschaftsvertrags oder des Beitritts eines neuen Gesellschafters ist zu unterscheiden. *Außenwirkung* kommt ihr nicht zu, da die rückwirkende Entstehung der OHG/KG als Gesamthand (Organisation) ausgeschlossen ist; frühestmöglicher Zeitpunkt für die Entstehung ist der Abschluss des Gesellschaftsvertrages, sofern die Gesellschafter zeitgleich ihre Geschäfte beginnen (§ 123 Rn 14 ff [*Habersack*]). Anderes gilt für das *Innenverhältnis*. Insoweit können die Beteiligten wirksam vereinbaren, ihrem Zusammenschluss Rückwirkung beizulegen, insbes. die Geschäfte eines eingebrachten Unternehmens oder die Kosten und Erträge sonstiger eingebrachter Gegenstände schon von einem früheren Stichtag an als auf gemeinsame Rechnung laufend zu behandeln[527]. Soweit damit Täuschungszwecke verfolgt werden, insbes. eine Steuerhinterziehung ermöglicht werden soll, greift § 138 BGB ein; die Rückdatierung ist nichtig[528]. Ertragsteuerlich sind rückwirkende Vereinbarungen über die Gesellschaftsgründung, über Veränderungen im Gesellschafterbestand oder über die Gewinnverteilung wegen der damit verbundenen Gewinnverlagerung grundsätzlich unbeachtlich[529].

165 f) **Abschluss durch Vertreter.** Ob die **Prokura** zum Abschluss des Gesellschaftsvertrags einer OHG/KG namens des Kaufmanns oder zum späteren Beitritt ermächtigt, war früher umstritten.[530] Mit der heute hM[531] ist dies zu verneinen. Die Gründung einer neuen Gesellschaft, in die das Unternehmen einzubringen ist, gehört unstreitig ebenso zu den nicht von der Prokura gedeckten Grundlagengeschäften wie die Änderung eines schon bestehenden Gesellschaftsvertrages, etwa durch Aufnahme neuer Gesellschafter. Konsequentermaßen ist dem Kaufmann dann auch die Beteiligung an anderen Handelsunternehmen in Gesellschaftsform als Grundlagengeschäft vorbehalten. Entsprechendes gilt erst recht in Bezug auf die **Handlungsvollmacht.**[532] Es bedarf also jeweils einer besonderen Bevollmächtigung. Auch bei der *Anmeldung zum Handelsregister* können Prokurist und Handlungsbevollmächtigter den Kaufmann als Gesellschafter nur aufgrund besonderer Vollmacht vertreten (§ 108 Rn 12).

166 Die Vertretungsmacht der **Organmitglieder von Handelsgesellschaften** umfasst als unbeschränkte und unbeschränkbare auch das Eingehen von Beteiligungen an einer OHG

---

527 EinhM, vgl. RGZ 119, 64 (67); BGH WM 1976, 972 (974); NJW 1978, 264 (266 f); WM 1979, 889 (891); *A. Hueck* OHG, § 5 I 3, S. 42; Baumbach/*Hopt* Rn 50; MünchKommHGB/*K. Schmidt* Rn 127; Soergel/*Hadding*[12] § 705 Rn 4; MünchKomm-BGB[5]/*Ulmer* § 705 Rn 7; *U. H. Schneider* AcP 175 (1975), 279 (298 f).

528 OLG Koblenz WM 1979, 1435.

529 Kirchhof/*Reiß*[7] EStG § 15 Rn 381. Vgl. zur Nichtanerkennung rückwirkenden Beginns der Geschäftstätigkeit der OHG/KG BFHE 131, 224 (227) = BB 1980, 1505; BFHE 137, 265 (267) = BB 1983, 486; zur Rückdatierung des Beitritts BFHE 108, 495 = BB 1973, 595; dazu auch L. Schmidt/*Wacker* EStG[26] § 15 Rn 195. Ausnahmen lässt der BFH nur in eng begrenzten Fällen zu, wenn die Rückwirkung nur von kurzer Dauer ist, nur technische Bedeutung hat und sich steuerliche Vorteile damit nicht verbinden (BFHE 142, 130 [133] = BB 1985, 44; BFHE 146, 236 [239] = BB 1986, 1144).

530 Bejahend für die Beteiligung an anderen Gesellschaften noch Voraufl. Rn 167 (*Ulmer*).

531 MünchKommHGB/*K. Schmidt* Rn 130; Baumbach/*Hopt* § 49 Rn 2; *Koller*/Roth/Morck § 49 Rn 2.

532 MünchKommHGB/*K. Schmidt* Rn 130.

oder KG (zur Gesellschafterstellung von Handelsgesellschaften vgl. Rn 93 f, 96 f). Ein Vorbehalt gilt für Einlageverpflichtungen, die auf die Einbringung des Unternehmens der Gesellschaft gerichtet sind; sie bedürfen entsprechend dem Rechtsgedanken des § 179a AktG der Zustimmung der Gesellschafter. – Zum Abschluss eines Gesellschaftsvertrages für einen nicht voll Geschäftsfähigen durch seinen **gesetzlichen Vertreter** und zur Notwendigkeit familien- bzw. vormundschaftsgerichtlicher Genehmigung vgl. Rn 86 f.

2. Form

a) **Allgemeines.** Ebenso wie der Gesellschaftsvertrag einer GbR bedarf auch derjenige einer OHG oder KG regelmäßig **keiner gesetzlichen Form**[533]; die Anmeldung zum Handelsregister (§ 106) umfasst nicht etwa die Einreichung des Gesellschaftsvertrages. Zu den Fällen gewillkürter Form und zu den Rechtsfolgen ihrer Nichteinhaltung vgl. Rn 177 f. **Ausnahmen** von der Formfreiheit können sich einerseits aus dem Inhalt bestimmter Beitragspflichten ergeben, andererseits aus der Zusage einer unentgeltlichen Anteilsübertragung (vgl. zu dieser jedoch Rn 175 f). Unter den **formbedürftigen Beitragspflichten** kommt der auf Übertragung oder Erwerb eines Grundstücks (§ 311b Abs. 1 BGB) gerichteten die größte Bedeutung zu (vgl. näher Rn 170 ff). Daneben können Beitragspflichten den §§ 311b Abs. 3, 766 BGB oder § 15 GmbHG unterfallen. Nach **§ 311b Abs. 3 BGB** bedarf der Gesellschaftsvertrag der notariellen Form, wenn sich ein Gesellschafter darin verpflichtet, sein ganzes Vermögen oder einen Bruchteil desselben einzubringen oder in sonstiger Weise darüber zugunsten der Gesellschaft zu verfügen. Die Verpflichtung muss sich auf das *Vermögen als solches* beziehen; zu denken ist vor allem an die Einbringung des Unternehmens einer Handelsgesellschaft als Einlage bei der Beteiligung an einer OHG/KG. Die Einbringung eines bestimmten Gegenstands, der praktisch das einzige Vermögen des Gesellschafters darstellt, wird von § 311 Abs. 3 BGB nicht erfasst[534]. Nach **§ 766 BGB** bedarf die Bürgschaftserklärung der Schriftform; das gilt auch für eine als Einlageleistung gegenüber der Gesellschaft übernommene Bürgschaft, sofern der Bürge nicht geschäftsleitender Gesellschafter ist (Rn 79, 81). **§ 15 Abs. 4 GmbHG** regelt die Verpflichtung zur Abtretung von GmbH-Geschäftsanteilen. Sie bedarf ebenso wie die Abtretung selbst notarieller Beurkundung. Der Formmangel der Verpflichtung wird durch die formgültig vollzogene Abtretung geheilt (§ 15 Abs. 4 S. 2 GmbHG). Zur Beurteilung sonstiger, nicht auf Abtretung gerichteter Einlagevereinbarungen (Gebrauchsüberlassung, Einbringung dem Werte nach u.a.) vgl. die Kasuistik zu § 311b BGB (unten Rn 172 f); zur Frage der Formbedürftigkeit eines Gesellschaftsvertrags zwischen Ehegatten, die in Gütergemeinschaft leben, vgl. Rn 92. 167

Greift eine der in Rn 167 genannten Formvorschriften ein, so erstreckt sich der **Umfang des Formerfordernisses** grundsätzlich auf den gesamten Vertrag, d.h. auf alle Verein- 168

---

[533] Allg. Meinung: ROHGE 15, 17 (21 f); *A. Hueck* OHG, § 6 III 1, S. 50; Baumbach/*Hopt* Rn 54; MünchKommHGB/*K. Schmidt* Rn 132; Ebenroth/Boujong/Joost/Strohn/*Wertenbruch* Rn 44; Röhricht/Graf v. Westphalen/*v. Gerkan/Haas* Rn 21; MünchKommBGB[5]/*Ulmer* § 705 Rn 32; Staudinger/*Habermeier* BGB (2003) § 705 Rn 10; *Wiedemann* Gesellschaftsrecht Bd. II, § 2 II 4, S. 108. Beachte aber das Formerfordernis im Recht der Partnerschaftsgesellschaft § 3 Abs. 1 PartGG; dazu: MünchKommBGB[5]/*Ulmer/C. Schäfer* § 3 PartGG Rn 5 ff.

[534] BGHZ 25, 1 (4) = NJW 1957, 1514; Staudinger/*Habermeier* BGB (2003) § 705 Rn 10; MünchKommBGB[5]/*Emmerich* § 311b Rn 103; MünchKommBGB[5]/*Ulmer* § 705 Rn 33; Staudinger/*Wufka* BGB (2006) § 311b Abs. 3 Rn 10; MünchKommBGB[5]/*Krüger* § 311b Rn 103.

barungen, aus denen sich nach dem Willen der Vertragspartner das Rechtsgeschäft zusammensetzt[535]. Das ist zu § 311b Abs. 1 S. 1 BGB von der ganz hM anerkannt[536]; es führt zur Formbedürftigkeit des Gesellschaftsvertrags *insgesamt* einschließlich etwaiger, damit in unmittelbarem Zusammenhang stehender Zusatzabreden wie Liefer- oder Abnahmeverpflichtungen u.a.[537]. Entsprechendes gilt nach überwiegender Meinung für die aus § 15 Abs. 4 GmbHG folgende Formbedürftigkeit der Verpflichtung zur Abtretung von GmbH-Anteilen[538]; im Falle der Veräußerung der Anteile an einer GmbH & Co. KG ist daher auch die Verpflichtung zur Abtretung der KG-Anteile formbedürftig[539]. Diese Grundsätze gelten entsprechend für die **Heilung** des Formmangels nach §§ 311b Abs. 1 S. 2 BGB, 15 Abs. 4 S. 2 GmbHG; auch sie erstreckt sich auf den ganzen Vertrag.

169 Kommt es nicht zur Heilung und scheidet auch eine Umdeutung der formnichtigen in eine formfreie und daher wirksam vereinbarte Beitragsverpflichtung aus, so sollen sich die **Rechtsfolgen der Formnichtigkeit** nach einer früher stark vertretenen Ansicht[540] auf die formbedürftige (Beitrags-)Verpflichtung als solche beschränken, während die Wirksamkeit des Restvertrages sich nach den Grundsätzen über die Teilunwirksamkeit (Rn 183) bestimmen soll. Schon in der Voraufl. Rn 172 hat *Ulmer* indessen darauf hingewiesen, dass diese These mit der den ganzen Gesellschaftsvertrag erfassenden Geltung des Formerfordernisses schwer vereinbar ist.[541] Heute entspricht es im Ansatz ganz hM, dass die Nichtbeachtung der Form in der Regel zur Gesamtunwirksamkeit und damit zum Eingreifen der Grundsätze über die fehlerhafte Gesellschaft führt (vgl. auch Rn 328 ff, 334).[542] Eine Ausnahme gilt nur, wenn die Parteien den Gesellschaftsvertrag auch ohne die betroffene Einlagepflicht abgeschlossen hätten; die Lücke ist dann durch ergänzende Vertragsauslegung zu schließen.[543]

---

[535] Vgl. allg. MünchKommBGB[5]/*Einsele* § 125 Rn 32 ff mN.

[536] MünchKommBGB[5]/*Kanzleiter* § 311b Rn 50; Soergel/*M. Wolf*[12] § 313 Rn 59 ff; Staudinger/*Wufka* BGB (2006) § 311b Abs. 1 Rn 152; Ebenroth/Boujong/Joost/Strohn/*Wertenbruch* Rn 48.

[537] So für den Gesellschaftsvertrag BGHZ 22, 312 (317) = NJW 1957, 459; BGH NJW 1978, 2505 (2506); NJW-RR 1990, 340 f; *A. Hueck* OHG, § 6 III 2, S. 61; *Petzoldt* BB 1975, 905 ff; zur Einbeziehung auch von Zusatzabreden in den Formzwang vgl. BGH NJW 1979, 915; *Wiesner* NJW 1984, 96; allgemein zum Umfang des Formgebots MünchKommBGB[5]/*Kanzleiter* § 311b Rn 50 f.

[538] HM, vgl. Ulmer/Habersack/*Winter*/*Löbbe* GmbHG § 15 Rn 77 ff; Baumbach/*Hueck*/*Fastrich* GmbHG[18] § 15 Rn 30; Scholz/*H. Winter* GmbHG[10] § 15 Rn 69; MünchKommHGB/*K. Schmidt* Rn 139; MünchKommBGB[5]/*Ulmer* § 705 Rn 34; Staudinger/*Habermeier* BGB (2003) § 705 Rn 10; einschränkend aber BGH NJW 1969, 2049 (wesentliche Abreden); NJW 1983, 1843 (untrennbarer Teil); **aA** *Schlüter* FS Bartholomeyczik, 1973, S. 359 ff.

[539] So zutr. MünchKommHGB/*Grunewald* § 161 Rn 91; *Wiesner* NJW 1984, 97; *Binz*/*Mayer* NJW 2002, 3054 (3059 f); im Grundsatz auch *Sudhoff*/*Reichert* GmbH & Co. KG § 28 Rn 35; MünchKommBGB[5]/*Ulmer* § 705 Rn 34.

[540] BGHZ 45, 376 (377) = NJW 1966, 1747; BGH NJW 1981, 222; 1983, 565; 3. Aufl. Rn 58a (*Rob. Fischer*); Palandt/*Grüneberg*[67] § 311b Rn 45; Soergel/*Hefermehl*[13] § 125 Rn 7; Soergel/*M. Wolf*[12] § 313 Rn 59.

[541] So zutr. *Wiesner* NJW 1984, 98; für Gesamtunwirksamkeit auch bereits *A. Hueck* OHG, § 6 III s, S. 61.

[542] Vgl. außer den Nachw. in Fn 540 MünchKommHGB/*K. Schmidt* Rn 137 f; MünchKommBGB[5]/*Ulmer* § 705 Rn 35; Baumbach/*Hopt* Rn 57; Ebenroth/Boujong/Joost/Strohn/*Wertenbruch* Rn 50.

[543] MünchKommHGB/*K. Schmidt* Rn 137; zur Anwendung des § 139 BGB zur Bestimmung der Gesamtunwirksamkeit des Vertrages vgl. näher *C. Schäfer* S. 236 ff.

b) Formbedürftigkeit nach § 311b Abs. 1 BGB

aa) **Grundlagen.** Die Formvorschrift des § 311b Abs. 1 BGB (= § 313 S. 1 BGB a.F.) erfasst Verpflichtungen zur Übertragung und – seit 1973 – zum Erwerb von Grundstücken, die im Rahmen eines Gesellschaftsvertrages übernommen werden; sie machen den *ganzen* Gesellschaftsvertrag formbedürftig (Rn 168). Voraussetzung ist, dass die Veräußerungs- oder Erwerbspflicht den **Inhalt** des Vertrages bildet, im Fall von Gesellschaftsverträgen also zu den Beitragspflichten der einzelnen Gesellschafter gehört. Hierunter fällt auch die Pflicht zum Erwerb eines Grundstücks beim Ausscheiden aus der Gesellschaft oder bei deren Auflösung[544]. Ebenfalls formbedürftig sind Gesellschaftsverträge, aus denen sich mittels auferlegter wirtschaftlicher Bindungen ein **faktischer Zwang** für Gesellschafter zur Veräußerung oder zum Erwerb eines Grundstücks ergibt[545]; das ist etwa der Fall bei Vereinbarung von Vertragsstrafen oder bei wertmäßig ungleich höheren alternativen Beitragspflichten, die wirtschaftlich eindeutig auf eine Grundstückseinbringung abzielen[546]. 170

Tritt die Mitberechtigung an einem Grundstück nur als **Folge** des Gesellschaftsvertrags ein, so greift das Formerfordernis des § 311b Abs. 1 BGB nicht ein[547]. **Nicht formbedürftig** ist daher der Beitritt zu oder das Ausscheiden aus einer OHG/KG mit Grundbesitz oder die Verpflichtung des Gesellschafters hierzu; die damit verbundenen Änderungen der gesamthänderischen Mitberechtigung an den Gesellschaftsgrundstücken treten nur als Folge der Veränderung des Gesellschafterkreises ein. Auch die Pflicht zur Anteilsübertragung an einer Grundstücksgesellschaft ist, ebenso wie die Übertragung selbst, grundsätzlich formlos wirksam[548]. Ausnahmsweise ist jedoch § 311b Abs. 1 BGB analog auf Anteilsübertragungen anwendbar, sofern der Gesellschaftszweck auf das Halten von Grundstücken beschränkt ist, vgl. Rn 301.[549] Keiner Form bedarf weiter die **formwechselnde Umwandlung** einer GbR in eine OHG oder KG oder umgekehrt; sie lässt die dingliche Zuordnung der zum Gesellschaftsvermögen gehörenden Grundstücke unberührt (Rn 56). Wohl aber ist wegen der hier notwendigen rechtsgeschäftlichen Übertragungsakte die Form des § 311b Abs. 1 BGB zu beachten, wenn Grundstücke von einer Personengesellschaft auf eine aus den gleichen Gesellschaftern bestehende andere Gesellschaft übertragen werden oder eine sonstige Personengemeinschaft mit Grundvermögen als OHG oder KG fortgesetzt werden soll (Rn 272). 171

---

544 BGH NJW 1978, 2505 (2506); MünchKommBGB⁵/*Kanzleiter* § 311b Rn 17, 40; MünchKommBGB⁵/*Ulmer* § 705 Rn 36; MünchKommHGB/*K. Schmidt* Rn 135; Ebenroth/Boujong/Joost/Strohn/*Wertenbruch* Rn 45; Staudinger/*Wufka* BGB (2006) § 311b Abs. 1 Rn 38.

545 HM, vgl. MünchKommBGB⁵/*Kanzleiter* § 311b Rn 36; Staudinger/*Wufka* BGB (2006) § 311b Abs. 1 Rn 104; Ebenroth/Boujong/Joost/Strohn/*Wertenbruch* Rn 45; Erman/*Grziwotz*¹² § 311b Rn 13.

546 Für analoge Anwendung des § 313 BGB a.F. auf derartige Fallgestaltungen als Fälle sog. „mittelbarer Grundstücksgeschäfte" *Heckschen* Die Formbedürftigkeit mittelbarer Grundstücksgeschäfte, 1987, S. 127 f.

547 Std. Rspr., vgl. BGHZ 82, 292 (294) = NJW 1982, 881; BGHZ 85, 245 (248 f) = NJW 1983, 566; BGH NJW 1981, 1267 (1268); ZIP 1996, 547. Zur Frage der Formbedürftigkeit eines auf Grundstückserwerb gerichteten Auftrages vgl. Rn 173 und Fn 559.

548 EinhM, MünchKommHGB/*K. Schmidt* Rn 136; MünchKommBGB⁵/*Ulmer* § 705 Rn 36; Staudinger/*Wufka* BGB (2006) § 311b Abs. 1 Rn 118; MünchKommBGB⁵/*Kanzleiter* § 311b Rn 14 mN.

549 Dazu BGHZ 86, 367 (370 f) = NJW 1983, 1110 sowie MünchKommBGB⁵/*Ulmer*/*C. Schäfer* § 719 Rn 35 f mN zum Diskussionsstand. Zur parallelen Problematik bei § 15 Abs. 4 GmbHG: OLG Frankfurt ZIP 2007, 2167.

172 bb) **Kasuistik.** Wegen der Kasuistik zu den von § 311b Abs. 1 BGB erfassten Mitgliedschaftspflichten kann auf die Erl. zu § 311b BGB verwiesen werden[550]. Früher war vor allem die Formbedürftigkeit des Gesellschaftsvertrags einer **Grundstücksgesellschaft** umstritten, deren gemeinsamer Zweck sich auf den Erwerb (und die Veräußerung) von Grundstücken richtet[551]. Insoweit wurde entsprechend der Funktion der Formvorschrift, die Vertragspartner vor übereilten Bindungen auf dem Grundstücksmarkt zu schützen, für das Eingreifen von § 311b Abs. 1 BGB teilweise darauf abgestellt, ob der Vertragsschluss wegen der bestehenden Einzelvertretungsmacht von Mitgesellschaftern einer unwiderruflichen Vollmacht[552] gleichkommt; dann soll er wie diese der Form des § 311b Abs. 1 BGB unterfallen[553]. Dagegen spricht aber, dass zwischen dem Erwerb (der Veräußerung) durch die Gesellschaft und demjenigen durch die Gesellschafter persönlich zu unterscheiden ist. Das Eingreifen von § 311b BGB könnte daher nur auf die Schutzbedürftigkeit der OHG/KG gestützt werden; ihr trägt jedoch das Formerfordernis für die einzelnen von der OHG/KG künftig zu schließenden Grundstücksgeschäfte hinreichend Rechnung. Heute entspricht es daher ganz hM, dass der Gesellschaftsvertrag einer Grundstücksgesellschaft **nicht formbedürftig** ist.[554]

173 **Keiner Form** bedarf auch die Abrede über die **Gebrauchsüberlassung** von Grundstücken oder über ihre Einbringung dem Werte nach (quoad sortem, vgl. Rn 226), wenn das Grundstück dem Gesellschafter beim Ausscheiden oder bei Liquidation der Gesellschaft verbleibt[555]; auch § 550 BGB greift in derartigen Fällen nicht ein[556]. Ebenfalls nicht formbedürftig ist die Verpflichtung eines Gesellschafters zur **Abtretung eines Auflassungsanspruchs**[557]; eine die Analogie zu § 311 Abs. 1 BGB rechtfertigende Vergleich-

---

550 Vgl. insbes. MünchKommBGB[5]/*Kanzleiter* § 311b Rn 40; Erman/*Grziwotz*[12] § 311b Rn 14 und Staudinger/*Wufka* BGB (2006) § 311b Abs. 1 Rn 110 ff; Soergel/*M. Wolf*[12] § 313 Rn 49; dazu auch *Petzoldt* BB 1975, 905 ff.

551 Sie wurde für die Zeit vor 1973 generell verneint; vgl. RGZ 68, 260 (262); Soergel/*Schultze-v. Lasaulx*[10] § 705 Rn 5.

552 Zu deren Formbedürftigkeit nach § 311b Abs. 1 BGB vgl. Erman/*Grziwotz*[12] § 311b Rn 35; MünchKommBGB[5]/*Kanzleiter* § 311b Rn 45; Staudinger/*Wufka* BGB (2006) § 311b Rn 136 f; Soergel/*M. Wolf*[12] § 313 Rn 32.

553 So *Petzoldt* BB 1975, 907; wohl auch noch MünchKommBGB[5]/*Kanzleiter* § 311b Rn 24; Gegenansicht vgl. in Fn 554.

554 Gegen Formbedürftigkeit des Gesellschaftsvertrags daher zu Recht BGH NJW 1978, 2505 (2506); 1996, 1279; 1998, 376 (für Bau- oder Siedlungsgenossenschaften auch BGHZ 15, 177 [181] = NJW 1955, 178 und BGHZ 31, 37 [38] = NJW 1959, 2211); MünchKommHGB/*K. Schmidt* Rn 136; Soergel/*Hadding*[12] § 705 Rn 10; Soergel/*M. Wolf*[12] § 313 Rn 49; *Westermann* Handbuch Rn I 127. Nach dem Inhalt des Gesellschaftszwecks unterscheidend (Formbedürftigkeit nicht bei Erwerbs-, sondern nur bei Veräußerungszweck) *Heckschen* (Fn 546), S. 135 ff.

555 BGH WM 1965, 744 (745); 1967, 951 (952); RGZ 109, 380 (381 f); 166, 160 (163); *A. Hueck* OHG, § 6 III 2, S. 61; Soergel/*Hadding*[12] § 705 Rn 9; MünchKommHGB/*K. Schmidt* Rn 135; MünchKommBGB[5]/*Ulmer* § 705 Rn 37; Staudinger/*Wufka* BGB (2006) § 311b Abs. 1 Rn 113; Erman/*Grziwotz*[12] § 311b Rn 19; MünchKommBGB[5]/*Kanzleiter* § 311b Rn 40; *Wiedemann* Gesellschaftsrecht Bd. II, § 2 II 4b, S. 109; zum Sonderfall eines der Gesellschaft im Liquidationsstadium zustehenden, die Formbedürftigkeit begründenden Verwertungsrechts vgl. BGH WM 1967, 609 (610); RGZ 162, 78 (81 f).

556 HM, vgl. *A. Hueck* OHG, § 6 III 2, S. 61; Soergel/*Hadding*[12] § 706 Rn 24; MünchKommBGB[5]/*Ulmer* § 705 Rn 37; zur Unanwendbarkeit von Mietrecht auf mitgliedschaftliche Gebrauchsüberlassungspflichten vgl. auch schon Rn 155.

557 Davon ist die formbedürftige Verpflichtung zur Übertragung eines Anwartschaftsrechts am Grundstück zu unterscheiden, vgl. BGHZ 83, 395 (399) = NJW 1982, 1639; *Heckschen* (Fn 546), S. 129 f.

barkeit ist weder unter dem Gesichtspunkt einer Erwerbsverpflichtung des Zessionars noch unter demjenigen einer Veräußerungspflicht des Zedenten zu bejahen[558]. Keiner Form bedarf schließlich die (bloße) Verpflichtung eines *Gesellschafters*, ähnlich einem Beauftragten ein Grundstück **auf Rechnung der Gesellschaft** zu erwerben und an sie weiter zu veräußern. Das lässt sich zwar nicht allein damit begründen, dass sich in diesem Fall die Übertragungsverpflichtung bereits aus §§ 713, 667 BGB ergebe und deshalb nur Folge, nicht Gegenstand des Gesellschaftsvertrages sei[559]. Denn angesichts ausdrücklicher Vereinbarung derartiger Vertragspflichten kann eine dispositive Gesetzesnorm mangels ausfüllungsbedürftiger Lücke nicht den Regelungsvorrang beanspruchen[560]. Die Unanwendbarkeit des § 311b Abs. 1 BGB auf solche Gesellschafterpflichten ergibt sich jedoch aus teleologischen Überlegungen: Der Gesellschafter soll hinsichtlich des Grundstückseigentums von vornherein nur Durchgangsstelle sein und bedarf daher nicht des in § 311b Abs. 1 BGB geregelten Übereilungsschutzes[561]. **Anderes** gilt aber, wenn zugleich eine **Erwerbsverpflichtung** der *Gesellschaft* begründet wird; in diesem Falle unterliegt der Gesellschaftsvertrag mit Rücksicht auf diese Pflicht der Form des § 311b Abs. 1 S. 1 BGB[562].

cc) **Rechtsfolgen des Formmangels.** Die Nichteinhaltung der Formvorschrift des § 311b **174**
Abs. 1 BGB führt vorbehaltlich der Heilung durch Vollzug der Veräußerung oder des Erwerbs des Grundstücks zur Nichtigkeit der betroffenen Vereinbarung (§ 125 S. 1 BGB). Die **Heilung** des Formmangels tritt in Fällen formnichtiger Veräußerungs- oder Erwerbspflichten eines beitretenden oder ausscheidenden Gesellschafters dann ein, wenn es zum wirksamen dinglichen Vollzug des Verpflichtungsgeschäfts kommt; es gilt § 311b Abs. 1 S. 2 BGB; wegen der Heilung bei einer wegen analoger Anwendung des § 311b Abs. 1 S. 1 BGB formunwirksamen Anteilsabtretung vgl. Rn 301. Auch ohne Heilung kann die Gesamtunwirksamkeit des Vertrages (Rn 169) vermieden werden, wenn die formnichtige Einlagepflicht im Einzelfall **nach § 140 BGB umgedeutet** werden kann. Diese liegt bei Einlageversprechen über Grundstücke namentlich dann nahe, wenn einerseits die Erreichung des gemeinsamen Zwecks nicht speziell die Eigentumsverschaffung am Grundstück voraussetzt, andererseits die Einbringung zum Gebrauch oder dem Werte nach, ggf. auch unter Zuzahlung eines Geldbetrags, für alle Parteien zumutbar erscheint[563]. Scheidet eine Umdeutung nach Lage des Falles aus, so erfasst die Nichtigkeit im Zweifel nicht nur die Einlagepflicht, sondern den ganzen Vertrag, sofern nicht feststeht, dass die Parteien den Vertrag auch ohne die konkrete Einlagepflicht geschlossen

[558] BGHZ 89, 41 (45) = NJW 1984, 973; Soergel/*M. Wolf*[12] § 313 Rn 49; **aA** MünchKommBGB[5]/*Kanzleiter* § 311b Rn 16 aE; *Heckschen* (Fn 546), S. 130 f unter Hinweis auf die faktische Bindung des Zedenten zum Erwerb.

[559] So aber RGZ 54, 75 (79); BGH NJW 1981, 1267 (offenlassend dann BGHZ 85, 245 [249] = NJW 1983, 566); MünchKommBGB[5]/*Kanzleiter* § 311b Rn 22; Staudinger/*Wufka* BGB (2006) § 311b Abs. 1 Rn 113; MünchKommBGB[5]/*Ulmer* § 705 Rn 37 aE.

[560] *Hagen* DNotZ 1984, 267 (276); *Ludwig* DNotZ 1982, 623; *Schwanecke* NJW 1984, 1585 (1586 f); *Heckschen* (Fn 546), S. 62, 128; kritisch auch *Steindorff* ZHR 129 (1967), 21 (25).

[561] So zutr. BGHZ 85, 245 (249) = NJW 1983, 566; MünchKommBGB[2]/*Kanzleiter* § 313 Rn 22; **aA** *Heckschen* (Fn 546), S. 73 f, 128; *Schwanecke* NJW 1984, 1585 (1586).

[562] BGHZ 85, 245 (251) = NJW 1983, 566; Erman/*Grziwotz*[12] § 311b Rn 29; MünchKommBGB[5]/*Kanzleiter* § 311b Rn 22; MünchKommBGB[5]/*Ulmer* § 705 Rn 38; *Petzoldt* BB 1975, 905 (906).

[563] BGH WM 1967, 951 (952); Soergel/*Hadding*[12] § 706 Rn 23; MünchKommBGB[5]/*Ulmer* § 705 Rn 40.

hätten (Rn 169). Mit Entstehung der Gesellschaft auch im Außenverhältnis erlangt der Gesellschaftsvertrag allerdings nach den Regeln des fehlerhaften Verbands volle Wirksamkeit; die Nichtigkeit kann dann nurmehr durch Auflösungsklage geltend gemacht werden (Rn 350).

175 c) **Unentgeltliche Zuwendung der Beteiligung.** Soll bei der Gründung einer OHG/KG oder später ein Gesellschafter ohne eigene Einlageleistung beteiligt oder sein Anteil zu Lasten von Mitgesellschaftern aufgestockt werden, so liegt ein nach **§ 518 Abs. 1 BGB** formbedürftiges Schenkungsversprechen vor, wenn die Aufnahme in die Gesellschaft oder die Aufstockung der Beteiligung zu einer Vermögensmehrung bei dem Begünstigten führt und beide Seiten über die Unentgeltlichkeit der Zuwendung einig sind. Von den nicht durch §§ 516, 518 BGB erfassten Fällen einer als Ausstattung (§ 1624 BGB) zugewendeten Beteiligung abgesehen, ist das bei Unentgeltlichkeit der Einräumung oder Aufstockung einer Beteiligung an einer *Außengesellschaft* nach Art der OHG/KG[564] dann anzunehmen, wenn einerseits der Wert der Beteiligung die Belastungen des unentgeltlich aufgenommenen Gesellschafters aus persönlicher Haftung und etwaiger Tätigkeitspflicht übersteigt, andererseits mit der unentgeltlichen Aufnahme auch subjektiv eine Zuwendung (gemischte Schenkung) gewollt war und es den Mitgesellschaftern nicht nur darum ging, der OHG/KG den Rat und die Dienste des neuen Gesellschafters zu sichern[565]. Demgegenüber neigt die höchstrichterliche **Rechtsprechung** zu Unrecht dazu, bei Anteilen, die mit einer *unbeschränkten persönlichen Haftung* verbunden sind, die Unentgeltlichkeit stets zu verneinen.[566] Die Frage hat nicht nur Bedeutung für die Form der Vereinbarung, sondern auch für das Eingreifen der Vorschriften über den Widerruf wegen groben Undanks (§§ 530 ff BGB);[567] denn insofern ist zwischen dem Schenkungsvertrag und dem Gesellschaftsverhältnis – auch für die Rückabwicklung – im Ansatz strikt zu trennen (vgl. § 140 Rn 66).

176 Liegt nach den in Rn 175 genannten Kriterien ein Schenkungsversprechen vor und ist die – auf die Vereinbarung der unentgeltlichen Zuwendung beschränkte – notarielle Form nicht eingehalten, so kann der Formmangel noch nach **§ 518 Abs. 2 BGB** durch Bewirken der versprochenen Leistung geheilt werden. Die **Heilung** tritt bei OHG und KG nach ganz hM schon mit der gesellschaftsvertraglichen Beteiligung des Begünstigten ein, weil er damit sowohl eine Mitberechtigung am Gesamthandsvermögen erlangt als auch nach §§ 130, 173 der Außenhaftung für die bisherigen Gesellschaftsverbindlichkeiten unterliegt[568]. Die für die unentgeltliche Beteiligung an einer Innengesellschaft umstrittene Frage, ob die Umbuchung der dem Begünstigten zugewendeten Beteiligung als Vollzug

---

564 Zur abw. Beurteilung im Fall unentgeltlicher Beteiligung an einer Innengesellschaft vgl. MünchKommBGB[5]/*Ulmer* § 705 Rn 43.

565 MünchKommBGB[5]/*Koch* § 516 Rn 90 f; Baumbach/*Hopt* Rn 56; MünchKommBGB[5]/*Ulmer* § 705 Rn 43; zu den denkbaren Fallgestaltungen und Motiven vgl. namentlich *Hueck* DB 1966, 1043 (1044) und *U. Huber* Vermögensanteil, S. 203 f.

566 BGH NJW 1959, 1433; 1981, 1956; offen lassend dann aber BGHZ 112, 40 (44) = NJW 1990, 2626 – *Benteler* (betr. Kommanditanteil); vgl. auch MünchKommHGB/*K. Schmidt* Rn 140.

567 Vgl. dazu BGHZ 112, 40 (46 ff) = NJW 1990, 2616 – *Benteler* (betr. Kommanditanteil); MünchKommBGB[5]/*Ulmer* § 705 Rn 43; *U. Huber* Vermögensanteil, S. 205 ff; *Hueck* DB 1966, 1043.

568 So auch BGHZ 112, 40 (46); MünchKommHGB/*K. Schmidt* Rn 141; Ebenroth/Boujong/Joost/Strohn/*Wertenbruch* Rn 51; Röhricht/Graf v. Westphalen/*v. Gerkan*/*Haas* Rn 24; *A. Hueck* OHG, § 6 III 2, S. 61; Soergel/*Hadding*[12] § 705 Rn 12; MünchKommBGB[5]/*Ulmer* § 705 Rn 44.

der Schenkung anzusehen ist[569], hat für die OHG und KG somit keine Bedeutung. Daraus folgt zugleich, dass das Formerfordernis des § 518 Abs. 1 BGB im Hinblick auf einen OHG- oder KG-Vertrag allenfalls insoweit relevant wird, als es um die Beteiligung des Begünstigten an der *Gesellschaftsgründung* geht, d.h. also zu einem Zeitpunkt, in dem es weder zur Bildung von Gesamthandsvermögen[570] noch zur Begründung von Gesellschaftsverbindlichkeiten gekommen ist[571]. Ist danach Formnichtigkeit der Beteiligung des Begünstigten ausnahmsweise zu bejahen, so bestimmen sich die Rechtsfolgen für den Gesellschaftsvertrag nach den Grundsätzen über die subjektive Teilnichtigkeit (Rn 184 f).

d) **Gewillkürte Form.** Nach **§ 125 S. 2 BGB** hat die Nichteinhaltung der durch Rechts- **177**
geschäft bestimmten Form im Zweifel die Nichtigkeit der Vereinbarung zur Folge. Die Bestimmung ist vor allem für Vertragsänderungen bedeutsam (Rn 188); für den Fall des in schriftlicher Form beabsichtigten Vertragschlusses tritt an ihre Stelle die funktionell übereinstimmende Auslegungsregel des § 154 Abs. 2 BGB (zu ihrer Abwandlung bei Abschluss eines Gesellschaftsvertrags vgl. Rn 160)[572]. Die Art und Ausgestaltung der Schriftform richten sich mangels abweichender Vereinbarung nach §§ 126, 127 BGB. Bei Publikums-Gesellschaften genügt abweichend hiervon im Regelfall die Protokollierung des Beschlusses der Gesellschafterversammlung[573].

Schriftformklauseln, die für die Änderung oder Ergänzung des Vertrags schriftliche **178**
Form vorschreiben, sind in Gesellschaftsverträgen verbreitet. Entgegen BGHZ 49 364, 366 f = NJW 1968 1378 haben sie im Regelfall nicht nur Klarstellungsfunktion[574], sondern sollen entsprechend § 125 S. 2 BGB die **Wirksamkeit** des Rechtsgeschäfts von der Einhaltung der Form abhängig machen[575]. Das schließt nicht aus, ihren Anwendungsbereich im Wege der **Auslegung** näher zu bestimmen, namentlich den Beschluss der Gesellschafter zur einmaligen oder begrenzten Durchbrechung einer grundsätzlich unverändert weitergeltenden Vereinbarung als nicht vom Schriftformerfordernis erfasst anzusehen[576]. Auch soweit die Schriftformklausel im Grundsatz eingreift, sind die Parteien als „Herren der Gesellschaft" im Übrigen nicht gehindert, sie durch formlose Abrede außer Kraft zu setzen[577]. Erforderlich ist freilich, dass sie sich der Abweichung bewusst sind und diese

---

569 Vgl. dazu näher MünchKommBGB[5]/*Ulmer* § 705 Rn 44 ff mN zum Streitstand.

570 Vorbehaltlich der im Gesellschaftsvertrag begründeten Einlageforderungen, die alsbald mit dem Vertragsschluss zur Entstehung kommen und der OHG/KG als Gesamthandsvermögen zustehen (vgl. Rn 270).

571 Für regelmäßige Heilung des formnichtigen Schenkungsversprechens mit Abschluss des Gesellschaftsvertrags daher auch 3. Aufl. Rn 56 (*Rob. Fischer*) und *A. Hueck* OHG, § 6 III 2, S. 61.

572 Soweit sich die Schriftformklausel auf die Vollständigkeit des schriftlich Vereinbarten bezieht, erlangt sie freilich auch bereits bei Vertragsschluss Bedeutung (RGZ 97, 175 [176]; allgemein zur Vermutung der Vollständigkeit vgl. Rn 195).

573 BGHZ 66, 82 (86 f) = NJW 1976, 958; dazu allgemein MünchKommBGB[5]/*Einsele* § 127 Rn 7.

574 D.h. den Zweck, den Gesellschaftern, die sich auf die schriftliche Änderung berufen, den Beweis zu erleichtern (sog. deklaratorische Schriftformklausel, vgl. MünchKommBGB[5]/*Einsele* § 125 Rn 69). Nach *Hueck* DB 1968, 1207 (1208) folgt hieraus das Recht jedes Gesellschafters, die schriftliche Festlegung der wirksam formlos beschlossenen Änderung zu verlangen.

575 So auch die hL, vgl. MünchKommBGB[5]/*Ulmer* § 705 Rn 50; *A. Hueck* OHG, § 6 III 4, S. 62 und DB 1968, 1207 ff; *Tiefenbacher* BB 1968, 607; Erman/*Palm*[12] § 125 Rn 7; Soergel/*Hefermehl*[13] § 125 Rn 32; wie der BGH aber Soergel/*Hadding*[12] § 705 Rn 14.

576 Zutr. *Hueck* DB 1968, 1207 (1209 f) m. weit. Beispielen.

577 MünchKommHGB/*K. Schmidt* Rn 144; Ebenroth/*Boujong*/Joost HGB[1] Rn 55; *Römermann* NZG 1998, 978 (980); MünchKommBGB[5]/*Ulmer* § 705 Rn 50; Erman/

auch auf die Schriftform erstrecken wollen[578]. Die **formlose Aufhebung der Schriftform** ist entsprechend der Auslegungsregel des § 125 S. 2 BGB von demjenigen zu beweisen, der sich hierauf beruft[579]. Anderes gilt dann, wenn die Parteien seit langem einvernehmlich eine vom schriftlichen Gesellschaftsvertrag abweichende Praxis verfolgen, etwa bei der Geschäftsführung oder der Gewinnverteilung: in solchen Fällen besteht eine zwar widerlegbare, aber die Darlegungs- und Beweislast umkehrende tatsächliche Vermutung dafür, dass es zu einer entsprechenden Vertragsänderung gekommen ist[580]. – Zur Rechtslage beim Vollzug einer fehlerhaften Vertragsänderung, insbesondere dem fehlerhaften Ausscheiden eines Gesellschafters vgl. Rn 353 ff, 361 ff.

179 3. **Inhalt.** Zum Mindestinhalt des OHG-Vertrags vgl. Rn 157, zum Einfluss der Kautelarjurisprudenz auf das Innenrecht der Gesellschaft unter weitgehender Abwandlung insbes. der dispositiven Vorschriften der §§ 110 bis 122 vgl. Rn 10. Diesen Tendenzen der Vertragsgestaltung ist – durch Vorrang ergänzender Vertragsauslegung vor dispositivem Recht – auch bei der Lückenfüllung von Gesellschaftsverträgen Rechnung zu tragen (Rn 198). **Schranken der Vertragsgestaltung** ergeben sich außerhalb der zwingenden Vorschriften der §§ 123 bis 130b und der allgemeinen Wirksamkeitsgrenzen des § 134 BGB aus bestimmten geschriebenen und ungeschriebenen Schranken der Vertragsgestaltungsfreiheit (vgl. näher § 109 Rn 24 ff). Die hierauf gestützte **gerichtliche Wirksamkeitskontrolle** ist nicht zu verwechseln mit einer außerhalb der sog. Publikums-Gesellschaften zu Recht abgelehnten allgemeinen Inhaltskontrolle von Gesellschaftsverträgen (vgl. § 109 Rn 39 f). Sie beschränkt sich auf übermäßige Abfindungsbeschränkungen sowie auf Klauseln über den Ausschluss von Gesellschaftern ohne wichtigen Grund (§ 131 Rn 168 ff sowie § 140 Rn 61 ff).

4. Vertragsmängel, Teilnichtigkeit

180 a) **Überblick.** Vorschriften nach Art der §§ 275 AktG, 75 GmbHG über die stark eingeschränkte Geltendmachung von Nichtigkeitsgründen nach Entstehung einer AG oder GmbH sind dem Personengesellschaftsrecht unbekannt. Statt dessen hat die Rechtsprechung mit Zustimmung der Literatur die **Lehre vom fehlerhaften Verband** bzw. von der fehlerhaften Gesellschaft (**LfV**) entwickelt. Ihr Eingreifen setzt zum einen voraus, dass der *Tatbestand* des Gesellschaftsvertrages verwirklicht, der Vertrag also abgeschlossen wurde; die sog. Lehre von der faktischen Gesellschaft ist seit langem überholt (näher Rn 318, 321, 323). Zum anderen ist erforderlich, dass die auf einem nichtigen oder

---

Westermann[12] § 705 Rn 12; **aA** BGHZ 66, 378 (381 f) = NJW 1976, 1395 für einen Mietvertrag, in dem ausdrücklich auch der Verzicht auf das Formerfordernis an die Schriftform gebunden war; ebenso für eine Schriftformklausel im Gesellschaftsvertrag OLG Düsseldorf NJW 1977, 2216; wieder anders (wie hier) für eine formularmäßige Schriftformklausel BGH WM 1981, 122; offen lassend NJW-RR 1991, 1289 (1290).

578 So zutr. BGHZ 119, 283 (291) = NJW 1993, 64 (*Bierlieferungsvertrag*); Erman/*Westermann*[12] § 705 Rn 12; *Römermann* NZG 1998, 978 (980 f); MünchKommBGB[5]/*Einsele* § 125 Rn 70. Für Abstellen nur auf den materiellen Änderungswillen BGHZ 71, 162 (164) = NJW 1978, 1585; BGH WM 1982, 902.

579 Soergel/*Hefermehl*[13] BGB § 125 Rn 32.

580 BGH LM HGB § 105 Nr. 22 = NJW 1966, 826 (827) (Gewinnverteilung nach einem vom schriftlichen Vertrag abweichenden Schlüssel seit 20 Jahren); WM 1978, 300 (301) (fünfjährige einvernehmliche Abweichung von der Verzinsungsregelung des Gesellschaftsvertrags); MünchKommBGB[5]/*Ulmer* § 705 Rn 51.

anfechtbaren Gesellschaftsvertrag beruhende OHG oder KG auch im Außenverhältnis wirksam geworden ist (§ 123). Abweichend vom allgemeinen Zivilrecht ist unter diesen Voraussetzungen eine Berufung der Beteiligten oder Dritter auf den Nichtigkeits- oder Anfechtungsgrund zur rückwirkenden Beseitigung der Gesellschaft ausgeschlossen. Die Gesellschaft bleibt vielmehr bis zur Geltendmachung des Mangels voll wirksam, und zwar sowohl hinsichtlich ihres Auftretens nach außen als auch im Innenverhältnis. Nichtigkeits- oder Anfechtungsgründe können nur mittels Gestaltungsklage nach §§ 133, 140 geltend gemacht werden. Einzelheiten vgl. in Rn 328 ff, 346 ff.

Zum Eingreifen der Grundsätze über den fehlerhaften Verband kommt es allerdings nur, wenn der **Gesellschaftsvertrag insgesamt mangelhaft** ist. Vorbehaltlich der Fälle subjektiver Teilnichtigkeit (Rn 184 f) ist das regelmäßig bei *Abschlussmängeln* anzunehmen, so wenn es mangels Willensübereinstimmung ausnahmsweise an einem wirksamen Vertragsschluss fehlt (zu §§ 154, 155 BGB vgl. Rn 160 f), wenn Gesellschafter nicht wirksam vertreten sind, wenn die notwendige Form nicht eingehalten und der Formmangel nicht geheilt wurde (Rn 167 ff), oder wenn die Willenserklärungen eines Teils der Gesellschafter an Willensmängeln i.S. der §§ 119, 123 BGB leiden. Ebenfalls hierher gehört der Fall des Scheingeschäfts (§ 117 BGB) sowie des Fehlens der Geschäftsgrundlage bezüglich des gesamten Vertrages[581]. **181**

Von den in Rn 181 erwähnten Fällen eines den gesamten Vertrag betreffenden Mangels zu unterscheiden ist die (objektive) **Teilnichtigkeit** des Gesellschaftsvertrags (Rn 183). Sie liegt regelmäßig vor, wenn der Gesellschaftsvertrag in einzelnen seiner Klauseln gegen ein gesetzliches Verbot (§ 134 BGB) oder die guten Sitten (§ 138 BGB) verstößt oder wenn bestimmte Vereinbarungen mit zwingenden Vorschriften oder Grundsätzen des Gesellschaftsrechts unvereinbar sind (vgl. dazu § 109 Rn 20 ff). Das gilt sogar für einen gesetz- oder sittenwidrigen Gesellschaftszweck; er erfasst als solcher nicht den gesamten Vertrag, auch wenn die Aufrechterhaltung der restlichen Teile hier in aller Regel ausscheidet (Rn 183). Liegt Teilnichtigkeit vor, so führt sie nicht stets oder regelmäßig (§ 139 BGB) zur Gesamtnichtigkeit des Vertrages mit der Folge, dass die Grundsätze über die fehlerhafte Gesellschaft zur Anwendung kommen. Vielmehr ist **vorab** zu prüfen, ob nicht die vom Mangel unberührten Vertragsteile nach dem Willen der Beteiligten **wirksam** bleiben und die Lücken ggf. im Wege ergänzender Vertragsauslegung zu füllen sind (vgl. dazu Rn 198). Dabei ist für die von § 139 BGB im Zweifel angeordnete Gesamtunwirksamkeit kein Raum (Rn 183). **182**

b) Objektive Teilnichtigkeit (§ 139 BGB). Nach der Auslegungsregel des § 139 BGB führt die Nichtigkeit einzelner, abgrenzbarer Vertragsteile im Zweifel zur Nichtigkeit des gesamten Vertrages. Dies beruht auf der Annahme, dass die Parteien die vereinbarten Regelungen im Zweifel als Einheit wollten. Dieser mutmaßliche Parteiwille liegt bei Verträgen über Personengesellschaften fern; demgemäß wird insoweit die undifferenzierte Anwendung des § 139 BGB von der hM zu Recht abgelehnt[582]. Den Grund hierfür **183**

[581] BGHZ 10, 44 (51) = NJW 1953, 1548; BGH NJW 1974, 1656 (1657); RGZ 165, 193 (199 f); vgl. dazu auch Rn 242.

[582] So erstmals *Erman* Personengesellschaften auf mangelhafter Vertragsgrundlage, 1947, S. 29; ihm folgend schon 3. Aufl. Rn 48a (*Rob. Fischer*); ferner *A. Hueck* OHG § 7 Fn 10; MünchKommHGB/*K. Schmidt* Rn 156; Soergel/*Hadding*[12] § 705 Rn 40; MünchKommBGB[5]/*Ulmer* § 705 Rn 53; *Petzoldt* BB 1975, 905 (908); *Wiedemann* Gesellschaftsrecht Bd. I, § 3 I 2c, S. 153 f; *C. Schäfer* S. 236 ff; aus der Rspr. vgl. etwa BGHZ 49, 364 (365) = NJW 1968, 1378; BGH DB 1955, 750; WM 1976, 1027 (1029).

bildet das grundsätzlich allen Gesellschaftern *gemeinsame Interesse am Bestand der Gesellschaft*. Es findet nicht selten seinen Ausdruck in einer sog. **salvatorischen Klausel,** wonach die Nichtigkeit einzelner Vertragsbestimmungen die Gültigkeit des Vertrags im Übrigen nicht berührt. Allerdings führt eine solche Klausel nicht per se zur Unanwendbarkeit des § 139 BGB, sondern begründet nur eine widerlegbare Vermutung, dass die Parteien einen Vertrag bei Teilnichtigkeit aufrecht erhalten wollen[583]. Nicht die von § 139 BGB angewandte Methode zur Bestimmung der Reichweite der Nichtigkeit mittels Interessenabwägung ist somit unpassend, sondern lediglich die Annahme eines „im Zweifel" auf die Gesamtunwirksamkeit gerichteten Interesses.[584] Deshalb gilt: Selbst wenn der Vertrag keine salvatorische Klausel enthält, hat das auf die Interessenlage der Parteien keinen entscheidenden Einfluss[585]. Für eine Gesamtnichtigkeit des Vertrags ist daher grundsätzlich nur Raum, wenn entweder die nichtige Vereinbarung von zentraler Bedeutung für das Zusammenwirken der Gesellschafter ist[586], insbes. der Gesellschaftszweck gegen §§ 134, 138 BGB verstößt, oder wenn die Nichtigkeit bereits kurz nach der Gründung festgestellt wird und die Gesellschaft im Außenverhältnis noch nicht wirksam entstanden ist. Im Übrigen lässt die Nichtigkeit einzelner Bestimmungen die Wirksamkeit des Restvertrages regelmäßig unberührt; § 139 BGB ist also mit umgekehrter Rechtsfolge anwendbar, der restliche **Vertrag im Zweifel als wirksam** anzusehen. Die bestehenden Vertragslücken sind grundsätzlich durch ergänzende Vertragsauslegung zu schließen (Rn 197). Zur Frage der Beachtlichkeit nichtiger Vertragsteile im Rahmen der Grundsätze über die fehlerhafte Gesellschaft vgl. Rn 348 f.

184 c) **Subjektive Teilnichtigkeit (§ 139 BGB).** Von ihr spricht man bei der **fehlerhaften Beteiligung eines Partners an der** Gründung einer **mehrgliedrigen Gesellschaft.** Auch dies ist ein Problem des § 139 BGB.[587] Die Beteiligung einzelner Gesellschafter kann aus unterschiedlichen Gründen mangelhaft sein, angefangen von Vertretungsmängeln über das Fehlen einer familien- bzw. vormundschaftsgerichtlichen Genehmigung bei Beteiligung nicht voll Geschäftsfähiger (§ 1822 Nr. 3 BGB) bis hin zur nichtigen oder wirksam angefochtenen Beitrittserklärung. Weil diese Mängel den Tatbestand der Willenserklärung unberührt lassen, fehlt es hier nicht etwa am Erfordernis eines *abgeschlossenen* Vertrages.[588] Wie im Falle der objektiven (Teil-)Unwirksamkeit liegt vielmehr lediglich ein Wirksamkeitsdefizit vor.[589] Es gilt daher wiederum § 139 BGB hinsichtlich seiner Methode der Interessenabwägung zur Ermittlung des hypothetischen Parteiwillens. Wegen des grundsätzlich höchstpersönlichen, die konkrete Person der Gesellschafter in den Mittelpunkt stellenden Zusammenschlusses, wird man allerdings nicht ohne weitere Indizien annehmen können, dass die Parteien die Gesellschaft im Zweifel auch ohne den betroffenen Gesellschafter gegründet hätten. Immerhin haben die früher gebräuchlichen **Fortsetzungsklauseln** ein solches, für die bloße **Teilunwirksamkeit** sprechendes **Indiz** gebildet,

---

583 So zutr. BGH NJW 2003, 347.

584 Näher *C. Schäfer* S. 236 ff.

585 So zutr. *Erman* (Fn 582), S. 29; vgl. auch BGHZ 47, 293 (301) = NJW 1967, 1961; BGH WM 1962, 462 (463); Soergel/*Hadding*[12] BGB § 705 Rn 40; *Wiedemann* Gesellschaftsrecht Bd. I, § 3 I 2c, S. 153 f; *C. Schäfer* S. 238 f; *Wiesner* Die Lehre von der fehlerhaften Gesellschaft, 1980, S. 106 f; MünchKommBGB[5]/*Ulmer* § 705 Rn 53.

586 In diesem Fall kann sich die Gesamtnichtigkeit auch gegenüber einer salvatorischen Klausel durchsetzen (BGH DB 1976, 2106).

587 Vgl. Staudinger/*H. Roth* BGB (2003) § 139 Rn 65 f; Soergel/*Hefermehl*[13] § 139 Rn 27; *Flume* Das Rechtsgeschäft, § 32 Rn 2b; *C. Schäfer* S. 241 mwN.

588 Abweichend Voraufl. Rn 186 (*Ulmer*); *A. Hueck* OHG § 7 I 2, S. 77 f.

589 Eingehend zur Unterscheidung zwischen Abschluss und Wirksamkeit des Vertrages *C. Schäfer* S. 202 ff.

also die Annahme gestattet, dass die Parteien den Vertrag auch ohne den fehlerhaft Beigetretenen abgeschlossen hätten, die Wirksamkeit ihrer Erklärungen mithin nicht von der Vollständigkeit aller vorgesehenen Beitritte abhängig machen wollten.[590] Seit der Handelsrechtsreform entspricht die Fortsetzung der Gesellschaft im Falle eines Ausscheidens freilich dem dispositivem Recht (§ 131 Abs. 3 Nr. 1 HGB), so dass man nurmehr dessen Nichtwegbedingung indizielle Bedeutung zusprechen kann. Zusätzlich lassen sich aber **Abtretungs- und Nachfolgeklauseln** als Indiz dafür werten, dass die Parteien von der Person des einzelnen Gesellschafters nicht der Bestand der gesamten Gesellschaft abhängen machen wollten.[591] Die indizielle Wirkung wird allerdings dadurch geschwächt, dass die Klauseln bzw. § 131 Abs. 3 Nr. 1 blind sind gegenüber möglichen Differenzierungen innerhalb des Gesellschafterkreises. Auch wenn sie in den Vertrag aufgenommen wurden, können deshalb einzelne Mitglieder mit Rücksicht auf die Bedeutung ihrer Einlageleistung oder in Hinblick auf bestimmte Sonderrechte[592] eine derart **herausgehobene Stellung** innerhalb der Gesellschaft einnehmen, dass nach dem Willen sämtlicher Gesellschafter von ihrer Beteiligung das Schicksal der Gesellschaft abhängen soll.[593] Trotz Abtretungs- oder Nachfolgeklausel spricht dies für die **Gesamtunwirksamkeit** des Vertrages bei Wegfall eines solchen Gesellschafters.

Auch wenn es nach den Kriterien in Rn 184 an Anhaltspunkten für das Wirksamwerden des Vertrags trotz subjektiver Teilunwirksamkeit fehlt, kann das Verhalten der Beteiligten nach Kenntnis von der fehlgeschlagenen Beitrittserklärung die Annahme gestatten, dass die verbliebenen Gründer damit **konkludent** einen **neuen Vertrag** auf der Grundlage des fehlgeschlagenen geschlossen haben[594]. Zu denken ist etwa an den gleichwohl begonnenen Vollzug der Gesellschaft oder die Anmeldung zum Handelsregister. In diesem Falle ist für ein Eingreifen der Lehre vom **fehlerhaften Verband** ebenso wenig Raum wie im Falle der subjektiven Teilunwirksamkeit (Rn 184); eine Auflösungsklage kann auf die fehlgeschlagene Beteiligung nicht gestützt werden. Zum fehlerhaften Beitritt zu einer bestehenden OHG/KG vgl. Rn 191; zu den Problemen fehlender familiengerichtlicher Genehmigung bei Beteiligung nicht voll Geschäftsfähiger vgl. Rn 338 ff. **185**

5. Vertragsänderungen

a) **Grundlagen.** Änderungen des Gesellschaftsvertrages richten sich, auch wenn sie wie meist im Wege eines Gesellschafterbeschlusses[595] erfolgen, nach den gleichen Grundsätzen wie der Vertragsschluss selbst (vgl. Rn 154 ff), soweit nicht der Gesellschaftsvertrag Abweichungen vorsieht. Daher bedarf eine Vertragsänderung grundsätzlich der **Zustimmung sämtlicher Gesellschafter;** die Gesellschaft selbst oder ihre Organe wirken als solche an der Änderung nicht mit. Auch hinsichtlich der **Vertretung** nicht voll Geschäftsfähiger durch ihre gesetzlichen Vertreter bzw. im Verhinderungsfall (§ 181 BGB) durch einen Ergänzungspfleger gilt Entsprechendes wie für den Vertragsschluss **186**

[590] So zutr. – aber noch in Bezug auf eine Fortsetzungsklausel – *A. Hueck* OHG § 7 I 2, S. 77 f; Soergel/*Hadding* BGB[11] § 705 Rn 41; MünchKommBGB[5]/*Ulmer* § 705 Rn 54 ; allg. vgl. auch *Erman* (Fn 582), S. 34; *Westermann* Handbuch Rn I 154; jeweils unter zutr. Vorbehalt derjenigen Fälle, in denen es für die Errichtung der Gesellschaft speziell auf die Mitwirkung des fehlerhaft Beigetretenen ankam.

[591] *C. Schäfer* S. 241 f.

[592] Darauf hinweisend *A. Hueck* OHG § 7 I 2, S. 77; Soergel/*Hefermehl*[13] § 139 Rn 58.

[593] *C. Schäfer* S. 242.

[594] So auch *A. Hueck* OHG, § 7 Fn 14; Soergel/*Hadding*[12] § 705 Rn 41; MünchKommBGB[5]/*Ulmer* § 705 Rn 54.

[595] Zur Qualität des Gesellschafterbeschlusses als mehrseitiges Rechtsgeschäft vgl. § 119 Rn 7 ff.

(Rn 86); der Mitwirkung eines Ergänzungspflegers bedarf es trotz Gesellschafterstellung des Vertreters dann nicht, wenn die Vertragsänderung durch die Treupflicht geboten ist (Rn 190). Die **familiengerichtliche Genehmigung** braucht für Vertragsänderungen nicht eingeholt zu werden, auch wenn die Änderungen die Rechtsstellung des Minderjährigen unmittelbar berühren (str., s. Rn 87); anderes gilt für den Beitritt oder das Ausscheiden eines nicht voll geschäftsfähigen Gesellschafters. Vertragsänderungen durch **Mehrheitsbeschluss** müssen im Gesellschaftsvertrag besonders zugelassen sein. Eine Aufzählung der einzelnen von der Mehrheitsklausel erfassten Vertragsänderungen nach Art des „Bestimmtheitsgrundsatzes" ist hingegen richtigerweise nicht erforderlich (§ 119 Rn 34 ff). Möglich ist auch die **Ermächtigung** an bestimmte Gesellschafter oder Dritte zur einseitigen Vertragsänderung; es gelten §§ 315, 317 BGB (Rn 144). Zu inhaltlichen Wirksamkeitsschranken vgl. § 109 Rn 35, 37.

187 Eine **konkludente Änderung** des Gesellschaftsvertrages ist im Grundsatz ebenso möglich wie der konkludente Vertragsschluss selbst (Rn 155). An die stillschweigende Änderung ausdrücklich geregelter Punkte durch tatsächliche Übung sind allerdings hohe Anforderungen zu stellen[596]. Eine einmalige oder nur vorübergehende Abweichung genügt in aller Regel nicht, wenn sich der übereinstimmende Änderungswille der Beteiligten nicht aus zusätzlichen Umständen ableiten lässt[597]. Dagegen begründet eine **langjährige, vom Vertrag abweichende Praxis** die tatsächliche Vermutung für eine entsprechende Änderung[598]. In derartigen Fällen trifft die Beweislast dafür, dass die Gesellschafter mit ihrer abweichenden Übung nur vorübergehend und jederzeit widerruflich von der Einhaltung der Bestimmung abgesehen haben, den sich auf die ursprüngliche Regelung berufenden Gesellschafter[599]. **Melden die Gesellschafter** die Änderung gemeinsam **zum Handelsregister** an, so ist darin regelmäßig zugleich die Zustimmung der Anmeldenden im Innenverhältnis zu sehen[600].

188 b) **Form.** Die Vertragsänderung ist ebenso wie der Abschluss des Gesellschaftsvertrags grundsätzlich formfrei (Rn 167). Allerdings enthalten die meisten schriftlich abgefassten Gesellschaftsverträge eine sog. **Schriftformklausel** für den Fall der Vertragsänderung. Bei ihrer Auslegung ist zu prüfen, ob sie – als **deklaratorische** Schriftformklausel – nur Beweiszwecken dienen oder ob sie **konstitutive** Wirkung haben, d.h. die Wirksamkeit der Änderung nach §§ 125 S. 2, 127 BGB von der Einhaltung der Schriftform abhängig machen soll (näher Rn 178). In derartigen Fällen konstitutiver (gewillkürter) Schriftform sind die Parteien zwar nicht gehindert, hiervon abweichend Änderungen auch formlos zu beschließen; jedoch muss sich der Beschluss über die inhalt-

---

596 BGH NJW 1966, 826; WM 1974, 177 (179); 1985, 1229; ZIP 2005, 1368; MünchKommHGB/*K. Schmidt* Rn 163; MünchKommBGB[5]/*Ulmer* § 705 Rn 56; *Westermann* Handbuch Rn I 151a. Vgl. auch die Nachw. in Fn 598.

597 So jetzt auch BGH ZIP 2005, 1368 = NJW-RR 2005, 1195 (Einmaliger Entnahmebeschluss, der die Entnahmepraxis für die folgenden Jahre bestimmt hat, führt nicht zur Vertragsänderung); s.a. *Wertenbruch* NZG 2005, 665.

598 HM, vgl. BGHZ 70, 331 (332) = NJW 1978, 1001; BGHZ 132, 263 (271) = NJW 1996, 1678; BGH WM 1978, 300 (301); Heymann/*Emmerich* Rn 19; Soergel/*Hadding*[12] § 705 Rn 16; MünchKommHGB/*K. Schmidt* Rn 163; Ebenroth/Boujong/Joost/Strohn/*Wertenbruch* Rn 65; *Wiedemann* Gesellschaftsrecht Bd. I, § 3 II 2b, S. 171 f und die Nachw. in Fn 596.

599 BGH NJW 1966, 826; Baumbach/*Hopt* Rn 62.

600 Std. Rspr., vgl. BGH WM 1972, 1368 (1369); 1974, 177 (179); GmbHR 1977, 103 (104); s.a. MünchKommHGB/*K. Schmidt* Rn 163; vgl. näher § 108 Rn 1 aE.

liche Änderung hinaus auch auf das Formerfordernis beziehen (Rn 178). **Gesetzliche Formerfordernisse** (Rn 167, 170 f.) sind für die Vertragsänderung nur zu beachten, wenn ihre Voraussetzungen im Änderungszeitpunkt fortbestehen[601]. Sind die formbedürftigen Einlageverpflichtungen erfüllt, so steht nichts entgegen, den notariell geschlossenen Vertrag privatschriftlich oder – beim Fehlen einer konstitutiven Schriftformklausel – sogar mündlich bzw. konkludent zu ändern.

c) **Mitgliederwechsel.** Einen Fall der *Vertragsänderung* bildet mit Rücksicht auf die Vertragsgrundlage der OHG/KG auch der Mitgliederwechsel, sofern er durch Ausscheiden bisheriger und/oder Eintritt neuer Mitglieder bewirkt wird (vgl. auch Rn 291, 294 ff). Er bedarf daher grundsätzlich der **Zustimmung** sämtlicher Gesellschafter oder – bei wirksamer Mehrheitsklausel – derjenigen der erforderlichen Mehrheit. Demgegenüber kann die Anteilsübertragung schon im Gesellschaftsvertrag selbst zugelassen werden (Rn 295); darin ist das wegen der Höchstpersönlichkeit der Mitgliedschaft erforderliche Einverständnis mit ihrer Übertragung zu sehen. Ist der ausscheidende oder beitretende Gesellschafter nicht voll geschäftsfähig, so bedarf es neben der Mitwirkung des gesetzlichen Vertreters auch der Genehmigung des Familiengerichts (Rn 87, 299). 189

d) **Zustimmungspflicht?** Die Zustimmung zu der von Mitgesellschaftern gewünschten Vertragsänderung steht grundsätzlich **im Belieben** der Gesellschafter. Über die Erteilung entscheiden sie entsprechend ihrem eigenen Interesse. Aus der Beteiligung an einer Gesellschaft folgt nicht etwa die Pflicht, eigene Interessen zurückzustellen, soweit es nicht um Fragen der Geschäftsführung, sondern um die Änderung der Vertragsgrundlage geht (Rn 238 f). **Anderes** gilt nach zutr. hM dann, wenn die Änderung zur Erhaltung der gemeinsam geschaffenen Werte dringend *erforderlich und* den nicht freiwillig zustimmenden Gesellschaftern auch *zumutbar* ist (Rn 240 f). In diesen Grenzen ist eine Zustimmungspflicht von der Rechtsprechung zutreffend anerkannt worden. Es handelte sich freilich jeweils um **Ausnahmefälle,** die sich nicht zu großzügiger Verallgemeinerung eignen. Insbesondere ginge es zu weit, wollte man aus der Zustimmungspflicht zu erforderlichen und zumutbaren Vertragsänderungen auf die funktionale Gleichwertigkeit von Einstimmigkeits- und Mehrheitsprinzip in diesen Fällen schließen. Soweit eine Zustimmungspflicht nach diesen Grundsätzen zu bejahen ist, muss sie von den änderungswilligen Gesellschaftern durch **Leistungsklage** durchgesetzt werden. Die Rechtskraft des Urteils ersetzt die Stimmabgabe (§ 894 ZPO); erst zu diesem Zeitpunkt wird die Vertragsänderung wirksam. Die Berufung auf eine bestehende Zustimmungspflicht reicht hierfür jedenfalls bei Vertragsänderungen mit Außenwirkung nicht aus (vgl. Rn 245). 190

e) **Mängel.** Die Fehlerhaftigkeit von Vertragsänderungen kann auf einer Vielzahl unterschiedlicher **Gründe** beruhen, darunter der Fehlerhaftigkeit des Beschlussverfahrens, dem Nichterreichen der erforderlichen Mehrheiten, der fehlerhaften Mitwirkung einzelner Beteiligter oder dem fehlerhaften Inhalt der Änderung[602]. Sie führt nicht etwa stets oder regelmäßig dazu, dass der bisherige Gesellschaftsvertrag unverändert fortgilt. Soweit nicht die Voraussetzungen der Teilunwirksamkeit unter Aufrechterhaltung der restlichen Teile (Rn 183 ff) vorliegen, sind die Grundsätze über den **fehlerhaften Verband** entsprechend 191

---

601 HM, vgl. BayObLG BB 1987, 711; MünchKommHGB/*K. Schmidt* Rn 161; näher dazu MünchKommBGB[5]/*Kanzleiter* § 311b Rn 57 ff.

602 Näheres zu Beschlussmängeln und ihren Folgen für die Wirksamkeit des Beschlusses vgl. § 119 Rn 79 ff.

anwendbar, sofern ggf. die nichtrechtsgeschäftlichen Wirksamkeitsbedingungen erfüllt sind (vgl. näher Rn 335, 358, 361 aE). Das gilt nicht nur bei fehlerhaftem Beitritt oder Ausscheiden eines Gesellschafters, sondern auch bei bestimmten sonstigen, die *Organisation* der Gesellschaft (Struktur, Vermögen, Organe) und nicht lediglich die schuldrechtlichen Innenbeziehungen der Beteiligten betreffenden Änderungen (str., vgl. Rn 353 ff). Um den Fehler zu beheben, muss der daran interessierte Gesellschafter anstelle der Auflösungs- oder Ausschlussklage im Wege der *Leistungsklage* von den widersprechenden Mitgesellschaftern das Rückgängigmachen der fehlerhaften Änderung und ihrer Folgen verlangen.

III. Die Auslegung des Gesellschaftsvertrags

1. Auslegungskriterien

192 a) **Grundlagen.** Als vertragliches Schuldverhältnis unterliegt der Gesellschaftsvertrag grundsätzlich den für Verträge maßgeblichen Auslegungsvorschriften der **§§ 133, 157 BGB**[603]. Danach ist für die Auslegung neben den Willenserklärungen der Beteiligten auch ihr sonstiges Verhalten bei Vertragsschluss einschließlich der weiteren für den Vertragsschluss relevanten Umstände heranzuziehen. Die Auslegung hat grundsätzlich vom **Wortlaut** des Vertrages auszugehen. Grundsätzlich gilt das Vereinbarte mit seiner normativen Bedeutung, soweit sich die Vertragsschließenden nicht übereinstimmend eine vom Wortlaut abweichende Bedeutung vorgestellt haben; in diesem Fall gilt trotz des abweichenden Wortlauts **das subjektiv Gewollte**[604]. Die objektive, nach Art der Gesetzesauslegung auf den objektivierten Sinngehalt der Regelungen beschränkte Auslegung, wie sie für die körperschaftlichen Bestandteile der Satzungen juristischer Personen maßgebend ist[605], ist auf Personengesellschaftsverträge nicht anwendbar;[606] eine Ausnahme gilt für die Publikums-KG (Rn 196). Die Verteilung der Darlegungs- und Beweislast hat für die Auslegung als Teil der Rechtsanwendung keine Bedeutung. Anderes gilt in Bezug auf die Feststellung der für die Auslegung maßgeblichen Umstände; insoweit sind die Regeln über die Darlegungs- und Beweislast maßgeblich[607].

193 b) **Besonderheiten bei Gesellschaftsverträgen.** Trotz grundsätzlicher Übereinstimmung mit den allgemeinen rechtsgeschäftlichen Auslegungsgrundsätzen sind für Gesellschaftsverträge einige Besonderheiten zu beachten. Sie beruhen einerseits auf der meist langen

---

603 EinhM: Baumbach/*Hopt* Rn 59; MünchKommHGB/*K. Schmidt* Rn 149; Ebenroth/Boujong/Joost/Strohn/*Wertenbruch* Rn 60; MünchKommBGB[5]/*Ulmer* § 705 Rn 171; Erman/*Westermann*[12] § 705 Rn 34; *Grunewald* ZGR 1995, 68 ff; *K. Schmidt* Gesellschaftsrecht, § 5 I 4, S. 87 ff; *Wiedemann* Gesellschaftsrecht Bd. I, § 3 II 2, S. 165 ff, Gesellschaftsrecht Bd. II, § 2 III 2, S. 127 ff; aus der Rspr. BGH NJW 1978, 264 (265); 1979, 1705 (1706); BB 2005, 1295.

604 BGHZ 20, 109 (110) = NJW 1956, 665; BGH WM 1959, 969; NJW 1995, 3313 (3314); 1996, 1678 (1679); WM 1998, 1535 (1536); NJW 2005, 2618 (2619); ZIP 2008, 1075 (1077); Palandt/*Heinrichs*/*Ellenberger*[67] § 133 Rn 8 und 14; Soergel/*Hefermehl*[13] § 133 Rn 24 ff; MünchKommHGB/*K. Schmidt* Rn 149; Ebenroth/Boujong/Joost/Strohn/*Wertenbruch* Rn 60; *Wiedemann* Gesellschaftsrecht Bd. II, § 2 III 2a, S. 127; *Grunewald* ZGR 1995, 71.

605 Vgl. dazu *Ulmer*/Habersack/Winter GmbHG § 2 Rn 143 ff.

606 So – trotz Bestreitung eines allgemeinen Grundsatzes – der Sache nach auch MünchKommHGB/*K. Schmidt* Rn 150.

607 BGHZ 20, 109 (110 f) = NJW 1956, 665; BGH WM 1973, 285 (286); MünchKommBGB[5]/*Ulmer* § 705 Rn 171.

Vertragsdauer und dem Eigenleben, das die Gesellschaft im Laufe ihres Bestehens entfaltet, andererseits auf der gegenüber sonstigen Rechtsgeschäften stärkeren, auch für die Auslegung zu beachtenden Bedeutung des *Vertragszwecks* und der *Treupflicht*[608]. So verliert der im Vertragswortlaut nur unvollständig zum Ausdruck gekommene übereinstimmende Wille der Gründer als Auslegungsmaxime im Laufe der Vertragsdauer zunehmend an Gewicht. Das gilt zumal dann, wenn an die Stelle der Gründer andere Gesellschafter getreten sind oder die **einverständliche tatsächliche Handhabung** des Vertrages auf ein gegenüber dem Vertragsschluss abweichendes Verständnis der Parteien schließen lässt[609].

Im Einzelnen sind danach von Bedeutung für die Auslegung zum einen das Vorhan- **194**
densein einer umfangreichen Organisation und erheblicher gemeinsam geschaffener Werte; sie geben der Gesellschaft eine im Zweifel von allen Beteiligten gewollte größere **Bestandskraft** und unterscheiden den Gesellschaftsvertrag dadurch deutlich von gewöhnlichen Rechtsgeschäften. Dieser Umstand verdient namentlich in Krisensituationen Beachtung; er kann etwa dazu führen, abweichend vom dispositiven Recht auch ohne ausdrückliche Fortsetzungsklausel einen Fortsetzungswillen der Beteiligten beim Ausscheiden eines Partners zu bejahen[610]. Zum anderen legt die **Treupflicht** eine Auslegung nahe, die bei mehrdeutigem Wortlaut den sachlich berechtigten Belangen der verschiedenen Gesellschafter am besten Rechnung trägt[611]. Schließlich ist namentlich bei Familiengesellschaften auch die **Grundstruktur des Vertrages,** etwa die gleichberechtigte Beteiligung der einzelnen Stämme oder die Aufteilung der Geschäftsführungsbefugnisse auf verschiedene Gesellschaftergruppen zu beachten[612]. Nach der Rechtsprechung ist die Berücksichtigung dieser Umstände aufgrund der „allgemeinen Lebenserfahrung" geboten[613]. Damit sind rechtliche Gesichtspunkte allgemeiner Art gemeint, die nach der Lebenserfahrung für bestimmte, häufig wiederkehrende gesellschaftsvertragliche Bestimmungen von Bedeutung sind[614]. Zur revisionsrechtlichen Bedeutung dieses Auslegungskriteriums vgl. Rn 200.

c) **Auslegung von Vertragsurkunden.** Die vorstehenden Regeln gelten im Grundsatz **195**
auch für die Auslegung von schriftlichen Gesellschaftsverträgen, insbes. solchen, die einem gesetzlichen oder gewillkürten Formzwang (Rn 167 ff) unterliegen. Allerdings sind

---

[608] Zur vorrangigen Bedeutung der *Grundtendenz* des Vertrages namentlich bei Familiengesellschaften vgl. BGH NJW 1987, 890 (891).

[609] Unstr., MünchKommHGB/*K. Schmidt* Rn 149; Baumbach/*Hopt* Rn 59; eingehend *Wiedemann* DNotZ 1977 (Sonderheft), S. 108 f. Zur vergleichbaren Problematik im Falle konkludenter Änderungen des Vertrags vgl. Rn 191. Allgemein zur Notwendigkeit modifizierter Anwendung der Auslegungsregeln der §§ 125, 139, 154 BGB vgl. Rn 178, 183, 160.

[610] Vgl. etwa BGHZ 68, 225 (229) = NJW 1977, 1339 (1341) zur Auslegung von Vereinbarungen über das Anteilsschicksal beim Tod eines Gesellschafters i.S. der für den Fortbestand der Gesellschaft günstigeren Nachfolgeklausel. Ferner BGH BB 1973, 166 (Fortsetzungsklausel) und *Rob. Fischer* LM HGB § 138 Nr. 3.

[611] Weitgehend BGH BB 1977, 1271, wo durch „Auslegung" eine Pflicht der Mitgesellschafter bejaht wurde, einer angemessenen Erhöhung der Geschäftsführerbezüge zuzustimmen.

[612] So zutr. *Wiedemann* Übertragung, S. 104; *ders.* Gesellschaftsrecht II, § 2 III 2a, S. 128 f. Vgl. auch BGH NJW 1987, 890 (891).

[613] BGHZ 23, 17 (29) = NJW 1957, 591.

[614] So *Rob. Fischer* in Anm. zu diesem Urteil (LM HGB § 138 Nr. 3). Hierzu und zur Kritik an der herrschenden Auslegung von Gesellschaftsverträgen vgl. auch *Teichmann* Gestaltungsfreiheit in Gesellschaftsverträgen, 1970, S. 129 ff, 132.

zwei **Besonderheiten** zu berücksichtigen. Die eine folgt aus dem allgemein für **Urkunden** geltenden Grundsatz, dass sie die Vermutung der Vollständigkeit und Richtigkeit für sich haben[615]. Nicht beurkundete angebliche Nebenabreden, die nicht schon wegen des Formzwangs unbeachtlich sind, müssen danach von demjenigen bewiesen werden, der sich entgegen dem Inhalt der Urkunde hierauf beruft[616]. Die zweite Besonderheit gilt nur für **formbedürftige Verträge.** Sie beschränkt die Auslegung auf solche Umstände, die in der Urkunde einen wenn auch unvollkommenen Ausdruck gefunden haben[617]; nur unter dieser Voraussetzung können auch außerhalb der Urkunde liegende Umstände wie Besprechungen vor oder bei Vertragsschluss, Vertragsentwürfe oder Erläuterungen des beurkundenden Notars herangezogen werden[618].

196 d) **Publikums-OHG/KG.** Für Gesellschaftsverträge einer Publikums-KG oder einer ihr entsprechenden, aus einer Vielzahl untereinander nicht verbundener Gesellschafter bestehenden Massengesellschaft (OHG, GbR) mit einem von den Initiatoren aufgestellten Vertrag kommt es abweichend von Rn 192 auf vom Wortlaut abweichende Vorstellungen der Gründer oder Initiatoren nicht an. Aus Gründen des Verkehrsschutzes ist allein maßgeblich der schriftliche Inhalt des Vertrages und dessen **objektive** Auslegung;[619] es gelten vergleichbare Auslegungsgrundsätze wie für die Satzungen von Kapitalgesellschaften (vgl. Rn 192). Zum Schutz der Anleger ist – als Vorstufe der Inhaltskontrolle – überdies der Grundsatz **restriktiver** Auslegung im Fall ungewöhnlicher, die Anleger besonders belastender Vertragspflichten anerkannt.[620] Diese Grundsätze gelten auch für Treuhandkonstruktionen, bei denen die Anleger nicht unmittelbar, sondern unter Zwischenschaltung eines gemeinsamen Treuhänders an der Publikums-OHG/KG beteiligt sind.[621]

197 **2. Ergänzende Vertragsauslegung; geltungserhaltende Reduktion.** Von der Auslegung der getroffenen Vereinbarungen zu unterscheiden ist die sog. „ergänzende Vertragsauslegung", d.h. die richterliche Ergänzung von Vertragslücken im Rahmen von § 157 BGB auf der Grundlage des konkreten Vertrages und des mit ihm von den Parteien verfolgten Zwecks. Bei dem hierfür maßgebenden **hypothetischen Parteiwillen** geht es um einen *normativen*, nicht an den (meist fehlenden) tatsächlichen Vorstellungen der Beteiligten ausgerichteten Maßstab: entscheidend ist, was die Parteien bei redlicher Denkweise über-

---

615 EinhM, vgl. nur MünchKommBGB[5]/*Einsele* § 125 Rn 36 ff mN.

616 Baumbach/*Hopt* Rn 59; MünchKommBGB[5]/*Einsele* § 125 Rn 39.

617 Sog. Andeutungstheorie, vgl. RGZ 154, 41 (44 f); BGHZ 63, 359 (362) = NJW 1975, 536; BGHZ 80, 246 (250) = NJW 1981, 1736; BGHZ 86, 41 (47) = NJW 1983, 672; BGHZ 87, 150 (154) = NJW 1983, 1610; BGH NJW 1996, 1735 (1736); 1996, 2792 (2793); 1999, 2591 (2592 f); zur Kritik des Schrifttums an der nicht hinreichend zwischen Auslegung und Formgültigkeit der Abrede unterscheidenden Rspr. vgl. MünchKommBGB[5]/*Einsele* § 125 Rn 37; Soergel/*Hefermehl*[13] § 133 Rn 19.

618 RGZ 154, 41 (45); BGHZ 87, 150 (154) = NJW 1983, 1610; *K. Schmidt* Gesellschaftsrecht, § 5 I 4a, S. 88 f.

619 Std. Rspr., vgl. BGH NJW 1979, 419 (420) und NJW 1979, 2102; WM 1989, 786; NJW 1990, 2684 (2685); NJW-RR 2003, 820; Ebenroth/Boujong/Joost/Strohn/*Wertenbruch* Rn 62; MünchKommHGB/*Grunewald* § 161 Rn 110; MünchKommHGB/*K. Schmidt* Rn 150; MünchKommBGB[5]/*Ulmer* § 705 Rn 175.

620 BGH NJW 1979, 419 (420); 1979, 2102; WM 1989, 786; NJW 1990, 2684 (2685); vgl. dazu auch *Ulmer*/Brandner/Hensen AGB-Recht[10] § 310 BGB Rn 134 f.

621 BGH NJW-RR 1989, 993 (994); *Grunewald* ZGR 1995, 73.

einstimmend als gerechten Interessenausgleich gewollt und akzeptiert hätten.[622] Im Verhältnis zu dem für die Lückenfüllung in Betracht kommenden dispositiven Recht tritt die ergänzende Vertragsauslegung nach den allgemeinen Auslegungsregeln grundsätzlich zurück (zur abw. Beurteilung für Gesellschaftsverträge vgl. Rn 198); anderes gilt insbes. in den Fällen, in denen der konkrete Vertrag weitgehende Besonderheiten gegenüber dem gesetzlich geregelten Normaltyp aufweist oder in denen die Parteien die Geltung dispositiven Rechts erkennbar nicht wollten.

Für **Gesellschaftsverträge** kommt der ergänzenden Vertragsauslegung beim Vorhandensein von Vertragslücken aus zwei Gründen vorrangige Bedeutung zu.[623] Anders als im Fall sonstiger Verträge kann es bei ihnen zu **Lücken** auch aufgrund der Nichtgeltung der Auslegungsgrundsätze der §§ 139, 154 BGB, d.h. dadurch kommen, dass der Gesellschaftsvertrag auch bei Teilnichtigkeit (Rn 183) oder unvollständigem Vertragsschluss (Rn 160) Wirksamkeit erlangen kann. Da dem Rückgriff auf dispositives Recht die meist weitgehenden Abwandlungen des Vertragsinhalts von den Regelungen der §§ 105 ff (Rn 10) entgegenstehen, hat die neuere Rechtsprechung für Gesellschaftsverträge zutreffend den **Vorrang ergänzender Vertragsauslegung** betont.[624] Voraussetzung ist freilich, dass der konkrete Vertrag nach seinem Zweck und Sinnzusammenhang unter Berücksichtigung des üblicherweise (nach der Verkehrssitte) Gewollten dem Gericht eine am hypothetischen Parteiwillen orientierte Entscheidung ermöglicht[625]. Für freie, nicht mehr von § 157 BGB gedeckte richterliche Vertragsgestaltung ist auch im Gesellschaftsrecht kein Raum. Zur ergänzenden Vertragsauslegung bei unwirksamen Abfindungsklauseln vgl. § 131 Rn 179 f. **198**

Unklar ist das **Verhältnis** der ergänzenden Vertragsauslegung **zur geltungserhaltenden Reduktion** unwirksamer Vertragsklauseln.[626] Im Ausgangspunkt orientiert sich die ergänzende Auslegung lückenhafter Verträge am *hypothetischen* Parteiwillen, redliches Verhalten unterstellt, und fragt deshalb vor allem nach der objektiven Sinnhaftigkeit der zur Lückenfüllung bestimmten Regelung. Demgegenüber stellt die geltungserhaltende Reduktion im Ansatz den *tatsächlichen* Parteiwillen in den Vordergrund und führt unwirksame Regelungen deshalb auf das rechtlich gerade noch vertretbare Maß zurück. Die ergänzende Vertragsauslegung bewirkt also tendenziell eine ausgewogenere Vertragsgestaltung. **199**

---

622 BGHZ 16, 71 (76) = NJW 1955, 337; so auch *Flume* II[3] § 16, 4a, S. 322; *Larenz/Wolf* BGB AT § 28 Rn 108; Staudinger/*Roth* BGB (2003) § 157 Rn 30 ff; *Wiedemann* Gesellschaftsrecht Bd. II, § 2 III 2b, S. 129; MünchKommBGB[5]/*Busche* § 157 Rn 46 f (dort – Rn 47 – auch zur Bedeutung des tatsächlichen Willens für die Ermittlung des hypothetischen Parteiwillens).

623 Vgl. *Wiedemann* Gesellschaftsrecht I, § 3 II 2b, S. 170 f, Gesellschaftsrecht II, § 2 III 2b, S. 129 f, MünchKommHGB/*K. Schmidt* Rn 152; *ders.* Gesellschaftsrecht, § 5 I 4d, S. 93; *Grunewald* ZGR 1995, 73; Staudinger/*Habermeier* BGB (2003) § 705 Rn 10; Soergel/*Hadding*[12] § 705 Rn 38; Baumbach/*Hopt* Rn 59; MünchKommBGB[5]/*Busche* § 157 Rn 44 f; Staudinger/*Roth* BGB (2003) § 157 Rn 23; MünchKommBGB[5]/*Ulmer* § 705 Rn 174; Ebenroth/Boujong/Joost/Strohn/*Wertenbruch* Rn 63; Erman/*Westermann*[12] § 705 Rn 36; Soergel/*M. Wolf*[13] § 157 Rn 113. Rspr.-Nachw. in Fn 624.

624 BGH NJW 1979, 1705; 1982, 2816; 1985, 192 (193); BB 1986, 421; BGHZ 123, 281 (285 f) = NJW 1993, 3193.

625 Vgl. BGHZ 9, 273 (278); *Larenz/Wolf* BGB AT § 28 Rn 120; MünchKommBGB[5]/*Busche* § 157 Rn 46; *Ulmer* NJW 1981, 2025 (2030); kritisch zur ergänzenden Auslegung auch *Wiedemann* Gesellschaftsrecht Bd. II, § 2 III 2b, S. 129 f.

626 Dazu MünchKommBGB[5]/*Ulmer* § 705 Rn 174a f; ferner MünchKommBGB[5]/*Busche* § 157 Rn 26 ff, 36 (allgemein) und *H. P. Westermann* FS Stimpel, 1985, S. 69 (87 ff) (zu den Besonderheiten geltungserhaltender Reduktion im Gesellschaftsrecht).

Deshalb ist bei Verträgen für **Publikums-Personengesellschaften** (Rn 196) für die geltungserhaltende Reduktion kein Raum; denn sie hätte die einseitige Bevorzugung der den Text vorformulierenden Initiatoren zur Folge.[627] Soweit es dagegen um die Verträge **typischer Personengesellschaften** geht, ist eine Orientierung am tatsächlichen Parteiwillen im Ansatz unbedenklich. Es fehlt an der einseitigen Vorformulierung, und überdies verpflichten die gebräuchlichen salvatorischen Klauseln regelmäßig zu einer Lückenschließung, die sich möglichst weitgehend dem tatsächlich Gewollten annähert.[628] Eine geltungserhaltende Reduktion ist etwa bei der Vereinbarung übermäßig langer Vertragslaufzeiten vorgenommen worden,[629] ferner bei unwirksamen Abfindungsbeschränkungen[630] und sog. Hinauskündigungsklauseln.[631] Nicht in Betracht kommt eine geltungserhaltende Reduktion bei sittenwidrigen und deshalb nichtigen Vereinbarungen.

200 **3. Nachprüfung in der Revisionsinstanz.** Die Auslegung von Gesellschaftsverträgen ist ebenso wie diejenige sonstiger Rechtsgeschäfte in der Revisionsinstanz grundsätzlich nur darauf nachprüfbar, ob allgemein anerkannte Auslegungsregeln, Denk- und Erfahrungssätze verletzt oder wesentliche Tatsachen unberücksichtigt geblieben sind[632]. Die für Satzungen juristischer Personen anerkannte unbeschränkte Nachprüfung im Interesse objektiver, einheitlicher Auslegung[633] findet für Personengesellschaftsverträge mit Ausnahme der Publikumsgesellschaften (Rn 196) keine Entsprechung. Auch für diese ist jedoch die Tendenz des BGH unverkennbar, in weitergehendem Maße eine **eigene Auslegungskompetenz** in Anspruch zu nehmen als bei gewöhnlichen zweiseitigen Rechtsgeschäften. Den Einstieg hierzu eröffnet die Formel von der bei der Auslegung zu berücksichtigenden *Lebenserfahrung* (Rn 194). Sie gestattet es dem Revisionsgericht, für häufig wiederkehrende, typische gesellschaftsvertragliche Bestimmungen (Schriftform-, Fortsetzungs-, Nachfolge-, Abfindungsklauseln u.a.) übergreifende rechtliche Gesichtspunkte zu berücksichtigen, die für sie nach den Erfahrungen mit der gesellschaftsrechtlichen Vertragspraxis von Bedeutung und typischerweise durch die betreffende Klausel gewollt sind[634]. Dadurch kann das Revisionsgericht die Rechtssicherheit und Rechtseinheit bei der Auslegung solcher in der gesellschaftsrechtlichen Vertragspraxis allgemein üblich gewordenen Bestimmungen gewährleisten. Tatfrage ist aber jedenfalls das (übereinstimmende) subjektive Verständnis der Vertragsparteien.[635]

---

627 Zutr. MünchKommBGB⁵/*Ulmer* § 705 Rn 174a; **aA** möglicherweise Erman/*Westermann*[12] § 705 Rn 42.

628 *Westermann* FS Stimpel, 1985, S. 69 (88 f); MünchKommBGB[5]/*Ulmer* § 705 Rn 174b.

629 Dazu neuerdings etwa BGH NJW 2007, 295 (297) (Verkürzung 30-jähriger Bindung an RA-Sozietät auf 14 Jahre); zu überlangen Befristungen s. auch § 132 Rn 33.

630 BGHZ 123, 281 (285 f) = NJW 1993, 3193; BGH NJW 1985, 192 (193); 1973, 651 (652); dazu § 131 Rn 168 ff.

631 BGHZ 105, 213 (220 f) = NJW 1989, 834; BGH ZIP 2004, 903 (905); dazu § 140 Rn 61 ff.

632 BGH WM 1961, 303 (304); NJW 1994, 2228; WM 1995, 1545; 2000, 1195; ZIP 2001, 1414; MünchKommHGB/*K. Schmidt* Rn 153; MünchKommBGB[5]/*Ulmer* § 705 Rn 176; Ebenroth/Boujong/Joost/Strohn/*Wertenbruch* Rn 64; Erman/*Westermann*[12] § 705 Rn 37; allg. zu den Grenzen der revisionsgerichtlichen Kontrolle der Vertragsauslegung vgl. Zöller/*Gummer* ZPO[26] § 546 Rn 9 ff, § 559 Rn 11.

633 Std. Rspr., vgl. BGHZ 9, 279 (281) = NJW 1953, 1021; BGHZ 36, 296 (314) = NJW 1962, 864; RGZ 86, 283 (284); 170, 358 (366); weit. Nachw. bei *Ulmer*/Habersack/Winter GmbHG § 2 Rn 152.

634 Vgl. *Rob. Fischer* in Anm. zu BGH LM HGB § 138 Nr. 3; einschränkend *Wiedemann* Übertragung, S. 109 ff.

635 MünchKommHGB/*K. Schmidt* Rn 153; Ebenroth/Boujong/Joost/Strohn/*Wertenbruch* Rn 64.

IV. Der Vorvertrag

Vom Gesellschaftsvertrag, auch dem unvollständig abgeschlossenen (Rn 160), ist der **Vorvertrag** zu unterscheiden. Er enthält nicht selbst die für §§ 105, 161 kennzeichnende Festlegung der Beteiligten auf den Betrieb eines Handelsgewerbes als gemeinsamen Zweck und dessen wechselseitige Förderung, sondern beschränkt sich auf die Verpflichtung der Parteien, unter den im Vorvertrag näher genannten Voraussetzungen am Abschluss eines solchen Vertrages mitzuwirken. Seiner Rechtsnatur nach ist der auf Gründung einer OHG oder KG gerichtete Vorvertrag meist eine **BGB-Gesellschaft.** Er zeigt deutliche Parallelen zum Vorgründungsvertrag im Kapitalgesellschaftsrecht[636]; von ihm unterscheidet er sich gewöhnlich nur durch die verschiedene Rechtsform der jeweils zu gründenden Handelsgesellschaft. **201**

Zur notwendigen **inhaltlichen Bestimmtheit** des Vorvertrags[637] bedarf es der Vereinbarung der wesentlichen Vertragsgrundlagen für den künftigen Gesellschaftsvertrag, darunter namentlich des gemeinsamen Zwecks und der Beitragspflichten[638]; anstelle der Bestimmtheit genügt auch die Bestimmbarkeit nach Maßgabe der §§ 315, 317 BGB. Eine vergleichbare Vollständigkeit wie der spätere Gesellschaftsvertrag braucht der Vorvertrag nicht aufzuweisen. Es genügt, wenn er hinreichende Anhaltspunkte bietet, um die fehlenden Bestimmungen entsprechend dem hypothetischen Parteiwillen zu ergänzen[639]. Soweit der Gesellschaftsvertrag wegen der Art der Einlageverpflichtungen oder wegen des Gesellschaftszwecks **formbedürftig** ist (Rn 167 ff), gilt das grundsätzlich auch für den Vorvertrag[640]. **202**

Die gerichtliche **Durchsetzung** des vorvertraglichen Anspruchs auf Gründung der Gesellschaft erfolgt ggf. nach § 894 ZPO[641]. Dabei unterliegen im Vorvertrag nicht geregelte Punkte, ähnlich wie beim unvollständigen Vertragsschluss, der richterlichen Vertragsergänzung[642]. Der Vorvertrag kann aus wichtigem Grund **gekündigt** werden[643]. Dem Erfüllungsanspruch kann auch die Unzumutbarkeit des Eingehens einer OHG oder KG wegen eines zwischenzeitlich eingetretenen Zerwürfnisses der Beteiligten entgegengesetzt werden[644]. Mit dem Abschluss des Hauptvertrags (Zweckerreichung, § 726 BGB) endet der Vorvertrag. **203**

---

636 Vgl. dazu näher *Ulmer*/Habersack/Winter GmbHG § 11 Rn 30 ff in Abgrenzung zur Satzung der Vor-GmbH.

637 Allg. hierzu vgl. MünchKommBGB⁵/*Kramer* Vor § 145 Rn 50 ff.

638 BGH LM BGB § 705 Nr. 3 = BB 1953, 97; RGZ 106, 174 (177); OLG Frankfurt MDR 1973, 759; vgl. auch RGZ 66, 116 (121) (zur GmbH); 85, 289 (291 f) und 156, 129 (138) (zur AG); Soergel/*Hadding*[12] § 705 Rn 15; Staudinger/*Habermeier* BGB (2003) § 705 Rn 8; MünchKommBGB[5]/*Ulmer* § 705 Rn 178.

639 BGH aaO (Fn 638); RG JW 1938, 2749; 3. Aufl. Rn 61 (*Rob. Fischer*).

640 Jedenfalls wenn die Formvorschriften, wie im Fall der §§ 311b, 518 BGB, die Beteiligten vor übereilten Beschlüssen schützen sollen. Zum Eingreifen der Formvorschriften auch für den Vorvertrag in diesen Fällen vgl. *Henrich* Vorvertrag, Optionsvertrag, Vorrechtsvertrag, 1965, S. 147 f und MünchKommBGB[5]/*Kramer* Vor § 145 Rn 54, jew. m. Rspr.-Nachw.

641 Vgl. MünchKommBGB[5]/*Kramer* Vor § 145 Rn 56.

642 Für Ergänzung nach § 287 ZPO aber BGH LM BGB § 705 Nr. 3 = BB 1953, 97; RG JW 1938, 2740 (2743); 3. Aufl. Rn 61 (*Rob. Fischer*).

643 BGH DB 1958, 955; allg. dazu MünchKommBGB[5]/*Kramer* Vor § 145 Rn 55.

644 BGH WM 1983, 170.

E. Rechtsverhältnisse in der Gesellschaft

I. Überblick

1. Mitgliedschaft

204 a) **Wesen.** Die Rechtsverhältnisse innerhalb der OHG, d.h. die Beziehungen der Gesellschafter untereinander und zur Gesellschaft, werden abgesehen von den wenigen zwingenden Vorschriften und ungeschriebenen Grundsätzen des Gesellschaftsrechts in erster Linie durch den *Gesellschaftsvertrag* einschl. seiner ergänzenden Auslegung nach § 157 BGB bestimmt. Dispositives Recht greift nur insoweit ein, als die Vereinbarungen der Parteien keine ausdrücklichen oder konkludenten Abweichungen enthalten. Insgesamt handelt es sich um ein umfangreiches Geflecht wechselseitiger Rechte und Pflichten, wie es dem komplexen Charakter der Gesellschaft als Schuldverhältnis und Organisation (Rn 137 ff) entspricht. Unter ihnen lassen sich einerseits Vermögens- und Verwaltungsrechte (und -pflichten) der Gesellschafter unterscheiden, andererseits Rechtsbeziehungen der Gesellschafter zur Gesamthand und solche zwischen den Gesellschaftern (vgl. näher Rn 218 ff, 207 ff). Unter „Mitgliedschaft" versteht man die Gesamtheit, den **Inbegriff der aus der Gesellschafterstellung folgenden Rechte und Pflichten**[645].

205 Gesetzlich ist die Mitgliedschaft (der Gesellschaftsanteil) in den §§ 705 ff BGB, 105 ff HGB nicht besonders geregelt. Darin unterscheidet sich das Personengesellschaftsrecht vom Aktien- und GmbH-Recht, wo Aktie bzw. Geschäftsanteil als Verkörperung der Mitgliedschaft ausdrücklich geregelt und zugleich ihre – grundsätzlich freie – Übertragbarkeit gestattet werden. Mit zunehmender Anerkennung der Eigenständigkeit der Personengesellschaft (Gruppe) gegenüber ihren Mitgliedern (Rn 40) hat sich auch für OHG, KG und GbR in Rechtsprechung und Literatur die Ansicht durchgesetzt, der Beteiligung der Gesellschafter in Form der „Mitgliedschaft" rechtliche Anerkennung zu gewähren. Ihren sichtbaren Ausdruck hat diese Entwicklung darin gefunden, dass über die in § 717 S. 2 BGB zugelassene Abtretbarkeit der einzelnen Vermögensrechte hinaus auch die **Übertragbarkeit der Mitgliedschaft** als solcher bejaht wurde, sofern der Gesellschaftsvertrag die Übertragung zulässt oder die Gesellschafter ihr zustimmen[646]. Damit wurde trotz der strukturellen Unterschiede zwischen Personen- und Kapitalgesellschaften ein wesentlicher Schritt zur Entwicklung eines rechtsformübergreifenden Rechts der Mitgliedschaft getan[647].

206 b) **Rechtsnatur.** Nach klassischem, durch die Rechtsnatur der Gesellschaft als Schuldverhältnis geprägtem Verständnis ist die Mitgliedschaft ein **Rechtsverhältnis** im Sinne einer auf privatautonomer Entscheidung beruhenden privatrechtlichen Sonderverbindung zwischen zwei oder mehr Rechtssubjekten[648]. Zu Recht wird sie darüber hinaus aber

---

645 Vgl. näher *Flume* I/1 § 9, S. 125 ff; *Huber* Vermögensanteil, S. 16 ff, 164, 372 ff; *Lutter* AcP 180 (1980), 84 (97 ff); *Wiedemann* Übertragung, S. 39 f; MünchKommHGB/*K. Schmidt* Rn 169; Ebenroth/Boujong/Joost/Strohn/*Wertenbruch* Rn 122; MünchKommBGB[5]/*Ulmer* § 705 Rn 179.

646 So erstmals der Große Senat des Reichsgerichts in Bezug auf einen Kommanditanteil, vgl. RG DNotZ 1944, 195 = WM 1964, 1130 in Abweichung von RGZ 128, 172 (177). Weit. Nachw. in Rn 291.

647 Vgl. aus neuerer Zeit vor allem die Nachw. in Fn 645; dazu auch *K. Schmidt* Gesellschaftsrecht, § 19, S. 547 ff, 550, 553 f.

648 So auch heute noch *Hadding* FS Reinhardt, 1972, S. 249 ff (255); *ders.* FS Steindorff, 1990, S. 31 ff und Soergel/*Hadding*[12] § 705 Rn 46; *Lamprecht* S. 116 ff, 125 f; ähnlich *Teichmann* AcP 179 (1979), 475 (481 ff).

auch als **Rechtsobjekt** (Gegenstand einer Verfügung) sowie als **subjektives Recht** angesehen[649]. Den Inhalt des subjektiven Rechts bilden die verschiedenen aus der Gesellschafterstellung entspringenden Verwaltungs- und Vermögensrechte. Das Bestehen korrespondierender mitgliedschaftlicher Verbindlichkeiten steht der Qualifizierung als subjektives Recht nicht entgegen, wie die Beispiele der Aktie und des GmbH-Geschäftsanteils als allgemein anerkannte subjektive Rechte zeigen[650]. Abgesehen von der Zulassung der Anteilsübertragung und dem Umfang der davon erfassten Rechte und Pflichten (Rn 294 ff) kommt der Frage nach der Rechtsnatur der Mitgliedschaft vor allem systematische Bedeutung zu. Allerdings ist die Mitgliedschaft als Herrschaftsrecht[651] „sonstiges Recht" i.S.d. § 823 Abs. 1 BGH und deshalb gegen Eingriffe in die Substanz des Rechts – nicht dagegen gegen Beeinträchtigung ihres Wertes, insbes. im Fall der Schädigung der Gesellschaft – geschützt, und zwar sowohl gegenüber außenstehenden Dritten[652] als auch innerhalb des Verbands[653].

2. Die verschiedenen Rechtsbeziehungen in der Gesellschaft

a) **Gesellschafter-(Grundlagen-)ebene.** Die Grundlage der Personengesellschaft bildet der Gesellschaftsvertrag. Er betrifft unmittelbar die Gesellschafterebene, d.h. die Beziehungen zwischen den Gründern und später beitretenden Gesellschaftern in Bezug auf die Gesellschaft. Für alle die Rechtsverhältnisse der Gesellschaft gestaltenden oder ändernden, die *Grundlagenebene* betreffenden Rechtsgeschäfte sind die **Gesellschafter** selbst zuständig; anders als bei den der *Geschäftsführungsebene* (§ 114 Rn 11 ff) zuzurechnenden Rechtsgeschäften ist die OHG/KG insoweit nur Regelungsobjekt. Das gilt nicht nur für einvernehmliche **Änderungen des Gesellschaftsvertrages** und sonstige, der Konkretisierung der Mitgliedschaftsrechte und -pflichten dienende Grundlagengeschäfte, sondern auch für die Kündigung oder andere **Gestaltungsrechte:** sie müssen den Mitgesellschaftern gegenüber ausgeübt werden und erlangen mangels abweichender vertraglicher Regelung erst Wirksamkeit, wenn sie allen Mitgesellschaftern zugegangen sind (§ 132 Rn 13). Auch die **Aufnahme oder** das **Ausscheiden eines Gesellschafters** setzt eine Vereinbarung mit den Mitgesellschaftern voraus. Soweit – wie insbes. bei der Publikums- 207

---

649 Vgl. zu dieser komplexen Natur der Mitgliedschaft insbes. *Lutter* AcP 180 (1980), 97–102; so auch *Flume* I/1 § 9, S. 127; *Habersack* Mitgliedschaft S. 62 ff, 98 ff; *K. Schmidt* Gesellschaftsrecht, § 19 I 3, S. 549 f, § 19 IV, S. 563 ff; MünchKommHGB/*K. Schmidt* Rn 169; MünchKommBGB[5]/*Ulmer* § 705 Rn 180; Ebenroth/Boujong/Joost/Strohn/*Wertenbruch* Rn 122; *Wiedemann* Übertragung S. 39 f; *ders.* Gesellschaftsrecht Bd. II, § 3 I 1, S. 166 ff.

650 So zutr. *Lutter* AcP 180 (1980), 101 f; näher dazu *Habersack* Mitgliedschaft S. 93 ff.

651 So zu Recht *K. Schmidt* JZ 1991, 157 (158); *Habersack* Mitgliedschaft, S. 142 ff; Staudinger/*Hager* BGB (1999) § 823 Rn B 141; MünchKommBGB[5]/*Ulmer* § 705 Rn 180; ähnlich Ebenroth/Boujong/Joost/Strohn/*Wertenbruch* Rn 122; *Wiedemann* Übertragung, S. 39; *Lutter* AcP 180 (1980), 84 (102); **aA** MünchKommBGB[4]/*Wagner* § 823 Rn 165.

652 So insbes. *K. Schmidt* Gesellschaftsrecht, § 19 I 3a, S. 549, § 21 V 4, S. 651 f; MünchKommHGB/*K. Schmidt* Rn 169; MünchKommBGB[5]/*Ulmer* § 705 Rn 180; *Lutter* AcP 180 (1980), 84 (130 f); *Habersack* Mitgliedschaft, S. 152 ff; **aA** *Reuter* FS Lange, 1992, S. 707 (712 f); *Hadding* FS Kellermann, 1991, S. 91 (102 ff); *Wiedemann* Gesellschaftsrecht Bd. I, § 8 IV 1c dd, S. 463 f.

653 So für die Mitgliedschaft in einem Verein BGHZ 110, 323 (327 f, 334) = NJW 1990, 2877; dem BGH zust. *K. Schmidt* JZ 1991, 157 (158 f); *Habersack* Mitgliedschaft, S. 187 ff mwN; Staudinger/*Hager* BGB (1999) § 823 Rn B 148; MünchKommBGB[5]/*Ulmer* § 705 Rn 180; **aA** MünchKommBGB[4]/*Wagner* § 823 Rn 166; *Reuter* und *Hadding* jew. aaO (Fn 652).

KG – den Geschäftsführern die Zuständigkeit zur Entgegennahme von Beitrittserklärungen u.a. überlassen ist, handeln sie in der Regel als Bevollmächtigte der Mitgesellschafter[654]. Die Rechtsprechung hat darüber hinaus aber auch ausdrücklich anerkannt, dass das Recht zur Auswahl neuer Gesellschafter auf die Gesellschaft selbst und damit indirekt auf die Geschäftsführer übertragen werden kann.[655] Diese für Publikumsgesellschaften typische Gestaltung verlegt die Beitrittserklärung in das Verhältnis zwischen Gesellschaft und Gesellschafter.[656]

208 Der Zuständigkeit der Gesellschafter für die „Grundlagengeschäfte" unter Ausklammerung der Gesellschaft entspricht es, dass **Streitigkeiten** hierüber unmittelbar **zwischen den Gesellschaftern** auszutragen sind; die Gesellschaft ist die falsche Beklagte. Das ist für die *Gestaltungsklagen* der §§ 117, 127, 133, 140 ausdrücklich geregelt. Es gilt entsprechend auch für sonstige das Gesellschaftsverhältnis als solches betreffende Streitigkeiten, darunter *Leistungsklagen* auf Zustimmung zu einer von den Klägern als notwendig angesehenen Vertragsänderung (Rn 244) sowie *Feststellungsklagen* hinsichtlich des Bestehens oder Nichtbestehens der Gesellschaft und hinsichtlich des Inhalts des Gesellschaftsvertrages.[657] Anders als im Fall der Gestaltungsklagen (§ 117 Rn 49, 63; § 133 Rn 52; § 140 Rn 36 f) besteht zwischen mehreren an einer Feststellungsklage auf der Aktiv- oder Passivseite beteiligten Gesellschaftern keine notwendige Streitgenossenschaft[658]. Ist freilich das Bestehen oder Nichtbestehen der Mitgliedschaft zwischen sämtlichen Gesellschaftern rechtskräftig festgestellt, so ist diese Entscheidung auch bindend im Verhältnis zwischen Gesellschafter und Gesamthand, soweit die Geltendmachung von Rechten aus der Mitgliedschaft in Frage steht[659]. Zur Möglichkeit von Klagen zwischen Gesellschaftern auch in Bezug auf Angelegenheiten der Gesellschaftsebene vgl. Rn 211.

209 Ist an Streitigkeiten über die Gesellschaftsgrundlagen die **OHG/KG als Kläger oder Beklagter** beteiligt, so ist die Klage insoweit wegen fehlender Sachlegitimation als **unbegründet** abzuweisen[660]. Anderes gilt, wenn Fragen, die die Gesellschaftsgrundlagen betreffen, als *Vorfragen* im Rahmen der Geltendmachung von Sozialansprüchen oder -verbindlichkeiten auftreten; insoweit steht die Parteirolle der OHG/KG ihrer inzidenten Mitentscheidung nicht entgegen. Anderes gilt auch im Streit um die Wirksamkeit des Beitritts zu einer Publikumsgesellschaft, sofern dieser unmittelbar mit der Gesellschaft zustande kommt (Rn 207 aE). Damit ist zugleich der Mitgliedschaftsprozess zwischen Gesellschaft und Gesellschafter auszutragen.[661]

---

654 MünchKommBGB[5]/*Ulmer* § 709 Rn 78.

655 BGHZ 63, 338 (344 f); BGH WM 1976, 15 (16); NJW 1978, 1000; MünchKommBGB[5]/*Ulmer/C. Schäfer* § 719 Rn 20.

656 *Wiedemann* ZGR 1996, 286 (296 f); *C. Schäfer* ZHR 170 (2006), 373 (384 f).

657 Vgl. BGHZ 48, 175 (176 f) = NJW 1967, 2159 mwN; Ebenroth/Boujong/Joost/Strohn/*Wertenbruch* Rn 123; *Wiedemann* Gesellschaftsrecht Bd. I, § 5 III 1, S. 267.

658 BGHZ 30, 195 (198) = NJW 1959, 1683; RG DR 1944, 245 (246); MünchKomm-HGB/*K. Schmidt* Rn 174; *Wiedemann* Gesellschaftsrecht I, § 5 III 1, S. 267; Soergel/*Hadding*[12] § 705 Rn 46.

659 BGHZ 48, 175 (177) = NJW 1967, 2159 unter Offenlassen der Begründung (materielle Folge des Gesellschaftsverhältnisses und des Missbrauchseinwands oder Rechtskraftwirkung).

660 Std. Rspr., vgl. BGHZ 30, 195 (197 f) = NJW 1959, 1683; BGHZ 48, 175 (177) = NJW 1967, 2159; BGHZ 81, 263 (264 f) = NJW 1981, 2565; BGH NJW 1964, 1624; WM 1983, 785 f; BGHZ 91, 132 (133) = NJW 1984, 2104; BGH WM 1990, 309; 1990, 675; NJW 1995, 1218 (1219); *M. Schwab* Prozeßrecht, S. 202 ff; Münch-KommHGB/*K. Schmidt* Rn 174.

661 Vgl. auch MünchKommHGB/*K. Schmidt* Rn 174 und § 124 Rn 23 (bei Publikumsgesellschaften sollten alle Grundlagenstreitigkeiten zwischen Gesellschaft und Gesellschafter ausgestaltet werden können;

b) **Gesellschafts-(Sozial-)ebene.** Von der Gesellschafter-(Grundlagen-)ebene unterscheidet sich die Gesellschafts-(Sozial-)ebene dadurch, dass es nicht um die Ausgestaltung, sondern um den **Vollzug des Gesellschaftsverhältnisses,** insbes. die Wahrnehmung der Geschäftsführungsaufgaben und der sonstigen laufenden Mitsprache- und Vermögensrechte geht. Insoweit stehen regelmäßig die Rechtsbeziehungen zwischen der Gesellschaft (Gesamthand) und den einzelnen Gesellschaftern in Frage; es geht um die Durchsetzung der aus dem Gesellschaftsverhältnis resultierenden sog. **Sozialansprüche** (Ansprüche der OHG/KG gegen die Gesellschafter, insbes. auf Beitragsleistung oder Schadensersatz) und **Sozialverbindlichkeiten** (Verpflichtungen der OHG/KG gegenüber den Gesellschaftern aus deren Verwaltungs- und Vermögensrechten, vgl. Rn 217). Richtiger Kläger bzw. Beklagter ist bei Streitigkeiten hierüber grundsätzlich die OHG/KG, vertreten durch ihre vertretungsbefugten Geschäftsführer als Organe. Eine Ausnahme gilt im Rahmen der *actio pro socio*; danach sind auch die Gesellschafter persönlich befugt, Sozialansprüche gegen Mitgesellschafter im eigenen Namen geltend zu machen und auf Leistung an die Gesellschaft zu klagen (Rn 256 ff). 210

Für die **Erfüllung von Sozialverbindlichkeiten** der Gesellschaft haben die Mitgesellschafter nicht nach § 128 einzustehen (vgl. § 128 Rn 12 [*Habersack*]). Grundsätzlich ist der Streit um mitgliedschaftlich begründete Forderungen daher allein zwischen Gesellschaft und Gesellschafter auszutragen.[662] Soweit es um die Durchsetzung von *Verwaltungs-(Mitsprache-)rechten* geht, hat die Rechtsprechung allerdings unabhängig von § 128 die unmittelbare **Geltendmachung gegen widersprechende Mitgesellschafter** zugelassen[663]. Zu denken ist etwa an das Recht auf Geschäftsführung, auf Information und Einsicht in die Geschäftsunterlagen sowie auf Rechnungslegung und Aufstellung der Abfindungsbilanz. Hierfür spricht, dass der klagende Gesellschafter die Respektierung seiner aus dem Gesellschaftsvertrag fließenden Rechte auch von jedem einzelnen Mitgesellschaftern als seinem Vertragspartner verlangen kann. § 707 BGB, welcher der Haftung der Mitgesellschafter für Sozialverbindlichkeiten grundsätzlich entgegensteht, ist insoweit zudem nicht einschlägig. Anderes gilt zwar für die Prozesskosten, die dem beklagten Mitgesellschafter zur Last fallen; jedoch kann er sie von der Gesellschaft ersetzt verlangen, wenn er die Prozessführung im Interesse der Gesellschaft für erforderlich halten durfte (vgl. näher § 110 Rn 12 ff). Demgegenüber sind *Vermögensansprüche,* wie etwa die Auszahlung des Gewinns oder der Geschäftsführervergütung, stets gegenüber der Gesellschaft geltend zu machen.[664] 211

c) **Schadensersatzansprüche.** Besonderheiten sind für vertragliche Schadensersatzansprüche wegen **Verletzung von Gesellschafterpflichten** zu beachten. Insoweit kommen je nach Schadensursache und -eintritt als Anspruchsinhaber sowohl die Gesellschaft als auch die Mitgesellschafter in Betracht. Betrifft der Schaden das **Gesellschaftsvermögen,** insbes. durch Schlechterfüllung von Geschäftsführungspflichten oder zu vertretende Leis- 212

---

insofern abweichend aber BGH WM 2003, 925); s.a. *Bork* ZGR 1991, 125 (139 ff) (jedenfalls als Prozessstandschaft der Gesellschaft zulässig); zur Zulässigkeit einer Vertragsregelung, wonach Beschlussmängelstreitigkeiten gegen die Gesellschaft zu führen sind, vgl. BGHZ 85, 350 (353) = NJW 1983, 350 (353) sowie näher § 119 Rn 95.

662 S. nur MünchKommHGB/*K. Schmidt* Rn 175; Ebenroth/Boujong/Joost/Strohn/*Wertenbruch* Rn 129.

663 BGH WM 1955, 1585 (1586); 1970, 1223 (1224); RG DR 1944, 245 (246).

664 Abweichend noch RGZ 170, 392 (395 f); Voraufl. Rn 214 (*Ulmer*).

tungsstörungen bei der Erfüllung von Beitragspflichten (vgl. Rn 150 ff), so steht der Anspruch als Sozialanspruch allein der Gesellschaft zu. Er ist von ihren Organen, im Wege der actio pro socio auch von Mitgesellschaftern geltend zu machen. Anderes gilt bei unmittelbarer **Schädigung von Mitgesellschaftern** unter dem Aspekt der Vertrags- oder Treupflichtverletzung, etwa durch Behinderung in der Ausübung von Gesellschafterrechten oder durch Beschädigung einer zum Gebrauch eingebrachten Sache. Insoweit kann der geschädigte Gesellschafter aus eigenem Recht Ersatz vom Schädiger verlangen (dazu und zur Haftung der Gesellschaft in diesen Fällen vgl. § 114 Rn 50 f).

213 **3. Drittbeziehungen.** Von den aus dem Gesellschaftsverhältnis resultierenden Sozialansprüchen und -verbindlichkeiten (Rn 210) zu unterscheiden sind gegenseitige Ansprüche zwischen Gesellschaft und Gesellschaftern, die auf dem Abschluss sog. **Drittgeschäfte** zwischen ihnen beruhen. Darunter sind Rechtsgeschäfte (Kauf-, Miet-, Dienst-, Darlehensverträge u.a.) zu verstehen, wie sie die Gesellschaft im Rahmen ihrer Geschäftstätigkeit auch mit Dritten eingeht. Entscheidend ist, dass der Abschluss **nicht causa societatis,** etwa in Erfüllung entsprechender im Gesellschaftsvertrag getroffener Abreden über die Hingabe von Gesellschafterdarlehen, über Bezugspflichten der Gesellschaft u.a. oder unter Gewährung von Vorzugsbedingungen mit Rücksicht auf die Gesellschaftereigenschaft des Vertragspartners erfolgt, sondern dass sich Gesellschaft und Gesellschafter *wie Dritte* gegenüberstehen und mit der Leistungsbeziehung je eigene Interessen verfolgen[665].

214 Liegen diese Voraussetzungen vor, so ist der Vertragspartner der Gesellschaft an der **Durchsetzung seiner Rechte** grundsätzlich nicht dadurch gehindert, dass er gleichzeitig Gesellschafter ist. Allerdings **überlagert** die Gesellschaftsbeziehung auch diese außergesellschaftsrechtlichen Rechtsverhältnisse. Der Gesellschafter kann deshalb eine Drittgläubigerforderung zwar grundsätzlich auch außerhalb der Liquidation gegen Mitgesellschafter verfolgen (§ 128 Rn 13 [*Habersack*]), unterliegt hierbei aber treupflichtbedingten Schranken (§ 128 Rn 26 [*Habersack*]) und muss sich jedenfalls im Verhältnis zu den Mitgesellschaftern den im Innenverhältnis auf ihn entfallenden *Verlustanteil* anrechnen lassen.[666] Darüber hinaus wirkt die **Treupflicht** eingeschränkt auch auf die Geltendmachung dieser Ansprüche ein. Im Rahmen des Zumutbaren hat der Gesellschafter auf überragende Belange vor allem von Mitgesellschaftern, ggf. auch der Gesellschaft Rücksicht zu nehmen.[667] Zusätzliche Beitragspflichten des Gesellschafters als Drittgläubiger lassen sich hierdurch freilich nicht begründen (§ 707 BGB). – Aus dem Gesellschaftsverhältnis resultierende Einwendungen gegen die Drittgläubigerforderung können nach § 404 BGB auch einem dritten Zessionar entgegengesetzt werden.[668]

---

[665] Vgl. zu derartigen Drittgeschäften und zu ihrer Unterscheidung von den gesellschaftsvertraglichen Beziehungen zwischen Gesamthand und Gesellschaftern etwa *A. Hueck* OHG, § 18 I, S. 258, § 21 V, S. 327 ff; MünchKommHGB/*K. Schmidt* Rn 176; Soergel/*Hadding*[12] § 705 Rn 57; MünchKommBGB[5]/*Ulmer* § 705 Rn 202; *Wiedemann* Gesellschaftsrecht Bd. II, § 3 I 2, S. 176 ff.

[666] BGH NJW 1983, 749; ZIP 2002, 394 (396); § 128 Rn 25 (*Habersack*); MünchKommHGB/*K. Schmidt* § 128 Rn 20; Baumbach/*Hopt* § 128 Rn 24; einschränkend – nur bzgl. der Anrechnung des Verlustanteils – *Walter* JZ 1983, 261; *A. Hueck* OHG § 21 V 2, S. 330.

[667] § 128 Rn 13, 26 (*Habersack*); MünchKommBGB[5]/*Ulmer* § 705 Rn 203; *M. Winter* Treubindungen, S. 127; *Walter* JZ 1983, 261 mwN.

[668] BGH NJW 1983, 749; § 128 Rn 25 (*Habersack*); MünchKommHGB/*K. Schmidt* § 128 Rn 20; Baumbach/*Hopt* § 128 Rn 24.

II. Mitgliedschaftsrechte und -pflichten

1. Arten

a) **Einteilungskriterien.** Soweit es um die Mitgliedschafts*rechte* geht, wird üblicherweise zwischen **Verwaltungs-**(Mitsprache-)rechten **und Vermögensrechten** der Gesellschafter unterschieden[669]. Die Unterscheidung hat ihren Grund in der Vorschrift des **§ 717 BGB;** sie bestimmt in S. 1 die Unübertragbarkeit der Mitgliedschaftsrechte und nimmt hiervon in S. 2 die mitgliedschaftlichen Vermögensrechte (Rn 221) aus. Die Regelung ist hinsichtlich der nach § 717 S. 1 BGB unübertragbaren Verwaltungsrechte (Rn 219) zwingender Natur; sie hat zur Entwicklung des für nichtvermögensrechtliche Mitgliedschaftsrechte geltenden Abspaltungsverbots geführt (vgl. näher § 109 Rn 25 ff). Die in § 717 S. 2 BGB zugelassene **Übertragbarkeit der Vermögensrechte**[670] kann nach Maßgabe von § 399 BGB ausgeschlossen werden. Nicht zu den nach § 717 S. 2 BGB übertragbaren Vermögensrechten gehören einerseits das Entnahmerecht nach § 122 Abs. 1, 1. Fall (§ 122 Rn 15), andererseits der sog. Anteil am Gesellschaftsvermögen (§ 719 Abs. 1, 1. Fall BGB, vgl. Rn 276). Dieser steht als Ausdruck dinglicher Zuordnung des Gesamthandsvermögens zur Gesamtheit der Mitglieder den Gesellschaftern als solchen zu, verbindet sich notwendig mit der Mitgliedschaft und entfällt mit dem Ausscheiden eines Mitglieds; darauf beruht die „Anwachsung" bei den übrigen Gesellschaftern (dazu und zur „Abwachsung" vgl. Rn 279 f). Näheres zu den Verwaltungs- und Vermögensrechten der Gesellschafter gegenüber der Gesamthand und zu den ihnen entsprechenden Mitgliedschaftspflichten vgl. Rn 218 ff. 215

Eine zweite Einteilung, die die erste teilweise überlagert, differenziert zwischen **uneigennützigen und eigennützigen Mitgliedschaftsrechten**[671]. Die Unterscheidung ist von Bedeutung in Bezug auf die gesellschaftsrechtliche **Treupflicht;** sie gestattet es, je nach Art der in Frage stehenden Rechte bei der Kontrolle ihrer Ausübung zwischen vorrangiger und eingeschränkter Treupflicht zu differenzieren (vgl. Rn 232). Zu den uneigennützigen Mitgliedschaftsrechten gehören diejenigen Verwaltungsrechte, bei denen es um die Geschäftsführung der Gesellschaft im Interesse der *Gesamtheit* der Gesellschafter geht; sie müssen unter Hintanstellung eigener Interessen ausgeübt werden. Demgegenüber bilden die sonstigen Verwaltungsrechte (Stimmrecht in Grundlagenentscheidungen, Kontrollrecht u.a.) und die Vermögensrechte die Gruppe der eigennützigen Rechte. Bei ihrer Ausübung sind die Gesellschafter nur eingeschränkt zur Rücksichtnahme auf die Interessen von Gesellschaft und Mitgesellschaftern verpflichtet. Vgl. näher Rn 228 ff. 216

b) **Sozialansprüche und -verbindlichkeiten.** Der Begriff der Sozialansprüche und -verbindlichkeiten erklärt sich aus der Perspektive der OHG/KG. Man versteht darunter die den Mitgliedschaftspflichten und -rechten der Gesellschafter korrespondierenden **Ansprüche und Verpflichtungen der Gesamthand** aus dem Gesellschaftsverhältnis (zur Terminologie und zur gerichtlichen Durchsetzung dieser Rechte seitens und gegenüber der OHG/KG vgl. schon Rn 210). Ihre Besonderheit gegenüber sonstigen Forderungen und Verbindlichkeiten der OHG/KG besteht darin, dass sie entsprechend ihrer gesellschafts- 217

---

669 Vgl. etwa *A. Hueck* OHG, § 18 III 1, S. 267; *Flume* I/1 §§ 10, 11, S. 129 ff, 145 ff; MünchKommBGB[5]/*Ulmer* § 705 Rn 185 ff.

670 Vgl. dazu näher MünchKommBGB[5]/*Ulmer/C. Schäfer* § 717 Rn 30–41 mN.

671 So zutr. schon *Hachenburg* LZ 1907, 466; *Hueck* FS Hübner, 1935, S. 72 (81 ff); *Rob. Fischer* NJW 1954, 777 ff (heute einhM, vgl. Rn 232, 234 ff).

vertraglichen Grundlage in ihrer Durchsetzung maßgeblich von *Treupflicht und Gleichbehandlungsgrundsatz* geprägt werden. Darin unterscheiden sie sich nicht nur von Forderungen und Verbindlichkeiten der Gesellschaft gegenüber Dritten, sondern auch von solchen gegenüber Gesellschaftern aus sog. Drittgeschäften (Rn 213). Zur Geltendmachung von Sozialansprüchen im Wege der actio pro socio vgl. Rn 256 ff, zum Nichteingreifen von § 128 (Gesellschafterhaftung) gegenüber Sozialverbindlichkeiten vgl. § 128 Rn 12 (*Habersack*).

218 c) **Verwaltungsrechte und -pflichten.** Mit der Mitgliedschaft in einer OHG (und der Komplementärstellung in einer KG) verbindet sich nach gesetzlicher Regel eine relativ große Zahl von Verwaltungs-(Mitsprache-)rechten der Gesellschafter. Darin kommen das Prinzip der Verbandssouveränität und der **Selbstorganschaft** (§ 109 Rn 30, 33) sowie die typische **Allzuständigkeit** der Gesellschafter in „ihrer" Gesellschaft zum Ausdruck.

219 **Im Einzelnen** geht es bei den – nach § 717 S. 1 BGB unübertragbaren (§ 109 Rn 25) – **Verwaltungsrechten** um das Stimmrecht in Geschäftsführungs-, Grundlagen- und sonstigen Angelegenheiten (§ 119 Rn 11 ff) um das Recht auf Mitwirkung bei der Handelsregisteranmeldung (§ 108 Abs. 1), um das Recht zur Geschäftsführung und Vertretung (§§ 114 Abs. 1, 125 Abs. 1), um das Widerspruchsrecht in Bezug auf Geschäftsführungshandlungen von Mitgesellschaftern (§ 115 Abs. 1), um das Informations- und Kontrollrecht (§ 118 Abs. 1), um das Recht auf Rechenschaftslegung (§ 120) und das Liquidationsrecht (§ 146 Abs. 1). Hinzu kommt als ungeschriebenes Mitgliedschaftsrecht die Klagebefugnis der einzelnen Gesellschafter in Bezug auf Sozialansprüche (actio pro socio, Rn 256 ff). Ebenfalls zum Kreis der Mitspracherechte gehören das Kündigungsrecht (§ 132) sowie die auf Auflösung gerichtete Gestaltungsklage des § 133. Anderes gilt für die Befugnis zur Erhebung der Entziehungsklagen nach §§ 117, 127 und der Ausschlussklage des § 140; sie steht der *Gesamtheit* der übrigen Gesellschafter zu.

220 Mit den Verwaltungs-(Mitsprache-)rechten verbinden sich korrespondierende **Pflichten** der Mitglieder, soweit der Gesellschaftsvertrag keine Einschränkungen vorsieht, darunter vor allem die **Pflicht zur Geschäftsführung** (§ 114 Abs. 1) und zur Liquidation (§ 146 Abs. 1). Auch die sonstigen Mitwirkungsrechte in Bezug auf Geschäftsführung und Rechnungslegung (§§ 115 Abs. 1, 116 Abs. 2 und 3, 120) sowie – in eingeschränktem Maße – das Stimmrecht und das Recht zur Mitwirkung bei den gemeinsamen Gestaltungsrechten der §§ 117, 127, 140 sind unter Berücksichtigung der Belange der Gesellschaft auszuüben; im Einzelfall kann sich hieraus eine **Pflicht zur Zustimmung oder zur Mitwirkung** bei der Gestaltungsklage ergeben. Den Rechtsgrund hierfür bildet die *Treupflicht* als umfassende, die Ausübung der verschiedenen Mitgliedschaftsrechte prägende Mitgliedschaftspflicht (vgl. näher Rn 228 ff). Zur gesellschaftsvertraglichen Pflicht, an der Anmeldung nach § 108 Abs. 1 mitzuwirken, vgl. § 108 Rn 4 f.

221 d) **Vermögensrechte und -pflichten.** Die drei wichtigsten, auf der Mitgliedschaft beruhenden **Vermögensrechte** sind in § 717 S. 2 BGB als übertragbare Rechte erwähnt. Es handelt sich um den Anspruch auf den jährlichen Gewinnanteil unter Einschluss einer etwaigen Geschäftsführervergütung und der Verzinsung der Kapitaleinlage (§ 121), um den Anspruch auf das Auseinandersetzungs- oder Abfindungsguthaben (§ 155 HGB, § 738 Abs. 1 S. 2 BGB) sowie um den Aufwendungsersatzanspruch (§ 110). Hinzu kommen ggf. der Ausgleichsanspruch gegen die Mitgesellschafter als Gesamtschuldner bei Inanspruchnahme eines Gesellschafters aus § 128 (§ 128 Rn 41 ff [*Habersack*]) sowie ein Anspruch auf Schadensersatz gegen Mitgesellschafter wegen Verletzung ihrer Mitgliedschaftspflichten unter unmittelbarer Schädigung des Gesellschafters (Rn 212). Zum gewinnunabhängigen Entnahmerecht nach § 122 Abs. 1 Fall 1 als weiterem, vom Gewinnanspruch zu unterscheidenden und nicht selbst übertragbaren Vermögensrecht vgl. § 122 Rn 3, 15; zum Entnahmerecht nach § 122 Abs. 1 Fall 2 vgl. § 122 Rn 16 f.

Unter den **Vermögenspflichten** steht im Mittelpunkt die Pflicht zur Leistung gesellschaftsvertraglich vereinbarter, in Vermögenswerten der Gesellschafter bestehender Beiträge (Rn 224 ff) sowie etwaiger Nachschüsse (§§ 706, 735, 739 BGB). Eine Pflicht zur Beitrags*erhöhung* ist nach gesetzlicher Regel (§ 707 BGB) ausgeschlossen; sie kann im Gesellschaftsvertrag nur in engen Grenzen vereinbart werden (Rn 19). Weitere vermögensrechtliche Pflichten können sich aus §§ 713, 667 BGB ergeben, falls geschäftsführende Gesellschafter aus der Geschäftsführung Gegenstände erlangen, die der Gesellschaft herauszugeben sind. Zu nennen sind schließlich Schadensersatzpflichten gegenüber Gesellschaft und Mitgesellschaftern wegen Verletzung von Mitgliedschaftspflichten sowie – bei Verletzung des Wettbewerbsverbots des § 112 – alternativ die Pflicht zur Gewinnherausgabe nach Maßgabe des § 113. Die Verzinsungspflicht bei nicht rechtzeitiger Zahlung richtet sich nach § 111. **222**

Nicht zu den mitgliedschaftlichen Vermögenspflichten der Gesellschafter (= Sozialansprüchen der OHG/KG) gehört die akzessorische **Haftung gegenüber Gesellschaftsgläubigern** nach §§ 128, 171. Es handelt sich um eine allein das *Außenverhältnis* der Gesellschaft betreffende, zwingende Folge der Mitgliedschaft in OHG und KG. Ihr entspricht ein Ersatzanspruch der daraus in Anspruch genommenen Gesellschafter gegen die OHG/KG als Schuldner der Gesellschaftsverbindlichkeiten und – in engen Grenzen – ein Ausgleichsanspruch gegen die mithaftenden Mitgesellschafter. Vgl. näher § 110 Rn 29, 31 f und § 128 Rn 43 ff (*Habersack*). **223**

2. Beitragspflichten

a) Überblick. Zu den Beitragspflichten der Gesellschafter als notwendigem, die Förderungspflicht des § 705 BGB konkretisierendem Inhalt des Gesellschaftsvertrags, zur Unterscheidung zwischen Beiträgen im engeren und weiteren Sinn sowie zu den vielfältigen Arten möglicher Beiträge vgl. schon Rn 17 f. Da das OHG- und KG-Recht insoweit keine Sondervorschriften enthält, sind über § 105 Abs. 3 die Bestimmungen der §§ 706, 707 BGB anwendbar (Rn 64)[672]. Die Gesellschafter sind hinsichtlich der **Auswahl möglicher Beiträge** nicht beschränkt. Auf die – für Sacheinlagen im Kapitalgesellschaftsrecht wesentliche – funktionale Äquivalenz mit Geldeinlagen als Voraussetzungen der Einlagefähigkeit[673] kommt es im OHG-Recht angesichts der unbeschränkten Außenhaftung aller Gesellschafter nicht an. Entsprechendes gilt im Grundsatz für die Beiträge der Kommanditisten, doch kann sich hier im Hinblick auf die Haftungsbeschränkung nach § 171 Abs. 1, 2. Hs. ein Bewertungsproblem stellen; maßgeblich ist der objektive Wert der geleisteten Beiträge (Voraufl. § 171 Rn 9 [*Schilling*]). Als mögliche Beiträge der Gesellschafter einer OHG/KG kommen daher auch *Dienstleistungen* (§ 706 Abs. 3 BGB, vgl. Rn 18) sowie die *Nutzungs-(Gebrauchs-)Überlassung* von Sachen oder Rechten (Rn 153, 227) in Betracht. **224**

b) Arten der Einbringung. Im Hinblick auf die Pflicht zur Erbringung vermögenswerter Leistungen in das Gesellschaftsvermögen sind **drei Arten** der Beitragsleistung zu unterscheiden. Ihre Auswahl und Festlegung erfolgt im Gesellschaftsvertrag; bei seinem **225**

---

[672] Vgl. Einzelheiten bei MünchKommBGB[5]/*Ulmer*/*C. Schäfer* § 706 Rn 2 ff; Soergel/*Hadding*[12] § 706 Rn 1 ff.

[673] Vgl. Näheres bei *Ulmer*/Habersack/Winter GmbHG § 5 Rn 39 ff mN.

Schweigen gibt § 706 Abs. 2 BGB eine – inhaltlich begrenzte – Auslegungsregel[674]. Die regelmäßige, im Fall vertretbarer oder verbrauchbarer Leistungen nach § 706 Abs. 2 BGB zu vermutende Art der Beitragsleistung bildet die Einbringung **zu Eigentum (quoad dominium)** der Gesellschaft; als *Einlageleistung* (Vermehrung des Gesellschaftsvermögens, vgl. Rn 18) macht sie eine Übertragung an die Gesamthand nach Maßgabe der allgemeinen Vorschriften erforderlich (Rn 271). Die *Gefahr* des zufälligen Untergangs geht mit der Erfüllung der Beitragspflicht auf die Gesellschaft über; eine Rückgabe der Einlagen nach Auflösung der Gesellschaft oder Ausscheiden des einbringenden Gesellschafters ist gesetzlich nicht vorgesehen. Wegen der Haftung für Leistungsstörungen bei der Einlageleistung vgl. Rn 145 ff.

226 Der Einbringung zu Eigentum kommt im Ergebnis die Einbringung **dem Werte nach (quoad sortem)** nahe. Sie soll der Gesellschaft ohne formelle Rechtsänderung den wirtschaftlichen Wert der Sache zur Verfügung stellen, etwa um bei der Einbringung von Grundstücken Kosten und Steuern zu sparen[675]. Im Innenverhältnis wird die Sache als Teil des Gesellschaftsvermögens behandelt. Nutzungen und Wertsteigerungen fließen dem Gesellschaftsvermögen zu; dieses trägt auch die Lasten und die Sachgefahr. Eine Rückgabe der Sache im Zuge der Liquidation oder beim Ausscheiden des einbringenden Gesellschafters ist im Unterschied zum Fall der Gebrauchsüberlassung (§ 732 Abs. 2 BGB) nach gesetzlicher Regel nicht vorgesehen (vgl. aber § 149 Rn 42 [*Habersack*]). Nach außen, gegenüber Gesellschaftsgläubigern und sonstigen Dritten, bewendet es während der Gesellschaftsdauer beim Alleineigentum des Gesellschafters. Der Gesellschaftsvertrag bedarf bei Einbringung eines Grundstücks quoad sortem nur dann der Form des § 311b BGB, wenn der Gesellschaft auch die Verfügungsbefugnis über das Grundstück zustehen soll (vgl. Rn 173). Bei fehlender Beurkundung kommt die Umdeutung einer als Grundstückseinbringung quoad dominium gewollten Beitragsleistung in eine solche quoad sortem in Betracht[676], solange der Mangel nicht nach § 311b Abs. 1 S. 2 BGB geheilt ist. Zur *bilanziellen Behandlung* von Einlageleistungen in der Handelsbilanz der Gesellschaft vgl. § 120 Rn 26 ff;[677] von der Behandlung in der Steuerbilanz ist eine Auslegungshilfe für die Art der vereinbarten Beitragsleistung nicht zu erwarten[678].

227 Eine dritte Art der Einbringung bildet die **Gebrauchsüberlassung** (Einbringung **quoad usum**). Sie soll der Gesellschaft nicht die Substanz der Sache oder des (Immaterialgüter-)Rechts verschaffen, sondern ihr – in den Grenzen des Gesellschaftszwecks – nur deren Gebrauch ermöglichen[679]; insofern hat sie mietähnlichen Charakter. Den Rechtsgrund für die Überlassung bildet unmittelbar der Gesellschaftsvertrag. Ein besonderer Mietvertrag kommt daneben nicht zustande; auch die Formvorschrift des § 550 BGB greift

---

674 Dazu vgl. MünchKommBGB[5]/*Ulmer*/*C. Schäfer* § 706 Rn 9.

675 BGH WM 1965, 746; RGZ 109, 380 (382); 54, 278 (280); Ebenroth/Boujong/Joost/Strohn/*Wertenbruch* Rn 139; Soergel/*Hadding*[12] § 706 Rn 23; Staudinger/*Habermeier* BGB (2003) § 706 Rn 6; *Berninger* Die Societas Quoad Sortem, 1994, S. 42 ff, 48 f, 115.

676 BGH WM 1967, 951; 1965, 746; Soergel/*Hadding*[12] § 706 Rn 23; MünchKommBGB[5]/*Ulmer*/*C. Schäfer* § 706 Rn 12.

677 Vgl. zur Behandlung von dem Werte nach eingebrachten Gegenständen in der Handelsbilanz der Gesellschaft und zur Vollstreckung aus einem Titel gegen die Gesamthand in diese Gegenstände auch *Ullrich* NJW 1974, 1486 (1489 ff); *Reinhardt* DStR 1991, 588.

678 BGH WM 1965, 746; 1986, 1109; Soergel/*Hadding*[12] § 706 Rn 23; MünchKommBGB[5]/*Ulmer*/*C. Schäfer* § 706 Rn 12; **aA** *Berninger* Die Societas Quoad Sortem, 1994, S. 98 ff; *Wiedemann* WM 1992, Sonderbeil 7, S. 14.

679 Soergel/*Hadding*[12] § 706 Rn 25; Staudinger/*Habermeier* BGB (2003) § 706 Rn 7.

nicht ein (vgl. Rn 173). Der Gesellschafter hat keinen Anspruch auf Mietzins, sondern auf Gewinnbeteiligung. Im Gesellschaftsvertrag oder durch dessen Auslegung ist zu bestimmen, wer die laufenden Kosten und sonstigen Lasten der Sache trägt. § 535 Abs. 1 S. 2 BGB (= § 536 BGB a.F.) ist nicht anwendbar[680]. Im Zuge der Liquidation oder im Falle des Ausscheidens kann der Gesellschafter die Rückgabe der Sache verlangen (§ 149 Rn 42 [*Habersack*]). Im Unterschied zu den beiden anderen Einbringungsfällen behält er nicht nur die Sachgefahr, sondern ist auch weiterhin zur Veräußerung der Sache oder des Rechts in der Lage. Der Gesellschaft steht in diesen Fällen gegen den Erwerber der Einwand aus § 986 Abs. 1 oder 2 BGB zu[681].

3. Treupflicht

Schrifttum

Robert Fischer Die Grenze bei der Ausübung gesellschaftlicher Mitgliedschaftsrechte, NJW 1954, 777; *ders.* Gedanken über einen Minderheitenschutz bei Personengesellschaften, in FS Barz (1974), S. 33 ff; *A. Hueck* Der Treuegedanke im Recht der OHG, FS Hübner (1935), S. 72 ff; *ders.* Der Treuegedanke im modernen Privatrecht (1947); *Hüffer* Zur gesellschaftsrechtlichen Treupflicht als richterrechtlicher Generalklausel, in FS Steindorff (1990), S. 59 ff; *Lettl* Die Anpassung von Personengesellschaftsverträgen (GbR, OHG) aufgrund von Zustimmungspflichten der Gesellschafter, AcP 202 (2002), 3 ff; *Lutter* Theorie der Mitgliedschaft, AcP 180 (1980), 84, 102 ff; *Roitzsch* Der Minderheitenschutz im Verbandsrecht (1981); *Martin Winter* Mitgliedschaftliche Treubindungen im GmbH-Recht (1988); *Zöllner* Die Schranken mitgliedschaftlicher Stimmrechtsmacht bei den privatrechtlichen Personenverbänden (1963), insbes. S. 335 ff. Vgl. auch die Angaben vor Rn 239.

a) Grundlagen

aa) Rechtsgrund. Über die Anerkennung der **Treupflicht**[682] als fundamentaler, im Gesellschaftsvertrag nicht beliebig einschränkbarer Grundsatz des Gesellschaftsrechts und über ihre Bedeutung für das Zusammenwirken der Gesellschafter und die Ausübung von Mitgliedschaftsrechten besteht in Rechtsprechung und Literatur weitgehende Einigkeit (vgl. näher Rn 230 ff). Nicht einheitlich beurteilt wird jedoch ihr Rechtsgrund. Zum Teil wird die Treupflicht auf den allgemeinen (schuldrechtlichen) Grundsatz von Treu und Glauben gestützt (**§ 242 BGB**)[683], andere sehen ihre Grundlage in der gesellschaftsvertraglichen Förderpflicht des **§ 705 BGB**[684] und nach einem dritten Ansatz beruht sie 228

680 Staudinger/*Habermeier* BGB (2003) § 706 Rn 7.

681 So auch Soergel/*Hadding*[12] § 706 Rn 26; Staudinger/*Habermeier* BGB (2003) § 706 Rn 7.

682 Die Terminologie ist nicht einheitlich. Für Ersetzung der Treupflicht durch eine „allgemeine Förderpflicht“ und für deren Unterteilung in aktive Förderpflichten und Unterlassungs-(Loyalitäts-)pflichten gegenüber der Gesamthand sowie Rücksichtspflichten gegenüber den Mitgesellschaftern *Lutter* AcP 180 (1980), 103 ff; ähnlich (Rücksichts- oder Loyalitätspflichten der Mehrheit gegenüber der Minderheit) *Wiedemann* Gesellschaftsrecht Bd. I, § 8 II 3, S. 432.

683 So etwa Erman/*Westermann*[12] § 705 Rn 49; Staudinger/*Keßler* BGB (1979) Vor § 705 Rn 42; Soergel/*Schultze-v. Lasaulx*[10] § 705 Rn 66; *Schmiedel* ZHR 134 (1970), 173 (182); MünchKommBGB[5]/*Roth* § 242 Rn 153.

684 So *Lutter* AcP 180 (1980), 84 (102 ff); Soergel/*Hadding*[12] § 705 Rn 58; *Lettl* AcP 202 (2002) 3 (13 ff, 17); vgl. auch schon RG JW 1935, 1773; stärker differenzierende Ansichten vgl. in Fn 689; **aA** 3. Aufl. Rn 31a (*Rob. Fischer*); *M. Winter* Treubindungen, S. 13; *Hüffer* FS Steindorff, 1990, S. 59 (70 ff).

auf dem vom gegenseitigen Vertrauen getragenen **Gemeinschaftsverhältnis**[685]. Unstreitig ist demnach, dass die Treupflicht ihren Grund im **Gesellschaftsvertrag** (oder im Hinblick auf die Treupflicht in Kapitalgesellschaften[686] allgemeiner: in der **Mitgliedschaft**) hat[687]. Ferner besteht Übereinstimmung darin, dass aus der Treupflicht je nach Lage des Falles nicht nur Schranken (Unterlassungspflichten), sondern auch gerichtlich durchsetzbare (Rn 244) Handlungs-(Zustimmungs- und sonstige Mitwirkungs-)pflichten abgeleitet werden können und dass sie sich nicht auf das Verhältnis zur Gesellschaft beschränkt, sondern auch Rücksichtspflichten gegenüber Mitgesellschaftern umfasst[688]. Um diesen verschiedenen Aspekten zutreffend Rechnung zu tragen, führt man die Treupflicht teilweise auf verschiedene Rechtsgrundlagen zurück je nachdem, ob es um die Pflicht zur Mitwirkung an oder Zustimmung zu Geschäftsführungsmaßnahmen geht (dann Förderpflicht nach § 705 BGB) oder um die Rücksicht auf die Belange von Gesellschaft und Mitgesellschaftern (dann allgemeine Treubindung als Schrankenfunktion nach § 242 BGB)[689]. Derartige Konstruktionen können dazu beitragen, das Verständnis der Treupflicht als einer **komplexen Mitgliedschaftspflicht** und die Besinnung auf ihre Grenzen zu fördern. Mit Recht hat indessen Ulmer schon in der Voraufl. festgestellt, dass solche Differenzierungen angesichts des inzwischen erreichten Entwicklungsstandes (Rn 229) und der umfassenden Geltung der Treupflicht nicht mehr erforderlich sind. Es geht um eine **auf Richterrecht beruhende Generalklausel**[690], die hinsichtlich ihrer grundsätzlichen Geltung, wenn auch nicht hinsichtlich ihrer Einzelausprägung den Rang von *Gewohnheitsrecht* erlangt haben dürfte.

229 bb) **Entwicklung.** Die Ursprünge des **Richterrechts** gehen schon auf die Zeit vor dem 1. Weltkrieg zurück[691]. Nach dem 2. Weltkrieg befreite der *BGH* den Treupflichtgedanken von zeitgebundenen ideologischen Verfälschungen und orientierte ihn stark an der Art der (uneigennützigen oder eigennützigen) Mitgliedschaftsrechte und setzte ihn ein zur Abwägung der Interessen der Beteiligten; über das Personengesellschaftsrecht hinaus erstreckte er ihn zu Recht auch auf die Rechtsverhältnisse in der GmbH[692] und im

---

685 3. Aufl. Rn 31a (*Rob. Fischer*); so auch schon *A. Hueck* Der Treugedanke im modernen Privatrecht, 1947, S. 18 f und *ders.* OHG, § 13 I 1, S. 192 f.

686 Zur rechtsformübergreifenden, auch für das Kapitalgesellschaftsrecht bedeutsamen Rolle der Treupflicht vgl. *Wiedemann* Gesellschaftsrecht Bd. I, § 8 II 3, S. 431 ff und *Lutter* AcP 180 (1980), 102 ff mwN; **aA** insbes. MünchKommBGB[5]/*Reuter* § 34 Rn 21 ff. Zur Treupflicht in der GmbH vgl. insbes. *M. Winter* Treubindungen, S. 63 ff, 95 ff.

687 MünchKommBGB[5]/*Ulmer* § 705 Rn 222; *Hüffer* FS Steindorff, 1990, S. 59 (65); MünchKommHGB/*K. Schmidt* Rn 188.

688 Vgl. näher Rn 239 ff und *Lutter* AcP 180 (1980), 102 ff (120 ff). Angesichts dieser weitgehenden inhaltlichen Übereinstimmung ist die Bedeutung des Meinungsstreits über die Grundlagen der Treupflicht zu Recht bezweifelt worden von *Zöllner* Schranken mitgliedschaftlicher Stimmrechtsmacht, 1963, S. 336 f; ähnlich auch *K. Schmidt* Gesellschaftsrecht, § 20 IV 1, S. 587 f.

689 So insbes. *Häuser* Unbestimmte „Maßstäbe“ als Begründungselement richterlicher Entscheidungen, 1981, S. 176 ff; ihm folgend *M. Winter* Treubindungen, S. 12 ff; ähnlich auch *Lutter* und *Hadding* (Fn 684).

690 So zutr. namentlich *Stimpel* FS 25 Jahre BGH, 1975, S. 19; und ähnlich schon *ders.* in *Pehle/Stimpel* Richterliche Rechtsfortbildung, 1969, S. 18 f; zustimmend *Hüffer* FS Steindorff, 1990, S. 59 (78); so auch *Wiedemann* Gesellschaftsrecht Bd. II, § 3 II 3a, S. 192.

691 RG WaRn 1908 Nr. 511; LZ 1912, 545; JW 1913, 29; vgl. näher zur weit. Entwicklung Voraufl. Rn 234 (*Ulmer*).

692 So erstmals ausdrücklich in BGHZ 65, 15 (18 f) = NJW 1976, 191 – *ITT* m. Anm. *Ulmer*. Vgl. zum erreichten Entwicklungsstand näher *M. Winter* Treubindungen, S. 43 ff und *Raiser* in Ulmer/Habersack/Winter GmbHG § 14 Rn 69 ff.

Grundsatz auf diejenigen in der AG[693]. Im **Schrifttum** hat sich vor allem *Alfred Hueck* um die Herausarbeitung des Treuegedankens im Gesellschaftsrecht und die Entfaltung seiner verschiedenen Aspekte verdient gemacht[694]. Daneben sind besonders auch die grundlegenden, nicht auf Personengesellschaften beschränkten Untersuchungen von *Zöllner, Wiedemann* und *Lutter* zu nennen[695]. Schon seit langem dreht sich die Diskussion nicht mehr um die Existenz der Treupflicht, d.h. die Frage ihrer rechtlichen Anerkennung in Personenverbänden, sondern um ihre Funktionen, ihr Ausmaß und ihre Grenzen sowie ihre rechtliche Durchsetzung.

cc) **Inhalt.** Hinsichtlich des Inhalts der Treupflicht ist zwischen Handlungs- und Unterlassungspflichten zu unterscheiden[696]. **Handlungspflichten** kommen vor allem insoweit in Betracht, als es um die vertraglich vereinbarte Förderung des gemeinsamen Zwecks geht, d.h. um die *uneigennützig* wahrzunehmenden Geschäftsführungsrechte, einschließlich der darauf bezogenen Stimm- und Widerspruchsrechte (§§ 114 bis 116): hier kommt dem Gesellschaftsinteresse der grundsätzliche Vorrang zu vor den Einzelinteressen der Gesellschafter. Demgegenüber sind im Bereich *eigennütziger* Rechte (Stimmrecht, Gestaltungsklagerecht u.a.) angesichts der grundsätzlichen Entscheidungsfreiheit jedes Gesellschafters Handlungspflichten nur in engen Grenzen anzuerkennen (vgl. Rn 239 ff zur Zustimmungspflicht bei Vertragsänderungen). Umfassendere Anwendung finden demgegenüber aus der Treupflicht abgeleitete **Unterlassungspflichten.** Sie erlangen Bedeutung sowohl im Rahmen der uneigennützig auszuübenden Rechte (vgl. neben dem Verbot schädigender Geschäftsführungsmaßnahmen vor allem das Wettbewerbsverbot, dazu §§ 112, 113) als auch bei der Geltendmachung eigennütziger, den Gesellschaftern im eigenen Interesse verliehener Rechte. Auch deren Ausübung steht im Grundsatz unter dem Vorbehalt des Verbots willkürlicher Schädigung von Gesellschaft und Mitgesellschaftern, des Verhältnismäßigkeitsgrundsatzes und der Wahl des schonendsten Mittels (vgl. näher Rn 236 ff). 230

Außerdem ist als Inhalt der Treupflicht die ihr zukommende **Schrankenfunktion** hervorzuheben[697]. Sie folgt aus dem auf Willkürverbot, Verhältnismäßigkeitsgrundsatz u.a. gestützten *Missbrauchseinwand* gegenüber der treuwidrigen Ausübung von Gesellschafterrechten. Je nach Lage des Falles kann sie zur *Unbeachtlichkeit* des missbräuchlichen Gesellschafterhandelns (Stimmabgabe, Widerspruch, Einberufung einer Gesellschafterversammlung u.a.) oder zur *Undurchsetzbarkeit* missbräuchlich geltend gemachter Ansprüche gegen die Gesellschaft (Sozialverbindlichkeiten) wie Informations- und Kontroll- 231

---

693 So aufgrund der seit BGHZ 71, 40 (44 ff) = NJW 1978, 1316 – *Kali und Salz* – ausgeübten Inhaltskontrolle von Mehrheitsbeschlüssen. Vgl. dazu und zu dem dieser Rechtsprechung zugrundeliegenden, aus der Treuepflicht abgeleiteten normativen Verhaltensmaßstab des Mehrheitsmißbrauchs treffend MünchKommAktG²/*Hüffer* § 243 Rn 50 ff, 53 ff.

694 *A. Hueck* FS Hübner, 1935, S. 72 ff; *ders.*, Der Treuegedanke im modernen Privatrecht, 1974; *ders.* OHG, § 13, S. 192 ff.

695 *Zöllner* Schranken, S. 335 ff; *ders.* Anpassung von; *Lutter* AcP 180 (1980), 84 (102 ff); *Wiedemann* Gesellschaftsrecht Bd. I, § 8, S. 404 ff, 412 ff, 431 ff und Gesellschaftsrecht Bd. II, § 3 II 3, S. 191 ff.

696 Vgl. nur *A. Hueck* OHG, § 13 I, S. 192 ff; *Lutter* AcP 180 (1980), 102 ff (109 ff); MünchKommBGB⁵/*Ulmer* § 705 Rn 223; Soergel/*Hadding*¹² § 705 Rn 58, 61.

697 Begriff nach Staudinger/*Keßler* BGB (1979) Vor § 705 Rn 42; so auch schon 3. Aufl. Rn 31a (*Rob. Fischer*). Allg. zur Lehre von den Stimmrechtsschranken vgl. insbes. *Zöllner* Schranken, S. 97 ff, 287 ff; ähnlich zur Treuepflicht als Stimmrechtsschranke auch *Wiedemann* Gesellschaftsrecht Bd. I, § 8 II 3, S. 431 ff, Gesellschaftsrecht Bd. II, § 3 II 3a cc, S. 194 und § 4 I 3c, S. 304 ff.

rechte, Gewinnrecht u.a. führen. Für das Eingreifen des Missbrauchseinwands kommt es nicht darauf an, ob der betroffene Gesellschafter auch *schuldhaft* nach Maßgabe des § 708 BGB handelt. Pflichtwidrig und damit unbeachtlich ist ein Widerspruch schon dann, wenn darin eine *objektive* Treupflichtverletzung zu sehen ist; die Unbeachtlichkeit beruht nicht etwa auf der aus § 249 BGB (Naturalrestitution) abzuleitenden Rücknahmepflicht[698].

232 dd) **Ausmaß.** Der Umfang und die Intensität der Treupflicht differieren je nach dem Gegenstand der Rechtsausübung und der Realstruktur der Gesellschaft. Eine erste, besonders wichtige Unterscheidung stellt darauf ab, ob es um die **Ausübung uneigennütziger,** zur Förderung des gemeinsamen Zwecks verliehener Befugnisse geht **oder** um die Wahrnehmung **eigennütziger Mitgliedschaftsrechte** (vgl. Rn 230). Im ersten Fall haben die Interessen der Gesamthand unbedingten Vorrang; eigene Interessen können nur insoweit verfolgt werden, als Gesellschaftsbelange nicht entgegenstehen[699]. Dagegen ist der Gesellschafter bei den eigennützigen Rechten grundsätzlich nicht gehalten, das eigene Interesse hinter dasjenige der Gesellschaft oder der Mitgesellschafter zurücktreten zu lassen. Wohl aber muss er auf deren Belange bei der Rechtsausübung im Rahmen des Zumutbaren Rücksicht nehmen; er darf sich nicht willkürlich oder grundlos über anerkennenswerte Interessen der Gemeinschaft und der Partner hinwegsetzen. Das gilt um so mehr, je einschneidender die Folgen der Rechtsausübung für Gesellschaft oder Mitgesellschafter sind[700]. Demgemäß ist der Einfluss der Treupflicht etwa stärker bei der Beschlussfassung über die Entziehung der Geschäftsführungs- und Vertretungsbefugnis als bei der Ausübung von Informations- und Kontrollrechten. Auch die Kündigung ist dem Bereich der Treupflicht nicht schon deshalb entzogen, weil sie der gemeinsamen Zweckverfolgung ein Ende setzt (§ 132 Rn 20 f)[701].

233 Was andererseits die **Realstruktur** der Gesellschaft und die Art des Gesellschaftsverhältnisses angeht, so hat der Treupflichtgrundsatz um so größere Bedeutung, je enger der persönliche Zusammenschluss ausgestaltet ist[702] und je größere Mitspracherechte die einzelnen Gesellschafter haben. Zwar besteht, soweit die gesetzliche Regel der *Einstimmigkeit* reicht, regelmäßig kein Anlass, je nach dem Ausmaß der Beteiligung und dem Stimmgewicht der einzelnen Gesellschafter abzustufen. Anderes gilt jedoch bei Vereinba-

---

698 So aber *A. Hueck* FS Hübner, 1935, S. 76 ff; *ders.* OHG, § 10 III 5, S. 132; Staudinger/*Keßler* BGB (1979) § 709 Rn 33; wie hier *Zöllner* Schranken, S. 366.

699 Ganz hM, vgl. BGHZ 37, 381 (384) = NJW 1962, 1811; BGH NJW 1986, 584 f und 844; 1989, 2687 f; *A. Hueck* OHG, § 13 I 1, S. 192 f; MünchKommHGB/*K. Schmidt* Rn 191; MünchKommBGB[5]/*Ulmer* § 705 Rn 226; Soergel/*Hadding*[12] § 705 Rn 60; Staudinger/*Habermeier* BGB (2003) § 705 Rn 51; Erman/*Westermann*[12] § 705 Rn 49.

700 Hierauf weist zu Recht *Zöllner* Schranken, S. 337 ff, 343 hin.

701 So aber – jedenfalls gegenüber der Gesellschaft – *Zöllner* Schranken, S. 344; tendenziell auch BGHZ 76, 352 (353) = NJW 1980, 1278 (GmbH). Dagegen schon *Ulmer* FS Möhring, 1975, S. 295 ff und Voraufl. Rn 237; vgl. auch BGH WM 1968, 874 (Anstreben des Konkurses einer Personengesellschaft ist dann nicht treuwidrig, wenn die Lage der Gesellschaft aussichtslos ist und eine schnelle Liquidation objektiv im Interesse aller Beteiligten liegt).

702 Zu dem hierfür maßgebenden Grund (gesteigerte Einwirkungsmöglichkeiten der einzelnen Gesellschafter auf Gesamthand und Mitgesellschafter) vgl. grundlegend *Zöllner* Schranken, S. 340 ff; dazu auch MünchKommBGB[5]/*Kramer* Vor § 241 Rn 108; MünchKommHGB/*K. Schmidt* Rn 190; *Lutter* AcP 180 (1980), 84 (105 ff); zur Bedeutung der Realstruktur für die Treuepflicht gegenüber Mitgesellschaftern vgl. zutr. auch *Lutter* AcP 180 (1980), 84 (128 f); für die GmbH auch *M. Winter* Treubindungen, S. 186 ff.

rung des *Mehrheitsprinzips* im Hinblick auf die Gestaltungsmöglichkeiten, die der Mehrheit dadurch im Verhältnis zur Minderheit zustehen; sie erfordern namentlich bei Vertragsänderungen verstärkte Rücksichtnahme auf die Interessen der überstimmten Minderheit (vgl. näher § 109 Rn 36 f). Diesem Aspekt kommt sogar in einer *Publikums-Gesellschaft*, trotz der dort regelmäßig fehlenden persönlichen Beziehungen zwischen den Gesellschaftern, Bedeutung zu[703]. Im Übrigen ist die Treupflicht in derartigen Gesellschaften jedenfalls insoweit zu beachten, als es um das Verhältnis der Gesellschafter zur Gesellschaft geht; sie kann je nach Lage des Falles auch der Durchsetzung gesellschaftsvertraglicher Ansprüche entgegenstehen, wenn andernfalls die Lebensfähigkeit der Gesellschaft ernsthaft gefährdet wäre[704].

b) Anwendungsbereich

aa) Treupflicht gegenüber der Gesellschaft. Den Schwerpunkt für das Eingreifen der Treupflicht bildet das Verhältnis des Gesellschafters zur Gesellschaft, darunter insbesondere der Bereich der **uneigennützigen** oder **Pflicht-Rechte.** Hierzu zählen in erster Linie das Geschäftsführungsrecht (§ 114) einschließlich des Rechts zur Durchführung der Liquidation (§ 146 Abs. 1), aber auch das Stimm- und Widerspruchsrecht in Geschäftsführungsangelegenheiten (§§ 115 Abs. 1, 116 Abs. 2 und 3)[705], sowie sonstige Arten der Einflussnahme auf die Geschäftsführung[706]. Auch das Recht zur Entziehung von Geschäftsführungs- und Vertretungsbefugnis aus wichtigem Grunde (§§ 117, 127) gehört – trotz seiner vertragsändernden Wirkung – zu den uneigennützigen Befugnissen (vgl. auch Rn 242). Kennzeichen dieser Rechte ist es, dass sie dem Gesellschafter nicht im eigenen Interesse, sondern zur Förderung des gemeinsamen Zwecks verliehen sind. Den durch den Gesellschaftsvertrag und das gemeinsame Interesse aller Mitglieder definierten **Interessen der Gesamthand** kommt daher hier der **absolute Vorrang** zu[707]; für die Verfolgung eigener Interessen ist nur Raum, soweit dadurch die Belange der Gesellschaft nicht 234

---

703 BGHZ 71, 53 (59) = NJW 1978, 1382; vgl auch Rspr.-Nachw. in Fn 704; ferner nur MünchKommHGB/*K. Schmidt* Rn 190 und näher *M. Winter* Treubindungen, S. 18 f; zur Treupflicht des Aktionärs BGHZ 103, 184 (194 f) = NJW 1988, 1579; BGHZ 129, 136 = NJW 1995, 1739 (1741 f). **AA** unter Betonung des rechtsformbezogenen Treupflichtansatzes noch *Reuter* GmbHR 1981, 129 (130, 137) und MünchKommBGB[5]/*Reuter* § 34 Rn 22 f.

704 So für die Publikums-KG BGH NJW 1985, 974 f (Verzicht auf zugesagte Verzinsung des eingesetzten Kapitals zur Erhaltung des Unternehmens); NJW 1985, 972 f (Ermächtigung an den Beirat, solche in die Rechtsstellung der Kommanditisten eingreifende Vertragsänderungen – hier: Stundung von Zinsen – zu beschließen, denen diese kraft Treupflicht zustimmen müssen).

705 RGZ 158, 302 (310); 163, 35 (38); *A. Hueck* ZGR 1972, 237 (240–244).

706 BGH NJW 1973, 2198 (Veranlassung des KG-Geschäftsführers zu pflichtwidrigem Handeln durch einen Kommanditisten).

707 BGH NJW 1986, 584 (585) (treupflichtwidriges Handeln eines Geschäftsführers, der ein notwendiges Betriebsgrundstück nicht durch die OHG, sondern durch seine Ehefrau erwerben lässt und es von dieser gegen erhöhten Mietzins anmietet); vgl. auch BGH NJW 1989, 2687 f (treuwidriger Erwerb eines notwendigen Betriebsgrundstücks durch Kommanditisten für eigene Zwecke); OLG Nürnberg WM 1962, 731 (732) (Treuwidrigkeit – auch gegenüber den Mitgesellschaftern – eines Verhaltens, das diesen die Kontrolle und Verfügungsbefugnis über Vermögenswerte der Gesellschaft entzieht, selbst wenn die Gesellschaft hierdurch keinen Nachteil erleidet); ferner KG OLGZ 1969, 311 (treuwidrige Nutzung einer Wohnung in dem der GbR gehörenden Mietshaus für eigene Zwecke des Geschäftsführers); vgl. auch die weit. Nachw. in Fn 699.

tangiert werden[708]. Im *Gesellschaftsvertrag* können zwar gewisse *Einschränkungen* gegenüber diesem Grundsatz vereinbart werden, etwa durch Verzicht auf das in § 112 geregelte, auf der Treupflicht beruhende Wettbewerbsverbot des Geschäftsführers (vgl. näher § 112 Rn 31 und 33) oder durch Begründung eines Liefer- oder Bezugsrechts gegenüber der Gesellschaft für einen oder bestimmte Gesellschafter. Diese Einschränkungen dürfen jedoch nicht so weit gehen, dass sie die für die Annahme einer Gesellschaft wesentliche Pflicht aller Vertragspartner zur Förderung des gemeinsamen Zwecks (Rn 20 ff) aufheben oder ernsthaft in Frage stellen[709].

235 Von vergleichsweise geringerer Bedeutung ist die Treupflicht demgegenüber bei **eigennützigen,** dem Gesellschafter im eigenen Interesse verliehenen **Mitgliedschaftsrechten.** Hierzu gehören einerseits die Vermögensrechte (Gewinnrecht, Recht auf Aufwendungsersatz und auf Auseinandersetzungsguthaben), andererseits die nicht auf die Geschäftsführung bezogenen Verwaltungs- und Kontrollrechte wie das Stimmrecht, das Recht auf Information und Einsicht in die Geschäftsunterlagen (§ 118) und das Recht auf Rechnungslegung (§ 120). Ein Vorrang des Gesellschaftsinteresses bei Ausübung dieser Rechte besteht nicht. Wohl aber hat die Treupflicht zur Folge, dass der Gesellschafter diese Rechte, soweit sie Nachteile für Gesamthand oder Mitgesellschafter zur Folge haben können, *nicht willkürlich* und ohne Rücksicht auf die gemeinsamen Interessen gebrauchen darf, dass er sich des aus der Sicht der Gesamthand *schonendsten Mittels* bedienen und dass er den Grundsatz der *Verhältnismäßigkeit* beachten muss[710]. Die Treupflicht hat insoweit daher in erster Linie **Schrankenfunktion** (Rn 231). Sie setzt über § 122 Abs. 1, 2. Hs. hinaus der Durchsetzung des Gewinnanspruchs bei angespannter finanzieller Lage der Gesellschaft Grenzen[711] und steht der Geltendmachung des Informations- und Einsichtsrechts unter Behinderung der Geschäftsführung oder zur gesellschaftsfremden Verwertung der Informationen entgegen[712]. Auch die Kündigung der Gesellschaft darf sich weder wegen des damit verfolgten grob eigensüchtigen Zwecks noch wegen missbräuchlicher Begleitumstände als treuwidriges, die berechtigten Interessen von Gesamthand und Mitgesellschaftern schädigendes Verhalten darstellen (§ 132 Rn 20 f). Das Festhalten an vertraglich eingeräumten Sonderrechten ist grundsätzlich nicht zu beanstanden; anderes gilt dann, wenn der Anlass für das Sonderrecht entfallen ist und

---

708 BGHZ 37, 381 (384) = NJW 1962, 1811 (der Verpflichtung eines Gesellschafters, seine Arbeitskraft für die Gesellschaft einzusetzen, steht dessen Nebentätigkeit im eigenen Interesse nicht entgegen, soweit hierdurch keine Gesellschaftsinteressen berührt werden). Vgl. auch BGH NJW 1986, 844 (Widerspruch gegen die vom Mitgeschäftsführer beabsichtigten Gehaltserhöhungen für Mitarbeiter der OHG nicht deshalb unbeachtlich, weil der Widersprechende damit – im Rahmen seines kaufmännischen Ermessens – auch sein Interesse an einem höheren OHG-Gewinn verfolgte).

709 Zur grundsätzlichen Unabdingbarkeit der Treupflicht vgl. *Lutter* AcP 180 (1980), 84 (117); *Reuter* ZHR 146 (1982), 1 (7); eingehend *M. Winter* Treubindungen, S. 190 ff, 214 (für die GmbH).

710 Grundlegend *Zöllner* Schranken, S. 349 ff; vgl. ferner MünchKommBGB[5]/*Ulmer* § 705 Rn 227; Erman/*Westermann*[12] § 705 Rn 49; ähnlich Soergel/*Hadding*[12] § 705 Rn 60 unter Hinweis auf die Rspr. zur Notwendigkeit eines sachlich gerechtfertigten Grundes bei Eingriffen der Mehrheit in die Rechtsstellung der Minderheit. Zum Sonderfall der Kündigung vgl. Erl. zu § 132.

711 Vgl. BGH NJW 1985, 972 f und 974 f; OLG Koblenz WM 1984, 1051 (durch Treupflicht gebotener Verzicht auf Verzinsung von Gesellschafterdarlehen in der Publikums-KG).

712 Vgl. auch § 51a Abs. 2 GmbHG als gesetzliche Verkörperung der treupflichtbedingten Schranken des Informationsrechts.

die weitere Berufung hierauf sich als unvereinbar mit der gebotenen Rücksicht auf Gesellschaft und Mitgesellschafter erweist. – Zum Einfluss der Treupflicht bei der Durchsetzung von Drittgläubigerforderungen vgl. Rn 214.

bb) Treupflicht gegenüber den Mitgesellschaftern. Die Treupflicht gegenüber den Mitgesellschaftern bezieht sich auf den vom Gesellschaftsvertrag erfassten, durch den Gesellschaftszweck definierten **mitgliedschaftlichen Bereich** (zur Relevanz in Bezug auf den *privaten* Bereich vgl. Rn 238). Eigenständige Bedeutung gegenüber der Treupflicht zur Gesellschaft hat sie nur insoweit, als nicht gleichzeitig die Interessen der Gesamthand bzw. aller Mitgesellschafter berührt sind. Zu denken ist an die Ausübung von Mitgliedschaftsrechten im Rahmen der Liquidation sowie in Bezug auf Ausschluss- und Übernahmerechte, ferner an die Herbeiführung mehrheitlicher Vertragsänderungen (§ 109 Rn 36 f) sowie an sonstige Fälle, in denen vorrangig schutzwürdige Belange einzelner Gesellschafter in der werbenden Gesellschaft in Frage stehen (vgl. Rn 237). **Inhaltlich** geht die den Mitgesellschaftern geschuldete Treupflicht zwar nicht so weit, dass deren Interessen zu fördern oder deren persönliche Ziele zu unterstützen wären. Wohl aber begründet sie die Pflicht zur Rücksichtnahme auf die Belange der Mitgesellschafter bei der Verfolgung eigener Interessen[713]. Demgemäß sind die Gesellschafter nicht nur gegenüber der Gesellschaft, sondern auch im Verhältnis zu ihren Mitgesellschaftern gehalten, deren *willkürliche* Schädigung zu unterlassen und bei der Rechtsausübung das schonendste Mittel zu wählen. Das kann Bedeutung haben für das Recht zur Kündigung (§ 132 Rn 20 ff) und für dasjenige zum Ausschluss von Mitgesellschaftern aus wichtigem Grund (§ 140 Rn 13), wo die Treubindung schon im Rahmen des wichtigen Grundes zu berücksichtigen ist. Allgemein ist insbesondere als treuwidrig anzusehen, ein Mitgliedschaftsrecht funktionswidrig sowie nur zu dem Zweck auszuüben, sich einen Sondervorteil gegenüber Mitgesellschaftern zu verschaffen[714]. 236

Im Einzelnen hat die **Rechtsprechung** es als treuwidrig angesehen, von einem vertraglich eingeräumten Übernahmerecht nicht zur Fortführung des Unternehmens, sondern nur deshalb Gebrauch zu machen, um den zu erwartenden Liquidationsgewinn ungeteilt zu erlangen[715]. Demgemäß ist auch die Herbeiführung der Insolvenz der Gesellschaft treuwidrig, sofern sie dazu dienen soll, sich das Unternehmen der Gesellschaft oder einzelner Teile hiervon – zumal zum Zerschlagungswert – zu verschaffen; Entsprechendes gilt für den bloßen Erwerb von Unternehmensteilen aus der Insolvenzmasse unterhalb ihres Verkehrswerts, sofern die Gesellschaft hätte fortgeführt werden können. Gerade in Krisensituationen bedingt die Treupflicht sowohl der Gesellschaft als auch den Mitgesellschaftern gegenüber eine aktive Förderpflicht jedes einzelnen Gesellschafters, insbeson- 237

---

713 Vgl. namentlich *Zöllner* Schranken, S. 349 ff; so auch OLG Nürnberg WM 1962, 731; BGH WM 1966, 511 (512) (für die Partner eines Poolvertrags) und Soergel/*Hadding*[12] § 705 Rn 60; Erman/*Westermann*[12] § 705 Rn 52; allg. für das Verbandsrecht auch *Roitzsch* Minderheitenschutz, 1981, S. 183 ff. Zurückhaltender (für Treupflicht „in besonderen Fällen", im Hinblick auf die bisherige Zusammenarbeit und den Erfolg der gemeinsamen Arbeit) noch BGHZ 34, 80 (83) = NJW 1961, 504; 3. Aufl. Rn 31e (*Rob. Fischer*); Soergel/*Schultze v. Lasaulx*[10] § 705 Rn 68; noch enger OGHZ 4, 66 (73).

714 So für die Ausübung eines Übernahmerechts zur Erlangung eines besonderen Liquidationsvorteils BGH LM HGB § 142 Nr. 10 = NJW 1959, 432 (LS). Vgl. weiter BGH NJW 1971, 802 und 1980, 1628, dazu auch § 156 Rn 8 (*Habersack*).

715 BGH LM HGB § 142 Nr. 10 = NJW 1959, 432 (LS); für die AG BGHZ 103, 184 (194 f) = NJW 1988, 1579.

dere muss er an Entscheidungen mitwirken, die der Sanierung der Gesellschaft dienen.[716] In solchen Situationen kann die Treupflicht sogar in eine Pflicht münden, einer Satzungsänderung zuzustimmen (dazu allgemein Rn 239), sofern dies zur Erhaltung der Gesellschaft erforderlich ist.[717] Ganz allgemein ist zudem jeder Erwerb von Sondervorteilen in der Abwicklung als treuwidrig anzusehen (§ 145 Rn 35 [*Habersack*]) und sind Maßnahmen zu unterlassen, die einer erfolgreichen Abwicklung entgegenstehen (§ 156 Rn 8 [*Habersack*]).[718] Als treuwidrig beurteilt hat die Rechtsprechung ferner die Berufung auf das kündigungsbedingte Ausscheiden eines Gesellschafters oder auf ein Übernahmerecht, wenn deren Voraussetzungen zuvor von den Mitgesellschaftern treuwidrig herbeigeführt worden waren[719]; des Weiteren die Eingliederung des Unternehmens der Gesellschaft in dasjenige des herrschenden Gesellschafters ohne Absicherung der Minderheit[720]. Der Widerspruch gegen die Auflösung einer Gesellschaft ist wegen Treupflichtverstoßes unbeachtlich, wenn deren dauernde Unrentabilität feststeht und die Fortführung sich zum Nachteil der Mitgesellschafter auswirkt[721]. Entsprechendes gilt für den umgekehrten Fall des Bestehens auf der Liquidation trotz Bereitschaft der fortsetzungswilligen Mitgesellschafter zu vollwertiger Abfindung[722]. Zur Pflicht der Gesellschafter, im Einzelfall auch einer Erhöhung der Geschäftsführervergütung eines Mitgesellschafters entsprechend der Änderung der wirtschaftlichen Verhältnisse zuzustimmen, vgl. Rn 242.

238 Soweit es um die **privaten Interessen** von Mitgesellschaftern (im Unterschied zu den mitgliedschaftlichen) geht, ist für eine aus der Treupflicht folgende Pflicht zur Rücksichtnahme im Grundsatz kein Raum. Anderes gilt dann, wenn wegen enger, im Hinblick auf ihr Zusammenwirken in der Gesellschaft bedeutsamer persönlicher Verbundenheit der Gesellschafter Störungen in der Privatsphäre auf den mitgliedschaftlichen Bereich durchschlagen[723]. Dementsprechend ist in der Rechtsprechung zu § 140 (und § 142 a.F.), anerkannt, dass im Falle einer typischen, dem gesetzlichen Leitbild entsprechenden OHG die Zerstörung der für die Zusammenarbeit in der Gesellschaft erforderlichen Vertrauensgrundlage auch dann einen wichtigen Ausschluss- oder Übernahmegrund bilden kann, wenn sie auf Verfehlungen gegenüber Mitgesellschaftern im privaten Lebensbereich zurückzuführen ist[724]. Eine umfassende, den mitgliedschaftlichen Bereich überschreitende Pflicht zur Fürsorge oder Rücksichtnahme gegenüber Mitgesellschaftern kann daraus freilich nicht abgeleitet werden.

---

[716] S. BGHZ 129, 136 = NJW 1995, 1739 (*Girmes*; zur AG) und dazu etwa auch *Lutter/Bayer* in Lutter/Hommelhoff GmbHG[16] § 14 Rn 20.

[717] BGHZ 98, 276 = NJW 1987, 189 (190).

[718] Zum Ausgleichsanspruch kraft Treupflicht wegen Vermögensvorteilen, die nur einem der Gesellschafter im Zuge der Liquidation zugute kommen, vgl. BGH NJW 1980, 1628 sowie MünchKommBGB[5]/*Ulmer/C. Schäfer* § 734 Rn 9.

[719] BGHZ 30, 195 (201 f) = NJW 1959, 1683 (durch Mitgesellschafter veranlasste Kündigung eines zwischenzeitlich befriedigten Privatgläubigers); RGZ 162, 388 (394) (Übernahme nach einer durch Treuwidrigkeit ausgelösten Kündigung). – Zur Frage eines Fortsetzungsanspruchs bei Befriedigung des kündigenden Privatgläubigers vor dem Ausscheiden des betroffenen Gesellschafters vgl. § 135 Rn 34.

[720] BGH NJW 1980, 231 (232) – *Gervais*; zum Konzernrecht näher Anh. § 105 Rn 11 ff, 33.

[721] BGH NJW 1960, 434 (Widerspruch eines Kommanditisten gegen den Verkauf des Unternehmens).

[722] BGH WM 1986, 68 (69).

[723] So auch *Zöllner* Schranken, S. 341, 349; *Lutter* AcP 180 (1980), 84 (128 f). Rspr.-Nachw. vgl. in Fn 724.

[724] Vgl. BGHZ 4, 108 (112 f) = NJW 1952, 461; BGHZ 46, 392 (396 f) = NJW 1967, 1081; vgl. auch BGH NJW 1973, 92 (Ehezerrüttung als Ausschlussgrund), dazu § 140 Rn 6 und näher *Lindacher* NJW 1973, 1169 ff. Für das Aktienrecht BGH NJW 1992, 3167 (3171).

c) Vertragsänderung und Treupflicht

Schrifttum

Baier Die Störung der Geschäftsgrundlage im Recht der Personengesellschaften, NZG 2004, 356; *A. Hueck* Inwieweit besteht eine gesellschaftliche Pflicht des Gesellschafters einer Handelsgesellschaft zur Zustimmung zu Gesellschafterbeschlüssen? ZGR 1972, 244; *Kollhosser* Zustimmungspflicht zur Abänderung von Gesellschaftsverträgen bei Personalhandelsgesellschaften, in FS Westermann (1974), S. 275; *ders.* Noch einmal: Zustimmungspflicht zur Abänderung von Gesellschaftsverträgen bei Personenhandelsgesellschaften, in FS Bärmann (1975), S. 533; *Konzen* Gesellschafterpflicht und Abgeordnetenmandat AcP 172 (1972), 317 ff; *G. Pabst* Mitwirkungspflichten bei Klagen nach §§ 117, 127, 140 HGB und bei der Anpassung von Verträgen im Recht der Personenhandelsgesellschaften, BB 1977, 1524 ff; *Roth* Die Anpassung von Gesellschaftsverträgen, in FS Honsell (2002), S. 575; *U. H. Schneider* Mehrheitsprinzip und Mitwirkungspflicht bei Gesellschafterbeschlüssen, AG 1979, 57 ff; *Sester* Treupflichtverletzung bei Widerspruch und Zustimmungsverweigerung im Recht der Personenhandelsgesellschaften (1996); *H. P. Westermann* Die Anpassung von Gesellschaftsverträgen an veränderte Umstände, in FS Hefermehl (1976), S. 225 ff; *Zöllner* Die Anpassung von Personengesellschaftsverträgen an veränderte Umstände (1979). Vgl. auch die Schrifttumsnachweise vor Rn 228.

aa) Grundsatz. Die Auswirkungen der Treupflicht beschränken sich nicht auf die Rechtsausübung im Rahmen und auf der Grundlage des Gesellschaftsvertrags sowie auf die Kontrolle mehrheitlicher Vertragsänderungen (§ 109 Rn 36 f). Vielmehr kann in besonders gelagerten Fällen unter Berufung auf die Treupflicht auch dessen **Änderung** durchgesetzt werden[725]. Bedeutung kommt einem solchen Vorgehen vor allem unter der Geltung des *Einstimmigkeitsprinzips* zu, wenn eine im Interesse der Gesamthand gebotene, allen Beteiligten zumutbare Änderung am Widerspruch eines von ihnen zu scheitern droht[726]. Aber auch bei Mehrheitsklauseln sind Fälle denkbar, in denen sich eine qualifizierte Minderheit oder gar eine Mehrheit treuwidrig gegen die im gemeinsamen Interesse gebotenen Beschlüsse sperrt. Der Rückgriff auf die Lehre von der Geschäftsgrundlage (§ 313 BGB) hilft in derartigen Fällen meist nicht weiter; er ist nur bei Störungen in der Sphäre einzelner Gesellschafter relevant[727]. **239**

Die Anerkennung einer aus der Treupflicht fließenden Pflicht, Vertragsänderungen zuzustimmen, scheitert nicht schon an der gesellschaftsvertraglichen Grundlage der Treupflicht (Rn 228). Angesichts des Dauerschuldcharakters des Gesellschaftsvertrags und der durch ihn begründeten Organisation (Rn 139 f) liefe es auf eine sachlich nicht vertretbare Verengung der Treupflicht hinaus, ihr nur im Rahmen des ursprünglichen Vertrages, ohne Rücksicht auf die Notwendigkeit der **Anpassung an zwischenzeitliche** **240**

---

[725] HM, BGH NJW 1970, 706; 1975, 1410 (1411); WM 1985, 256 (257); NJW 1987, 952 (953); für die GmbH BGHZ 98, 276 (279 ff) = NJW 1987, 189; BGH WM 1994, 2244 (2246); vgl. ferner *A. Hueck* OHG, § 11 III 3, S. 173 f; MünchKommHGB/*K. Schmidt* Rn 192; MünchKommBGB[5]/*Ulmer* § 705 Rn 231; Heymann/*Emmerich* § 119 Rn 18 f; *M. Winter* Treubindungen, S. 31 ff; *Westermann* Handbuch Rn I 536; Soergel/*Hadding*[12] § 705 Rn 63; für großzügigere Anpassungspraxis *Zöllner* Anpassung, S. 25 ff; wohl auch *H. P. Westermann* FS Hefermehl, 1976, S. 229 ff.

[726] Hierauf weisen besonders *A. Hueck* ZGR 1972, 239 f und *Zöllner* Schranken, S. 353 hin. Weitere für die Mitwirkungspflicht sprechende Gründe vgl. bei *Zöllner* Anpassung, S. 14 ff.

[727] Näher *Lettl* AcP 202 (2002), 23 (39); ebenso auch MünchKommBGB[5]/*Ulmer* § 705 Rn 231; **aA** *Konzen* AcP 172 (1972), 317 (339). – Vgl. ferner dazu *Roth* FS Honsell, 2002, S. 575, 578 ff; *Baier* NZG 2004, 356 (358 ff).

Veränderungen, Bedeutung zumessen zu wollen. Die gegen treupflichtbedingte Vertragsänderungen erhobenen grundsätzlichen Einwendungen[728] treffen nur insoweit zu, als eine Verstärkung des vertraglichen Engagements der Gesellschafter, etwa durch Verlängerung der Vertragsdauer oder Übernahme aktiver Tätigkeiten in der Gesellschaft, unter Berufung auf die Treupflicht in aller Regel nicht verlangt werden kann[729]. Zutreffend hat der BGH demgemäß die Pflicht eines Mitgesellschafters verneint, anstelle des vertraglich vorgesehenen, wegen Konzessionsentzugs ausgefallenen Geschäftsführer/Gesellschafters die Geschäftsführung zu übernehmen[730]. Ebenso ist es regelmäßig ausgeschlossen, den einzelnen Gesellschafter zur **Übernahme zusätzlicher Beiträge** zu zwingen.[731] Dies ergibt sich schlicht aus **§ 707 BGB,** also dem zwingenden Zustimmungsrecht bei Beitragserhöhungen: Der einzelne Gesellschafter kann demnach zwar ggf. verpflichtet sein, einer Kapitalerhöhung zuzustimmen, nicht jedoch, sich daran an mit eigenen Beiträgen aktiv zu beteiligen.[732] Auch im Übrigen ist gegenüber der Anerkennung einer Zustimmungspflicht zu Vertragsänderungen **Zurückhaltung** geboten, um der richterlichen Vertragsgestaltung keinen zu weiten Spielraum zur Vertragsgestaltung zu eröffnen[733]. In diesen Grenzen ist der Zustimmungspflicht zu Vertragsänderungen als außerordentlichem Rechtsbehelf, wie ihn die Rechtsprechung im Falle nachhaltiger Störungen der Gesellschaftsgrundlage entwickelt hat (Rn 241 f), jedoch zuzustimmen.

241 bb) **Voraussetzungen.** Nach der in **std. Rspr.**[734] geprägten **Formel** muss die Vertragsänderung nicht nur dem widersprechenden Gesellschafter **zumutbar,** sondern auch mit Rücksicht auf das bestehende Gesellschaftsverhältnis, etwa zur Erhaltung wesentlicher gemeinsam geschaffener Werte oder zur Vermeidung nachhaltiger Verluste, **erforderlich** sein. Diese Umschreibung enthält eine zutreffende Richtschnur[735]. Derartige Pflichten

---

[728] So namentlich *Kollhosser* FS Westermann, 1974, S. 275 ff; *ders.* FS Bärmann, 1975, S. 533 ff; *ders.* NJW 1976, 144; im Grundsatz auch *Flume* I/1 § 15 II, S. 280; *Konzen* AcP 172 (1972), 317 (339); *Reuter* ZHR 148 (1984), 523 (542 f).

[729] So auch BGH LM HGB § 105 Nr. 8 = BB 1954, 456 (*Geschäftsführertätigkeit*); BGH WM 1973, 990 (991 f) (*Vertragsverlängerung*); Soergel/*Hadding*[12] § 705 Rn 63. Vgl. zum GmbH-Recht auch BGHZ 98, 276 (279 f) = NJW 1987, 189 und BGH WM 1987, 841 (Zustimmungspflicht eines GmbH-Gesellschafters bei Anpassung des Stammkapitals der GmbH an das durch die GmbH-Novelle 1980 erhöhte Mindestkapital, wenn die Erhöhung von den Mitgesellschaftern gezeichnet wird und die Rechte des widersprechenden Gesellschafters trotz der Erhöhung unverändert bleiben).

[730] BGH LM HGB § 105 Nr. 8 = BB 1954, 456.

[731] Std. Rspr., zuletzt etwa BGH ZIP 2005, 1455 (1456 f) = NJW-RR 2005, 1347; ZIP 2006, 562 (564) = NJW-RR 2006, 827; ZIP 2006, 754 (756) = NJW-RR 2006, 829; ZIP 2007, 812 (814) = NJW-RR 2007, 832; vgl. auch MünchKommBGB[5]/*Ulmer*/*C. Schäfer* § 707 Rn 10 (mwN); ebenso auch *K. Schmidt* Gesellschaftsrecht § 5 IV 5, S. 134 f; *Müller* DB 2005, 95 (96); *Wertenbruch* DStR 2007, 1680.

[732] Näher MünchKommBGB[5]/*Ulmer*/*C. Schäfer* § 707 Rn 2, 10; näher – auch zu einem Lösungsvorschlag in Sanierungssituationen – *C. Schäfer* in: VGR (Hrsg.) Gesellschaftsrecht in der Diskussion (Bd. 13), 2008, S. 137 ff.

[733] So etwa auch OLG Hamm NZG 2000, 252 (253); OLG München NZG 2001, 793 (794).

[734] BGH LM HGB § 105 Nr. 8 = BB 1954, 456; NJW 1961, 724; WM 1985, 256 (257); 1994, 2244 (2246) (s. auch die Nachw. in Fn 731).

[735] So auch *Hueck, Westermann* und *Hadding* (Fn 725); dort auch Nachw. zu weitergehenden oder für stärkere Zurückhaltung plädierenden Ansichten. Gegen die Kriterien der Rechtsprechung und für differenzierende Abwägung zwischen Zweckbindung und Privatautonomie auch *Pabst* BB 1977, 1524 (1526 ff); ferner MünchKommHGB/*K. Schmidt* Rn 164; Ebenroth/Boujong/Joost/Strohn/*Wertenbruch* Rn 69; Heymann/

sind bisher vor allem bejaht worden, soweit es um die Zustimmung zum Ausscheiden eines für die Gesellschaft nicht mehr tragbaren Gesellschafters[736] bzw. um die Mitwirkung bei einer Ausschlussklage[737] ging. Hierher gehört auch die Pflicht, einem Beschluss zuzustimmen, der auf Auflösung einer auf Dauer unrentablen Gesellschaft[738] oder darauf gerichtet ist, mit Rücksicht auf das Bestandsinteresse der Gesellschaft den Gesellschaftszweck an die veränderten Umstände anzupassen[739]. Weitere Beispiele bilden die Pflicht eines Gesellschafters, der nicht zur Fortsetzung einer nach § 131 Nr. 4 aufgelösten Gesellschaft bereit ist, zum Ausscheiden im Falle vollwertiger Abfindung durch die Mitgesellschafter[740] (dazu § 131 Rn 68) sowie die Pflicht der Mitgesellschafter, der Übertragung der Geschäftsführerstellung vom betagten Vater auf den hierfür geeigneten Sohn in vorweggenommener Gesellschafternachfolge zuzustimmen, um den Bestand der Gesellschaft im Hinblick auf den Tod des Vaters zu sichern und das Vorhandensein eines vertretungsbefugten Komplementärs in der KG zu gewährleisten[741]. In einem – freilich problematischen – Sonderfall hat der BGH einen Gesellschafter sogar für verpflichtet gehalten, der vorübergehenden Aufnahme eines geschäftsführenden Gesellschafters (Komplementär-GmbH) unter Verschlechterung seiner eigenen Rechtsstellung zuzustimmen, um die Fortsetzung der Gesellschaft zu ermöglichen[742]. Zur Zustimmungspflicht zu einer sanierenden Kapitalerhöhung (ohne eigene Beteiligung an den Beiträgen) vgl. schon Rn 240.

Erleichterte Voraussetzungen für eine Pflicht zur Vertragsänderung sind als Ausnahme **242**
unter zwei Gesichtspunkten denkbar. Einmal kann es sich um Änderungen handeln, die sich inhaltlich auf die **Geschäftsführung** beziehen, ohne dem widersprechenden Gesellschafter zusätzliche Pflichten aufzuerlegen, so bei der Entziehung von Geschäftsführungs- und Vertretungsbefugnis aus wichtigem Grund (§ 117 Rn 82). Hier kommt dem Gesellschaftsinteresse grundsätzlich der Vorrang zu, auch wenn den Gesellschaftern bei dessen Konkretisierung ein weiter Beurteilungsspielraum verbleibt[743]. Eine zweite Ausnahme bilden diejenigen Fälle, in denen es darum geht, eine nicht durch ergänzende Vertragsauslegung (Rn 197 f) ausfüllbare **Vertragslücke** zu schließen oder den Vertrag der geänderten Geschäftsgrundlage anzupassen[744]. Unter diesem Gesichtspunkt kann namentlich auch die Anpassung einer unangemessen niedrigen Geschäftsführervergütung an die geänderten Verhältnisse verlangt werden[745]; die entgegenstehende Entscheidung BGHZ

Emmerich § 119 Rn 18 f; MünchKomm-BGB[5]/*Ulmer* § 705 Rn 232; Erman/*Westermann*[12] § 709 Rn 35 f; *M. Winter* Treubindungen, S. 31 ff; *Baier* NZG 2004, 356 (358); *Roth* FS Honsell, 2002, S. 575 (577); für Anpassung nur im Rahmen der Zweckförderungspflicht *Lettl* AcP 202 (2002), 3 (16 f).

736 BGH NJW 1961, 724.

737 BGHZ 64, 253 (257 f) = NJW 1975, 1410; BGHZ 68, 81 = NJW 1977, 1013 (zu § 140 HGB). Abl. *A. Hueck* OHG, § 29 I 2c, S. 443 und ZGR 1972, 237 (247).

738 BGH NJW 1960, 434.

739 So *Lettl* AcP 202 (2002), 3 (16 ff) unter Hinweis auf die vertragliche Förderpflicht als Rechtsgrundlage.

740 BGH WM 1986, 68 (69).

741 BGH NJW 1987, 952 (953); ZIP 2005, 25 = NJW-RR 2005, 263.

742 BGH WM 1979, 1058.

743 *Zöllner* Schranken, S. 345 ff; eine Mitwirkungspflicht abl. aber *A. Hueck* OHG, § 10 VII 4, S. 148 und ZGR 1972, 237 (247) (für die OHG). Vgl. auch Rn 234.

744 OLG Bremen NJW 1972, 1952 (bestätigt durch BGH LM § 242 Nr. 72 = NJW 1974, 1656); vgl. *H. P. Westermann* FS Hefermehl, 1976, S. 236 ff; *Zöllner* Anpassung, S. 53 ff; *Lettl* AcP 202 (2002) 3 (16 ff); für ergänzende Vertragsauslegung *Flume* I/1 § 15 IV, S. 280 f.

745 So seither auch (freilich methodisch zweifelhaft unter Hinweis auf die ergänzende Vertragsauslegung) BGH BB 1977, 1271 im Falle der Übernahme der Geschäftsführung

44, 40 (NJW 1965, 1960), in der eine derartige Anpassung auf wenige Ausnahmefälle beschränkt worden war, erscheint heute als überholt.

d) **Rechtsfolgen von Treupflichtverstößen**

243 aa) **Unbeachtlichkeit der Rechtsausübung.** Die Nichtbeachtung der Treupflicht kann eine Reihe unterschiedlicher, sich überlagernder oder ergänzender Rechtsfolgen auslösen. Im Rahmen der Schrankenfunktion (Rn 231) besteht die primäre Rechtsfolge in der Unbeachtlichkeit der gegen die Treupflicht verstoßenen Rechtsausübung[746]. Danach ist ein treuwidriger Widerspruch gegen Geschäftsführungsmaßnahmen unwirksam, eine treuwidrige Übernahmeerklärung löst keine Gestaltungswirkung aus. Das treuwidrige Herbeiführen eines Mehrheitsbeschlusses hat dessen **Unwirksamkeit** zur Folge (§ 109 Rn 36, 38).

244 bb) **Zustimmungspflicht.** Soweit die Treupflicht eine Handlungspflicht des Gesellschafters begründet, ist der in diesem Fall bestehende Erfüllungsanspruch im Wege der **Leistungsklage** über § 894 ZPO durchzusetzen; das gilt namentlich für die Pflicht, einer Vertragsänderung zuzustimmen oder an einer Ausschluss- oder Entziehungsklage mitzuwirken (näher § 119 Rn 56 f)[747]. Die **Klagebefugnis** bestimmt sich danach, ob die in der Nichtzustimmung liegende Treupflichtverletzung das Verhältnis zur *Gesamthand* oder dasjenige zu den *Mitgesellschaftern* betrifft. Im ersten Fall handelt es sich um einen Sozialanspruch, der von der **OHG** (Rn 210), im Rahmen der actio pro socio (Rn 256 ff) auch von Mitgesellschaftern geltend zu machen ist; das trifft namentlich für Zustimmungspflichten in Bezug auf Geschäftsführungsmaßnahmen zu (Rn 234). Demgegenüber sind bei Zustimmungspflichten zu Grundlagengeschäften, insbes. Vertragsänderungen, und in Bezug auf Mitwirkungspflichten bei Gestaltungsklagen aktivlegitimiert (Rn 236) und klagebefugt nur die **Mitgesellschafter;** eine Klage der OHG wäre als unbegründet abzuweisen (Rn 209). Zwischen ihnen besteht keine notwendige Streitgenossenschaft, da der Anspruch auf Zustimmung bzw. Mitwirkung jedem Gesellschafter zusteht (Rn 208; zur – abweichend hiervon – notwendigen Streitgenossenschaft bei den Gestaltungsklagen der §§ 117, 127, 140 vgl. § 117 Rn 63 und § 140 Rn 36 f).

245 Umstritten ist die Frage, ob und unter welchen Voraussetzungen auf eine Zustimmungsklage verzichtet und die **treuwidrig verweigerte Zustimmung als erteilt unterstellt** werden kann. Die Rechtsprechung weist keine einheitliche Linie auf,[748] zur Fiktion der Zustimmung unabhängig vom Beschlussgegenstand ist sie zwar grundsätzlich nur bereit,

---

durch einen Erben ohne kapital- oder gewinnmäßige Bevorzugung gegenüber den Miterben. Anders in der Begründung dann BGH WM 1978, 1230 (1231) und 1232 (1233) (Treupflicht als maßgebender Gesichtspunkt). Für Anpassung namentlich auch *Zöllner* Anpassung, S. 17, 57 f sowie im Grundsatz *H. P. Westermann* FS Hefermehl, 1976, S. 230.

[746] RGZ 158, 302 (310); MünchKommHGB/*K. Schmidt* Rn 193; MünchKommBGB[5]/*Ulmer* § 705 Rn 239; Soergel/*Hadding*[12] § 705 Rn 64; *M. Winter* Treubindungen, S. 36 f; enger – nur bei *evidenter* Treuwidrigkeit – aber *Flume* I/1 § 15 II 3, S. 268 f.

[747] BGHZ 64, 253 (257 f) = NJW 1975, 1410; BGHZ 68, 81 = NJW 1977, 1013 (zu § 140 HGB); RGZ 163, 35 (38); anders dann aber BGH NJW 1985, 972 (973) (mit unklarer Abgrenzung) sowie BGH NJW 1995, 194 (195) (dagegen § 119 Rn 44, 58 sowie *C. Schäfer* Der stimmrechtslose GmbH-Geschäftsanteil, 1997, S. 53 ff); für Erforderlichkeit der Zustimmungserklärung auch *Zöllner* Anpassung, S. 32 ff; *Roth* FS Honsell, 2002, S. 575 (578).

[748] Auf Zustimmungsklage (oder e.V.) abweichend vom Regelfall verzichtend etwa schon BGH NJW 1960, 434 (treupflichtwidriger und daher unbeachtlicher Widerspruch gegen faktische Auflösung einer KG); weitere Nachw. in Fn 749 f.

wenn der umstrittene Beschluss und seine rasche Umsetzung für die Gesellschaft von existenzieller Bedeutung sind.[749] Wesentlich großzügiger urteilt sie aber in Hinblick auf Vertragsänderungsbeschlüsse in einer dem Mehrheitsprinzip unterstehenden Publikumsgesellschaft.[750] Auch in der Literatur reichen die Ansichten vom grundsätzlichen Erfordernis der Zustimmungsklage[751] über die Differenzierung danach, ob dem Beschluss Außenwirkung zukommt[752], bis zur Unterscheidung zwischen Geschäftsführungs- und Vertragsänderungs-(Grundlagen-)beschlüssen unter Beschränkung des Erfordernisses einer – ggf. über § 894 ZPO durchzusetzenden – Zustimmungserklärung auf die letzteren[753]. Vorzugswürdig ist die Unterscheidung zwischen Geschäftsführungs- und Grundlagenbeschlüssen (so auch schon Voraufl. § 119 Rn 58 [*Ulmer*]). Sie bietet nicht nur einen klaren Abgrenzungsmaßstab, sondern verteilt die Klagelast angemessen zwischen der die Änderung betreibenden Mehrheit und der widersprechenden Minderheit. Bei **Grundlagenbeschlüssen,** insbes. Vertragsänderungen, bedarf es regelmäßig einer Leistungsklage der (übrigen) Gesellschafter gegen den (bzw. die) Widersprechenden; bei besonderer Dringlichkeit steht der Weg über § 940 ZPO offen.[754] Demgegenüber kann die Mehrheit bei **Geschäftsführungsmaßnahmen** von einer Leistungsklage absehen und alsbald – wenn auch auf ihr (Haftungs-)Risiko – entsprechend der angestrebten Änderung verfahren.[755] Sache des widersprechenden Gesellschafters ist es dann, sich gegen das eigenmächtige Vorgehen der Mitgesellschafter zur Wehr zu setzen. Seine Klage ist wegen des „dolo petit"-Einwands[756] als missbräuchlich abzuweisen, wenn er kraft Treupflicht zur Zustimmung verpflichtet ist und durch seine Klage eine Widerklage auf Zustimmung auslösen würde.

cc) Schadensersatz; Gestaltungsklagen. Hat das treuwidrige Verhalten zu einem Schaden bei Gesellschaft oder Mitgesellschaftern geführt, so begründet das eine Schadensersatzpflicht des Gesellschafters (Rn 212). Bei fortgesetzten oder besonders schwerwiegenden Verstößen kann schließlich auch ein wichtiger Grund zur Entziehung von Geschäftsführungs- und Vertretungsbefugnis oder zum Ausschluss aus der Gesellschaft gegeben sein. **246**

---

[749] So BGH WM 1979, 1058 (vorübergehende Aufnahme einer Komplementär-GmbH zur Fortsetzung der KG als werbende); ähnlich sodann auch BGH WM 1986, 1556 (1557) und WM 1988, 23 (25) (freilich jeweils in concreto verneinend). Weitergehend noch BGH NJW 1960, 434 (treupflichtwidriger und daher unbeachtlicher Widerspruch gegen die faktische Auflösung einer KG).

[750] So BGH NJW 1985, 974; WM 1985, 195 (196); 1988, 23 (25 f). Vgl. aber auch BGH NJW 1995, 194 (195) (Einschränkung des Informationsrechts eines Kommanditisten in einer Normal-KG trotz Kernbereichs-Relevanz dann auf Grund einer Mehrheitsklausel ohne seine Zustimmung möglich, wenn er kraft Treupflicht zur Duldung verpflichtet ist, dazu auch § 119 Rn 56; kritisch dazu *C. Schäfer* Der stimmrechtslose GmbH-Geschäftsanteil, 1997, S. 53 ff).

[751] So *Korehnke* Treuwidrige Stimmen im Personengesellschafts- und GmbH-Recht, 1997, S. 188 ff (mit Ausnahme von Publikumsgesellschaften); grundsätzlich auch *Wiedemann* FS Heinsius, 1991, S. 949 (957) (außer wenn Treuwidrigkeit offenkundig).

[752] So noch Voraufl. Rn 250 (*Ulmer*).

[753] So *M. Winter* Treubindungen, S. 37; MünchKommBGB[5]/*Ulmer* § 705 Rn 241; Heymann/*Emmerich* § 119 Rn 50; eingehend *Sester* Treupflichtverletzung bei Widerspruch und Zustimmungsverweigerung im Recht der Personenhandelsgesellschaften, 1996, S. 134 ff.

[754] *Wiedemann*, FS Heinsius, 1991, S. 949 (957); *Lettl* AcP 202 (2002), 37; MünchKommBGB[5]/*Ulmer* § 705 Rn 241.

[755] So wohl auch *A. Hueck* OHG § 11 III 3, S. 175; enger *Sester* (Fn 753) S. 141 f, 168 f; **aA** BGH WM 1986, 1556 (1557) (dazu Fn 749).

[756] Vgl. dazu MünchKommBGB[5]/*Roth* § 242 Rn 373 ff; Soergel/*Teichmann*[12] § 242 Rn 274 ff, 279, 298 ff mN.

4. Gleichbehandlungsgrundsatz

Schrifttum

G. Hueck Der Grundsatz der gleichmäßigen Behandlung im Privatrecht (1958); *Raiser* Der Gleichheitsgrundsatz im Privatrecht, ZHR 111 (1948), 75 ff. Vgl. auch *A. Hueck* Das Recht der OHG, 4. Auflage (1971), § 9 III, *Wiedemann* Gesellschaftsrecht, Band I, § 8 II 2, S. 427 ff, MünchKommAktG/*Bungeroth* § 53a Rn 3 ff.

247 a) **Grundlagen.** Wie die Treupflicht (Rn 228 ff), so gehört auch der Grundsatz der gleichmäßigen Behandlung der Gesellschafter zu den **zentralen Rechtssätzen des Gesellschaftsrechts.**[757] Er gilt universell, auch wenn er nur in § 53a AktG ausdrücklich normiert ist. Für das OHG-Recht kommt er immerhin in einer Reihe dispositiver Normen zum Ausdruck, so in § 114 Abs. 1 und 125 Abs. 1 zur Geschäftsführung und Vertretung, in § 119 Abs. 2 zur Abstimmung nach Köpfen, in § 121 Abs. 3 zur Gewinn- und Verlustverteilung. Seine Geltung für Personengesellschaften ist unbestritten[758]. Der Anwendungsbereich des Gleichbehandlungsgrundsatzes beschränkt sich aber nicht etwa auf die gesetzlich geregelten Fälle; vielmehr erfasst er die mitgliedschaftliche Stellung der einzelnen Gesellschafter und deren daraus resultierende Rechte und Pflichten grundsätzlich in jeder Beziehung, sowohl hinsichtlich des Inhalts des Gesellschaftsvertrags als auch hinsichtlich seines Vollzugs.

248 Was den **Rechtsgrund** für die Gleichbehandlung und ihre Geltung außerhalb der spezialgesetzlichen Normierungen angeht, so kann die Frage dahinstehen, ob und inwieweit sie als überpositiver, unmittelbar aus der Gerechtigkeitsidee zu entwickelnder Rechtssatz[759] im Privatrecht allgemein oder doch für alle Gemeinschaftsverhältnisse[760] Geltung beanspruchen kann. Für das *Gesellschaftsrecht* folgt die Geltung des Gleichbehandlungsgrundsatzes schon daraus, dass die Gesellschafter sich im Gesellschaftsvertrag auf der Grundlage des Gleichrangs zu einer Interessengemeinschaft zusammengeschlossen haben[761]. Der Gleichbehandlungsgrundsatz lässt sich somit ebenso wie die gesellschaftsrechtliche Treupflicht auf den **Gesellschaftsvertrag** zurückführen; er ist der Treupflicht auch inhaltlich nahe verwandt[762]. Einer genaueren Abgrenzung zwischen beiden bedarf es schon wegen der im Wesentlichen übereinstimmenden Rechtsfolgen nicht.

---

[757] Vgl. näher *Wiedemann* Gesellschaftsrecht Bd. I, § 8 II 2, S. 427 ff. Allgemein zum Grundsatz gleichmäßiger Behandlung im Privatrecht vgl. *Raiser* ZHR 111 (1948), 75 ff; *G. Hueck* Der Grundsatz der gleichmäßigen Behandlung im Privatrecht, 1958; dort (S. 35 ff und 278 ff) auch zur Anwendung im Gesellschaftsrecht. Zu § 53a AktG vgl. MünchKommAktG[3]/*Bungeroth* § 53a Rn 4 ff.

[758] Vgl. *A. Hueck* OHG, § 9 III, S. 111 f; MünchKommHGB/*Enzinger* § 109 Rn 20 f; Ebenroth/Boujong/Joost/Strohn/*Märtens* § 109 Rn 27 ff; Soergel/*Hadding*[12] § 705 Rn 65 ff; MünchKommBGB[5]/*Ulmer* § 705 Rn 244 ff; Staudinger/*Habermeier* BGB (2003) § 705 Rn 53 ff; Erman/*Westermann*[12] § 705 Rn 39 ff.

[759] *Raiser* ZHR 111 (1948), 75 (81 ff, 83 f, 90); ähnlich *G. Hueck* (Fn 757), S. 169.

[760] Dazu namentlich *G. Hueck* (Fn 757), S. 128 ff, 153, 169.

[761] Staudinger/*Habermeier* BGB (2003) § 705 Rn 53; MünchKommBGB[5]/*Ulmer* § 705 Rn 244; ähnlich *A. Hueck* OHG, § 9 III, S. 111 (freiwilliger Zusammenschluß), *G. Hueck* (Fn 757), S. 152 f (Gemeinschaftsbindung). Teilweise wird der Grundsatz auch nach Art der Rechtsanalogie aus seiner Verankerung in § 706 Abs. 1 und anderen Normen abgeleitet (so 3. Aufl. § 109 Rn 3 [*Rob. Fischer*]; Soergel/*Hadding*[12] § 705 Rn 65). Für Ableitung aus der Gestaltungsmacht des Verbands oder der ihn bestimmenden Personen *Wiedemann* Gesellschaftsrecht Bd. I, § 8 II 2a, S. 428 f; *K. Schmidt* Gesellschaftsrecht § 16 II 4b aa, S. 462 f.

[762] So auch *G. Hueck* (Fn 757), S. 107 ff, 112 f, 171; Staudinger/*Habermeier* BGB (2003) § 705 Rn 53; für methodischen Vorrang des

Inhaltlich ist der Grundsatz der gleichmäßigen Behandlung nicht etwa auf schematische oder formale Gleichstellung der Gesellschafter gerichtet[763]. Er enthält vielmehr ein **Verbot der sachlich nicht gerechtfertigten Ungleichbehandlung**[764]. Deshalb ist die Beachtung von Unterschieden, die aus der Sicht des gemeinsamen Zwecks in der Person der Gesellschafter und der Art ihrer Beteiligung bestehen, nicht nur zulässig, sondern entspricht der üblichen Vertragspraxis und kann angesichts des Gerechtigkeitsgehalts des Gleichbehandlungsgrundsatzes im Einzelfall sogar geboten sein. So wird etwa anstelle der in § 122 Abs. 3 für den Restgewinn vorgesehenen Verteilung nach Köpfen meist eine Ergebnisbeteiligung entsprechend der Beitragsleistung der einzelnen Gesellschafter vereinbart, und auch die internen Mitspracherechte sind häufig danach abgestuft, welche Bedeutung der Mitwirkung der verschiedenen Beteiligten und ihrem Beitrag zur Förderung des gemeinsamen Zwecks jeweils zukommt. Beachtlich sind insoweit neben unterschiedlichem Kapitaleinsatz die jeweilige Tätigkeit der Gesellschafter einschließlich deren Bedeutung für die Gemeinschaft, ferner Alter und Erfahrung, Verdienste um die Gesellschaftsgründung sowie unterschiedliches Haftungspotential. Sind solche Unterschiede zwischen den Gesellschaftern vorhanden, so begründet zwar der Grundsatz gleichmäßiger Behandlung nicht ohne weiteres einen Anspruch auf Differenzierung, sondern überlässt es grundsätzlich den Gesellschaftern, ihnen im Rahmen der Vertragsgestaltung Rechnung zu tragen. Wohl aber schafft er die **Legitimation für abgestufte Mitgliedschaftsrechte** auch in denjenigen Fällen, in denen diese nicht einstimmig mit dem Einverständnis aller Beteiligten, sondern durch vertraglich zugelassenen Mehrheitsbeschluss begründet oder modifiziert werden (vgl. auch Rn 254). Fällt der Grund für die im Gesellschaftsvertrag erfolgte Differenzierung später weg, stellt etwa der mit einem Gewinnvorzug bedachte Geschäftsführer seine Tätigkeit für die Gesellschaft aus Alters- oder Gesundheitsgründen nicht nur vorübergehend ein, so können die Mitgesellschafter von ihm die *Zustimmung zur Vertragsanpassung* entsprechend der Änderung der Geschäftsgrundlage verlangen[765]. **249**

Häufig wird gesagt, der Grundsatz gleichmäßiger Behandlung sei **dispositiver Natur**[766]. **250**
Das ist indessen **missverständlich.** Der Grundsatz als solcher kann im Gesellschaftsvertrag *nicht insgesamt wegbedungen* werden (was unstreitig sein dürfte); auch kann er

---

Gleichbehandlungsgrundsatzes *Raiser* ZHR 111 (1948), 75 (83 f). Vgl. auch OGHZ 4, 66 (74) (kein Anspruch aus Treupflicht, soweit seine Durchsetzung die Gleichbehandlung der Gesellschafter gefährdet).

[763] EinhM, vgl. BGH WM 1965, 1284 (1286); *G. Hueck* (Fn 757), S. 278 f; *K. Schmidt* Gesellschaftsrecht § 16 II 4b, S. 462 ff; *Wiedemann* Gesellschaftsrecht Bd. I, § 8 II 2, S. 427; MünchKommHGB/*Enzinger* § 109 Rn 20; Baumbach/*Hopt* § 109 Rn 29; Soergel/*Hadding*[12] § 705 Rn 65; Staudinger/*Habermeier* BGB (2003) § 705 Rn 53; MünchKommBGB[5]/*Ulmer* § 705 Rn 245.

[764] So namentlich *G. Hueck* (Fn 757), S. 179 ff, 182 ff; in Abgrenzung zum positiven Gebot gleicher bzw. gleichmäßiger Behandlung; ebenso Erman/*Westermann*[12] § 705 Rn 39; Ebenroth/Boujong/Joost/Strohn/*Märtens* § 109 Rn 27. Nachw. aus der RG-Rspr. vgl. 3. Aufl. § 109 Rn 3 (*Rob. Fischer*); für die GmbH: BGHZ 116, 359 (373).

[765] Vgl. einerseits OLG München NZG 2001, 558 (560) (gleiches „Entgelt" für gleiche Beiträge), andererseits OLG München NZG 2001, 793 (794) (kein Verzicht auf Vorabvergütung durch invaliden Komplementär, wenn sie auch Entgelt für Haftungsrisiko enthält).

[766] BGHZ 16, 59 (70) = NJW 1955, 384; BGHZ 20, 363 (369) = NJW 1956, 1198; BGH WM 1965, 1284 (1286); RGZ 151, 321 (326); Erman/*Westermann*[12] § 705 Rn 40; MünchKommBGB[5]/*Ulmer* § 705 Rn 247; Staudinger/*Habermeier* BGB (2003) § 705 Rn 53; Soergel/*Hadding*[12] § 705 Rn 65 mwN; abweichend: Ebenroth/Boujong/Joost/Strohn/*Märtens* § 109 Rn 27 (nicht dispositiv, aber im Rahmen der Privatautonomie einschränkbar [?]).

nicht zur Disposition einer Mehrheit gestellt werden.[767] Eine Vertragsklausel, die der Mehrheit das Recht gibt, Vertragsänderungen in Abweichung vom Gleichbehandlungsgrundsatz zu beschließen, ist unwirksam. Wohl aber können die Gesellschafter einer Ungleichbehandlung *im Einzelfall* zustimmen; sie sind also nicht gehindert, in eine sachlich nicht gebotene Vorzugsstellung eines Mitgesellschafters oder eine relative Verschlechterung ihrer eigenen Position einzuwilligen, solange der unverzichtbare Kernbereich ihrer Mitwirkungsrechte dadurch nicht berührt wird. Diese Zustimmung ist allerdings nicht Ausdruck eines Zustimmungsrechts wie nach der Kernbereichslehre; vielmehr wird eine gegen den Gleichbehandlungsgrundsatz verstoßende Maßnahme auch ohne die Zustimmung der betroffenen Gesellschafter wirksam, die Zustimmung des Betroffenen lässt lediglich ihre Rechtswidrigkeit entfallen.[768] Ob die Zustimmung auch als Generaleinwilligung im Voraus erteilt werden kann, ist ungeklärt. Akzeptabel wäre dies – wie bei Kernbereichseingriff oder Beitragserhöhung – nur in engen Grenzen, namentlich unter Angabe einer Obergrenze (§ 119 Rn 44), setzte also eine Quantifizierung der Ungleichbehandlung voraus. Nicht zuletzt aus diesem Grund dürfte es deshalb regelmäßig an einem praktischen Bedürfnis für eine solche Einwilligungsklausel fehlen.

b) Einzelausprägungen

251 **aa) Ordnungsprinzip und Auslegungsgrundsatz.** Der Gleichbehandlungsgrundsatz enthält ein rechtserhebliches Ordnungsprinzip[769] für die Ausgestaltung der Mitgliedschaftsrechte und -pflichten und deren Durchsetzung während der Dauer der Gesellschaft. Es äußert sich einerseits im Bereich der dispositiven Normen, beim Fehlen abweichender Vertragsgestaltung sowie bei der Ausfüllung von **Vertragslücken**. Zum anderen und vor allem hat es Bedeutung, soweit die **Auslegung** des Gesellschaftsvertrags und die Konkretisierung der Rechtsstellung der Gesellschafter in Frage stehen[770]. Dementsprechend bestimmen sich die Mitsprache-(Stimm-) und Vermögensrechte in denjenigen Fällen, in denen der Vertrag mit Rücksicht auf unterschiedliche Beiträge erkennbar von abgestuften Beteiligungsrechten ausgeht, im Zweifel einheitlich nach diesem Maßstab; der Gewinnverteilungsschlüssel bestimmt im Zweifel auch die Verlustbeteiligung. Andererseits ist für die Anerkennung von Sonderrechten, die einem Gesellschafter wegen seiner persönlichen Verdienste um die Gesellschaft eingeräumt worden waren, seinen Rechtsnachfolgern gegenüber im Zweifel kein Raum.

252 **Im Einzelnen** wirkt sich der Grundsatz gleichmäßiger Behandlung vor allem in *drei* Bereichen aus: bei den Einlagen, den Geschäftsführungs- und Stimmrechten sowie bei der Gewinn- und Verlustverteilung unter Einschluss des Entnahmerechts. Hinsichtlich der **Einlagen** kann jeder Gesellschafter gleichmäßige Beteiligung an einer mehrheitlich beschlossenen Erhöhung der Kapitalanteile verlangen[771]. Ebenso kann er sich unter Berufung auf den Gleichbehandlungsgrundsatz dagegen zur Wehr setzen, früher oder in stärkerem Maß als die Mitgesellschafter auf Erfüllung der Beitragspflichten in Anspruch

---

767 Tendenziell großzügiger Voraufl. Rn 256 (*Ulmer*), wo nur auf die Ungewöhnlichkeit einer solchen Regelung verwiesen wurde.

768 Näher C. *Schäfer* Der stimmrechtslose GmbH-Geschäftsanteil, 1997, 209 f. – Der Unterschied zeigt sich freilich vor allem im Kapitalgesellschaftsrecht in Hinblick auf die Beschlussmängelkategorie der Anfechtbarkeit.

769 So zutr. G. *Hueck* (Fn 757), S. 278 ff.

770 So außer G. *Hueck* (Fn 757) etwa auch Soergel/*Hadding*[12] § 705 Rn 66; Staudinger/*Habermeier* BGB (2003) § 705 Rn 54; Erman/*Westermann*[12] § 705 Rn 39.

771 BGH WM 1974, 1151; vgl. auch Rn 254.

genommen zu werden, soweit kein sachlich gerechtfertigter Grund für dieses Vorgehen vorliegt oder die Ungleichbehandlung im Gesellschaftsvertrag vorgesehen ist[772]. Im Bereich der **Geschäftsführung** wird die Gleichbehandlung vor allem durch das Widerspruchsrecht des § 115 Abs. 1 gesichert, soweit die Gesellschafter nicht gemeinschaftlich geschäftsführungsbefugt sind. Es greift im Zweifel auch dann ein, wenn die Geschäftsführer die Leistung der Gesellschaft untereinander nach Sachgebieten aufgeteilt und einzelne Geschäftsführungsbereiche bestimmten Gesellschaftern allein zugewiesen haben (§ 115 Rn 3).

Für die **Gewinnverteilung** hat die Gleichbehandlung einmal dann Bedeutung, wenn **253** die Gesellschafter mit Rücksicht auf Leistungsstörungen (Rn 150 ff) oder aus sonstigen Gründen ihre Beitragspflichten in ungleichem Maße erfüllt haben: Solange das Ungleichgewicht nicht durch Erbringung auch der noch ausstehenden Beiträge (oder einer Ersatzleistung) beseitigt ist, können die vertragstreuen Gesellschafter eine entsprechende Abweichung vom vertraglich vereinbarten Schlüssel verlangen. Unzulässig ist es auch, von der *Benutzung von Gesellschaftseinrichtungen* ohne sachlichen Grund einen Teil der Gesellschafter auszunehmen, unterschiedliche Nutzungsentgelte zu verlangen oder ihnen die Vorteile der Nutzung vorzuenthalten[773]. Ebenso sind die Liefer- oder Bezugsquoten in einem Kartell grundsätzlich gleichmäßig aufzuteilen[774]. Schließlich bringt auch eine vertragliche **Entnahmeregelung** Gestaltungsprobleme aus der Sicht des Gleichbehandlungsgrundsatzes mit sich, zumal wenn die Gesellschafter in unterschiedlichem Maße der Steuerprogression unterliegen. In Fällen dieser Art ist es ohne Verstoß gegen den Gleichbehandlungsgrundsatz zulässig, das Entnahmerecht der einzelnen Gesellschafter an der jeweiligen Höhe ihrer auf die Gesellschaftsbeteiligung entfallenden Steuern auszurichten, solange der nicht entnahmefähige Teil des Gewinns auf Darlehenskonten angemessen verzinst wird[775].

bb) Minderheitenschutz. Besondere Bedeutung gewinnt der Gleichbehandlungsgrund- **254** satz im Hinblick auf den Minderheitenschutz **gegenüber Mehrheitsbeschlüssen**. Zwar ist die Vereinbarung einer Mehrheitsklausel grundsätzlich zulässig, wodurch die jeweilige Minderheit zwangsläufig in Kauf nimmt, Änderungen des Gesellschaftsvertrags nicht verhindern zu können (§ 119 Rn 31 ff). Der Gleichbehandlungsgrundsatz stellt aber eine Schranke der Mehrheitsherrschaft dar; Mehrheitsbeschlüsse dürfen also nicht zu einer sachlich nicht gerechtfertigten Schlechterstellung der Minderheit führen[776]. Dies wirkt sich insbesondere bei Vertragsänderungen aus, die die Rechtsstellung einzelner Gesellschafter berühren, ohne dass sie schon als Kernbereichseingriff angesehen werden können (§ 119 Rn 38 ff). Lässt etwa der Gesellschaftsvertrag eine Kapitalerhöhung durch Mehrheitsbeschluss zu, so muss grundsätzlich sichergestellt werden, dass jeder Gesell-

---

[772] *G. Hueck* (Fn 757), S. 40 f; Heymann/*Emmerich* § 109 Rn 13; MünchKommBGB[5]/*Ulmer/C. Schäfer* § 706 Rn 15 und 19; OLG München NZG 2001, 558 (560).

[773] BGH NJW 1960, 2142 (2143) (Genossenschaft); BGH LM BGB § 39 Nr. 2 = NJW 1954, 953 (LS) (Verein); BGH WM 1972, 931 (GmbH); OLG Saarbrücken NJW 1985, 811 (GbR); Soergel/*Hadding*[12] § 705 Rn 66.

[774] BGHZ 16, 59 (70) = NJW 1955, 384.

[775] BGH WM 1977, 1022.

[776] RGZ 151, 321 (327); *G. Hueck* (Fn 757), S. 41, 305 ff, 307; MünchKommBGB[5]/*Ulmer* § 705 Rn 251; an der Effektivität des Gleichbehandlungsgrundsatzes als Mittel des Minderheitenschutzes zweifelnd *Wiedemann* Gesellschaftsrecht Bd. I, § 8 II 2, S. 427 ff, 429 f und *Roitzsch* Minderheitenschutz, 1981, S. 33 ff.

schafter die Möglichkeit erhält, sich entsprechend seinem (festen) Kapitalanteil und unter gleichen Bedingungen an der Kapitalerhöhung zu beteiligen[777].

255 c) **Rechtsfolgen eines Verstoßes.** Soweit die Gefahr eines Verstoßes gegen den Gleichbehandlungsgrundsatz nicht durch Auslegung (Rn 251) behoben werden kann, sind Vereinbarungen und Beschlüsse, die zu einer willkürlichen oder sachlich nicht gerechtfertigten Ungleichbehandlung der Gesellschafter führen, ohne Zustimmung der benachteiligten Gesellschafter **unwirksam**[778]. Die Unwirksamkeit kann durch Zustimmung der betroffenen Gesellschafter oder durch Behebung des Verstoßes geheilt werden[779]. Die Unwirksamkeit hat grundsätzlich nur interne Wirkung[780]. Sozialansprüche (Beitragsforderungen), deren Geltendmachung auf Ungleichbehandlung beruht, sind nicht durchsetzbar. Hat die Ungleichbehandlung zu einer Schädigung des benachteiligten Gesellschafters geführt, so kann er von der Gesellschaft und den am Verstoß beteiligten Mitgesellschaftern **Schadensersatz** verlangen. Ein Anspruch darauf, einen nur einzelnen Gesellschaftern gewährten **Vorzug** auf alle Beteiligten auszudehnen, besteht dagegen grundsätzlich nicht. Es ist Sache der Gesamthand, auf welche Weise sie den Verstoß gegen den Gleichbehandlungsgrundsatz beseitigen will[781]. Anderes gilt dann, wenn einzelne Gesellschafter von einer allgemein gewährten Vergünstigung willkürlich ausgeschlossen wurden; in diesem Falle steht ihm ein Erfüllungsanspruch gegen die Gesellschaft zu[782]. – Zur Möglichkeit, unter Berufung auf den Gleichbehandlungsgrundsatz eine Vertragsänderung zu verlangen, vgl. auch Rn 249 aE.

5. Actio pro socio

Schrifttum

Altmeppen Zur Rechtsnatur der actio pro socio, in FS Musielak (2004), S. 1; *Bork/Oepen* Einzelklagebefugnisse des Personengesellschafters, ZGR 2001, 515; *Grunewald* Die Gesellschafterklage in der Personengesellschaft und der GmbH (1990); *Hadding* Actio pro socio, Die Einzelklagebefugnis des Gesellschafters bei Gesamthandsansprüchen aus dem Gesellschaftsverhältnis (1966); *ders.* Zur Einzelklagebefugnis des Gesellschafters einer Personalgesellschaft, JZ 1975, 159; *ders.* Zur Einzelklagebefugnis eines Gesellschafters nach deutschem und österreichischem Recht, GesRZ 1984, 32; *Häuser* Unbestimmte „Maßstäbe“ als Begründungselement richterlicher Entscheidungen (1981), S. 138 ff (zu BGHZ 25, 47); *Hassold* Actio pro socio, JuS 1980, 32; *Immenga* Die Minderheitsrechte des Kommanditisten, ZGR 1974, 385; *Lutter* Theorie der Mitgliedschaft, AcP 180 (1980), 84; *Mock* Die actio pro socio im Internationalen Privat- und Verfahrensrecht, RabelsZ 72 (2008), 271; *Nitschke* Die Geltendmachung von Gesellschaftsforderungen durch den einzelnen Gesellschafter

---

777 BGH WM 1974, 1151 (1153); *A. Hueck* OHG, § 9 III, S. 111; *G. Hueck* (Fn 757), S. 345 ff. S. auch MünchKommBGB[5]/*Ulmer/C. Schäfer* § 707 Rn 10; zum Bezugsrecht im Aktienrecht (§ 186 Abs. 1 AktG) s. nur *Hüffer* AktG[8] § 186 Rn 1, 4 ff.

778 Heymann/*Emmerich* § 109 Rn 16; Ebenroth/Boujong/Joost/Strohn/*Märtens* § 109 Rn 29; MünchKommBGB[5]/*Ulmer* § 705 Rn 252; Soergel/*Hadding*[12] § 705 Rn 67; Erman/*Westermann*[12] § 705 Rn 41.

779 Dazu und zur Möglichkeit der Heilung näher *G. Hueck* (Fn 757), S. 319.

780 3. Aufl. § 109 Rn 3 (*Rob. Fischer*); Soergel/*Hadding*[12] § 705 Rn 67.

781 OLG Karlsruhe ZIP 1983, 445 (446); *G. Hueck* (Fn 757), S. 304; *M. Winter* ZHR 148 (1984), 579 (597 ff) (auch zu Ausnahmen) mN. Vgl. auch Fn 782.

782 So zutr. *G. Hueck* (Fn 757), S. 302 ff; *M. Winter* ZHR 148 (1984), 579 (600); MünchKommBGB[5]/*Ulmer* § 705 Rn 251; ähnlich auch BGH WM 1972, 931 (GmbH), BGH NJW 1960, 2142 (Genossenschaft); OLG Saarbrücken NJW 1985, 811 (GbR); OLG Karlsruhe ZIP 1983, 445 (446); Soergel/*Hadding*[12] § 705 Rn 67.

einer Personalgesellschaft (Gesamthänderklage), ZHR 128 (1965), 48; *Martin Schwab* Das Prozeßrecht gesellschaftsinterner Streitigkeiten (2005).

a) Grundlagen

aa) Gegenstand, Anwendungsbereich. Als **actio pro socio** bezeichnet man das von Geschäftsführungsbefugnis und Vertretungsmacht in der OHG (KG) zu unterscheidende Recht jedes Gesellschafters, Sozialansprüche der Gesamthand gegen Mitgesellschafter **im eigenen Namen** gerichtlich geltend zu machen und auf **Leistung an die Gesellschaft** zu klagen. Die Klagebefugnis ist in ständ. höchstrichterl. Rspr. seit bald hundert Jahren anerkannt[783] und wird auch vom Schrifttum im Grundsatz einhellig bejaht[784]; allerdings sind ihre Einzelheiten (Klagevoraussetzungen und -wirkungen, vgl. Rn 262 f) lebhaft umstritten. Nach zutr. Ansicht geht es um die auf höchstrichterlicher Rechtsfortbildung[785] beruhende, als **Prozessstandschaft** zu qualifizierende Befugnis jedes Gesellschafters, ein fremdes (der OHG oder KG zustehendes) Recht im eigenen Namen geltend zu machen[786]. Obwohl die actio pro socio ihren Rechtsgrund im Gesellschaftsverhältnis findet (Rn 259), handelt es sich bei ihr nicht um einen Fall gewillkürter[787], sondern um einen solchen gesetzlicher Prozessstandschaft[788]. Der früher vorherrschenden und auch 256

[783] So unter Beschränkung auf Sozialansprüche erstmals RGZ 90, 300 (302) (1917); vgl. weiter RGZ 91, 34 (36); 158, 302 (314); BGHZ 10, 91 (101) = NJW 1953, 1217; BGHZ 25, 47 (49) = NJW 1957, 1358; BGH NJW 1960, 433 und 964; 1985, 2830 (2831). Umfassende Nachw. aus der älteren Zeit bei *Hadding* Actio pro socio, S. 110 f.

[784] *A. Hueck* OHG, § 18 II 3, S. 261 ff; MünchKommHGB/*K. Schmidt* Rn 197 ff; Heymann/*Emmerich* § 109 Rn 20 ff; Ebenroth/Boujong/Joost/Strohn/*Wertenbruch* Rn 145 ff; Baumbach/*Hopt* § 124 Rn 41; *Flume* I/1 § 10 IV, S. 139 ff; *Wiedemann* Gesellschaftsrecht Bd. I, § 8 IV 1c, S. 458 ff; Westermann/*Wertenbruch* Handbuch Rn I 425; Soergel/*Hadding*[12] § 705 Rn 48 ff; Staudinger/*Habermeier* BGB (2003) § 705 Rn 46 ff; MünchKommBGB[5]/*Ulmer* § 705 Rn 204 ff.

[785] So zutr. insbes. *Wiedemann* Gesellschaftsrecht Bd. I, § 1 III 1b, S. 46; Gesellschaftsrecht Bd. II, § 3 III 6a, S. 281 ff; kritisch dazu *Häuser* Unbestimmte Maßstäbe als Begründungselement richterlicher Entscheidungen, 1981, S. 161, 170 ff.

[786] So erstmals *Hadding* Actio pro socio, S. 58 f, 65, 101 und in JZ 1975, 164; ebenso *Wiedemann* Gesellschaftsrecht Bd. I, § 8 IV 1c, S. 461, Gesellschaftsrecht Bd. II, § 3 III 6a bb, S. 282 f; *Teichmann* AcP 179 (1979), 485; *M. Schwab* Prozessrecht, S. 73 f; MünchKommHGB/*K. Schmidt* Rn 198; Röhricht/Graf v. Westphalen/*v. Gerkan/Haas* Rn 78; MünchKommBGB[5]/*Ulmer* § 705 Rn 207; Soergel/*Hadding*[12] § 705 Rn 50; *K. Schmidt* Gesellschaftsrecht, § 21 IV 4, S. 636 f; aus der Rspr. BGH NJW 2000, 505 (506) (Ablehnung eines auf Nichterfüllung auch der Verpflichtung des aus actio pro socio vorgehenden Klägers gestützten Zurückbehaltungsrechts des Bekl. nach § 273); tendenziell auch schon BGH NJW 1985, 2830 (2831); ferner *Flume* I/1 § 8 V 1, S. 301; *Lutter* AcP 180 (1980), 84 (134); *Hassold* JuS 1980, 32 (34) bei Fn 38; Ebenroth/Boujong/Joost/Strohn/*Wertenbruch* Rn 146 (sowohl Prozessstandschaft als auch eigener Anspruch). Schon früher in diesem Sinne *Heinsheimer* Über die Teilhaberschaft, 1930, S. 46.

[787] So aber *Grunewald* S. 12 ff; *Hadding* Actio pro socio und *Hassold* (Fn 786); Soergel/*Hadding*[12] § 705 Rn 50; Erman/*Westermann*[12] § 705 Rn 57; *Bork/Oepen* ZGR 2001, 515 (526 f).

[788] Vgl. näher MünchKommBGB[5]/*Ulmer* § 705 Rn 208 unter Hinweis auf §§ 309 Abs. 4 Satz 1, 317 Abs. 4 AktG. So auch *M. Schwab* Prozessrecht, S. 118 f; MünchKommHGB/*K. Schmidt* Rn 198, 202; Ebenroth/Boujong/Joost/Strohn/*Wertenbruch* Rn 146; Röhricht/Graf v. Westphalen/*v. Gerkan/Haas* Rn 78; *Berger* Die subjektiven Grenzen der Rechtskraft bei der Prozessstandschaft, 1990, S. 277; *Becker* Verwaltungskontrolle durch Gesellschafterrechte, 1997, S. 543; *Kort* DStR 2001, 2163;

heute noch vertretenen abweichenden Auffassung, derzufolge der Kläger mit der actio pro socio einen ihm zustehenden *eigenen* vertraglichen Anspruch geltend macht[789], ist mit Rücksicht auf die Rechtsfähigkeit der Gesamthand (Rn 40, 217) nicht zu folgen[790]. Damit erübrigen sich zugleich die mit der Annahme einer Gläubigermehrheit durch die hM verbundenen Probleme für Bestand und Durchsetzbarkeit des Anspruchs[791].

257 Hinsichtlich ihres **Anwendungsbereichs** bezieht sich die actio pro socio auf sämtliche der OHG (KG) gegen die Mitgesellschafter zustehenden, auf Leistung an die Gesellschaft gerichteten **Sozialansprüche,** darunter neben Einlage- und sonstigen Beitragsforderungen auch auf Schadensersatzansprüche wegen Verletzung von Geschäftsführungs- oder Treupflichten sowie auf solche aus Verstößen gegen das Wettbewerbsverbot des § 112[792]. Eines vorhergehenden Gesellschafterbeschlusses bedarf die Geltendmachung nur, wenn ein solcher aus *materiellrechtlichen* Gründen zur Durchsetzung des Sozialanspruchs erforderlich ist (Rn 261). Die Klage kann grundsätzlich auch im Liquidationsstadium erhoben werden (vgl. Erl. zu § 149 [*Habersack*]). *Unterlassungsansprüche* gegen Geschäftsführungshandlungen können mit der actio pro socio *nicht* durchgesetzt werden, da sie auf einen Eingriff in das Geschäftsführungsrecht hinausliefen[793].

258 Ebenfalls **nicht** von der actio pro socio erfasst werden Ansprüche der Gesellschaft gegen Mitgesellschafter aus **Drittgeschäften** (Rn 213) bzw. Ansprüche **gegen Dritte**: deren Geltendmachung ist grundsätzlich allein Sache der Geschäftsführer. Die Rechtsprechung lässt allerdings die gerichtliche Durchsetzung auch derartiger Ansprüche durch nicht geschäftsführungs- und vertretungsbefugte Gesellschafter im eigenen Namen **ausnahmsweise** zu, sofern auf Leistung an die Gesellschaft geklagt wird.[794] Als Voraussetzung verlangt sie (1) ein berechtigtes Interesse des Gesellschafters an der Geltendmachung des Anspruchs, (2) die gesellschaftswidrige Untätigkeit der vertretungsbefugten Geschäftsführer sowie (3) das Zusammenwirken des Dritten als Schuldner mit dem gesellschafts-

---

Mock RabelsZ 72 (2008), S. 271; *Weipert* in MünchHdb. Gesellschaftsrecht I, 2004, § 6 Rn 25; wohl auch *Staudinger/Habermeier* BGB (2003) Rn 46.

[789] So etwa noch BGHZ 25, 47 (49) = NJW 1957, 1358; auch BGH NJW 1960, 964; 1973, 2198; in neuerer Zeit noch *Reuter* GmbHR 1981, 138; *Raiser* ZHR 153 (1989), 1 (11); *Schanbacher* AG 1999, 21 (27); *Altmeppen* FS Musielak, 2004, S. 14 ff; *Kreutz* FS Hadding, 2004, S. 518 ff, 526 f; Nachw. zum älteren Schrifttum in Voraufl. Rn 262 (*Ulmer*).

[790] Vgl. dazu insbes. *Teichmann* AcP 179 (1979), 485 in Auseinandersetzung mit der früheren Ansicht *Flumes,* I/1 § 10 IV, S. 142; ihm später folgend *ders.* I/2 § 8 V 1, S. 301 und MünchKommBGB[5]/*Ulmer* § 705 Rn 207.

[791] Zu dieser Problematik und zu Lösungsversuchen mit Hilfe der §§ 328, 335 BGB (berechtigter Vertrag zugunsten Dritter) vgl. MünchKommBGB[5]/*Ulmer* § 705 Rn 207.

[792] Heute einhM, vgl. nur *A. Hueck* OHG, § 18 II 3, S. 261; *Flume* I/1 § 10 IV, S. 140; MünchKommBGB[5]/*Ulmer* § 705 Rn 204; Ebenroth/Boujong/Joost/Strohn/*Wertenbruch* Rn 147; Soergel/*Hadding*[12] § 705 Rn 48; *Wiedemann* Gesellschaftsrecht Bd. II, § 3 III 6a bb, S. 283; weitergehend noch RGZ 70, 32 (34) und 76, 276 (280) (Erstreckung auf Ansprüche gegen Dritte und auf Drittgläubigerforderungen).

[793] BGHZ 76, 160 (168) = NJW 1980, 1463 (Klage eines Kommanditisten); Erman/*Westermann*[12] § 705 Rn 57; im Ergebnis ebenso *Zöllner* ZGR 1988, 392 (431); Ebenroth/Boujong/Joost/Strohn/*Wertenbruch* Rn 147; *Wiedemann* Gesellschaftsrecht Bd. II, § 3 III 6a bb, S. 283; **aA** *Grunewald* S. 30 f (bei offensichtlich unvertretbaren Maßnahmen); noch weitergehend *Raiser* ZHR 153 (1989), 1 (27, 33) und *Bork/Oepen* ZGR 2001, 515 (537 f) (auch Klage auf Erzwingung von bestimmten Maßnahmen).

[794] Dazu näher *Bork/Oepen* ZGR 2001, 515 (543 ff); vgl. auch *Kort* DStR 2001, 2164 f.

widrig Handelnden.[795] In anderen Fällen hat sie sich auf § 744 Abs. 2 BGB gestützt und betont, dass die Einzelklage zur Durchsetzung der geltend gemachten Forderung zusätzlich im vorrangigen Interesse der Gesellschaft oder gar zur Rettung der Gesellschaft erforderlich sein müsse.[796] Richtigerweise sollten diese Sonderfälle einer Prozessstandschaft indessen von der actio pro socio unterschieden werden.[797]

bb) Mitgliedschaftsrecht. Den Rechtsgrund der actio pro socio bildet das Gesell- **259**
schaftsverhältnis. Es handelt sich bei ihr um ein neben den Geschäftsführungsrechten stehendes, mit diesen in bestimmten Grenzen konkurrierendes Mitgliedschafts-(Verwaltungs-)recht jedes Gesellschafters[798]. Dementsprechend wird die actio pro socio heute im Grundsatz selbst für Mitglieder von Kapitalgesellschaften anerkannt[799]. Ihre Funktion besteht in erster Linie im *Minderheitenschutz*[800], ohne hierauf beschränkt zu sein. Von Bedeutung ist die actio pro socio vor allem in Fällen, in denen der geltend zu machende Anspruch sich entweder gegen geschäftsführende Gesellschafter richtet oder in denen diese aus sonstigen Gründen zur Rechtsverfolgung nicht bereit oder in der Lage sind. Wegen ihrer Minderheitenschutz- und Kontrollfunktion kann die actio pro socio im Gesellschaftsvertrag zwar ausgestaltet, nicht aber abbedungen oder wesentlich beschränkt werden; es handelt sich also um ein **unverzichtbares** Mitgliedschaftsrecht[801]. Unzulässig

[795] Grdlg. BGHZ 39, 14 (16 ff) = NJW 1963, 641; so auch BGHZ 102, 152 (154 f) = NJW 1988, 558; BGH NJW 2000, 734; OLG Dresden NZG 2000, 248 (249); OLG Düsseldorf NZG 2000, 475.

[796] BGHZ 17, 181 (187) = NJW 1955, 1027; BGH NJW 2000, 3272; BayObLGZ 1990, 260 (263); OLG Dresden NZG 2000, 248 (250).

[797] MünchKommBGB[5]/*Ulmer* § 705 Rn 206; MünchKommHGB/*K. Schmidt* Rn 200; Ebenroth/Boujong/Joost/Strohn/*Wertenbruch* Rn 151; *Koller*/Roth/Morck Rn 34; **aA** *Bork/Oepen* ZGR 2001, 515 (543 ff) und *Kort* DStR 2001, 2164 f.

[798] So zutr. namentlich BGH NJW 1992, 1890 (1892); *Flume* I/2 § 8 V 1, S. 301; *Lutter* AcP 180 (1980), 84 (133 f); Soergel/*Hadding*[12] § 705 Rn 50; *Teichmann* AcP 179 (1979), 485; MünchKommBGB[5]/*Ulmer* § 705 Rn 207; *Wiedemann* Gesellschaftsrecht Bd. I, § 5 III 2b, S. 273 f, § 8 IV 1c, S. 459 ff.

[799] Vgl. nur *Flume* I/2 § 8 V, S. 301 ff; *Lutter* AcP 180 (1980), 84 (135 ff); *K. Schmidt* Gesellschaftsrecht, § 21 IV, S. 467, 477 ff; *Wiedemann* Gesellschaftsrecht Bd. I, § 8 IV 1c, S. 461 ff; für die GmbH insbes. auch *Martens* Mehrheits- und Konzernherrschaft in der personalistischen GmbH, 1970, S. 78 ff, 157 ff und *Berger* ZHR 149 (1985), 599 ff; *C. Schäfer* Der stimmrechtslose GmbH-Geschäftsanteil, 1997, S. 315 f. Ablehnend aber, soweit nicht eigene Rechte der klagenden Gesellschafter in Frage stehen: *Zöllner* ZGR 1988, 392 ff.

[800] So schon *A. Hueck* OHG, § 18 II 3, S. 266 Fn 21; ebenso die in Fn 798 genannten Autoren. Unter diesen hebt *Wiedemann* Gesellschaftsrecht Bd. I, § 5 III 2b, S. 274, § 8 IV 1c, S. 459 besonders die Kontrollfunktion der actio pro socio hervor. Nach *K. Schmidt* Gesellschaftsrecht, §§ 16 III 2b, S. 468, 21 IV 1c, S. 631, handelt es sich zwar nicht um ein Minderheitsrecht, wohl aber um ein „Minderheitsschutzinstrument". Sowie Staudinger/*Habermeier* BGB (2003) § 705 Rn 46; Heymann/*Emmerich* § 109 Rn 26; *Rob. Fischer* ZGR 1979, 260; *Immenga* ZGR 1974, 385 (411); *U. H. Schneider* ZHR 142 (1978), 228 (241).

[801] So mit unterschiedlicher Grenzziehung zutr. *Huber* Vermögensanteil, S. 28 f; *Rob. Fischer* ZGR 1979, 261; *Flume* I/1 § 10 IV, S. 144; *Lutter* AcP 180 (1980), 84 (132); *Wiedemann* Gesellschaftsrecht Bd. I, § 5 III 2b, S. 273; *Martens* (Fn 799) S. 96; MünchKommHGB/*K. Schmidt* Rn 199; Ebenroth/Boujong/Joost/Strohn/*Wertenbruch* Rn 150; Röhricht/v.Westphalen/*v. Gerkan*/*Haas* Rn 79; MünchKommBGB[5]/*Ulmer* § 705 Rn 210; s.a. *C. Schäfer* Der stimmrechtslose GmbH-Geschäftsanteil, 1997, S. 315; **aA** – für Abdingbarkeit – noch *Hadding* Actio pro socio, S. 65; *A. Hueck* OHG, § 18 II 3, S. 267; offenlassend BGH WM 1973, 1291 (1292) und NJW 1985, 2830 (2831).

ist es auch, die actio pro socio auf die Fälle unredlicher Geschäftsführung (vgl. § 118 Abs. 2) zu reduzieren.[802] Andererseits kann aber der Gesellschafter anstelle seines eigenen Informationsrechts aus § 118 nicht etwa ein – weitergehendes – Informationsrecht der Gesellschaft im Wege der actio pro socio gegen den geschäftsführenden Gesellschafter durchsetzen.[803]

260 cc) **Actio pro socio und materielles Recht.** Über das Verhältnis zwischen der actio pro socio und ihrem materiellrechtlichen Gegenstand, dem geltend gemachten Sozialanspruch, wird zwar gelegentlich gerätselt[804]. Sieht man in der actio pro socio indessen einen Fall der Prozessstandschaft (Rn 256), so folgt daraus zweifelsfrei, dass nur der gegen den Mitgesellschafter geltend gemachte Sozialanspruch materieller Klagegrund ist; für dessen Bestand und seine Durchsetzbarkeit ist allein das Gesellschaftsverhältnis maßgebend. Hat also die Gesellschaft wirksam auf den Anspruch verzichtet oder sich hierüber verglichen, so kann er auch nicht im Wege der actio pro socio durchgesetzt werden; die Klage ist dann als unbegründet abzuweisen[805]. Entsprechendes gilt, wenn dem verklagten Mitgesellschafter eine Einrede gegen den Anspruch zusteht, etwa die Einrede der Rechtskraft eines klagabweisenden Urteils im vorangegangenen Prozess der Gesellschaft gegen den Mitgesellschafter; sie kann auch einem aus actio pro socio vorgehenden Kläger entgegengesetzt werden.

261 Soweit die **Durchsetzbarkeit** des Anspruchs aus materiellrechtlichen Gründen einen **vorhergehenden Gesellschafterbeschluss** erfordert, ist das auch im Rahmen der actio pro socio zu beachten[806]. Zu denken ist etwa an Ansprüche wegen Verletzung des Wettbewerbsverbots (§ 113 Abs. 1 und 2) oder an Beitragsforderungen, deren Durchsetzung nach dem Gesellschaftsvertrag von einer Beschlussfassung der Gesellschafter abhängt. – Es gibt jedoch keinen allgemeinen Grundsatz, wonach Sozialansprüche nur aufgrund eines entsprechenden Gesellschafterbeschlusses geltend gemacht werden können[807]. Im Gegenteil setzt der **Verzicht** der Gesellschaft auf einen Sozialanspruch – als Vertragsänderung – regelmäßig einen einstimmigen Beschluss der übrigen Gesellschafter voraus[808]. Haben die übrigen Gesellschafter zugestimmt, so liegt darin die Übertragung einer *ge-*

---

[802] Abweichend noch Voraufl. Rn 264 (*Ulmer*), der im Anschluss an *Wiedemann* Gesellschaftsrecht Bd. I, § 5 III 2b, S. 274, 459 auf § 118 Abs. 2 als Maßstab für einen unabdingbaren Mindestbestand hinweist; eine so weitgehende Beschränkung des Klagerecht wäre mit dessen Zweck jedoch unvereinbar.

[803] BGH NJW 1992, 1890 (1891 f); s.a. MünchKommHGB/*K. Schmidt* Rn 200.

[804] Vgl. etwa BGH NJW 1985, 2830, wo im Leitsatz die Frage nach der Einschränkung oder dem Ausschluss der actio pro socio gestellt wird, während die Gründe sich mit den Voraussetzungen eines Verzichts der Gesellschaft auf den klageweise geltend gemachten Sozialanspruch befassen.

[805] BGHZ 25, 47 (50) = NJW 1957, 1358; BGH NJW 1985, 2830 (2831); *Hadding* Actio pro socio, S. 93 ff; *A. Hueck* OHG, § 18 II 3, S. 263; MünchKommBGB[5]/*Ulmer* § 705 Rn 212.

[806] Vgl. *A. Hueck* OHG, § 18 II 3, S. 264; *M. Schwab* Prozessrecht, S. 105 f; MünchKommBGB[5]/*Ulmer* § 705 Rn 212.

[807] BGHZ 25, 47 (50) = NJW 1957, 1358; NJW 1985, 2830 (2831); MünchKommHGB/*K. Schmidt* Rn 202; Baumbach/*Hopt* § 109 Rn 35; Ebenroth/Boujong/Joost/Strohn/*Wertenbruch* Rn 153; *Bork/Oepen* ZGR 2001, 535 f; *A. Hueck* OHG, § 18 II 3, S. 260; *M. Schwab* Prozessrecht, S. 106 ff; **aA** unter Hinweis auf § 116 Abs. 2a aber Soergel/*Hadding*[12] § 705 Rn 48; für Schadensersatzansprüche auch noch RGZ 171, 51 (54 ff).

[808] BGH NJW 1985, 2830 (2831) (vorbehaltlich einer wirksamen Mehrheitsklausel); *A. Hueck* OHG, § 18 II 3, S. 265; Staudinger/*Habermeier* BGB (2003) § 705 Rn 49; *Grunewald* Gesellschafterklage, S. 37 ff.

willkürten Prozessführungsbefugnis an den klagenden Gesellschafter[809]; es handelt sich also nicht um die actio pro socio. Dem aus actio pro socio klagenden Gesellschafter steht ein **Verfügungsrecht** über den Sozialanspruch im Unterschied zur Gesamthand **nicht** zu[810]. Er kann sich hierüber daher auch nicht vergleichen. Zur Bedeutung eines klagabweisenden Urteils für die Durchsetzbarkeit des Anspruchs durch die Gesellschaft vgl. Rn 263 aE.

b) Einzelfragen

aa) Zulässigkeitsvoraussetzungen. Die – hinsichtlich ihrer einzelnen Voraussetzungen umstrittene – Zulässigkeit der actio pro socio hängt mit Rücksicht auf ihre Rechtsnatur als Mitgliedschaftsrecht in erster Linie ab von der **Gesellschafterstellung des Klägers.** Fehlt sie oder fällt sie während des Rechtsstreits fort, so ist die Klage als unzulässig abzuweisen[811]; die auf den Übergang der Sachlegitimation abstellende Vorschrift des § 265 ZPO greift nicht ein[812]. **Umstritten** ist, ob die Zulässigkeit der Klage davon abhängen soll, dass die Rechtsverfolgung im Wege der actio pro socio **notwendig** ist. Die ältere Rechtsprechung[813] und viele Stimmen in der Literatur[814] lehnen eine solche Einschränkung ab und begnügen sich damit, auf die aus der *Treupflicht* folgenden Schranken gegen einen Missbrauch der Klagebefugnis zu verweisen. Demgegenüber behandelt die heute herrschende Gegenansicht[815] die actio pro socio als *subsidiär* gegenüber der 262

[809] BGH NJW 1988, 1585 (1586 f); OLG Düsseldorf ZIP 1985, 100; vgl. auch BGH NJW 1987, 3121 (3122): Umdeutung einer unwirksamen Abtretung der Schadensersatzforderung in die Einräumung der Prozessführungsbefugnis.

[810] BGH NJW 1985, 2830 (2831); MünchKommHGB/*K. Schmidt* Rn 204; Ebenroth/Boujong/Joost/Strohn/*Wertenbruch* Rn 148; Baumbach/*Hopt* § 109 Rn 35; MünchKommBGB[5]/*Ulmer* § 705 Rn 213.

[811] OLG Karlsruhe NJW 1995, 1296; *Früchtl* NJW 1996, 1327 f; MünchKommHGB/*K. Schmidt* Rn 201; Staudinger/*Habermeier* BGB (2003) § 705 Rn 47; MünchKommBGB[5]/*Ulmer* § 705 Rn 210; Erman/*Westermann*[12] § 705 Rn 59; *Wiedemann* Gesellschaftsrecht Bd. II, § 3 III 6a cc, S. 283; **aA** *Hörstel* NJW 1995, 1271; nach Art des Ausscheidens differenzierend *Bork/Oepen* ZGR 2001, 529 f.

[812] Insoweit **aA** BGH NJW 1960, 964; BB 2005, 1643 sowie *Hadding* Actio pro socio, S. 102; MünchKommHGB/*K. Schmidt* Rn 201; wie hier *Wiedemann* Gesellschaftsrecht Bd. I, § 18 IV 1c, S. 461; MünchKommBGB[5]/*Ulmer* § 705 Rn 210; Erman/*Westermann*[12] § 705 Rn 59.

[813] Leitentscheidung ist – in Auseinandersetzung mit RGZ 171, 51 (54 f) – BGHZ 25, 47 (49 f) = NJW 1957, 1358. So ohne besondere Stellungnahme auch BGH BB 1958, 603; NJW 1960, 964; WM 1971, 723 (725); 1972, 1229 (1230); NJW 1973, 2198 (2199); 1985, 2830 (2831). Abweichend allerdings BGH NJW 1960, 433 (Anspruch sei „in erster Linie“ von den Geschäftsführern geltend zu machen) und BGH NJW 1974, 1555 (1556) (die Anspruchsverfolgung durch einzelne Gesellschafter sei „nur als Hilfsrecht gegeben“).

[814] *Rob. Fischer* ZGR 1979, 261 sowie 3. Aufl. Rn 31b; *A. Hueck* OHG, § 18 II 3, S. 266 f; *Flume* I/1 § 10 IV, S. 143; *Wiedemann* Gesellschaftsrecht Bd. II, § 3 III 6a cc, S. 283 f; *Immenga* ZGR 1974, 414; *Stimpel* in: *Pehle/Stimpel* Richterliche Rechtsfortbildung, 1969, S. 18 f; sogar gegen jede treupflichtbedingte Einschränkung *Huber* Vermögensanteil, S. 27.

[815] *Bork/Oepen* ZGR 2001, 515 (530 ff); *Hadding* Actio pro socio, S. 59 ff; *Nitschke* ZHR 128 (1966), 84 ff; *Lutter* AcP 180 (1980), 84 (134); *M. Schwab* Prozessrecht, S. 108 ff; MünchKommHGB/*K. Schmidt* Rn 201; *ders.* Gesellschaftsrecht, § 21 IV 4a, S. 636 f; Ebenroth/Boujong/Joost/Strohn/*Wertenbruch* Rn 150; Röhricht/Graf v. Westphalen/*v. Gerkan/Haas* Rn 80; MünchKommBGB[5]/*Ulmer* § 705 Rn 210; Staudinger/*Habermeier* BGB (2003) § 705 Rn 47.

Rechtsverfolgung durch die Gesellschaft und lässt sie demgemäß nur in Sondersituationen zu[816]. Dem ist wegen der mit der actio pro socio verbundenen Durchbrechung der Zuständigkeitsordnung in der Gesellschaft zuzustimmen[817]. Allerdings bedarf die Subsidiaritätsthese einer **Einschränkung,** um den mit der Klagebefugnis bezweckten Minderheitenschutz (Rn 259) nicht zu gefährden. Abgesehen davon, dass es nicht auf die Zustimmung der übrigen Gesellschafter ankommen kann (Rn 261), dürfen insbesondere an die Darlegung und den Beweis der Zulässigkeitsvoraussetzungen, mit denen der Kläger belastet ist, keine allzu hohen Anforderungen gestellt werden[818]. Stattdessen genügt der schlüssige Vortrag, dass der Gesellschaft ein durchsetzbarer Sozialanspruch gegen den verklagten Mitgesellschafter zusteht und dass die Aufforderung an die Geschäftsführer, den Anspruch geltend zu machen, entweder erfolglos oder – wegen deren eigener Betroffenheit – nicht Erfolg versprechend war[819]. Im Übrigen hat der klagebereite Gesellschafter selbstverständlich die Interessen der Gesellschaft zu berücksichtigen und darf sich nicht vorrangig von eigenen Interessen leiten lassen. Das gilt namentlich bei der Geltendmachung von Schadensersatzansprüchen[820]; der Verzicht hierauf ist ihm umso eher zuzumuten, je geringer Tragweite und Auswirkungen der Vertragsverletzung sind und je größere Nachteile sich aus dem einseitigen Vorgehen für den Gesellschaftsfrieden ergeben können.

263 bb) **Prozessuale Wirkungen.** Die Klage begründet ein Prozessrechtsverhältnis des im *eigenen* Namen klagenden Gesellschafters zum Beklagten; er kann freilich nur solche Prozesshandlungen vornehmen, die nicht (wie der Vergleich) zugleich eine materiellrechtliche Verfügung über den Anspruch enthalten (Rn 261). Der Kläger und nicht die Gesellschaft ist Kostenschuldner[821]; im Fall der Klageabweisung hat er nicht ohne weiteres einen Aufwendungsersatzanspruch gegen die Gesellschaft (§ 110 Rn 10, 12 ff). **Umstritten** ist, ob gegenüber der Gesamthandsklage der Einwand der Rechtshängigkeit mit Rücksicht auf die actio pro socio eingreift und ob sich Rechtskraftwirkungen aus einem Urteil

---

816 Deutlich etwa Soergel/*Hadding*[12] § 705 Rn 50 (entweder die Bildung des Gesamtwillens hat zu einem non liquet geführt oder die Ablehnung der Anspruchsdurchsetzung durch die Mehrheit war rechtswidrig oder die Gesellschaft befindet sich in Liquidation).

817 Darauf haben vor allem *Hadding* Actio pro socio, S. 53 ff und *Nitschke* ZHR 128 (1966), 86 zu Recht hingewiesen.

818 S. MünchKommBGB[5]/*Ulmer* Rn 211; MünchKommHGB/*K. Schmidt* Rn 203; zu weitgehend *Hadding* Actio pro socio, S. 59 ff; *Nitschke* ZHR 128 (1966), 48; *Windel* Der Interventionsgrund des § 66 Abs. 1 ZPO als Prozessführungsbefugnis, 1992, S. 169; *Bork/Oepen* ZGR 2001, 515 (534).

819 So auch: MünchKommBGB[5]/*Ulmer* § 705 Rn 210; Ebenroth/Boujong/Joost/Strohn/*Wertenbruch* Rn 150; Staudinger/*Habermeier* BGB (2003) § 705 Rn 47; **AA** *M. Schwab* Prozessrecht, S. 109 (Notwendigkeit muss bewiesen werden) sowie *Hadding* Actio pro socio, S. 59 ff, der die actio pro socio nur für zulässig hält, wenn entweder eine Gesamtwillensbildung in der Gesellschaft wegen der geringen Gesellschafterzahl nicht möglich oder die Ablehnung der Anspruchsdurchsetzung durch die Mehrheit treuwidrig ist oder schließlich der Anspruch sich gegen den einzigen vertretungsbefugten Gesellschafter richtet; ähnlich auch *Bork/Oepen* ZGR 2001, 515 (532 ff).

820 Vgl. auch *Hadding* JZ 1975, 160 zur damit verbundenen Gefährdung des Vertrauensverhältnisses; ferner *M. Schwab* Prozessrecht, S. 110.

821 EinhM, vgl. MünchKommHGB/*K. Schmidt* Rn 202; Ebenroth/Boujong/Joost/Strohn/*Wertenbruch* Rn 151; Soergel/*Hadding*[12] § 705 Rn 50; *ders.* Actio pro socio, S. 106; *Ganssmüller* DB 1954, 860 (862); *A. Hueck* JZ 1957, 626 (627).

im Verfahren der actio pro socio für oder gegen die Gesellschaft ergeben können[822]. Nach den für die gesetzliche Prozessstandschaft geltenden Grundsätzen sind beide Fragen im Grundsatz zu verneinen[823]. Daher kann die Gesellschaft ungeachtet der **Rechtshängigkeit** der actio pro socio den Anspruch selbst klageweise geltend machen. Für die actio pro socio hat die Klageerhebung durch die OHG (KG) freilich zur Folge, dass dadurch im Regelfall die Notwendigkeit der Gesellschafterklage als Prozessvoraussetzung entfällt und sie als unzulässig abzuweisen ist; dem Gesellschafter bleibt die Möglichkeit der Nebenintervention[824]. Die Frage der **Rechtskraft** stellt sich gewöhnlich nur im Hinblick auf ein *klageabweisendes* Urteil im Rahmen der actio pro socio; es hindert die spätere eigene Rechtsverfolgung durch die Gesellschaft nicht.[825] Wird andererseits der von der *Gesellschaft* geltend gemachte Sozialanspruch dieser gegenüber rechtskräftig aberkannt, so ist das auch für die actio pro socio von Bedeutung, da der Schuldner insoweit alle Einwendungen erheben kann, die ihm gegen die Gesamthand zustehen, einschließlich des Einwands, die Forderung sei rechtskräftig aberkannt (Rn 260). Dieser Einwand kann vom beklagten Gesellschafter auch im Wege der Vollstreckungsgegenklage nach § 767 ZPO geltend gemacht werden[826].

III. Die Vermögensordnung in der OHG

1. Unterscheidung zwischen Gesamthands- und Privat-(Gesellschafter-)Vermögen

a) **Allgemeines.** Wie in allen Personengesellschaften wird die Vermögensordnung in der OHG durch das Gesamthandsprinzip bestimmt. Danach unterliegt das der gemeinsamen Zweckverfolgung dienende Gesellschaftsvermögen **gesamthänderischer Bindung:** im Unterschied zum Privatvermögen der Gesellschafter ist es mit dinglicher Wirkung der Gesellschaft selbst zugeordnet (vgl. näher Rn 40 f). **Konsequenzen** der Sonderzuordnung sind die alleinige Verfügungsbefugnis der Gesellschaftsorgane (vertretungsberechtigte Geschäftsführer) über das Gesellschaftsvermögen unter Ausschluss der Gesellschafter persönlich (Rn 284 f) sowie der vorrangige Zugriff der Gesellschaftsgläubiger (§ 124 Abs. 2). Demgegenüber sind die Privatgläubiger eines Gesellschafters auf die Verwertung **264**

[822] Vgl. die Nachw. in Fn 825.

[823] HM, vgl. BGHZ 78, 1 (7) = NJW 1980, 2463; BGHZ 79, 245 (247 f) = NJW 1981, 1097; *M. Schwab* Prozessrecht, S. 119 f; MünchKommHGB/*K. Schmidt* Rn 202 f; Ebenroth/Boujong/Joost/Strohn/*Wertenbruch* Rn 151; MünchKommBGB[5]/*Ulmer* § 705 Rn 214 mwN; Staudinger/*Habermeier* BGB (2003) § 705 Rn 48. Kritisch dazu im Hinblick auf den unzureichenden Schutz des beklagten Schuldners Zöller/*Volkommer* ZPO[26] Vor § 50 Rn 47.

[824] HM, MünchKommHGB/*K. Schmidt* Rn 203; MünchKommBGB[5]/*Ulmer* § 705 Rn 214; Baumbach/*Hopt* 109 Rn 35; Heymann/*Emmerich* § 109 Rn 25a; **aA** – für Nebenintervention der Gesellschaft im Prozeß des Gesellschafters – *Hadding* Actio pro socio, S. 102 und *Bork/Oepen* ZGR 2001, 515 (541 f); wieder anders *Windel* Der Interventionsgrund des § 66 Abs. 1 ZPO als Prozessführungsbefugnis, 1992, S. 168 f (§ 64 ZPO analog).

[825] Ebenso MünchKommHGB/*K. Schmidt* Rn 203; *A. Hueck* OHG § 18 II 3, S. 264; MünchKommBGB[5]/*Ulmer* § 705 Rn 214; Staudinger/*Habermeier* BGB (2003) Rn 48; Bamberger/Roth/*Timm*/SchöneBGB[2] § 705 Rn 123; Erman/*Westermann*BGB § 705 Rn 60; *Raiser* ZHR 153 (1989), 1 (23 f); **aA** *Berger* Die subjektiven Grenzen der Rechtskraft bei der Prozessstandschaft, 1990, S. 277 ff; *Hadding* Actio pro socio, S. 104 ff; *Wiedemann* Gesellschaftsrecht Bd. I § 8 IV 1c, S. 461, Bd. II § 3 III 6a dd, S. 285; *Bork/Oepen* ZGR 2001, 540.

[826] MünchKommBGB[5]/*Ulmer* § 705 Rn 214; *Flume* I/1 § 10 IV, S. 145.

des Anspruchs auf das Auseinandersetzungsguthaben (§ 135) verwiesen. Der klaren rechtlichen Trennung zwischen Gesamthands- und Privat-(Gesellschafter-)vermögen entspricht die Notwendigkeit, bei Gründung der Gesellschaft oder späterem Beitritt die versprochenen Einlagen der Gesellschafter in das Gesellschaftsvermögen zu übertragen, soweit die Einbringung nicht nur quoad usum oder sortem erfolgen soll (Rn 271 f).

265 Die für das gesellschaftsrechtliche Gesamthandsvermögen **maßgebenden Vorschriften** finden sich in den §§ 718, 719, 738 BGB. Sie gelten aufgrund der Verweisung des § 105 Abs. 3 auch für die Personenhandelsgesellschaften (Rn 66). Unter ihnen regelt **§ 718 BGB** die Entstehung des Gesamthandsvermögens; die Vorschrift ist nicht abschließend (Rn 270). In **§ 719 BGB** findet sich der Grundsatz gesamthänderischer Bindung des Gesellschaftsvermögens (vgl. näher Rn 275 ff). **§ 738 Abs. 1 S. 1 BGB** schließlich enthält die mit dem Gesamthandsprinzip notwendig verbundene Rechtsfolge der „Anwachsung" beim Ausscheiden eines Gesellschafters (vgl. Rn 279). Hinzu kommen die Vorschriften des **§ 124** HGB über den Rechtserwerb der OHG (Abs. 1) und über die Zwangsvollstreckung in das Gesellschaftsvermögen (nur) aufgrund eines gegen die Gesellschaft gerichteten vollstreckbaren Schuldtitels (Abs. 2). Sie bringen die mit der Gesamthandsfigur verbundene rechtliche Verselbständigung der gesellschaftsrechtlichen Gesamthand gegenüber ihren Gesellschaftern in vermögens- und personenrechtlicher Hinsicht zum Ausdruck und gelten daher sinngemäß auch für die Gesellschaft bürgerlichen Rechts[827].

266 b) **Folgerungen.** Als Außengesellschaft (Rn 46) mit eigener Organisation entsteht die OHG (KG) **notwendig mit Gesamthandsvermögen.** Das gilt nicht erst aufgrund der von den Gesellschaftern geleisteten Beiträge oder der Teilnahme der Gesellschaft am Rechtsverkehr (§ 718 Abs. 1 BGB). Vielmehr kommt Gesamthandsvermögen – in Gestalt der auf die Einlageleistungen gerichteten Sozialansprüche – bereits mit dem Abschluss des Gesellschaftsvertrags zur Entstehung (Rn 270). Eine Innengesellschaft ohne Gesamthandsvermögen[828] ist bei Gründung einer auf den *gemeinsamen Betrieb* eines Unternehmens gerichteten Gesellschaft auch dann begrifflich ausgeschlossen, wenn die Gesellschaft, weil sie ein Kleingewerbe oder Vermögensverwaltung betreibt, zunächst als GbR entsteht (Rn 50). – Näher zur Begründung von Gesamthandsvermögen, zur Vermögensbeteiligung der Gesellschafter und zur Verfügung über Gesamthandsvermögen vgl. §§ 269 ff, 275 ff, 284.

267 Aus der Trennung von Gesamthands- und Privatvermögen folgt weiter, dass **Verfügungsbeschränkungen einzelner Gesellschafter** sich nicht auf Verfügungen über Gegenstände des Gesamthandsvermögens auswirken. Grundstücksgeschäfte einer OHG (KG) bedürfen daher auch dann keiner familien- bzw. vormundschaftsgerichtlichen Genehmigung (§ 1821 Abs. 1 Nr. 1 BGB), wenn zu den Gesellschaftern nicht voll geschäftsfähige Personen gehören. Erwerben Gesellschafter durch Abtretung oder kraft Rechtsgeschäfts mit der OHG (Drittgeschäft, vgl. Rn 213) Forderungen gegen diese, so tritt **keine Konfusion** ein; Gläubiger- und Schuldnervermögen unterliegen je getrennter Zuordnung.

268 Aus der Anerkennung eines besonderen Gesellschaftsvermögens für die jeweilige Gesellschaft erklärt sich auch, dass **zwischen verschiedenen gesamthänderisch gebundenen Vermögensmassen zu unterscheiden** ist. Das gilt selbst dann, wenn die jeweilige Gesamthand sich aus *denselben Personen* zusammensetzt. Gründen die Gesellschafter untereinander eine personengleiche zweite OHG (KG, GbR), so entsteht dadurch ein weiteres Gesamt-

---

[827] Vgl. nur *Flume* I/1 § 5, S. 68 f und MünchKommBGB[5]/*Ulmer* § 705 Rn 295.

[828] Dazu vgl. näher MünchKommBGB[5]/*Ulmer* § 705 Rn 282.

handsvermögen; zum Übergang von Vermögensteilen der einen auf die andere Gesamthand bedarf es entsprechender Übertragungsakte der verfügungsbefugten Gesellschafter (Rn 272). Entsprechendes gilt, wenn Miterben mit Mitteln des Nachlasses eine OHG (KG, GbR) gründen, etwa zur gemeinsamen Fortführung eines ererbten Handelsgeschäfts in Gesellschaftsform (Rn 60).

2. Begründung von Gesamthandsvermögen

a) **Grundlagen.** Die Begründung von Gesamthandsvermögen regelt § 718 BGB. Er lautet wie folgt: 269

§ 718

(1) Die Beiträge der Gesellschafter und die durch die Geschäftsführung für die Gesellschaft erworbenen Gegenstände werden gemeinschaftliches Vermögen der Gesellschafter (Gesellschaftsvermögen).

(2) Zu dem Gesellschaftsvermögen gehört auch, was auf Grund eines zu dem Gesellschaftsvermögen gehörenden Rechtes oder als Ersatz für die Zerstörung, Beschädigung oder Entziehung eines zu dem Gesellschaftsvermögen gehörenden Gegenstandes erworben wird.

Zu unterscheiden ist danach zwischen der *rechtsgeschäftlichen Begründung* von Gesamthandsvermögen, sei es durch Leistung von Beiträgen oder durch Geschäftsführung namens der Gesellschaft (§ 718 Abs. 1 BGB, vgl. Rn 271 ff) sowie dem *Erwerb durch Surrogation* (§ 718 Abs. 2 BGB, vgl. Rn 274).

Die Vorschriften des § 718 BGB sind nicht abschließender Natur. Gesamthandsvermögen kann vielmehr auch **auf andere Weise** entstehen. Den wichtigsten Fall bildet die Begründung von Sozialansprüchen im *Gesellschaftsvertrag;* sie stehen der Gesellschaft schon vom Zeitpunkt des Vertragsschlusses an zu und unterliegen mit ihrer Entstehung gesamthänderischer Bindung, ohne dass es eines besonderen Einbringungsaktes der Gesellschafter bedarf[829]. In Betracht kommen zweitens Fälle der *Gesamtrechtsnachfolge* der OHG (KG), sei es durch Umwandlung einer Kapitalgesellschaft (Rn 55), sei es durch Erbeinsetzung der Gesellschaft; gegen deren Erbfähigkeit bestehen keine Bedenken[830]. Weiter zu nennen sind die Begründung von Gesamthandsforderungen durch Vermächtnis, Vertrag zugunsten Dritter oder durch Verletzung gesellschaftsvertraglicher Pflichten sowie die Fälle der Verbindung, der Vermischung oder der Verarbeitung für die Gesamthand[831]. 270

b) Rechtsgeschäftliche Begründung (§ 718 Abs. 1 BGB)

aa) Leistung der Beiträge. Die – im Rahmen von § 718 Abs. 1 BGB relevante – **Erfüllung** der Beitragspflichten (allgemein dazu Rn 17 ff, 224 ff) durch Übertragung der geschuldeten Sachen oder Rechte auf die Gesamthand bestimmt sich nach den **allgemei-** 271

829 So zutr. erstmals RGZ 76, 276 (278 f); vgl. weiter RGZ 111, 77 (83) (heute unbestritten).

830 Wohl unstr., vgl. § 124 Rn 18 (*Habersack*); MünchKommHGB/*K. Schmidt* § 124 Rn 5; MünchKommBGB[4]/*Leipold* § 1923 Rn 31; Soergel/*Stein*[13] § 1923 Rn 8; *A. Hueck* OHG, § 16 III 4, S. 225 f; nicht eindeutig allerdings *Lange/Kuchinke* ErbR[5] § 4 III 1, S. 75 (erbfähig sei nicht die Gemeinschaft zur gesamten Hand als solche, es erbten vielmehr ihre Mitglieder zu gleichen Teilen).

831 Vgl. näher MünchKommBGB[5]/*Ulmer/C. Schäfer* § 718 Rn 22 f; Soergel/*Hadding*[12] § 718 Rn 13.

nen Vorschriften. Sie macht es demgemäß erforderlich, nach der Art der Beiträge zu differenzieren. Soweit es sich um zur Einbringung quoad dominium (Rn 225) bestimmte Vermögensgegenstände handelt, erfolgt die Übertragung von Grundstücken nach §§ 925, 873 BGB, die Übereignung beweglicher Sachen nach §§ 929–931 BGB, die Abtretung von Forderungen und sonstigen Rechten nach §§ 398, 413 BGB. Die Regelung im Gesellschaftsvertrag beschränkt sich meist auf die *Begründung* der Beitragsverpflichtung; anderes gilt nur dann, wenn es sich um die Übertragung von Forderungen und sonstigen Rechten handelt und aus den Umständen zu entnehmen ist, dass die Beitragspflicht sofort erfüllt werden sollte. Auf Seiten der OHG als Erwerber sind für den Abschluss des Verfügungsgeschäfts zuständig der oder die vertretungsbefugten Gesellschafter. Soweit sie mit dem Beitragsschuldner identisch sind, steht der Vertretung das Verbot des Selbstkontrahierens wegen der in § 181 aE BGB zugelassenen Ausnahme nicht entgegen.

272 Besonderer Übertragungsakte bedarf es auch dann, wenn die als Beiträge vorgesehenen Gegenstände den Gesellschaftern **schon bisher gemeinschaftlich zugeordnet** waren, und zwar nicht nur als Miteigentum, sondern auch im Fall bisherigen Gesamthandseigentums. Das folgt aus der Selbständigkeit des jeweiligen Gesamthandsvermögens (Rn 268); sie macht für den Rechtsübergang eine Verfügung der bisher als Rechtsinhaber zuständigen Gesamthänder zugunsten der erwerbenden Gesamthand erforderlich. Praktisch bedeutsam ist das vor allem für formbedürftige Verfügungsgeschäfte (§§ 925, 873 BGB; § 15 Abs. 3 GmbHG u.a.). Eine gesonderte Verfügung über die einzelnen Gegenstände lässt sich nur dann vermeiden, wenn das *gesamte* Vermögen der bisherigen Gesamthand (Personengesellschaft; Erbengemeinschaft) auf die Gesellschaft übergehen soll: in diesem Fall bietet sich die Übertragung sämtlicher Gesellschaftsanteile (Erbteile) auf die Gesellschaft an mit der Folge, dass bei dieser Gesamtrechtsnachfolge aufgrund der mit der Anteilsvereinigung verbundenen Anwachsung eintritt[832].

273 **bb) Erwerb durch Handeln namens der Gesellschaft.** Von den Beitragsleistungen abgesehen, wird Gesamthandsvermögen regelmäßig durch das rechtsgeschäftliche Handeln der vertretungsbefugten Gesellschafter namens der Gesellschaft und die damit verbundenen Erwerbsgeschäfte begründet. Fehlt es an einem Handeln namens der Gesellschaft, sondern treten der oder die Geschäftsführer nach außen im eigenen Namen auf, so reicht zwar der Umstand, dass es sich objektiv um „Geschäftsführung für die Gesellschaft" handelt, entgegen dem Wortlaut von § 718 Abs. 1, 2. Fall BGB nicht aus, um Gesamthandsvermögen zu begründen[833]. Jedoch ist zu beachten, dass im Handelsverkehr unternehmensbezogene Geschäfte im Zweifel mit dem jeweiligen *Inhaber des Handelsgeschäfts* (hier: der OHG) zustande kommen, auch wenn das Vertreterhandeln nicht besonders offengelegt wird. Das gilt vorbehaltlich formbedürftiger Verfügungen, bei denen es der genauen Bezeichnung des Erwerbers bedarf, auch für Übertragungsakte. Nur wenn in Bezug auf das Erwerbsgeschäft eine Zurechnung des Handelns des Geschäftsführers gegenüber der OHG (KG) ausscheidet und auch kein Fall des Verfügungsgeschäfts „für den, den es angeht" vorliegt[834], geht der erworbene Gegenstand nach

[832] Vgl. zur Gesamtrechtsnachfolge bei Vereinigung aller Gesellschaftsanteile in einer Hand unten Rn 303; zu derjenigen bei Vereinigung aller Erbteile vgl. Soergel/*M. Wolf*[13] § 2033 Rn 15 mN.

[833] HM, vgl. RGZ 54, 103 (106); MünchKommBGB[5]/*Ulmer*/*C. Schäfer* § 718 Rn 25; Soergel/*Hadding*[12] § 718 Rn 11; Staudinger/*Habermeier* BGB (2003) § 718 Rn 6; Erman/*Westermann*[12] § 718 Rn 4; *Habersack* JuS 1990, 179 (184).

[834] Vgl. dazu MünchKommBGB[5]/*Schramm* § 164 Rn 47 ff.

§ 164 Abs. 2 BGB zunächst auf den handelnden Geschäftsführer über und muss nach §§ 105 Abs. 2 i.V.m. §§ 713, 667 BGB an die Gesamthand weiterübertragen werden.

c) **Erwerb durch Surrogation (§ 718 Abs. 2 BGB).** In § 718 Abs. 2 BGB sind zwei Sonderfälle des Gesamthandserwerbs kraft dinglicher Surrogation geregelt. Im ersten Fall geht es um den **Erwerb aufgrund eines zum Gesellschaftsvermögen gehörenden Rechts.** Hierunter fallen alle Arten von Sach- und Rechtsfrüchten (§ 99 BGB) des Gesamthandsvermögens einschließlich der der Gesamthand nach §§ 953 ff BGB gebührenden Erzeugnisse und der ihr als Nießbraucher zustehenden Rechtsfrüchte (§§ 1075, 1067 BGB)[835]. *Nicht* erfasst werden solche Gegenstände, die, wie die Gegenleistung für die Veräußerung einer zum Gesamthandsvermögen gehörenden Sache, auf den Erwerber *rechtsgeschäftlich* übertragen werden müssen: für sie gilt § 718 Abs. 1 BGB[836]. Der zweite Surrogationsfall betrifft den Erwerb als **Ersatz für** die **Zerstörung, Beschädigung** oder **Entziehung** eines Gesamthandsgegenstands. Er bezieht sich auf solche Surrogate, wie sie auch von §§ 285 Abs. 1, 818 Abs. 1 BGB erfasst werden, und führt dazu, dass die entsprechenden Schadensersatz-, Versicherungs- oder Bereicherungsansprüche schon bei ihrer Entstehung gesamthänderischer Bindung unterliegen. 274

3. Beteiligung der Gesellschafter am Gesamthandsvermögen

a) **Grundsatz.** Für das Verständnis des Gesamthandsvermögens und der Beteiligung der Gesellschafter hieran ist an das Wesen der Gesamthand als besondere Wirkungseinheit (Gruppe) zu erinnern (Rn 40 f). **Zuordnungssubjekt** des Gesamthandsvermögens, d.h. Berechtigter in Bezug auf die zum Gesellschaftsvermögen gehörenden Sachen und Rechte (und Verpflichteter aus den namens der OHG (KG) eingegangenen Verbindlichkeiten) ist die **Gesellschaft** (Gesamthand) **als solche,** nicht sind es ihre Gesellschafter. Diese sind nach dem Gesamthandsprinzips zwar „gesamthänderisch" mitberechtigt an der Gesamtheit der Gegenstände des Gesellschaftsvermögens, dies jedoch nur in ihrer Eigenschaft als Mitglieder des Verbands. Ausdruck dieser notwendig mit der Mitgliedschaft verbundenen gesamthänderischen Berechtigung sind das in **§ 719 Abs. 1 BGB** vorgesehene Verfügungsverbot über den Anteil am Gesellschaftsvermögen (Rn 276) und das in **§ 738 Abs. 1 S. 1 BGB** für den Ausscheidensfall geregelte Institut der An- und Abwachsung (vgl. Rn 279). Die Vorschriften lauten wie folgt: 275

§ 719

(1) Ein Gesellschafter kann nicht über seinen Anteil an dem Gesellschaftsvermögen und an den einzelnen dazu gehörenden Gegenständen verfügen; er ist nicht berechtigt, Teilung zu verlangen.

§ 738

(1) [1]Scheidet ein Gesellschafter aus der Gesellschaft aus, so wächst sein Anteil am Gesellschaftsvermögen den übrigen Gesellschaftern zu.

b) **Zwingende Geltung der Verfügungsverbote des § 719 Abs. 1 BGB.** Aus dem unauflöslichen Zusammenhang zwischen Gesellschafterstellung und gesamthänderischer Beteiligung folgt die zwingende Geltung des in § 719 Abs. 1, 1. Fall, BGB geregelten Ver- 276

[835] Vgl. KG Seufferts Archiv 68 Nr. 8; MünchKommBGB[5]/*Ulmer*/*C. Schäfer* § 718 Rn 20.

[836] MünchKommBGB[5]/*Ulmer*/*C. Schäfer* § 718 Rn 20; Soergel/*Hadding*[12] § 718 Rn 12; Staudinger/*Habermeier* BGB (2003) § 718 Rn 8.

fügungsverbots in Bezug auf den **Anteil am Gesellschaftsvermögen**. Soweit Rechtsprechung und Literatur den „Vermögensanteil" des Gesellschafters für mit Zustimmung der Mitgesellschafter übertragbar halten, die Vorschrift des § 719 Abs. 1, 1. Fall, BGB also als dispositiv ansehen[837], beruht das auf einer Verwechslung von Gesellschafts- und Vermögensanteil[838] (zur Übertragbarkeit des Gesellschaftsanteils vgl. Rn 294 ff). Zwar geht mit Übertragung des Gesellschaftsanteils (der Mitgliedschaft) auch die gesamthänderische Berechtigung am Gesellschaftsvermögen auf den neuen Gesellschafter über. Der Übergang ist jedoch nicht Gegenstand, sondern zwingende *Folge* des Übertragungsakts, da die gesamthänderische Berechtigung wegen ihrer notwendigen Verbindung mit der Mitgliedschaft den *jeweiligen* Gesellschaftern zusteht (Rn 275).

277 Beabsichtigten die Parteien eine auf die Vermögensbeteiligung des Gesellschafters beschränkte Übertragung und wählten sie dazu entgegen § 719 Abs. 1 BGB den Weg einer Verfügung über den „Vermögensanteil", so kommt je nach Lage des Falles eine **Umdeutung der nichtigen Verfügung** nach § 140 BGB in eine solche über die nach § 717 S. 2 BGB selbständig abtretbaren *Vermögensrechte* aus dem Anteil (Anspruch auf Gewinn, Aufwendungsersatz und Auseinandersetzungsguthaben) in Betracht[839]. Ob daneben mit Zustimmung der Mitgesellschafter auch eine Verfügung über den *Vermögenswert* der Beteiligung möglich ist, ist ebenso wie die Frage nach der Anerkennung eines derartigen, den Inbegriff der mitgliedschaftlichen Vermögensrechte bildenden Wertrechts umstritten[840]. Eine Umdeutung in die Übertragung der ganzen *Mitgliedschaft* ist, auch wenn der Gesellschaftsvertrag sie zulässt, vom Willen der Beteiligten nicht gedeckt, wenn die Verfügung sich nur auf die Vermögensstellung des Gesellschafters beziehen sollte.

278 Zwingender Natur ist auch das in § 719 Abs. 1, 2. Fall, BGB geregelte Verfügungsverbot für den **Anteil an den einzelnen Gegenständen des Gesellschaftsvermögens**[841]. Das folgt daraus, dass es derartige Einzelberechtigungen der Gesellschafter an den zum Gesamthandsvermögen gehörenden Gegenständen nicht gibt. Im Unterschied zum Bruchteilseigentum, das ideelle Bruchteile der Teilhaber an dem ihnen gemeinschaftlich zustehenden Recht kennt und den Teilhabern nach § 747 BGB die getrennte Verfügung hierüber gestattet, beruht das Gesamthandseigentum auf dem Prinzip der Zusammenfassung der nach § 718 BGB dazugehörenden Gegenstände zu einem einheitlichen Sondervermögen und seiner umfassenden Zuordnung zur Mitgliedergesamtheit oder Gruppe der Gesamthänder (Rn 40 f). Für die Annahme von Anteilen der Gesamthänder an den einzelnen Gegenständen des Sondervermögens ist daher entgegen der missverständlichen

---

837 Vgl. etwa BGHZ 13, 179 (183 f) = NJW 1954, 1155; Baumbach/*Hopt* § 124 Rn 16 f; Staudinger/*Habermeier* BGB (2003) § 719 Rn 3; dagegen zutr. *Huber* Vermögensanteil, S. 163 f; Soergel/*Hadding*[12] § 719 Rn 2; *Wiedemann* Gesellschaftsrecht Bd. I, § 5 II 1b, S. 257; *Westermann* Handbuch Rn I 565; Erman/*Westmann*[12] § 719 Rn 2.

838 So auch noch BGH WM 1987, 981 (982) m. kritischen Anm. *Ulmer* JZ 1987, 881 (882) (mit Fn 12).

839 *A. Hueck* OHG, § 27 II 1, S. 395; für Abhilfe im Wege der Auslegung auch Soergel/*Hadding*[12] § 719 Rn 7, Staudinger/*Habermeier* BGB (2003) § 719 Rn 4.

840 Vgl. einerseits MünchKommBGB[5]/*Ulmer*/*C. Schäfer* § 719 Rn 7; andererseits Soergel/*Hadding*[12] § 719 Rn 5 jew. mwN.

841 Ganz hM, vgl. Soergel/*Hadding*[12] § 719 Rn 6; Staudinger/*Habermeier* BGB (2003) § 719 Rn 7; *Flume* I/1 § 17 II, S. 351; *K. Schmidt* Gesellschaftsrecht, § 59 IV 2a, S. 1754; MünchKommBGB[5]/*Ulmer*/*C. Schäfer* § 719 Rn 8; *Wiedemann* Gesellschaftsrecht Bd. I, § 5 II 1b, S. 257; **aA** *Weber-Grellet* AcP 182 (1982), 316 (331), der einverständliche Abweichungen zulässt, freilich aufgrund unzutr. Bejahung von Anteilen der Gesellschafter an einzelnen Gegenständen des Gesamthandsvermögens.

Formulierung in §§ 719 Abs. 1 BGB, 859 Abs. 1 S. 2 ZPO kein Raum[842]. Dementsprechend kann auch weder der „Anteil“ eines Gesellschafters an einem Gesellschaftsgrundstück mit einem Grundpfandrecht belastet werden[843], noch unterliegt eine Gesamthandsforderung in Höhe ihres der Beteiligung des Gesellschafters entsprechenden Teils dessen Verfügungsgewalt oder dem Vollstreckungszugriff eines Privatgläubigers[844]. Derartige Verfügungen sind – wie für die Pfändung in § 859 Abs. 1 S. 2 ZPO ausdrücklich klargestellt ist – rechtlich wirkungslos.

c) **An- und Abwachsung.** Aus dem unauflöslichen Zusammenhang zwischen Mitgliedschaft und Beteiligung am Gesamthandsvermögen (Rn 275) erklärt sich auch die in § 738 Abs. 1 S. 1 BGB für den Ausscheidensfall geregelte Rechtsfigur der „Anwachsung“ der gesamthänderischen Berechtigung des Ausgeschiedenen bei den verbleibenden Gesellschaftern und die ihr entsprechende „Abwachsung“ beim Beitritt eines neuen Gesellschafters[845]. Die Regelung des **§ 738 Abs. 1 S. 1 BGB** wird daher zutreffend als eine „mehr bildliche Wendung“ bezeichnet, die eine **rechtliche Selbstverständlichkeit** zum Ausdruck bringt[846]. Ohne weiteres verständlich werden An- und Abwachsung, wenn man sich klarmacht, dass damit nur die Verringerung oder Erweiterung der Zahl der die Gesamthand als Zuordnungssubjekt des Gesellschaftsvermögens tragenden Mitglieder umschrieben wird. **279**

Eine **dingliche Rechtsänderung** verbindet sich mit der Anwachsung nur beim **Ausscheiden des vorletzten Gesellschafters.** In diesem Fall erlischt die Gesellschaft; das Gesellschaftsvermögen geht durch „Anwachsung“ im Wege der Gesamtrechtsnachfolge auf den verbleibenden Gesellschafter über und vereinigt sich bei ihm mit seinem Privatvermögen (vgl. § 131 Rn 9, 107; § 140 Rn 26). Demgegenüber ist die *Begründung von Gesamthandsvermögen* im Wege der „Abwachsung“ für den umgekehrten Fall des Eintritts eines Gesellschafters in das Geschäft eines Einzelkaufmanns (§ 28) *ausgeschlossen.* Insoweit bedarf es vielmehr der Übertragung des Geschäftsvermögens auf die neugegründete OHG (KG) in Vollzug der gesellschaftsvertraglich übernommenen Einlageverpflichtung (Rn 271). **280**

d) **Pfändung und Verpfändung des Gesellschaftsanteils**

aa) **Pfändung.** Für die Zwangsvollstreckung in die Mitgliedschaft sieht das HGB in **§ 135** als regelmäßigen Weg die Pfändung und Überweisung des **Anspruchs auf das Auseinandersetzungsguthaben** mit anschließender Kündigung der Gesellschaft durch den Pfändungsgläubiger vor (§ 135 Rn 1 ff). Daneben ist auch die Pfändung und Überweisung der nach § 717 S. 2 BGB übertragbaren Ansprüche auf Gewinn und Aufwendungsersatz möglich (§§ 829, 836 ZPO, dazu § 135 Rn 8). Stattdessen kann der Gläubiger aber auch den **Gesellschaftsanteil** (die Mitgliedschaft) als solchen pfänden (s. schon **281**

842 Soergel/*Hadding*[12] § 706 Rn 6; Erman/*Westermann*[12] § 719 Rn 2; *K. Schmidt* Gesellschaftsrecht, § 58 IV 2a, S. 1436; **aA** *Weber-Grellet* AcP 182 (1982), 316 (331).

843 So zutr. schon KGJ 24 (1902) Nr. 36 S. A 126 f.

844 KG Seufferts Archiv 68 (1913) Nr. 8 (Pfändung des Anteils an einer Mietforderung); so zur Pfändung auch MünchKommBGB[5]/*Ulmer/C. Schäfer* § 719 Rn 8; Staudinger/*Habermeier* BGB (2003) § 719 Rn 19.

845 Vgl. dazu *Flume* I/1 § 17 VIII, S. 369 ff; MünchKommBGB[5]/*Ulmer/C. Schäfer* § 718 Rn 6 ff; Soergel/*Hadding*[12] § 719 Rn 5.

846 So *Flume* I/1, S. 370 in Anschluss an *Larenz* Schuldrecht II, § 60 VIc, S. 407; vgl. auch *K. Schmidt* BMJ-Gutachten, S. 473 („schlecht formulierte Trivialität“).

Rn 131). Die Pfändung ist für den Anteil an einer GbR in § **859 Abs. 1 ZPO**[847] ausdrücklich zugelassen. Die Vorschrift gilt entsprechend für den OHG-(KG-)Anteil;[848] auf die Übertragbarkeit des Anteils nach dem Gesellschaftsvertrag kommt es für die Pfändung nicht an. Zur **Durchführung** der Pfändung vgl. § 135 Rn 12 f. Der Pfandgläubiger erlangt ein Pfandrecht an den mit dem Anteil verbundenen *Vermögensrechten*, darunter neben dem Anspruch auf das Auseinandersetzungsguthaben auch an den jeweils neu entstehenden Gewinnansprüchen; er kann sich dadurch die Notwendigkeit stets erneuter Pfändung dieser Ansprüche ersparen (vgl. § 135 Rn 7)[849]. Dagegen steht ihm nach §§ 105 Abs. 3 i.V.m. § 725 Abs. 1 BGB die Ausübung der mitgliedschaftlichen Verwaltungs- und Kontrollrechte nicht zu; auch § 1258 BGB betr. das Pfandrecht an einem Miteigentumsanteil greift nicht ein[850]. Wohl aber kann der Pfandgläubiger das gesetzliche Kündigungsrecht aus § 135 auch dann ausüben, wenn er nicht das Auseinandersetzungsguthaben, sondern den Anteil als solchen gepfändet hat, sofern die Voraussetzungen des § 135 im Übrigen erfüllt sind (§ 135 Rn 7, 12).

282 bb) **Verpfändung.** Die Verpfändung des Gesellschaftsanteils richtet sich nach §§ 1273, 1274 BGB (Rn 132).[851] Mit Rücksicht auf die grundsätzliche Unübertragbarkeit (und das damit verbundene Verpfändungshindernis des § 1274 Abs. 2 BGB) ist sie **nur** möglich, wenn die **Übertragbarkeit** des Anteils im Gesellschaftsvertrag generell zugelassen ist[852] oder die Mitgesellschafter ihre Zustimmung ad hoc zur Verpfändung erteilen[853]. Fehlt es hieran, so bleibt nur die Möglichkeit der Verpfändung der nach § 717 S. 2 BGB getrennt übertragbaren Vermögensrechte (§ 1279 BGB). Einer Anzeige der Verpfändung gegenüber Mitgesellschaftern oder Geschäftsführern bedarf es ebenso wenig wie im Fall der Anteilsübertragung (Rn 302); die auf die Verpfändung von Forderungen bezogene Vor-

---

[847] Die Vorschrift lautet: „Der Anteil eines Gesellschafters an dem Gesellschaftsvermögen einer nach § 705 des Bürgerlichen Gesetzbuchs eingegangenen Gesellschaft ist der Pfändung unterworfen. Der Anteil eines Gesellschafters an den einzelnen zu dem Gesellschaftsvermögen gehörenden Gegenständen ist der Pfändung nicht unterworfen."

[848] BGHZ 116, 222 (229) = NJW 1992, 830; BGHZ 97, 392 (394) = NJW 1986, 1997; BGH BB 1977, 10 (11); BFH NJW 1987, 2703; *A. Hueck* OHG, § 24 II 2d, S. 369; *Flume* I/1 § 17 III, S. 355 f; Baumbach/*Hopt* § 124 Rn 21; Zöller/*Stöber* ZPO[26] § 859 Rn 6; MünchKommZPO/*Smid*[3] § 859 Rn 25; *Roth* ZGR 2000, 187 (205); *Wiedemann* Gesellschaftsrecht Bd. II, § 5 II 2b aa, S. 449 f; *Wertenbruch* Zwangsvollstreckung, S. 487 ff, 562; *Wössner* Pfändung des Gesellschaftsanteils S. 22 ff, 41 f; **aA** noch *K. Schmidt* JR 1977, 177 ff und AcP 182 (1982), 481 (495) der bei *allen* Arten von Personengesellschaftsanteilen als Pfändungsgegenstand entgegen dem Wortlaut des § 859 Abs. 1 ZPO nicht den Anteil als solchen ansieht, sondern nur die nach § 717 S. 2 BGB übertragbaren Vermögensrechte; jetzt aber *K. Schmidt* Gesellschaftsrecht, § 45 IV 2b, S. 1327 und MünchKommHGB/*K. Schmidt* § 135 Rn 2, 9.

[849] Vgl. § 725 Abs. 2 BGB, dazu näher MünchKommBGB[5]/*Ulmer*/*C. Schäfer* § 725 Rn 24.

[850] So zutr. bereits RGZ 95, 231 (233).

[851] MünchKommHGB/*K. Schmidt* Rn 225; Ebenroth/Boujong/Joost/Strohn/*Wertenbruch* Rn 172; *H. Roth* ZGR 2000, 187 (209).

[852] So auch MünchKommBGB[4]/*Damrau* § 1274 Rn 70; MünchKommHGB/*K. Schmidt* Rn 225; Soergel/*Habersack*[13] § 1274 Rn 40; *Huber* Vermögensanteil, S. 417; enger *Flume* I/1 § 17 VII, S. 367 und *Wiedemann* Gesellschaftsrecht Bd. II, § 5 II 2b bb, S. 449; *ders.* Übertragung, S. 423, die wegen der besonderen Wirkungen der Verpfändung die Zulassung der Übertragung nicht ausreichen lassen wollen, sondern Zustimmung speziell zur Verpfändung fordern.

[853] RG Seufferts Archiv 83 (1929) Nr. 109.

schrift des § 1280 BGB greift nicht ein.[854] Die **Wirkungen** einer Verpfändung des Anteils entsprechen im Grundsatz denjenigen seiner Pfändung: der Pfandgläubiger erlangt ein Pfandrecht an allen mit dem Anteil verbundenen Vermögensrechten. Das Gesamthandsvermögen als solches und die insoweit bestehende Verfügungsbefugnis der Gesellschaftsorgane werden von der Pfändung bzw. Verpfändung jedoch nicht erfasst.[855] Gegen Verschlechterungen seiner Rechtsstellung durch Vertragsänderungen der Gesellschafter oder einseitige Maßnahmen des Pfandrechtsbestellers ist er durch § 1276 BGB geschützt[856]; es gilt Entsprechendes wie für den Schutz des Nießbrauchers durch § 1071 BGB (vgl. Rn 124 f). Mitverwaltungsrechte am Anteil stehen ihm aufgrund der Verpfändung nicht zu[857]; jedoch sind ihm – in entsprechender Anwendung der §§ 1273 Abs. 2, 1258 BGB – eigenständige Informations- und Kontrollbefugnisse neben dem Pfandrechtsbesteller insoweit zuzubilligen, als er sie zur Durchsetzung seines Pfandrechts benötigt[858].

Die **Verwertung** des Pfandrechts erfolgt nach § 1277 S. 1 BGB grundsätzlich im Wege **283**
der Zwangsvollstreckung. Der Pfandgläubiger kann danach in die Vermögensrechte aus dem Anteil vollstrecken und sich diese zur Einziehung überweisen lassen. Insoweit kann er dann auch vom *Kündigungsrecht des § 135* Gebrauch machen und den Anteilswert liquidieren; die Verpfändung als solche reicht hierfür nicht aus[859]. Ist der Anteil nach dem Gesellschaftsvertrag generell übertragbar, kann der Pfandgläubiger sich auch um dessen Verwertung durch **öffentliche Versteigerung** oder **freihändigen Verkauf** bemühen (§§ 857 Abs. 5, 844 ZPO)[860].

---

[854] EinhM, vgl. RGZ 57, 414 (415) MünchKommBGB[4]/*Damrau* § 1274 Rn 70; Soergel/*Habersack*[13] § 1280 Rn 2; Staudinger/*Wiegand* BGB (2002) § 1280 Rn 4; Ebenroth/Boujong/Joost/Strohn/*Wertenbruch* Rn 169; *Wiedemann* Übertragung, S. 425. Die abweichende Beurteilung für den Fall der Anteilspfändung beruht auf der Sonderregelung der §§ 857 Abs. 1, 829 Abs. 2 ZPO.

[855] Daher ist auch kein Raum für eine Eintragung der (Ver-)Pfändung im Grundbuch (so für die Pfändung eines GbR-Anteils zutr. OLG Zweibrücken OLGZ 1982, 406; OLG Hamm WM 1987, 972 (973) mwN); s.a. MünchKommBGB[4]/*Damrau* § 1287 Rn 71; MünchKommBGB[5]/*Ulmer*/*C. Schäfer* § 719 Rn 56.

[856] Voraussetzungen und Umfang der Mitspracherechte des Pfandgläubigers aus § 1276 BGB sind str.; vgl. näher insbes. *Wiedemann* Gesellschaftsrecht Bd. II, § 5 II 2b cc, S. 452; *ders.* Übertragung, S. 429 ff und MünchKommBGB[4]/*Damrau* § 1274 Rn 60 und 71, jew. mwN, für die Verpfändung eines GmbH-Anteils auch RGZ 139, 224 ff.

[857] *Flume* I/1 § 17 II, S. 368; *Wiedemann* Übertragung, S. 428 Fn 4; MünchKommBGB[5]/*Ulmer*/*C. Schäfer* § 719 Rn 55; MünchKommBGB[4]/*Damrau* § 1258 Rn 12, § 1274 Rn 71; MünchKommHGB/*K. Schmidt* § 135 Rn 35; Soergel/*Habersack*[13] § 1274 Rn 30; *Wiedemann* Gesellschaftsrecht Bd. II, § 5 II 2b cc, S. 451; für die Anteilspfändung auch RGZ 60, 126 (131); OLG Hamm WM 1987, 972 (973); **aA** – für entspr. Anwendung von § 1258 BGB – Soergel/*Mühl*[12] § 1258 Rn 1; Staudinger/*Wiegand* BGB (2002) § 1274 Rn 52 f; Erman/*Michalski*[12] § 1258 Rn 1, jeweils unter Berufung auf RGZ 83, 27 (30) und 84, 395 (396 f) (betr. Pfandrecht an Anteilen einer Erbengemeinschaft).

[858] Soergel/*Habersack*[13] § 1274 Rn 40; MünchKommHGB/*K. Schmidt* § 135 Rn 35; *Roth* ZGR 2000, 187 (210); MünchKommBGB[5]/*Ulmer*/*C Schäfer* § 719 Rn 55; ähnlich *Wiedemann* Übertragung, S. 432; im Erg. auch KG OLGE 21, 386.

[859] Vgl. näher *Flume* I/1 § 17 VII, S. 368 f; so auch MünchKommBGB[4]/*Damrau* § 1274 Rn 72; Soergel/*Habersack*[13] § 1274 Rn 41; MünchKommHGB/*K. Schmidt* § 135 Rn 38; MünchKommBGB[5]/*Ulmer*/*C. Schäfer* § 719 Rn 57 f.

[860] Soergel/*Habersack*[13] § 1274 Rn 41; MünchKommHGB/*K. Schmidt* § 135 Rn 39.

284 4. **Verfügung über Gesamthandsvermögen.** Entsprechend der Zuordnung des Gesamthandsvermögens zur Gesellschaft (OHG, KG) (Rn 40 f, 275) steht die Kompetenz, über die zum Gesamthandsvermögen gehörenden, der OHG (KG) zustehenden Gegenstände zu verfügen, ausschließlich den **vertretungsbefugten Geschäftsführern** der Gesellschaft sowie den von diesen namens der Gesellschaft bevollmächtigten Personen (Prokuristen, Handlungsbevollmächtigten u.a.) zu, nicht dagegen den Gesellschaftern als solchen, sei es einzeln oder gemeinschaftlich. Darin bestätigt sich die mit der gesamthänderischen Zuordnung bewirkte *Bindung* des Gesellschaftsvermögens für die Verfolgung des gemeinsamen Zwecks unter Ausschluss der Gesellschafter oder ihrer (Privat-) Gläubiger. Eine Verfügung der Gesellschafter über ihren „Anteil an den einzelnen Gegenständen des Gesellschaftsvermögens" ist schon deshalb ausgeschlossen, weil es einen solchen Anteil nicht gibt (Rn 278). Zur Zustimmungsbedürftigkeit einer Verfügung der Geschäftsführer über das ganze Geschäftsvermögen (das Unternehmen) wegen der darin liegenden faktischen Änderung des Gesellschaftsvertrags vgl. § 116 Rn 11 f.

285 Die **Gesellschafter** als solche haben nach gesetzlicher Regel nur das Recht, über die nach § 717 S. 2 BGB übertragbaren mitgliedschaftlichen Vermögensrechte zu verfügen. Außerdem können sie durch Kündigung des Gesellschaftsvertrags, bei Zulassung im Gesellschaftsvertrag oder Zustimmung der Mitgesellschafter auch durch Anteilsübertragung (Rn 294 ff) oder -belastung[861], über die Mitgliedschaft als solche verfügen. Dagegen verbindet sich mit der Befugnis, Sozialansprüche der Gesellschaft gegen Mitgesellschafter im eigenen Namen gerichtlich geltend zu machen (actio pro socio, vgl. Rn 256 ff), nicht etwa eine materiellrechtliche Verfügungsbefugnis der einzelnen Gesellschafter über diese Ansprüche; sie handeln insoweit vielmehr in quasi-gesetzlicher Prozessstandschaft (Rn 256).

5. Der Besitz in der OHG

286 a) **Die Zuordnung des Besitzes.** Die Frage, ob Personengesellschaften angesichts ihrer Gesamthandsstruktur Besitzer sein können oder ob der Besitz den geschäftsführenden bzw. sämtlichen Gesellschaftern zuzurechnen ist, bereitete Rechtsprechung und Literatur früher Schwierigkeiten. Sie waren z.T. terminologischer Art, weil der Besitz der Gesamthand nicht immer von der besitzrechtlichen Figur des „gesamthänderischen" (qualifizierten) Mitbesitzes[862], d.h. des (nicht vom Vorliegen eines Gesamthandsverhältnisses abhängigen) Mitverschlusses mehrerer Besitzer bzw. ihrer gemeinsamen Herrschaftsausübung gegenüber einem Besitzdiener unterschieden wurde[863]. Zum Teil spiegelten sich in den besitzrechtlichen Erörterungen aber auch die Probleme sachgerechter Erfassung der gesellschaftsrechtlichen Gesamthand wider. Wegen § 124 ist zwar für OHG und KG schon seit langem anerkannt, dass diese selbst als Besitzer anzusehen sind (Voraufl. Rn 295 [*Ulmer*])[864]. Für die GbR hat sich diese Beurteilung aber erst mit Anerkennung

---

861 Nießbrauchsbestellung (Rn 114 ff) oder Verpfändung (Rn 291 f).

862 Sie geht zurück auf *M. Wolf* JherJb 44 (1902), 143 (159 ff); vgl. dazu *Baur/Stürner* Sachenrecht[17] § 7 Rn 79 f; MünchKomm-BGB[4]/*Joost* § 866 Rn 9.

863 Zur uneinheitlichen Terminologie vgl. Soergel/*Hadding*[12] § 718 Rn 17 und Soergel/*Stadler*[13] § 866 Rn 2 jew. mN. Von „Mitbesitz der Gesellschafter zur gesamten Hand" sprechen etwa *Kuchinke* FS Paulick, 1973, S. 53 f und *Steindorff* Festgabe Kronstein, 1967, S. 160.

864 So BGHZ 86, 300 (307) und 340, 344 = NJW 1983, 1114 und 1123; BGH WM 1967, 938; KG NJW 1977, 1160; *A. Hueck* OHG, § 19 II, S. 272; Westermann/*Wertenbruch* Handbuch Rn I 691; Palandt/*Bassenge*[67] § 854 Rn 12; Heymann/*Emmerich* § 124 Rn 6; MünchKommBGB[4]/*Joost*

ihrer Rechtsfähigkeit durchgesetzt.[865] Ist somit **allein die Gesellschaft Besitzer** der zum Gesellschaftsvermögen gehörenden Sachen, so wird die Sachherrschaft durch die Geschäftsführer – bzw. durch die von diesen eingesetzten Mitarbeiter als Besitzdiener – ausgeübt. Den Rechtsgrund für diese Beurteilung bildet die Gesamthand als eigenständiges, von den Gesellschaftern in personen- und vermögensrechtlicher Hinsicht zu unterscheidendes Zuordnungssubjekt (Rn 40 f)[866]. Die Gegenauffassung, die den Besitz den Gesellschaftern zuordnen wollte (Voraufl. Rn 295 f [*Ulmer*]), ist heute überholt.[867]

b) **Rechtsfolgen.** Die Anerkennung der Besitzerstellung der OHG (KG) sorgt dafür, **287**
dass die verschiedenen den Besitzer begünstigenden Regelungen im Hinblick auf die Gesamthand nicht leerlaufen, sondern ihre Schutzfunktion für sie voll entfalten und die vom Gesetz mit dieser Rechtsfigur beabsichtigte Bindung des Gesamthandsvermögens für die Verfolgung des gemeinsamen Zwecks absichern[868]. So ist die Gesamthand durch § 935 BGB gegen gutgläubigen Erwerb Dritter bei Verfügungen durch andere als die Organmitglieder oder in ihrem Auftrag handelnde Personen geschützt; das gilt auch bei Verfügung nichtberechtigter Gesellschafter, falls ihnen nicht der Besitz an der veräußerten Sache von den Geschäftsführern zuvor übertragen wurde[869]. Besitzansprüche wegen Besitzentziehung aus **§ 861 BGB** stehen der Gesamthand auch dann zu, wenn die Entziehung von ehemaligen Geschäftsführern ausgeht, die die tatsächliche Sachherrschaft über Gesamthandsgegenstände trotz ihres Ausscheidens behalten haben; Entsprechendes gilt für die Besitzstörung (§ 862 BGB) und die Selbsthilfe nach § 859 BGB. Die Rechtsfolgen der **§§ 937, 955, 1006 BGB** kommen nach zutreffender Ansicht der Gesamthand als solcher zugute und nicht etwa den die Sachherrschaft ausübenden Geschäftsführern[870]; ebenso greifen die Ansprüche aus **§§ 987 ff, 1007 BGB** sowie der deliktische Besitzschutz zugunsten der Gesamthand ein. Gutgläubiger Erwerb der Gesamthand nach **§§ 932 ff, 1207 BGB** wird nicht dadurch gefährdet, dass die Besitzverschaffung zugunsten der Gesamthand auf konstruktive Bedenken stößt[871]. Beim Tod eines Geschäftsführers geht der Besitz an Gesamthandsgegenständen nicht etwa auf dessen Erben (§ 857 BGB) über, sondern verbleibt der Gesamthand[872]. Ansprüche des Eigentümers auf Herausgabe (§ 985 BGB) sind gegen die Gesamthand als Besitzer zu richten, nicht aber gegen die Geschäftsführer persönlich oder gegen sämtliche Gesellschafter.

---

§ 854 Rn 23; Staudinger/*Bund* BGB (2000) § 866 Rn 18; Soergel/*Stadler*[13] § 854 Rn 16; MünchKommHGB/*K. Schmidt* § 124 Rn 7; Ebenroth/Boujong/Joost/Strohn/*Wertenbruch* § 124 Rn 7; im Erg. auch *Flume* I/1 § 6 II, S. 79; Soergel/*Hadding*[12] § 718 Rn 18 und *K. Schmidt* Gesellschaftsrecht, § 10 III 3a, S. 269 f; offenlassend noch BGHZ 57, 166 (167 f) = NJW 1972, 43 und *Baur/Stürner* Sachenrecht[17] § 7, 80; **aA** – für Mitbesitz der Gesellschafter – noch Soergel/*Mühl*[11] § 866 Rn 2; für gesamthänderischen Mitbesitz *Kuchinke* (Fn 863); ähnlich auch *Steindorff* (Fn 863), S. 156 ff, 160, 169 f.

[865] Dazu näher MünchKommBGB[5]/*Ulmer/C. Schäfer* § 718 Rn 36 f.

[866] Darauf verweisen zutr. die Vertreter der Ansicht, die auch die GbR als Besitzer ansehen (*Flume, Hadding, Ulmer/C. Schäfer*, vgl. Fn 865 sowie *K. Schmidt* Gesellschaftsrecht, § 10 III 3a, S. 269 f).

[867] So auch MünchKommHGB/*K. Schmidt* § 124 Rn 7.

[868] Vgl. dazu näher *Flume* I/1 § 6 III, S. 81 ff; MünchKommBGB[5]/*Ulmer*/C. Schäfer § 718 Rn 38; Soergel/*Hadding*[12] § 718 Rn 19.

[869] Staudinger/*Bund* BGB (2000) § 866 Rn 19.

[870] *Flume* I/1 § 6 III, S. 83; MünchKommHGB/*K. Schmidt* § 124 Rn 7; Soergel/*Hadding*[12] § 718 Rn 19; so im Erg. auch *Ballerstedt* JuS 1965, 277; *Kuchinke* (Fn 863), S. 47.

[871] Vgl. zum gutgläubigen Pfandrechtserwerb durch eine Arbeitsgemeinschaft (GbR) BGHZ 86, 300 (307) = NJW 1983, 1114.

[872] Heute unstr., zu älteren Ansichten vgl. Voraufl. Rn 297 (*Ulmer*).

IV. Gesellschafterwechsel

Schrifttum

Flume Die Rechtsnachfolge in die Mitgliedschaft in einer Personengesellschaft durch Übertragung der Mitgliedschaft, FS Larenz (1973), S. 769 (= Allgemeiner Teil des Bürgerlichen Rechts, Band I/1, § 17); *Hadding* Die Mitgliedschaft in handelsrechtlichen Personalgesellschaften – Ein subjektives Recht? FS Reinhardt (1972), S. 249; *Hennerkes/Binz* Das sog. Anwachsungsmodell – zur „Umwandlung" einer GmbH & Co. auf ihre Komplementär-GmbH durch Ausscheiden aller Kommanditisten, FS Meilicke (1985), S. 31; *Huber* Vermögensanteil, Kapitalanteil und Gesellschaftsanteil an Personalgesellschaften des Handelsrechts (1970), S. 349 ff, 369 ff; *Lutter* Theorie der Mitgliedschaft, AcP 180 (1980), 85, 97 ff; *Müller-Laube* Der Einfluß von Personenwechsel und Gestaltwandel auf die Identität der Personengesellschaft, FS E. Wolf (1985), S. 501; *Teichmann* Der Übergang von Sozialansprüchen und Sozialverbindlichkeiten in der Personalgesellschaft, NJW 1966, 2336; *Wiedemann* Die Übertragung und Vererbung von Mitgliedschaftsrechten bei Handelsgesellschaften (1965) S. 43 ff; *ders.* Die Personengesellschaft – Vertrag oder Organisation? ZGR 1996, 286; *ders.* Gesellschaftsrecht, Band II, § 5 II 1 S. 422 ff.

1. Grundlagen

a) Gestaltungsmöglichkeiten

288 aa) **Überblick.** Nach klassischer, von der Vertragsnatur der Personengesellschaft ausgehender Vorstellung vollzieht sich der Gesellschafterwechsel im Wege **zweier getrennter Vereinbarungen** der Gesellschafter: derjenigen mit dem Ausscheidenden (soweit das Ausscheiden nicht auf Kündigung o.ä. beruht) und derjenigen mit dem Neueintretenden (Theorie des Doppelvertrags, vgl. Rn 289 f). Es handelt sich um ein aus konstruktiver Sicht zufälliges Zusammentreffen von – ebenso gut je isoliert möglicher – Ausscheidens- und Eintrittsvereinbarung. Heute ist hingegen auch die **Übertragbarkeit der Mitgliedschaft** als solche anerkannt; sie vollzieht sich als Rechtsübertragung (§ 413 BGB) allein zwischen Veräußerer und Erwerber, bedarf allerdings zur ihrer Wirksamkeit des Einverständnisses der Mitgesellschafter (Rn 291). Angesichts der unterschiedlichen Rechtswirkungen (Rn 292 f) kommt der Art der Gestaltung erhebliche Bedeutung zu. Ist zwischen altem und neuem Gesellschafter aufgrund eines entsprechenden Kausalgeschäfts (Schenkungsversprechen, Kaufvertrag u.a.) ein echter Gesellschafterwechsel gewollt, so ist trotz Mitwirkung der Mitgesellschafter **im Zweifel** nicht von einer Kombination aus Aus- und Eintritt, sondern von einer **Anteilsübertragung** auszugehen.[873]

289 bb) **Ausscheiden und Eintritt (Doppelvertrag).** Die Änderung der personellen Zusammensetzung der Gesellschafter durch Austritt oder Eintritt bedeutet jeweils eine **Vertragsänderung.** Sie ist mit Einverständnis aller Gesellschafter grundsätzlich jederzeit möglich und lässt den Fortbestand und die Identität der Gesellschaft unberührt[874]. Soweit der Gesellschaftsvertrag bestimmte Form- oder Zustimmungserfordernisse für Vertragsänderungen enthält, gelten sie im Zweifel auch für Vereinbarungen über das Ausscheiden oder die Neuaufnahme eines Gesellschafters. Für die rechtliche Beurteilung ist es ohne Bedeutung, ob die – je als solche gewollten – Vereinbarungen über Ausscheiden und Neuaufnahme (Eintritt) in einer oder in zwei getrennten Vertragsurkunden getroffen

[873] So ausdrücklich etwa auch MünchKommHGB/*K. Schmidt* Rn 207.

[874] EinhM, vgl. BGHZ 44, 229 (231) = NJW 1966, 499; BGH NJW 1975, 166 (167); Soergel/*Hadding*[12] § 719 Rn 11 und § 736 Rn 14, 17; dazu eingehend *Huber* Vermögensanteil, S. 354 ff mwN.

werden. In beiden Fällen handelt es sich sachlich um **zwei zu unterscheidende Rechtsgeschäfte**, die in Voraussetzungen und Bestand im Zweifel voneinander unabhängig sind und keine unmittelbaren Rechtsbeziehungen zwischen altem und neuem Gesellschafter begründen (Rn 290). Hinsichtlich der Gesamthandsbeteiligung tritt bei den übrigen Gesellschaftern als Folge des Gesellschafterwechsels zunächst Anwachsung mit unmittelbar anschließender Abwachsung (Rn 279 f) ein.

Zwischen den beiden vom Gesellschafterwechsel betroffenen Personen bestehen bei dieser Form des Gesellschafterwechsels mangels gleichzeitiger Gesellschaftszugehörigkeit **keine unmittelbar gesellschaftsrechtlichen Beziehungen**. Auch soweit es zwischen ihnen zu Vereinbarungen kommt, etwa über die Frage der Verrechnung von Abfindungsanspruch und Beitragsverpflichtung, sind diese doch nicht gesellschaftsvertraglicher Art. Aus dem Fehlen von Gesellschaftsbeziehungen folgt zugleich, dass ein Gesellschafterwechsel der hier genannten Art ohne Schwierigkeiten nur im Rahmen einer mehrgliedrigen Gesellschaft möglich ist. In einer **Zweipersonengesellschaft** führt er demgegenüber zumindest für eine logische Sekunde zum Verbleib nur eines Gesellschafters und damit zur Beendigung der Gesellschaft.[875] Dadurch wandelt sich auch das Gesamthandseigentum in Alleineigentum des letzten Gesellschafters um und muss auf rechtsgeschäftlichem Wege neu begründet werden (Rn 280). Um diese meist unerwünschte Folge zu vermeiden, bietet sich entweder der Weg der rechtsgeschäftlichen Anteilsübertragung an (Rn 291) oder derjenige der Aufnahme des Neueintretenden *vor* dem Zeitpunkt, zu dem der nicht fortsetzungsbereite Gesellschafter ausscheidet. 290

cc) **Übertragung der Mitgliedschaft (des Gesellschaftsanteils).** Bei dieser Art des Gesellschafterwechsels handelt es sich nicht um eine Vertragsänderung, sondern um die – allerdings nur mit Zustimmung der Mitgesellschafter (Rn 294 ff) – wirksame **Verfügung über die Mitgliedschaft**,[876] folglich um einen unmittelbaren Rechtsübergang vom Veräußerer auf den Erwerber, ohne dass es zu inhaltlichen Veränderungen des Anteils und zur An- und Abwachsung bei den Mitgesellschaftern kommt. Die Zulässigkeit einer derartigen Anteilsübertragung ist heute einhellig anerkannt[877]; vom Verbot der Verfügung 291

[875] BGHZ 44, 229 (231) = NJW 1966, 499; Ebenroth/*Boujong*/Joost HGB[1] Rn 162; Soergel/*Hadding*[12] § 719 Rn 11; MünchKommBGB[5]/*Ulmer*/*C. Schäfer* § 719 Rn 19; *Wiedemann* Gesellschaftsrecht II, § 5 II 1a, S. 424. **AA** MünchKommHGB/*K. Schmidt* Rn 208, der es als „nicht gewollt" ansieht, dass es zunächst zu einem Erwerb des verbleibenden Gesellschafters und damit zur Beendigung der Gesellschaft kommt. Zur Grunderwerbsteuerpflicht bei vorübergehender Beendigung der Gesellschaft vgl. BFH NJW 1979, 1000.

[876] Deutlich etwa MünchKommHGB/*K. Schmidt* Rn 214 und Ebenroth/Boujong/Joost/Strohn/*Wertenbruch* Rn 159; *Wiedemann* Gesellschaftsrecht Bd. II, § 5 II 1d, S. 429. Anders noch die Anhänger der Theorie der Vertragsübernahme, die an die Vertragsnatur der Mitgliedschaft anknüpften und in der Verfügung die Übertragung eines Rechtsverhältnisses nach § 311 Abs. 1 BGB n.F. (§ 305 BGB a.F.) sehen (so insbes. noch Soergel/*Hadding*[12] § 719 Rn 14 und *Hadding* FS Reinhardt, 1972, S. 249 ff; dagegen schon *Huber* Vermögensanteil, S. 363 ff mwN).

[877] BGHZ 13, 179 (185 f) = NJW 1954, 1155; BGHZ 44, 229 (231) = NJW 1966, 499; BGHZ 71, 296 (297) = NJW 1978, 1525; BGHZ 81, 82 (87) = NJW 1981, 2747; ebenso schon RG DNotZ 1944, 195 = WM 1964, 1130 zum Übergang eines Kommanditanteils unter Vermeidung der Haftungsfolgen des § 172 Abs. 4 HGB für den Ausscheidenden; vgl. im Übrigen nur *A. Hueck* OHG § 27 II 2, S. 395 f; *Flume* I/1 § 17 II, S. 349 ff; MünchKommHGB/*K. Schmidt* Rn 213; Röhricht/Graf v. Westphalen/*v. Gerkan*/*Haas* Rn 85; *Westermann* Handbuch Rn I 1032 f; Ebenroth/Boujong/Joost/Strohn/*Wertenbruch* Rn 159; Soergel/

über den „Anteil am Gesellschaftsvermögen" (§ 719 Abs. 1 BGB, vgl. dazu Rn 276) wird sie nicht erfasst. Darin zeigt sich eine deutliche Annäherung der Mitgliedschaft in der Personengesellschaft an diejenige in AG und GmbH[878]. Die Entwicklung spiegelt in Bezug auf die Mitgliedschaft die Verselbständigung wieder, die die Gesamthand als besondere, teilrechtsfähige Wirkungseinheit insgesamt gegenüber den hinter ihr stehenden Gesellschaftern erlangt hat (Rn 40 f).[879] Konsequentermaßen hat die Rechtsprechung auch die vollständige und **gleichzeitige Auswechslung aller Mitglieder** unter Wahrung der Identität der Personengesellschaft und Aufrechterhaltung des ihr zugeordneten Gesamthandsvermögens im Wege der **Anteilsübertragung auf einen Erwerber** anerkannt[880]. Folglich ist auch die Übertragung auf Mitgesellschafter selbst dann möglich, wenn der Erwerber der letzte verbleibende Gesellschafter ist[881]. Die Gesellschaft erlischt infolge der Anteilsvereinigung dann jeweils liquidationslos; das Gesamthandseigentum wandelt sich im Wege der Anwachsung in Alleineigentum beim Anteilserwerber um, ohne dass es dazu einer Verfügung über die einzelnen Vermögensgegenstände bedarf (s.a. § 131 Rn 9)[882].

292 b) **Praktische Unterschiede.** Die beiden Gestaltungsmöglichkeiten eines Gesellschafterwechsels unterscheiden sich nicht nur in der rechtlichen Konstruktion, sondern auch in Bezug auf die damit für die Beteiligten verbundenen **Rechtsfolgen**[883]. Ein Abfindungsanspruch des Ausscheidenden gegen die Gesellschaft kommt nur beim Doppelvertrag, also bei Kombination von Aus- und Eintritt zur Entstehung; nur in diesem Fall greifen die Vorschriften der §§ 738 bis 740 BGB ein[884]. Demgegenüber lässt die Anteilsübertragung die Zahl der Gesellschafter grundsätzlich unberührt. Der Neueintretende ist als Rechtsnachfolger des Ausgeschiedenen regelmäßig nicht zu neuen Beitragsleistungen verpflichtet. Soweit er diesem gegenüber Verpflichtungen übernommen hat, bestimmen sie sich nach dem zwischen ihnen vereinbarten, der Anteilsübertragung zugrunde liegenden

---

Hadding[12] § 719 Rn 11; MünchKommBGB[5]/*Ulmer*/*C. Schäfer* § 719 Rn 25 ff; *K. Schmidt* Gesellschaftsrecht, § 45 III 2, S. 1320 ff; *Wiedemann* Übertragung, S. 43 ff, 61; *Huber* Vermögensanteil, S. 369 ff, 387; *Lutter* AcP 180 (1980), 84 (97 ff).

[878] Die Gemeinsamkeiten zwischen Personen- und Kapitalgesellschaftsanteilen als Gegenstand des Verfügungsgeschäfts betont insbes. *Lutter* AcP 180 (1980), 84 (97 ff, 155). Vgl. dazu auch *Flume* I/1 § 17 II, S. 351 und *K. Schmidt* Gesellschaftsrecht, § 45 III 2c, S. 1323 f unter zutr. Ablehnung der Notwendigkeit einer Analogie zu § 15 Abs. 1 GmbHG, um die Übertragungsmöglichkeit zu begründen (so aber *Huber* Vermögensanteil, S. 380 ff, 387).

[879] Eingehend *Habersack* Mitgliedschaft S. 62 ff, 92 ff.

[880] BGHZ 71, 296 (299) = NJW 1978, 1525; BGH WM 1979, 249 f; allgemein bereits BGHZ 44, 229 (231) = NJW 1966, 499; zust. Soergel/*Hadding*[12] § 719 Rn 11; *Flume* I/1 § 17 V, S. 358; *A. Hueck* OHG, § 27 II 5, S. 399 (einhM); zur Identität der Gesellschaft trotz Auswechslung aller Gesellschafter vgl. auch *Müller-Laube* FS E. Wolf, 1985, S. 501 (513 ff) – Zu den grunderwerbsteuerlichen Folgen bei Übertragung sämtlicher Anteile an einer GbR mit Grundbesitz vgl. Rn 386.

[881] *Flume* I/1 § 17 VIII, S. 373 f; Soergel/*Hadding*[12] § 719 Rn 11. Zur „Umwandlung" einer GmbH & Co. KG auf die Komplementär-GmbH durch Anteilsübertragung seitens der Kommanditisten und zu den mit diesem Vorgehen verbundenen handels- und steuerrechtlichen Vorteilen vgl. *Hennerkes*/*Binz* FS Meilicke, 1985, S. 31 ff.

[882] BGHZ 71, 296 (297) = NJW 1978, 1525; BGH WM 1979, 249 f; aA OLG Zweibrücken OLGZ 1975, 405.

[883] Vgl. auch *Flume* I/1 § 17 V, S. 358; *Wiedemann* Übertragung, S. 52.

[884] BGH NJW 1975, 166 (167); 1981, 1095; MünchKommHGB/*K. Schmidt* Rn 207.

Kausalgeschäft. Die Zustimmung der Mitgesellschafter zur Anteilsübertragung macht sie nicht zum Partner des Veräußerungsvertrags. Scheitert die Anteilsübertragung am Fehlen einer familien- bzw. vormundschaftsgerichtlichen Genehmigung (Rn 299) oder leidet sie an sonstigen Mängeln, so bleibt der Veräußerer Gesellschafter, während im Falle des Doppelvertrags grundsätzlich zwischen der Wirksamkeit von Ausscheiden und Eintritt zu unterscheiden ist. Zur Behandlung fehlerhafter Anteilsübertragungen vgl. Rn 364.

Die gleichzeitige Auswechslung sämtlicher Gesellschafter unter Wahrung der Gesell- **293**
schaftsidentität (Rn 291 aE) ist **nur auf der Grundlage der Anteilsübertragung** möglich. Auch im Fall einer Zweipersonengesellschaft lässt sich ein Gesellschafterwechsel problemlos nur durch Anteilsübertragung durchführen, während der Doppelvertrag je nach Vertragsgestaltung die Gefahr zwischenzeitlicher Beendigung der Gesellschaft und die Notwendigkeit rechtsgeschäftlicher Neubegründung von Gesamthandsvermögen hervorruft (Rn 290). Insgesamt erweisen sich die Rechtsfolgen einer Anteilsübertragung für Gesellschaft und Mitgesellschafter als deutlich vorzugswürdig gegenüber denjenigen beim Doppelvertrag; das spricht dafür, bei gleichzeitigem Ausscheiden und Eintritt eines Gesellschafters ohne Änderung der Rechtsstellung und Kapitalabfluss im Zweifel eine Anteilsübertragung als von den Beteiligten gewollt anzusehen (Rn 288).

2. Einzelheiten der Anteilsübertragung

a) Voraussetzungen

aa) Einverständnis der Mitgesellschafter. Wichtigste Voraussetzung für die Wirksam- **294**
keit der Anteilsübertragung ist das Einverständnis der Mitgesellschafter zum Verfügungsgeschäft zwischen Veräußerer und Erwerber[885]. Das folgt nicht aus dem Verfügungsverbot des § 719 Abs. 1 BGB (Rn 276), sondern aus der grundsätzlichen Unübertragbarkeit der Gesellschafterstellung als Ausdruck des höchstpersönlichen Charakters des Zusammenschlusses in der Personengesellschaft (vgl. § 139 Rn 9).[886] Die Wirksamkeit der vertraglichen *Verpflichtung* eines Gesellschafters zur Anteilsübertragung wird durch das fehlende Einverständnis nicht berührt[887]. Das Einverständnis kann entweder ad hoc oder (weit) im Voraus als Einwilligung – insbes. durch Zulassung im Gesellschaftsvertrag (Rn 295) – oder nachträglich als Genehmigung (vgl. § 184, 185 BGB) erteilt werden (Rn 296).

In der Ausgestaltung der Übertragungsvoraussetzungen im **Gesellschaftsvertrag** sind **295**
die Gesellschafter frei. Sie können die Übertragung generell oder unter Einschränkung auf bestimmte Personen (Mitgesellschafter, Ehegatten, Abkömmlinge u.a.) zulassen (zur parallel liegenden Nachfolgeklausel vgl. § 139 Rn 9 ff). Die Übertragung kann auch an die Zustimmung bestimmter Gesellschafter oder der Geschäftsführer gebunden oder von

---

[885] EinhM, vgl. *K. Schmidt* Gesellschaftsrecht, § 45 II 2c, S. 1323; MünchKommHGB/*K. Schmidt* Rn 213; MünchKommBGB[5]/*Ulmer/C. Schäfer* § 719 Rn 27; Ebenroth/Boujong/Joost/Strohn/*Wertenbruch* Rn 160; Soergel/*Hadding*[12] § 719 Rn 11; Staudinger/*Habermeier* BGB (2003) § 719 Rn 8; *Wiedemann* Gesellschaftsrecht Bd. II, § 5 II 1c, S. 427; eingehend dazu *Wiedemann* Übertragung, S. 58, 61 f; *Huber* Vermögensanteil, S. 353, 369 f, 388 f.

[886] So zu Recht *Flume* I/1 § 17 II, S. 352; vgl. auch *Wiedemann* Übertragung, S. 58; *Huber* Vermögensanteil, S. 388; MünchKommHGB/*K. Schmidt* Rn 213; MünchKommBGB[5]/*Ulmer/C. Schäfer* § 719 Rn 27. Schwer verständliche Kritik an dieser Begründung bei Soergel/*Hadding*[12] § 719 Rn 13.

[887] EinhM, vgl. BGH WM 1958, 49; Soergel/*Hadding*[12] § 719 Rn 15; Ebenroth/Boujong/Joost/Strohn/*Wertenbruch* Rn 160.

einer Mehrheitsentscheidung abhängig gemacht werden[888]. Sieht der Gesellschaftsvertrag vor, dass die Zustimmung nur aus bestimmten Gründen oder aus wichtigem Grund versagt werden darf, so hat der veräußerungswillige Gesellschafter einen Anspruch auf Erteilung der Zustimmung; Sache der beklagten Gesellschafter ist es, das Vorliegen des Versagungsgrundes nachzuweisen[889]. Der Gesellschaftsvertrag kann auch die Teilübertragung von Anteilen zulassen (Rn 312) oder einzelnen Gesellschaftern das Recht einräumen, an ihrer Stelle oder als weitere Gesellschafter dritte Personen aufzunehmen (Präsentationsrecht), ohne dass die Person des oder der Dritten näher bestimmt sein muss[890]. Bei der **Ausübung** des Übertragungs- oder Aufnahmerechts sind die aus der Treupflicht fließenden Schranken zu beachten. Ein zur Unwirksamkeit führender Treupflichtverstoß liegt vor, wenn die Person des Erwerbers für die Mitgesellschafter unzumutbar ist, d.h. wenn ihm gegenüber ein Ausschlussgrund (§ 140) gegeben wäre[891].

296 **Ohne Zulassung** im Gesellschaftsvertrag ist die Anteilsübertragung zunächst **schwebend unwirksam**[892]. Das gilt solange, als ihr nicht sämtliche Mitgesellschafter zugestimmt haben (zu Mehrheitsklauseln vgl. Rn 295) oder die Zustimmung auch nur durch einen Gesellschafter verweigert wurde; die Verweigerung führt zur endgültigen Unwirksamkeit[893]. Die **Zustimmung** bedarf keines ausdrücklichen Beschlusses, sondern kann sich auch aus den Umständen (etwa aus der gemeinsamen Anmeldung des Gesellschafterwechsels zum Handelsregister) ergeben, wenn der Gesellschaftsvertrag hierfür keine besondere Form vorschreibt. Die Geschäftsführer sind an Stelle der Gesellschafter für die Erteilung der Zustimmung nur zuständig, wenn sie hierzu im Gesellschaftsvertrag oder durch Gesellschafterbeschluss ermächtigt worden sind. Nach § 184 Abs. 1 BGB wirkt die nachträglich erteilte Zustimmung (Genehmigung) grundsätzlich auf den Zeitpunkt der Anteilsübertragung bzw. auf ein in der Verfügung vorgesehenes zwischenzeitliches Datum zurück[894]; die Rückdatierung auf einen Zeitpunkt vor Abschluss des Verfügungsgeschäfts ist nur mit Wirkung für das Innenverhältnis möglich (Rn 164).

297 Haben die Gesellschafter der Anteilsübertragung auf einen **Treuhänder** oder der **sicherungsweisen Abtretung** in Kenntnis der Zusammenhänge zugestimmt, so ist darin im Zweifel auch die Zustimmung zur Rückübertragung bei Beendigung der Treuhand-

---

[888] Nicht nur aufgrund des Bestimmtheitsgrundsatzes (§ 119 Rn 34 ff) muss sich die Mehrheitsklausel allerdings *eindeutig* auf die Zustimmung zur Anteilsübertragung beziehen (vgl. auch BGH WM 1961, 303 [304]). Nicht erforderlich ist eine nähere Eingrenzung des Erwerberkreises (vgl. Fn 890).

[889] BGH BB 1961, 347.

[890] Ganz hM, vgl. RGZ 92, 163 (166 f); 128, 172 (176); BGH WM 1958, 49; 1961, 303; *A. Hueck* OHG, § 27 II 2, S. 396; MünchKommHGB/*K. Schmidt* Rn 220; Soergel/*Hadding/Kießling*[12] § 736 Rn 14. Dies gilt vor allem für Publikumsgesellschaften vgl. auch *Wiedemann* ZGR 1996, 286 (297).

[891] BGH WM 1982, 234 (235); Soergel/*Hadding*[12] § 719 Rn 15; MünchKommHGB/*K. Schmidt* Rn 217; MünchKommBGB[5]/*Ulmer/C. Schäfer* § 719 Rn 30; Ebenroth/Boujong/Joost/Strohn/*Wertenbruch* Rn 160; *Wiedemann* Gesellschaftsrecht Bd. II, § 5 II 1c, S. 428.

[892] BGHZ 13, 179 (185 f) = NJW 1954, 1155; BGH WM 1964, 878 (879) unter Aufgabe der abw., relative Unwirksamkeit i.S.v. § 135 BGB bejahenden Praxis des RG (RGZ 92, 398 (400); 93, 292 (294)); MünchKommHGB/*K. Schmidt* Rn 219; Ebenroth/Boujong/Joost/Strohn/*Wertenbruch* Rn 161; Röhricht/Graf v. Westphalen/*v. Gerkan/Haas* Rn 85; Soergel/*Hadding*[12] § 719 Rn 15.

[893] BGHZ 13, 179 (185 f) = NJW 1954, 1155; BGH WM 1964, 878 (879); MünchKommHGB/*K. Schmidt* Rn 219; MünchKommBGB[5]/*Ulmer/C. Schäfer* § 719 Rn 29.

[894] Zur Rückwirkung allg., auch bezogen auf Verfügungsgeschäfte, vgl. MünchKommBGB[5]/*Schramm* § 184 Rn 11, 15 ff; **aA** für die Anteilsübertragung Soergel/*Hadding*[12] § 719 Rn 13.

schaft (Rn 108) oder Erledigung des Sicherungszwecks zu sehen[895]. In derartigen Fällen sind die Mitgesellschafter auch gehindert, ohne wichtigen Grund von ihrem grundsätzlich bis zur Übertragung bestehenden Widerrufsrecht (§ 183 BGB) Gebrauch zu machen, wenn sie die Zustimmung nicht von vornherein entsprechend eingeschränkt haben[896].

Ist eine Personen- oder Kapitalgesellschaft Gesellschafterin der OHG (KG), so bedarf die Übertragung der Anteile an der beteiligten Gesellschaft (als **mittelbarer Gesellschafterwechsel**) im Zweifel **nicht der Zustimmung** der Mitgesellschafter in der OHG (KG). Gesellschafterin dieser Gesellschaft bleibt in derartigen Fällen die beteiligte Personen- oder Kapitalgesellschaft; ihre Identität als Inhaberin der Mitgliedschaft wird durch die Veränderung in ihrem Gesellschafterkreis formell nicht berührt. Werden allerdings sämtliche Anteile oder die Anteilsmehrheit bei der beteiligten Gesellschaft übertragen und tritt dadurch wirtschaftlich ein Gesellschafterwechsel auch bei der OHG (KG) ein, so kann dieser Umstand je nach Lage des Falles den Mitgesellschaftern das Recht geben, die beteiligte Gesellschaft nach § 140 auszuschließen oder aus wichtigem Grund zu kündigen[897]. Beschränkt sich der Zweck der anderen Gesellschaft im Wesentlichen auf das Halten der GbR-Beteiligung, so kommt ausnahmsweise auch eine Bindung der Übertragung der an ihr bestehenden Anteile im Durchgriffswege an die Zustimmung der GbR-Gesellschafter in Betracht. **298**

bb) Sonstige Erfordernisse. Sonstige generelle Wirksamkeitsvoraussetzungen bestehen **nicht,** soweit der Gesellschaftsvertrag solche nicht vorsieht (zur Formfreiheit vgl. Rn 300 f). Allerdings kann sich im Einzelfall nach den für die Beteiligung an einer OHG (KG) geltenden Grundsätzen die Notwendigkeit ergeben, nach **§§ 1643, 1822 Nr. 3 BGB** die Genehmigung des Familien- bzw. Vormundschaftsgerichts zum Beitritt oder Ausscheiden nicht voll Geschäftsfähiger bzw. nach **§ 1365 BGB** die Einwilligung des anderen Ehegatten zum Beitritt oder Ausscheiden eines im gesetzlichen Güterstand lebenden, über sein gesamtes Vermögen verfügenden Ehegatten einzuholen (Rn 87, 90). **299**

b) Form. Eine besondere Form ist für die Anteilsübertragung oder das Verpflichtungsgeschäft hierzu *nicht* vorgeschrieben. Das gilt grundsätzlich auch dann, wenn zum Gesellschaftsvermögen Gegenstände gehören, deren Übertragung oder die hierauf gerichtete Verpflichtung, wie bei **Grundstücken oder GmbH-Anteilen** (§§ 311b Abs. 1 S. 1, 925 BGB, 15 Abs. 3, 4 S. 1 GmbHG), formbedürftig ist. Denn Gegenstand der Veräußerung ist nicht das Gesamthandsvermögen oder eine hieran bestehende Beteiligung, sondern die Mitgliedschaft als solche (vgl. Rn 170 f, 276). Dementsprechend richtet sich auch das der Anteilsübertragung zugrundeliegende Verpflichtungsgeschäft nicht auf die Übertragung von Gegenständen des Gesamthandsvermögens; die Änderung in der gesamthänderischen Mitberechtigung am Gesellschaftsvermögen tritt ohne weiteres als gesetzliche *Folge* der Anteilsverfügung ein[898]. Die **Formfreiheit** ist grundsätzlich unabhängig von der Zahl der übertragenen Anteile und ihrer Erwerber; sie greift daher im Regelfall **auch** ein, wenn **sämtliche Anteile** auf mehrere oder auch nur einen Erwerber übertragen werden sol- **300**

---

895 BGHZ 77, 392 (395) = NJW 1980, 2708; BGH NJW 1965, 1376; WM 1985, 1143 (1144).

896 Uneingeschränkt für Unwiderruflichkeit generell erteilter Zustimmung im Falle einer Sicherungsabtretung BGHZ 77, 392 (397 f) = NJW 1980, 2708.

897 Vgl. OLG Naumburg NZG 2004, 775 (778) zur Umgehung von Vinkulierungsklauseln im GmbH-Recht; dazu näher *Winter/Löbbe* in Ulmer/Habersack/Winter GmbHG § 15 Rn 250 ff mwN.

898 BGHZ 86, 367 (369 f) = NJW 1983, 1110; OLG Frankfurt DB 1996, 1177; s. auch MünchKommBGB[5]/*Ulmer/C. Schäfer* § 719 Rn 33.

len[899]. Dass in derartigen Fällen der Anteilsübertragung kaufrechtliche Gewährleistungsvorschriften bei Sachmängeln an Gegenständen des Gesellschaftsvermögens anwendbar sind[900], steht wegen des unterschiedlichen Regelungszwecks der genannten Vorschriften nicht entgegen.

301 Seit Einführung des § 105 Abs. 2 (Vermögensverwaltung, dazu Rn 28 ff) durch die Handelsrechtsreform 1998 kann die im Recht der BGB-Gesellschaft seit langem umstrittene Frage auch für OHG/KG Bedeutung gewinnen, ob und unter welchen Voraussetzungen ein **Ausnahme** von der Formfreiheit bei einer Anteilsübertragung oder einem darauf bezogenen Verpflichtungsgeschäft zu machen ist, die im wirtschaftlichen Ergebnis auf die Übertragung von Grundstücken oder GmbH-Anteilen als jeweils einziges Gesellschaftsvermögen abzielt[901]. Das ist der Fall, wenn sich der Gesellschaftszweck auf die **Verwaltung von Grundvermögen** und/oder **GmbH-Anteilen beschränkt**[902]. Wie bei der GbR ist (nur) unter dieser Voraussetzung die **analoge Anwendung der §§ 311 b Abs. 1 BGB, 15 Abs. 4 GmbHG auf das Verpflichtungsgeschäft** zu befürworten.[903] Das gilt vor allem bei der beabsichtigten Anteilsveräußerung an einen *einzigen Erwerber,* da dieser infolge der Anwachsung Alleineigentum erwirbt und damit an die Stelle der GbR als bisherige Inhaberin des Grundstücks oder GmbH-Anteils tritt. Das Formerfordernis greift aber auch bei der Verpflichtung zu *sukzessiver* Anteilsübertragung ein, wenn die einzelnen Übertragungsakte in unmittelbarem sachlichem und zeitlichem Zusammenhang stehen und deshalb wirtschaftlich auf die Veräußerung der genannten Gegenstände gerichtet sind. Auch in diesem Falle kommt freilich eine **Heilung** der Formnichtigkeit in Betracht. Bei *analoger* Anwendung des § 311b Abs. 1 S. 1 auf Verpflichtungsgeschäfte über Anteile an Gesellschaften mit grundstücksspezifischem Zweck hat allerdings die Anteilsübertragung als solche keine Heilungswirkung. Analog § 311b Abs. 1 S. 2 kommt die Heilung aber in Betracht, wenn der auf die Grundstücksgesellschaft bezogene Gesellschafterwechsel im Berichtigungswege im Grundbuch vermerkt wird.[904] Eine Heilung analog § 15 Abs. 4 S. 2 GmbHG scheidet ohne notarielle Abtretung des zum Gesamthandsvermögen gehörenden GmbH-Anteils aus.

302 c) **Vollzug und Wirkungen.** Der **Vollzug** des Anteilsübergangs tritt ein mit dem **Wirksamwerden der Verfügung;** eine nachträglich erteilte Zustimmung wirkt im Zweifel auf den Zeitpunkt des Vertragsschlusses zurück (§ 184 Abs. 1 BGB, vgl. Rn 296). Sonstige

---

[899] So zutr. BGHZ 86, 367 (370) = NJW 1983, 1110; *Petzoldt* BB 1975, 905 (907 f); MünchKommBGB[5]/*Kanzleiter* § 311b Rn 14.

[900] Vgl. näher MünchKommBGB[5]/*H. P. Westermann* § 453 Rn 17 ff, 23 f; *Heckschen* (Fn 546), S. 151 f.

[901] Vgl. dazu näher *K. Schmidt* AcP 182 (1982), 481 (491, 498 f) (zu § 313 BGB a.F.); *ders.* BB 1983, 1697 (1702) (zu § 15 Abs. 4 GmbHG), *Heckschen* (Fn 546) S. 144 ff; zum Ganzen auch MünchKommBGB[5]/*Ulmer*/C. Schäfer § 719 Rn 35–37.

[902] So auch MünchKommHGB/*K. Schmidt* Rn 216; wohl auch Ebenroth/Boujong/Joost/Strohn/*Wertenbruch* Rn 162; zur entsprechenden Rechtslage in der GbR vgl. *K. Schmidt* AcP 182 (1982), 481 (511) und BB 1983, 1698 (1702); *Heckschen* (Fn 546) S. 157; MünchKommBGB[5]/*Ulmer*/*C. Schäfer* § 719 Rn 36; eingehend *Ulmer*/*Löbbe* DNotZ 1998, 724 ff (betr. Grundstücksgesellschaften); zust. auch *Staudinger*/Wufka BGB (2001) § 313 Rn 124; enger wohl BGHZ 86, 367 (371) = NJW 1983, 1110 und MünchKommBGB[5]/*Kanzleiter* § 311b Rn 14 sowie Erman/*Westermann* § 719 Rn 10, die auf die Gesellschaftsgründung zum Zweck der erleichterten Verlagerung von Grundeigentum abstellen.

[903] Näher MünchKommBGB[5]/*Ulmer*/*C. Schäfer* § 719 Rn 36.

[904] So auch *K. Schmidt* AcP 182 (1982), 481 (512); MünchKommHGB/*K. Schmidt* Rn 138; MünchKommBGB[5]/*Ulmer* § 705 Rn 41.

Vollzugserfordernisse bestehen nicht; auch die nach § 107 vorgeschriebene Handelsregistereintragung ist keine Wirksamkeitsvoraussetzung. Ist der Anteil im Gesellschaftsvertrag generell übertragbar gestaltet, so bedarf es zur Wirksamkeit des Anteilsübergangs nicht der Mitteilung gegenüber den Mitgesellschaftern. Es gelten §§ 406 bis 409, 413 BGB; § 16 Abs. 1 GmbHG ist nicht analog anwendbar.

Die **Wirkungen** der Verfügung bestehen darin, dass der Erwerber anstelle des Ver- 303
äußerers Gesellschafter wird und damit auch die Gesamthandsberechtigung erlangt. Einlageverpflichtungen gegenüber der Gesellschaft werden dadurch nicht neu begründet (vgl. auch Rn 310). Vielmehr vollzieht sich der vermögensmäßige Ausgleich unmittelbar zwischen Veräußerer und Erwerber; §§ 738, 739 BGB finden keine Anwendung[905]. Zur Rechtsstellung des Erwerbers vgl. Rn 304 ff. Zu den Folgen einer **fehlerhaften** Anteilsübertragung vgl. Rn 364.

3. Rechtsstellung des Erwerbers

a) **Grundsatz.** Der Gesellschaftsanteil geht im Fall der Anteilsübertragung mit dem- 304
jenigen Inhalt über, den er beim Veräußerer hatte: Der Erwerber tritt an die Stelle des Veräußerers und übernimmt den Anteil grundsätzlich mit allen mitgliedschaftlichen Rechten und Verpflichtungen[906]. Für die Verwaltungsrechte folgt das vorbehaltlich gesellschaftsvertraglicher Besonderheiten (Rn 306) aus dem Abspaltungsverbot (§ 109 Rn 25); es steht der Zurückhaltung eines Teils der Rechte beim Veräußerer entgegen, soweit es nicht um die Sonderfälle offener Treuhand (Rn 107) oder der Nießbrauchsbestellung (Rn 114) geht. Hinsichtlich der getrennt übertragbaren Vermögensrechte und der Verbindlichkeiten aus dem Anteil (Sozialansprüche) kommt es zusätzlich auf die Vereinbarungen zwischen Veräußerer und Erwerber an (Rn 310 f).

b) **Verwaltungsrechte.** Die mit dem Anteil verbundenen, nicht abspaltbaren Verwal- 305
tungsrechte (Rn 218 f) erfahren durch die Anteilsübertragung regelmäßig **keine Veränderung.** Insbes. sind abweichende Vereinbarungen zwischen Veräußerer und Erwerber unwirksam, wenn die Mitgesellschafter der darin liegenden Änderung des Gesellschaftsvertrags nicht zustimmen. Die Zustimmung zur Anteilsübertragung bezieht sich im Zweifel nicht auch auf derartige zwischen Veräußerer und Erwerber getroffene Änderungsvereinbarungen.

Besonderheiten gelten im Falle **höchstpersönlicher Rechte des Veräußerers.** Beispiele 306
sind ein an die Person des Veräußerers gebundenes Mehrfachstimmrecht oder ein im Verhältnis zur Beitragsleistung erhöhter Gewinnanteil. Sie sind unübertragbar und erlöschen daher infolge der Anteilsveräußerung. Der höchstpersönliche Charakter eines Mitgliedschaftsrechts ist durch Vertragsauslegung festzustellen[907]. Schwierigkeiten kann dabei

[905] BGH NJW 1981, 1095 (1096).

[906] Wohl unstr., MünchKommHGB/*K. Schmidt* Rn 222; Ebenroth/Boujong/Joost/Strohn/*Wertenbruch* Rn 163; Baumbach/*Hopt* Rn 72; MünchKommBGB[5]/*Ulmer/C. Schäfer* § 719 Rn 40 ff; vgl. dazu insbes. BGHZ 81, 82 (89) = NJW 1981, 2747 (Übergang des Rechts, sich auf § 171 Abs. 1 zu berufen, auf den Erwerber); ähnlich auch BGHZ 79, 374 (377 ff) = NJW 1981, 1213 (Zuständigkeit des Erwerbers zur Genehmigung eines namens der Gesellschaft ohne die erforderliche Mitwirkung des Veräußerers geschlossenen Vertrages nach § 177 BGB beim Bestehen von Gesamtvertretungsmacht); zum Ganzen auch *Teichmann* NJW 1966, 2336 (2338 f) – zur Ausübung steuerlicher Wahlrechte vgl. BGH ZIP 2003, 435.

[907] Zu den dabei zu beachtenden Umständen vgl. eingehend *Wiedemann* Übertragung, S. 71 ff; *C. Schäfer* ZHR-Beiheft Nr. 68 (1999) 114 (143 f); *A. Hueck* OHG, § 27

namentlich die Beurteilung der **Geschäftsführungs- und Vertretungsbefugnis** bereiten. Ist sie – sei es als Gesamt- oder Einzelbefugnis – auf einen Teil der Gesellschafter beschränkt, so kommt es für die Rechtsstellung des Erwerbers darauf an, ob die vertragliche Regelung auf der Zuweisung der Geschäftsführung an bestimmte, hierfür besonders befähigte Gesellschafter beruht oder ob umgekehrt der Ausschluss einzelner Gesellschafter von der Geschäftsführung durch besondere persönliche Umstände bedingt ist. Im letztgenannten Fall bildet die Befugnis zu Geschäftsführung und Vertretung die Regel; sie steht dementsprechend grundsätzlich auch dem Erwerber zu. Im Einzelfall kann daher sogar der Nachfolger eines von Geschäftsführung und Vertretung ausgeschlossenen Gesellschafters diese Befugnisse erlangen, wenn der Ausschluss auf persönliche Gründe (Alter u.a.) beim Veräußerer gestützt und erkennbar auf die Zeit seiner Zugehörigkeit zur Gesellschaft beschränkt war[908].

c) **Mitgliedschaftliche Vermögensrechte und -pflichten**

307 aa) **Überblick.** Der Grundsatz des inhaltlich unveränderten Übergangs der Gesellschafterstellung (Rn 304) ist auch für die Beurteilung der aus der Beteiligung folgenden, der Gesellschaft gegenüber entstehenden Ansprüche und Verbindlichkeiten (Sozialverbindlichkeiten und -ansprüche) maßgebend. Allerdings können hinsichtlich der *Ansprüche* nach § 717 S. 2 BGB ohne Mitwirkung der Mitgesellschafter Abweichungen zwischen Veräußerer und Erwerber vereinbart werden (Rn 308). Bei den *Verbindlichkeiten* fragt sich, ob und inwieweit bei Schuldübernahme durch den Erwerber auch der Veräußerer verpflichtet bleibt (Rn 310).

308 bb) **Ansprüche des Veräußerers.** Hinsichtlich der selbständig übertragbaren Ansprüche **aus dem Gesellschaftsvertrag** (§ 717 S. 2 BGB) sind Veräußerer und Erwerber grundsätzlich frei, über deren Schicksal abweichend von der Anteilsübertragung zu bestimmen[909]. Haben sie hierüber **keine besonderen Vereinbarungen** getroffen, so gehen die *künftigen* Ansprüche auf den Erwerber über. Entsprechendes ist im Zweifel gewollt für solche bereits *entstandenen* Ansprüche, die aus den Gesellschafterkonten *ersichtlich* sind[910], wie auf Privatkonto verbuchte, entnahmefähige Gewinne[911]; für das Gegenteil ist die behauptende Partei beweispflichtig[912]. Das **Ergebnis des laufenden Geschäftsjahrs** (Gewinn oder Verlust) steht nach gesetzlicher Regel wegen der auf den *Schluss* des Geschäftsjahrs bezogenen Ergebnisverteilung (§ 120 Abs. 1) dem Anteilserwerber zu, wenn die Anteilsübertragung nicht erst zum Geschäftsjahresende wirksam werden soll. Gesellschafts- oder Veräußerungsvertrag können Abweichendes bestimmen, letzterer jedoch nur mit der auf das Innenverhältnis der Beteiligten beschränkten Wirkung, dass der für

---

II 3, S. 399; Soergel/*Hadding*[12] § 719 Rn 17; *Teichmann* NJW 1966, 2339.

[908] *Rob. Fischer* BB 1956, 840; MünchKommBGB[5]/*Ulmer*/*C. Schäfer* § 719 Rn 41; Soergel/*Hadding*[12] § 719 Rn 17; *Wiedemann* Übertragung, S. 74; *ders.* Gesellschaftsrecht Bd. II, § 5 II 1e aa, S. 431 f; einschränkend *A. Hueck* OHG, § 28 II 1b, S. 408 f. Vgl. auch § 139 Rn 52.

[909] Insoweit zutr. BGHZ 45, 221 (222) = NJW 1966, 1307.

[910] Std. Rspr., vgl. BGHZ 45, 221 (223) = NJW 1966, 1307; BGH WM 1973, 169 (170); 1986, 1314 (1315). So auch Ebenroth/Boujong/Joost/Strohn/*Wertenbruch* Rn 163; Soergel/*Hadding*[12] § 719 Rn 18; **aA** *Flume* I/1 § 17 III, S. 353: Übergang bereits entstandener Ansprüche nur aufgrund besonderer Vereinbarung.

[911] BGH NJW 1973, 328; *Ganssmüller* DB 1967, 891 (892); Ebenroth/Boujong/Joost/Strohn/*Wertenbruch* Rn 163; **aA** *Flume* I/1 § 17 III, S. 353; zur Problematik nicht aus den Gesellschafterkonten ersichtlicher Ansprüche vgl. Rn 309.

[912] BGH WM 1988, 265 (266).

den (neuen) Gesellschafter entstehende Gewinnanspruch (Verlustanteil) anteilig dem Veräußerer abzutreten (von ihm zu übernehmen) ist. *Drittgläubigerforderungen* werden von der Anteilsübertragung ohne besondere Abrede auch dann nicht erfasst, wenn sie aus dem Rechenwerk der Gesellschaft ersichtlich sind[913].

Während mitgliedschaftliche Ansprüche des Veräußerers, die im Zeitpunkt der Anteils- **309**
übertragung entstanden und aus dem Rechenwerk der Gesellschaft, insbes. aus den Privat- und Darlehenskonten des Veräußerers ersichtlich sind, nach ständ. Rspr. im Zweifel vom Übergang erfasst werden (Rn 308), fehlt es für (noch) **nicht verbuchte Ansprüche** an einer derartigen Auslegungshilfe. Insoweit ist der Parteiwille ggf. anhand der Entgeltfestsetzung zu ermitteln; ein non liquet geht wegen der mit der Entstehung verbundenen Verselbständigung des Anspruchs gegenüber dem Anteil zu Lasten des Erwerbers[914]. Hat der Veräußerer vor der Anteilsübertragung über bereits *entstandene* Ansprüche anderweitig verfügt, so ist die **frühere Verfügung** auch dem Erwerber gegenüber wirksam. Dagegen stehen diesem *künftige* Ansprüche unabhängig von ihrer etwaigen Vorausabtretung an einen Dritten zu. Anderes gilt bei Einräumung dinglicher Mitberechtigung am Anteil zugunsten des Dritten als Verfügungsempfänger (Nießbrauch, vgl. Rn 114, oder Pfandrecht, vgl. Rn 282).

cc) **Verbindlichkeiten (Sozialansprüche).** Der Veräußerer haftet den Gesellschafts- **310**
gläubigern für die während seiner Mitgliedschaft begründeten Verbindlichkeiten in den Grenzen des § 160 fort (§ 160 Rn 12 ff, 16 ff [*Habersack*]); der Erwerber haftet für Altverbindlichkeiten nach § 130 (§ 130 Rn 9 [*Habersack*]). Davon zu unterscheiden sind die *mitgliedschaftlichen* Verbindlichkeiten des Veräußerers (Sozialansprüche). Nach Ansicht des BGH steht es Veräußerer und Erwerber grundsätzlich frei, nach eigenem Ermessen zu **vereinbaren,** in welchem Umfang sie beim Veräußerer verbleiben oder vom Erwerber übernommen werden sollen[915]. Die Ansicht ist im Schrifttum zu Recht auf Kritik gestoßen[916]. Denn soweit die Beteiligten einen Übergang auf den Erwerber unter *Enthaftung des Veräußerers* vereinbaren, bedarf dieser als **befreiende Schuldübernahme** nach § 415 BGB der Genehmigung der Gesellschaft. Sie kann zwar je nach Lage des Falles darin liegen, dass die Mitgesellschafter in Kenntnis des Vertragsinhalts der Anteilsveräußerung zustimmen[917], nicht ohne weiteres jedoch in der generellen Zulassung der Übertragung im Gesellschaftsvertrag. Entsprechendes gilt auch umgekehrt für Vereinbarungen, wonach der *Erwerber* nicht für rückständige Einlagen, unzulässige Entnahmen oder sonstige unmittelbar aus dem Gesellschaftsverhältnis resultierende, auf der Mitgliedschaft beruhende Sozialansprüche haften soll[918]. Auch derartige Haftungsausschlüsse sind wegen

---

913 Vgl. BGH LM § 120 Nr. 5 = DB 1978, 877 zur selbständigen Behandlung des Guthabens eines Gesellschafters auf einem im Gesellschaftsvertrag von den Beteiligungskonten deutlich unterschiedenen „Darlehnskonto" im Rahmen der Auseinandersetzung.

914 Insoweit ist *Flume* (I/1 § 17 III, S. 353) zuzustimmen; anders wohl *Huber* Vermögensanteil, S. 391.

915 BGHZ 45, 221 (222) = NJW 1966, 1307; so grundsätzlich auch BGH WM 1968, 892.

916 *Teichmann* NJW 1966, 2336 ff; *Ganssmüller* DB 1967, 891 ff; *Flume* I/1 § 17 III, S. 353 f; MünchKommBGB[5]/*Ulmer/C. Schäfer* § 719 Rn 44; *Wiedemann* Gesellschaftsrecht Bd. II, § 5 II 1e aa, S. 433; dem BGH zust. aber Soergel/*Hadding*[12] § 719 Rn 19 und *Huber* Vermögensanteil, S. 391.

917 Weitergehend BGH WM 1968, 892; wie hier für das Erfordernis konkreter Zustimmung zu der vereinbarten Pflichtenverteilung *Teichmann* NJW 1966, 2336 (2339 f) und *Ganssmüller* DB 1967, 891 (893).

918 Anderes dürfte für Schadensersatzansprüche der Gesellschaft gegen den Anteilsveräußerer wegen Verletzung der Geschäftsführer- oder Treupflicht, wegen Verstoßes gegen das Wettbewerbsverbot u.a. gelten, da sie trotz

des mit dem Anteilsübergang verbundenen Eintritts des Erwerbers in die Rechtsstellung des Veräußerers nur mit Zustimmung der Mitgesellschafter wirksam[919]. Im **Regelfall** führt die Anteilsveräußerung daher zur **gesamtschuldnerischen Haftung** von Veräußerer und Erwerber für bestehende gesellschaftsvertragliche Verbindlichkeiten, unabhängig von deren Ausweis im Rechenwerk der Gesellschaft. **Abweichende Vereinbarungen** zwischen den Beteiligten haben ohne die erforderliche Zustimmung der Mitgesellschafter nur **interne**, den Ausgleichsanspruch zwischen ihnen nach § 426 Abs. 1 BGB betreffende **Wirkungen**[920]. Ohne eine solche Vereinbarung ist der Erwerber gegenüber dem Veräußerer jedenfalls bezüglich aller im Abtretungszeitpunkt *bekannten* Verbindlichkeiten im Zweifel zur Erfüllung verpflichtet und kann von diesem nach § 426 BGB auf vollen Ausgleich in Anspruch genommen werden.

311 Schuldet der Anteilsveräußerer einem *Mitgesellschafter*, der einen Gesellschaftsgläubiger befriedigt hat, aufgrund des § 426 Abs. 1 S. 1 BGB **gesamtschuldnerischen Ausgleich** (§ 128 Rn 47 ff [*Habersack*]), so bedarf die befreiende Schuldübernahme durch den Anteilserwerber der Zustimmung durch den ausgleichsberechtigten Gesellschafter[921]. Die generelle Zulassung der Anteilsveräußerung im Gesellschaftsvertrag genügt auch insoweit nicht (vgl. schon Rn 310). Scheitert die befreiende Schuldübernahme und lässt sie sich auch nicht in eine kumulative Schuldübernahme umdeuten, so trifft den Anteilserwerber grundsätzlich keine Haftung gegenüber dem ausgleichsberechtigten Gesellschafter. Die Pflicht zur Ausgleichsleistung bildet keinen mit der Mitgliedschaft verbundenen und deshalb auch gegen den Erwerber persönlich gerichteten Sozialanspruch, sondern findet ihre Grundlage in der persönlichen, gesamtschuldnerischen Verpflichtung des Anteilsveräußerers i.V.m. § 426 Abs. 1 S. 1 BGB.

4. Sonstige Verfügungen über den Anteil

312 a) **Teilübertragung.** Sie ist entsprechend den Grundsätzen über die Vollübertragung (Rn 294 ff) mit Zustimmung der Mitgesellschafter zulässig[922]. Die Zustimmung muss sich freilich eindeutig auch auf die **Teil**übertragung als solche beziehen, da diese im Unterschied zur Vollübertragung nicht zum Gesellschafterwechsel führt, sondern zur *Vermehrung* der Zahl der Gesellschafter und entsprechend auch zum Entstehen zusätzlicher Verwaltungsrechte (Rn 313). Die generelle Zulassung der Anteilsübertragung im Gesellschaftsvertrag berechtigt daher nicht auch zur Teilübertragung[923].

313 Schwierigkeiten bereitet im Fall der Teilübertragung die Bestimmung der Rechtsstellung von Veräußerer und Erwerber. Hinsichtlich der auf den Anteil entfallenden **Vermögensrechte und -pflichten** ist davon auszugehen, dass diese insgesamt durch die Teilung

---

ihrer Natur als Sozialansprüche nicht unmittelbar an die Gesellschafterstellung anknüpfen, sondern vom Vorliegen weiterer Voraussetzungen abhängen und daher den Erwerber nur kraft besonderen Verpflichtungsgrundes binden.

919 *Teichmann* NJW 1966, 2336 (2339 f).

920 *Wiedemann* Übertragung, S. 76; *Gansmüller* DB 1967, 891 ff; MünchKommBGB[5]/*Ulmer*/*C. Schäfer* § 719 Rn 45.

921 Vgl. BGH NJW 1981, 1095 (1096); so auch *Wiedemann* Gesellschaftsrecht II, § 5 II 1e aa, S. 434.

922 *Wiedemann* Übertragung, S. 64 f; *Flume* I/1 § 11 II 2, S. 151; *A. Hueck* OHG, § 27 II 7, S. 400; *Staudenmaier* DNotZ 1966, 724 ff; MünchKommHGB/*K. Schmidt* Rn 221; Ebenroth/Boujong/Joost/Strohn/*Wertenbruch* Rn 166; Staudinger/*Habermeier* BGB (2003) § 719 Rn 18; MünchKommBGB[5]/*Ulmer*/*C. Schäfer* § 719 Rn 48.

923 So auch *Wiedemann* Übertragung, S. 65; Ebenroth/Boujong/Joost/Strohn/*Wertenbruch* Rn 170; MünchKommHGB/*K. Schmidt* Rn 221; nicht eindeutig *Staudenmaier* DNotZ 1966, 724 (726 f).

keine Änderung erfahren sollen[924]. Die Ansprüche auf Gewinn und Auseinandersetzungsguthaben werden daher im Zweifel entsprechend dem Beteiligungsverhältnis zwischen Veräußerer und Erwerber aufgeteilt, während die auf den Beteiligungs*anteil* entfallenden Verbindlichkeiten, insbes. noch nicht erfüllte Einlageverpflichtungen, den Erwerber als Gesamtschuldner neben dem Veräußerer treffen. Dagegen stehen die **Verwaltungsrechte** im Zweifel jedem der beiden voll zu[925]; die Teilübertragung bewirkt insoweit also eine der Vermehrung der Mitgliederzahl entsprechende, durch die Zustimmung der Mitgesellschafter gedeckte Ausweitung. Das gilt jedenfalls für das Informations- und Kontrollrecht, das Kündigungsrecht sowie im Zweifel auch für das Stimmrecht, wenn dieses im Gesellschaftsvertrag nicht nach Maßgabe der Kapitalanteile gestaffelt, sondern nach Köpfen verteilt ist. Dagegen kommt es für das Recht zur Geschäftsführung und Vertretung auf die hierüber im Gesellschaftsvertrag getroffenen Vereinbarungen an.

b) **Nießbrauch, Verpfändung.** Die Zulässigkeit der Nießbrauchs- oder Pfandrechts- **314**
bestellung am Anteil richtet sich im Grundsatz nach dessen Übertragbarkeit (Rn 119, 282). Die Voraussetzungen für die Anteilsübertragung (Rn 294 ff) gelten daher entsprechend. Wegen der Einzelheiten des Nießbrauchs und des Pfandrechts am Gesellschaftsanteil vgl. Rn 114 ff, 282 f. Zur Treuhand am Anteil vgl. Rn 102 ff.

F. Die fehlerhafte Gesellschaft (der fehlerhafte Verband)

Schrifttum

Brömmelmeyer Fehlerhafte Treuhand? – Die Haftung der Treugeber bei der mehrgliedrigen Treuhand an Beteiligungen NZG 2006, 529; *Canaris* Die Vertrauenshaftung im deutschen Privatrecht (1971); *Däubler* Das fehlerhafte Ausscheiden eines Gesellschafters aus der OHG, BB 1966, 1292; *Robert Fischer* Die faktische Gesellschaft, NJW 1955, 849; *ders.* Grenzen der Anerkennung der faktischen Gesellschaft, NJW 1958, 969; *ders.* Die Stellung des vermeintlichen Erben in der OHG, FS 150 Jahre Carl Heymanns Verlag KG (1965) S. 271; *Gursky* Das fehlerhafte Ausscheiden eines Gesellschafters aus einer Personengesellschaft (1969); *Hartmann* Der fehlerhafte Vertrag über das Ausscheiden aus einer Personengesellschaft, FS Schiedermair (1976) S. 257; *Konzen* Fehlerhafte stille Beteiligungen an Kapitalanlagegesellschaften, FS Harm Peter Westermann (2008), S. 1133; *Krohn/Schäfer* Haustürwiderrufsgesetz und der Beitritt zur Genossenschaft – Vorrang des Verbraucherschutzes gegenüber der Lehre vom fehlerhaften Beitritt? WM 2000 112; *Lieberich* Fehlerhafte Abänderungen des Gesellschaftsvertrages bei Personenhandelsgesellschaften (1972); *Möschel* Das Außenverhältnis der fehlerhaften Gesellschaft, FS Hefermehl (1976) S. 171; *Müller-Graff* Die Außenhaftung des Kommanditisten bei fehlerhaftem KG-Eintritt, JuS 1979, 24; *Müller-Laube* Der fehlerhafte Austausch eines OHG-Gesellschafters, JuS 1985, 885; *Reindl* Zur Haftung des fehlerhaft eingetretenen Gesellschafters, FS Demelius (1973) S. 427; *Paschke* Die fehlerhafte Koporation, ZHR 155 (1991), 1; *Rödig* Bereicherung ohne Rechtfertigung durch Gesellschaftsvertrag (1972); *Ronke* Der fehlerhafte Beitritt zu einer Gesellschaft und die fehlerhafte Gesellschaft nach der Rechtsprechung des Reichsgerichts, FS Laufke (1971) S. 217; *ders.* Die Rechtsprechung des Bundesgerichtshofs zur fehlerhaften Gesellschaft, FS Paulick (1973) S. 55; *Carsten Schäfer* Die Lehre vom fehlerhaften Verband (2002); *ders.* Der täuschungsbedingte Beitritt zur (Personen-)Gesellschaft und die Lehre vom fehlerhaften Verband – Vorrang von Schadensersatzansprüchen? ZHR 170 (2006), 373;

[924] *A. Hueck* OHG, § 27 II 7, S. 400.

[925] *Wiedemann* Übertragung, S. 65; *A. Hueck* OHG, § 27 II 7, S. 400; Ebenroth/Boujong/Joost/Strohn/*Wertenbruch* Rn 166; **aA** *Staudenmaier* DNotZ 1966, 724 (727), der von gemeinschaftlicher Zuständigkeit beider Teile bei „nicht aufspaltbaren" Verwaltungsrechten ausgeht.

K. Schmidt „Fehlerhafte Gesellschaft" und allgemeines Verbandsrecht, AcP 186 (1986), 421; *Schwintowski* Grenzen der Anerkennung fehlerhafter Gesellschaften, NJW 1988, 937; *ders.* Europäisches Kartellverbot und fehlerhafte Gesellschaft, FS Mestmäcker (1996) S. 763; *Steines* Die faktisch aufgelöste offene Handelsgesellschaft (1964); *Ulmer* Die Lehre von der fehlerhaften Gesellschaft – Gesicherter Bestand des Gesellschaftsrechts oder methodischer Irrweg? FS Flume (1978) 2. Bd., S. 301; *Hans-Jörg Weber* Zur Lehre von der fehlerhaften Gesellschaft (1978); *Wiedemann* Die Übertragung und Vererbung von Mitgliedschaftsrechten bei Handelsgesellschaften (1965); *Wiesner* Die Lehre von der fehlerhaften Gesellschaft (1980).

Aus dem *älteren* Schrifttum:

Erman Personalgesellschaften auf mangelhafter Vertragsgrundlage (1947); *Haupt* Über faktische Vertragsverhältnisse, in: FS Siber II (1943) S. 1; *Alfred Hueck* Mängel des Gesellschaftsvertrages bei der offenen Handelsgesellschaft, AcP 149 (1944), 1; *Siebert* Die faktische Gesellschaft, in: FS Hedemann (1938) S. 266; *ders.* Faktische Vertragsverhältnisse, 1958 (zitiert: *Siebert*); *Simitis* Die faktischen Vertragsverhältnisse als Ausdruck der gewandelten sozialen Funktion der Rechtsinstitute des Privatrechts (1957).

I. Grundlagen

315 **1. Übersicht.** Voraussetzung jeder Personengesellschaft ist das Bestehen eines **Gesellschaftsvertrags** zwischen den Mitgliedern (Rn 16). Dieser Vertrag kann aus einer Vielzahl von Gründen **fehlerhaft** (nichtig, anfechtbar, schwebend unwirksam) sein, so wenn sein Inhalt ganz oder teilweise mit §§ 134, 138 BGB unvereinbar ist, wenn die auf den Vertragsabschluss (Beitritt) gerichtete Willenserklärung eines Beteiligten an Mängeln leidet, wenn die familiengerichtliche Genehmigung für die Beteiligung eines Minderjährigen fehlt oder wenn ein Fall offenen oder verdeckten Dissenses vorliegt. Entsprechende Fehler können sich im späteren Verlauf der Gesellschaft ergeben, beim fehlerhaften Beitritt oder Ausscheiden eines Gesellschafters oder bei sonstigen Vertragsänderungen. Insbesondere für den Beitritt zu einer Publikumsgesellschaft ist auch an ein **Verbraucherwiderrufsrecht** zu denken, so bei einem Haustürgeschäft (§ 312 BGB) oder bei einem finanzierten Anteilserwerb (§ 495 BGB).[926] Für die Existenz der Gesellschaft sind derartige Mängel so lange unproblematisch, als sie sich im Sinne objektiver oder subjektiver *Teilnichtigkeit* (Rn 183 ff) nur auf einzelne Vertragsteile oder Beitrittserklärungen beziehen, ohne die Wirksamkeit des Vertrages insgesamt in Frage zu stellen; das ist *vorab* zu prüfen (vgl. Rn 334). Nur wenn die Art des Fehlers oder seine Bedeutung für den Zusammenschluss der Beteiligten den Vertrag **insgesamt** unwirksam (nichtig) oder anfechtbar macht, stellt sich das Problem der fehlerhaften Gesellschaft, d.h. der Anerkennung einer Personengesellschaft trotz fehlerhafter Vertragsgrundlage.

316 Der Lösung dieses Problems dient die „Lehre von der fehlerhaften Gesellschaft"; wegen ihres umfassenden Geltungsanspruchs für das gesamte Verbandsrecht wird sie zunehmend auch als „Lehre vom fehlerhaften Verband" (LfV) bezeichnet"[927], so auch in der nachfolgenden Darstellung. Sie beruht auf **höchstrichterlicher Rechtsfortbildung** seit RGZ 165, 193 und ist in ihren Ergebnissen auch in der Literatur ganz überwiegend anerkannt (Rn 332). Ihrem Inhalt nach geht sie dahin, die rückwirkende Nichtigkeit oder Vernichtung (§ 142 BGB) der Personengesellschaft aufgrund des Vertragsmangels grund-

---

[926] Näher *C. Schäfer* S. 280 f und *Krohn/C. Schäfer* WM 2000, 112 ff sowie unten Rn 333.

[927] So erstmalig *K. Schmidt* AcP 186 (1986), 421 ff; sodann auch *C. Schäfer* S. 137 ff.

sätzlich auszuschließen, sobald die Gesellschaft *nach außen wirksam* geworden ist (vgl. dazu näher Rn 335). Liegen diese Voraussetzungen (fehlerhafter Vertragsschluss und Wirksamkeit nach außen [herkömmlich: Invollzugsetzung]) vor, so wird die Gesellschaft trotz des Vertragsmangels als **wirksam** behandelt; ihre rückwirkende Vernichtung scheidet aus. Den Beteiligten ist es jedoch unbenommen, sich im Rahmen der §§ **133, 140** auf den Fehler als wichtigen Grund für die Auflösung der Gesellschaft – bzw. je nach Fallgestaltung für den Ausschluss eines fehlerhaft beigetretenen Gesellschafters oder die Übernahme des Geschäfts – zu berufen und auf diesem Wege für die Zukunft Abhilfe zu schaffen. In Sonderfällen, bei Unzumutbarkeit weiterer Bindung bis zum Erlass eines Gestaltungsurteils, kommt auch ein außerordentliches Kündigungsrecht in Betracht (Rn 350).

Maßgebende **Wertungskriterien** für die Entwicklung der Lehre von der fehlerhaften **317**
Gesellschaft waren im Außenverhältnis der *Verkehrsschutz* gegenüber den Gefahren nichtiger (anfechtbarer) Gesellschaften, im Innenverhältnis der *Bestandsschutz* der Gesellschaft und die Vermeidung rückwirkenden Wegfalls der gemeinsam geschaffenen Werte[928]. Ihre **dogmatische Begründung** findet die Lehre nach zutr. Ansicht in einem allgemeinen Rechtssatz des Verbandsrechts, wonach fehlerhaft gegründete Verbände als von ihren Mitgliedern scharf abgegrenzte Rechtssubjekte stets bis zu ihrer Auflösung wirksam bleiben, der Mangel ihrer rechtsgeschäftlichen Grundlage somit lediglich einen Auflösungsgrund darstellt.[929] Mit dieser Begründung eng verwandt ist die auch in der Voraufl. Rn 337 f von *Ulmer* vertretene Lehre von der *Doppelnatur* der Gesellschaft als Schuldverhältnis *und* Organisation. Oft ist zu hören, dass die Lehre von der fehlerhaften Gesellschaft in ihrem Kernbestand inzwischen bereits den Rang von Gewohnheitsrecht erlangt habe.[930] Doch sollte dies jedenfalls der Besinnung auf eine tragfähige Grundlage nicht entheben, zumal über eine Reihe von Einzelfragen durchaus noch Meinungsverschiedenheiten bestehen[931].

Neben den Fällen wirksamer, wenn auch lückenhafter (teilnichtiger) Gesellschafts- **318**
verträge (Rn 334) sind von der fehlerhaften Gesellschaft vor allem auch die Fälle der **Scheingesellschaft** scharf zu unterscheiden; die entgegenstehende Lehre von den *faktischen* Vertragsverhältnissen (Rn 321, 323) ist seit langem überholt. Bei der Scheingesellschaft fehlt es im Unterschied zur fehlerhaften Gesellschaft an einem wenn auch fehlerhaften (nichtigen, unwirksamen) Vertragsschluss der Beteiligten; sie treten *nur nach außen* wie Gesellschafter unter gemeinsamer Bezeichnung (Firma, Namen) auf. Insoweit ist für einen Bestandsschutz der Gesellschaft im Interesse der Beteiligten kein Raum; die rechtliche Anerkennung des „Zusammenschlusses" nach den Grundsätzen der fehlerhaften Gesellschaft scheidet aus. Der Verkehrsschutz richtet sich nach den – schwächeren

---

[928] Siehe schon 3. Aufl. Rn 69 ff (*Rob. Fischer*); aus neuerer Zeit *C. Schäfer* S. 71 ff; *K. Schmidt* AcP 186 (1986), 421 (424 f); *Wiedemann* Gesellschaftsrecht Bd. II, § 2 V 2, S. 154.

[929] Vgl. *K. Schmidt* AcP 186 (1986), 421 (425 f); *ders.* Gesellschaftsrecht, § 6 I 3, S. 147; *C. Schäfer* S. 129 f, 137 ff. Ansätze auch bei Hachenburg/*Ulmer* GmbHG[8] § 2 Rn 4 f, 86; GHEK/*Hüffer* AktG[8] § 275 Rn 6; *Paschke* ZHR 155 (1991), 1 (5); *Kollhosser* NJW 1997, 3265 (3267 f) („allgemein anerkannten Grundsatz des zivilen Verbandsrechts"); siehe ferner *Flume* I/1, § 2 III, S. 16 ff und *Ulmer* FS Flume, Bd. 2, 1978, S. 301 (313 f).

[930] *Gursky* S. 10 ff; *Lieberich* S. 34 ff; *Hartmann* FS Schiedermair, 1976, S. 257 (259); MünchKommHGB/*K. Schmidt* Rn 229; Staudinger/*Habermeier* BGB (2003) § 705 Rn 63; Heymann/*Emmerich* Rn 73: „gesicherter Bestandteil des Gesellschaftsrechts".

[931] So auch *Westermann* Handbuch Rn I 172a.

(kein Gesamthandsvermögen, kein vorrangiger Gläubigerzugriff) – allgemeinen Rechtsscheingrundsätzen. Vgl. näher Rn 367 ff.

319 Enge Verwandtschaft weist die LfV demgegenüber zur Behandlung **fehlerhaften bestellter Organwalter** und deren fehlerhafter Abberufung auf, und zwar nicht nur im Recht der Kapital-, sondern auch der Personengesellschaften.[932] Wie bei der fehlerhaften Gesellschaft kommt es auch hier neben dem fehlerhaften Bestellungs- oder Abberufungsakt auf dessen jeweiligen Vollzug an. Auch bedarf es zur Geltendmachung des Fehlers eines Aktes der formalen Kundgabe, also des Widerrufs der Bestellung seitens des zuständigen Gesellschaftsorgan oder Amtsniederlegung seitens des Organwalters.

320 2. **Entwicklung in der Rechtsprechung.** Die Rechtsfigur der fehlerhaften, auf einem nichtigen oder anfechtbaren Gesellschaftsvertrag beruhenden Gesellschaft ist in der Rechtsprechung des Reichsgerichts ursprünglich für das Recht der **Kapitalgesellschaften** entwickelt worden[933]. Sie erwies sich wegen des grundsätzlichen Fehlens persönlich haftender Gesellschafter als besonders vordringlich und sollte dazu dienen, den Bestand und die Kapitalgrundlage der durch konstitutive Handelsregistereintragung ins Leben getretenen juristischen Person trotz fehlerhafter Gründungsvereinbarungen im Interesse des Rechtsverkehrs zu sichern. Seit langem hat sie in entsprechenden Nichtigkeitsvorschriften (§§ 275 bis 277 AktG und §§ 75 bis 77 GmbHG) ihren gesetzlichen Niederschlag gefunden. Richtigerweise sind auch die auf Bestandsschutz eingetragener Verschmelzungen zielende Norm des § 20 Abs. 2 UmwG 1994, ihre Vorläuferbestimmung in § 352a AktG sowie § 346a Abs. 3 AktG Ausdruck dieses allgemeinen verbandsrechtlichen Grundsatzes.[934]

321 Für das Recht der **Personengesellschaften** beschränkte sich die Rechtsprechung ursprünglich darauf, die *rückwirkende* Geltendmachung von Gründungs- oder Beitrittsmängeln mit Wirkung für das Außenverhältnis auszuschließen[935]. Ausschlaggebend waren dabei, wie die an die Handelsregistereintragung des fehlerhaft Beigetretenen anknüpfende Rechtsprechung zur Haftung nach § 28 HGB für Altschulden[936] belegt, ursprünglich vor allem Rechtsscheingrundsätze. Erst in den letzten Jahren seines Bestehens ging das **Reichsgericht** dazu über, den fehlerhaft zustande gekommenen Gesellschaftsvertrag nach dessen Invollzugsetzung grundsätzlich **nach außen und innen als wirksam** zu behandeln und Gesellschafter, die sich auf den Mangel beriefen, auf den Weg der Auflösung zu verweisen[937]. Dadurch sollte neben dem Verkehrsschutz zugunsten Dritter dem ebenfalls als rechtserheblich angesehenen Bestandsschutzinteresse der Gesellschafter Rechnung getragen und die rückwirkende Abwicklung fehlerhafter Gesellschaften vermieden werden. Etwa gleichzeitig kam es in der Literatur zu einem ersten, heute

---

932 C. *Schäfer* S. 473 ff; *Schürnbrand* Organschaft S. 267 ff; s. auch MünchKommBGB[5]/*Ulmer* § 705 Rn 326a.

933 Nachw. und Übersicht bei *C. Schäfer* S. 62 ff; 3. Aufl. Rn 68 (*Rob. Fischer*) und *Wiedemann* Gesellschaftsrecht Bd. I, § 3 I 2a, S. 148 f.

934 Eingehend dazu – gegen die hM – *C. Schäfer* S. 182 ff; *ders.* FS Karsten Schmidt, 2009, S. 1389 (1391 ff), jew. mN zum Meinungsstand. S.a. *Wiedemann* Gesellschaftsrecht Bd. II, § 2 V 2, S. 154.

935 Vgl. MünchKommBGB[5]/*Ulmer* § 705 Rn 324; *Wiedemann* Gesellschaftsrecht Bd. II, § 2 V 1b, S. 150 f; *C. Schäfer* S. 71 ff.

936 Std. Rspr., vgl. RGZ 76, 439 (441); 89, 97 (98); 93, 227 (229); 142, 98 (107). Dazu kritisch *Canaris* Vertrauenshaftung, S. 175 ff.

937 So die Grundsatzentscheidung RGZ 165, 193 (204 f); vgl. zuvor schon RG JW 1935, 2617 zur Abfindung des fehlerhaft Beigetretenen nach § 738 BGB. Vgl. näher zur RG-Rechtsprechung *Ronke* FS Laufke, 1971, S. 217 ff; 3. Aufl. Rn 69 ff (*Rob. Fischer*).

überholten Begründungsversuch, der sich auf die Theorie der „faktischen Vertragsverhältnisse" stützte[938]. Der **Bundesgerichtshof** hat diese Rechtsprechung mit gewissen Modifikationen[939] und Verfeinerungen[940] in einer Vielzahl von Entscheidungen fortgeführt und weiter ausgebaut[941].

3. Dogmatische Begründung

a) **Überblick.** Die Entwicklung der Lehre von der fehlerhaften Gesellschaft ist, wie schon erwähnt, in erster Linie das Verdienst der höchstrichterlichen **Rechtsprechung**[942]. Im Vordergrund standen dabei Argumente der **Interessenabwägung,** darunter neben dem – teilweise schon durch Rechtsscheingesichtspunkte zu gewährleistenden – Verkehrsschutz vor allem der auf das Innenverhältnis der Gesellschafter bezogene, der Erhaltung gemeinsam geschaffener Werte und der Vermeidung einer unerwünschten Rückabwicklung dienende Gedanke des Bestandsschutzes für die Vergangenheit. Der Nachteil dieses pragmatischen Vorgehens bestand darin, dass es der Rechtsprechung nicht immer gelang, auch in Randbereichen der Lehre zu systematisch überzeugenden, klare Abgrenzungen gestattenden Lösungen zu kommen. Neben der Behandlung fehlerhafter Innengesellschaften und stiller Gesellschaften[943] gilt das vor allem noch für die Anwendung der LfV auf fehlerhafte Vertragsänderungen (Rn 352 ff). 322

Im **Schrifttum** stand ursprünglich das Konzept der „faktischen", unabhängig vom Vertragsschluss allein an die Tatsache des gemeinsamen Auftretens nach außen anknüpfenden Gesellschaft im Vordergrund,[944] es gilt indessen zu Recht seit langem als überholt[945], 323

---

[938] Vgl. *Haupt* FS Siber, Bd. II, 1943, S. 5 ff und *Siebert* FS Hedemann, 1938, S. 266 ff.

[939] Zusammenstellung bei 3. Aufl. Rn 73 (*Rob. Fischer*).

[940] So namentlich durch terminologischen Übergang von der „faktischen" zur „fehlerhaften" Gesellschaft seit BGH LM HGB § 105 Nr. 19 = BB 1964, 619.

[941] Vgl. insbes. BGHZ 3, 285 = NJW 1952, 97 (Auflösung einer fehlerhaften Gesellschaft); BGHZ 8, 157 = NJW 1953, 818 m. Anm. *W. Siebert* (Anwendung der Lehre auf die atypische stille Gesellschaft); BGHZ 11, 190 = NJW 1954, 231 (Erfordernis eines wenn auch fehlerhaften Gesellschaftsvertrags); BGHZ 17, 160 = NJW 1955, 1067 (fehlerhafter Beitritt eines Minderjährigen); BGHZ 26, 330 = NJW 1958, 668 (Einlageverpflichtung des fehlerhaft Beigetretenen); BGHZ 44, 235 = NJW 1966, 107 (Haftung des fehlerhaft Beigetretenen für Altschulden trotz zwischenzeitlichen Ausscheidens); BGHZ 55, 5 = NJW 1971, 375 sowie BGH ZIP 2004, 1706 (1708); 2005, 254 (256); 2005, 753 (757); 2005, 763 (764); 2005, 2060 (2062); NJW 2005, 1784 (1786) (Anwendung auf die typische stille Gesellschaft) und dazu *Armbrüster* ZfIR 2004, 928 ff; *Armbrüster/Joos* ZIP 2004, 189 ff; *C. Schäfer* ZHR 170 (2006), 373 ff; vgl. weiter BGHZ 62, 30 = NJW 1974, 498 (fehlerhafte Vertragsänderung); BGHZ 62, 234 = NJW 1974, 1201 (Nichtanwendung bei verbotenem Gesellschaftszweck, § 134 BGB). Vgl. ferner BGH ZIP 2008, 1018 mit Anm. *C. Schäfer* (Vorlage zur Anwendung der LfV auf einen Beitritt an der Haustür, dazu auch Rn 333) Zusammenfassende Rspr.-Übersicht bis 1996 bei *Goette* DStR 1996, 266 ff.

[942] Vgl. die Nachw. in Fn 941 sowie die Rspr.-Berichte von *Ronke* FS Laufke, 1971, S. 217 ff (RG) und FS Paulick, 1973, S. 55 ff (BGH).

[943] Vgl. dazu Rn 329 f mN.

[944] Vgl. insbes. *Haupt* FS Siber, Bd. II, 1943, S. 5 ff und *Siebert* FS Hedemann, 1938, S. 266 ff; so auch noch *Simitis* Die faktischen Vertragsverhältnisse, 1957, S. 232 ff.

[945] Vgl. statt aller 3. Aufl. Rn 74, 77 (*Rob. Fischer*); *A. Hueck* OHG, § 7 S. 74 Fn 6; Soergel/*Hadding*[12] § 705 Rn 85; *K. Schmidt* AcP 186 (1986), 422 f; *C. Schäfer* S. 120 f; einschränkend später auch *Siebert* Faktische Vertragsverhältnisse, 1958, S. 56 ff.

gelang es zunächst nicht, zu einem einheitlichen oder ganz überwiegend akzeptierten Meinungsstand in Bezug auf die Grundlagen der LfV zu gelangen[946]. Heute lassen sich noch folgende Auffassungen unterscheiden: Die Lehre von der Beschränkung der Nichtigkeitsfolgen (Rn 324); die „gesetzestreue", von den allgemeinen Grundsätzen nur im Rahmen des Unvermeidbaren abweichende Meinung (Rn 325), die auf die Besonderheiten in Vollzug gesetzter Gesellschaften gestützte, an deren Doppelnatur als Schuldverhältnis und Organisation anknüpfende Lehre (Rn 326) sowie schließliche ihre Fortentwicklung zu einem allgemeinen verbandsrechtlichen Prinzip (Rn 327).

324 b) **Lehre von der Beschränkung der Nichtigkeitsfolgen.** Die im Schrifttum lange Zeit vorherrschende, als „Lehre von der Beschränkung der Nichtigkeitsfolgen" bekannte Ansicht[947] begründete die Lehre von der fehlerhaften Gesellschaft mit der mangelnden Eignung der allgemeinen Rechtsfolgen bei Nichtigkeit oder Anfechtung von Verträgen für in Vollzug gesetzte Gesellschaftsverträge. An ihrer Stelle sei es im Interesse der Rechtssicherheit geboten, den Vertragsmangel grundsätzlich im Wege der Auflösung der Gesellschaft durch Auflösungsklage geltend zu machen. Die Abwicklung richte sich nicht nach dem dafür ungeeigneten Bereicherungsrecht, sondern nach den entsprechend anwendbaren Liquidationsvorschriften des Gesellschaftsrechts. Eine besondere Variante dieser Lehre vertrat *Larenz*[948]: er wollte grundsätzlich nur die *Abwicklung* anstelle des hierfür ungeeigneten Bereicherungsrechts dem Gesellschaftsrecht unterstellen, während es im Übrigen offenbar bei den allgemeinen Grundsätzen bleiben soll[949]. **Gegen** diese Ansichten wurde vor allem vorgebracht, dass ihre auf Abwicklung der Gesellschaft nach §§ 145 ff anstelle der Anwendung von Bereicherungsrecht gerichtete Zielsetzung nicht zu begründen vermöge, worauf sich die volle Wirksamkeit des fehlerhaften Vertrages im Innenverhältnis bis zur Auflösung gründe[950]. Auch methodische Bedenken wurden angemeldet[951]. Indessen kann die Berechtigung dieser Kritik dahin stehen, wenn man von einem allgemeinen verbandsrechtlichen Grundsatz ausgeht; denn diesem gebührt methodisch der Vorrang vor einer Einzel- oder Gesamtanalogie (und damit auch vor der teleologischen Beschränkung der Nichtigkeitsvorschriften).[952]

325 c) **„Gesetzestreue" Ansichten (Einschränkungen der Lehre).** Auch heute noch wird gelegentlich die grundsätzliche Notwendigkeit in Frage gestellt, für fehlerhafte Gesellschaften zu Abweichungen von den allgemein für Dauerschuldverhältnisse geltenden Grundsätzen zu kommen, und die dementsprechend auf eine **Korrektur** der Rechtspre-

[946] Das hebt vor allem *Canaris* Vertrauenshaftung, S. 121 hervor. So im Grundsatz auch *Esser* AcP 157 (1958/59), 86 ff (93); *A. Hueck* OHG § 7, S. 74 Fn 6.

[947] Vgl. etwa 3. Aufl. Rn 78 (*Rob. Fischer*); *A. Hueck* OHG, § 7 III, S. 81 f; Soergel/*Schultze-v. Lasaulx*[10] § 705 Rn 91; Staudinger/*Keßler* BGB (1979) § 705 Rn 115 (anders aber Rn 117) und noch *Westermann* Handbuch Rn I 173a, 182c: „situationsgebundene teleologische Reduktion der allgemein-rechtlichen Bestimmungen über die Nichtigkeitsfolgen".

[948] *Larenz/Canaris* Schuldrecht II/2 § 60 VII S. 410 ff.

[949] Vgl. jedoch auch *Larenz* Methodenlehre S. 379 f, wo die analoge Anwendung der Auflösungsvorschriften des Gesellschaftsrechts auf die fehlerhafte Gesellschaft als Beispiel einer Rechtsfortbildung durch Rechtsprechung und Lehre angeführt wird.

[950] So etwa *Siebert* (Fn 945) S. 59 und Voraufl. Rn 334 (*Ulmer*); vgl. auch *Flume* I/1 § 2 II, S. 17 Fn 18.

[951] So namentlich von *Canaris* Vertrauenshaftung, S. 120 f und *Möschel* FS Hefermehl, 1976, S. 171 ff; sie hatten sich im Laufe der Zeit allerdings erledigt, vgl. *C. Schäfer* S. 125.

[952] *C. Schäfer* S. 127 ff.

chung zur fehlerhaften Gesellschaft hinzielen. Früher wurde gelegentlich die Begründung von Gesamthandsvermögen – jedenfalls für das Innenverhältnis – auch ohne Gesellschaftsvertrag für möglich gehalten[953] und für die Auseinandersetzung zwischen den Beteiligten auf das Bereicherungsrecht verwiesen, das hierzu mit § 818 Abs. 1 bis 3 BGB geeignete Regelungen bereitstelle[954]. Andere haben auf die allgemeine Rechtsschein- und Vertrauenshaftung verwiesen[955] oder auf ein zwischen Verpflichtung und Verfügung (angeblich) beim Gesellschaftsvertrag bestehendes Trennungsprinzip verwiesen, um so (zumindest) zu weitreichenden Relativierungen der LfV, inbesondere in Bezug auf Schadensersatzansprüche zu gelangen.[956] All' dem kann nicht gefolgt werden. Abgesehen von der Ungeeignetheit des Bereicherungsrechts für die Rückabwicklung eines Gesellschaftsverhältnisses ist aus der Sicht der §§ 717 bis 719, 738 BGB vor allem die These unhaltbar, dass gesellschaftsrechtliches *Gesamthandsvermögen* als vorrangiges Zugriffsobjekt der Gesellschaftsgläubiger könne auch ohne Zustandekommen eines – sei es auch fehlerhaften – Gesellschaftsvertrags gebildet werden; sie führt zu einer unzutreffenden Angleichung von Gesamthand und Bruchteilsgemeinschaft[957]. Das Gesamthandsvermögen ist zudem auch für das *Außenverhältnis* von zentraler Bedeutung, indem es dem vorrangigen Zugriff der Gläubiger auf das Gesellschaftsvermögen sichert[958]. Eine Aufspaltung des Gesamthandsprinzips in Innen- und Außenverhältnis kommt deshalb nicht in Betracht[959]. Entsprechendes gilt für die Trennung zwischen einer verpflichtenden und einer verfügenden Ebene des Gesellschaftsvertrages unter Beschränkung der Unwirksamkeit auf die Verpflichtungsebene; sie findet keinen Anhalt im Gesetz.[960]

d) Doppelnatur der Gesellschaft als Schuldverhältnis und Organisation. Die heute vorherrschende Ansicht begründet die volle Wirksamkeit der in Vollzug gesetzten fehlerhaften Gesellschaft mit der einverständlichen Schaffung einer über Organe und Vermögen verfügenden Gesamthand. Sie führe zur Überlagerung des bis dahin uneingeschränkt den Nichtigkeits- und Anfechtungsregeln unterliegenden Schuldverhältnisses durch die gesellschaftsrechtliche „Organisation“[961] und mache die Auflösung ex nunc erforderlich. **326**

953 So mit im Einzelnen unterschiedlichen Gründen *Schulze-Osterloh* Das Prinzip der gesamthänderischen Bindung, 1972, S. 237 ff, 242 ff, 258 f; *Rödig* Bereicherung ohne Rechtfertigung durch Gesellschaftsvertrag, 1972, S. 54 ff; *H. Weber* Zur Lehre von der fehlerhaften Gesellschaft, 1978, S. 86 ff; wohl auch *Canaris* Vertrauenshaftung, S. 523 f. Vgl. dagegen näher *Ulmer* FS Flume, 1978, S. 301 (306 ff); *C. Schäfer* S. 131 ff.

954 *Rödig* (Fn 953) S. 43 f, 59 ff; *H. Weber* (Fn 953) S. 94 ff; 174 ff.

955 *Canaris* Vertrauenshaftung, S. 121 ff, 175 ff; *H. Weber* (Fn 953) S. 171 f; für die Haftung fehlerhaft beigetretener Gesellschafter einer OHG oder KG gegenüber Altgläubogern aus §§ 28, 130, 173 HGB nach dem Zweck dieser Vorschrift differenzierend *Möschel* (Fn 951), S. 176 ff.

956 *Bälz* FS Raiser, 2005, 615 ff; dagegen *C. Schäfer* ZHR 170 (2006), 373 (388 ff).

957 So gegen *Schulze-Osterloh* Das Prinzip der gesamthänderischen Bindung zutr. auch *Blaurock* ZHR 137 (1973), 435 und *Schünemann* Grundprobleme der Gesamthandsgemeinschaft, 1975, S. 80 f. Vgl. im Einzelnen *Ulmer* FS Flume, 1978, S. 301 (306 f); *C. Schäfer* S. 132 f.

958 *Ulmer* FS Flume, 1978, S. 301 (308); *C. Schäfer* S. 132 f.

959 Vgl. Rn 359 und *Ulmer* FS Flume, 1978, S. 301 (314 ff).

960 Näher *C. Schäfer* ZHR 170 (2006), 373 (388 ff) gegen *Bälz* FS Raiser, 2005, 615 ff (624 f).

961 *Flume* I/1 § 2 III; *Ulmer* FS Flume, 1978, S. 301 (310 ff); *Wiesner* fehlerhafte Gesellschaft, S. 81 ff, 110 ff. Ähnlich *Soergel/Hadding*[12] § 705 Rn 88; *K. Schmidt* AcP 186 (1986), 431; *Wiedemann* Gesellschaftsrecht Bd. II, § 2 V 2, S. 154; *Paschke* ZHR 155 (1991), 1 (5).

Durch diese Akte hätten die Gesellschafter die unbeschränkte Dispositionsbefugnis über ihre das Innenverhältnis überschreitenden Beziehungen verloren; sie müssten sich für die Zeit bis zur wirksamen Geltendmachung des Mangels grundsätzlich an der Gesamthandsgemeinschaft sowie deren Vertragsgrundlage festhalten lassen. Eine Änderung ihrer gesellschaftsrechtlichen Beziehungen sei abweichend von den allgemeinen Grundsätzen (Anfechtung, Rücktritt u.a.) nur für die Zukunft möglich. Entsprechendes gelte bei anfänglich nichtigem, in Vollzug gesetztem Gesellschaftsvertrag. Insoweit habe das als rechtsgeschäftlich gewollte Zusammenwirken der Gesellschafter zumindest die Wirkung, die Berufung auf die Nichtigkeit für die Zeit bis zur Geltendmachung des Mangels auszuschließen[962], sofern die Mängel nicht durch konkludente Bestätigung des ursprünglich fehlgeschlagenen Vertragsschlusses geheilt würden (Rn 336). Diesen Aspekt betont zu haben, ist das Verdienst von *Flume*[963]; mit seiner Lehre von der Gesamthand als „Gruppe" hat er Gedanken *Otto von Gierkes* aufgegriffen und weitergeführt[964]. Wie *Ulmer* in der Voraufl. Rn 338 zu Recht betont hat, bietet diese Auffassung eine *tragfähige systematische Grundlage* auch für die Rechtsfigur der fehlerhaften Gesellschaft.[965] Nach dem heute erreichten Diskussionsstand gilt es allerdings, noch einen Schritt weiterzugehen und die „Doppelnatur-Lehre" in ein allgemeines verbandsrechtliches Prinzip zu integrieren (Rn 327).

327 e) **Lehre vom fehlerhaften Verband.** Zumindest im Ergebnis trifft sich die Lehre von der Doppelnatur mit neueren Ansichten, die in der rechtlichen Anerkennung der fehlerhaften Gesellschaft den Ausdruck eines allgemeinen verbandsrechtlichen Prinzips sehen[966]. Es kann dahin umschrieben werden, dass als rechtsfähig gegründete, wenn auch fehlerhafte Verbände nur mit Wirkung für die Zukunft aufgelöst werden können (Rn 316). Dies deckt sich zwar im Ansatz mit dem Abstellen der „Doppelnatur-Lehre" auf das Vorhandensein einer besonderen Handlungsorganisation[967], geht aber in einigen Aspekten darüber hinaus. So vermag die LfV zwar ebenso wie die „Doppelnatur-Lehre" die Unanwendbarkeit der Grundsätze auf Innengesellschaften zu verdeutlichen; indessen kann sie besser als jene die einzelnen Tatbestandsmerkmale, namentlich das „Vollzugs"-Kriterium, mit eindeutigem Inhalt ausfüllen. Auch in Bezug auf die von der hM noch immer postulierte – aber praktisch kaum erprobte – Einschränkung der Lehre durch „übergeordnete Interessen" vermag dieser Ansatz eine klare Antwort zu geben: Eine solche Ausnahme ist ebenso wenig anzuerkennen wie im Kapitalgesellschaftsrecht, wo § 275 AktG und § 75 GmbHG zu Recht nichts von einer solchen Einschränkung wissen (Rn 337 ff). Insgesamt ist die LfV daher am besten in der Lage, eine tragfähige Grundlage zu bieten und in *Grenzfällen* zu einer konsistenten, für alle Verbände gleichermaßen gültigen Präzisierung der Grundsätze über die fehlerhafte Gesellschaft zu kommen. Für die Beurteilung fehlerhafter Vertragsänderungen erweist sich danach eine Anpassung der bisherigen Rechtsprechung ebenso als notwendig (Rn 353 f) wie bei der Behandlung fehlerhafter *Innen*gesellschaften (Rn 329 f).

---

[962] Zur dogmatischen Begründung – Verwahrung (protestatio facto contraria) oder Folge rechtsgeschäftlichen, wenn auch fehlerhaften Zusammenwirkens – vgl. *Ulmer* FS Flume, 1978, S. 301 (314).

[963] Vgl. nach einer Reihe von Aufsätzen die zusammenfassende Darstellung bei *Flume* Band I/1 §§ 2, 4 und 5.

[964] Dazu näher *Flume* I/1 § 4 II, S. 55 f; vgl. auch *K. Schmidt* AcP 186 (1986), 423 und 425, und *dens.* Einhundert Jahre Verbandstheorie im Privatrecht, 1987, S. 21 f.

[965] Dazu näher *Flume* I/1 § 2 III und *Ulmer* FS Flume, 1978, S. 301 (308 ff).

[966] So insbes. *K. Schmidt* AcP 186 (1986), 421 (424 ff) und *ders.* Gesellschaftsrecht, § 6 I 3, S. 140 und III 1, S. 147; *C. Schäfer* S. 129 f, 137 ff; *Wiedemann* Gesellschaftsrecht Bd. II, § 2 V 1b, S. 151.

[967] *C. Schäfer* S. 126, 137, 147 f.

II. Voraussetzungen

1. Überblick. Über die Voraussetzungen für die Anwendung der Lehre von der fehlerhaften Gesellschaft besteht für den Fall von **Gründungsmängeln** in Rechtsprechung und Literatur im Wesentlichen Einigkeit: Es muss (1) ein insgesamt (Rn 334) fehlerhafter Vertragsschluss vorliegen, die Gesellschaft muss (2) in Vollzug gesetzt sein, womit richtigerweise die Entstehung im Außenverhältnis gemeint ist. Nach hM dürfen der rechtlichen Anerkennung einer fehlerhaften Gesellschaft (3) keine höherrangigen schutzwürdigen Interessen entgegenstehen; dieser Einschränkung ist indessen nicht zu folgen (siehe schon Rn 327 und näher Rn 337 ff). Die Frage, ob die gleichen Grundsätze auch für fehlerhafte Vertragsänderungen einschließlich des Gesellschafterwechsels (Beitritt und Ausscheiden) Geltung beanspruchen können, oder ob es insoweit gewisser Modifikationen bedarf, ist noch nicht abschließend geklärt (Rn 352 ff). **328**

Nach wie vor **umstritten** ist die Frage, ob und unter welchen Voraussetzungen die Lehre von der fehlerhaften Gesellschaft auch gegenüber fehlerhaften **Innengesellschaften** einschließlich der stillen Gesellschaft anzuwenden ist. Während die *Rechtsprechung* sich für die Einbeziehung *sämtlicher* Innengesellschaften ohne Differenzierung nach ihrer Struktur oder der Stellung des „Stillen" im Verband ausgesprochen hat[968], wird im Schrifttum teilweise zwischen typischer und *atypischer* stiller Gesellschaft unterschieden unter Beschränkung der Lehre auf diese[969]. Vereinzelt wird auch darauf abgestellt, ob die Innengesellschaft eine lediglich schuldrechtliche (dann nein) oder eine zugleich verbandsrechtliche Struktur (dann ja) aufweist[970]. Der Frage kommt für die OHG (KG) als notwendige Außengesellschaft (Rn 46) keine Bedeutung zu; sie ist daher hier nicht zu vertiefen (zur stillen Gesellschaft vgl. Erl. zu § 230). Angesichts der zutr. dogmatischen Begründung der Lehre von der fehlerhaften Gesellschaft (Rn 327 f) genügt der Hinweis, dass eine Überlagerung des Schuldverhältnisses durch organisationsrechtliche, der rückwirkenden Vernichtung entgegenstehende Elemente als Voraussetzung der fehlerhaften Gesellschaft bei Innengesellschaften ohne nach außen in Erscheinung tretende Handlungsorganisation nur in Betracht kommt, wenn es bei ihnen zur Bildung von Gesamthandsvermögen kommt[971]. Für die Anerkennung einer fehlerhaften Innengesellschaft ist **329**

---

968 BGHZ 55, 5 (8) = NJW 1971, 375; BGHZ 62, 234 (237) = NJW 1974, 498; BGH WM 1973, 900 (901); 1977, 196 (197); 1980, 12 (14); NJW-RR 1991, 613 (614 f); NJW 2005, 1784; ZIP 2004, 1706 (1708); 2005, 254 (256); 2005, 753 (757); 2005, 763 (764); 2005, 2060 (2062); s. dazu kritisch *C. Schäfer* ZHR 170 (2006), 373 und MünchKommBGB[5]/*Ulmer* § 705 Rn 359a. Einschränkend bei vermögensloser Gesellschaft BGH BB 1990, 1997; s. auch Ebenroth/Boujong/Joost/Strohn/*Wertenbruch* Rn 189.

969 So Soergel/*Hadding*[12] § 705 Rn 92; *Rob. Fischer* JR 1962, 203 f; *Brox* BB 1964, 523 (527); grundlegend *Siebert* DB 1958, 1068; **aA** einerseits die in Fn 972 genannten Autoren, die eine Anwendung der Lehre von der fehlerhaften Gesellschaft auf Innengesellschaften iwS (d.h. solche *mit* Gesamthandsvermögen) beschränken, andererseits diejenigen Autoren, die mit der Rspr. (Fn 968) eine Differenzierung ablehnen und die Lehre auf alle stillen Gesellschaften anwenden wollen (so früher schon 3. Aufl. § 335 Rn 42 [*Schilling*]; *Steckhan* Die Innengesellschaft, 1966, S. 112 ff, 128; ebenso auch Baumbach/*Hopt* § 230 Rn 11; Palandt/*Sprau*[67] § 705 Rn 19a; *Blaurock* Handbuch der stillen Gesellschaft § 11 Rn 12 ff; *Stimpel* ZGR 1973, 101).

970 So MünchKommHGB/*K. Schmidt* § 230 Rn 134; *ders.* AcP 186 (1986), 421 (432 f); *ders.* Gesellschaftsrecht, § 6 IId, S. 145 f; ähnlich auch *Armbrüster/Joos* ZIP 2004, 189 (192) und *Armbrüster* ZfIR 2004, 928 (930).

971 Vgl. dazu näher MünchKommBGB[5]/*Ulmer* § 705 Rn 279.

daher nur bei Innengesellschaften i.w.S. mit Gesamthandsvermögen Raum, nicht dagegen bei – auch atypischen – stillen Gesellschaften[972].

330 Die mangelnde Eignung der Grundsätze der fehlerhaften Gesellschaft für die Anwendung auf Innengesellschaften i.e.S. zeigt sich besonders deutlich bei der **widersprüchlichen Rechtsprechung** des II. Zivilsenats des BGH **zu stillen Gesellschaften**, die eine AG als Kapitalanlagegesellschaft (Inhaberin des Handelsgeschäfts i.S.v. § 230 HGB) je einzeln mit einer Vielzahl von Kapitalanlegern als Stillen geschlossen hatte.[973] Die Stillen waren in diesen Fällen von der „Göttinger Gruppe" durchweg mit falschen Versprechungen für die Kapitalanlage geworben worden; sie verlangten nach Aufdeckung des Vertragsmangels ihre Einlagen zurück. Obwohl er an den Grundsätzen über die fehlerhafte Gesellschaft zu Lasten der Stillen festhielt, gab der Senat ihnen im Ergebnis dadurch Recht, dass er das Bestehen entsprechender **Schadensersatzansprüche** der Stillen gegen die AG aus § 280 i.V.m. §§ 241 Abs. 2, 311 Abs. 2 Nr. 1 (cic) und/oder aus § 826 bejahte.[974] Indessen ist es unzutreffend, dass Schadensersatzansprüche sich gegen die LfV durchsetzen.[975] Das – richtige – Ergebnis hätte statt dessen auf die Unanwendbarkeit der LfV auf stille Gesellschaften gestützt werden müssen, zumal der Senat durchaus zu Recht darauf hinwies, dass Gründe des Verkehrsschutzes dieser letztlich zur *Rückabwicklung* des Vertragsabschlusses führenden Rechtsfolge nicht entgegenstünden, weil die jeweilige stille Gesellschaft als solche – im Unterschied zur AG als Inhaberin – am Rechtsverkehr nicht teilgenommen habe.[976] Im Ergebnis verdient die Rechtsprechung daher zwar Zustimmung, ihre Begründung ist aber unhaltbar.[977] Bei **Außengesellschaften** ist eine Relativierung der LfV durch Schadensersatzansprüche überdies auch nicht im Ergebnis anzuerkennen. Die **LfV setzt sich** ihrem Zweck gemäß auch **gegenüber Schadensersatzansprüchen durch**, die auf die Rückgewähr der Einlage gerichtet sind.[978]

2. Fehlerhafter Vertrag

331 a) **Grundsatz.** Erste und grundlegende Voraussetzung ist das Vorliegen von auf den Abschluss eines Gesellschaftsvertrags gerichteten **Willenserklärungen** zwischen den Beteiligten, die wegen der ihnen anhaftenden **Mängel** der Wirksamkeit des gewollten Vertrages bei Anwendung allgemeiner Grundsätze entgegenstehen[979]. Mit anderen Worten

[972] Vgl. MünchKommBGB[5]/*Ulmer* § 705 Rn 359; *ders.* FS Flume, 1978, S. 301 (318). So auch Soergel/*Hadding*[12] § 705 Rn 92; *Königs* Die stille Gesellschaft, 1961, S. 90 ff, 111 ff; *C. Schäfer* S. 143 ff; *ders.* BKR 2002, 1004; *ders.* ZHR 170 (2006), 373 (395 f); *Wiesner* fehlerhafte Gesellschaft, S. 165 f; ähnlich *Konzen* FS Westermann, 2008, S. 1133 (1147 f); MünchKommHGB/*K. Schmidt* § 230 Rn 134; *ders.* Gesellschaftsrecht, § 6 IId, S. 145 f.

[973] BGH ZIP 2004, 1706 (1708); 2005, 254 (256); 2005, 753 (757); 2005, 763 (764); 2005, 2060 (2062); NJW 2005, 1784 (1786). Dazu *Armbrüster* ZfIR 2004, 928 ff; *Armbrüster/Joos* ZIP 2004, 189 ff; *C. Schäfer* ZHR 170 (2006), 373 ff.

[974] Vgl. die Nachw. in Fn 973 (insbes. BGH ZIP 2004, 1706 [1708]).

[975] Eingehend dazu *C. Schäfer* ZHR 170 (2006), 382 ff.

[976] So zutr. BGH ZIP 2004, 1706 (1708).

[977] Näher *C. Schäfer* ZHR 170 (2006), 397; zustimmend MünchKommBGB[5]/*Ulmer* § 705 Rn 359a.

[978] Eingehend *C. Schäfer* ZHR 170 (2006), 373 (382 ff) mN zu den (bislang) vereinzelten abweichenden Stimmen S. 381 f.

[979] Heute einhM, vgl. BGHZ 11, 190 (191) = NJW 1954, 231; ebenso bereits 3. Aufl. Rn 81 (*Rob. Fischer*); *Flume* I/1 § 2 III; *A. Hueck* OHG, § 7, S. 72 f; Soergel/*Hadding*[12] § 705 Rn 72; MünchKommBGB[5]/*Ulmer* § 705 Rn 327; *Westermann* Handbuch Rn I 174; *C. Schäfer* S. 120 f, 201 ff.

muss der **Abschlusstatbestand eines OHG-Vertrages** erfüllt sein.[980] Die Lehre von der „faktischen" Gesellschaft, die die Anerkennung der Gesellschaft allein an die Tatsache des Zusammenwirkens nach Art von Gesellschaftern knüpfen wollte, ist seit langem überholt (Rn 321, 323). Durch den ohne Vertragsschluss von Dritten oder (einzelnen) Gesellschaftern erzeugten Rechtsschein einer OHG kommt die LfV daher auch dann nicht zur Entstehung, wenn die Beteiligten nach außen gemeinsam auftreten (unten Rn 335). Auch die Abgabe der Gründungs- bzw. Beitrittserklärung durch einen Vertreter ohne Vertretungsmacht reicht mangels Zurechenbarkeit gegenüber dem Vertretenen für die Bejahung einer fehlerhaften Gesellschaft mit diesem nicht aus[981]; die Mitgesellschafter haben nach § 179 Abs. 1 BGB die Wahl, den Vertreter an seiner in fremdem Namen abgegebenen Beitrittserklärung festzuhalten oder ihn auf Schadensersatz in Anspruch zu nehmen. Weil es sich in aller Regel um einen Fall subjektiver Teilunwirksamkeit handelt (Rn 184 f), können sie die Gesellschaft im Übrigen entweder untereinander als werbende fortsetzen oder unter Berufung auf den Wegfall des Vertretenen zur Auflösung bringen; der Vertretene selbst haftet auch nicht nach den Grundsätzen des fehlerhaften Beitritts. Diese Grundsätze gelten namentlich auch dann, wenn der Geschäftsführer Beitrittsverträge abschließt, ohne hierzu im Gesellschaftsvertrag oder durch besondere Erklärungen der übrigen Gesellschafter bevollmächtigt zu sein.[982]

b) **Arten der Mängel.** Die zur Fehlerhaftigkeit der Gründung führenden Vertrags- 332
mängel[983] lassen sich im Grundsatz in drei Gruppen einteilen. Die erste und praktisch wichtigste Kategorie bilden die **Anfechtungstatbestände der §§ 119, 123 BGB,** d.h. die Fälle des auf Irrtum, Täuschung oder Drohung beruhenden, nach allgemeinen Grundsätzen (§ 142 BGB) rückwirkend vernichtbaren Vertragsschlusses. In eine zweite Gruppe sind die Fälle **ursprünglicher Nichtigkeit** des Vertrages zusammenzufassen, darunter Formnichtigkeit (§ 125 BGB) oder Dissens (§§ 154, 155 BGB)[984], oder sonstige dem wirksamen Zustandekommen des Vertrags entgegenstehende Gründe[985]. Die praktische Bedeutung dieser Gruppe ist freilich gering, weil in den Fällen der §§ 125, 154 BGB die Bewirkung der formnichtig versprochenen Einlageleistung oder der sonstige, in Kenntnis des Mangels erfolgende Vertragsvollzug nicht selten zur Heilung des Formmangels oder zur Bestätigung des Rechtsgeschäfts führt[986], während bei einer durch den verbots- oder sittenwidrigen Gesellschaftszweck bedingten Nichtigkeit (§§ 134, 138 BGB) die recht-

---

980 Eingehend dazu – und zur Unterscheidung von Tatbestand und Wirksamkeitsbedingungen – *C. Schäfer* S. 202 ff.

981 MünchKommHGB/*K. Schmidt* Rn 236; *Westermann* Handbuch Rn I 174b; Ebenroth/Boujong/Joost/Strohn/*Wertenbruch* Rn 181; Heymann/*Emmerich* Rn 81; näher *C. Schäfer* S. 208 ff, 211.

982 Vgl. *C. Schäfer* S. 208, 211, gegen die Begründung bei BGH NJW 1988, 1321 (1323).

983 Vgl. dazu eingehend *C. Schäfer* S. 213 ff; *Wiesner* fehlerhafte Gesellschaft, S. 103 ff.

984 Insofern ist für die Lehre von der fehlerhaften Gesellschaft freilich nur Raum, falls nicht im Vollzug des nach § 154 BGB lückenhaften Vertrags ein einvernehmliches Ingeltungsetzen liegt bzw. falls die Wertung des § 155 BGB ausnahmsweise ein Wirksamkeitsdefizit begründet; dazu näher *C. Schäfer* S. 215 f.

985 Zum Sonderfall des – nach Genehmigungsverweigerung endgültig unwirksamen – Vertragsschlusses unter Mitwirkung eines Vertreters ohne Vertretungsmacht (§ 177 BGB), bei dem die Anwendung der Lehre von der fehlerhaften Gesellschaft auf den Vertretenen an der fehlenden Zurechenbarkeit des Vertreterhandelns scheitert, vgl. Rn 331.

986 Vgl. Rn 168, 174, 176, 301, zur Heilung des Formmangels in den Fällen der §§ 311b Abs. 1 BGB, 15 GmbHG namentlich auch *Wiesner* NJW 1984, 95 ff.

liche Anerkennung der Gesellschaft an übergeordneten Interessen der Allgemeinheit scheitern kann (Rn 345). In die dritte Gruppe schließlich fallen Gründungen unter **fehlerhafter Mitwirkung einzelner, besonders schutzwürdiger Personen** (insbes. Geschäftsunfähige und Minderjährige, vgl. Näheres in Rn 338 ff). Der gesetzliche Schutz dieser Personen soll nach verbreiteter Auffassung zwar Vorrang vor der Rechtsfigur der fehlerhaften Gesellschaft haben (Rn 339), so dass für den fehlerhaft Beitretenden selbst vertragliche Bindungen nur im Fall einer (rückwirkenden) Heilung des Fehlers zur Entstehung kommen (Rn 338). Jedenfalls für die Mitgesellschafter greifen die Grundsätze über die fehlerhafte Gesellschaft jedoch allemal ein, sofern sich der Restvertrag nicht sogar im Auslegungswege als vollgültig erweisen sollte (Rn 340).

333 Umstritten ist die Rechtslage bei Unwirksamkeitsgründen, die zugunsten von **Verbrauchern** installiert wurden. Haben Verbraucher ein **Widerrufsrecht i.S.v. § 355 BGB,** so wird die Beitrittserklärung unwirksam, sofern dieses Recht fristgemäß ausgeübt wird; das BGB sieht für diesen Fall grundsätzlich einen besonderen, rücktrittsähnlichen Abwicklungsmodus vor (§§ 357 Abs. 1, 346 ff BGB).[987] Auch hier zeigt sich daher ein Konflikt mit gesellschaftsrechtlichen Grundsätzen. Die hM behandelt den Beitritt zu einer Gesellschaft trotz der besonderen Struktur des Gesellschaftsvertrages (Rn 138) als Vertrag über eine „entgeltliche Leistung" i.S.v. § 312 Abs. 1 Satz 1 BGB, sofern er ausschließlich zu Anlagezwecken erfolgt, wie dies bei Immobilienfonds u.ä. in Gestalt einer **Publikumsgesellschaft** der Fall ist.[988] Gegen eine Rückabwicklung der aus diesem Grund gem. § 355 BGB widerrufbaren Beitrittserklärung nach §§ 357, 346 ff BGB sprechen indessen auch hier die Grundsätze der LfV.[989] Ihre Anwendung führt (nur) zum Recht des an der Haustüre geworbenen Gesellschafters, seine Beteiligung fristlos zu kündigen; ein Vorrang des Verbraucherschutzes ist nicht veranlasst[990]; das gilt auch unter Berücksichtigung des europäischen Richtlinienrechts.[991] Der Widerruf ist als wichtiger Grund zu beurteilen, der den Geworbenen innerhalb angemessener Frist schon kraft Gesetzes zum **außerordentlichen Austritt** berechtigt (§ 133 Rn 73). Anstelle der Rückgewähr seiner Einlage (§§ 357 Abs. 1 i.V.m. § 346 Abs. 1 BGB) kann der Beigetretene somit allein eine Abfindung nach Maßgabe von § 738 BGB verlangen (allgemein zu den Rechtsfolgen näher Rn 346 ff). Entsprechendes gilt bei Widerruf eines Verbraucherkreditvertrags mit Blick auf den damit finanzierten Beitritt zu einem Immobilienfonds,

---

987 S. nur *C. Schäfer* S. 280 f und *Krohn/C. Schäfer* WM 2000, 112 ff.

988 So für den Beitritt zur Publikums-Gesellschaft BGHZ 148, 201 (203) = NJW 2001, 2718. S.a. *C. Schäfer* ZIP 2008, 1022 (1023).

989 Eingehend dazu zuletzt BGH ZIP 2008, 1018 (1019 ff) mit Anm. *C. Schäfer* (Vorlagebeschluss zum EuGH); gegen eine richtlinienbedingte Ausnahme zugunsten von Verbrauchern auch *Oechsler* NJW 2008, 2471 ff; *Armbrüster* Gesellschaftsrecht und Verbraucherschutz, 2005, S. 17 ff; *Lenenbach* WM 2004, 501 (503); *Schubert* WM 2006, 1328 (1332); *M. Schwab* ZGR 2004, 861 (892); **aA** *Hammen* WM 2008, 233 (234 f); *Rolfing* NZG 2003, 854 (858 f) – Vgl. auch die Nachw. in Fn 990.

990 So BGHZ 148, 201 (207) = NJW 2001, 2718 (2720); ebenso OLG Dresden ZIP 2002, 1293 (1296); OLG Stuttgart ZIP 2002, 1885; *C. Schäfer* S. 280 f; *Krohn/Schäfer* WM 2000, 112 (116 ff); MünchKommHGB²/*K. Schmidt* Rn 241; *Westermann* Handbuch Rn I 178b; MünchKommBGB⁵/*Ulmer* § 705 Rn 329; Bamberger/Roth/*Timm/Schöne*² § 705 Rn 90; zu § 9 VerbrKrG auch BGH ZIP 2000, 1430 (1432) und 1483 (1485) (XI. Senat); OLG Karlsruhe ZIP 2003, 202 (204); **aA** noch (ohne Begr) BGH NJW 1997, 1069 (1070); so auch OLG Rostock ZIP 2001, 1009 (1011); OLG Stuttgart ZIP 2001, 322 (326). – Weitere Nachw. in Fn 989.

991 Vgl. dazu die Nachw. in Fn 989.

wenn Beitritt und Kreditvertrag eine wirtschaftliche Einheit nach Maßgabe von § 358 Abs. 3 Satz 3 BGB bilden.[992] Die LfV **verdrängt** nach hM auch **konkurrierende Schadensersatzansprüche.**[993] Anderes soll nach der Rechtsprechung des BGH zwar für stille Beteiligungen von Anlegern an einer AG als Inhaber des Handelsgeschäfts gelten; dem ist jedoch nur im Ergebnis, nicht auch in der Begründung zu folgen (vgl. Rn 330). Die Problematik steht gegenwärtig auf dem europarechtlichen Prüfstand, nachdem der II. Zivilsenat des BGH dem EuGH die Fragen vorgelegt hat, ob der Beitritt zu einer Gesellschaft überhaupt in den Anwendungsbereich der Haustürrichtlinie[994] fällt und die Anwendung der LfV mit Art. 7 dieser Richtlinie vereinbar ist.[995]

c) **Keine bloße Teilunwirksamkeit.** An einem zur künftigen Auflösung der in Vollzug gesetzten Gesellschaft auf Verlangen eines Gesellschafters führenden Vertragsmangel **fehlt** es demgegenüber in denjenigen Fällen, in denen nur *einzelne Klauseln* unwirksam sind, denen für die Verfolgung des Gesellschaftszwecks keine entscheidende Bedeutung zukommt; das gilt namentlich bei Unvereinbarkeit einzelner Vertragsbestimmungen mit geschriebenem oder ungeschriebenem zwingendem Gesellschaftsrecht[996] oder bei Fehlerhaftigkeit einzelner, für die Gesellschaftsgründung nicht grundlegender Einlageverpflichtungen[997]. Die **Wirksamkeit des Restvertrages** ist insbesondere in denjenigen Fällen im Zweifel zu bejahen, in denen der Gesellschaftsvertrag (wie meist) eine „salvatorische Klausel" über die Anpassung fehlerhafter Bestimmungen enthält. Aber auch beim Fehlen einer derartigen Klausel wird die Vertragsauslegung des § 139 BGB doch meist zum Vorrang des gemeinsamen Interesses der Gesellschafter am Bestand ihrer Gesellschaft führen (Rn 183). Die Vertragslücke ist sodann im Wege ergänzender Vertragsauslegung[998], hilfsweise durch Rückgriff auf dispositives Recht zu schließen. Sollte einem Gesellschafter das Festhalten an dem solcherart ergänzten Vertrag trotz Orientierung der Entscheidung am hypothetischen Parteiwillen ausnahmsweise unzumutbar sein, so hat er auch ohne Rückgriff auf die Rechtsfigur der fehlerhaften Gesellschaft einen wichtigen Grund zur Erhebung der Auflösungsklage[999]. 334

3. Vollzug (Entstehung des Verbands nach außen)

a) **Kennzeichen.** Die zweite Voraussetzung dafür, der Gesellschaft trotz vorhandener Gründungsmängel Wirksamkeit zuzuerkennen, bildet nach ganz hM das Invollzugsetzen 335

[992] Näher zur Abwicklung eines finanzierten Fondsbeitritts vgl. nur *C. Schäfer* DStR 2006, 1753 ff sowie MünchKommBGB[5]/*Habersack* § 358 Rn 14, 85 f, 90 und § 359 Rn 17, jew. mit zahlreichen Nachw.

[993] Eingehend C. *Schäfer* ZHR 170 (2006), 373 mit Nachweisen zu vereinzelten Gegenansichten; *ders.* S. 381 f.

[994] RL 85/577/EWG vom 20.12.1985, ABl. L 372 v. 31.12.1985, S. 31 ff.

[995] BGH ZIP 2008, 1018 m. Anm. *C. Schäfer*; *Oechsler* NJW 2008, 2471.

[996] Zu Wirksamkeitsdefiziten eingehend *C. Schäfer*, S. 217 ff; zur Teilunwirksamkeit S. 236 ff.

[997] Vgl. etwa OLG Rostock NZG 2000, 930 (931) (keine Gesamtunwirksamkeit bei Ausfall einzelner Beitrittserklärungen bzw. Einlagepflichten) sowie allgemein Rn 185 zur objektiven und subjektiven Teilunwirksamkeit. Bei Formnichtigkeit des *Einlageversprechens* (§§ 311b BGB, 15 GmbHG u.a.) erstreckt sich der Formmangel regelmäßig auf den *gesamten* Vertrag (str., vgl. Rn 169 mN).

[998] Zu ihrer Bedeutung für die Auslegung von Gesellschaftsverträgen vgl. Rn 198.

[999] *Ulmer* FS Flume, 1978, S. 301 (317) und MünchKommBGB[5]/*Ulmer* § 705 Rn 330; ebenso auch Staudinger/*Habermeier* BGB (2003) § 705 Rn 65.

des Vertrags, d.h. der Beginn von dessen Durchführung.[1000] *Karsten Schmidt*[1001] spricht stattdessen mit weithin gleicher Bedeutung vom „Ingangsetzen einer verfassten Organisation". Einigkeit besteht insofern, als ein Vollzug jedenfalls dann zu bejahen ist, wenn die Gesellschaft mit Zustimmung der Gesellschafter[1002] ihre **Tätigkeit nach außen** aufgenommen hat, sei es auch nur im Rahmen von Vorbereitungsgeschäften[1003]. Streitig ist dagegen, ob auch die bloße Handelsregistereintragung ausreicht,[1004] oder mit der Vertragsdurchführung lediglich intern, durch **Einlageleistung,** begonnen wurde.[1005] Diese Fragen lassen sich eindeutig beantworten, wenn man sie auf die dogmatische Grundlage der LfV misst (Rn 327): Kommt es darauf an, ob ein Verband als eigenständiges Rechtssubjekt entsteht, so ist der Maßstab eindeutig: Es geht darum, wann der Verband auch **mit Wirkung nach außen entsteht.** Dies bemisst sich für alle Verbände nach § 123 Abs. 2, sofern man die Vorschrift um die Besonderheiten des Kaufmannsbegriffs bereinigt.[1006] Es kommt dann einheitlich auf den – allseits konsentierten – Geschäftsbeginn (dazu näher § 123 Rn 16 ff [*Habersack*]) und damit auf das Auftreten der Gesellschaft nach außen an. Demgegenüber ist die **Eintragung** im Handelsregister regelmäßig bedeutungslos für die Außenwirksamkeit eines Verbandes, da sie in aller Regel lediglich einen Formwechsel bewirkt und noch keinen besonderen Verkehrsschutz erfordert.[1007] In der Praxis dürfte dieser Frage freilich kaum je Bedeutung zukommen. **Nicht ausreichend** ist überdies die

---

1000 BGHZ 3, 285 (288); BGH NJW 1987, 2505 (2506); 1992, 1501 (1505); MünchKommHGB/*K. Schmidt* Rn 236; Ebenroth/Boujong/Joost/Strohn/*Wertenbruch* Rn 236; Baumbach/*Hopt* Rn 82; MünchKommBGB⁵/*Ulmer* § 705 Rn 331. Abw. aber *Wiesner* fehlerhafte Gesellschaft, S. 117 ff, der nur nach der Entstehung des Gesamthandsvermögens fragt, wofür bereits der Vertragsschluss als solcher ausreicht, der die Beitragsansprüche hervorbringt (dagegen explizit Voraufl. Rn 343 [*Ulmer*]).

1001 MünchKommHGB/*K. Schmidt* Rn 236; *ders.* AcP 186 (1986), 421 (441).

1002 *C. Schäfer* S. 252 ff.

1003 EinhM, vgl. BGHZ 3, 285 (288) = NJW 1952, 97; RGZ 165, 193 (205); RG DR 1941, 1943 (1944); 1943, 1221; Soergel/*Hadding*[12] § 705 Rn 75; Staudinger/*Habermeier* BGB (2003) § 705 Rn 66; *C. Schäfer* S. 157 ff, 160 f; MünchKommBGB[5]/*Ulmer* § 705 Rn 331; Ebenroth/Boujong/Joost/Strohn/*Wertenbruch* Rn 179; Bamberger/Roth/*Timm*/*Schöne*[2] § 705 Rn 85; sehr ähnlich *K. Schmidt* AcP 186 (1986), 421 (441) und Gesellschaftsrecht, § III 1b, S. 148.

1004 Verneinend (unter Betonung der bloß indiziellen Bedeutung der Eintragung) MünchKommBGB[5]/*Ulmer* § 705 Rn 331; *ders.* FS Flume, 1978, S. 301 (311); Röhricht/Graf v. Westphalen/*v. Gerkan*/*Haas* Rn 41; Heymann/*Emmerich* Rn 78; *Goette* DStR 1996, 266 (268); *Westermann* Handbuch Rn I 185a; Ebenroth/Boujong/Joost/Strohn/*Wertenbruch* Rn 179; **aA** (bejahend) *A. Hueck* OHG, § 7 III 6, S. 98; *Wiedemann* Gesellschaftsrecht Bd. II, § 2 V 3a, S. 155; *Koller*/Roth/Morck Rn 26; MünchKommHGB[2]/*K. Schmidt* Rn 236 unter Berufung auf § 105 Abs. 2.

1005 So BGHZ 13, 320 (321) = NJW 1954, 1562 und RGZ 166, 51 (59) (für die Vor-GmbH); ferner *Flume* I/1 § 2 III, S. 17 f; *Ulmer* FS Flume, 1978, S. 301 (311) sowie im Grundsatz MünchKommHGB/*K. Schmidt* Rn 236; Röhricht/Graf v. Westphalen/*v. Gerkan*/*Haas* Rn 41; *Wiedemann* Gesellschaftsrecht Bd. II, § 2 V 3a, S. 155 und Bamberger/Roth/*Timm*/*Schöne*[2] § 705 Rn 85. **AA** 3. Aufl. Rn 85 (*Rob. Fischer*); *A. Hueck* OHG, § 7 III 6, S. 97; Soergel/*Hadding*[12] § 705 Rn 75; *C. Schäfer* S. 157 ff; *Wiesner* fehlerhafte Gesellschaft, S. 118; Staudinger/*Habermeier* BGB (2003) § 705 Rn 66; Ebenroth/Boujong/Joost/Strohn/*Wertenbruch* Rn 180; Heymann/*Emmerich* Rn 79. Offenlassend *Westermann* Handbuch Rn I 184a.

1006 Näher *C. Schäfer* S. 159 f.

1007 *C. Schäfer* S. 148 ff, 159; **aA** MünchKommHGB/*K. Schmidt* Rn 236.

bloße **Bildung von Gesamthandsvermögen,** das im Übrigen schon mit Vertragsschluss entsteht, also mit Wirksamkeit der Gesellschaft im Innenverhältnis.[1008]

b) Keine konkludende Bestätigung durch Vollzug. Die Rechtsfigur der fehlerhaften Gesellschaft setzt den *Fortbestand* des Mangels im Zeitpunkt der Geltendmachung (durch Auflösungsklage) voraus. Zu dessen Beseitigung durch Neuvornahme oder Bestätigung des fehlerhaften Rechtsgeschäfts sind die Gesellschafter einander zwar nicht ohne weiteres verpflichtet. Wohl aber kann je nach Lage des Falles das einverständliche **Invollzugsetzen der Gesellschaft in Kenntnis des Mangels** als wirksame rechtsgeschäftliche Bestätigung (§ 141 BGB) des ursprünglich nichtigen oder anfechtbaren Vertrags verstanden werden. Als Bestätigung kann auch die Invollzugsetzung gewertet werden, sofern sich die Gesellschafter der Mängel hierbei bewusst waren und der Nichtigkeitsgrund inzwischen weggefallen ist.[1009] Entsprechendes gilt entgegen der Regel des § 154 auch dann, wenn die Gesellschafter mit der gemeinsamen Zweckverfolgung beginnen, ehe sie sich über alle offenen Punkte geeinigt oder den Vertrag wie beabsichtigt schriftlich niedergelegt haben (Rn 160). Aus den gleichen Gründen wird sich regelmäßig auch ein Mangel der gewillkürten Form (§ 125 S. 2 BGB) durch den Vollzug erledigen (Rn 178). – Zur Heilung von Formmängeln durch Bewirken der Einlageleistung vgl. Rn 174, 176, zur Aufrechterhaltung des Vertrags trotz einzelner fehlerhafter Klauseln in Abweichung von § 139 BGB und zur Schließung der Lücke durch ergänzende Vertragsauslegung vgl. Rn 183. 336

4. Vorrang sonstiger schutzwürdiger Interessen

a) Allgemeines. Der immer noch hM[1010] zufolge hat die Anwendung der LfV zur **negativen Voraussetzung,** dass der Anerkennung der Gesellschaft **keine vorrangig schutzwürdigen Interessen** entgegenstehen. Hierbei geht es zum einen um den Schutz einzelner Personen, namentlich beschränkt Geschäftsfähiger (dazu Rn 338 ff), zum anderen um Gesellschaftsverträge, die insgesamt gegen §§ 134, 138 BGB verstoßen und dadurch schutzwürdige Interessen der Allgemeinheit berühren (vgl. Rn 345). Mit einer im Vordingen befindlichen Auffassung[1011] ist diese **Einschränkung abzulehnen.** Öffentliche Interessen lassen sich häufig gerade durch die Anwendung der LfV am besten wahrnehmen, weil so die Gesellschaft als Rechtsträger – und damit auch als mögliche Prozesspartei – für die Vergangenheit erhalten bleibt (Rn 346, 348). Dass die Rechtsordnung den *Fortbestand* einer Gesellschaft in bestimmten Fällen nicht tolerieren kann,[1012] zwingt keineswegs dazu, diese *rückwirkend* als ungeschehen anzusehen, ganz abgesehen davon, 337

[1008] Im Grundsatz übereinstimmend MünchKommHGB/*K. Schmidt* Rn 236 (unklar allerdings dort Fn734); anders aber *Wiesner* fehlerhafte Gesellschaft, S. 117 ff, der hieraus den entgegengesetzten Schluss zieht (Verzicht auf das Vollzugsmerkmal – vgl. oben Fn 1000).

[1009] Der Bestätigungswille setzt zumindest Zweifel an der Gültigkeit des Geschäfts voraus, vgl. BGHZ 140, 167 (173) und allgemein zu den Voraussetzungen einer Bestätigung nur MünchKommBGB⁵/*Busche* § 141 Rn 10 ff; Staudinger/*Roth* BGB (2003) § 141 Rn 14 ff; speziell zum Gesellschaftsvertrag auch RGZ 52, 161 (164).

[1010] BGHZ 55, 1 (9); MünchKommBGB⁵/*Ulmer* Rn 333 ff; Baumbach/*Hopt* Rn 83 ff; **aA** MünchKommHGB²/*K. Schmidt* Rn 237; Ebenroth/Boujong/Joost/Strohn/*Wertenbruch* Rn 182 ff; *C. Schäfer* S. 260 ff; *Schwintowski* NJW 1988, 937 (941 f); ähnlich *Wiedemann* Gesellschaftsrecht Bd. II, § 2 V 3b, S. 155 ff.

[1011] Nachweise in Fn 1010.

[1012] Vgl. etwa BGHZ 62, 234 (241).

dass dies bei Gesamthandsgesellschaften objektiv gar nicht möglich wäre.[1013] Der Öffentlichkeit ist mit einer solchen Rückwirkung nicht mehr gedient, und eine mögliche Abschreckungswirkung würde vor allem die Gläubiger der Gesellschaft treffen, die den Wegfall ihres Schuldners hinzunehmen hätten – und ginge damit allemal fehl. Hinzu kommt, dass in sämtlichen Fällen, in denen sich der BGH auf die Sitten- oder Verbotwidrigkeit des Gesellschaftszwecks berufen hat, die LfV in Wahrheit gar nicht anwendbar war, weil es sich jeweils um Innengesellschaften gehandelt hat. Das Problem ist also in seiner vollen Schärfe noch nicht in Erscheinung getreten, weil bei Innengesellschaften die verbandsspezifischen Rückabwicklungsschwierigkeiten, denen die LfV abhelfen will, gar nicht auftreten können.[1014] Die hier befürwortete Verwerfung der Ausnahme dient zugleich der Verwirklichung des allgemeinen verbandsrechtlichen Prinzips (Rn 327); denn im Kapitalgesellschaftsrecht – zumal vor dem Hintergrund der Publizitätsrichtlinie – sehen § 275 AktG und § 75 GmbHG keine entsprechenden Ausnahmen für bestimmte Unwirksamkeitsgründe vor.[1015] Endlich ist auch zugunsten Einzelner keine Ausnahme gerechtfertigt, insbesondere wird dem Minderjährigenschutz heute durch § 1629a BGB in ausreichendem Maße Rechnung getragen (Rn 339, zu sonstigen Fällen Rn 341 ff).

b) **Schutzwürdige Interessen Beteiligter oder Dritter**

338 aa) **Fehlerhafte Beteiligung nicht voll Geschäftsfähiger.** Beteiligen sich nicht voll Geschäftsfähige ohne Mitwirkung ihres gesetzlichen Vertreters (Vormunds) an einer Gesellschaft, so ist die Beitrittserklärung bei Geschäftsunfähigkeit nichtig (§ 105 Abs. 1 BGB), bei beschränkter Geschäftsfähigkeit **schwebend unwirksam** (§ 108 Abs. 1 BGB). Schwebende Unwirksamkeit tritt auch dann ein, wenn die Beitrittserklärung zwar vom gesetzlichen Vertreter oder mit dessen Einwilligung abgegeben wird, es aber an der erforderlichen **Zustimmung des Familien- bzw. Vormundschaftsgerichts** (§§ 1643 Abs. 1, 1822 Nr. 3 BGB) fehlt (vgl. Rn 87). Die Zustimmung von Vertreter oder Gericht können auch nachträglich erteilt werden; die zunächst schwebend unwirksame Betrittserklärung wird dann rückwirkend wirksam (§ 184 BGB). Eine Frist für die nachträgliche Genehmigung läuft erst dann, wenn einer der Mitgesellschafter den gesetzlichen Vertreter zur Erklärung über deren Vorliegen auffordert. Sie beträgt nach §§ 108 Abs. 2, 1829 Abs. 2 BGB einheitlich zwei Wochen, berechnet vom Zugang der Aufforderung ab; mit ihrem ergebnislosen Ablauf gilt die Genehmigung als verweigert. Solange die Genehmigung des gesetzlichen Vertreters nicht erteilt ist, steht jedem der Mitgesellschafter, der den Mangel bei Vertragsabschluss nicht kannte, nach § 109 Abs. 1 BGB ein **Widerrufsrecht** zu[1016]. Fehlt die gerichtliche Genehmigung, so richtet sich das Widerrufsrecht nach § 1830 BGB. Dessen Ausübung führt ebenso wie die Verweigerung der Genehmigung zwar nach den Regeln des Bürgerlichen Rechts zur endgültigen Unwirksamkeit der Beteiligung des Minderjährigen, doch wird diese Folge richtigerweise durch das Eingreifen der LfV verhindert (Rn 339). In jedem Falle, also auch bei Zugrundelegung der hM bleibt die Wirksamkeit der in Vollzug gesetzten Gesellschaft zwischen den übrigen Gesellschaftern bis zu deren eventueller Auflösung unberührt (Rn 340).

1013 Eingehend zu den verbandsspezifischen Rückabwicklungsschwierigkeiten *C. Schäfer* S. 62 ff, 71 ff.

1014 *C. Schäfer* S. 257 f; hierauf hat zuerst *K. Schmidt* AcP 186 (1986), 444 ff und WuW 1988, 7 ff hingewiesen.

1015 *C. Schäfer* S. 282 ff; Versuche, die §§ 75 f GmbHG bzw. §§ 275 ff AktG bei bestimmten Mängeln einzuschränken (so *Paschke* ZHR 155 (1995) 1 (16 ff)), sind bislang vereinzelt geblieben.

1016 Vgl. nur MünchKommBGB[5]/*J. Schmitt* § 109 Rn 5 f.

Hinsichtlich der **Rechtsstellung des nicht voll Geschäftsfähigen** im Falle einer endgültigen Unwirksamkeit seiner Erklärung nimmt die hM an, dass wegen seiner vorrangigen Interessen ein Eingreifen der LfV nicht in Betracht kommt, weshalb es bei anfänglicher **Nichtigkeit** (§ 105 BGB) oder **nachträglicher Unwirksamkeit** (§ 108 BGB, vgl. Rn 338) der Gründungs- bzw. Beitrittserklärung bleiben soll. Der Minderjährige könne deshalb von der Gesellschaft Herausgabe erbrachter Einlageleistungen nach Maßgabe der §§ 812, 818, 985 ff BGB verlangen; seine Teilnahme an Gewinn oder Verlust entfalle[1017]. Mitgesellschafter, die aus den Einlagen des Minderjährigen Nutzen gezogen haben, sollen diesen nach Maßgabe der §§ 818 Abs. 1, 987 ff BGB herauszugeben haben (Voraufl. Rn 348 [*Ulmer*]). Auch eine Außenhaftung nach §§ 128, 130 komme nicht in Betracht[1018]. Unabhängig von der Sonderproblematik solcher Gesellschaften, denen nur ein volljähriger Gesellschafter angehört – zu ihrer Lösung hat *Karsten Schmidt* eine Art relativer Unwirksamkeit der Beteiligung des Minderjährigen vorgeschlagen (s. Rn 340)[1019] – ist es seit Inkrafttreten des § 1629a BGB allgemein nicht mehr veranlasst, die Interessen beschränkt geschäftsfähiger Gesellschafter pauschal über die Interessen der übrigen Beteiligten (Mitgesellschafter und Gläubiger) zu stellen. Vielmehr wird der Minderjährige ausreichend dadurch geschützt, dass er einerseits vor unabsehbarer persönlichen Haftung aus dem Gesellschaftsverhältnis bewahrt wird (§ 1629a Abs. 1 BGB), andererseits ein außerordentliches Austrittsrecht sowohl aufgrund der LfV (Rn 350) als auch analog § 723 Abs. 1 S. 3 Nr. 2 BGB bei Eintritt der Volljährigkeit erhält.[1020] Wie die verfassungsrechtliche Beurteilung[1021] der Haftungssituation Minderjähriger bei Fortführung eines Unternehmens in ungeteilter Erbengemeinschaft gezeigt hat (oben Rn 62), ist eine stärkere Abwendung von allgemeinen zivilrechtlichen Regeln auch verfassungsrechtlich nicht geboten. Es ist nicht ersichtlich, warum der an einem Unternehmen beteiligte Minderjährige hinsichtlich seines spezifischen Schutzes in diesen Fällen unterschiedlich behandelt werden sollte. – Von vornherein um kein Problem des Minderjährigenschutzes handelt es sich bei der aus dem Ausschluss der Vertretungsmacht der Eltern nach §§ 1629 Abs. 2, 1795 Abs. 2, 181 BGB folgenden Unwirksamkeit der Beitrittserklärung des Minderjährigen, sofern auch dessen Eltern an der Gesellschaft beteiligt sind, aber nicht jedes Kind beim Vertragsschluss durch einen (eigenen) **Ergänzungspfleger** vertreten ist. Hierbei handelt es sich ausschließlich um das allgemeine Problem machtloser Vertretung (dazu Rn 331), so dass bei diesem Unwirksamkeitsgrund schon im Ansatz kein Raum ist, um von der LfV zugunsten des Minderjährigenschutzes abzuweichen.[1022] 339

[1017] Soergel/*Hadding*[12] § 705 Rn 82; MünchKommBGB[5]/*Ulmer* § 705 Rn 337; Röhricht/Graf v. Westphalen/*v. Gerkan/Haas* Rn 44; Ebenroth/Boujong/Joost/Strohn/*Wertenbruch* Rn 183; Erman/*Westermann*[12] § 705 Rn 76; *Westermann* Handbuch Rn I 177; Bamberger/Roth/*Timm/Schöne*[2] § 705 Rn 88; im Ergebnis ähnlich auch MünchKommHGB/*K. Schmidt* Rn 239, wonach der Minderjährige zwar Gesellschafter werde, im Innenverhältnis aber eine Abwicklung ex tunc verlangen könne.

[1018] MünchKommBGB[5]/*Ulmer* § 705 Rn 337; so im Ergebnis auch *K. Schmidt* JuS 1990, 521 f und MünchKommHGB/*K. Schmidt* Rn 239; ebenso auch Voraufl. Rn 348 (*Ulmer*) mN älterer Ansichten.

[1019] MünchKommHGB/*K. Schmidt* Rn 239 sowie *K. Schmidt* JuS 1990, 521 f.

[1020] Näher *C. Schäfer* S. 271 ff; andeutungsweise auch *Habersack/Schneider* FamRZ 1997, 649 (655); erwogen auch von MünchKommHGB/*K. Schmidt* Rn 239, der letztlich aber an seiner bisher vertretenen Linie festhält; **aA** Erman/*Westermann* BGB § 705 Rn 76.

[1021] Dazu BVerfGE 72, 155 = NJW 1986, 1859 (1860) in Korrektur von BGHZ 92, 259 (267); dazu auch *Habersack* FamRZ 1999, 1 (3).

[1022] *C. Schäfer* S. 274 ff.

340 Auch nach hM wirkt sich der Wegfall eines Gesellschafters nur im Falle einer zweigliedrigen Gesellschaft auf das **Rechtsverhältnis zwischen den übrigen Gesellschaftern** aus. In der Regel wird nämlich lediglich der Fall einer subjektiven Teilunwirksamkeit vorliegen, so dass die Gesellschaft als solche nicht in Gefahr gerät (Rn 184). Für die bloße Teilunwirksamkeit spricht namentlich das Vorhandensein einer gesellschaftsvertraglichen Fortsetzungsklausel[1023], doch kann sich der Wille zum Festhalten an dem (unvollständigen) Vertragsschluss auch aus anderen Umständen ergeben (vgl. Näheres Rn 185). Nur wenn der Beitrittsmangel sich auf den ganzen Vertrag erstreckt, gelten die Grundsätze der fehlerhaften Gesellschaft: der Zusammenschluss ist trotz Ausfalls eines Vertragspartners wirksam, sobald mit dem Vollzug begonnen ist, und kann nur ex nunc aufgelöst werden. Die Anerkennung einer voll wirksamen (oder fehlerhaften) Gesellschaft ist nach der hM allerdings ausgeschlossen, wenn an der Gesellschaftsgründung außer den nicht voll Geschäftsfähigen nur noch *eine* weitere Person beteiligt war[1024]; denn insoweit würde es beim Scheitern der Beteiligung des nicht voll Geschäftsfähigen an der erforderlichen Mindestzahl von zwei Gesellschaftern fehlen. Um diese unannehmbare Folge zu vermeiden, will *Karsten Schmidt* das Gesellschaftsverhältnis des Minderjährigen (nur) im Außenverhältnis und ohne seine Außenhaftung aufrechterhalten.[1025] Das Problem wird indessen schon im Ansatz vermieden, wenn man der hier vertretenen Auffassung folgt (Rn 339).

341 **bb) Sonstige Fälle?** Der Vorrang schutzwürdiger Interessen Beteiligter ist auch in sonstigen Fällen behauptet worden, so bei Beteiligung unter Verstoß gegen § 1365 BGB oder in Fällen, in denen ein Dritter unter Täuschung oder Drohung oder unter sittenwidriger Übervorteilung zur Beteiligung veranlasst wurde. Bei näherer Prüfung gibt indessen keiner dieser Fälle Anlass, auf die Rechtsfigur der fehlerhaften Gesellschaft zu verzichten; den Verstößen gegen §§ 123, 138, 1365 BGB kann auf andere Weise Rechnung getragen werden (Rn 342 f). Entsprechendes gilt auch für die Beteiligung von **Verbrauchern** (dazu Rn 333). Auch aus der Verletzung von Interessen nichtbeteiligter Dritter lassen sich Einwendungen gegen die Rechtsfigur der fehlerhaften Gesellschaft nicht ableiten (Rn 344).

342 Eine inzwischen nicht mehr vertretene Auffassung wollte eine Ausnahme von der LfV auch dann anerkennen, wenn ein im gesetzlichen Güterstand lebender Vertragspartner sich **ohne die nach § 1365 BGB erforderliche Zustimmung** seines Ehegatten mit seinem ganzen Vermögen an einer Gesellschaft beteiligt war[1026]. Dem hat *Ulmer* schon in der Voraufl. (dort Rn 352) mit Recht widersprochen.[1027] Die Einschränkung lässt sich weder mit der dogmatischen Grundlagen der Lehre in Einklang bringen[1028] noch war sie durch den Schutzzweck § 1365 BGB gedeckt. Es bewendet vielmehr grundsätzlich bei der *Un-*

1023 So zu Recht schon 3. Aufl. Rn 48a (*Rob. Fischer*); *A. Hueck* OHG, § 7 I 2, S. 77; vgl. ferner Staudinger/*Habermeier* BGB (2003) § 705 Rn 69; MünchKomm-BGB[5]/*Ulmer* § 705 Rn 339; *C. Schäfer* S. 241 ff; *Westermann* Handbuch Rn I 177.

1024 *Westermann* Handbuch Rn I 177; Bamberger/Roth/*Timm*/*Schöne*[2] § 705 Rn 89; **aA** MünchKommHGB/*K. Schmidt* Rn 239; *ders.* Gesellschaftsrecht, § 6 II 3c, S. 153.

1025 MünchKommHGB/*K. Schmidt* Rn 239, *ders.* JuS 1990, 522.

1026 3. Aufl. Rn 102a (*Rob. Fischer*); Soergel/*Schultze-v. Lasaulx*[10] § 705 Rn 108; Soergel/*Lange*[12] § 1365 Rn 52 f; *Tubbesing* BB 1966, 829 (832).

1027 Dagegen auch schon Schlegelberger/*Geßler*[4] Rn 62l; ferner Soergel/*Hadding*[12] § 705 Rn 84; *Wiedemann* Übertragung S. 260 f; MünchKommBGB[4]/*Koch* § 1365 Rn 71; *Sandrock* FS Duden, 1977, S. 524 f; Erman/*Westermann*[12] § 705 Rn 77; *Westermann* Handbuch Rn I 179; Heymann/*Emmerich* Rn 88; Bamberger/Roth/*Timm*/*Schöne*[2] § 705 Rn 90.

1028 *Ulmer* FS Flume, 1978, S. 301 (316).

wirksamkeit der Einlageverpflichtung[1029]. Ist die Einlage bereits geleistet, so scheitert die Wirksamkeit der Verfügung an § 1365 Abs. 1 S. 2 BGB; der übergangene Ehegatte kann ihre Rückgewähr nach §§ 985, 1368 BGB verlangen[1030]. Die Beantwortung der Frage, ob der danach lückenhafte Gesellschaftsvertrag durch richterliche Vertragsergänzung heilbar ist oder ob die Geschäftsgrundlage für den Beitritt des den Beschränkungen des § 1365 BGB unterliegenden Ehegatten entfallen und die Gesellschaft dadurch in ihrer ursprünglichen Zusammensetzung fehlerhaft geworden ist, richtet sich nach allgemeinen Grundsätzen. Im Fall der Fehlerhaftigkeit steht jedem Gesellschafter ein außerordentliches Auflösungsrecht zu; es kann nach § 1368 BGB auch von dem übergangenen Ehegatten ausgeübt werden.

Ebenfalls überholt sind ältere Urteile des *Bundesgerichtshofs*[1031], in denen dieser **343**
obiter für *besonders schwere* Fälle arglistiger **Täuschung** oder widerrechtlicher **Drohung** eine Ausnahme von der LfV erwog. Das Schrifttum hat dem zu Recht von Anfang an widersprochen[1032]. Vorbehaltlich der Fälle der vis absoluta fehlt es insoweit nicht an zurechenbaren Willenserklärungen, an die für die Lehre von der fehlerhaften Gesellschaft angeknüpft werden kann; die Erklärungen sind vielmehr auch hier bloß fehlerhaft. Entsprechendes gilt bei **sittenwidriger Übervorteilung** einzelner Gesellschafter unter Verstoß gegen § 138 BGB; sie führt zur Nichtigkeit nur der sittenwidrigen Klauseln und hat die Fehlerhaftigkeit der Gesellschaft nur dann zur Folge, wenn der Mangel auf den ganzen Vertrag ausstrahlt[1033]. Gegen die Anwendung der LfV bestehen in allen diesen Fällen keine grundsätzlichen Bedenken.[1034] Die tragenden Gründe hierfür fasst eine zum Genossenschaftsrecht ergangene Entscheidung des BGH von 1976 zusammen[1035]: Den von Verkehrsinteressen komme der Vorrang gegenüber den Interessen des Getäuschten zu, weil Kapitalkraft und Kreditwürdigkeit eines Verbandes entscheidend von der Rechtsbeständigkeit der Beitrittserklärungen seiner Mitglieder abhingen. Speziell bei Publikumsgesellschaften ist überdies zu berücksichtigen, dass häufig eine Vielzahl von Anlegern getäuscht wurde, weshalb das noch vorhandene Vermögen unter diesen möglichst gleichmäßig verteilt werden sollte, was nur die LfV leisten kann. Den berechtigten Interessen des getäuschten, bedrohten oder sittenwidrig übervorteilten Gesellschafters ist entweder nach den Regeln der Teilunwirksamkeit (Rn 182 ff) durch Nichtanwendung der ihn unbillig benachteiligenden Vertragsklauseln sowie durch – je nach Lage des Falles

[1029] Vgl. zur entspr. Rechtslage bei formnichtigen Einlageversprechen Rn 172, 175.

[1030] *Westermann* Handbuch Rn I 179; Ebenroth/Boujong/Joost/Strohn/*Wertenbruch* Rn 186; **aA** anscheinend aber *Wiedemann* Übertragung, S. 261.

[1031] Vgl. BGHZ 13, 320 (323) = NJW 1954, 1562; BGHZ 26, 330 (335) = NJW 1958, 668; BGHZ 55, 5 (9) = NJW 1971, 375. Anders etwa BGH NJW 1979, 1604 und WM 1975, 512 (minder schwere Fälle?).

[1032] *Flume* I/1 § 2 III, S. 24; *A. Hueck* OHG, § 7 III 4d, S. 95 f; Voraufl. Rn 353 (*Ulmer*); *Westermann* Handbuch Rn I 784; *Wiesner* fehlerhafte Gesellschaft, S. 134 f; vgl. ferner Soergel/*Hadding*[12] § 705 Rn 83; *K. Schmidt* AcP 186 (1986), 421 (445 f); *C. Schäfer* S. 279 ff; Staudinger/*Habermeier* BGB (2003) § 705 Rn 70; Ebenroth/Boujong/Joost/Strohn/*Wertenbruch* Rn 184; Heymann/*Emmerich* Rn 88.

[1033] Zur Problematik der objektiven Teilnichtigkeit von Gesellschaftsverträgen und zur Nichtanwendung des § 139 BGB vgl. Rn 185.

[1034] EinhM, vgl. BGH LM § 138 (Cd) Nr. 18 = NJW 1970, 1540; BGH WM 1973, 900 (901); DB 1976, 2106; NJW 1982, 877 (879); MünchKommHGB/*K. Schmidt* Rn 240; *A. Hueck* OHG, § 7 III 4a, S. 94; Röhricht/Graf v. Westphalen/*v. Gerkan*/*Haas* Rn 45; *Westermann* Handbuch Rn I 178; MünchKommBGB[5]/*Ulmer* § 705 Rn 340.

[1035] BGH WM 1976, 475 (476); dazu auch *C. Schäfer* S. 279 f.

gegebene – Schadensersatzansprüche gegen die schädigenden Mitgesellschafter bzw. Organisatoren aus § 280 bzw. § 826 BGB u.a. Rechnung zu tragen. Im Falle der Unzumutbarkeit des weiteren Festhaltens am Vertrag bis zur Durchführung der Gestaltungsklage nach §§ 133, 140 kommt darüber hinaus ausnahmsweise die Gewährung eines einseitigen Austritts- oder Übernahmerechts in Betracht (Rn 350).

344 Für einen Vorrang schutzwürdiger Interessen Dritter unter Ablehnung des Wirksamwerdens der Gesellschaft besteht schließlich auch dann kein Anlass, wenn der Betrieb der Gesellschaft sich auf ein fremdes, von Gesellschaftern als Nichtberechtigten eingebrachtes Handelsgeschäft bezieht[1036] oder sonstige **Sachen oder Rechte Dritter** den Gegenstand der versprochenen Einlagen bilden. Soweit die OHG an diesen Gegenständen nicht kraft gutgläubigen Erwerbs Eigentum erwirbt, hat sie sie an die wahren Berechtigten herauszugeben. Der Nichterfüllung der Einlageverpflichtungen der nichtberechtigten Gesellschafter ist durch Vertragsanpassung im Innenverhältnis Rechnung zu tragen (Rn 150). Soweit die versprochenen Einlagen von wesentlicher Bedeutung für den Betrieb der Gesellschaft oder die Aufnahme des betreffenden Gesellschafters waren, liegt ein wichtiger Grund zur Auflösung oder zur Ausschließung des Nichtberechtigten (§§ 133, 140) vor. Zu den Fällen des Beitritts eines Scheinerben vgl. Rn 365 f.

345 c) **Schutz öffentlicher Interessen durch Nichtanwendung der LfV?** Öffentliche Interessen sind berührt, wenn der Gesellschaftsvertrag als solcher und nicht nur einzelne seiner Klauseln gegen **§§ 134, 138 BGB** verstößt. Das setzt regelmäßig das Vorliegen eines **gesetz- oder sittenwidrigen Gesellschaftszwecks** voraus, der zur Unvereinbarkeit der Gesellschaft insgesamt mit Gesetz oder guten Sitten führt. Nach hM soll dies der Anwendung der LfV entgegenstehen.[1037] Die Rechtsprechung des BGH hatte sich indessen bislang entweder mit Fällen zu befassen, bei denen die Verbotswidrigkeit des Gesellschaftszwecks im Ergebnis abgelehnt wurde, insbesondere weil nur die „Tätigkeit" der Gesellschaft betroffen war, nicht aber der Gesellschaftsvertrag[1038] oder sie hatte über bloße Innengesellschaften zu befinden,[1039] auf welche die LfV ohnehin nicht zur Anwendung kommt (Rn 329 f). Richtigerweise ist der hM indessen generell nicht zu folgen[1040] (s. schon Rn 327). Vielmehr vermag gerade die Anwendung der LfV den Interessen der

---

[1036] Vgl. dazu BGH WM 1958, 1105 (1107) und 3. Aufl. Rn 103 (*Rob. Fischer*).

[1037] HM, vgl. BGHZ 62, 234 (241) = NJW 1974, 1201; BGHZ 75, 214 (217) = NJW 1980, 638 und die Rspr.-Nachw. in Fn 1039; ebenso *Flume* I/1 § 2 III, S. 19; Soergel/*Hadding*[12] § 705 Rn 81; *Goette* DStR 1996, 266; *Wiedemann* Gesellschaftsrecht Bd. II, § 2 V 3b, S. 157; Staudinger/*Habermeier* BGB (2003) § 705 Rn 68; Bamberger/Roth/*Timm*/*Schöne*[2] § 705 Rn 87; Gegenansichten in Fn 1040.

[1038] So insbesondere auch BGH ZIP 2003, 1442 – fehlende Spielhallenkonzession; ferner BGHZ 62, 234 (241) = NJW 1974, 1201 (Verstoß gegen das RechtsberatungsG); BGH WM 1967, 229 (Güterfernverkehr ohne Konzession).

[1039] Vgl. insbes. BGHZ 62, 234 = NJW 1974, 1201; BGHZ 75, 214 (217 f) = NJW 1980, 638; s.a. BGH WM 1973, 156; OLG Koblenz WM 1979, 1436; eingehende Analyse der Rspr. bei *K. Schmidt* AcP 186 (1986), 421 (448 ff); *C. Schäfer* S. 260 ff – Zu Urteilen, welche die Ausnahme auf Außengesellschaften erstreckt haben, vgl. Fn 1041.

[1040] MünchKommHGB/*K. Schmidt* Rn 242, 338; *ders.* AcP 186 (1986), 421 (448 ff) und WuW 1988, 5 (8 f); *C. Schäfer* S. 261 ff; Ebenroth/Boujong/Joost/Strohn/*Wertenbruch* Rn 184; *K. Schmidt* AG 1987, 333; *Schwintowski* NJW 1988, 937 (938, 941 f); *Westermann* Handbuch Rn I 199; zum Ganzen auch *Barth* Öffentliche Interessen, insbes. kartellrechtliche Interessen, als Grenze der Anerkennung fehlerhafter Gesellschaften, 1994, S. 59 ff.

Verbotsnorm am besten gerecht zu werden. Das hat sich insbesondere bei Verstößen gegen das Kartellverbot gezeigt, bei denen die Ausnahme vereinzelt auch auf Außengesellschaften angewandt wurde.[1041] Zur Erzielung ausreichender Präventivwirkung bedarf es der Ausnahme nicht; sie müsste überdies konsquenterweise auf Fälle beschränkt werden, in denen die Sitten- oder Verbotswidrigkeit den Beteiligten bewusst war,[1042] was die hM aber ablehnt (Voraufl. Rn 356 [*Ulmer*]). Deshalb ist eine verbotswidrige Außengesellschaft zwar mit Wirkung für die Zukunft abzuwickeln (Rn 346), falls sich die Verbotswidrigkeit nicht beseitigen lässt. Sie kann aber nicht für die Vergangenheit als ungeschehen fingiert werden (Rn 337).

III. Rechtsfolgen

1. Überblick. Liegen die Voraussetzungen eines **fehlerhaften, in Vollzug gesetzten Gesellschaftsvertrags** vor, so ist sie für die Zeit bis zur Geltendmachung des Fehlers vorbehaltlich der Anpassung einzelner Klauseln (Rn 349) als **wirksam** zu behandeln. Zur Geltendmachung des Fehlers bedarf es regelmäßig einer Auflösungsklage nach § 133, soweit nicht ein Vorgehen nach § 140 in Betracht kommt (Rn 350). Dies führt zur Abwicklung der Gesellschaft nach den allgemeinen Regeln der Auseinandersetzung (§§ 145 ff und Rn 351). 346

Demgegenüber sind die Gesellschafter **vor Invollzugsetzung** (= Geschäftsbeginn, dazu Rn 335 f) in der rückwirkenden Geltendmachung von Vertragsmängeln nicht beschränkt. Jeder Gesellschafter kann den Gesellschaftsvertrag anfechten oder sich auf dessen Nichtigkeit berufen und mit dieser Begründung die Erbringung der Einlagen verweigern. Die Anfechtung muss gegenüber allen Mitgesellschaftern erklärt werden[1043]; sie wird wirksam, wenn sie diesen zugegangen ist. Für eine Analogie zur Nichtigkeitsklage der §§ 275 AktG, 75 GmbHG ist kein Raum. Auch *Dritte* können, wenn sie hieran ein berechtigtes Interesse haben (§ 256 ZPO), im Wege der Feststellungsklage gegen widerstreitende Gesellschafter das Bestehen oder Nichtbestehen der Gesellschaft gerichtlich klären lassen. Den Vollzug der Gesellschaft oder die Beseitigung des Vertragsmangels durch die Beteiligten können sie dadurch freilich nicht hindern. 347

2. Volle Wirksamkeit nach innen und außen. Bis zur Geltendmachung des Fehlers ist die in Vollzug gesetzte Gesellschaft grundsätzlich als voll wirksames Rechtssubjekt entstanden[1044]. Sie ist also voll rechts- und parteifähig; es gelten die Vereinbarungen über Geschäftsführung und Vertretung; die Rechte und Pflichten der Gesellschafter richten 348

1041 OLG Hamm WuW/E OLG 3748 (1986) sowie WuW/E 4033 = WRP 1988, 48 (49) (Verstoß gegen § 1 GWB); für die Anwendung der Grundsätze über die fehlerhafte Gesellschaft bei Verstoß gegen § 1 GWB aber OLG Stuttgart WuW/E OLG 1083/1090 – Fahrschulverkauf. Zum Ganzen näher *K. Schmidt* FS Mestmäcker, 1996, S. 763 (765 ff); *ders.* WuW 1988, 5 ff; *C. Schäfer* S. 264 ff; *Schwintowski* NJW 1988, 939.

1042 Siehe *C. Schäfer* S. 266 mit Fn 31.

1043 BGH BB 1976, 528 (529); Soergel/*Hadding*[12] § 705 Rn 75; Heymann/*Emmerich* Rn 75.

1044 Heute unstr., vgl. nur *Westermann* Handbuch Rn I 188; Heymann/*Emmerich* Rn 91; MünchKommHGB/*K. Schmidt* Rn 244; Röhricht/Graf v. Westphalen/*v. Gerkan*/*Haas* Rn 46; Soergel/*Hadding*[12] § 705 Rn 76 ff; Palandt/*Sprau*[67] § 705 Rn 18; MünchKommBGB[5]/*Ulmer* § 705 Rn 343; *Wiedemann* Gesellschaftsrecht Bd. II, § 2 V 4, S. 157; Bamberger/Roth/*Timm*/*Schöne*[2] § 705 Rn 91.

sich nach dem Gesellschaftsvertrag. Gesellschafter, die sich vertragswidrig verhalten, können auf Schadensersatz in Anspruch genommen werden. Die Treupflicht gilt auch in der fehlerhaften Gesellschaft. Gesamthandsvermögen wird durch Einlageleistung und durch rechtsgeschäftliches Handeln namens der Gesellschaft begründet. Die **Wirksamkeit** beschränkt sich auch nicht etwa auf das Innenverhältnis[1045], sondern gilt in gleicher Weise nach außen, gegenüber Dritten. Dazu bedarf es weder eines „Erst-recht-Schlusses" vom Innen- auf das Außenverhältnis[1046] noch des Rückgriffs auf Rechtsscheingesichtspunkte. Vielmehr beruht die Anerkennung der Wirksamkeit auch im Außenverhältnis darauf, dass die in Vollzug gesetzte, über Gesamthandsvermögen verfügende Gesellschaft als teilrechtsfähiger Personenverband (Rn 40) eine rechtlich relevante Einheit bildet und sich nicht nach innen und außen in voneinander getrennte, unterschiedliche Rechtswirkungen entfaltende Teile aufspalten lässt[1047]. Zur grundsätzlichen Anmelde- und Eintragungspflicht auch einer fehlerhaften Gesellschaft nach § 106 vgl. § 106 Rn 28.

349 Keine Anwendung findet die LfV allerdings, wenn der Vertrag lediglich in **einzelner** seiner **Klauseln** unwirksam ist (zur Teilunwirksamkeit Rn 334); insofern bleibt es bei den allgemeinen Regeln, da die Gesellschaft als Rechtssubjekt insofern nicht in Frage gestellt wird. Das gilt etwa für Vereinbarungen mit rein schuldrechtlicher Wirkung[1048], aber auch für formnichtige oder aus sonstigen Gründen unwirksame, noch nicht erfüllte Einlageverpflichtungen[1049]. Ebenso kann sich ein Gesellschafter nicht auf eine ihn besonders begünstigende, durch Täuschung oder sittenwidrige Übervorteilung erreichte Gewinnverteilungsabrede berufen[1050]; insofern greift auch der Arglisteinwand durch (Rn 343). Auch fehlerhafte, einen Teil der Gesellschafter unangemessen benachteiligende Abwicklungsklauseln oder die übermäßige Beschränkung von Gesellschafterrechten können keine Geltung beanspruchen. Führt die Unwirksamkeit einzelner Klauseln zu Vertragslücken, so sind diese im Wege ergänzender Vertragsauslegung zu schließen (vgl. schon Rn 334 sowie allgemein Rn 198).

350 **3. Geltendmachung des Fehlers.** Ein zur Fehlerhaftigkeit nicht nur einzelner Klauseln (Rn 334, 349), sondern des gesamten Gesellschaftsvertrags führender Mangel ist grundsätzlich im Wege der **Gestaltungsklage** (§§ 133, 140) geltend zu machen. Eines besonderen wichtigen Grundes bedarf es hierfür allerdings nicht; es genügt der Nachweis des – noch fortbestehenden (vgl. Rn 336) – Vertragsmangels[1051], soweit die Berufung hierauf

---

[1045] So entgegen der hM aber noch *Canaris* Vertrauenshaftung, S. 121 ff, 175 ff ihm teilw. folgend *Möschel* (Fn 951), S. 171 ff.

[1046] So etwa noch Staudinger/*Keßler* BGB (1979) § 705 Rn 112; *A. Hueck* OHG, § 7 II, S. 79; dagegen zu Recht schon *Canaris* Vertrauenshaftung, S. 120 f.

[1047] Dazu näher *Ulmer* FS Flume, 1978, S. 301 (314 ff); *Wiedemann* Gesellschaftsrecht Bd. II, § 2 V 4, S. 158.

[1048] So zutr. BGH LM HGB § 138 Nr. 11 = NJW 1969, 1483 und *Flume* I/1 § 2 III, S. 26.

[1049] Vgl. etwa BGH WM 1977, 783 (Mangel der nach § 313 BGB a.F. vorgeschriebenen Form). Zur Haftungsproblematik nach § 176 in derartigen Fällen vgl. *Riegger* BB 1979, 1380 (1382).

[1050] 3. Aufl. Rn 90 (*Rob. Fischer*) und NJW 1958, 971; *A. Hueck* OHG, § 7 III 2a, S. 88; Soergel/*Hadding*[12] § 705 Rn 77; MünchKommBGB[5]/*Ulmer* § 705 Rn 344.

[1051] Std. Rspr. und hM seit BGHZ 3, 285 (290) = NJW 1952, 97; 3. Aufl. Rn 91 (*Rob. Fischer*); *A. Hueck* OHG, § 7 III 1b, S. 83; Soergel/*Hadding*[12] § 705 Rn 78; MünchKommHGB/*K. Schmidt* Rn 245; MünchKommBGB[5]/*Ulmer* § 705 Rn 345; Bamberger/Roth/*Timm*/*Schöne*[2] § 705 Rn 93; **aA** auch jetzt noch *Flume* I/1 § 2 III, S. 21 f sowie früher das RG (RG DR 1943, 1221 (1223); dazu 3. Aufl. Rn 73 [*Rob. Fischer*]), ihm zust. *Kuhn* JR 1951, 514. Einschränkend *Wiedemann* Gesellschaftsrecht Bd. II, § 2 V 4, S. 159 f.

sich nicht ausnahmsweise als treuwidrig erweisen sollte[1052]. Die Fehlerhaftigkeit ist somit ein absoluter Auflösungs-, Ausschließungs- oder Austrittsgrund. Für die Wahl zwischen Auflösungs-, oder Ausschlussklage gelten keine Besonderheiten; eine der beiden letztgenannten Klagen kommt dann in Betracht, wenn der Vertragsmangel seinen Grund in der fehlerhaften Beteiligung des betreffenden Mitgesellschafters hat[1053]. Die Fehlerhaftigkeit kann jedoch unter besonderen Voraussetzungen anstelle einer Gestaltungsklage durch **einseitige Erklärung** (Kündigung) geltend gemacht und dadurch die Auflösung (bzw. der Austritt oder Ausschluss) herbeigeführt werden. Das gilt in erster Linie dann, wenn der *Gesellschaftsvertrag* ein entsprechendes Gestaltungsrecht in Abweichung von §§ 133, 140 beim Vorliegen eines wichtigen Grundes vorsieht. Darüber hinaus ist praeter legem ein **außerordentliches Austrittsrecht** in denjenigen Fällen anzuerkennen, in denen ein Gesellschafter durch arglistige Täuschung, Drohung oder sittenwidrige Übervorteilung zum Beitritt veranlasst wurde und ihm ein weiteres Verbleiben in der Gesellschaft, sei es auch beschränkt auf die Zeit bis zur Rechtskraft des Gestaltungsurteils, aus diesem Grunde *nicht zugemutet* werden kann[1054]. Dieser Einschränkung kommt vor allem in Fällen Bedeutung zu, in denen der betroffene Gesellschafter sich nur auf diesem Wege der Pflicht zur Einlageleistung entziehen bzw. deren Rückgewähr erreichen kann oder in denen er mit erheblichen Verlusten aus seiner Beteiligung an der werbend fortgeführten Gesellschaft rechnen muss. Schließlich ist für Gesellschafter einer **Publikumsgesellschaft**, die durch Täuschung u.a. zum Beitritt bewogen wurden, ein von keinen weiteren Voraussetzungen abhängiges einseitiges Austrittsrecht unter Fortbestand der Gesellschaft im Übrigen anerkannt.[1055]

4. Abwicklung. Für die Abwicklung der wegen eines Vertragsmangels aufgelösten **351**
Gesellschaft gelten die Liquidationsvorschriften der §§ **145 ff**, soweit der Gesellschaftsvertrag hierfür keine abweichenden Regelungen enthält[1056]. Sind die Einlagen noch im Wesentlichen unverändert vorhanden, so kommt abweichend von § 155 auch deren Rückgabe in natura in Betracht. Ein Rückgriff auf die allgemeinen Rechtsfolgen unwirksamer Vertragsbeziehungen, insbesondere auf die Vorschriften der §§ 812 ff BGB kommt nicht in Betracht.

[1052] *A. Hueck* OHG, § 7 III 1b, S. 85 f; Soergel/*Hadding*[12] § 705 Rn 78; Erman/*Westermann*[12] § 705 Rn 83; Röhricht/Graf v. Westphalen/*v. Gerkan/Haas* Rn 46; Wiedemann Gesellschaftsrecht Bd. II, § 2 V 4, S. 159; Staudinger/*Habermeier* BGB (2003) § 705 Rn 67; Ebenroth/Boujong/Joost/Strohn/*Wertenbruch* Rn 191.

[1053] Vgl. schon *Rob. Fischer* NJW 1955, 852 und *A. Hueck* OHG, § 7 III 1c, S. 87 f.

[1054] So zutr. BGHZ 47, 293 (301 f) = NJW 1967, 1961 im Anschluss an *Rob. Fischer* NJW 1958, 972 f; MünchKommHGB/*K. Schmidt* Rn 247; Ebenroth/Boujong/Joost/Strohn/*Wertenbruch* Rn 192; *C. Schäfer* S. 333 ff, 362; **aA** aus Gründen der Rechtssicherheit noch *A. Hueck* OHG, § 7 III Fn 74; im Erg. auch *Flume* I/1 § 2 III, S. 22 f.

[1055] So schon BGHZ 47, 293 (301 f); vgl. ferner MünchKommBGB[5]/*Ulmer* § 705 Rn 368; MünchKommHGB/*K. Schmidt* Rn 247; ebenso bereits Voraufl. Rn 362 (*Ulmer*); Einzelheiten dazu in Voraufl. Anh. § 161 (*Schilling*).

[1056] So schon BGHZ 3, 285 (289) = NJW 1952, 97; *A. Hueck* OHG, § 7 III 3, S. 92; ferner nur MünchKommHGB/*K. Schmidt* Rn 244; *Wiesner* fehlerhafte Gesellschaft, S. 128 f; Ebenroth/Boujong/Joost/Strohn/*Wertenbruch* Rn 193; Heymann/*Emmerich* Rn 98.

IV. Fehlerhafte Vertragsänderungen

1. Allgemeines

352 a) **Fehlergründe.** Hinsichtlich der Gründe für die Fehlerhaftigkeit von Vertragsänderungen kann auf die Feststellungen in Rn 332 f verwiesen werden. Es gilt Entsprechendes wie für den Vertragsschluss; als Fehler kommen Anfechtungs- und Nichtigkeitsgründe in Bezug auf den Änderungsbeschluss, aber auch die Fehlerhaftigkeit des Beitritts oder Ausscheidens einzelner Gesellschafter in Betracht. Eine fehlerhafte Vertragsänderung liegt auch dann vor, wenn der Mangel darauf beruht, dass nicht sämtliche Gesellschafter (bzw. eine ausreichende Mehrheit) die für die Änderung erforderliche Zustimmung erteilt, die Beteiligten die Änderung aber für wirksam gehalten haben; an dem Erfordernis einer (mangelhaften) vertraglichen Einigung fehlt es hier nicht[1057]. Demgegenüber ist der Tatbestand des Vertragsschlusses nicht erfüllt, wenn die für die Änderung stimmenden Gesellschafter diese in Kenntnis der fehlenden Zustimmung von Mitgesellschaftern und gegen deren Widerspruch praktizieren. Zur Frage, ob die Vertragsänderung „vollzogen" sein muss, vgl. Rn 358, 361 aE.

353 b) **Voraussetzungen für die Anwendung der LfV.** Was die rechtliche Behandlung fehlerhafter Vertragsänderungen angeht, so war im Unterschied zur fehlerhaften Gründung lange Zeit die Ansicht verbreitet, die Grundsätze über die fehlerhafte Gesellschaft seien hier nur mit **Zurückhaltung** anwendbar[1058]; anderes soll nur für den Gesellschafterwechsel gelten (vgl. dazu Rn 357 ff). Dementsprechend hat etwa der BGH die wegen Fehlens der Geschäftsgrundlage fehlerhafte Änderung einer Nachfolgeklausel als rückwirkend unwirksam beurteilt, obwohl inzwischen ein Nachfolgefall eingetreten und der Nachfolger aufgrund der Änderung in der Kommanditistenstellung verblieben war, statt entsprechend der ursprünglichen Regelung Stellung und Rechte eines Komplementärs einzunehmen[1059]. Fehlerhafte Vertragsänderungen sollen nur dann wirksam sein, wenn sie den *Status* der Gesellschaft betreffen, insbes. zu Änderungen bei der Zusammensetzung oder den Haftungsgrundlagen führen[1060]. Dagegen soll der Änderung der Beziehungen der Gesellschafter untereinander keine Bestandskraft zukommen[1061]. Nach anderer, auch in der Voraufl. Rn 366 (*Ulmer*) vertretenen Auffassung soll zwischen bloß schuld- und organisationsrechtlichen Änderungen unterschieden werden.[1062]

354 Beide Differenzierungen führen indessen **nur bedingt** weiter. Das „Status"-Kriterium ist nicht nur unscharf[1063], sondern lässt sich auch nicht auf die dogmatische Grundlage

---

1057 BGH NJW 1988, 1321 (1323); **aA** *Wiesner* fehlerhafte Gesellschaft, S. 143 ff. – Zum Abschluss des Vertrages im Falle des (verdeckten) Dissenses vgl. auch C. *Schäfer* S. 216.

1058 So etwa noch 3. Aufl. Rn 84 (*Rob. Fischer*) und *A. Hueck* OHG, § 7 III 7c, S. 100 f; im Ergebnis auch Soergel/*Hadding*[12] § 705 Rn 91. Anders namentlich MünchKommHGB/*K. Schmidt* Rn 252; MünchKommBGB[5]/*Ulmer* § 705 Rn 361 f; C. *Schäfer* S. 289 ff; *Wiesner* fehlerhafte Gesellschaft, S. 138 ff; Bamberger/Roth/*Timm*/*Schöne*[2] § 705 Rn 93; im Grundsatz auch *Flume* I/1 § 2 III, S. 28.

1059 BGHZ 62, 20 (27) = NJW 1974, 498, freilich ohne im Ergebnis zu einer rückwirkenden Anpassung zu kommen. Dazu kritisch auch *Finger* ZGR 1976, 240 (243 ff, 248).

1060 BGHZ 62, 20 (29) = NJW 1974, 498; BGH DB 1956, 65; LM HGB § 138 Nr. 11 = NJW 1969, 1483.

1061 So auch *Flume* I/1 § 2 III, S. 29; *Müller-Laube* JuS 1985, 855 (887).

1062 Vgl. *Ulmer* FS Flume, 1978, S. 301 (319 f); MünchKommBGB[5]/*Ulmer* § 705 Rn 362; Baumbach/*Hopt* Rn 91, 97; ähnlich auch MünchKommHGB/*K. Schmidt* Rn 252.

1063 So schon *Ganssmüller* NJW 1956, 698 und 3. Aufl. Rn 84 (*Rob. Fischer*); *A. Hueck*

zurückführen. Es ist vielmehr nach der Vergleichbarkeit zwischen Gründung und Vertragsänderung zu fragen. Im Prinzip das Richtige trifft zwar die Unterscheidung danach, ob der Mangel, wie bei der Änderung der Gewinnverteilung u.a., lediglich die *schuldrechtlichen* Beziehungen der Gesellschafter untereinander betrifft oder ob er zu Folgen für die *Organisation* geführt, insbesondere in der Geschäftsführung, der Vertretung, dem Gesamthandsvermögen (Beiträge) oder dem Haftungsumfang seinen Niederschlag gefunden hat (Voraufl. Rn 366 [*Ulmer*]). Auch sie vermag jedoch keinen unmittelbar subsumtionsfähigen Inhalt vorzuweisen.[1064] Vorzugswürdig ist es deshalb, ausgehend von Gründung und Beitritt (dazu noch Rn 137) als den apriori „verbandsrechtlichen" Rechtsgeschäften einen **Katalog der Strukturmerkmale** herauszuarbeiten, die bei einer Vertragsänderung betroffen sein müssen, um die Vergleichbarkeit zu Gründung bzw. Beitritt bejahen zu können.[1065]

Im Einzelnen führt dies dazu, die folgenden Änderungen der LfV zu unterstellen: die **355**
Aufnahme, das Ausscheiden oder die Ausschließung von Gesellschaftern; Maßnahmen der Kapitalerhöhung und Kapitalherabsetzung;[1066] Änderungen der Rechtsform der Gesellschaft; Änderungen der Organstruktur und der Organkompetenzen;[1067] Änderungen der mit der Mitgliedschaft verbundenen Verwaltungsrechte, darunter insbes. des Geschäftsführungs- und des Stimmrechts.[1068] Nicht erfasst werden demgegenüber – außer der Anteilsübertragung (dazu Rn 364) – Änderungen der Vermögensrechte, darunter insbes. des Gewinnverteilungsschlüssels, da deren rückwirkende Korrektur problemlos möglich ist und die Organisation der Gesellschaft unberührt lässt;[1069] Entsprechendes gilt für „klassische" Vermögensübertragungen außerhalb des UmwG.[1070] Zweifelhaft ist die Beurteilung im Blick auf Änderungen des Gesellschaftszwecks und des Unternehmensgegenstands, vorbehaltlich der Auflösung (dazu sogleich) sprechen die besseren Gründe insoweit gegen ihre Einbeziehung in den Anwendungsbereich der Lehre von der fehlerhaften Gesellschaft.[1071]

c) **Insbesondere die fehlerhafte Auflösung.** Nach hM soll auch die fehlerhafte Auf- **356**
lösung bei Fehlern des Auflösungsbeschlusses oder Unwirksamkeit der Kündigung nach den Grundsätzen der fehlerhaften Gesellschaft behandelt werden. Demnach soll, sobald mit der Abwicklung begonnen wurde, die Möglichkeit entfallen, sich rückwirkend auf den Auflösungsmangel zu berufen[1072]. Allerdings sollen diejenigen Gesellschafter, die mit der fehlerhaften Auflösung nicht einverstanden sind und die Gesellschaft als werbende

OHG, § 7 III 7c, S. 100; ebenso MünchKommHGB/*K. Schmidt* Rn 252; MünchKommBGB[5]/*Ulmer* § 705 Rn 362; *C. Schäfer* S. 301 f, 360 f.

1064 *C. Schäfer* S. 361.

1065 Vgl. zum Folgenden die Positiv- und die Negativliste bei *C. Schäfer* S. 357 ff; im Wesentlichen zustimmend MünchKommBGB[5]/*Ulmer* § 705 Rn 363.

1066 *C. Schäfer* S. 452 ff, 454.

1067 *C. Schäfer* S. 473 ff, 477 ff; zur fehlerhaften Bestellung und Abberufung von Organwaltern vgl. auch *Schürnbrand* Organschaft, S. 267 ff.

1068 *C. Schäfer* S. 483 ff, 488.

1069 *C. Schäfer* S. 487 f.

1070 *C. Schäfer* S. 359 f.

1071 *C. Schäfer* S. 418 ff; so auch MünchKommBGB[5]/*Ulmer* § 705 Rn 363 (anders allerdings für die Auflösung, dazu sogleich).

1072 So im Anschluss an *Steines* Die faktisch aufgelöste offene Handelsgesellschaft, 1964; *A. Hueck* OHG, § 7 III 8, S. 101; Soergel/*Hadding*[12] § 705 Rn 91; Erman/*Westermann*[12] § 705 Rn 84; *ders.* Handbuch Rn I 194; MünchKommBGB[5]/*Ulmer* § 705 Rn 364; Ebenroth/Boujong/Joost/Strohn/*Wertenbruch* Rn 205; weitergehend *Wiesner* fehlerhafte Gesellschaft, S. 156.

fortführen wollen, gegen die Mitgesellschafter analog § 133[1073] auf Rückumwandlung in eine werbende Gesellschaft klagen können. Dem ist nicht zu folgen;[1074] vorbehaltlich der zum liquidationslosen Erlöschen der Gesellschaft führenden Auflösung handelt es sich nicht um einen Anwendungsfall der LfV (näher § 131 Rn 55 ff); es bedarf daher in keinem Falle eines Fortsetzungsbeschlusses (§ 131 Rn 75).

2. Gesellschafterwechsel

357 a) **Fehlerhafter Beitritt.** Einen Sonderfall der Vertragsänderung stellt – vorbehaltlich der Anteilsübertragung (Rn 364 ff) – der **rechtsgeschäftliche Beitritt oder das Ausscheiden eines Gesellschafters** (dazu Rn 361 f) dar. Im Unterschied zu inhaltlichen Vertragsänderungen handelt es sich hier im Grunde um den Abschluss eines neuen Vertrags zwischen einem veränderten Kreis von Vertragspartnern. Unter den Anwendern der LfV war es daher seit jeher unumstritten, dass die Grundsätze der fehlerhaften Gesellschaft uneingeschränkt zur Anwendung kommen[1075]. Der fehlerhafte Beitritt zu einer fehlerfreien Gesellschaft[1076] wird meist auf entsprechenden Gründen beruhen wie die fehlerhafte Beteiligung an der Gründung[1077]. Neben Irrtum, Täuschung[1078] und Drohung (sei es auf Seiten des Beitretenden oder der bisherigen Gesellschafter) sowie neben der Nichteinhaltung von Formvorschriften für die Übernahme bestimmter Vertragspflichten (§ 311b Abs. 1 BGB u.a., vgl. Rn 167 ff) ist vor allem an den fehlerhaften Beitritt nicht voll Geschäftsfähiger zu denken (Rn 338 ff). Erforderlich ist auch hier jeweils, dass dem Beitritt ein – wenn auch fehlerhaftes – *rechtsgeschäftliches Handeln* der Gesellschafter als der für die Vertragsänderung zuständigen Personen zugrunde liegt. Die fehlende Mitwirkung eines Teils der bisherigen Gesellschafter macht den Beitrittsvertrag fehlerhaft, schließt dessen Vorliegen als solches jedoch nicht aus, sofern nur mindestens einer von ihnen am Vertragsschluss beteiligt war; sie steht der Anwendung der Grundsätze über die fehlerhafte Gesellschaft nach Vollzug des Beitritts nicht entgegen[1079]. Entsprechendes gilt a fortiori beim Beitritt zu einer Publikumsgesellschaft durch fehlerhaften Vertragsschluss zwischen Beitretendem und Geschäftsführung der Gesellschaft, wenn diese – wie üblich –

[1073] Vgl. näher *Steines* (Fn 1072), S. 33 ff; zweifelnd *Westermann* Handbuch Rn I 194.

[1074] Wie hier auch MünchKommHGB/*K. Schmidt* Rn 251.

[1075] So insbes. für den fehlerhaften Beitritt BGHZ 26, 330 (335) = NJW 1958, 668; BGHZ 44, 235 (237) = NJW 1966, 197; BGH NJW 1988, 1321 (1323) und 1324 (1325); NZG 2003, 277 (278 f); OGHZ 4, 241 (245); *A. Hueck* OHG, § 7 III 7a bb, S. 99; MünchKommHGB²/*K. Schmidt* Rn 256; *ders.* AcP 186 (1986), 421 (436 ff); Soergel/*Hadding*¹² § 705 Rn 89 f; MünchKommBGB⁵/*Ulmer* § 705 Rn 366; *Gansmüller* NJW 1956, 698; *Wiedemann* Gesellschaftsrecht Bd. II, § 2 V 5b, S. 162; *Lieberich* S. 45 ff; *Wiesner* fehlerhafte Gesellschaft, S. 148 ff. Eingehend *C. Schäfer* S. 302 ff, 310 f, 321 ff.

[1076] Im Unterschied zum fehler*freien* Beitritt zu einer fehlerhaften Gesellschaft, bei dem sich der Beitretende auf den Vertragsmangel nur dann berufen kann, wenn dieser auch seinen Beitritt tangiert (*A. Hueck* OHG, § 7 III 7a aa, S. 99).

[1077] Einen Fall fehlerhaften Beitritts wegen (angeblichen) Verstoßes gegen § 138 BGB behandelt OLG Koblenz WM 1979, 1435.

[1078] Sie hat namentlich in der Rechtsprechung zu den „Massengesellschaften" Bedeutung gefunden, vgl. neben BGHZ 26, 330 = NJW 1958, 668; insbes. BGHZ 63, 338 = NJW 1975, 1022; BGH LM HGB § 132 Nr. 4 = NJW 1975, 1700; NJW 1976, 894; dazu *U. H. Schneider* ZHR 142 (1978), 228 ff und Anh. § 161 Rn 11.

[1079] So *C. Schäfer* S. 324 f; MünchKommBGB⁵/*Ulmer* § 705 Rn 366 und BGH NJW 1988, 1321 (1323); **aA** noch BGH WM 1962, 1353 (1354); MünchKommHGB/*K. Schmidt* Rn 248; *Wiesner* fehlerhafte Gesellschaft, S. 149.

im Gesellschaftsvertrag zur Aufnahme neuer Gesellschafter ermächtigt wurde[1080]. Die fehlende oder fehlerhafte Ermächtigung betrifft hier nicht die Vertragsgrundlage, sondern ist lediglich Wirksamkeitsvoraussetzung[1081].

Nach hM bedarf auch der Beitritt des **Vollzugs,** damit die LfV zur Anwendung gelangt.[1082] In der Voraufl. Rn 370 wollte *Ulmer* allerdings zwischen nichtigem und anfechtbarem Beitritt differenzieren:[1083] Bei **nichtigem** oder schwebend unwirksamem Vertragsschluss sei der Beitritt erst mit der Leistung der Einlage durch den Beitretenden oder mit dessen Teilnahme an Geschäftsführungsmaßnahmen vollzogen[1084], während **anfechtbare** Beitrittserklärungen wegen ihrer vorläufigen Wirksamkeit schon vom Beitrittszeitpunkt als „vollzogen" anzusehen seien[1085]. Demgegenüber ist festzustellen, dass sich das als Geschäftsbeginn i.S.v. § 123 Abs. 2 zu konkretisierende Vollzugsmerkmal (Rn 48) als Voraussetzung für die Wirksamkeit einer Gesellschaft nach außen legitimiert. Eine solche Unterscheidung zwischen Innen- und Außenwirksamkeit ist indessen nur für die Gründung relevant, nicht auch für den Beitritt (oder Vertragsänderungen); dies entspricht auch der Wertung des § 176 Abs. 2, wonach die Haftung des Kommanditisten gerade nicht voraussetzt, dass die Mitgliedschaft „vollzogen" wird, was § 176 Abs. 1 für die Gründung explizit anders beurteilt. Ebenso wie anerkanntermaßen im Kapitalgesellschaftsrecht ist daher auf das **Vollzugsmerkmal** für den Beitritt **zu verzichten.**[1086] Dieser wird vielmehr schon mit Abschluss des Vertrages wirksam. 358

Die **Rechtsfolgen** des fehlerhaften Beitritts bestehen im rückwirkend nicht vernichtbaren Erwerb der Mitgliedschaft mit den entsprechenden Rechten und Pflichten nach innen und außen[1087]. Der Fehler ist, falls er nicht zwischenzeitlich geheilt ist (Rn 336), von den dadurch betroffenen Gesellschaftern grundsätzlich durch Ausschlussklage (§ 140) geltend zu machen, soweit er auf dem Verhalten des Beitretenden beruht. Ist der Beitretende seinerseits durch Täuschung u.a. zum Beitritt veranlasst worden, so steht ihm neben oder an Stelle der Auflösungsklage je nach Lage des Falles auch ein einseitiges Austrittsrecht zu (Rn 350). Das gilt vor allem auch für den fehlerhaften Beitritt zur Publikums-KG. – Zur Rechtslage beim nach **Verbraucherrecht** widerrufenen Beitritt vgl. Rn 333. – Zur Minderjährigenproblematik beim Beitritt vgl. Rn 363. 359

Gegen die Einlageforderung der Gesellschaft kann dem fehlerhaft Beigetretenen im Einzelfall ein **Leistungsverweigerungsrecht** zustehen, so, wenn er durch Täuschung oder Drohung zum Beitritt veranlasst wurde und die Erfüllung der Einlageverpflichtung nicht zur Gläubigerbefriedigung erforderlich ist, sondern im Wesentlichen dem oder den Täu- 360

[1080] Näher C. *Schäfer* S. 326 f, 330. Zur regelmäßigen Ermächtigung der Geschäftsführer einer Publikums-KG, weitere Kommanditisten aufzunehmen, vgl. BGH NJW 1978, 1000 und näher dazu C. *Schäfer* ZHR 170 (2006), 373 (383 f); *Wiedemann* ZGR 1996, 286 (296 f). Vgl. ferner BGH LM HGB § 132 Nr. 3 = NJW 1973, 1604 zur Unanwendbarkeit von § 278 BGB auf die Gesellschafter einer Publikums-KG, wenn der für sie handelnde Geschäftsführer weitere Kommanditisten durch Täuschung zum Beitritt veranlasst, und BGHZ 63, 338 (345) = NJW 1975, 1022; BGHZ 156, 46 (52 f) = NJW 2003, 2821 (2822 f). Dazu kritisch C. *Schäfer* ZHR 170 (2006), 385 f.

[1081] Vgl. C. *Schäfer* S. 327.

[1082] BGH NJW 1992, 1501 (1502); MünchKommBGB[5]/*Ulmer* § 705 Rn 367; MünchKommHGB/*K. Schmidt* Rn 248; Baumbach/*Hopt* Rn 92.

[1083] So auch MünchKommBGB[5]/*Ulmer* § 705 Rn 367.

[1084] MünchKommHGB/*K. Schmidt* Rn 248; C. *Schäfer* S. 311, 332 f.

[1085] Vgl. C. *Schäfer* S. 332 ff, der auch für diesen Fall den Vollzug der Gesellschaft als solcher genügen lässt.

[1086] C. *Schäfer* S. 331 ff.

[1087] **AA** für das Außenverhältnis *Canaris* Vertrauenshaftung, S. 120 und *Möschel* (Fn 951), S. 171 ff (vgl. oben Rn 335 mN).

schenden selbst zugute käme[1088]. Anderes gilt mit Rücksicht auf den Gleichbehandlungsgrundsatz, wenn die Täuschung von einem einzelnen Gesellschafter ausgegangen ist und hiervon die Mehrzahl der oder sämtliche übrigen Gesellschafter gleichmäßig betroffen sind[1089]. Im Übrigen führt das Wiederausscheiden des fehlerhaft Beigetretenen zwar zur Umgestaltung seines Rechtsverhältnisses zur Gesamthand in ein Abwicklungsverhältnis (§§ 738–740 BGB). Eine noch nicht erfüllte Einlageforderung entfällt dadurch jedoch nicht ersatzlos, sondern ist in der Abfindungsbilanz anzusetzen und geht – zumal bei negativem Geschäftsergebnis – im Anspruch der Gesamthand auf Zahlung des sich etwa ergebenden Fehlbetrags auf[1090].

361 b) **Fehlerhaftes Ausscheiden.** Ebenso wie der Beitritt kann auch das auf Vereinbarung beruhende Ausscheiden fehlerhaft (nichtig oder anfechtbar) sein[1091]. Für das Eingreifen der Grundsätze über die fehlerhafte Gesellschaft kommt es auch in diesem Fall darauf an, ob der Fehler die Gesellschaftsorganisation betrifft oder ob er sich auf die schuldrechtlichen Beziehungen zwischen den Beteiligten beschränkt (Rn 353 ff). Letzteres ist namentlich bei fehlerhaften Abfindungsvereinbarungen der Fall[1092], soweit nicht der Mangel sich nach den gesellschaftsrechtlichen Auslegungsgrundsätzen (Rn 192 ff) auf die Abrede über das Ausscheiden selbst erstreckt. Betrifft der Mangel das fehlerhafte Ausscheiden eines nicht voll Geschäftsfähigen so gilt auch hier, dass eine Ausnahme von der LfV nicht veranlasst ist (Rn 363). Auch die Anhänger der hM betonen zum Teil, dass die Anwendung der LfV dem Schutzbedürfnis des Minderjährigen besser entspreche,[1093] weshalb das Ausscheiden auch insofern als (vorläufig) wirksam zu behandeln sei. Ebenso wenig wie beim Beitritt (Rn 358) bedarf es hierfür eines Vollzuges (aA Voraufl. Rn 374 [*Ulmer*]).

362 Die **Rechtsfolge** des fehlerhaften Ausscheidens besteht in dessen Wirksamkeit unter Anwachsung des Gesamthandsanteils des Ausgeschiedenen bei den Mitgesellschaftern und Entstehung des Abfindungsanspruchs[1094]. Der fehlerhaft Ausgeschiedene kann jedoch, wenn der Fehler nicht ihm zur Last fällt, verlangen, wieder in die Gesellschaft aufgenommen zu werden[1095]. In der Voraufl. Rn 375 hat sich *Ulmer* dafür ausgespro-

---

[1088] BGHZ 26, 330 (335) = NJW 1958, 668; *Rob. Fischer* NJW 1955, 851; *Lieberich* S. 57; Erman/*Westermann*[12] § 705 Rn 85; Ebenroth/Boujong/Joost/Strohn/*Wertenbruch* Rn 197; weitergehend *A. Hueck* OHG, § 7 III 2a, S. 88.

[1089] BGHZ 26, 330 (334 f) = NJW 1958, 668; OLG Köln BB 1970, 1460; *Lieberich* S. 58.

[1090] BGH LM HGB § 132 Nr. 3 = NJW 1973, 1604; zur Ungeeignetheit des Liquidationsrechts zur Begründung eines Vorrangs von Schadensersatzansprüchen im Falle des täuschungsbedingten Beitritts vgl. *C. Schäfer* ZHR 170 (2006), 373 (390 f).

[1091] Vgl. dazu neben *A. Hueck* OHG, § 7 III 7b, S. 99 namentlich auch *Däubler* BB 1966, 1292 ff; *Gursky*, passim, *Lieberich* S. 85 ff und *Hartmann* FS Schiedermair, 1976, S. 257 ff; *C. Schäfer* S. 385 f; aus der Rspr. vgl. BGH LM HGB § 138 Nr. 11 = NJW 1969, 1483 sowie BGH WM 1975, 512 (514).

[1092] BGH LM HGB § 138 Nr. 11 = NJW 1969, 1483; LM BGB § 738 Nr. 8 = NJW 1979, 104.

[1093] Voraufl. Rn 373 (*Ulmer*) und MünchKommBGB[5]/*Ulmer* § 705 Rn 370; für Wirksamkeit des fehlerhaften Austritts Minderjähriger auch *Däubler* BB 1966, 1294 und *Hartmann* (Fn 1091), S. 264 ff; **aA** BGH NJW 1992, 1503 (1504); Baumbach/*Hopt* Rn 95; Ebenroth/Boujong/Joost/Strohn/*Wertenbruch* Rn 201.

[1094] Wohl unstr.; insoweit zust. auch *Möschel* (Fn 951), S. 184.

[1095] BGH LM HGB § 138 Nr. 11 = NJW 1969, 1483; WM 1975, 512 (515); *A. Hueck* OHG, § 7 III 7b, S. 99 f; MünchKommBGB[5]/*Ulmer* § 705 Rn 372; MünchKommHGB/*K. Schmidt* Rn 249; Ebenroth/Boujong/Joost/Strohn/*Wertenbruch* Rn 200; **aA** *Hartmann* (Fn 1091) S. 267 ff. Vgl. auch Erl. zu § 138.

chen, dass der Wiedereintritt aus Gründen der Rechtssicherheit nur im Wege einer analog §§ 133, 140 anzuerkennenden Gestaltungsklage gegen die Mitgesellschafter durchgesetzt werden könne[1096]. Dem ist indessen nicht zu folgen; denn die Durchsetzung eines Anspruchs auf Wiedereintritt durch Leistungsklage erzeugt keinerlei Defizite bei der Rechtssicherheit.[1097] Der Anspruch ist auf die Wiedereinräumung der früheren Rechtsstellung gerichtet, insbesondere hinsichtlich der Verwaltungsrechte. Zwischenzeitliche, nicht durch sein Ausscheiden veranlasste Vertragsänderungen muss der Ausgeschiedene nach den Regeln der LfV freilich hinnehmen[1098]. Zu welchen Bedingungen seine Wiederaufnahme zu erfolgen hat und welche Bedeutung zwischenzeitlichen Gewinnen und Verlusten, Wertsteigerungen oder -minderungen des Gesellschaftsvermögens zukommt, hängt von den Umständen des Einzelfalls ab[1099].

Der hM bereitet der **Minderjährigenschutz** bei Ausscheiden und Eintritt Probleme. Sie 363
will wie folgt differenzieren (Voraufl. Rn 378 [*Ulmer*]): Während das fehlerhafte **Ausscheiden** grundsätzlich auch im Fall nicht voll Geschäftsfähiger zunächst Wirksamkeit erlangen sollen und Vertragsmängel daher ex nunc zu korrigieren seien, bewende es beim fehlerhaften **Beitritt** eines nicht voll Geschäftsfähigen grundsätzlich bei dessen Ex-tunc-Unwirksamkeit, falls der Mangel nicht nachträglich geheilt werde. Das hat indessen bei der Kombination aus Austritt und Eintritt zu erheblichen Schwierigkeiten geführt,[1100] und ist entsprechend den allgemeinen Regeln (Rn 339) abzulehnen. Auch beim Beitritt bietet die Anwendung des § 1629a BGB dem Minderjährigen in einer Weise Schutz, dass nicht länger von einem im Übrigen allgemein anwendbaren Grundsatz des Verbandsrechts zu seinen Gunsten abgewichen werden muss.

c) **Fehlerhafte Anteilsübertragung.** Früher sehr umstritten war, ob die vorstehenden 364
Grundsätze auch für die mangelhafte Anteilsübertragung gelten. Zum davon abzugrenzenden „Doppelvertrag“ aus Aus- und Eintritt vgl. Rn 289 f. Insoweit liegt unabhängig von der Zahl der Vertragsurkunden sowohl eine Austritts- als auch eine Beitrittsvereinbarung vor, wobei die Fehlerhaftigkeit der einen nicht notwendig diejenige der anderen zur Folge haben muss[1101]. Entgegen der früher hM[1102] findet die LfV demgegenüber auf die *Anteilsübertragung* (Rn 291, 294 ff) **keine Anwendung**, die durch Vereinbarung zwischen Ausscheidendem und Beitretendem unter Zustimmung der Mitgesellschafter erfolgt. Gestützt wurde diese Auffassung darauf, dass erst die Zustimmung der Mitgesellschafter die Verfügung über den Anteil zur Wirksamkeit verhelfe und die Rechtslage

1096 So auch *Gursky* S. 106 ff; *Lieberich* S. 137 f; *Steines* (Fn 1072) S. 36 f; *Wiesner* fehlerhafte Gesellschaft, S. 154; **aA** – für Leistungsklage – *Däubler* BB 1966, 1293 f.

1097 *C. Schäfer* S. 385 f.

1098 MünchKommBGB⁵/*Ulmer* § 705 Rn 372; *Däubler* BB 1966, 1294; *Wiesner* fehlerhafte Gesellschaft, S. 154.

1099 So zutr. *A. Hueck* OHG, § 7 III 7 b, S. 100; MünchKommBGB⁵/*Ulmer* § 705 Rn 372; für grundsätzliche Wiedereinräumung des bisherigen Kapitalanteils gegen Rückzahlung der Abfindungssumme aber *Däubler* BB 1966, 1294.

1100 So mit Recht MünchKommHGB/*K. Schmidt* Rn 250.

1101 MünchKommHGB/*K. Schmidt* Rn 250; MünchKommBGB⁵/*Ulmer* § 705 Rn 373; eingehend dazu *Däubler* BB 1966, 1294 f und *Lieberich* S. 197 ff; ebenso *Wiesner* fehlerhafte Gesellschaft, S. 155; vgl. auch *U. Huber* Vermögensanteil, S. 409, 412. Aus der Rspr. vgl. (ohne Begründung) BGH WM 1968, 892. **AA** – Anwendung des § 139 BGB auf die Beitritts- und Austrittsvereinbarung – Ebenroth/Boujong/Joost/Strohn/*Wertenbruch* Rn 202.

1102 Vgl. dazu die Nachw. in Voraufl. Rn 376 (*Ulmer*).

daher derjenigen bei Ausscheidens- und Aufnahmevertrag entspreche[1103]. Der fehlerhaft Ausgeschiedene könne deshalb nur seine Wiederaufnahme durch Rückübertragung des Anteils verlangen[1104]. Dem ist jedoch zu Recht widersprochen worden, weil diese Betrachtung nicht hinreichend berücksichtigt, dass der Gesellschaftsvertrag durch eine Verfügung über die Mitgliedschaft nicht berührt wird[1105]. Das gilt auch für die Interessen von Gesellschaft und Mitgesellschaftern; die Unwirksamkeit der Verfügung hat regelmäßig keine Auswirkungen auf sie, weil ihnen gegenüber Rechtshandlungen von und gegenüber dem Schein-Nachfolger gleichwohl Wirksamkeit erlangen. Das folgt entweder aus einer analogen Anwendung des § 16 Abs. 1 GmbHG[1106] oder jedenfalls aus einer erweiternden Anwendung der für Rechtsübertragungen geltenden allgemeinen Schutzvorschriften der §§ 413, 409, 407 BGB.[1107] Damit ist zugleich das Bedürfnis für eine abweichende Beurteilung der Anteilsübertragung in einer Publikums-Gesellschaft (Voraufl. Rn 377 [*Ulmer*]) entfallen. Auch der Minderjährigenschutz bereitet folglich bei der Anteilsübertragung keine Probleme.

365 d) **Fehlerhafte Gesellschafternachfolge im Todesfall.** Zur fehlerhaften Gesellschafternachfolge im Todesfall kann es im Rahmen der gesellschaftsvertraglichen **Nachfolgeklausel** dadurch kommen, dass an Stelle des wahren der **vermeintliche Erbe** von den Mitgesellschaftern als Berechtigter behandelt wird und die Mitgliedschaftsrechte ausübt. Soweit in diesen Fällen nicht besondere rechtsgeschäftliche Vereinbarungen zwischen den Beteiligten über die Mitgliedschaft des vermeintlichen Erben getroffen werden, etwa im Zuge der Umwandlung „seiner“ Gesellschafterstellung in eine Kommanditbeteiligung in Ausübung seiner Rechte aus § 139, fehlt es an einem (fehlerhaften) Vertragsschluss als Voraussetzung für die rechtliche Anerkennung der fehlerhaften Beteiligung (Rn 331). Der bloße Vollzug der Nachfolge reicht hierfür nicht aus (§ 139 Rn 41). Gesellschafter ist der wahre Erbe; die Auseinandersetzung zwischen den Beteiligten richtet sich nach allgemeinen Grundsätzen, wobei der Gesellschaft bei Vorliegen eines Erbscheins der Schutz des § 2367 BGB zugute kommt[1108].

366 Anderes gilt im Falle einer den Erben zum Beitritt berechtigenden gesellschaftsvertraglichen **Eintrittsklausel,** zu deren Vollzug es einer rechtsgeschäftlichen *Beitrittsvereinbarung* mit den Mitgesellschaftern bedarf (dazu § 139 Rn 144 ff). Wird sie mit dem vermeintlichen Erben getroffen, so ist sie wirksam und kann nach Vollzug des Beitritts

[1103] Vgl. BGH WM 1968, 892; NJW 1988, 1324 (1325); *Wiesner* fehlerhafte Gesellschaft, S. 155; *Müller-Laube* JuS 1985, 887.

[1104] BGH NJW 1988, 1324 (1325).

[1105] So zutr. erstmals *K. Schmidt* AcP 186 (1986), 421 (438 f) und *ders.* BB 1988, 1053 (1059 f); *Wiedemann* Gesellschaftsrecht Bd. II, § 2 V 5b, S. 163; eingehend *C. Schäfer* S. 312 ff, 320; so auch *Balz/Ilina* BB 2006, 2764 (2765 f); für den Fall freier Übertragbarkeit des Anteils auch Erman/*Westermann* Rn 87; Bamberger/Roth/*Timm/Schöne* Rn 96. **AA** *Westermann* Handbuch Rn I 196b f.

[1106] Für dessen Anwendung auf die fehlerhafte Abtretung eines GmbH-Anteils zu Recht BGH NJW 1990, 1915 (1916) bestätigt durch BGH NJW-RR 1995, 1182 (1183). S.a. *Wiedemann* Gesellschaftsrecht Bd. II, § 2 V 5b, S. 163 f.

[1107] Ebenso MünchKommHGB/*K. Schmidt* Rn 256; *ders.* BB 1988, 1051 (1060); *C. Schäfer* S. 318 f; Ebenroth/Boujong/Joost/Strohn/*Wertenbruch* Rn 203; vgl. auch schon *Huber* Vermögensanteil, S. 411; für Orientierung an § 16 GmbHG *Wiedemann* WM 1990 Beil. 8 S. 30.

[1108] So zutr. MünchKommHGB/*K. Schmidt* Rn 255; *ders.* AcP 186 (1986), 421 (437 f); ferner *C. Schäfer* S. 317 f; **aA** – für weitgehende Anwendung der Grundsätze über fehlerhafte Gesellschaften – *Konzen* ZHR 145 (1981), 61 ff; Ebenroth/Boujong/Joost/Strohn/*Wertenbruch* Rn 206.

(Rn 358) selbst bei Fehlerhaftigkeit des Beitrittsvertrags (Anfechtbarkeit nach §§ 119, 123 BGB u.a.) nur durch Ausschlussklage gegen den zu Unrecht Beigetretenen korrigiert werden (§ 139 Rn 149).

V. Der Sonderfall der Scheingesellschaft

1. Die Gesellschaft ohne Gesellschaftsvertrag. Beim Thema der „Scheingesellschaft" ist zu differenzieren: Ist ein **Gesellschaftsvertrag gar nicht geschlossen** worden, so dass es also am rechtsgeschäftlichen Abschlusstatbestand fehlt, kommt die Anwendung der LfV von vornherein **nicht in Betracht.**[1109] Statt dessen greifen die Grundsätze der Rechtsscheinhaftung ein (Rn 371 f); es kommt abweichend von § 718 BGB nicht zur Entstehung von Gesamthandsvermögen. Die Innenbeziehungen der Beteiligten richten sich nicht nach mitgliedschaftlichen Grundsätzen; Handlungs- und Treupflichten kommen nicht zur Entstehung. Haben die Beteiligten Leistungen erbracht, so sind diese nach Bereicherungsrecht abzuwickeln, soweit nicht § 985 BGB eingreift. Nach verbreiteter Ansicht soll das Gleiche auch dann gelten, wenn die Beteiligten einen **Vertrag geschlossen** haben, dieser aber nach **§ 117 BGB** nichtig ist. Zur Begründung wird darauf verwiesen, dass die Beteiligten auch hier letztlich keine Gesellschaft wollten (Voraufl. Rn 381 [*Ulmer*]). Dem ist indessen nicht zu folgen (näher Rn 370). **367**

Für das Auftreten der Beteiligten als Scheingesellschafter ohne Abschluss eines Gesellschaftsvertrags kommt eine Vielzahl von **Gründen** in Betracht. Es kann etwa darum gehen, den Namen eines Scheingesellschafters als Firma für das eigene Unternehmen zu verwenden oder die Kreditgrundlage des Unternehmens durch den Anschein der Beteiligung kreditwürdiger Personen zu stärken. Zu denken ist weiter an das Interesse der Beteiligten daran, die Person des wirklichen Geschäftsinhabers wegen der mit ihr verbundenen negativen Eigenschaften zu verdecken, aber auch an das Auftreten eines im Innenverhältnis partiarisch Beteiligten oder eines stillen Gesellschafters nach außen unter Hervorrufung des Eindrucks einer Außengesellschaft[1110]. Schließlich kann eine Scheingesellschaft auch dann vorliegen, wenn aus einer Zweipersonengesellschaft der vorletzte Gesellschafter ausgeschieden ist, ohne dass diese Änderung nach außen bekanntgemacht wurde. **368**

Unstreitig von den Fällen einer Scheingesellschaft zu **unterscheiden** ist die Strohmann- oder Treuhandgründung einer Gesellschaft unter Verdeckung des Treugebers (Hintermann). Vorbehaltlich der Frage nach dem Vorliegen eines gemeinsamen Zwecks i.S.v. § 105 (Rn 20 ff) sind in derartigen Fällen die Rechtsfolgen einer Gesellschaftsgründung von den Beteiligten regelmäßig gewollt, wenn auch das wirtschaftliche Ergebnis einem Dritten zukommen soll. Die Wirksamkeit der Gesellschaft wird durch den Treuhandcharakter des Rechtsgeschäfts nicht berührt[1111]. Entsprechendes gilt in denjenigen Fällen, in denen die Beteiligten ihre Geschäfte unter gemeinsamer Firma ohne vorherigen **369**

1109 Vgl. BGH LM HGB § 105 Nr. 5 = NJW 1954, 231; *A. Hueck* OHG, § 7 III 4b, S. 94 f; MünchKommHGB/*K. Schmidt* Rn 234; *ders.* Gesellschaftsrecht, § 6 III 1a, S. 147 f; MünchKommBGB[5]/*Ulmer* § 705 Rn 377; Ebenroth/Boujong/Joost/Strohn/*Wertenbruch* Rn 208. Zur Behandlung der Scheingesellschaft in Prozeß und Zwangsvollstreckung vgl. *Lindacher* ZZP 96 (1983), 486 ff.

1110 Vgl. BGH WM 1960, 863; zum Ganzen näher 3. Aufl. Rn 107 (*Rob. Fischer*).

1111 Zur entspr. Problematik bei der GmbH vgl. *Ulmer*/Habersack/Winter GmbHG § 2 Rn 60, 125.

Vertragsschluss, aber mit der Absicht dauernder Zusammenarbeit beginnen. Insoweit kommt es aufgrund der Zusammenarbeit regelmäßig zum konkludenten Abschluss eines Gesellschaftsvertrags (Rn 160).

370 2. **Der zum Schein geschlossene Gesellschaftsvertrag** (§ **117 BGB**). Wird der Gesellschaftsvertrag nur zum Schein geschlossen, so ist der Abschlusstatbestand nach allgemeinen Regeln entsprechend dem Wortlaut des § 117 BGB zwar erfüllt, der Vertrag aber nichtig.[1112] Zunächst ist in einem solchen Fall zu prüfen, ob die Beteiligten den Vertrag gleichwohl vollzogen und den Mangel deshalb durch Bestätigung geheilt haben (Rn 336).[1113] Scheidet die Heilung aus, so soll es nach wohl hM an einem rechtsgeschäftlichen Zusammenwirken der Beteiligten fehlen, weil sich § 117 BGB von sonstigen Unwirksamkeitsgründen unterscheide.[1114] Die **LfV** sei deshalb **unanwendbar**[1115]. Dem ist zu **widersprechen**. Soweit im Allgemeinen bürgerlichen Recht darüber diskutiert wird, § 117 BGB gegen seinen Wortlaut auszulegen und bei einem Scheingeschäft schon den Abschlusstatbestand des Vertrages zu verneinen, geschieht dies in Hinblick darauf, dass für einen Vertrauensschutz des jeweiligen Erklärungsempfängers von vornherein kein Bedürfnis bestehe.[1116] Bei einer Außengesellschaft verhält es sich demgegenüber grundlegend anders, ist hier doch auch. Es bleibt daher jedenfalls insofern beim Wortlaut des § 117 BGB, so dass also der Abschlusstatbestand des Gesellschaftsvertrages zu bejahen ist und die LfV zur Anwendung gelangt.[1117]

371 3. **Rechtsscheinhaftung.** Der **Verkehrsschutz** wird beim gänzlichen Fehlen eines Gesellschaftsvertrags (Rn 367) nach den Regeln über die Rechtsscheinhaftung gewährleistet, sofern nicht die schärferen Publizitätsgrundsätze des § 15 eingreifen (vgl. näher die Erläut. zu § 15 [*Koch*] und § 5 Rn 24 ff [*Oetker*]). Danach müssen sich die Scheingesellschafter, denen die Hervorrufung des Rechtsscheins einer Personenhandelsgesellschaft zurechenbar ist, **gegenüber Dritten**, die auf den Rechtsschein **vertraut** haben, so behandeln lassen, als sei die Gesellschaft unter ihrer Beteiligung wirksam entstanden. Auf die Art und Weise, in der der Rechtsschein hervorgerufen wurde, kommt es nicht an. Es bedarf weder einer Eintragung im Handelsregister noch einer ihr gleichkommenden allgemeinen Mitteilung über den gemeinsamen Geschäftsbeginn. Ist ein derartiger Rechtsscheintatbestand gegeben, so spricht die Lebenserfahrung dafür, dass Dritte, die mit der Scheingesellschaft in Rechtsbeziehungen getreten sind, auf deren Existenz vertraut haben[1118]. Das ist im Rahmen des Anscheinsbeweises zugunsten der aus Rechtsscheinhaftung klagenden Dritten zu berücksichtigen, auch wenn sie hinsichtlich des Vertrauens auf den Rechtsschein die Beweislast trifft. Der Fall, dass eine in Wahrheit nicht existente (Außen-)Gesellschaft, etwa eine stille Gesellschaft, sich als OHG/KG geriert, dürfte sehr

---

[1112] *Flume* II § 20 Rn 2; *Larenz/Wolf* BGB AT, § 35 Rn 21; *Jauernig* BGB § 117 Rn 4; abweichend aber MünchKommBGB[5]/*Kramer* § 117 Rn 1 mwN.

[1113] Übereinstimmend insoweit auch MünchKommBGB[5]/*Ulmer* § 705 Rn 377.

[1114] So 3. Aufl. Rn 108 (*Rob. Fischer*); dagegen aber *C. Schäfer* S. 206.

[1115] Vgl. BGHZ 11, 190 (191); BGH NJW 1953, 1220; *A. Hueck* OHG § 7 III 4b, S. 94 f; MünchKommBGB[5]/*Ulmer* § 705 Rn 377; Baumbach/*Hopt* Rn 79, 98; **aA** *Flume* I/1, § 2 III, S. 20 f; *Wiesner* Fehlerhafte Gesellschaft, S. 104; *C. Schäfer* S. 204 ff.

[1116] Charakteristisch etwa MünchKommBGB[5]/*Kramer* § 117 Rn 1 unter Hinweis auf den fehlenden Rechtsbindungswillen.

[1117] *C. Schäfer* S. 205 ff; ebenso auch *Flume* I/1, § 2 III, S. 20 f; *Wiesner* Fehlerhafte Gesellschaft, S. 104.

[1118] BGH DB 1955, 505; MünchKommHGB/*K. Schmidt* Rn 258.

selten sein.[1119] Überholt ist die Rechtsscheinhaftung nach OHG-Recht zudem bei einer sich als Handelsgesellschaft gerierenden GbR; denn dort wird seit BGHZ 146, 341 ebenfalls nach §§ 128, 130 HGB gehaftet.[1120] Praktisch dürfte die Rechtsscheinhaftung daher vor allem relevant werden, wenn eine in Wahrheit nicht beigetretene Person nach außen als Gesellschafter erscheint (Rn 372).

Sind die Voraussetzungen der Rechtsscheinhaftung gegeben, so **haften die Beteiligten** den „Gläubigern" der Scheingesellschaft nach Maßgabe der §§ 128, 176. Fehlt es zwar nicht an einem Gesellschaftsvertrag, wohl aber am Abschluss eines Beitrittsvertrages so haften die **Scheingesellschafter** neben der Gesellschaft nur Neugläubigern gegenüber, die auf ihre Gesellschafterstellung vertrauen konnten; eine Haftung für deliktische oder für Altverbindlichkeiten scheidet aus.[1121] Allgemein gilt, dass sich die Scheingesellschafter auch ihrerseits gegenüber den Gläubigern auf diejenigen Einwendungen und Einreden berufen können, die der Gesellschaft zustehen oder im Fall ihres Bestehens zustünden (§ 129 Abs. 1). Existiert keine Gesellschaft, so findet auf das Rechtsverhältnis der Scheingesellschafter zu den Gläubigern **Handelsrecht** auch dann Anwendung, wenn die Scheingesellschafter nicht selbst Kaufleute sind, da die auf den Rechtsschein vertrauenden Dritten vom Charakter der Rechtsgeschäfte der OHG (KG) als Handelsgeschäfte (§§ 343, 344) ausgehen konnten. Es gelten die Vorschriften der §§ 345 ff über einseitige Handelsgeschäfte, im Falle der Kaufmannseigenschaft des Dritten auch diejenigen über beiderseitige Handelsgeschäfte[1122]. 372

G. Zur Besteuerung der OHG und ihrer Gesellschafter

Schrifttum

Brönner Die Besteuerung der Gesellschaften[18] (2007); *Hey* in: Tipke/Lang, Steuerrecht[19] (2008), § 18; *Lange* Personengesellschaften im Steuerrecht[6] (2005); *Müller/Hoffmann* Beck'sches Handbuch der Personengesellschaften[2] (2002), *H. P. Westermann* Handbuch der Personengesellschaften, Band 2, II. Teil, Steuerrecht, Loseblatt (Stand des Gesamtwerks: 42. Ergänzungslieferung, Mai 2008); *Zimmermann/Hottmann/Hübner/Schaeberle/Völkel* Die Personengesellschaft im Steuerrecht[9] (2007). Vgl. außerdem die Kommentare zu den jeweiligen Einzelsteuern.

I. Steuerrechtsfähigkeit (Übersicht)

Das deutsche Steuerrecht kennt keine umfassende, einheitlich für alle Steuerarten geltende Steuerrechtsfähigkeit. Auch deckt sich die Fähigkeit, Subjekt eines Steuerschuldverhältnisses zu sein, nicht mit der privatrechtlichen Rechtsfähigkeit. Das gilt auch für die **Steuerrechtsfähigkeit der OHG:** sie beurteilt sich nach Maßgabe der jeweiligen *Einzelsteuergesetze,* die den Kreis je nach Steuerart unterschiedlich ziehen.[1123] 373

1119 MünchKommHGB/*K. Schmidt* Rn 258.

1120 Näher MünchKommBGB[5]/*Ulmer/C. Schäfer* § 714 Rn 35 ff.

1121 Näher *C. Schäfer* DStR 2003, 1078 ff; vgl. auch *Peres/Depping* DStR 2006, 2261 (2263) mit Hinweis auf OLG Celle DStR 2006, 2095; OLG Köln DStRE 2004, 485; OLG Saarbrücken NJW-RR 2006, 707; speziell zur Scheinsozietät auch BGHZ 148, 97 (103) = NJW 2001, 2462.

1122 Näher dazu noch 3. Aufl. Rn 109 (*Rob. Fischer*).

1123 *Lang* in Tipke/Lang § 6 Rn 13 f.

374 **Im Einzelnen** ist die Steuerrechtsfähigkeit der OHG zu **bejahen** für die Gewerbesteuer, die Umsatzsteuer, die Grunderwerbsteuer und die Kfz-Steuer. Als *Arbeitgeber* hat die OHG die von ihren Arbeitnehmern geschuldete Lohnsteuer für Rechnung des Arbeitnehmers bei jeder Lohnzahlung vom Arbeitslohn einzubehalten und an das Finanzamt abzuführen. Steuerschuldner ist insoweit der Arbeitnehmer, § 38 Abs. 1 S. 1 EStG; die OHG als Arbeitgeber *haftet* jedoch als Steuerentrichtungspflichtiger[1124] für die Lohnsteuer. Wird die Lohnsteuer in besonderen Fällen pauschaliert, so ist der Arbeitgeber Schuldner der pauschalen Lohnsteuer, § 40 Abs. 3, § 40a Abs. 5, § 40b Abs. 4 EStG. Für die Besteuerung des von der OHG erwirtschafteten Ertrags **fehlt** der OHG die Steuerrechtsfähigkeit: der Gewinn wird steuerlich den einzelnen Gesellschaftern zugerechnet, so dass die OHG selbst weder einkommen-, noch körperschaftsteuerpflichtig ist (**Transparenzprinzip**).[1125] Hierin liegt ein wesentlicher Unterschied namentlich zur Besteuerung der Kapitalgesellschaften.

Der Gesetzgeber hat die **Rechtsformneutralität** wiederholt zu einem Ziel der Unternehmensbesteuerung erhoben.[1126] Diesem Zweck soll nunmehr auch die Begünstigung thesaurierter Gewinne bei Personengesellschaften dienen, § 34a EStG. Dabei werden auf Antrag des Gesellschafters nicht ausgeschüttete Gewinne zunächst mit einem starren Steuersatz belegt (28,25 v.H. zzgl. Solidaritätszuschlag). Bei späterer Entnahme dieser Gewinne oder bei Veräußerung oder Aufgabe des Betriebs werden diese Gewinne starr mit einem Steuersatz von 25 v.H. nachversteuert. Dies soll im Ergebnis zu einem ungefähren Gleichlauf der Belastung thesaurierter Gewinne bei Personen- und Kapitalgesellschaften führen.[1127] Auch nach der Unternehmensteuerreform 2008[1128] bleibt es aber im Grundsatz bei einem **Dualismus der Besteuerung** von Personengesellschaften einerseits und Kapitalgesellschaften andererseits. Die an die jeweilige Rechtsform anknüpfende unterschiedliche Unternehmensbesteuerung ist Gegenstand eines umfänglichen Schrifttums, das sich mit der unter steuerlichen Gesichtspunkten optimalen Wahl der Rechtsform beschäftigt.[1129]

[1124] *Lang* in Tipke/Lang § 6 Rn 8.

[1125] Obwohl für die Einkommensteuer nicht die OHG, sondern nur jeder Gesellschafter Steuersubjekt ist, werden die von der OHG erzielten Einkünfte doch im Grundsatz *einheitlich* ermittelt und in den einzelnen steuerlichen Tatbeständen – insbes. der Einkunftsart – qualifiziert. Diese Qualifikation der Einkünfte wird den Gesellschaftern zugerechnet, BFH BStBl II 1995, 617 (621). In der Terminologie des BFH (aaO) ist die Personengesellschaft deshalb „Steuerrechtssubjekt bei der Feststellung der Einkunftsart und der Einkünfteermittlung". Gleichwohl soll dieser Grundsatz „gegenüber dem Gedanken der Vielheit der Gesellschaft zurücktreten, wenn andernfalls eine sachlich zutreffende Besteuerung des Gesellschafters nicht möglich wäre" (BFH aaO). Dazu und allgemein zum Transparenzprinzip: *Hey* in Tipke/Lang § 18 Rn 9–12 mwN.

[1126] So bereits zur letzten Unternehmensteuerreform im Jahre 2001: BT-Drucks. 14/2683 v. 15.2.2000, S. 94 ff; zur Kritik an der Umsetzung etwa: Westermann/*Fischer* Handbuch Rn II 115; als Ziel der Unternehmensteuerreform 2008: Begr. des RegE v. 18.5.2007, BT-Drucks. 16/5377, S. 7; dazu auch: *Rödder* Beihefter zu DStR Nr. 40, 2007, 2 (3).

[1127] Kritisch zum Ergebnis der Reformbemühungen *Rödder* Beihefter zu DStR Nr. 40, 2007, 2 (5 f).

[1128] Überblick dazu etwa bei *Rödder* Beihefter zu DStR Nr. 40, 2007, 2.

[1129] Etwa *Jacobs* Unternehmensbesteuerung und Rechtsform, 2002; *Kessler/Schiffers/Teufel* Rechtsformwahl, Rechtsformoptimierung, 2002; *Schneeloch* Rechtsformwahl und Rechtsformwechsel mittelständischer Unternehmen, 2. Aufl. 2006.

II. Errichtung der OHG

1. Umsatzsteuer. Nach früher herrschender Auffassung war die mit der Gründung einer Personengesellschaft verbundene Gewährung von Gesellschaftsanteilen **auf Seiten der OHG** eine der Umsatzsteuer unterliegende, wenn auch nach § 4 Nr. 8 f UStG grundsätzlich steuerfreie sonstige Leistung an den Gesellschafter. Ihr stand als Entgelt i.S.v. § 1 Abs. 1 Nr. 1 UStG die Bar- oder Sacheinlage des Gesellschafters gegenüber.[1130] Diese Auffassung ist nach zwei Entscheidungen des EuGH[1131] im Bezug auf Bareinlagen obsolet geworden.[1132] Es ist nunmehr davon auszugehen, dass aus Sicht der Gesellschaft eine reine Kapitalbeschaffungsmaßnahme vorliegt, die keinen steuerpflichtigen Umsatz generiert. Ob dies auch auf die Erbringung von Sacheinlagen übertragen werden kann, ist allerdings umstritten.[1133] **375**

Auf Seiten des **Gesellschafters** ist die Einlageleistung nur dann ein der Umsatzsteuer unterliegender Umsatz, wenn er eine *Sacheinlage* aus seinem *unternehmerischen* Bereich erbringt. Demgegenüber wird die Erbringung einer Geldeinlage ebenso wie diejenige einer Sacheinlage aus dem nichtunternehmerischen Bereich nicht von der Umsatzsteuer erfasst.[1134] **376**

2. Grunderwerbsteuer. Verpflichtet sich der Gesellschafter zur *Übereignung* eines Grundstücks an die OHG, so fällt nach § 1 Abs. 1 Nr. 1 GrEStG **Grunderwerbsteuer** an. Steuerschuldner sind nach § 13 Nr. 1 GrEStG die OHG sowie der einbringende Gesellschafter als die am Erwerbsvorgang Beteiligten; sie haften gesamtschuldnerisch. Eine teilweise Steuerbefreiung ergibt sich aus § 5 Abs. 2 GrEStG; danach ist die Gegenleistung grundsätzlich in Höhe des Anteils grunderwerbsteuerfrei, zu dem der einbringende Gesellschafter am Vermögen der OHG beteiligt ist. Grunderwerbsteuer fällt gem. § 1 Abs. 2 GrEStG auch dann an, wenn ein Gesellschafter der Gesellschaft ein Grundstück dergestalt als Einlage zur Verfügung stellt, dass Besitz und Nutzung auf sie übergehen und sie an einer etwaigen Substanzsteigerung wertmäßig beteiligt ist (Einbringung *quaod sortem,* vgl. Rn 226).[1135] Zur Steuerpflicht bei Anteilsveräußerung vgl. Rn 386. **377**

3. Ertragsteuern. Bringt ein Gesellschafter im Zuge einer Sachgründung Wirtschaftsgüter ein, die er einem anderen Betriebsvermögen entnimmt, so **überträgt** er diese nach § 6 Abs. 5 S. 3 Nr. 1 bzw. Nr. 2 EStG grundsätzlich zwingend zum Buchwert in das Gesamthandsvermögen der Gesellschaft. Es kommt daher regelmäßig zu keiner Auf- **378**

1130 BFH BStBl II 1976, 265; *Zimmermann u.a.*, C. Rn 87, S. 561 f.

1131 EuGH UR 2003, 443 – *KapHAG*; EuGHE 2005, I-4357 – *Kretztechnik*; Einzelheiten dazu bei *Reiß* in Tipke/Lang § 14 Rn 46 und *Grünwald* in Lange Rn 4276 ff.

1132 BFH BStBl II 2004, 1022.

1133 Dafür *Reiß* in Tipke/Lang § 14 Rn 45; *Lippross* USt 2.2.8.2; *Lohse* BB 2003, 1713 (1714); **aA** *Korf* DB 2003, 1705 (1708).

1134 Näher dazu *Reiß* in Tipke/Lang § 14 Rn 45 f mwN.

1135 BFH BStBl III 1956, 364; implizit auch: BFH v. 2.5.2001 VIII R 64/93 BFH/NV 2002, 10 = HFR 2002, 11; **aA** für den Fall, dass das Initiativrecht für einen Verkauf des Grundstücks beim Eigentümer verbleibt *Rupp* EStB 2007, 225 (226). Die Überlassung zur Fruchtziehung und Lastentragung (quoad usum, vgl. Rn 231) bedeutet dagegen nicht, dass der Gesellschaft auch die Möglichkeit der Verwertung auf eigene Rechnung i.S.v. § 1 Abs. 2 GrEStG eingeräumt ist (vgl. BFH BStBl II 1974, 773).

deckung stiller Reserven und daher zu **keiner Gewinnrealisierung**[1136]. Dies gilt nach § 6 Abs. 5 S. 1 EStG allerdings nur, wenn die spätere Besteuerung der stillen Reserven bei der Gesellschaft sichergestellt ist.[1137]

III. Die laufende Besteuerung

379 **1. Einkommensteuer.** Die Personengesellschaft ist als solche kein Einkommensteuersubjekt.[1138] Abweichend von den Kapitalgesellschaften wird daher der von der OHG erzielte Gewinn nicht auf der Ebene der Gesellschaft besteuert, sondern anteilig den **Gesellschaftern** zugerechnet. Sie haben ihre Gewinnanteile, soweit sie natürliche Personen sind, in aller Regel nach § 15 Abs. 1 Nr. 2 EStG als Einkünfte aus Gewerbebetrieb zu versteuern; bei juristischen Personen als Gesellschafter unterliegen die Einkünfte der Körperschaftsteuer. Voraussetzung für das Eingreifen von § 15 Abs. 1 Nr. 2 EStG ist das Vorliegen eines Gewerbebetriebs bei der OHG (Rn 380) sowie die Stellung der Gesellschafter als Mitunternehmer (Rn 381). Die *Höhe der Einkünfte* richtet sich nicht nach dem gesellschaftsrechtlich festgestellten Gewinn, sondern nach dem Unterschiedsbetrag zwischen dem Betriebsvermögen am Schluss des jetzigen Wirtschaftsjahres und demjenigen am Schluss des vorangegangenen Wirtschaftsjahres, vermehrt um den Wert der Entnahmen und etwaiger verdeckter Gewinnausschüttungen, § 4 Abs. 1 EStG (Rn 382).

380 Der steuerliche Begriff des **Gewerbebetriebs** ist in § 15 Abs. 2 S. 1 EStG definiert. Es muss sich um eine *selbständige nachhaltige Betätigung* handeln, die mit *Gewinnerzielungsabsicht* unternommen wird und sich als *Beteiligung am allgemeinen wirtschaftlichen Verkehr* darstellt.[1139] An diesen Tatbestandsvoraussetzungen fehlt es bei einer nach § 2 HGB eingetragenen, lediglich vermögensverwaltend tätigen OHG.[1140] Von der Qualifikation als Gewerbebetrieb ausdrücklich *ausgenommen* sind nach § 15 Abs. 2 S. 1 EStG solche Betätigungen, die als Ausübung von Land- und Forstwirtschaft, als Ausübung eines freien Berufs oder als eine andere selbständige Arbeit anzusehen sind. Über das Vorliegen eines Gewerbebetriebs entscheidet nicht der Handelsregistereintrag, sondern die tatsächlich ausgeübte Tätigkeit. Eine OHG, an der ausschließlich Kapitalgesellschaften beteiligt sind, betreibt nach § 15 Abs. 3 Nr. 2 EStG stets einen Gewerbebetrieb.[1141] Auch wenn eine OHG nur zum Teil gewerbliche Einkünfte erzielt, sind nach § 15 Abs. 3 Nr. 1 EStG alle Einkünfte gewerblicher Natur (sog. Abfärberegelung),[1142] wenn nicht der Anteil der gewerblichen Einkünfte als ganz geringfügig anzusehen ist.[1143]

381 Das zweite nach § 15 Abs. 1 Nr. 2 EStG relevante Merkmal, die Stellung als **Mitunternehmer,** ist bei einem OHG-Gesellschafter regelmäßig gegeben. Er trägt wegen der

---

1136 Blümich/*Ehmcke* EStG[100] § 6 Rn 1315 ff.

1137 Näher dazu Blümich/*Ehmcke* EStG[100] § 6 Rn 1325, 1291 mwN.

1138 *Hey* in Tipke/Lang § 18 Rn 9 ff mwN.

1139 Vgl. dazu *Lang* in Tipke/Lang § 9 Rn 413 ff; Blümich/*Stuhrmann* EStG[100] § 15 Rn 13 ff; Schmidt/*Weber-Grellet* EStG[26] § 15 Rn 8–10.

1140 Zur steuerlichen Behandlung einer ohne Gewinnerzielungsabsicht tätigen Personengesellschaft vgl. Schmidt/*Wacker* § 15 Rn 182 f; Blümich/*Stuhrmann* EStG[100] § 15 Rn 40 ff, jeweils mwN.

1141 Zur gesetzlichen Verankerung der sog. Geprägerechtsprechung vgl. Schmidt/*Wacker* EStG[26] § 15 Rn 211 ff mwN, Blümich/*Stuhrmann* EStG[100] § 15 Rn 272 ff mwN.

1142 BFH BStBl II 1984, 152 (zu § 2 Abs. 2 Nr. 1 GewStG); dazu ausführlich und mwN Schmidt/*Wacker* EStG[26] § 15 Rn 185 ff.

1143 BFH BStBl II 2000, 229; **aA** Blümich/*Stuhrmann* EStG[100] § 15 Rn 228 mwN auch zur Gegenauffassung.

unbeschränkten Außenhaftung das Mitunternehmer*risiko*[1144], und zwar selbst dann, wenn ihm das Haftungsrisiko durch Absprachen mit den Mitgesellschaftern im Innenverhältnis abgenommen ist;[1145] auch hat er aufgrund seiner Verwaltungsrechte typischerweise die Möglichkeit, Mitunternehmer*initiative* zu entfalten.[1146] Auch ein Nichtgesellschafter kann je nach Lage des Falles Mitunternehmer hinsichtlich des Gewerbebetriebs der OHG sein, wenn er aufgrund eines anderen Rechtsverhältnisses eine der Gesellschafterstellung wirtschaftlich vergleichbare Position, etwa diejenige eines atypischen stillen Gesellschafters, innehat („verdeckte Mitunternehmerschaft").[1147]

Die OHG ist gemäß §§ 238, 242 HGB buchführungspflichtig i.S.v. § 140 AO. Sie ermittelt ihren der Einkommensbesteuerung unterliegenden Gewinn damit grundsätzlich nach § 5 EStG durch **Betriebsvermögensvergleich.**[1148] Zu beachten ist, dass zu den Einkünften aus Gewerbebetrieb im Fall des § 15 Abs. 1 Nr. 2 EStG auch sämtliche dem Gesellschafter von der OHG gewährten sonstigen Vergütungen gehören, darunter solche für seine Geschäftsführertätigkeit in der Gesellschaft, für die Hingabe eines Darlehens oder für die Überlassung von Wirtschaftsgütern. **382**

Der nach Maßgabe der handelsrechtlichen und allgemeinen einkommensteuerrechtlichen Bilanzierungs- und Bewertungsvorschriften (§§ 4 bis 7k EStG) unter Beachtung des § 15 Abs. 1 Nr. 2 EStG ermittelte Gewinn der OHG wird gegenüber den Gesellschaftern als Mitunternehmern nach § 180 Abs. 1 Nr. 2a i.V.m. § 179 Abs. 2 AO **einheitlich und gesondert festgestellt.** Der Feststellungsbescheid erlangt für den Einkommensteuerbescheid des einzelnen Gesellschafters Bindungswirkung nach Maßgabe von § 182 AO. **383**

2. Gewerbesteuer. Soweit die **OHG** i.S.v. §§ 2 Abs. 1 S. 2 GewStG, 15 Abs. 2 EStG gewerblich tätig ist,[1149] ist sie selbst Unternehmerin und nach § 5 Abs. 1 S. 3 GewStG **Schuldner** der Gewerbesteuer. Die Steuerpflicht beginnt mit Aufnahme des werbenden Betriebs; sie endet mit *tatsächlicher* Einstellung der werbenden Tätigkeit und kann daher auch noch in der Liquidationsphase fortbestehen.[1150] Bemessungsgrundlage der Gewerbesteuer ist der Gewerbeertrag (§§ 7 ff GewStG).[1151] Vom Gewerbeertrag wird zunächst ein Freibetrag in Höhe von 24.500,– Euro abgezogen, anschließend wird er mit der sog. Messzahl multipliziert, § 11 GewStG. Dies ergibt den Messbetrag, der durch das Finanzamt gem. § 14 GewStG festgesetzt wird. Auf diesen wenden die Gemeinden ihren jeweiligen Hebesatz an und setzen daraufhin die Gewerbesteuerschuld durch gemeindlichen Steuerbescheid fest.[1152] Zur (im Einzelnen streitigen) Feststellung der Besteuerungsgrundlagen, insbesondere des Gewerbeertrages, ist auf das steuerrechtliche Schrifttum zu verweisen.[1153] Nicht gewerbesteuerpflichtig sind rein vermögensverwaltende **384**

1144 BFH BStBl II 1985, 85; DStRE 1999, 586; Blümich/*Stuhrmann* EStG[100] § 15 Rn 347.

1145 BFH BStBl II 1980, 336; DStRE 1999, 586.

1146 BFH BStBl II 1984, 751 (769); BStBl II 2005, 857 (860).

1147 BFH BStBl II 1984, 751 (768); DStRE 2003, 1441 (GrS); dazu näher Westermann/*Crezelius* Handbuch Rn II 189 ff; Schmidt/*Wacker* EStG[26] § 15 Rn 280 ff; *Zimmermann u.a.* B. Rn 36 ff, S. 88 ff.

1148 Vgl. dazu näher Westermann/*Crezelius* Handbuch Rn II 231 ff, *Zimmermann u.a.* B. 163 ff, S. 186 ff. Die sog. Bilanzbündeltheorie, die in der Gesellschaftsbilanz nur die Zusammenfassung der Einzelbilanzen der Gesellschafter sah, ist überholt (Westermann/*Crezelius* Handbuch Rn II 226).

1149 Dazu *Driesch* in Lange Rn 3779 mwN.

1150 BFH BStBl II 1980, 658; BStBl II 1984, 711.

1151 Vgl. dazu im Einzelnen *Zimmermann u.a.* B. Rn 440 ff, S. 402 ff; Westermann/*Fischer* Handbuch Rn II 378 ff.

1152 Dazu *Driesch* in Lange Rn 3896 ff; Westermann/*Fischer* Handbuch Rn II 391 f.

1153 Vgl. namentlich *Montag* in Tipke/Lang § 12 Rn 18 ff mwN.

Personengesellschaften (Rn 379 f)[1154]. Dabei gilt die Tätigkeit einer OHG bei der ein Gesellschafter als Mitunternehmer eines Gewerbebetriebs anzusehen ist gem. § 15 Abs. 3 Nr. 1 EStG stets als Gewerbebetrieb (sog. Abfärberegelung).[1155]

385 **3. Grunderwerbsteuer.** Die **OHG** ist grunderwerbsteuerrechtsfähig. Sowohl der Erwerb als auch die Veräußerung von inländischen **Grundstücken** durch die Gesellschaft sind nach Maßgabe des GrEStG steuerbar. Dies gilt auch bei Rechtsgeschäften mit einem oder mehreren Gesellschaftern oder mit einer anderen Personengesellschaft, an der Gesellschafter der OHG ebenfalls beteiligt sind; in diesen Fällen greifen jedoch Steuervergünstigungen nach Maßgabe der §§ 5 und 6 GrEStG ein. Zur Besteuerung der Einbringung von Grundstücken als Einlage vgl. Rn 377.

386 Die Veräußerung des **Gesellschaftsanteils** an einer OHG, zu deren Gesellschaftsvermögen Grundstücke gehören, ist grundsätzlich kein grunderwerbsteuerpflichtiger Vorgang.[1156] Allerdings gilt eine Auswechslung der Gesellschafter einer solchen OHG innerhalb von 5 Jahren dann als Veräußerung der Gesellschaftsgrundstücke und damit als grunderwerbsteuerpflichtiger Vorgang, wenn damit **mindestens 95 v.H.** des Gesellschaftsvermögens auf **neue Gesellschafter** mittelbar oder unmittelbar übergehen, § 1 Abs. 2a GrEStG.[1157] Als mittelbarer Gesellschafterwechsel ist auch die Übertragung von Anteilen einer Kapitalgesellschaft, welche eine Gesellschafterstellung in der OHG innehat, zu qualifizieren, sodass dem Trennungsprinzip insofern keine Bedeutung zukommt (Durchgriff).[1158] Ein Erwerb von Todes wegen bleibt gem. § 1 Abs. 2a S. 2 GrEStG stets außer Betracht. Unabhängig vom Anteil des Grundvermögens am Gesamtvermögen der Gesellschaft führt nach § 1 Abs. 3 GrEStG außerdem die **Vereinigung von mindestens 95 v.H. der Gesellschaftsanteile** in der Hand einer Person zur Grunderwerbsteuerpflicht, und zwar gesondert hinsichtlich eines jeden im Gesellschaftsvermögen befindlichen Grundstücks.[1159]

387 **4. Umsatzsteuer.** Die **OHG** ist als solche umsatzsteuerrechtsfähig. Sie übt in aller Regel eine selbständige und nachhaltige Tätigkeit mit Einnahmeerzielungsabsicht aus und ist daher Unternehmer i.S.v. § 2 Abs. 1 UStG. Erbringt sie Lieferungen und sonstige Leistungen i.S.v. § 1 UStG, so unterliegen diese der Umsatzsteuer; soweit ihr selbst Umsatzsteuer in Rechnung gestellt wird, ist sie zum Vorsteuerabzug nach Maßgabe der §§ 15 ff UStG berechtigt.[1160]

IV. Erbschaft- und Schenkungsteuer

388 Wird die Gesellschafterstellung vererbt oder zumindest teilweise unentgeltlich übertragen, so fällt auch nach dem 1.1.2009 Erbschaft- und Schenkungsteuer an. Das BVerfG hatte dem Gesetzgeber in seinem sog. Einheitswertbeschluss aufgegeben, das gegen Art. 3 Abs. 1 GG verstoßende Erbschaftsteuerrecht bis zum 31.12.2008 neu zu regeln.[1161]

1154 S. nur *Hey* in Tipke/Lang § 18 Rn 14, 52.

1155 Dazu bereits oben bei Rn 380; auch Westermann/*Fischer* Handbuch Rn II 373 sowie *Hey* in Tipke/Lang § 18 Rn 36.

1156 Vgl. *Lütticken* in Lange Rn 4786 ff.

1157 Zum Ganzen und insbesondere zur umstrittenen Auslegung des Tatbestands durch die Finanzverwaltung bei Grundstücksprojektgesellschaften und Immobilienfonds: *Lütticken* in Lange Rn 4786 ff mwN.

1158 Vgl. *Hörger/Mentel/Schulz* DStR 1999, 565 (574); *Lütticken* in Lange Rn 4806 ff mwN.

1159 Vgl. *Lütticken* in Lange Rn 4821 mwN.

1160 Zu den Einzelheiten *Grünwald* in Lange Rn 4171 ff.

1161 BVerfGE 93, 165; dazu *Seer* in Tipke/Lang § 13 Rn 100 mwN.

Wesentliche Forderung war dabei, eine **realitätsgerechte Bewertung** aller im Wege der Schenkung oder des Erbgangs übertragenen Vermögen zur Grundlage der Besteuerung sicher zu stellen. Dem hat der Gesetzgeber durch Novellierung des Erbschaftsteuer- und Bewertungsrechts[1162] mit Wirkung zum 1.1.2009 nachzukommen versucht.[1163] Im Ansatz zielt die Regelung, entsprechend den Vorgaben des BVerfG, auf eine verkehrswertorientierte Unternehmensbewertung; durch Pauschalierungen soll im Wege eines vereinfachten Ertragswertvergfahrens aber eine Unternehmensbewertung entbehrlich gemacht werden, „wenn dieses nicht zu offensichtlich unzutreffenden Ergebnissen führt"[1164] (§ 12 Abs. 1 ErbStG i.V.m. §§ 109, 11 Abs. 2, 199 ff BewG).

Im Anschluss an die nach diesen Grundsätzen ermittelte Besteuerungsgrundlage enthalten die §§ 13a und 13b ErbStG allerdings weitgehende **Verschonungsabschläge für die Übertragung von Betriebsvermögen**, sofern die dort statuierten Anforderungen erfüllt sind.[1165] Der steuerpflichtige Erbe oder Beschenkte kann hier zwischen zwei Modellen wählen; dem Grundmodell mit einem Verschonungsabschlag von bis zu 85 % (§ 13a Abs. 1 bis 7, § 13b ErbStG) und einem Alternativmodell, das einen Verschonungsabschlag von bis zu 100 % vorsieht (§ 13a Abs. 8 ErbStG). Beides ist freilich an enge Voraussetzungen geknüpft.[1166] Bereits bei Erbgang bzw. Vollzug der Schenkung darf etwa das sog. Verwaltungsvermögen einen bestimmten Anteil am Betriebsvermögen nicht überschreiten, §§ 13b Abs. 2, 13a Abs. 8 Nr. 3 ErbStG (je nach gewähltem Modell 50 % oder 10 %).[1167] Ferner dürfen die Vergütungen aller Beschäftigten des Unternehmens über einen mehrjährigen Zeitraum ein bestimmtes Niveau nicht unterschreiten (sog. Lohnsummenklausel, § 13a Abs. 1, 4 ErbStG). Auch darf das Unternehmen mehrere Jahre nicht veräußert oder aufgegeben werden (sog. Behaltensfrist, § 13a Abs. 5 ErbStG).[1168] Andernfalls droht dem Erben oder Beschenkten grundsätzlich der (partielle) Wegfall des Verschonungsabschlags und damit die Nachversteuerung. **389**

1162 Gesetz zur Reform des Erbschaftsteuer- und Bewertungsrechts (ErbStRG 2009) v. 24.12.2008, BGBl I 2008, 3018.

1163 Zu den Auswirkungen der Reform auch auf das übrige Rechtssystem *Crezelius* ZEV 2009, 1.

1164 So § 199 Abs. 1 2. HS BewG; Kritik an der Unternehmensbewertung durch das vereinfachte Ertragswertverfahren der §§ 199 ff BewG bei *Geck* ZEV 2008, 557 (560); kritisch insbesondere auch hinsichtlich des starren Kapitalisierungsfaktors in § 203 BewG: *Piltz* DStR 2008, 745 (751) und *Hannes/Onderka* ZEV 2008, 173, die sich freilich noch auf den Entwurf einer „Anteils- und Betriebsvermögensbewertungsverordnung (AntBewV)" beziehen, der insofern weitgehend den heutigen §§ 199 ff BewG entspricht; vgl. zu diesen Änderungen *Geck* aaO, 557 (560).

1165 Zu den Einzelheiten der Begünstigung von Betriebsvermögen *Scholten/Korezkij* DStR 2009, 73 und 147; *Hannes/Onderka* ZEV 2009, 10.

1166 Überblick dazu bei *Scholten/Korezkij* und *Hannes/Onderka* (Fn 1165).

1167 Einzelheiten bei *Scholten/Korezkij* (Fn 1165), 147.

1168 Zu den Einzelheiten und weiteren Voraussetzungen vgl. §§ 13a, b ErbStG und *Scholten/Korezkij* 73 ff sowie *Hannes/Onderka* (Nachw. Fn 1165).

Anhang zu § 105

Konzernrecht der Personengesellschaft (ohne Publ.-KG)

Schrifttum

Baumgartl Die konzernbeherrschte Personengesellschaft (1986); *Binnewies* Die Konzerneingangskontrolle in der abhängigen Gesellschaft (1996); *Bitter* Konzernrechtliche Durchgriffshaftung bei Personengesellschaften (2000); *Burbach* Das Recht der konzernabhängigen Personengesellschaft (1989); *Drygala* Gesellschafterregress im Personengesellschaftskonzern, FS Raiser (2005), S. 63; *Ebenroth* Die Konzernierung der Personengesellschaft zwischen Vertragsfreiheit und Minderheitenschutz, FS Boujong (1996), S. 99; *Eberl-Borges* Die Haftung des herrschenden Unternehmens für Schulden einer konzernabhängigen Personengesellschaft, WM 2003, 105; *Emmerich* Das Konzernrecht der Personengesellschaften – Rückblick und Ausblick, FS Stimpel (1985), S. 743; *Emmerich* Konzernbildungskontrolle, AG 1991, 303; *Gekeler* Der personengesellschaftliche Konzern im Licht des aktienrechtlichen Konzernmodells (1993); *Haar* Die Personengesellschaft im Konzern (2006); *dies.* Unternehmensfinanzierung in der Personengesellschaft zwischen Kernbereich und Mehrheitsmacht, NZG 2007, 601; *Hommelhoff* Der Verlustausgleich im Mehrmütter-Vertragskonzern, FS Goerdeler (1987), S. 221; *Hösch* Konzernbildung und zwingende gesetzliche Kompetenzverteilung in der AG, der GmbH und bei Personengesellschaften, WiB 1997, 1770; *Ulrich Huber* Betriebsführungsverträge zwischen selbständigen Unternehmen, ZHR 152 (1988), 1, 123; *Jäger* Personengesellschaften als herrschende Unternehmen, DStR 1997, 1770; *Jäger* Personengesellschaften als abhängige Unternehmen, DStR 1997, 1813; *Kleindiek* Strukturvielfalt im Personengesellschafts-Konzern (1991); *Kronke* Grenzüberschreitende Personengesellschaftskonzerne, ZGR 1989, 473; *Laule* Der herrschende Kommanditist als unbeschränkt haftendes Unternehmen, FS Semler (1993), S. 541; *Limmer* Die Haftung im qualifizierten faktischen Personengesellschaftskonzern, GmbHR 1992, 265; *Löffler* Die abhängige Personengesellschaft (1988); *ders.* Zur Reichweite des gesetzlichen Wettbewerbsverbots in der Kommanditgesellschaft, NJW 1986, 223; *Lutter* Organzuständigkeiten im Konzern, FS Stimpel (1985), S. 825; *ders.* 100 Bände BGHZ: Konzernrecht, ZHR 151 (1987), 444; *Marienfeld* Konzernproblematiken bei der Publikums-Personengesellschaft (2001); *Mestmäcker* Verwaltung, Konzerngewalt und Rechte der Aktionäre (1958); *ders.* Zur Systematik des Rechts der verbundenen Unternehmen im neuen Aktiengesetz, FS Kronstein (1967), S. 129; *Michalski/Bohlmann* Zur Anwendung konzernrechtlicher Haftungstatbestände auf die GmbH & Co KG, NZG 1999, 838; *Paschke* Rechtsfragen der Durchgriffsproblematik im mehrstufigen Unternehmensverbund, AG 1988, 196; *Thomas Raiser* Beherrschungsvertrag im Recht der Personengesellschaften, ZGR 1980, 558; *ders.* Wettbewerbsverbote als Mittel des konzernrechtlichen Präventivschutzes, FS Stimpel (1985), S. 855; *Eckard Rehbinder* Minderheiten- und Gläubigerschutz im faktischen GmbH-Konzern, AG 1986, 85; *Reuter* Die Personengesellschaft als abhängiges Unternehmen, ZHR 146 (1982), 1; *ders.* Ansätze eines Konzernrechts der Personengesellschaft in der höchstrichterlichen Rechtsprechung, AG 1986, 130; *Schießl* Die beherrschte Personengesellschaft (1985); *Schilling* Grundlagen eines GmbH-Konzernrechts, FS Hefermehl (1976), S. 383; *Karsten Schmidt* Abhängigkeit, faktischer Konzern, Nichtaktienkonzern und Divisionalisierung im Bericht der Unternehmensrechtskommission, ZGR 1981, 455; *ders.* Die konzernrechtliche Verlustübernahmepflicht – Eine rechtsdogmatische Problemskizze zu § 302 AktG, ZGR 1983, 513; *Uwe H. Schneider* Zur Wahrnehmung von Mitgliedschaftsrechten an Tochtergesellschaften einer Personengesellschaft, FS Bärmann (1975), S. 873; *ders.* Die Auskunfts- und Kontrollrechte des Gesellschafters in der verbundenen Personengesellschaft, BB 1975, 1353; *ders.* Personengesellschaft als verbundenes Unternehmen, ZGR 1975, 253; *ders.* Die Personengesellschaft als herrschendes Unternehmen im Konzern, ZHR 143 (1979), 485; *ders.* Konzernbildung, Konzernleitung und Verlustausgleich im Konzernrecht der Personengesellschaften, ZGR 1980, 511; *ders.* Die Personengesellschaft als Konzernunternehmen, BB 1980, 1057; *Stehle* Gesellschafterschutz gegen fremdunternehmerischen Einfluß in der Personenhandelsgesellschaft – Ein Beitrag zum Konzernrecht der Personengesellschaften (1986); *Stimpel* Die Rechtsprechung des Bundesgerichtshofes zur Innenhaftung des herrschenden Unternehmens im GmbH-

Konzern, AG 1986, 117; *Torggler* Zum Informationsrecht des Kommanditisten, insbesondere im Konzern, GesRZ 1994, 102; *Ulmer* Der Gläubigerschutz im faktischen GmbH-Konzern beim Fehlen von Minderheitsgesellschaftern, ZHR 148 (1984), 391; *ders.* Gläubigerschutz im „qualifizierten" faktischen GmbH-Konzern, NJW 1986, 1579; *ders.* Verlustübernahmepflicht des herrschenden Unternehmens als konzernspezifischer Kapitalerhaltungsschutz, AG 1986, 123; *ders.* (Hrsg.) Probleme des Konzernrechts (1989); *Wertenbruch* Beschlussfassung in Personengesellschaft und KG-Konzern, ZIP 2007, 798; *Westermann* Geschäftsführung im Personengesellschafts-Konzern, ZIP 2007, 2289; *Wiedemann* Die Unternehmensgruppe im Privatrecht, 1988; *Wilhelm* Konzernrecht und allgemeines Haftungsrecht, DB 1986, 2113; *Martin Winter* Mitgliedschaftliche Treubindungen im GmbH-Recht (1988). Vgl. auch die Kommentierungen zum Konzernrecht in den Kommentaren des Aktien- und GmbH-Gesetzes.

Übersicht

A. Grundlagen

I. Gegenstand und Schutzbedürfnis

1 Gegenstand des Konzernrechts (umfassender: des Rechts der verbundenen Unternehmen) ist der **Schutz der** an verbundenen Unternehmen (Gesellschaften) beteiligten **Gesellschafter** und der **Gesellschaftsgläubiger** vor den Gefahren aus der Unternehmensverbindung.[1] Ein solches Schutzbedürfnis besteht vor allem auf der Ebene der *Untergesellschaft* bei Vorhandensein eines herrschenden Unternehmens: Dessen – verbandsübergreifender – Einfluss kann zu Nachteilen für die beherrschte Gesellschaft, ihre Gesellschafter und Gläubiger führen, wenn er nicht durch geeignete Ausgleichsmaßnahmen kompensiert wird (vgl. näher Rn 44 ff, 54 ff). Aber auch auf der Ebene der *Obergesellschaft* (des herrschenden Unternehmens) kann sich ein Schutzbedürfnis für deren Gesellschafter ergeben. Denn die Ausgliederung von Unternehmensteilen in eine Tochtergesellschaft oder die sonstige Verlagerung von Aktivitäten „nach unten" kann eine Mediatisierung der Mitsprache der Gesellschafter und eine Verminderung ihrer Einflussrechte zur Folge haben oder die Beteiligung Dritter an den verselbständigten Vermögensteilen ohne Zustimmung der Gesellschafter der Obergesellschaft ermöglichen (vgl. dazu Rn 81 ff).

2 Eine **Kodifizierung** des Rechts der verbundenen Unternehmen findet sich – von den Bilanzierungsvorschriften der §§ 290 ff HGB, 11 ff PublG abgesehen – bisher nur im **Aktienrecht.** Dabei weisen die Definitionsnormen der §§ 15–19 AktG und die materiellrechtlichen Regelungen im Dritten Buch des AktG (§§ 291–328) nach ihrem Anwendungsbereich deutliche Unterschiede auf: Während die Definitionsnormen rechtsformneutral ausgestaltet sind, setzt das Eingreifen der Vorschriften des Dritten Buchs nach ihrem Wortlaut voraus, dass das *beherrschte* (abhängige, durch den Unternehmensvertrag verpflichtete) Unternehmen in der *Rechtsform der Aktiengesellschaft* geführt wird. Darauf, ob auch das herrschende Unternehmen eine AG ist, kommt es nur im Hinblick auf bestimmte, an die Obergesellschaft adressierte Normen aus dem Recht der Unternehmensverträge (§§ 293 Abs. 2, 295 u.a. AktG) an. Gesellschafter und Gläubiger einer an der Unternehmensverbindung beteiligten Personengesellschaft werden durch diese aktienrechtlichen Vorschriften nicht geschützt.

3 Angesichts dieses Befunds zur lex lata besteht die Aufgabe des im Folgenden darzustellenden **Rechts der verbundenen Personengesellschaften** darin, für die an derartigen Unternehmensverbindungen als herrschendes oder beherrschtes (abhängiges) Unternehmen beteiligten *Personengesellschaften,* ihre Gesellschafter und Gläubiger geeignete Schutzinstrumente aufzuzeigen, um den Gefahren der Unternehmensverbindung (Rn 1) wirksam entgegentreten zu können. Dabei ist entsprechend dem *rechtsformspezifischen* Ansatz des Konzernrechts in erster Linie zu prüfen, inwieweit die Instrumente des für die unabhängige OHG/KG geltenden Rechts, sei es in unveränderter oder in modifizierter Form, diesen Schutz bewirken können. Nur wenn insoweit Regelungslücken verbleiben, kommt ein Rückgriff auf die aktienrechtlichen Instrumente aus dem Dritten Buch des AktG in Betracht (vgl. näher Rn 16).

[1] Vgl. nur KölnerKomm-AktG³/*Koppensteiner* Vor § 291 Rn 5 ff; *Mestmäcker* FS Kronstein, 1967, S. 129 (131).

II. Erscheinungsformen verbundener Personengesellschaften

1. Rechtstatsachen. Über die Rechtstatsachen verbundener Personengesellschaften sind repräsentative statistische Angaben nicht bekannt.[2] Abgesehen vom Sonderfall der *GmbH & Co KG,* die in ihrer typischen Erscheinungsform für das Recht der Unternehmensverbindung ohne Interesse ist[3], findet sich die Rechtsform der Personengesellschaft bei Unternehmensverbindungen in erster Linie auf der Seite der **Obergesellschaft** (des herrschenden Unternehmens). Neben den Fällen der Betriebsaufspaltung, d.h. der Verpachtung des Unternehmens der (bisherigen) OHG oder KG[4] an eine von ihr zum Zweck der Betriebsfortführung gegründete Tochter-GmbH, ist vor allem an die Ausgründung von Unternehmensteilen oder den Erwerb maßgeblicher Beteiligungen seitens der OHG oder KG zu denken. Gegenüber den Anlässen zur Errichtung oder zum Erwerb von Tochtergesellschaften durch Kapitalgesellschaften als Obergesellschaft[5] sind insoweit Besonderheiten nicht festzustellen. Organisationsrechtliche Schranken für Personengesellschaften, Unternehmensteile in rechtlich selbständige Tochtergesellschaften auszugliedern oder Beteiligungen an Unternehmen in der Rechtsform der Kapital- oder Personengesellschaft zu erwerben, sind nicht ersichtlich.[6] 4

Weniger häufig, wenn auch keineswegs nur vereinzelt anzutreffen, sind demgegenüber die aus Gründen des Gesellschafter- und Gläubigerschutzes in erster Linie interessierenden Fälle, in denen an der Unternehmensverbindung eine Personengesellschaft als **beherrschte** (abhängige oder konzernierte) **Gesellschaft** beteiligt ist.[7] Zur Bildung derartiger 5

---

[2] Vgl. nur MünchKommHGB/*Mülbert* KonzernR Rn 5; *Wiedemann* Gesellschaftsrecht, Bd. II § 6 I.1.a) aa), S. 505; *Emmerich*/Habersack Konzernrecht[8] § 33 I., S. 454; Schätzungen variieren von einem Anteil der abhängigen Personengesellschaften von unter 20 % der Personengesellschaften insgesamt bis auf weit mehr als die Hälfte (so *Haar* Die Personengesellschaft im Konzern S. 62 mwN). Beispiele aus der Medienbranche nennt *Haar* Die Personengesellschaft im Konzern S. 66 f – Personengesellschaften sind aus steuerlichen Gründen und wegen ihrer Mitbestimmungsfreiheit vor allem als Obergesellschaft attraktiv, vgl. Baumbach/*Hopt* § 105 Rn 101; *Wiedemann* Gesellschaftsrecht, Bd. II § 6 I.4., S. 526; MünchKommHGB/*Mülbert* KonzernR Rn 6; Westermann/*Tröger* Handbuch Rn I 4002 und Sudhoff/*Liebscher* GmbH & Co. KG[6] § 50 Rn 3.

[3] Das folgt daraus, dass es bei einer auf die Führung der Geschäfte der KG beschränkten, nicht ihrerseits von einem anderen Unternehmen beherrschten Komplementär-GmbH, wenn ihr nicht schon die Unternehmenseigenschaft fehlt, jedenfalls nicht zu der für Unternehmensverbindungen typischen Gefahr von Interessenkollisionen kommt (so zutr. *Unternehmensrechtskommission* zum Konzernrecht für Personengesellschaften, Bericht, 1980, Tz. 1718–1720; dazu *K. Schmidt* ZGR 1981, 455 (478); *Löffler* S. 9; *Schießl* S. 5; *Stehle* S. 39 f); *Emmerich*/Habersack Konzernrecht[8] § 33 II.1., S. 455; MünchKommHGB/*Mülbert* KonzernR Rn 52; Ebenroth/Boujong/Joost/Strohn/*Lange* HGB § 105 Anh. Rn 5; Röhricht/Graf v. Westphalen/*von Gerkan* § 105 Rn 108. Umstritten ist die Behandlung, wenn die GmbH gleichzeitig mehrere GmbH & Co. KGs leitet („sternförmige GmbH & Co. KG" – für Einordnung der GmbH als herrschendes Unternehmen *Emmerich*/Habersack Konzernrecht[8] § 33 II.1., S. 455; MünchKommHGB/*Mülbert* KonzernR Rn 55 mwN). Zu den verschiedenen insoweit denkbaren Konstellationen vgl. *Bitter* S. 58 ff.

[4] Der Wegfall der gewerblichen Tätigkeit der Besitzgesellschaft aufgrund der Betriebsaufspaltung führt seit der Handelsrechtsreform 1998 nicht mehr zur automatischen Umwandlung in eine GbR, vgl. § 105 Rn 28.

[5] Vgl. dazu nur KölnerKomm-AktG[3]/*Koppensteiner* Vor § 291 Rn 31 ff.

[6] Zum Fall der „doppelstöckigen" GmbH & Co. KG, bei dem eine GmbH & Co. KG die Komplementärstellung in einer zweiten KG übernimmt, vgl. § 105 Rn 96.

[7] Vgl. auch MünchKommHGB/*Mülbert* KonzernR Rn 5; Baumbach/*Hopt* § 105 Rn 101.

Unternehmensverbindungen kann es aus einer Reihe unterschiedlicher Gründe kommen. Zu denken ist an *Familienkonzerne,* bei denen aus organisationsrechtlichen[8], z.T. aber auch aus steuerrechtlichen Gründen an der Rechtsform der Personengesellschaft auch auf der Ebene der Tochter- und Enkelgesellschaften festgehalten wird, und zwar nicht selten selbst dann, wenn sämtliche Anteile der Beteiligungsgesellschaften direkt bzw. indirekt bei der Obergesellschaft liegen. Einen zweiten Anlass bildet der *Erwerb maßgeblicher Beteiligungen* an Unternehmen in der Rechtsform der Personengesellschaft, ohne dass das erworbene Unternehmen in eine Kapitalgesellschaft umgewandelt wird.[9] Denkbar ist weiter, dass der maßgebende Gesellschafter (oder die entsprechende Gesellschaftergruppe) einer Personengesellschaft durch ein *weiteres unternehmerisches Engagement* Unternehmensqualität erlangt (Rn 22) und die Gesellschaft dadurch zum abhängigen Unternehmen macht.[10] Schließlich kann auch die Krise einer Personengesellschaft dazu führen, dass es zu *Sanierungszwecken* zur Beteiligung eines herrschenden Unternehmens und zum Abschluss eines entsprechenden, als Beherrschungsvertrag zu qualifizierenden Sanierungsvertrags kommt.[11]

6 Über das Vorliegen „klassischer" **Unternehmensverträge** (Gewinnabführungs- oder Beherrschungsverträge, vgl. § 291 Abs. 1 AktG) mit einer Personengesellschaft als verpflichtetem (beherrschtem) Vertragspartner ist wenig bekannt.[12] Für derartige Verträge dürfte bei Personengesellschaften mit ihrer von den Kapitalgesellschaften abweichenden inneren Struktur und der weitgehenden Flexibilität ihrer Ausgestaltung jedenfalls in denjenigen Fällen kein Bedürfnis bestehen, in denen auch der andere Vertragsteil zu den Gesellschaftern gehört. Auch das Steuerrecht schafft hier keine Anreize für Gewinnabführungsverträge, weil eine Organschaft mit einer beherrschten Personengesellschaft nicht in Betracht kommt.[13] Im Übrigen ist zwar nicht ausgeschlossen, von einem **Vertragskonzern** mit einer Personengesellschaft als beherrschter Gesellschaft auch bei Fehlen eines Beherrschungs- bzw. Gewinnabführungsvertrag zu sprechen.[14] Üblicherweise wird aber auch hier der Begriff des Vertragskonzerns so gefasst, dass er den Abschluss eines Beherrschungsvertrages nach dem Vorbild des § 291 Abs. 1, S. 1, 1. Alt. AktG voraussetzt, was die Kategorie „verdeckter Beherrschungsverträge" nicht notwendig ausschließt.[15] Danach wird also der Beherrschungsvertrag deutlich vom Gesellschaftsvertrag unterschieden. Ergibt sich der beherrschende Einfluss nur aus dem Gesellschaftsvertrag oder einem Konzernierungsbeschluss, spricht die ganz hM demgemäß nicht von einem

---

[8] Etwa wegen des Interesses an einheitlicher Unternehmensleitung unter Identität der Organmitglieder in den verschiedenen Gesellschaften (*U. H. Schneider* ZGR 1975, 253 [257 f]) oder zur Vermeidung der Bilanzpublizität; vgl. auch *Wiedemann* Gesellschaftsrecht, Bd. II, § 6 I.2.a), S. 513 f.

[9] Zur Verbreitung abhängiger KG'en beim Einsatz von Wagnis- oder Beteiligungskapital näher *Haar* Die Personengesellschaft im Konzern S. 90 ff.

[10] Vgl. den Fall BGHZ 80, 69 (73 f) = NJW 1981, 1512 – *Süssen* (betr. eine abhängige GmbH).

[11] So der Fall BGH NJW 1980, 231 – *Gervais;* dazu eingehend *Baumgartl* S. 7 ff.

[12] Nach den Feststellungen der *Unternehmensrechtskommission* (Fn 3) Tz. 1712 sind solche Verträge kaum anzutreffen. Vgl. immerhin den *Gervais*-Fall (Fn 11).

[13] Vgl. MünchKommHGB/*Mülbert* KonzernR Rn 5; Baumbach/*Hopt* § 105 Rn 105; *Emmerich*/Habersack Konzernrecht[8] § 33 I., S. 455 und § 34 IV.1., S. 464; *Emmerich*/Habersack Aktien- und GmbH-KonzernR[5] Vor § 291 Rn 12.

[14] *Raiser* ZGR 1980, 558 (562); *Baumgartl* S. 78 ff; in diesem Sinne auch Voraufl. Rn 6 (*Ulmer*) sowie *Raiser*/*Veil* Recht der Kapitalgesellschaften[4] § 54 Rn 13.

[15] Vgl. dazu nur *Emmerich*/Habersack Aktien- und GmbH-KonzernR[5] § 291 AktG Rn 24 ff.

Vertragskonzern, sondern von faktischer Konzernierung, die freilich im Personengesellschaftsrecht vielgestaltig ist (s. Rn 8); ebenso hält es im Ansatz auch die nachfolgende Darstellung.[16]

2. Kategorien beherrschter Personengesellschaften

a) **Allgemeines.** Entsprechend den unterschiedlichen Anlässen für die Begründung der Abhängigkeit einer Personengesellschaft (Rn 5), weisen auch die denkbaren **Erscheinungsformen** beherrschter (abhängiger, konzernierter) Personengesellschaften je nach Stellung und Einflussrechten des herrschenden Unternehmens **deutliche Unterschiede** auf. Darin zeigt sich eine *Besonderheit* des Personengesellschaftsrechts im Vergleich zum Aktien- oder GmbH-Recht der verbundenen Unternehmen. Sie erschwert die Entwicklung eines in sich geschlossenen, den Gefahren der Unternehmensverbindung angemessen Rechnung tragenden Systems von Schutzinstrumenten für die beherrschte Personengesellschaft, ihre Gesellschafter und Gläubiger. *Ulmer* hat daher in der Voraufl. im Anschluss an die Beratungen der **Unternehmensrechtskommission** zur Frage eines Personengesellschafts-Konzernrechts[17] die Bildung generalisierender Typen beherrschter Personengesellschaften vorgeschlagen, und ist damit verbreitet auf Zustimmung gestoßen.[18] Auch die nachfolgende Darstellung hält daran fest, differenziert darüber hinaus aber deutlicher zwischen faktischen und Vertragskonzernen (i.S.v. § 291 AktG, vgl. Rn 6 a.E.) und führt daher noch einen vierten Typ (D) ein. 7

b) **Typenbildung.** Vier Typen beherrschter Personengesellschaften können unterschieden werden. Ungeachtet einer gesellschaftsvertraglichen Verankerung sind die ersten drei Kategorien nach der Terminologie der §§ 291 ff AktG den faktischen Konzernen zuzurechnen, während Typ D durch einen Beherrschungsvertrag nach Art des § 291 Abs. 1 S. 1 AktG gekennzeichnet ist und daher zu einem Vertragskonzern führt. Mag die vertragliche Konzernierung im Personengesellschaftsrecht auch erheblich seltener vorkommen als bei der beherrschten Kapitalgesellschaft (Rn 6), so ist sie doch nicht gänzlich ausgeschlossen und wirft dann besondere Probleme auf, die eine eigene Kategorie rechtfertigen. 8

Typ A: Das herrschende Unternehmen hat die Stellung des (eines) **persönlich haftenden Gesellschafters** in der beherrschten OHG/KG. Darauf, ob es eine natürliche oder juristische Person ist, kommt es – vorbehaltlich der Fälle einer ihrerseits beherrschten Komplementär-GmbH ohne eigene Unternehmenstätigkeit (Typ B) – nicht entscheidend an.

Typ B: Das herrschende Unternehmen ist **mittelbar, über** eine von ihm beherrschte, nicht selbst unternehmerisch tätige **Komplementär-GmbH,** an der Personengesellschaft beteiligt und übt auf diesem Wege seinen Einfluss aus. Die gleichzeitige Beteiligung des

---

16 Vgl. etwa MünchKommHGB/*Mülbert* KonzernR Rn 125, 145 ff; Ebenroth/Boujong/Joost/Strohn/*Lange* § 105 Anh. Rn 42 ff; *Emmerich*/Habersack Konzernrecht § 34 III 2; *Emmerich*/Habersack Aktien- und GmbH-KonzernR[5] Vor § 291 AktG Rn 11; *Laule* FS Semler, 1993, S. 541, 549; *Kleindiek* S. 29 ff, 71 ff; *Gekeler* S. 164 ff, 169; wohl auch *Bälz* AG 1992, 277 (288); vgl. ferner *Bitter* S. 332 ff.

17 *Unternehmensrechtskommission* (Fn 3) Tz. 1709–1711.

18 Ebenso etwa *Wiedemann* Gesellschaftsrecht, Bd. II § 6 I.1.a) bb), S. 505 und *Raiser/Veil* Recht der Kapitalgesellschaften[4] § 54 Rn 14; ähnlich (mit Variationen) auch MünchKommHGB/*Mülbert* KonzernR Rn 9 ff; Westermann/*Tröger* Handbuch Rn I 4027 und *Bitter* S. 25 ff.

herrschenden Unternehmens als *Kommanditist* an der beherrschten KG steht der Zuordnung zu diesem Typ nicht entgegen.

Typ C: Das herrschende Unternehmen hat die Stellung eines **Kommanditisten,** der gegenüber dem Komplementär der beherrschten KG (einer unbeschränkt haftenden natürlichen Person) befugt oder in der Lage ist, Weisungen zu erteilen.

Typ D: Die beherrschungsvertraglich übertragene Leitungsmacht nach dem Muster des § 291 Abs. 1 S. 1 AktG bildet, wie eingangs erwähnt, den vierten Typus einer beherrschten Personengesellschaft.[19]

9 Unter den genannten Typen dürfte **am häufigsten** der **Typ B** anzutreffen sein,[20] da er es den Beteiligten ermöglicht, die Vorteile des flexiblen Personengesellschaftsrechts mit der Haftungsbeschränkung auf das in GmbH und KG gebundene Vermögen zu verbinden. Nicht selten findet sich wohl auch der **Typ A;** er liegt schon dann vor, wenn der einzige geschäftsführungs- und vertretungsbefugte Gesellschafter zugleich anderweitig unternehmerisch engagiert ist (Rn 22). Ungewöhnlich wegen der Kombination von Abhängigkeit und unbeschränkter Haftung der weisungsgebundenen Komplementäre ist demgegenüber **Typ C;** jedoch ist seine rechtliche Zulässigkeit entgegen verbreiteten Einwänden nicht generell zu verneinen (vgl. Rn 11, 14). Da ein Beherrschungsvertrag nach Art des § 291 Abs. 1 S. 1 AktG in der Personengesellschaft regelmäßig nicht erforderlich ist und auch keine steuerlichen Anreize zu seinem Abschluss drängen, begegnet **Typ D** in der Praxis nur ausnahmsweise, ist aber immerhin nicht völlig undenkbar, namentlich bei Übertragung der Leitungsmacht auf Nichtgesellschafter (Rn 69).

III. Rechtsprobleme und Lösungsansätze

10 **1. Überblick.** Rechtsfragen des Personengesellschaftsrechts der verbundenen Unternehmen stellen sich in erster Linie im Hinblick auf die **beherrschte** (abhängige, konzernierte) Personengesellschaft, ihre Gesellschafter und Gläubiger. Hier besteht typischerweise ein Schutzbedürfnis gegenüber den Gefahren aus der Beherrschung (vgl. näher Rn 21 ff, 30 f). Früher wurde zudem darüber gestritten, ob der beherrschende Einfluss auf eine Personengesellschaft überhaupt mit den Grundlagen des Personengesellschaftsrechts vereinbar ist und welche Schranken dabei zu beachten sind (Rn 11 ff). Demgegenüber wirft der Fall einer **herrschenden** Personengesellschaft, wie im Folgenden zu zeigen ist, keine wesentlichen Probleme auf; insoweit genügt der Rückgriff auf das Recht der gewöhnlichen, in keiner Unternehmensverbindung stehenden OHG/KG (Rn 83 ff). – Zur international-privatrechtlichen Behandlung grenzüberschreitender Unternehmensverbindungen unter Beteiligung von Personengesellschaften vgl. das einschlägige Schrifttum.[21]

---

19 So etwa auch MünchKommHGB/*Mülbert* KonzernR Rn 13; Westermann/*Tröger* Handbuch Rn I 4027; vgl. auch den Fall von BayObLG NJW 1993, 1804 (1805), dass allerdings die Zulässigkeit eines Beherrschungsvertrages i.S.d. § 291 AktG mit einer beherrschten Personengesellschaft offen lässt.

20 Ebenso *Wiedemann* Gesellschaftsrecht, Bd. II, § 6 I.1.a) bb), S. 505.

21 Vgl. insbes. MünchKommBGB[4]/*Kindler* IntGesR Rn 731 ff; Staudinger/*Großfeld* BGB (1998) IntGesR Rn 556 ff; Soergel/*Kegel*[12] EGBGB Anh. Art. 10 Rn 57 ff; *Wiedemann* Gesellschaftsrecht, Bd. I § 14 III S. 799 ff, jew. mwN. Vgl. ferner *Ebenroth* JZ 1988, 75 ff; *Kronke* ZGR 1989, 473 ff.

2. Zulässigkeitsschranken

a) **Meinungsstand.** Dass eine Personengesellschaft die Rolle einer beherrschten (konzernierten) Gesellschaft übernehmen kann, war im Schrifttum **früher keineswegs unbestritten.** Dagegen wurde etwa das Prinzip der Selbstorganschaft[22] eingewandt, ferner die Verbandssouveränität[23], die Unvereinbarkeit der einheitlichen, am Konzerninteresse ausgerichteten Leitung mit dem Erfordernis des gemeinsamen Zwecks[24], das Verbot wirtschaftlicher Selbstentmündigung einer fremden Weisungen unterliegenden natürlichen Person als Komplementär[25] bzw. die Unvereinbarkeit von Fremdbestimmung und persönlicher Haftung.[26] Schließlich wurde auch die Zulässigkeit einer gesellschaftsvertraglichen Ausgestaltung der Beherrschung prinzipiell in Frage gestellt; Leitungsrechte könnten nur „schuldvertraglich“, also durch eine besondere Vereinbarung mit dem herrschenden Unternehmen, vereinbart werden.[27] – Heute werden jedoch keine grundsätzlichen Bedenken mehr gegen die Figur der beherrschten Personengesellschaft erhoben; vielmehr beschränken sich die Darstellungen darauf, die immanenten Schranken der Weisungsbindung sowie zwingende Schutzinstrumente zugunsten der außenstehenden Gesellschafter und der Gläubiger der beherrschten Gesellschaft herauszuarbeiten.[28] – Aus der **Rechtsprechung** sind Urteile, in denen die Zulässigkeit der Unternehmensverbindung als solche in Frage gestellt worden wäre, nicht bekannt geworden. Im *Gervais*-Fall hatte der BGH keine Bedenken, das mehrschichtige Vertragswerk zwischen den Gesellschaftern der OHG und dem der Gesellschaft als Kommanditist beitretenden herrschenden Unterneh- 11

---

[22] So bei fehlender Gesellschaftereigenschaft des herrschenden Unternehmens *Reuter* ZHR 146 (1982), 1 (16); *Löffler* Die abhängige Personengesellschaft S. 30.

[23] So *U. H. Schneider* ZGR 1975, 253 (270); *ders.* ZGR 1980, 511 (518); bei Beherrschungsverträgen mit Nichtgesellschaftern auch *Löffler* Die abhängige Personengesellschaft S. 28 f.

[24] So *Flume* I/1 § 14 X, S. 256; *Reuter* ZHR 146 (1982), 1 (15 f); *U. H. Schneider* ZGR 1975, 253 (272); *Löffler* Die abhängige Personengesellschaft S. 33 ff (anders aber *ders.* S. 40 ff bei vertraglicher Konzernierung ohne Beherrschungsvertrag).

[25] *U. H. Schneider* ZGR 1975, 253 (269 ff) und ZGR 1980, 511 (519); vgl. dazu auch *Reuter* ZHR 146 (1982), 1, (17, 22 f); *Löffler* Die abhängige Personengesellschaft S. 32 f und unten Rn 53.

[26] *U. H. Schneider* ZGR 1980, 511 (519); ähnlich *Flume* I/1 § 14 X, S. 255 f (vorbehaltlich der Fälle einer ausschließlich aus jur. Personen bestehenden beherrschten Personengesellschaft).

[27] So *Reuter* ZHR 146 (1982), 1 (16 ff).

[28] So bereits *Baumgartl* S. 43 ff (51, 68, 80 f u.a.); *Raiser* ZGR 1980, 558 (561 ff); *Schießl* S. 43 ff (53). Vgl. ferner *Wiedemann* Gesellschaftsrecht, Bd. II § 6 I.3.a), S. 518 ff; Röhricht/Graf v. Westphalen/*von Gerkan* § 105 Rn 115; Ebenroth/Boujong/Joost/Strohn/*Lange* § 105 Anh. Rn 32; Baumbach/*Hopt* § 105 Rn 105; *Michalski* OHG-Recht § 105 Anh. I Rn 35; Heymann/*Emmerich* § 105 Anh. Rn 19 f; *Emmerich*/Habersack Konzernrecht[8] § 34 III.1./2., S. 462 f; Sudhoff/*Liebscher* GmbH & Co. KG[6] § 50 Rn 43 f; BeckHdbPersonengesellschaften[2]/*Rosenbach* § 24 Rn 11 ff; Westermann/*Tröger* Handbuch Rn I 4033 ff; *Jäger* DStR 1997, 1813 (1814); *Ulmer* in: Ulmer (Hrsg.), Probleme des Konzernrechts, S. 26 (47 ff); *Emmerich* AG 1991, 303 (309 f); im Ergebnis auch *Reuter* AG 1986, 130 (133 f) (unter Vorbehalt des „schuldrechtlichen“ Charakters des Vertrages); einschränkend aber *Kleindiek* S. 127 f; *Stimpel* in: Ulmer (Hrsg.), Probleme des Konzernrechts, S. 11 (17 f); MünchKommHGB/*Mülbert* KonzernR Rn 114 ff (Konzernierung erfordere „dienenden Verbandszweck“). Aus der Rspr. vgl. das *Gervais*-Urteil des BGH (o. Fn 11); zur Zulässigkeit eines Beherrschungsvertrages mit einer Personengesellschaft auch BayObLG NJW 1993, 1804 und OLG Düsseldorf NZG 2005, 280 (282 f) (Beherrschungsvertrag jedenfalls dann zulässig, wenn keine natürliche Person unbeschränkt haftet).

men (einer AG) als einen Fall wirksamer (faktischer) Konzernierung zu qualifizieren und sich auf die Herleitung von Rechtsfolgen zum Schutz der konzernierten Gesellschaft zu konzentrieren.[29] Seither hatte die Rechtsprechung kaum Gelegenheit, sich mit Zulässigkeit oder Rechtsfolgen der Konzernierung von Personengesellschaften zu befassen.[30]

12 **b) Kein Konzernierungsverbot.** Angesichts des heutigen Meinungsbildes ist eine eingehende Stellungnahme zur grundsätzlichen Möglichkeit, eine Personengesellschaft als beherrschte Gesellschaft in einen Konzern einzugliedern, nicht mehr veranlasst. Mit der heute ganz hM ist ein generelles **Verbot konzernierter Personengesellschaften abzulehnen.** Weder ist der Grundsatz der *Selbstorganschaft* berührt, sofern das herrschende Unternehmen selbst Gesellschafter ist und als solcher zumindest im Innenverhältnis, aufgrund der Geschäftsführungsbefugnis, Organ der OHG/KG ist, noch ist in diesem Falle die *Verbandssouveränität* verletzt (näher zu beiden Aspekten Voraufl. Rn 13 [*Ulmer*]). Auch wird der *gemeinsame Zweck* durch Unterstellung einer Personengesellschaft unter die einheitliche Leitung des herrschenden Unternehmens oder die Abführung des Gewinns an das herrschende Unternehmen nicht prinzipiell in Frage gestellt (Voraufl. Rn 14 [*Ulmer*]). Zwar erfordert die Unterstellung der Gesellschaft unter die einheitliche Leitung des herrschenden Unternehmens eine *Vertragsänderung*, weil sie an die Stelle des Gesellschaftsinteresses das Konzerninteresse als Zielbestimmung und Sorgfaltsmaßstab des Geschäftsführerhandelns setzt (Rn 58). Der gemeinsame Zweck als solcher wird dadurch jedoch weder notwendig noch regelmäßig beseitigt.

13 Gegen die **gesellschaftsvertragliche Absicherung der Leitungsmacht** durch das herrschende Unternehmen als unmittelbaren (Typen A und C) oder mittelbaren (Typ B) Gesellschafter bestehen ebenfalls keine grundsätzlichen Bedenken. Bei Typ A und B halten sich entsprechende Vereinbarungen ohne weiteres im Rahmen der personengesellschaftsrechtlichen Vertragsgestaltungsfreiheit (vgl. dazu § 109 Rn 4 ff, 20 ff). Auch bei Typ B geht es um die gesellschaftsvertragliche Zuweisung von Leitungsbefugnissen an das über die Komplementär-GmbH mittelbar beteiligte, einem Gesellschafter gleichstehende und wie dieser der Treupflicht in der KG unterliegende (Rn 51 f) herrschende Unternehmen. Demgegenüber dürften Fälle einer vertraglich eingeräumten Weisungsbindung der OHG/KG oder ihrer Organe gegenüber *Nicht*gesellschaftern schon tatsächlich nur selten anzutreffen sein[31]; rechtlich erscheinen sie wegen der damit verbundenen Gefahr der Selbst-

---

[29] BGH NJW 1980, 231. Zust. *Raiser* ZGR 1980, 558 ff; überw. kritisch *U. H. Schneider* ZGR 1980, 511 ff und *Reuter* ZHR 146 (1982), 1 (15 ff); die heute hM sieht dies ebenso, qualifiziert den im *Gervais*-Fall (Fn 11) geschlossenen Vertrag aber nicht als Beherrschungsvertrag, vgl. etwa MünchKommHGB/*Mülbert* KonzernR Rn 126; Heymann/*Emmerich* § 105 Anh. Rn 19; *K. Schmidt* Gesellschaftsrecht § 43 III.2.c); *Stimpel* in: Ulmer (Hrsg.), Probleme des Konzernrechts, S. 11 (13 f); *Burbach* S. 327 ff (337) – prägnanter Überblick zum Streitstand bei *Bitter* S. 327 ff mwN.

[30] Vgl. zur Zulässigkeit eines Beherrschungsvertrages i.S.v. § 291 Abs. 1 AktG mit einer Personengesellschaft immerhin BayObLG NJW 1993, 1804 (1805) (offen lassend) und OLG Düsseldorf NZG 2005, 280 (282 f) (bejahend für den Fall, dass keine natürliche Person unbeschränkt haftet); s.a. *Wiedemann* Gesellschaftsrecht Bd. II, § 6 I 3a), S. 519.

[31] Im *Gervais*-Fall (o. Fn 11) war die Beteiligung der herrschenden AG an der vertraglich ihren Weisungen unterstellten OHG schon im ersten der drei Verträge vorgesehen; sie wurde alsbald unter Umwandlung der OHG in eine GmbH & Co. KG vollzogen. Beim *Holiday Inn*-Fall (BGH NJW 1982, 1817) handelte es sich demgegenüber nicht um einen Beherrschungs-, sondern einen Betriebsführungsvertrag zwischen der Hotelkette und der Eigentümer-KG (vgl. dazu unten Rn 69).

entmündigung der gebundenen Personengesellschaft und ihrer Organe nur in engen Grenzen als zulässig (vgl. auch Rn 68). Das gilt namentlich bei **Typ D** für den Abschluss eines besonderen Beherrschungsvertrages nach Art des § 291 Abs. 1 S. 1 AktG mit einem Nichtgesellschafter. Dieser ist nur bei Haftungsfreistellung der (übrigen) unbeschränkt haftenden Gesellschafter, sofern es sich bei diesen um natürliche Personen handelt, zulässig und bedarf überdies zu seiner Wirksamkeit der Zustimmung sämtlicher Gesellschafter und ist – deklaratorisch – ins Handelsregister einzutragen (dazu näher noch unten Rn 70).

Das Problem **wirtschaftlicher Selbstentmündigung** von Gesellschaftern als Folge der Unterstellung der beherrschten OHG/KG unter die einheitliche Leitung des herrschenden Unternehmens bzw. die Frage der Vereinbarkeit von Fremdbestimmung und persönlicher Haftung setzt voraus, dass außenstehende, d.h. nicht zum Kreis des herrschenden Unternehmens gehörende Gesellschafter vorhanden sind, die unbeschränkt persönlich haften. Es stellt sich damit in erster Linie für den weisungsgebundenen Komplementär beim **Typ C**, während für Kommanditisten die Fremdbestimmung des Haftungsrisikos – in den Grenzen der §§ 171, 172 – dem gesetzlichen Leitbild schon in der Normal-KG entspricht und daher trotz der mit der Orientierung am Konzerninteresse möglicherweise verbundenen Risikoerhöhung keine grundsätzlichen Bedenken hervorruft. Im Falle des weisungsgebundenen Komplementärs kann sich ein Schutzbedürfnis dann ergeben, wenn er eine natürliche Person ist und die Weisungsbindung sich auf die Ausführung im *Konzerninteresse* liegender, für die Gesellschaft nachteiliger Weisungen erstreckt[32]: In derartigen Fällen kann die Weisungsbindung als sittenwidrig zu beurteilen sein, wenn dem Komplementär kein Haftungsfreistellungsanspruch gegen den weisungsbefugten Kommanditisten eingeräumt wird (Rn 64). 14

3. Ansätze für ein rechtsformspezifisches Personengesellschafts-Konzernrecht

a) **Fragestellung.** Weil gesetzliche Regelungen für Unternehmensverbindungen unter Beteiligung von Personengesellschaften (Rn 2) gänzlich fehlen, fragt es sich, ob insoweit im Wege der Analogie auf das Dritte Buch des AktG zurückzugreifen ist oder ob die geeigneten Schutzinstrumente in erster Linie unter Rückgriff auf das allgemeine Personengesellschaftsrecht zu gewinnen sind. Die Ansichten zu dieser Frage waren früher geteilt. So ist die Anerkennung eines rechtsformübergreifenden, für verbundene Unternehmen aller Organisationsformen einheitlich geltenden Konzernrechts zwar nur vereinzelt gefordert worden.[33] Nicht selten sind jedoch im **Schrifttum** Analogieschlüsse zu bestimmten aktienrechtlichen Tatbeständen des Vertragskonzerns befürwortet worden, darunter namentlich zur Verlustübernahmepflicht des herrschenden Unternehmens gegenüber der gebundenen Gesellschaft (§ 302 AktG)[34], vereinzelt auch eine Ausgleichs- und Abfindungspflicht gegenüber den außenstehenden Gesellschaftern (§§ 304, 305 AktG).[35] Die hM vertritt demgegenüber einen dezidiert rechtsformspezifischen 15

---

32 Anders wohl *Baumgartl* S. 48 ff unter problematischem Vergleich mit der Haftungssituation des Bürgen.

33 So namentlich von *Wiedemann* Unternehmensgruppe S. 5, 38 ff (vgl. aber zur aktuellen Position auch den Nachw. in Fn 36).

34 So etwa *Baumgartl* S. 104 ff (117 f); *Emmerich* FS Stimpel, 1985, S. 743 (753). Vgl. dazu auch unten Rn 72.

35 Dafür *Emmerich* (Fn 34) S. 743 (753 f); **aA** *Löffler* Die abhängige Personengesellschaft S. 116 ff; differenzierend (Analogie nur im Hinblick auf § 304 AktG) *Baumgartl* S. 120 ff, 130 ff. Vgl. auch *U. H. Schneider* BB 1980, 1057 (1064) (für Analogie zu § 311, 317 AktG); dagegen zutr. *Löffler* Die abhängige Personengesellschaft S. 56 ff.

Ansatz.[36] Auch die **Rechtsprechung** zum *GmbH-Konzernrecht* für den faktischen GmbH-Konzern ist konsequent um die Entwicklung eigenständiger, nicht an §§ 311–318 AktG orientierter Regeln bemüht, die zunächst vor allem auf die Treupflicht gestützt waren,[37] und heute in Gestalt des existenzgefährdenden Eingriffs (zusätzlich) auf das – allerdings nur der GmbH gegenüber – zu beachtende Verbot sittenwidriger Eingriffe in das Gesellschaftsvermögen (§ 826 BGB) gestützt werden.[38] Dass die Rechtsprechung dabei teilweise auf Rechtsfiguren zurückgegriffen hat, die aus dem Aktien-Konzernrecht bekannt sind (Anspruch der Gläubiger gegen das herrschende Unternehmen auf Sicherstellung, vgl. § 303 AktG), steht dieser Einordnung entgegen.[39] Dass im GmbH-Recht für den faktischen Konzern nicht auf die §§ 311 ff AktG zurückzugreifen ist, entspricht der heute ganz hM im Schrifttum.[40]

16 Dem herrschenden **rechtsformspezifischen Ansatz** gebührt auch im Personengesellschaftsrecht aus methodischen Gründen der Vorzug vor jeder Art globaler Gleichstellung der verschiedenen Rechtsformen verbundener Unternehmen. Das folgt einerseits aus den deutlichen, das Innen- wie das Außenverhältnis kennzeichnenden *Strukturunterschieden* zwischen den verschiedenen Arten der Personengesellschaft und der am Leitbild der Publikumsgesellschaft ausgerichteten, durch strikte Kompetenzaufteilung und geringe Mitspracherechte der Aktionäre geprägten Aktiengesellschaft, während der GmbH insoweit eine Mittelstellung zukommt. Andererseits hält bereits das klassische Personengesellschaftsrecht mit Treupflicht und actio pro socio, Mitsprache- und Informationsrechten der außenstehenden Gesellschafter, Außenhaftung für Gesellschaftsverbindlichkeiten u.a. eine Reihe rechtsformspezifischer, auch für Unternehmensverbindungen bedeutsamer Schutzinstrumente bereit; auch dieser Umstand spricht für den Vorrang des rechtsformspezifischen Ansatzes. Für eine Analogie zum Aktienrecht ist nach allem nur Raum, wenn sowohl eine Regelungslücke im Personengesellschaftsrecht feststellbar als auch Vergleichbarkeit der Regelungssachverhalte gegeben ist.

17 b) **Schutzinstrumente des Personengesellschaftsrechts.** Insoweit kommt für das **Innenverhältnis** der Gesellschafter der beherrschten (abhängigen, konzernierten) Personengesellschaft eine ganze Reihe von Mitgliedschaftsrechten der außenstehenden Gesellschafter (bzw. Mitgliedschaftspflichten des herrschenden Unternehmens) in Betracht. Zu nennen sind in erster Linie die erhöhte *Treupflicht* der mit Organbefugnissen ausgestatteten Gesellschafter und die *actio pro socio* zur Durchsetzung von Schadensersatzansprüchen

---

[36] MünchKommHGB/*Mülbert* KonzernR Rn 26; *Michalski* OHG-Recht § 105 Anh. I Rn 1; Westermann/*Tröger* Handbuch Rn I 4003 f; der Sache nach auch Sudhoff/*Liebscher* GmbH & Co. KG[6] § 50 Rn 72; ähnlich jetzt auch *Wiedemann* Gesellschaftsrecht, Bd. II § 6 I.1.c), S. 510 f („Anleihe am Richterrecht zum GmbH-Konzern"). Überblick zu den verschiedenen Ansätzen im Personengesellschaftskonzernrecht bei Ebenroth/Boujong/Joost/Strohn/*Lange* § 105 Anh. Rn 2.

[37] Vgl. insbes. BGHZ 65, 15 = NJW 1976, 191 – *ITT* und BGHZ 95, 330 = NJW 1986, 188 – *Autokran.*

[38] Dazu zuletzt BGHZ v. 16.7.2007, II ZR 3/04, BB 2007, 1970 (1972) – *Trihotel* und BGH v. 28.4.2008, II ZR 264/06, NJW 2008, 2437 – *Gamma.*

[39] Dazu näher *Ulmer* NJW 1986, 1579 ff in Auseinandersetzung mit der insbes. von *Rehbinder* (AG 1986, 85 [86 ff]) und *Heinsius* (AG 1986, 99 [103 f]) geübten methodischen Kritik an den Gründen des *Autokran*-Urteils des BGH (o. Fn 37).

[40] Vgl. nur Emmerich/*Habersack* Aktien- und GmbH-KonzernR[5] Anh. § 318 Rn 6 f; Ulmer/Habersack/Winter/*Casper* GmbHG Anh. § 77 Rn 54, 73; *Raiser/Veil* Recht der Kapitalgesellschaften[4] § 53 Rn 7; *Lutter/Hommelhoff* GmbHG[16] Anh. § 13 Rn 9 ff, 16.

wegen Treupflichtverletzung (§ 105 Rn 228 ff, 256 ff), ferner die *Informationsrechte* außenstehender Gesellschafter (§§ 118, 166) und ihre *Mitspracherechte* bei außergewöhnlichen Geschäften (§§ 116 Abs. 2, 164). Schließlich können sich auch die – im Grundsatz unentziehbaren – *Gestaltungsklagebefugnisse* der §§ 117, 127, 133, 140 als wirksame Waffen der außenstehenden Gesellschafter gegen das herrschende Unternehmen erweisen.

Im **Außenverhältnis**, zum Schutz der Gläubiger der beherrschten Gesellschaft, ist in erster Linie die unbeschränkt persönliche Haftung des herrschenden Unternehmens im Fall des **Typs A** hervorzuheben. In Verbindung mit der Selbstorganschaft wird sie im Regelfall zu entsprechend vorsichtiger Geschäftsführung auf der Ebene der beherrschten Gesellschaft führen und für Spekulationsgeschäfte zu Lasten der Gläubiger wenig Raum lassen. Demgegenüber entfällt beim **Typ B** zwar die unmittelbare Außenhaftung des herrschenden Unternehmens. Dieses muss jedoch aufgrund seines Verhältnisses zur Komplementär-GmbH mit Haftungsfolgen aufgrund des insoweit einschlägigen GmbH-Konzernrechts rechnen, die – über § 128 – mittelbar auch den Gläubigern der beherrschten KG zugutekommen; ergänzt wird die Gläubigersicherung beim Typ B durch analoge Anwendung der Kapitalerhaltungsregeln des GmbH-Rechts (vgl. näher Rn 55). Als aus Gläubigersicht problematisch erweist sich somit vor allem der Fall des herrschenden Kommanditisten (**Typ C**); insoweit ist je nach Lage der Dinge an eine über §§ 171, 172 hinausgehende Durchgriffshaftung bei Vermögenslosigkeit des Komplementärs zu denken (Rn 56). Schließlich fragt sich, ob im – seltenen – Falle eines Beherrschungsvertrages mit einer abhängigen Personengesellschaft (**Typ D**) die Verlustausgleichspflicht entsprechend § 302 AktG anzuerkennen ist (Rn 71 ff). **18**

IV. Aufbau der Kommentierung

1. Unterscheidung zwischen beherrschter und herrschender Personengesellschaft. Die zentralen Probleme stellen sich im Hinblick auf die **faktisch beherrschte** (abhängige, konzernierte) Personengesellschaft, d.h. den Schutz ihrer Gesellschafter und Gläubiger. Hierauf ist (unter B, Rn 21 ff) in erster Linie einzugehen. Das entspricht dem Regelungsvorbild des Aktiengesetzes, das sich ebenfalls schwerpunktmäßig mit den Rechtsverhältnissen in der beherrschten AG befasst. Demgegenüber spielt das Recht des **Vertragskonzerns** bei Personengesellschaften aus den schon genannten Gründen (Rn 9) eine nur untergeordnete Rolle, auf die in Rn 68 hingewiesen wird. Die Rechtsverhältnisse in der **herrschenden** OHG/KG bereiten nach geltendem Recht keine besonderen Schwierigkeiten. Sie werden abschließend (unter C, Rn 81 ff) erörtert. **19**

2. Unterscheidung zwischen abhängiger und konzernierter Personengesellschaft. **20** Erhebliche Bedeutung kommt aus den im Folgenden (Rn 25 ff) genannten Gründen der Unterscheidung zwischen der bloß abhängigen und der einheitlich geleiteten, konzernierten Personengesellschaft zu. Spezifische Gefahren aus der Unternehmensverbindung sind zumal bei der Konstellation konzernierter Personengesellschaften festzustellen, während die Abhängigkeit das Gesellschaftsinteresse als Richtschnur des Organhandelns unberührt lässt und nur relativ geringfügige Umgestaltungen der beherrschten Personengesellschaft im Vergleich zur unabhängigen OHG/KG bewirkt. Diesen Verschiedenheiten trägt die Kommentierung durch **getrennte Erörterung** der beiden Fälle von Unternehmensverbindungen Rechnung. Demgegenüber treten die Unterschiede zwischen den drei Typen beherrschter Gesellschaften (A, B, C, vgl. Rn 8) an Bedeutung zurück; ihnen ist – soweit erforderlich – jeweils im Rahmen der Behandlung der Abhängigkeits- oder Konzernierungsfolgen Rechnung zu tragen. Ein – hier nicht ausführlich – zu behandelndes Sonderproblem der Kapitalgesellschaft & Co. stellt die im Personengesellschaftsrecht im Übrigen unpassende Figur des **qualifizierten Konzerns** dar (dazu Rn 34).

B. Die faktisch beherrschte (abhängige oder konzernierte) Personengesellschaft

I. Zur Anwendbarkeit der aktienrechtlichen Begriffe, Definitionsnormen u.a.

21 **1. Allgemeines.** Mit den aktienrechtlichen Definitionsnormen der §§ 15–19 AktG wurde in rechtsformübergreifender Regelung eine Art **allgemeiner Teil des Rechts der verbundenen Unternehmen** geschaffen.[41] Hieran ist auch für das Recht der Personengesellschaften anzuknüpfen, soweit nicht dessen Besonderheiten Abweichungen erforderlich machen. Das gilt nicht nur für die einzelnen Kategorien verbundener Unternehmen (vgl. Rn 25 ff), sondern auch für die den Definitionsnormen zugrundeliegenden unbestimmten Rechtsbegriffe und ihre Konkretisierung in Rechtsprechung und Schrifttum (Rn 22 ff).[42]

22 Zu diesen unbestimmten Rechtsbegriffen gehört in erster Linie derjenige des **Unternehmens**. Auch wenn es einen einheitlichen aktienrechtlichen Unternehmensbegriff nicht gibt, dieser vielmehr im jeweiligen gesetzlichen Kontext zu bestimmen ist[43], besteht über seine grundsätzlich einheitliche Konkretisierung im Recht der verbundenen Unternehmen doch im Wesentlichen Einigkeit.[44] Aus der Sicht des heute herrschenden teleologischen Unternehmensbegriffs[45] wird darunter jede natürliche und juristische Person oder Personengemeinschaft (Gesamthand) verstanden, die neben ihrer beherrschenden Stellung in der betreffenden Gesellschaft entweder selbst ein Unternehmen betreibt oder über eine

---

41 HM, vgl. für das GmbH-Konzernrecht Baumbach/Hueck/*Zöllner* GmbHG[18] SchlAnh KonzernR Rn 5; Rowedder/Schmidt-Leithoff/*Koppensteiner* GmbHG[4] Anh. § 52 Rn 6 ff; Scholz/*Emmerich* GmbHG[10] Anh. § 13, Rn 13. Ebenso für verbundene Personengesellschaften *Schießl* S. 3 f; einschränk. *Baumgartl* S. 5 f; *Löffler* Die abhängige Personengesellschaft S. 7 ff.

42 EinhM, vgl. Baumbach/*Hopt* § 105 Rn 101; Heymann/*Emmerich* § 105 Anh. Rn 3; *Emmerich*/Habersack Konzernrecht[8] § 33 III.1., S. 456; Ebenroth/Boujong/Joost/Strohn/*Lange* § 105 Anh. Rn 3; *Michalski* OHG-Recht § 105 Anh. I Rn 2; *Bitter* S. 14; *Kleindiek* S. 4; *Burbach* S. 3; *Marienfeld* S. 40; *Laule* FS Semler, 1993, S. 541 (544); vgl. aber auch MünchKommHGB/*Mülbert* KonzernR Rn 30 ff mit abweichender Interpretation der aktienrechtlichen Begriffe (aaO Rn 36 ff) und ihrer lediglich modifizierten Übertragung auf das Personengesellschaftsrecht (aaO Rn 48 ff, 50 ff).

43 Vgl. nur MünchKommAktG[3]/*Doralt* § 15 Rn 9 ff mwN; aus der Rspr. vgl. BGHZ 69, 334 (336) = NJW 1978, 104 – *VEBA/Gelsenberg*.

44 *Michalski* OHG-Recht § 105 Anh. I Rn 3; *Wiedemann* Gesellschaftsrecht, Bd. II § 6 I.1.b) aa), S. 507 f; Ebenroth/Boujong/Joost/Strohn/*Lange* § 105 Anh. Rn 4; Sudhoff/*Gerber* Personengesellschaften[8] § 25 Rn 5 f; Sudhoff/*Liebscher* GmbH & Co. KG[6] § 50 Rn 7 ff; *Binnewies* S. 21 f; *Kleindiek* S. 4 f; ausführlich ferner *Haar* Die Personengesellschaft im Konzern S. 224 ff und *Bitter* S. 34 ff; kritisch zum herrschenden Unternehmensbegriff aber MünchKommHGB/*Mülbert* KonzernR Rn 35 ff.

45 Dazu eingehend KölnerKomm-AktG[3]/*Koppensteiner* § 15 Rn 20 ff, 35 ff in Auseinandersetzung mit dem (aus heutiger Sicht jew. überholten) institutionellen und funktionalen Unternehmensbegriff; ausführlich auch *Haar* Die Personengesellschaft im Konzern S. 224 ff.

maßgebliche Beteiligung an einer weiteren Gesellschaft verfügt.[46] Ein solches unternehmerisches Engagement außerhalb der Gesellschaft gilt als charakteristisch dafür, die für Unternehmensverbindungen typische Interessenkollision bei dem über beherrschenden Einfluss verfügenden Gesellschafter hervorzurufen; es lässt das Eingreifen der Schutzinstrumente im Interesse der Gesellschafter und Gläubiger der beherrschten Gesellschaft geboten erscheinen.

Die zum Aktienrecht entwickelten Grundsätze sind weiter für den Begriff der **Beherrschung** in § 17 Abs. 1 AktG zu übernehmen.[47] Insoweit geht die ganz hM davon aus, dass die Beherrschung auf *gesellschaftsrechtlich* bedingten oder vermittelten Einwirkungsmöglichkeiten beruhen[48], d.h., dass sie auf die – unmittelbare oder mittelbare – Gesellschafterstellung des herrschenden Unternehmens zurückzuführen sein muss.[49] Findet die Beherrschung ihre Grundlage nicht in organisatorischen Bindungen, sondern in rechtlichen oder tatsächlichen Umständen sonstiger Art[50], so muss es sich doch jeweils um Umstände handeln, die in Verbindung mit der Ausübung von Beteiligungsrechten von Bedeutung sind oder deren Gewicht verstärken.[51] Fälle rein *wirtschaftlicher* Beherrschung, wie sie im Verhältnis zwischen nachfragestarkem Abnehmer und Zulieferer oder zwischen Hausbank und kapitalschwachem Unternehmen nicht selten anzutreffen sind, sind nicht nach dem Recht der Unternehmensverbindungen zu beurteilen, sondern nach allgemeinen zivil- und wirtschaftsrechtlichen Grundsätzen (§§ 138, 826 BGB; §§ 19 bis 21 GWB u.a.).[52] 23

Auf die aktienrechtlichen Grundsätze kann schließlich auch für die Fälle **gemeinsamer Beherrschung** einer Personengesellschaft durch zwei oder mehr Gesellschafter verwiesen werden, die durch vertragliche oder gesicherte tatsächliche Koordinierung ihres Einflusspotentials gegenüber der Gesellschaft in der Lage sind, die Gesellschaft ihrem Willen zu 24

---

46 Zu den Anforderungen an die Qualität der die Unternehmenseigenschaft begründenden maßgeblichen Beteiligung an einer anderen Gesellschaft vgl. näher KölnerKomm-AktG[3]/*Koppensteiner* § 15 Rn 44 ff; *Emmerich*/Habersack Aktien- und GmbH-KonzernR[5] § 15 AktG Rn 13 ff.

47 Vgl. Ebenroth/Boujong/Joost/Strohn/*Lange* § 105 Anh. Rn 6 f; *Michalski* OHG-Recht § 105 Anh. I Rn 5; Heymann/*Emmerich* § 105 Rn 4 f; *Wiedemann* Gesellschaftsrecht, Bd. II § 6.I.1.b) aa), S. 506 f; MünchKommHGB/*Mülbert* KonzernR Rn 56 ff; Sudhoff/*Gerber* Personengesellschaften[8] § 25 Rn 13 f; *Binnewies* S. 22 ff; *Gekeler* S. 137 ff.

48 Grundlegend BGHZ 90, 381 (395) = NJW 1984, 1893 – *BuM*; BGHZ 121, 137 (145) = NJW 1993, 2114; BGHZ 135, 107 (114) = NJW 1997, 1855 (1856); MünchKomm-AktG[3]/*Bayer* § 17 Rn 30; *Hüffer* AktG § 17 Rn 8 f; abschwächend aber *Emmerich*/Habersack § 17 Rn 14 f.

49 MünchKommHGB/*Mülbert* KonzernR Rn 58; *Binnewies* S. 23 f; *Emmerich*/Habersack Konzernrecht[8] § 33 III 1 (S. 456 f). Zu möglichen Vertragsgestaltungen vgl. *Burbach* S. 100 ff.

50 Vgl. die Fälle mehrfacher Abhängigkeit (BGHZ 62, 193 (196 ff) = NJW 1974, 855 – *Seitz*; BGHZ 74, 359 (363 ff) = NJW 1979, 2401 – *Brost & Funke*; BGHZ 80, 69 (72) = NJW 1981, 1512 – *Süssen*); dazu auch *Emmerich*/Habersack Aktien- und GmbH-KonzernR[5] § 17 AktG Rn 28 ff.

51 So eingehend schon *Ulmer* ZGR 1978, 458 ff in Auseinandersetzung mit der früher vorherrschenden Gegenansicht; ebenso dann *Martens* Die existenzielle Wirtschaftsabhängigkeit, 1979, S. 54 ff und wohl auch KölnerKomm-AktG[3]/*Koppensteiner* § 17 Rn 19 ff (Rn 59 f, 69 f); ferner *Emmerich*/Habersack Aktien- und GmbH-KonzernR[5] § 17 AktG Rn 16a; MünchKommAktG[3]/*Bayer* § 17 Rn 31 f; aus der Rspr. BGHZ 90, 381 (397) = NJW 1984, 1893 – *BuM*; OLG Düsseldorf AG 2003, 688 (690) – *Veba*; OLG Frankfurt AG 2004, 567 (568); KG AG 2005, 398 (399).

52 So zutr. *Martens* (Fn 51) S. 63 ff; vgl. auch KölnerKomm-AktG[3]/*Koppensteiner* § 17 Rn 59.

unterwerfen.[53] Neben vertraglichen Vereinbarungen zwischen den betreffenden Gesellschaftern nach Art eines Poolvertrags[54] oder einer für Gemeinschaftsunternehmen kennzeichnenden Grundvereinbarung[55] kommen insoweit auch tatsächliche Koordinationsfaktoren wie dauerhaft gleichgerichtete Interessen in Betracht[56], nicht dagegen die bloße Zugehörigkeit zum selben Familienstamm.[57] Immer ist Voraussetzung, dass jedenfalls bei einem Teil der die gemeinsame Beherrschung ausübenden Personen die *Unternehmensqualität* vorliegt, d.h. eine wirtschaftliche Interessenbindung außerhalb der Gesellschaft gegeben ist.[58]

2. Die relevanten Kategorien verbundener Unternehmen

25 a) **Abhängigkeit.** Eine erste, auch für das Personengesellschaftsrecht zentrale Kategorie aus dem Recht der verbundenen Unternehmen bildet die Abhängigkeit. Sie liegt nach § 17 Abs. 1 AktG vor, wenn ein (oder mehrere, vgl. Rn 24) herrschendes Unternehmen auf die Gesellschaft unmittelbar oder mittelbar einen **beherrschenden Einfluss** ausüben kann.[59] Darauf, ob der Einfluss nur *möglich* ist oder ob er *tatsächlich* ausgeübt wird, kommt es vorbehaltlich der Zusammenfassung der zwei oder mehr Unternehmen unter einheitlicher Leitung nicht an (zur Abgrenzung gegenüber dem auf die einheitliche Leitung abstellenden Konzern vgl. Rn 30). Der Einfluss kann sich auf die Geschäftsführung insgesamt beziehen, wie es namentlich bei Alleingeschäftsführungsbefugnis des herrschenden, die Unternehmensqualität (Rn 22) erfüllenden Gesellschafters oder bei Weisungsrechten in zentralen Fragen der Geschäftsführung der Fall ist. Es genügt aber auch Einfluss in Bezug auf einzelne zentrale unternehmerische Entscheidungsbereiche wie Finanz-, Personal-, Investitions- oder Produkt- und Absatzpolitik.[60] Eine bloß *negative* Einflussmöglichkeit, wie sie durch den Zustimmungsvorbehalt der §§ 116 Abs. 2, 164 oder durch das Widerspruchsrecht des § 115 Abs. 1 vermittelt wird, reicht in aller Regel nicht aus[61]; Abweichendes kommt im Fall eines umfassenden gesellschaftsvertraglichen

---

53 Vgl. die Rspr.-Nachw. in Fn 50 sowie *Wiedemann* Gesellschaftsrecht, Bd. II § 6 I 1b) aa), S. 507; *Michalski* OHG-Recht § 105 Anh. I Rn 5.

54 Dazu vgl. MünchKommBGB/*Ulmer* Vor § 705 Rn 68 mN; *Emmerich*/Habersack Aktien- und GmbH-KonzernR[5] § 17 AktG Rn 30; s.a. *Böttcher*/*Liekefett* NZG 2003, 701.

55 Näheres dazu bei *Gansweid* Gemeinsame Tochtergesellschaften, 1976, S. 53 ff, 63 ff, und G. *Wiedemann* Gemeinschaftsunternehmen im deutschen Kartellrecht (1981) S. 86 ff.

56 Vgl. etwa BGHZ 74, 359 (368) = NJW 1979, 2401 – *Brost & Funke*; BGHZ 122, 123 (125 f) = NJW 1993, 1200 (1202) – *TBB*; weit. Nachw. bei *Emmerich*/Habersack Aktien- und GmbH-KonzernR[5] § 17 AktG Rn 30.

57 Sie allein begründet noch keinen Erfahrungssatz gleicher Interessenverfolgung, vgl. BGHZ 77, 94 (106) = NJW 1980, 2254; BGHZ 80, 69 (73) = NJW 1981, 1512 – *Süssen*.

58 So wohl auch KölnerKomm-AktG[3]/*Koppensteiner* § 17 Rn 89; *Emmerich*/Habersack Aktien- und GmbH-KonzernR[5] § 17 AktG Rn 30.

59 Eingehend zu den insoweit relevanten Beherrschungsmitteln und für Notwendigkeit ihrer Fundierung im Gesellschaftsvertrag *Löffler* Die abhängige Personengesellschaft S. 11 ff; weit. Nachw. in Fn 48.

60 So zu § 18 Abs. 1 AktG insbes. MünchKommAktG[3]/*Bayer* § 18 Rn 28 ff, 33; auf die umfassende Lenkung, wenn nicht im finanziellen Bereich, so jedenfalls im Bereich der „Grundfunktionen" abstellend KölnerKomm-AktG[3]/*Koppensteiner* § 18, Rn 24 ff; für den Personengesellschaftskonzern weitergehend auch *Löffler* Die abhängige Personengesellschaft S. 15 ff.

61 KölnerKomm-AktG[3]/*Koppensteiner* § 17 Rn 24.

Zustimmungskatalogs zugunsten eines maßgeblich beteiligten Gesellschafters in Betracht. Zur Notwendigkeit gesellschaftsrechtlich bedingter oder vermittelter Natur der Einflussmöglichkeit vgl. Rn 23.

Die an die Mehrheitsbeteiligung (§ 16 Abs. 1 AktG) anknüpfende **Abhängigkeitsvermutung** des § 17 Abs. 2 AktG ist im Personengesellschaftsrecht wegen des dort geltenden Einstimmigkeitsprinzips grundsätzlich **unanwendbar** (vgl. auch Rn 32 zur Kategorie der Mehrheitsbeteiligung).[62] Das schließt es je nach dem sonstigen Inhalt des Gesellschaftsvertrags nicht aus, eine gesellschaftsvertragliche Mehrheitsklausel zum Nachweis der Abhängigkeit der Gesellschaft gegenüber einem mehrheitlich beteiligten Unternehmen heranzuziehen.[63] Die Beweislast bleibt jedoch bei demjenigen, der sich auf Rechtsfolgen aus der Abhängigkeit beruft. In den Fällen des Typs A (bei Alleingeschäftsführungsbefugnis des Unternehmensgesellschafters) und des Typs B (GmbH & Co. KG mit einer von einem anderen Unternehmen beherrschten Komplementär-GmbH) dürfte der **Nachweis** der Abhängigkeit der Personengesellschaft in aller Regel ohne größere Schwierigkeiten zu führen sein, soweit nicht ohnehin ein Konzernverhältnis vorliegt (zum Eingreifen der Vermutung des § 18 Abs. 1 S. 3 AktG vgl. Rn 29). Nachweisprobleme können sich demgegenüber beim Typ C ergeben; hier wird es darauf ankommen, anhand des Gesellschaftsvertrags oder der Gesellschaftspraxis die Herrschaftsmöglichkeit des als herrschendes Unternehmen in Betracht kommenden Kommanditisten nachzuweisen. 26

b) **Konzern.** Eine weitere zentrale Kategorie verbundener Personengesellschaften bildet die konzernierte OHG/KG, sei es in Form des Unterordnungs- oder des Gleichordnungskonzerns (§ 18 Abs. 1 und 2 AktG).[64] Entscheidendes Abgrenzungsmerkmal des Unterordnungskonzerns gegenüber der bloßen Abhängigkeit ist die Zusammenfassung des herrschenden mit einem oder mehreren abhängigen Unternehmen unter dessen **einheitlicher Leitung** (vgl. näher Rn 30). Aus der Sicht des Personengesellschaftsrechts liegt die Besonderheit der Konzernierung gegenüber der bloßen Abhängigkeit in der Ersetzung oder Überlagerung des Gesellschaftsinteresses durch das *Konzerninteresse* als Richtschnur für die Unternehmensleitung. Sie führt zu einer deutlichen Erhöhung des Schutzbedürfnisses von Gesellschaftern und Gläubigern der beherrschten Personengesellschaft, bedeutet eine faktische Änderung des Gesellschaftsvertrags und erfordert zu ihrer Legalisierung einen Konzernierungsbeschluss unter Zustimmung sämtlicher Mitgesellschafter (vgl. näher Rn 31, 58). 27

---

[62] Baumbach/*Hopt* § 105 Rn 101; Ebenroth/Boujong/Joost/Strohn/*Lange* § 105 Anh. Rn 9; *Michalski* OHG-Recht § 105 Anh. I Rn 5; Sudhoff/*Gerber* Personengesellschaften[8] § 25 Rn 15; Sudhoff/*Liebscher* GmbH & Co. KG[6] § 50 Rn 11; *Ulmer* in: Ulmer (Hrsg.), Probleme des Konzernrechts, S. 26 (34 f); *Haar* Die Personengesellschaft im Konzern S. 247; *Bitter* S. 15 ff; *Kleindiek* S. 5 f; *Liebscher* Konzernbildungskontrolle, 1995, S. 304; *Burbach* S. 97 ff (99); Heymann/*Emmerich* § 105 Anh. Rn 5; *Emmerich*/Habersack Aktien- und GmbH-KonzernR[5] § 17 AktG Rn 48; einschränkend MünchKommHGB/*Mülbert* KonzernR Rn 60; **aA** anscheinend nur *Jäger* DStR 1997, 1770 (1770).

[63] *Emmerich*/Habersack Aktien- und GmbH-KonzernR[5] § 17 AktG Rn 48: insbes. bei Abstimmung nach festen Kapitalanteilen oder einem Sonderrecht auf Geschäftsführung.

[64] Die Begriffsbestimmung in § 18 AktG und das Kriterium der einheitlichen Leitung werden auch für das Personengesellschaftsrecht ganz überwiegend anerkannt, vgl. z.B. MünchKommHGB/*Mülbert* KonzernR Rn 61; Heymann/*Emmerich* § 105 Anh. Rn 14; Ebenroth/Boujong/Joost/Strohn/*Lange* HGB § 105 Anh. Rn 10; *Emmerich*/Habersack Konzernrecht[8] § 33 III.2., S. 457; *Michalski* OHG-Recht § 105 Anh. I Rn 6; *Bitter* S. 27; *Marienfeld* S. 45; *Jäger* DStR 1997, 1770 (1770).

28 Auf das Personengesellschaftsrecht entsprechend anwendbar ist weiter § 18 Abs. 1 S. 2 AktG, wonach bei Vorliegen eines **Beherrschungsvertrages** die Vertragspartner kraft unwiderleglicher Vermutung als unter einheitlicher Leitung zusammengefasst anzusehen sind.[65] Entgegen Voraufl. Rn 30 (*Ulmer*) trifft diese Vermutung allerdings mit der heute hM[66] nur auf Typ D zu, also nur bei Abschluss eines Beherrschungsvertrags i.S.d. § 291 Abs. 1 AktG (bzw. eines verdeckten Beherrschungsvertrages). Auf die tatsächliche Ausübung der einheitlichen Leitung kommt es dann allerdings nicht an; sie wird angesichts der vertraglichen Befugnisse des herrschenden Unternehmens in der beherrschten Personengesellschaft freilich regelmäßig vorliegen (vgl. auch Rn 68).

29 Fraglich ist das Eingreifen der **Konzernvermutung** des § 18 Abs. 1 S. 3 AktG gegenüber einem analog § 17 Abs. 1 AktG herrschenden Unternehmen als Gesellschafter. Sie war früher in der Literatur umstritten,[67] wird heute aber ganz überwiegend bejaht;[68] Rechtsprechung liegt nicht vor.[69] Der hL ist zuzustimmen; der § 18 Abs. 1 S. 3 AktG zugrundeliegende *Erfahrungssatz*, von der Einflussmöglichkeit eines Unternehmens auf die Zusammenfassung unter einheitlicher Leitung zu schließen[70], liegt in der Personengesellschaft sogar besonders nahe angesichts der dort zur Verfügung stehenden Beherrschungsmittel (Rn 25), darunter insbes. der Geschäftsführerfunktion des herrschenden Unternehmens bei gleichzeitigem Fehlen zwingender Kompetenzabgrenzungen nach Art der §§ 76 Abs. 1, 111 Abs. 4 S. 1, 119 Abs. 2 AktG bei der abhängigen Personengesellschaft.[71] Auch ist das herrschende Unternehmen regelmäßig eher als die außenstehenden Gesellschafter oder die Gläubiger in der Lage, sich aufgrund seiner Insiderkenntnisse die notwendigen *Beweismittel* für das Vorhandensein oder Fehlen einheitlicher

---

65 Ebenso im Grundsatz MünchKommHGB/*Mülbert* KonzernR Rn 63; Baumbach/*Hopt* § 105 Rn 101; *Michalski* OHG-Recht § 105 Anh. I Rn 6; Sudhoff/*Gerber* Personengesellschaften[8] § 25 Rn 17; *Ulmer* in: Ulmer (Hrsg.), Probleme des Konzernrechts, S. 26 (35); *Jäger* DStR 1997, 1770 (1770); *Baumgartl* S. 80 f; *Schießl* S. 13; **aA** Ebenroth/Boujong/Joost/Strohn/*Lange* § 105 Anh. Rn 11; vgl. auch *Burbach* S. 139 ff (gegen *Baumgartl*); einschränkend auch *Laule* FS Semler, 1993, S. 541 (549); *Löffler* Die abhängige Personengesellschaft S. 21.

66 Der Begriff des Vertragskonzerns wird heute überwiegend so verstanden, dass ein Beherrschungsvertrag nach Vorbild des § 291 Abs. 1, S. 1 AktG geschlossen wurde. Fälle, in denen sich der beherrschende Einfluss nur aus dem Gesellschaftsvertrag oder aus einem Konzernierungsbeschluss ergibt, werden nicht als Vertragskonzern eingeordnet, vgl. MünchKommHGB/*Mülbert* KonzernR Rn 125, 145 ff; Ebenroth/Boujong/Joost/Strohn/*Lange* § 105 Anh. Rn 42 ff; *Emmerich*/Habersack Aktien und GmbH-KonzernR[5] Vor § 291 AktG Rn 11; *Laule* FS Semler, 1993, S. 541 (549); *Kleindiek* S. 29 ff, 71 ff; *Gekeler* S. 164 ff (169); wohl auch *Bälz* AG 1992, 277 (288); s.a. *Bitter* S. 332 ff.

67 Vgl. die Nachw. in Voraufl. Rn 31 (*Ulmer*).

68 MünchKommHGB/*Mülbert* KonzernR Rn 64; Baumbach/*Hopt* § 105 Rn 101; *Michalski* OHG-Recht § 105 Anh. I. Rn 6; Röhricht/Graf v. Westphalen/*von Gerkan* § 105 Rn 110; Ebenroth/Boujong/Joost/Strohn/*Lange* § 105 Anh. Rn 12; Sudhoff/*Gerber* Personengesellschaften[8] § 25 Rn 18; *Ulmer* in: Ulmer (Hrsg.), Probleme des Konzernrechts, S. 26 (35 f); *Gekeler* S. 150 ff; *Kleindiek* S. 68; *Bitter* S. 31 ff; einschränkend *Laule* FS Semler, 1993, S. 541 (553); *Emmerich*/Habersack Aktien- und GmbH-KonzernR[5] § 18 AktG Rn 21; ebenso auch schon *Schießl* S. 13; *Löffler* Die abhängige Personengesellschaft S. 20.

69 Tendenziell befürwortend aber BGHZ 89, 162 (167) = NJW 1984, 1351 – *Heumann/Ogilvy*.

70 Vgl. RegBegr. zu § 18 AktG, zit. bei *Kropff* Aktiengesetz, 1965, S. 31; so auch BGHZ 89, 162 (167) und KölnerKomm-AktG[3]/*Koppensteiner* § 18 Rn 40.

71 So zutr. *Baumgartl* S. 62 ff; vgl. auch BGHZ 89, 162 (167) = NJW 1984, 1351 – *Heumann/Ogilvy*.

Leitung zu beschaffen. Zur Widerlegung der Konzernvermutung genügt der Nachweis des *Fehlens einheitlicher Leitung*, der insbes. bei deutlicher Branchenverschiedenheit der verbundenen Unternehmen in Betracht kommt, vor allem aber dadurch geführt werden kann, dass eine finanzielle Koordination in wesentlichen Bereichen nicht erfolgt.[72] Des Nachweises der Nichtausübung der Einflussmöglichkeit bedarf es nicht (vgl. Rn 30); wird er geführt, so ist damit freilich zugleich die Zusammenfassung unter einheitlicher Leitung widerlegt.

c) **Abgrenzung zwischen Abhängigkeit und Konzern.** Die Abgrenzung zwischen § 17 30
Abs. 1 AktG und § 18 Abs. 1 S. 1 AktG bestimmt sich nicht etwa danach, ob das herrschende Unternehmen es bei der Einflussmöglichkeit auf die abhängige Gesellschaft bewenden lässt oder ob es hiervon durch nicht nur vereinzelte Weisungen Gebrauch macht.[73] Denn § 18 Abs. 1 S. 1 AktG stellt auf die Zusammenfassung unter einheitlicher Leitung ab und qualifiziert lediglich die Einflussausübung durch das herrschende Unternehmen inhaltlich. Auch ist der Konzernabschluss (§ 290 Abs. 1) nur dann aussagekräftig, wenn die Einflussausübung zur Herausbildung einer die Rechtsperson der AG übersteigenden, aus den verschiedenen Konzernunternehmen bestehenden Wirtschaftseinheit führt.[74] Demgemäß fordert schon die amtliche Begründung zu § 18 Abs. 1 AktG[75] für die Zusammenfassung unter einheitlicher Leitung das *Aufeinanderabstimmen* der Geschäftspolitik der Konzerngesellschaften durch die Konzernleitung. In Übereinstimmung damit betonen auch die Kommentierungen dieser Vorschrift die Notwendigkeit, dass die Leitung der Konzerngesellschaften in einheitlichem Sinne, nach einer gemeinsamen Planung bzw. unter Entwicklung einer das Konzernganze umfassenden Zielkonzeption ausgeübt wird.[76]

Ob die Abgrenzung für das Personengesellschaftsrecht bedeutsamer als im Aktien- 31
recht ist, hängt vor allem davon ab, ob, wie *Ulmer* dezidiert in Voraufl. Rn 33 vertreten hat, die Konzernierung notwendig zu einer Überlagerung des Gesellschafts- durch das Konzerninteresse führt, weil seine Legalisierung dann einen entsprechenden Konzernierungsbeschluss unter Zustimmung sämtlicher Gesellschafter voraussetzt (dazu Rn 58).[77] Dem Erfordernis der Zusammenfassung unter einheitlicher Leitung als *qualifizierte* Form der Einflussausübung kommt unter dieser Voraussetzung zentrale Bedeutung für die Abgrenzung der konzernierten von der bloß abhängigen **Personengesellschaft** zu. Es gilt dann nämlich: Während die Abhängigkeit das Gesellschaftsinteresse als Richtschnur für die Leitung der Gesellschaft und die Sorgfaltspflichten der Geschäftsführer allemal

[72] Näher zur Widerlegung der Konzernvermutung *Emmerich*/Habersack Aktien- und GmbH-KonzernR[5] § 18 AktG Rn 23 f; *Hüffer* AktG § 18 Rn 19.

[73] So aber früher etwa *Würdinger* Aktienrecht[4] § 65 III 1c S. 293.

[74] So zutr. KölnerKomm-AktG[3]/*Koppensteiner* § 18 Rn 17.

[75] Zit. bei *Kropff* (Fn 70) S. 33.

[76] Vgl. nur GHEK[1]/*Geßler* § 18, 20 und 28; KölnerKomm-AktG[3]/*Koppensteiner* § 18 Rn 17 ff; GroßkommAktG[4]/*Windbichler* § 18 Rn 24; speziell zu den Voraussetzungen eines Personengesellschaftskonzerns auch *Binnewies* S. 87 f; *Burbach* S. 15 ff.

[77] Für zwangsläufige Überlagerung des Gesellschafts- durch das Konzerninteresse: *Ebenroth* FS Boujong, 1996, S. 99 (100 f); *Ulmer* in: Ulmer (Hrsg.), Probleme des Konzernrechts, S. 26 (50); *Laule* FS Semler, 1993, S. 541 (552 f); *Emmerich*/Habersack Konzernrecht[8] § 34 II 1 a), S. 460 f; Sudhoff/*Gerber* Personengesellschaften[8] § 25 Rn 43; wohl auch MünchKommHGB/*Mülbert* KonzernR Rn 45. **AA** *Binnewies* S. 107 ff; *Bitter* S. 27 ff; *Gekeler* S. 149; *Liebscher* (Fn 62) S. 309 f; ausführliche Auseinandersetzung mit der These *Ulmers* bei *Kleindiek* S. 37 ff, 65 f; Westermann/*Tröger* Handbuch Rn I 4037.

unberührt lässt, führt die Zusammenfassung unter der einheitlichen Leitung des herrschenden Unternehmens zur Überlagerung oder Verdrängung des Gesellschafts- durch das *Konzerninteresse*.

32 d) **Sonstige?** Die Kategorie der **Mehrheitsbeteiligung** (§ 16 Abs. 1 AktG) ist – ebenso wie die daran anknüpfende Abhängigkeitsvermutung (Rn 26) – für das Personengesellschaftsrecht **ohne Interesse**, wie sich schon an der grundsätzlichen Unanwendbarkeit des § 17 Abs. 2 AktG zeigt (Rn 26). Nach dem (dispositiven) OHG/KG-Recht sind mit der Anteils- oder Stimmenmehrheit keine entscheidenden Befugnisse verknüpft. Für die laufenden Geschäfte liegt die Kompetenz ausschließlich bei den geschäftsführungsbefugten Gesellschaftern unabhängig von der Höhe ihrer Beteiligung, während es für außergewöhnliche und Grundlagengeschäfte der Zustimmung sämtlicher Gesellschafter bedarf, d.h. anstelle des Mehrheits- das Einstimmigkeitsprinzip gilt. Soweit der Gesellschaftsvertrag Abweichungen enthält, insbes. einem Mehrheitsgesellschafter besondere Entscheidungsbefugnisse einräumt, ist dem im Rahmen des Abhängigkeitstatbestands mit der Folge der Konzernvermutung Rechnung zu tragen (Rn 29).

33 Von den übrigen Kategorien verbundener Unternehmen in § 15 AktG ist für diejenige der **Eingliederung** (§§ 18 Abs. 1 S. 2, 319 AktG) als höchststufige Unternehmensverbindung mangels positivrechtlicher Regelung im Personengesellschaftsrecht kein Raum.[78] Die Möglichkeit einer privatautonom vereinbarten, in ihren Wirkungen an §§ 319 ff AktG ausgerichteten Eingliederung einer OHG/KG in das herrschende Unternehmen scheitert an der Unverzichtbarkeit allgemeiner personengesellschaftsrechtlicher Grundsätze wie Treupflicht, Verbandsautonomie oder Selbstorganschaft. **Wechselseitige Beteiligungen** i.S.v. § 19 AktG sind zwar denkbar (vgl. § 172 Abs. 6), für das Recht der verbundenen Unternehmen jedoch ohne besonderes Interesse.[79] Eine analoge Anwendung der Stimmrechtsbegrenzungen des § 328 AktG kommt angesichts der deutlichen strukturellen Unterschiede der Personengesellschaften gegenüber der AG nicht in Betracht.

34 Schließlich ist auch die ursprünglich im GmbH-Konzernrecht[80] entwickelte, heute aber allenfalls noch im Aktienkonzernrecht relevante **Unterscheidung zwischen einfachem und qualifiziertem Konzern**[81] für die beherrschte OHG/KG **ohne Interesse.**[82] Das gilt jedenfalls dann, wenn man, wie hier, im Personengesellschaftsrecht schon die einfache Konzernierung als Unrechtstatbestand bewertet und zu ihrer Legalisierung einen Konzernie-

---

78 Vgl. nur Westermann/*Tröger* Handbuch Rn I 4094; BeckHdbPersonengesellschaften[2]/*Rosenbach* § 24 Rn 9.

79 Zur fehlenden praktischen Relevanz wechselseitiger Beteiligungen vgl. nur Sudhoff/*Gerber* Personengesellschaften[8] § 25 Rn 20.

80 Erstmals vom *Arbeitskreis GmbH-Reform* Thesen und Vorschläge Bd. 2 (1972) S. 59 f, 66 ff.

81 Vgl. zur qualifizierten Nachteilszufügung im Aktienrecht nur Emmerich/*Habersack* Aktien- und GmbH-KonzernR[5] Anh. § 317 Rn 5 ff, 23 ff; Rechtsprechungsangaben zur heute vom BGH für die GmbH vertretene Existenzgefährdungshaftung vgl. in Fn 84.

82 HM, so auch schon *Reuter* ZHR 146 (1982), 1 (12); *Baumgartl* S. 73 ff; *Löffler* Die abhängige Personengesellschaft S. 17 ff, 51 ff; ferner *Emmerich*/Habersack Konzernrecht[8] § 34 II.1.b), S. 461 f; Westermann/*Tröger* Handbuch Rn I 4077a; tendenziell auch Baumbach/*Hopt* § 105 Rn 104 (und Rn 103); ebenfalls zweifelnd Sudhoff/*Gerber* Personengesellschaften[8] § 25 Rn 62 ff (68); ausdrücklich offen lassend aber *Wiedemann* Gesellschaftsrecht, Bd. II §6 I 3b) bb), S. 525; ausführlich zur Bedeutung der BGH-Rechtsprechung zum qualifizierten faktischen Konzern für Beherrschungsverhältnisse bei Personengesellschaften *Bitter* S. 469 ff (mit kritischer Stellungnahme zum damaligen Haftungskonzept des BGH auf S. 490 ff). **AA** MünchKommHGB/*Mülbert* KonzernR Rn 171 ff, 180 ff; ebenso (wenngleich zweifelnd) Ebenroth/Boujong/Joost/Strohn/*Lange* § 105 Anh. Rn 60 ff (64).

rungsbeschluss verlangt (Rn 58). Entscheidend ist danach nicht das Vorliegen zentraler oder dezentraler einheitlicher Leitung, sondern der Übergang vom Gesellschafts- zum Konzerninteresse als Richtschnur der Geschäftsführung. Er liegt bei jeder Art der Zusammenfassung unter einheitlicher Leitung vor, unabhängig davon, ob sich damit eine breitflächige Einflussnahme des herrschenden Unternehmens auf die konzernierte OHG/KG bzw. deren Behandlung als bloße Betriebsabteilung des herrschenden Unternehmens verbindet.[83] All' dies gilt erst recht, wenn man die Figur des qualifizierten Konzerns – jedenfalls für das insofern vergleichbar strukturierte GmbH-Recht – mit der aktuellen Rechtsprechung des BGH insgesamt preisgibt.[84] Eine andere Frage ist allerdings, ob in den Fällen der Konzernierung im Personengesellschaftsrecht eine Verlustausgleichspflicht auf anderem Wege zu begründen ist (Rn 71 ff).

Auch die – vom BGH inzwischen bei § 826 BGB angesiedelte und grundsätzlich als Binnenhaftung ausgestaltete – **Existenzvernichtungshaftung**[85] *jedes* am erforderlichen Eingriff mitwirkenden Gesellschafters ist in der Personengesellschaft mit Rücksicht auf die unbeschränkte persönliche Gesellschafterhaftung und einem deshalb fehlenden gesetzlichen Vermögensschutz **grundsätzlich irrelevant.** Eine **Ausnahme** gilt für die **Kapitalgesellschaft & Co. KG,** die hinsichtlich des Vermögensschutzes einer Kapitalgesellschaft weithin gleichgestellt ist (vgl. §§ 39 Abs. 1 Nr. 5, 135 InsO zum Nachrang von Gesellschafterdarlehen, § 15a InsO zur Insolvenzantragspflicht).[86] Auch hier ist deshalb ein Eingriff in das – durch Ausschüttungsverbot und Liquidationsregeln – im Gläubigerinteresse besonders geschützte Gesellschaftsvermögen der KG denkbar und prinzipiell unter den gleichen Voraussetzungen haftungsbegründend wie im GmbH-Recht.[87] Demnach führt ein planmäßiger Eingriff in das Gesellschaftsvermögen der KG dann zu einer Schadensersatzhaftung der Gesellschafter gegenüber der KG, wenn er mit einer Vermögensverlagerung auf den Gesellschafter, ein von ihm beherrschtes Unternehmen oder sonst eine nahe stehende Person verbunden ist und bewirkt, dass die Gesellschaft dauerhaft nicht mehr imstande ist, ihre Verbindlichkeiten zu erfüllen (und folglich insolvent wird). In subjektiver Hinsicht erfordert § 826 BGB Vorsatz, der sich aber lediglich auf die eben erwähnten Tatsachen, nicht auch auf die Sittenwidrigkeit als solche beziehen muss.[88] Die Haftung ist keine Konzernhaftung und kann daher jeden Gesellschafter – unabhängig von einer Unternehmenseigenschaft – treffen. 35

3. **Mitteilungspflichten.** Die analoge Anwendung der in §§ 20, 21 AktG geregelten Mitteilungspflichten von Aktionären und AG über das Bestehen einer Sperrminorität 36

83 So im Anschluss an *Mestmäcker* (Fn 1) S. 139 ff; zutr. *Reuter* ZHR 146 (1982), 1 (10 ff) (gegen *Wilhelm* Rechtsform und Haftung bei der jur. Person,1981, S. 223 f) und *Löffler* Die abhängige Personengesellschaft S. 17 f; wie *Wilhelm* aber *Schießl* S. 42. Vgl. dazu auch o. Rn 30 und Fn 76.

84 So erstmals in BGHZ 149, 10 (16 f) – *Bremer Vulkan*; sodann BGHZ 150, 181 (186 f) – *KBV*; BGHZ 173, 246 = NJW 2007, 2689 – *Trihotel* (wo erstmals eine auf § 826 BGB gestützte Innenhaftung postuliert wird) sowie zuletzt BGH NJW 2008, 2437 ff – *Gamma.*

85 Vgl. dazu die Nachw. in Fn 84 sowie eingehend (mit Bezug auf das GmbH-Recht) Emmerich/*Habersack* Aktien- und GmbH-KonzernR^5 Anh. § 318 AktG Rn 33 ff.

86 Zur Erstreckung der Ausschüttungsverbote (§§ 30 f GmbHG bzw. §§ 57, 58, 62 AktG) auf die GmbH/AG & Co. KG vgl. unten Rn 55 sowie MünchKommHGB/*Mülbert* KonzernR Rn 246; Baumbach/*Hopt* § 105 Rn 103.

87 Zu den Näher dazu etwa Westermann/*Tröger* Handbuch Rn I 4077a ff.

88 Zu den Tatbestandsmerkmalen vgl. im Einzelnen nur BGHZ 173, 246 = NJW 2007, 2689 – *Trihotel*; BGH NJW 2008, 2437 – *Gamma.*

oder einer Mehrheitsbeteiligung scheidet schon deshalb aus, weil den Kapitalanteilen der Gesellschafter im Personengesellschaftsrecht keine dem Aktienrecht vergleichbare Bedeutung zukommt. Auch dürfte den Gesellschaftern einer OHG/KG die Höhe der Beteiligung der Mitgesellschafter regelmäßig ohne besondere Mitteilung bekannt sein, wenn man vom Sonderfall der verdeckten Treuhand (§ 105 Rn 104) absieht; daher besteht jedenfalls für die in § 20 AktG geregelten Mitteilungspflichten regelmäßig kein Bedürfnis. Anderes gilt für die – in §§ 20, 21 AktG nicht unmittelbar angesprochene – Mitteilung eines Gesellschafters über ein anderweitiges **unternehmerisches Engagement außerhalb der OHG/KG,** das ihn zum herrschenden Unternehmen macht (Rn 22). Eine Verpflichtung hierzu ergibt sich angesichts des damit verbundenen, zumindest potentiellen Interessenkonflikts im Regelfall aus der *Treupflicht* des herrschenden Gesellschafters gegenüber Gesellschaft und Mitgesellschaftern.[89]

II. Die abhängige Personengesellschaft

1. Begründung der Abhängigkeit

37 a) **Allgemeines.** Nach gesetzlicher Regel richtet sich der Abschluss eines OHG- oder KG-Vertrags auf die Entstehung einer *unabhängigen*, nicht von einem Unternehmensgesellschafter beherrschten Personengesellschaft. Abweichungen kommen dann in Betracht, wenn schon **bei Vertragsschluss** ein Gesellschafter (oder eine Gesellschaftergruppe) mit intern beherrschender Stellung (Rn 25) anderweitig unternehmerisch tätig ist, so dass die Gesellschaft von vornherein als abhängige zur Entstehung gelangt. Auch wenn der Gesellschaftsvertrag diese unternehmerische Betätigung außerhalb der Gesellschaft nicht besonders gestattet, folgt doch bereits aus dem Rechtsgedanken des § 112 Abs. 2, dass Mitgesellschafter, die in Kenntnis dieses Umstands den Gesellschaftsvertrag schließen und dem Unternehmensgesellschafter trotz seiner anderweitigen unternehmerischen Interessen eine beherrschende Stellung einräumen, damit zugleich in die Abhängigkeit der Gesellschaft einwilligen. Schon deshalb sind sie regelmäßig gehindert, vom herrschenden Gesellschafter später die Unterlassung der anderweitigen Unternehmenstätigkeit zu verlangen oder ohne Hinzutreten weiterer Gründe seinen Ausschluss aus der Gesellschaft zu betreiben. Anderes gilt bei ins Gewicht fallenden *nachträglichen Änderungen* hinsichtlich der Abhängigkeitslage der Gesellschaft oder der Unternehmenstätigkeit des Gesellschafters, so wenn die Abhängigkeit der Gesellschaft sich erst später zur Konzernierung entwickelt (zur Konzernvermutung vgl. Rn 29) oder wenn beim herrschenden Gesellschafter unvorhergesehene Interessenkonflikte oder Treupflichtverstöße zum Nachteil von Gesellschaft oder Mitgesellschaftern auftreten.

38 Zur **nachträglichen** Begründung der Abhängigkeit einer OHG oder KG kann es auf verschiedene Weise kommen. Die Änderung kann einerseits darauf beruhen, dass ein über beherrschenden Einfluss verfügender Gesellschafter nachträglich durch unternehmerische Betätigung außerhalb der Gesellschaft Unternehmensqualität erlangt (Rn 22). Eine zweite Möglichkeit besteht im Neueintritt eines Unternehmensgesellschafters unter gleichzeitiger Erlangung eines beherrschenden Einflusses oder in der vertraglichen oder

[89] Heute ganz hM, vgl. nur Baumbach/*Hopt* § 105 Rn 102; *Wiedemann* Gesellschaftsrecht, Bd. II § 6 I.2., S. 515; *Emmerich*/ Habersack Konzernrecht[8] § 34 I.2.a), S. 459; MünchKommHGB/*Mülbert* KonzernR Rn 214 f, 263 ff, 273; *Michalski* OHG-Recht § 105 Anh. I Rn 22.

faktischen Stärkung der Position eines schon vorhandenen Unternehmensgesellschafters, etwa durch Einführung des Mehrheitsprinzips nach Kapitalanteilen, sei es als Folge des Wegfalls des einzigen Mitgeschäftsführers oder durch Ausweitung der internen Einflussrechte kraft Vertragsänderung, Erbfolge u.a.[90]

Eines Gesellschafterbeschlusses bedarf die nachträgliche Herbeiführung der Abhängigkeit nur in denjenigen Fällen, in denen sich die Notwendigkeit hierfür nach allgemeinem Gesellschaftsrecht, aufgrund der *Art und Weise* der Abhängigkeitsbegründung, ergibt (vgl. Rn 40–42). Demgegenüber erfordert der *Abhängigkeitstatbestand als solcher*, anders als der Konzerntatbestand (Rn 58), **keine Legitimation durch Gesellschafterbeschluss.**[91] Er lässt die Ausrichtung der Gesellschaft auf das Gesellschaftsinteresse und die hierauf bezogenen Sorgfaltspflichten der Gesellschaftsorgane unberührt; den Mitgesellschaftern verbleiben aufgrund des allgemeinen Instrumentariums hinreichende Schutzmöglichkeiten (Rn 44 ff). Insbesondere wäre es übermäßig, wollte man das Wettbewerbsverbot der §§ 112, 113 auf sämtliche unternehmerische Aktivitäten eines maßgebenden Gesellschafters außerhalb der Gesellschaft erstrecken, unabhängig davon, ob sie den Handelszweig der Gesellschaft betreffen.[92] Zu beachten bleibt freilich die an die Abhängigkeit anknüpfende Konzernvermutung (Rn 29); sie macht einen Konzernierungsbeschluss (Rn 58) schon dann erforderlich, wenn es dem herrschenden Unternehmen nicht möglich ist, die Vermutung zu widerlegen. 39

b) **Reichweite des Wettbewerbsverbots.** Das Wettbewerbsverbot des § 112 Abs. 1 ist im Hinblick auf die Abhängigkeitsbegründung infolge der Konkurrenztätigkeit des herrschenden Gesellschafters wegen seiner *Präventivfunktion* von vorrangigem Interesse. In **sachlicher** Hinsicht erstreckt es sich allerdings nicht etwa generell auf die Aufnahme 40

[90] Zu den verschiedenen Möglichkeiten der Abhängigkeitsbegründung vgl. *Wiedemann* Gesellschaftsrecht, Bd. II § 6 I 2 a), S. 513 ff; Ebenroth/Boujong/Joost/Strohn/*Lange* § 105 Anh. Rn 16 ff; MünchKommHGB/*Mülbert* KonzernR Rn 255 ff; Sudhoff/*Gerber* Personengesellschaften[8] § 25 Rn 24 f; BeckHdb-Personengesellschaften[2]/*Rosenbach* § 24 Rn 26; *Emmerich*/Habersack Konzernrecht[8] § 34, S. 457 f; knapper Überblick auch bei *Binnewies* S. 34 f.

[91] HM, MünchKommHGB/*Mülbert* KonzernR Rn 258; Baumbach/*Hopt* § 105 Rn 102; Ebenroth/Boujong/Joost/Strohn/*Lange* § 105 Anh. Rn 17; *Emmerich*/Habersack Konzernrecht[8] § 34, S. 457; Sudhoff/*Gerber* Personengesellschaften[8] § 25 Rn 26; BeckHdb-Personengesellschaften[2]/*Rosenbach* § 25 Rn 27; Westermann/*Tröger* Handbuch Rn I 4032; *Kleindiek* S. 255 f; *Binnewies* S. 42 ff (44); *Liebscher* (Fn 62) S. 321 f; *Ulmer* in: Ulmer (Hrsg.), Probleme des Konzernrechts, S. 26 (45 f); *Emmerich* AG 1991, 303 (309); wohl auch Röhricht/Graf v. Westphalen/*von Gerkan* § 105 Rn 112; *Wiedemann* Gesellschaftsrecht, Bd. II § 6 I.2.a), S. 514 („lässt sich … nicht ohne weiteres begründen") und Heymann/*Emmerich* § 105 Anh. Rn 7; **aA** *K. Schmidt* Gesellschaftsrecht § 43 III 3a; *Michalski* OHG-Recht § 105 Anh. I Rn 15 ff, 17 ff; offenbar auch *Jäger* DStR 1997, 1813 (1814).

[92] Ganz hM, vgl. *U. H. Schneider* ZGR 1975, 253 (280) und *ders.* ZGR 1980, 511 (528); *Wiedemann/Hirte* ZGR 1986, 163 (167 f); *Baumgartl* S. 29 ff; *Schießl* S. 38 f; *Emmerich* AG 1991, 303 (309); MünchKommHGB/*Mülbert* Konzernrecht Rn 258, 261; Westermann/*Tröger* Handbuch Rn I 4032; Ebenroth/Boujong/Joost/Strohn/*Lange* § 105 Anh. Rn 20; *Haar* Die Personengesellschaft im Konzern S. 227 ff; Sudhoff/*Gerber* Personengesellschaften[8] § 25 Rn 27; *Binnewies* S. 49 ff; *Ulmer* in: Ulmer (Hrsg.), Probleme des Konzernrechts, S. 26 (46); *Liebscher* (Fn 62) S. 315 f; *Kleindiek* S. 255; für den Fall einheitlicher Leitung auch *Löffler* Die abhängige Personengesellschaft S. 65 ff; **aA** *Löw* Abhängigkeit der Personengesellschaft, 1988, S. 130 ff.

einer unternehmerischen Tätigkeit außerhalb der Gesellschaft.[93] Für sein Eingreifen erforderlich ist vielmehr die eigene Betätigung des Gesellschafters im *Handelszweig* der Gesellschaft bzw. die Teilnahme als persönlich haftender Gesellschafter an einer anderen *gleichartigen* Handelsgesellschaft. Bei Auslegung dieser Begriffe ist zwar nicht restriktiv zu verfahren, um Gefahren aus der konkurrierenden Tätigkeit eines Gesellschafters auch in Randbereichen der Unternehmenstätigkeit der Gesellschaft vorzubeugen (§ 112 Rn 17). Schon mit Rücksicht auf das Freihalte-Interesse der Gesellschafter und den Normzweck des § 1 GWB geht es jedoch nicht an, auf den Wettbewerbsbezug zu verzichten und das Verbot allein deshalb eingreifen zu lassen, weil sich bei dem Unternehmensgesellschafter Interessenkollisionen als Folge der Aufnahme der anderweitigen unternehmerischen Betätigung nicht ausschließen lassen. Das gilt auch bei unternehmerischer Betätigung eines *herrschenden* Gesellschafters außerhalb der abhängigen Gesellschaft; die Fortentwicklung des § 112 Abs. 1 über das Wettbewerbsverbot hinaus zu einem Instrument des Präventivschutzes gegen die Herbeiführung der Abhängigkeit der Gesellschaft ist nicht veranlasst (Rn 39). – Zur Erstreckung des § 112 Abs. 1 auf die maßgebliche Beteiligung an einer konkurrierenden AG oder GmbH oder auf die Stellung als herrschender Kommanditist einer KG vgl. § 112 Rn 24 f.

41 Der **persönliche** Anwendungsbereich des § 112 Abs. 1 erstreckt sich über die persönlich haftenden Gesellschafter einer OHG oder KG hinaus auf solche *Kommanditisten*, die im Innenverhältnis Mitsprache- oder Informationsrechte nach Art eines typischen Komplementärs haben (§ 112 Rn 9).[94] Das kann vor allem in Abhängigkeitslagen nach Art des Typs C (Rn 8) Bedeutung erlangen. Darüber hinaus werden aber auch *mittelbar beteiligte Gesellschafter* als herrschende Unternehmen erfasst, wenn sie ohne direkte Gesellschaftsbeteiligung auf dem Wege über eine von ihnen beherrschte, über keinen nennenswerten eigenen Geschäftsbetrieb verfügende Komplementär-GmbH die Gesellschaft kontrollieren (Typ B, vgl. Rn 8).[95] Insoweit geht es um die Ausdehnung des Wettbewerbsverbots über den Kreis der unmittelbar beteiligten Gesellschafter hinaus im Wege des Zurechnungsdurchgriffs.[96] Es gelten entsprechende Grundsätze wie für die Einbeziehung eines mittelbar beteiligten herrschenden Unternehmens in die Treupflicht gegenüber der abhängigen Gesellschaft (vgl. näher Rn 51 f).

42 c) **Abhängigkeitsbegründende Gesellschafterbeschlüsse.** Die **Notwendigkeit** eines Gesellschafterbeschlusses hängt von der Art und Weise der Abhängigkeitsbegründung ab (Rn 39). Eines solchen Beschlusses bedarf es namentlich in denjenigen Fällen, in denen die Abhängigkeit durch *Änderung des Gesellschaftsvertrags* (Neuaufnahme eines unternehmerisch tätigen Gesellschafters oder Einräumung der Leitungsmacht an ihn) oder durch Gestattung der Aufnahme einer konkurrierenden Tätigkeit herbeigeführt wird. Zur Abhängigkeit kann es weiter aufgrund eines – von der Zustimmung der Mitgesellschafter abhängigen (§ 105 Rn 294) – Anteilserwerbs kommen, durch den der Erwerber eine beherrschende Stellung erlangt.

---

[93] Vgl. die Nachw. in Fn 92.

[94] MünchKommHGB/*Mülbert* KonzernR Rn 261; *Haar* Die Personengesellschaft im Konzern S. 227 ff; Sudhoff/*Gerber* Personengesellschaften[8] § 25 Rn 27; *Binnewies* S. 51 f; im Ergebnis wohl auch MünchKommHGB/*Langhein* § 112 Rn 7.

[95] BGHZ 89, 162 (165 f) = NJW 1984, 1351 – *Heumann/Ogilvy*; zur AG & Co. KG: BGHZ 180, 105 = NZG 2009, 744 (Rn 9).

[96] Zur umstritt. dogmatischen Begründung der Ausdehnung des Wettbewerbsverbots und der Treupflicht auf nur mittelbar beteiligte Gesellschafter vgl. Rn 51.

Soweit es für den abhängigkeitsbegründenden Tatbestand eines Gesellschafterbeschlusses bedarf, wird er im Regelfall nur mit **Zustimmung sämtlicher Gesellschafter** wirksam. Abweichend hiervon kann der Gesellschaftsvertrag mit der erforderlichen Bestimmtheit *mehrheitliche* Beschlussfassung zulassen, soweit dadurch nicht in den Kernbereich der Mitgliedschaft der Gesellschafter eingegriffen wird (vgl. § 119 Rn 30 ff); die Abhängigkeitsbegründung als solche enthält nicht notwendig einen derartigen Eingriff.[97] Bei wirksamer Vereinbarung einer den abhängigkeitsbegründenden Tatbestand erfassenden Mehrheitsklausel ist der an der Entscheidung interessierte Gesellschafter grundsätzlich nicht daran gehindert, selbst mitzustimmen (zum Stimmverbot in Personengesellschaften vgl. § 119 Rn 66 f). Allerdings liegt bei derartigen Mehrheitsbeschlüssen der Einwand der *Treupflichtverletzung* gegenüber Gesellschaft und Mitgesellschaftern nahe, weil die Abhängigkeitsbegründung die Struktur der betroffenen Gesellschaft berührt. Der Beschluss ist daher nur wirksam, wenn die Mehrheit damit im Interesse der Gesellschaft handelt und dieser hieraus neben etwaigen Nachteilen zumindest gleichwertige Vorteile erwachsen.[98] 43

2. Minderheitenschutz

a) Schutzinstrumente

aa) **Allgemeines.** Auf die Verwaltungsrechte und -pflichten des allgemeinen Personengesellschaftsrechts und ihre Eignung als Schutzinstrumente der Minderheit in Abhängigkeitslagen wurde schon verwiesen (Rn 17). Sieht man von den Mitsprache- und Informationsrechten der Minderheit und ihrer Weiterentwicklung unter Abhängigkeitsaspekten (Rn 45, 48 f) ab, so geht es vor allem um die der Mehrheitsherrschaft durch Gesellschaftsinteresse und Treupflicht gesetzten Schranken und um deren Durchsetzung im Wege der actio pro socio. Da es bei bloßer Abhängigkeit (im Unterschied zum Konzern) per definitionem an breitflächiger, am Konzerninteresse orientierter Einflussnahme auf die Gesellschaft fehlt, ist das für Konzernlagen charakteristische Schutzdefizit insoweit nicht zu befürchten. Dies gilt um so mehr als das herrschende Unternehmen im Falle der Abhängigkeit einer erhöhten Treupflicht gegenüber der abhängigen Gesellschaft unterliegt und jede Schädigung derselben unzulässig ist, zumal § 317 AktG keine entsprechende Anwendung findet (vgl. bereits Rn 15, 17).[99] Soweit die Mehrheitsherrschaft sich im Einzelfall für die Minderheit als unzumutbar erweist, verbleibt dieser bei einvernehmlichem 44

---

[97] Ebenso Ebenroth/Boujong/Joost/Strohn/*Lange* § 105 Anh. Rn 18; Sudhoff/*Gerber* Personengesellschaften[8] § 25 Rn 29; Röhricht/Graf v. Westphalen/*von Gerkan* § 105 Rn 112; *Wiedemann* Gesellschaftsrecht, Bd. II, § 6 I.2.a), S. 514; *Michalski* OHG-Recht § 105 Anh. I Rn 20; *Ulmer* in: Ulmer (Hrsg.), Probleme des Konzernrechts, S. 26 (46); wohl auch *Jäger* DStR 1997, 1813 (1813); vgl. auch die weit. Nachw. in Fn 92; eingehend zu den Beschlusskompetenzen der Gesellschafter in den unterschiedlichen Fällen der Abhängigkeitsbegründung *Binnewies* S. 35 ff.

[98] So zutr. BGHZ 80, 69 (74) = NJW 1981, 1512 – *Süssen* (für die abhängige GmbH); für das Personengesellschaftsrecht zust. *Emmerich* (Fn 34) S. 743, 748 f; **aA** MünchKommHGB/*Mülbert* KonzernR Rn 260.

[99] Ebenroth/Boujong/Joost/Strohn/*Lange* § 105 Anh. Rn 23; Baumbach/*Hopt* § 105 Rn 103; Heymann/*Emmerich* § 105 Anh. Rn 8 f; *Michalski* OHG-Recht § 105 Anh. I Rn 25 f; Röhricht/Graf v. Westphalen/*von Gerkan* § 105 Rn 114; *Emmerich*/Habersack Konzernrecht[8] § 34 I 1, S. 458; Sudhoff/*Gerber* Personengesellschaften[8] § 25 Rn 31; abweichend allerdings MünchKommHGB/*Mülbert* – zum Schutzsystem der abhängigen Gesellschaft generell Rn 171 ff; speziell bei einfacher Abhängigkeit Rn 199 ff.

Vorgehen das Recht, gegen das herrschende Unternehmen oder die zwischengeschaltete Komplementär-GmbH Gestaltungsklage nach §§ 117, 127 oder 140 zu erheben. Jeder einzelne Mitgesellschafter kann ferner von seinem unentziehbaren Recht Gebrauch machen, die Gesellschaft zu kündigen oder Auflösungsklage zu erheben (§§ 132, 133) und dadurch ggf. sein Ausscheiden zu erzwingen.

45 bb) **Mitspracherechte in Geschäftsführungsfragen.** Eine typische Gefahrenquelle für Gesellschaft und Mitgesellschafter bilden *Geschäfte* der abhängigen Gesellschaft *mit dem herrschenden Unternehmensgesellschafter* oder einem mit ihm verbundenen Unternehmen. Zu Recht wird daher in der Literatur der Standpunkt vertreten, als **Korrektiv** Mitspracherechte der Minderheit nach **§§ 116 Abs. 2, 164** insoweit auch dann eingreifen zu lassen, wenn es um Vorgänge geht, die bei einer unabhängigen Gesellschaft vergleichbaren Zuschnitts noch nicht als über den gewöhnlichen Betrieb des Handelsgewerbes hinausgehend einzustufen wären.[100] Begründen lässt sich diese abhängigkeitsspezifische Ausdehnung der gesetzlichen Mitspracherechte der Minderheit damit, dass die Mitspracherechte sich auf solche Geschäfte beziehen sollen, die von der Einräumung der Geschäftsführungsbefugnis an die Geschäftsführer der OHG/KG typischerweise nicht gedeckt sind (vgl. Erl. zu § 116). Für den Fall einer abhängigen Gesellschaft bedeutet das, dass die mit der Erteilung der Geschäftsführungsbefugnis verbundene Ermächtigung des herrschenden Unternehmens sich auf derartige Geschäfte wegen der ihnen innewohnenden besonderen Gefahren im Zweifel nicht erstreckt. Der etwaige gesellschaftsvertragliche Ausschluss des § 181 BGB steht nicht entgegen; er beseitigt nur das *Vertretungshindernis* und ist nicht ohne weiteres als Ermächtigung an das herrschende Unternehmen zum Abschluss derartiger Insichgeschäfte zu verstehen.[101]

46 Hinsichtlich der **Reichweite der Mitspracherechte** der Minderheit ginge es freilich zu weit, sämtliche Geschäfte mit dem herrschenden Unternehmen von der Zustimmung der Minderheit abhängig zu machen, auch wenn es sich um Routineangelegenheiten auf der Basis allgemeiner Tarife oder Marktpreise oder um Bagatellgeschäfte handelt.[102] Abzustellen ist vielmehr auf den eine *Nachteilsgefahr* für die Gesellschaft begründenden Charakter des Geschäfts vor dem Hintergrund des bestehenden Abhängigkeitsverhältnisses, d.h. auf das Vorhandensein einer Interessenkollision beim herrschenden Unternehmen.

---

[100] *Reuter* ZHR 146 (1982), 1 (6); *ders.* AG 1986, 130 (131); *U. H. Schneider* ZGR 1975, 253 (281) und *ders.* 1980, 511 (528); *Löffler* Die abhängige Personengesellschaft S. 157; *Schießl* S. 63 f. Vgl. auch BGH WM 1973, 170 (172) (Zusammenlegung der Einkaufsorganisation der beherrschten Gesellschaft mit derjenigen des herrschenden Unternehmens als außergewöhnliches Geschäft). Gegen Ausdehnung der §§ 116 Abs. 2, 164 beim Bestehen einer Unternehmensverbindung aber *Stehle* S. 102 ff.

[101] Zum unterschiedlichen Anwendungsbereich des Stimmverbots wegen Interessenkollision und des Verbots von Insichgeschäften (§ 181 BGB) vgl. näher MünchKommBGB[5]/*Ulmer/C. Schäfer* § 709 Rn 68 f und Erl. zu § 119.

[102] Ebenso im Grundsatz auch MünchKomm-HGB/*Mülbert* KonzernR Rn 276 ff; Sudhoff/*Gerber* Personengesellschaften[8] § 25 Rn 35 f; Sudhoff/*Liebscher* GmbH & Co. KG[6] § 50 Rn 80 f; Ebenroth/Boujong/Joost/Strohn/*Lange* § 105 Anh. Rn 28; *Ulmer* in: Ulmer (Hrsg.), Probleme des Konzernrechts, S. 26 (42 ff); Westermann/*Tröger* Handbuch Rn I 4061 ff; andeutungsweise auch Heymann/*Emmerich* § 105 Anh. Rn 11; Röhricht/Graf v. Westphalen/*von Gerkan* § 105 Rn 113; Baumbach/*Hopt* § 105 Rn 103; *Wiedemann* Gesellschaftsrecht, Bd. II § 6.I.2.b), S. 517; eingehend zum Ganzen *Kleindiek* S. 305 ff.

Fehlt danach mangels Zustimmung der Minderheit die Geschäftsführungsbefugnis des handelnden Gesellschafters, so schlägt dieser Mangel abweichend von § 126 Abs. 2 meist auf die *Wirksamkeit des Geschäfts* nach außen durch, weil sich der Vertragspartner wegen seiner Gesellschafterrolle nicht auf die unbeschränkte Vertretungsmacht berufen kann.[103]

Die Mitspracherechte der §§ 116 Abs. 2, 164 bei außergewöhnlichen Geschäften haben freilich keinen zwingenden Charakter, sondern können vertraglich modifiziert oder abbedungen werden.[104] Denkbar ist einerseits die Vereinbarung von **Mehrheitsbeschlüssen** in Geschäftsführungsfragen; in diesem Fall ist der *Stimmrechtsausschluss* des herrschenden Unternehmens analog § 47 Abs. 4 GmbHG zu beachten, soweit es um die Beschlussfassung über Rechtsgeschäfte der Gesellschaft mit ihm selbst oder mit einem mit ihm verbundenen Unternehmen geht (§ 119 Rn 64).[105] Zulässig ist auch der gänzliche **Ausschluss** der Mitspracherechte oder ihre Reduzierung auf bestimmte, im Gesellschaftsvertrag umschriebene außergewöhnliche Geschäfte (vgl. § 116 Rn 39). Nachträglich können derartige Einschränkungen der §§ 116 Abs. 2, 164 wegen ihrer in den Kernbereich der Gesellschafterrechte eingreifenden Natur nicht ohne Zustimmung sämtlicher Gesellschafter eingeführt werden (vgl. § 119 Rn 40 ff). 47

cc) **Informationsrechte.** Für den Minderheitenschutz wesentlich sind weiter die Informationsrechte der §§ 118, 166. Sie erstrecken sich nach gesetzlicher Regel auf sämtliche für die Ausübung der Mitgliedschaftsrechte bedeutsamen Angelegenheiten der Gesellschaft einschließlich ihrer **Beziehungen zu verbundenen Unternehmen** (vgl. § 118 Rn 13 und Voraufl. § 166 Rn 5 [*Schilling*]); einer abhängigkeitsspezifischen Rechtsfortbildung bedarf es insoweit daher nicht.[106] 48

Ein Vorbehalt gilt für diejenigen Fälle, in denen das Informationsrecht der Minderheitsgesellschafter im Gesellschaftsvertrag auf die nach §§ 118 Abs. 2, 166 Abs. 3 **zwingenden Mindestrechte** eingeschränkt ist. Ihr Eingreifen setzt nach allgemeinem Gesellschaftsrecht den durch Tatsachen gerechtfertigten, *konkreten* Verdacht unredlicher Geschäftsführung oder sonstiger Schädigung der von der Geschäftsführung ausgeschlos- 49

---

103 BGHZ 38, 26 (33) = NJW 1962, 2344; BGH WM 1979, 71 (72); Baumbach/*Hopt* § 126 Rn 6.

104 Dazu – und zum Folgenden – MünchKommHGB/*Mülbert* KonzernR Rn 276 ff; Sudhoff/*Gerber* Personengesellschaften[8] § 25 Rn 35 f; *Michalski* OHG-Recht § 105 Anh. I Rn 30 ff; Sudhoff/*Liebscher* GmbH & Co. KG[6] § 50 Rn 80 f; Ebenroth/Boujong/Joost/Strohn/*Lange* § 105 Anh. Rn 28; *Ulmer* in: Ulmer (Hrsg.), Probleme des Konzernrechts, S. 26 (42 ff); Westermann/*Tröger* Handbuch Rn I 4061 ff; andeutungsweise auch Heymann/*Emmerich* § 105 Anh. Rn 11; Röhricht/Graf v. Westphalen/*von Gerkan* § 105 Rn 113; Baumbach/*Hopt* § 105 Rn 103; *Wiedemann* Gesellschaftsrecht, Bd. II § 6 I 2 b), S. 517; und eingehend *Kleindiek* S. 305 ff.

105 Vgl. auch MünchKommBGB[5]/*Ulmer*/*C. Schäfer* § 709 Rn 67–70 (str.); wie hier im vorliegenden Kontext auch *Baumgartl* S. 34 f; **aA** *Schießl* S. 65.

106 Dazu und zum Folgenden im Wesentlichen übereinstimmend Ebenroth/Boujong/Joost/Strohn/*Lange* § 105 Anh. Rn 27; *Michalski* OHG-Recht § 105 Anh. I Rn 29; Sudhoff/*Liebscher* GmbH & Co. KG[6] § 50 Rn 78 f; Westermann/*Tröger* Handbuch Rn I 4065; Sudhoff/*Gerber* Personengesellschaften[8] § 25 Rn 37; *Ulmer* in: Ulmer (Hrsg.), Probleme des Konzernrechts, S. 26 (44); vgl. auch *Emmerich*/Habersack Konzernrecht[8] § 34 I 2 b, S. 459; mit Differenzierung zwischen Komplementär und Kommanditist MünchKommHGB/*Mülbert* KonzernR Rn 284 ff; zum Informationsrecht des Kommanditisten auch *Torggler* GesRZ 1994, 102 (109 ff).

senen Gesellschafter voraus (vgl. § 118 Rn 3, 48 und Voraufl. § 166 Rn 11 [*Schilling*]). Im Fall einer abhängigen Gesellschaft genügt demgegenüber das Vorliegen eines *abstrakten* Verdachts.[107] Er ist schon dann zu bejahen, wenn beim herrschenden Unternehmen eine Interessenkollision besteht und wegen dessen Organstellung nicht ausgeschlossen werden kann, dass sie sich auf die Führung der Geschäfte der Gesellschaft auswirkt.

50 **dd) Unanwendbarkeit des § 708 BGB.** Eine weitere Korrektur gegenüber dem allgemeinen Gesellschaftsrecht betrifft den Sorgfaltsmaßstab für das herrschende Unternehmen als Geschäftsführer der OHG/KG. Entsprechend dem Normzweck des § 708 BGB, den Gesellschaftern als grundsätzlich gleichberechtigten, gemeinsam für die Geschäftsführung zuständigen „Herren der Gesellschaft" die Berufung auf die eigenübliche Sorgfalt zu gestatten[108], setzt er *Gleichheit der Interessenlage* der einzelnen Gesellschafter in der OHG oder KG voraus. Hieran fehlt es beim Vorhandensein eines herrschenden Unternehmensgesellschafters, auch wenn dadurch entgegen der Konzernvermutung (Rn 29) das Gesellschaftsinteresse als Orientierungsmaßstab der Geschäftsführung nicht berührt wird. Das herrschende Unternehmen hat daher für die im Verkehr erforderliche Sorgfalt nach Maßgabe von § 276 Abs. 1 BGB einzustehen, ohne sich auf das Haftungsprivileg des § 708 BGB berufen zu können.[109]

51 **b) Einbeziehung des mittelbar beteiligten herrschenden Unternehmens in die Treupflicht.** Für Abhängigkeitsverhältnisse des Typs B (Rn 8), bei Zwischenschaltung einer Komplementär-GmbH zwischen das (mittelbar) herrschende Unternehmen und die abhängige KG, könnte sich eine Lücke des Minderheitenschutzes dadurch ergeben, dass das herrschende Unternehmen mangels direkter Beteiligung an der abhängigen Gesellschaft nicht unmittelbar den mit der Mitgliedschaft verbundenen Pflichten unterliegt.[110] Für die Anwendung des *Wettbewerbsverbots* (§§ 112, 113) wurde dieser Konstellation von der Rechtsprechung[111] mit überwiegender Zustimmung der Literatur[112] dadurch Rechnung getragen, dass die personelle Reichweite des Verbots auf das mittelbar herrschende Unternehmen erstreckt wurde. Über §§ 112, 113 hinaus ist dem auch allgemein

---

[107] So zutr. schon *U. H. Schneider* ZGR 1975, 253 (290 f); ihm folgend *Reuter* ZHR 146 (1982), 1 (7); *Schießl* S. 72; ebenso auch *Emmerich/Habersack* KonzernR[8], § 34 I 2b, S. 459; Westermann/*Tröger* Handbuch Rn I 4065; an der Wirksamkeit dieses Schutzes zweifelnd *Baumgartl* S. 32 f.

[108] Vgl. MünchKommBGB[5]/*Ulmer/C. Schäfer* § 708 Rn 1.

[109] Wohl unstr., vgl. MünchKommHGB/*Mülbert* KonzernR Rn 203; Baumbach/*Hopt* § 105 Rn 103; *Michalski* OHG-Recht § 105 Anh. I Rn 26; Heymann/*Emmerich* § 105 Anh. Rn 8; Ebenroth/Boujong/Joost/Strohn/*Lange* § 105 Anh. Rn 24; Röhricht/Graf v. Westphalen/*von Gerkan* § 105 Rn 114; *Emmerich*/Habersack Konzernrecht[8] § 34 I.1., S. 458; Westermann/*Tröger* Handbuch Rn I 4057; Sudhoff/*Gerber* Personengesellschaften[8] § 25 Rn 33; *Ulmer* in: Ulmer (Hrsg.), Probleme des Konzernrechts, S. 26 (41); *Jäger* DStR 1997, 1813 (1815); *Reuter* ZHR 146 (1980), 1 (6); *Baumgartl* S. 138 f; *Löffler* Die abhängige Personengesellschaft S. 157; *Schießl* S. 73 f.

[110] Zur Rechtslage in mehrstufigen Unternehmensverbindungen und zur Anerkennung unmittelbarer Pflichten der Ober- gegenüber der Enkelgesellschaft vgl. eingehend *Paschke* AG 1988, 196 (200 ff).

[111] BGHZ 89, 162 (165 f) = NJW 1984, 1351 – *Heumann/Ogilvy*.

[112] Vgl. neben den in Fn 113 genannten Autoren *Emmerich* (Fn 34) S. 743 (748 f, 751); *Raiser* daselbst S. 855 ff; *Wiedemann/Hirte* ZGR 1986, 163 (165 f); *Löffler* Die abhängige Personengesellschaft S. 67 f, 149 und *ders.* NJW 1986, 223 (225 ff); *Baumgartl* S. 30; wohl auch *Immenga* JZ 1984, 578 f; MünchKommHGB/*Grunewald* § 165 Rn 5, 13; MünchKommHGB/*Langhein* § 112 Rn 7.

für die gesellschaftsrechtliche Treupflicht zu folgen, und zwar jedenfalls in denjenigen Fällen, in denen die Stellung der Komplementär-GmbH sich im Wesentlichen darauf beschränkt, nach Art einer *Zwischenholding* den Einfluss des herrschenden Unternehmens auf die abhängige Gesellschaft zu vermitteln, ohne ihr gegenüber eigenunternehmerische Aktivitäten zu entfalten. Ist danach die Erstreckung der Treupflicht auf das mittelbar herrschende Unternehmen zu bejahen, so liegt es in der Konsequenz dieser Entscheidung, auch ein gerichtliches Vorgehen der Minderheit gegen das mittelbar herrschende Unternehmen im Rahmen der *actio pro socio* zuzulassen.

Zur dogmatischen **Begründung** der in BGHZ 89, 162 (165) noch ganz auf den Einzelfall gestützten Erstreckung der Treupflicht auf das mittelbar herrschende Unternehmen finden sich in der Literatur zwei Ansätze. Der eine knüpft an die Rechtsfigur des Vertrages mit Schutzwirkung für Dritte an; er betrachtet aus der Perspektive des Rechtsverhältnisses zwischen herrschendem Unternehmen und Zwischenholding – von „oben" – die abhängige Gesellschaft als geschützten Dritten mit eigenen sekundären Ansprüchen im Rahmen dieser Unternehmensverbindung.[113] Den Vorzug verdient demgegenüber die bei der Treupflicht in der abhängigen Gesellschaft ansetzende und sie aus dieser Perspektive – also von „unten" – auf das herrschende Unternehmen erstreckende, heute überwiegend vertretene Gegenansicht.[114] Sie kann sich auf die Funktion der Treupflicht stützen, die Ausübung gesellschaftsrechtlich bedingten oder vermittelten Einflusses auf die Gesellschaft zu begrenzen (§ 105 Rn 230 f), und darauf verweisen, dass dieses Korrektiv auch in sonstigen Fällen mittelbarer Einflussausübung, wie namentlich in Fällen der offenen Treuhand und Unterbeteiligung anerkannt ist.[115] Der Sache nach geht es somit um einen Fall des **Zurechnungsdurchgriffs**[116], wobei die Zurechnung ihre Rechtfertigung in der Einflussmöglichkeit des herrschenden Unternehmens auf dem Wege über die Zwischenholding findet. 52

c) **Schranken der Weisungsbindung voll haftender Gesellschafter.** Ein weiteres Minderheitenschutzproblem im Rahmen abhängiger Personengesellschaften stellt sich in Bezug auf Abhängigkeitsfälle des **Typs C** (Rn 8), bei Abhängigkeit gegenüber einem herrschenden Kommanditisten. Sie sind dadurch gekennzeichnet, dass der Kommanditist aufgrund des Gesellschaftsvertrags über eigene Geschäftsführungs- oder umfassende Weisungsrechte gegenüber dem oder den vertretungsbefugten, unbeschränkt haftenden Komplementären verfügt. Im Allgemeinen werden gegen derartige Konstellationen trotz des auf diesem Wege fremdbestimmten Haftungsrisikos der betroffenen Komplementäre keine grund- 53

---

113 So *Stimpel* AG 1986, 117 (120), in Weiterführung eines schon in BGHZ 65, 15 (20 f) – *ITT* anklingenden Gedankens; ihm folgend *M. Winter* S. 256 f; *Paschke* AG 1988, 196 (203); **aA** *Löffler* Die abhängige Personengesellschaft, S. 147.

114 Baumbach/*Hopt* § 105 Rn 103; Heymann/*Emmerich* § 105 Rn 8; Ebenroth/Boujong/Joost/Strohn/*Lange* § 105 Anh. Rn 25 (und Rn 66 f); Westermann/*Tröger* Handbuch Rn I 4053 f; *Emmerich*/Habersack Konzernrecht[8] § 34 I 1., S. 458; *Ulmer* in: Ulmer (Hrsg.), Probleme des Konzernrechts, S. 26 (39 f); *Kleindiek* S. 260 f; *Burbach* S. 345 ff, 389 f; *Bitter* S. 281 ff, 284 f; *Reuter* AG 1986, 130 (131) und ähnlich schon *Grunewald* BB 1981, 581 (586); gegen jede Einbeziehung des mittelbar beteiligten herrschenden Unternehmens in die Treupflicht aber noch *Schießl* S. 94 ff, 103 f und *Stehle* S. 76 ff, 81 f; zweifelnd *Laule* FS Semler, 1993, S. 541 (550); im Ergebnis ebenso, aber mit abweichender Begründung (Rechtsgedanke des § 317 AktG) MünchKommHGB/*Mülbert* KonzernR Rn 206; *Gekeler* S. 342 ff.

115 Vgl. § 105 Rn 107 (mit Fn 349), 113.

116 So auch *Reuter* AG 1986, 130 (131); *Wiedemann*/*Hirte* ZGR 1986, 165.

sätzlichen Bedenken erhoben.[117] Hieran ist auch für die KG festzuhalten, zumal der oder die weisungsgebundenen Komplementäre im Falle treuwidriger, nicht vom Gesellschaftsinteresse gedeckter Weisungen das Recht und die Pflicht haben, sie nicht zu befolgen. Ein Problem kann sich allerdings für den Fall besonders *riskanter*, gleichwohl noch im Gesellschaftsinteresse liegender *Weisungen* ergeben. Insoweit ist den Komplementären die Befolgung nur dann zuzumuten, wenn entweder das Gesellschaftsvermögen zur Abdeckung der daraus folgenden Risiken voll ausreicht oder der herrschende Kommanditist bereit ist, ihnen die Haftungsfreistellung zuzusichern.

3. Gläubigerschutz

54 a) **Herrschendes Unternehmen als persönlich haftender Gesellschafter.** In den Fällen des **Typs A,** bei unbeschränkt persönlicher Haftung des herrschenden Unternehmens, sind **keine besonderen Gläubigerschutzprobleme** zu erwarten.[118] Vorbehaltlich einer Vermögensverschiebung auf der Ebene des herrschenden Unternehmens, denen mit den Anfechtungstatbeständen der InsO und des AnfG begegnet werden kann, unterscheiden sich die Gläubigerrisiken hier nicht nennenswert von denjenigen einer unabhängigen, über nur einen Komplementär verfügenden KG. Es bleibt den Gläubigern überlassen, durch Einholung von Informationen über die Kreditfähigkeit der KG und ihres Komplementärs selbst Vorsorge zu treffen.

55 b) **Mittelbare Beteiligung des herrschenden Unternehmens über eine Komplementär-GmbH.** Ist das herrschende Unternehmen nicht unmittelbar, sondern über eine zwischengeschaltete GmbH mittelbar als Komplementär an der KG beteiligt (**Typ B,** vgl. Rn 8), so begründet die abweichende Haftungsverfassung der GmbH und ihre häufig auf das Mindestkapital beschränkte Kapitalausstattung die Gefahr, dass die Haftung aus § 128 leerläuft. Dem ist durch zwei **Haftungskorrektive** aus dem Bereich der GmbH & Co. KG und des GmbH-Konzernrechts Rechnung zu tragen, ohne dass es zusätzlicher Gläubigerschutzinstrumente für die abhängige KG bedarf.[119] So finden auf die – hier regelmäßig vorliegende – **GmbH & Co. KG** ohne voll haftende natürliche Person als Gesellschafter die Kapitalerhaltungsvorschriften der §§ 30, 31 GmbHG analoge Anwendung; dabei kommt es nicht darauf an, ob die zur Verminderung des Gesellschaftsvermögens unter das Haftkapital führende, gegen § 30 GmbHG verstoßende Rückgewähr an Gesellschafter aus dem Vermögen der GmbH oder – wie meist – unmittelbar aus demjenigen der KG erfolgt (Voraufl. § 172 Rn 20 [*Schilling*]). Hinzu tritt die Anwendung insolvenzrechtlicher Vorschriften über Gesellschafterdarlehen nach §§ 39 Abs. 1 Nr. 5, 135 InsO, wonach die GmbH & Co. KG insoweit einer Kapitalgesellschaft gleichgestellt wird. Ferner

---

117 Vgl. BGHZ 45, 204 (205 f) = NJW 1966, 1309; BGHZ 51, 198 (201) = NJW 1969, 507; Baumbach/*Hopt* § 164 Rn 7; *Koller*/Roth/Morck § 164 Rn 3; zu Recht einschränkend aber MünchKommHGB/*Grunewald* § 164 Rn 21 ff; noch weitergehend Schlegelberger/*Martens* § 164 Rn 27 ff.

118 Ebenso i.E. auch MünchKommHGB/*Mülbert* KonzernR Rn 243; Ebenroth/Boujong/Joost/Strohn/*Lange* § 105 Anh. Rn 30; *Michalski* OHG-Recht § 105 Anh. I Rn 33; *Emmerich*/Habersack Konzernrecht[8] § 34 I 3., S. 460; Sudhoff/*Gerber* Personengesellschaften[8] § 25 Rn 39; BeckHdbPersonengesellschaften[2]/*Rosenbach* § 24 Rn 45.

119 So im Ergebnis auch MünchKommHGB/*Mülbert* KonzernR Rn 246; *Emmerich*/Habersack Konzernrecht[8] § 34 I 3., S. 460; Sudhoff/*Gerber* Personengesellschaften[8] § 25 Rn 40; BeckHdbPersonengesellschaften[2]/*Rosenbach* § 24 Rn 46; *Wiedemann* Gesellschaftsrecht, Bd. II § 6 I 2b), S. 517 f; Baumbach/*Hopt* § 105 Rn 103; ähnlich *Michalski* OHG-Recht § 105 Anh. I Rn 33.

kommt die Existenzgefährdungshaftung der Gesellschafter bei Eingriffen in das Gesellschaftsvermögen der KG in Betracht (Rn 35). Für einen weitergehenden Gläubigerschutz besteht im Allgemeinen kein Bedürfnis.

c) **Herrschendes Unternehmen als Kommanditist.** Als aus Gläubigerschutzgründen problematisch erweist sich nach allem nur **Typ C** (Rn 8), sofern das als Kommanditist beteiligte herrschende Unternehmen sich auf die Haftungsbegrenzung der §§ 171, 172 berufen kann und der oder die Komplementäre über kein nennenswertes Privatvermögen verfügen, auf das die Gesellschaftsgläubiger zugreifen können. Während ein Teil des Schrifttums für einen Haftungsdurchgriff auf den Kommanditisten plädiert,[120] lehnt die wohl überwiegende Ansicht dies für den Regelfall ab.[121] Bei der *unabhängigen* KG mit einem vermögenslosen Komplementär hat der BGH im lange zurückliegenden „*Rektor*"-Fall die unbeschränkt persönliche Haftung des weisungsbefugten Kommanditisten bekanntlich noch verneint.[122] Dem ist in den Sonderfällen zuzustimmen, in denen dem Komplementär ein vertraglicher Haftungsfreistellungsanspruch gegen den Kommanditisten zusteht, auf den die Gläubiger zugreifen können. Im Übrigen bietet sich zumindest bei Vermögenslosigkeit eines aus Haftungsgründen vorgeschobenen Komplementärs die Durchgriffshaftung des herrschenden Kommanditisten gegenüber den Gesellschaftsgläubigern an, jedenfalls sofern man nicht zur Bejahung einer Verlustübernahmepflicht des herrschenden Unternehmens aus Gründen seiner Risikobeherrschung kommt (vgl. dazu für die konzernierte KG unten Rn 74). 56

III. Die konzernierte Personengesellschaft

1. Notwendigkeit eines Konzernierungsbeschlusses oder Beherrschungsvertrages

a) **Grundlagen.** Die Unterstellung einer Personengesellschaft unter die einheitliche Leitung des herrschenden Unternehmens setzt im Unterschied zur bloßen Abhängigkeit voraus, dass die **Geschäftspolitik** der zwei oder mehr Konzernunternehmen **aufeinander abgestimmt** wird (Rn 30 f). Das gilt unabhängig davon, ob die einheitliche Leitung umfassend ausgeübt wird oder ob sie sich auf einzelne Funktionsbereiche (Investitionen, Finanzen, Produktion, Vertrieb, Personal o.Ä.) oder Sparten beschränkt. Unerheblich ist 57

120 *Emmerich*/Habersack Konzernrecht[8] § 34 I 3., S. 460 und Heymann/*Emmerich* § 105 Rn 13; *Jäger* DStR 1997, 1813 (1815); wohl auch *Michalski* OHG-Recht § 105 Anh. I Rn 33.

121 MünchKommHGB/*Mülbert* KonzernR Rn 244 f; Sudhoff/*Gerber* Personengesellschaften[8] § 25 Rn 41; Ebenroth/Boujong/Joost/Strohn/*Lange* § 105 Anh. Rn 31; BeckHdbPersonengesellschaften[2]/*Rosenbach* § 24 Rn 47; *Ulmer* in: Ulmer (Hrsg.), Probleme des Konzernrechts, S. 26 (44 f); *Weimar* DStR 1997, 1730 (1732); *Laule* FS Semler, 1993, S. 541 (551 f); *Bitter* S. 372 ff bzw. S. 140 ff (zum Rektorfall; anders aber, falls dem außenstehenden Komplementär im Verhältnis zum herrschenden Kommanditisten ausnahmsweise kein Freistellungsanspruch zusteht *und* sich die gesellschaftsrechtliche Gestaltung zugleich als vorsätzliche sittenwidrige Schädigung der Gesellschaftsgläubiger darstellt, S. 384 ff); wohl auch *Eberl-Borges* WM 2003, 105 (109, 114 f); Westermann/*Tröger* Handbuch Rn I 4080.

122 BGHZ 45, 204 (207 f) = NJW 1966, 1309; zust. *Hofmann* NJW 1969, 577 ff; Voraufl. § 164 Rn 12 (*Schilling*); MünchKommHGB/*K. Schmidt* § 172a Rn 9 mwN; krit. *Wiedemann* Gesellschaftsrecht, Bd. I § 10 III 2 a S. 545; *ders.* FS Bärman, 1975, S. 1037 (1049 f); Schlegelberger/*Martens* § 164 Rn 44.

auch die zentrale oder dezentrale Ausgestaltung der Leitungsstruktur, solange nur die einzelnen Konzernunternehmen zumindest in Teilbereichen aufgrund gemeinsamer Planung einer das Konzernganze umfassenden und ihm den Vorrang vor den Belangen der einzelnen Konzernunternehmen einräumenden Zielkonzeption unterstellt werden (Rn 30).

58 Die notwendige Folge der Unterstellung der beherrschten Personengesellschaft unter die einheitliche Leitung des herrschenden Unternehmens besteht darin, dass das Gesellschaftsinteresse als Richtschnur für die Unternehmensleitung durch das **Konzerninteresse** überlagert oder verdrängt wird.[123] Das schließt zwar die Gemeinsamkeit der Zweckverfolgung zwischen herrschendem Unternehmen und Mitgesellschaftern (Mehrheit und Minderheit) nicht aus; da sie sich auf den Betrieb eines bestimmten Handelsgewerbes unter gemeinsamer Firma bezieht, ist sie vorbehaltlich der Schranken aus § 138 BGB auch innerhalb einer konzernierten Personengesellschaft möglich (Rn 12). Wohl aber bedeutet die Überlagerung oder Ersetzung des Gesellschaftsinteresses durch das Konzerninteresse eine **Änderung der Gesellschaftsgrundlagen** mit erheblichen Rechtsfolgen für die Zielbestimmung der Gesellschaft und die danach zu beurteilenden Sorgfaltspflichten beim Geschäftsführerhandeln (Rn 12). Diese Umstrukturierung erfordert daher einen vertragsändernden *Konzernierungsbeschluss* der Gesellschafter, wenn die Gesellschaft ursprünglich entweder als unabhängige oder als zwar abhängige, aber nicht konzernierte Personenvereinigung gegründet war.[124] Ohne Konzernierungsbeschluss ist die Unterstellung der abhängigen Personengesellschaft unter die einheitliche Leitung des herrschenden Unternehmens ein Unrechtstatbestand, der Schadensersatz- und Unterlassungsansprüche der Minderheit auslöst (Rn 65), sofern nicht stattdessen ein Beherrschungsvertrag abgeschlossen wird, der allerdings seinerseits der Zustimmung aller Gesellschafter bedarf (Rn 68). Das gilt schon dann, wenn das herrschende Unternehmen nicht in der Lage ist, die Konzernvermutung zu widerlegen (Rn 29).

---

[123] Dazu schon *Mestmäcker* (Fn 1) S. 129 (139 ff) und im Anschluss daran *Reuter* ZHR 146 (1982), 1 (12); vgl. ferner *Emmerich*/Habersack Konzernrecht[8] § 34 II.1.a); S. 460 f; Sudhoff/*Gerber* Personengesellschaften[8] § 25 Rn 43; *Ebenroth* FS Boujong, 1996, S. 99 (100 f); *Ulmer* in: Ulmer (Hrsg.), Probleme des Konzernrechts, S. 26 (50); *Laule* FS Semler, 1993, S, 541 (552 f); wohl auch MünchKommHGB/*Mülbert* KonzernR Rn 45; abweichend (konzernierte Gesellschaft wird nicht zwangsläufig im Interesse der herrschenden tätig) *Bitter* S. 27 ff; *Gekeler* S. 149; *Liebscher* Konzernbildungskontrolle (Fn 62) S. 309 f; *Kleindiek* S. 37 ff, 65 f.

[124] Heute ganz hM, vgl. Baumbach/*Hopt* § 105 Rn 102; Heymann/*Emmerich* § 105 Rn 15; *Emmerich*/Habersack Konzernrecht[8] § 34.II.1.a), S. 460 f; Röhricht/Graf v. Westphalen/*von Gerkan* § 105 Rn 116; Ebenroth/Boujong/Joost/Strohn/*Lange* § 105 Anh. Rn 34; Sudhoff/*Gerber* Personengesellschaften[8] § 25 Rn 43; *Ebenroth* FS Boujong, 1996, S. 99 (101); *Ulmer* in: Ulmer (Hrsg.), Probleme des Konzernrechts, S. 26 (50); *Jäger* DStR 1997, 1813 (1816); *Liebscher* (Fn 62) S. 323 ebenso schon *Reuter* ZHR 146 (1982), 1 (15 f); *ders.* AG 1986, 130 (137); *U. H. Schneider* ZGR 1980, 511 (525); *Schießl* S. 27 ff, 40 und für personalistisch, als Unternehmergemeinschaft strukturierte Gesellschaften *Wiedemann* S. 64; **aA** wohl *Baumgartl* S. 69; nicht eindeutig (Änderung des Gesellschaftszwecks oder Befreiung vom Wettbewerbsverbot?) *Löffler* Die abhängige Personengesellschaft S. 40 ff, 65 ff, 76 ff; abweichend auch MünchKommHGB/*Mülbert* KonzernR Rn 124 ff: Danach setzt die Zulässigkeit der Konzernierung voraus, dass die Gesellschaft einen dienenden Verbandszweck verfolgt. Fehlt es daran, ist jede Konzernierung unzulässig (Rn 124 ff). Liegt ein dienender Verbandszweck vor (zur Vereinbarung Rn 131 ff, 269 ff), so ist sowohl die faktische Konzernierung (Rn 142 f), als auch die beherrschungsvertragliche Konzernierung (Rn 144 ff) zulässig.

b) **Beschlussanforderungen.** Als Vertragsänderung (Änderung der Gesellschaftsgrundlagen, vgl. Rn 58) erfordert der Konzernierungsbeschluss die **Zustimmung sämtlicher Gesellschafter.**[125] Das gilt selbst dann, wenn der Gesellschaftsvertrag eine auf Vertragsänderungen bezogene Mehrheitsklausel enthält. Sie ist angesichts der Auswirkungen auf den *Kernbereich* der Mitgliedschaft der übrigen Gesellschafter, die sich mit der Unterstellung der Gesellschaft unter die einheitliche Leitung des herrschenden Unternehmens verbinden, nicht anwendbar (vgl. § 119 Rn 42); daher stellt sich auch nicht die Frage nach einem etwaigen Stimmrechtsausschluss des herrschenden Unternehmens. Das Zustimmungserfordernis gibt der Minderheit die Möglichkeit, ihre Zustimmung von entsprechenden Gegenleistungen oder Zusagen des herrschenden Unternehmens abhängig zu machen und dadurch für ihren Schutz selbst Vorsorge zu treffen (Rn 77). Einer gesonderten Zustimmung der Mitgesellschafter bedarf es nur dann nicht, wenn sie – als vorweggenommene – bereits im Gesellschaftsvertrag erteilt worden war. Eine allgemein gehaltene Klausel des Inhalts, dass die Gesellschaft sich der einheitlichen Leitung eines herrschenden Unternehmens unterstellen kann, hält den an eine vorweggenommene Zustimmung zu stellenden Anforderungen nicht stand.[126] 59

Eine besondere **Form** ist für den Zustimmungsbeschluss nicht erforderlich. Der analogen Anwendung der §§ 130, 293 AktG (Schriftform des Unternehmensvertrags, notarielle Form des Zustimmungsbeschlusses) steht die grundsätzliche Formfreiheit der Personengesellschaftsverträge entgegen (§ 105 Rn 167). Vorbehaltlich gesellschaftsvertraglich begründeter Formerfordernisse für Änderungsbeschlüsse (vgl. dazu § 105 Rn 188) kann ein Konzernierungsbeschluss daher auch *konkludent* gefasst werden. Zu denken ist etwa an die formlose Einigung darüber, dass die Personengesellschaft eine unselbständige wirtschaftliche Existenz im Verbund mit dem herrschenden Unternehmen führen soll[127], wie sie insbesondere bei Gesellschafteridentität in herrschender und beherrschter Gesellschaft naheliegt, oder an die einverständliche Aufnahme eines Unternehmensgesellschafters mit dem Ziel der Ausübung einheitlicher Leitung durch ihn. 60

Handelsregisterpublizität ist für den Konzernierungsbeschluss gesetzlich nicht vorgesehen. Sie lässt sich angesichts der unterschiedlichen Publizitätsgrundsätze in Personen- und Kapitalgesellschaften und angesichts des grundsätzlichen Fehlens der Publizität von Personengesellschaftsverträgen auch nicht bereits aus einer Analogie zu § 294 AktG ableiten. Berücksichtigt man freilich die erheblichen Folgen des Konzernierungsbeschlusses für Verlustübernahme und Gläubigerschutz in der OHG oder KG, so liegt es nahe, insoweit entsprechend der Publizität für Kommanditbeteiligungen (§ 162), eine Anmeldepflicht zum Handelsregister zu bejahen[128]; das Fehlen einer ausdrücklichen Eintragungs- 61

---

125 Heute ganz hM, vgl. MünchKommHGB/*Mülbert* KonzernR Rn 269 ff; *Michalski* OHG-Recht § 105 Anh. I Rn 38 ff; Sudhoff/*Gerber* Personengesellschaften[8] § 25 Rn 46 ff; Baumbach/*Hopt* § 105 Rn 102; *Emmerich*/Habersack Konzernrecht[8] § 34 II.1.a), S. 460; Ebenroth/Boujong/Joost/Strohn/*Lange* § 105 Anh. Rn 34 ff; BeckHdbPersonengesellschaften[2]/*Rosenbach* § 24 Rn 50 ff; *Kleindiek* S. 256 ff; *Ulmer* in: Ulmer (Hrsg.), Probleme des Konzernrechts, S. 26 (50 f).

126 Dazu auch MünchKommBGB[5]/*Ulmer*/*C. Schäfer* § 709 Rn 91 f und zum Konzernierungsbeschluss auch *Löffler* Die abhängige Personengesellschaft S. 68 ff; *Ebenroth* FS Boujong, 1996, S. 99 (104).

127 *Reuter* AG 1986, 137; *Schießl* S. 35.

128 *Ulmer* in: Ulmer (Hrsg.), Probleme des Konzernrechts, S. 26 (51 f); Westermann/*Tröger* Handbuch Rn I 4042; BeckHdbPersonengesellschaften[2]/*Rosenbach* § 25 Rn 5; **aA** MünchKommHGB/*Mülbert* KonzernR Rn 134, 272a; *Baumgartl* S. 90 ff.

vorschrift steht nicht entgegen.[129] Konstitutive Wirkung kommt der Eintragung freilich nicht zu; der Konzernierungsbeschluss wird auch ohne sie wirksam.

62 c) **Wirksamkeitsschranken.** Als Vertragsänderung unterliegt der Konzernierungsbeschluss zunächst den allgemein für Personengesellschafts-Verträge geltenden **Schranken der Privatautonomie** (§ 109 Rn 20 ff). Sie werden durch den typischen Beschlussinhalt, d.h. die Unterstellung der Personengesellschaft unter die einheitliche Leitung eines Gesellschafters als herrschendes Unternehmen, nicht berührt; insbesondere stehen Selbstorganschaft, Verbandsautonomie oder das Verbot der societas leonina dem Konzernierungsbeschluss als dem Regelfall zur Begründung eines Vertragskonzerns nicht entgegen (vgl. näher Rn 12 ff). Zur Frage der Abdingbarkeit der mit dem Konzernierungsbeschluss verbundenen Verlustübernahmepflicht des herrschenden Unternehmens vgl. Rn 76.

63 Die auf Ausrichtung der Gesellschaft am Konzerninteresse gerichtete Vertragsänderung bedeutet **keinen Freibrief** des herrschenden Unternehmens **gegenüber der Treupflicht** oder deren generelle Abbedingung.[130] Das herrschende Unternehmen bleibt im Rahmen der einheitlichen Leitung zu sorgfältiger Geschäftsführung verpflichtet. Seine Schadensersatzhaftung kann durch für die Gesellschaft nachteilige Maßnahmen einerseits dann begründet werden, wenn für sie eine Rechtfertigung durch überwiegende Konzerninteressen fehlt.[131] Daneben bildet der Bestandsschutz der konzernierten Gesellschaft eine zwingende Schranke für nachteilige Maßnahmen, und zwar selbst dann, wenn sie im Konzerninteresse veranlasst sein sollten.[132] Diese Schranken gelten auch in den Fällen des Typs B und C (Rn 8), bei Weisungsbindung des Komplementärs gegenüber dem herrschenden Unternehmen: Die Bindung kann wirksam nur für solche der Gesellschaft nachteilige Weisungen begründet werden, die dem Konzerninteresse dienen, ohne den Bestand der konzernierten Personengesellschaft zu gefährden.[133]

64 Eine letzte, aus § 138 Abs. 1 BGB und dem **Verbot wirtschaftlicher Selbstentmündigung** der Gesellschafter[134] abgeleitete Schranke ist bei Konzernverhältnissen des **Typs C** zu beachten. Als sittenwidrig kann danach die Weisungsbindung des Komplementärs der konzernierten Personengesellschaft gegenüber dem herrschenden Kommanditisten in den Fällen zu beurteilen sein, in denen es an einer Zusage des Kommanditisten gegenüber dem Komplementär fehlt, ihn von den durch die Weisungsbindung veranlassten, im Kon-

129 Vgl. näher § 8 Rn 45 ff (*Koch*) und § 106 Rn 11.

130 MünchKommHGB/*Mülbert* KonzernR Rn 225 f; Heymann/*Emmerich* § 105 Anh. Rn 16; Sudhoff/*Gerber* Personengesellschaften[8] § 25 Rn 52; BeckHdbPersonengesellschaften[2]/*Rosenbach* § 24 Rn 54 f; Röhricht/Graf v. Westphalen/*von Gerkan* § 105 Rn 119; *Ulmer* in: Ulmer (Hrsg.), Probleme des Konzernrechts, S. 26 (52).

131 Insoweit bietet die an die Verletzung der Grenzen zulässiger Weisungen anknüpfende Haftungsregelung des § 309 AktG eine auch für den Personengesellschaftskonzern relevante Richtschnur (vgl. dazu KölnerKomm-AktG[3]/*Koppensteiner* § 309 Rn 3, 11 f).

132 HM, vgl. nur BGH NJW 1980, 231 (232) – *Gervais* sowie *Geßler*/Hefermehl/Eckard/Kropff § 308 Rn 55 und *dens.* ZHR 140 (1976), 433 (436 ff); ferner die Nachw. in Fn 130; ähnlich auch MünchKommAktG[2]/*Altmeppen* § 308 Rn 115 ff, 118 ff; relativierend KölnerKomm-AktG[3]/*Koppensteiner* § 308 Rn 50 mwN.

133 Eingehend dazu *Löffler* Die abhängige Personengesellschaft S. 45 f unter Betonung der im Vergleich zum Kapitalgesellschaftsrecht verstärkten Bedeutung der Pflicht des herrschenden Unternehmens zur Bestandssicherung im Personengesellschaftsrecht.

134 BGHZ 44, 158 (161) = NJW 1965, 2147. Vgl. dazu o. Rn 14; *Ulmer* in: Ulmer (Hrsg.), Probleme des Konzernrechts, S. 26 (52 f). Ausführlich zur sittenwidrigen Selbstentmündigung des Komplementärs *Bitter* S. 213 ff, 222.

zerninteresse liegenden Haftungsrisiken freizustellen. Dieser Schranke kommt namentlich in den Fällen Bedeutung zu, in denen die persönliche Inanspruchnahme des weisungsgebundenen Komplementärs durch Gesellschaftsgläubiger angesichts der finanziellen Lage der Gesellschaft unter Berücksichtigung auch der Verlustübernahmepflicht des herrschenden Unternehmens (Rn 72 ff) ein nicht nur abstraktes Haftungsrisiko darstellt.

d) **Rechtsfolgen bei fehlendem Konzernierungsbeschluss.** Ohne Konzernierungsbeschluss bedeutet die Unterstellung der Gesellschaft unter die am Konzerninteresse orientierte einheitliche Leitung einen **Unrechtstatbestand**, da sie unvereinbar ist mit der vertraglichen Festlegung der Unternehmensleitung auf das Gesellschaftsinteresse (Rn 58). Aufgrund der Konzernvermutung (Rn 29) wird das Vorliegen des Unrechtstatbestands schon dann vermutet, wenn ein Abhängigkeitsverhältnis besteht; es ist dann Sache des herrschenden Unternehmens, die Vermutung zu widerlegen. 65

Mangels Konzernierungsbeschlusses können die außenstehenden Gesellschafter vom herrschenden Unternehmen **Unterlassung** der einheitlichen Leitung verlangen, sei es durch Verzicht auf seine Geschäftsführungs- oder Weisungsrechte in der Gesellschaft oder durch Aufgabe der anderweitigen unternehmerischen Betätigung; sie können ggf. auch die Gestaltungsklagen der §§ 117, 127 oder des § 140 erheben.[135] Der Gesellschaft steht gegen das herrschende Unternehmen ein – auch von den Mitgesellschaftern im Wege der actio pro socio geltend zu machender – **Schadensersatzanspruch** wegen sorgfaltswidriger Geschäftsführung durch das herrschende Unternehmen hinsichtlich des ihr daraus entstandenen Schadens mit weitgehender Beweislastumkehr zu Lasten des herrschenden Unternehmens zu: Dieses hat im Einzelfall darzutun und zu beweisen, dass die von den Klägern behaupteten schädigenden Handlungen entweder nicht vorgenommen worden oder nicht pflichtwidrig sind.[136] Auch greift das Haftungsprivileg des § 708 BGB hier nicht ein.[137] Bei unklarer Schadenshöhe ist der Schaden vom Gericht nach § 287 ZPO zu schätzen, wobei sich als Anhaltspunkte die Ertragskraft der Gesellschaft vor Beginn der einheitlichen Leitung sowie die durchschnittliche Rendite vergleichbarer Unternehmen im Handelszweig der Gesellschaft anbieten. Je nach Lage des Falles kommt weiter ein Schadensersatzanspruch nach § 678 BGB wegen unberechtigter Geschäftsführung durch das herrschende Unternehmen in Betracht; er greift auch ohne Sorgfalts- 66

135 Ebenso *Löffler* Die abhängige Personengesellschaft S. 139 ff; mit Abweichungen im Einzelnen auch die hM, Heymann/*Emmerich* § 105 Anh. Rn 18; *Emmerich*/Habersack Konzernrecht[8] § 34 II.2., S. 462; MünchKommHGB/*Mülbert* KonzernR Rn 218 ff, 269 ff; Westermann/*Tröger* Handbuch Rn I 4043 ff; Ebenroth/Boujong/Joost/Strohn/*Lange* § 105 Anh. Rn 37 ff; Sudhoff/*Gerber* Personengesellschaften[8] § 25 Rn 58; Baumbach/*Hopt* § 105 Rn 102; BeckHdbPersonengesellschaften[2]/*Rosenbach* § 24 Rn 62 ff; *Liebscher* Konzernbildungskontrolle (Fn 62) S. 341; *Binnewies* S. 122 ff.

136 So BGH NJW 1980, 231 (232) unter zutr. Hinweis auf die meist fehlende Möglichkeit der konzernierten Gesellschaft und ihrer Minderheitsgesellschafter, die Anspruchsvoraussetzungen allein schon in objektiver Hinsicht nachzuweisen. Dass diese Beweislastumkehr weiter geht als in § 317 Abs. 2 AktG, rechtfertigt sich auch aus der fehlenden Pflicht der Geschäftsführer der faktisch konzernierten Personengesellschaft zur Erstellung eines Abhängigkeitsberichts. Dem BGH zust. auch *Emmerich* (Fn 34) S. 743 (752 f) und *Löffler* Die abhängige Personengesellschaft S. 110 f.

137 EinhM, vgl. BGH NJW 1980, 231 (232) – *Gervais* und zuvor schon BGH NJW 1976, 191 (192) – *ITT* (insow. in BGHZ 65, 15 nicht abgedruckt); ferner die Nachw. o. Fn 109 zur Nichtanwendung von § 708 BGB in der abhängigen Personengesellschaft.

verstoß bei den einzelnen schadensverursachenden Geschäftsführungsmaßnahmen schon dann ein, wenn ein Übernahmeverschulden des herrschenden Unternehmens zu bejahen ist. – Zur **Verlustübernahmepflicht** des herrschenden Unternehmens bei bloß faktischer Konzernierung vgl. Rn 75.

67 2. **Beherrschungsvertrag (Vertragskonzern).** Zum Vorkommen und zur Zulässigkeit eines Vertragskonzerns mit einer der einheitlichen Leitung unterstellten Personengesellschaft vgl. schon Rn 6, 13. Nach der heute nahezu einhellig verwendeten Nomenklatur liegt freilich nicht schon dann ein Vertragskonzern vor, wenn der **Gesellschaftsvertrag** Regelungen enthält, die auf die Beherrschung durch einen Gesellschafter zielen oder wenn ein **Konzernierungsbeschluss** gefasst wird (Rn 58), der die Leitungsmacht des herrschenden Unternehmens und die Ausrichtung der beherrschten Personengesellschaft am Konzerninteresse begründen (Rn 6). Auch im „*Gervais*-Fall" lag deshalb allenfalls ein verdeckter Beherrschungsvertrag vor.[138] Es bleibt hier also prinzipiell bei der Anwendbarkeit der Regeln über faktische Konzerne. Derartige faktische Konzernverhältnisse sind nicht auf die Typen A und C, d.h. die Fälle unmittelbarer Gesellschaftsbeteiligung des herrschenden Unternehmens, beschränkt, sondern können von den Gesellschaftern auch mit einem *mittelbar*, über die Komplementär-GmbH an der konzernierten Gesellschaft beteiligten herrschenden Unternehmen (Typ B) begründet werden.

68 Auch im Personengesellschaftsrecht ist die Grenze zum Vertragskonzern erst mit Abschluss eines **Beherrschungsvertrages** (Typ D) überschritten, der den Weisungs- oder Leitungsbefugten zum herrschenden Unternehmen macht[139]; er kann etwa zu Sanierungszwecken vereinbart werden.[140] Im Übrigen ist das Bedürfnis für den Abschluss eines Beherrschungsvertrages aus gesellschaftsrechtlicher Sicht gering, weil auch durch Gesellschaftsvertrag bzw. Konzernierungsbeschluss die erforderlichen Beherrschungsinstrumente geschaffen werden können (Rn 6).[141] Um einen *gesellschafts-(organisations-)rechtlichen* Beherrschungsvertrag mit eigenen Gesellschafterrechten des herrschenden Unternehmens handelt es sich nur dann, wenn der Vertragsschluss zu dessen unmittelbarem oder mittelbarem Eintritt in den Gesellschafterkreis führt.[142] Anderenfalls mag man von einem *schuldrechtlichen* „Beherrschungsvertrag" sprechen[143], der freilich in Voraussetzungen

---

138 Die hM qualifiziert den im *Gervais*-Fall (Fn 11) geschlossenen Vertrag nicht als Beherrschungsvertrag, vgl. z.B. MünchKommHGB/*Mülbert* KonzernR Rn 126; Heymann/*Emmerich* § 105 Anh. Rn 19; *K. Schmidt* Gesellschaftsrecht § 43 III.2.c); *Stimpel* in: Ulmer (Hrsg.), Probleme des Konzernrechts, S. 11 (13 f); *Burbach* S. 327 ff (337) – prägnanter Überblick zum Streitstand bei *Bitter* S. 327 ff mwN.

139 Heute hM, MünchKommHGB/*Mülbert* KonzernR Rn 144 ff; Westermann/*Tröger* Handbuch Rn I 4081 ff; Ebenroth/Boujong/Joost/Strohn/*Lange* § 105 Anh. Rn 41 ff; Heymann/*Emmerich* § 105 Anh. Rn 19 ff; Baumbach/*Hopt* § 105 Rn 105; *Baumgartl* S. 59 ff; *Bälz* AG 1992, 277 (288); *Binnewies* S. 104 ff; *Kleindiek* S. 77 ff; tendenziell auch BayObLG NJW 1993, 1804 (1805) („nahe liegend", sofern keine natürliche Person unbeschränkt persönlich haftet); **aA** *Löffler* Die abhängige Personengesellschaft S. 22 ff, 40 ff, der den Abschluss eines organisationsrechtlichen Beherrschungsvertrags noch für unzulässig hielt; ebenso auch *Haar* Die Personengesellschaft im Konzern S. 268 ff.

140 Vgl. den Fall BGH NJW 1980, 231 – *Gervais*.

141 S. dazu auch *Bitter* S. 326 ff; *ders.* ZIP 2001, 265 (270 ff); *Binnewies* S. 104 ff; *Kleindiek* S. 77 ff; Westermann/*Tröger* Handbuch Rn I 4084, alle mwN.

142 Vgl. schon oben Rn 13; so auch die Gestaltung im *Gervais*-Fall (Fn 11).

143 Ebenso – allerdings ohne Beschränkung auf die Einräumung vertraglicher Weisungsrechte an *Nicht*gesellschafter – *Reuter* ZHR 146 (1982), 1 (16 f).

und Wirkungen scharf vom organisationsrechtlichen Beherrschungsvertrag zu unterscheiden ist. Insbesondere verpflichtet er die Gesellschaft nur im Außenverhältnis, den Weisungen des Dritten zu folgen, ohne diesem aber als herrschendem Unternehmen autonome Leitungs- oder Weisungsrechte gegenüber ihren Geschäftsführern zu verleihen. Die Gesellschaft kann auf diese Weise überdies nicht zu Maßnahmen verpflichtet werden, die ihrem Interesse widerstreiten. Auch führt der Vertrag nicht zum Vorliegen eines Konzerntatbestands; die Konzernvermutung des § 18 Abs. 1 S. 2 AktG greift nicht ein (Rn 28).

Nicht um einen Vertragskonzern handelt es sich schließlich beim Bestehen eines 69
Betriebsführungsvertrags, durch den die (Eigentümer-)Gesellschaft die Führung ihres Unternehmens einem außenstehenden Dritten überträgt, ohne ihm eigene Leitungs- oder Weisungsrechte in der Gesellschaft einzuräumen.[144] Auch wenn der Dritte in derartigen Fällen mit unmittelbarer Wirkung für die Gesellschaft soll handeln können, wird ihm doch keine Organstellung eingeräumt, sondern eine von den vertretungsbefugten Gesellschaftern abgeleitete, im Rahmen des Betriebsführungsvertrags eingeräumte (General-) Vollmacht.[145]

Wirksamkeitsvoraussetzung für den Beherrschungsvertrag mit einer Personengesell- 70
schaft ist zunächst die **Zustimmung sämtlicher Gesellschafter,** weil die Übertragung der Leitungsmacht auf ein anderes Unternehmen als Eingriff in den Kernbereich der Mitgliedschaft jedes Gesellschafters zu qualifizieren ist;[146] insofern gilt nichts anderes als für den (reinen) Konzernierungsbeschluss (Rn 43). Ein **Schriftformerfordernis** entsprechend § 293 Abs. 3 AktG besteht **nicht** (vgl. schon Rn 60); es passt nicht zur grundsätzlichen Formfreiheit des Personengesellschaftsvertrages (§ 105 Rn 167 ff).[147] Im Übrigen bedarf der mit einer Personengesellschaft geschlossene Beherrschungsvertrag zwar der **Eintragung** im Handelsregister (Rn 61); diese wirkt jedoch lediglich **deklaratorisch.** – Wegen der **Rechtsfolgen** ist auf die Rn 71 ff zu verweisen; eine Besonderheit besteht für die vertraglich konzernierte Personengesellschaft nur insoweit, als die Verlustausgleichspflicht hier nicht zur Disposition der Beteiligten steht, sofern es sich um eine Kapitalgesellschaft & Co. handelt (Rn 76).

---

144 Vgl. den Fall BGH NJW 1982, 1817 – *Holiday Inn*, dazu das nach Rückverweisung ergangene Urteil OLG München ZIP 1987, 849 mit Anm. *Windbichler* ZIP 1987, 825 ff sowie *U. Huber* ZHR 152 (1988), 1 (11 f); wie hier auch Ebenroth/Boujong/Joost/Strohn/*Lange* § 105 Anh. Rn 41. Näher zu Betriebsführungsverträgen und sonstigen Unternehmensverträgen i.S.d. § 292 AktG z.B. MünchKommHGB/*Mülbert* KonzernR Rn 315 ff; Westermann/*Tröger* Handbuch Rn I 4093; *Emmerich*/Habersack Konzernrecht[8] § 34 IV.2., S. 464; Heymann/*Emmerich* § 105 Anh. Rn 25; *Michalski* OHG-Recht § 105 Anh. I Rn 44.

145 Vgl. dazu und zu Betriebsführungsverträgen mit einer OHG oder KG als Eigentümergesellschaft *U. Huber* ZHR 152 (1988), 1 ff (13 ff, 19 ff). Allg. zum Betriebsführungsvertrag vgl. auch schon *Veelken* Der Betriebsführungsvertrag im deutschen und amerikanischen Aktien- und Konzernrecht, 1975.

146 MünchKommHGB/*Mülbert* KonzernR Rn 155 ff; Ebenroth/Boujong/Joost/Strohn/*Lange* Anh. § 105 Rn 46 f; Westermann/*Tröger* Handbuch Rn I 4085; *Kleindiek* S. 85 f; *Schießl* S. 27 ff.

147 HM, MünchKommHGB/*Mülbert* KonzernR Rn 152; Ebenroth/Boujong/Joost/Strohn/*Lange* Anh. § 105 Rn 46; Westermann/*Tröger* Handbuch Rn I 4086; *Gekeler* S. 200; *Kleindiek* S. 240; *Jäger* DStR 1997, 1813 (1814); **aA** Heymann/*Emmerich* Anh. § 105 Rn 22.

3. Verlustübernahmepflicht

71 a) **Fragestellung und Meinungsstand.** Für beherrschte **Kapitalgesellschaften** (AG und GmbH) bildet die Verlustübernahmepflicht des herrschenden Unternehmens die zwingende Folge aus dem Bestehen eines Vertragskonzerns. Das ergibt sich für die beherrschte AG aus § 302 AktG. Ebenso wird für die beherrschte GmbH einhellig die analoge Anwendung dieser Vorschrift beim Bestehen eines Unternehmens-(Beherrschungs- oder Gewinnabführungs-)Vertrages bejaht.[148] Offen ist derzeit hingegen, ob die Verlustübernahmepflicht analog § 302 AktG im *qualifizierten* faktischen Aktienkonzern gilt, nachdem die höchstrichterliche Rechtsprechung dieses Institut im GmbH-Recht mittlerweile zugunsten einer Existenzgefährdungshaftung insgesamt aufgegeben hat (vgl. Rn 35). Fest steht andererseits, dass im *einfachen* Konzern keine Verlustausgleichspflicht gilt, die Nachteile vielmehr einzeln auszugleichen sind (§§ 311, 317 AktG).

72 Für die konzernierte **Personengesellschaft** ist die Verlustübernahmepflicht des herrschenden Unternehmens jedenfalls im Ergebnis ganz überwiegend anerkannt. Umstritten ist allerdings, ob die Pflicht zum Ausgleich des Jahresverlusts bei allen Konzernierungsformen eingreift[149] oder nur für den Vertragskonzern (Rn 67) bzw. bei qualifizierter Konzernierung gilt, weil und soweit dort die Nachteile keinem Einzelausgleich zugänglich sind.[150] Auch differieren die Begründungen. Während der BGH darin den Ausdruck eines allgemeinen Rechtsgrundsatzes sieht[151], findet sich in der Literatur neben einer Analogie zu § 302 AktG[152] auch der Hinweis auf § 670 BGB[153] und auf die Treupflicht.[154] Die Begründung ist nicht zuletzt deshalb von Interesse, weil sie Anhaltspunkte

[148] Vgl. nur Scholz/*Emmerich* GmbHG[10] Anh. § 13 Rn 180 m. Nachw.

[149] So die hM, vgl. Sudhoff/*Gerber* Personengesellschaften[8] § 25 Rn 57; *Emmerich*/Habersack Konzernrecht[8] § 34 II.1.b), II.2., III.4., S. 461 f (464); BeckHdbPersonengesellschaften[2]/*Rosenbach* § 24 Rn 57; Heymann/*Emmerich* HGB[2] § 105 Anh. Rn 17; Röhricht/Graf v. Westphalen/*von Gerkan* HGB[2] § 105 Rn 117; *Ulmer* in: Ulmer (Hrsg.), Probleme des Konzernrechts, S. 26 (55 ff); wohl auch *Burbach* S. 477 ff (485).

[150] Für Verlustausgleichspflicht nur bei qualifizierter faktischer Konzernierung und beim Vertragskonzern Ebenroth/Boujong/Joost/Strohn/*Lange* HGB[2] § 105 Anh. Rn 39, 51 ff, 64; *Kleindiek* S. 264 f, 284 ff; MünchKommHGB[2]*Mülbert* KonzernR Rn 180 ff, 191 ff; Westermann/*Tröger* Handbuch Rn I 4069 ff; wohl auch Baumbach/*Hopt* § 105 Rn 103 f; *Jäger* DStR 1997, 1815 (1817).

[151] BGH NJW 1980, 231 (232) – *Gervais;* vgl. auch *Timm* GmbHR 1987, 8 (12 f); ähnlich schon *Reuter* ZHR 146 (1982), 1 (21) (analog § 670 BGB); *K. Schmidt* DB 1984, 1181 (1183).

[152] HM, Sudhoff/*Gerber* Personengesellschaften[8] § 25 Rn 57; *Michalski* OHG-Recht § 105 Anh. I Rn 45; *Emmerich*/Habersack Konzernrecht[8] § 34 II.1.b), II.2., III.4.; S. 461 f, (464); Heymann/*Emmerich* HGB[2] § 105 Anh. Rn 16; Ebenroth/Boujong/Joost/Strohn/*Lange* § 105 Anh. Rn 51 ff (54); *Kleindiek* S. 147 ff, 283; *Michalski/Bohlmann* NZG 1999, 838 (839); *Limmer* GmbHR 1992, 265 (269); *Stimpel* in: Ulmer (Hrsg.), Probleme des Konzernrechts, S. 11 (23 ff); *Gekeler* S. 253 ff; für einige Fälle auch MünchKommHGB/*Mülbert* KonzernR Rn 194; ebenso bereits *Baumgartl* S. 113 ff (116); **aA** *Reuter* ZHR 146 (1982), 1 (21); *U. H. Schneider* ZGR 1980, 511 (539); *Löffler* Die abhängige Personengesellschaft S. 87 f.

[153] So *Reuter* ZHR 146 (1982), 1 (21 f); *Laule* FS Semler, 1993, S. 541 (558 f) ähnlich auch *Wilhelm* DB 1986, 2113 (2116) und schon *Schilling* FS Hefermehl, 1976, S. 383 (389) (jew. für die GmbH); **aA** *Baumgartl* S. 111; *Löffler* Die abhängige Personengesellschaft S. 91; *Schießl* S. 91 f und schon *Verhoeven* GmbH-Konzern-Innenrecht,1978, Rn 235 (für die GmbH).

[154] *Löffler* Die abhängige Personengesellschaft S. 92 ff (96); *Stimpel* in Ulmer (Hrsg.) Probleme des Konzernrechts, S. 11 (22 f); Westermann/*Tröger* Handbuch Rn I 4069;

bietet für die Frage zwingender Geltung der Verlustübernahmepflicht sowie für deren Eingreifen auch bei Fehlen eines Beherrschungsvertrages, namentlich bei bloß einfacher faktischer Konzernierung (vgl. Rn 75 f).

b) **Stellungnahme.** Schon in der Vorauflage hat *Ulmer* darauf hingewiesen, dass einige Begründungsansätze Zweifeln unterliegen; seine Überlegungen haben auch angesichts der aktuellen Diskussion Bestand. So ist die Berufung auf einen „allgemeinen Rechtsgrundsatz" oder allgemein auf die Treupflicht zu unspezifisch, um daraus konkrete Folgerungen für Anwendungsbereich und zwingende Geltung der Verlustübernahmepflicht abzuleiten. Die Analogie zu § 302 AktG setzt sich dem Einwand aus, dass diese Vorschrift jedenfalls zum Teil kapitalgesellschaftsspezifisch ist, insoweit sie nämlich *auch*, wenn nicht in erster Linie[155], auf eine Kompensation der im (Vertrags-)Konzern nicht unmittelbar anwendbaren Kapitalerhaltungsvorschriften mit konzernspezifischen Mitteln zielt[156]; diese Vorschriften sind auf Personengesellschaften bekanntlich nur für den Sonderfall der GmbH & Co. KG mit einer der GmbH vergleichbaren Haftungsverfassung anwendbar.[157] Der Berufung auf § 670 BGB steht zwar nicht notwendig entgegen, dass es sich beim Vertragskonzern nicht um eine schuldrechtliche, sondern eine organisationsrechtliche Unternehmensverbindung handelt; denn dieser Umstand schließt es auch für den Gesellschaftsvertrag als Grundfall des Organisationsvertrags nicht aus, auf schuldrechtliche Normen zurückzugreifen, soweit sie nach ihrem Inhalt einschlägig sind (vgl. näher § 105 Rn 143 ff). Schwer zu entkräften ist jedoch der Einwand, dass der nach § 670 BGB geschuldete Aufwendungsersatz auf die spezifischen Aufwendungen und Risiken aus der Fremdgeschäftsführung beschränkt ist, ohne die Abwälzung der Belastungen aus dem allgemeinen Lebensrisiko zu gestatten[158]; eine Verlustübernahmepflicht des herrschenden Unternehmens wäre aus § 670 BGB somit nur hinsichtlich derjenigen Verluste zu begründen, die nicht auf der allgemeinen konjunkturellen Entwicklung oder sonstigen nicht vom herrschenden Unternehmen steuerbaren Vermögensnachteilen beruhen, sondern auf die am Konzerninteresse ausgerichtete Leitung der konzernierten Gesellschaft zurückzuführen sind.[159] 73

Von den in Rechtsprechung und Literatur genannten Gründen für die Verlustübernahmepflicht erweist sich damit unverändert der auf die **Leitungsmacht** des herrschenden Unternehmens und die ihr entsprechende **Risikohaftung** abstellende Ansatz als der überzeugendste.[160] Er findet sich – neben anderen Erwägungen – schon in der amtl. Begründung zu § 302 Abs. 1 AktG, wenn es dort heißt, wer die Geschicke der Gesellschaft bestimmen könne oder ihren ganzen Gewinn erhalte, müsse auch für ihre Verluste einstehen.[161] Auch wenn die Herkunft dieses Satzes aus der Chancen- und Risikoverteilung 74

MünchKommHGB/*Mülbert* KonzernR Rn 182; **aA** *Haar* Die Personengesellschaft im Konzern S. 427 ff.

155 In diesem Sinne *Ulmer* AG 1986, 123 (126); dem folgend *Stimpel* FS Goerdeler, 1987, S. 601 (609); **aA** KölnerKomm-AktG³/*Koppensteiner* § 302 Rn 4 ff (9).

156 Vgl. dazu grundlegend *Mestmäcker* Verwaltung, Konzerngewalt und Rechte der Aktionäre S. 325 ff (335).

157 Vgl. näher Voraufl. § 172a Rn 17 f (*Schilling*) mwN.

158 Vgl. dazu nur MünchKommBGB⁴/*Seiler* § 670 Rn 14; Staudinger/*Martinek* BGB (2006) § 670 Rn 21 und 25 (jew. mwN).

159 So zutr. *Schießl* S. 91 f; *Löffler* Die abhängige Personengesellschaft S. 91.

160 *Ulmer* in: Ulmer (Hrsg.), Probleme des Konzernrechts, S. 26 (56); auch viele Vertreter einer Analogie zu § 302 AktG (Fn 152) verweisen zur Begründung ihrer Auffassung auf diesen Aspekt.

161 Zit. bei *Kropff* (Fn 70) S. 391; diesen Gesichtspunkt betont auch KölnerKomm-AktG³/*Koppensteiner* § 302 Rn 6.

in §§ 667, 670 BGB unverkennbar ist[162], beschränkt sich die Verlustübernahmepflicht als Inhalt der Risikohaftung doch nicht auf die konzernspezifischen, von § 670 BGB erfassten Aufwendungen; sie erlangt dadurch gegenüber § 670 BGB eigenständige Bedeutung. Schließlich lässt sich auch der vom BGH genannte, unabhängig von etwaigen Kapitalerhaltungsvorschriften eingreifende „allgemeine Rechtsgrundsatz" auf diese Risikohaftung zurückführen, wenn es zu seiner Begründung heißt, aus der Möglichkeit des herrschenden Unternehmens, die Unternehmenspolitik der beherrschten Gesellschaft zu bestimmen und diese voll den eigenen Belangen anzupassen, folge notwendig die Verpflichtung, während der Dauer der Beherrschung entstandene Verluste der abhängigen Gesellschaft zu übernehmen.[163]

75 c) **Folgerungen.** Stützt man die Verlustübernahmepflicht des herrschenden Unternehmens aus den in Rn 74 genannten Gründen auf die Korrelation von Leitungsmacht und Risikohaftung, so greift sie auch zugunsten der konzernierten *Personen*gesellschaft ein, **ohne** dass es einer **besonderen Verpflichtung** des herrschenden Unternehmens im Gesellschaftsvertrag, Konzernierungsbeschluss oder sonstigen Beherrschungsvertrag bedarf. Sie beschränkt sich auch nicht auf den Vertragskonzern, sondern gilt ebenso während der **faktischen** Ausübung einheitlicher Leitung; dass die Ausübung mangels Zustimmung der Mitgesellschafter unrechtmäßig erfolgt (Rn 65), steht nicht entgegen.[164] Auch kommt es nicht darauf an, ob die Verluste durch das herrschende Unternehmen schuldhaft herbeigeführt wurden[165]; soweit das herrschende Unternehmen *sorgfaltswidrig* gehandelt hat, haftet es zusätzlich auf *Schadensersatz* wegen Verletzung seiner Geschäftsführungs- oder Treupflichten (vgl. Rn 66). Auch darauf, ob die Verfolgung des Konzerninteresses kausal war für die Entstehung der Verluste der konzernierten Personengesellschaft, kommt es nicht an. Denkbar ist allenfalls, dem herrschenden Unternehmen den Einwand höherer Gewalt im Fall solcher Verluste der konzernierten Personengesellschaft zu gewähren, die keinerlei erkennbaren Zusammenhang mit der Konzerngründung oder -leitung aufweisen.[166]

76 Die **zwingende** Geltung der Verlustübernahmepflicht erscheint nur im Analogiebereich des § 302 AktG veranlasst, d.h. in denjenigen Fällen, in denen es sich bei der beherrschten Gesellschaft um eine vertraglich konzernierte **GmbH & Co. KG** handelt (Typ B bzw. D, vgl. Rn 8 und 55); daneben tritt ggf. die vom BGH gegenwärtig auf § 826 BGB gestützte Existenzgefährdungshaftung (Rn 35, 55), welche die Haftung aus qualifizierter faktischer Konzernierung abgelöst hat. Hiervon abgesehen gilt der das Innenverhältnis der Personengesellschaft prägende Grundsatz der **Privatautonomie** (§ 109 Rn 4 ff) auch für die

---

162 So zutr. *Reuter* ZHR 146 (1982), 1 (21 f); vgl. auch *Hommelhoff* Die Konzernleitungspflicht, 1982, S. 367f.

163 BGH NJW 1980, 231 (232) – *Gervais*.

164 So der BGH im *Gervais*-Urteil (o. Fn 11); zust. *Löffler* Die abhängige Personengesellschaft S. 137 f; ebenso *Schießl* S. 85; *Emmerich*/Habersack Konzernrecht[8] § 34 II 2, S. 462; Heymann/*Emmerich* § 105 Anh. Rn 18; BeckHdbPersonengesellschaften[2]/*Rosenbach* § 24 Rn 57; *Burbach* S. 460 f; bei qualifizierter Beherrschung auch *K. Schmidt* Gesellschaftsrecht § 43.III.4.b).

165 BeckHdbPersonengesellschaften[2]/*Rosenbach* § 24 Rn 58; *Gekeler* S. 255; *Ulmer* in: Ulmer (Hrsg.), Probleme des Konzernrechts, S. 26 (57); ebenso der Sache nach auch die Befürworter einer Anlalogie zu § 302 AktG (Fn 152); **aA** allgemein *Lutter* ZGR 1982, 264 ff; *Hommelhoff* (Fn 162) S. 367 f; *Verhoeven* (Fn 153) Rn 328 ff; *Schießl* S. 85 ff; speziell zum Personengesellschaftsrecht Westermann/*Tröger* Handbuch Rn I 4072 (auf der Basis des Treupflichtansatzes).

166 Zu dem hierauf rückführbaren Hintergrund der Haftungseingrenzung in Leitsatz b) des *Autokran*-Urteils des BGH vgl. *Ulmer* NJW 1986, 1585.

vertragliche Ausgestaltung ihrer Beziehungen zum herrschenden Unternehmen.[167] Allerdings kann der Ausschluss oder die wesentliche Einschränkung der Verlustübernahmepflicht je nach Lage des Falles dazu führen, dass der Beherrschungsvertrag oder Konzernierungsbeschluss sich als sittenwidrig nach **§ 138 Abs. 1 BGB** erweist. Das kann etwa beim Typ C (Rn 8) zu bejahen sein, d.h. im Falle unbeschränkter Außenhaftung von Mitgesellschaftern, für die die Unterstellung der Gesellschaft unter die einheitliche Leitung des herrschenden Unternehmens die wirtschaftliche Selbstentmündigung zur Folge haben kann.[168] Sittenwidrig kann es auch sein, wenn das herrschende Unternehmen den Ausschluss der Verlustübernahme unter Ausnutzung der Notlage von Gesellschaft und Mitgesellschaftern durchsetzt. Andererseits greift § 138 Abs. 1 BGB in *Sanierungsfällen* nicht schon dann ein, wenn ein Dritter zur Beteiligung an der sanierungsbedürftigen Gesellschaft und zur Übernahme der einheitlichen Leitung nur bereit ist, sofern die Mitgesellschafter ihn für die voraussichtliche Dauer der Sanierung von den absehbaren Verlusten freistellen.

4. Minderheitenschutz. Zum Minderheitenschutz bei *fehlendem* Konzernierungsbeschluss, d.h. zum Eingreifen von Unterlassungs- und Schadensersatzansprüchen gegen das herrschende Unternehmen, vgl. Rn 65. Soll die Konzernierung durch Beschlussfassung legalisiert werden, so ist die Minderheit wegen des Erfordernisses allseitiger Zustimmung (Rn 59) in der Lage, im Wege des **Selbstschutzes** ihre Interessen selbst wahrzunehmen und die Zustimmung von entsprechenden Garantien des herrschenden Unternehmens ihnen gegenüber (Abfindungs- oder Umtauschrecht, Gewinn- oder Dividendengarantie) davon abhängig zu machen, dass das herrschende Unternehmen vom Ausschluss der Verlustübernahmepflicht gegenüber der konzernierten Gesellschaft absieht.[169] Grob einseitige Konzernierungsbeschlüsse, die von einem zu Sanierungszwecken eintretenden herrschenden Unternehmen unter Ausnutzung der Notlage der bisherigen Gesellschafter durchgesetzt werden, können je nach Lage des Falles wegen Sittenwidrigkeit nach § 138 Abs. 1 BGB nichtig sein (vgl. auch Rn 76).[170] Eine analoge Anwendung der Minderheitenschutzvorschriften der **§§ 304, 305 AktG** ist wegen der Notwendigkeit allseitiger Zustimmung zum Konzernierungsbeschluss **nicht** veranlasst.[171] 77

Der Konzernierungsbeschluss gibt, auch wenn er wirksam zustande gekommen ist, dem herrschenden Unternehmen keinen Freibrief zur Schädigung der konzernierten Gesellschaft oder der Mitgesellschafter. Vorbehaltlich der Ersetzung des Gesellschafts- durch 78

---

[167] Ebenso Baumbach/*Hopt* § 105 Rn 104 (aE); BeckHdbPersonengesellschaften[2]/*Rosenbach* § 24 Rn 59; *Stimpel* in: Ulmer (Hrsg.), Probleme des Konzernrechts, S. 11 (25); Röhricht/Graf v. Westphalen/*von Gerkan* § 105 Rn 118; dagegen *Kleindiek* S. 155; einschränkend auch *Altmeppen* Abschied vom „qualifiziert faktischen" Konzern S. 115 f; *Reuter* ZHR 146 (1982), 1 (13), da der Verzicht auf den Verlustübernahmeanspruch sich einer rationalen Abschätzung entziehe (?) und daher nicht mehr von der Privatautonomie gedeckt sei.

[168] Vgl. dazu BGHZ 44, 158 (161) = NJW 1965, 2147; Schlegelberger/*Martens* § 164 Rn 27 und 29 und o. Rn 14, 64.

[169] Vgl. MünchKommHGB/*Mülbert* KonzernR Rn 274; *Michalski* OHG-Recht § 105 Anh. I Rn 46; Sudhoff/*Gerber* Personengesellschaften[8] § 25 Rn 56; BeckHdbPersonengesellschaften[2]/*Rosenbach* § 24 Rn 62.

[170] Ebenso Heymann/*Emmerich* § 105 Anh. Rn 21.

[171] HM, Ebenroth/Boujong/Joost/Strohn/*Lange* Anh. § 105 Rn 47; Heymann/*Emmerich* Anh. § 105 Rn 23; Westermann/*Tröger* Handbuch Rn I 4091; *Kleindiek* S. 219; *Löffler* Die abhängige Personengesellschaft S. 116 ff.

das Konzerninteresse (Rn 58) gilt die **Treupflicht** in der konzernierten Gesellschaft auch für das herrschende Unternehmen fort; ein genereller Verzicht hierauf unter Zulassung bestandsgefährdender Weisungen des herrschenden Unternehmens ist ausgeschlossen.[172] Bestandsgefährdende oder nicht im Konzerninteresse liegende, für die Gesellschaft nachteilige Geschäftsführungsmaßnahmen verpflichten das herrschende Unternehmen zum Schadensersatz (Rn 63); das gilt auch im Fall mittelbarer Konzernierung des Typs B unter Zwischenschaltung einer Komplementär-GmbH (Rn 51 f) sowie bei Bestehen eines Beherrschungsvertrages (Typ D).[173] Mitspracherechte der Mitgesellschafter in Geschäftsführungsfragen sind durch den Konzernierungsbeschluss zwar im Zweifel ausgeschlossen, soweit es sich nicht um für die konzernierte Gesellschaft außergewöhnliche, über die einheitliche Leitung hinausgehende Geschäfte handelt.[174] Wohl aber stehen den Minderheitsgesellschaftern entsprechend weitgehende **Informationsrechte** wie im Rahmen einer abhängigen Personengesellschaft zu (Rn 48 f). Schließlich verbleiben der Minderheit trotz des Konzernierungsbeschlusses die **Gestaltungsklagen** der §§ 117, 127, 133, 140, sofern sich die einheitliche Leitung durch das herrschende Unternehmen entgegen ihren berechtigten Erwartungen als unzumutbar erweist.[175] Auch eine der Kündigung des Unternehmensvertrags aus wichtigem Grund (§ 297 Abs. 1 AktG) entsprechende Gestaltungsklage, gerichtet auf Aufhebung des Konzernierungsbeschlusses unter Wiederherstellung des ursprünglichen Zustands, erscheint unter diesen Umständen nicht als ausgeschlossen.[176]

79 **5. Gläubigerschutz.** Der Gläubigerschutz in der konzernierten Personengesellschaft wird einerseits – als Reflexschutz – durch die grundsätzliche Verlustübernahmepflicht des herrschenden Unternehmens (Rn 72 ff) sowie durch die Schranken für die Leitungsmacht des herrschenden Unternehmens aus dem Konzernierungsbeschluss und der Treupflicht bewirkt. Diese dem **Bestandsschutz der konzernierten Personengesellschaft** dienenden Rechtsbehelfe kommen mittelbar auch den Gläubigern zugute. Sie sind geeignet, die Nachteile auszugleichen, die sich aus der Unterstellung der Gesellschaft unter das Konzerninteresse ergeben. Für den Fall der Beendigung der Konzernierung kommt darüber hinaus die analoge Anwendung des § 303 AktG über die Pflicht des herrschenden Unternehmens zur Sicherheitsleistung gegenüber den Gläubigern der bis dahin konzernierten Personengesellschaft in Betracht.[177] Sein Eingreifen hängt im Unterschied zu § 302 AktG

---

[172] Vgl. dazu eingehend *M. Winter* S. 190 ff (214) (für die GmbH); so im Grundsatz auch *Lutter* AcP 180 (1980), 84 (117); *Reuter* ZHR 146 (1982), 1 (7); vgl. auch § 105 Rn 234.

[173] Ganz hM, vgl. nur OLG Düsseldorf AG 1990, 490 (492); *Emmerich*/Habersack Aktien- und GmbH-KonzernR[5] § 308 AktG Rn 60 ff; *Hüffer* AktG § 308 Rn 19; *Ulmer* ZHR 148 (1984), 391 (408 ff).

[174] Die für die Gesellschafter einer *abhängigen* OHG oder KG anerkannte Ausdehnung der Mitspracherechte (§§ 116 Abs. 2, 164) auf Geschäfte mit dem herrschenden Unternehmen (o. Rn 45 f) ist im *Konzern* mangels besonderer Vereinbarung nicht veranlasst.

[175] Ebenroth/Boujong/Stroost/John/*Lange* Anh. § 105 Rn 29, 37; MünchKommHGB/*Mülbert* KonzernR Rn 288; Westermann/*Tröger* Rn I 4066; *Ulmer* in: Ulmer (Hrsg.), Probleme des Konzernrechts, S. 26 (54).

[176] Baumbach/*Hopt* § 105 Rn 105; Westermann/*Tröger* Handbuch Rn I 4092; abweichend MünchKommHGB/*Mülbert* KonzernR Rn 241 (keine Gestaltungsklage erforderlich).

[177] So BGHZ 95, 330 (346 f) = NJW 1986, 188 – *Autokran* (bei Beendigung eines qualifizierten faktischen Konzerns wegen Zusammenbruchs der Tochter-GmbH; da es im Personengesellschaftsrecht nicht auf die qualifizierte Beherrschung ankommt, ist diese Aussage weiterhin relevant); ebenso auch BAG ZIP 1991, 884 (888 f); BAG NJW

(Rn 73) nicht davon ab, ob die Gesellschaft nach Art der AG oder GmbH der Kapitalsicherung zugunsten der Gläubiger unterworfen ist.

Im Übrigen wird der Gläubigerschutz ebenso wie im Fall der abhängigen Gesellschaft über die **Gesellschafterhaftung** nach § 128 (Typ A) und ihre Ergänzung durch GmbH-rechtliche Haftungsgrundsätze (Typ B, D) bzw. Durchgriffshaftung des herrschenden Kommanditisten (Typ C) bewirkt. Auf die Feststellungen hierzu (Rn 54 ff) kann verwiesen werden. Weitergehende, an den Konzernierungstatbestand anknüpfende Schutzgrundsätze sind nicht veranlasst. 80

C. Die Personengesellschaft als herrschendes Unternehmen

I. Ausgangspunkt und Fragestellung

Die **gesetzlichen Regelungen** über verbundene Unternehmen beschränken sich im AktG ganz überwiegend auf die Rechtsverhältnisse in der *beherrschten* AG; sie bezwecken den Schutz ihrer außenstehenden Gesellschafter und Gläubiger. Aktienrechtliche Vorschriften über Mitspracherechte der Gesellschafter der **Obergesellschaft** finden sich nur **vereinzelt.** Sie beschränken sich auf den Fall der *Konzernbildung* und setzen voraus, dass das herrschende Unternehmen in der Rechtsform der AG oder KGaA organisiert ist (vgl. §§ 293 Abs. 2, 319 Abs. 2 AktG). Mitspracherechte in Bezug auf die *Konzernleitung* sind nur in der für mitbestimmte Gesellschaften geltenden Sonderregelung des § 32 MitbestG vorgesehen. Sie betreffen die Ausübung von Beteiligungsrechten im Verhältnis zwischen paritätisch mitbestimmten Unternehmen und sollen durch Kompetenzzuweisung an die Anteilseignervertreter im mitbestimmten Aufsichtsrat des herrschenden Unternehmens einer Kumulierung von Mitbestimmungsrechten entgegenwirken.[178] Angesichts dieses für die Aktionäre der Obergesellschaft unbefriedigenden Rechtsstands hat der Bundesgerichtshof im *Holzmüller*-Urteil[179] im Anschluss an entsprechende Thesen der Literatur[180] rechtsfortbildend „ungeschriebene Mitwirkungsrechte" der Aktionäre der Obergesellschaft auch in sonstigen Fällen konzernrelevanter Grundsatzentscheidungen anerkannt. Sie betreffen einerseits solche in die Rechte und Interessen der Aktionäre der Obergesellschaft eingreifenden Fälle der Konzernbildung wie die Ausgliederung des wertvollsten Unternehmensteils, andererseits die Mitsprache bei Grundlagenentscheidungen auf der Ebene der Tochtergesellschaft, die erhebliche Auswirkungen für die Aktionäre der Ober- 81

1996, 1491 (1492); NJW 1999, 2612 f (dazu *Henssler* ZGR 2000, 479 ff); ferner Westermann/*Tröger* Handbuch Rn I 4079; Sudhoff/*Gerber* Personengesellschaften[8] § 25 Rn 59 ff; BeckHdbPersonengesellschaften[2]/*Rosenbach* § 25 Rn 65; *Emmerich*/Habersack Konzernrecht[8] § 34 II.1.b), II.2., III.4., S. 461 f, (464); Heymann/*Emmerich* § 105 Anh. Rn 16 ff (24); *Kleindiek* S. 234 ff; wohl auch Röhricht/Graf v. Westphalen/*von Gerkan* § 105 Rn 117; differenzierend MünchKommHGB/*Mülbert* KonzernR Rn 247 ff; *Limmer* GmbHR 1992, 272 f; **aA** *Bitter* S. 416 ff; *Laule* FS Semler, 1993, S. 541 (559 f); von Ausnahmen abgesehen auch *Eberl-Borges* WM 2003, 105 (111 ff, 115 f).

178 Vgl. dazu *Ulmer*/*Habersack*/Henssler Mitbestimmungsrecht[2] § 32 Rn 2.

179 BGHZ 83, 122 (131 f) = NJW 1982, 1703.

180 *Lutter* Die Rechte der Gesellschafter beim Abschluß fusionsähnlicher Unternehmensverbindungen, 1974, S. 25 ff; *ders.* FS Barz, 1974, S. 199 (210 ff); *U. H. Schneider* FS Bärmann, 1975, S. 873 ff; *Timm* Die AG als Konzernspitze (1980), insbes. S. 103 ff, 165 ff.

gesellschaft haben. In seinen Urteilen *Gelatine I*[181] und *II*[182] hat der BGH zwar einerseits klargestellt, dass die Mediatisierung von Mitgliedschaftsrechten auch noch bei der Verlagerung eines Unternehmens von der Tochter- auf die Enkel-Ebene in Betracht kommt („Verenkelung"), andererseits aber auch verdeutlicht, dass das betroffene Unternehmen den wesentlichen Teil des Gesamtkonzerns bilden muss, damit die ungeschriebene HV-Kompetenz eingreift.[183] Hierbei hat sich das Gericht freilich nicht auf bestimmte Unternehmenskennzahlen festgelegt, sondern sich auf den Hinweis beschränkt, dass die erforderliche Größenordnung von ca. 80 % durch keine der zur Debatte stehenden Kennzahlen (Gewinn, Umsatz, Arbeitnehmerzahlen etc.) erfüllt wurde.

82 Für die **Personengesellschaft** als herrschendes Unternehmen ist die Rechtslage weniger problematisch als für die AG und ihre Aktionäre. Das beruht auf der flexibleren Kompetenzverteilung in der OHG oder KG und auf den im Vergleich zum Aktienrecht weitergehenden Mitsprache- und Informationsrechten der nicht an der Geschäftsführung der Obergesellschaft beteiligten Gesellschafter. Die rechtsfortbildende Entwicklung besonderer Kompetenzen dieser Gesellschafter in Fällen der Konzernbildung und -leitung durch eine OHG oder KG als Obergesellschaft ist daher nur in Randbereichen erforderlich.[184] Besondere Gläubigerschutzprobleme bei der herrschenden OHG oder KG aufgrund ihrer Rolle als Konzernspitze sind nicht ersichtlich.[185] – Zu den Erscheinungsformen verbundener Unternehmen mit einer OHG oder KG als Obergesellschaft vgl. Rn 4.

II. Die Rechte nichtgeschäftsführender Gesellschafter der Obergesellschaft

1. Mitspracherechte

83 a) **Konzernbildung.** Die Mitspracherechte der nichtgeschäftsführenden Gesellschafter bei der Ausgliederung wesentlicher Unternehmensteile, dem Erwerb oder der Neugründung von Tochtergesellschaften oder Gemeinschaftsunternehmen mit nicht unerheblichen Dimensionen oder bei sonstigen nicht die Gesellschaftsgrundlagen als solche betreffenden Maßnahmen der Konzernbildung sind durch §§ **116 Abs. 2, 164** gesichert. Diese Vorschriften enthalten mit ihrem Abstellen auf Geschäfte, die „über den gewöhnlichen Betrieb des Handelsgewerbes der Gesellschaft hinausgehen", den zutreffenden Maßstab. Sie gestatten es, den berechtigten Belangen der Mitgesellschafter bei Ausgliede-

---

181 BGHZ 159, 30 = NJW 2004, 1860.

182 BGH NJW Spezial 2004, 76 = WM 2004, 1085.

183 Hierzu etwa MünchKommHGB/*Mülbert* KonzernR Rn 70 mit Nachweisen zur zwischenzeitlichen instanzgerichtlichen Rechtsprechung in Fn 97. Hinweise auf die *Holzmüller*-Problematik im Zusammenhang mit Personengesellschaften finden sich z.B. bei Baumbach/*Hopt* § 105 Rn 106; Beck-HdbPersonengesellschaften[2]/*Rosenbach* § 24 Rn 78; Westermann/*Tröger* Handbuch Rn I 4006; *Wiedemann* Gesellschaftsrecht, Bd. II § 6 I.4.a), S. 527.

184 Eingehend zur Rechtsstellung der Gesellschafter der herrschenden Personengesellschaft beim Bestehen einer Unternehmensverbindung insbes. *U. H. Schneider* FS Bärmann, 1975, S. 873 ff; *ders.* BB 1975, 1353 (1357 f) und ZHR 143 (1979), 485 ff; zur weitgehenden Entbehrlichkeit einer Rechtsfortbildung ferner Sudhoff/*Gerber* Personengesellschaften[8] § 25 Rn 72; MünchKommHGB/*Mülbert* KonzernR Rn 71; Westermann/*Tröger* Handbuch Rn I 4006; speziell zur Personengesellschaft als herrschendes Unternehmen eines vertraglichen oder faktischen Aktien- oder GmbH-Konzerns vgl. *Jäger* DStR 1997, 1770 (1771 ff).

185 Anderes gilt für die Gläubiger der Tochter-GmbH, insbes. in Fällen der Betriebsaufspaltung unter Verbleib des Anlagevermögens bei der Ober-(Besitz-)gesellschaft, vgl. dazu nur einerseits BGHZ 68, 312 = NJW 1977, 1449, andererseits *Wiedemann* ZIP 1986, 1293 (1301 ff) (zur Frage eines Haftungsdurchgriffs auf die Besitzgesellschaft).

rung von Unternehmensteilen u.a. auch ohne Rechtsfortbildung Rechnung zu tragen.[186] Anders als im Aktienrecht (Rn 81) kommt es insofern nicht allein darauf an, dass durch die konzernbildende Maßnahme Mitgliedschaftsrechte in der Obergesellschaft mediatisiert werden, insbesondere durch Ausgliederung wichtiger Unternehmensteile. Vielmehr sind regelmäßig auch Neugründung, Erwerb oder Veräußerung von Tochter- oder Enkelgesellschaften bzw. von Gemeinschaftsunternehmen eine ungewöhnliche Maßnahme.[187] Entsprechendes gilt für den Abschluss eines Beherrschungsvertrages.[188] Wegen der Einzelheiten ist auf die Erl. zu §§ 116, 164 zu verweisen. – Die unbeschränkte *Vertretungsmacht* der Geschäftsführer wird durch die fehlende Zustimmung der Mitgesellschafter zwar grundsätzlich nicht berührt. Anderes gilt jedoch in Bezug auf konzerninterne Geschäfte, bei denen allen Beteiligten die Überschreitung der Geschäftsführungsbefugnis der Organmitglieder der OHG oder KG bekannt ist.[189]

b) **Konzernleitung.** Auch insoweit bestehen bei außergewöhnlichen Geschäften im Konzern keine Schwierigkeiten, den von der Geschäftsführung ausgeschlossenen Gesellschaftern Mitspracherechte im Rahmen der §§ 116 Abs. 2, 164 zu sichern. Das gilt jedenfalls auf der Ebene der **Obergesellschaft,** d.h. in Bezug auf die Geschäftsführung dieser Gesellschaft und die Ausübung von Beteiligungsrechten durch ihre Geschäftsführer bei der Tochtergesellschaft; darunter fällt auch die Beschlussfassung über die **Gewinnverwendung** in der Tochtergesellschaft. In seiner *Otto*-Entscheidung[190] (dazu allgemein § 119 Rn 33, 36 f) hat der BGH allerdings offen gelassen, ob die willkürliche Bildung von Rücklagen bei Tochtergesellschaften entsprechend §§ 116 Abs. 2, 164 S. 1, 2. Hs. der Zustimmung der Gesellschafterversammlung der Obergesellschaft bedarf, weil der Gesellschaftsvertrag der Obergesellschaft eine Klausel zur offenen Rücklagenbildung und diese eine explizite Obergrenze enthielt, was dem Senat als antizipierte Zustimmung zur Rücklagenbildung ausreichte (näher § 119 Rn 42 sowie § 120 Rn 22). Indessen vermag eine solche – prinzipiell ausreichende Grenze – keinen ausreichenden Schutz zu gewähren, wenn **gewillkürte Rücklagen auf Tochterebene** hierfür völlig unberücksichtigt bleiben können. Sie müssen prinzipiell ebenso in die Thesaurierungsquote eingerechnet werden wie Bilanzierungsentscheidungen mit Verwendungscharakter, namentlich gilt dies für Ermessensreserven (§ 253 Abs. 4).[191] Darüber hinausgehend hat der BGH zutreffend auch eigene **Mitspracherechte** der Gesellschafter der Obergesellschaft in Bezug auf außergewöhnliche Geschäfte der **Tochtergesellschaft** anerkannt, wenn diese mit der Ober- 84

186 MünchKommHGB/*Mülbert* KonzernR Rn 76 ff; Ebenroth/Boujong/Joost/Strohn/*Lange* § 105 Anh. Rn 73 ff; Sudhoff/*Gerber* Personengesellschaften[8] § 25 Rn 71 ff; *Wiedemann* Gesellschaftsrecht, Bd. II § 6 I.4.a), S. 526 ff (528); Westermann/*Tröger* Handbuch Rn I 4012 f; *Michalski* OHG-Recht § 105 Anh. I Rn 8; *Liebscher* (Fn 62) S. 114 ff; *Jäger* DStR 1997, 1770 (1775).

187 Näher MünchKommHGB/*Mülbert* KonzernR Rn 78, 80 ff, 92 ff; Westermann/*Tröger* Handbuch Rn I 4012 f.

188 Dazu OLG Hamburg AG 2006, 48 und LG Mannheim AG 1995, 142 (143) sowie *H. P. Westermann* ZIP 2007, 2289 (2296).

189 Vgl. Nachw. o. Fn 103.

190 BGHZ 170, 283 (294) = NJW 2007, 1685 (1689) und dazu *Haar* NZG 2007, 601 (604); *Priester* DStR 2007, 28 (31); *Wertenbruch* ZIP 2007, 798 (802 f); Westermann/*Tröger* Handbuch Rn I 4017 ff; *Westermann* ZIP 2007, 2289 (2291 f); vgl. auch MünchKommHGB/*Mülbert* KonzernR Rn 97 f.

191 Ebenso auch *Wertenbruch* ZIP 2007, 798 (803); Bedenken wegen erheblicher Schwierigkeiten bei der Ermittlung des Konzernergebnisses dagegen bei *Westermann* ZIP 2007, 2289 (2294 f) und Westermann/*Tröger* Handbuch Rn I Rn 4017a; für besseren Schutz der Minderheit in der Obergesellschaft im Ergebnis auch *Haar* NZG 2007, 601 (603); tendenziell auch *Binz*/*Mayer* DB 2007, 1739 (1742 f).

gesellschaft ein wirtschaftlich einheitliches Unternehmen bildet und keine außenstehenden Gesellschafter hat, in deren Rechtsposition durch die Mitspracherechte Dritter eingegriffen würde.[192]

85 **2. Informationsrechte.** Die Informationsrechte außenstehender Gesellschafter nach §§ 118, 166 in Bezug auf die Angelegenheiten der Gesellschaft erstrecken sich, wenn die OHG oder KG als Obergesellschaft an verbundenen Unternehmen beteiligt ist, auch auf die Rechtsbeziehungen zu diesen Unternehmen (vgl. § 118 Rn 13).[193] Darüber hinausgehend hat die Rechtsprechung im Falle **100 %iger Beteiligung** der Obergesellschaft an einer Tochter-GmbH den Gesellschaftern der Obergesellschaft Einsichts- und Auskunftsrechte auch hinsichtlich der Unterlagen der Tochtergesellschaft eingeräumt.[194] Entsprechendes ist anzunehmen, wenn die Tochtergesellschaft in der Rechtsform einer OHG oder KG organisiert ist und keine außenstehenden Gesellschafter hat; der Anspruch ist jeweils gegen die Obergesellschaft bzw. deren Geschäftsführer geltend zu machen. In derartigen Fällen unterscheiden sich die Informationsrechte der Gesellschafter somit nicht wesentlich von denjenigen bei Mitgliedschaft in einem nicht nur wirtschaftlich, sondern auch rechtlich einheitlichen Unternehmen.

§ 106

(1) Die Gesellschaft ist bei dem Gericht, in dessen Bezirke sie ihren Sitz hat, zur Eintragung in das Handelsregister anzumelden.

(2) Die Anmeldung hat zu enthalten:

1. **den Namen, Vornamen, Geburtsdatum und Wohnort jedes Gesellschafters;**
2. **die Firma der Gesellschaft, den Ort, an dem sie ihren Sitz hat, und die inländische Geschäftsanschrift;**
3. **(aufgehoben)**
4. **die Vertretungsmacht der Gesellschafter.**

---

[192] BGH WM 1973, 170 (172); so auch *U. H. Schneider* FS Bärmann, 1975, S. 873 (881 ff), *Emmerich*/Habersack Konzernrecht[8] § 35 I 2, S. 466; *Reuter* AG 1986, 131 und 133; *Paschke* AG 1988, 196 (200); vgl. zu den Mitspracherechten bei Entscheidungen in der Tochtergesellschaft näher *Westermann* ZIP 2007, 2289 (2291); ferner MünchKommHGB/*Mülbert* KonzernR Rn 88 ff; Sudhoff/*Gerber* Personengesellschaften[8] § 25 Rn 77 ff; BeckHdbPersonengesellschaften[2]/*Rosenbach* § 24 Rn 79 ff; Röhricht/Graf v. Westphalen/*von Gerkan* § 105 Rn 122 f; *Wiedemann* Gesellschaftsrecht, Bd. II § 6.I.4.b), S. 529; Westermann/*Tröger* Handbuch Rn I 4014 ff; *Jäger* DStR 1997, 1770 (1776).

[193] Dazu näher MünchKommHGB/*Mülbert* KonzernR Rn 100 ff; Ebenroth/Boujong/Joost/Strohn/*Lange* § 105 Anh. Rn 78 ff; Sudhoff/*Gerber* Personengesellschaften[8] § 25 Rn 82 f; BeckHdbPersonengesellschaften[2]/*Rosenbach* § 24 Rn 83 ff; Röhricht/Graf v. Westphalen/*von Gerkan* § 105 Rn 124 ff; *Wiedemann* Gesellschaftsrecht, Bd. II § 6.I.4.b), S. 528 f; Westermann/*Tröger* Handbuch Rn I 4022 ff; *Michalski* OHG-Recht § 105 Anh. I Rn 12; *Jäger* DStR 1997, 1770 (1776); zu Informationsrechten von Kommanditisten auch *Torggler* GesRZ 1994, 102 (109 ff) und *H. P. Westermann* ZIP 2007, 2289 (2295).

[194] BGHZ 25, 115 (118) = NJW 1957, 1555; OLG Köln OLGZ 1967, 362 (365) (anders BGH WM 1983, 910 (911) und 1984, 807 (808) bei Beteiligung der Obergesellschaft mit weniger als 100 % an der Tochtergesellschaft); zust. *U. H. Schneider* BB 1975, 1353 (1357 ff), *Emmerich*/Habersack Konzernrecht[8] § 35 II (S. 467); Baumbach/*Hopt* § 166 Rn 16; Ebenroth/Boujong/Joost/Strohn/*Lange* Anh. § 105 Rn 82; *Paschke* AG 1988, 196 (204); *Reuter* AG 1986, 132; Westermann/*Tröger* Handbuch Rn I 4024.

Schrifttum

Ammon Die Anmeldung zum Handelsregister, DStR 1993, 1025; *Borsch* Die Zulässigkeit des inländischen Doppelsitzes für Gesellschaften mbH, GmbHR 2003, 258; *Busch* Die Vertretung der OHG und KG – Anmeldungsinhalt und Eintragungstext, Rpfleger 2003, 329; *Ebenroth/Auer* Die ausländische Kapitalgesellschaft & Co. KG – ein Beitrag zur Zulässigkeit grenzüberschreitender Typenvermischung, DNotZ 1990, 139; *Faust* Die Testamentsvollstreckung am Anteil eines persönlich haftenden Gesellschafters, DB 2002, 189; *Gustavus* Änderungen bei Handelsregister-Anmeldungen durch das ERJuKoG, NotBZ 2002, 77; *Hintzen* Entwicklungen im Handels- und Registerrecht seit 2003, Rpfleger 2005, 344; *Jeep/Wiedemann* Die Praxis der elektronischen Registeranmeldung, NJW 2007, 2439; *Katschinski* Die Begründung eines Doppelsitzes bei Verschmelzung, ZIP 1997, 620; *Krug* Unternehmenserbrecht und Handelsregister, ZEV 2001, 51; *Lehmann* Registerrechtliche Anmeldepflicht für EU-Auslandsgesellschaften – ein zahnloser Tiger? NZG 2005, 580; *Liebscher/Scharff* Das Gesetz über elektronische Handelsregister und Genossenschaftsregister sowie das Unternehmensregister, NJW 2006, 3745; *Nedden-Boeger* Das neue Registerrecht FGPrax 2007, 1; *Noack* Das EHGU ist beschlossen – elektronische Handels- und Unternehmensregister ab 2007, NZG 2006, 801; *Ries* BB-Forum: Quo vadis Handelsregister – oder wie heute Gesetze gemacht werden, BB 2005, 790; *Servatius* Zur Eintragung organschaftlicher Vertretungsmacht ins Handelsregister, NZG 2002, 456.

Übersicht

A. Einführung

I. Normzweck und Regelungsinhalt

1 § 106 konkretisiert in **Abs. 1** die im Grundsatz schon in §§ 6 Abs. 1, 29 enthaltene **Registrierungspflicht** für die OHG (und über § 161 Abs. 2 für die KG) und bestimmt das zuständige Gericht. **Abs. 2** bezeichnet diejenigen Angaben, die zur Eintragung in das Handelsregister angemeldet werden müssen: nämlich die Angaben zur Identifizierung der *Gesellschafter* (Nr. 1) und der *Gesellschaft* (Nr. 2), sowie seit dem 15.12.2001[1] Angaben

[1] Eingefügt durch das ERJukoG v. 10.12.2001 (BGBl. I, 3422), dazu allgemein § 8 Rn 9 (*Koch*).

zur Vertretungsmacht der Gesellschafter (Nr. 4). Bei Altgesellschaften ist die Anmeldung gem. Art. 52 EGHGB nur erforderlich, wenn die Vertretungsmacht von der gesetzlichen Regelung abweicht bzw. eine solche Abweichung erstmalig eingetragen werden soll. Bei der KG sind zusätzlich Angaben nach § 162 Abs. 1 über die Bezeichnung der Kommanditisten und den Betrag ihrer jeweiligen Hafteinlage erforderlich. Durch das 1. JustizmodernisierungsG[2] wurde die Pflicht zur Angabe des Zeitpunkts des *Beginns* der Gesellschaft im Verhältnis zu Dritten zum 1.9.2004 gestrichen (Nr. 3 i.V.m. § 123 Abs. 1 und 2). Das ist zu begrüßen, zumal der Zeitpunkt der Eintragung (§ 123 Abs. 1) ohnehin aus dem Handelsregister hervorgeht (§ 40 Nr. 6 HRV) und der Rechtsverkehr hinsichtlich einer früheren Entstehung durch Geschäftsbeginn (§ 123 Abs. 2) nicht schutzbedürftig ist, weil diese stets auch die – nach außen nicht zuverlässig erkennbare – Zustimmung sämtlicher Gesellschafter voraussetzt (§ 123 Rn 20 [*Habersack*]).[3] Insgesamt handelt es sich bei den anzugebenden Fakten und Rechtsverhältnissen der OHG (KG) um solche, an deren Kenntnis Rechtsverkehr und Öffentlichkeit ein berechtigtes Interesse haben. Nicht der Handelsregisterpublizität unterliegen demgegenüber der Gesellschaftsvertrag als solcher und dessen das Innenverhältnis der Gesellschafter betreffende Regelungen. Bei ihnen geht es abweichend vom Aktien- und GmbH-Recht um Interna der Personenhandelsgesellschaften (vgl. Rn 12). – Die Notwendigkeit der Mitwirkung sämtlicher Gesellschafter bei den Anmeldungen nach § 106 Abs. 2 ist in § 108 geregelt. Die Form der Anmeldung bestimmt § 12 (dazu § 12 Rn 24 ff [*Koch*]).

2 Die Regelungen des § 106 sind ebenso wie die sonstigen auf die Registerpublizität bezogenen Vorschriften des Personengesellschaftsrechts (Rn 3) **zwingender** Natur.[4] Sie ergänzen und überlagern die allgemeinen Vorschriften der §§ 8 bis 37a über Handelsregister und Handelsfirma. Mit diesen zusammen bilden sie eine **grundsätzlich abschließende Regelung** und stehen der Anmeldung und Eintragung beliebiger sonstiger Angaben entgegen. Allerdings ist die Ausdehnung des Kreises eintragungsfähiger (und -pflichtiger) Angaben im Wege der Auslegung, Analogie und Rechtsfortbildung dadurch nicht ausgeschlossen (Rn 11).

II. Verhältnis zu den anderen Registervorschriften des HGB

3 Für die Anmeldung eintragungspflichtiger Tatsachen bei OHG und KG sind zwei Gruppen von Registervorschriften zu unterscheiden. Die **erste Gruppe** findet sich in den §§ 105 bis 122; sie enthält **Sonderregelungen** gegenüber dem allgemeinen Firmenrecht. Das gilt im Verhältnis zu § 29 für §§ 106, 162 Abs. 1 im Verhältnis zu § 31 für die auf spätere Änderungen bezogenen Vorschriften der §§ 107, 143 Abs. 1 und 2, 144 Abs. 2, 148, 157, 175 freilich ohne den Regelungsinhalt des § 31 völlig auszuschöpfen (vgl. Rn 4 a.E.). Die Mitwirkungspflicht *sämtlicher* Gesellschafter bei Bewirkung der nach §§ 106, 107 erforderlichen Anmeldungen ist in § 108 Abs. 1 vorgeschrieben; anderes gilt für die Anmeldung eintragungspflichtiger Tatsachen der Geschäftsführungsebene (vgl. § 108 Rn 3).

4 Eine **zweite Gruppe** von Registervorschriften, die aufgrund von § 6 Abs. 1 auch für OHG und KG relevant sind, bilden die allgemeinen Vorschriften der §§ 8 bis 16 sowie die nicht durch die gesellschaftsrechtlichen Sonderregelungen (Rn 3) verdrängten Vorschriften der §§ 17 bis 37a über die Handelsfirma. Aus dem Kreis der §§ **8 bis 16** sind für die Anmeldepflichten in der OHG und KG bedeutsam vor allem §§ 13 bis 13h über die

---

[2] BGBl. 2004 I, 2198 (2207).

[3] Abweichend anscheinend *Ries* BB 2005, 790 (791 f).

[4] Unstr., vgl. nur MünchKommHGB/*Langhein* Rn 5; Baumbach/*Hopt* Rn 1.

Errichtung und Verlegung von Zweigniederlassungen und die Sitzverlegung der Hauptniederlassung im Inland sowie § 16 Abs. 1 über die Ersetzung der Mitwirkung eines Anmeldepflichtigen durch rechtskräftige oder vollstreckbare Entscheidung des Prozessgerichts. Hinzu kommen die allgemeinen Vorschriften über Einsicht des Handelsregisters und des Unternehmensregisters (§ 9), Bekanntmachung der Eintragungen (§§ 10), Form der Anmeldungen (§§ 11, 12), Festsetzung von Zwangsgeld (§ 14) und Publizitätswirkungen der Eintragung (§ 15). Aus dem Kreis der firmenrechtlichen Registervorschriften der §§ **17 bis 37a** bleiben neben dem allgemeinen Firmenrecht (§§ 19 bis 24, 37, 37a) und den Haftungsvorschriften bei Firmenfortführung (§§ 25 bis 28) anwendbar die Vorschrift des § 32 über die Eintragung der Eröffnung, Aufhebung und Einstellung des Insolvenzverfahrens (§ 32) sowie diejenige des § 31 Abs. 2 über das Erlöschen der Firma, soweit sie nicht durch § 157 verdrängt wird (vgl. näher § 31 Rn 23 ff [*Burgard*]).

B. Anmeldepflicht

I. Grundlagen

Die in §§ 106 Abs. 1, 108 geregelte, sämtliche Gesellschafter der OHG betreffende Anmeldepflicht ist als **öffentlich-rechtliche,** der Registerpublizität dienende Pflicht nach Art des § 29 zu qualifizieren. Sie unterscheidet sich von der aus dem Gesellschaftsvertrag folgenden privatrechtlichen Mitwirkungspflicht der Gesellschafter untereinander in Bezug auf die erforderlichen Anmeldungen (vgl. näher § 108 Rn 4 f) und kann nach § 14 vom Registergericht durch Zwangsgeld gegenüber jedem Gesellschafter durchgesetzt werden. Zur Rechtsnatur der Anmeldung und zur Anwendbarkeit der Vorschriften über Rechtsgeschäfte vgl. § 108 Rn 8. 5

Anmeldepflicht und Eintragungsfähigkeit fallen regelmäßig, aber nicht notwendig zusammen; maßgebend ist die jeweils gesetzliche Anordnung und deren Fortentwicklung im Hinblick auf vergleichbare, gesetzlich nicht geregelte Fälle (§ 8 Rn 45 ff [*Koch*]). Die **Eintragungsfähigkeit** von Tatsachen **ohne** gleichzeitige **Anmeldepflicht** sieht das Gesetz nur in §§ 25 Abs. 2, 28 Abs. 2 (§ 8 Rn 41 [*Koch*]) vor. Daneben besteht eine ausdrücklich so bezeichnete Wahlmöglichkeit für die Eintragung eines kannkaufmännischen bzw. vermögensverwaltenden Unternehmens (§§ 2, 3; 105 Abs. 2, vgl. Rn 8); ferner aber auch für die Handelsgesellschaft vor Aufnahme des Geschäftsbetriebs (Rn 7); insoweit kann freilich eine privatrechtliche, auf dem *Gesellschaftsvertrag* beruhende Verpflichtung der Gesellschafter untereinander zur Mitwirkung bei der Anmeldung bestehen (§ 108). Eine öffentlich-rechtliche, nach § 14 erzwingbare Anmeldepflicht *entfällt* schließlich in Bezug auf solche eintragungsfähigen (und -pflichtigen) Tatsachen, die während ihres Vorliegens zu Unrecht nicht angemeldet und eingetragen wurden, inzwischen aber ihre Erledigung gefunden haben. Im Hinblick auf die Rechtsfolgen der Eintragung, insbes. die Publizitätswirkung des Handelsregisters (§ 15 Abs. 1 und 2)[5], sind sie freilich auch **nachträglich** noch eintragungsfähig, sofern gleichzeitig ihr Wegfall eingetragen und das Handelsregister durch die Eintragung nicht unrichtig wird[6]. 6

---

[5] Ihr Eingreifen im Fall nicht eingetragener anmeldepflichtiger Tatsachen ist streitig, wird von der hM aber zu Recht bejaht (Meinungsstand und Nachw. vgl. in § 15 Rn 43 f [*Koch*]); für Eingreifen von § 15 Abs. 1 auch BGHZ 55, 267 [272] = NJW 1971, 1268 und BGH NJW 1983, 2258 [2259] m. Anm. *K. Schmidt*); wie hier auch MünchKomm-HGB/*Langhein* Rn 13.

[6] Zur nachträglichen Eintragung des Eintritts eines inzwischen ausgeschiedenen Gesellschafters vgl. OLG Oldenburg DB 1987, 1527.

II. Beginn

7 Die Pflicht beginnt bei Gesellschaften, deren Zweck auf den Betrieb eines **Handelsgewerbes i.S.v. § 1 Abs. 2** gerichtet ist, mit der **Geschäftsaufnahme** (§ 123 Rn 12, 14 ff [*Habersack*]). Bis zu diesem Zeitpunkt besteht zwar im Innenverhältnis schon eine OHG/KG, sobald der Gesellschaftsvertrag zustande gekommen ist (§ 105 Rn 49); Abweichendes gilt nur, sofern der geplante Geschäftsbetrieb nach Art und Umfang die Dimension eines in kaufmännischer Weise eingerichteten Geschäftsbetriebes nicht überschreiten soll (§ 105 Rn 25). Jedoch können die Gesellschafter vom Registergericht oder sonstigen Dritten nicht gezwungen werden, die Gründung nach außen offenzulegen, solange sie mit den Geschäften nicht begonnen haben.[7] Insbesondere steht es ihnen während dieser Zeit auch frei, auf die Durchführung der Gesellschaft zu verzichten und sie intern rückabzuwickeln, ohne mit einer Inanspruchnahme durch Dritte rechnen zu müssen. Eine Anmeldung (und Eintragung) der Gesellschaft **vor** Geschäftsaufnahme ist dadurch nicht ausgeschlossen (arg. § 123 Abs. 2);[8] sie kann sich insbesondere bei Gründung einer *KG* empfehlen mit Rücksicht auf das Haftungsrisiko der Kommanditisten nach § 176 Abs. 1 (§ 162 Rn 2 [*Schilling*]). Die Gesellschafter können hierzu jedoch nicht nach § 14 angehalten werden.

8 Eine freiwillige Eintragung ins Handelsregister ist gem. §§ 2, 3 bzw. § 105 Abs. 2 bei beabsichtigtem Betrieb eines Kleingewerbes oder landwirtschaflichen Unternehmens bzw. im Falle der Vermögensverwaltung möglich, so dass eine öffentlich-rechtliche Anmeldepflicht in diesen Fällen ausscheidet. Erst die Eintragung bewirkt hier das Entstehen einer Handelsgesellschaft (§ 105 Rn 48 ff). Die (privatrechtliche) Anmeldepflicht aufgrund des Gesellschaftsvertrages bleibt wiederum unberührt (§ 108 Rn 4).

III. Dauer und Ende

9 Die öffentlich-rechtliche Anmeldepflicht besteht während der ganzen Dauer der unter §§ 1, 105 Abs. 1 fallenden Gesellschaft, solange die Anmeldung nicht ordnungsgemäß bewirkt ist; die Durchsetzung gegenüber den Gesellschaftern richtet sich nach § 14. Sie gilt **auch nach Auflösung** fort.[9] Das folgt aus §§ 143, 148, 157, aber auch daraus, dass der Beginn der 5-jährigen Sonderverjährung im Falle der Auflösung an deren Eintragung im Handelsregister geknüpft ist (§ 159 Abs. 2, dazu § 159 Rn 16 f [*Habersack*]). War die Gesellschaft vor ihrer Auflösung nicht angemeldet und eingetragen, so ist das zugleich mit der Anmeldung und Eintragung der Auflösung nachzuholen (vgl. auch Rn 6 a.E.). Im Falle einer erloschenen, bisher nicht eingetragenen OHG (KG) entfällt die öffentlich-rechtliche Anmeldepflicht mit dem Erlöschen (Rn 6). Mit Rücksicht auf die Publizitätswirkungen der §§ 15 Abs. 1 und 2, 159 Abs. 2 kommt jedoch eine wechselseitige *(nach-) vertragliche Pflicht der Gesellschafter* in Betracht, an der nachträglichen Anmeldung der Gesellschaft einschließlich ihres Erlöschens mitzuwirken.[10]

---

[7] HM, vgl. *A. Hueck* OHG § 8 I 7, S. 105; MünchKommHGB/*Langhein* Rn 9; Schlegelberger/*Martens* Rn 2; Baumbach/*Hopt* Rn 5.

[8] MünchKommHGB/*Langhein* Rn 10.

[9] EinhM, vgl. RG JW 1902, 172; KG OLGR 41, 202; MünchKommHGB/*Langhein* Rn 13; Ebenroth/Boujong/Joost/Strohn/*Märtens* Rn 5; Röhricht/Graf v. Westphalen/*v. Gerkan/Haas* Rn 3.

[10] Vgl. RG JW 1902, 172; MünchKommHGB/*Langhein* Rn 13.

IV. Zuständiges Gericht

Die **örtliche** Zuständigkeit des Registergerichts richtet sich nach dem **Sitz** der Gesellschaft (vgl. dazu unten Rn 18 und § 13 Rn 44 ff [*Koch*]). Das gilt auch für die Anmeldung einer Zweigniederlassung (§ 13 Abs. 1 S. 1) oder sonstiger, eine eingetragene Zweigniederlassung betreffender eintragungspflichtiger Vorgänge. Eine Anmeldung beim unzuständigen Gericht, auch demjenigen am Sitz der Zweigniederlassung, ist als nicht ordnungsmäßig erfolgt zurückzuweisen (§ 13 Rn 60 [*Koch*]). Im Falle eines (nach hM allerdings unzulässigen) *Doppelsitzes* der Gesellschaft (Rn 21 und § 13 Rn 50 [*Koch*]) hat die Anmeldung beim Register beider Sitzgerichte zu erfolgen (vgl. näher § 13 Rn 60 [*Koch*]). **10**

C. Inhalt der Anmeldung

I. Allgemeines

Der Inhalt der Anmeldung richtet sich bei erstmaliger Anmeldung der Gesellschaft nach § 106, im Falle nachträglicher Änderungen nach §§ 107, 143 Abs. 1 und 2, 144 Abs. 2, 148, 150, 157. Daneben finden die allgemeinen Vorschriften der §§ 13 bis 13h, 25 bis 28, 31 Abs. 1 und 2, 32, 53 Anwendung (Rn 4). Über den Kreis der kraft ausdrücklicher gesetzlicher Anordnung eintragungspflichtigen oder -fähigen Tatsachen hinaus ist die **Anmeldung und Eintragung auch sonstiger Tatsachen zulässig** und u.U. rechtlich geboten, wenn hierfür ein im Hinblick auf die Funktion des Handelsregisters berechtigtes Interesse der Beteiligten oder ein Bedürfnis des Rechtsverkehrs besteht. Allerdings steht es nicht im Ermessen des einzelnen Registergerichts, welche Eintragungen es über die ausdrücklich vorgesehenen Angaben hinaus vornehmen will. Entscheidend ist vielmehr, dass die Eintragungsfähigkeit sich auf eine **Analogie** zu vorhandenen Vorschriften[11] oder auf richterliche **Rechtsfortbildung** stützen lässt (vgl. näher § 8 Rn 45 ff [*Koch*]). Für die OHG sind danach *eintragungsfähig* auch Veränderungen der nach § 106 Abs. 2 Nr. 1 einzutragenden Personalien der Gesellschafter (§ 107 Rn 10), die Umwandlung in eine KG (Voraufl. § 162 Rn 13 [*Schilling*]); Fortsetzungsbeschlüsse nach Auflösung der OHG, und zwar auch ohne vorherige Insolvenz (§ 144 Rn 2) und die Befreiung eines vertretungsbefugten Gesellschafters vom Verbot des Selbstkontrahierens (Voraufl. § 125 Rn 64 [*Habersack*]). Das Bestehen einer *Anmeldepflicht* folgt in diesen Fällen aus analoger Anwendung der vergleichbare Anmeldepflichten regelnden Vorschriften des HGB. Zur Eintragungsfähigkeit eines Rechtsnachfolgevermerks beim Kommanditistenwechsel vgl. Voraufl. § 173 Rn 7 [*Schilling*]; zur Eintragungsfähigkeit eines Testamentsvollstreckervermerks vgl. Fn. 13. **11**

Nicht eintragungsfähig sind demgegenüber solche Angaben, die sich nicht auf das Außenverhältnis von Gesellschaft und Gesellschaftern gegenüber Dritten beziehen, sondern die **Innenbeziehungen** der Gesellschafter sowie sonstige Umstände in ihrer Person betreffen. Das gilt für die nur das Innenverhältnis betreffenden Vereinbarungen des Gesellschaftsvertrags (Rn 25), aber auch für Angaben über die rechtlichen Verhältnisse einzelner Gesellschafter (Rn 13). Zur Behandlung eines Nießbrauchs vgl. Rn 16. **12**

---

[11] Vgl. zur Eintragungsfähigkeit eines Gewinnabführungsvertrags im GmbH-Recht analog § 53, 54 GmbHG etwa BGHZ 105, 324 (342) = NJW 1989, 295; BGH NJW 1992, 1452; Ulmer/Habersack/Winter/*Casper* GmbHG Anh. § 77 Rn 190.

II. Gesellschafter (Abs. 2 Nr. 1)

13 **1. Zweck der Eintragung.** Die Pflicht zur Anmeldung und Eintragung der Gesellschafter und ihrer Personalien dient dazu, den Gesellschaftsgläubigern die Durchsetzung ihrer Forderungen gegenüber den nach § 128 persönlich haftenden Gesellschaftern zu erleichtern. Dementsprechend bedarf es der Anmeldung und Eintragung **sämtlicher Gesellschafter**[12] unter Angabe der zu ihrer **Identifizierung** erforderlichen Angaben einschließlich deren Änderungen (vgl. § 107 Rn 6 f, 10). Demgegenüber sind alle nur das *Innenverhältnis* der Gesellschafter betreffenden Umstände wie die Höhe ihrer geleisteten oder noch ausstehenden Einlagen, der Umfang ihrer Gewinnberechtigung, das Bestehen von Sonderrechten o.Ä. für die Gesellschaftsgläubiger ohne Interesse und daher auch weder anmeldepflichtig noch eintragungsfähig. Entsprechendes gilt für Beschränkungen der Geschäftsfähigkeit oder der Verfügungsbefugnis der Gesellschafter kraft ehelichen Güterrechts, Erbrechts (z.B. bei Nacherbschaft; eintragungsfähig ist dagegen der Testamentsvollstreckervermerk über einen KG-Anteil[13]); sie berühren nicht die Rechtsverhältnisse der *Gesellschaft* zu Dritten einschließlich der persönlichen Gesellschafterhaftung und sind daher nicht eintragungsfähig[14]. Auch für die Eintragung gesetzlicher oder organschaftlicher Vertreter von Gesellschaftern ist kein Raum.[15] Zum Sonderfall von Nießbrauch und offener Treuhand vgl. Rn 16.

14 **2. Natürliche Personen.** Anzumelden sind Name, Vorname, Geburtsdatum und Wohnort (Abs. 2 Nr. 1). Als **Name** ist der bürgerliche Name (Familienname) der einzelnen Gesellschafter anzugeben.[16] Die Angabe der Firma eines Gesellschafters, der neben seiner OHG-Beteiligung ein eigenes Unternehmen betreibt, ist weder erforderlich noch kann sie den bürgerlichen Namen ersetzen,[17] da andernfalls Verwirrung mit Rücksicht auf die Möglichkeit der Firmenfortführung durch einen Dritten (§ 22) zu befürchten wäre. Hinsichtlich des **Vornamens** genügt die Angabe des Rufnamens, wenn dadurch Unterscheidbarkeit gegenüber anderen Personen mit gleichem Familiennamen und Wohnort gewährleistet ist. Ausreichend ist auch die Angabe von **Künstlernamen** oder **Pseudonymen**, sofern sie in den Personenstandsurkunden bzw. Ausweispapieren vermerkt sind und Verkehrsgel-

---

12 Zur Unzulässigkeit einer Vereinbarung, wonach ein Gesellschafter der OHG nicht nach außen in Erscheinung treten und auch nicht eingetragen werden soll, vgl. RGZ 165, 265; BGHZ 10, 44 (48) = NJW 1953, 1548; Ebenroth/Boujong/Joost/Strohn/*Märtens* Rn 8.

13 Zur Testamentsvollstreckung am OHG-Anteil vgl. § 105 Rn 134 f und § 139 Rn 57 ff. Die Handelsregister-Eintragung eines Testamentsvollstreckervermerks wurde früher vielfach abgelehnt (vgl. RGZ 132, 138 [141]; KG NJW-RR 1996, 227 f; *Damrau* BWNotZ 1990, 69 f), wird aber heute überwiegend zu Recht bejaht, vgl. § 8 Rn 68 [*Koch*]; *Reimann* DNotZ 1990, 190 (194); *Ulmer* NJW 1990, 73 (82); *Schaub* ZEV 1994, 71 (78); MünchKommHGB/*Langhein* Rn 7; Baumbach/*Hopt* § 162 Rn 9; Ebenroth/Boujong/Joost/*Strohn* § 177 Rn 22; Schlegelberger/*K. Schmidt* § 177 Rn 34; offen lassend aber BGHZ 108, 187 (190).

14 Ganz hM, vgl. § 8 Rn 50 [*Koch*] mwN; MünchKommHGB/*Langhein* Rn § 162 Rn 16 ff; Schlegelberger/*Martens* § 162 Rn 11.

15 *A. Hueck* OHG § 8 I 6 Fn 10; MünchKommHGB/*Langhein* Rn 36; Schlegelberger/*Martens* Rn 9.

16 MünchKommHGB/*Langhein* Rn 17; Schlegelberger/*Martens* Rn 8; Baumbach/*Hopt* Rn 6; Ebenroth/Boujong/Joost/Strohn/*Märtens* Rn 9.

17 Ebenroth/Boujong/Joost/Strohn/*Märtens* Rn 9; Röhricht/Graf v. Westphalen/*v. Gerkan/Haas* Rn 5; **aA** LG Essen BB 1962, 388 f; BayObLG BB 1973, 397; MünchKommHGB/*Langhein* Rn 18; Schlegelberger/*Martens* Rn 8; Baumbach/*Hopt* Rn 6.

tung erlangt haben.[18] Für die Angabe des **Wohnorts** kommt es auf den Ort des *tatsächlichen* dauernden Aufenthalts des Gesellschafters an, an dem er für die Gesellschaftsgläubiger zu erreichen ist, nicht auf den davon u.U. abweichenden Wohnsitz nach §§ 7 bis 11 BGB.[19] Zur Behandlung von Änderungen in den Personalien vgl. § 107 Rn 10.

3. **Juristische Personen, Personengesellschaften.** Bei anderen als natürlichen Personen genügt die Anmeldung der zu ihrer Identifizierung erforderlichen Angaben. Das sind bei juristischen Personen des Handelsrechts (AG, GmbH, KGaA) und bei Personenhandelsgesellschaften (OHG, KG) als Gesellschafter die **Firma** und der **Sitz,** da sie es Dritten ermöglichen, etwa notwendige weitere Erkundigungen beim Register des Sitzes dieser Gesellschaften einzuholen. Dementsprechend bedarf es bei Personenhandelsgesellschaften als Gesellschafter einer OHG (KG) auch nicht der Anmeldung und Eintragung der Namen u.a. der an ihnen als Gesellschafter beteiligten Personen; nach hM sind diese Informationen nicht eintragungsfähig;[20] es genügt die Eintragung bei der jeweiligen Gesellschaft.[21] Bei der **GbR**, deren Fähigkeit, Mitglied einer Personenhandelsgesellschaft zu sein, auch für die OHG anzuerkennen ist,[22] sind entsprechend § 162 Abs. 1 S. 2 neben der Firma auch deren Gesellschafter und Änderungen im Gesellschafterbestand anzugeben.[23] Bei rechtsfähigen Vereinen ist mit Rücksicht auf das Vereinsregister die Angabe von Name und Sitz erforderlich, aber auch genügend. In sonstigen Fällen, in denen es an der Registrierung der juristischen Person in einem öffentlichen Register fehlt (Stiftung, Anstalt, wirtschaftlicher Verein u.a.), müssen die zur Identifikation erforderlichen Angaben vollständig in der Anmeldung nach § 106 enthalten sein. Bei Beteiligung einer **Vor-GmbH** an der Gründung einer GmbH & Co. KG (OHG)[24] steht die (noch) fehlende Eintragung der (Vor-)GmbH in Abteilung B ihrer Eintragung in Abteilung A als Gesellschafter einer KG (OHG) nicht entgegen. Bei **ausländischen** juristischen Personen und Personengesellschaften, deren Beteiligung an deutschen Gesellschaften prinzipiell zulässig ist, genügt die Angabe von Firma und Sitz nicht; in Hinblick auf die Verkehrsinteressen des Rechtsverkehrs ist vielmehr eine gesteigerte Transparenz erforderlich, und zwar analog §§ 13d ff, so dass alle Angaben der ausländischen Gesellschaft aufzunehmen sind, die auch bei Anmeldung einer inländischen Zweigniederlassung erforderlich wären.[25] **15**

4. **Mitberechtigte am Gesellschaftsanteil.** Nach heute ganz hM besteht mit Zustimmung der Mitgesellschafter die Möglichkeit, zu Gunsten Dritter eine „dingliche" Mitberechtigung am Anteil zu begründen und sie dadurch in den Gesellschaftsverband **16**

[18] OLG Frankfurt a.M. NJW 2003, 364; MünchKommHGB/*Langhein* Rn 17.

[19] MünchKommHGB/*Langhein* Rn 22; Schlegelberger/*Martens* Rn 8; Ebenroth/Boujong/Joost/Strohn/*Märtens* Rn 9.

[20] MünchKommHGB/*Langhein* Rn 19; Ebenroth/Boujong/Joost/Strohn/*Märtens* Rn 10.

[21] **AA** LG Essen BB 1962, 388; Baumbach/*Hopt* Rn 6.

[22] LG Berlin GmbHR 2003, 719 (721); MünchKommHGB/*K. Schmidt* § 105 Rn 96, 98; Erman/*Westermann* BGB § 705 Rn 21; *Steinbeck* DStR 2001, 1162 (1164 f); *Weipert* FS Bezzenberger, 2000, S. 439 ff; *Bergmann* ZIP 2003, 2331 (2335 f); MünchKommHGB/*Langhein* Rn 19; Baumbach/*Hopt* Rn 6, Ebenroth/Boujong/Joost/Strohn/*Märtens* Rn 10; wohl auch Staudinger/*Habermeier* BGB (2003) § 705 Rn 28; LG Berlin GmbHR 2003, 719 (721); **aA** aber MünchKommBGB[5]/*Ulmer* § 705 Rn 317.

[23] Vgl. die Nachw. in der vorigen Fußnote; für grds. Analogiefähigkeit des § 161 Abs. 1 S. 2 auch MünchKommBGB[5]/*Ulmer* § 705 Rn 317.

[24] Vgl. Voraufl. § 162 Rn 7 (*Schilling*) und *Ulmer*/Habersack/Winter GmbHG § 11 Rn 159 ff.

[25] Näher § 8 Rn 76 und § 13f Rn 8 (*Koch*); vgl. auch MünchKommHBG[2]/*Langhein* Rn 21; *Lehmann* NZG 2005, 580 ff.

einzubeziehen. Das gilt namentlich für die Bestellung eines **Nießbrauchs** am Gesellschaftsanteil; er führt zur Mitberechtigung des Nießbrauchers und begründet zugleich dessen Außenhaftung neben dem Nießbrauchsbesteller nach § 128 (vgl. näher § 105 Rn 119, 128). Dementsprechend sind die Vorschriften über die Anmeldung des Eintritts u.a. von Gesellschaftern auf den Nießbraucher analog anzuwenden.[26] Demgegenüber tritt auch bei **offener Treuhand oder Unterbeteiligung** am Gesellschaftsanteil (§ 105 Rn 107, 113) nach hM keine Haftung des Mitberechtigten (Treugeber, Unterbeteiligter) ein, so dass seine Eintragung im Handelsregister nicht erforderlich ist[27].

III. Firma und Sitz der Gesellschaft (Abs. 2 Nr. 2)

17 **1. Firma.** Die Grundsätze für die Wahl einer neuen oder die Fortführung einer bestehenden Firma durch die OHG richten sich nach allgemeinem Firmenrecht (§§ 19, 22, 24); die Führung einer doppelten Firma ist unzulässig (vgl. näher § 105 Rn 34). Anzumelden und einzutragen ist die im Gesellschaftsvertrag vorgesehene oder nachträglich von den Gesellschaftern gewählte Firma; sie muss mit der tatsächlich verwendeten übereinstimmen. Aus der notwendigen Mitwirkung aller Gesellschafter bei der Anmeldung ergibt sich regelmäßig auch ihr Einverständnis mit der angemeldeten Firma (vgl. § 108 Rn 1 a.E.). Die Prüfung ihrer Zulässigkeit obliegt dem Registergericht im Rahmen seiner Kontrollfunktion (vgl. Rn 29).

2. Sitz

18 a) **Bestimmung.** Der Sitz der Gesellschaft ist nach bislang **hM** der Ort, an dem die **(Haupt-)Verwaltung** geführt wird.[28] Abweichend vom Kapitalgesellschaftsrecht (dazu § 13 Rn 32 ff [*Koch*]) soll es dafür nicht auf den gesellschaftsvertraglichen (satzungsrechtlichen), sondern auf den **tatsächlichen** Sitz ankommen, weil das OHG-(KG-)Recht keine Vorschriften nach Art der §§ 23 Abs. 3 Nr. 1 AktG, 3 Abs. 1 Nr. 1 GmbHG über die Festsetzung des Gesellschaftssitzes im Gesellschaftsvertrag kenne. Dementsprechend soll auch die *Sitzverlegung* unabhängig von einer Änderung des Gesellschaftsvertrags allein durch tatsächliche Verlagerung der (Haupt-)Verwaltung seitens der Geschäftsführer bewirkt werden.[29]

19 **Stellungnahme.** Die früher hM ist überholt; seit im Kapitalgesellschaftsrecht infolge des MoMiG 2008 der Satzungssitz vom effektiven Verwaltungssitz vollständig entkoppelt wurde. Damit ist jede Rechtfertigung entfallen, die Personengesellschaft bei der Sitzwahl wesentlich strenger zu behandeln als die Kapitalgesellschaft (näher § 13 Rn 38, 44 [*Koch*]). Im Übrigen hat *Ulmer* schon in der Voraufl. mit Recht darauf hingewiesen, dass der Sitz – ebenso wie Firma und Gesellschaftszweck (Unternehmensgegen-

---

[26] § 105 Rn 128 (mit Nachw. in Fn 428); ebenso auch LG Aachen RNotZ 2003, 398 (399); aA MünchKommHGB/*Langhein* Rn 24; Ebenroth/Boujong/Joost/Strohn/*Märtens* Rn 11; Röhricht/Graf v. Westphalen/*von Gerkan*/*Haas* Rn 8.

[27] Str., vgl. § 105 Rn 107; wie hier auch MünchKommHGB/*Langhein* Rn 24; Ebenroth/Boujong/Joost/Strohn/*Märtens* Rn 11; Röhricht/Graf v. Westphalen/*v. Gerkan*/*Haas* Rn 8; Baumbach/*Hopt* Rn 6.

[28] BGH WM 1957, 999 (1000); BGH BB 1969, 329; KG OLGR 22, 2 und 42, 214; KG WM 1955, 892; *A. Hueck* OHG § 8 I 5, S. 104; MünchKommHGB/*Langhein* Rn 26; Schlegelberger/*Martens* Rn 12; Baumbach/*Hopt* Rn 8; Ebenroth/Boujong/Joost/Strohn/*Märtens* Rn 13.

[29] BGH WM 1957, 999 (1000); KG WM 1955, 892 (893).

stand) – zur *Identitätsausstattung* einer Gesellschaft gehört,[30] deren Festlegung grundsätzlich den *Gesellschaftern* im Rahmen der Privatautonomie obliegt. Ein Interesse der Gesellschafter an der Sitzwahl ergibt sich schon aus den damit verbundenen Rechtswirkungen (Rn 20) und aus den nach § 30 Abs. 1 hieran anknüpfenden firmenrechtlichen Folgen. Erfordernisse der Registerkontrolle und das Bedürfnis nach Erreichbarkeit der Gesellschaft durch das Registergericht stehen nicht entgegen; ihnen wird ebenso wie bei Kapitalgesellschaften dadurch genügt, dass die Sitzwahl nicht missbräuchlich, d.h. willkürlich erfolgt. Hierzu ist es ausreichend, dass Zustellungen nach der ZPO gegenüber der Gesellschaft am Sitzort bewirkt werden können.[31] Schließlich gibt auch das Fehlen von Vorschriften über den Mindestinhalt des Gesellschaftsvertrags (§§ 23 Abs. 3 AktG, 3 Abs. 1 GmbHG) im OHG-Recht keinen Anlass, hinsichtlich der Bestimmung des Sitzes abweichend vom Willen der Gesellschafter zur Maßgeblichkeit des tatsächlichen Sitzes zu kommen. Daher ist auch im OHG-Recht als Sitz der Gesellschaft der **Vertragssitz und nicht der Verwaltungssitz** anzusehen.[32] Die Einigung der Gesellschafter auf den in der Anmeldung genannten Sitz folgt regelmäßig aus ihrer Mitwirkung an dieser; nur bei begründeten Zweifeln kann das Registergericht weitere Nachweise verlangen. Eine Pflicht der Gesellschafter zur Anmeldung des vom vereinbarten Sitz abweichenden tatsächlichen (Verwaltungs-)Sitzes ist entgegen der bislang hM daher zu verneinen.

b) **Rechtliche Bedeutung.** Die Wahl des Sitzes entscheidet neben der örtlichen **20**
Zuständigkeit des Registergerichts (Rn 10) auch über den allgemeinen Gerichtsstand der Gesellschaft (§ 17 Abs. 1 ZPO) sowie über das Gesellschaftsstatut als das nach internat. Gesellschaftsrecht auf die Rechtsverhältnisse der Gesellschaft und gegenüber ihren Gesellschaftern anwendbare Recht.[33] Über die Zuständigkeit des Registergerichts hat die Sitzwahl mittelbar auch Einfluss auf das Firmenrecht (vgl. § 30 Abs. 1). Auch die (inländische) **Zweigniederlassung** ist gem. § 13 Abs. 1 ausschließlich am Gericht der Hauptniederlassung anzumelden (vgl. § 13 Rn 49, 60 [*Koch*]).[34]

c) **Doppelsitz?** Seine Zulässigkeit wird wohl noch überwiegend verneint; die für **21**
Kapitalgesellschaften anerkannte Ausnahme[35] soll für Personenhandelsgesellschaften nicht gelten[36]. Das ist folgerichtig, wenn man eine privatautonome Sitzwahl generell aus-

---

[30] Vgl. dazu näher *John* Die organisierte Rechtsperson, 1977, S. 134 ff, 145 f.

[31] So zutr. *Wessel* BB 1984, 1059; ähnlich (formgerechte Zustellung wenig erfreulicher Post) AG Wuppertal GmbHR 1988, 28 f; *Münther* BB 1996, 2210 (2211).

[32] So auch § 13 Rn 44 f (*Koch*) mwN; eingehend auch schon *Grasmann* System des Internat. Gesellschaftsrechts, 1970, Rn 1168 ff; ferner *John* (Fn 30) S. 146; *Wieland* HandelsR S. 171 f; wohl auch LG Köln NJW 1950, 871 f (zum Doppelsitz).

[33] Vgl. § 13 Rn 46 ff (*Koch*). Zur – noch überwiegend vertretenen – Sitztheorie und ihrer Maßgeblichkeit für das Gesellschaftsstatut von Personengesellschaften s. auch Staudinger/*Großfeld* Internat. GesR (1998) Rn 605 ff; MünchKommBGB⁴/*Spellenberg* EGBGB Art. 11 Rn 52 ff; MünchKommBGB⁴/*Kindler* IntGesR Rn 194 ff, 520 ff; BayObLG WM 1986, 968; vgl. aber auch Vor § 105 Rn 29 f mit Hinweisen auf aktuelle Gesetzesvorhaben zur Einführung der Gründungstheorie in das EGBGB.

[34] Ein bisher beim Gericht der Zweigniederlassung geführtes Registerblatt musste gem. Art. 61 Abs. 6 S. 1 EGHGB zum 1.1.2007 mit einem klarstellenden Verweis auf das Gericht der Hauptniederlassung geschlossen werden, vgl. *Nedden-Boeger* FG Prax 2007, 1 (3).

[35] Vgl. näher § 13 Rn 50 ff (*Koch*) und *Ulmer*/Habersack/Winter GmbHG § 4a Rn 34; dazu auch BayObLG AG 1986, 48 (49).

[36] Baumbach/*Hopt* Rn 9; Ebenroth/Boujong/Joost/Strohn/*Märtens* Rn 13; **aA** aber schon Schlegelberger/*Martens* Rn 14; LG Köln NJW 1950, 871 (872).

schließt und stets den Verwaltungssitz für maßgeblich hält (Rn 18). Nachdem diese Prämisse indessen kaum mehr haltbar ist (Rn 19) und stellt man demgemäß für Personen- *und* Kapitalgesellschaften übereinstimmend auf den gesellschaftsvertraglich vereinbarten Sitz ab, so ist ein **Doppelsitz** auch bei Personenhandelsgesellschaften in denjenigen **Ausnahmefällen** zuzulassen, in denen hierfür aus politischen, wirtschaftlichen oder währungsrechtlichen Gründen ein Bedürfnis besteht;[37] die Voraussetzungen hierfür werden angesichts der typisch geringeren Bedeutung der OHG (KG) freilich seltener vorliegen als etwa in Fällen einer AG. Im **Grundsatz** muss es schon wegen der mit dem Doppelsitz verbundenen registerrechtlichen Schwierigkeiten (§ 13 Rn 54, 60 [*Koch*]) beim *einheitlichen* Sitz der Gesellschaft verbleiben; daneben können zusätzliche Sitze für Zweigniederlassungen begründet werden.

21a **3. Inländische Geschäftsanschrift.** Seit Inkrafttreten des MoMiG am 1.11.2008 statuiert § 106 Abs. 2 Nr. 2 zusätzlich die Pflicht zur Angabe einer inländischen Geschäftsanschrift. Zweck der Neuregelung ist es, Gesellschaftsgläubigern die Zustellung an die Gesellschaft faktisch zu erleichtern.[37a] Die Geschäftsanschrift wird zwar regelmäßig mit dem Vertrags- oder Verwaltungssitz (dazu Rn 19) übereinstimmen, zwingend ist dies aber nicht.[37b] Wie den Kapitalgesellschaften bleibt es auch der OHG unbenommen, eine anderweitige Geschäftsanschrift **frei zu wählen**, solange sie nur im Inland liegt.[37c] Daher begründet auch die Neufassung des Abs. 2 Nr. 2 **keine Pflicht zur Eintragung des tatsächlichen Verwaltungssitzes** (Rn 19).[37d] Das Bedürfnis nach Erreichbarkeit der Gesellschaft ist mit Eintragung der Geschäftsanschrift gestillt und kann daher erst recht nicht mehr als Argument gegen eine freie Sitzwahl angeführt werden (Rn 19). Für **Änderungen** der Geschäftsanschrift gilt § 107 (dazu § 107 Rn 5a).[37e] Für bereits bei Inkrafttreten des MoMiG eingetragene Gesellschaften sah Art. 65 EGHGB eine Übergangsfrist zur Anmeldung der inländischen Geschäftsanschrift bis zum 31.10.2009 vor. Befreit von der Anmeldungspflicht waren danach nur diejenigen Gesellschaften, die die inländische Geschäftsadresse bereits im Einklang mit § 24 Abs. 2 oder 3 HRV angezeigt hatten.[37f] In diesem Fall erfolgte gemäß Art. 65 S. 3 EGHGB nach Ablauf der Übergangsfrist eine Eintragung von Amts wegen.

IV. Vertretungsmacht (Abs. 2 Nr. 4)

22 Seit 15.12.2001 (Rn 1) ist stets auch die Vertretungsmacht der Gesellschafter anzugeben, selbst wenn sie nicht von der Regel des § 125 Abs. 1 abweicht. Bis dahin waren gem. § 125 Abs. 4 a.F. lediglich Abweichungen von der Einzelvertretungsmacht aller

---

37 Wie hier auch § 13 Rn 54 (*Koch*); MünchKommHGB/*Langhein* Rn 27; *Katschinski* ZIP 1997, 620 ff; *Borsch* GmbHR 2003, 258 ff; *Pluskat* WM 2004, 601 (608 f).

37a BegrRegE BT-Drucks. 16/6140, S. 49.

37b **AA** offenbar *Fingerhuth/Rumpf* IPRax 2008, 90 (93 f).

37c So auch zur Parallelfrage bei der Zweigniederlassung § 13 Rn 63 (*Koch*); vgl. auch BegrRegE BT-Drucks. 16/6140, S. 36 zu § 8 Abs. 4 GmbHG.

37d Missverständlich insoweit BegrRegE BT-Drucks. 16/6140, S. 49, wonach Geschäftsanschrift irreführend mit dem Verwaltungssitz in Verbindung gebracht wird.

37e So auch *Koch* ZHR 173 (2009), 101 (111); *Fingerhuth/Rumpf* IPRax 2008, 90 (93 f). Abweichend hiervon wird für den Einzelkaufmann aufgrund von § 29 Hauptniederlassung und effektiver Verwaltungssitz als notwendig identisch angesehen, dazu § 29 Rn 10 (*Koch*).

37f Zur Parallelregelung in § 3 Abs. 1 S. 2 EGGmbHG vgl. OLG München ZIP 2009, 366 m. Anm. *Steffek* EWiR 2009, 199; zu § 18 AktGEG vgl. OLG München ZIP 2009, 619 m. Anm. *Schaller* EWiR 2009, 439.

Gesellschafter anzumelden, namentlich der Ausschluss einzelner Gesellschafter von der Vertretung sowie die Anordnung einer reinen oder gemischten Gesamtvertretung. Hierdurch soll die Übersichtlichkeit des Handelsregisters erhöht werden, indem die Vertretungsmacht der organschaftlichen Vertreter unmittelbar aus dem Register ablesbar ist.[38] Gilt in der Gesellschaft die gesetzliche Regelung (§ 125 Abs. 1), reicht die abstrakte Angabe: „Jeder Gesellschafter vertritt einzeln." Trifft der Gesellschaftsvertrag eine abweichende Regelung, ist diese konkret anzugeben (vgl. § 125 Rn 27 [*Habersack*]). Bei der KG gilt dies nur für die persönlich haftenden Gesellschafter, da die Kommanditisten gem. § 170 zwingend von der Vertretungsmacht ausgeschlossen sind.[39] Die Angaben beziehen sich nur auf die organschaftliche Vertretungsmacht, nicht auf Vollmachten.[40]

V. Sonstige Angaben

Weitere **kraft Gesetzes** anmeldepflichtigen Angaben im Zusammenhang mit der Gründung der Gesellschaft finden sich in § 162 Abs. 1 bei erstmaliger Anmeldung einer KG. Zur Möglichkeit, die Anmeldepflicht durch Analogie oder Rechtsfortbildung auf sonstige Angaben auszudehnen, vgl. Rn 11; sie ist im Fall der OHG (KG) bedeutsam, vor allem für die Angabe etwaiger Mitberechtigungen am Anteil einzelner Gesellschafter (Nießbrauch, offene Treuhand und Unterbeteiligung, vgl. Rn 16). **23**

Eine Erweiterung der anzumeldenden Angaben sieht die aufgrund Ermächtigung durch § 387 Abs. 2 FamFG erlassene **Handelsregisterverfügung** (HRV) vor.[41] Nach deren § 24 hat das Registergericht seit dem HRefG 1998 darauf hinzuwirken, dass bei der Anmeldung auch der *Unternehmensgegenstand* der Gesellschaft, soweit er sich nicht aus der Firma ergibt (§ 24 Abs. 4 HRV), und die *Lage der Geschäftsräume* angegeben werden (§ 24 Abs. 2 HRV).[42] Diese Angaben sind nach § 34 HRV bekanntzumachen, jedoch nicht einzutragen, was in der Praxis aber häufig geschieht.[43] Ihre Angabe kann ggf. mit den Zwangsmitteln des § 14 durchgesetzt werden.[44] **24**

Nicht anmelde- (und eintragungs-)pflichtig sind solche Angaben, die sich nur auf **Interna** der Gesellschaft ohne Bedeutung für Dritte beziehen (Rn 12). Dazu gehören insbesondere sämtliche das Innenverhältnis der Gesellschaft betreffenden Teile des Gesellschaftsvertrags wie Art und Höhe der Beiträge, Zeitpunkt ihrer Leistung, Regelungen über die Gewinnverteilung, Beschränkungen der Geschäftsführungsbefugnis, Voraussetzungen der Übertragung und Vererbung von Gesellschaftsanteilen u.a. Auch der Gesellschaftszweck ist im Unterschied zu dem in § 24 Abs. 4 HRV erwähnten Unternehmensgegenstand bei der Anmeldung nicht mit anzugeben.[45] Zur Eintragungsfähigkeit eines Testamentsvollstreckervermerks vgl. Rn 13; zu Mitberechtigungen am Gesellschaftsanteil vgl. Rn 16. **25**

---

[38] BegrRegE BT-Drucks. 14/6855 S. 19; s. dazu auch OLG Fraunkfurt a.M. BB 2006, 2152.

[39] Vgl. BegrRegE BT-Drucks. 14/6855 S. 19; *Gustavus* NotBZ 2002, 77 (79); **aA** *Busch* RPfleger 2003, 329 (331); *Servatius* NZG 2002, 456 (458).

[40] Ebenso OLG Hamburg GmbHR 2009, 252; OLG Frankfurt GmbHR 2006, 265.

[41] Vom 12.8.1937 (abgedruckt in Anhang I nach § 8).

[42] MünchKommHGB/*Langhein* Rn 36.

[43] MünchKommHGB/*Langhein* Rn 34.

[44] Vor Inkrafttreten des HRefG waren diese Angaben freiwillig; vgl. RegE BT-Drucks. 13/8444 S. 86, 88; Ebenroth/Boujong/Joost/Strohn/*Märtens* Rn 17.

[45] So für den Unternehmensgegenstand auch KG JW 1934, 1730; *A. Hueck* OHG § 8 I 6, S. 105; MünchKommHGB/*Langhein* Rn 34; Schlegelberger/*Martens* Rn 16.

D. Handelsregister und Eintragungsverfahren

I. Überblick

26 Die allgemeinen Vorschriften über das Handelsregister und dessen Führung durch die Amtsgerichte als Registergerichte finden sich in §§ 8 bis 16 HGB, 374 bis 399 FamFG und in der aufgrund § 387 Abs. 2 FamFG erlassenen Handelsregisterverfügung (vgl. Rn 24). Sie gelten auch für die Anmeldung von Personenhandelsgesellschaften und für das dabei einzuhaltende Verfahren. Zu den Einzelheiten vgl. die Erl. zu §§ 8 bis 16; die folgende Kommentierung beschränkt sich auf die speziell für die Anmeldung und Eintragung der *OHG (KG)* relevanten Fragen.

II. Prüfung durch das Registergericht

27 **1. Grundsatz.** Das Recht (und die Pflicht) des Registergerichts zur Prüfung der sachlichen Richtigkeit der angemeldeten Tatsachen und der Einhaltung der Verfahrensanforderungen ergibt sich aus seiner auf Rechtsanwendung gerichteten Funktion, ohne dass es hierfür spezieller Normen nach Art der §§ 9c, 57a GmbHG bedarf. Der Amtsermittlungsgrundsatz (§ 26 FamFG) schafft nicht die Rechtsgrundlage für die Prüfung, sondern legt die Amtsermittlung als deren *Instrument* fest (§ 8 Rn 82 ff [*Koch*]).[46] Die Prüfung des Inhalts der Anmeldung erfolgt – bei Zweifelsfällen unter Einschaltung der Industrie- und Handelskammer bei Eintragung neuer Firmen oder Firmenänderungen (§ 23 S. 2 HRV, §§ 379 f FamFG) – auf seine *Plausibilität,* d.h. auf die Schlüssigkeit des Dargelegten und auf seine Glaubwürdigkeit nach allgemeiner Lebens- und Geschäftserfahrung. Einer genaueren Prüfung bedarf es nur, soweit sich Anhaltspunkte für sachliche Unrichtigkeiten oder für das Fehlen erforderlicher Angaben ergeben (vgl. § 8 Rn 85 [*Koch*]). Da die registergerichtliche Tätigkeit funktional weniger der Rechtsprechung als einer *Verwaltungstätigkeit* entspricht, kann es nicht darum gehen, für das Vorliegen der Eintragungsvoraussetzungen die volle Überzeugung des Gerichts zu verlangen. Es genügt, dass als Ergebnis der Prüfung kein sachlich berechtigter Anlass zu Zweifeln an der ordnungsmäßigen Errichtung und Anmeldung der Gesellschaft besteht.[47]

28 **2. Gegenstände.** Die Prüfung hat sich auf die **Gründung** der Gesellschaft und die wirksame **Beteiligung der Gesellschafter** an ihr zu beziehen. Bei unbeschränkt geschäftsfähigen Gesellschaftern genügt regelmäßig die Feststellung ihrer Mitwirkung an der Anmeldung; sie gestattet den Rückschluss auf den übereinstimmenden Gründerwillen (vgl. § 108 Rn 1). Die Beteiligung geschäftsunfähiger oder beschränkt geschäftsfähiger Gesellschafter macht Feststellungen über die Mitwirkung der gesetzlichen Vertreter, ggf. unter Beachtung des § 181 BGB oder Einschaltung eines Ergänzungspflegers (§ 1909 BGB), sowie über die Genehmigung des Familien- bzw. Vormundschaftsgerichts erforderlich (§ 105 Rn 87 f). Etwaige Nichtigkeitsgründe in Bezug auf den Gesellschaftsvertrag stehen ebenso wie dessen Anfechtbarkeit der Eintragung regelmäßig schon deshalb nicht entgegen, weil sie die Wirksamkeit der Gesellschaft grundsätzlich nur ex nunc, nach Rechtskraft eines Auflösungsurteils (§ 133), beseitigen (§ 105 Rn 348 ff). Je nach Lage des Falles können sie aber Anlass geben, durch Zwischenverfügung (§ 381 FamFG) die Eintragung bis zur Vorlage der erforderlichen Urkunden oder bis zur Entscheidung eines

---

[46] § 8 Rn 82 (*Koch*); *Ammon* DStR 1993, 1025 (1029); offenlassend Baumbach/*Hopt* § 8 Rn 8.

[47] Näher § 8 Rn 85 ff (*Koch*); *Ulmer*/Habersack/Winter GmbHG § 9c Rn 11 f mwN.

zwischen den Beteiligten anhängigen Rechtsstreits auszusetzen oder den Beteiligten eine Frist zur Klageerhebung zu setzen; das gilt etwa bei einem *staatlicher Genehmigung* bedürftigen Unternehmensgegenstand (vgl. aber auch § 105 Rn 345) oder bei noch nicht in Vollzug gesetzten Gesellschaften, d.h. in Fällen, in denen die Lehre von der fehlerhaften Gesellschaft nicht eingreift. Im Falle eines zum Schein geschlossenen Gesellschaftsvertrags (§ 105 Rn 367 ff) ist die Eintragung abzulehnen.

Die **Firma** der Gesellschaft ist auf Einhaltung der für die Firmenbildung oder -fortführung geltenden Vorschriften der §§ 19 ff sowie darauf zu kontrollieren, ob sie sich von den bestehenden, im örtlich zuständigen Handelsregister eingetragenen Firmen deutlich unterscheidet (§ 30 Abs. 1). **29**

Auf den sonstigen Inhalt des **Gesellschaftsvertrags,** insbes. seine das Innenverhältnis von Gesellschaft und Gesellschaftern betreffenden Teile, erstreckt sich die Prüfung durch das Registergericht schon deshalb **nicht,** weil eine Anmeldepflicht insoweit nicht besteht.[48] Etwaigen Unklarheiten oder Lücken braucht der Registerrichter vorbehaltlich der Gesamtunwirksamkeit des Vertrags deshalb selbst dann nicht nachzugehen, wenn er von einzelnen Beteiligten hierauf hingewiesen wird. Anderes gilt für Zweifel in Bezug auf die gesellschaftsvertragliche Regelung anmeldepflichtiger Tatsachen, insbes. den wirksamen Beitritt einzelner Gesellschafter. **30**

III. Eintragung

1. Ort und Inhalt. Die Eintragung der OHG (KG) und der sie betreffenden Tatsachen erfolgt ebenso wie diejenige der Einzelkaufleute in **Abteilung A** des Handelsregisters (§§ 3 Abs. 2, 39 ff HRV). Sie hat für jede Gesellschaft unter einer besonderen (fortlaufenden) Nummer auf einem eigenen Registerblatt zu erfolgen (§ 13 Abs. 1 HRV). In das Registerblatt werden auch spätere Änderungen u.a. eingetragen (§ 13 Abs. 3 HRV). Bei jeder Eintragung ist deren Datum anzugeben (§ 27 Abs. 4 HRV; bei erstmaliger Eintragung § 40 Nr. 6 HRV). Zuständig für die Verfügung der durch Anmeldung veranlassten Eintragung oder ihrer Ablehnung ist der Rechtspfleger (§§ 3 Nr. 2d, 17 Nr. 1 RpflG, vgl. § 8 Rn 16 [*Koch*]). **31**

Einzutragen sind alle Angaben, die nach §§ 106 Abs. 2, 107, 125 Abs. 4 u.a. „zur Eintragung anzumelden" sind (vgl. auch § 40 Nr. 2 ff HRV). Für den Inhalt der Eintragung kann auf die Ausführungen zu § 106 Abs. 2 in Rn 14 ff verwiesen werden. Eintragungsfähig sind danach auch sonstige das Außenverhältnis betreffenden, kraft Analogie oder Rechtsfortbildung der Pflicht zur Anmeldung unterfallenden Angaben (Rn 11, 23). Anderes gilt für die zusätzlichen, nach § 24 HRV vom Registergericht anzufordernden Angaben (Unternehmensgegenstand und Lage der Geschäftsräume vgl. Rn 24); sie sind nach § 34 HRV nur in die Bekanntmachung aufzunehmen. **32**

2. Behandlung unrichtiger u.a. Eintragungen. Eine **Amtslöschung** inhaltlich **unzutreffender** Eintragungen ist nach §§ 393 bis 395 FamFG dann zulässig, wenn die Eintragung entweder auf einem wesentlichen Verfahrensmangel beruht, insbes. nicht unter den Voraussetzungen des § 108 angemeldet wurde, oder wenn sie aus sachlichen Gründen unzulässig (gesetzwidrig) ist.[49] Der Amtslöschung unterliegt danach die Eintragung einer Gesellschaft, die nicht die Voraussetzungen der §§ 1 bis 3 erfüllt. Dagegen berechtigt das **33**

---

[48] KG OLGR 42, 214 (215); MünchKommHGB/*Langhein* Rn 36; vgl. Rn 25.

[49] Vgl. näher (mit Bsp.) Jansen/*Steder* FGG² § 142 Rn 3 ff; *Keidel/Kuntze/Winkler* FGG¹² § 142 Rn 10 ff.

bloße Vorliegen eines Form- oder sonstigen Verfahrensmangels nicht zur Amtslöschung einer inhaltlich richtigen Eintragung.[50] Bloße Zweifel an der sachlichen Richtigkeit (Zulässigkeit) einer Eintragung reichen für die Einleitung eines Amtslöschungsverfahrens unter Benachrichtigung der Beteiligten nach § 142 Abs. 2 FGG nicht aus; lässt sich trotz Verfahrenseinleitung und Amtsermittlung (§ 26 FamFG) die Unzulässigkeit nicht eindeutig feststellen, so hat die Amtslöschung zu unterbleiben.[51] **Offenbare Unrichtigkeiten,** Schreibfehler u.a. können nach § 17 HRV auch ohne Beachtung des in § 393 FamFG vorgesehenen Amtslöschungsverfahrens **berichtigt** werden.

34 Im Falle der Unrichtigkeit von Eintragungen aufgrund **nachträglicher Änderungen** kann das Registergericht auf eine *Anmeldung* der eintragungspflichtigen Änderungen nach §§ 107, 143, 148 u.a. durch die Beteiligten hinwirken, ggf. verbunden mit der Androhung von Sanktionen nach § 14. Stattdessen sowie beim Fehlen einer Anmeldepflicht kommt im Hinblick auf unzulässig gewordene Eintragungen auch eine **Amtslöschung** nach § 395 FamFG in Betracht.[52] Dass der Wortlaut der Vorschrift auf anfängliche Unzulässigkeit abstellt, steht nach ganz hM nicht entgegen;[53] den Beteiligten bleibt das Rechtsmittelverfahren des § 393 Abs. 3 bis 5 FamFG. Eine dritte Möglichkeit eröffnet § 31 Abs. 2 S. 2 für den Sonderfall des Erlöschens der Firma: Er gestattet die *subsidiäre* Amtslöschung, wenn die Anmeldung des Erlöschens nicht nach § 14 erzwungen werden kann (vgl. näher § 31 Rn 36 ff [*Burgard*]). Bei Gesellschaften kommt ein Vorgehen nach § 31 Abs. 2 nur im Fall dauernder Aufgabe des Gewerbebetriebs in Betracht.

IV. Wirkungen der Eintragung

35 Die Wirkungen der Eintragung der Gesellschaft und der sie betreffenden Änderungen richten sich nach allgemeinen Grundsätzen. **Konstitutive** Wirkung kommt der Eintragung nur in den Fällen eines noch nicht eingetragenen kannkaufmännischen Unternehmens (§ 2) zu: Sie führt zur Umwandlung der bis dahin bestehenden GbR in eine OHG (§ 105 Rn 50). Im Übrigen bewendet es bei dem Grundsatz **deklaratorischer** Wirkung;[54] die Eintragung dient der Handelsregisterpublizität, nicht aber der Herbeiführung materieller Rechtsänderungen. Das gilt auch im Hinblick auf die Offenlegung eintragungspflichtiger Tatsachen nach § 15 Abs. 2 sowie in Bezug auf die positive Publizitätswirkung unrichtiger Eintragungen nach § 15 Abs. 3 (§ 15 Rn 81 ff, 114 ff [*Koch*]): Sie haben zwar rechtsscheinzerstörende oder -begründende Wirkung, ändern aber nicht die materiellrechtliche Lage in Bezug auf die eintragungspflichtigen Tatsachen. Auch die Vorschrift des § 123 Abs. 1 über die Wirksamkeit der Gesellschaft im Verhältnis zu Dritten als Folge der Eintragung enthält nur eine scheinbare Ausnahme vom Grundsatz deklaratorischer Wirkung: sie beschränkt sich darauf, klarzustellen, dass die Gesellschaft zur *Außen*gesellschaft erst durch Eintragung oder den ihr gleichstehenden Beginn der Ge-

---

[50] KG RJA 12, 60 (62); BayObLG KGJ 53, A 257 (260); KG OLGZ 1965, 315 (316); OLG Celle BB 1964, 279; Jansen/*Steder* FGG[2] § 142 Rn 7; *Keidel/Kuntze/Winkler* FGG[12] § 142 Rn 16.

[51] Vgl. Jansen/*Steder* FGG[2] § 142 Rn 44; *Keidel/Kuntze/Winkler* FGG[12] § 142 Rn 19.

[52] So auch Röhricht/Graf v. Westphalen/*Ammonn* § 14 Rn 11; für Nebeneinander mit Vorrang des Erzwingungsverfahrens BayObLGZ 1986, 197 (202); OLG Frankfurt GmbHR 1994, 802 (803); Baumbach/*Hopt* § 14 Rn 1; Jansen/*Steder* FGG[2] § 142 Rn 36; **aA** – für Vorrang des Amtslöschungsverfahrens – § 14 Rn 11 (*Koch*).

[53] RGZ 169, 147 (152); KG NJW 1965, 254; BayObLGZ 1975, 332 (335); Jansen/*Steder* FGG[2] § 142 Rn 7; *Keidel/Kuntze/Winkler* FGG[12] § 142 Rn 11.

[54] Näher § 8 Rn 116 ff, 120 (*Koch*) und *K. Schmidt* HandelsR[3] § 13 II, S. 342 f.

schäfte (§ 123 Abs. 2) wird, indem sie also nach außen in Erscheinung tritt (§ 123 Rn 1, 8 f [*Habersack*]).

V. Bekanntmachung

Die Bekanntmachung richtet sich nach § 10 Abs. 1 mangels abweichender Vorschriften nach Art des § 162 Abs. 2 ist der **gesamte Inhalt** der die OHG betreffenden Eintragungen im elektronischen Handelsregister bekanntzumachen. Die Bekanntmachung hat nach § 34 HRV auch die nicht anmelde- und eintragungspflichtigen Angaben über Geschäftszweig und Geschäftslokal der Gesellschaft zu umfassen (vgl. Rn 24). Zu den Einzelheiten der Bekanntmachung vgl. die Erl. zu §§ 10, 11. **36**

§ 107

Wird die Firma einer Gesellschaft geändert, der Sitz der Gesellschaft an einen anderen Ort verlegt, die inländische Geschäftsanschrift geändert, tritt ein neuer Gesellschafter in die Gesellschaft ein oder ändert sich die Vertretungsmacht, eines Gesellschafters so ist dies ebenfalls zur Eintragung in das Handelsregister anzumelden.

Übersicht

A. Allgemeines

I. Normzweck und Regelungsinhalt

In Ergänzung zu § 106, der die erstmalige Eintragung der OHG (KG) regelt, bestimmt die Vorschrift des § 107, welche späteren **Änderungen** während des Bestehens der Gesellschaft zur Eintragung in das Handelsregister anzumelden sind (zur Geltung im Liquidationsstadium vgl. Rn 12). Die Vorschrift ist ebenso wie diejenigen der §§ 106, 108 zwingender Natur (§ 106 Rn 2). In funktionaler Übereinstimmung mit § 31 soll sie dafür sorgen, den Inhalt des Handelsregisters an diejenigen Änderungen anzupassen, die unabhängig von der Eintragung in den Rechtsverhältnissen der Gesellschaft eintreten. Mit Hilfe des Registerzwangs (§ 14) ist sie gegenüber sämtlichen anmeldepflichtigen Gesellschaftern (§ 108 Rn 6, 10) durchsetzbar. **1**

Inhaltlich beschränkt sich § 107 auf Änderungen der Rechtsverhältnisse der OHG in Bezug auf *Firma, Sitz,* den *Eintritt neuer Gesellschafter* und – seit 15.12.2001 (vgl. § 106 Rn 1) – der *Vertretungsmacht.* Die entsprechende Anwendung der §§ 106, 107 kommt beim Formwechsel zwischen OHG und KG in Betracht (Rn 9); bei Änderung der nach § 106 Abs. 2 Nr. 1 anmeldepflichtigen Personalien vorhandener Gesellschafter genügt Berichtigung (Rn 10). **Ergänzt** wird die Vorschrift des § 107 durch die Anmeldepflichten **2**

betreffend die Auflösung der Gesellschaft und das Ausscheiden von Gesellschaftern (§ 143 Abs. 1 und 2), die Anmeldung der Liquidatoren (§ 148) sowie des Erlöschens der Gesellschaft (§ 157). Zur Anmeldepflicht bei Fortsetzung einer aufgelösten Gesellschaft vgl. Rn 12, zur Geltung der allgemeinen handelsrechtlichen Registervorschriften vgl. § 106 Rn 3.

II. Modalitäten der Anmeldung

3 Die Anmeldepflicht bezieht sich auf solche Änderungen, die bereits **eingetreten** sind oder spätestens mit der Eintragung eintreten;[1] eine Anmeldung künftiger Änderungen ist ausgeschlossen. Zur Anmeldung verpflichtet sind **sämtliche** im Zeitpunkt der Änderung vorhandenen **Gesellschafter** einschließlich der inzwischen ausgeschiedenen und ihrer Erben (§ 108 Rn 10). Zuständiges **Gericht** ist das Registergericht am (Haupt-)Sitz der Gesellschaft (§ 106 Rn 10); seine Zuständigkeit für die Anmeldung bleibt auch im Fall der Sitzverlegung bestehen (§ 13h Abs. 1, vgl. § 13h Rn 6 ff, 9 f [*Koch*]). Die **Form** der (elektronischen) Anmeldung richtet sich nach § 12 (dazu § 12 Rn 24 ff [*Koch*]). Die Eintragung einer Änderung kann nicht davon abhängig gemacht werden, dass die Beteiligten gleichzeitig weitere anmeldepflichtige Änderungen anmelden oder die unzulässig gewordene Firma ändern (kein mittelbarer Registerzwang, vgl. § 14 Rn 12 [*Koch*]). Zur Möglichkeit der Amtslöschung unzulässig gewordener Eintragungen vgl. § 106 Rn 34.

B. Die anmeldepflichtigen Änderungen

I. Firma

4 Von der Anmeldepflicht erfasst werden **sämtliche Änderungen** in Bezug auf die Firma der Gesellschaft unabhängig davon, ob sie den Firmenkern betreffen oder ob es um die Änderung eines Firmenzusatzes geht (vgl. dazu Vor § 17 Rn 17 ff, 22 ff [*Burgard*]). Die Zulässigkeit der Änderung richtet sich nach allgemeinem Firmenrecht unter besonderer Berücksichtigung der Vorschriften des § 19 über die Firma der OHG (KG); sie ist vom Registergericht im Rahmen seiner Kontrollfunktion vor der Eintragung zu prüfen (§ 106 Rn 29). Zur Möglichkeit der Amtslöschung einer unzulässig gewordenen, im Handelsregister eingetragenen Firma vgl. § 106 Rn 34.

II. Sitz

5 Die **Verlegung** des Sitzes setzt ebenso wie die Änderung sonstiger Grundlagen der Gesellschaft die **Zustimmung sämtlicher Gesellschafter** voraus, soweit der Gesellschaftsvertrag nicht wirksam Abweichendes vorsieht. Der früher abweichenden hM, die auf die *tatsächliche* Verlegung des Verwaltungssitzes abstellt[2], ist nicht zu folgen (§ 106 Rn 18 f). Angesichts der in § 108 vorgeschriebenen Anmeldung durch sämtliche Gesellschafter kann das Registergericht seine Prüfung ebenso wie bei Kapitalgesellschaften darauf beschränken, die Wahl des neuen Sitzes auf etwaigen Rechtsmissbrauch zu kontrollieren.[3] Zur Anmeldung vgl. die Erl. zu § 13h (*Koch*).

---

[1] Zur Möglichkeit, zur Vermeidung der unbeschränkten Haftung nach § 176 Abs. 2 den Beitritt als Kommanditist vertraglich von dessen Eintragung abhängig zu machen, vgl. BGHZ 82, 209 (212) = NJW 1982, 883 und Voraufl. § 176 Rn 16 (*Schilling*).

[2] Vgl. BGH WM 1957, 999 (1000); KG WM 1955, 892 (893) und die Nachw. in § 106 Fn 28.

[3] Vgl. etwa BayObLG AG 1987, 377 (378) mwN; näher zum Ganzen § 13h Rn 16 ff (*Koch*).

II. a) Inländische Geschäftsanschrift

5a Im Einklang mit der Neufassung des § 106 Abs. 2 Nr. 2 wurde durch das MoMiG mit Wirkung zum 1.11.2008 auch für die Änderungen der inländischen Geschäftsanschrift eine Pflicht zur Anmeldung zum Handelsregister begründet. Diese Ergänzung zielt ebenfalls auf eine **faktische Erleichterung der Zustellung** und dient daher dem Interesse der Gesellschaftsgläubiger (§ 106 Rn 21a). Anders als bei den Kapitalgesellschaften (vgl. § 15a) wurde aber von der Möglichkeit einer öffentlichen Zustellung an die jeweils im Handelsregister eingetragene Anschrift abgesehen und damit zugleich auf einen faktischen Aktualisierungszwang verzichtet.[3a]

III. Gesellschafterwechsel

6 **1. Eintritt.** Anmeldepflichtig ist nach § 107 ferner der Eintritt jedes neuen Gesellschafters. Von dem nach § 31 anmeldepflichtigen Wechsel des Inhabers des Handelsgeschäfts unterscheidet er sich dadurch, dass die OHG als Unternehmensträger in ihrer Identität durch den Wechsel von Gesellschaftern nicht berührt wird (§ 105 Rn 288 ff). Der Rechtsverkehr hat aber mit Rücksicht auf die persönliche Haftung der Gesellschafter ein berechtigtes Interesse an zutreffender Registerpublizität über die Zusammensetzung des Gesellschafterkreises (§ 106 Rn 13). Beim Eintritt eines Gesellschafters in eine OHG (KG), die ihrerseits Mitglied einer anderen OHG (KG) ist, greift § 107 nur gegenüber der unmittelbar vom Eintritt betroffenen OHG (KG) selbst ein, nicht auch gegenüber derjenigen, an der sie selbst beteiligt ist.[4] Auf den **Rechtsgrund** des Eintritts kommt es **nicht** an; erfasst wird sowohl ein auf Rechtsgeschäft beruhender Eintritt als auch die erbrechtliche Gesellschafternachfolge.[5] Ebenso ist es unerheblich, ob der Eintritt die Zahl der Gesellschafter vergrößert oder ob er sich mit dem Ausscheiden eines Mitgesellschafters oder einer Anteilsübertragung („im Wege der Sondernachfolge") verbindet. Der Eintritt kann – zugleich mit dem inzwischen erfolgten Ausscheiden – auch noch nachträglich zur Eintragung angemeldet werden.[6] Von der Änderung der Firma darf die Eintragung des Mitgliederwechsels auch dann nicht abhängig gemacht werden, wenn er zur Unzulässigkeit der bisherigen Firma führt (Rn 3); wohl aber kann ein ausscheidender Gesellschafter seine Mitwirkung bei der Anmeldung gegenüber den übrigen Gesellschaftern daran knüpfen, dass diese die erforderliche Firmenänderung anmelden (vgl. § 108 Rn 5). Zur Eintragung der Begründung eines Nießbrauchs oder einer offenen Treuhandschaft vgl. § 106 Rn 16. Eintragungsfähig ist insbesondere auch ein **Sonderrechtsnachfolgevermerk** bei der Anteilsübertragung, der vor allem beim Kommanditistenwechsel bedeutsam ist.[7] Zur Mitwirkungspflicht des neuen Gesellschafters bei der Anmeldung seines Eintritts vgl. § 108 Rn 10.

3a BegrRegE BT-Drucks. 16/6140, S. 49.

4 So auch MünchKommHGB/*Langhein* Rn 7; Baumbach/*Hopt* Rn 1; Ebenroth/Boujong/Joost/Strohn/*Märtens* Rn 7.

5 EinhM, BGH WM 1989, 1331 (1332); BayObLG KGJ 53, 257 (259); MünchKomm-HGB/*Langhein* Rn 9; Baumbach/*Hopt* Rn 1.

6 OLG Oldenburg DB 1987, 1527; vgl. § 106 Rn 6.

7 BGH WM 1964, 1130 (1132); BGH WM 2006, 36 (37); OLG Köln ZIP 2004, 505 (507); Baumbach/*Hopt* § 162 Rn 8.

7 **2. Sonstige Veränderungen in der Mitgliedschaft.** Die Pflicht, das Ausscheiden eines Gesellschafters anzumelden, ist in § 143 Abs. 2 geregelt (vgl. Erl. ebd.). Anmeldepflichtig ist auch die **Umwandlung der Stellung** eines persönlich haftenden Gesellschafters in diejenige eines Kommanditisten und umgekehrt (Voraufl. § 162 Rn 12 [*Schilling*]).[8] Das beruht beim Rücktritt in die Kommanditistenstellung auf einer Analogie zu § 162 Abs. 1 und liegt mit Rücksicht auf §§ 15 Abs. 1 und 2, 159 auch im eigenen Interesse des Kommanditisten; im umgekehrten Fall folgt es aus der analogen Anwendung von § 107. Der gleichzeitigen Anmeldung auch des Ausscheidens als persönlich haftender Gesellschafter oder Kommanditist bedarf es nicht.[9] Der Erwerb einer weiteren Kapitalbeteiligung durch einen unbeschränkt haftenden Gesellschafter begründet als solcher keine Anmeldepflicht.[10] Anderes gilt für Kommanditisten bei Aufstockung des Betrags ihrer nach § 162 Abs. 1 anmeldepflichtigen Haftsumme infolge des Beteiligungserwerbs. Zur Rechtslage bei Veränderung der Personalien eines Gesellschafters vgl. Rn 10.

IV. Änderung der Vertretungsmacht

8 Zu der seit 15.12.2001 bestehenden Anmeldepflicht zur Vertretungsmacht der Gesellschafter vgl. § 106 Rn 22. Jede Änderung der Vertretungsmacht ist jetzt ebenfalls anzumelden. Dafür wurde § 125 Abs. 4 a.F. gestrichen, wonach nur Änderungen anzumelden waren, die zum Ausschluss von der Vertretungsmacht oder zur Anordnung einer (gemischten) Gesamtvertretung führten. Nunmehr wird jede Änderung erfasst, gleichgültig ob sie nur einzelne oder alle Gesellschafter betrifft, wie etwa der generelle Wechsel von der Einzel- zur Gesamtvertretungsbefugnis. Auch der Übergang von der gemischten zur echten Gesamtvertretung (§ 125 Rn 38 ff, 56 ff [*Habersack*]) und umgekehrt sowie die Änderung einzelner Modalitäten der gemischten Gesamtvertretung sind anmeldepflichtig. **Nicht** anmeldepflichtig sind dagegen Änderungen bei der Vertretungsbefugnis einer Gesellschafter-Gesellschaft.

V. Sonstige Änderungen

9 Zur Pflicht, sonstige Änderungen der **Gesellschaftsgrundlagen** aufgrund spezialgesetzlicher Vorschriften anzumelden, vgl. Rn 2. Über diese Regelungen hinaus ist anmeldepflichtig auch die **Umwandlung** einer OHG in eine KG oder umgekehrt aufgrund des Beitritts oder Ausscheidens eines Kommanditisten oder aufgrund des vertraglichen Wechsels der Stellung eines Teils der Gesellschafter.[11] Die Anmeldung der Veränderungen in Bezug auf die betroffenen Gesellschafter (vgl. dazu Rn 7) reicht nicht aus, selbst wenn sich daraus nach den Registerunterlagen die Umwandlung der Rechtsform der Gesellschaft notwendig ergibt. Die Rechtsgrundlage für die Anmeldepflicht bildet je nach Fallgestaltung die analoge Anwendung der §§ 106, 162 Abs. 1, 3. Der Zeitpunkt des Geschäftsbeginns ist aufgrund des Wegfalls von § 106 Abs. 2 Nr. 3 a.F. nicht mehr mitanzugeben.

---

[8] Vgl. BayObLG BB 1970, 940 (948); Voraufl. § 162 Rn 12 (*Schilling*); dazu auch OLG Hamm Rpfleger 1982, 29; MünchKommHGB/*Langhein* Rn 10; Ebenroth/Boujong/Joost/Strohn/*Märtens* Rn 9.

[9] BayObLG NJW 1970, 1796; OLG Düsseldorf DB 1976, 1759.

[10] BayObLG WM 1983, 279.

[11] So auch Voraufl. § 162 Rn 13 (*Schilling*); MünchKommHGB/*Langhein* Rn 10; Schlegelberger/*Martens* § 162 Rn 14; Ebenroth/Boujong/Joost/Strohn/*Märtens* Rn 9; Baumbach/*Hopt* Rn 2.

Zweifelhaft ist das Bestehen einer Anmeldepflicht in Bezug auf die Änderung der nach § 106 Abs. 2 Nr. 1 anmeldepflichtigen **Personalien** der einzelnen Gesellschafter (Name, Vorname, Geburtsdatum, Wohnort, vgl. § 106 Rn 14). Die *Eintragungsfähigkeit* derartiger Änderungen folgt aus einer Analogie zu §§ 106, 107; dafür spricht namentlich die mit der Eintragung der Personalien bezweckte Identifizierung der Gesellschafter zugunsten der Gläubiger (§ 106 Rn 13) und deren Interesse an der Richtigkeit des Registerinhalts.[12] *Fraglich* ist jedoch, ob auch eine Analogie zu § 108 geboten, d.h. die Änderung von *sämtlichen* (oder den betroffenen) Gesellschaftern zur Eintragung anzumelden ist.[13] Dagegen spricht neben dem erheblichen Aufwand eines solchen Verfahrens vor allem der Umstand, dass es in derartigen Fällen an einem Bedürfnis dafür fehlt, dass sich das Registergericht die Richtigkeit der Änderung durch übereinstimmende Anmeldung sämtlicher Gesellschafter bestätigen lässt; der Normzweck des § 108 (vgl. § 108 Rn 1) greift nicht ein. Daher erscheint es vertretbar, die Eintragung derartiger Änderungen als bloße **Berichtigung entsprechend § 17 Abs. 1 HRV** zu behandeln und sie schon dann vorzunehmen, wenn der *betroffene* Gesellschafter die Änderung durch Vorlage öffentlicher Urkunden nachweist.[14] 10

Nicht anmeldepflichtig sind schließlich Änderungen des **Geschäftszweigs** und des **Geschäftslokals** der Gesellschaft. Es gilt Entsprechendes wie bei erstmaliger Anmeldung der Gesellschaft (§ 106 Rn 11 ff). Das Registergericht hat jedoch entsprechend § 24 HRV auf die Angabe derartiger Änderungen im Zusammenhang mit der Erfüllung bestehender Anmeldepflichten der Gesellschafter hinzuwirken und für ihre Bekanntmachung nach Maßgabe von § 34 HRV zu sorgen (§ 106 Rn 24). 11

C. Anmeldepflichten im Abwicklungsstadium

Die Vorschrift des § **107 gilt**, ebenso wie diejenige des § 106 (vgl. § 106 Rn 9), auch nach Auflösung der Gesellschaft bis zu deren Beendigung **fort.**[15] Soweit es in diesem Zeitraum zu Änderungen der Gesellschaftsgrundlagen i.S.v. § 107 kommt, sind sie ebenso wie in der werbenden Gesellschaft von sämtlichen Gesellschaftern anzumelden. Die Pflicht zur Anmeldung der **Fortsetzung** einer aufgelösten Gesellschaft ergibt sich für den Insolvenzfall aus § 144 Abs. 2; sie besteht darüber hinaus jedoch auch in allen anderen Fällen (vgl. § 106 Rn 11). 12

---

12 Für Bejahung der Eintragungsfähigkeit auch KGJ 30, B 32 (34 f); Baumbach/*Hopt* Rn 3.

13 BayObLGZ 1920, 63 (64); Röhricht/Graf v. Westphalen/*Ammon* § 8 Rn 23; Ebenroth/Boujong/Joost/Strohn/*Schaub* § 8 Rn 114; für Anmeldepflicht nur der betroffenen Gesellschafter § 8 Rn 72 (*Koch*); **aA** KGJ 29, A 213 (219 f); OLG Hamburg KGJ 36, A 263; Baumbach/*Hopt* § 8 Rn 5; Ebenroth/*Boujong*/Joost/Strohn Rn 13; MünchKommHGB/*Langhein* Rn 14; Röhricht/Graf v. Westphalen/*v.Gerkan* Rn 11.

14 Für Möglichkeit der Berichtigung auf Antrag auch MünchKommHGB/*Langhein* Rn 14; Schlegelberger/*Martens* Rn 10; Baumbach/*Hopt* Rn 3; *Krafka*/*Willer* Registerrecht, Rn 625.

15 RGZ 106, 63 (67); KG JW 1935, 1100; MünchKommHGB/*Langhein* Rn 1; Schlegelberger/*Martens* Rn 4.

§ 108

Die Anmeldungen sind von sämtlichen Gesellschaftern zu bewirken.

Schrifttum

Ammon Die Anmeldung zum Handelsregister, DStR 1993, 1025; *Gustavus* Die Vollmacht zu Handelsregisteranmeldungen bei Personengesellschaften und Gesellschaften mit beschränkter Haftung, GmbH-Rdsch. 1978, 219; *Munzig* Rechtsprechungsübersicht zum Handels- und Registerrecht, FGPrax 2006, 47; *Rudolph/Melchior* Vollmachten zur Handelsregister-Anmeldung bei Personenhandelsgesellschaften, NotBZ 2007, 350; *Wertenbruch* Die Rechtsprechung zum Personengesellschaftsrecht in den Jahren 2003 bis 2005, NZG 2006, 408.

Übersicht

A. Einführung

I. Regelungsinhalt und Normzweck

1 § 108 begründet die öffentlichrechtliche (Rn 6) **Anmeldepflicht sämtlicher Gesellschafter** einer OHG (über § 161 Abs. 2 auch derjenigen einer KG) in Bezug auf die in §§ 106, 107 genannten, das Gesellschaftsverhältnis betreffenden grundlegenden Vorgänge. Entsprechende, denselben Personenkreis erfassende Anmeldepflichten enthalten eine Reihe weiterer Registervorschriften (Rn 3). Auf ein allgemeines Prinzip, dass Handelsregisteranmeldungen bei der OHG (KG) stets von allen Gesellschaftern zu bewirken sind, lässt sich daraus jedoch nicht schließen (Rn 3 a.E.). Der **Zweck** der Vorschrift geht einerseits dahin, anstelle des Nachweises der materiellen Richtigkeit der Anmeldung bzw. des Zustandekommens einer Vereinbarung hierüber dem *Registergericht* durch die Mitwirkung sämtlicher Gesellschafter bzw. ihrer Vertreter (Rn 11 f) hinreichende Anhaltspunkte für das Vorliegen der angemeldeten Tatsachen oder für die Ausübung seiner *Kontrollfunktion* in Bezug auf diese zu verschaffen;[1] weitere Ermittlungen des Gerichts im Rahmen von § 26 FamFG bei Vorliegen begründeter Zweifel werden dadurch nicht ausgeschlossen (§ 106 Rn 27). Andererseits ermöglicht es die Mitwirkung der Gesellschafter an der Anmeldung, ihnen im Rahmen des § 15 Abs. 3 die Unrichtigkeit der hierauf beruhenden

---

[1] Grundlegend 3. Aufl. Rn 2 (*Rob. Fischer*); ebenso dann auch BayObLG DB 1977, 1085; *Gustavus* GmbHR 1978, 219 f; MünchKommHGB/*Langhein* Rn 1; Schlegelberger/*Martens* § 162 Rn 5.

Eintragung *zuzurechnen* (vgl. § 15 Rn 108 f [*Koch*]).[2] *Materiellrechtlich* gestattet die Mitwirkung der Gesellschafter an Anmeldungen der in §§ 106, 107 genannten Art den Rückschluss darauf, dass sie im Zeitpunkt der Anmeldung mit deren Inhalt einverstanden waren, d.h. ihre Zustimmung zu der hierauf gerichteten Vertragsänderung erteilt hatten.[3]

Der frühere § 108 Abs. 2, der von den vertretungsberechtigten Gesellschaftern die Zeichnung von Firma und Namensunterschrift verlangte (Voraufl. Rn 16 ff [*Ulmer*]), ist mit Wirkung zum 1. Januar 2007 durch Art. 1 Nr. 15 EHUG[4] ersatzlos gestrichen worden (dazu § 12 Rn 3 [*Koch*]). Denn wegen der jetzt elektronischen Führung des Handelsregisters wäre eine Echtheitsprüfung, die an eingescannten Dokumenten vorgenommen werden müsste, nicht mehr mit ausreichender Sicherheit möglich; die Online-Darstellung der Dokumente könnte sogar ein erhöhtes Missbrauchsrisiko erzeugen.[5] Ohnehin sind die Anmeldungen gem. § 12 Abs. 1 in öffentlich beglaubigter Form einzureichen (näher zur Form der Anmeldung § 12 Rn 24 ff [*Koch*]; zur Übergangsregelung § 12 Rn 5 [*Koch*]). 2

II. Sonstige öffentlichrechtliche Anmeldepflichten

Weitere Mitwirkungspflichten **sämtlicher** Gesellschafter begründen die für die OHG (KG) geltenden Registervorschriften der §§ 143 Abs. 1 und 2, 144 Abs. 2, 148 Abs. 1, 162 Abs. 1 und 3, 175. Auch insoweit handelt es sich um grundlegende Vorgänge aus dem Leben der Gesellschaft, die aus den in Rn 1 genannten Gründen durch sämtliche Gesellschafter anzumelden sind. Demgegenüber sind für **sonstige** Anmeldungen wie die Errichtung oder Aufhebung von Zweigniederlassungen, die Erteilung oder den Widerruf der Prokura oder die Erfüllung der die OHG (KG) als Gesellschafter einer anderen Personenhandelsgesellschaft treffenden Anmeldepflichten die **Geschäftsführer** zuständig,[6] sei es in vertretungsberechtigter Zahl oder im Wege unechter Gesamtvertretung gemeinschaftlich mit einem Prokuristen (vgl. allgemein § 8 Rn 37 [*Koch*] und § 12 Rn 17 [*Koch*]). Entsprechendes gilt für die – nach § 157 Abs. 1 durch die Liquidatoren zu bewirkende – Anmeldung des Erlöschens der OHG (KG). Adressaten des nach § 14 festzusetzenden Zwangsgelds bei Nichterfüllung der Anmeldepflicht sind auch in den zuletzt genannten Fällen nicht die Gesellschaft, sondern die für sie zum Handeln berufenen natürlichen (Organ-)Personen (vgl. näher § 14 Rn 14 ff [*Koch*]). 3

III. Gesellschaftsvertragliche Anmeldepflichten

Von der in § 108 (bzw. in den Spezialregelungen, vgl. Rn 3) enthaltenen öffentlichrechtlichen, nach § 14 durchsetzbaren Anmeldepflicht (Rn 6) zu unterscheiden ist die wechselseitige *privatrechtliche* Pflicht der Gesellschafter, an den im Gesellschaftsvertrag 4

[2] Vgl. 3. Aufl. Rn 2 (*Rob. Fischer*); MünchKommHGB/*Langhein* Rn 1; Schlegelberger/*Martens* § 162 Rn 5.

[3] St. Rspr., vgl. BGH WM 1972, 1368; 1974, 177; 1976, 448; 1984, 1605 (1606); 1985, 1229; MünchKommHGB/*Langhein* Rn 7; Baumbach/*Hopt* Rn 6.

[4] Gesetz über elektronische Handelsregister und Genossenschaftsregister sowie das Unternehmensregister vom 10.11.2006, BGBl. I S. 2553.

[5] BegrRegE BT-Drucks. 16/960, S. 47 f.

[6] EinhM, vgl. RGZ 134, 303 (307); *A. Hueck* OHG § 8 I 10 S. 107; MünchKommHGB/*Langhein* Rn 15 f; Schlegelberger/*Martens* Rn 9.

vereinbarten, gesetzlich vorgeschriebenen oder sonst im gemeinsamen Interesse gebotenen Anmeldungen mitzuwirken.[7] Sie hat ihre **Grundlage im Gesellschaftsvertrag** und kann über die öffentlichrechtlichen Anmeldepflichten hinaus insbesondere in denjenigen Fällen eingreifen, in denen es um die erstmalige Eintragung einer noch nicht nach außen hervorgetretenen OHG oder einer zum Betrieb eines kannkaufmännischen Unternehmens gegründeten Gesellschaft geht (§ 106 Rn 7 bis 9) oder in denen die zur Anmeldepflicht führenden Tatsachen zwischenzeitlich entfallen sind (§ 106 Rn 6).

5 Das Recht, die Mitwirkung von Mitgesellschaftern bei der Anmeldung zu verlangen, gehört zu den Gesellschafts*grundlagen*. Es steht daher nicht der Gesellschaft als solcher zu, sondern den einzelnen **Mitgesellschaftern,**[8] und kann von ihnen durch Leistungsklage, aber auch durch Feststellungsklage (vgl. § 16 Rn 16 f [*Koch*]) geltend gemacht werden. Der auf Mitwirkung verklagte Gesellschafter kann sich, soweit nicht die Grundsätze über die fehlerhafte Gesellschaft (§ 105 Rn 327 ff) eingreifen, auf das Nichtvorliegen der anzumeldenden Tatsache, auf die Unwirksamkeit der zu Grunde liegenden Vertragsänderung oder auf andere die gesellschaftsvertragliche Mitwirkungspflicht als solche betreffende **Einwendungen** berufen.[9] Die Einrede des nichterfüllten Vertrages (vgl. dazu § 105 Rn 148) oder sonstige auf das Verhalten von *Mitgesellschaftern* gestützte Einreden (etwa deren Säumnis bei der Erbringung der Beiträge oder bei Mitwirkung an der Anmeldung) kann er nicht geltend machen, soweit sie nicht in unmittelbarem Zusammenhang mit der begehrten Mitwirkung stehen.[10] Die Rechtskraft einer zur Mitwirkung verurteilenden oder die Mitwirkungspflicht feststellenden Entscheidung, auch einer solchen im Verfahren der einstweiligen Verfügung, ersetzt nach § 16 Abs. 1 S. 1 die Mitwirkung des Betroffenen an der Anmeldung (vgl. näher § 16 Rn 13 ff [*Koch*]).

B. Die Anmeldepflicht

I. Grundlagen

6 Bei der Anmeldepflicht des § 108 Gesetzes über elektronische Handelsregister und Genossenschaftsregister sowie das Unternehmensregister handelt es sich um eine **öffentlichrechtliche,** funktional den Pflichten des Einzelkaufmanns nach §§ 29, 31 entsprechende Pflicht. Das Registergericht hat sie unter den in §§ 106, 107 geregelten Voraussetzungen geltend zu machen und erforderlichenfalls nach §§ 14 HGB, 388 Abs. 1 FamFG durchzusetzen. Adressaten der Pflicht sind nur die Gesellschafter persönlich, nicht auch die OHG (KG) als solche. Auch wenn gegen die Gesellschaft daher ein Zwangsgeld nicht festgesetzt werden kann (vgl. § 14 Rn 14 ff [*Koch*]), wird sie doch als befugt angesehen, die Festsetzung von Zwangsgeldern gegen die Gesellschafter auch ihrerseits durch

---

7 Vgl. nur BGHZ 30, 195 (197 f); BGH WM 1983, 785 (786); *A. Hueck* OHG § 8 I 7, S. 105 f; MünchKommHGB/*Langhein* Rn 5; Schlegelberger/*Martens* Rn 4; Ebenroth/*Boujong*/Joost HGB[1] Rn 5; Baumbach/*Hopt* Rn 6.

8 So schon BGH WM 1966, 707 (708); für die Publikums-KG BGH WM 1983, 785.

9 Vgl. MünchKommHGB/*Langhein* Rn 6; Schlegelberger/*Martens* Rn 4; eingehend 3. Aufl. Rn 9 (*Rob. Fischer*).

10 Vgl. RGZ 112, 280 (282) zur Zulässigkeit der Berufung auf einen wichtigen Grund in der Person des klagenden Mitgesellschafters (§§ 133, 140) bei noch nicht in Vollzug gesetzter Gesellschaft. Zulässig ist auch das Abhängigmachen der Mitwirkung seitens eines ausgeschiedenen Gesellschafters von der durch sein Ausscheiden notwendig gewordenen Firmenänderung (vgl. § 24 Abs. 2, dazu § 107 Rn 6).

Rechtsmittel anzugreifen.[11] Soweit dem Registergericht eine die Mitwirkung ersetzende rechtskräftige Entscheidung nach § 16 Abs. 1 S. 1 vorliegt, ist für ein Vorgehen nach § 14 kein Raum. Zur privatrechtlichen (gesellschaftsvertraglichen), über § 108 hinausreichenden Anmeldepflicht der Gesellschafter untereinander vgl. Rn 4 f.

Die nach § 108 erforderlichen Anmeldungen sind elektronisch in **öffentlich beglaubigter Form** beim Registergericht zu bewirken (§ 12 Abs. 1). Vertretung ist zulässig (Rn 12 und allgemein § 12 Rn 36 ff [*Koch*]). Gleichzeitiger Anmeldungen bedarf es nicht; die Gesellschafter können ihre Erklärungen **auch nacheinander** abgeben. **Mängel** des Anmeldungsverfahrens wie insbesondere die fehlende Mitwirkung einzelner Gesellschafter, Vertretungs- oder Formmängel schließen den Eintritt etwaiger mit der Eintragung verbundenen Wirkungen nicht aus. Die Amtslöschung einer unter Verstoß gegen die Verfahrensvorschriften bewirkten Eintragung ist nach § 395 FamFG nur möglich, wenn auch der Inhalt der Eintragung unrichtig ist (§ 106 Rn 34 und § 12 Rn 34 [*Koch*]). 7

Zur **Rechtsnatur** der Anmeldungen vgl. § 12 Rn 5 ff [*Koch*]. Es handelt sich nicht um rechtsgeschäftliche Erklärungen der Gesellschafter, sondern um **Verfahrenshandlungen,**[12] auch wenn aus ihrer Bewirkung auf das Vorliegen entsprechender rechtsgeschäftlicher Tatbestände geschlossen werden kann (Rn 1 a.E.). Jedoch ist für die rechtliche Behandlung der Anmeldungen auf die *Vorschriften über Rechtsgeschäfte* insoweit zurückzugreifen, als diese einen allgemeinen, auch im Verfahrensrecht geltenden Rechtsgedanken ausdrücken und der organisationsrechtliche Charakter der Anmeldung nicht entgegensteht (vgl. näher § 106 Rn 5). Das gilt etwa für die Zugangsbedürftigkeit der Anmeldung gegenüber dem Registergericht und ihr hieran geknüpftes Wirksamwerden (vgl. § 130 Abs. 1 S. 1 BGB), für die fortdauernde Wirksamkeit der Anmeldung trotz Todes des Gesellschafters (§ 130 Abs. 2 BGB), für die entsprechend §§ 104 ff BGB zu beurteilende Fähigkeit der Gesellschafter, Anmeldungen abzugeben[13], für die Anwendung der Vertretungsregelungen (Rn 12 f) sowie für die Erklärung des Widerrufs einer bewirkten Anmeldung bis zur Eintragung durch das Registergericht (Rn 15). 8

II. Sachlicher Anwendungsbereich

Der sachliche Anwendungsbereich des § 108 bestimmt sich nach **§§ 106, 107**. Die öffentlichrechtliche Mitwirkungspflicht der Gesellschafter bezieht sich nur auf die in diesen Vorschriften als anmeldepflichtig bezeichneten Tatsachen der Gründung der Gesellschaft und späterer Änderungen einschließlich ihrer Erweiterung durch Analogie oder Rechtsfortbildung (vgl. § 106 Rn 12). Wegen der Einzelheiten wird auf die Erläuterungen zu §§ 106, 107 verwiesen. Zu sonstigen von sämtlichen Gesellschaftern anzumeldenden Tatsachen vgl. Rn 3. 9

---

[11] Vgl. dazu BGHZ 25, 154 (157) = NJW 1957, 1558; BayObLG BB 1988, 88 (89).

[12] Im Ergebnis ebenso, im Ansatz aber zwischen deklaratorischen und konstitutiven Eintragungen differenzierend § 12 Rn 7 ff (*Koch*) mwN.

[13] So allg. für Verfahrenshandlungen im Bereich der freiwill. Gerichtsbarkeit BGHZ 35, 1 (4) = NJW 1961, 1397; RGZ 145, 284 (286); BayObLGZ 1963, 35 (37); *Keidel/Kuntze/Winkler* FGG[12] § 13 Rn 32.

III. Mitwirkungspflichtige Personen

10 **1. Gesellschafter.** Zur Mitwirkung bei der Anmeldung verpflichtet sind entsprechend dem Normzweck (Rn 1) **sämtliche** Gesellschafter, auch die von der Geschäftsführung und Vertretung ausgeschlossenen, sowie – über § 161 Abs. 2 – die Kommanditisten einer KG. Bei nicht voll geschäftsfähigen Gesellschaftern ist die Anmeldung Sache ihrer gesetzlichen Vertreter, für juristische Personen und Personenhandelsgesellschaften handeln ihre organschaftlichen Vertreter (Rn 11). Entscheidend für die Mitwirkungspflicht ist im Grundsatz die Zugehörigkeit der Gesellschafter zur Gesellschaft im Zeitpunkt der Gründung oder Änderung.[14] An der Anmeldung des **Eintritts** hat auch der neueintretende, an derjenigen des **Ausscheidens** der ausgeschiedene Gesellschafter mitzuwirken (vgl. § 143 Rn 14, 23 f). Die Mitwirkungspflicht verstorbener Gesellschafter erstreckt sich auf die Erben, und zwar auch dann, wenn sie nicht Gesellschafter werden (Rn 14).

11 **2. Gesetzliche und organschaftliche Vertreter.** Für Gesellschafter, die mangels Geschäftsfähigkeit (Rn 8) oder als juristische Personen bzw. Personenhandelsgesellschaften nicht selbst zur Mitwirkung an der Anmeldung in der Lage sind, handeln ihre gesetzlichen oder organschaftlichen Vertreter. Die organschaftliche bzw. gesetzliche Vertretungsmacht braucht nicht in der Form des § 12 Abs. 1 S. 2 nachgewiesen zu werden (näher § 12 Rn 55 und 58 [*Koch*]). Die eigene Gesellschafterstellung des gesetzlichen oder organschaftlichen Vertreters steht der gleichzeitigen Vertretung bei der Anmeldung regelmäßig nicht entgegen (§ 12 Rn 52 ff [*Koch*]); die Vorschriften der §§ 181, 1629, 1630, 1795 BGB finden auf die gegenüber dem Registergericht abzugebenden Erklärungen keine Anwendung (§ 12 Rn 57 [*Koch*]).[15] Soweit für Vertragsänderungen ein Ergänzungspfleger nach § 1909 Abs. 1 BGB bestellt wurde, erstreckt sich seine Vertretungsmacht mangels ausdrücklicher gerichtlicher Anordnung nicht auf die Anmeldung. Zusätzlich zur Mitwirkung des gesetzlichen Vertreters bedarf es beim rechtsgeschäftlichen Beitritt Minderjähriger des Nachweises familien- bzw. vormundschaftsgerichtlicher Genehmigung; er ist in der Form öffentlicher Urkunden zu erbringen (§ 12 Rn 57 [*Koch*]). Für die organschaftliche Vertretung juristischer Personen oder Personenhandelsgesellschaften als Gesellschafter genügt die Mitwirkung von Organmitgliedern in vertretungsberechtigter Zahl, ja sogar unechte Gesamtvertretung (§ 12 Rn 54 [*Koch*]); einer Anmeldung durch sämtliche Organmitglieder bedarf es nicht. Im Falle einer *GmbH & Co. KG*, deren Kommanditisten zugleich die Geschäftsführer der Komplementär-GmbH sind, genügt die Unterschrift durch die Kommanditisten, wenn sie nach dem Inhalt der Anmeldung als gleichzeitiges Handeln namens der GmbH zu verstehen ist[16].

12 **3. Gewillkürte Vertreter.** Die Anmeldung zum Handelsregister braucht nicht höchstpersönlich bewirkt zu werden. Die Erteilung einer Vollmacht ist zulässig; sie bedarf nach § 12 Abs. 2 S. 1 **öffentlich beglaubigter Form** (§ 12 Rn 45 [*Koch*]). Die Vollmacht ist

---

[14] Vgl. BayObLG DB 1978, 1832 zur Anmeldepflicht eines zwischenzeitlich ausgeschiedenen Gesellschafters in Bezug auf den Eintritt eines neuen Gesellschafters.

[15] BayObLG BB 1970, 940 f; Soergel/*Leptien* BGB[12] § 181 Rn 20; Staudinger/*Schilken* BGB (2004) § 181 Rn 18; MünchKommHGB[2]/*Langhein* Rn 13; Schlegelberger/*Martens* § 162 Rn 7.

[16] OLG Düsseldorf OLGZ 1966, 346; BayObLG DB 1974, 1520 und Rpfleger 1978, 255; OLG Hamm Rpfleger 1983, 316 (317); MünchKommHGB/*Langhein* Rn 13; Schlegelberger/*Martens* § 162 Rn 5.

grundsätzlich **widerruflich.**[17] *Unwiderruflichkeit* ist im Hinblick auf den Normzweck des § 108 (Rn 1) nur in engen Grenzen anzuerkennen, vor allem dann, wenn die Vollmacht sich auf die Anmeldung einer *bestimmten* Rechtsänderung bezieht, an deren Eintragung der Bevollmächtigte ein eigenes Interesse hat.[18] Bei Vorliegen eines wichtigen Grundes kann auch eine unwiderrufliche Vollmacht widerrufen werden.[19] Hat ein Gesellschafter, der die Beteiligung an der OHG (KG) als Kaufmann (§ 343 Abs. 1) erworben hat, im Rahmen seines Handelsgeschäfts Prokura oder Handlungsvollmacht erteilt, so erstreckt sich diese jedoch nicht auf Anmeldungen zum Handelsregister.[20] Anderes gilt im Falle einer Generalvollmacht.[21]

Umstritten ist, ob die Gesellschafter den Geschäftsführern oder sonstigen Personen *im Gesellschaftsvertrag* Generalvollmacht zur Bewirkung der nach § 108 vorgeschriebenen Anmeldungen erteilen können.[22] Berücksichtigt man den Zweck der Vorschrift, durch Mitwirkung *sämtlicher* Gesellschafter an den jeweiligen Anmeldungen dem Registergericht die materiellrechtliche Kontrolle der angemeldeten Änderungen zu ersparen (Rn 1), so ist die Wirksamkeit einer gesellschaftsvertraglich erteilten Vollmacht **im Grundsatz zu verneinen**. *Ausnahmen* sind in Fällen untypischer, einer Kapitalgesellschaft angenäherter Personengesellschaften zuzulassen, darunter vor allem bei der *Publikums-KG,* bei der die Mitwirkung sämtlicher Gesellschafter auf erhebliche praktische Schwierigkeiten stößt. Insbesondere soweit der Geschäftsführung in derartigen Fällen Vollmacht zur Aufnahme neuer Gesellschafter u.a. erteilt ist oder soweit der Gesellschaftsvertrag die Anteilsübertragung ohne Zustimmung der Mitgesellschafter zulässt, bestehen auch gegen die generelle Erteilung entsprechender Anmeldungsvollmachten keine Bedenken, wenn der Gesellschaftsvertrag der Form des § 12 Abs. 2 S. 1 genügt.[23] Hiervon nicht gedeckt und sowohl nach dem Normzweck des § 108 als auch – bei Publikumsgesellschaften – aus 13

[17] So zutr. *Gustavus* GmbH-Rdsch. 1978, 222; MünchKommHGB/*Langhein* Rn 14; Ebenroth/Boujong/Joost/Strohn/*Märtens* HGB[2] Rn 12; Baumbach/*Hopt* Rn 3; **aA** BayObLG Rpfleger 1975, 251 und KG DNotZ 1980, 166.

[18] Vgl. allg. MünchKommBGB[5]/*Schramm* § 168 Rn 18 ff; das eigene Interesse ist etwa zu bejahen bei der Bevollmächtigung des Anteilserwerbers, das Ausscheiden des Veräußerers und den Rechtsübergang auf den Erwerber anzumelden.

[19] MünchKommBGB[5]/*Schramm* § 168 Rn 28.

[20] BGH WM 1969, 43; KG NJW 1962, 1349 (1350); BayObLG DB 1974, 1521 (1522); *Gustavus* GmbHR 1978, 223; Baumbach/*Hopt* Rn 3; MünchKommHGB/*Langhein* Rn 16; Ebenroth/*Boujong*/Joost HGB[1] Rn 13; **aA** *Ammon* DStR 1993, 1025 (1027); *Munzig* FG Prax 2003, 47 (48); *Wertenbruch* NZG 2006, 408 (409); vgl. auch BGHZ 116, 190 (193 ff) = NJW 1992, 975; WM 1992, 190, 191 (danach ist eine Prokura nur für solche Anmeldungen ausreichend, deren Gegenstand Umstände des Unternehmens betreffen, für das dem Prokuristen Prokura erteilt wurde; nicht jedoch erstreckt sich die Prokura auf Anmeldungen in Angelegenheiten, eines anderen Unternehmens, an dem sich das vom Prokurist vertretene Unternehmen seinerseits beteiligt hat).

[21] KG JFG 2, 188 (189); LG Frankfurt BB 1972, 512; OLG Frankfurt FGPrax 2005, 135; Baumbach/*Hopt* Rn 3; *Rudolph*/*Melchior* NotBZ 2007, 350 (354); vgl. auch § 12 Rn 37 (*Koch*); BGH NJW 2006, 2854, 2855 (eine gesellschaftsvertragliche Regelung einer Publikums-KG wonach die Gesellschafter entweder Handelsregisteranmeldungen selbst unterzeichnen oder dem Komplementär eine nur aus wichtigem Grund widerrufliche General-Anmeldevollmacht erteilen ist rechtlich unbedenklich).

[22] Dafür OLG Frankfurt BB 1973, 722; OLG Schleswig NZG 2003, 830; MünchKommHGB/*Langhein* Rn 15; Baumbach/*Hopt* Rn 3; dagegen 3. Aufl. Rn 5 (*Rob. Fischer*); wohl auch LG Berlin BB 1975, 250 (251); differenz. *Gustavus* GmbHR. 1978, 220 ff.

[23] So zutr. *Gustavus* GmbHR 1978, 220 f; ebenso dann auch BGH NJW 2006, 2854 (2855).

Gründen des Anlegerschutzes unwirksam ist die Erteilung genereller Vollmachten in Bezug auf Anmeldungen, die sich auf die Grundlagen des Gesellschaftsverhältnisses beziehen oder die Rechtsstellung der Vollmachtgeber in sonstiger Weise unmittelbar im Kern berühren.[24] Bei Zweifeln über das Bestehen oder den Umfang der Vollmacht kann das Registergericht nach § 10 FamFG vorgehen, d.h. das persönliche Erscheinen von Gesellschaftern anordnen oder den Nachweis der Vollmacht ad hoc verlangen.

14 **4. Sonstige Personen.** Die Mitwirkungspflicht verstorbener Gesellschafter hinsichtlich der Anmeldung ihres Ausscheidens und hinsichtlich sonstiger bei ihrem Tod noch nicht angemeldeter, nach §§ 106, 107 eintragungspflichtiger Tatsachen geht auf die **Erben** über. Das gilt auch dann, wenn sie nicht kraft Erbrecht als Nachfolger des Erblassers Gesellschafter geworden sind und als solche den Pflichten aus § 108 unterliegen (§ 143 Rn 16). Hat der Erblasser **Testamentsvollstreckung** angeordnet, so trifft die Mitwirkungspflicht den *Testamentsvollstrecker*[25]. Der *Nachweis der Erbfolge* ist von dem Erben grundsätzlich durch Vorlage eines Erbscheins zu führen; jedoch genügt ein öffentliches, mit einem Eröffnungsprotokoll versehenes Testament.[26] Bei Insolvenz eines Gesellschafters treffen die Anmeldepflichten den **Insolvenzverwalter** (vgl. § 146 Abs. 3). – Soweit neben den Gesellschaftern Dritte **am Gesellschaftsanteil beteiligte Personen** (Nießbraucher u.a., vgl. § 106 Rn 16) in das Handelsregister einzutragen sind, unterliegen auch sie der Anmeldepflicht nach § 108.

IV. Widerruf der Anmeldung

15 Bis zum Vollzug der Eintragung ist die Anmeldung jedes Gesellschafters **frei widerruflich**;[27] der Angabe von Gründen für den Widerruf bedarf es nicht. Das gilt auch dann, wenn die Anmeldungen sämtlicher Gesellschafter bereits vorliegen und eine Anmeldepflicht nach § 108 besteht. Der Widerruf ist gegenüber dem Registergericht zu erklären; er führt zur Unzulässigkeit der Eintragung, weil es an der hierfür erforderlichen Anmeldung sämtlicher Gesellschafter fehlt. Das Registergericht muss gegen den Widerrufenden ggf. nach § 14 vorgehen, wenn der Widerruf nicht auf dem Fehlen oder dem Wegfall der eintragungspflichtigen Tatsache beruht.

---

[24] Ebeno *Gustavus* GmbHR 1978, 221 f; Ebenroth/Boujong/Joost/Strohn/*Märtens* Rn 13.

[25] BGHZ 108, 187 (190) = NJW 1989, 3152; dazu näher § 143 Rn 17; *Faust* DB 2002, 189 ff und allgemein zur Testamentsvollstreckung § 139 Rn 60 ff; anders jedoch im Fall der Abwicklungsvollstreckung, bei der den Erben die Eintragung zum Handelsregister obliegt (OLG München, Beschl. v. 7.7.2009, 31 Wx 115/08).

[26] OLG Hamburg NJW 1966, 986; OLG Hamm Rpfleger 1986, 139 (140); KG NZG 2003, 122; MünchKommHGB²/*Langhein* Rn 12.

[27] Näher § 12 Rn 21 [*Koch*]; ferner Baumbach/*Hopt* Rn 4; MünchKommHGB²/*Langhein* Rn 19; *Gustavus* GmbH-Rdsch. 1978, 222.

ZWEITER TITEL

Rechtsverhältnisse der Gesellschafter untereinander

§ 109

Das Rechtsverhältnis der Gesellschafter untereinander richtet sich zunächst nach dem Gesellschaftsvertrage; die Vorschriften der §§ 110 bis 122 finden nur insoweit Anwendung, als nicht durch den Gesellschaftsvertrag ein anderes bestimmt ist.

Schrifttum

Vgl. die Nachw. vor Rn 20, 48, 60.

Übersicht

A. Einführung

I. Normzweck

1 § 109 betont für das **Innenverhältnis** der Gesellschaft, d.h. die Rechtsbeziehungen der Gesellschafter untereinander und zur Gesellschaft, den grundsätzlichen **Vorrang des Gesellschaftsvertrags.** Die Vorschrift gilt für OHG und KG (§ 161 Abs. 2), nicht jedoch für die PartG (§ 6 PartGG). Sie ist gesetzlicher Ausdruck der den Zusammenschluss zu einer Personengesellschaft prägenden, neben der Abschlussfreiheit auch die inhaltliche Gestaltungsfreiheit gewährleistenden **Privatautonomie der Gesellschafter**. Der Vorrang gilt in erster Linie für die auf die *werbende* Gesellschaft bezogenen Regelungen der §§ 110 bis 122; Schranken der Vertragsfreiheit bestehen hier nur aufgrund des § 118 Abs. 2, des Abspaltungsverbots (§ 717 S. 1 BGB) und der ungeschriebenen Grundsätze der Verbandssouveränität, der Selbstorganschaft und des unverzichtbaren Kernbereichs der Mitgliedschaftsrechte (Rn 24 f, 30 ff). Grundsätzlich dispositiv sind aber auch die Vorschriften über die *Auflösung* der Gesellschaft und das Ausscheiden einzelner Gesellschafter (§§ 131 bis 144) sowie über die Liquidation der Gesellschaft (§§ 145 bis 158); vgl. dazu im Einzelnen die Erläut. zu diesen Vorschriften. – Demgegenüber sind die das *Außenverhältnis* der Gesellschaft, ihre Rechtsbeziehungen zu Dritten regelnden Vorschriften (§§ 123 bis 130) abweichender Vertragsgestaltung durch die Gesellschafter überwiegend entzogen. Das gilt vor allem für den Zeitpunkt der Entstehung und die rechtliche Selbständigkeit der Gesellschaft (§§ 123, 124), für die Unbeschränktheit der Vertretungsmacht (§ 126) und für die persönliche Haftung der Gesellschafter (§§ 128 bis 130); insoweit hat der gesetzliche Schutz des Rechtsverkehrs Vorrang vor der Gestaltungsfreiheit der Gesellschafter.

II. Schranken der Privatautonomie

2 Die von der Rechtsordnung gewährte Gestaltungsfreiheit besteht nicht unbeschränkt und um ihrer selbst willen, sondern unterliegt wie jede rechtliche Befugnis dem Vorbehalt missbräuchlicher Verwendung. Ihm kommt im Hinblick auf die Notwendigkeit eines **Minderheitenschutzes** im Recht der Personengesellschaft deshalb besondere Bedeutung zu, weil der Gesetzgeber – abweichend namentlich vom Aktienrecht – auf gesetzliche Mindestsicherungen weitgehend verzichtet hat und auch die ungeschriebenen Schranken (Selbstorganschaft, Kernbereichslehre) nur unvollkommenen Schutz gewähren. Zur Gewährleistung dieses Schutzes hat sich die Lehre von den **beweglichen Schranken**[1] der Vertragsgestaltungsfreiheit und der vertraglich begründeten Mehrheitskompetenzen herausgebildet. Derartige bewegliche Schranken ergeben sich vor allem aus der Treupflicht und dem Gleichbehandlungsgrundsatz sowie aus dem von der Rechtsprechung für Mehrheitsbeschlüsse nach wie vor angewandten, wenngleich inzwischen stark zurückgenommenen Bestimmtheitsgrundsatz (vgl. näher Rn 36 ff). Eine darüber hinausgehende, allgemeine, auf die Ausgewogenheit der vertraglichen Regelungen oder Beschlüsse abstellende Inhaltskontrolle ist demgegenüber nur für den Sonderfall der Publikumsgesellschaft anerkannt,

[1] So treffend erstmals wohl *Zöllner* Schranken S. 97 f, 287 ff; zur Rechtsfortbildung im Personengesellschaftsrecht unter Betonung des Minderheitenschutzes namentlich *Ulmer* ZHR 161 (1997), 102 (120 ff); zum aktuellen Stand etwa MünchKommBGB[5]/*Ulmer*/*C. Schäfer* § 709 Rn 98 ff.

deren Gesellschaftsvertrag nicht der freien Bestimmung aller Gesellschafter unterliegt, sondern schon vorab von den Initiatoren erstellt wird (Rn 39 f). Dem entspricht auch die in § 310 Abs. 4 BGB für Gesellschaftsverträge vorgesehene Bereichsausnahme von der AGB-Kontrolle.[2]

III. Innenverhältnis der Gesellschafter (Überblick und Weiterverweis)

Der in § 109 enthaltene Grundsatz der Gestaltungsfreiheit knüpft an die – in § 105 **3**
HGB i.V.m. § 705 BGB zum Ausdruck kommende – **Vertragsnatur** der OHG und KG an (§ 105 Rn 136); er enthält eine Sonderausprägung der allgemeinen Dispositivität des Rechts der Schuldverträge (§ 305 BGB). Dementsprechend findet sich die Mehrzahl der für das Rechtsverhältnis der Gesellschafter erheblichen Erläuterungen schon in der die Gesellschaftsgrundlagen betreffenden **Kommentierung zu § 105**. Verwiesen sei auf die Abschnitte über die *Entstehung* der Gesellschaft (§ 105 Rn 48 ff) und über die Bedeutung der in § 105 Abs. 3 enthaltenen *Verweisung auf §§ 705 bis 740 BGB* (§ 105 Rn 63 ff), über die *Grundlagen* und die *Rechtsnatur* des Gesellschaftsvertrags sowie die auf ihn anwendbaren Vorschriften des 1. und 2. Buchs des BGB (§ 105 Rn 136 ff, 142 ff), über den *Abschluss,* die *Form* und die *Änderung* des Gesellschaftsvertrags (§ 105 Rn 154 ff, 167 ff, 186 ff) sowie über dessen *Auslegung* (§ 105 Rn 192 ff). Weitere das Innenverhältnis der Gesellschafter betreffende Feststellungen finden sich in den Erläuterungen zu den *Rechtsbeziehungen* der Gesellschafter gegenüber der Gesellschaft (§ 105 Rn 207 ff) und zu den *Mitgliedschaftsrechten und -pflichten* (§ 105 Rn 215 ff), darunter den Beitragspflichten (§ 105 Rn 224 ff), zur Treupflicht und zum Gleichbehandlungsgrundsatz (§ 105 Rn 228 ff, 247 ff), zur actio pro socio (§ 105 Rn 256 ff) sowie schließlich zum Mitgliederwechsel durch *Anteilsübertragung* (§ 105 Rn 288 ff, 294 ff).

B. Die Regelung des Innenverhältnisses

I. Der Vorrang des Gesellschaftsvertrags

1. Grundsatz. Die **Rechtsbeziehungen zwischen den Gesellschaftern sind insgesamt** **4**
vertraglicher Natur, auch soweit sie mangels abweichender vertraglicher Vereinbarung auf *dispositivem* Gesetzesrecht beruhen. Das folgt aus der Notwendigkeit eines – sei es auch fehlerhaften – Gesellschaftsvertrags als Grundlage und notwendige Voraussetzung einer Personengesellschaft (§ 105 Rn 136). Die Vorschriften der §§ 105 ff greifen nur als *Folge* eines die Voraussetzungen der §§ 105 Abs. 1, 161 Abs. 1 erfüllenden Vertragsschlusses ein; sie gelten nicht etwa kraft objektiven Rechts. Daher handelt es sich auch bei dem in § 112 geregelten Wettbewerbsverbot um ein solches auf *vertraglicher* Grundlage mit der Folge, dass sich die Frage seiner Vereinbarkeit mit § 1 GWB stellt (vgl. näher § 112 Rn 40).

Entsprechend der vertraglichen Natur des Zusammenschlusses richten sich die Rechts- **5**
beziehungen zwischen den Gesellschaftern in erster Linie nach den zwischen ihnen getroffenen, als **Gesellschaftsvertrag** zu qualifizierenden Vereinbarungen (zu seinem Mindestinhalt vgl. § 105 Rn 157 f). Der Vertrag kann grundsätzlich auch *konkludent* geschlossen

---

[2] Dazu eingehend *Ulmer*/Brandner/Hensen AGB-Recht[10] § 310 BGB Rn 119 ff; Ebenroth/Boujong/Joost/Strohn/*Märtens* Rn 30.

werden (§ 105 Rn 155). Entsprechendes gilt für *Vertragsänderungen,* außer wenn der Gesellschaftsvertrag eine Schriftformklausel i.S.v. § 127 BGB enthält und die Parteien bei einem formlosen Änderungsbeschluss nicht zugleich auf deren Einhaltung verzichten (§ 105 Rn 177 ff). Eine Vertragsänderung ist daher im Regelfall ohne Einhaltung besonderer Förmlichkeiten allein durch einen mit der erforderlichen Mehrheit gefassten Gesellschafterbeschluss möglich, unabhängig davon, ob die Änderung einen Einzelfall betrifft oder ob sie generell für die künftigen Rechtsbeziehungen der Beteiligten gelten soll. Auf die aus dem GmbH-Recht bekannte Unterscheidung zwischen formellen und materiellen Satzungsbestandteilen[3] kommt es im Personengesellschaftsrecht nicht an; ebenso wenig stellt sich für den OHG- und KG-Vertrag die im GmbH-Recht umstrittene Frage nach der Wirksamkeit sog. Satzungsdurchbrechungen.[4]

6 Die inhaltliche **Gestaltungsfreiheit** der Gesellschafter ist, soweit es das Innenverhältnis betrifft,[5] grundsätzlich unbegrenzt. Das gilt über § 109 hinaus, der die Normen der §§ 110 bis 122 ausdrücklich als im Grundsatz dispositiv erklärt, auch für die Vorschriften über Auflösung, Ausscheiden und Liquidation der Gesellschaft (§§ 131 ff) mit Ausnahme ihrer auf das Außenverhältnis bezogenen Teile (§§ 135, 146, 148, 151, 159 f u.a.) sowie für die (über die Weiterverweisung des § 105 Abs. 2 subsidiär anwendbaren) Vorschriften der Gesellschaft bürgerlichen Rechts. **Schranken** findet die Gestaltungsfreiheit einerseits in den wenigen gesellschaftsrechtlichen Vorschriften und ungeschriebenen Grundsätzen zwingenden Rechts (Rn 20 ff), andererseits in den aus Gründen des Minderheitenschutzes entwickelten sog. beweglichen, die Mehrheitsherrschaft trotz entsprechender gesellschaftsvertraglicher Ermächtigung inhaltlich begrenzenden Schranken (Rn 36 ff).

7 2. **Auslegung.** Soweit nicht gesetzliche Formvorschriften für den Gesellschaftsvertrag einer OHG oder KG eingreifen, richtet sich die Auslegung grundsätzlich nach den allgemein für formfreie Rechtsgeschäfte geltenden Vorschriften der **§§ 133, 157 BGB** (§ 105 Rn 192). Auszugehen ist zwar vom Wortlaut des Vertrags, jedoch tritt er hinter dem **übereinstimmenden Willen der Beteiligten** zurück, soweit ein solcher in Abweichung vom Wortlaut feststellbar ist. Praktische Bedeutung können derartige Abweichungen namentlich im Falle *späterer,* durch langjährige Übung zum Ausdruck kommender konkludenter Vertragsänderungen erlangen. Die für Satzungen juristischer Personen anerkannte objektive, auf den objektivierten Sinngehalt der schriftlichen Regelung beschränkte Auslegung ist im Personengesellschaftsrecht nur für Gesellschaftsverträge der Publikums-OHG/KG zu beachten (§ 105 Rn 196).

8 Von besonderer Bedeutung für die Rechtsbeziehungen zwischen den Gesellschaftern und für die Geltung dispositiven Gesellschaftsrechts ist die **ergänzende Vertragsauslegung.** Abweichend von den allgemeinen Auslegungsgrundsätzen räumt ihr die Rechtsprechung zutreffend **Vorrang** ein vor der Anwendung dispositiven Rechts, soweit es dem Gericht möglich ist, den hypothetischen Parteiwillen festzustellen (§ 105 Rn 198). Das beruht auf *zwei Gründen:* einerseits der im Gesellschaftsrecht nicht selten anzutreffenden Lückenhaftigkeit der getroffenen Vereinbarungen, sei es aufgrund unvollständigen oder fehlerhaften Vertragsschlusses oder aufgrund zwischenzeitlicher, bei Vertragsschluss nicht absehbarer Änderungen, andererseits auf den häufig weitgehenden Abweichungen der ver-

---

[3] Vgl. näher *Ulmer*/Habersack/Winter GmbHG § 53 Rn 8 ff mN.

[4] Dazu *Ulmer*/Habersack/Winter GmbHG § 53 Rn 34 ff.

[5] Zur grundsätzlich zwingenden Natur der das Außenverhältnis regelnden Vorschriften der §§ 123 bis 130 vgl. Rn 1 aE und die Erl. zu diesen Normen.

traglichen Innenbeziehungen vom dispositiven Recht (§ 105 Rn 10); sie gestatten die Vermutung, dass die Parteien, hätten sie die Vertragslücke erkannt, diese in Abweichung vom dispositiven Recht geschlossen hätten. Beispiele für inhaltlich überholtes dispositives Recht bilden vor allem die von der gleichmäßigen Beteiligung aller Gesellschafter ausgehenden Stimmrechts- und Gewinnverteilungsregelungen „nach Köpfen" (§§ 119 Abs. 2, 121 Abs. 3), eingeschränkt aber auch das gesetzlich vorgesehene Ausscheiden eines persönlich haftenden Gesellschafters bei dessen Tod (§ 131 Abs. 3 Nr. 1, dazu § 131 Rn 76 f). – Zur Geltung von OHG-Recht kraft (ergänzender) Vertragsauslegung auch bei ursprünglicher oder später eintretender, von den Vorstellungen der Parteien nicht gedeckter Abweichung der Rechtsform des Zusammenschlusses vgl. Rn 15 ff.

II. Das dispositive Gesetzesrecht

1. §§ 110 bis 122 HGB. Zum vertraglichen Geltungsgrund auch des dispositiven Gesetzesrechts vgl. schon Rn 4, zum Vorrang ergänzender Vertragsauslegung Rn 8. Erst wenn sich aus dem tatsächlichen oder hypothetischen Willen der Beteiligten in den Grenzen der bestehenden Gestaltungsfreiheit keine abweichende Regelung ergibt, ist für einen Rückgriff auf die das Innenverhältnis der Gesellschafter betreffenden Vorschriften der §§ 110 ff (einschließlich der §§ 131 ff) und die darin enthaltenen Auslegungsregeln Raum. Eine Ausnahme gilt nur in Bezug auf die wenigen zwingenden Vorschriften und ungeschriebenen Grundsätze des (Personen-)Gesellschaftsrechts (vgl. Rn 24 ff). Das hindert freilich nicht, denjenigen gesetzlichen Regelungen, die entweder – wie der Anspruch auf Aufwendungsersatz (§ 110) oder das Wettbewerbsverbot (§ 112) – einen spezialgesetzlich geregelten Ausdruck allgemeiner Grundsätze enthalten oder – wie die Geschäftsführungsvorschriften der §§ 114 bis 117 – dem Organisationscharakter der Gesellschaft Rechnung tragen, auch ihrerseits Einfluss auf die Auslegung nicht eindeutiger gesellschaftsvertraglicher Vereinbarungen einzuräumen. **9**

2. § 105 Abs. 2 HGB i.V.m. §§ 706 bis 740 BGB

a) **Allgemeines.** Nicht unerhebliche Bedeutung auch für die Rechtsverhältnisse in der OHG kommt der Weiterverweisung des § 105 Abs. 3 auf das subsidiär geltende Recht der Gesellschaft bürgerlichen Rechts zu (vgl. dazu schon § 105 Rn 63 ff). Das folgt in Bezug auf §§ 707, 717 S. 1, 723 Abs. 2 BGB aus ihrer zwingenden Geltung, in Bezug auf § 706 BGB zur Beitragspflicht sowie in Bezug auf die Vorschriften über das Gesamthandsvermögen (§§ 718, 719 BGB) und über die Rechtsfolgen des Ausscheidens eines Gesellschafters (§§ 738 bis 740 BGB) aus dem inhaltlichen Gewicht der betreffenden Regelungen für die Rechtsverhältnisse in der Gesellschaft, aber auch daraus, dass es sich insoweit um die Kodifikation allgemeiner, das Wesen der gesellschaftsrechtlichen Gesamthand und die Rechtsstellung der Beteiligten kennzeichnender Umstände handelt. Wegen der Einzelheiten ist auf die einschlägigen Erläuterungen in den Kommentaren zur Gesellschaft bürgerlichen Rechts zu verweisen. – Zur Geltung sonstiger BGB-Vorschriften im Verhältnis zwischen den Gesellschaftern vgl. § 105 Rn 142 ff. **10**

b) **§ 708 BGB.** Zu den zentralen Bestimmungen aus dem Recht der GbR, die über § 105 Abs. 2 auf das Innenverhältnis der OHG (KG) Anwendung finden, gehört auch die Vorschrift des § 708 BGB über die von den Gesellschaftern gegenüber Gesellschaft und Mitgesellschaftern geschuldete, am Maßstab der *diligentia quam in suis rebus* (§ 277 BGB) ausgerichtete Sorgfalt. Die Vorschrift wird zwar **rechtspolitisch kriti-** **11**

siert.[6] Auch wird ihre Anwendung für bestimmte typische Gefährdungslagen (Teilnahme am *Straßenverkehr*) von der höchstrichterlichen Rechtsprechung abgelehnt.[7] Das ändert jedoch nichts an ihrer grundsätzlichen Maßgeblichkeit für das Innenverhältnis. Auch trifft der Kerngedanke des § 708 BGB, dass die Gesellschafter „sich gegenseitig so nehmen wollen, wie sie einmal sind“ [8], und dass sie bei ihrer Geschäftsführung für die Gesellschaft auch in *eigenen* Angelegenheiten tätig werden, nach wie vor zu;[9] er kann neben der GbR Beachtung vor allem für die typische OHG und KG verlangen (vgl. näher Rn 12).

12 Der **persönliche Anwendungsbereich** des § 708 BGB beschränkt sich nicht auf die Gesellschafter einer GbR. Die Vorschrift gilt vielmehr über die Verweisung des § 105 Abs. 2 nach ganz hM auch für die **personalistisch strukturierte OHG und KG;**[10] Sonderregelungen für das Recht der OHG (KG) oder ein abweichender Handelsbrauch unter Kaufleuten[11] sind insoweit nicht ersichtlich. Nicht ausgeschlossen ist es zwar, aus der Art des verfolgten, die Aufbietung höchstmöglicher Sorgfalt erfordernden Gesellschaftszwecks auf eine konkludente Abweichung von § 708 BGB zu schließen; sie kann jedoch nicht allein in der Einigung auf den gemeinsamen Betrieb eines vollkaufmännischen Unternehmens gesehen werden, soweit keine besonderen Umstände vorliegen.[12] Auch in der typischen **GmbH & Co. KG,** in der die Kommanditisten zugleich an der GmbH beteiligt sind und deren Geschäfte führen, bestehen gegen das Eingreifen von § 708 BGB im Verhältnis zwischen KG und GmbH und gegen die Berufung auch der GmbH-Geschäftsführer auf die daraus etwa resultierende Haftungsmilderung trotz § 43 GmbHG keine Bedenken.[13] *Anderes* gilt namentlich für Geschäftsführer einer **Publikums-OHG (KG),** auf die der Normzweck des § 708 BGB nicht passt; zu Recht wendet die höchstrichterliche Rechtsprechung insoweit unter teleologischer Reduktion des § 708 BGB den Sorgfaltsmaßstab des § 276 BGB an.[14] Entsprechend ist auch in sonstigen Fällen **körper-**

---

[6] Näher MünchKommBGB[5]/*Ulmer*/*C. Schäfer* § 708 Rn 2; ferner etwa *A. Hueck* OHG § 9 Fn 10; Soergel/*Hadding*[13] § 708 Rn 1; *K. Schmidt* GesR § 59 III 2a; *Hauss* FS Möhring, 1965, S. 345 (361); differenzierend *Ballerstedt* JuS 1963, 253 (258).

[7] So BGHZ 46, 313 (317 f) = NJW 1967, 558 (ebenso zu § 1359 BGB dann BGHZ 53, 352 [355] = NJW 1970, 1271; 61, 101, [105] = NJW 1973, 1654; 63, 51, [57] = NJW 1974, 2124); für den Luftverkehr offenlassend BGH JZ 1972, 88. Näher dazu und zur Kritik an dieser Rspr. MünchKommBGB[5]/*Ulmer*/*C. Schäfer* § 708 Rn 12 ff; Ebenroth/Boujong/Joost/Strohn/*Wertenbruch* § 105 Rn 131.

[8] So Protokolle zum BGB, zit. bei *Mugdan* II S. 985.

[9] Vgl. auch MünchKommBGB[5]/*Ulmer*/*C. Schäfer* § 708 Rn 2; **aA** – für Streichung des § 708 BGB de lege ferenda – *K. Schmidt* BMJ-Gutachten zur Überarbeitung des Schuldrechts, Bd. 3, 1983, S. 526 f.

[10] Ganz hM, vgl. schon 3. Aufl. Rn 2 (*Rob. Fischer*); *A. Hueck* OHG § 9 IV, S. 113 f; Schlegelberger/*Martens* § 164 Rn 7; Baumbach/*Hopt* Rn 28; Soergel/*Hadding*[13] § 708 Rn 2.

[11] So aber noch *J. v. Gierke* HaR[8] § 33 II 1b, S. 195.

[12] Ähnlich wohl *A. Hueck* OHG § 9 Fn 10; weitergehend unter Reduktion des § 708 BGB auf eine Auslegungsregel, die für Handelsgesellschaften wenig geeignet sei, *K. Schmidt* GesR § 59 III 2c.

[13] So auch Voraufl. § 164 Rn 16 (*Schilling*); Schlegelberger/*Martens* § 164 Rn 13; MünchKommHGB/*Grunewald* § 161 Rn 81 ff; *Hüffer* ZGR 1981, 362 f; **aA** Scholz/*U. H. Schneider* GmbHG[10] § 43 Rn 433; offenlassend BGHZ 75, 321 (327) = NJW 1980, 589; generell für Nichtanwendung von § 708 BGB auf Gesellschaften, an denen jur. Personen beteiligt sind, aber *Ballerstedt* JuS 1963, 258 f.

[14] BGHZ 69, 207 (209 f) = NJW 1977, 2311; 75, 321 (327 f) = NJW 1980, 589; 76, 160 (166) = NJW 1980, 1463; so auch Schlegelberger/*Martens* § 164 Rn 7; MünchKommHGB/*Grunewald* § 161 Rn 125; Ebenroth/Boujong/Joost/Strohn/*Wertenbruch* § 105 Rn 132; Soergel/*Hadding*[13] § 708 Rn 2; *Hüffer* ZGR 1981, 361 f; *U. H. Schneider* ZGR 1978, 31 f.

schaftlich strukturierter OHG (KG) zu verfahren, insbes. solchen, bei denen die Geschäftsführung direkt oder über eine zwischengeschaltete Komplementär-GmbH *dritten,* ggf. vorübergehend in die Gesellschaft aufgenommenen Personen übertragen ist. Zur Nichtgeltung des § 708 BGB in der abhängigen und der konzernierten Personengesellschaft vgl. Anh. § 105 Rn 50 und 66.

Der **sachliche Anwendungsbereich** des § 708 BGB beschränkt sich nicht auf fehlerhafte Geschäftsführung, Schadensersatz wegen Verstoßes gegen das Wettbewerbsverbot (§ 113 Rn 13 ff) oder sonstige Fälle einer Überschreitung von Geschäftsführungsbefugnissen (vgl. näher Erläut. zu § 114). Erfasst werden vielmehr auch Leistungsstörungen bei der Erfüllung von Beitragspflichten (§ 105 Rn 150 ff) sowie die Fälle treuwidriger Schädigung von Gesellschaft oder Mitgesellschaftern. Eine Ausnahme von § 708 BGB für Schäden aus der Verletzung von *Neben-* oder *Schutzpflichten* ist nicht veranlasst.[15] Auch deren Erfüllung gehört zu den gesellschaftsvertraglich geschuldeten Pflichten der Beteiligten; Gründe für eine Haftungsverschärfung abweichend von § 708 BGB sind insoweit nicht ersichtlich. Stets ist für das Eingreifen von § 708 BGB freilich Voraussetzung, dass es um die Erfüllung *gesellschaftsrechtlicher* Pflichten geht. Auf die Rechtsbeziehungen aus Drittgeschäften (§ 105 Rn 213) findet § 708 keine Anwendung.[16] **13**

Für die **Konkretisierung des Haftungsmaßstabs** des § 708 BGB kommt es in den Grenzen der §§ 276, 277 BGB auf das Verhalten des Gesellschafters in *eigenen* Angelegenheiten an. **Obergrenze** ist die nach § 276 Abs. 1 BGB geschuldete verkehrsübliche Sorgfalt. Selbst wenn der Gesellschafter in eigenen Angelegenheiten sorgfältiger als verkehrsüblich verfährt, ist er hierzu – vorbehaltlich abweichender Vereinbarungen – den Mitgesellschaftern gegenüber gesellschaftsrechtlich nicht verpflichtet; er haftet nur für (zumindest leichte) Fahrlässigkeit oder Vorsatz. Die **Untergrenze,** von deren Einhaltung auch § 708 BGB nicht befreit, bildet nach § 277 BGB grobe Fahrlässigkeit. Soll einem Gesellschafter auch insoweit die Haftung erlassen werden, bedarf es entsprechender Abreden im Gesellschaftsvertrag. Ein darüber noch hinausgehender, auch auf Fälle vorsätzlicher Schädigung bezogener vertraglicher Haftungsausschluss scheitert an § 276 Abs. 2 BGB. – Über die Haftung wegen Verletzung gesellschaftsvertraglicher Pflichten hinaus gilt § 708 BGB nach zutr. hM auch für die mit der vertraglichen Haftung konkurrierenden *deliktischen* Ansprüche, um die Haftungsmilderung des § 708 BGB insoweit nicht leerlaufen zu lassen.[17] Zum Sonderfall schädigenden Handelns im Straßenverkehr vgl. Rn 11, zur Anwendbarkeit des § 708 BGB auch im Rahmen von § 278 BGB, zur Beweislast und zu den Rechtsfolgen einer vom Gesellschafter zu vertretenden Vertragsverletzung vgl. die Kommentierungen zu § 708 BGB. **14**

III. Die Beurteilung planwidriger Sonderlagen

1. Kann-OHG vor Handelsregistereintragung. Eine Gesellschaft, deren Zweck auf den Betrieb eines *kannkaufmännischen Unternehmens* (§§ 2, 3) unter gemeinsamer Firma gerichtet ist, kommt im Unterschied zu den Fällen, in denen es um den Betrieb eines Han- **15**

---

[15] So aber (in Bezug auf Schutzpflichten) *Schwerdtner* NJW 1971, 1675 und *Larenz* FS Westermann, 1974, S. 302 f. Dagegen auch Soergel/*Hadding*[13] § 708 Rn 4.

[16] Vgl. MünchKommBGB[5]/*Ulmer*/*C. Schäfer* § 708 Rn 7; so auch Soergel/*Hadding*[13] § 708 Rn 4; Ebenroth/Boujong/Joost/Strohn/*Wertenbruch* § 105 Rn 131.

[17] Std. Rspr., vgl. BGHZ 46, 313 (316 f) = NJW 1967, 558; BGH VersR 1960, 802; RGZ 66, 363 und 88, 317.

delsgewerbes (§ 1 Abs. 2) geht, zunächst als Gesellschaft bürgerlichen Rechts zur Entstehung; zur OHG (KG) wird sie erst durch Handelsregistereintragung (§ 105 Rn 50). Diesem in den Fällen der §§ 2, 3 unvermeidlichen **Durchgangsstadium** wird im Gesellschaftsvertrag meist nicht besonders Rechnung getragen; die Parteien gehen vielmehr von der Gründung einer *Handelsgesellschaft* (OHG oder KG) aus, wenn ihr Unternehmen vollkaufmännische Dimensionen erreichen soll und wenn sie sich darauf verständigt haben, die Eintragung ins Handelsregister herbeizuführen.

16 Entsprechend diesen Vorstellungen wendet die ganz hM auf das Innenverhältnis der Beteiligten von Anfang an zu Recht nicht die Vorschriften der §§ 709 ff BGB, sondern **OHG-(KG)Recht** an.[18] Das hat Bedeutung für die Art der Geschäftsführungsbefugnis (§§ 114–116), für Gewinnverteilung und Entnahmen (§§ 121, 122), für das Kündigungsrecht (§ 132) u.a. Methodisch geht es um einen Fall *ergänzender Vertragsauslegung* (Rn 8), soweit nicht ein rechtsgeschäftlich relevanter Parteiwille auf Unterstellung der Innenbeziehungen auch in der Gründungsphase unter das Recht der OHG (KG) feststellbar ist. Eine **Einschränkung** ist nur insoweit geboten, als es um die Gestaltungsklagen der §§ 117, 127, 133, 140, 142 geht, da deren Geltung nicht durch privatautonome Vereinbarung (oder ihr entsprechende ergänzende Vertragsauslegung) herbeigeführt werden kann.[19]

17 **2. Formwechselnde Umwandlung.** Zur formwechselnden Umwandlung einer Personengesellschaft kann es mit oder ohne rechtsgeschäftliche Änderung des Gesellschaftsvertrags kommen. Eine von den Parteien **gewollte** Umwandlung von der OHG (KG) *zur GbR* ist etwa denkbar bei der Aufgabe des kaufmännischen Zwecks unter Verpachtung des Unternehmens im Rahmen einer Betriebsaufspaltung u.a.; sie setzt seit der Handelsrechtsreform 1998 wegen § 105 Abs. 2 und der entsprechenden Anwendung des § 5 allerdings bei eingetragenen Gesellschaften zusätzlich voraus, dass die Gesellschaft aus dem Handelsregister gelöscht wird (vgl. § 105 Rn 27). Ein Formwechsel der OHG *zur KG* tritt bei Aufnahme eines neuen Gesellschafters als Kommanditist oder bei Rückstufung eines persönlich haftenden Gesellschafters zum Kommanditisten ein. **Ohne Zutun** der Gesellschafter kann eine formwechselnde Umwandlung eintreten durch Schrumpfung des Geschäftsbetriebs auf kleingewerbliche Dimensionen (§ 1 Abs. 2), bei eingetragenen Gesellschaften ist wegen § 5 HGB aber wiederum zusätzlich die Löschung im Handelsregister erforderlich, so dass diese Fälle seit der Handelsrechtsreform 1998 keine große Rolle mehr spielen dürften. Denkbar ist ein automatischer Formwechsel ferner bei erbrechtlicher Gesellschafternachfolge, wenn der Gesellschaftsvertrag eine entsprechende Umwandlungsklausel in Bezug auf die Mitgliedschaft des Gesellschafter-Erben enthält (vgl. § 139 Rn 8). In allen diesen Fällen besteht die Personengesellschaft als solche fort (§ 105 Rn 56); es ändert sich jedoch ihre Rechtsnatur und damit das für ihre Rechtsbeziehungen nach innen und außen geltende Gesetzesrecht.

---

[18] Vgl. schon 3. Aufl. § 105 Rn 62b (*Rob. Fischer*); ferner Baumbach/*Hopt* § 105 Rn 7, 17; *K. Schmidt* GesR § 46 III 1a; ebenso i.E. *A. Hueck* OHG § 5 I 2, S. 40 f; MünchKommHGB/*K. Schmidt* § 123 Rn 15, die in derartigen Fällen vom sofortigen Vorliegen einer OHG im Innenverhältnis ausgehen, die Annahme einer GbR als Durchgangsstadium (Rn 15) also ablehnen.

[19] So unter Hinweis auf die Unzulässigkeit privatautonomer Vereinbarung von Gestaltungsklagen (vgl. Nachw. in Fn 166) zutr. schon 3. Aufl. § 105 Rn 62b (*Rob. Fischer*); *Stimpel* ZGR 1973, 80 und (für einen Fall formwechselnder Umwandlung von der OHG zur GbR) BGH NJW 1960, 1664 (1668); s. dazu auch § 105 Rn 50; **aA** aufgrund ihres abweichenden Grundverständnisses noch *A. Hueck* OHG § 5 I 2, S. 40 f und Schlegelberger/*Geßler* § 105 Rn 47.

Soweit es um das **Innenverhältnis** der Gesellschafter geht, stellt sich auch hier die Frage, ob als Folge der Umwandlung Rechtsänderungen eintreten. Das ist **im Zweifel zu verneinen,** wenn die Gesellschafter hierzu keine besondere Regelung getroffen haben; ihr Fehlen spricht dafür, dass die bisher für das Innenverhältnis geltenden Regelungen unverändert fortbestehen sollen. In diesem Sinne hat der BGH schon zu § 142 a.F. entschieden, dass das dort vorgesehene Übernahmerecht aus wichtigem Grund im Fall einer zur GbR gewordenen zweigliedrigen ehemaligen OHG trotz Umwandlung fortbesteht, obwohl hierfür normalerweise eine Fortsetzungsklausel gem. § 736 BGB erforderlich ist.[20] Ebenso hat er im Falle einer zur GbR gewordenen ehemaligen KG den Eintritt von Änderungen in den Geschäftsführungsverhältnissen als Folge der Umwandlung verneint.[21] Der diesen Urteilen zugrunde liegende Grundsatz der **Kontinuität der internen Rechtsverhältnisse**[22] verdient Zustimmung,[23] soweit die Parteien nicht ausdrücklich oder stillschweigend Abweichendes vereinbart haben; methodisch zutreffender Ansatz ist beim Fehlen eines erkennbaren Parteiwillens auch hier die ergänzende Vertragsauslegung (Rn 8). Für eine Differenzierung danach, ob die Umwandlung auf einem Beschluss der Gesellschafter beruht oder ob sie ohne ihr Zutun eingetreten ist, ist aus dieser Sicht kein Raum.[24] Sollten sich mit der Fortgeltung des bisherigen Rechts Härten für einen Teil der Gesellschafter verbinden, so kommt je nach Lage des Falles ein Anspruch auf Vertragsanpassung oder ein außerordentliches Kündigungs-(Auflösungs-)recht in Betracht. **18**

3. **Rechtsformverfehlung.** Die in Rn 18 dargelegten Grundsätze gelten auch dann, wenn dem Zusammenschluss zu einer Personengesellschaft abweichend von den Vorstellungen der Beteiligten von Anfang an eine *andere* als die zwischen ihnen vereinbarte Rechtsnatur zukommt (zum Rechtsformzwang bei Personengesellschaften vgl. § 105 Rn 15). Auf die zutreffende Rechtsformwahl kommt es für die Wirksamkeit der Gesellschaft nach ganz hM nicht an; insoweit bei den Gesellschaftern bestehende unzutreffende Vorstellungen geben ihnen allenfalls ein Anfechtungs- oder Auflösungsrecht (§ 105 Rn 158). Wohl aber ist den **Vorstellungen der Parteien** für das **Innenverhältnis** Rechnung zu tragen. Daher bleibt es im Fall einer als KG geplanten Gesellschaft auch dann bei der (Allein-)Geschäftsführungsbefugnis des oder der als Komplementäre vorgesehenen Gesellschafter abweichend von § 709 BGB, wenn sie mangels istkaufmännischen Geschäftsbetriebs (§ 1 Abs. 2) von vornherein als GbR zur Entstehung kommt.[25] **19**

[20] BGH NJW 1960, 1664 (1666 f); dazu auch *Stimpel* ZGR 1973, 80 f. – Die Ersetzung des § 142 durch § 140 Abs. 1 S. 2 hat hieran nichts geändert, vgl. dazu allgemein § 140 Rn 20 f.

[21] BGH NJW 1971, 1698 und WM 1976, 1053 (1055); ebenso für einen Fall anfänglicher Rechtsformverfehlung (vgl. Rn 19) BGH WM 1972, 21 (22) und schon RGZ 158, 302 (305). Zur Problematik der jetzt unbeschränkten Haftung ehemaliger Kommanditisten nach Umwandlung der KG in eine GbR vgl. MünchKommBGB[5]/*Ulmer*/*C. Schäfer* § 714 Rn 37.

[22] Vorbehaltlich der Nichtgeltung der Vorschriften über Gestaltungsklagen, vgl. oben Rn 16 sowie Fn 19; ferner § 105 Rn 50.

[23] So auch Schlegelberger/*Martens* § 161 Rn 61; MünchKommHGB/*Grunewald* § 161 Rn 15 ff; Baumbach/*Hopt* § 105 Rn 17; Soergel/*Hadding*[13] § 705 Rn 3; *Stimpel* ZGR 1973, 80 ff (83); *Wiedemann* FS H. Westermann, 1974, S. 597 f; **aA** *Beyerle* NJW 1972, 229 ff; *Kornblum* BB 1972, 1032 (1035 f); differenzierend *K. Schmidt* BB 1973, 1612 und DB 1971, 2345 und *Battes* AcP 174 (1974), 429 (457 ff).

[24] So aber *K. Schmidt* BB 1973, 1612 und DB 1971, 2345; *Battes* AcP 174 (1974), 429 (457 ff).

[25] BGH WM 1972, 21 (22).

C. Schranken der Vertragsfreiheit

I. Überblick

Schrifttum

Dellmann Die Einräumung von Vertretungs- und Geschäftsführungsbefugnissen in Personenhandelsgesellschaften an gesellschaftsfremde Personen, FS Hengeler (1972), S. 64 ff; *Fastrich* Richterliche Inhaltskontrolle im Privatrecht (1992) S. 134 ff; *Robert Fischer* Gedanken über einen Minderheitenschutz bei den Personengesellschaften, FS Barz (1974), S. 33 ff; *Flume* Die Abfindung nach der Buchwertklausel für den Gesellschafter minderen Rechts einer Personengesellschaft, NJW 1979, 902 ff; *ders.* „Hinauskündigung" aus der Personengesellschaft und Abfindung, DB 1986, 629 ff; *Hermanns* Übertragung von Mitgliedschaftsrechten an Dritte, ZIP 2005, 2284; *Immenga* Die Minderheitsrechte der Kommanditisten, ZGR 1974, 385 ff; *Kanzleiter* Zur richterlichen Inhaltskontrolle von Gesellschaftsverträgen, FS 125 Jahre Bayerisches Notariat (1987), S. 231 ff; *Loritz* Vertragsfreiheit und Individualschutz im Gesellschaftsrecht, JZ 1986, 1073 ff; *Martens* Bestimmtheitsgrundsatz und Mehrheitskompetenz im Recht der Personengesellschaften, DB 1973, 413 ff; *Nitschke* Die körperschaftlich strukturierte Personengesellschaft (1970); *Priester* Drittbindung des Stimmrechts und Satzungsautonomie, FS Werner (1984), S. 657 ff; *Rehbinder* Richterlicher Aktivismus im Personengesellschaftsrecht und Kautelarjurisprudenz: Ist eine Koexistenz möglich? FS Stimpel (1985), S. 47 ff; *Reuter* Richterliche Kontrolle der Satzung von Publikumspersonengesellschaften? AG 1979, 321 ff; *ders.* Die Bestandssicherung von Unternehmen – Ein Schlüssel zur Zukunft des Handelsgesellschaftsrechts, AcP 181 (1981), 1 ff; *Roitzsch* Der Minderheitenschutz im Verbandsrecht (1981); *Schön* Der Nießbrauch am Gesellschaftsanteil, ZHR 158 (1994), 229; *Teichmann* Gestaltungsfreiheit in Gesellschaftsverträgen (1970); *Teubner* Der Beirat zwischen Verbandssouveränität und Mitbestimmung, ZGR 1986, 565 ff; *Ulmer* Begründung von Rechten für Dritte in der Satzung einer GmbH? FS Werner (1984), S. 911 ff; *ders.* Zur Bedeutung des gesellschaftsrechtlichen Abspaltungsverbots für den Nießbrauch am OHG-(KG-)Anteil, FS Fleck (1988), S. 383 ff; *ders.* Zur Anlegerhaftung in geschlossenen (Alt-)Immobilienfonds, ZIP 2005, 1341; *H. P. Westermann* Vertragsfreiheit und Typengesetzlichkeit im Recht der Personengesellschaften (1970); *ders.* Kautelarjurisprudenz, Rechtsprechung und Gesetzgebung im Spannungsfeld zwischen Gesellschafts- und Wirtschaftsrecht, AcP 175 (1975), 375 ff; *Wiedemann* Verbandssouveränität und Außeneinfluß. Gedanken zur Errichtung eines Beirats in einer Personengesellschaft, FS Schilling (1973), S. 105 ff; *ders.* Die Legitimationswirkung von Willenserklärungen im Recht der Personengesellschaften, FS Westermann (1974), S. 585 ff; *Zöllner* Die Schranken mitgliedschaftlicher Stimmrechtsmacht bei den privatrechtlichen Personenverbänden (1963).

20 **1. §§ 134, 138 BGB.** Die allgemeinen, in §§ 134, 138 BGB enthaltenen Schranken der Vertragsfreiheit greifen auch in Bezug auf Gesellschaftsverträge ein; zur Gesamtunwirksamkeit des Vertrages führt dies allerdings nur, sofern die Gesellschaft insgesamt, namentlich also der Gesellschaftszweck betroffen ist. Dies ist zum einen denkbar, wenn der Gesellschaftszweck gegen ein **Verbotsgesetz** verstößt, wie es vor allem bei kartellverbotswidrigen Gemeinschaftsunternehmen praktisch geworden ist (§ 105 Rn 345); in einem solchen Falle ist die Nichtigkeit des *ganzen* Vertrags anzunehmen. Nach herrschender, aber unzutreffender Ansicht soll in diesem Falle auch die Anwendung der Grundsätze über die fehlerhafte Gesellschaft nicht in Frage kommen (vgl. § 105 Rn 345). Ferner ist auch die **Sittenwidrigkeit der Gesellschaft** nach § 138 Abs. 1 BGB theoretisch denkbar, sofern der Gesellschaftszweck mit dem im Grundgesetz verankerten Wertesystem unvereinbar ist oder der Vertrag *im Ganzen* gegen sonstige, der Rechtsordnung immanente rechtsethische Werte und Prinzipien verstößt. In der Praxis hat diese Schranke aber kaum je eine Rolle gespielt.[26] Eher von theoretischem Interesse ist auch der Fall

[26] Zur Zurückhaltung des BGH bei Beurteilung des Gesellschaftszwecks im Hinblick auf § 138 BGB und zur Nichtberücksichtigung der von den Beteiligten bei Gesellschafts-

einer Gesellschaft, die – als societas leonina (§ 105 Rn 22) – insgesamt auf *grobe Ungleichbehandlung* der Gesellschafter unter Ausnutzung der wirtschaftlichen Vormachtstellung des einen oder der Unerfahrenheit und des Vertrauens des anderen Teils angelegt ist.

In der Regel führt der Sittenwidrigkeitsvorwurf nicht zur Nichtigkeit des gesamten Vertrags, sondern nur **einzelner**, davon konkret betroffener **Klauseln**.[27] Zu denken ist an Beitragsvereinbarungen, die ein grobes Missverhältnis zwischen dem tatsächlichen Wert der Einlagen und den hierfür vereinbarten Wertansätzen aufweisen,[28] oder an eine entsprechend einseitige, in sittenwidriger Weise zustandegekommene Gewinnverteilungsabrede. Weitere Beispiele bilden Vereinbarungen, die einen Teil der Gesellschafter praktisch rechtlos stellen oder unvertretbaren, einer Knebelung gleichkommenden Bedingungen unterwerfen wie grob einseitige Hinauskündigungsklauseln ohne wichtigen Grund[29], überlange nachvertragliche Wettbewerbsverbote[30] oder knebelnde Abfindungsklauseln (§ 131 Rn 164 f). Dabei fließen in das Sittenwidrigkeitsurteil auch gesellschaftsrechtliche, auf der Lehre vom Kernbereich unverzichtbarer Gesellschafterrechte (Rn 35) beruhende Wertungen ein. Ein Verstoß gegen die festen oder beweglichen Schranken der gesellschaftsrechtlichen Gestaltungsfreiheit (vgl. Rn 24 ff) reicht als solcher zum Eingreifen von § 138 BGB allerdings nicht aus;[31] es müssen zusätzliche, das Sittenwidrigkeitsurteil begründende Umstände wie die Art des Zustandekommens der betreffenden Klausel oder die von den Initiatoren damit verfolgten Absichten hinzukommen. Auch sind Beschlüsse mit einem gegen Treupflicht oder Gleichbehandlungsgrundsatz verstoßenden Inhalt nicht schlechthin, sondern nur dann unwirksam, wenn die davon betroffenen Gesellschafter nicht bereit sind, sie hinzunehmen (Rn 36, 38). 21

2. Gesellschaftsrechtliche Schranken. Größere praktische Bedeutung für die Begrenzung der Vertragsgestaltungsfreiheit der Gesellschafter und für den Minderheitenschutz gegenüber der Mehrheitsherrschaft kommt den verschiedenen *gesellschaftsrechtsspezifischen* Schranken zu. Unter ihnen sind nur wenige in Gestalt zwingender Normen (Rn 24 ff) dem Gesetz selbst zu entnehmen. Der überwiegende Teil beruht auf der Herausarbeitung ungeschriebener Rechtsgrundsätze in Rechtsprechung und Literatur, wobei zutreffend zwischen festen (starren) und beweglichen Schranken unterschieden wird. Während die **festen** Schranken (Rn 30 ff) als zwingendes Recht den damit unvereinbaren Regelungen die Wirksamkeit schlechthin versagen, d.h. für die betroffenen Gesellschafter eine *unverzichtbare* Rechtsposition schaffen, besteht das Kennzeichen der **beweglichen** Schranken (Rn 36 ff) darin, dass ihr Eingreifen in *wertender* Betrachtung beurteilt werden muss und 22

---

gründung verfolgten Motive sowie der konkreten Art und Weise der Zweckverwirklichung vgl. BGH NJW 1970, 1540 (1541); WM 1974, 749 (750); WM 1976, 1027 (1028). Vgl. auch *C. Schäfer* Die Lehre vom fehlerhaften Verband, 2002, S. 257 ff.

27 Vgl. Ebenroth/Boujong/Joost/Strohn/*Märtens* Rn 5. Zu den Folgen für den restlichen Vertragsinhalt vgl. § 105 Rn 334.

28 BGH WM 1975, 325; WM 1976, 1027; Ebenroth/Boujong/Joost/Strohn/*Märtens* Rn 5; Soergel/*Hadding*[13] § 705 Rn 33 und 81; *Kuhn* WM 1975, 718 (723) mwN.

29 So erstmals BGH NJW 1985, 2421 (2422); ebenso (wenn auch ohne Bezug auf § 138 Abs. 1 BGB) schon BGHZ 68, 212 (215) = NJW 1977, 1292; 81, 263 (266 ff) = NJW 1981, 2565; neuerdings relativierend (Zulässigkeit von Gesellschafterstellungen auf Zeit in sog. Manager- oder Mitarbeitermodellen) BGHZ 164, 98 = NJW 2005, 3641; BGHZ 164, 107 = NJW 2005, 3644 (jeweils zur GmbH); näher zum Ganzen § 140 Rn 61 f.

30 BGHZ 91, 1 (5) = NJW 1984, 2366; BGH WM 1974, 74 (76); WM 1986, 1282.

31 Ähnlich auch MünchKommHGB/*Enzinger* Rn 8.

dass es den dadurch geschützten Gesellschaftern grundsätzlich freisteht, auf diesen Schutz zu *verzichten,* indem sie der Gestaltung in voller Kenntnis von deren problematischem Inhalt ihre Zustimmung erteilen. – Zu den Rechtsfolgen der Unwirksamkeit einzelner Vereinbarungen für den restlichen Inhalt des Gesellschaftsvertrags vgl. § 105 Rn 334.

23 **3. Grenzen atypischer Gestaltung?** Einen vor allem in den 1960er und 70er Jahren vielerörterten Gegenstand der gesellschaftsrechtlichen Diskussion bildete die Frage, ob und welche Grenzen vertraglicher Gestaltungsfreiheit im Hinblick auf Fälle der *Typenvermischung und atypischen Vertragsgestaltung* anzuerkennen seien.[32] Die Erörterungen gingen vom gesetzlichen Leitbild (Typus) der personalistisch strukturierten OHG und KG aus, d.h. von Zusammenschlüssen mit einer überschaubaren Zahl untereinander persönlich verbundener Gesellschafter unter Übernahme unbeschränkt persönlicher Haftung durch die Geschäftsführer. Sie suchten nach Wegen, der in der Kautelarpraxis verbreiteten Tendenz zum Einsatz dieser Rechtsformen für abweichende organisatorische Zwecke Schranken zu setzen.[33] Die Rechtsentwicklung ist über diese Fragestellung insofern hinausgegangen, als Sonderformen wie **GmbH & Co. KG** und **Publikums-KG** zwar als solche akzeptiert (s. nur §§ 19 Abs. 2, 125a),[34] aber **besonderen Regeln** unterworfen werden. Die Rechtsform der OHG oder KG für solche Zwecke gänzlich zu sperren, besteht daher kein Bedürfnis. Entsprechendes gilt im Ansatz auch für sonstige atypische Gestaltungen, etwa einer KG mit „angestelltem", mittellosem Komplementär[35] oder einer kapitalistisch strukturierten KG.[36] Die angemessene Reaktion der Rechtsordnung hierauf besteht nicht in der Einschränkung der Vertragsfreiheit in Bezug auf derartige atypische Gestaltungen, sondern in der Berücksichtigung ihrer Besonderheiten bei der Beurteilung des Innen- und Außenverhältnisses der Gesellschaft.

II. Zwingende Normen

24 **1. Mindestinformationsrechte (§ 118 Abs. 2).** Die einzige Ausnahme von der in § 109 betonten Dispositivität der die Innenbeziehungen der OHG betreffenden Vorschriften der §§ 110 bis 122 findet sich in § 118 Abs. 2. Die Vorschrift gewährleistet den Gesellschaftern einen **unverzichtbaren Mindestbestand** an Kontroll- und Informationsrechten.[37] Ihr

[32] Vgl. *Ott* Typenzwang und Typenfreiheit im Recht der Personengesellschaft, 1966; *Koller* Grundfragen einer Typenlehre im Gesellschaftsrecht, 1967; *Teichmann* insbes. S. 127 ff; *H. P. Westermann* Vertragsfreiheit und Typengesetzlichkeit im Recht der Personengesellschaften, 1970, insbes. S. 123 ff. Allg. vgl. auch *Paulick* Die eingetragene Genossenschaft als Beispiel gesetzlicher Typenbeschränkung, 1954; *O. Kuhn* Strohmanngründung bei Kapitalgesellschaften, 1964.

[33] Zur geringen praktischen Relevanz dieser Überlegungen vgl. die krit. Rezensionsabhandlungen von *Duden* ZGR 1973, 360 ff und *Schultze-v. Lasaulx* ZgesGenW 21 (1971), 325 ff; so auch *Flume* I/1 § 13 I, S. 189 ff; *K. Schmidt* GesR § 5 III 3.

[34] Vgl. dazu aus heutiger Sicht nur Baumbach/*Hopt* Anh. § 177a Rn 21 ff (GmbH & Co) und Rn 52 ff (Publikumsgesellschaft); MünchKommHGB/*Enzinger* Rn 1; zur Publikumsgesellschaft vgl. auch § 105 Rn 6 und unten Rn 40.

[35] Vgl. (unbeschränkte Haftung des Kommanditisten ablehnend) BGHZ 45, 204 = NJW 1966, 1309 – *Rektorfall*, und dazu nur Anh. § 105 Rn 56; *K. Schmidt* GesR § 53 IV 3d.

[36] Zur Nichtanwendung des für Mehrheitsklauseln praktizierten „Bestimmtheitsgrundsatzes" in derartigen Fällen vgl. BGHZ 85, 350 (355 ff) = NJW 1983, 1056 – *Freudenberg*; dazu auch MünchKommBGB[5]/*Ulmer*/*C. Schäfer* § 709 Rn 86.

[37] MünchKommHGB/*Enzinger* § 109 Rn 11; Ebenroth/Boujong/Joost/Strohn/*Märtens* Rn 7.

Eingreifen setzt voraus, dass Grund zur Annahme unredlicher Geschäftsführung besteht; in diesem Fall stehen auch den von der Geschäftsführung ausgeschlossenen Gesellschaftern die Informationsrechte des § 118 Abs. 1 trotz abweichender Vertragsgestaltung uneingeschränkt zu (vgl. § 118 Rn 45 ff). Die Regelung sichert die Wahrnehmung der übrigen Mitgliedschaftsrechte und greift als individuelles Mitgliedschaftsrecht auch dann ein, wenn der Gesellschaftsvertrag ein besonderes Kontrollgremium nach Art eines Beirats vorsieht (Rn 53).

2. Abspaltungsverbot (§ 717 S. 1 BGB)

a) **Grundsatz.** Die wichtigste Einschränkung der vertraglichen Gestaltungsfreiheit enthält das in § 717 S. 1 BGB geregelte, über § 105 Abs. 2 auch für die OHG und KG maßgebliche Abspaltungsverbot. Es bezieht sich auf die **mitgliedschaftlichen Verwaltungsrechte** (§ 105 Rn 218 f) **im Unterschied zu den Vermögensrechten** (Ansprüche auf Gewinn, auf Aufwendungsersatz und auf das Auseinandersetzungsguthaben), die nach § 717 S. 2 BGB vorbehaltlich abweichender Vertragsgestaltung (§ 399 BGB) an Mitgesellschafter oder Dritte abgetreten werden können.[38] Trotz unterschiedlicher Ansichten über den Rechtsgrund der Regelung des § 717 S. 1 BGB[39] ist seine zwingende Geltung vorbehaltlich der im Folgenden (Rn 27 f) aufgezeigten Grenzen von der heute ganz hM zu Recht anerkannt.[40] Nach zutr. Ansicht dient die Unübertragbarkeit der Verwaltungsrechte nicht nur dem – ggf. verzichtbaren – Schutz der Mitgesellschafter vor einer Mitsprache Dritter in Gesellschaftsangelegenheiten, sondern beruht auf der *unselbständigen,* von der Mitgliedschaft nicht trennbaren *Natur der einzelnen Verwaltungsrechte.*[41] Zu den aus dem Abspaltungsverbot folgenden Schranken für **Stimmbindungsverträge** und sonstige Stimmrechtsvereinbarungen vgl. § 119 Rn 70 ff. 25

Nach einer (vereinzelt gebliebenen) Entscheidung des 7. Zivilsenats des BGH soll das Abspaltungsverbot einer gesellschaftsvertraglichen **Einräumung originärer,** nicht von bestehenden Mitgliedschaften abgespaltener **Stimm-** und **Kontrollrechte an Nichtgesellschafter** nicht entgegenstehen. Da die Mitgliedschaftsrechte der Gesellschafter hiervon nicht betroffen seien, sei die Einheit von Mitgliedschaft und Verwaltungsrechten gewahrt.[42] 26

---

[38] Zu den mitgliedschaftlichen Vermögensrechten und ihrer Übertragbarkeit vgl. § 105 Rn 215, 221; näher dazu MünchKommBGB[5]/*Ulmer/C. Schäfer* § 717 Rn 30–45; Ebenroth/Boujong/Joost/Strohn/*Märtens* Rn 8.

[39] Vgl. näher *Wiedemann* Übertragung und Vererbung von Mitgliedschaftsrechten, 1965, S. 276 ff; *Westermann* FS Lutter, 2000, S. 955 ff; *Reuter* ZGR 1978, 633 ff; dazu auch *Flume* I/1 § 14 IV, VII, S. 220 f, 235 ff; MünchKommBGB[5]/*Ulmer/C. Schäfer* § 717 Rn 7; *K. Schmidt* GesR § 19 III 4.

[40] Vgl. nur MünchKommBGB[5]/*Ulmer/C. Schäfer* § 717 Rn 7; Ebenroth/Boujong/Joost/Strohn/*Märtens* Rn 8; Soergel/*Hadding*[13] § 717 Rn 20 jew. mwN.

[41] MünchKommBGB[5]/*Ulmer/C. Schäfer* § 717 Rn 7; Ebenroth/Boujong/Joost/Strohn/*Märtens* Rn 8; Soergel/*Hadding*[13] § 717 Rn 5 (funktionale Bindung an die Mitgliedschaft); *K. Schmidt* GesR § 19 III 4.

[42] BGH NJW 1960, 936 f = JZ 1960, 490 m. zust. Anm. *A. Hueck*; dem BGH folgend noch 3. Aufl. Rn 24 (*Rob. Fischer*); wohl auch noch MünchKommHGB/*Enzinger* § 109 Rn 12. Abw. dann aber BGH NJW 1982, 877 (878) (sub I 2): Vereinbarung im Gesellschaftsvertrag einer Publikums-GbR, wonach ein Dritter mit Geschäftsführungsangelegenheiten betraut werden soll, begründet als solche keine Rechte des am Gesellschaftsvertrag nicht beteiligten Dritten; hierfür bedarf es eines gesonderten Anstellungs- bzw. Geschäftsbesorgungsvertrags mit diesem.

Diese Ansicht ist in der Literatur zu Recht verbreitet auf **Kritik** gestoßen.[43] Zwar ist angesichts der Doppelnatur des Vertrags einer Personengesellschaft als Schuld- und Organisationsvertrag (§ 105 Rn 137 ff) die Begründung von Rechten für Nichtgesellschafter im Wege einer Vereinbarung zu Gunsten Dritter nach § 328 BGB nicht per se ausgeschlossen.[44] Ihre Unzulässigkeit wegen Verstoßes gegen das Abspaltungsverbot folgt jedoch aus der unselbstständigen, von der Mitgliedschaft abgeleiteten Natur der Verwaltungsrechte (Rn 25) und der legitimierenden Funktion insbesondere des Stimmrechts als Instrument der innergesellschaftlichen Willensbildung.[45] Soweit der Gesellschaftsvertrag Mitwirkungsrechte Dritter in Gesellschaftsangelegenheiten vorsieht, kann es sich deshalb nur um zur Ausübung überlassene, *keine eigenen Rechte begründende Befugnisse* handeln; sie können den Dritten von den Gesellschaften grundsätzlich jederzeit wieder entzogen werden.[46] Die vertragliche Einräumung eines „Sonderrechts" für Nichtgesellschafter ist nicht möglich.[47]

27 b) **Grenzen.** Das Abspaltungsverbot schließt zwar die isolierte Übertragung einzelner oder aller Verwaltungsrechte unter Trennung („Abspaltung") vom Gesellschaftsanteil unabhängig davon aus, ob sie zugunsten von Mitgesellschaftern oder Dritten erfolgen soll. Einer **Überlassung** dieser Rechte **zur Ausübung** an Dritte steht es jedoch nicht generell entgegen; sie kann wirksam vereinbart werden, sofern die Mitgesellschafter zustimmen und die abgeleitete Natur des zur Ausübung überlassenen, weiterhin der Disposition des überlassenden Gesellschafters unterliegenden Rechts außer Frage steht.[48] Danach bestehen keine Bedenken dagegen, mit Zustimmung der Mitgesellschafter einen Dritten mit der Wahrnehmung der Kontrollrechte oder des Stimmrechts des auftraggebenden Gesellschafters zu betrauen, ohne dass es darauf ankommt, ob der Dritte im eigenen oder fremden Namen auftritt; eine solche Einräumung kann aber niemals unwiderruflich bzw. mit einer den Gesellschafter verdrängenden Wirkung erfolgen (vgl. § 119 Rn 72). – Zur Möglichkeit, Dritten die Geschäftsführung ohne Verstoß gegen den Grundsatz der Selbstorganschaft zur Ausübung zu überlassen, vgl. Rn 34.

28 Eine nur scheinbare Ausnahme vom Abspaltungsverbot enthält die von der hM zugelassene Einräumung von Mitverwaltungsrechten an **Treugeber, Nießbraucher oder Testa-**

---

[43] Abl. *Flume* I/1 § 14 VII, S. 235 ff; *Nitschke* S. 286 ff; *Priester* S. 657 (664); *Teichmann* S. 218 ff; Schlegelberger/*Martens* § 109 Rn 14; Staudiger/*Habermeier* (2003) BGB § 717 Rn 4; Bamberger/Roth/*Timm/Schöne* BGB[2] § 717 Rn 8.

[44] Vgl. zur gesellschaftsvertraglichen Eintrittsklausel beim Tod eines Gesellschafters § 139 Rn 16 ff. Zur abw. Rechtslage bei der GmbH im Hinblick auf die Rechtsnatur der Satzung als körperschaftlicher Organisationsvertrag *Ulmer* FS Werner, 1984, S. 911 ff und FS Wiedemann, 2002, S. 1297 (1309 ff); vgl. auch *Ulmer*/Habersack/Winter GmbHG § 3 Rn 39 ff.

[45] So zutr. Scholz/*K. Schmidt* GmbHG[10] § 47 Rn 19 für die GmbH.

[46] So mit Recht *Flume* I/1 § 14 VII, S. 238 f; dem folgend auch MünchKommBGB[5]/*Ulmer/C. Schäfer* § 709 Rn 10; **aA** noch 3. Aufl. Rn 24 (*Rob. Fischer*), der einen Widerruf des dem Dritten eingeräumten Stimmrechts nur aus wichtigem Grund zulassen wollte.

[47] Vgl. BGH LM HGB § 109 Nr. 8 = WM 1970, 246 (in NJW 1970, 706 insoweit nicht abgedruckt).

[48] Vgl. BGHZ 3, 354 (357) = NJW 1952, 178 (Stimmrecht); 36, 292 (295) = NJW 1962, 738 (Generalvollmacht); zur Umdeutung einer nichtigen Stimmrechtsabspaltung in eine wirksame Überlassung zur Ausübung vgl. BGHZ 20, 363 (366) = NJW 1956, 1198. Zum Ganzen vgl. auch MünchKommHGB/*Enzinger* Rn 12 f; Ebenroth/Boujong/Joost/Strohn/*Märtens* Rn 9; MünchKommBGB[5]/*Ulmer/C. Schäfer* § 717 Rn 9; Röhricht/Graf v. Westphalen/*v. Gerkan/Haas* Rn 8; Soergel/*Hadding*[13] § 717 Rn 22.

mentsvollstrecker.[49] Die Besonderheiten dieser Gestaltungen beruhen darauf, dass der durch die Einräumung Begünstigte der Gesellschaft in derartigen Fällen nicht wie ein beliebiger Dritter gegenübersteht, sondern an der Mitgliedschaft (dem Gesellschaftsanteil) mit quasi-dinglicher Wirkung beteiligt und dadurch in den Gesellschaftsverband einbezogen ist.[50] Es geht also nicht um eine Trennung (Abspaltung) der Mitgliedschaftsrechte vom Anteil, sondern um ihre im Einzelnen zwischen den Beteiligten zu definierende, von der Zustimmung der Mitgesellschafter abhängige *Aufteilung* zwischen Gesellschafter (Treuhänder, Nießbrauchsbesteller, Erbe) und Begünstigtem. Das Abspaltungsverbot greift nicht ein.

3. Vertragsbeendigungsfreiheit (§§ 723 Abs. 3 BGB, 133 Abs. 3 HGB). Eine dritte **29**
Gruppe zwingender, das Innenverhältnis der Gesellschafter betreffender Normen dient der Sicherung der Vertragsbeendigungsfreiheit als Unterfall der Privatautonomie. Danach steht jedem Gesellschafter das unentziehbare Recht zu, in überschaubarer Frist oder aus wichtigem Grund aus der Gesellschaft auszuscheiden. Im Einzelnen ist zwischen unbefristeten und auf bestimmte Zeit eingegangenen Gesellschaften zu unterscheiden. Bei **unbefristeten** Gesellschaften greift das Kündigungsrecht des § 132 ein; es kann nach § 105 Abs. 2 i.V.m. § 723 Abs. 3 BGB im Gesellschaftsvertrag weder ausgeschlossen noch übermäßig, durch überlange Kündigungsfristen, weitgehende Beschränkungen des Abfindungsanspruchs u.a. beschränkt werden (vgl. § 132 Rn 29, 32 ff). Entsprechendes gilt nach § 134 für Gesellschaften, die für die *Lebenszeit* eines Gesellschafters eingegangen sind. Für Gesellschaften, die **auf bestimmte Zeit** eingegangen sind, gewährleistet § 133 Abs. 3 das Recht, bei Vorliegen eines wichtigen Grundes die vorzeitige Auflösung zu verlangen; es kann durch ein einseitiges Austrittsrecht unter Fortbestand der Gesellschaft zwischen den übrigen Gesellschaftern ersetzt, jedoch nicht abbedungen werden (vgl. § 133 Rn 68 ff).

III. Ungeschriebene feste Schranken

1. Verbandssouveränität. Nach dem rechtsformübergreifenden Grundsatz der Ver- **30**
bandssouveränität bleibt die Entscheidung über das rechtliche Schicksal eines Verbandes notwendig den Verbandsmitgliedern vorbehalten; sie kann in Satzung oder Gesellschaftsvertrag nicht auf Dritte übertragen werden.[51] Dieser Rechtssatz ist nicht in § 137 BGB begründet,[52] sondern in der Sicherung der Autonomie des durch seine Mitglieder handelnden Verbandes; er soll vor **Selbstentmündigung** durch Einräumung zentraler Mit-

49 Ebenroth/Boujong/Joost/Strohn/*Märtens* Rn 12; vgl. näher § 105 Rn 107 (Treuhand), § 105 Rn 114, 124 (Nießbrauch), und § 139 Rn 57 ff (Testamentsvollstreckung).

50 Eingehend dazu (am Beispiel des Anteilsnießbrauchs) *Ulmer* FS Fleck, 1988, S. 383 ff mN; vgl. auch Ebenroth/Boujong/Joost/Strohn/*Märtens* Rn 12; MünchKommHGB/*Enzinger* Rn 13.

51 Vgl. dazu *Teichmann* S. 189 ff, 217 ff; *Wiedemann* FS Schilling, 1973, S. 105 (111 ff); *Voormann* S. 111 ff; *Flume* I/1 § 14 VII, S. 237 ff; *ders.* I/2 § 7 I 2, 3, S. 190 ff; *K. Schmidt* GesR § 5 I 3; Ebenroth/Boujong/Joost/Strohn/*Märtens* Rn 16; Röhricht/Graf v. Westphalen/*v. Gerkan/Haas* Rn 4; *Teubner* ZGR 1986, 565 (567 f); MünchKommHGB/*Enzinger* Rn 15 f.

52 So zutr. *Wiedemann* FS Schilling, 1973, S. 105 (113 f) (anders noch *ders.* Übertragung [Fn 39], S. 291); *Teichmann* S. 222, wohl auch *Voormann* S. 113.

spracherechte an Dritte geschützt werden.[53] Demgemäß ist für das Aktien- und GmbH-Recht seit langem anerkannt, dass Satzungsänderungen nicht von der Mitwirkung oder Zustimmung von Nichtgesellschaftern abhängig gemacht werden können;[54] vereinzelte im Vereinsrecht zu findende Abweichungen[55] erklären sich aus der Überlagerung des Rechts der betroffenen Vereine durch das Staatskirchenrecht.[56]

31 Auch für das Recht der OHG und KG ist die **Alleinzuständigkeit der Gesellschafter**[57] **für Änderungen des Gesellschaftsvertrags** als zwingende Schranke der Privatautonomie anzuerkennen.[58] Entscheidungsrechte oder Zustimmungsvorbehalte Dritter können insoweit nicht wirksam begründet werden; Entsprechendes gilt für eigenständige Mitspracherechte anderer, nicht ausschließlich aus Gesellschaftern zusammengesetzter Gesellschaftsorgane als der Gesellschafterversammlung, insbes. für solche eines Beirats (Rn 54). Vom Grundsatz der Verbandssouveränität unberührt bleibt das in § 135 geregelte, der Liquidation des Gesellschaftsanteils dienende Kündigungsrecht eines Privatgläubigers; daher stehen auch seiner gesellschaftsvertraglichen Erweiterung Bedenken nicht entgegen.

32 Nach wie vor umstritten ist die Frage, ob und welche **sonstigen Mitspracherechte Dritter** sich als unvereinbar mit der Verbandssouveränität erweisen.[59] Angesichts der Schranken aus dem Abspaltungsverbot (Rn 25) und dem Prinzip der Selbstorganschaft (Rn 33) stellt sich die Frage nur im Hinblick auf solche Mitsprache-(Stimm- oder Kontroll-)rechte, die Nichtgesellschaftern nicht als abgeleitete, sondern als eigenständige Rechte gewährt sind. Rechtsgrundlage für eine derartige Rechtseinräumung ist der **Gesellschaftsvertrag**; er könnte hinsichtlich solcher Klauseln als *Vertrag zugunsten Dritter* beurteilt werden.[60] Eine gesicherte, nur mit ihrer Zustimmung entziehbare Position, kann den begünstigten Dritten jedoch schon deshalb nicht verschafft werden, weil eine solche mit der Alleinentscheidungskompetenz der Gesellschafter über den Gesellschaftsvertrag und seine Änderungen (Rn 31) unvereinbar wäre.[61] Der Einsetzung eines Beirats als Gesellschaftsorgan und seiner Besetzung mit Nichtgesellschaftern steht die Verbandssouveränität aber nicht grundsätzlich entgegen, sofern die Vertragsänderungskompetenz der Gesellschafter gewahrt bleibt (vgl. Rn 52 f). – Zur Beurteilung von Stimmbindungsverträgen vgl. schon den Hinweis in Rn 25 a.E.

---

[53] Vgl. BGHZ 33, 105 (109) = NJW 1960, 1997; MünchKommHGB/*Enzinger* Rn 15; *Teichmann* S. 217 f (225); *Wiedemann* FS Schilling, 1973, S. 105 (114); *Flume* I/1 § 14 VII, S. 239 f; *K. Schmidt* GesR § 5 I 3.

[54] Vgl. für die AG KG JW 1930, 1412; KölnerKomm-AktG²/*Zöllner* § 179 Rn 170; für die GmbH RGZ 169, 65 (80 ff); BGHZ 43, 261 (264) = NJW 1965, 1378; *Ulmer*/Habersack/Winter GmbHG § 53 Rn 95.

[55] KG OLGZ 1974, 385; BayObLG NJW 1980, 1756; **aA** OLG Frankfurt NJW 1983, 2576.

[56] So zutr. *Flume* I/2 § 7 I 4, S. 199 f; ihm folgend *K. Schmidt* GesR § 5 I 3.

[57] Unter Einschluss der am Anteil „dinglich" mitberechtigten Personen, vgl. Rn 28.

[58] So zutr. BGHZ 33, 105 (109) = NJW 1960, 1997; MünchKommHGB/*Enzinger* Rn 15; *Flume* I/1 § 14 VII, S. 239 f; *Wiedemann* FS Schilling, 1973, S. 105 (111); *Voorman* S. 111.

[59] Zur Problematik der Einräumung eigenständiger, nicht abgeleiteter Mitspracherechte an Dritte vgl. schon Rn 26 und Fn 42.

[60] RGZ 169, 65 (82); hierauf abstellend insbes. auch *Hammen* WM 1994, 767 ff; gegen die Tragfähigkeit dieser Begründung aber überzeugend *Ulmer* FS Wiedemann, 2002, S. 1297 (1312 ff).

[61] *Flume* I/2 § 9 II, S. 327; *Teubner* ZGR 1986, 565 (568), *Ulmer* FS Werner, 1984, S. 911 (921); *ders.* FS Wiedemann, 2002, S. 1297 ff; aus der Rspr. BGH WM 1984, 29; **aA** *Fleck* GmbHR 1970, 221 (223); *Beuthin/Gätsch* ZHR 156 (1992), 473 (477); *Chr. Weber* Privatautonomie und Außeneinfluss im Gesellschaftsrecht, 2000, S. 229 ff, 338 ff; *Hammen* WM 1994, 767 ff.

2. Selbstorganschaft. Eine zweite ungeschriebene Schranke der Gestaltungsfreiheit bildet der für die Personengesellschaften maßgebende Grundsatz der Selbstorganschaft.[62] Die *Geschäftsführerstellung* folgt unmittelbar aus der Mitgliedschaft und ist folglich – in der werbenden Gesellschaft[63] – exklusiv den *Gesellschaftern vorbehalten.* Der Grundsatz der Selbstorganschaft schließt es zwar nicht aus, dass *Dritten* im Rahmen eines Anstellungs- oder Auftragsverhältnisses Geschäftsführungsaufgaben übertragen werden. Das kann im Sinne einer „Generalvollmacht" auch in sehr weitgehendem Umfang mit der Folge geschehen, dass sämtliche anfallenden Aufgaben erfasst werden. Immer bleibt die Befugnis des Dritten jedoch *abgeleiteter* Natur. Sie steht ihm anders als dem Gesellschafter nicht kraft eigenen Rechts zu und kann ihm daher auch ohne sein Zutun wieder entzogen werden. Mit der Geschäftsführerstellung i.S. der §§ 114 bis 116 ist die Befugnis des Dritten nicht vergleichbar; §§ 117, 127 finden keine Anwendung. Trotz gewisser Auflockerungen für Sondersituationen (Rn 34 und § 114 Rn 10) ist der Grundsatz *zwingender* Natur. Den zumal in den 70er Jahren verbreiteten Tendenzen zur Aufgabe der Selbstorganschaft[64] steht der damit verfolgte doppelte **Schutzzweck** entgegen.[65] Im Sinne eines *Selbstschutzes der Gesellschafter* geht er dahin, die Leitung der Gesellschaft, insbesondere die organschaftliche Vertretung den unbeschränkt haftenden Gesellschaftern vorzubehalten und sie dadurch gegen fremdbestimmte Risiken zu sichern.[66] Zugleich dient er auch dem Schutz des *Rechtsverkehrs,* der hierauf wegen des Fehlens eines gesetzlich abgesicherten Haftungsfonds der OHG/KG angewiesen ist; ihm soll durch die Selbstorganschaft die begründete Aussicht auf eine aus eigenem Interesse verantwortlich handelnde, keine unvertretbaren Risiken eingehende Unternehmensführung verschafft werden.[67] 33

Die genannten Schutzzwecke haben die Rechtsprechung nicht davon abgehalten, **Auflockerungen** des Grundsatzes der Selbstorganschaft zuzulassen. Neben liquidationsähnlichen, durch ein Zerwürfnis sämtlicher Gesellschafter und das Erfordernis eines neutra- 34

[62] Ganz hM, vgl. BGHZ 33, 105 (106 ff) = NJW 1960, 1997; BGHZ 146, 341 (360) = NJW 2001, 1056; BGH WM 1994, 237 (238); *Flume* I/1 § 14 VIII; *Wiedemann* Gesellschaftsrecht Bd. I § 46 II 2, S. 333 f; *ders.* Gesellschaftsrecht Bd. II § 4 II 2c, S. 333; MünchKommHGB/*Rawert* § 114 Rn 23 ff; MünchKommHGB/*K. Schmidt* § 125 Rn 5 f; vgl. auch Röhricht/Graf v. Westphalen/*v. Gerkan/Haas* Rn 5; Bamberger/Roth/*Timm/Schöne* BGB[2] § 709 Rn 4; Soergel/*Hadding*[13] § 709 Rn 22; *Heidemann* Der zwingende und dispositive Charakter des Prinzips der Selbstorganschaft bei Personengesellschaften, 1999; *Werra* Zum Stand der Diskussion um die Selbstorganschaft, 1991, S. 109 f mN zur Gegenansicht; zweifelnd *K. Schmidt* GesR § 14 II 2; *ders.* GS Knobbe-Keuk, 1997, S. 307 ff; einschränkend auch Erman/*Westermann*[10] BGB § 709 Rn 4 (für Abdingbarkeit) und *Grunewald* GesR Rn 1. A. 41 ff. Grundlegend **aA** *Beuthien* ZIP 1993, 1589 (1595 ff).

[63] Zur Möglichkeit von Abweichungen im Liquidationsstadium bei Vorliegen eines wichtigen Grundes vgl. § 146 Abs. 2 S. 1 HGB; zur Ausdehnung dieses Gedankens auf liquidationsähnliche Sonderlagen vgl. BGHZ 36, 292 (294) = NJW 1962, 738; BGH NJW 1982, 1817; BGH WM 1994, 237; dazu näher § 114 Rn 10.

[64] Vgl. *Teichmann* S. 116 ff, 124 und *Westermann* Vertragsfreiheit (Fn 32) S. 328 ff, 340 f, 443 ff; ihnen folgend *Dellmann* FS Hengeler, 1972, S. 64 (66 ff); *Helm/Wagner* BB 1979, 225 ff.

[65] *Reuter* FS Steindorff, 1990, S. 229 (232 f) (mit Betonung des Gesellschafterschutzes); *K. Schmidt* GS Knobbe-Keuk, 1997, S. 307 (315) (unter Hervorhebung des Gläubigerschutzes).

[66] So insbes. *Wiedemann* Gesellschaftsrecht Bd. I § 4 II 2, S. 333 f und *ders.* (Fn 39) S. 109 f; ähnl. auch BGHZ 33, 105 (109) = NJW 1960, 1997 (unverzichtbares Recht auf Selbstbestimmung); zweifelnd *K. Schmidt* GesR § 14 II 2e.

[67] Hierauf stellt im Anschluss an *Wiedemann* (Fn 39) S. 369 ff maßgeblich *K. Schmidt* GesR § 14 II 2e ab.

len Interimsverwalters gekennzeichneten Sonderlagen[68] (§ 114 Rn 10) wurden von ihr auch Gestaltungen akzeptiert, in denen Dritte mit der laufenden Geschäftsführung betraut waren, solange nur die Letztverantwortung in den Händen der Gesellschafter verblieb. Die Fälle betrafen **Publikumsgesellschaften.** Dort liegt die Geschäftsführung nach dem Gesellschaftsvertrag üblicherweise in den Händen von Personen, die zum Kreis der Initiatoren gehören, jedoch nicht selbst Gesellschafter sind. Mit Rücksicht auf den Grundsatz der Selbstorganschaft hat der BGH hier zwar zu Recht die Gesamtheit der Gesellschafter als oberstes Geschäftsführungsorgan angesehen, gegen die Ausübung der Geschäftsführung durch den oder die im Gesellschaftsvertrag benannten Dritten jedoch keine Bedenken erhoben.[69] Darüber hinaus hat er sogar den Ausschluss des Widerrufs der Vollmacht des Drittgeschäftsführers für die Dauer des Anstellungsvertrags zugelassen, zugleich aber das Recht der Gesellschafter zum Widerruf der Vollmacht aus wichtigem Grund durch einfachen Mehrheitsbeschluss sowie zur außerordentlichen Kündigung des Anstellungsvertrags hervorgehoben.[70] Der XI., für Bankrecht zuständige Senat des BGH sieht es überdies noch als zulässig an, dass einem Dritten die gesamte Geschäftsführung der Gesellschaft durch Geschäftsbesorgungsvertrag übertragen wird, sofern nur die Gründungsgesellschafter die organschaftliche Geschäftsführungsbefugnis behalten.[71] An der *ausschließlichen* Zuständigkeit der persönlich haftenden Gesellschafter zur *organschaftlichen Vertretung*[72] vermögen freilich auch diese auf der Zulassung abgeleiteter Drittgeschäftsführung und der dispositiven Natur des Innenrechts beruhenden Auflockerungen nichts zu ändern. Sind die Gesellschafter selbst zur Übernahme der organschaftlichen Vertretung nicht bereit oder in der Lage, so bleibt nur die Umwandlung in eine GmbH & Co. OHG/KG mit der Möglichkeit der Drittorganschaft im Rahmen der Komplementär-GmbH.

35 3. **Kernbereich der Mitgliedschaftsrechte.** Eine dritte ungeschriebene Schranke der Vertragsgestaltungsfreiheit im Personengesellschaftsrecht bildet die Lehre vom unverzichtbaren Kernbereich der Mitgliedschaftsrechte, wozu wenigstens ein fester „Kernbestand" aus *Stimmrecht, Gewinnrecht, Recht auf Abfindung bzw. Liquidationsquote sowie Schutz vor zusätzlichen Belastungen* durch mehrheitliche Erhöhung der Beitragsverpflichtungen oder der Haftsummen der Kommanditisten gehören (näher § 119 Rn 40 ff). Sie steht der Wirksamkeit von Vereinbarungen entgegen, die einzelne Gesellschafter im Innenverhältnis praktisch rechtlos stellen oder unvertretbaren Bindungen unterwerfen, und deckt sich dadurch in Voraussetzungen und Rechtsfolgen teilweise mit § 138 BGB (Rn 21). Im Einzelnen hat die Kernbereichslehre im Laufe ihrer Entwicklung einen **Bedeutungswandel** und eine Verschärfung erfahren; auch heute sind ihre Konturen noch nicht abschließend

[68] BGHZ 36, 292 (294) = NJW 1962, 738; BGH NJW 1982, 1817; WM 1994, 237.

[69] Vgl. BGH NJW 1982, 877; BGH NJW 1982, 2495.

[70] BGH NJW 1982, 2495 f.

[71] BGH NJW 2006, 2980 (2981) (zweifelhaft); noch ohne einschränkenden Zusatz und daher allemal viel zu weit: BGH ZIP 2005, 1361 (1363) (alle zur Erreichung des Gesellschaftszwecks erforderlichen oder zweckmäßigen Rechtsgeschäfte); hierauf bezieht sich die Kritik von *Ulmer* ZIP 2005, 1341 (1343).

[72] Im Unterschied zur gewillkürten Vertretung (vgl. Rn 41) sei es auch mit weitgehender Vertretungsmacht nach Art der Prokura oder Generalvollmacht. Zur zwingenden Geltung der §§ 125, 170 (Ausschluss Dritter von der organschaftlichen Vertretung) vgl. BGHZ 26, 330 (333) = NJW 1958, 668; 33, 105 (108) = NJW 1960, 1997; 41, 367 (369) = NJW 1964, 1624 und dazu näher § 125 Rn 4 ff (*Habersack*) und Voraufl. § 170 Rn 4 (*Schilling*).

geklärt. Während der BGH damit ursprünglich die Forderung nach Einräumung des **Stimmrechts** bei Beschlüssen verknüpfte, die sich auf die Rechtsstellung stimmrechtsloser Gesellschafter bezogen, gegen die gesellschaftsvertragliche Begründung einer Mehrheitskompetenz abweichend vom Grundgedanken des § 53 Abs. 3 GmbHG aber keine Einwände erhob,[73] macht die heute ganz hM die Wirksamkeit eines in die Rechtsstellung der Gesellschafter eingreifenden Beschlusses von der **Zustimmung** der betroffenen Gesellschafter abhängig, lässt es aber zu, dass die Zustimmung *antizipiert,* namentlich im Rahmen einer entsprechend konkret abgefassten Vertragsklausel erteilt wird (§ 119 Rn 44). Näher zum Ganzen § 119 Rn 38 ff.

IV. Bewegliche Schranken

1. Bedeutung. Im Unterschied zu den zwingenden (geschriebenen und ungeschriebenen), für die Gesellschafter trotz *übereinstimmend* gewünschter Abweichung verbindlichen Schranken der Vertragsfreiheit (Rn 24 ff) haben die in wertender Beurteilung zu bestimmenden beweglichen Schranken[74] die Funktion, die **Mehrheitsherrschaft zum Schutz der Minderheit zu begrenzen.** Ihr Eingreifen kommt daher regelmäßig nur dann in Betracht, wenn und soweit der Mehrheit im Gesellschaftsvertrag Entscheidungskompetenzen zu Lasten der Minderheit eingeräumt sind; aus der Sicht der Minderheit handelt es sich um unentziehbare, *nicht* aber um *unverzichtbare,* ihrer Disposition entzogene Schranken.[75] Dementsprechend ist die Lehre von den beweglichen Schranken der Gestaltungsfreiheit auf dem Hintergrund des von der Rechtsprechung zur Begrenzung der Mehrheitsmacht praktizierten, inzwischen als wenig effizientes, formales Schutzinstrument erkannten Bestimmtheitsgrundsatzes und zu dessen Ablösung entwickelt worden (näher § 119 Rn 32 f). Ein Schutz außenstehender Personen oder eine Einschränkung atypischer bzw. zur Typenvermischung führender Vertragsgestaltungen (vgl. dazu Rn 23) lässt sich damit nicht erreichen. 36

2. Rechtlicher Ansatz. Den rechtlichen Ansatz für die Entwicklung und das Eingreifen beweglicher Schranken gegenüber Mehrheitsbeschlüssen, insbes. mehrheitlichen Vertragsänderungen bilden in erster Linie die gesellschaftsrechtlichen Institute der **Treupflicht** und des **Gleichbehandlungsgrundsatzes** (vgl. dazu eingehend § 105 Rn 228 ff, 247 ff).[76] Unter ihnen beschränkt sich die Treupflicht nicht darauf, bestimmte im Interesse von Gesellschaft und Mitgesellschaftern gebotene Handlungs- und Unterlassungspflich- 37

[73] BGHZ 20, 363 (368 f) = NJW 1956, 1198.

[74] Vgl. hierzu grundlegend *Zöllner* (Fn 1) S. 287 ff; ferner *H. P. Westermann* Vertragsfreiheit (Fn 32) S. 34, 157 ff; *ders.* AcP 175 (1975), 375 (415 f); *Wiedemann* Gesellschaftsrecht Bd. I § 8 II, S. 424 ff; *K. Schmidt* GesR § 21 II 3; *Lutter* ZGR 1981, 171 (174 ff); *Roitzsch* S. 173 ff; *M. Winter* Treubindungen im GmbH-Recht, 1988, S. 141 ff; *ders.* GesRZ 1986, 74 (86 f); MünchKommBGB[5]/*Ulmer/C. Schäfer* § 709 Rn 100. Für grundsätzlichen Vorrang des einseitigen Lösungs- (Austritts-)-rechts als Mittel des Minderheitenschutzes noch *Reuter* AG 1979, 324 ff und AcP 181 (1981), 1 (8 f, 13 f, 22).

[75] Das folgt aus der Funktion der beweglichen Schranken, die Ausübung der der Mehrheit im Gesellschaftsvertrag eingeräumten Entscheidungskompetenzen zu binden und zu kontrollieren, vgl. *Zöllner* (Fn 1) S. 288 u.a.

[76] Von den von *Zöllner* (Fn 1) S. 288, 293 ff, 318 ff weiter genannten Schranken der guten Sitten und der Bindung an den Gesellschaftszweck ist die erstere wegen ihrer nicht zur Disposition der Gesellschafter stehenden Natur besser unter die starren Schranken einzuordnen (vgl. Rn 20 f). Der Zweckbindung der Mitgliedschaftsrechte ist im Rahmen der Treupflicht Rechnung zu tragen.

ten zu begründen (§ 105 Rn 230); sie entfaltet vielmehr zugleich eine sog. *Schrankenfunktion* gegenüber der missbräuchlichen (treuwidrigen) Ausübung von Mitgliedschaftsrechten (§ 105 Rn 231). Damit eng verwandt ist der Gleichbehandlungsgrundsatz und das aus ihm abgeleitete Verbot willkürlicher Ungleichbehandlung (§ 105 Rn 249). Beide Institute zielen vor allem darauf ab, die Minderheit gegen schrankenlose Herrschaft der Mehrheit zu schützen und diese zur Berücksichtigung auch der Minderheitsinteressen anzuhalten (§ 105 Rn 233 und 254).

38 Die **Rechtsfolge** des Verstoßes eines Mehrheitsbeschlusses gegen Treupflicht oder Gleichbehandlungsgrundsatz besteht in der **Unwirksamkeit** des Beschlusses, sofern er nicht im Auslegungswege auf einen unproblematischen Kern zurückgeführt werden kann. Der Erhebung einer Zustimmungsklage gegen die Mehrheit (vgl. § 105 Rn 244 f) auf Aufhebung des Beschlusses bedarf es nicht. Angesichts der dispositiven Natur der beweglichen Schranken (Rn 36) muss die überstimmte Minderheit allerdings die *Fehlerhaftigkeit* des Beschlusses *geltend machen,* sobald sie den Mangel erkennt. Dessen widerspruchslose Hinnahme kann auch dann, wenn sie nicht als nachträgliche Zustimmung zu verstehen ist, zum Verlust des Rügerechts unter Verwirkungsgesichtspunkten führen.

V. Inhaltskontrolle

39 **1. Grundsatz.** Eine allgemeine Wirksamkeitskontrolle von Gesellschaftsverträgen im Hinblick auf deren inhaltliche Angemessenheit ist dem **geltenden Recht unbekannt** (zum Sonderfall der Publikumsgesellschaft vgl. Rn 40). In § 310 Abs. 4 S. 1 BGB sind Gesellschaftsverträge ausdrücklich aus dem sachlichen Anwendungsbereich des AGB-Gesetzes ausgenommen.[77] Eine auf § 242 BGB gestützte richterliche Angemessenheitskontrolle wie sie für „Adhäsionsverträge“[78] von einem Teil der Literatur befürwortet wird,[79] wäre unvereinbar mit der vorrangigen Rolle, die der Privatautonomie gerade im Gesellschaftsrecht zukommt (Rn 4 ff). Für sie besteht auch *kein Bedürfnis,* wenn man die Entwicklung fester und beweglicher Schranken der gesellschaftsvertraglichen Gestaltungsfreiheit (Rn 20 ff) berücksichtigt und den auf diesem Wege bewirkten Schutz der Gesellschafter vor Selbstentmündigung, vor Eingriffsrechten der Mehrheit in den Kernbereich ihrer Mitgliedschaft und vor treuwidrigen oder zu willkürlicher Ungleichbehandlung führenden Mehrheitsbeschlüssen bedenkt. – Die teilweise strenge höchstrichterliche Rechtsprechung zu Abfindungsbeschränkungen und Hinauskündigungsklauseln lässt sich gewiss nicht als Übergang zu einer allgemeinen Inhaltskontrolle verstehen.[80] Sie blieb der Sache

[77] Vgl. dazu und zur Reichweite der Ausnahme *Ulmer*/Brandner/Hensen AGB-Recht[10] § 310 Rn 119 ff und MünchKommBGB[4]/*Basedow* § 310 Rn 80 ff.

[78] D.h. für Gesellschaftsverträge, die von den *gegenwärtigen* Mitgliedern (Erben u.a.) nicht frei ausgehandelt werden konnten, vgl. *Wiedemann* FS Westermann, 1974, S. 585, (588 f).

[79] So *Wiedemann* FS Westermann, 1974, S. 585, (591 ff) und *ders.* GesR I § 3 II 3a, S. 173 f; *Martens* DB 1973, 413 (419); Anklänge auch bei *Teichmann* S. 112 ff und *Lieb* AcP 178 (1978), 204 ff, 213 ff; dagegen etwa *Fastrich* S. 134 ff; Ebenroth/Boujong/Joost/Strohn/*Märtens* Rn 31; MünchKommBGB[5]/*Ulmer* § 705 Rn 132 f, 139 f; *Westermann* AcP 175 (1975), 376 (407 ff); *Zöllner* FS 100 Jahre GmbHG, 1992, S. 96 ff.

[80] So aber tendenziell noch *Flume* NJW 1979, 902 (904 f); *ders.* DB 1986, 629 ff und *Knobbe-Keuk* Das Steuerrecht – eine unerwünschte Rechtsquelle des Gesellschaftsrechts?, 1987, S. 11 ff; aber auch *Kanzleiter* FS 125 Jahre Bayer. Notariat, 1987, S. 231 ff; *Loritz* JZ 1986, 1073 (1078 ff); *Rehbinder* FS Stimpel, 1985, S. 47 (63 ff) u.a.

nach begrenzt und zudem geht es insofern im Ansatz nicht um richterliche Billigkeitskorrektur, sondern um das Eingreifen zwingender, aus der Kündigungsfreiheit (Rn 29) bzw. dem unverzichtbaren Kernbereich an Mitgliedschaftsrechten (Rn 35) abgeleiteter Schranken.[81]

2. **Publikumsgesellschaften.** Eine vom Grundsatz (Rn 39) abweichende, zur Angemessenheitskontrolle führende Beurteilung ist nur für die Gesellschaftsverträge sog. Publikumsgesellschaften veranlasst. Sie werden von den Initiatoren des Projekts regelmäßig vor dem Beitritt der an der Beteiligung interessierten Gesellschafter erstellt und von diesen als **fertig vorformulierte Vertragsordnung** ohne die Möglichkeit inhaltlicher Änderungen hingenommen. Deshalb und wegen der naheliegenden Gefahr, dass die Initiatoren die in der Vorformulierung liegende Gestaltungsmöglichkeit zur unangemessenen Verfolgung eigener Interessen ausnutzen, sind die Parallelen zur Verwendung von AGB unverkennbar. Zu Recht ist die Rechtsprechung mit ganz überwiegender Billigung der Literatur daher seit langem dazu übergegangen, derartige Verträge einer Inhaltskontrolle zu unterziehen;[82] dabei konnte als Angemessenheitsmaßstab nicht selten auf die entsprechenden aktienrechtlichen Regelungen zurückgegriffen werden.[83] – Eine Übertragung dieser Rechtsprechung auf Verträge *sonstiger* Gesellschaften, etwa solche einer kapitalistisch strukturierten KG mit zahlreichen Mitgliedern, scheidet schon deshalb aus, weil diese Verträge regelmäßig von den Beteiligten bei Gesellschaftsgründung ausgehandelt worden sind und die Wirksamkeit der später von der Mehrheit beschlossenen Vertragsänderungen von der Beachtung der beweglichen, dem Minderheitsschutz dienenden Schranken abhängt (Rn 36 ff). **40**

D. Gesellschaftsorgane

I. Organbegriff

Verbände als gegenüber ihren Mitgliedern verselbständigte, nicht selbst handlungsfähige Rechtspersonen und Wirkungseinheiten (Organisationen) bedürfen für ihr Handeln nach innen und außen, insbesondere für ihre Teilnahme am Rechtsverkehr der Einschaltung von **Organen.** Darunter versteht man solche Einzelpersonen oder Personenmehrheiten (Gremien), die kraft *Verbandsverfassung* dazu berufen sind, an der Willensbildung, der Geschäftsführung und Vertretung oder an der Kontrolle des Verbandshandelns mitzuwirken, und die ihre Tätigkeit am Verbandsinteresse auszurichten haben. Die aus dem Vertretungsrecht bekannte Differenzierung zwischen gewillkürter, gesetzlicher und organ- **41**

[81] Dazu *Ulmer* Richterrechtliche Entwicklungen im Gesellschaftsrecht 1971–1985, 1986, S. 26 f.

[82] Grundlegend BGHZ 64, 238 (241) = NJW 1975, 1318; dann std. Rspr. aus neuerer Zeit etwa BGH NJW 1991, 2906; NJW 2001, 1270 (1271); dazu näher MünchKommHGB/*Enzinger* 1; Baumbach/*Hopt* Anh. § 177a Rn 52 ff; *Ulmer*/Brandner/Hensen, AGB-Recht[10] § 310 Rn 134 f; MünchKommBGB/*Basedow* § 310 Rn 80.

[83] So insbes. für die Regelungen über Kompetenzen und Haftung eines Beirats, vgl. BGHZ 64, 238 (244) = NJW 1975, 1318; BGHZ 69, 207 (213, 220 f) = NJW 1977, 2311; 87, 84 (86 ff) = NJW 1983, 1675; dazu Schlegelberger/*Martens* § 161 Rn 159 f; MünchKommHGB/*Grunewald* § 161 Rn 118 ff; *Ulmer*/Brandner/Hensen, AGB-Recht[10] § 310 Rn 134 f (ausführlicher Voraufl. Anh. §§ 9–11 AGBG Rn 445 ff); *Hüffer* ZGR 1980, 320 ff und 1981, 348 ff.

schaftlicher Vertretungsmacht[84] ist nur eine – auf das *Vertretungs*organ des Verbands bezogene – Ausprägung des verbandsrechtlichen Organbegriffs.

42 Der **Organbegriff** ist bis heute im Detail umstritten.[85] Teilweise wurde er in Zusammenhang mit der „Organhaftung" des Verbands aus § 31 gebracht und dahin umschrieben, es müsse sich um Personen(-gruppen) handeln, die für den Verband *nach außen wirksam handeln* können.[86] Gegen eine derartige Verengung auf vertretungsbefugte Organe spricht jedoch, dass das Organhandeln vor allem der internen Willensbildung und deren Umsetzung innerhalb des Verbands dient. Zu Recht versteht die vorherrschende Ansicht unter Organen nicht nur der juristischen Personen, sondern auch der rechtsfähigen Personengesellschaften daher – vorbehaltlich der Unterscheidung zwischen Organen und Organwaltern (Rn 43) – diejenigen verbandsinternen Einrichtungen oder Personen, die aufgrund der Verbandsverfassung befugt sind, den *Willen* einer als (teil-)rechtsfähig anerkannten Einheit oder Gruppe *zu bilden oder in die Tat umzusetzen*.[87] Dementsprechend werden bei der AG als notwendige Organe Vorstand, Aufsichtsrat und Hauptversammlung angesehen;[88] bei der GmbH gilt Entsprechendes für Geschäftsführer und Gesellschafterversammlung.[89] In einer neueren, grundlegenden Untersuchung wird das Organ demgemäß als verbandsinterner „Zuständigkeitskomplex" mit institutionellem und funktionalem Charakter beschrieben.[90] *Institutionell* sind die Organe danach zwar organisatorisch, nicht aber (im Außenverhältnis) rechtlich verselbständigte Teile der auf Gesetz und Gesellschaftsvertrag beruhenden Verbandsverfassung; ihr Bestand ist unauflöslich mit der Existenz des jeweiligen Rechtsträgers verbunden. Aus *funktionaler* Sicht besteht die Aufgabe der Organe darin, die Willens- und Handlungsfähigkeit des Verbandes herzustellen.

43 Von den Organen als Subjekten der ihnen in der Verbandsverfassung zugewiesenen Kompetenzen zu unterscheiden sind die **Organwalter** oder -mitglieder als die in das jeweilige Organ berufenen, an der Ausübung der Organfunktionen beteiligten Einzelpersonen.[91] Organwalter sind notwendig *natürliche Personen*, die nach der Verbandsverfas-

---

[84] Vgl. nur Staudinger/*Schilken* BGB (2004) Vorbem. § 164 Rn 21 ff (26).

[85] Vgl. etwa *K. Schmidt* GesR § 14 II; *Ulmer* FS Wiedemann, 2002, S. 1297 (1304 ff) und MünchKommBGB[5]/*Ulmer/C. Schäfer* § 705 Rn 256 f; *Wiedemann* Gesellschaftsrecht I § 4 I 1d, S. 2962 f; *Baltzer* Der Beschluß als rechtstechnisches Mittel organschaftlicher Funktion im Privatrecht, 1965, S. 29 ff; *Baums* Der Geschäftsleitervertrag, 1987, S. 3 f; *Lewerenz* Leistungsklagen zwischen Organen und Organmitgliedern der AG, 1977, S. 63 f; *Nitschke* S. 94; *H. P. Westermann* Vertragsfreiheit (Fn 32) S. 150 ff; *Schürnbrand* Organschaft im Recht privater Verbände, 2007.

[86] Vgl. etwa MünchKommBGB[5]/*Reuter* § 31 Rn 19 ff, 24.

[87] So tendenziell übereinstimmend Staudinger/*Weick* BGB (1995) Vor § 21 Rn 50; Soergel/*Hadding*[13] § 26 Rn 3; *Baltzer* (Fn 85) S. 29 ff; *Nitschke* Die körperschaftlich strukturierte Personengesellschaft (1970) S. 94; *Lewerenz* (Fn 85) S. 63 f; eingehender Überblick über den Diskussionsstand in Rechtsprechung und Schrifttum bei *Schürnbrand* (Fn 85) S. 35 ff.

[88] *K. Schmidt* GesR § 26 IV 2; *Th. Raiser/Veil* Recht der Kapitalgesellschaften[4] § 13 Rn 7 ff.

[89] *K. Schmidt* GesR § 36 I 1 und *Th. Raiser/Veil* (Fn 88) § 31 Rn 1 ff, jew. auch zum obligatorischen Aufsichtsrat der mitbestimmten GmbH.

[90] *Schürnbrand* (Fn 85) S. 48 ff, 68 ff, 94, 435 f.

[91] So wohl erstmals von *Hans J. Wolff* Organschaft und juristische Person, 1929, S. 224 ff; vgl. ferner *Beuthien* FS Zöllner, 1997, Bd. I, S. 87 (97 f); *Beuthien/Gätsch* ZHR 156 (1992), 459 (468 ff); *K. Schmidt* GesR § 14 III 1b; *Ulmer* FS Wiedemann, 2002, S. 1297 (1307) und Voraufl. Rn 46 (*Ulmer*); eingehend jetzt *Schürnbrand* (Fn 85) S. 41 ff. – Die terminologische Trennung wird nicht immer beachtet (so auch *K. Schmidt* GesR § 14 III 1b; *Baums* [Fn 85] S. 3 f).

sung oder aufgrund von Wahlen zu Mitgliedern des jeweiligen Organs berufen sind und dessen Kompetenzen durch ihr Organhandeln wahrnehmen.[92] Die Unterscheidung macht deutlich, dass das Organ als solches auch bei Wegfall seiner sämtlichen Mitglieder bestehen bleibt und dass bei der Frage nach fehlerhaftem Organhandeln nicht auf das jeweilige Organ als Institution, sondern auf das Handeln seiner Mitglieder(-mehrheit) abzustellen ist. Die Organmitglieder unterscheiden sich, auch wenn sie typischerweise *im Namen der Gesellschaft* am Rechtsverkehr teilnehmen, deutlich von Bevollmächtigten; sie haben eine den **gesetzlichen Vertretern verwandte Stellung.**[93] Für Personengesellschaften kommen als Organmitglieder nach dem Grundsatz der *Selbstorganschaft* (Rn 33) nur Gesellschafter in Betracht.

Neben dem **Geschäftsführungs- bzw. Vertretungsorgan** findet sich in den Verbandsverfassungen meist ein **Willensbildungs**-(Basis-)**organ** sowie häufig auch ein **Aufsichtsorgan;**[94] ihren klassischen Niederschlag hat diese Dreiteilung in der aktienrechtlichen Organverfassung mit Vorstand, Hauptversammlung und Aufsichtsrat gefunden. – Zur Haftung des Verbands für deliktisches Handeln seiner Organmitglieder (§ 31 BGB) vgl. § 124 Rn 14 f (*Habersack*). **44**

II. Organe der OHG

1. Geschäftsführer und Vertreter. Die Geschäftsführung der Gesellschaft und ihre Vertretung im Rechtsverkehr obliegt nach §§ 114, 125 den **Gesellschaftern.** Die beiden Funktionen sind gesetzlich zwar klar getrennt und können je verschiedenen Personen übertragen werden; in aller Regel liegen sie jedoch in der Hand derselben Personen. *Gesellschaftsvertragliche Abweichungen* von der dispositiven Alleingeschäftsführungsbefugnis und -vertretungsmacht jedes Gesellschafters finden sich nicht selten in der Weise, dass die Organstellung nur *einzelnen* Gesellschaftern übertragen wird bzw. bestimmte Gesellschafter hiervon ganz ausgeschlossen sind. Verbreitet ist auch die Vereinbarung von *Gesamtgeschäftsführung und -vertretung*, meist durch zwei Geschäftsführer, anstelle der gesetzlichen Alleinkompetenz (vgl. § 114 Rn 78, § 125 Rn 38 ff [*Habersack*]). Die Übertragung von Geschäftsführungsbefugnis und Vertretungsmacht auf dritte, nicht zu den Gesellschaftern gehörende Personen ist unvereinbar mit dem zwingenden Grundsatz der *Selbstorganschaft* (Rn 33). Hiervon nicht berührt wird die Überlassung dieser Funktionen durch die primär zuständigen Gesellschafter an Dritte zur Ausübung (vgl. näher Rn 27, 34). **45**

2. Gesellschafterversammlung. Im Unterschied zum Aktien- und GmbH-Recht kennt das dispositive Personengesellschaftsrecht **kein Basisorgan** nach Art der Gesellschafterversammlung. Das beruht auf der Vorstellung von der *Gesamtzuständigkeit aller Gesellschafter* einer Personengesellschaft, soweit es um Vertragsänderungen und sonstige Grundlagenentscheidungen geht, und auf dem daraus folgenden, für innergesellschaftliche Entscheidungen geltenden Einstimmigkeitsprinzip (§ 119 Abs. 1). Auch wenn der Gesellschaftsvertrag abweichend hiervon Mehrheitsentscheidungen zulässt, folgt daraus nicht notwendig, dass diese unter Wahrung bestimmter Formen und Fristen, insbesondere **46**

---

[92] *Schürnbrand* (Fn 85) S. 42, 46 ff.

[93] Vgl. MünchKommBGB[5]/*Schramm* Vor § 164 Rn 7 ff.

[94] Vgl. grundlegend *Otto v. Gierke* Die Genossenschaftstheorie und die deutsche Rechtsprechung, 1887 (Nachdruck 1963), S. 694 ff; dazu *K. Schmidt* GesR § 14 II 1.

durch Beschlussfassung in einer Gesellschafterversammlung, herbeizuführen sind; für eine analoge Anwendung von § 32 BGB ist kein Raum (§ 119 Rn 5). **Gesellschaftsvertraglich** wird allerdings meist eine Gesellschafterversammlung als das für Grundlagenentscheidungen zuständige Gesellschaftsorgan vorgesehen (§ 119 Rn 6);[95] üblich sind Regelungen über ihre Kompetenzen, über die für ihre Einberufung und Beschlussfassung geltenden Formen und Fristen, über Stimmrechte einschließlich deren Berechnung und der Mehrheitserfordernisse, sowie über die Voraussetzungen einer Teilnahme von Vertretern der Gesellschafter an der Gesellschafterversammlung. Die Gesellschafterversammlung gehört somit zu den zwar nicht notwendigen, aber *typischen* Organen der Personengesellschaft; die Gesellschafter sind insoweit zugleich Organmitglieder und – jedenfalls bei Beschlüssen in Geschäftsführungsfragen – auf das Gesellschaftsinteresse verpflichtet (§ 105 Rn 234 f).

47 **3. Aufsichtsorgan.** Auch ein eigenständiges Aufsichtsorgan nach Art des aktienrechtlichen Aufsichtsrats ist dem Personengesellschaftsrecht nach gesetzlicher Regel unbekannt. Die Kontrollbefugnisse stehen – als Mitgliedschaftsrecht – vielmehr den Gesellschaftern nach Maßgabe von § 118 je persönlich zu; daneben hat die Gesellschafterversammlung bzw. die Gesamtheit der Gesellschafter ein kollektives Kontrollrecht gegenüber den Geschäftsführern nach § 105 Abs. 2 HGB i.V.m. §§ 713, 666 BGB (vgl. § 118 Rn 6). Allerdings findet sich in Gesellschaftsverträgen einer OHG oder KG, namentlich solchen mit starker kapitalistischer Struktur oder größerer Mitgliederzahl, nicht selten die Einrichtung eines Beirats, dem außer Mitspracherechten in Grundlagenentscheidungen auch Überwachungskompetenzen gegenüber der Geschäftsführung übertragen sind (vgl. näher Rn 48 ff, zum Sonderfall des Beirats einer Publikums-OHG/KG Rn 59).

III. Beirat

Schrifttum

Großfeld/Brondics Die Stellung des fakultativen Aufsichtsrats (Beirats) in der GmbH und in der GmbH & Co. KG, AG 1987, 292 ff; *Haack* Der Beirat in der GmbH & Co. KG, BB 1993, 1607; *Hennerkes/Binz/May* Die Steuerungsfunktion des Beirates in der Familiengesellschaft, DB 1987, 469 ff; *Hölters* Der Beirat der GmbH und GmbH & Co. KG (1979); *ders.* Sonderprobleme des Beirates der GmbH & Co. KG, DB 1980, 2225 ff; *Hüffer* Der Aufsichtsrat in der Publikumsgesellschaft, ZGR 1980, 320 ff; *Möhring* Geschäftsführungs- und Überwachungsausschüsse in Personengesellschaften, Juristen-Jahrbuch 1966/67, S. 123 ff; *Reuter* Der Beirat der GmbH, FS 100 Jahre GmbHG (1992), S. 631; *Rutenfranz* Der Beirat im Gesellschaftsrecht, NJW 1965, 238 f; *U. H. Schneider* Die Haftung von Mitgliedern des Beirates einer Personengesellschaft, DB 1973, 953 ff; *Sigle* Beiräte, NZG 1998, 619; *Spindler/Kepper* Funktionen, rechtliche Rahmenbedingungen und Gestaltungsmöglichkeiten des GmbH-Beirats, DStR 2005, 1738, 1755; *Sudhoff* Der Aufsichtsrat (Beirat) der GmbH & Co. KG, GmbH-Rdsch. 1967, 158 ff; *Teubner* Der Beirat zwischen Verbandssouveränität und Mitbestimmung, ZGR 1986, 565 ff; *Voormann* Die Stellung des Beirates im Gesellschaftsrecht, 2. Aufl. (1990); *Wälzholz* Der Beirat im mittelständischen Unternehmen – Chancen, Grenzen und Probleme, DStR 2003, 511; *Wessing/Max* Zur Rückfallkompetenz der Gesellschafterversammlung bei Funktionsunfähigkeit des Beirats, Festschrift Werner (1984), S. 975 ff; *Wiedemann* Verbandssouveränität und Außeneinfluß, FS Schilling (1973), S. 105 ff; *ders.* Beiratsverfassung in der GmbH, FS Lutter (2000), S. 801.

---

[95] Vgl. die Vertragsmuster von OHG- und KG-Verträgen im Münchener Vertragshandbuch[6], 2005, Bd. 1, Abschn. II 3 und 4, S. 105 ff, Abschn. III 1, 3, 4, 6, 9, 10, S. 225 ff.

1. Vorkommen und Arten. Unter der Bezeichnung „Beirat“[96] sind in den Gesellschaftsverträgen Gremien mit z.T. recht unterschiedlichen **Funktionen** anzutreffen. Neben der Einräumung bloßer Beratungsmöglichkeiten finden sich Kompetenzen zur Kontrolle der geschäftsführenden Gesellschafter, zur Entscheidung über Geschäftsführungsaufgaben sowie zur Mitwirkung bei Grundlagenentscheidungen.[97] Nicht selten wird der Beirat auch als Schlichtungsinstanz für innergesellschaftliche Streitigkeiten bestellt.[98] Ihm können sowohl **Gesellschafter** als auch gesellschaftsfremde **Dritte** angehören (zur Frage etwaiger Zulässigkeitsschranken für Beiräte unter Beteiligung Dritter vgl. Rn 52 f). **48**

Praktische **Bedeutung** erlangt der Beirat insbesondere im Bereich der Publikumsgesellschaften; dort kommt ihm in erster Linie die Aufgabe zu, die Geschäftsführung zum Schutze der rein kapitalmäßig beteiligten Minderheitsgesellschafter zu überwachen (Rn 59). Bei der personalistisch strukturierten OHG kann ein Bedürfnis für die Einsetzung eines Beirats etwa bei Familiengesellschaften bestehen, um bei größerer Gesellschafterzahl die Willensbildung zu erleichtern, Konflikte zwischen den Familienstämmen auszuräumen oder der Gesellschaft die Mitsprache und den Sachverstand Außenstehender zu sichern.[99] Auch können Gläubiger der Gesellschaft an der Bestellung eines Beirats oder an der Repräsentanz in einem mit Überwachungsaufgaben betrauten Gremium interessiert sein. **49**

Organqualität kommt dem Beirat nur zu, wenn er im Gesellschaftsvertrag oder durch einen mit vertragsändernder Mehrheit gefassten Gesellschafterbeschluss eingesetzt und mit organschaftlichen Kompetenzen betraut ist (Rn 46). Die Frage hat Bedeutung für die Mitspracherechte des Beirats im Verhältnis zur Gesellschafterversammlung und für das Recht einzelner Gesellschafter, sich auf die Einhaltung der Beiratsbeschlüsse zu berufen (Rn 54), ferner für die nachträgliche Beseitigung des Beirats (Erfordernis einer Vertragsänderung). Organschaftliche Kompetenzen sind zu **bejahen** bei Mitspracherechten in Grundlagenentscheidungen oder in Fragen der Geschäftsführung, aber auch bei der Übertragung von Aufsichts- und Kontrollbefugnissen.[100] Dagegen **fehlt** es an der Organqualität bei einem Beirat, der auf die *Beratung* der Geschäftsführung beschränkt ist, oder bei einem *ohne* Gesellschafterbeschluss, von der OHG lediglich aufgrund des Verlangens von dritter Seite (etwa der Großgläubiger) kraft *schuldrechtlicher* Vereinbarung bestellten Gremium.[101] Entsprechendes gilt für Personen oder Gremien, die nach Art eines gemeinsamen Kommanditistenvertreters (Voraufl. § 163 Rn 15 ff [*Schilling*]) nur von einem *Teil* **50**

---

[96] Zur unterschiedlichen Terminologie vgl. *U. H. Schneider* DB 1973, 953; *Voormann* S. 2; *Wiedemann* FS Schilling, 1973, S. 105 (107 ff); *Raiser/Heermann* in: Ulmer/Habersack/Winter, GmbHG, § 52 Rn 308; *Wälzholz* DStR 2003, 511; anstelle des „Beirats“ finden sich auch Verwaltungsrat(-ausschuss), Gesellschafterrat(-ausschuss), Familienrat u.a.

[97] Detaillierte Auflistung bei *Voormann* §§ 1–8; vgl. auch *Hölters* Der Beirat der GmbH und GmbH & Co. KG, 1979, S. 3; *Wiedemann* FS Schilling, 1973, S. 105 f.

[98] Vgl. BGHZ 43, 261, (263 f) = NJW 1965, 1378; BGH NJW 1977, 2263; *Wälzholz* DStR 2003, 511 ff; eingehend *Voormann* S. 35 ff mwN.

[99] Zum Beirat bei Familiengesellschaften vgl. *Hennerkes/Binz/May* DB 1987, 469 ff; *Voormann* S. 16; zur Beschlussunfähigkeit des Beirats vgl. *Wiedemann* FS Lutter, 2000, S. 801, (814 ff).

[100] Vgl. BGH LM § 109 Nr. 7 = BB 1970, 226; BGH WM 1968, 98; dazu auch Rn 53 sowie *Wiedemann* FS Schilling, 1973, S. 105, (108); *ders.* FS Lutter, 2000, S. 801, (807), (811); Ulmer/Habersack/Winter/*Raiser/Heermann* GmbHG § 52 Rn 321.

[101] Vgl. *Hüffer* ZGR 1980, 320 (323 ff); MünchKommHGB/*Grunewald* § 161 Rn 150 ff und *Westermann* Vertragsfreiheit (Fn 32) S. 151 f; *Huber* GmbHR 2004, 772 (773); Ulmer/Habersack/Winter/*Raiser/Heemann* GmbHG § 52 Rn 318 ff; **aA** offenbar *U. H. Schneider* DB 1973, 953 (954).

der Gesellschafter, etwa einem Familienstamm, eingesetzt und mit der Wahrung von deren gemeinsamen Interessen gegenüber Gesellschaft und Mitgesellschaftern betraut sind;[102] auch sie sind unabhängig von Art und Umfang der ihnen übertragenen Funktionen keine Organe der *Gesellschaft*. Darauf, ob derartige Gesellschafter-Repräsentanten im Gesellschaftsvertrag vorgesehen sind oder ob die Mitgesellschafter ihrer Einsetzung ad hoc zugestimmt haben, kommt es mangels Tätigwerdens im Verbandsinteresse nicht an.

51 **2. Zulässigkeitsschranken.** Hinsichtlich der auf einen Beirat übertragbaren Kompetenzen ist zwischen Beiräten ohne und solchen mit Nichtgesellschaftern als nach Gesellschaftsvertrag oder -beschluss zugelassenen Mitgliedern zu unterscheiden. Sofern dem Beirat als eine Art **Gesellschafterausschuss** nur Gesellschafter angehören können, gelten für die Übertragung von Kompetenzen der Gesellschafter auf ihn keine besonderen, über die allgemeinen Schranken der Vertragsgestaltungsfreiheit (Rn 20 ff) hinausgehenden Beschränkungen. Unbedenklich ist danach die Einräumung von Mitsprache- und Weisungsrechten in Geschäftsführungsangelegenheiten (§ 114 Rn 84), aber auch die Übertragung der Beschlussfassung über solche Grundlagenentscheidungen wie allgemeine (nicht in den Kernbereich der Mitgliedschaft eingreifende) Änderungen des Gesellschaftsvertrags, Geschäftsführerbestellung und -abberufung, Feststellung des Jahresabschlusses und Gewinnverwendung, Bestellung von Abschlussprüfern sowie Erteilung der Zustimmung zu außergewöhnlichen Geschäften und zur Bestellung von Prokuristen (§ 116 Abs. 2 und 3). *Schranken* ergeben sich einerseits aus den wenigen das Innenverhältnis betreffenden zwingenden Normen (Rn 24 ff), andererseits aus der Unverzichtbarkeit auf die zum *Kernbereich* gehörenden Mitspracherechte der Gesellschafter (Rn 35): insoweit kann eine die Gesellschafterversammlung verdrängende Kompetenz für den Beirat nicht begründet werden.

52 Demgegenüber sind im Falle eines Beirats, der auch mit **Dritten** besetzt werden kann, weitergehende Zulässigkeitsschranken zu beachten; darauf, wie sich die Beiratszusammensetzung im konkreten Fall gestaltet, kommt es für die Wirksamkeit der jeweiligen Kompetenzeinräumung nicht an.[103] Eine erste Schranke folgt in diesen Fällen aus dem Grundsatz der **Verbandssouveränität** (Rn 30); mit ihm ist es unvereinbar, dem Beirat die Kompetenz zu Änderungen des Gesellschaftsvertrags zu übertragen oder deren Wirksamkeit an seine Zustimmung zu binden.[104] Als weitere Schranke ist das auf Geschäfts-

---

[102] Vgl. BGH WM 1975, 767 (768); WM 1983, 556 f; NJW 1985, 1900; so auch *Hüffer* ZGR 1980, 320 (321 f); *U. H. Schneider* DB 1973, 953 (955); *Voormann* S. 49; Baumbach/*Hopt* § 163 Rn 12; Ulmer/Habersack/Winter/*Raiser*/*Heermann* GmbHG § 52 Rn 318 ff. Zur fehlenden Organqualität des Kommanditistenvertreters vgl. Voraufl. § 163 Rn 15, 18 (*Schilling*); MünchKommHGB/*Enzinger* § 119 Rn 54; Schlegelberger/*Martens* § 161 Rn 79 ff; Baumbach/*Hopt* § 163 Rn 10; *K. Schmidt* ZHR 146 (1982), 525 (537 f); *Flume* I/1 § 14 V, S. 222 ff.

[103] Zumindest bei Eingriffen in den Kernbereich ebenso MünchKommHGB/*Enzinger* § 119 Rn 57; Baumbach/*Hopt* § 163 Rn 16; Voraufl. § 163 Rn 14 (*Schilling*); **aA** MünchKommHGB/*Grunewald* § 161 Rn 144 ff; *Wiedemann* FS Schilling, 1973, S. 119 und *Hölters* DB 1980, 2225 (2227), die darauf abstellen, ob der Beirat überwiegend mit Dritten besetzt ist.

[104] So grundsätzlich wohl auch BGH NJW 1985, 972 (973) (Kompetenzübertragung in der Publikums-KG insoweit möglich, als eine Zustimmungspflicht der Gesellschafter zur Vertragsänderung besteht); ferner MünchKommHGB/*Enzinger* Rn 16; Ulmer/Habersack/Winter/*Raiser*/*Heermann* GmbHG § 52 Rn 352; *Spindler*/*Kepper* DStR 2005, 1738 (1742); *Wälzholz* DStR 2003, 511 (514); **aA** (für *weitergehende* Beschränkung des Dritteinflusses) aber *Wiedemann* FS Schilling, 1973, S. 105, (111 ff); *ders.* GesR I § 6 III 2a, S. 332 f, § 7 II 1b, S. 370 f; ähnl. (nach der „Intention der Bestellung“ der Dritten differenzierend)

führung und Vertretung bezogene Prinzip der **Selbstorganschaft** zu beachten (Rn 33). Es steht der gesellschaftsvertraglichen Übertragung der Geschäftsführung auf einen für Nichtgesellschafter offenen Beirat ebenso entgegen wie der Bindung der Geschäftsführer an bestimmte Weisungen des Beirats.[105] Demgegenüber bestehen aus der Sicht der Selbstorganschaft keine Bedenken gegen vertragliche Regelungen, die bestimmte Geschäftsführungsmaßnahmen von der Zustimmung des Beirats abhängig machen[106] oder ihm bei Meinungsunterschieden zwischen den Geschäftsführern über die Zweckmäßigkeit bestimmter Maßnahmen die Entscheidung als Schlichtungsinstanz übertragen.[107]

Im Grundsatz **unbedenklich** sind im Fall eines nicht auf Gesellschafter beschränkten oder ausschließlich mit Dritten besetzten Beirats auch solche Kompetenzen, die auf **Kontrolle der Geschäftsführung** oder auf Wahrnehmung von nicht mit Änderungen des Gesellschaftsvertrags verbundenen **Mitspracherechten der Gesellschafter** gerichtet sind;[108] das zwingende Informationsrecht des § 118 Abs. 2 wird dadurch freilich nicht eingeschränkt. Neben der Entscheidung über Jahresabschluss und Gewinnverwendung sowie neben der Zustimmung zu ungewöhnlichen Geschäften (§ 116 Abs. 2 und 3) oder zur Geltendmachung von Ansprüchen gegen Mitgesellschafter einschließlich derjenigen aus § 113 Abs. 1 gehört hierzu auch die Ermächtigung des Beirats zur Entscheidung über die Ausgestaltung der Vertretungsmacht der zur Vertretung befugten Gesellschafter (§ 125 Abs. 2) und über die Geschäftsverteilung zwischen den Geschäftsführern. Demgegenüber kann die Bestellung oder Abberufung von Geschäftsführern – als Vertragsänderung – dem Beirat zwar nicht übertragen werden. Wohl aber ist es zulässig, ihm als Schlichtungsinstanz die Entscheidung über hierfür relevante Vorfragen zu übertragen, etwa hinsichtlich der Eignung bestimmter Gesellschafter(-Erben) zur Übernahme der Geschäftsführung oder hinsichtlich des Vorliegens eines wichtigen Grundes zur Abberufung.[109] Auch gegen eine Kompetenz zur Festsetzung der Geschäftsführerbezüge entsprechend §§ 315, 317 BGB bestehen keine Bedenken. – Zur Möglichkeit der Gesellschafterversammlung, Beiratsentscheidungen an sich zu ziehen, vgl. Rn 54. 53

3. **Verhältnis zur Gesellschafterversammlung.** Sind dem Beirat im Gesellschaftsvertrag oder durch vertragsändernden Gesellschafterbeschluss eigenständige organschaftliche Kompetenzen wirksam übertragen, so kann jeder Gesellschafter ihre Respektierung von Gesellschaft und Mitgesellschaftern verlangen und im Streitfall im Rahmen der actio pro socio (§ 105 Rn 256 ff) auf deren Durchsetzung klagen.[110] Eine konkurrierende oder 54

Voormann S. 115 f; gegen sie unter Hinweis auf die Notwendigkeit der Unterscheidung zwischen internen Organkompetenzen und externen Mitspracherechten von nicht als Organwalter bestellten Dritten zutreffend *Teubner* ZGR 1986, 565 (567 f).

105 Ebenso *Teichmann* S. 199; wohl auch *Wiedemann* FS Schilling, 1973, S. 105 (119 f); **aA** *Hölters* DB 1980, 2225 (2227); *Voormann* S. 117 f.

106 Ebenso *Nitschke* S. 300; *Möhring* JJb 1966/67, S. 127; *Wälzholz* DStR 2003, 511 (514); *Wiedemann* FS Schilling, 1973, S. 105 (120).

107 Vgl. die Nachw. in Fn 98.

108 HM, vgl. *Wiedemann* FS Schilling, 1973, S. 105 (119); MünchKommHGB/*Grunewald* § 161 Rn 144 ff; Baumbach/*Hopt* § 163 Rn 14, 16; MünchKommHGB/*Enzinger* § 119 Rn 57; *Möhring* JJb 1966/67, S. 123 (126); *Sudhoff* GmbHR 1967, 158 (163 f); Ulmer/Habersack/Winter/*Raiser*/*Heermann* GmbHG § 52 Rn 321; einschr. *Voormann* S. 119 ff, der auf die Intention der Drittbeteiligung abstellt.

109 Ebenso MünchKommHGB/*Enzinger* § 119 Rn 57; Baumbach/*Hopt* § 163 Rn 14.

110 BGH LM § 109 Nr. 7 = BB 1970, 226; Voraufl. § 163 Rn 18 (*Schilling*); MünchKommHGB/*Enzinger* § 119 Rn 55; Baumbach/*Hopt* § 163 Rn 12; *Flume* I/1 § 14 VII, S. 236; *Nirk* FS Weitnauer, 1980, S. 387 (391); krit. *Voormann* S. 182 f.

übergeordnete Zuständigkeit der Gesellschafterversammlung besteht mangels abweichender vertraglicher Regelung nicht;[111] auch eine Gesellschaftermehrheit kann sich daher nicht beliebig über Beschlüsse des Beirats in den ihm zugewiesenen Angelegenheiten hinwegsetzen. Allerdings sind die Gesellschafter als „Herren der Gesellschaft" jederzeit in der Lage, einstimmig oder mit der vertraglich erforderlichen Mehrheit den Gesellschaftsvertrag zu ändern. Insoweit können sie daher auch die Beiratskompetenzen generell oder im Einzelfall modifizieren und die streitige Angelegenheit an sich ziehen.[112] Unentziehbare, von der Gesellschaftergesamtheit zu respektierende Kompetenzen stehen dem Beirat als Organ in keinem Fall zu. Das gilt unabhängig davon, ob er sich aus Dritten oder aus Gesellschaftern zusammensetzt.

4. Beiratsmitglieder

55 a) **Bestellung und Abberufung.** Soweit der Gesellschaftsvertrag nichts Abweichendes bestimmt, erfolgt die **Bestellung** der Beiratsmitglieder durch die Gesellschafterversammlung mit einfacher Mehrheit.[113] Wählbar sind im Zweifel nicht nur Gesellschafter, sondern auch Dritte, wenn der Gesellschaftsvertrag hierzu schweigt und auch die dem Beirat übertragenen Kompetenzen keine abweichende Schlussfolgerung nahelegen (vgl. Rn 51 ff). Anstelle der Wahl der Beiratsmitglieder kann die Zusammensetzung des Beirats auch bereits im *Gesellschaftsvertrag* festgelegt werden;[114] Gesellschaftern als vertraglich vorgesehenen Beiratsmitgliedern steht in diesem Fall im Zweifel ein ohne wichtigen Grund unentziehbares *Sonderrecht* zu. Gleiches gilt, soweit Gesellschaftern im Gesellschaftsvertrag ein Entsendungsrecht zum Beirat eingeräumt ist.[115] Entsendungsrechte für *Dritte* stehen demgegenüber, auch wenn sie im Gesellschaftsvertrag wirksam begründet sind,[116] mit Rücksicht auf den Grundsatz der Verbandssouveränität zwingend zur Disposition der vertragsändernden Gesellschaftermehrheit (Rn 32). Bei der **Auswahl** der Beiratsmitglieder ist der *Rechtsgedanke des § 105 AktG* zu beachten;[117] in einem vorwiegend mit der Kontrolle der Geschäftsführung betrauten Beirat dürfen daher keine geschäftsführenden Gesellschafter vertreten sein.

---

[111] So – vorbehaltlich der Funktionsfähigkeit des Beirats – auch *Wessing/Max* FS Werner, 1984, S. 975 (977 ff).

[112] So zutr. *Flume* I/1 § 14 VII, S. 239 f; *Huber* Vermögensanteil, 1970, S. 48 ff; *Voormann* S. 114 f; *Westermann* Rn I 153; *Wiedemann* FS Lutter, 2000, S. 801 (809); Schlegelberger/*Martens* § 161 Rn 119; MünchKommHGB/*Grunewald* § 161 Rn 144 ff; krit. *Hölters* DB 1980, 2225 (2227).

[113] *Hölters* (Fn 97) S. 29; *Voormann* S. 127; *Wiedemann* FS Lutter, 2000, S. 801 (812 f); MünchKommHGB/*Enzinger* § 119 Rn 56; Baumbach/*Hopt* § 163 Rn 13; *Westermann* Rn I 488.

[114] Voraufl. § 163 Rn 19 (*Schilling*); MünchKommHGB/*Enzinger* § 119 Rn 56; *Voormann* S. 128; *Wiedemann* FS Lutter, 2000, S. 801 (812 f).

[115] Voraufl. § 163 Rn 19 (*Schilling*); *Voormann* S. 127 f; MünchKommHGB/*Enzinger* § 119 Rn 56; Baumbach/*Hopt* § 163 Rn 13.

[116] Bejahend *Hölters* (Fn 97) S. 30; Baumbach/*Hopt* § 163 Rn 16; differenzierend *Voormann* S. 127 ff, der auch insoweit darauf abstellt, in wessen Interesse die Entsendung erfolgt; **aA** MünchKommHGB/*Enzinger* § 119 Rn 57 (Entsendungsrechte können nur Gesellschaftern eingeräumt werden).

[117] Ebenso *Hölters* (Fn 97) S. 35; *Großfeld/Brondics* AG 1987, 292 (308); *Wälzholz* DStR 2003, 511 (516); *Voormann* S. 137; für den fakultativen GmbH-Aufsichtsrat auch OLG Frankfurt WM 1981, 1095 und 1987, 211; **aA** *Sudhoff* GmbHR 1967, 158 (162).

56 Die **Abberufung** eines Beiratsmitglieds erfolgt, sofern der Gesellschaftsvertrag nichts anderes vorsieht, mit der zur Bestellung erforderlichen Mehrheit;[118] auf das Vorliegen einer qualifizierten Mehrheit entsprechend § 103 Abs. 1 AktG kommt es im Fall einfacher Bestellmehrheit nicht an. Gesellschafter, denen ein *Sonderrecht* auf die Mitgliedschaft im Beirat eingeräumt wurde, können nicht ohne ihre Zustimmung abberufen werden, es sei denn, in ihrer Person bestünde ein wichtiger Grund für die Abwahl.[119] Aus wichtigem Grund ist ein Beiratsmitglied auch sonst jederzeit abberufbar; die Gesellschafter trifft in diesem Fall eine (klagweise durchsetzbare) Pflicht, der Abberufung zuzustimmen.[120] Zur Abberufung von Gesellschaftern, deren Beiratszugehörigkeit im Gesellschaftsvertrag selbst festgelegt ist, bedarf es – unabhängig vom Vorliegen eines wichtigen Grundes – stets einer Vertragsänderung.[121]

57 b) **Rechtliche Stellung.** Soweit **Gesellschafter** als solche in den Beirat berufen werden, ergeben sich ihre Rechte und Pflichten in der Regel unmittelbar aus dem Akt der Bestellung und dem Einverständnis des Gesellschafters in Verbindung mit den einschlägigen Regelungen des Gesellschaftsvertrags.[122] Als Organmitglieder sind sie zur Wahrnehmung der Organkompetenzen berufen. Für die sorgfältige Erfüllung ihrer Aufgaben und die vorrangige Beachtung des Gesellschaftsinteresses haften sie der Gesellschaft und den Mitgesellschaftern aus dem Gesellschaftsvertrag, wobei der Sorgfaltsmaßstab sich im Regelfall nach § 708 BGB bestimmt (Rn 11 ff).

58 Gegenüber **Dritten** als Beiratsmitgliedern bedarf es mangels mitgliedschaftlicher Verbindung der Begründung eines die Organstellung absichernden, entsprechende Handlungspflichten des Dritten begründenden schuldrechtlichen Verhältnisses zur Gesellschaft.[123] Dabei handelt es sich im Fall unentgeltlicher Tätigkeit regelmäßig um einen Auftrag, bei entgeltlicher Tätigkeit um einen auf Geschäftsbesorgung gerichteten Dienstvertrag (Voraufl. § 163 Rn 23 [*Schilling*]). Er kommt durch Berufung (Wahl) des Dritten und die von diesem erklärte Annahme zustande. Sein Inhalt ergibt sich mangels besonderer Vereinbarung aus der den Beirat betreffenden Regelung des Gesellschaftsvertrags. Zur Schadensersatzhaftung der dem Beirat angehörenden Dritten wegen Verletzung von Beiratspflichten vgl. Voraufl. § 163 Rn 23 (*Schilling*).[124]

---

118 Vgl. Voraufl. § 163 Rn 19 (*Schilling*); MünchKommHGB/*Enzinger* § 119 Rn 56; Baumbach/*Hopt* § 163 Rn 13; *Wiedemann* FS Lutter, 2000, S. 801 (813); mit guten Gründen einschränkend beim Erfordernis einstimmiger Bestellung *Voormann* S. 133 f (zur Abberufung genügt Mehrheitsbeschluss); vgl. auch BGH WM 1973, 100 (101) (vertragliche Regelung über die Abberufung von Geschäftsführern ist entsprechend anwendbar).

119 Zur analogen Anwendung von § 35 BGB auf gesellschaftsvertragliche Sonderrechte und zu ihrer Begrenzung beim Vorliegen eines wichtigen Grundes vgl. § 119 Rn 51; s.a. BGH BB 1970, 226; MünchKommHGB/*Enzinger* § 119 Rn 56; Baumbach/*Hopt* § 163 Rn 13; *Wiedemann* FS Lutter, 2000, S. 801 (813).

120 Voraufl. § 163 Rn 19 (*Schilling*); *Flume* I/1 § 14 VII, S. 238; *Westermann* Rn I 287; *Voormann* S. 135; vgl. auch § 117 Rn 51.

121 BGH LM Nr. 8 zu § 109 HGB = NJW 1970, 706; Voraufl. § 163 Rn 19 (*Schilling*); *Hölters* (Fn 97) S. 31; *Wiedemann* FS Schilling, 1973, S. 105 (123); *Voormann* S. 134 f; Baumbach/*Hopt* § 163 Rn 13; MünchKommHGB/*Enzinger* § 119 Rn 56.

122 MünchKommHGB/*Enzinger* § 119 Rn 59; wohl auch Baumbach/*Hopt* § 163 Rn 13; **aA** – nur bei Berufung des Gesellschafters als Beiratsmitglied im Gesellschaftsvertrag oder kraft Entsendungsrecht – Voraufl. § 163 Rn 23 (*Schilling*) und *Voormann* S. 165.

123 HM, vgl. Voraufl. § 163 Rn 23 (*Schilling*); Baumbach/*Hopt* § 163 Rn 13; *Hölters* (Fn 97) S. 48; *Voormann* S. 141 ff; *U. H. Schneider* DB 1973, 953 (957); *Westermann* Rn I 287; ähnlich auch MünchKommHGB/*Enzinger* § 119 Rn 56 („Auftragsverhältnis sui generis").

124 Vgl. auch BGH NJW 1985, 1900; Baumbach/*Hopt* Anh § 177a Rn 75; *Neumann*/*Böhme* DB 2007, 844.

59 **5. Beirat in der Publikums-Gesellschaft.** Insoweit gelten zum Schutz der Anleger besondere, nach ständiger höchstrichterlicher Rechtsprechung weitgehend dem Recht des aktienrechtlichen Aufsichtsrats nachgebildete Regeln. Die Kompetenzen dieses Beirats bestimmen sich, auch wenn er im Gesellschaftsvertrag nur mit Beratungsfunktionen ausgestattet ist, nach § 111 AktG; insbesondere ist er zur Überwachung der Geschäftsführung berufen.[125] Sieht der Gesellschaftsvertrag einen Beirat nicht vor, so können die Kommanditisten seine Einsetzung mit qualifizierter Mehrheit auch gegen die Stimmen der Initiatoren (Geschäftsführer) beschließen.[126] Für die Haftung der Beiratsmitglieder finden §§ 116, 93 AktG entsprechende Anwendung;[127] eine Haftungsmilderung nach § 708 BGB ist ausgeschlossen.[128]

E. Gesellschaftsrechtliche Streitigkeiten

Schrifttum

Bork Die Parteirollen im Streit um die Zugehörigkeit zu einer Personenhandelsgesellschaft, ZGR 1991, 125; *Habersack* Die Personengesellschaft und ihre Mitglieder in der Schiedsgerichtspraxis, SchiedsVZ 2003, 241; *Köster* Anfechtungs- und Nichtigkeitsklage gegen Gesellschafterbeschlüsse bei OHG und KG (1981); *Karsten Schmidt* Fehlerhafte Beschlüsse in Gesellschaften und Vereinen, AG 1977, 205 ff, 243 ff; *ders.* Die Beschlußanfechtungsklage bei Vereinen und Personengesellschaften – Ein Beitrag zur Institutionenbildung im Gesellschaftsrecht, FS Stimpel (1985), S. 217 ff; *ders.* Schiedsklauseln und Schiedsverfahren im Gesellschaftsrecht als prozessuale Legitimationsprobleme – Ein Beitrag zur Verzahnung von Gesellschafts- und Prozessrecht, BB 2001, 1857; *Martin Schwab* Das Prozessrecht gesellschaftsinterner Streitigkeiten (2005); *Timm* Beschlußanfechtungsklage und Schiedsfähigkeit im Recht der personalistisch strukturierten Gesellschaften, FS Fleck (1988) S. 365 ff; *H. Westermann* Gesellschaftsrechtliche Schiedsgerichte – Übersicht und Erfahrungsbericht, FS Robert Fischer (1979) S. 853 ff.

I. Grundlagen

60 Prozesse über gesellschaftsrechtliche Streitigkeiten einer OHG oder KG werfen eine **Vielzahl von Fragen** auf. Das entspricht der durch die Rechtsfigur der Gesamthand geprägten Komplexität der materiellrechtlichen Beziehungen innerhalb der Gesellschaft (§ 105 Rn 207 ff). Zwar bereitet die aktive und passive Parteifähigkeit der OHG (KG) angesichts der insoweit klaren Regelung des § 124 Abs. 2 keine Schwierigkeiten (vgl. hierzu und zu den damit verbundenen prozessrechtlichen Folgen näher § 124 Rn 23 ff [*Habersack*]). Anderes gilt jedoch für die (Vor-)Frage, wem bei innergesellschaftlichen Streitigkeiten jeweils die Rolle als richtiger Kläger und Beklagter zukommt, d.h. wie die Aktiv- und Passivlegitimation zu bestimmen ist und in welchen Grenzen eine Prozess-

---

[125] BGH NJW 1978, 425; WM 1979, 1425 (1426); dazu *Hüffer* ZGR 1981, 348 ff; vgl. auch Voraufl. Anh. § 161 Rn 41 (*Schilling*); Baumbach/*Hopt* Anh § 177a Rn 75; MünchKommHGB/*Grunewald* § 161 Rn 145.

[126] So zutr. *Hüffer* ZGR 1980, 320 (357) im Anschluss an *Stimpel* FS Rob. Fischer, 1979, S. 771 (778 ff).

[127] Std. Rspr., vgl. BGHZ 64, 238 (244) = NJW 1975, 1318; BGHZ 69, 207 (213) = NJW 1977, 2311; BGHZ 87, 84 (86 ff) = NJW 1983, 1675; Baumbach/*Hopt* Anh § 177a Rn 75.

[128] BGHZ 69, 207 (209) = NJW 1977, 2311; BGHZ 75, 321 (327) = NJW 1980, 589; BGHZ 87, 84 (87) = NJW 1983, 1675; vgl. dazu Rn 12.

standschaft in Betracht kommt (vgl. näher Rn 61 ff); hierüber finden sich zuweilen auch besondere Vereinbarungen im Gesellschaftsvertrag (Rn 74). Ein weiteres Problem bildet die vor allem für Gestaltungsklagen relevante Frage nach dem Bestehen notwendiger Streitgenossenschaft zwischen den als Kläger bzw. Beklagte beteiligten Gesellschaftern (Rn 66 f).

1. Der Gesellschafter als Kläger

a) **Aus eigenem Recht.** Eine Klagebefugnis aus eigenem Recht steht Gesellschaftern als Klägern in gesellschaftsrechtlichen Streitigkeiten in zweifacher, nach Rechtsgrund und Verpflichtetem (Beklagtem) klar zu unterscheidender, Hinsicht zu.[129] Es kann sich einerseits um Streitigkeiten handeln, die unmittelbar die **Gesellschaftsgrundlagen** betreffen.[130] Hierzu gehören Auseinandersetzungen zwischen Gesellschaftern über das Bestehen und die Rechtsform der Gesellschaft, über die Wirksamkeit einzelner Vertragsbestimmungen und Gesellschafterbeschlüsse,[131] über die Zugehörigkeit bestimmter Personen zum Gesellschafterkreis (Wirksamkeit des Beitritts, des Ausscheidens, der Anteilsvererbung),[132] über die Auflösung der Gesellschaft oder den Ausschluss einzelner Gesellschafter, über die Pflicht von Mitgesellschaftern, einer Änderung des Gesellschaftsvertrags oder der Erhebung einer Gestaltungsklage (§§ 117, 127, 140) gegen einen Mitgesellschafter beim Vorliegen eines wichtigen Grundes in dessen Person zuzustimmen. Weitere Gegenstände eines möglichen Streits über die Gesellschaftsgrundlagen bilden die Einsetzung eines im Gesellschaftsvertrag vorgesehenen Beirats (Rn 48 ff),[133] die Bestellung oder Abberufung von Beiratsmitgliedern (Rn 55 f) oder die Ausführung von Beiratsbeschlüssen (Rn 54) sowie schließlich das Bestehen mitgliedschaftlicher Rechte einzelner Gesellschafter (Sonderrechte, Recht auf Einlageerhöhung u.a.).[134] Alle derartigen Klagen sind nicht gegen die OHG, sondern *gegen die bestreitenden Mitgesellschafter* zu erheben (Rn 64). Soweit es sich dabei nicht um Gestaltungs-, sondern um Feststellungsklagen handelt, besteht weder auf der Aktiv- noch auf der Passivseite notwendige Streitgenossenschaft (Rn 70). Ein zwischen *sämtlichen* Gesellschaftern ergangenes, die Gesellschaftsgrundlagen betreffendes rechtskräftiges Urteil bindet auch die OHG im Verhältnis zu den Gesellschaftern.[135] 61

Von den gegen die Mitgesellschafter zu erhebenden Klagen über Fragen der Gesellschaftsgrundlagen (Rn 61) zu unterscheiden sind solche Gesellschafterklagen, die auf **Durchsetzung von Sozialverbindlichkeiten** (mitgliedschaftlichen Ansprüchen gegen die Gesamthand, vgl. § 105 Rn 210) gerichtet sind. Hierzu gehören in erster Linie die *vermögensrechtlichen Ansprüche* auf Gewinn und Entnahmen, auf Aufwendungsersatz u.a. nach § 110 sowie auf die Abfindung (das Auseinandersetzungsguthaben). Insoweit ist Schuldner und daher richtiger Beklagter die OHG (Rn 65); der Umstand, dass dabei nicht selten inzident auch über Fragen aus dem Bereich der Gesellschaftsgrundlagen ent- 62

---

129 Vgl. dazu im Einzelnen schon § 105 Rn 208–211 mN.

130 BGHZ 30, 195 (197 f) = NJW 1959, 1683; MünchKommHGB/*K. Schmidt* § 124 Rn 23; Baumbach/*Hopt* § 124 Rn 41; *Schwab* Prozessrecht S. 657 ff.

131 BGH BB 1968, 145; WM 1983, 785; NJW-RR 2003, 820; näher dazu § 119 Rn 90 ff.

132 BGHZ 48, 175 = NJW 1967, 2159; BGHZ 81, 263 (264 f) = NJW 1981, 2565; BGHZ 91, 132 (133) = NJW 1984, 2104; BGH WM 1990, 309 und 675; MünchKommHGB/*K. Schmidt* § 124 Rn 23; krit. hierzu aber *Bork* ZGR 1991, 125 ff.

133 Vgl. BGH DB 1977, 1086; NJW-RR 2003, 820.

134 BGHZ 48, 175 (176 f) = NJW 1967, 2159; BGHZ 81, 263 (264 ff) = NJW 1981, 2565.

135 BGHZ 48, 175 (177) = NJW 1967, 2159.

schieden werden muss, steht nicht entgegen.[136] Entsprechendes gilt für die Geltendmachung von gegen die Gesellschaft gerichteten Verwaltungs- und Kontrollrechten wie das Recht auf Einsicht und Information (§ 118 Abs. 1), auf Übersendung des Jahresabschlusses u.a. Eine Klage auch gegen die Mitgesellschafter kommt in derartigen Fällen dann in Betracht, wenn sie intern zur Erfüllung des Anspruchs zuständig sind oder dessen Berechtigung bestreiten, so dass ein Rechtsschutzbedürfnis ihnen gegenüber besteht (Rn 65).

63 b) **Aus fremdem Recht.** Abgesehen von eigenen mitgliedschaftlichen Ansprüchen sind die Gesellschafter auch befugt, die der OHG (Gesamthand) gegen Mitgesellschafter zustehenden Ansprüche, die sog. **Sozialansprüche** (§ 105 Rn 210), im eigenen Namen geltend zu machen. Diese Befugnis steht als mitgliedschaftliche jedem Gesellschafter im Sinne einer quasi-gesetzlichen *Prozessstandschaft* aufgrund der **actio pro socio** zu (§ 105 Rn 256 ff); sie ist von der Klagebefugnis der OHG (§ 124 Abs. 2) und deren Ausübung durch die vertretungsbefugten Gesellschafter deutlich zu unterscheiden. Leistung kann im Rahmen der actio pro socio grundsätzlich nur an die OHG und nicht an den Kläger persönlich verlangt werden (§ 105 Rn 256).

64 2. **Der richtige Beklagte.** Die Frage nach dem richtigen Beklagten entscheidet sich im Grundsatz danach, ob die Streitigkeiten die Grundlagen-(Gesellschafter-) oder die Geschäftsführungs-(Gesellschafts-)ebene betreffen (zur Differenzierung vgl. § 105 Rn 207, 210 und Erläut. zu § 114). Soweit es um Auseinandersetzungen über die in Rn 61 genannten **Gesellschaftsgrundlagen** geht, insbesondere solche aus dem Gesellschaftsvertrag oder über die Wirksamkeit von Gesellschafterbeschlüssen, sind diese unmittelbar zwischen den am Streit beteiligten **Gesellschaftern** auszutragen (§ 105 Rn 208). Die Gesellschaft, vertreten durch ihre Geschäftsführer, ist insoweit nur Objekt des Rechtsstreits bzw. mittelbar betroffener Dritter.[137] Eine gegen sie gerichtete Klage wäre wegen fehlender Passivlegitimation als unbegründet abzuweisen (§ 105 Rn 209). Zur Frage notwendiger Streitgenossenschaft auf der Beklagtenseite vgl. Rn 66 f.

65 Anderes gilt hinsichtlich der Geltendmachung von **Sozialverbindlichkeiten,** d.h. aus dem Gesellschaftsvertrag resultierenden Ansprüchen gegen die Gesellschaft. Insoweit ist richtiger Beklagter in erster Linie die **Gesellschaft,** vertreten durch die Geschäftsführer, als Schuldner (§ 105 Rn 210). Die Notwendigkeit, im Rahmen der Anspruchsgrundlage inzident auch über Rechtsfragen des Grundverhältnisses zu entscheiden, steht mangels Rechtskraftwirkung für die Inzidententscheidung nicht entgegen (Fn 136); ein streitiger Gewinnanspruch kann somit auch dann gegen die Gesellschaft eingeklagt werden, wenn diese die Zahlung wegen Bestreitens der Gesellschaftereigenschaft des Klägers ablehnt. Ob und inwieweit auch **Mitgesellschafter** wegen Sozialverbindlichkeiten verklagt werden können, ist in erster Linie eine Frage des Rechtsschutzbedürfnisses. Ein solches ist etwa zu bejahen, wenn es um die von diesen nach der internen Geschäftsverteilung geschuldete

---

[136] BGHZ 48, 175 (177) = NJW 1967, 2159; *Rob. Fischer* in Anm. zu BGH LM § 125 Nr. 1.

[137] Ganz hM, vgl. BGHZ 30, 195 (197 f) = NJW 1959, 1683; BGH LM § 125 Nr. 1 = NJW 1964, 1624; *Schwab* Prozessrecht S. 657 ff; sowie schon *A. Hueck* OHG § 11 V 2a, S. 184, jew. mwN; **aA** in Bezug auf Streitigkeiten über Mehrheitsbeschlüsse passiv (für Übernahme der Anfechtungsgrundsätze aus dem Aktien- und GmbH-Recht) MünchKommHGB/*K. Schmidt* § 124 Rn 23; *K. Schmidt* FS Stimpel, 1985, S. 217 (228 ff); *ders.* GesR § 15 II 3 und ähnl. schon *ders.* AG 1977, 251 f; näher dazu § 119 Rn 90 ff.

Mitwirkung bei der Erfüllung der Sozialverbindlichkeit geht oder wenn die Zahlungsklage gegen die Gesellschaft mit einer Feststellungsklage gegen bestreitende Mitgesellschafter in Bezug auf das der Grundlagenebene (Rn 61) zugehörende Rechtsverhältnis verbunden wird (vgl. näher § 105 Rn 211). Dagegen scheidet eine *Erfüllungsklage* gegen Mitgesellschafter jedenfalls hinsichtlich vermögensrechtlicher Ansprüche schon deshalb aus, weil ihre persönliche Haftung nach § 128 sich nicht auf die Erfüllung von Sozialverbindlichkeiten erstreckt (vgl. § 128 Rn 12 f [*Habersack*]).

3. Notwendige Streitgenossenschaft? Die Frage nach dem Bestehen notwendiger Streitgenossenschaft (§ 62 ZPO) stellt sich nur in Bezug auf Prozesse der Grundlagenebene, d.h. **zwischen Gesellschaftern** (Rn 61). Soweit es um die Geltendmachung von Sozialverbindlichkeiten oder -ansprüchen im Rahmen einer auf Leistung von der oder an die OHG gerichteten Klage geht (Rn 62 f, 65), scheidet eine notwendige Streitgenossenschaft auf der Aktiv- oder Passivseite vorbehaltlich des Vorliegens besonderer Umstände auf Seiten des als Berechtigter oder Verpflichteter beteiligten Gesellschafters von vornherein aus (§ 124 Rn 26 [*Habersack*]). 66

Im Einzelnen ist notwendige Streitgenossenschaft aus *materiellen* Gründen (§ 62 Abs. 1, 2. Fall ZPO) zu **bejahen** bei **Gestaltungsklagen** wegen Vorliegens eines wichtigen Grundes. Das gilt in erster Linie für die Entziehungs- oder Ausschlussklagen der §§ 117, 127, 140: bei ihnen sind die übrigen Gesellschafter notwendige Streitgenossen auf der *Aktivseite*, weil das geltend zu machende Gestaltungsklagerecht ihnen nur gemeinschaftlich zusteht (näher § 117 Rn 49; § 127 Rn 17 f [*Habersack*]; § 140 Rn 36 ff). Auch bei der Auflösungsklage (§ 133) beruht die Notwendigkeit, sämtliche Mitgesellschafter zu verklagen, letztlich darauf, dass die vom Gericht herbeizuführende Vertragsgestaltung für und gegen alle Gesellschafter wirkt und dem hieraus abgeleiteten Erfordernis rechtlichen Gehörs; sie steht daher unter dem Vorbehalt bindender Einverständniserklärung der nicht verklagten Gesellschafter mit dem Auflösungsziel (§ 133 Rn 51 f). Bei **Feststellungsklagen** ist für die Annahme notwendiger Streitgenossenschaft demgegenüber **kein** Raum; ein Rechtsschutzbedürfnis auf gerichtliche Feststellung besteht nur gegenüber solchen Gesellschaftern, die das festzustellende mitgliedschaftliche Rechtsverhältnis bestreiten (§ 105 Rn 208). Auch bei **Leistungsklagen** in Bezug auf das Grundlagenverhältnis, etwa auf Zustimmung zu einer Vertragsänderung kraft Treupflicht oder auf Mitwirkung an einer Gestaltungsklage, greift § 62 ZPO nicht ein. Der mit der Klage geltend gemachte Anspruch gründet sich auf die Treupflicht zwischen den Gesellschaftern aus dem Gesellschaftsvertrag; er steht daher jedem Mitgesellschafter persönlich zu. 67

II. Abweichende Vereinbarungen

1. Schiedsabrede. Abreden der Gesellschafter, wonach für gesellschaftsrechtliche Streitigkeiten zwischen ihnen und im Verhältnis zur OHG die Zuständigkeit eines Schiedsgerichts begründet werden soll, sind vor allem bei Personenhandelsgesellschaften verbreitet anzutreffen.[138] Gegen ihre **Zulässigkeit** bestehen im Ergebnis keine Bedenken. Das gilt auch für die Zuständigkeit des Schiedsgerichts zur Entscheidung über gesellschaftsrechtliche Gestaltungsklagen. Hierfür kommt es nicht darauf an, ob man auch Anfechtungs- 68

[138] Vgl. hierzu und zu den Vor- und Nachteilen der Schiedsgerichtszuständigkeit bei gesellschaftsrechtlichen Streitigkeiten den Erfahrungsbericht von *H. Westermann* FS Rob. Fischer, 1979, S. 853 ff.

und Nichtigkeitsklagen nach §§ 241 ff AktG für schiedsfähig hält;[139] denn der vom BGH jetzt für maßgeblich gehaltende, gegen die Schiedsfähigkeit sprechende Grund, bezieht sich auf die inter-omnes-Wirkung des Nichtigkeits- bzw. Anfechtungsurteils (§§ 248, 249 AktG) und die hieraus abgeleitete ausschließliche Zuständigkeit staatlicher Gerichte haben im Personengesellschaftsrecht keine Bedeutung, weil ohnehin sämtliche Gesellschafter am Verfahren zu beteiligen sind (näher § 117 Rn 73 ff). Umstritten ist aber nach wie vor, ob eine *gesellschaftsvertragliche* Schiedsklausel unter § 1029 ZPO fällt, wie es der wohl noch hM entspricht,[140] oder aber ebenso zu behandeln ist wie die in der Satzung einer Körperschaft enthaltene Vereinbarung (§ **1066 ZPO**).[141] Wie schon in § 105 Rn 45 ausgeführt, ist infolge des geänderten Verständnisses der Mitgliedschaft aufgrund der Gruppenlehre der zuletzt genannten und im Vordringen begriffenen Auffassung zu folgen. Die **Formvorschrift** des § 1031 ZPO ist daher unanwendbar, so dass es nicht darauf ankommt, ob es nach § 1031 Abs. 5 ZPO erforderlich ist,[142] die Schiedsabrede in einer besonderen Urkunde außerhalb des Gesellschaftsvertrages niederzulegen. Anderes gilt für eine Schiedsvereinbarung, die außerhalb des Gesellschaftsvertrages geschlossen wird (vgl. noch Rn 69 a.E.).[143]

69 Die Schiedsabrede zwischen Gesellschaftern bindet regelmäßig nicht nur die an der Vereinbarung **beteiligten Gesellschafter** unter Einschluss der *ausgeschiedenen*,[144] sondern auch ihre **Rechtsnachfolger**. Dies ist für eine *gesellschaftsvertragliche* Schiedsklausel im Grundsatz unbestritten. Die Rechtsprechung hat auf der Grundlage der §§ 1029 ff ZPO die Wirkung gegenüber einem Rechtsnachfolger allerdings wenig überzeugend aus dem Rechtsgedanken des § 401 BGB herleiten wollen.[145] Wendet man hingegen § 1066 ZPO an, folgt die Bindung des Rechtsnachfolgers ohne weiteres aus dem durch den Gesellschaftsvertrag (einschließlich der Schiedsklausel) geprägten Inhalt der Mitgliedschaft.[146] Eine gesellschaftsvertragliche Schiedsklausel gilt auch für Streitigkeiten *zwischen den Erben* eines verstorbenen Gesellschafters über die Frage, wer dessen Rechtsnachfolger in der Gesellschaft geworden ist.[147] Entsprechendes gilt konsequentermaßen auch im Falle

---

139 Der BGH hat dies klassischerweise verneint (vgl. etwa BGH NJW 1979, 2567 [2569]), hat seine Haltung hierzu aber in neuerer Zeit gelockert BGHZ 132, 278 (281 ff) = NJW 1996, 1753; BGHZ 147, 394 = NJW 2001, 2176, im Ergebnis allerdings an der mangelnden Schiedsfähigkeit festgehalten, was im Schrifttum ganz überwiegend kritisiert wird; vgl. nur Ulmer/Habersack/Winter/*Raiser* GmbHG Anh. § 47 Rn 231 ff; Stein/Jonas/*Schlosser* ZPO[22] § 1034 Rn 22 ff, jew. mwN.

140 BGH NJW 1980, 1049; NZG 2002, 955; Baumbach/*Hopt* Vor § 1 Rn 90; *Koller*/Roth/Morck Rn 6; *Schwab*/*Walter* Schiedsgerichtsbarkeit[7] Kap. 32 Rn 3; MünchKommZPO[3]/*Münch* § 1066 Rn 10; Schütze BB 1992, 1877 (1880).

141 So zutr. *Habersack* SchiedsVZ 2003, 241 (243 ff); *K. Schmidt* ZHR 162 (1998), 265 (277 ff); *ders.* BB 2001, 1857 (1862 f) und MünchKommHGB/*K. Schmidt* Rn 17, 121 f; *Roth* FS Nagel, 1987, S. 318, (325 ff); Zöller/*Geimer* ZPO[26] § 1066 Rn 1.

142 Dazu nur *Habersack* SchiedsVZ 2003, 241 (242).

143 Vgl. MünchKommHGB/*K. Schmidt* § 105 Rn 123 („Konsortiallösung").

144 Dazu BGH NJW 1977, 2263 (2264); RGZ 113, 321 (323) (betr. Vereinsmitglieder); vgl. auch Stein/Jonas/*Schlosser* ZPO[22] § 1029 Rn 32 ff.

145 BGHZ 68, 356 (359) = NJW 1977, 1397; BGHZ 71, 162 (164 f) = NJW 1978, 1585; BGH NJW 1979, 2567 (für den Erwerber eines GmbH-Anteils); BB 1980, 489 f (OHG); NJW 1998, 371 (KG); NJW-RR 2002, 1462 (1463) (KG); dazu auch Stein/Jonas/*Schlosser* ZPO[22] § 1029 Rn 35 ff sowie *Habersack* SchiedsVZ 2003, 241 (243).

146 MünchKommHGB/*K. Schmidt* § 105 Rn 122; *Habersack* SchiedsVZ 2003, 241 (244).

147 So im Ergebnis auch BGH WM 1971, 309; zustimmend schon Voraufl. Rn 72 (*Ulmer*).

eines gesellschaftsvertraglichen **Eintrittsrechts:** Es bindet den Eintrittsberechtigten an die zwischen den Gesellschaftern vereinbarte Schiedsklausel, auch soweit es um Streitigkeiten aus dem Eintrittsrecht geht.[148] Für eine *außerhalb des Gesellschaftsvertrages* getroffene Schiedsabrede gilt dies hingegen nicht. Sie unterfällt nicht nur den §§ 1029 ff ZPO; vielmehr lässt sich für sie die Bindung eines Rechtsnachfolgers – entgegen der Rechtsprechung des BGH – nicht mit dem Rechtsgedanken des § 401 BGB begründen.[149] Eine solche Bindung setzt vielmehr zwingend die Unterschrift (§ 1031 ZPO) des neu hinzutretenden Gesellschafters voraus. Hat die **OHG** im Rahmen ihres Außenhandelns eine **Schiedsabrede mit einem Dritten** getroffen, so sollen nach einer problematischen Rechtsprechung daran auch die Gesellschafter bei einer vom Dritten gegen sie erhobenen, auf § 128 gestützten Zahlungsklage gebunden sein;[150] dem ist nur für den Fall zu folgen, dass die Gesellschafter der Vereinbarung zugestimmt bzw. für ihren Abschluss Vollmacht erteilt haben.

Der Inhalt einer gesellschaftsvertraglichen Schiedsabrede und die **sachliche Reichweite** ihres Anwendungsbereichs sind durch Auslegung zu ermitteln. Die ständige Rechtsprechung geht mit Zustimmung der Literatur regelmäßig von einer **weiten Auslegung** aus.[151] Sie beruht auf der zutreffenden Überlegung, dass die Parteien im Zweifel sämtliche Streitigkeiten aus dem in Bezug genommenen Rechtsverhältnis der Zuständigkeit des Schiedsgerichts unterwerfen und namentlich auch eine gespaltene, den staatlichen Gerichten einen Teil der Rechtsfragen vorbehaltende Zuständigkeit vermeiden wollten. Dementsprechend ist anerkannt, dass sich die Zuständigkeit des Schiedsgerichts im Zweifel auch auf Streitigkeiten über das *Zustandekommen* und die *Wirksamkeit* des Vertrages erstreckt.[152] Entsprechendes gilt für die *Durchsetzung von Sozialansprüchen oder -verbindlichkeiten* zwischen OHG und Gesellschaftern (Rn 62 f, 65).[153] Die *Bindung der OHG* an die Schiedsklausel folgt ohne weiteres aus ihrer Vereinbarung im – naturgemäß auch für sie verbindlichen – Gesellschaftsvertrag. 70

Nach § 1066 ZPO muss die Schiedsvereinbarung selbstverständlich in „gesetztlich statthafter Weise" getroffen sein. **Wirksamkeitsschranken** ergeben sich aus gesellschaftsrechtlicher Sicht namentlich für **Publikumsgesellschaften**. Die Inhaltskontrolle des Gesellschaftsvertrages (oben Rn 40) führt hier regelmäßig zur Unwirksamkeit einer vorformulierten Schiedsklausel,[154] wodurch sich ein weit besserer Schutz erzielen lässt als durch Anwendung der Formvorschrift des § 1031 ZPO (Rn 68). Nach zutr. Ansicht bedarf überdies die **nachträgliche** Einführung einer Schiedsklausel in den Gesell- 71

[148] BGH NJW 1980, 1797; MünchKomm-ZPO³/*Münch* § 1029 Rn 45 ff.

[149] So zutr. *Habersack* SchiedsVZ 2003, 241 (243 f); MünchKommHGB/*K. Schmidt* § 105 Rn 123 aE.

[150] BGH NJW-RR 1991, 423 (424); BayObLG DB 2004, 302 (303); KG JZ 1961, 175 f; OLG Köln NJW 1961, 1312; zu Recht kritisch hierzu MünchKommHGB/*K. Schmidt* § 128 Rn 22; *Habersack* SchiedsVZ 2003, 241 (246); näher dazu § 124 Rn 29 (*Habersack*).

[151] Vgl. nur BGH WM 1971, 309; weitere Nachw. zur Rspr. in Fn 152 ff; näher Stein/Jonas/*Schlosser* ZPO²² § 1029 Rn 18; *Schwab*/*Walter* Schiedsgerichtsbarkeit⁷ Kap. 3 II 6, S. 25; *Maier* Handbuch der Schiedsgerichtsbarkeit, 1979, Rn 44 ff, 52; *Habersack* SchiedsVZ 2003, 241 (245).

[152] BGHZ 53, 315 (319 ff, 323) = NJW 1970, 1046; BGH NJW 1979, 2567 (2568); Stein/Jonas/*Schlosser* ZPO²² § 1029 Rn 18 und § 1040 Rn 3 ff.

[153] So auch *Habersack* SchiedsVZ 2003, 241 (244); wohl auch *Westermann* FS Rob. Fischer, 1979, S. 853 (860).

[154] *K. Schmidt* ZHR 162 (1998), 265 (282 f); BB 2001, 1857 (1863) (und öfter); MünchKommHGB/*K. Schmidt* § 105 Rn 124; *Habersack* SchiedsVZ 2003, 241 (244 f).

schaftsvertrag selbst dann der Zustimmung sämtlicher Gesellschafter, wenn der Vertrag eine auf Vertragsänderungen bezogene Mehrheitsklausel enthält (dazu allgemein Rn 73).[155]

2. Sonstige

72 a) **Klagevoraussetzungen.** Im Gesellschaftsvertrag kann die Erhebung einer Gesellschafterklage, insbesondere einer solchen auf Feststellung der Unwirksamkeit eines Gesellschafterbeschlusses, von der Erfüllung bestimmter Voraussetzungen abhängig gemacht werden. In Betracht kommt einerseits die Einhaltung bestimmter **Formen und Fristen,**[156] andererseits die Zwischenschaltung eines **Vorverfahrens,** etwa die obligatorische Anrufung eines Beirats oder einer sonstigen unabhängigen *Schlichtungsinstanz.*[157] Beide Arten von Regelungen dienen nicht nur der Erhaltung oder Wiederherstellung des Rechtsfriedens in der Gesellschaft, sondern auch dazu, die mit der internen Auseinandersetzung verbundene, für die Gesellschaft nachteilige Periode der Rechtsunsicherheit in Grenzen zu halten. Sie sind daher grundsätzlich positiv zu beurteilen; dies gilt insbes. bei Gesellschaften mit einer großen Zahl von Mitgliedern und einer den Kapitalgesellschaften angenäherten Struktur.[158] Ihrer Rechtsnatur nach handelt es sich um *materiellrechtliche* Klagevoraussetzungen, deren Nichteinhaltung zur Abweisung der Klage als unbegründet führt.[159] Die Rechtskraft der Klageabweisung steht der Möglichkeit erneuter Klage trotz Identität des Streitgegenstands nicht entgegen, wenn die Klagevoraussetzung – wie bei zunächst versäumter Anrufung der Schlichtungsinstanz – nachgeholt werden kann.[160]

73 **Wirksamkeitsschranken** für die Vereinbarung derartiger Klagevoraussetzungen kommen dann in Betracht, wenn sie die Gesellschafterklage de facto ausschließen oder unzumutbar erschweren.[161] Ob sich solche Schranken aus dem allgemeinen Verfahrensrecht[162]

155 So tendenziell auch BGHZ 144, 146 (148 ff) (für das GmbH-Recht); MünchKommHGB/*K. Schmidt* Rn 125; *ders.* BB 2001, 1857 (1862); differenzierend aber *Habersack* SchiedsVZ 2003, 241 (245), wonach es darauf ankommen soll, ob dem überstimmten Gesellschafter eine Kündigung zumutbar wäre.

156 Vgl. etwa BGH WM 1966, 1036; BGHZ 68, 212 (216) = NJW 1977, 1292; BGH NJW 1988, 411 (413); zur Nichtanwendung gesellschaftsrechtlicher Klagefristen für die Geltendmachung von Beschlussmängeln bei Eingriffen in den Kernbereich vgl. BGH NZG 2007, 381; BGH WM 2007, 1333; dazu auch C. *Schäfer* in: VGR (Hrsg.), Gesellschaftsrecht in der Diskussion 2007, 2008, S. 145 f.

157 BGH NJW 1977, 2263.

158 BGH NJW 1977, 2263 f.

159 Das entspricht für die in §§ 245, 246 AktG enthaltenen, vergleichbaren Klagevoraussetzungen der ganz hM (vgl. nur BGH AG 1992, 448 [449]; MünchKommHGB/*Hüffer* § 245 Rn 2; *ders.* AktG § 246 Rn 2, 20; KölnerKomm-AktG²/*Zöllner* § 245 Rn 2, § 246 Rn 6). Demgegenüber wird die Nichteinhaltung eines vertraglich vereinbarten Schlichtungsverfahrens vor Klageerhebung verbreitet als Prozesshindernis behandelt mit der Folge einer Abweisung der Klage als unzulässig (BGH NJW 1984, 669 [670]; OLG Nürnberg OLGZ 1975, 437 [439]; OLG Celle NJW 1971, 288 [289] mN zum Meinungsstand; **aA** *Jauernig* Zivilprozeßrecht²⁹ § 33 IV 3 f S. 106; offenlassend BGH NJW 1977, 2263).

160 Fall der erst nachträglich, durch nachprozessuale Tatsachen eintretenden Begründetheit, vgl. *Zöller/Vollkommer* ZPO²⁶ Vor § 322 Rn 56 ff.

161 So auch BGH NJW 1977, 2263 (2264) betr. eine Schlichtungsklausel im Vertrag einer Publikums-KG.

162 Vgl. dazu *Schmidt-Aßmann* in: Maunz/Dürig, Kommentar zum GG (Stand Febr. 2003), Art. 19 IV Rn 233 ff mN.

oder dem Prozessrecht[163] ableiten lassen, ist wenig geklärt. Aus gesellschaftsrechtlicher Sicht ist als Schranke jedenfalls der *unverzichtbare Kernbereich* von Mitgliedschaftsrechten zu beachten (Rn 35). Er wird nicht nur durch Einräumung weitgehender materiellrechtlicher Mehrheitskompetenzen, sondern auch dann berührt, wenn den Gesellschaftern das Recht vorenthalten wird, gerichtlichen Rechtsschutz gegen solche rechtswidrigen Mehrheitsbeschlüsse zu erlangen, die in den Kernbereich ihrer Mitgliedschaft eingreifen. Insofern gehört der Zugang zu den (staatlichen) Gerichten also selbst zum Kernbereich der Mitgliedschaft.[164]

b) **Vereinbarungen über Klageart und Prozessgegner.** In Gesellschaftsverträgen großer, körperschaftlich strukturierter Gesellschaften findet sich nicht selten eine Regelung dahingehend, dass **Gesellschafterbeschlüsse** von den widersprechenden Gesellschaftern anstelle der nach allgemeinen Grundsätzen gebotenen, gegen die für den Beschluss stimmenden Gesellschafter zu richtenden Feststellungsklage (Rn 64) durch eine gegen die **Gesellschaft** gerichtete **Anfechtungsklage** angegriffen werden müssen.[165] Damit soll die Rechtslage in der Personengesellschaft hinsichtlich der Beschlussanfechtung derjenigen in der AG und GmbH angenähert werden. Die Regelung kann sowohl dem Interesse der betroffenen Gesellschaft an der Verteidigung des angegriffenen Beschlusses dienen als auch dem Kläger die Klageerhebung durch Konzentration des Prozesses auf nur einen Beklagten erleichtern (zur Frage des rechtlichen Gehörs der Mitgesellschafter vgl. Rn 76). **74**

Gegen die (volle) Wirksamkeit derartiger Klauseln ergeben sich trotz der damit verfolgten billigenswerten Ziele verschiedene **Bedenken.** Unter ihnen geht das eine dahin, dass Gestaltungsklagen nach Art der aktienrechtlichen Anfechtungsklage privatautonom nicht vereinbart werden können.[166] Ein zweites Bedenken beruht auf der mit der Klausel verbundenen, nach verbreiteter Ansicht unzulässigen gewillkürten Prozessstandschaft auf der Passivseite.[167] Gleichwohl sind derartige Klauseln **nach ständiger höchstrichterlicher Rechtsprechung zulässig**, soweit sie die Gesellschaft zum Prozessgegner bestimmen.[168] Der BGH legt sie dahin aus, dass sie auf Erhebung einer *Feststellungsklage* gegen die Gesellschaft über die Unwirksamkeit des angegriffenen Beschlusses gerichtet sind, wobei das Feststellungsinteresse des klagenden Gesellschafters gegenüber der Gesellschaft sich aus einer in der Klausel enthaltenen schuldrechtlichen Verpflichtung der Mitgesellschafter ergeben soll, sich an die rechtskräftige Feststellung zu halten.[169] Das gleiche Ergebnis ließe sich auch im Wege der Umdeutung erzielen.[170] Für diese Lösung spricht auch, dass **75**

---

163 So *Häsemeyer* AcP 188 (1988), 140 (162 f); vgl. auch *Flume* FS Bötticher, 1969, S. 101 (133).

164 In diesem Sinne auch MünchKommHGB/*K. Schmidt* § 105 Rn 125; *ders.* BB 2001, 1857 (1862); sowie Voraufl. Rn 75 (*Ulmer*); **a**A *Habersack* SchiedsVZ 2003, 241 (245).

165 Vgl. BGH WM 1966, 1036; BGHZ 85, 350 (353) = NJW 1983, 1056; MünchKommHGB/*K. Schmidt* § 124 Rn 23.

166 Vgl. *Grunsky* Grundlagen des Verfahrensrechts[2], 1974, S. 374 f; *Henckel* Prozeßrecht und materielles Recht, 1970, S. 125; *Schlosser* Gestaltungsklagen und Gestaltungsurteile, 1966, S. 276; *K. Schmidt* AG 1977, 205 (209); *ders.* FS Stimpel, 1985, S. 217 ff und MünchKommHGB/*K. Schmidt* § 124 Rn 23; dem folgend auch MünchKommHGB/*Enzinger* § 119 Rn 98 f.

167 Vgl. *Zöller/Vollkommer* ZPO[26] Vor § 50 Rn 43 (Fall unzulässiger Verpflichtungsermächtigung); offenlassend BGH NJW 1983, 684 (685).

168 Vgl. BGH WM 1966, 1036; BGHZ 85, 350 (353) = NJW 1983, 1056; MünchKommHGB/*K. Schmidt* § 124 Rn 23; MünchKommBGB[5]/*Ulmer/C. Schäfer* § 710 Rn 114.

169 So BGH WM 1966, 1036; abl. *K. Schmidt* AG 1977, 253 f.

170 Voraufl. Rn 76 (*Ulmer*).

es nach heute hM für bestimmte Grundlagenangelegenheiten, namentlich für den Beitritt von Gesellschaftern, als zulässig angesehen wird, sie in die Sphäre der Gesellschaft zu verlegen,[171] so dass sie zwischen Gesellschafter und Gesellschaft zustande kommen.[172]

76 Das **den Mitgesellschaftern** zu gewährende **rechtliche Gehör** erfordert in diesem Falle aber, dass das Prozessgericht die Mitgesellschafter von Amts wegen über die Erhebung einer (Auflösungs-)Klage zu informieren und ihnen dadurch Gelegenheit zur **Nebenintervention** (§§ 66, 69 ZPO) gibt.[173] Es liegt nahe, diese Grundsätze auf Feststellungsklagen zu übertragen, die nach dem Gesellschaftsvertrag gegen die OHG/KG zu erheben sind und einen Gesellschafterbeschluss oder sonstige materiellrechtlich die Grundlagen-(Gesellschafter-)ebene berührende Streitigkeiten zum Gegenstand haben. Trägt das Prozessgericht dem durch Information der Mitgesellschafter Rechnung, so erledigen sich die auf Art. 103 Abs. 1 GG gestützten Bedenken (vgl. § 124 Rn 26 [*Habersack*]).

§ 110

(1) Macht der Gesellschafter in den Gesellschaftsangelegenheiten Aufwendungen, die er den Umständen nach für erforderlich halten darf, oder erleidet er unmittelbar durch seine Geschäftsführung oder aus Gefahren, die mit ihr untrennbar verbunden sind, Verluste, so ist ihm die Gesellschaft zum Ersatz verpflichtet.

(2) Aufgewendetes Geld hat die Gesellschaft von der Zeit der Aufwendung an zu verzinsen.

Schrifttum

Burbach Persönliche Haftung und Verlusttragung als Bestimmungsfaktor des Unternehmerrisikos in der Personenhandelsgesellschaft, BB 1993 310; *Büscher/Klusmann* Forthaftung und Regreß ausgeschiedener Personengesellschafter, ZIP 1992, 11; *Fitz* Risikozurechnung bei Tätigkeit im fremden Interesse (1985); *Genius* Risikohaftung des Geschäftsherrn, AcP 173 (1973), 481; *Habersack* Der Regreß bei akzessorischer Haftung – Gemeinsamkeiten zwischen Bürgschafts- und Gesellschaftsrecht – AcP 198 (1998), 152; *Hadding* Zum Rückgriff des ausgeschiedenen haftenden Gesellschafters einer OHG oder KG, FS Stimpel (1985), S. 139; *Köhler* Arbeitsleistungen als Aufwendungen? JZ 1985, 359; *Preuß* Regreßansprüche des ausgeschiedenen Gesellschafters einer Personenhandelsgesellschaft gegen die Gesellschaft, ZHR 160 (1996), 163; *Rehbinder* Rechtliche Schranken der Erstattung von Bußgeldern an Organmitglieder und Angestellte, ZHR 148 (1984), 555; *K. Schmidt* Insolvenz und Insolvenzabwicklung bei der typischen GmbH & Co. KG, Thesen und Fragen zur Verzahnung von Insolvenzverwaltung und -abwicklung bei der GmbH & Co. KG, GmbHR 2002, 1209; *ders.* Haftungsregreß bei Personengesellschaften, JuS 2003, 228; *Walter* Der Gesellschafter als Gläubiger seiner Gesellschaft, JuS 1982, 81; *Wertenbruch* Begründung von Nachschusspflichten in der Personengesellschaft, DStR 2007, 1680.

[171] So die Formulierung von *Wiedemann* ZGR 1996, 286 (296 f).

[172] Näher *C. Schäfer* ZHR 170 (2006), 373 (383 f); s.a. MünchKommBGB[5]/*Ulmer*/*C. Schäfer* § 719 Rn 20.

[173] BVerfGE 60, 7 (15) = NJW 1982, 1635 (Auflösungsklage); vgl. dazu *Ulmer*/Habersack/Winter GmbHG § 61 Rn 32; Baumbach/Hueck/*Zöllner* GmbHG[14] § 61 Rn 16.

Übersicht

A. Einführung

I. Normzweck und Anwendungsbereich

1 Die Vorschrift des § 110 begründet in **Abs. 1** die Verpflichtung der Gesellschaft, den Gesellschaftern die **Aufwendungen und Verluste** zu ersetzen, die ihnen in Gesellschaftsangelegenheiten entstanden sind. Es handelt sich um eine Sondervorschrift über Aufwendungsersatz in der OHG und KG, die ähnlich wie § 670 BGB auf dem Prinzip der Risikohaftung für Tätigkeiten in fremdem Interesse beruht[1] und auch hinsichtlich der Rechtsfolgen nicht wesentlich über §§ 713, 670 BGB hinausgeht (Rn 18, 34). Soweit ihr zur Zeit ihrer Entstehung eigenständige Bedeutung wegen der darin angeordneten Pflicht zum Ersatz auch der gesellschaftsbezogenen *Verluste* beigemessen wurde,[2] ist diese inzwischen dadurch entfallen, dass der Begriff der Aufwendungen in § 670 BGB auf Vermögensnachteile ausgedehnt wurde, die der Beauftragte als notwendige Folge der Durchführung des Auftrags oder der Geschäftsbesorgung erlitten hat.[3] Zum grundsätzlichen Ausschluss einer Haftung der *Mit*gesellschafter nach § 128 S. 1 für die zu den Sozialverbindlichkeiten (§ 105 Rn 217) gehörenden Ansprüche eines Gesellschafters gegen die OHG (KG) aus § 110 vgl. Rn 31 f, zur Bedeutung der Verweisung auf das Auftragsrecht (§§ 664–670 BGB) in § 713 BGB für das Recht der OHG (KG) vgl. Rn 5.

2 **Abs. 2** verpflichtet die Gesellschaft zur **Verzinsung** des von einem Gesellschafter aufgewendeten Geldes vom Aufwendungszeitpunkt an. Angesichts der gleichlautenden all-

---

[1] *Genius* AcP 173 (1973), 481, (506 ff, 520); *Koller* Die Risikozurechnung bei Vertragsstörungen in Austauschverträgen, 1979, S. 190 ff; *Fitz* S. 139 f (dort auch zu älteren, auf die enge Gemeinschaft der Gesellschafter und den Billigkeitsgedanken gestützten Ansätzen); Ebenroth/Boujong/Joost/Strohn/*Goette* Rn 1; *Habersack* AcP 198 (1998), 152 (159); Baumbach/*Hopt* Rn 1 und Röhricht/Graf v. Westphalen/*v. Gerkan/Haas* Rn 1.

[2] Denkschrift zum Entwurf eines HGB, 1896, S. 83 (Begründung zu E § 99).

[3] Vgl. dazu nur Erman/*Ehmann* BGB[10] § 670 Rn 5 ff; MünchKommBGB[5]/*Seiler* § 670 Rn 14 ff (auch zu anderen Begründungsansätzen für die Ersatzpflicht des Auftraggebers) und die Rspr.-Nachw. in Rn 24; eingehend *Fitz* (passim); *Genius* AcP 173 (1973), 481, (488 ff).

gemeinen Vorschrift des § 256 BGB liegt die Bedeutung der Regelung darin, dass sie zum Eingreifen des § 352 Abs. 2 über den im Handelsverkehr geltenden erhöhten gesetzlichen Zinssatz von 5 % führt, ohne dass hierfür ein Handelsgeschäft i.S.v. § 343 vorliegen müsste (Rn 26 f).

II. Systematische Stellung

3 **Unanwendbar** ist § 110 in Bezug auf diejenigen Aufwendungen und Verluste, zu deren Tragung sich die Gesellschafter im Gesellschaftsvertrag verpflichtet haben (vgl. auch Rn 42). Insbesondere lässt sich ein Anspruch auf **Geschäftsführervergütung** nicht auf § 110 stützen, auch wenn die übernommenen Tätigkeiten solche sind, die zum Gewerbe oder Beruf des Gesellschafters gehören und üblicherweise gegen Entgelt erbracht werden;[4] ihre Qualifikation als Aufwendung, also freiwilliges Vermögensopfer (Rn 12) scheitert an der vom Gesellschafter vertraglich eingegangenen Tätigkeitspflicht[5] (zu Grundlagen und Umfang des Anspruchs auf Geschäftsführervergütung vgl. § 114 Rn 47 ff). Entsprechendes gilt für einzelne Dienstleistungen u.a., die nichtgeschäftsführende Gesellschafter im Gesellschaftsvertrag übernommen haben.[6] Wohl aber kommt ein Anspruch auf Aufwendungsersatz wegen erbrachter Dienste in denjenigen Fällen in Betracht, in denen Gesellschafter ohne gesellschaftsvertragliche Verpflichtung im Interesse der Gesellschaft in befugter Weise tätig geworden sind (Rn 6).

4 § 110 enthält, auch soweit er die Gesellschaft zum Ersatz von tätigkeitsbedingten Verlusten der Gesellschafter verpflichtet, keinen Schadensersatz-, sondern einen **Aufwendungsersatzanspruch.**[7] Auf ein Verschulden der Gesellschaft oder ihrer Organe kommt es nicht an (Rn 19). Es greifen zwar die Bestimmungen der **§§ 256, 257 BGB,** nicht aber die allgemeinen Schadensvorschriften der §§ 249 ff BGB ein. Das steht einer entsprechenden Anwendung der §§ 254, 255 BGB freilich nicht entgegen (Rn 19 f). Zur analogen Anwendung der §§ 844, 845 BGB beim Tod eines Gesellschafters als Folge seiner Tätigkeit für die Gesellschaft vgl. Rn 11.

5 Da § 110 den Anspruch auf Ersatz von Aufwendungen und Verlusten in Gesellschaftsangelegenheiten ausdrücklich regelt, ist für einen Rückgriff auf § 670 BGB aufgrund der subsidiären **Verweisung in §§ 105 Abs. 2 HGB, 713 BGB** kein Raum. Anderes gilt für die sonstigen durch § 713 BGB in Bezug genommenen Vorschriften des Auftragsrechts, darunter insbesondere die Auskunfts- und Rechenschaftspflicht des Geschäftsführers (§ 666 BGB), die Pflicht zur Herausgabe des Erlangten (§ 667 BGB) und das Recht auf Vorschuss (§ 669 BGB). Vgl. dazu näher Rn 33 ff.

---

[4] Zu ihrer Behandlung als nach allgemeinem Auftragsrecht erstattungsfähige Aufwendungen in Analogie zu § 1835 Abs. 2 BGB vgl. Erman/*Ehmann* BGB[10] § 670 Rn 6 und MünchKommBGB[5]/*Seiler* § 670 Rn 20 m. Nachw.

[5] Vgl. *Köhler* JZ 1985, 359 ff; Ebenroth/Boujong/Joost/Strohn/*Goette* § 110 Rn 10; Baumbach/*Hopt* Rn 1, 19; Röhricht/Graf v. Westphalen/*v. Gerkan/Haas* Rn 7.

[6] Vgl. auch BGH NJW 1973, 2101 (Verneinung eines besonderen Vergütungsanspruchs für Miterben, die am Gesellschaftsanteil des Nachfolger/Erben unterbeteiligt sind, als Entgelt für die zugunsten der OHG übernommene gesamtschuldnerische Haftung).

[7] So auch *A. Hueck* OHG § 15 I, S. 210; Ebenroth/Boujong/Joost/Strohn/*Goette* Rn 4; Röhricht/Graf v. Westphalen/*v. Gerkan/Haas* Rn 9; **aA** noch 3. Aufl. Rn 12 (*Rob. Fischer*); nicht eindeutig *Genius* AcP 173 (1973), 481 (507) (Schadensersatz), (523) (Risikohaftung).

B. Anspruchsberechtigte

I. Gesellschafter

1. Grundsatz. Abweichend vom *Wortlaut* der Vorschrift des § 713 BGB (vgl. zur erweiternden Auslegung aber Rn 34) gilt § 110 für **alle Gesellschafter.** Berechtigt sind nicht nur *geschäftsführende*, sondern auch von der Geschäftsführung ausgeschlossene Gesellschafter, einschließlich Kommanditisten,[8] soweit sie in befugter Weise für die Gesellschaft tätig werden und dabei Aufwendungen haben oder Verluste erleiden.[9] Für ausgeschiedene Gesellschafter gilt § 110 demgegenüber nicht (mehr).[10] Sachliche Voraussetzung ist eine **Tätigkeit in Gesellschaftsangelegenheiten,** sei es aufgrund von Gesellschafterfunktionen oder kraft Beauftragung durch geschäftsführende Gesellschafter. Diese Voraussetzung liegt bei anderen als geschäftsführenden Gesellschaftern etwa vor im Falle einer im *Interesse der Gesellschaft* übernommenen Reise oder sonstigen Tätigkeit, aber auch bei Erfüllung der Anmeldepflichten gegenüber dem Handelsregister nach § 108 Abs. 1 u.a. 6

Ein **Tätigwerden im eigenen Interesse** des Gesellschafters, etwa in Ausübung seiner Informations- und Kontrollrechte, reicht zum Eingreifen von § 110 **nicht** aus; der Gesellschafter muss vielmehr ein Sonderopfer erbringen (vgl. Rn 13). Vorbehaltlich abweichender, ggf. aus langjähriger Kostenerstattung ableitbarer Vereinbarungen (§ 105 Rn 187) sind daher regelmäßig auch Aufwendungen im Zusammenhang mit der **Teilnahme an Gesellschafterversammlungen nicht** ersatzfähig. Der Umstand, dass die dabei gefassten Beschlüsse teilweise nicht nur im Gesellschafterinteresse liegen, sondern auch der Gesellschaft selbst zugute kommen, reicht für die Anwendung von § 110 nicht aus. *Ausnahmen* kommen dann in Betracht, wenn es um Gesellschafterversammlungen geht, die für die Gesellschaft von zentraler Bedeutung sind, während es an einem persönlichen Interesse der betroffenen Gesellschafter fehlt, sie also nicht zugleich im eigenen Interesse tätig werden. Zu denken ist etwa an die Mitwirkung bei Vertragsänderungen (Gesellschafterwechsel u.a.), die keine spürbaren Auswirkungen auf die nicht unmittelbar beteiligten Gesellschafter haben. Abzulehnen, weil kaum sinnvoll durchführbar, ist die teilweise vorgeschlagene Differenzierung danach, ob eine Beschlussfassung in „laufenden Angelegenheiten" erfolgt (dann ersatzfähig) oder eine Vertragsänderung betrifft (dann nicht ersatzfähig).[11] Abgesehen davon, dass beide Beschlusskategorien häufig in derselben Versammlung vorkommen werden, trifft das Kriterium im Übrigen auch in der Sache nicht das Richtige, wie das Beispiel der Gewinnverwendung zeigt. Die ist einerseits laufende Angelegenheit,[12] andererseits liegt ein persönliches Interesse der Gesellschafter insofern auf der Hand. Mit Voraufl. Rn 7 (*Ulmer*) ist daher an der grundsätzlich fehlenden Ersatzfähigkeit von Aufwendungen festzuhalten, die im Zusammenhang mit der Durchführung von Gesellschafterversammlungen entstehen. Sollte die Praxis auf eine Erstattungsfähigkeit Wert legen, so mag sich eine entsprechende Regelung im Gesellschaftsvertrag verankern. 7

---

8 Vgl. z.B. BGH ZIP 2005, 1552 f.

9 BGHZ 39, 319 (324 f) = NJW 1963, 1873; BGH NJW-RR 2002, 455 = DB 2002, 318; MünchKommHGB/*Langhein* Rn 6; Baumbach/*Hopt* Rn 2; Zur Beschränkung auf *befugtes* Handeln für die Gesellschaft in Abgrenzung zur GoA vgl. *A. Hueck* OHG § 15 I, S. 211 und näher unten Rn 9 f.

10 BGHZ 39, 319 (325) = NJW 1963, 1873; BGH WM 1978, 114 (115); MünchKommHGB/*Enzinger* Rn 7; aA aber *Preuß* ZHR 160 (1996), 163 (165); *Wiedemann* WM 1992, Sonderbeil. 7, 36; näher dazu § 128 Rn 45 (*Habersack*).

11 In diesem Sinne aber Schlegelberger/*Martens* Rn 12 und ihm folgend Ebenroth/Boujong/Joost/Strohn/*Goette* Rn 11; MünchKommHGB/*Langhein* Rn 15.

12 So BGHZ 170, 283 = NJW 2007, 1685 – *Otto*. Näher zur Kategorisierung § 119 Rn 14.

8 Soweit Gesellschafter **kraft besonderer Vereinbarung** mit der Gesellschaft, aufgrund sog. **Drittgeschäfte** (§ 105 Rn 213), für diese tätig werden, ist für Ansprüche aus § 110 kein Raum. Die Rechtsbeziehungen richten sich insoweit nach den zwischen den Beteiligten getroffenen Vereinbarungen; handelt es sich um ein Auftrags-(Geschäftsbesorgungs-)Verhältnis, so greifen die §§ 662 ff BGB, darunter auch der Aufwendungsersatzanspruch aus § 670 BGB, unmittelbar ein. – Zur Nichtanwendung von § 110 in Bezug auf Vergütungsansprüche für Tätigkeiten, zu denen Gesellschafter sich im *Gesellschaftsvertrag* verpflichtet haben, vgl. Rn 3.

9 **2. Abgrenzung zu Ansprüchen aus GoA.** Ebenso wie bei Anwendung von § 713 BGB[13] bereitet die Abgrenzung zwischen Aufwendungsersatzansprüchen der Gesellschafter aus § 110 und solchen aus Geschäftsführung ohne Auftrag (§§ 667, 683 BGB) in bestimmten Fällen Schwierigkeiten. Der eine dieser Fälle betrifft die **Überschreitung der Geschäftsführungsbefugnis durch geschäftsführende Gesellschafter.** Insoweit greift § 110 nur dann ein, wenn dem Geschäftsführer das Überschreiten seiner Befugnisse nach dem Sorgfaltsmaßstab des § 708 BGB (§ 109 Rn 12) nicht vorzuwerfen ist.[14] Andernfalls fehlt es an dem für § 110 erforderlichen **befugten** Tätigwerden in Gesellschaftsangelegenheiten (Rn 10).[15] Diese bestimmen sich im Überschreitungsbereich insgesamt nach **GoA-Grundsätzen:** Aufwendungsersatz kann er mangels Befugnis nach § 683 BGB nur verlangen, wenn *entweder* sein Tätigwerden (1) objektiv im Interesse der Gesellschaft lag und (2) er in Übereinstimmung mit dem wirklichen oder mutmaßlichen Willen der zuständigen Gesellschaftsorgane handelte (§§ 683 S. 1, 670 BGB) *oder* wenn er zur Erfüllung öffentlicher Pflichten der Gesellschaft tätig wurde (§§ 683 S. 2, 679 BGB). Dem steht nach § 684 BGB die Genehmigung der Tätigkeit durch die zuständigen Gesellschaftsorgane gleich. Zu den sonstigen Rechtsbeziehungen zwischen Geschäftsführer und OHG im Überschreitungsbereich vgl. § 114 Rn 57 ff.

10 Ähnliche Abgrenzungsprobleme kann es auch beim Tätigwerden **sonstiger,** nicht zu den Geschäftsführern gehörender **Gesellschafter** geben, nämlich soweit sie Handlungen vornehmen, die zum Aufgabenbereich der Geschäftsführer gehören. Auch insoweit genügt für das Eingreifen von § 110 nicht, dass der Gesellschafter „in Gesellschaftsangelegenheiten" gehandelt hat.[16] Erforderlich ist vielmehr auch hier, dass er hierzu **befugt** war oder sich doch ohne Verschulden (§ 708 BGB) für befugt halten durfte.[17] Die Befugnis kann sich aus dem Gesellschaftsvertrag, aus einem Beschluss der Gesellschafter oder aus

---

[13] Vgl. dazu näher MünchKommBGB[5]/*Ulmer/C. Schäfer* § 713 Rn 3 und § 708 Rn 8 ff m. Nachw. zum Streitstand.

[14] So in Weiterentwicklung von RGZ 158, 302 (313) zutr. *A. Hueck* OHG § 10 IV 5, S. 142 ff; ebenso Baumbach/*Hopt* Rn 4 und Soergel/*Hadding*[13] § 708 Rn 5; weitergehend 3. Aufl. § 116 Rn 29 (*Rob. Fischer*), wonach eine Anwendung der §§ 677 ff BGB auf das Rechtsverhältnis zwischen Gesellschaft und Geschäftsführer anstelle der gesellschaftsvertraglichen Geschäftsführungsbestimmungen generell ausscheidet; ebenso auch MünchKommHGB/*Langhein* Rn 6; Ebenroth/Boujong/Joost/Strohn/*Goette* Rn 7.

[15] Ebenso *A. Hueck* OHG § 15 I, S. 211; Baumbach/*Hopt* Rn 4 (unklar aber die Abgrenzung zu Rn 2); Heymann/*Emmerich* Rn 5; **aA** MünchKommHGB/*Langhein* Rn 6; Röhricht/Graf v. Westphalen/*v. Gerkan/Haas* Rn 6; Ebenroth/Boujong/Joost/Strohn/*Goette* Rn 7 (teilweise unter Vermengung mit der Frage, wer Anspruchsberechtigter sein kann).

[16] So aber noch 3. Aufl. Rn 2 (*Rob. Fischer*) sowie die in Fn 15 Genannten (*Langhein, Goette, Haas*). Gegenansichten vgl. in Fn 17.

[17] So zutr. *A. Hueck* OHG § 15 I, S. 211; Heymann/*Emmerich* Rn 5; Voraufl. Rn 10 (*Ulmer*); Baumbach/*Hopt* Rn 4 (anders aber wohl Rn 2) und früher schon *Ritter* HGB Anm. 1.

der – berechtigten (vgl. § 664 BGB) – Übertragung des Geschäfts durch einen geschäftsführenden Gesellschafter ergeben. Daneben kommt auch ein Handeln in Notgeschäftsführung[18] in Betracht; zu denken ist etwa an Maßnahmen zur Einberufung einer Gesellschafterversammlung oder zur Abberufung geschäftsführender Gesellschafter durch Kommanditisten.[19] **Fehlt** es an einer derartigen Befugnis und musste der Gesellschafter das erkennen, beurteilt sich seine Rechtsstellung nach den Regeln über die (berechtigte oder unberechtigte) GoA, da er beim Handeln für die OHG (KG) trotz seiner Gesellschaftereigenschaft nicht im eigenen Rechtskreis tätig wird. Ein Aufwendungsersatzanspruch nach § 110 scheidet in diesen Fällen unabhängig davon aus, ob der Gesellschafter die gemachten Aufwendungen für erforderlich halten durfte oder ob die erlittenen Verluste in untrennbarem Zusammenhang mit der Tätigkeit im Geschäftskreis der Gesellschaft eingetreten sind. Keine Abgrenzungsschwierigkeiten ergeben sich naturgemäß, soweit der Gesellschafter Regressforderungen nach vorheriger Inanspruchnahme auf die persönliche Haftung geltend macht (Rn 16).

II. Dritte

Nicht zum Gesellschafterkreis gehörende Dritte können **eigene** Ansprüche aus § 110 **11**
gegen die Gesellschaft grundsätzlich **nicht** erlangen; denkbar ist nur eine Geltendmachung als Rechtsnachfolger oder Zessionar (§ 717 S. 2 BGB) eines anspruchsberechtigten Gesellschafters. Das gilt auch im Fall eines *ausgeschiedenen Gesellschafters* im Hinblick auf Aufwendungen oder Verluste, die ihm in der Zeit *nach* dem Ausscheiden entstanden sind, selbst wenn sie ihre Ursache in seiner früheren Gesellschaftszugehörigkeit haben.[20] Soweit der Ausgeschiedene aufgrund seiner fortbestehenden Außenhaftung für Altverbindlichkeiten in Anspruch genommen wird, kann er entsprechend § 426 Abs. 1 S. 1 BGB von der OHG vollen Ausgleich verlangen (s. schon Rn 6 und näher § 128 Rn 45 f [*Habersack*]). Eine **Ausnahme** vom Erfordernis der Gesellschafterstellung des Anspruchsberechtigten kommt aufgrund analoger Anwendung der **§§ 844, 845 BGB** in Betracht. Diese Vorschriften greifen entsprechend in solchen Fällen ein, in denen ein Beauftragter oder sonst zum Aufwendungsersatz Berechtigter infolge der spezifischen Gefahren seiner fremdnützigen Tätigkeit getötet worden ist; sie berechtigen die darin genannten unterhalts- oder dienstberechtigten Personen, den Ausgleich derjenigen Vermögensnachteile zu verlangen, die sie durch den Tod des Inhabers des Aufwendungsersatzanspruchs erlitten haben.[21]

---

[18] Analog § 744 Abs. 2 BGB; vgl. BGHZ 17, 181 (183) = NJW 1955, 1027; *A. Hueck* OHG § 10 II 7, S. 125; MünchKommBGB[5]/*Ulmer/C. Schäfer* § 709 Rn 21.

[19] Vgl. dazu näher *Reichert/Winter* BB 1988, 981 (991 f).

[20] BGHZ 39, 319 (324) = NJW 1963, 1873; BGH WM 1978, 114 (115).

[21] Std. Rspr. seit RGZ 167, 85 (89); vgl. BGHZ 7, 30 (34) = NJW 1953, 1249; BGHZ 16, 265 (267 ff) = NJW 1955, 785; Ebenroth/Boujong/Joost/Strohn/*Goette* Rn 17; Baumbach/*Hopt* Rn 2; MünchKommBGB[4]/*Wagner* § 844 Rn 7 ff, Soergel/*Mühl*[13] § 670 Rn 18; *A. Hueck* OHG § 15 Fn 12; *Genius* AcP 173 (1973), 481, (490, 518).

C. Inhalt der Ansprüche

I. Aufwendungsersatz (Abs. 1, 1. Hs.)

12 **1. Begriff.** Zur Rechtsnatur des Aufwendungsersatzanspruchs und zur Frage der Anwendbarkeit der §§ 249 ff, 256 f BGB vgl. schon Rn 4. Unter **Aufwendungen** i.S.v. § 110 Abs. 1 sind vermögenswerte Opfer jeder Art zu verstehen, die ein Gesellschafter im Interesse der Gesellschaft freiwillig erbracht hat.[22] **Freiwilligkeit** liegt dann vor, wenn der Gesellschafter nicht kraft Gesellschaftsvertrag oder sonstiger Abrede im *Innenverhältnis* zu den Aufwendungen verpflichtet war (Rn 3); das Bestehen einer Rechtspflicht gegenüber Dritten zur Erbringung der Aufwendungen, etwa der Haftung aus § 128, steht nicht entgegen.[23] Gegenüber den „Auslagen" in der dem § 110 zugrundeliegenden Vorschrift des Art. 93 Abs. 1 ADHGB weist der neuere Begriff der Aufwendungen inhaltlich keine Unterschiede auf;[24] eine Einschränkung gilt nur für den im ADHGB besonders geregelten, heute durch den Aufwendungsbegriff abgedeckten Fall der Übernahme von Verbindlichkeiten für die Gesellschaft. Die bei § 670 BGB zu beobachtende Ausweitung des Aufwendungsbegriffs auf sonstige *Vermögensnachteile*, die der Beauftragte aufgrund der spezifischen, mit der Ausführung des Auftrags verbundenen Gefahren erlitten hat (Fn 2), ist für § 110 Abs. 1 schon deshalb ohne Interesse, weil er in seinem 2. Halbsatz den Anspruch auf Ersatz der vom Gesellschafter erlittenen Verluste besonders regelt (Rn 18).

13 **2. Weitere Anspruchsvoraussetzungen.** Die Aufwendungen müssen **in Gesellschaftsangelegenheiten** gemacht sein. Dazu ist erforderlich, dass der Gesellschafter objektiv im Geschäftskreis der Gesellschaft tätig geworden ist und subjektiv für sie gehandelt, d.h. die Gesellschaftsangelegenheiten willentlich betrieben hat; das Merkmal entspricht demjenigen „zum Zweck der Ausführung des Auftrags" in § 670 BGB. Der Umstand, dass der Gesellschafter – wie in den Fällen der §§ 108 Abs. 1, 128 – im Außenverhältnis zugleich eine eigene Verpflichtung erfüllt, steht nicht entgegen. Sofern das Handeln zugleich im eigenen Interesse erfolgt und dieses im Vordergrund steht, wie regelmäßig bei Ausübung eigennütziger Verwaltungsrechte in der Gesellschaft (Stimm-, Kontrollrechte u.a., vgl. § 105 Rn 218), scheidet ein Anspruch auf Aufwendungsersatz grundsätzlich aus (Rn 7). Hiermit steht nicht in Widerspruch, dass der BGH einen Aufwendungsersatzanspruch zugunsten eines Kommanditisten auch dann bejaht hat, wenn dieser freiwillig sein durch gesellschaftsvertraglich zugelassene Ausschüttungen negativ gewordenes Kapitalkonto ausgleicht und die Entnahmen an die Kommanditgesellschaft zurückzahlt, auch wenn er dadurch zugleich die Haftung aus § 172 Abs. 4 HGB in einem etwaigen späteren Insolvenzverfahren vermeidet.[25] Darauf, ob die Aufwendungen im Rahmen der laufenden Geschäftsführung angefallen sind oder ob sie auf andere Weise unmittelbar der Förderung des Gesellschaftszwecks dienen, kommt es nicht an. Es genügt auch ein sonstiges befugtes (Rn 9 f) Tätigwerden in Gesellschaftsangelegenheiten, etwa zur Abwendung einer der Gesellschaft drohenden Gefahr.

---

[22] EinhM, vgl. RGZ 122, 298 (303); BGH NJW 1960, 1568 (1569); *A. Hueck* OHG § 15 II 1, S. 211; Ebenroth/Boujong/Joost/Strohn/*Goette* Rn 9; MünchKommHGB/*Langhein* § 110 Rn 6.

[23] BGHZ 123, 289 (296) = NJW 1993, 3265; BGH NJW 1995, 1960; BGH NZG 2002, 232 f = DStR 2002, 319 ff; MünchKommHGB/*Langhein* Rn 11; Baumbach/*Hopt* Rn 7, 10; Ebenroth/Boujong/Joost/Strohn/*Goette* Rn 9 f; *A. Hueck* OHG § 15 II 1, S. 212; s.a. Rn 28.

[24] So zutr. schon *Düringer/Hachenburg/Flechtheim* Rn 3; Voraufl. Rn 12 (*Ulmer*); **aA** *Walter* JuS 1982, 83 (Auslagen umfassen auch unfreiwillige Vermögensopfer).

[25] BGH ZIP 2005, 1552 f.

Dritte Voraussetzung für den Ersatzanspruch des § 110 Abs. 1, 1. Hs. ist, dass der Gesellschafter die Aufwendungen den **Umständen nach für erforderlich halten** durfte. Das Merkmal ist deckungsgleich mit der entsprechenden Regelung in § 670 BGB: wie dort kommt es auf einen **subjektiv-objektiven Maßstab** an.[26] Entscheidend ist nicht, ob die Aufwendungen objektiv erforderlich waren oder ob der Gesellschafter sie ex ante, d.h. in dem Zeitpunkt, in dem er die zu den Aufwendungen führende Handlung vornahm (den Vertrag für die Gesellschaft im eigenen Namen abschloss u.a.), tatsächlich für erforderlich hielt. Vielmehr stellt § 110 Abs. 1, 1. Hs. darauf ab, ob ein sorgfältig *prüfender Gesellschafter* der Überzeugung sein durfte, dass sie erforderlich seien; der Sorgfaltsmaßstab richtet sich mangels abweichender Vereinbarung nach § 708 BGB (§ 109 Rn 12). Die Aufwendungen müssen sich nicht notwendig auf Geschäfte zur Förderung des Gesellschaftszwecks beziehen; zu erstatten sind auch solche Aufwendungen, die zur Abwendung einer Gefahr vom Gesellschaftsvermögen getätigt wurden.[27] Auch für die Zahlung einer vermeintlichen, in Wirklichkeit nicht bestehenden (nicht fälligen) Schuld der Gesellschaft kann der zahlende Gesellschafter Ersatz verlangen, sofern er die Zahlung ohne Verletzung seiner Sorgfaltspflichten geleistet hat; das setzt im Allgemeinen eine Erkundigung bei dem zuständigen Geschäftsführer nach dem Bestehen der Schuld voraus.[28] Einen ihm aus der Zahlung erwachsenen Bereicherungsanspruch muss er entsprechend § 255 BGB (Rn 4) Zug um Zug gegen die Ersatzleistung an die Gesellschaft abtreten. Zur Frage einer Ersatzpflicht der Gesellschaft für Bußgelder u.a., die dem Gesellschafter aufgrund seiner Tätigkeit in Gesellschaftsangelegenheiten auferlegt werden, vgl. Rn 25. **14**

3. **Beispiele.** Ersatzfähige Aufwendungen eines Gesellschafters sind (bei Vorliegen der in Rn 13 f genannten zusätzlichen Voraussetzungen) die Ausgabe von **Geld** für Gesellschaftszwecke,[29] die Übernahme von Verbindlichkeiten im eigenen Namen auf Rechnung der Gesellschaft,[30] die Überlassung von **Vermögensgegenständen** aus seinem Privatvermögen (Waren, Maschinen, Erfindungen oder gewerbliche Schutzrechte, Räume u.a.) sowie die Erbringung von **Dienstleistungen,** die zur beruflichen Tätigkeit des Gesellschafters gehören, im Allgemeinen nicht ohne Entgelt erbracht werden und nicht den Gegenstand der Geschäftsführungs- oder sonstigen Dienstpflichten des Gesellschafters bilden (Rn 3). Stets ist Voraussetzung, dass es sich um *freiwillige* Vermögensopfer des Gesellschafters handelt, d.h. um solche, zu deren Erbringung der Gesellschafter nicht aus dem Gesellschaftsverhältnis verpflichtet war (vgl. Rn 12; zur Verpflichtung aufgrund einer Drittgläubigerbeziehung vgl. Rn 8). Die Frage, ob Gesellschafter für gesellschaftsvertraglich zugesagte Leistungen (Geschäftsführung, Überlassung von Gegenständen u.a.) eine besondere Vergütung verlangen können, beantwortet sich nicht aus § 110, sondern aus der – ggf. ergänzenden – Auslegung des Gesellschaftsvertrags (vgl. § 114 Rn 47 ff). – Zu Beispielen ersatzfähiger Verluste vgl. Rn 24 f. **15**

---

[26] Vgl. dazu näher MünchKommBGB[4]/*Seiler* § 670 Rn 9 m. Nachw.

[27] *Reichert/Winter* BB 1988, 981 (991); Voraufl. Rn 14 (*Ulmer*); Baumbach/*Hopt* Rn 12.

[28] So zutr. schon *Düringer/Hachenburg/Flechtheim* Rn 10; Voraufl. Rn 14 (*Ulmer*); dem folgend auch Ebenroth/Boujong/Joost/Strohn/*Goette* Rn 15.

[29] Zur Erstattungsfähigkeit der Aufwendungen von Kommanditisten einer Publikums-KG für die Abberufung und Ausschließung geschäftsführender Gesellschafter vgl. *Reichert/Winter* BB 1988, 981 (991 f).

[30] Zur Ersatzfähigkeit von Schmiergeldzahlungen im Ausland vgl. BGHZ 94, 268 (272) = NJW 1985, 2405 (IVa Senat; betr. Handelsvertreter); Ebenroth/Boujong/Joost/Strohn/*Goette* Rn 13; MünchKommHGB/*Langhein* Rn 13.

16 Zu den ersatzfähigen Aufwendungen gehört auch die Bezahlung von **Gesellschaftsschulden** aufgrund der Inanspruchnahme des Gesellschafters aus seiner Außenhaftung nach § 128 oder die Aufrechnung gegen sie mit einer persönlichen Forderung des Gesellschafters.[31] Das (befugte) Tätigwerden in Gesellschaftsangelegenheiten ergibt sich hier daraus, dass es sich um eine Verbindlichkeit aus der Gesellschaftssphäre handelt, für die der Gesellschafter nach § 128 unbeschränkt haftet. Die *Freiwilligkeit* des Vermögensopfers wird durch die Außenhaftung nicht berührt, da sie sich ausschließlich nach dem *Innenverhältnis* bestimmt (Rn 12) und der Gesellschafter insoweit regelmäßig nicht zur Leistung verpflichtet ist. Von der Gesellschaft kann er daher nach § 110 Abs. 1 vollen Ersatz verlangen. Zum gesetzlichen Übergang der Forderung vom Gesellschaftsgläubiger auf den zahlenden Gesellschafter vgl. § 128 Rn 43 f (*Habersack*); zur subsidiären anteiligen Ausfallhaftung der Mitgesellschafter aus § 426 Abs. 1 BGB in diesem Sonderfall vgl. § 128 Rn 48 f (*Habersack*).

17 Bei der Bezahlung von **Abgaben und Steuern** durch Gesellschafter ist zu unterscheiden. Soweit es sich um solche handelt, die – wie im Fall der Einkommensteuer (§ 105 Rn 379 ff) – die Gesellschafter *persönlich* treffen, scheidet ein Aufwendungsersatzanspruch aus. Anderes gilt für Betriebssteuern und andere öffentliche Abgaben wie die Gewerbe-, Grunderwerb- und Umsatzsteuer, bei denen die OHG (KG) selbst Abgabenschuldner ist (vgl. § 105 Rn 384, 385, 387). Werden Gesellschafter hierfür nach § 128 oder aufgrund besonderer abgaberechtlicher Haftungstatbestände in Anspruch genommen, können sie von der Gesellschaft nach § 110 Abs. 1 Ersatz verlangen.[32]

II. Ersatz von Verlusten (Abs. 1, 2. Hs.)

18 **1. Allgemeines.** Im Unterschied zu §§ 670, 713 BGB berechtigt § 110 Abs. 1 neben dem Aufwendungsersatzanspruch **ausdrücklich** zum Ersatz der Verluste, die der Gesellschafter aus der Geschäftsführungstätigkeit oder aus untrennbar damit verbundenen Gefahren erlitten hat. Auf die Frage einer Erweiterung des Aufwendungsbegriffs auf sonstige, vom Geschäftsführer oder Beauftragten unfreiwillig erlittene Vermögensnachteile (vgl. Rn 1) kommt es daher im Anwendungsbereich des § 110 nicht an. Auch dieser Anspruch steht, ebenso wie derjenige auf Aufwendungsersatz, **jedem Gesellschafter** zu, der in befugter Weise für die Gesellschaft tätig wird (Rn 6); der in § 110 Abs. 1 geforderte Zusammenhang zwischen Verlusten und Geschäftsführung lässt nicht etwa darauf schließen, dass der Anspruch auf Geschäftsführer beschränkt sein soll (Rn 23). Der Ersatz erlittener Verluste ist jedoch von höheren sachlichen Anforderungen abhängig als derjenige der Aufwendungen: es muss eine untrennbare Verbindung der Verluste mit der Tätigkeit für die Gesellschaft bestehen (Rn 22).

19 Seiner **Rechtsnatur** nach ist auch der Anspruch auf Verlustersatz nicht als Schadens-, sondern als Aufwendungsersatzanspruch zu klassifizieren (Rn 4). Er steht dem Gesellschafter unabhängig von einem Verschulden der Gesellschaft oder ihrer Organe zu. Eigenes (Mit-)Verschulden an dem erlittenen Vermögensnachteil ist entsprechend § 254 BGB

---

31 Wohl unstr., BGHZ 39, 319 (323 f) = NJW 1963, 1873; BGHZ 123, 289 (296) = NJW 1993, 3265; BGH WM 1978, 114; BGH NJW 1995, 1960; BGH NZG 2002, 232 f = DStR 2002, 319 ff; weit. Nachw. in Fn 20.

32 Vgl. etwa BGH WM 1978, 114 (115); MünchKommHGB/*Langhein* Rn 11; Baumbach/*Hopt* Rn 10.

zu berücksichtigen;[33] es führt zur Herabsetzung des Anspruchs, sofern hieran nicht schon die Ersatzfähigkeit als solche scheitert (vgl. Rn 22).

Auch wenn geschädigten Gesellschaftern infolge des schädigenden Ereignisses zugleich ein **Ersatzanspruch gegen einen Dritten** (Schädiger, Versicherer u.a.) zusteht, wird die Durchsetzung des Anspruchs gegen die Gesellschaft dadurch im Grundsatz weder eingeschränkt noch ausgeschlossen, solange der Dritte nicht geleistet hat. Für die Annahme nur *subsidiärer* Haftung der Gesellschaft ist nach zutreffender Ansicht *kein* Raum, da das Gesetz eine derartige Einschränkung in § 110 nicht getroffen hat.[34] Wohl aber kann der Gesellschafter aufgrund der *Treupflicht* je nach Lage des Falles verpflichtet sein, sich in erster Linie an den Dritten zu halten, wenn er von diesem ohne weiteres Ersatz erlangen kann, oder gleichzeitig die Durchsetzung des Ersatzanspruchs gegen diesen zu betreiben und alle hierfür erforderlichen Schritte zu ergreifen, um die Gesellschaft vor Nachteilen zu bewahren. Auch ist die Gesellschaft zur Zahlung *analog § 255 BGB* nur gegen Abtretung des anderweitigen Ersatzanspruchs des Gesellschafters verpflichtet.[35] Dem **Dritten** kommt der nur zur Sicherung des *Gesellschafters* vor Vermögensnachteilen bestimmte Ersatzanspruch aus § 110 Abs. 1 **nicht** zugute; er kann sich im Fall seiner Inanspruchnahme weder auf die anderweitige Ersatzmöglichkeit des Gesellschafters im Rahmen der *Vorteilsausgleichung* berufen noch seine Zahlung nach § 255 BGB von der Abtretung des Ersatzanspruchs des Gesellschafters gegen die Gesellschaft abhängig machen.[36] 20

2. Begriff der Verluste. Verluste i.S. des § 110 Abs. 1 sind die einem Gesellschafter aus der Tätigkeit für die Gesellschaft erwachsenen **unfreiwilligen** (nicht als Aufwendungen zu qualifizierenden, vgl. Rn 12) **Vermögensnachteile,** unabhängig davon, ob sie aus einer unmittelbaren Schädigung des Vermögens oder aus der Verletzung der Person des Gesellschafters resultieren (zum Anspruch Dritter analog §§ 844, 845 BGB bei Tötung des unterhalts- oder dienstverpflichteten Gesellschafters vgl. Rn 11). *Immaterielle* Schäden, die nicht zu messbaren Vermögensnachteilen führen, stellen keine nach § 110 Abs. 1 ersatzfähigen Verluste dar.[37] Zur Zahlung von Schmerzensgeld an ihre Gesellschafter ist die Gesellschaft nicht auf der Grundlage des § 110, sondern nur im Rahmen von § 253 BGB verpflichtet.[38] Auch Ansprüche auf Ersatz der den Gesellschaftern aus einem *negativen Geschäftsergebnis* der Gesellschaft entstehenden Verluste (§§ 120, 121) lassen sich auf § 110 Abs. 1 nicht stützen. Die Vorschrift beschränkt sich darauf, Gesellschafter vor Sonderopfern aus ihrer Tätigkeit für die Gesellschaft zu bewahren; sie soll ihnen nicht 21

[33] So schon RGZ 94, 169 (172) (zu § 670 BGB); ferner etwa *A. Hueck* OHG § 15 II 2, S. 214; *Genius* AcP 173 (1973), 481 (517 f); MünchKommHGB/*Langhein* Rn 20; Ebenroth/Boujong/Joost/Strohn/*Goette* Rn 25; allg. zur Anwendung des Rechtsgedankens des § 254 BGB auf Aufwendungsersatzansprüche vgl. Soergel/*Mertens*[13] § 254 Rn 11 (bejahend); Staudinger/*Medicus* BGB (2005) § 254 Rn 21 m. zahlr. Nachw. (offenlassend).

[34] So auch *A. Hueck* OHG § 15 II 2, S. 214 f; MünchKommHGB/*Langhein* Rn 9; Baumbach/Hopt Rn 6; **aA** noch *Schlegelberger/Geßler* Rn 8.

[35] Ganz hM, vgl. *A. Hueck* OHG § 15 II 2, S. 215; MünchKommHGB/*Langhein* Rn 9; Baumbach/*Hopt* Rn 6; allg. zur Anwendbarkeit von § 255 BGB in Fällen abgestufter Haftung außerhalb von Schadensersatzansprüchen vgl. Staudinger/*Bittner* BGB (2004) § 255 Rn 9 f und 14 ff; grds. **aA** Soergel/*Mertens*[13] § 255 Rn 2.

[36] So zutr. schon 3. Aufl. Rn 13 (*Rob. Fischer*) und *A. Hueck* OHG § 15 II 2, S. 215 und im Anschluss daran Voraufl. Rn 20 (*Ulmer*).

[37] EinhM, vgl. *A. Hueck* OHG § 15 II 2, S. 213; Baumbach/*Hopt* Rn 11; Ebenroth/Boujong/Joost/Strohn/*Goette* Rn 18.

[38] Unstr., vgl. nur MünchKommHGB/*Langhein* Rn 17; Baumbach/*Hopt* Rn 11.

etwa – noch dazu in Konkurrenz mit den Gesellschaftsgläubigern – einen Ausgleich für die auf ihre Beteiligung erlittenen Verluste verschaffen. Zur Behandlung von Geldstrafen oder -bußen vgl. Rn 25.

22 **3. Weitere Anspruchsvoraussetzungen.** Ersatzfähig sind nach § 110 Abs. 1, 2. Hs. nur solche Verluste aus der Tätigkeit in Gesellschaftsangelegenheiten, die ein Gesellschafter **unmittelbar durch seine Geschäftsführung** oder **aus mit ihr untrennbar verbundenen Gefahren** erleidet.[39] Die Verluste (Vermögensnachteile) müssen einen objektiv erkennbaren, *engen Zusammenhang* mit der Tätigkeit für die Gesellschaft aufweisen; das ist mehr als das für den Aufwendungsersatzanspruch verlangte Merkmal des Für-erforderlich-Haltens (Rn 14). Adäquater Kausalzusammenhang reicht nicht aus; es muss sich um *tätigkeitsspezifische* Schäden und Risiken der Gesellschafter handeln.[40] Für Vermögensnachteile, die ein Gesellschafter allein aufgrund unsorgfältiger Ausführung der übertragenen Aufgaben erlitten hat oder die auf der Verwirklichung allgemeiner Lebensrisiken beruhen, kann er von der Gesellschaft keinen Ersatz verlangen; das gilt regelmäßig auch für Schäden aus der Teilnahme am Straßenverkehr, soweit die Tätigkeit für die Gesellschaft nicht zu einer spezifischen Erhöhung der allgemein damit verbundenen Risiken führt.[41]

23 Der Begriff **Geschäftsführung** i.S. von § 110 Abs. 1, 2. Hs. ist nicht auf die organschaftliche Geschäftsführung nach §§ 114, 115 beschränkt. Gegen eine derartige Verkürzung des Verlustersatzanspruchs im Vergleich zum Aufwendungsersatzanspruch, der allen in Gesellschaftsangelegenheiten tätigen Gesellschaftern zusteht (Rn 6), sprechen sowohl der Normzweck des § 110 Abs. 1 als auch der nach seinem Wortlaut nicht auf Geschäftsführer beschränkte Kreis der anspruchsberechtigten Gesellschafter. Zur Geschäftsführung gehört daher jede befugte oder ohne Sorgfaltsverstoß für befugt gehaltene (Rn 9 f) Tätigkeit eines Gesellschafters für die OHG (KG) unabhängig davon, ob sie als Geschäftsführung i.S. der §§ 114, 115 zu qualifizieren ist.[42]

24 **4. Beispiele.** Zur Abgrenzung der nach § 110 Abs. 1 ersatzfähigen Verluste von den allgemeinen Lebensrisiken, die der Gesellschafter selbst zu tragen hat, kann an die Rechtsprechung zum Ersatzanspruch des Beauftragten im Fall der Verwirklichung tätigkeitsspezifischer Risiken angeknüpft werden, da es sich um denselben Rechtsgedanken handelt.[43] Die Frage nach dem Bestehen eines Ersatzanspruchs aus § 110 Abs. 1 ist jeweils im Hinblick auf die konkrete Tätigkeit und die besonderen damit verbundenen Gefahren zu beantworten. Derartige spezifische Gefahren können bestehen in den mit der Tätigkeit verbundenen besonderen **Prozessrisiken,** sei es im Rahmen eines Zivilprozesses[44] oder eines Ordnungswidrigkeiten- oder Strafverfahrens[45], in der **Eingehung besonderer Risi-**

---

[39] Versuch einer Differenzierung zwischen diesen Alternativen entgegen der hM (vgl. nur *Genius* AcP 173 (1973), 481 [508]) bei *Fitz* S. 142 ff.

[40] EinhM, vgl. *A. Hueck* OHG § 15 II 2, S. 214; MünchKommHGB/*Langhein* Rn 18; Baumbach/*Hopt* Rn 13; *Fitz* S. 142 f; *Genius* AcP 173 (1973), 481 (489, 510 f).

[41] Ähnlich unter Differenzierung zwischen tätigkeitsspezifischen Gefahren und allgemeinen Lebensrisiken *Genius* AcP 173 (1973), 481 (510 f); Weitergehend (alle Vermögensnachteile auf Geschäftsreise) Baumbach/*Hopt* Rn 13; Ebenroth/Boujong/Joost/Strohn/*Goette* Rn 22.

[42] So auch *A. Hueck* OHG § 15 II 2, S. 214; *Baumbach/Hopt* Rn 12 („Geschäftsbesorgung"); Ebenroth/Boujong/Joost/Strohn/*Goette* Rn 16.

[43] Vgl. dazu eingehend *Genius* AcP 173 (1973), 481 (482 ff, 511 f).

[44] BGH NJW 1960, 1568 (1569) (hier verneint wegen Gefahrerhöhung durch gleichzeitige Verfolgung eigener Interessen des Gesellschafters).

[45] Vgl. dazu *Rehbinder* ZHR 148 (1984), 557 m. Nachw. in Fn 6.

ken aus Gefährdungshaftung[46] oder außerordentlichen Aufsichts- oder Überwachungspflichten[47], aber auch in der Selbstschädigung des Gesellschafters zur Abwehr einer der Gesellschaft drohenden dringenden Gefahr.[48] Ebenfalls hierher gehören sonstige Fälle **gefahrengeneigter Tätigkeit** in Gesellschaftsangelegenheiten.[49] Soweit dem Gesellschafter danach Verluste zu ersetzen sind, umfassen sie auch den infolge der Schädigung erlittenen Verdienstausfall.[50]

Besondere Probleme bereitet die Ersatzfähigkeit von **Geldstrafen und -bußen,** die gegen einen Gesellschafter wegen seiner Tätigkeit für die Gesellschaft verhängt werden. Nach zutreffender hM ist sie im Grundsatz selbst dann **abzulehnen,** wenn die Tätigkeit sich aufgrund des Unternehmensgegenstands der Gesellschaft oder wegen sonstiger Umstände als besonders bußgeldgefährdet erweist.[51] Das folgt neben der Präventivfunktion der Straf- und Ordnungswidrigkeitentatbestände, die nicht durch großzügige Gewährung von Ersatzansprüchen aus § 110 in Frage gestellt werden darf, vor allem daraus, dass ein solcher Verstoß dem handelnden Gesellschafter in aller Regel vorzuwerfen ist. Eine zum Eingreifen des § 110 Abs. 1 führende **Ausnahme** kommt nur dann in Betracht, wenn die Mitgesellschafter – in den Grenzen der §§ 134, 138 BGB – das rechtswidrige Verhalten des Gesellschafters gebilligt und ihn dadurch im Innenverhältnis von dessen Folgen freigestellt haben.[52] Dies gilt zumindest für die nachträgliche Billigung des Handelns, zumal diese nicht den Straftatbestand des § 258 Abs. 2 StGB verwirklicht.[53] Hierzu bedarf es grundsätzlich der Zustimmung aller Gesellschafter (§ 116 Abs. 2). 25

III. Verzinsung (Abs. 2)

Die Pflicht zur Verzinsung ersatzfähiger **Aufwendungen** folgt als solche bereits aus § 256 BGB (Rn 4). Bedeutung hat die Sondervorschrift des § 110 Abs. 2 daher nur im Hinblick auf das Eingreifen von **§ 352 Abs. 2** über die Höhe des gesetzlichen Zinssatzes für Zinsverpflichtungen, die sich aus dem HGB ergeben. Da der Gesellschaftsvertrag der OHG (KG) in der Regel für die beteiligten Gesellschafter kein Handelsgeschäft ist (§ 105 Rn 141), greift nicht bereits § 352 Abs. 1 S. 1 ein.[54] Über den zu engen Wortlaut des § 110 Abs. 2 hinaus umfasst der Anspruch nicht nur Zinsen für aufgewendetes *Geld*, sondern auch für das Aufwenden *sonstiger Gegenstände* entsprechend der Höhe ihres Wertes (vgl. § 256 S. 1 BGB). Sachgründe für eine Differenzierung nach Art der Aufwendungen unter Beschränkung des handelsrechtlichen Zinssatzes auf aufgewendetes Geld sind nicht ersichtlich. 26

---

[46] BGH NJW 1963, 251 (252) (Abschleppen eines liegengebliebenen Pkw).

[47] BGHZ 89, 153 (157 f) = NJW 1984, 789 (Aufsichtspflichten über jugendliche Vereinsmitglieder).

[48] BGHZ 38, 270 (277) = NJW 1963, 390 (Ersatz für Selbstschädigung im Straßenverkehr aus GoA).

[49] Vgl. RGZ 94, 169 (172); 122, 298 (303 f) (mit Rspr.-Übersicht).

[50] BGHZ 33, 251 (257) = NJW 1961, 359.

[51] BGHZ 23, 222 (224); 41, 223 (228 f); OLG Dresden JW 1919, 837; *A. Hueck* OHG § 15 II 2 Fn 13, MünchKommHGB/*Langhein* Rn 21; Baumbach/*Hopt* Rn 14; Ebenroth/Boujong/Joost/Strohn/*Goette* Rn 19; Röhricht/Graf v. Westphalen/*v. Gerkan/Haas* Rn 13; eingehend *Rehbinder* ZHR 148 (1984), 555 ff (558).

[52] Vgl. näher *Rehbinder* ZHR 148 (1984), 574 f.

[53] Vgl. BGHSt 37, 226 (229 ff) = NJW 1991, 990. – Wie hier auch MünchKommHGB/*Langhein* Rn 23; Röhricht/Graf v. Westphalen/*v. Gerkan/Haas* Rn 13.

[54] Vgl. auch Baumbach/*Hopt* Rn 15.

27 Entsprechendes gilt für die Verzinsung des Anspruchs auf ersatzfähige **Verluste**. Auch insoweit besteht für eine Differenzierung gegenüber Ansprüchen auf Ersatz von Geldaufwendungen kein sachlicher Grund, zumal nachdem die Rechtsprechung zu §§ 713, 670 BGB unfreiwillige, auf tätigkeitsspezifischen Risiken beruhende Vermögensopfer (Verluste) den Aufwendungen gleichgestellt hat. Aus denselben Gründen wie zu § 256 BGB[55] ist daher auch der Anspruch auf Ersatz von Verlusten schon von dem Zeitpunkt an zu verzinsen, in dem diese sich in entsprechenden Vermögensnachteilen konkretisiert haben. Die Zinshöhe richtet sich auch insoweit nach § 352 Abs. 2.

IV. Freistellung

28 Soweit ein Gesellschafter in Gesellschaftsangelegenheiten Verbindlichkeiten eingegangen ist, die als Aufwendungen i.S.v. § 110 Abs. 1 zu qualifizieren sind, steht ihm nach **§ 257 BGB** ein Anspruch gegen die Gesellschaft auf Befreiung zu;[56] bis zur Fälligkeit der Verbindlichkeit kann die Gesellschaft sich nach § 257 S. 2 BGB darauf beschränken, Sicherheit zu leisten. Aus den in Rn 27 genannten Gründen erstreckt sich der Anspruch auch auf solche Verbindlichkeiten, die der Gesellschafter bei seiner Tätigkeit für die Gesellschaft unfreiwillig begründet hat, sofern er von der Gesellschaft Ersatz für die daraus erlittenen Verluste erlangen kann. Zur Frage eines Freistellungsanspruchs im Hinblick auf die Haftungsrisiken aus § 128 vgl. Rn 40.

D. Durchsetzbarkeit und Haftung

I. Die Gesellschaft als Schuldner

29 Die Ansprüche aus § 110 richten sich gegen die Gesellschaft als Schuldnerin; mit Rücksicht auf ihre gesellschaftsrechtliche Grundlage handelt es sich um sog. **Sozialverbindlichkeiten** (§ 105 Rn 217). Eine Haftung der Mitgesellschafter ist während der Dauer der Gesellschaft grundsätzlich ausgeschlossen (vgl. Rn 31 f, auch zur Haftung aus § 426 Abs. 2 BGB im Fall der Befriedigung von Gesellschaftsgläubigern). Bei der Durchsetzung ist der ersatzberechtigte Gesellschafter aufgrund der Treupflicht zur Rücksichtnahme auf das Interesse von Gesellschaft und Mitgesellschaftern verpflichtet. Daraus kann sich je nach Lage des Falles die Pflicht zur vorrangigen Inanspruchnahme sonstiger Ersatzpflichtiger (Rn 20) oder zur vorübergehenden Stundung des Anspruchs ergeben, wenn dem Gesellschafter ein solches Verhalten zugemutet werden kann und spürbare Vermögensnachteile für ihn damit nicht verbunden sind. Seine eigene Verlustbeteiligung braucht der Gesellschafter sich im Rahmen von § 110 nicht entgegenhalten zu lassen; anderes gilt im Liquidationsstadium, in dem die einzelnen Gesellschafteransprüche zu unselbständigen Posten der Liquidationsbilanz werden (vgl. § 149 Rn 21, 41; § 155 Rn 5 ff [*Habersack*]). Entnahmebeschränkungen für Gewinne finden auf die Ansprüche aus § 110 keine Anwendung; die hieraus resultierenden Gutschriften seitens der Gesellschaft sind ggf. auf das Privatkonto des anspruchsberechtigten Gesellschafters zu verbuchen.

---

[55] Vgl. nur Ebenroth/Boujong/Joost/Strohn/*Goette* Rn 35 f; Röhricht/ Graf v. Westphalen/*v. Gerkan/Haas* Rn 15.

[56] MünchKommHGB/*Langhein* Rn 16; Röhricht/ Graf v. Westphalen/*v. Gerkan Haas* Rn 16.

II. Keine Subsidiarität

Die Ersatzansprüche aus §§ 110 HGB, 257 BGB sind grundsätzlich vom **Zeitpunkt der Entstehung** an fällig (§ 271 Abs. 1 BGB) und gegen die Gesellschaft durchsetzbar. Es gibt weder eine Subsidiarität der Haftung der OHG (KG) gegenüber der Inanspruchnahme mithaftender Dritter (Rn 20) noch eine Pflicht, die Geltendmachung bis zur Auflösung der Gesellschaft oder deren Liquidation zurückzustellen. Zur Möglichkeit treupflichtbedingter Schranken der Geltendmachung vgl. Rn 20. Auch bei Insolvenz der OHG (KG) ist der Gesellschafter nach zutreffender hM nicht gehindert, den Ersatzanspruch zur Insolvenztabelle anzumelden;[57] soweit er Gesellschaftsgläubiger befriedigt hat, tritt er dadurch gleichsam an ihre Stelle. Allerdings führt das zu einer entsprechenden Erhöhung der ungedeckten Gesellschaftsverbindlichkeiten, für die die Gesellschafter gegenüber den Insolvenzgläubigern trotz Insolvenzeröffnung nach § 128 weiterhaften.[58] **30**

III. Haftung der Mitgesellschafter?

Die Ansprüche aus § 110 richten sich nur gegen die Gesellschaft (Rn 29). Eine Haftung der Mitgesellschafter hierfür ist im Unterschied zu Drittgläubigerforderungen eines Gesellschafters (§ 105 Rn 213) **grundsätzlich ausgeschlossen**; § 128 findet auf Sozialverbindlichkeiten keine Anwendung (§ 128 Rn 12 [*Habersack*]). Die Bejahung einer Haftung würde zur Durchbrechung des Verbots der Einlageerhöhung ohne Zustimmung der Gesellschafter (§ 707 BGB) führen. Eine anteilige *Haftung* der Mitgesellschafter vor Erstellung der Schlussabrechnung (§ 155) kommt nur *ausnahmsweise* in Betracht und zwar dann, wenn entweder der Gesellschaftsvertrag ausdrücklich oder konkludent solches bestimmt[59] oder wenn kein Gesellschaftsvermögen mehr vorhanden ist und schon vor der Schlussabrechnung feststeht, dass der ersatzberechtigte Gesellschafter von den Mitgesellschaftern aufgrund ihrer Verlustbeteiligung einen Ausgleich verlangen kann.[60] Der Sache nach handelt es sich in diesem Fall um die Vorwegnahme der Schlussabrechnung zugunsten des Gesellschafters, der durch seine Aufwendungen oder durch Hinnahme von Vermögensnachteilen im Gesellschaftsinteresse in Vorlage getreten ist, ohne hierzu im Hinblick auf § 707 BGB verpflichtet zu sein. **31**

Von der Frage einer Haftung der Mitgesellschafter aus § 110 zu unterscheiden ist diejenige aus **§ 426 Abs. 1 BGB** bei Inanspruchnahme eines Gesellschafters aus seiner Außenhaftung nach § 128. Sie wird von der hM zu Recht dann bejaht, wenn der zahlende Gesellschafter keine Befriedigung aus dem Gesellschaftsvermögen erlangen kann.[61] Die Haftung ist also subsidiär und beschränkt sich überdies auf den jeweiligen Verlustanteil der Mitgesellschafter. Insoweit steht dann auch § 707 BGB nicht entgegen. **32**

---

[57] Ganz hM, vgl. Ebenroth/Boujong/Joost/Strohn/*Goette* Rn 27; Jaeger/*Henckel* InsO § 38 Rn 52; Uhlenbruck/*Hirte* InsO[12] § 11 Rn 293; **aA** *Kl. Müller* NJW 1968, 225 (229 f, 231), dagegen zutr. *Mohrbutter* NJW 1968, 1126 f.

[58] Vgl. näher Jaeger/*Müller* InsO § 93 Rn 1 ff.

[59] Vgl. BGH WM 1961, 32 und NJW 1980, 339 (340), dazu unten Rn 43.

[60] So bereits RGZ 153, 305 (314); ferner MünchKommBGB[5]/*Ulmer*/*C. Schäfer* § 713 Rn 15; Baumbach/*Hopt* Rn 5; näher dazu § 149 Rn 41 (*Habersack*).

[61] BGHZ 37, 299 (302 f) = NJW 1962, 1863; BGH NJW 1980, 339 (340); BGH WM 1988, 446 (448); BGH NZG 2002, 232 f; *A. Hueck* OHG § 18 III 2, S. 268 m. Nachw.; *Wertenbruch* DStR 2007, 1680 (1683). Näher § 128 Rn 48 (*Habersack*).

E. Ansprüche aus § 713 i.V. mit §§ 664 ff BGB

I. Allgemeines

33 Die Sonderregelung des § 110 beschränkt sich darauf, den Gesellschaftern Ansprüche auf Ersatz von Aufwendungen und Verlusten aus der Tätigkeit für die Gesellschaft sowie aus deren Verzinsung zu gewähren; insoweit ist für einen Rückgriff auf Auftragsrecht (§ 670 BGB) kein Raum. Einer Verweisung über §§ 105 Abs. 2 HGB, 713 BGB auf die übrigen dort in Bezug genommenen Vorschriften des Auftragsrechts steht sie nicht entgegen (Rn 5). Neben dem grundsätzlichen, für Geschäftsführer bereits aus der mitgliedschaftlichen Natur ihrer Funktion folgenden **Substitutionsverbot** des § 664 BGB[62] ist das bedeutsam namentlich für die Auskunfts- und Rechenschaftspflicht der in Gesellschaftsangelegenheiten tätigen Gesellschafter (§ 666 BGB), für ihre Pflicht zur Herausgabe des aus der Tätigkeit Erlangten (§ 667 BGB) und für ihren Anspruch auf Vorschuss (§ 669 BGB); vgl. dazu näher Rn 35 ff. Demgegenüber ist für eine **Weisungsbindung** der Gesellschafter nach § 665 BGB nur insoweit Raum, als dem nicht die Besonderheiten des Gesellschaftsrechts entgegenstehen. Sie verträgt sich insbesondere nicht mit der eigenverantwortlichen, auf der Mitgliedschaft (§ 114) beruhenden Geschäftsführerstellung (§ 114 Rn 19), soweit nicht der Gesellschaftsvertrag wirksam Abweichendes regelt. Bedeutung kann die Weisungsbindung vor allem in solchen Fällen erlangen, in denen einem Nichtgeschäftsführer bestimmte Aufgaben zur Erledigung übertragen worden sind.

34 Nach dem Wortlaut des § 713 BGB betrifft die Verweisung auf das Auftragsrecht nur die Rechte und Pflichten **geschäftsführender** Gesellschafter. Aus entsprechenden Gründen wie in Bezug auf den Verlustersatzanspruch des § 110 Abs. 1 (Rn 23) erscheint es jedoch nicht veranlasst, hierunter nur die Geschäftsführer i.S. der §§ 114, 115 zu verstehen. Rechenschafts- und Herausgabepflichten sowie Ansprüche auf Vorschuss sind vielmehr auch im Hinblick auf solche Gesellschafter zu bejahen, die nur bestimmte Einzeltätigkeiten für die Gesellschaft vornehmen. Der Begriff der Geschäftsführung ist daher auch in § 713 BGB in einem **weiten,** jede befugte Tätigkeit eines Gesellschafters in Gesellschaftsangelegenheiten umfassenden Sinn zu verstehen.

II. Auskunfts- und Rechenschaftspflicht (§ 666 BGB)

35 Die aus §§ 713, 666 BGB folgende Auskunfts- und Rechenschaftspflicht der in Gesellschaftsangelegenheiten tätigen Gesellschafter unterscheidet sich von den gegen die Gesellschafts*organe* gerichteten Kontrollrechten des § 118 außer in dem erweiterten Adressatenkreis (Rn 34) vor allem dadurch, dass sie nicht gegenüber einzelnen Mitgesellschaftern besteht, sondern nur gegenüber der **Gesamtheit** der Mitglieder.[63] Diese müssen die Ansprüche hieraus gemeinsam geltend machen, soweit nicht ein Vorgehen im Rahmen der actio pro socio (§ 105 Rn 256 ff) in Betracht kommt.

36 Sachlich ist vor allem die **Auskunftspflicht** von Bedeutung, da sie die tätigen Gesellschafter über § 118 hinaus zur aktiven Erteilung von Informationen verpflichtet. Sie umfasst nach § 666 BGB sowohl die – nicht an ein entsprechendes Verlangen der Mit-

[62] Vgl. dazu und zu seiner Geltung für Geschäftsführer MünchKommBGB[5]/*Ulmer*/*C. Schäfer* § 713 Rn 6 und § 114 Rn 35 f.

[63] So zutr. insbes. *K. Schmidt* Informationsrechte in Gesellschaften und Verbänden, 1984, S. 18 f, 28 f; **aA** – für Individualrecht auch im Fall der §§ 713, 666 BGB – *U. Huber* ZGR 1982, 539 (546 ff). Vgl. auch § 118 Rn 6.

gesellschafter gebundene – Pflicht, die erforderlichen **Nachrichten** zu geben, als auch diejenige, auf gemeinsames Verlangen der Mitgesellschafter **Auskunft** über den Stand des Geschäfts zu erteilen. Im Fall *geschäftsführender* Gesellschafter folgt daraus eine Pflicht zum unaufgeforderten Tätigwerden insbesondere in Fällen, in denen der Gesellschaft nicht unerhebliche Gefahren drohen oder eine aktuelle Information der Mitgesellschafter während der Dauer des Geschäftsjahrs aus sonstigen Gründen im gemeinsamen Interesse erforderlich ist. Dagegen besteht für sie im Regelfall kein Anlass, außerhalb des Jahresabschlusses (Rn 37) über den Stand des Geschäfts zu informieren.

Demgegenüber ist die weitere in § 666 BGB geregelte Pflicht, **Rechenschaft** abzulegen, im Allgemeinen nur für die Tätigkeit *nichtgeschäftsführender* Gesellschafter von Bedeutung. Für Geschäftsführer wird sie regelmäßig durch die im Gesellschaftsvertrag vorgesehene Pflicht zur Erstellung des Jahresabschlusses überlagert (vgl. § 120 Rn 14 f). Ein Bedürfnis, daneben oder in kürzeren Zeitabständen noch gesondert nach §§ 713, 666 BGB Rechenschaft abzulegen, ist im Allgemeinen zu verneinen. Auch fragt sich, ob insoweit angesichts entsprechender gesellschaftsvertraglicher Regelungen für einen Rückgriff auf §§ 713, 666 BGB überhaupt Raum ist. Der **Inhalt** der Rechenschaftspflicht bestimmt sich nach § 259 BGB.[64] **37**

III. Herausgabepflicht (§ 667 BGB)

Soweit Geschäftsführer im Namen der OHG (KG) tätig werden, gelangen die für die Gesellschaft bestimmten Leistungen Dritter regelmäßig schon im Zeitpunkt ihrer Erbringung in das Gesamthandsvermögen (§ 718 Abs. 1 BGB) und kommen der Gesellschaft auf diesem Wege zugute. Zur Herausgabe nach § 667 BGB ist in diesen Fällen daher meist kein Anlass. Anderes gilt beim Tätigwerden von Gesellschaftern **im eigenen Namen** in Gesellschaftsangelegenheiten, sei es durch geschäftsführende oder von der Geschäftsführung ausgeschlossene Gesellschafter. In derartigen Fällen bedarf es daher der Weiterübertragung der erlangten Gegenstände an die Gesamthand. Sie kann von Mitgesellschaftern unter Berufung auf §§ 713, 667 BGB auch im Wege der actio pro socio durchgesetzt werden. Bedeutung kommt dem Anspruch aus § 667 BGB schließlich für **Vorteile** (Sonderprovisionen, Schmiergelder u.a.) zu, die einem Geschäftsführer von Dritten im Zusammenhang mit seiner Tätigkeit für die Gesellschaft gewährt werden; sie sind nach § 667 BGB herauszugeben.[65] – Gegenüber dem Herausgabeanspruch aus § 667 BGB kann der Gesellschafter mit Ersatzansprüchen aus § 110 aufrechnen oder ein Zurückbehaltungsrecht geltend machen. **38**

Für ein Eingreifen der allgemeinen Verzinsungsvorschrift des § **668** BGB in Bezug auf das herauszugebende Geld ist kein Raum. Insoweit greift die umfassende **Sonderregelung des § 111** ein. **39**

IV. Vorschuss (§ 669 BGB)

Der in §§ 713, 669 BGB geregelte Anspruch auf Vorschuss bezieht sich auf die zur Erledigung der Gesellschaftsangelegenheiten erforderlichen **Aufwendungen;** für drohende Vermögensnachteile aus tätigkeitsspezifischen Risiken (Verluste, vgl. Rn 21) kann ein **40**

[64] Vgl. näher MünchKommBGB[5]/*Ulmer*/ *C. Schäfer* § 713 Rn 11; so auch Soergel/ *Hadding*[13] § 713 Rn 8.

[65] Std. Rspr. zu § 667 BGB, vgl. MünchKommBGB[5]/*Seiler* § 667 Rn 17 und Erman/*Ehmann* BGB[10] § 667 Rn 4.

Vorschuss nicht verlangt werden. Freistellung im Hinblick auf die aus § 128 folgende Gesellschafterhaftung können die Gesellschafter nur verlangen, wenn ihre Inanspruchnahme hieraus ernstlich zu befürchten ist (§ 128 Rn 41 [*Habersack*]). Im Unterschied zum Ersatzanspruch für *geleistete* Aufwendungen reicht es für das Verlangen nach Vorschuss nicht aus, dass der Gesellschafter die Aufwendungen nach den Umständen für erforderlich halten darf (Rn 14). Die Vorschusspflicht besteht nur für Aufwendungen, die objektiv erforderlich sind. Ob dies der Fall ist, prüft das Gesellschaftsorgan, welches über die Auszahlung des Vorschusses zu befinden hat. Verfügt der Vorschuss fordernde Gesellschafter selbst über die Gesellschaftskasse, so bestimmt er vorbehaltlich des Widerspruchsrechts der Mitgeschäftsführer selbständig über die Entnahme des Vorschusses.

41 Abweichend vom Auftragsrecht mit seiner Möglichkeit jederzeitigen Widerrufs durch den Auftraggeber (§ 671 Abs 1 BGB) kommt eine **Ablehnung** des Vorschussverlangens durch Gesellschaft oder Mitgesellschafter mit der Begründung, sie hätten an dem Tätigwerden des Gesellschafters kein Interesse mehr, gegenüber *geschäftsführenden* Gesellschaftern *nicht* in Betracht, soweit nicht die Voraussetzungen des § 115 (Widerspruch oder fehlende Zustimmung von Mitgeschäftsführern) oder des § 117 vorliegen.[66] Gegenüber *sonstigen* Gesellschaftern entscheidet das ihrem Tätigwerden zugrunde liegende Innenverhältnis zu den Mitgesellschaftern. – Wird einem Gesellschafter der für die Ausführung des Geschäfts erforderliche Vorschuss grundlos verweigert, so ist er mit Rücksicht auf § 707 BGB bei ins Gewicht fallenden Aufwendungen regelmäßig auch seinerseits nicht zum Tätigwerden verpflichtet. Abweichendes kann sich aus der Treupflicht des Gesellschafters ergeben, insbesondere bei Gefahr im Verzuge.

F. Abweichende Vereinbarungen

42 Die Vorschriften des § 110 sind (ebenso wie die subsidiäre Verweisung in § 713 BGB auf das Auftragsrecht) in vollem Umfang **dispositiv** (§ 109). Im Gesellschaftsvertrag kann etwa vereinbart werden, dass ein Gesellschafter statt des Ersatzes jeder einzelnen Aufwendung keine oder nur begrenzte Vergütung oder eine ohne Nachweis im Einzelnen zu leistende pauschale Vergütung erhält, dass die Gesellschaft für Verluste von Gesellschaftern nicht oder nur bis zu einer bestimmten Höhe aufkommt, dass Ersatz seitens der Gesellschaft erst bei der Abwicklung und Auseinandersetzung zu leisten ist, dass keine oder eine andere Verzinsung stattfindet oder dass die Mitgesellschafter auch während des Bestehens der Gesellschaft auf Ersatz und auf Leistung von Vorschüssen in Anspruch genommen werden können.

43 Abweichungen von § 110 können sich auch **aus den Umständen** ergeben. Schließen sich etwa mehrere Personen zur Verwirklichung eines begrenzten Projekts zusammen, ohne der Höhe nach festgelegte Beiträge zu versprechen, so kann daraus auf ihre Verpflichtung geschlossen werden, entsprechend ihrer Beteiligung an der Gesellschaft das zur Erreichung des gemeinsamen Zwecks Erforderliche beizutragen und dem Geschäftsführer auch einen unmittelbaren Anspruch gegen sie auf anteiligen Aufwendungsersatz zu gewähren.[67]

---

[66] So zutr. *A. Hueck* OHG § 15 II 1, S. 213; Schlegelberger/*Martens* Rn 34.

[67] Vgl. näher BGH NJW 1980, 339 (340); ähnlich schon BGH WM 1961, 32.

§ 111

(1) Ein Gesellschafter, der seine Geldeinlage nicht zur rechten Zeit einzahlt oder eingenommenes Gesellschaftsgeld nicht zur rechten Zeit an die Gesellschaftskasse abliefert oder unbefugt Geld aus der Gesellschaftskasse für sich entnimmt, hat Zinsen von dem Tage an zu entrichten, an welchem die Zahlung oder die Ablieferung hätte geschehen sollen oder die Herausnahme des Geldes erfolgt ist.

(2) Die Geltendmachung eines weiteren Schadens ist nicht ausgeschlossen.

Übersicht

A. Normzweck

§ 111 begründet in **Abs. 1,** wie zuvor Art. 95 ADHGB, die Verpflichtung jedes Gesellschafters (nicht nur der geschäftsführenden) gegenüber der Gesellschaft, die ihr **vorenthaltenen Gelder zu verzinsen.** Die Vorschrift bildet das Gegenstück zur Verzinsungspflicht der Gesellschaft nach § 110 Abs. 2 für Aufwendungen der Gesellschafter. Wie diese ist sie Ausdruck des in §§ 353, 354 Abs. 2 HGB enthaltenen allgemeinen Grundsatzes, dass der Kaufmann, weil im Handelsverkehr Geld regelmäßig nutzbringend eingesetzt werden kann, auch ohne Vorliegen der Verzugsvoraussetzungen (§§ 286 ff BGB) die üblichen Zinsen soll verlangen können. Einer besonderen Regelung bedarf die Verzinsungspflicht der Gesellschafter schon deshalb, weil der Gesellschaftsvertrag im Verhältnis zwischen ihnen typischerweise kein Handelsgeschäft bildet (§ 105 Rn 141) und § 353 daher nicht eingreift. **1**

Abs. 2 stellt klar, dass die Verzinsungspflicht des Abs. 1 nicht abschließender Natur ist und dass sie die Geltendmachung von Ansprüchen wegen eines weitergehenden Schadens der Gesellschaft nicht ausschließt. Entsprechendes gilt für sonstige Rechte von Gesellschaft oder Mitgesellschaftern als Folge von Vertragsverstößen des zur Zinszahlung verpflichteten Gesellschafters, die auf Handlungen der in § 111 Abs. 1 beschriebenen Art beruhen (Rn 19). **2**

B. Grundlagen

I. Verpflichtung zur Geldleistung

§ 111 Abs. 1 knüpft die Verzinsungspflicht des Gesellschafters in den drei alternativ genannten Tatbeständen (vgl. Rn 8 ff, 12 f, 14 ff) übereinstimmend daran, dass der Gesellschafter eine der OHG (KG) geschuldete *Geld*leistung nicht rechtzeitig erbringt oder dass er ihr unbefugt *Geld*mittel entzieht. Er ist daher nur auf **Geldforderungen** der Ge- **3** sellschaft gegen die Gesellschafter anwendbar. Für deren Abgrenzung maßgebend ist nicht der enge Begriff der Geldeinlagen im Kapitalgesellschaftsrecht, der (in Abgrenzung zu den Sacheinlagen) als zulässigen Gegenstand der Gesellschafterverpflichtung nur die Barzahlung, die Kontogutschrift oder den bestätigten Bundesbankscheck – jeweils in inländischer Währung – anerkennt.[1] Über ihn hinausgehend werden als zu verzinsende Geldverpflichtungen i.S. von § 111 Abs. 1 vielmehr auch Ansprüche auf sonstige, einer Geldleistung gleichstehende bzw. zur kurzfristigen Umsetzung in Geld geeignete, der Gesellschaft geschuldete Gegenstände angesehen.[2]

4 **Beispiele.** Zu verzinsen sind nach § 111 Abs. 1 auch Ansprüche auf Einzahlungen in **ausländischer** Währung, auf Ablieferung von **Schecks**[3] **oder Wechseln** oder auf Herausgabe des Erlöses im Fall der unbefugten Entnahme derartiger Gegenstände aus der Gesellschafts-„Kasse“. Entsprechendes gilt bei der Verpflichtung zur Leistung sonstiger, zur alsbaldigen Umsetzung in Geld geeigneter **Wertpapiere** oder bei unbefugten Belastungen des Gesellschaftskontos. – Zu den Rechtsfolgen nicht rechtzeitiger Erfüllung sonstiger, nicht auf Geldleistung bezogener Ansprüche der Gesellschaft vgl. Rn 9, 15.

II. Verschulden nicht erforderlich

5 Im Unterschied zur Verzinsungspflicht bei Verzug nach § 288 BGB, die das Vertretenmüssen der Nichtleistung durch den Schuldner als Verzugsvoraussetzung (§ 286 BGB) erfordert, genügt für die Pflicht nach § 111 Abs. 1 die verspätete Einzahlung oder Ablieferung bzw. die unbefugte Entnahme als solche (vgl. näher Rn 10, 13, 17). Auf Schuldnerverzug kommt es nicht an. Wohl aber muss der Anspruch der Gesellschaft **fällig** sein; seine Durchsetzung darf nicht von einem noch ausstehenden Gesellschafterbeschluss abhängen. Das Bestehen eines Zurückbehaltungsrechts des Gesellschafters nach § 273 Abs. 1 BGB in Bezug auf die Geldforderung der Gesellschaft schließt die Verzinsungspflicht nicht aus, solange der Gesellschafter sich der Gesellschaft gegenüber hierauf nicht beruft.[4]

6 Liegt auf Seiten der Gesellschaft **Gläubigerverzug** vor (§§ 293 ff BGB), so entfällt die Verzinsungspflicht während dieser Zeit. Das folgt aus § 301 BGB.

III. Zinssatz

7 Die Höhe der geschuldeten Verzinsung richtet sich nach § **352 Abs. 2,** soweit der Gesellschaftsvertrag nichts Abweichendes bestimmt: die Forderung ist mit 5 % zu verzinsen. Soweit gleichzeitig Schuldnerverzug vorliegt, ist die Geltendmachung eines höheren Zinsschadens nach §§ 286, 288 BGB durch § 111 Abs. 1 nicht ausgeschlossen. Das ist in Abs. 2 ausdrücklich klargestellt (Rn 18).

---

[1] Vgl. zum Aktienrecht § 54 Abs. 3 AktG, zum GmbH-Recht *Ulmer*/Habersack/Winter GmbHG § 5 Rn 9 ff.

[2] HM, vgl. MünchKommHGB/*Langhein* Rn 2; Ebenroth/Boujong/Joost/Strohn/*Goette* Rn 4; Röhricht/ Graf v.Westphalen/*v. Gerkan/Haas* Rn 3; enger wohl Schlegelberger/*Martens* Rn 1.

[3] MünchKommHGB/*Langhein* Rn 6; Baumbach/*Hopt* Rn 1; einschränkend Schlegelberger/*Martens* Rn 6, wonach eine Verzinsungspflicht besteht, wenn Scheck, Wechsel oder Wertpapier jederzeit kurzfristig in Bargeld umgesetzt werden können.

[4] HM, vgl. RGZ 77, 436 (438); Soergel/*Wiedemann*[13] § 284 Rn 17 mwN. Offenlassend BGHZ 60, 319 (323) = NJW 1973, 1234. Zur Behandlung sonstiger Einreden vgl. Fn 6.

C. Verzinsungsvoraussetzungen (Abs. 1)

I. Nichtzahlung von Geldeinlagen

1. Geldeinlagen. Zum (weiten) Begriff der Geldleistung vgl. Rn 3 f. Als **Einlageschuld** muss sie vom Gesellschafter im Gesellschaftsvertrag versprochen sein, sei es bei Gründung der Gesellschaft oder bei späterer Vertragsänderung. Unter die Verzinsungspflicht für rückständige Geldeinlagen fallen auch wiederaufgelebte Einlageverpflichtungen aufgrund zu Unrecht erfolgter *Kapitalrückzahlung*, etwa als vermeintlicher Gewinn oder vermeintliche Geschäftsführervergütung, auch wenn die Voraussetzungen einer unbefugten Entnahme (Rn 16) nicht vorliegen. Die Beitragspflicht der Gesellschafter beschränkt sich nicht auf Zuführung der geschuldeten Mittel, sondern umfasst auch ihre Belassung während der Dauer der Gesellschaft, solange die Gesellschafter nicht eine Kapitalherabsetzung beschließen. Das gilt auch für die Beiträge von Kommanditisten; der in § 172 Abs. 5 angeordnete Ausschluss der Rückzahlung in Fällen, in denen die Zahlung an einen gutgläubigen Kommanditisten als vermeintlicher Gewinn erfolgt, beschränkt sich auf die Außenhaftung gegenüber den Gesellschaftsgläubigern.[5] 8

Auf die verspätete Leistung **sonstiger** Einlagegegenstände ist § 111 Abs. 1 **nicht** anwendbar; eine Verzinsung nach dieser Vorschrift entfällt. Es bewendet bei den allgemeinen Vorschriften der §§ 286 ff BGB, sofern der Einlageschuldner in Verzug ist und die Gesellschaft hierdurch einen Schaden erleidet (§ 105 Rn 150). Zur Behandlung der Fälle unmöglicher Einlageleistungen vgl. ebenfalls § 105 Rn 150. 9

2. Beginn der Verzinsung. Die Verzinsungspflicht beginnt mit der *Nichtleistung zur rechten Zeit*. Erforderlich ist hierzu die **Fälligkeit** der Einlageforderung. Sie richtet sich nach den hierüber im Gesellschaftsvertrag getroffenen Vereinbarungen, etwa einem bestimmten Leistungszeitpunkt, der Notwendigkeit eines Gesellschafterbeschlusses oder dem Einzahlungsverlangen der Geschäftsführer. Enthält der Vertrag hierzu keine Regelung, so tritt die Fälligkeit der Einlageforderung nach § 271 Abs. 1 BGB sofort mit seinem Abschluss ein, soweit sich nicht aus Abreden über einen späteren Geschäftsbeginn o.ä. etwas anderes ergibt. Im Fall zu Unrecht zurückgezahlter, nicht als unbefugte Entnahme zu qualifizierender Einlagen (Rn 8) ist weitere Voraussetzung für die Verzinsung deren Einforderung durch den Geschäftsführer. 10

Ein **Leistungsverweigerungs- oder Zurückbehaltungsrecht** scheidet in Bezug auf die geschuldeten Einlagen regelmäßig aus (§ 105 Rn 148). Der Zeitpunkt rechtzeitiger Leistungserbringung wird hierdurch daher nicht berührt. Anderes kommt bei *Verletzung des Gleichbehandlungsgrundsatzes*, d.h. dann in Betracht, wenn die ausstehenden Einlagen ohne sachlichen Grund nicht auch von den Mitgesellschaftern eingefordert werden (vgl. § 105 Rn 148). In diesem Fall kann der Gesellschafter die Einlage bis zur Behebung des Verstoßes zurückhalten; das schließt auch eine Pflicht zur Verzinsung während dieses Zeitraums aus.[6] 11

---

[5] MünchKommHGB/*Langhein* Rn 14; Schlegelberger/*Martens* § 169 Rn 16 ff; MünchKommHGB/*Grunewald* § 169 Rn 13; Baumbach/*Hopt* § 172 Rn 9; **aA** MünchKommHGB/*K. Schmidt* §§ 171, 172 Rn 83 ff, 94; *K. Schmidt* BB 1984, 1592 f; *Westermann* Handbuch Rn I 3017; dagegen zutreffend Schlegelberger/*Martens* § 169 Rn 17 f.

[6] Die Notwendigkeit, sich zur Abwendung der Rechtsfolgen der Nichtzahlung bei Fälligkeit auf die Einrede berufen zu müssen, ist außerhalb des § 273 Abs. 1 BGB (Fn 4) lebhaft umstritten. Umfass. Übersicht über den Meinungsstand bei Soergel/*Wiedemann*[13] § 284 Rn 13 ff.

II. Nichtablieferung von Gesellschaftsgeldern

12 Die Pflicht zur Ablieferung von „eingenommenem Gesellschaftsgeld" an die Gesellschaft folgt im Regelfall aus § 105 Abs. 2 i.V.m. §§ 713, 667 BGB (§ 110 Rn 38). Die **Herausgabepflicht** betrifft in erster Linie die geschäftsführenden Gesellschafter, kommt daneben aber auch für sonstige Gesellschafter in Betracht, die befugt (§ 110 Rn 10) für die Gesellschaft tätig geworden sind; bei unbefugter Tätigkeit in Gesellschaftsangelegenheiten beruht die Herausgabepflicht auf §§ 681, 684 BGB.[7] Soweit eine Herausgabepflicht nach einer dieser Vorschriften besteht, greift auch die Verzinsungspflicht des § 111 Abs. 1 in Bezug auf *Geldleistungen* ein; deren Begriff ist ebenso wie bei den Geldeinlagen in einem *weiten* Sinn zu verstehen und erfasst auch geldähnliche, der Gesellschaft zustehende Gegenstände (Rn 3 f).

13 Für den **Beginn** der Verzinsungspflicht bedarf es neben der Fälligkeit des Herausgabeanspruchs, die nach § 271 Abs. 1 BGB regelmäßig mit Erlangung der Gesellschaftsgelder durch die Tätigkeit für die Gesellschaft eintritt, der **Möglichkeit rechtzeitiger Leistung,** d.h. der Herausgabe im ordnungsmäßigen Geschäftsgang. Insoweit entscheiden die Umstände des Falles: Bei Empfang während einer kürzeren Geschäftsreise genügt regelmäßig Ablieferung alsbald nach deren Beendigung, bei sonstigen Zahlungen oder Gutschriften an den Gesellschafter bedarf es der unverzüglichen Weiterleitung nach Kenntnis vom Zahlungseingang. Auf ein Herausgabeverlangen der (Mit-)Geschäftsführer oder auf verschuldete Verzögerung der Herausgabe (vgl. zu dieser Rn 5) kommt es für den Zinsbeginn nicht an. Die Pflicht zur Verzinsung entfällt, soweit dem Gesellschafter ein Gegenanspruch auf Aufwendungsersatz zusteht und er sich hierauf einredeweise oder durch Aufrechnung beruft. Die Verzinsungspflicht **endet** mit der Ablieferung, also sobald die Gesellschaft über die Mittel unmittelbar verfügen kann.[8]

III. Unbefugte Geldentnahmen

14 **1. Voraussetzungen.** Der dritte in § 111 Abs. 1 geregelte Fall einer Verzinsungspflicht betrifft die unbefugte **Entnahme von Geld** oder geldähnlichen Gegenständen (Rn 3 f) aus der Gesellschaftskasse, d.h. den Entzug der Nutzung dieser Gegenstände durch die Gesellschaft.[9] Der Entnahme steht es gleich, wenn ein Gesellschafter in sonstiger Weise den *Kredit der Gesellschaft für seine privaten Zwecke* in Anspruch nimmt, sei es durch Annahme und Einlösung von Wechseln oder durch Ausstellung von Schecks zu Lasten der Gesellschaft, sei es durch sonstige Belastung des Gesellschaftskontos unter Verursachung oder Vergrößerung eines Schuldsaldos auf diesem oder dadurch, dass er für die Gesellschaft bestimmte Zahlungen seinem persönlichen Konto gutbringen lässt.[10] Die bloße Umbuchung von Beträgen vom Kapital- auf das bei der Gesellschaft geführte Entnahme-(Privat-)Konto eines Gesellschafters reicht nicht aus, solange das Geld nicht entnommen ist; allerdings ist sie bei fehlender Befugnis rückgängig zu machen, ohne dass

---

[7] **AA** Ebenroth/Boujong/Joost/Strohn/*Goette* § 111 Rn 10; MünchKommHGB/*Langhein* § 111 Rn 9, wonach § 111 Abs. 1 HGB auch eingreift, wenn ein Gesellschafter Geldmittel unbefugt vereinnahmt hat. Vgl. dazu § 110 Rn 9 f.

[8] MünchKommHGB/*Langhein* Rn 10.

[9] Geschützt sind alle der Gesellschaft zur freien Verfügung stehenden liquiden Geldmittel und -guthaben, vgl. nur BGH WM 1990, 1960; NJW-RR 1994, 996; NJW 1995, 1960; MünchKommHGB/*Langhein* Rn 8.

[10] So auch MünchKommHGB/*Langhein* Rn 11; Röhricht/v.Westphalen/*v. Gerkan/Haas* Rn 11.

der Gesellschafter für die Zwischenzeit seinerseits eine – im Gesellschaftsvertrag für Guthaben auf diesen Konten etwa vorgesehene – Verzinsung verlangen kann.

Die Entnahme **sonstiger Gegenstände** begründet *keine* Verzinsungspflicht nach § 111 Abs. 1. Ist mit ihr der konkludente Abschluss eines Kaufvertrags verbunden, kann sich die Verzinsungspflicht des noch nicht gezahlten Kaufpreises aus § 452 BGB ergeben. Im Übrigen kommt in derartigen Fällen eine Schadensersatzhaftung des Gesellschafters wegen Verletzung seiner Pflichten aus dem Gesellschaftsvertrag in Betracht, wenn er diese nach Maßgabe von § 708 BGB zu vertreten hat und der Gesellschaft hieraus ein Schaden erwächst. **15**

Objektiv **unbefugt** ist die Entnahme, wenn sie weder im Gesellschaftsvertrag zugelassen noch durch Gesellschafterbeschluss gedeckt ist und wenn der Gesellschafter auch keinen materiellrechtlichen Anspruch gegen die Gesellschaft auf das entnommene Geld hat. Vorwerfbarkeit ist nicht erforderlich (Rn 5). Auch darauf, ob der Gesellschafter selbst in die Kasse greift bzw. liquide Mittel der Gesellschaft auf andere Weise durch eigenes Handeln an sich bringt (vgl. Rn 4), kommt es nicht an. Es genügt, dass er einen verfügungsbefugten Mitgesellschafter veranlasst, die Mittel an ihn auszuzahlen. Soweit es um die Erfüllung einer Sozialverbindlichkeit der Gesellschaft, etwa aus § 110, oder einer Verbindlichkeit aus einem Drittgeschäft des Gesellschafters durch Leistung von Gesellschaftsmitteln an sich selbst geht, handelt er grundsätzlich auch dann *befugt*, wenn er nicht vom Verbot des Selbstkontrahierens befreit ist.[11] Das gilt auch bei der Entnahme von Beträgen als *Vorschuss* für bevorstehende Aufwendungen des Gesellschafters in Gesellschaftsangelegenheiten, sofern diese nach Art und Umfang durch § 669 BGB gedeckt sind (§ 110 Rn 40). § 181 greift nicht ein, weil die Zahlung ausschließlich der Erfüllung einer Verbindlichkeit der Gesellschaft dient. Dagegen kann die ordnungsmäßige Verbuchung der Entnahmen das Fehlen der Befugnis, für die Gesellschaft zu handeln, nicht ersetzen. – Zur Behandlung unberechtigter, in gutem Glauben empfangener Kapitalrückzahlungen vgl. Rn 8. Die **Darlegungs- und Beweislast** hinsichtlich der Befugnis liegt beim Gesellschafter, während die Gesellschaft ggf. die Entnahme zu beweisen hat.[12] **16**

2. Beginn der Verzinsung. Die Pflicht zur Verzinsung beginnt mit der Entstehung des Rückzahlungsanspruchs der Gesellschaft, d.h. grundsätzlich im **Zeitpunkt der unbefugten Entnahme** bzw. des ihr gleichstehenden Einzugs von Zahlungen, die für die Gesellschaft bestimmt sind, durch den Gesellschafter persönlich. Auf die Kenntnis oder fahrlässige Unkenntnis des Gesellschafters von seiner fehlenden Entnahmebefugnis kommt es nicht an (Rn 5).[13] Einreden des Gesellschafters gegen den Rückzahlungsanspruch der Gesellschaft scheiden bei unbefugten Entnahmen in aller Regel aus; sie stehen daher auch der Verzinsungspflicht nicht entgegen. **17**

D. Geltendmachung sonstiger Rechte

I. Ersatzfähigkeit weitergehenden Schadens (Abs. 2)

Seiner Rechtsnatur nach ist der Verzinsungsanspruch des **§ 111 Abs. 1 kein Schadensersatzanspruch,** sondern ein solcher auf Ausgleich der entzogenen Nutzungsmöglichkeit in Bezug auf die der Gesellschaft zustehenden Geldmittel (Rn 1).[14] Bei Vorliegen der Ver- **18**

---

11 MünchKommHGB/*Langhein* Rn 12; Ebenroth/Boujong/Joost/Strohn/*Goette* Rn 17.

12 MünchKommHGB/*Langhein* Rn 13.

13 Ebenroth/Boujong/Joost/Strohn/*Goette* Rn 22; MünchKommHGB/*Langhein* Rn 14.

14 MünchKommHGB/*Langhein* Rn 3.

zugsvoraussetzungen (§§ 286 ff BGB) oder im Falle eines schuldhaften Vertragsverstoßes des Gesellschafters konkurriert er mit dem entsprechenden Schadensersatzanspruch der Gesellschaft. Wie Abs. 2 ausdrücklich klarstellt, wird dieser durch den Zinsanspruch nach Abs. 1 nicht berührt. Die vom Gesellschafter hierauf gezahlten Zinsen sind jedoch auf den nach allgemeinen Vorschriften ersatzfähigen Schaden anzurechnen.

II. Sonstige Rechte

19 Auch sonstige Rechte von Gesellschaft oder Mitgesellschaftern werden durch die in § 111 Abs. 1 angeordnete Verzinsungspflicht **nicht berührt**. Das gilt einerseits für Herausgabe- oder Rückzahlungsansprüche der Gesellschaft im Fall der Nichtabführung von Gesellschaftsgeldern oder der unbefugten Entnahme, andererseits für Gestaltungsklagen der Mitgesellschafter nach §§ 117, 127, 133, 140, 142. Das Vorliegen ihrer Voraussetzungen ist unabhängig von der in § 111 Abs 1 angeordneten Verzinsungspflicht festzustellen. Eines besonderen Vorbehalts nach Art von Abs. 2 bedarf es hierfür nicht; der Fortbestand dieser Rechte ergibt sich schon daraus, dass der Verzinsungspflicht ihnen gegenüber nicht der Charakter einer Spezialregelung zukommt.

E. Abweichende Vereinbarungen

20 Sie sind angesichts der Zugehörigkeit des § 111 zu den das Innenverhältnis der Gesellschafter regelnden Vorschriften und deren dispositiver Natur (§ 109) grundsätzlich **beliebig** zulässig. Der Gesellschaftsvertrag kann die Verzinsungspflicht ausschließen, an weitergehende Voraussetzungen binden oder erst von einem späteren Zeitpunkt an eingreifen lassen. Er kann auch umgekehrt schärfere Voraussetzungen oder Rechtsfolgen an die Vorenthaltung von Gesellschaftsgeldern durch einzelne Gesellschafter knüpfen, insbesondere einen über 5 % liegenden Zinssatz festlegen oder für die nicht rechtzeitige Zahlung eine Vertragsstrafe androhen. Sinnvoll erscheint in jedem Falle eine Klarstellung, ob sich die Regelung nur auf die gesetzliche Verzinsungspflicht aus § 111 oder auch auf konkurrierende Schadensersatzansprüche erstreckt.[15]

§ 112

(1) Ein Gesellschafter darf ohne Einwilligung der anderen Gesellschafter weder in dem Handelszweig der Gesellschaft Geschäfte machen, noch an einer anderen gleichartigen Handelsgesellschaft als persönlich haftender Gesellschafter teilnehmen.

(2) Die Einwilligung zur Teilnahme an einer anderen Gesellschaft gilt als erteilt, wenn den übrigen Gesellschaftern bei Eingehung der Gesellschaft bekannt ist, daß der Gesellschafter an einer anderen Gesellschaft als persönlich haftender Gesellschafter teilnimmt, und gleichwohl die Aufgabe dieser Beteiligung nicht ausdrücklich bedungen wird.

[15] Vgl. Schlegelberger/*Martens* § 111 Rn 19.

Schrifttum

Armbrüster Grundlagen und Reichweite von Wettbewerbsverboten im Personengesellschaftsrecht, ZIP 1997, 261; *Beater* Der praktische Fall – Gesellschaftsrecht: Das Wettbewerbsverbot, JuS 1997, 816; *Beuthien* Gesellschaftsrecht und Kartellrecht, ZHR 142 (1978), 259; *Cahn* Das Wettbewerbsverbot des Vorstands in der AG & Co. KG, Konzern 2007, 716; *Fleischer* Gelöste und ungelöste Probleme der gesellschaftsrechtlichen Geschäftschancenlehre, NZG 2003, 985; *Hellgardt* Das Wettbewerbsverbot des Vorstands in der AG & Co. KG, ZIP 2007, 2248; *Kanzleitner* Schranken der Zulässigkeit von Wettbewerbsverboten in Gesellschaftsverträgen, DNotZ 1989, 195; *Kardaras* Das Wettbewerbsverbot in den Personalgesellschaften (1967); *Krämer* Nachvertragliche Wettbewerbsverbote im Spannungsfeld von Berufs- und Vertragsfreiheit, FS Röhricht (2005), S. 335; *Kübler/Waltermann* Geschäftschancen der Kommanditgesellschaft, ZGR 1991, 162; *Löffler* Zur Reichweite des gesetzlichen Wettbewerbsverbots in der Kommanditgesellschaft, NJW 1986, 223; *Mayer* Wettbewerbsklauseln in Personengesellschaftsverträgen, NJW 1991, 23; *Melullis* Zu Zulässigkeit und Wirksamkeit von Wettbewerbsverboten bei Personengesellschaftsverträgen, WRP 1994, 686; *Michalski* Nachvertragliches Wettbewerbsverbot, NZG 1998, 21; *Müller* Das gesetzliche Wettbewerbsverbot der Gesellschafter der KG, NJW 2007, 1724; *Paefgen* Wettbewerbsverbot nach „provoziertem Rausschmiß“ aus der Personenhandelsgesellschaft, BB 1990, 1777; *Polley* Wettbewerbsverbot und Geschäftschancenlehre (1993); *Riegger* Unterliegt die Komplementär-GmbH dem gesetzlichen Wettbewerbsverbot? BB 1983, 90; *Salfeld* Wettbewerbsverbote im Gesellschaftsrecht (1987); *Weisser* Gesellschafterliche Treuepflicht bei Wahrnehmung von Geschäftschancen der Gesellschaft durch de facto geschäftsführenden Gesellschafter, DB 1989, 2010; *ders.* Corporate Opportunities (1991); *Wiedemann/Hirte* Die Konkretisierung der Pflichten des herrschenden Unternehmens, ZGR 1986, 163.

Vgl. auch die Angaben vor Rn 40.

Übersicht

A. Grundlagen

I. Normzweck

1 § 112 Abs. 1 enthält nach seinem Wortlaut und seiner Entstehungsgeschichte[1] ein Wettbewerbsverbot für *alle*, auch die nicht geschäftsführenden Gesellschafter einer OHG sowie (über § 161 Abs. 2) für die Komplementäre einer KG. Das Verbot ist abdingbar (Rn 31); die Verstoßfolgen sind in § 113 geregelt. Nach seinem Zweck soll das Verbot Gesellschaft und Mitgesellschafter vor der Gefahr schützen, dass ein Gesellschafter seinen **Einfluss** auf die Gesellschaft zu eigennützigen Zwecken **missbraucht** und dass er **Informationen und Kenntnisse** in Bezug auf die Geschäftstätigkeit der Gesellschaft, die er aufgrund seiner Gesellschafterstellung erlangt, unter Verletzung seiner Förderungs- und Treupflicht im **eigenen Interesse verwertet**[2]; beide Aspekte stehen gleichrangig nebeneinander. Das Verbot greift – als Präventivschutz – nicht erst ein, wenn interner Einfluss oder Insiderinformationen tatsächlich missbraucht werden und der Gesellschaft aus der Wettbewerbstätigkeit ein nachweisbarer Schaden erwächst, sondern lässt bereits die *konkrete Gefährdung* der Gesellschaft aufgrund der Wettbewerbstätigkeit genügen.[3] Dadurch schließt es die Gefahr von Interessenkollisionen aus und sichert das Vertrauen der Mitgesellschafter auf uneigennützige, dem gemeinsamen Interesse verpflichtete Ausübung der Verwaltungsrechte. Soweit Kommanditisten oder stille Gesellschafter intern über Mitsprache- und Informationsrechte verfügen, die denjenigen eines typischen OHG-Gesellschafters angenähert sind und eine entsprechende Gefährdung der Gesellschaft begründen, findet das Wettbewerbsverbot grundsätzlich auch auf sie Anwendung (Rn 9).

2 **Sonstige** Zwecke werden mit dem Wettbewerbsverbot des § 112 **nicht** verfolgt. Insbesondere ist die Vorschrift im Unterschied zu den weitergehenden Regelungen der §§ 60 HGB, 88 AktG nicht dazu bestimmt, der OHG (KG) die **Arbeitskraft** des Gesellschafters zu sichern und ihn daran zu hindern, andere (nicht wettbewerbsrelevante) Tätigkeiten zu übernehmen.[4] Aus diesen Gründen ist es auch unzutreffend, das Wettbewerbsverbot als

---

[1] Vgl. die Begründung zum preuß. HGB-Entwurf (zit. bei *K. Schmidt* Gesellschaftsrecht § 20.V.1.b)), auf den Art. 96 ADHGB als im Wesentlichen inhaltsgleicher Vorläufer des § 112 zurückgeht: „Das Verbot ... ist ... auf jeden Gesellschafter erstreckt, ohne Unterschied, ob er an der Geschäftsführung Theil hat oder nicht, ob er Kapital einlegt oder blos seine Industrie".

[2] Das entspricht der ganz hM (Gegenansichten vgl. in Fn 4, 5), wobei der Akzent teils stärker auf die Verhinderung missbräuchlicher Ausnutzung des Einflusses, teils mehr auf diejenige des Informationsmissbrauchs gesetzt wird; vgl. BGHZ 89, 162 (166) = NJW 1984, 1351; BGH WM 1961, 629 (632); *A. Hueck* OHG § 13 II 1, S. 196; MünchKommHGB/*Langhein* Rn 1 f; Baumbach/*Hopt* Rn 1; *Koller*/Roth/Morck §§ 112, 113 Rn 1; *Beuthien* ZHR 142 (1978), 259 (284); *Lieberknecht/Gnauk* BB 1963, 1073; *Löffler* NJW 1986, 227; *Voges* DB 1977, 2085; wenig spezifisch demgegenüber *Kardaras* Wettbewerbsverbot S. 25 ff: Verhinderung der Gefährdung des gemeinsamen Zwecks. Zu der diesem Normzweck ähnlichen amerikanischen Lehre von der *corporate opportunity* vgl. allg. *Mestmäcker* Verwaltung, Konzerngewalt und Rechte der Aktionäre, 1958, S. 166 ff, dazu auch *Wiedemann* Gesellschaftsrecht Bd. I, § 8 III 1b, S. 443 f, § 13 II 1b, S. 734 mN.

[3] BGHZ 70, 331 (333) = NJW 1978, 1001; 89, 162 (170) = NJW 1984, 1351; RGZ 109, 355 (356) (zu § 60 HGB); *A. Hueck* OHG § 13 II 3a, S. 197; *Kardaras* Wettbewerbsverbot S. 19 ff, 27 f; *Löffler* NJW 1986, 228 f. Enger wohl noch BGH WM 1957, 1128 (1129) und 1961, 629 (632) (Verhinderung einer Schädigung der Gesellschaft).

[4] Ganz hM, vgl. *A. Hueck* OHG § 13 II 1, S. 195; MünchKommHGB/*Langhein* Rn 2; Ebenroth/Boujong/Joost/Strohn/*Goette* Rn 2; Baumbach/*Hopt* Rn 1; Westermann/*Werten-*

nicht mitglieds-, sondern *amtsbezogen* zu bezeichnen.[5] Diese Umschreibung greift einerseits zu weit, da sie mit dem Amtsbezug auf den Schutz der Arbeitskraft hindeutet; sie ist andererseits zu eng, weil sie der (nicht amtsbezogenen) Zielsetzung, die Gefahr missbräuchlicher Ausnutzung von Insiderinformationen auszuschließen, nicht hinreichend Rechnung trägt. Ebenfalls nicht durch § 112 Abs. 1 geschützt ist das sonstige, nicht in die Gesellschaft eingebrachte **(Privat-)Vermögen** des Gesellschafters trotz seiner Funktion als Kreditgrundlage der OHG (KG); sein Einsatz für andere unternehmerische Zwecke ist dem Gesellschafter durch diese Vorschrift nicht verwehrt.[6]

II. Wettbewerbsverbot und Treupflicht

Die Vorschrift des § 112 Abs. 1 wird allgemein als gesetzliche Ausprägung der mit- **3**
gliedschaftlichen Treupflicht in OHG und KG (§ 105 Rn 228 ff) bezeichnet.[7] Daran ist richtig, dass die eigennützige Wahrnehmung von Geschäftschancen der Gesellschaft oder die sonstige Ausnutzung von Insiderinformationen einem Gesellschafter grundsätzlich auch dann verboten wäre, wenn es die Regelungen der §§ 112, 113 nicht gäbe. Gleichwohl kommt ihnen gegenüber der Treupflicht **eigenständige Bedeutung** zu. Das gilt nicht nur für die Einwilligungsfiktion des § 112 Abs. 2 und für die nähere Umschreibung der Rechtsfolgen in § 113, darunter insbes. das alternativ zum Schadensersatzanspruch gewährte Eintrittsrecht und die Notwendigkeit eines Gesellschafterbeschlusses zur Geltendmachung der Rechtsfolgen. Vielmehr geht auch der positivrechtlich als *Gefährdungstatbestand* (Rn 1) geregelte Anwendungsbereich des § 112 Abs. 1 über dasjenige hinaus, was einem Gesellschafter aufgrund der allgemeinen, treupflichtbedingten Schranken untersagt wäre (vgl. Rn 7). Das spricht für die **analoge Anwendung der §§ 112, 113** anstelle der bloßen Bezugnahme auf die Treupflicht auf Kommanditisten, deren interne Befugnisse denjenigen persönlich haftender Gesellschafter angenähert sind (Rn 9). Entsprechendes gilt für die Ausnutzung von Geschäftschancen der Gesellschaft durch einen Gesellschafter, auch wenn sie – wie insbesondere bei Anlagegeschäften – nicht unmittelbar den „Handelszweig" der Gesellschaft betrifft (vgl. Rn 17 aE).

III. Vergleich mit sonstigen Wettbewerbsverboten

Weitgehende Übereinstimmung besteht zwischen dem Wettbewerbsverbot des § 112 **4**
Abs. 1 und dem für **Komplementäre einer KGaA** geltenden Verbot des § 284 Abs. 1 S. 1 AktG. Schutzzweck und Anwendungsbereich beider Vorschriften sind im Wesentlichen

bruch Handbuch Rn I 446; *Armbrüster* ZIP 1997, 261 (262); *Beuthien* ZHR 142 (1978), 259 (271 f, 284); *Lieberknecht/Gnauk* BB 1963, 1073; vgl. auch BGH NJW-RR 1997, 925; **aA** aber *Wiedemann/Hirte* ZGR 1986, 163 (166).

5 So aber *Wiedemann/Hirte* ZGR 1986, 163 (167).

6 So zutr. *Beuthien* ZHR 142 (1978), 259 (271 f).

7 Vgl. etwa BGHZ 70, 331 (335) = NJW 1978, 1001; 89, 162 (165 f) = NJW 1984, 1351; BGH NJW 2002, 1046 (1047); WM 1957, 1128 (1129); *A. Hueck* OHG § 13 II 1, S. 195; MünchKommHGB/*Grunewald* § 165 Rn 4; *K. Schmidt* Gesellschaftsrecht § 20 V 1b; MünchKommHGB/*Langhein* Rn 1; Ebenroth/Boujong/Joost/Strohn/*Goette* Rn 1; Baumbach/*Hopt* Rn 1; Westermann/*Wertenbruch* Handbuch Rn I 446; Sudhoff/*Schulte* Personengesellschaften[8] § 11 Rn 1; *Armbrüster* ZIP 1997, 261 (anders für Kommanditisten, S. 270); eingehend *Kardaras* Wettbewerbsverbot S. 13 ff, 25 ff.

identisch[8]; die unterschiedlichen Voraussetzungen der Einwilligung und der Durchsetzung der Verstoßfolgen fallen gegenüber dieser Übereinstimmung nicht ins Gewicht. Dagegen greift das Wettbewerbsverbot für **Handlungsgehilfen** (§ 60 Abs. 1) und für **Vorstandsmitglieder einer AG** (§ 88 Abs. 1 S. 1 und 2 AktG) weiter, da es den Normadressaten den Betrieb eines eigenen Handelsgewerbes oder die Tätigkeit in einem anderen kaufmännischen Unternehmen ohne Einwilligung nicht nur für den betreffenden Handelszweig, sondern *generell* untersagt.[9] Das entspricht dem mit diesen Vorschriften im Unterschied zu § 112 Abs. 1 (Rn 2) bezweckten Schutz der Arbeitskraft der Normadressaten.

IV. Wettbewerbsverbot und Kartellrecht

5 Das aus § 112 Abs. 1 folgende mitgliedschaftliche Wettbewerbsverbot erfüllt nach zutr. hM die Tatbestandsvoraussetzungen eines nach § 1 GWB unwirksamen Kartells, sofern sich damit spürbare Marktwirkungen verbinden (vgl. näher Rn 40). Da eine gesetzliche Regelung dieser Normenkollision nicht erfolgt ist, muss ihr im Rahmen der Rechtsanwendung Rechnung getragen werden. Dabei geht die ganz überwiegende Ansicht im Ergebnis zutreffend dahin, dass Wettbewerbsverbote für persönlich haftende Gesellschafter in typischen, dem gesetzlichen Leitbild entsprechenden Gesellschaften durch § 1 GWB nicht betroffen sind (Rn 43); anderes gilt bei Vertriebssyndikaten und ähnlichen Kartellen in der Rechtsform der Personengesellschaft ohne kartellrechtsneutralen Hauptzweck.[10] Abweichend von der in der Rechtsprechung vorherrschenden *zweistufigen Prüfungsmethode*, die in nicht eindeutigen Fällen zunächst die Anwendbarkeit des gesellschaftsrechtlichen Wettbewerbsverbots und dessen Verletzung erörtert und sodann fragt, ob § 1 GWB seiner Geltung entgegensteht, ist es jedoch geboten, den **Einfluss des § 1 GWB** schon **bei Auslegung und Anwendung des § 112 Abs. 1** und seiner Tatbestandsmerkmale zu berücksichtigen, um dadurch in Fällen, in denen sich mit dem Wettbewerbsverbot erhebliche wettbewerbsbeschränkende Wirkungen verbinden, ggf. zu einem engeren, an der Funktionsnotwendigkeit orientierten Anwendungsbereich des § 112 Abs. 1 zu kommen (näher Rn 42).

B. Anwendungsbereich

I. Personenkreis

6 **1. Persönlich haftende Gesellschafter.** Sie werden vorbehaltlich etwaiger Schranken aus § 1 GWB (Rn 41, 46 f) nach gesetzlicher Regel **uneingeschränkt von § 112 Abs. 1 erfasst,** und zwar sowohl in der OHG als auch (über § 161 Abs. 2) in der KG.[11] Darauf, ob sie Geschäftsführer der Gesellschaft sind, kommt es nicht an;[12] auch der durch § 118 Abs. 1 eröffnete Zugang zu den Gesellschaftsinterna und der mit den Mitspracherechten

[8] Vgl. MünchKommAktG²/*Semler*/*Perlitt* § 284 Rn 2; *Beuthien* ZHR 142 (1978), 259 (288); Baumbach/*Hopt* Rn 1; MünchKommHGB/*Langhein* Rn 2 f.

[9] Vgl. auch Ebenroth/Boujong/Joost/Strohn/*Goette* Rn 2.

[10] BGH NJW 1982, 938 (939) = WuW/E BGH 1901; vgl. dazu unten Rn 44.

[11] MünchKommHGB/*Langhein* Rn 5; Ebenroth/Boujong/Joost/Strohn/*Goette* Rn 4; Heymann/*Emmerich* Rn 5; Röhricht/ Graf v. Westphalen/*v. Gerkan*/*Haas* Rn 3; Westermann/*Wertenbruch* Handbuch Rn I 447.

[12] Gegen Anwendung des § 112 auf nicht geschäftsführende Gesellschafter aber *Armbrüster* ZIP 1997, 261 (265 ff).

nach § 116 Abs. 2 verbundene Einfluss reichen nach dem Normzweck des Wettbewerbsverbots (Rn 1) für dessen Eingreifen aus. Unerheblich ist aus dieser Sicht auch die mehr personalistische oder kapitalistische Struktur der Gesellschaft; insbesondere ist für eine (ungeschriebene) Ausnahme von § 112 Abs. 1 im Fall der *Komplementär-GmbH* einer GmbH & Co. KG kein Raum.[13] Das Verbot gilt auch für Gesellschafter, die mangels unbeschränkter Geschäftsfähigkeit oder aus sonstigen Gründen nicht in der Lage sind, ihre Gesellschafterrechte selbst wahrzunehmen; Wettbewerbsverstöße der für sie tätigen bzw. von ihnen beauftragten Vertreter werden ihnen nach § 278 BGB zugerechnet (Rn 10).

Eine **Restriktion** des § 112 Abs. 1 ist mit Rücksicht auf § 1 GWB (Rn 5) in denjenigen Fällen geboten, in denen ein von Geschäftsführung und Vertretung ausgeschlossener persönlich haftender Gesellschafter entweder auf die gesetzlichen Mindestrechte des § 118 Abs. 2 beschränkt ist oder in denen seine eigene, von den Mitgesellschaftern im Übrigen gebilligte Unternehmenstätigkeit außerhalb der OHG (KG) im Vordergrund steht und er deshalb aus Gründen der Treupflicht gehindert ist, von seinen Informationsrechten aus § 118 Abs. 1 uneingeschränkt Gebrauch zu machen (vgl. § 118 Rn 17 f). Insoweit ist das Eingreifen des umfassenden Wettbewerbsverbots nach seinem Schutzzweck nicht veranlasst, eine konkrete Gefährdung von Gesellschaft und Mitgesellschaftern ist nicht gegeben.[14] Zu ihrem Schutz reicht es abgesehen von der Gestaltungsklage des § 140 aus, ihnen **Schadensersatzansprüche wegen Treupflichtverletzung** in denjenigen Fällen zu gewähren, in denen ein Missbrauch von Insiderinformationen durch den treuwidrig handelnden Gesellschafter zu einem Schaden der Gesellschaft führt. **7**

2. Sonstige Personen. Sofern dritte Personen intern persönlich haftenden **Gesellschaftern gleichstehen** und insbes. berechtigt sind, deren Mitgliedschaftsrechte wahrzunehmen, greift ihnen gegenüber auch das Wettbewerbsverbot ein.[15] Das gilt einerseits für *Treugeber* und *Unterbeteiligte* im Falle offener, mit Zustimmung der Mitgesellschafter und unter Ausdehnung der Mitgliedschaftsrechte auf diese Personen begründeter Treuhand-(Unterbeteiligungs-)Verhältnisse (§ 105 Rn 107, 113), andererseits für *Nießbraucher* mit eigenen Mitsprache- und Informationsrechten in der Gesellschaft (§ 105 Rn 124). Werden sie in den Gesellschafterverband einbezogen unter Gewährung einer internen Stellung, die derjenigen persönlich haftender Gesellschafter entspricht, so ist dem Normzweck des Wettbewerbsverbots durch dessen Erstreckung auf sie Rechnung zu tragen. Dagegen werden nicht zu den Gesellschaftern gehörende Familienangehörige, sonstige **vorgeschobene Personen oder Hintermänner** grundsätzlich nicht selbst vom Wettbewerbsverbot erfasst. Die Weitergabe von Informationen an sie oder ihre Zwischenschaltung zur Umgehung des Wettbewerbsverbots sind vielmehr dem Gesellschafter als eige- **8**

[13] Ganz hM, vgl. BGH NJW 1997, 1923 (1924); Voraufl. § 165 Rn 6 *(Schilling)*; MünchKommHGB/*Grunewald* § 165 Rn 12; *Löffler* NJW 1986, 227; *Riegger* BB 1983, 90 f; Baumbach/*Hopt* Anh. § 177a Rn 23; *Koller*/Roth/Morck § 165 Rn 2; *Raiser*/*Veil* Recht der Kapitalgesellschaften[4] § 44, Rn 15; *Müller* NJW 2007, 1724 (1724); *Armbrüster* ZIP 1997, 261 (271); *Weisser* Corporate Opportunities S. 193 f; *Wiedemann*, Gesellschaftsrecht, Bd. II, § 9 IV 3b, bb, S. 855); **aA** OLG Frankfurt BB 1982, 1383. – Zur Erstreckung des Verbots auf die Organe des Komplementärs vgl. Rn 10 mwN.

[14] Ebenso BeckHdbPersonengesellschaften[2]/*W. Müller* § 4 Rn 162; ähnlich MünchKommHGB/*Langhein* Rn 5 (im Einzelfall einschränkende Auslegung bzw. konkludente Einwilligung) und *Koller*/Roth/Morck §§ 112, 113 Rn 2.

[15] Wie hier auch Ebenroth/Boujong/Joost/Strohn/*Goette* Rn 5; Heymann/*Emmerich* Rn 6; Röhricht/Graf v. Westphalen/*v. Gerkan*/*Haas* Rn 3; *Armbrüster* ZIP 1997, 261 (268).

ner Verstoß gegen § 112 Abs. 1 zuzurechnen.[16] Eine Ausnahme hiervon kommt – unter Durchgriffsgesichtspunkten – nur im mehrstufigen Konzern zu Lasten der Obergesellschaft in Betracht.[17]

9 Eine **analoge** Anwendung des Wettbewerbsverbots ist gegenüber solchen **Kommanditisten oder stillen Gesellschaftern** geboten, deren Stellung im Innenverhältnis derjenigen persönlich haftender Gesellschafter mit internen Mitsprache- oder Informationsrechten nach Art der §§ 116, 118 Abs. 1 gleichsteht.[18] Die bloß *abstrakte* Gefährdung des Gesellschaftsinteresses durch Wettbewerbshandlungen von Kommanditisten reicht für den Analogieschluss nicht aus.[19] Nach dem Normzweck des § 112 Abs. 1 kommt es vielmehr auf die *konkrete* Gefährdung der Gesellschaft aufgrund einer Konkurrenztätigkeit durch persönlich haftende oder ihnen gleichstehende Gesellschafter an (Rn 1). Damit nicht zu verwechseln ist die Wahrscheinlichkeit der Aufnahme einer Wettbewerbstätigkeit durch solche Gesellschafter; sie ist für die analoge Anwendung des Wettbewerbsverbots ohne Bedeutung. – Zur Geltung des § 112 Abs. 1 im mehrstufigen *Konzern* unter Erstreckung auf die Konzernobergesellschaft vgl. Rn 8 aE.

10 Gesetzliche **Vertreter** von Gesellschaftern, Bevollmächtigte u.a. unterliegen als solche **nicht** dem Wettbewerbsverbot[20]; sie sind nicht selbst Adressaten der mit der Mitgliedschaft verbundenen Pflichten. Nutzen sie die in ihrer Vertretereigenschaft erlangten Informationen im eigenen Interesse aus, so hat der Vertretene der Gesellschaft dafür nach § 113 Abs. 1 i.V.m. § 278 BGB einzustehen; er kann seinerseits den Vertreter wegen dessen Verletzung der internen Pflichten in Regress nehmen.[21] Eine Wettbewerbstätigkeit des Vertreters oder die konkrete Gefahr der Ausnutzung von Insiderinformationen berechtigen die Mitgesellschafter, ihn zurückzuweisen.[22] Im Falle gesetzlicher Vertretung bedarf es ggf. der Bestellung eines Ergänzungspflegers (§ 1909 Abs. 1 BGB).

---

16 So wohl auch *Kardaras* Wettbewerbsverbot S. 37; Schlegelberger/*Martens* § 165 Rn 21; MünchKommHGB/*Langhein* Rn 8; Baumbach/*Hopt* Rn 2.

17 BGHZ 89, 162 (165 f) = NJW 1984, 1351; zust. Schlegelberger/*Martens* § 165 Rn 24 f; *Löffler* NJW 1986, 225; *Wiedemann/Hirte* ZGR 1986, 163 (165); *Raiser* FS Stimpel, 1985, S. 855 (859 ff); kritisch *Immenga* JZ 1984, 578 f. Zum Ganzen vgl. näher Anh. § 105 Rn 41, 51 f.

18 HM, vgl. BGHZ 89, 162 (165 f) = NJW 1984, 1351; BGH NJW 2002, 1046 (1047); BGHZ 180, 105; OLG Koblenz NZG 2008, 423 (424 f); Ebenroth/Boujong/Joost/Strohn/*Goette* Rn 5; MünchKommHGB/*Langhein* Rn 6; Baumbach/*Hopt* Rn 2, § 165 Rn 3; *Wiedemann* Gesellschaftsrecht, Bd. II, § 8 II 5a, bb, S. 707; *Beuthien* ZHR 142 (1978), 259 (288); *Löffler* NJW 1986, 225; MünchKommHGB/*Grunewald* § 165 Rn 5; vgl. auch BeckHdbPersonengesellschaften[2]/*W. Müller* § 4 Rn 160, 162; weitergehend *Kardaras* Wettbewerbsverbot S. 30 ff (34), der entgegen § 165 auch typische Kommanditisten dem Verbot aus § 112 Abs. 1 unterstellen will. Vgl. auch Fn 19; differenzierend und teilweise abweichend *Müller* NJW 2007, 1724 (1725 f); *Armbrüster* ZIP 1997, 261 (270 f).

19 Voraufl. § 165 Rn 2 *(Schilling)*; Schlegelberger/*Martens* § 165 Rn 10; *Löffler* NJW 1986, 225; **aA** *Kardaras* Wettbewerbsverbot S. 30 ff, 34.

20 EinhM, vgl. *A. Hueck* OHG § 13 II 2, S. 196; MünchKommHGB/*Langhein* Rn 9; Baumbach/Hopt Rn 2; Röhricht/Graf v. Westphalen/*v. Gerkan* Rn 1; vgl. ferner OLG Hamburg ZIP 2007, 1370 (1371 ff) (kein unmittelbares Wettbewerbsverbot für die Vorstandsmitglieder der Komplementär-AG gegenüber der KG) und dazu *Cahn* Konzern 2007, 716 ff (ablehnend); *Altmeppen* ZIP 2007, 437 ff (i.E. zustimmend); *Hellgardt* ZIP 2007, 2248 ff (hinsichtlich § 112 zustimmend) sowie *Werner* GmbHR 2007, 988 f (ablehnend).

21 Einschränkend Ebenroth/Boujong/Joost/Strohn/*Goette* Rn 6; Westermann/*Wertenbruch* Handbuch Rn I 448 ff.

22 Zur Möglichkeit der Vertretung eines Gesellschafters bei der Ausübung von Mitverwaltungsrechten und zu den im Interesse der

II. Dauer

Das Wettbewerbsverbot besteht uneingeschränkt **während der Mitgliedschaft in der werbenden Gesellschaft.**[23] Während dieser Zeit führt die Wettbewerbstätigkeit eines Gesellschafters unvermeidlich zu der Gefährdungslage, die durch § 112 Abs. 1 verhindert werden soll. Selbst wenn das Ausscheiden eines Gesellschafters kurz bevorsteht, ist er bis zu diesem Zeitpunkt gehindert, der Gesellschaft Wettbewerb zu machen, sofern nicht die übrigen Gesellschafter ihre Einwilligung erteilen oder seine Mitverwaltungsrechte im Hinblick auf das Ausscheiden stark reduziert sind und das Verbot aus diesem Grunde keine Geltung mehr beansprucht (vgl. Rn 7). Auch der Umstand, dass die Geschäfte erst nach dem Ausscheiden des Gesellschafters oder der Auflösung der Gesellschaft durchgeführt werden sollen, ist für die Geltung des Wettbewerbsverbots ohne Bedeutung.[24] Eine *Ausnahme* gilt nur für solche Geschäfte, die der *Vorbereitung künftigen* (erlaubten) *Wettbewerbs* durch den ausscheidenden Gesellschafter dienen, darunter das Mieten und Einrichten von Geschäftsräumen, das Anstellen von Personal und das Anlegen eines Warenlagers.[25] Allerdings dürfen auch diese Tätigkeiten sich nicht nachteilig auf die Geschäfte der Gesellschaft auswirken und den Vorrang des Gesellschaftsinteresses in Frage stellen. **11**

Ist die Gesellschaft **aufgelöst** und richtet sich ihr Zweck dementsprechend auf Abwicklung, so hat das auch Auswirkungen auf das Wettbewerbsverbot; eine Interessenkollision durch Aufnahme einer Unternehmenstätigkeit im bisherigen Tätigkeitsfeld der Gesellschaft ist in diesem Stadium nicht ohne weiteres zu befürchten. Allerdings kann die Erfüllung der Aufgaben der Liquidatoren, zumal zu Beginn der Liquidation, die Weiterführung der Geschäfte nach Art einer werbenden Gesellschaft erforderlich machen. Insoweit beansprucht dann auch das Wettbewerbsverbot des § 112 Abs. 1 nach wie vor Geltung[26]; im Auflösungsbeschluss ist nicht etwa ein konkludenter Verzicht hierauf zu sehen. Im Übrigen findet das Wettbewerbsverbot dem geänderten Gesellschaftszweck entsprechend auf solche Geschäfte und Tätigkeiten der Gesellschafter Anwendung, die der reibungslosen, dem gemeinsamen Interesse aller Mitglieder dienenden Abwicklung entgegen stehen.[27] Zur Unzulässigkeit der Verfolgung eigener Vorteile im Rahmen der Liquidation der Gesellschaft vgl. § 156 Rn 8 (*Habersack*). **12**

Ein **nachvertragliches** Wettbewerbsverbot für einen ausgeschiedenen Gesellschafter lässt sich der Regelung der §§ 112, 113 **nicht** entnehmen.[28] Seine Geltung setzt eine **13**

Mitgesellschafter zu beachtenden Schranken bei der Auswahl des Vertreters vgl. Erl. zu §§ 118, 119.

[23] Zur Nichtgeltung des § 112 für Handlungen *vor* Begründung der Gesellschafterstellung vgl. BGH NJW 1998, 1225 (1226) (GmbH als Gesellschafterin der später gegründeten GmbH & Co. KG).

[24] OLG Hamburg OLGR 16, 90.

[25] RGZ 90, 98 (100); *A. Hueck* OHG § 13 II 7, S. 204; MünchKommHGB/*Langhein* Rn 19; *Kardaras* Wettbewerbsverbot S. 50 f.

[26] BGH WM 1961, 629 (631); RG JW 1938, 3180 (3185); MünchKommHGB/*Langhein* Rn 19; Ebenroth/Boujong/Joost/Strohn/*Goette* Rn 18 ff; Baumbach/*Hopt* Rn 3; Heymann/*Emmerich* Rn 7; Röhricht/Graf v. Westphalen/*v. Gerkan*/*Haas* Rn 4; Westermann/*Wertenbruch* Handbuch Rn I 453 ff; BeckHdbPersonengesellschaften[2]/*W. Müller* § 4 Rn 163; *Armbrüster* ZIP 1997, 261 (265); *A. Hueck* OHG § 32 II 2, S. 482 f.

[27] BGH WM 1971, 412 (414); vgl. auch *Kardaras* Wettbewerbsverbot S. 48 unter Hinweis auf die Möglichkeit der Unternehmensveräußerung im Ganzen im Zuge der Liquidation.

[28] Zur Möglichkeit eines auf § 249 BGB (Naturalrestitution) gestützten Wettbewerbsverbots bei schuldhafter Herbeiführung des Ausscheidens vgl. 3. Aufl. Rn 12 (*Rob. Fischer*); MünchKommHGB/*Langhein* Rn 20; *Kardaras* Wettbewerbsverbot S. 45 f. Nach OLG Düsseldorf NJW-RR 1989, 1305

besondere Vereinbarung voraus, sei es im Gesellschaftsvertrag (vgl. Rn 35) oder im Zusammenhang mit dem Ausscheiden.[29] Eine solche kann sich auch aus den Umständen, etwa aus Art und Berechnung des Abfindungsanspruchs ergeben.[30] Die auf Handlungsgehilfen bezogenen, durch Sozialschutzaspekte geprägten Vorschriften der §§ 74, 75 sind nicht anwendbar.[31] Jedoch unterliegt das nachvertragliche Wettbewerbsverbot den Schranken des § 1 GWB; dabei sind die Parallelen zum Wettbewerbsverbot bei Unternehmensveräußerung[32] zu beachten (vgl. näher Rn 48). Auch wenn § 1 GWB nicht eingreift, kann das nachvertragliche Wettbewerbsverbot nur in den Grenzen des § 138 BGB, d.h. unter Beschränkung in örtlicher, zeitlicher und gegenständlicher Hinsicht, vereinbart werden.[33] Die Rechtsfolgen eines Verstoßes gegen ein derartiges Verbot richten sich nicht nach § 113, sondern nach allgemeinen vertraglichen Grundsätzen, wenn der Gesellschaftsvertrag nichts Abweichendes bestimmt.[34] Soweit nicht Ansprüche aus Geschäftsführung ohne Auftrag (§§ 687, 681, 667 BGB) eingreifen, kann die Gesellschaft nicht Herausgabe des Gewinns verlangen, sondern ist auf einen Schadensersatzanspruch beschränkt. Die Geltendmachung setzt keinen Gesellschafterbeschluss voraus und unterliegt nicht der kurzen Verjährung nach § 113 Abs. 3.

C. Sachliche Reichweite

I. Relevanter Markt

14 **1. Rechtlicher Ansatz.** Den Wettbewerbsbezug als Regelungsgrund für das Verbot umschreibt § 112 Abs. 1 in Bezug auf die Vornahme von Geschäften (1. Fall, vgl. Rn 20 ff) mit **Handelszweig** der Gesellschaft, in Bezug auf die Beteiligung an einer anderen Gesellschaft als persönlich haftender Gesellschafter (2. Fall, vgl. Rn 24) mit der **Gleichartigkeit** der beiden Gesellschaften. Sachlich besteht zwischen den beiden Begriffen kein Unterschied[35]; es geht jeweils darum, den zur Verfolgung des gemeinsamen Zwecks vorgesehe-

(1306) endet das Wettbewerbsverbot aber auch dann, wenn der Gesellschafter durch Verstöße gegen dasselbe seinen Ausschluss provoziert hat; krit. dazu Heymann/*Emmerich* Rn 7; *Paefgen* BB 1990, 1777 ff; *ders.* ZIP 1990, 839 ff.

[29] MünchKommHGB/*Langhein* Rn 20 ff; Ebenroth/Boujong/Joost/Strohn/*Goette* Rn 21 ff; Westermann/*Wertenbruch* Handbuch Rn I 454 ff; Röhricht/Graf v. Westphalen/*v. Gerkan/Haas* Rn 4; Heymann/*Emmerich* Rn 7; Baumbach/*Hopt* Rn 14.

[30] Vgl. RGZ 117, 176 (180) zur konkludenten Vereinbarung eines Wettbewerbsverbots bei Übertragung des Unternehmens der Gesellschaft an einen Dritten gegen Abfindung aus den künftigen Gewinnen.

[31] RGZ 53, 154 (155); *A. Hueck* OHG § 13 II 8, S. 205; Baumbach/*Hopt* Rn 14.

[32] Dazu etwa *Hirte* ZHR 154 (1990), 443, 445 ff (zivilrechtliche), 461 ff (kartellrechtliche Grenzen).

[33] Vgl. zu dem Grenzen nachvertraglicher Wettbewerbsverbote BGH NJW 1991, 699 f; NJW-RR 1996, 741 (742); NJW 1997, 3089 f; NJW 2000, 2584 f; NJW 2004, 66 f (alle zur GbR); ferner BGH NJW-RR 1998, 1508 (1509); NJW 1979, 1605 (1606) mit krit. Anm. *Ulmer* NJW 1979, 1585 ff; näher zum Ganzen *Krämer* FS Röhricht, 2005, S. 335; *Mayer* NJW 1991, 23 (24 f); *Melullis* WRP 1994, 686 ff.

[34] So zutr. schon 3. Aufl. Rn 13 (*Rob. Fischer*); wie hier auch MünchKommHGB/*Langhein* Rn 22; Röhricht/Graf v. Westphalen/*v. Gerkan/Haas* Rn 21.

[35] So auch MünchKommHGB/*Langhein* Rn 11 und eingehend *Armbrüster* ZIP 1997, 261 (262); der Sache nach auch *A. Hueck* OHG § 13 II 3, S. 197 f; *Kardaras* Wettbewerbsverbot S. 55 ff (61); Baumbach/*Hopt* Rn 5, 7; Heymann/*Emmerich* Rn 14a; Röhricht/Graf v. Westphalen/*v. Gerkan/Haas* Rn 6, 8.

nen, der Gesellschaft reservierten Tätigkeitsbereich von denjenigen Märkten abzugrenzen, auf denen die eigene Unternehmenstätigkeit der Gesellschafter keinen Einschränkungen unterliegt. Im Einzelnen ist dabei zwischen sachlich und räumlich relevantem Markt[36] zu unterscheiden (Rn 17–19); das Wettbewerbsverbot greift nach seinem Normzweck (Rn 1) nur ein, soweit sich mit der Unternehmenstätigkeit eines Gesellschafters eine konkrete Gefährdung der Interessen der Gesellschaft sowie zumindest potentielle Nachteile für ihre Geschäftstätigkeit verbinden.

Bezugspunkt für die Abgrenzung des der Gesellschaft vorbehaltenen relevanten Markts ist entgegen verbreiteten missverständlichen Äußerungen[37] nicht die tatsächliche Unternehmenstätigkeit der Gesellschaft, sondern die **gesellschaftsvertragliche Bestimmung des Unternehmensgegenstands der OHG (KG)** als ihr gemeinsamer Zweck (§ 105 Rn 21).[38] Nur in Bezug hierauf haben die Gesellschafter eine Förderungspflicht übernommen, und nur insoweit kann von ihnen daher auch erwartet werden, dass sie ihre eigenen Interessen hinter die gemeinsamen Ziele zurücktreten lassen. Entscheidend ist dabei nicht die – häufig umfassend ausgestaltete – Definition des Unternehmensgegenstands im Gesellschaftsvertrag[39], sondern der durch *Auslegung* zu ermittelnde, von den Beteiligten als **konkreter Unternehmensgegenstand** wirklich gewollte Gesellschaftszweck.[40] Anderes gilt dann, wenn die umfassende Formulierung bewusst gewählt ist, um der Gesellschaft entsprechende Entwicklungsmöglichkeiten mit Vorrang vor den Gesellschaftern offenzuhalten. 15

Eine **eigenmächtige Ausdehnung** der Aktivitäten der Gesellschaft durch ihre Geschäftsführer müssen die Mitgesellschafter nicht hinnehmen; auch ein Verzicht auf Wettbewerb ist ihnen insoweit nicht zuzumuten.[41] Entsprechendes gilt umgekehrt für eine eigenmächtige Beschränkung; sie macht nicht schon den Weg frei für eine den Gesellschaftern aufgrund des konkreten Unternehmensgegenstands untersagte eigene Tätigkeit. Allerdings gestattet das Einverständnis der Mitgesellschafter mit der Ausdehnung oder Einschränkung, wie es sich etwa im Rahmen von Beschlüssen nach § 116 Abs. 2, bei der Finanzierung der Geschäftsausweitung u.a. äußert, regelmäßig den Schluss auf eine ent- 16

[36] Zu diesem aus der Kartellrechtsdiskussion stammenden, den Wettbewerbsmarkt umschreibenden Begriff und zu den Methoden der Abgrenzung des relevanten Marktes vgl. näher Immenga/Mestmäcker/*Möschel* GWB[4] § 19 Rn 24 ff.

[37] Vgl. etwa *A. Hueck* OHG § 13 II 3a, S. 197 („konkrete Gestalt" des Unternehmens der OHG); weit. Nachw. in Voraufl. Rn 15 (*Ulmer*). Das (zutr.) Abstellen auf die tatsächliche Geschäftstätigkeit in RGZ 109, 355 (356) erklärt sich aus dem Bezug dieses Urteils auf § 60.

[38] So im Ansatz zutr. BGHZ 70, 331 (332) = NJW 1978, 1001; 89, 162 (170) = NJW 1984, 1351; anders noch BGH WM 1957, 1128 (1129); vgl. näher *Kardaras* Wettbewerbsverbot S. 56 ff; weitere Nachw. in Fn 40.

[39] Beispiele umfassend gewählter Formulierungen oder Zusätze zur Umschreibung des Unternehmensgegenstands in GmbH-Satzungen vgl. bei *Ulmer*/Habersack/Winter GmbHG § 3 Rn 17 f („Handel mit Waren aller Art"; „und verwandte Geschäfte" u.a.).

[40] Auf die „konkrete Gestaltung" der Geschäftstätigkeit abstellend RGZ 109, 355 (356) (zu § 60), und BGH WM 1961, 629 (632); ähnlich auch BGH WM 1957, 1128 (1129) und *Kardaras* Wettbewerbsverbot S. 56; *Wiedemann* Gesellschaftsrecht, Bd. II, § 8 II 5a, cc, S. 708; *Armbrüster* ZIP 1997, 261 (263); ferner Röhricht/Graf v. Westphalen/*v. Gerkan/Haas* Rn 6; Baumbach/*Hopt* Rn 5; MünchKommHGB/*Langhein* Rn 11.

[41] MünchKommHGB/*Langhein* Rn 11 f; Ebenroth/Boujong/Joost/Strohn/*Goette* Rn 9 f; Heymann/*Emmerich* Rn 12a; Röhricht/Graf v. Westphalen/*v. Gerkan/Haas* Rn 6; großzügiger hinsichtlich der konkludenten Vertragsänderung Westermann/*Wertenbruch* Handbuch Rn I 449a.

sprechende **konkludente Vertragsänderung**. Entsprechendes gilt im Fall langjähriger, in Kenntnis der Nichtgeschäftsführer und ohne deren Widerspruch praktizierter Abweichung vom gesellschaftsvertraglich geregelten Unternehmensgegenstand (vgl. § 105 Rn 187).

17 2. **Handelszweig (Gleichartigkeit).** Die Bestimmung des der Gesellschaft vorbehaltenen Handelszweigs, d.h. des **sachlich relevanten Marktes,** hat vom vertraglichen Unternehmensgegenstand der OHG (KG) auszugehen (Rn 15). Bei seiner Abgrenzung ist allerdings **nicht restriktiv** zu verfahren; die Begriffe „Handelszweig" und „Gleichartigkeit" sind nicht deckungsgleich mit dem konkreten, durch Auslegung des Gesellschaftsvertrags unter Berücksichtigung konkludenter Änderungen zu bestimmenden Unternehmensgegenstand (Rn 15 f), sondern sind im Grundsatz umfassender zu verstehen.[42] Das folgt aus der Natur des § 112 Abs. 1 als Gefährdungstatbestand (Rn 1) und aus dem Vorrang des gemeinsamen Zwecks vor dem Eigeninteresse der Gesellschafter. Sie gebieten es, den der Gesellschaft durch § 112 Abs. 1 reservierten Tätigkeitsbereich so zu bestimmen, dass ihr die im Unternehmensgegenstand angelegten und bei gewöhnlichem Verlauf der Geschäfte realistischen *Entwicklungsmöglichkeiten* offengehalten werden[43] und Wettbewerbsgefahren auch in *Randbereichen* vorgebeugt wird. Darauf, ob die Gesellschaft die fragliche Tätigkeit selbst ausgeübt oder das konkrete Geschäft an Stelle des Gesellschafters abgeschlossen hätte, kommt es nicht an; es genügt die konkrete Gefährdung des Gesellschaftsinteresses als Folge der Wettbewerbstätigkeit.[44] *Nicht* zum Handelszweig gehören im Regelfall solche Geschäfte, die ihrer Natur nach von Gesellschaften aller Art getätigt werden, ohne durch den konkreten Handelszweig geprägt zu sein.[45] Anderes gilt dann, wenn der Gesellschafter mit einem derartigen „neutralen" Geschäft sich eine Geschäftschance der Gesellschaft zu eigen macht, indem er beispielsweise einen von dieser benötigten Anlagegegenstand auf eigene Rechnung erwirbt, um ihn der Gesellschaft weiterzuvermieten.[46] Diese von der sog. Geschäftschancenlehre erfassten Fälle weisen ihrerseits einen engen Bezug zur Loyalitätspflicht des Geschäftsführers (§ 114 Rn 60 f) und damit indirekt zugleich zum Wettbewerbsverbot auf.

18 Eine **Ausnahme** von der über den konkreten Unternehmensgegenstand hinausgehenden Abgrenzung des Handelszweigs (Rn 17) kommt einerseits mit Rücksicht auf **§ 1 GWB** (bzw. Art. 81 EG) bei erheblichen Auswirkungen des Wettbewerbsverbots auf den relevanten Markt in Betracht (Rn 42). Die Notwendigkeit einer Einschränkung kann sich auch daraus ergeben, dass Gesellschafter schon bei Gesellschaftsgründung oder späterem Beitritt im wirtschaftlichen Umfeld der OHG (KG) tätig waren (bzw. eine solche Tätigkeit später aufnahmen), sofern das Einverständnis der Mitgesellschafter mit diesen – zunächst nicht konkurrierenden – Tätigkeiten nicht als Einwilligung im Sinne des § 112

---

[42] So auch BGHZ 70, 331 (333) = NJW 1978, 1001; BGH WM 1957, 1128 (1129); vgl. zum Umfang des Wettbewerbsverbots auch BGH NJW-RR 1997, 925; NJW 1998, 1225 f; OLG Hamm GmbHR 1993, 655 f; wie hier auch *Kardaras* Wettbewerbsverbot S. 56; *Armbrüster* ZIP 1997, 261 (264); Röhricht/Graf v. Westphalen/*v. Gerkan*/*Haas* Rn 6; MünchKommHGB/*Langhein* Rn 13; Baumbach/*Hopt* Rn 5.

[43] BGHZ 70, 331 (333) = NJW 1978, 1001; vgl. auch *Wiedemann*/*Hirte* ZGR 1986, 163 (171) (für Fünfjahresfrist zur Respektierung von Markterschließungsabsichten der Gesellschaft); **aA** *Kardaras* Wettbewerbsverbot S. 59 f, der dem Gesellschafter eine Eigentätigkeit bis zur Verwirklichung der Pläne der Gesellschaft gestatten will.

[44] BGHZ 70, 331 (333) = NJW 1978, 1001; 89, 162 (170) = NJW 1984, 1351; RGZ 109, 355 (356); 3. Aufl. Rn 6 (*Rob. Fischer*); *A. Hueck* OHG § 13 II 3a, S. 197.

[45] MünchKommHGB/*Langhein* Rn 10.

[46] Vgl. BGH NJW 1986, 584 (585); näher dazu Rn 23.

Abs. 1, sondern als **konkludente Beschränkung** des Unternehmensgegenstands der Gesellschaft zu verstehen ist.[47] Derartige konkludente Beschränkungen liegen namentlich bei der Gründung von *Gemeinschaftsunternehmen* im wirtschaftlichen Umfeld der Muttergesellschaften nahe, deren Zweck auf Ergänzung des Produktionsprogramms der Gesellschafter oder auf Wahrnehmung sonstiger den Interessen der Mütter dienender Aufgaben gerichtet ist.[48]

3. **Räumlich relevanter Markt.** Neben dem sachlich relevanten Markt ist die Reich- 19
weite des Wettbewerbsverbots im Grundsatz auch danach abzugrenzen, ob der Gesellschaft im Hinblick auf die geografische Reichweite ihrer Unternehmenstätigkeit Gefahren aus eigenen Aktivitäten von Gesellschaftern drohen. Eine entsprechende Einschränkung ist im Wortlaut des § 112 Abs. 1 zwar nicht enthalten; der Begriff „Handelszweig" scheint nur auf den sachlich relevanten Markt hinzuweisen. Sie folgt jedoch aus dem **beschränkten Schutzzweck der Norm** und ihrer Natur als konkreter Gefährdungstatbestand (Rn 1). Eine Unternehmenstätigkeit auf räumlich abgegrenzten Drittmärkten, auf denen die Gesellschaft nach Art und Umfang ihrer durch den Gesellschaftervertrag gedeckten Tätigkeit weder aktuell noch potentiell als Wettbewerber tätig ist und bei der die Gefahr von Interessenkollisionen daher nicht besteht, ist den Gesellschaftern nicht verwehrt.[49] Allerdings kommt es insoweit auf eine umfassende Berücksichtigung der Interessen der Gesellschaft an; das Verbot greift vorbehaltlich § 1 GWB schon dann ein, wenn mit aktuellem oder potentiellem Wettbewerb zwar nicht beim Angebot von Waren oder Leistungen, wohl aber bei der ihm vorangehenden Beschaffungs-(Nachfrage-)tätigkeit auf dem sachlich relevanten Markt zu rechnen ist.[50]

II. Vornahme von Geschäften

1. **Grundsatz.** Der Begriff der „Geschäfte" in § 112 Abs. 1 ist weit zu bestimmen. Er 20
umfasst **alle Arten unternehmerischer Tätigkeit,** begonnen von *einzelnen* zu Erwerbszwecken vorgenommenen Transaktionen ohne planmäßige Tätigkeit bis hin zum eigenen *Gewerbebetrieb*. Entscheidend ist nicht die Art der unternehmerischen Tätigkeit des Gesellschafters, sondern die Gefahr einer Interessenkollision infolge möglicher Ausnutzung

[47] Vgl. zur konkludenten Beschränkung des Unternehmensgegenstandes auch die Hinweise bei Ebenroth/Boujong/Joost/Strohn/*Goette* Rn 10; Heymann/*Emmerich* Rn 12a aE und Baumbach/*Hopt* Rn 5 aE.

[48] Zur instrumentellen Funktion von Gemeinschaftsunternehmen und zur Beschränkung ihrer Aktivitäten im Interesse der Mütter vgl. etwa *Gansweid* Gemeinsame Tochtergesellschaften im deutschen Konzern- und Wettbewerbsrecht, 1976, S. 234 ff; *U. Huber* in *Huber/Börner* Gemeinschaftsunternehmen im deutschen und europäischen Wettbewerbsrecht, 1978, S. 120 ff; *ders.* WuW 1978, 677 (691); *G. Wiedemann* Gemeinschaftsunternehmen im deutschen Kartellrecht, 1981, S. 89, 164.

[49] Ebenso auch MünchKommHGB/*Langhein* Rn 14 f; Ebenroth/Boujong/Joost/Strohn/*Goette* Rn 16 f; Röhricht/Graf v. Westphalen/*v. Gerkan/Haas* Rn 7; *Wiedemann* Gesellschaftsrecht, Bd. I, § 13 II 1b, S. 735 f; einschränkend *Armbrüster* ZIP 1997, 261 (264 f); in Bezug auf die Beteiligung als persönlich haftender Gesellschafter an einer *ausländischen* Gesellschaft auch *A. Hueck* OHG § 13 II 3b, S. 198; vgl. ferner BGHZ 89, 162 (168) = NJW 1984, 1351 zur fehlenden Bedeutung einer schon bestehenden ausländischen Beteiligung für das Eingreifen von § 112 Abs. 1 in Bezug auf inländischen Beteiligungserwerb.

[50] So zutr. auch *Beuthien* ZHR 142 (1978), 259 (272).

des Einflusses oder der Informationen und Kenntnisse aus der Gesellschafterstellung.[51] Auf den istkaufmännischen Zuschnitt des eigenen Gewerbebetriebs kommt es nicht an; auch kleingewerbliche Tätigkeiten des Gesellschafters fallen, wenn sie den relevanten Markt betreffen, unter das Wettbewerbsverbot.[52] Unerheblich ist auch, ob der Gesellschafter die Geschäfte selbst oder durch einen Vertreter tätigt. Die Einschaltung eines Treuhänders, **mittelbaren Stellvertreters** oder sonstigen Beauftragten ohne Offenlegung des wirtschaftlichen Eigeninteresses des Gesellschafters fällt unter Umgehungsgesichtspunkten ebenfalls unter § 112 Abs. 1 (vgl. Rn 8 und Fn 16). Zur Beteiligung an einer konkurrierenden Gesellschaft vgl. Rn 24 f, zur Tätigkeit in fremdem Namen (auf fremde Rechnung) vgl. Rn 22.

21 An einer unternehmerischen, eigenen Erwerbszwecken dienenden Tätigkeit fehlt es bei **Geschäften zur Deckung des persönlichen Lebensbedarfs** und sonstigen rein privaten Zwecken wie der Anlage des eigenen Vermögens, der Altersvorsorge u.a. Sie sind dem Gesellschafter auch dann nicht verwehrt, wenn sie den sachlich relevanten Markt der Gesellschaft betreffen. Vor allem bei Kapitalanlagen kann die Abgrenzung zu den vom Wettbewerbsverbot erfassten spekulativen Geschäften allerdings Schwierigkeiten bereiten.[53] Maßgeblich ist insoweit der Normzweck, d.h. die Verhinderung einer möglichen Ausnutzung von Insiderinformationen und des Einflusses auf die Gesellschaft unter konkreter Gefährdung der Interessen von Gesellschaft und Mitgesellschaftern (Rn 1). Soweit es um Ausnutzung von Geschäftschancen der Gesellschaft für eigene Zwecke geht (Rn 17 aE), scheidet die Berufung auf die Deckung des persönlichen Bedarfs schlechthin aus.

22 **2. Geschäfte in fremdem Namen (auf fremde Rechnung).** Die Gefahr missbräuchlicher Ausnutzung von Insiderinformationen oder des Einflusses auf die Gesellschaft besteht unabhängig davon, ob der Gesellschafter im relevanten Wettbewerbsmarkt im eigenen oder fremden Namen, auf eigene oder fremde Rechnung tätig wird. Zu Recht werden daher sämtliche derartige Tätigkeiten dem Wettbewerbsverbot unterstellt, soweit nicht die auf Deckung des persönlichen Lebensbedarfs bezogene Einschränkung (Rn 21) eingreift.[54] Eine nach § 112 Abs. 1 verbotene Tätigkeit des Gesellschafters **in fremdem Namen** liegt vor, wenn er zum Vorstandsmitglied einer AG oder zum Geschäftsführer einer GmbH mit konkurrierendem Tätigkeitsbereich bestellt wird, als Prokurist oder Handlungsbevollmächtigter in die Dienste eines konkurrierenden Unternehmens tritt[55] oder als Handelsvertreter auf dem relevanten Markt tätig wird.[56] Dabei genügt eine partielle Überschneidung der Tätigkeitsbereiche; auch ist – jedenfalls für Organmitglieder mit ihrer grundsätzlich umfassenden Verantwortung für die Leitung der Gesellschaft –

---

[51] Zur Anwendung der §§ 112, 113 gegenüber *Gesellschaftererfindungen* im Handelszweig der Gesellschaft vgl. *Schönherr* FS Kastner, 1972, S. 401 ff (418).

[52] Heute wohl unstr., vgl. MünchKommHGB/*Langhein* Rn 10; Baumbach/*Hopt* Rn 4; **aA** noch *Kardaras* Wettbewerbsverbot S. 52 f, der § 112 Abs. 1 entgegen der Ent-stehungsgeschichte (vgl. Denkschrift S. 58) auf *Handels*geschäfte beschränken will.

[53] Vgl. etwa die umstrittene Bedeutung des Erwerbs von Eigentumswohnungen u.a. der Neuen Heimat durch ihre Vorstandsmitglieder zur Kapitalanlage und die Frage seiner Vereinbarkeit mit § 88 AktG.

[54] Vgl. näher *Kardaras* Wettbewerbsverbot S. 53 ff; zur Tätigkeit in fremdem Namen auch BGHZ 70, 331 (334) = NJW 1978, 1001.

[55] EinhM, vgl. *A. Hueck* OHG § 13 II 3a, S. 197, MünchKommHGB/*Langhein* Rn 10; Ebenroth/Boujong/Joost/Strohn/*Goette* Rn 12 f; Westermann/*Wertenbruch* Handbuch Rn I 450; Heymann/*Emmerich* Rn 10 f; Baumbach/*Hopt* Rn 4; Röhricht/Graf v. Westphalen/*v. Gerkan* Rn 5.

[56] BGH WM 1972, 1229 (1230 f).

nicht entscheidend, worauf sich die Zuständigkeit des dem Wettbewerbsverbot unterliegenden Gesellschafters bezieht. Ebenfalls von § 112 Abs. 1 erfasst sind Spekulationsgeschäfte, die der Gesellschafter in fremdem Namen auf dem relevanten Markt der Gesellschaft tätigt. Zu den verbotenen Tätigkeiten im eigenen Namen **auf fremde Rechnung** gehört die Betätigung als Kommittent, mittelbarer Stellvertreter, Treuhänder u.a., soweit sie den der OHG (KG) vorbehaltenen relevanten Markt betrifft. Auch die Tätigkeit als *Makler* auf dem relevanten Markt ist einem persönlich haftenden Gesellschafter ohne Einwilligung der Mitgesellschafter nach dem Normzweck des § 112 Abs. 1 verwehrt.

3. Geschäftschancen der Gesellschaft. Die sog. Geschäftschancenlehre („*Corporate* 23
Opportunity"-Doktrin)[57] ist ebenso wie der Verstoß gegen das Wettbewerbsverbot eine spezielle Ausprägung der Treupflichtverletzung; sie weist auch hinsichtlich der Rechtsfolgen eine enge Verwandtschaft zu diesem auf, zumal der treuwidrig erzielte Gewinn, wie es § 113 Abs. 1 entspricht, auch dann abgeschöpft werden kann, wenn nicht zugleich die Voraussetzungen des § 112 erfüllt sind (vgl. schon Rn 17 aE sowie näher § 114 Rn 46, 61).[58] Dies ist etwa der Fall, wenn der Gesellschafter einen Anlagegegenstand aus dem Gesellschaftsvermögen erwirbt, um ihn sodann gewinnbringend im eigenen Namen weiter zu veräußern (vgl. schon Rn 17 aE). Nimmt der (geschäftsführende) Gesellschafter eine solche Geschäftschance der Gesellschaft auf eigene Rechnung wahr, anstatt sie für die Gesellschaft zu nutzen, so verhält er sich treuwidrig und macht sich schadensersatzpflichtig. Die Pflichtverletzung liegt also darin, dass Angelegenheiten, die das Interesse der Gesellschaft berühren, zum eigenen Vorteil ausgenutzt werden.[59] Auch (nicht geschäftsführende) Gesellschafter dürfen Geschäftschancen, die eindeutig der Gesellschaft zugeordnet sind, nicht auf sich überleiten und für sich persönlich ausnutzen.[60] Nicht abschließend geklärt ist, unter welchen Voraussetzungen eine Geschäftschance der Gesellschaft „zugeordnet" ist und wie sich die Geschäftschancenlehre im Einzelnen zum Tatbestand des § 112 verhält.[61] Die Zuordnung einer Geschäftschance zur Gesellschaft ist nach den Umständen des Einzelfalls jedenfalls dann anzunehmen, wenn die Gesellschaft zuerst mit dem Geschäft in Berührung gekommen ist und der Gesellschafter gerade in seiner Gesellschafter- bzw. Geschäftsführereigenschaft die näheren Umstände des Geschäfts erfahren hat, gleich ob er mit den betreffenden Vorgängen befasst war oder aufgrund seines Informationsrechts Kenntnis erlangt hat.[62]

---

[57] Dazu allgemein etwa *Fleischer* NZG 2003, 985 ff; *Weisser* Corporate Opportunities S. 125 ff; *Polley* S. 126 ff (zum GmbH-Geschäftsführer); *Röhricht* WpG 1992, 766 (774 ff) (zum GmbH-Gesellschafter).

[58] Vgl. BGH NJW 1989, 2687; und dazu *Kübler/Waltermann* ZGR 1991, 162 ff; s.a. Ebenroth/Boujong/Joost/Strohn/*Goette* Rn 11; *Armbrüster* ZIP 1997, 261 (262); vgl. auch § 114 Rn 61.

[59] Vgl. etwa BGH NJW 1989, 2687; NJW-RR 1989, 1255 (1257) = WM 1989, 1335; NJW 1986, 584 (585); MünchKommHGB/*Langhein* Rn 16; Ebenroth/Boujong/Joost/Strohn/*Goette* Rn 11; Heymann/*Emmerich* Rn 6a; Westermann/*Wertenbruch* Handbuch Rn I 451; *Kübler/Waltermann* ZGR 1991, 162 und *Weisser* DB 1989, 2010 (beide zu BGH NJW 1989, 2687); aus dem GmbH-Recht nur: BGH NZG 2001, 129 und dazu *Haas/Holler* DStR 2001, 1042; Baumbach/Hueck/*Zöllner/Noack* GmbHG[18] § 35 Rn 42.

[60] Scholz/*Emmerich* GmbHG[10] § 3 Rn 98; Ulmer/Habersack/Winter/*Raiser* GmbHG § 14 Rn 98; Rowedder/Schmidt-Leithoff/*Pentz* GmbHG[4] § 13 Rn 62.

[61] Dazu eingehend *Merkt* ZHR 159 (1995), 423 (S. 438 ff zur Zuordnung von Geschäftschancen; S. 448 ff zum Verhältnis zu § 112). Vgl. auch Nachw. in Fn 57.

[62] BGHZ 180, 105 = NZG 2009, 744 (Rn 9); BGH NJW 1989, 2687 f; MünchKommHGB/*Langhein* Rn 16; Baumbach/*Hopt* Rn 25; Ebenroth/Boujong/Joost/Strohn/*Goette*

III. Beteiligung an einer gleichartigen Gesellschaft

24 **1. Als persönlich haftender Gesellschafter.** Das Verbot der Beteiligung als persönlich haftender Gesellschafter an einer gleichartigen Handelsgesellschaft (§ 112 Abs. 1, 2. Fall) bezweckt nicht etwa den Schutz der Arbeitskraft des Gesellschafters oder seines Privatvermögens als Haftungsgrundlage der Gesellschaft, sondern dient ebenso wie das Verbot des Geschäftemachens dazu, die Möglichkeit einer missbräuchlichen Ausnutzung des Einflusses auf die Gesellschaft oder der Insiderinformationen zu verhindern (Rn 1 f). Über seinen Wortlaut hinaus greift es daher nicht nur ein bei der Beteiligung an einer konkurrierenden OHG bzw. GbR[63] oder der Übernahme der Komplementärstellung in einer KG oder KGaA, sondern ebenso bei Beteiligung als *Kommanditist* oder *stiller Gesellschafter* an einer konkurrierenden Gesellschaft, sofern sich damit weitgehende interne Mitspracherechte nach Art eines persönlich haftenden Gesellschafters verbinden (vgl. auch Rn 9).[64] Demgegenüber wird aus entsprechenden Gründen wie bei der Bestimmung des persönlichen Anwendungsbereichs des § 112 Abs. 1 (Rn 7) *nicht* erfasst die Stellung als persönlich haftender Gesellschafter einer konkurrierenden Gesellschaft, wenn dessen interne Mitsprache- und Informationsrechte in der Gesellschaft nicht nur scheinbar auf diejenigen eines Kommanditisten reduziert sind. Zur „Gleichartigkeit" vgl. Rn 17 f, zur Bedeutung des Wettbewerbsverbots für das Gebrauchmachen von einem gesellschaftsvertraglichen Übertragungs- oder Nachfolgerbenennungsrecht vgl. BGH WM 1982, 234 (235 f).

25 **2. Kapitalistische Beteiligungen.** Die Beteiligung an einer konkurrierenden AG oder GmbH ist dem Gesellschafter durch § 112 Abs. 1 nicht verboten (zur verbotenen Übernahme einer Organstellung in einer derartigen Gesellschaft vgl. Rn 22). Entsprechendes gilt für die Beteiligung als typischer Kommanditist einer KG oder als Kommanditaktionär einer KGaA mit konkurrierender Tätigkeit.[65] Verbindet sich mit der Beteiligung allerdings ein **Herrschafts-/Abhängigkeitsverhältnis** gegenüber der konkurrierenden Gesellschaft oder steht sie unter der einheitlichen Leitung des Gesellschafters, so begründet die damit verbundene Einwirkungsmöglichkeit auf sie die Gefahr missbräuchlicher Ausnutzung der Doppelstellung zu Lasten der durch § 112 Abs. 1 geschützten OHG (KG) und der eigennützigen Verwertung von Insiderinformationen.[66] Dem ist durch Anwendung des § 112 Abs. 1 in der Alternative des „Geschäftemachens" auf diese Fälle Rechnung zu tragen.[67] Ob dasselbe auch in Fällen sonstiger Interessenverknüpfung des

---

Rn 11; zum GmbH-Recht: Scholz/*Emmerich* GmbHG[10] § 3 Rn 99; Rowedder/Schmidt-Leithoff/*Pentz* GmbHG[4] § 13 Rdn 92; *M. Winter* Mitgliedschaftliche Treuebindungen im GmbH-Recht, 1988, S. 242.

[63] Vgl. *Armbrüster* ZIP 1997, 261 (268).

[64] MünchKommHGB/*Langhein* Rn 17; Ebenroth/Boujong/Joost/Strohn/*Goette* Rn 14 f; Baumbach/*Hopt* Rn 6 f; Heymann/*Emmerich* Rn 14 ff; Westermann/*Wertenbruch* Handbuch Rn I 452.

[65] Vgl. nur OLG Bremen ZIP 2007, 1502 (1503) und NZG 2008, 225 (226).

[66] Vgl. dazu näher Schlegelberger/*Martens* § 165 Rn 22 f. Einen „tatsächlich erheblichen Einfluss" (aufgrund einer Beteiligung von 50 %) lässt OLG Nürnberg BB 1981, 452 genügen.

[67] So auch BGHZ 89, 162 (166) = NJW 1984, 1351; OLG Bremen ZIP 2007, 1502 (1503); NZG 2008, 225 (226); MünchKommHGB/*Langhein* Rn 18; Baumbach/*Hopt* Rn 6 aE; *Kardaras* Wettbewerbsverbot S. 62; i.E. auch *A. Hueck* OHG § 13 II 3b, S. 197; ähnlich auch *Armbrüster* ZIP 1997, 261 (268 f), der allerdings die 2. Alt. des § 112 Abs. 1 HGB analog anwenden will, wenn ein Gesellschafter sich an einer Kapitalgesellschaft beteiligt und auf deren Geschäftsführung beherrschenden Einfluss ausübt.

Gesellschafters mit einer konkurrierenden Gesellschaft gilt[68], erscheint angesichts der wegen § 1 GWB gebotenen wettbewerbskonformen Auslegung (Rn 5) vorbehaltlich etwaiger mit dem Normzweck des § 112 (Rn 1) unvereinbarer Sonderkonstellationen zweifelhaft.

D. Ausnahmen vom Wettbewerbsverbot

I. Einwilligung in Konkurrenzgeschäfte

1. Erteilung (Abs. 1). Die in § 112 Abs. 1 vorbehaltene, zum Nichteingreifen des Wettbewerbsverbots führende Einwilligung der Mitgesellschafter beruht nicht auf einem Beschluss der übrigen Gesellschafter, sondern setzt sich zusammen aus einseitigen **empfangsbedürftigen Willenserklärungen der Mitgesellschafter** gegenüber dem an der Konkurrenztätigkeit interessierten Gesellschafter entsprechend §§ 182 bis 184 BGB.[69] Sie bezieht sich grundsätzlich auf bestimmte *einzelne* Wettbewerbstätigkeiten, kann aber auch auf bestimmte *Arten* von Geschäften ausgedehnt, befristet erteilt, von Bedingungen abhängig gemacht oder unter Vorbehalt des Widerrufs gestellt werden. Ohne Vorbehalt ist die Einwilligung nur widerruflich bei Vorliegen eines wichtigen Grundes[70]; darunter fallen die nachhaltige Schädigung der Gesellschaft als Folge der Konkurrenztätigkeit oder sonstige unerwartete, der Einwilligung die Grundlage entziehende Entwicklungen. 26

Eine besondere Form ist für die Einwilligung nicht vorgesehen. Sie kann **konkludent** erteilt werden, etwa durch längeres widerspruchsloses Dulden einer den Mitgesellschaftern bekannten Konkurrenztätigkeit (maßgebliche Beteiligung an einer konkurrierenden Gesellschaft, Betreiben eines Konkurrenzunternehmens u.a.).[71] Entsprechendes gilt für den Abschluss eines Gesellschaftsvertrags mit einem an Konkurrenzunternehmen beteiligten Gesellschafter in Kenntnis des Wettbewerbs (Rn 30) oder für die Zustimmung zur Anteilsübertragung an ihn (§ 105 Rn 296), auch wenn die (engen) Voraussetzungen für die Einwilligungsfiktion des § 112 Abs. 2 (Rn 29) nicht vorliegen. Die Kenntnis der Mitgesellschafter von einzelnen früheren Wettbewerbsverstößen ohne Dauercharakter (Spekulationsgeschäfte u.a.) und ihre sanktionslose Hinnahme gestattet nicht schon den Schluss darauf, dass sie damit in künftige Konkurrenzgeschäfte dieser Art einwilligen wollten; schon gar nicht kann hieraus auf die Erteilung einer Befreiung vom Wettbewerbsverbot im Wege konkludenter Vertragsänderung (vgl. Rn 31) geschlossen werden.[72] 27

---

[68] Hierauf stellt Scholz/*K. Schmidt* GmbHG[10] § 47 Rn 164 zur Bestimmung des Anwendungsbereichs der Stimmrechtsausschlussvorschrift des § 47 Abs. 4 GmbHG ab.

[69] So zutr. schon 3. Aufl. Rn 10 (*Rob. Fischer*); ebenso auch MünchKommHGB/*Langhein* Rn 24; Baumbach/*Hopt* Rn 9; *Michalski* OHG-Recht Rn 18; Röhricht/Graf v. Westphalen/*v. Gerkan/Haas* Rn 11; wohl auch *Koller*/Roth/Morck §§ 112, 113 Rn 3; gegen die Anwendung der §§ 182–184 BGB *Kardaras* Wettbewerbsverbot S. 63 ff, 69 f; i.E. auch Ebenroth/Boujong/Joost/Strohn/*Goette* Rn 25; unentschieden Westermann/*Wertenbruch* Handbuch Rn I 457.

[70] MünchKommHGB/*Langhein* Rn 25; Röhricht/Graf v. Westphalen/*v. Gerkan/Haas* Rn 10; Baumbach/*Hopt* Rn 9; **aA** – nur bei Vorbehalt des Widerrufs – *A. Hueck* OHG § 13 II 4, S. 198; *Kardaras* Wettbewerbsverbot S. 75 f.

[71] MünchKommHGB/*Langhein* Rn 26; Ebenroth/Boujong/Joost/Strohn/*Goette* Rn 27 f; Röhricht/v. Westphalen/*v. Gerkan/Haas* Rn 11; Westermann/*Wertenbruch* Handbuch Rn I 458 ff.

[72] Vgl. BGH NJW-RR 1997, 925 (zur Aufnahme eines Konkurrenten in die Gesellschaft): Der Gesellschaftsvertrag enthielt ein ausdrückliches und umfassendes Konkur-

Die Erteilung der Einwilligung ist von demjenigen Gesellschafter *zu beweisen*, der sich hierauf gegenüber Unterlassungs- oder Zahlungsansprüchen der Gesellschaft beruft.

28 **Wirksam** wird die Einwilligung erst, wenn sie dem Gesellschafter von *sämtlichen* Mitgesellschaftern erteilt ist, soweit der Gesellschaftsvertrag nichts Abweichendes vorsieht. Eine allgemein für Gesellschafterbeschlüsse vorgesehene **Mehrheitsklausel** reicht angesichts der nicht auf einen Gesellschafterbeschluss, sondern auf Willenserklärungen der Mitgesellschafter abstellenden Regelung des § 112 Abs. 1 (Rn 26) auch dann nicht aus, wenn man den Bestimmtheitsgrundsatz (§ 119 Rn 34 ff) außer Betracht lässt.[73] Eine *nach* Vornahme des Konkurrenzgeschäfts erteilte Zustimmung der Mitgesellschafter (Genehmigung, § 184 BGB) hat die Wirkung eines Verzichts auf die Folgen des Verstoßes gegen § 112 Abs. 1.

29 **2. Unwiderlegliche Vermutung (Abs. 2).** Für einen Sonderfall der Konkurrenztätigkeit: Die bei Vertragsschluss schon bestehende **Beteiligung als persönlich haftender Gesellschafter** an einer konkurrierenden OHG, KG oder KGaA (Rn 24) begründet bei Vorliegen der beiden in § 112 Abs. 2 genannten Voraussetzungen die unwiderlegliche Vermutung, dass die Einwilligung erteilt wurde. Die Regelung dient dem Schutz des konkurrierenden, auf das Einverständnis der Mitgesellschafter mit seiner Doppelstellung vertrauenden Gesellschafters. Für ihr Eingreifen erforderlich ist erstens die **Kenntnis** der Mitgesellschafter von der Beteiligung am Konkurrenzunternehmen **bei Abschluss** des Gesellschaftsvertrags; dem steht die spätere rechtsgeschäftliche Aufnahme eines konkurrierend tätigen Gesellschafters in die schon bestehende Gesellschaft oder die Zustimmung zur Anteilsübertragung an ihn gleich.[74] Die Kenntnis der Mitgesellschafter muss sowohl die Rechtsstellung des betroffenen Gesellschafters in der anderen Gesellschaft als auch Art und Umfang der Tätigkeit dieser Gesellschaft auf dem relevanten Markt umfassen. Zweite (negative) Voraussetzung ist das **Fehlen einer ausdrücklichen Vereinbarung** mit den Mitgesellschaftern, die andere Beteiligung aufzugeben. Für die *Ausdrücklichkeit* kommt es darauf an, dass die Vereinbarung zwar nicht wörtlich, wohl aber dem Inhalt nach die Aufgabe der Beteiligung zum Gegenstand hat.[75] Daran fehlt es, wenn der auf die Aufgabe der Beteiligung gerichtete Parteiwille nicht eindeutig aus ihrem Wortlaut hervorgeht, sondern sich nur mittelbar aus sonstigen Erklärungen der Beteiligten, die in erster Linie der Regelung anderer Fragen dienen, entnehmen lässt.[76] Eine bestimmte Form ist für die Vereinbarung nicht vorgeschrieben, aus Beweisgründen freilich dringend zu empfehlen; mündliche Abrede genügt, sofern der Vertrag hierfür nicht gewillkürte Schriftform vorsieht.

---

renzverbot; die Aufnahme des Konkurrenten wurde in diesem Fall nicht als Einwilligung in die Konkurrenztätigkeit gewertet; zustimmend auch Sudhoff/*Schulte* Personengesellschaften[8] § 11 Rn 5 aE.

[73] HM, vgl. etwa Ebenroth/Boujong/Joost/Strohn/*Goette* Rn 27 f; Röhricht/Graf v. Westphalen/*v. Gerkan*/*Haas* Rn 11; **aA** (Zulässigkeit einer Mehrheitsklausel) Westermann/*Wertenbruch* Handbuch Rn I 457 aE; vielleicht auch Baumbach/*Hopt* Rn 9.

[74] **AA** insoweit anscheinend Westermann/*Wertenbruch* Handbuch Rn I 456a; Ebenroth/Boujong/Joost/Strohn/*Goette* Rn 28.

[75] MünchKommHGB/*Langhein* Rn 28 ff; Ebenroth/Boujong/Joost/Strohn/*Goette* Rn 29 ff; Röhricht/Graf v. Westphalen/*v. Gerkan*/*Haas* Rn 9; vgl. auch Westermann/*Wertenbruch* Handbuch Rn I 456 ff; *Kardaras* Wettbewerbsverbot S. 78. Zur „Ausdrücklichkeit" als Voraussetzung der Vereinbarung einer effektiven Fremdwährungsschuld (§ 244 Abs. 1 BGB) vgl. Staudinger/*K. Schmidt* BGB (1997) § 244 Rn 38 mN.

[76] *Rob. Fischer* und *Kardaras* aaO (Fn 69).

Eine **analoge Anwendung** des Vermutungstatbestands des Abs. 2 auf andere den Mitgesellschaftern bei Vertragsschluss bekannte Wettbewerbsverstöße scheidet jedenfalls in den Fällen aus, in denen es um *einzelne* vor Vertragsschluss vorgenommene Geschäfte ohne Dauercharakter geht; insoweit fehlt es schon an der Vergleichbarkeit mit dem in Abs. 2 geregelten Fall. Aber auch für *Dauergeschäfte* wie die nicht mit persönlicher Haftung verbundene maßgebliche Beteiligung an einer konkurrierenden Gesellschaft, die Wahrnehmung von Organfunktionen oder das Betreiben eines Konkurrenzunternehmens begegnet der Analogieschluss angesichts der Beschränkung des Abs. 2 auf den dort geregelten Sonderfall und des ungewöhnlichen Regelungsinhalts **Bedenken.**[77] Vorzuziehen ist insoweit eine *widerlegliche Vermutung* des Inhalts, dass die Mitgesellschafter in die Fortsetzung der ihnen bei Vertragsschluss bekannten, fortdauernden Konkurrenztätigkeit eingewilligt haben, wenn sie nichts Gegenteiliges vereinbart haben.[78] Eine umfassende Befreiung vom Wettbewerbsverbot (Rn 31) lässt sich daraus nicht ableiten. 30

II. Befreiung vom Wettbewerbsverbot

Das Wettbewerbsverbot des § 112 Abs. 1 ist **abdingbar.** Das folgt aus der dispositiven Natur der §§ 110 bis 122 (vgl. § 109). Die Befreiung richtet sich im Unterschied zur Einwilligung in Konkurrenzgeschäfte (Rn 32) nach den allgemein für Abschluss und Änderungen des Gesellschaftsvertrags geltenden Grundsätzen (§ 105 Rn 154 ff, 186 ff). Sie bedarf grundsätzlich der Zustimmung sämtlicher Gesellschafter. Enthält der Vertrag eine auf Vertragsänderungen bezogene *Mehrheitsklausel* und gilt sie auch für die Befreiung vom Wettbewerbsverbot[79], so bedarf der Beschluss wegen der erheblichen Gefährdung von Gesellschaft und Mitgesellschaftern zusätzlich der sachlichen Rechtfertigung durch Gründe im Interesse der Gesellschaft.[80] Der die Befreiung erstrebende Gesellschafter hat bei der Beschlussfassung kein Stimmrecht.[81] 31

Das **Verhältnis der Befreiung** vom Wettbewerbsverbot **zur Einwilligung** nach § 112 Abs. 1 ist nicht einfach zu bestimmen. Auf den meist umfassenderen Inhalt der Befreiung im Vergleich zu der regelmäßig auf bestimmte Wettbewerbstätigkeiten bezogenen Einwilligung (Rn 26) kommt es nicht entscheidend an. Maßgebend ist vielmehr, dass die *Befreiung* eine teilweise oder umfassende Abbedingung der dispositiven Vorschrift des § 112 Abs. 1 enthält und, wenn sie erst nach Gründung oder Beitritt gewährt wird, als Änderung des Gesellschaftsvertrags zu qualifizieren ist, während die fehlende *Einwilligung* der Mitgesellschafter die Funktion eines negativen Tatbestandsmerkmals der §§ 112 Abs. 1 hat. Mit Rücksicht auf diese Unterschiede werden für die Einwilligung anders als für die Befreiung nicht ein entsprechender Gesellschafterbeschluss, sondern je gesonderte, 32

[77] So auch Röhricht/Graf v. Westphalen/*v. Gerkan/Haas* Rn 13; weitergehend BeckHdbPersonengesellschaften²/*W. Müller* § 4 Rn 164 aE.

[78] So auch *Löffler* NJW 1986, 229; **aA** MünchKommHGB/*Langhein* Rn 28 aE; Baumbach/*Hopt* Rn 11; Ebenroth/Boujong/Joost/Strohn/*Goette* Rn 34.

[79] Vgl. dazu *Wiedemann/Hirte* ZGR 1986, 163 (173) unter Hinweis auf BGHZ 80, 69 = NJW 1981, 1512 (GmbH).

[80] BGHZ 80, 69 (74) = NJW 1981, 1512; *Wiedemann/Hirte* ZGR 1986, 163 (173); Röhricht/Graf v. Westphalen/*v. Gerkan/Haas* Rn 15; Ebenroth/Boujong/Joost/Strohn/*Goette* Rn 40; MünchKommHGB/*Langhein* Rn 35 f; Baumbach/*Hopt* Rn 13.

[81] Vgl. BGHZ 80, 69 (71); *Timm* GmbHR 1981, 183; weit Nachw. in Fn 80; allg. zum Stimmrechtsausschluss wegen Interessenkollision vgl. § 119 Rn 64 ff.

gegenüber dem an der Konkurrenztätigkeit interessierten Gesellschafter abzugebende Willenserklärungen der übrigen Gesellschafter nach §§ 183, 184 BGB gefordert (Rn 26). Das ändert allerdings nichts daran, dass die Einwilligung – als partielle Durchbrechung des Wettbewerbsverbots – der Befreiung funktional vergleichbar ist und wie diese Grundlagencharakter hat.[82] Sie ist daher nicht von den Geschäftsführern, sondern grundsätzlich von allen Gesellschaftern zu erteilen, falls der Gesellschaftsvertrag insoweit nicht eine wirksame Mehrheitsklausel enthält (Rn 28).

33 Ungeschriebene **Schranken** gegenüber einer umfassenden Befreiung können sich daraus ergeben, dass sie auf eine Einschränkung der Treupflicht des befreiten Gesellschafters in einem besonders sensiblen, die Verfolgung des gemeinsamen Zwecks und die mitgliedschaftlichen Förderungspflichten betreffenden Bereich hinausläuft. Insbesondere ist die Befreiung regelmäßig **nicht** dahin zu verstehen, dass dem befreiten Gesellschafter dadurch auch die **Schädigung der Gesellschaft** unter Ausnutzung der Doppelstellung und der ihm zugänglichen Insiderinformationen gestattet werden soll[83]; die Mitgesellschafter verzichten im Zweifel nur auf den mit § 112 Abs. 1 verbundenen Präventivschutz gegenüber konkreter Gefährdung der Gesellschaft (Rn 1). Soll die Befreiung darüber hinaus auch das Schädigungsverbot als solches einschränken, so ist der darin liegende Verzicht auf die Treupflicht trotz Zustimmung sämtlicher Gesellschafter nur wirksam, wenn hierdurch die Verfolgung des gemeinsamen Zwecks weder unmöglich gemacht noch entscheidend in Frage gestellt wird. Dieser Vorbehalt ist vor allem in denjenigen Fällen von Bedeutung, in denen sich die Befreiung vom Wettbewerbsverbot auf einen maßgebenden Gesellschafter bezieht und dazu führt, dass die Gesellschaft ihm gegenüber in ein Abhängigkeitsverhältnis gerät bzw. unter die einheitliche Leitung eines Konkurrenzunternehmens gestellt wird (Anh. § 105 Rn 40 f).[84] Im Voraus kann das Wettbewerbsverbot also keinesfalls für alle Zeit außer Kraft gesetzt werden.[85]

34 Ebenso wie die Einschränkung des Wettbewerbsverbots können die Gesellschafter auch seine **Erweiterung** über den persönlichen oder sachlichen Anwendungsbereich des § 112 Abs. 1 hinaus vereinbaren, soweit dem nicht das Kartellverbot der §§ 1, 81 Abs. 2 Nr. 1 GWB bzw. Art. 81 EG oder die Schranken des § 138 Abs. 1 BGB wegen sittenwidriger Knebelung der betroffenen Gesellschafter entgegenstehen (Rn 40 ff).[86] In **persönlicher** Hinsicht kommt etwa die ausdrückliche Einbeziehung von Kommanditisten mit Rücksicht auf ihre interne Stellung in der Gesellschaft und auf die ihnen danach zugänglichen Informationen in Betracht (vgl. schon Rn 9). **Sachlich** bietet sich neben der Konkretisierung der Schranken für einen Beteiligungserwerb des Gesellschafters auch die vertragliche Festlegung des Handelszweigs (relevanten Marktes) an, für den der Vorrang des Gesellschaftsinteresses und der Verzicht der Gesellschafter auf unmittelbare oder mittel-

---

82 *Armbrüster* ZIP 1997, 261 (269); *Michalski* OHG-Recht Rn 18.

83 So zutr. *Löffler* NJW 1986, 228 f; ähnlich auch Schlegelberger/*Martens* § 165 Rn 14 und 18; i.E. auch MünchKommHGB/*Langhein* Rn 35 (mit Fn 142); vgl. auch die Nachw. in Fn 3.

84 So der Fall BGHZ 80, 69 = NJW 1981, 1512 – *Süssen*. Allgemein zur Rechtslage einer beherrschten (abhängigen oder konzernierten) Personengesellschaft vgl. Anh. § 105.

85 *Koller*/Roth/Morck § 112, 113 Rn 5; Schlegelberger/*Martens* Rn 25; zu Unrecht z.T. weitergehend Ebenroth/Boujong/Joost/Strohn/*Goette* Rn 40; MünchKommHGB/*Langhein* Rn 35 (völlige Freistellung möglich).

86 Vgl. auch MünchKommHGB/*Langhein* Rn 37; Ebenroth/Boujong/Joost/Strohn/*Goette* Rn 40; Baumbach/*Hopt* Rn 12; *Koller*/Roth/Morck §§ 112, 113 Rn 5 und BeckHdbPersonengesellschaften[2]/*W. Müller* § 4 Rn 157; zu den Grenzen vertraglicher Wettbewerbsverbote vgl. ferner *Kanzleitner* DNotZ 1989, 195 (196 ff).

bare eigene Konkurrenztätigkeit gelten soll. Weitere mögliche Erweiterungen betreffen die Verschärfung der in § 113 enthaltenen Rechtsfolgen durch Einführung einer Vertragsstrafe, durch mehrheitliche Beschlussfassung nach § 113 Abs. 2 oder durch gänzlichen Verzicht hierauf. Werden die Sanktionen von Wettbewerbsverstößen modifiziert, so führt dies im Zweifel auch zur Unanwendbarkeit der Verjährungsregelung des § 113 Abs. 3 (vgl. § 113 Rn 4). Die dort vorgesehene Frist kann darüber hinaus innerhalb der Grenzen des § 202 Abs. 2 BGB verlängert werden.

Eine Erweiterung in zeitlicher Hinsicht unter Verzicht auf den mitgliedschaftlichen Bezug des § 112 Abs. 1 stellt die Einführung eines **nachvertraglichen Wettbewerbsverbots** dar (vgl. Rn 13); sie kommt insbesondere im Hinblick auf das Ausscheiden einzelner Gesellschafter in Betracht. Vom Wettbewerbsverbot des § 112 Abs. 1 unterscheidet sie sich vor allem dadurch, dass der Verbotsadressat nicht mehr Gesellschafter ist. Daher bestimmen sich die Rechtsfolgen eines Verstoßes im Zweifel auch nicht nach § 113, sondern nach allgemeinen Vertragsgrundsätzen (vgl. Rn 13). **35**

E. Rechtsfolgen eines Verstoßes

I. Überblick

1. Die Regelungen des § 113. Soweit es um **Zahlungspflichten** des das Wettbewerbsverbot verletzenden Gesellschafters geht, sind die Rechtsfolgen in § 113 geregelt. Die Vorschrift enthält drei Besonderheiten gegenüber sonstigen Fällen einer Treupflichtverletzung und ihrer Folgen: Sie gewährt der Gesellschaft alternativ zum Schadensersatzanspruch ein Eintrittsrecht (Abs. 1), also die Möglichkeit zur Gewinnabschöpfung. Sie lässt die Geltendmachung des einen oder anderen Anspruchs von einer vorherigen Beschlussfassung der übrigen Gesellschafter abhängen (Abs. 2), und sie bestimmt eine ungewöhnlich kurze Verjährungsfrist von drei Monaten ab Kenntnis vom Verstoß für die Geltendmachung der Ansprüche (Abs. 3). Diese Schranken gelten auch für ein Vorgehen von Mitgesellschaftern im Wege der actio pro socio (§ 105 Rn 256, 261): Ohne vorangegangenen Gesellschafterbeschluss nach § 113 Abs. 2 ist die Klage als unbegründet abzuweisen. Wegen der Einzelheiten vgl. § 113 Rn 5. **36**

2. Sonstige Sanktionen. Die in § 113 Abs. 1 genannten Verstoßfolgen sind nicht abschließender Natur. Daneben besteht einerseits ein **Unterlassungsanspruch** in Bezug auf verbotswidrige Geschäfte und Gesellschaftsbeteiligungen eines Gesellschafters (Rn 38). Zum anderen kommt je nach Lage des Falles und Schwere des Verstoßes auch ein Anspruch der Mitgesellschafter auf **Entziehung** von Geschäftsführungsbefugnis und Vertretungsmacht des verbotswidrig Handelnden (§§ 117, 127) oder auf seine **Ausschließung** aus der Gesellschaft in Betracht. Der Vorbehalt in § 113 Abs. 4 ist nicht etwa dahin zu verstehen, dass dadurch ein Vorgehen nach §§ 117, 127, 140 ausgeschlossen sei; er hat nur klarstellende Natur (§ 113 Rn 5).[87] **37**

---

[87] MünchKommHGB/*Langhein* § 113 Rn 12; Heymann/*Emmerich* §113 Rn 1.

II. Unterlassungsanspruch

38 Die objektive Verletzung des gegenüber der Gesellschaft geschuldeten Wettbewerbsverbots begründet auch ohne besondere Regelung einen Unterlassungsanspruch der Gesellschaft (Sozialanspruch). Das folgt aus allgemeinen Grundsätzen[88]; die Sonderregelung des **§ 113 steht nicht entgegen.**[89] Der Unterlassungsanspruch kann im Wege der actio pro socio auch von jedem Mitgesellschafter geltend gemacht werden, wenn die Geschäftsführer untätig bleiben oder ein sonstiger Grund für dieses Vorgehen besteht (§ 105 Rn 262). Eines vorhergehenden Gesellschafterbeschlusses bedarf es hierfür abweichend von § 113 Abs. 1 und 2 nicht.[90] Der Unterlassungsanspruch ist nur dann ausgeschlossen, wenn die Mitgesellschafter mit der erforderlichen Mehrheit (Rn 28) in die Wettbewerbstätigkeit eingewilligt haben oder die Einwilligungsvermutung des § 112 Abs. 2 eingreift; in derartigen Fällen fehlt es bereits am Vorliegen eines Verstoßes gegen § 112 Abs. 1. Das Bestehen von Vertragspflichten des konkurrierenden Gesellschafters gegenüber Dritten ist kein relevanter Einwand gegenüber Sanktionen wegen Verletzung des § 112 Abs. 1. Inhaltlich zielt die Unterlassungsklage auf Einstellung der Konkurrenztätigkeit bzw. Aufgabe der verbotenen Beteiligung. Ihr Zweck ist darauf gerichtet, die Möglichkeit der Erzwingung des Unterlassungsanspruchs durch richterliche Ordnungsmittel nach § 890 ZPO zu schaffen.[91] Soweit der mit § 112 Abs. 1 unvereinbare Erwerb einer Beteiligung als persönlich haftender Gesellschafter kraft Erbrechts erfolgt, haben die betroffenen Gesellschafter-Erben die Möglichkeit, den Verstoß durch Geltendmachung des Wahlrechts nach § 139 zu beseitigen, ohne zur Ausschlagung der Erbschaft gezwungen zu sein.

39 **Schranken** für die Durchsetzung des Unterlassungsanspruchs ergaben sich nach früher hM[92] vor allem aus der besonderen **Verjährungsregelung des § 113 Abs. 3;** diese wurde dahin verstanden, dass Rechtsfolgen eines Wettbewerbsverstoßes insgesamt nur in der kurzen Dreimonatsfrist ab Kenntnis oder grob fahrlässiger Unkenntnis der Mitgesellschafter hiervon geltend gemacht werden können. Heute geht die hL jedoch zu Recht davon aus, dass neben Abs. 2 (Rn 38) auch Abs. 3 **nicht** auf Unterlassungsansprüche anwendbar ist.[93] Schon seit jeher war man sich im Übrigen darüber einig, dass Gesellschaft und Mitgesellschafter durch die Verjährung eines konkreten Wettbewerbsverstoßes jedenfalls nicht gehindert sind, die Unterlassung *künftiger* Verstöße zu verlangen, wenn

---

[88] Vgl. MünchKommBGB[5]/*Kramer* § 241 Rn 11 f zum Rechtsschutz bei Verstößen gegen vertragliche Unterlassungspflichten. Ein deliktischer Unterlassungsanspruch kommt nur in Betracht, wenn der Verstoß gegen das Wettbewerbsverbot zugleich als rechtswidriger Eingriff in den Gewerbebetrieb der Gesellschaft zu qualifizieren ist.

[89] EinhM, vgl. OLG Nürnberg BB 1981, 452; *A. Hueck* OHG § 13 II 5, S. 199, MünchKommHGB/*Langhein* § 113 Rn 11; eingehend *Kardaras* Wettbewerbsverbot S. 87 ff, 92 f; so zu §§ 60, 61 auch RGZ 63, 252 (254); 73, 423 (426).

[90] So auch MünchKommHGB/*Langhein* § 113 Rn 11; Baumbach/*Hopt* § 113 Rn 4; *Kardaras* Wettbewerbsverbot S. 93.

[91] Zu den prozessualen Folgen von Klage und Urteil vgl. *Kardaras* Wettbewerbsverbot S. 93 f.

[92] RGZ 63, 252 (254) (zu § 61); *A. Hueck* OHG § 13 II 7, S. 204; **aA** mit beachtlichen Gründen aber schon *Kardaras* Wettbewerbsverbot S. 119 f. Näher dazu Voraufl. Rn 39 (*Ulmer*).

[93] MünchKommHGB/*Langhein* § 113 Rn 11, 20; Röhricht/Graf v. Westphalen/*v. Gerkan*/*Haas* § 113 Rn 2, 12; MünchKommHGB/*Langhein* § 113 Rn 11; Baumbach/*Hopt* § 113 Rn 10; differenzierend Westermann/*Wertenbruch* Handbuch Rn I 464, 468; **aA** (für Anwendung von Abs. 2 und 3) Ebenroth/Boujong/Joost/Strohn/*Goette* § 113 Rn 34, 41 (für Anwendung von Abs. 3).

aufgrund des bisherigen Verhaltens des verstoßenden Gesellschafters mit der Gefahr von Wiederholungen ernsthaft zu rechnen ist.[94] Insofern hatte die früher hM also nur eingeschränkte Bedeutung.

F. Wettbewerbsverbot und Kartellrecht

Schrifttum

Vgl. die Angaben vor Rn 1.

Ferner (Auswahl): *Kellermann* Einfluß des Kartellrechts auf das gesellschaftsrechtliche Wettbewerbsverbot des persönlich haftenden Gesellschafters, FS Robert Fischer (1979), S. 307; *Lieberknecht/Gnauk* Zur kartellrechtlichen Beurteilung von Wettbewerbsverboten in Personengesellschaften, BB 1963, 1067; *Karsten Schmidt* Kartellverbot und „sonstige Wettbewerbsbeschränkungen" (1978); *ders.* Vertragliche Wettbewerbsverbote im deutschen Kartellrecht, ZHR 149 (1985), 1; *Steindorff* Gesetzeszweck und gemeinsamer Zweck des § 1 GWB, BB 1977, 569; *Ulmer* Wettbewerbsverbote in Unternehmensveräußerungsverträgen, NJW 1979, 1595; *ders.* Die kartellrechtliche Beurteilung von Wettbewerbsverboten bei Unternehmensveräußerung, NJW 1982, 1975; *Voges* Zum Verhältnis der gesellschaftsrechtlichen Wettbewerbsverbote zum Kartellrecht, DB 1977, 2081; *Wilhelm* Gemeinsamer Zweck und Wettbewerbsbeschränkung, ZHR 150 (1986), 434.

I. Anwendungsvoraussetzungen des § 1 GWB

Das Wettbewerbsverbot des § 112 Abs. 1 erfüllt auch dann, wenn der Gesellschafts- **40**
vertrag hierüber keine besondere Regelung enthält, im Regelfall die Tatbestandsmerkmale des § 1 GWB.[95] Das gilt unter der Voraussetzung, dass die damit verbundene Wettbewerbsbeschränkung aufgrund der Marktstellung der Beteiligten **spürbar,** d.h. geeignet ist, die Wahlmöglichkeiten der Marktgegenseite nicht nur theoretisch zu beeinträchtigen.[96] Der Gesellschaftsvertrag der OHG oder KG ist eine **Vereinbarung** im Sinne des § 1 GWB[97]; dass der Zweck der Vereinbarung auf eine Wettbewerbsbeschränkung gerichtet

[94] Vgl. auch *Kardaras* Wettbewerbsverbot S. 92 f; zur Wiederholungsgefahr als Voraussetzung vorbeugenden Rechtsschutzes vgl. MünchKommBGB[4]/*Medicus* § 1004 Rn 95 ff.

[95] Das ist heute im Wesentlichen außer Streit; vgl. BGHZ 38, 306 (311 ff) = NJW 1963, 646 – *Kino*; 70, 331 (334 ff) = NJW 1978, 1001 – *Gabelstapler*; aus der umfangreichen Lit. vgl. statt aller Loewenheim/Meessen/Riesenkampff/*Nordemann* Kartellrecht § 1 GWB Rn 169; Langen/*Bunte* Kartellrecht[10] § 1 GWB Rn 267; *Möschel* Recht der Wettbewerbsbeschränkungen, 1983, Rn 204 f; *Beuthien* ZHR 142 (1978), 259 (264 f); *Kellermann* in: FS Rob. Fischer S. 307 (308 ff), *K. Schmidt* Kartellverbot S. 79 ff; *Wiedemann* Gesellschaftsrecht, Bd. I, § 13 II 1, S. 730; MünchKommHGB/*Langhein* Rn 32; Ebenroth/Boujong/Joost/Strohn/*Goette* Rn 35; *Michalski* OHG-Recht Rn 21; BeckHdbPersonengesellschaften[2]/*W. Müller* § 4 Rn 171; stark verkürzt Röhricht/Graf v. Westphalen/*v. Gerkan/Haas* Rn 19; **aA** wegen des Fehlens *vertraglicher* Wettbewerbsbeschränkung noch *Kardaras* Wettbewerbsverbot S. 132 ff; ähnl. *Lieberknecht/Gnauk* BB 1963, 1067 (1072). Grundsätzlich abweichend *Wilhelm* ZHR 150 (1986), 434 (453 ff, 456) (für Anwendung von § 18 anstelle von § 1 GWB).

[96] Vgl. BGH WM 1983, 862 (863) (Spürbarkeit verneint); allg. zum Merkmal der Spürbarkeit vgl. Immenga/Mestmäcker/*Zimmer* GWB[4] § 1 Rn 165 ff mN.

[97] Der Begriff der Vereinbarung erfasst alle Verträge im zivilrechtlichen Sinne, vgl. Langen/*Bunte* Kartellrecht[10] § 1 GWB Rn 35; *Bechtold*/Otting Kartellgesetz[4] § 1 Rn 11; Immenga/Mestmäcker/*Zimmer* GWB[4] § 1 Rn 82.

ist, ist nicht erforderlich.[98] Die Gesellschafter sind unabhängig von ihrer etwaigen Kaufmannsqualität (§ 105 Rn 77 ff) als – zumindest potentielle – **Unternehmen** zu qualifizieren, soweit sie außerhalb der OHG (KG) selbständig am wirtschaftlichen Verkehr teilnehmen oder hierzu nicht nur theoretisch in der Lage sind.[99] Die Marktbeeinflussung durch **Beschränkung des Wettbewerbs** ist in der Spürbarkeit des Wettbewerbsverbots für die Marktgegenseite zu sehen (s.o.). Sie beruht trotz Regelung des Verbots in § 112 Abs. 1 auf **vertraglicher** Grundlage, da diese Vorschrift nur aufgrund eines entsprechenden Vertragsschlusses zwischen den Beteiligten eingreift.[100] Schließlich steht der Anwendung des § 1 GWB auch nicht das Fehlen schützenswerten Wettbewerbs entgegen, da das Wettbewerbsverbot des § 112 Abs. 1 sich nicht auf die Verhinderung unlauteren Wettbewerbs durch missbräuchliche Ausnutzung von Insiderinformationen beschränkt, sondern als konkreter Gefährdungstatbestand schon im Vorfeld eingreift.[101] Wegen der Einzelheiten des Kartellverbots sei auf die Erläut. zu § 1 GWB verwiesen.

II. Die Lösung des Normenkonflikts

41 **1. Grundsatz.** Da die inhaltlich nicht aufeinander abgestimmten, unterschiedliche Ziele verfolgenden Vorschriften der §§ 112 HGB, 1 GWB nach ihrem Wortlaut im Regelfall beide gegenüber solchen OHG- und KG-Verträgen eingreifen, in denen auf eine Abdingung des Wettbewerbsverbots verzichtet wurde, liegt der Fall eines Normenkonflikts vor (vgl. schon Rn 5). Der Gesetzgeber des zeitlich jüngeren GWB hat davon abgesehen, für dessen gesetzliche Klärung – etwa durch eine Kollisionsregelung – zu sorgen. Mit Rücksicht auf den eigenständigen Regelungsgehalt des § 112 Abs. 1 kann der Konflikt auch nicht durch Rückgriff auf die „lex posterior-Regel" unter generellem Vorrang des Kartellverbots gelöst werden.[102] Geboten ist vielmehr eine inhaltliche Abstimmung der mit den gegenläufigen Vorschriften verfolgten Regelungsziele. Sie führt dazu, dem Normenkonflikt nach Art der „praktischen Konkordanz"[103] durch harmonisierende Auslegung in der Weise Rechnung zu tragen, dass das Wettbewerbsverbot in seinem für die OHG (KG) funktionsnotwendigen Bestand durch das Kartellverbot nicht berührt wird, bei seiner Auslegung und Anwendung jedoch auf die Ziele des § 1 GWB Rücksicht zu nehmen ist (vgl. Rn 42 ff). Folge dieser Auslegungsmethode ist es, dass einander widersprechende Auslegungsergebnisse schon im Ansatz vermieden werden.

---

[98] Ganz hM seit BGHZ 31, 105 (111 f) = WuW/E BGH 359, 363 – *Glasglühkörper*; vgl. zur mittlerweile klaren Fassung des Gesetzes Langen/*Bunte* Kartellrecht[10] § 1 GWB Rn 212 ff; *Bechtold*/Otting Kartellgesetz[4] § 1 Rn 26 f; Immenga/Mestmäcker/*Zimmer* GWB[4] § 1 Rn 155 ff.

[99] Der Begriff des potentiellen Unternehmens hat Bedeutung vor allem im Hinblick auf Wettbewerbsbeschränkungen, die die *künftige* Marktteilnahme betreffen; vgl. Immenga/Mestmäcker/*Zimmer* GWB[4] § 1 Rn 43 f mN, vgl. auch Rn 52.

[100] Vgl. die Nachw. in Fn 95 und die dortigen Stellungnahmen zur *vertraglichen* Grundlage der Geltung des dispositiven Wettbewerbsverbots des § 112 Abs. 1.

[101] So zutr. *Beuthien* ZHR 142 (1978), 278, und *Wiedemann* Gesellschaftsrecht, Bd. I § 13 II 1 S. 732.

[102] Ganz hM, vgl. BGHZ 38, 306 (311 f) = NJW 1963, 646; *Beuthien* ZHR 142 (1978), S. 269 ff, *Kellermann* (Fn 95) S. 311 ff, jew. mwN.

[103] Vgl. zu dieser im Verfassungsrecht entwickelten Auslegungsmethode *Hesse* Grundzüge des Verfassungsrechts[20] (1999), Rn 72, 317 ff. Ebenso auch MünchKommHGB/*Langhein* Rn 32 und i.E. Ebenroth/Boujong/Joost/Strohn/*Goette* Rn 35.

2. Die Restriktion des § 112 Abs. 1. Erfüllt das Wettbewerbsverbot nach der Marktstellung der Beteiligten nicht nur formell, sondern auch materiell die Tatbestandsmerkmale des § 1 GWB bzw. Art. 81 EG[104], so ist der damit verbundenen Wettbewerbsbeschränkung, im Ansatz abweichend von der zweistufigen Prüfungsmethode der Rechtsprechung (Rn 5), schon durch restriktive Interpretation der Kriterien des § 112 Abs. 1 Rechnung zu tragen. Das ist bedeutsam einerseits für die Bestimmung des persönlichen Anwendungsbereichs des § 112 einschließlich seiner etwaigen Ausdehnung im Analogiewege (Rn 6 ff, 9), zum anderen für die Abgrenzung des vom Wettbewerbsverbot betroffenen Marktes unter Auslegung der Begriffe „Handelszweig" und „Gleichartigkeit" (Rn 17 f). Übereinstimmendes Ziel beider Ansätze, also auch der Rechtsprechung, ist es freilich, das Wettbewerbsverbot in Fällen, in denen ihm wettbewerbsbeschränkende Wirkungen zukommen, nur in den Grenzen eingreifen zu lassen, in denen es zur Gründung und zum gemeinsamen Betrieb der Gesellschaft *funktionsnotwendig* ist.[105] Zu den praktischen Folgerungen vgl. Rn 45 ff. 42

3. Die Restriktion des § 1 GWB. Für das *Kartellverbot* ist die Methode restriktiver Anwendung unter Respektierung funktionsnotwendiger Wettbewerbsverbote in Gesellschaftsverträgen seit langem anerkannt.[106] Über die Wettbewerbsverbote kraft dispositiven Rechts hinaus findet sie auch gegenüber vertraglichen oder aus der Treupflicht abgeleiteten, zur Funktionsfähigkeit der OHG (KG) erforderlichen Wettbewerbsverboten Anwendung.[107] Die Restriktion bezieht sich nicht auf einzelne Tatbestandsmerkmale des § 1 GWB[108], sondern führt – als ungeschriebene Schranke des Geltungsbereichs dieser Vorschrift – zu seiner Nichtanwendung gegenüber funktionsnotwendigen Wettbewerbsverboten.[109] 43

Die Methode restriktiver Anwendung des § 1 GWB unter Respektierung funktionsnotwendiger Wettbewerbsverbote gilt nur für Vereinbarungen mit *kartellrechtsneutralem*, auf den gemeinsamen Betrieb eines selbständigen Handelsgewerbes gerichteten Hauptzweck. Bei ihnen bildet das Wettbewerbsverbot im Regelfall eine vom Kartellverbot nicht 44

---

[104] Die Grundsätze gelten hier entsprechend, vgl. nur BGHZ 104, 246 (256); MünchKommHGB/*Langhein* Rn 32; Röhricht/v. Westphalen/*v. Gerkan/Haas* Rn 19.

[105] So bereits *Beuthien* ZHR 142 (1978), 278 ff (285 f, 289), *Voges* DB 1977, 2081 (2086); im Ergebnis heute einhM; vgl. BGHZ 104, 246, 251 f (zur GmbH); BGH NJW 1994, 384 (384 f); vgl. auch BGH NJW-RR 1998, 1508 (1509). (Subunternehmervertrag); MünchKommHGB/*Langhein* Rn 32; Ebenroth/Boujong/Joost/Strohn/*Goette* Rn 36, 38; Baumbach/*Hopt* Rn 15; *Michalski* OHG-Recht § 113 Rn 22; Heymann/*Emmerich* Rn 3; Röhricht/v. Westphalen/*v. Gerkan/Haas* Rn 19; Westermann/*Wertenbruch* Handbuch Rn I 455; *Kanzleitner* DNotZ 1989, 195 (199 ff).

[106] Vgl. BGHZ 38, 306 (314 f) = NJW 1963, 646; 70, 331 (335) = NJW 1978, 1001; 89, 162 (169) = NJW 1984, 1351; BGHZ 104, 246 (254); OLG Stuttgart WuW/E OLG 4134, 4136 – *neuform-Artikel*; Langen/*Bunte* Kartellrecht[10] § 1 GWB Rn 127; *Möschel* (Fn 95) Rn 204, *K. Schmidt* (Fn 95) S. 79 ff, *Wiedemann* Gesellschaftsrecht, Bd. I § 13 II 1a, S. 733 sowie die Nachw. in Fn 105.

[107] So zutr. *Kellermann* (Fn 95) S. 310, ähnl. auch *Beuthien* ZHR 142 (1978), 264 Fn 10, 288, MünchKommHGB[2]/*Grunewald* § 165 Rn 17.

[108] So aber *Belke* ZHR 143 (1979), 74 (90) und *Möschel* (Fn 95) Rn 204.

[109] Sog. Immanenztheorie, vgl. dazu *Steindorff* BB 1977, 570; Langen/*Bunte* Kartellrecht[10] § 1 GWB Rn 128; *Möschel* (Fn 95) Rn 204; *K. Schmidt* (Fn 95) S. 79 ff; *ders.* ZHR 149 (1985), 1 (10 ff); MünchKommHGB/*Langhein* Rn 32; Röhricht/Graf v. Westphalen/*v. Gerkan/Haas* Rn 19; der Sache nach auch *Wiedemann* Gesellschaftsrecht, Bd. I, § 7 II 1, S. 373.

erfasste Nebenabrede.[110] Dient die Gesellschaftsgründung dagegen der **wettbewerbsbeschränkenden Kooperation** der daran Beteiligten, je selbständig auf dem relevanten Markt tätigen Unternehmen, so bildet das Wettbewerbsverbot einen zentralen Bestandteil des **kartellrechtswidrigen Hauptzwecks.** Die von den Beteiligten errichtete OHG oder KG ist hier nur die Organisationsform eines als solches mit § 1 GWB unvereinbaren Kartells; sie hat nicht etwa eine partielle Freistellung vom Kartellverbot zur Folge.[111] In derartigen Fällen wie insbesondere bei Vereinbarung eines Vertriebssyndikats[112] oder einer sonstigen wettbewerbsbeschränkenden Gemeinschaftsgründung ist für eine Restriktion des § 1 GWB kein Raum.[113] Der Gesellschaftsvertrag ist wegen Verstoßes gegen § 1 GWB i.V.m. § 134 BGB nichtig. Zum Eingreifen der Lehre vom fehlerhaften Verband in diesen Fällen vgl. § 105 Rn 345.

III. Praktische Folgerungen

45 Im Ergebnis ist die in Rn 43 f dargestellte Restriktion des Kartellverbots außer Streit. Ebenso ist durchweg anerkannt, dass das dispositive Wettbewerbsverbot zu Lasten persönlich haftender Gesellschafter in einer durch deren aktive **Mitwirkung an der Geschäftsführung** geprägten OHG (KG) vor § 1 GWB Bestand hat.[114] Das gilt unabhängig davon, ob die OHG (KG) im Übrigen stärker personalistische oder kapitalistische Züge aufweist: in beiden Fällen erfordert es der Funktionsbezug, dass die Geschäftsführer (bzw. im Fall einer Komplementär-GmbH: deren Geschäftsführer und maßgebende Gesellschafter[115]) auf Verfolgung eigennütziger Zwecke im relevanten Markt verzichten. Für eine Anwendung des § 1 GWB ist insoweit vorbehaltlich kartellrechtswidriger Organisationsziele (Rn 44) selbst dann kein Raum, wenn das Wettbewerbsverbot wesentliche Auswirkungen auf die Marktverhältnisse haben sollte. Unberührt bleibt die kartellrechtliche Kontrolle der Gesellschaftsgründung als Zusammenschluss nach §§ 35 ff GWB.

46 An der **Funktionsnotwendigkeit** des Wettbewerbsverbots **fehlt** es dagegen in Bezug auf solche persönlich haftende Gesellschafter, die nicht in der Gesellschaft tätig sind und

[110] Allgemein zur Lehre von den kartellrechtlich unbedenklichen, für den kartellrechtsfreien Hauptzweck unerlässlichen wettbewerbsbeschränkenden Nebenabreden (ancillary restraints) vgl. *Möschel* (Fn 95) Rn 18, 204; im Zusammenhang mit der Immanenztheorie vgl. auch *K. Schmidt* (Fn 95) S. 80.

[111] MünchKommHGB/*Langhein* Rn 32; Ebenroth/Boujong/Joost/Strohn/*Goette* Rn 37; Baumbach/*Hopt* Rn 16; Röhricht/Graf v. Westphalen/*v. Gerkan/Haas* Rn 19; Westermann/*Wertenbruch* Handbuch Rn I 455; Heymann/*Emmerich* Rn 4.

[112] Vgl. den Fall BGH NJW 1982, 938 (939) = WuW/E BGH 1901 – *Transportbetonvertrieb II.*

[113] So zutr. BGH NJW 1982, 938 (939) = WuW/E BGH 1901 – *Transportbetonvertrieb II*; zust. *Wilhelm* ZHR 150 (1986), 455; ebenso auch Langen/*Bunte* Kartellrecht[10] § 1 GWB Rn 127; Loewenheim/Meessen/Riesenkampff/*Nordemann* Kartellrecht § 1 GWB Rn 169; *Möschel* (Fn 95) Rn 204 und *K. Schmidt* (Fn 95) S. 80 f.

[114] Vgl. BGHZ 70, 331 (335 f) = NJW 1978, 1001; BGH NJW 1994, 384; Loewenheim/Meessen/Riesenkampff/*Nordemann* Kartellrecht § 1 GWB Rn 170; MünchKommHGB/*Langhein* Rn 33; Röhricht/Graf v. Westphalen/*v. Gerkan/Haas* Rn 19; BeckHdbPersonengesellschaften[2]/*W. Müller* § 4 Rn 173; *Beuthien* ZHR 142 (1978), 259 (281 ff); *Kellermann* (Fn 95) S. 317; *Voges* DB 1977, 2085 f; *Wiedemann* Gesellschaftsrecht, Bd. I, § 13 II 1a, S. 732 f.

[115] **AA** zu § 112 Abs. 1 OLG Frankfurt BB 1982, 1383; wohl auch *Wiedemann/Hirte* ZGR 1986, 163 (167); dagegen zutr. BGHZ 89, 162 (167 f) = NJW 1984, 1351; *Riegger* BB 1983, 90 f; *Löffler* NJW 1986, 227; Schlegelberger/*Martens* § 165 Rn 34.

auch nicht über die dispositiven Informations- und Kontrollrechte des § 118 Abs. 1 verfügen.[116] Bei ihnen ist eine konkrete Gefährdung der Gesellschaft als Folge ihrer konkurrierenden Tätigkeit auf dem relevanten Markt nicht zu befürchten; der Normzweck des § 112 Abs. 1 (Rn 1) greift nicht ein. Falls man aus diesem Grunde nicht bereits die Anwendbarkeit des § 112 Abs. 1 trotz persönlicher Haftung des betreffenden Gesellschafters verneint (Rn 7), bestehen jedenfalls keine Bedenken gegen das vorrangige Eingreifen des Kartellverbots, sofern die Wettbewerbsbeschränkung die Marktverhältnisse spürbar beeinflusst. Entsprechendes gilt für gesellschaftsvertragliche Wettbewerbsverbote zu Lasten von Kommanditisten, deren Mitsprache- und Informationsrechte nicht über §§ 164, 166 hinausgehen.[117]

Nicht abschließend geklärt ist die kartellrechtliche Beurteilung eines Wettbewerbsverbots zu Lasten solcher Gesellschafter, denen zwar keine eigenen Geschäftsführungsrechte, wohl aber **umfassende Informations- und Kontrollrechte** zustehen. Die höchstrichterliche Rechtsprechung ist insoweit nicht eindeutig[118]; in der Literatur herrscht die Ansicht vor, die Funktionsnotwendigkeit des Wettbewerbsverbots unter Nichtanwendung von § 1 GWB zu bejahen.[119] *Für* diese Ansicht spricht, dass der Normzweck des § 112 Abs. 1 auch die Verhinderung der Gefahr missbräuchlicher Ausnutzung von Insiderinformationen umfasst (Rn 1). Macht man freilich ernst mit dem Gedanken harmonisierender Auslegung (praktischer Konkordanz, Rn 41) der kollidierenden Normen, so kann das je nach Lage des Falles zur Nichtanwendung des Wettbewerbsverbots führen, wobei nach dem Regelungsvorbild des § 51a Abs. 2 GmbHG dem Funktionsgesichtspunkt durch Anerkennung ungeschriebener, auf der Treupflicht beruhender Informationsschranken Rechnung zu tragen ist.[120] Die Entscheidung für den Vorrang der einen oder anderen Norm hängt danach von einer **Güterabwägung** ab, bei der einerseits das Informationsinteresse des vom Wettbewerbsverbot betroffenen Gesellschafters und das Schutzbedürfnis von Gesellschaft und Mitgesellschaftern, andererseits das öffentliche Interesse an **47**

[116] MünchKommHGB/*Langhein* Rn 34; Ebenroth/Boujong/Joost/Strohn/*Goette* Rn 38 f; Baumbach/*Hopt* Rn 16; *Michalski* OHG-Recht Rn 23; wohl auch Heymann/*Emmerich* Rn 4; **aA**, soweit persönlich haftende Gesellschafter betroffen sind, BeckHdbPersonengesellschaften²/*W. Müller* § 4 Rn 173.

[117] OLG Düsseldorf WuW/E OLG 3491, 3492 – *Börsenkursanzeigen*; weitere Nachw. in Fn 116.

[118] BGHZ 38, 306 (311 ff) (*Kino*) ging auf das im dortigen Fall unbeschränkte Informationsrecht des an der OHG „kapitalistisch" beteiligten Gesellschafters nicht ein (insoweit zu Recht kritisch *Beuthien* ZHR 142 (1978), 259 [283 f]), während BGHZ 70, 331 (335 f) (*Gabelstapler*) ein Wettbewerbsverbot zu Lasten des geschäftsführenden Gesellschafters betraf. Die Wirksamkeit eines Wettbewerbsverbots zu Lasten eines maßgeblich beteiligten GmbH-Gesellschafters mit Sonderrecht zur Geschäftsführerbenennung bejaht zutr. BGHZ 104, 246 (251 ff); OLG Stuttgart WuW/E OLG 4134, 4136 f.

[119] Vgl. etwa *Beuthien* ZHR 142 (1978), 259 (283 f); *Löffler* NJW 1986, 227 f; Schlegelberger/*Martens* § 165 Rn 12 ff,14; Röhricht/Graf v. Westphalen/*v. Gerkan/Haas* Rn 19; *Voges* DB 1977, 2085; *Wiedemann* Gesellschaftsrecht, Bd. I, § 13 II 1b, S. 735; grds. auch MünchKommHGB/*Langhein* Rn 34 und Ebenroth/Boujong/Joost/Strohn/*Goette* Rn 39; **aA** *Kellermann* (Fn 95) S. 318 f; wohl auch Loewenheim/Meessen/Riesenkampff/*Nordemann* Kartellrecht § 1 GWB Rn 170 (kartellrechtliche Unbedenklichkeit eines Wettbewerbsverbots gegenüber nicht oder nur eingeschränkt geschäftsführungsbefugten Gesellschaftern könne nicht aus dem notwendigen Schutz vor gesellschaftsinternem Informationsmissbrauch hergeleitet werden).

[120] So auch MünchKommHGB/*Langhein* Rn 34 und Ebenroth/Boujong/Joost/Strohn/*Goette* Rn 39.

funktionsfähigem Wettbewerb zu berücksichtigen sind.[121] Dabei wird der Vorrang im Regelfall dem Interesse der Beteiligten an der Geltung des Wettbewerbsverbots zukommen. Je stärker jedoch die Marktwirkungen des Wettbewerbsverbots sind, desto eher ist es veranlasst, das Kartellverbot anzuwenden und mit Rücksicht hierauf dem konkurrierend tätigen Gesellschafter Schranken bei Ausübung seines Informationsrechts aufzuerlegen (vgl. dazu § 118 Rn 17).

48 Soweit es um die kartellrechtliche Beurteilung **nachvertraglicher Wettbewerbsverbote** zu Lasten eines ausgeschiedenen Gesellschafters (Rn 13) geht, scheidet eine Restriktion des § 1 GWB im Hinblick auf den Normzweck des § 112 Abs. 1 schon wegen des Nichteingreifens dieser Vorschrift aus. Wohl aber bietet sich eine Übernahme der zu Wettbewerbsverboten im Rahmen von *Unternehmensveräußerungsverträgen* entwickelten Grundsätze an.[122] Danach werden solche Wettbewerbsverbote nur dann vom Kartellverbot erfasst und sind nach § 1 GWB unwirksam, wenn sie über den sachlichen und zeitlichen Umfang dessen hinausgehen, was zur Übertragung des Kundenstamms auf den Erwerber notwendig ist.[123] Auch insoweit findet also die an der Funktionsnotwendigkeit der wettbewerbsbeschränkenden Nebenabrede ausgerichtete Immanenztheorie (Rn 43) Anwendung. Bezugspunkt ist jedoch nicht die innere Ordnung der OHG (KG), sondern der Schutz des Erwerbers gegenüber einer den kartellrechtsneutralen Vertragszweck gefährdenden Konkurrenz des Veräußerers; ihm entspricht die Sicherung der Gesellschaft vor Beeinträchtigungen durch Konkurrenz des Ausgeschiedenen, wenn dieser hinsichtlich des vollen Anteilswerts abgefunden wurde.[124]

---

121 So zutr. *Kellermann* (Fn 95) S. 313 f, 316 ff in Auseinandersetzung mit der Kritik an BGHZ 38, 306 (311 ff) (*Kino*), ähnlich auch *Möschel* (Fn 95) Rn 204 aE, und allg. BGHZ 89, 162 (169) = NJW 1984, 1351.

122 Vgl. zu diesen Grundsätzen BGH NJW 1982, 2000 (2001) = WuW/E BGH 1898 – *Holzpaneele*; BGH WM 1985, 140 (142) = WuW/E BGH 2085 – *Strohgäujournal*; Loewenheim/Meessen/Riesenkampff/*Nordemann* Kartellrecht § 1 GWB Rn 17; *K. Schmidt* (Fn 95) S. 84 f; *ders.* ZHR 149 (1985), 7 ff, 19 ff; *Steindorff* BB 1977, 559 f; *Ulmer* NJW 1979, 1585 und NJW 1982, 1975; *Wagener/Schultze* NZG 2001, 157; *Hirte* ZHR 154 (1990), 443 ff (allgemein), 461 ff (kartellrechtliche Schranken). Wie hier für Gleichbehandlung beider Fälle auch Baumbach/*Hopt* Rn 17; Ebenroth/Boujong/Joost/Strohn/*Goette* Rn 38; vgl. ferner Röhricht/Graf v. Westphalen/*v. Gerkan*/*Haas* Rn 17; MünchKommHGB/*Langhein* Rn 33 aE; *Armbrüster* ZIP 1997, 261 (267); eingehend dazu *Melullis* WRP 1994, 686 ff (ebenfalls unter Bezugnahme auf die für Unternehmenskaufverträge geltenden Regeln).

123 Ebenso der Sache nach auch BGH NJW 1994, 384 ff für ein nachvertragliches Wettbewerbsverbot: Entscheidend ist, ob und in welchem (räumlichen und zeitlichen) Umfang das Wettbewerbsverbot zum Gelingen einer gesellschaftsrechtlichen Auseinandersetzungsvereinbarung erforderlich ist. Vgl. auch die Rspr. zu den Mandantenschutzklauseln bei Freiberufler-Sozietäten BGH NJW 2000, 2584; NJW 2004, 66; NJW 2005, 3061.

124 Für kartellrechtliche Zulässigkeit eines zweijährigen Wettbewerbsverbots zu Lasten eines ausgeschiedenen Kommanditisten, der zugleich Geschäftsführer der Komplementär-GmbH war, OLG Hamburg WuW/E OLG 3320 – *Dieselmotoren*; vgl. auch OLG München WuW/E OLG 3118 – *Stadler-Kessel* zu den Zulässigkeitsgrenzen eines Wettbewerbsverbots bei Beendigung einer Produktionsgemeinschaft.

§ 113

(1) Verletzt ein Gesellschafter die ihm nach § 112 obliegende Verpflichtung, so kann die Gesellschaft Schadensersatz fordern; sie kann statt dessen von dem Gesellschafter verlangen, daß er die für eigene Rechnung gemachten Geschäfte als für Rechnung der Gesellschaft eingegangen gelten lasse und die aus Geschäften für fremde Rechnung bezogene Vergütung herausgebe oder seinen Anspruch auf die Vergütung abtrete.

(2) Über die Geltendmachung dieser Ansprüche beschließen die übrigen Gesellschafter.

(3) Die Ansprüche verjähren in drei Monaten von dem Zeitpunkt an, in welchem die übrigen Gesellschafter von dem Abschluss des Geschäfts oder von der Teilnahme des Gesellschafters an der anderen Gesellschaft Kenntnis erlangen oder ohne grobe Fahrlässigkeit erlangen müssten; sie verjähren ohne Rücksicht auf diese Kenntnis oder grob fahrlässige Unkenntnis in fünf Jahren von ihrer Entstehung an.

(4) Das Recht der Gesellschafter, die Auflösung der Gesellschaft zu verlangen, wird durch diese Vorschriften nicht berührt.

Schrifttum

Vgl. Angaben vor § 112.

Übersicht

A. Grundlagen

I. Normzweck

1 Die Vorschrift des § 113 regelt die **Sanktion für schuldhafte Verstöße gegen das Wettbewerbsverbot** des § 112 Abs. 1. Mit Schadensersatzanspruch und Eintrittsrecht (Abs. 1) sieht sie dafür *alternativ* zwei Ansprüche der Gesellschaft vor. Die Regelungen in Abs. 2 (Beschluss der übrigen Gesellschafter) und Abs. 3 (kurze Verjährung) stellen erschwerte Voraussetzungen für ihre Geltendmachung auf im Vergleich zu den allgemein für Ver-

tragsverstöße geltenden Vorschriften. Die alternative Gewährung eines **Eintrittsrechts** neben dem Schadensersatzanspruch in Abs. 1 dient dem Interesse der Gesellschaft; dadurch soll den Schwierigkeiten eines Schadensnachweises bei Wettbewerbsverstößen Rechnung getragen und dafür gesorgt werden, dass dem konkurrierenden Gesellschafter die aus der Vertragsverletzung erlangten Vorteile nicht verbleiben und der Anreiz zur Zuwiderhandlung entfällt.[1] Demgegenüber entspricht die durch Abs. 2 und 3 bewirkte **Erschwerung** der Geltendmachung der Ansprüche in erster Linie dem Interesse des betroffenen Gesellschafters. Sie hat jedoch zugleich Befriedungsfunktion, da sie zur Beschränkung von Auseinandersetzungen zwischen den Gesellschaftern über Verstöße gegen das Wettbewerbsverbot führt, soweit es um die Ansprüche nach § 113 Abs. 1 geht, und kommt dadurch auch der Gesellschaftergesamtheit zugute. Zur Möglichkeit sonstiger Sanktionen wegen Verletzung von § 112 Abs. 1 vgl. Rn 5 f.

II. Entstehung und Systematik

2 Die Vorschrift entspricht inhaltlich im Wesentlichen der Vorgängerregelung des **Art. 97 ADHGB.** Diese sah zwar nicht ausdrücklich einen besonderen Gesellschafterbeschluss als Voraussetzung für die Geltendmachung der Rechte vor, doch wurde seine Notwendigkeit aus der von den Gesellschaftern zu treffenden Wahl zwischen den beiden Ansprüchen abgeleitet. Anstelle der Verjährungsregelung des Abs. 3 enthielt Art. 97 Abs. 2 eine Ausschlussfrist von drei Monaten ab Kenntnis der „Gesellschaft", mit deren Ablauf die Ansprüche erloschen. Durch Art. 9 Nr. 3 des Gesetzes zur Anpassung von Verjährungsvorschriften an das Gesetz zur Modernisierung des Schuldrechts[2] wurde der in § 113 Abs. 3 geregelte Verjährungsbeginn mit Wirkung zum 15.12.2004 neu geregelt; seither löst neben der Kenntnis der übrigen Gesellschafter auch deren grob fahrlässige Unkenntnis von einem Verstoß gegen § 112 den Beginn der Verjährung aus.

3 Die **alternative Gewährung** von Schadensersatzanspruch und Eintrittsrecht findet sich ebenso wie die **kurze Verjährung** bei **sämtlichen** gesetzlichen Wettbewerbsverboten des Handels- und Gesellschaftsrechts (vgl. § 61 HGB, §§ 88 Abs. 2 und 3, 284 Abs. 2 und 3 AktG). Demgegenüber wird ein mit den Stimmen sämtlicher übrigen Gesellschafter zu fassender *Beschluss* über die Geltendmachung der Ansprüche nur in § 113 Abs. 2 verlangt; damit wird auf die besondere Verbundenheit der Gesellschafter einer Personenhandelsgesellschaft Rücksicht genommen (Rn 1).

III. Anwendungsbereich

4 Der Anwendungsbereich des § 113 deckt sich mit demjenigen des gesetzlichen Wettbewerbsverbots in **§ 112 Abs. 1**, einschließlich seiner Ausdehnung auf Kommanditisten und stille Gesellschafter mit internen Verwaltungs-(Geschäftsführungs- oder Informations-)rechten nach Art eines persönlich haftenden Gesellschafters (vgl. § 112 Rn 6 ff). Für ein im Gesellschaftsvertrag vereinbartes *nachvertragliches* Wettbewerbsverbot gelten die Sonderregelungen des § 113 *nicht*, wenn der Gesellschaftsvertrag nicht ausdrücklich oder konkludent hierauf Bezug nimmt (§ 112 Rn 13).[3] Demgegenüber ist eine vertrag-

---

[1] EinhM, vgl. BGHZ 38, 306 (309) = NJW 1963, 646; MünchKommHGB/*Langhein* Rn 1; Ebenroth/Boujong/Joost/Strohn/*Goette* Rn 1.

[2] Vom 14.12.2004, BGBl. 2004 I S. 3214, 3216.

[3] MünchKommHGB/*Langhein* Rn 3; Ebenroth/Boujong/Joost/Strohn/*Goette* Rn 6; Röhricht/Graf v. Westphalen/*v. Gerkan*/*Haas* Rn 1.

liche Einschränkung oder Erweiterung des *persönlichen oder sachlichen* Anwendungsbereichs des § 112 Abs. 1 nicht ohne weiteres dahin zu verstehen, dass die Gesellschafter damit auch eine Modifikation der in § 113 geregelten Rechtsfolgen bezwecken.[4] Anderes gilt bei der Vereinbarung besonderer Sanktionen, etwa einer Vertragsstrafe (Rn 25 f) oder einer sonstigen nicht in § 113 Abs. 1 vorgesehenen Rechtsfolge: Ihre Durchsetzung soll im Zweifel nicht den besonderen Voraussetzungen des § 113 Abs. 2 und 3 unterliegen. Die **Abdingbarkeit** des § 113 folgt aus § 109 (näher Rn 24); eine Einschränkung gilt nach § 202 Abs. 2 BGB nur für Verjährungsfristen des § 113 Abs. 3.

IV. Verhältnis zu sonstigen Verstoßfolgen

Die Regelungen des § 113 sind **nicht abschließender Natur;** sie stehen der Geltend- 5
machung anderer Rechtsfolgen eines Wettbewerbsverstoßes als der in § 113 Abs. 1 geregelten Sanktionen (Rn 6) nicht entgegen. Das ist für die Auflösungsklage (§ 133) in **Abs. 4** ausdrücklich klargestellt; es gilt entsprechend für die übrigen **Gestaltungsklagen** der §§ 117, 127, 140, soweit deren jeweilige Voraussetzungen aufgrund des Wettbewerbsverstoßes vorliegen.[5] Zur Geltendmachung von **Unterlassungsansprüchen** gegen weiter andauernde oder ernstlich drohende Wettbewerbsverstöße, ohne dass es der Beschlussfassung nach § 113 Abs. 2 bedarf, vgl. § 112 Rn 38 f. Denkbar sind im Zusammenhang mit der verbotswidrigen Verfolgung von Eigeninteressen auch Ansprüche der Gesellschaft aus § 105 Abs. 3 HGB, §§ 713, 667 BGB auf **Herausgabe des Erlangten.** Solche sind dann zu bejahen, wenn ein Gesellschafter mit der Geschäftsführung für die Gesellschaft eigene Interessen verknüpft, sich insbesondere Provisionen oder sonstige Vorteile von dem Geschäftspartner der Gesellschaft für den Vertragsabschluss gewähren lässt.[6] Ihre Durchsetzung unterliegt nicht den besonderen Voraussetzungen des § 113 Abs. 2 und 3.

Schadensersatzansprüche haben – vorbehaltlich gesellschaftsvertraglicher Abweichun- 6
gen – in § 113 eine abschließende Regelung gefunden. Demgegenüber kann das **Eintrittsrecht** anstelle von § 113 Abs. 1 auch auf **§§ 687 Abs. 2, 681, 667 BGB** gestützt werden, wenn die mit § 112 Abs. 1 nicht deckungsgleichen Voraussetzungen einer angemaßten Eigengeschäftsführung in Bezug auf *objektiv fremde Geschäfte* vorliegen.[7] Dafür genügt nicht schon die Verletzung einer vertraglichen Unterlassungsverpflichtung, die bestimmte Arten von Geschäften dem anderen Teil zuweist.[8] Erforderlich, aber auch ausreichend ist es, dass der Gesellschafter mit seiner Tätigkeit auf dem relevanten Markt der Gesellschaft vorsätzlich in *hinreichend verfestigte*, ohne sein Dazwischentreten von der Gesellschaft zu realisierende *Geschäftschancen* eingreift, indem er etwa ein ihr gegenüber von

---

4 Ebenso MünchKommHGB/*Langhein* Rn 3; Röhricht/v. Westphalen/*v. Gerkan/Haas* Rn 1 und im Grundsatz (vorbehaltlich der vertraglichen Gewährung eines Eintrittsrechts) auch *Kardaras* S. 95.

5 EinhM, vgl. MünchKommHGB/*Langhein* Rn 4, 12; Baumbach/*Hopt* Rn 4 f; Röhricht/Graf v. Westphalen/*v. Gerkan/Haas* Rn 1; *A. Hueck* OHG § 13 II 5, S. 199 f; *Kardaras* S. 84 ff.

6 Vgl. BGHZ 38, 171 (175) = NJW 1963, 102; 39, 1 (3) = NJW 1963, 649; BGH NJW 2001, 2476 (2477) (Bestechungsgelder); Erman/*H. Ehmann* BGB[12] § 667 Rn 17 ff; Soergel/*Beuthien*[12] § 667 Rn 13 ff; *Kardaras* S. 100; **aA** MünchKommBGB[5]/*Seiler* § 667 Rn 17.

7 MünchKommHGB/*Langhein* Rn 13; Ebenroth/Boujong/Joost/Strohn/*Goette* Rn 26; Röhricht/Graf v. Westphalen/*v. Gerkan/Haas* Rn 5.

8 BGH NJW 1984, 2411; NJW 1988, 3018; NJW-RR 1989, 1255; MünchKommBGB[5]/*Seiler* § 687 Rn 24; Soergel/*Beuthien*[12] § 687 Rn 12; Erman/*H. Ehmann* BGB[12] § 687 Rn 21.

einem Dritten abgegebenes Angebot im eigenen Namen annimmt oder sich sonstige Abschlussmöglichkeiten der Gesellschaft zunutze macht; auf einen Eingriff in absolute Rechte der Gesellschaft[9] kommt es nicht an.[10] Liegen diese über § 113 Abs. 1 hinausgehenden Voraussetzungen des § 687 Abs. 2 BGB vor, so steht der Gesellschaft ein Anspruch auf Herausgabe des aus der Eigengeschäftsführung Erlangten zu, ohne dass es zu dessen Durchsetzung eines Gesellschafterbeschlusses nach § 113 Abs. 2 bedarf; der Anspruch konkurriert mit den Rechten aus § 113 Abs. 1. Zur Geltendmachung befugt sind nur die vertretungsberechtigten Geschäftsführer, nicht auch die Mitgesellschafter persönlich; die actio pro socio (§ 105 Rn 256 ff) scheitert an der fehlenden Mitgliedschaftsnatur des Anspruchs.

V. Rechte gegenüber Dritten?

7 Die Ansprüche aus **§ 113 Abs. 1** richten sich **nur gegen** den verstoßenden **Gesellschafter,** nicht auch gegen die an den verbotswidrigen Geschäften beteiligten Dritten.[11] Das gilt auch für das Eintrittsrecht; seine Ausübung begründet keine unmittelbaren Rechtsbeziehungen der Gesellschaft zu den an den Geschäften beteiligten Dritten (Rn 17). Solche kommen nur nach allgemeinen Grundsätzen, insbes. nach §§ 8 ff i.V.m. § 3 UWG wegen Verleitung zu fremdem Vertragsbruch oder dessen unlauterer Ausnutzung, in Betracht.[12]

B. Zahlungsansprüche (Abs. 1)

I. Grundlagen

8 **1. Entstehung; Durchsetzbarkeit.** Die in Abs. 1 geregelten, alternativen Rechte der Gesellschaft auf Schadensersatz oder auf Eintritt (Herausgabe des Erlangten) **entstehen** mit dem jeweiligen schuldhaften Verstoß gegen das Wettbewerbsverbot des § 112 Abs. 1; von da an läuft auch die fünfjährige, ohne Rücksicht auf die Kenntnis oder grob fahrlässige Unkenntnis der Mitgesellschafter beginnende Verjährungsfrist (Rn 34, 37). Zu ihrer **Durchsetzung** bedarf es jedoch, wenn der Gesellschaftsvertrag nichts Abweichendes bestimmt, zusätzlich des in Abs. 2 genannten Gesellschafterbeschlusses (str., vgl. näher Rn 28); anderes gilt nur in der Insolvenz der Gesellschaft (Rn 33). Der Beschluss hat eine Doppelfunktion: Er enthält einerseits die erforderliche *Zustimmung* der Mitgesellschafter zur Geltendmachung von Zahlungsansprüchen und dient andererseits der *Wahl* der Mit-

---

[9] Hierauf oder auf „ihnen gleichstehende Rechtspositionen" stellt MünchKommBGB[4]/*Seiler* § 687 Rn 24 ab.

[10] Etwas enger als hier wohl BGH NJW-RR 1989, 1255 (1257) (zum GmbH-Geschäftsführer): Die Vornahme eines Rechtsgeschäfts, das vertraglich abgesicherte Interessenbereiche verletzt, könne nur dann als Führen eines fremden Geschäfts i.S.d. § 687 Abs. 2 BGB angesehen werden, wenn das Rechtsgeschäft als fremdes äußerlich in Erscheinung trete, was einen Eingriff in eine zwischen dem vertraglich Berechtigten und einem Dritten bestehende schuldrechtliche Vereinbarung voraussetze; ähnlich schon BGH NJW 1988, 3018.

[11] Unstr., vgl. etwa Heymann/*Emmerich* Rn 8 f; MünchKommHGB/*Langhein* Rn 7; Röhricht/Graf v. Westphalen/*v. Gerkan*/*Haas* Rn 4; *Wiedemann* Gesellschaftsrecht, Bd. II § 8 II 5a, dd, S. 709.

[12] Dazu näher Hefermehl/*Köhler*/Bornkamm Wettbewerbsrecht[26] § 4 UWG Rn 10.107 ff mN.

gesellschafter zwischen den beiden in Abs. 1 vorgesehenen Alternativen (Rn 31). Ohne diese Beschlussfassung ist die auf Schadensersatz oder Gewinnabführung gerichtete Klage der Gesellschaft oder – im Wege der actio pro socio – eines Mitgesellschafters als unbegründet abzuweisen.

2. Wahlrecht

a) **Rechtsnatur.** Die Bestimmung der Rechtsnatur des in Abs. 1 vorgesehenen Rechts der Mitgesellschafter, zwischen Schadensersatz und Eintritt zu wählen, bereitet der Literatur Schwierigkeiten; die Rechtsprechung hat eine Festlegung bisher vermieden. Während früher die Beurteilung als Ersetzungsbefugnis des Gläubigers (facultas alternativa) vorherrschte,[13] wird heute überwiegend von einer **elektiven Konkurrenz** ausgegangen.[14] Hierfür spricht zunächst, dass die allgemeinen Voraussetzungen einer Ersetzungsbefugnis nicht erfüllt sind, weil es an der Konkretisierung des Schuldverhältnisses auf nur *eine* ursprünglich geschuldete Leistung fehlt, an deren Stelle der Gläubiger rechtsgestaltend die Erfüllung durch eine andere Leistung verlangen kann.[15] Denn die Konkretisierung auf Schadensersatz oder Herausgabe des Erlangten tritt im Fall des § 113 Abs. 1 erst durch Ausübung des Wahlrechts der Mitgesellschafter ein. Demgegenüber ist die auch bei sonstigen Vertragsverstößen einschlägige[16] Figur der **elektiven Konkurrenz** (alternative Gläubigerberechtigung) dadurch gekennzeichnet, dass aus einem Schuldverhältnis *mehrere* Forderungen oder Gestaltungsrechte entspringen, zwischen denen der Gläubiger wählen kann, die sich aber gegenseitig ausschließen.[17] Von der hier ebenfalls nicht passenden Wahlschuld[18] unterscheiden sich die Rechtsfolgen der elektiven Konkurrenz durch die Nichtanwendung der §§ 262 bis 265 BGB.[19] Dabei besteht der hauptsächliche Unterschied darin, dass die Wahl hier abweichend von § 263 Abs. 2 BGB kein Gestaltungsakt, der Gläubiger hieran also nicht notwendig gebunden ist (vgl. Rn 10). Außerdem kann ihm der Schuldner keine Frist zur Vornahme der Wahl setzen; schließlich kann der Gläubiger, anders als bei der Wahlschuld, nicht alternativ klagen.[20] 9

b) **Folgerungen.** Die Ausübung des Wahlrechts erfolgt durch Beschlussfassung der Mitgesellschafter nach Maßgabe von Abs. 2 (Rn 27 ff) und Mitteilung des Beschlusses gegenüber dem betroffenen Gesellschafter. Die Vorschriften der §§ 262 bis 265 BGB finden hierauf keine Anwendung (Rn 9).[21] Streitig ist, ob die Gesellschafter an die einmal getroffene und dem Betroffenen mitgeteilte Wahl gebunden sind oder ob sie vorbehaltlich des Verjährungseinwands noch nachträglich auf den anderen Anspruch übergehen können.[22] Die **Bindung** folgt mangels Vorliegens einer Wahlschuld nicht schon aus § 263 10

---

[13] Vgl. die Nachw. in Voraufl. Rn 9 (*Ulmer*).

[14] HM, vgl. Baumbach/*Hopt* Rn 8; *Michalski* OHG-Recht Rn 2; *Kardaras* S. 96; wohl auch MünchKommHGB/*Langhein* Rn 10; Röhricht/Graf v. Westphalen/*v. Gerkan*/*Haas* Rn 9; offenlassend Heymann/*Emmerich* Rn 13 und Ebenroth/Boujong/Joost/Strohn/*Goette* Rn 3.

[15] Vgl. zu diesen Voraussetzungen der Ersetzungsbefugnis MünchKommBGB[5]/*Krüger* § 262 Rn 8 ff, 10; Soergel/*M. Wolf*[12] § 262 Rn 15 ff (20).

[16] Vgl. §§ 285, 281, 323, 340 Abs. 1, 437 Nr. 2 BGB; zu diesen Beispielen näher MünchKommBGB[5]/*Krüger* § 262 Rn 12.

[17] Vgl. MünchKommBGB[5]/*Krüger* § 262 Rn 11; Soergel/*M. Wolf*[12] § 262 Rn 8.

[18] Dazu näher Voraufl. Rn 9 (*Ulmer*).

[19] MünchKommBGB[5]/*Krüger* § 262 Rn 11; Soergel/*M. Wolf*[12] § 262 Rn 9.

[20] Soergel/*M. Wolf*[12] § 262 Rn 9 und 32.

[21] Ebenso etwa Heymann/*Emmerich* Rn 13; Baumbach/*Hopt* Rn 8; *Michalski* OHG-Recht Rn 3.

[22] Für Möglichkeit nachträglichen Übergangs vom Schadensersatzanspruch zum Eintritts-

Abs. 2 BGB; eine Gestaltungswirkung ist mit der Wahl nicht verbunden (Rn 9). Wohl aber erscheint es unter dem Gesichtspunkt des *Vertrauensschutzes* geboten, die Gesellschaft vorbehaltlich wichtiger Gründe an den einmal erklärten *Eintritt* zu binden. Demgegenüber hindert die Entscheidung für die Geltendmachung des Schadensersatzanspruchs die Gesellschafter nicht, nachträglich auf das Eintrittsrecht überzugehen; das gilt zumal dann, wenn sich ein Schaden der Gesellschaft im Laufe des Prozesses als nicht nachweisbar herausstellt.[23] Zu den zeitlichen Grenzen der Beschlussfassung vgl. Rn 30.

11 Beim Vorliegen einer **Mehrzahl von Verstößen** können die Mitgesellschafter die Wahl grundsätzlich für jeden Verstoß unterschiedlich treffen; sie können für einen Teil der Verstöße auch ganz davon absehen, den einen oder anderen Anspruch geltend zu machen. Bilden die mehreren rechtlich getrennten Geschäfte jedoch wirtschaftlich eine **Einheit,** wären also die einen nicht ohne die anderen abgeschlossen worden, so können die Mitgesellschafter auch nur einheitlich den Eintritt erklären[24]; ein Eintritt nur in die günstigsten Geschäfte unter Beschränkung im Übrigen auf Schadensersatz ist ihnen verwehrt.

12 **3. Auskunftsanspruch.** Zur Vorbereitung der Beschlussfassung über die Geltendmachung von Sanktionen wegen Verstoßes gegen das Wettbewerbsverbot und über die Wahl von Schadensersatz oder Eintritt kann die Gesellschaft vom betroffenen Gesellschafter Auskunft über Art und Zahl der von ihm unter Verstoß gegen das Wettbewerbsverbot getätigten Geschäfte und über den dabei erzielten Gewinn (Erträge und Aufwendungen) verlangen.[25] Das Auskunftsrecht als Sozialanspruch (§ 105 Rn 217) ist nicht zu verwechseln mit dem Anspruch auf Rechnungslegung (§ 666 BGB) als *Folge* der Ausübung des Eintrittsrechts (Rn 22). Es folgt aus dem **allgemeinen, zu § 242 BGB entwickelten Rechtssatz,** dass der aus einem bestehenden Rechtsverhältnis Berechtigte, der in entschuldbarer Weise über Bestehen oder Umfang seines Rechts im Unklaren ist, von dem hierüber informierten Schuldner die zur Beseitigung der Ungewissheit erforderlichen Auskünfte verlangen kann.[26] Dieser – der *Vorbereitung* des Gesellschafterbeschlusses nach Abs. 2 dienende – Anspruch kann auch ohne vorhergehenden Beschluss der Mitgesellschafter geltend gemacht werden.[27] Gibt der verpflichtete Gesellschafter nicht ordnungsgemäß die erforderlichen Auskünfte und entsteht der Gesellschaft hieraus ein Schaden, so macht er sich wegen Verletzung seiner Gesellschafterpflichten ersatzpflichtig. Auf diesen Anspruch finden die Schranken des § 113 Abs. 2 und 3 keine Anwendung.

---

recht Baumbach/*Hopt* Rn 8; *Koller*/Roth/Morck §§ 112, 113 Rn 4; *Michalski* OHG-Recht Rn 3; Röhricht/Graf v. Westphalen/*v. Gerkan*/*Haas* Rn 9; MünchKommAktG³/*Spindler* § 88 Rn 29; **aA** – für unwiderrufliche Wahl – die hM, vgl. *A. Hueck* OHG § 13 II 6, S. 204; MünchKommHGB/*Langhein* Rn 10; Heymann/*Emmerich* Rn 13; Ebenroth/Boujong/Joost/Strohn/*Goette* Rn 3, 38; *Kardaras* S. 98; auf das Verhalten des Anspruchsgegners abstellend: Westermann/*Wertenb*ruch Handbuch Rn I 463.

[23] So auch Baumbach/*Hopt* Rn 8; *Koller*/Roth/Morck §§ 112, 113 Rn 4; *Michalski* OHG-Recht Rn 3; Röhricht/Graf v. Westphalen/*v. Gerkan*/*Haas* Rn 9; zu § 88 Abs. 2 AktG auch MünchKommAktG³/*Spindler* § 88 Rn 29, wobei es nach jener Vorschrift freilich nicht darauf ankommt, dass zuvor ein Beschluss des zuständigen Organs über die Ausübung des Wahlrechts gefasst wird.

[24] EinhM, vgl. RG JW 1911, 57; *A. Hueck* OHG § 13 II 5, S. 202 f; MünchKommHGB/*Langhein* Rn 8; Heymann/*Emmerich* Rn 7; *Kardaras* S. 108 f.

[25] Vgl. Ebenroth/Boujong/Joost/Strohn/*Goette* Rn 21; Westermann/*Wertenbruch* Handbuch Rn I 465; Baumbach/*Hopt* Rn 5.

[26] Vgl. näher MünchKommBGB⁵/*Krüger* § 260 Rn 13 ff mN.

[27] So zutr. *Kardaras* S. 110.

II. Schadensersatzanspruch

1. Voraussetzungen. Von der zur Durchsetzung erforderlichen Beschlussfassung nach Abs. 2 und der damit verbundenen Wahlrechtsausübung abgesehen, richten sich die Voraussetzungen des Schadensersatzanspruchs wegen Verstoßes gegen das Wettbewerbsverbot[28] nach den allgemein für die Haftung auf Schadensersatz bei Vertragsverletzung geltenden Grundsätzen. Der Verstoß muss vom Ersatzpflichtigen schuldhaft begangen oder von ihm zu vertreten sein (§§ 276, 278 BGB). Es gilt der Verschuldensmaßstab des § 708 (§ 114 Rn 62). Die Verschuldensvermutung des § 280 Abs. 1 S. 2 BGB zu Lasten des Ersatzpflichtigen greift ein, wenn die Gesellschaft den objektiven Verstoß gegen das Wettbewerbsverbot nachgewiesen hat.[29] Für Verstöße des Rechtsvorgängers haftet der Anteilserwerber nur dann, wenn er durch Erfüllungsübernahme oder Schuldbeitritt eine entsprechende Verpflichtung gegenüber dem Veräußerer oder der Gesellschaft übernommen hat. 13

2. Umfang. Der Umfang des Schadensersatzanspruchs richtet sich nach den allgemeinen Vorschriften (§§ 249 ff BGB). Der Schaden der Gesellschaft kann in dem durch das Konkurrenzgeschäft entgangenen Gewinn (§ 252 BGB), aber auch darin bestehen, dass die Wettbewerbstätigkeit zu einem allgemeinen Umsatz- und Ertragsrückgang, zum Verlust von Kunden oder zu sonstigen schadensträchtigen Störungen der Geschäftsbeziehungen geführt hat. Bei missbräuchlicher Verwertung der der Gesellschaft zustehenden gewerblichen Schutzrechte gilt die insoweit anerkannte dreifache Schadensberechnung.[30] Den Schwierigkeiten des Schadensnachweises ist ggf. durch Schadensschätzung nach § 287 ZPO Rechnung zu tragen. Zum Verhältnis von Schadensersatzanspruch und vereinbarter Vertragsstrafe vgl. Rn 25. 14

Für eine **Begrenzung** des Schadensersatzanspruchs auf den vom Schädiger gezogenen Gewinn ist anders als bei Wahl des Eintrittsrechts kein Raum; auch kann der Schädiger gegenüber dem Ersatzanspruch nicht die eigenen Aufwendungen in Ansatz bringen. Ebenso ist es ihm verwehrt, den Schadensersatzanspruch um den auf seine Beteiligung entfallenden Teil zu kürzen oder mit Ansprüchen gegen Mitgesellschafter aufzurechnen. Besonderheiten gelten insoweit nur für die Anspruchsdurchsetzung im Liquidationsstadium (Erl. zu § 155). 15

III. Eintrittsrecht

1. Voraussetzungen. Die Voraussetzungen des Eintrittsrechts entsprechen im Ansatz denen des Schadensersatzanspruchs: Wie dort bedarf es des Abschlusses konkurrierender Geschäfte aufgrund eines vom Gesellschafter zu *vertretenden* (§§ 276 bis 278, 708 BGB) Verstoßes gegen das Wettbewerbsverbot.[31] Ferner muss das Geschäft bei Ausübung des 16

[28] Im Unterschied zu einem damit konkurrierenden Schadensersatzanspruch wegen gleichzeitigen Verstoßes gegen die Geschäftsführerpflichten, für den die Schranken des § 113 Abs. 2 und 3 nicht gelten, vgl. BGH WM 1972, 1229 und OLG Düsseldorf NJW 1970, 1373 (1374).

[29] Vgl. nur MünchKommHGB/*Langhein* Rn 6; Baumbach/*Hopt* Rn 1.

[30] Vgl. dazu näher Staudinger/*Schiemann* BGB (2005) § 249 Rn 198 ff; MünchKommBGB[5]/*Oetker* § 252 Rn 53 ff; jew. mwN.

[31] EinhM, vgl. Ebenroth/Boujong/Joost/Strohn/*Goette* Rn 11; Baumbach/*Hopt* Rn 2; Beck-HdbPersonengesellschaften[2]/*W. Müller* § 4 Rn 165; *A. Hueck* OHG § 13 II 5, S. 200; *Kardaras* S. 102; *Löffler* NJW 1986, 224.

Eintrittsrechts noch Bestand haben und darf nicht zuvor rückgängig gemacht worden sein[32]; eine Aufhebung zwischen verpflichtetem Gesellschafter und Dritten *nach* Ausübung des Eintrittsrechts macht jenen schadensersatzpflichtig (Rn 22). *Nicht* erforderlich ist für das Eintrittsrecht die Verursachung eines Schadens der Gesellschaft als Folge des Verstoßes;[33] die Formulierung „statt dessen" (des Schadensersatzes) soll nur zum Ausdruck bringen, dass beide Rechte alternativ nebeneinander stehen. Ebenso kommt es nicht darauf an, ob die Gesellschaft das Geschäft selbst gemacht oder einen entsprechenden Gewinn erzielt hätte oder ob sie Eigengeschäfte dieser Art grundsätzlich ablehnt.[34] Das folgt aus dem Normzweck des § 113 Abs. 1, dem Gesellschafter die *Vorteile* seiner Handlung zu entziehen (Rn 1). – Zur Frage eines mit dem Eintrittsrecht aus § 113 Abs. 1 konkurrierenden, nach Voraussetzungen und Geltendmachung klar davon zu unterscheidenden Anspruchs aus angemaßter Eigengeschäftsführung (§ 687 Abs. 2 BGB) auf Herausgabe des Erlangten vgl. Rn 6. Schon seit der Rechtsprechung des Reichsgerichts[35] ist mit Recht anerkannt, dass auch bei unberechtigter Wahrnehmung von **Geschäftschancen** der Gesellschaft ein Anspruch auf Gewinnherausgabe gegen den Geschäftsführer entsprechend § 113 Abs. 1 geltend gemacht werden kann (dazu § 112 Rn 3, 17).

17 Ansprüche **gegen Dritte** werden durch die Ausübung des Eintrittsrechts **nicht** begründet (vgl. Rn 7). Daher kommt es für das Eintrittsrecht auch nicht darauf an, ob die Gesellschaft in der Lage wäre, die dem Dritten gegenüber bestehenden Verpflichtungen aus dem Geschäft zu erfüllen.[36] Als Sanktion für den Verstoß gegen § 112 Abs. 1 richtet sich das Eintrittsrecht nur gegen den verstoßenden Gesellschafter; die Wirksamkeit der verbotswidrigen Geschäfte mit Dritten bleibt unberührt. Ansprüche gegen Dritte aufgrund des Eintrittsrechts stehen der Gesellschaft nur bei deren Abtretung durch den betroffenen Gesellschafter in Erfüllung seiner Verpflichtungen aus dem Eintritt zu (Rn 19).

18 **2. Gegenstände.** Hat der Gesellschafter konkurrierende Geschäfte auf **eigene Rechnung** gemacht, so führt die Ausübung des Eintrittsrechts zu einem Anspruch der Gesellschaft gegen ihn auf Herausgabe des daraus erzielten Gewinns (zum Abzug der Aufwendungen vgl. Rn 21). Den „Eintritt" (mit Außenwirkung) in das vom Gesellschafter mit einem Dritten geschlossene Geschäft kann die Gesellschaft nicht verlangen[37]; auch wäre der Dritte nicht verpflichtet, seine Zustimmung hierzu zu erteilen. Herauszugeben sind auch etwaige sonstige Vorteile des Gesellschafters aus dem verbotenen Geschäft wie Kundenanschriften, Know-how u.a. Der Gesellschafter muss sich so behandeln lassen, als sei er wie ein Beauftragter im eigenen Namen auf Rechnung der Gesellschaft tätig geworden (§ 667 BGB). Hat das Geschäft für den Gesellschafter zu einem negativen Ergebnis geführt, so begründet der Eintritt seitens der Gesellschaft deren Pflicht zur Verlustübernahme.[38] Allerdings liegt in derartigen Fällen der Verdacht einer – zu Schadensersatzansprüchen der Gesellschaft führenden – Verletzung der Auskunftspflicht des konkurrierenden Gesellschafters (Rn 12) nahe.

---

[32] So zutr. schon 3. Aufl. Rn 4 (*Rob. Fischer)*; *A. Hueck* OHG § 13 II 5, S. 200.

[33] MünchKommHGB/*Langhein* Rn 7; *Michalski* OHG-Recht Rn 6; Ebenroth/Boujong/Joost/Strohn/*Goette* Rn 13.

[34] RGZ 109, 355 (356); 3. Aufl. Rn 4 (*Rob. Fischer*).

[35] So bereits RGZ 89, 99 (104).

[36] So zutr. etwa *A. Hueck* OHG § 13 II 5, S. 202; *Kardaras* S. 109; weit. Nachw. in Fn 37.

[37] EinhM, vgl. MünchKommHGB/*Langhein* Rn 7; Ebenroth/Boujong/Joost/*Goette* Rn 10; Röhricht/Graf v. Westphalen/*v Gerkan/Haas* Rn 4; *A. Hueck* OHG § 13 II 5, S. 202, *Kardaras* S. 101, 104.

[38] MünchKommHGB/*Langhein* Rn 8; Ebenroth/Boujong/Joost/Strohn/*Goette* Rn 15; Heymann/*Emmerich* Rn 10a; *Michalski* OHG-Recht Rn 8.

Bei Geschäften auf **fremde Rechnung** sieht § 113 Abs. 1 alternativ die Herausgabe der 19
vom Gesellschafter bezogenen Vergütung oder die Abtretung des Vergütungsanspruchs vor. Auch insoweit geht es nicht um den Eintritt der Gesellschaft in das mit einem Dritten bestehende Schuldverhältnis unter Begründung eigener Ansprüche oder Verpflichtungen, sondern um die Abtretung des dem Gesellschafter aus dem Geschäft zustehenden Anspruchs. Sie kann auch dann verlangt werden, wenn der Anspruch des Gesellschafters eine Gegenleistung für die von ihm erbrachte Tätigkeit darstellt, wie namentlich bei den Vorstandsbezügen oder der Geschäftsführervergütung als Entgelt für die Organtätigkeit in einer konkurrierenden AG oder GmbH.[39] Als Aufwendung kann die erbrachte Tätigkeit nur in engen Grenzen in Ansatz gebracht werden (Rn 21). Ist der Gesellschafter im relevanten Markt als Kommissionär tätig geworden und steht ihm nach § 400 das Selbsteintrittsrecht zu, so kann die Gesellschaft von ihm verlangen, das Recht auszuüben und den Erlös an sie abzuführen (zum Weisungsrecht vgl. Rn 22).

Das Eintrittsrecht der Gesellschaft ist nach zutr. Ansicht auch im Falle der verbots- 20
widrigen **Beteiligung an einer** konkurrierenden **Gesellschaft** gegeben.[40] Für eine Beschränkung der Gesellschaft auf Schadensersatzansprüche in Fällen dieser Art besteht kein Grund. Die Nichterwähnung der Beteiligung in § 113 Abs. 1 kann nach dem Normzweck (Rn 1) nicht im Sinne eines Umkehrschlusses verstanden werden; vielmehr umfasst der Begriff „Geschäfte" in dieser Vorschrift auch den Beteiligungsfall.[41] Die (früher) abweichende Rechtsprechung zu § 61[42] steht nicht entgegen, da sie durch Sozialschutzerwägungen bestimmt ist.[43] Auch dass der bei der konkurrierenden Gesellschaft erzielte Gewinn auf der vom verbotswidrig handelnden Gesellschafter dort aufgewandten Arbeit, Intelligenz und Initiative beruhen mag[44], ist kein entscheidend ins Gewicht fallendes Gegenargument, zumal es sich nicht auf die Fälle der Beteiligung an einer konkurrierenden Gesellschaft beschränkt. Rechtsfolge der Ausübung des Eintrittsrechts ist auch insoweit die Pflicht zur Abführung des **vollen** auf die Beteiligung entfallenden **Ertrags** an die Gesellschaft. Das gilt unabhängig davon, ob die konkurrierende Gesellschaft auch auf anderen, von denen der OHG/KG verschiedenen Märkten tätig ist[45] und ob die Erträge

39 Ebenroth/Boujong/Joost/Strohn/*Goette* Rn 16; MünchKommHGB/*Langhein* Rn 9; Heymann/*Emmerich* Rn 11.

40 Vgl. grundlegend BGHZ 38, 306 (309 f) = NJW 1963, 646; dazu *Rob. Fischer* LM HGB § 113 Nr. 1; ebenso Westermann/*Wertenbruch* Handbuch Rn I 462; Baumbach/*Hopt* Rn 3; MünchKommHGB/*Langhein* Rn 8; Röhricht/v. Westphalen/*v Gerkan*/*Haas* Rn 4a; i.E. (freilich unter wenig überzeug. Berufung auf § 717 S. 2 BGB) auch *Kardaras* S. 111 ff, 117 f; **aA** noch *A. Hueck* OHG § 13 II, Fn 25 sowie zu § 88 AktG MünchKommAktG[3]/*Spindler* § 88 Rn 35.

41 So zutr. BGHZ 38, 306 (309 f) und 3. Aufl. Rn 8 (*Rob. Fischer*).

42 RGZ 73, 423 (424); RG JW 1911, 57; BAG BB 1962, 638.

43 Zutr. BGHZ 38, 306 (308) unter Hinweis auf RGZ 73, 423 (425), wonach die in § 61 enthaltene Härte gegen den wirtschaftlich Schwächeren zu einer vorsichtigen und einschränkenden Anwendung zwingt.

44 Zu diesem Argument zutr. schon *Rob. Fischer* HGB LM § 113 Nr. 1 unter Hinweis auf die Gewinnabführungspflicht des Schutzrechtsverletzers im Rahmen von § 687 Abs. 2 BGB.

45 Für volle Gewinnabschöpfung auch BGHZ 38, 306 (308 f) = NJW 1963, 646; *Rob. Fischer* LM HGB § 113 Nr. 1 und Voraufl. Rn 21 (*Ulmer*); Baumbach/*Hopt* Rn 3; *Michalski* OHG-Recht Rn 8; BeckHdb-Personengesellschaften[2]/*W. Müller* § 4 Rn 166; **aA** – für anteilige Gewinnabschöpfung – MünchKommHGB[2]/*Langhein* Rn 8; Ebenroth/Boujong/Joost/Strohn/*Goette* Rn 20; Westermann/*Wertenbruch* Handbuch Rn I 462; Röhricht/Graf v. Westphalen/*v. Gerkan*/*Haas* Rn 4a; *A. Hueck* OHG § 13 II, Fn 25 und *Kardaras* S. 116.

als Gegenleistung für die Haftungsübernahme des betroffenen Gesellschafters oder als Tätigkeitsvergütung anzusehen sind (zu Gegenansprüchen auf Aufwendungsersatz vgl. Rn 21). Mit dem von § 113 insofern verfolgten Präventionszweck wäre es unvereinbar, wollte man Abgrenzungsschwierigkeiten zwischen ersatzfähigen und nicht ersatzfähigen Ertragsanteilen zu Lasten der Gesellschaft berücksichtigen und diese in solchen Fällen auf den konkurrierenden Schadensersatzanspruch verweisen.[46] Vielmehr ist das Abgrenzungsrisiko dem gegen das Wettbewerbsverbot verstoßenden Gesellschafter zuzuweisen, der insofern nicht schützwürdig ist. Demgegenüber kann die Abtretung der Mitgliedschaft (des Gesellschaftsanteils) selbst dann nicht verlangt werden, wenn sie aufgrund der Art der Anteile oder der hierüber in der Satzung der konkurrierenden Gesellschaft getroffenen Regelungen ohne Zustimmung der dortigen Mitgesellschafter möglich wäre.[47] Wohl aber kann die Gesellschaft im Rahmen des Unterlassungsanspruchs (§ 112 Rn 38) verlangen, dass der gegen das Verbot verstoßende Gesellschafter die Beteiligung aufgibt.

21 **3. Aufwendungsersatz.** Die Ausübung des Eintrittsrechts stellt den verbotswidrig handelnden Gesellschafter einem Beauftragten der Gesellschaft hinsichtlich der betroffenen Geschäfte gleich (Rn 22). Sie gibt ihm damit das Recht, auch seinerseits Aufwendungsersatz von der Gesellschaft zu fordern.[48] Art und Umfang der ersatzpflichtigen Aufwendungen bestimmen sich nach Auftragsrecht (§ 670 BGB): Zu ersetzen ist alles, was der Gesellschafter im Falle einer Tätigkeit auf fremde Rechnung den Umständen nach für erforderlich halten durfte. Dazu gehört je nach Lage des Falles auch der Ersatz tätigkeitsspezifischer Risiken[49] und die Befreiung von den bei der konkurrierenden Tätigkeit eingegangenen Verbindlichkeiten.[50] Auch kann der Gesellschafter einen Ausgleich verlangen, wenn er aus seiner Außenhaftung (§ 128) in der konkurrierenden Gesellschaft in Anspruch genommen worden ist und Ersatz bei dieser Gesellschaft nicht erlangen kann. Dagegen kann er eine Entschädigung für die eigene Tätigkeit nach den zu § 670 BGB anerkannten Grundsätzen nur in den engen Grenzen des § 1835 Abs. 3 BGB verlangen; es muss sich um Tätigkeiten handeln, die zu seinem Beruf oder Gewerbe gehören und nicht mit der auf fremde Rechnung durchzuführenden Tätigkeit zusammenfallen, sondern bei deren Ausführung erforderlich wurden.[51] Solange die Gesellschaft die Aufwendungen nicht ersetzt hat, steht dem Gesellschafter nach § 273 Abs. 1 BGB ein Zurückbehaltungsrecht hinsichtlich des herauszugebenden Gewinns zu.

22 **4. Sonstige Rechtsfolgen.** Die Ausübung des Eintrittsrechts führt zu einem auftragsähnlichen Rechtsverhältnis zwischen der Gesellschaft und dem betroffenen Gesellschafter.[52] Neben den schon erwähnten §§ 667, 670 BGB finden auch die Vorschriften der

---

46 So aber offenbar MünchKommHGB/*Langhein* Rn 8.

47 BGHZ 38, 306 (310) = NJW 1963, 646; 89, 162 (171) = NJW 1984, 1351; MünchKommHGB/*Langhein* Rn 8; Ebenroth/Boujong/Joost/Strohn/*Goette* Rn 18; Röhricht/Graf v. Westphalen/*v. Gerkan/Haas* Rn 4a.

48 RGZ 45, 31 (33); Baumbach/*Hopt* Rn 3; Heymann/*Emmerich* Rn 10 f; *Koller*/Roth/Morck §§ 112, 113 Rn 4; *Michalski* OHG-Recht Rn 7; Westermann/*Wertenbruch* Handbuch Rn I 462; *A. Hueck* OHG § 13 II 5, S. 202; *Kardaras* S. 109; iE auch Ebenroth/Boujong/Joost/Strohn/*Goette* Rn 14 (mit § 110 Rn 7); einschränkend noch 3. Aufl. Rn 5 (*Rob. Fischer*), der Aufwendungsersatz nur nach Bereicherungsgrundsätzen gewähren wollte (§§ 687 Abs. 2, 684 S. 1 BGB).

49 Vgl. dazu MünchKommBGB^5/*Seiler* § 670 Rn 14 mN.

50 Vgl. § 257 BGB und dazu MünchKommBGB^5/*Seiler* § 670 Rn 13.

51 Dazu statt aller MünchKommBGB^5/*Seiler* § 670 Rn 19 mN.

52 Voraufl. Rn 22 (*Ulmer*) und wohl auch *Kardaras* S. 109 f.

§§ 665, 666 BGB entsprechende Anwendung. Danach hat der Gesellschafter die vom Eintritt der Gesellschaft erfassten, noch nicht abgewickelten Geschäfte mit der **Sorgfalt** eines ordentlichen Geschäftsführers im Interesse der Gesellschaft zu führen und deren **Weisungen** zu befolgen. Verstöße hiergegen verpflichten ihn zum Schadensersatz, wobei auf die Geltendmachung des Ersatzanspruchs die Schranken des § 113 Abs. 2 und 3 keine Anwendung finden. Ersatzpflichtig macht er sich namentlich auch, wenn er im Hinblick auf den Eintritt der Gesellschaft das Geschäft im Einvernehmen mit dem Dritten rückgängig macht.[53] Demgegenüber kann die Gesellschaft die Erbringung weiterer, über die mit dem Dritten vereinbarten Pflichten hinausgehender Tätigkeiten von ihm nicht verlangen, soweit er hierzu nicht aufgrund des Gesellschaftsvertrags verpflichtet ist. Auch ist es ihm im Fall von Dauerschuldverhältnissen nicht verwehrt, von seinem ordentlichen Kündigungsrecht Gebrauch zu machen.

Die Pflicht zur **Rechnungslegung** aufgrund der Ausübung des Eintrittsrechts folgt aus **23**
§ 666 BGB.[54] Sie richtet sich in Art und Umfang nach den im Auftragsrecht anerkannten Grundsätzen und geht über die der Beschlussfassung nach § 113 Abs. 2 dienende Auskunftspflicht (Rn 12) deutlich hinaus. Zu ihrer Geltendmachung bedarf es keines erneuten Beschlusses nach § 113 Abs. 2.

IV. Abweichende Vereinbarungen

1. Allgemeines. § 113 Abs. 1 ist dispositiv (Rn 4); abweichende Vereinbarungen hin- **24**
sichtlich der Sanktionen bei Verletzung des Wettbewerbsverbots sind vorbehaltlich etwaiger aus §§ 138 BGB, 1 GWB folgender Schranken (§ 112 Rn 35, 40 ff) zulässig.[55] Sie können entweder andere oder zusätzliche Sanktionen vorsehen oder die in § 113 Abs. 1 vorgesehene Alternative zwischen Schadensersatz und Eintritt auf eines dieser Rechte beschränken (zur Vereinbarung einer Vertragsstrafe vgl. Rn 25). Ob sich mit der abweichenden Festsetzung der Sanktionen auch eine Abweichung von den Durchsetzungsschranken der Abs. 2 und 3 verbinden soll, ist Auslegungsfrage (Rn 4); eine Vermutung für die generelle Abweichung von § 113 ist nicht veranlasst.

2. Vertragsstrafe. Mit Rücksicht auf den Unterlassungscharakter des Wettbewerbs- **25**
verbots liegt als Abweichung von § 113 Abs. 1 besonders die Vereinbarung einer Vertragsstrafe für jeden Fall der Zuwiderhandlung nahe. Soll sie die in Abs. 1 vorgesehenen Rechte der Gesellschaft nicht verdrängen, sondern eine *weitere* Sanktion gewähren, so stellt sich die Frage nach ihrem **Verhältnis zu den Sanktionen des § 113 Abs. 1.** Die Antwort folgt aus § 340 BGB, soweit das Vertragsstrafeversprechen nicht auch hiervon abweichen soll.[56] Danach kann die Gesellschaft *neben* der Vertragsstrafe und unter deren Anrechnung Schadensersatz hinsichtlich des weitergehenden Schadens verlangen (§ 340

---

[53] Voraufl. Rn 23 (*Ulmer*); so auch *Michalski* OHG-Recht Rn 7.

[54] RGZ 89, 99 (104); RG Recht 1917 Nr. 1710; JW 1928, 2092; *Michalski* OHG-Recht Rn 7; Ebenroth/Boujong/Joost/Strohn/*Goette* Rn 15; *Koller*/Roth/Morck §§ 112, 113 Rn 4; Heymann/*Emmerich* Rn 10; Baumbach/*Hopt* Rn 5.

[55] Unstr., vgl. etwa MünchKommHGB/*Langhein* Rn 23; Ebenroth/Boujong/Joost/Strohn/*Goette* Rn 47; Baumbach/*Hopt* Rn 12.

[56] Zur grundsätzlichen Abdingbarkeit von § 340 BGB vgl. MünchKommBGB[5]/*Gottwald* § 340 Rn 3; einschränkend Staudinger/*Rieble* BGB (2004) § 340 Rn 5 f; zu den Grenzen bei vorformulierten Vertragsstrafeversprechen vgl. Ulmer/Brandner/*Hensen* AGB-Recht[10] § 309 Nr. 5 Rn 7 ff.

Abs. 2 S. 2 BGB). Dagegen ist nach § 340 Abs. 1 BGB die Ausübung des Eintrittsrechts als Sonderfall der Erfüllung neben der Vertragsstrafe ausgeschlossen; anderes gilt dann, wenn die Vertragsstrafe als Sanktion für nicht gehörige Erfüllung (§ 341 Abs. 1 BGB) zu verstehen ist.[57]

26 Eine **Herabsetzung** der Vertragsstrafe nach § 343 BGB kann der betroffene persönlich haftende Gesellschafter im Regelfall **nicht** verlangen. Das folgt aus der entsprechenden Anwendung des § 348 mit Rücksicht auf die typischerweise fehlende Schutzbedürftigkeit unternehmerisch tätiger Gesellschafter gegenüber der OHG.[58] Anderes kommt dann in Betracht, wenn der Gesellschafter im maßgebenden Zeitpunkt der Vereinbarung der Vertragsstrafe[59] (bzw. des Beitritts zur Gesellschaft) noch nicht zu den einem Kaufmann gleichzustellenden Gesellschaftern (§ 105 Rn 79) gehörte, insbes. nicht geschäftsleitend in der OHG (KG) tätig war.

C. Voraussetzungen und Schranken der Geltendmachung

I. Beschlussfassung der Mitgesellschafter (Abs. 2)

27 **1. Allgemeines.** Die in Abs. 2 vorgeschriebene, zur Geltendmachung eines der Rechte aus Abs. 1 erforderliche Beschlussfassung (Rn 8) ist Sache der übrigen Gesellschafter; der betroffene Gesellschafter wirkt nicht mit. Der Beschluss bedarf der Zustimmung **sämtlicher** Mitgesellschafter, wenn der Gesellschaftsvertrag nichts Abweichendes regelt. Sie haben sich bei der Beschlussfassung vom Interesse der Gesellschaft leiten zu lassen.[60] Daraus kann sich je nach Lage des Falles eine *Zustimmungspflicht* ergeben (§ 105 Rn 230); ihre Verletzung, auch durch Vereitelung rechtzeitiger Beschlussfassung, kann zu Schadensersatzansprüchen der Gesellschaft gegen nicht zustimmende Gesellschafter führen. Bei einer *Zweipersonengesellschaft* bedarf es keines besonderen Beschlusses; der Mitgesellschafter entscheidet allein. Zur Notwendigkeit der Mitteilung des Beschlusses (der Entscheidung) gegenüber dem betroffenen Gesellschafter vgl. Rn 10.

28 Das Erfordernis vorheriger Beschlussfassung gilt nicht nur in Bezug auf das Eintrittsrecht, sondern **auch für** die Geltendmachung von **Schadensersatzansprüchen** wegen Verstoßes gegen § 112 Abs. 1.[61] Das folgt aus dem uneingeschränkten Wortlaut des Abs. 2 und dem Zweck der Vorschrift, das Gesellschaftsverhältnis von Auseinandersetzungen über Wettbewerbsverstöße und ihre Folgen möglichst freizuhalten, wenn nicht alle Mit-

---

[57] Vgl. RGZ 70, 439 (442); 112, 361 (366 f); vgl. auch MünchKommHGB/*Langhein* Rn 15; Ebenroth/Boujong/Joost/Strohn/*Goette* Rn 23 ff; Röhricht/Graf v. Westphalen/*v. Gerkan/Haas* Rn 7; Sudhoff/*Schulte* Personengesellschaften[8] § 11 Rn 39.

[58] Vgl. allg. § 105 Rn 81; so für Vertragsstrafen im Zusammenhang mit Wettbewerbsverboten von Gesellschaftern auch BGHZ 5, 133 (136 f) = NJW 1952, 623 (624); *Kardaras* S. 86 f; MünchKommHGB/*Langhein* Rn 15; Ebenroth/Boujong/Joost/Strohn/*Goette* Rn 25.

[59] BGHZ 5, 133 (136) = NJW 1952, 623; MünchKommBGB[5]/*Gottwald* § 343 Rn 3.

[60] EinhM, vgl. nur *A. Hueck* OHG § 13 II 6, S. 203; MünchKommHGB/*Langhein* Rn 18; Ebenroth/Boujong/Joost/Strohn/*Goette* Rn 31; Baumbach/*Hopt* Rn 7, 9; Heymann/*Emmerich* Rn 12 f; Westermann/*Wertenbruch* Handbuch Rn I 460; Röhricht/Graf v. Westphalen/*v. Gerkan/Haas* Rn 9.

[61] Heute unstr., vgl. *A. Hueck* OHG § 13 II 6, S. 203; MünchKommHGB/*Langhein* Rn 19; Baumbach/*Hopt* Rn 7; Röhricht/v. Westphalen/*v. Gerkan/Haas* Rn 9; *Kardaras* S. 100; Nachweise zu älteren abweichenden Ansichten in Voraufl. Rn 29 (*Ulmer*).

gesellschafter die Sanktionierung wünschen oder sie im Gesellschaftsinteresse geboten ist (Rn 1). Von Abs. 2 unberührt bleibt die Geltendmachung von Schadensersatzansprüchen in Fällen, in denen sich mit dem Verstoß gegen § 112 Abs. 1 zugleich ein solcher gegen die Geschäftsführerpflichten des betroffenen Gesellschafters verbindet (vgl. Rn 13 und Fn 28).

Die Beschlussfassung nach Abs. 2 kann auch **konkludent** erfolgen, etwa durch Beauftragung eines Rechtsanwalts mit der Geltendmachung von Sanktionen.[62] Beschränkt sich die Beauftragung darauf, den Anwalt zur Klageerhebung zu veranlassen, ohne ihm zugleich eine Weisung über die Art der zu fordernden Sanktion zu erteilen, so fehlt es an dem nach Abs. 2 notwendigen Beschlussinhalt (Rn 31). Der Mangel kann dadurch geheilt werden, dass die Mitgesellschafter sich mit dem vom Anwalt empfohlenen Vorgehen einverstanden erklären.[63] **29**

Zeitlich kann die Beschlussfassung auch noch *nach* Ablauf der Verjährungsfrist des Abs. 3 erfolgen. Der betroffene Gesellschafter ist dadurch freilich nicht gehindert, sich – mit Erfolg – auf die Verjährungseinrede zu berufen. Eine Klage gegen ihn aus § 113 Abs. 1 hemmt die Verjährung nur, wenn auch der zur Durchsetzung des Anspruchs erforderliche Beschluss nach Abs. 2 vorliegt; bis dahin ist die Klage unbegründet.[64] **30**

2. Beschlussinhalt und Bindungswirkung. Der nach Abs. 2 erforderliche Beschluss hat einen doppelten Inhalt. Er muss einerseits den Willen der Mitgesellschafter zur **Geltendmachung** von Sanktionen als Folge des Wettbewerbsverstoßes zum Ausdruck bringen, andererseits die **Ausübung des** ihnen in Abs. 1 eingeräumten **Wahlrechts** zwischen Schadensersatz und Eintritt enthalten. Eine ausdrückliche Beschlussfassung über diese Gegenstände ist nicht erforderlich; in der Entscheidung für eine der Sanktionen liegt regelmäßig auch der Wille zu ihrer Geltendmachung (zur konkludenten Beschlussfassung vgl. Rn 29).[65] **31**

An den gefassten Beschluss sind die Mitgesellschafter gegenüber dem betroffenen Gesellschafter erst **gebunden,** nachdem er diesem zugegangen ist. Von da an können sie einseitig nur noch von der Schadensersatzsanktion zum Eintrittsrecht übergehen (str., vgl. Rn 9); sonstige Änderungen hinsichtlich der Sanktionen sind nur mit Zustimmung des Betroffenen möglich. Ein nachträglicher *Verzicht* auf die Durchsetzung der beschlossenen Sanktionen bedarf der Zustimmung *sämtlicher* Mitgesellschafter; anderenfalls kann jeder von ihnen die Geltendmachung verlangen oder bei Untätigkeit der Geschäftsführer selbst im Wege der actio pro socio vorgehen. **32**

3. Geltendmachung in der Insolvenz. In der Insolvenz der Gesellschaft gehören die Sozialansprüche einschließlich derjenigen aus § 113 Abs. 1 zur Insolvenzmasse.[66] Dementsprechend geht auch die Entscheidung über ihre Geltendmachung und über die Aus- **33**

---

[62] BGHZ 89, 162 (172) = NJW 1984, 1351; vgl. auch BGH WM 1957, 1128 (1130); vgl. auch Baumbach/*Hopt* Rn 7; *Michalski* OHG-Recht Rn 11; MünchKommHGB/*Langhein* Rn 19; Ebenroth/Boujong/Joost/Strohn/*Goette* Rn 35; Westermann/*Wertenbruch* Handbuch Rn I 460.

[63] BGH WM 1957, 1128 (1130).

[64] So iE auch MünchKommHGB/*Langhein* Rn 22.

[65] MünchKommHGB/*Langhein* Rn 19; Baumbach/*Hopt* Rn 8; Heymann/*Emmerich* Rn 12; Röhricht/Graf v. Westphalen/*v. Gerkan*/*Haas* Rn 9; Ebenroth/Boujong/Joost/Strohn/*Goette* Rn 29.

[66] MünchKommInsO^{2}/*Lwowski*/*Peters* § 35 Rn 196; Jaeger/*H.-F. Müller* InsO § 35 Rn 205.

übung des in Abs. 1 enthaltenen Wahlrechts auf den **Insolvenzverwalter** über.[67] An einen von den Mitgesellschaftern *vor* Insolvenzeröffnung wirksam gefassten Beschluss nach Abs. 2 ist der Insolvenzverwalter vorbehaltlich der Anfechtungsmöglichkeiten nach §§ 129 ff InsO gebunden.[68]

II. Verjährung (Abs. 3)

34 **1. Allgemeines.** Für die Ansprüche der Gesellschaft aus Abs. 1 sieht Abs. 3 eine Verjährungsfrist von **drei Monaten** ab Kenntnis oder grob fahrlässiger Unkenntnis sämtlicher Mitgesellschafter vom Verstoß, längstens aber von **fünf Jahren** nach ihrer Entstehung vor. Mit der Anknüpfung auch an die grob fahrlässige Unkenntnis[69] ist die Vorschrift 2004 an die seither allgemein für den Fristbeginn bei Verjährung geltenden Regeln (vgl. § 199 Abs. 1 Nr. 2 BGB) angepasst worden (Rn 2). Bloßes Kennenmüssen oder Kenntnis nur der geschäftsführenden Gesellschafter reicht für den Beginn der Dreimonatsfrist nicht aus (vgl. auch Rn 38). Der betroffene Gesellschafter kann die Mitgesellschafter dadurch zu kurzfristiger Entscheidung nach Abs. 2 veranlassen, dass er sie über Art und Ausmaß des Wettbewerbsverstoßes informiert. Während der Dauer von Verhandlungen über die Verstoßfolgen ist die Verjährung entsprechend §§ 203, 209 BGB gehemmt.

35 Für **jeden** Verstoß gegen § 112 Abs. 1 läuft eine besondere Verjährungsfrist. Das ist unproblematisch bei mehreren je selbständigen *Einzelgeschäften* des Gesellschafters auf dem relevanten Markt der Gesellschaft, für die die Sanktionen aus Abs. 1 je getrennt geltend gemacht werden können (vgl. Rn 11). Umstritten ist der Beginn der Verjährung hingegen bei *dauernden* Verstößen, sei es durch maßgebliche Beteiligung an oder durch Übernahme der Organstellung in einer konkurrierenden Gesellschaft (§ 112 Rn 24 f). Die heute hM plädiert auch hier für einen separaten Verjährungsbeginn bei jedem Teilakt.[70] Hierfür spricht der allgemeine verjährungsrechtliche Grundsatz, dass ein Anspruch für die Zwecke der Verjährung so lange nicht als entstanden anzusehen ist, wie der Eingriff andauert (§ 199 Abs. 1 Nr. 1 BGB).[71] Hemmung und Neubeginn der Verjährung richten sich im Übrigen nach §§ 203 ff BGB.

36 **2. Anwendungsbereich.** Der Anwendungsbereich des Abs. 3 bezieht sich in erster Linie auf die **Ansprüche aus Abs. 1**.[72] Schadensersatzansprüche wegen Verletzung der

---

67 MünchKommHGB/*Langhein* Rn 19; Baumbach/*Hopt* Rn 6; Röhricht/Graf v. Westphalen/*v. Gerkan/Haas* Rn 9; *Michalski* OHG-Recht Rn 12.

68 So auch *Michalski* OHG-Recht Rn 12; **aA** anscheinend Jaeger/*H. F. Müller* InsO § 35 Rn 205, der die Bindung des Insolvenzverwalters an einen von den Mitgesellschaftern gefassten Beschluss generell verneint.

69 Dazu etwa *Wagner* ZIP 2005, 558 (560).

70 MünchKommHGB/*Langhein* Rn 21; *Michalski* OHG-Recht Rn 13; Röhricht/Graf v. Westphalen/*von Gerkan* Rn 12; *Koller*/Roth/Morck §§ 112, 113 Rn 4; so zu § 88 AktG auch KölnKomm-AktG²/*Mertens* § 88 Rn 25; MünchKommAktG³/*Spindler* § 88 Rn 40; GroßkommAktG⁴/*Kort* § 88 Rn 102; **aA** – für Beginn beim ersten Teilakt – RGZ 63, 252 (255 f); Voraufl. Rn 36 (*Ulmer*); Ebenroth/Boujong/Joost/Strohn/*Goette* Rn 45; wohl auch Baumbach/*Hopt* Rn 10.

71 So auch Röhricht/Graf v.Westphalen/*v. Gerkan/Haas* Rn 12; zur Auslegung von § 199 Abs. 1 Nr. 1 BGB vgl. nur BGH NJW-RR 2002, 1256 (1267); MünchKommBGB⁵/*Grothe* § 199 Rn 13.

72 Vgl. etwa OLG Köln BB 2008, 800 (mit Anm. *Krause* BB 2008, 802): Ansprüche wegen Verletzung des die GmbH treffenden

Geschäftsführerpflichten in Zusammenhang mit dem Wettbewerbsverstoß werden nicht erfasst (Rn 13).[73] Nach heute hM finden die kurzen Verjährungsfristen des Abs. 3 auf **Unterlassungsansprüche** gegen andauernde Wettbewerbsverstöße **keine** Anwendung (vgl. § 112 Rn 39). Die Berufung auf einen Wettbewerbsverstoß als wichtiger Grund im Rahmen von Gestaltungsklagen nach §§ 117, 127, 140 wird durch den Ablauf der Verjährungsfrist nicht abgeschnitten[74]; insoweit greifen vielmehr die Schranken der Verwirkung oder des Verzichts ein (vgl. § 117 Rn 59).

3. Fristbeginn. Maßgebend für den Beginn der **Fünfjahresfrist** ist nach § 200 S. 1 BGB die **Entstehung** des Anspruchs. Hierfür reicht anders als beim Unterlassungsanspruch (vgl. §§ 200 S. 2, 199 Abs. 5 BGB) nicht schon die Zuwiderhandlung gegen das Verbot des § 112 Abs. 1 als solche aus. Hinzu kommen muss vielmehr die Möglichkeit, in Bezug auf einen der in § 113 Abs. 1 genannten Ansprüche Klage zu erheben und dadurch die Verjährung nach § 204 Abs. 1 BGB zu hemmen; das setzt – auch im Fall der Feststellungsklage – dem Grunde nach die Entstehung eines Schadens der Gesellschaft oder eines durch das Eintrittsrecht zu beanspruchenden Ergebnisses des Geschäfts voraus.[75] Der Fristbeginn kann daher je nach Lage des Falles auch später als der Wettbewerbsverstoß liegen. **37**

Für die **Dreimonatsfrist** richtet sich der Beginn nach der **Kenntnis oder grob fahrlässigen Unkenntnis** sämtlicher Mitgesellschafter vom Wettbewerbsverstoß. Kenntnis setzt nicht voraus, dass die Mitgesellschafter über alle Einzelheiten des Wettbewerbsverstoßes informiert sind. Wohl aber müssen sie aufgrund der Information in der Lage sein, Art und Ausmaß des Verstoßes und die daraus der Gesellschaft entstandenen Nachteile bzw. die dem Gesellschafter zugeflossenen Vorteile zu beurteilen, um die erforderlichen Schlussfolgerungen für die Entscheidung über die Geltendmachung von Ansprüchen nach Abs. 1 ziehen zu können.[76] Seit dem 15.12.2004 genügt auch die **grob fahrlässige Unkenntnis** dieser Umstände (Rn 34). Gemeint ist eine besonders schwere Form von „Verschulden gegen sich selbst",[77] namentlich die Verletzung der Obliegenheit, sich zumindest über Umstände zu informieren, bei denen dies mühelos und ohne größere Kosten möglich ist und die Aufschluss über Art und Ausmaß des Verstoßes gegeben hätten. Gegebenenfalls können die Gesellschafter durch Erhebung einer Stufenklage (§ 254 ZPO) die Verjährung hemmen; das setzt freilich voraus, dass zuvor der Beschluss nach § 113 Abs. 2 gefasst wurde. **38**

Wettbewerbsverbot durch den Geschäftsführer der Komplementär-GmbH einer GmbH & Co. KG unterliegen der kurzen Verjährungsfrist des § 113 Abs. 3. Dasselbe gilt für Ansprüche aus der Geschäftschancenlehre.

[73] So auch MünchKommHGB/*Langhein* Rn 20; zu § 43 Abs. 4 GmbHG auch BGH WM 1989, 1335 (1337) = NJW-RR 1989, 1255 (1258 f).

[74] Vgl. die klarstellende Regelung in Abs. 4 (dazu Rn 5); so auch *Kardaras* S. 120.

[75] BGH NJW 1987, 1887 (1888) (zu § 93 Abs. 6 AktG); MünchKommBGB[5]/*Grothe* § 199 Rn 4, 9 mwN.

[76] MünchKommHGB/*Langhein* Rn 21; Ebenroth/Boujong/Joost/Strohn/*Goette* Rn 42 f; zur entspr. Vorschrift des § 199 Abs. 1 Nr. 2 BGB vgl. eingehend MünchKommBGB[5]/*Grothe* § 199 Rn 25 f mN.

[77] Vgl. BegrRegE, BT-Drucks. 14/6040, S. 108 und näher MünchKommBGB[5]/*Grothe* § 199 Rn 28.

§ 114

(1) Zur Führung der Geschäfte der Gesellschaft sind alle Gesellschafter berechtigt und verpflichtet.

(2) Ist im Gesellschaftsvertrage die Geschäftsführung einem Gesellschafter oder mehreren Gesellschaftern übertragen, so sind die übrigen Gesellschafter von der Geschäftsführung ausgeschlossen.

Schrifttum

Arlt Verbot der Fremdorganschaft bei der GbR, NZG 2002, 407; *Barner* Die Entlastung als Institut des Verbandsrechts (1990); *Bastuck* Enthaftung des Managements (1986); *Bork/Oepen* Einzelklagebefugnisse des Personengesellschafters, ZGR 2001, 515; *Dänzer-Vanotti* Herabsetzung der Vergütung des geschäftsführenden Gesellschafters bei OHG und KG, BB 1983, 999; *Dellmann* Die Einräumung von Vertretungs- und Geschäftsführungsbefugnissen in Personenhandelsgesellschaften an gesellschaftsfremde Personen, Freundesgabe für Hengeler (1972), S. 64; *Ganßmüller* Tätigkeitsvergütung geschäftsführender Gesellschafter der OHG und KG (1961); *Gogos* Die Geschäftsführung der OHG (1953); *Häuser* Zur Haftungsordnung bei kompetenzwidriger Geschäftsführung eines Gesellschafters einer Personalgesellschaft, FS Kraft (1998), S. 147; *Heidemann* Der zwingende und dispositive Charakter des Prinzips der Selbstorganschaft bei Personengesellschaften (1999); *Knoche* Die sog. „Verzichtswirkung" der Entlastung im privaten und im öffentlichem Recht (1995); *Kust* Zur Sorgfaltspflicht und Verantwortlichkeit eines ordentlichen und gewissenhaften Geschäftsleiters, WM 1980, 758; *Löffler-Glaser* Die Tätigkeitsvergütung des OHG-Gesellschafters, DB 1958, 759; *Priester* Feststellung des Jahresabschlusses bei der Personengesellschaft – Gesellschaftsvereinbarung oder Organbeschluss? FS Hadding (2004), S. 607; *ders.* Vergütung an Komplementär – Regelungsebenen – Organkompetenz – Jahresabschluss, FS Korn (2005), S. 377; *Reuter* Der Beirat der Personengesellschaft, FS Steindorff (1990), S. 229; *Roth* Die Anpassung von Gesellschaftsverträgen, FS Honsell (2002), S. 575; *K. Schmidt* Entlastung, Entlastungsrecht und Entlastungsklage des Geschäftsführers einer GmbH – Versuch einer Neuorientierung, ZGR 1978, 425; *ders.* Selbstorganschaft. Eine Skizze, GS Knobbe-Keuk (1997), S. 307; *Schneider* Haftungsmilderung für Vorstandsmitglieder und Geschäftsführer bei fehlerhafter Unternehmensleitung? FS W. Werner (1984), S. 795; *Schulze-Osterloh* Das Grundlagengeschäft zwischen Geschäftsführungsmaßnahmen und Änderung des Gesellschaftsvertrages, FS Hadding (2004), S. 637; *Schuricht* Die Klage des GmbH-Geschäftsführers auf Entlastung (1988); *Schwamberger* Teilung der Geschäftsführungsbefugnis und Geschäftsverteilung in den Personengesellschaften des Handelsrechts, BB 1963, 279; *Tellis* Die Rechtsnatur der gesellschaftsrechtlichen Entlastung und die Entlastungsklage (1988); *Wagner* Die Rechtsnatur der Entlastung im Gesellschaftsrecht (1938); *Weisser* Corporate Opportunities (1991); *Werra* Zum Stand der Diskussion um die Selbstorganschaft (1991).

Übersicht

A. Einführung

I. Regelungsinhalt (Überblick)

Die Vorschrift des § **114** befasst sich entgegen der nichtamtlichen Überschrift („Geschäftsführung") mit der **Geschäftsführungsbefugnis** der Gesellschafter einer OHG. Sie qualifiziert diese in Abs. 1 als ein *mitgliedschaftliches Pflichtrecht* („berechtigt und verpflichtet") grundsätzlich jedes Gesellschafters. In Abs. 2 enthält sie eine *Auslegungsregel* für diejenigen Fälle, in denen der Gesellschaftsvertrag die Geschäftsführung bestimmten Gesellschaftern überträgt: danach sind die anderen Gesellschafter von der Geschäftsführung in Bezug auf laufende Geschäfte ausgeschlossen (zu außerordentlichen Geschäften vgl. § 116 Abs. 2). **1**

Neben § 114 sind für die Geschäftsführungsbefugnis vor allem die **Vorschriften der §§ 115 bis 117** von Interesse: sie regeln wichtige Einzelfragen aus dem Bereich der Geschäftsführung. So bestimmt § 115 die *Art* der Geschäftsführungsbefugnis in Abs. 1 grundsätzlich als Einzelbefugnis mit Widerspruchsrecht der Mitgeschäftsführer, während Abs. 2 sich mit der Ausgestaltung einer im Gesellschaftsvertrag vorgesehenen Gesamtgeschäftsführungsbefugnis befasst. § 116 bezieht sich auf den *Umfang* der Geschäftsführungsbefugnis und differenziert hierzu zwischen der Geschäftsführung im Rahmen des gewöhnlichen Geschäftsbetriebs (Abs. 1), außergewöhnlichen Geschäften (Abs. 2) sowie der Erteilung und dem Widerruf der Prokura (Abs. 3). Die Vorschrift des § 117 schließlich ist der *Entziehung* der Geschäftsführungsbefugnis gewidmet und regelt hierzu die Voraussetzungen sowie das Entziehungsverfahren. Als Teile des OHG-Innenrechts (§ 109) sind die Vorschriften der §§ 114 bis 117 grundsätzlich dispositiver Natur; ein **2**

Vorbehalt gilt jedoch für den zwingenden Grundsatz der Selbstorganschaft (vgl. dazu Rn 8 ff). – Für einen Rückgriff über § 105 Abs. 3 auf die Vorschriften der §§ 709 bis 712 BGB ist angesichts der Vollständigkeit der Regelungen der §§ 114 bis 117 kein Raum; anderes gilt in Bezug auf die Verweisung auf bestimmte Vorschriften des Auftragsrechts (§§ 664, 667 BGB) in § 713 BGB (vgl. Rn 36, 67).

3 In engem sachlichem Zusammenhang mit den Vorschriften über die Geschäftsführung in der OHG stehen diejenigen der §§ **125 bis 127 über die Vertretungsmacht.** Das Gesetz unterscheidet zwar begrifflich scharf zwischen diesen beiden mitgliedschaftlichen Organkompetenzen (vgl. näher Rn 13); die Unterscheidung findet ihren Niederschlag nicht zuletzt in der überwiegend zwingenden Geltung des Vertretungsrechts. In der Rechtswirklichkeit stehen Geschäftsführungsbefugnis und Vertretungsmacht – als zwei Seiten einer Medaille – freilich in aller Regel denselben als Organmitglieder bestellten Gesellschaftern zu, so dass der Unterscheidung – abgesehen von dem unterschiedlichen Umfang der jeweiligen Befugnis – vor allem theoretische Bedeutung zukommt (vgl. Rn 14).

II. Anwendungsbereich

4 Die Regelungen der §§ 114 bis 117 gelten in erster Linie für diejenigen Personengesellschaften mit unbeschränkt haftenden Gesellschaftern, die nach Maßgabe der §§ 1 Abs. 2, 105 Abs. 1 ein Handelsgewerbe betreiben und schon aus diesem Grund die Rechtsform einer **OHG** haben. Da die Qualifikation dieser Gesellschaften als OHG seit der HGB-Reform 1998 nicht mehr von der Art des Gewerbebetriebs bzw. der Eintragung im Handelsregister abhängt,[1] hat sich insoweit auch die Frage erledigt, ob und inwieweit die OHG-Vorschriften entsprechend dem mutmaßlichen Parteiwillen auf die Soll-OHG schon vor Handelsregistereintragung anstelle des GbR-Rechts anzuwenden sind.[2] Unverändert geblieben ist diese Frage allerdings für vermögensverwaltende Gesellschaften sowie für solche, die ein land- oder forstwirtschaftliches bzw. ein Kleingewerbe betreiben (dazu § 109 Rn 15 f). Aufgrund der Verweisungsnorm des § 161 Abs. 2 gelten die §§ 114 bis 117 aber auch für die *persönlich haftenden Gesellschafter* einer **KG.** Zur Möglichkeit der gesellschaftsvertraglichen Einräumung von Geschäftsführungsbefugnis an einen *Kommanditisten* vgl. die Erläut. zu § 164.

5 Des Weiteren finden die §§ 114 bis 117 Anwendung auf diejenigen Personengesellschaften ohne beschränkt haftende Gesellschafter, die durch Herbeiführung ihrer Eintragung im Handelsregister als **Kann-OHG** für die Rechtsform der OHG optiert haben. Das galt nach Maßgabe von § 3 Abs. 2 und 3 schon bisher für land- oder forstwirtschaftliche Unternehmen sowie deren Nebenbetriebe. Durch Einführung der §§ 2, 105 Abs. 2 n.F. im Zuge der HGB-Reform 1998 hat sich der Kreis der Gesellschaften mit Zugang zur OHG-Rechtsform beträchtlich erweitert, da nunmehr auch solche Gesellschaften für die Rechtsform der OHG optieren können, deren Gewerbebetrieb hinter der kaufmännischen Dimension des § 1 Abs. 2 n.F. zurückbleibt bzw. die sich auf Vermögensverwaltung beschränken (§ 105 Rn 25, 28 f). Diese Gesellschaften werden mit Handelsregistereintragung zur OHG, wobei die Herbeiführung der Eintragung außer der Mitwirkung sämtlicher Gesellschafter bei der Anmeldung (§ 108 Abs. 1) auch die interne, dem

---

[1] Das ist die Folge des durch die Handelsrechtsreform 1998 eingeführten einheitlichen Kaufmannsbegriffs, vgl. § 105 Rn 9 und 23 ff.

[2] Zur früheren Rechtslage vgl. Voraufl. § 105 Rn 50 und § 109 Rn 16 (*Ulmer*); dazu auch *Hueck* OHG § 5 I 2, S. 40 f und Schlegelberger/*K. Schmidt* § 123 Rn 15.

Grundlagencharakter der Rechtsformänderung genügende Willensübereinstimmung der Gesellschafter voraussetzt.[3] Liegt diese Willensübereinstimmung vor, so bestehen keine Bedenken dagegen, entsprechend der Rechtslage bei der bisherigen Soll-OHG (Rn 4) die Vorschriften der §§ 114 bis 117 auch schon im *Vorstadium der Eintragung*, d.h. während der Qualifikation dieser Gesellschaften als GbR, zur Anwendung zu bringen. – Die entsprechende Geltung dieser Grundsätze für die Komplementäre einer *Kann-KG* folgt aus § 161 Abs. 2.

Auf **Partnerschaftsgesellschaften** sind die §§ 114 bis 117 entsprechend der Verweisung 6
in § 6 Abs. 3 PartGG anzuwenden. Eine Ausnahme gilt allerdings für § 116 Abs. 3, da in einer PartG mangels Kaufmannseigenschaft Prokuristen als gewillkürte Vertreter nicht bestellt werden können. Demgegenüber ist für eine Anwendung der §§ 114 bis 117 auf die **Europäische wirtschaftliche Interessenvereinigung (EWIV)** trotz der in § 1 des Gesetzes zur Ausführung der EWG-Verordnung über die EWIV[4] angeordneten subsidiären Geltung des OHG-Rechts *kein Raum*. Das beruht auf der Ausgestaltung der Stellung der EWIV-Geschäftsführer und ihres Verhältnisses zur Gesamtheit der Mitglieder als oberstem EWIV-Organ in weitgehender Übereinstimmung mit dem deutschen *GmbH-Recht* (vgl. insbes. Art. 16, 19 EWIV-VO). Zu Geschäftsführern können daher auch dritte Personen bestellt werden. Die Geschäftsführer sind grundsätzlich weisungsgebunden; sie können nach Art. 19 Abs. 3 EWG-VO i.V.m. § 7 EWIV-AusfG jederzeit abberufen werden. Selbstorganschaft und Mitgliedschaftsrecht auf Geschäftsführung sind dem supranationalen und deutschen EWIV-Recht unbekannt.[5]

III. Handelsrechtsreform 1998

Die Vorschriften der §§ 114 bis 117 gelten **unverändert** seit Erlass des HGB im Jahr 7
1897. Auch die HGB-Reform 1998 hat hieran nichts geändert. Eine *mittelbare Änderung* hat sich freilich dadurch ergeben, dass die bisherige Kaufmannseinteilung nach §§ 1 und 2 a.F. zugunsten der einheitlichen Regelung des Handelsgewerbebegriffs in § 1 Abs. 2 aufgegeben wurde. Die Änderung hat zur Folge, dass die §§ 114 bis 117 auf sämtliche unter § 1 Abs. 2 fallenden Personenhandelsgesellschaften (OHG und KG) anwendbar sind, und zwar unabhängig vom Zeitpunkt der Eintragung im Handelsregister (Rn 4). Weitere mittelbare Änderungen beruhen auf der Ausweitung der Rechtsfigur des Kannkaufmanns und der Kann-OHG (bzw. -KG) zunächst (1976) für den Bereich der Land- und Forstwirtschaft und seit 1998 auch für die bisher ausschließlich als GbR zulässige Personengesellschaft mit kleingewerblichem bzw. auf Vermögensverwaltung gerichtetem Geschäftsbetrieb durch § 105 Abs. 2 (§ 105 Rn 25 f, 28 f); sie haben mittelbar auch eine Ausweitung des Anwendungsbereichs der §§ 114 bis 117 zur Folge (Rn 5). Auch insofern kann das OHG-Innenrecht grundsätzlich schon vor der Eintragung zur Anwendung kommen (Rn 4 und § 109 Rn 15 f).

---

3 So zutr. schon *Olshausen* ZHR 141 (1977), 93 (103 ff); *Schön* DB 1998, 1175.

4 Gesetz v. 14.4.1988 (BGBl. I S. 514) auf der Grundlage der VO (EWG) Nr. 2137/85 des Rates über die Schaffung einer Europäischen wirtschaftlichen Interessenvereinigung (EWIV) v. 25.7.1985 (Abl. EG Nr. L 199 S. 1).

5 Zum Ganzen vgl. *v. d. Heydt/v. Rechenberg* Die Europäische Wirtschaftliche Interessenvereinigung, 1991, insbes. S. 47 ff, 52 ff; s.a. MünchKommHGB/*Rawert* Rn 3.

IV. Dispositionsfreiheit und ihre Grenzen

8 **1. Grundsatz.** Als Teil der das „Rechtsverhältnis der Gesellschafter untereinander" betreffenden Regelungen gilt auch für Art und Ausgestaltung der Geschäftsführungsbefugnis in OHG und KG grundsätzlich die **Dispositionsfreiheit** der Partner des Gesellschaftsvertrags (§ 109). Zur Disposition stehen nicht nur die in §§ 114 Abs. 2, 115 Abs. 2 angesprochenen Gestaltungsmöglichkeiten, wenn diese auch die wichtigsten Abweichungen vom dispositiven Recht betreffen. Denkbar sind vielmehr auch sonstige Gestaltungen, darunter die Ausdehnung oder Reduktion der Geschäftsführungsbefugnis abweichend von ihrer Ausrichtung auf die laufenden Geschäfte in § 116 Abs. 1, die unterschiedliche Ausgestaltung der jeweiligen Befugnis der zu Geschäftsführern bestellten Gesellschafter, die Bindung einzelner Geschäftsführer an die Mitwirkung der übrigen oder die Einführung des Ressortprinzips, die Übertragung von Geschäftsführungsbefugnissen auf einen ganz oder überwiegend mit Gesellschaftern zu besetzenden Beirat (§ 109 Rn 48, 52) sowie die Erteilung der Geschäftsführungsbefugnis an einen nach gesetzlicher Regel (§ 164, 1. Hs.) von ihr ausgeschlossenen Kommanditisten (Voraufl. § 164 Rn 8 [*Schilling*]). Die Abweichungen bedürfen wegen ihres das Innenverhältnis zwischen den Gesellschaftern betreffenden Gegenstands grundsätzlich einer entsprechenden *Regelung im Gesellschaftsvertrag* (§ 109 Rn 4 f). Es bestehen allerdings keine Bedenken gegen eine Vertragsgestaltung, die nur die Grundsätze für Art und Ausgestaltung der Geschäftsführungsbefugnis in der OHG/KG festlegt, die Beschlussfassung über Einzelfragen, darunter auch die Bestellung oder Abberufung von Geschäftsführern, jedoch der Gesellschafterversammlung mit einer im Gesellschaftsvertrag definierten Mehrheit überlässt. – Zur zwingenden Geltung des Grundsatzes der Selbstorganschaft vgl. sogleich Rn 9 f.

9 **2. Selbstorganschaft.** Eine zwingende Grenze für die Ausgestaltung der Geschäftsführungsregelungen im Gesellschaftsvertrag folgt aus dem Grundsatz der Selbstorganschaft als ungeschriebene feste, im Rahmen der §§ 109, 114 ff zu respektierende *Schranke der Vertragsfreiheit* (vgl. näher § 109 Rn 33). Einen dogmatischen Ansatzpunkt hierfür bildet die in § 105 Abs. 3 i.V.m. § 717 S. 1 BGB geregelte Unübertragbarkeit von Verwaltungsrechten (das „Abspaltungsverbot"), zu denen nach § 114 Abs. 1 auch das Recht zur Geschäftsführung gehört (§ 105 Rn 219). Das Prinzip der Selbstorganschaft geht freilich darüber hinaus, weil es auch der originären, nicht von einzelnen Gesellschaftern abgeleiteten Begründung von Geschäftsführungsrechten Dritter im Gesellschaftsvertrag entgegensteht.[6] Seiner Zielsetzung nach dient das Prinzip der Selbstorganschaft einem **doppelten Schutzzweck**: die unbeschränkt haftenden *Gesellschafter* vor Haftungsrisiken zu bewahren, die sie nicht selbst beeinflussen können, und das Vertrauen des *Rechtsverkehrs* auf eine aus eigenem Interesse verantwortlich handelnde, keine unvertretbaren Risiken eingehende Unternehmensführung zu begründen (§ 109 Rn 33). Trotz seiner zwingenden Geltung ist eine in den letzten Jahrzehnten eingetretene Relativierung des Prinzips der Selbstorganschaft freilich unverkennbar. Neben einer Reihe von Auflockerungen in

[6] Vgl. näher § 109 Rn 33 f sowie MünchKommBGB[5]/*Ulmer*/*C. Schäfer* § 709 Rn 5 f; *Flume* I/1 § 14 VIII, S. 240 f; Schlegelberger/*Martens* § 109 Rn 5 ff; *K. Schmidt* Gesellschaftsrecht § 14 II 2, S. 409 ff; *Wiedemann* Gesellschaftsrecht Bd. I § 6 IV 1, S. 343 f; *ders.* Gesellschaftsrecht Bd. II § 4 II 2b cc, S. 333 ff; MünchKommHGB/*Rawert* Rn 23 ff; MünchKommHGB/*Enzinger* § 109 Rn 19; Baumbach/*Hopt* Rn 24 f; Ebenroth/Boujong/Joost/Strohn/*Mayen* Rn 17; Röhricht/Graf v. Westphalen/*v. Gerkan*/*Haas* Rn 7; *Arlt* NZG 2002, 407; *Westermann* FS Lutter, 2000, S. 955.

Rechtsprechung und Schrifttum (vgl. Rn 10) ist hier auch die *mittelbare Durchbrechung* der Selbstorganschaft durch Zulassung der GmbH & Co. OHG (KG) zu nennen. Denn in der *Komplementär-GmbH* können neben oder anstelle von Gesellschaftern auch Dritte zu Geschäftsführern bestellt werden, weshalb es die Gesellschafter der OHG oder KG in der Hand haben, trotz formalem Festhalten an der Selbstorganschaft durch Bestellung der Komplementär-GmbH zur Geschäftsführerin die Geschäftsführung de facto *dritten Personen* in ihrer Eigenschaft als Geschäftsführer der GmbH zu übertragen.

Unter den **Auflockerungen**, denen der Grundsatz der Selbstorganschaft aus neuerer Sicht unterliegt,[7] sind vor allem zwei Konstellationen hervorzuheben: die Bewältigung liquidationsähnlicher Sonderlagen und die weitgehende Delegation der – grundsätzlich bei den Gesellschaftern verbleibenden – Geschäftsführungsbefugnis an Dritte. Eine *liquidationsähnliche Sonderlage* ist dann gegeben, wenn sich wegen eines grundlegenden Zerwürfnisses zwischen sämtlichen Gesellschaftern die vorübergehende Übertragung der Geschäftsführung auf einen neutralen Dritten als unabweisbar erweist, um den Fortbestand der Gesellschaft bis zur Behebung des Zerwürfnisses zu sichern.[8] Einen gesetzlichen Anhaltspunkt hierfür bieten § 146 Abs. 1 und 2, die bei Auflösung einer Gesellschaft anstelle von Gesellschaftern auch die Einsetzung anderer Personen als Liquidatoren zulassen (vgl. dazu § 146 Rn 20 und 39 [*Habersack*]). Hinsichtlich der *Delegation von Geschäftsführungsbefugnissen*, ihrer Überlassung zur Ausübung an Dritte, hat sich die Praxis in den letzten Jahrzehnten trotz des Grundsatzes höchstpersönlicher Amtsführung der Geschäftsführer als zunehmend großzügig erwiesen, solange nur die Delegation nicht als unwiderruflich ausgestaltet ist und solange der Gesellschaftergesamtheit (oder bei wirksamer Vereinbarung der Mehrheitsklausel im Gesellschaftsvertrag: einer entsprechenden Mehrheit) das Recht zusteht, die Entscheidungszuständigkeit auch gegen den Willen des Dritten an sich zu ziehen und entweder selbst tätig zu werden oder eine neue Geschäftsführungsregelung zu treffen. Vgl. schon § 109 Rn 34 und wegen der Einzelheiten vgl. Rn 36. Zur Unverzichtbarkeit organschaftlicher *Vertretungsmacht* für die OHG/KG durch mindestens einen unbeschränkt haftenden Gesellschafter und zu den Gestaltungsmöglichkeiten bei Begründung abgeleiteter, gewillkürter Vertretungsmacht für Dritte vgl. § 125 Rn 6 f (*Habersack*). 10

B. Die Geschäftsführungsbefugnis

I. Begriff

1. Geschäftsführung und Geschäftsführungsbefugnis. Mit dem Begriff der „Führung der Geschäfte der Gesellschaft" (§ 114 Abs. 1) und seiner Abgrenzung von der Vertretung der Gesellschaft verbindet sich verbreitet die Gefahr von Missverständnissen, wie sie sich etwa in der verbreiteten Aussage zeigt, dass die Geschäftsführung sich auf das Verhältnis der Gesellschafter untereinander beziehe und nicht die Wirkung gegenüber Dritten zum Gegenstand habe. Diese Differenzierung trifft zwar zu, soweit es um die Unterscheidung zwischen der – in §§ 114 bis 117 geregelten – Geschäftsführungs*befugnis* und der Vertretungsmacht geht (vgl. Rn 13 f). Demgegenüber umfasst die **Geschäfts-** 11

[7] Vgl. dazu § 109 Rn 34; § 125 Rn 8 f (*Habersack*); MünchKommHGB/*Rawert* Rn 23 ff; MünchKommHGB/*K. Schmidt* § 125 Rn 5 ff.

[8] Vgl. schon § 109 Rn 34 und näher § 125 Rn 8 (*Habersack*); aus der Rspr. BGHZ 36, 292 (294) = NJW 1962, 738; BGH NJW 1982, 1817; WM 1994, 237.

führung als solche jedes *bewusste und gewollte Tätigwerden im Rechtskreis oder Interesse der Gesellschaft*, also alles Handeln, das der Verwirklichung des Gesellschaftszwecks dient und nicht dem Grundlagenbereich (Rn 15) zuzuordnen ist.[9] Dies gilt auch für objektiv neutrale Geschäfte, die aber dem Geschäftskreis der Gesellschaft aufgrund des Geschäftsführerwillens zugeordnet sind.[10] Darunter fällt vorbehaltlich des Fremdgeschäftsführerwillens[11] somit jedes Gesellschafterhandeln in nicht nachgeordneter Position zur Erreichung des Gesellschaftszwecks bzw. unter Einsatz der Ressourcen der Gesellschaft. Unerheblich ist, ob das Tätigwerden wie bei der organisatorischen Leitung des Unternehmens, der Erteilung von Weisungen an das Personal, der Rechnungslegung u.a. *interner* Natur ist oder ob es sich, wie beim Abschluss von Rechtsgeschäften oder der sonstigen Abgabe rechtserheblicher Willenserklärungen für die Gesellschaft, mit *Außenwirkungen* für diese verbindet. Auch darauf, ob die Geschäftsführung für die Gesellschaft in zulässiger Weise ausgeübt wird, insbes. von den Regelungen im Gesellschaftsvertrag gedeckt ist, kommt es für die Bestimmung des Geschäftskreises der Gesellschaft nicht an; insoweit handelt es sich vielmehr um eine Frage der Geschäftsführungsbefugnis, d.h. des rechtlichen Dürfens (Rn 12). Fehlt es an der Befugnis des Handelnden, so ändert sich nichts an der mit dem Tätigwerden im Rechtskreis der Gesellschaft verbundenen Einwirkung auf die Gesellschaft und ihre Ressourcen, d.h. am Tatbestand der Geschäftsführung. Mangels Berechtigung des Einwirkenden geht es dann jedoch um einen Vorgang, der den Regelungen der Geschäftsführung ohne Auftrag unterfällt (dazu vgl. Rn 58).

12 Die Regelungen der §§ 114 bis 117 betreffen nicht den in Rn 11 erläuterten weiten, durch objektive und subjektive Merkmale zu bestimmenden Bereich der Geschäftsführung. Sie beziehen sich vielmehr auf die **Geschäftsführungsbefugnis** der Gesellschafter als das zentrale, im Grundsatz mit der Mitgliedschaft verbundene und von ihr nicht zugunsten Dritten abspaltbare Verwaltungsrecht (vgl. Rn 9). In diesem Rahmen legen sie fest, ob und inwieweit die Gesellschafter *befugt*, aber auch verpflichtet sind, im Rechtskreis der Gesellschaft tätig zu werden und Handlungen zur Verfolgung des Gesellschaftszwecks vorzunehmen. Ausschlaggebend für diese Befugnis ist einerseits die *Ausgestaltung der Geschäftsführungsrechte* im Gesellschaftsvertrag, darunter ihre Verteilung auf die Gesellschafter sowie die Frage ihres Umfangs unter Berücksichtigung der Unterscheidung zwischen laufenden und außergewöhnlichen Geschäften. Andererseits kommt es auf die Bestimmung *des Unternehmensgegenstands* als Teil des Gesellschaftszwecks[12] an, d.h. auf den im Gesellschaftsvertrag festgelegten Rahmen für das befugte Tätigwerden der Geschäftsführer als Gesellschaftsorgane und für die von ihnen dabei zu respektierenden Grenzen. Nur wenn sie diese beiden zentralen Elemente ihres „rechtlichen Dürfens“ einhalten, bewegen sich die handelnden Gesellschafter innerhalb der ihnen erteilten Geschäftsführungsbefugnis. Anderenfalls müssen sie mit Ansprüchen aus Geschäftsführung ohne Auftrag rechnen, soweit sie sich nicht ausnahmsweise auf einen Fall der Notgeschäftsführung berufen können (dazu vgl. Rn 34).

---

[9] EinhM, vgl. nur MünchKommHGB/*Rawert* Rn 6; Baumbach/*Hopt* Rn 2; Röhricht/Graf v. Westphalen/*v. Gerkan*/*Haas* Rn 1.

[10] Insoweit bietet sich die Anknüpfung an die Abgrenzung im Rahmen von § 677 BGB an, vgl. dazu nur MünchKommBGB[4]/*Seiler* § 677 Rn 5 mwN.

[11] Er fehlt insbes. in Fällen, in denen der Geschäftsführer sich treuwidrig eine Geschäftschance der OHG zu eigen macht, vgl. dazu Rn 46, 60.

[12] Zur zumindest partiellen Identität von Gesellschaftszweck und Unternehmensgegenstand der OHG/KG im Unterschied zum Kapitalgesellschaftsrecht vgl. § 105 Rn 21.

2. Abgrenzung zur Vertretungsmacht. Im Unterschied zum Recht der Kapitalgesellschaften (AG und GmbH), das Geschäftsführungsbefugnis und Vertretungsmacht als untrennbare Bestandteile der Rechtsstellung des Vertretungsorgans behandelt, ist für die Personengesellschaften die **rechtliche Trennung der beiden Befugnisse** charakteristisch, wie die gesetzlichen Regelungen der §§ 114 ff, 125 f sowie das in §§ 117, 127 je gesondert geregelte Entziehungsverfahren deutlich machen. Damit knüpft das HGB systematisch zutreffend an die auf *Laband*[13] zurückgehende, im BGB geregelte *Differenzierung zwischen Auftrag und Vollmacht* (§ 662 und § 167 BGB) einschließlich ihrer unterschiedlichen Widerrufs- bzw. Kündigungsvoraussetzungen an. *Rechtlich* äußert sich die Differenzierung darin, dass die Geschäftsführungsbefugnis als Frage des „rechtlichen Dürfens“ Bestandteil der das Innenverhältnis der Gesellschafter prägenden Regelungen ist, während die Vertretungsmacht oder das „rechtliche Können“ der Organmitglieder sich auf das Außenhandeln der Gesellschaft, d.h. ihre Teilnahme am Rechtsverkehr und ihre rechtsgeschäftliche Berechtigung und Verpflichtung gegenüber Dritten bezieht.[14] Entsprechend dieser Unterscheidung unterliegt zwar die Ausgestaltung der Geschäftsführungsbefugnis in der OHG/KG vorbehaltlich der Anforderungen aus dem Prinzip der Selbstorganschaft (Rn 9 f) nach § 109 voll der Dispositionsfreiheit der Gesellschafter. Dagegen ist die Ausgestaltung der Vertretungsmacht im Interesse des Rechtsverkehrs weitgehend durch §§ 125, 126 vorgeprägt. Den Gesellschaftern verbleibt insoweit nur ein beschränkter Regelungsspielraum. 13

Der vorstehend (Rn 13) aufgezeigten klaren rechtlichen Trennung zwischen Geschäftsführungsbefugnis und Vertretungsmacht steht weder entgegen, dass beide Kompetenzen **in der Praxis** in aller Regel **zusammenfallen**, noch dass die Ausübung der Vertretungsmacht als Handeln im Rechtskreis der Gesellschaft einen Teil der – von der Geschäftsführungsbefugnis zu unterscheidenden (Rn 11) – Geschäftsführung für die Gesellschaft bildet. Dieser sachlichen Nähe entspricht es auch, dass beide Kompetenzen nach gesetzlicher Regel (§§ 114 Abs. 1, 125 Abs. 1) jedem Gesellschafter als Teil seiner Mitgliedschaft zustehen, und zwar als Einzelbefugnis (vgl. §§ 115 Abs. 1, 125 Abs. 1), und dass sich auch die Entziehungsklage aus wichtigem Grund – als objektive Klagehäufung nach §§ 117, 127 – regelmäßig auf beide Kompetenzen bezieht (§ 117). Die Gesellschafter sind jedoch nicht gehindert, im Gesellschaftsvertrag **abweichende Regelungen** zu treffen. Neben der Begrenzung des Umfangs der Geschäftsführungsbefugnis trotz unbeschränkter Vertretungsmacht sowie neben der rechtlich unbedenklichen Erteilung teils von Gesamt- und teils von Einzelbefugnis in Bezug auf die beiden Kompetenzen ist im Extremfall sogar eine Regelung denkbar, nach der Geschäftsführungsbefugnis und Vertretungsmacht je verschiedenen Gesellschaftern übertragen werden. Das hat zur Folge, dass die geschäftspolitischen Entscheidungen, auch soweit sie sich auf das Außenhandeln der Gesellschaft beziehen, Sache der zur Geschäftsführung berufenen Gesellschafter sind, während den vertretungsbefugten Gesellschaftern die Aufgabe zukommt, diese Entscheidungen nach Weisung der Geschäftsführer durch rechtsgeschäftliches Handeln für die Gesellschaft umzusetzen. 14

3. Abgrenzung zum Grundlagenbereich. Bei der Geschäftsführung geht es um das Tätigwerden der Gesellschafter als *Organe der Gesellschaft* in deren Rechtskreis, insbes. 15

---

[13] ZHR 10 (1866), 185 (203 ff); dazu eingehend *Müller-Freienfels* Die Vertretung beim Rechtsgeschäft, 1955, S. 172 ff.

[14] Vgl. nur *Hueck* OHG § 10 2, S. 117, der treffend feststellt, es komme für die Unterscheidung darauf an, von welchem Gesichtspunkt aus (Innen- oder Außenverhältnis) die jeweilige Tätigkeit gesehen werde.

zur Förderung des Gesellschaftszwecks (Rn 11). Nur hierauf beziehen sich auch die mitgliedschaftlichen Befugnisse zur Führung der Geschäfte und zur Vertretung der OHG als einer gegenüber den Gesellschaftern verselbständigten Wirkungseinheit mit eigenen Rechten und Pflichten (vgl. näher § 105 Rn 40 ff). Von dieser Geschäftsführungsebene klar zu unterscheiden ist die sog. Grundlagenebene, d.h. die auf dem Gesellschaftsvertrag beruhende Gesamtheit der **Rechtsbeziehungen zwischen den Gesellschaftern** als den Trägern oder „Herren" der Gesellschaft (§§ 105 Rn 207 f). Aus dieser Sicht ist die Gesellschaft nur das *Objekt* der Rechtsbeziehungen; als solches steht sie grundsätzlich zur Disposition der Gesellschafter. Dementsprechend erstrecken sich weder Geschäftsführungsbefugnis noch Vertretungsmacht auf die zum Grundlagenbereich gehörenden Geschäfte wie insbesondere die Änderung des Gesellschaftsvertrags oder die Aufnahme neuer Gesellschafter – nicht jedoch den Abschluss stiller Gesellschaftsverträge (Rn 16) – sowie der sonstigen nicht die Geschäftsführung betreffenden gemeinsamen Gesellschaftsangelegenheiten.[15] Insoweit bedarf es vielmehr grundsätzlich der rechtsgeschäftlichen, ggf. durch Beschluss der Gesellschafterversammlung zu realisierenden Mitwirkung sämtlicher Gesellschafter, soweit der Gesellschaftsvertrag nicht entweder in wirksamer Art und Weise eine Mehrheitsklausel enthält (vgl. dazu näher § 119 Rn 30 ff) oder einzelne Gesellschafter zur Vornahme entsprechender Geschäfte mit Wirkung auch für die übrigen ermächtigt.[16] Fehlt es hieran, so erlangen derartige zum Grundlagenbereich gehörende Geschäfte auch dann *keine Wirksamkeit gegenüber Dritten*, wenn sie von vertretungsbefugten Gesellschaftern namens der Gesellschaft abgeschlossen wurden (§ 126 Rn 12 [*Habersack*]).

16 Trotz der im Ansatz klaren Differenzierung zwischen der Geschäftsführung und dem Bereich der Grundlagengeschäfte und sonstigen gemeinsamen Angelegenheiten der Gesellschafter kann die **Abgrenzung im Einzelnen** je nach Lage des Falles Schwierigkeiten bereiten. Tragender Gesichtspunkt ist jeweils, ob es sich um ein – sei es auch außergewöhnliches (§ 116 Abs. 2) – *Geschäft der Gesellschaft handelt oder ob die Beziehungen zwischen den Gesellschaftern* in Frage stehen, während der Gesellschaft nur die Rolle des Objekts zukommt. So fällt die Veräußerung einzelner Unternehmensteile oder Betriebe noch in den Bereich der Geschäftsführung und ist dementsprechend von der Vertretungsmacht der Geschäftsführer gedeckt. Demgegenüber ist die einheitliche Veräußerung des gesamten Unternehmens oder seiner wesentlichen Teile schon wegen ihrer Rückwirkung auf die Weiterverfolgung des Gesellschaftszwecks ein Grundlagengeschäft und bedarf grundsätzlich der Mitwirkung sämtlicher Gesellschafter;[17] Entsprechendes gilt für die Veräußerung

[15] Vgl. § 105 Rn 207 ff; § 116 Rn 8; § 126 Rn 12 ff (*Habersack*); MünchKommBGB[5]/*Ulmer/C. Schäfer* § 709 Rn 10 f sowie die Beispiele bei *Hueck* OHG § 10 I 1, S. 116; dazu auch Schlegelberger/*Martens* Rn 5 ff; MünchKommHGB/*Rawert* Rn 9 ff; Baumbach/*Hopt* Rn 3; Ebenroth/Boujong/Joost/Strohn/*Mayen* Rn 6 ff; *Koller*/Roth/Morck Rn 2; Heymann/*Emmerich* Rn 3 ff; *Schulze-Osterloh* FS Hadding, 2004, S. 637 ff. Aus der Rspr. etwa BGHZ 132, 263 (266) = NJW 1996, 1678 und – teilweise abweichend – BGHZ 170, 283 (287) = NJW 2007, 1685 – *Otto* (Bilanzfeststellung); BGHZ 76, 338 (342) = NJW 1980, 1689 (Wahl des Abschlussprüfers).

[16] Zur Zulässigkeit einer solchen Ermächtigung vgl. etwa BGHZ 76, 160 (164) = NJW 1980, 1463 (Ermächtigung der Komplementär-GmbH einer Publikums-KG zur Aufnahme weiterer Gesellschafter); so der Sache nach auch schon BGH NJW 1978, 1000; WM 1983, 118 (120); dazu auch *C. Schäfer* ZHR 170 (2006), 373 (383); *Wiedemann* ZGR 1996, 286 (296 f); MünchKommBGB[5]/*Ulmer/Schäfer* § 719 Rn 20.

[17] Ganz hM, vgl. § 126 Rn 16 (*Habersack*); MünchKommHGB/*K. Schmidt* § 126 Rn 13; *K. Schmidt* ZGR 1995, 674 (678 ff); Heymann/*Emmerich* § 126 Rn 13 f; *Westermann* Handbuch Rn I 303; Baumbach/*Hopt* Rn 3, § 126 Rn 3; *Koller*/Roth/Morck Rn 2; Eben-

der Firma als Teil der Identitätsausstattung der Gesellschaft[18] oder für den Abschluss eines zur Konzerneingliederung der OHG/KG führenden Unternehmensvertrags (Anh. § 105 Rn 58 und 68). Die Bilanzaufstellung als Teil der Rechnungslegung der Gesellschaft ist Aufgabe der Geschäftsführung, während die Bilanzfeststellung, die Entlastung der Geschäftsführer und der Beschluss über die Gewinnverwendung, aber auch die Auswahl des Abschlussprüfers als Kontrollorgan, die Rechtsbeziehungen der Gesellschafter betrifft und daher der Grundlagenebene zuzuordnen ist (näher § 120 Rn 18, 32 ff). Die Aufnahme neuer Gesellschafter der OHG oder KG ist eindeutig Sache der Grundlagenebene (Rn 15). Dagegen geht es bei der Aufnahme eines *typischen stillen Gesellschafters* (§ 230) um ein Rechtsgeschäft mit der Gesellschaft, das die Rechtsstellung der Gesellschafter nur mittelbar berührt; der Vertrag mit dem Stillen kann daher von den vertretungsbefugten Gesellschaftern wirksam für die OHG abgeschlossen werden.[19] Anderes gilt für das Eingehen einer durch Mitspracherechte des Stillen in Geschäftsführungsfragen oder durch dessen Teilhabe am Vermögenszuwachs (Liquidationsgewinne) gekennzeichneten *atypischen stillen Gesellschaft*:[20] insoweit bedarf es wegen der Überlagerung der Innenbeziehungen in OHG/KG durch diejenigen in der stillen Gesellschaft der Mitwirkung aller Gesellschafter.[21] Zur Zuständigkeit (Aktiv- bzw. Passivlegitimation) nicht der Gesellschaft, sondern der Gesellschafter je persönlich bei Streitigkeiten, die den Grundlagenbereich betreffen, vgl. § 105 Rn 208 f.

II. Rechtsnatur

1. Mitgliedschaftliches Pflichtrecht. Zur Führung der Geschäfte der Gesellschaft sind nach dem treffenden Wortlaut des § 114 Abs. 1 alle Gesellschafter *berechtigt und verpflichtet*. Nach gesetzlicher Regel handelt es sich somit bei der Geschäftsführungsbefugnis um ein (oder richtiger: das zentrale) mit der Mitgliedschaft verbundenes, von ihr nicht abspaltbares **Verwaltungsrecht** des Gesellschafters, das – als Pflichtrecht – un- 17

roth/Boujong/Joost/Strohn/*Hillmann* § 126 Rn 9; *Schulze-Osterloh* FS Hadding, 2004, 637 (645) (Katalog); so tendenziell auch BGH NJW 1995, 596; und deutlicher BGH NJW 2005, 753 (754) (zur fehlenden Kaufbereitschaft als Voraussetzung einer Maklervergütung bei fehlender Mitwirkung der Gesellschafter); für den Abschluss eines Unternehmenspachtvertrages ebenso OLG Hamburg NZG 2000, 421 (422) (zur KG) und NZG 2005, 966 (967); **aA** *Grunewald* Gesellschaftsrecht 1. B. Rn 23 und JZ 1995, 577 f.

18 BGH NJW 1995, 596; NJW 1952, 537 (538); RGZ 162, 370 (374); vgl. § 126 Rn 13 f (*Habersack*).

19 HM im Anschluss an RGZ 153, 371 (373 f); so auch BGH NJW 1971, 375 (std. Rspr.); vgl. näher § 126 Rn 15 (*Habersack*) und MünchKommHGB/*Rawert* Rn 12; Röhricht/Graf v. Westphalen/*v. Gerkan/Haas* Rn 5; insofern auch *Schulze-Osterloh* FS Hadding, 2004, S. 637 (640 f) sowie *ders.* FS Kruse, 2001, S. 377 (378 ff) (vgl. aber auch Fn 21).

20 Zu den Besonderheiten der atypischen stillen Gesellschaft vgl. Voraufl. § 230 Rn 30 ff (*Zutt*).

21 Ganz hM, vgl. § 126 Rn 15 (*Habersack*); Voraufl. § 230 Rn 62 (*Zutt*); MünchKommHGB/*K. Schmidt* § 126 Rn 11 und § 230 Rn 115; MünchKommHGB/*Rawert* Rn 12; Ebenroth/Boujong/Joost/Strohn/*Hillenmann* § 126 Rn 11; Heymann/*Emmerich* § 126 Rn 3a; Heymann/*Horn* § 230 Rn 24; *Westermann* Handbuch Rn I 302; einschr. MünchHdbGesR II/*Bezzenberger/Keul*[2] § 76 Rn 58 ff (bei nur schuldrechtl. Beteiligung des Stillen am Vermögenszuwachs kein Grundlagengeschäft); abweichend auch *Schulze-Osterloh* FS Hadding, 2004, S. 637 (640f): danach ist die Beteiligung eines Stillen nur dann keine Geschäftsführungsmaßnahme, wenn dieser an der Geschäftsführung beteiligt wird (z.B. über Widerspruchsrecht entspr. § 164 S. 1).

eigennützig im Interesse der Gesellschaftergesamtheit wahrzunehmen ist und zugleich eine entsprechende Tätigkeitspflicht begründet (vgl. § 105 Rn 218 ff). Der Gesellschaftsvertrag kann hiervon **Abweichungen** vorsehen (§ 109), insbes. die Geschäftsführungsbefugnis nur bestimmten Gesellschaftern übertragen oder bei grundsätzlicher Verbindung der Geschäftsführungsbefugnis mit der Mitgliedschaft einzelne Gesellschafter von jener ausschließen. Er kann die Geschäftsführungsbefugnis auch an bestimmte Kriterien auf Seiten der Gesellschafter wie Mindest- und/oder Höchstalter, berufliche Vorbildung und Berufserfahrung knüpfen oder der Gesellschafterversammlung das Recht einräumen, mit der vertraglich festgelegten Mehrheit über ihre Übertragung zu entscheiden. Stets muss freilich zumindest *einem* Gesellschafter Geschäftsführungsbefugnis (und ebenso Vertretungsmacht) zustehen, um die organschaftliche Handlungsfähigkeit der Gesellschaft und das Vorhandensein eines Leitungsorgans sicherzustellen. Das folgt aus dem Prinzip der Selbstorganschaft (Rn 9). Zur Rechtslage beim Wegfall des einzigen geschäftsführenden Gesellschafters vgl. Rn 33, zur Frage der Geschäftsführung durch gesetzliche Vertreter einzelner Gesellschafter vgl. Rn 31 f.

18 **2. Folgerungen.** Aus der Rechtsnatur der Geschäftsführungsbefugnis als Pflichtrecht ergeben sich eine Reihe von Folgerungen. Sie betreffen zum Teil den Inhalt der Befugnis und die Art seiner Wahrnehmung, zum Teil die Rechtsstellung des Geschäftsführers. Was den **Inhalt der Befugnis** angeht, so handelt es sich um ein der sachgerechten Verfolgung des Gesellschaftszwecks dienendes *uneigennütziges Recht*, das der Gesellschafter im Interesse der Gesellschaftergesamtheit unter Zurückstellung eigener Interessen wahrnehmen muss (vgl. näher Rn 45 f). Er schuldet der Gesellschaft zwar vorbehaltlich gesellschaftsvertraglicher Spezifizierung nicht seine ganze Arbeitskraft, sondern ist berechtigt, wenn der Umfang der ihm übertragenen Aufgaben das zulässt, Nebentätigkeiten anderer Art wahrzunehmen (Rn 41). Wohl aber ist er grundsätzlich zu *höchstpersönlicher* Geschäftsführung verpflichtet und darf die ihm übertragenen Leitungsfunktionen nicht an Dritte delegieren (Rn 35). Auch unterliegt er nach Maßgabe von § 112 einem *Wettbewerbsverbot*, das es ihm verwehrt, im Handelszweig der Gesellschaft Geschäfte zu machen oder sich an einer gleichartigen Handelsgesellschaft zu beteiligen. Darüber hinaus ist es ihm auch untersagt, sonstige, sich außerhalb des Handelszweigs eröffnende *Geschäftschancen* der Gesellschaft für sich selbst zu verwerten, etwa im Hinblick auf Investitionsvorhaben der Gesellschaft wie Grundstückskauf u.a. oder in Bezug auf sonstige der Verfolgung des Gesellschaftszwecks dienende, nicht zu ihrem Handelszweig gehörende Hilfsgeschäfte. Das folgt nach zutr. Ansicht aus der gesellschaftsvertraglichen *Treupflicht*, ohne dass es einer Analogie zu § 112 bedarf (vgl. Rn 46). Zur Haftung des Geschäftsführers wegen Pflichtverletzung und zum Sorgfaltsmaßstab vgl. Rn 50 ff, 62.

19 Hinsichtlich der **Rechtsstellung des Geschäftsführers** führt die Rechtsnatur seiner Befugnis als Mitgliedschaftsrecht (und -pflicht) einerseits dazu, dass er bei seiner Organtätigkeit anders als ein Beauftragter **keinen Weisungen** der Mitgesellschafter unterliegt, sondern in den Grenzen seiner Befugnis aus eigenem Recht tätig wird; § 665 i.V.m. § 713 BGB greifen wegen der abweichenden Regelung in § 114 Abs. 1 nicht ein. Mitgesellschafter können ihn zwar entweder im Rahmen ihres Widerspruchsrechts (§ 115 Abs. 1) oder durch Zustimmungsverweigerung bei Geltung von Gesamtgeschäftsführungsbefugnis am Tätigwerden hindern. Sie können ihn aber nicht gegen seinen Willen zu einem bestimmten, für die Gesellschaft nicht existenznotwendigen Tätigwerden veranlassen.[22]

---

[22] So im Ansatz zutr. schon 3. Aufl. Rn 7 (*Rob. Fischer*); einschr. *Hueck* OHG § 10 V 3, S. 138 f (Weisungsbindung an im Gesellschaftsvertrag zugelassene einstimmige Beschlüsse möglich).

Begründet der Gesellschaftsvertrag gleichwohl eine Weisungsbindung zu Lasten *einzelner* Geschäftsführer, so ist eine solche Regelung zwar nicht unwirksam, lässt die Geschäftsführungsbefugnis insoweit jedoch auf die weisungsbefugten Gesellschafter übergehen mit der Folge, dass ihnen dementsprechend eigene Tätigkeits- und Sorgfaltspflichten an Stelle der weisungsgebundenen Gesellschafter auferlegt werden.[23] Andererseits kann einem Geschäftsführer die ihm zustehende Befugnis nach Maßgabe von § 117 nur *aus wichtigem Grund entzogen* werden, sofern der Gesellschaftsvertrag keine Abweichung vorsieht; der gerichtliche Entzug bedeutet eine durch Gestaltungsurteil bewirkte Änderung des Gesellschaftsvertrags. Hiervon zu unterscheiden ist die Frage, ob die Geschäftsführer an Mehrheitsentscheidungen gebunden sind, die der Gesellschaftsvertrag für (bestimmte) Geschäftsführungsfragen zulässt. Sie ist im Grundsatz zu bejahen,[24] setzt aber die Zuständigkeit der Gesamtheit aller Gesellschafter bzw. Geschäftsführer voraus. Diese ergibt sich entweder für ungewöhnliche Geschäfte aus § 116 Abs. 2 (alle Gesellschafter, dazu § 116 Rn 11 ff) und Abs. 3 (Geschäftsführer, dazu § 116 Rn 31 ff) oder aus der gesellschaftsvertraglichen Anordnung einer Gesamtgeschäftsführungsbefugnis (dazu § 115 Abs. 2, Rn 27 ff). Bei ungewöhnlichen Geschäften ist zudem das Vetorecht der übrigen Geschäftsführer aus § 115 Abs. 1, 2. Hs. zu beachten (dazu § 115 Rn 5 ff).

Für den Abschluss eines **Anstellungsvertrags** zwischen der Gesellschaft und dem **20**
Geschäftsführer ist angesichts der Rechtsnatur der Geschäftsführungsbefugnis als Mitgliedschaftsrecht und -pflicht *kein Raum*. Recht und Pflicht des Geschäftsführers zum Tätigwerden für die Gesellschaft beruhen auf dem Gesellschaftsvertrag als Rechtsgrundlage, nicht aber auf einem zu ihm hinzutretenden oder ihn überlagernden Dienst- oder Geschäftsbesorgungsvertrag mit der Gesellschaft.[25] Zwar ist die Gesellschaft nicht grundsätzlich gehindert, als „Drittgeschäft" (§ 105 Rn 213) Anstellungsverträge mit Gesellschaftern über deren Tätigkeit im Gesellschaftsinteresse zu schließen; anderes gilt jedoch im Hinblick auf die Tätigkeit als Organmitglied im Rahmen der Selbstorganschaft.[26] Soweit der Gesellschafter-Geschäftsführer mit den Mitgesellschaftern oder in deren Einverständnis mit der Gesellschaft *Absprachen über den zeitlichen Umfang der Geschäftstätigkeit*, über Regelungen für den Krankheits- oder Urlaubsfall, über die Reichweite des Wettbewerbsverbots o.Ä. trifft, handelt es sich um Nebenabreden zur Ausgestaltung der mitgliedschaftlichen Geschäftsführerstellung, nicht aber um davon zu

---

[23] Die Rechtslage ähnelt der – ebenfalls mit einem Weisungsrecht der Gesellschafter verbundenen – Überlassung der Geschäftsführung zur Ausübung an Dritte (Rn 36). Die uneingeschränkte Vertretungsmacht des weisungsgebundenen „Geschäftsführers" steht dieser Beurteilung wegen der möglichen Trennung der beiden Kompetenzen nicht entgegen.

[24] Vgl. § 119 Rn 31; siehe auch MünchKommBGB[5]/*Ulmer*/*C. Schäfer* § 709 Rn 28, 49; Ebenroth/Boujong/Joost/Strohn/*Mayen* Rn 31; MünchKommHGB/*Rawert* Rn 38 und Schlegelberger/*Martens* Rn 18.

[25] So zutr. schon 3. Aufl. Rn 7 (*Rob. Fischer*); vgl. auch MünchKommBGB[5]/*Ulmer*/*Schäfer* § 709 Rn 32 f; die Möglichkeit eines Anstellungsvertrags zwischen OHG/KG und Geschäftsführer bejahend allerdings MünchKommHGB/*Rawert* Rn 79; Ebenroth/Boujong/Joost/Strohn/*Mayen* Rn 28; *Koller*/Roth/Morck Rn 6; *Priester* FS Korn, 2005, S. 377 (380 f); Heymann/*Emmerich* Rn 8 und § 110 Rn 22.

[26] Aus BGH NJW 1995, 1158 ergibt sich nichts anderes; der Fall betraf eine GmbH & Co. KG, und es ging nicht um einen Anstellungsvertrag der KG mit der Komplementär-GmbH, sondern um einen solchen mit dem GmbH-Geschäftsführer als lediglich mittelbarem, nicht schon kraft Gesellschaftsvertrags berufenem Geschäftsführer der KG.

unterscheidende, das mitgliedschaftliche Verwaltungsrecht überlagernde Elemente eines Dienstvertrags.[27] Das gilt auch für die Vereinbarung einer **Geschäftsführervergütung** unter Einschluss von Ruhegehalt und sonstigen Nebenbezügen (vgl. dazu Rn 48); sie ist der Sache nach *Gewinnvoraus*, auch wenn sie als vertragliches Entgelt für die Geschäftsführung bezeichnet wird.

III. Gegenstände der Geschäftsführung

21 **1. Überblick.** Den Gegenstand der Geschäftsführung können alle Handlungen iwS bilden, die objektiv oder kraft subjektiver Bestimmung durch den Geschäftsführer zum Rechtskreis der Gesellschaft gehören, insbes. zur Förderung des Gesellschaftszwecks geeignet oder bestimmt sind (vgl. schon Rn 11). Eine Differenzierung nach Willenserklärungen für die Gesellschaft und tatsächlichen Handlungen, nach Leitungsfunktionen innerhalb des Unternehmens und Tätigkeiten mit Außenwirkung, nach Handlungen und Unterlassungen oder nach sonstigen denkbaren Kategorien von Verhaltensweisen des Geschäftsführers im Interesse der Gesellschaft ist – vorbehaltlich abweichender Regelung der Vertretungsmacht – im Hinblick auf dessen Recht und Pflicht zur Geschäftsführung ohne Belang. Wesentlich ist allerdings, dass die fraglichen Aktivitäten *inhaltlich der Geschäftsführung für die Gesellschaft zugeordnet* werden können. Daran fehlt es nicht nur bei Handlungen, die den Grundlagenbereich betreffen (vgl. Rn 15 f), sondern auch dann, wenn der geschäftsführende Gesellschafter mit Einverständnis der übrigen in einer von der Geschäftsführung zu unterscheidenden *Doppelrolle* tätig wird, so wenn er außerhalb seiner Geschäftsführerfunktionen als Rechtsanwalt Rechtsrat gegenüber der Gesellschaft erteilt oder als selbständiger Erfinder gewerblich anwendbare Erfindungen tätigt oder Patente erlangt und sie der Gesellschaft zur Nutzung überlässt.[28]

22 **2. Laufende und außergewöhnliche Geschäfte.** Darauf, ob die im Rechtskreis oder Interesse der Gesellschaft erbrachten Handlungen zu den Geschäften gehören, die der gewöhnliche Betrieb des Handelsgewerbes mit sich bringt, oder ob sie als darüber hinausgehende, *außergewöhnliche* Handlungen zu qualifizieren sind, kommt es für ihre Zuordnung zur Geschäftsführungsebene nicht an. Auch außergewöhnliche Handlungen bilden wegen ihres Bezugs zum Geschäftsbetrieb der Gesellschaft einen Gegenstand der Geschäftsführung und sind klar von den Grundlagengeschäften zu unterscheiden (Rn 15 f). Der Differenzierung zwischen laufenden und außergewöhnlichen Geschäften kommt allerdings Bedeutung für den *Umfang* der Geschäftsführungsbefugnis zu, da diese nach § 116 Abs. 1 nur den laufenden Geschäftsbetrieb abdeckt, während es für die Berechtigung zur Vornahme außergewöhnlicher Geschäfte nach § 116 Abs. 2 der Zustimmung sämtlicher Gesellschafter bedarf. Zur Abgrenzung zwischen laufenden und außergewöhnlichen Geschäften vgl. § 116 Rn 5 ff.

---

[27] Ebenso im Ansatz schon 3. Aufl. Rn 7 (*Rob. Fischer*).

[28] HM, vgl. *Hueck* OHG § 16 III 2b, S. 223 f; MünchKommHGB/*Rawert* Rn 16; Ebenroth/Boujong/Joost/Strohn/*Mayen* Rn 9; Röhricht/Graf v. Westphalen/*v. Gerkan*/*Haas* Rn 2; *Westermann* Handbuch Rn I 253.

IV. Ausgestaltung der Geschäftsführungsbefugnis

1. Grundlagen. Nach gesetzlicher Regel (§§ 114 Abs. 1, 115 Abs. 1) steht die Geschäftsführungsbefugnis als **Einzelbefugnis** in Bezug auf die laufenden Geschäfte mit Widerspruchsrecht der übrigen **jedem** unbeschränkt haftenden **Gesellschafter** einer Personenhandelsgesellschaft (OHG und KG) zu. Die Regelung ist Ausdruck des der OHG zugrundeliegenden Leitbilds einer *Haftungs- und Arbeitsgemeinschaft* und im Unterschied zur Gesamtgeschäftsführung in der Gesellschaft bürgerlichen Rechts (§ 709 BGB) auf möglichst flexible Teilnahme der OHG am Handelsverkehr angelegt. Vertragliche *Abweichungen* sind grundsätzlich in beliebiger Weise möglich, solange das Prinzip der Selbstorganschaft dadurch nicht in Frage gestellt wird (Rn 9). Für bestimmte, als typisch angesehene Abweichungen wie Übertragung der Geschäftsführung an einen Teil der Gesellschafter oder Ausgestaltung als Gesamtgeschäftsführung enthalten §§ 114 Abs. 2, 115 Abs. 2 eine Auslegungsregel (vgl. die jeweil. Erl. zu diesen Vorschriften). Gleichbehandlungsgrundsatz oder unbeschränkte Gesellschafterhaftung stehen dem Ausschluss einzelner Gesellschafter von der Geschäftsführung nicht entgegen, wenn diese bei Gründung der Gesellschaft oder im Zuge von späteren Vertragsänderungen ihre Zustimmung erteilen; die Geschäftsführungsbefugnis ist kein unverzichtbares Recht. Die Zustimmung bindet wegen ihrer den Inhalt der Mitgliedschaft prägenden Wirkung auch den jeweiligen Rechtsnachfolger (vgl. Rn 24). *Gegen den Willen* eines Gesellschafters ist die Entziehung der Geschäftsführungsbefugnis nur aus wichtigem Grund nach Maßgabe des § 117 oder einer ihm inhaltlich entsprechenden gesellschaftsvertraglichen Regelung (vgl. § 117 Rn 45, 71 ff) möglich. Ohne Vorliegen eines wichtigen Grundes kann der Gesellschaftsvertrag einen Mehrheitsbeschluss zu Lasten einzelner Gesellschafter wegen des darin liegenden Eingriffs in den Kernbereich der Mitgliedschaft wirksam nur vorsehen, wenn er zugleich die für die Bejahung einer antizipierten Zustimmung der betroffenen Gesellschafter erforderlichen Regelungen enthält (vgl. § 119 Rn 44). 23

2. Gesellschafterwechsel. Der Übergang des Anteils eines geschäftsführenden Gesellschafters auf seinen Rechtsnachfolger, sei es kraft Rechtsgeschäfts oder auf erbrechtlichem Wege, führt zu der Frage, ob sich auch die Geschäftsführungsbefugnis des ausgeschiedenen Gesellschafters in der Person des oder der Nachfolger fortsetzt. Die Entscheidung richtet sich nach dem **Inhalt des Gesellschaftsvertrags** und den darin getroffenen Vereinbarungen über die Geschäftsführung. Belässt es der Gesellschaftsvertrag bei der dispositiven Regelung des § 114 Abs. 1, so verbindet sich die Geschäftsführungsbefugnis als Mitgliedschaftsrecht mit *jedem Anteil*; sie steht daher im Grundsatz auch jedem Rechtsnachfolger zu (zu den Sonderfällen der Vererbung an mehrere Erben und des Anteilsübergangs auf einen nicht volljährigen Gesellschafter vgl. Rn 26 f). Das gilt auch dann, wenn dem ausgeschiedenen Gesellschafter die Befugnis nach § 117 aus wichtigem Grund entzogen worden war; die Entziehung bezieht sich in einem solchen Fall nur auf den betroffenen Gesellschafter persönlich und lässt die grundsätzliche Verbindung jedes Anteils mit der Geschäftsführungsbefugnis unberührt.[29] Steht die Geschäftsführungs- 24

[29] § 139 Rn 52; vgl. auch *Rob. Fischer* BB 1956, 840; MünchKommHGB/*Rawert* Rn 32; Röhricht/Graf v. Westphalen/*v. Gerkan/Haas* Rn 16; Baumbach/*Hopt* Rn 5; *Hueck* OHG § 28 II 1b, S. 409 (Auslegungsfrage); *Wiedemann* Übertragung S. 74.

befugnis demgegenüber nur einem *Teil der Gesellschafter* zu, so hängt ihr Übergang auf den Rechtsnachfolger davon ab, ob der Gesellschaftsvertrag unterschiedlich ausgestaltete Mitgliedschaften enthält oder ob die Übertragung der Geschäftsführungsbefugnis an bestimmte Gesellschafter ein Sonderrecht für diese begründet hat, das persönlicher Natur ist und mit ihrem Ausscheiden endet (vgl. Rn 25).

25 Die Frage nach dem einschlägigen Vertragsinhalt ist ggf. im **Auslegungswege** zu klären. Dabei spricht für die *Verbindung mit der Mitgliedschaft* einerseits die Ausrichtung der Gestaltungsunterschiede an objektiven Kriterien wie die Zuordnung der bevorrechtigten Anteile zu bestimmten Familienstämmen, die Rückführung der Vorrechte auf die Gesellschaftsgründung oder die Anteilsgröße, andererseits aber auch der Umstand, dass die Verbindung der Geschäftsführungsbefugnis mit der Mitgliedschaft die Regel, ihre Vorenthaltung die – auf persönliche Umstände der betroffenen Gesellschafter zurückzuführende – Ausnahme bildet. Demgegenüber liegt die Annahme eines höchstpersönlichen *Sonderrechts* nahe, wenn die Geschäftsführungsbefugnis schon bei der Gründung oder im Laufe der späteren Entwicklung nur bestimmten, besonders herausragenden oder um das Wohl der Gesellschaft verdienten Gesellschaftern zuerkannt worden ist. Regelungen im Gesellschaftsvertrag, die die Übertragung der Geschäftsführungsbefugnis an *bestimmte Qualifikationskriterien* wie Alter, berufliche Aus- und Vorbildung u.a. binden, sprechen je nach vertraglicher Ausgestaltung dafür, dass das Vorliegen dieser Kriterien zwar nicht unmittelbar zum Eingreifen der Befugnis führt, dass es dem Anteilsinhaber aber ein gegen die Mitgesellschafter geltend zu machendes Recht auf Übertragung gewährt (vgl. dazu auch § 105 Rn 304 ff sowie § 139 Rn 52 ff).

26 **3. Sonderfälle.** Besondere Probleme können sich einerseits bei der Anteilsvererbung, andererseits beim Anteilsübergang auf nicht voll geschäftsfähige Gesellschafter ergeben. Die **Anteilsvererbung** setzt eine erbrechtliche *Nachfolgeklausel* i.S.d. § 139 im Gesellschaftsvertrag voraus, weil der Tod eines Gesellschafters sonst nach § 131 Abs. 3 Nr. 1 zum ersatzlosen Ausscheiden des Verstorbenen unter Fortsetzung der Gesellschaft durch die überlebenden Gesellschafter führt. Ermöglicht die Nachfolgeklausel – als einfache oder qualifizierte – den Übergang des Anteils auf *zwei oder mehrere Erben*, so fragt sich, ob die Vererbung im Fall eines mit Geschäftsführungsbefugnis verbundenen Anteils auch zu einer entsprechenden Vervielfachung dieser Befugnis führen soll. Nicht selten enthält die Nachfolgeklausel eine Regelung dieses Problems, etwa in der Weise, dass sie entweder den Erben die Rechtsstellung von Kommanditisten zuweist oder dem Erblasser das Recht einräumt, unter seinen Nachfolgern denjenigen Erben zu bestimmen, auf den die Geschäftsführungsbefugnis übergehen soll (vgl. § 139 Rn 7 f, 30 zur automatischen Umwandlung und Rn 25 f zum Bestimmungsrecht des Erblassers). Fehlt es hieran, so hat das bei einer Erbenmehrheit gleichwohl nicht notwendig die Vermehrung der Zahl der Geschäftsführer zur Folge, selbst wenn die Erben von ihrem Wahlrecht nach § 139 Abs. 1 keinen Gebrauch machen. Vielmehr ist in diesem Fall zu prüfen, ob nicht der Gesellschaftsvertrag eine Regelungslücke enthält, die abweichend von § 114 Abs. 1 unter Berücksichtigung der Gesellschaftsstruktur und des hypothetischen Parteiwillens im Wege ergänzender Vertragsauslegung zu schließen ist.

27 Geht der mit Geschäftsführungsbefugnis verbundene Anteil im Erbwege oder kraft zweiseitigen Rechtsgeschäfts auf einen **nicht voll geschäftsfähigen Gesellschafter** über, so fragt sich, ob diesem gleichwohl Geschäftsführungsbefugnis zustehen soll. Deren Ausübung wäre, auch soweit es um die rechtsgeschäftliche Vertretung der Gesellschaft durch den Minderjährigen geht, grundsätzlich in der Weise möglich, dass der gesetzliche Vertreter oder Vormund mit Genehmigung des Vormundschaftsgerichts den Minderjährigen entsprechend § 112 Abs. 1 BGB ermächtigt, die Geschäfte der Gesellschaft zu führen.[30] Eine solche Ermächtigung ist zulässig,[31] wenn auch aus praktischen Gründen wenig naheliegend. Die in § 112 Abs. 1 S. 2 BGB enthaltene Einschränkung in Bezug auf solche Rechtsgeschäfte, zu denen der Vertreter oder Vormund nach §§ 1643, 1821, 1822 BGB der Genehmigung des Familien- bzw. Vormundschaftsgerichts bedarf, greift nach zutr. hM in derartigen Fällen nicht ein, weil die fraglichen Vorschriften sich auf eigene Rechtsgeschäfte des Minderjährigen und nicht auf solche der Gesellschaft beziehen.[32] Als *Alternative* kommt die Ausübung der Geschäftsführung für den nicht voll geschäftsfähigen Gesellschafter durch dessen gesetzlichen Vertreter oder Vormund in Betracht.[33] Diese Lösung ist nach hM gesellschaftsrechtlich zulässig (vgl. dazu Rn 31 f). Sie stößt jedoch nicht selten auf eine Reihe von Bedenken. So dürfte meist die Bereitschaft des gesetzlichen Vertreters oder Vormunds fehlen, in die mit der Geschäftsführungsbefugnis verbundenen Tätigkeitspflichten einzutreten,[34] während die Mitgesellschafter nicht selten Vorbehalte dagegen haben werden, dass zentrale Leitungsfunktionen durch einen Nichtgesellschafter wahrgenommen werden, der weder für Gesellschaftsverbindlichkeiten persönlich haftet noch einer Treupflichtbindung unterliegt.[35] Diesen Bedenken lässt sich allerdings durch eine Vertragsklausel Rechnung tragen, wonach die mit dem Anteil verbundene Geschäftsführungsbefugnis so lange ruht, bis der Anteilsinhaber entweder voll geschäftsfähig ist[36] oder ein bestimmtes höheres Alter erreicht hat. Auch wenn es an einer solchen Abrede fehlt, kann die mit der Geschäftsführungsbefugnis nicht voll geschäftsfähiger Gesellschafter verbundene Problematik doch dafür sprechen, vom Vorliegen einer ungewollten *Vertragslücke* auszugehen, die im Sinne des Ruhens der Geschäftsführungsbefugnis zumindest bis zum Erreichen der Volljährigkeit auszufüllen ist.[37] Dafür

[30] Für Anwendung des § 112 Abs. 1 BGB auch in Bezug auf die Geschäftsführungsbefugnis zutr. *Hueck* OHG § 20 V 1a, S. 306; MünchKommHGB/*Rawert* Rn 35; Ebenroth/Boujong/Joost/Strohn/*Mayen* Rn 10; Röhricht/Graf v. Westphalen/*v. Gerkan/Haas* Rn 17; MünchKommBGB[5]/*J. Schmitt* § 112 Rn 6.

[31] HM, vgl. § 125 Rn 29 (*Habersack*); *Hueck* OHG § 20 V 1a, S. 304 f; MünchKommHGB/*K. Schmidt* § 125 Rn 18; Baumbach/*Hopt* § 125 Rn 10; *Westermann* Handbuch Rn I 297; Soergel/*Hefermehl* BGB[13] § 112 Rn 2; wohl auch *Koller*/Roth/Morck § 125 Rn 3.

[32] So zutr. § 125 Rn 29 f (*Habersack*) und MünchKommHGB/*K. Schmidt* § 125 Rn 18 im Anschluss an *Hueck* OHG § 20 V 1a, S. 305; der Sache nach auch OLG Hamm NJW-RR 2001, 1086: die für die Gründung der Gesellschaft erforderliche vormundschaftsgerichtliche Genehmigung erfasse auch alle Geschäfte der Gesellschaft im Rahmen ihres Gesellschaftszwecks.

[33] So § 125 Rn 30 (*Habersack*); *Hueck* OHG § 20 V 1a, S. 307; Heymann/*Emmerich* Rn 6; Baumbach/*Hopt* § 125 Rn 10; *Westermann* Handbuch Rn I 297; MünchKommHGB/*K. Schmidt* § 125 Rn 18; Ebenroth/Boujong/Joost/Strohn/*Hillmann* § 125 Rn 48; Röhricht/Graf v. Westphalen/*v. Gerkan/Haas* § 125 Rn 18; ebenso schon RGZ 123, 289 (299) (obiter); wohl auch MünchKommHGB/*Rawert* Rn 36; **aA** Schlegelberger/*Martens* Rn 13; *Gogos* Geschäftsführung S. 70 ff.

[34] Das betont zutreffend – unter Verneinung einer entsprechenden Tätigkeitspflicht – *Hueck* OHG § 20 V 1a, S. 307 f; entscheidend ist freilich, ob den Minderjährigen nach dem Gesellschaftsvertrag eine derartige Pflicht trifft, oder ob sie bis zur Volljährigkeit als stillschweigend ausgeschlossen angesehen werden kann.

[35] Darauf stützen sich die in Fn 33 zitierten ablehnenden Stimmen.

[36] Für eine entsprechende Auslegungsregel kraft vermuteten Parteiwillens MünchKommHGB/*K. Schmidt* § 125 Rn 19; deutlicher noch Schlegelberger/*K. Schmidt* § 125 Rn 19; ähnlich schon 3. Aufl. § 125 Rn 8 (*Rob. Fischer*); **aA** § 125 Rn 33 (*Habersack*).

[37] Wohl auch MünchKommHGB/*K. Schmidt* § 125 Rn 19; für Zustimmungspflicht der Mitgesellschafter kraft Treupflicht zu einer den Interessen der Beteiligten Rechnung tragenden Regelung bis zur Volljährigkeit des Minderjährigen Schlegelberger/*Martens* Rn 13.

spricht auch das dem Minderjährigen zustehende, auf den Eintritt der Volljährigkeit bezogene außerordentliche Austrittsrecht analog § 723 Abs. 2 S. 3 Nr. 2 BGB (vgl. § 133 Rn 31 f).

C. Die Rechtsstellung der geschäftsführenden Gesellschafter

I. Grundlagen

28 Zur Geschäftsführungsbefugnis als uneigennütziges Mitgliedschaftsrecht der Gesellschafter und zu den daraus resultierenden Rechtsfolgen vgl. schon Rn 17 f. Als **Pflichtrecht** berechtigt und verpflichtet sie die Rechtsinhaber zum Tätigwerden im Interesse der Gesellschaft sowie zu deren Leitung in Verfolgung des Gesellschaftszwecks und steht der Ausnutzung von Geschäftschancen der Gesellschaft für eigene Zwecke entgegen. An Weisungen von Mitgesellschaftern sind die Rechtsinhaber nicht gebunden. Wohl aber müssen sie die Schranken beachten, die Gesetz und Gesellschaftsvertrag der Ausübung der Befugnis (dem rechtlichen „Dürfen") setzen; dazu gehören insbes. die Pflicht zur Respektierung eines Widerspruchs von Mitgeschäftsführern (§ 115 Abs. 1) und zur Einholung der Zustimmung der Mitgesellschafter vor der Vornahme außergewöhnlicher Geschäfte (§ 116 Abs. 2). Zum Verhältnis von Geschäftsführungsbefugnis und Vertretungsmacht vgl. Rn 13, zur Abgrenzung der Geschäftsführung von der in die Zuständigkeit sämtlicher Gesellschafter fallenden sog. Grundlagenebene vgl. Rn 15.

29 Die **Rechtsgrundlage** der Geschäftsführungsbefugnis als Mitgliedschaftsrecht bildet der *Gesellschaftsvertrag*, dies gilt naturgemäß auch dann, wenn der Gesellschaftsvertrag nicht von den dispositiven Vorschriften der §§ 114 bis 116 abweicht. Dementsprechend führt ihre Entziehung zur Änderung des Gesellschaftsvertrags; ohne Zustimmung des Betroffenen erfordert sie eine Entziehungsklage aus wichtigem Grund nach § 117. Für den Abschluss eines besonderen, die gesellschaftsvertraglichen Regelungen über die Geschäftsführung ergänzenden oder überlagernden Anstellungsvertrags zwischen der Gesellschaft und ihren Geschäftsführern als Gesellschaftsorganen ist kein Raum (Rn 20); anderes gilt im Verhältnis zu Gesellschaftern, die unterhalb der Geschäftsführungsebene in den Diensten der Gesellschaft tätig werden. *Nebenabreden* über die Art und Weise der Ausübung der Geschäftsführungsbefugnis wie sachlicher und zeitlicher Tätigkeitsumfang, Urlaubszeiten, Zulässigkeit von Nebentätigkeiten oder Einschränkung des Wettbewerbsverbots, konkretisieren oder ergänzen die gesellschaftsvertragliche Rechtsgrundlage, auch wenn sie nicht im Gesellschaftsvertrag enthalten oder von allen Gesellschaftern beschlossen, sondern kraft ausdrücklicher oder konkludenter gesellschaftsvertraglicher Ermächtigung durch Abrede zwischen den Geschäftsführern festgelegt sind (vgl. schon Rn 20). Entsprechendes gilt für die *Vergütungsregelung* unter Einschluss der Zusage einer Altersversorgung oder sonstiger Nebenbezüge: sie sind als Gewinnvoraus der geschäftsführenden Gesellschafter zu qualifizieren, nicht aber als schuldrechtliche Gegenleistung für die Übernahme der Pflicht zur Geschäftsführung (Rn 47).

II. Rechtsinhaber

30 **1. Gesellschafter.** Wegen des im Personengesellschaftsrecht geltenden Prinzips der **Selbstorganschaft** (Rn 9) ist die Geschäftsführungsbefugnis in der OHG oder KG zwingend den Gesellschaftern vorbehalten. Eine *Delegation* (Überlassung zur Ausübung) *an Dritte* ist möglich, jedoch nur in der Weise, dass die Befugnis als solche bei den Gesellschaftern verbleibt und sie diese kraft einstimmigen Beschlusses jederzeit an sich ziehen können (Rn 36). Die Dritten haben kein eigenständiges, aus dem Gesellschaftsvertrag folgendes Recht auf Geschäftsführung, sondern stehen im Regelfall in einem Anstellungsverhältnis zur Gesellschaft; sie gehören nicht zum Kreis der Gesellschaftsorgane. Beim Wegfall des einzigen im Gesellschaftsvertrag als Geschäftsführer bestellten Gesellschafters geht die Befugnis – als Gesamtbefugnis – auf sämtliche Gesellschafter über; für eine Notbestellung durch das Registergericht ist kein Raum (Rn 33). Zur Frage einer Geschäftsführungsbefugnis Minderjähriger vgl. Rn 27.

2. Gesetzliche (organschaftliche) Vertreter. Sind Gesellschafter aufgrund ihrer persönlichen Qualifikation gehindert, die ihnen kraft Mitgliedschaft zustehende Geschäftsführungsbefugnis selbst wahrzunehmen, so fragt sich, ob an ihrer Stelle – wenn auch kraft von ihnen abgeleiteten Rechts – die gesetzlichen Vertreter zum Tätigwerden berechtigt und verpflichtet sind. Wie insbesondere das Beispiel der typischen GmbH & Co. KG zeigt, ist die Frage unbedenklich zu *bejahen* im Fall von **juristischen Personen oder Personenhandelsgesellschaften** als geschäftsführungsbefugten Gesellschaftern. Denn mit der Aufnahme dieser Art von Gesellschaftern in die Gesellschaft und mit der Übertragung von Geschäftsführungsbefugnis an sie stimmen die Mitgesellschafter zugleich der Ausübung dieser Befugnis durch die jeweiligen organschaftlichen Vertreter zu, wobei die Organstellung beim Vertretenen verbleibt; dieser muss sich daher auch die Tätigkeit seines Vertreters zurechnen lassen (vgl. Rn 52 und § 117 Rn 41). Das Prinzip der Selbstorganschaft steht schon deshalb nicht entgegen, weil der organschaftliche Vertreter nicht kraft eigenen Rechts handelt. Auch seine persönliche Tätigkeitspflicht folgt nicht aus dem Gesellschaftsvertrag (als Vertrag zu Lasten Dritter), sondern aus seiner Rechtsbeziehung zum Vertretenen, soweit nicht die OHG/KG einen besonderen Anstellungsvertrag mit ihm schließt.[38] 31

Schwieriger liegen die Dinge im Hinblick auf gesetzliche Vertreter von **nicht voll geschäftsfähigen Gesellschaftern**. Auch insoweit steht zwar die Zulässigkeit des Tätigwerdens des gesetzlichen Vertreters außer Zweifel, wenn die Mitgesellschafter sich hiermit, insbes. durch Übertragung der Geschäftsführungsbefugnis auf einen in der Geschäftsfähigkeit beschränkten Gesellschafter, einverstanden erklärt haben. An einem solchen Einverständnis fehlt es jedoch nicht selten in Fällen, in denen ein mit Geschäftsführungsbefugnis ausgestatteter Gesellschaftsanteil im *Erbwege* auf nicht voll geschäftsfähige Personen übergeht, ohne dass der Gesellschaftsvertrag für diesen Fall Vorsorge in Bezug auf die Geschäftsführungsbefugnis trifft (Rn 27). Löst man den hier auftretenden *Konflikt zwischen Gesellschafts- und Familienrecht* mit der hM (Rn 27) im Sinne des Vorrangs des Familienrechts, so bleibt den Mitgesellschaftern bei Unzumutbarkeit der Person des gesetzlichen Vertreters doch das Recht, gegen den nicht voll geschäftsfähigen Gesellschafter nach § 117 auf Entziehung der Geschäftsführungsbefugnis zu klagen. Liegt ein wichtiger Grund in der Person des gesetzlichen Vertreters vor, so ist der Klage stattzugeben, wenn der beklagte Gesellschafter nicht dem Ruhen seiner Befugnis bis zum Eintritt der Volljährigkeit oder der Auswechslung des Vertreters zustimmt im Rahmen des Verhältnismäßigkeitsgrundsatzes (§ 117 Rn 42 f). Zur möglichen Bejahung einer nach § 157 BGB zu schließenden *Vertragslücke* in derartigen Fällen beim Fehlen einer Regelung im Gesellschaftsvertrag vgl. Rn 27 aE. 32

[38] Vgl. dazu BGH NJW 1995, 1158; zur Schadensersatzhaftung des Geschäftsführers der Komplementär-GmbH gegenüber der KG auch ohne einen solchen Anstellungsvertrag vgl. Rn 52.

33 **3. Notgeschäftsführung?** Hinsichtlich der Notgeschäftsführung sind zwei Fälle zu unterscheiden: die gerichtliche Bestellung eines Notgeschäftsführers wegen Fehlens eines erforderlichen Organmitglieds der Gesellschaft und das ad hoc-Handeln von Gesellschaftern in Notfällen ohne die hierfür erforderliche Geschäftsführungsbefugnis. Um mit der **gerichtlichen Bestellung eines Notgeschäftsführers** zu beginnen, ist diese nach § 146 Abs. 2 nur im *Liquidationsstadium* bei Vorliegen wichtiger Gründe vorgesehen, wobei als Liquidator auch ein Nichtgesellschafter eingesetzt werden kann (§ 146 Rn 20, 30 ff [*Habersack*]). Dieses Bestellungsrecht wird zu Recht auch in sonstigen liquidationsähnlichen Sonderlagen anerkannt, wie insbes. während der Dauer eines Ausschließungsprozesses gegenüber dem einzigen geschäftsführungsbefugten Gesellschafter, sofern eine einvernehmliche Lösung innerhalb der Gesellschaft während der Dauer des Rechtsstreits am Fehlen gleichgerichteter Interessen der Gesellschafter scheitert.[39] Demgegenüber ist für ein allgemeines Notbestellungsrecht des Registergerichts analog § 29 BGB beim Wegfall eines für Geschäftsführung und Vertretung der Gesellschaft erforderlichen Organmitglieds kein Raum.[40] Wenn der Gesellschaftsvertrag insoweit keine Vorsorge trifft, führt der Wegfall des einzigen Geschäftsführers vielmehr zur *Gesamtgeschäftsführungsbefugnis* aller verbleibenden Gesellschafter, bis die Beteiligten einvernehmlich eine Neuregelung treffen.[41] Entsprechendes gilt beim Wegfall eines von zwei Gesamtgeschäftsführern; die Berechtigung des anderen Gesamtgeschäftsführers erstarkt nicht etwa zur Alleinbefugnis.[42]

34 Die Frage nach der Zulässigkeit der **ad hoc-Notgeschäftsführung** stellt sich demgegenüber in solchen Fällen, in denen die Gesellschaft zwar mit dem erforderlichen Geschäftsführungsorgan ausgestattet, dieses jedoch aus tatsächlichen Gründen am rechtzeitigen Handeln bei *Gefahr im Verzuge* gehindert oder hierzu nicht bereit ist. Das Gesetz gestattet eine solche Notgeschäftsführung einerseits in § 115 Abs. 2 für einen Gesamtgeschäftsführer bei fehlender Zustimmung der übrigen, andererseits in § 116 Abs. 3 bei Bestellung eines Prokuristen ohne Zustimmung der anderen Geschäftsführer. Über diese Fälle hinausgehend sind auch von der Geschäftsführung ausgeschlossene Gesellschafter analog § 744 Abs. 2 BGB ausnahmsweise zur Notgeschäftsführung befugt, wenn der Gesellschaft eine akute Gefahr droht und zu ihrer Abwendung rasches Handeln erforderlich, ein Tätigwerden der hierzu berufenen Geschäftsführer kurzfristig jedoch nicht erreichbar ist.[43] Vertretungsmacht für die Gesellschaft ist mit einer derartigen Notgeschäftsführung in keinem Fall verbunden.[44] Der von ihr Gebrauch machende und

---

39 BGHZ 33, 105 (109 f) = NJW 1960, 1997; vgl. auch Rn 10 und § 109 Rn 34.

40 Heute ganz hM, vgl. § 125 Rn 12 (*Habersack*); *Hueck* OHG § 20 II 4, S. 290; Baumbach/*Hopt* § 125 Rn 15; Ebenroth/Boujong/Joost/Strohn/*Hillmann* § 125 Rn 6; MünchKommHGB/*K. Schmidt* § 125 Rn 7; MünchKommBGB[5]/*Reuter* § 29 Rn 4; *Wiedemann* Übertragung S. 376 mwN; ebenso BGHZ 51, 198 (200) = NJW 1969, 507; zweifelnd noch RGZ 116, 116 (118 f); aA *Westermann* Handbuch Rn I 294; differenzierend Soergel/*Hadding* BGB[13] § 29 Rn 3 (für analoge Anwendung im Abwicklungsstadium sowie allgemein bei körperschaftlicher Struktur der Gesellschaft).

41 BGHZ 51, 198 (201) = NJW 1969, 507; 41, 367 (368) = NJW 1964, 1624; 33, 105 (108) = NJW 1960, 1997.

42 BGHZ 41, 367 (368) = NJW 1964, 1624.

43 BGHZ 17, 181 (183 f) = NJW 1955, 1027; BayObLG ZIP 1980, 904 (905); *Hueck* OHG § 10 II 7, S. 125; MünchKommHGB/*Rawert* § 115 Rn 60; Ebenroth/Boujong/Joost/Strohn/*Mayen* Rn 14; Röhricht/Graf v. Westphalen/*v. Gerkan/Haas* § 116 Rn 6; Baumbach/*Hopt* Rn 7; *Koller*/Roth/Morck Rn 9; *Westermann* Handbuch Rn I 281b; vgl. zu den Anforderungen des § 744 Abs. 2 BGB auch *Bengel* ZEV 2002, 484 (485 f) (zu GbR und Erbengemeinschaft).

44 BGHZ 41, 367 (368) = NJW 1964, 1624; 17, 181 (184) = NJW 1955, 1027; BayObLG ZIP 1980, 904 (905); *Hueck* OHG § 10 II 7,

daher im Innenverhältnis handlungsbefugte Gesellschafter muss vielmehr im eigenen Namen handeln; die ihm daraus erwachsenden Aufwendungen kann er nach § 110 von der Gesellschaft ersetzt verlangen.

III. Persönliche Rechtsausübung

1. Grundsatz. Dem Charakter der Geschäftsführungsbefugnis als mitgliedschaftliches Pflichtrecht (Rn 17) entspricht die Pflicht des Gesellschafters, die damit verbundenen Organfunktionen höchstpersönlich wahrzunehmen.[45] Er ist zwar nicht gehindert, die *Ausführung* der Entscheidungen und die Wahrnehmung der auf nachgeordneter Ebene anfallenden Tätigkeiten im erforderlichen Umfang *Dritten* zu übertragen und mit ihnen im Rahmen seiner Vertretungsmacht Anstellungsverträge namens der Gesellschaft zu schließen.[46] Diese Dritten sind dann nicht etwa seine Erfüllungsgehilfen, für die er nach § 278 BGB einzustehen hat, sondern haften der Gesellschaft gegenüber unmittelbar wegen Verletzung der von ihnen vertraglich geschuldeten Sorgfaltspflichten.[47] Davon zu unterscheiden ist jedoch die Wahrnehmung der mit der Geschäftsführung verbundenen **Organfunktionen**, darunter die Leitung der Gesellschaft nach Maßgabe der für die Geschäftsführer geltenden Geschäftsverteilung (Rn 42 ff), die Auswahl und Überwachung des nachgeordneten Führungspersonals sowie die Rechnungslegung gegenüber den Gesellschaftern, aber auch die Ausübung des Widerspruchsrechts nach Maßgabe von § 115 Abs. 1 sowie die Mitwirkung an der Beschlussfassung über die Erteilung von Prokura (§ 116 Abs. 3). Zur Möglichkeit, Geschäftsführungsfunktionen zur Ausübung an Dritte zu überlassen, vgl. Rn 36. Die Haftung des Geschäftsführers wegen Verstoßes gegen seine Sorgfaltspflichten richtet sich nach § 708 BGB (vgl. Rn 62). Sie greift auch dann ein, wenn der Geschäftsführer die ihm übertragenen Funktionen nicht persönlich wahrnimmt, sondern pflichtwidrig an einen Dritten delegiert und der Gesellschaft daraus ein Schaden erwächst.[48] 35

2. Überlassung an Dritte zur Ausübung. Abspaltungsverbot und Prinzip der Selbstorganschaft gestatten nicht nur die Übertragung *nachgeordneter* Tätigkeiten an Dritte, sondern stehen nach zutr. hM auch der Überlassung von Organfunktionen an Dritte *zur Ausübung* nicht entgegen.[49] Allerdings muss die Letztverantwortung für die Geschäfts- 36

S. 125; vgl. auch OLG Dresden NZG 2000, 248 (250) (GbR) zur Prozessführungsbefugnis.

45 EinhM, vgl. *Hueck* OHG § 10 V 2, S. 137; MünchKommHGB/*Rawert* Rn 40; Ebenroth/Boujong/Joost/Strohn/*Mayen* Rn 29; Röhricht/Graf v. Westphalen/*v. Gerkan*/*Haas* Rn 15; Baumbach/*Hopt* Rn 11; so schon RGZ 123, 289 (299); vgl. auch die Rspr.-Nachw. in Fn 49.

46 *Hueck* OHG § 10 V 2, S. 137; MünchKommHGB/*Rawert* Rn 40; Ebenroth/Boujong/Joost/Strohn/*Mayen* Rn 29; Baumbach/*Hopt* Rn 11.

47 Vgl. *Hueck* OHG § 10 V 2, S. 137; Ebenroth/Boujong/Joost/Strohn/*Mayen* Rn 29; Baumbach/*Hopt* Rn 11; *K. Schmidt* Gesellschaftsrecht § 59 IIId, S. 1747.

48 So zutr. Schlegelberger/*Martens* Rn 12 aE; ebenso auch MünchKommHGB/*Rawert* Rn 41; **aA** wohl *Hueck* OHG § 10 V 2, S. 137 f.

49 BGHZ 36, 292 (294) = NJW 1962, 738; NJW 1982, 877 (878); OLG Hamm NZG 1999, 1099 (1100) (mit Anm. *Ebbing*); MünchKommHGB/*Rawert* Rn 26, 40; Ebenroth/Boujong/Joost/Strohn/*Mayen* Rn 17, 29; Röhricht/Graf v. Westphalen/*v. Gerkan*/*Haas* Rn 12; Baumbach/*Hopt* Rn 24; *Westermann* Handbuch Rn I 287; *Koller*/Roth/Morck Rn 5 f; zu hierauf gestützten Auflockerungen des Grundsatzes der Selbstorganschaft durch die Rspr. vgl. oben Rn 10 und § 109 Rn 34.

führung in den Händen von Gesellschaftern verbleiben; dazu gehört ihre Befugnis, den Dritten Weisungen hinsichtlich der Ausübung der Geschäftsführungsaufgaben zu erteilen und diese auch gegen den Willen der Dritten teilweise oder ganz wieder an sich zu ziehen.[50] **Voraussetzung** für die Überlassung ist entweder die Zulassung im Gesellschaftsvertrag unter gleichzeitiger Bestellung bestimmter oder aller letztverantwortlichen Gesellschafter als Geschäftsführer oder die Zustimmung der Mitgesellschafter zu einer von den Geschäftsführern beabsichtigten Überlassung. Die Verantwortung der Geschäftsführer konzentriert sich in diesem Fall nach §§ 713, 664 Abs. 1 S. 2 BGB auf die sorgfältige *Auswahl* der zur Ausübung berufenen Dritten.[51] Ob die Geschäftsführer daneben auch für die *Überwachung* der Dritten einzustehen haben, hängt von der Ausgestaltung der gesellschaftsvertraglichen Delegationsregelung ab; im Zweifel wird die einvernehmliche Überlassung zur Ausübung jedoch *keine* entsprechende Entlastung der geschäftsführenden Gesellschafter zur Folge haben; diese bleiben vielmehr zur Aufsicht verpflichtet.[52] Zur gesellschaftsrechtlichen Zulässigkeit eines *Betriebsführungsvertrags* der OHG/KG mit einem Dritten und zu den dafür geltenden Wirksamkeitsvoraussetzungen vgl. Anh. § 105 Rn 69.

IV. Inhaltliche Anforderungen

37 **1. Grundlagen.** Die Leitung der Gesellschaft und die persönliche Wahrnehmung der damit verbundenen Funktionen durch die Geschäftsführer hat sich – in den Grenzen der von ihnen nach § 708 BGB geschuldeten Sorgfaltspflichten (Rn 61) – am **Wohl der Gesellschaft** zu orientieren. Eine allgemeine Richtschnur für die Anforderungen an das Geschäftsführerhandeln bilden einerseits der *Gesellschaftszweck* und die darin enthaltene Festlegung des Unternehmensgegenstands, andererseits die jeweilige *Ausgestaltung der Geschäftsführungsbefugnis* im Gesellschaftsvertrag. In diesem Rahmen steht den geschäftsführenden Gesellschaftern grundsätzlich ein weiter unternehmerischer Ermessensspielraum zu. Die für das Vorstands- bzw. Geschäftsführerhandeln in AG und GmbH anerkannten Grundsätze[53] sind, soweit es um die objektiven Sorgfaltspflichten nach §§ 93 Abs. 1 S. 1 AktG, 43 Abs. 1 GmbHG geht, nicht etwa rechtsformspezifischer Art, sondern lassen sich auch auf die Leitung von Personengesellschaften übertragen.[54]

---

[50] BGHZ 36, 292 (294) = NJW 1962, 738; NJW 1982, 877 (878); Schlegelberger/*Martens* Rn 54; Ebenroth/Boujong/Joost/Strohn/*Mayen* Rn 18; *Westermann* Handbuch Rn I 287; wohl auch MünchKommHGB/*Rawert* Rn 26; einschr. Baumbach/*Hopt* Rn 25 (Recht zur Entziehung zwingend nur bei wichtigem Grund).

[51] *Hueck* OHG § 10 V 2, S. 138; Schlegelberger/*Martens* Rn 12; Ebenroth/Boujong/Joost/Strohn/*Mayen* Rn 20; MünchKommHGB/*Rawert* Rn 40; wohl auch Baumbach/*Hopt* Rn 11.

[52] Für generelle Aufsichtpflicht auch MünchKommHGB/*Rawert* Rn 111; Ebenroth/Boujong/Joost/Strohn/*Mayen* Rn 20; Röhricht/Graf v. Westphalen/*v. Gerkan*/*Haas* Rn 12; abweichend noch Voraufl. Rn 36 (*Ulmer*): im Zweifel Befreiung von der Überwachungspflicht.

[53] Vgl. dazu statt aller KölnerKomm-AktG²/*Mertens* § 93 Rn 6 f, 27 ff; *Hüffer* AktG⁸ § 93 Rn 3 ff; Scholz/*U. H. Schneider* GmbHG¹⁰ § 43 Rn 46 ff; Ulmer/Habersack/Winter/*Paefgen* GmbHG § 43 Rn 18 ff, 52 ff; Baumbach/Hueck/*Zöllner*/*Noack* GmbHG¹⁸ § 43 Rn 8 ff.

[54] MünchKommHGB/*Rawert* Rn 56, 60; *Wiedemann* Gesellschaftsrecht Bd. II § 4 II 4 c, S. 344; ähnlich Schlegelberger/*Martens* Rn 29; Ebenroth/Boujong/Joost/Strohn/*Mayen* Rn 32 (Verweis auf Anforderungen der Business Judgment Rule).

Zu den Sorgfaltspflichten von Organmitgliedern gehört auch die in § 93 Abs. 1 S. 2 AktG ausdrücklich geregelte **Verschwiegenheitspflicht.**[55] Sie bezieht sich nicht nur auf Betriebs- oder Geschäftsgeheimnisse, d.h. im Interesse des Unternehmens geheimhaltungsbedürftige Daten über Herstellungsprozesse, Produktionspläne, Investitions- und Personalentscheidungen u.a.,[56] sondern generell auf Informationen über interne Vorgänge, an deren vertraulicher Behandlung die Gesellschaft objektiv interessiert ist, darunter nicht zuletzt den Diskussionsverlauf und die Stimmabgabe in den Gremien der Gesellschaft.[57] Im Unterschied zum Aktienrecht greift die Verschwiegenheitspflicht zwar nicht gegenüber den Mitgesellschaftern ein, da diesen nach § 118 Abs. 1 grundsätzlich ein umfassendes, sich gegen die Geschäftsführer richtendes Informationsrecht zusteht;[58] die Rechtslage in der OHG kommt insoweit dem nach § 51a GmbHG in der GmbH geltenden Auskunftsanspruch nahe. Im *Verhältnis zu Dritten* sind signifikante Unterschiede in Bezug auf die Verschwiegenheitspflicht der Geschäftsführer jedoch nicht feststellbar; daher kann insoweit auf das aktienrechtliche Schrifttum verwiesen werden. 38

Die **Orientierung am Aktien- und GmbH-Recht** bietet sich grundsätzlich auch für die Entscheidung der Frage an, ob und inwieweit die Geschäftsführer berechtigt sind, bei ihrem Handeln auf andere Interessen als von den Gesellschaftern mit der OHG/KG verfolgten Zwecke Rücksicht zu nehmen. Die für Kapitalgesellschaften überwiegend befürwortete Überlagerung des Gesellschafts- durch das *Unternehmensinteresse* unter Berücksichtigung auch der Interessen von Arbeitnehmern, Gläubigern und Öffentlichkeit[59] und die Art und Weise der insoweit gebotenen Interessenabwägung ist nicht rechtsformspezifischer Natur, sondern in erster Linie abhängig von der Größe und der gesamtwirtschaftlichen, insbes. sozialpolitischen Bedeutung des von der Gesellschaft betriebenen Unternehmens. Dementsprechend ist es auch den Geschäftsführern einer Personenhandelsgesellschaft nicht verwehrt, im Rahmen ihres unternehmerischen Ermessens auf die Interessen der Belegschaft oder der Gebietskörperschaften, in denen sie Niederlassungen unterhält, Rücksicht zu nehmen oder Zuwendungen für gemeinnützige Zwecke zu erbringen, sofern dabei der Verhältnismäßigkeitsgrundsatz gewahrt bleibt. Allerdings darf, soweit es um die typische, *personalistisch strukturierte OHG/KG* geht, die besondere Prägung der Gesellschaft durch die sie tragenden Personen nicht außer Acht gelassen werden; mit dieser Prägung wäre es schwer vereinbar, wenn Geschäftsführer Zuwendungen für solche gemeinnützigen oder sonstigen steuerbegünstigten Zwecke erbringen, die von anderen Gesellschaftern erkennbar nicht gebilligt werden.[60] 39

Zur **Umsetzung** dieser allgemein für das Geschäftsführerhandeln geltenden Maßstäbe auf den Einzelfall bedarf es der Berücksichtigung der Besonderheiten der jeweils in Frage stehenden Gesellschaft, der Größe, der Art und des Gegenstands des von ihr betriebenen Unternehmens sowie etwaiger Regelungen über die Ausübung der Geschäftsführung im 40

---

[55] Für ihre grundsätzliche Geltung in OHG/KG auch Schlegelberger/*Martens* Rn 29; wohl auch MünchKommHGB/*Rawert* Rn 56.

[56] Vgl. MünchKommAktG³/*Spindler* § 93 Rn 100; *Hüffer* AktG⁸ § 93 Rn 7; Kölner-Komm-AktG²/*Mertens* § 93 Rn 75.

[57] Dazu näher BGHZ 64, 325 (329 ff) = NJW 1975, 1412; *Spindler* und *Hüffer* (Fn 56); *Stimpel/Ulmer* FS Zöllner, 1998, S. 597.

[58] So zutr. Schlegelberger/*Martens* Rn 29; vgl. auch OLG Hamm NZG 2001, 73 (74) (zur GmbH & Co. KG; Informationsanspruch „der KG" auch gegenüber Geschäftsführer der Komplementär-GmbH).

[59] Vgl. dazu nur KölnerKomm-AktG²/*Mertens* § 76 Rn 16 ff; *Hüffer* AktG⁸ § 76 Rn 12 ff; Scholz/*U. H. Schneider* GmbHG¹⁰ § 43 Rn 64 ff.

[60] **AA** Schlegelberger/*Martens* Rn 15 unter Hinweis auf die unbeschränkte Gesellschafterhaftung in der OHG (relativierend dann freilich *ders.* Rn 16).

Gesellschaftsvertrag. Diese Umstände haben insbes. Einfluss auf die Reichweite und Ausfüllung des **unternehmerischen Ermessens** durch die Geschäftsführer bei Ausübung ihrer Leitungsfunktionen. Mit diesem Vorbehalt lassen sich die zunächst vom BGH im *ARAG-Garmenbeck-Urteil*[61] aufgestellten, jetzt in § 93 Abs. 1 S. 2 AktG[62] verankerten Grundsätze für das Vorstandshandeln in der AG auf die Geschäftsführer der OHG/KG übertragen.[63] Danach kommt ein zum Schadensersatz verpflichtender Sorgfaltsverstoß bei einer *unternehmerischen Entscheidung*[64] nicht schon dann in Betracht, wenn der Vorstand sich beim Eingehen geschäftlicher Risiken trotz sorgfältiger Tatsachenermittlung von Fehleinschätzungen hat leiten lassen oder wenn ihm das nötige Gespür für eine erfolgreiche Unternehmensführung fehlt. Eine Ersatzpflicht tritt vielmehr erst dann ein, wenn entweder die Entscheidungsgrundlagen nicht sorgfältig ermittelt worden sind oder die Bereitschaft, unternehmerische Risiken einzugehen, unverantwortlich überspannt worden ist oder die Entscheidung aus anderen Gründen von vornherein nicht im Unternehmenswohl lag, der Geschäftsführer namentlich nicht sachlich unbefangen gehandelt und dadurch seine Loyalitätspflicht verletzt hat. Pflichtwidrig ist auch die Überschreitung der Geschäftsführungsbefugnis, der Verstoß gegen das Wettbewerbsverbot des § 112, die Ausnutzung von Geschäftschancen der Gesellschaft im eigenen Interesse (Rn 46) sowie die sonstige Verletzung der gesellschaftsrechtlichen Treupflicht. In allen diesen Fällen steht von vornherein fest, dass die Handlung nicht im Gesellschaftsinteresse liegt, so dass die von § 93 Abs. 1 S. 2 AktG geschützte Ausübung des unternehmerischen Ermessens keine Rolle spielt. Vielmehr steht die Pflichtwidrigkeit der Maßnahme – für den Geschäftsführer erkennbar – jeweils von vornherein fest.[65]

41 In **zeitlicher Hinsicht** lassen sich beim Fehlen gesellschaftsvertraglicher Abreden keine vom Einzelfall unabhängigen, allgemeinen Anforderungen für die Geschäftsführungstätigkeit in OHG und KG formulieren. Die Tätigkeitspflicht der Geschäftsführer richtet sich auf die sachgerechte, am Gesellschaftszweck orientierte Wahrnehmung der Leitungsfunktionen, nicht notwendig aber darauf, der Gesellschaft ihre ganze Arbeitskraft zu widmen. So beschränkt sich das *Wettbewerbsverbot* des § 112 Abs. 1 darauf, Geschäfte im Handelszweig der Gesellschaft sowie die Übernahme der Stellung eines persönlich haftenden Gesellschafters in einer gleichartigen Handelsgesellschaft zu untersagen (§ 112 Rn 2, 14 ff). Der *Übernahme sonstiger Nebentätigkeiten* durch die Geschäftsführer steht es nicht entgegen.[66] Diese ist zulässig, wenn und solange dadurch die Erfüllung der Geschäftsführungspflicht als gesellschaftsvertragliche Hauptpflicht nicht beeinträchtigt wird. Für den Umfang dieser Pflicht kommt es beim Vorhandensein einer Mehrzahl von

---

[61] BGHZ 135, 244 (253) = NJW 1997, 1926.

[62] Dazu MünchKommAktG³/*Spindler* § 93 Rn 35 ff; Spindler/Stilz/*Fleischer* AktG § 93 Rn 55 ff; Großkommentar AktG⁴/*Hopt/Roth* § 93 Abs. 1 S. 2, 4 n.F.; *C. Schäfer* ZIP 2005, 1253.

[63] Ebenso etwa auch Ebenroth/Boujong/Joost/Strohn/*Mayen* Rn 32 und MünchKommHGB/*Rawert* Rn 56; i.E. auch Röhricht/Graf v. Westpahlen/*v. Gerkan/Haas* Rn 27; vgl. ferner (allgemeiner Grundsatz) *Fleischer* ZIP 2004, 685 (692) und GmbHR 2008, 673 (679); Ulmer/Habersack/Winter/*Paefgen* GmbHG§ 43 Rn 22, 52; Baumbach/Hueck/*Zöllner/Noack* GmbHG¹⁸ § 43 Rn 23 (insbes. zur GmbH); *Binz/Sorg* Die GmbH & Co. KG¹⁰ § 9 Rn 22 (zur GmbH & Co.); **aA** aber *Jungmann* FS K. Schmidt, 2009, 831 ff (846), der die BJR – zu eng – ausschließlich als ein Instrument des Anlegerschutzes deutet und deshalb nicht auf Verbände anwenden will, in denen Gesellschafter persönlich haften.

[64] Zur Abgrenzung unternehmerischer Entscheidungen von rechtlich gebundenen vgl. nur *Hüffer* AktG § 93 Rn 4 f; *Fleischer* ZIP 2004, 685 (690); *Ihrig* WM 2004, 2098 (2103); *C. Schäfer* ZIP 2005, 1253 (1255).

[65] Vgl nur *C. Schäfer* ZIP 2005, 1253 (1255 f).

[66] Vgl. MünchKommHGB/*Rawert* Rn 44.

Geschäftsführern auch auf die zwischen ihnen geltende Geschäftsverteilung an (vgl. dazu Rn 42 ff). Über diese Grenze hinaus steht es den Geschäftsführern trotz der daraus resultierenden Beeinträchtigung ihrer Leitungsfunktionen nach Ansicht des BGH auch frei, ein Abgeordnetenmandat zu übernehmen; das folge aus dem Vorrang des Art. 48 GG.[67] Zu den Folgen dieses oder sonstiger, von den Geschäftsführern nicht zu vertretender Verhinderungsgründe (Krankheit, Alter u.a.) für die ihnen zugesagte Vergütung vgl. Rn 49.

2. **Geschäftsverteilung.** Regelungen über eine Verteilung der Geschäfte beim Vorhandensein von zwei oder mehr Geschäftsführern sind im dispositiven OHG-Recht nicht vorgesehen. Das Gesetz geht, wie die Ausgestaltung des Widerspruchs- und des Zustimmungsrechts in §§ 115 Abs. 1, 116 Abs. 3, aber auch die Auslegung der vertraglichen Gesamtgeschäftsführungsbefugnis in § 115 Abs. 2 zeigen, von der **gemeinsamen Zuständigkeit** aller Geschäftsführer bei der Leitung der Gesellschaft aus. Dem entspricht die gesamtschuldnerische Haftung grundsätzlich aller Geschäftsführer für Schäden, die der OHG/KG durch sorgfaltswidriges Geschäftsführerhandeln zugefügt werden (Rn 50). 42

Abweichungen von der kollektiven Verantwortung aller Geschäftsführer sind auf zwei Ebenen möglich. Die erste Ebene bildet der **Gesellschaftsvertrag** oder die ihm gleichstehenden, grundsätzlich einstimmig zu fassenden Grundlagenbeschlüsse der Gesellschafter. Insoweit sind einer Aufteilung der Geschäftsführungsbefugnis mit Folgen nicht nur für das Mitspracherecht der anderen Geschäftsführer, sondern auch für die Schadensersatzhaftung bei sorgfaltswidrigem Handeln keine Schranken gesetzt; anderes gilt freilich nach § 126 Abs. 1 in Bezug auf die Vertretungsmacht. Wird einzelnen oder bestimmten Gesellschaftern durch Gesellschaftsvertrag oder -beschluss die *ausschließliche Kompetenz* für abgrenzbare Leitungsfunktionen, etwa unter Aufteilung nach dem Ressortprinzip oder nach bestimmten Geschäftsbereichen (Sparten) übertragen, so führt das im Zweifel nicht nur zur entsprechenden Eingrenzung des Widerspruchs- oder Zustimmungsrechts der Mitgeschäftsführer, sondern auch zur Beschränkung ihrer Verantwortung und Haftung entsprechend der Kompetenzaufteilung.[68] Eine zwingende Gesamtverantwortung entsprechend § 77 Abs. 1 AktG ist dem OHG-Recht unbekannt. 43

Die zweite Ebene betrifft Geschäftsverteilungsregeln, welche die **Geschäftsführer** untereinander vereinbaren. Solche Absprachen sind ebenfalls zulässig, soweit der Gesellschaftsvertrag dem nicht entgegensteht.[69] Sieht der Gesellschaftsvertrag eine *Einzelbefugnis* vor, so ermächtigt diese ohnehin jeden Geschäftsführer grundsätzlich zum Alleinhandeln. Sind zwei oder mehr Geschäftsführer vorhanden, so ist die Aufstellung einer Geschäftsordnung schon im Interesse sorgfältiger Geschäftsleitung und zur Vermeidung kollidierender Leitungsentscheidungen sogar geboten. Entsprechendes gilt im Fall mehrfacher, auf verschiedene Gruppen von Geschäftsführern aufgeteilter *Gesamtbefugnis*. Aber auch wenn die *Geschäftsführung allen Geschäftsführern gemeinschaftlich* übertragen ist, sind sie dadurch doch im Zweifel nicht gehindert, einzelne von ihnen mit der Wahrnehmung bestimmter Teilfunktionen zu betrauen.[70] Im Unterschied zur Aufteilung durch die Gesellschafter 44

---

67 BGHZ 43, 384 (387) = NJW 1965, 1958; dazu auch *Bettermann* BB 1967, 270; *Hueck* OHG § 10 IV 2, Fn 59a; MünchKommHGB/*Rawert* Rn 46; Baumbach/*Hopt* Rn 13; MünchKommBGB[5]/*Ulmer/C. Schäfer* § 709 Rn 31; krit. *Konzen* AcP 172 (1972), 317.

68 Vgl. nur *Westermann* Handbuch Rn I 283 f; MünchKommHGB/*Rawert* Rn 20, § 115 Rn 4, 7; Ebenroth/Boujong/Joost/Strohn/*Mayen* Rn 12, 30.

69 So auch *Westermann* Handbuch Rn I 281a, 284; MünchKommHGB/*Rawert* Rn 18; Ebenroth/Boujong/Joost/Strohn/*Mayen* Rn 30.

70 Vgl. schon 3. Aufl. Rn 19 (*Rob. Fischer*); Heymann/*Emmerich* § 115 Rn 17; MünchKommHGB/*Rawert* § 115 Rn 7.

(Rn 43) wird die **gemeinsame Verantwortung** durch derartige Absprachen auf Geschäftsführungsebene freilich nicht ausgeschlossen;[71] entsprechend bleibt es auch beim Widerspruchs- bzw. Zustimmungsrecht der Mitgeschäftsführer. Um der Fortgeltung dieser Rechte und Pflichten angemessen Rechnung zu tragen, müssen die Geschäftsführer sich in Verbindung mit der internen Geschäftsverteilung auf ein der jeweiligen Leitungsstruktur angemessenes *Informations- und Kontrollsystem* verständigen (vgl. § 115 Rn 15).

45 **3. Treupflicht.** Ein zentrales, unabhängig von der Einzelausgestaltung der Geschäftsführungsbefugnis geltendes und auch im Gesellschaftsvertrag nicht abdingbares Element der Geschäftsführerstellung bildet die ihrer Rechtsnatur als uneigennütziges Mitgliedschaftsrecht (Rn 17) entsprechende Treupflicht. Sie verpflichtet die Geschäftsführer, bei der Leitung der OHG/KG die eigenen Interessen zurückzustellen, soweit sie mit dem Interesse der Gesellschaft kollidieren, und ihre Geschäftsführertätigkeit ganz auf die Verfolgung des Gesellschaftszwecks zu konzentrieren.[72] Auf diesem Vorrang des Gesellschaftsinteresses beruht nicht nur das in § 112 geregelte Wettbewerbsverbot (vgl. § 112 Rn 3). Vielmehr kann sich daraus je nach Lage des Falles auch die Notwendigkeit ergeben, sonstige, nicht vom Verbot des § 112 erfasste Nebentätigkeiten zu unterlassen, auch wenn der damit verbundene Zeitaufwand ihrer Übernahme nicht entgegensteht (Rn 41), wenn nur auf diesem Wege eine Kollision mit dem Gesellschaftsinteresse vermieden werden kann. In die Privatsphäre der Geschäftsführer und den Bereich der privaten Lebensführung reicht die Treupflicht freilich nicht hinein (§ 105 Rn 238). Ihre Freizeitgestaltung bleibt ihnen vielmehr grundsätzlich auch dann zu freier Entscheidung überlassen, wenn sich damit erhöhte Risiken für ihre Gesundheit und die Gefahr entsprechender Rückwirkungen auf die Wahrnehmung ihrer Leitungsfunktionen verbinden sollten.

46 Eine besondere Ausprägung der Treupflicht bildet das **Verbot, Geschäftschancen** der Gesellschaft im eigenen Interesse **wahrzunehmen** (s. schon § 112 Rn 23). Es ist in Rechtsprechung[73] und Schrifttum[74] allgemein anerkannt. Mit Recht werden auch seine Besonderheiten gegenüber dem Wettbewerbsverbot des § 112 hervorgehoben, darunter seine

---

[71] BGHZ 34, 27 (30) = NJW 1961, 506 (für die GmbH); ebenso MünchKommHGB/*Rawert* § 115 Rn 7; Ebenroth/Boujong/Joost/Strohn/*Mayen* Rn 30, § 115 Rn 4; *Hueck* OHG § 10 II 2, S. 120 f sowie der Sache nach auch die in Fn 70 zitierten Autoren.

[72] Vgl. MünchKommHGB/*Rawert* Rn 43; Röhricht/Graf v. Westphalen/*v. Gerkan/Haas* Rn 24; Ebenroth/Boujong/Joost/Strohn/*Mayen* Rn 33; *Koller*/Roth/Morck Rn 7.

[73] Vgl. etwa BGH NJW 1986, 584 (585); NJW 1989, 2687 (2688); OLG Düsseldorf NJW-RR 1986, 1296; OLG Köln BB 2008, 800 (801 f) (m. Anm. *Krause* aaO 802 f); KG NZG 2001, 129; vgl. auch schon BGH NJW 1972, 1860 und WM 1971, 412 (413 f); OLG Düsseldorf WM 1972, 1180 (1182).

[74] Vgl. schon *Timm* GmbHR 1981, 177 ff und insbes. *Kübler* FS Werner, 1984, S. 437 ff; ferner *Kübler/Waltermann* ZGR 1991, 162 (173); *Merkt* ZHR 159 (1995), 423 ff (438 ff); *Paefgen* AG 1993, 457 ff; *Schiessl* GmbHR 1988, 53 ff; *Weisser* DB 1989, 2010 ff; *Fleischer* NZG 2003, 985 ff; *ders* WM 2003, 1045 (1054 ff); *Kort* ZIP 2008, 717 (719, 722); *Streck* GmbHR 2005, 1157 ff; *Haas/Holler* DStR 2001, 1042 (Anm. zu KG NZG 200, 129); MünchKommHGB/*Rawert* Rn 48; Ebenroth/Boujong/Joost/Strohn/*Mayen* Rn 33; Röhricht/Graf v. Westphalen/*v. Gerkan/Haas* Rn 24; *Koller*/Roth/Morck Rn 7; Heymann/*Emmerich* § 112 Rn 6a; Baumbach/*Hopt* Rn 13 und § 109 Rn 26; *K. Schmidt* Gesellschaftsrecht § 47 II 2b, S. 1377 f; *Wiedemann* GesR Bd. II § 4 II 4a aa, S. 342 f; einschränkend *Westermann* Handbuch Rn I 451 (neben dem Wettbewerbsverbot nach § 112 nur ausnahmsweise bedeutsam); zum GmbH-Recht eingehend auch Ulmer/Habersack/Winter/*Paefgen* GmbHG § 43 Rn 45 f; Scholz/*U. H. Schneider* GmbHG[10] § 43 Rn 201 ff mwN.

Unverzichtbarkeit abweichend von § 112 Abs. 2 und seine Geltung auch für Geschäfte außerhalb des Handelszweigs der Gesellschaft. Seine Besonderheit liegt darin, dass der Zugriff des Geschäftsführers auf eine Geschäftschance der Gesellschaft zum Zwecke ihrer persönlichen Wahrnehmung nicht nur seiner Pflicht zur uneigennützigen Tätigkeit widerspricht, sondern in aller Regel auch zu einem konkreten Schaden der Gesellschaft führt, so wenn der Geschäftsführer ein von der Gesellschaft zu Investitionszwecken benötigtes Grundstück für sich persönlich oder unter Einschaltung von Angehörigen erwirbt, um es der Gesellschaft sodann mit Gewinnaufschlag weiterzuveräußern oder zu vermieten.[75] An dieser Beurteilung ändert auch der Umstand nichts, dass die Gesellschaft nicht ohne weiteres über hinreichende liquide Mittel zur Wahrnehmung der Geschäftschance verfügt; vielmehr ist es in einem solchen Fall primäre Aufgabe des Geschäftsführers, sich für die Aufbringung der erforderlichen Mittel einzusetzen, um der Gesellschaft die Geschäftschance zu erhalten.[76] Zur Schadensersatzsanktion bei Verstoß gegen das Geschäftschancen-Verbot vgl. Rn 61.

IV. Vergütung

1. Überblick; Gewinnvoraus. Eine besondere Vergütung für die Geschäftsführertätigkeit ist im dispositiven Personengesellschaftsrecht nicht vorgesehen;[77] auch auf § 110 lässt sich ein Anspruch wegen der für die Geschäftsführung aufgewendeten Zeit oder Arbeitskraft nicht stützen (vgl. § 110 Rn 3). Entsprechend dem gesetzlichen Leitbild der OHG als Arbeits- und Haftungsgemeinschaft geht der Gesetzgeber vielmehr davon aus, dass die persönlich haftenden Gesellschafter zugleich als Geschäftsführer tätig sind und dass sie den finanziellen Ausgleich für diese Tätigkeit in ihrer jeweiligen *Gewinnbeteiligung* finden; darauf lassen auch die zwischen Komplementären und Kommanditisten unterscheidenden Gewinnverteilungs- und Entnahmeregelungen in §§ 121, 122 einerseits, §§ 168, 169 andererseits schließen. Dementsprechend enthalten die *Gesellschaftsverträge* zumindest in den Fällen, in denen nicht alle Gesellschafter an der Geschäftsführung beteiligt sind, typischerweise eine **Vergütungsregelung** für die Geschäftsführer; sie kann auch konkludent getroffen werden.[78] In der *Ausgestaltung* unterliegen die Gesellschafter vorbehaltlich des Gleichbehandlungsgrundsatzes bei Mehrheitsentscheidungen (§ 105 Rn 250 ff, 254) sowie des § 138 BGB keinen Schranken. Üblich ist die Aufteilung der Geschäftsführervergütung in einen periodisch anfallenden Festbetrag und eine gewinnabhängige Tantieme.[79] Ist die Vergütung auch der Höhe nach im Gesellschaftsvertrag **47**

---

75 BGH NJW 1986, 584 (585).

76 BGH NJW 1986, 584 (585).

77 EinhM, vgl. *Hueck* OHG § 15 II 1, S. 212; Schlegelberger/*Martens* Rn 22; MünchKommHGB/*Rawert* Rn 77; Ebenroth/Boujong/Joost/Strohn/*Mayen* Rn 48; Baumbach/*Hopt* § 110 Rn 19; aus der Rspr. vgl. insbes. BGHZ 44, 40 (41 f) = NJW 1965, 1960; 17, 299 (301) = NJW 1955, 1227; RGZ 170, 392 (396); zum Ganzen auch MünchKommBGB⁵/*Ulmer/C. Schäfer* § 709 Rn 32 ff.

78 Vgl. *Hueck* OHG § 15 II 1, S. 212; MünchKommHGB/*Rawert* Rn 79; Ebenroth/Boujong/Joost/Strohn/*Mayen* Rn 48; Baumbach/*Hopt* § 110 Rn 19; MünchKommBGB⁵/*Ulmer/C. Schäfer* § 709 Rn 32; ähnlich schon RGZ 170, 392 (396) („aus den Umständen"); zurückhaltend Röhricht/Graf v. Westphalen/*v. Gerkan/Haas* Rn 32.

79 Ausführlicher noch 3. Aufl. Rn 14 (*Rob. Fischer*); von alternativer Gestaltung ausgehend *Hueck* OHG § 17 II 3, S. 246; MünchKommHGB/*Rawert* Rn 80; *Wiedemann* Gesellschaftsrecht Bd. II § 4 II 4 a, S. 241; Ebenroth/Boujong/Joost/Strohn/*Mayen* Rn 50; Baumbach/*Hopt* § 110 Rn 19; Westermann/*Wertenbruch* Handbuch Rn I 371.

bereits abschließend bestimmt, bedarf es zur Auszahlung keines weiteren Gesellschafterbeschlusses mehr; die Entnahme ist dann einfache Geschäftsführungsmaßnahme.[80] Änderungen in der Beteiligung der Gesellschafter an der Geschäftsführung, die im Lauf der Jahre eintreten, ohne dass entsprechende Abreden über die Geschäftsführervergütung getroffen werden, können für das Vorliegen einer nach § 157 BGB zu schließenden Vertragslücke sprechen.[81] In Bezug auf vorhandene Abreden können sie auch einen auf Treupflicht zu stützenden Anspruch auf Vertragsanpassung wegen veränderter Geschäftsgrundlage (§ 313 BGB) begründen.[82] Entsprechendes gilt bei wesentlichen Änderungen von Kaufkraft, Gehaltsniveau oder Tätigkeitsumfang, wobei die Anpassung je nach Lage des Falles auch zu einer vorübergehenden oder dauernden Reduktion des Vergütungsanspruchs führen kann.[83] Die Entziehung der Geschäftsführungsbefugnis aus wichtigem Grund (§ 117) führt zum Wegfall des Vergütungsanspruchs des betroffenen Gesellschafters bzw. des ihm in sonstiger Weise hierfür eingeräumten Gewinnvoraus (vgl. § 117 Rn 81).[84] Zu den Rechtsfolgen einer sonstigen Verhinderung in der Geschäftsführung für den Vergütungsanspruch des Gesellschafters vgl. Rn 49.

48 Entsprechend seiner Rechtsgrundlage im Gesellschaftsvertrag ist die **Rechtsnatur** des Vergütungsanspruchs nicht als schuldrechtliches Entgelt (§§ 611 Abs. 1, 612 BGB) zu bestimmen, sondern als causa societatis gewährter *Gewinnvoraus*;[85] es gilt Entsprechendes wie für die Verneinung eines Anstellungsvertrags zwischen der Gesellschaft und ihren kraft Mitgliedschaft tätigen Geschäftsführern (Rn 20). Es spricht zudem nichts dafür, zivilrechtlich von der entsprechenden steuerrechtlichen Beurteilung abzuweichen.[86] Das

---

[80] BGH WM 2006, 436 (437).

[81] BGH WM 1977, 1140; *Flume* I/1 § 15 IV, S. 280 f; Baumbach/*Hopt* § 110 Rn 20.

[82] Vgl. BGH WM 1978, 1230 (1231) und WM 1974, 375 (376) sowie zuvor schon OLG Bremen NJW 1972, 1952 (bestätigt durch BGH NJW 1974, 1656). Zum Ganzen vgl. auch MünchKommHGB/*Rawert* Rn 82; Ebenroth/Boujong/Joost/Strohn/*Mayen* Rn 51 f; Röhricht/Graf v. Westphalen/*v. Gerkan/Haas* Rn 33 sowie § 105 Rn 242 mN, auch zur früher sehr restriktiven Rechtsprechung (BGHZ 44, 40 [41 f] = NJW 1965, 1960); stark zurückhaltend auch noch 3. Aufl. Rn 15 (*Rob.Fischer*); vgl. ferner OLG München NZG 2001, 793 (794) und NZG 2004, 125 (treupflichtbedingte Zustimmungspflicht zur Vergütungsregelung zugunsten eines phG nur, wenn Versagung zur Gefährdung von Bestand oder Funktionsfähigkeit der Gesellschaft führte). Allgemein dazu auch *Baier* NZG 2004, 356 ff; *Roth* FS Honsell, 2002, S. 575 (578 ff); MünchKommBGB⁵/*Roth* § 313 Rn 117 ff (§ 313 geht in der Lehre von der Treupflicht auf).

[83] So zutr. Schlegelberger/*Martens* Rn 26; ebenso auch MünchKommHGB/*Rawert* Rn 83 f; Ebenroth/Boujong/Joost/Strohn/*Mayen* Rn 51 und Röhricht/Graf v. Westphalen/*v. Gerkan/Haas* Rn 33.

[84] Vgl. *Rob. Fischer* NJW 1959, 1057 (1062); *Hueck* OHG § 10 VII 10, S. 156; MünchKommHGB/*Jickeli* § 117 Rn 75; Ebenroth/Boujong/Joost/Strohn/*Mayen* § 117 Rn 29; zum Wegfall wegen Änderung der Geschäftsgrundlage vgl. BGHZ 10, 44 (52 f) = NJW 1953, 1548.

[85] Vgl. MünchKommBGB[5]/*Ulmer/C. Schäfer* § 709 Rn 32 sowie BGHZ 44, 40 (41 f) = NJW 1965, 1960; 17, 299 (301) = NJW 1955, 1227; OLG Koblenz BB 1980, 855 (857); *Riegger* DB 1983, 1909 (1910); so im Grundsatz auch OLG Brandenburg DB 2007, 1130; Schlegelberger/*Martens* Rn 24; MünchKommHGB/*Rawert*[2] Rn 79; Ebenroth/Boujong/Joost/Strohn/*Mayen* Rn 48 f; Baumbach/*Hopt* Rn 19; *Priester* FS Korn, 2005, S. 377 (383 ff) und *Hueck* OHG § 15 II 1, S. 212; freilich mit dem (unzutr.) Zusatz, die Vergütungsregelung könne auch Bestandteil eines Dienstvertrags mit dem Geschäftsführer sein.

[86] Dazu, dass der Gesamtgewinn einer Mitunternehmerschaft nicht durch eine Geschäftsführervergütung gemindert werden kann, s. nur *Schmidt/Wacker* EStG, 28. Aufl. 2009, Rn 440; hierauf wird ausdrücklich auch von MünchKommHGB/*Rawert* Rn 79 hingewiesen.

lässt es geboten erscheinen, im Gesellschaftsvertrag oder durch grundsätzlich einstimmigen Gesellschafterbeschluss auch Regelungen darüber zu treffen, ob und inwieweit die Vergütung auch in Jahren mit negativem oder nur geringfügig positivem Ergebnis zu zahlen ist (§ 121 Rn 29). Fehlt es an einer solchen Regelung, so ist im Zweifel anzunehmen, dass die *feste Vergütung* gewinnunabhängig gewährt werden soll, d.h. im Verhältnis zwischen den Gesellschaftern als Betriebsausgabe zu behandeln ist.[87] Sie wirkt sich im Innenverhältnis dahin aus, dass auf die nicht an der Geschäftsführung beteiligten Mitgesellschafter rechnerisch ein höherer Verlustbetrag entfällt, als es ihrem Anteil am (negativen) Geschäftserfolg ohne Berücksichtigung der Vergütung entsprechen würde. Demgegenüber entsteht der Anspruch auf eine vereinbarte *Tantieme*, wenn sie nicht ausnahmsweise umsatzabhängig ausgestaltet ist, nur bei entsprechend positivem Geschäftsverlauf.[88] Eine entsprechende Differenzierung gilt auch für die Zusage einer – festen oder gewinnabhängigen – Altersversorgung sowie sonstiger Nebenbezüge.

2. Leistungsstörungen. Bei **Verhinderung** des Geschäftsführers an der Erfüllung seiner Geschäftsführungspflichten scheidet eine Anwendung der §§ 323 bis 327 BGB in Bezug auf den Vergütungsanspruch aus (vgl. allg. schon § 105 Rn 150). Ihr steht die Rechtsnatur dieses Anspruchs als vom schuldrechtlichen Entgelt klar zu unterscheidenden Gewinnvoraus entgegen. Stattdessen ist auch insoweit auf die Instrumente der – ggf. ergänzenden – Vertragsauslegung sowie ersatzweise der Änderung oder des Wegfalls der Geschäftsgrundlage abzustellen (Rn 47). Danach führt die *mittel- oder langfristige* **Verhinderung** eines Geschäftsführers, auch wenn sie von ihm nicht zu vertreten ist, im Zweifel zum Wegfall seines Vergütungsanspruchs für die Dauer der Verhinderung, da die Regelung über den Gewinnvoraus im Gesellschaftsvertrag oder durch Gesellschafterbeschluss regelmäßig als Äquivalent für die vom Geschäftsführer übernommenen Tätigkeitspflichten zu verstehen ist.[89] Anderes gilt bei nicht zu vertretender *vorübergehender, auf überschaubare Zeit begrenzter Verhinderung*, insbes. bei Urlaub oder vorübergehender Erkrankung ohne die Notwendigkeit für die übrigen Gesellschafter, eine mit zusätzlichem Aufwand verbundene Ersatzregelung für die Geschäftsführung zu treffen. In derartigen Fällen ist davon auszugehen, dass sich damit bei interessengerechter, der gesellschaftsvertraglichen Treupflicht Rechnung tragender Auslegung der Vergütungsregelung keine nachteiligen Folgen für betroffene Gesellschafter verbinden sollen.[90] Eines **49**

[87] Für Qualifizierung einer auch in Verlustjahren zu zahlenden Vergütung als gesellschaftsrechtlicher Ausgleichsanspruch analog §§ 713, 670 BGB, § 110 HGB: *Bork* AcP 184 (1984), 465 (478). Vgl. auch OLG Brandenburg DB 2007, 1130 (1131).

[88] Vgl. dazu § 121 Rn 26 f; ähnlich *Hueck* OHG § 17 II 3, S. 246; MünchKommHGB/*Rawert* Rn 80; Ebenroth/Boujong/Joost/Strohn/*Mayen* Rn 50.

[89] HM, vgl. BGHZ 10, 44 (53) = NJW 1953, 1548; Heymann/*Emmerich* § 110 Rn 26; Ebenroth/Boujong/Joost/Strohn/*Mayen* Rn 53; Röhricht/Graf v. Westphalen/*v. Gerkan/Haas* Rn 34; wohl auch MünchKommHGB/*Rawert* Rn 87 f.

[90] Ebenso Ebenroth/Boujong/Joost/Strohn/*Mayen* Rn 53; wohl auch Schlegelberger/*Martens* Rn 27 unter Differenzierung gegenüber den arbeitsrechtlichen Rechtsgrundsätzen über die Lohnfortzahlung; MünchKommHGB/*Rawert* Rn 88; ähnlich auch schon 3. Aufl. Rn 16 (*Rob. Fischer*); OLG Koblenz BB 1980, 855 (857) sowie – im Ansatz freilich zu eng – OLG München NZG 2001, 793 (794) (keine treupflichtbedingte Pflicht zur Vergütungsanpassung bei krankheitsbedingtem dauerhaften Ausfall – allerdings auf Basis einer Vertragsauslegung, wonach der Gewinnvoraus – allein? – das Haftungsrisiko ausgleichen sollte).

Rückgriffs auf § 616 BGB bedarf es hierfür nicht;[91] er wäre auch schwer vereinbar mit der Rechtsnatur der Vergütung als Gewinnvoraus. Soweit die Verhinderung durch einen *ersatzpflichtigen Dritten* verursacht ist, wird er nach den allgemein für die Vorteilsausgleichung im Schadensersatzrecht geltenden Grundsätze nicht dadurch von seiner Zahlungspflicht gegenüber dem Geschäftsführer befreit, dass diesem die Vergütung weiter zufließt.[92] Die Gesellschaft kann jedoch vom Geschäftsführer Abtretung seiner entsprechenden Ansprüche gegen den Dritten bei Weiterzahlung der Geschäftsführervergütung verlangen.[93]

VI. Haftung wegen Pflichtverletzung

50 **1. Grundlagen.** Gesellschafter, die ihre Geschäftsführungspflichten durch sorgfaltswidrige Tätigkeit als Geschäftsführer oder durch Kompetenzverstöße verletzen und dadurch einen Schaden der Gesellschaft verursachen, haften der **Gesellschaft** nach den Grundsätzen einer *positiven Vertragsverletzung des Gesellschaftsvertrags* (§ 280 BGB);[94] das gilt auch bei Verstoß gegen die mit der Geschäftsführerstellung verbundene Treupflicht (Rn 60). Sind zwei oder mehr Geschäftsführer an der Pflichtverletzung beteiligt, haften sie beim jeweiligen Vorliegen auch der subjektiven Haftungsvoraussetzungen (Rn 62) als Gesamtschuldner (§ 427 BGB); der Ausgleich im Innenverhältnis bestimmt sich nach § 426 BGB. Den **Mitgesellschaftern** gegenüber kommt eine Haftung nur insoweit in Betracht, als diese durch den Verstoß der Geschäftsführer gegen die Sorgfalts- oder Treupflicht einen über die Schädigung der Gesellschaft hinausgehenden, *persönlichen Schaden* erlitten haben.[95] Im Übrigen sind die Mitgesellschafter nicht gehindert, nach den für die *actio pro socio* geltenden Grundsätzen (§ 105 Rn 256 ff) den Schaden der Gesellschaft im eigenen Namen geltend zu machen und hierzu Klage auf Leistung an die Gesellschaft zu erheben, es sei denn, dass die Gesellschaftermehrheit wirksam auf den Anspruch verzichtet oder den sorgfaltswidrig handelnden Gesellschaftern in Kenntnis des Verstoßes Entlastung erteilt hat (Rn 65, 71). Soweit es um die Ursache und den Umfang des *Schadens* geht, richtet sich beides nach den allgemeinen Vorschriften der §§ 249 ff

[91] So auch OLG Koblenz BB 1980, 855 (857); Schlegelberger/*Martens* Rn 27; MünchKommBGB[5]/*Ulmer/C. Schäfer* § 709 Rn 34; **aA** BGH NJW 1963, 1051 (1052) und WM 1964, 1271 (1272); *Ganssmüller* NJW 1965, 1948 (1949); Soergel/*Hadding* BGB[11] § 713 Rn 14; differenzierend MünchKommHGB/*Rawert* Rn 87 und Ebenroth/Boujong/Joost/Strohn/*Mayen* Rn 53 (Anwendbarkeit des § 616 BGB bei dienstvertraglich begründetem Anspruch).

[92] Dazu auch MünchKommBGB[5]/*Ulmer/C. Schäfer* § 709 Rn 35; ferner Schlegelberger/*Martens* Rn 28; MünchKommHGB/*Rawert* Rn 89; Ebenroth/Boujong/Joost/Strohn/*Mayen* Rn 54; *v. Gerkan* in Röhricht/Graf v. Westphalen Rn 24; MünchKommBGB[5]/*Oetker* § 249 Rn 251.

[93] So auch Heymann/*Emmerich* § 110 Rn 11; MünchKommHGB/*Rawert* Rn 89; Ebenroth/Boujong/Joost/Strohn/*Mayen* Rn 54; MünchKommBGB[5]/*Ulmer/C. Schäfer* § 709 Rn 35 für den Schadensersatzanspruch eines GmbH-Geschäftsführers auch BGH NJW 1970, 95 (96); zum Eingreifen von § 255 BGB als Rechtsgrundlage für das Abtretungsverlangen vgl. BGHZ 107, 325 (329) = NJW 1989, 2062; 21, 112 (119) = NJW 1956, 1473; Palandt/*Heinrichs* BGB[67] Vor § 249 Rn 136 und § 255 Rn 3.

[94] Vgl. nur *Hueck* OHG § 10 VI 1, S. 139 f; Heymann/*Emmerich* Rn 17; der Sache nach auch Schlegelberger/*Martens* Rn 29; MünchKommHGB/*Rawert* Rn 56; *Koller*/Roth/Morck Rn 7.

[95] EinhM, vgl. nur MünchKommHGB/*Rawert* Rn 66; MünchHdbGesR I/*v. Ditfurth*[2] § 53 Rn 31.

BGB. Danach müssen zwischen der Pflichtverletzung und dem Schaden der Gesellschaft die Voraussetzungen haftungsausfüllender Kausalität vorliegen. Für die Berücksichtigung alternativer Kausalverläufe, insbes. des Einwands pflichtgemäßen Alternativverhaltens, ist regelmäßig kein Raum.[96] Anderes kommt dann in Betracht, wenn die den Schadensersatz anordnende Norm nur eine bestimmte Verletzungsart, nicht aber den Verletzungserfolg als solchen verhindern will.[97] Ob sich der Geschäftsführer im Einzelfall auf einen solchen hypothetischen Kausalverlauf in Form des rechtmäßigen Alternativverhaltens berufen kann, lässt sich bei der positiven Vertragsverletzung als schadensbegründender Norm nicht pauschal beantworten, sondern muss für jeden Einzelfall anhand der verletzten Vertragspflicht gesondert geprüft werden.

Die Haftung greift nicht nur bei eigener Beteiligung des Geschäftsführers an der schädigenden Handlung ein, sondern kommt je nach Geschäftsverteilung auch bei **Nichtverhinderung** pflichtwidrigen Handelns von Mitgeschäftsführern in Betracht, insbes. wegen pflichtwidriger Unterlassung eines Widerspruchs.[98] Anderes gilt im Fall einer Geschäftsverteilung im Gesellschaftsvertrag oder durch Gesellschafterbeschluss, die die Kompetenz des Geschäftsführers auf einen bestimmten Geschäftsbereich begrenzt (Rn 43), wenn der Verstoß sich außerhalb dieses Bereichs ereignet. Dagegen lässt die zwischen den Geschäftsführern getroffene Geschäftsverteilung (Rn 44) die Möglichkeit eines Überwachungsverschuldens unberührt. Die **Zustimmung der Mitgesellschafter** schließt das Vorliegen eines Sorgfaltsverstoßes grundsätzlich aus, wenn sie in voller Kenntnis des Schadensrisikos oder der sonstigen für die Pflichtwidrigkeit sprechenden Umstände erteilt wurde.[99] Ein Vorbehalt gilt zwar im Fall rechtswidriger, gegen gesetzliche Verbote verstoßender Geschäftsführungsmaßnahmen, da diese nicht zur Disposition der Gesellschafter stehen. Je nach Lage des Falles kann die gleichwohl erteilte Zustimmung jedoch entweder als vorweggenommene Entlastung (Rn 68) verstanden werden oder die Mitgesellschafter nach den Grundsätzen eines venire contra factum proprium daran hindern, den Sozialanspruch der OHG/KG gegen den betroffenen Geschäftsführer geltend zu machen. 51

Für sorgfaltswidriges, zum Schadensersatz verpflichtendes Verhalten von **gesetzlichen oder organschaftlichen Vertretern** (Rn 31 f) haften die Vertretenen nach Maßgabe von § 278 BGB. Eine persönliche Haftung des Vertreters gegenüber der OHG/KG kommt außer bei deliktischem Handelns nur dann in Betracht, wenn entweder der Vertreter einen unmittelbaren, ihn zum Tätigwerden für die OHG/KG verpflichtenden Anstellungsvertrag mit dieser geschlossen hat[100] oder wenn sein Rechtsverhältnis zum Vertretenen als *Vertrag mit Schutzwirkung für die OHG/KG*[101] zu beurteilen ist. Das ist im Fall von Geschäftsführern einer Komplementär-GmbH regelmäßig anzunehmen,[102] während 52

---

[96] Vgl. auch Röhricht/Graf v. Westphalen/*v. Gerkan/Haas* Rn 28; Ebenroth/Boujong/Joost/Strohn/*Mayen* Rn 40 (unter unzutreffender Berufung auf BGH WM 1988, 968 [970]).

[97] Vgl. näher *Staudinger/Schiemann* BGB (2005) § 249 Rn 105; MünchKommBGB[5]/*Oetker* § 249 Rn 215.

[98] Ebenso *Hueck* OHG § 10 VI 1, S. 140; MünchKommHGB/*Rawert* Rn 50; Baumbach/*Hopt* § 115 Rn 2.

[99] MünchKommHGB/*Rawert* Rn 58; Ebenroth/Boujong/Joost/Strohn/*Mayen* Rn 38; MünchHdbGesR I/*v. Ditfurth*[2] § 53 Rn 32.

[100] Vgl. den Fall BGH NJW 1995, 1158.

[101] Allg. zum Vertrag mit Schutzwirkung für Dritte vgl. MünchKommBGB[5]/*Gottwald* § 328 Rn 106 ff; Palandt/*Heinrichs* BGB[67] § 328 Rn 13 ff.

[102] Std. Rspr. vgl. BGH WM 2002, 1128 (1129) = NJW-RR 2002, 965 (966); BGHZ 100, 190 (193) = NJW 1987, 2008; 76, 326 (327 f) = NJW 1980, 1524; 75, 321 (322 ff) = NJW 1980, 589 (Publ.-KG); BGH WM 1992, 691 (692 f); so auch Voraufl. § 164

es beim gesetzlichen Vertreter eines nicht voll geschäftsfähigen, zur Geschäftsführung verpflichteten Gesellschafters (Rn 32) an Ansatzpunkten für eine unmittelbare Haftung gegenüber der Gesellschaft meist fehlen wird.[103] Beauftragt ein Geschäftsführer einen **Dritten** mit der Wahrnehmung von Funktionen, die zum Kreis der höchstpersönlichen Geschäftsführungstätigkeiten (Rn 35) gehören, so haftet er für dessen pflichtwidriges Verhalten nach § 278 BGB persönlich.[104] Anderes gilt, wenn ihm im Gesellschaftsvertrag oder durch Gesellschafterbeschluss die Einschaltung des Dritten gestattet ist (dann nur Haftung nach § 664 Abs. 1 S. 2 BGB, vgl. Rn 36) oder wenn er Dritte für nachgeordnete Tätigkeiten heranzieht; insoweit besteht regelmäßig ein Dienstverhältnis zwischen der Gesellschaft und dem Dritten, aus dem dieser nach allgemeinen Grundsätzen unmittelbar gegenüber der Gesellschaft verpflichtet wird (Rn 35).[105]

53 Als **sonstige Rechtsfolge** kommt bei schwerwiegenden Pflichtverstößen die Entziehung der Geschäftsführungsbefugnis (§ 117) oder – als ultima ratio – der Ausschluss des betroffenen Gesellschafters aus der Gesellschaft (§ 140) in Betracht. Zu den besonderen Rechtsfolgen beim Verstoß gegen das Wettbewerbsverbot des § 112, darunter das Wahlrecht der Gesellschaft zwischen Schadensersatzanspruch und Eintrittsrecht, die Notwendigkeit eines Beschlusses der übrigen Gesellschafter zur Ausübung des Wahlrechts sowie die kurze Verjährungsfrist, vgl. § 113 Rn 9 ff, 27 ff.

54 **2. Haftungstatbestände.** Die Haftung aus § 280 BGB wegen Verletzung des Gesellschaftsvertrags (Rn 50) umfasst in den Grenzen des § 708 BGB grundsätzlich alle Arten vertragswidrigen, einen Schaden der Gesellschaft verursachenden Verhaltens der Gesellschafter. Im Hinblick auf *Pflichtverstöße von Geschäftsführern* bietet sich eine Grobeinteilung nach Art der Verstöße in der Weise an, dass zwischen sorgfaltswidriger Geschäftsführung, Überschreitung der Geschäftsführungsbefugnisse und sonstigen (insbes. Treupflicht-)Verstößen unterschieden wird. Für diese Untergliederung spricht, dass für die Feststellung der objektiven Voraussetzungen eines Pflichtverstoßes *unterschiedliche Maßstäbe* gelten (vgl. Rn 55 ff); sie schließt fließende Übergänge oder das gleichzeitige Vorliegen der Voraussetzungen von zwei oder mehr Arten von Verstößen nicht aus.

55 **a) Sorgfaltswidrige Geschäftsführung.** Wie schon dargelegt (Rn 37 ff), ist mit Rücksicht auf das **unternehmerische Ermessen** jedes Geschäftsleiters Zurückhaltung bei der Bejahung eines Sorgfaltsverstoßes in Ausübung der Geschäftsführungsbefugnisse geboten. Der Umstand, dass sich bestimmte Geschäftsvorfälle ex post als nachteilig für die Gesellschaft erweisen oder dass der Geschäftsführer die – später eingetretenen – Risiken eines Geschäfts unzutreffend eingeschätzt hat, begründet bei *unternehmerischen Ent-*

Rn 16 (*Schilling*); Ulmer/Habersack/Winter/*Paefgen* GmbHG § 43 Rn 168 f; *K. Schmidt* Gesellschaftsrecht § 56 IV 3b, S. 1649 f.

[103] Sie folgt nicht schon aus der Vermögensbetreuungspflicht des gesetzlichen Vertreters, sondern kann sich nur aus einem besonderen Rechtsverhältnis zwischen ihm und der Gesellschaft ergeben (vgl. dazu Rn 32).

[104] Vgl. BGHZ 13, 61 (66) = NJW 1954, 1158; *Hueck* OHG § 10 V 2, S. 137 f; *K. Schmidt* Gesellschaftsrecht § 59 III 2 d, S. 1747; nicht eindeutig Schlegelberger/*Martens* Rn 12, 33; **aA** MünchKommHGB/*Rawert* Rn 40 (§ 278 BGB nicht anwendbar); Baumbach/*Hopt* Rn 11 (Haftung nur für eigenes Verschulden); wohl auch Ebenroth/Boujong/Joost/Strohn/*Mayen* Rn 29 (Hilfspersonen regelmäßig weder Vertreter noch Erfüllungsgehilfe des Geschäftsführers; ohne jedoch zwischen Geschäftsführer- und nachgeordneter Tätigkeit zu unterscheiden).

[105] Vgl. auch MünchKommBGB[5]/*Ulmer*/*C. Schäfer* § 708 Rn 17; MünchKommHGB/*Rawert* Rn 41.

scheidungen per se noch keine Pflichtwidrigkeit. Anderes gilt dann, wenn der Geschäftsführer sich entweder nicht um sorgfältige Ermittlung der Entscheidungsgrundlagen bemüht oder nicht zum Wohle der Gesellschaft handelt, sei es, weil er seine Entscheidung nicht unbefangen trifft, also nicht ausschließlich am Gesellschaftsinteresse ausrichtet, sei es, weil er ein im Verhältnis zum Geschäftsumfang der Gesellschaft und ihren Ertragsaussichten übermäßiges Risiko in Kauf genommen und dieses sich sodann realisiert hat (oben Rn 40). Es gelten im Ansatz vergleichbare Maßstäbe, wie sie zu §§ 93 Abs. 1 AktG, 43 Abs. 1 GmbHG entwickelt worden sind,[106] wobei für die Beurteilung auch die Größe und Kapitalkraft des Unternehmens sowie die Art der Gesellschaft und des von den Gesellschaftern mit ihr verfolgten Zwecks zu berücksichtigen ist. Dem Umstand, dass der Geschäftsführer – als „Mitunternehmer" – gewissermaßen im eigenen Bereich tätig wird, ist nicht bei der Feststellung des objektiven Sorgfaltsverstoßes, wohl aber im Rahmen des Verschuldensmaßstabs (§ 708 BGB) Rechnung zu tragen.

Für den in Rn 55 aufgezeigten, grundsätzlich großzügig zu bemessenden Spielraum unternehmerischen Ermessens ist kein Raum, soweit das Geschäftsführerhandeln einen **Verstoß gegen geltendes Recht** darstellt oder in sonstiger Weise eindeutigen Verboten zuwiderläuft. Da nicht nur der Einzelkaufmann, sondern auch die Handelsgesellschaft bei ihrer Tätigkeit verpflichtet ist, Gesetz und Recht zu achten, scheidet eine Berufung auf unternehmerisches Ermessen insoweit aus. Zu denken ist an die Missachtung von Ausfuhrverboten oder an das Eingehen und die Praktizierung verbotener Kartellabsprachen, an Verstöße gegen Umweltrecht oder an pflichtwidriges Verhalten bei der Erfüllung von Verträgen der Gesellschaft mit Dritten, soweit der Gesellschaft daraus ein Schaden entsteht. Ebenfalls in diese Fallgruppe gehört die *Verletzung der Verschwiegenheitspflicht* der Geschäftsführer (Rn 60), wenn sie sich mit einer Schädigung der Gesellschaft verbindet. 56

b) Überschreiten der Geschäftsführungsbefugnis. Eine zweite Kategorie objektiv pflichtwidrigen, zum Ersatz des der Gesellschaft daraus entstandenen Schadens bei Verschulden verpflichtenden Handelns bildet das Überschreiten der Geschäftsführungsbefugnis, des „rechtlichen Dürfens" (Rn 12), bei Leitung der Gesellschaft. Es kommt nicht nur bei der Vornahme außergewöhnlicher Geschäfte ohne die nach § 116 Abs. 2 erforderliche Zustimmung der Mitgesellschafter in Betracht, sondern auch beim Handeln trotz fehlender Zustimmung der Mitgeschäftsführer nach §§ 115 Abs. 2, 116 Abs. 3, beim sich Hinwegsetzen über einen seinerseits nicht missbräuchlichen Widerspruch eines Mitgeschäftsführers oder bei der sonstigen Verletzung von wirksamen, auf Gesellschaftsvertrag oder Gesellschafterbeschluss beruhenden Schranken für die Geschäftsführung. Schließlich fallen hierunter auch Tätigkeiten, die entweder den Gesellschaftszweck als objektive Schranke jedes Geschäftsführerhandeln überschreiten oder den sämtlichen Gesellschaftern vorbehaltenen Grundlagenbereich (Rn 15 f) betreffen. 57

Die **rechtliche Beurteilung** der Folgen eines Überschreitens der Geschäftsführungsbefugnis werden nach wie vor nicht einheitlich beurteilt. Das *Reichsgericht* war zunächst davon ausgegangen, dass den kompetenzwidrig handelnden Gesellschafter eine verschuldensunabhängige Risikohaftung treffe, da das Geschäft im Verhältnis zur Gesellschaft nicht für deren Rechnung, sondern allein für Rechnung des handelnden Gesellschafters 58

[106] Vgl. MünchKommHGB/*Rawert* Rn 56; Ebenroth/Boujong/Joost/Strohn/*Mayen* Rn 32; Röhricht/Graf v. Westphalen/*v. Gerkan/Haas* Rn 27; *Wiedemann* Gesellschaftsrecht Bd. II § 4 II 4 b aa, S. 342; weitere Nachw. in Rn 40.

eingegangen gelte.[107] Eine derart weitgehende Haftung, wonach es weder auf ein Übernahme- noch auf ein Ausführungsverschulden, sondern nur darauf ankommt, ob das Geschäft objektiv unbefugt war, gilt heute zu Recht als überholt. In einer späteren Entscheidung stützte das Reichsgericht die Haftung für kompetenzwidrige Geschäfte dann auf die Regelungen über die *Geschäftsführung ohne Auftrag* und zog für das nach § 678 BGB erforderliche Ausführungsverschulden den Haftungsmaßstab des § 276 BGB anstelle des regelmäßig milderen § 708 BGB heran.[108] Diese Rechtsprechung wurde von *A. Hueck,*[109] dem sich viele zunächst anschlossen,[110] dahin fortentwickelt, dass der Geschäftsführer der strikten Haftung des § 678 BGB nur dann unterliegt, wenn er den Kompetenzverstoß kannte oder unter Verletzung der eigenüblichen Sorgfalt fahrlässig nicht erkannte. Ansonsten sollte der Geschäftsführer nur dann haften, wenn ihm bei der Ausführung des objektiv betrachtet kompetenzwidrigen Geschäfts ein Ausführungsverschulden zur Last fiel, wobei der Sorgfaltsmaßstab wiederum § 708 BGB zu entnehmen war. Demgegenüber hat der *Bundesgerichtshof*[111] in Anschluss an *Rob. Fischer*[112] den Ansatz des Reichsgerichts verworfen, dies entspricht der heute hM[113]. Ansprüche aus kompetenzwidrigen Geschäftsführungsmaßnahmen stützt der BGH vielmehr auf eine Verletzung des Gesellschaftsvertrages durch Überschreiten der Geschäftsführungsbefugnis. Ein sachlicher Unterschied zwischen der Auffassung des BGH und der von *A. Hueck* fortentwickelten GoA-Lösung war damit allerdings zunächst regelmäßig nicht verbunden,[114] weil auch nach Ansicht des BGH ein nach § 708 BGB zu bestimmendes Übernahmeverschulden ein weiteres Ausführungsverschulden entbehrlich macht.[115] Ist dem Geschäftsführer kein Übernahmeverschulden vorzuwerfen, so hat es, ebenso wie nach der Gegenansicht sein Bewenden mit dem allgemeinen Grundsatz, dass eine Haftung nur beim Vorliegen eines nach § 708 BGB zu bestimmenden Ausführungsverschuldens in Betracht kommt. Neuerdings scheint der BGH von dieser Linie allerdings abweichen zu wollen, ohne dies freilich offen zu legen oder gar zu begründen.[116] In einem jüngeren Urteil entschied er, dass ein erwiesener Kompetenzverstoß noch nicht per se zu einem Schadensersatzanspruch führe, dem Geschäftsführer vielmehr der Gegenbeweis eröffnet sei, dass die kompetenzwidrige Maßnahme *nicht kausal* für einen etwa entstandenen

---

[107] RG LZ 1914, 580; RGZ 109, 56 (61); RG JW 1930, 705 m. Anm. *Flechtheim*; eingehende Analyse der reichsgerichtlichen Rspr. bei *Häuser* FS Kraft, 1998, S. 147 (148 ff).

[108] RGZ 158, 302 (312 f).

[109] *Hueck* OHG § 10 VI 5, S. 142–144.

[110] So noch MünchKommBGB³/*Ulmer* § 708 Rn 10; Soergel/*Hadding* BGB¹¹ § 708 Rn 5; Staudinger/*Kessler* BGB¹² (1980) § 708 Rn 10; *Müller-Graff* AcP 191 (1991), 475 (487); neuerdings wieder Baumbach/*Hopt* Rn 15; MünchHdbGesR I/*v. Ditfurth*² § 53 Rn 29; wohl auch *Westermann* Handbuch Rn I 269.

[111] BGH WM 1988, 968 (970); NJW 1997, 314; zum GmbH-Recht auch BGH WM 1989, 1335 (1338 f).

[112] 3. Aufl. § 116 Rn 29 (*Rob. Fischer*).

[113] *Häuser* (Fn 107) S. 163 ff; Röhricht/Graf v. Westphalen/*v. Gerkan/Haas* Rn 22; Schlegelberger/*Martens* Rn 37; Heymann/*Emmerich* Rn 20; Ebenroth/Boujong/Joost/Strohn/*Mayen* Rn 36; MünchKommBGB⁵/*Ulmer/C. Schäfer* § 708 Rn 11; MünchKommHGB/*Rawert* Rn 63; *Wiedemann* Gesellschaftsrecht Bd. II § 4 II 4 c aa, S. 344 f; wohl auch Soergel/*Hadding* BGB¹² § 708 Rn 5.

[114] *Häuser (*Fn 107) S. 165; MünchKommBGB⁵/*Ulmer/C. Schäfer* § 708 Rn 10; zu verbleibenden Unterschieden vgl. sogleich im Text.

[115] So ausdrücklich BGH NJW 1997, 314.

[116] BGH DStR 2008, 1599 (1600 Rn 8) unter Berufung auf BGH NJW 1997, 314 (?) und Ebenroth/Boujong/Joost/Strohn/*Mayen* Rn 40 f; deutlich dann allerdings die Anm. *Goette* (freilich ebenfalls ohne Begründung).

Schaden gewesen sei.[117] Sollte dies bedeuten, dass aus dem Kompetenzverstoß nurmehr eine tatsächliche Vermutung für die – letztlich anders zu begründende – Pflichtwidrigkeit der Maßnahme abzuleiten ist,[118] wäre dem jedenfalls nicht zu folgen (Rn 59).

Stellungnahme. Der Begründungsansatz des BGH ist vorzugswürdig, weil die Pflicht zur Prüfung der Geschäftsführungsbefugnis vor Abschluss eines Geschäfts unmittelbar aus dem Gesellschaftsvertrag folgt. Für Ansprüche aus GoA ist allgemein kein Raum, wenn die Geschäftsführung ihre Grundlage in einer vertraglichen Beziehung findet. Dass sich das Übernahmeverschulden nach § 708 BGB bestimmt, ist nach beiden Auffassungen zu Recht anerkannt. Der Verzicht auf ein Ausführungsverschulden beim Vorliegen eines Übernahmeverschuldens folgt aus dem Zweck der Kompetenzvorschrift: er soll nicht nur einen eventuellen Schaden bei der Ausführung, sondern auch schon das als gefährlich erachtete Geschäft als solches verhindern. Deshalb ist in diesen Fällen regelmäßig auch kein Raum für den sog. Einwand des pflichtgemäßen Alternativverhaltens (vgl. dazu bereits Rn 50).[119] Demgemäß ist auch die jüngst vom BGH vorgenommene Relativierung des Übernahmeverschuldens im Sinne einer bloßen Vermutung der Pflichtverletzung abzulehnen (Rn 58 aE). Soweit die kompetenzwidrige Geschäftsführungsmaßnahme dem mutmaßlichen oder tatsächlichen Willen der nicht zu erreichenden Mitgesellschafter entsprach, was mangels Anwendbarkeit des § 678 BGB bei einem Schadensersatzanspruch aus § 280 BGB nicht berücksichtigt werden kann, lässt sich einer zu weitgehenden Haftungsfolge mittels eines Notgeschäftsführungsrechts (vgl. Rn 33 f) Rechnung tragen. 59

c) **Verstoß gegen Loyalitätspflichten.** In diese dritte Kategorie fallen **treuwidrige Handlungen** von Geschäftsführern, die – als Treupflichtverstöße – grundsätzlich auch den von der Geschäftsführung ausgeschlossenen Gesellschaftern verwehrt sind. Wegen der Nähe der *Geschäftsführer* zur Gesellschaft treten sie bei diesen jedoch vorrangig auf oder können sich für die Gesellschaft als besonders gefährlich erweisen. Dazu gehören einerseits der Verstoß gegen das alle persönlich haftende Gesellschafter treffende, mit den besonderen Rechtsfolgen des § 113 ausgestattete *Wettbewerbsverbot* des § 112 sowie die Verletzung der zwar vorrangig die Geschäftsführer treffenden (Rn 38), mit Rücksicht auf das Kontrollrecht des § 118 aber auch auf die übrigen Gesellschafter auszudehnenden *Verschwiegenheitspflicht*. Andererseits und vor allem geht es um das aus der Treupflicht folgende **Verbot der Ausnutzung von Geschäftschancen** der Gesellschaft im eigenen Interesse (Rn 46). Seine Verletzung liegt bei Geschäftsführern wegen des aus ihrer Tätigkeit resultierenden Informationsvorsprungs besonders nahe; sie kommt wegen des Kontrollrechts der übrigen Gesellschafter aber auch durch diese in Betracht (§ 118 Rn 17 f). 60

Welche **Rechtsfolgen** sich für Geschäftsführer mit dem Verstoß gegen das Verbot der *Ausnutzung von Geschäftschancen* verbinden, kann heute als geklärt gelten. Wegen der inhaltlichen Nähe zum Wettbewerbsverbot des § 112 liegt es nahe, auch hinsichtlich der Rechtsfolgen auf die für das Wettbewerbsverbot geltende Sondervorschrift des § 113 Abs. 1 abzustellen, d.h. der Gesellschaft zwar anstelle des Schadensersatzanspruchs wahlweise auch ein Eintrittsrecht einzuräumen (vgl. schon § 112 Rn 23). Auch der Bundesgerichtshof nimmt im Ergebnis ein solches Eintrittsrecht an, begründet es allerdings mit 61

117 Ähnlich auch BGH NJW 2007, 917 (918 Rn 10 ff) zur kompetenzwidrigen Gehaltszahlung an *und* durch Gesellschafter-Geschäftsführer (zu § 43 Nr. 5 GmbHG).

118 In diese Richtung die Anmerkung von *Goette* DStR 2008, 1600.

119 So aber Schlegelberger/*Martens* Rn 37; ähnlich auch MünchKommHGB/*Rawert* Rn 64; Ebenroth/Boujong/Joost/Strohn/*Mayen* Rn 40; tendenziell jetzt auch BGH DStR 2008, 1599 mit Anm. *Goette* (vgl. Rn 58 aE)

Schadensersatzwägungen.[120] In der Tat ist es jedenfalls nicht veranlasst, die Geltendmachung dieser Rechte an einen Gesellschafterbeschluss nach § 113 Abs. 2 zu binden und sie der ungewöhnlich kurzen Verjährungsfrist des § 113 Abs. 3 zu unterstellen.[121] Denn gegen eine solche Analogie spricht schon der mit der eigenen Wahrnehmung von Geschäftschancen der Gesellschaft regelmäßig verbundene klare Verstoß gegen die gesellschaftsvertragliche Treupflicht.[122] Auch bedarf es keiner Analogie zu § 113 Abs. 1, weil sich eine Gewinnherausgabepflicht auch mit schadensersatzrechtlichen Erwägungen begründen lässt. Denn wenn der Geschäftsführer seiner Gesellschaft eine Geschäftschance dadurch entzieht, dass er das entsprechende Geschäft im eigenen Namen oder unter Zwischenschaltung eines Strohmanns abschließt, umfasst der Schadensersatzanspruch der Gesellschaft im Rahmen der Naturalrestitution (§ 249 S. 1 BGB) auch die Herausgabe des der Gesellschaft dadurch entgangenen Gegenstands.[123] Zum damit konkurrierenden Anspruch aus §§ 713, 667 BGB vgl. Rn 66.

62 **3. Sorgfaltsmaßstab.** Die in **§ 708 BGB** bei Vertragsverletzungen vorgesehene Beschränkung des Vertretenmüssens auf die **Sorgfalt in eigenen Angelegenheiten** gilt nach §§ 105 Abs. 3, 161 Abs. 2 auch für die Geschäftsführer einer Personen*handels*gesellschaft. Sie beruht auf der engen Verbundenheit der Gesellschafter einer typischen Personengesellschaft und auf dem zwischen ihnen bestehenden besonderen Vertrauensverhältnis.[124] Diese Gesichtspunkte greifen auch ein, soweit es um die Geschäftsführung für die ein Handelsgewerbe betreibende, personalistisch strukturierte OHG oder KG geht. Der vom BGH[125] für den Fall der Teilnahme der Gesellschafter am *Straßenverkehr* gemachte Vorbehalt lässt sich, auch wenn man ihm trotz der dagegen sprechenden, erheblichen systematischen Bedenken[126] folgen wollte, jedenfalls auf die Teilnahme am *Handels*verkehr nicht übertragen.[127] Inhaltlich ersetzt § 708 BGB den nach § 276 Abs. 1 S. 2 BGB geltenden, objektiven Fahrlässigkeitsmaßstab der verkehrserforderlichen Sorgfalt durch den subjektiven Maßstab der eigenüblichen Sorgfalt. Er kann zwar nicht zu einer gegenüber § 276 Abs. 1 S. 2 BGB erhöhten Sorgfaltspflicht führen, wohl aber – vorbehaltlich der Grenze grobfahrlässigen Verhaltens (§ 277 BGB) – zu einer Absenkung des Maßstabs bei entsprechendem Sorgfaltsprofil des betroffenen Gesellschafters. Für einen Rückgriff auf die im Arbeitsrecht geltenden Grundsätze einer Haftungsmilderung ist daneben kein Raum.[128] Diese Grundsätze sind nach ganz hM auch im Verhältnis zwischen der Kom-

---

[120] Deutlich BGH NJW 1989, 2686 (2687) und dazu eingehend *Kübler/Waltermann* ZGR 1991, 162 ff; vgl. auch *K. Schmidt* Gesellschaftsrecht § 20 V 3, S. 600.

[121] So aber noch *Timm* GmbHR 1981, 177 (185).

[122] Vgl. Schlegelberger/*Martens* Rn 30; Heymann/*Emmerich* § 113, Rn 18; MünchKommHGB/*Rawert* Rn 49; Baumbach/*Hopt* § 109 Rn 26; *v.* Röhricht/Graf v. Westphalen/*v. Gerkan/Haas* Rn 24; Westermann/*Wertenbruch* Handbuch Rn I 451; aus der Rspr. ferner BGH NJW 1986, 584 (585); NJW 1972, 1860; WM 1971, 412 (413 f).

[123] So zutr. Voraufl. Rn 60 (*Ulmer*).

[124] Vgl. näher MünchKommBGB[5]/*Ulmer/C. Schäfer* § 708 Rn 1 f; *Müller-Graff* AcP 191 (1991), 475 (480 ff) (auch zur Frage weiterer Aspekte des Normzwecks).

[125] BGHZ 46, 313 (317 f) = NJW 1967, 558; ebenso BGHZ 54, 352 (355) = NJW 1970, 1271 zu § 1359 BGB.

[126] Vgl. nur MünchKommBGB[5]/*Ulmer/C. Schäfer* § 708 Rn 13; *Müller-Graff* AcP 191 (1991), 475 (491).

[127] So i.E. auch Schlegelberger/*Martens* Rn 34; MünchKommHGB/*Rawert* Rn 59; Ebenroth/Boujong/Joost/Strohn/*Mayen* Rn 39; Röhricht/Graf v. Westphalen/*v. Gerkan/Haas* Rn 26.

[128] Ebenso Schlegelberger/*Martens* Rn 35; MünchKommHGB/*Rawert* Rn 60; Röhricht/Graf v. Westphalen/*v. Gerkan/Haas* Rn 26; Ebenroth/Boujong/Joost/Strohn/*Mayen* Rn 39.

plementär-GmbH und ihren Geschäftsführern nicht anwendbar, jedenfalls soweit es um die Ausübung der mit der Geschäftsführerstellung verbundenen Leitungsfunktionen geht.[129]

Eine **teleologische Reduktion** der Vorschrift des § 708 BGB zugunsten der Geltung des allgemeinen Sorgfaltsmaßstabs des § 276 Abs. 1 BGB ist in denjenigen Fällen veranlasst, in denen es an der persönlichen Verbundenheit der Gesellschafter als Kennzeichen der typischen OHG/KG fehlt und der Normzweck des § 708 BGB daher nicht gegeben ist. Das gilt vor allem in Bezug auf die *Publikums-KG* als Kapitalsammelbecken für meist anonym bleibende Anleger mit einem im Rahmen der Komplementär-GmbH tätigen Fremdmanagement (vgl. Voraufl. Anh. § 161 Rn 35 [*Schilling*]).[130] Als Haftungsmodell für die Organmitglieder (Geschäftsführung und Beirat) bietet sich insoweit auch im Verhältnis zur KG die entsprechende Regelung des GmbH-Rechts (§§ 43, 52 Abs. 1 GmbHG i.V.m. §§ 116, 93 AktG) an.[131] Entsprechend ist aber auch in sonstigen Fällen einer *kapitalistisch strukturierten OHG oder KG* zu verfahren, namentlich einer solchen aus juristischen Personen oder Personenhandelsgesellschaften als Gesellschaftern und einem Fremdmanagement, da es auch insoweit an dem für § 708 BGB charakteristischen persönlichen Vertrauensverhältnis unter den Gesellschaftern fehlt.[132] Dagegen reicht die Wahl der Rechtsform der *GmbH & Co. KG* als solche nicht aus, um zur Verneinung des Haftungsprivilegs des § 708 BGB zu kommen. Sein Eingreifen auch im Verhältnis zwischen KG und GmbH-Geschäftsführern[133] liegt vor allem in denjenigen Fällen nahe, in denen die GmbH & Co.-Rechtsform nur aus Haftungsgründen gewählt ist und die persönliche Verbundenheit der Gesellschafter auch darin zum Ausdruck kommt, dass die Geschäftsführung in der Komplementär-GmbH in der Hand der Kommanditisten liegt.[134] 63

[129] Vgl. nur Scholz/*U. H. Schneider* GmbHG[10] § 43 Rn 254 ff; Ulmer/Habersack/Winter/*Paefgen* GmbHG § 43 Rn 21; Schlegelberger *Martens* Rn 35.

[130] Ganz hM, vgl. BGHZ 75, 321 (327 f) = NJW 1980, 589; 69, 207 (209 f) = NJW 1977, 2311; MünchKommBGB[5]/*Ulmer/C. Schäfer* § 708 Rn 5; MünchKommHGB/*Rawert* Rn 59; Ebenroth/Boujong/Joost/Strohn/*Wertenbruch* § 105 Rn 132; Baumbach/*Hopt* Anh. § 177a Rn 74; *K. Schmidt* Gesellschaftsrecht § 59 III 2 b, S. 1744 f; Soergel/*Hadding* BGB[12] § 708 Rn 2; Erman/*Westermann* BGB[12] § 708 Rn 3; *Hüffer* ZGR 1981, 348 (361 f); **aA** aber *Wiedemann* Gesellschaftsrecht Bd. II § 4 II 4 c bb, S. 345.

[131] BGHZ 69, 207 (209 f, 213 ff) = NJW 1977, 2311; 75, 321 (327 f) = NJW 1980, 589; WM 1977, 1446 (1448); vgl. Voraufl. § 164 Rn 11 (*Schäfer*); Schlegelberger/*Martens* § 164 Rn 13, 26; Röhricht/Graf v. Westphalen/*v. Gerkan/Haas* Rn 26; *Hüffer* ZGR 1981, 348 (351 ff); im Grundsatz auch Heymann/*Horn* § 161 Rn 180, 181 (für den Geschäftsführer soll es aber bei § 276 BGB verbleiben).

[132] So auch MünchKommBGB[5]/*Ulmer/C. Schäfer* § 708 Rn 5; Erman/*Westermann* BGB[12] § 708 Rn 3; *K. Schmidt* Gesellschaftsrecht § 59 III 2 b, S. 1744; Ebenroth/Boujong/Joost/Strohn/*Wertenbruch* § 105 Rn 132; **aA** *Grunewald* Gesellschaftsrecht 1. A. Rn 121 (allein die Vielzahl von Gesellschaftern und die daraus folgende fehlende Bekanntschaft und fehlende Akzeptanz untereinander ist entscheidend).

[133] Zur Haftung der Geschäftsführer der Komplementär-GmbH gegenüber der OHG/KG nach den Grundsätzen des Vertrags mit Schutzwirkung für Dritte vgl. Nachw. in Fn 102.

[134] Vgl. MünchKommBGB[5]/*Ulmer/C. Schäfer* § 708 Rn 5; ebenso *Hüffer* ZGR 1981, 348 (362); Ebenroth/Boujong/Joost/Strohn/*Wertenbruch* § 105 Rn 132; Baumbach/*Hopt* Anh. § 177a Rn 26; **aA** *Krebs* Geschäftsführerhaftung in der GmbH & Co. KG, 1991, S. 68 ff, 72.

64 **4. Beweislast.** Für die Verteilung der Beweislast zwischen Gesellschaft und Geschäftsführer gelten die in § 93 Abs. 2 AktG kodifizierten Grundsätze entsprechend;[135] sie tragen der Rechtslage beim Streit um eine Sorgfaltspflichtverletzung des Geschäftsführers angemessen Rechnung. Danach ist es Sache der *Gesellschaft*, den Eintritt und die Höhe des Schadens (mit der Beweiserleichterung des § 287 Abs. 1 ZPO) sowie die Ursächlichkeit des Handelns oder Unterlassens des Geschäftsführers zu beweisen. Demgegenüber muss der *Geschäftsführer* zu seiner Entlastung nachweisen, dass das schadensstiftende Ereignis entweder objektiv nicht pflichtwidrig war oder dass ihn hieran jedenfalls kein Verschulden trifft. Sofern er sich dazu auf das Haftungsprivileg des § 708 BGB berufen will, muss er auch dessen Voraussetzungen, d.h. sein gegenüber § 276 Abs. 1 BGB gemindertes Sorgfaltsprofil, nachweisen.[136]

65 **5. Erlass, Verjährung.** Der Schadensersatzanspruch wegen Verletzung der Geschäftsführungspflichten steht – als Sozialanspruch (§ 105 Rn 217) – der Gesellschaft zu. Sein **Erlass** durch Vertrag nach § 397 Abs. 1 BGB mit dem Haftungsschuldner bedarf grundsätzlich der Zustimmung *sämtlicher* Mitgesellschafter; der Schuldner und die am Pflichtverstoß mitbeteiligten anderen Geschäftsführer haben hierbei kein Stimmrecht (§ 119 Rn 64). Ein Erlassverbot im Gläubigerinteresse nach Art der §§ 93 Abs. 4 S. 3 AktG, 43 Abs. 3 S. 2 GmbHG ist dem Personengesellschaftsrecht wegen der abweichenden Haftungsverfassung unbekannt.[137] Enthält der Gesellschaftsvertrag eine *Mehrheitsklausel*, so erstreckt diese sich im Zweifel auch auf den Erlassbeschluss;[138] ein unmittelbarer Eingriff in den Kernbereich von Mitgesellschaftern ist damit nicht verbunden, soweit der Beschluss sich nicht auch auf die den Gesellschaftern persönlich zustehenden Ansprüche (Rn 50) erstrecken soll. Da die Geltendmachung eines Schadenersatzanspruches gegen den Geschäftsführer ein außergewöhnliches Geschäfts i.S.d. § 116 Abs. 2 darstellt, bedarf es hierfür allerdings eines Beschlusses *aller* Gesellschafter (vgl. § 116 Rn 16).[139] Zur Bedeutung der Billigung der schädigenden Geschäftsführerhandlung durch die Mitgesellschafter vgl. Rn 51, zur Erlasswirkung eines Entlastungsbeschlusses vgl. Rn 71.

66 Eine besondere **Verjährungsfrist** für die Ansprüche wegen positiver Vertragsverletzung des Gesellschaftsvertrags bzw. der Treupflicht (Rn 50) ist vorbehaltlich der Sonderregelung des § 113 Abs. 3 im Fall von Wettbewerbsverstößen gesetzlich nicht vorgesehen; es

---

[135] So auch BGH WM 2008, 696 (697) (GmbH); DStR 2007, 1641 (1642) (GmbH & Co. KG); NJW 1989, 2687 (2688); BGHZ 152, 280 (283 ff) = NJW 2003, 358 f und NJW 1986, 54 (55) (jew. GmbH); vgl. MünchKommBGB[5]/*Ulmer*/*C. Schäfer* § 708 Rn 19; *Hueck* OHG § 10 VI 3, S. 140 f; Schlegelberger/*Martens* Rn 38; MünchKommHGB/*Rawert* Rn 69; Ebenroth/Boujong/Joost/Strohn/*Mayen* Rn 41; MünchHdbGesR I/*v. Ditfurth*[2] § 53 Rn 32; Baumbach/*Hopt* Rn 15; ebenso i.E. (unter Hinweis auf § 282 BGB) Heymann/*Emmerich* Rn 18.

[136] *Hueck* OHG § 10 VI 3, S. 141; Heymann/*Emmerich* Rn 18.

[137] So i. E. auch Schlegelberger/*Martens* Rn 41; Baumbach/*Hopt* Rn 17; *Wiedemann* Gesellschaftsrecht Bd. II § 4 II 4 c cc, S. 347; wohl auch Ebenroth/Boujong/Joost/Strohn/*Mayen* Rn 43; Röhricht/v. Westphalen/*v. Gerkan*/*Haas* Rn 29.

[138] Vgl. BGH NJW 1985, 2830 (2831); dazu auch § 105 Rn 261 mwN.

[139] Vgl. BGH WM 1983, 60; WM 1997, 1431; Schlegelberger/*Martens* Rn 41; MünchKommHGB/*Rawert* Rn 67; MünchKommHGB/*Jickeli* § 116 Rn 29 (erhebliche Interessenkollision); Ebenroth/Boujong/Joost/Strohn/*Mayen* Rn 43; MünchHdbGesR I/*v. Ditfurth*[2] § 53 Rn 31 (große unternehmensinterne Bedeutung).

bleibt daher bei der **dreijährigen** Verjährungsfrist der §§ **195, 199 BGB.**[140] Für eine entsprechende Anwendung der §§ 93 Abs. 6 AktG, 43 Abs. 4 GmbHG[141] fehlt es seit der Verkürzung der allgemeinen Verjährungsfristen gleichermaßen an einem Bedürfnis wie an der hierfür erforderlichen Lücke. Das berechtigte, auch im Institut der Entlastung (Rn 68) zum Ausdruck kommende Interesse der Geschäftsführer an einer Bereinigung der Haftungsverhältnisse in überschaubarer Zeit, wird durch die allgemeinen Verjährungsregeln mehr als ausreichend berücksichtigt.

VII. Herausgabepflicht

Von der subsidiären Verweisung des § 105 Abs. 3 auf das Recht der BGB-Gesellschaft **67**
wird über § 713 BGB auch die Vorschrift des § **667 BGB** über die Pflicht zur Herausgabe des aus der Geschäftsführung Erlangten erfasst.[142] Die Pflicht erstreckt sich auf alle im Zusammenhang mit der Geschäftsführung stehenden Vermögensvorteile, sofern sie den Geschäftsführern nicht aufgrund des Gesellschaftsvertrags zustehen, darunter auch Sonderprovisionen und Schmiergelder.[143] Sie gilt auch hinsichtlich der vom Geschäftsführer unter treuwidriger Ausnutzung von Geschäftschancen der Gesellschaft erlangten Vorteile und konkurriert insoweit mit seiner daraus resultierenden Schadensersatzpflicht (Rn 61). Dass die Geschäftschance sich für die Gesellschaft nicht bereits durch einen entsprechenden Vertragsschluss mit ihr realisiert hatte, sondern stattdessen vom Geschäftsführer ausgenutzt worden war, steht nicht entgegen.[144] Dieser Umstand bildet vielmehr gerade den Grund für das Eingreifen des § 667 BGB, da es andernfalls eines obligatorischen Herausgabeanspruchs der Gesellschaft nicht bedürfte. Da die Pflicht auf Gesetz beruht, greift sie auch im Hinblick auf ein vom Geschäftsführer im eigenen Namen erworbenes, zu den Geschäftschancen der Gesellschaft gehörendes Grundstück ein, ohne dass es auf die Beachtung der Form des § 311b BGB ankommt.[145] – Der der Herausgabepflicht des Beauftragten entsprechende *Aufwendungsersatzanspruch* aus § 670 BGB ist für die Gesellschafter von Personenhandelsgesellschaften in § 110 besonders geregelt; für einen Rückgriff auf § 670 BGB über die Verweisungskette des § 105 Abs. 3 i.V.m. § 713 BGB ist daher kein Raum.

VIII. Entlastung

1. Grundlagen. Die **Rechtsnatur** der Entlastung war lange Zeit umstritten. Vom **68**
Reichsgericht wurde sie als Erlassvertrag zwischen Gesellschaft und Geschäftsführer i.S.v. § 397 Abs. 1 BGB[146] bzw. als negatives Schuldanerkenntnis i.S.v. § 397 Abs. 2

---

140 MünchKommHGB/*Rawert* Rn 70; Ebenroth/Boujong/Joost/Strohn/*Mayen* Rn 43; MünchHdbGesR I/*v. Ditfurth*² § 53 Rn 31; wohl auch *Koller*/Roth/Morck Rn 7 (aE); nicht eindeutig *Wiedemann* Gesellschaftsrecht Bd. II § 4 II c cc, S. 347.

141 Dafür noch Voraufl. Rn 65 (*Ulmer*) im Verhältnis zur 30jährigen Frist des § 195 BGB a.F.

142 HM, vgl. MünchKommBGB⁵/*Ulmer*/*C. Schäfer* § 713 Rn 12 f; *Hueck* OHG § 10 V 4, S. 139; MünchKommHGB/*Rawert* Rn 55; Ebenroth/Boujong/Joost/Strohn/*Mayen* Rn 55; Baumbach/*Hopt* Rn 12.

143 RGZ 164, 93 (102 f); MünchKommHGB/*Rawert* Rn 35; Röhricht/Graf v. Westphalen/*v. Gerkan*/*Haas* Rn 24.

144 Ebenso i.E. MünchKommHGB/*Rawert* Rn 48; **aA** noch Schlegelberger/*Martens* Rn 47.

145 Heymann/*Emmerich* Rn 15.

146 RGZ 106, 258 (262); RGZ 115, 246 (250) (zum Aktienrecht vor 1937); ähnlich *Schönle* ZHR 162 (1964), 199 (210, 215): Die Ent-

BGB[147] beurteilt. Daneben fand sich die Einordnung als Verzicht eigener Art,[148] als Genehmigung der Geschäftsführung mit den Rechtsfolgen des § 684 BGB[149] sowie als Quittungserteilung i.S.v. § 368 BGB für die erfolgte Rechnungslegung.[150] Demgegenüber hat sich der **BGH** im Anschluss an Überlegungen von *Karsten Schmidt*[151] in einem die Entlastung eines GmbH-Geschäftsführers betreffenden Grundsatzurteil von 1985[152] zutreffend gegen derartige schuldrechtliche Einordnungsversuche gewandt. Er sieht in der Entlastung ein *gesellschaftsrechtliches Institut eigener Art*, mit dem die Gesellschafter die Amtsführung der Geschäftsführer für das in Frage stehende Geschäftsjahr billigen und ihnen zugleich für die künftige Geschäftsführung ihr Vertrauen aussprechen;[153] der Ausschluss von Schadensersatzansprüchen wegen erkennbar fehlerhafter Geschäftsführung ist danach nicht Gegenstand, sondern lediglich Rechtsfolge der gleichwohl erteilten Entlastung (vgl. dazu Rn 71). Dem ist mit der heute hM auch für das Personengesellschaftsrecht zu folgen.[154] Gegen die Qualifikation als Erlassvertrag o.Ä. spricht auch hier, dass ein umfassender, unabhängig von der Erkennbarkeit etwaiger Pflichtverstöße eingreifender Anspruchsverzicht von den Mitgesellschaftern meist nicht gewollt ist; auch fehlt es beim Entlastungsbeschluss an der Mitwirkung des betroffenen und daher wegen Befangenheit vom Stimmrecht ausgeschlossenen Gesellschafters (§ 119 Rn 64).

69 Ein **Anspruch** der Geschäftsführer **auf Entlastung** wurde früher ganz überwiegend bejaht,[155] wird aber seit 1985 vom BGH[156] im Anschluss an *Karsten Schmidt*[157] mit guten Gründen verneint.[158] Über die Frage, ob die Mitgesellschafter die Geschäftsführung in der Vergangenheit billigen und den Geschäftsführern für die Zukunft das Vertrauen aussprechen, müssen sie nach eigenem Ermessen entscheiden können, zumal es hier auch um die Beurteilung der Zweckmäßigkeit unternehmerischer Entscheidungen

---

lastung sei zwar eine einseitige Willenserklärung, ihre Verzichtswirkung trete aber nach § 397 BGB durch Vertrag ein.

[147] RG JW 1926, 2904 m. zust. Anm. *Bing* RG JW 1935, 921.

[148] RG DR 1941, 506 (508); *A. Hueck* GmbHR 1959, 189 ff; so anscheinend auch wieder Ebenroth/Boujong/Joost/Strohn/*Mayen* Rn 44.

[149] *Bosebeck* JW 1935, 921 f; *Brox* BB 1960, 1226.

[150] *Hoeniger* DJZ 1922, 143 (145 ff), die Verzichtswirkung der Entlastung ergebe sich dann aus Verwirkungsgrundsätzen.

[151] *K. Schmidt* ZGR 1978, 425 (432 f) (zum GmbH-Recht); *ders.* Gesellschafsrecht § 14 VI 2 b, S. 430 f.

[152] BGHZ 94, 324 (326) = NJW 1986, 129; bestätigt in BGH NJW-RR 1987, 869 (870) (zur KG); NJW 1995, 1353 (1356 f).

[153] BGHZ 94 324 (326 ff) = NJW 1986, 129 in Anschluss an *K. Schmidt* ZGR 1978, 425 (432 f).

[154] *Knoche* S. 31 ff, 70 ff; *Tellis* S. 49 ff; Schlegelberger/*Martens* Rn 45; MünchKommHGB/*Rawert* Rn 71; Baumbach/*Hopt* Rn 16; Röhricht/Graf v. Westphalen/*v. Gerkan/Haas* Rn 29; ähnlich *Barner* S. 68 ff; *Schuricht* S. 63 ff; vgl. auch *Brosche* Die Entlastung im Recht der Personengesellschaften, 1988, S. 71 ff, nach dessen Ansicht die Entlastung ein auf Feststellung gerichteter Beschluss sei, ob Ersatzansprüche bestehen.

[155] *Hueck* OHG § 12 6, S. 191; *Brox* BB 1960, 1226 f; *Hoeniger* DJZ 1922, 146; aus neuerer Zeit auch noch Schlegelberger/*Martens* Rn 44; Heymann/*Emmerich* Rn 14.

[156] BGHZ 94, 324 (326 ff) = NJW 1986, 129 (zur GmbH); **aA** noch RGZ 89, 396 f (zu § 260 a.F. HGB – Aktiengesellschaft).

[157] *K. Schmidt* ZGR 1978, 425 (441); *ders.* Gesellschaftsrecht § 14 VI 3, S. 431 f (zur GmbH).

[158] So auch MünchHdbGesR I/*v. Ditfurth*² § 53 Rn 33; MünchKommHGB/*Rawert* Rn 73; Ebenroth/Boujong/Joost/Strohn/*Mayen* Rn 46; Baumbach/*Hopt* Rn 16; *Koller*/Roth/Morck § 120 Rn 2; *Tellis* S. 123 ff; *Barner* S. 133 ff; in diesem Sinne auch bereits *J. Wagner* S. 51 sowie *Brosche* (Fn 154) S. 160, dazu sogleich im Text, vgl. auch Fn 160.

und um die Einschätzung geht, ob die Geschäftsführer bei ihrer Tätigkeit eine „glückliche Hand" gehabt haben.[159] Das gilt auch dann, wenn im Gesellschaftsvertrag die jährliche *Beschlussfassung* über die Entlastung vorgesehen ist;[160] ebenso wie die Regelung in § 46 Nr. 5 GmbHG verpflichtet sie die Gesellschafter zwar zur Beschlussfassung über die Entlastung, nicht aber schon zu deren Erteilung, sofern nur Pflichtverstöße der Geschäftsführer weder bekannt noch erkennbar sind.[161] Dieser Beurteilung steht auch nicht etwa ein vorrangiges Interesse der Geschäftsführer an Entlastung entgegen: im Hinblick auf die Vergangenheit können sie das Nichtbestehen etwaiger von den übrigen Gesellschaftern behaupteter Schadensersatzansprüche vielmehr im Wege der negativen Feststellungsklage klären,[162] während ihre künftige Stellung als Geschäftsführer schon wegen ihres Mitgliedschaftsrechts auf Geschäftsführung regelmäßig nicht bedroht ist. Abweichendes kommt nur für den Zeitpunkt nach *Beendigung der Geschäftsführertätigkeit* in Betracht, da sich insoweit mit der abschließenden Rechenschaftslegung nach §§ 713, 666 BGB ein Anspruch auf Entlastung verbinden kann.[163]

Hinsichtlich der **Beschlussmehrheiten** gilt auch für den Entlastungsbeschluss nach 70
§ 119 Abs. 1 grundsätzlich *Einstimmigkeit* mit der Besonderheit, dass der zu entlastende Geschäftsführer kein Stimmrecht hat (§ 119 Rn 64). Der Gesellschaftsvertrag kann stattdessen mehrheitliche Beschlussfassung vorsehen; dem steht auch die etwaige Verzichtswirkung des Beschlusses in Bezug auf Ansprüche gegen die Geschäftsführer im Zusammenhang mit ihrer Geschäftsführung nicht entgegen.[164] Mit dem Beschluss über die **Bilanzfeststellung** ist die Entlastung der Geschäftsführer nicht verbunden, wenn der Gesellschaftsvertrag nicht – wenig zweckmäßig – eine derartige Verbindung anordnet.[165] Entsprechendes gilt für die – nach § 245 S. 2 im öffentlichen Interesse gebotene – Unterzeichnung der Bilanz durch die persönlich haftenden Gesellschafter.[166]

2. **Rechtsfolgen.** Als Folge der *Billigung der Geschäftsführung* für die in Frage stehende 71
Periode führt der Entlastungsbeschluss zur **Undurchsetzbarkeit der** im Zeitpunkt der Beschlussfassung bekannten oder erkennbaren **Ansprüche** der Gesellschaft gegen die Geschäftsführer im Zusammenhang mit ihrer Geschäftsführung, darunter neben Schadensersatzansprüchen wegen Verletzung ihrer Sorgfaltspflichten auch solche aus angemaßter Eigengeschäftsführung, aus ungerechtfertigter Bereicherung oder aus unerlaubter Handlung.[167] Ein Anspruchsverzicht ist in dem – einseitig gefassten – Entlastungsbe-

---

159 So zutr. BGHZ 94, 324 (327) = NJW 1986, 129.

160 *Wagner* S. 51 und dem folgend *Brosche* (Fn 154) S. 160 wollen ein Anspruch zumindest dann bejahen, wenn ein Anspruch auf Entlastung (und nicht nur eine Pflicht zur Beschlussfassung hierüber) *ausdrücklich* im Gesellschaftsvertrag festgeschrieben ist.

161 Vgl. das zum GmbH-Recht ergangene Urteil BGHZ 94, 324 = NJW 1986, 129.

162 So zutr. BGHZ 94, 324 (329) = NJW 1986, 129; vgl. auch MünchKommHGB/*Rawert* Rn 73; MünchHdbGesR I/*v. Ditfurth*[2] § 53 Rn 33; Ebenroth/Boujong/Joost/Strohn/*Mayen* Rn 46.

163 Vgl. MünchKommBGB[5]/*Ulmer*/*C. Schäfer* § 713 Rn 10; Soergel/*Hadding* BGB[12] § 713 Rn 8; Staudinger/*Habermeier* (2003) § 713 Rn 8; Bamberger/Roth/*Timm*/*Schöne* BGB[2] Rn 9.

164 *Brosche* (Fn 154) S. 106.

165 So tendenziell aber *Hueck* OHG § 12 6, S. 192; **aA** zu Recht *K. Schmidt* Gesellschaftsrecht § 14 VI 1, S. 429; *Brosche* (Fn 154) S. 85 f; *Barner* S. 33; *Priester* FS Hadding, 2004, S. 607, 615.

166 **AA** Schlegelberger/*Martens* Rn 45; Baumbach/*Hopt* Rn 16; Ebenroth/Boujong/Joost/Strohn/*Mayen* Rn 45; Heymann/*Emmerich* Rn 14; *Koller*/Roth/Morck § 120 Rn 2; tendenziell auch MünchKommHGB/*Rawert* Rn 71.

167 BGHZ 97, 382 (386 ff) = NJW 1986, 2250.

schluss zwar schon deshalb nicht zu sehen, weil ein solcher nicht Gegenstand des Beschlusses ist (vgl. Rn 68) und es hierfür nach § 397 Abs. 1 BGB überdies der Mitwirkung des Schuldners bedürfte.[168] Wohl aber sind die Mitgesellschafter aus Gründen des Verbots widersprüchlichen Verhaltens mit der Geltendmachung derartiger Ansprüche *präkludiert*, wenn sie gleichwohl Entlastung erteilt haben.[169] Weil es um das Verbot widersprüchlichen Verhaltens geht, ist es für die **Erkennbarkeit** eines Pflichtverstoßes als Voraussetzung der Präklusion nicht hinreichend, dass der Pflichtverstoß bei Beachtung der Sorgfalt eines ordentlichen Kaufmanns (§ 347) erkennbar gewesen wäre.[170] Erforderlich ist vielmehr, dass sich den Mitgesellschaftern die Kenntnis nach Lage der Dinge aufdrängen musste, so dass der pflichtwidrig handelnde Geschäftsführer auf die Billigung des Verstoßes vertrauen konnte.[171]

72 Bedeutung kommt dem Entlastungsbeschluss auch im Hinblick auf eine **Entziehungsklage** nach §§ 117, 127 zu. Denn aus entsprechenden Gründen wie hinsichtlich der Geltendmachung von Ansprüchen im Zusammenhang mit der Geschäftsführung sind die Mitgesellschafter durch den Beschluss auch gehindert, die Klage auf solche Vorfälle als wichtigen Grund zu stützen, die aus der Entlastungsperiode stammen und ihnen bei der Beschlussfassung bekannt oder erkennbar waren.[172] Anderes gilt dann, wenn die Vorfälle Teil eines umfassenderen, den Mitgesellschaftern so nicht bekannten oder erkennbaren Fehlverhaltens sind, und sie die Entlastung in Kenntnis der Dinge nicht erteilt hätten. Dann können sie zur Darlegung des wichtigen Grundes auch auf den an sich durch die Entlastung präkludierten Teil zurückgreifen.

D. Rechte nichtgeschäftsführender Gesellschafter

I. Überblick

73 Gesellschafter der OHG, die nach dem Gesellschaftsvertrag von der laufenden Geschäftsführung ausgeschlossen sind oder denen die Geschäftsführungsbefugnis nach § 117 entzogen wurde, verfügen nach dispositivem Gesellschaftsrecht gleichwohl über gewisse **Mitsprache- und Informationsrechte** in Geschäftsführungsfragen. So weist **§ 116**

---

[168] Vgl. statt aller BGH NJW 1987, 3203; MünchKommBGB[5]/*Schlüter* § 397 Rn 1 mwN in Fn 1; **aA** wohl Ebenroth/Boujong/Joost/Strohn/*Mayen* Rn 44; einen Fall von Verzicht betrifft dagegen BGH WM 2003, 1018 (1019) (Generalbereinigung aus Anlass des Ausscheidens eines Geschäftsführers).

[169] BGHZ 94, 324 (327); BGH NJW 1995, 1353 (1356); Schlegelberger/*Martens* Rn 45; MünchKommHGB/*Rawert* Rn 71; *K. Schmidt* ZGR 1978, 425 (427); Baumbach/*Hopt* Rn 16; *Knoche* S. 70 ff; *Tellis* S. 86 ff; der Präklusionsgedanke geht zurück auf *Hoeninger* DJZ 1922, 142 (145 ff); ähnlich *Brosche* (Fn 154) S. 120 ff (venire contra factum proprium); **aA** *Hueck* OHG § 12 6, S. 191 (negatives Schuldanerkenntnis).

[170] So aber *Barner* S. 121; *Tellis* S. 95; *Wagner* S. 63; *Schuricht* S. 87 (für die GmbH); ähnlich wohl auch *Brosche* (Fn 154) S. 133 (§ 276 BGB); weniger streng *Knoche* S. 84: es käme auf die konkrete Fähigkeit eines durchschnittlichen Mitgliedes im jeweiligen Verband an.

[171] BGHZ 94, 324 (326 f); BGH NJW 1995, 1353 (1356 f); WM 1983, 1910 (1912); WM 1986, 790; NJW-RR 1987, 869 (870); zur privat erlangten Kenntnis BGH NJW 1959, 194; Schlegelberger/*Martens* Rn 45; Baumbach/ *Hopt* Rn 16; *Hueck* OHG § 12 6, S. 191; *K. Schmidt* ZGR 1978, 436 ff; Ebenroth/Boujong/Joost/Strohn/*Mayen* Rn 44; MünchKommHGB/*Rawert* Rn 71.

[172] So auch *Koller*/Roth/Morck § 120 Rn 2; Ebenroth/Boujong/Joost/Strohn/*Mayen* HGB Rn 44; Baumbach/*Hopt* Rn 16.

Abs. 2 die Entscheidung über die Vornahme *außergewöhnlicher* Geschäfte (§ 116 Rn 11) sämtlichen Gesellschaftern zu, ohne nach ihrer Geschäftsführungsbefugnis zu differenzieren, und verlangt die Zustimmung aller Gesellschafter. Die Übertragung der Geschäftsführungsbefugnis an bestimmte Gesellschafter oder der ihr vergleichbare Ausschluss anderer Gesellschafter von der Geschäftsführung kann daher ohne Vorliegen besonderer Umstände nicht dahin verstanden werden, dass davon auch außergewöhnliche Geschäfte betroffen sein sollen. Auch das Informations- und Kontrollrecht nach **§ 118 Abs. 1** sowie das Recht auf Teilnahme an der Gesellschafterversammlung (§ 119 Rn 20) sind in diesem Zusammenhang zu erwähnen, da sie den nichtgeschäftsführenden Gesellschaftern gewisse Mindestbefugnisse in Geschäftsführungsfragen einräumen. Entsprechendes gilt für das ungeschriebene Recht auf Mitwirkung an der Feststellung des Jahresabschlusses (§ 120 Rn 18). Schließlich ist auf das Recht zur Notgeschäftsführung zu verweisen (Rn 34); es steht auch den von der Geschäftsführung ausgeschlossenen Gesellschaftern zu.

II. Unterlassungsklage in Bezug auf Geschäftsführungsmaßnahmen?

Ob Gesellschafter im Rahmen der actio pro socio (§ 105 Rn 256 ff) auf die – subsidiäre **74**
(§ 105 Rn 262) – Geltendmachung von *Schadensersatzansprüchen* gegen Geschäftsführer wegen Sorgfaltspflichtverletzung beschränkt sind oder ob sie auch vorbeugend auf *Unterlassung* pflichtwidriger Handlungen klagen können, wird nicht einheitlich beurteilt. Der BGH hat der Unterlassungsklage nichtgeschäftsführender Gesellschafter in einem Grundsatzurteil eine Absage erteilt;[173] sie sei mit der gesellschaftsvertraglichen Kompetenzverteilung unvereinbar. Demgegenüber wird eine solche Klage von Teilen der Literatur dann für möglich gehalten, wenn es darum geht, einen evidenten Sorgfaltsverstoß geltend zu machen, ohne dass sich damit die Gefahr eines Eingriffs in das unternehmerische Ermessen der Geschäftsführer verbinde.[174] Zutreffend erscheint eine differenzierende Lösung: Die Kompetenzverteilung in der Gesellschaft spricht aus den vom BGH genannten Gründen dafür, die von der Geschäftsführung ausgeschlossenen Gesellschafter bei pflichtwidrigen **Handlungen der laufenden Geschäftsführung** auf das Geltendmachen von *Schadensersatzansprüchen* zu beschränken. Anderenfalls wäre eine gerichtliche Auseinandersetzung über die Zulässigkeit der umstrittenen Maßnahme unvermeidbar; dem Nichtgeschäftsführer würde letztlich doch ein Widerspruchsrecht jedenfalls in Evidenzfällen eingeräumt. Als ultima ratio bleibt den opponierenden Gesellschaftern immer noch die Entziehungsklage nach §§ 117, 127. Demgegenüber sind Klagen, die sich nach Art der actio negatoria auf die **Verletzung der Mitgliedschaftsrechte** des Klägers stützen, auch dann zulässig, wenn sie auf *Unterlassung* gerichtet sind.[175] Hierher gehört die Verletzung

---

173 BGHZ 76, 160 (167 f) = NJW 1980, 1463 (Klage eines Kommanditisten).

174 *Grunewald* Die Gesellschafterklage in der Personengesellschaft und der GmbH, 1990, S. 29 ff, 31; *Westermann* Handbuch Rn I 271a; so auch *Bork/Oepen* ZGR 2001, 515 (538); Röhricht/Graf v. Westphalen/*v. Gerkan/Haas* § 116 Rn 5; tendenziell auch *Raiser* ZHR 153 (1989), 1 (13 f, 27); einen Unterlassungsanspruch befürwortend jedenfalls im Falle kompetenzwidrigen Verhaltens Ebenroth/Boujong/Joost/Strohn/*Mayen* § 116 Rn 18; Baumbach/*Hopt* § 116 Rn 4; MünchKommHGB/*Jickeli* § 116 Rn 46; **aA** *Zöllner* ZGR 1988, 392 (431); wohl auch *K. Schmidt* Gesellschaftsrecht § 21 V 3b, S. 649 f; *Binge* Gesellschafterklagen gegen Maßnahmen der Geschäftsführer in der GmbH, 1994, S. 79 f, 127 ff.

175 So zutr. *K. Schmidt* Gesellschaftsrecht § 21 V 3a, S. 648 f unter Hinweis auf BGHZ 83, 122 = NJW 1982, 1703 – *Holzmüller*, und *Knobbe-Keuk* FS Ballerstedt, 1975, S. 239 ff. Zum Ganzen vgl. näher *Haber-*

der Zustimmungsbefugnis zu außergewöhnlichen Geschäften nach § 116 Abs. 2, aber auch drohende Übergriffe der Geschäftsführer in den allen Gesellschaftern vorbehaltenen Grundlagenbereich (Rn 15). Ein solcher Übergriff kann auch im Falle eines Verstoßes gegen die Finanzverfassung der Gesellschaft durch verdeckte Gewinnausschüttungen an Mitgesellschafter oder ihnen nahestehende Personen gegeben sein;[176] dass die Handlung sich äußerlich als Maßnahme der laufenden Geschäftsführung darstellt, steht nicht entgegen.[177]

E. Abweichende Vereinbarungen

I. Überblick

75 Die Regelungen der §§ 114 bis 116, 164 über die Ausgestaltung der Geschäftsführung in der OHG/KG sind als Teil des Innenverhältnisses der Gesellschaft im Grundsatz voll **dispositiv** (s. schon Rn 8). Ein *Vorbehalt* gilt nur in Bezug auf das Prinzip der *Selbstorganschaft*; es gehört zu den unabdingbaren Grundsätzen des Personengesellschaftsrechts und stellt sicher, dass mit Ausnahme liquidationsähnlicher Sonderlagen die Geschäftsführung notwendig in den Händen von Gesellschaftern liegt (vgl. Rn 9 f). In diesen Grenzen ist es den Gesellschaftern freigestellt, im allseitigen Einvernehmen die Verteilung der Geschäftsführungsbefugnis den jeweiligen Besonderheiten ihres Zusammenschlusses anzupassen und in persönlicher, sachlicher und zeitlicher Hinsicht Abweichungen von der gesetzlichen Ausgestaltung zu vereinbaren (vgl. dazu näher Rn 77 ff). Zulässig ist auch die Begründung der Gesellschafterversammlung, Kompetenz zur Behandlung (Wahl) und Abberufung der Geschäftsführer, solange dadurch deren nach dem Prinzip der Selbstorganschaft gebotene Eigenständigkeit nicht grundlegend in Frage gestellt wird.

76 Abweichende Vereinbarungen können nicht nur im Hinblick auf die Regelungen in §§ 114 bis 116, 164 getroffen werden, sondern auch über **andere** mit der Geschäftsführung zusammenhängende **Gegenstände.** So kann die Entziehung der Geschäftsführungsbefugnis abweichend von § 117 gestaltet, insbes. einer Beschlussfassung durch die Gesellschafter vorbehalten (§ 117 Rn 71) oder vom Vorliegen weniger gewichtiger Umstände in der Person des betroffenen Gesellschafters abhängig gemacht werden (§ 117 Rn 45). Den Geschäftsführern kann auch ein eigenes Recht auf „Kündigung" (Niederlegung) der Geschäftsführungsbefugnis eingeräumt werden (§ 117 Rn 83 f). Verbreitet und im Grundsatz unbeschränkt zulässig sind weiter Vereinbarungen über eine Geschäftsführervergütung als Gewinnvoraus, die je nach vertraglicher Ausgestaltung auch in Verlustjahren von der Gesellschaft zu zahlen ist und sich in einer entsprechenden Verminderung der Gewinnbeteiligung der Mitgesellschafter bzw. in einer Erhöhung ihrer Verlustbeteiligung auswirkt (Rn 47 ff).

---

sack Die Mitgliedschaft – Rechtsverhältnis und „sonstiges Recht", 1996, S. 297 ff, 316 ff.

[176] *Habersack* (Fn 175) S. 335 f.

[177] Ebenso *K. Schmidt* Gesellschaftsrecht § 21 V 3b, S. 649 f in krit. Auseinandersetzung mit BGHZ 76, 160 = NJW 1980, 1463 und *Binge* (Fn 174) S. 79 ff; für Unterlassungsklage bei verbotswidriger Inanspruchnahme von Geschäftschancen der Gesellschaft durch einen Mitgesellschafter BGH WM 1972, 1229 (1230).

II. Vereinbarungen über die Geschäftsführungsbefugnis

1. Übertragung auf bestimmte Gesellschafter. Eine **differenzierte Ausgestaltung** der Mitgliedschaftsrechte in Bezug auf die Geschäftsführung ist mit Einverständnis der Betroffenen in grundsätzlich beliebiger Weise möglich. Die Geschäftsführungsbefugnis kann – als Sonderrecht – bei bestimmten, namentlich benannten Gesellschaftern konzentriert oder mit bestimmten Gesellschaftsanteilen verbunden werden. Ebenso ist der Ausschluss der Befugnis zu Lasten von Gesellschaftern als Person oder als Inhaber bestimmter Anteile möglich; in diesem Fall besteht er auch zu Lasten der Rechtsnachfolger fort. Die unbeschränkte Haftung begründet nicht etwa ein unverzichtbares Recht auf Teilhabe an der Geschäftsführung. Die Übertragung der *Vertretungsmacht* auf bestimmte Gesellschafter oder auf die Inhaber bestimmter Anteile sowie der Ausschluss anderer von ihr kann je nach Lage des Falles den Schluss auf eine entsprechende Gestaltung auch der Geschäftsführungsbefugnis gestatten (Rn 86). Die Erteilung der Geschäftsführungsbefugnis kann an das Vorliegen bestimmter Kriterien in der Person der Gesellschafter (Alter, Vorbildung, Berufserfahrung, Zugehörigkeit zu bestimmten Familienstämmen u.a.) gebunden (Rn 17) oder zum Gegenstand eines Benennungsrechts bestimmter Mitgesellschafter gemacht werden (Rn 81). Denkbar ist auch eine zeitliche Begrenzung der Geschäftsführungsbefugnis mit oder ohne Verlängerungsmöglichkeit durch Gesellschafterbeschluss. Soweit trotz unbeschränkter Haftung eine Vertreterklausel zulässig ist,[178] kann sie auch die Übertragung der Geschäftsführungsbefugnis auf den jeweiligen, zum Gesellschafterkreis gehörenden gemeinsamen Vertreter oder ein dahin gehendes Benennungsrecht der mit der Vertreterklausel belasteten Gesellschafter vorsehen. Zu den Rechtsfolgen beim ersatzlosen Wegfall des einzigen Geschäftsführer oder eines notwendigen Gesamtgeschäftsführers vgl. Rn 33. 77

2. Einzel- und Gesamtgeschäftsführungsbefugnis. Abweichend von der gesetzlichen Einzelbefugnis mit Widerspruchsrecht (§ 115 Abs. 1) kann die Geschäftsführungsregelung die Gesamtbefugnis aller oder bestimmter Gesellschafter vorsehen (vgl. § 115 Abs. 2). Zulässig ist auch eine Kombination von Einzel- und Gesamtbefugnis je nach Geschäftserfahrung der Gesellschafter, der Vorbehalt der Gesamtbefugnis für bestimmte gewichtigere, wenn auch nicht zu den außergewöhnlichen Geschäften gehörende Maßnahmen sowie die Verbindung von Gesamtgeschäftsführungsbefugnis mit Einzelvertretungsmacht oder umgekehrt. Die Erteilung „unechter“ Gesamtbefugnis an einzelne Gesellschafter in Gemeinschaft mit einem Prokuristen setzt entsprechend § 125 Abs. 3 voraus, dass der Vertrag gleichwohl die Geschäftsführung ausschließlich durch Gesellschafter gestattet;[179] das folgt aus dem Grundsatz der Selbstorganschaft. Zur Geschäftsverteilung zwischen zwei oder mehr Geschäftsführern vgl. Rn 42 ff, zur Einschränkung oder Abdingbarkeit des Widerspruchsrechts von Mitgeschäftsführern nach § 115 Abs. 1 vgl. § 115 Rn 25. 78

---

[178] Str., dafür *Flume* I/1 § 14 V, S. 222; *Hurst* DNotZ 1967, 6 (12 ff); *Pfeiffer* Zulässigkeit und Wirkungen der sog. Vertreterklausel bei der OHG, 1965, S. 88 ff; *Vist* Die gewillkürte Vertretung der Erben in einer Personenhandelsgesellschaft, 1964, S. 20 ff; mit Einschränkung auch Baumbach/*Hopt* Rn 26; MünchKommHGB/*Rawert* Rn 31; Ebenroth/Boujong/Joost/Strohn/*Mayen* Rn 27; Heymann/*Emmerich* Rn 42; *Michalski* Gesellschaftsrechtliche Gestaltungsmöglichkeiten zur Perpetuierung von Unternehmen, 1980, S. 180 ff; **aA** *A. Hueck* ZHR 125 (1963), 1 (4); *Reuter* Privatrechtliche Schranken der Perpetuierung von Unternehmen, 1973, S. 210 ff; offenlassend BGHZ 46, 291 (297) = NJW 1967, 826. Vgl. näher § 119 Rn 63 ff.

[179] Zur Regelung des § 125 Abs. 3 vgl. § 125 Rn 58 und 60 (*Habersack*).

79 **3. Umfangsänderungen; Geschäftsverteilung.** Auch die in § 116 enthaltene, dreigestufte Regelung des **Umfangs** der Geschäftsführungsbefugnis steht zur Disposition der Gesellschafter. Zulässig ist sowohl die Erweiterung als auch die Einschränkung der auf die laufenden Geschäfte bezogenen Befugnis des § 116 Abs. 1; sie verbindet sich mit entsprechender Modifikation der Sorgfaltspflichten und Haftung der Geschäftsführer (Rn 50 ff). Zur Disposition der Gesellschafter steht auch die Ausgestaltung der Mitspracherechte in Bezug auf Erteilung und Widerruf der Prokura (§ 116 Abs. 3) sowie in Bezug auf außergewöhnliche Geschäfte (§ 116 Abs. 2); für diese kann sich die Aufnahme eines Katalogs zustimmungsbedürftiger Geschäfte in den Gesellschaftsvertrag im Interesse klarer Verhältnisse und zur Vermeidung von Abgrenzungsfragen empfehlen. Ihre Grenze findet die Gestaltungsfreiheit, soweit es um die Einbeziehung von Geschäften des Grundlagenbereichs (Rn 15) in die Kompetenz der Geschäftsführer geht, da insoweit die mitgliedschaftliche Zuständigkeit der Gesellschafter betroffen ist, die nicht zur beliebigen Disposition innerhalb der Gesellschaft steht.[180] Denkbar ist jedoch die Auslegung entsprechender Regelungen im Gesellschaftsvertrag in der Weise, dass dadurch bestimmten Gesellschaftern mit Zustimmung der übrigen die Zuständigkeit für die dort genannten Grundlagenangelegenheiten übertragen wird. Ebenso wie die Vereinbarung einer Mehrheitsklausel ist eine derartige Abrede grundsätzlich möglich, soweit sie sich nicht mit einem Eingriff in den Kernbereich der Mitgliedschaft verbindet (§ 119 Rn 31, 38 ff).

80 Zur Zulässigkeit einer **Geschäftsverteilung** zwischen den Geschäftsführern, d.h. der vertikalen Aufteilung ihrer Zuständigkeiten nach Sparten oder Geschäftsbereichen (Ressorts) vgl. schon Rn 42 ff. Im Zusammenhang mit Abweichungen vom dispositiven Recht interessiert nur die Aufteilung im Gesellschaftsvertrag selbst oder durch Gesellschafterbeschluss, da eine auf Geschäftsführungsebene vereinbarte Aufteilung die grundsätzliche Gesamtverantwortung aller Geschäftsführer und das ihr entsprechende Widerspruchsrecht nach § 115 Abs. 1 unberührt lässt (vgl. Rn 44). Rechtlich bedeutet die von den Gesellschaftern getroffene Aufteilung einen partiellen Ausschluss der Geschäftsführungsbefugnis im Hinblick auf die anderen Geschäftsführern zugewiesenen Bereiche mit der Folge, dass insoweit im Zweifel auch das Widerspruchsrecht nach § 115 Abs. 1 entfällt.[181] Entsprechendes gilt dann auch für den sachlichen Umfang der Haftung wegen sorgfaltswidriger Geschäftsführung.

81 **4. Benennungsrecht einzelner Gesellschafter.** Die Ausgestaltung der Geschäftsführungsregelungen im Gesellschaftsvertrag ist auch in der Weise möglich, dass einzelnen Gesellschaftern oder Familienstämmen ein (Sonder-)Recht auf Benennung von Geschäftsführern eingeräumt wird.[182] Ein solches Recht verbindet sich meist mit der vertraglichen Festlegung von persönlichen Qualifikationsmerkmalen, denen die Benannten entsprechen müssen. Ob das Benennungsrecht als *Optionsrecht* mit unmittelbarer Gestaltungswirkung oder als *Vorschlagsrecht* mit Zustimmungspflicht der Mitgesellschafter ausgestaltet ist, ist Auslegungsfrage. Wegen der weitreichenden Wirkungen eines Optionsrechts und wegen der mit einem Streit über die Optionsvoraussetzungen verbundenen Rechtsunsicherheit ist im Zweifel von einem Vorschlagsrecht auszugehen. Die Mitgesellschafter sind bei ihrer Stimmabgabe an den Vorschlag gebunden, sofern die vertraglichen Qualifikationsmerkmale nachgewiesen sind und keine Gründe vorliegen, die die Erhebung einer Entziehungsklage nach § 117 rechtfertigen würden.[183]

---

[180] Ebenso Ebenroth/Boujong/Joost/Strohn/*Mayen* Rn 15; *Koller*/Roth/Morck Rn 8.

[181] So zutr. *Westermann* Handbuch Rn I 283.

[182] Vgl. nur Baumbach/*Hopt* Rn 21.

[183] Zur Auslegung der Klausel „Entsprechende Eignung und Vorbildung" vgl. BGH BB 1967, 309 f.

82 **5. Bestellung dritter Personen.** Die grundsätzliche Unzulässigkeit, nicht zu den Gesellschaftern gehörende dritte Personen zu Geschäftsführern zu bestellen, folgt aus dem Prinzip der Selbstorganschaft (vgl. Rn 9). Wie schon erwähnt, steht dieses Prinzip der *gesellschaftsvertraglichen Überlassung der Geschäftsführung an Dritte zur Ausübung* nicht entgegen (Rn 10). Freilich verbleibt im Fall einer derartigen Delegation die originäre Geschäftsführungsbefugnis bei den Gesellschaftern im Sinne der *Gesamtgeschäftsführungsbefugnis aller*; mehrheitliche Beschlussfassung setzt das Vorliegen einer gesellschaftsvertraglichen Mehrheitsklausel voraus (§ 119 Rn 31). Mit dieser Befugnis verbindet sich das Recht aller Gesellschafter bzw. der vertraglich geregelten Mehrheit, die Delegation teilweise oder ganz zu widerrufen und die Geschäftsführung an sich zu ziehen oder abweichend auszugestalten. Ein eigenständiges, dem Widerruf entgegenstehendes Recht des Dritten auf Geschäftsführung ist ausgeschlossen; dessen Ansprüche aus einem etwaigen Anstellungsvertrag bleiben unberührt (Rn 10, 36). Zur entsprechenden Rechtslage in Bezug auf organschaftliche und abgeleitete Vertretungsmacht vgl. § 125 Rn 7 und 10 (*Habersack*).

83 Von der gesellschaftsvertraglich geregelten, grundsätzlich zulässigen Delegation der Geschäftsführung an Dritte zu unterscheiden ist die **eigenmächtige Übertragung** von Geschäftsführungsaufgaben durch den dazu berufenen Geschäftsführer an einen von ihm ausgewählten Dritten. Sie enthält im Regelfall einen Verstoß gegen seine Pflicht zur höchstpersönlichen Rechtsausübung (Rn 35 f) und macht ihn haftbar für die der Gesellschaft und den Mitgesellschaftern daraus entstehenden Schäden. Anderes gilt, wenn ihm die Mitgesellschafter die Einschaltung des Dritten gestattet haben; dann haftet er nur im Rahmen von § 664 Abs. 1 S. 2 BGB (Rn 36). Unbedenklich zulässig ist auch die Einschaltung Dritter für die Wahrnehmung nachgeordneter Funktionen; sie ist vom Umfang der Geschäftsführungsbefugnis gedeckt (Rn 35).

84 **6. Beirat.** Zur gesellschaftsvertraglichen Einsetzung eines Beirats als Organ der OHG/KG und zur Übertragung von Geschäftsführungsfunktionen an ihn vgl. näher § 109 Rn 48 ff. Wie dort (§ 109 Rn 51 f) im Einzelnen dargelegt, begegnet ein solches Vorgehen dann keinen Bedenken, wenn der Beirat als *Gesellschafterausschuss* ausschließlich aus Gesellschaftern bzw. deren gesetzlichen oder organschaftlichen Vertretern besteht. Demgegenüber stellt sich bei einem zur Besetzung auch mit dritten Personen offenen Beirat die Frage der Vereinbarkeit mit dem Prinzip der Selbstorganschaft, aber auch der Verbandssouveränität, soweit ihm im Gesellschaftsvertrag eigenständige Geschäftsführungskompetenzen zugewiesen sind (str., vgl. § 109 Rn 52). Anderes gilt im Falle bloßer Kontroll-, aber auch Zustimmungskompetenzen des Beirats als Überwachungs- und Schlichtungsorgan (§ 109 Rn 52, 53); sie lassen die Prinzipien der Selbstorganschaft und Verbandssouveränität unberührt.

III. Auslegungsgrundsätze

85 **1. Die Auslegungsregel des Abs. 2.** Nach Abs. 2 bedeutet die Übertragung der Geschäftsführung im Gesellschaftsvertrag an einen oder mehrere Gesellschafter, dass die übrigen Gesellschafter von der Geschäftsführung ausgeschlossen sind. Es handelt sich um eine Auslegungsregel für eine besonders typische Abweichung von der dispositiven Regelung des Abs. 1 (Rn 77). Sie greift nicht nur bei ausdrücklicher Übertragung der Geschäftsführung auf einzelne Gesellschafter ein, sondern auch dann, wenn die Übertragung sich als konkludente Abrede aus den Umständen ergibt. Bei sachlicher Aufteilung der Geschäftsführung zwischen den Gesellschaftern nach Sparten oder Ressorts (Rn 80) ist

Abs. 2 entsprechend anwendbar mit der Folge, dass die jeweils anderen Gesellschafter, auch soweit sie selbst zu Geschäftsführern bestellt sind, von der Geschäftsführung für den einem von ihnen zugewiesenen Geschäftsbereich im Zweifel ausgeschlossen sind.[184]

86 **2. Sonstige.** Zur Auslegungsregel des § 115 Abs. 2 betreffend die Bestellung von Gesellschaftern zur *Gesamtgeschäftsführung* vgl. § 115 Rn 27 ff. Beschränkt sich der Gesellschaftsvertrag auf die Regelung der organschaftlichen *Vertretungsmacht* der Gesellschafter, ohne Abreden auch über die Geschäftsführung zu enthalten, so gestattet das im Zweifel den Schluss auf eine entsprechende Ausgestaltung auch der Geschäftsführungsbefugnis anstelle des Eingreifens der §§ 114 Abs. 1, 115 Abs. 1;[185] dafür spricht vor allem, dass beide Kompetenzen typischerweise einheitlich geregelt werden (Rn 14). Sind mit Geschäftsführungsbefugnis verbundene Gesellschaftsanteile im Erbwege auf *nicht voll geschäftsfähige Gesellschafter* übergegangen, ohne dass der Gesellschaftsvertrag für diesen Fall Vorsorge trifft, liegt die Annahme einer Vertragslücke nahe, die im Zweifel im Sinne des Ruhens der Geschäftsführungsbefugnis mindestens bis zur Erreichung der Volljährigkeit des Gesellschafters zu schließen ist (Rn 27). Eine Regelungslücke kommt schließlich auch dann in Betracht, wenn der Gesellschaftsvertrag die Vererbung eines mit Geschäftsführungsbefugnis verbundenen Gesellschaftsanteils an eine Erbenmehrheit zulässt, ohne die Folgen des Anteilsübergangs für die Zahl der Geschäftsführer zu regeln (Rn 26).

§ 115

(1) Steht die Geschäftsführung allen oder mehreren Gesellschaftern zu, so ist jeder von ihnen allein zu handeln berechtigt; widerspricht jedoch ein anderer geschäftsführender Gesellschafter der Vornahme einer Handlung, so muß diese unterbleiben.

(2) Ist im Gesellschaftsvertrage bestimmt, daß die Gesellschafter, denen die Geschäftsführung zusteht, nur zusammen handeln können, so bedarf es für jedes Geschäft der Zustimmung aller geschäftsführenden Gesellschafter, es sei denn, daß Gefahr im Verzug ist.

Schrifttum

Lettl Die Anpassung von Personengesellschaftsverträgen (GbR, oHG) aufgrund von Zustimmungspflichten der Gesellschafter, AcP 202 (2002), 3; *Schmidt-Rimpler* Zum Problem der Vertretungsmacht des zur Einzelgeschäftsführung befugten Gesellschafters beim Widerspruch eines anderen in der bürgerlich-rechtlichen Gesellschaft, FS Knur (1972), S. 235; *M. Schwab* Das Prozessrecht gesellschaftsinterner Streitigkeiten (2005); *Sester* Treupflichtverletzung bei Widerspruch und Zustimmungsverweigerung im Recht der Personenhandelsgesellschaften (1996); *Weidenbaum* Zum Widerspruchsrecht der Gesellschafter bei der OHG und der KG, ZHR 99 (1934), 35; *Weygand* Der Widerspruch des geschäftsführenden Gesellschafters einer OHG (KG) nach § 115 HGB, AcP 158 (1959/60), 150.

---

[184] So bereits 3. Aufl. Rn 12 (*Rob. Fischer*); vgl. ferner MünchKommHGB/*Rawert* Rn 20; Ebenroth/Boujong/Joost/Strohn/*Mayen* Rn 12; MünchHdbGesR I/*v. Ditfurth*[2] § 53 Rn 61; Baumbach/*Hopt* § 115 Rn 7; *Westermann* Handbuch Rn I 283.

[185] So für den umgekehrten Fall (Regelung nur der Geschäftsführungsbefugnis) auch § 125 Rn 33 (*Habersack*).

Übersicht

A. Einführung

I. Normzweck und systematische Stellung

Die Vorschrift des § 115 befasst sich mit der **Ausgestaltung der Geschäftsführungsbefugnis** der Gesellschafter vor dem Hintergrund entweder des dispositiven Rechts (§ 114 Abs. 1) oder einer abweichend hiervon im Gesellschaftsvertrag getroffenen Regelung (§§ 109, 114 Abs. 2). Sie bestimmt in **Abs. 1**, dass die Geschäftsführungsbefugnis in OHG und KG grundsätzlich als *Einzelbefugnis* besteht (1. Hs.), freilich mit der aus dem *Widerspruchsrecht* der Mitgeschäftsführer (2. Hs.) folgenden Einschränkung. Damit will sie dem das Handelsrecht prägenden, auch für Handelsgesellschaften wesentlichen Bedürfnis nach Flexibilität und Effizienz im Handelsverkehr angemessen Rechnung tragen, ohne doch die Mitgeschäftsführer um ihre Mitwirkungsrechte zu bringen; darauf beruht auch der Unterschied zur Gesamtgeschäftsführungsbefugnis als gesetzlicher Regel in der GbR (§ 709 Abs. 1 BGB). Demgegenüber befasst sich **Abs. 2** mit der Handhabung einer abweichend vom Regelfall des Abs. 1 gesellschaftsvertraglich angeordneten *Gesamtbefugnis* von zwei oder mehr Geschäftsführern: Er schreibt für diesen Fall grundsätzlich die *Zustimmung aller* nach dem Gesellschaftsvertrag erforderlichen Geschäftsführer für jedes Geschäft vor. Eine Ausnahme hiervon lässt er bei *Gefahr im Verzug* zu, wobei die hieran zu stellenden Anforderungen geringer sind als diejenigen der Notgeschäftsführung jedes Gesellschafters analog § 744 Abs. 2 BGB (vgl. Rn 37 f). 1

Als Teil der Regelungen über die Geschäftsführung in OHG und KG ist die Vorschrift im **Kontext der §§ 114 bis 117** zu sehen. Dementsprechend kann in weitem Umfang auf die Erläuterungen zu § 114 verwiesen werden; anderes gilt nur für die spezifischen, in § 115 Abs. 1 und 2 geregelten Instrumente des Widerspruchs- und Zustimmungsrechts und ihres Umfelds. So gelten die Feststellungen zum *Anwendungsbereich* des § 114 (§ 114 Rn 4 ff) und zu den Grenzen, die das Prinzip der *Selbstorganschaft* der dispositiven Ausgestaltung der Geschäftsführungsbefugnis setzt (§ 114 Rn 9 f), auch für § 115. Übereinstimmung besteht auch für den *Begriff* der Geschäftsführung (§ 114 Rn 11 f) und für ihre Abgrenzung gegenüber dem Bereich der Vertretung der Gesellschaft (§ 114 Rn 13 f) und der Grundlagengeschäfte (§ 114 Rn 15 f). Weitere Verweisungen beziehen 2 sich auf die Geschäftsführungsbefugnis als uneigennütziges Pflichtrecht (§ 114 Rn 17 ff) mit den sich daraus ergebenden Folgerungen für Sorgfaltspflicht und Haftung der Geschäftsführer (§ 114 Rn 37 ff und 50 f) sowie für die Ressortaufteilung zwischen den Geschäftsführern (§ 114 Rn 42 ff); dabei handelt es sich jeweils um Fragen, denen zumal für das Widerspruchs-, aber auch für das Zustimmungsrecht nach § 115 Abs. 1 und 2 Bedeutung zukommt.

II. Die Einzelgeschäftsführung (Abs. 1, 1. Hs.)

3 Für die – in § 115 Abs. 1, 1. Hs. als gesetzliche Regel vorgesehene – Einzelgeschäftsführung, ihren nach § 116 Abs. 1 auf den Bereich des *gewöhnlichen Geschäftsbetriebs* (§ 116 Rn 9) begrenzten Umfang, ihre Abgrenzung zur Vertretung der Gesellschaft und zu der sämtlichen Gesellschaftern vorbehaltenen Mitwirkung an Grundlagengeschäften gelten die vorstehenden Hinweise (Rn 2) auf den Regelungszusammenhang mit den §§ 114, 116 in vollem Umfang. Einen diesen Vorschriften gegenüber eigenständigen Regelungsgehalt weist § 115 Abs. 1 nur in Bezug auf die Betonung der **Einzelbefugnis** und ihre Unterscheidung gegenüber den verschiedenen, dem Gesellschaftsvertrag vorbehaltenen Gestaltungsmöglichkeiten von Gesamtbefugnis (vgl. Rn 30) auf. Über die *Geschäftsverteilung* zwischen zwei oder mehr, je mit Einzelbefugnis ausgestatteten Geschäftsführern trifft das Gesetz keine Regelung; sie bleibt dem Gesellschaftsvertrag oder einem Gesellschafterbeschluss vorbehalten (vgl. § 114 Rn 43). Mangels einer solchen Regelung können die Geschäftsführer auch ihrerseits eine Geschäftsverteilung untereinander festlegen. Sie bleibt freilich ohne Rechtswirkungen für ihre nach Gesetz oder Gesellschaftsvertrag umfassend ausgestaltete Geschäftsführungsbefugnis und ihre entsprechende Verantwortung, die Leitungsfunktionen in einer am Gesellschaftsinteresse ausgerichteten Art und Weise auszuüben. Zur *Rechtsstellung* des Geschäftsführers als eines kraft eigenen Rechts tätigen, nicht weisungsgebundenen und nur aus wichtigem Grund abzuberufenden Organmitglieds und zur Behandlung einer ihm im Gesellschaftsvertrag oder durch Gesellschafterbeschluss eingeräumten Tätigkeitsvergütung als Gewinnvoraus vgl. § 114 Rn 28 ff.

4 Ein wesentliches *Teilelement der Geschäftsführungsbefugnis* bildet das in § 115 Abs. 1, 2. Hs. geregelte, nur den Geschäftsführern eingeräumte **Widerspruchsrecht** gegen Maßnahmen der Mitgesellschafter. Mangels gesellschaftsvertraglicher Abweichungen (Rn 25) deckt es sich mit der Geschäftsführungsbefugnis auch insofern, als es sich auf diejenigen Tätigkeitsbereiche beschränkt, die zur Kompetenz der jeweiligen Geschäftsführer gehören und im Fall von Gesamtgeschäftsführungsbefugnis von den zwei oder mehr Gesamtgeschäftsführern nur gemeinsam ausgeübt werden kann (Rn 9). Im Gesellschaftsvertrag kann das Widerspruchsrecht eingeschränkt oder abbedungen, aber auch Gesellschaftern ohne sonstige Geschäftsführungsrechte oder einem aus Gesellschaftern zusammengesetzten Beirat eingeräumt werden (Rn 25). Dagegen ist eine originäre Begründung für Nichtgesellschafter nach zutr. Ansicht ausgeschlossen (str., vgl. Rn 26). Der enge *Zusammenhang zwischen Geschäftsführungsbefugnis und Widerspruchsrecht* zeigt sich schließlich auch darin, dass die Entziehung der Geschäftsführungsbefugnis nach § 117 zugleich den Verlust des Widerspruchsrechts zur Folge hat (§ 117 Rn 14). Zu den Einzelheiten des Widerspruchsrechts, seinen Voraussetzungen, seiner Ausübung und seinen Wirkungen vgl. Rn 5 ff.

B. Das Widerspruchsrecht (Abs. 1, 2. Hs.)

I. Grundlagen

1. Pflichtrecht. Das Widerspruchsrecht ist – als Bestandteil der Geschäftsführungsbefugnis (Rn 4) – ebenso wie diese selbst ein mit dem Anteil verbundenes, nicht selbständig übertragbares **uneigennütziges Mitgliedschaftsrecht** der geschäftsführenden Gesellschafter (§ 114 Rn 17). Als sog. Pflichtrecht (§ 114 Abs. 1: „berechtigt und verpflichtet") kann es je nach Lage des Falles Handlungs- oder Unterlassungspflichten auslösen, deren schuldhafte, zur Schädigung der Gesellschaft führende Verletzung die betroffenen Geschäftsführer zum Schadensersatz verpflichtet (Rn 7 f). Es besteht auch dann, wenn die Voraussetzungen einer „Gefahr im Verzug" (§ 115 Abs. 2, 2. Hs.) in Bezug auf die den Gegenstand des Widerspruchs bildende Maßnahme vorliegen.[1] Ein pflichtwidrig geltend gemachter Widerspruch ist unbeachtlich; er hindert den handlungswilligen Geschäftsführer nicht am Tätigwerden. Solange die Pflichtwidrigkeit gerichtlich nicht festgestellt ist, handelt er freilich auf eigene Gefahr und kann dem Vorwurf des Kompetenzverstoßes wegen Nichtbeachtung des Widerspruchs nur durch den Nachweis von dessen Pflichtwidrigkeit entgegentreten (Rn 21). 5

Für die Entscheidung des Geschäftsführers über die Ausübung des Widerspruchs gilt entsprechend ihrer Zugehörigkeit zum Bereich der Geschäftsführung ein weiter unternehmerischer **Ermessensspielraum** (vgl. schon § 114 Rn 37 und 40). Über die Zweckmäßigkeit von Geschäftsführungsmaßnahmen zu entscheiden, ist nicht Sache der Gerichte, sondern Aufgabe der zu Geschäftsführern bestellten Gesellschafter.[2] Stimmen sie in der Beurteilung nicht überein und erhebt deshalb einer von ihnen Widerspruch gegen eine von anderen Geschäftsführern geplante, für das Wohl der Gesellschaft nicht unverzichtbare Maßnahme, so hat diese zu unterbleiben. Der Widerspruch hat die *Wirkung,* die Geschäftsführungsbefugnis der handlungswilligen Gesellschafter in Bezug auf die fragliche Maßnahme zu beseitigen; bei Nichtbeachtung führt er zur Haftung nach den Grundsätzen über die unberechtigte Geschäftsführung ohne Auftrag (str., vgl. § 114 Rn 58). Auf die Zahl der handlungswilligen bzw. widersprechenden Gesellschafter kommt es nicht an; mangels abweichender Vertragsgestaltung gibt es weder eine Mehrheitskompetenz zum Überstimmen des Widerspruchs noch einen „Widerspruch gegen den Widerspruch".[3] Zur Frage einer Begründungspflicht des widersprechenden Gesellschafters und zu den Folgen ihrer Verletzung vgl. Rn 18. 6

2. Schranken des Ausübungsermessens. Die **Pflichtwidrigkeit** des Widerspruchs wegen Überschreitens des Ermessensspielraums (Rn 6) ist zum einen dann zu bejahen, wenn der 7

---

[1] RGZ 109, 56 (60); MünchKommHGB/*Rawert* Rn 40; vgl. auch Rn 37.

[2] Heute einhM, vgl. BGH ZIP 1988, 843 (844); NJW 1986, 844; BGH LM Nr. 11 zu § 105 HGB = BB 1956, 92; *Hueck* OHG § 10 III 5, S. 130 f; Schlegelberger/*Martens* Rn 12, 15; MünchKommHGB/*Rawert* Rn 37; Ebenroth/Boujong/Joost/Strohn/*Mayen* Rn 19; MünchGesR/*v. Ditfurth*[2] Bd. I § 53 Rn 42; Röhricht/Graf v. Westphalen/*v. Gerkan/Haas* Rn 5; zur (heute überholten) früheren Auseinandersetzung über die Frage, ob der Widerspruch nach „freiem Ermessen" oder nur im Interesse der Gesellschaft ausgeübt werden könne, vgl. die Nachw. bei *Hueck* aaO, bei *Gogos* Geschäftsführung der OHG S. 40 und bei *Weygand* AcP 158 (1959/60), 150 (153).

[3] So zutr. schon 3. Aufl. Rn 5 (*Rob. Fischer*) und *Gogos* Geschäftsführung der OHG S. 46 f; vgl. ferner MünchKommHGB/*Rawert* Rn 16; Baumbach/*Hopt* Rn 2; Ebenroth/Boujong/Joost/Strohn/*Mayen* Rn 13; *Koller*/Roth/Morck Rn 3; MünchGesR Bd. I/*v. Ditfurth*[2] § 53 Rn 40.

widersprechende Geschäftsführer damit unter Verletzung seiner Treupflicht ausschließlich oder in erster Linie *eigene Interessen* verfolgt.[4] Das ist etwa der Fall, wenn es ihm darum geht, eine im Interesse der Gesellschaft liegende, seine eigenen Interessen nachteilig beeinflussende Maßnahme zu verhindern wie die Anschaffung eines Geschäftsgrundstücks statt der entgeltlichen Weiternutzung des Grundstücks des Gesellschafters oder die Kündigung eines Liefervertrags zwischen der Gesellschaft und ihm, sofern das Widerspruchsrecht in derartigen Fällen nicht schon wegen Interessenkollision ausscheidet (Rn 11). Ebenfalls unzulässig ist die Ausübung des Widerspruchs zur persönlichen Ausnutzung von Geschäftschancen der Gesellschaft (§ 114 Rn 46). Pflichtwidrigkeit des Widerspruchs wegen Ermessensreduzierung auf Null kommt dann in Betracht, wenn die fragliche Maßnahme im Interesse der Gesellschaft, insbes. zur Erhaltung gemeinsam geschaffener Werte dringend geboten ist und Nachteile der Gesellschaft aus dem geplanten Vorgehen nicht ernsthaft zu befürchten sind.[5] Ebenso ist ein Widerspruch pflichtwidrig, wenn er nicht auf sachlichen Gründen beruht, sondern der Widersprechende damit Obstruktions- oder Blockadepolitik betreibt, etwa um sonstige, mit der Maßnahme in keinem Sachzusammenhang stehende Forderungen durchzusetzen.[6] Pflichtwidrig ist auch der sachlich nicht fundierte Widerspruch gegen die Erfüllung eindeutiger Rechtspflichten der Gesellschaft.[7] Einen *Grenzfall* bildet der auf die Gefahr von Haftungsrisiken gestützte Widerspruch gegen bestimmte, ihrerseits nicht übermäßig riskante Geschäfte im Tätigkeitsbereich der Gesellschaft;[8] insoweit kommt es auch auf die erwarteten Vorteile der fraglichen Geschäfte für die Gesellschaft sowie darauf an, ob es sich um eine – im Zweifel zulässige – Einzelablehnung oder um ein Vorgehen handelt, das die Gefahr einer Dauerblockade begründet.

8 Eine **Handlungspflicht** zur Ausübung des Widerspruchsrechts setzt demgegenüber voraus, dass es bei der von Mitgeschäftsführern geplanten Handlung um eine nicht vom Unternehmensgegenstand der Gesellschaft gedeckte oder aus sonstigen Gründen gegen das Unternehmensinteresse verstoßende, insbes. offensichtlich nachteilige oder unverhältnismäßig riskante Maßnahme geht und dass der Geschäftsführer hiervon rechtzeitig vorher Kenntnis erlangt.[9] Der Kenntnis steht die pflichtwidrige Unkenntnis wegen Verletzung der Informationsverschaffungspflicht der Geschäftsführer gleich (vgl. dazu Rn 15).

[4] BGH ZIP 1988, 843 (844); *Hueck* OHG § 10 III 5, S. 130; MünchKommHGB/*Rawert* Rn 38; *Koller*/Roth/Morck Rn 3; Ebenroth/Boujong/Joost/Strohn/*Mayen* Rn 18; MünchGesR/*v. Ditfurth*[2] Bd. I § 53 Rn 42; *Westermann* Handbuch Rn I 263; *Wiedemann* Gesellschaftsrecht Bd. II § 4 II 3a bb, S. 338 (einhM). Unschädlich ist dagegen das Verfolgen *auch* eigener Interessen, wenn der Widerspruch objektiv zugleich dem Interesse der Gesellschaft dient (so zutr. BGH NJW 1986, 844; BGH LM Nr. 2 zu § 115 HGB = BB 1971, 759).

[5] MünchKommHGB/*Rawert* Rn 40; Ebenroth/Boujong/Joost/Strohn/*Mayen* Rn 19; *Hueck* OHG § 10 III 5, S. 131.

[6] Vgl. MünchKommHGB/*Rawert* Rn 40; Röhricht/Graf v. Westphalen/*v. Gerkan*/*Haas* Rn 5; *Westermann* Handbuch Rn I 263; für den entsprechenden Fall ständiger Verweigerung der Zustimmung so auch BGH NJW 1972, 862 (864).

[7] BGH LM Nr. 11 zu § 105 HGB = BB 1956, 92; MünchKommHGB/*Rawert* Rn 40; unter dem Aspekt der Business Judgment Rule (§ 93 Abs. 1 S. 2 AktG – dazu § 114 Rn 40) ist ebenfalls anerkannt, dass die Erfüllung von Rechtspflichten kein Raum für unternehmerisches Ermessen lässt, vgl. nur *Ihrig* WM 2004, 2098 (2102); *C. Schäfer* ZIP 2005, 1253 (1255 f).

[8] Für grundsätzliche Beachtlichkeit eines „von allzu großer Vorsicht" bzw. Risikoscheu veranlassten Widerspruchs 3. Aufl. Rn 9 (*Rob. Fischer*).

[9] Vgl. MünchKommHGB/*Rawert* Rn 39; MünchGesR/*v. Ditfurth*[2] Bd. I § 53 Rn 43; Ebenroth/Boujong/Joost/Strohn/*Mayen* Rn 17; Röhricht/Graf v. Westphalen/*v. Gerkan*/*Haas* Rn 5.

Ebenso besteht eine Pflicht zum Widerspruch, um sonstige pflichtwidrige Handlungen von Mitgeschäftsführern (§ 114 Rn 37 ff) zu verhindern; das Widerspruchsrecht als Pflichtrecht ist dem Geschäftsführer zu dem Zweck gewährt, für Ordnungsmäßigkeit der Leitung der Gesellschaft zu sorgen. Schuldhafte Verstöße gegen die Widerspruchspflicht machen den untätigen Geschäftsführer neben dem pflichtwidrig Handelnden schadensersatzpflichtig gegenüber der Gesellschaft. Im Innenverhältnis zwischen beiden hat freilich regelmäßig der Handelnde den Schaden zu tragen;[10] das folgt auch ohne besondere Regelung i.S.v. § 426 Abs. 1 BGB aus dem Grundgedanken des § 254 BGB.[11]

II. Berechtigte

Als Bestandteil der Geschäftsführungsbefugnis (Rn 4) steht das Widerspruchsrecht den jeweiligen **Geschäftsführern** zu. Im Fall von *Einzel*geschäftsführungsbefugnis sind sie je für sich widerspruchsberechtigt, soweit kein Fall der Interessenkollision vorliegt (Rn 11). Demgegenüber können **Gesamtgeschäftsführer** nur *gemeinsam* Widerspruch einlegen.[12] Demgegenüber wollte eine früher vertretene Gegenansicht jedem Gesamtgeschäftsführer ein eigenes Widerspruchsrecht einräumen.[13] Sie berücksichtigte indessen nicht den engen Zusammenhang zwischen Geschäftsführungs- und Widerspruchsrecht und vernachlässigte, dass die Gesellschafter durch ihre Entscheidung für die Gesamtgeschäftsführung ein abgestimmtes Vorgehen der nur gemeinsam handlungsbefugten Geschäftsführer sicherstellen wollten; die Ansicht ist daher mit Recht überholt. Verstößt freilich einer der Gesamtgeschäftsführer gegen eine etwaige *Widerspruchspflicht* (Rn 8), so steht seine Untätigkeit der Wirksamkeit des von den anderen Gesamtgeschäftsführern eingelegten Widerspruchs nicht entgegen. Auf das Fehlen seiner Mitwirkung können sich weder er selbst noch auch diejenigen Geschäftsführer berufen, die die umstrittene Maßnahme geplant haben und gegen die sich der Widerspruch richtet. 9

In **sachlicher** Hinsicht deckt sich die Reichweite des Widerspruchsrechts mit derjenigen der Geschäftsführungsbefugnis der Gesellschafter.[14] Haben die Gesellschafter keine Ressortaufteilung getroffen, so erstreckt sich auch das Widerspruchsrecht auf alle zur laufenden Geschäftsführung (§ 116 Abs. 1) gehörenden Maßnahmen; eine zwischen den Geschäftsführern vereinbarte Aufteilung (§ 114 Rn 44) beschränkt weder ihre umfassende Verantwortung noch auch das damit korrespondierende Widerspruchsrecht.[15] Dagegen wirkt sich eine **Ressortaufteilung** im Gesellschaftsvertrag oder durch Gesellschafterbeschluss auch auf das Widerspruchsrecht aus; außerhalb des eigenen Ressorts besteht es nur in Bezug auf *ressortübergreifende*, auch das eigene Ressort berührende Maßnahmen, 10

[10] Schlegelberger/*Martens* Rn 13; MünchGesR/*v. Ditfurth*[2] Bd. I § 53 Rn 43; Bamberger/Roth/*Timm/Schöne* BGB[2] § 711 Rn 12; Soergel/*Hadding* BGB[12] § 711 Rn 8.

[11] Vgl. statt aller MünchKommBGB[5]/*Oetker* § 254 Rn 20 und MünchKommBGB[5]/*Bydlinski* § 426 Rn 21.

[12] Heute ganz hM, vgl. *Hueck* OHG § 10 III 3, S. 127; MünchKommHGB/*Rawert* Rn 11; Ebenroth/Boujong/Joost/Strohn/*Mayen* Rn 7; Baumbach/*Hopt* Rn 2; MünchGesR/*v. Ditfurth*[2] Bd. I § 53 Rn 39; *Westermann* Handbuch Rn I 263a; Heymann/*Emmerich* Rn 3.

[13] *Flechtheim* in: Düringer/Hachenburg Rn 3 und 9.

[14] EinhM, vgl. *Hueck* OHG § 10 III 3, S. 127 f; MünchKommHGB/*Rawert* Rn 10; Ebenroth/Boujong/Joost/Strohn/*Mayen* Rn 4, 7; MünchGesR/*v. Ditfurth*[2] Bd. I § 53 Rn 39; Röhricht/Graf v. Westphalen/*v. Gerkan/Haas* Rn 2; *Wiedemann* Gesellschaftsrecht Bd. II § 4 II 3a bb, S. 337; *Westermann* Handbuch Rn I 263a.

[15] Ebenso MünchKommHGB/*Rawert* Rn 6, 12; Ebenroth/Boujong/Joost/Strohn/*Mayen* Rn 4; vgl. auch *Schwamberger* BB 1963, 279 (280).

sofern diese nicht – als außerordentliche Geschäfte – unter § 116 Abs. 2 fallen und schon deshalb der Zustimmung aller Gesellschafter bedürfen.[16]

11 Eine Einschränkung erfährt das Widerspruchsrecht bei **Befangenheit** der Geschäftsführer wegen kollidierender Eigeninteressen, namentlich also, wenn es um ihre Befreiung von einer Verbindlichkeit gegenüber der Gesellschaft, um die Einleitung eines Rechtsstreits gegen sie, aber auch um den Abschluss oder die Änderung eines Rechtsgeschäfts mit ihnen geht. Die Interessenkollision führt nicht nur zum Stimmrechtsausschluss (§ 119 Rn 66 f), sondern schließt nach zutr. Ansicht auch die Geschäftsführungsbefugnis und das ihr korrespondierende Widerspruchsrecht in derartigen Fällen aus.[17] Wollte man anders entscheiden, so wäre der zur Wahrung eigener Interessen des Geschäftsführers eingelegte Widerspruch jedenfalls wegen Treupflichtverstoßes pflichtwidrig und daher unbeachtlich (Rn 7). Klarer und sachangemessener ist es daher, die aus der Interessenkollision folgenden Schranken für die Mitgliedschaftsrechte auf den Geschäftsführungsbereich zu erstrecken.[18]

12 **Von der Geschäftsführung ausgeschlossene Gesellschafter** haben nach gesetzlicher Regel kein eigenes Widerspruchsrecht. So wenig sie mit gerichtlicher Hilfe die Unterlassung von Geschäftsführungsmaßnahmen durchsetzen können (§ 114 Rn 74), so wenig steht ihnen ein solches Recht kraft ihrer Mitgliedschaft zu.[19] Anderes gilt nur dann, wenn es um die Verhinderung von Maßnahmen geht, die – als außergewöhnliche Geschäfte – nach § 116 Abs. 2 nur mit Zustimmung aller Gesellschafter vorgenommen werden dürfen. Der *Gesellschaftsvertrag* kann ihnen oder einem mit Gesellschaftern besetzten Beirat ein eigenes Widerspruchsrecht einräumen, während ein solches für *Dritte* gegen den Grundsatz der Selbstorganschaft verstößt (str., vgl. Rn 26).

III. Gegenstände

13 **1. Handlungen des gewöhnlichen Geschäftsbetriebs.** Den Gegenstand des Widerspruchsrechts bilden alle bevorstehenden (Rn 19) Handlungen von Mitgeschäftsführern, die zum gewöhnlichen Geschäftsbetrieb i.S.v. § 116 Abs. 1 gehören. Das Bestehen einer Gefahr im Verzug schließt das Widerspruchsrecht nicht aus (vgl. Rn 37). Der Widerspruch muss sich grundsätzlich gegen *konkrete Einzelmaßnahmen* richten.[20] Eine gene-

---

[16] Vgl. die Nachw. in Fn 13; zum Fall ressortübergreifender Maßnahmen vgl. insbes. *Hueck* § 10 III 3, S. 127 in Fn 34; Schlegelberger/*Martens* Rn 4; MünchKommHGB/*Rawert* Rn 12; Ebenroth/Boujong/Joost/Strohn/*Mayen* Rn 4; MünchGesR/*v. Ditfurth*[2] Bd. I § 53 Rn 39.

[17] So zutr. BGH NJW 1974, 1555 (1556) (betr. Geltendmachung eines Anspruchs der OHG gegen den Widersprechenden); Schlegelberger/*Martens* Rn 9; MünchKommHGB/*Rawert* Rn 13; MünchGesR/*v. Ditfurth*[2] Bd. I § 53 Rn 39; **aA** (Unbeachtlichkeit bei Treupflichtverstoß) RGZ 81, 92 (94) (betr. Kündigung eines Vertrags der OHG mit dem Widersprechenden); *Hueck* OHG § 10 III 5, S. 133.

[18] Ebenso Schlegelberger/*Martens* Rn 9.

[19] EinhM, vgl. *Hueck* OHG § 10 III 3, S. 127; MünchKommHGB/*Rawert* Rn 10; Ebenroth/Boujong/Joost/Strohn/*Mayen* Rn 7; *Koller*/Roth/Morck Rn 3.

[20] Vorbehaltlich der Abgrenzung im Einzelnen einhM, vgl. *Hueck* OHG § 10 III 2, S. 126; Schlegelberger/*Martens* Rn 7; MünchKommHGB/*Rawert* Rn 17; Ebenroth/Boujong/Joost/Strohn/*Mayen* Rn 9; MünchGesR/*v. Ditfurth*[2] Bd. I § 53 Rn 41; Röhricht/Graf v. Westphalen/*v. Gerkan*/*Haas* Rn 2; *Westermann* Handbuch Rn I 265; *Wiedemann* Gesellschaftsrecht Bd. II § 4 II 3a bb, S. 337.

relle Verhinderung der Geschäftstätigkeit von Mitgeschäftsführern kann nicht auf dem Wege über das Widerspruchsrecht, sondern nur durch Entziehungsklage nach § 117 erreicht werden. Im Hinblick auf die vorbeugende, der Verhinderung geplanter Maßnahmen dienende Natur des Widerspruchsrechts und auf seine Funktion als Zustimmungsäquivalent sind die Grenzen dieses Rechts, wie sie sich aus dem Erfordernis konkreter Maßnahmen ergeben, allerdings nicht zu eng zu bestimmen. Zuzulassen ist vielmehr auch die Ausübung des Widerspruchsrechts gegen bestimmte, schon hinreichend konkretisierte *Pläne* von Mitgeschäftsführern und gegen die zu ihrer Realisierung bestimmten Umsetzungsmaßnahmen, aber auch gegen *sich wiederholende Handlungen* sowie gegen bestimmte *Gattungen* von Maßnahmen.[21] Entscheidend ist, dass das Widerspruchsrecht weder als allgemeines Blockadeinstrument eingesetzt noch dazu verwendet werden darf, Mitgeschäftsführern das Tätigwerden auf bestimmten Geschäftsfeldern generell zu versperren. Für diese Grenzziehung spricht auch die grundsätzliche Begründungspflicht des Widersprechenden auf Verlangen der Mitgeschäftsführer (Rn 18).

Die **Ausübung sonstiger Mitgliedschaftsrechte** der Mitgesellschafter unterfällt *nicht* dem Widerspruchsrecht.[22] Das gilt in erster Linie für *Mitspracherechte im Grundlagenbereich*, wie die Teilnahme an Gesellschafterversammlungen und die Ausübung des Stimmrechts, oder für das Gebrauchmachen von den Informations- und Kontrollrechten der §§ 118, 164; diese Befugnisse können den Mitgesellschaftern weder einseitig entzogen noch auch in ihrer Ausübung erschwert werden. Aber auch die Geltendmachung der *actio pro socio* ist nicht Gegenstand des Widerspruchsrechts;[23] mit ihrer Funktion, den Mitgesellschaftern bei Untätigkeit der Geschäftsführer eine eigene Handlungsmöglichkeit zu eröffnen (§ 105 Rn 256 und 262), wäre es unvereinbar, wenn die Geschäftsführer ein solches Vorgehen durch ihr Veto blockieren könnten. Auch die *Notgeschäftsführung* analog § 744 Abs. 2 BGB fällt nicht in den Anwendungsbereich des Widerspruchsrechts, sondern steht jedem Gesellschafter bei Vorliegen einer entsprechenden Notlage der Gesellschaft offen (vgl. Rn 38).[24] Ausgeschlossen ist schließlich auch ein Widerspruchsrecht gegen den Widerspruch eines Mitgeschäftsführers; es entwertete den Widerspruch (Rn 6). 14

2. Informationspflicht. Da das Widerspruchsrecht grundsätzlich *vor* Durchführung der fraglichen Maßnahme ausgeübt werden muss (Rn 19), droht es leerzulaufen, wenn die Geschäftsführer nicht rechtzeitig über bevorstehende, ihre Zuständigkeit berührende Handlungen von Mitgeschäftsführern informiert werden. Bei *widerspruchsrelevanten*, 15

---

21 So zutr. RGZ 84, 136 (139); ebenso auch schon 3. Aufl. Rn 6 (*Rob. Fischer*); *Hueck* OHG § 10 III 2, S. 126; *Westermann* Handbuch Rn I 265; MünchKommHGB/*Rawert* Rn 18; *Wiedemann* Gesellschaftsrecht Bd. II § 4 II 3 a bb, S. 337; enger aber MünchGesR Bd. I/*v. Ditfurth*[2] § 53 Rn 41 (nur bei generell als riskant einzustufenden Geschäften) sowie Schlegelberger/*Martens* Rn 7 (Widerspruch gegen bestimmte Gattungen von Maßnahmen unzulässig).

22 EinhM, vgl. MünchKommHGB/*Rawert* Rn 14; Ebenroth/Boujong/Joost/Strohn/*Mayen* Rn 8; MünchGesR/*v. Ditfurth*[2] Bd. I § 53 Rn 40.

23 MünchKommHGB/*Rawert* Rn 14; MünchGesR/*v. Ditfurth*[2] Bd. I § 53 Rn 40; Baumbach/*Hopt* Rn 3; Erman/*Westermann* BGB[12] Rn 3.

24 Vgl. *Hueck* OHG § 10 III 6, S. 133; MünchGesR/*v. Ditfurth*[2] Bd. I § 53 Rn 41; MünchKommHGB/*Rawert* Rn 40; Baumbach/*Hopt* Rn 3; *Koller*/Roth/Morck § 120 Rn 4; MünchKommBGB[5]/*Ulmer*/*C. Schäfer* § 711 Rn 8; Soergel/*Hadding* BGB[12] Rn 3; Staudinger/*Habermeier* (2003) Rn 5; Bamberger/Roth/*Timm*/*Schöne* BGB[2] Rn 4; zweifelnd Erman/*Westermann* BGB[12] Rn 3.

d.h. weittragenden oder schon bisher kontrovers beurteilten Maßnahmen ist der handlungswillige Geschäftsführer daher verpflichtet, die Mitgeschäftsführer vorher zu unterrichten und ihnen Gelegenheit zum Widerspruch zu geben, es sei denn, dass Gefahr im Verzug ist (Rn 37).[25] Im Übrigen kommt dem *Erfordernis umfassender gegenseitiger Information* in grundlegenden Fragen der Geschäftsführung (§ 114 Rn 44), das aus der grundsätzlichen Gesamtverantwortung aller Geschäftsführer für die ordnungsmäßige Leitung der Gesellschaft folgt, auch und gerade im Hinblick auf das Widerspruchsrecht wesentliche Bedeutung zu.[26] Ist in der Gesellschaft ein derartiges Informationssystem nicht ohnehin eingerichtet und seine Funktionsfähigkeit gewährleistet, so gehört die *Informationsverschaffung* zu den Pflichten der einzelnen Geschäftsführer. Sie verpflichtet diese dazu, sich im Rahmen des Machbaren ihrerseits um die erforderlichen Informationen zu bemühen, um ihrer Verantwortung für eine ordnungsmäßige Leitung der Gesellschaft gerecht werden zu können. Die Unkenntnis über konkret bevorstehende Handlungen von Mitgeschäftsführern, die dem Unternehmensinteresse der Gesellschaft erkennbar zuwiderlaufen, schützt einen Geschäftsführer insbes. dann nicht vor dem Risiko einer Schadensersatzhaftung, wenn er aufgrund des bisherigen Verhaltens der Mitgeschäftsführer Anhaltspunkte dafür hatte, dass mit derartigen Maßnahmen gerechnet werden müsste.[27] Zur Frage eines Anspruchs auf Rückgängigmachung des bereits vollzogenen Geschäfts wegen verspäteter oder unterlassener Information vgl. Rn 19.

IV. Ausübung

16 **1. Grundlagen.** Der Widerspruch ist eine an den oder die handlungswilligen Geschäftsführer gerichtete, **empfangsbedürftige Willenserklärung**. Er bedarf keiner Form und kann daher auch *konkludent* erklärt werden.[28] Inhaltlich muss er diejenigen Geschäftsführungsmaßnahmen, gegen die er sich richtet, klar erkennen lassen. Dafür genügt die unzweideutige Willensbekundung, dass der Widersprechende mit dem in Frage stehenden Vorgehen des Mitgeschäftsführers nicht einverstanden ist.[29] Ein Beispiel hierfür bildet etwa die fristlose Entlassung eines Angestellten; sie umfasst konkludent den Widerspruch gegen die sofortige Wiedereinstellung durch einen Mitgeschäftsführer.[30] Die Begründung des Widerspruchs ist kein Wirksamkeitserfordernis; eine Pflicht hierzu kann sich jedoch aus der Treupflicht des Widersprechenden als Geschäftsführer ergeben (Rn 18). Zur Rechtzeitigkeit des Widerspruchs vgl. Rn 19.

17 Der widersprechende Geschäftsführer ist an seine Erklärung **nicht gebunden**. Vorbehaltlich einer gesellschaftsrechtlichen Widerspruchspflicht (Rn 8) kann er seine Erklärung grundsätzlich jederzeit zurücknehmen und dadurch die von den Mitgeschäfts-

---

[25] Ganz hM, vgl. BGH BB 1971, 759; BGH WM 1972, 1291 (1294); MünchKommHGB/*Rawert* Rn 20; Ebenroth/Boujong/Joost/Strohn/*Mayen* Rn 10; MünchGesR/*v. Ditfurth*² Bd. I § 53 Rn 47; Heymann/*Emmerich* Rn 8; *Weidenbaum* ZHR 99 (1934), 35 (36 ff); in diese Richtung auch *Wiedemann* Gesellschaftsrecht Bd. II § 4 II 3 a bb, S. 337 (Maßnahmen, bei denen mit Kontroverse zu rechnen sei, müssten vorab besprochen werden).

[26] So zutr. schon 3. Aufl. Rn 13 (*Rob. Fischer*).

[27] Ebenso Schlegelberger/*Martens* Rn 13.

[28] EinhM, vgl. RGZ 81, 92 (94); *Hueck* OHG § 10 III 4, S. 128; MünchKommHGB/*Rawert* Rn 19; MünchGesR/*v. Ditfurth*² Bd. I § 53 Rn 44; *Westermann* Handbuch Rn I 264.

[29] Vgl. BGH BB 1971, 759; MünchKommHGB/*Rawert* Rn 19; MünchGesR/*v. Ditfurth*² Bd. I § 53 Rn 44; *Westermann* Handbuch Rn I 264.

[30] RGZ 81, 92 (95).

führern geplante Maßnahme ermöglichen.[31] War der Widerspruch pflichtwidrig erhoben (Rn 7), so haftet der Widersprechende der Gesellschaft bei Verschulden für den ihr durch die Blockade entstandenen Schaden. Ein **Verzicht** auf den Widerspruch, auch durch Zustimmung zu einer geplanten Maßnahme, ist zulässig, sofern die Maßnahme hinreichend bestimmt ist.[32] In derartigen Fällen ist der Geschäftsführer dann freilich regelmäßig an seine zustimmende Erklärung gebunden[33] bzw. das Widerspruchsrecht insoweit verbraucht; das folgt aus Gründen des Vertrauensschutzes und der Planungssicherheit. Anderes gilt, wenn entweder der Verzicht aufgrund unzutreffender oder unvollständiger Informationen durch den Mitgeschäftsführer ausgesprochen worden war oder ein sonstiger wichtiger Grund für den Widerruf des Verzichts gegeben ist, insbes. die Verhältnisse der Gesellschaft bzw. die sonstigen Beurteilungsgrundlagen für den Verzicht sich in erheblicher Weise geändert haben.[34] Zur vergleichbaren Problematik der grundsätzlichen Bindung an die erteilte Zustimmung im Fall von Gesamtgeschäftsführung vgl. Rn 35.

2. **Begründungspflicht?** Die Beifügung einer Begründung ist **kein Wirksamkeitserfordernis** für den Widerspruch. Das gilt entgegen verbreiteter Auffassung[35] auch für den Fall, dass der Adressat des Widerspruchs eine solche Begründung verlangt. Die Rechtsnatur des Widerspruchsrechts als uneigennütziges Pflichtrecht (Rn 5) und die ihr entsprechende *Treupflicht* des widersprechenden Geschäftsführers lösen aber eine **Begründungspflicht** des Widersprechenden jedenfalls in denjenigen Fällen aus, in denen die Gründe für den Widerspruch nicht offensichtlich oder aus vorangegangenen Auseinandersetzungen bekannt sind und in denen der Adressat eine derartige Begründung verlangt.[36] Die *Nichterfüllung* dieser Pflicht kann zur Schadensersatzhaftung des Widersprechenden führen, wenn die fehlende Begründung eine Auseinandersetzung über den Widerspruch verhindert oder erschwert und der Gesellschaft aus der Nichtvornahme der Handlung ein Schaden erwächst. Außerdem kann sie im Wege des Anscheinsbeweises zu der Schlussfolgerung führen, dass der Widerspruch pflichtwidrig eingelegt und daher unbeachtlich ist mit der Folge, dass sich der Widersprechende bis zur Entkräftung des Anscheinsbeweises nicht auf die Wirkungen des Widerspruchs berufen kann.[37] 18

3. **Zeitpunkt.** Entsprechend seiner Wirkung, die Geschäftsführungsbefugnis des Adressaten für die fragliche Maßnahme zu beseitigen (Rn 6), ist das Widerspruchsrecht nur so 19

[31] EinhM, vgl. MünchKommHGB/*Rawert* Rn 21; Ebenroth/Boujong/Joost/Strohn/*Mayen* Rn 15; Heymann/*Emmerich* Rn 10.

[32] Zutr. schon 3. Aufl. Rn 13a (*Rob. Fischer*).

[33] HM, vgl. *Hueck* § 10 III 4, S. 129; Schlegelberger/*Martens* Rn 17; MünchKommHGB/*Rawert* Rn 21; Heymann/*Emmerich* Rn 10.

[34] Nachw. in Fn 33.

[35] 3. Aufl. Rn 11 (*Rob. Fischer*); Schlegelberger/*Martens* Rn 11; Röhricht/Graf v. Westphalen/*v. Gerkan/Haas* Rn 6; **aA** *Hueck* OHG § 10 III 4, S. 128; *Westermann* Handbuch Rn I 264; Heymann/*Emmerich* Rn 7; MünchKommHGB/*Rawert* Rn 24; vgl. auch Fn 36.

[36] So zutr. *Hueck* OHG § 10 III 4, S. 128; *Westermann* Handbuch Rn I 264; Heymann/*Emmerich* Rn 7; Ebenroth/Boujong/Joost/Strohn/*Mayen* Rn 14; Ebenroth/Boujong/Joost/Strohn/*Mayen* Rn 14. Gegen jede Begründungspflicht aber *Flume* I/1 § 15 II 2, S. 267; *Gogos* Geschäftsführung der OHG, S. 46; so auch schon *Flechtheim* in: Düringer/Hachenburg Rn 5; vermittelnd für eine Begründungspflicht im Einzelfall bei objektivem Anschein der Pflichtwidrigkeit MünchGesR/*v. Ditfurth*[2] Bd. I § 53 Rn 45 (je eher desto mehr das Verhalten auf sachfremde Erwägungen schließen lasse).

[37] So auch MünchKommHGB/*Rawert* Rn 24; tendenziell auch *Hueck* OHG § 10 III 4, S. 129 Fn 38; weitergehend *Rob. Fischer* und Schlegelberger/*Martens* aaO (Fn 35).

lange relevant, bis die Maßnahme durchgeführt ist.[38] Die Vornahme von *Vorbereitungshandlungen* steht dem Widerspruch nicht grundsätzlich entgegen; sie kann aber je nach dem Gewicht dieser Handlungen und ihrer wirtschaftlichen Bedeutung für die Gesellschaft Einfluss auf die Beachtlichkeit des Widerspruchs haben.[39] Ein *Rückgängigmachen* einer bereits vollzogenen Maßnahme kann der verspätet Widersprechende nur dann durchsetzen, wenn der Gesellschaft hieraus kein Nachteil erwächst, der den aus der Maßnahme befürchteten Schaden übersteigt oder ihm zumindest gleichkommt, und wenn der handelnde Geschäftsführer durch unzureichende oder unterlassene Information die Ursache für die Verspätung des Widerspruchs gesetzt hat.[40] Bei schuldhaftem Handeln ist der Handelnde nach § 249 BGB seinerseits verpflichtet, am Rückgängigmachen mitzuwirken und der Gesellschaft den aus seinem pflichtwidrigen Handeln erwachsenen Schaden zu ersetzen.[41] Von diesen Fällen abgesehen ist auch der Widersprechende selbst an der Vornahme des actus contrarius gehindert, da ihr der in der vollzogenen Maßnahme konkludent zum Ausdruck gekommene Widerspruch des Handelnden gegen die Wiederherstellung des früheren Zustands entgegensteht (Rn 16).

V. Wirkungen

20 **1. Grundlagen.** Der von einem Einzelgeschäftsführer im Rahmen seines Kompetenzbereichs (Rn 10) rechtzeitig (Rn 19) durch Erklärung gegenüber dem Handlungswilligen (Rn 16) **pflichtgemäß ausgeübte Widerspruch beseitigt die Geschäftsführungsbefugnis** des Adressaten für das den Gegenstand des Widerrufs bildende Geschäft (Rn 6).[42] Die Rechtslage entspricht funktionell der Zustimmungsverweigerung im Fall der Gesamtgeschäftsführung (Rn 28). Der Mitgeschäftsführer als Adressat des Widerspruchs handelt *pflichtwidrig* und hat der Gesellschaft den ihr aus seinem Handeln erwachsenden *Schaden* zu ersetzen (§ 114 Rn 58 f). Das gilt selbst dann, wenn das fragliche Geschäft objektiv vorteilhaft ist, soweit die Gesellschaft durch die damit verbundene Ressourcenbindung gehindert ist, von gesicherten Alternativen mit höherer Renditeerwartung Gebrauch zu machen.[43] Zur Frage des Rückgängigmachens eines bereits vollzogenen Geschäfts im Falle verspäteten Widerspruchs wegen Informationsmängeln vgl. Rn 19.

---

[38] *Hueck* OHG § 10 III 4, S. 129; Schlegelberger/*Martens* Rn 8; MünchKommHGB/*Rawert* Rn 25; Ebenroth/Boujong/Joost/Strohn/*Mayen* Rn 11; MünchGesR/*v. Ditfurth*[2] Bd. I § 53 Rn 46; *Westermann* Handbuch Rn I 264a; weitergehend noch (grds. Pflicht zum Rückgängigmachen bei schuldlos verspätetem Widerspruch) *Flechtheim* in: Düringer/Hachenburg Rn 4; *Weidenbaum* ZHR 99 (1934), 35 (41 f).

[39] Ebenso *Hueck* OHG § 10 III 4, S. 129; Schlegelberger/*Martens* Rn 8; MünchKommHGB/*Rawert* Rn 26.

[40] Vgl. BGH BB 1971, 759; *Hueck* OHG § 10 III 4, S. 129; MünchKommHGB/*Rawert* Rn 28; Ebenroth/Boujong/Joost/Strohn/*Mayen* Rn 12; zuvor schon *Weidenbaum* ZHR 99 (1934) S. 41 f; gegen jegliches Rückgängigmachen *Gogos* Geschäftsführung der OHG, S. 44; wohl auch *Westermann* Handbuch Rn I 264a; MünchGesR/*v. Ditfurth*[2] Bd. I § 53 Rn 46.

[41] Vgl. MünchKommHGB/*Rawert* Rn 28 (aus allgemeiner Geschäftsführerpflicht); wohl auch MünchGesR/*v. Ditfurth*[2] Bd. I § 53 Rn 46; ähnlich Schlegelberger/*Martens* Rn 8.

[42] Ebenso MünchKommHGB/*Rawert* Rn 29; Ebenroth/Boujong/Joost/Strohn/*Mayen* Rn 21; MünchGesR/*v. Ditfurth*[2] Bd. I § 53 Rn 49; *Westermann* Handbuch Rn I 267.

[43] So schon 3. Aufl. Rn 14 (*Rob. Fischer*) und Schlegelberger/*Martens* Rn 19; ebenso auch MünchKommHGB/*Rawert* Rn 32.

Ist der Widerspruch **pflichtwidrig**, verstößt der Widersprechende also gegen seine Sorgfalts- und Treupflicht (vgl. Rn 7), so treten die in Rn 20 beschriebenen Wirkungen nicht ein. Der Widerspruch ist vielmehr *unbeachtlich* und lässt die Geschäftsführungsbefugnis des handlungswilligen Gesellschafters unberührt.[44] Freilich handelt der Adressat, der sich ohne vorherige gerichtliche Klärung (Rn 23 f) auf die Pflichtwidrigkeit beruft, auf eigenes Risiko; er ist im Streitfall gehalten, die Pflichtwidrigkeit des Widerspruchs darzulegen und zu beweisen.[45] Anderes gilt bei Verletzung der Begründungspflicht des Widersprechenden, da sie den Anscheinsbeweis für die Pflichtwidrigkeit des Widerspruchs begründet (Rn 18). 21

2. **Keine Außenwirkung.** Entsprechend der dem Personengesellschaftsrecht zugrundeliegenden Unterscheidung zwischen Geschäftsführungsbefugnis und Vertretungsmacht (§ 114 Rn 13) und der Unbeschränkbarkeit der letzteren im Verhältnis zu Dritten (§ 126 Rn 3 [*Habersack*]) kommt dem Widerspruch grundsätzlich keine Außenwirkung zu;[46] die Vertretungsmacht des Geschäftsführers wird dadurch nicht eingeschränkt. Das gilt auch dann, wenn der Dritte vor dem Geschäftsabschluss von der Tatsache des Widerspruchs Kenntnis erlangt;[47] Auseinandersetzungen zwischen den Gesellschaftern sowie die Frage nach der Wirksamkeit des Widerspruchs sind für ihn grundsätzlich ohne Belang. **Ausnahmen** gelten einerseits nach den Grundsätzen über den *Missbrauch der Vertretungsmacht*, wenn das pflichtwidrige Verhalten des Geschäftsführers für den Dritten evident und er deshalb gehindert ist, sich zum Nachteil der Gesellschaft auf dessen unbeschränkte Vertretungsmacht zu berufen (vgl. näher § 126 Rn 23 ff, 26 [*Habersack*]). Andererseits schlägt der Widerspruch auch dann auf die Vertretungsmacht des Geschäftsführers durch und lässt sie unter teleologischer Reduktion von § 126 Abs. 2 entfallen, wenn das fragliche Geschäft von der Gesellschaft mit einem *Gesellschafter* geschlossen wird, da dieser sich den Verstoß im Innenverhältnis entgegenhalten lassen muss.[48] 22

---

[44] Ganz hM, vgl. BGH BB 1971, 759; NJW 1986, 844 (845); RGZ 158, 302 (310); 163, 35 (39); *Hueck* OHG § 10 III 5, S. 131 f; Schlegelberger/*Martens* Rn 16; Ebenroth/Boujong/Joost/Strohn/*Mayen* Rn 21; MünchGesR/*v. Ditfurth*[2] Bd. I § 53 Rn 42; MünchKommHGB/*Rawert* Rn 36; *Schmidt-Rimpler* FS Knur, 1972, S. 235 (246); eingehend *Sester* S. 136 f; **aA** 3. Aufl. Rn 8 (*Rob. Fischer*) (Unbeachtlichkeit nur bei *schuldhaft* pflichtwidrigem Widerspruch), *Wiedemann* FS Heinsius, 1991, S. 949 (955 f) sowie Gesellschaftsrecht Bd. II § 4 II 3 a bb, S. 338 (mit Blick auf die drohende Entwertung des Vetorechts für Notwendigkeit prozessualer Klärung oder jedenfalls evidenter Pflichtwidrigkeit); die Unbeachtlichkeit gänzlich ablehnend *M. Schwab* S. 484 ff.

[45] So auch Ebenroth/Boujong/Joost/Strohn/*Mayen* Rn 20; Baumbach/*Hopt* Rn 3.

[46] Ganz hM, vgl. BGH NJW 1974, 1555 (1556); MünchKommHGB/*Rawert* Rn 30; Ebenroth/Boujong/Joost/Strohn/*Mayen* Rn 23; Röhricht/Graf v. Westphalen/*v. Gerkan/Haas* Rn 8; Baumbach/*Hopt* Rn 4; *Westermann* Handbuch Rn I 266; *Wiedemann* Gesellschaftsrecht Bd. II § 4 II 3a bb, S. 337; MünchGesR/*v. Ditfurth*[2] Bd. I § 53 Rn 51; vgl. dazu auch § 126 Rn 3 (*Habersack*).

[47] **AA** Heymann/*Emmerich* Rn 13; *Weidenbaum* ZHR 99 (1934), 39 f; offenlassend BGHZ 16, 394 (398) = NJW 1955, 825.

[48] Vgl. § 126 Rn 28 (*Habersack*). Die teleologische Reduktion gegenüber einem ausgeschiedenen Gesellschafter oder seinen Erben ablehnend aber BGH NJW 1974, 1555 (1556).

VI. Gerichtliche Klärung

23 **1. Feststellungsklage.** Zur gerichtlichen Klärung der Frage, ob dem ausgeübten Widerspruch Wirksamkeit zukommt, bietet sich in erster Linie die Feststellungsklage zwischen den streitenden Gesellschaftern an; ihre nach § 256 ZPO zu beurteilende Zulässigkeit ist regelmäßig zu bejahen.[49] Klage auf Feststellung kann sowohl vom Adressaten des Widerspruchs, der sich auf dessen Unbeachtlichkeit beruft, als auch vom Widersprechenden selbst erhoben werden. Am Feststellungsinteresse als Prozessvoraussetzung fehlt es nur dann, wenn entweder die Feststellung zur Geltendmachung eines Schadensersatzanspruchs gegen den angeblich pflichtwidrig handelnden Geschäftsführer dient und die Klärung auch inzident in der hierauf gerichteten Leistungsklage der Gesellschaft gegen ihn erfolgen kann oder eine Unterlassungsklage (Rn 24) sich nach Lage des Falles trotz Erlass des begehrten Feststellungsurteils als unvermeidbar erweist.[50]

24 **2. Unterlassungsklage.** Für eine Unterlassungsklage, ggf. verbunden mit einem Antrag auf einstweilige Verfügung, ist zum einen Raum, wenn es dem Widersprechenden darum geht, die umstrittene, noch nicht vollzogene Maßnahme des handlungswilligen Geschäftsführers zu unterbinden (zum Ausschluss von Unterlassungsklagen nichtgeschäftsführender Gesellschafter gegen Geschäftsführungsmaßnahmen vgl. aber § 114 Rn 74).[51] Zum anderen kann auch der Adressat seinerseits Unterlassungsklage gegen den Widersprechenden erheben, wenn mit weiteren, angeblich pflichtwidrigen Widersprüchen zu rechnen ist, insbes. der Widersprechende auf diesem Wege eine Blockierung der Geschäftsführung durch den Adressaten, sei es generell oder für bestimmte Tätigkeitsbereiche, anstrebt. Als ultima ratio bietet sich in derartigen Fällen der Entzug der Geschäftsführungsbefugnis nach § 117 oder – bei Unzumutbarkeit der Fortsetzung der Gesellschaft mit ihm – sein Ausschluss aus der Gesellschaft nach § 140 an. Dagegen scheidet eine nur auf das Widerspruchsrecht bezogene Entziehungsklage nach § 117 aus; dieses Ziel lässt sich – als milderes Mittel gegenüber der Entziehung der Geschäftsführungsbefugnis (§ 117) – vielmehr nur im Vergleichswege erreichen (§ 117 Rn 17).

VII. Abweichende Vereinbarungen

25 Zu abweichenden Vereinbarungen in Bezug auf die Geschäftsführungsbefugnis vgl. schon § 114 Rn 77. Auch soweit es um das **Widerspruchsrecht** geht, sind die Gesellschafter durch § 115 Abs. 1 nicht gehindert, hiervon abweichende Regelungen im Gesellschaftsvertrag zu treffen. Das Widerspruchsrecht kann einerseits *eingeschränkt*, an besondere formale oder inhaltliche Voraussetzungen geknüpft, auf bestimmte Ressorts beschränkt oder von der Beteiligung einer Mehrzahl von Geschäftsführern trotz Einzelbefugnis zur Geschäftsführung abhängig gemacht werden.[52] Es kann auch ganz ausgeschlossen oder unter den Vorbehalt einer abweichenden Mehrheitsentscheidung gestellt

---

[49] MünchKommHGB/*Rawert* Rn 43; Ebenroth/Boujong/Joost/Strohn/*Mayen* Rn 22; MünchGesR/*v. Ditfurth*[2] Bd. I § 53 Rn 52.

[50] Vgl. allg. zum Vorrang der Unterlassungsklage als Unterfall der Leistungsklage gegenüber der Feststellungsklage Stein/Jonas/*Roth* ZPO[22] § 256 Rn 64; MünchKommZPO[3]/*Becker-Eberhard* § 256 Rn 49; *Pawlowski* MDR 1998, 630 ff.

[51] Vgl. dazu näher *Westermann* Handbuch Rn I 271.

[52] Ebenso MünchKommHGB/*Rawert* Rn 41 f; Ebenroth/Boujong/Joost/Strohn/*Mayen* Rn 36.

werden.[53] Andererseits ist auch eine *Ausweitung* des Widerspruchsrechts der Geschäftsführer möglich, etwa durch Verzicht auf eine Begründung oder durch Einräumung eines Einzelrechts trotz Gesamtgeschäftsführungsbefugnis. Darüber hinaus kann das Widerspruchsrecht auch von der Geschäftsführung ausgeschlossenen Gesellschaftern oder einem aus Gesellschaftern zusammengesetzten Beirat eingeräumt werden.

Die originäre Begründung eines nicht beliebig widerrufbaren Widerspruchsrechts für einen **Dritten** im Gesellschaftsvertrag i.S. eines echten Vertrags zugunsten Dritter ist entgegen verbreiteter Ansicht[54] ausgeschlossen. Das folgt aus dem Prinzip der Selbstorganschaft (§ 114 Rn 9), aber auch aus dem Grundsatz der Verbandssouveränität (§ 109 Rn 30 ff). Soll ein Dritter, etwa als Prokurist, als Kreditgeber oder zur Wahrnehmung öffentlicher Interessen, mit dem Widerspruchsrecht betraut werden, ist das nur kraft abgeleiteten Rechts und in jederzeit widerruflicher Weise möglich (vgl. § 114 Rn 10 und 36). **26**

C. Gesamtgeschäftsführung (Abs. 2)

I. Grundlagen

Die Vorschrift des § 115 Abs. 2 befasst sich mit der Ausgestaltung der Geschäftsführungsbefugnis als *Gesamtbefugnis* und ihrer Bedeutung für die Mitspracherechte der zur Geschäftsführung berufenen Gesellschafter. Als **Auslegungsregel** schreibt sie vor, dass in derartigen Fällen, d.h. wenn nach dem Gesellschaftsvertrag die geschäftsführenden Gesellschafter „nur zusammen handeln können", die Zustimmung aller Geschäftsführer erforderlich ist, sofern nicht Gefahr im Verzug ist. *Voraussetzung* für das Eingreifen des Abs. 2 ist somit in erster Linie, dass der **Gesellschaftsvertrag** eine von der Einzelbefugnis nach § 115 Abs. 1 abweichende, auf Gesamtbefugnis abzielende Regelung getroffen hat. Im Übrigen greift sie über ihren Wortlaut hinaus nicht nur bei Gesamtbefugnis *aller* Geschäftsführer ein, sondern in entsprechender Anwendung auch dann, wenn der Gesellschaftsvertrag die Gesamtbefugnis abweichend von Abs. 2 im Sinne des notwendigen Zusammenwirkens nur jeweils eines *Teils* der Geschäftsführer, etwa einer Mindestzahl von zwei oder der Mitwirkung der jeweiligen Angehörigen unterschiedlicher Gesellschafterstämme, geregelt hat (vgl. Rn 30). **27**

Die **Funktion** der Gesamtgeschäftsführungsbefugnis unterscheidet sich nicht grundlegend, sondern nur graduell von der Einzelbefugnis mit Widerspruchsrecht. In beiden Fällen geht es darum, die Leitung der Gesellschaft nicht allein den Entscheidungen einzelner Gesellschafter zu unterstellen, sondern *Mitspracherechte auch für die anderen geschäftsführenden Gesellschafter* zu eröffnen. Zwar gewährleistet Abs. 1 mehr Flexibilität in der Geschäftsführung, weil danach das Alleinhandeln im Grundsatz uneingeschränkt und nicht etwa nur bei Gefahr im Verzug möglich ist, während nach Abs. 2 im Regelfall zuvor die Zustimmung der Mitgesellschafter eingeholt werden muss. Berücksichtigt man jedoch einerseits die Möglichkeit *konkludenter Zustimmung* durch schweigende Billigung der von einem Mitgeschäftsführer vorgetragenen Pläne (Rn 33), andererseits die für Einzelgeschäftsführer bestehende Notwendigkeit, ihre Kollegen über ge- **28**

[53] Zur Auslegung einer derartigen Klausel vgl. BGH ZIP 1988, 843 (844).

[54] So im Anschluss an BGH NJW 1960, 963 noch 3. Aufl. Rn 16 (*Rob. Fischer*); *Hueck* OHG § 10 III 3, S. 128; Schlegelberger/*Martens* Rn 30; Heymann/*Emmerich* Rn 3; Baumbach/*Hopt* Rn 7; **aA** (wie hier) dagegen jetzt auch MünchKommHGB/*Rawert* Rn 41.

plante, nicht unproblematische oder über Routinegeschäfte hinausgehende Maßnahmen rechtzeitig vorher zu informieren, um ihnen Gelegenheit zum Widerspruch zu geben (Rn 15), so zeigt sich die funktionale Nähe von Einzel- und Gesamtgeschäftsführung bzw. Widerspruchs- und Zustimmungsrecht.[55] Aus diesem Grund lassen sich die zum Widerspruchsrecht getroffenen Feststellungen in Bezug auf seine Rechtsnatur als uneigennütziges Pflichtrecht sowie auf den bei seiner Ausübung grundsätzlich bestehenden Ermessensspielraum (Rn 5 ff) mutatis mutandis auf das Zustimmungsrecht übertragen. Entsprechendes gilt für die Rechtsfolgen einer pflichtwidrigen Zustimmungsverweigerung und die Bejahung einer Zustimmungspflicht (Rn 21, 32).

29 Die **Anwendung** der Auslegungsregel des Abs. 2 beschränkt sich auf den in § 116 Abs. 1 umschriebenen Kreis der *laufenden Geschäfte* im Unterschied zu den außergewöhnlichen, der Zustimmung sämtlicher Gesellschafter vorbehaltenen Handlungen (§ 116 Abs. 2). Auch wenn der Gesellschaftsvertrag die Gesamtgeschäftsführung als Kollektivbefugnis *sämtlichen* Gesellschaftern überträgt und damit personelle Übereinstimmung im Hinblick auf die Mitspracherechte bei Geschäften nach § 116 Abs. 1 und 2 herstellt, bleibt die Unterscheidung zwischen den beiden Arten von Geschäften doch relevant, wie schon die – nur für die laufenden Geschäfte i.S.v. § 116 Abs. 1 bedeutsame – Ausnahme in § 115 Abs. 2 für Gefahr im Verzug zeigt.

II. Gestaltungsmöglichkeiten

30 Soweit es um die Beteiligung der **Gesellschafter** an der Geschäftsführung für die OHG oder KG geht, sind die gesellschaftsvertraglichen Möglichkeiten zur Ausgestaltung der Gesamtgeschäftsführung und zu ihrer Variation mit der Einzelgeschäftsführung unbegrenzt.[56] Neben der Gesamtbefugnis *aller* Gesellschafter, von der die Auslegungsregel des § 115 Abs. 2 ausgeht, kann Gesamtgeschäftsführung auch in der Weise angeordnet werden, dass von mehreren Geschäftsführern *mindestens je zwei* zusammenwirken müssen, sei es in bestimmter Kombination, etwa im Hinblick auf verschiedene Gesellschafterstämme oder unterschiedliche Ressortzuweisungen, sei es in beliebiger Zusammensetzung. In derartigen Fällen steht den Mitgeschäftsführern, die an einem bestimmten Geschäft nicht selbst beteiligt sind, das *Widerspruchsrecht* entsprechend Abs. 1 zu, das sie freilich nur nach Maßgabe ihrer Gesamtbefugnis ausüben können (Rn 9). Denkbar ist auch eine *Kombination von Einzel- und Gesamtbefugnis*, etwa in der Weise, dass bestimmte Geschäftsführer allein zu handeln befugt sind, während andere nur in Gemeinschaft mit einem Mitgesellschafter tätig werden dürfen. In Betracht kommt außerdem eine Abstufung nach der Bedeutung der in Frage stehenden Maßnahmen, indem etwa der Gesellschaftsvertrag für einen Katalog wichtiger, aber noch nicht außergewöhnlicher Handlungen Gesamtbefugnis von zwei oder mehr Geschäftsführern anordnet. Stets muss die Führung der Geschäfte allein durch Gesellschafter möglich sein (näher Rn 31). – Übereinstimmung in der Ausgestaltung von Geschäftsführungsbefugnis und *Vertretungsmacht* ist, anders als im GmbH-Recht, nicht erforderlich, wenngleich die

---

[55] Dies betonen zu Recht auch MünchKommHGB/*Rawert* Rn 47; Heymann/*Emmerich* Rn 19; *M. Winter* Mitgliedschaftliche Treubindungen im GmbH-Recht, S. 23 f.

[56] Vgl. dazu auch MünchKommHGB/*Rawert* Rn 41; Baumbach/*Hopt* Rn 7; Ebenroth/Boujong/Joost/Strohn/*Mayen* Rn 35; MünchGesR/*v. Ditfurth*[2] Bd. I § 53 Rn 53 ff; *Westermann* Handbuch Rn I 277 ff mit Hinweisen auf weitere Gestaltungsmöglichkeiten.

Regel. Die ausdrückliche Ausgestaltung nur einer dieser Befugnisse im Gesellschaftsvertrag erlaubt daher Rückschlüsse auf eine konkludente Ausgestaltung auch der anderen, soweit dem Gesellschaftsvertrag nicht gegenteilige Anhaltspunkte zu entnehmen sind (§ 114 Rn 86).

Dritte können sich an der Geschäftsführung nur in einer mit dem Grundsatz der 31
Selbstorganschaft vereinbaren Weise beteiligen (§ 114 Rn 9). Daher ist die gesellschaftsvertragliche Anordnung „unechter" oder gemischter Gesamtgeschäftsführung nach dem für die Vertretungsmacht geltenden Regelungsvorbild des § 125 Abs. 3 (§ 125 Rn 56 ff [*Habersack*]) nur dann und insoweit zulässig, als gleichzeitig gewährleistet ist, dass die Gesamtgeschäftsführung auch unter Beteiligung nur von Gesellschaftern wahrgenommen werden kann; das gilt etwa für die Begründung eines Zustimmungsrechts zugunsten von Prokuristen oder sonstigen, auch außenstehenden Dritten (zur entsprechenden Rechtslage in Bezug auf das Widerspruchsrecht vgl. Rn 26). Auch eine *Delegation* der Gesamtgeschäftsführung ausschließlich an Dritte ist nur dann zulässig, wenn zugleich sichergestellt ist, dass die Gesellschafter durch (einstimmigen oder mehrheitlichen) Beschluss die Geschäftsführung jederzeit an sich ziehen können (§ 114 Rn 10). Dementsprechend bleiben sie auch in der Verantwortung für die Ordnungsmäßigkeit der Geschäftsführung und müssen bei schuldhafter Verletzung ihrer Überwachungspflichten damit rechnen, für Schäden, die der Gesellschaft durch mit der Geschäftsführung betraute Dritte zugefügt wurden, als Gesamtschuldner in Anspruch genommen zu werden.

III. Das Zustimmungsrecht

1. Grundlagen. Für die **Rechtsnatur** des Zustimmungsrechts gilt Entsprechendes wie 32
für das Widerspruchsrecht nach Abs. 1 (Rn 5 f). Als Bestandteil der Geschäftsführungsbefugnis ist es ein im Gesellschaftsvertrag begründetes (Rn 27), uneigennütziges *Pflichtrecht*, bei dessen Ausübung dem Gesamtgeschäftsführer grundsätzlich ein weiter Ermessensspielraum zusteht; die hierzu und zu den Voraussetzungen einer Handlungs- oder Unterlassungspflicht des Widerspruchsberechtigten getroffenen Feststellungen (Rn 6 ff) gelten entsprechend für den Bereich des Zustimmungsrechts. An die Stelle der grundsätzlichen **Pflicht** zur Begründung des Widerspruchs (Rn 18) tritt die regelmäßige Pflicht der Gesamtgeschäftsführer zur *gemeinsamen Beratung* über das geplante Geschäft,[57] sowie diejenige zur Begründung der Zustimmungsverweigerung auf Verlangen der Mitgeschäftsführer.[58] Ihre Verletzung kann Rückschlüsse auf die Beurteilung der Zustimmungsverweigerung gestatten. Eine unberechtigte Verweigerung der Zustimmung führt zur *Unbeachtlichkeit* ihres Fehlens.[59] Zugleich gibt sie den am Handeln interessierten, jedoch das Risiko eigenmächtigen Vorgehens scheuenden Mitgeschäftsführern das Recht,

[57] So zutr. BGH NJW 1972, 862 (863); vgl. auch Baumbach/*Hopt* Rn 5; Heymann/*Emmerich* Rn 16; MünchKommHGB/*Rawert* Rn 52; Ebenroth/Boujong/Joost/Strohn/*Mayen* Rn 25 (Konsulationspflicht).

[58] Vgl. BGH NJW 1972, 862 (863); Ebenroth/Boujong/Joost/Strohn/*Mayen* Rn 29; Röhricht/Graf v. Westphalen/*v. Gerkan/Haas* Rn 12; MünchKommHGB/*Rawert* Rn 52; MünchGesR/*v. Ditfurth*[2] Bd. I § 53 Rn 58.

[59] HM, vgl. Schlegelberger/*Martens* Rn 25; Heymann/*Emmerich* Rn 19; *Sester* S. 137; *M. Winter* (Fn 55) S. 24; MünchKommHGB/*Rawert* Rn 56; Ebenroth/Boujong/Joost/Strohn/*Mayen* Rn 30; MünchGesR/*v. Ditfurth*[2] Bd. I § 53 Rn 58; *Westermann* Handbuch Rn I 280a; **aA** (Zustimmungsklage erforderlich) Baumbach/*Hopt* Rn 6; *Wiedemann* (Fn 44) S. 955; *ders.* Gesellschaftsrecht Bd. II § 4 II 3 b bb, S. 339; *M. Schwab* S. 468 ff.

den Verweigerer kraft Treupflicht auf Abgabe der Zustimmungserklärung (§ 894 ZPO) zu verklagen. Ständige Passivität eines Gesamtgeschäftsführers oder die nicht auf Einzelfälle beschränkte, auf Blockierung der Geschäftsführung gerichtete Verweigerung der Zustimmung kann zur *Verwirkung* des Zustimmungsrechts in Bezug auf wesentliche Geschäftsmaßnahmen führen[60] oder sich als wichtiger Grund für eine Entziehungsklage nach § 117 erweisen.

33 Wie das Widerspruchsrecht wird auch das Zustimmungsrecht durch empfangsbedürftige, nicht formgebundene und daher auch konkludent mögliche Willenserklärung ausgeübt (Rn 16), wobei der Erklärende grundsätzlich an die erteilte Zustimmung gebunden ist (vgl. näher Rn 35). Ob bloßes *Schweigen* auf die Mitteilung eines Gesamtgeschäftsführers als Zustimmung im Wege der Duldung zu verstehen ist, hängt von den jeweiligen Umständen ab. Die Frage ist umso eher zu bejahen, wenn sich eine entsprechende Übung in der Gesellschaft schon bisher entwickelt hatte und es sich bei den fraglichen Geschäften um vom grundsätzlichen Konsens der Mitgeschäftsführer getragene Routinegeschäfte handelt.[61] Erfährt der Gesamtgeschäftsführer demgegenüber von dem konkreten Geschäft erst nach dessen Ausführung, so lässt sich sein Schweigen nicht ohne weiteres als **nachträgliche Zustimmung** werten.[62] Eine solche Genehmigung ist allerdings möglich und hat zur Folge, dass der ursprünglich außerhalb seiner Kompetenz handelnde Geschäftsführer nachträglich die Legitimation für sein Handeln erlangt.[63]

34 **2. Gegenstand.** Das Zustimmungsrecht bezieht sich auf die jeweils in Frage stehenden, **konkreten Geschäfte.** Es ist grundsätzlich für „jedes Geschäft" (§ 115 Abs. 2) gesondert auszuüben, um der mit der Gesamtgeschäftsführung verbundenen, von den übrigen Gesellschaftern gewollten *Kontrollfunktion* (dem Vier-Augen-Prinzip u.a.) gerecht zu werden. Soweit es um Routinemaßnahmen geht, sind die Geschäftsführer zwar trotz der ihnen verliehenen Gesamtbefugnis im Zweifel nicht gehindert, sich gegenseitig zu deren Vornahme zu **ermächtigen**, wie das § 125 Abs. 2 S. 2 für den Fall der Gesamtvertretungsmacht zulässt.[64] Entsprechendes gilt nach hM für die Ermächtigung zur Vornahme einer Reihe gleichartiger Geschäfte.[65] Ihre *Wirksamkeitsgrenze* findet diese Ermächtigung jedoch dann, wenn sie wegen ihrer generellen Natur dazu führt, die gesellschaftsvertraglich angeordnete Gesamtgeschäftsführung auszuhöhlen oder der Sache nach zur Einzelgeschäftsführung des Ermächtigten umzugestalten.[66] Solche grundlegenden Modifikationen bleiben vielmehr einer Änderung des Gesellschaftsvertrags vorbehalten, der ohne entsprechende Mehrheitsklausel alle Gesellschafter zustimmen müssen.

---

60 So im Fall BGH NJW 1972, 862 (863 f).

61 Vgl. schon 3. Aufl. Rn 21 (*Rob. Fischer*) und Schlegelberger/*Martens* Rn 26, die (mit z.T. anderer Akzentsetzung) von einer Redepflicht des Mitgeschäftsführers in derartigen Fällen ausgehen; wie hier auch MünchKommHGB/*Rawert* Rn 50.

62 So zutr. auch *Hueck* OHG § 10 II 7, S. 124 f; MünchKommHGB/*Rawert* Rn 54; Heymann/*Emmerich* Rn 17.

63 MünchKommHGB/*Rawert* Rn 54; Ebenroth/Boujong/Joost/Strohn/*Mayen* Rn 27.

64 Ebenso Schlegelberger/*Martens* Rn 24; *Westermann* Handbuch Rn I 281a.

65 So Heymann/*Emmerich* Rn 17; MünchKommHGB/*Rawert* Rn 51; Ebenroth/Boujong/Joost/Strohn/*Mayen* Rn 26; MünchGesR/*v. Ditfurth*[2] Bd. I § 53 Rn 57; enger Schlegelberger/*Martens* Rn 24.

66 BGHZ 34, 27 (30 f) (GmbH); MünchGesR/*v. Ditfurth*[2] Bd. I § 53 Rn 57; Ebenroth/Boujong/Joost/Strohn/*Mayen* Rn 26; MünchKommHGB/*Rawert* Rn 51; *Westermann* Handbuch Rn I 281a; *Wiedemann* Gesellschaftsrecht Bd. II § 4 II 3 b aa, S. 339 (einhM).

3. Bindung an die Zustimmung. Die einmal erteilte Zustimmung kann auch dann, wenn das konkrete Geschäft noch nicht zur Ausführung gekommen ist, *nicht beliebig widerrufen* werden;[67] die Vorschrift des § 183 BGB ist nicht anwendbar.[68] Das folgt aus dem Charakter des Zustimmungsrechts als Pflichtrecht und aus dem für die Geschäftsführung geltenden Erfordernis der Verlässlichkeit und Planungssicherheit. Allerdings sind die Geschäftsführer durch diese grundsätzliche Bindung nicht gehindert, neueren, die Nachteiligkeit für die Gesellschaft deutlich machenden Erkenntnissen durch **Widerruf** der Zustimmung Rechnung zu tragen; sie müssen dies ggf. sogar tun, um einer Haftung wegen pflichtwidriger Geschäftsführung zu entgehen (§ 119 Rn 27). Daher berechtigen sowohl erst nachträglich erlangte, die Maßnahme in einem deutlich weniger positiven Licht für die Gesellschaft erscheinen lassende Erkenntnisse als auch spätere Änderungen der für die Zustimmung wesentlichen geschäftlichen Verhältnisse zu ihrem Widerruf, solange der Vollzug der Maßnahme aussteht;[69] bloße Vorbereitungshandlungen stehen nicht entgegen. Dagegen kommt das Verlangen auf Rückgängigmachung einer bereits vollzogenen Maßnahme ähnlich wie beim verspäteten Widerspruch (Rn 19) nur unter engen Voraussetzungen in Betracht, insbes. bei schuldhaft unrichtiger oder unvollständiger Information der Mitgeschäftsführer über die wesentlichen Entscheidungsgrundlagen. 35

Auch soweit die einmal erteilte Zustimmung wirksam widerrufen worden ist, kommt dem Widerruf doch, ebenso wie der Vorenthaltung der Zustimmung, regelmäßig **keine Außenwirkung** zu, wenn die Gesellschaft bei Durchführung der Maßnahme im Verhältnis zu Dritten ordnungsmäßig vertreten war. Ausnahmen gelten – wie im Fall der wegen Widerspruchs unberechtigten Geschäftsführung (Rn 22) – nur einerseits nach den Grundsätzen über den Missbrauch der Vertretungsmacht, andererseits im Verhältnis zu Mitgesellschaftern als Dritten. Hiervon abgesehen brauchen Dritte, auch wenn sie von innergesellschaftlichen Auseinandersetzungen über die Zustimmung zu einem konkreten Geschäft Kenntnis erlangen sollten, sich diese Interna nicht entgegensetzen zu lassen, sondern können nach § 126 auf die unbeschränkte und unbeschränkbare Vertretungsmacht der für die Gesellschaft handelnden Organe vertrauen. 36

IV. Die Ausnahme bei Gefahr im Verzug

1. Voraussetzungen. § 115 Abs. 2 aE lässt eine Ausnahme vom Zustimmungserfordernis für den Fall zu, dass *Gefahr im Verzug* ist. Diese liegt nicht nur dann vor, wenn die Gesellschaft bei Verzögerung der Maßnahme mit einem nicht unerheblichen Schaden rechnen muss,[70] sondern auch wenn ihr dadurch ein entsprechender Gewinn zu entgehen droht.[71] Ein Handeln ohne die erforderliche Zustimmung der Mitgeschäftsführer ist freilich auch bei Gefahr im Verzug nur zulässig, sofern die erforderliche *Zustimmung* von Mitgeschäftsführern *nicht rechtzeitig* eingeholt werden kann, etwa weil diese abwesend, 37

---

[67] Ganz hM, vgl. § 119 Rn 27; so auch *Hueck* OHG § 10 II 7, S. 124; Schlegelberger/*Martens* Rn 27; *Koller*/Roth/ Morck Rn 5; MünchKommHGB/*Rawert* Rn 55, 27; Röhricht/v. Westphalen/*v. Gerkan/Haas* Rn 12; MünchGesR/*v. Ditfurth*[2] Bd. I § 53 Rn 57.

[68] So zutr. *Hueck* OHG § 10 II 7 Fn 26 (in Auseinandersetzung mit *Lehmann/Ring* Rn 2); ebenso auch MünchKommHGB/*Rawert* Rn 55.

[69] HM, vgl. Nachw. in Fn 67.

[70] So die generelle Begriffsbestimmung, vgl. *Hueck* OHG § 10 II 7, S. 125; Schlegelberger/*Martens* Rn 28; Ebenroth/Boujong/ Joost/Strohn/*Mayen* Rn 32.

[71] So zutr. schon 3. Aufl. Rn 22 (*Rob. Fischer*) und *Hueck* OHG § 10 II 7, S. 125; ebenso MünchKommHGB/*Rawert* Rn 58; MünchGesR/*v. Ditfurth*[2] Bd. I § 53 Rn 59.

krank oder aus sonstigen Gründen an der Mitsprache gehindert sind.[72] *Verweigert* ein Mitgeschäftsführer seine Zustimmung, so muss die Maßnahme trotz Gefahr im Verzug unterbleiben, es sei denn, dass die Zustimmung nach dem Gesellschaftsvertrag durch diejenige eines anderen, seinerseits nicht rechtzeitig erreichbaren Mitgeschäftsführers ersetzt werden könnte.[73] Die Ausnahme für den Fall der Gefahr im Verzug dient nur dazu, eine aus *Zeitgründen* fehlende Zustimmung zu ersetzen, nicht aber zur Entscheidung von Meinungsverschiedenheiten in Geschäftsführungsfragen zugunsten des handlungswilligen Geschäftsführers.[74]

38 Vom Handeln bei Gefahr im Verzug zu unterscheiden ist die an höhere Voraussetzungen geknüpfte, zur Erhaltung eines Gegenstands des Gesellschaftsvermögens, aber auch der Gesellschaft selbst[75] erforderliche **Notgeschäftsführung** analog § 744 Abs. 2 BGB (§ 114 Rn 34). Sie auszuüben ist das Recht eines jeden Gesellschafters, auch wenn er von der Geschäftsführung ausgeschlossen ist, ohne dass er daran durch den Widerspruch eines Mitgesellschafters oder durch dessen Zustimmungsverweigerung gehindert werden könnte.[76]

39 **2. Durchführung.** Das Vorliegen der „Gefahr im Verzug" ersetzt zwar die aus Zeitgründen fehlende Zustimmung anderer Gesamtgeschäftsführer, nicht jedoch die fehlende Mitwirkung eines weiteren Vertreters im Fall von *Gesamtvertretungsmacht*.[77] Eine dem Ausnahmetatbestand des § 115 Abs. 2 aE vergleichbare Regelung ist im Vertretungsrecht der OHG und KG nicht zu finden. Daher ist ein allein handelnder Gesamtvertreter im Verkehr mit Dritten trotz Gefahr im Verzug als Vertreter ohne Vertretungsmacht zu behandeln (§ 177 Abs. 1 BGB). Er hat jedoch gegen die anderen, nicht rechtzeitig erreichbaren Gesamtvertreter einen Anspruch auf Genehmigung seines Handelns, wenn die Voraussetzungen des § 115 Abs. 2 aE vorlagen. Da der Handelnde im Innenverhältnis zur Vornahme des fraglichen Geschäfts für die Gesellschaft befugt war, sind ihm die anderen Gesamtvertreter kraft Treupflicht zur Legitimation des Geschäfts auch nach außen und in Verbindung damit zur Freistellung von der aus § 179 BGB drohenden persönlichen Inanspruchnahme verpflichtet.[78]

---

[72] MünchKommHGB/*Rawert* Rn 57; Ebenroth/Boujong/Joost/Strohn/*Mayen* Rn 32; nicht eindeutig *Wiedemann* Gesellschaftsrecht Bd. II § 4 II 3 b aa, S. 339 (Entbindung von der Zustimmung bei Gefahr in Verzug).

[73] *Hueck* OHG § 10 II 7, S. 125; MünchKommHGB/*Rawert* Rn 57; Ebenroth/Boujong/Joost/Strohn/*Mayen* Rn 32; Röhricht/v. Westphalen/*v. Gerkan/Haas* Rn 13; vgl. auch BGHZ 17, 181 (182) = NJW 1955, 1027. Zum Widerspruchsrecht trotz Gefahr im Verzug vgl. Rn 5.

[74] 3. Aufl. Rn 23 (*Rob. Fischer*); *Hueck* OHG § 10 II 7, S. 125.

[75] MünchKommBGB[5]/*Ulmer/C. Schäfer* § 709 Rn 21; MünchGesR/*v. Ditfurth*[2] Bd. I § 53 Rn 64; vgl. auch MünchKommHGB/*Jickeli* § 116 Rn 45; MünchKommBGB[5]/*K. Schmidt* §§ 744, 745 Rn 41; offenlassend noch RGZ 158, 302 (311).

[76] BGHZ 17, 181 (183) = NJW 1955, 1027; MünchKommHGB/*Rawert* Rn 60; Ebenroth/Boujong/Joost/Strohn/*Mayen* Rn 34, § 116 Rn 19; MünchGesR/*v. Ditfurth*[2] Bd. I § 53 Rn 63; *Westermann* Handbuch Rn I 281b.

[77] *Hueck* OHG § 10 II 7, S. 125; MünchKommHGB/*Rawert* Rn 59; Ebenroth/Boujong/Joost/Strohn/*Mayen* Rn 32.

[78] So für das Handeln in Notgeschäftsführung analog § 744 Abs. 2 BGB im Ergebnis auch *Hueck* OHG § 10 II 7, S. 125; MünchKommHGB/*Rawert* Rn 59; allg. zu § 744 Abs. 2, 2. Hs. vgl. MünchKommBGB[5]/*K. Schmidt* §§ 744, 745 Rn 41.

§ 116

(1) **Die Befugnis zur Geschäftsführung erstreckt sich auf alle Handlungen, die der gewöhnliche Betrieb des Handelsgewerbes der Gesellschaft mit sich bringt.**

(2) **Zur Vornahme von Handlungen, die darüber hinausgehen, ist ein Beschluß sämtlicher Gesellschafter erforderlich.**

(3) [1]**Zur Bestellung eines Prokuristen bedarf es der Zustimmung aller geschäftsführenden Gesellschafter, es sei denn, daß Gefahr im Verzug ist.** [2]**Der Widerruf der Prokura kann von jedem der zur Erteilung oder zur Mitwirkung bei der Erteilung befugten Gesellschafter erfolgen.**

Übersicht

A. Einführung

I. Inhalt und Normzweck

1 Die Regelungen in § 116 bestimmen den **Umfang der Geschäftsführungsbefugnis** vor dem Hintergrund ihrer Ausgestaltung als Einzel- oder Gesamtbefugnis nach Maßgabe der §§ 114, 115. Ihnen liegt eine Dreiteilung in gewöhnliche Geschäfte, außergewöhnliche Geschäfte sowie – als dritte Kategorie – Bestellung und Widerruf von Prokura zugrunde. Während **Abs. 1** die Geschäftsführungsbefugnis der Gesellschafter, als Einzelbefugnis nach § 115 Abs. 1 oder als Gesamtbefugnis nach Maßgabe des Gesellschaftsvertrags, auf diejenigen Handlungen beschränkt, die der *gewöhnliche* Betrieb des Handelsgewerbes der Gesellschaft mit sich bringt, schreibt **Abs. 2** für *außergewöhnliche* Hand-

lungen die Zustimmung aller Gesellschafter vor, darunter auch der von der Geschäftsführung ausgeschlossenen. **Abs.** 3 fordert für die *Bestellung* eines Prokuristen grundsätzlich die Zustimmung aller geschäftsführenden Gesellschafter, auch wenn diese für gewöhnliche Geschäfte über Einzelbefugnis verfügen, während zum *Widerruf* der Prokura jeder Geschäftsführer befugt ist, d.h. auch ein nur zur Gesamtgeschäftsführung befugter. Die auf die Geschäftsführung bezogenen Regelungen betreffen nur das *Innenverhältnis* der Gesellschaft, d.h. das rechtliche „Dürfen" der Geschäftsführer (§ 114 Rn 12). Was die Wirksamkeit ihres Handelns für die Gesellschaft gegenüber Dritten angeht, richtet sich diese nach ihrer jeweiligen Vertretungsmacht (§§ 125, 126). Zu den Mitspracherechten von Kommanditisten bei außergewöhnlichen Geschäften vgl. § 164, zum Sonderfall der Grundlagengeschäfte vgl. Rn 8.

2 Mit der Unterteilung in gewöhnliche und außergewöhnliche „Handlungen" (Geschäfte oder Maßnahmen) in **Abs. 1 und** 2 verfolgt § 116 den **Zweck**, zum *Schutz der Mitgesellschafter* außergewöhnliche Maßnahmen von ihrer Zustimmung abhängig zu machen. Dem liegt der Gedanke zugrunde, dass die den Geschäftsführern kraft gesellschaftsvertraglicher Regelung oder dispositiven Rechts erteilte Ermächtigung sich nur auf diejenigen Handlungen bezieht, mit denen entsprechend dem Zuschnitt der jeweiligen Gesellschaft, ihrer Größe und ihren Tätigkeitsgebieten ex ante zu rechnen ist. Die gemeinsame Verfolgung dieser Geschäfte durch die Gesellschafter bildet m.a.W. nicht nur den Gegenstand des Gesellschaftsvertrags, sondern bestimmt auch das voraussichtliche Ausmaß ihres mit der persönlichen Haftung verbundenen Risikos. Außergewöhnliche Maßnahmen sind von dieser Ermächtigung somit auch dann nicht gedeckt, wenn sie sich im Rahmen des Unternehmensgegenstands halten; sie bedürfen vielmehr trotz Zugehörigkeit zur Geschäftsführungsebene der Zustimmung sämtlicher Gesellschafter. Demgegenüber trägt **Abs.** 3 dem auf der weitgehenden Vertretungsmacht des Prokuristen (§ 49 Abs. 1) beruhenden besonderen *Risiko der Prokura* für die Gesellschaft Rechnung, wenn er die Bestellung im Innenverhältnis an die Zustimmung sämtlicher Geschäftsführer bindet und für ihren Widerruf die Entscheidung jedes einzelnen Geschäftsführers genügen lässt. Entsprechend der rein internen Schutzrichtung sind die Vorschriften des § 116 in vollem Umfang dispositiv (Rn 37).

II. Systematik

3 Die Vorschriften des § 116 beziehen sich ausschließlich auf die **Geschäftsführung** für die Gesellschaft; sie lassen die Ausgestaltung der Vertretungsmacht unberührt. Zu dieser Geschäftsführung gehört auch die Mitwirkung der von der Geschäftsführung ausgeschlossenen Gesellschafter an außergewöhnlichen Geschäften nach Maßgabe von § 116 Abs. 2. Für sie gelten daher die gleichen Grundsätze betreffend die Ausgestaltung als Pflichtrecht und die Pflicht zur uneigennützigen Wahrnehmung, wie sie für die gewöhnliche Geschäftsführung allgemein anerkannt sind (vgl. § 114 Rn 17 f). Von den Regelungen in § 116 nicht berührt ist die **Vertretungsmacht** der Gesellschafter nach Maßgabe der §§ 125, 126. Sie umfasst auch dann, wenn sie nach gesetzlicher Regel (§ 125 Abs. 1) als Einzelbefugnis besteht, sowohl den Abschluss außergewöhnlicher Geschäfte als auch die Bestellung von Prokuristen. Ihre Grenze findet sie erst im Hinblick auf die sog. Grundlagengeschäfte (Rn 8).

B. Der Umfang der Geschäftsführungsbefugnis

I. Die Unterscheidung zwischen gewöhnlichen und außergewöhnlichen Geschäften

1. Grundlagen. Zum Normzweck der Unterscheidung zwischen gewöhnlichen und außergewöhnlichen Geschäften in § 116 Abs. 1 und 2, die den Geschäftsführern von den Mitgesellschaftern erteilte Ermächtigung zum Handeln für die Gesellschaft auf die ex ante absehbaren, der Verfolgung des Gesellschaftszwecks dienenden Maßnahmen zu beschränken, vgl. schon Rn 2. Er macht es erforderlich, für die Abgrenzung auf die **konkreten Verhältnisse der jeweiligen Gesellschaft** abzustellen.[1] Das gilt nicht nur für *Gesellschaftszweck und Unternehmensgegenstand*[2] als diejenigen Regelungen des Gesellschaftsvertrags, nach denen sich die generellen Schranken für die Geschäftsführungstätigkeit (einschl. der außergewöhnlichen Geschäfte) bestimmen. Zu berücksichtigen sind vielmehr auch die *Größe* der Gesellschaft, bezogen auf Kapitalausstattung und Umsatz, sowie der *Zuschnitt der bisherigen Geschäftstätigkeit* als Ausdruck für das Selbstverständnis der Gesellschafter betreffend den gewöhnlichen Betrieb ihres Handelsgewerbes. So gehört die Errichtung einer Zweigniederlassung im Zweifel zu den gewöhnlichen Geschäften der Gesellschaft, wenn sie nach dem Gesellschaftsvertrag vorgesehen oder die Gesellschaft schon bisher als Filialbetrieb organisiert ist.[3] Ob das Eingehen eines erheblichen Kreditengagements oder eine deutliche Umsatzausweitung unter entsprechender Anspannung der Kapitalgrundlage noch als gewöhnliche Maßnahmen zu beurteilen sind, hängt nicht nur von der ursprünglich geplanten bzw. seither herausgebildeten Größenordnung der Gesellschaft, sondern auch davon ab, wie die Geschäfte der Gesellschaft mit ausdrücklicher oder konkludenter Zustimmung aller Beteiligten bisher geführt wurden und welche Bedeutung dem Vorsichtsprinzip für die Führung der Geschäfte der Gesellschaft dabei zugemessen worden ist. 4

2. Abgrenzungskriterien. Für die Abgrenzung zwischen gewöhnlichen und außergewöhnlichen Geschäften hat sich in **ständ. Rspr.** eine seither allseits akzeptierte, freilich ihrerseits konkretisierungsbedürftige **Formel** herausgebildet.[4] Handlungen, die *nicht mehr* von der Geschäftsführungsbefugnis nach § 116 Abs. 1 gedeckt sind, sind danach solche, die nach ihrem *Inhalt und Zweck* oder durch ihre *Bedeutung und die mit ihnen verbundene Gefahr für die Gesellschafter* über den Rahmen des gewöhnlichen Geschäftsbetriebs der Gesellschaft hinausgehen, also *Ausnahmecharakter* besitzen. Für die Anwendung der Formel sei auf die „besonderen Verhältnisse der jeweils in Betracht kommenden Gesellschaft“,[5] also auf eine *konkrete* Betrachtungsweise abzustellen (vgl. Rn 4). Allerdings könne man für Geschäfte, die sich im Rahmen des Unternehmensgegenstands hal- 5

---

[1] EinhM, vgl. nur BGH LM Nr. 1 zu § 116 HGB = BB 1954, 145; *Hueck* OHG § 10 II 3, S. 121; MünchKommHGB/*Jickeli* Rn 10; Ebenroth/Boujong/Joost/Strohn/*Mayen* Rn 3; *Westermann* Handbuch Rn I 256b.

[2] Vgl. dazu und zur zumindest partiellen Identität zwischen beiden Begriffen im Personengesellschaftsrecht § 105 Rn 21.

[3] So zutr. schon 3. Aufl. Rn 2a (*Rob. Fischer*); ferner etwa MünchKommHGB/*Jickeli* Rn 27; Ebenroth/Boujong/Joost/Strohn/*Mayen* Rn 5.

[4] Vgl. neben der Grundsatzentscheidung BGH LM Nr. 1 zu § 116 HGB = BB 1954, 145; schon RGZ 158, 302 (308); so dann auch BGHZ 76, 160 (162 f) = NJW 1980, 1463; OLG Köln NJW-RR 1995, 547 (548); aus dem Schrifttum vgl. statt aller MünchKommHGB/*Jickeli* Rn 7, 13 ff, 31 ff; Ebenroth/Boujong/Joost/Strohn/*Mayen* Rn 4; Heymann/*Emmerich* Rn 3.

[5] BGH LM Nr. 1 zu § 116 HGB = BB 1954, 145.

ten, im Allgemeinen davon ausgehen, dass sie grundsätzlich in den Bereich der Geschäftsführungsbefugnis fallen, wenn sie nicht einen besonders großen Umfang haben oder zu ganz ungewöhnlichen Bedingungen abgeschlossen werden.[6] In Anwendung dieses Maßstabs hat der BGH im konkreten Fall sogar die Verlagerung des Warenlagers der Gesellschaft kurz vor Ende des 2. Weltkriegs, um es vor der russischen Besetzung zu retten, noch zu den gewöhnlichen Geschäften gerechnet.[7] Bemerkenswert und für die weite Ausdehnung des Bereichs der gewöhnlichen Geschäftstätigkeit kennzeichnend ist auch eine Entscheidung des Reichsgerichts aus dem Jahr 1938, wonach die Übernahme einer umfangreichen Bürgschaft seitens einer Besitz-KG für den Bankkredit der von ihr im Wege der Betriebsaufspaltung gegründeten Betriebs-AG noch zu den gewöhnlichen Geschäften dieser KG gehören könne.[8]

6 Eine abweichende, zum leichteren Eingreifen von § 116 Abs. 2 führende Beurteilung kann sich demgegenüber unter dem Gesichtspunkt einer **Interessenkollision** bei den handelnden Geschäftsführern ergeben. Sie kann dazu führen, dass Maßnahmen von nicht unerheblicher Bedeutung für die Gesellschaft, die an sich noch als Teil der gewöhnlichen Geschäftstätigkeit beurteilt werden könnten, zu außergewöhnlichen Geschäften werden. Der BGH hat das für die Zusammenlegung des Einkaufs der Gesellschaft mit demjenigen anderer, vom Geschäftsführer kontrollierter Unternehmen zu einer gemeinsamen Einkaufsorganisation bejaht, weil sie für die Gesellschaft wegen der Interessenkollision zur Gefahr des unkontrollierbaren Einsatzes ihres Personals zugunsten dieser anderen am gemeinsamen Einkauf beteiligten Unternehmen oder der Verschiebung der Vorteile aus dem gemeinsamen Einkauf auf diese anderen Unternehmen führe.[9] Auch die Verfolgung von Schadensersatzansprüchen gegen einen Mitgeschäftsführer wegen Pflichtverletzung wurde als unter Abs. 2 fallend angesehen.[10] Stellt man für die Abgrenzung zwischen § 116 Abs. 1 und Abs. 2 darauf ab, mit welcher Art von Geschäften die Gesellschafter bei Gründung der Gesellschaft oder im Rahmen ihres einverständlichen bisherigen Betriebs rechnen mussten (Rn 2), so erscheint der Vorbehalt der Interessenkollision bei wesentlichen, an sich noch von Abs. 1 erfassten Geschäften plausibel.[11] Er relativiert sich freilich dann, wenn Geschäftsführer im Gesellschaftsvertrag vom Verbot des § 181 BGB befreit sind, da die Mitgesellschafter damit zum Ausdruck gebracht haben, dass sie die der Gesellschaft aus einer Interessenkollision beim Geschäftsführer drohenden Gefahren hinzunehmen bereit sind.[12] Auch in den sonstigen Fällen, ohne Befreiung von § 181 BGB, macht das Vorliegen einer Interessenkollision *nicht jedes davon betroffene Geschäft* zu einem außergewöhnlichen im Sinne von Abs. 2, zumal der Schutz von Gesellschaft und Mitgesellschaftern insoweit auch auf andere Weise erreichbar ist.[13] Es muss sich viel-

---

6 BGH LM Nr. 1 zu § 116 HGB = BB 1954, 145.

7 Dem ausdrücklich zust. unter Hinweis auf die besondere Gefahrensituation als Grund für die Verlegung 3. Aufl. Rn 2b (*Rob. Fischer*) und Schlegelberger/*Martens* Rn 10; ähnlich dann auch MünchKommHGB/*Jickeli* Rn 10.

8 RGZ 158, 302(309).

9 BGH LM Nr. 2 zu § 116 HGB = DB 1973, 422.

10 BGH WM 1983, 60; 1997, 1431; RGZ 171, 51 (54); insoweit stellt sich allerdings – zumal bei *Verzicht* auf die Geltendmachung – die Frage der Abgrenzung zum Grundlagenbereich.

11 So denn auch OLG Köln NJW-RR 1995, 547 (549); Schlegelberger/*Martens* Rn 11; Heymann/*Emmerich* Rn 5; MünchKommHGB/*Jickeli* Rn 15; *Westermann* Handbuch Rn I 257.

12 Weitergehend (gegen das Eingreifen von Abs. 2 insoweit) BGHZ 76, 160 (163) = NJW 1980, 1463; **aA** zu Recht OLG Köln NJW-RR 1995, 547 (549); dem folgend auch MünchKommHGB/*Jickeli* Rn 12.

13 Vgl. zur Pflichtwidrigkeit einer im eigenen Interesse vorgenommenen Handlung des Geschäftsführers § 115 Rn 7; zum Ausschluss des Mitspracherechts in Geschäftsführungsfragen bei Interessenkollision § 115 Rn 11.

mehr um solche Vorgänge handeln, die nach Art oder Umfang aus dem Kreis der gewöhnlichen Geschäfte herausragen und daher auch ohne Interessenkollision geeignet wären, in die Nähe der außergewöhnlichen Geschäfte nach Abs. 2 zu geraten.

Besonderheiten gelten auch für die Anwendung von § 116 Abs. 1 und 2 im **Konzern.** 7
Zwar gehört die Konzernbildung aus der Sicht der *beherrschten Gesellschaft* zu den Grundlagengeschäften, da sie sich mit einer Änderung der Gesellschaftsgrundlagen (Leitung, Ergebnisabführung u.a.) verbindet und deshalb grundsätzlich eine Vertragsänderung voraussetzt (vgl. Anh. § 105 Rn 57 ff, 70). Anderes gilt jedoch aus der Sicht der **Personengesellschaft als herrschendes Unternehmen:** Für sie bestimmen sich die Mitspracherechte der von der Geschäftsführung ausgeschlossenen Gesellschafter auch im Konzern nach § 116 Abs. 2. Danach kann schon die *Konzernbildung* einen Zustimmungsbeschluss der Mitgesellschafter erforderlich machen, wenn die im Wege der Ausgründung, des Beteiligungserwerbs u.a. entstandene Tochtergesellschaft nicht unerhebliche Dimensionen im Verhältnis zur Obergesellschaft aufweist (Anh. § 105 Rn 83). Vor allem aber geht es im Zuge der *Konzernleitung* um das Eingreifen von § 116 Abs. 2. Dafür ist Voraussetzung, dass die Tochtergesellschaft mit der Obergesellschaft eine wirtschaftliche Einheit bildet, wie das jedenfalls im Fall 100 %iger Beteiligung und Betätigung im gleichen Handelszweig regelmäßig anzunehmen ist, und dass es sich bei den auf der Ebene der Tochtergesellschaft getroffenen Maßnahmen um solche handelt, die aus *Sicht der Obergesellschaft* die an außergewöhnliche Maßnahmen zu stellenden Anforderungen erfüllen (vgl. näher Anh. § 105 Rn 84). Danach kann etwa der Erwerb einer stark ins Gewicht fallenden Beteiligung oder eine wesentliche Ausweitung der Geschäftstätigkeit der Tochtergesellschaft die Zustimmung durch die Mitgesellschafter der Obergesellschaft erforderlich machen, und es gehört in diesem Fall zu den Pflichten der Geschäftsführer der Obergesellschaft, für die Respektierung dieses Erfordernisses vor Umsetzung der geplanten Maßnahmen auf der Ebene der Tochtergesellschaft zu sorgen. Entsprechendes gilt auch für die Beteiligung Dritter an einer bis dahin 100 %igen Tochtergesellschaft sowie die Verlagerung von Unternehmen auf weiter entfernte Konzerngesellschaften, ohne dass insofern die strengen Maßstäbe gelten, die der BGH für die Annahme ungeschriebener Hauptversammlungskompetenzen anwendet.[14] Danach müssen von der Umstrukturierung (Veräußerung wesentlicher Unternehmensteile [str.], Ausgliederung, und andere Verlagerungen innerhalb des Konzerns) etwa 75 % des Vermögens oder Umsatzes der Gesellschaft bzw. des Konzerns betroffen sein, damit eine ungeschriebene Hauptversammlungskompetenz anzunehmen ist. Ähnlich hohe Maßstäbe markieren auch im Personengesellschaftsrecht die Grenze zwischen außergewöhnlicher Geschäftsführungsmaßnahme und Grundlagengeschäft (dazu Rn 8 und Rn 14; zur Abgrenzung zu den gewöhnlichen Geschäften, vgl. insbes. Rn 10).[15]

3. Abgrenzung von den Grundlagengeschäften. Die Zugehörigkeit auch der außer- 8
gewöhnlichen Geschäfte zum „Betrieb des Handelsgewerbes", d.h. zur Führung der Geschäfte der Gesellschaft, macht es erforderlich, den Anwendungsbereich des Abs. 2 strikt von der **Kategorie der Grundlagengeschäfte** zu unterscheiden (vgl. schon § 114 Rn 15 f). Abweichend hiervon wurden zwar früher zu den Maßnahmen nach Abs. 2 ver-

---

[14] Vgl. BGHZ 159, 30 = NJW 2004, 1860 und BGH NZG 2004, 575 – *Gelatine I* und *II* und dazu nur *Hüffer* AktG[8] § 119 Rn 16 ff; *ders.* FS Ulmer, 2003, S. 279 (295 f); teilweise enger Emmerich/*Habersack* Aktien- und GmbH-Konzernrecht[5] Vor § 311 AktG Rn 39 (mwN).

[15] Vgl. Rn 14; in diesem Sinne etwa auch OLG Koblenz NJW-RR 1991, 487(488), dazu unten Fn 23.

breitet auch solche gerechnet, die dem Gesellschaftszweck fremd sind;[16] das wurde damit begründet, dass die Vorgängerregelung in Art. 103 Abs. 1 ADHGB[17] ausdrücklich auch für solche Geschäfte die Zustimmung aller Gesellschafter verlangte. Diese Ausweitung wird jedoch dem grundlegenden Unterschied zwischen der Geschäftsführung als Tätigkeit für die Gesellschaft und den Grundlagengeschäften, welche die Rechtsverhältnisse zwischen den Gesellschaftern ausgestalten, nicht gerecht.[18] Der Unterschied zeigt sich nicht nur darin, dass die Pflicht der Gesellschafter zu uneigennütziger Tätigkeit zwar für die Geschäftsführung, nicht aber für die Handlungen des Grundlagenbereichs gilt. Vielmehr bezieht sich auch die Vertretungsmacht der Gesellschafter nur auf Maßnahmen der Geschäftsführung, nicht aber auf solche des Grundlagenbereichs. Das gilt nicht nur für alle Arten von Geschäften, die unmittelbar oder mittelbar[19] auf Änderungen des Gesellschaftsvertrags oder der Zusammensetzung des Kreises der Gesellschafter gerichtet sind, darunter nicht zuletzt die Verpflichtung zur Übertragung des gesamten Gesellschaftsvermögens,[20] sondern auch für die Wahl des Abschlussprüfers, den Beschluss über die Bilanzfeststellung sowie für das Eingehen einer atypischen stillen Gesellschaft, die dem Stillen eigene Mitspracherechte in Geschäftsführungsfragen und/oder eine Teilnahme an den stillen Reserven der Gesellschaft verschafft (näher § 114 Rn 15 f.).

II. Gewöhnliche Geschäfte (Abs. 1)

9 Von der Geschäftsführungsbefugnis nach § 116 Abs. 1 gedeckt sind nach den vorstehend (Rn 4 f) getroffenen Feststellungen solche Handlungen, die im Hinblick auf die konkreten Verhältnisse der Gesellschaft nach *Art* (Inhalt und Zweck) oder *Umfang* (Bedeutung und Risikopotential) nicht über deren ursprünglich geplanten oder seither einvernehmlich herausgebildeten Bereich der Geschäftstätigkeit hinausgehen. Danach fallen nicht nur die **Routinegeschäfte** des laufenden Betriebs, wie Anschaffung, Herstellung oder Verarbeitung und Vertrieb des vom Unternehmensgegenstand gedeckten Warensortiments, Erneuerung des Maschinenparks und der sonstigen abnutzbaren Gegenstände des Anlagevermögens, Bauunterhaltung, Einstellung und Entlassung von Arbeitskräften, Verkehr mit Banken und Versicherungen für den laufenden Bedarf, Buchführung

---

16 Vgl. RGZ 158, 302 (308); *Hueck* OHG § 10 II 3, S. 121; so auch noch Voraufl. § 164 Rn 3 (*Schilling*); *K. Schmidt* Gesellschaftsrecht § 47 V 1c, S. 1392; widersprüchlich 3. Aufl. Rn 2a (*Rob. Fischer*); Nachw. zur abw., heute hM vgl. in Fn 18.

17 Er lautete: „Ein Beschluß der sämtlichen Gesellschafter muß vor der Vornahme von Geschäften eingeholt werden, welche über den gewöhnlichen Betrieb des Handelsgewerbes der Gesellschaft hinausgehen, oder welche dem Zweck derselben fremd sind".

18 So zutr. Schlegelberger/*Martens* Rn 5; ihm folgend Heymann/*Emmerich* Rn 3; MünchKommHGB/*Jickeli* Rn 6; Ebenroth/Boujong/Joost/Strohn/*Mayen* Rn 4; Baumbach/*Hopt* Rn 3.

19 Etwa durch Begründung einer Verpflichtung der OHG zur Vertragsänderung oder durch faktische, zur Durchbrechung des Gesellschaftsvertrags führende Maßnahmen wie die Ausdehnung der Geschäftstätigkeit auf nicht vom Gesellschaftszweck gedeckte Gegenstände. Vgl. auch § 126 Rn 13 (*Habersack*).

20 So schon RGZ 162, 370 (372); 3. Aufl. Rn 2a (*Rob. Fischer*); zur fehlenden Vertretungsmacht der Geschäftsführer in Analogie zu § 179a AktG vgl. BGH NJW 1995, 596 und § 126 Rn 16 (*Habersack*) mit weit. Nachw. und Bsp.; offenlassend noch BGH LM Nr. 7 zu § 126 HGB = NJW 1991, 2564; gegen die analoge Anwendung des § 179a AktG aber *Hadding* FS Lutter, 2000, S. 851 ff.

und Aufstellung des Jahresabschlusses u.a., unter die gewöhnlichen Geschäfte, sondern auch die Vornahme von Erweiterungsinvestitionen, die Ausweitung der Geschäftstätigkeit, der Erwerb von Beteiligungen und der Abschluss von Kreditverträgen, wenn die damit verbundene **Geschäftsausweitung** sich als kontinuierliches, durch das Gesellschaftskapital gedecktes Wachstum der Gesellschaft darstellt und nicht etwa durch ihr ungewöhnliches Ausmaß unvorhersehbare Risiken für die Gesellschafter begründet (vgl. auch Rn 15). Auch die Einstellung leitender Angestellter und die Erteilung von Vollmachten für sie hält sich in der Regel in den Grenzen der nach Abs. 1 auch ohne besonderen Gesellschafterbeschluss erlaubten Geschäftstätigkeit. Entsprechendes gilt für die Bestellung von Prokuristen, freilich mit der Besonderheit, dass es insoweit nach § 116 Abs. 3 des Zusammenwirkens aller Geschäftsführer bedarf. Für die Errichtung, Verlagerung oder Aufhebung von Zweigniederlassungen kommt es darauf an, ob die Gesellschaft üblicherweise mit Filialen tätig wird oder ob es sich angesichts der Art der bisherigen Geschäftstätigkeit um einen außergewöhnlichen, so nicht vorhersehbaren Schritt in geschäftliches Neuland handelt.[21]

Die **Rechtsprechung** hat sich bei Zuordnung umstrittener Maßnahmen zum Bereich des *gewöhnlichen* Betriebs des Handelsgewerbes der Gesellschaft zu Recht tendenziell *großzügig* gezeigt. Außer den Geschäften im Handelszweig der Gesellschaft hat sie hierzu auch sonstige (Hilfs-)Geschäfte und Maßnahmen gezählt, die nach Inhalt und Zweck auf die Verfolgung des Gesellschaftszwecks gerichtet sind und auch hinsichtlich ihres Umfangs die bisherigen Dimensionen der Kapitalausstattung und des Geschäftsrisikos der Gesellschaft nicht in unvorhergesehener, ein zusätzliches Engagement der Gesellschafter erfordernder Art und Weise übersteigen. Als gewöhnliche Geschäfte angesehen wurden demgemäß die planmäßige Bebauung eines Gesellschaftsgrundstücks mit einem Wohn- und Geschäftshaus und der Abschluss der hierzu erforderlichen Verträge,[22] die Gründung oder der Erwerb einer Tochtergesellschaft,[23] der Abschluss und die Auflösung von Dienstverträgen,[24] die Ressortaufteilung zwischen den Geschäftsführern,[25] die Veräußerung von Betriebsvermögen, außer wenn es sich um Gegenstände einer für andere Zwecke bestimmten Kapitalrücklage handelte,[26] die Übertragung des Einkaufs an eine gemeinsame Einkaufsorganisation,[27] die Verlagerung von Warenbeständen in Kriegszeiten[28] und die Bürgschaftsübernahme seitens der Besitz-KG zugunsten der Betriebs-AG.[29] Auch die Erteilung einer Kreditauskunft über einen Geschäftspartner auf Anfrage eines Dritten, aus der die Gesellschaft später auf Schadensersatz in Anspruch genommen wurde, wurde als gewöhnliches Geschäft behandelt.[30] 10

[21] Vgl. die Nachw. in Fn 3; zum Bereich der gewöhnlichen Geschäfte vgl. auch *Hueck* OHG § 10 II 3, S. 121; MünchKommHGB/*Jickeli* Rn 22 ff; Ebenroth/Boujong/Joost/Strohn/*Mayen* Rn 3, 5; Röhricht/Graf v. Westphalen/*v. Gerkan/Haas* Rn 2; Heymann/*Emmerich* Rn 4; Baumbach/*Hopt* Rn 1; *Westermann* Handbuch Rn I 256b; *Cromes* DB 2974, 2189 (2193).

[22] BGHZ 76, 160 (162 f) = NJW 1980, 1463.

[23] OLG Koblenz NJW-RR 1991, 487 (488) unter Differenzierung gegenüber der Ausgründung wesentlicher Betriebsteile (BGHZ 83, 122 [131 f] = NJW 1982, 1703 – *Holzmüller*, dazu oben Rn 7 aE); zum Sonderfall eines ungewöhnlichen Unternehmenserwerbs vgl. auch ROHGE 20, 244 (247).

[24] Österr. OHG HS 66.

[25] Österr. OHG HS 7126 = NZ 1973, 117.

[26] RG JW 1930, 705 (706).

[27] BGH LM Nr. 2 zu § 116 HGB = DB 1973, 422.

[28] BGH LM Nr. 1 zu § 116 HGB = BB 1954, 143.

[29] RGZ 158, 302 (309).

[30] RGZ 20, 190 (194).

III. Außergewöhnliche Geschäfte (Abs. 2)

11 **1. Allgemeines.** Zum **Ausnahmecharakter** der außergewöhnlichen Geschäfte aus der Sicht der konkreten Gesellschaft als Voraussetzung für das Eingreifen des Zustimmungserfordernisses des § 116 Abs. 2 vgl. schon Rn 4, 5. Nach der in Rn 5 wiedergegebenen Formel der ständ. Rspr. kann er entweder auf der *Art* (Inhalt und Zweck) oder auf dem *Umfang* (Bedeutung und Risikopotential des fraglichen Geschäfts) beruhen. Entscheidend ist, dass solche Maßnahmen (Rechtsgeschäfte oder sonstige Handlungen) für die Gesellschaft in Frage stehen, die über die Ermächtigung hinausgehen, welche die Gesellschafter durch Übertragung der Handlungsbefugnis auf die Geschäftsführer entsprechend dem voraussichtlichen Geschäftsanfall und dem Zuschnitt der Gesellschaft einräumen wollten.[31] Zur Ausweitung des Bereichs außergewöhnlicher Geschäfte im Fall von Interessenkollisionen auf Seiten der Geschäftsführer vgl. Rn 6, zur Abgrenzung der außergewöhnlichen von den Grundlagengeschäften vgl. Rn 8.

12 **2. Beispiele.** Nach der ungewöhnlichen **Art** (Inhalt und Zweck) der Maßnahme fallen in den Anwendungsbereich des § 116 Abs. 2 typischerweise die Einräumung einer Ergebnisbeteiligung für Dritte außerhalb des Gesellschaftsvertrags, insbes. durch Begründung einer typischen stillen Beteiligung an der Gesellschaft,[32] der Abschluss von Geschäften außerhalb des Unternehmensgegenstands, wie die Gewährung von Krediten ohne Bezug zum laufenden Geschäftsbetrieb oder die Vornahme von Spekulationsgeschäften,[33] sofern derartige Handlungen nicht den Charakter bloßer Hilfsgeschäfte, wie Baumaßnahmen u.a., tragen,[34] die Neuausrichtung der Geschäftspolitik durch Wechsel des Hauptvertragspartners,[35] der Erwerb oder die Ersteigerung von nicht betriebsnotwendigem Grundvermögen,[36] die Veräußerung wesentlicher Unternehmensteile, sofern kein Grundlagengeschäft,[37] oder von Gegenständen einer zweckgebundenen Kapitalrücklage ohne Einhaltung des Zwecks,[38] die Bestellung einer Generalvollmacht,[39] die Betriebsstilllegung ohne gleichzeitige Auflösung der Gesellschaft[40] sowie der Abschluss eines Betriebsführungsvertrags[41]

---

[31] Allg. zu Begriff und Gegenständen außergewöhnlicher Geschäfte vgl. auch *Hueck* OHG § 10 II 3, S. 121 f; MünchKommHGB/*Jickeli* Rn 31 ff; Ebenroth/Boujong/Joost/Strohn/*Mayen* Rn 4, 6; Röhricht/Graf v. Westphalen/*v. Gerkan/Haas* Rn 1 f; Heymann/*Emmerich* Rn 5; Baumbach/*Hopt* Rn 2; *Westermann* Handbuch Rn I 257; *Cromes* DB 1974, 2189 (2194). Zur Änderung der Teilungsordnung einer überwiegend als Seniorenheim geführten Wohnungseigentumsgemeinschaft unter Umwandlung von Pflegeplätzen in weitere Senioren-Appartments als außergewöhnliches Geschäft einer GbR vgl. OLG Köln NJW-RR 1991, 547 (548).

[32] RGZ 153, 371 (373 f); so auch BGH NJW 1971, 375 (std. Rspr.); vgl. schon § 114 Rn 16 und näher § 126 Rn 15 (*Habersack*).

[33] So zutr. schon 3. Aufl. Rn 2a (*Rob. Fischer*).

[34] So die zutr. Eingrenzung bei Schlegelberger/*Martens* Rn 6; MünchKommHGB/*Jickeli* Rn 32.

[35] BGH BB 1991, 714 (715) (GmbH) betr. das Überwechseln eines EDV-Softwareherstellers zu einem anderen Hardware-Lieferanten.

[36] RG LZ 1914, 580 f Nr. 9.

[37] Vgl. BGHZ 83, 122 (131 f) = NJW 1982, 1703 – *Holzmüller* (AG); BGHZ 159, 30 = NJW 2004, 1860 – *Gelatine*; dazu näher Rn 7 aE; zur Vertretungsbefugnis in diesen Fällen vgl. § 126 Rn 16 (*Habersack*).

[38] RG JW 1930, 705 (706).

[39] Schlegelberger/*Martens* Rn 34; MünchKommHGB/*Jickeli* Rn 26; *Westermann* Handbuch Rn I 259.

[40] Nicht eindeutig BAG ZIP 1998, 1284 (1286) (KG).

[41] So zutr. § 126 Rn 18 (*Habersack*); offenlassend BGH NJW 1982, 1817 (1818) – Holiday Inn; **aA** Baumbach/*Hopt* § 126 Rn 3 (Grundlagengeschäft).

oder eines sonstigen Unternehmensvertrags als herrschendes Unternehmen.[42] Soweit es um die Aufnahme einer neuen Produktion oder die sonstige sachliche Ausweitung der Geschäftstätigkeit geht, kommt es – vorbehaltlich des Eingreifens von Abs. 2 aus Gründen des außergewöhnlichen Umfangs (Rn 13) – darauf an, ob die Ausweitung bereits den bisherigen Planungen entsprach (dann gewöhnliches Geschäft), ob sie zwar unvorhersehbar war, aber sich noch innerhalb des Unternehmensgegenstands hielt (dann außergewöhnliches Geschäft) oder ob sie de facto zu einer Änderung des Unternehmensgegenstands führte (dann Grundlagengeschäft ohne Bezug zu § 116 Abs. 2, vgl. Rn 8).

Soweit es um wegen ihres **Umfangs** außergewöhnliche Geschäfte geht, ist entscheidender Vergleichsmaßstab die Kapitalausstattung der Gesellschaft und der Umfang ihrer bisherigen Geschäftstätigkeit. Eine qualitative, zum Eingreifen von Abs. 2 führende Änderung ist namentlich dann anzunehmen, wenn die in Frage stehende Maßnahme zu einer nicht nur kurzfristigen, den übrigen Geschäftsablauf belastenden Anspannung der Kapitalgrundlage, insbes. einer finanziellen Schieflage der Gesellschaft mit der Notwendigkeit von Kapitalzuschüssen führt[43] oder wenn sie für sonstige, ihrerseits im Geschäftsplan liegende Erweiterungen der Geschäftstätigkeit finanziell nicht den erforderlichen Spielraum lässt. Unter diesen Voraussetzungen können wesentliche Erweiterungen der Unternehmensaktivitäten ebenso unter das Zustimmungserfordernis des Abs. 2 fallen wie die Vornahme der dazu erforderlichen baulichen Investitionen oder die Aufnahme erheblicher, zu langfristiger Zinsbelastung der Gesellschaft führender Kredite.[44] Zur Abgrenzung solcher Fälle gegenüber der Grundlagenebene vgl. Rn 7 a.E. Nach diesen Maßstäben ist ungewöhnlich auch der Abschluss eines Lizenzvertrages für Fernsehfilme mit einem Volumen, das das Kapital der Gesellschaft um ein Vielfaches übersteigt,[45] sowie für den Erwerb eines in großer Entfernung vom Gesellschaftssitz gelegenen Unternehmens in einer finanziell ohnehin schwierigen Lage der Gesellschaft.[46] Anstellungsverträge können ausnahmsweise dann einem Zustimmungsbeschluss nach Abs. 2 erforderlich machen, wenn sie wegen ihres aus Sicht der Gesellschaft ungewöhnlichen Inhalts, etwa wegen Anstellung auf Lebenszeit und Ruhegeldzusage in ungewöhnlicher Höhe, zu einer unverhältnismäßigen, den bisher üblichen Rahmen deutlich übersteigenden Belastung der Gesellschaft führen.[47] Zur Begrenzung auch des Bereichs außergewöhnlicher Geschäfte der Gesellschaft durch den von den Gründern abgesteckten, ggf. durch späteren Grundlagenbeschluss erweiterten *Finanzrahmen* der Gesellschaft vgl. Rn 15. 13

3. **Organisationsmaßnahmen.** Eine Sonderkategorie außergewöhnlicher Geschäfte i.S.v. § 116 Abs. 2 bilden Organisationsmaßnahmen auf Gesellschaftsebene. Bei ihnen ist besonderes Augenmerk auf die Abgrenzung zu den nicht von § 116 erfassten Grundlagengeschäften (Rn 8) zu legen. Danach fällt die *Ausgründung wesentlicher Betriebsteile* oder die sonstige Veräußerung großer Teile des Gesellschaftsvermögens, sofern sie den Unter- 14

---

[42] Vgl. Anh § 105 Rn 83; differenzierend MünchKommHGB/*Jickeli* Rn 20, 28; MünchKommHGB/*Mülbert* KonzernR Rn 78.

[43] Vgl. auch *Wertenbruch* DStR 2007, 1680 (1683) (mittelbare Nachschusspflicht).

[44] So zutr. schon 3. Aufl. Rn 2a (*Rob. Fischer*); MünchKommHGB/*Jickeli* Rn 25; vgl. auch OLG Bamberg OLGR 3, 276 (277) (umfangreiche Baumaßnahmen).

[45] OLG Koblenz NJW-RR 1991, 487 (489) – *SAT 1* (Lizenzvertrag auf 4 Jahre über 750 Mio. DM bei einem GmbH-Stammkapital von 5 Mio. DM).

[46] ROHGE 20, 244 (247).

[47] Vgl. auch *Sitzenfrei/Tischer* DB 2008, 1307 (1310 f), die die Bedeutung des Arbeitsverhältnisses für die Gesellschaft betonen.

nehmensgegenstand unberührt lässt, unter § 116 Abs. 2 (Rn 12).[48] Demgegenüber ist die Verpflichtung der Gesellschaft zur *Übertragung des gesamten Gesellschaftsvermögens* bzw. seiner betriebsnotwendigen Teile wegen ihrer Auswirkungen auf Gesellschaftszweck und Unternehmensgegenstand – entsprechend der „Holzmüller"-Doktrin[49] – als Grundlagengeschäft zu qualifizieren;[50] sie wird daher nicht von der Vertretungsmacht der Gesellschafter gedeckt.[51] Entsprechendes gilt für alle sonstigen, unmittelbar oder mittelbar auf Änderung des Gesellschaftsvertrags gerichteten Maßnahmen (Rn 8), einschließlich des Abschlusses eines Unternehmensvertrags auf Seiten der beherrschten Gesellschaft (Anh. § 105 Rn 68): Auch sie gehören nicht zu den – von § 116 erfassten – Geschäften der Gesellschaft, sondern betreffen die Gesellschafter persönlich als „Herren der Gesellschaft" und unterliegen daher auch nicht der Pflicht zur uneigennützigen Wahrnehmung des Stimmrechts.

IV. Die Kapitalausstattung als Schranke

15 Eine ungeschriebene Schranke sowohl für gewöhnliche als auch für außergewöhnliche Geschäfte bildet der **begrenzte Finanzrahmen der Gesellschaft**. Er bestimmt den nach dem Gesellschaftsvertrag zulässigen Geschäftsumfang und macht die Mitwirkung aller Gesellschafter bei starker Ausweitung des laufenden Geschäfts erforderlich, wenn das Eigenkapital in Verbindung mit der Kreditfähigkeit der Gesellschaft zur Finanzierung nach dem Urteil ordentlicher Kaufleute nicht ausreicht; die Geschäftsführer haben hier vor Umsetzung der jeweiligen Pläne die Zustimmung aller Gesellschafter für die dazu gebotene Kapitalaufstockung als *Grundlagengeschäft* einzuholen. Kommt ein entsprechender Beschluss nicht zustande, so handeln Geschäftsführer und beteiligte Mitgesellschafter *pflichtwidrig*, wenn sie die Pläne gleichwohl umsetzen, und müssen der Gesellschaft einen hieraus entstehenden Schaden ersetzen.[52] Es ist ihnen auch nicht gestattet, zur Finanzierung die persönliche Kreditfähigkeit von Mitgesellschaftern auszunutzen und diese dadurch planmäßig in ein Obligo zu bringen, das die von ihnen übernommene Beitragsleistung gegenüber der Gesellschaft übersteigt. Auch ein Leistungsverweigerungsrecht gegenüber entnahmefähigen Gewinnansprüchen der Gesellschafter wegen „offenbaren Schadens der Gesellschaft" (§ 122 Abs. 1, 2. Fall) kann auf einen derart überhöhten Finanzbedarf nicht gestützt werden (vgl. § 122 Rn 20).

V. Prozesse gegen Gesellschafter

16 Die Erhebung von Klagen gegen einzelne Gesellschafter gehört dann zum Bereich der – gewöhnlichen oder außergewöhnlichen – **Geschäftsführung**, wenn es um die Geltendmachung von (Sozial-)Ansprüchen aus dem Gesellschaftsvertrag oder seiner Verletzung geht. Dabei sind Klagen auf *Leistung rückständiger Beiträge* regelmäßig als Teil der

---

48 So, bezogen auf die Vertretungsmacht, auch § 126 Rn 16 (*Habersack*).

49 BGHZ 83, 122 (131 f) = NJW 1982, 1703 – *Holzmüller*; BGHZ 159, 30 = NJW 2004, 1860 und BGH NZG 2004, 575 – *Gelatine I* und *II*, jeweils zum Aktienrecht (s. schon Rn 7 aE und Fn 14).

50 Vgl. auch die Nachw. in Fn 23.

51 So zutr. BGH NJW 1995, 596; vgl. näher § 126 Rn 16 (*Habersack*).

52 So im Grundsatz schon 3. Aufl. Rn 17 (*Rob. Fischer*) und (ihm folgend) Schlegelberger/*Martens* § 122 Rn 16, jeweils im Zusammenhang mit dem Entnahmevorbehalt des § 122 Abs. 1; ebenso auch MünchKommHGB/*Jickeli* Rn 31.

gewöhnlichen Geschäftstätigkeit anzusehen, wenn der säumige Gesellschafter Anlass zur Klageerhebung gegeben hat,[53] da die Beitragsleistung zu den Grundpflichten der Gesellschafter gehört. Anderes gilt für die Durchsetzung von *Schadensersatzansprüchen* wegen pflichtwidriger Geschäftsführung:[54] Sie ist schon wegen der damit meist verbundenen internen Spannungen als außergewöhnliches Geschäft zu qualifizieren; bei dem deshalb erforderlichen Zustimmungsbeschluss der Mitgesellschafter nach § 116 Abs. 2 hat der Betroffene kein Stimmrecht (§ 115 Rn 11). Keines Zustimmungsbeschlusses bedarf es zwar für Klagen, die Gesellschafter im eigenen Namen aufgrund der *actio pro socio* erheben. Ein solcher Zustimmungsbeschluss wäre unvereinbar mit der Rechtsnatur dieser Befugnis als eigenes Mitgliedschaftsrecht und mit ihrer Funktion, den Gesellschaftern ein eigenes, wenn auch gegenüber demjenigen der Gesellschaft subsidiäres Vorgehen gegen den pflichtwidrig Handelnden zu ermöglichen (§ 105 Rn 256 ff).[55] Indirekt zeigt sich der Bezug zu § 116 Abs. 2 jedoch darin, dass das Vorgehen im Wege der actio pro socio den aus der Treupflicht folgenden Schranken unterworfen ist und sich als unzulässig erweist, sofern die gegen die Rechtsverfolgung sprechenden Belange der Gesellschaft bei der gebotenen Interessenabwägung den Vorrang verdienen (§ 105 Rn 262).[56] Soweit es demgegenüber um Klagen aus dem **Grundlagenbereich** geht, die wie die Entziehungsklagen nach §§ 117, 127 oder die Auflösungs- bzw. Ausschlussklagen nach §§ 133, 140 auf Änderung des Gesellschaftsvertrags gerichtet sind, ist § 116 nicht einschlägig.[57] Die grundsätzliche Notwendigkeit der Mitwirkung sämtlicher Gesellschafter beruht insoweit auf ihrer Stellung als Vertragspartner.

C. Zustimmungsbeschluss nach Abs. 2

I. Grundlagen

Die in Abs. 2 geforderte Zustimmung zu außergewöhnlichen Geschäften ist nach gesetzlicher Regel von **sämtlichen Gesellschaftern** zu erteilen, sofern sie nicht ausnahmsweise wegen Interessenkollision von der Mitwirkung ausgeschlossen sind (vgl. dazu § 119 Rn 64 f). Das Zustimmungserfordernis gilt auch bei *Gefahr im Verzug*; die insoweit in § 115 Abs. 2 enthaltene Ausnahme findet keine Anwendung auf § 116 Abs. 2.[58] 17

[53] Ebenso MünchKommHGB/*Jickeli* Rn 29.

[54] RGZ 171, 51 (54); BGH WM 1983, 60; WM 1997, 1431; vgl. § 114 Rn 65 sowie MünchKommHGB/*Rawert* § 114 Rn 67; MünchKommHGB/*Jickeli* Rn 29 (erhebliche Interessenkollision); Ebenroth/Boujong/Joost/Strohn/*Mayen* § 114 Rn 43; MünchHdbGesR I/*v. Ditfurth*² § 53 Rn 31 (große unternehmensinterne Bedeutung); *Brandner* FS Lutter, 2000, S. 317 (326) (Gefährdung des Gesellschaftszwecks).

[55] HM, vgl. § 105 Rn 261 mN zum Meinungsstand sowie § 114 Rn 50; ebenso Schlegelberger/*Martens* Rn 12; MünchKommHGB/*Jickeli* Rn 30; *Brandner* FS Lutter, 2000, S. 317 (326); **aA** *Grunewald* Die Gesellschafterklage in der Personengesellschaft und der GmbH, 1990, S. 52 f. Zur Erhebung von Unterlassungsklagen in Bezug auf Geschäftsführungsmaßnahmen vgl. auch § 114 Rn 74 sowie unten Rn 19 zur Sicherung des Zustimmungsvorbehaltes nach § 116 Abs. 2.

[56] Enger i.E. *Brandner* FS Lutter, 2000, S. 317 (326) (Ausschluss der actio pro socio erst bei missbräuchlicher Ausübung).

[57] Ebenso etwa MünchKommHGB/*Jickeli* Rn 35.

[58] EinhM, vgl. ROHGE 20, 244 (247); MünchKommHGB/*Jickeli* Rn 16; Ebenroth/Boujong/Joost/Strohn/*Mayen* Rn 9; Röhricht/Graf v. Westphalen/*v. Gerkan*/*Haas* Rn 3; MünchHdbGesR I/*v. Ditfurth*² § 53 Rn 59; Heymann/*Emmerich* Rn 7.

Ist die Zustimmungsverweigerung nicht ausnahmsweise wegen Treupflichtverstoßes unbeachtlich (Rn 21), so sind die Geschäftsführer in derartigen Fällen gehindert, das außergewöhnliche Geschäft auszuführen. Ihnen bleibt vielmehr nur der Rückgriff auf das Recht jedes Gesellschafters zur *Notgeschäftsführung* analog § 744 Abs. 2 BGB im eigenen Namen, wenn dessen Voraussetzungen vorliegen, d.h. das Handeln zur Erhaltung von Gegenständen des Gesellschaftsvermögens oder der Gesellschaft selbst erforderlich ist (§ 114 Rn 34); daran dürfte es bei außergewöhnlichen Handlungen meist fehlen. Die *Stimmenthaltung* eines Gesellschafters steht der Zustimmungsverweigerung gleich, weil Abs. 2 die Zustimmung, also die Abgabe einer Ja-Stimme, *jedes* Gesellschafters verlangt.[59]

18 Die **Durchführung** eines außergewöhnlichen Geschäfts ist Sache der geschäftsführenden Gesellschafter. Hierzu sind sie nicht nur berechtigt, sondern den Mitgesellschaftern gegenüber grundsätzlich auch verpflichtet, wenn die erforderliche Zustimmung sämtlicher Gesellschafter vorliegt.[60] Anderes gilt nach § 105 Abs. 3 i.V.m. §§ 713, 665 BGB dann, wenn sich die Verhältnisse der Gesellschaft oder die Beurteilungsgrundlagen seit dem Zustimmungsbeschluss wesentlich geändert haben und die Geschäftsführer deshalb davon ausgehen können, dass die Mitgesellschafter mit der Nichtrealisierung einverstanden sind (zu den Grenzen der Bindung an die Zustimmungserklärung vgl. Rn 24).

19 Gesellschafter, die einem von anderer Seite vorgeschlagenen außergewöhnlichen Geschäft die Zustimmung verweigert haben, können bei gleichwohl drohender Durchführung auf **Unterlassung** klagen.[61] Entsprechendes gilt in Fällen, in denen Geschäftsführer ein unter Abs. 2 fallendes Geschäft als gewöhnliches behandeln und es unter Berufung auf ihre Geschäftsführungsbefugnis nach Abs. 1 zur Durchführung bringen wollen. Die Klage richtet sich nicht gegen die Gesellschaft, sondern gegen die zur Durchführung entschlossenen Geschäftsführer. Der grundsätzliche Ausschluss von Unterlassungsklagen gegen Geschäftsführungsmaßnahmen (§ 114 Rn 74) steht ihr nicht entgegen, da ein Handeln unter Verstoß gegen Abs. 2 das Mitgliedschaftsrecht der die Zustimmung verweigernden Gesellschafter verletzt. Für eine Unterlassungsklage ist allerdings dann kein Raum, wenn ein Mitgesellschafter Schadensersatzansprüche gegen einen Geschäftsführer im Wege der *actio pro socio* erheben will; Abs. 2 greift insoweit selbst dann nicht ein, wenn die Rechtsverfolgung außergewöhnlichen Charakter hat. Wohl aber kann die Klageerhebung wegen Treupflichtverstoßes des Klägers unzulässig sein (Rn 16).

---

[59] Ebenso MünchKommHGB/*Jickeli* Rn 37; wohl auch Ebenroth/Boujong/Joost/Strohn/*Mayen* Rn 13, der die Stimmenthaltung indes als weniger einschneidende Maßnahme bezeichnet (?). Weitergehend *Hueck* ZGR 1972, 237 (241) und *Zöllner* Schranken mitgliedschaftlicher Stimmrechtsmacht, 1963, S. 353 f, die den Geschäftsführern das Recht zur Stimmenthaltung versagen wollen (tendenziell so auch Schlegelberger/*Martens* Rn 18). Indessen spricht dagegen nicht nur die Bedeutung der Stimmenthaltung als Zustimmungsverweigerung, sondern auch die Ausnahmefunktion der Handlungspflicht kraft Treupflicht (vgl. Rn 21 und § 115 Rn 7 f und 32).

[60] RG JW 1930, 705; MünchKommHGB/*Jickeli* Rn 43; Ebenroth/Boujong/Joost/Strohn/*Mayen* Rn 15; Röhricht/Graf v. Westphalen/*v. Gerkan*/*Haas* Rn 4; Baumbach/*Hopt* Rn 6.

[61] So zutr. auch *Westermann* Handbuch Rn I 260 in Abgrenzung zur Unzulässigkeit von Klagen gegen gewöhnliche Geschäftsführungsmaßnahmen (vgl. § 114 Rn 74); näher *Habersack* Die Mitgliedschaft – Rechtsverhältnis und „sonstiges Recht“, 1996, S. 316 ff mwN.

II. Inhaltliche Anforderungen

1. Zustimmungsrecht als Pflichtrecht. Zur Zugehörigkeit auch der außergewöhnlichen Handlungen i.S.v. Abs. 2 zur *Geschäftsführung* für die Gesellschaft und zu der daraus folgenden Beurteilung des Zustimmungsrechts als *Pflichtrecht* vgl. schon Rn 3. Als solches ist es von den Gesellschaftern **uneigennützig** auszuüben. Sie haben sich dabei vom Wohl der Gesellschaft leiten zu lassen, wobei ihnen freilich ein weiter, gerichtlich nur in engen Grenzen nachprüfbarer Beurteilungsspielraum zusteht.[62] Im Einzelnen kann insoweit auf die Kommentierung zum Widerspruchs- und Zustimmungsrecht nach § 115 Abs. 1 und 2 (§ 115 Rn 5 ff und 32 f) verwiesen werden. Auch im Rahmen von § 116 Abs. 2 besteht grundsätzlich eine Pflicht aller Gesellschafter, sich an den Beratungen über die Vornahme des außergewöhnlichen Geschäfts zu beteiligen bzw. auf Verlangen der zustimmenden Mehrheit die Verweigerung zu begründen (vgl. § 115 Rn 32). Eine *Pflicht zur Zustimmung* wegen vorrangigen Interesses der Gesellschaft an der Maßnahme (vgl. § 115 Rn 7 betr. die Pflichtwidrigkeit des Widerspruchs) wird bei außergewöhnlichen Handlungen nur in seltenen Ausnahmefällen vorkommen, ist aber nicht ausgeschlossen.[63] Entsprechendes gilt im umgekehrten Fall hinsichtlich der Pflicht, die Zustimmung zu verweigern (vgl. § 115 Rn 8). 20

2. Verstoßfolgen. Die **pflichtwidrige Verweigerung** der Zustimmung ist *unbeachtlich*; sie hindert die für die Maßnahme eintretenden Geschäftsführer nicht, diese gleichwohl durchzuführen.[64] Bis zur gerichtlichen Feststellung der Pflichtwidrigkeit handeln sie freilich auf eigenes Risiko; um dieses zu vermeiden, können sie stattdessen gegen die Verweigerer auf Abgabe der Zustimmungserklärung klagen. Wird die Gesellschaft infolge der Verweigerung geschädigt, weil die in ihrem Interesse gebotene Maßnahme verzögert wird oder ganz unterbleibt, so haften die verweigernden Gesellschafter auf Schadensersatz, wenn ihnen ein Sorgfaltsverstoß nach § 708 BGB zur Last fällt. 21

Die **pflichtwidrige Zustimmung** ist grundsätzlich sanktionslos, wenn *sämtliche* Gesellschafter der Maßnahme zugestimmt und damit in die Schädigung der Gesellschaft eingewilligt haben; für den Schutz einer Personengesellschaft gegen ihre Gesellschafter ist – vorbehaltlich einer nach § 826 BGB relevanten Schädigung der Gesellschaftsgläubiger – kein Raum. Insbesondere entfällt bei allseitiger Zustimmung auch eine Haftung der die schädigende Maßnahme durchführenden Geschäftsführer.[65] Anderes gilt dann, wenn diese die Mitgesellschafter unvollständig oder unrichtig über die Bedeutung der Maßnahme informiert haben und deren Zustimmung auf dem Informationsmangel beruht. 22

---

[62] Vgl. BGH NJW 1986, 844 und ZIP 1988, 843 (844) zur Ausübung des Widerspruchsrechts nach § 115 Abs. 1. Zum Ganzen auch MünchKommHGB/*Jickeli* Rn 41 f; Ebenroth/Boujong/Joost/Strohn/*Mayen* Rn 12.

[63] Sehr strenger Maßstab bei OLG München NZG 2004, 125 (126): Zustimmungspflicht nur, wenn anderenfalls der Bestand oder die Funktionsfähigkeit der Gesellschaft gefährdet wären; es sollen also die gleichen Grundsätze wie für Vertragsänderungen gelten (dazu § 105 Rn 239 ff).

[64] BGH WM 1973, 1291 (1294); OLG München NZG 2004, 125 (126) (zur KG); Schlegelberger/*Martens* Rn 16, 21; MünchKommHGB/*Jickeli* Rn 42; Ebenroth/Boujong/Joost/Strohn/*Mayen* Rn 14; Röhricht/Graf v. Westphalen/*v. Gerkan/Haas* Rn 3; Heymann/*Emmerich* Rn 9; zur entspr. Rechtslage bei Pflichtwidrigkeit des Widerspruchs oder der Zustimmungsverweigerung nach § 115 Abs. 1 und 2 vgl. § 115 Rn 21 und 32.

[65] So zutr. Schlegelberger/*Martens* Rn 20; ferner MünchKommHGB/*Jickeli* Rn 43; Ebenroth/Boujong/Joost/Strohn/*Mayen* Rn 15.

III. Wirkungen der Zustimmung

23 Haben sämtliche Gesellschafter der außergewöhnlichen Handlung zugestimmt, so sind die **Geschäftsführer** zu ihrer Vornahme **berechtigt und verpflichtet** (Rn 18); ihre nach Abs. 1 auf gewöhnliche Handlungen beschränkte Geschäftsführungsbefugnis erstreckt sich infolge der Zustimmung auf das in Frage stehende außergewöhnliche Geschäft. Ob die Geschäftsführer jeweils allein oder gemeinsam zur Durchführung berufen sind, richtet sich nach der Art der ihnen erteilten Geschäftsführungsbefugnis und einer für sie geltenden Ressortverteilung. Die – nach Maßgabe der §§ 125, 126 unbeschränkte und unbeschränkbare – Vertretungsmacht ist von der Zustimmung unabhängig; sie erstreckt sich, anders als die Geschäftsführungsbefugnis nach § 116 Abs. 1, auch auf die Vornahme außergewöhnlicher Geschäfte namens der Gesellschaft.

24 Die einzelnen Gesellschafter sind grundsätzlich an die von ihnen erklärte Zustimmung **gebunden**. Das gilt auch dann, wenn die Durchführung der Maßnahme noch aussteht. Die Vorschrift des § 183 BGB über die Widerruflichkeit der Einwilligung bis zur Vornahme des Rechtsgeschäfts mit dem Dritten findet keine Anwendung;[66] ihr steht die auf das *Innenverhältnis* der Gesellschafter bezogene, die Legitimation der Geschäftsführer zur Durchführung der außergewöhnlichen Handlung begründende Wirkung der Zustimmung entgegen. Ein **Widerruf** kommt, ebenso wie im Fall der Zustimmung nach § 115 Abs. 2 (§ 115 Rn 35), bis zur Durchführung der Maßnahme nur dann in Betracht, wenn den Gesellschaftern neue Erkenntnisse vorliegen, die die fragliche Maßnahme in einem anderen, für die Gesellschaft deutlich weniger positiven Licht erscheinen lassen;[67] das kann sowohl auf erst nachträglich erlangten Informationen als auch auf einer nachträglichen Änderung der für die Beurteilung wesentlichen Verhältnisse beruhen. Ist die Maßnahme bereits vollzogen, kann der widerrufende Gesellschafter ihre Rückgängigmachung nur unter engen Voraussetzungen verlangen, insbes. bei schuldhaft unrichtiger oder unvollständiger Information seitens der Geschäftsführer über die wesentlichen Entscheidungsgrundlagen.

IV. Rechtsfolgen fehlender Zustimmung

25 Haben die Geschäftsführer es schuldhaft (§ 708 BGB) versäumt, die nach Abs. 2 erforderliche Zustimmung der Mitgesellschafter vor Durchführung der Maßnahme einzuholen, und wird diese auch nicht nachträglich erteilt, so haften sie wegen **Verletzung des Gesellschaftsvertrags (§ 280 BGB)** für jeden der Gesellschaft aus dem Geschäft oder seiner Durchführung entstehenden Schaden (vgl. § 114 Rn 58 f). Entsprechendes gilt, wenn die Zustimmung auch nur eines Gesellschafters aussteht, sofern sie nicht pflichtwidrig verweigert wurde (Rn 21). Die Wirksamkeit des Geschäfts gegenüber Dritten wird durch das Fehlen der Zustimmung nicht berührt, außer wenn der Dritte sich den Missbrauch der Vertretungsmacht entgegenhalten lassen muss (§ 115 Rn 22). Zur Unterlassungsklage von Gesellschaftern, die die Zustimmung verweigert haben, gegen die zur Durchführung entschlossenen Geschäftsführer vgl. Rn 19.

---

[66] So auch MünchKommHGB/*Jickeli* Rn 43; Ebenroth/Boujong/Joost/Strohn/*Mayen* Rn 15; Baumbach/*Hopt* Rn 6.

[67] HM, vgl. *Hueck* OHG § 10 II 7, S. 124; Schlegelberger/*Martens* Rn 19; MünchKommHGB/*Jickeli* Rn 43; Heymann/*Emmerich* Rn 10; großzügiger *Westermann* Handbuch Rn I 261 („triftiger Grund").

D. Erteilung und Widerruf der Prokura (Abs. 3)

I. Grundlagen

1. Abs. 3 als Sondervorschrift des Geschäftsführungsrechts. Die Erteilung der Prokura ist wegen der weitreichenden Vertretungsmacht des Prokuristen (§ 49 Abs. 1) von besonderer Bedeutung für die Gesellschaft; sie kann je nach Eignung und Zuverlässigkeit des Prokuristen über Wohl und Wehe der Gesellschaft entscheiden. Dem trägt die Vorschrift des Abs. 3 durch Sonderregelungen über die Erteilung und den Widerruf der Prokura in der Weise Rechnung, dass zur *Erteilung* im Innenverhältnis grundsätzlich das Zusammenwirken sämtlicher Geschäftsführer erforderlich ist, während das Recht zum *Widerruf* jedem von ihnen zusteht. Dadurch wird sichergestellt, dass der Prokurist nur so lange als solcher für die Gesellschaft tätig wird, wie er das Vertrauen aller Geschäftsführer besitzt. Als **Teil des Geschäftsführungsrechts** betrifft Abs. 3 nur das rechtliche „Dürfen" der Geschäftsführer, d.h. das Innenverhältnis der Gesellschaft (Rn 1); die Wirksamkeit von Erteilung und Widerruf nach außen bestimmt sich nach §§ 125, 126 (Rn 28 f). 26

In **systematischer** Hinsicht setzt § 116 Abs. 3 voraus, dass Erteilung und Widerruf der Prokura zu den **gewöhnlichen** Geschäften i.S.v. § 116 Abs. 1 gehören. Insoweit enthält er *Sonderregelungen gegenüber § 115 Abs. 1 und 2* im Hinblick auf die Art der jeweiligen Geschäftsführungsbefugnis, als Einzel- oder als Gesamtbefugnis. Für die Erteilung der Prokura wird die Einzelbefugnis durch Abs. 3 zugunsten der Gesamtbefugnis aller Geschäftsführer verdrängt, während für den Widerruf umgekehrt auch ein Gesamtgeschäftsführer allein handeln darf. Keine Anwendung findet Abs. 3 auf die Erteilung der Prokura, wenn sie entweder wegen der besonderen Verhältnisse der konkreten Gesellschaft (Rn 4) als **außergewöhnliche** Handlung zu beurteilen ist oder mit dem Anstellungsvertrag eine wirtschaftliche Einheit bildet und dieser aufgrund seines ungewöhnlichen Inhalts (Rn 11 f) nach § 116 Abs. 2 der Zustimmung aller Gesellschafter, auch der von der Geschäftsführung ausgeschlossenen, bedarf. In diesen Fällen ist für die Bestellung zum Prokuristen, abweichend von Abs. 3, das Zusammenwirken aller Gesellschafter erforderlich.[68] Demgegenüber richtet sich der Widerruf der Prokura stets nach Abs. 3. – Von den Regelungen des Abs. 3 unberührt bleiben die allgemeinen Vorschriften über Erteilung, Umfang und Widerruf der Prokura sowie ihre Anmeldung zum Handelsregister (§§ 48 bis 54). Zur Anmeldung berufen sind die Geschäftsführer als organschaftliche Vertreter der Gesellschaft, wobei sie nach gesetzlicher Regel (§ 125 Abs. 1) allein handeln können (vgl. § 108 Rn 3). 27

2. Wirksamkeit nach außen. Im Verhältnis zu Dritten, aber auch gegenüber dem Prokuristen selbst, soweit er nicht ausnahmsweise zugleich Gesellschafter ist, hängt die Wirksamkeit von Erteilung und Widerruf der Prokura nicht vom Vorliegen der Voraussetzungen des § 116 Abs. 3 ab, sondern von der *Vertretungsbefugnis* der bei Bestellung oder Widerruf namens der Gesellschaft handelnden Gesellschafter als Einzel- oder Gesamtbefugnis (§ 125 Abs. 1 und 2).[69] Der – nach § 126 grundsätzlich unbeschränkte und unbeschränkbare – Umfang der Vertretungsmacht wird durch § 116 Abs. 3 nicht berührt (§ 126 Rn 8 [*Habersack*]). Ein namens der Gesellschaft handelnder Geschäfts- 28

---

68 MünchKommHGB/*Jickeli* Rn 48; Baumbach/*Hopt* Rn 8; Röhricht/Graf v. Westphalen/*v. Gerkan/Haas* Rn 7; **aA** *Koller*/Roth/Morck Rn 3; Voraufl. § 164 Rn 1 (*Schilling*).

69 BGHZ 62, 166 (169) = NJW 1974, 1194; RGZ 134, 303 (305).

führer mit Einzelvertretungsbefugnis kann daher auch dann mit Wirksamkeit für die Gesellschaft **Prokura erteilen** und zum Handelsregister anmelden, wenn er das Mitspracherecht der anderen Geschäftsführer nach § 116 Abs. 3 übergeht oder diese der Erteilung sogar widersprechen. Die Mitgeschäftsführer sind freilich nicht gehindert, die Prokura im Rahmen ihrer Vertretungsmacht alsbald mit Außenwirkung zu widerrufen; im Innenverhältnis können sie sich auf § 116 Abs. 3 S. 2 stützen. Der Registerrichter hat die wirksam erteilte und angemeldete Prokura entgegen verbreiteter Ansicht[70] auch dann im Handelsregister einzutragen, wenn er die fehlende Geschäftsführungsbefugnis des Anmelders kennt und daher mit einem alsbald nachfolgenden Löschungsantrag rechnet. Das folgt aus dem Gesellschaftsinteresse daran, sich im Falle des Widerrufs einer wirksam erteilten Prokura durch Eintragung der Löschung auf die Publizitätsfunktion des Handelsregisters (§ 15 Abs. 2) berufen zu können, wobei es zur Eintragung der Löschung notwendig der vorhergehenden Eintragung der Erteilung der Prokura bedarf.

29 Soweit es um den **Widerruf** der Prokura durch einen Gesamtgeschäftsführer nach § 116 Abs. 3 geht, bedarf er, wenn die Gesamtgeschäftsführungsbefugnis sich mit *Gesamtvertretungsmacht* verbindet, zur Umsetzung nach außen der Mitwirkung anderer zur Gesamtvertretung erforderlichen Gesellschafter. Diese sind hierzu im Rahmen ihrer Organfunktion verpflichtet, da der berechtigte Widerruf der Prokura im Innenverhältnis für sie bindend ist und sie als organschaftliche Vertreter gehalten sind, an seiner Umsetzung nach außen mitzuwirken.[71] Anderes gilt nur dann, wenn der widerrufende Geschäftsführer ausnahmsweise gegen seine Pflicht zu uneigennütziger Geschäftsführung (§ 114 Rn 17 f) verstoßen hat oder wenn der Gesellschaftsvertrag eine vom Einzelwiderrufsrecht des § 116 Abs. 3 abweichende Regelung enthält (Rn 40). Die Unkündbarkeit des Anstellungsvertrags des Prokuristen oder das Fehlen eines wichtigen Kündigungsgrundes hindert weder den Widerruf gegenüber dem Prokuristen (§ 52 Abs. 1) noch beschränken diese Umstände die Handlungsbefugnis des Geschäftsführers nach § 116 Abs. 3.

30 **3. Keine Geltung für sonstige Vollmachten.** Auf die Erteilung und den Widerruf sonstiger, im Vergleich zur Prokura eingeschränkter Vollmachten einschließlich der Handlungsvollmacht nach § 54 findet § 116 Abs. 3 keine Anwendung. Sie richten sich nach allgemeinem Geschäftsführungsrecht und nach der jeweiligen Ausgestaltung der Geschäftsführungsbefugnis als Einzel- oder Gesamtbefugnis. Demgegenüber ist die Erteilung einer *Generalvollmacht* mit einem über die Prokura hinausgehenden Umfang der Vertretungsmacht (§ 49 Rn 48 f [*Joost*]) regelmäßig ein außergewöhnliches Geschäft. Sie bedarf deshalb nach § 116 Abs. 2 der Zustimmung nicht nur sämtlicher Geschäftsführer, sondern auch der übrigen Gesellschafter.[72] Anderes gilt demgegenüber für den *Widerruf* der Generalvollmacht: Angesichts ihrer großen Tragweite für die Gesellschaft ist hierauf

---

70 So im Anschluss an BayObLGZ 1928, 5 (6 f) und RGZ 134, 303 (305) die 3. Aufl. Rn 12 (*Rob. Fischer*); ferner Baumbach/*Hopt* Rn 9; Heymann/*Emmerich* Rn 14; Ebenroth/Boujong/Joost/Strohn/*Mayen* Rn 22; Röhricht/Graf v. Westphalen/*v. Gerkan*/*Haas* Rn 7; einschr. RGZ 163, 35 (39); wie hier aber *Flechtheim* in: *Düringer*/*Hachenburg* Rn 4; grds. auch MünchKommHGB/*Jickeli* Rn 53. Zutreffend auch RGZ 127, 153 (156), wonach die Anmeldung der Prokura zurückzuweisen ist, solange die – bei einer Erbengemeinschaft mit Minderjährigen als Inhaber des Handelsgeschäfts erforderliche – Genehmigung des Vormundschaftsgerichts nach § 1822 Nr. 11 BGB fehlt.

71 So zutr. RG DR 1942, 1698 (1699); ebenso auch MünchKommHGB/*Jickeli* Rn 52, 59; Ebenroth/Boujong/Joost/Strohn/*Mayen* Rn 25.

72 Schlegelberger/*Martens* Rn 34; MünchKommHGB/*Jickeli* Rn 26; *Westermann* Handbuch Rn I 259.

§ 116 Abs. 3 nach seinem Schutzzweck (Rn 26) analog anzuwenden mit der Folge, dass zum Widerruf *jeder* Geschäftsführer befugt ist, auch wenn ihm ansonsten nur Gesamtgeschäftsführungsbefugnis zusteht.

II. Bestellung eines Prokuristen

1. Regelfall. Nach Abs. 3 bedarf die Bestellung eines Prokuristen im Regelfall der Zustimmung *sämtlicher* Geschäftsführer, auch wenn diese die Befugnis zur Einzelgeschäftsführung besitzen. Im Außenverhältnis wird die Prokura durch eine zur Vertretung der Gesellschaft erforderliche Zahl von Gesellschaftern zwar auch dann wirksam erteilt, wenn nicht alle Geschäftsführer zugestimmt haben (Rn 28). Das Fehlen der Zustimmung macht die Bestellung jedoch unzulässig. Es führt zur Haftung der gleichwohl handelnden Geschäftsführer wegen Kompetenzüberschreitung (§ 114 Rn 58), wenn die übrigen Geschäftsführer nicht ausnahmsweise zur Zustimmung verpflichtet sind und sich deshalb auf deren Fehlen nicht berufen können (vgl. Rn 21). Davon unberührt bleibt das aus § 116 Abs. 3 folgende Recht der übrigen Geschäftsführer, die Prokuraerteilung jederzeit zu widerrufen (Rn 35) und die für die Umsetzung des Widerrufs nach außen erforderliche Mitwirkung anderer organschaftlicher Vertreter zu verlangen (Rn 29). Mit der Geschäftsführung beauftragten *Dritten* steht das Bestellungsrecht nach § 116 Abs. 3 nur insoweit zu, als es ihnen wirksam delegiert worden ist (§ 114 Rn 10). Da in derartigen Fällen die originäre Geschäftsführungsbefugnis als Gesamtbefugnis bei allen Gesellschaftern liegt, können diese sie jederzeit an sich ziehen und gemeinsam ausüben. 31

Besonderheiten gelten für Geschäftsführer, deren Geschäftsführungsbefugnis im Rahmen einer Ressortverteilung im Gesellschaftsvertrag oder durch Gesellschafterbeschluss (§ 114 Rn 43) auf den Bereich einer **Zweigniederlassung** beschränkt worden ist. Sie sind in derartigen Fällen abweichend von § 116 Abs. 3 auch ohne Mitwirkung der für andere Bereiche zuständigen Geschäftsführer zur Erteilung einer *Filialprokura* (§ 50 Abs. 3) berechtigt, haben dafür freilich ihrerseits kein Mitspracherecht bei Erteilung einer Prokura für andere Niederlassungen.[73] Dagegen sind sie an der Erteilung einer räumlich umfassenden Prokura schon deshalb zu beteiligen, weil diese sich auch auf ihren Verantwortungsbereich bezieht. 32

Die Grundsätze über die Erteilung der Prokura sind auch auf deren **Erweiterung** anzuwenden.[74] Darauf, ob diese sich auf den sachlichen (Veräußerung oder Belastung von Grundstücken, § 49 Abs. 2) oder auf den räumlichen Umfang (Erweiterung der Filial- zur Generalprokura) bezieht, kommt es nicht an. 33

2. Gefahr im Verzug. Zum Begriff der Gefahr im Verzug vgl. § 115 Rn 37. Im Hinblick auf die Erteilung oder Erweiterung einer Prokura ist diese Ausnahme vom Erfordernis der Zustimmung sämtlicher Geschäftsführer dann zu bejahen, wenn wegen Ausfalls eines bisherigen Prokuristen für die Gesellschaft ein akuter Vertretungsmangel besteht und ihr daraus die ernste Gefahr eines Schadens droht.[75] Der Handelnde hat die anderen 34

[73] 3. Aufl. Rn 9 (*Rob. Fischer*); MünchKommHGB/*Jickeli* Rn 54.

[74] MünchKommHGB/*Jickeli* Rn 54; Ebenroth/Boujong/Joost/Strohn/*Mayen* Rn 27; Baumbach/*Hopt* Rn 10; Röhricht/Graf v. Westphalen/*v. Gerkan*/*Haas* Rn 7; *Koller*/Roth/Morck Rn 3.

[75] Vgl. MünchKommHGB/*Jickeli* Rn 56; Ebenroth/Boujong/Joost/Strohn/*Mayen* Rn 23; Baumbach/*Hopt* Rn 8; MünchHdbGesR I/*v. Ditfurth*[2] § 53 Rn 37 *Westermann* Handbuch Rn I 258a; Heymann/*Emmerich* Rn 15; *Gogos* Geschäftsführung der OHG, S. 35.

Geschäftsführer über die Bestellung zu informieren; diese sind nicht gehindert, ihrerseits von ihrem Widerrufsrecht nach § 116 Abs. 3 S. 2 Gebrauch zu machen, wenn sie kein Vertrauen in den ohne ihre Zustimmung zum Prokuristen Bestellten haben.[76] Der Widerruf ist nicht einmal dann ausgeschlossen, wenn er erneute Gefahr im Verzug zur Folge hat; freilich ist der Einwand pflichtwidrigen Vorgehens wegen Schädigung der Gesellschaft (§ 114 Rn 17 f und 54) hier nicht ohne weiteres von der Hand zu weisen. Die Rechte des betroffenen Prokuristen richten sich nach seinem Anstellungsvertrag (§ 52 Abs. 1).

III. Widerruf der Prokura

35 Zum Widerruf der Prokura ist nach gesetzlicher Regel (§ 116 Abs. 3) im Innenverhältnis **jeder** Geschäftsführer befugt, auch wenn ihm im Übrigen nur Gesamtgeschäftsführungsbefugnis zusteht (Rn 27). Im letzteren Falle bedarf es zwar der Mitwirkung der übrigen zur Vertretung erforderlichen Gesamtvertreter; diese sind ihm aber aufgrund ihrer mitgliedschaftlichen Organfunktion zur Mitwirkung verpflichtet (Rn 29). Ihre **Grenze** findet die Einzelbefugnis zum Widerruf, abgesehen von den Fällen missbräuchlichen Widerrufs wegen gesellschaftsschädigenden Handelns (§ 114 Rn 17 f) oder gesellschaftsvertraglicher Abweichung von § 116 Abs. 3 (Rn 40), in den Fällen, in denen die Prokurabestellung auf dem *Gesellschaftsvertrag* beruht. Sie bedarf einer Vertragsänderung und kann, wenn der Prokurist zum Kreis der Gesellschafter gehört, vorbehaltlich eines wichtigen Grundes nur mit seiner Zustimmung beschlossen werden.[77]

36 Die Grundsätze über den Widerruf der Prokura gelten auch für deren **Einschränkung**, sei es in sachlicher (§ 49 Abs. 2) oder in räumlicher Hinsicht (Reduzierung auf Filialprokura).[78] Allerdings ist, wenn nach gesellschaftsvertraglicher Ressortaufteilung bestimmte Geschäftsführer für eine Filiale ausschließlich zuständig sind, die Rückführung der Prokura auf diese Filiale nur mit deren Zustimmung zulässig, da sie inhaltlich der Begründung einer Filialprokura entspricht (vgl. dazu Rn 32).[79]

E. Abweichende Vereinbarungen

I. Grundsatz

37 Die Vorschriften des § 116 sind, da sie ausschließlich das Innenverhältnis der Gesellschaft betreffen, **in vollem Umfang dispositiv** (§ 109). Vorbehaltlich sittenwidriger Vertragsgestaltung gibt es keinen zwingenden, unverzichtbaren Mindestumfang an Mit-

---

[76] So zutr. auch *Hueck* OHG § 10 II 4 Fn 20; Schlegelberger/*Martens* Rn 29; MünchKommHGB/*Jickeli* Rn 56; Ebenroth/Boujong/Joost/Strohn/*Mayen* Rn 23; *Westermann* Handbuch Rn I 258a; zu älteren abw. Ansichten vgl. Voraufl. Fn 71 (*Ulmer*); **aA** noch Baumbach/*Hopt* Rn 8, der die Prokurabestellung bei Gefahr im Verzug für eine vorläufige und den handelnden Geschäftsführer für verpflichtet hält, entweder die Zustimmung der übrigen Geschäftsführer beizubringen oder die Prokura zu widerrufen.

[77] BGHZ 17, 392 (395) = NJW 1955, 1394; **aA** – für Eingreifen von § 116 Abs. 2 – MünchKommHGB/*Jickeli* Rn 49. Für Gültigkeit des Widerrufs im Außenverhältnis trotz Verstoßes gegen den Gesellschaftsvertrag 3. Aufl. Rn 16 (*Rob. Fischer*).

[78] Ebenso MünchKommHGB/*Jickeli* Rn 58; Röhricht/Graf v. Westphalen/*v. Gerkan*/*Haas* Rn 9; Ebenroth/Boujong/Joost/Strohn/*Mayen* Rn 27; Baumbach/*Hopt* Rn 311; **aA** noch 3. Aufl. Rn 13 (*Rob. Fischer*).

[79] **AA** MünchKommHGB/*Jickeli* Rn 58 (Geschäftsführer durch Widerrufsrecht ausreichend geschützt).

spracherechten der Gesellschafter in Geschäftsführungsfragen, solange der Grundsatz der Selbstorganschaft (§ 114 Rn 9) als solcher nicht in Frage gestellt ist. Die Dispositionsfreiheit gilt nach ganz hM auch für den Bereich der außergewöhnlichen Geschäfte sowie für die Erteilung und den Widerruf der Prokura;[80] trotz unbeschränkter Haftung sind die Gesellschafter einer OHG auch insoweit nicht gehindert, auf eigene Mitspracherechte zu verzichten oder sich einer Mehrheitsentscheidung zu unterwerfen. Die aus dem Kernbereich der Mitgliedschaft folgenden Schranken der Mehrheitsherrschaft (vgl. § 119 Rn 40 ff) betreffen nur die – von der Geschäftsführungsebene strikt zu unterscheidenden (Rn 8) – Grundlagengeschäfte; für § 116 sind sie daher irrelevant.

II. Gestaltungsmöglichkeiten

1. Abgrenzung des Anwendungsbereichs der Abs. 1 und 2. Unter den – hier nur beispielhaft zu erwähnenden – Gestaltungsmöglichkeiten in Abweichung von § 116 bietet sich in erster Linie eine Entscheidungshilfe für die meist nicht einfache Abgrenzung zwischen gewöhnlichen und außergewöhnlichen Geschäften an.[81] Das kann entweder durch konkretere gesellschaftsvertragliche **Umschreibung** dieser Begriffe für die Zwecke der betroffenen Gesellschaft geschehen, oder durch Aufnahme eines **Katalogs zustimmungsbedürftiger Geschäfte** in den Gesellschaftsvertrag, sei es enumerativ oder im Sinne von Regelbeispielen („insbesondere“),[82] oder schließlich durch eine Kombination beider Maßnahmen. Denkbar ist es auch, den Kreis der gewöhnlichen Geschäfte seinerseits aufzuteilen in solche, für die jeder Geschäftsführer allein handlungsbefugt ist, und andere, für die er im Innenverhältnis die Zustimmung der anderen Geschäftsführer oder sogar diejenige sämtlicher Gesellschafter benötigt. Enthält der Gesellschaftsvertrag einen Katalog zustimmungsbedürftiger Geschäfte, so bezieht er sich im Zweifel auch auf solche Geschäfte, die auf der Ebene einer 100 %igen Tochtergesellschaft der Gesellschaft vorgenommen werden.[83] 38

2. Änderung der Zustimmungskompetenz nach Abs. 2. Eine zweite Gruppe möglicher Abweichungen bezieht sich auf das Zustimmungserfordernis des Abs. 2 im Fall außergewöhnlicher Geschäfte. Es kann zugunsten eines Mehrheitsbeschlusses aller Gesellschafter relativiert,[84] auf die Geschäftsführer beschränkt, einem Beirat übertragen[85] oder ganz beseitigt werden. Denkbar ist auch, bestimmten Gesellschaftern oder Stämmen ein (Sonder-)Recht auf Zustimmung einzuräumen und ihnen dadurch eine Vetoposition im Fall außergewöhnlicher Geschäfte zu gewähren. Sieht der Gesellschaftsvertrag für die außergewöhnlichen Geschäfte abweichend von Abs. 2 eine nicht näher 39

[80] Vgl. MünchKommHGB/*Jickeli* Rn 60; Ebenroth/Boujong/Joost/Strohn/*Mayen* Rn 28; Baumbach/*Hopt* Rn 11.

[81] Vgl. nur MünchKommHGB/*Jickeli* Rn 61; Ebenroth/Boujong/Joost/Strohn/*Mayen* Rn 28; MünchHdbGesR I/*v. Ditfurth*[2] § 53 Rn 54.

[82] Für grundsätzliches Verständnis eines solchen Katalogs als Zusammenstellung nicht abschließend gemeinter Regelbeispiele Voraufl. § 164 Rn 5a (*Schilling*); **aA** Schlegelberger/*Martens* § 164 Rn 17 (keine abschließende Regelung nur bei Lückenhaftigkeit aus objektiver Sicht).

[83] BGH DB 1973, 422 (423); Baumbach/*Hopt* Rn 11; MünchKommHGB/*Jickeli* Rn 61.

[84] Vgl. etwa RGZ 136, 236 (243); OLG Celle GmbHR 2000, 388 f (zur KG); dazu auch Schlegelberger/*Martens* Rn 35; MünchKommHGB/*Jickeli* Rn 61.

[85] Zur Notwendigkeit der Beiratsbesetzung mit Gesellschaftern bei Übertragung von Geschäftsführungsbefugnissen auf ihn vgl. § 109 Rn 55 f (str.).

spezifizierte *Mehrheitsklausel* vor, so ist damit im Zweifel die Mehrheit sämtlicher, nicht nur der geschäftsführenden Gesellschafter gemeint;[86] mangels abweichender Vertragsgestaltung bestimmt sich die Mehrheit nach Köpfen (vgl. § 119 Abs. 2).

40 **3. Erteilung und Widerruf der Prokura.** Auch insoweit sind beliebige Abweichungen vom dispositiven Recht möglich. Sie können sich einerseits auf **Abs. 3** beziehen und die Entscheidung über die Erteilung oder den Widerruf der Prokura abweichend gestalten, etwa durch Verweisung auf die für sonstige gewöhnliche Geschäfte geltende (Einzel- oder Gesamt-)Geschäftsführungsbefugnis, durch Einführung einer Mehrheitskompetenz oder von Sonderrechten u.a.; die Gefährlichkeit der Prokura für die Gesellschaft als Regelungsgrund des Abs. 3 (Rn 26) steht nicht entgegen.[87] Zulässig ist aber auch die Verankerung der Prokuristenbestellung im Gesellschaftsvertrag selbst und die Beschränkung ihrer Entziehung abweichend von **§ 52 Abs. 1** auf das Vorliegen eines wichtigen Grundes. Ist der Prokurist zugleich Gesellschafter, so begründet diese Regelung ein Sonderrecht für ihn, das ihm analog § 35 BGB nicht ohne seine Zustimmung entzogen werden kann (vgl. § 119 Rn 51). In sonstigen Fällen ist der Prokurist zwar nicht gegen einvernehmliche oder mit der erforderlichen Mehrheit beschlossene Vertragsänderungen geschützt; ohne eine solche enthält der grundlose Widerruf der Prokura jedoch einen Vertragsverstoß, auf den sich zwar nicht der Prokurist als Dritter, wohl aber jeder der Mitgesellschafter berufen und aus diesem Grunde die Rücknahme des Widerrufs bzw. – im Falle seines Vollzugs – die Wiedererteilung der Prokura verlangen kann. Gesellschafter, die schuldhaft gegen derartige gesellschaftsvertragliche Bindungen verstoßen, sind der Gesellschaft zum Ersatz eines ihr hieraus entstehenden Schadens verpflichtet.[88]

§ 117

Die Befugnis zur Geschäftsführung kann einem Gesellschafter auf Antrag der übrigen Gesellschafter durch gerichtliche Entscheidung entzogen werden, wenn ein wichtiger Grund vorliegt; ein solcher Grund ist insbesondere grobe Pflichtverletzung oder Unfähigkeit zur ordnungsmäßigen Geschäftsführung.

Schrifttum

Damm Einstweiliger Rechtsschutz im Gesellschaftsrecht, ZHR 154 (1990), 413; *Robert Fischer* Die Entziehung der Geschäftsführungs- und Vertretungsbefugnis in der OHG, NJW 1959, 1057; *v. Gerkan* Gesellschafterbeschlüsse, Ausübung des Stimmrechts und einstweiliger Rechtsschutz, ZGR 1985, 167; *Gogos* Die Geschäftsführung der Offenen Handelsgesellschaft (1953); *Henke* Rechtsfrage oder Tatfrage – Eine Frage ohne Antwort? ZZP 81 (1968), 196, 321; *Hopt* Zur Abberufung des GmbH-Geschäftsführers bei der GmbH & Co, insbes. der Publikumskommanditgesellschaft, ZGR 1979, 1; *A. Hueck* Gestaltungsklagen im Recht der Handelsgesellschaften, FS 125 Jahre Carl Heymanns-Verlag (1965), S. 287; *Kohler* Die Klage auf Zustimmung zum Ausschluß eines Gesellschafters, NJW 1951, 5; *Kollhosser* Zustimmungspflicht zur Abänderung von Gesellschaftsverträgen bei Personenhandelsgesellschaften? FS Westermann (1974), S. 275; *ders.* Noch einmal:

[86] Ebenso *A. Hueck* ZGR 1972, 237 (243); MünchKommHGB/*Jickeli* Rn 61.
[87] RGZ 163, 35 (37 f).
[88] RGZ 163, 35 (38 f); Schlegelberger/*Martens* Rn 36; 3. Aufl. Rn 16 (*Rob. Fischer*).

Zustimmungspflicht zur Abänderung von Gesellschaftsverträgen bei Personenhandelsgesellschaften, FS Bärmann (1975), S. 533; *Konzen* Gesellschafterpflicht und Abgeordnetenmandat, AcP 172 (1972), 317; *Lindacher* Die Klage auf Ausschließung eines OHG- bzw. KG-Gesellschafters, FS Paulick (1973), S. 73; *ders.* Schiedsgerichtliche Kompetenzen zur vorläufigen Entziehung der Geschäftsführungs- und Vertretungsbefugnis bei Personengesellschaften, ZGR 1979, 201; *Lukes* Teilentzug der Geschäftsführungs- und Vertretungsbefugnisse bei der OHG durch Urteil, JR 1960, 41; *Merle* Die Verbindung von Zustimmungs- und Ausschlußklage bei den Personenhandelsgesellschaften, ZGR 1979, 67; *Pabst* Mitwirkungspflichten bei Klagen nach §§ 117, 127, 140 HGB und bei der Anpassung von Verträgen im Recht der Personenhandelsgesellschaften, BB 1977, 1524; *ders.* Prozessuale Probleme bei Rechtsstreitigkeiten wegen Entziehung von Geschäftsführungs- bzw. Vertretungsbefugnis sowie Ausschließung eines Gesellschafters, BB 1978, 892; *Peters* Entziehung des Informationsrechts des Gesellschafters einer OHG analog § 117 HGB? NJW 1965, 1212; *Reichert/Winter* Die „Abberufung" und Ausschließung des geschäftsführenden Gesellschafters der Publikums-Personengesellschaft, BB 1988, 981; *K. Schmidt* Mehrseitige Gestaltungsprozesse bei Personengesellschaften (1992); *ders.* „Kündigung der Geschäftsführung und Vertretung" durch den Personengesellschafter, DB 1988, 2241; *ders.* Ausschließungs- und Entziehungsklagen gegen den einzigen Komplementär, ZGR 2004, 227; *Semler* Einstweilige Verfügung bei Gesellschafterauseinandersetzungen, BB 1979, 1533; *Stimpel* Anlegerschutz durch Gesellschaftsrecht in der Publikums-Kommanditgesellschaft, FS Rob. Fischer (1979), S. 771; *Ulmer* Gestaltungsklagen im Personengesellschaftsrecht und notwendige Streitgenossenschaft, FS Gessler (1971), S. 269; *Vollmer* Die Wirkungen rechtskräftiger Schiedssprüche bei gesellschaftsrechtlichen Gestaltungsklagen, BB 1984, 1774; *Weimar* Kann ein Gesellschafter die Geschäftsführung niederlegen? JR 1977, 234; *H. Westermann* Gesellschaftsrechtliche Schiedsgerichte, FS Rob. Fischer (1979), S. 853; *Zöllner* Die Anpassung von Personengesellschaftsverträgen an veränderte Umstände (1979).

Übersicht

A. Einführung

I. Inhalt und Zweck der Vorschrift

1 Die Geschäftsführungsbefugnis beruht als *Mitgliedschaftsrecht* (§ 114 Rn 17) auf dem Gesellschaftsvertrag, sei es, dass sie darin eine eigenständige Regelung erfahren hat oder dass sie sich nach dem subsidiär geltenden dispositiven Recht (§§ 114 Abs. 1, 115 Abs. 1) richtet. In beiden Fällen bedeutet ihre Entziehung eine **Änderung des Gesellschaftsvertrags.**[1] Vorbehaltlich des Vorliegens eines wichtigen Grundes in der Person des Geschäftsführers kann sie wegen des darin liegenden Eingriffs in den Kernbereich der Mitgliedschaft nicht ohne Zustimmung des betroffenen Gesellschafters beschlossen werden; das gilt auch, wenn der Gesellschaftsvertrag für Vertragsänderungen eine Mehrheitsklausel enthält (§ 119 Rn 38 ff). Demgegenüber ist ein Änderungsbeschluss der übrigen Gesellschafter bei Vorliegen eines wichtigen Grundes zwar möglich, weil der betroffene Gesellschafter insoweit kein Stimmrecht hat (§ 119 Rn 64). Ein solcher Beschluss wird jedoch, wenn er im Gesellschaftsvertrag zugelassen ist (Rn 71), anschließend meist zu gerichtlichen Auseinandersetzungen mit dem von der Entziehung betroffenen, gegen die Wirksamkeit des Beschlusses klagenden Gesellschafter darüber führen, ob ein wichtiger Entziehungsgrund vorlag. Er hat daher während der Dauer des Rechtsstreits unerwünschte Rechtsunsicherheit für die Gesellschafter über den Kreis der Geschäftsführer zur Folge.

2 Um diese Rechtsunsicherheit zu vermeiden und die Geschäftsführer zugleich gegen die Gefahren unberechtigter Entziehung zu schützen, sieht § 117 eine **Gestaltungsklage** der übrigen Gesellschafter zur Entziehung der Geschäftsführungsbefugnis vor; Entsprechendes gilt nach § 127 für die Entziehung der Vertretungsmacht (Rn 8). Anders als im Falle eines Entziehungsbeschlusses nach dem Regelungsvorbild des § 712 Abs. 1 BGB für die GbR, muss die Initiative zur Klage somit von den übrigen Gesellschaftern ausgehen. Bis zur Rechtskraft des – den Gesellschaftsvertrag ändernden – Gestaltungsurteils bleibt die Geschäftsführungsbefugnis des Beklagten daher bestehen. Die übrigen Gesellschafter haben freilich die Möglichkeit, im Wege eines Antrags auf einstweilige Verfügung eine vorläufige Lösung herbeizuführen, die ihrem Interesse an alsbaldiger Entfernung des Beklagten aus der Geschäftsführung angemessen Rechnung trägt (Rn 67 ff). Zu den Wirkungen der Entziehung für die Geschäftsführungsbefugnis anderer Gesellschafter vgl. Rn 77 ff.

---

[1] Vgl. dazu und zur Funktion der Gestaltungsklagen (§§ 117, 127, 140) statt aller *Zöllner* S. 18 ff.

II. Anwendungsbereich

Die Entziehungsklage nach § 117 bezieht sich auf die Geschäftsführungsbefugnis in der werbenden **OHG** und – über § 161 Abs. 2 – der **KG**. Sie setzt das Vorliegen eines entsprechenden *Mitgliedschaftsrechts* voraus. Handelt es sich um die – von den Gesellschaftern kraft Delegation (§ 114 Rn 19) eingeräumte – Befugnis eines *Dritten*, so greift § 117 nicht ein. Die Gesellschafter als „Herren der Gesellschaft" sind vielmehr jederzeit und ohne gerichtliche Entscheidung berechtigt, die Delegation zu widerrufen und eine darüber im Gesellschaftsvertrag getroffene Regelung auch ohne Zustimmung des Dritten zu ändern. – Die früher umstrittene Frage, ob mit der Vereinbarung von OHG-(KG-)Recht für eine erst durch Handelsregistereintrag zur Handelsgesellschaft werdende *Soll-OHG oder -KG* auch die Geltung des § 117 erreicht werden kann oder ob dem der gesetzliche Numerus Clausus der Gestaltungsklagen entgegensteht (vgl. dazu § 105 Rn 50), ist durch die Neufassung des Kaufmannsbegriffs durch die HGB-Reform 1998 relativiert worden; sie ist nurmehr für die kleingewerbliche oder vermögensverwaltende Gesellschaft von Bedeutung, denn die istkaufmännische OHG i.S.v. § 105 Abs. 1 entsteht schon mit dem Abschluss des Gesellschaftsvertrags als solche (§ 105 Rn 49). Demgegenüber entstehen die vermögensverwaltende und kleingewerbliche OHG durch Geschäftsbeginn vor ihrer Eintragung zunächst als GbR. Nur für sie bleibt daher die Frage privatautonomer Vereinbarung der §§ 117, 127, 133, 140 in der Zeit bis zur Eintragung bestehen. – Ist die OHG/KG *aufgelöst*, so treten an die Stelle der §§ 117, 127 die Vorschriften der §§ 146 Abs. 2, 147. 3

§ 117 gilt unverändert auch für die **GmbH & Co. OHG/KG**. Die Entziehungsklage richtet sich gegen die *Komplementär-GmbH*, wobei in Bezug auf den wichtigen Grund auf deren Geschäftsführer zurückgegriffen werden muss (vgl. Rn 41). Bestrebungen, den Mitgesellschaftern der GmbH & Co. OHG/KG stattdessen unmittelbar die gerichtliche Abberufung der GmbH-Geschäftsführer analog §§117, 127 zu ermöglichen,[2] haben sich nicht durchgesetzt. Die *GmbH-Gesellschafter* sind freilich nicht gehindert, angesichts einer drohenden oder bereits erhobenen Klage gegen die Komplementär-GmbH von sich aus die von den Vorwürfen betroffenen GmbH-Geschäftsführer abzuberufen, um den Rechtsverlust der Komplementär-GmbH zu vermeiden. 4

Keine Anwendung findet § 117 auf die **Publikums-OHG/KG**. Das entspricht seit BGHZ 102, 172 = NJW 1988, 969 der heute ganz hM.[3] Der BGH hatte zwar nur über die Entziehung auf Betreiben der als Kapitalanleger beteiligten Gesellschafter einer *GbR* zu entscheiden. Angesichts des Beschlusserfordernisses in § 712 Abs. 1 BGB konnte er sich darauf beschränken, die im Gesellschaftsvertrag für diesen Fall vorgeschriebene Zustimmung aller Gesellschafter im Wege der Inhaltskontrolle nach § 242 BGB durch die einfache Stimmenmehrheit zu ersetzen.[4] Zu Recht wird im Schrifttum aber auf die 5

---

2 So *Hopt* ZGR 1979, 1 (16 ff) und in Baumbach/*Hopt* Anh. § 177a Rn 30; *Hüffer* ZGR 1981, 348 (359 ff); *Wiedemann* Gesellschaftsrecht Bd. II § 9 IV 3 b bb, S. 851 f (wegen faktisch ausgeübter Organstellung). Gegenansichten vgl. in Fn 80.

3 Vgl. Schlegelberger/*Martens* Rn 3; MünchKommHGB/*Jickeli* Rn 5; Heymann/*Emmerich* Rn 1a; *Westermann* Handbuch Rn I 336; so zu § 127 auch § 127 Rn 22 (*Habersack*); MünchKommHGB/*K. Schmidt* § 127 Rn 36; ausführlich *Reichert*/*Winter* BB 1988, 981 (984); **aA** Ebenroth/Boujong/Joost/Strohn/*Mayen* Rn 15 (allerdings Mehrheitsbeschluss für *Klageerhebung* ausreichend).

4 BGHZ 102, 172 (178) = NJW 1988, 969 im Anschluss an BGH WM 1982, 583 (584) (Entziehung gegenüber einem Fremdgeschäftsführer).

Bedenken hingewiesen, die gegen ein Vorgehen nach §§ 117, 127 gerade auch in der Publikums-*OHG/KG* bestehen.[5] Sie beruhen einerseits auf dem Umstand, dass die am Kapitalmarkt geworbenen Gesellschafter meist keinen Einfluss auf die Auswahl der Initiatoren und deren Bestellung zu Geschäftsführern der Gesellschaft haben. Andererseits und vor allem scheitert die Anwendung der §§ 117, 127 in derartigen Fällen meist an der praktischen Unmöglichkeit, die Vielzahl der untereinander nicht persönlich verbundenen Gesellschafter zur Klageerhebung zu veranlassen. Aus diesen Gründen ist die Anwendbarkeit der §§ 117, 127 auf die Publikums-OHG/KG im Wege *teleologischer Reduktion* abzulehnen; eine ausdrückliche Bezugnahme des Gesellschaftsvertrags auf diese Vorschriften würde der gerichtlichen Inhaltskontrolle nach § 242 BGB nicht standhalten.[6] Stattdessen bietet sich die Anwendung des Beschlussverfahrens analog § 712 Abs. 1 BGB an, wobei freilich aus den vom BGH zutreffend dargelegten Gründen die *Mehrheit der abgegebenen Stimmen* an Stelle der Zustimmung aller übrigen Gesellschafter beim Vorliegen eines wichtigen Grundes ausreicht.[7]

III. Systematik

6 **1. Verhältnis zu § 140.** Im Verhältnis zur Ausschließungsklage aus wichtigem Grund stellt die Entziehungsklage nach **§ 117** das **mildere Mittel** dar, da sie sich im Fall von Störungen des Gesellschaftsverhältnisses aus Gründen in der Person des Beklagten zwar auf die Entziehung seiner Geschäftsführungsbefugnis richtet, ihm aber die Mitgliedschaft in der Gesellschaft und die damit verbundenen sonstigen Gesellschafterrechte belässt (zur Frage einer Teilentziehung vgl. Rn 15 ff). Eine Entziehung nach § 117 an Stelle der Ausschließung bietet sich daher in solchen Fällen an, in denen angesichts des wichtigen Grundes zwar die weitere Ausübung der Geschäftsführung durch den Beklagten, nicht aber sein Verbleiben in der Gesellschaft für die übrigen Gesellschafter unzumutbar ist. Selbst bei einem besonders schwerwiegenden, für eine Ausschließungsklage ausreichenden wichtigen Grund sind die Mitgesellschafter nicht gehindert, sich zunächst auf die Entziehungsklage zu beschränken und dem Beklagten damit die Chance auf weiteren Verbleib in der Gesellschaft zu eröffnen; eine spätere Erhebung der Ausschlussklage unter Berücksichtigung zusätzlicher, nach dem Entziehungsprozess auftretender Gründe ist dadurch nicht ausgeschlossen. Demgegenüber ist eine Ausschließungsklage abzuweisen, wenn zwar ein wichtiger Grund in der Person des Beklagten vorliegt, er aber nur eine Entziehungsklage rechtfertigt und die Kläger trotz Hinweises nach § 139 ZPO zur Klageänderung nicht bereit sind.

7 Ist für den **Beklagten** das weitere Verbleiben in der Gesellschaft nach Entziehung seiner Geschäftsführungsbefugnis unzumutbar, so kann er nach § 133 **Auflösungsklage** erheben; im Fall der Publikums-OHG/KG tritt an deren Stelle das einseitige Austrittsrecht.[8] Der von der überwiegenden Meinung zugelassenen Verbindung beider Klagen,

---

[5] So zutr. schon *Stimpel* FS Rob. Fischer, 1979, S. 771 (780 f); *Hüffer* ZGR 1980, 320 (348); ebenso dann 3. Aufl. Anh. § 161 Rn 37 (*Schilling*); MünchKommHGB/*K. Schmidt* § 127 Rn 36; *Reichert/Winter* BB 1988, 984; MünchKommHGB/*Jickeli* Rn 5; *Westermann* Handbuch Rn I 336.

[6] *Reichert/Winter* BB 1988, 984.

[7] BGHZ 102, 172 (178) = NJW 1988, 969; so auch – wenngleich meist ohne nähere dogmatische Begründung – die in Fn 3 angeführten Autoren.

[8] So zutr. BGHZ 69, 160 (167) = NJW 1977, 2160; 71, 53 (61) = NJW 1978, 1382; *Reichert/Winter* BB 1988, 987; näher § 133 Rn 3, 72 ff.

etwa im Wege einer hilfsweisen Widerklage auf Auflösung, steht jedoch der Umstand entgegen, dass die Unzumutbarkeit der Fortsetzung der Gesellschaft erst die *Folge* der rechtskräftigen Entziehung ist. Auch könnte auf Entziehung nicht (mehr) erkannt werden, wenn im gleichen Urteil die Auflösung der Gesellschaft ausgesprochen würde (vgl. Rn 62).

2. Verhältnis zu § 127. In Bezug auf die Entziehungsklagen betr. die Geschäftsführungsbefugnis (§ 117) und die Vertretungsmacht (§ 127) liegt in der Regel eine **Klageverbindung** nahe. Denn beide Gestaltungsklagen sind auf das gleiche Ziel gerichtet: die Beseitigung der Organstellung des Beklagten wegen eines wichtigen Entziehungsgrundes in seiner Person. Auch fallen Geschäftsführungsbefugnis und Vertretungsmacht in aller Regel zusammen (§ 114 Rn 14). Überdies besteht bei beiden Klagearten meist kein Anlass, hinsichtlich der Beurteilung des wichtigen Grundes zu unterschiedlichen Ergebnissen zu kommen. Richten die Kläger ihren Antrag nur auf Entziehung der Geschäftsführungsbefugnis bzw. der Vertretungsmacht, so ist es Sache des Gerichts, nach § 139 ZPO auf Klarstellung zu dringen, falls sich nicht bereits im Auslegungswege ergibt, dass die Entziehungsklage beide Befugnisse zum Gegenstand haben soll.[9] Die gleichzeitige Erhebung beider Klagen scheidet nur in Sonderfällen aus, so wenn dem Beklagten entweder im Gesellschaftsvertrag ausnahmsweise nur eine der beiden Befugnisse übertragen worden ist oder wenn er der einzige persönlich haftende Gesellschafter einer KG ist mit der Folge, dass gegen ihn zwar auf Entziehung der Geschäftsführungsbefugnis, nach hM jedoch nicht auf Entziehung der Vertretungsmacht geklagt werden kann (Rn 20). 8

IV. Dispositives Recht

Die Entziehungstatbestände der §§ 117, 127 enthalten in vollem Umfang dispositives Recht und sind dementsprechend abweichender Regelung im Gesellschaftsvertrag zugänglich. Das ist unbestritten, soweit es um Modifikationen (Erschwerungen oder Erleichterungen) der **Anforderungen an den wichtigen Grund** (vgl. Rn 45) sowie um das **Entziehungsverfahren**, insbes. die Ersetzung des Klageerfordernisses durch einen Gesellschafterbeschluss geht (vgl. Rn 71 f).[10] Dass die Entziehungsklage nach § 127 sich auf das Außenverhältnis der Gesellschaft auswirkt und daher nicht in § 109 erwähnt ist, steht nicht entgegen (§ 127 Rn 4 [*Habersack*]). 9

Entgegen der wohl hM[11] besteht aber auch kein Anlass, der **Entziehungsbefugnis als solcher** zwingende Geltung beizumessen. Zwar ist richtig, dass eine Freizeichnung von den Folgen vorsätzlichen oder sittenwidrigen Handelns nicht wirksam vereinbart werden 10

[9] Bejaht in BGHZ 51, 198 (199) = NJW 1969, 507; so auch schon 3. Aufl. Rn 11 (*Rob. Fischer*); Schlegelberger/*Martens* Rn 7; vgl. ferner MünchKommHGB/*Jickeli* Rn 13; eine solche Klagehäufung als Regelfall annehmend Ebenroth/Boujong/Joost/Strohn/*Mayen* Rn 6; *Westermann* Handbuch Rn I 326; zu § 127 vgl. ebenso § 127 Rn 3 (*Habersack*) mwN.

[10] Vgl. nur *Hueck* OHG § 10 VII 11 a, S. 156 f; MünchKommHGB/*Jickeli* Rn 12; zur GmbH & Co. KG auch BGH WM 2004, 2390 (2392).

[11] RG JW 1935, 696 (697); BGH NJW 1998, 1225 (1226) (zu § 127); so auch § 127 Rn 15 (*Habersack*); MünchKommHGB/*K. Schmidt* § 127 Rn 9; Ebenroth/Boujong/Joost/Strohn/*Hillmann* § 128 Rn 17; Baumbach/*Hopt* Rn 11; Röhricht/Graf v. Westphalen/*v. Gerkan/Haas* Rn 21; *Wiedemann* Gesellschaftsrecht Bd. II § 4 II 5 a aa, S. 349; wohl auch *Westermann* Handbuch Rn I 354.

kann.[12] Doch ist der gesellschaftsvertragliche Ausschluss des Entziehungsrechts einer solchen Freizeichnung damit nicht vergleichbar. Er kann sich im Gegenteil verschärfend für den betroffenen Gesellschafter auswirken. Wenn nämlich der unveränderte Fortbestand seiner Mitgliedschaft für die übrigen Gesellschafter unzumutbar ist, eine Entziehung der organschaftlichen Befugnisse als milderes Mittel (Rn 6) aber kraft gesellschaftsvertraglicher Regelung ausscheidet, muss das Gericht der in derartigen Fällen erhobenen Ausschlussklage nach § 140 stattgeben, ohne die Kläger auf §§ 117, 127 verweisen zu können. Auch aus der Sicht des potentiellen Beklagten kann an einer solchen Regelung Interesse bestehen, so wenn er ohne Belassung der Organstellung als Geschäftsführer und Vertreter nicht bereit ist, die Mitgliedschaft in der Gesellschaft beizubehalten. Es sprechen daher nach wie vor die besseren Gründe dafür, die Entziehung der organschaftlichen Befugnisse als abdingbar anzusehen, solange nur der Gesellschafterausschluss oder die Auflösung der Gesellschaft wegen Unzumutbarkeit ihrer unveränderten Fortsetzung als ultima ratio erhalten bleibt.[13] Im Einzelfall kann allerdings der Gesellschafter, der in seiner Person einen Ausschließungsgrund verwirklicht, gehindert sein, sich auf die Abbedingung des § 117 zu berufen (§ 242 BGB bzw. Treupflicht), sofern nämlich den übrigen Gesellschaftern im fraglichen Zeitpunkt eine Ausschließung nicht zumutbar ist, insbesondere weil die Gesellschaft aufgrund der zu zahlenden Abfindung in eine bedrohliche Schieflage geriete. Freilich ist in diesen Fällen auch (und vorrangig) daran zu denken, der Gesellschaft die Auszahlung der Abfindung in verträglichen Raten zu gestatten.

V. Sonstige Endigungsgründe

11 Ein geschäftsführender Gesellschafter kann die Geschäftsführungsbefugnis auch von sich aus durch **Kündigung aus wichtigem Grund** analog § 712 Abs. 2 BGB niederlegen, wenn ihm die Führung der Geschäfte der Gesellschaft nicht länger zumutbar ist (Rn 84). In Bezug auf die Vertretungsmacht, die nur eine Berechtigung, aber keine korrespondierende Verpflichtung des Gesellschafters begründet, ist ein derartiges Recht zur einseitigen Niederlegung zwar nicht anzuerkennen (§ 127 Rn 5 [*Habersack*]). Besteht nach dem Willen der Gesellschafter, wie in der Regel, jedoch eine Einheit zwischen Geschäftsführungsbefugnis und Vertretungsmacht, so führt die Niederlegung dieser Befugnis auch zum Wegfall jener. Der Gesellschaftsvertrag kann **sonstige Endigungsgründe** vorsehen, darunter das Erreichen einer Altersgrenze, die Aufnahme sonstiger, mit den Geschäftsführungsaufgaben schwer vereinbarer Tätigkeiten oder das Recht zur Amtsniederlegung ohne wichtigen Grund. Beim **Übergang des Gesellschaftsanteils** auf einen Nachfolger ist es eine Frage der Vertragsauslegung, ob auf diesen auch die Geschäftsführungsbefugnis übergeht oder ob sie dem bisherigen Gesellschafter als höchstpersönliche, nicht mit dem Anteil verbundene Rechtsstellung übertragen worden war (vgl. § 114 Rn 24 f).

---

12 So die Begründung in RG JW 1935, 696 (697).

13 Ebenso schon 3. Aufl. Rn 9 (*Rob. Fischer*) und Voraufl. Rn 10 (*Ulmer*); *Hueck* OHG § 10 VII 11 a, S. 157; *Gogos* S. 67; vgl. ferner MünchKommHGB/*Jickeli* Rn 79; einschränkend Schlegelberger/*Martens* Rn 51; Heymann/*Emmerich* Rn 25a; Ebenroth/Boujong/Joost/Strohn/*Mayen* Rn 36 und *Westermann* Handbuch Rn I 355 unter Hinweis auf Fälle, in denen die Ausschließung den Mitgesellschaftern im Hinblick auf die erforderliche Abfindung des betroffenen Gesellschafters nicht zumutbar ist.

B. Gegenstände der Entziehung

I. Geschäftsführungsbefugnis

Die Gestaltungsklage nach § 117 richtet sich auf die Entziehung der **Geschäftsführungsbefugnis.** Darauf, ob es sich um eine durch den Gesellschaftsvertrag übertragene oder aber kraft dispositiven Rechts bestehende Befugnis handelt, kommt es nicht an. Die Beschränkung der Entziehung auf die *übertragene* Befugnis im *Recht der GbR*, wie sie von der hM zu § 712 Abs. 1 BGB vertreten wird,[14] findet im Recht der OHG und KG keine Entsprechung.[15] Für die Anwendbarkeit des § 117 unerheblich ist auch, ob die Befugnis des Beklagten als *Einzel- oder Gesamtbefugnis* ausgestaltet ist.[16] Dieser Frage kann zwar – wegen der größeren Gefährlichkeit der Einzelbefugnis für die Gesellschaft – bei den Anforderungen an den wichtigen Grund Bedeutung zukommen. Auch kann die Entziehung einer Gesamtbefugnis größeren Anpassungsbedarf für die künftige Gestaltung der Geschäftsführung in der Gesellschaft auslösen, als es beim Entzug einer von mehreren Einzelbefugnissen der Fall ist (vgl. Rn 79). Insoweit geht es jedoch um Einzelfragen, die am umfassenden Anwendungsbereich des § 117 auf *alle Arten* der Geschäftsführungsbefugnis nichts ändern. Zulässig ist auch die Klage auf Entziehung der *einzigen* Einzelgeschäftsführungsbefugnis, selbst wenn sie sich gegen den alleinigen persönlich haftenden Gesellschafter einer KG richtet (Rn 20).[17] Zu den Rechtsfolgen eines solchen Entziehungsurteils für die verbleibenden Gesellschafter vgl. Rn 77. 12

Um einen Fall der Entziehung nach §117 handelt es sich auch, wenn eine im Gesellschaftsvertrag vorgesehene oder auf einstimmigen Gesellschafterbeschluss beruhende **Ressortaufteilung** (§ 114 Rn 43) zu Lasten des Beklagten verändert oder eingeschränkt werden soll. Mangels abweichender gesellschaftsvertraglicher Regelung ist ein solches Vorgehen der übrigen Gesellschafter ohne Zustimmung des Betroffenen nur aus wichtigem Grund und im Klageweg möglich;[18] die Zuweisung eines anderen Ressorts als Kompensation für das entzogene ändert hieran nichts. Anderes gilt für eine von den Geschäftsführern untereinander vereinbarte Ressortaufteilung (§ 114 Rn 44). Sie steht unter dem Vorbehalt eines abweichenden Gesellschaftervotums und kann daher beim Vorliegen eines wichtigen Grundes auch gegen den Willen eines von der Änderung betroffenen Geschäftsführers durch Gesellschafterbeschluss aufgehoben werden. Zur Frage einer Teilentziehung vgl. Rn 15 ff. 13

Von der Entziehungsklage nach § 117 werden auch **sonstige Geschäftsführungsbefugnisse** erfasst, unabhängig davon, ob sie Teil einer umfassenderen Befugnis sind oder sich auf *Widerspruchs- oder Zustimmungsrechte* zu Geschäften oder Handlungen anderer 14

---

[14] Vgl. dazu und zu den Gründen gegen diese Einschränkung näher MünchKommBGB[5]/*Ulmer/C. Schäfer* § 712 Rn 4 ff mwN.

[15] EinhM, vgl. nur MünchKommHGB/*Jickeli* Rn 6; Ebenroth/Boujong/Joost/Strohn/*Mayen* Rn 4; Heymann/*Emmerich* Rn 4.

[16] Vgl. MünchKommHGB/*Jickeli* Rn 6; Ebenroth/Boujong/Joost/Strohn/*Mayen* Rn 4; Heymann/*Emmerich* Rn 4.

[17] BGHZ 51, 198 (201) = NJW 1969, 597; 33, 105 (107) = NJW 1960, 1997; BGH NJW 1984, 173; WM 2002, 342 (343); Schlegelberger/*Martens* Rn 4; MünchKommHGB/*Jickeli* Rn 7; *Westermann* Handbuch Rn I 344; Ebenroth/Boujong/Joost/Strohn/*Mayen* Rn 2; Röhricht/Graf v. Westphalen/*v. Gerkan/Haas* Rn 1; Heymann/*Emmerich* Rn 2a; *K. Schmidt* ZGR 2004, 227 (233 f); zur abw. Beurteilung durch die höchstrichterliche Rechtsprechung in Bezug auf § 127 und zur Kritik hieran vgl. Rn 20 und Fn 31 sowie § 127 Rn 8 (*Habersack*).

[18] So der Sache nach schon 3. Aufl. Rn 2 (*Rob. Fischer*); vgl. auch MünchKommHGB/*Jickeli* Rn 25.

Gesellschafter beschränken.[19] Dies betrifft auch das Zustimmungsrecht im Fall *außergewöhnlicher Geschäfte* nach §§ 116 Abs. 2, 164, und zwar selbst dann, wenn es dem Gesellschafter als isoliertes Recht zusteht, wenn dieser also von der Geschäftsführung ausgeschlossen ist.[20] Denn auch insoweit handelt es sich um – wenn auch rudimentäre – Mitspracherechte in Geschäftsführungsangelegenheiten, die als *Pflichtrechte* ausgestaltet sind (vgl. § 116 Rn 20) und daher ebenso wie die umfassende Geschäftsführungsbefugnis im Interesse der Gesellschaft, d.h. uneigennützig ausgeübt werden müssen. Mag ihre Bedeutung für die Gesellschaft auch verhältnismäßig gering und die Unzumutbarkeit ihres Fortbestands daher nur in seltenen Fällen zu bejahen sein, so trifft die ratio des § 117 im Grundsatz doch auch auf diese Mitspracherechte zu.

II. Teilentziehung

15 **1. Fragestellung.** Im Anschluss an einen schon von *Düringer/Hachenburg* eingeleiteten Meinungswandel[21] sieht die ganz hM anstelle der Totalentziehung der Geschäftsführungsbefugnis auch deren Teilentziehung (Beschränkung) als von § 117 gedeckt an.[22] Aus Gründen der Verhältnismäßigkeit des gerichtlichen Eingriffs (des milderen Mittels) soll sie statt der Totalentziehung Platz greifen, wenn die Unzumutbarkeit der Zusammenarbeit mit dem Beklagten dadurch behoben werden kann und die übrigen Gesellschafter dies, ggf. aufgrund eines Hinweises des Gerichts nach § 139 ZPO, beantragen (zur Frage des Klageantrags vgl. Rn 19); andernfalls sei die Klage abzuweisen. Die Lehre von der Teilentziehung wirft schwierige Fragen sowohl hinsichtlich des Ausmaßes der richterlichen Gestaltungsbefugnis (Rn 16 f) als auch hinsichtlich der Anforderungen an den wichtigen Grund auf (Rn 18). Sie betreffen – als *materiellrechtliche* Fragen – die Auslegung des § 117 und sind von der prozessrechtlichen Problematik der Anforderungen an den Klageantrag (Rn 19) klar zu unterscheiden.

16 **2. Voraussetzungen.** Indem § 117 den Gerichten die Entscheidung über die *Entziehung* der Geschäftsführungsbefugnis zuweist, räumt er ihnen ein *negatives* Gestaltungsrecht ein, während es Sache der Gesellschafter ist, die notwendigen Folgerungen aus dem richterlichen Eingriff für die künftige Ausgestaltung der Geschäftsführungsbefugnis zu ziehen und die sachlich gebotenen Auffanglösungen zu treffen (vgl. dazu Rn 77 ff). Eine „positive" Gestaltung ist den Gerichten durch § 117 nach ganz hM verwehrt.[23] Die

---

[19] HM, vgl. *Hueck* OHG § 10 VII 2, S. 146 f; *Rob. Fischer* NJW 1959, 1058; Heymann/*Emmerich* Rn 4; Baumbach/*Hopt* Rn 3; *Westermann* Handbuch Rn I 324a; MünchKommHGB/*Jickeli* Rn 6; MünchHdbGesR I/*v. Ditfurth*[2] § 55 Rn 11; MünchKommHGB/*Jickeli* Rn 6; Ebenroth/Boujong/Joost/Strohn/*Mayen* Rn 4; ebenso OLG Köln BB 1977, 464 (465); aA (ohne Begründung) *Gogos* S. 63.

[20] Voraufl. Rn 14 (*Ulmer*); ebenso MünchKommHGB/*Jickeli* Rn 18; vgl. auch OLG Köln BB 1977, 2160 (2161).

[21] Düringer/Hachenburg Rn 6 (seit 2. Aufl. 1910 ff); dazu auch *Lukes* JR 1960, 41 f mwN.

[22] BGH WM 2002, 342 (343); BGHZ 68, 81 (86) = NJW 1977, 1013; 51, 198 (203) = NJW 1969, 507; RG JW 1935, 696 (697); Schlegelberger/*Martens* Rn 9; MünchKommHGB/*Jickeli* Rn 19; Röhricht/Graf v. Westphalen/*v. Gerkan/Haas* Rn 8; MünchHdbGesR I/*v. Ditfurth*[2] § 55 Rn 32; *Hueck* OHG § 10 II 8, S. 152; Heymann/*Emmerich* Rn 15, 18; Baumbach/*Hopt* Rn 5; aA *Rob. Fischer* NJW 1959, 1058 f; einschränkend auch *Lukes* JR 1960, 41(43 ff); *Lettl* AcP 202 (2002), 3 (19 f).

[23] Vgl. schon 3. Aufl. Rn 25 (*Rob. Fischer*) und *Hueck* OHG § 10 II 9, S. 153; ferner etwa MünchKommHGB/*Jickeli* Rn 21, 66; Heymann/*Emmerich* Rn 19; eingehend *Lukes* JR 1960, 41 (43 ff).

Teilentziehung ist daher nur zulässig, wenn sie sich auf derartige negative Eingriffe beschränkt. Auch darf sie nicht zur Relativierung der Eingriffsschwelle durch geringere Anforderungen an den wichtigen Grund führen.[24]

Als derartiger **negativer Eingriff** kommen neben der Totalentziehung der Geschäftsführungsbefugnis solche Maßnahmen in Frage, die als deren *Beschränkung* zu qualifizieren sind, nicht aber zu einer Neugestaltung der Geschäftsführung abweichend von der gesellschaftsvertraglichen Regelung führen. Aus dieser Sicht begegnet die *quantitative* Verminderung des Umfangs der Geschäftsführungsbefugnis keinen grundsätzlichen Bedenken, sei es durch Reduktion der dem Beklagten im Gesellschaftsvertrag zugewiesenen Geschäftsbereiche ohne Neueinführung des Ressortprinzips, durch Beschränkung seiner Tätigkeit auf den Bereich einer Zweigniederlassung oder sei es durch Reduktion seiner Mitsprachebefugnis auf ein Widerspruchs- oder Zustimmungsrecht unter Beseitigung seiner aktiven Handlungsbefugnis oder umgekehrt.[25] Bei Vorliegen eines entsprechenden Klageantrags (Rn 19) ist von der Eingriffsnorm des § 117 aber auch die *Ersetzung der Einzel- durch Gesamtgeschäftsführungsbefugnis* des Beklagten gedeckt, auch wenn sie zu einer *qualitativen* Umgestaltung der Geschäftsführung der Gesellschaft führt und die Notwendigkeit der Benennung weiterer, zusammen mit dem Beklagten handlungsberechtigter Geschäftsführer im Klageantrag begründet.[26] **17**

Was zum anderen die Anforderungen an den **wichtigen Grund** betrifft, so darf die Erstreckung des § 117 auf Fälle einer Teilentziehung nicht dazu führen, die Eingriffsschwelle für die richterliche Gestaltung zu senken und bereits relativ geringfügige Gründe als Anlass für eine entsprechend geringe Teilentziehung zu nehmen.[27] Maßgebend für die Begründetheit einer Klage nach § 117 ist vielmehr, dass der unveränderte Fortbestand der Geschäftsführungsorganisation der Gesellschaft in ihrer bisherigen Ausgestaltung aus Gründen, die typischerweise in der Person des Beklagten liegen, für die übrigen Gesellschafter *unzumutbar* ist. Nur wenn die von den Klägern dargelegten und ggf. nachgewiesenen Gründe die Qualität eines derartigen wichtigen, die Notwendigkeit einer Umgestaltung dokumentierenden Grundes erreichen, ist der Weg für ein richterliches Eingreifen eröffnet. Abhilfe wird in derartigen Fällen, angesichts der erforderlichen Schwere der Gründe, meist nicht schon durch marginale Beschränkungen der Geschäftsführungsbefugnis des Beklagten zu erreichen sein. Trotz des bei § 117 zu beachtenden Verhältnismäßigkeitsgrundsatzes wird es vielmehr im Regelfall bei der Totalentziehung der Geschäftsführungsbefugnis bewenden (vgl. Rn 42 ff). **18**

3. **Klageantrag.** Die Frage nach dem erforderlichen Klageantrag für den Ausspruch einer *Teilentziehung* der Geschäftsführungsbefugnis betrifft die Anwendung des § 308 **19**

---

24 Auf diese Gefahr weist zutr. OGHZ 1, 33 (39 f) hin; zust. *Hueck* SJZ 1948, 755 ff; i.E. auch *Lukes* JR 1960, 41 (46); wie hier auch *Westermann* Handbuch Rn I 324b; abw. MünchKommHGB/*Jickeli* Rn 24 (bei Teileinzahlung könne der wichtige Grund weniger „intensiv" sein).

25 So zutr. *Lukes* JR 1960, 41 (45) in Übereinstimmung mit der hM (Nachw. in Fn 22); **aA** noch 3. Aufl. Rn 26 (*Rob. Fischer*) wegen möglicher Unzumutbarkeit für den Beklagten – ihm bleibt aber immer noch das Recht zur Niederlegung der restlichen Geschäftsführungsbefugnis aus wichtigem Grund (Rn 84) oder zur Erhebung der Auflösungsklage.

26 HM, vgl. BGH WM 2002, 342; MünchKommHGB/*Jickeli* Rn 22; Röhricht/Graf v. Westphalen/*v. Gerkan/Haas* Rn 8; Baumbach/*Hopt* Rn 5; Heymann/*Emmerich* Rn 18; *Westermann* Handbuch Rn I 324b; so auch § 127 Rn 13 (*Habersack*) für den Teilentzug der Vertretungsmacht; **aA** noch 3. Aufl. Rn 26 (*Rob. Fischer*) und *Lukes* JR 1960, 41 (45).

27 Vgl. die Nachw. in Fn 24.

ZPO, d.h. den Streitgegenstand der Entziehungsklage.[28] Auch wenn nach dem Vorstehenden (Rn 17) die Teilentziehung materiellrechtlich nicht als aliud, sondern als minus gegenüber der Totalentziehung anzusehen ist, lässt sich diese Betrachtung doch nicht ohne weiteres auf das Prozessrechtsverhältnis übertragen. Insofern kommt es vielmehr darauf an, ob der gerichtlichen Entscheidung aus der Sicht der Kläger eine *andere rechtliche Tragweite* als das von ihnen Beantragte zukommt oder ob das Urteil – wie im Fall einer nur teilweise begründeten Zahlungsklage – lediglich quantitativ hinter dem Klagebegehren zurückbleibt.[29] Geht man davon aus, dass die Kläger mit der Entziehungsklage eine *Entfernung* des Beklagten aus der Geschäftsführung anstreben, so handelt es sich bei der vom Gericht stattdessen als berechtigt angesehenen Teilentziehung in aller Regel um einen anderen Streitgegenstand, der nur bei hierauf gerichtetem Klageantrag, sei es auch als Hilfsantrag, der gerichtlichen Gestaltung zugrunde gelegt werden darf.[30] Gehen die Kläger auf eine entsprechende Anregung des Gerichts nicht ein, obwohl sich die Totalentziehung angesichts anderer, weniger einschneidender Abhilfemöglichkeiten als unverhältnismäßig erweist, so müssen sie mit der Abweisung ihrer Klage als unbegründet rechnen, eine Rechtsfolge, die ihre Anpassungsbereitschaft im Zweifel erhöht (vgl. Rn 43).

III. Entziehung gegenüber dem einzigen Geschäftsführer

20 Anders als bei Entziehung der Vertretungsmacht gegenüber dem einzigen persönlich haftenden Gesellschafter einer KG, die nach der BGH-Rechtsprechung auf ein unmögliches Ergebnis gerichtet und daher als unzulässig anzusehen ist,[31] bestehen jedenfalls keine Bedenken dagegen, die Entziehungsklage des § 117 gegen den einzigen geschäftsführungsbefugten Gesellschafter einer OHG oder KG zu erheben.[32] Das gilt auch dann, wenn der Beklagte der einzige Komplementär einer KG ist, da der in § 164 geregelte Ausschluss der Kommanditisten von der Geschäftsführung dispositiver Natur ist und einer Übertragung der Geschäftsführungsbefugnis auf Kommanditisten nicht entgegensteht (vgl. Voraufl. § 164 Rn 8 [*Schilling*]). Der Erfolg der Entziehungsklage gegen den einzigen Geschäftsführer führt dazu, dass die Geschäftsführungsbefugnis im Sinne einer Auffangkompetenz auf *sämtliche Gesellschafter* unter Einschluss des von der Entziehung

---

[28] Vgl. dazu näher *K. Schmidt* Mehrseitige Gestaltungsprozesse S. 129 ff; *Köhler* Streitgegenstand bei Gestaltungsklagen, 1995, S. 113 ff.

[29] Vgl. Baumbach/Lauterbach/Alberts/*Hartmann* ZPO[66] § 308 Rn 7; MünchKomm-ZPO[3]/*Musielak* § 308 Rn 9; eingehend *ders.* FS Schwab, 1990, S. 349 (355 ff); zur ähnlich gelagerten Problematik im Wettbewerbsrecht (Abmilderung des beantragten Verbots) vgl. OLG Stuttgart WRP 1992, 132.

[30] So auch BGH WM 2002, 342 (343) und eingehend *Lukes* JR 1960, 41 (47 f); vgl. ferner § 127 Rn 11 (*Habersack*); Heymann/*Emmerich* Rn 19; Baumbach/*Hopt* Rn 5; *Westermann* Handbuch Rn I 330; MünchKommHGB/*K. Schmidt* § 127 Rn 23; MünchKommHGB/*Jickeli* Rn 23; Röhricht/Graf v. Westphalen/*v. Gerkan/Haas* Rn 9; Ebenroth/Boujong/Joost/Strohn/*Mayen* Rn 24; *Wiedemann* Gesellschaftsrecht Bd. II § 4 II 5a aa, S. 351; **aA** (ohne Auseinandersetzung mit § 308 ZPO) noch *Hueck* OHG § 10 II 8, S. 152. Zur vergleichbaren Abgrenzung von Ausschließungs- und Auflösungsklage vgl. § 140 Rn 42.

[31] BGHZ 41, 367 (369) = NJW 1964, 1624; 51, 198 (200) = NJW 1969, 507; WM 2002, 342 (343); Ebenroth/Boujong/Joost/Strohn/*Hillmann* § 127 Rn 7; **aA** § 127 Rn 8 (*Habersack*); *Hueck* OHG § 20 IV 3, S. 301 f; MünchKommHGB/*K. Schmidt* § 127 Rn 7; *ders.* ZGR 2004, 227 (233 f, 238 ff); Heymann/*Emmerich* § 127 Rn 4a; *Wiedemann* JZ 1969, 470 f; Baumbach/*Hopt* § 127 Rn 3.

[32] Vgl. die Nachw. in Fn 17.

Betroffenen übergeht (vgl. Rn 78). Die Gesellschafter sind aufgerufen, die durch das Gestaltungsurteil hervorgerufene Regelungslücke durch Vertragsanpassung zu schließen (Rn 82).

IV. Entziehung sonstiger Verwaltungsrechte?

Die vereinzelt befürwortete Erstreckung des § 117 auf die Entziehung sonstiger mit der Mitgliedschaft verbundener Verwaltungsrechte, darunter insbes. das **Informations- und Kontrollrecht** der §§ 118, 166,[33] wird von der ganz hM zu Recht *abgelehnt*.[34] Einer analogen Anwendung der Vorschrift auf andere Rechte als diejenigen auf Geschäftsführung (und nach § 127 auf Vertretung) steht insbes. der Umstand entgegen, dass diese sonstigen Rechte mit den organschaftlichen Befugnissen nicht vergleichbar sind. Denn sie sind den Gesellschaftern nicht als uneigennützig auszuübende Pflichtrechte, sondern als eigennützige Mitgliedschaftsrechte verliehen.[35] Das gilt nicht nur für das Informations- und Kontrollrecht (§ 118 Rn 15), sondern auch und in noch stärkerem Maße für sonstige Verwaltungsrechte wie das Stimmrecht bei Grundlagenentscheidungen und das Recht auf Teilnahme an der Gesellschafterversammlung. Ein Missbrauch dieser Rechte durch querulatorische oder in sonstiger Weise gesellschaftsschädigende Ausübung kann je nach Lage des Falles zum Eingreifen des Missbrauchseinwands nach § 242 BGB führen.[36] Für eine generelle Entziehung dieser Rechte analog § 117 ist jedoch kein Raum. **21**

C. Der wichtige Grund

I. Grundlagen

1. Begriff. Der wichtige Grund i.S.v. § 117 ist ein **unbestimmter Rechtsbegriff**. Zu seiner Konkretisierung hat der Gesetzgeber mit der „groben Pflichtverletzung" und der „Unfähigkeit zur ordnungsmäßigen Geschäftsführung" zwei besonders charakteristische Fallgruppen als Regelbeispiele („insbesondere") angeführt. Sie machen deutlich, dass es sich bei den zur Bejahung eines wichtigen Grundes führenden Tatsachen um besonders *gravierende Umstände* handeln muss. Auch beziehen sie sich typischerweise auf die *Person des betroffenen Geschäftsführers* bzw. auf sein Verhalten, selbst wenn § 117 dies im Unterschied zu § 140 nicht ausdrücklich vorschreibt.[37] **22**

Die **Funktion des § 117**, im Fall schwerwiegender, die Verfolgung des gemeinsamen Zwecks gefährdender Störungen in der Führung der Geschäfte der Gesellschaft für gerichtliche Abhilfe zu sorgen, gibt zugleich eine Hilfe zur Interpretation des wichtigen **23**

---

33 So OGHZ 1 (33, 39); 2. Aufl. Rn 2 (*Weipert*); Baumbach/*Duden*[16] Anm. 1 B; einschränkend *Hueck* SJZ 1948, 755.

34 *Rob. Fischer* NJW 1959, 1058; MünchKommHGB/*Jickeli* Rn 9; Ebenroth/Boujong/Joost/Strohn/*Mayen* Rn 5; Heymann/*Emmerich* Rn 4a; Baumbach/*Hopt* Rn 3; MünchHdbGesR I/*v. Ditfurth*[2] § 55 Rn 12; eingehend *Peters* NJW 1965, 1212 f.

35 Darauf weisen zu Recht *Rob. Fischer* NJW 1959, 1058 und *Peters* NJW 1965, 1212 (1214) hin; ebenso MünchKommHGB/*Jickeli* Rn 9; Ebenroth/Boujong/Joost/Strohn/*Mayen* Rn 5.

36 *Rob. Fischer* NJW 1959, 1058; vgl. dazu näher § 118 Rn 15 ff.

37 Vgl. OLG München NZG 2002, 390; Schlegelberger/*Martens* Rn 16; MünchKommHGB/*Jickeli* Rn 32; *Westermann* Handbuch Rn I 327; MünchHdbGesR I/*v. Ditfurth*[2] § 55 Rn 14.

Grundes. Es muss sich um solche Umstände handeln, die im Hinblick auf die *Verhältnisse der konkreten Gesellschaft*, ihre Größe, ihre Zweckbestimmung, ihren Mitgliederkreis und die Organisation ihrer Geschäftsführung, eine *Änderung* der im Gesellschaftsvertrag geregelten oder kraft dispositiven Rechts geltenden Geschäftsführungsbefugnisse unter Abwägung aller relevanten Umstände *unverzichtbar* machen, auch wenn ein Konsens der Gesellschafter hierüber mit der Folge einer entsprechenden freiwilligen Vertragsänderung nicht erreichbar ist. Das gerichtliche Eingriffsrecht des § 117 ist m.a.W. ein **Notrecht** zur Überwindung der eingetretenen Störungen im Interesse von Gesellschaft und Mitgesellschaftern und zur Erhaltung der gemeinsam geschaffenen Werte. Demgemäß decken sich die Anforderungen an den wichtigen Grund i.S.v. § 117 im Wesentlichen mit denen, die für die Zustimmungspflicht der Mitgesellschafter zu einer im Gesellschaftsinteresse gebotenen, ihnen zumutbaren Vertragsänderung gelten (vgl. näher § 105 Rn 239 ff). So gesehen, liegt die Bedeutung des § 117 vor allem darin, den Mitgesellschaftern einen auf die Änderung der Geschäftsführungsorganisation zugeschnittenen, speziellen Rechtsbehelf zur Durchsetzung notwendiger Vertragsänderungen zur Verfügung zu stellen.

24 Aus den vorstehend genannten Gesichtspunkten lässt sich in Übereinstimmung mit der höchstrichterlichen Rechtsprechung[38] die folgende **Definition** gewinnen: Ein wichtiger Grund i.S.v. § 117 liegt dann vor, wenn den übrigen Gesellschaftern nach den Umständen des Einzelfalls, vor dem Hintergrund der gesellschaftsvertraglichen Vereinbarungen und unter Abwägung der widerstreitenden Interessen, die Geschäftsführung des betroffenen Gesellschafters *nicht länger zugemutet* werden kann.[39] Darauf, dass die Gesellschaft durch die bisherige Geschäftsführung bereits geschädigt worden ist, kommt es nicht an. Wohl aber darf der innergesellschaftliche Konflikt sich nicht auf persönliche Spannungen beschränken, sondern muss infolge nachhaltiger Zerstörung des Vertrauensverhältnisses (Rn 28) die *Gefahr* begründen, dass bei Fortdauer des bisherigen Zustands die Belange der Gesellschaft nicht unerheblich beeinträchtigt werden.

25 **2. Verhältnis zu den Anforderungen der §§ 127, 140.** Zwischen den beiden Fällen eines wichtigen Grundes im Sinne der §§ 117, 127 besteht in aller Regel *Wertungskongruenz* mit der Folge, dass sich beide Klagen übereinstimmend entweder als begründet oder als unbegründet erweisen.[40] Ausnahmen kommen dann in Betracht, wenn die grobe Pflichtverletzung oder Unfähigkeit des Organmitglieds sich aufgrund besonderer Umstände nur in einem der beiden Organbereiche manifestiert und die Ausgestaltung der Organstruktur der Gesellschaft den isolierten Fortbestand der nicht betroffenen Befugnis zulässt. Im Verhältnis zum Auflösungs- oder Ausschlussgrund der §§ 133, 140 kommt dem Entziehungsgrund der §§ 117, 127 typischerweise *weniger schweres Gewicht* zu; die Entziehung der Organfunktionen unter Verbleiben in der Gesellschaft ist für den betroffenen Gesellschafter meist das mildere Mittel (vgl. § 133 Rn 13; § 140 Rn 4). Ist der Betroffene ausnahmsweise nicht bereit, ohne diese Funktionen Gesellschafter zu bleiben, so kann er bei Unzumutbarkeit des Fortbestands seiner Mitgliedschaft Auflösungsklage

---

[38] BGH NJW 1984, 173 (174); BGHZ 31, 295 (304) = NJW 1960, 625 (zu § 140).

[39] So der Sache nach auch schon 3. Aufl. Rn 3 (*Rob. Fischer*); vgl. ferner MünchKommHGB/*Jickeli* Rn 28; Ebenroth/Boujong/Joost/Strohn/*Mayen* Rn 7; Röhricht/Graf v. Westphalen/*v. Gerkan/Haas* Rn 2; Heymann/*Emmerich* Rn 5; Baumbach/*Hopt* Rn 4; *Gogos* S. 64 (hM).

[40] Ganz hM, vgl. näher § 127 Rn 12 (*Habersack*) sowie MünchKommHGB/*K. Schmidt* § 127 Rn 15; Heymann/*Emmerich* Rn 5 und § 127 Rn 1.

erheben, falls weder die Mitgesellschafter seinem Verlangen nach Ausscheiden freiwillig entsprechen noch der Gesellschaftsvertrag ein Kündigungsrecht für derartige Fälle enthält.

3. Berücksichtigungsfähige Umstände. Für den wichtigen Grund kommt es – vorbehaltlich der gebotenen Gesamtabwägung (Rn 30 ff) – in erster Linie, wenn auch nicht begriffsnotwendig (Rn 22), auf Umstände in der **Person** des von der Entziehung betroffenen Gesellschafters als Grund für die aufgetretenen Störungen in der Leitung der Gesellschaft an; ihnen stehen Umstände in der Person eines *organschaftlichen Vertreters* (Rn 41) und je nach Fallgestaltung auch solche in der Person des *gesetzlichen Vertreters* (§ 114 Rn 32) gleich. Diese Umstände werden, wenn sie die Qualität eines wichtigen Grundes erreichen, vom betroffenen Geschäftsführer nicht selten durch grobe Pflichtverletzung, d.h. *grob schuldhaft* (Rn 35) herbeigeführt worden sein. Aber auch ohne Verschulden des Geschäftsführers kann ein wichtiger Grund zu bejahen sein, wie das Regelbeispiel der Unfähigkeit zu ordnungsmäßiger Geschäftsführung zeigt.[41] 26

In **zeitlicher** Hinsicht kommt es in erster Linie auf Umstände an, die in der *jüngeren Vergangenheit* aufgetreten bzw. den übrigen Gesellschaftern bekannt geworden sind, unter Einschluss solcher aus der Zeit nach Klageerhebung bis zur letzten mündlichen Verhandlung in der Tatsacheninstanz.[42] Demgegenüber legen schon länger zurückliegende Umstände, für sich gesehen, die Annahme nahe, dass sie nicht ohne weiteres zur Unzumutbarkeit des Fortbestands der Geschäftsführungsbefugnis des betroffenen Gesellschafters aus der Sicht der Mitgesellschafter geführt haben, sondern von diesen zunächst hingenommen wurden, auch wenn sie bisher nicht den Gegenstand eines Entlastungsbeschlusses (§ 114 Rn 72) gebildet haben sollten.[43] Wohl aber kann auf solche länger zurückliegenden Umstände zurückgegriffen werden, wenn es um die Beurteilung neuerer Vorkommnisse geht und sie geeignet sind, das Gesamtbild zu Lasten des Beklagten zu beeinflussen und die Gefährlichkeit seiner Geschäftsführung für die Gesellschaft darzutun.[44] Entsprechendes gilt für Umstände, die bereits in einem früheren Entziehungsprozess vorgebracht, dort aber als nicht hinreichend gewichtig für einen wichtigen Grund bewertet worden waren; die Rechtskraft des klageabweisenden Urteils steht ihrer *Mit*berücksichtigung im Rahmen einer neuen Klage nicht entgegen.[45] 27

4. Beurteilungskriterien. Im Zentrum der gerichtlichen Würdigung der von den Klägern vorgetragenen Umstände als wichtiger Grund i.S.v. § 117 steht die Frage, ob sich daraus bei objektivierter Beurteilung eine **nachhaltige Zerstörung des Vertrauensverhältnisses** zwischen den Gesellschaftern in Bezug auf die Geschäftsführung des Beklagten ableiten lässt.[46] Sie ist umso eher zu bejahen, wenn es sich nicht um einmalige, sondern um trotz Ermahnung *wiederkehrende*, auf besonders hartnäckiges oder selbstherrliches Verhalten des Beklagten deutende Vorkommnisse handelt[47] oder wenn sie vom Beklagten 28

---

[41] EinhM, vgl. nur BGH LM Nr. 2 zu § 140 HGB = BB 1952, 649; Ebenroth/Boujong/Joost/Strohn/*Mayen* Rn 7; MünchKommHGB/*Jickeli* Rn 32; MünchHdbGesR I/*v. Ditfurth*[2] § 55 Rn 14.

[42] Thomas/Putzo/*Reichold* ZPO[26] Vorbem. § 253 Rn 37; Zöller/*Greger* ZPO[26] Vor § 253 Rn 23, 25a.

[43] MünchKommHGB/*Jickeli* Rn 40; Ebenroth/Boujong/Joost/Strohn/*Mayen* Rn 19; MünchHdbGesR I/*v. Ditfurth*[2] § 55 Rn 20; *Westermann* Handbuch Rn I 337.

[44] S. schon 3. Aufl. Rn 7a (*Rob. Fischer*); ferner nur MünchKommHGB/*Jickeli* Rn 40.

[45] BGH LM Nr. 1 zu § 117 HGB = JZ 1952, 276; wie hier auch MünchKommHGB/*Jickeli* Rn 41.

[46] Vgl. die Nachw. in Fn 38, 39.

[47] BGH NJW 1984, 173 (174); BGH WM 2003, 1084 (1085 f), auch zum Erfordernis

grob schuldhaft herbeigeführt worden sind. Auf den Nachweis einer Schädigung der Gesellschaft kommt es nicht an; es genügt die konkrete *Gefährdung* ihrer Belange bei Fortbestand der Geschäftsführungsbefugnis (Rn 24). Auch *einmalige* Vorkommnisse können bei hinreichendem Gewicht einen wichtigen Grund jedenfalls dann bilden, wenn sie den Schluss auf künftige Wiederholungen und auf die daraus resultierende Gefährdung der Gesellschaft gestatten. Entsprechendes gilt beim Eintritt objektiver Umstände (schwere Krankheit, altersbedingter Abbau der Fähigkeit zur Geschäftsführung), aus denen sich die Unzumutbarkeit des Fortbestands der Geschäftsführungsbefugnis aus Sicht der Mitgesellschafter für die *Zukunft* ergibt.[48]

29 Im Hinblick auf die gebotene *Gesamtwürdigung* (Rn 30) sind bei Feststellung des wichtigen Grundes anderseits auch solche Umstände aus dem **Verhalten des Beklagten** zu berücksichtigen, die *zu seinen Gunsten* ins Gewicht fallen und geeignet sind, es in einem positiveren Licht erscheinen zu lassen. Dabei geht es in erster Linie um *besondere Verdienste* des Beklagten um die Gesellschaft, ihre Gründung oder ihren Ausbau.[49] Sie können den Mitgesellschaftern aus Gründen der Treupflicht Anlass geben, gegenüber störenden Alterserscheinungen ihres Kompagnons erhöhte Toleranz zu üben und Reibungsverluste in der Geschäftsführung hinzunehmen, solange die gemeinsam geschaffenen Werte dadurch nicht konkret gefährdet werden oder die gemeinsame Zweckverfolgung in Frage gestellt ist.[50] Entsprechendes gilt, wenn der Beklagte sich die Umstände, die seine Fähigkeit zur Geschäftsführung beeinträchtigen, bei Ausübung seiner uneigennützigen Tätigkeit im *Dienste der Gesellschaft zugezogen* hat, so bei erheblicher Schädigung seiner Gesundheit im Zusammenhang mit einer Geschäftsreise, sei es infolge eines Unfalls oder einer chronischen Erkrankung.

30 5. **Gesamtabwägung.** Zur Notwendigkeit der Abwägung der widerstreitenden Interessen der Beteiligten bei Feststellung des wichtigen Grundes vgl. schon Rn 24. Sie gebietet dem Gericht nicht nur die Berücksichtigung der zugunsten des Beklagten sprechenden Umstände (Rn 29), sondern auch die Beachtung des Verhältnismäßigkeitsgrundsatzes und die Prüfung der Frage, ob die aufgetretenen Störungen in der Geschäftsführung nicht durch mildere, allen Beteiligten zumutbare Mittel behoben werden können. *Methodisch* bietet sich dafür ein **Vorgehen in drei Schritten** an, das *zunächst* auf die tatsächliche und rechtliche Klärung der Beanstandungen der Kläger gegen die Geschäftsführung des Beklagten, *sodann* auf die Bewertung der als relevant erwiesenen Beanstandungen vor dem Hintergrund der gemeinsam verfolgten Interessen sowie des Verhaltens beider Seiten und ihrer Verdienste um die Gesellschaft sowie *schließlich* – im Fall grundsätzlicher Bejahung des wichtigen Grundes – auf Prüfung der Frage gerichtet ist, ob sich die zur Behebung der Störung beantragte Entziehung der Geschäftsführungsbefugnis mit dem Verhältnismäßigkeitsgrundsatz vereinbaren lässt oder ob hierfür ein milderes Mittel ausreicht (vgl. dazu Rn 42). Zur Nachprüfung des wichtigen Grundes in der Revisionsinstanz vgl. Rn 46 ff.

31 Bei der Abwägung der Interessen des Beteiligten kommt es in erster Linie auf das **gemeinsame Interesse** an der Verfolgung des Gesellschaftszwecks an. Das Ausmaß seiner

einer Wiederholungsgefahr (auch) bei grober Pflichtverletzung (zu § 737 BGB).

48 BGH LM Nr. 1 zu § 117 HGB = JZ 1952, 276; ebenso auch schon 3. Aufl. Rn 7 (*Rob. Fischer*).

49 Vgl. MünchKommHGB/*Jickeli* Rn 30; Röhricht/Graf v. Westphalen/*v. Gerkan*/*Haas* Rn 6; Ebenroth/Boujong/Joost/Strohn/*Mayen* Rn 13; *Westermann* Handbuch Rn I 329 MünchHdbGesR I/*v. Ditfurth*² § 55 Rn 17.

50 Eingehende Abwägung dazu s. in BGH LM Nr. 1 zu § 117 HGB = JZ 1952, 276.

Gefährdung durch die Geschäftsführung des Beklagten ist für die Beurteilung der Beanstandungen als wichtiger Grund von zentraler Bedeutung. Im Übrigen sind auf Seiten der **Kläger** ihre eigenen Verdienste um die Gesellschaft und deren Relation zu den Verdiensten des Beklagten (Rn 29) sowie ihr Anteil an der Verfolgung des gemeinsamen Zwecks durch Einsatz von Kapital und Arbeit zu berücksichtigen.[51] Auf Seiten des **Beklagten** ist auch zu berücksichtigen, welches Interesse er an der Beibehaltung der Geschäftsführungsbefugnis hat. Dabei kommen eine Reihe von Umständen in Betracht, darunter die Frage, ob er wesentliche Teile seines Vermögens in die Gesellschaft investiert hat bzw. ob er als Repräsentant eines Gesellschafterstammes in der Geschäftsführung tätig ist und nach wie vor das Vertrauen der Mitglieder dieses Stammes genießt. Als bedeutsam kann sich auch erweisen, dass der Beklagte die Geschäftsführung als Haupttätigkeit übernommen hat.[52] Keiner dieser Umstände schließt zwar die Bejahung eines wichtigen Grundes zu Lasten des Beklagten aus; ihr Vorliegen kann jedoch dazu führen, die Anforderungen an den wichtigen Grund zu erhöhen.

Schließlich ist bei der Gesamtabwägung im Hinblick auf die gesellschaftliche Treu- **32**
pflicht auch das **Verhalten der Kläger** für die Beantwortung der Frage zu berücksichtigen, ob und inwieweit sie dadurch selbst zu den Störungen auf der Ebene der Geschäftsführung beigetragen haben. So können ihr erkennbares bisheriges Desinteresse an Geschäftsführungsfragen oder die wiederholte, sachlich nicht fundierte Verweigerung der Zustimmung zu Maßnahmen auf Vorschlag des Beklagten dessen Kompetenzverstöße in einem weniger negativen Licht erscheinen lassen.[53] Auf Verstöße des Beklagten gegen Steuer- oder Strafvorschriften können sich die Kläger ihm gegenüber nicht berufen, wenn sie diese zunächst mitgetragen oder den Beklagten hierzu sogar ermuntert haben.[54] Bilden ständige Auseinandersetzungen in der Geschäftsführung den Grund für die Entziehungsklage, so fragt sich, inwieweit diese auch dem Verhalten der Kläger zur Last fallen; das gilt namentlich im Falle einer zweiköpfigen Geschäftsführung oder einer *Zweipersonengesellschaft*.[55]

---

[51] Vgl. OLG Koblenz ZIP 1986, 1120 (1121) (zu § 38 Abs. 2 GmbHG), wonach die Gesellschafterversammlung dann, wenn beide Geschäftsführer zum Zerwürfnis beigetragen haben, denjenigen abberufen kann, auf dessen Tätigkeit im Unternehmen sie weniger Wert legt (für grundsätzliche Gleichbehandlung beider Geschäftsführer in derartigen Fällen allerdings OLG Düsseldorf WM 1988, 1532 [1535]); wie hier grds. auch MünchKommHGB/*Jickeli* Rn 31; Ebenroth/Boujong/Joost/Strohn/*Mayen* Rn 13; *Westermann* Handbuch Rn I 329 MünchHdbGesR I/*v. Ditfurth*² § 55 Rn 17.

[52] Vgl. BGH JZ 1952, 276; MünchKommHGB/*Jickeli* Rn 30; Ebenroth/Boujong/Joost/Strohn/*Mayen* Rn 13.

[53] Vgl. dazu auch *Gogos* S. 65. Für Verwirkung des Zustimmungsrechts bei langjähriger Weigerung, sich an Geschäftsführungsmaßnahmen zu beteiligen, BGH NJW 1972, 862 (zu § 709 BGB).

[54] BGHZ 31, 295 (304 f) = NJW 1960, 625.

[55] Vgl. BGH LM Nr. 1 zu § 117 HGB = JZ 1952, 276 (zu § 142 HGB); zur Problematik wechselseitiger Abberufung von Gesellschafter-Geschäftsführern in der Zweimann-GmbH vgl. OLG Düsseldorf WM 1988, 1532 (1533 f); GmbHR 1994, 884 (885); OLG Karlsruhe NZG 2000, 264 (266); Baumbach/*Hueck*/*Zöllner*/*Noack* GmbHG¹⁸ § 38 Rn 72 ff; *U. H. Schneider* FS Kellermann, 1991, S. 403 (418 ff); *M. Wolf* ZGR 1998, 92 ff.

II. Fallgruppen eines wichtigen Grundes

33 Wie schon erwähnt (Rn 22), hat § 117 mit der groben Pflichtverletzung und der Unfähigkeit zur ordnungsmäßigen Geschäftsführung zwei besonders typische, jeweils auf die Person des Geschäftsführers bezogene Fallgruppen eines wichtigen Grundes als Regelbeispiele herausgestellt. Indessen ist die Aufzählung weder abschließend, sondern lässt Raum für sonstige Fälle (vgl. Rn 39), noch darf sie dahin missverstanden werden, dass das Vorliegen eines der Regelbeispiele stets zur Bejahung eines wichtigen Grundes führt. Dagegen spricht allein schon die gebotene **Einzelfallbetrachtung** unter Abstellen auf die konkreten Verhältnisse der jeweiligen Gesellschaft, aber auch die Notwendigkeit einer *Gesamtabwägung* aller relevanten Umstände und Interessen. Unter diesem Vorbehalt steht auch die folgende Kasuistik. Gleiches gilt für die Beachtlichkeit von *Präjudizien* aus der höchstrichterlichen Rechtsprechung, wobei die insgesamt geringe Zahl bekanntgewordener Urteile zu §§ 117, 127 und das Fehlen einschlägiger Entscheidungen aus den letzten anderthalb Jahrzehnten Anlass zu der Vermutung gibt, dass Entziehungsprozesse nach §§ 117, 127 – aus welchen Gründen auch immer – eher die Ausnahme unter den Auseinandersetzungen zwischen den Gesellschaftern einer OHG oder KG vor ordentlichen Gerichten bilden.

1. Grobe Pflichtverletzung

34 a) **Allgemeines.** Mit der groben Pflichtverletzung knüpft der Gesetzgeber an die Pflichten an, die einen Gesellschafter aus dem *Gesellschaftsvertrag* und insbesondere aus seiner *Stellung als Geschäftsführer* treffen (zu ihnen vgl. näher § 114 Rn 37 ff). Insoweit handelt es sich um eine je nach Schwere des Verstoßes und Gesamtabwägung neben die Schadensersatzhaftung (§ 114 Rn 50 ff) tretende Sanktion für Verstöße gegen Geschäftsführungspflichten, wobei die Verstöße zu einem *nachhaltigen Vertrauensverlust* der Mitgesellschafter in die Integrität der Tätigkeit des Geschäftsführers geführt haben müssen (Rn 28). Dazu sind in aller Regel nur besonders schwere Verstöße in der Lage, die Besorgnisse auch im Hinblick auf seine künftige Tätigkeit begründen. Verfehlungen eines Geschäftsführers im *privaten* Bereich lassen sich, auch wenn sie ausnahmsweise ein schweres Zerwürfnis der Gesellschafter mit entsprechend negativen Rückwirkungen auf die Geschäftsführungsebene zur Folge haben, nicht unter die „Pflichtverletzung" subsumieren, sondern gehören ggf. zu den Fallgruppen sonstiger Entziehungsgründe (Rn 39).[56] Anders als nach § 314 Abs. 2 BGB ist eine **Abmahnung** *keine Voraussetzung* für die Entziehung der Geschäftsführungsbefugnis (vgl. § 133 Rn 27).

35 Nach hM reicht eine grobe Pflichtverletzung als solche nicht aus; vielmehr müsse diese auch **schuldhaft** begangen worden sein.[57] *Ulmer* hat in Voraufl. Rn 33 sogar explizit *Vorsatz oder grobe Fahrlässigkeit* verlangt,[58] gleichzeitig aber klargestellt, dass bei

---

[56] RGZ 162, 388 (392) (GbR); 164, 257 (258) (zu § 61 GmbHG); vgl. auch MünchKommHGB/*Jickeli* Rn 48.

[57] Voraufl. Rn 33 (*Ulmer*); grds. auch MünchKommHGB/*Jickeli* Rn 47; Ebenroth/Boujong/Joost/Strohn/*Mayen* Rn 10; MünchHdbGesR I/*v. Ditfurth*[2] § 55 Rn 15; Heymann/*Emmerich* Rn 7; vgl. auch BGH NJW 1984, 173 (entschuldbarer Irrtum kein nach § 117 relevanter Pflichtverstoß); relativierend aber BGH WM 1977, 500 (502).

[58] Ähnlich Röhricht/Graf v. Westphalen/*v. Gerkan/Haas* Rn 3 („erheblicher Grad" von Verschulden); relativierend aber BGH WM 1977, 500 (502); Schlegelberger/*Martens* Rn 17; Ebenroth/Boujong/Joost/Strohn/*Mayen* Rn 10; Heymann/*Emmerich* Rn 7 und wohl auch MünchKommHGB/*Jickeli* Rn 47, die den Grad des Verschuldens bei der Interessenabwägung berücksichtigen wollen.

wiederholten, einfach fahrlässigen Pflichtverletzungen auf die Unfähigkeit des Gesellschafters zur ordnungsmäßigen Geschäftsführung geschlossen und die Entziehung hierauf gestützt werden könne. Richtig ist, dass Umstand und Grad des Verschuldens bei der Gesamtabwägung allemal zu berücksichtigen sind und ein wichtiger Grund daher um so eher anzunehmen ist, je gravierender der den Geschäftsführer treffende Schuldvorwurf ist (vgl. auch § 133 Rn 22).[59] Im Übrigen dürfte die Frage ohne große praktische Bedeutung sein, weil in aller Regel schwere Pflichtverletzungen mit einem entsprechenden Verschulden zusammentreffen werden. Sollte aber ausnahmsweise die schwere Pflichtverletzung einmal entschuldigt werden können, sprechen die besseren Gründe dafür, dass die Mitgesellschafter gleichwohl auch schon bei einem einmaligen, aber eben gravierenden Verstoß des Geschäftsführers gegen dessen Sorgfalts- oder Treuepflichten die Geschäftsführungsbefugnis entziehen können.

b) **Kasuistik.** Die verschiedenen in Rechtsprechung und Schrifttum erörterten Fälle 36
grober Pflichtverletzung lassen sich in zwei Untergruppen einteilen. Zum einen kann die Pflichtverletzung in der **Verletzung der Organisationsanforderungen** an das Geschäftsführerverhalten liegen, sei es durch nachhaltige Nicht- oder Schlechterfüllung der Buchführungs- und Rechnungslegungspflichten des Geschäftsführers[60] oder der sonstigen ihm innerhalb der Geschäftsführung zugewiesenen Aufgaben, sei es durch dauernde, die Geschäftsführung blockierende Nichtmitwirkung an Geschäftsführerbeschlüssen[61] oder durch willkürliches Erheben eines Widerspruchs bzw. treuwidrige Verweigerung der Zustimmung mit der Folge dauerhafter Störung der Geschäftsführung von Mitgesellschaftern.[62] Zu dieser Untergruppe gehören auch **Verstöße gegen die Kompetenzordnung** der Gesellschaft, sei es durch wiederholte Vornahme außergewöhnlicher Geschäfte ohne Einholung der nach § 116 Abs. 2 erforderlichen Zustimmung oder durch sonstige hartnäckige Nichtbeachtung der Mitwirkungsrechte anderer Gesellschafter,[63] sei es durch sonstiges Überschreiten der Geschäftsführerkompetenz insbes. unter Vornahme von Geschäften außerhalb des Gesellschaftszwecks.[64]

Eine von den Organisationsverstößen zu unterscheidende, aus Gründen der Vertrauens- 37
zerstörung meist noch gravierendere Untergruppe pflichtwidrigen Verhaltens bildet zum anderen der **Missbrauch der Geschäftsführerstellung für eigennützige Zwecke.** Das gilt vor allem für strafbare Handlungen, namentlich Untreue und Unterschlagung, zu Lasten der Gesellschaft, sei es aus Eigennutz oder zur Begünstigung von Angehörigen oder sonstigen nahestehenden Personen,[65] aber auch für die sonstige ständige Bevorzugung einzel-

---

59 So tendenziell auch BGH WM 1977, 500 (502); Schlegelberger/*Martens* Rn 17; Ebenroth/Boujong/Joost/Strohn/*Mayen* Rn 10; Heymann/*Emmerich* Rn 7 und wohl auch MünchKommHGB/*Jickeli* Rn 47.

60 OLG Nürnberg WM 1958, 710 (713) (zu § 140); vgl. auch ROHGE 20, 244 (245); RGSt 45, 387, (388); MünchKommHGB/*Jickeli* Rn 54.

61 BGH LM Nr. 9 zu § 709 BGB = NJW 1972, 862 (863 f) (GbR).

62 MünchKommHGB/*Jickeli* Rn 53; *Westermann* Handbuch Rn I 327a; vgl. auch BGH LM Nr. 1 zu § 117 HGB = JZ 1952, 276 (unter II 2 aE) sowie BGH WM 2002, 342 (344) (grundlose Kündigung von Angestellten gegen den erklärten Willen eines Mitgesellschafters; anders bei Pflichtverstößen des Arbeitnehmers).

63 BGH NJW 1984, 173 (174); vgl. auch BGH WM 2002, 342 (343 f) (dazu schon Fn 62).

64 MünchKommHGB/*Jickeli* Rn 53; *Reichert/Winter* BB 1988, 981 (988); *Westermann* Handbuch Rn I 327a.

65 BGH ZIP 2008, 597 (598) (zu § 712 BGB: vom Geschäftsführer begangene finanzielle Unregelmäßigkeiten bei anderen Gesellschaften rechtfertigen Entziehung); OLG Nürnberg WM 1958, 710 (713); *Reichert/Winter* BB 1988, 981 (988).

ner Gesellschafter oder Gesellschafterstämme[66] bzw. bei Publikumsgesellschaften der Initiatoren,[67] ferner für das Akzept von Wechseln namens der Gesellschaft zur Begleichung privater Schulden,[68] für die Stellung des Konkursantrags aus eigennützigen Motiven[69] sowie für schwerwiegende Fälle einer Ausnutzung von Geschäftschancen der Gesellschaft im eigenen Interesse (vgl. dazu § 114 Rn 46).

38 **2. Unfähigkeit zu ordnungsmäßiger Geschäftsführung.** Das Eingreifen dieser Fallgruppe setzt kein vorwerfbares Verhalten des Geschäftsführers voraus. Ausreichend ist vielmehr, dass objektive Gründe vorliegen, welche die Fähigkeit zur Geschäftsführung nachhaltig beseitigen oder in Frage stellen.[70] Deshalb müssen im Rahmen der gebotenen Gesamtabwägung (Rn 40 ff) die Belange des Beklagten entsprechend stärker gewichtet werden, sofern die gemeinsam geschaffenen Werte nicht durch die sachwidrige Amtsführung des überforderten Geschäftsführers konkret gefährdet werden. Dementsprechend hat der BGH die Entziehungsklage gegen einen wegen hohen Alters und Veränderung der Marktverhältnisse den geschäftlichen Anforderungen nicht mehr gewachsenen Geschäftsführer abgewiesen.[71] Die Entscheidung ist aber nicht zu verallgemeinern. Ausschlaggebend waren nämlich die außergewöhnlich großen Verdienste des Beklagten um die Gesellschaft und die Tatsache, dass dieser ihr seine ganze Lebensarbeit gewidmet hatte. Von solchen extremen Sonderfällen abgesehen, können freilich nicht nur hohes Alter oder chronische schwere Krankheit,[72] sondern auch lang andauernde Ortsabwesenheit[73] einen Entziehungsgrund darstellen. Entsprechendes gilt für mangelnde fachliche Kenntnisse, insbesondere wenn sie durch unterlassene berufliche Fortbildung verursacht wurden und die Kläger nicht ihrerseits den Beklagten davon abgehalten haben, sich aktiv an der Geschäftsführung zu beteiligen und von Möglichkeiten der Fortbildung Gebrauch zu machen.[74]

39 **3. Sonstige Fallgruppen.** Wie schon erwähnt (Rn 22), lässt § 117 neben den beiden dort genannten Regelbeispielen Raum für die Herausbildung sonstiger Fallgruppen eines wichtigen Grundes. Hierzu sind einerseits gravierende *Verstöße gegen das Wettbewerbsverbot* des § 112 zu rechnen, etwa durch Gründung eines Konkurrenzunternehmens, auch wenn sie nicht unter die Fallgruppe der groben Pflichtverletzung zu subsumieren sind,[75] ferner ohne Pflichtverletzung verursachte *schwerwiegende Zerwürfnisse* zwischen den Gesellschaftern als Hindernis für eine weitere Zusammenarbeit.[76] Umstände aus der *Privatsphäre* eines Gesellschafters sind regelmäßig irrelevant für § 117, außer wenn sie auf die Gesellschaft in einer Weise ausstrahlen, dass die Aufrechterhaltung der Geschäftsführungsbefugnis eine schwerwiegende Belastung für die gemeinsame Zweckverfolgung bildet.[77] Unter diesem Aspekt können auch Tätlichkeiten, schwerwiegende Beleidigungen

---

66 Heymann/*Emmerich* Rn 9; *Westermann* Handbuch Rn I 327.

67 *Reichert/Winter* BB 1988, 981 (988 f) m. Bsp.

68 ROHGE 20, 265 (267).

69 OLG Düsseldorf JW 1932, 1681.

70 EinhM; vgl. MünchKommHGB/*Jickeli* Rn 56; Ebenroth/Boujong/Joost/Strohn/*Mayen* Rn 12; Röhricht/Graf v. Westphalen/*v. Gerkan/Haas* Rn 5; MünchHdbGesR I/*v. Ditfurth*[2] § 55 Rn 16.

71 BGH LM Nr. 1 zu § 117 HGB = JZ 1952, 276.

72 BGH LM Nr. 1 zu § 117 HGB = JZ 1952, 276.

73 Schlegelberger/*Martens* Rn 19; Heymann/*Emmerich* Rn 6.

74 BGH JZ 1952, 276; ebenso MünchKommHGB/*Jickeli* Rn 56; Ebenroth/Boujong/Joost/Strohn/*Mayen* Rn 12.

75 OLG Stuttgart DB 1961, 1644.

76 RGZ 164, 257 (258) (zu § 61 GmbHG); BGH NJW 1998, 146 (zu §§ 133, 140); NJW 1995, 597 (zu § 140).

77 Vgl. BGH BB 1995, 215 (zu § 140).

oder sonstige Übergriffe eines Geschäftsführers auf die Privatsphäre von Mitgesellschaftern ausnahmsweise einen Entziehungsgrund bilden.[78]

III. Rechtslage bei verbundenen Unternehmen

Beim Bestehen von Unternehmensverbindungen kommt die Entziehung nach § 117 einerseits in der Weise in Betracht, dass **Handlungen** eines Geschäftsführers der Obergesellschaft **aus dem Bereich einer Tochtergesellschaft** als wichtiger Grund angesehen werden. Das ist im Ansatz unbedenklich, weil zur Geschäftsführung in der Obergesellschaft auch die Ausübung von Mitgliedschaftsrechten bei den Tochtergesellschaften gehört. Vorbehaltlich der gebotenen Gesamtabwägung kann ein wichtiger Grund daher auch darin liegen, dass der Beklagte wiederholt oder nachhaltig Mitspracherechte von Mitgesellschaftern der Obergesellschaft bei wesentlichen Geschäften auf der Ebene der Tochtergesellschaft (vgl. dazu § 116 Rn 7) verletzt.[79] Führt der Geschäftsführer der Obergesellschaft in Personalunion zugleich die Geschäfte der Tochtergesellschaft, so können grobe Pflichtverletzungen bei dieser als Entziehungsgrund in Bezug auf die Geschäftsführung in der Obergesellschaft beurteilt werden. Dagegen ist für eine Entziehungsklage zwischen Gesellschaftern der Obergesellschaft mit dem Ziel, dem Beklagten die *Geschäftsführung in der Tochtergesellschaft* zu entziehen, regelmäßig kein Raum. Für ein solches Vorgehen stehen den Klägern, wenn die Tochtergesellschaft oder ihre Komplementärin als GmbH organisiert ist, nach § 38 GmbHG andere Gestaltungsmöglichkeiten zur Verfügung. Sind die Gesellschafter der Obergesellschaft zugleich solche der als OHG oder KG geführten Tochtergesellschaft, können sie auch in dieser Eigenschaft Entziehungsklage erheben. **40**

Denkbar ist zum anderen, dass geschäftsführender Gesellschafter einer OHG oder KG eine **juristische Person** (GmbH oder AG) oder eine **Personengesellschaft** ist und die Geschäfte für diese durch einen *Dritten* ausgeübt werden, wie dies vor allem in Fällen der *GmbH & Co KG* nicht selten zutrifft. Insoweit ist anerkannt, dass die geschäftsführende Komplementärin sich im Rahmen der §§ 117, 127 das Verhalten ihres Geschäftsführers zurechnen lassen muss, solange sie nicht durch Einsetzung eines anderen, aus der Sicht der Mitgesellschafter unbedenklichen Geschäftsführers Abhilfe schafft.[80] Zur Frage eines milderen Mittels in derartigen Fällen vgl. Rn 44. **41**

IV. Der Verhältnismäßigkeitsgrundsatz

Trotz Vorliegens eines wichtigen Grundes und der erforderlichen Mitwirkung der übrigen Gesellschafter (vgl. dazu Rn 49 ff) dringt die Entziehungsklage nach ganz hM nur durch, wenn die Störung im Bereich der Geschäftsführung nicht durch ein **milderes** **42**

---

78 RGZ 162, 388 (392) (GbR): Totschlagsversuch.

79 RG HRR 1940 Nr. 1074; s. auch BGH ZIP 2008, 597 (598) (vgl. Fn 65); zust. Heymann/*Emmerich* Rn 8.

80 Vgl. BGH WM 1977, 500 (502) (insoweit in BGHZ 68, 81 nicht abgedruckt); BGH LM Nr. 81 zu § 161 HGB = NJW 1984, 173 (174); MünchKommHGB/*Jickeli* Rn 4; MünchKommHGB/*Grunewald* § 161 Rn 80; Ebenroth/Boujong/Joost/Strohn/*Mayen* Rn 2; Heymann/*Emmerich* Rn 2a, 8; *Baums* Der Geschäftsleitervertrag, 1987, S. 326 ff; wohl auch MünchHdbGesR I/*v. Ditfurth*[2] § 55 Rn 14; so zu § 127 auch § 127 Rn 2 (*Habersack*); MünchKommHGB/*K. Schmidt* § 127 Rn 2, 16; *Westermann* Handbuch Rn I 330a; Gegenansichten vgl. in Fn 2.

Mittel beseitigt werden kann. Das folgt aus dem Verhältnismäßigkeitsgrundsatz, wie ihn die Gerichte von Anfang an bei Ausübung der ihnen nach §§ 117, 127, 140 verliehenen Gestaltungsrechte praktiziert haben. Seine Berücksichtigung im Rahmen des Gestaltungsurteils nach §117 ist unproblematisch, sofern es um die Beschränkung des Urteilstenors auf eine *Teilentziehung* geht und die Kläger dem, sei es auch hilfsweise aufgrund einer Anregung nach § 139 ZPO, durch entsprechende Modifikation des Klageantrags Rechnung tragen. Auf diesem Wege kann insbes. der quantitative Umfang der Geschäftsführungsbefugnis des Beklagten reduziert, etwa auf bestimmte, als solche für die Mitgesellschafter tolerable Sachbereiche oder auf eine Zweigniederlassung beschränkt werden (vgl. näher Rn 16 f).

43 *Anderes* gilt, wenn als milderes Mittel eine **Änderung der Qualität der Geschäftsführungsbefugnis** des Beklagten, etwa der Übergang von der Einzel- zur Gesamtgeschäftsführungsbefugnis, in Betracht kommt oder wenn das Gericht zur Beseitigung der Störung sonstige, den Klägern zumutbare vertragliche Umgestaltungen ohne Entziehung der Geschäftsführungsbefugnis des Beklagten für ausreichend erachtet.[81] Nach zutr. Ansicht (vgl. Rn 17) sind derartige Anordnungen von der *negativen*, auf (Teil-)Entziehung gerichteten Gestaltungsbefugnis des Gerichts nach § 117 *nicht* gedeckt. Insoweit bleibt dem Gericht vielmehr nur die Möglichkeit, den Parteien einen entsprechenden Vergleichsvorschlag zu unterbreiten. Diesem Vorschlag kann es allerdings dadurch Nachdruck verleihen, dass es den Ausgang des Entziehungsprozesses von der Reaktion der Parteien hierauf abhängig macht.[82] Lehnt der *Beklagte* den Vorschlag ab, so bringt er damit zum Ausdruck, dass er trotz der von ihm verursachten, als wichtiger Grund zu qualifizierenden Störung der Geschäftsführung an seiner bisherigen Rechtsstellung unverändert festhalten will, so dass für ein milderes Mittel anstelle der Entziehung kein Raum ist; dementsprechend ist der Entziehungsklage stattzugeben. Sind umgekehrt die *Kläger* nicht bereit, auf den Vorschlag einzugehen, obwohl davon Abhilfe der Störung zu erwarten ist, so müssen die ihrerseits die Abweisung ihrer Klage wegen Unverhältnismäßigkeit in Kauf nehmen.

44 Für den Fall einer **GmbH & Co. KG** fragt sich, ob die Mitgesellschafter, sofern sie zugleich an der GmbH beteiligt sind, bei einer Entziehungsklage gegen die Komplementär-GmbH aufgrund des Verhältnismäßigkeitsgrundsatzes darauf verwiesen werden können, stattdessen den Weg über die Abberufung des GmbH-Geschäftsführers nach § 38 Abs. 2 GmbHG zu wählen. Der BGH hat diese Frage zu Recht verneint und das Recht der Gesellschafter einer KG betont, die entstandenen Schwierigkeiten innerhalb dieser Gesellschaft zu beheben, ohne sich auf ein Vorgehen in der GmbH verweisen lassen zu müssen.[83] Dem ist nicht zuletzt deshalb zuzustimmen, weil Gesellschafter einer GmbH & Co. KG schon aus praktischen Gründen den Weg über § 117 nur dann wählen werden, wenn sie eine Neuordnung der Geschäftsführung in der Komplementär-GmbH gegen den Willen eines Mitgesellschafters entweder nicht durchsetzen können oder sich davon wegen dessen starker Stellung in der GmbH keine Abhilfe versprechen.

---

[81] Vgl. 3. Aufl. Rn 7c (*Rob. Fischer*): Ausübung der Geschäftsführungsbefugnis des Beklagten durch einen Treuhänder als Beispiel.

[82] Vgl. dazu näher *Stimpel* FS 25 Jahre BGH, 1975, S. 13 (21) und in *Pehle/Stimpel* Richterliche Rechtsfortbildung, 1969, S. 20 f; krit. *Westermann* Handbuch Rn I 329, 330.

[83] BGH NJW 1984, 173 (174); zust. MünchKommHGB/*Jickeli* Rn 45; *Westermann* Handbuch Rn I 330a; *Wiedemann* Gesellschaftsrecht Bd. II § 9 IV 3b bb, S. 851 f.

V. Abweichende Vereinbarungen

Wie schon erwähnt (Rn 9 f), ist § 117 in vollem Umfang dispositiv. Das ist jedenfalls insoweit einhellig anerkannt, als es um die **vertragliche Konkretisierung des wichtigen Grundes** oder der an sein Vorliegen zu stellenden Anforderungen geht.[84] So kann einerseits vereinbart werden, dass *bestimmte Tatsachen* wie Krankheit, Lebensalter, Wohnsitz, sonstige Tätigkeiten u.a. *stets* einen wichtigen Grund für die Entziehung der Geschäftsführungsbefugnis bilden. Umgekehrt kann der Gesellschaftsvertrag die Entziehung aus wichtigem Grund auch *erschweren* und sie an das Vorliegen bestimmter, abschließend aufgeführter Gründe binden. Insofern gilt das Gleiche wie für § 140 (dort Rn 55). Die gegenüber einer vertraglichen Beschränkung des Auflösungsrechts nach § 133 zu beachtenden Schranken sind insoweit nicht einschlägig. Das ist aus der Sicht der Autoren, die § 117 insgesamt für dispositiv halten und auf die Möglichkeit einer Ausschließungsklage als ultima ratio verweisen,[85] nur folgerichtig; es wird ohne besondere Differenzierung aber auch von den Anhängern der Gegenansicht anerkannt.[86] Zu Abweichungen vom Erfordernis einer Gestaltungsklage vgl. Rn 71 ff. **45**

VI. Nachprüfung in der Revisionsinstanz

Wird gegen ein Gestaltungsurteil nach §§ 117, 127, 133, 140 Revision eingelegt, so fragt sich, wie weit die Prüfungsbefugnis des Revisionsgerichts reicht.[87] Diese Befugnis ist unproblematisch zu bejahen, soweit es um den dem angefochtenen Urteil zugrundegelegten *Rechtsbegriff des wichtigen Grundes* geht. Ebenso steht andererseits fest, dass es nicht Sache des Revisionsgerichts ist, die dem Urteil zugrundeliegenden tatsächlichen Feststellungen der Berufungsinstanz zu hinterfragen. Das Problem liegt vielmehr in der **Überprüfung des Subsumtionsvorgangs**, d.h. der Anwendung des Rechtsbegriffs „wichtiger Grund“ auf die tatsächlichen Feststellungen. Die Subsumtion gehört – als Rechtsanwendung – zwar zur Rechtsfrage, doch mischen sich ihr unvermeidlich auch tatsächliche Wertungen bei.[88] **46**

Abweichend von der Rechtsprechung des Reichsgerichts, das seine Nachprüfung darauf beschränkt hatte, ob das tatrichterlich festgestellte Verhalten in abstracto einen wichtigen Grund bilden könne,[89] nimmt der **Bundesgerichtshof** das Recht zur Nachprüfung auch des Subsumtionsvorgangs für sich in Anspruch, freilich unter gleichzeitiger Anerkennung eines „tatrichterlichen Beurteilungsspielraums“.[90] Voll nachprüfbar ist **47**

---

84 Vgl. nur *Hueck* OHG § 10 VII 10, S. 156 f; MünchKommHGB/*Jickeli* Rn 82; Ebenroth/Boujong/Joost/Strohn/*Mayen* Rn 36; Röhricht/Graf v. Westphalen/*v. Gerkan/Haas* Rn 22; Heymann/*Emmerich* Rn 25; *Rob. Fischer* NJW 1959, 1057 (1060 f); *Westermann* Handbuch Rn I 356; *Gogos* S. 66 f.

85 Vgl. Nachw. in Fn 13.

86 Schlegelberger/*Martens* Rn 51; Heymann/*Emmerich* Rn 25 f; *Westermann* Handbuch Rn I 356; Ebenroth/Boujong/Joost/Strohn/*Mayen* Rn 36; *Wiedemann* Gesellschaftsrecht Bd. II § 4 II 5a aa, S. 349; Röhricht/Graf v. Westphalen/*v. Gerkan/Haas* Rn 22; wohl auch Baumbach/*Hopt* Rn 11.

87 Vgl. dazu auch MünchKommHGB/*Jickeli* Rn 68 und zu § 133 eingehend § 133 Rn 10 ff; *Henke* Die Tatfrage, 1965.

88 Vgl. etwa BGH WM 2002, 387 (389) und 342, 343 f.

89 RGZ 78, 22; 110, 297 (300); RG JW 1919, 309 und 504; JW 1925, 945; JW 1938, 2833.

90 Vgl. etwa BGHZ 46, 392 (396) = NJW 1967, 1081; 4, 108 (111 ff) = NJW 1952, 461; BGH NJW 1984, 173 (174); WM 1977, 500 (502); WM 2002, 342 (343 f); dazu *Henke* ZZP 81 (1968), 236 ff.

nach dieser Rechtsprechung der dem Berufungsurteil zugrundeliegende Begriff des wichtigen Grundes als „Obersatz"; hierzu zählt auch die Kontrolle des Urteils darauf, ob sämtliches für den wichtigen Grund erhebliche Parteivorbringen vom Berufungsgericht bei der erforderlichen Abwägung aller Umstände berücksichtigt worden ist.[91] Die Würdigung der danach erheblichen Umstände wird demgegenüber grundsätzlich als zur Tatfrage gehörig behandelt;[92] eine Nachprüfung soll hier nur möglich sein, wenn das Berufungsgericht dabei die „Grenzen seines tatrichterlichen Beurteilungsspielraums überschritten" hat.[93] Neben Fehlern in der Subsumtionsmethode (unvollständiger Würdigung des festgestellten Sachverhalts, Denkfehlern sowie ungenügender Trennung der Tat- und Rechtsfragen) können damit insbesondere die Fälle offenbar unrichtiger tatrichterlicher Würdigung vom Revisionsgericht erfasst werden.[94]

48 Diesem Vorgehen des BGH ist im Ergebnis *zuzustimmen*. Die beschränkte Nachprüfbarkeit der Feststellungen zum Vorliegen des wichtigen Grundes folgt allerdings nicht aus der Rechtsnatur der Subsumtion als solcher: Diese ist als Rechtsanwendung Teil der Rechtsfindung und damit grundsätzlich der Revision unterworfen.[95] Die Beschränkung ergibt sich vielmehr aus dem **Revisionszweck** und den Besonderheiten der Rechtsfindung bei Feststellung des wichtigen Grundes. Dem Anliegen der Revisionsinstanz, die Rechtsvereinheitlichung zu fördern, kann in diesen Fällen nur beschränkt Rechnung getragen werden, weil die richterliche Würdigung der für den wichtigen Grund angeführten Umstände auf die Besonderheiten des Einzelfalles, die jeweiligen individuellen Gegebenheiten abstellen muss. Hinzu kommt, dass das Revisionsgericht wegen seiner größeren **Sachferne** meist weniger gut in der Lage sein wird, die erforderliche umfassende Abwägung vorzunehmen, als die mit den Einzelheiten des Falles vertraute Tatsacheninstanz.[96] Diese Umstände sprechen dafür, mit dem BGH einen „tatrichterlichen Beurteilungsspielraum" bei Feststellung des Vorliegens eines wichtigen Grundes anzuerkennen, in dessen Grenzen das Revisionsgericht nicht seine Beurteilung an die Stelle derjenigen des Berufungsgerichts soll setzen können. Davon unberührt bleibt die volle Nachprüfbarkeit des den Feststellungen des Berufungsgerichts zugrundegelegten Obersatzes „wichtiger Grund" sowie die Kontrolle des Urteils auf fehlerhafte Subsumtionsmethoden.

D. Der Antrag der übrigen Gesellschafter

I. Grundlagen

49 **1. Gemeinschaftliches Klagerecht.** Weitere Voraussetzung für die Entziehungsklage neben dem wichtigen Grund ist nach § 117 ein hierauf gerichteter „Antrag der übrigen Gesellschafter". Dabei geht es nicht nur um ein prozessrechtliches, dem Vorliegen einer notwendigen Streitgenossenschaft Rechnung tragenden Erfordernis (vgl. hierzu Rn 58 ff). Vielmehr bringt die Vorschrift mit diesem Tatbestandsmerkmal zugleich zum Ausdruck, dass das in § 117 begründete *Gestaltungsklagerecht* – anders als bei der Auflösungsklage nach § 133 (vgl. § 133 Rn 50), aber übereinstimmend mit den Klagerechten nach

[91] Vgl. außer den Nachweisen in Fn 90 auch BGH LM Nr. 1 zu § 117 und Nr. 2 zu § 140 HGB.
[92] So auch MünchKommHGB/*Jickeli* Rn 68; Ebenroth/Boujong/Joost/Strohn/*Mayen* Rn 9.
[93] Vgl. etwa BGHZ 46, 392 (396) = NJW 1967, 1081; BGH WM 1977, 500 (502); WM 2002, 342 (343 f).
[94] Dazu näher *Henke* (Fn 87) S. 260, 269 ff.
[95] So zutr. *Henke* (Fn 87) S. 95 ff, 258 ff.
[96] *Henke* (Fn 87) S. 275 ff, 301 ff; *ders.* ZZP 81 (1968) S. 321 ff (337 ff).

§§ 127, 140 (vgl. § 127 Rn 16 f [*Habersack*]; § 140 Rn 36 ff) – *gemeinschaftlicher Natur* ist, d.h. grundsätzlich von sämtlichen nicht selbst durch die Entziehung betroffenen Mitgesellschaftern **gemeinschaftlich ausgeübt** werden muss.[97] Darauf lässt auch der Vergleich der Ausschließungsklage des § 140 mit dem in § 737 BGB geregelten Ausschließungsbeschluss im Recht der GbR schließen, da es in § 737 S. 2 BGB ausdrücklich heißt, das Ausschließungsrecht stehe den übrigen Gesellschaftern gemeinschaftlich zu. Für nicht voll geschäftsfähige Gesellschafter handeln ihre gesetzlichen Vertreter; sie bedürfen hierfür keiner familien- bzw. vormundschaftsgerichtlichen Genehmigung.[98] Die den obsiegenden Klägern erwachsenen, bei der Kostenfestsetzung nicht berücksichtigungsfähigen Kosten sind ihnen nach Maßgabe des § 110 von der Gesellschaft zu erstatten.[99]

Abweichend von dieser in Rn 49 dargelegten Beurteilung der Gestaltungsklage durch die ganz hM sieht *Karsten Schmidt* in den Vorschriften der §§ 117, 127, 140 die Begründung von **individuellen** Gestaltungsklagerechten eines jeden Gesellschafters mit der Folge, dass sie von jedem Berechtigten in einem mehrseitigen Gestaltungsprozess unter Mitverklagung auch der nicht selbst von der Entziehung betroffenen, nicht als Kläger beteiligten Mitgesellschafter durchgesetzt werden könnten.[100] Der Streitgegenstand sei dabei in beiden Prozessen identisch und bestehe auch gegenüber den mitverklagten Gesellschaftern nicht in der Mitwirkungspflicht, sondern in der beantragten Ausschließung des vom wichtigen Grund betroffenen Gesellschafters bzw. der Entziehung der Organfunktionen ihm gegenüber.[101] Der *praktische Vorteil* dieser These liegt darin, dass sie sich dazu eignet, die *Verbindung* von Gestaltungs- und Leistungs-(Zustimmungs-)Klage bei fehlender Mitwirkung eines Mitgesellschafters auf der Aktivseite gegenstandslos zu machen, wie sie von der hM trotz der dagegen sprechenden prozessualen Bedenken zugelassen wird (vgl. Rn 55). Gleichwohl kann ihr nicht gefolgt werden, weil sie die besondere Struktur des vom Gesetzgeber bewusst den *übrigen* Gesellschaftern gemeinsam zugeordneten Gestaltungsklagerechts außer Acht lässt. Diese gemeinsame Zuordnung findet ihren Sachgrund darin, dass die Gestaltungsklage nach §§ 117, 127, 140 nur die fehlende Zustimmung des oder der vom wichtigen Grund betroffenen Gesellschafter durch Urteilsspruch ersetzen soll, nicht aber auf das gemeinsame Vorgehen der übrigen Gesellschafter als Zeichen ihres Einverständnisses mit der beantragten Vertragsänderung verzichtet. Im Übrigen ist mutatis mutandis auf die Stellungnahme zu (weiteren) Alternativkonzepten bei § 133 Rn 54 und § 140 Rn 37 zu verweisen. Zur Zustimmungsklage gegen nicht freiwillig mitwirkende Gesellschafter vgl. Rn 53 ff, zur Ersetzung der Mitwirkung als Kläger durch bindende Ermächtigung der klagewilligen Gesellschafter i.S. einer Prozessstandschaft vgl. Rn 52. 50

[97] HM, vgl. BGHZ 64, 253 (255) = NJW 1975, 1410; 68, 81 (82) = NJW 1977, 1013 (zu § 140); *Hueck* OHG § 10 VII; MünchKommHGB/*Jickeli* Rn 59; Ebenroth/Boujong/Joost/Strohn/*Mayen* Rn 15; Röhricht/Graf v. Westphalen/*v. Gerkan/Haas* Rn 11; Heymann/*Emmerich* Rn 10; *Wiedemann* Gesellschaftsrecht Bd. II § 4 II 5a bb, S. 353; *Westermann* Handbuch Rn I 331; *Pabst* BB 1978, 892 (893); **aA** *K. Schmidt* (vgl. Rn 50) und zuvor schon *Lindacher* FS Paulick, 1973, S. 73 (78 ff).

[98] BGH WM 1962, 1260 (1261).

[99] Die Kläger handeln (trotz Klageerhebung im eigenen Namen) im gemeinsamen Interesse, vgl. dazu allg. § 110 Rn 6.

[100] *K. Schmidt* Mehrseitige Gestaltungsprozesse S. 76 ff, 90 ff; vgl. auch MünchKommHGB/*K. Schmidt* § 127 Rn 20; i.E. ähnlich schon *Lindacher* FS Paulick, 1973, S. 73 (78 ff): statt aktiver Mitwirkung der übrigen Gesellschafter genügt es, wenn sie die Entziehungsklage dulden, ohne ihr entgegenzutreten.

[101] *K. Schmidt* Mehrseitige Gestaltungsprozesse S. 95 f.

51 Die **Folge** der Gestaltungsklage der übrigen Gesellschafter besteht – bei rechtskräftiger Bejahung des wichtigen Grundes im Gestaltungsurteil – in der *Umgestaltung des Gesellschaftsvertrags* durch (Teil-)Entziehung der Geschäftsführungsbefugnis des beklagten Gesellschafters (vgl. Rn 76). Der Sache nach ersetzt das Gestaltungsurteil somit die Zustimmung des Beklagten zur Vertragsänderung bzw. ermöglicht den Klägern deren Herbeiführung gegen den Willen des Beklagten; die Wirkung tritt mit Rechtskraft des Gestaltungsurteils ein. Einer Rechtskrafterstreckung auf nicht selbst am Prozess beteiligte Mitgesellschafter bedarf es nicht, weil das Urteil zu einer *Änderung der materiellen Rechtslage* führt; sie ist es, die das Urteil für alle Gesellschafter aufgrund von deren materiellrechtlicher Beteiligung an dem den Gegenstand des Rechtsstreits bildenden Gesellschaftsverhältnis verbindlich macht.[102]

52 **2. Bindende Einverständniserklärung.** Nach höchstrichterlicher Rechtsprechung und ganz hM im Schrifttum ersetzt die Einverständniserklärung mit dem Klageziel, die von einem Mitgesellschafter mit bindender Wirkung abgegeben wird, die Mitwirkung des Erklärenden auf der Klägerseite.[103] Der Übertragung dieses vom BGH zunächst für die andersartige Konstellation des § 133 anstelle der Mitverklagung zugelassenen, auf Gründe der Prozessökonomie gestützten Grundsatzes[104] auf die gemeinschaftlich zu erhebende Ausschließungs- oder Entziehungsklage ist zuzustimmen, wenn die Erklärung sich nicht auf das Einverständnis mit der Klageerhebung beschränkt,[105] sondern als Ermächtigung zur Klageerhebung durch die klagewilligen Gesellschafter im eigenen Namen i.S. **gewillkürter Prozessstandschaft** zu verstehen ist.[106] Das setzt voraus, dass der nicht selbst klagebereite Mitgesellschafter bereit ist, die prozessualen Folgen der gewillkürten Prozessstandschaft zu tragen.[107] Seine auf die höchstpersönliche, nicht abspaltbare Natur der Mitverwaltungsrechte gestützten Bedenken gegen die Begründung der Prozessstandschaft[108] hat *Ulmer* schon in Voraufl. Rn 50 zu Recht aufgegeben, weil das Abspaltungsverbot allgemein einer Übertragung zur Ausübung nicht entgegensteht (vgl. auch § 133 Rn 53).

---

102 Voraufl. Rn 49 (*Ulmer*) und näher *ders.* FS Geßler, 1973, S. 269 (272); **aA** *Rob. Fischer* NJW 1959, 1059.

103 So im Anschluss an RGZ 146, 169 (175) (zu § 140) und BGH LM Nr. 3 zu § 133 HGB = NJW 1958, 418 (zu § 133); BGHZ 68, 81 (83) = NJW 1977, 1013; BGH ZIP 2002, 710 (711); Voraufl. Rn 50 (*Ulmer*); Schlegelberger/*Martens* Rn 24; MünchKommHGB/*Jickeli* Rn 61; Ebenroth/Boujong/Joost/Strohn/*Mayen* Rn 17; Heymann/*Emmerich* Rn 11; *Westermann* Handbuch Rn I 331; *Rob. Fischer* NJW 1959, 1057 (1059); **aA** *K. Schmidt* Mehrseitige Gestaltungsprozesse, S. 70 ff; *H. Roth* FS Großfeld, 1999, S. 915 (921 ff); ablehnend auch noch *Ulmer* (Fn 102) S. 279.

104 Vgl. *Rob. Fischer* NJW 1959, 1059.

105 So aber noch 3. Aufl. Rn 17 (*Rob. Fischer*).

106 Zutr. erstmals *Westermann* Handbuch (ab 1967) Rn I 220; sodann auch BGHZ 68, 81 (83) = NJW 1977, 1013; Schlegelberger/*Martens* Rn 24; vgl. ferner MünchKommHGB/*Jickeli* Rn 61; Heymann/*Emmerich* Rn 11; *Westermann* Handbuch Rn I 331; *Merle* ZGR 1979, 67 (68); *Pabst* BB 1978, 892; *Reichert*/*Winter* BB 1988, 981; kritisch *Wiedemann* Gesellschafsrecht Bd. II § 4 II 5a bb, S. 353.

107 Vgl. dazu näher Stein/Jonas/*Bork* ZPO[22] Vor § 50 Rn 54.

108 *Ulmer* (Fn 102) S. 279.

II. Pflicht zur Mitwirkung

1. Rechtsgrundlage. Sind Mitgesellschafter nicht freiwillig zur Mitwirkung an der Entziehungsklage oder zur Erteilung einer Prozessstandschaft an die klagewilligen Gesellschafter (Rn 52) bereit, so hängt die Aktivlegitimation der Kläger davon ab, dass diese Mitgesellschafter mit gerichtlicher Hilfe zur Mitwirkung verpflichtet werden. Ihren Rechtsgrund findet eine solche Verpflichtung in der gesellschaftsrechtlichen **Treupflicht**; angesprochen ist die Pflicht zur Zustimmung zu einer im Gesellschaftsinteresse dringend gebotenen Vertragsänderung durch Gestaltungsurteil. Die Treupflicht beeinflusst nicht nur die Ausübung der sog. uneigennützigen, den Gesellschaftern im gemeinschaftlichen Interesse verliehenen Rechte, sondern ist auch bei der Rechtsausübung in Bezug auf *Grundlagengeschäfte* zu beachten (vgl. § 105 Rn 234 f). Nachdem eine Zustimmungspflicht kraft Treupflicht selbst außerhalb des Bereichs der Gestaltungsklagen für *Vertragsänderungen* seit langem anerkannt ist, sofern nur die Änderung im Interesse der gemeinsam geschaffenen Werte *erforderlich* und dem nicht freiwillig zustimmungsbereiten Gesellschafter *zumutbar* ist (§ 105 Rn 241), bestehen keine grundsätzlichen Bedenken dagegen, sie auch für den Bereich der Gestaltungsklagen eingreifen zu lassen. Das gilt im Hinblick auf die Regelungen der §§ 117, 127, 140 umso mehr deshalb, weil ihnen der Wille des Gesetzgebers zu entnehmen ist, die dort geregelten Vertragsänderungen bei Vorliegen eines wichtigen Grundes unter erleichterten Voraussetzungen herbeizuführen. Daher verbindet sich mit der Feststellung eines wichtigen Grundes, d.h. der Unzumutbarkeit für die Mitgesellschafter, am unveränderten Gesellschaftsvertrag festzuhalten (Rn 24), regelmäßig zugleich die Bejahung einer Mitwirkungspflicht kraft Treupflicht.[109] Die in der älteren Rechtsprechung gelegentlich befürwortete Ausnahme beim Bestehen enger verwandtschaftlicher Bindungen zum Geschäftsführer;[110] erscheint zweifelhaft. Abzulehnen ist sie jedenfalls bei grob pflichtwidrigem Verhalten des Geschäftsführers. Außerdem dürfte dadurch regelmäßig auch die Grundlage für die gemeinsame Zweckverfolgung mit dem nicht zustimmungsbereiten Gesellschafter gefährdet sein.[111] 53

2. Gerichtliche Durchsetzung. Die Durchsetzung der Mitwirkungspflicht kraft Treupflicht erfolgt im Wege der **Leistungsklage**, gerichtet auf Zustimmung zur Erhebung der Entziehungsklage, wobei das rechtskräftige Urteil nach § 894 ZPO die Zustimmungserklärung ersetzt.[112] Der Beklagte kann der Verurteilung dadurch entgehen, dass er frei- 54

---

109 Schlegelberger/*Martens* Rn 25; MünchKommHGB/*Jickeli* Rn 62; Röhricht/Graf v. Westphalen/*v. Gerkan/Haas* Rn 12; Heymann/*Emmerich* Rn 12; *Flume* I/1 § 15 III, S. 273 f; *Westermann* Handbuch Rn I 333; Ebenroth/Boujong/Joost/Strohn/*Mayen* Rn 16; Baumbach/*Hopt* Rn 6; *K. Schmidt* Gesellschaftsrecht § 47 V 1b, S. 1391 f; für den Fall der Beteiligung der auf Mitwirkung Verklagten am Treupflichtverstoß des geschäftsführenden Gesellschafters auch BGH NJW 1984, 173 (174); zur Ausschlussklage BGHZ 64, 253 (257 f) = NJW 1975, 1410; 68, 81 (82) = NJW 1977, 1013 (dazu auch § 105 Rn 241 und § 140 Rn 39); **aA** noch *Hueck* OHG § 10 VII 4, S. 148; *ders.* ZGR 1972, 246 f; *Kollhosser* FS Westermann, 1974, S. 275 (285 ff); *ders.* FS Bärmann, 1975, S. 533 (534); *Konzen* AcP 172 (1972), 317 (339).

110 So OLG Nürnberg WM 1958, 710 (713); RGZ 162, 388 (396) (sehr weitgehend); aus der Literatur vgl. etwa *Hueck* OHG § 10 VII 4 Fn 92; MünchKommHGB/*Jickeli* Rn 62; *Lindacher* FS Paulick, 1973, S. 73 (77 f) und *Zöllner* S. 22.

111 So – in etwas abgeschwächter Form – bereits Voraufl. Rn 51 (*Ulmer*).

112 EinhM, vgl. nur BGHZ 64, 253 (259) = NJW 1975, 1410; MünchKommHGB/*Jickeli* Rn 63; Ebenroth/Boujong/Joost/Strohn/*Mayen* Rn 16; MünchHdbGesR I/*v. Ditfurth*[2] § 55 Rn 23.

willig die Zustimmungserklärung abgibt, d.h. sich mit der gewillkürten Prozessstandschaft hinsichtlich seines Mitspracherechts durch die klagenden Mitgesellschafter einverstanden erklärt (Rn 52).

55 Die Probleme der Mitwirkungsklage liegen indessen nicht bei der Klageart, sondern bei der Frage nach ihrer **Verbindung mit der Entziehungsklage.** Bildet die Mitwirkung des Beklagten auf der Aktivseite eine Prozessvoraussetzung, so müsste sie spätestens im Zeitpunkt der letzten mündlichen Verhandlung über die Entziehungsklage vorliegen.[113] Die höchstrichterliche Rechtsprechung hat sich aus Gründen der *Prozessökonomie* über diese Abfolge hinweggesetzt, da sie eine unerwünschte Verzögerung des Entziehungsprozesses zur Folge hätte, und lässt stattdessen die gleichzeitige Verurteilung der mehreren Beklagten auf Mitwirkung bzw. Entziehung im Wege objektiver Klagehäufung zu,[114] und das Schrifttum ist dem, wenngleich z.T. widerstrebend, überwiegend gefolgt.[115] Den Gefahren einer Aufhebung des Mitwirkungsurteils im Rechtsmittelwege trotz zwischenzeitlicher Rechtskraft des Entziehungsurteils sucht man durch Verweisung des auf Mitwirkung verklagten Gesellschafters auf die Möglichkeit der Nebenintervention (§ 66 ZPO) bzw. durch Behandlung des Entziehungsurteils als bis zur Rechtskraft des Mitwirkungsurteils auflösend bedingt[116] vorzubeugen. Die letztgenannte Ansicht mag zutreffen, sofern es wirklich zu einer derartigen, wenig wahrscheinlichen Konstellation kommen sollte. In aller Regel werden freilich Entziehungs- und Mitwirkungsklage gleichzeitig in Rechtskraft erwachsen, so dass die aufgezeigten Probleme meist theoretischer Natur sein werden.[117]

56 Bejaht das Gericht zwar das Vorliegen eines wichtigen Grundes i.S.v. § 117, kommt es jedoch gleichwohl zur **Abweisung der Mitwirkungsklage** wegen besonderer, die Unzumutbarkeit für den auf Mitwirkung Beklagten begründender Umstände, so muss es auch die Entziehungsklage abweisen. Die Abweisung beruht auf dem Fehlen einer Prozessvoraussetzung, d.h. auf der Unzulässigkeit der Entziehungsklage (Rn 63). Sie steht einer erneuten, auf dieselben Entziehungsgründe gestützten Klage unter Beteiligung oder bindender Einverständniserklärung der übrigen Gesellschafter nicht entgegen.

---

113 So im Ansatz zutr. BGHZ 68, 81 (83) = NJW 1977, 1013; vgl. näher *Ulmer* (Fn 102) S. 281 f; *Merle* ZGR 1979, 67 ff; *Pabst* BB 1978, 892 (893 ff); Schlegelberger/*Martens* Rn 27.

114 So BGHZ 68, 81 (84) = NJW 1977, 1013 im Anschluss an *Rob. Fischer* NJW 1959, 1060 (Bedenken als „logizistische Übertreibung"); **aA** Österr. OGH GesRZ 1992, 203 (204) (Rechtskraft des Zustimmungsurteils als Voraussetzung für Erlass des Entziehungsurteils).

115 Vgl. nur MünchKommHGB/*Jickeli* Rn 64; Ebenroth/Boujong/Joost/Strohn/*Mayen* Rn 17; Heymann/*Emmerich* Rn 13; Baumbach/*Hopt* Rn 7; *Westermann* Handbuch Rn I 334; s. auch § 140 Rn 40; kritisch aber *Wiedemann* Gesellschaftsrecht Bd. II § 4 II 5a bb, S. 353.

116 So BGHZ 68, 81 (85) = NJW 1977, 1013; dazu mit Recht sehr kritisch *K. Schmidt* Mehrseitige Gestaltungsprozesse S. 97.

117 So auch Schlegelberger/*Martens* Rn 28; Heymann/*Emmerich* Rn 13; **aA** *Merle* ZGR 1979, 67 (81) (Aussetzung des Gestaltungsprozesses nach § 148 ZPO bis zur Rechtskraft des Mitwirkungsurteils); *Pabst* BB 1978, 892 (893 ff) (Zwischenurteil über die Mitwirkungsklage nach §§ 280, 304 ZPO). Zum grundsätzlich abw. Standpunkt von *K. Schmidt* und *Lindacher*, aus deren Sicht die Frage irrelevant ist, vgl. Rn 50.

III. Entziehungsklage gegenüber mehreren Geschäftsführern

Gegenüber der Notwendigkeit, die Gestaltungsklage gegen den von der Entziehung Betroffenen durch *alle übrigen Gesellschafter* (oder mit ihrem bindenden Einverständnis) zu erheben, ist eine **Ausnahme** für den Fall anzuerkennen, dass die Gestaltungsklage gleichzeitig gegen zwei oder mehr Gesellschafter erhoben wird; insoweit genügt deren Beteiligung als Beklagte. Die Konstellation begegnet in erster Linie bei der Ausschließungsklage nach § 140 (vgl. dort Rn 38), kommt aber auch bei Klagen nach §§ 117, 127 in Betracht. Über die Berechtigung dieser Ausnahme besteht im Wesentlichen Einigkeit, sofern die Klage gegen die mehreren Beklagten auf die *gleichen* Ausschließungs- bzw. Entziehungsgründe gestützt ist. Sie ist aber auch im Fall *unterschiedlicher* Gründe anzuerkennen.[118] Das rechtliche Gehör sämtlicher Gesellschafter als eines der Ziele der notwendigen Streitgenossenschaft auf der Klägerseite (Rn 64) wird auch in diesem Fall gewahrt, da die als Beklagte am Verfahren beteiligten Gesellschafter nicht gehindert sind, von sich aus Gründe gegen die Ausschließung eines Mitbeklagten oder gegen die Entziehung von dessen Organbefugnissen vorzutragen. Erweist sich freilich die Klage auch nur gegen einen der beklagten Gesellschafter als unbegründet, so fehlt es an dessen dann erforderlicher Mitwirkung auf der Aktivseite mit der Folge, dass auch die restlichen Klagen abzuweisen sind, und zwar als unzulässig. Diesem Risiko können die Kläger dadurch entgehen, dass sie die jeweiligen, im Wege der objektiven Klagehäufung verbundenen Ausschließungs- bzw. Entziehungsklagen jeweils hilfsweise mit einer Mitwirkungsklage (Rn 55) verbinden.[119] 57

E. Das Entziehungsverfahren

I. Gestaltungsklage

1. Allgemeines. Die Entziehungsklage des § 117 ist, ebenso wie diejenige der §§ 127, 133, 140, eine Gestaltungsklage, gerichtet auf **Änderung des Gesellschaftsvertrags** durch Richterspruch. Die gerichtliche Änderungsbefugnis beschränkt sich auf die (Teil-)Entziehung der Geschäftsführungsbefugnis (Rn 16 f); darüber hinausgehende Eingriffe in den Gesellschaftsvertrag sind davon nicht gedeckt. Die Änderung tritt mit Rechtskraft des Urteils ein (Rn 65). Sie wirkt nicht nur gegenüber den Prozessbeteiligten, sondern auch gegen alle sonstigen mit der Gesellschaft in Verbindung stehenden Personen, seien sie Gesellschafter oder Dritte. Allerdings brauchen sich Dritte die Änderung vor deren Eintragung im Handelsregister nicht entgegensetzen zu lassen; das folgt aus der Publizitätsfunktion des Handelsregisters (§ 15 Abs. 1). Zur notwendigen Mitwirkung der nicht von der Entziehung betroffenen Gesellschafter auf der Klägerseite bzw. zur Erteilung einer Prozessstandschaft vgl. Rn 49, 52, zur notwendigen Streitgenossenschaft zwischen den Entziehungsklägern vgl. Rn 63 f. In *Publikumsgesellschaften* findet § 117 keine Anwendung (Rn 5). Die Entziehung der Organfunktion aus wichtigem Grund unterliegt insoweit auch dann einem Mehrheitsbeschluss der übrigen Gesellschafter, wenn es an einer entsprechenden Regelung im Gesellschaftsvertrag fehlt. 58

---

[118] Ganz hM, vgl. nur MünchKommHGB/*Jickeli* Rn 60; Ebenroth/Boujong/Joost/Strohn/*Mayen* Rn 21; Röhricht/Graf v. Westphalen/*v. Gerkan/Haas* Rn 14; Heymann/*Emmerich* Rn 14; *Westermann* Handbuch Rn I 332; MünchHdbGesR I/*v. Ditfurth*[2] § 55 Rn 21.

[119] Vgl. nur *Pabst* BB 1978, 892 (896) und MünchKommHGB/*Jickeli* Rn 60.

59 Eine **Frist** für die Erhebung der Entziehungsklage sieht das Gesetz nicht vor. Die Klage kann grundsätzlich auch auf solche Umstände gestützt werden, die schon längere Zeit zurückliegen, wenn sie nicht Gegenstand zwischenzeitlicher Entlastung waren (vgl. Rn 27). Allerdings legt das Verstreichenlassen einer längeren Frist zwischen Kenntnisnahme von den klagebegründenden Umständen und Klageerhebung die Vermutung nahe, dass trotz dieser Umstände der Fortbestand der Organfunktionen des Beklagten von den Klägern selbst als *zumutbar* empfunden wurde, es m.a.W. im Zweifel an einem wichtigen Grund für die Entziehung fehlt (Rn 27). Je nach Lage des Falles kann sich bei längerem Zuwarten das Gestaltungsklagerecht der übrigen Gesellschafter auch dem Einwand der *Verwirkung* ausgesetzt sehen.

60 Ein ausschließlicher **Gerichtsstand** besteht für die Entziehungsklage nicht. Sie kann im Gerichtsstand der Gesellschaft, aber auch im allgemeinen Gerichtsstand des Beklagten erhoben werden (§§ 12, 22 ZPO). Für den besonderen Gerichtsstand einer Widerklage gilt § 33 ZPO.

61 **2. Klageverbindung.** Abgesehen von der Verbindung von Entziehungs- und Mitwirkungsklage (Rn 55) ist eine Klageverbindung in der Weise zulässig und regelmäßig anzunehmen, dass nach §§ 117, 127 gleichzeitig auf *Entziehung von Geschäftsführungsbefugnis und Vertretungsmacht* geklagt wird. Ein nur auf Entziehung einer dieser Befugnisse gerichteter Klageantrag ist, obwohl unterschiedliche Streitgegenstände in Frage stehen, im Zweifel dahin auszulegen, dass er sich auf beide Organfunktionen erstreckt (Rn 8). Zulässig ist auch die Verbindung von *Ausschließungs- und Entziehungsklage* in der Weise, dass der Klageantrag in erster Linie auf Ausschließung des Beklagten nach § 140, *hilfsweise* auf Entziehung nach §§ 117, 127 gerichtet wird.[120] Damit lässt sich angesichts des auch für § 140 geltenden Verhältnismäßigkeitsgrundsatzes dem Umstand Rechnung tragen, dass die Entziehung der Organfunktionen typischerweise das mildere Mittel im Verhältnis zur Ausschließung des Beklagten darstellt. Zulässig ist auch die Verbindung *mehrerer Entziehungsklagen* gegen verschiedene Gesellschafter, ohne dass es darauf ankommt, ob die Klagen sich auf die gleichen oder aber auf unterschiedliche Entziehungsgründe stützen (str., vgl. Rn 57). Schließlich kann mit der Entziehungsklage die Zustimmungsklage in Bezug auf diejenigen Vertragsänderungen verbunden werden, die sich infolge der Entziehung im Interesse der Handlungsfähigkeit der Gesellschaft als erforderlich erweisen (vgl. zu Rn 82).[121] Zur Verbindung von Entziehungs- und Mitwirkungsklage vgl. Rn 55.

62 Für den *Beklagten* kann sich im Fall der Entziehung seiner Organfunktionen das Verbleiben in der Gesellschaft als unzumutbar erweisen.[122] Gewährt ihm der Gesellschaftsvertrag insoweit kein Kündigungsrecht und sind auch die Mitgesellschafter nicht bereit, seinem Ausscheiden zuzustimmen, so stellt sich für ihn die Frage nach der Zulässigkeit einer **Eventualwiderklage auf Auflösung** der Gesellschaft. Entgegen der überwiegenden Meinung[123] ist sie zu verneinen. Denn das Entziehungsurteil würde seine Grundlage ver-

---

120 RG JW 1917, 292 (zu §§ 133, 140 HGB); MünchKommHGB/*K. Schmidt* § 140 Rn 76; vgl. auch § 140 Rn 42.

121 BGHZ 51, 198 (202 f) = NJW 1969, 507; MünchKommHGB/*Jickeli* Rn 77; Ebenroth/Boujong/Joost/Strohn/*Mayen* Rn 32; Heymann/*Emmerich* Rn 24; *Westermann* Handbuch Rn I 343; *Rob. Fischer* NJW 1959, 1062; MünchHdbGesR I/*v. Ditfurth*[2] § 55 Rn 36.

122 Vgl. *Hueck* OHG § 10 VII 9, S. 155; *Gogos* S. 69.

123 *Hueck* (Fn 122); MünchKommHGB/*Jickeli* Rn 66; Ebenroth/Boujong/Joost/Strohn/*Mayen* Rn 22; *Westermann* Handbuch Rn I 347.

lieren, wenn die Gesellschaft gleichzeitig durch Urteilsspruch aufgelöst würde und dadurch die Aufgaben der Geschäftsführer auf die nach § 146 berufenen Liquidatoren übergingen.[124]

II. Notwendige Streitgenossenschaft

Zwischen den mehreren als Kläger am Entziehungsprozess beteiligten Gesellschaftern besteht eine notwendige Streitgenossenschaft **aus materiellen Gründen** (§ 62, 2. Fall ZPO), weil sie nur gemeinsam aktiv legitimiert und damit klagebefugt sind (Rn 49; § 140 Rn 36).[125] Von den Sonderfällen gewillkürter Prozessstandschaft (Rn 52) bzw. der Erhebung der Entziehungsklage gegen mehrere Beklagte (Rn 57) abgesehen, ist die Klage daher wegen des Fehlens einer Prozessvoraussetzung als *unzulässig* abzuweisen, wenn nicht entweder alle übrigen Gesellschafter als Kläger mitwirken oder gegen die nichtbeteiligten Gesellschafter erfolgreich Mitwirkungsklage erhoben ist (Rn 53 f).[126] Eine gesellschaftsvertragliche Zulassung mehrheitlicher Beschlussfassung über die Klageerhebung (Rn 72) ändert am Erfordernis der Mitwirkung aller übrigen Gesellschafter nichts; sie begründet aber eine Pflicht der überstimmten Gesellschafter, sich an der Klage zu beteiligen. 63

Neben der notwendigen Streitgenossenschaft aus materiellen Gründen greift auf der Klägerseite wegen der Notwendigkeit einheitlicher Feststellung des streitigen Rechtsverhältnisses auch die **besondere** Streitgenossenschaft i.S.v. § 62 Abs. 1, 1. Fall ZPO ein.[127] Sie sorgt dafür, dass den Beteiligten, soweit sie nicht mitverklagt sind, auf der Klägerseite das *rechtliche Gehör* gewährt wird. Der Einräumung gewillkürter Prozessstandschaft steht sie ebenso wenig wie im 2. Fall des § 62 Abs. 1 ZPO entgegen. 64

III. Die gerichtliche Entscheidung

Das mit der Gestaltungsklage begehrte Urteil darf nur ergehen, wenn die beiden Tatbestandsmerkmale des § 117 vorliegen. Ohne den wichtigen Grund zur Entziehung ist die Klage als unbegründet, ohne den Antrag aller übrigen Gesellschafter bzw. ohne Vorliegen der hiervon anerkannten Ausnahmen als unzulässig abzuweisen. Die Wirkungen des Urteils in Gestalt der beantragten Änderung des Gesellschaftsvertrags treten, ohne dass es dazu besonderer Vollstreckungsmaßnahmen bedarf, ipso jure **mit Rechtskraft** des Urteils ein. Daher ist auch eine Vorwegnahme durch vorläufige Vollstreckbarkeits- 65

---

[124] So zutr. *Rob. Fischer* NJW 1959, 1063 und in 3. Aufl. Rn 20; dem folgend auch Voraufl. Rn 60 (*Ulmer*).

[125] BGHZ 30, 195 (197) = NJW 1959, 1683; MünchKommHGB/*Jickeli* Rn 67; Ebenroth/Boujong/Joost/Strohn/*Mayen* Rn 20; MünchHdbGesR I/*v. Ditfurth*[2] § 55 Rn 25; Röhricht/Graf v. Westphalen/*v. Gerkan/Haas* Rn 11; Baumbach/*Hopt* Rn 7; Heymann/*Emmerich* Rn 11; *Westermann* Handbuch Rn I 333; *Ulmer* (Fn 102) S. 278; so trotz seines abw. Ausgangspunktes (Rn 50) auch *K. Schmidt* Mehrseitige Gestaltungsprozesse S. 96; *ders.* Gesellschaftsrecht § 47 V 1b, S. 1391.

[126] BGH 30, 195 (197) = NJW 1959, 1683; *Westermann* Handbuch Rn I 333; Zöller/*Vollkommer* ZPO[26] § 62 Rn 11; MünchKommZPO[2]/*Schultes* § 62 Rn 47 mwN; **aA** – Abweisung als unbegründet – Heymann/*Emmerich* Rn 11.

[127] So zutr. auch BGHZ 30, 195 (198 f) = NJW 1959, 1683; *Lindacher* FS Paulick, 1973, S. 73 (75 f); MünchKommHGB/*Jickeli* Rn 67.

erklärung ausgeschlossen. Für diese ist nur im Hinblick auf die Kostenfolge Raum.[128] Zur Möglichkeit vorläufigen Rechtsschutzes vgl. Rn 67 ff.

66 **Inhaltlich** ist der Urteilstenor auf die *Entziehung* der Geschäftsführungsbefugnis (und nach § 127 der Vertretungsmacht) insgesamt oder in Teilen beschränkt; die Abänderung von Einzel- in Gesamtbefugnis ist von dem rein negativen Eingriffsrecht der §§ 117, 127 nicht gedeckt (str., vgl. Rn 17). Folgeänderungen des Gesellschaftsvertrags, die sich aufgrund der gerichtlichen Entziehung als notwendig erweisen, sind Sache der Gesellschafter. Sie können zwar durch Zustimmungsklage in Verbindung mit der Entziehungsklage gerichtlich durchgesetzt werden, wenn die Voraussetzungen für eine Vertragsänderung kraft Treupflicht vorliegen (§ 105 Rn 241). Die Vollstreckung richtet sich insoweit jedoch nach § 894 ZPO, wobei das rechtskräftige Urteil die Zustimmung des Beklagten zu dem von den Klägern begehrten Änderungsbeschluss ersetzt. Auf diesem Wege lässt sich ggf. auch die Neuverteilung der Organfunktionen im Fall der Entziehungsklage gegen den einzigen Geschäftsführer und Vertreter der OHG erreichen, ohne dass es zum Eintritt der Gesamtbefugnis aller übrigen Gesellschafter als ungeschriebene Auffanglösung kommt (vgl. dazu Rn 77, 82; zur Entziehungsklage nach § 127 gegen den einzigen Komplementär einer KG vgl. § 127 Rn 8 [*Habersack*]).

IV. Vorläufiger Rechtsschutz

67 Angesichts der häufig langen Dauer eines Entziehungsprozesses und der Dringlichkeit einer Interimsregelung wird in Rechtsprechung und Literatur zu Recht die Befugnis der Gerichte betont, im Verfahren der **einstweiligen Verfügung** vorläufige Regelungen über die Ausübung oder die Zuordnung von Organbefugnissen bis zur rechtskräftigen Entscheidung in der Hauptsache zu treffen.[129] Entsprechendes gilt in Fällen einer Ausschließungs- oder Auflösungsklage; bei ihnen stellt sich das Bedürfnis nach interimistischer Regelung der Organbefugnisse während der Prozessdauer nicht selten sogar in noch dringlicherer Weise,[130] zumal eine einstweilige Ausschluss- oder Auflösungsverfügung ausscheidet (§ 133 Rn 63; § 140 Rn 44). Bei der vorläufigen Regelung der Organkompetenzen handelt es sich typischerweise um eine Regelungsverfügung i.S.v. § 940 ZPO.[131] Eine unzulässige Vorwegnahme der Hauptsachenentscheidung ist davon im Grundsatz schon deshalb nicht zu befürchten, weil die Verfügung vorläufiger Natur ist und spätestens mit Rechtskraft des Hauptsacheurteils ihre Erledigung findet.[132] Im Übri-

---

[128] Vgl. auch § 133 Rn 64 (zur Auflösungsklage) sowie § 140 Rn 45 (zur Ausschließungsklage).

[129] Ganz hM, vgl. BGHZ 33, 105 (107 ff) = NJW 1960, 1997; 86, 177 (180) = NJW 1983, 938 (GmbH); ROHGE 16, 66, (72 f); RG LZ 1914, 1134 Nr. 11; OLG Stuttgart DB 1961, 2644 f; MünchKommHGB/*Jickeli* Rn 69; Ebenroth/Boujong/Joost/Strohn/*Mayen* Rn 25; Röhricht/Graf v. Westphalen/*v. Gerkan/Haas* Rn 17; MünchHdbGesR I/*v. Ditfurth*[2] § 55 Rn 24; Baumbach/*Hopt* Rn 7; Heymann/*Emmerich* Rn 20; *Westermann* Handbuch Rn I 339; *Wiedemann* Gesellschaftsrecht Bd. II § 4 II 5cc, S. 353 f; *Damm* ZHR 154 (1990), 413 ff; *v. Gerkan* ZGR 1985, 167 ff; *Heinze* ZGR 1979, 293 ff; *Semler* BB 1979, 1533 ff; vgl. auch § 127 Rn 19 (*Habersack*).

[130] So zutr. BGHZ 33, 105 (107) = NJW 1060, 1997; OLG Frankfurt GmbHR 1980, 32; dazu auch *Damm* ZHR 154 (1990), 413 (424 f).

[131] Vgl. nur *Westermann* Handbuch Rn I 339; MünchKommHGB/*Jickeli* Rn 70; der Sache nach auch *v. Gerkan* ZGR 1985, 167 (168 f).

[132] So zutr. *Heinze* ZGR 1979, 293 (313 ff); *v. Gerkan* ZGR 1985, 167 (171).

gen ist es Sache des Verfügungsgerichts, bei der gebotenen Interessenabwägung im Hinblick auf den Verfügungsgrund (§ 940 ZPO) sowie bei der Ermessensentscheidung über den Inhalt der Verfügung (§ 938 Abs. 1 ZPO) darauf zu achten, dass es nicht de facto zur Vorwegnahme der Hauptsache kommt; dafür kann sich je nach Lage des Falles die vorübergehende Einsetzung eines Dritten als eine Art Notgeschäftsführer in Verbindung mit der Suspendierung der amtierenden Organmitglieder anbieten.[133]

Der glaubhaft zu machende **Verfügungsanspruch** besteht in dem Gestaltungsklagerecht der Antragsteller nach §§ 117, 127, im Fall der Auflösungs- oder Ausschließungsklage in den Klagerechten nach §§ 133, 140. Da es sich in den Fällen der §§ 117, 127, 140 um ein Gemeinschaftsrecht handelt (Rn 49), ist der **Antrag** grundsätzlich von *sämtlichen übrigen Gesellschaftern* zu stellen, soweit nicht ein Fall gewillkürter Prozessstandschaft vorliegt (Rn 52). Anderes gilt einerseits dann, wenn Mitgesellschafter aus tatsächlichen Gründen an der Mitwirkung gehindert sind und die Antragsteller glaubhaft machen, dass jene sich ohne Verhinderung dem Antrag angeschlossen hätten.[134] Eine zweite Ausnahme ist für den Fall anerkannt, dass das Hauptsacheverfahren bereits anhängig und die nicht selbst klagewilligen Mitgesellschafter darin auf Mitwirkung verklagt sind; dann reicht ein Antrag der Kläger des Hauptsacheverfahrens aus.[135] Von diesen Fällen abgesehen muss sich der Verfügungsantrag jedoch zugleich auf die Mitwirkung der nicht antragswilligen Gesellschafter erstrecken.[136] **68**

Im Hinblick auf den **Verfügungsgrund**, d.h. die *Notwendigkeit* einer einstweiligen Regelung zur Abwendung wesentlicher Nachteile vor Rechtskraft der Hauptsacheentscheidung, bedarf es der Abwägung der Interessen beider Seiten; sie hat auch den **Inhalt** der in Betracht kommenden Regelung zu umfassen.[137] Diese Regelung ist nach dem auch hier geltenden Verhältnismäßigkeitsgrundsatz auf das *mildeste*, für den einstweiligen Rechtsschutz ausreichende *Mittel* zu beschränken, wobei das Gericht nach § 938 Abs. 1 ZPO freies Ermessen in der Auswahl der geeigneten Anordnungen hat. Daraus folgt einerseits, dass das Verfügungsgericht nicht an die jeweils gestellten Anträge gebunden ist, sondern von ihnen auch qualitativ abweichen kann.[138] Andererseits ist es auch nicht auf die negative Eingriffskompetenz der §§ 117, 127, d.h. die (Teil-)Entziehung der Organfunktionen beschränkt, sondern kann auch Gesamt- statt Einzelgeschäftsführungsbefugnis anordnen, ja sogar einen Dritten vorübergehend mit der Geschäftsführung und **69**

133 BGHZ 33, 105 (109) = NJW 1960, 1997; Schlegelberger/*Martens* Rn 36 f; *Damm* ZHR 154 (1990), 413 (424 f); *Semler* BB 1979, 1533 (1534); *Reichert/Winter* BB 1988, 981 (990).

134 Ebenso 3. Aufl. Rn 27 (*Rob. Fischer*); *Hueck* OHG § 10 VII 7 Fn 98; Schlegelberger/*Martens* Rn 36; MünchKommHGB/*Jickeli* Rn 71; Ebenroth/Boujong/Joost/Strohn/*Mayen* Rn 25; einschränkend *Westermann* Handbuch Rn I 340 (nur für *allein sichernde* Maßnahmen ausreichend).

135 Für Verbindung von e.V. auf Entziehung mit derjenigen auf Zustimmung in derartigen Fällen aber *Semler* BB 1979, 1533 (1534 f).

136 Ebenso schon 3. Aufl. Rn 27 (*Rob. Fischer*) und Schlegelberger/*Martens* Rn 36; vgl. ferner MünchKommHGB/*Jickeli* Rn 71; *Semler* BB 1979, 1533 (1534); Röhricht/Graf v. Westphalen/*v. Gerkan/Haas* Rn 17 und *v. Gerkan* ZGR 1985, 167 (179 ff).

137 Vgl. näher *v. Gerkan* ZGR 1985, 167 (187 f); *Damm* ZHR 154 (1990), 413 (422 f); MünchKommHGB/*Jickeli* Rn 72.

138 Ebenso Schlegelberger/*Martens* Rn 37; ferner MünchKommZPO[3]/*Drescher* § 938 Rn 7; der Sache auch MünchKommHGB/*Jickeli* Rn 72 (Verfügung müsse sich *im Rahmen* des gestellten Antrages halten); ebenso Zöller/*Vollkommer* ZPO[26] § 938 Rn 2; Thomas/Putzo/*Reichold* ZPO[26] § 938 Rn 2; Musielak/*Huber* ZPO[5] § 938 Rn 5.

Vertretung der OHG oder KG betrauen.[139] Die insoweit für die Gestaltungsklagen nach §§ 117, 127 festgestellten Schranken (Rn 16 f) greifen im Rahmen des vorläufigen, nicht zu dauerhafter Änderung des Gesellschaftsvertrags führenden Rechtsschutzes nicht ein.

70 Einstweiliger Rechtsschutz kommt entsprechend den vorstehenden Darlegungen auch zugunsten des **von der Entziehung betroffenen Gesellschafters** in Betracht.[140] Das setzt voraus, dass die Entziehung vorbehaltlich gerichtlicher Nachprüfung wirksam und der Betroffene demzufolge an der Ausübung seiner Befugnisse gehindert ist. Eine solche *Schwebelage zu seinen Lasten* kann dann eintreten, wenn der Gesellschaftsvertrag die Entziehung der Organbefugnisse aus wichtigem Grund abweichend von §§ 117, 127 regelt, insbes. einem Beschluss der übrigen Gesellschafter überträgt (Rn 71) und das Nichtvorliegen des wichtigen Grundes den Gegenstand einer vom Betroffenen gegen die Mitgesellschafter erhobenen Feststellungsklage bildet.

V. Abweichende Vereinbarungen

71 **1. Materiellrechtliche Änderungen.** Als Bestandteil der das Innenverhältnis der Gesellschafter betreffenden Regelungen ist § 117 in vollem Umfang dispositiv (str., vgl. Rn 9 f). Das gilt nach einhM jedenfalls für die Ersetzung der Gestaltungsklage durch einen **Entziehungsbeschluss** im Gesellschaftsvertrag.[141] Ist der Entziehungsbeschluss an das Vorliegen eines *wichtigen Grundes* gebunden, so genügt die Zustimmung der übrigen Gesellschafter. Der betroffene Gesellschafter hat kein Stimmrecht (§ 119 Rn 64); ihm bleibt das Recht, die Unwirksamkeit des Beschlusses im Wege der Feststellungsklage geltend zu machen, insbes. wegen Fehlens des wichtigen Grundes. Zulässig ist es auch, im Gesellschaftsvertrag die Entziehung der Geschäftsführungsbefugnis *ohne wichtigen Grund* zu ermöglichen und entweder an einen Mehrheitsbeschluss zu binden oder bestimmten Mitgesellschaftern ein einseitiges Entziehungsrecht zu gewähren.[142] Bei Eindeutigkeit dieser Regelung ist darin zugleich die antizipierte Zustimmung des betroffenen Gesellschafters zur Entziehung zu sehen, so dass ihre Wirksamkeit nicht an den Schranken scheitert, die dem mehrheitlichen Eingriff in den Kernbereich der Mitgliedschaftsrechte grundsätzlich gesetzt sind (vgl. § 119 Rn 38 ff, 40). Zur Möglichkeit, im Gesellschaftsvertrag den Wegfall der Organfunktionen an den Eintritt bestimmter Umstände in der Person des Geschäftsführers zu binden, vgl. schon Rn 45.

---

[139] BGHZ 33, 105 (109) = NJW 1960, 1997; MünchKommHGB/*Jickeli* Rn 72; *Westermann* Handbuch Rn I 339 f.

[140] HM, vgl. MünchKommHGB/*Jickeli* Rn 73; Ebenroth/Boujong/Joost/Strohn/*Mayen* Rn 27; *Westermann* Handbuch Rn I 339a; Röhricht/Graf v. Westphalen/*v. Gerkan*/*Haas* Rn 17; *v. Gerkan* ZGR 1985, 167 (177); *Semler* BB 1979, 1533 (1535); aus der Rspr. vgl. OLG Köln BB 1977, 464 (465); OLG Karlsruhe GmbHR 1967, 214 (215) (zu § 38 GmbHG).

[141] Vgl. nur MünchKommHGB/*Jickeli* Rn 83; Heymann/*Emmerich* Rn 27; Ebenroth/Boujong/Joost/Strohn/*Mayen* Rn 39; *Westermann* Handbuch Rn I 357; MünchHdbGesR I/*v. Ditfurth*[2] § 55 Rn 28; Baumbach/*Hopt* Rn 12; so auch BGHZ 102, 172 (176) = NJW 1988, 969 für eine Publ.-GbR. Nach *K. Schmidt* Mehrseitige Gestaltungsprozesse S. 105 f soll dann, wenn der Beschluss nicht zustande kommt, auf die Gestaltungsklage zurückgegriffen werden können (zu § 140).

[142] BGH LM Nr. 9 zu § 119 HGB = NJW 1973, 651; RG HRR 1940 Nr. 1074; MünchKommHGB/*Jickeli* Rn 82; Baumbach/*Hopt* Rn 12; *Westermann* Handbuch Rn I 356; MünchHdbGesR I/*v. Ditfurth*[2] § 55 Rn 27.

Zulässig ist auch die Vereinbarung eines **Mehrheitsbeschlusses über die Erhebung der Entziehungsklage** beim Vorliegen eines wichtigen Grundes.[143] Auch in derartigen Fällen ist der betroffene Gesellschafter nicht stimmberechtigt (§ 119 Rn 64). Im Übrigen beschränkt sich die Tragweite einer derartigen Vereinbarung darauf, die überstimmten Mitgesellschafter zur Mitwirkung an der Entziehungsklage zu verpflichten, ohne dass es des Rückgriffs auf die Treupflicht (Rn 53) bedarf. An der Notwendigkeit einer Mitwirkungsklage bei Verweigerung der Mitwirkung (Rn 54 f) ändert sich nichts. Sie ist ebenso wie die Entziehungsklage abzuweisen, wenn die Umstände, auf die die Mehrheit ihr Vorgehen stützt, den an einen wichtigen Grund i.S.v. § 117 zu stellenden Anforderungen nicht entsprechen. 72

2. **Schiedsgerichtsabrede.** Der Gesellschaftsvertrag kann schließlich eine Schiedsgerichtsabrede hinsichtlich aller oder bestimmter Streitigkeiten aus dem Gesellschaftsvertrag enthalten.[144] Sie erstreckt sich je nach ihrem Inhalt auch auf die Gestaltungsklagen der §§117, 127, 133, 140. Die Entziehung ist in derartigen Fällen durch **Schiedsspruch** auszusprechen. Ihm kommt ebenso wie den Urteilen ordentlicher Gerichte Gestaltungswirkung zu, soweit diese für das Urteil gesetzlich vorgesehen ist.[145] 73

Der zusätzlichen **Vollstreckbarerklärung** des Schiedsspruchs nach § 1060 ZPO bedarf es für den Eintritt der Gestaltungswirkung *nicht*.[146] Die gegenteilige, früher hM[147] setzt sich in Widerspruch mit § 1055 ZPO, wonach der Schiedsspruch die Wirkungen eines rechtskräftigen gerichtlichen Urteils hat. Der Zusatz „unter den Parteien" in § 1055 ZPO ändert hieran nichts; er gilt ebenso bei durch Gesellschafterbeschluss herbeigeführten Vertragsänderungen, ohne dass daran die Maßgeblichkeit eines derartigen Beschlusses im Verhältnis zu Dritten scheitert. Nicht überzeugend ist auch der Hinweis, erst ein rechtskräftig für vollstreckbar erklärter Schiedsspruch sei bestandskräftig, weil er nicht mehr mit der Aufhebungsklage angegriffen werden könne;[148] denn die Gestaltungswirkung von Entziehungsakten scheitert nicht an der Möglichkeit, sondern nur an der Begründetheit einer solchen Klage.[149] Richtig ist demgegenüber zwar, dass Eintragungen im Handelsregister unter Berufung auf einen Schiedsspruch nur dann erwirkt werden können, wenn dieser nach § 1060 ZPO für vollstreckbar erklärt wurde.[150] Das hindert jedoch nicht den – von der Handelsregistereintragung unabhängigen – Eintritt der Entziehungs- 74

---

143 MünchKommHGB/*Jickeli* Rn 86; Ebenroth/Boujong/Joost/Strohn/*Mayen* Rn 39; MünchHdbGesR I/*v. Ditfurth*² § 55 Rn 29; Röhricht/Graf v. Westphalen/*v. Gerkan/Haas* Rn 23; *Westermann* Handbuch Rn I 357.

144 Unstr., vgl. nur RGZ 71, 254 (256); BayObLG WM 1984, 809 (810) (zu § 61 GmbHG); MünchKommHGB/*Jickeli* Rn 87; MünchHdbGesR I/*v. Ditfurth*² § 55 Rn 30; Heymann/*Emmerich* Rn 17; Baumbach/*Hopt* Rn 8; näher zum Ganzen § 109 Rn 68 ff.

145 Vgl. – vorbehaltlich des unstr. zusätzlichen Erfordernisses der Vollstreckbarkeitserklärung (Rn 74) – die Nachw. in Fn 144.

146 Ebenso *Lindacher* ZGR 1979, 201 (209); *Vollmer* BB 1984, 1774 (1775 ff); MünchKommHGB/*Jickeli* Rn 87; zu § 61 GmbHG auch Ulmer/Habersack/Winter/*Casper* GmbHG § 61 Rn 43; *Lutter/Hommelhoff* GmbHG¹⁶ § 61 Rn 6.

147 Vgl. Schlegelberger/*Martens* Rn 40; MünchHdbGesR I/*v. Ditfurth*² § 55 Rn 30; Heymann/*Emmerich* Rn 17; Baumbach/*Hopt* Rn 8.

148 In diesem Sinne auch noch 3. Aufl. § 133 Rn 75 (*Ulmer*); anders dann aber *ders.* in Voraufl. Rn 72; ferner *K. Schmidt* ZGR 1988, 536; i.E. auch BayObLG WM 1984, 809 (810) (aus „praktischen" Gründen).

149 Voraufl. Rn 72 (*Ulmer*) in Anlehnung an *Vollmer* BB 1984, 1774 (1776 f); so auch *G. Walter* FS Schwab, 1990, S. 539 (554).

150 So BayObLG WM 1984, 809 (810); vgl. dazu § 16 Rn 14 (*Koch*).

wirkung schon mit Erlass des Schiedsspruchs;[151] es kann vielmehr nur im Rahmen der *Entziehungsfolgen* Bedeutung erlangen und ggf. die nachträgliche Vollstreckbarerklärung erforderlich machen.

75 Das Schiedsgericht *kann* nach § 1041 Abs. 1 ZPO auch **vorläufige oder sichernde Maßnahmen** anordnen, soweit die Parteien nichts anderes vereinbart haben.[152] Es besteht demgemäß entgegen der früheren Rechtslage[153] keine Notwendigkeit, trotz Schiedsgerichtsabrede einstweiligen Rechtsschutz bei den ordentlichen Gerichten zu beantragen. Gleichwohl wird es aufgrund der nach § 1041 Abs. 2 und 3 ZPO erforderliche Mitwirkung der ordentlichen Gerichte bei der Vollziehung schiedsgerichtlich angeordneter Maßnahmen[154] häufig zweckmäßiger sein, von der nach § 1033 ZPO trotz Schiedsabrede weiter bestehenden Möglichkeit Gebrauch zu machen, einstweiligen Rechtschutz unmittelbar bei den ordentlich Gerichten zu suchen. Gleiches gilt mit Blick auf die nach dipositivem Recht fehlende *Verpflichtung* des Schiedsgerichts, Maßnahmen anzuordnen.[155]

F. Die Wirkungen der Entziehung

I. Vertragsänderung durch Urteilsrechtskraft

76 Zur vertragsändernden Wirkung des rechtskräftigen Gestaltungsurteils vgl. schon Rn 65. Die Änderung richtet sich nach dem **Ausspruch im Urteilstenor,** d.h. nach der *Entziehung oder Beschränkung* der Geschäftsführungsbefugnis des Beklagten in Übereinstimmung mit dem klägerischen Antrag (Rn 19). Es handelt sich um eine rein *negative* Eingriffsbefugnis des Gerichts, von der weder qualitative Umgestaltungen wie die Ersetzung der Einzel- durch Gesamtgeschäftsführungsbefugnis noch die Anordnung sonstiger, der Schließung der durch die Entziehung hervorgerufenen Vertragslücke dienender Änderungen gedeckt sind (vgl. Rn 17, 77 f).

II. Rechtsfolgen für den übrigen Vertragsinhalt

77 **1. Geschäftsführungsbefugnis der übrigen Gesellschafter.** Das Entziehungsurteil beschränkt sich auf die Entziehung der Geschäftsführungsbefugnis des *Beklagten.* Eine aus Gesellschaftsvertrag oder Gesetz folgende, schon bisher bestehende Befugnis der *übrigen* Gesellschafter lässt es **unberührt**, sofern der Gesellschaftsvertrag für den Fall der Entziehung keine abweichende Regelung trifft (Rn 80). Daher besteht die **Einzelbefugnis** von Mitgesellschaftern unverändert fort; diese sind freilich nicht mehr dem Widerspruchsrecht des von der Entziehung Betroffenen nach § 115 Abs. 1 ausgesetzt. Hatte freilich allein der von der Entziehung betroffene Gesellschafter (Einzel-)Geschäftsführungsbefug-

[151] Auf die nach § 1039 Abs. 3 ZPO a.F. zusätzlich vorgesehene Niederlegung des Schiedsspruchs hat der Reformgesetzgeber wegen geringer praktischer Bedeutung verzichtet, vgl. RegBegr. zu § 1054 ZPO, BT-Drucks. 13/5274, S. 56.

[152] Vgl. auch MünchKommHGB/*Jickeli* Rn 87; MünchHdbGesR I/*v. Ditfurth*[2] § 55 Rn 30.

[153] Vgl. dazu Voraufl. § 127 Rn 23 (*Habersack*); Schlegelberger/*Martens* Rn 40.

[154] Vgl. nur Musielak/*Voit* ZPO[5] § 1041 Rn 6 ff; Thomas/Putzo/*Reichold* ZPO[26] § 1041 Rn 3; Zöller/*Geimer* ZPO[23] § 1041 Rn 3 jew. mwN.

[155] Ebenso MünchKommHGB/*Jickeli* Rn 87.

nis und ist für deren Wegfall im Gesellschaftsvertrag keine Vorsorge getroffen, so ist die Gesellschaft zunächst ohne Geschäftsführer, ohne dass diese Folge der Entziehungsklage gegen den einzigen Geschäftsführer entgegensteht (Rn 20). Die durch das Gestaltungsurteil eingetretene Regelungslücke ist weder durch Rückgriff auf dispositives Recht[156] noch durch ergänzende Vertragsauslegung zu schließen.[157] Auch für ein richterliches Notbestellungsrecht analog § 29 BGB[158] ist vorbehaltlich liquidationsähnlicher Sonderlagen (dazu vgl. § 114 Rn 33) kein Raum. Vielmehr ist es Sache der Gesellschafter, die erforderlichen Vereinbarungen über die Neuordnung der Geschäftsführung zu treffen, ggf. unter Rückgriff auf die Zustimmungsklage gegen Gesellschafter, die die gebotene Änderung ablehnen (Rn 82).[159]

Bis zur Neuordnung sind in derartigen Fällen **sämtliche Gesellschafter gemeinsam** 78
unter Einschluss des von der Entziehung Betroffenen dazu berufen, die erforderlichen Maßnahmen der Geschäftsführung zu treffen und dadurch die Weiterführung des gemeinsamen Unternehmens zu ermöglichen.[160] Allerdings handeln sie insoweit nicht als Gesamtgeschäftsführer (§§ 114 Abs. 2, 115 Abs. 2) mit den diese treffenden besonderen Tätigkeits- und Sorgfaltspflichten, sondern im Rahmen ihrer *Auffangkompetenz* als „Herren der Gesellschaft".[161] Daher macht die Auffanglösung die Notwendigkeit einer einvernehmlichen Neuordnung der Geschäftsführungsbefugnis nicht etwa gegenstandslos; sie eignet sich vielmehr nur zu einer vorübergehenden Überbrückung der Regelungslücke. Führen die Gesellschafter die Geschäfte in einem derartigen Fall allerdings nicht nur vorübergehend gemeinsam fort, so kann das für eine konkludente Verständigung auf Gesamtgeschäftsführung sprechen.

Bei Geltung von **Gesamtbefugnis** kommt es darauf an, ob sie trotz Wegfalls der 79
Befugnis des Betroffenen von den übrigen Gesamtgeschäftsführern in der nach dem Gesellschaftsvertrag erforderlichen Zahl weiter ausgeübt werden kann. Ist das zu verneinen, so wandelt sich die Gesamtbefugnis dennoch nicht in eine Einzelbefugnis um; vielmehr fehlt es infolge der Entziehung am Fortbestand wirksamer Gesamtbefugnis.[162] Die Rechtsfolgen entsprechen beim Fehlen gesellschaftsvertraglicher Vorsorge denen bei Entziehung der einzigen Geschäftsführungsbefugnis: wie dort geht auch in diesem Fall die Führung der Geschäfte bis zur Neuordnung der Geschäftsführungsbefugnis auf die *Gesamtheit aller Gesellschafter* über (Rn 78).

---

156 So aber noch *Merfeld* ZHR 41 (1893), 76 (81); *Staub*[8] Rn 4; wie hier *Hueck* OHG § 10 VII 9 Fn 105; Schlegelberger/*Martens* Rn 44.

157 So aber *Hueck* OHG § 10 VII 9, S. 153 f; Ebenroth/Boujong/Joost/Strohn/*Mayen* Rn 31.

158 So noch *Imig* NJW 1949, 856 f; dagegen zutr. schon *Peters* MDR 1951, 343.

159 BGHZ 51, 198 (202 f) = NJW 1969, 507; NJW 1959, 1061; *Hueck* OHG § 10 VII 9, S. 153; Schlegelberger/*Martens* Rn 45; MünchKommHGB/*Jickeli* Rn 77; *K. Schmidt* ZGR 2004, 227 (239).

160 BGHZ 51, 198 (201 f) = NJW 1969, 507; 33, 105 (108) = NJW 1960, 1997 (zu § 127); Schlegelberger/*Martens* Rn 48; Röhricht/Graf v. Westphalen/*v. Gerkan/Haas* Rn 20; Ebenroth/Boujong/Joost/Strohn/*Mayen* Rn 34; *Rob. Fischer* NJW 1959, 1062.

161 BGHZ 51, 198 (201 f) = NJW 1969, 507; zust. *Wiedemann* JZ 1969, 471; *ders.* Gesellschaftsrecht Bd. II § 4 II 5 a dd, S. 356; MünchKommHGB/*Jickeli* Rn 78; *K. Schmidt* ZGR 2004, 227 (239); i.E. ähnlich *Westermann* Handbuch Rn I 343.

162 BGHZ 41, 367 (368 f) = NJW 1964, 1624; RGZ 116, 116 (117); OLG Hamburg WM 1987, 1298 (1299) (zu § 35 GmbHG); 3. Aufl. Rn 33 (*Rob. Fischer*); *Hueck* OHG § 10 VII 9, S. 154; Schlegelberger/*Martens* Rn 44; MünchKommHGB/*Jickeli* Rn 76; Ebenroth/Boujong/Joost/Strohn/*Mayen* Rn 30; *Westermann* Handbuch Rn I 342; *ders.* Vertragsfreiheit S. 231.

80 Der **Gesellschaftsvertrag** kann auf unterschiedliche Weise Vorsorge im Hinblick auf den Wegfall eines Geschäftsführers treffen, wobei die Entziehung nach § 117 nur *eine* der möglichen, zum Wegfall der Geschäftsführungsbefugnis führenden Konstellationen darstellt. Ist die Geschäftsführung nach Stämmen aufgeteilt, kann den Gesellschaftern des vom Wegfall betroffenen Stammes das Bestimmungs- oder Vorschlagsrecht für einen Nachfolger eingeräumt werden. Bei Gesamtbefugnis von zwei Gesellschaftern kann das Erstarken der verbleibenden zur Einzelbefugnis, ggf. verbunden mit erweiterten, über § 116 Abs. 2 hinausgehenden Mitspracherechten der Mitgesellschafter vorgesehen werden. Es kann eine vorsorglich bereits als Gesellschafter aufgenommene GmbH aufschiebend bedingt durch den Wegfall des oder der bisherigen Geschäftsführer zum Nachfolger in der Geschäftsführung bestellt werden. Schließlich kann auch der Gesellschaftermehrheit oder – im Fall der Entziehungsklage – den übrigen Gesellschaftern das Recht zur Bestimmung eines Nachfolgers eingeräumt werden. Alle diese Regelungen haben Vorrang gegenüber der in Rn 77 f aufgezeigten, nach dispositivem Recht eintretenden provisorischen Lösung.

81 **2. Tätigkeitsvergütung.** Sofern dem von der Entziehung betroffenen Gesellschafter vertraglich ein festes Entgelt und/oder ein prozentualer Gewinnvoraus als Tätigkeitsvergütung zugesagt war, hat die Regelung infolge der Entziehung der Geschäftsführungsbefugnis ihre Grundlage verloren; sie entfällt auch ohne besondere Vertragsänderung.[163] Schwierigkeiten treten dann auf, wenn der Gesellschaftsvertrag wegen der Beteiligung aller (bei der KG aller persönlich haftenden) Gesellschafter an der Geschäftsführung von einer Regelung über die Geschäftsführervergütung abgesehen hatte. In derartigen Fällen bedarf es einer Vertragsanpassung durch die Gesellschafter, falls nicht den besonderen Umständen zu entnehmen ist, dass die Beteiligten unabhängig von der jeweiligen Mitwirkung an der Geschäftsführung eine Tätigkeitsvergütung generell ausschließen wollten (vgl. auch § 121 Rn 30).

III. Anspruch auf Vertragsanpassung

82 Besteht infolge des Entziehungsurteils (Rn 77 ff, 81) Bedarf für eine Vertragsänderung und lässt sich hierüber kein Einvernehmen zwischen den Beteiligten erzielen, so bietet sich eine **Zustimmungsklage** gegen diejenigen Gesellschafter an, die treuwidrig ihre Mitwirkung an der sachlich gebotenen, für sie zumutbaren Änderung verweigern. Die Zustimmungsklage kann entweder mit der Entziehungsklage verbunden (Rn 61) oder nach Rechtskraft des Entziehungsurteils separat erhoben werden. Begründet ist sie, wenn die vorgeschlagene Vertragsänderung im Interesse gemeinsam geschaffener Werte geboten und dem Widersprechenden zumutbar ist (vgl. § 105 Rn 241).[164] Die Notwendigkeit der

[163] EinhM, vgl. MünchKommHGB/*Jickeli* Rn 75; Heymann/*Emmerich* Rn 22a; *Westermann* Handbuch Rn I 347; zur Übergangsregelung während des Entziehungsverfahrens vgl. *Wackerbarth* NZG 2008, 281 (283).

[164] Nur scheinbar weitergehend *Hueck* OHG § 10 VII 9, S. 155, der anstelle einer Pflicht zur Änderung des Gesellschaftsvertrags von einer „aus dem recht verstandenen Gesellschaftsvertrage sich ergebenden Pflicht der Gesellschafter zur Neuregelung der Geschäftsführung" ausgeht. Indessen ist das kein Gegensatz, sondern nur ein zutr. Hinweis darauf, dass die Pflicht zur Mitwirkung an der Vertragsänderung in derartigen Fällen leichter bejaht werden kann. Gegen Vertragsanpassungspflicht noch *Gogos* S. 69.

Vertragsänderung folgt in den hier behandelten Fällen regelmäßig schon daraus, dass das Gestaltungsurteil nach § 117 zu der nicht anderweit zu schließenden Regelungslücke geführt hat. Hinsichtlich der Zumutbarkeit für den Beklagten kommt es auf den Inhalt der Änderungsvorschläge an. Je mehr diese sich darauf konzentrieren, die sachlich gebotenen Folgen aus der Entziehung der Geschäftsführungsbefugnis zu ziehen, ohne die Änderung zu einer darüber hinausgehenden Positionsverschlechterung des Beklagten auszunutzen, desto eher ist dessen Zustimmungspflicht kraft Treupflicht zu bejahen.[165]

G. Die Niederlegung der Geschäftsführung

I. Grundlagen

Vorbehaltlich einer Ermächtigung im Gesellschaftsvertrag oder einer einvernehmlichen Vertragsänderung kann ein Geschäftsführer seine Geschäftsführungsbefugnis ohne Vorliegen eines wichtigen Grundes **nicht einseitig** niederlegen.[166] Sie ist als Pflichtrecht (§ 114 Rn 17) Teil der Mitgliedschaft und verpflichtet den Rechtsinhaber zum Tätigwerden für die Gesellschaft. Von dieser Pflicht kann er sich nicht einseitig befreien, ohne zugleich in der hierfür maßgeblichen Art und Weise aus der Gesellschaft auszuscheiden. 83

Besteht ein **wichtiger Grund** zur Amtsniederlegung, der dem Gesellschafter die weitere Ausübung der Geschäftsführungsfunktionen unzumutbar macht, so ergibt sich das Recht zur „Kündigung" seiner Geschäftsführerstellung (Amtsniederlegung) aus § 105 Abs. 3 i.V.m. § 712 Abs. 2 BGB;[167] eine dessen Geltung entgegenstehende, vorrangige Regelung des OHG-Rechts ist nicht ersichtlich. Entgegen früher verbreiteter Ansicht[168] beschränkt sich dieses Recht nicht auf Fälle einer übertragenen Geschäftsführungsbefugnis, sondern erfasst auch diejenige kraft dispositiven Rechts.[169] Als wichtiger Grund kommen in erster Linie persönliche Verhältnisse des Kündigenden, darunter Alter, chronische Krankheit und sonstige der Ausübung der Befugnis im Wege stehende Umstände in Betracht, daneben aber auch sonstige Gründe wie die nachhaltige Zerstörung des Vertrauens gegenüber den Mitgesellschaftern, wenn sie für ihn die Fortführung der Tätigkeit unzumutbar machen. Das Gesetz sieht keine **Frist** für die Ausübung des Kündigungsrechts vor. Die Kündigung darf jedoch *nicht zur Unzeit* erfolgen (§§ 712 Abs. 2 i.V.m. § 671 Abs. 2 BGB); anderenfalls verpflichtet sie den Kündigenden gegenüber der Gesellschaft zum Schadensersatz in Höhe des negativen Interesses.[170] *Wirksam* wird die Kündigung mit ihrem Zugang bei sämtlichen Mitgesellschaftern als den Partnern des Gesellschaftsvertrags;[171] eine Kündi- 84

---

[165] Vgl. dazu näher unter zutreffender Differenzierung zwischen ergänzender Vertragsauslegung und Vertragsanpassung kraft Treupflicht *Zöllner* S. 32 ff, 39.

[166] EinhM, vgl. statt aller *Rob. Fischer* NJW 1959, 1062 f; *Hueck* OHG § 10 VII 12, S. 159; MünchKommHGB/*Jickeli* Rn 88; Baumbach/*Hopt* § 114 Rn 19.

[167] Ganz hM, vgl. *Hueck* OHG § 10 VII 12, S. 159; MünchKommHGB/*Jickeli* Rn 88; Heymann/*Emmerich* § 114 Rn 16; Baumbach/*Hopt* § 114 Rn 19; *Westermann* Handbuch Rn I 349a f; *Wiedemann* Gesellschaftsrecht Bd. II § 4 II 5b, S. 357; *Gogos* S. 69 f; *K. Schmidt* DB 1988, 2241.

[168] Vgl. Nachw. bei *K. Schmidt* DB 1988, 2241, Fn 3 und 4.

[169] So die heute ganz hM, vgl. Nachw. in Fn 167.

[170] Ebenso Ebenroth/Boujong/Joost/Strohn/*Mayen* Rn 56; MünchKommHGB/*Jickeli* Rn 90; vgl. dazu näher MünchKommBGB[5]/*Ulmer/C. Schäfer* § 723 Rn 53 ff mwN.

[171] So auch *Hueck* OHG § 10 VII 12, S. 160; Schlegelberger/*Martens* Rn 58; MünchKommHGB/*Jickeli* Rn 91; *Wiedemann* Gesellschaftsrecht Bd. II § 4 II 5b, S. 357.

gung nur gegenüber den Mitgeschäftsführern reicht nicht aus. Ein Verzicht auf das Kündigungsrecht ist unwirksam (§ 712 Abs. 2 i.V.m. § 671 Abs. 3 BGB).

II. Wirkungen

85 Die Wirkung der „Kündigung" besteht im **Wegfall der Geschäftsführungsbefugnis**. Die Mitgliedschaft als solche wird dadurch nicht beendet, wenn der Gesellschaftsvertrag nicht Abweichendes bestimmt. Hinsichtlich der Rechtsfolgen für den übrigen Vertragsinhalt (Geschäftsführungsbefugnis der Mitgesellschafter, Tätigkeitsvergütung) und für die Notwendigkeit, etwaige infolge der Kündigung hervorgerufene Regelungslücken durch Vertragsänderung zu schließen, kann auf die entsprechende Rechtslage im Fall der Entziehung der Geschäftsführungsbefugnis verwiesen werden (Rn 77 ff).

§ 118

(1) Ein Gesellschafter kann, auch wenn er von der Geschäftsordnung ausgeschlossen ist, sich von den Angelegenheiten der Gesellschaft persönlich unterrichten, die Handelsbücher und die Papiere der Gesellschaft einsehen und sich aus ihnen eine Bilanz und einen Jahresabschluss anfertigen.

(2) Eine dieses Recht ausschließende oder beschränkende Vereinbarung steht der Geltendmachung des Rechtes nicht entgegen, wenn Grund zu der Annahme unredlicher Geschäftsführung besteht.

Schrifttum

Rob. Fischer Die Grenzen bei der Ausübung gesellschaftlicher Mitgliedschaftsrechte, NJW 1954, 777; *Goerdeler* Die Zuziehung von Sachverständigen bei der Einsicht in die Bücher, FS Stimpel (1985), S. 125; *ders.* Das allgemeine Informationsrecht des Kommanditisten in bezug auf den Jahresabschluss, FS Kellermann (1991), S. 77; *Grunewald* Zum Informationsrecht in der GmbH & Co. KG, ZGR 1989, 545; *Hepting* Die Personengesellschaft als Konzernobergesellschaft: Informationsrechte des außenstehenden Gesellschafters, FS Pleyer (1986), S. 301; *Hirte* Die Ausübung der Informationsrechte von Gesellschaftern durch Sachverständige, BB 1985, 2208; *ders.* Die Ausübung der Informationsrechte von Gesellschaftern durch Sachverständige, FS Röhricht (2005), S. 217; *Huber* Das Auskunftsrecht des Kommanditisten, ZGR 1982, 539; *Kort* Das Informationsrecht des Gesellschafters der Konzernobergesellschaft, ZGR 1987, 46; *Kucsko* Die Informations- und Kontrollrechte in OHG und KG, GesRZ 1984, 92; *Menger* Zulässigkeit und Grenzen der Lückenausfüllung im Gesellschaftsrecht (1997); *Schiessl* Die Informationsrechte der Personenhandelsgesellschafter im Lichte der GmbH-Novelle 1980, GmbHR 1985, 109; *K. Schmidt* Informationsrechte in Gesellschaften und Verbänden (1984); *Schneider* Die Auskunfts- und Kontrollrechte des Gesellschafters in der verbundenen Personengesellschaft, BB 1975, 1353; *Wiedemann* Der Gesellschaftsvertrag der Personengesellschaften, WM 1990 Sonderbeil. 8; *ders.* Rechte und Pflichten des Personengesellschafters, WM 1992 Sonderbeil. 7; *Wischenbart* Informationsbedarf und Informationsrecht im Gesellschaftsrecht unter vergleichender Berücksichtigung des österreichischen Rechts (1986); *Wohlleben* Informationsrechte des Gesellschafters (1989).

Übersicht

A. Einführung

I. Inhalt und Funktion des Abs. 1

Die Vorschrift gewährt den Gesellschaftern der OHG in **Abs. 1** ein gegen die Gesellschaft gerichtetes, umfassendes **Informations- und Kontrollrecht** hinsichtlich aller Angelegenheiten der Gesellschaft. Es bezieht sich in erster Linie auf *Einsicht* in die Bücher und Papiere der Gesellschaft und auf die Anfertigung von Abschriften (Kopien), umfasst aber je nach Lage des Falles auch das Recht, von den Geschäftsführern *Auskunft* zur Unterrichtung über diejenigen Angelegenheiten zu verlangen, die sich nicht oder unzureichend aus den Unterlagen der Gesellschaft entnehmen lassen (Rn 25). In systematischer Hinsicht handelt es sich um ein mit dem Gesellschaftsanteil untrennbar verbundenes, unentziehbares *Mitgliedschaftsrecht*, das den Gesellschaftern zwar zur Ausübung im eigenen Interesse verliehen ist, mittelbar aber auch der Gesellschaft selbst zugute kommt (Rn 2). Von Bedeutung ist das Informations- und Kontrollrecht vor allem für die von der Geschäftsführung entweder ganz ausgeschlossenen oder auf schmale Teilbereiche beschränkten Gesellschafter, da die geschäftsführenden Gesellschafter ohnehin unmittelbaren Zugriff auf die Angelegenheiten der Gesellschaft haben und überdies von den Mitgeschäftsführern laufend über Geschäftsvorfälle in deren jeweiligem Ressort informiert werden müssen (vgl. § 115 Rn 15). **1**

Das Informations- und Kontrollrecht des Abs. 1 hat eine **doppelte Funktion.** Einerseits ist es dazu bestimmt, den Gesellschaftern als „Herren der Gesellschaft" die Mög- **2** lichkeit zu verschaffen, sich jederzeit über Stand und Entwicklung der gemeinsamen Zweckverfolgung *persönlich zu unterrichten* und sich ein Bild von den Chancen und Risiken der Beteiligung, darunter nicht zuletzt den Haftungsrisiken aus § 128, zu verschaffen. Dadurch sollen die nicht selbst an der Geschäftsführung Beteiligten zugleich das Informationsgefälle gegenüber den geschäftsführenden Gesellschaftern ausgleichen können. Zum anderen dienen die Informationen nach Abs. 1 den Gesellschaftern auch dazu, die gemeinsame Zweckverfolgung durch die Geschäftsführer und die Einhaltung der diese treffenden Sorgfaltspflichten *zu kontrollieren*. Wegen dieser Kontrollfunktion dient das Mitgliedschaftsrecht aus § 118 Abs. 1 letztlich der Gesellschaft als solcher. Soweit in Rechtsprechung und Literatur darüber hinaus ein *besonderer Auskunftsanspruch* im Zusammenhang mit der Stimmrechtsausübung anerkannt wird, handelt es sich nicht um einen Teilaspekt des Informations- und Kontrollrechts des §118 Abs. 1, sondern um einen Annex des mitgliedschaftlichen Stimmrechts (Rn 26). Dementsprechend wird dieses Auskunftsrecht auch nicht dadurch berührt, dass das allgemeine Informations- und Kontrollrecht im Gesellschaftsvertrag eingeschränkt oder ausgeschlossen ist.

II. Unverzichtbarer Mindestbestand (Abs. 2)

3 Als Teil der Innenbeziehungen der Gesellschafter ist das Informations- und Kontrollrecht des § 118 Abs. 1 *grundsätzlich dispositiv* (vgl. näher Rn 41 ff). Allerdings bestimmt **Abs. 2** als einzige Ausnahme gegenüber der im Innenverhältnis geltenden, umfassenden Parteiautonomie nach § 109, dass den Gesellschaftern stets ein unverzichtbarer, im Falle eines wichtigen Grundes verfügbarer *Kernbestand* an Informations- und Kontrollrechten verbleiben muss. Es handelt sich um eine gesetzliche Mindestgarantie an Informationsrechten, wie sie sich bei sämtlichen Personengesellschaften in dieser oder ähnlicher Art findet (vgl. § 716 Abs. 2 BGB, §§ 166 Abs. 3, 233 Abs. 3 HGB). Klauseln im Gesellschaftsvertrag, die diesen Kernbestand weiter einschränken sollen, etwa durch besondere Anforderungen an den wichtigen Grund, sind unwirksam (Rn 48). Zur Frage eines über § 118 Abs. 2 hinausgehenden, zwingenden Mindestbestands von Informationsrechten vgl. Rn 42.

III. Systematische Stellung

4 **1. Grundlagen.** Die Vorschriften des § 118 beziehen sich auf das Informationsrecht als **individuelles Mitgliedschaftsrecht**, wie es sich in unterschiedlicher Ausprägung bei allen Gesellschaftsformen findet. Eine mit den Regelungen des § 118 in allen wesentlichen Punkten übereinstimmende Vorschrift enthält § 716 BGB für das Recht der GbR. Demgegenüber stellen die auf Kommanditisten bzw. stille Gesellschafter bezogenen Vorschriften der §§ 166, 233 das Recht zur Kontrolle des Jahresabschlusses in den Mittelpunkt; sie sind daher anders als § 118 im Ansatz punktueller Natur. Entsprechendes gilt nach § 131 AktG für das in der Hauptversammlung der AG auszuübende Auskunftsrecht des Aktionärs. Zu *sonstigen*, nicht an die Gesellschafterstellung gebundenen Informationsrechten gegenüber der Gesellschaft vgl. Rn 49 ff.

5 Ähnlich umfassend wie § 118 Abs. 1, durch ausdrückliche Einbeziehung des Auskunftsrechts und uneingeschränkt zwingende Geltung sogar noch weitergehend geregelt ist das durch die GmbH-Novelle 1980 in § 51a GmbHG eingeführte **Informationsrecht des GmbH-Gesellschafters.** Es hat für Gesellschafter von *Personengesellschaften* einerseits insoweit Bedeutung, als sie – im Fall einer GmbH & Co. OHG/KG – zugleich Gesellschafter der Komplementär-GmbH sind und sich auf dem Wege über § 51a Abs. 1 GmbHG umfassend über die Angelegenheiten auch der OHG/KG als mit der GmbH verbundenem Unternehmen unterrichten können.[1] Zum anderen hat es zu Überlegungen geführt, den zwingenden Mindestbestand der Informationsrechte des OHG-Gesellschafters über § 118 Abs. 2 hinaus den Regelungen des § 51a GmbHG anzunähern (Rn 42).

2. Kollektives Recht auf Auskunft und Rechenschaft. Vom individuellen, gegen die Gesellschaft gerichteten Informationsrecht des Gesellschafters nach §118 Abs. 1 klar zu trennen ist die aus §§ 713, 666 BGB folgende Pflicht der geschäftsführenden Gesellschafter zu Auskunft und Rechenschaft. Sie besteht gegenüber der *Gesamtheit* der Gesellschafter als „Auftraggeber" und gilt über § 105 Abs. 3 auch in der OHG. Aus der Sicht der Gesellschaft handelt es sich um ein *kollektives* Recht auf Auskunft und Rechenschaft, d.h. einen *Sozialanspruch* gegen die Geschäftsführer im Unterschied zum individuellen Informationsanspruch der einzelnen Gesellschafter gegen die Gesellschaft aus § 118 als *Sozialverbindlichkeit.*[2] Der Sozialanspruch verpflichtet die Geschäftsführer zur Buchführung und Rechnungslegung als Teil ihrer Geschäftsführungsaufgaben (§ 114 Rn 16). Seine Geltendmachung ist Sache der Mitgesellschafter, die hierüber grundsätzlich einstimmig entscheiden (§ 119 Rn 30 f). Ein individuelles Vorgehen einzelner Gesellschafter im Wege der actio pro socio scheidet demgegenüber regelmäßig aus. Das folgt allerdings nicht aus der kollektiven Natur des Rechts,[3] sondern aus der Subsidiarität der actio pro socio (§ 105 Rn 262); es lässt daher insoweit Raum für eine Gesellschafterklage, als Geschäftsführer ihrer Rechenschaftspflicht weder von sich aus genügen noch hierzu von der Gesamtheit der Mitgesellschafter angehalten werden.[4] 6

B. Anwendungsbereich

I. Normadressaten

1. Gesellschafter als Berechtigte. Als individuelles Mitgliedschaftsrecht (Rn 4) steht das Informations- und Kontrollrecht des § 118 Abs. 1 jedem Gesellschafter zu und kann von ihm im eigenen Interesse geltend gemacht werden. Auf ein bestimmtes *Informationsbedürfnis* kommt es *nicht* an;[5] darin unterscheidet sich das Recht von demjenigen nach 7

---

1 Ganz hM, vgl. nur BGH NJW 1989, 225 (226); OLG Hamm NJW 1986, 1693 (1694); KG ZIP 1988, 714 (716); OLG Düsseldorf WM 1990, 1823 (1824); OLG Karlsruhe BB 1998, 1704; MünchKommHGB/*Grunewald* § 166 Rn 45; Ebenroth/Boujong/Joost/Strohn/*Henze* § 177a Anh. A Rn 106; Scholz/*K. Schmidt* GmbHG[10] § 51a Rn 52 f; *Hüffer* in: Ulmer/Habersack/Winter GmbHG § 51a Rn 77. Das *Einsichtsrecht* kann auf diesem Wege allerdings nur ausgeübt werden, wenn die GmbH – wie meist – im Besitz der die KG betreffenden Unterlagen ist (so zutr. OLG Hamm NJW 1986, 1693 [1694]).

2 HM, vgl. eingehend *K. Schmidt* S. 15 ff und *Menger* S. 100 ff; so auch BGH NJW 1992, 1890 (1892); RGZ 148, 278 (279); MünchKommHGB/*Enzinger* Rn 12; Ebenroth/Boujong/Joost/Strohn/*Mayen* Rn 41; MünchKommBGB[5]/*Ulmer/C. Schäfer* § 713 Rn 8; *Wiedemann* WM 1992, Sonderbeil. 7 S. 43 f; *ders.* Gesellschaftsrecht Bd. II § 3 III 4 c, S. 256; **aA** *U. Huber* ZGR 1982, 539 (546 ff); Heymann/*Emmerich* Rn 5.

3 So aber BGH NJW 1992, 1890 (1892).

4 So im Grundsatz auch Westermann/*Wertenbruch* Handbuch Rn I 371b; *Wiedemann* WM 1992 Sonderbeil. 7 S. 44; *ders.* Gesellschaftsrecht Bd. II § 4 II 4 b bb, S. 343 f; Ebenroth/Boujong/Joost/Strohn/*Mayen* Rn 41.

5 Für generelle Geltung des Informationsbedürfnisses aufgrund seiner das Informationsrecht legitimierenden und begrenzenden Funktion aber *K. Schmidt* S. 24, 35 ff;

§ 166 Abs. 1, das sich auf die Prüfung der Richtigkeit des Jahresabschlusses bezieht und daher auch nur zu diesem Zweck ausgeübt werden kann.[6] *Schranken* sind der Rechtsausübung nur durch den allgemeinen Missbrauchsvorbehalt (Rn 29) sowie für den Fall gesetzt, dass der Gesellschaft aus der Einsichtnahme konkrete Nachteile drohen, insbes. die Informationen vom Gesellschafter im Rahmen einer – sei es auch erlaubten – Konkurrenztätigkeit zum Nachteil der Gesellschaft ausgenutzt werden können (vgl. Rn 17 f). Im Übrigen ist die Gesellschaft gegen die missbräuchliche Weitergabe von Informationen durch die *Verschwiegenheitspflicht der Gesellschafter* geschützt.[7] Von Sonderfällen abgesehen, kann sie daher auch die Einsicht in Geschäftsgeheimnisse nicht mit der Begründung verweigern, das Geheimhaltungsinteresse habe Vorrang vor dem Informationsrecht der Gesellschafter.[8]

8 **Ehemaligen Gesellschaftern** oder nicht nachfolgeberechtigten **Erben** verstorbener Gesellschafter steht das mitgliedschaftliche Informationsrecht des § 118 Abs. 1 nach ganz hM nicht zu.[9] Sie sind, soweit sie über Ansprüche gegen die Gesellschaft, etwa auf Gewinn oder Abfindung, verfügen, auf die allgemeinen Informationsrechte, darunter insbes. das Einsichtsrecht aus § 810 BGB, verwiesen (vgl. Rn 49). Scheidet ein Gesellschafter während eines Rechtsstreits mit der Gesellschaft über das Informationsrecht aus dieser aus oder geht sein Anteil auf einen nicht nachfolgeberechtigten Erben über, so entfällt dadurch das auf § 118 Abs. 1 gestützte Klagerecht. Vorbehaltlich der Zulässigkeit einer Klageänderung unter Rückgriff auf § 810 BGB[10] oder einer Erledigungserklärung des Klägers mit Zustimmung der verklagten Gesellschaft (§ 91a Abs. 1 ZPO) ist die Klage in diesem Fall wegen Erledigung als unbegründet abzuweisen.[11] Zur Berechtigung eines *Testamentsvollstreckers*, das Informationsrecht geltend zu machen, wenn der Gesellschaftsanteil einen Nachlassbestandteil bildet, vgl. Rn 34 und § 139 Rn 63.

9 **Dritten** steht das Informationsrecht des § 118 nicht zu. Auch wenn sie Gesellschafter der Obergesellschaft sind, sind sie darauf beschränkt, ihre Rechte bezüglich der Daten der Tochtergesellschaft in jener Gesellschaft geltend zu machen (vgl. Rn 14). Entsprechendes gilt für den **Zessionar** eines Gewinn- oder Abfindungsanspruchs; auf ihn geht

---

dagegen zutr. *Wiedemann* WM 1992 Sonderbeil. 7 S. 44; *ders.* Gesellschaftsrecht Bd. II § 3 III 4 d aa, S 259; *Wohlleben* S. 75 ff; Ebenroth/Boujong/Joost/Strohn/*Mayen* Rn 14; MünchKommHGB/*Enzinger* Rn 29.

6 Vgl. nur OLG Stuttgart NZG 2002, 1105 (1106); Voraufl. § 166 Rn 5 ff (*Schilling*); MünchKommHGB/*Grunewald* § 166 Rn 12.

7 EinhM, vgl. MünchKommHGB/*Enzinger* Rn 29; Ebenroth/Boujong/Joost/Strohn/*Mayen* Rn 15; Westermann/*Wertenbruch* Handbuch Rn I 443a; Heymann/*Emmerich* Rn 11; *Wohlleben* S. 57, 200.

8 Ganz hM, vgl. *Hueck* OHG § 12 4, S. 189; Schlegelberger/*Martens* Rn 19; MünchKommHGB/*Enzinger* Rn 29; Ebenroth/Boujong/Joost/Strohn/*Mayen* Rn 15; Heymann/*Emmerich* Rn 11; Westermann/*Wertenbruch* Handbuch Rn I 443a.

9 Std. Rspr., vgl. RGZ 117, 332 (333); BGH LM Nr. 1 zu § 740 BGB = NJW 1959, 1963 f; BGH WM 1961, 1329; 1968, 1245; 1988, 1447 (1448) (zu § 51a GmbHG); 1989, 878 (879) (zu § 166 HGB); NJW 1989, 225 (226) (zu § 166 HGB); so auch *Hueck* OHG § 12 3, S. 188; MünchKommHGB/*Enzinger* Rn 18; Baumbach/*Hopt* Rn 2; Ebenroth/Boujong/Joost/Strohn/*Mayen* Rn 5 f; Röhricht/Graf v. Westphalen/*v. Gerkan/Haas* Rn 2; Westermann/*Wertenbruch* Handbuch Rn I 440; MünchGesR/*Weipert*[2] Bd. I § 58 Rn 9; **aA** OLG Hamburg MDR 1961, 325 und OLG Hamm OLGZ 1970, 388 (393) (jew. zu § 166 HGB); Heymann/*Emmerich* Rn 4.

10 Zum Eingreifen von § 810 BGB zugunsten ausgeschiedener Gesellschafter oder ihrer Erben vgl. Rn 49.

11 Es gilt auch hier der allg. Grundsatz, dass alle anspruchsbegründenden Tatsachen im Zeitpunkt der letzten mündlichen Verhandlung vorliegen müssen, vgl. dazu statt aller Zöller/*Greger* ZPO[26] vor § 253 Rn 25a.

das Informationsrecht des § 118 weder ipso iure über noch kann es ihm wegen des zwingenden Abspaltungsverbots des § 717 S. 1 BGB wirksam abgetreten werden (Rn 35). Möglich ist eine Ermächtigung zur Ausübung, wenn die Mitgesellschafter zustimmen; sie begründet jedoch kein eigenes, unentziehbares Informationsrecht für den Dritten. Zur Ausübung des Rechts durch gesetzliche Vertreter, Bevollmächtigte u.a. des Gesellschafters vgl. Rn 32 f, zum Recht auf Hinzuziehung von Sachverständigen vgl. Rn 31.

2. Gesellschaft als Verpflichtete. Als **Sozialverbindlichkeit** (Rn 6) richtet sich der Informationsanspruch aus § 118 nicht unmittelbar gegen die geschäftsführenden Gesellschafter, sondern gegen die *Gesellschaft*;[12] eine Haftung der Gesellschafter nach § 128 S. 1 scheidet wegen der mitgliedschaftlichen Natur der Gesellschaftsverbindlichkeit aus (vgl. dazu § 128 Rn 12 und 36 [*Habersack*]). Allerdings kann der Anspruch nach ständ. höchstrichterlicher Rechtsprechung[13] und hL[14] vom Berechtigten auch unmittelbar gegen diejenigen *Gesellschafter* geltend gemacht werden, die innerhalb der Gesellschaft für die Gewährung der Informationen zuständig, hierzu jedoch nicht bereit sind. Dem ist zuzustimmen. Denn zum einen kann der klagende Gesellschafter die Respektierung dieser aus dem Gesellschaftsvertrag fließenden Rechte auch von den Mitgesellschaftern als seinen Vertragspartnern verlangen.[15] Und zum anderen steht nicht die Erbringung von Vermögensleistungen in Rede, so dass das Verbot der Leistungsvermehrung (§ 707 BGB) schon im Ansatz nicht entgegensteht. Anderes gilt zwar für die Prozesskosten, die dem beklagten Mitgesellschafter zur Last fallen; jedoch kann er sie von der Gesellschaft ersetzt verlangen, wenn er die Prozessführung für im Interesse der Gesellschaft erforderlich halten durfte.[16] 10

Das Informationsrecht bleibt auch **nach Auflösung** der Gesellschaft während der Liquidationsphase bestehen.[17] Es erlischt erst mit ihrer Vollbeendigung[18] und kann von den einzelnen Gesellschaftern bis dahin auch gegen die Liquidatoren geltend gemacht werden. Während des **Insolvenzverfahrens** über das OHG-Vermögen unterliegt das Informationsrecht, soweit es auf Einsicht in die – der Verfügung durch den Insolvenzverwalter unterliegenden – Geschäftsunterlagen gerichtet ist, den durch die InsO vorgegebenen Beschränkungen.[19] Der Insolvenzverwalter darf das Informationsrecht deshalb nur durch Gewährung von Einsicht in konkret bezeichnete und von ihm verwahrte Geschäftsunter- 11

---

12 EinhM, vgl. nur *Hueck* OHG § 12 1, S. 187; MünchKommHGB/*Enzinger* Rn 25; Baumbach/*Hopt* Rn 1; Röhricht/Graf v. Westphalen/*v. Gerkan/Haas* Rn 4; MünchGesR/*Weipert*[2] Bd. I § 58 Rn 14; *Wiedemann* Gesellschaftsrecht Bd. II § 3 III 4c, S. 256; *K. Schmidt* S. 65, 70 f; *Wohlleben* S. 141 ff.

13 BGH LM Nr. 3 zu § 118 HGB = BB 1984, 1271 ff; BGH WM 1962, 883; 1955, 1585 (1586) (GbR); RG DR 1944, 245 (246).

14 MünchKommHGB/*Enzinger* Rn 26; Röhricht/Graf v. Westphalen/*v. Gerkan/Haas* Rn 4; MünchGesR/*Weipert*[2] Bd. I § 58 Rn 14; Baumbach/*Hopt* Rn 1; Heymann/*Emmerich* Rn 3; *K. Schmidt* S. 65, 70 f; *Wiedemann* WM 1992 Sonderbeil. 7 S. 43.

15 So zutr. insbes. BGH WM 1955, 1585 (1586) (GbR); *Wohlleben* S. 140.

16 Vgl. dazu BGH WM 1955, 1585 (1586).

17 EinhM, vgl. RGZ 148, 278 (280) und BGH BB 1970, 187 (zu § 716 BGB); BayObLG BB 1987, 2184; OLG Celle BB 1983, 1450; § 156 Rn 9 (*Habersack*); so auch MünchKommHGB/*Enzinger* Rn 18; Baumbach/*Hopt* Rn 2; Ebenroth/Boujong/Joost/Strohn/*Mayen* Rn 7; Heymann/*Emmerich* Rn 4.

18 Zum daran anschließenden Einsichtsrecht nach § 157 Abs. 3 vgl. § 157 Rn 21 ff (*Habersack*).

19 So – in Bezug auf § 166 Abs. 3 – BayObLG ZIP 2005, 1087; OLG Zweibrücken ZIP 2006, 2047 (2048); OLG Hamm BB 2002, 375; vgl. auch *Koller*/Roth/Morck Rn 2; Röhricht/Graf v. Westphalen/*v. Gerkan/Haas* Rn 4.

lagen erfüllen, die sich auf die Zeit vor Verfahrenseröffnung beziehen.[20] Im Fall der **Umwandlung** bestimmt sich das Informationsrecht vom Zeitpunkt ihres Wirksamwerdens an nach der neuen Rechtsform der Gesellschaft, sofern der Gesellschafter ihr weiterhin als Mitglied angehört; andernfalls wird es durch die allgemeinen Rechtsbehelfe ersetzt (Rn 49 f). Der Rücktritt eines persönlich haftenden Gesellschafters in die Stellung eines Kommanditisten führt zur Ersetzung des Informationsrechts aus § 118 durch dasjenige aus § 166 auch dann, wenn es um Vorgänge geht, die in die Zeit seiner Stellung als Komplementär zurückreichen.[21]

II. Angelegenheiten der Gesellschaft

12 **1. Tragweite und Gegenstände.** Der Begriff „Angelegenheiten der Gesellschaft" dient der Umschreibung des *sachlichen Anwendungsbereichs* des Informations- und Kontrollrechts. Nach ganz hM ist er in einem **weiten Sinn** zu verstehen und umfasst alle Vorgänge auf der Ebene der Gesellschaft, aber auch der Grundlagenebene, die sich auf die Verfolgung des gemeinsamen Zwecks beziehen oder in sonstiger Weise die Gesellschaftssphäre tangieren.[22] Betroffen sind einerseits alle gewöhnlichen und außergewöhnlichen *Geschäfte der Gesellschaft mit Dritten* unabhängig davon, ob daraus Verbindlichkeiten der Gesellschaft resultieren, andererseits *interne Vorgänge* wie Geschäftsplanungen, Investitionsentscheidungen, Analysen über den künftigen Geschäftsverlauf und die Gewinnaussichten,[23] Zwischen- und Abschlussbilanzen sowie darauf bezogene Prüfungsberichte,[24] Steuerangelegenheiten der Gesellschaft, aber auch Geschäftsführerbesprechungen oder Beiratssitzungen sowie die Vorbereitung und Durchführung von Gesellschafterversammlungen. Vorbehaltlich besonderer Schranken (vgl. Rn 15 ff) erstreckt sich dementsprechend das Einsichtsrecht des § 118 Abs. 1 auf grundsätzlich *alle Bücher und Papiere im Besitz der Gesellschaft*, die Gesellschaftsangelegenheiten betreffen, ohne dass es darauf ankommt, wer sie erstellt hat und auf welche Art von Vorgängen sie sich beziehen, darunter auch Sitzungsprotokolle, Korrespondenz mit Dritten sowie öffentlichrechtliche Bescheide aller Art.[25] Erfasst werden aber auch *Privatunterlagen einzelner Gesellschafter*, soweit sie anstelle von Gesellschaftspapieren der Aufzeichnung von Geschäftsvorfällen der Gesellschaft dienen und sich nicht auf persönliche Notizen des Urkundenbesitzers beschränken.[26] Entsprechendes gilt für das zur Ergänzung des Einsichtsrechts bestimmte, insbes. bei Unklarheit oder Unvollständigkeit der Gesellschaftsunterlagen relevant wer-

---

[20] Näher OLG Zweibrücken ZIP 2006, 2047 (2048) (unter Hinweis auf das Recht auf Einsicht in die Akten aus § 4 InsO, § 299 ZPO bzw. in bestimmte Unterlagen nach §§ 66, 153 f, 175 InsO); vgl. auch Röhricht/Graf v. Westphalen/*v. Gerkan/Haas* Rn 4.

[21] BGH NJW 1989, 225.

[22] Vgl. nur Ebenroth/Boujong/Joost/Strohn/*Mayen* Rn 9; Baumbach/*Hopt* Rn 3; MünchGesR/*Weipert*[2] Bd. I § 58 Rn 4; Heymann/*Emmerich* Rn 13; *K. Schmidt* S. 32 f; *Wiedemann* WM 1992 Sonderbeil. 7 S. 46; *ders.* Gesellschaftsrecht Bd. II § 3 III 4 e, S. 261; eingehend *Wohlleben* S. 99 ff.

[23] OLG Hamm NJW 1986, 1693 (1694); MünchKommHGB/*Enzinger* Rn 15 f; Ebenroth/Boujong/Joost/Strohn/*Mayen* Rn 9, 11.

[24] BGH NJW 1989, 3272 (3273); MünchKommHGB/*Enzinger* Rn 10; *Wohlleben* S. 117 f.

[25] Vgl. dazu MünchKommHGB/*Enzinger* Rn 15; Heymann/*Emmerich* Rn 14; eingehend *Goerdeler* FS Stimpel, 1985, S. 125 (131 ff) und *Wohlleben* S. 113 ff.

[26] RGZ 103, 71 (73); BGH WM 1982, 1403; BB 1970, 187 (zu § 716 BGB); MünchKommHGB/*Enzinger* Rn 18; *Wohlleben* S. 119 f.

dende Auskunftsrecht (dazu vgl. näher Rn 24 f); auch sein Anwendungsbereich ist in einem umfassenden, durch die Angelegenheiten der Gesellschaft determinierten Sinn zu verstehen.

2. **Verbundene Unternehmen.** Zu den Angelegenheiten der Gesellschaft gehören nach ganz hM auch ihre Beziehungen zu verbundenen Unternehmen.[27] Dem Einsichtsrecht (und ergänzend dem Auskunftsanspruch) unterliegen daher auch sämtliche Vorgänge und darüber errichtete **Unterlagen im Besitz der Gesellschaft**, die sich auf das *Verhältnis der Gesellschaft zu verbundenen Unternehmen* oder auf wichtige, auf die Gesellschaft ausstrahlende Vorgänge bei jenen beziehen. Sind diese Vorgänge *aus der Sicht des verbundenen Unternehmens geheimhaltungsbedürftig*, so ist hieran freilich im Grundsatz auch die Gesellschaft als Mitglied des verbundenen Unternehmens gebunden, und die Geschäftsführer haben die Geheimhaltungspflichten bei Erfüllung des Informationsverlangens der Gesellschafter nach § 118 zu respektieren. Eine Ausnahme kommt dann in Betracht, wenn entweder die Gesellschaft, wirtschaftlich gesehen, Alleingesellschafter des verbundenen Unternehmens ist[28] oder aber die fraglichen Vorgänge aus dem Bereich des verbundenen Unternehmens für die Gesellschafter der Obergesellschaft so bedeutsam sind, dass die Interessenabwägung aus der Sicht des verbundenen Unternehmens unter Berücksichtigung auch der Geheimhaltungspflicht der Gesellschafter der Obergesellschaft eine Weitergabe der Informationen an sie als mit der Treupflicht im verbundenen Unternehmen vereinbar erscheinen lässt.[29] 13

Auf **Unterlagen im Besitz des verbundenen Unternehmens** erstreckt sich das Informationsrecht des § 118 nicht. Auch ist das verbundene Unternehmen nicht selbst Verpflichteter gegenüber den Gesellschaftern der Obergesellschaft im Rahmen von § 118. Eine *Ausnahme* hat die Rechtsprechung allerdings insoweit zugelassen, als die Gesellschaft, wirtschaftlich gesehen, *Alleingesellschafter* des verbundenen Unternehmens ist, da in diesem Fall für eine Rücksichtnahme auf sonstige am verbundenen Unternehmen Beteiligte kein Raum ist.[30] Die Ausnahme kann vor allem in Fällen der *Betriebsaufspaltung* durch Ausgründung eines wesentlichen Betriebsteils in die Rechtsform einer GmbH oder GmbH & Co. KG praktisch werden. Auch dann richtet sich der Anspruch auf Einsicht zwar nur gegen die Obergesellschaft und ihre Geschäftsführer. Diese können jedoch nicht allein deshalb die Erfüllung verweigern, weil die Unterlagen sich bei dem verbundenen Unternehmen befinden, sondern müssen sich um deren Beschaffung bemühen und sind ergänzend zur Auskunft über die fraglichen Vorgänge verpflichtet. 14

---

[27] BGH WM 1983, 910 (911); NJW 1984, 2470 (zu § 338 a.F. HGB); OLG Hamm NJW 1986, 1693 (1694); MünchKommHGB/*Enzinger* Rn 15 f; Röhricht/Graf v. Westphalen/*v. Gerkan/Haas* Rn 5; Baumbach/*Hopt* Rn 16; Ebenroth/Boujong/Joost/Strohn/*Mayen* Rn 9; Heymann/*Emmerich* Rn 13; *K. Schmidt* S. 34; *Wiedemann* WM 1992 Sonderbeil. 7 S. 46; *ders.* Gesellschaftsrecht Bd. II § 3 III 4e aa, S. 261 f; *Wohlleben* S. 102 ff; *Kort* ZGR 1987, 46 (50 ff).

[28] BGHZ 25, 115 (118) = NJW 1957, 1555; vgl. näher Anh. § 105 Rn 85.

[29] Ähnlich *Wohlleben* S. 107 (Verhältnismäßigkeitsgrundsatz); *Hepting* FS Pleyer, 1986, S. 301 (314 ff); Ebenroth/Boujong/Joost/Strohn/*Mayen* Rn 9; Röhricht/Graf v. Westphalen/*v. Gerkan/Haas* Rn 5; im Ergebnis auch OLG Köln GmbHR 1985, 358 (361) und *Kort* ZGR 1987, 46 (61 ff) (nur Vorgänge, die aus der Sicht der Obergesellschaft von erheblicher Bedeutung sind); weitergehend *Wiedemann* WM 1992 Sonderbeil. 7 S. 46; *ders.* Gesellschaftsrecht Bd. II § 3 III 4e aa, S. 261 f: grundsätzlich volle Auskunftspflicht der geschäftsführenden Gesellschafter hinsichtlich der Vorgänge in verbundenen Unternehmen.

[30] Vgl. Nachw. in Fn 28 und *Kort* ZGR 1987, 46 (74) mwN; aA *U. H. Schneider* BB 1975, 1353 (1358 f).

III. Schranken

15 **1. Allgemeines.** Als *eigennütziges Mitgliedschaftsrecht* unterliegt das Informationsrecht den auch für derartige Rechte geltenden Schranken aus der **Treupflicht** (vgl. § 105 Rn 235). Sie betreffen nicht nur die Art und Weise der Ausübung des Einsichtsrechts, d.h. die Anforderungen an Ort und Zeit der Einsichtnahme (Rn 36 ff), sondern auch deren Häufigkeit und Intensität. Zwar sind die Gesellschafter im Grundsatz nicht gehindert, *jederzeit* und *zu jeder Frage* von diesem Recht Gebrauch zu machen, und sie brauchen dazu auch nicht etwa ein besonderes Informationsinteresse darzutun.[31] Die ihnen durch die Treupflicht gesetzten Schranken überschreiten sie jedoch dann, wenn sie das Informationsrecht entweder *gezielt* einsetzen, um den Geschäftsführern die Leitung der Gesellschaft wesentlich zu erschweren oder die Gesellschaft zu schädigen, oder wenn die *Intensität* der Rechtsausübung deutlich außer Verhältnis zu den damit begehrten Informationen steht und geeignet ist, sich lähmend auf die Geschäftsführung auszuwirken.[32] Namentlich ist das Informationsrecht nicht dazu bestimmt, für seine von der Geschäftsführung ausgeschlossenen Inhaber eine Art Mitsprache- oder Nebenbefugnis in Geschäftsführungsfragen zu begründen. Forderungen wie das Verlangen nach dauernder Überlassung eines Büroraums der Gesellschaft zur ständigen Ausübung des Rechts oder nach Eröffnung des unlimitierten, vom Wohnsitz des Gesellschafters auszuübenden Zugriffs auf die Datenbestände der Gesellschaft sind durch § 118 Abs. 1 nicht gedeckt. Zur *Verschwiegenheitspflicht* auch der nichtgeschäftsführenden Gesellschafter als Korrelat ihres Kontrollrechts vgl. auch § 114 Rn 60.

16 Als **Sanktion** für einen treuwidrigen Gebrauch des Informationsrechts kommen neben der Ablehnung übermäßiger Forderungen im Einzelfall einerseits Schadensersatzansprüche der Gesellschaft bei deren schuldhafter Schädigung durch nachhaltige Bindung von Ressourcen oder Behinderung der Geschäftsführung in Betracht. Zum anderen ist in Extremfällen auch an eine von den übrigen Gesellschaftern zu beschließende *Vertragsänderung* aus wichtigem Grund zu denken, durch die das Informationsrecht des treuwidrig Handelnden und seine Ausübung eingeschränkt werden. Eine Gestaltungsklage auf Entziehung des Informationsrechts analog § 117 scheidet nach ganz hM zwar aus (vgl. § 117 Rn 21). Das hindert jedoch nicht die Anerkennung einer von den übrigen Gesellschaftern beschlossenen, dem Störer zumutbaren Einschränkung seines Rechts nach den Grundsätzen der Vertragsänderung kraft Treupflicht (§ 105 Rn 241).

17 **2. Verwendung zu gesellschaftsfremden Zwecken.** Einen Sonderfall treuwidrigen Missbrauchs des Informationsrechts bildet sein Einsatz zu dem Zweck, die dadurch erlangten Informationen zum **Nachteil der Gesellschaft**, insbes. im eigenen Interesse zu verwenden. Zu denken ist einerseits an die *eigennützige Wahrnehmung von Geschäftschancen der Gesellschaft* mit Hilfe des Informationsrechts, andererseits an Interessenkollisionen im Hinblick auf den *Betrieb eines Konkurrenzunternehmens*, auch wenn die Mitgesellschafter in die Abweichung vom Konkurrenzverbot des § 112 Abs. 1 eingewilligt haben. In

---

[31] Ganz hM, vgl. OLG Köln BB 1961, 953; MünchKommHGB/*Enzinger* Rn 29; Ebenroth/Boujong/Joost/Strohn/*Mayen* Rn 14; Heymann/*Emmerich* Rn 2; Baumbach/*Hopt* Rn 1; *Wohlleben* S. 202 f; einschränkend unter Hinweis auf den „Hilfscharakter“ des Informationsrechts *K. Schmidt* S. 24.

[32] BGH WM 1962, 883; MünchKommHGB/*Enzinger* Rn 29; *Wiedemann* Gesellschaftsrecht Bd. II § 3 III 4 f aa, S. 263; *Rob. Fischer* NJW 1954, 779; *K. Schmidt* S. 23 f, 42 f; eingehend zu den aus dem Missbrauchseinwand folgenden, möglichen Schranken des Informationsrechts *Wohlleben* S. 195 ff, 199 ff; den Treupflichteinwand stärker betonend *Wischenbart* S. 43, 53.

derartigen Fällen bietet sich eine Analogie zum Verweigerungstatbestand des § 51a Abs. 2 GmbHG an, so dass es darauf ankommt, ob der Gesellschaft oder einem verbundenen Unternehmen durch das Vorgehen des treuwidrig handelnden Gesellschafters ein nicht unerheblicher Nachteil droht.[33] Allerdings ist der andersartigen Struktur der Personengesellschaft dadurch Rechnung zu tragen, dass für die Verweigerung ein dahin gehender *Beschluss der Geschäftsführer* ausreicht, da sie und nicht (wie im GmbH-Recht) die Gesellschaftergesamtheit das Dispositionsrecht über die Daten der Gesellschaft und über die Gewährung der Einsicht haben.[34]

Was insbes. den erlaubten **Betrieb eines Konkurrenzunternehmens** betrifft, reicht dieser Umstand in aller Regel nicht aus, um dem betroffenen Gesellschafter das Informationsrecht des § 118 Abs. 1 generell zu entziehen und ihn auf die Befugnisse nach § 118 Abs. 2 zu beschränken.[35] Vielmehr ist die *Informationssperre* auf die nach Lage des Falles *besonders sensiblen Daten* zu begrenzen, darunter etwa die Verträge mit leitenden Angestellten, die Daten über Lieferantenbeziehungen oder Absatzkanäle und deren jeweilige Konditionen sowie sonstige für das Wettbewerbsverhältnis zentrale Geschäftsgeheimnisse.[36] Die Darlegungs- und Beweislast für die konkurrenzbedingte Notwendigkeit der Sperre trägt die Gesellschaft.[37] Nach dem Verhältnismäßigkeitsgrundsatz ist auch zu prüfen, ob statt der Informationssperre hinsichtlich dieser Daten die Ausübung des Einsichtsrechts durch einen zur Berufsverschwiegenheit verpflichteten, für die Mitgesellschafter akzeptablen Beauftragten des Wettbewerbers in Betracht kommt, wenn dieser sich der Gesellschaft gegenüber verpflichtet, die erhobenen Daten nur in neutralisierter Form an seinen Auftraggeber weiterzugeben.[38] 18

3. Geschäftsgeheimnisse Dritter. Zu den – weit verstandenen (Rn 12) – Angelegenheiten der Gesellschaft und den hierauf bezogenen, in ihrem Besitz befindlichen Unterlagen können auch Informationen und Dokumente gehören, die der Gesellschaft im Rahmen bestehender oder neu begründeter Geschäftsbeziehungen mit Dritten von diesen überlassen wurden und von deren strikter Geheimhaltung – auch gegenüber den nicht geschäftsführend tätigen Gesellschaftern – die Dritten die Geschäftsbeziehung abhängig machen.[39] Beispiele bilden Informationen über nicht zum Patent angemeldetes **techni-** 19

---

[33] Ebenso Schlegelberger/*Martens* Rn 19; Ebenroth/Boujong/Joost/Strohn/*Mayen* Rn 15; *U. Huber* ZGR 1982, 539 (550); *K. Schmidt* S. 40 ff; *Wiedemann* WM 1992 Sonderbeil. 7 S. 47; *ders.* Gesellschaftsrecht Bd. II § 3 III 4 f aa, S. 263; im Ergebnis auch *Wohlleben* S. 205 ff trotz Ablehnung einer Analogie zu § 51a Abs. 2 GmbHG (S. 167); ähnlich MünchGesR/*Weipert*[2] Bd. I § 8 Rn 19, § 58 Rn 17; Westermann/*Wertenbruch* Handbuch Rn I 443 (allgemeiner gesellschaftsrechtlicher Grundsatz).

[34] So zutr. *Wiedemann* WM 1992 Sonderbeil. 7 S. 47; *ders.* Gesellschaftsrecht Bd. II § 3 III 4 f aa, S. 263.

[35] BGH NJW 1995, 194 (195); BGH LM Nr. 3 zu § 166 HGB = BB 1979, 1315 (1316) (zu § 166 HGB).

[36] BGH LM Nr. 3 zu § 166 HGB (aaO Fn 35).

[37] EinhM, vgl. BGHZ 14, 53 (59) = NJW 1954, 1564 (1565); BGHZ 25, 115 (121) = NJW 1957, 1555; BGH LM Nr. 3 zu § 166 HGB (aaO Fn 35); Ebenroth/Boujong/Joost/Strohn/*Mayen* Rn 16; Scholz/*K. Schmidt* GmbHG[10] § 51a Rn 44; *Hüffer* in: Ulmer/Habersack/Winter GmbHG § 51a Rn 65; *Wohlleben* S. 202 f (dort auch – S. 208 f – zum Anscheinsbeweis für die Gesellschaft im Fall des Engagements des Gesellschafters in einem Konkurrenzunternehmen).

[38] Dazu eingehend *Hirte* FS Röhricht, 2005, S. 217 (222 ff) (Pflicht zur Entsendung von SV zu bejahen, wenn vorhersehbare Schädigung der Gesellschaft zu befürchten ist und vornehmlich gegebene Auskünfte verifiziert werden sollen).

[39] Vgl. auch Ebenroth/Boujong/Joost/Strohn/*Mayen* Rn 9; *Wiedemann* Gesellschaftsrecht Bd. II § 3 III 4e bb, S. 262 f.

sches Wissen oder Verfahrens-Know-how, die der Gesellschaft im Rahmen eines Werkvertrags vom Besteller des Werkes überlassen werden. Gehen die Geschäftsführer bei Vertragsabschluss auf eine solche Forderung des Dritten ein, so kann diese Verpflichtung dem Informationsrecht der Mitgesellschafter gleichwohl nicht ohne weiteres entgegengesetzt werden; denn den Geschäftsführern steht ohne eine besondere Abrede im Gesellschaftsvertrag[40] keine Dispositionsbefugnis über dieses Mitgliedschaftsrecht zu.[41] Die Lösung ist vielmehr unter Rückgriff auf die gesellschaftsvertragliche *Treupflicht* zu gewinnen.[42] Sie steht trotz des eigennützigen Charakters des Informationsrechts (Rn 1) dessen Durchsetzung in derartigen Fällen dann entgegen, wenn die Wahrung des Geschäftsgeheimnisses des Dritten im vorrangigen Interesse der Gesellschaft liegt und dem informationssuchenden Gesellschafter zumutbar ist. Für die danach gebotene *Abwägung* kommt es einerseits auf die Bedeutung des Auftrags für die Gesellschaft sowie auf die objektive Geheimhaltungsbedürftigkeit der fraglichen Informationen an. Andererseits ist das Informationsbedürfnis der außenstehenden Gesellschafter in Bezug auf den Auftragsgegenstand zu berücksichtigen, wobei diesem ggf. auch durch Einschaltung eines zur Berufsverschwiegenheit verpflichteten Sachverständigen Rechnung getragen werden kann. Einer Konkurrenztätigkeit des informationssuchenden Gesellschafters oder der Gefahr, dass der Gesellschafter die Information zu gesellschaftsfremden Zwecken verwendet (vgl. § 51a Abs. 2 GmbHG), bedarf es für die Informationsverweigerung nicht; es genügt ein der Gesellschaft aus der Informationserteilung drohender, nicht unerheblicher Nachteil.[43] Auch im Anwendungsbereich des § 118 Abs. 2 kommt ggf. die Einschaltung eines Sachverständigen in Betracht, um dem rechtlich relevanten Geheimhaltungsinteresse des Dritten angemessen Rechnung zu tragen.

C. Inhalt des Informationsrechts

I. Einsicht

20 Das Recht des Gesellschafters, sich von den Angelegenheiten der Gesellschaft zu *unterrichten*, ist nach § 118 Abs. 1 in erster Linie durch **persönliche Einsichtnahme in deren Bücher und Papiere** auszuüben. Der Kreis der Gegenstände, die der Einsicht unterliegen, bestimmt sich nach der sachlichen Reichweite des Informationsrechts und ist, ebenso wie der Begriff „Angelegenheiten der Gesellschaft", weit zu fassen (vgl. Rn 12). Zur Ausübung des Einsichtsrechts ist dem Gesellschafter der Zugang zu den Geschäftsräumen der Gesellschaft zu eröffnen.[44] Herausgabe bzw. Mitnahme der Unterlagen kann er in

40 Gegen ihre Wirksamkeit bestehen bei entsprechend konkreter Ausgestaltung ebenso wenig Bedenken wie gegen die Erteilung einer Vollmacht an die Geschäftsführer, dem Dritten in ihrem Namen eine – als pactum de non petendo zu wertende – Verzichtszusage zu geben (vgl. zu dieser *Wohlleben* S. 192).

41 So zutr. *Wohlleben* S. 192 f; **aA** *Mertens* FS Werner, 1984, S. 557 (572) (vorbehaltlich des Missbrauchs der Vertretungsmacht); ähnlich auch Scholz/*K. Schmidt* GmbHG[10] § 51a Rn 35, der allerdings aus §§ 134, 138 BGB bei der personalistischen OHG eine Nichtigkeit der Abrede mit dem Dritten infolge des Eingriffs in § 118 annimmt.

42 Ebenso *Wohlleben* S. 195, 209 f; die Treupflichtbindung des Informationsrechts nach § 118 Abs. 1 betonend auch *K. Schmidt* S. 24, 42, 62 f.

43 Vgl. das Auskunftsverweigerungsrecht des § 131 Abs. 3 S. 1 Nr. 1 AktG, das insoweit einen allgemeinen, auf die Treupflicht zurückzuführenden Grundgedanken enthält.

44 Ebenso Ebenroth/Boujong/Joost/Strohn/*Mayen* Rn 12; Baumbach/*Hopt* Rn 4.

aller Regel schon deshalb nicht verlangen, weil die Gesellschaft als Kaufmann (§ 6 Abs. 1) nach §§ 238, 257 in umfassender Weise verpflichtet ist, Bücher zu führen und Geschäftsunterlagen aufzubewahren.[45] Von der Erstellung von Abschriften (Kopien) abgesehen (dazu vgl. Rn 23), verbindet sich mit der Beschränkung auf das Einsichtsrecht nicht selten die Notwendigkeit für den Gesellschafter, sich bei dessen Ausübung eines *Sachverständigen* zu bedienen; hierzu ist er in den sachlich gebotenen Fällen auch berechtigt (Rn 31). Einsicht in *Privatunterlagen* von Mitgesellschaftern kann er nur verlangen, wenn diese funktional zu den Büchern und Papieren der Gesellschaft gehören, d.h. der Aufzeichnung von Geschäftsvorfällen dienen und ihre Kenntnis zur Information über die Angelegenheiten der Gesellschaft oder zur Ausübung des Kontrollrechts notwendig ist (Rn 12). Zur Behandlung von Geschäftsgeheimnissen Dritter vgl. Rn 19. Sofern die Bücher, wie zumeist, in elektronischer Form geführt werden, bezieht sich das Einsichtsrecht selbstverständlich auch auf die mittels **EDV gespeicherten Daten.**[46] Die Gesellschaft muss den Gesellschaftern auf Verlangen die gespeicherten Daten entweder durch Darstellung auf einem Bildschirm der Gesellschaft oder durch entsprechende Ausdrucke bzw. Kopien auf anderen Datenträgern zugänglich machen.[47] Dagegen kann ein ständiger unmittelbarer Zugang zu den Daten grundsätzlich nicht verlangt werden (Rn 15). Er würde zu einer laufenden individuellen Verfügbarkeit der Daten der Gesellschaft führen und die Gefahr eines Missbrauchs durch unbefugte Personen begründen; das ist von § 118 Abs. 1 nicht gedeckt.[48]

Das Einsichtsrecht umfasst außer dem Betreten der Geschäftsräume auch das Recht, **21**
Betriebseinrichtungen, Waren- und Kassenbestände der Gesellschaft **zu besichtigen** und sich davon einen persönlichen Eindruck zu verschaffen. Dagegen ist der Gesellschafter *nicht* berechtigt, von sich aus die *Mitarbeiter der Gesellschaft zu befragen* und von ihnen Auskünfte über Angelegenheiten der Gesellschaft zu erbitten (zum Auskunftsanspruch gegen die Geschäftsführer vgl. Rn 24 f).[49] Entsprechendes gilt im Verhältnis zu Geschäftspartnern und sonstigen mit der Gesellschaft in Verbindung stehenden Dritten, soweit sie nicht – wie im Fall eines Beiratsmitglieds oder Abschlussprüfers – im Interesse auch der einzelnen Gesellschafter und zu ihrer Unterstützung bei der Ausübung der Kontrollrechte tätig werden.

---

45 Ähnlich schon 3. Aufl. Rn 8, 11 (*Rob. Fischer*); vgl. auch OLG Celle BB 1983, 1450 sowie BGH NJW 1984, 2470 (zum Einsichtsrecht des stillen Gesellschafters); für ausnahmsweise vorübergehende Überlassung bei Untunlichkeit oder Unzumutbarkeit des Aufsuchens der Geschäftsräumlichkeiten indes MünchKommHGB/*Enzinger* Rn 26; Westermann/*Wertenbruch* Handbuch Rn I 442b; Ebenroth/Boujong/Joost/Strohn/*Mayen* Rn 25.

46 MünchKommHGB/*Enzinger* Rn 15; Baumbach/*Hopt* Rn 4; Röhricht/Graf v. Westphalen/*v. Gerkan/Haas* Rn 6; Westermann/*Wertenbruch* Handbuch Rn I 442; Scholz/*K. Schmidt* GmbHG[10] § 51a Rn 25; *Zöllner* in Baumbach/Hueck GmbHG[18] § 51a Rn 21; *Hüffer* in: Ulmer/Habersack/Winter GmbHG § 51a Rn 40; *Wohlleben* S. 116 f; vgl. zur Ersetzung der „Handelsbücher" durch elektronische Daten auch schon Voraufl. § 257 Rn 30 ff (*Hüffer*).

47 Ebenroth/Boujong/Joost/Strohn/*Mayen* Rn 11; Röhricht/Graf v. Westphalen/*v. Gerkan/Haas* Rn 6; MünchKommHGB/*Enzinger* Rn 9; zu § 51a GmbHG vgl. auch *Hüffer* in: Ulmer/Habersack/Winter GmbHG § 51a Rn 44; Scholz/*K. Schmidt* GmbHG[10] § 51a Rn 26; *Zöllner* in: Baumbach/Hueck GmbHG[18] § 51a Rn 21.

48 So zutr. Schlegelberger/*Martens* Rn 10; *Zöllner* in: Baumbach/Hueck GmbHG[18] § 51a Rn 21; *Wohlleben* S. 116 f; ebenso Westermann/*Wertenbruch* Handbuch Rn I 442; Ebenroth/Boujong/Joost/Strohn/*Mayen* Rn 11.

49 Ebenso Schlegelberger/*Martens* Rn 9; Ebenroth/Boujong/Joost/Strohn/*Mayen* Rn 12.

II. Auszüge und Kopien

22 Nach § 118 Abs. 1 aE umfasst das Informationsrecht auch das **Recht des Gesellschafters**, sich aus den Handelsbüchern und Papieren der Gesellschaft „eine Bilanz und einen Jahresabschluss anzufertigen". Das wird trotz des auf Bilanz und Jahresabschluss abstellenden, begrenzten Wortlauts allgemein dahin verstanden, dass davon die Anfertigung von Abschriften oder Kopien der Bücher und Papiere durch den Gesellschafter auch ohne konkreten Bezug zu diesen Rechenwerken gedeckt ist.[50] Anderes soll wegen der damit verbundenen Missbrauchsgefahr nur im Hinblick auf solche Unterlagen gelten, die sich auf Geschäftsgeheimnisse der Gesellschaft beziehen.[51] Dieser *großzügigen Praxis* ist im Hinblick auf die umfassende Funktion des Informations- und Kontrollrechts (Rn 2) zuzustimmen. Sie legt dem hiervon Gebrauch machenden Gesellschafter freilich zugleich die besondere Verpflichtung auf, dafür zu sorgen, dass die Abschriften weder in falsche Hände geraten noch Gesellschaftsinterna auf diesem Wege nach außen dringen. Sind solche Verstöße gegen die Verschwiegenheitspflicht (Rn 7) bereits vorgekommen und sind sie auch für die Zukunft zu befürchten, so kann das der Gesellschaft Anlass zu einer deutlich restriktiveren Handhabung des Rechts auf Abschriften oder Kopien geben.

23 Die **Erstellung** der Abschriften oder Kopien ist nach § 118 Abs. 1 grundsätzlich Sache des Gesellschafters.[52] Die Benutzung vorhandener **Kopiergeräte** muss den Gesellschaftern aber gestattet werden, wenn dies mit dem normalen Geschäftsablauf vereinbar ist und davon kein exzessiver Gebrauch gemacht wird. Die **Kosten** des Kopierens hat zwar grundsätzlich der Gesellschafter zu tragen, auf dessen Veranlassung und in dessen Interesse die Kopien gefertigt werden. Doch erscheint es aus Sicht der Gesellschaft ratsam, dem Gesellschafter keine Minimalbeträge in Rechnung zu stellen, um die Ausübung des Informationsrechts nicht zu einer ständigen Quelle des Ärgernisses zwischen geschäftsführenden und auf die Informationen aus § 118 angewiesenen Gesellschaftern zu machen.[53]

III. Auskunft

24 **1. Zu Informationszwecken.** Nach zutreffender hM umfasst das Recht der Gesellschafter, sich von den Angelegenheiten der Gesellschaft persönlich zu *unterrichten*, nicht ohne weiteres auch die Befugnis, von den geschäftsführenden Gesellschaftern die Erteilung von Auskünften anstelle oder neben der Einsicht in die Bücher und Papiere der Gesellschaft zu verlangen.[54] Zu solchen Auskünften sind die Geschäftsführer zwar gegen-

---

[50] Vgl. nur MünchKommHGB/*Enzinger* Rn 9; Röhricht/Graf v.Westphalen/*v. Gerkan/Haas* Rn 9; Baumbach/*Hopt* Rn 4; *Wohlleben* S. 126 f.

[51] So die Nachw. in Fn 50.

[52] EinhM, vgl. *Hueck* OHG § 12 3, S. 189; MünchKommHGB/*Enzinger* Rn 9; Ebenroth/Boujong/Joost/Strohn/*Mayen* Rn 27; Westermann/*Wertenbruch* Handbuch Rn I 442b; so auch OLG Köln ZIP 1985, 800 (802).

[53] So mit Recht Voraufl. Rn 23 (*Ulmer*).

[54] BGHZ 14, 53 (60) = NJW 1954, 1564 (1565); BGH WM 1983, 910 (911); RG JW 1907, 523; OLG Saarbrücken NZG 2002, 669 (670); *Hueck* OHG § 12 2, S. 187; Westermann/*Wertenbruch* Handbuch Rn I 442h; Ebenroth/Boujong/Joost/Strohn/*Mayen* Rn 13; Baumbach/*Hopt* Rn 7; MünchGesR/*Weipert*[2] Bd. I § 58 Rn 2; *K. Schmidt* S. 63 f; *ders.* Gesellschaftsrecht § 21 III 1 f, S. 627 f; *Wohlleben* S. 82 ff, 85; **aA** (für gleichrangiges Auskunftsrecht) Heymann/*Emmerich* Rn 5; *Wiedemann* WM 1992 Sonderbeil. 7 S. 43 (45); *ders.* Gesellschaftsrecht Bd. II § 3 III 4a, S. 254; *Roitzsch* Minderheitenschutz im Verbandsrecht, 1981, S. 161; *Schießl* GmbHR 1985, 109 (110 f); *Kucsko* GesRZ 1984, 92 (94); nicht eindeutig Schlegelberger/*Martens* Rn 14.

über der *Gesellschaftergesamtheit* aufgrund ihrer Rechenschaftspflicht nach § 105 Abs. 3 i.V.m. §§ 713, 666 BGB verpflichtet (Rn 6). Demgegenüber richtet sich das individuelle Informationsrecht jedes Gesellschafters nach § 118 Abs. 1 nur auf Einsicht sowie auf Erstellung von Abschriften. Kennzeichnend für die Unterrichtung ist, dass der **informationswillige Gesellschafter** sie **aktiv begehren** muss; es besteht keine durch Auskunft zu erteilende, umfassende Informationsverschaffungspflicht der Geschäftsführer gegenüber jedem einzelnen Gesellschafter. Auch die neuere Vorschrift des § 51a Abs. 1 GmbHG, die Auskunft und Einsicht als Mittel der Informationsbeschaffung ausdrücklich auf die gleiche Stufe stellt, bestätigt die von der hM getroffene Unterscheidung zwischen den beiden Informationsarten und die grundsätzliche Verweisung der Gesellschafter einer OHG auf das Einsichtsrecht. Die Geschäftsführer sind dadurch selbstverständlich nicht gehindert, den Mitgesellschaftern auf freiwilliger Grundlage Auskünfte zu erteilen.

Zu Recht erkennt die höchstrichterliche Rechtsprechung[55] mit Billigung der Literatur[56] aber einen **ergänzenden Auskunftsanspruch** in denjenigen Fällen an, in denen die vom informationswilligen Gesellschafter gesuchten Daten den Büchern und Papieren der Gesellschaft nicht in geeigneter Weise zu entnehmen sind und er sich ohne die Auskunft nicht die angestrebte Klarheit über die Angelegenheiten der Gesellschaft verschaffen kann. Das gilt namentlich in Fällen, in denen die Bücher und Papiere infolge Lückenhaftigkeit, Widersprüchlichkeit oder aus sonstigen Gründen keine geeignete Grundlage für die Beschaffung der gewünschten Informationen bilden[57] oder in denen der Informationswunsch sich auf die Beziehungen zu Tochtergesellschaften bezieht und daher nicht ohne weiteres durch Einsicht in die Unterlagen der Gesellschaft befriedigt werden kann.[58] Berücksichtigt man überdies die Fülle von Daten und Unterlagen eines werbenden Unternehmens und die nicht selten daraus resultierende Schwierigkeit für externe Gesellschafter, sich im Einsichtswege die richtigen Informationen zu beschaffen, so ist ein Auskunftsanspruch auch in sonstigen Fällen anzuerkennen, in denen die Unterrichtung des Gesellschafters mittels Einsicht auf Probleme stößt, während den geschäftsführenden Gesellschaftern die Erteilung der gewünschten Auskünfte ohne weiteres möglich und daher zumutbar ist. Fehlender Sachverstand von Gesellschaftern reicht zur Begründung eines derartigen ergänzenden Auskunftsrechts allerdings nicht aus; vielmehr sind sie dann, wenn die Informationsbeschaffung allein hieran zu scheitern droht, darauf zu verweisen, sich zur Wahrnehmung des Einsichtsrechts eines Sachverständigen auf ihre Kosten zu bedienen (Rn 31). **25**

2. Zur Vorbereitung von Gesellschafterbeschlüssen. Von der Auskunft als ergänzendes Instrument der Informationserlangung nach § 118 Abs. 1 klar zu unterscheiden ist das *besondere Auskunftsrecht* zur Vorbereitung von Beschlüssen in Gesellschaftsangelegenheiten und die ihm entsprechende Informationspflicht der geschäftsführenden Gesellschafter.[59] Es handelt sich um eine das *Stimmrecht* ergänzende Befugnis, die in denjenigen Fällen eingreift, in denen der Gesellschafter die Information zur Ausübung **26**

---

[55] Vgl. die Rspr.-Nachw. in Fn 54.

[56] So Schlegelberger/*Martens* Rn 14; Ebenroth/Boujong/Joost/Strohn/*Mayen* Rn 13; Röhricht/Graf v.Westphalen/*v.Gerkan/Haas* Rn 7; Baumbach/*Hopt* Rn 7; Röhricht/Graf v. Westphalen/*v. Gerkan/Haas* Rn 7; Westermann/*Wertenbruch* Handbuch Rn I 442h; Baumbach/*Hopt* Rn 7; *K. Schmidt* S. 64; *ders.* Gesellschaftsrecht § 21 III 1e, f, S. 627 f (Informationsbedürfnis des Gesellschafters entscheidend); *Menger* S. 102 f.

[57] BGHZ 14, 53 (60) = NJW 1954, 1564 (1565); BGH WM 1983, 910 (911); OLG Hamburg JW 1921, 687.

[58] Vgl. dazu auch Scholz/*K. Schmidt* GmbHG[10] § 51a Rn 25, 34 und *Wohlleben* S. 118.

[59] Vgl. etwa Voraufl. § 166 Rn 2 (*Schilling*); Schlegelberger/*Martens* Rn 15 und § 166

seiner Mitwirkungsrechte in der Gesellschaft benötigt,[60] so bei Beschlussfassung über außergewöhnliche Geschäfte (§116 Abs. 2) oder über Angelegenheiten der Grundlagenebene unter Einschluss von Änderungen des Gesellschaftsvertrags. In derartigen Fällen gehört es zu den – grundsätzlich den Geschäftsführern obliegenden – Aufgaben der Vorbereitung von Gesellschafterbeschlüssen, mit der Einladung zur Gesellschafterversammlung und der Versendung der Tagesordnung, spätestens aber bei der Diskussion des jeweiligen Beschlussgegenstands, den Mitgesellschaftern die erforderlichen Informationen zu geben und ihnen auf Verlangen Auskunft zu erteilen (§ 119 Rn 18). Vom ergänzenden Auskunftsrecht nach § 118 Abs. 1 (Rn 25) unterscheidet sich dieser Auskunftsanspruch dadurch, dass er nicht umfassend angelegt ist, sondern in sachlichem und zeitlichem Zusammenhang mit der Beschlussfassung in der Gesellschafterversammlung steht. Er wird daher auch durch eine gesellschaftsvertragliche Einschränkung oder Abbedingung des Informationsrechts nach § 118 Abs. 1 nicht berührt.[61]

IV. Keine Rechnungslegung

27 Rechnungslegung oder die Erstellung von (Zwischen-)Bilanzen kann der einzelne Gesellschafter unter Berufung auf § 118 Abs. 1 nicht verlangen. Das Informationsrecht ist zwar auch dazu bestimmt, den Gesellschafter auf seinen Wunsch zur **Anfertigung einer Bilanz und eines Jahresabschlusses** in die Lage zu versetzen. Die Anfertigung als solche ist jedoch nicht Sache der Gesellschaft oder ihrer Geschäftsführer, sondern des *Gesellschafters* selbst, ggf. unter Heranziehung eines Sachverständigen auf seine Kosten (Rn 31). Darin zeigt sich erneut der Unterschied des Informationsrechts nach § 118 Abs. 1 gegenüber der allgemeinen, gegenüber der Gesellschafter*gesamtheit* bestehenden Rechnungslegungs- und Bilanzierungspflicht nach § 120 (vgl. schon Rn 6). Auch das Verlangen nach Berichtigung einer von den Geschäftsführern erstellten, nach Ansicht des Gesellschafters fehlerhaften Bilanz findet seinen Rechtsgrund nicht in § 118 Abs. 1, sondern in § 120.[62]

D. Ausübung des Informationsrechts

I. Grundlagen

28 Zur sachlichen **Reichweite** des Informationsrechts und zur Abgrenzung der davon erfassten, der Einsicht durch die Gesellschafter unterliegenden Bücher und Papiere der Gesellschaft vgl. schon Rn 12 ff, 20 ff. Angesichts seines umfassenden Anwendungsbereichs und angesichts der im Unterschied zu § 166 Abs. 1 fehlenden zeitlichen Eingren-

---

Rn 18 f; *Wiedemann* WM 1990 Sonderbeil. 8 S. 20; *ders.* Gesellschaftsrecht Bd. II § 3 III 4 c, S. 256 f; *Goerdeler* FS Kellermann, 1991, S. 77 ff; *Grunewald* ZGR 1989, 545 (552); tendenziell auch BGH NJW 1992, 1890 (1891) und zuvor schon BGH NJW 1989, 225 f; wohl auch MünchKommHGB/*Enzinger* Rn 14, § 119 Rn 40.

[60] So zutr. BGH NJW 1992, 1890 (1891) und *Goerdeler* FS Kellermann, 1991, S. 80; vgl. auch *Wohlleben* S. 93 f, 214 und *Menger* S. 117 ff, 129 zur Ableitung dieses Auskunftsrechts aus der Treupflicht.

[61] Ähnlich Ebenroth/Boujong/Joost/Strohn/*Mayen* Rn 34; Röhricht/Graf v. Westphalen/*v. Gerkan/Haas* Rn 17, die einen (vertraglichen) Ausschluss nur in dem Umfang zulassen wollen, wie auch das Stimmrecht zulässigerweise ausgeschlossen ist.

[62] Ähnlich Schlegelberger/*Martens* Rn 17; MünchKommHGB/*Enzinger* Rn 10.

zung gewährt §118 Abs. 1 den einzelnen Gesellschaftern sehr weitgehende Befugnisse, mit denen sich je nach Art und Intensität der Ausübung ein nicht unerhebliches *Störpotential* zum Nachteil der Gesellschaft verbinden kann. Das ist bei der Geltendmachung des Informationsrechts zu berücksichtigen; es kann trotz seiner Rechtsnatur als eigennütziges Mitgliedschaftsrecht (Rn 1) dazu führen, den Gesellschafter aus Gründen der Treupflicht zur **Rücksichtnahme** auf das Interesse der Gesellschaft an einem möglichst störungsfreien Geschäftsablauf und zu einer diesem Interesse Rechnung tragenden, schonenden Rechtsausübung zu verpflichten (Rn 15 f).

Ein **besonderes rechtliches oder wirtschaftliches Interesse** an den vom Gesellschafter 29 gewünschten Informationen ist für die Geltendmachung des Informationsrechts zwar *nicht erforderlich* (Rn 7). Die funktionale, auf Information und Kontrolle gerichtete Natur des Informationsrechts (Rn 2) gibt der Gesellschaft jedoch das Recht, das Verlangen nach Einsicht und ergänzender Auskunft abzulehnen, wenn der fehlende Funktionsbezug der Rechtsausübung offensichtlich ist und der Gesellschafter damit in Wahrheit andere, den Umkreis des § 226 BGB berührende Zwecke verfolgt.[63] Die Darlegungs- und Beweislast für einen derartigen *Missbrauch des Informationsrechts* ist Sache der Gesellschaft.[64] Zum Verbot, die unter Berufung auf § 118 Abs. 1 erlangten Informationen zum Nachteil der Gesellschaft zu verwenden, und zu den Schranken des Informationsrechts bei Ausübung einer Konkurrenztätigkeit vgl. Rn 17 f.

II. Persönliche Rechtsausübung

1. Höchstpersönliche Natur des Informationsrechts. Wie jedes mitgliedschaftliche 30 Verwaltungsrecht (§ 105 Rn 215) ist auch das Informationsrecht des § 118 Abs. 1 höchstpersönlicher Natur und mit der Mitgliedschaft untrennbar verbunden.[65] Seiner Abtretung an Nichtgesellschafter steht das Abspaltungsverbot des § 717 S. 1 BGB entgegen (§ 109 Rn 25 ff); auch die Überlassung der Rechtsausübung an Dritte ist nur mit Zustimmung der Mitgesellschafter zulässig (Rn 33). Die höchstpersönliche Natur zeigt sich auch darin, dass das Informationsrecht sich mit einer entsprechenden, aus Sicht der Gesellschaft meist unverzichtbaren *Verschwiegenheitspflicht* verbindet, die ihrerseits auf der Mitgliedschaft beruht (Rn 7). Sie wäre Dritten gegenüber nur kraft besonderer Abreden und ohne die im Gesellschaftsrecht bestehenden Sanktionen durchsetzbar. Zur Notwendigkeit, bei dauernder Interessenkollision (Betrieb eines Konkurrenzunternehmens o.ä.) das Informationsrecht durch einen zur Berufsverschwiegenheit verpflichteten Dritten ausüben zu lassen, vgl. Rn 18; zur Ausübung des Informationsrechts durch gesetzliche Vertreter, Testamentsvollstrecker und Treugeber vgl. Rn 32, 34.

2. Hinzuziehung von Sachverständigen. Die höchstpersönliche Natur des Informa- 31 tionsrechts hindert den Gesellschafter ebenso wie bei sonstiger Einholung von Rat in Gesellschaftsangelegenheiten (vgl. § 119 Rn 58) nicht daran, **bei Bedarf** einen Sachverständigen hinzuzuziehen und dessen Rat in Anspruch zu nehmen.[66] Anderes gilt dann,

---

63 Vgl. schon oben Rn 15; auf § 226 BGB hinweisend auch *Wohlleben* S. 203.

64 Vgl. Nachw. in Fn 37.

65 EinhM, vgl. MünchKommHGB/*Enzinger* Rn 18; Ebenroth/Boujong/Joost/Strohn/*Mayen* Rn 17; Röhricht/Graf v. Westphalen/*v. Gerkan/Haas* Rn 1; Heymann/*Emmerich* Rn 6; Baumbach/*Hopt* Rn 1; *K. Schmidt* S. 24 f; *Wohlleben* S. 57 f.

66 Ganz hM, vgl. RGZ 170, 392 (395); BGHZ 25, 115 (123) = NJW 1957, 1555; BGH WM 1962, 883; BB 1979, 1315 (1316); NJW 1984,

wenn es angesichts eines einfach gelagerten Sachverhalts der Hilfe Dritter für die Einsichtnahme nicht bedarf.[67] Der Sachverständige ist auf seine Beratungs- (Hilfs-)funktion beschränkt, während die Rechtsausübung als solche sowie die Verantwortlichkeit hierfür beim Gesellschafter verbleibt.[68] Zu weit ginge es freilich, deshalb ständige persönliche Anwesenheit des Gesellschafters bei Ausübung des Einsichtsrechts zu verlangen.[69] Bei der *Auswahl* des Sachverständigen muss der Gesellschafter Rücksicht auf das Interesse von Gesellschaft und Mitgesellschaftern nehmen, um Nachteile für diese zu vermeiden. Daher kommt als Sachverständiger grundsätzlich nur ein Angehöriger derjenigen freien Berufe in Betracht, die wie Wirtschaftsprüfer, Steuerberater oder Rechtsanwälte zur *beruflichen Verschwiegenheit* verpflichtet sind.[70] Auch können die Mitgesellschafter der Auswahl eines bestimmten Sachverständigen widersprechen, wenn er für die Gesellschaft aus persönlichen Gründen untragbar ist.[71] Die Nähe zum Auftraggeber, etwa aufgrund laufender Erledigung von dessen Steuer- oder Rechtsangelegenheiten, reicht hierfür allerdings nicht aus.[72] Die *Kosten* des Sachverständigen sind grundsätzlich von dem ihn beauftragenden Gesellschafter zu tragen (vgl. dazu und zur Abweichung in Sonderfällen Rn 40).

III. Rechtsausübung durch Dritte

32 **1. Gesetzliche Vertreter, Betreuer.** Nicht voll geschäftsfähige Gesellschafter üben ihre Mitgliedschaftsrechte grundsätzlich durch ihre gesetzlichen Vertreter aus (vgl. § 105 Rn 86). Daher bestehen auch keine Bedenken gegen die Wahrnehmung des Informationsrechts des § 118 Abs. 1 durch einen gesetzlichen Vertreter; die höchstpersönliche Natur des Rechts steht nicht entgegen.[73] Entsprechendes gilt in Fällen, in denen für einen

---

2470 (2471); 1995, 196; MünchKommHGB/*Enzinger* Rn 23; Baumbach/*Hopt* Rn 9; Westermann/*Wertenbruch* Handbuch Rn I 442d; Röhricht/Graf v. Westphalen/*v. Gerkan/Haas* Rn 9; Heymann/*Emmerich* Rn 8; *K. Schmidt* S. 25; *Goerdeler* FS Stimpel, 1985, S. 126 ff.

[67] So zutr. BGH WM 1962, 883; *Hueck* OHG § 12 3, S. 189; Schlegelberger/*Martens* Rn 24; MünchKommHGB/*Enzinger* Rn 24; Ebenroth/Boujong/Joost/Strohn/*Mayen* Rn 23; Röhricht/Graf v. Westphalen/*v. Gerkan/Haas* Rn 9.

[68] BGHZ 25, 115 (123) = NJW 1957, 1555; MünchKommHGB/*Enzinger* Rn 23; Westermann/*Wertenbruch* Handbuch Rn I 442d; Ebenroth/Boujong/Joost/Strohn/*Mayen* Rn 21; zweifelnd *Goerdeler* FS Stimpel, 1985, S. 128 f.

[69] So aber Voraufl. § 166 Rn 10 (*Schilling*); *Wohlleben* S. 61 f; Staudinger/*Habermeier* (2003) § 716 Rn 5; wie hier MünchKommHGB/*Enzinger* Rn 23; Baumbach/*Hopt* Rn 9; MünchKommBGB[5]/*Ulmer/Schäfer* § 716 Rn 16; Soergel/*Hadding* BGB[12] § 716 Rn 10 (anders noch in der Voraufl.); *Goerdeler* FS Stimpel, 1985, S. 128 f; Westermann/*Wertenbruch* Handbuch Rn I 442d; MünchKommHGB/*Enzinger* Rn 23; vgl. auch OLG Celle BB 1983, 1450 (1451) (zu § 166 HGB).

[70] Zu den Auswahlkriterien vgl. näher *Goerdeler* FS Stimpel, 1985, S. 134 ff; *Hirte* FS Röhricht, 2005, S. 217 (225 f).

[71] Ganz hM, vgl. BGH WM 1962, 883; MünchKommHGB/*Enzinger* Rn 24; Ebenroth/Boujong/Joost/Strohn/*Mayen* Rn 22; Röhricht/Graf v. Westphalen/*v. Gerkan/Haas* Rn 9.

[72] BGH WM 1962, 883; MünchKommHGB/*Enzinger* Rn 24; Ebenroth/Boujong/Joost/Strohn/*Mayen* Rn 22; Baumbach/*Hopt* Rn 9.

[73] EinhM, vgl. BGHZ 44, 98 (103) = NJW 1965, 1960; OLG Hamm OLGZ 1970, 394 (398); MünchKommHGB/*Enzinger* Rn 20; Baumbach/*Hopt* Rn 8; Ebenroth/Boujong/Joost/Strohn/*Mayen* Rn 18; Westermann/*Wertenbruch* Handbuch Rn I 439; Röhricht/Graf v. Westphalen/*v. Gerkan/Haas* Rn 8; Heymann/*Emmerich* Rn 7; *Wohlleben* S. 59.

Gesellschafter wegen dessen körperlicher oder geistiger Behinderung ein Betreuer nach § 1896 BGB bestellt ist, soweit die Behinderung sich auch auf die persönliche Wahrnehmung der Mitgliedschaftsrechte auswirkt.[74] Allerdings können die Mitgesellschafter die Ausübung der Informationsrechte durch den gesetzlichen Vertreter oder Betreuer davon abhängig machen, dass dieser sich ihnen gegenüber zur Wahrung der Verschwiegenheit und dazu verpflichtet, die erlangten Informationen nicht für gesellschaftsfremde Zwecke zu verwerten.[75] Die amtliche Pflichtbindung des gesetzlichen Vertreters oder Betreuers besteht nur gegenüber dem Vertretenen oder Betreuten;[76] sie macht diese Vorsorge daher nicht gegenstandslos.

2. **Bevollmächtigte.** Im Unterschied zu Gesellschaftern, die ihre Mitgliedschaftsrechte 33
wegen fehlender Geschäftsfähigkeit oder wegen Behinderung nicht persönlich wahrnehmen können, sondern hierzu auf einen gesetzlichen Vertreter oder amtlich berufenen Betreuer angewiesen sind, ist die rechtsgeschäftliche Bevollmächtigung Dritter zur Wahrnehmung des Informationsrechts wegen dessen höchstpersönlicher Natur nur zulässig mit **Zustimmung der Mitgesellschafter**, sofern der Gesellschaftsvertrag sie nicht allgemein gestattet.[77] Die Mitgesellschafter entscheiden hierüber im Grundsatz einstimmig nach freiem Ermessen. Eine Zustimmungspflicht kraft Treupflicht kommt vor allem in solchen Fällen in Betracht, in denen der Vollmachtgeber aus persönlichen Gründen, etwa wegen längerer Ortsabwesenheit, Krankheit u.a., an der eigenen Wahrnehmung des Informationsrechts gehindert und den Mitgesellschaftern die Zustimmung angesichts der Person des Bevollmächtigten und der ihn treffenden Verschwiegenheitspflicht zumutbar ist.[78] Ungeachtet einer wirksam erteilten Bevollmächtigung kann der Vollmachtgeber das Informationsrecht nach Wegfall der Hinderungsgründe auch selbst ausüben. Einer verdrängenden Wirkung der Vollmacht steht, auch wenn sie gewollt sein sollte, der höchstpersönliche Charakter des Informationsrechts entgegen.[79]

3. **Sonstige.** Eine Wahrnehmung des Informationsrechts durch sonstige, nicht zu den 34
Gesellschaftern gehörende Personen kommt nur dann und insoweit in Betracht, als ihnen kraft ihrer Berechtigung am Gesellschaftsanteil eine *gesellschafterähnliche Stellung* zukommt und sie auf diese Weise in den Gesellschafterkreis eingebunden sind. Das gilt für **Testamentsvollstrecker** hinsichtlich des nachlasszugehörigen Gesellschaftsanteils, wenn die Testamentsvollstreckung im Gesellschaftsvertrag zugelassen ist,[80] ferner für **Treugeber** im Falle offener (qualifizierter) Anteilstreuhand (§ 105 Rn 107) sowie für sonstige vergleichbare Fälle wie die Bestellung eines *Anteilsnießbrauchs* mit Zustimmung der Mit-

[74] BGHZ 44, 98 (103) (zu § 1910 BGB a.F.).

[75] So zutr. Schlegelberger/*Martens* Rn 22; Ebenroth/Boujong/Joost/Strohn/*Mayen* Rn 18; Baumbach/*Hopt* Rn 8; Westermann/*Wertenbruch* Handbuch Rn I 439 (Pflicht zur vertraglichen Zusicherung der Verschwiegenheit); **aA** wohl *Hueck* OHG § 20 V 1a, S. 307.

[76] Vgl. allg. dazu *Flume* II § 45, II 4, S. 792; MünchKommBGB[5]/*Schramm* § 164 Rn 105; MünchKommBGB[5]/*Schwab* § 1896 Rn 133.

[77] Ganz hM, vgl. BGHZ 25, 115 (122) = NJW 1957, 1555; MünchKommHGB/*Enzinger* Rn 22; Ebenroth/Boujong/Joost/Strohn/*Mayen* Rn 19; Röhricht/Graf v. Westphalen/*v. Gerkan/Haas* Rn 8; Baumbach/*Hopt* Rn 8; *K. Schmidt* S. 25.

[78] Vgl. BGHZ 25, 115 (123) = NJW 1957, 1555; BGH WM 1962, 883; RG DR 1944, 245 (246); Schlegelberger/*Martens* Rn 23; Heymann/*Emmerich* Rn 7; Ebenroth/Boujong/Joost/Strohn/*Mayen* Rn 19; näher dazu *Wohlleben* S. 60 ff.

[79] So zutr. Schlegelberger/*Martens* Rn 23.

[80] Ebenso Westermann/*Wertenbruch* Handbuch Rn I 439a; vgl. zur Ausübung der Verwaltungsrechte durch den Testamentsvollstrecker § 139 Rn 60 ff.

gesellschafter (§ 105 Rn 119). Zum Sonderfall der Pfändung und Verpfändung eines Gesellschaftsanteils und zur eigenständigen Begründung eines funktional auf die Durchsetzung des Pfandrechts beschränkten Informationsrechts des Pfandgläubigers vgl. § 105 Rn 131 ff, 282.

35 Dem **Zessionar** des Anspruchs auf den Gewinnanteil oder auf das Auseinandersetzungsguthaben (die Abfindung) steht das Informationsrecht des § 118 Abs. 1 auch dann *nicht* zu, wenn die Beteiligten Abweichendes vereinbart haben.[81] Das folgt aus der Geltung des Abspaltungsverbots des § 717 BGB, das nach S. 2 Ausnahmen nur für die mit dem Anteil verbundenen Vermögensrechte zulässt (vgl. § 121 Rn 7). Der Zessionar muss sich daher wegen der erforderlichen Informationen über Fälligkeit und Höhe des Anspruchs grundsätzlich an den Zedenten halten, dem das Informationsrecht kraft der ihm verbliebenen Mitgliedschaft weiterhin zusteht. Daneben bejaht die Rechtsprechung bei Abtretung des Gewinnanspruchs eine aus § 242 BGB abgeleitete Pflicht der Gesellschaft, dem Zessionar nach Gewinnfeststellung den auf den abgetretenen Anspruch entfallenden Gewinnanteil der Höhe nach mitzuteilen.[82] Entsprechendes ist auch bei Abtretung des Abfindungsanspruchs anzuerkennen (vgl. Rn 51).

IV. Modalitäten der Rechtsausübung

36 **1. Ort.** Soweit es um das Recht auf **Einsicht** in die Geschäftsunterlagen und auf Anfertigung von *Kopien* geht, ist dieses grundsätzlich an dem Ort auszuüben, an dem die Unterlagen bei ordnungsmäßiger Geschäftsführung aufbewahrt werden, also regelmäßig in den *Geschäftsräumen der Gesellschaft*.[83] Dem informationswilligen Gesellschafter ist das zumutbar, sofern ihm von der Gesellschaft ein geeigneter Raum für die Einsicht und die Erstellung von Kopien zur Verfügung gestellt wird. Es folgt aber auch daraus, dass Geschäftspapiere eines kaufmännischen Unternehmens der Pflicht zur Aufbewahrung bei diesem unterliegen und nicht ohne Nachteile für die Fortführung der Geschäfte und ohne Verlustgefahr herausgegeben werden können.[84] Daher scheidet im Regelfall auch ein Recht des Gesellschafters auf vorübergehende *Aushändigung* der Unterlagen zur Verbringung an einen anderen Ort aus, es sei denn, dass ihm die Einsicht in den Geschäftsräumen unmöglich gemacht oder unzumutbar erschwert wird[85] oder dass er aufgrund dauernder Behinderung seinerseits nicht in der Lage ist, die Geschäftsräume zu betreten.

37 Für das ergänzende **Auskunftsrecht** (Rn 25) gilt die aus der Aufbewahrung der Papiere folgende Konzentration des Informationsrechts auf die Geschäftsräume der Gesellschaft nicht in gleicher Weise. Auch insoweit können sich die Geschäftsführer jedoch grundsätzlich auf Auskunftserteilung am Geschäftssitz der Gesellschaft oder in einer außerhalb des Sitzes abgehaltenen Gesellschafterversammlung beschränken, sofern nicht fernmündliche Auskunft in Betracht kommt.

---

81 BGH WM 1975, 1299 (1300); Schlegelberger/*Martens* Rn 27; Voraufl. Rn 35 (*Ulmer*); *K. Schmidt* S. 25.

82 BGH WM 1975, 1299 (1300).

83 HM, vgl. OLG Köln BB 1961, 953; MünchKommHGB/*Enzinger* Rn 26; Ebenroth/Boujong/Joost/Strohn/*Mayen* Rn 25; Baumbach/*Hopt* Rn 4; Westermann/*Wertenbruch* Handbuch Rn I 442b; Röhricht/Graf v. Westphalen/*v. Gerkan/Haas* Rn 11; Heymann/*Emmerich* Rn 10; *Wohlleben* S. 124.

84 So zutr. schon 3. Aufl. Rn 8 (*Rob. Fischer*); Schlegelberger/*Martens* Rn 29.

85 OLG Köln BB 1961, 953; MünchKommHGB/*Enzinger* Rn 26; Baumbach/*Hopt* Rn 4; Westermann/*Wertenbruch* Handbuch Rn I 442b; enger *Hueck* OHG § 12 3, S. 189 (gegen jedes Herausgabeverlangen).

2. Zeit. In zeitlicher Hinsicht ist zwischen den allgemeinen zeitlichen Voraussetzungen für den Bestand des Rechts und den zeitlichen Anforderungen an seine Ausübung zu unterscheiden. Was die Voraussetzungen für den *Bestand* des Rechts angeht, sind sie im Unterschied zu § 166 Abs. 1 oder zu § 131 AktG nicht eingeschränkt: das Informationsrecht besteht nach gesetzlicher Regel **während des ganzen Geschäftsjahrs,** ohne an die Vorlage und Nachprüfung des Jahresabschlusses, die Abhaltung einer Gesellschafterversammlung oder an sonstige wichtige Termine im Lauf des Geschäftsjahrs gebunden zu sein. Darin liegt auch ein wesentlicher Grund für die Gefahr, dass das Recht von lästigen Gesellschaftern als Störpotential eingesetzt werden und die Notwendigkeit einer gesellschaftsvertraglichen Limitierung begründen kann (Rn 15 f). 38

Bei den zeitlichen Anforderungen an die *Rechtsausübung* hat der informationswillige Gesellschafter grundsätzlich auf die Interessen der Gesellschaft und deren Geschäftsablauf Rücksicht zu nehmen. Im Regelfall muss die Ausübung danach **während der üblichen Geschäftszeit** erfolgen, um der Gesellschaft zusätzlichen Aufwand zu ersparen.[86] Ausnahmen kommen dann in Betracht, wenn die Einsichtnahme während dieser Zeit entweder aus der Sicht der *Gesellschaft* mit erheblichen Störungen für den Geschäftsablauf verbunden ist und sie dem Gesellschafter deshalb Einsicht zu einer für ihn akzeptablen Zeit außerhalb der Geschäftsstunden anbietet oder wenn dem *Gesellschafter* die Einhaltung der Geschäftszeit aus persönlichen Gründen unzumutbar ist.[87] Es gilt der Grundsatz der Interessenabwägung und der Wahl eines für beide Seiten zumutbaren Zeitraums. 39

3. Kosten. Die Kosten der Einsichtnahme unter Einschluss der Anfertigung von Kopien und der Hinzuziehung eines Sachverständigen (Rn 31) trägt grundsätzlich der **Gesellschafter,** in dessen Interesse die Information gewährt wird.[88] Das folgt aus der eigennützigen Natur des Informationsrechts; für eine Kostenerstattung nach § 110 ist insoweit kein Raum. **Ausnahmen** kommen unter dem Aspekt des Schadensersatzes dann in Betracht, wenn und soweit der Zustand der Unterlagen und insbesondere die Buchführung sich als nicht ordnungsmäßig erweist oder wenn die Einsichtnahme zu der Erkenntnis führt, dass wesentliche Rechte des Gesellschafters zu seinem Nachteil verletzt worden sind und der Gesellschafter aus diesem Grunde die Hinzuziehung eines Sachverständigen den Umständen nach für erforderlich halten durfte.[89] Enthält der Gesellschaftsvertrag abweichende Regelungen über die Ausübung des Informationsrechts der Gesellschafter, etwa dessen Übertragung an einen Gesellschafterausschuss oder die Beauftragung eines sachverständigen Dritten, so fallen der Gesellschaft im Zweifel auch die Kosten hierfür zur Last. 40

---

[86] MünchKommHGB/*Enzinger* Rn 27; Ebenroth/Boujong/Joost/Strohn/*Mayen* Rn 26; Röhricht/Graf v. Westphalen/*v. Gerkan/Haas* Rn 12; Heymann/*Emmerich* Rn 10; wohl weitergehend Baumbach/*Hopt* Rn 4 (nicht zur Unzeit).

[87] So *Hueck* OHG § 12 2, S. 188; MünchKommHGB/*Enzinger* Rn 27; Ebenroth/Boujong/Joost/Strohn/*Mayen* Rn 26.

[88] BGH BB 1970, 187; OLG München BB 1954, 669; OLG Köln ZIP 1985, 800 (802) (zur GmbH); MünchKommHGB/*Enzinger* Rn 28; Ebenroth/Boujong/Joost/Strohn/*Mayen* Rn 29; Röhricht/Graf v. Westphalen/*v. Gerkan/Haas* Rn 14; Westermann/*Wertenbruch* Handbuch Rn I 442c; Heymann/*Emmerich* Rn 8; *Goerdeler* FS Stimpel, 1985, S. 137.

[89] Ebenso OLG München BB 1954, 669; Baumbach/*Hopt* Rn 5; MünchKommHGB/*Enzinger* Rn 28; Röhricht/Graf v. Westphalen/*v. Gerkan/Haas* Rn 14; Ebenroth/Boujong/Joost/Strohn/*Mayen* Rn 29; *Goerdeler* FS Stimpel, 1985, S. 137; *Hirte* BB 1985, 2208 (2210); Westermann/*Wertenbruch* Handbuch Rn I 442c, 442f.

E. Abweichende Vereinbarungen

I. Abdingbarkeit

41 **1. Grundsatz.** Die Abdingbarkeit des Informationsrechts nach § 118 Abs. 1 und die Möglichkeit abweichender gesellschaftsvertraglicher Gestaltung folgt aus dem Obersatz in § 109 sowie aus dem durch § 118 Abs. 2 garantierten zwingenden Mindesttatbestand des Rechts. Unter dem Vorbehalt des Verdachts unredlicher Geschäftsführung (vgl. dazu Rn 45) steht das Informationsrecht danach grundsätzlich zur **Disposition der Gesellschafter**. Es kann schon bei Gründung der Gesellschaft oder im späteren Verlauf mit Zustimmung aller Gesellschafter entweder ausgeschlossen oder wesentlich modifiziert werden. Ein *Mehrheitsbeschluss* dieses Inhalts ist, auch wenn der Gesellschaftsvertrag eine entsprechende Mehrheitsklausel enthält, wegen des damit verbundenen Eingriffs in den Kernbereich der Mitgliedschaftsrechte unwirksam, außer wenn die Mehrheitsklausel im Sinne antizipierter Zustimmung der betroffenen Gesellschafter zu verstehen ist (§ 119 Rn 40 ff) oder wenn die Entziehung aus wichtigem Grund erfolgt (vgl. Rn 16).

42 Der Grundsatz umfassender, nur durch § 118 Abs. 2 begrenzter Abdingbarkeit des § 118 Abs. 1 wird neuerdings unter Hinweis auf das zwingende *Informationsrecht des GmbH-Gesellschafters* nach § 51a Abs. 3 GmbHG zunehmend in Frage gestellt, freilich ohne dass es schon zu konkreten Folgerungen hinsichtlich der Tragweite ungeschriebener **Grenzen der Abdingbarkeit** gekommen ist.[90] Gegenüber einer derartigen Analogie ist *Vorsicht* geboten.[91] Ihr steht nicht nur die unterschiedliche Struktur von OHG und GmbH, sondern auch der Umstand entgegen, dass die ungewöhnlichen Vorschriften des § 51a GmbHG bei ihrem Erlass im Zuge der GmbH-Reform 1980 verbreitet als Fremdkörper im dispositiven Innenrecht der GmbH empfunden wurden.[92] Auch ginge es ohne Zweifel zu weit und liefe auf eine Rechtsfortbildung contra legem hinaus, wollte man § 118 Abs. 1 insgesamt als zwingende Norm behandeln. Hinzu kommt, dass der Gesetzgeber einen zwingenden Mindestbestand an Informationsrechten der Gesellschafter schon durch § 118 Abs. 2 gesichert hat und dass die Gesellschafter zudem über das besondere, von § 118 Abs. 1 unabhängige Auskunftsrecht im Zusammenhang mit Gesellschafterbeschlüssen verfügen (Rn 26); es gewährt ihnen auch Informationsrechte bei Beschlussfassung über den Jahresabschluss (§ 120 Rn 18). Nach allem sprechen die besseren Gründe dafür, trotz der abweichenden Vorschrift des § 51a Abs. 3 GmbHG an der Abdingbarkeit des § 118 Abs. 1 festzuhalten und den berechtigten Mindestbedarf an

---

[90] Die Frage wird in erster Linie im Hinblick auf das Informationsrecht des Kommanditisten diskutiert, vgl. BGH NJW 1989, 225 f und NJW 1992, 1890 (1891); Baumbach/*Hopt* § 166 Rn 18; *Goerdeler* FS Kellermann, 1991, S. 77, 80 ff; MünchKommHGB/*Grunewald* § 166 Rn 48; *dies.* ZGR 1989, 545 (550); *Wiedemann* WM 1990 Sonderbeil. 8 S. 19 und WM 1992 Sonderbeil. 7 S. 45; *ders.* Gesellschaftsrecht Bd. II § 3 III 4d bb, S. 259 f. Zu der davon im Ansatz klar zu unterscheidenden Frage nach einem *besonderen* Auskunftsrecht als *Annex des Stimmrechts* vgl. Rn 26.

[91] Abl. auch Schlegelberger/*Martens* Rn 32; Heymann/*Emmerich* Rn 18; Baumbach/*Hopt* Rn 17; *K. Schmidt* S. 62 f; *Wohlleben* S. 81 ff, 85; *Menger* S. 107 f, 123 ff; tendenziell auch Ebenroth/Boujong/Joost/Strohn/*Mayen* Rn 33; Röhricht/Graf v. Westphalen/*v. Gerkan*/*Haas* Rn 17.

[92] Vgl. nur Scholz/*K. Schmidt* GmbHG[8] § 51a Rn 7 f und *Zöllner* in: Baumbach/*Hueck* GmbHG[16] § 51a Rn 1; krit. auch schon *K. Schmidt* in: Das neue GmbH-Recht in der Diskussion, 1981, S. 87 ff.

Informationsrechten der Gesellschafter über eine nicht zu enge Auslegung des § 118 Abs. 2[93] und die Anerkennung besonderer Auskunftsrechte als Annex des Stimmrechts (Rn 26) sicherzustellen.

2. **Gestaltungsmöglichkeiten.** Von § 118 Abs. 1 abweichende Regelungen sind einerseits in der Weise möglich, dass das Individualrecht der Gesellschafter zwar im Grundsatz beibehalten, aber **inhaltlich modifiziert** wird. So kann den Gesellschaftern an Stelle des Einsichtsrechts oder daneben ein umfassendes oder auf bestimmte Gegenstände bezogenes Auskunftsrecht eingeräumt werden. Die Ausübung des Rechts kann auf bestimmte Zeiträume im Laufe des Geschäftsjahrs, etwa im Zusammenhang mit der Versendung des Jahresabschlusses oder von Zwischenabschlüssen beschränkt oder auf bestimmte Informationszwecke begrenzt werden. Es können auch die Modalitäten der Rechtsausübung wie Ort und Zeit sowie die Kosten der Einsichtnahme und die Hinzuziehung von Sachverständigen und die Bevollmächtigung von Dritten geregelt werden. 43

Denkbar ist zum anderen die **Ersetzung des Individualrechts** durch andere geeignete Maßnahmen der Information und Kontrolle. So kann an Stelle der Gesellschafter ein *Gesellschafterausschuss* (Beirat) oder ein von der Gesellschafterversammlung zu bestellender *sachverständiger Dritter* mit der Wahrnehmung der Informationsrechte beauftragt werden.[94] Auch kann stattdessen eine *Pflicht der Geschäftsführer* zur laufenden oder periodischen Berichterstattung gegenüber den Gesellschaftern begründet werden, die über das nach §§ 119, 120 Geschuldete hinaus geht. Alle diese Regelungen sind im Grundsatz zulässig; sie lassen freilich das Eingreifen des individuellen Informationsrechts nach § 118 Abs. 2 bei Verdacht unredlicher Geschäftsführung unberührt. 44

II. Der zwingende Mindestbestand nach Abs. 2

Dem besonderen Informationsbedürfnis der Mitglieder einer OHG als gesamthänderisch beteiligte, unbeschränkt haftende Gesellschafter trägt § 118 Abs. 2 durch einen zwingenden, an den Verdacht unredlicher Geschäftsführung geknüpften Mindestbestand an Informationsrechten Rechnung. Der Anspruch richtet sich gegen die Gesellschaft.[95] Sein Eingreifen setzt voraus, dass der sich hierauf berufende Gesellschafter Umstände darlegt, die geeignet sind, den *Anfangsverdacht* unredlicher Geschäftsführung schlüssig zu begründen. Für die **Konkretisierung dieser Anforderungen** anhand des Einzelfalls ist zu beachten, dass ein zu strenger Maßstab Gefahr läuft, den durch § 118 Abs. 2 gewährten *Minderheitenschutz* auszuhöhlen, da der vom dispositiven Informationsrecht des § 118 Abs. 1 ausgeschlossene Gesellschafter regelmäßig erst unter Berufung auf die Vorschrift des Abs. 2 in die Lage versetzt wird, sich die für die Kontrolle der Geschäftsführung notwendigen Informationen zu beschaffen.[96] Ein *Nachweis* der Verdachtsgründe oder auch nur ihre *Glaubhaftmachung* kann daher *nicht* verlangt werden.[97] Andererseits reicht 45

---

93 So auch Schlegelberger/*Martens* Rn 32 und Heymann/*Emmerich* Rn 18; Ebenroth/Boujong/Joost/Strohn/*Mayen* Rn 33; i.E. auch MünchKommHGB/*Enzinger* Rn 32.

94 Dazu und zu den Grenzen solcher Gestaltungen näher *Hirte* FS Röhricht, 2005, S. 217 (228 ff).

95 BayObLG BB 1991, 1589 (1590) (zu § 166 HGB).

96 HM, vgl. *Hueck* OHG § 12 4, S. 190; MünchKommHGB/*Enzinger* Rn 34 f; Heymann/*Emmerich* Rn 66; Ebenroth/Boujong/Joost/Strohn/*Mayen* Rn 35; Röhricht/Graf v. Westphalen/*v. Gerkan/Haas* Rn 18; ebenso jetzt auch Baumbach/*Hopt* Rn 18.

97 BGH NJW 1984, 2470 (2471); OLG Hamm OLGZ 1970, 394 (396); ebenso die Lit.-Nachw. in Fn 96.

eine unsubstantiiert geäußerte, nicht auf konkrete Tatsachenbehauptungen gestützte Vermutung nicht aus, wenn das außerordentliche Informationsrecht nicht zum bloßen Schikaneinstrument degradiert werden soll. Erforderlich, aber auch genügend ist ein auf schlüssige Tatsachenbehauptungen gestützter, von der Gegenseite nicht ausgeräumter Verdacht, dass die Gesellschaft oder einzelne Gesellschafter durch das Verhalten der Geschäftsführer pflichtwidrig geschädigt wurden.[98]

46 Was den **Grund** für die Annahme unredlicher Geschäftsführung angeht, ist der Verdacht eines strafrechtlich relevanten Verhaltens oder einer Schädigungsabsicht der Geschäftsführer i.S.d. § 826 BGB für das Eingreifen des Abs. 2 nicht erforderlich. Es genügt der Verdacht fehlerhafter Führung der Geschäftsunterlagen[99] oder die grundlose Verweigerung von Informationen angesichts einer *ungewöhnlichen Geschäftsentwicklung.*[100] Eine solche kann insbes. in Anzeichen für eine kritische Lage der Gesellschaft oder im Ergebnis einer steuerlichen Betriebsprüfung zum Ausdruck kommen, so wenn die steuerrechtliche Anerkennung von Aufwandsposten der mit der Handelsbilanz übereinstimmenden Steuerbilanz in ungewöhnlich großem Ausmaß abgelehnt worden ist.[101] Entscheidend ist jeweils die Vermutung eines Pflichtverstoßes des Geschäftsführers zu Lasten von Gesellschaft oder Mitgesellschaftern.

47 Für das **Verfahren** zur Geltendmachung des außerordentlichen Informationsrechts sind Sonderregelungen nicht getroffen worden. Die in § 145 Abs. 1 FGG (künftig: § 375 FamFG) begründete Zuständigkeit der Gerichte der freiwilligen Gerichtsbarkeit für das außerordentliche Informationsrecht des Kommanditisten nach § 166 Abs. 3 findet für § 118 Abs. 2 keine Entsprechung. Zuständig sind die *ordentlichen Gerichte* am Sitz der Gesellschaft. Die Klage ist – als Leistungsklage – gegen die Gesellschaft zu richten; sie kann aber auch unmittelbar gegen die nach interner Geschäftsverteilung für die Informationsbeschaffung zuständigen Geschäftsführer gerichtet werden (vgl. Rn 10). In Eilfällen ist ein Vorgehen nach §§ 935, 940 ZPO möglich (vgl. dazu allg. § 117 Rn 67 ff).

48 Die zwingende Geltung von Abs. 2 schließt **gesellschaftsvertragliche Regelungen** zur Konkretisierung oder Modifizierung des außerordentlichen Informationsrechts nicht aus, sofern sich damit *keine Verkürzung* seines Inhalts oder seiner Durchsetzungsmöglichkeiten verbindet.[102] Demgemäß kann der Gesellschaftsvertrag bestimmte Tatsachen, etwa den Rückgang von Umsatz und/oder Ertrag um mehr als x %, als stets ausreichenden Grund bezeichnen. Er kann auch ein internes Gremium anstelle der Geschäftsführer zur internen Entscheidung über den Informationsanspruch bestellen oder ein schiedsgerichtliches Verfahren für seine Geltendmachung anordnen. Der Umstand, dass das Informationsrecht des §118 Abs. 1 im Gesellschaftsvertrag nicht generell ausgeschlossen, sondern anstelle der Gesellschafter einem Gesellschafterausschuss oder einem sachverständigen Dritten übertragen worden ist (Rn 44), steht dem Eingreifen von § 118 Abs. 2 zugunsten der einzelnen Gesellschafter nicht entgegen. Er kann jedoch bei Beurteilung des Verdachtsgrundes Bedeutung erlangen.[103]

---

[98] Vgl. die Nachw. in Fn 96, 97 mit Ausnahme von *Hueck* (aaO), der einen „durch Tatsachen unterstützten Verdacht“ fordert und daher wohl den Nachweis dieser Tatsachen voraussetzt.

[99] OLG Hamm OLGZ 1970, 394 (396) (zu § 166 HGB).

[100] Vgl. auch BayObLG BB 1991, 1589 (1591) (zu § 166 HGB): wichtiger Grund sei jedenfalls bei Verweigerung der Nachprüfung von zwei aufeinander folgenden Jahresabschlüssen zu bejahen.

[101] OLG Hamburg MDR 1965, 666 (667).

[102] So der Sache nach auch österr. OGH WM 1985, 540 (542); Heymann/*Emmerich* Rn 19.

[103] Ebenso Schlegelberger/*Martens* § 166 Rn 46.

F. Sonstige Informationsrechte

I. Einsichtsrecht nach § 810 BGB

Im Zusammenhang mit vermögensrechtlichen Ansprüchen aus dem Gesellschaftsverhältnis kommt dem allgemeinen bürgerlichrechtlichen Einsichtsrecht nach § 810 BGB Bedeutung vor allem in Bezug auf die **Rechte ausgeschiedener Gesellschafter** oder deren Erben zu. Ihnen steht der an die *Mitgliedschaft* gebundene Informationsanspruch des § 118 Abs. 1 nicht zu, auch soweit es um Vorgänge aus der Zeit vor Beendigung ihrer Mitgliedschaft geht (Rn 8). Die Rechtsprechung gleicht diesen Rechtsverlust dadurch aus, dass sie das Einsichtsrecht nach § 810 BGB zugunsten ausgeschiedener Gesellschafter *weit auslegt* und dadurch indirekt den Rechten aus § 118 Abs. 1 annähert.[104] Gleichwohl verbleiben Unterschiede, die sich vor allem in der nur für § 810 BGB bestehenden Notwendigkeit zeigen, ein Informationsbedürfnis in Bezug auf die einzusehenden Unterlagen darzulegen. Ein auf allgemeine Information über den Geschäftsverlauf der Gesellschaft nach dem Ausscheiden oder auf sonstige „Ausforschung“ der Gesellschaftsinterna gerichtetes Einsichtsverlangen ist durch § 810 BGB nicht gedeckt.[105] Auch sind die Anforderungen, die an die Berechtigung einer Informationsverweigerung durch die Gesellschaft wegen daraus zu befürchtender Nachteile zu stellen sind, bei § 810 BGB geringer als bei § 118 Abs. 1.[106] Die Darlegungs- und Beweislast hierfür trägt die Gesellschaft freilich auch im Rahmen von § 810 BGB, wenn der Ausgeschiedene ein an sich begründetes Interesse an der Einsicht schlüssig darlegt.[107] 49

Unter den **Voraussetzungen** i.S.v. § 810 BGB geht es beim Einsichtsrecht des Ausgeschiedenen in erster Linie um das Tatbestandsmerkmal der *in seinem Interesse errichteten Urkunde*. Dieses Interesse ist schon dann zu bejahen, wenn die in Frage stehende Urkunde dazu bestimmt und geeignet ist, ihm als Beweismittel zu dienen oder doch zumindest seine rechtlichen Beziehungen zu fördern.[108] Im Hinblick auf die Rechte des Ausgeschiedenen kann dieser Fall aus unterschiedlichen Gründen eintreten, so zur Berechnung bzw. Überprüfung der ihm noch aus seiner Zeit als Gesellschafter zustehenden *Gewinnansprüche*[109] sowie seines mit dem Ausscheiden entstandenen *Abfindungsanspruchs*, eventuell aber auch im Hinblick auf seine Teilnahme am Ergebnis schwebender Geschäfte nach § 105 Abs. 3 i.V.m. § 740 BGB, wenn diese nicht – wie meist – im Gesellschaftsver- 50

[104] RGZ 117, 332 (333); BGH WM 1961, 1329; BGH LM 3 = WM 1961, 706 (707); Ebenroth/Boujong/Joost/Strohn/*Mayen* Rn 38; Röhricht/Graf v. Westphalen/*v. Gerkan/Haas* Rn 3.

[105] BGHZ 109, 260 (267) = NJW 1990, 510 (511); BGH DB 1971, 1416 (1417); OLG Frankfurt WM 1980, 1246 (1248); MünchKommHGB/*Enzinger* Rn 5; Ebenroth/Boujong/Joost/Strohn/*Mayen* Rn 38; Baumbach/*Hopt* Rn 11; MünchKommBGB[5]/*Habersack* § 810 Rn 11; Staudinger/*Marburger* (2002) § 810 Rn 10.

[106] Zu den Anforderungen an die Informationsverweigerung bei § 118 vgl. Rn 15 ff; zu denjenigen bei § 810 BGB vgl. Staudinger/*Marburger* (2002) Vorbem. zu §§ 809 ff Rn 5.

[107] BGH WM 1963, 990 (991); OLG Frankfurt BB 1982, 143 (144); Schlegelberger/*Martens* Rn 37; Ebenroth/Boujong/Joost/Strohn/*Mayen* Rn 39; Staudinger/*Marburger* BGB (2002) § 810 Rn 22.

[108] BGH DB 1971, 1416; LM Nr. 2 zu § 810 BGB = MDR 1961, 931; Schlegelberger/*Martens* Rn 37; Baumbach/*Hopt* Rn 11; MünchKommBGB[5]/*Habersack* § 810 Rn 4 ff; Staudinger/*Marburger* BGB (2002) § 810 Rn 13.

[109] RGZ 117, 332 (333 f) (bei vertraglicher Gewinnbeteiligung nach Ausscheiden aus der Gesellschaft); BGH WM 1961, 1329.

trag abbedungen ist.[110] Gegen die Gefahr missbräuchlicher Verwendung der aus der Einsicht erlangten Informationen ist die Gesellschaft im Regelfall durch die nachwirkende Treupflicht des Ausgeschiedenen geschützt.

II. Informationsrechte nach § 242 BGB

51 Ein **Einsichts- oder Auskunftsrecht** kann sich innerhalb rechtsgeschäftlicher Beziehungen oder im Rahmen eines gesetzlichen Schuldverhältnisses je nach Lage des Falles auch aus § 242 BGB ergeben, wenn der Berechtigte entschuldbar über Bestand und Umfang seiner Rechte im Ungewissen ist und der Verpflichtete dadurch nicht unzumutbar belastet wird.[111] Im Hinblick auf Ansprüche aus dem Gesellschaftsvertrag kommt einem solchen auf Treu und Glauben gestützten Recht angesichts seiner subsidiären, eine Gesetzeslücke voraussetzenden Natur freilich nur *begrenzte Bedeutung* zu. Gesellschafter sind hierauf wegen ihrer aus § 118 fließenden, nach Maßgabe von § 118 Abs. 2 unabdingbaren Ansprüche in aller Regel nicht angewiesen, zumal das in Ergänzung zum Einsichtsrecht aus § 118 Abs. 1 anerkannte Auskunftsrecht des Gesellschafters sich schon unmittelbar aus der Auslegung dieser Vorschrift ergibt (Rn 25).[112] Auch für den Ausgeschiedenen bietet sich in erster Linie der Rückgriff auf § 810 BGB und das daraus folgende Einsichtsrecht an (Rn 49), ehe eine Berufung auf § 242 BGB zur Begründung eines Auskunftsverlangens in Betracht kommt. Von praktischer Bedeutung ist ein aus § 242 BGB abgeleitetes Informationsrecht daher in erster Linie für den *Zessionar* abgetretener Vermögensrechte aus dem Gesellschaftsvertrag (Anspruch auf Gewinn oder Abfindung), da das allgemeine Informationsrecht des § 118 Abs. 1 als Mitgliedschaftsrecht nicht mit dem abgetretenen Anspruch auf ihn übergeht (Rn 35). In Ausnahmefällen kann sich aus § 242 BGB auch ein Informationsanspruch gegen Mitgesellschafter ergeben.[113]

III. Vorlegungspflicht

52 Von den materiellrechtlichen Informationsansprüchen aus § 118 HGB oder §§ 242, 810 BGB zu unterscheiden sind die auf Vorlegung von Beweisunterlagen im Zivilprozess gerichteten Vorschriften der §§ 422 ff ZPO einschließlich ihrer handelsrechtlichen Ergänzung durch § 258.[114] Bei ihnen handelt es sich um **Normen des Beweisrechts** über die zu Beweiszwecken gebotene Vorlegung von Handelsbüchern oder sonstigen Urkunden durch den Gegner des Beweisführers.[115] Ihr Eingreifen setzt voraus, dass es im Rah-

---

110 RGZ 117, 332 (333) (zur vertraglich vorgesehenen Gewinnbeteiligung); Schlegelberger/*Martens* Rn 37; Voraufl. Rn 50 (*Ulmer*); **aA** noch 3. Aufl. Rn 16 (*Rob. Fischer*).

111 BGHZ 14, 53 (59 f) = 1954, 1564 (1565); BB 1989, 812; 1990, 98; RGZ 108, 1 (7); 158, 377 (379); Schlegelberger/*Martens* Rn 38; Baumbach/*Hopt* Rn 13; Ebenroth/Boujong/Joost/Strohn/*Mayen* Rn 40; kritisch: *Wohlleben* Informationsrechte S. 91 ff.

112 BGH WM 1983, 910 (911); RG JW 1907, 523; Ebenroth/Boujong/Joost/Strohn/*Mayen* Rn 13; MünchKommHGB/*Enzinger* Rn 12; Baumbach/*Hopt* Rn 7; Röhricht/Graf v. Westphalen/*v. Gerkan/Haas* Rn 7; MünchKommBGB[5]/*Ulmer/C. Schäfer* § 716 Rn 12 (für die GbR); *K. Schmidt* S. 64.

113 Vgl. etwa BGH WM 2002, 2507 (zur GbR); BGH NJW 2007, 917 (GmbH).

114 Zum Verhältnis zwischen §§ 422 ff ZPO und § 258 Abs. 1 HGB vgl. Voraufl. § 258 Rn 1 (*Hüffer*).

115 Vgl. nur Zöller/*Geimer* ZPO[26] Vor § 415 Rn 1; MünchKommZPO[3]/*Schreiber* § 415 Rn 1.

men eines anhängigen Rechtsstreits, d.h. zwischen Eintritt der Rechtshängigkeit und Schluss der letzten Tatsachenverhandlung,[116] zu einer Beweiserhebung kommt, die die Vorlegung der fraglichen Unterlagen als Beweismittel erforderlich macht. Zwar ist der Prozessgegner nach § 422 ZPO zur Vorlegung der Unterlagen nur verpflichtet, wenn dem Beweisführer ein materiellrechtlicher Anspruch hierauf aus § 118 HGB, §§ 242, 810 BGB u.a. zusteht;[117] anderes gilt nur für Handelsbücher nach Maßgabe von § 258.[118] Die Unterscheidung zwischen materieller und prozessualer Pflicht zeigt sich jedoch darin, dass es bei § 422 ZPO um die Vorlegung der Urkunde vor dem *Prozessgericht* geht, mag sich der materiellrechtliche Anspruch des Beweisführers auch auf Herausgabe an ihn selbst bzw. auf Vorlage an einem anderen Ort richten, etwa demjenigen nach § 811 BGB.[119] Ebenso sind auch die *Folgen der Nichterfüllung*, d.h. die Beweisnachteile nach § 427 ZPO, rein prozessualer Natur und von denjenigen bei Verletzung des materiellrechtlichen Vorlegungsanspruchs klar zu unterscheiden.[120] Dementsprechend kann die Pflicht des Gegners zur Vorlegung der Urkunde vor dem Prozessgericht nicht im Wege der Klage oder Widerklage durchgesetzt werden.[121]

G. Urteil und Vollstreckung

Der *Tenor* eines der Informationsklage gegen Gesellschaft und/oder geschäftsführende Gesellschafter (Rn 10) als **Leistungsklage** stattgebenden Urteils lautet grundsätzlich auf Verurteilung der Beklagten zu *allgemeiner Einsichtsgewährung*, da dem Kläger eine Begrenzung des Klageziels auf bestimmte Bücher und Papiere meist nicht möglich und diese angesichts der weiten Fassung des § 118 Abs. 1 auch nicht erforderlich ist.[122] Anderes gilt bei der auf *Auskunft* gerichteten Klage; insoweit bedarf es der Angabe des konkreten Auskunftsthemas im Urteilstenor. Sofern der Gesellschaft ein etwaiges Verweigerungsrecht zusteht (Rn 18), genügt es, hierauf in den Entscheidungsgründen hinzuweisen; die Gesellschaft kann sich sodann im Vollstreckungsverfahren darauf berufen.[123] Auch das *außerordentliche* Informationsrecht des § 118 Abs. 2 ist nicht im FGG-Verfahren, sondern durch Leistungsklage geltend zu machen (Rn 47). Der *Streitwert* einer Informationsklage richtet sich nicht nach dem Wert der vom Kläger mit ihrer Hilfe erstrebten Hauptleistung, sondern nach dem den Beklagten bei Informationserteilung drohenden Arbeits- und Zeitaufwand sowie nach ihrem Interesse an der Geheimhaltung der Informationen.[124] 53

[116] Vgl. Voraufl. § 258 Rn 6 (*Hüffer*).
[117] Baumbach/Lauterbach/Albers/*Hartmann* ZPO[66] § 422 Rn 1, 5; Thomas/Putzo/*Reichold* ZPO[26] § 422 Rn 4; Zöller/*Geimer* ZPO[26] § 422 Rn 1 f.
[118] Vgl. dazu Voraufl. § 258 Rn 1 und 4 f (*Hüffer*) unter Hinweis auf den besonderen Beweiswert der Handelsbücher.
[119] OLG Frankfurt WM 1980, 1246 (1248); MünchKommZPO[3]/*Schreiber* § 422 Rn 4; Stein/Jonas/*Leipold* ZPO[22] § 422 Rn 7; Voraufl. § 258 Rn 21 (*Hüffer*).
[120] Stein/Jonas/*Leipold* ZPO[22] § 422 Rn 7 Voraufl. § 258 Rn 23 (*Hüffer*).
[121] OLG Frankfurt WM 1980, 1246 (1247); Stein/Jonas/*Leipold* ZPO[22] § 422 Rn 1; Thomas/Putzo/*Reichold* ZPO[26] § 422 Rn 1.
[122] BGHZ 25, 115 (121 f) = NJW 1957, 1555; BGH BB 1979, 1315 (1316); Ebenroth/Boujong/Joost/Strohn/*Mayen* Rn 30; Röhricht/Graf v. Westphalen/*v. Gerkan*/*Haas* Rn 15; MünchKommHGB/*Enzinger* Rn 37.
[123] BGHZ 25, 115 (122) = NJW 1957, 1555; Schlegelberger/*Martens* Rn 40; Ebenroth/Boujong/Joost/Strohn/*Mayen* Rn 30.
[124] BGH NJW 1986, 1493; BB 1989, 2300.

54 Die **Vollstreckung** erfolgt bei der auf *Einsicht* gerichteten Klage nach zutreffender Ansicht nicht nach § 888 ZPO, sondern nach § 883 ZPO.[125] Das gilt nicht nur im Fall der Wegnahme der Unterlagen und ihrer Übergabe an den Kläger, sondern auch dann, wenn – wie meist – das Vollstreckungsziel lediglich auf Einsichtsgewährung ohne Überlassung des unmittelbaren Besitzes gerichtet ist.[126] Für den Weg über § 883 ZPO spricht auch, dass der Schuldner nach § 883 Abs. 2 ZPO sogleich zur Abgabe einer eidesstattlichen Versicherung herangezogen werden kann, während im Rahmen von § 888 ZPO ggf. eine neue, auf §§ 259 Abs. 2, 260 BGB gestützte Klage erforderlich wäre.[127] Zur Möglichkeit für den Schuldner, sich im Vollstreckungsverfahren auf ein Einsichtsverweigerungsrecht in Bezug auf bestimmte geheimhaltungsbedürftige Unterlagen zu berufen, wenn ihm dieses Recht in den Entscheidungsgründen vorbehalten wurde, vgl. Rn 53. Im Falle einer auf *Auskunft* gerichteten Klage erfolgt die Vollstreckung nach den Vorschriften über das Bewirken einer unvertretbaren Leistung (§ 888 ZPO).

§ 119

(1) Für die von den Gesellschaftern zu fassenden Beschlüsse bedarf es der Zustimmung aller zur Mitwirkung bei der Beschlußfassung berufenen Gesellschafter.

(2) Hat nach dem Gesellschaftsvertrage die Mehrheit der Stimmen zu entscheiden, so ist die Mehrheit im Zweifel nach der Zahl der Gesellschafter zu berechnen.

Schrifttum

Armbrüster Nachschusspflicht im Personengesellschaftsrecht, ZGR 2009, 1; *Baltzer* Der Beschluss als rechtstechnisches Mittel organschaftlicher Funktion im Privatrecht (1965); *Bartholomeyczik* Der Körperschaftsbeschluss als Rechtsgeschäft, ZHR 105 (1938), 293; *Comes* Der Ausschluss vom Stimmrecht im Recht der Offenen Handelsgesellschaft, DB 1974, 2189, 2237; *Goette* Minderheitenschutz bei gesellschaftsvertraglicher Abweichung vom Einstimmigkeitsprinzip, FS Sigle (2000), S. 145; *Haar* Unternehmensfinanzierung in der Personengesellschaft zwischen Kernbereich und Mehrheitsmacht, NZG 2007, 601; *Habersack* Grenzen der Mehrheitsherrschaft in Stimmrechtskonsortien, ZHR 164 (2000), 1; *Hadding* Zur Durchführung der Gesellschafterversammlung bei einer Publikums-Kommanditgesellschaft, GS Schultz (1987), S. 65; *ders.* Gesellschaftervereinbarungen bei Kapitalgesellschaften (1994); *U. Hübner* Interessenkonflikt und Vertretungsmacht (1977); *Kirberger* Hinzuziehung eines fachkundigen Beistands in der OHG- und KG-Gesellschafterversammlung, BB 1978, 1390; *Köster* Anfechtungs- und Nichtigkeitsklage gegen Gesellschafterbeschlüsse bei OHG und KG (1981); *Messer* Der Widerruf der Stimmabgabe, FS Fleck (1988), S. 221; *Mülbert/Gramse* Gesellschafterbeschlüsse bei der rechtsfähigen Personengesellschaft, WM 2002, 2085; *Noack* Fehlerhafte Beschlüsse in Gesellschaften und Vereinen (1989); *ders.* Gesellschaftervereinbarungen bei Kapitalgesellschaften (1994); *Priester* Feststellung des Jahresabschlusses bei Personengesellschaften, FS Hadding (2004), S. 611; *ders.* Jahresabschlussfeststellung bei Personengesellschaften – Grundlagengeschäft? – Mehrheitsregeln – Thesaurierung im Konzern, DStR 2007, 28; *ders.* Grundsatzfragen des Rechts der Personengesellschaft im Spiegel der Otto-Entscheidung des BGH, DStR 2008, 1386; *Renkl* Der Gesellschafterbeschluss (1982); *J. Saenger* Die Beteiligung Dritter bei Beschlussfassung

[125] OLG Hamm BB 1973, 1600; so auch Schlegelberger/*Martens* Rn 42; Heymann/*Emmerich* Rn 16; Ebenroth/Boujong/Joost/Strohn/*Mayen* Rn 31; Röhricht/Graf v. Westphalen/*v. Gerkan/Haas* Rn 16 und Baumbach/*Hopt* Rn 15; aA MünchKommHGB/*Enzinger* Rn 40.

[126] OLG Hamm BB 1973, 1600.

[127] OLG Hamm BB 1973, 1600.

und Kontrolle im Gesellschaftsrecht (1990); *C. Schäfer* Der stimmrechtslose GmbH-Geschäftsanteil (1997); *ders.* Nachschusspflichten bei Personengesellschaften, in VGR (Hrsg.) Gesellschaftsrecht in der Diskussion (2008), S. 137 ff; *K. Schmidt* Mehrheitsbeschlüsse in Personengesellschaften, ZGR 2008, 1; *H. und U. Schneider* Die Organisation der Gesellschafterversammlung bei Personengesellschaften, FS Möhring (1975), S. 271; *Scholz* Beschlussmängelstreitigkeiten in Personengesellschaften – Verselbständigung auch im Innenverhältnis, WM 2006, 897; *M. Schwab* Das Prozessrecht gesellschaftsinterner Streitigkeiten (2005); *Sester* Treupflichtverletzung bei Widerspruch und Zustimmungsverweigerung im Recht der Personenhandelsgesellschaften (1996); *Ulmer* Gesellschafterbeschlüsse in Personengesellschaften – Zur Bindung der Gesellschafter an ihre Stimmabgabe, FS Niederländer (1991), S. 415; *Vogel* Gesellschafterbeschlüsse und Gesellschafterversammlung, 2. Aufl. (1986); *Wertenbruch* Beschlussfassung in Personengesellschaft und KG-Konzern, ZIP 2007, 798; *Wiedemann* Die Personengesellschaft – Vertrag oder Organisation? ZGR 1996, 286; *Winnefeld* Stimmrecht, Stimmabgabe und Beschluss, ihre Rechtsnatur und Behandlung, DB 1972, 1053.

Übersicht

A. Einführung

I. Regelungsinhalt und Normzweck

1 Die Vorschrift regelt in **Abs. 1** die Maßgeblichkeit des Einstimmigkeitsprinzips, d.h. das Erfordernis der **Zustimmung aller** zur Mitwirkung bei der Beschlussfassung berufenen **Gesellschafter** für die Willensbildung in Angelegenheiten der Gesellschaft. Sie trägt damit dem Charakter der OHG als einer auf der persönlichen Mitwirkung aller Gesellschafter beruhenden *Arbeits- und Haftungsgemeinschaft* mit ihren weitgehenden Bindungen für sämtliche Gesellschafter Rechnung. Das Einstimmigkeitsprinzip bezieht sich – vorbehaltlich abweichender Vertragsgestaltung (Rn 2) – in erster Linie auf die sog. Grundlagenbeschlüsse[1] sowie auf Beschlüsse über außergewöhnliche Geschäfte (§ 116 Abs. 2); demgegenüber geht das Gesetz für die laufende Geschäftsführung von der Alleinhandlungsbefugnis der geschäftsführenden Gesellschafter mit Widerspruchsrecht jedes Mitgeschäftsführers aus (§ 115 Abs. 1). Stimmenthaltungen oder die Nichtteilnahme an der Abstimmung können die Zustimmung nicht ersetzen und stehen daher ablehnenden Stimmen gleich (Rn 30). Sind Gesellschafter kraft Gesetzes oder Gesellschaftsvertrags gehindert, an der Beschlussfassung mitzuwirken (Rn 64 ff), so kommt der Beschluss ohne ihre Zustimmung zustande. Zur Einschaltung einer Gesellschafterversammlung und zu den Formalien der Beschlussfassung vgl. Rn 5 f, 15 ff.

2 Abweichend vom Einstimmigkeitsprinzip des Abs. 1 setzt das Eingreifen des **Abs. 2** die Vereinbarung einer *Mehrheitsklausel im Gesellschaftsvertrag* voraus und bestimmt für diesen Fall als Auslegungsregel die Berechnung der **Mehrheit nach Köpfen**, während gesellschaftsvertraglich überwiegend auf die Kapitalverhältnisse abgestellt wird (Rn 50). Aus Gründen des Minderheitenschutzes in der durch unbeschränkte Gesellschafterhaftung und weitgehendes Fehlen zwingenden Rechts gekennzeichneten OHG stehen Rechtsprechung und Schrifttum der Zulassung mehrheitlicher Beschlussfassung im Gesellschaftsvertrag freilich *kritisch* gegenüber, soweit es um Entscheidungen nicht der Geschäftsführungs-, sondern der *Grundlagenebene* geht. Zur Einschränkung der Mehrheitskompetenz griff man jahrzehntelang auf den in der Rechtsprechung entwickelten, an *formalen* Kriterien (vertragliche Ausgestaltung der Mehrheitsklausel) orientierten sog. „Bestimmtheitsgrundsatz“ zurück (Rn 34 ff). Nachdem die Kautelarjurisprudenz es zunehmend verstanden hatte, den damit intendierten Minderheitenschutz durch umfangreiche Kataloge mehrheitlicher Beschlussgegenstände zu unterlaufen, steht heute im Zentrum der Diskussion um die Schranken der Mehrheitsherrschaft die sog. „Kernbereichslehre“, d.h.

[1] Zur Abgrenzung der auf das Rechtsverhältnis zwischen den Gesellschaftern bezogenen *Grundlagenebene* und der hierauf gerichteten innergesellschaftlichen Willensbildung von der die Tätigkeit der OHG betreffenden *Geschäftsführungsebene* vgl. Rn 11 ff.

die *materiale* Bestimmung derjenigen Rechte der Gesellschafter, die den Kernbereich ihrer Mitgliedschaft ausmachen und daher nicht ohne ihre Zustimmung geschmälert werden können (Rn 38 ff).

So groß die **Unterschiede zwischen Einstimmigkeits- und Mehrheitsprinzip** auf den ersten Blick erscheinen mögen, sie relativieren sich bei Berücksichtigung der die Gesellschafterstellung maßgeblich beeinflussenden, auch für die Stimmabgabe relevanten gesellschaftsrechtlichen Treupflicht (§ 105 Rn 228 ff). Dieser Pflicht kommt in erster Linie für *Mehrheitsbeschlüsse* Bedeutung zu; als sog. Ausübungsschranke kann sie dazu führen, dass der Mehrheitsbeschluss wegen treuwidriger Beeinträchtigung der Minderheitsinteressen unwirksam ist (Rn 86 f). Auch der Bundesgerichtshof betont neuerdings – in Abkehr vom sog. Bestimmtheitsgrundsatz (Rn 34 ff) – die Beschlusskontrolle am Maßstab der Treupflicht.[2] Überdies ist die Treupflicht auch bei Geltung des *Einstimmigkeitsprinzips* zu beachten: Erweist sich die Verweigerung der Zustimmung einzelner Gesellschafter zu einer von den übrigen gewünschten, im Interesse der Gesellschaft gebotenen Beschlussfassung als treuwidrig, können die Mitgesellschafter je nach Beschlussgegenstand entweder die Zustimmung einklagen oder sich über deren Fehlen hinwegsetzen (Rn 56). 3

II. Systematik

Die Gegenstände der innergesellschaftlichen, der Beschlussfassung der Gesellschafter unterliegenden Willensbildung sind nicht in § 119, sondern im jeweiligen Sachzusammenhang der Vorschriften der §§ 110 ff bzw. des Gesellschaftsvertrags geregelt (vgl. Überblick in Rn 10 ff). Unabhängig von der Unterscheidung zwischen Grundlagen-(Gesellschafter-) und Geschäftsführungsebene lassen sich dabei **verschiedene Beschlusstypen** unterscheiden. Den Regelfall bildet die – grundsätzlich einstimmige (Abs. 1) – Beschlussfassung *aller Gesellschafter*, wie sie gesetzlich in §§ 116 Abs. 2, 131 Abs. 1 Nr. 2, Abs. 3 S. 1 Nr. 6, 144 Abs. 1, 146 Abs. 1, 147, 318 Abs. 1 vorgesehen ist; ihr entspricht in bestimmten Geschäftsführungskonstellationen die Beschlussfassung *aller Geschäftsführer* (§§ 115 Abs. 2, 116 Abs. 3). Soweit es um das Vorgehen gegen bestimmte Gesellschafter aus wichtigem Grund (§§ 113 Abs. 2, 117, 127, 140 Abs. 1 S. 1) oder um die Reaktion auf deren Änderungswünsche (§ 139 Abs. 2 bei Vererbung der Stellung als persönlich haftender Gesellschafter) geht, kommt es auf die Zustimmung der *übrigen Gesellschafter* an. Am anderen Ende der Skala steht das *Widerspruchsrecht* geschäftsführender Gesellschafter nach § 115 Abs. 1, mit dessen Hilfe jeder von ihnen die Unterlassung bestimmter, von anderen Geschäftsführern gewünschter Maßnahmen des laufenden Geschäftsbetriebs erreichen kann. 4

III. Gesellschafterversammlung als fakultatives Organ

Im Unterschied zu den Kapitalgesellschaften (vgl. §§ 118 Abs. 1 AktG, § 48 Abs. 1 GmbHG) und sonstigen Verbänden **verzichtet** das allgemeine Personengesellschaftsrecht bisher auf Regelungen darüber, dass Gesellschafterbeschlüsse in einer zu diesem Zweck 5

[2] BGHZ 170, 283 (Rn 10) – *Otto*; BGH NJW 2009, 669 = DStR 2009, 280 (Rn 17) – *Schutzgemeinschaftsvertrag II*, dazu näher Rn 32 ff.

einzuberufenden Versammlung der Mitglieder zu fassen sind.[3] Eine *Gesellschafterversammlung als (Willensbildungs-)Organ* der Gesellschaft ist weder in den Vorschriften der §§ 105 ff noch in denjenigen der §§ 705 ff BGB vorgesehen. Demgemäß fehlt es auch an gesetzlichen Regelungen über die Einberufungsformalitäten und über den Ablauf derartiger Versammlungen, sofern sie tatsächlich oder aufgrund gesellschaftsvertraglicher Anordnung (Rn 6) abgehalten werden; auch für eine Analogie zu der für die Mitgliederversammlung des Vereins geltenden Vorschrift des § 32 Abs. 1 S. 1 BGB, wonach Beschlüsse der Mitglieder in einer Versammlung zu fassen sind, ist kein Raum.[4] Soweit nicht im Einzelfall spezialgesetzliche Formvorschriften nach Art des § 311b S. 1 BGB zu beachten sind, kann die Beschlussfassung der Gesellschafter nach gesetzlicher Regel in jeder beliebigen Form erfolgen;[5] der Beschluss ist gefasst, sobald die Zustimmung sämtlicher (bzw. der erforderlichen Mehrheit der) Gesellschafter vorliegt und den Mitgesellschaftern oder ihrem Vertreter zugegangen ist.[6] Es gelten die für das Zustandekommen mehrseitiger Rechtsgeschäfte maßgebenden Vorschriften der §§ 130 ff BGB. Allerdings sind die Gesellschafter trotz Fehlens entsprechender Regelungen im Gesellschaftsvertrag (Rn 6) nicht gehindert, zur Erörterung der Beschlussgegenstände, zur Information hierüber und zur Stimmabgabe sich nach Art einer Gesellschafterversammlung zusammenzusetzen. Besteht auch nur bei einem Teil der Gesellschafter ein berechtigtes Bedürfnis nach Erörterung und Information, so können sie unter Berufung auf die Treupflicht von den Geschäftsführern die Einberufung eines solchen Treffens verlangen oder ersatzweise selbst hierzu einladen (vgl. dazu Rn 19). Lehnen die Mitgesellschafter die Zusammenkunft ohne Sachgründe ab, so steht es den hieran interessierten Gesellschaftern frei, ihre Zustimmung zu dem Beschlussvorschlag zu verweigern, ohne dass ihnen eine Verletzung ihrer Mitwirkungs- und Stimmpflicht vorgeworfen werden kann.[7]

6 Die **Vertragspraxis** weicht von diesen für die Willensbildung in Dauergesellschaften wenig geeigneten Regeln meist durch Einsetzung einer Gesellschafterversammlung als besonderes, neben die Geschäftsführer tretendes **Gesellschaftsorgan** ab.[8] Ein Bedürfnis hierfür besteht vor allem bei der Zulassung von *Mehrheitsbeschlüssen*, um der nicht zur Zustimmung bereiten Minderheit Gelegenheit zu geben, ihren abweichenden Standpunkt darzulegen und dadurch auf die interne Willensbildung Einfluss zu nehmen. In derartigen Fällen sehen die Verträge meist nicht nur Regelungen über die Beschlussfassung in Gesellschafterversammlungen vor, ggf. ergänzt durch die Möglichkeit vereinfachter Be-

---

[3] Anders die zwingenden Vorschriften der §§ 43, 217 UmwG betr. die Beschlussfassung in der *Gesellschafterversammlung* der OHG über Verschmelzung und Umwandlung; dazu auch *Wiedemann* ZGR 1999, 568 sowie Gesellschaftsrecht Bd. II § 8 II 3 a, S. 697; *Priester* DStR 2005, 788 (790 f).

[4] I.E. einhM, vgl. Nachw. in Fn 5. Eine Analogie zu § 32 Abs. 1 S. 2 BGB (Ankündigung zur Tagesordnung) jedenfalls bei Geltung des Einstimmigkeitsprinzips zu Recht ablehnend BGH ZIP 1994, 1523 (1525).

[5] Ganz hM, vgl. MünchKommHGB/*Enzinger* Rn 40; Ebenroth/Boujong/Joost/Strohn/*Goette* Rn 30; Röhricht/Graf v. Westphalen/*v. Gerkan/Haas* Rn 2; Heymann/*Emmerich* Rn 3; Baumbach/*Hopt* Rn 27; *Hueck* OHG § 11 II 2, S. 163; *Westermann* Handbuch Rn I 476 f; *H. und U. Schneider* FS Möhring, 1975, S. 271 (276 f); aus der Rspr. vgl. nur RGZ 163, 385 (392 f).

[6] Vgl. nur Heymann/*Emmerich* Rn 4; Baumbach/*Hopt* Rn 5, 26; Ebenroth/Boujong/Joost/Strohn/*Goette* Rn 37; so auch BGHZ 65, 93 (97) = NJW 1976, 49; zum Zugangserfordernis und der damit einsetzenden Bindungswirkung der Stimmabgabe vgl. Rn 24.

[7] Ebenso Schlegelberger/*Martens* Rn 5a.

[8] Vgl. dazu schon § 109 Rn 46. Zurückhaltend zur Bezeichnung der Gesellschafterversammlung als „Beschlussorgan“ wegen der möglichen Assoziationen zum Körperschaftsrecht *H. und U. Schneider* FS Möhring, 1975, S. 278.

schlussfassung im Umlaufverfahren o.Ä. im Fall der Zustimmung aller Gesellschafter oder eines bestimmten Quorums.[9] Vielmehr enthalten sie vielfach auch Bestimmungen über Zeit und Ort der Gesellschafterversammlung, Anforderungen an die Einberufung und die Bekanntmachung der Gegenstände der Tagesordnung sowie über Ablauf und Leitung der Versammlung und Art der Beschlussfassung.[10] Verstöße gegen diese Anforderungen machen die Beschlussfassung fehlerhaft, es sei denn, dass die Gesellschafter sich in Kenntnis des Verstoßes einverständlich darüber hinwegsetzen (zu den Rechtsfolgen vgl. Rn 81 f). Ein Missbrauch der vertraglichen Gestaltungsmöglichkeiten liegt vor, wenn sie – wie die Einberufung der Gesellschafterversammlung zu einer unüblichen Zeit oder an einem schwer erreichbaren Ort – dazu eingesetzt werden, um einzelnen Gesellschaftern die Teilnahme an der Beschlussfassung unmöglich zu machen oder wesentlich zu erschweren.[11]

B. Der Gesellschafterbeschluss

I. Grundlagen

1. Rechtsnatur. Der Gesellschafterbeschluss dient der innergesellschaftlichen Willens- 7
bildung durch Stimmabgabe zur Herbeiführung bestimmter, den Beschlussgegenstand (vgl. dazu Rn 10 ff) bildender Rechtsfolgen. Er erfüllt damit die Anforderungen an ein (mehrseitiges) **Rechtsgeschäft**, d.h. die privatautonome, rechtlich bindende Verständigung der Beteiligten über den von ihnen angestrebten Rechtserfolg. Das steht nach heute ganz hM außer Zweifel, soweit es um das Zustandekommen des Beschlusses, d.h. ein *positives* Beschlussergebnis geht;[12] ob dafür Einstimmigkeit erforderlich ist oder mehrheitliche Beschlussfassung genügt, ist für seine Qualität als Rechtsgeschäft ohne Belang.[13] Die in der höchstrichterlichen Rechtsprechung früher getroffene Unterscheidung zwischen Rechtsgeschäft und Sozialakt[14] bezog sich der Sache nach nicht auf die Rechtsnatur des Beschlusses, sondern auf die Frage der Anwendbarkeit des § 181 BGB in Fällen, in denen ein Stimmrechtsvertreter zugleich im eigenen Namen oder als Vertreter eines weiteren Gesellschafters handelt;[15] der „Sozialakt" erschien daher als Sonderfall eines Rechtsgeschäfts. Aber auch die Ablehnung eines Beschlussantrags i.S. eines *nega-*

---

9 Vgl. Münchener Vertragshandbuch/*Oldenburg* Bd. 1 S. 105 ff: OHG-Vertrag, II. 3. § 9 Abs. 5; dort *Riegger/Götze* S. 225 ff: KG-Vertrag, III. 1. § 6 Abs. 1.

10 Beispielhaft Münchener Vertragshandbuch/*Riegger/Götze* Bd. 1 S. 245 ff: KG-Vertrag, erweit. Form, III. 2. §§ 8, 9.

11 So zutr. schon 3. Aufl. Rn 4 (*Rob. Fischer*); vgl. auch *H. und U. Schneider* FS Möhring, 1975, S. 288 (290) m. Bsp.

12 Vgl. statt aller MünchKommHGB/*Enzinger* Rn 10; Ebenroth/Boujong/Joost/Strohn/*Goette* Rn 28; Heymann/*Emmerich* Rn 2; Baumbach/*Hopt* Rn 25 f; *K. Schmidt* Gesellschaftsrecht § 15 I 2 a, S. 436 f; grundlegend (unter Verneinung der Vertragsnatur) *von Tuhr* Allg. Teil des BGB Bd. I, § 36 IV, S. 514 f; im Ergebnis auch *Mülbert/Gramse* WM 2002, 2085 (2086) (ungeachtet ihrer Unterscheidung zwischen „Vertragsmodell" und „Beschlussmodell").

13 Vgl. nur *von Tuhr* (Fn 12) S. 515; *Hueck* OHG § 11 IV, S. 175 ff.

14 So – jeweils für Gesellschafterbeschlüsse in der GmbH – BGHZ 33, 189 (191) = NJW 1960, 2285; BGHZ 48, 163 (167) = NJW 1967, 1963; BGHZ 51, 209 (217) = NJW 1969, 841; anders dann BGHZ 65, 93 (96 f) = NJW 1976, 49 und BGHZ 112, 339 (341) = NJW 1991, 691.

15 Vgl. nur Schlegelberger/*Martens* Rn 4; *Hüffer* in: Ulmer/Habersack/Winter GmbHG § 47 Rn 3; *Noack* Fehlerhafte Beschlüsse S. 16; dazu näher unten Rn 60.

tiven Beschlussergebnisses, d.h. das Nichtzustandekommen der erforderlichen Mehrheit, ist als Rechtsgeschäft zu qualifizieren, da es – als Rechtsfolge – zur Erledigung des Antrags und zum Erlöschen der Wirkung der für oder gegen ihn abgegebenen Stimmen führt.[16] Darauf, ob es für die Beschlussfassung – wie regelmäßig – der Abgabe von zwei oder mehr Willenserklärungen (Stimmen) bedarf oder ob ausnahmsweise eine einzige Stimme ausreicht,[17] kommt es für die Rechtsnatur als Rechtsgeschäft nicht an; auch ein „Einmannbeschluss" erfüllt die an ein (einseitiges) Rechtsgeschäft zu stellenden Voraussetzungen.[18]

8 Umstritten ist, ob der Beschluss darüber hinaus als **Vertrag** i.S. der §§ 145 ff BGB zu qualifizieren ist. Die hM verneint dies und lehnt deshalb die Anwendung der Vorschriften der §§ 145 ff BGB über die begrenzte Bindung an den Antrag (die Stimmabgabe) und über das Zustandekommen des Vertrages ab.[19] Dem ist in dieser Allgemeinheit nicht zu folgen; vielmehr hängt die Beurteilung vom jeweiligen *Beschlussgegenstand* ab.[20] Soweit Änderungen des Gesellschaftsvertrags, die Aufnahme oder das einvernehmliche Ausscheiden eines Gesellschafters oder sonstige das *Verhältnis der Gesellschafter untereinander* gestaltende Gegenstände in Frage stehen, ist die Vertragsnatur zu bejahen.[21] Ob die Willensübereinstimmung wie beim Vertragsabschluss durch wechselseitige Willenserklärungen oder aber durch parallele Stimmabgaben in Bezug auf einen Beschlussantrag herbeigeführt wird, ist demgegenüber nicht entscheidend. Auch die Zulassung *mehrheitlicher* Beschlussfassung steht dieser Beurteilung nicht entgegen.[22] **Anderes** gilt bei Beschlüssen, die wie die Zustimmung zu Geschäftsführungsmaßnahmen, die Wahl von Organmitgliedern oder die Entscheidung über Verfahrensfragen die Gesellschaftssphäre betreffen und der innergesellschaftlichen Willensbildung dienen; insoweit bewendet es bei den allgemeinen Rechtsgeschäftsvorschriften; für die Anwendung der §§ 145 ff BGB ist insoweit kein Raum.[23]

---

[16] HM, vgl. *Hüffer* in: Ulmer/Habersack/Winter GmbHG § 47 Rn 35; *Zöllner* in: Baumbach/Hueck GmbHG[18] § 47 Rn 2 f; *Baltzer* S. 115, 156 ff; *Ulmer* FS Niederländer, 1991, S. 415 (431); aus der Rspr. vgl. BGHZ 88, 320 (328) = NJW 1984, 489; BGHZ 97, 28 (30) = NJW 1986, 2051.

[17] So wenn ein Teil der Gesellschafter vom Stimmrecht ausgeschlossen ist oder das Stimmrecht aus dem Anteil eines Gesellschafters von seinem Mitgesellschafter als Nießbraucher o.Ä. ausgeübt werden kann (vgl. den Fall BGH NJW 1999, 571); wie hier auch *Westermann* Handbuch Rn I 475.

[18] Ebenso *Hüffer* in: Ulmer/Habersack/Winter GmbHG § 48 Rn 66 ff; *Zöllner* in: Baumbach/Hueck GmbHG[18] § 48 Rn 28.

[19] So im Anschluss an *von Tuhr* aaO (Fn 12) die hM, vgl. *K. Schmidt* Gesellschaftsrecht § 15 I 2 a, S. 442; *Wiedemann* Gesellschaftsrecht Bd. I § 3 III 1 b, S. 179; *ders.* Gesellschaftsrecht Bd. II § 4 I 2 a, S. 297 f; MünchKommHGB/*Enzinger* Rn 9 f; Soergel/*Hadding* BGB[11] § 709 Rn 24; *Baltzer* S. 173 ff; *Priester* FS Hadding, 2004, S. 611 (614) (für Feststellung des Jahresabschlusses); weit. Nachw., auch zum Schrifttum zum Allg. Teil, vgl. bei *Ulmer* FS Niederländer, 1991, S. 424 f Fn 46 und 47; i. E. **aA** – für Anwendung der §§ 145 ff BGB betr. die Bindungswirkung an die Stimmabgabe – Schlegelberger/*Martens* Rn 5 und Heymann/*Emmerich* Rn 4.

[20] Vgl. näher *Ulmer* FS Niederländer, 1991, S. 426 ff; zust. *Westermann* Handbuch Rn I 484; *Koller*/Roth/Morck Rn 1; ebenso auch Ebenroth/Boujong/Joost/Strohn/*Goette* Rn 28.

[21] Ebenso Ebenroth/Boujong/Joost/Strohn/*Goette* Rn 28; Röhricht/Graf v. Westphalen/*v. Gerkan/Haas* Rn 7; Baumbach/*Hopt* Rn 25; *Koller*/Roth/Morck Rn 1; *Westermann* Handbuch Rn I 484.

[22] *Ulmer* FS Niederländer, 1991, S. 428 ff.

[23] Dazu *Ulmer* FS Niederländer, 1991, S. 428; ähnlich Ebenroth/Boujong/Joost/Strohn/*Goette* Rn 28, der indes einer „doktrinären Anwendung" der § 130, 145 ff BGB kritisch gegenübersteht und – für die Widerrufbarkeit – auf den (Bindungs-)Willen der Gesell-

Rechtliche Bedeutung kommt der Qualifikation des Beschlusses als Rechtsgeschäft bzw. Vertrag einerseits für das Zustandekommen des Beschlusses und für die Bindung an die abgegebene Stimme als Willenserklärung zu (vgl. dazu Rn 24 ff); insoweit gelten die Vorschriften der §§ 130 ff bzw. §§ 145 ff BGB. Andererseits richtet sich auch die Beurteilung von Beschlussmängeln und ihrer Folgen im Grundsatz nach den allgemeinen rechtsgeschäftlichen Kategorien (§§ 104 ff, 116 ff BGB); hierauf ist zurückzukommen (Rn 79 ff). 9

2. Gegenstände

a) **Allgemeines.** Als Gegenstände eines Gesellschafterbeschlusses kommen alle Angelegenheiten in Betracht, die entweder das Verhältnis der Gesellschafter untereinander und zur Gesellschaft (die sog. Grundlagenebene, Rn 11) oder das Tätigwerden der Gesellschaft (die Geschäftsführungsebene, Rn 13) betreffen. Eine dritte Kategorie von Beschlussgegenständen betrifft sonstige gemeinsame Gesellschaftsangelegenheiten (Rn 14). Als „Herren der Gesellschaft" sind die Gesellschafter befugt, auf alle diese Bereiche Einfluss zu nehmen und ihren Willen durchzusetzen. Das gilt mit *Zustimmung aller Gesellschafter* auch dann, wenn der Gesellschaftsvertrag für bestimmte Gegenstände eine abweichende, als abschließend gewollte Regelung enthält; eine Selbstbindung der Gesellschafter scheidet insoweit aus. Demgegenüber ist für mehrheitliche Beschlussfassung mit Rücksicht auf § 119 Abs. 1 und 2 nur Raum, soweit der Gesellschaftsvertrag wirksam eine entsprechende Mehrheitskompetenz begründet oder die Gesellschafter sich ad hoc hierauf verständigen. Im Einzelnen ist hinsichtlich der Beschlussgegenstände zwischen Grundlagenbeschlüssen, Geschäftsführungsbeschlüssen und Beschlüssen in sonstigen Gesellschaftsangelegenheiten zu unterscheiden (vgl. Rn 11 ff). 10

b) **Grundlagenbeschlüsse.** Sie sind dadurch gekennzeichnet, dass sie sich auf den Gesellschaftsvertrag sowie die sonstigen zur Gesellschaftsgrundlage gehörenden Rechtsverhältnisse der Gesellschafter untereinander und zur Gesellschaft beziehen, d.h. auf Fragen, bei denen typischerweise das *Eigeninteresse* der einzelnen Gesellschafter vorherrscht. Neben Vertragsänderungen einschließlich der Aufnahme oder des Ausscheidens einzelner Gesellschafter gehören hierher allgemein Entscheidungen zur Regelung der Geschäftsführungsbefugnis und insbesondere die Entscheidungen im Rahmen der §§ 112, 113 über die Befreiung einzelner Gesellschafter vom Wettbewerbsverbot und über die Geltendmachung von Ansprüchen gegen Mitgesellschafter wegen Verstoßes gegen dieses Verbot, ferner Beschlüsse über die Auflösung und die Fortsetzung der Gesellschaft (§§ 131 Abs. 1 Nr. 2, 144 Abs. 1) sowie über die Bestellung und Abberufung von Liquidatoren (§§ 146 Abs. 1, 147). Der Gesellschaftsvertrag kann darüber hinaus weitere Beschlüsse vorsehen, darunter auch die Ausschließung eines Gesellschafters aus wichtigem Grund in Abweichung von der hierfür in § 140 vorgesehenen Auflösungsklage. Auch ohne eine solche Regelung sind die Gesellschafter nicht gehindert, bei einvernehmlichem Vorgehen ad hoc sonstige Beschlüsse in Bezug auf den Grundlagenbereich zu fassen. 11

Die **rechtliche Behandlung** dieser grundsätzlich von der *Zustimmung sämtlicher Gesellschafter* abhängigen Beschlüsse wird durch das hier typischerweise im Vordergrund stehende Eigeninteresse der einzelnen Gesellschafter (§ 105 Rn 235) geprägt. Diese sind regelmäßig nicht gehindert, sich bei ihrer Stimmabgabe in erster Linie am eigenen Inte- 12

---

schafter während des Abstimmungsverfahrens abstellen will (Rn 43); tendenziell auch *Westermann* Handbuch Rn I 484 (jedenfalls vertragsähnlich); ohne Differenzierung Schlegelberger/*Martens* Rn 5 und Heymann/*Emmerich* Rn 4.

resse zu orientieren; für eine aus der Treupflicht folgende *Stimmpflicht* ist nur in engen Grenzen Raum, namentlich bei Erforderlichkeit des Beschlusses zur Erhaltung gemeinsam geschaffener Werte und Zumutbarkeit für den nicht freiwillig zustimmenden Gesellschafter (§ 105 Rn 241). Bei der Zulassung von *Mehrheitsbeschlüssen* ist dem potentiellen Interessengegensatz der Beteiligten durch Beachtung der aus Treupflicht und Kernbereichslehre folgenden Schranken zum Schutz der Minderheit Rechnung zu tragen (Rn 39). Die gleichzeitige Stimmabgabe für zwei oder mehr Gesellschafter ist nur in den Grenzen des § 181 BGB zulässig (Rn 60).

13 c) **Geschäftsführungsbeschlüsse.** Von Grundlagenbeschlüssen klar zu unterscheiden sind Entscheidungen in Geschäftsführungsfragen, da insoweit nicht die Rechtsbeziehungen der Gesellschafter in Frage stehen, sondern die Tätigkeit der Gesellschaft (vgl. § 114 Rn 15 f). Das gilt nicht nur für Beschlüsse über die gewöhnliche Geschäftstätigkeit, sofern der Gesellschaftsvertrag abweichend von § 115 Abs. 1 Gesamtgeschäftsführungsbefugnis vorsieht, sondern auch für Beschlüsse sämtlicher Gesellschafter über außergewöhnliche Geschäfte (§ 116 Abs. 2) bzw. solche der Geschäftsführer über Bestellung und Entziehung der Prokura (§ 116 Abs. 3). Bei derartigen Beschlüssen ist grundsätzlich dem Interesse der Gesellschaft der Vorrang einzuräumen, das Stimmrecht kann sich je nach Lage des Falles zur *Stimmpflicht* entwickeln (§ 105 Rn 230, 234). Mehrheitsklauseln sind im Regelfall unbedenklich, da Gefahren für die Minderheit aus Geschäftsführungsentscheidungen typischerweise nicht ohne weiteres zu erwarten sind (Rn 32). Auch wenn dieselbe Person als Vertreter von zwei oder mehr Gesellschaftern handelt, greift das Verbot des § 181 BGB wegen des regelmäßig fehlenden Interessengegensatzes nicht ein (Rn 60). Anderes gilt aber, wenn die Beschlussfassung sich auf ein Rechtsgeschäft der Gesellschaft mit einem Gesellschafter oder auf die Geltendmachung von Ansprüchen gegen ihn bezieht; insoweit steht ihm kein Stimmrecht zu (Rn 64).

14 d) **Sonstige Angelegenheiten.** Zu dieser (Auffang-)Kategorie gehören Beschlüsse in innergesellschaftlichen Angelegenheiten, die weder die Vertragsgrundlagen betreffen noch sich auf Fragen der Geschäftsführung beziehen. Da es sich durchgängig um **gemeinschaftliche Gesellschaftsangelegenheiten** handelt, sind – wie bei den Grundlagenentscheidungen – sämtliche, auch die nichtgeschäftsführenden Gesellschafter zur Beschlussfassung berufen.[24] Zu nennen sind die Entscheidungen über die Feststellung des Jahresabschlusses (§ 120 Rn 18) und über die Gewinnentnahmen, soweit der Gesellschaftsvertrag hierüber keine abschließende Regelung trifft (§ 122 Rn 36), ferner die Wahl des Abschlussprüfers im Falle gesetzlicher oder gesellschaftsvertraglicher Prüfungspflicht.[25] Sie weisen eine große Nähe zu den Grundlagenentscheidungen auf und sind daher rechtlich wie diese zu qualifizieren. Anderes gilt für Beschlüsse über die *Entlastung der Geschäftsführer* oder die Geschäftsverteilung zwischen ihnen, ferner *Wahlen* zu fakulta-

---

[24] So auch BGHZ 170, 283 = NJW 2007, 1685 (Ls. b) in Bezug auf Feststellung des Jahresabschlusses: „den Gesellschaftern obliegende Angelegenheit der laufenden Verwaltung“ (insoweit abweichend noch BGHZ 132, 263 = NJW 1999, 1678 – Grundlagenentscheidung); vgl. auch MünchKommBGB[5]/*Ulmer*/*C. Schäfer* § 709 Rn 11 und 55 sowie näher Rn 40.

[25] § 6 Abs. 1 PublG i.V.m. § 318 Abs. 1 HGB; vgl. dazu BGH NJW 1980, 1689 (1690) (zu § 161); OLG Hamm NZG 1999, 1213 (zur KG – bei freiwilliger Prüfung auf Geschäftsführer delegierbar; dazu auch die Anm. *Hergeth* DStR 1999, 1824); LG Köln DB 1992, 265; Ebenroth/Boujong/Joost/Strohn/*Goette* Rn 7; *Westermann* Handbuch Rn I 475.

tiven Gesellschaftsorganen wie Beirat oder Aufsichtsrat sowie Entscheidungen in *Verfahrensfragen* betreffend die Einberufung oder den Ablauf einer Gesellschafterversammlung oder die Auswahl der darin zu behandelnden Gegenstände. Hier stehen sich die Gesellschafter nicht als Vertragspartner, sondern vorrangig als Mitglieder des obersten Organs gegenüber, weshalb die Vertragsnatur des Beschlusses hier zu verneinen ist.[26] Auch für die Frage nach der Intensität der Treupflicht, dem Eingreifen des § 181 BGB und dem Stimmrechtsausschluss wegen Interessenkollision kommt es jeweils auf die Art des Beschlussgegenstands und die Nähe zur Grundlagen- oder Geschäftsführungsebene an. Mehrheitsklauseln sind bei dieser Kategorie – ebenso wie bei den Vertragsänderungen – im Regelfall unbedenklich, solange die Mehrheitsklausel auch den Grundlagenbereich einbezieht. Auch hier bedarf es aber einer inhaltlichen Kontrolle der Mehrheitsentscheidung am Maßstab der Treupflicht (Rn 33); im Einzelfall, etwa bei der Gewinnfeststellung, kann auch ein solcher Beschluss in den Kernbereich der Mitgliedschaft der Gesellschafter eingreifen (Rn 40 ff.).

II. Beschlussfassung

1. Allgemeines. Vorbehaltlich besonderer gesellschaftsvertraglicher Regelungen (Rn 17 ff) **15**
sind die Gesellschafter in der **Art und Weise der Beschlussfassung** frei. Das dispositive Recht kennt weder Formerfordernisse noch sonstige bei der Willensbildung der Gesellschafter zu beachtende Formalitäten; auch für eine analoge Anwendung des § 48 Abs. 2 GmbHG (Beschlussfassung im Umlaufverfahren nur mit schriftlicher Zustimmung sämtlicher Gesellschafter) ist kein Raum.[27] Die **Stimmabgabe** der einzelnen Gesellschafter kann schriftlich, mündlich oder konkludent erfolgen;[28] sie wird wirksam, wenn sie den übrigen Gesellschaftern oder dem von ihnen benannten Vertreter zugeht (Rn 24). Zur Beschlussfassung bedarf es nach gesetzlicher Regel (§ 119 Abs. 1) der Zustimmung sämtlicher nicht von einem Stimmverbot betroffener Gesellschafter.

Ohne Gesellschafterversammlung oder Bestellung eines zur Entgegennahme der Stim- **16**
men bevollmächtigten Gesellschafters oder Dritten kann die Feststellung des *Zustandekommens des Beschlusses*, seines Zeitpunkts und Inhalts, *Schwierigkeiten* bereiten. Das gilt auch für die Frage, wie lange die an der Abstimmung teilnehmenden Gesellschafter an ihre Stimmabgabe gebunden sind bzw. diese widerrufen können (vgl. dazu näher Rn 24 ff). Probleme können sich auch im Hinblick auf das Erteilen der für die Beschlussfassung erforderlichen Informationen und die Ausübung des besonderen, hierauf bezogenen Auskunftsrechts der Gesellschafter (§ 118 Rn 26) ergeben. Mit weiteren Schwierigkeiten ist im Fall gesellschaftsvertraglich zugelassener *Mehrheitsbeschlüsse* zu rechnen. Denn der Minderheit steht in derartigen Fällen das Recht zu, ihre abweichende Ansicht zu Gehör zu bringen, um dadurch das Zustandekommen der Beschlussmehrheit zu verhindern;[29] die Ausübung dieses Rechts ist jedoch ohne Abhaltung einer Gesellschafterversammlung kaum möglich; gleichwohl gefasste Beschlüsse sind daher grundsätzlich

---

[26] *Ulmer* FS Niederländer, 1991, S. 415 (428); MünchKommBGB[5]/*Ulmer/C. Schäfer* § 709 Rn 55.

[27] Zutr. *Wiedemann* ZGR 1996, 286 (295).

[28] Ganz hM, MünchKommHGB/*Enzinger* Rn 40; Ebenroth/Boujong/Joost/Strohn/*Goette* Rn 30; Röhricht/Graf v. Westphalen/*v. Gerkan/Haas* Rn 2; Heymann/*Emmerich* Rn 3; Baumbach/*Hopt* Rn 27; *Hueck* OHG § 11 II 2, S. 163; *Westermann* Handbuch Rn I 476 f.

[29] Ebenso Schlegelberger/*Martens* Rn 5a; vgl. auch schon RG HRR 1937 Nr. 1220.

unwirksam (Rn 88). Aus allen diesen Gründen ist die Einsetzung einer Gesellschafterversammlung im Gesellschaftsvertrag oder die Regelung vergleichbarer Förmlichkeiten für die Beschlussfassung dringend zu empfehlen, um beim Prozess der Willensbildung für die gebotene Rechtssicherheit zu sorgen und Streitigkeiten über Zustandekommen und Wirksamkeit der Beschlüsse nach Möglichkeit vorzubeugen.[30]

2. Regularien der Gesellschafterversammlung

17 **a) Rechtlicher Ansatz.** Auch wenn die Gesellschafterversammlung kein notwendiges Organ der Personengesellschaft ist (Rn 5), werden Gesellschafterbeschlüsse regelmäßig entweder kraft gesellschaftsvertraglicher Bestimmung (Rn 6) oder aufgrund entsprechender ad-hoc-Entscheidung der Gesellschafter in einer Versammlung gefasst. Insoweit fragt sich, welche Regularien für die Einberufung und Durchführung der Versammlung und für die Zusammensetzung des Teilnehmerkreises zu beachten sind, wenn der Gesellschaftsvertrag hierüber keine Regelungen trifft. Eine Analogie zu den aktienrechtlichen Vorschriften über die Hauptversammlung (§§ 121 ff AktG) scheidet angesichts der grundlegend abweichenden Struktur der Aktiengesellschaft und ihres Gesellschafterkreises grundsätzlich aus,[31] sofern es sich nicht um eine Publikumsgesellschaft handelt.[32] Die entsprechenden Vorschriften des Vereinsrechts sind ihrerseits rudimentär und für eine Analogie schon deshalb wenig geeignet.[33] Am nächsten liegt eine Orientierung an den auf die Gesellschafterversammlung bezogenen Vorschriften der **§§ 47 bis 51 GmbHG** und der dazu ergangenen Rechtsprechung.[34] Das gilt jedenfalls insoweit, als sie eine Kodifikation des allgemein für Gesellschaften mit beschränktem, untereinander persönlich verbundenem Gesellschafterkreis geeigneten Beschlussrechts enthalten und nicht durch Besonderheiten der Rechtsform der GmbH mit ihren weitergehenden Förmlichkeiten geprägt sind.[35]

---

30 Vgl. zu derartigen Regelungen nur Schlegelberger/*Martens* Rn 6; Ebenroth/Boujong/Joost/Strohn/*Goette* Rn 36; *Westermann* Handbuch Rn I 472, 476 und *Wiedemann* ZGR 1996, 294 sowie den Nachw. in Fn 10.

31 Im Ansatz **aA**, wenn auch sodann relativierend, Schlegelberger/*Martens* Rn 6; Heymann/*Emmerich* Rn 6.

32 Insofern für Analogie zu § 123 Abs. 1 AktG (Einberufungsfrist mind. ein Monat) *U. H. Schneider* ZGR 1978, 1 (22); i.E. wohl auch Voraufl. Anh. § 161 Rn 43 (*Schilling*) (Wochenfrist des § 51 Abs. 1 S. 2 GmbHG genügt nicht). Für Analogie zu § 122 Abs. 1 AktG (Einberufungsverlangen durch Gesellschafter mit 5% Kapitalanteil) *U. H. Schneider* ZGR 1978, 1 (25) und Heymann/*Horn* § 161 Rn 186; zu § 122 Abs. 2 AktG *U. H. Schneider* aaO S. 23. Für eigenes Einberufungsrecht der Minderheit analog § 50 Abs. 3 GmbHG BGHZ 102, 172 (175) = NJW 1988, 969; Röhricht/Graf v. Westphalen/*v. Gerkan/Haas* § 161 Rn 104; Ebenroth/Boujong/Joost/Strohn/*Henze* § 177a Anh. B Rn 81; Baumbach/*Hopt* Anh. § 177 Rn 72; *Reichert/Winter* BB 1988, 981 (985).

33 So in Bezug auf § 32 Abs. 1 S. 2 BGB zutr. BGH ZIP 1994, 1523 (1525); gegen eine Analogie auch MünchKommHGB/*Enzinger* Rn 40, 49; *Westermann* Handbuch Rn I 476; *H. und U. Schneider* FS Möhring, 1975, S. 292.

34 Zutr. *Wiedemann* Gesellschaftsrecht Bd. II § 4 I 2 b, S. 298 und ZGR 1996, 295 mit Rspr.-Nachw. zum Beschlussverfahren im GmbH-Recht; so auch Voraufl. Rn 17 (*Ulmer*); im Grundsatz auch Ebenroth/Boujong/Joost/Strohn/*Goette* Rn 35 (mit Fn 129), Rn 36 (jedenfalls soweit in dem kapitalgesellschaftsrechtlichen Beschlussmängelrecht vergleichbare Regelungen getroffen sind); MünchKommHGB/*Enzinger* Rn 48 (unter Beachtung der zwingenden Schranken der Regelungsbefugnis).

35 Unanwendbar sind danach § 47 Abs. 3 GmbHG betr. Schriftform der Vollmacht, § 48 Abs. 1 und 2 GmbHG betr. grundsätzliche Beschlussfassung in Versammlungen

b) **Einberufung.** Die Einberufung der Gesellschafterversammlung ist entsprechend § 49 Abs. 1 GmbHG grundsätzlich Aufgabe der **Geschäftsführer**, soweit der Gesellschaftsvertrag keine abweichende Regelung trifft. Zur Einberufung berechtigt ist *jeder* Geschäftsführer, auch wenn abweichend von § 115 Abs. 1 Gesamtgeschäftsführung vereinbart ist (zum Selbsthilferecht der einzelnen Gesellschafter vgl. Rn 19).[36] Für die **Einberufungsfrist** empfiehlt sich die Orientierung an § 51 Abs. 1 S. 2 GmbHG, wonach die *Mindestfrist eine Woche* betragen muss. Die Frist beginnt in dem Zeitpunkt zu laufen, in dem üblicherweise mit dem Zugang der Ladung gerechnet werden kann.[37] Die Einhaltung einer längeren Frist wird nicht selten mit Rücksicht auf Besonderheiten des jeweiligen Gesellschafterkreises geboten sein, darunter die starke berufliche Beanspruchung einzelner Gesellschafter außerhalb der Gesellschaft oder ihren weit entfernt liegenden Wohnsitz; auch die bisherigen Gepflogenheiten in der Gesellschaft sind für die Angemessenheit der Frist zu berücksichtigen. Eine besondere **Form** für die Einberufung ist abweichend von § 51 Abs. 1 S. 1 GmbHG (eingeschriebener Brief) angesichts des generellen Fehlens von Förmlichkeiten im Personengesellschaftsrecht nicht erforderlich. Neben einfachem Brief genügt auch Einberufung per Telefax, E-Mail, Telefon u.a., sofern sie dem Empfänger zugeht. Werden Beschlüsse auf einer nicht ordnungsgemäß einberufenen Gesellschafterversammlung gefasst, so sind sie entsprechend § 51 Abs. 3 GmbHG nur wirksam, wenn sämtliche Gesellschafter anwesend oder vertreten sind und keiner der Anwesenden der Beschlussfassung wegen des Ladungsmangels widerspricht.[38] Eine *Angabe des Zwecks* der Versammlung und die Ankündigung der *Gegenstände der Tagesordnung* ist demgegenüber keine echte Wirksamkeitsvoraussetzung für die jeweiligen Beschlüsse (Rn 82); § 51 Abs. 2 GmbH ist nicht analog anwendbar.[39] Dennoch können die Gesellschafter verlangen, dass der mit der ordnungsgemäßen Einberufung verfolgte Zweck, den Gesellschaftern außer der Teilnahme auch die Vorbereitung auf die Erörterungen und die Beschlussfassung in der Gesellschafterversammlung zu ermöglichen, für den Inhalt der Einberufungsmitteilung beachtet wird; das gilt besonders bei Zulassung von Mehrheitsbeschlüssen und Beschlussfähigkeit ohne Anwesenheit aller Gesellschafter.[40] Fehlt es 18

---

und Schriftform der – nur mit Zustimmung aller zulässigen – Abstimmung im Umlaufverfahren (so zu § 48 Abs. 2 GmbHG auch *Wiedemann* ZGR 1996, 295; *ders.* Gesellschaftsrecht Bd. II § 4 I 2 b, S. 299) sowie § 51 Abs. 2 und 4 GmbHG betr. die Notwendigkeit der Ankündigungen zur Tagesordnung als Voraussetzung wirksamer Beschlussfassung (so zutr. BGH ZIP 1995, 738 [743]).

[36] So auch Heymann/*Emmerich* Rn 7; weitergehend – jeder Gesellschafter – Schlegelberger/*Martens* Rn 6; MünchKommHGB/*Enzinger* Rn 49; Röhricht/Graf v. Westphalen/*v. Gerkan/Haas* Rn 4; Baumbach/*Hopt* Rn 29; wohl auch Ebenroth/Boujong/Joost/Strohn/*Goette* Rn 36.

[37] BGHZ 100, 264 (268) = NJW 1987, 2580; so i.E. auch BGH ZIP 1998, 859 (860) (unter Hinweis auf die mit Absendung der Ladung beginnende Mindestfrist von 14 Tagen in § 121 Abs. 4 AktG).

[38] So bereits 3. Aufl. Rn 4 (*Rob. Fischer*); ebenso auch Heymann/*Emmerich* Rn 8; Baumbach/*Hopt* Rn 29; Ebenroth/Boujong/Joost/Strohn/*Goette* Rn 72; enger Schlegelberger/*Martens* Rn 11; *Hueck* OHG § 11 V 2 a, S. 184 f und *Noack* Fehlerhafte Beschlüsse S. 75 f, die unverzügliche Rüge der Verfahrensmängel fordern, um Präklusion zu vermeiden.

[39] So zutr. BGH ZIP 1995, 738 (743); **aA** wohl *Wiedemann* Gesellschaftsrecht Bd. II § 4 I 2b, S. 299 und ZGR 1996, 295 („Basisrecht" auf korrekte Information über die Beschlussgegenstände einer Gesellschafterversammlung); für Wirksamkeitserfordernis einer gesellschaftsvertraglich vorgeschriebenen Ankündigung auch *Westermann* Handbuch Rn I 480.

[40] Vgl. BGHZ 100, 264 (266) = NJW 1987, 2580; BGH ZIP 1995, 738 (743) („Dispositionsschutz" der Gesellschafter); Ebenroth/Boujong/Joost/Strohn/*Goette* Rn 36;

hieran, so ist jeder davon betroffene Gesellschafter berechtigt, Vertagung der Beschlussfassung zu verlangen.[41] Wird der Beschluss gleichwohl gefasst, so ist dieser regelmäßig unwirksam, weil die Vorbereitung auf die Tagesordnungspunkte wesentlich erschwert, wenn nicht ausgeschlossen ist.[42]

19 In Bezug auf den **Anlass für die Einberufung** haben sich die Geschäftsführer in erster Linie am *Interesse der Gesellschaft* und an dem aus ihrer Sicht bestehenden Entscheidungsbedarf (Bilanzfeststellung, Gewinnverwendung, Neuwahlen zu Gesellschaftsorganen, Verstöße gegen das Wettbewerbsverbot, Notwendigkeit einer Kapitalzufuhr oder der Auflösung u.a.) zu orientieren. Daneben können *auch berechtigte Belange einzelner Gesellschafter* wie der Wunsch nach außerplanmäßigen Entnahmen, das Interesse an Anteilsveräußerung oder Ausscheiden gegen Abfindung, die Diskussion über Änderungen des Gesellschaftsvertrags oder der Grundlinien der Geschäftspolitik u.a. einen Anlass zur Einberufung bilden. Kommen die Geschäftsführer einem entsprechenden Verlangen nicht innerhalb angemessener, der Dringlichkeit des Anlasses entsprechender Frist nach, so ist entsprechend § 50 Abs. 3 GmbHG *jeder Gesellschafter* berechtigt, die Einberufung unter Beachtung der dafür geltenden Anforderungen im Wege des *Selbsthilferechts* zu bewirken.[43] Eines bestimmten Kapitalquorums entsprechend § 50 Abs. 1 GmbHG (10 %) bedarf es hierfür im Regelfall der Beteiligung als persönlich haftender Gesellschafter nicht; anderes kann bei einer – im OHG-Fall freilich untypischen – eindeutig kapitalistischen Struktur der Gesellschaft in Betracht kommen.[44] Gegen *missbräuchliche Ausübung* dieses Selbsthilferechts schützt die gesellschaftsrechtliche Treupflicht; ein Verstoß hiergegen macht die Einberufung unbeachtlich.[45]

20 c) **Teilnehmerkreis.** Geborene Teilnehmer der Gesellschafterversammlung sind die **Gesellschafter.** Ihnen steht das Teilnahmerecht als unverzichtbares Recht[46] grundsätzlich auch dann zu, wenn sie generell oder im Einzelfall vom Stimmrecht ausgeschlossen sind.[47] Abweichendes kommt aus wichtigem Grund nur insoweit in Betracht, als es um die Beratung und Beschlussfassung über *Sanktionen* gegen einen Gesellschafter wegen gesellschaftswidrigen Verhaltens (§§ 113, 117, 127, 140 u.a.) geht; auch dann ist dem Betroffenen freilich rechtliches Gehör in der Gesellschafterversammlung zu gewähren. Für eine

---

Westermann Handbuch Rn I 480; *H. und U. H. Schneider* FS Möhring, 1975, S. 285 (291).

[41] So zutr. *Hueck* OHG § 11 II 2, S. 164.

[42] Vgl. zur Unwirksamkeitsfolge bei Ladungsmängeln, die eine Vorbereitung auf die Sitzung erschweren oder vereiteln, BGH WM 1995, 701 (706); OLG Dresden NZG 2000, 782 (783 f).

[43] Ganz hM, vgl. Heymann/*Emmerich* Rn 7; Schlegelberger/*Martens* Rn 6; Baumbach/*Hopt* Rn 29; Ebenroth/Boujong/Joost/Strohn/*Goette* Rn 36; *Wiedemann* ZGR 1996, 295; i.E. ähnlich MünchKommHGB/*Enzinger* Rn 49 (aber analog § 118 Abs. 2).

[44] Vgl. BGHZ 102, 172 (175) = NJW 1988, 969 und OLG Köln ZIP 1987, 1120 (1122) (kapitalistische BGB-Gesellschaft); BGH ZIP 1998, 859 (860 f) (atyp. stille Publikumsgesellschaft).

[45] Vgl. auch OLG Dresden NZG 2000, 782 (783) (GmbH: Einberufungsrecht nach § 50 Abs. 3 GmbHG ist erst begründet, wenn der GF einem berechtigten Ersuchen des Gesellschafters nicht entspricht; andernfalls ist ein gleichwohl herbeigeführter Beschluss nichtig).

[46] Ganz hM, vgl. Ebenroth/Boujong/Joost/Strohn/*Goette* Rn 36; MünchKommHGB/*Enzinger* Rn 49; *K. Schmidt* Gesellschaftsrecht § 16 III 3 a, S. 471; *Wiedemann* Gesellschaftsrecht Bd. I § 7 II 1, S. 366 f und Bd. II § 4 I 2 b, S. 299; *Immenga* ZGR 1974, 414; *Comes* DB 1974, 2195.

[47] BGH WM 1985, 567 (568) (GmbH); *Wiedemann* ZGR 1996, 295; *ders.* Gesellschaftsrecht Bd. II § 4 I 2 b, S. 299; MünchKomm-HGB/*Enzinger* Rn 49.

Teilnahme Dritter ist grundsätzlich nur Raum, soweit der Gesellschaftsvertrag dies zulässt oder die Gesellschafter der Teilnahme im Einzelfall zustimmen.[48] Das gilt auch in Bezug auf Erwerber von Gesellschaftsanteilen, solange eine aufschiebende Bedingung noch nicht eingetreten ist.[49] Zu denken ist insbes. an die Teilnahme von Auskunftspersonen als Sachverständige bei der Beratung über außergewöhnliche Geschäfte oder über komplexe, die Kenntnisse der Gesellschafter überfordernde Gegenstände des Grundlagenbereichs. In derartigen Fällen kommt ausnahmsweise auch die Zulassung eines zur Berufsverschwiegenheit verpflichteten persönlichen Beraters (Rechtsanwalt, Steuerberater, Wirtschaftsprüfer o.Ä.) *auf Wunsch einzelner Gesellschafter* in Betracht, wenn der Antragsteller auf die Beratung in der Versammlung angewiesen und die Anwesenheit des Beraters den Mitgesellschaftern zumutbar ist.[50]

Ein Recht von Gesellschaftern, mit der Wahrnehmung ihrer Rechte in der Gesell- **21**
schafterversammlung einen **Vertreter** zu betrauen, ist gesetzlich nicht vorgesehen. Der Gesellschaftsvertrag kann Abweichendes entweder generell zulassen oder für bestimmte Konstellationen der Verhinderung o.Ä. regeln. Auch ohne vertragliche Regelung anerkannt ist das Recht eines *gesetzlichen Vertreters*, an Stelle des nicht voll geschäftsfähigen Gesellschafters an den Versammlungen teilzunehmen und für diesen abzustimmen;[51] Entsprechendes gilt für das Vertretungsorgan einer juristischen Person oder Personengesellschaft als Gesellschafter. Im Übrigen können besondere *Verhinderungsgründe* einzelner Gesellschafter (Krankheit, Gebrechlichkeit, längere beruflich bedingte Ortsabwesenheit u.a.) ihnen das Recht geben, von den Mitgesellschaftern kraft Treupflicht die Zulassung eines Vertreters zu verlangen.[52] Dieses Recht findet seine Grenze allerdings dann, wenn in der Person des Vertreters ein wichtiger Grund vorliegt, der seine Anwesenheit für die Mitgesellschafter unzumutbar macht.[53] Die Erteilung einer unwiderruflichen Stimmrechtsvollmacht scheitert auch dann, wenn die Mitgesellschafter zustimmen, am Verbot der Stimmrechtsübertragung und der ihr vergleichbaren Geschäfte (Rn 68). Zur Zulässigkeit einer sog. *Vertreterklausel* im Gesellschaftsvertrag, wie sie sich nicht selten im Fall einer Familien-KG mit einem größeren Gesellschafterkreis findet, und zu den Rechtsbeziehungen zwischen den gebundenen Gesellschaftern vgl. Rn 61 ff.

---

[48] Vgl. dazu näher *Kirberger* BB 1978, 1390 ff; *J. Saenger* S. 64 ff, 173 ff.

[49] Abweichend OLG Dresden NZG 2001, 403, das auch einem Anwartschaftsberechtigten (bei Übertragung des Anteils unter aufschiebender Bedingung der HR-Eintragung) ein Teilnahmerecht zubilligen will; wie hier auch *Koller*/Roth/Morck Rn 2.

[50] So auch LG Köln NJW 1975, 981 (982); OLG Düsseldorf GmbHR 1992, 610 (611) (betr. GmbH); *Westermann* Handbuch Rn I 492; Baumbach/*Hopt* Rn 30; *Kirberger* BB 1978, 1390; weitergehend *J. Saenger* S. 179, 193 (Glaubhaftmachung von Gründen für Beistand soll genügen).

[51] EinhM, vgl. BGHZ 44, 98 (100 f) = NJW 1965, 1961 (betr. Gebrechlichkeitspfleger nach § 1910 a.F. BGB); MünchKommHGB/*Enzinger* Rn 19; Heymann/*Emmerich* Rn 14; Baumbach/*Hopt* Rn 21; *Hueck* OHG § 11 II 3, S. 166; *Westermann* Handbuch Rn I 489.

[52] BGH NJW 1970, 706; Schlegelberger/*Martens* Rn 34; *Hueck* OHG § 11 II 3, S. 165 f; MünchKommHGB/*Enzinger* Rn 19; Ebenroth/Boujong/Joost/Strohn/*Goette* Rn 17; Baumbach/*Hopt* Rn 21; *Westermann* Handbuch Rn I 490 (hM). Die weitergehende Ansicht in der älteren Literatur, die von grundsätzlicher Zulässigkeit der Stellvertretung ausging (Nachw. bei *J. Saenger* S. 60 ff), ist heute überholt.

[53] *Hueck* OHG § 11 II 3, S. 166; MünchKommHGB/*Enzinger* Rn 19 (hM); unter Betonung der Vertrauenswürdigkeit des Vertreters auch Ebenroth/Boujong/Joost/Strohn/*Goette* Rn 17, 26 f.

22 **3. Formerfordernisse.** Für die Beschlussfassung der Gesellschafter einer Personengesellschaft bestehen **keine gesetzlichen Formerfordernisse.** So wenig es zur Beschlussfassung der Abhaltung einer Gesellschafterversammlung bedarf, die Stimmen vielmehr – vorbehaltlich des Zugangs bei den Mitgesellschaftern (Rn 24) – in grundsätzlich beliebiger Art und Weise abgegeben werden können, so wenig ist auch eine bestimmte Form für die Abstimmung vorgeschrieben.[54] Die Stimmabgabe kann schriftlich,[55] mündlich, durch Handzeichen (unter Anwesenden) oder konkludent erfolgen. Der Beschluss ist zustande gekommen, sobald positive Stimmen von sämtlichen stimmberechtigten Gesellschaftern oder – im Fall einer wirksamen Mehrheitsklausel – von der für das Zustandekommen des Beschlusses erforderlichen Mehrheit vorliegen. Auch einer Beschlussfeststellung durch den Versammlungsleiter oder den die Abstimmung veranstaltenden Geschäftsführer oder die Errichtung eines Beschlussprotokolls bedarf es nicht.[56] Allerdings obliegt ohne förmliche Feststellung demjenigen, der sich auf das Zustandekommen eines Gesellschafterbeschlusses beruft, der Nachweis hierfür, es sei denn, dass der Inhalt des behaupteten Beschlusses durch eine seit längerem in der Gesellschaft praktizierte tatsächliche Übung bestätigt wird.[57]

23 Ist für *Änderungen des Gesellschaftsvertrags* in diesem **Schriftform** vorgeschrieben, so erstreckt sich dieses Formerfordernis auch auf Änderungen durch Gesellschafterbeschluss, und zwar unabhängig davon, ob der Beschluss in der Gesellschafterversammlung oder auf andere Weise zustande kommt. Eine derartige Schriftformklausel enthält im Zweifel ein *Wirksamkeitserfordernis* und hat nicht nur Klarstellungsfunktion (str., vgl. näher § 105 Rn 178 und 188). Zwar können sich die Gesellschafter als „Herren des Geschäfts" *einvernehmlich* über die zwischen ihnen vereinbarte Schriftform hinwegsetzen. Zugleich mit der Sachentscheidung können sie den – für den Einzelfall oder generell gewollten – Verzicht auf die Schriftform beschließen; § 125 S. 2 BGB steht der Wirksamkeit eines solchen Beschlusses nicht entgegen.[58] Erforderlich ist hierfür aber, dass sie bei der formlosen Abstimmung den Formverzicht erkennbar in ihren rechtsgeschäftlichen Willen aufnehmen (vgl. näher § 105 Rn 178 m. Nachw.). Die bloße Nichtbeachtung der Schriftform reicht für die Wirksamkeit des Sachbeschlusses selbst dann nicht aus, wenn sein Inhalt von allen Beteiligten ernsthaft gewollt ist.[59] Im Hinblick auf *andere Beschluss-*

---

[54] Vgl. die Nachw. in Fn 5.

[55] Zur Zulässigkeit schriftlicher Abstimmung im Umlaufverfahren vgl. nur OLG München DB 2001, 1408; OLG Dresden NZG 2000, 782; *Hueck* OHG § 11 II 2, S. 163; *Westermann* Handbuch Rn I 477; *Baltzer* S. 122, 134; MünchKommHGB/*Enzinger* Rn 40; gegen Anwendung von § 48 Abs. 2 GmbHG (schriftliches Einverständnis aller Gesellschafter mit diesem Verfahren) zutr. *Wiedemann* ZGR 1996, 295 und Gesellschaftsrecht Bd. II § 4 I 2b, S. 299. Zum vertraglichen Schriftformerfordernis vgl. Rn 23.

[56] HM, vgl. nur Schlegelberger/*Martens* Rn 6; Heymann/*Emmerich* Rn 5; *Hueck* OHG § 11 II 4, S. 167; Ebenroth/Boujong/Joost/Strohn/*Goette* Rn 40 (zum Umlaufverfahren); zur Einhaltung der Schriftform für die Abstimmung durch Erstellung eines Sitzungsprotokolls vgl. BGHZ 66, 82 (87) = NJW 1976, 958 (Publikums-KG).

[57] Vgl. BGH NJW 1966, 826 (827); BGH WM 1978, 300 (301); dazu auch § 105 Rn 178.

[58] Vgl. MünchKommBGB[5]/*Ulmer* § 705 Rn 51; Röhricht/Graf v. Westphalen/*v. Gerkan/Haas* Rn 5; Baumbach/*Hopt* Rn 28; einschränkend Ebenroth/Boujong/Joost/Strohn/*Goette* Rn 33 (nicht bei qualifizierter Schriftformklausel); **aA** MünchKommBGB[5]/*Einsele* § 125 Rn 70 (Verzicht auf Schriftformerfordernis grundsätzlich nur unter Formwahrung möglich). Für Abstellen nur auf den materiellen Änderungswillen aber BGHZ 71, 162 (164) = NJW 1978, 1585; BGHZ 132, 263 (270) = NJW 1996, 1678; BGH WM 1982, 902.

[59] Abweichend offenbar MünchKommHGB/*Enzinger* Rn 47.

gegenstände, insbes. solche über Geschäftsführungsfragen, aber auch über sonstige Angelegenheiten, ist demgegenüber regelmäßig davon auszugehen, dass die Schriftform nur dem Beweis dienen soll, so dass die Wirksamkeit des Beschlusses nicht berührt wird.[60] Entsprechendes gilt für eine gesellschaftsvertraglich vorgeschriebene Protokollierung.

III. Bindung an die Stimmabgabe

1. Beginn mit Zugang. Die Stimmabgabe ist eine **Willenserklärung;**[61] das gilt unab- **24**
hängig davon, ob sie inhaltlich auf Zustimmung, Ablehnung oder Stimmenthaltung gerichtet ist.[62] Als empfangsbedürftige Erklärung wird sie nicht schon mir der Abgabe der Stimme wirksam, sondern erst im Zeitpunkt des **Zugangs** gegenüber sämtlichen Mitgesellschaftern oder Geschäftsführern[63] als Erklärungsempfängern,[64] sofern diese nicht einen von ihnen als Empfangsbevollmächtigten bestellt haben. Bei Beschlussfassung in einer Gesellschafterversammlung ist allerdings regelmäßig der *Versammlungsleiter* als zur Entgegennahme der Stimmen bevollmächtigt anzusehen;[65] das hat Bedeutung nicht zuletzt im Fall geheimer Abstimmung, in dem den Gesellschaftern gegenüber nur das Abstimmungsergebnis offenzulegen ist. An die Stimmabgabe *gebunden* ist der Abstimmende demgegenüber schon dann, wenn die Erklärung *einem* der Mitgesellschafter zugegangen ist; das beruht auf dem mit § 130 Abs. 1 BGB bezweckten Vertrauensschutz für jeden der Empfänger.[66] Im Übrigen ist zwischen der Fortdauer der Bindungswirkung der Erklärung bis zu ihrem Erlöschen (Rn 25 f) und den Voraussetzungen ihres Widerrufs (Rn 27) zu unterscheiden. Zur fehlerhaften, auf Irrtum oder Täuschung beruhenden Stimmabgabe und zur Geltendmachung des Fehlers vgl. Rn 73 f.

2. Dauer der Bindungswirkung. Vom Sonderfall des Vertragsantrags abgesehen (vgl. **25**
Rn 26), enthält das BGB keine Vorschriften über die Dauer der durch Zugang begründeten Bindung an die Willenserklärung (Rn 24). Maßgebend sind die mit ihr bestimmungs-

---

60 HM, vgl. RGZ 104, 413 (415); 122, 367 (369 f); für eine Publikums-KG auch BGHZ 66, 82 (87 f) = NJW 1976, 958; zust. Schlegelberger/*Martens* Rn 7; Heymann/*Emmerich* Rn 57; auf Auslegung der jeweiligen Schriftformklausel abstellend *Hueck* OHG § 11 II 5, S. 168; Ebenroth/Boujong/Joost/Strohn/*Goette* Rn 32; *Westermann* Handbuch Rn I 479; Baumbach/*Hopt* Rn 28; MünchKommHGB/*Enzinger* Rn 46.

61 Vgl. nur *Zöllner* Die Schranken mitgliedschaftlicher Stimmrechtsmacht bei den privatrechtlichen Personenverbänden, 1963, S. 10 mit umfass. Nachw. in Fn 29, 30; so auch Schlegelberger/*Martens* Rn 35; Ebenroth/Boujong/Joost/Strohn/*Goette* Rn 37; *Koller*/Roth/Morck Rn 7; MünchKommBGB[5]/*Ulmer*/*C. Schäfer* § 709 Rn 74; *Westermann* Handbuch Rn I 483 und *K. Schmidt* Gesellschaftsrecht § 15 I 2b, S. 437; aus der Rspr. vgl. BGHZ 65, 93 (96 f) = NJW 1976, 49; ebenso schon BGHZ 14, 264 (267) = NJW 1954, 1563 und BGHZ 48, 163 (173) = NJW 1967, 1963 für die Stimmabgabe in der GmbH. Zu abw. früheren Ansichten (Teilnahme an einem Gesamtakt) vgl. Nachw. in 3. Aufl. Rn 26 (*Rob. Fischer*).

62 Dazu näher *Ulmer* FS Niederländer, 1991, S. 415 (419) mit Nachw. in Fn 23.

63 So in den Fällen der §§ 115 Abs. 2 und 116 Abs. 3.

64 EinhM, vgl. RGZ 163, 385 (392); *Hueck* OHG § 11 II 3, S. 164; MünchKommHGB/*Enzinger* Rn 14; Ebenroth/Boujong/Joost/Strohn/*Goette* Rn 37 f; Baumbach/*Hopt* Rn 5.

65 So zutr. BGH WM 1957, 1128 (1130); *Hueck* OHG § 11 II 3, S. 164; zust. auch MünchKommHGB/*Enzinger* Rn 14.

66 Vgl. dazu *Ulmer* FS Niederländer, 1991, S. 415 (421).

gemäß verfolgten Rechtswirkungen.[67] Im Fall der Stimmabgabe kommt es somit darauf an, welche *Frist für die Beschlussfassung* nach dem Gesellschaftsvertrag oder nach den im Beschlussverfahren ad hoc getroffenen Festsetzungen vorgesehen ist.[68] Erfolgt die Beschlussfassung in einer Gesellschafterversammlung, so erlischt die Willenserklärung spätestens mit dem ergebnislosen Ende der Versammlung, sofern das Nichtzustandekommen des Beschlusses wegen der abgegebenen Gegenstimmen nicht schon zuvor feststeht.[69] Bei Abstimmungen im Umlaufverfahren oder auf sonstige Weise ist die für die Stimmabgabe festgesetzte Frist, in Ermangelung einer solchen die für die Beschlussfassung üblicherweise in Anspruch genommene Frist maßgebend. Bei ergebnislosem Ablauf der Frist sind die Gesellschafter nicht gehindert, sich einvernehmlich auf eine Fristverlängerung zu verständigen und dadurch den bereits abgegebenen Stimmen ggf. eine längere Wirkungsdauer zu verschaffen, wenn sie nicht einer erneuten Abstimmung den Vorzug geben.

26 Besonderheiten in Bezug auf die Bindungsdauer gelten nach §§ 145 ff BGB für Willenserklärungen, die als **Vertragsantrag** auf den Abschluss oder die Änderung eines Vertrages gerichtet sind. Sie können nach § 147 Abs. 1 BGB mangels abweichender Vereinbarung nur sofort[70] angenommen werden, wenn sie gegenüber Anwesenden oder telefonisch abgegeben werden, und erlöschen bei Ablehnung oder nicht rechtzeitiger Annahme durch den anderen Teil (§ 146 BGB). Bei Anträgen gegenüber einem Abwesenden kommt es nach § 147 Abs. 2 BGB auf den Zeitpunkt an, in dem der Antragende den Eingang der Antwort unter regelmäßigen Umständen erwarten darf, bei Anträgen mit Fristbestimmung für die Annahme auf den Ablauf der Frist (§ 148 BGB). Auf Gesellschafterbeschlüsse sind diese Regelungen dann anwendbar, wenn es um *Änderungen des Gesellschaftsvertrags* einschließlich der Beschlussfassung über vergleichbare Angelegenheiten wie Gesellschafterwechsel, Umwandlung, Auflösung oder Vermögensübertragung, aber auch um Bilanzfeststellung und Gewinnverwendung geht.[71] Demgegenüber gelten für

---

[67] Zum Meinungsstand betr. Umfang und Dauer der Bindungswirkung an die gegenüber Mitgesellschaftern zugegangene Stimmabgabe vgl. *Ulmer* FS Niederländer, 1991, S. 415 (417 f); für uneingeschränkte Bindung *Bartholomeyczik* ZHR 105 (1938), 293 (327 f); *Baltzer* S. 151 f; *Messer* FS Fleck, 1988, S. 221 (224 ff, 228).

[68] So zutr. auch BGH WM 1990, 586 (588) im Fall eines Verschmelzungsbeschlusses von OHG und GbR, nachdem die rund 20 zustimmenden Gesellschafter sich mit der nachträglichen Zustimmung der drei übrigen „in Kürze" einverstanden erklärt hatten; dass eine dieser Zustimmungserklärungen erst nach zweieinhalb Jahren eintraf, sah der Senat angesichts der Bedeutung des Beschlusses für die Gesellschaft und des Interesses der übrigen Gesellschafter an seinem Zustandekommen als unschädlich an.

[69] Vgl. *Ulmer* FS Niederländer, 1991, S. 415 (421, 432 f).

[70] Richtiger: unverzüglich, da den Gesellschaftern je nach Beschlussgegenstand und dessen Ankündigung aus Gründen der Treupflicht eine *Bedenkzeit* über den Inhalt ihrer Stimmabgabe einzuräumen ist; so zutr. 3. Aufl. Rn 3 (*Rob. Fischer*) und *Hueck* OHG § 11 II 2, S. 164; MünchKommBGB[5]/*Ulmer*/*C. Schäfer* Rn 75; **aA** *Wiedemann* WM 1992, Sonderbeilage 7 S. 26 f; *ders.* Gesellschaftsrecht Bd. II § 4 I 4 b, S. 310; ähnlich auch Ebenroth/Boujong/Joost/Strohn/*Goette* Rn 43, der ausschließlich auf den – auch stillschweigenden – Willen der Gesellschafter abstellen will.

[71] Dazu näher *Ulmer* FS Niederländer, 1991, S. 415 (425 ff) in Auseinandersetzung mit der hM, die im Anschluss an *von Tuhr* aaO (Fn 12) die Vertragsnatur des Gesellschafterbeschlusses unabhängig von seinem Gegenstand verneint (vgl. Nachw. in Fn 19); wie hier auch *Westermann* Handbuch Rn I 484. Weitergehend – für Anwendung der §§ 145 ff unabhängig vom Beschlussgegenstand – Schlegelberger/*Martens* Rn 5 und Heymann/*Emmerich* Rn 4.

Beschlüsse in *sonstigen Angelegenheiten*, auch soweit sie sich auf den Grundlagenbereich beziehen, die allgemeinen Grundsätze für die Bindung an Willenserklärungen (Rn 25). Angesichts der für die Beschlussfassung häufig festgesetzten Fristen werden sie allerdings im Ergebnis meist nicht wesentlich von der nach §§ 145 ff BGB eintretenden Bindungswirkung abweichen.

3. Widerruf. Ein freier Widerruf der durch Zugang (§ 130 Abs. 1 BGB) wirksam ge- **27**
wordenen Stimmabgabe wird von der ganz hM zu Recht abgelehnt;[72] die abweichende Vorschrift des § 183 BGB über die freie Widerruflichkeit der Einwilligung in ein von Dritten geschlossenes, diese noch nicht bindendes Rechtsgeschäft greift nicht ein.[73] Wohl aber lässt die hM einen Widerruf *aus wichtigem Grund* zu, wenn der Gesellschafter wegen nachträglich eintretender, zu abweichender Beurteilung führender Umstände oder Informationen an seiner Stimmabgabe nicht festhalten will.[74] Dem ist jedenfalls dann zuzustimmen, wenn die Treupflicht dem Gesellschafter eine Korrektur seiner Stimmabgabe gebietet; denn in diesem Fall können ihn die Mitgesellschafter trotz des ihnen zugute kommenden Vertrauensschutzes nicht daran hindern, neuen Erkenntnissen Rechnung zu tragen, zumal wenn hierdurch das gemeinsame Interesse besser gefördert wird. Entsprechendes gilt, wenn der Widerruf im Interesse des betroffenen Gesellschafters geboten und den Mitgesellschaftern zumutbar ist. Ein Widerruf ist auch dann noch zulässig, wenn der Beschluss zwischenzeitlich zwar zustande gekommen, aber *noch nicht vollzogen* ist; er führt zum Wegfall des Beschlusses, wenn es für sein Zustandekommen auf die widerrufene Stimme ankam.[75] Anderes gilt im Fall eines Beschlusses zur Änderung des Gesellschaftsvertrags oder eines sonstigen, unmittelbare Rechtswirkungen für die Gesellschafter begründenden grundlagennahen Beschlusses wie die Bilanzfeststellung (§ 120 Rn 18 f). Insoweit scheidet die einseitige Beseitigung durch Widerruf der Stimmabgabe aus; die Gesellschafter sind freilich nicht gehindert, den Beschluss einvernehmlich aufzuheben.

---

72 Vgl. Nachw. bei *Ulmer* FS Niederländer, 1991, S. 415 (416 f) mit Fn 13, 16; so auch OLG Thüringen GmbHR 2006, 985 (986; GmbH); *Koller*/Roth/Morck Rn 10; tendenziell auch MünchKommHGB/*Enzinger* Rn 15; abweichend (im Anschluss an RGZ 163, 385 [392]) Ebenroth/Boujong/*Goette* Rn 43; wohl auch Baumbach/*Hopt* Rn 26; im Grundsatz offenlassend, auf den Einzelfall abstellend noch BGH WM 1990, 586 (588).

73 Soergel/*Hadding* BGB[12] § 709 Rn 32; *Bartholomeyczik* ZHR 105 (1938), 329; *Ulmer* FS Niederländer, 1991, S. 415 (422) mwN.

74 So schon *Düringer*/Hachenburg/*Flechtheim* § 115 Rn 11 und *Wieland* HaR I S. 570 f; in diesem Sinne auch Schlegelberger/*Martens* Rn 5; MünchKommHGB/*Enzinger* Rn 15; Heymann/*Emmerich* Rn 4; *Hueck* OHG § 11 II 3, S. 164 f; Soergel/*Hadding* BGB[12]§ 709 Rn 32; **aA** aus neuerer Zeit nur *Messer* FS Fleck, 1988, S. 224 ff (228); nicht eindeutig *Westermann* Handbuch Rn I 485 f.

75 Vgl. dazu näher *Ulmer* FS Niederländer, 1991, S. 415 (422 ff) m. Nachw.; wie hier Baumbach/*Hopt* Rn 24; MünchKommHGB/*Enzinger* Rn 15; MünchKommBGB[5]/*Ulmer*/*C. Schäfer* § 709 Rn 75; **aA** *Wiedemann* WM 1992, Sonderbeilage 7 S. 26 f; *ders.* Gesellschaftsrecht Bd. II § 4 I 4 b, S. 310 (keine Widerrufsmöglichkeit, aber ausnahmsweise Anspruch auf Überprüfung und Abänderung gegenüber den anderen Gesellschaftern aus Treupflicht); ähnlich auch Ebenroth/Boujong/Joost/Strohn/*Goette* Rn 42 (aufgrund geänderter Sachlage ggf. Verpflichtung zur Entscheidung auf Nichtdurchführung des obsolet gewordenen Beschlusses).

IV. Beschlusswirkungen

28 Im **Innenverhältnis** tritt die Wirkung von Gesellschafterbeschlüssen regelmäßig schon mit ihrem Zustandekommen durch Zugang der für die Beschlussfassung erforderlichen Zahl zustimmender Stimmabgaben bei den Mitgesellschaftern oder ihrem Bevollmächtigten (Rn 24) ein, ohne dass es besonderer Umsetzungsmaßnahmen bedarf. Das gilt nicht nur für Änderungen des Gesellschaftsvertrags und ihnen vergleichbare, die Rechtsstellung der Gesellschafter verändernde Grundlagenentscheidungen, sondern auch für Beschlüsse in Geschäftsführungsfragen, soweit es um die Begründung der darin vorgesehenen Handlungsbefugnis der Geschäftsführer geht, sowie für Entscheidungen in sonstigen gemeinsamen Angelegenheiten wie Organwahlen u.a. Die Information der Gesellschafter über den Eintritt der Änderung ist im Regelfall durch das für die Stimmabgabe geltende Zugangserfordernis sichergestellt bzw. durch Mitteilung seitens des Empfangsbevollmächtigten über das Ergebnis der Beschlussfassung zu bewirken; sie ist keine Wirksamkeitsvoraussetzung. Zur Behandlung fehlerhafter Beschlüsse und zur Geltendmachung von Beschlussmängeln vgl. Rn 75 ff.

29 Für das **Außenverhältnis** bedürfen Gesellschafterbeschlüsse regelmäßig noch der Umsetzung durch *Vollzug*. So setzt die Aufnahme neuer Gesellschafter einen Vertragsschluss mit diesen bzw. – bei Anteilsübertragung – ein Rechtsgeschäft zwischen ihnen und dem Ausscheidenden voraus. Geschäftsführungsbeschlüsse, die Verträge mit Dritten zum Gegenstand haben, bedürfen der Umsetzung durch Abschluss der fraglichen Verträge namens der OHG. Entsprechendes gilt für Entscheidungen nach § 116 Abs. 3 über die Bestellung oder den Widerruf von Prokura und ihren Vollzug gegenüber dem betroffenen Dritten. Außenwirkung *ohne* besondere Umsetzung entfaltet nur die Bestellung oder Abberufung von vertretungsbefugten Gesellschaftern bzw. die Änderung ihrer Vertretungsmacht, sofern sie im Gesellschaftsvertrag abweichend vom dispositiven Recht der Beschlussfassung durch die Gesellschafter vorbehalten ist. Die nach § 106 Abs. 2 Nr. 4 gebotene Anmeldung derartiger Änderungen zur Eintragung im Handelsregister hat nur deklaratorische Bedeutung und steht – vorbehaltlich der negativen Handelsregisterpublizität nach § 15 Abs. 1 – dem alsbaldigen Wirksamwerden der Änderung nicht entgegen.

C. Mehrheitsbeschlüsse

I. Überblick

30 **1. Willensbildung in der OHG.** Im OHG-Recht gilt für Beschlussfassungen ebenso wie im Recht der anderen Personengesellschaften (GbR, KG, PartG u.a.) als gesetzliche Regel das **Einstimmigkeitsprinzip** (vgl. neben § 119 Abs. 1 auch § 116 Abs. 2 und 3). Entscheidungen bedürfen danach der *Zustimmung aller Gesellschafter*, soweit das Gesetz nicht für bestimmte Angelegenheiten (§§ 113 Abs. 2, 139 Abs. 2) einen Beschluss der übrigen Gesellschafter bzw. für die laufende Geschäftsführung die Alleinentscheidungsmacht der einzelnen Geschäftsführer mit Widerspruchsrecht jedes Mitgeschäftsführers (§ 115 Abs. 1) ausreichen lässt. *Stimmenthaltungen* und die Nichtteilnahme an der Abstimmung stehen danach ablehnenden Stimmen gleich.[76] Das Erfordernis einstimmiger Beschlussfassung trägt einerseits den engen persönlichen Bindungen Rechnung, wie sie in

---

[76] Vgl. nur Soergel/*Hadding* BGB[12] § 709 Rn 38; MünchKommHGB/*Enzinger* Rn 41.

einer dem gesetzlichen Leitbild entsprechenden, als Arbeits- und Haftungsgemeinschaft ausgestalteten OHG anzutreffen sind. Andererseits sorgt es im Hinblick auf das weitgehende Fehlen zwingenden Rechts dafür, dass die Gesellschafter in der Lage sind, ihre jeweiligen Interessen selbst wahrzunehmen, ohne auf einen gesetzlichen oder durch die Rechtsprechung vermittelten Minderheitenschutz angewiesen zu sein.

Der Nachteil des Einstimmigkeitsprinzips besteht in der damit verbundenen Erschwerung der innergesellschaftlichen Willensbildung; durch Anerkennung einer Zustimmungspflicht kraft Treupflicht (§ 105 Rn 234 ff, 244) kann er nur in begrenztem Maße kompensiert werden. Die Gesellschafter können dem dadurch begegnen, dass sie im Gesellschaftsvertrag abweichend vom dispositiven Recht für das **Mehrheitsprinzip** optieren, d.h. die jeweilige Mehrheit nach Art einer Gestaltungsbefugnis dazu *ermächtigen*, über die von der Mehrheitsklausel erfassten Gegenstände mit Wirkung auch für die Minderheit zu entscheiden.[77] Die Vorschrift des § 119 Abs. 2 hat nicht etwa die Funktion, den Gesellschaftern diese – schon aus § 109 und dem darin verankerten Vorrang privatautonomer Vertragsgestaltung folgende – Befugnis zu eröffnen, sie beschränkt sich vielmehr darauf, für den Fall einer Mehrheitsklausel einen – ebenfalls dispositiven – *Maßstab für die Mehrheitsberechnung* zur Verfügung zu stellen (vgl. dazu näher Rn 49). Unzutreffend ist es daher auch, aus den Vorschriften des § 119 Abs. 1 und 2 eine Beweislastregel ableiten zu wollen, wonach derjenige die Beweislast für Geltung und Reichweite einer Mehrheitsklausel trägt, der sich auf die damit verbundene Abweichung vom Einstimmigkeitsprinzip beruft.[78] Vielmehr gelten auch insoweit die allgemeinen Auslegungsgrundsätze für Gesellschaftsverträge (§ 105 Rn 192 ff); danach ist für das Eingreifen von dispositivem Gesetzesrecht nur Raum, soweit die Gesellschafter keine abweichende Vereinbarung getroffen haben. Eine gesetzliche Wertentscheidung zugunsten der Einstimmigkeit und gegen die Mehrheitsherrschaft ist den Regelungen des § 119 nicht zu entnehmen. – Zur regelmäßigen Geltung des Mehrheitsprinzips in einer durch ihre kapitalistische Struktur gekennzeichneten, vom OHG-Leitbild klar abweichenden Publikumsgesellschaft vgl. Rn 48. 31

2. **Probleme der Mehrheitsherrschaft.** Probleme beim Umgang mit gesellschaftsvertraglichen Mehrheitsklauseln bereitet nicht ihr Geltungsgrund im Rahmen der Privatautonomie, wohl aber die mit der Mehrheitsherrschaft verbundenen **Gefahren für die Minderheit.** Sie beziehen sich typischerweise auf *Grundlagenbeschlüsse*, insbes. soweit diese Auswirkungen auf die Rechtsstellung der Gesellschafter haben, während Beschlüsse mit Bezug auf die Geschäftsführungsebene im Regelfall weniger Konfliktpotential enthalten. Um diesen Gefahren zu begegnen, wurde neben der Anerkennung bestimmter unverzichtbarer Grenzen der Mehrheitsherrschaft (Rn 39) und der auf Treupflicht und Gleichbehandlungsgrundsatz abstellenden richterlichen Ausübungskontrolle (Rn 52) in Recht- 32

---

[77] I.E. unstr., vgl. nur MünchKommHGB/*Enzinger* Rn 5; Baumbach/*Hopt* Rn 34; Ebenroth/Boujong/Joost/Strohn/*Goette* Rn 45; Heymann/*Emmerich* Rn 28; aus der neueren Rspr. etwa BGHZ 71, 53 (57) = NJW 1978, 1382; BGHZ 85, 350 (356) = NJW 1993, 1056; BGH NJW 1995, 194 f; speziell zur Ermächtigungsfunktion der Mehrheitsklausel *K. Schmidt* ZHR 158 (1994), 205 (214 ff); *ders.* ZGR 2008, 1 (8 ff).

[78] Nur wenn es sich bei § 119 Abs. 1 nicht um eine Vorschrift des dispositiven Rechts, sondern um eine materiale Beweisregel handeln würde, wäre die Annahme gerechtfertigt, dass die Gesellschafter einer personalistischen Gesellschaft im Zweifel das Einstimmigkeitsprinzip wollten, vgl. *Leenen* FS Larenz, 1983, S. 371 (381 ff); *C. Schäfer* Geschäftsanteil, S. 123 f.

sprechung und Literatur seit Jahrzehnten die Frage diskutiert, ob und auf welche Weise der Mehrheitsbefugnis zum Schutz der Minderheit sonstige ungeschriebene Schranken gesetzt werden müssen.

33 Die *Rechtsprechung* bediente sich dazu während vieler Jahrzehnte des sog. **Bestimmtheitsgrundsatzes.** Danach erstreckten sich Mehrheitsklauseln auf Änderungen des Gesellschaftsvertrags und insbesondere auf Eingriffe in die Rechtsstellung von Mitgesellschaftern nur dann, wenn sich diese Reichweite dem Gesellschaftsvertrag mit Bestimmtheit entnehmen lässt (vgl. näher Rn 34 f). Unter dem Eindruck zunehmender Kritik am Bestimmtheitsgrundsatz eines großen Teils der *Literatur*, der darin ein bloß formales, von der Kautelarjurisprudenz unschwer zu unterlaufendes Schutzinstrument sieht,[79] hat der II. Zivilsenat den Bestimmtheitsgrundsatz klassischer Prägung inzwischen **aufgegeben** zugunsten einer **Inhaltskontrolle** von Mehrheitsbeschlüssen am Maßstab der Treupflicht und der Kernbereichslehre.[80] Statt einer „extensiven Anwendung" des Bestimmtheitsgrundsatzes, die als restriktive Interpretation des Vertragswortlauts auf eine verdeckte Inhaltskontrolle hinauslaufe, bedürfe es auf der zweiten Stufe einer inhaltlichen Wirksamkeitsprüfung im Einzelfall.[81] Dies entspricht der Sache nach der schon in der Voraufl. Rn 38 f von *Ulmer* prognostizierten und postulierten Entwicklung. Diese Entwicklung erinnert an die Vorgeschichte des AGB-Gesetzes, in der die Gerichte ebenfalls zunächst unter Berufung auf die Notwendigkeit restriktiver Auslegung vorformulierter Vertragsbedingungen eine verkappte Inhaltskontrolle betrieben, ehe sie zur methodenehrlichen offenen Inhaltskontrolle auf der Basis des § 242 BGB übergingen und den Grundsatz restriktiver Auslegung contra stipulatorem auf inhaltlich unklare Klauseln beschränkten.[82]

---

[79] Vgl. schon *Rob. Fischer* FS Barz, 1974, S. 32 (41 ff); so auch MünchKommBGB[5]/*Ulmer*/*C. Schäfer* § 709 Rn 87 ff; *Hadding* ZGR 1979, 636 (646); *U. H. Schneider* AG 1979, 57 (60); *Leenen* FS Larenz, 1983, S. 381 ff; *Hennerkes/Binz* BB 1983, 713 (715 ff); *Autenrieth* DB 1983, 1034 f; *Brändel* FS Stimpel, 1985, S. 95 ff (102); *M. Winter* GesRZ 1986, 74 (78 ff); *Hüffer* ZHR 151 (1987), 396 (406 f); *Mecke* BB 1988, 2258 (2261 ff); *C. Schäfer* Geschäftsanteil, S. 119 ff; tendenziell auch *Wiedemann* ZGR 1977, 690 (694): *ders.* JZ 1983, 559 ff; *ders.* Gesellschaftsrecht Bd. I § 8 I 2a, S. 409 ff, 412 und Bd. II § 4 I 3a, S. 302 (Warn- oder Schutzfunktion sei aber weiterhin erfüllt). Für grds. Beibehaltung des Bestimmtheitsgrundsatzes aber *Marburger* NJW 1984, 2252 ff; *ders.* ZGR 1989, 146 (150 f); *K. Schmidt* ZHR 158 (1994), 205 (218 ff); *ders.* Gesellschaftsrecht § 16 II 2c, d aa, S. 455 f; *Röttger* Die Kernbereichslehre im Recht der Personenhandelsgesellschaften, 1989, S. 151 ff; *Göbel* Mehrheitsentscheidungen in Personengesellschaften, 1992, S. 131 ff, 137 f; *Flume* FS Rittner, 1991, S. 119 (124 ff); ferner Ebenroth/Boujong/Joost/Strohn/*Goette* Rn 55; Erman/*Westermann* BGB[12] Rn 30; Soergel/*Hadding* BGB[12] Rn 40; *Schlegelberger*/*Martens* Rn 19 ff; Baumbach/*Hopt* Rn 39; *Heymann*/*Emmerich* Rn 35; MünchKommHGB/*Enzinger* Rn 81; *Westermann* Handbuch Rn I 517a; für personalistische Personengesellschaften („Vertragsgesellschaften") auch *Reuter* ZGR 1981, 364 (372); *ders.* GmbHR 1981, 129 ff.

[80] BGHZ 170, 283 = NJW 2007, 1685 (1686) Rn 6 (*Otto*) und (klarstellend) BGH NJW 2009, 669 Rn 16 (*Schutzgemeinschaft II*).

[81] BGH NJW 2009, 669 (671) Rn 16 (*Schutzgemeinschaft II*) unter Berufung auf MünchKommBGB[4]/*Ulmer* § 709 Rn 88; schon in BGHZ 71, 53 (57 f) = NJW 1978, 1382 und BGHZ 85, 350 (356) = NJW 1983, 1056, hatte der Senat die Frage aufgeworfen, ob an dem Bestimmtheitsgrundsatz noch festzuhalten sei; in BGH NJW 1995, 194 f hatte er mittels Kernbereichslehre argumentiert, auch wenn er die Grundfrage erneut offenließ.

[82] So ausdrücklich schon *Rob. Fischer* FS Barz, 1974, S. 33 (41).

II. Bestimmtheitsgrundsatz

1. Entwicklung. Der zur Eingrenzung der gesellschaftsvertraglichen Mehrheitsherrschaft bestimmte, in jahrzehntelanger Rechtsprechung praktizierte Bestimmtheitsgrundsatz[83] orientierte sich an der Unterscheidung zwischen *drei verschiedenen Stufen* möglicher Mehrheitsherrschaft mit entsprechend unterschiedlichem Bindungswillen der Gesellschafter. So sollte die Verständigung auf eine Mehrheitsklausel im Gesellschaftsvertrag typischerweise dahin zu verstehen sein, dass die Gesellschafter durch diese Klausel nur die Entscheidungen in **Geschäftsführungsfragen** und sonstigen laufenden Angelegenheiten der Mehrheitskompetenz unterstellen wollen.[84] Erstreckte sich die Klausel ausdrücklich auch auf **Vertragsänderungen**, so sollte sie der Mehrheit im Regelfall doch nur solche Änderungen gestatten, die die Organisation der Gesellschaft betreffen, ohne sich auf die persönliche Rechtsstellung der einzelnen Gesellschafter, d.h. den Bestand ihrer Mitgliedschaftsrechte auszuwirken. Derartige Auswirkungen sollten einem Mehrheitsbeschluss vielmehr nur dann zugänglich sein, wenn sich der jeweilige **Eingriff in die Mitgliedschaft,** sei es durch Schmälerung der Rechte oder Vermehrung der Verbindlichkeiten, aus der Mehrheitsklausel mit Bestimmtheit entnehmen lässt.[85] Angewandt wurde diese dritte Stufe etwa auf die mehrheitliche *Erhöhung von Beitragspflichten* abweichend von § 707 BGB,[86] auf Fortsetzungsbeschlüsse nach Auflösung der Gesellschaft,[87] Änderungen der Kündigungsfolgen,[88] Änderungen des Gewinnverteilungsschlüssels und der vertraglich geregelten Verzinsung der Einlagen,[89] Herabsetzung der im Gesellschaftsvertrag für Vertragsänderungen geforderten Mehrheit,[90] Gestattung vertraglich nicht vorgesehener Entnahmen,[91] Einschränkung der actio pro socio,[92] Entzug des Informationsrechts,[93] Umwandlung einer KG in eine GmbH & Co KG unter Rückstufung eines Komplementärs in die Stellung eines Kommanditisten[94] sowie eine mehrheitlich beschlossene Auflösung.[95] Auch Bilanzierungsentscheidungen wie die Vornahme zusätzlicher Abschreibungen nach § 253 Abs. 4 oder die Bildung von Aufwandsrückstellungen nach § 249 Abs. 1 S. 3 oder Abs. 2 wurden wegen ihrer Auswirkungen auf die Ergebnisverwendung den besonderen Anforderungen des Bestimmtheitsgrundsatzes dritter Stufe unterstellt.[96] 34

---

[83] Siehe schon RGZ 91, 166 (168); 151, 321 (327); 163, 385 (391); aus der BGH-Rspr. vor allem BGHZ 8, 35 (44) = NJW 1953, 102; BGHZ 48, 251 (253 f) = NJW 1967, 2157; BGHZ 66, 82 (85) = NJW 1976, 958; BGHZ 71, 53 (57) = NJW 1978, 1382; BGHZ 85, 350 (356) = NJW 1983, 1056; BGH NJW 1988, 411 (412); 1995, 194 f.

[84] Siehe die Rspr.-Nachw. in Fn 83 sowie aus der Lit. namentlich Schlegelberger/*Martens* Rn 17; Heymann/*Emmerich* Rn 30 ff, 35; *A. Hueck* OHG § 11 IV 3, S. 178; *Marburger* NJW 1984, 2252 (2255 ff); *Flume* FS Rittner, 1991, S. 119 (125 f); *Immenga* ZGR 1974, 385 (418 ff); *K. Schmidt* ZHR 158 (1994), 205 (214 ff); *Wiedemann* Gesellschaftsrecht Bd. I § 8 I 2, S. 409 ff.

[85] BGHZ 8, 35 (41 f) = NJW 1953, 102; BGHZ 48, 251 (253) = NJW 1967, 2157; vgl. auch Schlegelberger/*Martens* Rn 17; Heymann/*Emmerich* Rn 31; *K. Schmidt* ZHR 158 (1994), 205 (218 ff); *Röttger* (Fn 79) S. 151 ff; *Göbel* (Fn 79) S. 131 ff, 137 f.

[86] RGZ 91, 166 (168); 151, 321 (327); 163, 385 (391).

[87] BGHZ 8, 35 (43 f) = NJW 1953, 102.

[88] BGHZ 48, 251 (253 f) = NJW 1967, 2157.

[89] BGH BB 1976, 948; WM 1986, 1556 (1557); OLG Hamm BB 1978, 120 (121).

[90] BGH NJW 1988, 411 (412).

[91] BGH WM 1986, 1109.

[92] BGH NJW 1985, 2830 (2831).

[93] BGH NJW 1995, 194 (195).

[94] OLG Düsseldorf BB 1983, 459; BayObLG GmbHR 2005, 364 (m. Anm. *Werner* S. 366 ff).

[95] OLG Hamm GmbHR 1989, 295.

[96] So jedenfalls tendenziell (Kernbereichslehre oder Bestimmtheitsgrundsatz) BGHZ 132, 263 (268 f) = NJW 1996, 1678.

35 Die **Kautelarjurisprudenz** hatte sich angesichts dieser Rechtsprechung zunehmend darum bemüht, durch immer umfangreichere *Kataloge zulässiger Mehrheitsentscheidungen* im Gesellschaftsvertrag[97] den Anforderungen der Rechtsprechung Rechnung zu tragen, nachdem Formulierungen wie diejenige, dass eine (ggf. qualifizierte) Gesellschaftermehrheit auch Änderungen des Gesellschaftsvertrags beschließen kann, von der Rechtsprechung als hinreichend nur für Beschlüsse der zweiten Stufe (Vertragsänderungen ohne Auswirkung auf die persönliche Rechtsstellung der Gesellschafter) angesehen worden waren.[98] Eine echte *Warnfunktion* für die potentielle Minderheit war mit derartigen Katalogen freilich nicht verbunden; sie verdeutlichten vielmehr die Grenzen, die dem Bestimmtheitsgrundsatz klassischen Verständnisses als Instrument des Minderheitenschutzes gesetzt sind.[99] In der **Literatur** wurde der Bestimmtheitsgrundsatz daher stark im Sinne einer Ermächtigungsfunktion zurückgenommen und gleichzeitig der Schutz des Kernbereichs der Mitgliedschaft betont, welcher die Wirksamkeit des Mehrheitsbeschlusses an die individuelle, aber „antizipierbare" Zustimmung der betroffenen Gesellschafter abhängig macht.[100] Damit war freilich die methodische Grundlage des Bestimmtheitsgrundsatzes als Instrument der Vertragsauslegung endgültig verlassen.[101] Der Sache nach bedeutete diese Modifikation ein Umschwenken auf die dem Minderheitenschutz durch Anerkennung mehrheitlich *unentziehbarer* Mitgliedschaftsrechte gekennzeichnete Kernbereichslehre (vgl. Rn 40).

36 **2. Heutiger Stand.** Aus heutiger Sicht ist davon auszugehen, dass der Bestimmtheitsgrundsatz *überholt* und der notwendige Minderheitenschutz gegen Mehrheitsentscheidungen auf andere Weise, durch Anerkennung materiellrechtlicher Schranken nach Art der Kernbereichslehre und der Ausübungskontrolle (Rn 38 ff, 52) zu gewährleisten ist.[102] Die höchstrichterliche **Rechtsprechung** hat den „Abschied vom Bestimmtheitsgrundsatz" zunächst nur für die besonders mitgliedstarke, kapitalistisch strukturierte Kommandit-

---

[97] Vgl. etwa *Sudhoff* Der Gesellschaftsvertrag der Personengesellschaften S. 543; Münchener Vertragshandbuch/*Riegger* Form III, 10, § 27 Abs. 1; vgl. ferner *Hennerkes/Binz* BB 1983, 713 f; *Röttger* (Fn 79) S. 115 f; siehe auch *Martens* DB 1973, 413 (416), der ausdrücklich eine „je für sich ausgeschriebene, den konkreten Beschlussgegenstand detailliert vorformulierende Vertragsbestimmung" fordert. Krit. gegenüber diesem „Katalogprinzip" *K. Schmidt* ZHR 158 (1994), 205 (208 f, 218 ff), trotz grundsätzlicher Befürwortung des Bestimmtheitsgrundsatzes.

[98] Vgl. Nachw. in Fn 83, 85.

[99] So schon *Rob. Fischer* FS Barz, 1974, S. 32 (41 f); zust. MünchKommBGB[4]/*Ulmer* § 709 Rn 74; *Leenen* FS Larenz, 1983, S. 387 (389); *Hennerkes/Binz* BB 1983, 714; *Wiedemann* JZ 1983, 560.

[100] Vgl. etwa *K. Schmidt* ZHR 158 (1994), 205 (214 ff, 224 ff); *Hermanns* ZGR 1996, 103 (107 f); *Wiedemann* WM 1990, Beil. 8, S. 11; *Lockowandt* Stimmrechtsbeschränkungen im Recht der Personengesellschaften, Kernbereichslehre und Stimmrechtsausschluss, 1996, S. 203 ff, 207 f. Für Aufrechterhaltung des Bestimmtheitsgrundsatzes bei Kernbereichseingriffen auch *Hüffer* ZHR 151 (1987), 396 (408); *Mecke* BB 1988, 2263; MünchGesR/*Weipert* Bd. I, § 51, S. 36 f.

[101] Dazu näher MünchKommBGB[5]/*Ulmer*/*C. Schäfer* § 709 Rn 75; *C. Schäfer* Geschäftsanteil, S. 119 ff; abweichend insoweit aber *K. Schmidt* ZHR 158 (1994), 205 (214 ff); *Hermanns* ZGR 1996, 103 (107 f); *Wiedemann* WM 1990, Beil. 8, S. 11; *Lockowandt* (Fn 100) S. 203 ff, 207 f.

[102] *Hermanns* Unverzichtbare Mitverwaltungsrechte des Personengesellschafters, 1993, S. 118 f; zur Kernbereichslehre siehe etwa *Mecke* BB 1988, 2258 (2263); *Löffler* NJW 1989, 2656 (2666); *Göbel* (Fn 79) S. 183 ff; *C. Schäfer* Geschäftsanteil, S. 153 ff; *K. Schmidt* ZHR 158 (1994), 205 (227); *Wiedemann* WM 1992, Beil. 7, S. 27 f; *M. Winter* GesRZ 1986, 74 (83).

gesellschaft[103] sowie für die Publikums-KG[104] vollzogen. In den schon erwähnten Urteilen aus den Jahren 2007 und 2008 (Rn 33) hat der II. Zivilsenat dann aber den Bestimmtheitsgrundsatz der Sache nach **vollständig aufgegeben**, indem er ihn auf eine allgemeine Auslegungsregel zurückgeführt hat.[105] Der minutiösen Auflistung einzelner Beschlussgegenstände im Vertrag bedürfe es nicht; vielmehr fänden auf die Auslegung einer Mehrheitsklausel lediglich die allgemeinen Auslegungsgrundsätze Anwendung.[106] Zudem sei die materielle Wirksamkeit eines die mitgliedschaftlichen Rechte berührenden Beschlusses erst auf einer „zweiten Stufe" mit Hilfe von Treupflicht und Kernbereichslehre zu überprüfen. Dies gelte allgemein, nicht lediglich bei Maßnahmen im Grundlagenbereich und bei solchen, die den Kernbereich der Mitgliedschaft berührten.[107] Damit ist der „Bestimmtheitsgrundsatz" im Wesentlichen auf den Stand der von *Ulmer* schon in der Voraufl. (Rn 38) vertretenen Auffassung reduziert. Für das Gebot einer *restriktiven* Auslegung von Mehrheitsklauseln, wie es der BGH früher mit dem Erfordernis einer gegenstandsscharfen Formulierung der Mehrheitsklausel verfolgt hat,[108] ist aufgrund der neuesten Rechtsprechung folglich kein Raum mehr. In seiner Entscheidung „Schutzgemeinschaft II" hat sich der Senat vielmehr explizit von einer „extensiven, auf eine verdeckte Inhaltskontrolle hinauslaufenden Anwendung des ‚Bestimmtheitsgrundsatzes' losgesagt.[109] Geht es somit unter dem Topos „Bestimmtheitsgrundsatz" nurmehr um die **Auslegung** von Mehrheitsklauseln **nach allgemeinen Grundsätzen**, wäre es wünschenswert, wenn der Senat künftig ganz auf den – jetzt erst recht missverständlichen – Begriff verzichtet. In der Sache ist es jedenfalls ausreichend, wenn der Vertrag hinreichend verdeutlicht, dass nicht nur Geschäftsführungsmaßnahmen, sondern auch Vertragsänderungen bzw. sonstige Grundlagenentscheidungen *generell* einer Mehrheitsentscheidung unterworfen sein sollen (Rn 37). Eine *eigenständige*, die Mehrheitsherrschaft eingrenzende Funktion kommt dem Bestimmtheitsgrundsatz daher nicht mehr zu.[110]

Der **neueren Rechtsprechung** zur Aufgabe des Bestimmtheitsgrundsatzes ist **zuzustimmen.** Schon in der Voraufl. dieses Kommentars ist der Bestimmtheitsgrundsatz mit Recht *kritisiert* worden (Rn 38 [*Ulmer*]), sowohl wegen seiner Wirkungslosigkeit (Rn 35) als auch hinsichtlich seiner **dogmatischen Herleitung.** In der Tat vermochte keine der zur Rechtfertigung herangezogenen Begründungen zu überzeugen. Soweit die Bestimmtheitsanforderungen daraus abgeleitet wurden, dass sich mit einer Mehrheitsklausel die *antizi-* 37

[103] BGHZ 85, 350 (355 ff) = NJW 1983, 1056; *Röttger* (Fn 79) S. 148 ff.

[104] BGHZ 66, 82 (85 f) = NJW 1976, 958; BGHZ 69, 160 ff = NJW 1977, 2160; BGHZ 71, 53 (58) = NJW 1978, 1382.

[105] BGHZ 170, 283 (286 ff) = NJW 2007, 1685 (1686 f) = ZIP 2007, 475 (476 f) insbes. Rn 9 f (*Otto*) und BGH NJW 2009, 669 (671) Rn 15 f (*Schutzgemeinschaft II*); zur Otto-Entscheidung insbes. *K. Schmidt* ZGR 2008, 1 (dort ist vom „neuen Verständnis" des Bestimmtheitsgrundsatzes die Rede, S. 8 ff); *Haar* NZG 2007, 601; *Wertenbruch* ZIP 2007, 798; MünchKommBGB[5]/*Ulmer*/*C. Schäfer* § 709 Rn 90; s.a. *Priester* DStR 2007, 28 (zur Vorinstanz OLG Hamburg ZIP 2006, 895); ferner *Binz*/*Mayer* DB 2007, 1739 (1740) mit Vorschlägen für die „moderne" Praxis.

[106] BGHZ 170, 283 (287) = NJW 2007, 1685 (1686) = ZIP 2007, 475 (476) Rn 9 (*Otto*; mit ausdrücklicher Bezugnahme auf die Auslegung des Vertrages [„und sei es auch durch dessen Auslegung"]); BGH NJW 2009, 669 (671) Rn 15 f (*Schutzgemeinschaft II*).

[107] Deutlich BGH NJW 2009, 669 (671) Rn 17 (*Schutzgemeinschaft II*); OLG München NZG 2009, 340 (341).

[108] Vgl. *C. Schäfer* Geschäftsanteil, S. 124 mit Fn 32.

[109] BGH NJW 2009, 669 (671) Rn 16 (*Schutzgemeinschaft II*).

[110] Dazu näher schon Voraufl. Rn 39 (*Ulmer*).

piert erklärte Zustimmung zu dem später gefassten Beschluss verbinde,[111] so hätte es folgerichtig nicht bloß der Aufzählung der Beschlussgegenstände bedurft, sondern zumindest auch einer groben Skizzierung des zulässigen Beschlussinhalts.[112] Dies zeigen auch die Anforderungen an eine antizipierte Zustimmung zur Leistungsvermehrung (§ 707 BGB) bzw. im Rahmen der Kernbereichslehre, für die der Bundesgerichtshof die konkrete Formulierung des Inhalts bzw. die Angabe einer absoluten Obergrenze verlangt (Rn 44). Nur unter dieser Voraussetzung ließe sich von einem vorweggenommenen Einverständnis mit einer konkreten Vertragsänderung sprechen. Ist die Mehrheitsklausel dagegen als grundsätzlich wirksame Einräumung eines *Gestaltungsrechts* an die Gesellschafterversammlung zu mehrheitlicher Vertragsänderung zu verstehen,[113] so lässt sich der Schutz der überstimmten Minderheit effektiv nur durch eine offene Ausübungskontrolle anhand der beweglichen Schranken der Mehrheitsherrschaft (Rn 38 ff) sicherstellen.[114] Demgegenüber läuft die Berufung auf den Bestimmtheitsgrundsatz und den danach ggf. fehlenden „Unterwerfungswillen" der überstimmten Minderheit nicht selten auf eine *verdeckte Inhaltskontrolle* hinaus, ohne dass die entscheidenden Wertungsgrundlagen offengelegt werden.[115] Denn das Gebot einer restriktiven Auslegung und ein daraus abgeleitetes Erfordernis gegenstandsscharfer Formulierung der Mehrheitsklausel lässt sich unter keinem Aspekt rechtfertigen und insbesondere nicht mit *allgemeinen* Auslegungsregeln vereinbaren.[116] Dies gilt auch unbeschadet einer – für sich durchaus überzeugenden – Beschreibung der Mehrheitsklausel als *Ermächtigung* zur mehrheitlichen Beschlussfassung, welche die **Legitimation** der Gesellschafter schaffe, Vertragsänderun-

[111] So namentlich *Martens* Mehrheits- und Konzernherrschaft in der personalistischen GmbH, 1970, S. 64 ff; *ders.* DB 1973, 415; ähnlich *Immenga* ZGR 1974, 419.

[112] So mit Recht *Leenen* FS Larenz, 1983, S. 371 (376); ihm folgend *Schiemann* AcP 185 (1985), 73 (75); ebenso auch *Hüffer* ZHR 151 (1987), 396 (407); *K. Schmidt* ZHR 158 (1994), 205 (212 f) (als zweite Schranke neben dem Bestimmtheitsgrundsatz); *C. Schäfer* Geschäftsanteil, S. 119 ff.

[113] So *Bötticher* Gestaltungsrecht und Unterwerfung im Privatrecht, 1964, S. 28 ff; *Thiele* Die Zustimmungen in der Lehre vom Rechtsgeschäft, 1966, S. 48; *Menk* Das Verhältnis des Bestimmtheitsgrundsatzes zur Kernbereichslehre im Recht der offenen Handelsgesellschaft, 1975, S. 62 ff; *Marburger* NJW 1984, 2254; *M. Winter* GesRZ 1986, 74 (79); ähnlich *Röttger* (Fn 79) S. 141 f; krit. *Leenen* FS Larenz, 1983, S. 371 (377 ff), dessen Deutung der Mehrheitsklausel als Verfahrensregel (S. 379 ff, zust. *Schiemann* AcP 185 [1985], 75) freilich ebenfalls eine überzeugende dogmatische Begründung der Mehrheitskompetenz vermissen lässt. Den Aspekt der Verfahrensregel modifiziert *K. Schmidt* ZHR 158 (1994), 205 (214 f) zur formalen Begrenzung (?) der Mehrheitskompetenz.

[114] So denn auch *Westermann* Handbuch Rn I 517, 524, 527 f und *K. Schmidt* ZGR 2008, 1 (16 ff) trotz grds. Festhaltens am „neu verstandenen" Bestimmtheitsgrundsatz.

[115] Ein Beispiel hierfür bietet BGH BB 1976, 948, das die mehrheitliche Rücklagenbildung unter Durchbrechung der gesellschaftsvertraglichen Regelung als von der Mehrheitsklausel gedeckt, eine mehrheitliche Änderung des Gewinnverteilungsschlüssels dagegen als unzulässig ansah, ohne dass sich aus der Mehrheitsklausel Anhaltspunkte für diese Differenzierung ergaben. Zur Kritik an der Begründung der Entscheidung vgl. *Ulmer* BB 1976, 950; *Wiedemann* ZGR 1977, 694. Wieder anders dann BGHZ 132, 263 (268) = NJW 1996, 1678 (mehrheitliche Bilanzfeststellung erfordert besondere Legitimation), insofern aber aufgegeben durch BGHZ 170, 283 (287) = NJW 2007, 1685 (1686) = ZIP 2007, 475 (476) (*Otto*).

[116] *C. Schäfer* Geschäftsanteil, S. 120 ff.

gen auch gegen den Willen der Minderheit zu beschließen.[117] Denn ein Gebot restriktiver Auslegung lässt sich hieraus gleichfalls nicht herleiten.[118] § 119 ist nun einmal keine materiale Beweisregel, sondern dispositives Recht.[119] Nach *allgemeinen Auslegungsgrundsätzen* ist es für die Erstreckung der Mehrheitsklausel auf Vertrags- und sonstige Grundlagenänderungen allemal ausreichend, dass die Klausel dies *generell* zu erkennen gibt, namentlich auch von Vertragsänderungen spricht. Soweit man den Bestimmtheitsgrundsatz, wie die jüngste Rechtsprechung (Rn 36), hierauf reduziert, mag man den Begriff für unschädlich halten; zur Vermeidung weiterer Missverständnisse sollte man ihn aber gleichwohl und definitiv verabschieden. Denn dass es einer Mehrheitsklausel bedarf, damit in der Personengesellschaft Mehrheitsbeschlüsse gefasst werden können, ist eine derart bare Selbstverständlichkeit, dass es keines besonderen (und daher notwendig hypertrophen) Begriffs hierfür bedarf. Insbesondere gilt es im Ansatz klar zu unterscheiden zwischen der durch eine allgemein formulierte Klausel eingeräumten Mehrheitsbefugnis, einen Beschluss zustande zu bringen, und der für die Wirksamkeit des Beschlusses gegenüber dem betroffenen Gesellschafter nach der Kernbereichslehre ggf. erforderlichen Zustimmung der betroffenen Gesellschafter i.S.v. § 182 (Rn 38).[120]

III. Kernbereichslehre

1. Grundlagen. Wie ausgeführt (Rn 37), hat die Lehre vom mehrheitsfesten Kernbereich der Mitgliedschaftsrechte die Funktion, im Geltungsbereich einer gesellschaftsvertraglichen Mehrheitsklausel anstelle des methodisch hierfür ungeeigneten und inhaltlich überholten Bestimmtheitsgrundsatzes für einen sachgerechten, die Grenzen der Mehrheitsherrschaft anhand materiellrechtlicher Kriterien bestimmenden Minderheitenschutz zu sorgen. Zu diesem Zweck kann sie an die **Lehre von den Mitgliedschaftsrechten**[121] sowie an die heute ganz überwiegend anerkannte Differenzierung zwischen *unverzichtbaren* und *unentziehbaren* Rechten anknüpfen. Ursprünglich diente die Kernbereichslehre zur Abgrenzung derjenigen Beschlussgegenstände, bei denen das Stimmrecht des Gesellschafters als unverzichtbar angesehen wurde.[122] Demgegenüber wird der überwiegende Teil der zum Kernbereich zählenden Rechte heute als *nur mit Zustimmung des betroffenen Gesellschafters entziehbar* angesehen.[123] Die erforderliche Zustimmung des betroffe- 38

---

117 *K. Schmidt* Gesellschaftsrecht § 16 II 2 c, d aa und *ders.* ZHR 158 (1994), 205 (215 ff) („konkludente Gegenstandsschärfe"); bekräftigend *ders.* ZGR 2008,1 (8 f); dem folgend *Goette* FS Sigle, 2000, S. 145 (157 f); *Hermanns* ZGR 1996, 103 (105 f).

118 *C. Schäfer* Geschäftsanteil, S. 124; MünchKommBGB[5]/*Ulmer*/*C. Schäfer* § 709 Rn 89 f.

119 *C. Schäfer* Geschäftsanteil, S. 123 f.

120 Hierzu näher *C. Schäfer* Geschäftsanteil, S. 140 f.

121 Vgl. dazu z.B. *Wiedemann* WM 1992, Sonderbeil. 7, S. 23 ff; *Hermanns* (Fn 102), S. 102 ff; *Röttger* (Fn 79), S. 159 ff; *Göbel* (Fn 79), S. 186 ff; siehe auch § 105 Rn 218 ff; Schlegelberger/*K. Schmidt* § 105 Rn 146 ff.

122 BGHZ 20, 363 (368) = NJW 1956, 1198; vgl. auch Rn 63.

123 Vgl. BGH NJW 1985, 974; 1995, 194 (195) (dort allerdings mit der zweifelhaften Aussage, dass die Pflicht zur Zustimmung selbst dann ausreichen kann, wenn es nicht um eine Publikumsgesellschaft geht, vgl. Rn 48); OLG Hamm DB 1989, 815; *K. Schmidt* ZHR 158 (1994), 205 (227); *ders.* ZGR 2008, 1 (17 f); *Mecke* BB 1989, 2258 (2263); *M. Winter* GesRZ 1986, 74 (83); *Hüffer* ZHR 187 (1987), 396 (402); *Röttger* (Fn 79) S. 148 ff; *Hermanns* (Fn 102) S. 118 f; *Löffler* NJW 1989, 2656 (2666); *Göbel* (Fn 79) S. 183 ff; Schlegelberger/

nen Gesellschafters ist daher nicht Bestandteil des Beschlusses und darf somit nicht mit der „Zustimmung" nach § 119 (im Sinne einer positiven Stimmabgabe) verwechselt werden; vielmehr ist sie Zustimmung i.S.v. § 182 und somit ein gegenüber dem Beschluss selbständiges Rechtsgeschäft. Freilich kann die Zustimmungserklärung mit der Ausübung des Stimmrechts verbunden werden, und regelmäßig liegt in einer positiven Stimmabgabe eines Gesellschafters zugleich die Erteilung einer (erforderlichen) Zustimmung. Es gilt mithin das Gleiche wie im Falle des § 707 BGB, der für die Begründung einer Nachschusspflicht zwingend die Zustimmung der betroffenen Gesellschafter voraussetzt[124] (dazu noch Rn 40). Werden mithin Beschlüsse, die in den Kernbereich der Mitgliedschaft eingreifen, ebenso wie bei Begründung von Nachschusspflichten, nur mit Zustimmung der betroffenen Gesellschafter wirksam und sind sie in diesem Sinne „mehrheitsfest", so ist damit nicht ausgeschlossen, dass der Gesellschafter seine Zustimmung schon im Voraus („antizipiert") erklärt (s. Rn 44). Da es hierbei aber nicht um die Auslegung der Mehrheitsklausel geht, sondern eben darum, ob die Gesellschafter ihre Zustimmung zu konkreten Eingriffen vorab erklärt haben, sollte diese Frage nicht mit dem (Fehl-)Etikett des Bestimmtheitsgrundsatzes versehen werden.

39 **2. Unverzichtbare und unentziehbare Rechte.** Zu den **unverzichtbaren** und schon deshalb keinem Mehrheitsbeschluss zugänglichen Mitgliedschaftsrechten gehören nur wenige, für die Gesellschafterstellung unentbehrliche Basisrechte, darunter vor allem das zwingende Mindestinformationsrecht des § 118 Abs. 2 (§ 118 Rn 45 ff) und das nach § 133 Abs. 3 unabdingbare Recht, die Auflösung der Gesellschaft aus wichtigem Grund zu betreiben (§ 133 Rn 40, 68 ff). Über diese Vorschriften hinaus sind als unverzichtbar anerkannt auch das Recht auf Teilnahme an der Gesellschafterversammlung (Rn 20) einschließlich des Rederechts, das Klagerecht gegen fehlerhafte Gesellschafterbeschlüsse (Rn 91), die actio pro socio bei Verdacht unredlicher Geschäftsführung oder sonstigen groben Fehlverhaltens von Gesellschaftern (§ 105 Rn 259). Entsprechendes gilt auch für das Recht auf Beachtung der Schranken aus Gleichbehandlungs- und Treupflicht durch die Gesellschaftermehrheit; hierauf kann nur in Bezug auf konkrete Einzelmaßnahmen verzichtet werden (§ 105 Rn 250).

40 Die Frage, **welche Rechte** zum **Kernbereich** der Mitgliedschaft zu zählen und demgemäß **unentziehbar** sind, lässt sich im Randbereich nicht ohne Kenntnis der Besonderheiten der jeweiligen Gesellschaft beantworten;[125] über den Mindestbestand besteht aber inzwischen weithin Einigkeit. So bedürfen zunächst jedenfalls Beitragserhöhungen der Zustimmung der betroffenen Gesellschafter, wie sich aus einer entsprechenden Anwendung des **§ 707 BGB** ergibt. Während der Dauer der Gesellschaft dürfen danach die Einlagen bzw. Beiträge nicht ohne Zustimmung der betroffenen Gesellschafter erhöht, Nachschüsse nicht ohne deren Zustimmung eingefordert werden.[126] Zu den Kernbereichsrechten gehören ferner das **Stimmrecht** und die **Vermögensrechte** (Gewinnrecht und Abfindungsrecht bzw. Beteiligung am Auseinandersetzungsguthaben), so dass unmittel-

Martens § 119 HGB Rn 24; Baumbach/*Hopt* § 119 HGB Rn 36; MünchKommHGB/*Enzinger* § 119 Rn 70; *Wiedemann* Gesellschaftsrecht Bd. I § 7 I 1 b, S. 362 mwN; *ders.* Bd. II § 4 I 3b, S. 302 f.

[124] Näher MünchKommBGB[5]/*Ulmer*/*C. Schäfer* § 707 Rn 2 ff; vgl. auch *Armbrüster* ZGR 2009, 1 (12 ff).

[125] Vgl. *K. Schmidt* Gesellschaftsrecht § 16 III 3b; MünchKommHGB/*Enzinger* Rn 65; Ebenroth/Boujong/Joost/*Goette* Rn 53; Baumbach/*Hopt* § 119 HGB Rn 36; *Westermann* Handbuch Rn I 524a.

[126] Näher MünchKommBGB[5]/*Ulmer*/*C. Schäfer* § 707 Rn 2, 3 ff.

bare Eingriffe nur mit Zustimmung des betroffenen Gesellschafters wirksam werden. Dies gilt namentlich für eine Änderung des *Gewinnverteilungsschlüssels* und der *Liquidationsfolgen*. Keine klare Linie hat das Gericht in Bezug auf (Mehrheits-)Entscheidungen mit *Gewinnverwendungscharakter* verfolgt. Während der Senat in einer Grundsatzentscheidung aus dem Jahre 1996 [127] Entscheidungen zur Bildung offener oder verdeckter Rücklagen als einen Eingriff in das Gewinnrecht jedes einzelnen Gesellschafters gewertet hatte, der nur mit dessen Zustimmung wirksam wurde,[128] ist er neuerdings von dieser Linie teilweise wieder abgerückt.[129] Er lässt es nunmehr ausdrücklich dahin stehen, ob die Feststellung des Jahresabschlusses ein „bilanzrechtliches Grundlagengeschäft" sei, das „wegen seiner ‚Kernbereichsrelevanz' einer besonderen Mehrheitsermächtigung im Gesellschaftsvertrag mit Begrenzung nach Ausmaß und Umfang bedarf." [130] Denn nach einer eindeutigen Vertragsregelung, durfte ein höchstens 20%iger Anteil des Gewinns in eine Rücklage eingestellt werden. Nur sofern mit einer solchen Klausel die *Höchstgrenze* zulässiger Rücklagenbildung umschrieben wird,[131] lässt sie sich aber als Zustimmung mit dem Eingriff in das Gewinnbezugsrecht auffassen und nur mit dieser Maßgabe ist der neuen Entscheidung daher zuzustimmen (näher zur Problematik der Rücklagenbildung § 120 Rn 42 f).

Auch Änderungen bei der Ausgestaltung der *Geschäftsführungsbefugnis* sowie *Vertragsverlängerungen* hat der BGH von der Zustimmung aller Gesellschafter abhängig **41**
gemacht.[132] Daneben hat er auch das gesellschaftsvertragliche *Informationsrecht* in den Kernbereich einbezogen,[133] doch gehört dieses schon zum Kreis der unverzichtbaren Rechte (Rn 39). Änderungen im *Bestand und in der Zusammensetzung der Mitglieder* betreffen jedenfalls dann den Kernbereich der Mitgliedschaft der vorhandenen Gesellschafter, wenn die Gesellschaft entsprechend dem gesetzlichen Leitbild als personenbezogene Arbeits- und Haftungsgemeinschaft ausgestaltet ist. Indizien hierfür bilden etwa die Einschränkung der Vererblichkeit der Anteile oder die Beschränkung der Gesellschafternachfolge auf bestimmte Personen (zur sog. qualifizierten Nachfolgeklausel vgl. § 139 Rn 26 ff). Sind dagegen die Anteile im Gesellschaftsvertrag generell übertragbar gestellt, so kann auch die Aufnahme neuer ohne gleichzeitiges Ausscheiden bisheriger Gesellschafter trotz der damit verbundenen Verschiebung der Beteiligungsverhältnisse auf Grund einer

---

[127] BGHZ 132, 263 = NJW 1996, 1678.

[128] Dazu näher § 120 HGB Rn 34 ff, 40 ff; sowie *Schön* FS Beisse, 1997, 471 ff.

[129] BGHZ 170, 283 = NJW 2007, 1685 = ZIP 2007, 475 – *Otto*; dazu *Wertenbruch* ZIP 2007, 798 (800); *Haar* NZG 2007, 601; *Binz/Mayer* DB 2007, 1739; *K. Schmidt* ZGR 2008, 1 (22) (der Verwendungsentscheidungen den Kernbereichsschutz explizit abspricht).

[130] BGHZ 170, 283 (290 f) = NJW 2007, 1685 (1687 f) = ZIP 2007, 475 (477 f) Rn 15 – *Otto*.

[131] Problematisch war allerdings, dass der Vertrag auch die Entscheidung über eine höhere Rücklagenbildung zuließ, sofern diese mit qualifizierter Mehrheit (76 %) getroffen wurde; weiterhin war problematisch, dass der Senat auf Tochterebene gebildete Rücklagen offenbar nicht einbeziehen wollte; krit. insoweit auch *Wertenbruch* ZIP 2007, 798 (803); *C. Schäfer* Status Recht 2007, 116 f; s. auch *Haar* NZG 2007, 601 (604 f); großzügiger (und deshalb problematisch) aber *Priester* DStR 2007, 28 (31 f).

[132] Vgl. bereits die Voraufl. Rn 41 (*Ulmer*) und *M. Winter* GesRZ 1986, 74 (84); ähnliche Abgrenzungen auch bei *K. Schmidt* Gesellschaftsrecht § 16 III 3b, S. 471 ff; Baumbach/*Hopt* Rn 36; *Westermann* Handbuch Rn I 524a; *Hennerkes/Binz* BB 1983, 716; *Löffler* NJW 1989, 2656 (2657 ff) (wenn auch im Einzelfall zu weitgehend).

[133] BGH NJW 1995, 194 (195) m. Anm. *Flume* ZIP 1995, 651 und *K. Schmidt* JZ 1995, 313.

vertraglichen Mehrheitsklausel erfolgen.[134] Den Schutz der Minderheit gewährleistet in diesen Fällen die Inhaltskontrolle des Mehrheitsbeschlusses (Rn 52).

42 Eine **besondere Kategorie** bilden endlich solche Beschlüsse, die zwar *nicht unmittelbar* auf Veränderung der Mitgliedschaft gerichtet sind, sich wegen ihrer Bedeutung für die Vertragsgrundlage aber mittelbar spürbar auf jene auswirken. Das gilt zunächst für Änderungen des *Gesellschaftszwecks*, die allerdings schon analog § 33 Abs. 1 S. 2 BGB der Zustimmung aller Gesellschafter bedürfen;[135] freilich ist dieses Einstimmigkeitserfordernis abdingbar (vgl. § 40 BGB). Entsprechendes gilt auch für die *Auflösung* der Gesellschaft, die als Zweckänderung zu qualifizieren und daher ebenso zu behandeln ist (§ 131 Rn 22), so dass auch sie grundsätzlich nur einstimmig beschlossen werden kann. Zur Frage, ob die Fortsetzung einer aufgelösten Gesellschaft als Kernbereichseingriff zu qualifizieren ist, vgl. § 131 Rn 66. Eine besondere Kategorie bilden auch Entscheidungen über die *Umstrukturierung* der Gesellschaft unter Veränderung ihres Rechtsstatuts, etwa durch Übergang von der OHG zur KG oder von dieser zur GmbH & Co KG, sowie für sonstige Fälle des Formwechsels, insbesondere nach dem UmwG und ähnliche, zu wesentlichen Modifikationen der Vertragsgrundlage führende Umstrukturierungen. Für solche Fälle wird diskutiert, ob ein *stimmrechtsfester* Bereich anzuerkennen ist, d.h. ein Regelungsbereich, in dem jeder Gesellschafter trotz eines vertraglichen Stimmrechtsausschlusses (Rn 66 ff) ein zwingendes Recht auf Beteiligung an der Willensbildung und Beeinflussung des Ergebnisses hat, so dass Entscheidungen zwar ohne Zustimmung, jedoch nicht ohne Stimmrechtsbeteiligung der im Ergebnis in der Minderheit bleibenden Gesellschafter getroffen werden können.[136] Eine solche Kategorie ist indessen abzulehnen, zumal auch das Umwandlungsrecht die stimmrechtslosen Anteilsinhaber zwar durch eine Pflicht zur Einräumung vergleichbarer Rechtspositionen im neuen Rechtsträger schützt (vgl. § 23 UmwG), nicht jedoch ihre Beteiligung an der Beschlussfassung garantiert. Hiervon unberührt bleibt die Zustimmungspflicht bei besonders gravierenden Auswirkungen einer Umstrukturierung, die einem unmittelbaren Eingriff in die Mitgliedschaft aus der Sicht der betroffenen Gesellschafter qualitativ gleichstehen (Konzerneingliederung der Gesellschaft, Betriebsaufspaltung, Veräußerung wesentlichen Betriebsvermögens).[137]

43 **Kein Kernbereichsrecht** vermittelt ein qualifiziertes (gesellschaftsvertragliches) *Beschlussquorum*, welches einer entsprechend hohen Minderheit ggf. eine Sperrminorität verschafft. Wie der BGH zu Recht festgestellt hat, vermitteln gesellschaftsrechtliche Mehrheits- bzw. Einstimmigkeitserfordernisse als – zumindest faktische – Minderheitsbefugnisse dem einzelnen Gesellschafter überhaupt keine individuelle Rechtsposition und können schon deshalb auch nicht zum Kernbereich der Mitgliedschaft gehören.[138] Das ist schon deshalb zutreffend, weil Minderheitsbefugnis und Individualrecht kategorial verschieden sind. Somit können bestimmte qualifizierte Mehrheitserfordernisses zwar selbstverständlich immer nur mit einer entsprechend großen Mehrheit abgeändert wer-

[134] So wohl auch *Hennerkes/Binz* BB 1983, 717.

[135] Eingehend dazu *C. Schäfer* Geschäftsanteil, S. 192 ff.

[136] So Schlegelberger/*Martens* Rn 29 und *K. Schmidt* Gesellschaftsrecht § 16 III 3c, S. 482, jeweils unter Bezugnahme auf BGHZ 20, 363 (368 f) = NJW 1956, 1198 betr. die Grenzen eines Stimmrechtsausschlusses für Kommanditisten; zustimmend Voraufl. Rn 43 (*Ulmer*); krit. dazu *C. Schäfer* Geschäftsanteil, S. 105 f.

[137] Voraufl. Rn 43 (*Ulmer*).

[138] BGH NJW 2009, 669 (672) – Rn 22 – *Schutzgemeinschaft II*; ebenso bereits OLG Hamm NZG 2002, 783 (785); die gegenteilige Behauptung von MünchGesR/*Weipert* Bd. II, § 14 Rn 63 ist nicht haltbar.

den;[139] keineswegs bedarf aber ein Beschluss zur Herabsetzung eines qualifizierten Mehrheitserfordernisses der Zustimmung aller Gesellschafter (oder auch nur der Einstimmigkeit).

3. Antizipierte Zustimmung zu Kernbereichseingriff und Beitragserhöhung. Kernbereichslehre und § 707 BGB garantieren dem betroffenen Gesellschafter gemäß ihrem Individualschutzzweck ein zwingendes Zustimmungsrecht.[140] Doch können Zustimmungserklärungen grundsätzlich auch im Voraus abgegeben werden (sog. Einwilligung, vgl. § 183 BGB). Aufgrund des Schutzzwecks des Zustimmungsrechts müssen freilich Generaleinwilligungen – etwa in Gestalt einer Mehrheitsklausel – ausgeschlossen bleiben.[141] Vielmehr bedarf es zwingend einer Spezialeinwilligung des jeweils betroffenen Gesellschafters. Deshalb kann eine Vertragsklausel nur unter engen Voraussetzungen als ein *„antizipiertes" Einverständnis* mit einem konkreten, mehrheitlich beschlossenen Eingriff in ein Kernbereichsrecht angesehen werden.[142] Dies hat der **Bundesgerichtshof** in jüngerer Zeit vor allem in Bezug auf die Erhöhung der Beitragspflichten entschieden; doch gelten diese Grundsätze allgemein auch für Kernbereichseingriffe. Demnach bedarf es neben der eindeutigen Einbeziehung der Beitragserhöhung in den Anwendungsbereich der Mehrheitsklausel zusätzlich der *Angabe einer Obergrenze* oder sonstiger Kriterien, die der Eingrenzung der Erhöhungsrisiken für mehrheitlich zu beschließende Kapitalerhöhungen dienen.[143] Diese Anforderungen gelten mutatis mutandis ganz allgemein für Kernbereichseingriffe. Daher muss sich die Vertragsklausel **eindeutig** auf einen solchen Eingriff beziehen und sie muss **Art und Ausmaß** des Eingriffs exakt erkennen lassen.[144] Eine generelle Unterwerfung der einzelnen Gesellschafter unter den Mehrheitswillen bezüglich derartiger zum Kernbereich der Mitgliedschaft gehöriger Rechte genügt danach ebenso wenig[145] wie eine pauschale Zulassung mehrheitlicher Eingriffe in den Kernbereich durch **44**

[139] Vgl. dazu allgemein nur GroßKommAktG/*Wiedemann* § 179 Rn 123; *Hüffer* AktG § 179 Rn 20; Hachenburg/*Ulmer* GmbHG[8] § 53 Rn 79, 87; Baumbach/Hueck/*Zöllner* GmbHG[18] § 53 Rn 69, alle mwN; BGHZ 76, 191 (195) lässt es sogar dahin stehen, ob ein *allgemeiner* Rechtssatz diesen Inhalts überhaupt anzuerkennen ist (gelangt dann aber im Auslegungswege zum selben Ergebnis).

[140] Zur zwingenden Geltung des § 707 BGB vgl. eingehend MünchKommBGB[5]/*Ulmer*/*C. Schäfer* § 707 Rn 2 und *C. Schäfer* in: VGR (Hrsg.) Gesellschaftsrecht in der Diskussion, 2008, S. 137, 141 ff; ebenso der Sache nach auch *Armbrüster* ZGR 2009, 1 (9 f).

[141] S. nur MünchKommBGB[5]/*Ulmer*/*C. Schäfer* § 707 Rn 8.

[142] Zur Zulässigkeit einer „antizipierten Zustimmung" (Einwilligung) und zu den hieran zu stellenden Anforderungen vgl. näher *M. Winter* GesRZ 1986, 74 (83); *Schilling*/*M. Winter* FS Stiefel, 1987, S. 670 f; *C. Schäfer* Geschäftsanteil, S. 256 ff; einschränkend *Löffler* NJW 1989, 2656 (2661); **aA** (nur ad hoc-Zustimmung relevant) *Immenga* ZGR 1974, 385 (425); *Göbel* (Fn 79) S. 184 f; MünchKommHGB/*Enzinger* § 119 Rn 66, 70; *Armbrüster* ZGR 2009, 1 (12 f).

[143] BGH NJW-RR 2006, 827 = WM 2006, 577 (578); NJW-RR 2006, 829 = WM 2006, 774 (775); NJW-RR 2005, 1347 = WM 2005, 1608 (1609); dazu eingehend auch *C. Schäfer* in: VGR (Hrsg.) Gesellschaftsrecht in der Diskussion, 2008, S. 137 ff.

[144] Vgl. BGH NJW 1995, 194 (195) (mehrheitliche Einschränkung des Informationsrechts); ebenso *Leenen* FS Larenz, 1983, S. 371 (386) und *M. Winter* GesRZ 1986, 74 (83); MünchKommBGB[5]/*Ulmer*/*C. Schäfer* § 709 Rn 92; *C. Schäfer* Geschäftsanteil, S. 260 ff, 269 f, alle mwN.

[145] Ebenso *Hüffer* ZHR 151 (1987), 396 (408); *Mecke* BB 1988, 2263; *K. Schmidt* ZHR 158 (1994), 205 (227 f); der Sache nach auch OLG Hamm DB 1989, 815 f mit zu Unrecht krit. Anm. *Tiedtke* DB 1989, 813. **AA** Erman/*Westermann* BGB[12] Rn 31 (unter

katalogmäßige Auflistung im Gesellschaftsvertrag. Dem Gesellschafter muss vielmehr von vornherein erkennbar sein, bis zu welchem Grad er ggf. eine Verkürzung seiner Rechtsstellung hinzunehmen hat. Sofern eine Zustimmung des einzelnen Gesellschafters demnach erforderlich ist, kann die **Versäumung einer vertraglichen Beschlussanfechtungsfrist** nicht zur Ersetzung der Zustimmungserklärung führen.[146] Denn ein Beschlussmangel liegt gar nicht vor; vielmehr fehlt es an einer Wirksamkeitsvoraussetzung für den Beschluss gegenüber dem einzelnen Gesellschafter.[147]

45 **4. Bedeutung der Zustimmungspflicht.** Eine *Einschränkung* gegenüber der Notwendigkeit der (ggf. antizipierten) Zustimmung zu Eingriffen in den unentziehbaren Kernbereich der Mitgliedschaftsrechte will der BGH in denjenigen Fällen zulassen, in denen die von der Mehrheit angestrebte Änderung nach der **Treupflicht** geboten und die widersprechende Minderheit daher zur Zustimmung verpflichtet ist.[148] Daran ist richtig, dass die Treupflicht die Minderheit hindern kann, sich gegenüber der Mehrheit auf das Fehlen ihrer Zustimmung zu berufen.[149] Zur Herbeiführung der gewünschten Vertragsänderung reicht diese Hinderungswirkung jedoch nicht aus; die ausstehende Zustimmung kann sie nicht ersetzen.[150] Rechtssicherheit durch wirksame Vertragsänderung kann die Mehrheit wegen Fehlens einer entsprechenden Gestaltungsmacht vielmehr nur erreichen, wenn sie die Minderheit erfolgreich auf Zustimmung verklagt; das rechtskräftige Urteil ersetzt dann nach § 894 ZPO die verweigerte Zustimmung.

IV. Folgerungen

46 **1. Grundlagenbeschlüsse.** Im Hinblick auf Grundlagenbeschlüsse hängt die Wirksamkeit einer gesellschaftsvertraglichen Mehrheitsklausel von der doppelten Voraussetzung ab, dass (1) die *Auslegung* nach den für Gesellschaftsverträge geltenden Grundsätzen zur Einbeziehung dieser Beschlüsse in den Bereich der Mehrheitsherrschaft führt (Rn 36) und (2) mit dem Mehrheitsbeschluss *kein Eingriff in den Kernbereich* verbunden ist (Rn 40). **Unbedenklich** sind danach mehrheitliche Grundlagenbeschlüsse in laufenden Angelegenheiten wie die jährliche Feststellung des Jahresabschlusses,[151] die Entlastung der Ge-

---

Hinweis auf „Obstruktionsmöglichkeiten" der Minderheit); vgl. zur Leistungsvermehrung durch Satzungsänderung bei der GmbH Hachenburg/*Ulmer* § 53 GmbHG Rn 74 ff.

[146] So zu Recht BGH NZG 2007, 381; WM 2007, 1333.

[147] Dazu C. *Schäfer* in: VGR (Hrsg.) Gesellschaftsrecht in der Diskussion, 2008, S. 145 f.

[148] BGHZ 132, 263 (268) = NJW 1996, 1678; ebenso schon BGH NJW 1995, 194 (195); vgl. zur Zustimmungspflicht ferner BGH WM 2002, 957; OLG München NZG 2004, 125 (126) (KG); OLG Hamm NZG 2000, 252 (253) (KG) sowie allgemein § 105 Rn 190, 240 f.

[149] Vgl. zu der auf Treupflicht beruhenden Zustimmungspflicht zu Vertragsänderungen allgemein schon § 105 Rn 190, 244 f; ferner Heymann/*Emmerich* Rn 18 f; Schlegelberger/*Martens* Rn 45 f; *M. Winter* Mitgliedschaftliche Treubindungen im GmbH-Recht, 1988, S. 31 ff; **aA** MünchKommHGB/*Enzinger* Rn 28 (Treupflicht selbst bloß Ausfluss des Gesellschaftsvertrages und könne daher über diesen nicht hinausragen).

[150] Vgl. § 105 Rn 245; *M. Winter* (Fn 149) S. 37; *Sester* S. 77 ff, 134 ff. Zur Kritik an der neueren Rspr. auch *C. Schäfer* Geschäftsanteil, S. 54 ff; **aA** wohl Heymann/*Emmerich* Rn 20.

[151] So im Grundsatz zutr. BGH BB 1976, 948 (949) m. Anm. *Ulmer*; anders BGHZ 132, 263 (268 f) = NJW 1996, 1678; wie zuvor dann wieder BGHZ 170, 283 = NJW 2007, 1685 – *Otto*.

schäftsführer oder die Wahl des Abschlussprüfers, aber auch die Entscheidung über eine im Gesellschaftsvertrag an die mehrheitliche Zustimmung der Mitgesellschafter gebundene Anteilsübertragung oder die Einwilligung in die Beteiligung eines Gesellschafters an einer gleichartigen Handelsgesellschaft (§ 112 Abs. 1). Unbedenklich sind grundsätzlich auch **Änderungen des Gesellschaftsvertrags,** sofern der Vertrag sie einer – qualifizierten oder einfachen – Mehrheitsentscheidung unterwirft. Beschlüsse über die *tragenden Grundlagen der Gesellschaft* (Zweck, Rechtsform u.a.) bilden hingegen einen Grenzfall (Rn 42) und sind nur dann der Mehrheitsentscheidung zugänglich, wenn sie nicht zu nachhaltigen Änderungen der Rechte oder Pflichten der Gesellschafter führen.

2. Sonstige Beschlüsse. Soweit es um Beschlüsse der Gesellschafter in sonstigen, nicht **47**
zu den Vertragsänderungen gehörenden gemeinsamen Angelegenheiten geht (Rn 14), ist der Bestimmtheitsgrundsatz schon bisher im Regelfall nicht angewandt worden. Die *Auslegung der Mehrheitsklausel* führt bei ihnen im Zweifel dazu, dass sie sich auf **alle derartigen Angelegenheiten** erstreckt.[152] Einer Aufzählung der möglichen Beschlussgegenstände bedarf es nicht. Sie würde schon an deren Vielfältigkeit scheitern und überdies einen allenfalls begrenzten Minderheitenschutz bewirken. Aber auch auf die sachliche Notwendigkeit des jeweiligen Mehrheitsbeschlusses[153] kann es für den Anwendungsbereich der Klausel nicht ankommen. Dieser Aspekt ist vielmehr im Rahmen der Inhaltskontrolle des Beschlusses auf Verstöße gegen die „beweglichen", auf der Treupflicht oder dem Gleichbehandlungsgrundsatz beruhenden Schranken (vgl. Rn 52) zu beachten.

3. Besonderheiten für Publikumsgesellschaften. Bei Publikumsgesellschaften, die sich **48**
aus einer Vielzahl untereinander nicht persönlich verbundener, nicht selten anonymer Gesellschafter zusammensetzen, hat die Rechtsprechung schon seit langem die **Anwendung des Bestimmtheitsgrundsatzes abgelehnt.**[154] Den einschlägigen Urteilen ist sogar die Tendenz zu entnehmen, in derartigen Fällen mehrheitliche Vertragsänderungen ohne besondere Mehrheitsklausel zuzulassen.[155] Diese Sonderbeurteilung verdient schon deshalb Zustimmung, weil Mehrheitsbeschlüsse in derartigen Fällen nicht selten das effizienteste Mittel sind, um den als Kapitalanleger beteiligten Gesellschaftern die Möglichkeit zu eröffnen, auf die Geschicke der Gesellschaft Einfluss zu nehmen und die im

---

152 Rn 48; wohl auch schon 3. Aufl. Rn 12 (*Rob. Fischer*); *Hueck* OHG § 11 IV 3; abw. Soergel/*Hadding* BGB[12] Rn 39 (nur Geschäftsführungsangelegenheiten).

153 So anscheinend aber BGH BB 1976, 948 (949) zur Zulässigkeit eines Gewinnverwendungsbeschlusses (Rücklagenzuweisung). Dazu krit. *Ulmer* BB 1976, 950; *Wiedemann* ZGR 1977, 694.

154 BGHZ 66, 82 (85 f) = NJW 1976, 958; BGHZ 69, 160 = NJW 1977, 2160; BGHZ 71, 53 (58) = NJW 1978, 1382; zust. auch die Befürworter des Bestimmtheitsgrundsatzes, vgl. Soergel/*Hadding* BGB[12] Rn 41; *Flume* I/1 § 14 III, S. 219; *Westermann* Handbuch Rn I 519; *Barfuß* DB 1977, 572; *Wiedemann* ZGR 1977, 690 f; *K. Schmidt* ZHR 158 (1994), 205 (220 ff); *ders.* ZGR 2008, 1 (13 f); *Goette* FS Sigle, 2000, S. 145 (146); *Röttger* (Fn 79) S. 154 f; *Göbel* (Fn 79) S. 150 ff; *Nils Heinrichs* Mehrheitsbeschlüsse bei Personengesellschaften, 2006, S. 134 f.

155 Vgl. etwa BGHZ 71, 53 (58 f) = NJW 1978, 1382; dazu *Stimpel* FS Rob. Fischer, 1979, S. 771 (779 f); ferner OLG Köln BB 1994, 455 (keine Bedenken gegen Mehrheitsbeschluss in PublikumsGbR zur Ausschließung insolventer Gesellschafter trotz unspezifischer Mehrheitsklausel); krit. zu dieser „durch die Rechtsprechung kaum belegten" These aber *K. Schmidt* ZGR 2008, 1 (13) (der aber eine entsprechende ergänzende Vertragsauslegung für unproblematisch hält).

Interesse des Anlegerschutzes gebotenen Vertragsänderungen durchzusetzen.[156] Gut begründet ist zudem die Forderung, kapitalgesellschaftsrechtliche *Mindestquoren* entsprechend anzuwenden.[157] Eine andere Frage ist es, ob auch die Gesellschafter von Publikumsgesellschaften Schutz durch die **Kernbereichslehre** genießen. Während dies bislang zum Teil verneint wurde,[158] und der BGH eine Leistungsklage auf Zustimmung selbst bei Eingriffen in den Kernbereich für überflüssig gehalten hat, sofern der Gesellschafter kraft Treupflicht zuzustimmen hat,[159] entscheidet der zuständige Senat zur Parallelfrage einer Erhöhung der Beitragspflichten inzwischen entgegengesetzt und erklärt den durch § 707 begründeten Schutz ausdrücklich auch in der Publikumsgesellschaft für anwendbar.[160] Dem ist wegen des parallelen Individualschutzzwecks auch für die Kernbereichslehre zu folgen; Leistungsvermehrung und Rechtsverkürzung entsprechen sich und verlangen daher in gleichem Maße nach Individualschutz. Allerdings ist der Charakter der Publikumsgesellschaft bei der Bestimmung der kernbereichsrelevanten Rechte bzw. des Eingriffscharakters zu berücksichtigen. So stellt etwa die *Aufnahme* neuer Gesellschafter in eine Anlagegesellschaft naturgemäß *keinen* Eingriff in den Kernbereich der übrigen Gesellschafter dar (vgl. Rn 41); und auch in anderen Fällen mag Abweichendes im Vergleich zu personalistisch strukturierten Gesellschaften gelten. Nicht begründbar ist hingegen, warum etwa der Gesellschafter einer Publikumsgesellschaft einen unmittelbaren Eingriff in seine Gewinn- oder Stimmquote sollte hinnehmen müssen. Hier vermag auch ein außerordentliches Austrittsrecht keine angemessene Kompensation zu verschaffen.[161]

V. Berechnung der Mehrheit

49 **1. Mehrheit nach Köpfen (Abs. 2).** Bezogen auf Mehrheitsklauseln im Gesellschaftsvertrag beschränkt sich der Normgehalt des Abs. 2 auf die **Auslegungsregel**, dass die Mehrheit im Zweifel nach der Zahl der Gesellschafter, d.h. nach *Köpfen*, zu berechnen ist. Maßgebend ist somit die *Zustimmung der einfachen Mehrheit* der zur Beschlussfassung berufenen Gesellschafter; stimmrechtslose Gesellschafter und solche, die im Einzelfall einem Stimmverbot unterliegen (Rn 64 ff), werden nicht mitgezählt.[162] Anderes gilt für Gesellschafter, die sich der Stimme enthalten oder an der Abstimmung nicht teil-

156 Grundlegend *Stimpel* FS Rob. Fischer, 1979, S. 771 (778 f); vgl. auch BGH LM § 712 Nr. 1 = NJW 1982, 2495 und WM 1983, 1407: Unwirksamkeit einer gesellschaftsvertraglichen Regelung, durch die den Initiatoren eine Sperrminorität bei Abberufung und Bestellung des Geschäftsführers gesichert werden sollte. Dazu auch Rn 6.

157 So etwa *K. Schmidt* ZGR 2008, 1 (15) (mit Hinweis auf die entsprechende Kautelarpraxis).

158 Voraufl. Rn 49 (*Ulmer*: „regelmäßig nicht veranlasst“); vgl. auch OLG Köln BB 1994, 455 f (Ausschluss insolventer Gesellschafter trotz Erhöhung der anteiligen Außenhaftung der übrigen Gesellschafter durch einfachen Mehrheitsbeschluss möglich).

159 BGH NJW 1985, 972 (973 und 974); diese Grundsätze scheint der BGH inzwischen sogar auf die personalistische Personengesellschaft zu übertragen, freilich ohne dies näher zu begründen, BGH NJW 1995, 194 (195).

160 BGH WM 2007, 835 f; 2006, 577 (578) und 774 (775); 2005, 1608 (1609); ebenso bereits BGH NJW 1985, 974; überholt: BGH NJW 1975, 958 (959).

161 Vgl. zur parallelen Frage, ob der sanierungsunwillige Gesellschafter aus der Gesellschaft gedrängt werden kann, nur MünchKommBGB[5]/*Ulmer*/*C. Schäfer* § 707 Rn 10 mwN.

162 MünchKommBGB[5]/*Ulmer*/*C. Schäfer* § 709 Rn 97; ebenso Baumbach/*Hopt* Rn 41; Ebenroth/Boujong/Joost/Strohn/*Goette* Rn 66; MünchKommHGB/*Enzinger* Rn 5.

nehmen. Da sie dem Beschluss nicht zustimmen, steht ihr Stimmverhalten im Ergebnis einer Ablehnung gleich;[163] eine analoge Anwendung des § 32 Abs. 1 S. 3 BGB (Mehrheit der erschienenen Mitglieder) scheidet aus. Im Erfordernis mehrheitlicher Zustimmung liegt zugleich ein *Quorum für die Beschlussfähigkeit*: Diese ist nach dem Maßstab des Abs. 2 nur dann gegeben, wenn eine Mehrheit der Gesellschafter an der Abstimmung mitwirkt. Für *Publikumsgesellschaften* wendet der BGH die Vorschrift des Abs. 2 demgegenüber mit der Modifikation an, dass es entsprechend den Beschlussgrundsätzen im Kapitalgesellschaftsrecht auf die einfache Mehrheit nur der *abgegebenen* Ja- oder Nein-Stimmen ankommt;[164] danach werden weder Stimmenthaltungen noch die Zahl der nicht an der Abstimmung teilnehmenden Stimmen für die Mehrheitsberechnung berücksichtigt.

2. Abweichende Vereinbarungen. Mit der Aufnahme einer Mehrheitsklausel in den **50**
Gesellschaftsvertrag verbinden sich nicht selten abweichende Vereinbarungen in Bezug auf die Mehrheitsberechnung. Die Mehrheit nach Köpfen wird verbreitet durch eine solche nach *Kapitalanteilen* ersetzt, um unterschiedlichen Beteiligungsquoten auch beim Stimmgewicht Rechnung zu tragen.[165] Insoweit bietet sich die Orientierung an § 47 Abs. 2 GmbHG an (jeder Euro gewährt eine Stimme).[166] Sie kommt auch im Wege ergänzender Vertragsauslegung in Betracht, insbes. wenn der Gesellschaftsvertrag infolge nachträglicher Veränderungen eine kapitalistische Struktur mit stark unterschiedlichen Beteiligungsverhältnissen aufweist (vgl. allg. § 105 Rn 198). Anstelle absoluter, auf die Gesamtzahl der Stimmen (Köpfe) abstellender Mehrheit kann der Gesellschaftsvertrag auch die *einfache* Mehrheit der Ja- oder Nein-Stimmen ausreichen lassen;[167] dadurch werden nicht nur die Stimmen der Nichtteilnehmer, sondern auch die Enthaltungen aus der Berechnung ausgeklammert. Für die Annahme eines Beschlussantrags ist somit lediglich erforderlich, dass die Ja-Stimmen die Nein-Stimmen überwiegen. Neben einer Kombination von Kopf- und Kapitalmehrheit für bedeutsame Beschlussgegenstände[168] ist – in den Grenzen des § 138 Abs. 1 BGB – auch die Begründung entweder eines Mehrfachstimmrechts oder eines Zustimmungsvorbehalts (Vetorechts) für besonders verdiente Gesellschafter im Gesellschaftsvertrag[169] oder der Stimmrechtsausschluss einzelner Gesellschafter zulässig (dazu Rn 66 ff). Schließlich kann auch ein Quorum für die Beschlussfähigkeit vorgesehen oder in anderer Weise den Gefahren von Zufallsmehrheiten bei Abweichung von § 119 Abs. 2 Rechnung getragen werden. – Zur Änderung eines gesellschaftsvertraglich vorgesehenen qualifizierten Mehrheitserfordernisses vgl. Rn 43.

---

163 Siehe schon Rn 30, ferner z.B. Baumbach/*Hopt* Rn 41.

164 Vgl. BGHZ 71, 53 (60) = NJW 1978, 1382 (Unbedenklichkeit einer entsprechenden Vertragsklausel).

165 BGH NJW 2009, 669 (670) (Rn 14) – *Schutzgemeinschaft II* (Berechnung kann auch nach anderen Kriterien als nach Köpfen erfolgen); Schlegelberger/*Martens* Rn 60; MünchKommHGB/*Enzinger* Rn 5; Heymann/*Emmerich* Rn 28; Baumbach/*Hopt* Rn 41; Ebenroth/Boujong/Joost/Strohn/*Goette* Rn 67; Röhricht/Graf v. Westphalen/*v. Gerkan/Haas* Rn 15.

166 Dazu näher etwa *Hüffer* in Ulmer/Habersack/Winter GmbHG § 47 Rn 87 ff; Scholz/*K. Schmidt* GmbHG[10] § 47 Rn 6 f.

167 Vgl. die Nachw. in Fn 165; sowie MünchKommBGB[5]/*Ulmer/C. Schäfer* § 709 Rn 73, 96.

168 Vgl. die Nachw. in Fn 165.

169 Zur grundsätzlichen Zulässigkeit von Mehrstimmrechten vgl. BGHZ 20, 363 (370) = NJW 1956, 1198; Schlegelberger/*Martens* Rn 38; *K. Schmidt* Gesellschaftsrecht § 21 II 1e, S. 607.

VI. Schranken der Mehrheitsherrschaft; Inhaltskontrolle von Beschlüssen

51 **1. Feste Schranken.** Sie ergeben sich zunächst aus den wenigen zwingenden Normen und ungeschriebenen bindenden Grundsätzen des Personengesellschaftsrechts, darunter der Verbandssouveränität und der Selbstorganschaft (vgl. näher § 109 Rn 20 ff, 30 ff), ferner aus der Unverzichtbarkeit bestimmter Mitgliedschaftsrechte (Rn 39) und aus der Kernbereichslehre in Bezug auf die unentziehbaren, nur mit Zustimmung des betroffenen Gesellschafters einschränkbaren Rechte oder Vermehrung der Pflichten (Rn 40). Abgesehen von der Kernbereichslehre (Rn 38 ff) findet die Mehrheitsherrschaft ihre Grenze auch bei gesellschaftsvertraglich begründeten **Sonderrechten** einzelner Gesellschafter. Dies sind nach hM solche mitgliedschaftlichen Vorrechte, die nach dem *Gesellschaftsvertrag* nicht ohne Zustimmung des Begünstigten entzogen werden können, d.h. mehrheitsfest sein sollen[170]. Sie können folglich analog § 35 BGB nur mit deren Zustimmung eingeschränkt oder aufgehoben werden,[171] und zwar unabhängig davon, ob sie – wie meist – dem Gesellschafter persönlich verliehen oder mit dem Anteil verbunden sind; im letzteren Fall gehen sie bei Anteilsübertragung oder -vererbung auf den Erwerber über.

52 **2. Bewegliche Schranken (Inhaltskontrolle von Mehrheitsbeschlüssen).** Zur Bedeutung beweglicher Schranken für die Wirksamkeit von Mehrheitsbeschlüssen vgl. schon § 109 Rn 36 ff. Außer auf Treupflicht und Gleichbehandlungsgrundsatz (dazu § 105 Rn 228 ff und 247 ff) kann insoweit auch auf die vom BGH für den Bezugsrechtsausschluss im Aktienrecht entwickelte,[172] für Strukturänderungen in der GmbH übernommene[173] Lehre vom **Erfordernis sachlicher Rechtfertigung** des Mehrheitsbeschlusses zurückgegriffen werden, soweit dieser die Rechtsstellung der überstimmten Gesellschafter im Ergebnis beeinträchtigt. Die Überprüfung des Mehrheitsbeschlusses erfolgt danach grundsätzlich in *drei Stufen.*[174] Die mehrheitliche Vertragsänderung muss erstens im *Gesellschaftsinteresse* liegen,[175] wobei der Mehrheit bei dessen Konkretisierung ein Ermes-

---

170 Vgl. MünchKommBGB^5/*Reuter* § 35 Rn 5 aE und *Wiedemann* Gesellschaftsrecht Bd. I § 7 I 1a, S. 358 f.

171 Vgl. nur MünchKommBGB^5/*Ulmer/C. Schäfer* BGB § 709 Rn 99; *K. Schmidt* Gesellschaftsrecht § 19 III 3c bb, S. 558 f; vgl. auch Schlegelberger/*Martens* Rn 27; MünchKommHGB/*Enzinger* Rn 71.

172 BGHZ 71, 40 ff = NJW 1978, 1316; BGHZ 83, 319 ff = NJW 1982, 2444; BGHZ 120, 141 (145 f) = NJW 1993, 400; BGHZ 125, 239 = NJW 1994, 1410. In BGHZ 136, 133 = NJW 1997, 2815 (*Siemens/Nold*), hat der BGH allerdings den Beschluss über ein genehmigtes Kapital mit Bezugsrechtsausschluss von einer Inhaltskontrolle ausgenommen; sehr krit. dazu *Lutter* JZ 1998, 50; vgl. auch die umfass. Nachw. bei GroßKommAktG^4/*Wiedemann* § 186 Rn 134 ff.

173 BGHZ 80, 69 (73 ff) = NJW 1981, 1512. Näher dazu Hachenburg/*Ulmer* GmbHG^8 § 53 Rn 62 f, § 55 Rn 46 f; *M. Winter* (Fn 149), S. 141 ff, 262 ff.

174 Zutr. MünchKommAktG^2/*Hüffer* § 243 Rn 47 ff, 57 und *ders.* § 243 AktG Rn 24; Staudinger/*Habermeier* Rn 53. Grundlegend zur Übertragung der für hoheitliche Eingriffe entwickelten Schranken der Erforderlichkeit und Verhältnismäßigkeit des Eingriffs auf die Beschlusskontrolle in privatrechtlichen Verbänden schon *Zöllner* (Fn 61) S. 352; *ders.* in: KölnKomm-AktG § 243 Rn 202; ferner *M. Winter* (Fn 149), S. 154 ff, 163 ff; *Lutter* ZGR 1981, 171; *Timm* ZGR 1987, 403 (415 ff); *C. Schäfer* Geschäftsanteil, S. 308 ff.

175 BGHZ 71, 40 (44) = NJW 1978, 1316; BGHZ 80, 69 (74 f) = NJW 1981, 1512; BGHZ 120, 141 (146) = NJW 1993, 400. Schrifttumsnachw., auch zum Folgenden, in Fn 174; vgl. ferner Schlegelberger/*Martens* Rn 30 f; Heymann/*Emmerich* Rn 35; *K. Schmidt* Gesellschaftsrecht § 21 II 3, S. 613 ff.

sensspielraum verbleibt.[176] Der Eingriff in die Rechte der Minderheit muss zweitens *erforderlich* sein zur Erreichung des angestrebten Ziels; es darf kein die Minderheit weniger belastendes Mittel zur Verfügung stehen. Schließlich müssen die für die Gesellschaft angestrebten Vorteile in einem *angemessenen Verhältnis* zu den Eingriffen in die Rechte der überstimmten Minderheit stehen; dabei sind die Anforderungen an die sachliche Rechtfertigung umso strenger, je weitergehend durch den Beschluss die Rechte der Minderheit betroffen werden.[177] Führt etwa die Aufhebung eines Wettbewerbsverbots für den Mehrheitsgesellschafter dazu, dass die Gesellschaft zu einem abhängigen Unternehmen wird, ist der Beschluss angesichts der damit für die abhängige Gesellschaft verbundenen Gefahren nur wirksam, wenn anderenfalls der Bestand der Gesellschaft ernsthaft gefährdet wäre.[178] Auch der **Bundesgerichtshof** betont nach Aufgabe des Bestimmtheitsgrundsatzes (Rn 36) zunehmend die Beschlusskontrolle anhand materieller Kriterien. Der Beschluss kann danach unwirksam sein, wenn sich die Mehrheit treuwidrig über Belange der Minderheit hinwegsetzt,[179] bzw. die Mehrheitsklausel „zweckwidrig instrumentalisiert" wird.[180] Dies gilt gerade auch für Beschlüsse, die nicht in den Kernbereich der Mitgliedschaft eingreifen, freilich mit der – selbstverständlichen – Maßgabe, dass die Treuwidrigkeit (fehlende sachliche Rechtfertigung) durch die Minderheit vorzutragen und ggf. zu beweisen ist.[181]

D. Das Stimmrecht

I. Grundlagen

1. Allgemeines. Das Stimmrecht gehört zu den zentralen, nach hM zwar nicht unver- 53
zichtbaren, wohl aber nur mit Zustimmung des betroffenen Gesellschafters einschränkbaren Mitgliedschaftsrechten (vgl. Rn 40). Es ist grundsätzlich **höchstpersönlich** auszuüben (zur Vertreterklausel vgl. Rn 61 ff). Aufgrund des Abspaltungsverbots (§ 717 S. 1) kann es nicht ohne den Gesellschaftsanteil übertragen werden; auch die Überlassung an einen Dritten zur Ausübung für den Gesellschafter ist nur begrenzt möglich (Rn 68). Die *Höhe* des jeweiligen Stimmrechts interessiert nur insoweit, als der Gesellschaftsvertrag abweichend vom Einstimmigkeitsprinzip des § 119 Abs. 1 eine Mehrheitsklausel enthält, da Beschlüsse nur in diesem Fall mit Stimmenmehrheit, d.h. ohne die Zustimmung sämtlicher Gesellschafter, zustande kommen. Sind derartige Mehrheitsklauseln vereinbart, so sehen sie überwiegend eine Stimmverteilung nicht nach Köpfen (so aber die dispositive Regelung des § 119 Abs. 2), sondern nach Kapitalanteilen vor (Rn 50). Zum Stimmrecht mittelbar Beteiligter im Fall von offener Treuhand oder Unterbeteiligung und von Nießbrauch vgl. § 105 Rn 107, 113, 124 ff, zu demjenigen eines Testamentsvollstreckers vgl. § 139 Rn 63.

---

176 Siehe insbes. BGHZ 71, 40 (49 f) = NJW 1978, 1316.

177 BGHZ 80, 69 (74 f) = NJW 1981, 1512.

178 BGHZ 80, 69 (74 f) = NJW 1981, 1512; dazu näher Anh. § 105 Rn 42 ff; vgl. auch *Korehnke* Treuwidrige Stimmen im Personengesellschafts- und GmbH-Recht, 1997, S. 198 ff.

179 BGHZ 170, 283 (287 f) = NJW 2007, 1685 (Rn 10) – *Otto* – unter Berufung auf MünchKommBGB[4]/*Ulmer* § 709 Rn 100 f; BGH NJW 2009, 669 (671) (Rn 16) – *Schutzgemeinschaft II*.

180 BGH NJW 2009, 669 (672) (Rn 25) – *Schutzgemeinschaft II* (in Bezug auf eine Umstrukturierungsmaßnahme; insoweit zurückverwiesen).

181 BGH NJW 2009, 669 (671) (Rn 17) – *Schutzgemeinschaft II* (Klarstellung zu BGHZ 170, 283 – *Otto*).

54 Zur **Rechtsnatur** der Stimmabgabe als empfangsbedürftige Willenserklärung und zu den Grenzen ihrer Bindungswirkung für die Teilnehmer an der Abstimmung vgl. schon oben Rn 24 ff. Es gelten die Vorschriften der §§ 116 ff BGB über die Willensmängel und die Voraussetzungen ihrer Geltendmachung (Rn 73 f). Die Frage, wie sich die Unwirksamkeit oder Anfechtung der Stimmabgabe bzw. ihr Widerruf aus wichtigem Grund auf das Beschlussergebnis auswirkt und ob es zu einem Beschlussmangel führt, beantwortet sich nach der Relevanz der unwirksamen (angefochtenen, widerrufenen) Stimme für das Zustandekommen des Beschlusses (vgl. Rn 88).

55 **2. Pflichtrecht.** Als Mitverwaltungsrecht gehört das Stimmrecht zu den Pflichtrechten, bei deren Ausübung der Gesellschafter aufgrund der ihn treffenden *Treupflicht* auf das gemeinsame Interesse aller Beteiligten sowie auf die rechtlich erheblichen Interessen der Mitgesellschafter Rücksicht nehmen muss. Dabei hängen das Ausmaß der Pflicht zur Rücksichtnahme und die Beantwortung der Frage, ob sich das Stimmrecht zur *Stimmpflicht* verdichtet, von der jeweiligen Regelungsmaterie und insbes. davon ab, ob die Gesellschafter insoweit – wie bei Vertragsänderungen und sonstigen Grundlagenbeschlüssen – primär ihre eigenen Interessen verfolgen können oder ob sie – wie bei Entscheidungen in Geschäftsführungsfragen – in erster Linie dem Gesellschaftsinteresse verpflichtet sind (vgl. dazu näher § 105 Rn 234 f).[182] Verstoßen Gesellschafter gegen die sie treffenden Treubindungen, so führt das zur Unwirksamkeit ihrer Stimmabgabe. Neben einer Zustimmungspflicht kraft Treupflicht (vgl. dazu § 105 Rn 244) kann der Verstoß je nach Lage des Falles auch Schadensersatzansprüche von Gesellschaft oder Mitgesellschaftern wegen Treupflichtverletzung auslösen.

56 Umstritten sind die **Folgen der treuwidrig verweigerten Zustimmung** für die Beschlussfassung, d.h. die Frage, ob die Zustimmungsverweigerung für das Beschlussergebnis *unbeachtlich* ist, der Beschluss also trotz Erforderlichkeit der Zustimmung als zustande gekommen gilt, oder ob es einer *Zustimmungsklage* der Mitgesellschafter gegen den Ablehnenden bedarf. Nach zutr. neuerer Ansicht ist danach zu differenzieren, ob die Beschlussfassung sich auf Vertragsänderungen und ihnen gleichstehende Entscheidungen in sonstigen Grundlagenfragen bezieht (dann ist regelmäßig eine Zustimmungsklage erforderlich) oder ob es um Beschlüsse in Geschäftsführungsangelegenheiten geht, in denen die Mitgesellschafter befugt sind, auch ohne die treuwidrig verweigerte Zustimmung zu handeln (§ 105 Rn 239 f).[183] Demgegenüber soll die Zustimmungsklage nach einer vereinzelt gebliebenen neueren Entscheidung des BGH auch im Fall einer Vertragsänderung verzichtbar und diese ohne die erforderliche Zustimmung als zustande gekommen anzusehen sein;[184] dem ist indessen nur für Fälle einer

---

[182] Vgl. etwa BGH WM 2005, 39 (Pflicht zur Zustimmung zur Vorwegnahme einer gesellschaftsvertraglichen Nachfolgeregelung für den Todesfall aus Alters- und Krankheitsgründen); dazu auch: *Leinekugel* EWiR 2005, 181; *Wertenbruch* WuB II E § 139 HGB 1.05; *Reimann* ZEV 2005, 72.

[183] HM, vgl. Ebenroth/Boujong/Joost/Strohn/*Goette* Rn 25; MünchKommHGB/*Enzinger* Rn 29; Heymann/*Emmerich* Rn 50; *M. Winter* (Fn 149), S. 37; ebenso schon Voraufl. Rn 58 (*Ulmer*); ausführl. *Sester* S. 134 ff; weitergehend *Korehnke* (Fn 178) S. 188 ff (außer bei Publikumsgesellschaften stets Zustimmungsklage erforderlich); Baumbach/*Hopt* Rn 7, § 115 Rn 6, § 116 Rn 5 (grundsätzlich Klage erforderlich, nur pflichtwidriger Widerspruch unbeachtlich); *M. Schwab* S. 468 ff (stets Zustimmungsklage erforderlich).

[184] BGH NJW 1995, 194 (195); vgl. dagegen schon § 105 Rn 245 und oben Rn 44; ablehnend auch Ebenroth/Boujong/Joost/Strohn/*Goette* Rn 25; Baumbach/*Hopt* Rn 6; MünchKommBGB[5]/*Ulmer* § 705 Rn 241; *C. Schäfer* Geschäftsanteil, S. 56 ff;

Publikumsgesellschaft mit den insoweit geltenden Besonderheiten mehrheitlicher Willensbildung zuzustimmen.[185]

Aus dem Charakter als Pflichtrecht folgt nicht nur, dass die Gesellschafter bei ihrer Stimmabgabe auf vorrangige Interessen von Gesellschaft oder Mitgesellschaftern Rücksicht nehmen müssen, sondern auch ihre **Pflicht, die Willensbildung** in der Gesellschaft **nicht** durch Fernbleiben von der Gesellschafterversammlung oder Nichtbeteiligung an der Abstimmung **zu blockieren.**[186] Das gilt jedenfalls dann, wenn die Ladung zur Gesellschafterversammlung und die Ankündigungen zur Tagesordnung nach den hierfür geltenden Regularien (Rn 18 f) ordnungsgemäß erfolgt sind und der fernbleibende Gesellschafter nicht durch besondere Gründe am Erscheinen gehindert war. Die grundlos verweigerte Mitwirkung an der Willensbildung kann je nach Lage des Falles dazu führen, dass der Beschluss ungeachtet der fehlenden Zustimmung als trotzdem zustande gekommen gilt oder der Nichtmitwirkende auf Zustimmung zu verklagen ist; es gilt Entsprechendes wie bei treuwidrig verweigerter Zustimmung (Rn 56). Die Mitgesellschafter können dem Verweigerer auch eine Nachfrist für die schriftliche Stimmabgabe setzen, verbunden mit einer Klageandrohung bei ergebnislosem Ablauf. Zur Pflicht der Gesellschafter, bei Meinungsverschiedenheiten über anstehende Beschlüsse auch ohne vertragliche Regelungen betr. eine Gesellschafterversammlung zusammenzukommen und den Widersprechenden Gelegenheit zu geben, ihren abweichenden Standpunkt zu Gehör zu bringen, vgl. Rn 16. **57**

II. Die Ausübung des Stimmrechts

1. Höchstpersönliche Ausübung. Als zentrales Mitgliedschaftsrecht in der OHG als einer Arbeits- und Haftungsgemeinschaft ist das Stimmrecht grundsätzlich höchstpersönlich auszuüben, wenn der Gesellschaftsvertrag keine abweichenden Regelungen enthält. Eine Stimmrechtsübertragung auf Dritte ist ausgeschlossen (Rn 68), die Einschaltung eines Bevollmächtigten nur in engen Grenzen zulässig (Rn 61). Anderes gilt für die Einholung sachverständigen Rats eines zur Berufsverschwiegenheit verpflichteten Dritten im Interesse sachgerechter eigener Stimmabgabe in der Gesellschafterversammlung (§ 118 Rn 31). Für nicht voll geschäftsfähige, insbes. minderjährige Gesellschafter handelt der **gesetzliche Vertreter**, für Kapital- oder andere Personengesellschaften als Mitglieder der OHG deren Vertretungsorgan; § 181 BGB findet Anwendung (Rn 60). Haben die Mitgesellschafter der Bestellung eines Anteilsnießbrauchs zugestimmt, so liegt darin regelmäßig auch die Zustimmung zur Stimmrechtsausübung durch den Nießbraucher anstelle des Bestellers in laufenden Angelegenheiten entsprechend den zwischen beiden Beteiligten hierüber getroffenen Abreden.[187] **58**

---

vgl. ferner *Wiedemann* FS Heinsius, 1991, 949 (957); *Lettl* AcP 202 (2002), 37.

[185] Ebenso Schlegelberger/*Martens* Rn 48. Zutr. daher BGH NJW 1985, 974 (Publikums-KG), aber auch BGH WM 1986, 1556 (1557) (Zustimmungsklage in typischer KG verzichtbar bei „existentieller Bedrohung"); unzutr. dagegen BGH NJW 1960, 434 (treupflichtwidriger und daher unbeachtlicher Widerspruch gegen faktische Auflösung einer KG) und BGH WM 1979, 1058 (vorübergehende Aufnahme einer Komplementär-GmbH zur Vermeidung der Auflösung der KG). **AA** (Klage auch bei Publikumsgesellschaften erforderlich) MünchKommHGB/*Enzinger* Rn 29.

[186] BGH NJW 1972, 862 (863 f) (in Bezug auf Geschäftsführungsmaßnahmen); *Stimpel* ZGR 1973, 73 (75 f); MünchKommHGB/*Enzinger* Rn 24; Ebenroth/Boujong/Joost/Strohn/*Goette* Rn 25; Baumbach/*Hopt* Rn 6; Heymann/*Emmerich* Rn 16.

[187] Dazu näher BGHZ 108, 187 (199) = NJW 1989, 3; BGH WM 1999, 79 (80); *Ulmer*

59 **2. Bevollmächtigung Dritter.** Sie ist, ebenso wie die Teilnahme Dritter an der Gesellschafterversammlung anstelle der betreffenden Gesellschafter oder in ihrer Begleitung (Rn 20 f) nur mit Zustimmung der Mitgesellschafter zulässig, wenn der Gesellschaftsvertrag hierüber nichts Abweichendes regelt.[188] Eine *Pflicht* für die Mitgesellschafter, der Stimmrechtsausübung durch einen Bevollmächtigten zuzustimmen, kommt nur beim Vorliegen besonderer Hinderungsgründe auf Seiten des Vollmachtgebers wie längere Krankheit, Gebrechlichkeit oder beruflich bedingte dauernde Ortsabwesenheit in Betracht (vgl. auch § 118 Rn 32 ff).[189] Auch kann sich in derartigen Fällen je nach Zusammensetzung des Gesellschafterkreises die Bevollmächtigung eines Mitgesellschafters als „milderes Mittel“ anbieten, wenn sie dem Vollmachtgeber zumutbar ist und die Gesellschafter ein berechtigtes Interesse an der Nichtteilnahme Dritter an der Gesellschafterversammlung haben. Liegt in der Person des Dritten ein wichtiger Grund vor, der seine Einschaltung für die Mitgesellschafter unzumutbar macht, so können sie vom betroffenen Gesellschafter dessen Auswechslung verlangen.[190] Zu den Grenzen einer Bevollmächtigung mit Rücksicht auf das Abspaltungsverbot vgl. Rn 68.

60 **3. Verbot des Selbstkontrahierens (§ 181 BGB).** Auf die Stimmabgabe durch Vertreter ist im Grundsatz das Verbot des § 181 BGB anwendbar. Es umfasst sowohl das Handeln einer Person zugleich im eigenen Namen (als Gesellschafter) und als Vertreter eines Mitgesellschafters als auch die gleichzeitige Vertretung von zwei oder mehr Gesellschaftern, etwa als gesetzlicher Vertreter oder Vormund von zwei oder mehr minderjährigen Gesellschaftern. Dass das Rechtsgeschäft nicht in einem zweiseitigen Vertrag, sondern einem mehrseitigen Beschluss besteht, hindert das Eingreifen des § 181 BGB nicht; die höchstrichterliche These vom gesellschaftsrechtlichen „Sozialakt“, für den das Verbot des Selbstkontrahierens nicht gelte (Rn 7),[191] ist zu Recht aufgegeben worden.[192] Zutreffend wendet der BGH die Vorschrift des § 181 BGB allerdings nur auf solche Beschlüsse wie Vertragsänderungen oder sonstige Grundlagenentscheidungen an, bei denen das *Eigeninteresse* der einzelnen Gesellschafter vorherrscht und mit Interessengegensätzen zu rechnen ist.[193] Das betrifft auch Beschlüsse in sonstigen Angelegenheiten (Rn 14), bei denen sich ebenfalls typischerweise die Eigeninteressen der Gesellschafter gegenüberstehen.[194] Demgegenüber steht § 181 BGB kraft teleologischer Reduktion der Vorschrift[195] dem Selbstkontrahieren dann nicht entgegen, wenn es um Beschlüsse in Ge-

---

FS Fleck, 1988, S. 383 (394 f); MünchKommBGB⁵/*Ulmer* § 705 Rn 99 f; Ebenroth/Boujong/Joost/Strohn/*Goette* Rn 18.

[188] HM, vgl. Ebenroth/Boujong/Joost/Strohn/*Goette* Rn 17; MünchKommHGB/*Enzinger* Rn 19; Heymann/*Emmerich* Rn 14; *Saenger* NJW 1992, 348 ff; großzügiger MünchGesR/*Weipert* Bd. I § 57 Rn 62 ff.

[189] Dazu insbes. *Saenger* NJW 1992, 348 ff; MünchGesR/*Weipert* Bd. I § 57 Rn 62 ff; deutlich enger – grds. Vorrang des Geheimhaltungsinteresses – *Wiedemann* WM 1992, Beil. 7 S. 28 und Gesellschaftsrecht Bd. II § 4 I 4c, S. 311.

[190] Zutr. Schlegelberger/*Martens* Rn 33; ebenso auch MünchKommHGB/*Enzinger* Rn 19.

[191] Vgl. BGHZ 33, 189 (191) = NJW 1960, 2285; BGHZ 48, 163 (167) = NJW 1967, 1963; BGHZ 51, 209 (217) = NJW 1969, 841.

[192] BGHZ 65, 93 (96 f) = NJW 1976, 49; BGHZ 112, 339 (341) = NJW 1991, 951.

[193] BGHZ 65, 93 (96 f) = NJW 1976, 49; BGHZ 112, 339 (342 f) = NJW 1991, 691; vgl. auch BGHZ 51, 209 (217) = NJW 1969, 841 (Bestellung des Testamentsvollstreckers zum GmbH-Geschäftsführer mit den Stimmen der vertretenen Erben als Verstoß gegen § 181 BGB).

[194] MünchKommHGB/*Enzinger* Rn 82.

[195] Allg. zur teleologischen Reduktion des § 181 vgl. nur MünchKommBGB⁵/*Schramm* § 181 Rn 9, 15 ff.

schäftsführungsfragen oder ähnlichen Angelegenheiten der Gesellschaft geht, die durch Vorrang des Gesellschaftsinteresses und ihm entsprechende, typische Gleichrichtung der Gesellschafterinteressen gekennzeichnet sind.[196] Damit entfällt die Notwendigkeit, im Falle der eigenen Gesellschaftsbeteiligung des gesetzlichen Vertreters jeweils Ergänzungspfleger (§ 1909 BGB) für minderjährige Kinder als Gesellschafter zu bestellen, solange nicht über Vertragsänderungen oder sonstige Grundlagenentscheidungen Beschluss gefasst werden muss.[197] – Zu der vom Eingreifen des § 181 BGB zu unterscheidenden Frage eines Stimmrechtsausschlusses wegen Interessenkollision,[198] insbes. bei Beschlüssen über Rechtsgeschäfte der Gesellschaft mit einem Gesellschafter, vgl. Rn 64.

4. Gemeinsamer Vertreter. Von der Bevollmächtigung von Mitgesellschaftern oder Dritten zur Stimmrechtsausübung für den Vollmachtgeber zu unterscheiden ist die – regelmäßig im Gesellschaftsvertrag geregelte, nicht zur Disposition der betroffenen Gesellschafter gestellte – **gemeinsame Ausübung des Stimmrechts** einer meist durch besondere Beziehungen (gemeinsame Berufung zu Erben, enge familiäre Bindungen u.a.) verbundene Gruppe von Gesellschaftern durch ein entweder vom Erblasser letztwillig benanntes oder von den betroffenen Gesellschaftern bestelltes Mitglied der Gruppe als „gemeinsamer Vertreter". Derartige Gestaltungen finden sich in erster Linie bei Kommanditgesellschaften mit entsprechend großer, durch Anteilsvererbung angewachsener Mitgliederzahl (vgl. Voraufl. § 163 Rn 15 ff [*Schilling*]); sie sind aber auch im Blick auf eine atypische OHG denkbar. Ihre typische Funktion besteht darin, trotz Aufspaltung der Mitgliedschaft im Falle ihres Übergangs im Erbwege auf eine Erbenmehrheit die Rechtsverhältnisse in der Gesellschaft überschaubar zu halten und die Erben zu gemeinsamer Rechtsausübung zu veranlassen. Daher ist auch eine *Mehrheitsklausel* mit Mehrheitsberechnung nach Köpfen (§ 119 Abs. 2) dann, wenn der Gesellschaftsvertrag die Rechtsausübung von Gesellschafter-Erben durch gemeinsame Vertreter vorsieht, im Zweifel dahin zu interpretieren, dass die gebundenen Gesellschafter-Erben gemeinsam nur *eine* Stimme haben.[199] 61

Die grundsätzliche **Zulässigkeit** solcher Klauseln ist zu Recht weitgehend anerkannt.[200] 62
Sie bewirken weder einen Verstoß gegen den Grundsatz der Selbstorganschaft, noch sind sie mit der jeden einzelnen Gesellschafter treffenden Haftung nach § 128 unvereinbar (vgl. Rn 66 f). Voraussetzung für die Zulässigkeit einer Vertreterklausel ist allerdings einerseits, dass der Vertreter seinerseits Gesellschafter der OHG ist.[201] Andererseits muss

196 BGHZ 65, 93 (98) = NJW 1976, 49; BGHZ 112, 339 (341) = NJW 1991, 691; vgl. auch Schlegelberger/*Martens* Rn 41 f; MünchKommHGB/*Enzinger* Rn 21; Ebenroth/Boujong/Joost/Strohn/*Goette* Rn 20; Baumbach/*Hopt* Rn 22; *Wiedemann* Gesellschaftsrecht Bd. II § 4 I 4e bb, S. 318 f.

197 BayObLG NJW 1959, 989 und FamRZ 1976, 168; vgl. allg. auch MünchKommBGB[5]/*Huber* § 1629 Rn 58.

198 Zur Unterscheidung zwischen dem Stimmverbot wegen Interessenkollision und dem Verbot von Insichgeschäften vgl. nur BGHZ 65, 93 (96) = NJW 1976, 49; BGHZ 112, 339 (341) = NJW 1991, 691; Schlegelberger/*Martens* Rn 41 f; Baumbach/*Hopt* Rn 8; *Wiedemann* Gesellschaftsrecht Bd. I § 3 III 2a, S. 181 f.

199 Sonst wäre die Vertreterklausel sinnlos, vgl. nur Voraufl. § 163 Rn 15 (*Schilling*).

200 BGHZ 46, 291 = NJW 1967, 826; BGH WM 2004, 2390; *K. Schmidt* ZHR 146 (1982), 525 (530); Voraufl. § 163 Rn 15 (*Schilling*); MünchKommHGB/*Enzinger* Rn 52; Schlegelberger/*Martens* § 161 Rn 80; Baumbach/*Hopt* § 163 Rn 10; *Noack* Gesellschaftervereinbarungen S. 75 ff. Vgl. auch *Habersack* ZHR 164 (2000), 1 (14 ff).

201 *K. Schmidt* ZHR 146 (1982), 525 (547); Schlegelberger/*Martens* § 161 Rn 84; weitergehend *Westermann* Handbuch Rn I 542; MünchKommHGB/*Enzinger* Rn 54 (auch

den gebundenen Gesellschaftern stets die Möglichkeit verbleiben, den gemeinsamen Vertreter aus wichtigem Grund abzuberufen und sich auf einen neu einzusetzenden Vertreter zu einigen.[202] Ohne gemeinsamen Vertreter sind die durch die Vertreterklausel „mediatisierten“ Gesellschafter gehindert, ihr Stimmrecht zur Geltung zu bringen; anderes gilt im Fall von Eingriffen in den Kernbereich ihrer Gesellschafterrechte, da es hierfür nach der Kernbereichslehre (Rn 40) der Zustimmung jedes einzelnen davon betroffenen Gesellschafters bedarf.

63 Die Frage, ob beim **Fehlen** spezifischer Regelungen im Gesellschaftsvertrag die **Willensbildung innerhalb der Gesellschaftergruppe** sich einstimmig vollziehen muss ist differenziert zu beurteilen, grundsätzlich aber in Übereinstimmung mit der Rechtsprechung.[203] Haben sich die Mitglieder einer gemeinsam vertretenen Gesellschaftergruppe Regelungen für ihre Rechtsverhältnisse gegeben, so bilden sie im Zweifel eine BGB-Innengesellschaft, so dass gem. § 709 BGB das Einstimmigkeitsprinzip gilt, sofern dieses nicht durch eine Mehrheitsklausel abgelöst worden ist.[204] Aus der Berufung zu Erben oder dem Verzicht auf Ausschlagung der Erbschaft kann allerdings nichts für eine entsprechende (konkludente) Regelung gewonnen werden.[205] Sofern dagegen, wie häufig, die Gruppenvertretung auf der Anteilsvererbung an eine Erbenmehrheit beruht, gelten §§ 2038 Abs. 2, 745 Abs. 1 BGB analog,[206] sofern der Gesellschaftsvertrag für die Rechtsverhältnisse der Gruppe untereinander keine Regelung trifft. Dann ist im Zweifel auf die nach Erbquoten berechnete Anteilsmehrheit abzustellen. Anderes gilt für die Beschlussfassung über wesentliche Änderungen des Gesellschaftsvertrages.[207] Kommt wegen des Einstimmigkeitsprinzips ein Gruppenbeschluss nicht zustande, so hindert das den gemeinsamen Vertreter doch nicht, sich an der Beschlussfassung in der Gesellschaft zu beteiligen und die gemeinsamen Rechte wahrzunehmen;[208] dabei hat er sich – im Rahmen der gesellschaftsrecht-

---

Dritte, wenn im Gesellschaftsvertrag zugelassen); für KG auch Baumbach/*Hopt* § 163 Rn 10; Ebenroth/Boujong/Joost/Strohn/*Weipert* § 163 Rn 15.

[202] Voraufl. § 163 Rn 17 (*Schilling*); *K. Schmidt* ZHR 146 (1982), 525 (551); MünchKommHGB/*Grunewald* § 161 Rn 176; insoweit im Grundsatz zust. auch Schlegelberger/*Martens* § 161 Rn 87, der im Übrigen entgegen der hM (vgl. Nachw. in Fn 203, 206) für das Erfordernis der Einstimmigkeit bei Beschlüssen plädiert; ähnlich auch *Flume* I/1 § 14 V, S. 225 (Einstimmigkeit, aber Anspruch auf Mitwirkung bei wichtigem Grund).

[203] BGHZ 119, 346 (353) = NJW 1993, 1267; BGHZ 121, 137 (150) = NJW 1993, 2114 – jeweils Kartellsenat; BGH WM 1989, 1809 (1810); 1973, 990 (991); 2004, 2390 (2391 f); tendenziell auch OLG Düsseldorf BB 1994, 2306.

[204] BGHZ 46, 291 (295) = NJW 1967, 826; BGHZ 119, 346 (354) = NJW 1993, 1267; BGH WM 2004, 2390 (2391); *K. Schmidt* ZHR 146 (1982), 525 (541); Voraufl. § 161 Rn 17 (*Schilling*); *Noack* Gesellschaftervereinbarungen S. 77 f.

[205] Zutr. BGHZ 119, 346 (354) = BGH NJW 1993, 1267.

[206] Ebenso schon Voraufl. § 163 Rn 17 (*Schilling*); *K. Schmidt* ZHR 146 (1982), 525 (545 f, 552 f); wohl auch MünchKommHGB/*Grunewald* § 161 Rn 174; **aA** (gegen Analogie zu § 745 BGB) Schlegelberger/*Martens* § 161 Rn 88; *Noack* Gesellschaftervereinbarungen S. 77; *Flume* I/1 § 14 V, S. 225; *Hueck* ZHR 125 (1963), 1 (23); evtl. auch BGH WM 2004, 2390 (2392) (allerdings für einen Fall, in dem der Gesellschaftsvertrag Regelungen für die „Suborganisation“ der einzelnen Gruppen vorsah).

[207] Dann Einstimmigkeit nach § 745 Abs. 3 BGB, vgl. dazu und zur Frage, welche Beschlussgegenstände hierunter fallen, BGHZ 119, 346 (354 f) = NJW 1993, 1267; MünchKommBGB[5]/*K. Schmidt* § 745 Rn 8; *Wiedemann* GmbHR 1969, 246 (249 f); zum Ganzen auch *Habersack* ZHR 164 (2000), 1.

[208] Ebenso Voraufl. § 163 Rn 17 (*Schilling*); Schlegelberger/*Martens* § 161 Rn 88; **aA** *Wiedemann* Übertragung S. 393.

lichen Treupflicht – vom Gruppeninteresse leiten zu lassen und, wenn ein solches wegen der kontroversen Positionen der Beteiligten nicht feststellbar ist, der Stimme zu enthalten. Besonderheiten gelten für *kernbereichsrelevante Entscheidungen* auf Gesellschaftsebene, da es insoweit trotz der Vertreterklausel beim Zustimmungserfordernis jedes einzelnen Mitglieds der Gruppe in seiner Eigenschaft als Gesellschafter der OHG verbleibt.[209]

III. Stimmrechtsausschluss

1. Kraft Gesetzes. Der Ausschluss des Stimmrechts eines Gesellschafters wegen **Interessenkollision** gehört zu den rechtsformübergreifenden Grundprinzipien des Gesellschaftsrechts, auch wenn er im Personengesellschaftsrecht, anders als im Kapitalgesellschafts- und Vereinsrecht (vgl. § 136 Abs. 1 AktG, § 43 Abs. 6 GenG, § 47 Abs. 4 GmbHG, § 34 BGB) keine umfassende Regelung gefunden hat;[210] für einen Umkehrschluss zu jenen Regelungen ist nach einhM kein Raum.[211] Einhellig anerkannt ist jedenfalls das Eingreifen des Stimmrechtsausschlusses in seinem von allen gesetzlichen Regelungen erfassten, dem *Verbot des Richtens in eigener Sache* entsprechenden Kern. Er betrifft diejenigen Entscheidungen, in denen es um die Entlastung des Gesellschafters, seine Befreiung von einer Verbindlichkeit sowie um das Geltendmachen eines Anspruchs der Gesellschaft gegen ihn geht.[212] Nach zutr. Ansicht erstreckt der Ausschluss sich aber auch auf Beschlüsse über die *Vornahme eines Rechtsgeschäfts* der Gesellschaft mit dem betroffenen Gesellschafter.[213] Das folgt aus der analogen Anwendung der sachnächsten Vorschrift des § 47 Abs. 4 GmbHG; die abweichende Regelung in § 136 Abs. 1 AktG, die auf ein entsprechendes Stimmverbot im Aktienrecht verzichtet, steht jener Analogie trotz ihres neueren Erlassdatums schon deshalb nicht entgegen, weil Beschlüsse über Rechtsgeschäfte mit Aktionären, von Strukturänderungen nach Art von Unternehmens- 64

[209] Ebenso BGH WM 2004, 2390 (2392); Voraufl. Rn § 163 Rn 16 (*Schilling*); *Flume* I/1 § 14 V, S. 227; *K. Schmidt* ZHR 146 (1982), 525 (533 f); *Westermann* Handbuch Rn I 541; Ebenroth/Boujong/Joost/Strohn/*Weipert* HGB § 163 Rn 20; zur entsprechenden Rechtslage bei Stimmrechtsvereinbarungen vgl. BGH NJW 2009, 669 (670 f) *Schutzgemeinschaft II* (keine Stimmbindung ohne Zustimmung) und unten Rn 38 ff.

[210] Vgl. nur *K. Schmidt* Gesellschaftsrecht § 21 II 2, S. 608 ff mwN.

[211] St. Rspr., vgl. RGZ 136, 236 (245); BGHZ 65, 93 (98) = NJW 1976, 49; aus der Lit. vgl. statt aller MünchKommHGB/*Enzinger* Rn 30; Ebenroth/Boujong/Joost/Strohn/*Goette* Rn 11; Baumbach/*Hopt* Rn 8; *Flume* I/1 § 14 XI, S. 248; *Zöllner* (Fn 61) S. 184, 193 f; *Wiedemann* Gesellschaftsrecht Bd. II § 4 I 4e, S. 315 f; vgl. zu Sanktionen bei Interessenkonflikten auch *Hopt* ZGR 2004, 1; *ders.* FS Doralt, 2004, S. 213; *Mülbert/Gramse* WM 2002, 2085 (2087 ff).

[212] Vgl. neben den Nachw. in Fn 211 auch *K. Schmidt* Gesellschaftsrecht § 21 II 2, S. 609 f. Aus der Rspr. vgl. BGH WM 1974, 834 (835); WM 1983, 60 (Stimmverbot bei Einleitung eines Rechtsstreites gegen den Gesellschafter).

[213] Dazu und zur Entwicklung des Meinungsstands vgl. näher MünchKommBGB[5]/*Ulmer/C. Schäfer* § 709 Rn 65 ff. Wie hier der Sache nach RGZ 136, 236 (245) (offenlassend aber RGZ 162, 370 (373) und BGHZ 48, 251 (256) = NJW 1967, 2157); OLG Hamburg NZG 2000, 421 (422); Schlegelberger/*Martens* Rn 40; Ebenroth/Boujong/Joost/*Goette* Rn 12; Röhricht/Graf v. Westphalen/*v. Gerkan/Haas* Rn 35; Heymann/*Emmerich* Rn 23; Baumbach/*Hopt* Rn 8; **aA** namentlich *Hueck* OHG § 11 III 2, S. 170; *K. Schmidt* Gesellschaftsrecht § 21 II 2, S. 612; *Westermann* Handbuch Rn I 511; MünchKommHGB/*Enzinger* Rn 33.

verträgen u.a. abgesehen, anders als im Personengesellschafts- und GmbH-Recht nicht Angelegenheit einer Gesellschafterentscheidung sind, sondern in die Kompetenz von Vorstand und Aufsichtsrat fallen, so dass ein aktienrechtlicher Regelungsbedarf nicht besteht.[214] – Zum Eingreifen des Verbots des Selbstkontrahierens (§ 181 BGB) und seiner Reichweite vgl. Rn 60.

65 Das Stimmverbot wegen Interessenkollision ist **unanwendbar** auf Änderungen des Gesellschaftsvertrags und sonstiger Grundlagenbeschlüsse, soweit sie nicht aus wichtigem Grund gegen bestimmte Gesellschafter gerichtet sind, sowie bei Organwahlen.[215] In derartigen Fällen sog. organisationsrechtlicher Entscheidungen sind alle Gesellschafter grundsätzlich in gleicher Weise betroffen und nicht gehindert, bei der Stimmausübung ihrem eigenen Interesse den Vorzug zu geben (vgl. § 105 Rn 235); für ein Stimmverbot besteht daher kein Anlass. Demgemäß ist kein Gesellschafter gehindert, für seine Kandidatur zu einem durch Wahlen zusammengesetzten Gesellschaftsorgan zu stimmen; anderes gilt in Bezug auf seine Abberufung als Geschäftsführer oder Beiratsmitglied oder seine Ausschließung aus wichtigem Grund.[216] Auch bei Strukturentscheidungen wie Verschmelzung, Formwechsel oder Spaltung ist für einen Stimmrechtsausschluss wegen Interessenkollision kein Raum; etwaigen Gefahren für die Minderheit ist, soweit sie nicht durch das UmwG oder sonstige Spezialvorschriften ausgeräumt werden, durch die an Gleichbehandlungs- und Treupflicht orientierte Ausübungskontrolle (Rn 52) Rechnung zu tragen. Ein Vorbehalt gilt nach § 112 Abs. 1 für die Befreiung eines Gesellschafters vom Wettbewerbsverbot, die nicht zuletzt für die Begründung der Abhängigkeit der OHG Bedeutung erlangen kann (vgl. Anh. § 105 Rn 40 ff); sie setzt nach gesetzlicher Regel die Einwilligung der übrigen Gesellschafter voraus.

66 **2. Vertraglicher Ausschluss.** Der vertragliche Ausschluss einzelner Gesellschafter vom Stimmrecht ist mit ihrem Einverständnis **im Grundsatz zulässig.** Für Geschäftsführungsfragen folgt das schon aus den gesetzlich vorgesehenen Gestaltungsmöglichkeiten der §§ 109, 114 Abs. 2, und zwar unabhängig davon, dass diese Entscheidungen haftungsrelevant sind. Auch das „Dogma" des Zusammenhangs von Haftung und Herrschaft[217] steht nicht entgegen. Das Stimmrecht kann aber auch für Vertragsänderungen[218] und

[214] Vgl. MünchKommBGB[5]/*Ulmer*/*C. Schäfer* § 709 Rn 70; zust. Schlegelberger/*Martens* Rn 23.

[215] EinhM, vgl. BGHZ 18, 205 (210); 48, 163 (167); 51, 209 (215); BGH ZIP 1990, 1194 (jew. zu § 47 GmbHG); MünchKommHGB/*Enzinger* Rn 32; Ebenroth/Boujong/Joost/Strohn/*Goette* Rn 13; Heymann/*Emmerich* Rn 23; Baumbach/*Hopt* Rn 10; *K. Schmidt* Gesellschaftsrecht § 21 II 2a aa, S. 609; *Wiedemann* Gesellschaftsrecht Bd. II § 4 I 4c aa, S. 317 f; ausführlich schon *Zöllner* (Fn 61) S. 225 ff; zust. auch *Hueck* OHG § 11 III 2, S. 172.

[216] S. nur BGHZ 9, 157 (178); 86, 178 (Beirat; GmbH); MünchKommHGB/*Enzinger* Rn 32; Baumbach/*Hopt* Rn 8.

[217] Siehe dazu schon § 109 Rn 24 mit Hinweis auf BGHZ 45, 204 = NJW 1966, 1309 – *Rektorfall*; dazu etwa auch *H. P. Westermann* Vertragsfreiheit und Typengesetzlichkeit im Recht der Personengesellschaften, 1970, S. 284 ff; *Teichmann* Gestaltungsfreiheit in Gesellschaftsverträgen, 1970, S. 106 f; *K. Schmidt* Gesellschaftsrecht § 5 III 1c, S. 111 ff und § 53 IV 3d, S. 1552 f.

[218] HM, vgl. BGHZ 20, 363 (368) = NJW 1956, 1198 (für einen Kommanditisten); BGH NJW 1993, 2100; Baumbach/*Hopt* Rn 13; MünchKommBGB/*Ulmer*/*C. Schäfer* § 709 Rn 63; Soergel/*Hadding* BGB[12] § 709 Rn 30; Erman/*Westermann* BGB[12] § 709 Rn 24; **aA** *Wiedemann* Gesellschaftsrecht Bd. I § 7 II 1 a, S. 368 f und WM 1992 Sonderbeilage 7 S. 28 für Grundlagenentscheidungen (dagegen *C. Schäfer* Geschäftsanteil, S. 95 ff). Allg. zum Stimmrechtsausschluss vgl. *Teichmann* (Fn 217) S. 208 f mwN; *C. Schäfer* ebd. S. 19 f, 35 ff (zwar

sonstige gemeinsame Gesellschaftsangelegenheiten (Rn 14) ausgeschlossen werden. Zwingende **Schranken** für den Stimmrechtsausschluss gelten freilich insoweit, als die Beschlussfassung sich auf unmittelbare Eingriffe in die Rechtsstellung der stimmrechtslosen Gesellschafter richtet. Auch insofern bleibt der Gesellschafter zwar vom Stimmrecht ausgeschlossen. Solche Beschlüsse wirken aber nur dann gegenüber dem Stimmrechtslosen, wenn dieser *zugestimmt,* d.h. sein aus der Kernbereichslehre oder § 707 BGB folgendes **zwingendes Zustimmungsrecht** (Rn 40 ff) ausgeübt hat.[219] Die Ausübung dieses individualschützenden, auch dem Stimmrechtslosen zustehenden Zustimmungsrechts ist von der Stimmabgabe bei der Abstimmung deutlich zu unterscheiden (vgl. Rn 40).[220] Allerdings kann der Gesellschaftsvertrag – unter engen Voraussetzungen – die antizipierte Zustimmung aller Gesellschafter zu einem späteren Eingriff enthalten (Rn 44).[221] Im Übrigen muss den stimmrechtslosen Gesellschaftern jedenfalls die Mitwirkung an der Beratung und damit die Möglichkeit der indirekten Einflussnahme auf das Ergebnis offen bleiben. Sonderrechte können ebenfalls grundsätzlich nur mit Zustimmung des Betroffenen entzogen oder eingeschränkt werden (Rn 51). Der Stimmrechtsausschluss kann entweder zu Lasten bestimmter Gesellschafter, etwa vor Eintritt der Volljährigkeit oder während des Bestehens einer Testamentsvollstreckung, oder zu Lasten der Inhaber bestimmter Anteile vereinbart werden. Das Stimmrecht kann insgesamt ausgeschlossen werden, ohne dass die Beschlussgegenstände hierfür einzeln erwähnt werden müssten (zur Aufgabe des Bestimmtheitsgrundsatzes vgl. Rn 36).

In jedem Falle verbleiben dem Gesellschafter die unverzichtbaren **Informations- und** 67
Kontrollrechte sowie die Befugnis zur Anwesenheit und Mitsprache in Gesellschafterversammlungen (Teilnahmerecht).[222] Kommt es zu einer für den stimmrechtslosen Gesellschafter verbindlichen Beschlussfassung, so steht diesem das Recht zu, **Beschlussmängelklage** zu erheben, namentlich eine richterliche Inhaltskontrolle auf Verstöße gegen die beweglichen Schranken der Stimmrechtsmacht, insbesondere gegen die Treupflicht herbeizuführen (Rn 52; zur Beschlussmängelklage näher unter Rn 90). Entfaltet der Beschluss jedoch ihm gegenüber deshalb keine Wirkung, weil die erforderliche Zustimmung fehlt (Rn 66), kann dieser Mangel unbeschränkt von gesellschaftsvertraglichen Beschlussanfechtungsregeln, namentlich auch außerhalb einer bestimmten Klagefrist, geltend ge-

aus Sicht der GmbH, doch handelt es sich um eine allgemeine verbandsrechtliche Problematik).

219 BGH NJW 1985, 972 und 974 in Fortführung von BGHZ 20, 363 (369) = NJW 1956, 1198, das noch von einem zwingenden Stimmrecht ausging; vgl. auch BGH NJW 1995, 194 (195). Ebenso die ganz hM im Schrifttum, vgl. *Hadding* ZHR 151 (1987), 396 (402); *K. Schmidt* Gesellschaftsrecht § 16 III 3b und c; *Röttger* (Fn 79) S. 126 ff, 148; *Hermanns* (Fn 102) S. 118 f; *Mecke* BB 1988, 2258 (2263); *M. Winter* GesRZ 1986, 74 (83); *C. Schäfer* Geschäftsanteil, S. 19 f, 153 ff, jeweils mwN auch zu Gegenansichten.

220 Zur notwendigen Unterscheidung zwischen Stimmrecht und Zustimmungsrecht vgl. näher *C. Schäfer* Geschäftsanteil, S. 35 ff.

221 Ebenso die BGH-Rspr. zur Beitragserhöhung (vgl. MünchKommBGB[5]/*Ulmer*/*C. Schäfer*§ 707 Rn 1, 8); ferner *Löffler* NJW 1989, 2656 (2260); eingehend *C. Schäfer* Geschäftsanteil, S. 256 ff. Von vornherein gegen die Möglichkeit antizipierter Zustimmung im Kernbereich aber *Immenga* ZGR 1974, 385 (425); *Göbel* (Fn 79) S. 184; wohl auch *Martens* DB 1972, 413 (418) und *Röttger* (Fn 79) S. 171 f (Kernbereich gegenüber Mehrheitsentscheidungen unüberwindbar). Vgl. auch die Nachweise in Fn 219.

222 So zutr. BGHZ 14, 264 (270 f) = NJW 1954, 1563 (für einen stimmrechtslosen GmbH-Anteil); *C. Schäfer* Geschäftsanteil, S. 277 f, 288 ff; *Teichmann* (Fn 217) S. 209 f.

macht werden.[223] Weitere unverzichtbare Rechte sind dasjenige zur Erhebung einer Auflösungsklage (§ 133) und die Befugnis zum Ausscheiden aus wichtigem Grund mit der Sonderverjährung der §§ 159, 160. Eines weitergehenden Schutzes vor Selbstentmündigung bedarf es nicht.[224]

IV. Rechtsgeschäfte über das Stimmrecht

68 **1. Abspaltungsverbot.** Das in § 717 S. 1 BGB verankerte, über § 105 Abs. 3 auch für das OHG-Recht geltende *zwingende* Abspaltungsverbot in Bezug auf mitgliedschaftliche Verwaltungsrechte schließt die **Verfügung** eines Gesellschafters zugunsten Dritter über sein Stimmrecht aus. Es dient weniger dem – ggf. verzichtbaren – Schutz der Mitgesellschafter vor der Mitsprache Dritter in Gesellschaftsangelegenheiten, sondern ist in erster Linie Ausdruck der unselbständigen, von der Mitgliedschaft nicht trennbaren Natur der einzelnen Verwaltungsrechte (vgl. § 109 Rn 25). Der **Überlassung** des Stimmrechts zur Ausübung durch einen Dritten, sei es im fremden oder eigenen Namen, steht es zwar nicht entgegen, wenn die Mitgesellschafter einem solchen Vorgehen entweder generell (im Gesellschaftsvertrag) oder für den Einzelfall zustimmen (vgl. schon Rn 59). Anderes gilt jedoch für die Vereinbarung einer unwiderruflichen Vollmacht mit verdrängender Wirkung zu Lasten des Gesellschafters; sie steht der verbotenen Abspaltung gleich und ist daher wie diese grundsätzlich unwirksam.[225] Eine unwirksame Abspaltung des Stimmrechts kann ggf. in eine Treuhand am Gesellschaftsanteil umgedeutet werden.[226]

69 **Nicht** vom Abspaltungsverbot **erfasst** wird einerseits die unterschiedliche Ausgestaltung des Stimmrechts der Gesellschafter im Gesellschaftsvertrag, darunter der Stimmrechtsausschluss oder die Begründung eines Mehrfachstimmrechts für einzelne Gesellschafter. Insoweit geht es nicht um Rechtsgeschäfte über das Stimmrecht zwischen Gesellschaftern, sondern um die mit Zustimmung der Betroffenen grundsätzlich zulässige Differenzierung bei der Ausgestaltung der einzelnen Gesellschaftsanteile.[227] Ebenso steht das Abspaltungsverbot der Aufteilung des Stimmrechts zwischen zwei oder mehr an einem Gesellschaftsanteil Beteiligten nicht entgegen, wenn die Mitgesellschafter zustimmen; Beispiele bilden das Verhältnis zwischen Besteller und Nießbraucher (§ 105 Rn 114, 124) oder zwischen Treuhänder und „offenem" Treugeber (§ 105 Rn 107). Schließlich hindert das Abspaltungsverbot auch nicht die vertragliche Einräumung eines Mitspracherechts an einen Dritten, sofern dem Dritten dadurch kein unentziehbares Recht eingeräumt wird, die Gesellschafter vielmehr in der Lage bleiben, unter Inkaufnahme etwaiger Schadensersatzansprüche dem Dritten das Stimmrecht wieder zu entziehen.[228]

---

[223] Zutr. BGH NZG 2007, 381; NJW-RR 2007, 1477 = WM 2007, 1333 (zu § 707 BGB); näher dazu *C. Schäfer* in VGR (Hrsg.) Gesellschaftsrecht in der Diskussion 2008, S. 137 (145 f).

[224] Abw. in Bezug auf Grundlagenfragen *Hermanns* (Fn 102) S. 122 ff; *Lockowandt* (Fn 100) S. 231 ff, der das Abspaltungsverbot als Schranke des Stimmrechtsausschlusses ansieht; dagegen *C. Schäfer* Geschäftsanteil, S. 83 ff, 95 ff. Nachw. zur hM in Fn 218.

[225] BGHZ 3, 354 (359) = NJW 1952, 178; BGHZ 20, 363 (365) = NJW 1956, 1198; BGH NJW 1970, 468; Ebenroth/Boujong/Joost/Strohn/*Goette* Rn 15; MünchKommHGB/*Enzinger* Rn 18; Baumbach/*Hopt* Rn 19; *Hueck* OHG § 11 II 3, S. 166 f; vgl. auch MünchKommBGB[5]/*Ulmer*/*C. Schäfer* § 717 Rn 16 mwN.

[226] Vgl. nur OLG Hamm NZG 1999, 995 und allgemein zur Treuhand § 105 Rn 102 ff.

[227] Vgl. *C. Schäfer* Geschäftsanteil, S. 83 ff; **aA** *Lockowandt* (Fn 100) S. 231 ff.

[228] MünchKommBGB[5]/*Ulmer*/*C. Schäfer* § 717 Rn 10; Schlegelberger/*Martens* Rn 33; vgl.

2. Stimmbindungsverträge. Von der Stimmrechtsabspaltung unterscheiden sich sog. Stimmbindungsverträge dadurch, dass es bei ihnen nicht um eine Verfügung des Gesellschafters über sein Stimmrecht geht, sondern um dessen *schuldrechtliche Bindung* gegenüber einem Dritten über die Art und Weise, wie er von dem bei ihm verbleibenden Stimmrecht innerhalb der Gesellschaft Gebrauch macht.[229] Stimmbindungen zwischen Gesellschaftern sind häufig in Form von **Stimmrechtskonsortien** bzw. „Stimmenpools" organisiert und als solche allgemein anerkannt.[230] Sie sind regelmäßig als *Innen-GbR* zu qualifizieren.[231] Für die Willensbildung innerhalb des Pools wird regelmäßig eine Mehrheitsklausel vereinbart, so dass die Stimmbindung durch einen Mehrheitsbeschluss ausgelöst wird.[232] Es gelten insoweit die allgemeinen Schranken der Mehrheitsherrschaft, nicht jedoch der Bestimmtheitsgrundsatz (Rn 34 ff, 52).[233] Der BGH[234] hat in std. Rspr. anerkannt, dass Stimmbindungsvereinbarungen **nach § 894 ZPO vollstreckbar** sind, und ihnen dadurch eine Art mittelbarer Außenwirkung verliehen. Das rechtskräftige Urteil ersetzt danach die Stimmabgabe des Gebundenen; es führt freilich nicht schon den vom Berechtigten gewünschten Beschluss herbei, da es hierfür der Mitwirkung auch der übrigen Gesellschafter bedarf.[235] Weil das Urteil auf Erfüllung eines Stimmbindungsvertrags für die Abstimmung meist zu spät kommen wird, stellt sich die Frage nach den Einsatzmöglichkeiten einer *einstweiligen Verfügung* mit der Vollstreckungswirkung des § 894 ZPO. Sie wird von der Rechtsprechung[236] und Teilen[237] des prozessrechtlichen Schrift- 70

auch § 109 Rn 30 zu den Schranken aus dem Prinzip der Verbandssouveränität.

229 Siehe dazu etwa *Fleck* FS Fischer, 1979, S. 107 ff; *Flume* I/1 § 14 VI, S. 229 ff; *Herfs* Einwirkung Dritter auf den Willensbildungsprozeß der GmbH, 1994, S. 166 ff; *Hueck* FS Nipperdey, 1965, Bd. I, S. 401 ff; *Noack* Gesellschaftervereinbarungen S. 66 ff, 144 ff; *Overrath* Die Stimmrechtsbindung, 1973, S. 1 ff, 7 ff; *Priester* FS Werner, 1984, S. 657 ff; *K. Schmidt* Gesellschaftsrecht § 21 II 4, S. 616 ff; *Wiedemann* FS Schilling, 1973, S. 105, 115 ff; *Zöllner* ZHR 155 (1991), 168; *Zutt* ZHR 155 (1991), 190.

230 Vgl. nur BGHZ 48, 163 (166) = NJW 1967, 1963; BGHZ 153, 285 (292) = NJW 2003, 2314; BGH NJW 2009, 669 (670) – *Schutzgemeinschaft II; Odersky* FS Lutter, 2000, 557 (559).

231 BGHZ 126, 226 (234) = NJW 1994, 2536 – *Schutzgemeinschaft I*; BGH NJW 2009, 669 (670) – *Schutzgemeinschaft II*; näher MünchKommBGB[5]/*Ulmer* Vor § 705 Rn 68 f.

232 Vgl. nur die Fälle bei BGHZ 126, 226 (234) = NJW 1994, 2536 – *Schutzgemeinschaft I*; BGH NJW 2009, 669 (670) – *Schutzgemeinschaft II*.

233 Dazu, dass die Mehrheitsklausel für alle Beschlussgegenstände wirksam vereinbart werden kann, vgl. nur BGH NJW 2009, 669 (670 f) – *Schutzgemeinschaft II* zur Stimmbindung in der Aktiengesellschaft und dazu näher *C. Schäfer* ZGR 2009, 768.

234 BGHZ 48, 163 (169 ff) = NJW 1967, 1963; BGH NJW 1983, 1910 (1911); 1987, 1890 (1892); ZIP 1989, 1261; zur Entwicklung der Rechtsprechung vgl. *Zöllner* ZHR 155 (1991), 168 (186 f).

235 Siehe nur BGH ZIP 1989, 1261.

236 OLG Frankfurt MDR 1954, 686; OLG Stuttgart NJW 1973, 908; OLG Koblenz ZIP 1986, 563 f (zumindest bei Geboten; einschr. aber OLG Koblenz NJW 1991, 1119 (1120)); OLG Hamburg NJW 1992, 186 (187); OLG Stuttgart NJW 1987, 2449; OLG Frankfurt NJW-RR 1992, 934; weitergehend (auch endgültige Willenserklärungen könnten aufgrund einer einstweiligen Verfügung nach § 894 ZPO vollstreckt werden) aber OLG Köln NJW-RR 1997, 59 (60); insoweit **aA** zuvor aber OLG Hamburg NJW-RR 1991, 382, das die Vollstreckbarkeit vorläufiger Erklärungen aber offen lassen konnte.

237 *Putzo* in: Thomas/Putzo ZPO[26] § 894 Rn 4; Baumbach/Lauterbach/Albers/*Hartmann* ZPO[66] § 940 Rn 46; vgl. im Übrigen *Zutt* ZHR 155 (1991), 190 (191 ff); *v. Gerkan* ZGR 1985, 179 ff; *Damm* ZHR 154 (1990), 413 ff; *Littbarski* Einstweiliger Rechtsschutz im Gesellschaftsrecht, 1996, S. 71 ff; ebenso *Lutter/Hommelhoff* GmbHG[16] § 47 Rn 6; Scholz/*K. Schmidt* GmbHG[10] § 47 Rn 59;

tums dann bejaht, wenn die Willenserklärung auf eine *vorläufige* Regelung oder Sicherung gerichtet ist. Selbst wenn man dies anerkennen wollte, führt dies bei Stimmbindungsverträgen nicht weiter, da die Stimmabgabe den Beschluss herbeiführen soll und somit auf eine endgültige Regelung abzielt.[238]

71 Hinsichtlich der **rechtlichen Zulässigkeit** ist zwischen Stimmbindungen gegenüber Mitgesellschaftern und solchen gegenüber Dritten zu unterscheiden. Bindungen gegenüber **Mitgesellschaftern** sind *grundsätzlich zulässig*, auch wenn sie sich nicht auf einzelne Gegenstände beschränken, sondern alle Arten von Abstimmungen erfassen.[239] Der Zustimmung der Mitgesellschafter bedarf es hierfür nicht,[240] sofern der Gesellschaftsvertrag ein solches Erfordernis nicht ausdrücklich oder stillschweigend aufstellt. Auch lässt sich eine Pflicht zur Offenlegung von Stimmbindungen nicht generell, sondern nur im Einzelfall, insbes. bei besonders ausgeprägtem Vertrauensverhältnis zwischen den Gesellschaftern, begründen. *Schranken* bestehen einerseits dann, wenn ein geschäftsführungsbefugter Gesellschafter sein Verhalten in *Geschäftsführungsfragen* den Weisungen eines Mitgesellschafters unterstellt.[241] Eine solche Bindung verstößt, zumal wenn sie gegenüber einem Nichtgeschäftsführer eingegangen wird, gegen die im Gesellschaftsvertrag allen Mitgesellschaftern gegenüber übernommene Pflicht zu eigenverantwortlicher und uneigennütziger Geschäftsführung und ist daher unwirksam. Mit Rücksicht auf den unverzichtbaren *Kernbereich* von Mitgliedschaftsrechten ist eine Stimmbindung andererseits auch in Bezug auf solche unmittelbar in die Rechtsstellung des gebundenen Gesellschafters eingreifende Beschlüsse unzulässig, die nicht ohne Zustimmung des betroffenen Gesellschafters gefasst werden können.[242] Der BGH hat in seiner Entscheidung „Schutzgemeinschaft II" betont, dass bei Maßnahmen, welche die gesellschaftsrechtlichen Grundlagen „des Konsortiums" beträfen, in den Kernbereich der Mitgliedschaftsrechte eingriffen, regelmäßig eine treupflichtwidrige Ausübung der Mehrheitsmacht vorliege.[243] Richtigerweise ist für

---

Herfs (Fn 229) S. 171 ff; zweifelnd Zöller/*Vollkommer* ZPO[26] § 940 Rn 8 („Gesellschaftsrecht").

[238] Ebenso MünchKommHGB/*Enzinger* Rn 39; Schlegelberger/*Martens* Rn 51; vgl. auch MünchKommBGB[5]/*Ulmer*/*C. Schäfer* § 717 Rn 29; *Hüffer* in: Ulmer/Habersack/Winter GmbHG § 47 Rn 82; MünchKommZPO[3]/*Drescher* § 938 Rn 47; **aA** *Zutt* ZHR 155 (1991), 190 (202 f); *v. Gerkan* ZGR 1985, 167 (180 ff); und Röhricht/Graf v. Westphalen/*v. Gerkan*/*Haas* Rn 38; *Wiedemann* Gesellschaftrecht Bd. II § 4 I 4d, S. 315; tendenziell auch OLG Düsseldorf NZG 2005, 633 (634 f) (unter besonders engen Voraussetzungen); *Westermann* Handbuch Rn I 508 (Befriedigungsverfügungen nicht völlig zu verwerfen).

[239] Aus der jüngeren Rspr. vgl. nur BGHZ 126, 226 (234) – *Schutzgemeinschaft I*; BGHZ 153, 285 (292) = NJW 2003, 2314; BGH NJW 2009, 669 (670 f) – *Schutzgemeinschaft II*; grundlegend BGHZ 48, 163 (166) = NJW 1967, 1963.

[240] Ebenso Soergel/*Hadding* BGB[12] § 709 Rn 35; Baumbach/*Hopt* Rn 17; MünchKommHGB/*Enzinger* Rn 36; ähnlich auch *Wiedemann* Gesellschaftsrecht Bd. II § 4 I 4d, S. 314 (gesellschaftsvertragliche Untersagung möglich); **aA** *Flume* I/1 § 14 VI, S. 232; diff. *K Schmidt* Gesellschaftsrecht § 21 II 4a bb, S. 618 f; *Herfs* (Fn 229) S. 364 ff.

[241] Vgl. *Hueck* FS Nipperdey, 1965, Bd. 1, S. 410; Schlegelberger/*Martens* Rn 49; MünchKommHGB/*Enzinger* Rn 37; Soergel/*Hadding* BGB[12] § 709 Rn 35; Erman/*Westermann* BGB[12] § 709 Rn 22; **aA** *Flume* I/1 § 14 VI, S. 233; OLG Köln 1988, 974 (976 ff); i.E. auch *Wiedemann* FS Schilling, 1973, S. 105 (115 ff, 118).

[242] BGH NJW 2009, 669 (671) (Rn 17) – *Schutzgemeinschaft II*; *Flume* I/1 § 14 VI, S. 232; MünchKommHGB/*Enzinger* Rn 37; vgl. auch MünchKommBGB[5]/*Ulmer*/*C. Schäfer* § 717 Rn 24; *Hüffer* in: Ulmer/Habersack/Winter GmbHG § 47 Rn 47; Erman/*Westermann* BGB[12] § 709 Rn 22; Soergel/*Hadding* BGB[12] § 709 Rn 35.

[243] BGH NJW 2009, 669 (671) (Rn 17) – *Schutzgemeinschaft II*.

die Beurteilung einer solchen Qualität des im Konsortium gefassten Beschlusses aber darauf abzustellen, ob der durch die Stimmbindung herbeizuführende Beschluss in der Beteiligungsgesellschaft die Mitgliedschaft beeinträchtigt. Anderes gilt, wenn sich die Bindung auf einen konkreten Beschluss bezieht und die Vereinbarung hierüber deshalb als vorweggenommenes Einverständnis des Gebundenen mit dem Beschlussinhalt gewertet werden kann (vgl. Rn 44). Im Übrigen gelten eventuell in der Beteiligungsgesellschaft geltende qualifizierte Mehrheitserfordernisse nicht auch für die Beschlussfassung im Konsortium.[244]

Auch Stimmbindungen gegenüber **Dritten** werden von der *höchstrichterlichen Rechtsprechung* grundsätzlich zugelassen und der Vollstreckung nach § 894 ZPO geöffnet.[245] **72**
Dem haben sich Teile des Schrifttums trotz z.T. gewichtiger, auf den mittelbaren Einfluss der Nichtgesellschafter gestützter Bedenken angeschlossen.[246] Ein Vorbehalt gegenüber der Zulässigkeit wird zwar insoweit gemacht, als die Stimmbindung als uneingeschränkte ausgestaltet ist und dem Dritten ein umfassendes Weisungsrecht gegenüber dem Stimmverhalten des Gebundenen einräumt;[247] hier folgt die Unwirksamkeit bereits aus den Grenzen, die § 138 BGB der Selbstentmündigung eines Gesellschafters zieht.[248] Aber auch in anderen Fällen unterliegt die Stimmbindung schwerwiegenden **Bedenken**, soweit sie nicht konkret eingegrenzt bzw. als vertragliche Nebenpflicht begründet ist, und zwar mit *Rücksicht auf das Abspaltungsverbot und die Treupflicht*. Denn angesichts der Durchsetzbarkeit wirksamer Stimmbindungen im Vollstreckungswege ist die funktionale Vergleichbarkeit mit einer Abspaltung von Gesellschafterrechten unverkennbar;[249] die vollstreckbare Stimmbindung stellt tendenziell die Unselbständigkeit des Stimmrechts als Teil der Mitgliedschaft in Frage und eröffnet Dritten einen unzulässigen Einfluss auf die Entscheidungen in der Gesellschaft. Das gilt sowohl für den Bereich der Geschäftsführung, in dem die Stimmbindung zudem in Konflikt mit dem zwingenden Grundsatz der Selbstorganschaft gerät, als auch für Vertragsänderungen, die der Alleinentscheidungskompetenz der Gesellschafter vorbehalten sind.[250] Stimmbindungsverträge mit Nichtgesellschaftern sind deshalb wegen Verstoßes gegen das Abspaltungsverbot grundsätzlich als

---

244 BGH NJW 2009, 669 (677) (Rn 18 ff) – *Schutzgemeinschaft II*; *Zöllner* FS Ulmer, 2003, 725 (735 f); *König* ZGR 2005, 417 (422); *Noack* Gesellschaftervereinbarungen S. 207 f; *Odersky* FS Lutter, 2000, 557 (559 f); **aA** *Habersack* ZHR 164 (2000), 1 (8); dem folgend MünchKommHGB/*Enzinger* Rn 37; MünchKommAktG³/*Pentz* § 23 Rn 195.

245 BGHZ 48, 163 ff = NJW 1967, 83; BGH NJW 1983, 1910 (1911); 1987, 1890 (1892); OLG Köln WM 1988, 974 (976); OLG Koblenz NJW 1986, 916 (992).

246 *Zöllner* ZHR 155 (1991), 168 (180 f); *Herfs* (Fn 229) S. 177; Schlegelberger/*Martens* Rn 49 f; mit Einschränkungen auch *K. Schmidt* Gesellschaftsrecht § 21 II 4a cc, S. 619 f (Unwirksamkeit einer Stimmbindung, die mit der Unübertragbarkeit des Anteils in Widerspruch steht); **aA** aber Baumbach/*Hopt* Rn 18; MünchKommHGB/*Enzinger* Rn 37; tendenziell auch Ebenroth/Boujong/Joost/Strohn/*Goette* Rn 22.

247 So schon 3. Aufl. Rn 34 *(Rob. Fischer)*; *Flume* I/1 § 14 VI, S. 230; *Beuthien* ZGR 1974, 26 (45); *Overrath* (Fn 229) S. 35 f, 48 ff; *Wiedemann* FS Schilling, 1973, S. 115.

248 Zutr. *Flume* I/1 § 14 VI, S. 230; vgl. auch BGHZ 44, 158 (159) = NJW 1965, 2147 (Sittenwidrigkeit der Übertragung von Verwaltungsrechten auf Treuhänder, auf dessen Auswahl und Abberufung der Gesellschafter keinen Einfluss hatte).

249 Zutr. *Fleck* FS Fischer, 1979, S. 116; *Priester* FS Werner, 1984, S. 667 ff; *Hüffer* in: Ulmer/Habersack/Winter GmbHG § 47 Rn 75; ebenso Baumbach/*Hopt* Rn 18; MünchKommHGB/*Enzinger* Rn 37; **aA** insbes. Schlegelberger/*Martens* Rn 50.

250 So mit Recht *Priester* FS Werner, 1984, S. 671 f.

nichtig anzusehen. Ausnahmen gelten einerseits für solche Dritten, die (wie Treugeber, Unterbeteiligter und Nießbraucher) partiell die wirtschaftliche Stellung eines Gesellschafters innehaben;[251] für sie gelten aufgrund ihrer Mitbeteiligung am Gesellschaftsanteil die gesellschaftsimmanenten Stimmrechtsschranken entsprechend. Eine weitere Ausnahme ist für den Fall anzuerkennen, dass sich die Stimmpflicht als Nebenpflicht aus einem Austauschvertrag zwischen Gesellschafter und Drittem ergibt und sich dementsprechend auf einen *eingegrenzten vorhersehbaren Einfluss* beschränkt. Unbedenklich ist danach etwa die Pflicht des seinen Anteil veräußernden Gesellschafters, in der Gesellschafterversammlung für die Zustimmung zur Anteilsübertragung zu stimmen, sofern hierüber nach dem Gesellschaftsvertrag mit Mehrheit zu entscheiden ist.[252]

V. Mängel der Stimmabgabe

73 Die möglichen **Gründe** für eine wegen Fehlerhaftigkeit nichtige oder unbeachtliche Stimmabgabe sind vielfältig.[253] Neben einer auf Irrtum, Täuschung oder Drohung gestützten Anfechtung kommen auch fehlende Geschäftsfähigkeit des Abstimmenden oder die Tatbestände der §§ 116 bis 118 BGB in Betracht. Weitere Gründe bilden die Nichtbeachtung eines Stimmrechtsauschlusses wegen Interessenkollision oder der Verstoß gegen § 181 BGB bei der Stimmabgabe durch einen Vertreter. Schließlich kann auch ein in der Stimmabgabe liegender *Treupflichtverstoß* zu ihrer Nichtigkeit wegen unzulässiger Rechtsausübung führen;[254] allerdings wird der Treupflichtverstoß in derartigen Fällen meist auch auf den Beschlussinhalt durchschlagen und die Unwirksamkeit des Beschlusses zur Folge haben (Rn 87).

74 Die **Rechtsfolge** der Fehlerhaftigkeit der *Stimmabgabe* besteht je nach Fehlergrund in deren Anfechtbarkeit oder Nichtigkeit. Auf die Wirksamkeit des *Beschlusses* hat die Fehlerhaftigkeit nur Einfluss, wenn – wie namentlich bei Geltung des Einstimmigkeitsprinzips – das für den Beschluss erforderliche Quorum infolge der Nichtigkeit der Stimmabgabe oder deren erfolgreicher Anfechtung nicht erreicht wird (Rn 88). Von derartigen Fällen abgesehen, lässt die Nichtberücksichtigung der fehlerhaft abgegebenen Stimme die

---

[251] So auch *Beuthien* ZGR 1974, 43 (45); *Flume* I/1 § 14 VI, S. 232; Baumbach/*Hopt* Rn 18; Ebenroth/Boujong/Joost/Strohn/*Goette* Rn 22; MünchKommHGB/*Enzinger* Rn 37; *Hüffer* in: Ulmer/Habersack/Winter GmbHG § 47 Rn 78; Soergel/*Hadding* BGB[12] § 709 Rn 36; *K. Schmidt* Gesellschaftsrecht § 21 II 4a cc, S. 619; *Wiedemann* Gesellschaftsrecht Bd. II § 4 I 4d, S. 313; weitergehend – Bindung auch bei verdeckter Treuhand zulässig – *Blaurock* Unterbeteiligung und Treuhand an Gesellschaftsanteilen, 1981, S. 189 ff.

[252] Vgl. den Fall BGHZ 46, 163 ff = NJW 1967, 1963; ebenso Baumbach/*Hopt* Rn 18; Scholz/*K. Schmidt* GmbHG[10] § 47 Rn 42; *Hüffer* in: Ulmer/Habersack/Winter GmbHG § 47 Rn 78; stark einschränk. aber KölnKommAktG[2]/*Zöllner* § 136 Rn 94.

[253] Eingehend *Zöllner* (Fn 61) S. 360 ff.

[254] Ganz hM, vgl. BGHZ 65, 93 (98) = NJW 1976, 49; BGHZ 102, 172 (176) = NJW 1988, 969; BGH WM 1979, 1060; ZIP 1991, 23 (24); OLG Hamburg WM 1992, 272 (273); *Zöllner* (Fn 61) S. 366 ff; Schlegelberger/*Martens* Rn 36; Ebenroth/Boujong/Joost/Strohn/*Goette* Rn 70; Soergel/*Hadding* BGB[12] § 705 Rn 64; *Hueck* OHG § 11 V 1, S. 180; *M. Winter* (Fn 149); *Spengler* FS Möhring, 1965, S. 181; wohl auch MünchKommHGB/*Enzinger* Rn 94; **aA** *Wiedemann* FS Heinsius, 1991, S. 949 (957) (vorbehaltlich eines offenkundigen Treueverstoßes); *Korehnke* (Fn 178) S. 176 ff, 181 ff (vorbehaltlich Publikumsgesellschaften, vgl. *dens.* S. 186).

Wirksamkeit des Beschlusses unberührt; sie kann aber je nach dem Verhältnis der verbleibenden gültigen Stimmen ein anderes Beschlussergebnis zur Folge haben.[255] Das Nichterreichen eines Quorums (bzw. der Einstimmigkeit) bedeutet also auch im Personengesellschaftsrecht stets nur ein Wirksamkeitsdefizit (in Hinblick auf einen bestimmten Beschlussinhalt), nicht jedoch beinhaltet der Tatbestand des Beschlusses das Erreichen eines Quorums.[256] Das gilt auch dann, wenn der Versammlungsleiter Stimmen mitgezählt haben sollte, die gar nicht (wirksam) abgegeben wurden. Ist die Beschlussfassung noch nicht abgeschlossen, so kann die unwirksame Stimmabgabe grundsätzlich wiederholt werden;[257] anderenfalls gilt sie als Enthaltung, wird also weder für die Bejahung noch für die Verneinung des Antrags mitgezählt.[258] Dem fehlerhaft abstimmenden Gesellschafter kann aber im Einzelfall, aus Gründen der Treupflicht, ein Anspruch auf Wiederholung der Abstimmung zustehen.[259]

E. Beschlussmängel

I. Grundlagen

1. Der Standpunkt der herrschenden Meinung. Auf den Beschluss der Gesellschafter einer Personengesellschaft als Rechtsgeschäft (Rn 7) finden nach ganz hM in Rechtsprechung und Literatur im Grundsatz die **Vorschriften des allgemeinen Zivilrechts** Anwendung.[260] Zum Tatbestand des Beschlusses gehört demnach zwar lediglich ein auf einen bestimmten Gegenstand gerichteter Antrag sowie eine anschließenden Abstimmung, bei der wenigstens eine den Tatbestand einer Willenserklärung erfüllende Stimme abgegeben sein und die zu einem bestimmten Ergebnis (Annahme/Ablehnung) geführt haben muss.[261] Wirksamkeit erlangt der Beschluss aber nur, wenn er (1) mit der erforderlichen Stimmenzahl – nach gesetzlicher Regel also mit Zustimmung aller Gesellschafter (Rn 1) – gefasst ist und (2) weder nach der Art seines Zustandekommens noch nach seinem Inhalt 75

---

[255] Vgl. die Rspr.-Nachw. in Fn 254; ferner – in Bezug auf die GmbH – BGHZ 76, 154 (158) = NJW 1980, 1527; BGHZ 88, 320 (329 f) = NJW 1984, 489; grundlegend *Zöllner* (Fn 61) S. 359 ff, 373 f. Ebenso *Hueck* OHG § 11 V 1c, S. 181 f; 3. Aufl. *(Rob. Fischer)* Rn 30; Schlegelberger/*Martens* Rn 36; MünchKommHGB/*Enzinger* Rn 94; Ebenroth/Boujong/Joost/Strohn/*Goette* Rn 71; Soergel/*Hadding* BGB[12] § 709 Rn 45; Erman/*Westermann* BGB[12] § 709 Rn 37.

[256] *C. Schäfer* Die Lehre vom fehlerhaften Verband, 2001, S. 13 f.

[257] Zutr. *Hueck* OHG § 11 V 1b, S. 181.

[258] Vgl. *Zöllner* (Fn 61) S. 359; Schlegelberger/*Martens* Rn 36; Ebenroth/Boujong/Joost/Strohn/*Goette* Rn 71; *Hueck* OHG § 11 V 1b, S. 181; Soergel/*Hadding* BGB[12] § 709 Rn 45; grundsätzlich **a**A *Korehnke* (Fn 178) S. 181 ff, 186 (stets Klage auf Zustimmung erforderlich).

[259] Zutr. *Hueck* OHG § 11 V 1b, S. 181, Fn 58.

[260] BGH WM 1966, 1036; NJW 1987, 1262 (1263); WM 1995, 701 (706) (obiter); offenlassend aber BGH WM 1990, 675 (676); aus dem Schrifttum vgl. nur Schlegelberger/*Martens* Rn 10; Ebenroth/Boujong/Joost/Strohn/*Goette* Rn 68; Heymann/*Emmerich* Rn 10, 10a; Baumbach/*Hopt* Rn 31; *Hueck* OHG § 11 V 2a, S. 183 f; *Wiedemann* Gesellschaftsrecht Bd. I § 8 IV 2, S. 465; *ders.* Gesellschaftsrecht Bd. II § 4 I 5, S. 321; *Grunewald* Gesellschaftsrecht Rn 1 A 90 f; *Ulmer* FS Niederländer, 1991, S. 415 (424 ff); MünchKommAktG[2]/*Hüffer* § 241 Rn 100; *ders.* ZGR 2001, 833 (839); *Scholz* WM 2006, 897 (904); Bamberger/Roth/*Timm*/*Schöne* BGB[2] § 709 Rn 65.

[261] Vgl. nur *Zöllner* FS Lutter, 2002, 821 (822 f); *C. Schäfer* (Fn 256) S. 13 f mwN.

Wirksamkeitsmängel aufweist. Dabei finden die allgemeinen Kategorien der Nichtigkeit und Unwirksamkeit auch insofern Anwendung. Nach hM führen deshalb alle Verstöße gegen Gesetz oder Gesellschaftsvertrag, auch gegen dessen Verfahrensregeln, zur Nichtigkeit des Beschlusses (Rn 80 ff). Zugleich ist nach hM für eine Analogie zur aktienrechtlichen Anfechtungsklage mit dem Ziel einer Beseitigung der Wirksamkeit durch Gestaltungsurteil (§§ 243 ff AktG) kein Raum (Gegenstimmen vgl. in Rn 76). Die Unwirksamkeit kann vielmehr von jedermann, der ein rechtliches Interesse hieran hat, insbes. von Gesellschaftern, durch Feststellungsklage gegenüber den sich auf die Wirksamkeit berufenden (Mit-)Gesellschaftern geltend gemacht werden (Rn 91). Abweichendes gilt einerseits für fehlerhafte Beschlüsse über Änderungen des Gesellschaftsvertrags mit organisationsrechtlichem Inhalt und sonstige, ihnen gleichstehende Strukturentscheidungen, deren Unwirksamkeit entsprechend der Lehre von der fehlerhaften Gesellschaft durch Gestaltungsklage geltend zu machen ist (Rn 94), andererseits für Beschlüsse in einer sog. Publikumsgesellschaft (Rn 95).

76 **2. Abweichende Ansichten.** Gegen die seit vielen Jahrzehnten tradierte hM sind in neuerer Zeit eine Reihe von Einwendungen erhoben worden. Ein Teil der Kritiker knüpft an das aktienrechtliche Beschlussmängelrecht an und spricht sich im Blick auf *Mehrheitsbeschlüsse* in parteifähigen Verbänden, darunter auch die OHG und KG, für die *Übernahme des Anfechtungsklageerfordernisses der §§ 243 ff AktG* im Falle von Beschlussmängeln aus, die weder zu den Nichtigkeitsgründen des § 241 AktG gehören noch auf dem Fehlen der für die Wirksamkeit des Beschlusses erforderlichen Zustimmung einzelner Gesellschafter beruhen.[262] Damit verbindet sich also die Anerkennung einer besonderen Fehlerkategorie, der Anfechtbarkeit, auch für die Personengesellschaft. Sie gilt, wie es § 243 AktG ausdrückt, für alle Verstöße gegen Gesetz oder Satzung, die keinen der enumerativ aufgeführten Nichtigkeitstatbestände verwirklichen. Andere verweisen darauf, dass die Rechtsfolge der *Nichtigkeit nach allgemeinem Zivilrecht* vom Vorliegen der Voraussetzungen eines der Nichtigkeitstatbestände der §§ 125, 134, 138 BGB abhängt. Die Mehrzahl der Beschlussmängel führe daher nicht zur Unwirksamkeit oder Nichtigkeit des Beschlusses ipso iure, sondern setze die Geltendmachung des Mangels durch den davon betroffenen Gesellschafter im Sinne eines gegen die Mitgesellschafter gerichteten *Anspruchs auf Beachtung des Gesetzes und des Gesellschaftsvertrags* voraus.[263] Dabei gehen die Ansichten darüber auseinander, ob die Geltendmachung durch

262 *K. Schmidt* Gesellschaftsrecht § 15 II 3 b, S. 448 f; *ders.* FS Stimpel, 1985, S. 217 (225, 237 ff); *ders.* AG 1977, 243 (251 ff); *ders.* ZHR 2008, 1 (26 f); *Scholz* WM 2006, 897 (904); *Priester* FS Hadding, 2004, S. 607 (617) (für Jahresabschlussfeststellung); ähnlich *Schröder* GmbHR 1994, 532 (537); MünchKommHGB/*Enzinger* Rn 99 (bei Vereinbarung des Mehrheitsprinzips, bei großem Gesellschaftskreis oder bei körperschaftlicher Struktur); Staudinger/*Habermeier* BGB (2003) § 709 Rn 26 (für unternehmenstragende Gesellschaften); *M. Schwab* S. 425 ff; sympathisierend auch Röhricht/Graf v. Westphalen/*v. Gerkan/Haas* Rn 8; sowie *Westermann* Handbuch Rn I 548 (zumindest Einzelanalogie); für kapitalistisch strukturierte Personengesellschaften auch *Köster* S. 118 ff; *Grunewald* Ausschluss aus Gesellschaft und Verein, 1987, S. 274 ff; *Timm* FS Fleck, 1988, S. 365 (370 ff).

263 *Noack* Fehlerhafte Beschlüsse S. 41 ff; *Casper* ZHR 163 (1999), 54 (68 f); vgl. allg. zum mitgliedschaftlichen Anspruch auf Beachtung von Gesetz und Satzung *Knobbe-Keuk* FS Ballerstedt, 1975, S. 239 (246 ff); *K. Schmidt* FS Stimpel, 1985, S. 217 (222 f); *Habersack* Die Mitgliedschaft – subjektives und ‚sonstiges' Recht, 1996, S. 229 f (286 ff, 296 f).

bloße „Anfechtungserklärung“ gegenüber den Mitgesellschaftern erfolgen kann[264] oder ob sie eine Anfechtungs-(Gestaltungs-)Klage für den Fall erfordert, dass die Mehrheit nicht freiwillig bereit ist, dem Mangel abzuhelfen.[265]

3. Stellungnahme. Mit Voraufl. Rn 80 (*Ulmer*) ist eine *Übernahme des Beschlussmängelrechts der §§ 243 ff AktG* in das Personengesellschaftsrecht mangels Regelungslücke und Vergleichbarkeit der Interessenlage **abzulehnen.** Anderes gilt nur für die Sonderfälle fehlerhafter organisationsrechtlicher Vertragsänderungen auf der einen Seite, und Beschlussmängeln in einer Publikumsgesellschaft auf der anderen (vgl. dazu Rn 94 f).[266] Namentlich ist die Anwendung des aktienrechtlichen Beschlussmängelrechts entgegen *Karsten Schmidt*[267] auch für den Fall abzulehnen, dass der Gesellschaftsvertrag Mehrheitsbeschlüsse zulässt und dadurch potentielle Konfliktmöglichkeiten zwischen Mehrheit und Minderheit bei der innergesellschaftlichen Willensbildung schafft. Anhaltspunkte dafür, dass das Fehlen besonderer Beschlussmängelvorschriften im Personengesellschaftsrecht vor dem Hintergrund der aktienrechtlichen Normierung Rückschlüsse auf die Lückenhaftigkeit jenes Rechts zulässt und dass der Gesetzgeber sich in Kenntnis der Problematik für die Geltung der §§ 243 ff AktG entschieden hätte, sind nicht ersichtlich; es ist auch kein Bedarf erkennbar für ein am Aktienrecht orientiertes Beschlussmängelrecht in OHG und KG angesichts des persönlichen Zusammenwirkens der Gesellschafter einer typischen Personengesellschaft und angesichts ihrer begrenzten Zahl weder aus Gründen der Rechtssicherheit noch im Hinblick auf die prozessualen Probleme der Geltendmachung des Beschlussmangels im Wege der Feststellungsklage (dazu vgl. Rn 91). Einer Beschlussanfechtungsklage zur Geltendmachung von Verstößen der Gesellschaftermehrheit gegen Gesetz oder Satzung bedarf es nicht.[268] 77

Im Ansatz **zuzustimmen** ist demgegenüber zwar denjenigen Stimmen, die unter Hinweis auf die begrenzte Zahl von *Nichtigkeitstatbeständen der allgemeinen Rechtsgeschäftslehre* die Notwendigkeit betonen, die pauschale Bejahung der Unwirksamkeit oder Nichtigkeit eines mangelhaften Beschlusses kritischer Prüfung zu unterziehen.[269] Indessen zeigt die Prüfung der einzelnen in Betracht kommenden Beschlussmängel, dass die Nichtigkeit oder Unwirksamkeit eines Beschlusses keineswegs nur auf die Vorschriften der §§ 125, 134, 138 BGB gestützt werden kann und dass sie insbes. die regelmäßige Folge auch bei Verstößen gegen Gesetz oder Satzung ist (vgl. Rn 86 f). Für die Entwicklung 78

264 So für Beschlüsse der GmbH-Gesellschafterversammlung unterhalb der Ebene von Strukturänderungen *Casper* ZHR 163 (1999), 54 (69 ff); i.E. auch *Noack* Fehlerhafte Beschlüsse S. 49 ff, 69 ff, 170 ff, allerdings ausgehend von der Annahme *interner,* d.h. nur den Gesellschaftern gegenüber wirkender Nichtigkeit rechtswidriger Beschlüsse; diese personell beschränkte Nichtigkeit könne nur geltend gemacht werden, wenn der Gesellschafter Widerspruch gegen den rechtswidrigen Beschluss anmelde.

265 So für das GmbH-Recht Baumbach/Hueck/*Zöllner* GmbHG[18] Anh. § 47 Rn 13; *Zöllner/Noack* ZGR 1989, 525 (535 ff, 542 ff); *Raiser* FS Heinsius, 1991, S. 645 (655 ff).

266 Vgl. auch MünchKommBGB[5]/*Ulmer/C. Schäfer* § 709 Rn 105 ff.

267 *K. Schmidt* Gesellschaftsrecht § 15 II 3b, S. 448 f; *ders.* FS Stimpel, 1985, S. 217 (225, 237 ff).

268 Ebenso Schlegelberger/*Martens* Rn 10; Heymann/*Emmerich* Rn 10a; *Noack* Fehlerhafte Beschlüsse S. 171 f; *Wiedemann* Gesellschaftsrecht Bd. II § 4 I 5c, S. 324.

269 Vgl. vor allem *Noack* Fehlerhafte Beschlüsse S. 41 ff; *Casper* ZHR 163 (1999), 54 (68 f); *Schröder* GmbHR 1994, 532 (536 f); *M. Schwab* S. 425 f; zum Vereinsrecht ebenso MünchKommBGB[5]/*Reuter* § 32 Rn 57 f; der Sache nach auch *K. Schmidt* Gesellschaftsrecht § 15 II 3, S. 447 ff.

eines speziellen Beschlussmängelrechts auf der Grundlage eines Anspruchs jedes Gesellschafters auf Beachtung von Gesetz und Satzung (Gesellschaftsvertrag) ist daher nur in engen Grenzen Raum (vgl. Rn 82).

II. Beschlussmängel

79 **1. Überblick.** Für die Erörterung der bei Beschlüssen in Personengesellschaften in Betracht kommenden Mängel wird regelmäßig zwischen Verfahrens- und Inhaltsmängeln unterschieden, wobei jene das Zustandekommen des Beschlusses und diese seinen sachlichen Regelungsgehalt betreffen.[270] Dieser Unterscheidung ist im Ansatz zu folgen (Rn 80 ff); allerdings ist sie unvollständig und schöpft die Arten möglicher Mängel nicht aus. Unberücksichtigt bleiben in dieser Einteilung insbes. diejenigen Fälle, in denen es – aus unterschiedlichen Gründen – an der erforderlichen Zustimmung eines Teils der Gesellschafter fehlt und der Beschluss deshalb keine Wirksamkeit erlangt (Rn 88).

80 **2. Verfahrensmängel.** Sie betreffen die Art und Weise des Zustandekommens des Beschlusses, d.h. insbes. die Beachtung der Regularien für die Gesellschafterversammlung (Rn 81) oder der sonstigen die Beschlussfassung betreffenden Regelungen im Gesellschaftsvertrag sowie die Einhaltung der Form- und der sonstigen Ordnungsvorschriften (Rn 83 f). Im Einzelnen ist wie folgt zu unterscheiden.

81 **a) Verletzung der Vorschriften über die Beschlussfassung.** *Gesetzliche* Vorschriften über die Art und Weise der Beschlussfassung gibt es nicht; die Regelungen über das Verbot des Selbstkontrahierens (Rn 60) und den Stimmrechtsausschluss (Rn 64 f) betreffen nicht das Abstimmungsverfahren, sondern die (Un-)Wirksamkeit der Stimmabgabe und sind daher in diesem Kontext zu erörtern (vgl. Rn 88). Soweit der *Gesellschaftsvertrag* das für die Beschlussfassung einzuhaltende Verfahren regelt oder eine Lückenfüllung in *Analogie zum GmbH-Recht* in Betracht kommt (Rn 17 ff), geht es um die Einhaltung der Erfordernisse der Ladung zur Gesellschafterversammlung und der Ankündigung von Tagesordnungspunkten einschließlich der hierfür zur Verfügung zu stellenden Informationen, ferner um die Zulassung nur von Gesellschaftern oder auch von Dritten zur Teilnahme und ggf. auch zur Stimmabgabe sowie schließlich um die Durchführung der Versammlung (Ort und Zeit; Vorsitz; Beschlussfähigkeit u.a.). Unter diesen Regelungen nehmen die **Ladungsvorschriften**, wie der Nichtigkeitstatbestand des § 241 Nr. 1 AktG zeigt, einen herausragenden Platz ein, weil sie dazu bestimmt sind, das grundlegende Teilnahmerecht der Gesellschafter zu gewährleisten. Die mit ihrer Verletzung verbundene *Nichtigkeitssanktion* ist daher trotz grundsätzlicher Nichtgeltung des aktienrechtlichen Beschlussmängelrechts im Analogiewege auf Beschlüsse von Personengesellschaften zu übertragen, wenn die Gesellschafter nicht auf anderem Wege rechtzeitig von der Versammlung erfahren hatten und deshalb in der Lage waren, von ihren Mitgliedschaftsrechten Gebrauch zu machen.[271]

[270] Vgl. z.B. Schlegelberger/*Martens* Rn 11 f; Ebenroth/Boujong/Joost/Strohn/*Goette* Rn 72; Heymann/*Emmerich* Rn 10b; *Grunewald* Gesellschaftsrecht Rn 1. A. 87 ff; *Hueck* OHG § 11 V 2, S. 184 f; MünchKommBGB[5]/*Ulmer/C. Schäfer* § 709 Rn 106 ff.

[271] So ausdrücklich *Noack* Fehlerhafte Beschlüsse S. 36 f; der Sache nach auch bereits 3. Aufl. Rn 4 (*Rob. Fischer*); zur Heilung durch Teilnahme aller Gesellschafter vgl. auch *Hueck* OHG § 11 V 2a, S. 183; Schlegelberger/*Martens* Rn 11; Eben-

Die **Verletzung sonstiger Verfahrensvorschriften** führt nur dann zur Nichtigkeit oder Unwirksamkeit des Beschlusses, wenn der Mangel für das Beschlussergebnis kausal war; dies gilt insbesondere für Ankündigungs- und Informationsmängel[272] sowie Verstöße gegen die Anforderungen an die Durchführung der Versammlung. Lässt sich ausschließen, dass der Mangel das Beschlussergebnis beeinflusst hat, ist der Beschluss hingegen wirksam.[273] Für die Unerheblichkeit des Mangels ist die Gesellschaftermehrheit darlegungs- und beweispflichtig.[274] Soweit es um die Verletzung vertraglicher Bestimmungen geht, lässt sich die (Un-)Wirksamkeit (auch) auf eine extensive Anwendung des § 125 S. 2 BGB stützen, anderenfalls auf eine Analogie zum GmbH-Recht (Rn 81).[275] Die Ermittlung eines unrichtigen Beschlussergebnisses durch Zählfehler oder das Mitzählen nichtiger oder nachträglich angefochtener Stimmen ist, ebenso wie die unrichtige Protokollierung, nicht geeignet, die Wirksamkeit des betreffenden Beschlusses herbeizuführen, sofern sie sich nicht mit einer entsprechenden Beschlussfeststellung durch den Versammlungsleiter verbindet (Rn 88). **82**

b) **Formvorschriften.** Schreibt der Gesellschaftsvertrag für Gesellschafterbeschlüsse **Schriftform** vor, so ist damit im Zweifel nicht ein Wirksamkeitserfordernis i.S.d. § 125 S. 2 BGB gewollt, sondern ein Instrument zur klaren Ermittlung des Beschlussergebnisses i.S.d. *Beweisfunktion* der Schriftform; das gilt nicht nur für laufende Beschlüsse zu Geschäftsführungsfragen, sondern auch für Grundlagenbeschlüsse (Rn 23). Die Verletzung der Formvorschrift hat daher keinen Einfluss auf die Wirksamkeit des Beschlusses. *Anders* zu beurteilen sind demgegenüber Schriftformklauseln in Bezug auf *Änderungen des Gesellschaftsvertrags*; sie haben im Zweifel Warnfunktion mit der Nichtigkeitsfolge des § 125 S. 2 BGB im Fall ihrer Verletzung (str., vgl. Rn 23 und § 105 Rn 178). **83**

c) **„Ordnungsvorschriften"**. Die Wirksamkeit des Beschlusses soll nach verbreiteter Ansicht auch dann zu bejahen sein, wenn der Mangel auf der Nichtbeachtung bloßer Ordnungsvorschriften beruht, wobei als Beispiel das Fehlen einer im Gesellschaftsvertrag vorgesehenen Protokollierung des Gesellschafterbeschlusses genannt wird.[276] Gegenüber dieser Kategorie ist indessen Zurückhaltung geboten, zumal die Grenzen zwischen Ord- **84**

---

roth/Boujong/Joost/Strohn/*Goette* Rn 72; *Westermann* Handbuch Rn I 480. Aus der Rspr. BGH WM 1995, 701 (706); OLG Dresden NZG 2000, 782 (783 f); zu den Anforderungen an die Ladung weiter BGH WM 1994, 1925 (1927); zur Kausalität von Ladungsmängeln BGH WM 1983, 1407 (1408); NJW 1988, 1262 (1263); zur Beweislastverteilung vgl. die Nachw. in Fn 274.

272 Vgl. dazu BGH WM 1995, 701 (705); KG GmbHR 1995, 524; *Hueck* OHG § 11 V 2a, S. 183.

273 Schlegelberger/*Martens* Rn 11; Ebenroth/Boujong/Joost/Strohn/*Goette* Rn 72; Röhricht/Graf v. Westphalen/*v. Gerkan*/*Haas* Rn 10; *Hueck* OHG § 11 V 2a, S. 183; Baumbach/*Hopt* Rn 31; Heymann/*Emmerich* Rn 10b; zur Unbeachtlichkeit nicht kausaler Verfahrensfehler vgl. auch BGH WM 1983, 1407 f; NJW 1987, 1262 (1263); WM 1988, 23 (24); BGH NZG 2002, 131 f; abweichend noch Voraufl. Rn 85 (*Ulmer*) – Anspruch auf Behebung des Mangels; wie hier aber auch MünchKommBGB[5]/*Ulmer*/*C. Schäfer* § 709 Rn 106.

274 So wohl auch Schlegelberger/*Martens* Rn 11; zur grundsätzlichen Darlegungslast des sich auf die Nichtigkeit eines Beschlusses berufenden Gesellschafters vgl. aber BGH NJW 1987, 1262 (1263); WM 1995, 701 (706); Heymann/*Emmerich* Rn 11.

275 Vgl. auch *C. Schäfer* (Fn 256) S. 16 f.

276 RGZ 104, 413 (415); 122, 367 (369); Schlegelberger/*Martens* Rn 11; *Hueck* OHG § 11 V 2a; Soergel/*Hadding* BGB[12] Rn 45; vgl. dazu auch *Rutenfranz* BB 1965, 601; kritisch aber MünchKommHGB/*Enzinger* Rn 95.

nungs- und sonstigen Verfahrensvorschriften fließend sind. Die Entscheidung über die Folgen des Beschlussmangels richtet sich vielmehr wie bei der Nichteinhaltung der gewillkürten Schriftform für Vertragsänderungen (Rn 83) danach, welche Bedeutung der Ordnungsvorschrift nach allgemeinen Auslegungsgrundsätzen zukommt sowie danach, ob die Beteiligten sich bei der Beschlussfassung bewusst und mit der hierfür erforderlichen Mehrheit über die Vertragsbestimmung hinweggesetzt haben.[277] Aus diesem Grund bewirkt insbesondere eine unterlassene oder fehlerhafte *Protokollierung* der Gesellschafterversammlung unter Verstoß gegen den Gesellschaftsvertrag keine Nichtigkeit des Beschlusses.[278] Sache der Mehrheit ist es dann freilich, den Nachweis über das Zustandekommen des umstrittenen Gesellschafterbeschlusses zu führen.

3. Inhaltsmängel

85 **a) Nichtigkeit nach §§ 134, 138 BGB.** Sofern der Beschluss gegen ein Verbotsgesetz i.S.d. § 134 BGB verstößt oder sich durch seinen Inhalt als sittenwidrig nach § 138 Abs. 1 oder 2 BGB erweist, steht seine Nichtigkeit nach ganz hM außer Zweifel.[279] Zu Recht wurde in der neueren Diskussion allerdings darauf hingewiesen, dass nicht jeder gesetzwidrige Beschluss die Qualität der Verletzung eines **Verbotsgesetzes** hat;[280] das gilt auch für Verstöße gegen zwingendes Recht.[281] Als Verbotsgesetz zum Schutz der *Gläubiger* wurden von der Rechtsprechung etwa die handelsrechtlichen Bewertungsvorschriften[282] sowie – im Kapitalgesellschaftsrecht – die Vorschriften über die Kapitalerhaltung gewertet.[283] Zum Schutz der *Gesellschafter* wurden als Verbotsgesetze die Vorschriften der §§ 723 Abs. 3 BGB, 133 Abs. 3 HGB angesehen;[284] insoweit ergibt sich die Nichtigkeitsfolge eines Verstoßes freilich schon unmittelbar aus den betreffenden Normen. Zur Nichtigkeit wegen Verfolgung eines verbotswidrigen Gesellschaftszwecks sowie zu den Anforderungen an die Sittenwidrigkeit des Gesellschaftsvertrags oder einzelner Klauseln vgl. im Übrigen § 109 Rn 20 f.

---

[277] So im Grundsatz auch KG GmbHR 1995, 524 (förmliche Mitteilung der Tagesordnung ist Wirksamkeitsvoraussetzung; kein Verzicht auf Einhaltung der Formvorschriften ohne Gelegenheit zur Aussprache über wichtigen Beschlussgegenstand und Abgabe einer Gegenstimme).

[278] Zum in der Regel deklaratorischen Charakter des Protokollierungserfordernisses vgl. RGZ 104, 413 (415); 122, 367 (369 f) (jew. zur GmbH); Heymann/*Emmerich* Rn 5; *Westermann* Handbuch Rn I 550; zum Schriftformerfordernis im Fall der Publikums-KG auch BGHZ 66, 82 (86 f) = NJW 1976, 958.

[279] Vgl. die Nachw. oben in Fn 260; im Grundsatz auch die in Fn 280 genannten Vertreter der neuen, restrikt. Ansicht.

[280] *Noack* Fehlerhafte Beschlüsse S. 41 ff; *Casper* ZHR 163 (1999), 54 (68 f); *Schröder* GmbHR 1994, 532 (536 f); *M. Schwab* S. 426; zum Vereinsrecht ebenso MünchKommBGB[5]/*Reuter* § 32 Rn 57.

[281] *Casper* ZHR 163 (1999), 54 (67); *Noack* Fehlerhafte Beschlüsse S. 21 f; vgl. allg. MünchKommBGB[5]/*Armbrüster* § 134 Rn 46; Staudinger/*Sack* BGB (2003) § 134 Rn 31; Soergel/*Hefermehl* BGB[13] § 134 Rn 2, 14.

[282] RGZ 72, 33 (37); RGZ 80, 330 (335).

[283] RGZ 107, 161 (167 f); 142, 373 (377); 168, 292 (302); BGHZ 69, 274 (280) = NJW 1978, 160 (bei bewusstem Zuwiderhandeln gegen § 31 Abs. 1 GmbHG); OLG Koblenz DB 1977, 816; MünchKommBGB[5]/*Armbrüster* § 134 Rn 72; Staudinger/*Sack* BGB (2003) § 134 Rn 245.

[284] BGH NJW 1994, 2886 (2888); BGH BB 1967, 309; vgl. § 133 Rn 78; MünchKommBGB[5]/*Ulmer*/*C. Schäfer* § 723 Rn 63; MünchKommBGB[5]/*Armbrüster* § 134 Rn 72.

b) Verstoß gegen Gesetz oder Gesellschaftsvertrag. Im Unterschied zu den – seltenen – Fällen einer Nichtigkeit nach §§ 134, 138 BGB ist mit Beschlussmängeln wegen Verstoßes gegen das Gesetz, darunter insbes. die sog. beweglichen Schranken der *Treupflicht* und des *Gleichbehandlungsgrundsatzes* (§ 109 Rn 36 ff), sowie wegen Nichtbeachtung von Anforderungen des Gesellschaftsvertrags häufiger zu rechnen; das Aktienrecht ordnet für diese Fälle die Anfechtbarkeit nach § 243 AktG an. Im Personengesellschaftsrecht steht zwar nichts entgegen, dass die Gesellschafter sich *einvernehmlich* über die genannten Schranken hinwegsetzen; das gilt – vorbehaltlich des Eingreifens einer vertraglichen Schriftformklausel als Wirksamkeitsvoraussetzung – auch für sog. Durchbrechungen des Gesellschaftsvertrags durch einstimmigen Gesellschafterbeschluss. In derartigen Fällen kommt es dann freilich meist auch nicht zu späteren Auseinandersetzungen über die Wirksamkeit des so gefassten Beschlusses; ein gleichwohl gegen ihn vorgehender Gesellschafter muss mit dem Einwand widersprüchlichen Verhaltens rechnen. 86

Fehlt es an dieser **Einstimmigkeit** oder entfällt sie nachträglich wegen wirksamer Anfechtung der Stimmabgabe (Rn 73 f), so lässt sich nur schwer begründen, dass die Nichtigkeitsfolge auch insofern aus den §§ 125, 134, 138 BGB folgen soll, wie verbreitet angenommen wird. *Ulmer* hat aber in der Voraufl. (Rn 90) überzeugend darauf hingewiesen, dass ein Verstoß gegen das Gesetz oder gegen den Gesellschaftsvertrag deshalb zur *Unwirksamkeit* des Beschlusses führt,[285] weil die *Ermächtigung der Mehrheit* zur Beschlussfassung mit Wirkung auch für die Minderheit (Rn 31) ihre Wirksamkeitsschranke in Gesetz und Gesellschaftsvertrag findet. Die Ermächtigung deckt also nur rechtmäßige Beschlüsse; andere Mehrheitsbeschlüsse sind deshalb unwirksam, weil sie nicht mit der erforderlichen Einstimmigkeit (Rn 86) zustande gekommen sind. In die gleiche Richtung weist auch das *Regelungsgefälle*, das zwischen Gesetz und Gesellschaftsvertrag als *Gesellschaftsgrundlagen* einerseits und den in diesem Rahmen zustande kommenden *Gesellschafterbeschlüssen* andererseits besteht. Mit dieser für das Organisationsrecht von Personengesellschaften grundlegenden Abstufung wäre es unvereinbar, wollte man die gegen Gesetz oder Gesellschaftsvertrag verstoßenden Beschlüsse als bis zur Anfechtung wirksam ansehen. Der Berufung auf einen spezifischen Nichtigkeitstatbestand des allgemeinen Zivilrechts bedarf es für die Begründung dieser Rechtsfolge daher nicht; sie ergibt sich vielmehr aus den Rahmenbedingungen, die für Gesellschafterbeschlüsse nach allgemeinem Organisationsrecht gelten. 87

4. Sonstige Wirksamkeitsmängel. Als Rechtsgeschäft (Rn 7) erlangt der beantragte Gesellschafterbeschluss nur dann Wirksamkeit, wenn die nach Gesetz oder Gesellschaftsvertrag *erforderliche Anzahl von Stimmen* für den Beschlussantrag abgegeben worden ist. In der Feststellung der Ablehnung des Beschlussantrages liegt dabei ein negativer Beschluss.[286] Nach gesetzlicher Regel (§ 119 Abs. 1) bedarf es zur Wirksamkeit des Beschlusses der Zustimmung aller mitwirkungsberechtigten Gesellschafter, im Fall einer gesellschaftsvertraglichen Mehrheitsklausel kommt es auf das Erreichen der darin bestimmten Stimmenmehrheit an. Fehlt es hieran, so ist der Beschluss **unwirksam**, ohne 88

---

[285] Da sich die endgültige Unwirksamkeit hinsichtlich der Rechtsfolgen nicht von der Nichtigkeit unterscheidet (vgl. nur z.B. *Casper* Heilung nichtiger Beschlüsse, 1998, S. 38 f mwN), besteht im Ergebnis kein Unterschied zum generellen Nichtigkeitsdogma der hM.

[286] *Hueck* OHG § 11 V 1c a, S. 181 f; Schlegelberger/*Martens* Rn 36; *Zöllner* (Fn 61) S. 360 f; *Baltzer* S. 180 ff; *Noack* Fehlerhafte Beschlüsse S. 11; *Casper* (Fn 285) S. 41 f; zum GmbH-Recht auch Scholz/*K. Schmidt* GmbHG[10] § 45 Rn 18, 31.

dass es einer Beschlussanfechtung bedarf. Das gilt auch bei unrichtiger Beschlussfeststellung durch den Versammlungsleiter, etwa wegen des Mitzählens der Stimmen von Gesellschaftern, die einem Stimmverbot unterliegen. Gegen die unrichtige Feststellung ist – anders als im Kapitalgesellschaftsrecht[287] – nicht die Anfechtungs-, sondern die Feststellungsklage gegeben.[288] Unwirksamkeit des Beschlusses tritt aber auch dann ein, wenn ein Teil der Stimmen, auf die es zur Erreichung der erforderlichen Mehrheit ankam, nachträglich wirksam angefochten wird (Rn 73 f); die Anfechtung führt vorbehaltlich der Lehre von der fehlerhaften Gesellschaft (Rn 94) zum rückwirkenden Wegfall des Beschlusses. Schließlich ist Unwirksamkeit des Beschlusses auch dann zu bejahen, wenn er zwar die in der Mehrheitsklausel bestimmte einfache Mehrheit erreicht hat, die Gesellschafterversammlung jedoch wegen Nichterreichens eines im Gesellschaftsvertrag außerdem vorgeschriebenen *Beschlussquorums* nicht beschlussfähig war. Die Nichtbeachtung des Quorums ist kein bloßer Verfahrensmangel, sondern eine negative Wirksamkeitsvoraussetzung.[289]

89 **5. Heilung.** Die Heilung eines Beschlussmangels ist je nach Art des Mangels dadurch möglich, dass die Gesellschafterversammlung den Beschluss unter Behebung des Verfahrensmangels bestätigt (§ 141 BGB), dass die betroffenen Gesellschafter sich nachträglich mit dem sie belastenden (treuwidrigen, diskriminierenden) Beschlussinhalt einverstanden erklären oder dass die zur Wirksamkeit des Beschlusses erforderliche Zustimmung von Mitgesellschaftern nachträglich eingeholt wird und die übrigen Gesellschafter bis dahin an ihrer positiven Stimmabgabe festhalten. Demgegenüber ist eine Heilung durch *Zeitablauf* dem Personengesellschaftsrecht abweichend von den Heilungstatbeständen des § 242 AktG unbekannt; die analoge Anwendung dieser Vorschriften scheidet schon deshalb aus, weil eine Handelsregistereintragung für derartige Beschlüsse nicht vorgesehen ist.[290] Wohl aber kann das Recht betroffener Gesellschafter, sich auf einen Beschlussmangel zu berufen, nach Verwirkungsgrundsätzen **präkludiert** sein, wenn sie den Mangel nicht innerhalb angemessener Frist nach Kenntniserlangung geltend gemacht und die Mitgesellschafter sich auf die Wirksamkeit des Beschlusses verlassen, insbes. ihn durchgeführt haben.[291] Die Angemessenheit lässt sich nur für den *Einzelfall* bestimmen.[292]

---

[287] Vgl. dazu etwa BGHZ 88, 320 (328) = NJW 1984, 489; BGHZ 97, 28 (30 ff) = NJW 1986, 2051; BGHZ 104, 66 (69) = NJW 1988, 1844; Scholz/*K. Schmidt* GmbHG[10] § 45 Rn 179; *Hüffer* AktG[8] § 243 Rn 19.

[288] *Hueck* OHG § 11 V 1d, S. 182 f; MünchKommBGB[5]/*Ulmer*/*C. Schäfer* § 709 Rn 113.

[289] Vgl. nur MünchKommHGB/*Enzinger* Rn 94; Ebenroth/Boujong/Joost/*Goette* Rn 71; so auch die im GmbH-Recht ganz hM, für Anfechtbarkeit derartiger Beschlüsse vgl. z.B. BGH GmbHR 1989, 120 (122); Scholz/*K. Schmidt*/*Seibt* GmbHG[10] § 48 Rn 44; Baumbach/Hueck/*Zöllner* GmbHG[18] § 48 Rn 3.

[290] Zur Begrenzung des § 242 AktG auf eintragungspflichtige Beschlüsse vgl. *Casper* (Fn 285) S. 97 ff m. zahlr. Nachw. in Fn 43.

[291] BGHZ 112, 339 (334) = NJW 1991, 691; BGH NJW 1995, 1218 (1219); 1999, 3113 (Publikums-KG); vgl. auch *Brandes* NZG 1999, 936 f; und *dens.* WM 2000, 385 (389); *Casper* BB 1999, 1837 f; ferner Ebenroth/Boujong/Joost/*Goette* Rn 74; Heymann/*Emmerich* Rn 10b; *Koller*/Roth/Morck Rn 11.

[292] So hat der BGH (WM 1973, 100 [101]) die Geltendmachung einer nichtigen Änderung des Gewinnverteilungsschlüssels nach vier Jahren als präkludiert zurückgewiesen, während die Berufung nach sechs Monaten auf einen nichtigen Feststellungsbeschluss des Jahresabschlusses noch zugelassen wurde (BGH WM 1991, 509 [510]), dagegen kann bei einer Publikums-KG eine Verwirkung schon nach fünf Monaten vorliegen (vgl. OLG Celle NZG 1999, 64 (65) = OLG-Report 1998, 278).

Auch die Rechtsprechung zum GmbH-Recht, wonach die Anfechtungsklage zwar innerhalb einer angemessenen Frist zu erheben ist, der Monatsfrist des § 246 AktG jedoch eine Leitbildfunktion zukommt,[293] ist auf das Personengesellschaftsrecht nicht ohne weiteres zu übertragen. Abzulehnen ist insbesondere die im Schrifttum vertretene Ansicht, wonach Verfahrensfehler *unverzüglich* zu rügen sind.[294]

III. Gerichtliche Geltendmachung

1. Rechtliche Grundlagen. Eine besondere Beschlussmängelklage nach Art der aktienrechtlichen Anfechtungsklage ist dem Personengesellschaftsrecht unbekannt; für ihre analoge Anwendung[295] ist angesichts der Verfügbarkeit allgemeiner Rechtsbehelfe kein Raum (Rn 77). Daher scheidet auch die analoge Anwendung der Anfechtungserfordernisse der §§ 245, 246 AktG aus. Das gilt nicht zuletzt für die Monatsfrist des § 246 Abs. 1 AktG zur Klageerhebung; ihre Übernahme in das Personengesellschaftsrecht wäre unvereinbar mit der grundsätzlich abweichenden Qualität der innergesellschaftlichen Rechtsbeziehungen in OHG oder KG.[296] Allerdings folgt daraus nicht, dass die Gesellschafter sich zu beliebiger Zeit auf einen ihnen bekannten Mangel berufen können. Vielmehr sind sie aufgrund der zwischen ihnen geltenden Treupflicht gehalten, auf den Mangel gegenüber den Mitgesellschaftern hinzuweisen, nachdem sie ausreichende Gelegenheit zur Prüfung und zur Entscheidung über ihr Vorgehen hatten, und im Bestreitensfall **innerhalb angemessener Frist** Feststellungsklage zu erheben (Rn 91). Die Fristversäumung führt zwar nicht zur Heilung des Mangels;[297] sie hindert die betroffenen Gesellschafter jedoch nach Verwirkungsgrundsätzen, sich gegenüber der Gesellschaftermehrheit auf die Unwirksamkeit des Beschlusses zu berufen oder die Behebung des (Verfahrens-)Mangels durch Neuvornahme zu verlangen.[298] 90

Die gerichtliche Geltendmachung des Mangels erfolgt im Wege der **Feststellungsklage;** die Klagebefugnis ist ein unverzichtbares Mitgliedschaftsrecht.[299] Richtiger Beklagter ist nicht die Gesellschaft, sondern es sind die den Mangel bestreitenden *Mitgesellschafter*, da 91

[293] Vgl. z.B. BGHZ 111, 224 (225) = NJW 1990, 2625; BGHZ 80, 212 (216 f) = NJW 1981, 2225.

[294] So z.B. *Hueck* OHG § 11 V 1 d, S. 182 f; *Westermann* Handbuch Rn I 554; Heymann/*Emmerich* Rn 10b; Schlegelberger/*Martens* Rn 11; wie hier Baumbach/*Hopt* Rn 32; i.E. auch *Noack* Fehlerhafte Beschlüsse S. 75 ff, 174.

[295] Sie ist bei vergleichbaren Sachverhalten trotz des numerus claususes von Gestaltungsklagen grundsätzlich zulässig; vgl. etwa *Schlosser* Gestaltungsklagen und Gestaltungsurteil, 1966, S. 276 ff mwN; *Casper* ZHR 163 (1999), 54 (70 f); **aA** *Noack* Fehlerhafte Beschlüsse S. 95 ff, 174 f.

[296] Vgl. die Nachw. oben in Fn 291–294; **aA** *M. Schwab* S. 425, 439; für Übernahme GmbH-rechtlicher Grundsätze (Monatsfrist als Orientierung) MünchKommHGB/*Enzinger* Rn 106 f.

[297] Zur Abgrenzung von Heilung und Präklusion der Befugnis, sich auf die Nichtigkeit berufen zu können, vgl. *Casper* (Fn 285) S. 55 ff.

[298] BGH NJW 1995, 1218 (1219); zur Verwirkung des Rechts auf Anfechtung von Gesellschafterbeschlüssen ferner OLG München DB 2001, 1408 (keine Anfechtung mehr acht Jahre nach Beschlussfassung bzw. ein Jahr nach begonnener Umsetzung des Beschlusses).

[299] Vgl. auch OLG Dresden NZG 2001, 403, das die Klagebefugnis des Erwerbers bejaht, der den Anteil unter der aufschiebenden Bedingung der Eintragung im Handelsregister erworben hat, sofern der Anwartschaftsberechtigte oder sein Rechtsvorgänger durch die angegriffenen Beschlussfassungen in eigenen Rechten verletzt wurden.

es um einen die Gesellschaftsgrundlagen betreffenden Rechtsstreit geht.[300] Zwischen den Beklagten besteht nach zutr., heute ganz hM *keine notwendige Streitgenossenschaft*;[301] allerdings kann sich für den Fall, dass der auf Feststellung der Unwirksamkeit des Beschlusses klagende Gesellschafter unter den bestreitenden Mitgesellschaftern willkürlich nur einen Teil als Prozessgegner auswählt und von diesem Vorgehen eine endgültige Klärung des Streitstoffes wegen der fehlenden Einbeziehung der anderen Gesellschafter in den Prozess nicht zu erwarten ist, die Klage wegen fehlenden Feststellungsinteresses (§ 256 Abs. 1 ZPO) als unzulässig erweisen.[302] Zum Sonderfall der Publikumsgesellschaft vgl. Rn 95.

92 **2. Abweichende Vereinbarungen.** Den Gesellschaftern steht es frei, untereinander im Gesellschaftsvertrag oder durch ergänzende Vereinbarung vom allgemeinen Prozessrecht abweichende Vereinbarungen zu treffen. Neben oder an Stelle einer *Schiedsgerichtsklausel* (§ 109 Rn 68 ff) können sie auch vereinbaren, dass Beschlussmängel gerichtlich nicht gegenüber Mitgesellschaftern, sondern gegenüber der **Gesellschaft als Beklagte** nach Art einer Anfechtungsklage geltend gemacht werden müssen und dass der Ausgang des Prozesses auch die Mitgesellschafter bindet.[303] Eine auf Beschlussanfechtung gerichtete Gestaltungsklage ist darin zwar schon deshalb nicht zu sehen, weil derartige Klagen nur in den gesetzlichen Fällen unter Einschluss des Analogiebereichs zur Verfügung stehen und nicht privatautonom vereinbart werden können.[304] Die Gesellschafter sind jedoch nicht gehindert, sich im Gesellschaftsvertrag *schuldrechtlich* dem Ergebnis einer Feststellungsklage zwischen dem den Beschlussmangel geltendmachenden Gesellschafter und der Gesellschaft zu unterwerfen, wodurch zugleich das Feststellungsinteresse für die gegen die Gesellschaft gerichtete Klage begründet wird (§ 109 Rn 75). Mit Rücksicht auf die Gewährleistung rechtlichen Gehörs ist den widersprechenden Gesellschaftern durch Information seitens des Prozessgerichts Gelegenheit zur *Nebenintervention* zu geben (vgl. § 109 Rn 76).

---

300 BGH WM 1966, 1036; 1983, 785; NJW 1999, 3113; zur fehlerhaften Vertragsänderung auch BGHZ 81, 263 (264 f) = WM 1981, 1023; BGHZ 85, 350 (353) = NJW 1983, 1056; Schlegelberger/*Martens* Rn 13; Ebenroth/Boujong/Joost/Strohn/*Goette* Rn 75, 77; Heymann/*Emmerich* Rn 12; *Hueck* OHG § 11 V 2d, S. 185; *Hüffer* ZGR 2001, 833 (839); *Wiedemann* Gesellschaftsrecht Bd. II § 4 I 5c, S. 324 f; *Brandes* WM 2000, 385 (389).

301 BGHZ 30, 195 (197) = NJW 1959, 1683; BGH WM 1966, 1036; NJW 1995, 1218 f; OLG Hamburg BB 1967, 1267; OLG Frankfurt NJW-RR 1994, 727; Heymann/*Emmerich* Rn 12; Ebenroth/Boujong/Joost/Strohn/*Goette* Rn 77; Röhricht/Graf v. Westphalen/*v. Gerkan/Haas* Rn 12; *Köster* S. 86 ff; *Wiedemann* Gesellschaftsrecht Bd. I S. 465 f; s.a. 3. Aufl. Rn 18 (*Rob. Fischer*) mwN auch zur früher vertretenen Gegenauffassung; **aA** neuerdings – von ihrem abw. Standpunkt aus folgerichtig – *K. Schmidt* FS Stimpel, 1985, S. 220 (236 f); *Noack* Fehlerhafte Beschlüsse S. 174 f.

302 Ähnlich *Hueck* OHG § 11 V 2d, S. 185 f; Schlegelberger/*Martens* Rn 13; Heymann/*Emmerich* Rn 12.

303 BGHZ 85, 350 (353) = NJW 1983, 1056; BGH WM 1966, 1036; 1983, 785 f; NJW 2006, 2854 (2855) (Rn 14; dort auch zur Auslegung einer unklaren Bestimmung eines Publikumsgesellschaftsvertrages, der das kapitalgesellschaftsrechtliche Beschlussmängelsystem weitgehend übernommen hat); *Hueck* OHG § 11 V 2d, S. 186; Heymann/*Emmerich* Rn 12; Schlegelberger/*Martens* Rn 13; Ebenroth/Boujong/Joost/Strohn/*Goette* Rn 78; MünchKommBGB[5]/*Ulmer/C. Schäfer* § 709 Rn 114.

304 Vgl. die Nachw. in Fn 295. Zur Auslegung einer Klausel im KG-Vertrag, die die „Anfechtungsklage" gegen Gesellschafterbeschlüsse vorsieht, als Zulassung einer Feststellungsklage gegen die Gesellschaft vgl. BGH WM 1990, 675 (676).

Zulässig ist auch die Vereinbarung von **Klagefristen** mit der Folge, dass eine verspätet erhobene Klage wegen Präklusion als unbegründet abzuweisen ist.[305] Mit Rücksicht auf den unverzichtbaren Anspruch auf rechtliches Gehör muss die Klagefrist allerdings ausreichend bemessen sein; eine absolute Untergrenze bildet die in § 246 Abs. 1 AktG geregelte Monatsfrist für Beschlussanfechtungsklagen.[306] Diese Anfechtungsfristen präkludieren den Gesellschafter jedoch nur bei Mangelhaftigkeit des Beschlusses, nicht dagegen bei Unwirksamkeit wegen Fehlens einer erforderlichen Zustimmung einzelner Gesellschafters (aufgrund von § 707 BGB, § 35 BGB oder der Kernbereichslehre). Nach der zutreffenden neueren Rechtsprechung des BGH bezieht sich die Frist nur auf Beschlussmängel, nicht aber auf die Unwirksamkeit des Beschlusses gegenüber dem *einzelnen* Gesellschafter.[307] Ein Beschluss, der in Kernbereichsrechte eingreift oder die Gesellschafter zu Nachschüssen verpflichtet, ist als solcher nicht mangelhaft, wenn einzelne Gesellschafter nicht zugestimmt haben. Gegenüber den zustimmenden Gesellschaftern treten seine bestimmungsgemäßen Wirkungen allemal ein.[308] Dadurch, dass der Gesellschafter mit dem Vorbringen von Beschlussmängeln aufgrund von Vertragsklauseln präkludiert ist, kann seine fehlende Zustimmung also nicht ersetzt werden.[309] 93

IV. Sonderfälle

1. Fehlerhafte Vertragsänderungen. Für Beschlüsse, die auf Änderung des Gesellschaftsvertrags gerichtet sind und sich nicht auf rein schuldrechtliche Beziehungen zwischen den Gesellschaftern beschränken, sondern Auswirkungen auf die *Organisation* der Gesellschaft haben, und für jenen gleichstehende Strukturbeschlüsse (Konzernbegründung, Umwandlung u.a.) gelten beim Vorliegen von Beschlussmängeln unter bestimmten Voraussetzungen die Grundsätze der Lehre vom **fehlerhaften Verband** (str., vgl. näher § 105 Rn 352 ff). Sie erlangen deshalb trotz ihrer Fehlerhaftigkeit Wirksamkeit und der Beschlussmangel ist sodann entsprechend §§ 117, 127, 133, 140 im Wege der *Gestaltungsklage* geltend zu machen (§ 105 Rn 350, 356, 359, 362 u.a.). Zum Sonderfall der Publikumsgesellschaft vgl. Rn 95. 94

305 BGHZ 68, 212 (216) = NJW 1977, 1292; BGHZ 112, 339 (344) = NJW 1991, 691; BGH NJW 1988, 411 (413); 1995, 1218 (1219); 1999, 3113; 2006, 2854 (2855) (Rn 14); OLGR Hamm 2008, 453 (454); MünchKommHGB/*Enzinger* Rn 106 f; Heymann/*Emmerich* Rn 11; Baumbach/*Hopt* Rn 32; MünchKommBGB[5]/*Ulmer*/*C. Schäfer* § 709 Rn 114; *Wiedemann* Gesellschaftsrecht Bd. I § 8 IV 2a, S. 465; *Köster* S. 89 f, 163; i.E. auch *Noack* Fehlerhafte Beschlüsse S. 174.

306 BGH NJW 1995, 1218 (1219) im Anschluss an die vergleichbare Anfechtungsklagefrist im GmbH-Recht, vgl. dazu z.B. BGHZ 104, 66 (71) = NJW 1988, 1844; OLG Düsseldorf WM 2005, 1988 (1989); ebenso Ebenroth/Boujong/Joost/Strohn/*Goette* Rn 78; Röhricht/Graf v. Westphalen/*v. Gerkan*/*Haas* Rn 12; *Westermann* Handbuch Rn I 553; MünchKommHGB/*Grunewald* § 161 Rn 34.

307 BGH NZG 2007, 381 (382) (Rn 15); WM 2007, 1333 (1334) (Rn 10); vgl. MünchKommBGB[5]/*Ulmer*/*C. Schäfer* § 707 Rn 7, § 709 Rn 114; Ebenroth/Boujong/Joost/Strohn/*Goette* Rn 78.

308 Zu Unrecht einschränkend *Armbrüster* ZGR 2009, 1 (15 f) (in Bezug auf Beschlüsse zur Begründung von Nachschüssen; diese seien selbst unwirksam, wenn die Zustimmung einzelner Gesellschafter fehle).

309 *C. Schäfer* in: VGR (Hrsg.) Gesellschaftsrecht in der Diskussion, 2008, S. 137, 145 f.

95 **2. Publikumsgesellschaft.** In der Publikumsgesellschaft, die durch eine Vielzahl untereinander persönlich nicht verbundener, am grauen Kapitalmarkt geworbener Gesellschafter gekennzeichnet und typischerweise als KG oder GbR ausgestaltet ist (vgl. Voraufl. Anh. § 161 Rn 1 f [*Schilling*]) scheidet die Übernahme des aktienrechtlichen Beschlussmängelrechts nach hM zwar ebenfalls aus;[310] für eine Beschlussanfechtung ist auch hier kein Raum. Im Gesellschaftsvertrag kann jedoch bestimmt werden, dass die *Feststellungsklage* wegen Beschlussmängeln nicht gegen Mitgesellschafter, sondern *gegen die Gesellschaft* zu richten ist (vgl. schon Rn 92).[311] Entsprechendes kann mit vertragsändernder Mehrheit auch nachträglich beschlossen werden (Voraufl. Anh. § 161 Rn 5 und 25 [*Schilling*]), sofern sich ein derartiger Vertragsinhalt nicht schon – wie meist – aufgrund ergänzender Vertragsauslegung feststellen lässt.[312] Im Fall fehlerhafter Verträge oder ihnen gleichstehender nachträglicher Änderungen sind die vom Vertragsmangel betroffenen Gesellschafter nicht zur Erhebung einer Auflösungsklage gezwungen, wenn sie den Fehler geltend machen wollen, sondern können stattdessen ihr einseitiges Ausscheiden im Wege *außerordentlicher Kündigung* herbeiführen, auch wenn der Gesellschaftsvertrag kein Kündigungsrecht vorsieht (Voraufl. Anh. § 161 Rn 11 [*Schilling*]).

§ 120

(1) Am Schlusse jedes Geschäftsjahrs wird auf Grund der Bilanz der Gewinn oder der Verlust des Jahres ermittelt und für jeden Gesellschafter sein Anteil daran berechnet.

(2) Der einem Gesellschafter zukommende Gewinn wird dem Kapitalanteile des Gesellschafters zugeschrieben; der auf einen Gesellschafter entfallende Verlust sowie das während des Geschäftsjahrs auf den Kapitalanteil entnommene Geld wird davon abgeschrieben.

Schrifttum

Binz/Mayer Bilanzierungsentscheidungen und Jahresabschlussfeststellung bei Personenhandelsgesellschaften, DB 2007, 1739; *Binz/Sorg* Bilanzierungskompetenzen bei der Personengesellschaft (zu BGH 29.3.1996), DB 1996, 969; *Bormann/Hellberg* Ausgewählte Probleme der Gewinnverteilung in der Personengesellschaft, DB 1997, 2415; *Buchwald* Die Bilanzen der Personengesellschaften als Vereinbarungen zwischen den Gesellschaftern, JR 1948, 65; *Döllerer* Zur Klausel „Handelsbilanz = Steuerbilanz" in Gesellschaftsverträgen von Personenhandelsgesellschaften, FS Kellermann, 1991, S. 51; *Förschle/Kropp* Mindestinhalt der Gewinn- und Verlustrechnung für Einzelkaufleute und Personenhandelsgesellschaften, DB 1989, 1037 und 1096; *Goerdeler* Auswirkungen des Bilanz-

[310] BGH NJW 2006, 2854 (2855) (Rn 14); 2003, 1729; 1999, 3113 (3115); WM 1983, 785 f; OLG Frankfurt DB 1993, 2172; OLG Celle NZG 1999, 64 f; Voraufl. Anh. § 161 Rn 46 (*Schilling*); Röhricht/Graf v. Westphalen/*v. Gerkan/Haas* § 161 Rn 125; Baumbach/*Hopt* Anh. § 177a Rn 73; *Brandes* WM 2000, 385 (389); **aA** *K. Schmidt* DB 1993, 2167 f mwN; tendenziell auch MünchKommHGB/*Grunewald* § 161 Rn 132.

[311] BGH NJW 2006, 2854 (2855) (Rn 14); 2003, 1729; 1999, 3113 (3115); WM 1983, 785 f; 1990, 675 (676); OLGR Hamm 2008, 453 (454); OLG Frankfurt DB 1993, 2172; krit. Heymann/*Horn* § 161 Rn 188; **aA** *K. Schmidt* DB 1993, 2167 (2168).

[312] OLG Celle NZG 1999, 64 f; vgl. auch BGH NJW 1999, 3113 (3115) (Auslegung unter Heranziehung einer Schiedsvertragsklausel im Gesellschaftsvertrag).

richtliniengesetzes auf Personengesellschaften, FS Fleck (1988), S. 53; *Haar* Unternehmensfinanzierung in der Personengesellschaft zwischen Kernbereich und Mehrheitsmacht, NZG 2007, 601; *Hofmann/Sauter* Der Jahresabschluß der KG als Exerzierfeld einer Bilanzrechtsrevolution, DStR 1996, 967; *Hopt* Bilanz, Reservenbildung und Gewinnausschüttung bei der OHG und KG, FS Odersky (1996), S. 799; *Huber* Vermögensanteil, Kapitalanteil und Gesellschaftsanteil an Personalgesellschaften des Handelsrechts (1970); *ders.* Gesellschafterkonten in der Personengesellschaft, ZGR 1988, 1; *ders.* Freie Rücklagen in Kommanditgesellschaften, GS Knobbe-Keuk (1997), S. 203; *Jud* Die Ergebnisverteilung bei Familienpersonengesellschaften als Anwendungsfall eines beweglichen Systems im Gesellschaftsrecht, FS Wilburg (1975), S. 119; *Mellwig* Rechnungslegungszwecke und Kapitalkonten bei Personengesellschaften, BB 1979, 1409; *Muth* Die Bilanzfeststellung bei Personenhandelsgesellschaften (1986); *Oppenländer* Zivilrechtliche Aspekte der Gesellschafterkonten der OHG und KG, DStR 1999, 939; *Pauli* Das Eigenkapital der Personengesellschaften (1990); *Priester* Stille Reserven und offene Rücklagen bei Personengesellschaften, FS Quack (1991), S. 373; *ders.* Feststellung des Jahresabschlusses bei Personengesellschaften, FS Hadding (2004), S. 611; *ders.* Jahresabschlussfeststellung bei Personengesellschaften – Grundlagengeschäft? – Mehrheitsregeln – Thesaurierung im Konzern, DStR 2007, 28; *ders.* Grundsatzfragen des Rechts der Personengesellschaften im Spiegel der Otto-Entscheidung des BGH, DStR 2008, 1389; *Rückle* Jahresabschlußaufstellung und -Feststellung bei Personengesellschaften, FS Beisse (1997), S. 433; *Schön* Bilanzkompetenzen und Ausschüttungsrechte in der Personengesellschaft, FS Beisse (1997), S. 471; *ders.* Bestandskraft fehlerhafter Bilanzen – Information, Gewinnverteilung, Kapitalerhaltung –, FS 50 Jahre BGH, 2000, S. 153; *Schulze-Osterloh* Die Rechnungslegung der Einzelkaufleute und Personenhandelsgesellschaften nach dem Bilanzrichtlinien-Gesetz, ZHR 150 (1986) 403; *ders.* Aufstellung und Feststellung des handelsrechtlichen Jahresabschlusses der Kommanditgesellschaft, BB 1995, 2519; *ders.* Bilanzentscheidungen bei der Personenhandelsgesellschaft und ihrer Auswirkungen auf die Haftung des Kommanditisten und das Abfindungsgutachten aufgrund einer Buchwertklausel, BB 1997, 1783; *ders.* Erneuter Beginn der Verjährung von Ansprüchen gegen Gesellschafter durch Feststellung des Jahresabschlusses, FS Westermann (2008), S. 1487; *Schulze zur Wiesche* Stille Reserven im Jahresabschluß der Einzelkaufleute und Personenhandelsgesellschaften, WfgG 1987, 149; *Ulmer* Die Mitwirkung des Kommanditisten an der Bilanzierung der KG, FS Hefermehl (1976), S. 207; *ders.* Gewinnanspruch und Thesaurierung in der OHG und KG, FS Lutter (2000), S. 935; *H. Westermann* Zur Problematik der Rücklagen der Personenhandelsgesellschaft, FS v. Caemmerer (1978), S. 657; *Wiedemann* Rechte und Pflichten des Personengesellschafters, WM 1992 Sonderbeil. 7; *ders.* Gedanken zur Vermögensordnung der Personengesellschaft, FS Odersky (1996), S. 925; *Zunft* Materiellrechtliche und prozeßrechtliche Fragen zur Bilanz der OHG und der KG, NJW 1959, 1945.

Übersicht

A. Einführung

I. Normzweck

1 Gegenstand und Funktion der beiden Absätze des § 120 sind recht unterschiedlich. Sie betreffen Aspekte der *Rechnungslegung und Ergebnisverwendung* in der OHG, die ohne Berücksichtigung auch der §§ 121, 122 kaum verständlich sind. Die zentrale Bestimmung findet sich in **Abs. 1**; danach wird aufgrund der „Bilanz“ zum Geschäftsjahresende, d.h. gem. § 242 aufgrund des Jahresabschlusses (Bilanz; Gewinn- und Verlustrechnung) als Gegenstand der Rechnungslegung (Rn 11), (1) der Gewinn oder Verlust des Jahres, d.h. das *Jahresergebnis* der Gesellschaft ermittelt und (2) der *Anteil jedes Gesellschafters* daran berechnet. Der Sache nach geht es um zwei logisch getrennte Schritte: die **Auf- und Feststellung des Jahresabschlusses** sowie die sich anschließende **Ergebnisverwendung,** sei es kraft rechnerischen Vollzugs des nach Gesellschaftsvertrag oder Gesetz maßgeblichen Ergebnisverteilungsschlüssels oder aufgrund besonderer Beschlussfassung (Rn 32 f). Beides kann – im Sinne integrierter Ergebnisverwendung (vgl. § 268 Abs. 1) – äußerlich in einem Akt zusammengefasst werden. Die *Maßstäbe* für die Ergebnisverwendung sind nicht in § 120 geregelt. Sie bestimmen sich vielmehr, soweit der Gesellschaftsvertrag hierüber keine Regelungen trifft, nach der Vorschrift des § 121 über die Gewinnverteilung zwischen den Gesellschaftern (vgl. dazu Rn 3).

2 Im Unterschied zur grundlegenden Rechnungslegungsvorschrift des Abs. 1 hat diejenige des **Abs. 2** in erster Linie *rechtstechnischen* Charakter, indem sie die **Verbuchung** des auf die einzelnen Gesellschafter entfallenden Anteils am Jahresergebnis (Gewinn oder Verlust) sowie der im Laufe des Geschäftsjahres von den Gesellschaftern getätigten Entnahmen *zugunsten bzw. zu Lasten ihres Kapitalanteils* regelt, d.h. die Kapitalanteile der Gesellschafter als *variable Größen* behandelt. Die rechtliche Bedeutung dieser Vorschrift zeigt sich darin, dass der Kapitalanteil nach dispositivem Gesetzesrecht eine für die Vermögensrechte der Gesellschafter erhebliche Rechnungsziffer enthält, da seine jeweilige Höhe nicht nur über die Verteilung einer „Vorausdividende“ von bis zu 4 % (§ 121 Abs. 1 und 2), sondern auch über die jährlichen Mindestentnahmen (§ 122 Abs. 1) sowie über die Höhe des Auseinandersetzungsguthabens (§ 155) bzw. der Abfindung entscheidet. Diesem Regelungsanliegen trägt die Kautelarjurisprudenz abweichend vom variablen

Kapitalanteil des Abs. 2 typischerweise in der Weise Rechnung, dass sie anstelle variabler, für die Aufteilung von Mitgliedschaftsrechten wenig geeigneter Kapitalanteile die Einrichtung *fester* Kapitalanteile (Kapitalkonto I) in der Gesellschaft vorsieht und die laufenden Veränderungen aufgrund von Ergebnisverwendung, Entnahmen u.a. über zusätzliche Konten (Kapitalkonto II, Privatkonto u.a., vgl. Rn 64 ff) auffängt.

II. Systematik

Der Sachzusammenhang von Gewinnermittlung, Gewinnverteilung (Ergebnisverwendung) und Gewinnausschüttung erhellt aus einer **Zusammenschau der §§ 120 bis 122**; sie tragen in ihrem Zusammenspiel den auf den Gewinnanspruch (§ 717 S. 2 BGB) gerichteten Vermögensinteressen des Gesellschafters und seinen hierauf bezogenen Zugriffsmöglichkeiten Rechnung. Im Einzelnen befasst sich § 120 Abs. 1 mit der Ermittlung des Jahresergebnisses und seiner Verwendung, § 121 mit dem Gewinnverteilungsschlüssel und § 122 mit dem Entnahmerecht der Gesellschafter; dieses ist nach gesetzlicher Regel so gestaltet, dass es (in Höhe von 4 % des Kapitalanteils) auch in Jahren ohne positives Ergebnis oder mit unzureichendem Gewinn eingreift. Eine ausdrückliche Regelung über die *Entstehung des Gewinnanspruchs* fehlt; sie setzt neben der Bilanzfeststellung je nach Vertragsinhalt einen Gesellschafterbeschluss über die Ergebnisverwendung (Rn 46 f) sowie die Geltendmachung der Entnahmerechte des § 122 Abs. 1 durch den Gesellschafter (vgl. § 122 Rn 5) voraus. Abweichend vom dispositiven Recht enthalten die Gesellschaftsverträge typischerweise Regelungen, die die *Entnahmen* der Gesellschafter vom Vorliegen eines entsprechenden positiven Jahresergebnisses abhängig machen und hiervon einen Teil zu Zwecken der Selbstfinanzierung ausnehmen. Bei ihrer Ausgestaltung ist freilich zu berücksichtigen, dass die Einkommensteuer für das von der Gesellschaft erzielte Ergebnis nicht von dieser, sondern anteilig von den Gesellschaftern persönlich geschuldet wird und dass zumindest die geschäftsführenden Gesellschafter überdies regelmäßig auf Gewinnteile angewiesen sind, um ihren Unterhalt zu bestreiten (vgl. näher § 122 Rn 30 ff). 3

III. Handels- und Steuerrecht

Das Verhältnis von Handels-(Bilanz-) und Steuerrecht ist für die Anwendung der §§ 120 bis 122 auf die Rechnungslegung, Gewinnverteilung und Ausschüttung in der OHG in *zweifacher Hinsicht* von Bedeutung. Den ersten Aspekt bildet der in § 5 Abs. 1 S. 1 EStG kodifizierte Grundsatz der **Maßgeblichkeit der Handels- für die Steuerbilanz;** demgegenüber wird der Grundsatz der umgekehrten Maßgeblichkeit (§ 5 Abs. 1 S. 2 EStG i.V.m. § 247 Abs. 3, 254 HGB a.F.) durch das **Bilanzrechtsmodernisierungsgesetz (BilMoG) 2009**[1] aufgehoben. Für die gesellschaftsrechtliche Rechnungslegung nach § 120 Abs. 1 und die hierüber von den Gesellschaftern zu fassenden Beschlüsse ist der Maßgeblichkeitsgrundsatz deshalb relevant, weil die Vermeidung überhöhter Steuern nicht nur im gemeinsamen Interesse der Gesellschafter liegt, soweit es – wie bei der Gewerbeertragsteuer – um betriebliche Steuern geht, sondern sich wegen der Zurechnung der OHG-Gewinne zum steuerpflichtigen Einkommen der Gesellschafter (Rn 5) auch unmit- 4

[1] BilMoG v. 26.3.2009, BT-Drucks. 270/09; wegen der Begründung vgl. BegrRegE, BT-Drucks. 16/10067, S. 34 (stand Vergleichbarkeit mit IFRS-Abschluss entgegen).

telbar auf deren Einkommensteuerpflicht auswirkt. Bei der Aufstellung des Jahresabschlusses und der Beschlussfassung über die Bilanzfeststellung sind die steuerlichen Auswirkungen daher auch dann zu berücksichtigen, wenn die Gesellschafter sich im Gesellschaftsvertrag nicht für das Modell der *Einheitsbilanz* (Handelsbilanz = Steuerbilanz, vgl. dazu Rn 30) entschieden haben.

5 Den zweiten, vor allem im Hinblick auf die Regelungen über den entnahmefähigen Gewinn zu beachtenden steuerrechtlichen Aspekt bildet die **Einkommensteuerpflicht der Gesellschafter für die anteiligen OHG-Gewinne.** Sie beruht auf der Entscheidung des Steuergesetzgebers, die Personengesellschaften im Unterschied zu den Kapitalgesellschaften nicht als steuerpflichtige Organisationen i.S.d. KStG zu behandeln, sondern die von ihnen erzielten Einkünfte nach §§ 2 Abs. 1 Nr. 2, 15 EStG der Besteuerung bei den Gesellschaftern zu unterwerfen. Die Besteuerung nimmt zwar Rücksicht auf den Gesellschaftsvertrag, soweit es um die *Aufteilung des OHG-Ergebnisses* (Gewinn oder Verlust) zwischen den Gesellschaftern geht; maßgebend ist der zwischen den Gesellschaftern vereinbarte Verteilungsschlüssel, ersatzweise die dispositive Regelung des § 121. Anderes gilt jedoch für die jeweiligen *Entnahmeregelungen*: Sie haben *keinen Einfluss* auf die persönliche Steuerpflicht der Gesellschafter. Im Falle betont „konservativer" Aufstellung des Jahresabschlusses unter weitgehender Ausnutzung handelsrechtlicher, vom Steuerrecht nicht übernommener Bilanzierungsspielräume, um im Interesse der Selbstfinanzierung zu einem moderaten verteilungsfähigen Ergebnis zu gelangen, kann das zur Folge haben, dass den Gesellschaftern im Rahmen ihres Entnahmerechts weniger Mittel zur Verfügung stehen, als sie zur Bezahlung der auf ihren Gewinnanteil entfallenden Steuern benötigen. Im Falle der (Wieder-)Einführung der ebenfalls von den Gesellschaftern persönlich zu tragenden Vermögensteuer würde sich dieses Dilemma noch verschärfen. Daraus resultiert die Frage nach der Anerkennung eines *Anspruchs auf eine Mindestausschüttung* in der Höhe der jeweiligen Steuerbelastung der einzelnen Gesellschafter (str., vgl. dazu § 122 Rn 21, 30 ff).

B. Die Rechnungslegung

I. Überblick

6 **1. Die Unterscheidung zwischen Bilanz- und Gesellschaftsrecht.** Als *Handelsgesellschaft* unterliegt die OHG den für Kaufleute geltenden Rechnungslegungsvorschriften der §§ 238 ff, dem sog. **Bilanzrecht**. Danach ist sie zur Führung und Aufbewahrung von *Handelsbüchern* (§§ 238 ff, 257 ff) sowie zur jährlichen Aufstellung eines *Inventars* (§§ 240, 241) und eines *Jahresabschlusses*, bestehend aus Bilanz sowie Gewinn- und Verlustrechnung (§§ 242, 243) verpflichtet. Die vom BilMoG 2009 für kleine Einzelkaufleute in § 241a vorgesehenen Erleichterungen gelten nicht für Handelsgesellschaften. Für die Erstellung des Jahresabschlusses hat sie die Ansatz- und Bewertungsvorschriften der §§ 246 ff, 252 ff und die in Ergänzung hierzu geltenden GoB zu berücksichtigen. Es handelt sich jeweils um *öffentlich-rechtliche Pflichten*, die nicht der Disposition der Gesellschafter unterliegen und für deren Einhaltung *sämtliche* persönlich haftenden Gesellschafter nach § 245 S. 2 durch Unterzeichnung des Jahresabschlusses einzustehen haben.

7 Von den bilanzrechtlichen Anforderungen der §§ 238 bis 256 klar zu unterscheiden ist die in § 120 Abs. 1 geregelte **gesellschaftsrechtliche Pflicht** zur jährlichen Rechnungslegung. Sie findet ihren Niederschlag zwar ebenfalls in dem bilanzrechtlich geforderten Jahresabschluss und hat sich in dem durch das Bilanzrecht vorgegebenen Rahmen zu halten. Von diesen äußeren Gemeinsamkeiten abgesehen sind aber die Unterschiede der

beiden Regelungsmaterien und der mit ihnen jeweils verfolgten Zwecke (vgl. dazu Rn 9 f) unverkennbar. Das gilt einerseits für den *Kreis der zur Rechnungslegung Verpflichteten,* der gesellschaftsrechtlich anders als nach Bilanzrecht nur die *geschäftsführenden* Gesellschafter umfasst (Rn 14). Unterschiedlich sind andererseits auch die *materiellrechtlichen Vorgaben* für den Inhalt des Jahresabschlusses, da für die gesellschaftsrechtliche Pflicht zusätzlich auf die zur Konkretisierung des bilanzrechtlichen Rahmens im Gesellschaftsvertrag getroffenen oder aus dem Zweck der internen Rechnungslegung folgenden Ansatz- und Bewertungsmaßstäbe abzustellen ist. Schließlich unterscheidet sich auch die *Rechtswirkung* der gesellschaftsrechtlichen Rechnungslegung, insbes. die auf die Aufstellung des Jahresabschlusses folgende *Feststellung der Jahresbilanz* durch sämtliche Gesellschafter (Rn 16, 18), deutlich von der Unterzeichnung nach § 245 S. 2. Sie beschränkt sich nicht auf die Erfüllung der öffentlich-rechtlichen Bilanzierungspflicht, sondern macht den jeweiligen Jahresabschluss zum gesellschaftsrechtlich verbindlichen, das Jahresergebnis festschreibenden Rechenwerk zwischen den Beteiligten und zur maßgeblichen Grundlage für die Ergebnisverwendung (Rn 17).

Für die **Kommentierung des § 120 Abs. 1** folgt aus dieser Unterscheidung, dass es bei Anwendung dieser Vorschrift entscheidend nicht auf die bilanzrechtliche, sondern auf die *gesellschaftsrechtliche* Betrachtung ankommt. Zwar ist das Bilanzrecht insoweit von Bedeutung, als es den verbindlichen Rahmen auch für die gesellschaftsrechtlich geschuldete Rechnungslegung absteckt; an ihn haben sich die Geschäftsführer bei Aufstellung des Jahresabschlusses zu halten.[2] Bilanzansätze, die diesen Rahmen überschreiten, sind auch gesellschaftsrechtlich zu beanstanden und machen den Abschluss fehlerhaft.[3] In diesen Grenzen haben sich die Geschäftsführer bei ihrer Rechnungslegung jedoch an den gesellschaftsvertraglichen Vorgaben und den mit dem Jahresabschluss verfolgten internen Zwecken zu orientieren. Hierauf sowie auf die Interessen der Mitgesellschafter müssen sie auch bei Ausübung der vom Bilanzrecht eröffneten Ansatz- und Bewertungswahlrechte Rücksicht nehmen.[4] 8

2. Die unterschiedlichen Bilanzierungszwecke. Den verschiedenen Materien des Rechts der Rechnungslegung entsprechen die unterschiedlichen, nach öffentlichem Recht bzw. Gesellschaftsrecht damit verfolgten Zwecke. So richtet sich der Normzweck des **öffentlich-rechtlichen Buchführungs- und Bilanzrechts** in erster Linie auf die *Dokumentation* der Geschäftsvorfälle im Interesse des Geschäftsverkehrs und der Gläubiger. Auch das **BilMoG 2009** (Rn 4) ändert hieran nichts. Der Gesetzgeber hält vielmehr an einem im Verhältnis zu den IFRS zwar gleichwertigen, aber einfacheren und kostengünstigeren Regelwerk fest und nähert die handelsrechtlichen Rechnungslegungsvorschriften den IFRS lediglich „maßvoll" an, vor allem durch Beseitigung bis dahin bestehender handelsrechtlicher Ansatz-, Ausweis- und Bewertungswahlrechte.[5] Er verspricht sich davon eine „Anhebung des Informa- 9

---

2 Ganz hM, vgl. nur MünchKommHGB/*Priester* Rn 12; Baumbach/*Hopt* Rn 1; Ebenroth/Boujong/Joost/Strohn/*Ehricke* Rn 7; *Sieker* FS Westermann, 2008, S. 1519 (1520 ff); wohl auch Heymann/*Emmerich* Rn 2.

3 Vgl. BGH WM 1991, 509 (510) (Streit um Rückstellungsberechtigung); Heymann/*Emmerich* Rn 11; MünchKommHGB/*Priester* Rn 12; Schlegelberger/*Martens* Rn 6 (auch zur nachträglichen Berufung von Gesellschaftern auf Mängel der festgestellten Bilanz).

4 Zur Rücksichtspflicht der Geschäftsführer bei Ausübung von Bilanzwahlrechten auf die besondere Lage einzelner Gesellschafter vgl. BGHZ 132, 263 (273) = NJW 1996, 1678 unter Hinweis auf BGH WM 1966, 1132 (1134 f) und WM 1974, 392 (393 f) (jew. betr. GmbH).

5 BegrRegE BilMoG, BT-Drucks. 16/10067, S. 34.

tionsniveaus des handelsrechtlichen Jahresabschlusses", die jedoch ausdrücklich keine Aufgabe der bisherigen handelsrechtlichen Bilanzierungsprinzipien und -grundsätze bewirken soll. Die Funktion des handelsrechtlichen Jahresabschlusses als Grundlage der Gewinnausschüttung und seine Maßgeblichkeit für die steuerliche Gewinnermittlung bleiben als „mittelstandsfreundliche Eckpfeiler der handelsrechtlichen Bilanzierungsvorschriften" erhalten[6] Die somit unveränderte eigenständige Funktion des Bilanzrechts zeigt sich in der Bedeutung, die den Handelsbüchern des Kaufmanns als Beweisurkunden im Prozess und namentlich in der Insolvenz zukommt,[7] und wird durch die Insolvenzstraftatbestände der §§ 283 ff StGB unterstrichen. Daneben verbindet sich mit der Pflicht zur Erstellung eines Jahresabschlusses auch die vom Gesetzgeber damit zugleich bezweckte *Selbstkontrolle* des Kaufmanns bzw. der persönlich haftenden Gesellschafter, um sie zur rechtzeitigen Aufdeckung und Beseitigung möglicher Insolvenzursachen anzuhalten.[8]

10 Demgegenüber verfolgt die in § 120 Abs. 1 kodifizierte **gesellschaftsrechtliche Pflicht zur Ergebnisermittlung** primär interne, der Förderung des Gesellschaftsverhältnisses dienende Zwecke (vgl. auch § 154 Rn 7 ff [*Habersack*] zur internen Liquidationsrechnungslegung). Sie enthält die Pflicht der Geschäftsführer zur *Rechenschaft* über ihre Geschäftstätigkeit im abgelaufenen Geschäftsjahr, dient der *Information* der Mitgesellschafter über den erzielten Geschäftserfolg und über den Finanzstatus der Gesellschaft und hat im Zusammenhang mit der allen Gesellschaftern obliegenden Feststellung des Jahresabschlusses (Rn 18) die Aufgabe, die jeweiligen Ansätze des Jahresabschlusses zwischen ihnen unstreitig zu stellen und die *Grundlage für die Ergebnisverwendung* zu schaffen.[9] Es handelt sich m.a.W. um ein zentrales Element für die Geltendmachung der mitgliedschaftlichen Vermögensrechte, auf dessen Einhaltung vor allem die nicht an der Geschäftsführung beteiligten Gesellschafter angewiesen sind.

II. Der Jahresabschluss

11 **1. Allgemeines.** Die Vorschrift des § 120 Abs. 1 begnügt sich damit, die Ermittlung des Gewinns oder Verlusts des Jahres „aufgrund der Bilanz" vorzuschreiben. Nachdem das durch das BiRiLiG reformierte Bilanzrecht den Kaufleuten und Handelsgesellschaften in § 242 die **Erstellung eines Jahresabschlusses,** unter Einbeziehung auch der Gewinn- und Verlustrechnung in Ergänzung zur Bilanz, zur Pflicht gemacht hat und beide Rechenwerke untrennbare Teile des einheitlichen Abschlusses bilden, ist eine entsprechende Erweiterung auch für die gesellschaftsrechtliche *Rechnungslegungspflicht der Geschäftsführer* anzunehmen.[10] Demgegenüber kann es für den *Feststellungsakt* entspre-

---

6 BegrRegE BilMoG, BT-Drucks. 16/10067, S. 34.

7 Vgl. nur Voraufl. § 238 Rn 2 f (*Hüffer*); *Adler/Düring/Schmaltz* § 238 Rn 33 ff; MünchKommHGB/*Priester* Rn 11; *Mellwig* BB 1979, 1409 (1410); *Ulmer* FS Hefermehl, 1976, S. 207 (212).

8 Dazu statt aller Voraufl. § 242 Rn 2 f (*Hüffer*); *Adler/Düring/Schmaltz* § 242 Rn 1 ff; *Baetge/Fey/Fey* in Küting/Weber Hdb. Rechnungslegung[5], Losebl. (Stand: Aug. 2008), § 243 Rn 90; MünchKommHGB/*Priester* Rn 11.

9 Dazu vgl. etwa MünchKommHGB/*Priester* Rn 12; Ebenroth/Boujong/Joost/Strohn/*Ehricke* Rn 4; *Mellwig* BB 1979, 1409 (1410 f).

10 Heute einhM, vgl. MünchKommHGB/*Priester* Rn 14; Ebenroth/Boujong/Joost/Strohn/*Ehricke* Rn 3; Heymann/*Emmerich* Rn 6; Baumbach/*Hopt* Rn 1; vgl. zur Funktion des Jahresabschlusses als „reines Rechenwerk" auch BGHZ 170, 283 = NJW 2007, 1685 (1689) – *Otto*.

chend seinem abweichenden Zweck bei der *Bilanz*feststellung bewenden (Rn 16). Zur Kompetenzverteilung zwischen den Geschäftsführern im Hinblick auf die Aufstellung vgl. Rn 14.

Eine bestimmte **Frist** für die interne Rechnungslegung ist in § 120 Abs. 1 nicht vorgesehen. Soweit der Gesellschaftsvertrag hierüber keine Regelungen enthält, bietet sich die Anknüpfung an § 243 Abs. 3 an, wonach die **Aufstellung** innerhalb der einem ordnungsmäßigen Geschäftsgang entsprechenden Zeit zu erfolgen hat. Eine Richtschnur hierfür bietet die für kleine Kapitalgesellschaften (§ 267 Abs. 1) geltende Vorschrift des § 264 Abs. 1 S. 3; danach ist der Jahresabschluss zwar nicht schon innerhalb von drei Monaten, im Regelfall jedoch innerhalb von *sechs Monaten* nach Abschluss des Geschäftsjahres aufzustellen.[11] Für Gesellschaften, die aufgrund ihrer Größenkriterien nach Maßgabe von § 1 Abs. 1 PublG diesem Gesetz unterliegen, gilt nach § 5 Abs. 1 S. 1 PublG eine Aufstellungsfrist von *drei Monaten.* Für die **Feststellung** durch Gesellschafterbeschluss bzw. die bilanzrechtlich vorgeschriebene Unterzeichnung nach § 245 S. 2 sind im HGB Fristen nicht vorgeschrieben. Im Hinblick auf die Mitwirkungspflicht aller Gesellschafter (Rn 20) kann jedoch auch die Feststellung nicht beliebig aufgeschoben oder von möglichen Fristverlängerungen der Finanzverwaltung hinsichtlich der Steuererklärungen abhängig gemacht werden.[12] Orientiert man sich insoweit an den nach § 42a Abs. 2 GmbHG für die GmbH-Gesellschafter geltenden Feststellungsfristen, so führt das zur Begrenzung der Zeitspanne zwischen den Stichtagen für Auf- und Feststellung auf *fünf Monate.*[13] Diese Frist erscheint auch für die OHG-Gesellschafter angemessen und bietet ihnen im Regelfall hinreichenden Spielraum zur Prüfung des von den Geschäftsführern aufgestellten Rechenwerks. In jedem Fall sollte die Feststellung vor dem Ende des folgenden Geschäftsjahrs erfolgen; dies schon deshalb, weil ihr Ergebnis die Grundlage für den nächsten Jahresabschluss bildet. 12

Eine Pflicht zur **Prüfung und Veröffentlichung** des Jahresabschlusses einer Personenhandelsgesellschaft ist – vorbehaltlich des Eingreifens des Publizitätsgesetzes – *nur* für die GmbH & Co. KG ohne natürliche Personen als persönlich haftende Gesellschafter in § 264a vorgesehen (näher Voraufl. § 264a Rn 1 ff [*Hüttemann*]). Auch einer Einreichung des Jahresabschlusses zum Handelsregister bedarf es deshalb grundsätzlich nicht. Im *Gesellschaftsvertrag* kann aber eine **Prüfungspflicht** für den Jahresabschluss begründet werden. Die Auswahl und Bestellung der Prüfer erfolgt grundsätzlich durch einstimmigen Gesellschafterbeschluss (§ 119 Rn 14). Die Prüfung ist im Zeitraum zwischen Aufstellung und Feststellung der Bilanz durchzuführen; die Gesellschafter haben Anspruch auf Mitteilung des Prüfungsergebnisses und können nach § 118 Einsicht in den Prüfungsbericht nehmen. Soweit die Prüfer zu berechtigten Beanstandungen kommen, haben die Geschäftsführer dem durch Anpassung des Jahresabschlusses Rechnung zu tragen. 13

---

11 Ebenso unter eingehender Darstellung der relevanten Aspekte Voraufl. § 243 Rn 37 ff, 40 (*Hüffer*): Sechsmonatsfrist als Regelfrist; *Großfeld* Bilanzrecht[3] Rn 41; ebenso MünchKommHGB/*Priester* Rn 51 (aber sechs bis neun Monate *vertretbar*); ähnlich Ebenroth/Boujong/Joost/Strohn/*Ehricke* Rn 12 (Regelfrist von drei bis sechs Monaten); MünchGesR[2]/*Bezzenberger* Bd. I § 62 Rn 23; weitergehend *Adler/Düring/Schmaltz* § 243 Rn 40 ff, 43 sowie *Baetge/Fey/Fey* in Küting/Weber (Fn 8) § 243 Rn 99 (sechs bis neun Monate); Westermann/*Scholz* Handbuch Rn I 597a (bis zu 12 Monaten).

12 Zur (großzügigen) Praxis der Finanzverwaltung in Bezug auf die Vorlage der Steuerbilanz vgl. BFH BStBl. 1982 II, 465; BStBl. 1984 II, 227 (ein Jahr); Voraufl. § 243 Rn 38 (*Hüffer*); *Adler/Düring/Schmaltz* § 243 Rn 38 und 46; *Baetge/Fey/Fey* in Küting/Weber (Fn 8) § 243 Rn 88.

13 Ähnlich MünchKommHGB/*Priester* Rn 65 (innerhalb der ersten elf Monate des Geschäftsjahres in Anlehnung an § 42a

14 2. **Aufstellung.** Zur Aufstellung des Jahresabschlusses berechtigt und verpflichtet sind nicht sämtliche, sondern nur die **geschäftsführenden Gesellschafter**;[14] es handelt sich um einen notwendigen Teil ihrer Geschäftsführungsfunktionen. Die Pflicht trifft *sämtliche* Geschäftsführer[15] unbeschadet einer abweichenden internen Geschäftsverteilung. Diese ist zwar für die Durchführung der konkreten Abschlussarbeiten von Bedeutung, entbindet die übrigen Geschäftsführer jedoch nicht von der gemeinsamen Verantwortung für die Erstellung des Abschlusses und seinen Inhalt;[16] das folgt auch ohne zwingende Regelung aus der Rechnungslegungsfunktion des Abschlusses. Mit den Vorbereitungsarbeiten und der Zusammenstellung des Rohentwurfs aus den Bestands- und Erfolgskonten der Gesellschaft können die Geschäftsführer Mitarbeiter oder sonstige Dritte (Steuerberater u.a.) beauftragen. Anderes gilt jedoch für die Ausfüllung des ihnen zustehenden Beurteilungsrahmens durch Einsetzung von Schätzwerten u.a. sowie für die Ausübung der durch das BilMoG 2009 allerdings zurückgedrängten (Rn 9) bilanzrechtlichen Ansatz- und Bewertungswahlrechte.[17] Sie sind Teil der eigenständigen Organfunktionen der Geschäftsführer und unterliegen daher auch keiner Weisungsbindung seitens der Gesellschafterversammlung oder bestimmter Mitgesellschafter. Allerdings kann der Gesellschaftsvertrag insoweit bindende, die Geschäftsführerkompetenz begrenzende Vorgaben enthalten (Rn 29 ff). Können die Geschäftsführer sich über bestimmte Bilanzansätze nicht einigen, so haben sie die Möglichkeit, untereinander Feststellungsklage zu erheben; sie können die Entscheidung aber auch der Entscheidung über die Bilanzfeststellung überlassen, wenn diese nach dem Gesellschaftsvertrag mehrheitlich getroffen werden kann (Rn 18).[18] Für ein Widerspruchsrecht einzelner Geschäftsführer nach § 115 Abs. 1 gegen Bilanzansätze von Mitgeschäftsführern ist angesichts ihrer Gesamtzuständigkeit kein Raum.[19]

15 **Inhaltlich** erfolgt die Aufstellung des Jahresabschlusses in der Weise, dass das Zahlenwerk aus der Buchhaltung übernommen und, getrennt nach Bestands- und Erfolgskonten, unter Vornahme der erforderlichen Abschlussbuchungen und Ausübung der bestehenden Ansatz- und Bewertungswahlrechte in die Bilanz bzw. die Gewinn- und Verlustrechnung eingestellt wird. Die Geschäftsführer sind dabei an den durch das Bilanzrecht sowie dessen Konkretisierung im Gesellschaftsvertrag vorgegebenen Rahmen gebunden. Jedoch können sie innerhalb dieses Rahmens unter Beachtung der allgemeinen Bilanzierungsgrundsätze (Rn 23), darunter insbes. des Grundsatzes der Bilanzidentität

---

Abs. 2 GmbHG); abweichend Ebenroth/Boujong/Joost/Strohn/*Ehricke* Rn 13 (drei Monate nach Aufstellung interessengerecht).

[14] EinhM, vgl. BGHZ 170, 283 = NJW 2007, 1685, (1686) (Rn 6); 76, 338 (342) = NJW 1980, 1689; BGH WM 1979, 1330; MünchKommHGB/*Priester* Rn 12; Ebenroth/Boujong/Joost/Strohn/*Ehricke* Rn 9; Heymann/*Emmerich* Rn 6; Baumbach/*Hopt* § 114 Rn 2 f; MünchGesR^2/*Bezzenberger* Bd. I § 62 Rn 21; Westermann/*Scholz* Handbuch Rn I 596.

[15] Zu ihrer gerichtlichen Durchsetzung vgl. Rn 21.

[16] So auch MünchKommHGB/*Priester* Rn 48; Ebenroth/Boujong/Joost/Strohn/*Ehricke* Rn 9; MünchGesR^2/*Bezzenberger* Bd. I § 62 Rn 21.

[17] Ganz hM, vgl. MünchKommHGB/*Priester* Rn 49; Ebenroth/Boujong/Joost/Strohn/*Ehricke* Rn 11; Heymann/*Emmerich* Rn 6a; *Adler/Düring/Schmaltz* § 242 Rn 29; *Priester* FS Quack, 1991, S. 373 (381 ff); *Ulmer* FS Hefermehl, 1976, S. 207 (218 ff).

[18] Ebenso Schlegelberger/*Martens* Rn 2; MünchKommHGB/*Priester* Rn 52; Ebenroth/Boujong/Joost/Strohn/*Ehricke* Rn 16; Heymann/*Emmerich* Rn 7; zu Streitigkeiten zwischen Gesellschaftern über einzelne Bilanzansätze vgl. auch Rn 22.

[19] So auch Schlegelberger/*Martens* Rn 2; Heymann/*Emmerich* Rn 7; aA Ebenroth/Boujong/Joost/Strohn/*Ehricke* Rn 15 (trotz Gesamtzuständigkeit, vgl. Rn 9); MünchGesR^2/*Bezzenberger* Bd. I § 62 Rn 21.

(§ 252 Abs. 1 Nr. 1) und der Bewertungsstetigkeit (§ 252 Abs. 1 Nr. 6), ihr *kaufmännisches Ermessen* eigenständig ausüben. Demgegenüber fällt die Bildung offener Rücklagen oder stiller Reserven (sofern dies bewusst geschieht) nicht in die Kompetenz der Geschäftsführer, sondern bleibt dem Beschluss sämtlicher Gesellschafter über die Gewinnverwendung auf der Grundlage der Bilanzfeststellung vorbehalten (zur Abgrenzung vgl. Rn 34 ff). Nach seiner Aufstellung ist der Jahresabschluss den Mitgesellschaftern zur Prüfung und Billigung zuzuleiten. Er bildet den *Entwurf* für die sich anschließende Bilanzfeststellung durch sämtliche Gesellschafter (Rn 16 ff).

3. Feststellung

a) **Gegenstand und Wirkungen.** Gegenstand des der Entscheidung durch sämtliche **16**
Gesellschafter (Rn 18) vorbehaltenen Feststellungsbeschlusses ist nach zutr. Ansicht nicht der gesamte Jahresabschluss, sondern lediglich die **Jahresbilanz** als ihr für die Feststellungswirkungen (Rn 17) relevanter Teil. Das war unstreitig, solange das Bilanzrecht sich (in § 39 Abs. 2 a.F.) darauf beschränkte, Kaufleuten und Personenhandelsgesellschaften die *Bilanz*erstellung zur Pflicht zu machen.[20] Entgegen der hM[21] hat sich daran aber auch nichts dadurch geändert, dass § 242 seit dem BiRiLiG die öffentlich-rechtliche Pflicht der Buchführungspflichtigen begründet, neben der Bilanz auch eine *Gewinn- und Verlustrechnung* zu erstellen. Denn die Funktion der Gewinn- und Verlustrechnung, durch Gegenüberstellung der Aufwendungen und Erträge eine Übersicht über die Ertragsquellen und den Mitteleinsatz zu geben und auf diesem Wege die *Ertragskraft* des Unternehmens und deren Ursachen offenzulegen, wird bereits durch ihre Aufstellung erreicht, ohne dass es hierzu einer Verbindlicherklärung der Ansätze durch Feststellungsbeschluss der Gesellschafter bedarf. Zwar wirken sich etwaige Änderungen der Ansätze der Jahresbilanz durch den Feststellungsbeschluss, insbes. eine Erhöhung oder Verringerung der Ansätze für Erzeugnisse oder Abschreibungen, auch auf die entsprechenden Posten der GuV (§ 275 Abs. 2 Nr. 2, 7) aus und beeinflussen auf diesem Wege auch das – mit dem Bilanzergebnis notwendig identische – Jahresergebnis. Hierzu bedarf es jedoch keiner gesonderten Feststellung der GuV, sondern nur der Korrektur der dort enthaltenen Ansätze; zu dieser sind die Geschäftsführer schon nach allgemeinen GoB wegen der Notwendigkeit inhaltlicher Übereinstimmung zwischen Bilanz und GuV verpflichtet.[22]

Die rechtliche **Wirkung der Bilanzfeststellung** bezieht sich in erster Linie auf das *Ver-* **17**
hältnis zwischen den Gesellschaftern und zur Gesellschaft. Sie geht dahin, die Jahresbilanz zwischen ihnen für verbindlich zu erklären und dadurch nicht nur das Jahresergebnis, sondern auch die dafür maßgeblichen Bilanzansätze sowie deren Bewertung unstreitig zu stellen. Die Bindungswirkung erstreckt sich über den regelmäßig allein schon aus der Bilanzfeststellung folgenden Gewinnanspruch (Rn 46) hinaus auch auf sonstige Sozialansprüche und -verbindlichkeiten, jedenfalls soweit sie bei der Beschlussfassung bekannt waren.[23] Bedarf es aufgrund des Gesellschaftsvertrags oder des Vorschlags der

---

20 Vgl. nur 3. Aufl. Rn 11 (*Rob. Fischer*). Zu der nach altem Recht umstr. Frage einer ungeschriebenen Pflicht nach GoB, eine Gewinn- und Verlustrechnung zu erstellen, vgl. *Schulze-Osterloh* ZHR 150 (1986), 403, (405, 409 f).

21 So MünchKommHGB/*Priester* Rn 59; Ebenroth/Boujong/Joost/Strohn/*Ehricke* Rn 41; Heymann/*Emmerich* Rn 8; Baumbach/*Hopt* Rn 1.

22 Vgl. dazu näher Voraufl. § 242 Rn 6 ff, 12 f (*Hüffer*).

23 Ähnlich BGH BB 1960, 188 (bei Niederschlag auf dem freien Verfügungskonto der Beteiligten); ohne diese Einschränkung Schlegelberger/*Martens* Rn 4; ähnlich auch

Geschäftsführer zusätzlich einer Beschlussfassung über die *Ergebnisverwendung* (Rn 33), so ist diese von derjenigen über die Bilanzfeststellung inhaltlich klar zu unterscheiden, wenn sie auch nicht selten damit verbunden wird; das ist für die Beschlussmehrheiten zu beachten (vgl. Rn 18, 41). Im *Verhältnis zu Dritten* kann die Bilanzfeststellung insbes. dann Bedeutung erlangen, wenn die Dritten nach Art stiller Gesellschafter oder partiarischer Gläubiger am (Brutto-)Ergebnis der Gesellschaft partizipieren. Freilich sind sie an eine von den Gesellschaftern unrichtig festgestellte Bilanz ihrerseits nicht gebunden und können den Mangel nach den für ihr Rechtsverhältnis zur Gesellschaft geltenden Grundsätzen geltend machen.[24] Auch ihr Recht auf Einsicht in die Bilanz (den Abschluss) und auf dessen Überprüfung resultiert nicht aus OHG-Recht, sondern aus jenem Rechtsverhältnis. Machen sie aufgrund des ihnen überlassenen Rechenwerks ihren Gewinnanspruch geltend, so liegt darin – vorbehaltlich nicht erkennbarer Mängel – regelmäßig zugleich die Annahme des Angebots der Gesellschaft auf Abschluss eines entsprechenden Feststellungsvertrages.[25]

18 b) **Feststellungsbeschluss.** Der Beschluss über die Bilanzfeststellung bedurfte nach bisheriger Rechtsprechung des BGH der Einstimmigkeit, wenn der Gesellschaftsvertrag keine Mehrheitsklausel für Grundlagengeschäfte enthält.[26] Hiervon ist der zuständige Senat in einer neueren Entscheidung im rechtlichen Ansatz abgerückt.[27] Demnach handelt es sich bei der Bilanzfeststellung zwar um ein **Grundlagengeschäft**, weil darüber nicht lediglich die für die Aufstellung zuständigen Geschäftsführer, sondern alle Gesellschafter zu entscheiden haben;[28] im Übrigen bezeichnet der Senat die Feststellung aber als eine **Angelegenheit der laufenden Verwaltung**[29] und sieht sie von einer **einfachen Mehrheitsklausel** gedeckt. Abgesehen von der unüblichen Terminologie, ist dem im Ergebnis zuzustimmen, zumal hiermit der Bestimmtheitsgrundsatz richtigerweise auf den Gehalt einer allgemeinen Auslegungsregel zurückgeführt wird (näher § 119 Rn 36).[30] Zutreffend ist ferner der Ausgangspunkt, dass grundsätzlich alle Gesellschafter über die Bilanz-

---

Ebenroth/Boujong/Joost/Strohn/*Ehricke* Rn 33 (nur soweit in die Bilanz eingestellt); **aA** MünchKommHGB/*Priester* Rn 61 (nur indizierende Wirkung); so auch *Schulze-Osterloh* FS Westermann, 2008, S. 1487 (1499 ff) (kein Anerkenntnis, kein Neubeginn der Verjährung; anders noch *ders.* FS Goerdeler, 1987, S. 531 [547 f]). Näher zur Rechtsnatur der Feststellung vgl. Rn 19.

[24] Ebenso Ebenroth/Boujong/Joost/Strohn/*Ehricke* Rn 47; MünchKommHGB/*Priester* Rn 62.

[25] So zutr. MünchKommBGB⁴/*Hüffer* § 781 Rn 24; dem folgend auch MünchKomm-BGB⁵/*Habersack* § 781 Rn 24; ebenso MünchKommHGB/*Priester* Rn 62; Ebenroth/Boujong/Joost/Strohn/*Ehricke* Rn 47.

[26] BGHZ 132, 263 (266) = NJW 1996, 1678; dort auch Näheres zur Aufteilung der Kompetenzen für Rechnungslegung und Gewinnermittlung in der KG zwischen Geschäftsführern und sonstigen Gesellschaftern.

[27] BGHZ 170, 283 = NJW 2007, 1685 = ZIP 2007, 475 – *Otto* – und dazu *K. Schmidt* ZGR 2008, 1; *Wertenbruch* ZIP 2007, 798; *Haar* NZG 2007, 601; *Binz/Mayer* DB 2007, 1739; *Priester* DStR 2008, 1386.

[28] BGHZ 170, 283 (285 f, 289 f) = NJW 2007, 1685 (1686 f) = ZIP 2007, 475 (476 f) (Rn 6, 13) – *Otto*.

[29] BGHZ 170, 283 (289 f) = NJW 2007, 1685(1687) = ZIP 2007, 475 (477) (Rn 13) – *Otto*.

[30] Da der streitgegenständliche Vertrag eine auf die Feststellung bezogene Mehrheitsklausel enthielt (BGH aaO [Fn 29] Rn 12), kam es letztlich nicht auf die Frage an, ob die Mehrheitsklausel sich wenigstens allg. auf Vertragsänderungen bzw. Grundlagenangelegenheiten beziehen muss. Dies folgt indes schon aus allgemeinen Auslegungsregeln (§ 119 Rn 31 und § 105 Rn 192 ff) und hat nichts mit dem – der Sache nach – jetzt auch vom Senat verabschiedeten Bestimmtheitsgrundsatz (BGH aaO [Fn 29] Rn 9) zu tun.

feststellung zu entscheiden haben, dabei aber an die Vorschläge der Geschäftsführer gebunden sind, sofern diese sachlich begründet sind und der bisherigen Bilanzpraxis entsprechen. Ist im Übrigen die Vereinbarung einer Mehrheitsklausel für Feststellungsentscheidungen zulässig, kann prinzipiell nichts anderes gelten für die Übertragung der Feststellungskompetenz auf einen einzelnen Gesellschafter[31] oder ein anderes Gesellschaftsorgan, namentlich einen *Beirat.*[32] Dem Zessionar des Gewinnanspruchs steht ein Mitwirkungsrecht an der Bilanzfeststellung hingegen nicht zu.[33] Der BGH brauchte die Frage nicht zu entscheiden,[34] ob die Bildung offener Rücklagen als Eingriff in den **Kernbereich,** namentlich das Gewinnrecht jedes einzelnen Gesellschafters, zu werten ist, so dass sie einer Mehrheitsentscheidung nur im Falle einer gesellschaftsvertraglichen Begrenzung nach Ausmaß und Umfang zugänglich ist.[35] Denn der Gesellschaftsvertrag enthielt eine Thesaurierungsgrenze in Höhe von 20 %, und hierin kann grundsätzlich die (antizipierte) Zustimmung zur konkreten Verwendungsentscheidung gesehen werden (näher Rn 42 f). Der Beschlusszuständigkeit entspricht ein *Auskunftsrecht* der Mitgesellschafter gegen die Geschäftsführer und deren Informationspflicht über die Art und Weise der Bilanzaufstellung und das Ausmaß der dabei berücksichtigten Risiken; es erstreckt sich insbes. auf die Ausübung der Ansatz- und Bewertungswahlrechte und auf die Frage einer mittelbaren Ergebnisminderung durch bewusstes Bilden stiller Reserven.[36] Zur Abgrenzung zwischen Ergebnisermittlung und -verwendung vgl. Rn 34 ff.

Die **Rechtsnatur** des Feststellungsbeschlusses wird von der hM zu Recht als *kausales* **19**
Anerkenntnis in Gestalt eines Feststellungsbeschlusses beurteilt,[37] das auf Ausschluss der bekannten oder für möglich gehaltenen Einwendungen gerichtet ist. Das gilt auch dann, wenn der Gesellschaftsvertrag einen Mehrheitsbeschluss (Rn 18) zulässt.[38] Die früher

---

31 So im Ansatz zutr. OLG Stuttgart OLGR 2008, 185 (unter Berufung auf Voraufl. § 114 Rn 15 [*Ulmer*]; *Schulze-Osterloh* FS Hadding, 2004, S.637, [650]); vgl. ferner MünchKommHGB/*Grunewald* § 168 Rn 16; *Ihrig* in: Sudhoff, GmbH & Co. KG § 23 Rn 32.

32 Vgl. außer den Nachw. in Fn 31 auch BGHZ 132, 263 (268) = NJW 1996, 1678; Voraufl. Rn 18 (*Ulmer*).

33 BGH WM 1983, 1279 (1280).

34 BGHZ 170, 283 (290 f) = NJW 2007, 1685 (1687 f) = ZIP 2007, 475 (477 f) (Rn 15) – *Otto*.

35 Zu weitgehend OLG Stuttgart OLGR 2008, 184: Regelung zulässig, derzufolge Komplementär ohne Beteiligung der Kommanditisten alles in Rücklagen einstellen darf, was die Gesellschafter nicht zur laufenden Begleichung ihrer Steuerschulden benötigen.

36 EinhM, vgl. MünchKommHGB/*Priester* Rn 67; Ebenroth/Boujong/Joost/Strohn/*Ehricke* Rn 55; Heymann/*Emmerich* Rn 8; *Priester* FS Quack, 1991, S. 373 (383 f); *Schulze-Osterloh* ZHR 150 (1986) 403 (421); allg. zum Auskunftsanspruch der Gesellschafter im Hinblick auf Gegenstände ihrer Beschlussfassung vgl. auch § 118 Rn 26.

37 So erstmals wohl *Zunft* NJW 1959, 1945 (1946) und *Ulmer* FS Hefermehl, 1976, S. 207 (214 ff); ebenso MünchKommBGB[4]/*Hüffer* § 781 Rn 22; Schlegelberger/*Martens* Rn 5; Heymann/*Emmerich* Rn 9; Ebenroth/Boujong/Joost/Strohn/*Ehricke* Rn 36a; *Koller*/Roth/Mork Rn 2; Erman/*Westermann* BGB[12] § 721 Rn 2; Bamberger/Roth/*Timm/Schöne* BGB[2] § 721 Rn 4; aus der Rspr. vgl. OLG Frankfurt BB 1982, 143; der Sache nach auch BGHZ 132, 263 (267) = NJW 1996, 1678; offenlassend noch OLG Düsseldorf NJW-RR 1994, 1455 (1458); **aA** MünchKommHGB/*Priester* Rn 57, 61 (Organisationsbeschluss mit allenfalls indizierender Wirkung); *ders.* FS Hadding, 2004, S. 607 (614) und DStR 2007, 28 (31); zustimmend *Schulze-Osterloh* FS Westermann, 2008, S. 1487 (1492); Westermann/*Scholz* Handbuch Rn I 599a; Soergel/*Hadding/Kießling* BGB[12] § 721 Rn 5; wohl auch MünchKommBGB[5]/*Habersack* § 781 Rn 24 (anerkennendes Moment nur Begleiterscheinung).

38 So ausdrücklich auch Schlegelberger/*Martens* Rn 5; für Gestaltungsrecht analog § 315 BGB aber *Muth* S. 122 ff.

verbreitete, auch von der Rechtsprechung geteilte abweichende Ansicht, es handele sich um ein – nach § 782 BGB formfreies – abstraktes Schuldanerkenntnis,[39] ist überholt. Gegen sie spricht vor allem, dass die Gesellschafter mit dem Feststellungsbeschluss den Ansätzen und dem Ergebnis der Bilanz zwar verbindliche Wirkung unter sich verleihen (Rn 17), aber keine neuen Sozialverbindlichkeiten begründen wollen.[40] Dementsprechend berechtigen nachträglich festgestellte Mängel der Bilanz zwar zur Anfechtung der Feststellung wegen Irrtums oder Täuschung oder zur Berufung auf einen Kalkulationsirrtum nach der Lehre vom Wegfall der Geschäftsgrundlage.[41] Ein Widerruf der Zustimmung[42] ist jedoch nur bis zum Zustandekommen des Feststellungsbeschlusses möglich (§ 119 Rn 27). Auch für einen Kondiktionsanspruch nach § 812 Abs. 2 BGB wegen eines rechtsgrundlos gewährten abstrakten Schuldanerkenntnisses ist grundsätzlich kein Raum.[43] Das dem bilanzierten Anspruch zugrundeliegende Rechtsverhältnis bleibt vielmehr in vollem Umfang maßgeblich, sofern der Mangel nicht schon bei der Beschlussfassung bekannt war und deshalb von der anerkennenden Wirkung erfasst wird.[44]

20 c) **Zustimmungspflicht der Mitgesellschafter.** Entspricht die von den Geschäftsführern aufgestellte Bilanz den Vorgaben des Gesellschaftsvertrages und dem durch das Bilanzrecht gesetzten Rahmen, so sind die Gesellschafter zur Zustimmung verpflichtet und können hierauf im Weigerungsfall von Mitgesellschaftern verklagt werden (Rn 21). Das folgt angesichts der Bedeutung der Bilanz für die Gewinnermittlung und für künftige Abschlüsse aus der ihnen obliegenden *Treupflicht*[45]. Insbesondere sind die Mitgesellschafter im Regelfall nicht berechtigt, die Zustimmung davon abhängig zu machen, dass die Geschäftsführer ihr Ansatz- oder Bewertungswahlrecht in bestimmter Weise ausüben. Sie können deren inhaltlich ermessensfehlerfreie Ausübung auch nicht durch eine abweichende eigene Entscheidung ersetzen. Die *Zustimmungspflicht entfällt* einerseits dann, wenn die Geschäftsführer mit der Bilanzaufstellung schon Teile der Ergebnisverwendung vorweggenommen haben; hierzu sind sie nicht befugt (vgl. Rn 33). Andererseits können sich einzelne Bilanzansätze, obwohl sie sich im Rahmen des Bilanzrechts halten, wegen der besonderen Umstände des Einzelfalls ausnahmsweise als gegenüber bestimmten Gesellschaftern treuwidrig erweisen, so wenn die Nachholung einer außerordentlichen Rückstellung in voller Höhe zu Lasten eines einzelnen Jahresergebnisses zu wesentlichen Nachteilen für die Gewinnberechtigung oder den Abfindungsanspruch eines nur vorü-

---

[39] So noch BGH BB 1960, 188; 3. Aufl. Rn 11 (*Rob. Fischer*); *Hueck* OHG § 17 I 4, S. 243.

[40] Vgl. nur *Zunft* und *Ulmer* aaO (Fn 37); MünchKommBGB[5]/*Habersack* § 781 Rn 23.

[41] Ebenroth/Boujong/Joost/Strohn/*Ehricke* Rn 38; MünchKommHGB/*Priester* Rn 69; Heymann/*Emmerich* Rn 11a; so schon *Zunft* NJW 1959, 1945 (1947 f); grundsätzlich abweichend zwar *Schön* FS 50 Jahre BGH, 2000, S. 153 (172 ff) (Unterwerfung unter die allgemeinen Regeln über Gesellschafterbeschlüssen, S. 175 f), was aber für die Personengesellschaft keine Änderung bewirkt; zur Beschlussmängellehre vgl. § 119 Rn 75 ff.

[42] Dafür Schlegelberger/*Martens* Rn 5; Heymann/*Emmerich* Rn 11a.

[43] Zur grds. mangelnden Kondizierbarkeit kausaler Schuldanerkenntnisse vgl. nur MünchKommBGB[5]/*M. Schwab* § 812 Rn 27 f.

[44] Allgemein zur Wirkung eines kausalen Anerkenntnisses nur MünchKommBGB[5]/*Habersack* § 781 Rn 5 f.

[45] Vgl. *Ulmer* FS Hefermehl, 1976, S. 207 (211); so der Sache nach auch Schlegelberger/*Martens* Rn 8; MünchKommHGB/*Priester* Rn 40, 63; *Hueck* OHG § 17 I 4, S. 243; MünchGesR[2]/*Bezzenberger* Bd. I § 62 Rn 66; ebenso in diesem Zusammenhang auch OLG Stuttgart OLGR 2008, 184 (186).

bergehend beteiligten Gesellschafters führt.[46] Sie können dem betroffenen Gesellschafter das Recht geben, seine Zustimmung davon abhängig zu machen, dass die Geschäftsführer den Ansatz unter Berücksichtigung seines abweichenden Interesses korrigieren. Zum Auskunftsrecht der Mitgesellschafter gegen die Geschäftsführer hinsichtlich der Bilanzansätze vgl. Rn 18.

4. Streitigkeiten. Streitigkeiten mit Bezug auf die Rechnungslegung, sei es über die Pflicht zur Aufstellung des Jahresabschlusses oder zur Feststellung der Bilanz, sei es im Hinblick auf einzelne Bilanzansätze, sind *zwischen den Gesellschaftern* auszutragen, da es um Probleme der Grundlagenebene geht;[47] die Gesellschaft ist insoweit weder aktiv- noch passivlegitimiert. Eine Klage auf **Aufstellung des Jahresabschlusses** kann nach Ablauf der Aufstellungsfrist (Rn 12) von jedem nicht selbst an der Geschäftsführung beteiligten Gesellschafter gegen jeden Geschäftsführer erhoben werden, ohne dass eine notwendige Streitgenossenschaft zwischen mehreren Geschäftsführern als Beklagten besteht;[48] es handelt sich um eine Leistungsklage aus eigenem Recht, gerichtet auf Vornahme einer unvertretbaren Handlung (§ 888 ZPO). Demgegenüber richtet sich eine Klage gegen Mitgesellschafter auf **Zustimmung zur Bilanzfeststellung** auf die Abgabe einer Willenserklärung (§ 894 ZPO). Auch insoweit geht es um ein streitiges Rechtsverhältnis der Grundlagenebene (sonstige gemeinsame Angelegenheit der Gesellschafter, vgl. § 119 Rn 14), ohne dass eine notwendige Streitgenossenschaft auf der Aktiv- oder Passivseite besteht.[49] Für die „Anfechtung" des Feststellungsbeschlusses gelten im Übrigen die allgemeinen Regeln (vgl. § 119 Rn 90 f). 21

Streiten Gesellschafter über **einzelne Bilanzansätze**, so können auch diese den Gegenstand eines Rechtsstreits bilden. Zwar ist es nicht Aufgabe des Gerichts, die Bilanz oder den Jahresabschluss anstelle der Parteien oder für diese zu erstellen.[50] Wohl aber kann die (Un-)Richtigkeit einzelner Ansätze zum Gegenstand einer *Feststellungsklage* gemacht werden. Das Feststellungsinteresse ist dann zu bejahen, wenn nach den Umständen des Falles erwartet werden kann, dass das Urteil den Streit der Parteien beendet und dazu führt, dass das bisher bestehende Hindernis für die Aufstellung des Jahresabschlusses oder die Zustimmung zur Bilanzfeststellung beseitigt wird. 22

III. Bilanzierungsregeln

1. Gesetzliche Vorgaben. Das materielle Bilanzrecht für Kaufleute und Personenhandelsgesellschaften findet sich, gegliedert in Allgemeine Vorschriften, Ansatz- und Bewertungsvorschriften in §§ 242 bis 256. Es enthält eine gesetzliche Fixierung der schon vor 23

[46] Vgl. den Fall BGH WM 1974, 392 (393) (betr. GmbH); ähnlich auch BGHZ 132, 263 (273) = NJW 1996, 1678 sowie schon BGH WM 1966, 1132 (1134 f); zust. Baumbach/Hueck/*Schulze-Osterloh* GmbHG[18] § 42a Rn 35; Scholz/*K. Schmidt* GmbHG[10] § 46 Rn 39.

[47] BGH WM 1979, 1330; anders für Klage auf Aufstellung des Jahresabschlusses gegen Geschäftsführer (actio pro socio) MünchKommHGB/*Priester* Rn 53; Ebenroth/Boujong/Joost/Strohn/*Ehricke* Rn 14.

[48] BGH WM 1983, 1279 (1280); Schlegelberger/*Martens* Rn 8; Heymann/*Emmerich* Rn 7; *Bormann/Hellberg* DB 1997, 2415; MünchKommHGB/*Priester* Rn 53; Ebenroth/Boujong/Joost/Strohn/*Ehricke* Rn 39.

[49] Insoweit **aA** Schlegelberger/*Martens* Rn 8; Ebenroth/Boujong/Joost/Strohn/*Ehricke* Rn 39; Röhricht/Graf v. Westphalen/*v. Gerkan/Haas* Rn 11 unter unzutr. Berufung auf BGH WM 1983, 1279 (1280) (offenlassend).

[50] So zutr. BGH WM 1979, 1330.

1985 allgemein anerkannten Grundsätze ordnungsmäßiger Bilanzierung. Dabei geht es vor allem um das Prinzip der Bilanzwahrheit (§ 246 Abs. 1) und der Bilanzklarheit (§ 243 Abs. 2), das Stichtagsprinzip (§ 242 Abs. 1 und 2), das Bruttoprinzip (§ 246 Abs. 2) sowie die in § 252 Abs. 1 enthaltenen Prinzipien der Bilanzkontinuität, des going concern, der Einzelbewertung, der Vorsicht (Realisations-, Imparitäts- und Niederstwertprinzip), der Periodenabgrenzung und der Bewertungsstetigkeit (vgl. näher Voraufl. § 243 Rn 6 ff [*Hüffer*]).

24 Für die **Gliederung der Bilanz** begnügt sich das Gesetz in § 247 Abs. 1 und 2 mit einigen wenigen Anforderungen an den Bilanzausweis. Es macht jedoch durch die Forderung nach „hinreichender Aufgliederung" in § 247 Abs. 1 aE in Verbindung mit dem Grundsatz der Bilanzklarheit (§ 243 Abs. 2) deutlich, dass die Bilanz eine aussagekräftige Darstellung des Verhältnisses von Vermögen und Schulden bieten muss; hierzu empfiehlt sich eine der Gliederung des § 266 im Wesentlichen entsprechende Darstellung (Voraufl. § 243 Rn 33 [*Hüffer*]). Hinsichtlich der **Gewinn- und Verlustrechnung** fehlt es sogar an jeder gesetzlichen Gliederungsvorgabe. Aus dem Prinzip der Klarheit des Jahresabschlusses (§ 243 Abs. 2) und dem mit der GuV verfolgten Zweck, die Ertragskraft des Unternehmens darzustellen (Voraufl. § 242 Rn 11 f [*Hüffer*]), lässt sich jedoch auch insoweit darauf schließen, dass eine grobe Orientierung an den für die GuV von Kapitalgesellschaften geltenden Gliederungsanforderungen mit freier Wahl zwischen Gesamt- und Umsatzkostenverfahren geboten ist (vgl. näher Voraufl. § 243 Rn 34 [*Hüffer*]). Die genannten bilanzrechtlichen Vorschriften stecken den Rahmen ab für den Jahresabschluss der OHG; sie sind daher auch für die Rechnungslegungszwecke des § 120 Abs. 1 zu beachten (Rn 15). Für Personengesellschaften, die nach ihrer Größe dem PublG unterliegen, gelten nach § 5 PublG die dort in Bezug genommenen Vorschriften über den Inhalt, die Gliederung und die einzelnen Posten des Jahresabschlusses von Kapitalgesellschaften.

25 **2. Wahlrechte.** Im Unterschied zum Bilanzrecht der Kapitalgesellschaften eröffneten die an Kaufleute und Personengesellschaften adressierten Vorschriften bislang in relativ weitgehendem Umfang Wahlrechte bei Aufstellung der Bilanz,[51] die aber durch das **BilMoG 2009** (Rn 4) mittlerweile stark reduziert wurden. Nach wie vor findet sich ein **Ansatzwahlrecht** hinsichtlich der *Aktivierung* eines Damnums (§ 250 Abs. 3), während ein derivativ erworbener Geschäfts- oder Firmenwert nunmehr zwingend nach den allgemeinen handelsrechtlichen Bewertungsvorschriften zu aktivieren ist (§ 246 Abs. 1 S. 4 n.F.). Abgeschafft wurde auch das Wahlrecht zur *Passivierung* von Aufwandsrückstellungen (§ 249 Abs. 1 S. 3, Abs. 2 a.F.). **Bewertungswahlrechte** bestehen in eingeschränktem Umfang noch bei der Bemessung der Herstellungskosten (§ 255 Abs. 2 S. 3 n.F.[52], Abs. 3 S. 2) sowie bei der Vornahme außerplanmäßiger Abschreibungen auf das Anlagevermögen (§ 253 Abs. 3 S. 4 n.F.).[53] Die Möglichkeit, Abschreibungen auf das Umlaufvermögen willkürlich auf erwartete Wertverluste schon „vorauseilend" vorzunehmen (§ 253

[51] Vgl. die Übersicht bei *Schulze-Osterloh* BB 1995, 2519 (2520).

[52] Der neue Satz 3 eröffnet den Unternehmen das Wahlrecht, in die Herstellungskosten solche Aufwendungen, die unabhängig von der Erzeugnismenge anfallen, einzurechnen, soweit diese auf den Zeitraum der Herstellung entfallen.

[53] Das Abschreibungswahlrecht bei nur vorübergehender Wertminderung (Abs. 2 S. 3 a.F.) kann danach künftig von allen Unternehmen nur noch bezogen auf Finanzanlagen in Anspruch genommen werden.

Abs. 4 S. 3 a.F.), ist hingegen gestrichen worden, weil sie mit dem Ziel einer den tatsächlichen und aktuellen Verhältnissen entsprechenden Darstellung der Vermögens-, Finanz- und Ertragslage nicht vereinbar sei.[54] Gestrichen wurde ferner das Wahlrecht zur Bildung stiller Reserven (sog. Ermessensreserven) nach § 253 Abs. 4 a.F. Mit dem Prinzip der umgekehrten Maßgeblichkeit (vgl. Rn 4) hat das BilMoG schließlich die **steuerlich bedingten Wahlrechte** der §§ 247 Abs. 3, 254 a.F. abgeschafft. Die *Zuständigkeit* für die Ausübung der verbliebenen Wahlrechte liegt grundsätzlich bei den für die Bilanzaufstellung zuständigen *geschäftsführenden Gesellschaftern* (Rn 14).[55] Ein Vorbehalt gilt allerdings für solche Wahlrechte, die der Sache nach als Ergebnisverwendung zu qualifizieren sind (vgl. näher Rn 37).

3. Insbes.: Ansatz und Bewertung der Einlagen. Von erheblicher Bedeutung ist – wegen seiner Auswirkungen auf den Kapitalanteil als relevante Rechnungsziffer für die Vermögensrechte der Gesellschafter (Rn 52) – der Bilanzansatz der von den Gesellschaftern erbrachten Einlagen. Denn die Festsetzung der – nach § 120 Abs. 2 variablen – Kapitalanteile der Gesellschafter richtet sich bei Gründung der Gesellschaft oder späterem Beitritt weiterer Gesellschafter grundsätzlich nach den jeweiligen Ansätzen für die von ihnen als Einlagen eingebrachten Gegenstände (vgl. dazu näher Rn 27). Diese bestimmen dadurch mittelbar die Höhe des nach § 247 Abs. 1 gesondert auszuweisenden **Eigenkapitals der Gesellschaft als Summe der Kapitalanteile** (Kapitalkonten, vgl. Rn 54). Ausstehende Pflichteinlagen können entweder auf der Aktivseite der Bilanz als Forderungen gegen Gesellschafter ausgewiesen oder auf der Passivseite offen von den nach Maßgabe der Einlageverpflichtung festgesetzten Kapitalanteilen abgesetzt werden, wobei noch nicht eingeforderte Beiträge kenntlich zu machen sind.[56] Einzelheiten zur Bildung der Kapitalkonten und zur Verbuchung von Einlagen, von nicht entnahmefähigen Gewinnen und von Verlusten auf ihnen vgl. in Rn 54 ff. 26

Die **Aktivierung der Einlageleistungen** richtet sich zwar grundsätzlich nach dem Vollständigkeitsprinzip des § 246 Abs. 1 und nach dem den Anschaffungskosten des § 255 Abs. 1 entsprechenden, im Gesellschaftsvertrag vereinbarten Einbringungswert.[57] Aus Gründen des Gläubigerschutzes können allerdings nur solche Einlageleistungen zu einem Bilanzansatz führen, bei denen es sich um *Vermögensgegenstände* handelt, d.h. um Wirtschaftsgüter, denen ein selbständig aktivierungsfähiger Wert beizumessen ist.[58] Das ist problemlos bei Geld- und Sacheinlagen, einschließlich Forderungen und verkehrsfähigen immateriellen Werten. Die Aktivierbarkeit fehlt jedoch bei sonstigen Beiträgen wie der Übernahme von Dienstleistungen für die Gesellschaft oder der Stärkung ihrer Kreditfähigkeit.[59] Was die **Höhe der Bilanzansätze**, d.h. die Zulässigkeit der Übernahme des gesell- 27

[54] BegrRegE, BT-Drucks. 16/10067, S. 56 f.

[55] Ebenso MünchKommHGB/*Priester* Rn 27.

[56] Vgl. HFA 2/1993, S. 260; zu Eigenkapitalausweis und -bewertung nach IFRS vgl. etwa *Rückle* FS Baetge, 2007, S. 479 (489 ff).

[57] Zur Gleichstellung des im Gesellschaftsvertrag für Sacheinlagen vorgesehenen Betrags mit den „Anschaffungskosten" des § 255 vgl. *Sarx* in: Beck Bil-Komm.[2] § 247 Rn 198 und *Adler/Düring/Schmaltz* § 253 Rn 44.

[58] Zum bilanzrechtlichen Begriff des aktivierungsfähigen (selbständig verkehrsfähigen und selbständig bewertbaren) Vermögensgegenstands vgl. Voraufl. § 246 Rn 5 ff (*Kleindiek*); *Ellrott/Krämer* in: Beck Bil-Komm.[6] § 247 Rn 13 ff; *Adler/Düring/Schmaltz* § 246 Rn 9 ff, 26 ff; *Kußmaul* in: Küting/Weber (Fn 8) § 246 Rn 6 ff; *Moxter* Bilanzrechtsprechung[6] § 2 S. 6 ff; *Großfeld/Luttermann* Bilanzrecht[4] Rn 357 ff.

[59] Vgl. *U. Huber* Vermögensanteil, S. 195 f, 197 f; *Förschle/Kofahl* in: Beck Bil.-Komm.[4] § 247 Rn 172 und 198; MünchKommHGB/*Priester* Rn 33; Ebenroth/Boujong/Joost/Strohn/*Ehricke* Rn 26a.

schaftsvertraglichen Einbringungswerts angeht, so ist einerseits das – nur noch bei Finanzinstrumenten durch § 253 Abs. 3 S. 4 n.F. geminderte – Niederstwertprinzip des § 253 Abs. 3 S. 3; Abs. 4 n.F. zu beachten. Es macht bei dauernder Unterschreitung des Einbringungswerts aufgrund gesellschaftsvertraglicher *Überbewertung* des Einlagegegenstands einen entsprechend niedrigeren Ansatz in der Eröffnungsbilanz oder eine außerplanmäßige Abschreibung in der auf die Einbringung folgenden Jahresbilanz aus Gründen der Bilanzwahrheit und des Gläubigerschutzes erforderlich.[60] Daran vermögen auch abweichende, auf Stärkung der Kapitalbeteiligung des einbringenden Gesellschafters gerichtete Vereinbarungen im Gesellschaftsvertrag nichts zu ändern. Andererseits sind die Gesellschafter aber auch nicht berechtigt, durch willkürliche *Unterbewertung* der Einlagegegenstände im Gesellschaftsvertrag zu einem deutlich unter deren wahrem Wert liegenden Wertansatz zu kommen. Das folgt aus dem durch Streichung des § 253 Abs. 4 a.F. noch verschärften Verbot von Willkürreserven, um die Offenlegung späterer Wertminderungen oder Verluste sicherzustellen.[61] Die früher zulässigen Ausnahmen für Ermessensreserven (§ 253 Abs. 4 a.F.) und die steuerrechtlich erlaubte Fortführung eines niedrigeren Wertansatzes (Voraufl. Rn 26a [*Ulmer*]) haben sich durch das BilMoG erledigt (Rn 25).

28 Die Gesellschafter sind durch die vorstehend (Rn 27) aufgezeigten bilanzrechtlichen Aktivierungsgrundsätze nicht gehindert, für die **Festsetzung der Kapitalanteile** intern eine *von den Bilanzansätzen abweichende Anrechnung erbrachter Einlagen* zu vereinbaren. In der einvernehmlichen Festsetzung der Kapitalanteile der Gesellschafter als Kennziffer ihrer jeweiligen vermögensrechtlichen Beteiligung sind sie in den Grenzen des § 138 BGB frei, solange die Summe der Kapitalkonten als bilanzieller Ausdruck der Kapitalanteile den aktivischen Gesamtansatz für die eingebrachten Vermögenswerte nicht überschreitet.[62] Haben sich etwa die Gesellschafter A und B zur Einlage von je 1,5 Mio. Euro verpflichtet und diese erbracht, während der Beitrag des C in der Erbringung von Dienstleistungen besteht, so können die Gesellschafter im Interesse paritätischer Beteiligung die jeweiligen Kapitalkonten einheitlich auf je 1 Mio. Euro festsetzen. Ebenso kann der Kapitalanteil (das Kapitalkonto) eines später beitretenden Gesellschafters zum Ausgleich für die inzwischen im Gesellschaftsvermögen angesammelten stillen Reserven auf einen unter dem Bilanzansatz seiner Einlageleistung liegenden Betrag festgesetzt und die daraus resultierende Differenz entweder zur Aufstockung der anderen Kapitalkonten verwendet oder einer Rücklage zugeführt werden.[63] *Gläubigerbelange* stehen einem derartigen Vorgehen angesichts der unbeschränkten persönlichen Haftung aller Gesellschafter nicht entgegen; im Fall von Kommanditeinlagen könnte den auf die Kommanditisten zugreifenden Gläubigern nach § 171 Abs. 1 freilich nur der tatsächliche Wert der jeweils geleisteten Einlage entgegengesetzt werden (vgl. näher Voraufl. § 171 Rn 9 [*Schilling*]).

---

60 Für Unvereinbarkeit eines auf Überbewertung beruhenden Ansatzes mit den Wertungen der §§ 253, 255 zu Recht auch *Förschle/Kofahl* in: Beck Bil.-Komm.[4] § 247 Rn 198; Schlegelberger/*Martens* Rn 20; MünchKommHGB/*Priester* Rn 35 und Heymann/*Emmerich* Rn 13, letztere freilich unter unzutr. Interpretation von BGHZ 17, 130 (134) = NJW 1955, 1025 und der sich anschließenden Literatur (vgl. 3. Aufl. Rn 24 [*Rob. Fischer*]).

61 So zur alten Rechtslage zu Recht bereits Voraufl. Rn 26a (*Ulmer*); *Großfeld/Luttermann* Bilanzrecht[4] Rn 267 ff; *Wöhe* Bilanzierung und Bilanzpolitik, 9. Aufl. 1997, S. 632, 767; *Schulze zur Wiesch* WPg 1987, 149 (151); ebenso MünchKommHGB/*Priester* Rn 36.

62 So zutr. BGHZ 17, 130 (133 f) = NJW 1955, 1025; MünchKommHGB/*Priester* Rn 37.

63 BGH WM 1959, 137; ebenso Schlegelberger/*Martens* Rn 20; MünchKommHGB/*Priester* Rn 37; Ebenroth/Boujong/Joost/Strohn/*Ehricke* Rn 25; Baumbach/*Hopt* Rn 17; Westermann/*Sassenrath* Handbuch Rn I 578a ff; *Pauli* S. 72 f; **aA** wohl *Förschle/Kofahl* in: Beck Bil.-Komm.[4] § 247 Rn 198.

IV. Vereinbarungen über die Rechnungslegung

Die Gesellschafter sind im Rahmen ihrer Privatautonomie nicht gehindert, im Gesellschaftsvertrag **Vereinbarungen** über die Art und Weise der Rechnungslegung sowie über das Gebrauchmachen von den bilanzrechtlichen Wahlrechten (Rn 25) zu treffen, sofern sie dadurch den durch das Bilanzrecht gesetzten, für den handelsrechtlichen Jahresabschluss verbindlichen Rahmen nicht überschreiten.[64] Der **Zweck** derartiger Vereinbarungen richtet sich darauf, den Spielraum der Geschäftsführer bei der Bilanzaufstellung (Rn 14) zu verringern und zugleich möglichen Auseinandersetzungen über die richtigen Bilanzansätze im Zuge der Bilanzfeststellung zuvorzukommen. Sie dienen der Konkretisierung der Maßstäbe für die *Ermittlung des Jahresergebnisses* und unterscheiden sich dadurch im Ansatz klar von den ihnen sachlich nahestehenden Vereinbarungen über die Ergebnisverwendung (Rn 42). 29

Vereinbarungen über die Art und Weise der Rechnungslegung können sich einerseits – als *Pauschalverweisungen* – auf solche Bilanzierungsregeln beziehen, die im Vergleich zum Bilanzrecht der Personengesellschaften deutlich schärfere Konturen aufweisen und den zuständigen Organmitgliedern weniger Spielraum bei der Aufstellung des Jahresabschlusses belassen. Insoweit kommt in erster Linie die Verweisung auf das **Bilanzrecht für Kapitalgesellschaften** (§§ 264 ff) in Betracht, sei es in vollem Umfang oder in bestimmten Teilen. Sie erstreckt sich im Zweifel nicht nur auf die Gliederungsbestimmungen der §§ 266, 275 und die sie ergänzenden Vorschriften zu einzelnen Posten von Bilanz und GuV, sondern auch auf die jenen Vorschriften zugrundeliegende Differenzierung nach Größenklassen (§ 267). Demgegenüber hat sich ein Verweis auf die besonderen Bewertungsvorschriften der §§ 279–283 a.F. mit deren Aufhebung durch das BilMoG 2009 erledigt.[65] Da die dort enthaltenen Sonderregeln in den modifizierten allgemeinen Regeln aufgegangen sind, scheidet die Aufrechterhaltung von Verweisungen aus der Zeit vor Inkrafttreten des BiLMoG in der Regel aus, weil sie bilanzrechtlich nicht (mehr) zulässig wäre.[66] Zulässig und nicht selten anzutreffen ist auch die Verweisung auf das **Steuerbilanzrecht** im Interesse der Erstellung einer *Einheitsbilanz* für Zwecke des Handels- und Steuerrechts.[67] Nach ihrem Sinn und Zweck bezieht sie sich auf das *materielle* Steuerrecht,[68] und zwar in seiner jeweils geltenden Fassung; die nachträgliche Erhöhung des steuerrechtlichen Ergebnisses wegen Nichtanerkennung getätigter, betriebswirtschaftlich gebotener Ausgaben im Rahmen einer Betriebsprüfung führt im Zweifel nicht zur 30

---

64 Vgl. MünchKommHGB/*Priester* Rn 40 f; zum GmbH-Recht vgl. Baumbach/Hueck/*Schulze-Osterloh* GmbHG[18] § 42 Rn 23; Scholz/*K. Schmidt* GmbHG[10] § 46 Rn 47; eingehend zum zwingenden Rahmen der §§ 242 ff für die Gewinnermittlung auch im Innenverhältnis *Schön* FS 50 Jahre BGH, 2000, S. 153 (170 ff).

65 Sie sind wg. Änderung der allemeinen Bewertungsvorschriften gegenstandslos geworden, vgl. BegrRegE, BT-Drucks. 16/10067, S. 68.

66 Zur Frage der Behandlung älterer Verweisungen aus der Zeit vor dem BiRiLiG für die Zeit bis zum Inkrafttreten des BilMoG vgl. Voraufl. Rn 29 mwN (*Ulmer*).

67 Vgl. dazu *Döllerer* FS Kellermann, 1991, S. 51 ff; *Priester* FS Heinsius, 1991, S. 621 ff (zum GmbH-Recht). Die Muster eines OHG- und eines KG-Vertrags im Münchener Vertragshandbuch[6], Bd. 1 (Gesellschaftsrecht), enthalten durchweg eine derartige Einheitsbilanzklausel, vgl. *Oldenburg* aaO S. 85 (II. 1. § 6) und S. 107 (II. 3. § 10); *Riegger/Götze* aaO S. 227 (III. 1. § 7 Abs. 2) und S. 250 (III. 3. § 10 Abs. 2).

68 D.h. auf die Vorschriften über die Erstellung der Steuerbilanz und nicht auf den Inhalt der – ggf. durch das Finanzamt oder das Finanzgericht geänderten – Steuerbilanz im Sinn *formeller* Maßgeblichkeit; vgl. zu dieser Differenzierung *Döllerer* FS Kellermann, 1991, S. 51, (62 f).

Erhöhung des ausschüttungsfähigen Gewinns.[69] Soweit der Übernahme einzelner steuerrechtlich gebotener oder zugelassener Ansätze ausnahmsweise zwingendes Handelsbilanzrecht entgegensteht,[70] wird die Wirksamkeit der Verweisung im Übrigen davon nicht berührt.[71]

31 Zulässig sind auch Vereinbarungen über **bestimmte Bilanzposten**, insbes. die Ausübung insoweit bestehender Ansatz- und Bewertungswahlrechte (Rn 25), unter im Übrigen unverändertem Festhalten an dem für den Jahresabschluss von Personengesellschaften geltenden Rahmen. Sie können dahin gehen, steuerliche Wahlrechte in einem für die Gesellschafter möglichst günstigen Sinne auszuüben oder bei der Ausübung handelsrechtlicher Wahlrechte der Selbstfinanzierung der Gesellschaft und der Risikovorsorge Vorrang vor dem Ausweis eines möglichst hohen Jahresergebnisses einzuräumen.[72] Soweit sich damit die Verständigung auf die bewusste Bildung stiller Reserven als vorweggenommene Ergebnisverwendung verbindet, sind freilich die insoweit bestehenden Kernbereichsschranken zu beachten (Rn 33). Durch die Abschaffung der Ermessensreserven nach § 253 Abs. 4 a.F. durch das BilMoG 2009 (Rn 25) hat dieser Vorbehalt allerdings erheblich an Bedeutung verloren. Die Vereinbarungen können sich endlich auch auf die Erstellung gesonderter **Teilrechnungen** für einzelne Betriebsteile oder Niederlassungen beziehen, um deren jeweilige Ergebnisse als Teil des gesamten Jahresergebnisses gesondert zu erfassen, so wenn der Gesellschaftsvertrag eine nach Teilergebnissen differierende Gewinnverteilung, etwa einen Tantiemeanspruch der Geschäftsführer bezogen auf ihren jeweiligen Tätigkeitsbereich, vorsieht.[73]

C. Jahresüberschuss(-fehlbetrag) und Ergebnisverwendung

I. Grundlagen

32 Das Gesetz spricht in § 120 Abs. 1 von der Ermittlung des „Gewinns oder Verlusts" des Geschäftsjahres aufgrund der Bilanz und von der Berechnung des Anteils jedes Gesellschafters daran. Die **Ermittlung** des Erfolgs ist Gegenstand der Aufstellung des Jahresabschlusses durch die Geschäftsführer; sie führt zur Ermittlung des – durch den Feststellungsbeschluss der Gesellschafter (Rn 18) Verbindlichkeit erlangenden – *Jahresergebnisses*. Auch die sich nach § 120 Abs. 1 anschließende **Berechnung** des Ergebnisanteils der Gesellschafter (Gewinn oder Verlust) nach dem hierfür im Gesellschaftsver-

69 So zutr. BGH WM 1986, 355 (356) in restriktiver Interpretation der Einheitsbilanzklausel unter Hinweis auf die Gefahren, die der Lebensfähigkeit der Gesellschaft durch Ausschüttung eines nur buchmäßigen Gewinns drohen; ebenso MünchKommHGB/*Priester* Rn 42; zu § 29 GmbHG Ulmer/Habersack/Winter/*Müller* GmbHG § 29 Rn 54.

70 Hinweise auf solche Unvereinbarkeiten mit Bezug auf Bilanzen für Personengesellschaften bei *Döllerer* FS Kellermann, 1991, S. 51, (56 ff); *Schulze-Osterloh* StuW 1991, 284 (286 ff); vgl. auch OLG Hamm BB 1993, 1332.

71 So zutr. BGHZ 132, 263 (270) = NJW 1996, 1678; *Döllerer* FS Kellermann 1991, S. 51, 64; **aA** BayObLG NJW 1988, 916 (919) (Ablehnung einer GmbH-Satzungsklausel betr. die Einheitsbilanz wegen fehlenden Vorbehalts für zwingende Handelsbilanzvorschriften). Allg. zur Nichtgeltung der Auslegungsregel des § 139 BGB für Personengesellschaftsverträge vgl. § 105 Rn 183.

72 Vgl. dazu *Hopt* FS Odersky, 1996, S. 799 (813 f).

73 Zur gesellschaftsrechtlichen Qualifizierung von Tantiemeansprüchen als Elemente der Gewinnverteilung vgl. § 121; zur *Segmentberichterstattung* im Rahmen des Konzernabschlusses vgl. § 297 Abs. 1 S. 2 n.F.

trag festgelegten oder in § 121 bestimmten Schlüssel ist, für sich genommen, eine gewöhnlich von den Geschäftsführern wahrzunehmende Rechenaufgabe (zur Verbuchung von Verlusten vgl. Rn 57, 59). Das ändert sich im Fall eines positiven Ergebnisses jedoch dann, wenn nicht das gesamte Ergebnis auf die Gesellschafter aufgeteilt, sondern vorab Ergebnisteile zu Zwecken der Thesaurierung für die Bildung oder Erhöhung offener (oder stiller) Rücklagen herangezogen werden sollen. In derartigen, gesetzlich nicht geregelten Fällen bedarf es zusätzlich eines *Ergebnisverwendungsbeschlusses* der Gesellschaftergesamtheit (Rn 33). Er kann zwar nach Maßgabe der Vorschrift des § 268 Abs. 1 betr. die Bilanzerstellung unter Berücksichtigung der vollständigen oder teilweisen Ergebnisverwendung äußerlich mit dem Bilanzfeststellungsbeschluss zusammenfallen, unterscheidet sich von diesem aber nicht nur nach dem Beschlussinhalt, sondern wegen des Erfordernisses einer (antizipierten) Zustimmung auch nach den für ihn geltenden, auf der Kernbereichsrelevanz anderweitiger Ergebnisverwendung beruhenden Wirksamkeitsvoraussetzungen des Beschlusses (Rn 42).

Kommt es aus den in Rn 32 genannten Gründen zu einem besonderen **Gesellschafterbeschluss über die Ergebnisverwendung** durch Bildung offener Rücklagen, so wirkt sich **33**
dieses Vorgehen zu Lasten der auf die Gesellschafter jeweils entfallenden Gewinnanteile aus und hat eine *geringere Dotierung ihrer Konten* zur Folge. Das gilt unabhängig davon, welche Entnahmeregelung der Gesellschaftsvertrag enthält oder ob § 122 eingreift, da vorbehaltlich des § 122 Abs. 1 nicht die in offene Rücklagen oder stille Reserven eingestellten Beträge als solche entnahmefähig sind, sondern maximal der anteilige Jahresgewinn. In derartigen Fällen beschränkt sich die Beschlussfassung der Gesellschafter nicht auf die vertragliche Fixierung des Ergebnisses zwischen ihnen (Rn 17) und dessen vertragskonforme Aufteilung, sondern verbindet sich mit einem *Eingriff in das Gewinnbezugsrecht* der einzelnen Gesellschafter als Teil ihres Kernbereichs. Der Bundesgerichtshof hat die in dieser Hinsicht durch BGHZ 132, 263 erreichte Gewissheit in seiner *Otto*-Entscheidung[74] zwar teilweise wieder verlassen, indem er offen ließ, ob „eine mit der Feststellung des Jahresabschlusses einhergehende Mehrheitsentscheidung über eine in ihm vorgenommene Ergebnisverwendung […], wie insbesondere die Bildung offener Rücklagen […], als ‚bilanzrechtliches Grundlagengeschäft' zu qualifizieren ist, das wegen seiner Kernbereichsrelevanz einer besonderen Mehrheitsermächtigung im Gesellschaftsvertrag mit Begrenzung nach Ausmaß und Umfang bedarf."[75] Doch beruhte dies allein darauf, dass der Gesellschaftsvertrag eine Regelung enthielt, derzufolge bis zu 20 % des Jahresüberschusses in eine freie Rücklage eingestellt werden durften. Hierin ist eine hinreichend konkretisierte antizipierte Zustimmung zu sehen. Ohne eine solche Regelung bedürfte der Verwendungsbeschluss indessen der Zustimmung sämtlicher Gesellschafter (Rn 41, 42).

---

[74] BGHZ 170, 283 = NJW 2007, 1685 (1687) (Rn 15).

[75] Dafür schon Voraufl. Rn 40, 42 (*Ulmer*); *ders.* FS Lutter, 2000, S. 935 (944 f); ebenso auch *Wertenbruch* ZIP 2007, 798 (800 f); Westermann/*Aderhold* Handbuch § 49 Rn I 2429; MünchGesR²/*Weipert* Bd. II § 14 Rn 77; **aA** *Priester* DStR 2007, 28 (31) (zur Vorinstanz).

II. Abgrenzung zwischen Ermittlung und Verwendung des Ergebnisses

1. Rechtlicher Ansatz

34 a) **Fragestellung und Meinungsstand.** Die Unterscheidung zwischen Ergebnisermittlung und -verwendung bereitet zwar im theoretischen Ansatz keine Schwierigkeiten. So dient die periodengerechte Erfassung von Aufwendungen und Erträgen der Gesellschaft im Rahmen der GuV der Ergebnisermittlung, während die Einstellung von Teilen des Ergebnisses in offene Rücklagen der Sphäre der Ergebnisverwendung zuzurechnen ist. *Probleme* ergeben sich theoretisch jedoch aufgrund der Zulassung von *Bilanzwahlrechten* und deren ergebnisrelevanter Ausübung: je nachdem, ob dabei der Aufwandscharakter der fraglichen Posten unter Einschluss der Vorsorge für das Nachholen unterlassener Aufwendungen oder für die Abdeckung sonstiger konkret drohender Risiken im Vordergrund steht oder ob es um die generelle Stärkung der Kapitalgrundlage der Gesellschaft zur Sicherung ihrer künftigen Lebens- und Widerstandsfähigkeit geht, handelt es sich tendenziell um Maßnahmen der Ermittlung oder aber der Verwendung des Ergebnisses. Die Abgrenzung ist rechtlich deshalb von wesentlicher Bedeutung, weil Maßnahmen der Ergebnisverwendung, die zur Stärkung der Selbstfinanzierung durch Reservenbildung führen, nur mit Zustimmung aller Gesellschafter beschlossen werden können, wenn der Gesellschaftsvertrag hierzu keine konkrete Ermächtigung für die Mehrheit enthält (Rn 33). Das BilMoG 2009 hat an diesen Abgrenzungsproblemen zwischen Gewinnermittlung und Ergebnisverwendung zwar prinzipiell nichts geändert; es hat jedoch wichtige Bilanzwahlrechte gestrichen und die Problematik dadurch erheblich entschärft (Rn 25).

35 Stellt man auf die *normative Ausprägung* der nach Handelsbilanzrecht bestehenden **Wahlrechte** für die Aufstellung des Jahresabschlusses ab, so bilden sie jeweils einen Teil der *Ergebnisermittlung*, weil sie eine Erhöhung bzw. Verminderung der zur Berechnung des Gesellschaftsvermögens dienenden Bilanzansätze zur Folge haben; das gilt für Ansatz- ebenso wie für Bewertungswahlrechte. Abweichend von dieser in erster Linie *formellen*, an bilanzrechtlichen Einteilungskriterien orientierten Betrachtung hatte sich der **Bundesgerichtshof** in einem Grundsatzurteil von 1996 um die Herausarbeitung *inhaltlicher* Abgrenzungskriterien bemüht.[76] Im Anschluss an entsprechende Vorüberlegungen des Schrifttums[77] unterschied er zwischen Bilanzierungsmaßnahmen, die der *Darstellung des Gesellschaftsvermögens* dienen, und solchen, die wie die allgemeine Reservenbildung „der Sache nach" *Ergebnisverwendungen* sind.[78] Zu letzteren rechnete er, neben der – unstreitig hierzu gehörenden – Bildung offener Rücklagen, auch die inzwischen gestrichenen Ermessensreserven i.S.v. § 253 Abs. 4 a.F. sowie die durch das BilMoG mittlerweile ebenfalls abgeschafften fakultativen Aufwandsrückstellungen i.S.v. § 249 Abs. 1 S. 3, Abs. 2 a.F., ferner die Ausnutzung von Steuerwahlrechten (Rn 40). Das Urteil hatte in der Folgezeit überwiegend Zustimmung erfahren[79] und schien auf den ersten Blick einen

---

[76] BGHZ 132, 263 = NJW 1996, 1678.

[77] Vgl. insbes. *Schulze-Osterloh* BB 1995, 2519 ff; aber auch *Hopt* FS Odersky, 1996, S. 799.

[78] BGHZ 132, 263 (272 ff) = NJW 1996, 1678 unter Übernahme der vor allem von *Schulze-Osterloh* (aaO Fn 77) entwickelten Differenzierung.

[79] Vgl. etwa Röhricht/Graf v. Westphalen/*v. Gerkan/Haas* Rn 10; im Grundsatz auch *Binz/Sorg* DB 1996, 969 (970 ff); *Rückle* FS Beisse, 1997, S. 433 (435 ff); *Hennrichs* WuB II F. § 166 HGB 1.96; *Hoffmann/Sauter* DStR 1996, 967 (969 ff); *W. Müller* EwiR § 119 HGB 1/96, 513 f; kritisch aber *Schön* FS Beisse, 1997, S. 471 (472 ff); tendenziell auch *Moxter* JZ 1996, 860 f; *Priester* FS Hadding, 2004, 607 (611); *ders.* DStR 2007, 28 f; *K. Schmidt* ZGR 1999, 601 (606).

praktikablen Abgrenzungsmaßstab bereitzustellen. In seiner Otto-Entscheidung ist der II. Zivilsenat dann aber in wesentlichen Punkten von diesem Maßstab wieder abgerückt: Der Jahresabschluss und seine Feststellung enthielten nicht per se einen Eingriff in das Gewinnrecht, zumal nicht ersichtlich sei, wie die Feststellung als solche nach Art und Ausmaß vorab im Gesellschaftsvertrag sollte quantifiziert werden können.[80] Bilanzielle Ansatz- und Bewertungswahlrechte könnten nicht in praktikabler Weise schon im Voraus nach Umfang und Ausmaß fixiert werden. Offenbar sollen sie deshalb *generell* nicht mehr der Gewinnverwendung zugeordnet werden.[81] Unklar ist allerdings geblieben, in welchen Fällen der Senat eine „vorweggenommene Ergebnisverwendung" durch Bilanzierungsmaßnahmen überhaupt noch annehmen will. Erwähnt wird lediglich („insbesondere") die Bildung *offener Rücklagen,*[82] und damit dürfte es nach den erwähnten Aussagen auch sein Bewenden haben.[83]

b) **Stellungnahme.** Wie schon in Voraufl. Rn 35 von *Ulmer* hervorgehoben, kann der formalen Behandlung der Wahlrechtsausübung als Entscheidung im Rahmen der Bilanzerstellung im rechtlichen Ansatz kein ausschlaggebendes, die regelmäßige Zuordnung zur Ergebnisermittlung präjudizierendes Gewicht beigemessen werden. Dennoch könnte die bilanzrechtliche Behandlung der Wahlrechte als Elemente der Ergebnisermittlung dafür sprechen, von dieser Zuordnung im Zweifel auch inhaltlich auszugehen, d.h. Maßnahmen der Ergebnisverwendung darin nur dann und insoweit zu sehen, als es durch Bildung *offener* Rücklagen um die *allgemeine* Sicherung der künftigen Lebens- und Widerstandsfähigkeit der Gesellschaft durch Stärkung ihrer Kapitalgrundlage geht. Aufgrund der durch das **BilMoG 2009** stark verminderten bilanziellen Wahlrechte (Rn 25) trifft dies inzwischen in der Tat auch zu, so dass die *Otto*-Entscheidung des BGH (Rn 35) auf der Grundlage des neuen Bilanzrechts das Richtige trifft. Als Maßnahme der Gewinnverwendung ist danach nurmehr die Bildung offener Rücklagen einzuordnen (näher Rn 38 ff). **36**

Gleichwohl ist es im rechtlichen Ansatz unverändert geboten, die Abgrenzung im Anschluss an *Wolfgang Schön*[84] nach dem **Sachzusammenhang zwischen Geschäftsführungskompetenz und bilanzieller Behandlung** der Geschäftsvorfälle vorzunehmen. Dieses Kriterium hat nicht nur den Vorteil größerer Trennschärfe, sondern weist auch einen klareren systematischen Bezug auf. Aus der Sicht dieser „*Kompetenztheorie*" steht die Entscheidung über konkrete, auf bestimmte Geschäftsvorfälle bezogene Wahlrechte – als *Ergebnisermittlung* – jeweils denjenigen Gesellschaftern zu, die auch für die Entscheidung über die ihnen *zugrundeliegenden Geschäftsvorfälle* zuständig sind.[85] Demnach waren etwa für die Aufwandsrückstellungen nach § 249 Abs. 1 S. 3, Abs. 2 a.F. die Geschäftsführer zuständig; doch sind diese Wahlrechte durch das BilMoG 2009 mittlerweile gestrichen worden, weil sie wegen Verfälschung der Ertragslage einer sachgerechten Information der Abschlussadressaten entgegenstünden.[86] Außergewöhnliche, zu steuerlichen Sonderabschreibungen oder steuerfreien Rücklagen führende Investitionsentscheidungen fielen nach § 116 Abs. 2 in die Kompetenz aller Gesellschafter, sofern nicht der Gesellschaftsvertrag die **37**

80 BGHZ 170, 283 = NJW 2007, 1685 (1687) (Rn 13 f).

81 Vgl. etwa auch *Wertenbruch* ZIP 2007, 798 (800); *Binz/Mayer* DB 2007, 1739 (1743).

82 BGHZ 170, 283 = NJW 2007, 1685 (1687) (Rn 15).

83 So auch *Wertenbruch* ZIP 2007, 798 (800).

84 Bilanzkompetenzen und Ausschüttungsrechte in der Personengesellschaft, FS Beisse, 1997, S. 471 ff; dem folgend etwa auch MünchKommHGB/*Priester* Rn 75.

85 *Schön* FS Beisse, 1997, S. 471 (478 ff) im Anschluss an die Auslegung des Entnahmevorbehalts in § 122 Abs. 1 durch 3. Aufl. § 122 Rn 17 (*Fischer*).

86 BegrRegE, BT-Drucks. 16/10067, S. 50 (51).

Entscheidung über außergewöhnliche allein den Geschäftsführern zuweist (§ 116 Rn 39); für die Handelsbilanz sind diese Wahlrechte durch das BilMoG 2009 freilich abgeschafft worden (Rn 40). Demgegenüber fallen Bilanzansätze *ohne konkreten Bezug zu bestimmten Geschäftsvorfällen* oder Vermögensgegenständen als *Ergebnisverwendung* in die Kompetenz sämtlicher Gesellschafter; das gilt unverändert und zweifelsfrei für die **Bildung offener Rücklagen**, und galt auch für die Bildung von Ermessensreserven gem. § 253 Abs. 4 a.F.[87], die aber seit der Reform durch das BilMoG 2009 (Rn 25) nicht mehr zulässig sind. Diese Sichtweise wird bestätigt durch die BilMoG-Übergangsvorschrift des Art. 67 Abs. 3, 4 EGHGB. Demnach können Aufwandsrückstellungen und steuerliche Wahlrechte (Rn 40) wie bisher beibehalten werden. Wird von dieser Möglichkeit indessen kein Gebrauch gemacht, so sind die Rückstellungen aufzulösen und in Gewinnrücklagen einzustellen, was ihren materiell gewinnverwendenden Charakter verdeutlicht. Festzuhalten bleibt insofern, dass die allgemeine Reservenbildung der Gesellschaftergesamtheit vorbehalten bleiben muss, weil die Geschäftsführungskompetenz unter dem Vorbehalt einer von der *Gesellschaftergesamtheit* bereitzustellenden Kapitalgrundlage der Gesellschaft steht (§ 116 Rn 15). Eine stark expansive Geschäftspolitik oder die Entscheidung für außergewöhnliche Geschäfte wie die Vornahme von Großinvestitionen oder der Erwerb von Beteiligungen, die den vorgegebenen finanziellen Rahmen der Gesellschaft sprengen, sind von der Geschäftsführungskompetenz nicht gedeckt. Sie erfordern daher eine vorangehende Entscheidung aller Gesellschafter über die dafür erforderliche Stärkung der Kapitalgrundlage der Gesellschaft. – Zur Bildung offener Rücklagen in *Tochtergesellschaften* als dort ungewöhnliche Maßnahme i.S.v. § 116 Abs. 2 vgl. Anh. § 105 Rn 84.[88]

2. Folgerungen

38 **a) Ansatzwahlrechte.** Die Entscheidung über die nach dem BilMoG 2009 (Rn 25) noch verbliebenen Ansatzwahlrechte fällt – als *Ergebnisermittlung* – durchweg in die Kompetenz derjenigen Gesellschafter, die für die zugrundeliegenden Geschäfte zuständig sind. Relevant ist dies noch für die Entscheidung über die Aktivierung eines Damnums nach § 250 Abs. 3 S. 1; sie steht den über das jeweilige Geschäft entscheidenden Geschäftsführern zu (bei außergewöhnlichen Geschäften unter Einschluss der nach § 116 Abs. 2 mitspracheberechtigten Mitgesellschafter).[89] Demgegenüber ist das Aktivierungswahlrecht in Bezug auf einen derivativen Geschäfts- oder Firmenwert aus § 255 Abs. 4 a.F. durch das BilMoG gestrichen worden; dieser ist nunmehr zwingend zu aktivieren.

---

[87] Heute ganz hM, vgl. schon *Priester* FS Quack, 1991, S. 373 (386) im Anschluss an entsprechende Überlegungen zum alten Bilanzrecht von *U. Huber* Vermögensanteil S. 337 f und *Ulmer* FS Hefermehl, 1976, S. 207 (221 f); so dann auch BGHZ 132, 263 (275) = NJW 1996, 1678; *Ulmer* FS Lutter, 2000, S. 935 (941 ff); *Schulze-Osterloh* BB 1995, 2519 (2521); MünchKommHGB/*Priester* Rn 74; Ebenroth/Boujong/Joost/Strohn/*Ehricke* Rn 67; *Binz/Mayer* DB 2007, 1739 (1742 f); *Schön* FS Beisse, 1997, S. 471 (484 f) (mit dem Vorbehalt betr. Abschreibungen zur Risikovorsorge für die konkret davon betroffenen Vermögensgegenstände). Weitergehend wohl noch Schlegelberger/*Martens* Rn 16 (für Zulässigkeit der Bildung kaufmännisch „notwendiger" Rücklagen bei Aufstellung des Jahresabschlusses), aber auch die Literatur vor Inkrafttreten des BiRiLiG, vgl. 3. Aufl. Rn 7 (*Rob. Fischer*) und *Hueck* OHG § 17 I 3, S. 242 im Anschluss an RGZ 116, 119 (128 ff) (betr. AG-Bilanz).

[88] Ebenso auch die hM, MünchKommHGB/*Mülbert* KonzernR Rn 94 f; *Wertenbruch* ZIP 2007, 798 (802); Westermann/*Tröger* Handbuch Rn I 4017; *U. H. Schneider* BB 1980, 1057 (1060); **aA** *Priester* DStR 2007, 28 (31 f).

[89] Ebenso MünchKommHGB/*Priester* Rn 77; für Ausübungskompetenz der Geschäftsführer insoweit, wenn auch unter Berück-

b) **Bewertungswahlrechte.** Sie fallen im Regelfall als Teil des laufenden Geschäfts in die *Kompetenz der Geschäftsführer*, wobei diese freilich nach § 252 Abs. 1 Nr. 6 an den Grundsatz der *Bewertungsstetigkeit* gebunden sind und hiervon nach § 252 Abs. 2 nur in begründeten Ausnahmefällen abweichen dürfen.[90] Das gilt seit dem BilMoG 2009 insbesondere noch für die Bemessung der Herstellungskosten (§ 255 Abs. 2 S. 3 n.F.[91], Abs. 3 S. 2) sowie bei der Vornahme fakultativer außerplanmäßiger Abschreibungen auf Finanzanlagen (§ 253 Abs. 3 S. 4 n.F.).[92] Im Übrigen dürfen keine Sonderabschreibungen bei voraussichtlich nur vorübergehender Wertminderung (§ 253 Abs. 2, 3 und 5 a.F.) mehr vorgenommen werden. Soweit sie – bei Finanzanlagen – noch zulässig sind, obliegen sie den Geschäftsführern.[93] Die früher gebotene *abweichende* Beurteilung für die Bildung von *Ermessensreserven* durch Abschreibungen nach § 253 Abs. 4 a.F. als Akt der Ergebnisverwendung,[94] hat sich mit der Abschaffung dieses Wahlrechts durch das BilMoG 2009 erledigt (Rn 25). 39

c) **Steuerwahlrechte.** Das BilMoG 2009 hat den Grundsatz der umgekehrten Maßgeblichkeit § 5 Abs. 1 S. 2 EStG abgeschafft (vgl. schon Rn 25). Entfallen ist damit auch das Recht zu *Sonderabschreibungen nach* § 254 a.F. (Rn 25)[95] sowie die Möglichkeit, nach § 247 Abs. 3 a.F. in der Handelsbilanz sog. *Sonderposten mit Rücklagenanteil* zu bilden für steuerlich zugelassene besondere Passivposten (unversteuerte Rücklagen) wie Reinvestitionsrücklagen (§ 6b Abs. 3 EStG) oder Rücklagen für Ersatzbeschaffung (R 35 EStR 2003),[96] die sich als Steuerstundung auswirken und neben einem echten Rücklagenanteil der Sache nach eine Rückstellung in Höhe der durch die Rücklagenbildung gestundeten Steuern enthalten.[97] Der Gesetzgeber begründet die Abschaffung des § 247 Abs. 3 a.F. mit der Angleichung des Informationsgehalts der Handelsbilanz an internationale Standards. Einstellungen in Rücklagen seien der Sache nach Ergebnisverwen- 40

sichtigung der Interessen der Mitgesellschafter (Kommanditisten), *Schulze-Osterloh* BB 1995, 2519 (2523).

[90] Vgl. dazu näher *Adler/Düring/Schmaltz* § 252 Rn 112 ff; *Selchert* in: Küting/Weber (Fn 8) § 252 Rn 160 ff; Baumbach/Hueck/*Schulze-Osterloh* GmbHG[18] § 42 Rn 330 ff; *Wöhe* (Fn 61) S. 218 ff.

[91] Der neue Satz 3 eröffnet den Unternehmen das Wahlrecht, in die Herstellungskosten solche Aufwendungen, die unabhängig von der Erzeugnismenge anfallen, einzurechnen, soweit diese auf den Zeitraum der Herstellung entfallen.

[92] Das Abschreibungswahlrecht bei nur vorübergehender Wertminderung (Abs. 2 S. 3 a.F.) kann danach künftig von allen Unternehmen nur noch bezogen auf Finanzanlagen in Anspruch genommen werden.

[93] Voraufl. Rn 38 (*Ulmer*); **aA** *Hoffmann/Sauter* DStR 1996, 967 (971 f); für außerplanmäßige Abschreibungen nach § 253 Abs. 2 S. 3 a.F. wegen voraussichtlicher vorübergehender Wertminderung *Rückle* FS Beisse, 1997, S. 433 (441).

[94] Vgl. BGHZ 132, 263 (275) = NJW 1996, 1678 im Anschluss an *Priester* FS Quack, 1991, S. 373 (386) und *Schulze-Osterloh* BB 1995, 2519 (2521 f); ebenso MünchKomm-HGB/*Priester* Rn 78 und Voraufl. Rn 38 (*Ulmer*). Bestätigt wird dies durch Art. 67 Abs. 3, 4 EGHGB (vgl. Rn 37). Zur bilanzrechtlichen Problematik derartiger Ermessensreserven in der Bilanz von Personengesellschaften vgl. auch *Schulze-Osterloh* ZHR 150 (1986), 403 (416 ff, 421 f); *Wöhe* (Fn 61) S. 630 ff, 767 f.

[95] Vgl. dazu Voraufl. § 254 Rn 3, 6 ff (*Kleindiek*).

[96] Dazu *Hoyos/Gutike* in: Beck Bil.-Komm.[6] § 247 Rn 604 ff; *Ellroth/Lorenz* in: Beck Bil.-Komm.[6] § 254 Rn 11 ff; zur gewohnheitsrechtlichen (Fort-)Geltung auch Baumbach/Hueck/*Schulze-Osterloh* GmbHG[18] § 42 Rn 411.

[97] Dazu etwa Baumbach/Hueck/*Schulze-Osterloh* GmbHG[18] § 42 Rn 227; *Knobbe-Keuk* Bilanz- und Unternehmenssteuerrecht[9] § 4 V 2 b, S. 106 f; *Großfeld/Luttermann* Bilanzrecht[4] Rn 356.

dung, während die Bildung von Sonderposten mit Rücklagenanteil zu Lasten des Jahresüberschusses erfolge und damit den Aussagegehalt der Bilanz verfälsche.[98] Gleichwohl sprach die kompetenzielle Betrachtung dafür, die Entscheidung über Inanspruchnahme des Wahlrechts als Teil derjenigen über den zugrundeliegenden Geschäftsvorfall anzusehen und sie deshalb entgegen BGHZ 136, 263[99] und mit der *Otto*-Entscheidung des BGH[100] den konkret zuständigen Gesellschaftern, regelmäßig also den Geschäftsführern, zu überlassen.[101] Das betrifft insbesondere Investitionsentscheidungen in Fördergebieten, die mit Rücksicht auf die entsprechenden Steuersubventionen getroffen werden, gilt aber ebenso mit Blick auf sonstige steuerbegünstigte Maßnahmen wie die durch § 6b EStG ermöglichte Veräußerung von Anlagegütern unter Übertragung der dabei aufgelösten stillen Reserven auf entsprechende neu angeschaffte oder hergestellte Wirtschaftsgüter.[102] Durch das BilMoG hat sich diese Frage für die Handelsbilanz in Bezug auf Steuerwahlrechte indessen erledigt, so dass es insofern nicht mehr darauf ankommt, ob ihre Inanspruchnahme als ein Akt der Gewinnverwendung anzusehen ist.

III. Beschlussfassung über die Ergebnisverwendung

41 **1. Gesetzliche Regel.** Als *Grundlagenentscheidung mit Kernbereichsrelevanz* (Rn 33) bedarf die Einstellung von Ergebnisteilen in offene Rücklagen der **Zustimmung sämtlicher Gesellschafter,** soweit der Gesellschaftsvertrag nicht in wirksamer Gestaltung Abweichungen zulässt (Rn 42). Für eine umfassende *Interessenabwägung* zwischen einerseits dem Bedürfnis nach Selbstfinanzierung und Zukunftssicherung der Gesellschaft, andererseits dem Ausschüttungsinteresse der Gesellschafter, wie sie das Grundsatzurteil des BGH von 1996 mit der Folge entsprechend *gebundener Stimmabgabe* für erforderlich hielt,[103] ist im Regelfall *kein Raum.*[104] Gegen sie spricht zum einen die in § 122 Abs. 1 vorgesehene Ausschüttungssperre zur Vermeidung eines „offenbaren Schadens" der Gesellschaft (vgl. dazu § 122 Rn 18 ff); sie steht einer Zukunftssicherung schon im Vorfeld, anlässlich der Beschlussfassung über die Ergebnisverwendung, aus systematischen Gründen entgegen. Zum anderen folgt auch aus dem Grundlagencharakter des Gewinnverwendungsbeschlusses, dass die Gesellschafter grundsätzlich nicht gehindert sind, dem eigenen Interesse an der Aufteilung des gesamten Ergebnisses den Vorrang vor der Thesaurierung in Form offener Rücklagen einzuräumen (vgl. § 105 Rn 232, 235). Die Rechtslage im GmbH-Recht ist insofern nicht vergleichbar, weil dort § 29 Abs. 2 GmbHG, abweichend vom Vollausschüttungsverbot, die Bildung von Gewinnrücklagen durch Mehrheitsentscheidung (§ 47 Abs. 1 GmbHG) ausdrücklich zulässt.[105] Zwar hat der BGH in seiner *Otto*-Entscheidung[106] unter expliziter Bezugnahme auf Voraufl. Rn 40,

[98] BegrRegE, BT-Drucks. 16/10067, S. 49.

[99] BGHZ 132, 263 (276) = NJW 1996, 1678 im Anschluss an *Schulze-Osterloh* BB 1995, 2519 (2522).

[100] BGHZ 170, 283 = NJW 2007, 1685 (1687) (Rn 14) – *Otto*; vgl. schon Rn 35.

[101] *Schön* FS Beisse, 1997, S. 471 (486 f); dem folgend Voraufl. Rn 39 (*Ulmer*).

[102] Näher Voraufl. Rn 39 (*Ulmer*).

[103] BGHZ 132, 263 (276) = NJW 1996, 1678 im Anschluss an *Großfeld* WPg 1987, 698 (707); so auch *Schulze-Osterloh* BB 1995, 2519 (2522); *Hennrichs* WuB II F. § 166 HGB 1.96.

[104] Zu Recht kritisch *Schön* FS Beisse, 1997, S. 471 (473) unter Hinweis auch auf die mit dem Gesellschaftsinteresse inkommensurablen, für die Abwägung ungeeigneten persönlichen Interessen der Gesellschafter.

[105] So zutr. *Wertenbruch* ZIP 2007, 795 (801) (gegen *Priester* DStR 2007, 28 [31]).

[106] BGHZ 170, 263 = NJW 2007, 1685 (1687) (Rn 15).

42 (*Ulmer*)[107] offen gelassen, ob er der hier vertretenen Einordnung oder einer Gegenauffassung folgen will,[108] wonach auch für Verwendungsentscheidungen allemal eine Mehrheitsentscheidung ausreichen soll. Doch brauchte die Frage nicht entschieden zu werden, weil der Gesellschaftsvertrag eine Regelung enthielt, derzufolge bis zu 20 % des Jahresüberschusses in eine freie Rücklage eingestellt werden durften; in einem obiter dictum hat der Senat darüber hinaus allerdings zu erkennen gegeben, dass er auch gegen eine gesellschaftsvertragliche Regelung keine Einwände erheben würde, die für eine Verwendungsentscheidung, die über die Thesaurierungsquote von 20 % hinausginge, eine – wenn auch qualifizierte – Mehrheitsentscheidung ausreichen lassen will. Entscheidend ist indessen, unter welchen Voraussetzungen eine antizipierte Zustimmung aller Gesellschafter zu der Thesaurierungsentscheidung erteilt wurde (Rn 42).

2. Abweichende Vereinbarungen („antizipierte" Zustimmung zur Verwendungsentscheidung). Die Begründung einer *uneingeschränkten Mehrheitskompetenz* für die Beschlussfassung über die Ergebnisverwendung ist wegen des damit verbundenen Eingriffs in den Kernbereich der Gesellschafterrechte (Rn 33) zwar nicht möglich.[109] Eine mehrheitlich getroffene Verwendungsentscheidung kann aber auch gegenüber den einzelnen, nicht ad hoc zustimmenden Gesellschaftern Wirksamkeit entfalten, wenn der Gesellschaftsvertrag eine Klausel enthält, die als ihre Einwilligung („antizipierte Zustimmung") in eine konkrete Verwendungsentscheidung gewertet werden kann, wofür sie **Ausmaß und Grenzen** der Mehrheitskompetenz definieren muss.[110] Ebenso wie die Gesellschafter nicht gehindert sind, durch *gesellschaftsvertragliche* Regelung, d.h. ohne besondere Beschlussfassung, jährlich bestimmte Teile des Jahresergebnisses den Rücklagen zuzuweisen, können sie auch *mehrheitliche* Beschlussfassung über die Vornahme derart *begrenzter* Zuweisungen vorsehen. Ist nämlich die Obergrenze benannt, als solche konsentiert und in der Höhe nicht unangemessen, kommt es den Minderheitsgesellschaftern nur zugute, wenn einer – einfachen oder qualifizierten – Mehrheit die Befugnis eingeräumt wird, in *geringerem Umfang* Rücklagen zu bilden. Im Unterschied zur nachträglichen Beitragserhöhung (§ 707 BGB, dazu schon § 119 Rn 40) ist es unmöglich und somit auch nicht erforderlich, eine absolute Obergrenze für die thesaurierungsfähigen Gewinnanteile festzusetzen. Es reicht vielmehr aus, wenn eine auf das jeweilige Geschäftsjahr bezogene **relative Obergrenze** (maximaler Prozentsatz des Jahresergebnisses) vertraglich definiert wird. Man wird den Bundesgerichtshof, der in seiner „Otto-Entscheidung" ausdrücklich auf die Kernbereichslehre verweist, ebenfalls in diesem Sinne verstehen können.[111] Hier- 42

[107] Ebenso auch *Wertenbruch* ZIP 2007, 798 (800).

[108] *Priester* DStR 2007, 28 (31); *ders.* DStR 2008, 1386 (1391); dem folgend auch *K. Schmidt* ZGR 2008, 1 (22); anders noch MünchKommHGB/*Priester* Rn 81.

[109] *Ulmer* FS Lutter, 2000, S. 935 (944 f); *Wertenbruch* ZIP 2007, 798 (800 f); Westermann/*Aderhold* Handbuch Rn I 2429; *Hopt* FS Odersky, 1996, S. 799 (816); tendenziell auch BGHZ 170, 283 = NJW 2007, 1685 (1687) – *Otto* (wg. ausdrücklicher Bezugnahme auf die Kernbereichslehre in Rn 10, 15). **AA** noch BGH BB 1976, 948 (959) mit krit. Anm. *Ulmer* (für kaufmännisch „notwendige" offene Rücklagen) sowie neuerdings wieder *Priester* DStR 2007, 28 (31); *ders.* DStR 2008, 1386 (1391); dem folgend auch *K. Schmidt* ZGR 2008, 1 (22); ähnlich Ebenroth/Boujong/Joost/Strohn/*Ehricke* § 122 Rn 52.

[110] Vgl. dazu näher § 119 Rn 44 und § 122 Rn 36; Gegenauffassungen in Fn 108.

[111] Problematisch war allerdings, dass der Senat auf Tochterebene gebildete Rücklagen offenbar nicht einbeziehen wollte; krit. insoweit auch *Wertenbruch* ZIP 2007, 798 (803); *C. Schäfer* Status Recht 2007, 116 f; s. auch *Haar* NZG 2007, 601 (604 f).

mit nicht vereinbar und damit abzulehnen, ist allerdings die vom Senat obiter für möglich gehaltene mehrheitliche Erhöhung der vertraglichen Thesaurierungsquote im Einzelfall (vgl. Rn 41); sie kommt richtigerweise nur unter den besonderen Voraussetzungen einer Zustimmungspflicht in Betracht (Rn 44). Damit steht fest: Nur sofern der Vertrag die (relative) Obergrenze zulässiger Rücklagenbildung umschreibt, bis zu der offene Rücklagen höchstens gebildet werden dürfen, kann die Klausel als (antizipierte) Zustimmung mit dem damit insofern verbundenen Eingriff in das Gewinnbezugsrecht interpretiert werden (s. § 119 Rn 40). Diese Obergrenze kann freilich auch indirekt erreicht werden, indem der Gesellschaftsvertrag die Mehrheit zwar generell zur Rücklagenzuweisung ermächtigt, zugleich aber einen mehrheitsfesten Gewinnsockel definiert, der dem Ausschüttungsinteresse der Gesellschafter unter Berücksichtigung auch ihrer persönlichen Steuerlast angemessen Rechnung trägt.

43 Steht somit fest, dass die durch die Kernbereichslehre vorgegebenen materiellen Anforderungen an den konkreten Gehalt der Zustimmung auch dann erfüllt sind, wenn die Voraussetzungen der einer Mehrheitsentscheidung zugänglichen Rücklagenbildung *bis zu einer bestimmten Höchstgrenze* umschrieben werden, bleibt die Frage nach der **angemessenen Höhe der Rücklagenquote**. Insofern ist eine vom Gesellschaftsvertrag definierte Grenze, weil von allen Gesellschaftern akzeptiert, grundsätzlich auch dann nicht zu beanstanden, wenn sie bis an die Hälfte des ausschüttungsfähigen Gewinns reicht (unter Einbeziehung der offenen Rücklagen). Sie steht allerdings unter dem Vorbehalt, dass die Gesellschafter jedenfalls ihre auf den Gewinn entfallende Steuerschuld mittels der ausgeschütteten Beträge erfüllen können; hohe Thesaurierungsquoten sind daher durch entsprechende Steuerklauseln zu ergänzen. Die **Erhöhung** der vertraglichen Thesaurierungsquote kommt bei Fehlen einer antizipierten Zustimmung nur unter den besonderen Voraussetzungen einer Zustimmungspflicht in Betracht (Rn 44); sie ist daher auch einer qualifizierten Mehrheit grundsätzlich versperrt.

44 3. **Zustimmungspflicht.** Soweit es nach dem Vorstehenden der **Zustimmung** aller Gesellschafter zur Thesaurierungsentscheidung bedarf, insbesondere also beim völligen Fehlen einer vertraglichen Obergrenze (Rn 42 f) oder wenn die Thesaurierungsquote ohne antizipierte Zustimmung im Einzelfall *erhöht* werden soll, kann die Gesellschafter eine Zustimmungspflicht treffen. Abweichend von der Rechtslage im Falle einer Beitragserhöhung, wo eine Zustimmungspflicht auch in Sanierungsfällen grundsätzlich ausscheidet,[112] kann der Gesellschafter wegen der unterschiedlichen Interessenlage im Einzelfall verpflichtet sein, einer erhöhten Thesaurierung zuzustimmen, sofern dies im Interesse der Gesellschaft wegen eines besonders hohen Eigenkapitalbedarfs dringend geboten und den einzelnen Gesellschaftern – insbesondere unter Berücksichtigung ihrer Steuerlast – zumutbar ist (allgemein § 105 Rn 241). Nur soweit also trotz der Schranke des § 122 Abs. 1 die Reservenbildung zur Erhaltung der gemeinsam geschaffenen Werte *unerlässlich* und für die Gesellschafter zumutbar ist, können die Gesellschafter **ausnahmsweise zur Zustimmung** nach den für die Zustimmung zu Vertragsänderungen kraft Treupflicht entwickelten Grundsätzen **verpflichtet** sein (§ 105 Rn 241). Hiervon unberührt bleibt die Mitwirkungspflicht an der **Bilanzfeststellung** als solcher; sie wird jedoch nur dann relevant, wenn der Vertrag keine – zulässige (Rn 18) – Mehrheitsklausel enthält und ist dann als Ausprägung der gesellschaftsvertraglichen Treupflicht grundsätzlich zu bejahen (Rn 20).

---

112 MünchKommBGB⁵/*Ulmer/Schäfer* § 707 Rn 10; vgl. auch § 119 Rn 45.

4. Streitigkeiten. Ebenso wie im Falle von Meinungsverschiedenheiten über die Aufstellung des Jahresabschlusses und die Bilanzfeststellung (Rn 21) sind auch Auseinandersetzungen über die Gewinnverwendung unmittelbar zwischen den hierüber streitenden Gesellschaftern auszutragen; für eine Klage gegen die Gesellschaft ist – anders als bei Geltendmachung des durch Gesellschafterbeschluss zur Entstehung gelangten Gewinnanspruchs (Rn 46) – kein Raum. Gesellschafter, die sich durch eine mehrheitlich beschlossene Rücklagenbildung in ihren Rechten verletzt fühlen, können gegen zustimmende Mitgesellschafter auf Feststellung der Unwirksamkeit des Beschlusses klagen; eine notwendige Streitgenossenschaft besteht weder auf der Aktiv- noch auf der Passivseite (vgl. Rn 21). Umgekehrt sind zustimmende Gesellschafter auch ihrerseits berechtigt, die ablehnenden Mitgesellschafter auf Zustimmung zu verklagen, wenn es für die Beschlussfassung auf deren Stimme ankommt und eine Zustimmungspflicht zur Reservenbildung wegen der besonderen Umstände ausnahmsweise zu bejahen ist (Rn 41). Das rechtskräftige Urteil ersetzt nach § 894 ZPO die treuwidrig verweigerte Zustimmungserklärung der Beklagten; zusammen mit der positiven Stimmabgabe der freiwillig zustimmenden Mitgesellschafter ist es ggf. in der Lage, den Ergebnisverwendungsbeschluss herbeizuführen. **45**

IV. Entstehung des Gewinnanspruchs

Zur Entstehung des Anspruchs der einzelnen Gesellschafter auf den ihnen nach Gesellschaftsvertrag oder Gesetz zukommenden Gewinnanteil bedarf es *nach gesetzlicher Regel* der Beschlussfassung über die **Bilanzfeststellung**; die damit verbundene Fixierung des Bilanzgewinns ermöglicht die Berechnung des Anspruchs nach dem Gewinnverteilungsschlüssel, ohne dass es weiterer Beschlüsse bedarf. Ein besonderer Gewinnverwendungsbeschluss ist nicht erforderlich[113] Soweit allerdings offene Rücklagen gebildet werden, ist der Feststellungsbeschluss zugleich Verwendungsbeschluss (Rn 47).[114] Hinzukommen muss die *Geltendmachung der Entnahmerechte* aus § 122 Abs. 1, um den dieser Vorschrift zugrundeliegenden, sog. verhaltenen Anspruch zu aktualisieren und vor dem Erlöschen bei der folgenden Bilanzfeststellung zu schützen (vgl. § 122 Rn 5 und 10). Mit seiner Entstehung wird der Gewinnanspruch, soweit die Gesellschafter zur Entnahme des Gewinns berechtigt sind (§ 122 Rn 16), zum selbständigen, von der Mitgliedschaft abgelösten und an Dritte abtretbaren Forderungsrecht.[115] Die Gesellschaft als Schuldnerin kann sich freilich auch dann noch auf die Ausschüttungssperre des § 122 Abs. 1 berufen, wenn deren Voraussetzungen zwischenzeitlich vorliegen, und kann diesen Einwand einem Dritten als Zessionar nach § 404 BGB entgegensetzen (§ 122 Rn 19). Gewinnanteile, die nach gesellschaftsvertraglicher Bestimmung von den Gesellschaftern nicht **46**

---

[113] Ebenso BGHZ 80, 357 (358) = NJW 1981, 2563; RGZ 112, 19 (23 ff); Schlegelberger/*Martens* Rn 23; MünchKommHGB/*Priester* Rn 80; Westermann/*Scholz* Handbuch Rn I 618; wohl auch Heymann/*Emmerich* Rn 16; **aA** *Wiedemann* WM 1992 Sonderbeil. 7, S. 31 f (Entstehung erst mit Ergebnisverwendungsbeschluss). Zur abw. Rechtslage nach § 29 Abs. 1 GmbHG, wonach es zur Anspruchsentstehung zusätzlich eines Gewinnverwendungsbeschlusses bedarf, vgl. BGHZ 137, 378 (381) = NJW 1998, 1559; 139, 299 (303) = NJW 1998, 3646.

[114] Zutr. etwa MünchKommHGB/*Priester* Rn 81.

[115] Vgl. MünchKommBGB[5]/*Ulmer*/*C. Schäfer* § 721 Rn 13 f und § 717 Rn 35 f; Westermann/*Wertenbruch* Handbuch Rn I 636 ff; unklar BGHZ 58, 316 (321) = NJW 1972, 1755 (Gewinn für Nießbraucher erst nach Gewinnausschüttungsbeschluss verfügbar).

entnommen werden dürfen, sind nach § 120 Abs. 2 ihrem Kapitalkonto gutzuschreiben, soweit der Gesellschaftsvertrag hierüber nicht – wie meist (vgl. Rn 64 ff) – abweichende Vereinbarungen trifft.

47 Sieht der **Gesellschaftsvertrag** einen gesonderten *Ergebnisverwendungsbeschluss* vor oder erfordert der Bilanzentwurf einen solchen wegen der von den Geschäftsführern vorgeschlagenen Bildung von offenen Rücklagen (Rn 41), so bedarf es für die Entstehung des Gewinnanspruchs zusätzlich dieses Beschlusses; er kann sich aber – im Sinne der Bilanzierung unter vollständiger oder teilweiser Ergebnisverwendung (§ 268 Abs. 1) – mit der Bilanzfeststellung verbinden (s. schon Rn 46). Scheitert die von den Geschäftsführern vorgeschlagene Ergebnisverwendung allerdings am Fehlen der erforderlichen Zustimmung von Mitgesellschaftern (Rn 41 ff) und sind diese hierzu auch nicht verpflichtet, so bewendet es bei der Behandlung des Jahresergebnisses als verteilungsfähiger Gewinn in der festgestellten Bilanz; damit ist auch der Gewinnanspruch entstanden.

D. Der Kapitalanteil

I. Grundlagen

1. Begriff und Wesen des Kapitalanteils

48 a) **Gesetzliche Regelung.** Den Begriff des Kapitalanteils verwendet das Gesetz in verschiedenen, die Vermögensrechte der Gesellschafter im Verhältnis zur Gesellschaft betreffenden dispositiven Vorschriften. So ist die Höhe des jeweiligen Kapitalanteils nach **§ 120 Abs. 2** variabel und richtet sich – auf der Basis der jeweiligen Einlagen (Rn 26 f) – nach der jährlichen Gutschrift (Belastung) des anteiligen Jahresergebnisses, vermindert um die jeweiligen Entnahmen. **§ 121 Abs. 1 und 2** gewähren den Gesellschaftern eine Art „Vorzugsdividende" von 4 % ihres Kapitalanteils im jeweiligen Geschäftsjahr, soweit der Jahresgewinn hierzu ausreicht. Nach **§ 122 Abs. 1** sind die Gesellschafter zu jährlichen Entnahmen in Höhe von 4 % des Kapitalanteils berechtigt, wobei dieses Entnahmerecht gewinnunabhängig gestaltet ist. Nach **§ 155 Abs. 1** ist das nach Berichtigung der Schulden verbleibende Gesellschaftsvermögen im Rahmen der Liquidation unter den Gesellschaftern entsprechend dem Verhältnis ihrer Kapitalanteile zu verteilen, nachdem der Liquidationserlös oder -verlust den Kapitalanteilen (-konten) entsprechend dem für die Ergebnisverteilung geltenden Schlüssel gutgeschrieben bzw. belastet worden ist (vgl. § 154 Rn 27 [*Habersack*]). Schließlich enthalten auch die Vorschriften der **§§ 167 bis 169** bestimmte, die Beteiligung der Kommanditisten betreffende Sonderregelungen gegenüber den §§ 120 bis 122 in Bezug auf den Kapitalanteil.

49 Eine **Definition** des Kapitalanteils enthält das HGB *nicht*. Dem *Handelsbilanzrecht* lässt sich freilich entnehmen, dass der Kapitalanteil den bilanzrechtlich auf die einzelnen Gesellschafter entfallenden *Anteil am Eigenkapital* der OHG bildet, wobei dieses nach § 247 Abs. 1 in der Gesellschaftsbilanz als gesonderter Posten auszuweisen ist (vgl. Rn 24). Die Summe der einzelnen Kapitalanteile muss der in der Handelsbilanz der OHG ausgewiesenen Kapitalziffer entsprechen; deren bilanzielle Aufgliederung unter besonderem Ausweis von Rücklagen, eines Verlustvortrags o.Ä. steht freilich bilanzrechtlich nichts im Wege. Diesem bilanzrechtlichen Hintergrund entspricht es, wenn der Kapitalanteil von der heute ganz hM als „Rechnungsziffer" bezeichnet wird. Dazu und zur Unterscheidung des Kapitalanteils als Rechnungsziffer (Bilanzposition) von dem Anteil am Gesellschaftsvermögen als dingliches Recht vgl. Rn 50.

b) **Rechtsnatur**. Nach **ganz hM** verkörpert der Kapitalanteil als solcher kein subjektives, der Abtretung oder Pfändung zugängliches Rechts. Er ist vielmehr eine **Rechnungsziffer**, die den gegenwärtigen, aufgrund stehengelassener Gewinne, anteiliger Verluste oder Entnahmen fortgeschriebenen Stand der Einlage des Gesellschafters entsprechend der Entwicklung seiner Kapitalkonten und dem daraus resultierenden Ansatz in der Bilanz der Gesellschaft wiedergibt.[116] Soweit es um den *Vermögenswert der Beteiligung* geht, ist der Kapitalanteil als solcher zwar schon deshalb nicht ohne weiteres aussagekräftig, weil seine Berechnung auf den *Buchwerten* des Gesellschaftsvermögens beruht, ohne den Ertragswert der Gesellschaft oder die im Gesellschaftsvermögen enthaltenen stillen Reserven zu berücksichtigen. Wohl aber bringt er das Verhältnis zum Ausdruck, in dem die einzelnen Gesellschafter am *Wert des Gesellschaftsvermögens* beteiligt sind. Dementsprechend entscheidet er nach § 155 bzw. nach §§ 105 Abs. 3 i.V.m. § 738 BGB über die Höhe des Auseinandersetzungsguthabens bei Liquidation der Gesellschaft oder des Abfindungsanspruchs bei vorzeitigem Ausscheiden. Mit dem Kapitalanteil des Gesellschafters nicht zu verwechseln ist seine *dingliche Beteiligung am Gesellschaftsvermögen*: Sie bezieht sich bekanntlich nicht auf die einzelnen zu diesem Vermögen gehörenden Gegenstände, sondern auf das gesamthänderisch gebundene Sondervermögen als solches, und zwar mit der Maßgabe, dass jedem Gesellschafter als Gesamthänder, unabhängig von der Höhe seiner Beteiligung (seinem Kapitalanteil), ein gleicher, mit dem Ausscheiden aus der Gesellschaft in Wegfall kommender Anteil (vgl. § 738 Abs. 1 S. 1 BGB) am Gesamthandseigentum zusteht (vgl. § 105 Rn 275 ff). **50**

Repräsentativ für den Standpunkt der hM ist nach wie vor die **Formulierung von *Alfred Hueck***,[117] der Kapitalanteil stelle lediglich „eine Rechnungsziffer dar, die den Wert der jeweiligen wirtschaftlichen Beteiligung des Gesellschafters am Gesellschaftsvermögen zum Ausdruck bringen soll, und die deshalb den Maßstab bildet, wenn der Wert dieser Beteiligung rechtlich von Bedeutung wird". Ihr ist mit der Maßgabe zuzustimmen, dass es sich bei dem „Wert" – als Buchwert – um einen relativen, durch das Verhältnis zu den anderen Kapitalanteilen charakterisierten Maßstab handelt, während der tatsächliche Wert der Beteiligung sich nicht nach der Rechnungsziffer bestimmt, sondern nach dem anteiligen Ertragswert.[118] Dem entspricht die seit vielen Jahrzehnten herrschende, ständige **höchstrichterliche Rechtsprechung**[119]: Danach ist der Kapitalanteil kein eigenständiges Recht des Gesellschafters, sondern – als Rechnungsziffer – der bilanzielle Ausdruck der mit einer Kapitalbeteiligung verbundenen Mitgliedschaft. Vereinzelte **Gegenansichten**, die dem Kapitalanteil die Qualität eines eigenständigen, d.h. übertragbaren oder pfändbaren Rechts zuerkennen wollten, haben sich zu Recht nicht durchgesetzt.[120] Sie **51**

---

[116] Vgl. dazu (grundlegend) *U. Huber* Vermögensanteil insbes. S. 173 ff, 215 ff sowie *dens.* ZGR 1988, 1 (4 ff). So auch Baumbach/*Hopt* Rn 12 f; Heymann/*Emmerich* Rn 22; MünchKommHGB/*Priester* Rn 84; Ebenroth/Boujong/Joost/Strohn/*Ehricke* Rn 58; Röhricht/Graf v. Westphalen/*v. Gerkan/Haas* Rn 13; Westermann/*Wertenbruch* Handbuch Rn I 632e; *Wiedemann* FS Odersky, 1996, S. 925 (932); *Oppenländer* DStR 1999, 939 (940); Rspr.-Nachw. vgl. in Fn 119.

[117] OHG § 16 V 1, S. 229.

[118] Diesen Aspekt betont – unter Kritik am Abstellen *Huecks* auf den „Wert der wirtschaftlichen Beteiligung" – im Ansatz zutr. *U. Huber* Vermögensanteil S. 224 ff, 228, ohne dass sich damit freilich wesentliche sachliche Unterschiede verbinden (so auch Schlegelberger/*Martens* Rn 25 aE).

[119] Seit RGZ 117, 238 (242); vgl. 171, 328 (391 f); RG DR 1941, 1084 (1085); BGHZ 58, 316 (318) = NJW 1972, 1755; 68, 225 (227 f) = NJW 1977, 1339; BGH NJW 1999, 2438.

[120] Nähere Auseinandersetzung mit ihnen in Voraufl. Rn 50 (*Ulmer*).

vermengen den Kapitalanteil mit dem aus der Mitgliedschaft entspringenden künftigen Anspruch des Gesellschafters auf das Auseinandersetzungsguthaben (die Abfindung) bzw. die Nachschusspflicht nach § 735 BGB. Auch lassen sich Mitgliedschaft (Gesellschaftsanteil) und Kapitalanteil richtigerweise weder aufspalten,[121] noch lässt sich der Kapitalanteil, wie in diesem Kommentar von *Robert Fischer* vertreten, mit der Mitgliedschaft als deren bilanzielle Verkörperung gleichsetzen.[122] Abgetreten wird deshalb allein die Mitgliedschaft (der Gesellschaftsanteil, vgl. § 105 Rn 291), nicht dagegen folgt die Mitgliedschaft dem auf den Namen des Erwerbers „umgebuchten" Kapitalanteil nach. Die „Umbuchung" in den Büchern der Gesellschaft ist vielmehr ihrerseits die buchführungstechnische Folge der – ganzen oder teilweisen – Übertragung der Mitgliedschaft durch Rechtsgeschäft zwischen Veräußerer und Erwerber.[123]

52 **2. Funktion.** Nach den Vorschriften der §§ 121, 122, 155 kommt dem Kapitalanteil eine ausschließlich die *Vermögensrechte* der Gesellschafter betreffende, **beschränkte Funktion** zu. So ist ein Sockelbetrag des Jahresgewinns in Höhe von 4 % der jeweiligen Kapitalanteile – als eine Art „Vorzugsdividende" – unter den Gesellschaftern zu verteilen (§ 121 Abs. 1 und 2), während der Rest nach Köpfen zu verteilen ist. Nach § 122 Abs. 1 steht jedem Gesellschafter ein gewinnunabhängiges Entnahmerecht in Höhe von 4 % des Kapitalanteils zu. Schließlich bildet der Kapitalanteil nach § 155 Abs. 1 auch den Maßstab für die Höhe des jeweiligen Auseinandersetzungsguthabens bzw. der Abfindung bei vorzeitigem Ausscheiden (vgl. § 738 Abs. 1 S. 2 BGB).

53 Von diesen nur beschränkten gesetzlichen Funktionen weicht die **Vertragsgestaltung** typischerweise nicht unwesentlich ab. Sie macht den jeweiligen Kapitalanteil jedenfalls in denjenigen Fällen, in denen die Gesellschafter Einlagen in unterschiedlicher Höhe erbracht haben oder in denen die Kapitalanteile im späteren Verlauf der Gesellschaft durch Anteilsübertragung, Erbfolge oder aus sonstigen Gründen differieren, zum entscheidenden Maßstab nicht nur für die **Gewinnbeteiligung** (vgl. näher § 121 Rn 24), sondern auch für das **Stimmrecht** (§ 119 Rn 50). Für dieses den Verhältnissen in Kapitalgesellschaften (AG und GmbH) stark angenäherte Vorgehen erweist sich das in § 120 Abs. 2 angelegte Regime variabler Kapitalanteile als ungeeignet, weil es nicht nur von Jahr zu Jahr, sondern sogar unterjährig (vgl. § 121 Abs. 2) zu ständigen Änderungen des Verteilungsschlüssels für die verschiedenen davon betroffenen Vermögens- und Verwaltungsrechte führen würde. Deshalb ist die Kautelarpraxis seit vielen Jahrzehnten vom Ausweis eines einheitlichen, variablen Kapitalanteils abgerückt und hat sich durch unterschiedliche Verbuchung von Einlagen einerseits, Gewinnen, Verlusten und Entnahmen andererseits für ein **System fester Kapitalanteile** (Kapitalkonto I) entschieden, das seinerseits durch variable, der Verbuchung der in § 120 Abs. 2 genannten Faktoren dienende Zusatzkonten (Kapitalkonto II, Privatkonto u.a.) ergänzt wird (vgl. näher Rn 64 ff).

3. Kapital- und Privatkonten

54 a) **Kapitalkonten.** Die dem jeweiligen Kapitalanteil entsprechenden, einen Teil der Buchführung der Gesellschaft bildenden Kapitalkonten der Gesellschafter sind dazu bestimmt, diejenigen vermögensmäßigen Veränderungen während der Gesellschaftsdauer

---

121 Abl. insbes. *Hueck* OHG § 16 V 1b, S. 231 ff; *U. Huber* Vermögensanteil S. 217, 229.

122 3. Aufl. Rn 22 (*Rob. Fischer*); dagegen Voraufl. Rn 50 (*Ulmer*) mwN.

123 So der Sache nach auch Schlegelberger/*Martens* Rn 27; MünchKommHGB/*Priester* Rn 87; Ebenroth/Boujong/Joost/Strohn/*Ehricke* Rn 59.

aufzunehmen, die ihre Kapitalbeteiligung betreffen (Zuschreibung von späteren Einlagen und Gewinnen, Abbuchung von Verlusten und Entnahmen). Die betreffenden Buchungen führen jeweils zum Bilanzstichtag zur entsprechenden Fortschreibung des Kapitalanteils, ohne dessen Rechtsnatur als bilanzielle Rechnungsziffer (Rn 50) zu verändern. Im Fall der – verbreiteten (Rn 53) – Aufspaltung des buchmäßigen Ausweises des Kapitalanteils in ein festes Kapitalkonto I und ein bewegliches Kapitalkonto II bedeutet das, dass das nach § 247 Abs. 1 in der OHG-Bilanz gesondert auszuweisende Eigenkapital sich aus der Summe der festen *und* der variablen Kapitalkonten zusammensetzt. Das steht dem gesonderten Ausweis der Kapitalanteile der einzelnen Gesellschafter in der OHG-Bilanz nicht entgegen, sei es in einem Betrag oder aufgeteilt in die festen und die variablen Anteile.[124] Sind einzelne Kapitalkonten negativ, was insbesondere in Verlustjahren aufgrund entsprechender Entwicklung der Kapitalkonten II eintreten kann, so kann diesem Umstand in der OHG-Bilanz entweder durch Saldierung mit den positiven Konten oder durch Ausweis des negativen Anteils nach Art eines Verlustvortrags auf der Aktivseite Rechnung getragen werden.[125] Mit Rücksicht auf das Gebot der Bilanzklarheit und -wahrheit (§ 264 Abs. 2) muss freilich stets deutlich werden, dass es sich bei diesen Bilanzpositionen nicht um Verbindlichkeiten bzw. Forderungen der Gesellschaft handelt, sondern um die auf Beteiligungskonten beruhenden positiven oder negativen Posten des Eigenkapitals.

b) **Privatkonten**. Von den – festen und/oder variablen – Kapitalkonten unterscheiden 55
sich die im Rechenwerk der OHG anzutreffenden Privatkonten (auch Darlehenskonten, Verrechnungskonten u.a. genannt) dadurch, dass sie zur Verbuchung von **Forderungen und Verbindlichkeiten** zwischen Gesellschafter und Gesellschaft bestimmt sind. Bei ihnen handelt es sich daher nicht um einen Teil des Eigenkapitals der OHG, sondern um davon im Ansatz zu unterscheidende, wenn auch durch das Näheverhältnis von Gläubiger und Schuldner geprägte Passiva bzw. Aktiva der Gesellschaft. Derartige Konten können auch *ohne besondere Regelung im Gesellschaftsvertrag* eingerichtet werden, um dem von der Mitgliedschaft zu unterscheidenden laufenden Leistungsverkehr zwischen Gesellschaft und Gesellschafter (Forderungen der OHG aus sog. Drittgeschäften mit dem Gesellschafter oder auf Rückgewähr unberechtigter Entnahmen, Ansprüche des Gesellschafters auf Aufwendungsersatz oder aus Darlehensgewährung an die OHG, Schadensersatzpflichtungen u.a.) in den Büchern der Gesellschaft zu erfassen (Rn 62 f).

Über die Funktionen nach Rn 55 hinausgehend findet sich aufgrund der **Vertrags- 56
gestaltung** verbreitet die Regelung, dass abweichend von § 120 Abs. 2 auch die nach dem Gesellschaftsvertrag *entnahmefähigen Gewinne* einschließlich der für Steuerzahlungen der Gesellschafter dem Privatkonto („Entnahmekonto") der Gesellschafter gutgeschrieben und die getätigten Entnahmen hiervon abgebucht werden. Die rechtliche Bedeutung dieses in der Vertragspraxis stark verbreiteten sog. Dreikontenmodells (vgl. Rn 66 ff) erschöpft sich nicht in einer gegenüber § 120 Abs. 2 stärkeren Aufgliederung der Gesellschafterkonten, sondern ist der buchführungstechnische Ausdruck dafür, dass den Ge-

---

[124] Näher zum Ausweis der Kapitalkonten in der Handelsbilanz vgl. *Sieker* FS Westermann, 2008, S. 1519 (1526 ff).

[125] *U. Huber* Vermögensanteil S. 266, 283; *ders.* ZGR 1988, 1 (4); so auch Westermann/*Sassenrath* Handbuch Rn I 579; MünchKommHGB/*Priester* Rn 28 (als „nicht durch Eigenkapital gedeckter Fehlbetrag" auszuweisen); Ebenroth/Boujong/Joost/Strohn/*Ehricke* Rn 72; *Bitter/Grashoff* DB 2000, 833 (835); *Hoffmann* DStR 2000, 837 (840 f); *Wiedemann* Gesellschaftsrecht Bd. II § 4 III 3b, S. 372.

sellschaftern ein im Grundsatz unentziehbarer, wenn auch nicht notwendig jederzeit durchsetzbarer **Anspruch auf die als entnahmefähig qualifizierten Gewinne** zusteht (Rn 70 f). Rechtlich äußert er sich darin, dass das Recht auf die nach Gesetz oder Gesellschaftsvertrag zugelassenen jährlichen Entnahmen im Fall dieser Gestaltung eine dem Gesellschafter zustehende, selbständige Forderung bildet, die abweichend von § 122 Abs. 1 nicht durch Ablauf des folgenden Geschäftsjahres in Wegfall kommt (vgl. dazu § 122 Rn 28) und auch nicht durch den Eintritt späterer Verluste tangiert wird.

57 c) **Abgrenzung.** Die Abgrenzung zwischen Kapitalkonto und Privatkonto (Beteiligungs- bzw. Forderungskonto des Gesellschafters) ist nach dem in Rn 56 Ausgeführten rechtlich von erheblicher Bedeutung, soweit es um die Frage eines unentziehbaren Anspruchs auf die Auszahlung entnahmefähiger Gewinne geht. Dabei bildet die im Gesellschaftsvertrag gewählte Bezeichnung als Kapital-(Rücklagen-)Konto oder als Privatkonto zwar ein Indiz,[126] ist aber letztlich nicht ausschlaggebend. Das Abstellen auf eine im Gesellschaftsvertrag vorgesehene Verzinsung führt deshalb nicht weiter, weil sie den Charakter eines Vorabgewinns haben kann (§ 121 Rn 26). Entscheidend kommt es vielmehr darauf an, ob nach dem übereinstimmenden Willen der Gründer oder der an einer späteren Vertragsänderung Beteiligten die Gesellschafter einen *unbedingten Anspruch* auf die entnahmefähigen Gewinne erhalten sollen oder ob das Entnahmerecht nach Grund und Höhe unter dem Vorbehalt nachfolgender Entwicklungen stehen soll. Zu Recht sieht daher die hM in Rechtsprechung und Literatur ein maßgebliches Abgrenzungskriterium in der Vertragsgestaltung betreffend die **Behandlung der anteiligen Verluste.**[127] Sind diese ebenso wie die entnahmefähigen Gewinne über das „Privatkonto" zu verbuchen und führen sie dadurch zur Verminderung des Guthabens auf diesem Konto bzw. zur Entstehung eines Debetsaldos, so fehlt es an der Forderungsqualität des aus Gewinngutschriften resultierenden Kontoguthabens. Abweichend von der gewählten Bezeichnung handelt es sich vielmehr um ein Beteiligungskonto als Unterkonto zum Kapitalkonto. Es ist ggf. mit diesem in der Jahresbilanz zu saldieren.

II. Der variable Kapitalanteil (Abs. 2)

58 1. **Ursprüngliche Festsetzung.** Über die erstmalige Bemessung des nach gesetzlicher Regel (Abs. 2) variablen Kapitalanteils enthält das Gesetz keine besondere Regelung. Maßgeblich hierfür ist der **Wert der** von den Gründern oder später beitretenden Gesellschaftern geleisteten **Einlage** und die hierüber im Gesellschaftsvertrag getroffene Fest-

---

126 So zutr. BGH DB 1978, 877 bei Unterscheidung zwischen Beteiligungs- (Kapital-) und Darlehenskonto im Gesellschaftsvertrag.

127 Vgl. dazu eingehend *U. Huber* ZGR 1988, 1 (65 ff) (mit Nachw. zum Meinungsstand) und zuvor schon *dens.* Vermögensanteil S. 244 ff; so insbes. auch die BFH-Rechtsprechung, vgl. BFH BStBl. II 1981, 325 (326); 1982, 211 (213); 1983, 240 (242); DStR 2002, 1480 (1481); 2008, 1577 (1578 f); vgl. auch OLG Köln NZG 2000, 979 (980); tendenziell auch BGH BB 1978, 630 (691); WM 1982, 1311 (1312). Ebenso seither die hM in der Literatur, vgl. Schlegelberger/*Martens* Rn 36; Ebenroth/Boujong/Joost/Strohn/*Ehricke* Rn 76, 85; Westermann/*Sassenrath* Handbuch Rn I 583a ff; *Priester* FS Hadding, 2004, S. 607 (614); Baumbach/*Hopt* Rn 20; Heymann/*Emmerich* Rn 28; *Kübler* DB 1972, 942 (943); *Wiedemann* FS Odersky, 1996, S. 925 (935); *Plassmann* BB 1978, 413 (418).

setzung.[128] Dabei entspricht der Ansatz für den jeweiligen Gesellschafter im Zweifel dem Einbringungswert seiner Einlage nach Maßgabe des Gesellschaftsvertrages und dessen Verbuchung auf der Aktivseite der OHG-Bilanz; sie muss den durch die Bewertungsvorschriften der §§ 253 bis 255 gesetzten Grenzen Rechnung tragen. Die Gesellschafter sind freilich nicht gehindert, einvernehmlich zu einer von der Aufteilung der Aktivwerte abweichenden Festsetzung der Kapitalanteile zu kommen, solange dadurch weder die Summe der Einlagenwerte überschritten noch die Grenzen des § 138 BGB verletzt werden (vgl. Rn 28). Wird der Kapitalanteil eines Gesellschafters auf einen Betrag unter dem Aktivwert seiner Einlage festgesetzt, was vor allem in Fällen späteren Beitritts zum Ausgleich vorhandener stiller Reserven in Betracht kommt (Rn 28), so kann die Differenz je nach den getroffenen Vereinbarungen entweder den Kapitalkonten der Mitgesellschafter gutgeschrieben oder zur Dotierung einer Kapitalrücklage verwendet werden.

2. Spätere Veränderungen. Die Fortentwicklung der variablen Kapitalanteile in der Zeit nach Gründung der Gesellschaft bzw. späterem Beitritt weiterer Gesellschafter richtet sich nach § 120 Abs. 2. Danach sind die auf den jeweiligen Anteil entfallenden Gewinne dem Kapitalkonto gutzuschreiben; anteilige Verluste sowie die von den Gesellschaftern getätigten Entnahmen sind dem Konto zu belasten. Nach dieser Grundregel werden *sämtliche auf der Mitgliedschaft (Kapitalbeteiligung) beruhenden Buchungsvorgänge*, darunter auch solche aufgrund späterer Einlagen oder Nachschüsse, einheitlich auf dem jeweiligen Kapitalkonto gebucht. Dessen aktueller Stand gibt das jeweilige, in Buchwerten ausgedrückte Beteiligungskapital der einzelnen Gesellschafter wieder. Zum Geschäftsjahrsende findet er seinen Niederschlag im Bilanzausweis des Eigenkapitals der OHG als Summe der Kapitalanteile. Einer Verbuchung *sonstiger buchungspflichtiger Vorgänge* zwischen der OHG und ihren Gesellschaftern, darunter Ansprüche aus Drittgeschäften zwischen OHG und Gesellschaftern, Ansprüche auf Aufwendungsersatz oder auf Schadensersatz wegen Sorgfaltsverletzung, steht die Zweckbestimmung des Kapitalkontos als Beteiligungskonto entgegen. Für diese Vorgänge sind vielmehr besondere Privatkonten der Gesellschafter (Rn 55) als Forderungs-(Schuld-)Konten einzurichten; das gilt auch dann, wenn der Gesellschaftsvertrag das nicht ausdrücklich vorsieht. Zur Rechtsnatur von Geschäftsführergehältern und -tantiemen sowie von Zinsen auf Kapitalkonten jeweils als Gewinnbestandteile mit der Folge ihrer Verbuchung auf Kapital- oder Entnahmekonten vgl. § 121 Rn 26 ff. 59

Für die Gesellschaftspraxis bringt die Veränderlichkeit des einheitlichen Kapitalkontos und des daran ausgerichteten variablen Kapitalanteils in zweifacher Hinsicht **Nachteile** mit sich. Zum einen sind variable Kapitalanteile wegen der ständig mit ihnen verbundenen Veränderung der Beteiligungsverhältnisse zwischen den Gesellschaftern wegen des Einflusses individueller Faktoren (inbes. unterschiedliches Entnahmeverhalten) wenig geeignet, als **Verteilungsmaßstab** für die laufenden Vermögensrechte (Ergebnisbeteiligung) oder gar die Verwaltungsrechte (Stimmrecht!) zwischen ihnen zu dienen.[129] Hierfür bedarf es vielmehr verlässlicher Kriterien wie die Bestimmung fester Kapitalanteile im Gesellschaftsvertrag, ggf. verbunden mit der Pflicht zu periodischer Anpassung an eingetretene Veränderungen. Demgemäß wird der variable Kapitalanteil auch nach gesetzlicher Regel (§§ 121, 122) nur sehr beschränkt als Maßstab für die Bemessung von Gewinn und Entnahmen herangezogen (Rn 52), zumal § 121 Abs. 2 überdies noch eine 60

[128] Vgl. dazu und zur buchführungstechnischen Behandlung ausstehender Einlagen Rn 26 f.

[129] MünchKommHGB/*Priester* Rn 100; Ebenroth/Boujong/Joost/Strohn/*Ehricke* Rn 75; *Oppenländer* DStR 1999, 939 (940); Westermann/*Sassenrath* Handbuch Rn I 586.

unterjährige Verhältnisrechnung vorschreibt. Der zweite Nachteil liegt in der Notwendigkeit, die **Entnahmefähigkeit der** auf Kapitalkonto gutgeschriebenen **Gewinne** nach Maßgabe des § 122 Abs. 1 oder der abweichenden Vertragsgestaltung jeweils gesondert zu prüfen, da die Gewinngutschrift auf dem Kapitalkonto anders als diejenige auf einem gesonderten Entnahme- oder Privatkonto (Rn 70 f) hierüber nichts aussagt. Zu den zur Vermeidung dieser Nachteile bestimmten abweichenden Vertragsgestaltungen vgl. Rn 64 ff.

61 **3. Der negative Kapitalanteil.** Die in § 120 Abs. 2 vorgeschriebenen laufenden Buchungsvorgänge können je nach der wirtschaftlichen Lage der Gesellschaft dazu führen, dass das Kapitalkonto einzelner oder aller Gesellschafter ins Debet gerät und der Kapitalanteil einen negativen Wert erlangt.[130] Eine solche Entwicklung kommt insbesondere in Betracht, wenn die Gesellschaft über längere Zeit Verluste erzielt und wenn das Entnahmerecht der Gesellschafter entsprechend § 122 Abs. 1 gewinnunabhängig ausgestaltet ist und von ihnen trotz der negativen Ertragslage der Gesellschaft ausgeübt wird. Eine Überschuldung der OHG muss sich damit nicht notwendig verbinden, da der Negativsaldo nur Ausdruck der Buchwerte ist, während sich die Überschuldungsbilanz nach Fortführungs- bzw. Liquidationswerten unter Auflösung stiller Reserven bestimmt.[131] Auch erlischt weder die Mitgliedschaft noch kommt es zur Entstehung einer Nachschusspflicht der Gesellschafter während der Gesellschaftsdauer, wenn ihr Kapitalanteil auf Null sinkt oder ins Minus gerät;[132] darin bestätigt sich seine Rechtsnatur als bloße Rechnungsziffer (Rn 50). Wohl aber kann ein negativer Kapitalanteil im Zuge der Liquidation der Gesellschaft oder des Ausscheidens des betroffenen Gesellschafters eine Nachschusspflicht nach § 155 i.V.m. § 735 BGB zur Folge haben (§ 155 Rn 10 ff [*Habersack*]). Im Übrigen entfällt nach gesetzlicher Regel (§§ 121 Abs. 1, 122 Abs. 1) der Anspruch des betroffenen Gesellschafters auf die Vorausdividende von 4 % und auf Entnahmen in entsprechender Höhe, solange sein Kapitalanteil auf oder unter Null gesunken ist, während seine Verwaltungsrechte von dieser Entwicklung unberührt bleiben.

62 **4. Privat-(Sonder-)Konto.** Das Kapitalkonto ist auch dann, wenn es nach gesetzlicher Regel als variables Konto geführt wird, zur Verbuchung nur solcher Vorgänge bestimmt, die wie Gewinngutschriften oder die Belastung von Verlusten oder Entnahmen auf den mitgliedschaftlichen Vermögensrechten beruhen (Rn 54). Daher bedarf es daneben in aller Regel der Einrichtung eines weiteren Kontos für die jeweiligen Gesellschafter für den laufenden Geschäftsverkehr, und zwar auch wenn der Gesellschaftsvertrag nichts

---

130 Dazu näher *U. Huber* Vermögensanteil S. 263 ff; vgl. auch MünchKommHGB/*Priester* Rn 88; Ebenroth/Boujong/Joost/Strohn/*Ehricke* Rn 72; Baumbach/*Hopt* Rn 22; Heymann/*Emmerich* Rn 25 f; Westermann/*Sassenrath* Handbuch Rn I 579 ff.

131 Zur Aufstellung der Überschuldungsbilanz nach § 19 Abs. 2 InsO und zu den dafür maßgeblichen Wertansätzen vgl. MünchKommInsO²/*Drukarcyk* § 19 Rn 84 ff; *Häsemeyer* Insolvenzrecht⁴ Rn 7.23 ff; *Noack* Gesellschaftsrecht, S. 30 ff; *K. Schmidt* ZGR 1998, 633 (652 ff); *Kübler/Prütting/Pape* InsO, 32. Lieferung (Stand: April 2008), § 19 Rn 9 ff; *Schmidt-Räntsch* InsO § 19 Rn 2.

132 EinhM, vgl. *U. Huber* Vermögensanteil S. 264 f, 269 ff; MünchKommHGB/*Priester* Rn 89 f; *Hueck* OHG § 16 V 2, S. 238 f; Baumbach/*Hopt* Rn 22; Heymann/*Emmerich* Rn 25; Westermann/*Sassenrath* Handbuch Rn I 579b ff. Vgl. auch BGH WM 1982, 1311 (1312) (keine Ausgleichspflicht bei verlustbedingtem Debetsaldo auf Entnahmekonto); OLG Düsseldorf DB 1991, 1163 (eine Nachschusspflicht aus Verzinsungspflicht der Gesellschafter bei negativem Kapitalkonto).

Entsprechendes vorsieht.[133] Dieses Konto dient zur Verbuchung der sonstigen, nicht von § 120 Abs. 2 erfassten Leistungsvorgänge zwischen Gesellschaft und Gesellschaftern, aus denen sich Zahlungspflichten der einen oder anderen Seite ergeben. Abweichend vom Kapitalkonto als Beteiligungskonto hat das Privatkonto den Charakter eines *Forderungs- oder Schuldkontos*. Schon deshalb scheidet auch seine Berücksichtigung bei Feststellung der Höhe des variablen Kapitalanteils für den Ansatz in der OHG-Bilanz aus; ein für den Gesellschafter positiver Saldo des Privatkontos geht vielmehr als Passivposten (Verbindlichkeit), ein negativer als Aktivum (Forderung) in die OHG-Bilanz ein.

Für die **Zuordnung der Buchungsvorgänge zum Privatkonto** anstelle des Kapitalkontos ist entscheidend, dass sie sich auf solche Zahlungspflichten von Gesellschaft oder Gesellschafter beziehen, die im Unterschied zu Ansprüchen auf Einlageleistungen oder auf Entnahmen nicht unmittelbar aus dem Gesellschaftsvertrag folgen. Das ist problemlos zu bejahen bei Ansprüchen aus sog. *Drittgeschäften* zwischen der OHG und ihren Gesellschaftern. Auf den Privat-(Sonder-)Konten sind im Regelfall aber auch Ansprüche von Gesellschaftern auf Aufwendungsersatz oder Ansprüche der OHG auf Rückerstattung unberechtigter Entnahmen oder auf Schadensersatz wegen sorgfaltswidriger Geschäftsführung zu verbuchen.[134] Sie haben zwar ihren Rechtsgrund im Gesellschaftsvertrag, lassen jedoch den vom Gesellschafter geschuldeten Finanzbeitrag zum Eigenkapital der OHG unberührt, so dass sich mit ihnen keine Auswirkungen auf den Kapitalanteil der Gesellschafter verbinden. 63

III. Abweichende Vertragsgestaltungen

1. Überblick. Das gesetzliche System einheitlicher Kapitalkonten und ihnen entsprechender variabler Kapitalanteile wird in der Praxis der Vertragsgestaltung in aller Regel durch abweichende Vereinbarungen ersetzt.[135] Insoweit herrscht das sog. *Dreikontenmodell* vor (vgl. näher Rn 66 ff). Daneben finden sich aber auch sonstige Aufteilungen der Kontenführung wie das *Zweikontenmodell* unter Differenzierung zwischen festem, die Einlagengutschrift aufweisenden Kapitalkonto I und variablem, zur Verbuchung der in § 120 Abs. 2 genannten Vorgänge einschließlich der entnahmefähigen Gewinne bestimmtem Kapitalkonto II.[136] Schließlich begegnet auch die Einrichtung einheitlicher, gemeinsam für die Gesamtheit aller Gesellschafter geführter Konten, darunter ein Rücklagenkonto zur Verbuchung der nicht entnahmefähigen Gewinne oder ein besonderes, durch spätere Gewinne oder Umbuchungen vom Rücklagenkonto auszugleichendes Verlustvortragskonto (Rn 73) – OLGR Zweibrücken 2007, 322. 64

Zweck aller dieser von § 120 Abs. 2 abweichender Gestaltungen ist es, die mit dem System variabler Kapitalanteile verbundenen Nachteile (Rn 60) zu vermeiden. Dabei richtet sich das Interesse der Beteiligten in erster Linie meist darauf, sich durch *Vereinbarung fester Kapitalanteile* auf einen praktikablen, keinen ständigen Schwankungen unter- 65

---

133 Ebenso Schlegelberger/*Martens* Rn 34; Heymann/*Emmerich* Rn 27a; Westermann/*Sassenrath* Handbuch Rn I 585c, 590b; MünchKommHGB/*Priester* Rn 96; Ebenroth/Boujong/Joost/Strohn/*Ehricke* Rn 81.

134 So zutr. schon 3. Aufl. Rn 26 (*Rob. Fischer*); MünchKommHGB/*Priester* Rn 97; Ebenroth/Boujong/Joost/Strohn/*Ehricke* Rn 82; Baumbach/*Hopt* Rn 20; Westermann/*Sassenrath* Handbuch Rn I 590.

135 Vgl. dazu statt aller eingehend *U. Huber* ZGR 1988, 1 (42 ff) mit zahlr. Beispielen aus der Kautelarpraxis sowie Westermann/*Sassenrath* Handbuch Rn I 591 ff.

136 Näher *U. Huber* ZGR 1988, 1 (47 ff); Westermann/*Sassenrath* Handbuch Rn I 591a.

worfenen Maßstab für Gewinnverteilung und Entnahmen, aber auch für das Stimmrecht der Gesellschafter zu verständigen; dem dient sowohl das Zwei- als auch das Dreikontenmodell. Letzteres hat zudem den Vorteil, durch *Aufteilung der Gewinngutschriften* nach Maßgabe des Vertragsinhalts auf Kapital- und Entnahmekonten zur Transparenz der Vermögensrechte der Gesellschafter beizutragen und diesen ggf. die jederzeitige Dispositionsbefugnis über die Gutschriften auf dem Entnahmekonto als Forderungskonto der Gesellschafter zu gewähren (Rn 70).

2. Das Dreikontenmodell

66 a) **Grundkonzept.** Das Dreikontenmodell weicht in zweifacher Hinsicht vom gesetzlichen Regelfall variabler Kapitalanteile ab.[137] Einerseits unterscheidet es zwischen festem und beweglichem Kapitalanteil der Gesellschafter und sieht dementsprechend die Führung von zwei Kapitalkonten für jeden Gesellschafter (Kapitalkonto I und II, vgl. Rn 67 ff) als Beteiligungskonten vor. Andererseits gewährt es den Gesellschaftern über ein gesondertes Privat- oder Entnahmekonto als Forderungskonto ein grundsätzlich jederzeitiges Zugriffsrecht auf die diesem Konto gutgeschriebenen entnahmefähigen Gewinne. Damit macht es die Gutschriften zugleich unabhängig von späteren Verlusten oder von der Ausübung des Entnahmerechts innerhalb des auf die Gewinngutschrift folgenden Geschäftsjahrs (vgl. Rn 70).

67 b) **Kapitalkonto I und II.** Die Aufteilung der die Kapitalseite betreffenden Buchungsvorgänge abweichend von § 120 Abs. 2 auf zwei Kapitalkonten dient der Vereinbarung fester Kapitalanteile der Gesellschafter und der Verlagerung der variablen Faktoren auf das zweite Konto. Damit soll ein schwankungsfreier, praktikabler Maßstab für die Aufteilung der aus der Mitgliedschaft folgenden Vermögens- und Verwaltungsrechte (Ergebnisverteilung, Stimmrecht) zwischen den Gesellschaftern gewährleistet werden, verbunden mit der gesonderten Berücksichtigung der laufenden Änderungen der Kapitalbeteiligung der Gesellschafter über das zweite Kapitalkonto. Die Summe der Guthaben der Gesellschafter auf den beiden Kapitalkonten bildet das Eigenkapital der Gesellschaft.

68 Das **Kapitalkonto I** repräsentiert den kontenmäßigen Ausdruck des festen Kapitalanteils. Seine Höhe bemisst sich regelmäßig nach der im Gesellschaftsvertrag vereinbarten Einlageleistung der einzelnen Gesellschafter und deren Bilanzansatz (Rn 26 f). Je nach Vertragsgestaltung und Einlagenbemessung kann es eine für die einzelnen Gesellschafter anfänglich gleiche oder unterschiedliche Höhe aufweisen. Veränderungen in Bezug auf seine Höhe und Zuordnung kann es durch *spätere Verfügungen* über den Anteil, sei es kraft Rechtsgeschäft unter Lebenden oder kraft Erbrechts, erfahren. Denkbar ist aber auch eine *spätere Anpassung* aller oder einzelner Kapitalanteile an veränderte Verhältnisse, insbes. durch Umwandlung von Rücklagen oder Guthaben auf Kapitalkonto II in festes Kapital oder durch Verrechnung mit aufgelaufenen Verlusten. Diese Anpassung erfordert wegen des damit verbundenen Eingriffs in den Kernbereich der betroffenen Gesellschafter deren Zustimmung, und zwar naturgemäß unabhängig davon, ob der Gesellschaftsvertrag eine Mehrheitsklausel für Vertragsänderungen enthält.[138] Jede

---

[137] Auch hierzu näher *U. Huber* ZGR 1988, 1 (72 ff); Westermann/*Sassenrath* Handbuch Rn I 591b; vgl. auch *Wiedemann* FS Odersky, 1996, S. 925 (932 ff); *Oppenländer* DStR 1999, 939 (940 f).

[138] Ebenso MünchKommHGB/*Priester* Rn 102; tendenziell auch *Hueck* OHG § 16 V 3, S. 240; Heymann/*Emmerich* Rn 29; *U. Huber* ZGR 1988, 1 (84); als Rspr.-Beispiel vgl. BGHZ 58, 316 (318) = NJW 1972,

Änderung der Beteiligungsverhältnisse berührt zentrale Mitgliedschaftsrechte (Stimmrecht, Vermögensrechte) unmittelbar im Kern. Anderes gilt bei Umbuchungen vom Kapitalkonto II auf das Privatkonto, die der Sache nach eine (Teil-)Ausschüttung thesaurierter Gewinne bedeuten.[139]

Den beweglichen Teil der Beteiligungskonten bildet das **Kapitalkonto II**, das im Dreikontenmodell typischerweise zur Verbuchung der *nicht entnahmefähigen Gewinne sowie der Verluste* bestimmt ist.[140] Vorbehaltlich der Führung von Entnahme- oder Privatkonten (Rn 70) dient es dazu, den Veränderungen der Kapitalbeteiligung durch Gutschriften und Belastungen der in § 120 Abs. 2 genannten Vorgänge Rechnung zu tragen, ohne das feste Kapitalkonto als Beteiligungsschlüssel zu modifizieren. Durch Belastung mit anteiligen Verlusten kann es einen negativen Stand erlangen; eine Nachschusspflicht des Gesellschafters ist damit nicht verbunden.[141] Ein negativer Kapitalanteil (Rn 61) ergibt sich für den Gesellschafter daraus nur dann, wenn auch der Saldo beider Kapitalkonten negativ ist, d.h. das Debet auf Kapitalkonto II das Guthaben auf Kapitalkonto I übersteigt. Die Abtretung oder Vererbung des Gesellschaftsanteils, sei es ganz oder in Teilen, erfasst neben dem hierauf entfallenden Anteil des Kapitalkonto I auch denjenigen des Kapitalkonto II; sie beide bilden zusammengenommen den Kapitalanteil als die dem Gesellschaftsanteil entsprechende Rechnungsziffer in der Gesellschaftsbilanz (Rn 50) und sind als solche nicht fähig, den Gegenstand getrennter Verfügung zu bilden. Zur Frage einer festen oder gewinnabhängigen Verzinsung des Haben- oder Soll-Saldos auf Kapitalkonto II vgl. § 121 Rn 31 f. 69

c) **Entnahme-(Privat-)Konto.** Ein besonderer Vorteil des Dreikontenmodells liegt für die Beteiligten darin, dass es die Möglichkeit eröffnet, die entnahmefähigen Gewinne von den – auf Kapitalkonto II zu verbuchenden – einzubehaltenden Gewinnen zu separieren und den Gesellschaftern hierauf eigenständige, von künftigen Entwicklungen in der Gesellschaft unabhängige Ansprüche zu gewähren (Rn 56). Dem entspricht der Charakter dieses Kontos als **Forderungskonto** im Unterschied zu den Kapitalkonten als Beteiligungskonten. In der gesellschaftsvertraglichen Regelung über die Einrichtung besonderer Privatkonten zur Verbuchung der entnahmefähigen Gewinne liegt daher eine Abweichung nicht nur von der in § 120 Abs. 2 vorgesehenen Saldierung von Gewinnen und späteren Verlusten, sondern auch von der zeitlichen Limitierung der Ausübung des Entnahmerechts durch § 122 Abs. 1 auf das der Gewinnerzielung jeweils folgende Geschäftsjahr (§ 122 Rn 10). – Zu den unterschiedlichen *Gestaltungsmöglichkeiten für die Bestimmung des entnahmefähigen Teils des Jahresergebnisses* sowie zur Frage eines gewinnunabhängigen Entnahmerechts vgl. § 122 Rn 11 ff, 27 ff. Bei den hierüber zu treffenden Vereinbarungen sind insbesondere einerseits die unterschiedlich hohe, im Einzelfall 60 % übersteigende Steuerbelastung der Gesellschafter in Bezug auf die Gesell- 70

1755; abweichend Westermann/*Sassenrath* Handbuch Rn I 587b (gesellschaftsvertraglich vorgesehener Mehrheitsbeschluss ausreichend); so wohl auch Ebenroth/Boujong/Joost/Strohn/*Ehricke* Rn 75. Zur Mehrheitsfestigkeit des Kernbereichs der Gesellschafterrechte, darunter der gesellschaftsvertraglichen Ausgestaltung der Mitgliedschaft, vgl. näher § 119 Rn 38 ff.

139 So zutr. *U. Huber* ZGR 1988, 1 (84).

140 Zur Bestimmung eines als „Darlehenskonto" bezeichneten Kontos als II. Kapitalkonto und den daraus folgenden Konsequenzen für die Verlustverrechnung, vgl. OLG Zweibrücken OLGR 2007, 322 (323 f).

141 OLG Zweibrücken OLGR 2007, 322 (324); *Wiedemann* FS Odersky S. 925 (933 f); vgl. auch Nachw. in Fn 132.

schaftsgewinne, andererseits das Interesse der Gesellschafter an Gleichbehandlung auch im Hinblick auf ihre Heranziehung zur Gewinnthesaurierung zu berücksichtigen.

71 Die Verbuchung der entnahmefähigen Gewinne auf Forderungskonto bedeutet nicht notwendig, dass die Gesellschafter jederzeit frei über die Gutschriften disponieren können. Vielmehr kann der Gesellschaftsvertrag auch zeitliche **Grenzen für den Abzug der Mittel**, etwa die Limitierung auf anteilige Quartalszahlungen, oder die Notwendigkeit vorheriger Kündigung für die Durchsetzung des Forderungsrechts vorsehen.[142] Demgegenüber wäre eine gesellschaftsvertragliche Regelung über die Unkündbarkeit der Guthaben auf dem Privat-(Entnahme-)Konto unvereinbar mit dessen Charakter als Forderungskonto und mit der im Gesellschaftsvertrag festgelegten Entnahmefähigkeit der hierauf gebuchten Gewinne.[143] Sie würde, wenn sie von den Gesellschaftern ernsthaft gewollt wäre, das Forderungskonto zu einem Beteiligungskonto machen und das Recht auf einseitige Entnahme der Gewinne faktisch beseitigen. Entsprechendes gilt für eine etwaige Befugnis der *Gesellschaftermehrheit*, die Durchsetzung des Entnahmerechts einzuschränken oder auszuschließen. Wegen des damit verbundenen Eingriffs in den Kernbereich der Mitgliedschaftsrechte hätte die Mehrheitsbefugnis nur dann Bestand, wenn sie nach Voraussetzungen und Umfang klar im Gesellschaftsvertrag definiert wäre und den Schluss auf die antizipierte Zustimmung der im Einzelfall überstimmten Gesellschafter gestatten würde (vgl. § 119 Rn 38 ff).

72 Die **Verbuchung sonstiger Ansprüche und Verbindlichkeiten** im Verhältnis zwischen Gesellschafter und Gesellschaft als typische Buchungsvorgänge auf Privatkonto (Rn 62) ist auch nach dem Dreikontenmodell möglich und von den Beteiligten meist auch gewollt. Sie kann dem Privatkonto je nach Art des laufenden Geschäftsverkehrs den Charakter eines Kontokorrentkontos mit periodischem Abschluss (§ 355) verleihen. Schwierigkeiten sind freilich dann zu erwarten, wenn die Auszahlung der entnahmefähigen Gewinne im Unterschied zu derjenigen anderer Gutschriften zeitlich limitiert ist oder von vorheriger Kündigung abhängt (Rn 71). In derartigen Fällen empfiehlt sich die Errichtung von Unterkonten im Interesse von Übersichtlichkeit und Transparenz der Zahlungsströme.

73 **3. Sonstige Beteiligungskonten.** Neben der Aufteilung des nach gesetzlicher Regel einheitlichen Kapitalkontos im Sinne des Zwei- oder Dreikontenmodells (Rn 64, 66 ff) finden sich in der Gesellschaftspraxis auch andere Kontenarten; sei es je getrennt als *Gesellschafterkonten* oder als einheitliche, den Rücklagencharakter der verbuchten Kapitalbeträge unterstreichende *Gesellschaftskonten.*[144] Der Gestaltungsfreiheit der Gesellschafter im Gesellschaftsvertrag oder durch – grundsätzlich einstimmigen – Gesellschafterbeschluss sind insoweit keine Grenzen gesetzt; allerdings muss die Zweckbestimmung der Konten und ihre Behandlung nicht als Forderungs-, sondern als Beteiligungskonten feststehen, um den aus §§ 238 Abs. 1, 264 Abs. 2 folgenden Anforderungen an Buchführung und Bilanzierung in der Gesellschaft ausreichend Rechnung zu tragen. Außer weiteren Gesellschafter-(Unter-)Konten wie Darlehenskonten für stehengelassene ent-

---

[142] BGH BB 1978, 630 (631); *U. Huber* ZGR 1988, 1 (81 f) – Dazu, dass umgekehrt bei negativem Privatkonto, insbes. infolge von Steuerentnahmen etc., kein sofort durchsetzbarer Anspruch der Gesellschaft entsteht, vgl. *U. Huber* ZGR 1988, 1 (41, 59); *Ley* DStR 2003, 957 (960); abweichend MünchGesR[2]/*v. Falkenhausen/Schneider* Bd. II § 22 Rn 82.

[143] Auf die Widersprüchlichkeit einer derartigen Regelung weist zu Recht auch *U. Huber* ZGR 1988, 1 (82 f) hin.

[144] Vgl. etwa MünchKommHGB/*Priester* Rn 107; Ebenroth/Boujong/Joost/Strohn/*Ehricke* Rn 87 ff; Westermann/*Sassenrath* Handbuch Rn I 589 ff; *U. Huber* ZGR 1988, 1 (86 ff).

nahmefähige Gewinne[145] besonderen Rücklagenkonten für Steuern[146] oder Verlustvortragskonten[147] kommt auch die Einrichtung eines gemeinschaftlichen Rücklagenkontos zur Verbuchung der nicht entnahmefähigen Gewinne[148] in Betracht. Beim Ausscheiden eines Gesellschafters ist auch das anteilige Guthaben des Ausscheidenden auf derartigen Gemeinschaftskonten zu berücksichtigen, soweit es um die Berechnung des Abfindungsanspruchs auf der Basis von Buchwerten geht.

IV. Gesellschafter ohne Kapitalanteil

In der **Kautelarpraxis** begegnen Gesellschaften (OHG oder KG), an denen Gesellschafter ohne Kapitalanteil beteiligt sind, in zwei Fallgestaltungen.[149] Im einen Fall geht es um die Aufnahme von familienfremden Dritten, denen die Geschäftsführung und Vertretung der Gesellschaft übertragen wird, als sog. **Geschäftsführer-Gesellschafter**, um den Anforderungen des Prinzips der Selbstorganschaft zu entsprechen.[150] Die Aufnahme ist regelmäßig *zeitlich befristet*, entweder auf einen festen Zeitraum mit Verlängerungsmöglichkeit oder bis zum Erreichen der Altersgrenze. Sie verbindet sich zwar mit einer Gewinnbeteiligung (Geschäftsführertantieme), jedoch nicht mit einer Beteiligung am Gesellschaftsvermögen und führt daher auch nicht zu einem Abfindungsanspruch des Gesellschafters beim Ausscheiden. Den zweiten Fall bildet die Beteiligung einer **Komplementär-GmbH** als Geschäftsführungs- und Haftungsinstrument an einer GmbH & Co. KG.[151] Auch insoweit ist typischerweise eine Vermögensbeteiligung an der KG jedenfalls in denjenigen Fällen nicht gewollt, in denen die Beteiligungsverhältnisse in KG und GmbH übereinstimmen und die Kommanditisten an ihrer KG-Beteiligung trotz Aufnahme der Komplementär-GmbH unverändert festhalten wollen. 74

Für die **rechtliche Beurteilung** begegnet die Anerkennung von Gesellschaftern ohne Kapitalanteil keinen grundsätzlichen Bedenken; derartige Gestaltungen sind von der Vertragsgestaltungsfreiheit gedeckt.[152] Die Aufnahme der betreffenden Gesellschafter erfolgt *ohne* deren Verpflichtung zur Leistung einer *Vermögenseinlage*. Die für die Gesellschaf- 75

145 Vgl. Westermann/*Sassenrath* Handbuch Rn I 585a; MünchKommHGB/*Priester* Rn 108.

146 *U. Huber* ZGR 1988, 1 (96) (dort i.S. eines gemeinschaftlichen Kontos); Westermann/*Sassenrath* Handbuch Rn I 589c.

147 *U. Huber* ZGR 1988, 1 (86 f); *Oppenländer* DStR 1999, 939 (941); Westermann/*Sassenrath* Handbuch Rn I 589g.

148 Näher *U. Huber* ZGR 1988, 1 (89 ff), unter Hinweis auf die Verbreitung dieser Kontenart aus (inzwischen überholten) steuerlichen Gründen bei der GmbH & Co. KG; Westermann/*Sassenrath* Handbuch Rn I 589a. Zweifelnd an der Zulässigkeit eines Rücklagen-Sammelkontos wegen der damit verbundenen Gefahren für die Übersichtlichkeit der Buchführung jetzt *U. Huber* GS Knobbe-Keuk, 1997, S. 203 (209); tendenziell auch *Oppenländer* DStR 1999, 939 (942).

149 Vgl. *U. Huber* Vermögensanteil S. 289 ff und zuvor schon *M. Plum* FS 100 Jahre DJT, 1960, S. 137 (156 f).

150 *U. Huber* Vermögensanteil S. 289 f; *M. Plum* FS 100 Jahre DJT, 1960, S. 137 (156 f).

151 *U. Huber* Vermögensanteil S. 291 f; *Lücke* in: Hesselmann/Tillmann/Mueller-Thuns, Handbuch der GmbH & Co.[19] § 4 Rn 6; *Binz/Sorg* Die GmbH & Co. KG[10] § 4 Rn 25 f, § 16 Rn 144 f; Sudhoff/*Ihrig* GmbH & Co. KG[6] § 20 Rn 1; MünchGesR[2] /*v. Falkenhausen/Schneider* Bd. II § 22 Rn 9.

152 EinhM, vgl. *U. Huber* Vermögensanteil S. 293 ff; MünchKommHGB/*Priester* Rn 92; Ebenroth/Boujong/Joost/Strohn/*Ehricke* Rn 80; Westermann/*Sassenrath* Handbuch Rn I 581a; Baumbach/*Hopt* Rn 23; *K. Schmidt* Gesellschaftsrecht § 47 III 1b, S. 1381 f.

tereigenschaft unverzichtbare *Förderpflicht* (§ 105 Rn 17) liegt in der Übernahme der Geschäftsführung und der unbeschränkten persönlichen Haftung für die Gesellschaftsschulden. Eine *Gewinnbeteiligung* ist (in Gestalt einer Tantieme) zwar jedenfalls für die Geschäftsführer-Gesellschafter typischerweise vorgesehen,[153] während der Komplementär-GmbH ohne Kapitalanteil meist nur ein Anspruch auf Ersatz ihrer Aufwendungen (Geschäftsführergehälter) und aus steuerrechtlichen Gründen eine geringfügige Haftungsprämie gewährt wird.[154] Eine (von der Gesamthandsbeteiligung zu unterscheidende, vgl. Rn 76) Beteiligung dieser Gesellschafter am Gesellschaftsvermögen ergibt sich jedoch auch hieraus nicht, solange nur sichergestellt ist, dass die entsprechenden Beträge ihnen abweichend von § 120 Abs. 2 nicht auf Kapitalkonto gutgeschrieben, sondern für sie auf Privatkonto verbucht oder an sie zur Auszahlung gebracht werden.

76 Die Zulassung von Gesellschaftern ohne Kapitalanteil bestätigt zugleich die Richtigkeit der hM, wonach der **Kapitalanteil kein eigenständiges Mitgliedschaftsrecht** oder mit der Mitgliedschaft identisch ist, sondern als Rechnungsziffer auf der Basis der Buchwerte die Vermögensbeteiligung der Gesellschafter zum Ausdruck bringt (Rn 50). Das Fehlen einer Vermögensbeteiligung ist nicht zu verwechseln mit der – unabdingbaren, allein auf der Gesellschafterstellung beruhenden – dinglichen Mitberechtigung der Gesellschafter am Gesamthandsvermögen (§ 105 Rn 275) als Mitglieder des gesamthänderisch strukturierten Personenverbands. Diese Beteiligung wird ipso iure durch den Gesellschaftsbeitritt begründet. Sie erlischt – kraft „Anwachsung" bei den übrigen Gesellschaftern (§ 738 Abs. 1 S. 1 BGB) – mit dem Ausscheiden, ohne dass sich damit beim Fehlen eines Kapitalanteils die Entstehung eines Abfindungsanspruchs verbindet.

V. Euro-Umstellung

77 Das Gesellschaftsrecht der OHG kennt im Unterschied zum Kapitalgesellschaftsrecht zwar weder ein gesetzlich vorgeschriebenes (Mindest-)Kapital noch zahlenmäßig fixierte Mindestbeteiligungen der Gesellschafter. Abweichend vom KG-Recht (§§ 171 Abs. 1, 172 Abs. 1) gibt es für die persönlich haftenden Gesellschafter auch keine in das Handelsregister einzutragende Beteiligungssumme oder Hafteinlage. Da die Gesellschafter nach § 128 unbeschränkt persönlich für die Gesellschaftsverbindlichkeiten haften, besteht kein Gläubigerinteresse an einer derartigen Handelsregisterpublizität. Gleichwohl haben die Gesellschaftsverträge bis 2002 in aller Regel bestimmte, typischerweise auf DM lautende Währungsbeträge zur Bezifferung des jeweiligen Kapitalanteils der Gesellschafter enthalten. Wegen der hiermit verbundenen Probleme der Umstellung insbesondere der festen Kapitalkonten auf die Euro-Währung für die Zeit nach dem 1.1.2002 ist auf die Voraufl. Rn 77 ff (*Ulmer*) zu verweisen; insbesondere war die Frage einer für die Glättung der umgestellten Beträge erforderlichen Mehrheit zu entscheiden.

---

[153] *U. Huber* Vermögensanteil S. 291; zur Zulässigkeit einer Gesellschaftsbeteiligung ohne Erfolgsanteil vgl. § 105 Rn 22.

[154] Zum weitest gehenden Ausschluss einer Gewinnbeteiligung: *Binz/Sorg* Die GmbH & Co. KG[10] § 4 Rn 25; *Eckel* in: Hesselmann/Tillmann/Mueller-Thuns Handbuch der GmbH & Co.[19] § 8 Rn 182 f, 191; MünchGesR[2]/*v. Falkenhausen/Schneider* Bd. II § 23 Rn 22; Sudhoff/*Ihrig* GmbH & Co. KG[6] § 23 Rn 9. Zur Gewährung einer Haftungsprämie: BFH BStBl. II 1977, 346; *Binz/Sorg* Die GmbH & Co. KG[10] § 16 Rn 141 ff; *Eckel* in: Hesselmann/Tillmann/Mueller-Thuns, Handbuch der GmbH & Co.[19] § 8 Rn 191 f; Sudhoff/*Ihrig* GmbH & Co. KG[6] § 23 Rn 8.

§ 121

(1) [1]Von dem Jahresgewinne gebührt jedem Gesellschafter zunächst ein Anteil in Höhe von vier vom Hundert seines Kapitalanteils. [2]Reicht der Jahresgewinn hierzu nicht aus, so bestimmen sich die Anteile nach einem entsprechend niedrigeren Satze.

(2) [1]Bei der Berechnung des nach Absatz 1 einem Gesellschafter zukommenden Gewinnanteils werden Leistungen, die der Gesellschafter im Laufe des Geschäftsjahrs als Einlage gemacht hat, nach dem Verhältnisse der seit der Leistung abgelaufenen Zeit berücksichtigt. [2]Hat der Gesellschafter im Laufe des Geschäftsjahrs Geld aus seinem Kapitalanteil entnommen, so werden die entnommenen Beträge nach dem Verhältnisse der bis zur Entnahme abgelaufenen Zeit berücksichtigt.

(3) Derjenige Teil des Jahresgewinns, welcher die nach den Absätzen 1 und 2 zu berechnenden Gewinnanteile übersteigt, sowie der Verlust eines Geschäftsjahrs wird unter die Gesellschafter nach Köpfen verteilt.

Schrifttum

Vgl. Nachw. vor § 120.

Übersicht

A. Einführung

I. Regelungsinhalt

Die Vorschriften des § 121 enthalten die dispositiven, im Gesellschaftsvertrag meist abgewandelten gesetzlichen Regelungen über die **Verteilung des Jahresergebnisses** (**Gewinn oder Verlust**) auf die Gesellschafter. Als Grundregel sieht Abs. 3 die *Verteilung von Gewinn und Verlust nach Köpfen* vor. In Übereinstimmung mit der für Mehrheitsbeschlüsse geltenden, ebenfalls auf die Zahl der Gesellschafter abstellenden Stimmrechtsvorschrift des § 119 Abs. 2 folgt sie einem formal verstandenen, von der jeweiligen Beitragshöhe der einzelnen Gesellschafter abstrahierenden Gleichheitsprinzip. Abweichend von dieser Grundregel gewährt Abs. 1 eine *Vorzugsdividende* von bis zu 4 % der variablen **1**

Kapitalanteile aus dem Gewinn des betreffenden Geschäftsjahrs; die Anpassung an unterjährige Veränderungen dieser Rechnungsziffer durch Einlagen oder Entnahmen der Gesellschafter ist in Abs. 2 geregelt.

II. Systematik der §§ 120 bis 122

2 Wie in § 120 Rn 3 näher ausgeführt, bildet die Vorschrift des § 121 einen Teil der in den §§ 120 bis 122 enthaltenen, in Ergebnisermittlung (§ 120 Abs. 1), Ergebnisverteilung (§ 121) und Entnahmerecht bzw. Gewinnanspruch (§ 122) unterteilten gesetzlichen Regelungen über die Beteiligung der Gesellschafter am Jahresergebnis. Die in § 121 geregelte **Ermittlung des jeweiligen Ergebnisanteils** sagt, für sich genommen, noch nichts über Entstehung und Höhe des jährlichen Gewinnanspruchs aus; bei diesem handelt es sich um ein von der Mitgliedschaft bzw. dem Gewinnstammrecht[1] abgespaltenes, nach § 717 S. 2 BGB an Dritte abtretbares Forderungsrecht. Der Gesellschafter hat aufgrund der Ergebnisverteilung vielmehr nur einen Anspruch darauf, dass der nach § 121 auf ihn entfallende Gewinnanteil nach § 120 Abs. 2 *seinem Kapitalanteil gutgeschrieben* wird und dadurch die Bemessungsgrundlage für die Vorzugsdividende des § 121 Abs. 1 erhöht. Die Regelungen über den Gewinnanspruch (einschl. des gewinnunabhängigen Entnahmerechts von 4 %) und dessen Durchsetzung finden sich in § 122.

III. Gewinnbegriff

3 Unter **Jahresgewinn** versteht § 121 den nach § 120 als positives Jahresergebnis ermittelten und im Beschluss über die Bilanzfeststellung bestätigten Überschuss der Aktiva über die sonstigen Passiva in der festgestellten Jahresbilanz der OHG, nach Ausübung der Bewertungswahlrechte (vgl. dazu § 120 Rn 34 ff).[2] Beschließen die Gesellschafter über die Zuweisung von Teilen des Ergebnisses zu den Rücklagen oder über dessen sonstige ergebniswirksame Verwendung, etwa durch Umbuchung auf die festen Kapitalanteile i.S. einer Kapitalerhöhung aus Gesellschaftsmitteln, so lässt das die *Ergebnisermittlung* unberührt und ist als Ergebnis*verwendung* in Abweichung von § 121 zu qualifizieren. Sie bedarf daher der Zustimmung sämtlicher Gesellschafter, falls der Gesellschaftsvertrag hierüber keine abweichende, dem Schutz des Kernbereichs der Gesellschafter Rechnung tragende Regelung trifft (vgl. näher § 120 Rn 41 ff).

4 Über diesen bilanzrechtlich geprägten Ergebnisbegriff hinaus sind gesellschaftsrechtlich als **Gewinnbestandteile** freilich auch alle sonstigen Leistungen der Gesellschaft zu verstehen, die den Gesellschaftern nach dem Gesellschaftsvertrag *aufgrund ihrer Mitgliedschaft* zustehen, auch wenn sie als Entgelt für die von den Mitgliedern geschuldeten Förderpflichten ausgestaltet sind. Das gilt für die *Geschäftsführervergütung* unabhängig davon, ob sie im Gesellschaftsvertrag selbst oder durch separate Abrede vereinbart bzw.

[1] Zum Begriff des Gewinnstammrechts und zu dessen nach zutr. hM untrennbarer Verbindung mit der Mitgliedschaft vgl. noch Rn 7; sowie Schlegelberger/*Martens* Rn 6 (mwN); sowie MünchKommBGB[5]/*Ulmer* § 705 Rn 188; MünchKommBGB[5]/*Ulmer/C. Schäfer* § 717 Rn 15; MünchKommHGB/*Priester* Rn 9; Ebenroth/Boujong/Joost/Strohn/*Ehricke* Rn 7; zur Frage eines Nießbrauchs am Gewinnstammrecht vgl. § 105 Rn 130.

[2] EinhM, vgl. nur Heymann/*Emmerich* Rn 1; MünchKommHGB/*Priester* Rn 6; Ebenroth/Boujong/Joost/Strohn/*Ehricke* Rn 2.

als feste oder variable (gewinnabhängige) Vergütung ausgestaltet ist, da die Verpflichtung zur Geschäftsführung auf der Mitgliedschaft beruht und nicht etwa den Gegenstand eines entgeltlichen Dienstvertrags zwischen OHG und Gesellschafter bildet (vgl. § 114 Rn 48). Ebenso beziehen sich Regelungen im Gesellschaftsvertrag über die *Verzinsung von Gesellschafterkonten* auf die Gewinnverwendung;[3] sie sind zu unterscheiden von der Gewährung eines Entgelts der Gesellschaft für die Überlassung von Fremdkapital als Darlehen, sei es auch im Rahmen eines Drittgeschäfts mit Gesellschaftern. Da die Leistungen der Gesellschaft in derartigen Fällen jeweils auf einer entsprechenden Regelung im *Gesellschaftsvertrag* oder auf einem vertragsergänzenden Gesellschafterbeschluss beruhen, gehen sie den Verteilungsvorschriften des § 121 vor; auch sind sie in aller Regel als entnahmefähig gewollt (vgl. § 122 Rn 27 und 35). Ob und inwieweit derartige Leistungen den begünstigten Gesellschaftern auch in ertragsschwachen oder Verlustjahren geschuldet werden mit der Folge, dass sie den auf sämtliche bzw. die übrigen Gesellschafter zu verteilenden Verlust erhöhen, ist eine Frage der Vertragsauslegung (vgl. dazu Rn 27).

IV. Gewinnanspruch

1. Entstehung. Die Entstehung des Gewinnanspruchs richtet sich nach den aus § 122 Abs. 1 folgenden, nicht selten im Gesellschaftsvertrag modifizierten Grundsätzen über Voraussetzungen und Höhe der jährlichen, gewinnabhängigen Entnahmen. Vorbehaltlich abweichender Vereinbarungen entsteht der Anspruch – als sog. verhaltener Anspruch (§ 122 Rn 5) – *mit der Feststellung der Jahresbilanz*, ohne dass es eines besonderen Beschlusses über Gewinnverteilung und Entnahmen bedarf (vgl. näher § 120 Rn 46 f). 5

2. Geltendmachung. Das Recht auf Entnahme von 4 % des variablen Kapitalanteils sowie des darüber hinausgehenden Gewinns des vorangegangenen Geschäftsjahrs kann nach § 122 Abs. 1 geltend gemacht werden, sobald die jeweilige Bilanz festgestellt ist (§ 120 Rn 12). Die Geltendmachung führt zur Aktualisierung des Anspruchs unter Umwandlung des entsprechenden Guthabens auf dem Kapitalkonto des Gesellschafters in ein gegen sie gerichtetes Forderungsrecht (§ 122 Rn 5). Die Befugnis hierzu erlischt im Zeitpunkt der nächsten Bilanzfeststellung, d.h. regelmäßig nach Ablauf eines Jahres, wenn der Gesellschaftsvertrag nichts Abweichendes vorsieht; es bewendet sodann bei der Gewinngutschrift auf dem Kapitalkonto des Gesellschafters nach § 120 Abs. 2 (vgl. § 122 Rn 10). Gegner des Zahlungsanspruchs ist die OHG; eine Haftung der Mitgesellschafter nach § 128 ist wegen des Charakters des Anspruchs als Sozialverbindlichkeit ausgeschlossen (§ 128 Rn 12 [*Habersack*]). Zu den typischen Entnahmeregelungen im Gesellschaftsvertrag vgl. § 122 Rn 27 ff. 6

3. Abtretbarkeit und Pfändbarkeit. Die Abtretbarkeit von Gewinnansprüchen ergibt sich aus **§ 717 S. 2 BGB.**[4] Diese Vorschrift lässt eine Ausnahme vom Abspaltungsverbot zu für bestimmte Vermögensrechte. Ihr gemeinsames Kennzeichen besteht darin, dass es sich jeweils um obligatorische Ansprüche gegen die Gesamthand handelt, die sich nach ihrer Entstehung von der Mitgliedschaft gelöst haben und vorbehaltlich etwaiger auf 7

[3] Vgl. MünchKommHGB/*Priester* Rn 7; Ebenroth/Boujong/Joost/Strohn/*Ehricke* Rn 2; Baumbach/*Hopt* Rn 8.

[4] Dazu näher MünchKommBGB[5]/*Ulmer*/C. *Schäfer* § 717 Rn 31; zum Ganzen näher auch *Wertenbruch* FS Gerhardt, 2004, S. 1077.

ihrer gesellschaftsvertraglichen Herkunft beruhenden Durchsetzungsschranken zu selbstständigen Gläubigerrechten geworden sind. Dies trifft auch auf den **Gewinnanspruch** zu. Dem Zessionar stehen freilich gesellschaftsrechtliche Mitsprache- oder Informationsrechte in Bezug auf den Gewinnanspruch nicht zu.[5] Auch einen vom Gesellschaftsvertrag abweichenden Gewinnverwendungsbeschluss muss er hinnehmen und kann sich insofern nur beim Zedenten schadlos halten.[6] Über die in Satz 2 genannten Ansprüche hinaus erscheint es im Unterschied zu den ihrer Art nach höchstpersönlichen Verwaltungsrechten zulässig, mit Einverständnis aller Gesellschafter auch einen gesellschaftsvertraglich eingeräumten **Anspruch auf gewinnunabhängige Entnahmen** abzutreten (§ 122 Rn 15). Anderes gilt dagegen für den vereinzelt als besonderes Vermögensrecht angesehenen, den Inbegriff der dem Gesellschafter auf Grund des Gesellschaftsvertrages zustehenden Vermögensrechte repräsentierenden *Vermögenswert der Beteiligung*[7] sowie für sonstige Vermögensstammrechte, darunter insbesondere das *Gewinnstammrecht*. Auch wenn man von den konstruktiven Bedenken absieht, die allgemein gegen die Figur eines – zudem auf ein Gesamtvermögen bezogenen – Wertrechts sprechen,[8] haben sich mit der Verselbstständigung der Mitgliedschaft und ihrer Anerkennung als übertragbares und belastbares subjektives Recht (§ 105 Rn 206) Ersatzkonstruktionen nach Art der Anerkennung eines isoliert abtretbaren Vermögenswerts der Beteiligung erübrigt. Gegen sie spricht auch, dass die Übertragung des Vermögenswerts der Beteiligung zu Mitspracherechten des Zessionars in Vermögensangelegenheiten führen würde, die sich als unvereinbar mit dem Abspaltungsverbot des § 717 S. 1 erweisen.[9] Soweit es darum geht, das Risiko des Zessionars aus einer Vorausabtretung des Anspruchs auf das Auseinandersetzungsguthaben (Rn 8) zu vermeiden, lässt sich das mittels *Verpfändung der Mitgliedschaft* an den Zessionar und unter Einbeziehung des Pfandgläubigers in den Gesellschafterverband erreichen.[10]

8 Die Übertragbarkeit nach Satz 2 erstreckt sich nach einhM nicht nur auf schon entstandene (einschließlich bedingter), sondern auch auf **künftige Ansprüche**. Bei ihnen hängt die *Wirksamkeit der Abtretung* allerdings davon ab, dass der Zedent *im Zeitpunkt der* Anspruchsentstehung seinen Anteil noch nicht weiterveräußert hat.[11] Das gilt namentlich

---

5 MünchKommHGB/*Priester* Rn 14; *Hueck* OHG § 17 IV 2, S. 254 ff; MünchKommBGB[5]/*Ulmer/C. Schäfer* § 717 Rn 40 (ganz hM); vgl. auch BGH WM 1983, 1279 (1280); 1981, 648 (649); OLG Hamm NZG 2006, 823 (gilt auch bei liquidationslosem Erlöschen der Gesellschaft).

6 Vgl. nur *Hueck* OHG § 17 IV 2, S. 255; Heymann/*Emmerich* Rn 8; Ebenroth/Boujong/Joost/Strohn/*Ehricke* Rn 6; MünchKommHGB/*Priester* Rn 14.

7 Zu Recht gegen Übertragbarkeit dieser Vermögenspositionen *Flume* I/1 § 11 IV, S. 164; *Huber* Vermögensanteil S. 150, 156 f, 365; *Wiedemann* Übertragung und Vererbung von Mitgliedschaftsrechten bei Handelsgesellschaften, 1965, S. 54; *ders.* WM 1992, Sonderbeilage 7 S. 23; MünchKommBGB[5]/*Ulmer* § 705 Rn 188; wohl auch BGHZ 97, 392 (394) = NJW 1986, 1991; **aA** noch MünchKommBGB[3]/*Ulmer* § 717 Rn 5; wohl auch BGH ZIP 1987, 1042 (1043) („ohne Zustimmung der Mitgesellschafter von der Mitgliedschaft nicht zu trennender Anteil am Gesellschaftsvermögen“).

8 Dazu *Wiedemann* WM 1975, Sonderbeilage 4 S. 33; s. ferner bereits *Ehrenberg* FG Regelsberger, 1901, S. 1 (39 ff), in Auseinandersetzung mit der Wertrechtslehre *J. Kohlers* AcP 91 (1901), 155 ff.

9 Vgl. näher *Habersack* Die Mitgliedschaft, 1996, S. 82 ff insbes. S. 89 ff; vgl. auch die Nachw. in Fn 1.

10 Vgl. für den rechtsähnlichen Fall der Nießbrauchsbestellung *Ulmer* FS Fleck, 1988, S. 383 (393 ff); *Flume* I/1 § 17 VI, S. 362 f; näher dazu MünchKommBGB[5]/*Ulmer* § 705 Rn 99 ff.

11 MünchKommBGB[5]/*Ulmer/Schäfer* § 717 Rn 31; Soergel/*Hadding*[12] § 717 Rn 8; eingehend *G. Müller* ZIP 1994, 342 (351 ff); offen lassend Erman/*Westermann* Rn 7.

für die **vorweggenommene Abtretung von Gewinnansprüchen;** diese stehen demjenigen zu, der im Zeitpunkt des Beschlusses über die Gewinnverwendung (§ 120 Rn 46 f) Anteilsinhaber ist.[12] Hat der Zedent vor diesem Zeitpunkt wirksam über den Anteil verfügt oder ist der Anteil zwischenzeitlich gepfändet worden, so kommt der jeweilige Gewinnanspruch nicht mehr in seiner Person zur Entstehung, sondern in derjenigen des neuen Anteilsinhabers, oder er unterliegt dem Pfandrecht.[13] Die Vorausabtretung des Gewinnanspruchs erweist sich in diesen Fällen aus der auf den Entstehungszeitpunkt bezogenen Sicht als Verfügung eines Nichtberechtigten; der Zessionar hat ihn nicht erworben. Dieses Ergebnis wird bestätigt durch die Regelung des § 566b BGB, auch wenn man sie nicht analog anwendet.[14] Aus dieser Vorschrift ergibt sich, dass periodisch wiederkehrende künftige Ansprüche grundsätzlich demjenigen zustehen, der im Zeitpunkt der Anspruchsentstehung aus dem Vertragsverhältnis selbst berechtigt ist, und dass Vorausverfügungen seines Rechtsvorgängers ihm gegenüber keine Wirkung haben.

B. Der gesetzliche Verteilungsschlüssel

I. Einführung

Die Gewinnbeteiligung der Gesellschafter ist das wesentlichste der mit der Mitgliedschaft verbundenen Vermögensrechte während der Gesellschaftsdauer. Sie ist daher für die Gesellschafter von besonderem Interesse, wenn auch nicht unverzichtbar (vgl. Rn 18). Der aus einer **Kombination von Kapitalverzinsung** (Abs. 1 und 2) **und Aufteilung nach Köpfen** (Abs. 3) bestehende gesetzliche Verteilungsschlüssel bemüht sich um einen angemessenen Interessenausgleich. Er wird diesem Anspruch jedoch nicht ohne weiteres gerecht, weil er der unterschiedlichen Kapitalbeteiligung der Gesellschafter (mit 4 % Vorzugsdividende) nur unzureichend, den unterschiedlichen Tätigkeitsbeiträgen (Geschäftsführung) überhaupt nicht Rechnung trägt. Die Vertragspraxis weicht daher in aller Regel von dem gesetzlichen Verteilungsschlüssel ab (vgl. näher Rn 18 ff). 9

Auch wenn der Gesellschaftsvertrag nicht ausdrücklich abweichende Regelungen enthält, können sich solche doch aus den Umständen ergeben; den durch das dispositive 10

---

[12] Vgl. hier nur BGHZ 88, 205 (207) = NJW 1984, 492 (Abtretung des künftigen Anspruchs auf das Auseinandersetzungsguthaben in der GmbH); Schlegelberger/*Martens* Rn 7; MünchKommHGB/*Priester* Rn 13; MünchKommBGB[5]/*Ulmer*/*C. Schäfer* § 717 Rn 31; *Wiedemann* Übertragung (Fn 7) S. 299 ff, 301; weit. Nachw. in Fn 13.

[13] BGHZ 88, 205 (207) = NJW 1984, 492 und BGHZ 104, 351 (353 f) = NJW 1989, 458 (betr. Abfindungsanspruch beim Ausscheiden aus einer GmbH); BGH JZ 1987, 880 m. Anm. *Ulmer*; Flume I/1 § 11 III, S. 160 und § 17 III, S. 354; *Hueck* OHG § 17 IV 2 S. 254; i.E. auch *Wiedemann* Übertragung (Fn 7) S. 299 ff, 301; *Armbrüster* NJW 1991, 606 (607 f); *G. Müller* ZIP 1994, 342 (351 ff); ebenso für den Gewinnanspruch in der GmbH RGZ 98, 318 (320); einschr. aber *Rob. Fischer* ZHR 130 (1968), 359, 363 f und *Marotzke* ZIP 1988, 1509 (1514 ff), die für eine Analogie zu § 566 b (= § 573 aF) eintreten; **aA** wohl noch RGZ 60, 126 (130). Allg. zur Vorausabtretung künftiger Forderungen, deren Rechtsgrund im Zeitpunkt der Zession bereits gelegt ist, vgl. *Serick* Eigentumsvorbehalt und Sicherungsübereignung IV, 1976, S. 260 f, 330 ff, der ein Anwartschaftsrecht des Zessionars an der künftigen Forderung bejaht und die Abtretung daher wohl trotz zwischenzeitlicher Verfügung über das Stammrecht für wirksam hält.

[14] Vgl. BGHZ 88, 205 (207) = NJW 1984, 492 (zur GmbH); Soergel/*Hadding*[12] Rn 8; für Analogie aber *Rob. Fischer* ZHR 130 (1968), 359 (363 f) und *Marotzke* ZIP 1988, 1509 (1514 ff).

Recht benachteiligten Gesellschaftern kann ausnahmsweise auch ein Anspruch auf dessen Änderung zustehen. In Betracht kommen **konkludente Abweichungen**, etwa im Zusammenhang mit der Aufnahme weiterer Gesellschafter und den ihnen von den Altgesellschaftern erteilten Zusagen oder bei Neuregelung der Geschäftsführung unter Differenzierung zwischen aktiven und passiven Gesellschaftern in Abweichung von § 114 Abs. 1.[15] Auch kann die mit Zustimmung aller Gesellschafter über längere Jahre praktizierte Abweichung der Gewinnverteilung vom gesetzlichen oder gesellschaftsvertraglichen Verteilungsschlüssel den Schluss auf eine konkludente Änderung gestatten, wobei die Darlegungs- und Beweislast bei den sich auf den ursprünglichen Verteilungsschlüssel berufenden Gesellschaftern liegt.[16] In Ausnahmefällen kommt aber auch ein **Anspruch auf Änderung des Verteilungsschlüssels** in Betracht, sei es kraft Treupflicht oder kraft Änderung der Geschäftsgrundlage.[17] Zu denken ist etwa an Fälle, in denen die Einlage einzelner Gesellschafter sich während der Gesellschaftsdauer als wertlos erweist oder in denen einzelne Gesellschafter bzw. deren Rechtsnachfolger entgegen den ursprünglichen Abreden nicht (mehr) an der Geschäftsführung beteiligt sind, auch wenn sie die Nichtmitwirkung nicht zu vertreten haben, diese vielmehr krankheits- oder altersbedingt ist (vgl. dazu auch § 114 Rn 49) oder auf dem Fehlen von zur Geschäftsführung geeigneten Personen im Kreis der nachfolgeberechtigten Erben beruht.

II. Die Vorzugsdividende (Abs. 1 und 2)

11 **1. Gewinnanteil.** Die in Abs. 1 vorgesehene, nach Maßgabe von Abs. 2 unterjährig anzupassende **Beteiligung in Höhe von 4 % der Kapitalanteile** ist nicht als Entgelt für die Kapitalüberlassung, sondern als Vorab-Gewinnanteil zu verstehen.[18] Das ergibt sich eindeutig aus Abs. 1 S. 2, wonach bei nicht ausreichendem Gewinn eines Jahres ein entsprechend niedrigerer Satz gilt. In Verlustjahren oder bei einem Null-Ergebnis entfällt die Kapitalverzinsung ganz; eine Nachzahlung in späteren Jahren, bei Wiedererlangung der

---

[15] So grds. auch Schlegelberger/*Martens* § 114 Rn 22; zurückhaltend allerdings *ders.* § 121 Rn 14.

[16] BGH NJW 1966, 826 (827) (vom OHG-Vertrag abweich. Gewinnverteilung während 20 Jahren); BGH WM 1978, 300 (301) (gegenüber dem KG-Vertrag erhöhte Verzinsung der Darlehenskonten der Kommanditisten während fünf Jahren); vgl. aber auch BGH WM 2005, 1410 (1411) (zum Entnahmerecht): keine Vertragsänderung, obwohl 14 Jahre lang, zusätzliche Entnahmen beschlossen worden waren (dazu zust. *Wertenbruch* NZG 2005, 665); *H. F. Müller* WuB II E § 105 HGB 1.05; krit. *Volmer* EWiR 2005, 675; ähnlich auch MünchGesR Bd. I/*v. Falkenhausen/Schneider* § 63 Rn 12 (Vertragsänderung wird vermutet); zurückhaltend dagegen Ebenroth/Boujong/Joost/Strohn/*Ehricke* Rn 16 (Nachweis des ausnahmsweise vorliegenden Gesellschafterwillens zur Vertragsänderung entscheidend); Westermann/*Scholz* Handbuch Rn I 631a; Westermann/*Wertenbruch* Handbuch Rn I 638a; *ders.* NZG 2005, 665 (666); MünchKommHGB/*Priester* Rn 31 (langjährige Übung im Zweifel nur „punktuelle Durchbrechung" für die betroffenen Jahre; für gegenteiligen Gesellschafterwillen liegt Darlegungs- und Beweislast bei demjenigen, der sich auf konkludente Vertragsänderung beruft).

[17] Vgl. allg. § 105 Rn 239 ff sowie in Bezug auf die Gewinnverteilung OLG Hamm NZG 2000, 252 (253) (KG; dort verneint); speziell für Geschäftsführervergütungen vgl. Rn 30 sowie OLG München NZG 2004, 125.

[18] Vgl. schon RGZ 67, 13 (18); so auch MünchKommHGB/*Priester* Rn 16; Ebenroth/Boujong/Joost/Strohn/*Ehricke* Rn 8; Heymann/*Emmerich* Rn 2; MünchGesR Bd. I/*v. Falkenhausen/Schneider*[2] § 63 Rn 6 (einhM).

Ertragskraft, ist gesetzlich nicht vorgesehen.[19] Durch Gesellschafterbeschlüsse über die Gewinnverwendung, namentlich durch Rücklagenzuweisungen, wird der Anspruch der einzelnen Gesellschafter auf die Vorzugsdividende nicht berührt, auch wenn der Gesellschaftsvertrag insoweit eine Mehrheitsklausel für Vertragsänderungen enthält. Als Eingriff in den **Kernbereich** der Mitgliedschaftsrechte (§ 119 Rn 38) können solche Änderungen grundsätzlich nur mit Zustimmung aller betroffenen Gesellschafter wirksam beschlossen werden. Am Kernbereichsschutz vermag auch ein Selbstfinanzierungsbedarf der Gesellschaft nichts zu ändern; ihm ist vielmehr bei der Entscheidung über die Gewinnausschüttung (Entnahme) Rechnung zu tragen (vgl. § 122 Rn 36). Gesellschafter mit negativem oder ohne Kapitalanteil (§ 120 Rn 61 und 74) nehmen an der Vorzugsdividende nicht teil.

2. Berechnungsgrundlage. Die Grundlage für die Berechnung der Vorzugsdividende **12**
bildet – unter der Voraussetzung eines ausreichenden Mindestgewinns (Rn 11) – der **variable Kapitalanteil** der Gesellschafter nach § 120 Abs. 2. Das folgt nicht nur aus dem systematischen Zusammenhang der §§ 120, 121, sondern auch aus der Sonderregelung des § 121 Abs. 2 betr. unterjährige Veränderungen des Kapitalanteils (Rn 13). Vorbehaltlich dieser Änderungen ist nach **Abs. 1** für die Berechnung maßgebend der *Stand des Kapitalanteils zu Beginn des Geschäftsjahrs, dessen Ergebnis zu verteilen ist.*[20] Im Vorjahr angefallene Verluste, die erst im Zuge der Bilanzfeststellung nach Geschäftsjahrsende festgestellt und anteilig von den variablen Kapitalanteilen abgeschrieben (den Kapitalkonten belastet) werden, mindern nicht bereits den für die Gewinnverteilung des Folgejahrs relevanten Ansatz, sondern – wegen Nichtberücksichtigung im Rahmen von Abs. 2 (Rn 13) – erst denjenigen des übernächsten Geschäftsjahrs. Eine Sollverzinsung zu Lasten der Inhaber *negativer Kapitalanteile* ist der Regelung des Abs. 1 nicht zu entnehmen.[21] Diese bleiben vielmehr bei Verteilung der Vorzugsdividende unberücksichtigt.

Änderungen des Kapitalanteils (Gutschriften und Belastungen des Kapitalkontos) wäh- **13**
rend des Geschäftsjahrs ist für die Berechnung der Vorzugsdividende nach Maßgabe von **Abs. 2** Rechnung zu tragen. Danach führen weitere im Gesellschaftsvertrag vorgesehene oder von den Gesellschaftern beschlossene *Einlageleistungen* zur Erhöhung, unterjährige *Entnahmen* zur Verminderung der Berechnungsgrundlage.[22] Sie wirken sich jeweils für den nach Eintritt der Änderung verbleibenden Zeitraum der Rechnungsperiode aus. *Nicht* in Abs. 2 erwähnt werden unterjährige *Verbuchungen des anteiligen Vorjahresergebnisses.* Daraus lässt sich in Verbindung mit einem Umkehrschluss zur Parallelregelung des § 120 Abs. 2 entnehmen, dass mit derartigen Gutschriften oder Belastungen keine Anpassung der Berechnungsgrundlage während des laufenden Jahres verbunden ist, ihre Auswirkungen vielmehr erst für die Vorzugsdividende des Folgejahrs Berücksichtigung finden sollen.[23] Allerdings erschiene es sachwidrig, als Minusposten im Rahmen von Abs. 2 solche Entnahmen in Ansatz zu bringen, die sich auf neue Gewinngutschriften

---

19 Vgl. MünchKommHGB/*Priester* Rn 17; Ebenroth/Boujong/Joost/Strohn/*Ehricke* Rn 8 f.

20 So zutr. Baumbach/*Hopt* Rn 1; MünchKommHGB/*Priester* Rn 19; Ebenroth/Boujong/Joost/Strohn/*Ehricke* Rn 10; der Sache nach auch Schlegelberger/*Martens* Rn 4; Heymann/*Emmerich* Rn 2.

21 Ebenso Baumbach/*Hopt* Rn 1; MünchKommHGB/*Priester* Rn 17.

22 Vgl. dazu auch MünchKommHGB/*Priester* Rn 19; Baumbach/*Hopt* Rn 1; Ebenroth/Boujong/Joost/Strohn/*Ehricke* Rn 10; näher 3. Aufl. Rn 7 (*Rob. Fischer*).

23 So zutr. Voraufl. Rn 11 (*Ulmer*); dem folgend MünchKommHGB/*Priester* Rn 20; Ebenroth/Boujong/Joost/Strohn/*Ehricke* Rn 10a.

beziehen, da eine Verminderung des variablen Kapitalanteils durch sie per Saldo nicht eintritt. In diesem Punkt bedarf der Wortlaut des Abs. 2 S. 2 somit der Korrektur: Eine Minderung der Berechnungsgrundlage ist danach nur bei solchen Entnahmen veranlasst, die nicht durch neue Gewinngutschriften auf dem variablen Kapitalkonto gedeckt sind.

14 Probleme wirft die Berechnung der gesetzlichen Vorzugsdividende auch in denjenigen Fällen auf, in denen die Gesellschafter sich im Gesellschaftsvertrag abweichend von § 120 Abs. 2 auf ein **System fester Kapitalanteile** geeinigt haben, sei es unter Verständigung auf das Zwei- oder das Dreikontenmodell (vgl. dazu § 120 Rn 64, 66 ff). Die Frage stellt sich freilich nur dann, wenn der Gesellschaftsvertrag trotz dieser Abweichung keine ausdrücklichen Änderungen für die Gewinnverteilung enthält und die abweichenden Regelungen über den Kapitalanteil auch nicht im Auslegungswege auf eine Modifizierung des § 121 Abs. 1 und 2 schließen lassen. Bewendet es danach ausnahmsweise trotz fester Kapitalanteile beim gesetzlichen Gewinnverteilungsschlüssel, so ist der gesellschaftsvertraglichen Abweichung von § 120 Abs. 2 im Zweifel doch dadurch Rechnung zu tragen, dass auch für die Vorzugsdividende nach § 121 Abs. 1 die festen Kapitalanteile zugrunde gelegt werden.[24] Denn indem die Gesellschafter sich für das System fester Kapitalanteile entschieden haben, haben sie damit im Zweifel zum Ausdruck gebracht, dass sie für die anteilsbezogenen Mitgliedschaftsrechte von einem festen, abweichend von § 120 Abs. 2 keinen Schwankungen unterliegenden Maßstab ausgehen wollen.

III. Verteilung des Restgewinns nach Köpfen (Abs. 3)

15 Die in Abs. 3 angeordnete Verteilung des nach Abzug der Vorzugsdividende verbleibenden Gewinns nach Köpfen orientiert sich, wenn auch in formaler, von den Beiträgen der einzelnen Gesellschafter zur Förderung des Gesellschaftszwecks abstrahierender Sicht, am gesellschaftsrechtlichen **Gleichbehandlungsgrundsatz** (vgl. dazu § 105 Rn 247 ff). Sie gilt unabhängig von der Höhe der jeweiligen Kapitaleinlagen und kommt daher auch Gesellschaftern mit negativem oder ohne Kapitalanteil zugute.[25] Probleme der Vertragsauslegung oder -anpassung können sich im Hinblick auf Abs. 3 dann ergeben, wenn einzelne Gesellschaftsanteile im Zuge rechtsgeschäftlicher *Anteilsübertragung oder Vererbung* auf zwei oder mehr Gesellschafter aufgespalten werden. Da die Zulassung derartiger Veränderungen im Gesellschaftsvertrag oder durch Gesellschafterbeschluss nicht dahin verstanden werden kann, dass dadurch eine Verschlechterung der Vermögensrechte der Mitgesellschafter eintreten soll, ist in derartigen Fällen im Zweifel davon auszugehen, dass die in Abs. 3 vorgesehene Gewinnverteilung konkludent als eine solche *nach Stämmen* gewollt ist.

IV. Verlustverteilung

16 Für das negative Ergebnis eines Geschäftsjahrs gilt nach Abs. 3 ebenso wie für den Restgewinn (Rn 15) das Prinzip der **Verteilung nach Köpfen**. Auf den Stand der Kapitalanteile oder auf die Ursachen der Verluste kommt es nicht an. Daher nehmen nicht nur

---

[24] MünchKommHGB/*Priester* Rn 26; Ebenroth/Boujong/Joost/Strohn/*Ehricke* Rn 12; Westermann/*Scholz* Handbuch Rn I 623.

[25] Vgl. schon 3. Aufl. Rn 9 (*Rob. Fischer*); so der Sache nach auch Schlegelberger/*Martens* Rn 5; MünchKommHGB/*Priester* Rn 21; Baumbach/*Hopt* Rn 2; Ebenroth/Boujong/Joost/Strohn/*Ehricke* Rn 11; Westermann/*Scholz* Handbuch Rn I 623a (einhM).

Gesellschafter mit negativem Kapitalanteil, sondern grundsätzlich auch solche *ohne Kapitalanteil* (§ 120 Rn 74) an der Verlustverteilung teil. Weil diese Gesellschafter jedoch typischerweise nicht am Gesellschaftsvermögen beteiligt sind, d.h. weder Gewinne in der Gesellschaft stehen lassen noch beim Ausscheiden eine Abfindung erhalten oder Nachschüsse zahlen sollen (§ 120 Rn 75), ist die Abrede über ihre Beteiligung ohne Kapitalanteil in aller Regel dahin zu verstehen, dass damit konkludent auch eine Verlustbeteiligung ausgeschlossen ist. Denn da sich vor Beendigung der Gesellschaft mit der Verlustbeteiligung keine Nachschusspflicht verbindet[26] und da sie auch das Ergebnis des Folgejahrs unberührt lässt, wenn die Gesellschafter nicht beschließen, den Verlust anstelle der Aufteilung nach Abs. 3 zu Lasten des Ergebnisses des Folgejahrs vorzutragen, bliebe die Einbeziehung von Gesellschaftern ohne Kapitalanteil in die Verlustbeteiligung nach Abs. 3 letztlich wirkungslos.

Zur Notwendigkeit einer Verlustverteilung oder zur Erhöhung des aufzuteilenden Verlustes kann es auch dann kommen, wenn zwar das bilanzielle Jahresergebnis der Gesellschaft positiv oder ausgeglichen ist, die gesellschaftsvertragliche Vereinbarung von **ergebnisunabhängig zu zahlenden Vorabgewinnen** (Geschäftsführergehälter, Verzinsung von Kapital- oder Entnahmekonten u.a., vgl. Rn 4) jedoch zur Folge hat, dass diese im Verhältnis zwischen den Gesellschaftern als *Aufwandsposten* zu behandeln sind und zu einem negativen rechnerischen Ergebnis führen oder dieses erhöhen. In derartigen Fällen ist der rechnerische Verlust im Zweifel anteilig auf alle Gesellschafter umzulegen, also auch auf diejenigen, denen der Vorabgewinn zusteht.[27] Ob die Vorabgewinne ergebnisunabhängig oder nur nach Maßgabe eines positiven Ergebnisses zu zahlen sind, ist eine Frage der Vertragsauslegung (vgl. dazu Rn 27). **17**

C. Abweichende Vereinbarungen

I. Überblick

1. Vertragsfreiheit. Als Teil des Innenrechts der OHG sind die Gewinnverteilungsvorschriften des § 121 in vollem Umfang dispositiv (vgl. § 109). Das gilt nicht nur für die gesetzliche Differenzierung zwischen der Gewinnverteilung nach Köpfen und der ihr vorgehenden Vorzugsdividende von 4 % auf den Kapitalanteil, sondern auch für den jeweiligen Verteilungsschlüssel sowie für die vertragliche Einführung weiterer Gewinnbestandteile wie feste und/oder variable Geschäftsführungsgehälter bzw. die Verzinsung sonstiger, vom Kapitalkonto zu unterscheidender Gesellschafterkonten. Die Wichtigkeit einer sachangemessenen, die Faktoren Kapitaleinsatz, Mitarbeit und Haftungsrisiko berücksichtigenden Gewinnverteilung folgt auch daraus, dass bestehende Ungleichgewichte die Gefahr begründen, auf Dauer das notwendige Vertrauensverhältnis in der Gesellschaft zu zerstören.[28] Eine Grenze für die Vertragsfreiheit bildet der Sittenwidrigkeitsvorbehalt des § 138 Abs. 1 BGB.[29] **18**

---

[26] EinhM, vgl. unter zutr. Hinweis auf § 707 BGB Baumbach/*Hopt* Rn 7; Heymann/*Emmerich* Rn 10; MünchKommHGB/*Priester* Rn 24; Westermann/*Scholz* Handbuch Rn I 623b; so i.E. auch Schlegelberger/*Martens* Rn 8; zurückhaltender Ebenroth/Boujong/Joost/Strohn/*Ehricke* Rn 1a (Frage der Auslegung im Einzelfall).

[27] Ebenso MünchKommHGB/*Priester* Rn 23; Ebenroth/Boujong/Joost/Strohn/*Ehricke* Rn 13.

[28] Das betont zutr. *Paulick* FS Laufke, 1971, S. 193 (198). Vgl. auch *Flume* DB 1973, 786 (787); MünchKommHGB/*Priester* Rn 27.

[29] Vgl. dazu *Jud* FS Wilburg, 1975, S. 119 (130 f); *Bormann/Hellberg* DB 1997, 2415 (2420).

19 Zulässig ist auch ein **Ausschluss einzelner Gesellschafter von der Ergebnisbeteiligung.** Das war für den Ausschluss von der *Verlustbeteiligung* schon immer anerkannt,[30] gilt nach zutr. hM aber auch für den Ausschluss von der *Gewinnbeteiligung* (§ 105 Rn 22). Das konstitutive Merkmal für das Vorliegen einer Gesellschaft, die Verfolgung eines gemeinsamen Zwecks (§ 705 BGB), wird dadurch nicht berührt, weil das Interesse an der Gewinnerzielung nicht Teil des – auf die wirtschaftende Tätigkeit der Gesellschaft bezogenen – gemeinsamen Zwecks ist, sondern das davon zu unterscheidende Motiv der Gesellschafter für ihre Beteiligung an der Gesellschaft bildet (vgl. näher § 105 Rn 20 ff).[31]

20 *Unabdingbar* für die Gewinn- (und Verlust-)Beteiligung ist allerdings die **Gesellschafterstellung** des Berechtigten, sei es auch eine solche ohne Kapitalanteil. Das folgt daraus, dass die Ergebnisteilnahme bzw. das „Gewinnstammrecht" ein mit der Mitgliedschaft untrennbar verbundenes, nicht abspaltbares Gesellschaftsrecht darstellt (Rn 7). Ein Gesellschafter kann zwar, wenn der Gesellschaftsvertrag das zulässt oder die Mitgesellschafter zustimmen, seinen Gesellschaftsanteil teilweise, sei es entgeltlich oder unentgeltlich, auf Dritte übertragen mit der Folge, dass dem Erwerber mit der Mitgliedschaft auch die entsprechende Gewinnbeteiligung zusteht. Unter den gleichen Voraussetzungen ist auch die Nießbrauchsbestellung am Anteil zugunsten eines Dritten zulässig; dieser tritt dadurch „dinglich" in den Gesellschafterverband ein und kann den Gewinnanspruch nach Maßgabe der zwischen ihm und dem Besteller getroffenen Vereinbarungen unmittelbar gegen die Gesellschaft geltend machen (§ 105 Rn 114, 121). Dagegen scheidet eine Übertragung des „Gewinnstammrechts" an Dritte aus; sie wäre unvereinbar mit dem Abspaltungsverbot des § 717 S. 1 BGB (Rn 7). Nach § 717 S. 2 BGB zulässig ist zwar die Abtretung der einzelnen Gewinnansprüche an Dritte; soweit sie sich auf künftige Ansprüche bezieht, hängt ihre Wirksamkeit jedoch davon ab, dass der Zedent bei Anspruchsentstehung noch Gesellschafter ist (vgl. Rn 8).

21 **2. Gründe für die Abweichung.** Die verbreiteten Bedenken gegen das gesetzliche Verteilungsmodell des § 121 und das Interesse der Beteiligten an abweichenden Regelungen im Gesellschaftsvertrag beruhen auf einer Reihe von Gründen (vgl. schon Rn 9); das dispositive Recht wird daher in aller Regel abbedungen und durch ein auf die Verhältnisse der jeweiligen Gesellschaft zugeschnittenes Verteilungssystem ersetzt.[32] So entspricht die *Verteilung nach Köpfen* schon *im Gründungszeitpunkt* der Gesellschaft nicht ohne weiteres dem internen Kräftegleichgewicht und der Art und Höhe der Beitragsleistungen der einzelnen Gesellschafter. Vor allem aber können ergebnisrelevante, die Angemessenheit der Gewinnverteilung berührende *spätere* Verschiebungen des Gleichgewichts im weiteren Verlauf der Gesellschaft und bei der Anteilsvererbung eintreten. Das *System fester Kapitalanteile* als Verteilungsschlüssel (Rn 24) und seine Anpassung an Änderungen der

---

[30] Vgl. nur BGH WM 1967, 346 (347); BAG NJW 1993, 2458 (2460); Schlegelberger/*Martens* Rn 12; MünchKommBGB⁵/*Ulmer*/*C. Schäfer* § 722 Rn 3, 5 mwN; so auch schon 3. Aufl. Rn 16 (*Rob. Fischer*); **aA** aber *Schulze-Osterloh* Der gemeinsame Zweck der Personengesellschaften, 1973, S. 25 f.

[31] Ebenso MünchKommHGB/*Priester* Rn 37; Ebenroth/Boujong/Joost/Strohn/*Ehricke* Rn 19; MünchGesR Bd. I/*v. Falkenhausen*/*Schneider*² § 63 Rn 14; Westermann/*Scholz* Handbuch Rn I 627.

[32] So zutr. *Paulick* FS Laufke, 1971, S. 193 (196); Westermann/*Scholz* Handbuch Rn I 626 ff; MünchKommHGB/*Priester* Rn 27; Ebenroth/Boujong/Joost/Strohn/*Ehricke* Rn 14; MünchGesR Bd. I/*v. Falkenhausen*/*Schneider*² § 63 Rn 10 ff; vgl. auch die Vertragsmuster von *Oldenburg* (OHG-Vertrag) und *Riegger*/*Götze* (KG-Vertrag) im Münchener Vertragshandbuch Bd. 1 (Gesellschaftsrecht) S. 85 ff und 225 ff.

Beteiligungsverhältnisse erweist sich insoweit meist als besser geeignet, künftigen Entwicklungen Rechnung zu tragen. Demgegenüber kann eine *Vorzugsdividende auf variable Kapitalanteile* je nach deren künftiger, auch von (Entnahme-)Entscheidungen der einzelnen Gesellschafter abhängigen Entwicklung zu ungeplanten, das Gleichgewicht in der Gesellschaft gefährdenden Veränderungen bei der Gewinnverteilung führen, zumal dabei stille Reserven außer Betracht bleiben.

Unberücksichtigt bleiben nach dispositivem Recht vor allem auch unterschiedliche Tätigkeitsbeiträge der Gesellschafter zur Geschäftsführung der Gesellschaft; ihnen wird meist durch eine besondere Geschäftsführervergütung Rechnung getragen. Schließlich können auch **unterschiedliche Beiträge zur Selbstfinanzierung** der Gesellschaft, wie sie sich aus der je nach den persönlichen Einkommensverhältnissen differierenden Steuerprogression der Gesellschafter ergeben können, oder **besondere Verdienste** um die Existenz oder den Erfolg der Gesellschaft Anlass geben, von der gesetzlichen Gewinnverteilung abzuweichen und stattdessen für ein den Verhältnissen der jeweiligen Gesellschaft besser angemessenes, entwicklungsoffen zu gestaltendes Verteilungssystem zu optieren. **22**

3. Änderungsvoraussetzungen. Zur Auslegung des Gesellschaftsvertrags und zur Frage konkludenter Abweichungen vom gesetzlichen Verteilungsschlüssel vgl. schon § 105 Rn 192 ff, 197 f und o. Rn 10. Auch wenn der Gesellschaftsvertrag *Mehrheitsklauseln* für Vertragsänderungen vorsieht und diese ausdrücklich oder konkludent auf die Änderung der Gewinnverteilung erstreckt, scheitert die Wirksamkeit entsprechender Änderungsbeschlüsse doch am mehrheitsfesten **Kernbereich** der Mitgliedschaft, zu dem auch die Ergebnisteilnahme gehört (s. schon Rn 11). Beschlüsse über die Änderung der Gewinnverteilungsabreden können gegenüber widersprechenden Gesellschaftern aber ausnahmsweise unter Berufung auf die **Zustimmungspflicht kraft Treupflicht** durchgesetzt werden, wenn zwischenzeitliche Änderungen der Beteiligungsverhältnisse zur Unangemessenheit des vereinbarten Verteilungsschlüssels geführt haben. Soweit nicht allein schon unter Rückgriff auf die Grundsätze über die *Änderung der Geschäftsgrundlage* Abhilfe geschaffen werden kann,[33] lässt sich eine Zustimmungspflicht nach ständ. Rspr. in engen Grenzen dann bejahen, wenn die Vertragsänderung mit Rücksicht auf das bestehende Gesellschaftsverhältnis zur Erhaltung der gemeinsam geschaffenen Werte oder zur Vermeidung nachhaltiger Verluste *erforderlich* und dem widersprechenden Gesellschafter auch *zumutbar* ist (vgl. § 105 Rn 241).[34] Die Frage hat namentlich im Zusammenhang mit der Anpassung von Geschäftsführerbezügen an geänderte Verhältnisse Bedeutung erlangt (vgl. Rn 30). **23**

33 Vgl. dazu näher *Zöllner* Anpassung von Personengesellschaftsverträgen an geänderte Umstände, 1979, S. 25 ff, 40 ff; MünchKommBGB⁵/*Roth* § 313 Rn 117 ff; *ders.* FS Honsell, 2002, S. 575 (578 ff).

34 Ebenso MünchKommHGB/*Priester* Rn 33 f; Ebenroth/Boujong/Joost/Strohn/*Ehricke* Rn 16a; Westermann/*Scholz* Handbuch Rn I 631b; aus der Rspr. vgl. etwa OLG München NZG 2001, 793 (794) (keine Anpassung bei Unfähigkeit zur Geschäftsführung, wenn Vorabgewinn Haftungsprämie ist); OLG Stuttgart NZG 2007, 745 (Anwaltssozietät als GbR; kein Anpassungsanspruch in Bezug auf „Lockstep-System" zur Gewinnverteilung bei überproportionalen Beiträgen zum Gewinn der Gesellschaft).

II. Verteilung nach festen Kapitalanteilen

24 Abgesehen von Vereinbarungen über Vorabgewinnanteile (Geschäftsführervergütungen; Verzinsung von Gesellschafterkonten, vgl. Rn 29, 31) herrscht in der Kautelarpraxis die Verteilung des Jahresergebnisses (Gewinn und Verlust) nach dem **Verhältnis der Kapitalanteile** vor.[35] Sie weicht von den Regelungen des § 121 nicht nur durch Verzicht auf eine Verteilung nach Köpfen ab. Vielmehr stellt der Gesellschaftsvertrag entgegen § 121 Abs. 1 meist auch nicht auf die variablen Kapitalanteile des § 120 Abs. 2 als Verteilungsschlüssel ab, sondern auf ein davon abweichendes, bei Gründung oder späterer Vertragsänderung vereinbartes **System fester Kapitalanteile** (vgl. § 120 Rn 64 f). Dadurch nähert er die Aufteilung der Vermögensrechte zwischen den Gesellschaftern der OHG derjenigen in einer Kapitalgesellschaft an. Das über eine Vorzugsdividende i.S.v. § 121 Abs. 1 hinausgehende Abstellen auf *variable Kapitalanteile* als Gewinnverteilungsschlüssel hätte demgegenüber auch den *Nachteil*, dass es zu Schwierigkeiten in Fällen negativer Kapitalanteile führen würde.[36] Denn wären *sämtliche* Kapitalanteile negativ, sei es aufgrund berechtigter Entnahmen und/oder zwischenzeitlicher Verluste, so würde es an einem Verteilungsmaßstab insgesamt fehlen; eine Gewinnverteilung in dem Sinn, dass auf den größten Soll-Saldo der höchste Gewinnanteil entfiele, wäre angesichts der auf eine Honorierung der Kapitalbeiträge der Gesellschafter abzielenden Verteilungsregelung offensichtlich sachwidrig.[37] Entsprechendes würde aber auch dann gelten, wenn die negativen Kapitalanteile sich auf einen *Teil der Gesellschafter* beschränkten, da diese ggf. bei der Gewinnverteilung unberücksichtigt blieben, obwohl sie über ihre Kapitaleinlagen und ihren Anteil an den stillen Reserven mit zur Finanzierung der Gesellschaft beigetragen haben.[38]

25 Die **Festsetzung** der festen Kapitalanteile orientiert sich meist an den *Einlageleistungen* der Gesellschafter, sei es bei Gründung oder im weiteren Verlauf der Gesellschaft (§ 120 Rn 68). In Betracht kommt auch ihre spätere einvernehmliche Erhöhung durch einvernehmliche Umbuchung vom Kapitalkonto II oder Rücklagenkonto auf das Kapitalkonto I. Dagegen lassen Entnahmen oder zwischenzeitliche Verluste die Höhe der festen Kapitalanteile unberührt; sie haben daher keine Auswirkungen auf den Verteilungsschlüssel. Ihnen kann bei der Ergebnisverteilung auf andere Weise, etwa durch Verzinsung des Kapitalkontos II im Soll und Haben, Rechnung getragen werden (vgl. Rn 32). Für Gesellschafter ohne Kapitalanteil (§ 120 Rn 74) scheidet eine Ergebnisteilnahme im Rahmen dieses Verteilungsschlüssels aus; sie ist allerdings typischerweise auch nicht gewollt.

---

[35] Vgl. die Vertragsmuster von *Oldenburg* und *Riegger/Götze* (Fn 32); so auch MünchGesR Bd. I/*v. Falkenhausen/Schneider*[2] § 63 Rn 18; *Wiedemann* WM 1992 Sonderbeil. 7 S. 32 und Gesellschaftsrecht Bd. II § 3 III 3b bb, S. 229.

[36] Darauf im Anschluss an *U. Huber* Vermögensanteil S. 269 ff zu Recht hinweisend Schlegelberger/*Martens* Rn 10 und § 168 Rn 24; vgl. ferner MünchKommHGB/*Priester* Rn 36; Westermann/*Sassenrath* Handbuch Rn I 586; Westermann/*Scholz* Handbuch Rn I 629; *Bormann/Hellberg* DB 1997, 2415 (2419).

[37] So zutr. *U. Huber* Vermögensanteil S. 269 ff, 272, der in derartigen Fällen von einer Vertragslücke ausgeht, die analog § 168 Abs. 2 durch eine „angemessene" Verteilung geschlossen werden solle (S. 275; zust. *Martens* und *Priester* Fn 36); für Verteilung im Verhältnis der negativen Kapitalanteile dagegen MünchGesR Bd. I/*v. Falkenhausen/Schneider*[2] § 63 Rn 22 (ungleiche Entnahmen allerdings vorab auszugleichen).

[38] Vgl. *U. Huber* Vermögensanteil S. 273 f, 276.

III. Vorabgewinn-Abreden

1. Arten. Vereinbarungen im Gesellschaftsvertrag über die Verteilung eines Vorabgewinns an bestimmte oder alle Gesellschafter vor der Aufteilung des Restgewinns nach Kapitalanteilen können **vielfältigen Inhalt** haben. Am häufigsten finden sich Regelungen über Geschäftsführervergütungen bzw. über die Verzinsung von Gesellschafterkonten (Rn 29, 31); sie sollen den unterschiedlichen, über die Einlageleistungen hinausgehenden Förderbeiträgen der Gesellschafter in Form von Mitarbeit oder Gewinnthesaurierung Rechnung tragen. Vorabgewinn-Abreden können aber auch dazu dienen, den Begünstigten eine Belohnung für ihre besonderen Verdienste um die Gründung der Gesellschaft oder die Entwicklung des gemeinsamen Unternehmens zu gewähren bzw. (bei Komplementären) die Übernahme der persönlichen Haftung zu honorieren oder die Überlassung von Einlagegegenständen quoad usum (§ 105 Rn 227) auszugleichen, da diese bei der Bemessung des festen Kapitalanteils typischerweise unberücksichtigt bleibt. Inhaltlich können sie als feste Vergütungen, als feste oder variable Verzinsung von Gesellschafterkonten oder als prozentualer Anteil des Bruttogewinns (Erfolgsbeteiligung, Tantieme) ausgestaltet sein. In jedem dieser Fälle vermindern sie den nach dem Schlüssel der festen Kapitalanteile zu verteilenden Restgewinn. Dagegen haben sie auf die anteilige Höhe der an diesem Schlüssel ausgerichteten Verlustbeteiligung regelmäßig keinen Einfluss (Rn 28). 26

Die funktionale Natur als Vorabgewinn zwingt nicht etwa dazu, derartige Leistungen der Gesellschaft von der Erwirtschaftung eines entsprechenden positiven Ergebnisses im Geschäftsjahr abhängig zu machen, sondern können **auch für Verlustjahre** zugesagt werden; die abweichende Regelung über die Vorzugsdividende in § 121 Abs. 1 ist auch insoweit dispositiv. Maßgebend ist die jeweilige Regelung im Gesellschaftsvertrag; sie ist ggf. durch **Auslegung** zu ermitteln. Für die *Ergebnisunabhängigkeit* von Vorabgewinnen spricht im Regelfall, dass es sich um *feste,* betragsmäßig fixierte Vergütungen (Geschäftsführerbezüge)[39] oder um prozentual (gewinnunabhängig) zu berechnende Leistungen der Gesellschaft (Verzinsung von Gesellschafterkonten im Soll und Haben) handelt. Anderes gilt, wenn die Vergütung ausdrücklich erfolgsbezogen ausgestaltet ist (Gewinntantieme) oder wenn der Gesellschaftsvertrag auf andere Weise erkennen lässt, dass ihre Zahlung nach Grund und Höhe von der Erwirtschaftung eines positiven Ergebnisses abhängt. 27

Eine ergebnisunabhängige Ausgestaltung von Gesellschaftsleistungen als Vorabgewinn macht es notwendig, sie für die Ermittlung und Verteilung des restlichen Ergebnisses als **Aufwand** in Ansatz zu bringen. Bei unzureichendem, hinter der Höhe der erfolgsunabhängigen Vorabgewinne zurückbleibendem Bruttoergebnis führt sie zum Ausweis oder zur Erhöhung eines der Verlustverteilung zugrundezulegenden negativen Ergebnisses. Belaufen sich etwa die festen Geschäftsführerbezüge auf 1,5 Mio. EUR und hat die Gesellschaft ein Brutto-Jahresergebnis von nur 0,5 Mio. EUR erzielt, so ergibt sich ein rechnerischer Verlust von 1 Mio. EUR. An ihm nehmen grundsätzlich alle Gesellschafter nach Maßgabe des vertraglich geltenden Verlustverteilungsschlüssels teil, nicht nur die von der Geschäftsführung ausgeschlossenen. Anderes kommt dann in Betracht, wenn den Geschäftsführern eine bestimmte (Mindest-)Vergütung „garantiert" ist,[40] doch ist das nicht zu vermuten. 28

2. Geschäftsführervergütung. Den wichtigsten Fall eines Vorabgewinns bildet die Geschäftsführervergütung. Ob ein Vorabgewinn als Geschäftsführervergütung oder zur Honorierung anderer Beiträge, etwa die persönliche Haftung als Komplementär, vorge- 29

[39] Ebenso MünchKommHGB/*Priester* Rn 41; *Wiedemann* WM 1992 Sonderbeil. 7 S. 32.

[40] Hierauf weist Schlegelberger/*Martens* Rn 9 hin.

sehen ist, ist im Zweifelsfall durch Auslegung zu ermitteln.[41] Als materieller Gewinnbestandteil (Rn 4) gehören Vergütungsvereinbarungen auch dann zu den Gewinnverteilungsabreden, wenn sie nicht im Gesellschaftsvertrag geregelt, sondern Gegenstand eines besonderen „Geschäftsführervertrages" ist. Dementsprechend sind grundsätzlich *sämtliche Gesellschafter* für ihre Festsetzung oder Änderung zuständig und müssen hierüber *einstimmig* befinden; sie können diese Aufgabe freilich innerhalb eines im Gesellschaftsvertrag zu definierenden Rahmens auf bestimmte Mitgesellschafter oder einen hierfür eingesetzten Ausschuss delegieren. Hierbei müssen aber, weil der Kernbereich betroffen ist (vgl. Rn 11, 23), konkrete Vorgaben zum Rahmen gemacht werden.[42] Die bloße Bezugnahme auf drittübliche Vereinbarungen ist nicht ausreichend, sofern keine konkrete Obergrenze bezeichnet wird.[43] Der Sache nach handelt es sich um eine auf der Mitgliedschaft beruhende Gesellschaftsleistung für den über Kapitaleinlage und Haftungsrisiko hinausgehenden tätigkeitsbezogenen Förderbeitrag der Geschäftsführer. Sie kann als *feste oder erfolgsabhängige Vergütung* oder – wie meist – als Kombination beider Bestandteile ausgestaltet sein. Als feste Vergütung ist sie im Zweifel auch dann zu zahlen, wenn die Gesellschaft keinen bzw. einen unzureichenden Gewinn erzielt hat (vgl. Rn 27).

30 Die Qualifikation der Geschäftsführervergütung als Vorabgewinn bringt es mit sich, dass ihre **Anpassung an geänderte Verhältnisse**, etwa der Wegfall oder das Hinzutreten weiterer Geschäftsführer bzw. deutliche Veränderungen des Gesellschaftsumsatzes mit entsprechenden Rückwirkungen auf den Tätigkeitsumfang, aber auch Änderungen der Kaufkraft oder des Gehaltsniveaus vergleichbarer leitender Angestellter oder der Geschäftsführer von Kapitalgesellschaften, einen mit Zustimmung aller Gesellschafter zu fassenden Beschluss erforderlich macht, wenn weder der Gesellschaftsvertrag hierfür ausdrücklich in geeigneter Weise Vorsorge trifft noch die Vertragsauslegung auf eine konkludente Regelung schließen lässt.[44] Einem auf die **Treupflicht** gestützten Anpassungsverlangen der von der Änderung nachteilig betroffenen Geschäftsführer hat die höchstrichterliche Rechtsprechung früher eine grundsätzliche Absage erteilt und die Beteiligten auf geeignete Vorsorgeregelungen im Gesellschaftsvertrag verwiesen.[45] Zu Recht ist sie hiervon später abgerückt, wenn auch zunächst unter methodisch zweifelhaftem Rückgriff auf ergänzende Vertragsauslegung.[46] Berücksichtigt man das typischerweise gerade in diesem Bereich nicht selten auftretende *Anpassungsbedürfnis* und den uneigennützigen, allen Gesellschaftern zugute kommenden Tätigkeitsbeitrag der geschäftsführenden Gesellschafter, so sprechen gute Gründe dafür, insoweit eine Zustimmungspflicht inaktiver Mitgesell-

---

41 Vgl. OLG München NZG 2001, 793 (zur KG): Vorabgewinn als Haftungsprämie; deshalb kein Verlust des Anspruchs durch Unfähigkeit zur weiteren Ausübung der GF-Tätigkeit; kein Anspruch auf Vertragsänderung.

42 Insoweit übereinstimmend auch MünchKommHGB/*Priester* Rn 41.

43 Abweichend *Priester* FS Korn, 2005, 377 (383 f).

44 Für Bejahung konkludenter Abrede, wenn die geleisteten Dienste nach Art oder Umfang über das übliche Maß deutlich hinausgehen, BGHZ 17, 299 (301) = NJW 1955, 1227; RGZ 170, 392 (396); OLG Karlsruhe NJW-RR 1987, 24; Schlegelberger/*Martens* § 114 Rn 22; MünchKommHGB/*Rawert* § 114 Rn 78. Vgl. auch § 114 Rn 47.

45 BGHZ 44, 40 = NJW 1965, 1960.

46 So BGH BB 1977, 1271 (Übernahme der Geschäftsführung durch einen Erben ohne gewinnmäßige Bevorzugung gegenüber den Miterben); anders dann (unter Hinweis auf die Zustimmungspflicht kraft Treupflicht) BGH WM 1978, 1230 (1231) (Zustimmungspflicht im konkreten Fall wegen insgesamt angemessener Gewinnverteilung zwischen den Gesellschafterstämmen verneint); 1986, 1556 (1557) (Verweisung des Geschäftsführers auf Zustimmungsklage bei rückwirkendem Änderungsbegehren).

schafter kraft Treupflicht von geringeren Anforderungen als bei sonstigen Vertragsänderungen abhängig zu machen.[47] Zur Änderung der Geschäftsführervergütung im Fall von Leistungsstörungen vgl. § 114 Rn 49; zum Wegfall bei Entziehung der Geschäftsführungsbefugnis § 117 Rn 81.

3. **Verzinsung von Gesellschafterkonten.** Mit der Vereinbarung einer Verzinsung von hierfür geeigneten Gesellschafterkonten, insbesondere des Kapitalkontos II oder des Entnahmekontos, können **unterschiedliche Zwecke** verfolgt werden (vgl. § 122 Rn 35). Derartige Abreden können einerseits dazu dienen, die Bereitschaft der Gesellschafter zur freiwilligen Gewinnthesaurierung durch Stehenlassen entnahmefähiger Gewinne zu fördern. Andererseits können sie auch dazu bestimmt sein, einen finanziellen Ausgleich für diejenigen Gesellschafter zu schaffen, die wegen geringerer Steuerprogression oder aus sonstigen Gründen nach der gesellschaftsvertraglichen Entnahmeregelung gehalten sind, überproportional zur Selbstfinanzierung der Gesellschaft beizutragen, ohne dadurch eine Erhöhung ihres festen Kapitalsanteils und eine entsprechende Änderung des allgemeinen Gewinnverteilungsschlüssels zu ihren Gunsten zu erreichen. Demgegenüber scheidet eine Verzinsung der festen Kapitalanteile (Kapitalkonto I) nach der Vertragspraxis in aller Regel aus. Für sie ist angesichts der typischen Funktion dieser Kapitalanteile, die Grundlage für die Verteilung des (Rest-)Gewinns unter den Gesellschaftern zu bilden, kein Raum. Zur Verzinsung eines *Verlustkontos* durch die betroffenen Gesellschafter vgl. Rn 33. 31

In der **Ausgestaltung** einer derartigen Verzinsung und in der Auswahl der hierfür geeigneten Konten sind der Vertragsfreiheit keine Grenzen gesetzt. Die Verzinsung kann sich als Habenzins auf die jeweiligen Kontoguthaben der Gesellschafter beschränken oder als Sollzins auch bei negativem Kontostand eingreifen; der Schutz vor einseitigen Beitragserhöhungen (§ 707 BGB) steht angesichts der gesellschaftsvertraglichen Regelung nicht entgegen. Sie kann gewinnabhängig oder ergebnisneutral ausgestaltet werden (vgl. Rn 27). Die Zinshöhe kann im Gesellschaftsvertrag fixiert oder an externen Indikatoren wie dem *Basiszinssatz* ausgerichtet sein, der durch VO der Bundesregierung anhand einer an den Steuerungsmitteln der EZB zu orientierenden Bezugsgröße festzusetzen ist.[48] Schließlich ist auch die Festlegung der Zinsperioden und des jeweiligen Zinsbeginns im Fall von Veränderungen des Kontostands Sache der Vertragsabreden. Zur Frage der Entnahmefähigkeit der als Gewinnvorab vergüteten Zinsen vgl. § 122 Rn 35. 32

IV. Verlustbeteiligung

Zur gesetzlichen Verlustverteilung nach Köpfen und zur – grundsätzlich dispositiven – Verlustbeteiligung vgl. schon Rn 16, 19. Nach der Praxis der Vertragsgestaltung bildet der **feste Kapitalanteil** typischerweise den Verteilungsschlüssel nicht nur für den (Rest-) Gewinn, sondern auch für den Verlust eines Geschäftsjahrs. Das entspricht der in § 722 Abs. 2 BGB enthaltenen, nach § 105 Abs. 3 auch für die OHG geltenden Auslegungs- 33

[47] Ähnlich Schlegelberger/*Martens* § 114 Rn 25; MünchKommHGB/*Priester* Rn 43; *Zöllner* Anpassung (Fn 33) S. 17, 57 f; im Grundsatz auch *H. P. Westermann* FS Hefermehl, 1976, S. 230; zurückhaltend MünchKommHGB/*Rawert* § 114 Rn 83; sehr restriktiv hingegen OLG München NJW-RR 2004, 192 (193) (zur GmbH & Co. KG).

[48] § 1 Diskontsatz-ÜberleitungsG v. 9.6.1998 BGBl. I S. 1242 i.V.m. § 1 Basiszinssatz-Bezugsgrößen-VO v. 10.2.1999 BGBl. I S. 139 (Zinssatz für längerfristige Refinanzierungsgeschäfte der EZB = LRG-Satz); vgl. auch *Palandt/Heinrichs* BGB[58] § 245 Rn 9; *Schefold* NJW 1998, 3155 (3156).

regel für den Fall, dass der Vertrag sich auf eine Gewinnverteilungsabrede beschränkt. Verbucht werden die Verlustanteile typischerweise über Kapitalkonto II (§ 120 Rn 69). Das kann insbesondere dann, wenn sich dadurch ein Debet auf diesem Konto ergibt, je nach Vertragsgestaltung dazu führen, dass spätere Gewinnanteile erst nach Ausgleich dieses Kontos entnahmefähig werden (§ 122 Rn 28). Der Gesellschaftsvertrag kann aber auch die Führung eines besonderen Verlust(vortrags)kontos und dessen Wiederauffüllung durch künftige Gewinne vorsehen, ehe es zur Aufteilung der hierfür nicht benötigten Beträge nach dem allgemeinen Gewinnverteilungsschlüssel kommt (§ 120 Rn 73). Sind Verlustkonten nach dem Gesellschaftsvertrag von den Gesellschaftern zu verzinsen, so ist darin eine interne Verlustverteilungsabrede zu sehen, die die Verlustverteilung nach Köpfen teilweise modifiziert.[49]

34 Einer **Nachschusspflicht** zum Ausgleich eingetretener Verluste steht bis zur Liquidation zwingend § 707 BGB entgegen. Der Gesellschaftsvertrag kann aber eine absolute Obergrenze vorsehen, bis zu der Nachschüsse von den Geschäftsführern oder aufgrund eines Mehrheitsbeschlusses eingefordert werden können.[50] Anderes gilt nach § 155 bzw. § 739 BGB, im Zuge der Auseinandersetzung oder beim Ausscheiden eines Gesellschafters, wenn die (fiktive) Schlussbilanz für ihn einen negativen Kapitalanteil aufweist.

§ 122

(1) Jeder Gesellschafter ist berechtigt, aus der Gesellschaftskasse Geld bis zum Betrage von vier vom Hundert seines für das letzte Geschäftsjahr festgestellten Kapitalanteils zu seinen Lasten zu erheben und, soweit es nicht zum offenbaren Schaden der Gesellschaft gereicht, auch die Auszahlung seines den bezeichneten Betrag übersteigenden Anteils am Gewinne des letzten Jahres zu verlangen.

(2) Im Übrigen ist ein Gesellschafter nicht befugt, ohne Einwilligung der anderen Gesellschafter seinen Kapitalanteil zu vermindern.

Schrifttum

Vgl. Nachw. vor § 120.

Ferner: *Balz* Entnahme fiktiver Steuern bei der Personenhandelsgesellschaft, DB 1988, 1305; *Barz* Die vertragliche Entnahmeregelung bei OHG und KG, FS Knur, 1972, S. 25; *Ernst* Das Entnahmerecht der Gesellschafter von Personenhandelsgesellschaften und das Steuerrecht, BB 1961, 377; *Robert Fischer* Gedanken über einen Minderheitenschutz bei den Personengesellschaften, FS Barz, 1974, S. 33; *Ganßmüller* Das Steuerentnahmerecht der Gesellschafter der OHG und KG, 1962; *ders.* Abtretung „nicht gewinngedeckter" Auszahlungsansprüche bei Personengesellschaften, DB 1967, 1531; *Großfeld* Bilanzrecht für Juristen – Das Bilanzrichtlinien-Gesetz v. 19.12.1985, NJW 1986, 955; *Lüdtke-Handjery* Zum Entnahmerecht der Personengesellschafter für Erbschaftssteuern, DB 1975, 433; *Muth* Übertragbarkeit und Pfändbarkeit des Kapitalentnahmeanspruchs von Personenhandelsgesellschaftern, DB 1986, 1761; *Ulmer* Gewinnanspruch und Thesaurierung in OHG und KG, FS Lutter, 2000, 935; *Wertenbruch* Die Pfändung von „überziehbaren" Gesellschafterkonten und Entnahmerechten bei der Personengesellschaft, FS Gerhardt, 2004, S. 1077; *Winnefeld* Übertragung und Pfändung des Kapital-Entnahmeanspruchs i.S. des § 122 Abs. 1 HGB, DB 1977, 897.

[49] So zutr. OLG Düsseldorf DB 1991, 1163.

[50] Vgl. Nachw. in Fn 26; näher dazu MünchKommBGB[5]/*Ulmer/Schäfer* § 707 Rn 3 ff, 7 ff.

Übersicht

A. Einführung

I. Inhalt und Zweck

Im systematischen Geflecht der Normen der §§ 120 bis 122 über Gewinnfeststellung, Gewinnverteilung und Gewinnausschüttung (§ 120 Rn 3) befassen sich die Vorschriften des § 122 mit Fragen der „Auszahlung" von Kapitalteilen und Gewinn aus der Gesellschaftskasse an die Gesellschafter, d.h. mit den sog. **Entnahmen.** Dabei unterscheidet das Gesetz zwischen einem *gewinnunabhängigen*, auch in Verlustjahren gewährten Recht auf Entnahme von 4 % des variablen Kapitalanteils (Abs. 1, 1. Fall) und dem Recht auf Auszahlung des über die 4 % hinausgehenden *Gewinnanteils*, letzteres unter dem Vorbehalt eines vorrangigen Thesaurierungsbedürfnisses der Gesellschaft (Abs. 1, 2. Fall). Abs. 2 schließlich stellt klar, dass über diese Beträge hinaus ein Gesellschafter nicht befugt ist, seinen Kapitalanteil zu vermindern; das betrifft den Fall unberechtigter Entnahmen (Rn 9). **1**

Der **Zweck** der Regelung in Abs. 1, 1. Fall, die das gewinnunabhängige, nicht mit der Vorzugsdividende des § 121 Abs. 1 zu verwechselnde Entnahmerecht von 4 % des Kapitalanteils betrifft, besteht darin, den Gesellschaftern die notwendigen Mittel für ihren Lebensunterhalt zur Verfügung zu stellen.[1] Dabei ließ sich der Gesetzgeber von der Vorstellung leiten, dass Mitglieder einer OHG nicht nur ihr Kapital, sondern auch ihre Arbeit in die Gesellschaft investieren und aus diesem Grund auf ständige Zahlungen aus der Gesellschaftskasse für ihren persönlichen Bedarf angewiesen sind. Die Geltendmachung des gewinnunabhängigen Entnahmerechts ist aber deshalb nicht etwa vom Nachweis eines tatsächlichen Bedürfnisses abhängig.[2] Auch kann die Gesellschaft gegenüber **2**

---

[1] EinhM, vgl. nur MünchKommHGB/*Priester* Rn 1; Ebenroth/Boujong/Joost/Strohn/*Ehricke* Rn 1; *Ulmer* FS Lutter, 2000, S. 935 (949); zur damit übereinstimmenden Entstehungsgeschichte der Entnahmerechte in § 122 Abs. 1 vgl. *Schön* FS Beisse, 1997, S. 471 (474 ff).

[2] Ganz hM, vgl. nur *Hueck* OHG § 17 III 2, S. 249; Ebenroth/Boujong/Joost/Strohn/*Ehricke* Rn 1; MünchKommHGB/*Priester* Rn 17; Westermann/*Wertenbruch* Handbuch Rn I 633; **aA** freilich *Wiedemann* WM 1992 Sonderbeilage 7, S. 33 und Gesellschaftsrecht

Gesellschaftern, die über genügende sonstige Einkunftsquellen verfügen, nicht einwenden, dass das Entnahmerecht seinen Zweck verfehle. Schließlich sind die Gesellschafter nicht gehindert, im Gesellschaftsvertrag abweichende, die Entnahmebefugnis auf die Auszahlung von Gewinn(-anteilen) beschränkende Vereinbarungen zu treffen. Zum Sonderproblem der Entnahmen für gesellschaftsbezogene Steuerlasten der Gesellschafter vgl. Rn 21.

II. Entnahmerecht und Gewinnanspruch

3 Ein nicht nur terminologisches Problem, das für Anwendung und Verständnis der gesetzlichen oder gesellschaftsvertraglichen Regelungen von zentraler Bedeutung ist, beruht darauf, dass unter **Entnahmerecht im weiteren Sinn** die Befugnis zur Geltendmachung aller mitgliedschaftsbezogenen Auszahlungen der OHG an ihre Gesellschafter zu verstehen ist, unabhängig davon, ob die Auszahlungen sich auf den jährlichen *Gewinnanteil* beziehen oder als *gewinnunabhängige Zahlungen* den variablen Kapitalanteil vermindern. Da für beide Unterarten eines Entnahmerechts z.T. unterschiedliche Grundsätze gelten, insbes. was die Abtretbarkeit des Anspruchs auf die entnahmefähigen Beträge nach § 717 S. 2 BGB betrifft (Rn 15), sind sie trotz der terminologischen Unschärfe des Entnahmebegriffs rechtlich klar zu trennen. Zum besseren Verständnis wird in der folgenden Kommentierung daher zwischen „Gewinnentnahme" und „Kapitalentnahme" unterschieden. Was zum anderen den **Gewinnanspruch** betrifft, so wird darunter der der Abtretung, Pfändung und Verpfändung unterliegende Anspruch des Gesellschafters auf volle oder teilweise Ausschüttung des auf ihn entfallenden Gewinnanteils bezeichnet (vgl. § 121 Rn 5 ff), während die „Gewinnbeteiligung" das davon zu unterscheidende Recht auf Gewinnteilnahme (Gewinngutschrift) meint.

B. Die gesetzliche Regelung

I. Gemeinsame Grundsätze für Kapital- und Gewinnentnahme (Abs. 1)

4 **1. Entstehung und Rechtsnatur des Anspruchs.** Der – verhaltene (Rn 5) – Anspruch des Abs. 1 auf (Kapital- oder Gewinn-)Entnahme entsteht mit dem Beschluss über die **Bilanzfeststellung** und die daraus folgende Ergebnisverteilung (vgl. schon § 120 Rn 46 f). Das ergibt sich für die *Gewinnentnahme* daraus, dass erst mit diesem Feststellungsbeschluss der Vorjahresgewinn zwischen den Gesellschaftern fixiert ist (§ 120 Rn 17) und die jeweiligen Anteile sich daraus errechnen lassen. Entsprechendes gilt aber auch für die *Kapitalentnahme*: für ihre Höhe kommt es auf den Stand des jeweiligen variablen Kapitalanteils zum Ende des vorherigen Geschäftsjahrs an (Rn 13), und auch dieser lässt sich abschließend erst aufgrund der Bilanzfeststellung bestimmen.

5 Eine Besonderheit der gesetzlichen Entnahmeregelungen des § 122 Abs. 1 besteht i.V.m. der Vorschrift des § 120 Abs. 2 über den variablen Kapitalanteil darin, dass klar

---

Bd. II § 8 II 5b aa, S. 711, der die Sicherung des Lebensunterhalts des im Unternehmen aktiven Gesellschafters als (ungeschriebene) Anspruchsvoraussetzung behandelt und den Anspruch daher nur geschäftsführenden Gesellschaftern gewähren will, die keine besondere Tätigkeitsvergütung erhalten; das läuft im Ergebnis auf eine Verneinung des Anspruchs hinaus.

zu unterscheiden ist zwischen dem **Entnahmerecht** des Gesellschafters, d.h. seiner Befugnis, auf die entnahmefähigen Beträge zuzugreifen, und dem **Gewinnanspruch** als der auf Auszahlung der entnahmefähigen Beträge gerichteten Forderung des Gesellschafters gegen die Gesellschaft. Dabei ist der Gewinnanspruch zunächst ein sog. *verhaltener* Anspruch;[3] zu seiner Durchsetzbarkeit bedarf er der Aktualisierung durch Geltendmachung des Entnahmerechts gegenüber der Gesellschaft.[4] Die *Notwendigkeit der Unterscheidung* zwischen Entnahmerecht und Gewinnanspruch resultiert daraus, dass der anteilige Jahresgewinn, wie er sich aus der Bilanzfeststellung ergibt, nach § 120 Abs. 2 zur Erhöhung des variablen Kapitalanteils führt. Die Geltendmachung des Entnahmerechts bewirkt eine *Umwandlung der betroffenen Kapitalguthaben in ein Forderungsrecht des Gesellschafters* unter entsprechender Belastung des Kapitalanteils. Das Entnahmerecht beschränkt sich auf die Zeit bis zur Beschlussfassung über die Bilanz für das folgende Geschäftsjahr; es *erlischt* mit Ablauf dieser Frist, wenn es nicht vorher ausgeübt worden ist (Rn 10). Seine Geltendmachung aktualisiert den Gewinnanspruch, wie schon erwähnt, zu Lasten des variablen Kapitalanteils. Der Anspruch unterliegt sodann der dreijährigen Verjährung des §§ 195, 199 BGB[5] und ist in der OHG-Bilanz als Verbindlichkeit gegenüber Gesellschaftern auszuweisen.

2. Sozialverbindlichkeit; Erfüllung. Bei dem aktualisierten Anspruch der Gesellschaf- 6
ter auf Entnahmen handelt es sich um eine Berechtigung aus der Mitgliedschaft, die auf Seiten der OHG als **Sozialverbindlichkeit** zu qualifizieren ist. Das hat zur Folge, dass eine Haftung der Mitgesellschafter für diesen Anspruch während der Dauer der Mitgliedschaft ausscheidet (§ 128 Rn 12 [*Habersack*]). Bei Liquidation der Gesellschaft oder Ausscheiden des Berechtigten geht der Zahlungsanspruch als unselbständiger Rechnungsposten in die Auseinandersetzungs- oder Abschichtungsbilanz ein.[6]

Für die **Erfüllung** des Anspruchs sind die geschäftsführenden Gesellschafter zuständig. 7
Mit Rücksicht auf die Ausnahme vom Verbot des Selbstkontrahierens in § 181 aE BGB sind sie auch befugt, Auszahlungen zu ihren eigenen Gunsten vorzunehmen;[7] bei Streit über die Berechtigung und Höhe dieser Auszahlungen trifft sie die Darlegungs- und Beweislast.[8] Die Gesellschaft ist nicht gehindert, mit Gegenansprüchen gegen die Gesell-

---

[3] Zu Begriff und Funktion des „verhaltenen Anspruchs" vgl. (grundlegend) *Langheineken* FS von Brünneck, 1912, S. 27 (32 ff): Durchsetzbarkeit und Erfüllbarkeit erst auf Verlangen des Gläubigers; dazu auch *Nipperdey* Kontrahierungszwang und diktierter Vertrag, 1920, S. 100 f, 113 f; *Gernhuber* Das Schuldverhältnis, 1989, § 7 II 7, S. 139 (betr. Ansprüche auf Vertragsabschluss); im vorliegenden Kontext auch *Ulmer* FS Lutter, 2000, S. 935 (946 f).

[4] So zutr. Heymann/*Emmerich* Rn 5; Westermann/*Wertenbruch* Handbuch Rn I 633b; Ebenroth/Boujong/Joost/Strohn/*Ehricke* Rn 6; in der Sache übereinst. MünchKommHGB/*Priester* Rn 8; Baumbach/*Hopt* Rn 4, 10.

[5] MünchKommHGB/*Priester* Rn 31; Ebenroth/Boujong/Joost/Strohn/*Ehricke* Rn 7; Baumbach/*Hopt* Rn 10; Westermann/*Wertenbruch* Handbuch Rn I 635e; so auch schon zur ehemals dreißigjährigen Regelverjährung BGH NJW 1981, 2563; Schlegelberger/*Martens* Rn 6; Heymann/*Emmerich* Rn 5 (einhM).

[6] Ebenso Ebenroth/Boujong/Joost/Strohn/*Ehricke* Rn 15; MünchKommHGB/*Priester* Rn 10. Vgl. allgemein zur Durchsetzungssperre für Sozialverbindlichkeiten § 149 Rn 21 ff, 41 f, § 155 Rn 5 ff (*Habersack*); MünchKommBGB[5]/*Ulmer*/*C. Schäfer* § 730 Rn 49 ff.

[7] MünchKommHGB/*Priester* Rn 11; Ebenroth/Boujong/Joost/Strohn/*Ehricke* Rn 14.

[8] BGHZ 17, 13 = BGH LM Nr. 2 zu § 128 HGB = NJW 1955, 985; Schlegelberger/*Martens* Rn 19; MünchKommHGB/*Priester* Rn 12; Heymann/*Emmerich* Rn 9.

schafter aufzurechnen, sei es solchen aus der Mitgliedschaft oder aus Drittgeschäften.[9] Eine **Klage** auf Erfüllung des rechtzeitig geltend gemachten Entnahmeanspruchs kann als Mitgliedschaftsrecht auch unmittelbar gegen die geschäftsführenden Gesellschafter erhoben werden, wobei die Klage auf Erfüllung aus der Gesellschaftskasse lauten muss.[10] Anderes gilt für Zessionare oder Pfandgläubiger als Kläger; sie sind als Dritte darauf beschränkt, die Gesellschaft zu verklagen.

8 Die Geltendmachung des Entnahmerechts steht wie diejenige jedes anderen Mitgliedschaftsrechts unter dem Vorbehalt der **Treupflicht** (§ 105 Rn 228 ff). Allerdings ist insoweit nach dem Gegenstand der Entnahme (Kapital oder Gewinn) zu differenzieren. Für die *Gewinnentnahme* ergeben sich Schranken schon aus dem Wortlaut des Abs. 1, 2. Fall: danach darf die Geltendmachung nicht zum offenbaren Schaden der Gesellschaft gereichen (vgl. Rn 18 ff).[11] Der Treupflicht kommt insoweit nur eine diese Schranke konkretisierende, der Notwendigkeit treupflichtbedingter Interessenabwägung auch zugunsten der Gesellschafter Rechnung tragende Funktion zu (Rn 21). Demgegenüber unterliegt das Recht auf *Kapitalentnahme* nach gesetzlicher Regel keinen Schranken; Entsprechendes gilt ggf. für vertragliche Entnahmerechte. In derartigen Fällen ist es trotz des eigennützigen Charakters des Entnahmerechts nicht ausgeschlossen, gewichtigen, die Interessen der entnahmeberechtigten Gesellschafter eindeutig überwiegenden Gesellschaftsinteressen ausnahmsweise den Vorrang einzuräumen.[12] Ein über einzelne Geschäftsjahre hinausgehender, insbes. dauernder Entnahmestopp zu Lasten der Gesellschafter lässt sich auf diesem Wege jedoch nicht durchsetzen (Rn 12). Ist die Gesellschaft auf Dauer darauf angewiesen, Auszahlungen an Gesellschafter zu verweigern, so kann darin ein wichtiger Auflösungsgrund zu sehen sein.

9 **Unberechtigte Entnahmen**, die von den Regelungen des § 122 Abs. 1 oder des Gesellschaftsvertrags nicht gedeckt sind, verstoßen als Verminderung der geschuldeten Kapitaleinlage gegen den Gesellschaftsvertrag und müssen der Gesellschaft zurückgewährt werden.[13] Das gilt auch für **verdeckte Entnahmen** (verdeckte Gewinnausschüttungen).[14] Sie sind nach § 111 Abs. 1 vom Zeitpunkt der Entnahme an zu verzinsen, ohne dass es auf

---

9 So schon 3. Aufl. Rn 7 (*Rob. Fischer*); MünchKommHGB/*Priester* Rn 25, 28; Ebenroth/Boujong/Joost/Strohn/*Ehricke* Rn 33, 38; **aA** für die Mindestentnahme von 4 % Schlegelberger/*Martens* Rn 7.

10 RGZ 170, 392 (395 f); BGH WM 1961, 1075; 2003, 1614 (1614 f); Schlegelberger/*Martens* Rn 8; MünchKommHGB/*Priester* Rn 11; MünchGesR/*v. Falkenhausen/Schneider*[2] Bd. I § 63 Rn 61; **aA** Ebenroth/Boujong/Joost/Strohn/*Ehricke* Rn 15; *Koller*/Roth/Morck Rn 2; Baumbach/*Hopt* Rn 5; Westermann/*Wertenbruch* Handbuch Rn I 635b (Klage nur gegen Gesellschaft möglich).

11 Vgl. etwa OLG Bamberg NZG 2005, 808 (zur GmbH & Co. KG): Gewinnanspruch kann (jedenfalls vorübergehend) nicht geltend gemacht werden, wenn dadurch Insolvenz der Gesellschaft einträte.

12 So im Ansatz einhM, wenn auch mit unterschiedlicher Gewichtung des Treupflichteinwands, vgl. *Hueck* OHG § 17 III 2, S. 249; MünchKommHGB/*Priester* Rn 40; Baumbach/*Hopt* Rn 9; Ebenroth/Boujong/Joost/Strohn/*Ehricke* Rn 34; Westermann/*Wertenbruch* Handbuch Rn I 634b; Heymann/*Emmerich* Rn 12; weitergehend freilich *Wiedemann* (vgl. Fn 2).

13 Vgl. näher *Wiedemann* (Fn 2) S. 34 unter zutr. Hinweis auf die vertragliche Grundlage des Anspruchs; so der Sache nach auch MünchKommHGB/*Priester* Rn 44; Ebenroth/Boujong/Joost/Strohn/*Ehricke* Rn 19; Baumbach/*Hopt* Rn 6; Heymann/*Emmerich* Rn 9; zur Geltendmachung im Wege der actio pro socio und zur Verteilung der Darlegungs- und Beweislast vgl. BGH NJW 2000, 505 (506) (zur GbR).

14 Vgl. näher *Bitter* ZHR 168 (2004), 302 (320 ff); *Priester* FS Korn, 2005, S. 377 (385) und MünchKommHGB/*Priester* Rn 15; Baumbach/*Hopt* Rn 1; *Koller*/Roth/Morck Rn 2.

ein Verschulden des Gesellschafters ankommt (§ 111 Rn 17); der Zinssatz beläuft sich nach § 352 Abs. 2 auf 5% (§ 111 Rn 8). Die Geltendmachung eines weitergehenden Schadens der Gesellschaft wegen Vertragsverstoßes bleibt nach § 111 Abs. 2 vorbehalten.

3. **Erlöschen.** Das gesetzliche Entnahmerecht des Abs. 1 muss innerhalb einer mit der 10
Bilanzfeststellung beginnenden, *bis zur Feststellung der Folgebilanz* laufenden Frist, i.d.R. also innerhalb von zwölf Monaten nach seiner Entstehung, durch Auszahlungsverlangen gegenüber der Gesellschaft geltend gemacht werden,[15] wenn es zur Aktualisierung des Gewinnanspruchs i.S. eines gegen die Gesellschaft gerichteten, dreijähriger Verjährung unterliegenden Forderungsrechts führen soll (Rn 5). Der Geltendmachung durch den Gesellschafter oder den Zessionar (Rn 17) steht die Pfändung des Anspruchs auf Gewinnentnahme gleich (Rn 17). Unterbleibt die rechtzeitige Geltendmachung, so *erlischt* das Entnahmerecht; die fraglichen Beträge verbleiben nach § 120 Abs. 2 auf Dauer als Guthaben auf dem variablen Kapitalkonto. Allerdings entsteht mit Feststellung der nächsten Bilanz ein *neues*, auf die Ansätze dieser Bilanz bezogenes Entnahmerecht, dessen Laufzeit sich nach den gleichen Grundsätzen bemisst.

II. Die Entnahme von 4 % des letzten Kapitalanteils (Abs. 1, 1. Fall)

1. **Überblick.** Das Recht auf Entnahme von 4 % des letzten Kapitalanteils ist in 11
Abs. 1, 1. Fall geregelt. Es ist **gewinnunabhängig** und besteht daher – mit der Folge einer Verminderung der Kapitalbeteiligung im Falle seiner Geltendmachung – auch in Bezug auf solche Geschäftsjahre, in denen entweder der Gewinn der OHG hinter 4 % ihres Eigenkapitals zurückblieb oder in denen sogar ein Verlust entstand. Freilich wird das Jahresergebnis der OHG (vor Einkommensteuer zu Lasten der Gesellschafter!) in aller Regel eine Kapitalverzinsung von 4 % übersteigen, so dass eine Kapitalverminderung durch seine Geltendmachung meist nicht zu befürchten ist. Zur Entstehung, zur Rechtsnatur und zum Erlöschen des gewinnunabhängigen Entnahmerechts vgl. Rn 4 f.

Schranken für die Geltendmachung des gewinnunabhängigen Entnahmerechts sind 12
gesetzlich nicht vorgesehen. Aus dem Umkehrschluss zum Recht auf Entnahme des darüber hinausgehenden Gewinns (Abs. 1, 2. Fall) ergibt sich, dass die Entnahme sogar dann verlangt werden kann, wenn sie zum „offenbaren Schaden" der Gesellschaft gereicht. Das schließt den *Treupflichteinwand* der Gesellschaft zwar nicht schlechthin aus (Rn 8); er kommt dann in Betracht, wenn der Verzicht auf die Entnahme für den Bestand der OHG von zentraler Bedeutung ist und wenn er den jeweiligen Gesellschaftern angesichts ihrer wirtschaftlichen Lage auch zugemutet werden kann.[16] Dabei muss es sich jedoch um seltene, nicht beliebig wiederholbare Ausnahmefälle handeln.[17] Ein dauernder oder mehrjähriger Entnahmeverzicht unter Hinweis auf die Treupflicht kann den Gesell-

---

15 EinhM, vgl. BGH BB 1975, 1605 (1606); *Hueck* OHG § 17 III 3, S. 252; MünchKommHGB/*Priester* Rn 29; Ebenroth/Boujong/Joost/Strohn/*Ehricke* Rn 7; Westermann/*Wertenbruch* Handbuch Rn I 635e; Baumbach/*Hopt* Rn 10.

16 Vgl. zu diesen Kriterien für die Begrenzung des Gebrauchs eigennütziger Gesellschafterrechte näher § 105 Rn 235 und 241.

17 So wohl auch die überw. Meinung zu den Treupflichtschranken bei Geltendmachung des Anspruchs auf 4 % des Kapitalanteils (Nachw. o. Fn 12); weitergehend insbes. *Wiedemann* (o. Fn 2), der den Anspruch nur bei entsprechendem Bedarf geschäftsführender Gesellschafter für durchsetzbar hält.

schaftern allenfalls in der *Anfangsphase* der Gesellschaft zugemutet werden; er wird sich, wenn der von den Gesellschaftern beschlossene kurz- oder mittelfristige Finanzplan hierauf beruht, nicht selten auf einen konkludent vereinbarten Rechtsverzicht stützen lassen, ohne dass es der Berufung auf die Treupflicht bedarf.

13 **2. Umfang und Geltendmachung.** Die Grundlage für die Berechnung der Kapitalentnahme von 4% bildet nach Abs. 1, 1. Fall der **variable Kapitalanteil** des Gesellschafters in der *Bilanz für das letzte Geschäftsjahr*; er entscheidet über die Höhe des Entnahmerechts. Dieses kann daher geltend gemacht werden, sobald die Bilanz festgestellt ist; zugleich erlischt das Entnahmerecht für das vorhergehende Geschäftsjahr, soweit es bei Feststellung der neuen Bilanz noch nicht geltend gemacht war (Rn 10). Die Auszahlung kann, wenn der Gesellschaftsvertrag keine Ratenzahlungen vorsieht, alsbald in *einem* Betrag verlangt werden. Unbedenklich ist aber auch eine gleichmäßige Verteilung der Zahlungen während der rund einjährigen Laufzeit des Entnahmerechts, wenn die Gesellschafter damit einverstanden sind. Entsprechendes gilt für *Vorschusszahlungen* in der Zeit bis zur Bilanzfeststellung; ihre Höhe kann sich an den Vorjahrswerten ausrichten (vgl. auch Rn 33 zu Vorschüssen für Steuervorauszahlungen).

14 Sieht der *Gesellschaftsvertrag* abweichend von § 120 Abs. 2 **feste Kapitalanteile** für die Gesellschafter und daneben die Führung eines oder mehrerer weiterer Einlagekonten (Kapitalkonto II, Rücklagekonto, Verlustkonto, vgl. § 120 Rn 67 ff, 73) vor, ohne zugleich besondere Entnahmeregeln zu enthalten, so ist im Auslegungswege zu bestimmen, ob das 4%ige Entnahmerecht – wofür die besseren Gründe sprechen – auf der Basis des letztjährigen festen Kapitalanteils oder unter Saldierung aller Einlagekonten zu berechnen ist. Konkludente Abweichungen von Abs. 1, 1. Fall kommen auch dann in Betracht, soweit Gesellschaftern eine entnahmefähige, die Verzinsung von 4% ihres Kapitalanteils übersteigende Geschäftsführervergütung zusteht und dem Normzweck des Abs. 1, 1. Fall (Rn 2) schon auf diesem Weg genügt wird (vgl. dazu Rn 27).

15 **3. Abtretbarkeit?** Der Anspruch auf die Kapitalauszahlung nach Abs. 1, 1. Fall ist nach zutr. hM vom Gewinnanspruch zu unterscheiden mit der Folge, dass die für Gewinnansprüche in § 717 S. 2 BGB vorgesehene Ausnahme vom Abspaltungsverbot nicht eingreift[18]. Für die Richtigkeit dieser Unterscheidung spricht nicht nur die mit dem Entnahmerecht verbundene Gefahr einseitiger *Verminderung der Kapitaleinlagen* des Gesellschafters, sondern auch der *Normzweck* des Entnahmerechts, den Gesellschaftern auch in ertragsschwachen Jahren die nötigen Mittel für ihren Lebensunterhalt zur Verfügung zu stellen, nicht aber eine laufende Verminderung der Kapitalanteile hinzunehmen (Rn 2). Aus dieser teleologischen Sicht ist für die Abtretbarkeit des Anspruchs kein Raum. Denkbar wäre zwar, bei Prüfung der Abtretbarkeit jeweils darauf abzustellen, ob die fragliche Auszahlung sich als Kapitalabfluss darstellt (dann Unabtretbarkeit) oder ob

[18] RGZ 67, 13 (17 ff); 3. Aufl. Rn 3 (*Rob. Fischer*); *Hueck* OHG § 17 III 2, S. 249 f; MünchKommHGB/*Priester* Rn 23; Ebenroth/Boujong/Joost/Strohn/*Ehricke* Rn 30; Baumbach/*Hopt* Rn 4; einschränk. *Wiedemann* Die Übertragung und Vererbung von Mitgliedschaftsrechten bei Handelsgesellschaften, 1965, S. 295 f (Abtretbarkeit und Pfändbarkeit jedenfalls nicht vor Geltendmachung des Anspruchs durch den Gesellschafter); **aA** *v. Godin* JR 1948, 61 (63); *Ganßmüller* DB 1967, 1531 (1534); *Muth* DB 1986, 1761 (1762); *Winnefeld* DB 1977, 897 (900); Heymann/*Emmerich* Rn 13; Westermann/*Wertenbruch* Handbuch Rn I 636a; *ders.* FS Gerhardt, 2004, S. 1077 (1086 f).

sie durch ein entsprechendes positives Ergebnis der OHG gedeckt ist (dann § 717 S. 2 BGB). Ein solches Vorgehen wäre indessen kaum praktikabel – man denke nur an Fälle der Vorausabtretung oder der Pfändung des aus dem Entnahmerecht resultierenden Anspruchs.[19] Daher sprechen die besseren Gründe dafür, im Unterschied zu dem nach Abs. 1, 2. Fall entnahmefähigen Gewinnanspruch mit der hM an der grundsätzlichen Unabtretbarkeit des 4 %igen Zahlungsanspruchs festzuhalten. Den Gesellschaftern ist es jedoch unbenommen, im Gesellschaftsvertrag oder durch einstimmigen ad hoc-Beschluss hiervon abzuweichen.[20] Für die Notwendigkeit zwingender Geltung des auf die Kapitalentnahme bezogenen Abspaltungsverbots sind anders als bei den Verwaltungsrechten[21] Sachgründe nicht ersichtlich.

III. Die Entnahme des restlichen Gewinnanteils (Abs. 1, 2. Fall)

1. Grundlagen. Die in Abs. 1, 2. Fall geregelte Gewinnentnahme bezieht sich auf den jeweiligen **Anteil am Bilanzgewinn des Vorjahres**, soweit er den Sockelbetrag von 4 % des Kapitalanteils (Abs. 1, 1. Fall) übersteigt. Maßgebend ist auch insoweit die Bilanzfeststellung für das Vorjahr; sie ist Voraussetzung für die Geltendmachung des Anspruchs.[22] *Nicht entnahmefähig* nach Abs. 1, 2. Fall sind allerdings solche Gewinnanteile, die im Falle der Gleichsetzung der Handelsbilanz der Gesellschaft mit der Steuerbilanz (§ 120 Rn 30) auf steuerlich nicht berücksichtigungsfähigen Aufwendungen oder auf den Ergebnissen einer Betriebsprüfung für frühere Jahre beruhen, da ihnen keine entsprechenden Zuflüsse bei der Gesellschaft gegenüberstehen, die an die Gesellschafter ausgeschüttet werden könnten.[23] Für die *Entstehung*, die *Rechtsnatur* und das *Erlöschen* auch des Rechts auf Gewinnentnahme gelten die Ausführungen in Rn 4 f. Wird das Recht nicht rechtzeitig, d.h. vor Feststellung der Bilanz des Folgejahres, geltend gemacht, so erlischt es vorbehaltlich abweichender Vereinbarungen im Gesellschaftsvertrag. Der anteilige Jahresgewinn verbleibt als *Gutschrift* auf dem variablen Kapitalkonto (§ 120 Abs. 2) bzw. auf einem im Gesellschaftsvertrag statt dessen vereinbarten besonderen Beteiligungskonto; diese kann nur durch künftige Verluste oder Kapitalentnahmen nach Abs. 1, 1. Fall vermindert werden. 16

2. Abtretung, Pfändung. Die Abtretbarkeit des Anspruchs auf den nach Abs. 1, 2. Fall entnahmefähigen Gewinn, d.h. den restlichen Gewinnanteil (Rn 16) folgt nach 17

[19] Näher *Ulmer* FS Lutter, 2000, S. 935 (949 f); abweichend insoweit aber Ebenroth/Boujong/*Ehricke* Rn 30; ähnlich auch MünchKommHGB/*Priester* Rn 23 (nach Geltendmachung).

[20] So zutr. *Teichmann* Gestaltungsfreiheit in Gesellschaftsverträgen, 1970, S. 156; mit Verweis auf das hierdurch entfallende Schutzbedürfnis der anderen Gesellschafter; ebenso auch MünchKommHGB/*Priester* Rn 23; Ebenroth/Boujong/Joost/Strohn/*Ehricke* Rn 30; vgl. ferner MünchKommBGB[5]/*Ulmer*/*C. Schäfer* § 717 Rn 33, 36.

[21] Zur zwingenden Geltung des hierauf bezogenen Abspaltungsverbots vgl. § 109 Rn 25 sowie näher MünchKommBGB[5]/*Ulmer*/*C. Schäfer* § 717 Rn 7, 16 ff.

[22] EinhM, vgl. RGZ 112, 119 (123); Schlegelberger/*Martens* Rn 14; Ebenroth/Boujong/Joost/Strohn/*Ehricke* Rn 35.

[23] So im Grundsatz zutr. BGH WM 1986, 355 (356); vgl. dazu und zur nachträglichen Berücksichtigung der Ergebnisse der steuerlichen Betriebsprüfung in der nach Einheitsgrundsätzen aufgestellten, letzten Handelsbilanz *Barz* FS Knur, 1972, S. 25 (33 f); zust. auch *Bormann*/*Hellberg* DB 1997, 2415 (2416).

ganz hM aus § 717 S. 2 BGB.[24] Probleme für die **Abtretung** können sich allerdings aus seiner *Rechtsnatur als sog. verhaltener Anspruch* (Rn 5) ergeben. Denn solange ihn der Gesellschafter noch nicht in Ausübung seines Entnahmerechts der Gesellschaft gegenüber geltend gemacht hat, ist er nicht als durchsetzbarer Anspruch entstanden und vom Erlöschen durch Ablauf der Jahresfrist bedroht. Zwar wird man in der Abtretung des Anspruchs den *Willen des Gesellschafters zu dessen Geltendmachung* sehen können; jedoch muss die Erklärung gegenüber der OHG als Empfängerin hinzukommen. Das kann entweder dadurch geschehen, dass der Gesellschafter der OHG die Abtretung anzeigt, oder durch Geltendmachung des Anspruchs seitens des Zessionars in Ausübung einer hierauf gerichteten Ermächtigung des Zedenten. Entsprechendes gilt bei Verpfändung des Anspruchs (vgl. § 1280 BGB). Demgegenüber genügt im Fall der **Pfändung** die Zustellung des Pfändungsbeschlusses an die Gesellschaft als Drittschuldner auf Betreiben des Pfandgläubigers nach § 829 Abs. 2 ZPO; sie steht wegen der Überweisung der gepfändeten Forderung zur Einziehung einer Geltendmachung des Anspruchs durch den Gesellschafter gleich (vgl. §§ 835, 836 Abs. 1 ZPO).

18 **3. Der „offenbare Schaden der Gesellschaft" als Durchsetzungsschranke.** Als Schutz gegen einen die Belange der Gesellschaft übermäßig gefährdenden Mittelabfluss durch Gesellschafterentnahmen gewährt das Gesetz der Gesellschaft in Abs. 1, 2. Fall ein *Leistungsverweigerungsrecht* gegenüber Ansprüchen auf den entnahmefähigen Restgewinn, wenn die Auszahlung zum offenbaren Schaden der Gesellschaft gereichen würde.[25] Das Leistungsverweigerungsrecht schließt die *Geltendmachung* des Entnahmerechts und die damit verbundene Ersetzung der Kapitalaufstockung um den anteiligen Gewinn durch eine hierauf gerichtete Forderung des Gesellschafters, d.h. die Aktualisierung des Anspruchs (Rn 5), nicht aus; ein Erlöschen des Rechts mit Ablauf der Jahresfrist (Rn 10) ist dadurch nicht zu befürchten. Wohl aber gewährt das Leistungsverweigerungsrecht der Gesellschaft eine dilatorische, bis zur Behebung der Finanzknappheit fortbestehende *Einrede* und macht den Anspruch so lange undurchsetzbar. In späteren Jahren kann er durchgesetzt werden, nachdem die Einrede weggefallen ist. Ist die Behebung der Finanzknappheit der Gesellschaft freilich nicht absehbar und droht die Realisierung des Anspruchs hieran auf längere Sicht zu scheitern, so muss es dem Gesellschafter gestattet sein, auf den Zahlungsanspruch zu verzichten und stattdessen die Wiedereinbuchung der Gewinngutschrift auf dem variablen Kapitalkonto zu verlangen.

19 Das Leistungsverweigerungsrecht besteht nicht nur gegenüber dem Gesellschafter, sondern kann nach § 404 BGB auch dem **Zessionar** und dem Pfandgläubiger entgegengesetzt werden.[26] Werden Gewinnansprüche von **mehreren Gesellschaftern** geltend gemacht und reichen die hierfür verfügbaren Mittel der Gesellschaft nur zur teilweisen Erfüllung aus, so sind die Geschäftsführer mit Rücksicht auf den Gleichbehandlungsgrundsatz (§ 105 Rn 247 ff) gehalten, die Zahlungen jeweils anteilig zu kürzen. Auch im

---

[24] Vgl. nur Schlegelberger/*Martens* Rn 15; MünchKommHGB/*Priester* Rn 28; Baumbach/*Hopt* Rn 12; Ebenroth/Boujong/Joost/Strohn/*Ehricke* Rn 36; Westermann/*Wertenbruch* Handbuch Rn I 636a; Heymann/*Emmerich* Rn 13; ferner *Wertenbruch* FS Gerhardt, 2004, S. 1077; *Ulmer* FS Lutter, 2000, S. 935 (949).

[25] Vgl. OLG Karlsruhe NZG 2003, 429 (430) (Hausbank hatte mit Kündigung der Kreditlinie gedroht, sofern auch nur die zur Deckung der Steuerlast der Gesellschafter erforderlichen Entnahmen erfolgten); *Schön* ZHR 168 (2004), 268 (278 f).

[26] Zur Geltendmachung der Einwendungen des (Dritt-)Schuldners nach § 404 BGB auch gegenüber dem Pfändungsgläubiger vgl. nur Stein/Jonas/*Brehm* ZPO[22] § 829 Rn 112; Zöller/*Stöber* ZPO[26] § 836 Rn 6.

Falle sukzessiver Geltendmachung gilt nicht das Prioritätsprinzip, sondern der Gleichbehandlungsgrundsatz; der noch nicht absehbaren Entscheidung von Mitgesellschaftern ist durch einen Rückforderungsvorbehalt im Zuge der Auszahlung Rechnung zu tragen.[27] *Zahlungen ohne Vorbehalt* können nicht nachträglich, unter Berufung auf das Leistungsverweigerungsrecht, von den Empfängern zurückgefordert werden; die Geschäftsführer machen sich dadurch jedoch ggf. schadensersatzpflichtig gegenüber der Gesellschaft.[28]

Ein **offenbarer Schaden der Gesellschaft** liegt nicht schon dann vor, wenn die Aus- 20
zahlung bei ihr zu einem vorübergehenden Liquiditätsengpass zu führen droht oder sie zwingt, für die Bedienung der Ansprüche Kredit aufzunehmen. Erforderlich ist vielmehr, dass die *naheliegende Gefahr einer erheblichen Benachteiligung offen zutage* liegt, d.h. sich einem unbefangenen, fachkundigen Beobachter in Kenntnis der Finanzlage der Gesellschaft aufdrängt.[29] Entscheidend ist der Maßstab eines gewissenhaften Geschäftsmanns als Alleinunternehmer und dessen Beurteilung, ob die fraglichen Mittel zum Fortbestand und zur planmäßigen Entwicklung des Unternehmens benötigt werden.[30] Beruht die Finanzknappheit auf einer übermäßigen, ohne Zustimmung aller Mitgesellschafter den finanziellen Rahmen der Gesellschaft sprengenden Ausweitung des laufenden Geschäfts oder auf der Vornahme entsprechender außergewöhnlicher Geschäfte (vgl. § 116 Rn 15), so kann sie wegen der Pflichtwidrigkeit dieses Geschäftsführerhandelns den Zahlung fordernden Gesellschaftern nicht ohne weiteres entgegengesetzt werden. Die Gesellschaft muss sich vielmehr in erster Linie um Schadensausgleich bei den pflichtwidrig handelnden Geschäftsführern bemühen.

Für eine *Abwägung des Selbstfinanzierungsbedarfs der Gesellschaft mit den Interessen* 21
der Gesellschafter an Gewinnentnahmen ist bei Prüfung des Leistungsverweigerungsrechts grundsätzlich kein Raum; der Gesetzgeber hat die Frage in Abs. 1, 2. Fall zugunsten des **Vorrangs des Gesellschaftsinteresses** entschieden und die Rechte der Gesellschafter im Fall einer Finanzknappheit der Gesellschaft auf die 4 %ige Entnahmebefugnis des Abs. 1, 1. Fall beschränkt.[31] Angesichts der *Treuebindungen*, denen auch die Gesellschaft gegenüber ihren Gesellschaftern unterliegt, ist es aber nicht schlechthin ausgeschlossen, der *akuten Notlage* eines Gesellschafters trotz Finanzknappheit der Gesellschaft im Rahmen des Möglichen Rechnung zu tragen;[32] insoweit kommt ausnahms-

[27] So zutr. bereits 3. Aufl. Rn 19 (*Rob. Fischer*) und *Hueck* § 17 III 3, S. 251; dem folgend Schlegelberger/*Martens* Rn 17; MünchKommHGB/*Priester* Rn 35; Ebenroth/Boujong/Joost/Strohn/*Ehricke* Rn 40; Baumbach/*Hopt* Rn 13; Heymann/*Emmerich* Rn 16.

[28] MünchKommHGB/*Priester* Rn 36; Ebenroth/Boujong/Joost/Strohn/*Ehricke* Rn 40; Heymann/*Emmerich* Rn 15; MünchGesR/*v. Falkenhausen/Schneider*[2] Bd. I § 63 Rn 43.

[29] Dazu näher 3. Aufl. Rn 17 (*Rob. Fischer*) unter Hinweis auf RGZ 147, 58 (63); ähnlich MünchKommHGB/*Priester* Rn 37; Ebenroth/Boujong/Joost/Strohn/*Ehricke* Rn 43 f; Baumbach/*Hopt* Rn 13; Westermann/*Wertenbruch* Handbuch Rn I 634b; vgl. auch *Schön* FS Beisse, 1997, S. 471 (477) (Bestandsbedrohung der Gesellschaft infolge der Auszahlung). Weitergehend *Hueck* OHG § 17 III 3, S. 250 (schon bei drohendem Verzicht auf besonders günstige Geschäfte).

[30] So zutr. bereits 3. Aufl. Rn 17 (*Rob. Fischer*); dem folgend auch MünchKommHGB/*Priester* Rn 37.

[31] Ebenso Westermann/*Wertenbruch* Handbuch Rn I 634b; MünchKommHGB/*Priester* Rn 38; **aA** Ebenroth/Boujong/Joost/Strohn/*Ehricke* Rn 45.

[32] So im Grundsatz auch *Hueck* OHG § 17 III 2, S. 248 f; Schlegelberger/*Martens* Rn 7 (unter Betonung auch eines aus der Treupflicht folgenden Entnahmeverzichts von Gesellschaftern abw. von § 122 Abs. 1); MünchKommHGB/*Priester* Rn 38; **aA** *Schön* FS Beisse, 1997, S. 471 (476 f); wohl auch MünchGesR/*v. Falkenhausen/Schneider*[2] Bd. I § 63 Rn 41.

weise auch eine Abweichung vom Gleichbehandlungsgrundsatz (Rn 19) in Betracht. Zu denken ist etwa an unvorhergesehene Belastungen, insbesondere wenn sie im Zusammenhang mit der Mitgliedschaft stehen, so mit Erbschaftsteuern oder sonstige außergewöhnliche Abgaben. Jedenfalls sollte den Gesellschaftern trotz Berufung der Gesellschaft auf ihr Leistungsverweigerungsrecht ein **entnahmefähiger Mindestbetrag** in dem Umfang verbleiben, in dem sie ihn zur Deckung der auf den Anteil entfallenden, von ihnen zu tragenden *laufenden Einkommensteuern* benötigen. Bei diesen Steuern handelt es sich um Belastungen der Gesellschafter aufgrund ihrer Mitgliedschaft, die aus dem Gesellschaftsgewinn zu zahlen sind. Schon deshalb sind sie auch ohne entsprechende Vertragsgestaltung (vgl. dazu Rn 30 ff) als *Untergrenze* für die Höhe des jährlichen Entnahmerechts anzuerkennen.[33]

IV. Keine weitergehende Verminderung der Kapitalanteile (Abs. 2)

22 Die Regelung in Abs. 2 **begrenzt** das Recht auf die Entnahme von Gesellschaftsmitteln nach Art und Umfang auf die beiden Entnahmetatbestände des Abs. 1. Ausnahmen hiervon lässt sie nur mit Einwilligung der anderen Gesellschafter zu; diese kann auch bereits im Gesellschaftsvertrag erteilt sein.[34] Da die Belassung der an die Gesellschaft als Einlage geleisteten oder der auf stehengelassenen Gewinnen früherer Geschäftsjahre beruhenden Kapitalausstattung der OHG einen Teil der Förderpflichten der Gesellschafter bildet, bringt die Vorschrift damit nur eine *Selbstverständlichkeit* zum Ausdruck.[35] Immerhin kann sie als Bestätigung dafür dienen, dass die nicht rechtzeitig geltend gemachten entnahmefähigen Beträge früherer Geschäftsjahre (Rn 10) nicht noch nachträglich beansprucht werden können. Auch kann man darin eine Bekräftigung des Grundsatzes sehen, dass die Gesellschafter andere Gegenstände als Geld während des Bestehens der Gesellschaft nicht einseitig entnehmen dürfen.[36] Das gilt auch für *verdeckte Entnahmen* (Rn 9). Ein besonderer *Gläubigerschutz* ist mit der Regelung des Abs. 2 angesichts ihres dispositiven Charakters nicht bezweckt. Das entspricht dem Fehlen eines gesetzlich garantierten Eigenkapitals der Gesellschaft und wird kompensiert durch die unbeschränkte Gesellschafterhaftung für Gesellschaftsschulden. Zum Rückforderungsanspruch der Gesellschaft bei unberechtigten Entnahmen vgl. Rn 9.

---

[33] So – mit unterschiedlicher, meist auf Treupflicht oder konkludente Vertragsabrede gestützter Begründung – die ganz hM, vgl. Heymann/*Emmerich* Rn 18; *Ernst* BB 1961, 377; *Ganßmüller* S. 38 ff; *Großfeld* NJW 1986, 955 (958); *Binz/Sorg* Die GmbH & Co. KG[10] § 5 Rn 70; *Priester* FS Quack, 1991, S. 373 (394); *Schulze-Osterloh* ZHR 150 (1986), 403 (422); *Ulmer* FS Lutter, 2000, S. 935 (951 f); Ebenroth/Boujong/Joost/Strohn/*Ehricke* Rn 55; tendenziell auch *Hopt* FS Odersky, 1996, S. 799 (804 f) und in Baumbach/*Hopt* Rn 17; Westermann/*Wertenbruch* Handbuch Rn I 637; MünchGesR/*v. Falkenhausen/Schneider*[2] Bd. I § 63 Rn 79. Ebenso OLG München DB 1994, 1465 (1466); OLG Hamburg BB 1963, 1192 Nr. 1826 sowie i.E. *Schön* FS Beisse, 1997, S. 471 (487); MünchKommHGB/*Priester* Rn 61; *K. Schmidt* FS 50 Jahre AG der FAStR, 1999, S. 193 (198 f) unter Hinweis auf § 110. Zur offenbar abw. Beurteilung in BGHZ 132, 263 (277) = NJW 1996, 1678 vgl. Rn 31.

[34] Vgl. MünchKommHGB/*Priester* Rn 42, 47; Ebenroth/Boujong/Joost/Strohn/*Ehricke* Rn 49; Baumbach/*Hopt* Rn 15.

[35] Vgl. zur Bindung des Gesellschaftsvermögens an den Gesellschaftszweck *Schön* ZHR 168 (2004), 268 (277 ff).

[36] Vgl. zu diesem Grundsatz schon 3. Aufl. Rn 6 (*Rob. Fischer*); für Behandlung auch verdeckter Zuwendungen als (ggf. unberechtigte) Entnahmen Baumbach/*Hopt* Rn 1.

C. Abweichende Vereinbarungen

I. Grundlagen

1. Mängel der gesetzlichen Regelung. Die beiden Entnahmetatbestände in § 122 Abs. 1 tragen den mit Entnahmen verbundenen Interessen und Bedürfnissen der Beteiligten aus einer Reihe von Gründen nicht oder nur unvollkommen Rechnung.[37] Das beruht nicht nur auf ihrer Anknüpfung an die variablen Kapitalanteile des § 120 Abs. 2 und die Ausgestaltung des Entnahmerechts als „verhaltener Anspruch“ (Rn 5), sondern auch auf ihrer aus heutiger Sicht wenig ausgewogenen Berücksichtigung von Gesellschafter- und Gesellschaftsinteresse (Rn 25). So werden zwei wesentliche Aspekte des Entnahmeproblems, nämlich einerseits die Entnahmefähigkeit der *Geschäftsführerbezüge* und andererseits die Behandlung der von den Gesellschaftern geschuldeten *laufenden Steuern* auf den OHG-Gewinn, von der gesetzlichen Regelung überhaupt nicht bedacht; dem *Selbstfinanzierungsinteresse* der Gesellschaft wird nur unvollkommen Rechnung getragen. Deshalb und wegen der zentralen Bedeutung, die einer praktikablen, mit den Interessen aller Beteiligten abgestimmten Entnahmeregelung für das Gesellschaftsverhältnis typischerweise zukommt, bildet das Entnahmerecht der Gesellschafter meist einen Schwerpunkt der kautelarjuristischen Vertragsgestaltung.[38] 23

Die *Einwände* gegen das **4 %ige Entnahmerecht** des Abs. 1, 1. Fall beziehen sich vor allem auf seine gewinnunabhängige, am (vermeintlichen) Bedürfnis der Gesellschafter für ihren Lebensunterhalt ausgerichtete Ausgestaltung.[39] Soweit die Gesellschafter als Geschäftsführer der OHG tätig sind, steht ihnen hierfür in aller Regel eine voll entnahmefähige Vergütung zu, die ihrem laufenden Finanzbedarf meist angemessen Rechnung trägt (Rn 27). Entsprechendes gilt nicht selten für die Verzinsung stehengelassener Gewinne (Rn 35). Demgegenüber kann die durch Abs. 1, 1. Fall zugelassene Verminderung des Kapitalanteils zu einer Teilrückzahlung der vertraglich geschuldeten Einlage führen; sie stößt auch aus diesem Grund auf Bedenken. Die Einwände gegen das grundsätzliche Recht des Abs. 1, 2. Fall zur **Entnahme des Restgewinns** richten sich vor allem gegen die wenig differenzierte, streitanfällige Berücksichtigung des Selbstfinanzierungsinteresses der Gesellschaft durch das Leistungsverweigerungsrecht, das ihr Abs. 1, 2. Fall bei einem durch die Entnahme offenbar drohenden Schaden gewährt. Die Kautelarpraxis ist insoweit um flexiblere und transparentere, dem Selbstfinanzierungsbedarf schon im Ansatz Rechnung tragende Lösungen bemüht (Rn 28 ff). 24

2. Regelungsziele. Eine inhaltlich ausgewogene, die Interessen aller Beteiligten berücksichtigende Regelung hat eine Reihe unterschiedlicher Zielsetzungen zu berücksichtigen.[40] Dazu gehören einerseits die **Ausschüttungsinteressen** der Gesellschafter, bezogen 25

---

[37] Ganz hM, vgl. insbes. *Barz* FS Knur, 1972, S. 25 f; *Rob. Fischer* FS Barz, 1974, S. 33 (39, 45); *Wiedemann* (Fn 2) S. 33; *Schön* FS Beisse, 1997, S. 471 (473 f, 477); *Balz* DB 1988, 1305; so auch MünchKommHGB/*Priester* Rn 48; Ebenroth/Boujong/Joost/Strohn/*Ehricke* Rn 50; MünchGesR/*v. Falkenhausen/Schneider*[2] Bd. I § 63 Rn 68.

[38] Dazu näher unter Betonung der mit den Ertragsteuern der Gesellschafter zusammenhängenden Gestaltungsfragen *Barz* FS Knur, 1972, S. 25 (28 ff, 35 ff); *Ganßmüller* S. 21 ff; MünchGesR/*v. Falkenhausen/Schneider*[2] Bd. I § 63 Rn 70 ff; vgl. auch *Wiedemann* (Fn 2) S. 34.

[39] Vgl. insbes. *Wiedemann* (Fn 2) S. 33.

[40] Informativ dazu auch heute noch *Barz* FS Knur, 1972, S. 25 (26 f); vgl. auch MünchKommHGB/*Priester* Rn 50; MünchGesR/*v. Falkenhausen/Schneider*[2] Bd. I § 63 Rn 68.

nicht nur auf ihren Bedarf zur Finanzierung des Lebensunterhalts, sondern auch auf ihr Interesse am Schutz vor der Gefahr eines „Aushungerns" durch die Mehrheit oder die tätigen Gesellschafter; ihnen lässt sich im Regelfall am besten dadurch Rechnung tragen, dass neben dem Vorabgewinn (Geschäftsführervergütung, Verzinsung von Gesellschafterkonten u.a., vgl. § 121 Rn 4, 26 ff) ein bestimmter Prozentsatz der übrigen Gewinnanteile als entnahmefähig anerkannt wird. Für die Berücksichtigung des **Selbstfinanzierungsinteresses** der Gesellschaft empfiehlt sich das grundsätzliche Einbehalten eines prozentualen Teilbetrags der Restgewinne, ggf. verbunden mit einer vertraglichen Ermächtigung, diesen Prozentsatz unter bestimmten Voraussetzungen und in bestimmten Grenzen durch Mehrheitsbeschluss zu erhöhen oder zu senken. Schließlich ist auch das berechtigte Interesse aller Gesellschafter daran zu berücksichtigen, die mit dem Gesellschaftsanteil verbundenen, *laufenden persönlichen Steuern* aus der Gesellschaftskasse entnehmen zu können. Es geht dem Selbstfinanzierungsinteresse der Gesellschaft in aller Regel vor und sollte schon deshalb in die Entnahmegestaltung einbezogen werden (Rn 32).

26 Was die **Festlegung der Selbstfinanzierungsquote** angeht, bedarf es neben der Abwägung von Gesellschafter- und Gesellschaftsinteresse (Rn 25) meist auch eines *Interessenausgleichs im Verhältnis zwischen den Gesellschaftern* unter Berücksichtigung ihrer jeweiligen Stellung in der Gesellschaft und ihrer Einkommenssituation. So sind die (typischerweise als Kommanditisten beteiligten) *inaktiven Gesellschafter* an einem hohen Ausschüttungsanteil meist stärker interessiert als die über ihre Vergütung in Gestalt eines entnahmefähigen Vorabgewinns verfügenden, die Geschicke der Gesellschaft lenkenden *Geschäftsführer*. Gesellschaftern mit hoher persönlicher Steuerprogression verbleibt ein entsprechend geringerer Nettoertrag der Ausschüttung als Mitgesellschaftern mit geringerem steuerpflichtigem Gesamteinkommen. Drängen sie deshalb auf eine Entnahmeregelung, die jedem Gesellschafter neben der Deckung der Steuerlast einen *gleichen Nettoanteil des Restgewinns* zukommen lässt, so stellt sich angesichts der damit verbundenen Abweichung vom Gleichbehandlungsgrundsatz die Frage einer Kompensation für diejenigen Gesellschafter, die wegen geringerer Steuerlast stärker zur Selbstfinanzierung beitragen. Insoweit bietet sich ein Vorabgewinn in Gestalt der Verzinsung der nicht entnahmefähigen, auf Kapitalkonto II oder Rücklagenkonto angesammelten Gewinngutschriften an.[41]

II. Entnahmemodelle

27 **1. Geschäftsführervergütungen.** Sie sind materiellrechtlich als Gewinnbestandteil (Vorabgewinn, vgl. § 114 Rn 48) zu qualifizieren und sollten daher im Rahmen einer vertraglichen Entnahmeregelung berücksichtigt werden. Da sie der Sache nach ein Entgelt für den besonderen Tätigkeitsbeitrag der Geschäftsführer darstellen, liegt ihre *volle Entnahmefähigkeit* nahe;[42] dadurch sind zugleich auch die auf sie entfallenden persönlichen Steuern abgedeckt. Hinsichtlich der *festen Vergütung* bietet sich eine Auszahlung unabhängig von der jeweiligen Bilanzfeststellung in monatlichen Raten an. Demgegenüber steht die Höhe einer etwaigen *Tantieme* erst aufgrund der Feststellung der Bilanz für das betreffende Geschäftsjahr fest. Vorbehaltlich einer Vorschussregelung kann sie daher auch erst ab diesem Zeitpunkt fällig gestellt werden.

---

[41] So zutr. BGH WM 1977, 1022 (1025).

[42] Vgl. die Regelungsvorschläge in den Mustern eines OHG- bzw. KG-Vertrages von *Oldenburg* und *Riegger/Götze* in: Münchener Vertragshandbuch[6], Bd. 1 (Gesellschaftsrecht), S. 85 ff, 225 ff, die jedenfalls für feste Tätigkeitsvergütungen ein anteiliges monatliches Entnahmerecht vorsehen.

2. **Jährlicher Gewinnanteil.** Der im Gesellschaftsvertrag festgelegte *entnahmefähige Prozentsatz* des jährlichen Gewinnanteils bestimmt die Höhe des jeweiligen **Gewinnanspruchs.** Dieser wird abweichend von § 122 Abs. 1 typischerweise nicht als verhaltener, von der Geltendmachung des Entnahmerechts durch den Gesellschafter innerhalb eines Jahres abhängiger Anspruch (Rn 5) behandelt, sondern als *eigenständiges Forderungsrecht,* dessen Verbuchung in der Zeit zwischen Bilanzfeststellung und Auszahlung auf einem Forderungskonto des Gesellschafters (Privat- oder Entnahmekonto, vgl. § 120 Rn 70) erfolgt. Schranken für seine Geltendmachung können sich freilich aus der *Treupflicht* der Gesellschafter ergeben.[43] Sind in den Vorjahren *Verluste* angefallen und haben sie zur Verminderung des Kapitalkontos II oder zur Dotierung eines entsprechenden Verlustkontos geführt, so kann der Gesellschaftsvertrag vorsehen, dass das Entnahmerecht erst nach deren Ausgleich durch zwischenzeitliche Gewinne auflebt. Zur Frage einer Verzinsungsabrede für das Forderungskonto vgl. Rn 35. 28

Die Festlegung der **Höhe** des entnahmefähigen Gewinnanteils hängt davon ab, ob die Gesellschafter sich für ein System gleicher *(Brutto-)Entnahmen* unabhängig von der persönlichen Steuerlast der einzelnen Gesellschafter oder für die Entnahmefähigkeit der jeweiligen auf den OHG-Gewinn entfallenden persönlichen Einkommensteuern zuzüglich einer einheitlichen *Nettodividende* entscheiden (Rn 32). Im ersten Fall bietet sich angesichts der derzeitigen Steuerprogression (unter Einschluss von Solidarabgabe und Kirchensteuer) bis zu 60 % ein Ausschüttungssatz von 70 bis 80 % an, während bei Entscheidung für eine einheitliche, zur Steuererstattung hinzutretende Nettodividende an Spannen zwischen 10 und 25 % zu denken ist.[44] Nach beiden Gestaltungen verbleibt in der Gesellschaftskasse nach Abzug des voll entnahmefähigen Vorabgewinns für Geschäftsführervergütung und Verzinsung der Gesellschafterkonten ein Gewinnanteil von rund 20 bis 30 % für Zwecke der Selbstfinanzierung. Er kann dem konkreten, geringeren oder höheren Finanzierungsbedarf des jeweiligen Geschäftsjahres ggf. durch einen gesellschaftsvertraglich zugelassenen Mehrheitsbeschluss angepasst werden (Rn 36). 29

3. Steuerlast der Gesellschafter

a) **Grundlagen.** Es entspricht zu Recht ganz hM, dass die Gesellschafter die auf sie persönlich entfallenden **laufenden Steuern** für den anteiligen OHG-Gewinn aus der Gesellschaftskasse sollten entnehmen können.[45] Entweder man sieht diese Steuern als „Aufwendungen in Gesellschaftsangelegenheiten" i.S.v. § 110 an und gewährt den Gesellschaftern hierauf einen Anspruch auf Erstattung, die freilich ihr jeweiliges Kapitalkonto belastet.[46] Oder man leitet einen solchen Anspruch unmittelbar aus § 122 Abs. 1, 2. Fall bzw. aus der an seiner Stelle vereinbarten vertraglichen Gewinnentnahme ab. Grundlage hierfür ist, sofern der Gesellschaftsvertrag nicht ohnehin eine ausdrückliche Regelung enthält, die *treupflichtbedingte Auslegung* von Gesetz oder Gesellschaftsver- 30

---

43 Vgl. zum treupflichtbedingten Verzicht auf die Verzinsung von Einlagen oder Gesellschafterdarlehen BGH NJW 1985, 972 (973 und 974, 975); OLG Koblenz WM 1984, 1051 (1053); zum Ganzen auch Rn 8.

44 So *Barz* FS Knur, 1972, S. 25 (37).

45 Vgl. Nachw. in Fn 33.

46 So *Schön* FS Beisse, 1997, S. 471 (477 f) und zuvor schon *ders.* StuW 1988, 253 ff und 257 ff, jew. unter Hinweis auf *H. Lehmann* FS Heymann, 1931, Bd. 2, S. 733 ff; ebenso MünchKommHGB/*Priester* Rn 61; *K. Schmidt* FS 50 Jahre AG der FAStR, 1999, S. 193 (198 f); *Ulmer* FS Lutter, 2000, S. 935 (952) (zurückhaltender insofern noch *ders.* in Voraufl. Rn 30).

trag.[47] Eine mehrheitlich beschlossene abweichende Regelung hielte, auch wenn sie an sich von der Mehrheitskompetenz gedeckt wäre, wegen des damit verbundenen Treupflichtverstoßes der gerichtlichen Inhaltskontrolle nicht stand, soweit sie nicht durch eine ganz außergewöhnliche, mittels vorübergehender Entnahmesperre zu überwindende Notlage der Gesellschaft gerechtfertigt wäre (vgl. Rn 21).[48]

31 Demgegenüber bedarf nach einer bislang noch nicht aufgegebenen Ansicht des **Bundesgerichtshofs** die Zubilligung eines Steuerentnahmerechts grundsätzlich einer besonderen Regelung im Gesellschaftsvertrag; es sei ohne entsprechende Regelung Sache des Tatrichters (?), über die Zuerkennung eines solchen Anspruchs zu entscheiden.[49] Diese Ansicht ist angesichts ihrer Unvereinbarkeit mit den insoweit vorrangigen Gesellschafterinteressen zu Recht auf Ablehnung gestoßen.[50] Insbesondere vermag das vom BGH vorgetragene Argument nicht zu überzeugen, dass „das Gesetz kein Steuerentnahmerecht *neben dem Anspruch aus § 122 HGB* kennt".[51] Es ist schon deshalb unschlüssig, weil § 122 Abs. 1 grundsätzlich den *Gesamtgewinn* (also unter Einschluss der zur Deckung der Steuerlast bestimmten Teile) für entnahmefähig erklärt und einen Vorbehalt nur im Hinblick auf die Gefahr eines der Gesellschaft durch die Gesamtausschüttung drohenden „offenbaren Schadens" macht (vgl. Rn 18).

32 b) **Gestaltungsmöglichkeiten.** Die vertragliche Regelung des Entnahmerechts der Gesellschafter wirft, soweit es um die sie treffenden laufenden Ertragsteuern auf die Gesellschaftsgewinne geht, vor allem deshalb Probleme auf, weil die Gesellschafter bei unterschiedlich hoher Gewinnbeteiligung, aber auch mit Rücksicht auf ihre sonstigen Einkünfte und ihre persönlichen Verhältnisse keinem einheitlichen Steuersatz unterliegen. Entscheiden sie sich im Interesse eines möglichst hohen Selbstfinanzierungsspielraums für ein System gleicher **Nettodividenden** (Rn 29), so erfordert das nicht nur die Offenlegung ihrer jeweiligen Einkommensteuerveranlagung, sondern auch eine vertragliche Festlegung darüber, ob der auf den Gesellschaftsgewinn entfallende Steueranteil in Hinblick auf das sonstige Einkommen als Durchschnittswert oder aber als Spitzenwert zu berechnen ist.[52] Auch stellt sich in diesem Fall die Frage, welche Bedeutung ausgleichsfähigen Verlusten der Gesellschafter in anderen Einkommensbereichen zukommt.[53] Den Vorzug verdient

---

47 Voraufl. Rn 30 (*Ulmer*); Ebenroth/Boujong/Joost/Strohn/*Ehricke* Rn 55; Baumbach/*Hopt* Rn 17; zurückhaltender aber MünchGesR/*v. Falkenhausen/Schneider*² Bd. I § 63 Rn 79; Westermann/*Wertenbruch* Handbuch Rn I 637 (nur ausnahmsweise im Einzelfall); *Wertenbruch* ZIP 2007, 798 (801); weitere Nachw. in Fn 50.

48 So im Falle von OLG Karlsruhe NZG 2003, 429 (430) (vgl. dazu schon Rn 18 mit Fn 25).

49 BGHZ 132, 263 (277) = NJW 1996, 1678; dem folgend OLG Karlsruhe NZG 2003, 429 (430); anders noch BGH ZIP 1990, 1327 (1328) (Betonung der sachlichen Notwendigkeit, im Gesellschaftsvertrag Vorsorge für die Entnahmefähigkeit der für laufende Steuerzahlungen benötigten Mittel zu treffen), aber auch OLG München DB 1994, 1465 (1466).

50 Vgl. *Binz/Sorg* DB 1996, 969 (971 f); *Schön* FS Beisse, 1997, S. 471 (473, 487); *Ulmer* FS Lutter, 2000, S. 935 (951 f); MünchKommHGB/*Priester* Rn 60 f; zustimmend hingegen Westermann/*Wertenbruch* Handbuch Rn I 637; Röhricht/Graf v. Westphalen/*v. Gerkan/Haas* Rn 16; tendenziell auch Ebenroth/Boujong/Joost/Strohn/*Ehricke* Rn 55.

51 BGHZ 132, 263 (277) (Hervorhebung hinzugefügt).

52 Vgl. zu diesen Gestaltungsmöglichkeiten und ihren Konsequenzen für die Offenlegung der jeweiligen Steuersituation näher *Barz* FS Knur, 1972, S. 25 (28 ff).

53 Vgl. *Barz* FS Knur, 1972, S. 25 (31), der folgerichtig zur Verneinung eines Entnahmerechts in derartigen Fällen kommt; **aA** *Balz* DB 1988, 1305 f (Interessenabwägung).

daher das leichter zu handhabende, von einer Offenlegung der persönlichen Steuerverhältnisse unabhängige System gleicher **Bruttodividenden** unter Zugrundelegung der höchsten Steuerprogression für den jeweiligen steuerpflichtigen Gesellschaftsgewinn, ggf. verbunden mit einer attraktiven Verzinsung für die auf Privat-(Entnahme-)Konten stehengelassenen, die Selbstfinanzierung der OHG stärkenden Gewinnteile (Rn 29, 35).

Besonders zu berücksichtigen im Zusammenhang mit Steuerklauseln sind die jeweiligen **Steuervorauszahlungen** auf den voraussichtlichen Jahresgewinn. Sie werden nach § 37 EStG vierteljährlich während des laufenden Geschäftsjahrs fällig und müssten, wenn die Ansprüche auf Steuerentnahmen erst nach Bilanzfeststellung für das betreffende Geschäftsjahr durchsetzbar wären, von den Gesellschaftern auf bis zu anderthalb Jahre oder mehr vorfinanziert werden. Daher sollte dieser Belastung durch eine angemessene *Vorschussregelung* im Gesellschaftsvertrag Rechnung getragen werden.[54] **33**

c) **Erbschaftsteuern.** Im Unterschied zu den mit der Gesellschaftsbeteiligung verbundenen laufenden Steuern (Ertragsteuern, ggf. Vermögensteuer) lassen sich die aus einer *Vererbung* des Anteils oder einer vorgezogenen Schenkung resultierenden Erbschaft- bzw. Schenkungsteuern nicht ohne weiteres der Gesellschaftssphäre zuordnen. Denn sie betreffen primär den *privaten Bereich* der Gesellschafter und würden bei diesen in grundsätzlich gleicher Weise auch dann anfallen, wenn die OHG für Zwecke der Ertragbesteuerung als Körperschaftssteuersubjekt behandelt würde. Für die Anerkennung eines ungeschriebenen oder aus der Treupflicht folgenden Entnahmerechts der Gesellschafter ist in Bezug auf diese Steuern daher kein Raum.[55] Allerdings empfiehlt sich eine *gesellschaftsvertragliche Vorsorge* für derartige Fälle schon deshalb, weil außerordentliche Steuerbelastungen der Gesellschafter-Nachfolger mit möglichen Vollstreckungsfolgen in den Anteil (§ 135) sich auch für Gesellschaft und Mitgesellschafter als nachteilig erweisen können.[56] Zu denken ist an die Einrichtung eines speziellen, für Erbschaftsteuerzwecke verfügbaren Rücklagekontos, das freilich aus thesaurierten Gewinnanteilen gebildet werden müsste. **34**

4. **Zinsen auf Gesellschafterkonten.** Zu den als entnahmefähig behandelten Vorabgewinnen gehören typischerweise auch die Zinsen, die Gesellschaftern nach dem Gesellschaftsvertrag für ihr Guthaben auf Gesellschafterkonten zustehen. Das feste Kapitalkonto wird zwar in aller Regel unverzinslich geführt; der dort verbuchten Einlage wird angemessen durch den darauf entfallenden Gewinnanteil Rechnung getragen (§ 121 Rn 24 f). Anderes gilt jedoch für diejenigen Beteiligungskonten (Kapitalkonto II, Rücklagenkonto u.a.), die als variable Konten keinen Einfluss auf den Gewinnverteilungsschlüssel haben, sowie für die Forderungskonten der Gesellschafter (Privat- oder Entnahmekonto), vgl. § 120 Rn 69 f. Deren Verzinsung kann sich nicht nur bei unterschiedlichen Prozentsätzen für die Höhe des entnahmefähigen Gewinns (Rn 29), sondern auch dann empfehlen, wenn die entnahmefähigen Prozentsätze der Gewinnanteile *für alle Gesellschafter gleich* sind, weil dadurch ein Anreiz für das Stehenlassen dieser Gewinnteile als Beitrag zur Finanzierung der Gesellschaft geschaffen wird. Die Zinshöhe **35**

---

54 Das betont zutr. *Barz* FS Knur, 1972, S. 25 (28 f); zur Vorschussproblematik vgl. auch Schlegelberger/*Martens* Rn 9; zu Vorschusszahlungen beim steuerlichen Thesaurierungsmodell gem. § 34a EStG *Reichert/Düll* ZIP 2008, 1249 (1257).

55 So auch BGH ZIP 1990, 1327 (1328); *Barz* FS Knur, 1972, S. 25 (33); für Entscheidung aufgrund Interessenabwägung aber *Lüdtke-Handjery* DB 1975, 433 (435).

56 Vgl. *Lüdtke-Handjery* DB 1975, 433 (434 f).

sollte in diesem Fall so festgesetzt werden, dass sie zwar unter derjenigen der von der Gesellschaft an Dritte zu entrichtenden Sollzinsen liegt oder sie jedenfalls nicht überschreitet, aber den Gesellschaftern eine attraktivere Vergütung im Vergleich zu Bankguthaben oder sonstigen vergleichbaren Anlagen gewährt (vgl. auch § 121 Rn 32). Der Logik dieser Zwecke entspricht es, den Gesellschaftern auf die insoweit anfallenden Zinsen einen als Entnahme durchsetzbaren Anspruch zu gewähren.

36 **5. Mehrheitsklauseln.** Die *Befugnis zur Entnahme* der Gewinnanteile der Gesellschafter gehört als notwendiger Teil des Gewinnbeteiligungsrechts ebenso wie dieses zum **Kernbereich** der Mitgliedschaftsrechte.[57] Eine vertragliche Mehrheitsklausel, die die jährliche Entnahmeregelung zur freien Disposition der Gesellschafter stellen würde, wäre mit dieser Qualifikation des Entnahmerechts unvereinbar.[58] Andererseits kann durchaus ein Bedürfnis bestehen, die Höhe des jeweiligen Entnahmeprozentsatzes vom *Selbstfinanzierungsbedarf der Gesellschaft* abhängig zu machen, ohne hierzu auf den wenig trennscharfen Entnahmevorbehalt des § 122 Abs. 1, 2. Fall (offenbarer Schaden der Gesellschaft) zurückgreifen zu müssen. Diesem berechtigten Bedürfnis kann der Gesellschaftsvertrag dadurch Rechnung tragen, dass er eine an bestimmte Vorgaben geknüpfte, das Ausmaß der maximal zulässigen Selbstfinanzierungsquote festlegende Mehrheitsklausel vorsieht. Im Unterschied zur nachträglichen Beitragserhöhung (§ 707, dazu schon § 119 Rn 40, 44) ist es allerdings unmöglich und somit nicht erforderlich, eine absolute Obergrenze für die thesaurierungsfähigen Gewinnanteile festzusetzen. Es reicht vielmehr aus, wenn eine auf das jeweilige Geschäftsjahr bezogene **relative Obergrenze** vertraglich definiert wird. Die durch die Kernbereichslehre vorgegebenen materiellen Anforderungen an den konkreten Gehalt der Zustimmung sind aus diesem Grund auch dann erfüllt, wenn die Voraussetzungen der einer Mehrheitsentscheidung zugänglichen Rücklagenbildung *bis zu einer bestimmten Höchstgrenze* umschrieben werden (näher § 120 Rn 42 f). Man wird auch den Bundesgerichtshof, der in seiner „*Otto*-Entscheidung“[59] ausdrücklich auf die Kernbereichslehre verweist, ebenfalls in diesem Sinne verstehen können. Wegen der Einzelheiten ist auf § 120 Rn 41 ff zu verweisen.

---

[57] Vgl. dazu allgemein § 109 Rn 35 und § 119 Rn 44 m. Nachw.; zum Gewinnrecht § 120 Rn 32, 42; so der Sache nach auch OLG München DB 1994, 1465 (1466).

[58] Vgl. für die hM hier nur *Ulmer* FS Lutter, 2000, S. 935 (944) und für die Auffassung der Minderheit MünchKommHGB/*Priester* Rn 55; näher zur Kernbereichsrelevanz von Thesaurierungsentscheidungen und den daraus abzuleitenden Konsequenzen § 120 Rn 41 ff.

[59] BGHZ 170, 283 = NJW 2007, 1685 (1687 Rn 10, 15).

DRITTER TITEL

Rechtsverhältnis der Gesellschafter zu Dritten

§ 123

(1) Die Wirksamkeit der offenen Handelsgesellschaft tritt im Verhältnisse zu Dritten mit dem Zeitpunkt ein, in welchem die Gesellschaft in das Handelsregister eingetragen wird.

(2) Beginnt die Gesellschaft ihre Geschäfte schon vor der Eintragung, so tritt die Wirksamkeit mit dem Zeitpunkte des Geschäftsbeginns ein, soweit nicht aus § 2 oder § 105 Abs. 2 sich ein anderes ergibt.

(3) Eine Vereinbarung, daß die Gesellschaft erst mit einem späteren Zeitpunkt ihren Anfang nehmen soll, ist Dritten gegenüber unwirksam.

Schrifttum

Battes Rechtsformautomatik oder Willensherrschaft? – Die Unzulässigkeit der gewählten Rechtsform und ihr Einfluß auf Bestand und Rechtsverhältnisse der Personengesellschaften, AcP 174 (1974), 429 ff; *Beuthien* Systemfragen des Handelsrechts, FS Zivilrechtslehrer 1934/1935 (1999) S. 39; *K. Beyerle* Der unbeschränkt haftende Kommanditist, 1976; *L. Freund* Die Rechtsformwechsel zwischen Personengesellschaften, 2005; *A. Grünwald* Rechtsfolgen des Erwerbs bzw. Verlusts der Vollkaufmannseigenschaft bei Personengesellschaften, GesRZ 1993, 132, 225; *Schäfer* Die Lehre vom fehlerhaften Verband, 2002; *K. Schmidt* Zur Stellung der oHG im System der Handelsgesellschaften, 1972; *U. H. Schneider* Die Rückdatierung von Rechtsgeschäften, AcP 175 (1975), 279.

Übersicht

I. Einführung

1 **1. Regelungsgehalt, Normzweck und Anwendungsbereich.** Die durch das Handelsrechtsreformgesetz v. 22.6.1998 (Vor § 1 Rn 11) geringfügig geänderte (Rn 14) Vorschrift des § 123 leitet den Titel über das Rechtsverhältnis der Gesellschaft und der Gesellschafter zu Dritten ein und bestimmt den **Zeitpunkt,** zu dem die Gesellschaft **im Verhältnis zu Dritten als OHG** entsteht. Wie §§ 1 bis 3 im Allgemeinen, so macht auch § 123 für das Personengesellschaftsrecht die Erlangung der Kaufmannseigenschaft und damit der Rechtsform der OHG (§ 105 Rn 23 ff, 28 ff) im Verhältnis zu Dritten von der Eintragung der Gesellschaft im Handelsregister (Abs. 1) oder vom Betrieb eines Handelsgewerbes i.S.v. § 1 Abs. 2 (Abs. 2) abhängig. Die Vorschrift versteht sich deshalb zunächst als konsequente, mit Blick auf § 6 Abs. 1 freilich weithin deklaratorische Umsetzung der auf den Einzelkaufmann bezogenen Vorschriften der §§ 1–3. Darüber hinaus bezweckt § 123 aber auch den **Schutz Dritter,** indem er an die Erlangung der Kaufmannseigenschaft die – gem. Abs. 3 zwingende – Geltung des Außenrechts der OHG knüpft und damit insbesondere für das Eingreifen der Vertretungs- und Haftungsnormen der §§ 125 ff sorgt.[1] Schließlich eröffnet § 123 den Gesellschaftern die Möglichkeit, die Anwendung insbes. der §§ 128 ff trotz des bereits erfolgten Abschlusses des Gesellschaftsvertrags zu vermeiden, indem sie den Geschäftsbeginn bzw. die Eintragung hinausschieben.[2] Das Verständnis der Vorschrift bereitet Schwierigkeiten, was auf die Unterscheidung zwischen Innen- und Außenverhältnis (Rn 2 f), vor allem aber auf das Zusammenspiel mit dem Recht der Gesellschaft bürgerlichen Rechts (Rn 4 ff) und den Umstand zurückzuführen ist, dass § 123 nicht die Entstehung der Gesellschaft als solche (als Rechtsträger), sondern nur die Erlangung der Rechtsform einer OHG (und auch dies nur bezogen auf das Außenverhältnis) regelt. Eine andere Frage ist es allerdings, ob § 123 Abs. 2, soweit in ihm die Zustimmung aller Gesellschafter zu dem Geschäftsbeginn vorausgesetzt wird, auch für die **GbR** Geltung beansprucht (Rn 20). Unzweifelhaft gelten die Vorschriften des § 123 nach § 161 Abs. 2 für die **KG;** sie werden insoweit durch § 176 dahin gehend ergänzt, dass auch bei Betrieb eines Handelsgewerbes die Haftung des Kommanditisten grundsätzlich nur durch Eintragung im Handelsregister beschränkt werden kann. Auf **Partnerschaftsgesellschaft** und **EWIV** (Vor § 105 Rn 4, 34 ff) ist § 123 hingegen nicht anwendbar; beide entstehen als solche erst mit Eintragung in das Register (§ 7 Abs. 1 PartGG, Art. 1 Abs. 2 EWIV-VO) und verfügen zuvor über die Rechtsform der Gesellschaft bürgerlichen Rechts.[3] Generell unanwendbar ist § 123 auf den **Eintritt eines Gesellschafters** (§ 130 Rn 13).

2 **2. Innenverhältnis der Gesellschaft.** § 123 betrifft allein das Außenverhältnis der Gesellschaft, hat also keine Bedeutung für das (Innen-)Verhältnis der Gesellschafter zueinander sowie für die Rechtsbeziehungen zwischen Gesellschaftern und Gesellschaft. Was die Geltung der §§ 109 ff betr. das Innenverhältnis anlangt, so ist zu unterscheiden. Ist

[1] *A. Hueck* OHG § 5 II 2; Heymann/*Emmerich* Rn 1.

[2] Heymann/*Emmerich* Rn 1; Straube/*Koppensteiner* Rn 5; Baumbach/*Hopt* Rn 2.

[3] Näher dazu für die Partnerschaft MünchKommBGB/*Ulmer/Schäfer* § 7 PartGG Rn 3 ff; *P. Schaffner* Die Vorgesellschaft als Gesellschaft sui generis, 2003, S. 160 ff; für die EWIV *Habersack* Europäisches Gesellschaftsrecht[3] (2006) § 11 Rn 17 ff; zur damit übereinstimmenden Rechtslage nach § 123 öUBG s. MünchKommHGB/*K. Schmidt* Rn 25; *Weilinger* FS für Doralt, 2004, S. 671 (672 ff); rechtspolitische Kritik an dem differenzierenden Ansatz des § 123 bei *Beuthien* FS Zivilrechtslehrer 1934/1935, S. 39, 46 ff (50).

der gemeinsame Zweck von Anfang an auf den gemeinschaftlichen Betrieb eines **Handelsgewerbes i.S.v. § 1 Abs. 2** gerichtet, so finden die §§ 109 ff mit Abschluss des Gesellschaftsvertrags de iure und vorbehaltlich einer abweichenden Vereinbarung der Gesellschafter (Rn 21) Anwendung, ohne dass es auf die Aufnahme des Geschäftsbetriebs oder auf die Eintragung im Handelsregister ankommt;[4] in den Fällen des bedingten oder befristeten Gesellschaftsvertrags gilt Entsprechendes mit Eintritt der Bedingung oder Befristung (s. dazu sowie zur Rückdatierung des Gesellschaftsvertrags § 105 Rn 162 ff). Davon betroffen ist insbesondere die zum Betrieb eines Handelsgewerbes i.S.v. § 1 Abs. 2 gegründete Gesellschaft (§ 105 Rn 28 f), aber auch die gemeinsame Fortführung eines sonstigen, im Handelsregister eingetragenen Unternehmens (Rn 13; § 105 Rn 24). Zur Rechtsnatur der Gesellschaft s. Rn 4; zum Vorvertrag s. § 105 Rn 201 ff.

Ist dagegen der gemeinsame Zweck auf den Betrieb eines **kannkaufmännischen Gewerbes** (§ 2), auf den Betrieb der **Land- und Forstwirtschaft** (§ 3 Abs. 2, 3) oder auf **vermögensverwaltende Tätigkeit** (§ 105 Abs. 2) gerichtet, so muss die Annahme einer *gesetzlich* angeordneten Anwendung des OHG-Innenrechts am Fehlen eines Handelsgewerbes scheitern.[5] Zwar trifft es zu, dass die Gesellschafter die Geltung des OHG-Innenrechts[6] auch schon für das Stadium vor Erlangung der Kaufmannseigenschaft vereinbaren können und eine entsprechende Vereinbarung sowie die Auslegung des Gesellschaftsvertrags im Lichte des OHG-Rechts **im Zweifel** auch **gewollt** sind[7]. Indes stößt eine entsprechende Vereinbarung insoweit auf Grenzen, als es um die Gestaltungsklagen der §§ 117, 127, 133, 140, 142 geht (§ 105 Rn 44). Für die Fälle des §§ 2, 3 ist also davon auszugehen, dass zwar an sich das Innenrecht der GbR zur Anwendung gelangt, vorbehaltlich der genannten Gestaltungsklageerfordernisse es den Gesellschaftern aber freisteht, ihr Rechtsverhältnis untereinander sowie dasjenige zur Gesellschaft statt dessen dem OHG-Recht zu unterstellen. Eine Frage der Auslegung ist es, ob und inwieweit die Gesellschafter von ihrer Gestaltungsbefugnis Gebrauch gemacht haben. 3

3. **Rechtsnatur der Gesellschaft vor Erwerb und nach Verlust der Kaufmannseigenschaft.** In § 123 nicht geregelt ist die Frage, wann die **Gesellschaft als Rechtsträger** entsteht.[8] Insoweit gilt, dass jede Gesamthandsgesellschaft, soweit sie – wie notwendigerweise die unternehmenstragende Gesellschaft und typischerweise auch schon die den Betrieb eines Unternehmens beabsichtigende Gesellschaft – als Außengesellschaft auftritt,[9] 4

---

[4] RGZ 112, 280 (281 f); näher dazu § 105 Rn 49 (*Schäfer*), ferner MünchKommHGB/*K. Schmidt* Rn 2; Ebenroth/Boujong/Joost/Strohn/*Hillmann* Rn 2; *Beyerle* S. 9 ff.

[5] So zu Recht § 105 Rn 50 (*Schäfer*); *Würdinger* I S. 107; wohl auch *Westermann* Rn I 155; **aA** MünchKommHGB/*K. Schmidt* Rn 15; Koller/Roth/Morck/*Koller* § 105 Rn 10; MünchHdb.GesR I²-*Happ* § 47 Rn 7; *A. Hueck* OHG § 5 I 2. Näher zum Ganzen und mwN *Beyerle* S. 9 ff.

[6] Entsprechendes gilt im Zweifel für die Vertretungsregeln der §§ 125 Abs. 1 und 2, 126, s. BGH BB 1971, 973; WM 1972, 21; *Stimpel* ZGR 1973, 73 (80 ff); *Westermann* Rn I 155; *K. Schmidt* Gesellschaftsrecht § 46 III 1a; ferner Rn 20. Nicht anwendbar ist dagegen § 127 (dazu sogleich im Text); zu §§ 128 ff s. § 128 Rn 6.

[7] Vgl. BGHZ 32, 307 (314); BGH NJW 1987, 3124 (3126); MünchKommHGB/*K. Schmidt* Rn 15; *Heymann/Emmerich* Rn 4; *Baumbach/Hopt* Rn 16, 18.

[8] MünchKommHGB/*K. Schmidt* Rn 3; *K. Schmidt* Gesellschaftsrecht § 11 IV 1b; Ebenroth/Boujong/Josst/Strohn/*Hillmann* Rn 5; Röhricht/v. Westphalen/*v. Gerkan/Haas* Rn 1, 3; Baumbach/*Hopt* Rn 17.

[9] Zur Existenz von Innengesellschaften mit Gesamthandsvermögen s. MünchKommBGB/*Ulmer* § 705 Rn 277, 280, aber auch *Habersack* Die Mitgliedschaft – subjektives und „sonstiges" Recht (1996) S. 101 ff, jew. mwN.

unabhängig von ihrer Rechtsform Träger von Rechten und Pflichten sein kann.[10] Tritt also die Gesellschaft bereits nach außen auf, liegen indes die Voraussetzungen des § 123 Abs. 1 und 2 nicht vor, so ist sie zwar nicht OHG, vorbehaltlich der analogen Anwendung des § 123 Abs. 2 (Rn 20) aber rechtsfähige Außengesellschaft bürgerlichen Rechts.[11] Hiervon betroffen sind nicht eingetragene Gesellschaften, die einen der Zwecke der §§ 2, 3, 105 Abs. 2 verfolgen. Sie sind auch dann Gesellschaften bürgerlichen Rechts, wenn sie die Eintragung – und damit die Kaufmannseigenschaft – anstreben. Dem besonderen Gesellschaftszweck wird in diesem Stadium allenfalls dadurch Rechnung getragen, dass auf das Rechtsverhältnis der Gesellschafter untereinander nicht die §§ 705 ff BGB, sondern die entsprechenden Vorschriften des OHG-Rechts Anwendung finden (Rn 2 f). Man mag insoweit von einer werdenden Personenhandelsgesellschaft oder Personenvorgesellschaft sprechen,[12] darf damit aber nicht die Fehlvorstellung begründen, es handele sich bei ihr um eine der Vor-GmbH oder Vor-AG vergleichbare Rechtsform sui generis.[13] Die Eintragung im Handelsregister und der tatsächliche Betrieb eines Handelsgewerbes sind demnach allein für den – infolge des gesellschaftsrechtlichen Rechtsformzwangs[14] stattfindenden – **Rechtsformwechsel** von der Gesellschaft bürgerlichen Rechts zur OHG und umgekehrt maßgebend (Rn 5 f, 15). Den Gründern bleibt es im Übrigen unbenommen, sich zunächst auf den Abschluss einer **„Vorgründungsgesellschaft"** zu beschränken. Diese ist – der Rechtslage im Kapitalgesellschaftsrecht entsprechend[15] – Innengesellschaft bürgerlichen Rechts, deren Zweck sich mit Gründung der Außengesellschaft erledigt (§ 726 BGB). Wegen der im Personengesellschaftsrecht bestehenden Möglichkeit konkludenten Vertragsschlusses (§ 105 Rn 155) sind allerdings die Grenzen zwischen der Vorgründungsgesellschaft und der zu gründenden Außengesellschaft fließend; spätestens in der Aufnahme der beabsichtigten Geschäftstätigkeit kann in der Regel die konkludente Gründung der Außengesellschaft gesehen werden,[16] die dann unter den Voraussetzungen des § 123 Abs. 2 sogleich OHG ist.

5 Der mit Eintragung oder Geschäftsbeginn erfolgende Rechtsformwechsel[17] lässt die **Identität des Rechtsträgers** und damit auch die Vermögenszuordnung unberührt[18]. Ein Vermögensübergang findet nicht statt; bei Zugehörigkeit von Grundeigentum zum Gesellschaftsvermögen bedarf es anstelle einer Berichtigung des Grundbuchs i.S.v. §§ 894 BGB, 22 GBO lediglich einer Richtigstellung der tatsächlichen Angaben im Zusammen-

---

[10] Vgl. dazu namentlich *Flume* I/1 § 7 II; MünchKomm/*Ulmer* § 705 Rn 160, 296 ff; *Soergel/Hadding* BGB[12] vor § 705 Rn 21; *K. Schmidt* Gesellschaftsrecht § 8 III.

[11] Vgl. neben den Nachw. in Fn 8 noch BGHZ 116, 7 (10) = NJW 1992, 241; 63, 45 (47) = NJW 1974, 1905; 69, 95 (97 f) = NJW 1977, 1683; *Westermann* Rn I 154b; *Heymann/Emmerich* Rn 5; Koller/Roth/Morck/*Koller* Rn 2; eingehend *Beuthien* FS Zivilrechtslehrer 1934/1935, S. 39 (40 ff).

[12] So *Beuthien* FS Zivilrechtslehrer 1934/1935, S. 39 ff (49).

[13] Zur Rechtsnatur der Vor-Kapitalgesellschaft s. demgegenüber *Ulmer* GmbHG § 11 Rn 9 ff mit umf. Nachw.; monografisch *Schaffner* (Fn 3).

[14] Dazu *K. Schmidt* insbes. S. 121 ff; *ders.* Gesellschaftsrecht § 5 II 3.

[15] Näher *Ulmer* GmbHG § 2 Rn 50 ff.

[16] Vgl. BGHZ 11, 192 = NJW 1954, 757; BGH NJW 1982, 1008; BGH NJW 1982, 932.

[17] Vgl. Rn 4; näher dazu sowie zu dem in §§ 190 ff UmwG geregelten Formwechsel MünchKommBGB/*Ulmer* § 705 Rn 9 ff; eingehend *Freund* S. 28 ff, 58 ff.

[18] Ganz hM, vgl. BGHZ 32, 307 (312) = NJW 1960, 1664; BGH NJW 1967, 821; BGHZ 116, 7 (10) = NJW 1992, 241; BGHZ 146, 341 (346) = NJW 2001, 1056; § 105 Rn 51 (*Schäfer*); MünchKommHGB/*K. Schmidt* § 105 Rn 109; *Soergel/Hadding* BGB[12] § 705 Rn 3; **aA** *Battes* AcP 174 (1974) 429 ff; *Grünwald* GesRZ 1993, 132 ff, 225 ff.

hang mit der Eigentümerbezeichnung.[19] Infolge der Identität wirkt eine von der GbR vorgenommene dingliche Einigung für die sodann nach § 123 entstehende OHG fort, ohne dass es der Annahme einer Vertretung der künftigen OHG bedarf[20]. Kommt es also zwischen Einigung und Vornahme des Publizitätsakts zur Entstehung der OHG gemäß § 123, so hat die Übergabe i.S.v. § 929 S. 1 BGB bzw. die Eintragung im Grundbuch ohne weiteres die Rechtsänderung mit Wirkung für und gegen die OHG zur Folge. Anderes gilt für den Fall, dass die Eintragung im Grundbuch *vor* Entstehung der OHG erfolgen soll; dann kann anstelle der – nach hM als solcher nicht grundbuchfähigen – GbR die künftige OHG eingetragen werden[21], was freilich an der Rechtsträgerschaft der GbR nichts zu ändern vermag. Von dem Handeln der OHG in Gründung (also der GbR) zu unterscheiden ist der Fall, dass die Gesellschafter **im Namen der künftigen OHG** auftreten; die Rechtsfolgen dieses Handelns wirken dann mit Eintritt der Voraussetzungen des § 123 unmittelbar für und gegen die OHG.

Zum Formwechsel von der OHG in die GbR kommt es mit **Verlust der Kaufmannseigenschaft** der Gesellschaft.[22] Insoweit ist zwischen der eingetragenen und der nicht eingetragenen Gesellschaft zu unterscheiden. Was zunächst die **nicht eingetragene** Gesellschaft betrifft, so verliert sie ihre Kaufmannseigenschaft und damit die Rechtsform der OHG, sobald sie kein Handelsgewerbe i.S.v. § 1 mehr betreibt.[23] Für die im Handelsregister **eingetragene** Gesellschaft bestimmt dagegen § 5, dass sie, solange sie überhaupt ein Gewerbe betreibt (§ 5 Rn 8), bis zu ihrer Löschung Handelsgesellschaft und damit OHG bleibt.[24] Die eingetragene Gesellschaft wandelt sich demnach nur bei vollständiger und endgültiger (§ 105 Rn 26) Einstellung des Gewerbetriebs in eine GbR. Anderes gilt wiederum für die aufgelöste und zu liquidierende OHG: Nach hM bleibt sie gem. § 156 bis zur Vollbeendigung Handelsgesellschaft, auch wenn das Gewerbe bereits zuvor im Rahmen der Liquidation eingestellt worden ist (§ 145 Rn 13; § 156 Rn 3). 6

4. Abgrenzung. § 123 setzt den Abschluss eines Gesellschaftsvertrags voraus und bestimmt, unter welchen Voraussetzungen die Gesellschaft zur OHG wird. Von der Vorschrift werden mithin sowohl die **fehlerhafte Gesellschaft** – sie ist bis zur Geltendmachung des Fehlers wirksame Gesellschaft (§ 105 Rn 315 ff, 346 ff) und entsteht als OHG unter den in § 123 genannten Voraussetzungen – als auch die **Gesellschaft kraft Eintragung i.S.v.** § 5 (Rn 6) erfasst[25]. Anderes gilt dagegen für die Fälle der **Scheingesellschaft** (§ 105 Rn 381 ff) und der **Scheinmitgliedschaft** (§ 128 Rn 8): Wird der Rechtsschein einer bestehenden Gesellschaft oder der Mitgliedschaft in einer solchen gesetzt, so ist dies kein Fall des § 123, sondern der allgemeinen Rechtsscheinhaftung.[26] Ebenfalls nicht von § 123 erfasst wird die **Schein-OHG** (§ 105 Rn 32), die dadurch gekennzeichnet 7

---

[19] BayObLG NJW 1952, 28 f; BB 1983, 333 f; WM 1985, 1398 (1399); MünchKommHGB/*K. Schmidt* Rn 13.

[20] So aber für die Auflassung BayObLG NJW 1984, 497 (498); wie hier wohl Koller/Roth/Morck/*Koller* Rn 2.

[21] BayObLG NJW 1984, 497 (498); WM 1985, 1398 f – Zur Frage der Grundbuchfähigkeit der GbR s. BGH ZIP 2009, 66 mit umf. Nachw.; ferner BayObLG NJW 2003, 70 (72); OLG Dresden ZIP 2008, 2361; MünchKommBGB/*Ulmer* § 705 Rn 312 ff.

[22] Dazu sowie zum Folgenden RGZ 155, 75 (83); BGHZ 32, 307 (312) = NJW 1960, 1664; BGH NJW 1971, 1698; § 105 Rn 27 (*Schäfer*); MünchKommHGB/*K. Schmidt* Rn 5; *Habersack* JuS 1990, 179 (182); *Mülbert* AcP 199 (1999), 58, 60 ff; *Timm* NJW 1995, 3209 ff.

[23] MünchKommHGB/*K. Schmidt* Rn 5.

[24] Vgl. BGHZ 32, 307 (313) = NJW 1960, 1664; § 5, 21; *Heymann/Emmerich* § 5 Rn 3; MünchKommHGB/*K. Schmidt* Rn 5.

[25] MünchKommHGB/*K. Schmidt* Rn 22.

[26] MünchKommHGB/*K. Schmidt* Rn 20 f.

ist, dass zwar eine Gesellschaft existiert, diese jedoch weder ein Handelsgewerbe betreibt noch eingetragen ist und deshalb nicht die vorgetäuschte Rechtsform der OHG besitzt. Zugunsten gutgläubiger Dritter kommen in diesem Fall die Grundsätze über den Scheinkaufmann (§ 5 Rn 24 ff) zur Anwendung.[27] Die praktische Bedeutung der Schein-OHG ist zwar gering, nachdem die Außengesellschaft bürgerlichen Rechts – und damit die tatsächlich bestehende Gesellschaft, die sich als OHG geriert – über Rechts-, Partei- und Insolvenzfähigkeit verfügt und den §§ 128 ff HGB unterliegt,[28] aus Gläubigersicht nennenswerte Rechtsformunterschiede zwischen OHG und GbR also nicht mehr exisitieren. Gleichwohl ist an der Lehre von der Schein-OHG festzuhalten; von Bedeutung ist sie namentlich im Zusammenhang mit der Reichweite der organschaftlichen Vertretungsbefugnis (§ 126 Rn 2). Zur Frage der Anwendbarkeit des § 130 s. daselbst Rn 5.

II. OHG kraft Eintragung (Abs. 1)

8 **1. Überblick.** § 123 Abs. 1 bestimmt mit der Eintragung der Gesellschaft im Handelsregister den **spätesten Zeitpunkt** (Rn 14), zu dem die OHG mit Wirkung gegenüber jedermann entsteht[29]. In der Regel existiert die Gesellschaft bereits als GbR, so dass die Wirkung der Eintragung in der Umwandlung der Gesellschaft in eine OHG besteht (Rn 4 ff aber auch Rn 20). Bei bedingtem oder befristetem Gesellschaftsvertrag bezeichnet die Eintragung dagegen zugleich den spätesten Zeitpunkt der Entstehung der Gesamthandsgesellschaft als Rechtsträger sowie der Wirksamkeit des Gesellschaftsvertrags (Rn 9 f, 21). Mit der Eintragung der Gesellschaft erklären sämtliche Gesellschafter gegenüber der Öffentlichkeit, dass die Gesellschaft als OHG Wirksamkeit erlangen soll und dass sie sich als Mitglieder derselben insbesondere den Vertretungsregeln der §§ 125 ff sowie der Haftung gem. §§ 128 ff unterstellen. Für den Eintritt dieser Rechtsfolgen kommt es deshalb nicht darauf an, dass die Gesellschaft bereits ihre Geschäfte begonnen hat (zu Ausnahmen s. Rn 10).[30] Der **Geschäftsbeginn** ist vielmehr nach Maßgabe des § 123 Abs. 2 – und damit unter der Voraussetzung des Betriebs eines Handelsgewerbes (Rn 14 ff) – ein von Abs. 1 **unabhängiger Entstehungsgrund**. Hieraus erhellt zugleich, dass § 123 Abs. 1 insbesondere für den Fall von Bedeutung ist, dass die Gesellschaft einen der Zwecke der §§ 2, 3, 105 Abs. 2 verfolgt; die Eintragung hat dann stets **konstitutive** Wirkung. Ist der Zweck der Gesellschaft hingegen auf den Betrieb eines Handelsgewerbes gerichtet, so erlangt sie Kaufmanns- und OHG-Eigenschaft typischerweise bereits kraft Geschäftsbeginns gemäß § 123 Abs. 2; die dem Geschäftsbeginn nachfolgende Eintragung hat dann – anders als die ihm vorangehende Eintragung – nur **deklaratorische** Wirkung.

---

[27] Vgl. BGHZ 113, 216 (218) = NJW 1991, 922 (Bestandskraft der Konkurseröffnung über das Vermögen der Schein-OHG mit Rechtskraft des Eröffnungsbeschlusses); BGH NJW 1980, 784 (785); zu Haftungsfällen s. BGHZ 61, 59 (64) = NJW 1973, 1691; BGH NJW 1980, 784 (785); NJW 1987, 3124 (3125); s. dazu noch § 128 Rn 7, § 130 Rn 3.

[28] Zur Rechts- und Parteifähigkeit der GbR s. BGHZ 146, 341 (343 ff, 347 ff) = NJW 2001, 1056; s. ferner § 124 Rn 2 sowie näher MünchKommBGB/*Ulmer* § 705 Rn 303 ff; zur Gesellschafterhaftung s. BGHZ 142, 315 = NJW 1999, 3483; BGHZ 146, 341 (358) = NJW 2001, 1056; § 128 Rn 6.

[29] MünchKommHGB/*K. Schmidt* Rn 6; Heymann/*Emmerich* Rn 6 f; Baumbach/*Hopt* Rn 5; *A. Hueck* OHG § 5 II.

[30] Heute wohl einh. M., vgl. BGH NJW 1960, 1664 (1665); *A. Hueck* OHG § 5 II 1; Heymann/*Emmerich* Rn 6a; eingehend dazu und mit Nachw. zum älteren Schrifttum *Beyerle* S. 26 ff, 39 ff. – Zur Zulässigkeit einer vor Geschäftsbeginn erfolgenden Eintragung s. § 106 Rn 7.

2. Eintragung und Wirksamkeit des Gesellschaftsvertrags. Auf die Wirksamkeit des Gesellschaftsvertrags hat die **Eintragung** als solche **keinen Einfluss**; insbesondere kommt der Eintragung keine heilende Wirkung zu (Rn 10). Die OHG entsteht deshalb, sieht man einmal von den Fällen der fehlerhaften Gesellschaft ab (Rn 7, 10; § 105 Rn 315 ff, 346 ff), nicht ohne wirksamen Gesellschaftsvertrag. Im Hinblick auf die in Abs. 3 angeordnete zwingende Geltung des § 123 (Rn 21 f) sind allerdings solche Vereinbarungen unwirksam, die die Wirksamkeit des Gesellschaftsvertrags über den Zeitpunkt der Eintragung hinausschieben. Davon betroffen sind insbesondere entsprechend bedingte und befristete Verträge.[31] Eine abweichende Vereinbarung hat zwar für das Innenverhältnis der Gesellschafter und damit schuldrechtliche Bedeutung, kann aber Dritten nicht entgegengehalten werden.[32] 9

Ungeachtet ihrer zwingenden Geltung kommt der Vorschrift des § 123 auch **keine heilende Wirkung** zu. Ist der Gesellschaftsvertrag etwa infolge noch ausstehender familien- oder vormundschaftsgerichtlicher Genehmigung (§ 105 Rn 87) schwebend unwirksam, so vermag die Eintragung der Gesellschaft daran nichts zu ändern. In diesem Fall kommt zwar das Eingreifen der Grundsätze über die **fehlerhafte Gesellschaft** in Betracht (§ 105 Rn 315 ff; zum Vorrang des Minderjährigenschutzes sowie zur Rechtsstellung der übrigen Mitglieder s. § 105 Rn 339 ff); doch bedarf es insoweit des *Vollzugs der Gesellschaft*, wofür die bloße Eintragung als solche wiederum nicht ausreicht (§ 105 Rn 335). § 123 Abs. 1 kommt deshalb bei Unwirksamkeit des Gesellschaftsvertrags nur unter der Voraussetzung zur Anwendung, dass die Gesellschaft bereits vor ihrer Eintragung vollzogen wurde (Rn 7); in den Fällen der §§ 1, 123 Abs. 2 entsteht die Gesellschaft zudem mit dem als Geschäftsbeginn zu qualifizierenden Vollzug als OHG (Rn 14 ff). Kommt es dagegen erst nach Eintragung der Gesellschaft zum Vollzug der Gesellschaft, so fehlt es bis dahin an einem wirksamen Gesellschaftsvertrag mit der Folge, dass nicht § 123 Abs. 1, sondern § 15 Abs. 3 zur Anwendung gelangt. Entsprechendes gilt für den Fall, dass die Eintragung unrichtig ist, die Gesellschafter also etwa eine KG gegründet und angemeldet haben, die Gesellschaft aber als OHG eingetragen wird.[33] 10

3. Zeitpunkt des Wirksamwerdens. Die Rechtsfolgen des Abs. 1 treten mit der **Eintragung** der Gesellschaft ein, nicht bereits mit der Anmeldung i.S.v. § 106 und nicht erst mit Bekanntmachung der Eintragung.[34] Gem. § 15 Abs. 1 und 2 ist der Zeitpunkt der Bekanntmachung freilich für die Frage bedeutsam, ob sich ein Dritter die Entstehung der OHG entgegenhalten lassen muss.[35] 11

4. Eintragung und Geschäftsbeginn. Die Rechtsfolgen des § 123 Abs. 1 treten unabhängig davon ein, ob die Gesellschaft ein Handelsgewerbe i.S.v. § 1 Abs. 2 betreibt; Kaufmanns- und OHG-Eigenschaft kraft Eintragung erlangt die Gesellschaft vielmehr 12

---

31 MünchKommHGB/*K. Schmidt* Rn 2. – Allg. zum bedingten und befristeten Gesellschaftsvertrag § 105 Rn 162 f (*Schäfer*).

32 MünchKommHGB/*K. Schmidt* Rn 2; Ebenroth/Boujong/Joost/Strohn/*Hillmann* Rn 22; *Heymann/Emmerich* Rn 15; s. ferner für den umgekehrten Fall der Rückdatierung BGH NJW 1978, 264 (266 f); WM 1976, 972 (974); WM 1979, 889 (891); § 105 Rn 164 (*Schäfer*); *U. H. Schneider* AcP 175 (1975), 279 (298 f).

33 Vgl. ROHGE 23, 280 (282 ff); *Heymann/Emmerich* Rn 8.

34 EinhM, s. MünchKommHGB/*K. Schmidt* Rn 6; *Heymann/Emmerich* Rn 6a; Straube/*Koppensteiner* Rn 8; *A. Hueck* OHG § 5 II 1.

35 *Westermann* Rn I 156; Straube/*Koppensteiner* Rn 8; *A. Hueck* OHG § 5 II 1; s. ferner bereits ROHGE 23, 280 (283).

auch dann, wenn sie einen der in §§ 2, 3, 105 Abs. 2 geregelten Zwecke verfolgt (Rn 9, 14). Die Rechtsfolgen des § 123 Abs. 1 treten zudem unabhängig davon ein, ob die Gesellschaft im Zeitpunkt der Eintragung bereits tatsächlich ihren Geschäftsbetrieb aufgenommen hat.[36] Der Entstehung der OHG steht weder die fehlende Kenntnis des Dritten hinsichtlich der Eintragung noch die positive Kenntnis des Dritten hinsichtlich des noch ausstehenden Geschäftsbeginns entgegen.[37] Auch auf einen im Handelsregister verlautbarten Zeitpunkt des Geschäftsbeginns kommt es nicht an. Nach ersatzloser Streichung des § 106 Abs. 2 Nr. 3 (§ 106 Rn 7 f) sollten entsprechende Zusätze ohnehin nicht mehr begegnen. Wird gleichwohl – unter Verstoß auch gegen § 123 Abs. 3 – ein nach der Eintragung liegender Geschäftsbeginn eingetragen, so hindert dies die Entstehung der OHG nach § 123 Abs. 2 nicht.[38] Im umgekehrten Fall eines vor der Eintragung der Gesellschaft liegenden Geschäftsbeginns ist zu differenzieren: Betreibt die Gesellschaft ein Handelsgewerbe i.S.v. § 1 und trifft die – nach Streichung des § 106 Abs. 2 Nr. 3 unzulässige – Angabe hinsichtlich des Geschäftsbeginns vor Eintragung in der Sache zu, so beurteilt sich die Entstehung der OHG nach § 123 Abs. 2 (Rn 14 ff, 19). In Fällen der §§ 2, 3, 105 Abs. 2 sowie bei tatsächlichem Beginn eines Handelsgewerbes nach Eintragung der Gesellschaft und damit abweichend von dem in der Eintragung genannten Zeitpunkt des Geschäftsbeginns bewendet es dagegen bei der Entstehung der Gesellschaft mit deren Eintragung.[39] Auch für eine **Rechtsscheinhaftung** der Gesellschaft bzw. der Gesellschafter ist in diesen Fällen entgegen der wohl hM kein Raum.[40] Im Anwendungsbereich der §§ 2, 3 und 105 Abs. 2 folgt dies schon daraus, dass der Geschäftsbeginn als solcher keine Rechtsfolgen zeitigt. Aber auch bei Betrieb eines Handelsgewerbes scheitert die Annahme einer Rechtsscheinhaftung daran, dass die Voraussetzungen des § 15 Abs. 3 in Ermangelung einer rückwirkenden Eintragung und Bekanntmachung nicht erfüllt sind – mit Eintragung entsteht die OHG mit Wirkung ex nunc – und diese Vorschrift insoweit, als der Rechtsschein vom Handelsregister ausgeht, einen Rückgriff auf die allgemeine Rechtsscheinhaftung ausschließt (§ 15 Rn 117).

13 5. **Der Eintragung der Gesellschaft gleichstehende Tatbestände.** Der Eintragung der Gesellschaft i.S.v. § 123 Abs. 1 steht die **Übernahme eines** für einen Einzelkaufmann oder für eine Personenhandelsgesellschaft **eingetragenen Gewerbebetriebs** gleich.[41] Da in diesem Fall das von der Gesellschaft betriebene Gewerbe gem. § 5 von Anfang an *Handelsgewerbe* kraft Eintragung der Firma ist, hat die Änderung in eine Gesellschaft nur deklaratorische, den Inhaber und nicht das schon als Handelsgewerbe entstandene Unternehmen betreffende Bedeutung. Auf die Fortführung des Unternehmens eines *Formkaufmanns* i.S.v. § 6 Abs. 2 (dazu § 6 Rn 23 ff) lässt sich dies freilich nicht übertragen. Dies beruht darauf, dass die Eintragung des Formkaufmanns unabhängig vom Betrieb eines Handelsgewerbes erfolgt und somit der Tatbestand des § 123 Abs. 1 auch unter Berück-

---

36 Vgl. die Nachw. in Fn 30.

37 MünchKommHGB/*K. Schmidt* Rn 6; zu § 15 Abs. 2 s. aber Rn 11.

38 MünchKommHGB/*K. Schmidt* Rn 6; Heymann/*Emmerich* Rn 6a; Baumbach/*Hopt* Rn 5; Straube/*Koppensteiner* Rn 14.

39 *Heymann/Emmerich* Rn 7a; s. ferner die Nachw. in Fn 35.

40 So zu Recht RGZ 119, 64 (67 f); MünchKommHGB/*K. Schmidt* Rn 6; *Straube/Koppensteiner* Rn 14; **aA** 3. Aufl. Anm. 5 (*R. Fischer*); *A. Hueck* OHG § 5 II 1 (S. 43 Fn 10); Heymann/*Emmerich* Rn 7a; Baumbach/*Hopt* Rn 7; Koller/Roth/Morck/*Koller* Rn 3.

41 BGHZ 59, 179 (183) = NJW 1972, 1660; 73, 217 (220) = NJW 1979, 1361; Ebenroth/Boujong/Joost/Strohn/*Hillmann* Rn 13; für § 123 Abs. 2 MünchKommHGB/*K. Schmidt* Rn 7; Heymann/*Emmerich* Rn 9; Baumbach/*Hopt* Rn 6.

sichtigung des § 5 nicht notwendigerweise erfüllt wird[42]. Entsprechendes gilt für den **Formwechsel** i.S.v. §§ 190 ff, 226 ff UmwG: Soll eine Kapitalgesellschaft durch Formwechsel die Rechtsform einer Personenhandelsgesellschaft erlangen, so ist dies nach § 228 Abs. 1 UmwG nur unter der Voraussetzung möglich, dass der Unternehmensgegenstand der formwechselnden Gesellschaft im Zeitpunkt des Wirksamwerdens des Formwechsels den Bestimmungen des § 105 genügt.

III. OHG kraft Geschäftsbeginns (Abs. 2)

1. Bedeutung. Ist der Zweck der Gesellschaft auf den Betrieb eines **Handelsgewerbes** **14**
i.S.v. § 1 Abs. 2 gerichtet, wird sie nach § 123 Abs. 2 nicht erst durch Eintragung im Handelsregister (§ 123 Abs. 1, dazu Rn 8 ff), sondern schon durch den Beginn der Geschäfte zur OHG. Für die Entstehung als OHG, sei es unmittelbar oder infolge formwechselnder Umwandlung (Rn 4 ff), ist der **frühere Zeitpunkt** maßgebend; bei Geschäftsbeginn vor Eintragung im Handelsregister hat jene also nur noch deklaratorische Bedeutung.[43] Die OHG entsteht maW unabhängig von der Art des von ihr betriebenen Gewerbes und auch bei nur vermögensverwaltender Tätigkeit spätestens mit Eintragung im Handelsregister; in den Fällen des § 1 Abs. 2 entsteht sie zudem bereits mit dem vor der Eintragung erfolgenden Geschäftsbeginn. Die Vorschrift des § 123 Abs. 2 trägt damit dem Umstand Rechnung, dass der Betrieb eines Handelsgewerbes auch unabhängig von der Eintragung die Kaufmannseigenschaft begründet und damit schon als solcher den Zugang zur Rechtsform der OHG eröffnet. Demgegenüber werden die Kleingewerbetreibenden des § 2, die Land- und Forstwirte des § 3 – bei der Nichtnennung des § 3 in § 123 Abs. 2 handelt es sich um ein Redaktionsversehen, das bereits auf die Neufassung des § 3 im Jahr 1976 zurückgeht[44] – und die – seit Inkrafttreten des Handelsrechtsreformgesetzes 1998 (vor § 1 Rn 11) gleichfalls in § 123 Abs. 2 erwähnten – Vermögensverwaltungsgesellschaften des § 105 Abs. 2 (§ 105 Rn 28) erst durch Eintragung zum Handelsgewerbe i.S.v. § 105 Abs. 1; bei ihnen kommt dem Geschäftsbeginn keine Bedeutung für die Entstehung als OHG zu und hat die Eintragung somit stets konstitutive Wirkung (Rn 8). Auch die Entstehung der OHG durch Geschäftsbeginn setzt im Übrigen den Abschluss eines **Gesellschaftsvertrags** voraus; bei dessen Unwirksamkeit liegt in dem Geschäftsbeginn allerdings ein zum Eingreifen der Lehre von der fehlerhaften Gesellschaft führender Vollzug der Gesellschaft (Rn 10). In § 123 Abs. 2 überhaupt nicht geregelt sind die Entstehung der Gesellschaft als Rechtsträger und das Innenverhältnis der Gesellschafter untereinander und zur Gesellschaft (Rn 2 ff). Zur Übernahme eines bereits eingetragenen Gewerbebetriebs s. Rn 13.

2. Handelsgewerbe. Für die Entstehung der OHG gem. § 123 Abs. 2 kommt es nicht **15**
darauf an, dass die Geschäfte bereits bei Geschäftsbeginn (Rn 16 ff) den in § 1 Abs. 2 vorausgesetzten Umfang (§ 1 Rn 89 ff) haben, wenn nur das Unternehmen **von Anfang an** auf einen entsprechenden Betrieb **angelegt** ist und eine entsprechende Entwicklung

---

[42] Im Ergebnis ganz hM, s. BGHZ 59, 179 (183 f) = NJW 1972, 1660; MünchKommHGB/*K. Schmidt* Rn 7; Ebenroth/Boujong/Joost/Strohn/*Hillmann* Rn 13; Koller/Roth/Morck/*Koller* Rn 4; krit. Heymann/*Emmerich* Rn 9. – Dazu, dass § 5 den Betrieb eines Gewerbes voraussetzt, s. § 5 Rn 8 ff.

[43] BGH WM 1958, 216; OGH SZ 53 (1980) Nr. 64 S. 294 (295 f) = GesRZ 1981, 104; Heymann/*Emmerich* Rn 11.

[44] Zur Anwendbarkeit des § 123 Abs. 2 auf Land- und Forstwirte s. statt aller Baumbach/*Hopt* Rn 3.

bevorsteht.[45] Aus diesem Grund erfüllt insbesondere die Vornahme von Vorbereitungshandlungen die Anforderungen an einen Geschäftsbeginn i.S.v. Abs. 2 (Rn 16). Ein in der Entwicklung befindlicher Gewerbebetrieb kann demnach als Handelsgewerbe angesehen werden, wenn genügend Anhaltspunkte dafür gegeben sind, dass sich das Unternehmen alsbald entsprechend entwickelt.[46] Die bloße Möglichkeit einer entsprechenden Entwicklung genügt jedoch nicht, um einen gegenwärtig noch kannkaufmännisch angelegten Gewerbebetrieb zu einem – der Rechtsform der OHG zugänglichen – Handelsgewerbe aufzuwerten.[47] Betreibt danach die Gesellschaft zunächst kein Handelsgewerbe, so wird sie nach § 123 Abs. 2 im Wege des **Rechtsformwechsels** (und damit unter Aufrechterhaltung ihrer Identität, Rn 5 f) zur OHG, sobald sie die Voraussetzungen des § 1 Abs. 2 erfüllt (Rn 4 ff).

3. Geschäftsbeginn

16 a) **Begriff.** Der Begriff des Geschäftsbeginns i.S.v. § 123 Abs. 2 ist – auch unter Geltung der §§ 1 ff in der Fassung durch das Handelsrechtsreformgesetz 1998 – **weit auszulegen.**[48] Man hat darunter die Aufnahme der Tätigkeit der Gesellschaft (Rn 19) zur Verwirklichung des Gesellschaftszwecks zu verstehen.[49] Nicht erforderlich ist, dass die Gesellschaft gerade solche Geschäfte vornimmt, die den eigentlichen Inhalt des von ihr betriebenen Gewerbes bilden; es genügt vielmehr die Vornahme von **Vorbereitungsgeschäften,**[50] etwa die Anmietung von Geschäftsräumen,[51] die Eröffnung eines Bankkontos,[52] der Abschluss eines Anstellungsvertrags[53] oder Grundstückskaufvertrags,[54]

---

[45] Vgl. für §§ 1, 4, 123 Abs. 2 a.F. BGHZ 10, 91 (95 f) = NJW 1953, 1217 (1218); BGHZ 32, 307 (311) = NJW 1960, 1664; BGH WM 1990, 586 (587 f) = NJW-RR 1990, 798; *Schlegelberger/K. Schmidt* Rn 11; *Westermann* Rn I 157; für §§ 1, 123 Abs. 2 n.F. BGH NZG 2004, 663 = ZIP 2004, 1208; OLG Stuttgart NZG 2002, 910 (912); Ebenroth/Boujong/Joost/Strohn/*Hillmann* Rn 15; Röhricht/v. Westphalen/*v. Gerkan/Haas* Rn 9; aA MünchKommHGB/*K. Schmidt* Rn 11.

[46] BGHZ 10, 91 (96) = NJW 1953, 1217; BGH WM 1990, 586 (587 f) = NJW-RR 1990, 798; BGH NZG 2004, 663 = ZIP 2004, 1208; Ebenroth/Boujong/Joost/Strohn/*Hillmann* Rn 15.

[47] BGHZ 10, 91 (96) = NJW 1953, 1217; KG OLGE 7, 146; 14, 331.

[48] MünchKommHGB/*K. Schmidt* Rn 9; Ebenroth/Boujong/Joost/Strohn/*Hillmann* Rn 16; *A. Hueck* OHG § 5 II 2; Straube/*Koppensteiner* Rn 15; zu wN, insbes. zur Rspr. s. Fn 50; s. aber auch *Beuthien* FS Zivilrechtslehrer 1934/1935, S. 39, 44 ff (46), der von einer Entschärfung des Problems spricht, hierbei freilich nicht berücksichtigt, dass der weite Begriff des Geschäftsbeginns nach wie vor für Gesellschaften von Bedeutung ist, die die Eintragung nicht anstreben.

[49] So *Heymann/Emmerich* Rn 12; ähnlich *Straube/Koppensteiner* Rn 15; auf die Vornahme eines Rechtsgeschäfts abstellend MünchKommHGB/*K. Schmidt* Rn 9.

[50] Wohl einh. M., vgl. neben den Nachw. in Fn 48 etwa noch BGH NZG 2004, 663 = ZIP 2004, 1208; BGH WM 1990, 586 (587 f) = NJW-RR 1990, 798; RG DR 1941, 1943 (1944); DR 1943, 1221; KG DR 1939, 1795; OLG Schleswig DStR 1991, 1430 (1431); OLG Stuttgart NZG 2002, 910 (912); *Westermann* Rn I 157; Heymann/*Emmerich* Rn 14; Röhricht/Graf v. Westphalen/*v. Gerkan/Haas* Rn 10; Baumbach/*Hopt* Rn 10; Koller/Roth/Morck/*Koller* Rn 4.

[51] RG DR 1941, 1943 (1944); *Schlegelberger/K. Schmidt* Rn 9; *Westermann* Rn I 157.

[52] BGH NZG 2004, 663 = ZIP 2004, 1208; *Westermann* Rn I 157; Heymann/*Emmerich* Rn 14; s. ferner OLG Schleswig DStR 1991, 1430, 1431 (vorbereitende Maßnahmen zur Absicherung eines der Gesellschaft zu gewährenden Kredits).

[53] Heymann/*Emmerich* Rn 14; *A. Hueck* OHG § 5 II 2.

[54] Vgl. BGH NZG 2004, 663 = ZIP 2004, 1208 (Verhandlungen); KG DR 1939, 1795; Baumbach/*Hopt* Rn 10.

der Ankauf einer Produktionsmaschine oder von Waren,[55] ferner die Zeichnung eines Wechsels oder Schecks.[56] Auch die Versendung von Preislisten oder sonstiger **Rundschreiben** sowie die Aufgabe von Zeitungsanzeigen erfüllen den Tatbestand des Geschäftsbeginns.[57] Voraussetzung ist allerdings auch in diesen Fällen, dass der Zweck der Gesellschaft auf den Betrieb eines Handelsgewerbes gerichtet ist (Rn 14 f). Andernfalls kommt zwar das Eingreifen der Grundsätze über die Schein-OHG (Rn 7) in Betracht; eine der Eintragung gleiche Wirkung kommt solchen Erklärungen an die Öffentlichkeit dagegen nicht zu.[58]

Nicht ausreichend sind der Abschluss des Gesellschaftsvertrags[59] sowie sonstige **innergesellschaftliche Vorgänge**[60] **nebst Anteilsübertragungen**. Der Erwerb sämtlicher Anteile an einer eingetragenen Personenhandelsgesellschaft durch eine Gesellschaft bürgerlichen Rechts, durch den das Vermögen der Gesellschaft einschließlich des von dieser betriebenen Handelsgewerbes im Wege der Gesamtrechtsnachfolge auf die Anteilserwerberin übergeht (§ 105 Rn 53), stellt demnach zwar keinen Geschäftsbeginn i.S.v. § 123 Abs. 2 dar,[61] ist aber als eine der Eintragung i.S.v. § 123 Abs. 1 gleichstehende Übernahme eines bereits eingetragenen Gewerbebetriebs zu qualifizieren (Rn 13). Auch die *Leistung von Einlagen* seitens der Gesellschafter ist – ungeachtet einer etwaigen haftungsbefreienden Wirkung gem. § 171 Abs. 1, 2. Hs. – ein interner Vorgang und kann somit nicht als Geschäftsbeginn angesehen werden.[62] 17

Für die Entstehung der OHG nach § 123 Abs. 2 kommt es auf den **tatsächlichen Geschäftsbeginn** an. Unerheblich war demnach der nach § 106 Abs. 2 Nr. 3 a.F. in das Handelsregister *eingetragene* Geschäftsbeginn[63]. Der tatsächliche Geschäftsbeginn ist aber auch dann maßgebend, wenn er nicht dem im *Gesellschaftsvertrag* festgelegten Zeitpunkt des Geschäftsbeginns entspricht.[64] Erfolgte der Geschäftsbeginn *vor* dem vertraglich festgelegten Zeitpunkt, so liegt darin regelmäßig eine Änderung des Gesellschaftsvertrags; jedenfalls müssen die Gesellschafter die in dem tatsächlichen Beginn liegende Verlautbarung bei Vorliegen der weiteren Voraussetzungen des § 123 Abs. 2 nach außen gegen sich gelten lassen; dies ergibt sich nicht zuletzt aus § 123 Abs. 3 (Rn 21 f).[65] 18

---

[55] *Heymann/Emmerich* Rn 14; *A. Hueck* OHG § 5 II 2.

[56] *A. Hueck* OHG § 5 II 2; *Heymann/Emmerich* Rn 14.

[57] RG Bolze 3, Nr 795 S. 239 (240); MünchKommHGB/*K. Schmidt* Rn 9; *A. Hueck* OHG § 5 II 2.

[58] So zu Recht *Westermann* Rn I 157; Straube/*Koppensteiner* Rn 15a; Koller/Roth/Morck/*Koller* Rn 3; **aA** 3. Aufl. Anm. 8 (*R. Fischer*); *A. Hueck* OHG § 5 II 4.

[59] Vgl. nur MünchKommHGB/*K. Schmidt* Rn 9.

[60] So im Grundsatz auch BGH WM 1990, 586 (588) = NJW-RR 1990, 798.

[61] So aber BGH WM 1990, 586 (588) = NJW-RR 1990, 798.

[62] So aber RG 1943, 1221; Röhricht/v. Westphalen/*v. Gerkan/Haas* Rn 10; wie hier dagegen RGZ 166, 51 (59); MünchKommHGB/*K. Schmidt* Rn 9.

[63] RGZ 119, 64 (66 f); Schlegelberger/*K. Schmidt* Rn 9; s. ferner RGZ 119, 64 (67): Rückdatierung des Geschäftsbeginns im Handelsregister (Rn 12) beweist nicht, dass in der Zwischenzeit getätigte Geschäfte im Namen der Gesellschaft vorgenommen wurden; in Ermangelung eines Handelsgewerbes ist kein Raum für § 344 Abs. 1. – Zur ersatzlosen Streichung des § 106 Abs. 2 Nr. 3 durch das 1. Justizmodernisierungsgesetz (BGBl. 2004 I, 2207) s. § 106 Rn 7 f (*Schäfer*).

[64] OLG Schleswig DStR 1991, 1430 (1431); MünchKommHGB/*K. Schmidt* Rn 9; Ebenroth/Boujong/Joost/Strohn/*Hillmann* Rn 18.

[65] Vgl. die Nachw. in Fn 64.

19 b) **Handeln im Namen der Gesellschaft.** Ein Geschäftsbeginn i.S.v. § 123 Abs. 2 setzt voraus, dass im Namen der Gesellschaft, also der künftigen, durch das Handeln in ihrem Namen entstehenden OHG gehandelt wird[66]. Ein Handeln im Namen der Gesellschaft ist stets beim Handeln unter der Firma der OHG anzunehmen (§ 125 Rn 16); es kommt aber auch dann in Betracht, wenn der Gesellschaft das Handeln aufgrund sonstiger Umstände zuzurechnen ist (§ 125 Rn 16).[67] Nicht zur Entstehung der OHG führen im Namen eines Gesellschafters getätigte Geschäfte, mögen sie auch für Rechnung der Gesellschaft vorgenommen werden.[68]

20 c) **Zustimmung aller Gesellschafter?** Nach hM müssen alle Gesellschafter dem Geschäftsbeginn ausdrücklich oder konkludent zugestimmt haben.[69] Die bloße Feststellung, dass der Handelnde nicht gegen den Willen der anderen Gesellschafter tätig geworden ist, soll nicht genügen.[70] Entsprechend allgemeinen Grundsätzen hat nach dieser Auffassung derjenige, der sich auf den Geschäftsbeginn und die damit verbundene Entstehung der OHG beruft, das einvernehmliche Zusammenwirken zu beweisen.[71] Dieser Auffassung ist zuzustimmen. Ihr steht auch nicht entgegen, dass die Gesellschaft als Rechtsträger bereits existiert (Rn 4 ff) und deshalb mit Wirkung für und gegen sie gehandelt werden kann.[72] Denn Voraussetzung für einen Geschäftsbeginn i.S.v. Abs. 2 ist, dass die Gesellschaft **wirksam vertreten** wurde. Zwar soll in den Fällen des § 1 mit Entstehung der Gesellschaft als GbR nicht nur das OHG-Innenrecht (Rn 2), sondern im Zweifel auch die die OHG betreffende Vertretungsregelung eingreifen;[73] doch gilt dies nach dem mutmaßlichen Willen der Gesellschafter regelmäßig erst mit einvernehmlicher Aufnahme der Geschäftstätigkeit. Ein Verstoß gegen interne Mitspracherechte der übrigen Gesellschafter steht demnach der Wirksamkeit des Handelns für die Gesellschaft und damit der Entstehung derselben als OHG entgegen. Die Haftung des Handelnden beurteilt sich nach § 179 BGB. Gute Gründe sprechen im Übrigen dafür, das in § 123 Abs. 2 vorausgesetzte Erfordernis der Zustimmung aller Gesellschafter auf die **GbR** zu erstrecken.[74] Auch die GbR würde danach im Verhältnis zu Dritten erst mit allseits konsentiertem Geschäftsbeginn entstehen, was im Hinblick auf die analoge Anwendung der §§ 128 ff (§ 128 Rn 6) nur konsequent wäre. Allzu große praktische Bedeutung dürfte der Frage freilich nicht zukommen. Haben die Gesellschafter einem von ihnen Geschäftsführungs-

---

[66] EinhM, vgl. RG Bolze 3, Nr. 789 S. 238; RGZ 119, 64 (66 f); OLG Schleswig DStR 1991, 1430 (1431); *A. Hueck* OHG § 5 II 2; MünchKommHGB/*K. Schmidt* Rn 10; *Heymann/Emmerich* Rn 12; Baumbach/*Hopt* Rn 9.

[67] MünchKommHGB/*K. Schmidt* Rn 10; s. ferner RGZ 119, 64, 66 (Auftreten im Namen der Gesellschaft kann auch begleitenden Umständen entnommen werden).

[68] *A. Hueck* OHG § 5 II 2; Baumbach/*Hopt* Rn 9; Straube/*Koppensteiner* Rn 16.

[69] ROHGE 12, 406 (409 f); OGH GesRZ 1981, 227 (230); OLG Stuttgart NZG 2002, 910 (912); *A. Hueck* OHG § 5 II 2; *Westermann* Rn I 157c; Ebenroth/Boujong/Joost/Strohn/*Hillmann* Rn 20; Straube/*Koppensteiner* Rn 16; Heymann/*Emmerich* Rn 13a; Baumbach/*Hopt* Rn 12; Koller/Roth/Morck/*Koller* Rn 4; **aA** MünchKommHGB/*K. Schmidt* Rn 10; offengelassen von BGH NZG 2004, 663 (664) = ZIP 2004, 1208; Röhricht/v. Westphalen/*v. Gerkan/Haas* Rn 11. – Zur entsprechenden Rechtslage bei der Vor-GmbH s. BGHZ 80, 129 (139) = NJW 1981, 1373; *Ulmer* GmbHG § 11 Rn 34 ff mwN.

[70] *Westermann* Rn I 157c.

[71] Baumbach/*Hopt* Rn 12.

[72] So aber MünchKommHGB/*K. Schmidt* Rn 10.

[73] Vgl. die Nachw. in Fn 6.

[74] So *Schäfer* S. 157 ff; s. ferner Noack/Casper/*Schäfer* Gesellschaftsrecht case by case, 2006, S. 26 ff.

und Vertretungsbefugnis eingeräumt, so haben sie damit auch in deren Ausübung eingewilligt. Verfügt der Handelnde hingegen nicht über Vertretungsmacht, so vermag er schon deshalb keine Gesellschaftsschuld zu begründen.

IV. Unwirksamkeit abweichender Vereinbarungen (Abs. 3)

1. Grundsatz. Angesichts des auf Drittschutz gerichteten Schutzzwecks des § 123 (Rn 1) konsequent, bestimmt Abs. 3, dass eine Vereinbarung, wonach die Gesellschaft erst nach Eintragung (Abs. 1) oder Geschäftsbeginn (Abs. 2) ihren Anfang nehmen soll, Dritten gegenüber unwirksam ist. Vom Wortlaut des § 123 Abs. 3 nicht erfasst ist zwar der umgekehrte Fall einer Vereinbarung, wonach die OHG bereits *vor* Eintragung bzw. Geschäftsbeginn entstehen soll. Auch einer solchen Abrede steht freilich der gesellschaftsrechtliche Rechtsformzwang (Rn 4) entgegen.[75] Eine von Abs. 1 und 2 abweichende Vereinbarung kann einem Dritten selbst dann nicht entgegengehalten werden, wenn dieser sie kennt;[76] sie hat somit nur für das *Innenverhältnis* der Gesellschafter Bedeutung.[77] Von § 123 Abs. 3 werden sowohl Vereinbarungen erfasst, die sich gegen die Umwandlung einer bereits entstandenen GbR in eine OHG (Rn 4 f) richten, als auch solche, die die Entstehung des Rechtsträgers überhaupt betreffen; insbesondere der Abschluss eines bedingten oder befristeten Gesellschaftsvertrags ist demnach nur in den Grenzen des § 123 Abs. 3 zulässig (Rn 9). 21

2. Ausnahmen. Von § 123 Abs. 3 nicht betroffen sind **Vereinbarungen** der Gesellschaft bzw. der Gesellschafter **mit Dritten.**[78] Zulässig ist insbesondere eine Vereinbarung des Inhalts, dass die bereits entstandene OHG wie eine GbR und eine noch nicht zur OHG gewordene GbR wie eine Personenhandelsgesellschaft zu behandeln ist. Des Weiteren wirken von § 123 abweichende Vereinbarungen schon mit Rücksicht auf die Grundsätze über den Missbrauch der Vertretungsmacht (§ 126 Rn 23 ff; s. ferner § 126 Rn 28 ff zur Frage der Anwendbarkeit des § 126 auf Drittgeschäfte) auch insoweit gegenüber Gesellschaftern, als sie mit der Gesellschaft **Drittgeschäfte** (§ 105 Rn 213 f) tätigen.[79] 22

§ 124

(1) Die offene Handelsgesellschaft kann unter ihrer Firma Rechte erwerben und Verbindlichkeiten eingehen, Eigentum und andere dingliche Rechte an Grundstücken erwerben, vor Gericht klagen und verklagt werden.

(2) Zur Zwangsvollstreckung in das Gesellschaftsvermögen ist ein gegen die Gesellschaft gerichteter vollstreckbarer Schuldtitel erforderlich.

---

75 MünchKommHGB/*K. Schmidt* Rn 12.

76 OLG Schleswig DStR 1991, 1430 (1431); *A. Hueck* OHG § 5 II; Ebenroth/Boujong/Joost/Strohn/*Hillmann* Rn 22.

77 MünchKommHGB/*K. Schmidt* Rn 12; *Heymann/Emmerich* Rn 15.

78 *A. Hueck* OHG § 5 II 2; s. ferner § 128 S. 2 und dazu § 128 Rn 16.

79 MünchKommHGB/*K. Schmidt* Rn 12.

Schrifttum (Auswahl)

Beuthien Systemfragen des Handelsrechts, FS Zivilrechtslehrer 1934/1935 (1999) S. 39; *Dieckmann* Zur Schadensersatzpflicht der offenen Handelsgesellschaft und deren Gesellschafter, wenn ein nicht (allein-)vertretungsberechtigter Gesellschafter gegen die Vertretungsordnung der Gesellschaft verstößt, WM 1987, 1473, 1509; *Fabricius* Relativität der Rechtsfähigkeit (1963); *R. Fischer* Die Personenhandelsgesellschaft im Prozeß, FS Hedemann (1958) S. 75 = Gesammelte Schriften (1985) S. 121; *Flume* Allgemeiner Teil des Bürgerlichen Rechts, Bd. I/1: Die Personengesellschaft (1977); *ders.* Gesellschaft und Gesamthand, ZHR 136 (1972), 177; *Haas/Oberhammer* „Drittwirkung" von Schiedsvereinbarungen einer Personenhandelsgesellschaft gegenüber ihren persönlich haftenden Gesellschaftern?, FS K. Schmidt (2009) S. 493; *Habersack* Die Mitgliedschaft – subjektives und „sonstiges" Recht (1996); *ders.* die Personengesellschaft und ihre Mitglieder in der Schiedsgerichtspraxis, SchiedsVZ 2003, 241; *Hadding* Zum Erlangen von Rechtsfähigkeit nach deutschem Zivilrecht, FS Kraft (1998) S. 137; *Henckel* Parteilehre und Streitgegenstand im Zivilprozeß (1961); *ders.* Besprechung der Entscheidung BGHZ 62, 131, ZGR 1975, 232; *U. Huber* Vermögensanteil, Kapitalanteil und Gesellschaftsanteil von Personengesellschaften des Handelsrechts (1970); *ders.* Die Parteifähigkeit der Personengesellschaft des Handelsrechts und ihr Wegfall während des Prozesses, ZZP 82 (1969), 224; *ders.* Rechtsfähigkeit, juristische Person und Gesamthand, FS Lutter (2000) S. 107; *Hüffer* Die Gesamthandsgesellschaft in Prozeß, Zwangsvollstreckung und Konkurs, FS Stimpel (1985) S. 165; *Jaeger* Die offene Handelsgesellschaft im Zivilprozesse, Festgabe Rudolf Sohm (1915) S. 1; *Lehmann* Zum Begriff der Rechtsfähigkeit, AcP 207 (2007), 225; *Mahr* Rechtsprobleme bei Vollbeendigung einer Personenhandelsgesellschaft während eines Rechtsstreits, GesRZ 1990, 148; *Mülbert* Die rechtsfähige Personengesellschaft, AcP 199 (1999), 38; *Otte* Zur Erbfähigkeit der Personengesellschaften, FS Westermann (2007) S. 535; *Oberhammer* Die OHG im Zivilprozess, 1998; *Th. Raiser* Gesamthand und juristische Person im Licht des neuen Umwandlungsrechts, AcP 194 (1994), 495; *ders.* Gesamthandsgesellschaft oder juristische Person – Eine Geschichte ohne Ende?, FS Zöllner I (1998) S. 469; *ders.* Der Betriff der juristischen Person – Eine Neubesinnung, AcP 199 (1999), 104; *Reuter* Rechtsfähigkeit und Rechtspersönlichkeit, AcP 207 (2007), 673; *K. Schmidt* Unterbrechung und Fortsetzung von Prozessen im Konkurs einer Handelsgesellschaft – Fragen und Thesen zu §§ 240 ZPO, 10 ff KO (96 ff InsO), KTS 1994, 309; *ders.* Die Bindung von Personengesellschaftern an vertragliche Schiedsklaueln, DB 1989, 2315; *Schürnbrand* Organschaft im Recht der privaten Verbände, 2007; *Schulze-Osterloh* Das Prinzip der gesamthänderischen Bindung (1972); *Timm* Die Rechtsfähigkeit der Gesellschaft bürgerlichen Rechts und ihre Haftungsverfassung, NJW 1995, 3209; *Ulmer* Die Gesamthandsgesellschaft – ein noch immer unbekanntes Wesen? AcP 199 (1999), 113; *Weber-Grellet* Die Gesamthand – ein Mysterienspiel? AcP 182 (1982), 316; *Wertenbruch* Die Haftung von Gesellschaften und Gesellschaftsanteilen in der Zwangsvollstreckung, 2000; *Wiedemann* Juristische Person und Gesamthand als Sondervermögen, WM 1975 Sonderbeil. Nr. 4; *ders.* Die Personengesellschaft – Vertrag oder Organisation?, ZGR 1996, 286; *Zöllner* Rechtssubjektivität von Personengesellschaften?, FS Gernhuber (1995) S. 563.

Übersicht

I. Die OHG als Träger von Rechten und Pflichten

1. Überblick. Die Vorschrift des § 124 bestimmt in ihrem Abs. 1 zum einen, *dass* die OHG **als Gesellschaft** am Rechtsverkehr teilnehmen kann (Rn 3 f, 11 ff). Zum anderen legt sie fest, in welcher Form – nämlich (im Regelfall, s. § 125 Rn 16) durch Gebrauch der **Firma** – die Teilnahme am Rechtsverkehr zu erfolgen hat. § 124 Abs. 1 stimmt zwar mit Art. 111 Abs. 1 ADHGB überein; doch hat sich insoweit ein Perspektivenwandel ergeben, als die Bedeutung der Vorschrift heute vor allem in der Anerkennung der Personenhandelsgesellschaft als am Rechtsverkehr teilnehmender Rechtsträger und weniger in der Ausstattung der OHG mit dem Recht zur Führung einer Firma gesehen wird (Rn 3 f). § 124 Abs. 2 bestimmt, dass es zur **Zwangsvollstreckung** in das Gesellschaftsvermögen eines gegen die Gesellschaft gerichteten Titels bedarf und damit auch ein gegen sämtliche Gesellschafter persönlich gerichteter Titel nicht zum Zugriff auf das Vermögen der Gesellschaft berechtigt (Rn 42); sie enthält somit eine Fortschreibung des in Abs. 1 geregelten Grundsatzes und findet ihre Entsprechung in § 129 Abs. 4. – § 124 findet nach § 161 Abs. 2, § 7 Abs. 2 PartGG entsprechende Anwendung auf **KG** und **Partnerschaftsgesellschaft.** Für die **EWIV** enthält Art. 1 Abs. 2 EWIV-VO eine dem § 124 Abs. 1 entsprechende Vorschrift; § 124 Abs. 2 ist nach § 1 EWIV-Ausführungsgesetz entsprechend anwendbar. Die **Außengesellschaft bürgerlichen Rechts** schließlich ist gleichfalls rechts- und parteifähig und kann sich einen Namen geben;[1] zur Zwangsvollstreckung in das Vermögen bedarf es nach zutr. Ansicht einer titulierten Gesellschaftsschuld.[2] Im Ergebnis entspricht der Status der GbR damit – vom Firmenrecht abgesehen – demjenigen der OHG. 1

[1] Zur Rechts- und Parteifähigkeit s. BGHZ 146, 341 = NJW 2001, 1056; *Habersack* BB 2001, 477 (478 f); einschränkend – für Erfordernis einer „Identitätsausstattung" – MünchKommBGB/*Ulmer* § 705 Rn 305 ff mit umf. Nachw. – Zum Namensrecht s. *Ulmer* aaO § 705 Rn 270 ff; zur Frage der Grundbuchfähigkeit s. BGH ZIP 2009, 66 mit umf. Nachw.; ferner BayObLG NJW 2003, 70 (72); OLG Dresden ZIP 2008, 2361; MünchKommBGB/*Ulmer* § 705 Rn 312 ff.

[2] Näher *Habersack* BB 2001, 477 (481); *Hadding* ZGR 2001, 712 (733 f); **aA** BGHZ 146, 341 (356) = NJW 2001, 1056, BGH NJW 2004, 3632 (3634) und BGH NZG 2007, 140 (141).

2. Rechtsnatur der OHG

2 a) **Die OHG als Gesamthandsgesellschaft.** Die OHG ist, wie nicht zuletzt § 105 Abs. 2 zeigt, eine **Sonderform der GbR.** Von dieser unterscheidet sie sich durch ihren besonderen, auf den gemeinsamen Betrieb eines Handelsgewerbes gerichteten Zweck (§ 105, 23 ff); diesem Zweck stehen die in §§ 2, 3, 105 Abs. 2 geregelten Zwecke unter der Voraussetzung gleich, dass die Gesellschaft in das Handelsregister eingetragen ist (§ 123 Rn 8 ff). Infolge ihrer Zwecksetzung ist die OHG notwendigerweise eine auf Dauer angelegte Außengesellschaft (§ 105 Rn 46 f). Wie die GbR ist auch die OHG **keine juristische Person.**[3] Dies liegt im Wesentlichen daran, dass die OHG gem. § 105 Abs. 2, § 705 BGB auf einem – freilich mit Organisationselementen versehenen (Rn 3) – Schuldverhältnis gründet und damit auf die Beteiligung von mindestens zwei Personen angewiesen ist.[4] An der Dichotomie von Personengesellschaft und Körperschaft hat auch die in §§ 190 ff, 214 ff, 226 ff UmwG vorgesehene Möglichkeit eines Formwechsels von der Personenhandels- in die Kapitalgesellschaft sowie von der Kapital- in die Personengesellschaft nichts geändert.[5] Dem Gesetzgeber steht es frei, auch für diese Fälle einen „Fortbestand des formwechselnden Rechtsträgers in der in dem Umwandlungsbeschluss bestimmten Rechtsform" anzuordnen (s. § 202 Abs. 1 Nr. 1 UmwG),[6] zumal dies gerade nicht im Sinne eines Fortbestands desselben Rechtsträgers, sondern im Sinne einer *Kontinuität* des Rechtsträgers und der ihm zugeordneten Rechtsverhältnisse bei gleichzeitiger *Diskontinuität seiner Verfassung* zu verstehen ist.[7] Eine über das UmwG hinausreichende Aufhebung des Gegensatzes zwischen Gesamthand und juristischer Person ist mit der Anerkennung eines typenübergreifenden Formwechsels jedenfalls nicht verbunden. Dies folgt auch aus § 14 Abs. 1 und 2 BGB, der klar belegt, dass der Gesetzgeber ungeachtet der Rechtsfähigkeit der Gesamthand nach wie vor zwischen der juristischen Person und der Personengesellschaft unterscheidet. Entsprechendes gilt für § 1059a Abs. 2 BGB, § 7 Nr. 3 MarkenG und § 11 Abs. 2 InsO.

---

[3] Ganz hM, s. BGHZ 146, 341 (347) = NJW 2001, 1056; BGHZ 149, 80 (84) = NJW 2002, 368; BGH ZIP 2008, 692 (693); § 105 Rn 38 f (*Schäfer*); *Westermann* Rn I 14 ff; Ebenroth/Boujong/Joost/Strohn/*Hillmann* Rn 1; Heymann/*Emmerich* Rn 3; Baumbach/*Hopt* Rn 1; Koller/Roth/Morck/*Koller* Rn 1; *Huber* FS Lutter S. 107 (113 f); *Reuter* AcP 207 (2007), 673 (687 ff); *Ulmer* AcP 198 (1998), 113 (119 ff); MünchKommBGB/*ders.* § 705 Rn 307 ff; **aA** – für Qualifizierung als juristische Person – *Raiser* AcP 194 (1994), 495 (510 ff); *ders.* AcP 199 (1999), 104 (107 ff); *ders.* FS für Zöllner I S. 469 (474 ff); *Beuthien* FS Zivilrechtslehrer 1934/1935 S. 39 (52 ff); weitgehende Nivellierung der Unterschiede auch bei *Hadding* FS Kraft S. 137 ff; *ders.* ZGR 2001, 712 (718 f); s. ferner MünchKommHGB/*K. Schmidt* Rn 1 mit zutr. Hinweis darauf, dass es für die Zwecke des § 124 allein darauf ankommt, dass die Gesellschaft Rechtsträger ist.

[4] Näher dazu und mwN MünchKommBGB/*Ulmer* § 705 Rn 155 ff; **aA** *Bälz* FS Zöllner I (1998), S. 35 (39 ff).

[5] MünchKommBGB/*Ulmer* § 705 Rn 9; *Wiedemann* ZGR 1996, 286 (290 f); *Zöllner* FS Gernhuber S. 563, 566 (betr. den RefE UmwG); *Hennrichs* ZIP 1995, 794 (796 f); ebenso *Mülbert* AcP 199 (1999), 38 ff (66 f) und *Timm* NJW 1995, 3209 ff, die aus der Möglichkeit des Formwechsels nach §§ 190 ff UmwG zwar die Rechtsfähigkeit, nicht aber eine Festlegung hinsichtlich der Rechtsnatur herleiten; **aA** *Raiser* AcP 194 (1994), 495 (510 ff).

[6] Unter Hinweis darauf, dass dies einer „modernen Auffassung von der Natur der Personengesellschaft" entspreche, s. *Ganske* Umwandlungsrecht[2] S. 209.

[7] So zutr. *K. Schmidt* AcP 191 (1991), 495 (505 ff); ihm zust. auch *Timm* NJW 1995, 3209 (3212).

b) **Rechtsfähigkeit der OHG.** Ist die OHG auch keine juristische Person (Rn 2), so sind gleichwohl nicht die *Gesellschafter* persönlich als Träger der zum Gesellschaftsvermögen gehörenden Rechte und Pflichten anzusehen.[8] Im Anschluss an die grundlegenden Untersuchungen *Flumes*[9] ist die Gesamthandsgesellschaft vielmehr als eigenständiger, von ihren Mitgliedern zu unterscheidender Träger von Rechten und Pflichten zu qualifizieren.[10] Dies folgt aus dem Charakter des Gesellschaftsvertrags, der nicht nur Schuldverhältnis ist, sondern als **Organisationsvertrag** zugleich die Grundlage für den Personenverband, d.h. die aus den Gesellschaftern bestehende und im Rechtsverkehr durch ihre Organe handlungsfähige Organisationseinheit bildet.[11] Den organisationsrechtlichen Elementen entspricht eine Erweiterung des schuldrechtlichen Rechtsverhältnisses der Gesellschafter um Rechtsverhältnisse des einzelnen Mitglieds zum Verband, die wiederum die Grundlage für die Existenz von **Mitgliedschaften** bildet (Rn 9 f). Die Vorschrift des § 124 Abs. 1 hat also, was die materiell-rechtliche Zuständigkeit der Gesamthand betrifft, lediglich klarstellende Funktion.[12] 3

c) **Folgerungen.** Anders als die körperschaftlich verfasste juristischen Person ist die Personengesellschaft keine gegenüber ihren Mitgliedern verselbständigte Verbandsperson. Sie bildet vielmehr eine – mit eigener Zuständigkeit ausgestattete – Wirkungseinheit der in ihr verbundenen Personen und damit einen Personenverband.[13] Als solcher kann sie – jedenfalls im Grundsatz wie eine juristische Person – am allgemeinen Rechtsverkehr teilnehmen. Für das materielle Recht folgt dies aus ihrer Rechtsnatur (Rn 3). Die Vorschrift des § 124 Abs. 1 erleichtert der Gesellschaft die **Teilnahme am Rechtsverkehr** allerdings dadurch, dass sie ihr – im Hinblick auf die Kaufmannseigenschaft der OHG freilich selbstverständlich, s. § 6 Abs. 1 – das Recht zum Gebrauch der **Firma** zuspricht. Im Übrigen enthält § 124 insoweit zwar naheliegende, sich allerdings nicht zwangsläufig aus der Rechtsnatur der Gesamthandsgesellschaft ergebende Regelungen, als er der Gesellschaft 4

[8] So aber noch RGZ 3, 57; 139, 252 (254); BGHZ 34, 293 (296 f); BGH NJW 1988, 556 (IVa-Zivilsenat); BGHZ 100, 190, 194 (VI. Zivilsenat; aufgegeben in ZIP 2008, 692, 693); 110, 127, 128 f (IV. Zivilsenat); aus dem Schrifttum vor allem *U. Huber* S. 102 ff; *A. Hueck* OHG § 16 II, § 19; *Schulze-Osterloh* S. 11 ff, 163 ff; *Weber-Grellet* AcP 182 (1982), 316 ff; *Wiedemann* Gesellschaftsrecht I § 5; *ders.* WM 1975 Sonderbeil. 4 S. 29 ff; tendenziell auch *Zöllner* FS Gernhuber S. 563 ff mwN in Fn 1 (freilich zumeist die GbR betreffend).

[9] *Flume* ZHR 136 (1972), 177 (184 ff, 191 ff); *ders.* I/1 § 4; näher dazu § 105 Rn 40 (*Schäfer*), ferner *Habersack* S. 49 ff.

[10] BGHZ 146, 341 (347) = NJW 2001, 1056 („praktisch unbestritten"); BGH JZ 1975, 178 (179 f); BGH NJW 1981, 1213; BGH ZIP 2008, 692, 693 (IV. Zivilsenat); § 105 Rn 40 (*Schäfer*); MünchKommHGB/*K. Schmidt* Rn 1; Heymann/*Emmerich* Rn 4; Baumbach/*Hopt* Rn 1; Koller/Roth/Morck/*Morck* Rn 1; *Fabricius* S. 163 ff; *K. Schmidt* Gesellschaftsrecht § 46 II 1; *Westermann* Rn I 14 ff; *Wiedemann* FS Kellermann (1991) S. 529 ff; *ders.* ZGR 1996, 286 ff; *Habersack* JuS 1990, 179 ff; *ders* JuS 1993, 1 ff; *ders.* BB 2001, 477 ff; zur GbR s. – neben BGHZ 146, 341 ff – BGH ZIP 1992, 114 f; 1992, 695, 698 („jedenfalls teilweise verselbständigte Organisation, die eigene Gläubiger haben kann"); BGHZ 149, 80 (84) = NJW 2002, 368; MünchKommBGB/*Ulmer* § 705 Rn 303 ff mit umf. Nachw.

[11] Vgl. MünchKommBGB/*Ulmer* § 705 Rn 155 ff, 158 ff, *Wiedemann* ZGR 1996, 286 ff, jew. mwN.

[12] So zu Recht *Flume* I/1 § 5 S. 69; s. ferner MünchKommHGB/*K. Schmidt* Rn 1 f; *Baumbach/Hopt* Rn 1.

[13] Zu dieser auf *Schönfeld* (RG-FS (1929) Bd. II S. 191 ff, 226) zurückgehenden Unterscheidung s. auch *Flume* I/1 § 7 II S. 89 f; krit. *Zöllner* FS Gernhuber S. 568 f.

die Grundbuchfähigkeit (Rn 18) sowie die aktive und passive **Parteifähigkeit** gewährt (Rn 23 ff) und in Abs. 2 die Selbständigkeit der Gesellschaft auch im Rahmen der **Zwangsvollstreckung** zum Ausdruck bringt (Rn 42 f).

II. Die OHG als Träger des Gesellschaftsvermögens

5 **1. Zusammensetzung des Gesellschaftsvermögens.** Nach § 105 Abs. 3 finden hinsichtlich des Gesellschaftsvermögens die Vorschriften der §§ 718–720 BGB Anwendung (§ 105 Rn 66). Nach **§ 718 Abs. 1 und 2 BGB** setzt sich das Gesellschaftsvermögen aus den Beiträgen der Gesellschafter (§ 105 Rn 17 ff, 224 ff) und den aufgrund von Rechtsgeschäften im Namen der Gesellschaft (Rn 11 ff) sowie aufgrund dinglicher Surrogation erworbenen Gegenständen zusammen. Hinzu kommen **sonstige Erwerbstatbestände**, darunter insbesondere der Erwerb kraft Erbrechts (Rn 18), kraft Vertrags zugunsten Dritter i.S.v. § 328 Abs. 1 BGB sowie kraft Verbindung, Vermischung und Verarbeitung i.S.v. §§ 946 ff, 950 BGB. Hinsichtlich der Einzelheiten sei auf die Ausführungen unter § 105 Rn 224 ff sowie auf die Kommentierungen zu § 718 BGB verwiesen.

6 **2. Rechtsträgerschaft.** Das Gesellschaftsvermögen ist nach § 105 Abs. 3 iVm § 718 Abs. 1 BGB **Gesamthandsvermögen** und steht somit den Gesellschaftern in ihrer gesamthänderischen Verbundenheit zu. Da die gesellschaftsrechtliche Gesamthand allerdings nicht nur Vermögenszuordnungspinzip ist, sondern zugleich über ein personenrechtliches, die Gruppe als selbständige Wirkungseinheit konstituierendes Element verfügt (vgl. Rn 3 f), ist die Gesamthandsgesellschaft selbst Träger des Gesellschaftsvermögens. Die **Gesellschafter** sind **nur mittelbar**, über ihre Mitgliedschaft, am Gesamthandsvermögen beteiligt (Rn 9 f). Sie haben weder einen Bruchteil noch einen sonstigen Anteil an den einzelnen Gegenständen des Gesellschaftsvermögens oder gar am Gesellschaftsvermögen insgesamt (Rn 10); die Vorschrift des § 719 Abs. 1, 1. Hs. BGB ist mithin gegenstandslos.[14]

7 Gesellschaftsvermögen und Vermögen der Gesellschafter sind streng voneinander zu trennen. Wie **§ 124 Abs. 2** ausdrücklich betont, gilt dieses **Trennungsprinzip** insbesondere im Rahmen der Zwangsvollstreckung (Rn 42 f). Das in Abs. 2 hinsichtlich der Vollstreckung wegen einer Gesellschaftsschuld aufgestellte Erfordernis eines gegen die Gesellschaft gerichteten Titels stellt nämlich sicher, dass das Gesellschaftsvermögen ausschließlich den **Gesellschaftsgläubigern** zur Verfügung steht. Die **Gläubiger der Gesellschafter** müssen sich dagegen an das Vermögen ihrer Schuldner halten, zu dem zwar auch die *Mitgliedschaft* in der OHG zählt (Rn 9 ff), deren Pfändung gem. § 859 Abs. 1 ZPO (§ 105 Rn 131, 281 f) über § 135 allerdings nur den *nachrangigen Zugriff* auf das Gesellschaftsvermögen eröffnet.[15] Aber auch die – gem. § 105 Abs. 3 auch für die OHG geltende – Vorschrift des **§ 719 Abs. 2 BGB** ist Ausdruck des Trennungsprinzips, indem sie es dem Gesellschaftsschuldner verwehrt, gegen die Gesellschaftsforderung mit einer ihm

---

[14] So zu Recht *Flume* I/1 § 17 II S. 351; ebenso Soergel/*Hadding* BGB[12] § 719 Rn 5; *K. Schmidt* Gesellschaftsrecht § 46 II 2, § 47 III, § 53 III 5; *Habersack* S. 84 f; hinsichtlich des Anteils an den einzelnen Gegenständen des Gesellschaftsvermögens auch MünchKommBGB/*Ulmer/Schäfer* § 719 Rn 8, die im übrigen allerdings von einer individuellen Gesamthandsberechtigung des Mitglieds auszugehen scheinen (s. aaO § 719 Rn 3), dazu noch Rn 10.

[15] Eingehend zur Vollstreckung in den Gesellschaftsanteil *Wertenbruch* S. 483 ff.

gegen einen Gesellschafter persönlich zustehenden Forderung aufzurechnen.[16] Ein **„umgekehrter Haftungsdurchgriff"** – und damit die Haftung der Gesellschaft für Verbindlichkeiten ihrer Gesellschafter – ist danach ausgeschlossen.[17] Zur Unterscheidung zwischen Gesellschafts- und Gesellschafterschuld s. Rn 12 und § 128 Rn 2, zu derjenigen zwischen Gesellschafts- und Gesellschafterprozess bzw. -insolvenz s. Rn 26, 44 f.

Über die Gegenstände des Gesellschaftsvermögens kann – vorbehaltlich der Erteilung einer Zustimmung i.S.v. § 185 BGB – nur die Gesellschaft als Berechtigte verfügen (§ 105 Rn 284). Sie wird dabei von ihren vertretungsberechtigten Gesellschaftern (§ 125) oder von Bevollmächtigten vertreten. Sieht man von den Fällen der Gesamtrechtsnachfolge – etwa bei Ausscheiden des vorletzten Gesellschafters (§ 105 Rn 56) – ab, so bedarf es auch für die Übertragung eines Gegenstands des Gesellschaftsvermögens *auf einen Gesellschafter* eines **Verfügungsgeschäfts.**[18] Entsprechendes gilt für den umgekehrten Fall der Übertragung eines Vermögensgegenstands vom Gesellschafter *auf die Gesellschaft*; auch insoweit kommt allerdings Erwerb qua Gesamtrechtsnachfolge in Betracht, etwa bei Einsetzung der Gesellschaft als Erbe des Gesellschafters (Rn 18). Eine im Wege einer Verfügung zu bewirkende Änderung der Rechtszuständigkeit hat schließlich auch für den Fall zu erfolgen, dass ein Gegenstand des Gesellschaftsvermögens auf eine personengleiche andere Gesellschaft oder auf eine sonstige Gesamthandsgemeinschaft übertragen werden soll.[19] Davon zu unterscheiden sind der Formwechsel i.S.v. § 190 ff UmwG (Rn 2) sowie die aus Gründen des Rechtsformzwangs eintretene formwechselnde Umwandlung von der GbR in die OHG und umgekehrt (§ 123 Rn 4 ff); in Ermangelung einer Änderung der Rechtszuständigkeit bedarf es in diesen Fällen nicht der Vornahme eines Verfügungsgeschäfts. Zur Geltendmachung von Sozialansprüchen im Wege der *actio pro socio* s. § 105 Rn 256 ff. 8

3. Mitgliedschaft. Mit der Anerkennung der Eigenständigkeit der OHG geht ein gewandeltes Verständnis hinsichtlich der Rechtsnatur der Mitgliedschaft einher:[20] Wurde die „Mitgliedschaft" zunächst – entsprechend der seinerzeit vorherrschenden Qualifizierung der Gesamthand als bloßes Sondervermögen der Gesamthänder – als Beteiligung an dem gesamthänderisch gebundenen Vermögen qualifiziert und folgerichtig als *„Teilhaberschaft"* bezeichnet,[21] so hat die neuere, heute ganz herrschende Gesamthandslehre (Rn 3 f, 6) die Personengesellschaft in das Personenrecht verortet und damit die Grundlage echter Mitgliedschaften nach Art derjenigen in einer Körperschaft geschaffen. Nach neuerer, durchaus herrschender Auffassung bezeichnet die Mitgliedschaft in der Gesamthands- 9

[16] Näher dazu 3. Aufl. (*R. Fischer*) Anm. 43 ff; MünchKommBGB/*Ulmer/Schäfer* § 719 Rn 13 ff. – Die Aufrechnung hat auch nicht Verjährungshemmung gem. § 204 Abs. 1 Nr. 5 BGB zur Folge; so aber zu § 209 Abs. 2 Nr. 3 BGB a.F. BGHZ 80, 222, 227 (betreffend die GbR, freilich unter Hinweis auf die dieser – angeblich – fehlende Rechts- und Parteifähigkeit); dagegen zu Recht *Tiedtke* BB 1981, 1920 (1923 f).

[17] Zutr. OLG Dresden NZG 2002, 32 (34); s. noch Rn 12, 17.

[18] So bereits RGZ 65, 227 (233 f); 68, 410 (417).

[19] Wohl einh. M., s. *Heymann/Emmerich* Rn 8; *Koller/Roth/Morck* Rn 3; allg. dazu bereits § 105 Rn 72 f.

[20] S. näher zur Mitgliedschaft in der OHG, insbesondere zu den mitgliedschaftlichen Rechten und Pflichten § 105 Rn 204 ff, 215 ff (*Schäfer*); zur Korrelation zwischen dem Begriff der Mitgliedschaft und demjenigen des Verbands (Rn 3) s. *Lutter* AcP 180 (1980), 84 (86 ff); *K. Schmidt* Gesellschaftsrecht § 7 I, § 19 I 1; *Habersack* S. 16 ff.

[21] Vgl. nur *J. v. Gierke* ZHR 119 (1956), 141 (150); *Müller-Erzbach* Das private Recht der Mitgliedschaft als Prüfstein eines kausalen Rechtsdenkens (1948) S. 23, 401 ff; näher dazu und mwN *Habersack* S. 29 ff.

gesellschaft – ebenso wie diejenige in der körperschaftlich verfassten juristischen Person – nicht nur die Stellung als Beteiligter des mitgliedschaftlichen Rechtsverhältnisses; sie ist vielmehr zugleich als **subjektives Recht** zu qualifizieren.[22] Den *Inhalt* des subjektiven Rechts bilden neben den Vermögensstammrechten (Rn 10) und den mitgliedschaftlichen Pflichten[23] vor allem die mitgliedschaftlichen Mitsprache- und Schutzrechte. Letztere geben der Mitgliedschaft ihr Gepräge als *Teilhaberecht.*[24] Als solches ist die Mitgliedschaft **„sonstiges" Recht** i.S.v. § 823 Abs. 1 BGB. Sie ist damit nicht nur im Verhältnis zu außenstehenden Dritten, sondern auch *verbandsintern* nach §§ 823 Abs. 1, 1004 BGB gegen Eingriffe in die Substanz geschützt; bedeutsam ist dies etwa im Falle der Vereitelung von Mitspracherechten durch Missachtung der Zuständigkeit der Gesamtheit der Gesellschafter seitens der geschäftsführenden Gesellschafter.[25] Vgl. zur *Übertragung und Belastung* der Mitgliedschaft § 105 Rn 289 ff, 298 ff, 324 ff, zur *Einheitlichkeit* der Mitgliedschaft in der Personengesellschaft § 105 Rn 71, zur *Unselbständigkeit* der einzelnen mitgliedschaftlichen Rechte und Pflichten Rn 10.

10 Was die **vermögensmäßige Berechtigung des Mitglieds** betrifft, so folgt aus der Qualifizierung der OHG als eigenständiges Zuordnungssubjekt von Rechten und Pflichten (Rn 3 f, 6), dass die **dingliche Zuordnung** der einzelnen Gegenstände des Gesellschaftsvermögens bei der Gesellschaft als solcher endet, der Gesellschafter also weder an den Einzelgegenständen noch am Gesellschaftsvermögen insgesamt einen unmittelbaren Anteil hat.[26] Die Mitgliedschaft verkörpert demnach eine nur *mittelbare Beteiligung* am Gesellschaftsvermögen, und zwar der Art, dass sie über die in ihr verkörperten, zusammen mit den sonstigen mitgliedschaftlichen Rechten und Pflichten zu einer Einheit gebündelten und keiner selbständigen Verfügung zugänglichen[27] **Vermögensstammrechte,** nämlich das Gewinnstammrecht und das Recht auf Beteiligung am Liquidationserlös,[28] eine fortwährende Partizipation an Vermögenssubstanz und -vertrag vermittelt, die sich in der Entstehung selbständiger Ansprüche i.S.v. § 717 S. 2 BGB manifestiert. Der Annahme einer darüber hinausgehenden *individuellen Gesamthandsberechtigung* steht die infolge der Selbständigkeit der Gesellschaft gebotene Trennung zwischen Verbands- und Individualzuständigkeit entgegen.[29]

---

[22] Vgl. namentlich *Flume* I/1 § 9 (S. 125 ff); *Lutter* AcP 180 (1980), 84 (97 ff); *K. Schmidt* Gesellschaftsrecht § 19 I 3, IV; *Wiedemann* Die Übertragung und Vererbung von Mitgliedschaftsrechten bei Handelsgesellschaften (1965) S. 39 f; MünchKommBGB/*Ulmer* § 705 Rn 180; *Habersack* S. 62 ff, 66 ff (allg. zum Verhältnis subjektives Recht/Stellung im Rechtsverhältnis), 75 ff (zur Mitgliedschaft im Besonderen); **aA** Soergel/*Hadding* BGB[12] § 705 Rn 46; *Hadding* FS Reinhardt (1972) S. 249 ff; *ders.* FS Steindorff (1990) S. 311 ff; ihm folgend *Helms* Schadensersatzansprüche wegen Beeinträchtigung der Vereinsmitgliedschaft, 1998, S. 4 ff; *Hennrichs* ZIP 1995, 794 (798); *Steinbeck* DB 1995, 761 (762).

[23] Sie stehen der Qualifizierung der Mitgliedschaft als subjektives Recht nicht entgegen, s. *Habersack* S. 93 ff.

[24] Näher dazu und mwN *Habersack* S. 139 ff.

[25] So für die Mitgliedschaft in einem Verein BGHZ 110, 323 (327 f, 334) = NJW 1990, 2877; zustimmend *K. Schmidt* JZ 1991, 157 (158 f); für sämtliche Verbände einschließlich der Gesamthandsgesellschaften *K. Schmidt* Gesellschaftsrecht § 19 I 3b; MünchKommBGB/*Ulmer* § 705 Rn 180; *Habersack* S. 117 ff, 171 ff, 247 ff; grundsätzlich auch *Lutter* AcP 180 (1980), 84 (130 f); *Mertens* FS R. Fischer (1979) S. 461 (468 ff); **aA** *Hadding* FS Kellermann (1991) S. 91 (102 ff); *Reuter* FS Lange (1992) S. 707 (712 f).

[26] Vgl. die Nachw. in Fn 14.

[27] Dazu näher *Habersack* S. 78 ff, 86 ff.

[28] Dazu sowie zur Unselbständigkeit der Vermögensstammrechte *Habersack* S. 86 ff; für das Gewinnstammrecht *Ulmer* FS Fleck (1988) S. 383 (399).

[29] Vgl. die Nachw. in Fn 14.

III. Die OHG im Rechtsverkehr

1. Privatrecht

a) **Grundsatz.** Was die Teilnahme der OHG am allgemeinen Privatrechtsverkehr betrifft, so ist sie dazu infolge ihrer **Rechtssubjektivität** (Rn 3 f) grundsätzlich ebenso in der Lage wie die juristische Person. Einschränkungen ergeben sich demgegenüber im Vergleich zur natürlichen Person. So kann die OHG weder familienrechtliche Rechtsverhältnisse begründen[30] noch Insolvenzverwalter, Organwalter juristischer Personen oder Prokurist sein (Rn 20). Wie die juristische Person ist auch die OHG **auf das Handeln natürlicher Personen angewiesen**, das ihr, soweit es sich bei den Handelnden um organschaftlich tätige Gesellschafter handelt, als eigenes zugerechnet wird (Rn 27; § 125 Rn 4). Für den Bereich rechtsgeschäftlichen Handelns (Rn 12) wird die Gesellschaft von ihren Gesellschaftern oder von Bevollmächtigten vertreten (§ 125 Rn 4 ff, 13 ff); unerlaubte Handlungen, sonstige Realakte und Gut- bzw. Bösgläubigkeit ihrer Gesellschafter oder der sonst in ihrem Rechtskreis tätigen Personen werden ihr nach allgemeinen Grundsätzen zugerechnet (Rn 13 f, § 125 Rn 19 ff). 11

b) **Einzelne Ausprägungen der Rechtssubjektivität der OHG**

aa) **Vertragliche Schuldverhältnisse.** Die Rechtsfolgen eines im Namen der Gesellschaft getätigten Rechtsgeschäfts treffen ausschließlich diese selbst. Für den Bereich der Schuldverhältnisse bedeutet dies, dass die Gesellschaft Gläubiger bzw. Schuldner i.S.v. § 241 BGB ist; sie – nicht die Gesellschafter – ist also Arbeitgeber, Vermieter bzw. Mieter, Verkäufer bzw. Käufer, Wechsel- bzw. Scheckschuldner und -gläubiger, Versicherungsnehmer usw. Die *Gesellschafter* haften zwar nach Maßgabe der §§ 128 ff für die Verbindlichkeiten der Gesellschaft, sind aber nicht Partei des im Namen der Gesellschaft begründeten Schuldverhältnisses. Die Stellung der Gesellschaft als Partei des Schuldverhältnisses lässt sich auch nicht unter Hinweis darauf beiseite schieben, dass Träger der im Namen der Gesellschaft begründeten Rechte und Pflichten (angeblich) letztlich die gesamthänderisch verbundenen Gesellschafter selbst seien.[31] Vor dem Hintergrund der Rechtssubjektivität der OHG (Rn 3f) ist eine Erstreckung des mit Wirkung für die Gesellschaft begründeten Schuldverhältnisses und damit ein Durchgriff auf die Gesellschafter vielmehr nur unter der Voraussetzung möglich, dass entweder das Schuldverhältnis nach **Schutzwirkung für die Gesellschafter** entfaltet[32] oder sich im Wege der **Vertragsauslegung** ein entsprechender Wille der Vertragsparter ermitteln lässt.[33] Letzteres kommt insbesondere beim Abschluss 12

---

[30] Heymann/*Emmerich* Rn 5 s. ferner Rn 20 zur Frage, ob die OHG Pfleger, Betreuer oder Vormund sein kann.

[31] So aber noch BGHZ 110, 127 (128 f) = NJW 1990, 1181 (IV. Zivilsenat); BGH NJW 1988, 556 (IVa-Zivilsenat); s. ferner Ebenroth/Boujong/Joost/Strohn/*Hillmann* Rn 3; wie hier dagegen neben BGHZ 146, 341 (358) = NJW 2001, 1056 (II. Zivilsenat) jetzt auch BGH ZIP 2008, 692, 693 (IV. Zivilsenat); s. ferner MünchKommHGB/*K. Schmidt* Rn 15; *K. Schmidt* Gesellschaftsrecht § 48 I 1; MünchKommBGB/*Ulmer*/*Schäfer* § 714 Rn 12 ff; Röhricht/v. Westphalen/*v. Gerkan*/*Haas* Rn 3.

[32] So wohl der von BGH NJW 1988, 556 zu beurteilende Steuerberatungsvertrag, s. MünchKommHGB/*K. Schmidt* Rn 15.

[33] So wohl in dem von BGHZ 110, 127 = NJW 1990, 1181 entschiedenen Fall, in dem ein Komplementär den Rechtsschutzversicherer aufgrund eines im Namen der KG geschlossenen Rechtsschutzversicherungsvertrags (erfolgreich) auf Freistellung von den infolge seiner Inanspruchnahme nach §§ 161 Abs. 2, 128 entstehenden Kosten in Anspruch genommen hat, s. MünchKommHGB/*K. Schmidt* Rn 15. – Zur Unzulässigkeit eines „umgekehrten“ Haftungsdurchgriffs s. Rn 7.

von *Sachversicherungsverträgen* in Betracht; hier wird die Auslegung des Vertrags regelmäßig ergeben, dass die Gesellschafter und ihre Angehörigen keine Dritten i.S.v. § 86 Abs. 1 S. 1 VVG sind und somit der Versicherer insoweit keine Regressansprüche hat.[34] Entsprechendes gilt für den umgekehrten Fall des im Namen eines Gesellschafters begründeten Schuldverhältnisses; auch insoweit bewendet es also bei der rechtlichen Trennung.

13 Für **Leistungsstörungen** oder sonstige Pflichtverletzungen haftet die Gesellschaft nach allgemeinen Grundsätzen. Ein schuldhaftes Verhalten ihrer Organe und Erfüllungsgehilfen wird der Gesellschaft nach §§ 31, 278 BGB zugerechnet.[35] Ein **Gesellschafterwechsel,** etwa infolge Übertragung (§ 105 Rn 288 ff) oder Vererbung (§ 139 Rn 23 ff) des Anteils, sowie ein *ersatzloses Ausscheiden* eines oder mehrerer Mitglieder sind ohne unmittelbaren Einfluss auf das namens der Gesellschaft begründete Schuldverhältnis. Sofern nicht der Vertrag etwas Anderes bestimmt, stellt also beispielsweise im Fall der Anmietung eines Firmengrundstücks der Gesellschafterwechsel keine erlaubnispflichtige Gebrauchsüberlassung an Dritte i.S.v. §§ 540, 553 BGB oder eine aus sonstigen Gründen der Genehmigung des Vermieters bedürftige Maßnahme dar.[36] Auch berechtigt der Gesellschafterwechsel den Vermieter grundsätzlich nicht zur Kündigung aus wichtigem Grund. Zu *Drittgeschäften* zwischen der Gesellschaft und ihren Gesellschaftern s. § 105 Rn 213 f, § 126 Rn 10, § 128 Rn 13.

14 **bb) Gesetzliche Schuldverhältnisse.** Die Gesellschaft ist als solche Schuldner aus gesetzlichem Schudverhältnis. Für die verhaltensunabhängige **Bereicherungshaftung** folgt dies bereits daraus, dass die Gesellschaft, zu deren Gunsten eine ungerechtfertigte Vermögensverschiebung stattgefunden hat, den Haftungstatbestand der §§ 812 ff BGB in ihrer Person verwirklicht. Soweit dagegen die Haftung, wie insbesondere diejenige aus **Delikt,** an ein *Verhalten* anknüpft, ist zu differenzieren. Im Rahmen der Geschäftsführung begangene Delikte ihrer *Gesellschafter oder sonstigen Repräsentanten*[37] werden der OHG gem. § 31 BGB zugerechnet.[38] Voraussetzung ist allerdings, dass der Gesellschafter bzw. Repräsentant in Angelegenheiten der Gesellschaft (§ 126 Rn 12 ff) tätig wird und

---

[34] So zu Recht BGH BB 1964, 452; BGH ZIP 2008, 692 (693 f); *Heymann/Emmerich* Rn 5a; allg. dazu BGH NJW 1996, 715 f mwN.

[35] Vgl. MünchKommHGB/*K. Schmidt* Rn 16; Heymann/*Emmerich* Rn 11; Ebenroth/Boujong/Joost/Strohn/*Hillmann* Rn 3; Koller/Roth/Morck/*Koller* Rn 5. – Zur Anwendbarkeit des § 31 BGB auf die OHG s. Rn 14; zur Anwendbarkeit des § 31 BGB (anstelle des § 278 BGB) auch im Rahmen bestehender Schuldverhältnisse s. BGHZ 90, 92 (95); 110, 323 (327); *K. Schmidt* Gesellschaftsrecht § 10 IV 3 mwN.

[36] BGH WM 1975, 99 (100); Staudinger/*Emmerich* BGB[13] (2006) § 540 Rn 51 mit umf. Nachw.; vgl. auch für den Rechtsformwechsel BGH NJW 1955, 1066; NJW 1967, 821; WM 1962, 10; OLG Düsseldorf BB 1992, 2173.

[37] Näher dazu MünchKommBGB/*Reuter* BGB § 31, 20 ff.

[38] Heute wohl einh. M., s. RG JW 1931, 1689 (1690); BGH NJW 1952, 537 (538); BGHZ 45, 311 (312); BGH NJW 1973, 538; BGHZ 154, 88 = NJW 2003, 1445 (GbR); BGH ZIP 2007, 1460 f (Schein-GbR); *A. Hueck* OHG § 19 IV („Gewohnheitsrecht"); MünchKommHGB/*K. Schmidt* Rn 17; Röhricht/v. Westphalen/*v. Gerkan/Haas* Rn 3; Ebenroth/Boujong/Joost/Strohn/*Hillmann* Rn 5; Heymann/*Emmerich* § 126 Rn 26; Baumbach/*Hopt* Rn 25; Koller/Roth/Morck/*Koller* Rn 6; näher dazu und mit zahlreichen Nachw., insbesondere zur älteren Rechtsprechung *Martinek* Repräsentantenhaftung (1979) S. 109 ff; *Schmiedel* GS Rödig (1978) S. 261 (263 ff); *U. Schönewolf* Die persönliche Haftung der Gesellschafter einer OHG und einer GbR für im Rahmen der Geschäftsführung begangene Delikte (1989) S. 5 ff; *Schürnbrand* S. 99 ff.

zudem im Rahmen, d.h. nicht nur bei Gelegenheit der ihm übertragenen Verrichtung handelt. Dabei soll es nach der – im Hinblick auf den Schutzzweck des § 125 Abs. 2 freilich problematischen – Rechtsprechung des BGH an dem nach § 31 BGB erforderlichen inneren Zusammenhang zwischen dem Handeln des Organwalters und dem allgemeinen Rahmen der diesem übertragenen Aufgaben nicht schon dann fehlen, wenn das Delikt anlässlich der (schwebend unwirksamen) Vertretung der OHG durch einen ihrer Gesellschafter begangen wird und für die Gesellschaft Gesamtvertretung besteht.[39] Für das Handeln ihrer Verrichtungsgehilfen haftet die OHG dagegen gem. §§ 831, 31 BGB nur unter der Voraussetzung, dass ihren Organen ein Auswahl- oder Überwachungsverschulden zur Last fällt;[40] gem. § 831 Abs. 1 S. 2 BGB obliegt es freilich insoweit der OHG, sich zu exkulpieren. Die Gesellschaft muss im Übrigen ihren Geschäftsbereich so organisieren, dass für alle wichtigen Aufgabenbereiche ein verfassungsmäßig berufener Vertreter i.S.v. §§ 30 f BGB zur Verfügung steht; andernfalls läuft sie Gefahr, aus §§ 823 ff, 31 BGB unter dem Gesichtspunkt des **Organisationsmangels** und damit ohne die Möglichkeit der Exkulpation gem. § 831 Abs. 1 S. 2 BGB in Anspruch genommen zu werden.[41] Etwaige **Verkehrspflichten** treffen die OHG[42] ebenso wie die Eigenschaft als Hersteller i.S.v. § 1 ProdHaftG oder als Halter, Inhaber bzw. Betreiber im Sinne der §§ 833 Abs. 1 S. 1 BGB, 7 StVG, 33 LuftVG, 2 HaftpflG, 1 UmweltHG sowie sonstiger Vorschriften über die Gefährdungshaftung.[43] Für sämtliche gesetzlich begründeten Verbindlichkeiten haften die Gesellschafter persönlich nach Maßgabe der §§ 128 ff (§ 128 Rn 10). Der handelnde Gesellschafter haftet zudem aus dem in seiner Person begründeten gesetzlichen Schuldverhältnis zum Gläubiger (§ 128 Rn 14).

Die Gesellschaft erwirbt als solche gesetzlich begründete Ansprüche, sofern der Tatbestand, an den das Gesetz die Entstehung eines Anspruchs knüpft, in ihrer Person verwirklicht wird. Insbesondere genießt die Gesellschaft **Delikts- und Immaterialgüterschutz,** wobei allerdings hinsichtlich des Urheber- und Patentrechts nur ein abgeleiteter Erwerb in Betracht kommt.[44] § 7 Nr. 3 MarkenG spricht ihr die Fähigkeit zu, Inhaber einer Marke zu sein. Ihr **Name** ist nach § 12 BGB geschützt.[45] **Ehrenschutz** nach Maßgabe der §§ 823 ff BGB kommt der Gesellschaft insoweit zu, als ihr eigener sozialer Geltungsanspruch als Arbeitgeber oder Wirtschaftsunternehmen unmittelbar, also nicht lediglich vermittelt durch denjenigen ihrer Gesellschafter, betroffen ist.[46] Vor dem Hin- **15**

---

[39] So für die GmbH BGHZ 98, 148, 151 ff (Vortäuschen rechtlicher Verbindlichkeit einer von einem Gesamtvertreter allein abgegebenen Willenserklärung); MünchKomm-HGB/*K. Schmidt* § 125 Rn 12; Baumbach/*Hopt* Rn 25; zu Recht **aA** RGZ 134, 375 (377); BGH WM 1967, 714 (715); *Dieckmann* WM 1987, 1473 (1509); für § 35 GmbHG auch Baumbach/Hueck/*Zöllner*/*Noack* GmbHG § 35 Rn 119.

[40] Heymann/*Emmerich* Rn 11; Baumbach/*Hopt* Rn 24.

[41] Vgl. etwa BGHZ 24, 200 (212); 39, 124 (129); BGH NJW 1980, 2810 (2811); NJW 1982, 1144 (1145); näher dazu MünchKommBGB/*Reuter* BGB § 31 Rn 6 ff.

[42] RG JW 1931, 1689 (1690); MünchKomm-HGB/*K. Schmidt* Rn 17.

[43] *Flume* I/1 § 16 IV 6 S. 339 ff; MünchKomm-HGB/*K. Schmidt* Rn 17.

[44] Im Grundsatz einh. M., s. MünchKomm-HGB/*K. Schmidt* Rn 3; *A. Hueck* OHG § 19 II S. 272 (Fn 7). Näher dazu, insbesondere zur Unmöglichkeit eines originären Erwerbs von Urheber- und Patentrechten durch andere als natürliche Personen *Rehbinder* Urheberrecht[15] (2008) Rn 248; *Mes* Patentgesetz[2] (2005) § 6 Rn 10.

[45] BGHZ 4, 167 = NJW 1952, 503; 11, 214 = NJW 1954, 388; 14, 155 = NJW 1954, 1681; MünchKommBGB/*Bayreuther* § 12 Rn 34.

[46] RGZ 95, 339 (341); BGHZ 78, 24 (25 ff) = NJW 1980, 2807; MünchKommHGB/*K. Schmidt* Rn 3; Ebenroth/Boujong/Joost/Strohn/*Hillmann* Rn 6; Heymann/*Emmerich* Rn 10; Baumbach/*Hopt* Rn 34.

tergrund, dass die Ehre nicht zu den durch § 253 Abs. 2 BGB geschützten Rechtsgütern zählt, kommt allerdings ein Anspruch auf Geldersatz nur hinsichtlich etwaiger Vermögensschäden in Betracht;[47] im Übrigen bewendet es bei der Geltendmachung von Unterlassungs- und Beseitigungsansprüchen.

16 Gem. §§ 254, 31 BGB muss sich die Gesellschaft ein **Mitverschulden** ihrer Organwalter und sonstigen Repräsentanten i.S.v. §§ 30 f BGB ohne die Möglichkeit eines Entlastungsbeweises zurechnen lassen.[48] Die Zurechnung des Mitverschuldens eines *Verrichtungsgehilfen* beurteilt sich dagegen nach § 831 BGB; insoweit besteht also die Möglichkeit der Exkulpation gem. § 831 Abs. 1 S. 2 BGB.[49] Zur gerichtlichen und außergerichtlichen **Geltendmachung der Ansprüche** der Gesellschaft ist nur diese selbst befugt;[50] sie wird dabei durch ihre vertretungsberechtigten Gesellschafter oder Bevollmächtigten vertreten (§ 125 Rn 4 ff, 13 ff). Die Befugnis zur Geltendmachung der Forderung *durch einen Gesellschafter* kann sich ausnahmsweise aus einer entsprechenden Anwendung des § 744 Abs. 2 BGB und damit aus dem Gesichtspunkt der Notgeschäftsführung ergeben;[51] doch ist damit keine Vertretungsmacht für die Gesellschaft verbunden, sondern allein das Recht zur Geltendmachung der Gesellschaftsforderung im eigenen Namen (§ 125 Rn 12). Eine Geltendmachung der Ansprüche der Gesellschaft im Wege der *actio pro socio* kommt dagegen in Ermangelung eines *Sozialanspruchs* grundsätzlich nicht in Betracht (§ 105 Rn 256 ff). Allerdings kann die Gesellschaft einzelne Gesellschafter zur Geltendmachung der Forderung im Wege der *gewillkürten Prozessstandschaft* und damit zur Geltendmachung im eigenen Namen ermächtigen.[52]

17 Auch im Rahmen gesetzlicher Schuldverhältnisse ist die **Trennung zwischen Gesellschafts- und Gesellschaftervermögen** (Rn 7, 12) zu beachten, der zufolge insbesondere Schadensersatzansprüche aus §§ 823 ff BGB, aber auch Bereicherungsansprüche ausschließlich dem jeweils unmittelbar Betroffenen zustehen. Diese Trennung kann auch nicht unter Rückgriff auf die **Mitgliedschaft** (Rn 9 f) überspielt werden. Für Ansprüche aus § 823 Abs. 1 BGB (Rn 9) folgt dies schon daraus, dass es an einem Eingriff in ein nach dieser Vorschrift geschütztes Recht des Mitglieds fehlt; insbesondere begründet die Schädigung der Gesellschaft keine Verletzung der Mitgliedschaft.[53] Im Übrigen gebietet es der – den Interessen der übrigen Mitglieder, in den Fällen der Kapitalgesellschaft & Co. zudem denjenigen der Gesellschaftsgläubiger Rechnung tragende – Grundsatz der *Zweckbindung*

---

47 So zu § 847 BGB a.F. bereits BGHZ 78, 24 (27 f) = NJW 1980, 2807; BGH NJW 1981, 675 (676); MünchKommHGB/*K. Schmidt* Rn 3; Ebenroth/Boujong/Joost/Strohn/*Hillmann* Rn 6; Röhricht/v. Westphalen/*v. Gerkan/Haas* Rn 4, Baumbach/*Hopt* Rn 34. – Die noch in der Voraufl. (Rn 15) vertretene Gegenansicht wird aufgegeben.

48 BGHZ 68, 142 (151) = NJW 1977, 1148; BGH NJW 1952, 537 (539); Baumbach/*Hopt* Rn 29.

49 RGZ 142, 356 (358 f); 164, 264 (269); BGHZ 1, 248 (249 ff) = NJW 1951, 477; MünchKommBGB/*Oetker* BGB § 254 Rn 137.

50 BGH NJW 1973, 2198 (2199); BGHZ 100, 190 (194) = NJW 1987, 2008; BGH NJW 1988, 1585 (1586); NJW 1992, 112 (113); Heymann/*Emmerich* § 109 Rn 27; Koller/Roth/Morck/*Koller* Rn 3.

51 Vgl. BGH NJW 1992, 112 (113); BGHZ 17, 181 (186 f) = NJW 1953, 1217; Heymann/*Emmerich* § 109 Rn 27; Baumbach/*Hopt* § 114 Rn 7; für die GbR MünchKommBGB/*Ulmer/Schäfer* § 709 Rn 21.

52 BGH NJW 1988, 1585; Koller/Roth/Morck/*Koller* Rn 3.

53 Ganz hM, s. bereits RGZ 158, 248 (255); ferner *K. Schmidt* JZ 1991, 157 (159); *Wiedemann* Die Übertragung und Vererbung von Mitgliedschaftsrechten bei Handelsgesellschaften (1965) S. 39; näher und mwN *Habersack* S. 154 ff; **aA** *Rowedder* FS Semler (1993) S. 311 (324 ff); *Baums* Der Geschäftsleitervertrag (1987) S. 246 (Fn 54).

des Gesellschaftsvermögens, dass der mittelbar geschädigte Gesellschafter, sofern ihm ausnahmsweise ein *eigener Anspruch* zusteht, den Schuldner nur auf Zahlung an die Gesellschaft in Anspruch nehmen kann.[54] Eine Ausnahme kommt nur dann in Betracht, wenn die Gesellschaft an der Verfolgung ihres Anspruchs gehindert ist, etwa weil Verjährung eingetreten oder aber die Gesellschaft bereits auseinandergesetzt ist.[55] Für den Regelfall, dass allein die Gesellschaft aus §§ 823 ff, 812 ff BGB berechtigt ist, ist es grundsätzlich Sache der Geschäftsführer, den auf Leistung in das Gesellschaftsvermögen gerichteten Anspruch geltend zu machen (Rn 16). Umgekehrt kann der Gesellschafter, der seinen Schuldner aus eigenem Recht, etwa aus §§ 823 ff BGB, in Anspruch nimmt, grundsätzlich nicht den Schaden der Gesellschaft geltend machen.[56] Sofern die Gesellschaft nicht über einen eigenen Anspruch gegen den Schädiger verfügt,[57] kommt zwar je nach Lage des Falles die Geltendmachung des Gesellschaftsschadens durch den Gesellschafter im Wege der *Drittschadensliquidation* in Betracht;[58] aus Gründen der Zweckbindung des Gesellschaftsvermögens ist jedoch auch in diesem Fall auf Leistung an die Gesellschaft zu klagen.[59]

cc) **Erwerb sonstiger Rechte.** Die Gesellschaft kann **dingliche Rechte** an beweglichen Sachen und Grundstücken erwerben. Während die Grundbuchfähigkeit der GbR umstritten ist (§ 123, 5), verfügt die OHG ohne Zweifel über **Grundbuchfähigkeit;** sie wird also unter ihrer Firma im Grundbuch eingetragen.[60] Auf das von der OHG erworbene Nießbrauchs- und Vorkaufsrecht finden, wie nunmehr §§ 1059a Abs. 2, 1061 S. 2, 1098 Abs. 3 BGB ausdrücklich klarstellen, die auf den Erwerb solcher Rechte durch eine *juristische Person* abstellenden Vorschriften der §§ 1059a–e, 1061 S. 2, 1098 Abs. 3 BGB entsprechende Anwendung.[61] Die Gesellschaft kann **Besitzer** sein (§ 105 Rn 286 ff). Sie kann des Weiteren als **Erbe** oder **Vermächtnisnehmer** eingesetzt werden und erwirbt damit nicht nur unmittelbar mit dem Tod des Erblassers den Nachlass (§§ 1922, 1967, **18**

---

[54] Im Ergebnis ganz hM, s. BGHZ 105, 121 (130 ff); NJW 1995, 1739 (1746 f); NJW 1988, 413 (414 f); NJW 1987, 1077 (1079); BGHZ 100, 190 (194); 10, 91 (100); näher dazu *Brandes* FS Fleck (1988) S. 13 ff; *Mertens* FS Lange (1992) S. 561 (569 ff); *G. Müller* FS Kellermann (1991) S. 317 ff; *Kowalski* Der Ersatz von Gesellschaftsschaden und Gesellschafterschaden (1990), insbesondere S. 23 ff.

[55] Vgl. BGH WM 1967, 287 (288); NJW 1969, 1712 (1713); NJW 1988, 413 (415).

[56] So aber bei Schädigung des Alleingesellschafters einer Kapitalgesellschaft und jew. unter Hinweis darauf, dass die Einmanngesellschaft für die schadensrechtliche Beurteilung als ein in besonderer Form verwalteter Teil des dem Alleingesellschafter gehörenden Vermögens anzusehen sei, BGH NJW-RR 1989, 684 = ZIP 1989, 98; NJW 1977, 1283 mit Anm. *Hüffer*; BGHZ 61, 380 (383 ff) = NJW 1974, 134; näher dazu *J. Wilhelm* Rechtsform und Haftung bei der juristischen Person (1981) S. 380 ff; *Kübler/Assmann* Gesellschaftsrecht § 24 IV; *K. Schmidt* Gesellschaftsrecht § 40 III 4 mwN.

[57] Für den Bereich vertraglicher oder vertragsähnlicher Schuldverhältnisse ist hierbei insbesondere an die Lehre vom Schuldverhältnis mit Schutzwirkung für Dritte zu denken, s. Rn 12, ferner *K. Schmidt* GmbHR 1974, 178 (179).

[58] So auch Koller/Roth/Morck/*Koller* Rn 3; für die Kapitalgesellschaft, insbesondere die EinmannGmbH auch *Hüffer* NJW 1977, 1285; *Kübler/Assmann* Gesellschaftsrecht § 24 IV; *K. Schmidt* Gesellschaftsrecht § 40 III 4.

[59] So zu Recht *Kübler/Assmann* und *K. Schmidt*, jew. aaO (Fn 58); ferner *Kowalski* (Fn 53) S. 122 ff; s. ferner Rn 7.

[60] Einh. M., s. *A. Hueck* OHG § 19 II; MünchKommHGB/*K. Schmidt* Rn 10; Heymann/*Emmerich* Rn 7; Baumbach/*Hopt* Rn 36. – Zum Eigentumserwerb durch die OHG in Gründung s. § 123 Rn 5.

[61] Zur entsprechenden Rechtslage vor Erlass des § 1059a Abs. 2 BGB s. BGHZ 50, 307 (310 ff); *A. Hueck* OHG § 19 II; Heymann/*Emmerich* Rn 7.

2032 BGB) bzw. den Anspruch auf das Vermächtnis (§§ 2174, 2176 BGB),[62] sondern ist zugleich *Steuerschuldner* i.S.v. § 20 Abs. 1 ErbStG.[63]

19 Die OHG kann als solche **Mitglied einer juristischen Person** sein.[64] Die Vorschriften der §§ 18 GmbHG, 69 AktG betreffend die Mitberechtigung mehrerer am Gesellschaftsanteil finden auf die Mitgliedschaft einer Personengesellschaft in einer GmbH oder AG keine Anwendung.[65] Auch was die Mitgliedschaft in einer anderen **Personengesellschaft** betrifft, unterliegt die OHG keinen Beschränkungen (Rn 20).[66] Sie kann sich nicht nur an einer Gesamthandsgesellschaft, sondern auch an einer *stillen Gesellschaft* beteiligen, und zwar sowohl als stiller Gesellschafter als auch als Geschäftsinhaber (Voraufl. § 230 Rn 37, 40). Auch kann sie, wie nunmehr aus § 279 Abs. 2 AktG folgt, Komplementärin einer KGaA werden.[67]

20 **dd) Ämter und Funktionen.** Zur Ausübung von Ämter und Funktionen ist die OHG insoweit in der Lage, als die einschlägigen Vorschriften nicht die Bestellung einer natürlichen Person voraussetzen. So kann die Gesellschaft Testamentsvollstrecker[68] und Abwesenheitspfleger i.S.v. § 1911 BGB[69] sein, ferner Liquidator einer Personengesellschaft (s. § 146 Abs. 1 S. 1 und dazu § 146 Rn 11, 20), eines Vereins, einer AG, GmbH und eG,[70] Verwalter einer Wohnungseigentümergemeinschaft,[71] vertretungsberechtigter Gesellschafter einer Personenhandelsgesellschaft,[72] Handlungsbevollmächtigter[73] und gewöhnlicher Bevollmächtigter i.S.v. § 164 BGB. Dagegen kann die OHG nicht Prokurist sein,[74] ferner nicht Organwalter einer juristischen Person,[75] Insolvenzverwalter[76] sowie – vorbe-

---

62 MünchKommHGB/*K. Schmidt* Rn 5; eingehend *Otte* FS Westermann S. 535 ff.

63 BFH NJW 1989, 2495.

64 Unstr, s. nur MünchKommHGB/*K. Schmidt* Rn 6; Ebenroth/Boujong/Joost/Strohn/*Hillmann* Rn 10; Baumbach/*Hopt* Rn 32; *A. Hueck* OHG § 19 II S. 273.

65 MünchKommHGB/*K. Schmidt* Rn 6; Baumbach/*Hopt* Rn 32; **aA** *Schwichtenberg* DB 1976, 375 f; für die GbR auch noch BGHZ 78, 311, 313 ff (anders dann aber BGH ZIP 1992, 114 für die Beteiligung der GbR an einer eG).

66 BGHZ 80, 129 (132); s. ferner die Nachw. in Fn 64 sowie für die Beteiligung der OHG an einer GbR MünchKommBGB/*Ulmer* § 705 Rn 78.

67 Die Frage war lange Zeit umstritten, wobei der Streit allein die Frage bedarf, ob die Komplementärstelle natürlichen Personen vorbehalten ist; klärend sodann BGHZ 134, 392 = NJW 1997, 1923; für Komplementärfähigkeit der OHG denn auch MünchKommHGB/*K. Schmidt* Rn 6.

68 S. für die juristische Person §§ 2210 S. 3, 2163 Abs. 2 BGB; für die OHG MünchKommBGB/*Zimmermann* § 2197 Rn 9; *Staudinger/Reimann* BGB § 2197 Rn 50; MünchKommHGB/*K. Schmidt* Rn 19; Heymann/*Emmerich* Rn 9; Baumbach/*Hopt* Rn 33.

69 Heymann/*Emmerich* Rn 9; Baumbach/*Hopt* Rn 33; **aA** MünchKommHGB/*K. Schmidt* Rn 19.

70 HM, s. MünchKommHGB/*K. Schmidt* Rn 19; Heymann/*Emmerich* Rn 9; ferner für den Verein MünchKommBGB/*Reuter* BGB § 48 Rn 1; Soergel/*Hadding* BGB[13] § 48 Rn 3; für die AG *Hüffer* AktG § 265 Rn 6; für die GmbH Ulmer/*Paura* GmbHG § 66 Rn 13.

71 OLG Hamburg OLGZ 1988, 299 (302); Ebenroth/Boujong/Joost/Strohn/*Hillmann* Rn 10.

72 § 125 Rn 28; ferner MünchKommHGB/*K. Schmidt* Rn 19.

73 Heymann/*Emmerich* Rn 9; Baumbach/*Hopt* Rn 33.

74 Heymann/*Emmerich* Rn 9; vgl. auch § 48 Rn 22 f (*Joost*).

75 §§ 76 Abs. 3 S. 1, 100 Abs. 1 S. 1 AktG; §§ 27 Abs. 3, 40 Abs. 1 S. 4 SEAG; § 6 Abs. 2 S. 1 GmbHG; näher dazu *Schürnbrand* S. 234 ff.

76 Vgl. § 56 Abs. 1 InsO; zur entsprechenden Rechtslage unter Geltung der KO s. Voraufl. Rn 20; ferner OLG Hamburg JW 1931, 2155.

haltlich der Übernahme einer Pflegschaft i.S.v. § 1911 BGB – Pfleger, Vormund und Betreuer einer anderen Person.[77]

2. Öffentliches Recht. Auch im öffentlichen Recht ist die OHG als Rechtssubjekt und damit als Träger von Rechten und Pflichten anerkannt. Sie ist **grundrechtsfähig**[78] und kann Verletzungen der ihr zustehenden Grundrechte im Wege der Verfassungsbeschwerde geltend machen.[79] Auch kann die Gesellschaft *Beteiligte* eines Verwaltungs- und Finanzprozesses sowie eines Verwaltungsverfahrens sein.[80] Sie kann als **Störer** sowie als Betreiber einer Anlage in Anspruch genommen werden.[81] Erforderliche Genehmigungen und Dispense sind für die OHG zu beantragen, wobei allerdings etwaige personenbezogene Voraussetzungen in der Person aller Gesellschafter erfüllt sein müssen.[82] Zur Besteuerung der OHG und ihrer Gesellschafter s. § 105 Rn 373 ff. **21**

3. Strafrecht. Die Gesellschaft genießt **strafrechtlichen Schutz,** soweit nicht die einschlägigen Straftatbestände auf den Schutz natürlicher Personen beschränkt sind.[83] So unterliegt die OHG insbesondere dem Schutzbereich des § 266 StGB,[84] ferner demjenigen der §§ 186 f StGB.[85] Soweit die OHG nach den strafrechtlichen Bestimmungen geschützt ist, kann sie auch Strafanträge stellen[86]. Die OHG kann **nicht bestraft** werden; gem. § 14 Abs. 1 Nr. 2 StGB richtet sich die Strafandrohung vielmehr gegen ihre vertretungsberechtigten Gesellschafter. Dies gilt auch für das UWG.[87] Auch gegenüber einer OHG sind allerdings die Anordnung des Verfalls (§ 73 Abs. 3 StGB; § 29a OWiG) und die Einziehung (§ 75 Nr. 3 StGB) möglich. Des Weiteren kann gegen die OHG gem. **22**

---

[77] Schlegelberger/*K. Schmidt* Rn 24; zur Abwesenheitspflegschaft i.S.v. § 1911 BGB s. Nachw. in Fn 69.

[78] BVerfGE 10, 89 (99); 42, 374 (383); aus dem Schrifttum etwa *Jarass* in *Jarass/Pieroth* GG[9] Art. 19 Rn 19; s. ferner für die GbR BVerfG NJW 2002, 3533.

[79] Vgl. die Nachw. in Fn 78.

[80] Vgl. für den Verwaltungsprozeß *Kopp/Schenke* VwGO[15] § 61 Rn 6 (§ 61 Nr. 1 VwGO); *Eyermann/Schmidt* VwGO[12] § 61 Rn 5 (§ 61 Nr. 2 VwGO); für den Finanzprozeß *Gräber/v. Groll* FGO[6] § 57 Rn 24; für das Verwaltungsverfahren Hess VGH DB 1989, 1459; *Kopp/Ramsauer* VwVfG[10] § 11 Rn 6; *Stelkens/Bonk/Sachs* VwVfG[7] § 11 Rn 14; für das Verfahren vor dem BKartA § 77 GWB und dazu *Immenga/Mestmäcker/K. Schmidt* GWB[4] § 77 Rn 5.

[81] OVG Münster BB 1969, 1327; Hess. VGH DB 1989, 1459; MünchKommHGB/*K. Schmidt* Rn 8; Ebenroth/Boujong/Joost/Strohn/*Hillmann* Rn 12.

[82] Vgl. *Friauf/Heß* GewO (Stand April 2008) § 35 Rn 29, 135, aber auch *Landmann/Rohmer/Marcks* GewO (Stand November 2007) § 35 Rn 64 (nur die geschäftsführenden Gesellschafter); allg. *A. Hueck* OHG § 19 II; MünchHdbGesR I-*Neubauer* § 67 Rn 15; weitergehend noch RGZ 105, 288 f, wonach sämtliche Gesellschafter einer Genehmigung bedürfen.

[83] Ebenroth/Boujong/Joost/Strohn/*Hillmann* Rn 11; Baumbach/*Hopt* Rn 39.

[84] Schönke/Schröder/*Perron* StGB[27] § 266 Rn 6, 21; *Schünemann* in: LK StGB[11] § 266 Rn 124; vgl. ferner BGHZ 100, 190 (192 ff) = WM 1987, 815, wo freilich zu Unrecht auf eine mittelbare Schädigung des Gesellschafters abgestellt wird; Baumbach/*Hopt* Rn 39; Ebenroth/Boujong/Joost/Strohn/*Hillmann* Rn 11.

[85] Schönke/Schröder/*Lenckner* StGB[27] vor §§ 185 ff Rn 3, 3a; *Lackner/Kühl* StGB[26] § 187 Rn 2; Baumbach/*Hopt* Rn 39; Ebenroth/Boujong/Joost/Strohn/*Hillmann* Rn 11; s. ferner Rn 15 zum Schutz der Ehre der OHG.

[86] BGHSt 6, 186 (187); *Schönke/Schröder/Sternberg-Lieben* StGB[27] § 77 Rn 14; *Schmid* in: LK StGB[12] § 77 Rn 39; *Tröndle/Fischer* StGB[55] § 77 Rn 2.

[87] *Baumbach/Hefermehl/Bornkamm* Wettbewerbsrecht[26] § 16 UWG Rn 20 (dort zur Anwendbarkeit des § 14 StGB); MünchKommHGB/*K. Schmidt* Rn 14; Baumbach/*Hopt* Rn 40.

§§ 30 Abs. 1 Nr. 3 OWiG, 377 Abs. 2 AO eine **Geldbuße** verhängt werden.[88] Die Möglichkeit der Einleitung eines Straf- oder Ordnungswidrigkeitenverfahrens gegen die vertretungsberechtigten Gesellschafter gem. § 14 Abs. 1 Nr. 2 StGB, § 9 Abs. 1 Nr. 2 OWiG bleibt davon grundsätzlich unberührt, §§ 30 Abs. 4 OWiG, 377 Abs. 2 AO. Nach §§ 30 Abs. 5 OWiG, 377 Abs. 2 AO kann allerdings neben der Festsetzung einer Geldbuße gegen die OHG wegen derselben Tat nicht der Verfall gem. §§ 73 ff StGB, 29a OWiG angeordnet werden. Zur Haftung der Gesellschafter für gegen die Gesellschaft verhängte Geldbußen s. § 128 Rn 10.

IV. Die OHG im Zivilprozess und in der Insolvenz

1. Erkenntnisverfahren

23 a) **Parteifähigkeit.** Nach §§ 124 Abs. 1 kann die OHG – Entsprechendes gilt für KG, Partnerschaft, EWIV und GbR[89] – unter ihrer Firma vor Gericht klagen und verklagt werden. Nach heute wohl einh. M. hat der Gesetzgeber des HGB damit die Parteifähigkeit der Personenhandelsgesellschaften anerkannt.[90] Wenn dies auch nicht zwangsläufig aus § 124 Abs. 1 folgt, so doch zumindest aus dem Zusammenspiel dieser Vorschrift mit §§ 124 Abs. 2, 129 Abs. 4, denen zufolge strikt zwischen dem **Gesellschafts- und dem Gesellschafterprozess** zu trennen (Rn 26) und zur Vollstreckung in das Gesellschaftsvermögen ein gegen die OHG gerichteter Titel, zur Vollstreckung in das Privatvermögen des Gesellschafters ein gegen diesen gerichteter Titel erforderlich ist.[91] Hinzu kommt, dass der Gesetzgeber in § 116 S. 1 Nr. 2 ZPO (dazu noch Rn 34) nicht zuletzt mit Blick auf die OHG von „parteifähigen Vereinigungen" spricht[92] und hierdurch der Diskussion über die Parteifähigkeit der OHG definitiv ein Ende bereitet hat. Wie § 116 Nr. 2 ZPO ausdrücklich hinsichtlich der Voraussetzungen für die Gewährung von Prozesskostenhilfe bestimmt, schließt es diese Feststellung freilich nicht a priori aus, in bestimmter Hinsicht auf die Gesellschafter persönlich abzustellen (s. bereits Rn 21).

24 Der Umstand, dass die OHG keine juristische Person ist, steht nach dem in Rn 3 f Gesagten ihrer Parteifähigkeit nicht entgegen.[93] Auf der Grundlage der neueren Gesamthandslehre, der zufolge der OHG Rechtssubjektivität und damit Rechtsfähigkeit i.S.v. § 50 Abs. 1 ZPO zukommt, kann vielmehr die Anerkennung der Parteifähigkeit nur als

---

88 Näher dazu sowie zum Folgenden *Göhler/König* OWiG[14] § 30 Rn 4, 28 ff; *Rebmann/Roth/Herrmann* OWiG[3] § 30 Rn 18, 37 ff.

89 Vgl. Rn 1 sowie speziell zur Parteifähigkeit der GbR BGHZ 146, 341 (347 ff) = NJW 2001, 1056; MünchKommBGB/*Ulmer* § 705 Rn 318 ff; *Habersack* BB 2001, 477 (480 f); *K. Schmidt* NJW 2008, 1841 ff.

90 BGHZ 62, 131 (132 f); BGHZ 64, 155 (156); BGH NJW 1995, 196; OGH GesRZ 1990, 153; MünchKommHGB/*K. Schmidt* Rn 11; Heymann/*Emmerich* Rn 15 f; Baumbach/*Hopt* Rn 42; Koller/Roth/Morck/*Koller* Rn 7; Ebenroth/Boujong/Joost/Strohn/*Hillmann* Rn 16; Röhricht/v. Westphalen/*v. Gerkan/Haas* Rn 6; *Huber* ZZP 82 (1969), 224 ff; *Hüffer* FS Stimpel S. 181 f; aus dem prozeßrechtlichen Schrifttum etwa Stein/Jonas/*Bork* ZPO[22] § 50 Rn 17; MünchKommZPO[2]/*Lindacher* ZPO § 50 Rn 25 f; Zöller/*Vollkommer* ZPO[26] § 50 Rn 17a. – Nachw. zu älteren Stimmen s. in Fn 95.

91 So zu Recht Stein/Jonas/*Bork* ZPO[22] § 50 Rn 17.

92 Zur Anwendbarkeit des § 116 Abs. 1 Nr. 2 ZPO auf die OHG s. Zöller/*Philippi* ZPO[26] § 116 Rn 11a; Thomas/Putzo/*Reichold* ZPO[29] § 116 Rn 4.

93 Vgl. dazu auch *Flume* I/1 § 4 II S. 56 Fn 37; „Es ist dies die ‚Schulweisheit', die nur die Alternative der juristischen Person und der Einzelperson kennt."

konsequente **Umsetzung der materiell-rechtlichen Ausgangslage** verstanden werden. Auch für die OHG gilt demnach die – freilich in anderem Zusammenhang getroffene – Feststellung *Windscheids*, dass dem materiellen Recht der Primat zukommt.[94] Das Dilemma des RG und der seinerzeit hL, die zwar von der („formellen") Parteifähigkeit der OHG ausgingen, materiell-rechtlich aber die Gesellschafter als Träger des Gesellschaftsvermögens ansahen und deshalb bei Beantwortung der zahlreichen Fragen im Zusammenhang mit der Stellung der OHG im Zivilprozess stets klären mussten, ob die prozessrechtliche Selbständigkeit der OHG oder die materiell-rechtliche Berechtigung der Gesellschafter den Ausschlag geben sollte,[95] besteht danach also gerade nicht.

Der Wortlaut des § 124 Abs. 1, wonach die OHG „unter ihrer Firma" klagen und verklagt werden „kann", ist insofern missverständlich, als er im Sinne einer überflüssigen Wiederholung der Vorschrift des **§ 17 Abs. 2** verstanden werden könnte;[96] denn nach dieser Vorschrift „kann" ein Kaufmann „unter seiner Firma" klagen und verklagt werden. Indes gewährt § 17 Abs. 2 die Möglichkeit, den *Einzelkaufmann* nicht nur unter seinem *bürgerlichen Namen*, sondern *auch unter der Firma* zu individualisieren und auf diese Weise dem Erfordernis des § 253 Abs. 2 Nr. 1 ZPO Rechnung zu tragen; der Wortlaut dieser Vorschrift bringt diese Wahlmöglickeit durchaus zutreffend zum Ausdruck (§ 17 Rn 57 ff). Demgegenüber verfügt die OHG ausschließlich über ihre Firma, so dass sich bei ihr die Frage einer Bezeichnung in sonstiger Weise nicht stellt. Der Wortlaut des § 124 Abs. 1 soll also nicht die nach § 17 Abs. 2 für Einzelkaufleute bestehende Wahlmöglichkeit zum Ausdruck bringen, sondern der OHG überhaupt erst die Möglichkeit eröffnen, vor Gericht als Kläger und Beklagter aufzutreten.[97] Nennt die Klageschrift dagegen die Namen der Gesellschafter, so sind diese und nicht die Gesellschaft Partei des Prozesses (näher zur Trennung zwischen Gesellschafts- und Gesellschafterprozess in Rn 26). 25

b) Gesellschafts- und Gesellschafterprozess. Der materiell-rechtlichen Trennung zwischen der OHG und dem Gesellschaftsvermögen auf der einen Seite, den Gesellschaftern und deren Vermögen auf der anderen Seite entspricht die Trennung zwischen dem Gesellschafts- und dem Gesellschafterprozess.[98] Gesellschaft und Gesellschafter sind m.a.W. **verschiedene Prozessparteien,** so dass bei der Vornahme von Prozesshandlungen jeweils klarzustellen und ggf. im Wege der Auslegung zu ermitteln ist, welches Prozessverhältnis betroffen ist.[99] Erhebt also die Gesellschaft Klage oder wird sie verklagt, so ist nur sie Partei.[100] Aus der Trennung zwischen Gesellschafts- und Gesellschafterprozess ergeben 26

[94] *Windscheid* Die actio des römischen Zivilrechts vom Standpunkte des heutigen Rechts, Neudruckausgabe der 1856 erschienen Erstausgabe (1969) S. 3.

[95] Namentlich 3. Aufl. Anm. 8 (*R. Fischer*); *ders.* FS Hedemann S. 76 ff; *A. Hueck* OHG § 22 I, jew. mwN; s. ferner *Henckel* Parteilehre und Streitgegenstand im Zivilprozeß (1961) S. 116 f; aus der älteren Rspr. RGZ 46, 39 (41); 64, 77 (78 ff); 127, 98 (100); 141, 277 (280 f); BGHZ 17, 340 (342).

[96] So Teile des älteren Schrifttums, s. namentlich *Düringer/Hachenburg* Anm. 6.

[97] So zutr. *R. Fischer* FS Hedemann S. 78 f.

[98] Heute einh. M., s. BGHZ 62, 131 (132); 64, 155 (156); OGH GesRZ 1990, 153; 1990, 156; MünchKommHGB/*K. Schmidt* Rn 29; Heymann/*Emmerich* Rn 13; Baumbach/*Hopt* Rn 41; Stein/Jonas/*Bork* ZPO[22] § 50 Rn 17; Zöller/*Vollkommer* ZPO[26] § 50 Rn 17a; eingehend *Oberhammer* S. 54 ff; aus dem älteren Schrifttum namentlich 3. Aufl. Anm. 25 (*R. Fischer*); *A. Hueck* OHG § 22 IV.

[99] Vgl. BGH ZIP 1989, 1260; MünchKommHGB/*K. Schmidt* Rn 29.

[100] Heute einh. M., vgl. die Nachw. in Fn 98; **aA** noch das RG, nach dessen Rspr die OHG nur „formell" parteifähig, der Prozess der Gesellschaft letztlich ein Prozess der

sich eine Reihe von **Konsequenzen.** So folgt daraus zunächst die Möglichkeit eines *Rechtsstreits zwischen der OHG und ihren Gesellschaftern* (Rn 41).[101] Da die Gesellschafter nicht Partei des Gesellschaftsprozesses sind, das gegen die Gesellschaft ergehende Urteil ihnen aber die abgeleiteten Einwendungen i.S.v. § 129 Abs. 1–3 abschneidet (§ 129 Rn 10 ff), können sie des Weiteren der OHG als einfache *Nebenintervenienten* i.S.v. §§ 66 ff ZPO beitreten.[102] Ein während des Rechtsstreits der OHG erfolgender *Gesellschafterwechsel* ist ohne unmittelbaren Einfluss auf den Fortgang des Prozesses und führt nur nach Maßgabe der §§ 241 Abs. 1, 246 ZPO zu dessen Unterbrechung[103], ebenso das ersatzlose Ausscheiden oder der Beitritt eines Gesellschafters (s. aber auch Rn 40 zum Wegfall des vorletzten Gesellschafters). Werden die Gesellschaft und die nach § 128 persönlich haftenden Gesellschafter nebeneinander verklagt, so sind sie mit Rücksicht darauf, dass die Gesellschafter persönliche Einwendungen geltend machen können (§ 129 Rn 17 ff) und damit Gesellschafts- und Gesellschafterprozess nicht notwendigerweise einheitlich entschieden werden müssen, nur einfache Streitgenossen i.S.v. §§ 59, 60 ZPO;[104] darauf, dass die Gesellschafter tatsächlich persönliche Einwendungen geltend machen, kommt es nach zutreffender und heute herrschender Meinung nicht an.[105] Der Übergang vom Gesellschafts- zum Gesellschafterprozess schließlich ist ebenso ein Fall des gewillkürten Parteiwechsels wie derjenige vom Gesellschafter- zum Gesellschaftsprozess (dazu noch Rn 39).[106] – Obwohl die Haftung der Gesellschafter nach § 128 akzessorisch ist, zwischen Gesellschaft und Gesellschafter also kein Gesamtschuldverhältnis besteht (§ 128 Rn 20 ff), sind sie bei gemeinsamer Verurteilung „wie Gesamtschuldner" zu verurteilen; dies gilt nach § 100 Abs. 4 ZPO auch für die **Prozesskosten.**[107] – Von der Parteifähigkeit zu trennen ist die **Aktiv- bzw. Passivlegitimation**; an ihr fehlt es der Gesellschaft in allen ihre Grundlage betreffenden Fragen (s. § 109 Rn 64 sowie die Erläuterungen zu §§ 117, 127, 133, 140).

Gesellschafter unter der gemeinsamen Bezeichnung der OHG-Firma war, s. die Nachw. in Fn 95.

101 Heute einh. M., s. Zöller/*Vollkommer* ZPO[26] § 50 Rn 17a; *R. Fischer* FS Hedemann S. 80 f; MünchKommHGB/*K. Schmidt* Rn 29; Heymann/*Emmerich* Rn 14; Ebenroth/Boujong/Joost/Strohn/*Hillmann* Rn 15; **aA** noch RG JW 1914, 532: Unzulässigkeit der Klage einer OHG gegen einen Gesellschafter, da andernfalls der Gesellschafter sowohl Kläger als auch Beklagter sei.

102 BGHZ 62, 131 (133); *Huber* ZZP 82 (1969), 239 f; MünchKommHGB/*K. Schmidt* Rn 29; Heymann/*Emmerich* Rn 13; Ebenroth/Boujong/Joost/Strohn/*Hillmann* Rn 14; Koller/Roth/Morck/*Koller* Rn 7; **aA** – für streitgenössische Nebenintervention i.S.v. § 69 ZPO – Zöller/*Vollkommer* ZPO[26] § 69 Rn 2; MünchHdbGesR I-*Neubauer* § 70 Rn 18.

103 BGHZ 62, 131 (133); BGH WM 1982, 1170; Zöller/*Vollkommer* ZPO[26] § 50 Rn 17a; MünchKommZPO/*Lindacher*[3] ZPO § 50 Rn 28; MünchHdbGesR I-*Neubauer* § 70 Rn 12.

104 Einh. M., s. BGHZ 54, 251 (254 ff); BGHZ 63, 51 (54 f); BGH NJW 1988, 2113; Stein/Jonas/*Bork* ZPO[22] § 62 Rn 12; Zöller/*Vollkommer* ZPO[26] § 62 Rn 7; MünchKommHGB/*K. Schmidt* § 128 Rn 21; Heymann/*Emmerich* Rn 13; Ebenroth/Boujong/Joost/Strohn/*Hillmann* Rn 59; Baumbach/*Hopt* § 128 Rn 39; Koller/Roth/Morck/*Koller* § 128 Rn 6; MünchHdbGesR I-*Neubauer* § 70 Rn 16, 23.

105 Vgl. die Nachw. in Fn 104 sowie eingehend 3. Aufl. Anm. 26 (*R. Fischer*); *A. Hueck* OHG § 22 IV 3; **aA** noch RGZ 102, 301 (302 f); 136, 266 (268); lediglich referierend BGH BB 1961, 148.

106 Heute einh. M., s. BGHZ 62, 131 (132 f); 64, 155 (156); BGH WM 1982, 1170; MünchKommHGB/*K. Schmidt* Rn 29; Heymann/*Emmerich* Rn 13; Baumbach/*Hopt* § 128 Rn 39; *Huber* ZZP 82 (1969), 243 f. Allg. zum gewillkürten Parteiwechsel Thomas/Putzo/*Hüßtege* ZPO[29] vor § 50 Rn 20 ff mwN.

107 OLG Karlsruhe NJW 1973, 1202; Thomas/Putzo/*Hüßtege* ZPO[29] § 100 Rn 11; s. ferner LG Hamburg MDR 1967, 401:

c) **Prozessfähigkeit; Vertretung im Prozess.** Prozessfähigkeit i.S.v. § 52 ZPO, also die Fähigkeit, Prozesshandlungen selbst oder durch selbstbestellte Vertreter wirksam vorzunehmen oder entgegenzunehmen, kommt nach hM nur natürlichen Personen zu.[108] Für die OHG bedeutet dies, dass sie – nicht anders als die juristische Person – prozessunfähig und im Prozess gem. § 51 Abs. 1 ZPO durch die **vertretungsberechtigten Gesellschafter** zu vertreten wäre (§ 125 Rn 4, 61; § 126 Rn 11).[109] Vor dem Hintergrund, dass das Organhandeln der Gesellschaft als eigenes zugerechnet wird,[110] dürfte zwar das Gegenteil richtig sein;[111] praktische Bedeutung kommt der Frage indes nicht zu. Die organschaftlichen Vertreter haben im Prozess die Stellung eines *gesetzlichen Vertreters i.S.v. §§ 56, 57 ZPO.*[112] Das Gericht hat deshalb gem. § 56 Abs. 1 ZPO den Mangel der Legitimation eines als Vertreter auftretenden Gesellschafters von Amts wegen zu prüfen. Hat die Gesellschaft keinen gesetzlichen Vertreter, was etwa bei der beabsichtigten Klage des einzigen vertretungsberechtigten Gesellschafters gegen die Gesellschaft (Rn 41) oder bei Löschung der Komplementär-GmbH gem. § 60 Abs. 1 Nr. 7 GmbHG und Fehlen eines weiteren vertretungsberechtigten Gesellschafters der Fall sein kann,[113] so hat das Gericht unter den Voraussetzungen des § 57 Abs. 1 ZPO einen Prozesspfleger als gesetzlichen Vertreter zu bestellen und damit die Klage gegen die Gesellschaft zu ermöglichen.[114] Die Befugnisse des bestellten Vertreters erstrecken sich nur auf die Vertretung der Gesellschaft in dem anhängigen Verfahren. 27

Auch für die Vertretung der Gesellschaft im Prozess gilt gem. § 126 der Grundsatz der **unbeschränkten Vertretungsmacht** (§ 126 Rn 11, 23, 28). Die Verletzung von gesellschaftsvertraglichen Mitsprachrechten der nicht zur Vertretung der Gesellschaft berechtigten Gesellschafter oder sonstiger zur Einzelvertretung berechtigter Gesellschafter steht somit der Wirksamkeit der im Namen der Gesellschaft erfolgenden Prozesshandlungen nicht entgegen (§ 126 Rn 3). Bei *Gesamtvertretung* bedarf es der Mitwirkung der nach dem Gesellschaftsvertrag vorgeschriebenen Zahl der vertretungsberechtigten Gesellschafter. Andernfalls ist die für die Gesellschaft abgegebene Erklärung zwar (schwebend) unwirksam (§ 125 Rn 38, 41 f); hat eine solche Erklärung jedoch Tatsachen zum Gegenstand, so kann sie im Rahmen der Beweiswürdigung von Bedeutung sein. Bei *Einzelvertretungsbefugnis* kann jeder vertretungsberechtigte Gesellschafter Prozesshandlungen mit Wirkung für die Gesellschaft vornehmen bzw. – im Anwaltsprozess i.S.v. § 78 ZPO – über einen Prozessbevollmächtigten vornehmen lassen. Geben mehrere alleinvertretungsberechtigte Gesellschafter *gleichzeitig* einander *widersprechende Erklrärungen* ab, so heben sie sich gem. § 130 Abs. 1 S. 2 BGB gegenseitig auf und haben nur Beweiswert.[115] 28

Verurteilung, „als wären sie Gesamtschuldner"; wie hier auch Röhricht/v. Westphalen/*v. Gerkan/Haas* § 128 Rn 9.

108 Vgl. MünchKommZPO²/*Lindacher* §§ 51 Rn 52, 23.

109 Im Ergebnis nahezu einh. M., s. BGHZ 17, 181 (186 f); BGH NJW 1993, 1654; Heymann/*Emmerich* Rn 17; Baumbach/*Hopt* Rn 42; Thomas/Putzo/*Hüßtege* ZPO²⁹ § 52 Rn 4.

110 Vgl. dazu noch § 125 Rn 4 ff; näher zur Organtheorie *Flume* I/2 § 11 IV S. 398 ff; *Schürnbrand* S. 17 ff, 101 ff.

111 MünchKommHGB/*K. Schmidt* Rn 22; Großkommentar AktG/*Habersack* § 78 Rn 19.

112 3. Aufl. Anm. 12 (*R. Fischer*); Heymann/*Emmerich* Rn 17; Koller/Roth/Morck/*Koller* Rn 7; *A. Hueck* OHG § 22 II 2.

113 Vgl. *A. Hueck* OHG § 22 II 2; Koller/Roth/Morck/*Koller* Rn 7. – Zur Löschung der GmbH nach § 141a FGG s. Ulmer/*Casper* GmbHG § 60 Rn 71 ff.

114 Vgl. neben *A. Hueck* OHG § 22 II 2 noch RGZ 116, 118; *Baumbach/Hopt* Rn 42; MünchHdbGesR I-*Neubauer* § 70 Rn 17.

115 RGZ 81, 92 (95); RG DR 1941, 1540; OGH GesRZ 1982, 313 (314); allg. dazu MünchKommHGB/*K. Schmidt* § 125 Rn 25; Heymann/*Emmerich* § 125 Rn 10.

Bei nicht gleichzeitiger Abgabe einer Erklärung kann die nachträgliche gegenteilige Erklärung eines anderen vertretungsberechtigten Gesellschafters nur Wirkung haben, soweit die zuerst abgegebene Erklärung widerruflich war; in Betracht kommt dies gem. § 290 ZPO bei Abgabe eines Geständnisses. Von der Vertretung der Gesellschaft im Prozess zu unterscheiden ist die Geltendmachung von Sozialansprüchen durch den Gesellschafter im Wege der *actio pro socio* (dazu § 105 Rn 256 ff).

d) Klageerhebung

29 aa) **Gerichtsstand der Gesellschaft.** Der allgemeine Gerichtsstand für Passivprozesse wird gem. § 17 Abs. 1 ZPO durch den Sitz der Gesellschaft bestimmt. Maßgebend ist der im Gesellschaftsvertrag genannte und gem. § 106 Abs. 2 Nr. 2 eingetragene Rechtssitz (dazu § 106 Rn 18 ff). Das Gericht des Gesellschaftssitzes ist gem. § 22 ZPO auch zuständig für Klagen der Gesellschaft gegen die Gesellschafter sowie für Klagen der Gesellschafter untereinander, soweit diese auf dem Gesellschaftsverhältnis gründen (dazu noch Rn 41). Das gilt auch für Klagen gegen einen bereits ausgeschiedenen Gesellschafter oder gegen die Erben eines verstorbenen Gesellschafters.[116] Von § 22 ZPO nicht betroffen sind demgegenüber Klagen aus Drittgeschäften zwischen Gesellschaft und Gesellschafter (dazu § 105 Rn 213 f, § 126 Rn 10, § 128 Rn 13) und auf § 128 gestützte Klagen des Gesellschaftsgläubigers gegen den Gesellschafter persönlich. In beiden Fällen sind der Gerichtsstand der Gesellschaft und derjenige der Gesellschafter selbständig zu ermitteln;[117] der Gerichtsstand des Erfüllungsortes hinsichtlich der Gesellschaftsschuld umfasst allerdings auch die Inanspruchnahme der Gesellschafter aus § 128.[118] **Gerichtsstands- und Schiedsvereinbarungen** zwischen der Gesellschaft und Dritten wirken nach hM[119] stets für und gegen die nach § 128 in Anspruch genommenen Gesellschafter, nach anderer Ansicht immerhin unter der Voraussetzung, dass sich der Vereinbarung im Weg der Auslegung eine entsprechende Erstreckung entnehmen lässt.[120] Keine dieser Ansichten vermag zu überzeugen.[121] Allein der akzessorische Charakter der Haftung vermag die Erstreckung nicht zu begründen, müsste sich doch andernfalls auch der Bürge eine zwischen Hauptschuldner und Gläubiger bestehende Schiedsabrede entgegenhalten lassen.[122] Der Versuch, die Erstreckung aus einer Auslegung der Schiedsabrede zwischen

---

116 RG JW 1903, 174; 3. Aufl. Anm. 17 (*R. Fischer*).

117 MünchKommHGB/*K. Schmidt* § 128 Rn 22; zum Gerichtsstand der unerlaubten Handlung s. BayObLG Rpfleger 1980, 156.

118 BayObLG ZIP 2002, 1998 f; zur Zuständigkeit der Arbeitsgerichte gem. § 2 Abs. 1 Nr. 3 lit. a) ArbGG bei Inanspruchnahme des Gesellschafters auf Zahlung des von der Gesellschaft geschuldeten Arbeitsentgelts s. BAG NJW 2006, 1372 f; BAG NJW 1980, 1710 (1711); ArbG Münster ZIP 2004, 2159 (2160).

119 Für Erstreckung von Gerichtsstandsvereinbarungen BGH NJW 1981, 2644 (2646); *Baumbach/Hopt* § 128 Rn 41; Röhricht/v. Westphalen/*v. Gerkan/Haas* § 128 Rn 9; für Schiedsvereinbarungen BGH NJW-RR 1991, 423 (424) = WM 1991, 384; BayObLG DB 2004, 302 (303); OLG Köln NJW 1961, 1312; *A. Hueck* OHG § 21 II 6; *v. Gerkan/Haas* aaO; *Haas/Oberhammer* FS K. Schmidt (2009) S. 493 (500 ff); *Wiegand* SchiedsVZ 2003, 52 (57); s. ferner BGH NJW 1981, 2644 (2646); näher dazu *Weber/v. Schlabrendorff* FS Glossner (1993) S. 477 ff.

120 *K. Schmidt* DB 1989, 2315 (2318 f); *ders.* ZHR 162 (1998), 265 (273); MünchKomm-HGB//*ders.* § 128 Rn 22; Baumbach/*Hopt* § 128 Rn 40. Gegen eine Erstreckung von Schiedsabreden auch RG HansRGZ 1920, 214; Heymann/*Emmerich* § 128 Rn 12a.

121 Näher zum Folgenden *Habersack* SchiedsVZ 2003, 241 (246).

122 Dagegen aber zu Recht die hM, s. BGHZ 68, 356 (359); MünchKommBGB/*Habersack* § 765 Rn 61 mwN.

Gesellschaft und Gläubiger herzuleiten, mag unter Geltung des alten Schiedsverfahrensrechts, das in § 1027 Abs. 2 ZPO a.F. für Kaufleute die Möglichkeit der mündlichen Schiedsvereinbarung vorsah, überzeugend gewesen sein; unter Geltung des § 1031 ZPO ist dieser Weg indes versperrt. Auch § 128 schafft keine Grundlage für die Erstreckung, zumal diese dann auch für die GbR und – mit Blick auf die strukturell vergleichbare Haftung nach § 171 – für die Kommanditisten gelten müsste. Nach allem führt kein Weg an einer den Formvorschriften des § 1031 ZPO entsprechenden Schiedsabrede zwischen Gesellschafter und Gläubiger vorbei. Vorbehaltlich des § 1031 Abs. 5 ZPO besteht zwar die Möglichkeit der Vertretung; die organschaftliche Vertretungsbefugnis berechtigt indes nicht dazu, Schiedsvereinbarungen namens der Gesellschafter zu schließen. – Zu Schiedsvereinbarungen zwischen Gesellschaftern s. § 109 Rn 68 ff.

bb) **Parteibezeichnung.** In der Klagschrift ist gem. § 124 Abs. 1, § 253 Abs. 2 Nr. 1 ZPO die Gesellschaft als Aktiv- bzw. Passivpartei zu benennen. Die Parteibezeichnung erfolgt regelmäßig unter Verwendung der **Firma** der Gesellschaft. Gem. §§ 253 Abs. 4, 130 Nr. 1 ZPO sollen zudem die *gesetzlichen Vertreter* der Gesellschaft, also die vertretungsberechtigten Gesellschafter (§ 125 Rn 27 ff), angeführt werden. Einer zusätzlichen Angabe der *Gesellschafter*, also der nicht vertretungsberechtigten Gesellschafter sowie der organschaftlichen Vertreter in ihrer Eigenschaft als Mitglieder der Gesellschaft, bedarf es dagegen nicht. Erfolgt sie gleichwohl, so steht dies der Zulässigkeit der Klage nicht entgegen. Auch kann dem Zusatz regelmäßig nicht entnommen werden, dass neben der Gesellschaft auch die Gesellschafter persönlich verklagt sind.[123] In diesem Fall, ferner bei Nichtverwendung der Firma der Gesellschaft muss das Gericht vielmehr von Amts wegen feststellen, wer Partei des Rechtsstreits geworden ist.[124] 30

cc) **Handelssache.** Das Vorliegen einer Handelssache bestimmt sich nach § 95 GVG. Nach dessen Abs. 1 Nr. 1 GVG sind insbesondere Klagen gegen die Gesellschaft aus beiderseitigen Handelsgeschäften Handelssachen; auf Antrag des Klägers oder der Gesellschaft (§§ 96 Abs. 1, 98 Abs. 1 GVG) begründen sie die Zuständigkeit der Kammer für Handelssachen. Davon betroffen sind auch Klagen gegen die Gesellschafter aus § 128.[125] Eine Handelssache gem. § 95 Abs. 1 Nr. 1 GVG liegt ferner vor bei Geltendmachung eines Anspruchs aus einem *Drittgeschäft* zwischen Gesellschaft und Gesellschafter (§ 105 Rn 213 f, § 126 Rn 10, § 128 Rn 13), sofern der Gesellschafter ein eigenes Handelsgewerbe betreibt und das Drittgeschäft auch für ihn Handelsgeschäft i.S.v. §§ 343 f ist.[126] Von Bedeutung ist des Weiteren § 95 Abs. 1 Nr. 4 lit. a GVG, wonach auf dem mitgliedschaftlichen Rechtsverhältnis gründende Klagen zwischen der Gesellschaft und ihren Mitgliedern oder zwischen den Mitgliedern untereinander Handelssachen sind. 31

dd) **Zustellungen.** Zustellungen und Ladungen erfolgen gem. § 170 Abs. 1 ZPO an den gesetzlichen Vertreter der Gesellschaft. Hat die Gesellschaft *mehrere vertretungsberechtigte Gesellschafter*, so genügt gem. § 170 Abs. 3 ZPO, § 125 Abs. 2 S. 3, Abs. 3 32

123 Heymann/*Emmerich* Rn 18.

124 Vgl. RGZ 54, 15 (16 f); 157, 369 (374 ff); BGH NJW 1981, 1453; OLG Braunschweig LZ 1908, 959; MünchKommHGB/*K. Schmidt* Rn 25; Ebenroth/Boujong/Joost/Strohn/*Hillmann* Rn 22; *Heymann/Emmerich* Rn 18.

125 Zur Frage der Kaufmannseigenschaft des OHG-Gesellschafters s. § 105 Rn 77 ff.

126 Vgl. LG Osnabrück BB 1983, 792; MünchKommHGB/*K. Schmidt* Rn 24; Ebenroth/Boujong/Joost/Strohn/*Hillmann* Rn 21.

S. 2 auch bei Gesamtvertretung die Zustellung an einen Gesellschafter.[127] Für die *Ersatzzustellung* gilt § 178 Abs. 1 Nr. 2 ZPO. Danach hat die Ersatzzustellung im Geschäftslokal der Gesellschaft zu erfolgen; eine Zustellung im Geschäftslokal eines Gesellschafters – im Fall einer GmbH & Co. KG also im Geschäftslokal der GmbH – soll nicht ausreichen.[128]

33 e) **Vernehmung der Gesellschafter.** Im früheren Schrifttum lebhaft umstritten war die Frage, ob die Gesellschafter im Prozess der Gesellschaft als Partei oder als Zeuge zu vernehmen sind. Mit der Anerkennung der OHG als parteifähiges und auch in materieller Hinsicht eigenständiges Rechtssubjekt nicht vereinbar ist die früher hM, wonach *sämtliche Gesellschafter als Partei* gem. §§ 445 ff ZPO zu vernehmen sind.[129] Nach der heute wohl einhellig vertretenen, maßgeblich durch *R. Fischer*[130] geprägten Auffassung ist vielmehr dahin gehend zu differenzieren, dass nur die **vertretungsberechtigten Gesellschafter als Partei,** die *übrigen* Gesellschafter dagegen, soweit sie nicht mit der Gesellschaft verklagt werden (Rn 26), *als Zeugen* zu vernehmen sind.[131] Maßgebender Zeitpunkt für die Zeugnisfähigkeit eines Gesellschafters ist derjenige der *Vernehmung*, nicht der des zu bezeugenden Geschehens.[132] Zur Wissenszurechnung s. § 125 Rn 20 ff.

34 f) **Prozesskostenhilfe.** Die Voraussetzungen, unter denen einer OHG oder KG Prozesskostenhilfe zu gewähren ist, sind in §§ 116 S. 1 Nr. 2, 114 S. 1 ZPO geregelt. Danach erhält die Gesellschaft Prozesskostenhilfe, wenn die Kosten weder von ihr noch von den am Gegenstand des Rechtsstreits **wirtschaftlich Beteiligten** aufgebracht werden können, die beabsichtigte Rechtsverfolgung oder Rechtsverteidigung hinreichende Aussicht auf Erfolg bietet und nicht mutwillig erscheint und darüber hinaus die Unterlassung der Rechtsverfolgung oder Rechtsverteidigung **allgemeinen Interessen** zuwiderlaufen würde.[133] Wirtschaftlich beteiligt sind diejenigen, deren endgültigem Nutzen der Rechtsstreit dienen soll.[134] Dazu zählen nicht nur unbeschränkt haftende Gesellschafter, sondern auch

---

127 Vgl. dazu auch RGZ 82, 65 (69); BGHZ 32, 114 (119).

128 BayObLG DB 1988, 1210; Ebenroth/Boujong/Joost/Strohn/*Hillmann* Rn 20; dazu auch Schlegelberger/*K. Schmidt* § 125 Rn 4 mit berechtigtem Hinweis darauf, dass die Ersatzustellung an die GmbH ggf als Zustellung an den gesetzlichen Vertreter der KG anzuerkennen sei (vom BayObLG aaO nicht erörtert).

129 RGZ 82, 131 (133), unter gleichzeitiger Ablehnung des Parteieids der nicht vertretungsberechtigten Gesellschafter; BGHZ 34, 293, 297 (obiter); *A. Hueck* OHG § 22 III (insbes. Auseinandersetzung mit der Auffassung *R. Fischers* in Fn 25); so auch heute noch § 373 Abs. 3 öZPO, s. dazu *Straube/Koppensteiner* Rn 30.

130 *R. Fischer* FS Hedemann S. 81 ff (85); *ders.* 3. Aufl. Anm. 22; im Ergebnis bereits *Jaeger* Festgabe Sohm S. 35.

131 BGHZ 42, 230 (231 f); BGH NJW 1965, 2253 (2254); BAG BB 1980, 580 (Leitsatz 2); Stein/Jonas/*Bork* ZPO[22] § 50 Rn 17; *Barfuß* NJW 1977, 1273 f; MünchKommHGB/*K. Schmidt* Rn 22; Ebenroth/Boujong/Joost/Strohn/*Hillmann* Rn 23; Heymann/*Emmerich* Rn 21; Baumbach/*Hopt* Rn 43; MünchHdbGesR I-*Neubauer* § 70 Rn 11. – Zur Unzulässigkeit der Vernehmung eines Streitgenossen als Zeuge im Prozess eines anderen Streitgenossen, soweit es nicht um Beweisthemen geht, die ausschließlich den Prozess des anderen betreffen (was im Hinblick auf § 128 grundsätzlich nicht der Fall ist), s. statt aller Zöller/*Vollkommer* ZPO[26] § 61 Rn 4 mwN.

132 BGH LM § 448 ZPO Nr. 4; Thomas/Putzo/*Reichold* ZPO[29] vor § 373 Rn 8.

133 Zur grundsätzlichen Vereinbarkeit dieses Erfordernisses mit dem GG und dem Verbot restriktiver Auslegung s. BVerfGE 35, 348 (352 ff) = NJW 1979, 229 ff.

134 BGH NJW 1977, 2317; Thomas/Putzo/*Reichold* ZPO[29] § 116 Rn 1.

Kommanditisten und stille Gesellschafter.[135] Was das Erfordernis einer Verletzung von Allgemeininteressen betrifft, so ist dieses etwa erfüllt, wenn ohne die Durchführung des Rechtsstreits die Gesellschaft gehindert würde, der Allgemeinheit dienende Aufgaben zu erfüllen, ferner wenn die Entscheidung größere Kreise der Bevölkerung oder des Wirtschaftslebens anspricht und soziale Wirkungen wie den Verlust einer größeren Zahl von Arbeitsplätzen oder die Schädigung einer Vielzahl von Gläubigern nach sich ziehen könnte.[136] Wegen der Einzelheiten sei auf die Kommentierungen zu §§ 114, 116 ZPO verwiesen.

g) Kostenentscheidung und Kostenfestsetzung. Als parteifähiges Rechtssubjekt ist die Gesellschaft selbst Kostenschuldner. Kostenentscheidung und Kostenfestsetzung gem. §§ 104 ff ZPO wirken somit nur für und gegen die Gesellschaft.[137] Die Gesellschafter haften zwar gem. § 128 auch für die Kosten. Ihre Haftung kann jedoch nur durch Klage geltend gemacht werden; der Kostenfestsetzungsbeschluss berechtigt gem. § 129 Abs. 4 nicht zur Zwangsvollstreckung gegen die Gesellschafter.[138] Dies gilt auch hinsichtlich der Kostenfestsetzung für den Prozessbevollmächtigten der Gesellschaft gem. § 11 RVG, soweit nicht ausnahmsweise der Anwaltsvertrag nicht nur im Namen der Gesellschaft, sondern auch im Namen der Gesellschafter geschlossen worden ist[139]. Zur Tenorierung bei Streitgenossenschaft von Gesellschaft und Gesellschafter s. Rn 26. 35

h) Rechtskraft des Urteils. Das im Gesellschaftsprozess ergehende Urteil erwächst allein im Verhältnis zwischen Gesellschaft und Prozessgegner in Rechtskraft. Gem. § 129 Abs. 1 wirkt das Urteil aber auch für und gegen die Gesellschafter persönlich, soweit es um ihre Inanspruchnahme nach § 128 S. 1 geht (§ 129 Rn 10 ff). Zur Frage, ob *verjährungsunterbrechende Maßnahmen* des Gläubigers gegenüber der Gesellschaft auch im Verhältnis zu den Gesellschaftern und solche gegenüber einem Gesellschafter auch im Verhältnis zur Gesellschaft wirken, s. § 129 Rn 6 ff. 36

i) Auflösung der Gesellschaft; Gesellschafterwechsel. Die Auflösung der Gesellschaft hat auf den Fortgang des Verfahrens grundsätzlich keinen Einfluss; insbesondere verliert die Gesellschaft nicht ihre Parteifähigkeit.[140] Im laufenden Prozess wird die Gesellschaft nunmehr gem. § 149 S. 2 **durch die Liquidatoren vertreten;** sie treten an die Stelle der vertretungsberechtigten Gesellschafter. Eine Unterbrechung des Prozesses erfolgt gem. §§ 241, 246 ZPO nur in den Fällen, in denen nicht die bisherigen vertretungs- 37

135 Vgl. für Kommanditisten OLG Stuttgart 1975, 2022; allg. MünchKommHGB/*K. Schmidt* Rn 26; Ebenroth/Boujong/Joost/Strohn/*Hillmann* Rn 22; Baumbach/*Hopt* Rn 43.

136 Vgl. BGH NJW 1991, 703; OLG Hamm NJW-RR 1989, 382 (383); Stein/Jonas/*Bork* ZPO[22] § 116 Rn 20 ff, 32; Thomas/Putzo/*Reichold* ZPO[29] § 116 Rn 6.

137 OLG Hamburg JurBüro 1984, 1180; OLG Schleswig JurBüro 1984, 1178; OLG München NJW 1964, 933; LAG Berlin NJW 1971, 1056; MünchKommHGB/*K. Schmidt* Rn 27; Ebenroth/Boujong/Joost/Strohn/*Hillmann* Rn 24; Heymann/*Emmerich* Rn 20.

138 Vgl. die Nachw. in Fn 137.

139 So auch OLG Schleswig JurBüro 1984, 1178; OLG Hamburg JurBüro 1984, 1180; MünchKommHGB/*K. Schmidt* Rn 27; Ebenroth/Boujong/Joost/Strohn/*Hilllmann* 24; **aA** KG NJW 1970, 1612; *Swolana/Hansens* BRAGO[7] § 19 Rn 15; *Gerold/Schmid/Müller-Rabet* RVG[18] § 11 Rn 34; § 19 Rn 18; MünchHdbGesR I-*Neubauer* § 70 Rn 9.

140 Einh. M., s. BGH ZIP 1996, 842; ZIP 1994, 1685; WM 1982, 1170; RGZ 141, 277 (280); MünchKommHGB/*K. Schmidt* Rn 33, § 156 Rn 20; Heymann/*Emmerich* Rn 22.

berechtigten Gesellschafter Liquidatoren werden und es nicht zur sofortigen Bestellung anderer Liquidatoren kommt.[141] Besonderheiten gelten bei Auflösung der Gesellschaft infolge **Eröffnung des Insolvenzverfahrens** (§ 131 Abs. 1 Nr. 3, dazu § 131 Rn 30 ff). Gem. § 240 ZPO wird in diesem Fall der Aktivprozess[142] der Gesellschaft unterbrochen, bis er nach § 85 Abs. 1 InsO aufgenommen oder das Insolvenzverfahren aufgehoben wird; lehnt der Insolvenzverwalter die Aufnahme des Verfahrens ab, so können gem. § 85 Abs. 2 InsO sowohl die Gesellschaft als auch der Prozessgegner den Prozess aufnehmen.[143] Wird das über das Vermögen der Gesellschaft eröffnete Insolvenzverfahren mangels Masse eingestellt, so ist die Gesellschaft damit keineswegs vollbeendigt (dazu Rn 38); das Verfahren ist vielmehr mit der Liquidationsgesellschaft fortzusetzen.[144] Das Ausscheiden einzelner Gesellschafter und ein Gesellschafterwechsel sind grundsätzlich ohne Einfluss auf den Fortgang des Verfahrens; Anderes gilt wiederum in den Fällen der §§ 241, 246 ZPO, d.h. bei Ausscheiden des oder der vertretungsberechtigten Gesellschafter (Rn 26).

j) **Vollbeendigung der Gesellschaft**

38 aa) **Rechtslage bei unterbliebener Eintragung.** Mit Eintritt der Vollbeendigung erlischt die Gesellschaft als parteifähiges Rechtssubjekt. Zugleich erlischt die Firma, was von den Liquidatoren gem. § 157 Abs. 1 zur Eintragung in das Handelsregister anzumelden ist. Da die Eintragung i.S.v. § 157 Abs. 1 nur deklaratorische Bedeutung hat (§ 157 Rn 10), treten die Rechtsfolgen der Vollbeendigung, nämlich der Wegfall der Gesellschaft als Partei des Prozesses, auch dann ein, wenn die Liquidatoren der Pflicht zur Anmeldung des Erlöschens gem. § 157 Abs. 1 nicht nachkommen. **Gutgläubigen Dritten** gegenüber gilt die Gesellschaft allerdings gem. § **15 Abs. 1** als fortbestehend, so dass sie die erloschene Gesellschaft verklagen und dies nach hM sodann den Gesellschaftern als die Verjährung der Gesellschafterschuld unterbrechende Maßnahme entgegenhalten können (vgl. dazu aber auch § 129 Rn 6 ff).[145]

39 bb) **Rechtslage bei Eintragung des Erlöschens.** Bei Eintragung des (tatsächlich eingetretenen)[146] Erlöschens sowie bei ihr gem. § 15 Abs. 1 aE gleichstehender Kenntnis des Prozessgegners sollten nach Auffassung des RG die Gesellschafter als einfache Streitgenossen an die Stelle der Gesellschaft treten.[147] Auch diese Rechtsprechung leugnete

---

141 Vgl. BGH WM 1982, 1170; MünchKommHGB/*K. Schmidt* § 156 Rn 20; Heymann/*Emmerich* Rn 22.

142 Zu Passivprozessen s. § 86 InsO und dazu Thomas/Putzo/*Hüßtege* ZPO[29] § 240 Rn 10 f.

143 RGZ 127, 197 (200); Uhlenbruck/*Hirte* InsO[12] § 85 Rn 59; Ebenroth/Boujong/Joost/Strohn/*Hillmann* Rn 25; allg. zur Aufnahme des Verfahrens Stein/Jonas/*Roth* ZPO[22] § 240 Rn 9 (19 ff); Zöller/*Greger* ZPO[26] § 240 Rn 9 ff; **aA** – gegen Anwendbarkeit des § 10 KO a.F. (= § 85 InsO) bei Insolvenz einer Handelsgesellschaft oder juristischen Person und stattdessen für analoge Anwendung des § 241 ZPO – *K. Schmidt* KTS 1994, 309 (315 ff).

144 BGH ZIP 1994, 1685; Ebenroth/Boujong/Joost/Strohn/*Hillmann* Rn 25.

145 Vgl. RGZ 127, 98 (99); 157, 369 (376 f).

146 Zum Fortbestand der Gesellschaft bei Existenz von Restvermögen s. § 157 Rn 6 f; *K. Schmidt* Gesellschaftsrecht § 52 IV 2e; im vorliegenden Zusammenhang – Fortbestand der Parteifähigkeit – BGH NJW 1979, 1987; MünchKommZPO[2]/*Lindacher* ZPO § 50 Rn 29; *Mahr* GesRZ 1990, 148 (151 f).

147 Vgl. etwa RGZ 64, 77 (78 ff); 124, 146 (149 ff); 127, 98 (100); 141, 277 (280 ff); ebenso noch BayObLG NJW 1952, 28 (29).

indes die eigene Rechtssubjektivität der Gesellschaft und war demnach mit der gebotenen Trennung zwischen Gesellschafts- und Gesellschafterprozess (Rn 23, 26) nicht vereinbar. Die heute ganz hM geht vielmehr zu Recht davon aus, dass die **gegen die Gesellschaft gerichtete Klage** infolge des Wegfalls der Beklagten *unzulässig* wird.[148] Der Kläger kann in diesem Fall den Rechtsstreit *für erledigt erklären*; insoweit wird der Fortbestand der Parteifähigkeit der Gesellschaft fingiert.[149] Stattdessen kann der Prozess aber auch im Wege des *gewillkürten Parteiwechsels* (Rn 26) gegen die Gesellschafter fortgeführt werden,[150] wobei es der Zustimmung der Gesellschafter nur innerhalb des Berufungsrechtszugs bedarf.[151] Im Aktivprozess der Gesellschaft haben die Gesellschafter den Rechtsstreit als *notwendige Streitgenossen* fortzuführen und Leistung an denjenigen von ihnen zu beantragen, dem der Gegenstand des Rechtsstreits im Rahmen der Auseinandersetzung der Gesellschaft zugeteilt wurde; die anderen Gesellschafter klagen insoweit gem. § 265 ZPO als Prozessstandschafter.[152]

cc) **Gesamtrechtsnachfolge.** Kommt es während des Prozesses zum Ausscheiden des **40**
vorletzten Gesellschafters, sei es durch Anteilsübertragung auf den verbleibenden Gesellschafter oder durch ersatzloses Ausscheiden, so erlischt die Gesellschaft ohne Liquidation; der verbleibende Gesellschafter erwirbt das Gesellschaftsvermögen im Wege der Gesamtrechtsnachfolge.[153] In diesem Fall findet nach zutreffender, freilich bestrittener Auffassung **§§ 239, 246 ZPO** entsprechende Anwendung mit der Folge, dass der verbleibende Gesellschafter in den Gesellschaftsprozess eintritt.[154] Dies entspricht der materiell-recht-

---

148 BGHZ 74, 212 f; OGH GesRZ 1990, 156, 158 (8. Senat); Ebenroth/Boujong/Joost/Strohn/*Hillmann* Rn 26; *K. Schmidt* Gesellschaftsrecht § 46 II 3a aa; Heymann/*Emmerich* Rn 24; Baumbach/*Hopt* Rn 44; Koller/Roth/Morck/*Koller* Rn 7; Zöller/*Vollkommer* ZPO[26] § 50 Rn 17a; *R. Fischer* FS Hedemann S. 85 ff; *U. Huber* ZZP 82 (1969), 224 (243 ff); für Heranziehung der §§ 239 ff ZPO (dazu noch Rn 40) dagegen *Henckel* ZGR 1975, 232 ff (236); s. ferner *ders.* Parteilehre S. 125 ff, 177 ff, 245 ff. **AA** – für Fortsetzung des Rechtsstreits mit der vollbeendigten Gesellschaft – BFH BB 1983, 2042 f; OGH GesRZ 1990, 153, 155 f (1. Senat); *Jaeger* Festgabe Sohm S. 56 ff; *Mahr* GesR 1990, 148, 151 f (unter Hinweis auf den Fortbestand der Gesellschaft infolge der Pflicht zur Rückerstattung des gem. § 155 Abs. 2 auf die streitige Verbindlichkeit Geleisteten, also beschränkt auf Passivprozesse); für die GmbH auch BAG ZIP 1981, 1382 (1383) = JZ 1982, 372 mit zust. Anm. *Theil.*

149 BGH NJW 1982, 238.

150 BGH NJW 1982, 238; WM 1982, 1170; *R. Fischer* FS Hedemann S. 87; *K. Schmidt* Gesellschaftsrecht § 46 II 3a aa; Heymann/*Emmerich* Rn 24; Ebenroth/Boujong/Joost/Strohn/*Hillmann* Rn 26. – Zur Notwendigkeit eines Parteiwechsels bei Übergang vom Gesellschafts- zum Gesellschafterprozess s. Rn 26 mN in Fn 106.

151 S. im Einzelnen zu den Voraussetzungen des gewillkürten Parteiwechsels Thomas/Putzo/*Hüßtege* ZPO[29] vor § 50 Rn 20 ff.

152 Zöller/*Vollkommer* ZPO[26] § 50 Rn 17a.

153 BGHZ 48, 203 (206); MünchKomm-*Ulmer* § 718 Rn 21 (24); Schlegelberger/*K. Schmidt* § 142 Rn 3 (25 f).

154 HM, s. BGH NJW 1971, 1844; NJW 1993, 1917 (1918); NJW 2002, 1207; ZIP 2004, 1147, 1148 (dort auch zur analogen Anwendung des § 86 ZPO); OGH GesRZ 1990, 156 (158); *R. Fischer* FS Hedemann S. 92 ff; *Henckel* ZGR 1975, 234, 235 f (zu ihm bereits Fn 148); MünchKommHGB/*K. Schmidt* Rn 29 (für § 241 ZPO); Ebenroth/Boujong/Joost/Strohn/*Hillmann* Rn 29; Baumbach/*Hopt* § 124 Rn 44; Zöller/Vollkommer ZPO[26] § 50 Rn 17a; Thomas/Putzo/*Hüßtege* ZPO[29] § 239 Rn 3; **aA** *Huber* ZZP 82 (1969), 253 ff, Heymann/*Emmerich* Rn 25 und Koller/Roth/Morck/*Koller* Rn 7 (freilich unter unzutr. Berufung auf BGH NJW 1982, 238): allenfalls gewillkürter Parteiwechsel (s. Rn 39); RGZ 141, 277 (281); RG WarnR 1915, Nr. 35 S. 44: Fortsetzung des Rechtsstreits mit den Gesellschaftern gem. § 265 ZPO.

lichen Lage, hat doch der Übernehmer nunmehr die *Gesellschaftsschuld* als seine *persönliche Schuld* zu begleichen, so dass vor Eintritt der Gesamtrechtsnachfolge begründete persönliche Einwendungen i.S.v. § 129 Abs 1–3 gegenstandslos geworden sind.[155] Der **Rechtsformwechsel** in die GbR (§ 123 Rn 4 ff) ist auf den Fortgang des Prozesses ohne Einfluss; allein das Rubrum ist zu berichtigen.[156]

41 k) **Rechtsstreitigkeiten zwischen Gesellschaft und Gesellschafter.** Infolge der Rechtssubjektivität der OHG kann es zu Rechtsstreitigkeiten zwischen ihr und den Gesellschaftern kommen (Rn 26). Sieht man von Streitigkeiten über die *Grundlagen der Gesellschaft* ab, die unmittelbar zwischen den Gesellschaftern auszutragen sind (§ 105 Rn 207 ff), so ist die Gesellschaft grundsätzlich auch insoweit aktiv- bzw. passivlegitimiert; dies gilt insbesondere für die Geltendmachung von Sozialansprüchen bzw. -verbindlichkeiten (§ 105 Rn 210 f) sowie für die Geltendmachung von Ansprüchen aus Drittbeziehungen (§ 105 Rn 213 f, § 126 Rn 10, § 128 Rn 13). In einem Prozess gegen die Gesellschaft kann ein vertretungsberechtigter Gesellschafter nicht zugleich im Namen der Gesellschaft auftreten. Ist der klagende Gesellschafter der einzige vertretungsberechtigte Gesellschafter, so ist gegebenenfalls ein Prozesspfleger i.S.v. § 57 ZPO zu bestellen (Rn 27). Ist der Prozessgegner der Gesellschaft mit einem anderen Gesellschafter gesamtvertretungsberechtigt, so wird dieser für den Prozess nicht ohne weiteres alleinvertretungsberechtigt.[157] In Betracht kommt in diesem Fall allerdings eine Ermächtigung i.S.v. § 125 Abs. 2 S. 2.

2. Zwangsvollstreckung

42 a) **Vollstreckung in das Gesellschaftsvermögen.** Notwendige und hinreichende Voraussetzung für die Zwangsvollstreckung in das Gesellschaftsvermögen ist nach § 124 Abs. 2 ein **gegen die Gesellschaft gerichteter Titel.** Vorbehaltlich der Fälle des § 131 Abs. 1 Nr. 3 i.V.m. § 89 InsO (ex § 14 KO) steht die nach Erwirkung des Titels erfolgende *Auflösung* der Gesellschaft der Zwangsvollstreckung in das Gesellschaftsvermögen nicht entgegen (s. auch Rn 37 zur Auflösung während des Erkenntnisverfahrens). Aus einem gegen einen *Gesellschafter* gerichteten Titel kann dagegen nur in dessen Privatvermögen vollstreckt werden (§ 129 Abs. 4, dazu Rn 43 und § 129 Rn 26 f).[158] Dies gilt auch für den Fall, dass der Gläubiger einen **Titel gegen sämtliche Gesellschafter** erwirkt.[159] Bis zur Anerkennung der Parteifähigkeit der GbR (Rn 1) war hiervon eine Ausnahme für den Fall anzuerkennen, dass der Gläubiger wegen einer Gesellschaftsschuld einen gegen die Gesellschafter einer GbR gerichteten Titel erwirkt hat und sich die Gesellschaft anschließend in eine Personenhandelsgesellschaft umwandelt (§ 123 Rn 4 ff) oder die Gesellschaft zwar bereits im Erkenntnisverfahren OHG war, vom Gericht jedoch zu Unrecht als GbR behandelt wurde.[160] Ob hieran nach BGHZ 146, 341 festgehalten werden kann, erscheint zweifelhaft.[161] Die hM scheint dies selbst für den Fall zu bejahen, dass der Titel gegen die Gesellschafter auf deren persönlicher Haftung für die Gesell-

---

[155] Vgl. *R. Fischer* FS Hedemann S. 93.
[156] *Wertenbruch* NJW 2002, 324 (327); Koller/Roth/Morck/*Koller* Rn 7; zur Parteifähigkeit der GbR s. Rn 1.
[157] BGHZ 41, 367 (368 f); s. ferner § 125 Rn 43 f.
[158] Vgl. BayObLG NJW 1986, 2578.
[159] Einh. M., s. MünchKommHGB/*K. Schmidt* Rn 30; Heymann/*Emmerich* Rn 26; Baumbach/*Hopt* Rn 45; Koller/Roth/Morck/*Koller* Rn 8.
[160] BGH BB 1967, 143; *Schlegelberger/K. Schmidt* Rn 34.
[161] Zweifelnd auch MünchKommHGB/*K. Schmidt* Rn 30; Baumbach/*Hopt* Rn 45.

schaftsschuld gründet;[162] dem kann freilich nicht gefolgt werden.[163] Die Gesellschaft hat die Drittwiderspruchsklage gem. § 771 ZPO, wenn aus einem gegen einen oder alle Gesellschafter gerichteten Titel in ihr Vermögen vollstreckt wird. Die *eidesstattliche Versicherung* gem. §§ 807, 883 i.V.m. §§ 899 ff ZPO ist von den vertretungsberechtigten Gesellschaftern für die Gesellschaft abzugeben.[164] Zu den Fällen der Gesamtrechtsnachfolge s. Rn 43.

b) **Vollstreckung in das Vermögen der Gesellschafter.** Zur Vollstreckung in das Vermögen des Gesellschafters (einschließlich der Mitgliedschaft in der OHG, s. Rn 7) bedarf es gem. § 129 Abs. 4 eines gegen diesen gerichteten Titels. Wird gegen den Gesellschafter aufgrund eines gegen die Gesellschaft gerichteten Titels vollstreckt, so hat dieser – vorbehaltlich des § 242 BGB – die Drittwiderspruchsklage (§ 129 Rn 26 f). Eine **Umschreibung** des gegen die Gesellschaft gerichteten Titels auf die Gesellschafter gem. § 727 ZPO ist auch bei Vollbeendigung der Gesellschaft nicht statthaft (s. Rn 39).[165] Anderes gilt jedoch in den Fällen, in denen der Gesellschafter nach Erwirkung des Titels gegen die Gesellschaft deren **Gesamtrechtsnachfolger** wird (Rn 40).[166] **43**

3. **Insolvenz.** OHG und KG sind gem. § 11 Abs. 2 Nr. 1 InsO **insolvenzfähig.** Gemeinschuldner sollten nach früher hM[167] die Gesellschafter persönlich sein. Diese Auffassung beruhte freilich ebenso wie die ständige Rechtsprechung des RG, wonach letztlich die Gesellschafter als Parteien des Zivilprozesses anzusehen waren (Rn 24), auf der überkommenen Vorstellung, die OHG sei ein bloßes Sondervermögen ihrer Teilhaber. Qualifiziert man dagegen die OHG als Rechtsträger (Rn 3 f), so ist es geboten, die Gesellschaft selbst als **Gemeinschuldner** anzusehen.[168] Von der Insolvenz der Gesellschaft zu unterscheiden ist diejenige des **Gesellschafters.** Anders als jene (§ 131 Abs. 1 Nr. 3) hat diese nicht die Auflösung der Gesellschaft, sondern nur das Ausscheiden des insolventen Gesellschafters (§ 131 Abs. 3 S. 1 Nr. 2) zur Folge. Wie im Rahmen der Einzelvollstreckung (Rn 42 f) ist auch im Rahmen der Insolvenz streng zwischen Gesellschafts- und Gesellschaftervermögen zu unterscheiden (§ 128 Rn 70 ff; § 131 Rn 30 ff, 89 ff). Zu den Eröffnungsgründen s. § 130a Rn 16 f; zur Abwicklung der insolventen Gesellschaft s. noch § 145 Rn 52 ff. **44**

---

162 Vgl. BGHZ 146, 341 (356 f) = NJW 2001, 1057; BGH NZG 2007, 140 (141); s. ferner OLG Schleswig WM 2006, 583 (586); *K. Schmidt* NJW 2008, 1841 (1842 f) mit umf. Nachw.

163 Vgl. *Habersack* BB 2001, 477 (481); *Hadding* ZGR 2001, 712 (734); Soergel/*ders.* § 714 Rn 56; *Gesmann-Nüssl* WM 2001, 973 (976); *Pohlmann* WM 2002, 1421 (1426 f); s. ferner *K. Schmidt* NJW 2001, 993 (1000 f); *Wertenbruch* NJW 2002, 324 (328 f); *Westermann* NZG 2001, 289 (293).

164 OLG Dresden OLGE 6, 144; AG Bochum DGVZ 2001, 13; MünchKommHGB/*K. Schmidt* Rn 32; Heymann/*Emmerich* Rn 27.

165 Zutr. OLG Hamm NJW 1979, 51; OLG Frankfurt BB 1982, 399; MünchKommHGB/*K. Schmidt* § 129 Rn 27 f; Heymann/*Emmerich* § 129 Rn 18; **aA** noch RGZ 124, 150; BayObLG NJW 1952, 28.

166 Vgl. MünchKommHGB/*K. Schmidt* Rn 33; Baumbach/*Hopt* Rn 45; Koller/Roth/Morck/*Koller* Rn 8.

167 BGHZ 34, 293 (297); Kuhn/*Uhlenbruck* KO[11] § 209 Rn 16; *Jauernig* Zwangsvollstreckungs- und Insolvenzrecht[20] § 61 I; vgl. auch BGH NJW 1974, 147 (148).

168 So zu Recht *K. Schmidt* Gesellschaftsrecht § 46 II 3b; MünchKommHGB/*K. Schmidt* Rn 34; Röhricht/v. Westphalen/*v. Gerkan/Haas* Rn 8; Baumbach/*Hopt* Rn 46; Uhlenbruck/*Hirte* InsO[12] § 11 Rn 236; unentschieden Ebenroth/Boujong/Joost/Strohn/*Hillmann* Rn 30.

§ 125

(1) Zur Vertretung der Gesellschaft ist jeder Gesellschafter ermächtigt, wenn er nicht durch den Gesellschaftsvertrag von der Vertretung ausgeschlossen ist.

(2) [1]Im Gesellschaftsvertrage kann bestimmt werden, daß alle oder mehrere Gesellschafter nur in Gemeinschaft zur Vertretung der Gesellschaft ermächtigt sein sollen (Gesamtvertretung). [2]Die zur Gesamtvertretung berechtigten Gesellschafter können einzelne von ihnen zur Vornahme bestimmter Geschäfte oder bestimmter Arten von Geschäften ermächtigen. [3]Ist der Gesellschaft gegenüber eine Willenserklärung abzugeben, so genügt die Abgabe gegenüber einem der zur Mitwirkung bei der Vertretung befugten Gesellschafter.

(3) [1]Im Gesellschaftsvertrage kann bestimmt werden, daß die Gesellschafter, wenn nicht mehrere zusammen handeln, nur in Gemeinschaft mit einem Prokuristen zur Vertretung der Gesellschaft ermächtigt sein sollen. [2]Die Vorschriften des Absatzes 2 Satz 2 und 3 finden in diesem Falle entsprechende Anwendung.

(4) (aufgehoben)

Schrifttum

Baumann Die Kenntnis juristischer Personen des Privatrechts von rechtserheblichen Umständen, ZGR 1973, 284; *Bergmann* Die fremdorganschaftlich verfasste BGB-Gesellschaft, offene Handelsgesellschaft und Kommanditgesellschaft als Problem des allgemeinen Verbandsrechts, 2002; *ders.* Der Kommanditist als Vertretungsorgan der Kommanditgesellschaft, ZIP 2006, 2064; *Beuthien* Konzernbildung und Konzernleitung kraft Satzung, ZIP 1993, 1589; *ders.* Zur Theorie der Stellvertretung im Gesellschaftsrecht, FS Zöllner I, 1998, S. 87; *ders.* Gibt es eine organschaftliche Stellvertretung? NJW 1999, 1142; *Beuthien/Müller* Gemischte Gesamtvertretung und unechte Gesamtprokura, DB 1996, 461; *Bohrer* Anm. zu BGH, Urt. v. 8.12.1989 – V ZR 246/87, DNotZ 1991, 124; *Buck* Wissen und juristische Person, 2001; *Fassbender/Neuhaus* Zum aktuellen Stand der Diskussion in der Frage der Wissenszurechnung, WM 2002, 1253; *Gernhuber* Die verdrängende Vollmacht, JZ 1995, 381; *Grunewald* Wissenszurechnung bei juristischen Personen, FS Beusch (1993) S. 301; *Habersack* Die Besorgung fremder Rechtsangelegenheiten durch beauftrage Geschäftsführer, – kein Problem des RBerG? BB 2005, 1695; *Heidemann* Der zwingende oder dispositive Charakter des Prinzips der Selbstorganschaft bei Personengesellschaften, 1999; *K.-H. Horst* Geschäftsführung, Vertretung und Beschlußfassung bei Personenhandelsgesellschaften – Eine empirische Untersuchung der Vertragspraxis (1981); *Jaeniche* Die Dritteinflußnahme bei Personengesellschaften (1995); *Joussen* Die Generalvollmacht im Handels- und Gesellschaftsrecht, WM 1994, 273; *Köhl* der Prokurist in der unechten Gesamtvertretung, NZG 2005, 197; *Koller* Wissenszurechnung, Kosten und Risiken, JZ 1998, 75; *Krebs* Ungeschriebene Prinzipien der handelsrechtlichen Stellvertretung als Schranken der Rechtsfortbildung – speziell für Gesamtvertretungsvollmacht und Generalvollmacht, ZHR 159 (1996), 635; *Lüdtke-Handjery* Die „Ermächtigung“ eines gesamtvertretungsberechtigten OHG-Gesellschafters zum Alleinhandeln, DB 1972, 565; *Medicus* Probleme der Wissenszurechnung, Karlsruher Forum (Sonderheft VersR) 1994, 4; *Raiser* Kenntnis und Kennenmüssen von Unternehmen, FS Bezzenberger 2000, S. 561; *D. Reinicke* Gesamtvertretung und Insichgeschäft, NJW 1975, 1185; *Scheuch* Die Zurechnung des Wissens ausgeschiedener Gesellschafter von Personenhandelsgesellschaften, FS Brandner (1996) S. 121; *dies.* „Wissenszurechnung“ bei GmbH und GmbH & Co., GmbHR 1996, 828; *Schilken* Wissenszurechnung im Zivilrecht (1983); *K. Schmidt* Offene Stellvertretung – Der „Offenkundigkeitsgrundsatz“ als Teil der allgemeinen Rechtsgeschäftslehre, JuS 1987, 425; *ders.* Selbstorganschaft, Gedächtnisschrift Knobbe-Keuk, 1997, S. 307; *Schürnbrand* Organschaft im Recht der privaten Verbände, 2007; *M. Schultz* Zur Vertretung im Wissen, NJW 1990, 477; *Schwarz* Die Gesamtvertretungsermächtigung – ein zivil- und gesellschaftsrechtliches Rechtsinstitut, NZG 2001, 529; *Senrau* Die Dritteinflussnahme auf die Geschäftsführung von GmbH und Personengesellschaften, 2001; *Servatius* Zur Eintragung organschaftlicher Vertretungsmacht ins Handelsregister, NZG

2002, 456; *Taupitz* Wissenszurechnung nach englischem und deutschem Recht, Karlsruher Forum (Sonderheft VersR) 1994, 16; *Waltermann* Die Wissenszurechnung – am Beispiel der juristischen Person des privaten und des öffentlichen Rechts, AcP 192 (1992), 181; *Werra* Zum Stand der Diskussion um die Selbstorganschaft (1991); *Westermann* Die grundsätzliche Bedeutung des Grundsatzes der Selbstorganschaft im Personengesellschaftsrecht, FS Lutter, 2000, S. 955.

Übersicht

I. Einführung

1. Überblick. Die OHG kann zwar als solche am Rechtsverkehr teilnehmen,[1] ist aber – nicht anders als die juristische Person – als solche handlungsunfähig und damit auf das Handeln natürlicher Personen angewiesen. Die Vertretung erfolgt entweder durch organschaftliche Vertreter oder durch – von diesen namens der Gesellschaft eingesetzte – 1

[1] Näher dazu § 124 Rn 1, 3 f, 11 ff; zur Rechtsfähigkeit der GbR sowie zu EWIV und Partnerschaft s. § 124 Rn 1.

bevollmächtigte Vertreter. § 125 regelt allein die Zuständigkeit für die *organschaftliche Vertretung* der werbenden Gesellschaft. Abs. 1 erklärt insoweit den Grundsatz der **Einzelvertretungsmacht** eines jeden Gesellschafters zum gesetzlichen Regelfall; danach ist also jeder Gesellschafter für sich allein zur Vertretung der Gesellschaft befugt. Die Gesellschafter können jedoch davon abweichen und gem. Abs. 1 a.E. einzelne Gesellschafter gänzlich von der Vertretung der Gesellschaft ausschließen oder gem. Abs. 2 und 3 für sämtliche oder mehrere Gesellschafter **Gesamtvertretung** anordnen. Dabei setzt freilich der Grundsatz der *Selbstorganschaft* der Zulässigkeit unechter Gesamtvertretung i.S.v. Abs. 3 S. 1 Grenzen. In § 125 nicht geregelt sind der **Umfang und** die **Entziehung** der organschaftlichen Vertretungsmacht; diese Fragen sind vielmehr Gegenstand der §§ 126, 127. Gleichfalls nicht in § 125 geregelt ist die Vertretung der Gesellschaft durch Bevollmächtigte; ihre Zulässigkeit steht indes außer Frage. Bis Ende 2001 war in § 125 Abs. 4 noch bestimmt, dass Vertretungsregeln, die von dem Grundsatz des § 125 Abs. 1 abweichen, in das Handelsregister einzutragen waren.[2] Durch Art. 1 Nr. 5 und 7 des Gesetzes über elektronische Register und Justizkosten für Telekommunikation vom 10.12.2001[3] ist indes § 125 Abs. 4 aufgehoben und in § **106 Abs. 2** eine **neue Nr. 4** angefügt worden, der zufolge nunmehr bei Erstanmeldung der OHG nicht nur Abweichungen von der Regel des § 125 Abs. 1, sondern die **Vertretungsmacht insgesamt anzumelden und einzutragen** ist;[4] Änderungen der Vertretungsmacht sind nach § 107 anzumelden und einzutragen (§ 107 Rn 8). – Zur Vertretung der Gesellschaft im **Prozess** sowie zur Vernehmung der Gesellschafter s. bereits § 124 Rn 27 f, 33.

2 2. **Anwendungsbereich.** Die Vorschrift des § 125 findet auch auf die **KG** Anwendung, gem. § 170 freilich mit der Maßgabe, dass nur die **Komplementäre** zu organschaftlichen Vertretern der Gesellschaft bestellt werden können. Diese Einschränkung der gesellschaftsvertraglichen Gestaltungsfreiheit ist nach hM zwingend und soll – im Zusammenspiel mit dem Grundsatz der Selbstorganschaft (Rn 5 ff) – sicherstellen, dass stets eine Vertretung der Gesellschaft allein durch die persönlich haftenden Gesellschafter möglich ist. Dies schließt es allerdings nicht aus, dass sich die Komplementäre, soweit es sich bei ihnen nicht um natürliche Personen handelt, ihrerseits eines organschaftlichen Vertreters bedienen (Rn 9). *Kommanditisten* können dagegen nur durch von der organschaftlichen Vertretungsmacht der Komplementäre abgeleitete Vollmacht zur Vertretung der KG ermächtigt werden (Rn 13 ff; Voraufl. § 170 Rn 4 ff). Für die **GbR** gilt zwar gem. §§ 709, 714 BGB der Grundsatz der Gesamtvertretungsmacht.[5] Eine davon abweichende, auf Geltung des Abs. 1 gerichtete Vereinbarung ist jedoch im Zweifel bei der Vor-OHG sowie bei der infolge formwechselnder Umwandlung zur GbR gewordenen Gesellschaft anzunehmen (§ 123 Rn 3). Nach § 7 Abs. 3 PartGG findet § 125 auch auf die **Partnerschaftsgesellschaft** Anwendung. Für die **EWIV** enthält hingegen Art. 20 EWIV-VO eine spezielle Vertretungsregel.

3 3. **Geschäftsführung und Vertretung.** Im Unterschied zur Geschäftsführung i.S.v. §§ 114 ff betrifft die Vertretung die Teilnahme der Gesellschaft am Rechtsverkehr und damit das (Außen-)Verhältnis der Gesellschaft zu sonstigen Rechtssubjekten. Dazu

[2] Vgl. Voraufl. Rn 63 ff.

[3] BGBl. I S. 3422.

[4] Näher dazu § 106 Rn 22; ferner *Servatius* NZG 2002, 456 ff; zur Rechtslage unter Geltung des § 125 Abs. 4, insbesondere zur Eintragungsfähigkeit und -pflichtigkeit einer Befreiung von § 181 BGB, s. Voraufl. Rn 63 ff. (*Habersack*).

[5] Näher dazu sowie zum organschaftlichen Charakter der in § 714 BGB geregelten Vertretungsmacht MünchKommBGB/*Ulmer*/*Schäfer* § 714 Rn 12 ff.

zählen auch Drittgeschäfte zwischen der Gesellschaft und ihren Gesellschaftern (§ 105 Rn 216 f), ferner Rechtsgeschäfte der Gesellschaft mit von ihr abhängigen Unternehmen (Anh. § 105 Rn 81 ff). Die Ausübung der Vertretungsmacht ist zugleich eine Maßnahme der Geschäftsführung und unterliegt deshalb als solche den §§ 114 ff. Geschäftsführung und Vertretung sind maW zwar **keine unterschiedlichen Tätigkeitsbereiche**, sind aber auch insoweit, als sie sich überschneiden, in ihrer rechtlichen Beurteilung **voneinander unabhängig**. Namentlich die für den Bereich der Geschäftsführung geltenden Beschränkungen gem. §§ 115 f betreffen ausschließlich das „rechtliche Dürfen" des Gesellschafters und haben auf die Wirksamkeit des namens der Gesellschaft getätigten Rechtsgeschäfts keinen Einfluss; diese beurteilt sich vielmehr ausschließlich nach § 126 und ist somit grundsätzlich auch dann gegeben, wenn der Gesellschafter das Erfordernis der Zustimmung der übrigen Gesellschafter missachtet.[6]

II. Organschaftliche Vertretung

1. Rechtsnatur. Die in § 125 geregelte Vertretungsmacht der Gesellschafter ist **organschaftlicher Natur**[7] und zudem an die Mitgliedschaft gebunden (Rn 5 ff). Erst sie verleiht der rechtsfähigen, aber handlungsunfähigen und damit auf organschaftliches Handeln angewiesenen Gesellschaft die Möglichkeit zur Teilnahme am Rechtsverkehr. Wie die Vertretungsmacht des Organwalters einer juristischen Personen ist somit auch diejenige des OHG-Gesellschafters ein Fall der – organschaftlichen – **gesetzlichen Vertretungsmacht**; der Umstand, dass die Vertretungsmacht auf dem Gesellschaftsvertrag beruht, steht dem nicht entgegen.[8] Die Qualifizierung als gesetzliche Vertretungsmacht schließt es freilich nicht aus, die **Vorschriften der §§ 164 ff BGB insoweit entsprechend** anzuwenden, als sich dies mit der organschaftlichen Stellung des Gesellschafters und mit den Vorschriften der §§ 125 ff in Einklang bringen lässt.[9] Auch für den Bereich der organschaftlichen Vertretung gelten insbesondere das Offenkundigkeitserfordernis des § 164 Abs. 1 BGB einschließlich des Ausschlusses des Anfechtungsrechts bei unterbliebener Offenlegung gem. § 164 Abs. 2 (Rn 16 f) und die – im Hinblick auf den Grundsatz der unbeschränkten und unbeschränkbaren Vertretungsmacht (§ 126 Rn 4 ff, 20 ff) praktisch allerdings wenig bedeutsamen – Vorschriften der §§ 177 BGB über die Vertretung ohne Vertretungsmacht (s. dazu auch Rn 42, ferner § 126 Rn 27 f). Keine Anwendung finden dagegen § 165 BGB betr. den in seiner Geschäftsfähigkeit beschränkten Vertreter (Rn 29), 4

---

6 Vgl. dazu noch § 126 Rn 3 mN.

7 Einh. M, s. BGHZ 33, 105 (108); 36, 292 (295); 41, 367 (369); 51, 198 (200); 64, 72 (75); BGH NJW 1982, 1817; *Westermann* Rn I 234; MünchKommHGB/*K. Schmidt* Rn 3; Heymann/*Emmerich* Rn 4; Baumbach/*Hopt* Rn 2; Ebenroth/Boujong/Joost/Strohn/*Hillmann* Rn 3 f; Röhricht/v. Westphalen/*v. Gerkan/Haas* Rn 1; KollerRoth/Morck/*Koller* Rn 1; nachdrücklich *Beuthien* FS Zöllner I S. 87, 103 ff; *ders.* NJW 1999, 1142 ff – Näher zur Unterscheidung zwischen organschaftlicher Vertretungsmacht und rechtsgeschäftlich erteilter Vollmacht in Rn 7.

8 Heute hM, s. *K. Schmidt* Gesellschaftsrecht § 10 II 1; MünchKommHGB/*K. Schmidt* Rn 3; Heymann/*Emmerich* Rn 4; Baumbach/*Hopt* Rn 2; Ebenroth/Boujong/Joost/Strohn/*Hillmann* Rn 4; *Beuthien* NJW 1999, 1142 (1145 f); näher dazu und mN zum älteren Schrifttum 3. Aufl. Anm. 3 (*R. Fischer*); *A. Hueck* OHG § 20 I; *Bergmann* S. 38 ff, 74 ff; allg. zur Organtheorie *Flume* I/2 § 11 IV S. 398 ff; *Schürnbrand* S. 17 ff, 101 ff.

9 Heute unstr., s. MünchKommHGB/*K. Schmidt* Rn 3; Heymann/*Emmerich* Rn 4; Baumbach/*Hopt* Rn 2; Ebenroth/Boujong/Joost/Strohn/*Hillmann* Rn 4; *Beuthien* NJW 1999, 1142 (1146).

§ 166 BGB betr. die Wissenszurechnung (Rn 20) sowie die §§ 167–176 BGB betr. die Erteilung und das Erlöschen der Vollmacht.

2. Selbstorganschaft

5 a) **Grundsatz.** Bei der Vertretungsbefugnis handelt es sich ebenso wie bei der Geschäftsführungsbefugnis um ein **mitgliedschaftliches Pflichtrecht.** Wie sämtliche mitgliedschaftlichen Teilhabe- und Vermögensstammrechte (dazu § 105 Rn 204 ff, § 124 Rn 9 ff) ist auch das Recht zur Vertretung an die Mitgliedschaft gebunden. Einzelne Gesellschafter können zwar von der Geschäftsführungs- und Vertretungsbefugnis ausgeschlossen werden. Eine Übertragung der Befugnis auf ein Nichtmitglied kommt indes nicht in Betracht. Umgekehrt bedarf es keiner Verleihung (oder Erteilung) der Geschäftsführungs- und Vertretungsbefugnis;[10] nach §§ 114 Abs. 1, 125 Abs. 1 sind vielmehr beide Befugnisse Bestandteil einer jeden Mitgliedschaft in der OHG, sofern nicht die Gesellschafter ein anderes bestimmen. Auch für die organschaftliche Vertretung gilt damit der Grundsatz der Selbstorganschaft.[11] Rechtstechnische Grundlage des für Personenhandelsgesellschaften geltenden Grundsatzes der Selbstorganschaft ist damit das Abspaltungsverbot (§ 109 Rn 25 ff).[12] Wie das Abspaltungsverbot im Allgemeinen dient auch der Grundsatz der Selbstorganschaft der Wahrung der **Verbandssouveränität** (dazu § 109 Rn 30 ff). Diese wiederum hat eine doppelte Schutzrichtung, indem sie nicht nur der Selbstbestimmung und dem *Selbstschutz der Gesellschafter* der werbenden Gesellschaft (Rn 8) zum Durchbruch verhelfen, sondern vor dem Hintergrund der Haftung aus § 128 S. 1 zugleich für eine eigenverantwortliche, mit „Richtigkeitsgewähr" versehene und damit dem allgemeinen Rechtsverkehr dienende Unternehmensführung sorgen soll.[13] Als besondere Ausprägung des Abspaltungsverbots ist somit auch der Grundsatz der Selbstorganschaft nicht Selbstzweck; eine sklavische Handhabung verbietet sich schon deshalb (s. Rn 8). – Vgl. auch Rn 46 zum Grundsatz der Höchstpersönlichkeit der organschaftlichen Vertretungsmacht.

6 Die Unterscheidung zwischen Selbst- und Fremdorganschaft und der Grundsatz der Selbstorganschaft selbst beanspruchen unabhängig von der konkreten Verfassung der Gesellschaft und damit auch für den Fall Geltung, dass die Gesellschaft wie eine Körper-

---

[10] S. dazu noch Rn 6; zutr. Betonung dieses Aspekts bei *Flume* I/1 § 10 I; MünchKommHGB/*K. Schmidt* Rn 6; *ders.* GS Knobbe-Keuk S. 307 (314 ff).

[11] Vgl. neben § 109 Rn 33 (*Schäfer*) namentlich BGH WM 1994, 237 (238); WM 1997, 1098 (1099 f); speziell zu § 125 MünchKommHGB/*K. Schmidt* Rn 5 ff; *ders.* GS Knobbe-Keuk S. 307 ff; Ebenroth/Boujong/Joost/Strohn/*Hillmann* Rn 3; Röhricht/v. Westphalen/*v. Gerkan/Haas* Rn 1; Baumbach/*Hopt* Rn 5; allg. *Wiedemann* GesR II § 4 II 2c); *Schürnbrand* S. 242 ff mit umf. Nachw.; *Grunewald* Gesellschaftsrecht Rn 1 A. 41 ff (GbR); *Habersack* BB 2005, 1695 ff; MünchKommBGB/*Ulmer/Schäfer* § 709 Rn 5 f; *Werra* S. 92 ff, 111 ff; stark relativierend *Westermann* Rn I 238 ff; Erman/*ders.* BGB § 709 Rn 4; *ders.* FS Lutter S. 955 ff; ablehnend *Bergmann* S. 568 ff; *ders.* ZIP 2006, 2064 ff (betr. § 170); *Beuthien* ZIP 1993, 1589 (1595 ff); *Heidemann* S. 159 ff; *Jaeniche* S. 151 ff (198 f), 250 ff; s. ferner *Senrau* passim.

[12] Vgl. BGHZ 36, 292 (293); MünchKommHGB/*Rawert* § 114 Rn 25; *Habersack* BB 2005, 1695 (1697); näher zum Zusammenhang beider Grundsätze *Jaeniche* S. 146 ff mwN; krit. insoweit aber *Schürnbrand* S. 249 ff; MünchKommHGB/*K. Schmidt* Rn 5 mit Fn 15; Heymann/*Emmerich* Rn 6.

[13] Vgl. dazu bereits § 109 Rn 33; ferner *K. Schmidt* Gesellschaftsrecht § 19 III 4; *Habersack* Die Mitgliedschaft – subjektives und „sonstiges" Recht (1996) S. 81; *ders.* BB 2005, 1695 (1697); *Schürnbrand* S. 251 ff.

schaft über ein als solches bezeichnetes **Vertretungsorgan** verfügt.[14] Dem lässt sich auch nicht entgegenhalten, dass in Fällen dieser Art der Gesamtheit der Gesellschafter zwingend und unentziehbar die Kompetenz zur *Änderung des Gesellschaftsvertrags* und damit die Möglichkeit der jederzeitigen Wiedereinführung der Gesellschafterselbstverwaltung verbleibe.[15] Schon § 127 zeigt nämlich, dass sich für die organschaftliche Vertretung der Personenhandelsgesellschaften ein Rückgriff auf das den § 27 Abs. 2 S. 1 BGB, §§ 38 Abs. 1, 46 Nr. 5 GmbHG zugrunde liegende Schutzprinzip der Kompetenz-Kompetenz der Gesellschafter verbietet, zumal dieses Prinzip, wie sich wiederum § 84 Abs. 3 AktG entnehmen lässt, nicht einmal für den Bereich der Kapitalgesellschaften Modellcharakter beansprucht. Im Zusammenhang mit der organschaftlichen Vertretung der Gesellschaft hat es deshalb dabei zu bewenden, dass die Gesellschafter geborene und notwendige Organwalter sind und es somit einer Besetzung des Vertretungsorgans der Gesellschaft überhaupt nicht bedarf.[16] Auch für den gesetzlichen Regelfall, dass sämtliche Gesellschafter Einzelvertretungsbefugnis haben, verfügt die Gesellschaft maW über *organschaftliche* Vertreter; umgekehrt dürfen auch dann nur persönlich haftende Gesellschafter an der organschaftlichen Vertretungsbefugnis teilhaben, wenn die Gesellschaft ein als solches bezeichnetes *Vertretungsorgan* hat, mag diesem auch nur ein Teil der Gesellschafter angehören.

Vom Grundsatz der Selbstorganschaft betroffen ist allein die **organschaftliche Vertre- 7
tungsbefugnis** i.S.v. § 125. Den Gesellschaftern ist es deshalb grundsätzlich gestattet, Dritten oder auch kraft Gesetzes oder Gesellschaftsvertrags von der organschaftlichen Vertretungsbefugnis ausgeschlossenen Gesellschaftern (insbesondere Kommanditisten, s. Voraufl. § 170 Rn 5 f) Vertretungsmacht einzuräumen (s. Rn 13, aber auch Rn 15). Zulässig ist maW die Erteilung einer jeden Vollmacht im bürgerlich- und handelsrechtlichen Sinne.[17] Abs. 3 S. 1 bestimmt darüber hinaus sogar ausdrücklich, dass die organschaftliche Vertretungsbefugnis an die Mitwirkung eines Prokuristen gebunden werden kann (sog. gemischte Gesamtvertretung, s. Rn 56 ff). Im Unterschied zur organschaftlichen Vertretungsmacht ist jedoch die **Vollmacht abgeleiteter Natur.** Dies zeigt sich vor allem an den Voraussetzungen einer Entziehung der Vertretungsmacht. Während nämlich die Entziehung der an die Mitgliedschaft gebundenen organschaftlichen Vertretungsmacht an sich eine Änderung des Gesellschaftsvertrags voraussetzt und deshalb gem. § 127 allein bei Vorliegen eines wichtigen Grunds mittels Gestaltungsklage entzogen werden kann, unterliegt die Vollmacht der Disposition der sie mit Wirkung für die Gesellschaft erteilenden Gesellschafter, ist also – vorbehaltlich abweichender Vereinbarungen (dazu sowie zu deren Schranken Rn 15) – auch unabhängig vom Vorliegen eines wichtigen Grunds **frei widerruflich.**

---

14 Vgl. BGH NJW 1994, 98; BGH NJW 1982, 2495; BGH NJW 1982, 877 (878); **aA** *Beuthien* ZIP 1993, 1589 (1597 f). (Drittorganschaft bei Vorhandensein eines gesonderten Vertretungsorgans); vgl. ferner für die GbR BGH BB 2005, 1701 (dagegen aber *Habersack* BB 2005, 1695 (1696 f); *Ulmer* ZIP 2005, 1341 (1343 f)).

15 So aber *Beuthien* ZIP 1993, 1589 (1597); s. auch *Reuter* JZ 1986, 16 (18).

16 Vgl. bereits Rn 5; dazu sowie zum Folgenden auch *K. Schmidt* Gesellschaftsrecht § 14 II 2.

17 Heute ganz hM, s. MünchKommHGB/*K. Schmidt* Rn 10; Heymann/*Emmerich* Rn 14 f; Ebenroth/Boujong/Joost/Strohn/*Hillmann* Rn 8; Straube /*Koppensteiner* Rn 12; aus der Rechtsprechung BGHZ 36, 292, 295 (Generalvollmacht); BGH WM 1994, 237, 238 (allg.); s. ferner BGH BB 2005, 1701; BGH ZIP 2002, 1695, 1696 (Umdeutung der unwirksamen Übertragung der organschaftlichen Vertretungsmacht des GmbH-Geschäftsführers in Generalhandlungsvollmacht); Bedenken allerdings bei § 48 Rn 36 (*Joost*). – Zur Frage, ob einem gesamtvertretungsberechtigten Gesellschafter Prokura erteilt werden kann, s. Rn 13.

8 b) **Reichweite.** Der Grundsatz der Selbstorganschaft beansprucht für den Bereich der organschaftlichen Vertretung der werbenden Gesellschaft uneingeschränkt Geltung. Die von der Rechtsprechung anerkannten Auflockerungen (§ 109 Rn 34) beziehen sich ausschließlich auf den Bereich der Geschäftsführung; sie beruhen vor allem auf der Dispositivität des OHG-Innenrechts und lassen sich auf das zwingende Außenrecht nicht übertragen.[18] Es gilt somit der Grundsatz, dass in einer Personenhandelsgesellschaft stets eine Vertretung allein durch die persönlich haftenden Gesellschafter möglich sein muss (Rn 10). Davon betroffen ist allerdings nur die werbende Personenhandelsgesellschaft. Für die **aufgelöste Gesellschaft** bestimmt dagegen § 146 Abs. 1 S. 1 ausdrücklich, dass auch Nichtgesellschafter zu Liquidatoren bestellt werden und damit organschaftliche Vertretungsmacht ausüben können. Dies beruht darauf, dass bei der Abwicklungsgesellschaft die Interessen der Gesellschafter typischerweise nicht mehr durch den gemeinsamen Zweck verbunden, sondern gegenläufig sind; im Interesse einer gerechten Abwicklung kann deshalb eine Fremdverwaltung durchaus angebracht sein. Vor diesem Hintergrund ist beim Vorliegen einer sog. **liquidationsähnlichen Sonderlage** eine Einschränkung des Grundsatzes der Selbstorganschaft auch innerhalb der werbenden Gesellschaft zuzulassen (s. dazu auch § 127 Rn 7, 8, 19, 22).[19] Entsprechendes gilt für die **vertraglich konzernierte** Personengesellschaft.[20] Zulässig ist des Weiteren die Bestellung eines Prozesspflegers i.S.v. § 57 ZPO, etwa für den Fall, dass der einzige vertretungsberechtigte Gesellschafter gegen die Gesellschaft Klage erhebt (§ 124 Rn 27). Die Bestellung eines **Notvertreters** entsprechend § 29 BGB ist dagegen nicht statthaft (Rn 12).

9 Innerhalb der in Rn 8 dargestellten Grenzen gilt der Grundsatz der Selbstorganschaft auch für die **Kapitalgesellschaft & Co. OHG bzw. KG.** Bei der typischen GmbH & Co. KG hat deshalb die GmbH als alleiniger Komplementär die organschaftliche Vertretungsbefugnis auszuüben. Der Umstand, dass sie dabei durch ihren Geschäftsführer als gesetzlichen Vertreter handelt, steht dem nicht entgegen, ist doch dessen organschaftliches Handeln als eigenes Handeln der handlungsunfähigen GmbH anzusehen und damit der Grundsatz der Selbstorganschaft zumindest formal gewahrt.[21] Entsprechendes gilt für sonstige Fälle der gesetzlichen Vertretung eines zur organschaftlichen Vertretung der Gesellschaft befugten Gesellschafters. Zum minderjährigen und geschäftsunfähigen Gesellschafter s. Rn 29 ff.

10 c) **Folgerungen.** Abgesehen von den in Rn 8 erwähnten Ausnahmen können die Gesellschafter keine Regelung oder sonstige Maßnahme treffen, die eine **Vertretung der Gesellschaft allein durch die persönlich haftenden Gesellschafter** ausschließt. Unwirksam ist deshalb eine Vereinbarung, die sämtliche persönlich haftenden Gesellschafter von der organschaftlichen Vertretung ausschließt,[22] ferner eine Regelung, die den einzigen Kom-

---

18 BGHZ 26, 330 (333); 41, 367 (369); 51, 198 (200); s. dazu auch § 105 Rn 34 (*Schäfer*); *Jaeniche* S. 7 ff; *Werra* S. 57 ff, 111 ff; s. ferner *K. Schmidt* GS Knobbe-Keuk S. 297 (317 ff).

19 So für die Übertragung der Geschäftsführungs- und Vertretungsbefugnis durch einstweilige Verfügung im Rahmen des Ausschließungsprozesses gegen den einzigen geschäftsführungs- und vertretungsberechtigten Gesellschafter BGHZ 33, 105 (108 ff); zust. *Westermann* Rn I 344 ff; Heymann/*Emmerich* § 117 Rn 20; Straube/*Koppensteiner* Rn 6; Baumbach/*Hopt* Rn 8; Koller/Roth/Morck/*Koller* § 127 Rn 2.

20 Vgl. Anh. § 105 Rn 13 (*Schäfer*); näher *Schürnbrand* S. 256 ff.

21 Im Ergebnis heute einh. M., s. nur *K. Schmidt* Gesellschaftsrecht § 56 II 1b.

22 Ganz hM, s. nur BGHZ 33, 105 (108 f); 41, 367 (369); *Flume* I/1 § 10 II S. 134 f; MünchKommHGB/*K. Schmidt* Rn 6; Heymann/*Emmerich* Rn 8; Ebenroth/Boujong/Joost/Strohn/*Hillmann* Rn 3; Straube/*Koppen-*

plementär an die Mitwirkung eines Prokuristen bindet.[23] Wurde gleichwohl eine entsprechende Vereinbarung getroffen, so hat dies im Zweifel Gesamtvertretung durch sämtliche Gesellschafter zur Folge.[24]

Mit dem Grundsatz der Selbstorganschaft unvereinbar ist nach hM die **Entziehung** der Vertretungsmacht sämtlicher persönlich haftender Gesellschafter gem. § 127,[25] ferner die **Niederlegung** der Vertretungsmacht durch sämtliche persönlich haftenden Gesellschafter;[26] davon betroffen ist insbesondere die KG mit nur einem persönlich haftenden Gesellschafter (s. noch § 127 Rn 8). Davon zu unterscheiden ist dagegen der Fall, dass zwar nur ein Gesellschafter Vertretungsmacht hat, die Gesellschaft aber noch über weitere persönlich haftende Gesellschafter verfügt. Dann sind die Klage auf Entziehung der Vertretungsmacht und – jedenfalls nach hM (s. aber auch § 127 Rn 5) – die Niederlegung der Vertretungsmacht zulässig; denn diese Maßnahmen haben im Zweifel die **Gesamtvertretung aller Gesellschafter** (einschließlich des von der Entziehungsklage bzw. der Niederlegung Betroffenen) zur Folge, so dass ein rechtlich unmöglicher Zustand nicht eintritt.[27] Entsprechendes gilt für den Ausfall des einzigen vertretungsberechtigten Gesellschafters, etwa durch Tod oder Eintritt der Geschäftsunfähigkeit (Rn 31); er hat im Zweifel die Gesamtvertretung der *verbleibenden* Gesellschafter zur Folge (dazu noch Rn 43 f).[28] 11

3. **Abschließender Charakter des § 125.** Die Vorschrift des § 125 enthält eine abschließende Regelung der *gesetzlichen* Vertretungsbefugnis der Gesellschafter. Ein aufgrund des Gesellschaftsvertrags von der organschaftlichen Vertretung der Gesellschaft ausgeschlossener Gesellschafter kann auch aus dem Recht zur **Notgeschäftsführung** gem. § 744 Abs. 2 BGB (§ 124 Rn 16) nicht die Befugnis zum Handeln im Namen der Gesellschaft ableiten; es berechtigt den Gesellschafter lediglich zum Handeln in mittelbarer Stellvertretung und damit für Rechnung der Gesellschaft.[29] Auch für die gerichtliche Bestellung eines **Notvertreters** entsprechend § 29 BGB ist kein Raum,[30] und zwar deshalb, weil das Prinzip der Selbstorganschaft die Handlungsfähigkeit der Gesellschaft auch in den Fällen sicherstellt, in denen dem einzigen alleinvertretungsberechtigten Gesellschafter die Vertretungsmacht entzogen wird oder dieser die Vertretungsbefugnis niederlegt (Rn 11). Von der Unzulässigkeit der Bestellung eines allg. Notvertreters unberührt bleibt allerdings die Bestellung eines Prozesspflegers i.S.v. § 57 ZPO, ferner die Möglichkeit, bei Eintritt einer liquidationsähnlichen Sonderlage die Geschäftsführung und Ver- 12

---

steiner Rn 5; Baumbach/*Hopt* Rn 12; Koller/Roth/Morck/*Koller* Rn 3; **aA** noch OLG München ZAkDR 1937, 761 mit krit. Anm. *Bergmann*.

[23] BGHZ 26, 330 (332 f); MünchKommHGB/*K. Schmidt* Rn 6; Heymann/*Emmerich* Rn 8; Baumbach/*Hopt* Rn 20; Koller/Roth/Morck/*Koller* Rn 4; kritisch *Westermann* Rn I 287, 314; s. ferner § 109 Rn 33 mwN.

[24] Vgl. BGHZ 33, 105 (108); Heymann/*Emmerich* Rn 8; *A. Hueck* OHG § 20 II 4; *R. Fischer* NJW 1959, 1057 (1062); s. aber auch MünchKommHGB/*K. Schmidt* Rn 30; **aA** *Buchwald* BB 1961, 1342 (1343).

[25] So BGHZ 51, 198 (199 ff); s. dazu aber auch § 127 Rn 8.

[26] MünchKommHGB/*K. Schmidt* Rn 6. – Zu den allgemein gegenüber der Niederlegung bestehenden Bedenken s. noch § 127 Rn 5.

[27] BGHZ 33, 105 (108); 34, 27 (29 f); 41, 367 (368); 51, 198 (200); Heymann/*Emmerich* Rn 21; Baumbach/*Hopt* Rn 13; *A. Hueck* OHG § 20 II 4; tendenziell für Einzelvertretungsbefugnis der verbleibenden Gesamtvertreter MünchKommHGB/*K. Schmidt* Rn 30, 52; *Westermann* Rn I 319.

[28] Vgl. die Nachw. in Fn 27.

[29] BGHZ 17, 181 (183 ff); MünchKommHGB/*K. Schmidt* Rn 16; Heymann/*Emmerich* Rn 2; *Baumbach/Hopt* Rn 15.

[30] HM, s. BGHZ 51, 198 (200); MünchKommHGB/*K. Schmidt* Rn 7; Heymann/*Emmerich* Rn 2; Soergel/*Hadding* BGB[13] § 29 Rn 3; Baumbach/*Hopt* Rn 15; **aA** *Westermann* Rn I 294; zweifelnd RGZ 116, 116 (118 f).

tretung ausnahmsweise auf einen Dritten zu übertragen (Rn 8). Im Hinblick auf den Grundsatz der Selbstorganschaft unbedenklich ist des Weiteren die Bestellung eines Notvertreters der Komplementär-GmbH.[31] Handelt ein nicht zur Vertretung der Gesellschaft berechtigter Gesellschafter, so finden die Vorschriften der §§ 177 ff BGB über die **Vertretung ohne Vertretungsmacht** entsprechende Anwendung (Rn 4). Entsprechendes gilt für den Fall, dass ein nur zur Gesamtvertretung berechtigter Gesellschafter ohne die erforderliche Mitwirkung der übrigen Gesamtvertreter handelt. Zur Bevollmächtigung und zur Anscheinsvollmacht eines Gesellschafters s. Rn 7, 13.

III. Vertretung durch Bevollmächtigte

13 **1. Grundsatz.** Die Gesellschaft kann, vertreten durch ihre organschaftlichen Vertreter, nach Maßgabe der allgemeinen Vorschriften des Bürgerlichen Rechts und des Handelsrechts Vollmachten erteilen und dadurch den Kreis der für sie rechtsgeschäftlich handelnden Personen erweitern. Die solchermaßen bevollmächtigten Vertreter können dann ihrerseits im Rahmen der ihnen eingeräumten Vertretungsmacht und des gesetzlich Zulässigen (§ 48 Abs. 1) namens der Gesellschaft weitere (Unter-)Vollmachten erteilen. Voraussetzungen, Umfang und Widerruf einer solchen abgeleiteten, d.h. nicht organschaftlichen Vertretungsmacht (Rn 7) bestimmen sich nach §§ 164 ff BGB, 48 ff, 54 ff HGB. Der Grundsatz der Selbstorganschaft findet insoweit zwar keine Anwendung (Rn 7), setzt allerdings dem Verzicht des Vollmachtgebers auf das Recht zur Erteilung von Weisungen, zum Widerruf der Vollmacht und zum Eigenhandeln Grenzen (Rn 15). Auch einem **Gesellschafter** kann Vollmacht i.S.v. §§ 164 ff BGB, 48 ff, 54 ff HGB erteilt werden (Rn 7), und zwar auch für den Fall, dass er Gesamtvertretungsmacht i.S.v. Abs. 2 oder 3 hat.[32] Schließlich finden auch die allgemeinen Grundsätze über die **Duldungs- und Anscheinsvollmacht** Anwendung.[33] Zur Bedeutung des § 15 im Zusammenhang mit der organschaftlichen Vertretungsmacht s. Rn 31, 67.

14 **2. Erteilung der Vollmacht.** Vollmachtgeberin ist die Gesellschaft. Sie wird bei der Erteilung der Vollmacht durch ihr Vertretungsorgan – die vertretungsberechtigten Gesellschafter – oder durch Bevollmächtigte vertreten (Rn 13). Wie jede rechtsgeschäftlich erteilte Vertretungsmacht beruht auch die von der Gesellschaft erteilte Vertretungsmacht auf einseitigem Rechtsgeschäft; dadurch unterscheidet sie sich von der organschaftlichen Vertretungsmacht (Rn 7). Eine gesellschaftsvertragliche Verankerung der Vollmacht vermag daran nichts zu ändern.[34] Freilich kann der Gesellschaftsvertrag ein **Sonderrecht** eines Gesellschafters auf Erteilung einer Vollmacht begründen.[35] In diesem Fall ist die

---

31 Vgl. BayObLGZ 1976, 126 (130); OLG Saarbrücken OLGZ 1977, 291 (293); *Sorgel/Hadding* BGB[13] § 29 Rn 3; allg. für die GmbH *Lutter/Hommelhoff* GmbHG[16] vor § 35 Rn 13 ff.

32 MünchKommHGB/*K. Schmidt* Rn 10; Ebenroth/Boujong/Joost/Strohn/*Hillmann* Rn 7; **aA** die wohl hM, s. § 48 Rn 36, 41 (*Joost*); Heymann/*Sonnenschein/Weitemeyer* § 48 Rn 10; Baumbach/*Hopt* § 48 Rn 2.

33 Allg. dazu BGHZ 5, 111 (116); BGH NJW 1981, 1727 (1728 f); BB 1986, 1735 (1736); Soergel/*Leptien* BGB[13] § 167 Rn 15 ff; im vorliegenden Zusammenhang MünchKommHGB/*K. Schmidt* Rn 3, 9; Ebenroth/Boujong/Joost/Strohn/*Hillmann* Rn 7.

34 So zutr. MünchKommHGB/*K. Schmidt* Rn 11; **aA** 3. Aufl. Anm. 13 (*R. Fischer*); wohl auch Ebenroth/Boujong/Joost/Strohn/*Hillmann* Rn 8.

35 AllgM, vgl. nur MünchKommHGB/*K. Schmidt* Rn 11; Heymann/*Emmerich* Rn 14a; Röhricht/v. Westphalen/*v. Gerkan/Haas* Rn 4.

Vollmacht im Zweifel entsprechend § 127 nur aus wichtigem Grund widerruflich,[36] ohne dass es freilich der Erhebung einer Gestaltungsklage i.S.v. § 127 bedarf. Handelt es sich um eine Prokura, so steht das Fehlen eines wichtigen Grunds der Wirksamkeit eines gleichwohl erfolgten Widerrufs gem. § 52 Abs. 1 nicht entgegen. Der Gesellschafter hat in diesem Fall aber einen Anspruch gegen die Gesellschaft auf erneute Erteilung der Prokura.[37] In den sonstigen Fällen beurteilt sich die Wirksamkeit des Widerrufs nach § 168 BGB. Zulässig ist es, die Vollmacht an den Fortbestand eines Geschäftsbesorgungs- oder sonstigen Rechtsverhältnisses zu binden und hierdurch das Recht zum jederzeitigen Widerruf einzuschränken; das Recht zum Widerruf aus wichtigem Grund bleibt allerdings auch in diesem Fall unberührt.[38]

3. Grenzen der Zulässigkeit. Der Erteilung von Vollmachten durch die Gesellschaft sind durch das allg. Zivilrecht Grenzen gesetzt. Davon betroffen ist zwar nicht der Umfang der Vollmacht. Er bestimmt sich im Fall einer Prokura oder Handlungsvollmacht nach den Vorschriften der §§ 49 ff, 54 ff. Im Fall einer bürgerlich-rechtlichen Vollmacht ist der in der Vollmachtserteilung zum Ausdruck kommende Wille der Gesellschaft maßgebend; danach kann die Gesellschaft insbesondere auch eine sog. Generalvollmacht erteilen.[39] Unzulässig ist dagegen eine **verdrängende Vollmacht** mit „dinglicher" Wirkung.[40] In Analogie zu § 137 S. 2 BGB erschöpft sich eine entsprechende Abrede in dem Versprechen der Gesellschaft, dass sich die Gesellschafter der Ausübung der konkurrierenden organschaftlichen Vertretungsmacht gem. § 125 enthalten. Ebenfalls unzulässig ist der Verzicht der Gesellschaft auf den **Widerruf** einer gem. § 168 S. 2 BGB unwiderruflich erteilten Vollmacht aus wichtigem Grund.[41] Eines zusätzlichen Rückgriffs auf den Gesichtspunkt einer (unzulässigen) Umgehung des Grundsatzes der Selbstorganschaft (Rn 5 ff) bedarf es neben diesen bürgerlich-rechtlichen Schranken nicht.[42] Insbesondere eine Vereinbarung des Inhalts, dass die Gesellschafter die Ausübung von Weisungsrechten oder den Widerruf der Vollmacht der Zustimmung Dritter unterstellen, kommt einer Vereinbarung einer verdrängenden Vollmacht oder eines Verzichts auf das Recht zum Vollmachtswiderruf gleich und ist somit schon nach allg. Zivilrecht unwirksam. 15

[36] BGHZ 17, 392 (394 f); s. ferner die Nachw. in Fn 35.

[37] BGHZ 17, 392 (395 f); s. ferner die Nachw. in Fn 35.

[38] Vgl. für die Publikums-GbR BGH NJW 1982, 2495 f.

[39] BGHZ 36, 292 (295); Ebenroth/Boujong/Joost/Strohn/*Hillmann* Rn 9; Baumbach/*Hopt* Rn 9; Koller/Roth/Morck/*Koller* Rn 2. Allg. zur Rechtsnatur der von einem Kaufmann erteilten Generalvollmacht *Joussen* WM 1994, 273 ff (278 f betr. die Erteilung durch eine Personengesellschaft), aber auch *Krebs* ZHR 159 (1995), 635 (652 ff) mwN (Enumerationsprinzip der §§ 48 ff, das eine umfassende Bevollmächtigung i.S.v. §§ 164 ff durch einen Kaufmann ausschließe).

[40] Vgl. BGHZ 3, 354 (358); 20, 363 (364); BGH WM 1971, 956 (957); WM 1985, 1232; *Flume* II[4] § 53, 6; MünchKommBGB/*Schramm*[5] § 167 Rn 114; *Jauernig* BGB[12] § 167 Rn 1; **aA** *Müller-Freienfels* FS Hübner (1984) S. 627 (637); *Gernhuber* JZ 1995, 381 ff; für erbrechtlich bedingte, durch die mittlerweile erfolgte Anerkennung der Testamentsvollstreckung am Kommanditanteil (BGHZ 108, 187; für den GbR-Anteil s. BGH ZIP 1996, 327; *Stimpel* FS Brandner, 1996, S. 779) zwischenzeitlich allerdings weitgehend gegenstandslos gewordene Konstellationen noch *Ulmer* ZHR 146 (1982), 555 (570 ff).

[41] Näher dazu BGH WM 1985, 646 (647); NJW 1990, 1721 (1722); *Soergel/Leptien* BGB[13] § 168 Rn 22 mwN.

[42] So aber *Baumbach/Hopt* Rn 7.

IV. Ausübung der Vertretungsmacht

16 **1. Handeln im Namen der Gesellschaft.** Nach § 164 Abs. 1 BGB wird die Gesellschaft nur unter der Voraussetzung berechtigt und verpflichtet, dass der organschaftliche oder bevollmächtigte Vertreter in ihrem Namen handelt.[43] Im Regelfall geschieht dies durch **Verwendung der Firma** der Gesellschaft, § 164 Abs. 1 S. 1 BGB iVm §§ 124 Abs. 1, 17 Abs. 1. Dem Offenkundigkeitserfordernis ist aber nach § 164 Abs. 1 S. 2 BGB auch dann genügt, wenn „die Umstände ergeben", dass die Willenserklärung im Namen der Gesellschaft abgegeben wird. Davon ist stets dann auszugehen, wenn es sich um ein sog. **unternehmensbezogenes Rechtsgeschäft** handelt, das Rechtsgeschäft also mit erkennbarem Bezug zu dem von der Gesellschaft betriebenen Unternehmen getätigt wird.[44] Das gilt sowohl für formbedürftige Willenserklärungen als auch bei Fehlbezeichnung des Vertretenen.[45] Eine Vermutung des Inhalts, dass ein Gesellschafter – Entsprechendes gilt für einen Prokuristen oder sonstigen Bevollmächtigten – nicht im eigenen Namen, sondern für die Gesellschaft gehandelt hat, besteht nicht; insbesondere die Vermutung des § 344 Abs. 1 greift schon deshalb nicht ein, weil diese Vorschrift ein solches Handeln für die Gesellschaft voraussetzt.[46] Entsprechend allg. Grundsätzen liegt deshalb die Darlegungs- und Beweislast für ein Handeln im Namen der Gesellschaft bei demjenigen, der sich darauf beruft.[47] Soweit es um die **Passivvertretung** der Gesellschaft geht (Rn 54 f), setzt das Offenkundigkeitserfordernis voraus, dass die Willenserklärung gegenüber dem Vertreter in dieser seiner Eigenschaft abgegeben wird.

17 Für den Fall, dass sich das Handeln im fremden Namen nicht aufgrund der Verwendung der Firma, sondern allein aufgrund sonstiger Umstände ergibt (Rn 16), kann es sich als erforderlich erweisen, die **Person des Vertretenen** im Wege der Auslegung zu ermitteln. Dies gilt insbesondere dann, wenn der handelnde Gesellschafter an mehreren Gesellschaften beteiligt ist. Auch insoweit ist ggf. auf die Grundsätze über das unternehmensbezogene Rechtsgeschäft zurückzugreifen.[48] Lässt sich gleichwohl nicht feststellen, für welche Gesellschaft gehandelt wurde und hat der Gesellschafter bzw. der Bevollmächtigte – ggf. unter Berücksichtigung der Grundsätze über die Anscheins- und Duldungsvollmacht – für beide Gesellschaften Vertretungsmacht, so kommt gleichwohl eine gesamtschuldnerische Haftung beider Gesellschaften nicht in Betracht.[49] Unklar bliebe dabei nämlich, welche Gesellschaft *berechtigt* ist. Als vorzugswürdig erscheint es vielmehr, dem Dritten in diesem Fall ein Wahlrecht zu gewähren, über dessen Ausübung er die Person seines Vertragspartners bestimmen kann. Dies gilt auch dann, wenn der Ver-

---

[43] Zur – entsprechenden – Anwendung des § 164 BGB auf die organschaftliche Vertretungsbefugnis s. Rn 4.

[44] Ständige Rspr, s. RGZ 30, 77 (78); BGHZ 64, 11 (14 f); BGH NJW 1990, 2678; 1995, 43 (44); 1996, 2645; WM 1996, 592 (593); näher dazu *K. Schmidt* Handelsrecht[5] § 5 III; *ders.* JuS 1987, 425 (428).

[45] Für formbedürftige Willenserklärungen s. RGZ 47, 165 (166 f); BGH NJW 1960, 1667 (1668); zur Fehlbezeichnung des Vertretenen BGH WM 1996, 592 (593).

[46] Straube/*Koppensteiner* Rn 8; s. ferner MünchKommHGB/*K. Schmidt* Rn 1; Heymann/*Emmerich* Rn 9a.

[47] OGH GesRZ 1979, 39 (40); Heymann/*Emmerich* Rn 9a.

[48] Vgl. RGZ 47, 165 (166); 119, 64 (66); BGH NJW 1981, 1453; MünchKommHGB/*K. Schmidt* Rn 1; Straube/*Koppensteiner* Rn 8.

[49] So aber *K. Schmidt* Handelsrecht[5] § 5 III 1c; näher dazu und mwN *K. Schmidt* JuS 1987, 425 (431 ff); unentschieden Ebenroth/Boujong/Joost/Strohn/*Hillmann* Rn 12. Vgl. ferner BGH NJW-RR 1986, 456 (457), wo sich allerdings die Person des Vertretenen im Wege der Auslegung feststellen ließ.

treter nur für eine der beiden Gesellschaften Vertretungsmacht hat: Bezieht der Dritte das Rechtsgeschäft auf die nicht wirksam vertretene Gesellschaft, so finden die Vorschriften der §§ 177 ff BGB Anwendung.

2. Einander widersprechende Willenserklärungen. Geben vertretungsberechtigte Gesellschafter oder Bevollmächtigte der Gesellschaft einander widersprechende Willenserklärungen ab, so wird grundsätzlich nur diejenige wirksam, die dem Adressaten als erste zugeht. Eine nach Annahme eines Angebots erklärte Ablehnung desselben ist somit wirkungslos. Anderes gilt für den Fall, dass die später zugehende Willenserklärung die Kraft hat, die bereits zugegangene Willenserklärung aufzuheben, was insbesondere bei deren Widerruflichkeit der Fall ist.[50] Gehen beide Willenserklärungen gleichzeitig zu, so heben sie sich gem. § 130 Abs. 1 S. 2 BGB auf. Zur Rechtslage bei Abgabe von einander widersprechenden Erklärungen im Prozess s. § 124 Rn 28. 18

V. Verschuldens- und Wissenszurechnung

1. Verschuldenszurechnung. Die Zurechnung eines Verschuldens der Vertreter der Gesellschaft beurteilt sich nach den Vorschriften der §§ 31, 278 BGB. Die Gesellschafter als **organschaftliche Vertreter** sind „verfassungsmäßig berufene Vertreter" i.S.v. § 31 BGB (§ 124 Rn 14). Ihr Verschulden ist deshalb der Gesellschaft auch außerhalb bereits bestehender Schuldverhältnisse (§ 124 Rn 13) entsprechend § 31 BGB zuzurechnen. Für das Verschulden ihrer **sonstigen Vertreter** hat die Gesellschaft dagegen nach § 278 BGB und damit nur im Rahmen einer bereits bestehenden Sonderverbindung einzustehen. Im Übrigen haftet sie für die fehlerhafte Auswahl bzw. Überwachung ihrer Verrichtungsgehilfen nach Maßgabe des § 831 BGB, wobei ihr auch insoweit ein Verschulden ihrer geschäftsführenden Gesellschafter nach § 31 BGB zugerechnet wird (§ 124 Rn 14). Zur Frage, ob sich die Gesellschaft auch das Handeln eines nur gesamtvertretungsberechtigten Gesellschafters zurechnen lassen muss, s. Rn 42 und § 124 Rn 14. 19

2. Wissenszurechnung

a) Grundlagen. Soweit es nach dem Gesetz auf die Kenntnis oder das Kennenmüssen bestimmter Umstände ankommt, ist im Fall der als solcher handlungs- und wissensunfähigen OHG auf deren Organe und Bevollmächtigte abzustellen. Für die bevollmächtigten Vertreter sowie für diesen gleichstehende sog. „Wissensvertreter" ergibt sich dies aus einer direkten oder – im Fall eines nicht bevollmächtigen „Wissensvertreters" – entsprechenden Anwendung des § 166 BGB.[51] Dagegen ist die **dogmatische Grundlage** einer Zurechnung des Wissens von organschaftlichen Vertretern i.S.v. § 125 (Rn 4) umstritten. Während die bislang hM auch insoweit § 166 BGB heranzieht,[52] plädieren andere für die 20

[50] MünchKommHGB/*K. Schmidt* Rn 25; Heymann/*Emmerich* Rn 10; s. ferner § 124 Rn 28; § 126 Rn 8.

[51] Näher zum sog. „Wissensvertreter" BGHZ 117, 104 (106 f) = NJW 1992, 1099; 132, 30 (35 ff) = NJW 1996, 1339 (1340 f) = JZ 1996, 731 mit Anm. *Taupitz*; BGH NJW 1996, 2508 (2510); NJW 1996, 1205 f; WM 1997, 1092 (1093); *Richardi* AcP 169 (1969), 385; *Schultz* NJW 1990, 477 ff; aus der Kommentarliteratur etwa MünchKommBGB/*Schramm* BGB[5] § 166 Rn 40 ff mwN.

[52] RGZ 59, 400 (408); *Baumann* ZGR 1973, 284 ff; *Scheuch* FS Brandner S. 121 (126); *A. Hueck* OHG § 19 III; Baumbach/*Hopt* Rn 4; Koller/Roth/Morck/*Koller* § 124 Rn 5; MünchKommBGB/*Schramm* BGB[5] § 166

entsprechende Anwendung des § 31 BGB.[53] Der zuletzt genannten Auffassung ist schon deshalb zuzustimmen, weil nur sie dem organschaftlichen Charakter der in § 125 geregelten Vertretungsmacht (Rn 4) Rechnung trägt.[54] So wie im Fall der Verschuldenszurechnung die organschaftliche Stellung des geschäftsführenden Gesellschafters die Anwendung des § 31 BGB (anstelle des auf ein Fremdverschulden abstellenden § 278 BGB) zur Folge hat (Rn 19; § 124 Rn 13), verdrängt § 31 BGB für den Bereich der Wissenszurechnung den auf *fremde Kenntnis* abstellenden § 166 BGB. Damit geht zwar nicht zwangsläufig eine pauschale Gleichsetzung des Wissens des Organwalters mit demjenigen des Verbands einher (Rn 22). Die Anwendung des § 31 BGB hat aber zur **Konsequenz**, dass der als solcher nicht wissensfähigen OHG – nicht anders als der juristischen Person – das Wissen eines jeden organschaftlichen Vertreters zugerechnet werden *kann*, und zwar unabhängig davon, ob der bösgläubige Gesellschafter an der betreffenden Maßnahme beteiligt ist (Rn 24). Der Heranziehung des § 166 Abs. 2 BGB bedarf es deshalb nur für den Fall, dass ein *bevollmächtigter Vertreter* nach Weisung handelt;[55] dann ist der Gesellschaft über § 31 BGB das Wissen des zur organschaftlichen Vertretung berechtigten Gesellschafters zuzurechnen. Keinesfalls begründet § 31 BGB eine Zurechnung zu Lasten des vertretungsberechtigten Gesellschafters.[56]

21 Im Fall einer **GmbH & Co. KG** finden die genannten Grundsätze zunächst auf die organschaftlichen und bevollmächtigten Vertreter der Komplementär-GmbH Anwendung. Ist danach der GmbH das Wissen ihrer Geschäftsführer oder bevollmächtigten Vertreter zuzurechnen, so vermittelt sie ihr Wissen der von ihr vertretenen KG.[57] Gegebenenfalls ist der Komplementär-GmbH auch das Wissen ihres beherrschenden oder alleinigen Gesellschafters zuzurechnen;[58] auch in diesem Fall führt dies entsprechend § 31 BGB zur Kenntnis der KG.

Rn 21; *Soergel/Leptien* BGB[13] § 166 Rn 5 f; *Schilken* S. 105, 118; offengelassen von BGH NJW 1995, 2159 (2160); BGHZ 140, 54 (62) = NJW 1999, 284; unentschieden auch *Westermann* Rn I 320a; Heymann/*Emmerich* Rn 39; Ebenroth/Boujong/Joost/Strohn/*Hillmann* Rn 15.

[53] So namentlich *K. Schmidt* Gesellschaftsrecht § 10 V 2; MünchKommHGB/*ders.* Rn 13; Röhricht/v. Westphalen/*v. Gerkan/Haas* Rn 3; *Grunewald* FS Beusch S. 301 (318 f) – Für die juristische Person auch BGHZ 109, 327 (330 ff) = NJW 1990, 975 = JZ 1990, 548 mit Anm. *Flume*; BGHZ 140, 54 (61 ff); BGH WM 1959, 81 (84); BGHZ 41, 282 (287); GroßkommAktG/*Habersack* § 78, 23; Ulmer/*Raiser* GmbHG § 13, 25; *Schilken* S. 127 ff; s. ferner *Waltermann* AcP 192 (1992), 181 (216 ff), der freilich eine gesetzliche Regelung der Problematik fordert; **aA** – auch insoweit für § 166 BGB – *Flume* I/2 § 11 IV S. 404 f; Baumbach/Hueck/*Zöllner/Noack* GmbHG[18] § 35 Rn 146 ff; ähnlich – für Heranziehung der Wertungen des § 166 BGB – *Baumann* ZGR 1973, 284 (290 ff).

[54] So zu Recht *K. Schmidt* Gesellschaftsrecht § 10 V 2.

[55] S. dazu für die juristische Person auch *Taupitz* JZ 1996, 734 (735). **AA** die hL, s. *Baumann* ZGR 1973, 284 (293); *Scheuch* FS Brandner S. 121, 126 ff (s. auch *dies.* GmbHR 1996, 828, 829 f); *A. Hueck* OHG § 19 III; *Westermann* Rn I 320a; Baumbach/*Hopt* Rn 4; offengelassen von BGH NJW 1995, 2159 (2160); s. ferner Baumbach/Hueck/*Zöllner/Noack* GmbHG[18] § 35 Rn 151.

[56] Zutr. BGH ZIP 2001, 26 (28).

[57] Vgl. BGH NJW 1996, 1205 f; NJW-RR 1990, 343 = VersR 1990, 497 (498); Koller/Roth/Morck/*Koller* § 124 Rn 5; *Westermann* Rn I 320a.

[58] RGZ 143, 429 (431); näher dazu für die Kapitalgesellschaft GroßkommAktG/*Habersack* § 78 Rn 27; Ulmer/*Raiser* GmbHG § 13 Rn 31; *Bork* ZGR 1994, 237 (242 ff); *Drexl* ZHR 151 (1997), 491 (507 ff); *Ellers* GmbHR 2004, 934 ff; *W. Schüler* Wissenszurechnung im Konzern, 2000, S. 265 ff.

Die in Rn 20 dargestellten Grundsätze sind Ausfluss der – nach der neueren Gesamthandslehre (§ 124 Rn 3 f) auch für die Personenhandelsgesellschaften und die Außengesellschaft bürgerlichen Rechts Geltung beanspruchenden – *Organtheorie*.[59] Die Organtheorie liefert indes lediglich die *Möglichkeit* einer Zurechnung des Wissens bzw. Wissenmüssens der organschaftlichen Vertreter. Ob die Zurechnung tatsächlich erfolgt, hängt dagegen ganz von den Umständen des jeweiligen Einzelfalls ab (Rn 24 f). Die Frage der Wissenszurechnung ist deshalb in **wertender Beurteilung** zu beantworten.[60] Insbesondere in Fällen, in denen Wissen durch künstliche Speicher vermittelt wird und zudem bei verschiedenen Abteilungen aufgespaltet ist,[61] ist mit dem BGH auf die Einhaltung der der Gesellschaft obliegenden **Organisationspflichten** abzustellen.[62] Danach muss jede am Rechtsverkehr teilnehmende Organisation, also auch die Personengesellschaft, so organisiert sein, dass „Informationen, deren Relevanz für andere Personen innerhalb dieser Organisation bei den konkret Wissenden erkennbar ist, tatsächlich an jene Personen weitergegeben werden (Informationsweiterleitungspflicht als Problem der Wissenszurechnung)." Umgekehrt muss sichergestellt sein, „dass ggf. nach erkennbar anderswo innerhalb der Organisation vorhandenen und für den eigenen Bereich wesentlichen Informationen nachgefragt" wird (Informationsabfragepflicht als Problem des Wissens).[63] Die Wissenszurechnung gründet also im Gedanken des **Verkehrsschutzes** und der daran geknüpften Pflicht zu *ordnungsgemäßer Organisation der gesellschaftsinternen Kommunikation*.[64] 22

Hinsichtlich der **Intensität der Verkehrspflichten** und damit der Reichweite der Wissenszurechnung bei organisationsbedingter Wissensaufspaltung lässt sich der BGH von dem Gedanken leiten, der Vertragspartner einer Gesellschaft dürfe nicht schlechter, aber auch nicht besser gestellt sein als derjenige einer natürlichen Person.[65] Was die Speicherung überhaupt sowie die Dauer der Speicherung von Informationen betrifft, so ist danach entscheidend, mit welcher *Wahrscheinlichkeit* die Information später rechtserheblich werden kann; dafür ist der Zeitpunkt der Wahrnehmung maßgebend. Aber auch die Frage, ob im konkreten Fall auf gespeichertes Wissen zurückzugreifen war, beurteilt sich am Leitbild des *Erinnerungsvermögens* einer natürlichen Person. Von der Gesellschaft gespeicherte Informationen können ihr deshalb nur unter der Voraussetzung zugerechnet werden, dass ein besonderer Anlass besteht, sich ihrer in der konkreten Situation (noch) 23

[59] Vgl. die Nachw. in Fn 8.

[60] BGHZ 109, 327 (331) = NJW 1990, 975 (juristische Person); allg. BGHZ 140, 54 (62) = NJW 1999, 284; BGHZ 132, 30 (35 ff) = NJW 1996, 1339 (1340); BGH WM 1997, 1092 (1093); ZIP 2001, 26 (27 f).

[61] Vgl. neben den Nachw. in Fn 62 noch BGHZ 123, 224 (228 ff) = NJW 1993, 2807; BGH NJW 1989, 2879; 1989, 2881.

[62] BGHZ 132, 30 (35 ff) = NJW 1996, 1339 (1340 f) im Anschluss an *Medicus* Karlsruher Forum 1994, 4 (11 ff), *Taupitz* Karlsruher Forum 1994, 16 (26 ff) und *Bohrer* DNotZ 1991, 124 (127 ff); bestätigt in BGHZ 140, 54 (62) = NJW 1999, 284; BGH ZIP 2001, 26 (27 f); näher *Raiser* FS Bezzenberger, S. 561 ff; *Spindler* Unternehmensorganisationspflichten, 2001, S. 610 ff, 656 ff; einschränkend *Koller* JZ 1998, 75 (77 ff); ablehnend *Buck* S. 393 ff; *Fassbender* Innerbetriebliches Wissen und bankrechtliche Aufklärungspflichten, 1998, S. 150 ff – Für einen Überblick zum Stand der Diskussion s. *Fassbender/Neuhaus* WM 2002, 1253 ff.

[63] Vgl. die Nachw. in Fn 62.

[64] BGHZ 140, 54 (62) = NJW 1999, 284; BGHZ 132, 30 (37 f) = NJW 1996, 1339 (1341) = JZ 1996, 731 mit Anm. *Taupitz*.

[65] BGH NJW 1989, 2879; 1989, 2881; BGHZ 132, 30 (36, 38 f) = NJW 1996, 1339 (1340 f); BGHZ 140, 54 (62) = NJW 1999, 284; s. dazu *Bohrer* DNotZ 1991, 124 (128 ff); *Medicus* Karlsruher Forum 1994, 4 (15 f); *Taupitz* JZ 1996, 734 (735); *ders.* Karlsruher Forum 1994, 16 (26 ff); *Scheuch* GmbHR 1996, 828 (830 f).

zu bedienen; daran fehlt es grundsätzlich in Fällen, in denen die Gesellschaft die fraglichen Informationen nicht weitergeben darf.[66]

24 b) **Einzelfragen.** Geht man mit der hier vertretenen Auffassung davon aus, dass sich die Zurechnung des Wissens der organschaftlichen Vertreter der Gesellschaft nach § 31 BGB beurteilt (Rn 20), so bedeutet dies für die Fälle der **Einzelvertretung** (Rn 27 ff), dass das Wissen eines jeden vertretungsberechtigten Gesellschafters zur entsprechenden Kenntnis der Gesellschaft führen kann, ohne dass es darauf ankommt, dass der Gesellschafter von der betreffenden (rechtsgeschäftlichen oder rechtsgeschäftsähnlichen) Maßnahme Kenntnis hat oder gar an ihrer Vornahme beteiligt ist.[67] Voraussetzung für die Zurechnung ist freilich eine Verletzung der der Gesellschaft obliegenden Organisationspflichten (Rn 22 f).[68] Gerade diese Einschränkung hat zur Folge, dass das *privat erworbene Wissen* eines nicht an der betreffenden Maßnahme beteiligten Einzelvertreters der Gesellschaft typischerweise nicht zuzurechnen ist.[69] Bei **Gesamtvertretung** i.S.v. Abs. 2 (Rn 38 ff) gilt Entsprechendes: Die Kenntnis auch nur eines Gesamtvertreters begründet die Wissenszurechnung, sofern eine Weiterleitung der Information des wissenden Gesellschafters bzw. ein Abruf der Information durch den handelnden Gesellschafter geboten ist (Rn 22).[70] Dabei bewendet es auch in den Fällen des Abs. 2 S. 2; auch das Wissen des *ermächtigenden* Gesamtvertreters wird also unter den genannten Voraussetzungen der Gesellschaft zugerechnet.[71] Umgekehrt berechtigt der Irrtum eines Gesamtvertreters zur Anfechtung der von ihm abgegebenen Willenserklärung gem. §§ 119 ff BGB mit der Folge, dass die Gesellschaft nicht wirksam vertreten und damit die in ihrem Namen abgegebene Willenserklärung unwirksam ist.[72] Zur *gemischten Gesamtvertretung* s. Rn 26.

25 Was das Wissen eines **ausgeschiedenen vertretungsbefugten Gesellschafters** betrifft, so sind entgegen der neueren Rechtsprechung die für die juristische Person entwickelten

---

[66] Näher *Fassbender/Neuhaus* WM 2002, 1253 (1256); *Buck* S. 519 f.

[67] BGHZ 140, 54 (61 f) = NJW 1999, 284; BGHZ 109, 327 (331) = NJW 1990, 975 = JZ 1990, 548 m Anm. *Flume* (juristische Person); MünchKommHGB/*K. Schmidt* Rn 13; Heymann/*Emmerich* Rn 40; Ebenroth/Boujong/Joost/Strohn/*Hillmann* Rn 16; Baumbach/*Hopt* Rn 4; *Grunewald* FS Beusch S. 301 (303 ff, 318 f); offengelassen noch in BGH NJW 1995, 2159 (2160); **aA** noch RGZ 81, 433 (435 f); *A. Hueck* OHG § 19 III; *Schilken* S. 116 ff – Auf Tatbestände außerhalb des Bereichs rechtsgeschäftlichen Handelns lassen sich die im Text genannten Grundsätze nicht übertragen, s. für die Verjährung deliktischer Ansprüche BGHZ 133, 129 (138 ff) =NJW 1996, 2508; BGHZ 134, 343 (348), dort auch zur Unanwendbarkeit auf Behörden.

[68] Dazu für vorliegenden Zusammenhang *Grunewald* FS Beusch S. 301 (305 f).

[69] Für grundsätzliche Zurechnung noch BGH WM 1955, 830 (832); überholt durch BGHZ 132, 30 (35 ff) = NJW 1996, 1339, 1340 f (dazu Rn 22); wie hier bereits *Grunewald* FS Beusch S. 301 (306 f).

[70] BGHZ 140, 54 (62) = NJW 1999, 284; MünchKommHGB/*K. Schmidt* Rn 13; *Westermann* Rn I 320a; *Grunewald* FS Beusch S. 301 (307 ff); zuvor bereits – ohne Rückgriff auf die Verletzung von Organisationspflichten – RGZ 53, 227 (231); 78, 347 (353 f); 90, 21 (23); BGH WM 1955, 830 (832); BGHZ 20, 149 (153); 62, 166 (173); *A. Hueck* OHG § 20 II 2b; Heymann/*Emmerich* Rn 40; Baumbach/*Hopt* Rn 4; **aA** *Flume* I/2 § 11 IV S. 398 ff (403 f); kritisch auch *Baumann* ZGR 1973, 284 (295 ff).

[71] Dafür auch *Flume* I/2 § 11 IV S. 400 unter Hinweis darauf, dass die Ermächtigung der Vornahme des Geschäfts gleichstehe.

[72] RGZ 78, 347 (354); *Schilken* S. 142; Heymann/*Emmerich* Rn 41; **aA** *Grunewald* FS Beusch S. 301 (308).

Grundsätze[73] auch auf die Personenhandelsgesellschaft anwendbar[74]. Danach ist die Fortdauer der Wissenszurechnung über das Ausscheiden eines vertretungsberechtigten Gesellschafters hinaus davon abhängig, dass es sich um **aktenmäßig festzuhaltendes Wissen** handelt. Der Sache nach geht es dabei allerdings nicht um die Zurechnung des ggf. noch fortbestehenden Wissens des ausgeschiedenen Vertreters, sondern um die Verletzung der Informationsabfragepflicht (Rn 22) durch die *derzeitigen organschaftlichen Vertreter* der Gesellschaft.[75]

Das Wissen der **nicht vertretungsberechtigten Gesellschafter** ist der Gesellschaft da- **26**
gegen nur ausnahmsweise zuzurechnen, nämlich dann, wenn der Gesellschafter als „Wissensvertreter" (Rn 20) zu qualifizieren ist. In diesem Fall, ferner bei Kenntnis eines bevollmächtigten Gesellschafters, eines sonstigen Bevollmächtigten sowie eines sonstigen „Wissensvertreters" findet § 166 BGB Anwendung (Rn 20). Entsprechendes gilt bei gemischter Gesamtvertretung i.S.v. Abs. 3 (Rn 56 ff), soweit es um die Kenntnis des mitwirkenden Prokuristen geht; vorbehaltlich des § 166 Abs. 2 BGB setzt ihre Zurechnung nach § 166 Abs. 1 BGB voraus, dass der Prokurist an der betreffenden Maßnahme beteiligt ist. Bei Ausscheiden des Wissensträgers aus der Gesellschaft gelten die Ausführungen in Rn 25 entsprechend. Zum beherrschenden Gesellschafter s. Rn 21.

VI. Einzelvertretungsmacht aller Gesellschafter (Abs. 1)

1. Grundsatz. Nach Abs. 1, 1. Hs. ist im Zweifel jeder Gesellschafter (Rn 28) allein **27**
zur Vertretung der Gesellschaft berechtigt. Soweit der Gesellschaftsvertrag nichts anderes bestimmt, ist also davon auszugehen, dass jede Mitgliedschaft in der OHG das (Pflicht-) Recht (Rn 5) zur organschaftlichen Vertretung der Gesellschaft verkörpert. Damit weicht das Gesetz von den §§ 714, 709 BGB, 78 Abs. 2 AktG, 35 Abs. 2 GmbH und 25 Abs. 1 GenG ab, denen zufolge mehrere organschaftliche Vertreter im Zweifel nur Gesamtvertretungsbefugnis haben. Wenn auch die Vertretungsmacht gesetzlicher Natur ist (Rn 4), so ändert dies doch nichts daran, dass ihre **Grundlage** der **Gesellschaftsvertrag** ist.[76] Innerhalb der sich aus dem Grundsatz der Selbstorganschaft ergebenden Schranken (Rn 5 ff) können die Gesellschafter nicht nur einzelne von ihnen gänzlich von der Vertretung ausschließen (Rn 32 ff), sondern außerdem anstelle der Einzelvertretung eine Variante der „echten" oder gemischten Gesamtvertretung i.S.v. Abs. 2 und 3 einführen

[73] BGHZ 109, 327 (331 ff) = NJW 1990, 975 = JZ 1990, 548 m. Anm. *Flume; Bohrer* DNotZ 1991, 124 (127 ff); *Grunewald* FS Beusch S. 301 (307); GroßkommAktG/*Habersack* § 78 Rn 27 mwN; weitergehend noch BGH WM 1959, 81 (84), wonach das Wissen eines ausgeschiedenen Organmitglieds stets und ohne die im Text genannte Einschränkung als Wissen der juristischen Person anzusehen ist.

[74] Gegen Zurechnung BGH NJW 1995, 2159 (2160 mwN); für Zurechnung auf die Komplementär-GmbH und über diese auf die GmbH & Co. KG aber BGH NJW 1996, 1205, 1206 (im übrigen ausdrücklich offengelassen); s. ferner die Nachw. in Fn 75.

[75] So zu Recht *Flume* JZ 1990, 550 (551); *Bohrer, Grunewald*, jew. aaO (Fn 74); eingehend dazu *Scheuch* FS Brandner, S. 121 (126 ff), die selbst für eine weitergehende Zurechnung plädiert. – Neben die oder an die Stelle der Verletzung der Informationsabfragepflicht durch die derzeitigen Gesellschafter kann auch die – während der Zugehörigkeit zur Gesellschaft erfolgte – Verletzung der Informationsweiterleitungspflicht durch den zwischenzeitlich ausgeschiedenen Gesellschafter treten.

[76] So zutr. MünchKommHGB/*K. Schmidt* Rn 14.

(Rn 38 ff, 56 ff). Die Beweislast für eine von Abs. 1 abweichende Vereinbarung liegt jedoch bei demjenigen, der sich auf diese Vereinbarung beruft.[77] Lassen es die Gesellschafter bei dem Grundsatz des Abs. 1 bewenden, so verfügt jeder Gesellschafter über die Befugnis, die Gesellschaft ohne Mitwirkung eines anderen Gesellschafters oder eines Bevollmächtigten zu vertreten. Der Widerspruch eines anderen einzelvertretungsbefugten Gesellschafters gegen das Vertretungshandeln ist dann im Außenverhältnis grundsätzlich unbeachtlich.[78] Für die KG gilt das vorstehend Gesagte gem. § 170 mit der Maßgabe, dass jeder *Komplementär* Einzelvertretungsmacht hat (Rn 2). – Zur Rechtslage bei einander widersprechenden Willenserklärungen s. Rn 18.

2. Sonderfälle

28 a) **Gesellschaften.** Gesellschafter einer OHG oder KG können auch juristische Personen des privaten und öffentlichen Rechts, Vorgesellschaften, Personenhandelsgesellschaften und Außengesellschaften bürgerlichen Rechts sein (§ 105 Rn 93 ff, ferner § 124 Rn 19). § 124 Abs. 1, 1. Hs. findet zwar auch insoweit Anwendung. Da diese Gesellschafter allerdings auf das Handeln natürlicher Personen angewiesen sind, gilt auch für die organschaftliche Vertretungsbefugnis, dass sie **durch die organschaftlichen Vertreter** oder sonstigen Bevollmächtigten der an der OHG beteiligten Gesellschafter auszuüben ist.[79] Mit dem Grundsatz der Selbstorganschaft ist dies vereinbar (Rn 9). Etwaige Mitspracherechte der Mitglieder der beteiligten Gesellschaft lassen die Wirksamkeit der im Namen der OHG abgegebenen Willenserklärung unberührt (s. Rn 3, ferner Anh § 105 Rn 86). Eine **Änderung der Vertretungsbefugnis** bei der beteiligten Gesellschaft erstreckt sich auch auf die Ausübung der organschaftlichen Vertretungsmacht für die OHG; der Gesellschaftsvertrag der OHG kann jedoch für diesen Fall ein Recht zur Entziehung der Vertretungsmacht gem. § 127 vorsehen (§ 127 Rn 14).[80] In das Handelsregister werden nur die an der OHG beteiligten Gesellschaften eingetragen (§ 106 Rn 15); die organschaftlichen Vertreter der beteiligten Gesellschaften können dem jeweils für diese geführten Eintrag entnommen werden.

29 b) **Geschäftsunfähige natürliche Personen.** Die Vorschrift des Abs. 1, 1. Hs. findet des Weiteren auf geschäftsunfähige oder beschränkt geschäftsfähige Gesellschafter Anwendung.[81] Dies beruht darauf, dass die Vertretungsmacht i.S.v. Abs. 1 an die Mitgliedschaft gebunden ist und der Erwerb der Mitgliedschaft in einer OHG allein die Rechtsfähigkeit voraussetzt (§ 105 Rn 85). Von dem Erwerb der Mitgliedschaft und damit auch der organschaftlichen Vertretungsmacht strikt zu trennen ist jedoch die **Ausübung der mitgliedschaftlichen Befugnisse**. So wie der Erwerb der Mitgliedschaft in einer OHG durch den nicht voll Geschäftsfähigen der Mitwirkung des gesetzlichen Vertreters und des Vormundschaftsgerichts bedarf (§ 105 Rn 86 ff), unterliegt auch die Ausübung der organschaftlichen Vertretungsmacht Einschränkungen. Diese ergeben sich aus §§ 104 ff BGB und haben zur Folge, dass der nicht voll geschäftsfähige Gesellschafter bei Ausübung der organschaftlichen Vertretungsmacht i.S.v. Abs. 1 durch seinen gesetzlichen Vertreter ver-

---

[77] Heymann/*Emmerich* Rn 11.

[78] Vgl. für die GbR BGH NZG 2008, 588 (592) mwN.

[79] Vgl. etwa BGHZ 75, 178 (182); *Westermann* Rn I 296a; Heymann/*Emmerich* Rn 16.

[80] *A. Hueck* OHG § 20 V 3; *Westermann* Rn I 296a.

[81] Wohl einh. M., s. *Westermann* Rn I 297; MünchKommHGB/*K. Schmidt* Rn 18; Heymann/*Emmerich* Rn 17; Baumbach/*Hopt* Rn 10; Koller/Roth/Morck/*Koller* Rn 3; eingehend zum Ganzen *A. Hueck* OHG § 20 V 1 mwN; *Badewitz* Der Minderjährige als Gesellschafter der OHG (1935).

treten werden muss.[82] Im Hinblick auf die Haftung des Gesellschafters nach § 128 S. 1 findet die Vorschrift des § 165 BGB keine Anwendung, so dass auch der **minderjährige Gesellschafter** von der Ausübung der Vertretungsmacht ausgeschlossen ist und der Vertretung durch den gesetzlichen Vertreter bedarf.[83] Auch eine Bevollmächtigung (Rn 13 ff) des minderjährigen Gesellschafters kommt deshalb nicht in Betracht.[84] Da das Handeln als vertretungsberechtigter Gesellschafter einer OHG keine größeren Gefahren birgt als die Ausübung eines einzelkaufmännisch geführten Gewerbes, findet allerdings die Vorschrift des **§ 112 BGB Anwendung.** Danach kann also der gesetzliche Vertreter mit Genehmigung des Vormundschaftsgerichts den minderjährigen Gesellschafter zur Ausübung der organschaftlichen Vertretung im gesamten Umfang des § 126 ermächtigen und damit die Haftung aus § 128 legitimieren;[85] die Beschränkungen der §§ 112 Abs. 1 S. 2, 1643, 1821, 1822 BGB finden in diesem Fall schon deshalb keine Anwendung, weil ihnen auch der gesetzliche Vertreter, soweit er die organschaftliche Vertretungsmacht für den Gesellschafter ausübt, nicht unterliegt (Rn 30).[86] Was die Vertretung der Gesellschaft und die Haftung der Mitgesellschafter betrifft, so steht ihnen im Fall des § 112 BGB die beschränkte Geschäftsfähigkeit gem. § 165 BGB nicht entgegen. Zum **Ausschluss** des nicht voll Geschäftsfähigen von der organschaftlichen Vertretungsbefugnis s. Rn 32 ff.

Wird die in der Mitgliedschaft des nicht voll geschäftsfähigen Gesellschafters wurzelnde Vertretungsmacht durch dessen gesetzlichen Vertreter ausgeübt, so wirkt das Rechtsgeschäft *unmittelbar* gegenüber der Gesellschaft; nur sie wird also vertreten. Der gesetzliche Vertreter unterliegt deshalb **nicht** den **Beschränkungen der §§ 1643, 1821, 1822 BGB,**[87] d.h. die von ihm oder von einem anderen Gesellschafter im Namen der Gesellschaft abgeschlossenen Rechtsgeschäfte bedürfen nicht der familien- oder vormundschaftsgerichtlichen Genehmigung gem. §§ 1821 f BGB. Der unbeschränkten Haftung des nicht voll geschäftsfähigen Gesellschafters gem. § 128 wird vielmehr dadurch Rechnung getragen, dass der Erwerb der Mitgliedschaft – sei es im Wege der Gründung der Gesellschaft, infolge Beitritts zur Gesellschaft oder im Wege des derivativen Erwerbs – genehmigungsbedürftig ist (§ 105 Rn 86 f); die Haftungsbeschränkung des § 1629a Abs. 1 BGB (§ 128 Rn 9) kommt dem nach § 112 BGB ermächtigten minderjährigen Gesellschafter hingegen nicht zugute.[88] Im Rahmen der Ausübung organschaftlicher Vertretungsbefugnis ohne Bedeutung sind §§ 1629 Abs. 2, 1795 BGB betr. den Ausschluss der gesetzlichen Vertretung bei Interessenkollision und §§ 1641, 1804 BGB betr. die Vor- **30**

---

[82] *Westermann* Rn I 297; MünchKommHGB/*K. Schmidt* Rn 18; **aA** noch RGRK/*Weipert* HGB² § 127 Rn 16.

[83] Wohl einh. M., s. MünchKommHGB/*K. Schmidt* Rn 18; Röhricht/v. Westphalen/*v. Gerkan/Haas* Rn 18; Heymann/*Emmerich* Rn 17a; Baumbach/*Hopt* Rn 10; Koller/Roth/Morck/*Koller* Rn 3; *Westermann* Rn I 297; *A. Hueck* OHG § 20 V 1a.

[84] **AA** wohl MünchKommHGB/*K. Schmidt* Rn 18; s. ferner *Schlegelberger/K. Schmidt* Rn 20.

[85] HM, s. *A. Hueck* OHG § 20 V 1a; MünchKommHGB/*K. Schmidt* Rn 18; Baumbach/*Hopt* § 105 Rn 27; *Westermann* Rn I 297; Soergel/*Hefermehl* BGB¹³ § 112 Rn 2; MünchKommBGB/*J. Schmitt* BGB⁵ § 112 Rn 6; *Nagel* Familiengesellschaft und elterliche Gewalt (1968) S. 93 ff mwN; **aA** noch RGRK/*Weipert* HGB² Anm. 5.

[86] *A. Hueck* OHG § 20 V 1a; MünchKommHGB/*K. Schmidt* Rn 18; **aA** Baumbach/*Hopt* § 105 Rn 27.

[87] Ganz hM, s. RGZ 125, 380 (381); BGHZ 38, 26 (30); *A. Hueck* OHG § 20 V 1b; *Westermann* Rn I 297; MünchKommHGB/*K. Schmidt* Rn 18; *Nagel* (Fn 85) S. 92; *Stahl* Minderjährigenschutz im Gesellschaftsrecht und vormundschaftsgerichtliche Genehmigung (1988) S. 142 f; **aA** *Riedlinger* Minderjährige in der Familienkommanditgesellschaft (1978) S. 144 ff.

[88] Vgl. § 1629a Abs. 2 BGB und dazu MünchKommBGB⁵/*Huber* § 1629a Rn 27.

nahme von Schenkungen zu Lasten des nicht voll Geschäftsfähigen.[89] Jenseits des Bereichs organschaftlicher Vertretung der Gesellschaft bewendet es allerdings bei den allgemeinen Grundsätzen. Von Bedeutung ist dies für **Grundlagengeschäfte**, insbesondere die Änderung des Gesellschaftsvertrags (§ 126 Rn 12 ff). Für den Fall, dass auch der gesetzliche Vertreter Mitglied der Gesellschaft ist, bedarf es hierzu gem. §§ 1629 Abs. 2, 1795 Abs. 2, 181 BGB der Einschaltung eines Ergänzungspflegers (§ 105 Rn 86). Andernfalls kann die Änderung des Gesellschaftsvertrags genehmigungsbedürftig gem. §§ 1643 Abs. 1, 1822 Nr. 3, 2. Alt. BGB sei.[90]

31 Bei anfänglichem **Fehlen oder** nachträglichem **Verlust der Geschäftsfähigkeit** kann der nicht nach § 112 BGB ermächtigte Gesellschafter die mit seiner Mitgliedschaft verbundene Vertretungsmacht nicht (mehr) selbst ausüben.[91] Die Vorschriften des **§ 15 Abs. 1, 3** finden in diesem Fall allerdings schon deshalb keine Anwendung, weil der Verlust der Geschäftsfähigkeit des Gesellschafters weder das Erlöschen seiner – nach § 106 Abs. 2 Nr. 4 eingetragenen (Rn 1) – organschaftlichen Vertretungsbefugnis zur Folge hat (Rn 29) noch als solches eine eintragungsfähige Tatsache darstellt.[92] Aber auch wenn man dem nicht folgen und statt dessen § 15 zur Anwendung bringen wollte, hätte das Fehlen oder der Verlust der Geschäftsfähigkeit doch gem. § 105 Abs. 1 BGB die Nichtigkeit der im Namen der Gesellschaft abgegebenen Willenserklärung zur Folge. Die Publizität des Handelsregisters würde in diesem Fall zwar das Vertrauen auf den (Fort-)Bestand der organschaftlichen Vertretungsmacht schützen, nicht aber das Vertrauen auf den Fortbestand der Geschäftsfähigkeit.[93] Eine wirksame Verpflichtung der Gesellschaft könnte demnach auch unter Berücksichtigung des § 15 nicht begründet werden. Der Gesellschaft kann es allerdings unter dem Gesichtspunkt der allgemeinen **Rechtsscheinhaftung** versagt sein, sich auf die Nichtigkeit der in ihrem Namen abgegebenen Willenserklärung zu berufen.[94] Für die dadurch begründete Gesellschaftsschuld haften zwar nach § 128 S. 1 auch die Gesellschafter; insoweit gebührt jedoch dem Schutz des Geschäftsunfähigen der Vorrang, und zwar ungeachtet des § 1629a Abs. 1 BGB.[95]

32 **3. Ausschluss von der Vertretungsmacht.** Nach Abs. 1 können einzelne Gesellschafter durch gesellschaftsvertragliche Bestimmung von der Einzelvertretungsmacht ausgeschlossen werden.[96] Der Ausschluss kann sowohl **bei Gründung** der Gesellschaft als auch im Nachhinein durch **Änderung des Gesellschaftsvertrags** vereinbart werden. Eine ausdrückliche Bestimmung ist empfehlenswert, doch kann sich ein entsprechender Wille der Ge-

---

[89] Unklar noch Voraufl. Rn 30.

[90] Sehr umstritten, s. § 105 Rn 85 (*Schäfer*), ferner *Hilsmann* Minderjährigenschutz durch das Vormundschaftsgericht bei der Änderung von Gesellschaftsverträgen (1993), insbes. S. 52 ff; *Stahl* (Fn 87) S. 129 ff.

[91] MünchKommHGB/*K. Schmidt* Rn 18; Ebenroth/Boujong/Joost/Strohn/*Hillmann* Rn 50; Heymann/*Emmerich* Rn 17a; vgl. demgegenüber für die GmbH BGHZ 115, 78 (80) = NJW 1991, 2566 (dazu noch Fn 92); BayObLG NJW-RR 1989, 934 (Erlöschen der Vertretungsmacht).

[92] Vgl. demgegenüber für das GmbH-Recht BGHZ 115, 78 (80) = NJW 1991, 2566 (Erlöschen der Vertretungsbefugnis ist zur Eintragung anzumelden); allg. zum Verhältnis zwischen § 15 Abs. 1 und dem Grundsatz des Minderjährigenschutzes § 15 Rn 54 (*Koch*).

[93] So für den GmbH-Geschäftsführer BGHZ 115, 78 (80 f) = NJW 1991, 2566; für § 125 MünchKommHGB/*K. Schmidt* Rn 18; Ebenroth/Boujong/Joost/Strohn/*Hillmann* Rn 50.

[94] BGHZ 115, 78 (81 ff) = NJW 1991, 2566; allg. zum Verhältnis zwischen § 15 Abs. 1 und der Haftung für konkret veranlassten Rechtsschein § 15 Rn 53 (*Koch*).

[95] Vgl. *Canaris* Handelsrecht[24] § 6 Rn 70. – Zu § 1629a BGB s. noch § 128 Rn 9.

[96] Zur rechtstatsächlichen Verbreitung entsprechender Klauseln s. *K.-H. Horst* S. 137 ff.

sellschafter auch im Wege der Auslegung des Gesellschaftsvertrags ergeben (Rn 33). Unzulässig ist der Ausschluss sämtlicher Gesellschafter von der Vertretungsbefugnis; ihm steht der Grundsatz der Selbstorganschaft entgegen (Rn 10, dort auch zu den Rechtsfolgen einer solchen Vereinbarung). Ebenfalls unzulässig ist ein partieller, befristeter oder bedingter Ausschluss von der Vertretung.[97]

Fehlt es an einer ausdrücklichen Vereinbarung, so kann sich ein Ausschluss einzelner Gesellschafter von der Vertretungsmacht im Wege der **Auslegung des Gesellschaftsvertrags** ergeben.[98] Wenn auch die Auslegungsregel des § 114 Abs. 2, wonach die Übertragung der Geschäftsführung auf einen oder mehrere Gesellschafter als Ausschluss der übrigen Gesellschafter von der Geschäftsführung anzusehen ist, auf Vereinbarungen i.S.v. Abs. 1 nicht unmittelbar anwendbar ist, so wird doch regelmäßig die *Benennung einzelner vertretungsberechtigter Gesellschafter* gem. §§ 133, 157 BGB im Sinne eines Ausschlusses der übrigen Gesellschafter auszulegen sein.[99] Dem steht es gleich, wenn einzelne Gesellschafter als „zeichnungsberechtigt“ oder als „firmierende Gesellschafter“ bezeichnet werden.[100] Der Ausschluss eines Gesellschafters *von der Geschäftsführung* ist regelmäßig zugleich im Sinne eines Ausschlusses von der Vertretung zu verstehen.[101] Anderes gilt für den Fall, dass der Gesellschaftsvertrag in anderem Zusammenhang zwischen Geschäftsführung und Vertretung unterscheidet. Eine Auslegungsregel des Inhalts, dass *nicht voll geschäftsfähige Gesellschafter* (Rn 29 ff) im Zweifel von der Vertretung ausgeschlossen sind, ist dagegen nicht anzuerkennen.[102] 33

Der Ausschluss einzelner Gesellschafter von der Vertretung hat als solcher zur Folge, dass die **übrigen Gesellschafter einzelvertretungsberechtigt** sind. Zulässig ist allerdings auch eine Kombination der Ausschlussvereinbarung i.S.v. Abs. 1 mit der Vereinbarung von Gesamtvertretung i.S.v. Abs. 2 und 3 (Rn 38 ff, 56 ff). Der von der organschaftlichen Vertretung ausgeschlossene Gesellschafter kann zwar bevollmächtigt werden (Rn 13 ff). Aus dem Recht zur Notgeschäftsführung entsprechend § 744 Abs. 2 BGB kann er dagegen keine Vertretungsmacht für die Gesellschaft herleiten (Rn 12). Zum **Wegfall des einzigen** vertretungsberechtigten Gesellschafters s. Rn 11. 34

Die Gesellschafter können die Vertretungsordnung jederzeit ändern und damit auch den Ausschluss einzelner Gesellschafter von der Vertretungsmacht aufheben.[103] Dazu bedarf es zwar einer **Vertragsänderung**, doch kann diese entsprechend allg. Grundsätzen auch stillschweigend erfolgen, sofern nicht die Änderung des Gesellschaftsvertrags formbedürftig ist (näher dazu, insbesondere auch zur Bedeutung gewillkürter Formerfordernisse § 105 Rn 178, 186 ff). Der Umstand, dass ein von der Vertretungsmacht ausgeschlossener Gesellschafter mit **Duldung** der übrigen Gesellschafter Vertretungshandlungen vornimmt, lässt allerdings regelmäßig nicht auf einen entsprechenden Änderungswillen der Gesellschafter schließen.[104] Im Zweifel ist darin vielmehr lediglich eine stillschwei- 35

97 AllgM, s. nur Baumbach/*Hopt* Rn 12; *Westermann* Rn I 311.

98 AllgM, s. MünchKommHGB/*K. Schmidt* Rn 15; Heymann/*Emmerich* Rn 13.

99 So auch MünchKommHGB/*K. Schmidt* Rn 15; Baumbach/*Hopt* Rn 12; zurückhaltender Heymann/*Emmerich* Rn 13; Straube/*Koppensteiner* Rn 10.

100 RGZ 24, 27 f; Baumbach/*Hopt* Rn 12.

101 Vgl. die Nachw. in Fn 99, ferner *Westermann* Rn I 311.

102 So aber zumindest tendenziell und vorbehaltlich des Falles, dass das Bestehen der Vertretungsbefugnis für den Bestand der Gesellschaft funktionsnotwendig ist (der nicht voll geschäftsfähige Gesellschafter etwa alleiniger Komplementär ist) MünchKommHGB/*K. Schmidt* Rn 19.

103 *A. Hueck* OHG § 20 II 2a; MünchKommHGB/*K. Schmidt* Rn 17.

104 So zu Recht bereits 3. Aufl. Anm. 12 (*R. Fischer*); ferner MünchKommHGB/

gende Bevollmächtigung des Gesellschafters zu sehen, für deren Erteilung es allein auf den entsprechenden Willen der organschaftlichen Vertreter ankommt und die ohne Zustimmung des Gesellschafters widerrufen werden kann (Rn 3, 7, 13 ff).[105]

36 **4. Erlöschen der Vertretungsmacht.** Sieht man von der Änderung des Gesellschaftsvertrags ab (Rn 35), so erlischt die organschaftliche Vertretungsbefugnis allein durch **Entziehung** gem. § 127; die dazu erforderliche Gestaltungsklage ersetzt bei Vorliegen eines wichtigen Grundes die an sich erforderliche Zustimmung des betroffenen Gesellschafters (§ 127 Rn 1). Eine einseitige Beendigung der Vertretungsbefugnis durch **Niederlegung** derselben seitens des vertretungsberechtigten Gesellschafters ist dagegen nicht möglich (§ 127 Rn 5).

37 **5. Rechtsstreit über das Bestehen der Vertretungsmacht.** Ein Streit der Gesellschafter über die *organschaftliche* Vertretungsmacht eines Gesellschafters betrifft die Auslegung des Gesellschaftsvertrags und damit die **Grundlagen der Gesellschaft** (s. Rn 5). Er ist somit grundsätzlich zwischen den Gesellschaftern selbst auszutragen (§ 105 Rn 207 ff, § 127 Rn 21).[106] Der Gesellschaft fehlt es insoweit an der Aktiv- bzw. Passivlegitimation, so dass die Klage als unbegründet abzuweisen ist (§ 105 Rn 209). Der Erhebung einer Feststellungsklage durch oder gegen die Gesellschaft steht dies freilich nicht entgegen (§ 127 Rn 21). Soweit es um die Klage eines Gesellschafters auf Feststellung des Bestehens einer Vollmacht (Rn 13 ff) geht, ist die Gesellschaft im Übrigen auch nach hM aktiv- bzw. passivlegitimiert. Der auf Feststellung seiner (organschaftlichen oder rechtsgeschäftlich erteilten) Vertretungsmacht gerichteten Klage eines Gesellschafters gegen einen **Dritten**, insbesondere einen Geschäftspartner der Gesellschaft, fehlt es dagegen regelmäßig an dem gem. § 256 ZPO erforderlichen Feststellungsinteresse;[107] sie ist somit als unzulässig abzuweisen.

VII. Gesamtvertretungsmacht mehrerer Gesellschafter (Abs. 2)

38 **1. Überblick.** Nach Abs. 2 S. 1 können die Gesellschafter im Gesellschaftsvertrag (Rn 32 f) von dem Grundsatz der Einzelvertretungsmacht des Abs. 1 abweichen und bestimmen, dass alle oder mehrere Gesellschafter nur in Gemeinschaft zur Vertretung der Gesellschaft berechtigt sein sollen.[108] Vorbehaltlich einer Ermächtigung eines Gesellschafters gem. Abs. 2 S. 2 (Rn 45 ff) ist danach also jeder gesamtvertretungsberechtigte Gesellschafter auf die Mitwirkung der anderen Gesamtvertreter angewiesen (näher zur Ausübung der Gesamtvertretungsmacht in Rn 41 f). Anderes gilt freilich hinsichtlich der Passivvertretung der Gesellschaft: Nach Abs. 2 S. 3 ist jeder Gesamtvertreter allein zur Empfangnahme von Willenserklärungen für die Gesellschaft befugt und damit insoweit alleinvertretungsberechtigt (Rn 54 f). Die Gesamtvertretung kann nur durch den **Gesellschaftsvertrag** eingeführt werden. Sie ist regelmäßig auch für den Fall gewollt, dass die Gesellschafter zwar den Grundsatz der Einzelvertretungsmacht abbedingen, die von

---

K. Schmidt Rn 17; *A. Hueck* OHG § 20 II 2a (Fn 16); **aA** noch Schlegelberger/*Geßler* HGB⁴ Anm. 9 unter Hinweis auf RGZ 5, 16; 34, 53 (56); RG Recht 1923, Nr. 677.

[105] So zu Recht MünchKommHGB/*K. Schmidt* Rn 17.

[106] BGH NJW 1979, 871 (872); Baumbach/*Hopt* Rn 12.

[107] BGH NJW 1979, 871 f; *Baumbach/Hopt* Rn 12.

[108] Zur rechtstatsächlichen Verbreitung entsprechender Vereinbarungen s. *K.-H. Horst* S. 145 ff.

ihnen gewählte Vertretungsregelung aber unwirksam ist oder aus sonstigen Gründen fehlschlägt (Rn 10 f).

2. **Gestaltungsmöglichkeiten.** Die Gesamtvertretung kann in verschiedenen Varianten und zudem in Kombination mit der Einzelvertretungsbefugnis einzelner Gesellschafter eingeführt werden.[109] Bereits der Wortlaut des Abs. 2 S. 1 bestimmt, dass der Gesellschaftsvertrag Gesamtvertretung sowohl für sämtliche Gesellschafter als auch nur für einen Teil von ihnen anordnen kann. Auch im letzteren Fall können die Gesellschafter entweder für sämtliche vertretungsberechtigten Gesellschafter oder nur für einen Teil derselben Gesamtvertretung vereinbaren. Die zuletzt genannte Variante eröffnet demnach die Möglichkeit, Gesamtvertretung i.S.v. Abs. 2 S. 1 und Einzelvertretung i.S.v. Abs. 1 zu kombinieren, d.h. für einige Gesellschafter Gesamtvertretung einzuführen und daneben andere Gesellschafter mit Einzelvertretungsbefugnis auszustatten. Nicht erforderlich ist, dass die Gesellschafter sich auf bestimmte Gesamtvertreter festlegen; vielmehr können sie vorsehen, dass eine bestimmte Zahl von Gesellschaftern in beliebiger Paarung – ggf. zusammen mit einem der einzelvertretungsberechtigten Gesellschafter – vertretungsbefugt ist.[110] Ebenfalls zulässig ist die Vereinbarung einer sog. **halbseitigen Gesamtvertretung**, der zufolge bestimmte Gesellschafter Einzelvertretungsbefugnis haben und andere nur gemeinsam mit ihnen zur (Gesamt-)Vertretung der Gesellschaft berechtigt sind.[111] Auch in diesem Fall haben die gesamtvertretungsberechtigten Gesellschafter Einzelvertretungsmacht hinsichtlich der Entgegennahme von Willenserklärungen (Rn 54 f); des Weiteren kann auch ihr Wissen der Gesellschaft entsprechend § 31 BGB zugerechnet werden (Rn 20 ff). 39

Mit der Anordnung von Gesamtvertretung verbindet sich **keine inhaltliche Beschränkung der Vertretungsmacht.** Auch für die Gesamtvertretung gilt maW der in § 126 geregelte Grundsatz der unbeschränkten und unbeschränkbaren Vertretungsmacht. Eine gegenständlich bestimmte und beschränkte Gesamtvertretungsregelung ist somit im Verhältnis zu Dritten unwirksam[112] und darf nicht in das Handelsregister eingetragen werden. Dies gilt insbesondere für eine Vereinbarung, wonach für bestimmte Geschäfte Einzelvertretungsmacht, für andere dagegen Gesamtvertretungsmacht bestehen soll. Den Gesellschaftern bleibt allein die Möglichkeit einer Ermächtigung gem. Abs. 2 S. 2 (Rn 45 ff). 40

3. Ausübung der Gesamtvertretungsmacht

a) **Gemeinsames Handeln.** Eine wirksame Vertretung der Gesellschaft durch Gesamtvertreter setzt die Abgabe von Willenserklärungen im Namen der Gesellschaft durch die nach dem Gesellschaftsvertrag erforderliche Zahl von Gesamtvertretern voraus.[113] Ist die für die Gesellschaft abzugebende Willenserklärung **formbedürftig,** so muss jeder Gesamt- 41

---

[109] Vgl. zum Folgenden auch *A. Hueck* OHG § 20 II 2b; MünchKommHGB/*K. Schmidt* Rn 31; Heymann/*Emmerich* Rn 19; Ebenroth/Boujong/Joost/Strohn/*Hillmann* Rn 21; *Westermann* Rn I 313.

[110] *A. Hueck* OHG § 20 II 2b; MünchKommHGB/*K. Schmidt* Rn 31.

[111] Heute unstr., s. RGZ 90, 21 (22 f); BGHZ 62, 166 (170 ff) mwN auch zur Gegenauffassung; aus dem Schrifttum neben den in Fn 109 Genannten noch Röhricht/v. Westphalen/*v. Gerkan/Haas* Rn 8; Straube/*Koppensteiner* Rn 14 mN zur abw Rspr. des OLG Wien und des öOGH, aber auch *Krebs* ZHR 159 (1995), 635 (660 f).

[112] MünchKommHGB/*K. Schmidt* Rn 32; Heymann/*Emmerich* Rn 19; *A. Hueck* OHG § 20 II 2b.

[113] Vgl. dazu für die GbR BGH NZG 2008, 588 (589); BGH NJW 1997, 2678.

vertreter in der vorgeschriebenen Form handeln.[114] Ist auch nur eine Erklärung formunwirksam, so ist es auch die Gesamterklärung der Gesamtvertreter; § 139 BGB findet insoweit keine Anwendung.[115] Gleichzeitiges Handeln ist nicht erforderlich, soweit nicht das Gesetz – wie etwa in § 925 Abs. 1 S. 1 BGB – ausnahmsweise ein solches vorschreibt.[116] Es genügt vielmehr, dass die zeitlich getrennten Teilerklärungen **aufeinander Bezug nehmen** und in diesem Sinne eine Einheit bilden; dies setzt voraus, dass bei Abgabe der letzten Willenserklärung die zuvor abgegebenen noch in Kraft sind.[117] Zur Passivvertretung s. Rn 54 f.

42 b) **Genehmigung.** Handelt ein Gesamtvertreter ohne die erforderliche Mitwirkung der übrigen Gesamtvertreter und ohne von diesen gem. Abs. 2 S. 2 zur Einzelvertretung ermächtigt zu sein (Rn 45 ff), so finden die Vorschriften der §§ 177 ff BGB über die **Vertretung ohne Vertretungsmacht** Anwendung. Der im Namen der Gesellschaft abgegebenen, schwebend unwirksamen Willenserklärung kann in diesem Fall durch Genehmigung gem. § 177 Abs. 1 BGB zur Wirksamkeit verholfen werden. Die Genehmigung bedarf gem. § 182 Abs. 2 BGB nicht der für das Rechtsgeschäft bestimmten Form.[118] Vorbehaltlich einer Aufforderung des Erklärungsempfängers (§ 177 Abs. 2 BGB) kann die Genehmigung gem. § 182 Abs. 1 BGB sowohl dem Gesellschafter als auch dem Erklärungsempfänger gegenüber erklärt werden. Nach § 184 Abs. 2 BGB hat sie die Wirksamkeit des Rechtsgeschäfts mit Wirkung ex tunc zur Folge. Auf einseitige Rechtsgeschäfte findet § 180 BGB entsprechende Anwendung.[119] Zuständig für die Erklärung der Genehmigung sind zum einen die übergangenen Gesamtvertreter,[120] zum anderen etwaige Einzelvertreter und sonstige zur Gesamtvertretung berechtigte Gesellschafter, aber auch Bevollmächtigte der Gesellschaft (Rn 13 ff), sofern die Vollmacht das vom Gesamtvertreter getätigte Rechtsgeschäft umfasst.[121] Der handelnde Gesamtvertreter ist an die im Namen der Gesellschaft abgegebene und gem. § 177 BGB schwebend unwirksame Erklärung gebunden; er kann diese also nicht bis zur Erteilung oder Verweigerung der Genehmigung durch den anderen Gesamtvertreter widerrufen.[122] Liegt das Rechtsgeschäft im Interesse der Gesellschaft, so kann der übergangene Gesamvertreter kraft der ihm obliegenden **Treupflicht** (§ 105 Rn 228 ff) zur Erteilung der Genehmigung verpflichtet sein.[123] Täuscht ein Gesamtvertreter die rechtliche Verbindlichkeit der von ihm abgegebenen

---

[114] MünchKommHGB/*K. Schmidt* Rn 28; Ebenroth/Boujong/Joost/Strohn/*Hillmann* Rn 23; Heymann/*Emmerich* Rn 22; *A. Hueck* OHG § 20 II 2b.

[115] BGHZ 53, 210 (214 f) = NJW 1970, 806 (betr. § 35 Abs. 2 S. 2 GmbHG); s. ferner RGZ 145, 155 (160); Ebenroth/Boujong/Joost/Strohn/*Hillmann* Rn 23.

[116] RGZ 81, 325 f; *Westermann* Rn I 315a.

[117] Heymann/*Emmerich* Rn 22; Baumbach/*Hopt* Rn 16.

[118] Vgl. dazu BGHZ 125, 218 = NJW 1994, 1344 mit umf. Nachw.

[119] BAG NJW 1981, 2374; Baumbach/*Hopt* Rn 16. – Zur Anwendung des § 174 BGB auf das Handeln des gem. Abs. 2 S. 2 ermächtigten Gesellschafters s. Rn 50.

[120] Vgl. BGH WM 1994, 63 (65); RGZ 81, 325 (327 f); 101, 342 (343 f); 106, 268 (269); 112, 215 (220 f); *A. Hueck* OHG § 20 II 2b; MünchKommHGB/*K. Schmidt* Rn 28; Heymann/*Emmerich* Rn 32.

[121] MünchKommHGB/*K. Schmidt* Rn 28.

[122] Vgl. zu §§ 35 GmbHG, 78 AktG Baumbach/Hueck/*Zöllner*/*Noack* GmbHG § 35 Rn 119; MünchKommAktG/*Spindler* § 78 Rn 76; GroßkommAktG/*Habersack* § 78 Rn 35; **aA** RGZ 81, 325 (329); *Hachenburg*/*Mertens* GmbHG[8] § 35 Rn 93.

[123] *A. Hueck* OHG § 20 II 2b; s. ferner für die GbR BGH NJW-RR 1991, 1441: Alleinvertretungsbefugnis des GbR-Gesellschafters für den Fall, dass der andere (gesamtvertretungsberechtigte) Gesellschafter zwar verhindert ist, den Anteil aber nur treuhänderisch für den verbleibenden Gesellschafter hält.

Willenserklärung vor, so kann dies eine Pflichtverletzung i.S.v. § 241 Abs. 2 BGB oder eine **unerlaubte Handlung** i.S.v. §§ 823 ff BGB darstellen; nach der – allerdings sehr problematischen – neueren Rechtsprechung des BGH ist das Verhalten nach § 31 BGB der Gesellschaft zuzurechnen.[124]

4. Wegfall oder Verhinderung einzelner Gesamtvertreter

a) **Gänzlicher Wegfall.** Indem die Gesellschafter von dem gesetzlichen Regelfall der allseitigen Einzelvertretungsmacht abweichen, geben sie zugleich zu verstehen, dass bei Wegfall eines Gesamtvertreters die Vertretungsmacht des verbleibenden Gesamtvertreters regelmäßig **nicht zur Einzelvertretungsmacht** erstarken soll (s. bereits Rn 10 f). Dies gilt freilich nur für den Fall, dass die Gesellschaft dadurch, dass der verbleibende Gesamtvertreter infolge des Wegfalls des anderen seine Gesamtvertretungsmacht nicht mehr ausüben kann, nicht ihre **Handlungsfähigkeit** verliert.[125] Scheidet also einer von zwei – bislang gesamtvertretungsberechtigten – Komplementären aus, so führt dies im Hinbick auf § 170 (Rn 2) dazu, dass der verbleibende Komplementär nunmehr einzelvertretungsbefugt ist.[126] Entsprechendes gilt für den Fall, dass die Gesellschaft gegen einen der beiden Gesamtvertreter Klage erhebt.[127] Des Weiteren erlangt der verbleibende Gesamtvertreter Einzelvertretungsbefugnis, wenn die Vereinbarung von Gesamtvertretung ausschließlich im Interesse des weggefallenen Gesamtvertreters und nicht im Interesse der nicht vertretungsberechtigten Gesellschafter getroffen wurde.[128] In den übrigen Fällen, insbesondere beim Vorhandensein sonstiger – bislang nicht vertretungsberechtigter – Gesellschafter ist dagegen regelmäßig das Ruhen der Vertretungsmacht des verbleibenden Gesamtvertreters und statt dessen **allseitige Gesamtvertretung** anzunehmen.[129] Es ist in diesem Fall Sache der Gesellschafter, im Wege der **Änderung des Gesellschaftsvertrags** für eine neue Vertretungsordnung zu sorgen, wobei dem verbleibenden Gesamtvertreter ggf. ein Anspruch auf Wiederherstellung einer vergleichbaren Gesamtvertretungsregelung zustehen kann (allg. dazu § 105 Rn 239 ff).[130] Zur Rechtslage bei Entziehung der Vertretungsmacht s. § 127 Rn 7 ff. 43

b) **Verhinderung im Einzelfall.** Vom Wegfall eines Gesamtvertreters zu unterscheiden ist der Fall, dass einer der Gesamtvertreter im Einzelfall an der Vertretung der Gesellschaft verhindert ist. Was zunächst die **tatsächliche Verhinderung** (etwa infolge Krankheit oder Abwesenheit) betrifft, so vermag sie an der gesellschaftsvertraglich vereinbarten Gesamtvertretung nichts zu ändern. Dies gilt selbst bei „Gefahr im Verzuge"; die Vorschrift des § 115 Abs. 2 findet auf die Vertretung der Gesellschaft keine Anwendung.[131] 44

124 So für die GmbH BGHZ 98, 148 (151 ff); zu wN s. § 124 Rn 14.

125 Vgl. RGZ 103, 417 f; 116, 116 (117); BGHZ 41, 367 (368 f); BGH WM 1983, 60; MünchKommHGB/*K. Schmidt* Rn 52 f; Heymann/*Emmerich* Rn 21.

126 Vgl. BGHZ 41, 367 (369); 51, 198 (200); *Westermann* Rn I 319; MünchKommHGB/*K. Schmidt* Rn 30, 52; Heymann/*Emmerich* Rn 21; Ebenroth/Boujong/Joost/Strohn/*Hillmann* Rn 25.

127 BGH WM 1983, 60; MünchKommHGB/*K. Schmidt* Rn 30.

128 Zutr. MünchKommHGB/*K. Schmidt* Rn 53.

129 Vgl. BGHZ 41, 367 (368); 51, 198 (200); MünchKommHGB/*K. Schmidt* Rn 53; Ebenroth/Boujong/Joost/Strohn/*Hillmann* Rn 25; Heymann/*Emmerich* Rn 21; Baumbach/*Hopt* Rn 13; *A. Hueck* OHG § 20 II 4.

130 MünchKommHGB/*K. Schmidt* Rn 53; Heymann/*Emmerich* Rn 21.

131 BGHZ 17, 181 (186 f); 34, 27 (29); 41, 367 (369); *A. Hueck* OHG § 20 II 2b; MünchKommHGB/*K. Schmidt* Rn 54; Ebenroth/Boujong/Joost/Strohn/Hillmann Rn 28; Baumbach/*Hopt* Rn 16; *Westermann* Rn I 319a.

Die Gesamtvertreter haben in diesem Fall auf die Möglichkeit der Ermächtigung (Rn 45 ff) oder der Genehmigung (Rn 42) zurückzugreifen. Die Bevollmächtigung eines Dritten, der daraufhin die Gesellschaft anstelle der Gesamtvertreter vertritt, kann dagegen nur durch beide Gesamtvertreter gemeinsam erfolgen (Rn 14). Auch eine Bevollmächtigung des einen Gesamtverteters durch den verhinderten Gesamtvertreter ist im Hinblick auf den durch die Gesamtvertretung intendierten Schutz der Gesellschaft und der Mitgesellschafter unwirksam;[132] ggf. kann sie aber in eine Ermächtigung i.S.v. Abs. 2 S. 2 umgedeutet werden (s. auch Rn 52). Eine Ersetzung der Gesamtvertretung i.S.v. Abs. 2 durch eine gemischte Gesamtvertretung i.S.v. Abs. 3 setzt gar eine Änderung des Gesellschaftsvertrags voraus (Rn 32 f, 56). Der tatsächlichen Verhinderung steht die **rechtliche Verhinderung** gleich. Dabei kommt zwar in den Fällen des § 181 BGB auch eine Ermächtigung gem. Abs. 2 S. 2 grundsätzlich nicht in Betracht (Rn 51 f). Auch insoweit gilt allerdings, dass die Gesellschaft nicht handlungsunfähig werden darf. Betrifft also der Ausschluss von der Vertretungsmacht gem. § 181 BGB einen Gesamtvertreter und hat die Gesellschaft neben dem anderen Gesamtvertreter keine weiteren Gesellschafter (bzw. im Fall des § 170: keine weiteren Komplementäre), so erstarkt die Gesamtvertretungsmacht des anderen ipso iure zur Einzelvertretungsmacht (s. Rn 43).[133] Sind dagegen noch andere Gesellschafter vorhanden, so gilt auch insoweit der Grundsatz der allseitigen Gesamtvertretungsmacht (Rn 10 f).

5. Ermächtigung (S. 2)

45 a) **Rechtsnatur.** Nach Abs. 2 S. 2 können die gesamtvertretungsberechtigten Gesellschafter einzelne von ihnen zur Vornahme bestimmter Geschäfte oder bestimmter Arten von Geschäften ermächtigen. Die ermächtigten Gesellschafter werden dadurch in die Lage versetzt, die Gesellschaft wirksam zu vertreten, ohne das Risiko einer Verweigerung der Genehmigung des ermächtigenden Gesellschafters (Rn 42) und damit der Haftung gem. §§ 177 ff BGB eingehen zu müssen. Obschon es sich bei der Ermächtigung i.S.v. Abs. 2 S. 2 um ein allgemeines Prinzip der Gesamtvertretung handelt,[134] ist deren Rechtsnatur bis heute nicht abschließend geklärt. Überholt ist die insbesondere vom RG vertretene Auffassung, wonach es sich bei der Ermächtigung um eine **Bevollmächtigung i.S.v. § 54** handelt.[135] Ihr stehen bereits die Unterscheidung zwischen organschaftlicher und rechtsgeschäftlich erteilter Vertretungsmacht (Rn 7) sowie der Umstand entgegen, dass dem Gesamtvertreter die Ermächtigung in seiner Eigenschaft als organschaftlicher Vertreter erteilt wird. Aber auch der Umstand, dass Vollmachtgeber die *Gesellschaft* sein müsste, Abs. 2 S. 2 aber von einem Handeln des ermächtigenden *Gesellschafters* ausgeht, lässt erkennen, dass die Vollmachtslösung der Systematik des § 125 widerspricht.[136] Dies gilt auch bei gemisch-

---

[132] Vgl. für die GmbH BGHZ 34, 27 (30 f).

[133] So auch MünchKommHGB/*K. Schmidt* Rn 45, 52 (54); **aA** *Heymann/Emmerich* Rn 21.

[134] Vgl. § 150 Abs. 2 S. 1, §§ 78 Abs. 4 S. 1, 269 Abs. 4 AktG und § 25 Abs. 3 GenG; zur analogen Anwendung s. für die GmbH *Lutter/Hommelhoff* GmbHG[16] § 35 Rn 28 mwN, für die GbR BGH NJW-RR 1986, 778 = WM 1986, 315; zutr. Betonung des allgemeinen Charakters des Instituts bei *Schwarz* NZG 2001, 529 ff.

[135] So RGZ 80, 180 (182); 81, 325 (328); RAG HRR 1929, Nr. 1924; Schlegelberger/*Geßler* HGB[4] Anm. 18; wohl auch *Lüdtke-Handjery* DB 1972, 565 ff.

[136] MünchKommHGB/*K. Schmidt* Rn 44; gegen die Vollmachtslösung auch BGHZ 64, 72 (76 ff) = NJW 1975, 1117; BAG NJW 1981, 2374; Heymann/*Emmerich* Rn 25; Ebenroth/Boujong/Joost/Strohn/*Hillmann* Rn 30; Röhricht/v. Westphalen/*v. Gerkan/Haas* Rn 10; Baumbach/*Hopt* Rn 17; Koller/Roth/Morck/*Koller* Rn 4; *Schwarz* NZG 2001, 529 (530 ff).

ter Gesamtvertretung; denn auch der Prokurist nimmt nach § 125 Abs. 3 S. 1 an der organschaftlichen Vertretung der Gesellschaft teil (Rn 56). Auch soweit die früher hM die Bedeutung des Abs. 2 S. 2 in einer **Befreiung von § 181 BGB** verstanden hat,[137] kann dem schon deshalb nicht gefolgt werden, weil es im Fall einer Delegation an einer Doppelvertretung fehlt, der Ermächtigte vielmehr nur Empfänger der Ermächtigungserklärung ist.[138] Die Ermächtigung lässt die Vertretungsbefugnis des Ermächtigenden unberührt; dieser kann also von seiner Vertretungsbefugnis weiterhin Gebrauch machen.[139] – Zur davon zu unterscheidenden Frage der Anwendbarkeit des § 181 BGB auf Rechtsgeschäfte zwischen der Gesellschaft und dem die Ermächtigung erteilenden Vertreter s. Rn 51 f.

Die heute ganz hM geht davon aus, dass die Gesamtvertretungsbefugnis des ermächtigten Gesellschafters infolge der Ermächtigung zur Einzelvertretungsbefugnis erstarkt.[140] **46**
Damit ist freilich nur die *Rechtsfolge* der Ermächtigung umschrieben. Die Erklärung selbst ist dagegen im Sinne einer **Ausübungsermächtigung** zu qualifizieren, der zufolge der ermächtigte Gesamtvertreter zur Ausübung der dem anderen – dem ermächtigenden – Gesellschafter zustehenden organschaftlichen Vertretungsmacht berechtigt wird.[141] Infolge dieser Ermächtigung kann der ermächtigte Gesellschafter für beide Gesamtvertreter handeln und damit die Gesellschaft wirksam (organschaftlich) vertreten. Die Bedeutung des Abs. 2 S. 2 ist danach vor allem (s. noch Rn 48) in einer Auflockerung des Grundsatzes der **Höchstpersönlichkeit** der organschaftlichen Vertretungsmacht zu sehen.[142] Der Ermächtigte nimmt mithin neben seiner eigenen Befugnis auch diejenige des Ermächtigenden wahr.[143] Handelt es sich um zwei Gesamtvertreter, so erlangt der Ermächtigte zwar keine Alleinvertretungsbefugnis im Rechtssinne; er kann aber, da zur Ausübung der Vertretungsbefugnis des Ermächtigenden befugt, die Gesellschaft nunmehr allein vertreten. Erteilt nur einer von drei Gesamtvertretern Ermächtigung, so bewendet es bei der gemeinschaftlichen Vertretung durch den ermächtigten und den dritten Gesellschafter.

b) **Erteilung.** Die Ermächtigung ist **einseitiges Rechtsgeschäft.** Sie kann deshalb weder **47**
angenommen noch abgelehnt werden.[144] Sie ist nicht Bestandteil des im Namen der Gesellschaft zu tätigenden Rechtsgeschäfts und kann somit **formlos** erteilt werden.[145]

---

137 So noch RGZ 80, 180 (182); 81, 325 (328), aus dem Schrifttum etwa 3. Aufl. Anm. 21 (*R. Fischer*), Schlegelberger/*Geßler* HGB[4] Anm. 18 und *Lüdtke-Handjery* DB 1972, 565 (567), jew. ausgehend davon, dass die Ermächtigung unter Beteiligung aller Gesamtvertreter (einschließlich des Ermächtigten) erfolgt.

138 MünchKommHGB/*K. Schmidt* Rn 43.

139 MünchKommHGB/*K. Schmidt* Rn 42; zum Widerruf der Ermächtigung s. Rn 53.

140 Vgl. die Rspr.-Nachw. in Fn 136, ferner Baumbach/*Hopt* Rn 17.

141 *Schwarz* NZG 2001, 529 (535 ff); der Sache nach („Delegation") bereits Schlegelberger/*K. Schmidt* Rn 44; MünchKommHGB/*ders.* Rn 44; Voraufl. Rn 46 (unter Herausstellung des sogleich im Text anzusprechenden Zusammenhangs mit der Höchstpersönlichkeit der Vertretungsbefugnis); für das Aktienrecht bereits *Frels* ZHR 122 (1959) 173 (184 ff); ferner GroßkommAktG/*Habersack* Rn 50 mwN.

142 *Schwarz* NZG 2001, 529 (537); MünchKommHGB/*K. Schmidt* Rn 44; GroßkommAktG/*Habersack* § 78 Rn 50; zur grundsätzlichen Unübertragbarkeit der organschaftlichen Vertretungsbefugnis s. BGHZ 13, 61 (65); 64, 72 (76) = NJW 1975, 1117.

143 Vgl. die Nachw. in Fn 142.

144 *Westermann* Rn I 316; *Schlegelberger/K. Schmidt* Rn 43; *Heymann/Emmerich* Rn 27; vgl. ferner RGZ 116, 116 (118) (Klage des einen Gesamtvertreters gegen die Gesellschaft unter Bezeichnung des anderen Gesamtvertreters als Vertreter der Gesellschaft, dazu sogleich im Text).

145 RGZ 106, 268 f; 116, 116 (118); BAG NJW 1981, 2374; MünchKommHGB/*K. Schmidt* Rn 43; Heymann/*Emmerich* Rn 26; Baumbach/*Hopt* Rn 17.

Eine Übertragung der Grundsätze über die Formbedürftigkeit bestimmter Vollmachten[146] ist schon deshalb nicht veranlasst,[147] weil die Einschränkungen des § 167 Abs. 2 BGB dem Schutz des Vertretenen dienen, der die Ermächtigung erteilende Gesellschafter dagegen nicht Partei des durch den ermächtigten Gesellschafter getätigten Rechtsgeschäfts wird und zudem die Ermächtigung jederzeit widerrufen kann (Rn 53). Die Ermächtigung kann auch **konkludent** erfolgen, u.U. bereits durch fortgesetztes Dulden des Auftretens des anderen Gesamtvertreters als Einzelvertreter,[148] ferner durch Klage eines Gesamtvertreters gegen die Gesellschaft unter Anführung des anderen Gesamtvertreters als Vertreter der Beklagten in der Klageschrift.[149] Erklärungsempfänger ist regelmäßig der zu ermächtigende Gesamtvertreter; entsprechend §§ 167 Abs. 1, 171 Abs. 1 BGB kommt jedoch auch die Erklärung gegenüber dem Vertragspartner der Gesellschaft oder gegenüber der Öffentlichkeit in Betracht.[150]

48 c) **Umfang.** Was den möglichen Umfang der Ermächtigung betrifft, so beschränkt Abs. 2 S. 2 diesen auf bestimmte Geschäfte oder bestimmte Arten von Geschäften. Damit soll zum einen der durch die Anordnung von Gesamtvertretung intendierte Schutz der nicht vertretungsberechtigten Gesellschafter gegen Umgehungen abgesichert werden. Darüber hinaus soll aber auch die Zuständigkeit der Gesamtheit der Gesellschafter für die Änderung der Vertretungsordnung der Gesellschaft (Rn 32 f) gewahrt und gegen Übergriffe der Gesamtvertreter geschützt werden. Unwirksam, weil de facto das Prinzip der Einzelvertretung einführend ist danach insbesondere eine vollständige Übertragung der organschaftlichen Vertretungsbefugnis oder die Einräumung einer Generalermächtigung.[151] Unproblematisch sind dagegen Erklärungen, die zur Abwicklung des gewöhnlichen Geschäftsverkehrs einer Zweigniederlassung oder zur Abwicklung des Geschäftsverkehrs mit einer Bank ermächtigen.[152] Ebenfalls zulässig ist die Erteilung einer Ermächtigung im Umfang einer Handlungsvollmacht gem. § 54,[153] also beschränkt auf gewöhnliche Geschäfte im Handelszweig der Gesellschaft.

49 Der Umfang der Ermächtigung ist im Wege der **Auslegung gem. §§ 133, 157 BGB** zu ermitteln und hängt damit ganz von den Umständen des Einzelfalls ab. Die Vermutung des § 54 findet keine Anwendung.[154] Für eine Typisierung oder Vermutung eines bestimmten Inhalts besteht schon deshalb kein Bedürfnis, weil sich die Ermächtigung außerhalb des Handelsregisters vollzieht (Rn 62) und die Vertragspartner der Gesellschaft somit aufgerufen sind, sich über den Inhalt der Ermächtigung zu vergewissern.

50 d) **Vornahme einseitiger Rechtsgeschäfte.** Auf das Handeln des nunmehr zur Einzelvertretung berechtigten Gesellschafters findet die Vorschrift des **§ 174 BGB** über die Vor-

---

[146] Dazu MünchKommBGB/*Schramm* BGB[5] § 167 Rn 16 ff .

[147] Dafür aber *Westermann* Rn I 316.

[148] Vgl. RGZ 123, 279 (288 f); RG JW 1918, 504 (505); OHG GesRZ 1981, 227 (228); Heymann/*Emmerich* Rn 26; Baumbach/*Hopt* Rn 17.

[149] RGZ 116, 116 (118 f); Baumbach/*Hopt* Rn 17.

[150] RGZ 80, 180 (182); Heymann/*Emmerich* Rn 28; *Westermann* Rn I 316.

[151] BGHZ 34, 27 (30 f); BGH NJW-RR 1986, 778 = WM 1986, 315; OLG Celle WM 1967, 1230 f; OLG Dresden NJW-RR 1995, 803 (804); s. ferner BGH NJW 1988, 1199 (1200).

[152] Vgl. BGH NJW-RR 1986, 778 = WM 1986, 315; RAG HRR 1929, Nr. 1924.

[153] So auch Heymann/*Emmerich* Rn 31; *Westermann* Rn I 316; eingehend dazu *Lüdtke-Handjery* DB 1972, 565 (567 ff).

[154] So auch MünchKommHGB/*K. Schmidt* Rn 43; **aA** *A. Hueck* OHG § 20 II 2b; *Westermann* Rn I 316; Heymann/*Emmerich* Rn 30.

nahme einseitiger Rechtsgeschäfte entsprechende Anwendung.[155] Der Erklärungsempfänger kann somit das einseitige Rechtsgeschäft, etwa eine Kündigung, unter Hinweis auf das Fehlen einer Ermächtigungsurkunde zurückweisen und damit dessen Unwirksamkeit herbeiführen. Handeln dagegen die ausweislich des Handelsregisters vertretungsbefugten Gesellschafter gemeinschaftlich (d.h. unter Verzicht auf die Ermächtigung nach Abs. 2 S. 2), so ist § 174 BGB unanwendbar; Entsprechendes gilt im Falle des § 125 Abs. 1, d.h. bei Handeln eines alleinvertretungsberechtigten Gesellschafters. Der Rechtsverkehr ist in diesem Fall durch die Eintragung der Vertretungsregelung (bzw. das Eingreifen des § 125 Abs. 1 bei fehlender Eintragung) hinreichend geschützt.

e) **Verbot des Selbstkontrahierens.** Umstritten ist die Anwendbarkeit des § 181 BGB 51
auf den Fall, dass ein nach dieser Vorschrift von der Gesamtvertretung ausgeschlossener Gesamtvertreter den anderen Gesamtvertreter ermächtigt und dieser daraufhin in Ausübung seiner zur Einzelvertretungsbefugnis erstarkten Vertretungsmacht (Rn 46) im Namen der Gesellschaft mit dem nach § 181 BGB von der Vertretung ausgeschlossenen Gesamtvertreter kontrahiert. Der **BGH** hat die Anwendbarkeit des § 181 BGB unter Hinweis auf Rechtsnatur und Rechtsfolgen der Ermächtigung verneint:[156] Da nämlich die Gesamtvertretungsmacht des Ermächtigten zur Einzelvertretungsmacht erstarke (Rn 46), wirke der ermächtigende Gesellschafter auch nicht mittelbar am Rechtsgeschäft mit, so dass es bereits am Tatbestand eines Selbstkontrahierens fehle. Auch eine teleologische Auslegung des § 181 BGB führe im Hinblick auf die gesellschaftsrechtlichen Bindungen, denen der Gesellschafter im Zusammenhang mit der Ausübung seiner Einzelvertretungsbefugnis unterliege, nicht zur Anwendbarkeit der Vorschrift. Ein nicht unwesentlicher Teil des Schrifttums hält dem zu Recht entgegen, dass der ermächtigte Gesamtvertreter seine Vertretungsmacht von dem ermächtigenden Gesellschafter **ableitet** und deshalb den **gleichen Beschränkungen** unterliegt wie dieser.[157] Auf der Grundlage dieser zutr. Auffassung ist also je nach Lage des Falles von der Gesamtvertretungsmacht aller Gesellschafter oder – beim Fehlen sonstiger Gesellschafter bzw. Komplementäre (§ 170, dazu Rn 2) – von der ipso iure bestehenden Einzelvertretungsmacht des anderen Gesamtvertreters auszugehen (Rn 44).

Auch nach Ansicht des BGH (Rn 51) kommt eine **Umdeutung** einer nach § 181 BGB 52
schwebend unwirksamen Willenserklärung eines Gesamtvertreters in eine Ermächtigung des anderen Gesamtvertreters mit Rücksicht auf den Schutzzweck des Verbots des Selbstkontrahierens nicht in Betracht.[158] Nach Ausscheiden eines nach § 181 BGB von der Vertretung ausgeschlossenen Gesamtvertreters können die verbleibenden Gesamtvertreter den schwebend unwirksamen Vertrag **genehmigen.**[159] Eine **Gestattung** des Selbstkontrahierens gem. § 181, 2. Hs. BGB ist dagegen Sache der Gesamtheit der Gesellschafter.[160]

---

155 BAG NJW 1981, 2374; vgl. für das Handeln eines einzelvertretungsbefugten Gesellschafters der GbR auch BGH NJW 2002, 1195.

156 BGHZ 64, 72 (74 ff) = NJW 1975, 1117; zust. Baumbach/*Hopt* Rn 17; Ebenroth/Boujong/Joost/Strohn/*Hillmann* Rn 35; MünchKommBGB[5]/*Schramm* § 181 Rn 22; Soergel/*Leptien* BGB[13] § 181 Rn 13; vorsichtig allerdings BGH ZIP 1991, 1582 f („zwar hätten die Beteiligten das Vertretungshindernis möglicherweise … beseitigen können“).

157 *Flume* I/2 § 10 II 2b S. 361 ff; *Klamroth* BB 1975, 851 (852); *Plander* DB 1975, 1493 ff; *Reinicke* NJW 1975, 1185 (1187 ff); *Westermann* Rn I 316a; MünchKommHGB/*K. Schmidt* Rn 45; Heymann/*Emmerich* Rn 25; Koller/Roth/Morck/*Koller* Rn 4; Baumbach/Hueck/*Zöllner*/*Noack* GmbHG[18] § 35 Rn 135.

158 BGH ZIP 1991, 1582 f.

159 BGH WM 1994, 63 (65); zur davon zu unterscheidenden Genehmigung durch sämtliche Gesellschafter s. Rn 42.

160 So für die GmbH auch BGH WM 1994, 63 (65); s. ferner *Westermann* Rn I 316a.

53 f) **Widerruf.** Die Ermächtigung kann bis zur Vornahme des Rechtsgeschäfts **jederzeit** widerrufen werden.[161] Der Widerruf bedarf **keiner Begründung.** § 127 ist nicht entsprechend anwendbar.[162] Begrenzt wird das Recht zum Widerruf der Ermächtigung allein durch die Vorschrift des § 226 BGB.[163] Zum Widerruf berechtigt ist zunächst der ermächtigende Gesamtvertreter. Haben mehrere Gesamtvertreter einen Gesamtvertreter ermächtigt, so lässt der Widerruf des einen Gesamtvertreters die Ermächtigung der anderen unberührt, es sei denn, diese ist unter der Voraussetzung erteilt, dass sämtliche Ermächtigungen aufrechterhalten bleiben.[164] Zum Widerruf berechtigt sind auch sonstige zur organschaftlichen Vertretung der Gesellschaft berechtigte Gesellschafter;[165] etwaige Gesamtvertreter müssen in diesem Fall allerdings zusammenwirken. Auf die Erklärung des Widerrufs finden die Vorschriften der §§ 170 ff BGB entsprechende Anwendung[166]. Ein **Verzicht** auf das Widerrufsrecht ist unwirksam.

54 **6. Passivvertretung (S. 3).** Die Vorschrift des Abs. 2 S. 3 begründet hinsichtlich der Entgegennahme von an die Gesellschaft adressierten Willenserklärungen den Grundsatz der passiven Einzelvertretungsmacht eines jeden zur Gesamtvertretung berechtigten Gesellschafters. Eine an die Gesellschaft gerichtete Willenserklärung ist danach bereits dann zugegangen, wenn einer der Gesamtvertreter von ihrem Inhalt Kenntnis nehmen kann. Wie die Vorschrift des Abs. 2 S. 2 enthält auch diejenige des Abs. 2 S. 3 ein allgemeines und der Analogie fähiges Prinzip der Gesamtvertretung.[167] Für Zustellungen und Ladungen im Rahmen eines Zivilprozesses enthält § 170 Abs. 3 ZPO eine entsprechende Regelung (§ 124 Rn 32). Die Vorschrift des Abs. 2 S. 3 ist **zwingend.**[168] Von ihr kann also im Gesellschaftsvertrag nicht abgewichen werden; eine gleichwohl getroffene Vereinbarung der Gesellschafter darf nicht gem. § 106 Abs. 2 Nr. 4 in das Handelsregister eingetragen werden. Zulässig ist jedoch eine von Abs. 2 S. 3 abweichende Vereinbarung zwischen der Gesellschaft und einem Dritten.[169]

55 Die in Abs. 2 S. 3 vorgesehene Einzelvertretung ist auf die Entgegennahme von Willenserklärungen beschränkt. Nicht von ihr erfasst sind die **Annahme eines** gegenüber der Gesellschaft erklärten **Angebots** und sonstige Erklärungen für die Gesellschaft, etwa die Unterzeichnung von Vorlegungsbescheinigungen gem. Art. 40 Nr. 2 ScheckG.[170] Dies gilt auch für Erklärungen durch schlüssiges Verhalten. Soweit dagegen einem **Schweigen** der Gesellschaft Erklärungsbedeutung zukommt – etwa gem. §§ 75h, 91a, 362 Abs. 1 oder nach den Grundsätzen über das kaufmännische Bestätigungsschreiben –, genügt dafür

---

[161] Wohl einh. M., s. *Westermann* Rn I 318; MünchKommHGB/*K. Schmidt* Rn 46; Heymann/*Emmerich* Rn 29; Baumbach/*Hopt* Rn 17.

[162] S. die Nachw. in Fn 161.

[163] So auch MünchKommHGB/*K. Schmidt* Rn 46, der zudem § 242 BGB anführt, damit aber ersichtlich keine allgemeine Angemessenheitskontrolle verbindet.

[164] *Westermann* Rn I 318; MünchKommHGB/*K. Schmidt* Rn 46; Heymann/*Emmerich* Rn 29; **aA** noch Voraufl. Rn 53.

[165] So auch Baumbach/*Hopt* Rn 17; Scholz/*U. H. Schneider* GmbHG[10] § 35 Rn 56; Ulmer/*Paefgen* GmbHG § 35 Rn 101.

[166] Zutr. Heymann/*Emmerich* Rn 28; Baumbach/*Hopt* Rn 17; vgl. ferner RG JW 1915, 998 (999 f).

[167] Vgl. §§ 28 Abs. 2 BGB, 78 Abs. 2 S. 2 AktG, 35 Abs. 2 S. 3 GmbHG; zur entsprechenden Anwendung auf die Gesamtprokura (§ 48 Abs. 2) s. statt aller Baumbach/*Hopt* § 48 Rn 5.

[168] Einh. M, s. nur *Westermann* Rn I 320; s. ferner §§ 28 Abs. 2, 40 BGB.

[169] So auch MünchKommHGB/*K. Schmidt* Rn 48; *Westermann* Rn I 320.

[170] RGZ 100, 138 (142).

entsprechend den Grundsätzen über die Wissenszurechnung (Rdn 20 ff) regelmäßig das Bewirken des Zugangs des Antrags (§ 362 Abs. 1) bzw. des Bestätigungsschreibens nach Maßgabe des Abs. 2 S. 3.[171]

VIII. Gemischte Gesamtvertretung (Abs. 3)

1. Überblick und Abgrenzung. Gem. Abs. 3 S. 1 kann im Gesellschaftsvertrag (Rn 32 f) **56**
bestimmt werden, dass die Gesellschafter, wenn nicht mehrere zusammen handeln, nur **in Gemeinschaft mit einem Prokuristen**[172] zur Vertretung der Gesellschaft berechtigt sein sollen. Damit hat der Gesetzgeber den Gesellschaftern, sofern sie sich für die Einführung einer Gesamtvertretung i.S.v. Abs. 2 S. 1 entschieden haben (Rn 57), neben der Ermächtigung i.S.v. Abs. 2 S. 2 eine weitere Möglichkeit der erleichterten Handhabung der Gesamtvertretung gewährt. Auch für den Fall dieser „gemischten"oder „unechten" Gesamtvertretung bewendet es gem. ausdrücklicher Anordnung in Abs. 3 S. 2 bei der Geltung der Vorschriften des Abs. 2 S. 2 und 3 über die Ermächtigung einzelner Gesamtvertreter und die Passivvertretung (Rn 62). Wie § 125 im Allgemeinen, so betrifft auch Abs. 3 die **organschaftliche Vertretung** der Gesellschaft (Rn 4, 61). Nicht in Abs. 3 geregelt ist demgegenüber die Frage, inwieweit der Prokurist in Ausübung seiner Vollmacht an die Mitwirkung eines oder mehrerer Gesellschafter gebunden werden kann (Rn 59 f, allg. dazu § 48 Rn 95 ff). Derartige Beschränkungen sind weitgehend anerkannt (§ 48 Rn 95 ff). Der Grundsatz der Selbstorganschaft (Rn 5 ff, 57) findet insoweit keine Anwendung. Zur Entziehung der gemischten Gesamtvertretung s. § 127 Rn 10.

2. Gestaltungsmöglichkeiten

a) **Modifizierung der echten Gesamtvertretung.** Nach dem Wortlaut des Abs. 3 S. 1 **57**
besteht die Funktion der gemischten Gesamtvertretung in einer erleichterten Handhabung der gesellschaftsvertraglich vereinbarten („echten") Gesamtvertretung durch mehrere Gesellschafter i.S.v. Abs. 2 S. 1 (s. aber auch Rn 58 ff). Während im Fall des Abs. 2 S. 1 mindestens zwei vertretungsberechtigte Gesellschafter zusammenwirken müssen (Rn 38), hat die Vereinbarung gemischter Gesamtvertretung zur Folge, dass ein oder mehrere Gesellschafter mit einem oder mehreren Prokuristen zur Vertretung der Gesellschaft berechtigt sind. Auch insoweit wird allerdings die Gestaltungsfreiheit durch den Grundsatz der **Selbstorganschaft** begrenzt (Rn 5 ff). Unzulässig ist danach jede Vereinbarung, die eine Vertretung der Gesellschaft ohne Mitwirkung des Prokuristen ausschließt. Dies gilt etwa für die Bindung des einzigen persönlich haftenden Gesellschafters (§ 170, dazu Rn 2) an die Mitwirkung eines Prokuristen,[173] ferner für die Bindung sämtlicher gesamtvertretungsberechtigter Gesellschafter an die Mitwirkung eines Prokuristen.[174]

Innerhalb der durch den Grundsatz der Selbstorganschaft gesteckten Grenzen (Rn 5 ff, **58**
57) kann die gemischte Gesamtvertretung in **zahlreichen Varianten** vereinbart werden.

---

[171] Vgl. RG JW 1927, 1675 (1676); Ebenroth/Boujong/Joost/Strohn/*Hillmann* Rn 37; für das kaufmännische Bestätigungsschreiben auch MünchKommHGB/*K. Schmidt* Rn 47.

[172] Nicht dagegen in Gemeinschaft mit einem Handlungsbevollmächtigten, s. statt aller Baumbach/*Hopt* Rn 22.

[173] BGHZ 99, 76 (79) = NJW 1987, 841; 26, 330 (332 f); MünchKommHGB/*K. Schmidt* Rn 33; Heymann/*Emmerich* Rn 35 f; Baumbach/*Hopt* Rn 20.

[174] *A. Hueck* OHG § 20 II 2c; MünchKommHGB/*K. Schmidt* Rn 33.

Zulässig ist jede Vereinbarung, der zufolge alle oder mehrere Gesellschafter nur gemeinsam handeln können (Abs. 2 S. 1), jeder einzelne Gesamtvertreter oder mehrere von ihnen aber durch einen Prokuristen ersetzt werden können.[175] Dem Wortlaut des Abs. 3 S. 1 zufolge muss es sich allerdings stets um eine **Erleichterung der „echten" Gesamtvertretung** i.S.v. Abs. 2 S. 1 handeln. Eine Vereinbarung des Inhalts, dass ein Gesamtvertreter i.S.v. Abs. 2 S. 1 stets der Mitwirkung eines Prokuristen bedarf und damit nicht gemeinsam mit einem anderen Gesellschafter zur Vertretung der Gesellschaft befugt ist, wäre danach also auch dann unzulässig, wenn die Gesellschaft noch über sonstige organschaftliche Vertreter verfügt und damit der Grundsatz der Selbstorganschaft gewahrt ist.[176] Indes ist ein sachlicher Grund für die mit dieser restriktiven Auslegung des Abs. 3 S. 1 einhergehende Einschränkung der Gestaltungsfreiheit nicht zu erkennen. Sofern der Grundsatz der Selbstorganschaft gewahrt und die Kompetenz-Kompetenz der Gesellschafter unangetastet bleibt, beeinträchtigt eine Bestimmung, wonach ein oder mehrere Gesellschafter nur gemeinsam mit dem Prokuristen handeln können (der Prokurist also nicht lediglich einen Gesamtvertreter ersetzt), weder den Rechtsverkehr im Allgemeinen noch die Interessen der Beteiligten.[177]

59 Zulässig ist zunächst eine Vereinbarung, wonach der eine Gesellschafter stets der Mitwirkung eines anderen Gesellschafters bedarf (Abs. 2 S. 1), dieser andere Gesellschafter dagegen auch in Gemeinschaft mit einem Prokuristen vertretungsberechtigt ist. Zulässig ist aber auch die sog. **halbseitige unechte Gesamtvertretung,** also eine Vereinbarung, wonach nur der Gesellschafter der Mitwirkung des Prokuristen bedarf; dabei ist es unerheblich, ob der Prokurist im Übrigen (soweit es also um die Ausübung der Prokura geht) allein oder nur zusammen mit einem anderen Gesellschafter handeln kann.[178] Soll dagegen der Prokurist an die Mitwirkung eines Gesellschafters gebunden werden, so ist dies kein Fall des Abs. 3 S. 1. Es handelt sich dabei vielmehr um eine unechte Gesamtprokura entsprechend § 48 Abs. 2 und damit um die Ausgestaltung einer Vollmacht (Rn 56, 60; allg. dazu § 48 Rn 95 ff).[179]

60 **b) Bindung von Einzelvertretern.** Verfügt die Gesellschaft sowohl über einzelvertretungsberechtigte Gesellschafter als auch über Gesamtvertreter i.S.v. Abs. 2 S. 1 (Rn 39), beurteilt sich die Einführung einer gemischten Gesamtvertretung für die gesamtvertretungsberechtigten Gesellschafter nach den Ausführungen in Rn 57 ff. Von der ganz hM verneint wird dagegen die Möglichkeit, einzelne (nicht alle, s. Rn 57) an sich zur Einzelvertretung berechtigte Gesellschafter an die Mitwirkung eines Prokuristen zu binden.[180] Vorbehaltlich des Grundsatzes der Selbstorganschaft ist allerdings kein sachlicher Grund ersichtlich, der gegen die Zulässigkeit einer entsprechenden Koppelung von Einzelvertretungsbefugnis und Prokura sprechen könnte (s. Rn 58). Auf der Grundlage der hier ver-

---

[175] MünchKommHGB/*K. Schmidt* Rn 35 ff, *A. Hueck* OHG § 20 II 2c mit zutr. Hinweis darauf, dass bei Ersetzung sämtlicher Gesellschafter durch je einen Prokuristen keine organschaftliche Vertretung mehr vorliegt.

[176] So denn auch 3. Aufl. Anm. 26 (*R. Fischer*); *A. Hueck* JZ 1961, 90; Heymann/*Emmerich* Rn 36 f.

[177] Für Zulässigkeit auch MünchKommHGB/*K. Schmidt* Rn 36.

[178] MünchKommHGB/*K. Schmidt* Rn 33 a.E., 38; Ebenroth/Boujong/Joost/Strohn/*Hillmann* Rn 39.

[179] Zur Zulässigkeit einer Gesamtprokura, bei der der Prokurist nur mit einem selbst nur gesamtvertretungsberechtigten Gesellschafter vertretungsbefugt ist, s. BGHZ 99, 76 (79 f) = NJW 1987, 841.

[180] So insbesondere BGHZ 26, 330 (332 f); 3. Aufl. Anm. 26 (*R. Fischer*); *A. Hueck* OHG § 20 II 2c; Heymann/*Emmerich* Rn 35; Baumbach/*Hopt* Rn 21; MünchHdbGesR I-*v. Ditfurth* § 54 Rn 29.

tretenen Auffassung kann somit einem Prokuristen **organschaftliche Vertretungsbefugnis** des Inhalts eingeräumt werden, dass er gemeinsam mit einem Gesellschafter die Gesellschaft im Umfang des § 126 (Rn 61) vertreten kann. Davon zu unterscheiden ist die Begründung einer **gemischt halbseitigen Gesamtprokura** analog § 48 Abs. 2, nach der der Prokurist nur gemeinsam mit einem einzelvertretungsberechtigten Gesellschafter handeln kann. Sie ist zwar nach der heute hM grundsätzlich zulässig,[181] unterscheidet sich allerdings von der Bindung des Gesellschafters an die Mitwirkung eines Prokuristen dadurch, dass der Gesellschafter einzelvertretungsberechtigt i.S.v. §§ 125 Abs. 1, 126 bleibt, der Prokurist dagegen in Ausübung seiner Vollmacht handelt und somit nicht nur der Mitwirkung des Gesellschafters bedarf, sondern zugleich den Beschränkungen der §§ 49 Abs. 2, 50 Abs. 3 unterliegt.

3. **Umfang.** Der Prokurist hat im Fall des Abs. 3 S. 1 die Stellung eines **organschaftlichen Vertreters.** Der Umfang seiner Vertretungsmacht bestimmt sich deshalb nach § 126, nicht dagegen nach § 49.[182] Die Beschränkungen des § 49 Abs. 2 finden keine Anwendung. Zusammen mit dem Gesellschafter ist der Prokurist gesetzlicher Vertreter der Gesellschaft und kann damit nicht nur eine weitere Prokura erteilen und zum Handelsregister anmelden (§§ 48 Abs. 1, 53 Abs. 1 S. 1), sondern die Gesellschaft auch im Prozess vertreten (§ 124 Rn 27). Als organschaftlicher Vertreter ist der Prokurist kein Erfüllungsgehilfe des an sich zuständigen gesamtvertretungsberechtigten Gesellschafters.[183] **61**

4. **Ermächtigung; Passivvertretung.** Abs. 3 S. 2 erklärt die Vorschriften des Abs. 2 S. 2 und 3 auf die gemischte Gesamtvertretung für entsprechend anwendbar. Auch insoweit besteht also die Möglichkeit der gegenseitigen Ermächtigung gem. Abs. 2 S. 2 (Rn 45 ff) sowie die Einzelvertretung hinsichtlich der Entgegennahme von Willenserklärungen für die Gesellschaft (Rn 54). Was letztere betrifft, so ist nicht nur der Gesellschafter, sondern auch der Prokurist zur Passivvertretung berechtigt.[184] **62**

§ 125a

(1) [1]Auf allen Geschäftsbriefen der Gesellschaft gleichviel welcher Form, die an einen bestimmten Empfänger gerichtet werden, müssen die Rechtsform und der Sitz der Gesellschaft, das Registergericht und die Nummer, unter der die Gesellschaft in das Handelsregister eingetragen ist, angegeben werden. [2]Bei einer Gesellschaft, bei der kein Gesellschafter eine natürliche Person ist, sind auf den Geschäftsbriefen der Gesellschaft ferner die Firmen der Gesellschafter anzugeben sowie für die Gesellschafter die nach § 35a des Gesetzes betreffend die Gesellschaften mit beschränkter Haftung oder § 80 des Aktienge-

---

181 Vgl. BGHZ 99, 76 (78 ff) = NJW 1987, 841; OGH GesRZ 1991, 49; § 48 Rn 99 (*Joost*); MünchKommHGB/*K. Schmidt* Rn 37, 40; Heymann/*Emmerich* Rn 37; **aA** *Beuthien/Müller* DB 1995, 461 ff; vgl. auch BayObLG NJW 1994, 2965: Unzulässigkeit der Bindung des Prokuristen an die Mitwirkung des Geschäftsführers der Komplementär-GmbH.

182 Heute nahezu einh. M., s. RGZ 134, 303 (306); BGHZ 13, 61 (64); 62, 166 (170); 99, 76 (81) = NJW 1987, 841; MünchKommHGB/*K. Schmidt* Rn 42; Heymann/*Emmerich* Rn 38; *Beuthien/Müller* DB 1995, 461; *Köhl* NZG 2005, 197 (199 f); **aA** *Krebs* ZHR 159 (1995), 635 (645 f).

183 BGHZ 13, 61 (65); Heymann/*Emmerich* Rn 38; Baumbach/*Hopt* Rn 23.

184 *A. Hueck* OHG § 20 II 2b; MünchKommHGB/*K. Schmidt* Rn 49; *Köhl* NZG 2005, 197 (199).

setzes für Geschäftsbriefe vorgeschriebenen Angaben zu machen. [3]Die Angaben nach Satz 2 sind nicht erforderlich, wenn zu den Gesellschaftern der Gesellschaft eine offene Handelsgesellschaft oder Kommanditgesellschaft gehört, bei der ein persönlich haftender Gesellschafter eine natürliche Person ist.

(2) Für Vordrucke und Bestellscheine ist § 37a Abs. 2 und 3, für Zwangsgelder gegen die zur Vertretung der Gesellschaft ermächtigten Gesellschafter oder deren organschaftlichen Vertreter und die Liquidatoren ist § 37a Abs. 4 entsprechend anzuwenden.

Schrifttum

Bärwaldt/Schabacker Angaben auf Geschäftspapieren inländischer Zweigniederlassungen ausländischer Kapitalgesellschaften, AG 1996, 461; *Haas* Die Vertreterhaftung bei Weglassen des Rechtsformzusatzes nach § 4 II GmbHG, NJW 1997, 2854; *Hüttmann* Mindestangaben auf Geschäftsbriefen und Bestellscheinen einer GmbH & Co. KG ab 1.1.1981, DB 1980, 1884; *Lutter* Die GmbH-Novelle und ihre Bedeutung für die GmbH, die GmbH & Co. KG und die Aktiengesellschaft, DB 1980, 1317; *Schaffland* Angabepflichten auf Geschäftsbriefen für die GmbH & Co. KG, BB 1980, 1501; *Wünsch* Angaben auf Geschäftspapieren, FS Schwarz (1991) S. 573.

Übersicht

I. Einführung

1 **1. Entstehungsgeschichte.** Die Vorschrift des § 125a ist im Zuge der GmbH-Novelle[1] vom 4.7.1980 in das HGB eingefügt worden und am 1.1.1981 in Kraft getreten. Ihr Anliegen bestand zunächst darin, die seinerzeit nach §§ 35a GmbHG, 80 AktG für GmbH und AG bestehenden Angabeerfordernisse auf die OHG, bei der kein Gesellschafter eine natürliche Person ist, und damit auf die Kapitalgesellschaft & Co. OHG zu erstrecken. Durch Art. 3 Nr. 28 des Handelsrechtsreformgesetzes v. 22.6.1998[2] ist die Bestimmung neu gefasst und auf sämtliche Offenen Handelsgesellschaften erstreckt worden; Sonderregeln für die Kapitalgesellschaft & Co. OHG finden sich seitdem in Abs. 1 S. 2 und 3. Diese Änderungen sind vor dem Hintergrund zu sehen, dass das Handelsrechtsreformgesetz im Zusammenhang mit der weitgehenden Liberalisierung des Firmenrechts **§ 37a als allgemeine Publizitätsnorm für sämtliche Kaufleute** geschaffen hat. Seitdem versteht sich § 125a – ebenso wie die seinerzeit bestehenden §§ 35a GmbHG, 80 AktG, 177a (Rn 5) und die später hinzu gekommenen §§ 43 SEAG, 25a GenG, 25

[1] Gesetz zur Änderung des Gesetzes betreffend die Gesellschaften mit beschränkter Haftung und anderer handelsrechtlicher Vorschriften, BGBl. I 1980, 836.

[2] BGBl. I S. 1474; allg. zum Handelsrechtsreformgesetz Vor § 1 Rn 11.

SCEAG und Art. 25 EWIV-Verordnung – als besondere Ausprägung des in § 37a geregelten Grundtatbestandes. Während allerdings die genannten Vorschriften des GmbH- und Aktienrechts auf Art. 4 der Publizitätsrichtlinie[3] und Art. 6 und 10 der Zweigniederlassungsrichtlinie[4] zurückgehen, ist § 125a rein **nationalen Urspungs**. Wenn auch eine einheitliche Auslegung der Publizitätstatbestände durchaus nahe liegend ist,[5] so besteht doch jedenfalls hinsichtlich des § 125a kein Zwang zu richtlinienkonformer Auslegung. Eine weitere Änderung der §§ 37a, 125a (sowie der Sondertatbestände des Aktien-, GmbH- und Genossenschaftsrechts) ist schließlich durch das Gesetz über Elektronische Handelsregister und Genossenschaftsregister sowie das Unternehmensregister vom 10.11. 2006 (**EHUG**)[6] erfolgt; es hat in Abs. 1 S. 1 die Worte „gleichviel welcher Form" eingefügt, um insbesondere **elektronische Kommunikationsmittel** zu erfassen.

2. Inhalt und Zweck der Vorschrift. Die Vorschrift des § 125a dient – ebenso wie § 37a HGB (Rn 1; § 37a Rn 3) – der **Information des Geschäftsverkehrs**. Jede OHG soll zunächst den allgemeinen Informationsstandard des § 37a Abs. 1 erfüllen, mithin Rechtsform, Sitz und – zur Ermöglichung erleichterter Einholung weiterer Informationen – Registergericht und Registernummer verlautbaren.[7] Gesellschaften, bei der kein Gesellschafter eine natürliche Person ist und bei der den Gläubigern deshalb ungeachtet der in §§ 128 ff geregelten Gesellschafterhaftung nur eine begrenzte Haftungsmasse zur Verfügung steht (Rn 3 f), haben zudem die in § 125a Abs. 1 S. 2 genannten Zusatzinformationen zu geben. Hiervon nimmt Abs. 1 S. 3 Gesellschaften aus, die mittelbar über eine natürliche Person als (persönlich haftenden) Gesellschafter verfügen. Abs. 2 verweist hinsichtlich der auf Vordrucken und Bestellscheinen anzugebenden Tatsachen auf § 37a Abs. 2 und 3 und hinsichtlich der Festsetzung eines Zwangsgeldes auf § 37a Abs. 4. Sieht man von der Möglichkeit der Festsetzung eines Zwangsgeldes ab, so sind die **Rechtsfolgen** einer Missachtung der Angabeerfordernisse in § 125a nicht geregelt; insoweit ist vielmehr auf allgemeine Grundsätze des Zivilrechts zurückzugreifen (Rn 11 f). Ebenfalls nicht in § 125a geregelt ist die Bezeichnung der **Firma** der Gesellschaft. Sie ist in § 19 geregelt; nach dessen Abs. 2 hat die Firma der Kapitalgesellschaft & Co. OHG einen die Haftungsbeschränkung kennzeichnenden Zusatz zu enthalten (Rn 8). 2

II. Tatbestand

1. Betroffene Gesellschaften. Die Vorschrift des § 125a erfasst in **Abs. 1 S. 1 jede OHG**, in **Abs. 1 S. 2 und 3** hingegen nur diejenige OHG, bei der **kein Gesellschafter eine natürliche Person** ist. Adressat des Abs. 1 S. 2 ist vor allem die OHG, an der ausschließlich juristische Personen – im Regelfall Kapitalgesellschaften – beteiligt sind, darunter insbesondere die GmbH & Co. OHG. Von Abs. 1 S. 2 erfasst ist aber auch die Gesell- 3

[3] Richtlinie des Rates der Europäischen Gemeinschaften vom 9.3.1968, ABl. Nr. L 65/8; dazu *Habersack* Europäisches Gesellschaftsrecht[3] (2006) § 5 Rn 1 ff (mit Abdruck der Richtlinie in Rn 58).

[4] Richtlinie des Rates der Europäischen Gemeinschaften vom 21.12.1989, ABl. Nr. L 395/36; dazu *Habersack* Europäisches Gesellschaftsrecht[3] (2006) § 5 Rn 42 ff (mit Abdruck der Richtlinie in Rn 59).

[5] Dafür auch Baumbach/*Hopt* § 37a Rn 2.

[6] BGBl. I S. 2553; dazu Begr. RegE, BT-Drucks. 16/960.

[7] Vgl. nur MünchKommHGB/*K. Schmidt* Rn 2; Baumbach/*Hopt* Rn 1; zu § 35a GmbHG s. ferner LG Detmold GmbHR 1991, 23; LG Berlin WM 1991, 1615 (1616).

schaft, die sich – ausschließlich oder neben juristischen Personen – aus Personengesellschaften zusammensetzt (dazu § 105 Rn 93 ff, 96 ff). Eine **Befreiung** von den besonderen Angabeerfordernissen des Abs. 1 S. 2 enthält **Abs. 1 S. 3** für solche Gesellschaften, an denen eine OHG oder KG mit einer unbeschränkt haftenden natürlichen Person als Gesellschafter (§ 105 Rn 96) beteiligt ist. Dies erklärt sich daraus, dass die mitgliedschaftliche Haftung der an einer OHG beteiligten Personenhandelsgesellschaft gem. §§ 128 ff ihrerseits eine Gesellschaftsschuld i.S.v. § 128 S. 1 ist, für die die Mitglieder der an der OHG beteiligten Personenhandelsgesellschaft den Gläubigern der OHG entweder unbeschränkt oder – als Kommanditisten – beschränkt haften. Der Gläubiger einer OHG mit mittelbarer Beteiligung einer natürlichen Person steht demnach nicht schlechter als derjenige einer OHG mit unmittelbarer Beteiligung einer natürlichen Person.

4 Die Ausnahmevorschrift des § 125a Abs. 1 S. 3 ist in mehrfacher Hinsicht einer **analogen Anwendung** zugänglich. So findet sie zunächst auch auf **mehrstufige Verbindungen** von Personengesellschaften Anwendung, sofern letztlich eine natürliche Person unbeschränkt haftet.[8] Ist also die B-OHG an der A-OHG beteiligt und hat sie keine natürliche Person als Mitglied, so unterliegt die A-OHG gleichwohl nicht der Vorschrift des § 125a Abs. 1 S. 2, wenn zu den Gesellschaftern der B-OHG eine Personenhandelsgesellschaft mit einer unbeschränkt haftenden natürlichen Person als Mitglied gehört. Bejaht man die Mitgliedsfähigkeit der **GbR** (§ 105 Rn 98), so ist § 125a Abs. 1 S. 3 darüber hinaus auch dann anwendbar, wenn zu den Gesellschaftern der an der OHG beteiligten GbR eine natürliche Person gehört, die der Haftung analog §§ 128 ff (dazu § 128 Rn 6) unterliegt.[9] Der Personenhandelsgesellschaft i.S.v. § 125a Abs. 1 S. 3 ist schließlich die **KGaA** mit einer natürlichen Person als Komplementär gleichzustellen. Abs. 1 S. 3 befreit sodann Gesellschaften, die mittelbar über eine natürliche Person als Gesellschafter verfügen (Rn 3 f), von den besonderen Angabepflichten des Abs. 1 S. 2.

5 Nach § 177a S. 1 ist § 125a auch auf die **KG** anwendbar. Hinsichtlich des § 125a Abs. 1 S. 1 versteht sich dies nunmehr von selbst (Rn 1). Was hingegen Abs. 1 S. 2 (Rn 3 f) betrifft, so wird seine Anwendung auf die KG nach § 177a S. 1 nicht dadurch ausgeschlossen, dass ein Kommanditist eine natürliche Person ist; die Zusatzinformationen des Abs. 1 S. 2 sind vielmehr von jeder KG geschuldet, die auch nicht mittelbar über keine natürliche Person als Komplementär verfügt. Auch soweit danach die KG der Vorschrift des § 125a unterliegt, bedarf es aber der in § 125a Abs. 1 S. 2 vorgeschriebenen Angaben (Rn 9) nach § 177a S. 2 nur für die Komplementäre. Von §§ 125a, 177a nicht erfasst ist dagegen die **stille Beteiligung** an einer Kapitalgesellschaft; in diesem Fall unterliegt nur die Kapitalgesellschaft als Unternehmensträger den Publizitätspflichten. Für die **Partnerschaftsgesellschaft** verweist § 7 Abs. 5 PartGG auf § 125a. Für die **EWIV** enthält Art. 25 EWIV-VO einen eigenständigen Publizitätstatbestand.

6 Fraglich ist, ob § 125a insoweit auf **ausländische Gesellschaften** Anwendung findet, als diese über inländische Zweigniederlassungen verfügen. Zwar enthält § 125a keine den §§ 80 Abs. 4 AktG, 35a Abs. 4 GmbHG entsprechende Vorschrift. Indes ging es dem Gesetzgeber bei Erlass der §§ 80 Abs. 4 AktG, 35a Abs. 4 GmbHG ersichtlich darum, seiner Verpflichtung zur Umsetzung der – auf Kapitalgesellschaften bezogenen – Zweigniederlassungsrichtlinie (Rn 1) nachzukommen; die Frage einer entsprechenden Ergänzung des § 125a ist, soweit ersichtlich, im Rahmen des nationalen Gesetzgebungsverfah-

---

8 MünchKommHGB/*K. Schmidt* Rn 4; Ebenroth/Boujong/Joost/Strohn/*Hillmann* Rn 6; Heymann/*Emmerich* Rn 2; Koller/Roth/Morck/*Koller* Rn 1; s. ferner BayObLG ZIP 1994, 1694; **aA** Röhricht/v. Westphalen/*v. Gerkan/Haas* Rn 1; für § 19 Abs. 5 S. 2 a.F. auch KG ZIP 1988, 1194.

9 MünchKommHGB/*K. Schmidt* Rn 4.

rens nicht aufgekommen. Vor dem Hintergrund des Normzwecks des § 125a (Rn 2) und mit Blick auf § 13d sprechen gute Gründe für die analoge Anwendung der §§ 35a Abs. 4 GmbHG, 80 Abs. 4 AktG. Inländische Zweigniederlassungen ausländischer Personengesellschaften unterliegen mithin den Angabepflichten nach § 125a.[10]

2. Geschäftsbrief (Abs. 1); Vordruck und Bestellschein (Abs. 2)

a) In Übereinstimmung mit dem Grundtatbestand des § 37a (Rn 1) statuiert 125a Abs. 1 S. 1, 2 die Angabeerfordernisse nur für Geschäftsbriefe (gleich welcher Form), die an einen bestimmten Empfänger gerichtet werden. Für Vordrucke und Bestellscheine verzichtet § 125a auf eine eigenständige Regelung und verweist statt dessen auf § 37a Abs. 2 und 3. Der Kreis der Informationsträger deckt sich damit vollumfänglich mit demjenigen des Grundtatbestandes des § 37a. Wegen sämtlicher Einzelheiten wird auf die **Erläuterungen zu § 37a Abs. 1 bis 3** verwiesen. 7

III. Erforderliche Angaben

1. Angaben über die Gesellschaft (Abs. 1 S. 1). Nach § 125a Abs. 1 S. 1 hat jede OHG die Rechtsform und den Sitz der Gesellschaft, das Registergericht und die Nummer, unter der die Gesellschaft in das Handelsregister eingetragen ist, anzugeben. Die Pflichtangaben entsprechen damit weitgehend denjenigen des § 37a Abs. 1 (dazu § 37a Rn 19 ff). Was zunächst die **Rechtsform** betrifft, so genügt die Angabe „OHG" bzw. „KG" (§ 177a). In § 125a Abs. 1 S. 1 vorausgesetzt ist allerdings die Angabe der – auch nach dem Grundtatbestand des § 37a Abs. 1 geschuldeten – **Firma** der Gesellschaft.[11] Mithin ist in den Fällen des § 125 Abs. 1 S. 2 auch der Firmenzusatz gem. § 19 Abs. 2 anzugeben.[12] Die Angabe des **Sitzes** der Gesellschaft i.S.v. § 106 Abs. 2 Nr. 2 (§ 106 Rn 18 ff) ist unter anderem für den Gerichtsstand der Gesellschaft von Bedeutung.[13] Der Gesellschaftssitz ist auch dann anzugeben, wenn der Geschäftsbrief von einer andernorts belegenen Zweigniederlassung oder Betriebsstätte abgesandt wird.[14] Nicht ausreichend ist die Angabe des mit dem Sitz übereinstimmenden Absendeorts, da der Rechtsverkehr nicht erwartet, dass dieser zwangsläufig den Sitz der Gesellschaft bezeichnet.[15] Um dem Rechtsverkehr die Einholung weiterer Informationen zu erleichtern, sind schließlich das Registergericht des Sitzes der Gesellschaft und die Handelsregisternummer anzugeben (§ 37a Rn 22). 8

2. Angaben über die Gesellschafter (Abs. 1 S. 2). Vorbehaltlich des § 125a Abs. 1 S. 3 haben Gesellschaften ohne natürliche Person als Gesellschafter (Rn 3 f) nach § 125a Abs. 1 S. 2 zunächst die Firmen der Gesellschafter anzugeben. Hat ein Gesellschafter 9

---

10 So auch § 37a Rn 33 ff; Baumbach/*Hopt* § 37a Rn 2; eingehend zu den erforderlichen Angaben *Bärwaldt/Schabakker* AG 1996, 461 ff.

11 MünchKommHGB/*K. Schmidt* Rn 9.

12 MünchKommHGB/*K. Schmidt* Rn 9; *Schaffland* BB 1980, 1501 (1502); **aA** zu § 125a in der Fassung vor Inkrafttreten des Handelsrechtsreformgesetzes Voraufl. Rn 16; *Lutter* DB 1980, 1317 (1325); Heymann/*Emmerich* Rn 9.

13 Vgl. § 17 Abs. 1 ZPO und dazu BGH WM 1977, 1427, 1428 (GmbH); LG Detmold GmbHR 1991, 23.

14 Wohl unstr., s. MünchKommHGB/*K. Schmidt* Rn 9; Heymann/*Emmerich* Rn 10.

15 So für § 35a GmbHG auch Ulmer/*Paefgen* GmbHG § 35a Rn 12; Scholz/*U. H. Schneider* GmbHG[10] § 35a Rn 11; **aA** *Schaffland* BB 1980, 1501 (1502).

keine Firma, so ist der Name anzugeben.[16] Darüber hinaus sind für Gesellschafter in der Rechtsform der GmbH, AG oder KGaA die nach §§ 35a GmbHG, 80, 278 Abs. 3 AktG vorgeschriebenen Angaben zu machen.[17] Sowohl für die GmbH als auch für die AG sind danach Rechtsform und der Sitz der Gesellschaft, das Registergericht und die Registernummer anzugeben. Hinzu kommen für die GmbH die Angabe sämtlicher Geschäftsführer und gegebenenfalls des Vorsitzenden des Aufsichtsrats, für die AG diejenige sämtlicher Vorstandsmitglieder (unter besonderer Bezeichnung des Vorstandsvorsitzenden) und des Vorsitzenden des Aufsichtsrats. Werden Angaben über das Kapital der Gesellschaft gemacht, so müssen gem. Abs. 1 S. 2 i.V.m. §§ 35a Abs. 1 S. 2 GmbHG, 80 Abs. 1 S. 3 AktG das Stamm- bzw. Grundkapital sowie der Gesamtbetrag der noch ausstehenden Bareinlagen[18] angegeben werden. Bei einer monistisch verfassten SE,[19] einer Genossenschaft oder einer Europäischen Genossenschaft (SCE) sind die in §§ 43 SEAG, 25a GenG, 25 SCEAG vorgeschriebenen Angaben zu machen. Bei einem Verein sind Angaben über das Vereinsregister zu machen; bei einer Stiftung ist die Aktennummer der Aufsichtsbehörde anzugeben.[20] Handelt es sich schließlich bei dem Gesellschafter seinerseits um eine Kapitalgesellschaft & Co., so sind entsprechend § 125a Abs. 1 S. 2 über diesen Gesellschafter die in §§ 125a, 177a vorgeschriebenen Angaben zu machen.[21]

IV. Rechtsfolgen einer Verletzung der Angabepflicht

10 **1. Zwangsgeld.** Nach § 125a Abs. 2 iVm § 37a Abs. 4 hat das Registergericht zur Durchsetzung der Angabepflicht Zwangsgelder festzusetzen (§ 37a Rn 33 ff). **Adressaten** des Zwangsgeldes sind bei einer werbenden Gesellschaft die vertretungsbefugten Gesellschafter oder deren organschaftliche Vertreter – im Fall der GmbH & Co. OHG also die Geschäftsführer der vertretungsberechtigten Gesellschaften mbH –, bei der Liquidationsgesellschaft die Liquidatoren (§ 146).

11 **2. Sonstige Sanktionen.** Die Vorschrift des § 125a ist **keine Formvorschrift.** Ihre Verletzung führt m.a.W. nicht zur Ungültigkeit der im Namen der Gesellschaft abgegebenen Erklärungen.[22] Das Fehlen der vorgeschriebenen Angaben kann allerdings den Empfänger des Geschäftsbriefes nach § 119 Abs. 2 BGB zur **Anfechtung** einer von ihm abgegebenen Willenserklärung berechtigen.[23] Des Weiteren ist § 125a **Schutzgesetz** i.S.v. § 823 Abs. 2 BGB.[24] Erwächst also dem Empfänger des Geschäftsbriefs infolge der Verletzung

---

16 MünchKommHGB/*K. Schmidt* Rn 8; Heymann/*Emmerich* Rn 11.

17 Näher dazu Ulmer/*Paefgen* GmbHG § 35a Rn 10 ff; Scholz/*U. H. Schneider* GmbHG[10] § 35a Rn 9 ff; GroßkommAktG/*Habersack* § 80 Rn 13 ff; MünchKommAktG[3]/*Spindler* § 80 Rn 7 ff.

18 Dazu, dass sich auch § 80 Abs. 1 S. 3 AktG nur auf Bareinlagen bezieht, s. statt aller *Hüffer* AktG[8] § 80 Rn 4.

19 Auf die dualistisch verfasste SE findet § 80 AktG über Art. 9 Abs. 1 lit. c) SE-VO Anwendung.

20 Zutr. MünchKommHGB/*K. Schmidt* Rn 11.

21 So zu Recht MünchKommHGB/*K. Schmidt* Rn 12; wohl auch Röhricht/v. Westphalen/*v. Gerkan/Haas* Rn 4.

22 AllgM, s. § 37a Rn 34; Ebenroth/Boujong/Joost/Strohn/*Hillmann* Rn 11.

23 Vgl. OLG Hamm NJW-RR 1990, 523 (Anfechtung eines Werkvertrags wegen Nichteintragung in Handwerksrolle); ferner § 37a Rn 34; MünchKommHGB/*K. Schmidt* Rn 16.

24 Insoweit zutr. LG Detmold GmbHR 1991, 23; s. ferner § 37a Rn 34; MünchKommHGB/*K. Schmidt* Rn 17; Koller/Roth/Morck/*Koller* Rn 1; **aA** Baumbach/*Hopt* Rn 11.

der Angabepflicht ein Vermögensschaden, so haften ihm die dafür verantwortlichen vertretungsbefugten Gesellschafter sowie deren gesetzliche Vertreter gem. § 823 Abs. 2 i.V.m. § 125a auf Schadensersatz.[25] Nach § 31 BGB ist das Delikt zudem der Gesellschaft zuzurechnen (§ 124 Rn 14); für diese deliktische Verbindlichkeit der Gesellschaft haften die Gesellschafter nach § 128 (§ 128 Rn 10). In Betracht kommt ferner eine Haftung der Gesellschaft aus §§ 280 Abs. 1, 311 Abs. 2, 241 Abs. 2 BGB (**c.i.c.**).[26] Auch sie hat zwar nach § 128 die Haftung der OHG-Gesellschafter zur Folge; für eine Eigenhaftung der verantwortlichen gesetzlichen Vertreter der Gesellschafter (Rn 18) aus c.i.c. fehlt es dagegen zumeist an den dafür erforderlichen Voraussetzungen (§ 130a Rn 46 f).

Die Frage einer **Rechtsscheinhaftung** der verantwortlichen Gesellschafter oder Organ- **12**
walter stellt sich mit Blick auf § 128 nur in den Fällen des § 125a Abs. 1 S. 2. Insoweit kann durchaus auf die Grundsätze über die Haftung des organschaftlichen oder bevollmächtigten Vertreters wegen unterlassener Angabe eines die Haftungsbeschränkung kennzeichnenden Firmenzusatzes i.S.v. § 19 Abs. 2 zurückgegriffen werden.[27] Danach kann namentlich der Geschäftsführer der (Komplementär-)GmbH persönlich auf Erfüllung bzw. auf Schadensersatz wegen Nichterfüllung in Anspruch genommen werden, wenn er unter Verstoß gegen § 4 GmbHG oder § 19 Abs. 2 das berechtigte Vertrauen des Geschäftsgegners auf die Haftung mindestens einer natürlichen Person hervorgerufen hat.[28] Zwar vermag die allgemeine Rechtsscheinhaftung den Dritten grundsätzlich nur so zu stellen, wie dieser stünde, wenn der Rechtsschein der Wirklichkeit entspräche; eine Eigenhaftung des im Namen der – unzutreffend bezeichneten – Gesellschaft Handelnden lässt sich aus ihr somit an sich nicht ableiten. Die Haftung des Vertreters ergibt sich in Fällen dieser Art jedoch aus einer entsprechenden Anwendung des **§ 179 BGB.**[29] Entsprechendes gilt bei Verwendung eines Geschäftsbriefs oder Vordrucks mit unzutreffender oder unvollständiger Angabe zur Rechtsform der Gesellschaft oder der Gesellschafter[30]. Eine auf Ersatz des negativen Interesses beschränkte Haftung des Vertreters entsprechend § 179 Abs. 2 BGB kommt dabei allenfalls für den Fall in Betracht, dass ein bevollmächtigter Angestellter gehandelt hat.[31] Die Vorschrift des § 15 Abs. 2 steht der Haftung aus konkret veranlasstem Rechtsschein nicht entgegen (§ 15 Rn 90).

---

[25] Nur im Ergebnis zutr. und im Falle einer Kapitalgesellschaft & Co. zu Unrecht auf einen „Haftungsdurchgriff" abstellend LG Detmold GmbHR 1991, 23.

[26] MünchKommHGB/*K. Schmidt* Rn 17; Ebenroth/Boujong/Joost/Strohn/*Hillmann* Rn 11; Koller/Roth/Morck/*Koller* Rn 1.

[27] Baumbach/*Hopt* Rn 11; Röhricht/v. Westphalen/*v. Gerkan/Haas* Rn 7; Ulmer/*Paefgen* GmbHG § 35a Rn 24; Baumbach/Hueck/*Zöllner/Noack* GmbHG[18] § 35a Rn 20; **aA** MünchKommHGB/*K. Schmidt* Rn 18; *ders.* NJW 1998, 2161 (2168); Ebenroth/Boujong/Joost/Strohn/*Hillmann* Rn 12.

[28] BGH NJW 1996, 2645; 1991, 2627 f; 1990, 2678 (2679); 1981, 2569; s. ferner LG Karlsruhe ZIP 1995, 1818 (1819 f).

[29] So zu Recht BGH NJW 1991, 2627 (2628) mit Anm. *Canaris*; näher dazu *Canaris* Handelsrecht[24] § 6 Rn 42 ff; krit. zur Heranziehung des § 179 BGB, im Ergebnis aber die Haftung bejahend *Haas* NJW 1997, 2854 ff.

[30] Vgl. die Nachw. in Fn 28 f.

[31] Dazu sowie zum Verhältnis zwischen der Haftung der Gesellschaft und derjenigen des Vertreters *Canaris* NJW 1991, 2628 f.

§ 126

(1) Die Vertretungsmacht der Gesellschafter erstreckt sich auf alle gerichtlichen und außergerichtlichen Geschäfte und Rechtshandlungen einschließlich der Veräußerung und Belastung von Grundstücken sowie der Erteilung und des Widerrufs einer Prokura.

(2) Eine Beschränkung des Umfanges der Vertretungsmacht ist Dritten gegenüber unwirksam; dies gilt insbesondere von der Beschränkung, daß sich die Vertretung nur auf gewisse Geschäfte oder Arten von Geschäften erstrecken oder daß sie nur unter gewissen Umständen oder für eine gewisse Zeit oder an einzelnen Orten stattfinden soll.

(3) In betreff der Beschränkung auf den Betrieb einer von mehreren Niederlassungen der Gesellschaft finden die Vorschriften der § 50 Abs. 3 entsprechende Anwendung.

Schrifttum

Emmerich Erfüllungstheorie oder Haftungstheorie – Zur Auslegung der §§ 126 und 128 HGB, FS Lukes (1989) S. 639; *Fett/Förl* Die Mitwirkung der Hauptversammlung einer KGaA bei der Veräußerung wesentlicher Unternehmensteile, NZG 2004, 210; *R. Fischer* Der Mißbrauch der Vertretungsmacht, auch unter Berücksichtigung der Handelsgesellschaften, FS Schilling (1973) S. 3; *Geßler* Zum Mißbrauch organschaftlicher Vertretungsmacht, FS v. Caemmerer (1978) S. 531; *Hadding* Einschränkung des Umfangs organschaftlicher Vertretungsmacht bei OHG und KG entsprechend § 179a AktG? FS Lutter (2000) S. 851; *John* Der Mißbrauch organschaftlicher Vertretungsmacht, FS Mühl (1981) S. 349; *U. Jüngst* Der Mißbrauch organschaftlicher Vertretungsbefugnis (1981); *Schlüter* Die Vertretungsmacht des Gesellschafters und die „Grundlagen der Gesellschaft" (1965); *Schürnbrand* Organschaft im Recht der privaten Verbände, 2007; *K. Schmidt* Vermögensveräußerung aus der Personalgesellschaft: ein Lehrstück am Rande des neuen Umwandlungsrechts – Besprechung der Entscheidung BGH NJW 1995, 596, ZGR 1995, 675; *Schulze-Osterloh* Das Grundlagengeschäft zwischen Geschäftsführungsmaßnahme und Änderung des Gesellschaftsvertrags, FS Hadding (2004) S. 637; *H. Westermann* Verletzung der Geschäftsführungsmacht und -pflicht durch Willenserklärung organschaftlicher Vertreter von Handelsgesellschaften gegenüber Gesellschaftern, FS Meier-Hayoz (1982) S. 445.

Übersicht

I. Einführung

1. Inhalt und Zweck der Vorschrift. Die Vorschrift des § 126 regelt den Umfang der organschaftlichen **Vertretungsmacht** der nach § 125 zur Vertretung der Gesellschaft berechtigten Gesellschafter. Nach Abs. 1 und 2 ist die Vertretungsmacht grundsätzlich **unbeschränkt und unbeschränkbar** (Rn 4 ff, 20 ff). Davon abweichend ermöglicht Abs. 3 zwar eine Beschränkung der Vertretungsmacht auf den Betrieb einer von mehreren Zweigniederlassungen; Dritten gegenüber wirkt diese Beschränkung allerdings nur nach Maßgabe des § 15 (Rn 22). Wie 125 regelt auch § 126 nur die organschaftliche Vertretungsbefugnis. Was dagegen den Umfang der einem Gesellschafter oder einem Dritten erteilten Vollmacht betrifft, so gelten grundsätzlich die allgemeinen Vorschriften, insbesondere diejenigen der §§ 48 ff, 54 ff betr. Prokura und Handlungsvollmacht. In den Fällen gemischter Gesamtvertretung gem. § 125 Abs. 3 S. 1 (§ 125 Rn 56 ff) bestimmt sich jedoch auch die Vertretungsbefugnis des Prokuristen nach § 126 (§ 125 Rn 61). Von § 126 bezweckt ist – wie von den Parallelvorschriften der §§ 82 AktG, 37 GmbHG, 27 GenG, 44 SEAG – der **Schutz des Rechtsverkehrs:** Mit der Gesellschaft in rechtsgeschäftliche Beziehung tretende Dritte sollen sich auf die Vertretungsbefugnis des organschaftlichen Vertreters verlassen dürfen; insbesondere sollen etwaige Beschränkungen der Geschäftsführungsbefugnis (Rn 20) die Wirksamkeit der im Namen der Gesellschaft abgegebenen Willenserklärung sowie den wirksamen Zugang der an die Gesellschaft gerichteten Willenserklärungen (§ 125 Rn 54 f) nicht beeinträchtigen.[1] 1

2. Anwendungsbereich

a) **Erfasste Gesellschaften.** Die Vorschrift regelt den Umfang der organschaftlichen Vertretungsbefugnis des **OHG**-Gesellschafters und – i.V.m. §§ 161 Abs. 2, 170 – des Komplementärs der **KG** (§ 125 Rn 2, 4, 13 ff). Für die Partnerschaftsgesellschaft verweist § 7 Abs. 3 PartGG auf § 126. Für die EWIV enthält Art. 20 Abs. 1 EWIV-VO eine vergleichbare Regelung der Vertretungsbefugnis. Auf die Außengesellschaft bürgerlichen Rechts ist § 126 hingegen auch nicht entsprechend anwendbar.[2] 2

b) **Vertretung und Geschäftsführung.** Von der Vertretung zu trennen ist die Geschäftsführung und damit das Recht und die Pflicht des Gesellschafters zum Handeln für die Gesellschaft. Für die einen Teilbereich der Geschäftsführung bildende Vertretung der Gesellschaft geht es dabei um die Frage, ob der Gesellschafter im **Innenverhältnis** zur Gesellschaft und zu den Mitgesellschaftern zur Ausübung seiner – Dritten gegenüber unbegrenzten (Rn 1, 4 ff, 20 ff) – Vertretungsmacht berechtigt war. Der Umfang der Geschäftsführungsbefugnis ist in §§ 115 f geregelt und bleibt hinter dem Umfang der Vertretungsbefugnis zurück. Diese **Divergenz zwischen Geschäftsführungs- und Vertretungsbefugnis** ist allerdings ohne Auswirkungen auf die Rechtsstellung des Dritten. § 126 Abs. 2 bestimmt vielmehr ausdrücklich, dass die Gesellschaft auch dann wirksam ver- 3

[1] BGHZ 38, 26 (33) = NJW 1962, 2344; BGH NJW 1974, 1555 f; MünchKommHGB/*K. Schmidt* Rn 1; *H. Westermann* FS Meier-Hayoz S. 445 (446 f).

[2] BGHZ 38, 26 (34) = NJW 1962, 2344; BGHZ 142, 315 (321) = NJW 1999, 3483; BGH NZG 2005, 345; *Canaris* ZGR 2004, 69 (80 ff); *Hadding* FS Raiser, 2005, S. 129 (140 f); *Westermann* FS Konzen, 2006, S. 957 (964); **aA** – für analoge Anwendung auf die unternehmenstragende GbR – *K. Schmidt* Gesellschaftsrecht § 58 V 2; MünchKommHGB/*K. Schmidt* Rn 2; Schäfer ZIP 2003, 1225 (1233 f); zumindest tendenziell („gute Gründe“) MünchKommBGB/*Ulmer/Schäfer* § 714 Rn 24 mwN.

treten wird, wenn der Gesellschafter seine Geschäftsführungsbefugnis überschreitet (Rn 20); Grenzen setzen – neben § 126 Abs. 3 – allein die Grundsätze über den Missbrauch der Vertretungsmacht und über Rechtsgeschäfte mit Gesellschaftern (Rn 23 ff). Missachtet der geschäftsführende Gesellschafter die in §§ 115 f geregelten Teilhaberechte seiner Mitgesellschafter, so handelt er allerdings kompetenzwidrig. Er kann in diesem Fall auf Unterlassung, Beseitigung und Schadensersatz in Anspruch genommen werden;[3] des Weiteren können die Mitgesellschafter gegen den vertretungsberechtigten Gesellschafter nach Maßgabe der §§ 117, 127, 140 auf Entziehung der Geschäftsführungs- und Vertretungsbefugnis sowie ggf. auf Ausschließung aus der Gesellschaft klagen.[4] Von § 126 schon im Ansatz nicht erfasst ist die **Vertretung der Gesellschafter** (Rn 4, 12 ff).

II. Der Umfang der organschaftlichen Vertretungsmacht

4 **1. Grundsatz.** Nach Abs. 1 erstreckt sich die organschaftliche Vertretungsmacht auf alle gerichtlichen und außergerichtlichen Geschäfte und Rechtshandlungen einschließlich der Veräußerung und Belastung von Grundstücken sowie der Erteilung und des Widerrufs einer Prokura. Die Vertretungsmacht ist mithin unbeschränkt; ihr werden weder durch den Gesellschaftszweck noch durch Beschränkungen der Geschäftsführungsbefugnis des Vertreters Grenzen gesetzt (Rn 3, 5, 20). Auch § 174 BGB findet keine Anwendung (§ 125 Rn 50). Wie jede Vertretungsbefugnis kommt allerdings auch diejenige des organschaftlichen Vertreters der OHG nur bei Vornahme eines Rechtsgeschäfts oder einer rechtsgeschäftsähnlichen Handlung für die Gesellschaft zum Tragen. Die Zurechnung von Realakten oder eines Verschuldens der für die Gesellschaft handelnden Personen beurteilt sich dagegen nach §§ 31, 278, 831 BGB (§ 124 Rn 13 ff). Des Weiteren besteht die Vertretungsbefugnis nach Abs. 1 nur insoweit, als es um die **Vertretung der Gesellschaft** geht. Von § 126 nicht umfasst sind deshalb das Rechtsverhältnis der Gesellschafter untereinander betreffende **Grundlagengeschäfte** und die ohne Bezug zum Gesellschaftsverhältnis erfolgende **Vertretung der Gesellschafter persönlich** (Rn 12 ff; § 128 Rn 39).

2. Einzelheiten

5 **a) Gegenstands- und zweckfremde Geschäfte.** Die organschaftliche Vertretungsbefugnis des Gesellschafters geht über die Vertretungsbefugnis des Prokuristen (§ 49 Abs. 1) oder Handlungsbevollmächtigten (§ 54 Abs. 1) hinaus und umfasst sämtliche Rechtsgeschäfte, zu deren Vornahme die OHG infolge ihrer Rechtsfähigkeit (§ 124 Rn 3) imstande ist, also sowohl **außergewöhnliche Handelsgeschäfte** i.S.v. § 116 Abs. 1 als auch Geschäfte, die der Betrieb eines Handelsgewerbes nicht mit sich bringt und die demnach **keine Handelsgeschäfte** sind.[5] Der Vertretungsbefugnis werden auch durch den Gesellschafts-

---

[3] Vgl. BGH WM 1996, 2340 (Verpflichtung zum Schadensersatz schon bei vorwerfbarem Kompetenzverstoß, also unabhängig von einem Verschulden bei der Durchführung); s. ferner BGH WM 1980, 1141 (unter I 2 betr. Unterlassungsanspruch, insoweit in BGHZ 76, 160 (162) nicht abgedruckt); näher dazu § 115 Rn 23 f; § 116 Rn 19; zum deliktsrechtlichen Schutz der Mitgesellschafter in diesen Fällen s. *Habersack* Die Mitgliedschaft – subjektives und „sonstiges" Recht (1996) S. 281 ff, 316 ff mwN; allg. zum deliktsrechtlichen Schutz der Mitgliedschaft § 124 Rn 9.

[4] Vgl. für die Komplementär-GmbH einer GmbH & Co. KG BGH NJW-RR 1993, 1123 (1125).

[5] RGZ 125, 380; *A. Hueck* OHG § 20 III 1a; MünchKommHGB/*K. Schmidt* Rn 6; Heymann/*Emmerich* Rn 2 f; Baumbach/*Hopt* Rn 1; **aA** *v. Gierke* Handelsrecht[8] § 34 I 1b.

zweck keine Grenzen gesetzt.[6] Nach Abs. 1 ist der organschaftliche Vertreter deshalb z.B. zur Vornahme von Schenkungen,[7] zur Übernahme von Bürgschaften,[8] oder Wechselakzepten[9] sowie zur Aufgabe des Eigentums der Gesellschaft imstande.[10] Auch aus §§ 1821 f BGB ergeben sich keine Beschränkungen der organschaftlichen Vertretungsmacht. Hat also die Gesellschaft nicht voll geschäftsfähige Mitglieder (§ 105 Rn 85 ff), so können die vertretungsberechtigten Gesellschafter gleichwohl ohne die Beschränkungen der §§ 1821 f BGB kontrahieren.[11] Zur Veräußerung und Verpachtung des von der Gesellschaft betriebenen Unternehmens s. Rn 16, zur Aufnahme eines stillen Gesellschafters s. Rn 15.

b) **Arbeitsverträge.** Der Grundsatz der unbeschränkten und unbeschränkbaren Vertretungsmacht kommt auch im Verhältnis zu Arbeitnehmern der Gesellschaft zur Anwendung.[12] Die Vertretungsmacht umfasst daher insbesondere den Abschluss, die Änderung und die Kündigung von Arbeitsverträgen, ferner die Erteilung von **Weisungen** zur Konkretisierung der Dienstleistungspflicht der Arbeitnehmer.[13] Allerdings entspricht es im Zweifel dem Willen der Gesellschafter, das Direktionsrecht gegenüber Arbeitnehmern der Gesellschaft an die Geschäftsführungsbefugnis zu binden. Daraus folgt zum einen, dass im Verhältnis zu den Mitgesellschaftern die gesellschaftsvertraglichen Beschränkungen der organschaftlichen Vertretungsmacht auch bei Ausübung des Weisungsrechts zu beachten sind. Zum anderen ist regelmäßig auch ein zwar geschäftsführender, aber von der organschaftlichen Vertretungsbefugnis ausgeschlossener Gesellschafter im Rahmen seiner Geschäftsführungsbefugnis weisungsbefugt; insoweit ergibt sich die Weisungsbefugnis aus einer im Zusammenhang mit der Übertragung der Geschäftsführungsbefugnis erklärten **Bevollmächtigung des Gesellschafters** durch die Gesellschaft.[14] 6

c) **Grundstücksgeschäfte.** In Abs. 1 ausdrücklich erwähnt ist die Befugnis zur Veräußerung und Belastung von Grundstücken. Die organschaftliche Vertretungsbefugnis geht damit auch insoweit (s. Rn 5) über die Vollmacht des Prokuristen hinaus; denn nach § 49 Abs. 2 bedarf dieser zur Vornahme von Grundstücksgeschäften einer gesonderten Bevollmächtigung. Im **Grundbuchverfahren** hat der Gesellschafter seine Vertretungsbefugnis gem. § 32 GBO durch ein entsprechendes Zeugnis des das Handelsregister führenden Registergerichts nachzuweisen. Ist das Grundbuchamt zugleich das Registergericht, so genügt allerdings gem. § 34 GBO die Bezugnahme auf das – die Vertretungs- 7

---

[6] Vgl. neben den Nachw. in Fn 5 Ebenroth/Boujong/Joost/Strohn/*Hillmann* Rn 3; allg. zur ultra-vires-Lehre *Wiedemann* Gesellschaftsrecht I § 14 IV 1; *K. Schmidt* Gesellschaftsrecht § 8 V 2; *ders.* AcP 184 (1984), 529 ff.

[7] RGZ 125, 380 (381).

[8] RGZ 125, 380 (381).

[9] RGZ 57, 388 (391).

[10] Vgl. OGH öJZ 1954, 145.

[11] BGH NJW 1971, 375, 376 (insoweit nicht in BGHZ 55, 5 abgedruckt); RGZ 125, 380 (381); MünchKommHGB/*K. Schmidt* Rn 6; Baumbach/*Hopt* Rn 1; *Winkler* ZGR 1973, 202 f – Zur entsprechenden Rechtslage bei Änderung des Gesellschaftsvertrags s. § 105 Rn 87; zur Vertretung der Gesellschaft durch den Minderjährigen s. § 125 Rn 29 ff.

[12] Vgl. BAGE 2, 101 (103); 12, 151 (154 f); BAG AP Nr. 1 = NJW 1978, 2215 (Ls.).

[13] Heute ganz hM, s. MünchKommHGB/*K. Schmidt* Rn 4; Ebenroth/Boujong/Joost/Strohn/*Hillmann* Rn 6; Heymann/*Emmerich* Rn 5; *A. Hueck* OHG § 20 III 1b; eingehend 3. Aufl. Anm. 8 f (*R. Fischer*); **aA** noch *Großmann* JW 1912, 775; *v. Godin* JR 1948, 61 (62); diff. *Weipert* in RGRK-HGB Anm. 11.

[14] *A. Hueck* OHG § 20 III 1b; Heymann/*Emmerich* § 125 Rn 14; s. ferner OGH GesRZ 1978, 124 (126). – Allg. zur Bevollmächtigung des Gesellschafters durch die Gesellschaft § 125 Rn 13 ff.

befugnis in der Gesellschaft verlautbarende (§ 125 Rn 63 ff) – Handelsregister. Zur Veräußerung des von der Gesellschaft betriebenen Handelsgeschäfts s. noch Rn 16.

8 d) **Prokura.** Die Vertretungsbefugnis umfasst nach Abs. 1 auch die Erteilung und den Widerruf einer Prokura. Dies folgt zwar bereits aus §§ 48 Abs. 1, 52 Abs. 1, wonach die Prokura vom Inhaber des Handelsgeschäfts oder, wie im Fall der als solcher nicht handlungsfähigen Gesellschaft (§ 125 Rn 4), von seinem gesetzlichen Vertreter erteilt und widerrufen wird. Die besondere Erwähnung in Abs. 1 soll denn auch nur klarstellen, dass die nach § 116 Abs. 3 S. 1 zur **Erteilung** der Prokura erforderliche Zustimmung aller geschäftsführenden Gesellschafter nur im Innenverhältnis der Gesellschafter untereinander erforderlich ist; im Außenverhältnis zum Prokuristen ist dagegen jeder nach § 125 vertretungsberechtigte Gesellschafter auch bei fehlender Zustimmung gem. § 116 Abs. 3 oder bei Widerspruch eines Geschäftsführers zur Erteilung der Prokura imstande.[15] Demgemäß muss auch eine so erfolgte Bestellung auf Anmeldung eingetragen werden. Der Registerrichter hat allein die Vertretungsmacht des die Prokura erteilenden Gesellschafters zu prüfen, nicht dagegen, ob sämtliche geschäftsführenden Gesellschafter zugestimmt haben.[16] Auf Verlangen der übergangenen geschäftsführenden Gesellschafter muss allerdings der eigenmächtig handelnde Gesellschafter die Bestellung widerrufen und den Widerruf anmelden (Rn 3). In diesem Fall kann der Registerrichter, wenn die Eintragung der Bestellung noch nicht erfolgt ist, das Verfahren aussetzen, bis in einem etwa anhängigen Prozess der Streit unter den Gesellschaftern entschieden ist.[17] Entsprechendes gilt für den Fall, dass Anlass zur Annahme eines Missbrauchs der Vertretungsmacht (Rn 23 ff) besteht oder dass ein vertretungsberechtigter Mitgesellschafter die Prokura widerrufen hat.[18] Für den **Widerruf** der Prokura gilt Entsprechendes. Auch die Vorschrift des § 116 Abs. 3 S. 2, wonach der Widerruf der Prokura durch jeden geschäftsführenden Gesellschafter erklärt werden kann, gilt nur für das Innenverhältnis. Ein Gesamtgeschäftsführer, der nicht auch allein vertretungsberechtigt ist, kann nicht widerrufen und muss deshalb die vertretungsberechtigten Gesellschafter auf Vornahme des Widerrufs in Anspruch nehmen.[19] Mit Rücksicht auf § 15 Abs. 1 hat allerdings der Registerrichter den wirksam erklärten Widerruf der Prokura auch dann einzutragen, wenn unter den Gesellschaftern Streit hinsichtlich der Berechtigung zum Widerruf herrscht.

9 e) **Ausübung von Mitgliedschaftsrechten.** Ist die OHG Mitglied einer anderen Gesellschaft (§ 124, 19), so werden die mitgliedschaftlichen Rechte von den vertretungsberechtigten Gesellschaftern im Namen der Gesellschaft ausgeübt. Die Missachtung interner Mitspracherechte der nicht vertretungsberechtigten Gesellschafter, insbesondere im Zusammenhang mit der Konzernbildung und -leitung (Anh. § 105 Rn 85 f), lässt die Vertretungsmacht hinsichtlich der Ausübung der Mitgliedschaftsrechte zwar grundsätzlich unberührt. Doch können die Grundsätze über den Missbrauch der Vertretungsmacht (Rn 23 ff) auch in diesen Fällen Anwendung finden. Entsprechendes gilt für sonstige Maßnahmen der Konzernleitung, insbesondere für die Vornahme von Austauschgeschäften zwischen OHG und abhängiger Gesellschaft.

---

[15] RGZ 134, 303 (305); *Schlegelberger/K. Schmidt* Rn 8.

[16] RGZ 134, 303 (307); *Schlegelberger/K. Schmidt* Rn 8.

[17] BayObLG JFG 5, 244.

[18] So zu Recht MünchKommHGB/*K. Schmidt* Rn 8; allg. zu einander widersprechenden Erklärungen § 125 Rn 18.

[19] RG DR 1942, 1698 (1699); OLG Hamburg HansRGZ 1930 B, 534, 535.

f) **Drittgeschäfte.** Die Vornahme von sog. Drittgeschäften (§ 105 Rn 213 f, 257), d.h. von Rechtsgeschäften zwischen der Gesellschaft und ihren Gesellschaftern, bei denen sich die Parteien wie Dritte gegenüber stehen, die also *nicht causa societatis* getätigt werden, ist Ausfluss der Vertretungsbefugnis, nicht der Geschäftsführungsbefugnis.[20] Nach zutr. Ansicht findet allerdings die Vorschrift des Abs. 2 auf solche Rechtsgeschäfte keine Anwendung; die Gesellschafter müssen sich also eine durch Gesellschaftsvertrag oder Beschluss der Gesellschafter ausgesprochene Beschränkung des Umfangs der Vertretungsmacht des organschaftlichen Vertreters entgegenhalten lassen (Rn 28 ff). Zur Haftung der Gesellschafter für Forderungen aus Drittgeschäften s. § 128 Rn 13. 10

g) **Vertretung vor Gerichten und Behörden.** Die Vertretungsbefugnis umfasst gem. Abs. 1 auch die Vertretung der Gesellschaft vor Gerichten und Behörden. Davon betroffen ist zum einen die Vertretung der zwar parteifähigen, aber **prozessunfähigen Gesellschaft** im Rahmen eines Zivilprozesses (§ 124 Rn 23 ff, 27 ff). Nur die organschaftlichen Vertreter sind demnach befugt, für die Gesellschaft die erforderlichen Prozesshandlungen vorzunehmen und die erforderlichen Prozesserklärungen abzugeben. Entsprechendes gilt für sonstige Gerichts- und Verwaltungsverfahren,[21] darunter auch das Verfahren vor den Finanzbehörden (§ 34 AO). Von der Vertretung der Gesellschaft in einem Gerichts- oder Verwaltungsverfahren zu unterscheiden sind die Frage der Prozessführungsbefugnis und diejenige der Aktiv- bzw. Passivlegitimation. Namentlich die Gestaltungsklageverfahren gem. §§ 117, 127, 133, 140 betreffen die Grundlagen der Gesellschaft (Rn 12 ff) und sind deshalb zwischen den Gesellschaftern zu führen (§ 117 Rn 58 ff; § 127 Rn 16 ff). Eine entsprechende Feststellungsklage der Gesellschaft wird dadurch freilich nicht ausgeschlossen (§ 127 Rn 21); in diesem Fall ist die Gesellschaft von dem vertretungsberechtigten Gesellschafter zu vertreten. 11

3. Grundlagengeschäfte

a) **Grundsatz.** Die Vorschriften der §§ 125, 126 betreffen die Vertretung der Gesellschaft durch deren organschaftliche Vertreter, nicht dagegen diejenige der Gesellschafter persönlich. Wenn auch die organschaftliche Vertretungsmacht nach § 126 Abs. 1 grundsätzlich unbeschränkt ist (Rn 4 ff), so kommt sie doch nur insoweit zur Anwendung, als überhaupt eine Vertretung der Gesellschaft in Frage steht. Von der organschaftlichen Vertretungsmacht nicht umfasst ist deshalb die Abgabe von Willenserklärungen, die die gesellschaftsfreie Sphäre des vertretenen Gesellschafters betreffen. Davon betroffen sind Willenserklärungen, durch die die Gesellschafter persönlich **ohne Bezug zum Gesellschaftsverhältnis** berechtigt und verpflichtet werden. Soll etwa eine über die in §§ 128 f vorgesehene Haftung für Gesellschaftsverbindlichkeiten hinausgehende Verpflichtung des Gesellschafters begründet werden, so bedarf es dazu einer von dem Gesellschafter selbst erteilten Vollmacht.[22] Zum anderen ist aber auch das **gesellschaftsvertragliche Rechtsverhältnis der Gesellschafter untereinander** der gesellschaftsfreien Sphäre zuzuordnen; dies deshalb, weil die Gesellschafter ihre Privatsphäre nur in den gesellschaftsvertraglich 12

---

[20] Heute wohl einh. M., s. *Hueck* OHG § 20 III 2d; MünchKommHGB/*K. Schmidt* Rn 9; Heymann/*Emmerich* Rn 18; Baumbach/*Hopt* Rn 6; **aA** – für Maßgeblichkeit der Geschäftsführungsbefugnis – noch ROHGE 2, 36 (41).

[21] *A. Hueck* OHG § 20 III 1a; MünchKommHGB/*K. Schmidt* Rn 3; Heymann/*Emmerich* Rn 7 f.

[22] Dazu sowie zur Rspr. des XI. Zivilsenats des BGH betreffend die Vollstreckungsunterwerfung noch § 128 Rn 39.

gezogenen Grenzen den Interessen der Gesellschaft untergeordnet haben. Die Grundlagen der Gesellschaft betreffende und damit in den Zuständigkeitsbereich der Gesamtheit der Gesellschafter fallende Geschäfte sind deshalb weder von der Geschäftsführungs[23] noch von der Vertretungsbefugnis gedeckt.[24] Die Gesellschaft wird durch Geschäfte dieser Art zwar betroffen, ist aber als deren Gegenstand nicht unmittelbar daran beteiligt, so dass auch für ein Handeln ihrer Organe kein Raum ist. Auch im Zusammenhang mit Grundlagengeschäften besteht allerdings die Möglichkeit, dass die Gesellschafter einen anderen Gesellschafter oder einen Dritten bevollmächtigen; darüber hinaus ist es für Publikumsgesellschaften anerkannt, dass die Gesellschafter die *Gesellschaft* zur Aufnahme weiterer Gesellschafter ermächtigen können (§ 130 Rn 7; Voraufl. Anh § 161 Rn 10).

13 b) **Kategorien.** Zu den Grundlagengeschäften zählen zunächst diejenigen Rechtsgeschäfte, die ihrem Inhalt nach **unmittelbar** auf Änderung des Gesellschaftsvertrags gerichtet sind, etwa die Aufnahme eines neuen Gesellschafters oder die Änderung der Firma; die Existenz einer auch Vertragsänderungen umfassenden Mehrheitsklausel (§ 109 Rn 36 f) steht dem nicht entgegen.[25] Grundlagencharakter haben aber auch solche Rechtsgeschäfte, die nur **mittelbar** auf den Inhalt des Gesellschaftsvertrags einwirken. Dazu gehören zum einen Rechtsgeschäfte, die zwar ihrem Inhalt nach nicht auf eine Änderung des Gesellschaftsvertrags gerichtet sind, eine solche Änderung aber zwangsläufig zur Folge haben, etwa die – zur Änderung des Gesellschaftszwecks führende – Veräußerung des von der Gesellschaft betriebenen Unternehmens (Rn 16). Zum anderen werden von der Kategorie mittelbarer Grundlagengeschäfte die Fälle erfasst, in denen die Gesellschaft zur Vornahme einer entsprechenden Änderung des Gesellschaftsvertrags verpflichtet werden soll; auch insoweit gewährt Abs. 1 keine Vertretungsbefugnis.[26]

14 c) **Einzelfälle.** Zu dem Bereich der Grundlagengeschäfte gehört zunächst jede – unmittelbare oder mittelbare (Rn 13) – **Änderung des Gesellschaftsvertrags.**[27] Davon betroffen sind etwa die Änderung der Geschäftsführungs- und Vertretungsverhältnisse der Gesellschaft sowie das einvernehmliche Ausscheiden und die Aufnahme eines Gesell-

---

[23] BGHZ 76, 338 (342) = NJW 1980, 1689; eingehend § 114 Rn 5 ff; Heymann/*Emmerich* § 114 Rn 3 ff; *Schürnbrand* S. 76 ff (81 ff); vgl. auch BGHZ 170, 283, 285 ff (289) = ZIP 2007, 475, wo – unter Aufgabe von BGHZ 132, 263 (266) – die Bilanzfeststellung zu Recht nicht als Grundlagengeschäft qualifiziert, im Übrigen aber die Kategorie des Grundlagengeschäfts nicht generell aufgegeben worden ist.

[24] Wohl einh. M., s. RGZ 52, 161 (162); 91, 412 (413 ff); 153, 371 (373 f); 162, 370 (374 f); BGHZ 26, 330 (333 f) = NJW 1958, 668; BGH NJW 1952, 537 (538); WM 1962, 1353 (1354); 1979, 71 (72); NJW 1995, 596; *Schlüter* passim, insbes. S. 29 ff; *A. Hueck* OHG § 20 III 1c; *Hadding* FS Lutter S. 851 (860); *Schulze-Osterloh* FS Hadding S. 637 ff; MünchKommHGB/*K. Schmidt* Rn 10; Heymann/*Emmerich* Rn 9 f; *Westermann* Rn 300; Ebenroth/Boujong/Joost/Strohn/*Hillmann* Rn 7; Röhricht/v. Westphalen/*v. Gerkan/Haas* Rn 3; Baumbach/*Hopt* Rn 3; Koller/Roth/Morck/*Koller* Rn 2.

[25] Näher dazu § 119 Rn 44; zur Qualifizierung der Beschlussfassung in solchen Fällen s. auch *Mülbert/Gramse* WM 2002, 2085 (2091); *Schürnbrand* S. 83 ff; s. ferner *Schulze-Osterloh* FS Hadding S. 637 (650 f).

[26] Vgl. dazu *A. Hueck* OHG § 20 III 1c; Heymann/*Emmerich* Rn 12; *Emmerich* FS Lukes S. 639 (647 f); **aA** noch RG JW 1921, 1239 (Verpflichtung der Gesellschaft zur Aufnahme eines neuen Gesellschafters).

[27] Vgl. BGHZ 26, 330 (333 f) = NJW 1958, 668; BGHZ 170, 283 (289) = ZIP 2007, 475; MünchKommHGB/*K. Schmidt* Rn 10; Heymann/*Emmerich* Rn 11.

schafters.[28] Dem entspricht es, dass bei Entziehung der Geschäftsführungs- und Vertretungsbefugnis gem. §§ 117, 127 sowie bei Ausschließung eines Gesellschafters sämtliche Gesellschafter als Streitgenossen mitzuwirken haben (§ 117 Rn 63; § 127 Rn 16 f). Zu den Grundlagen der Gesellschaft gehört ferner die Firma; sie kann deshalb nur unter Mitwirkung aller Gesellschafter geändert[29] oder auf einen Dritten übertragen werden (Rn 16). Nicht von der organschaftlichen Vertretungsbefugnis gedeckt ist des Weiteren die Änderung des Gesellschaftszwecks und des Gegenstands des von der Gesellschaft betriebenen Unternehmens.[30] Grundlagencharakter hat deshalb die Umwandlung der werbenden Gesellschaft in eine Liquidationsgesellschaft (Rn 16), aber auch die Änderung des Unternehmensgegenstands, etwa durch Ausgliederung eines wesentlichen Teils des Unternehmens auf eine Tochtergesellschaft oder durch Ausweitung der Geschäftstätigkeit über den gesellschaftsvertraglich festgelegten Unternehmensgegenstand hinaus (Rn 17). Der Bereich der Grundlagengeschäfte ist nicht auf die Änderung des Gesellschaftsvertrags ieS. beschränkt. Er umfasst vielmehr auch **Annextatbestände**, so die Entgegennahme der Kündigung oder Anfechtung des Gesellschaftsvertrags durch einen Gesellschafter,[31] ferner sämtliche Anmeldungen zum Handelsregister (§ 108 Rn 10 ff).

Nach ganz herrschender und zutr. Ansicht handelt es sich bei der Aufnahme eines **15**
typischen stillen Gesellschafters nicht um ein Grundlagengeschäft.[32] Dies folgt schon daraus, dass durch den Abschluss des stillen Gesellschaftsvertrags ausschließlich ein – dem partiarischen Darlehen vergleichbares – Schuldverhältnis zwischen dem Stillen und der Gesellschaft begründet wird, der Stille also weder in das zwischen den Gesellschaftern bestehende Rechtsverhältnis eintritt noch schuldrechtlich die Stellung eines Kommanditisten erhält.[33] Anderes gilt demgegenüber bei Aufnahme eines **atypischen stillen Gesellschafters**, sei es, dass der Stille durch den stillen Gesellschaftsvertrag in vermögensrechtlicher Hinsicht, also vor allem durch schuldrechtliche Beteiligung am Vermögen der Gesellschaft, oder in organisationsrechtlicher Hinsicht, d.h. insbesondere durch Einräumung von Kontroll- und sonstigen Teilhaberechten, wie ein Kommanditist gestellt wird (Voraufl. § 230 Rn 30 ff). In diesem Fall kommt der Abschluss des stillen Gesellschaftsvertrags der Aufnahme eines Kommanditisten gleich und ist somit nicht von der Vertretungsmacht gedeckt; zu seiner Wirksamkeit bedarf er vielmehr der Mitwirkung sämtlicher Gesellschafter (Rn 12).[34]

---

[28] BGHZ 26, 330 (333) = NJW 1958, 668; Baumbach/*Hopt* Rn 3.

[29] RGZ 162, 370 (374); BGH NJW 1952, 537 (538).

[30] Ebenroth/Boujong/Joost/Strohn/*Hillmann* Rn 9; s. aber auch § 105 Rn 21 (*Schäfer*).

[31] *A. Hueck* OHG § 20 III 1c; *Heymann/Emmerich* Rn 11.

[32] RGZ 153, 371 (373 f); BGH WM 1957, 543 (544); WM 1962, 1353 (1354); NJW 1971, 375; WM 1979, 71 (72) (Kündigung der stillen Gesellschaft); MünchKommHGB/*K. Schmidt* Rn 11; Heymann/*Emmerich* Rn 3a; Ebenroth/Boujong/Joost/Strohn/*Hillmann* Rn 11; Röhricht/v. Westphalen/*v. Gerkan/Haas* Rn 3; Baumbach/*Hopt* Rn 3; *Westermann* Rn I 302; *A. Hueck* FS Lehmann (1936) S. 242 ff mwN zum älteren Schrifttum; **aA** noch RG JW 1921, 1239.

[33] Auch die Begebung eines Genussrechts ist deshalb von der Vertretungsbefugnis gedeckt; zur Rechtsnatur des Genussrechts mit Verlustteilnahme als stille Gesellschaft s. *Habersack* ZHR 155 (1991), 378 (394 f); MünchKommAktG/*ders.* § 221 Rn 87 ff; *Schön* JZ 1993, 925 (928 ff); **aA** die hM, s. BGHZ 119, 305 (330) = NJW 1993, 57; BGHZ 156, 38 (43) = NJW 2003, 3412; KölnKomm AktG²/*Lutter* § 221 Rn 232, *Hüffer* AktG⁸ § 221 Rn 27, die das Genussrechtsverhältnis als (Dauer-)Schuldverhältnis sui generis qualifizieren, was freilich an der Vertretungsmacht gem. § 126 nichts ändert.

[34] MünchKommHGB/*K. Schmidt* Rn 11; Heymann/*Emmerich* Rn 3a; *Westermann* Rn I 302; Ebenroth/Boujong/Joost/Strohn/*Hillmann* Rn 11; Röhricht/v. Westphalen/*v. Gerkan/Haas* Rn 3; *Schlüter* S. 15 ff.

16 Was die **Veräußerung des** von der Gesellschaft betriebenen **Unternehmens** betrifft, so hat sie jedenfalls dann Grundlagencharakter, wenn auch die – einen Gegenstand des Gesellschaftsvertrags bildende – Firma auf den Erwerber übergehen soll;[35] es bedürfen dann sowohl das Verpflichtungs- als auch das auf Übertragung der Firma gerichtete Verfügungsgeschäft der Mitwirkung sämtlicher Gesellschafter. Insoweit kommt es auch nicht darauf an, dass das Unternehmen als Ganzes veräußert werden soll; die Firma gehört vielmehr generell dem Grundlagenbereich an. Nach zutreffender, heute ganz hM kann die Veräußerung des Unternehmens allerdings auch unabhängig von dem Übergang der Firma auf den Erwerber des Unternehmens Grundlagencharakter haben. Davon ist jedenfalls bei **Vollübertragung** des Vermögens der Gesellschaft auszugehen. Sie hat die Auflösung der Gesellschaft und damit die Änderung des Gesellschaftszwecks zur Folge und bedarf deshalb entsprechend dem Rechtsgedanken des § 179a AktG der Mitwirkung sämtlicher Gesellschafter.[36] Allerdings gilt dies lediglich für das Verpflichtungsgeschäft; die zur Erfüllung der Verpflichtung getätigten Verfügungsgeschäfte sind demgegenüber, soweit es sich nicht um die Übertragung der Firma bzw. um die Gestattung zur Firmenfortführung handelt, von der organschaftlichen Vertretungsbefugnis gedeckt.[37] Bloße **Teilübertragungen,** sei es durch Veräußerung eines Teils des Unternehmens an Dritte oder durch Einbringung in eine Tochtergesellschaft, lassen dagegen den auf erwerbswirtschaftliche Betätigung gerichteten Gesellschaftszweck unberührt und sind deshalb – vorbehaltlich einer mit ihnen einhergehenden Gegenstandsänderung (Rn 17) – von der Vertretungsmacht gedeckt;[38] im Innenverhältnis sind die geschäftsführenden Gesellschafter freilich gem. § 116 Abs. 2 zur Einholung der Zustimmung sämtlicher Gesellschafter verpflichtet.[39]

17 Auch für Personengesellschaften ist zwischen dem – bei der werbenden Gesellschaft auf Gewinnerzielung gerichteten – Gesellschaftszweck und dem **Unternehmensgegenstand** zu unterscheiden.[40] Grundlagencharakter hat deshalb die **Verpachtung** des Unternehmens; sie hat den Wegfall gewerblicher Betätigung zur Folge[41] und ist somit auch in den Fällen des § 105 Abs. 2 – und damit bei Fortbestand der Rechtsform der OHG – Grundlagengeschäft.[42] Im Übrigen schränkt der Unternehmensgegenstand die Vertretungsmacht nur insoweit ein, als das fragliche Rechtsgeschäft Gegenstandsänderungen

---

[35] Insoweit wohl allgM, s. BGH NJW 1995, 596; § 22 Rn 39 f (*Koch*); *K. Schmidt* ZGR 1995, 675 (679 f); Heymann/*Emmerich* Rn 13; Baumbach/*Hopt* Rn 3.

[36] MünchKommHGB/*K. Schmidt* Rn 13; *ders.* ZGR 1995, 674 (678 ff); Heymann/*Emmerich* Rn 14; Ebenroth/Boujong/Joost/Strohn/*Hillmann* Rn 9; Röhricht/v. Westphalen/*v. Gerkan/Haas* Rn 4; *Schulze-Osterloh* FS Hadding S. 637 (646); *Schürnbrand* S. 91; s. ferner bereits 3. Aufl. Anm. 3 (*R. Fischer*); zumindest tendenziell auch BGH NJW 1995, 596; offengelassen noch von BGH NJW 1991, 2564 f; **aA** *Grunewald* JZ 1995, 577 f; *Hadding* FS Lutter S. 851 (857 ff) mwN zum älteren Schrifttum. Zur KGaA s. OLG Stuttgart NZG 2003, 778; *Fett/Förl* NZG 2004, 210 ff.

[37] BGH NJW 1991, 2564 f; NJW 1995, 596.

[38] So auch MünchKommHGB/*K. Schmidt* Rn 13 (unklar aber *K. Schmidt* ZGR 1995, 674 (681 f), wonach die fehlende Zustimmung die Wirksamkeit des Geschäfts „nicht in jedem Fall" berührt); wohl auch BGH NJW 1996, 596, wo maßgeblich auf den Verlust des Status als werbende Gesellschaft abgestellt wird, tendenziell für Annahme eines Grundlagengeschäfts hingegen *Schulze-Osterloh* FS Hadding S. 637 (646).

[39] Entsprechend den für das Aktienrecht geltenden Grundsätzen, s. BGHZ 83, 122 – Holzmüller; BGHZ 159, 30 – Gelatine; allg. dazu *Habersack* (Fn 3) S. 297 ff (316 ff).

[40] Näher dazu *K. Schmidt* Gesellschaftsrecht § 4 II 3 mwN.

[41] BGH ZIP 1990, 505 (506).

[42] MünchKommHGB/*K. Schmidt* Rn 13; Heymann/*Emmerich* Rn 14, Anh. § 105 Rn 25; Baumbach/*Hopt* Rn 3; Ebenroth/Boujong/Joost/Strohn/*Hillmann* Rn 10.

zur Folge hat; dies kann bei Teilveräußerungen, aber auch beim Erwerb von Unternehmen und Beteiligungen der Fall sein, wobei wiederum entsprechende Verfügungsgeschäfte von der organschaftlichen Vertretungsbefugnis gedeckt sind (Rn 16). Davon zu unterscheiden ist die Vornahme eines **gegenstandsfremden Rechtsgeschäfts.** Sie kann zwar gegen § 116 Abs. 2 verstoßen und entsprechende Abwehr- und Beseitigungsansprüche der Mitgesellschafter begründen,[43] hat aber in keinem Fall Grundlagencharakter (Rn 5).

Von der organschaftlichen Vertretungsbefugnis nicht umfasst ist schließlich der Abschluss von **Unternehmensverträgen i.S.v. § 291 f AktG** durch die Gesellschaft **als abhängiges Unternehmen.** Soweit eine OHG überhaupt entsprechende Verträge schließen kann (dazu Anh. § 105 Rn 69 ff), sind jedenfalls Beherrschungsverträge schon im Hinblick auf die mit ihnen einhergehende Änderung des Gesellschaftszwecks[44] und Gewinnabführungsverträge im Hinblick auf den Eingriff in das Gewinnrecht der übrigen Gesellschafter[45] als Grundlagengeschäft anzusehen. Entsprechendes gilt für die in § 292 Abs. 1 Nr. 3 AktG geregelten Betriebsüberlassungsverträge (Rn 17). Der Abschluss eines **Betriebsführungsvertrags,** durch den die Gesellschaft die Führung ihres Unternehmens einem außenstehenden Dritten überträgt, ist dagegen zwar ungewöhnliche Geschäftsführungsmaßnahme i.S.v. § 116 Abs. 2, nicht aber Grundlagengeschäft; dies deshalb, weil dem Dritten in diesem Fall lediglich eine von den organschaftlichen Vertretern abgeleitete Rechtsstellung eingeräumt wird.[46] Ist die OHG **herrschendes Unternehmen,** so handelt es sich bei dem Abschluss eines Betriebsführungs- oder Unternehmensvertrags in keinem Fall um ein Grundlagengeschäft. Die Vorschrift des § 293 Abs. 2 S. 1 AktG betreffend die Mitwirkung der Aktionäre der Obergesellschaft trägt dem gem. §§ 302 f erhöhten Risiko solcher Verträge Rechnung;[47] nicht dagegen einer mit dem Abschluss eines solchen Vertrags einhergehenden Änderung der Grundlagen der Gesellschaft. 18

4. § 181 BGB. Die Vorschrift des § 181 BGB betr. das Verbot des Insichgeschäfts und der Mehrfachvertretung findet auch auf die organschaftliche Vertretung der Gesellschaft Anwendung.[48] Durch Beschluss der Gesellschafter oder durch gesellschaftsvertragliche Vereinbarung kann dem organschaftlichen Vertreter allerdings auch insoweit die Vertretung der Gesellschaft **gestattet** werden (§ 125 Rn 52).[49] Fehlt es daran, so können die Gesellschafter dem schwebend unwirksamen Rechtsgeschäft durch **Genehmigung** gem. § 177 BGB zur Wirksamkeit verhelfen, soweit dem nicht die Vorschrift des § 180 BGB entgegensteht (§ 125 Rn 42). Darüber hinaus besteht nach hM die Möglichkeit, dass ein nach § 181 BGB von der Vertretung ausgeschlossener Gesamtvertreter den anderen Gesamtvertreter zur Alleinvertretung der Gesellschaft **ermächtigt** (§ 125 Rn 51 f). 19

---

[43] Allg. dazu Rn 3; speziell zu gegenstandsfremden Rechtsgeschäften s. *Habersack* (Fn 3) S. 335.

[44] Dazu *Emmerich*/Habersack Konzernrecht[9] § 11 Rn § 34 IV.

[45] *Emmerich*/Habersack Konzernrecht[9] § 12 Rn § 34 V.

[46] Offengelassen von BGH NJW 1982, 1817 (1818) – Holiday Inn; **aA** Baumbach/*Hopt* Rn 3. – Näher zu Betriebsführungsverträgen Anh. § 105 Rn 71 (*Schäfer*); *Emmerich*/Habersack Konzernrecht[9] § 15 Rn IV; *U. Huber* ZHR 152 (1988), 1 ff; *Veelken* Der Betriebsführungsvertrag im deutschen und amerikanischen Aktien- und Konzernrecht (1975).

[47] Näher dazu *Hüffer* AktG[8] § 293 Rn 17.

[48] Vgl. etwa RGZ 157, 24 (31); BGHZ 64, 72; MünchKommHGB/*K. Schmidt* Rn 14.

[49] Zur Eintragung in das Handelsregister s. § 106 Rn 26 ff (*Schäfer*).

III. Beschränkung der Vertretungsmacht

20 1. **Grundsatz (Abs. 2).** Aus Gründen des Verkehrsschutzes bestimmt Abs. 2 der Vorschrift, dass eine Beschränkung des Umfangs der Vertretungsmacht Dritten gegenüber unwirksam ist. Mit der Gesellschaft in rechtsgeschäftlichen Kontakt tretende Dritte (Rn 28 ff) sollen sich darauf verlassen können, dass der nach § 125 vertretungsberechtigte Gesellschafter zur Vornahme sämtlicher Rechtsgeschäfte mit Wirkung für die Gesellschaft (Rn 12 ff) berechtigt ist. Eine die **Vertretungsmacht beschränkende Vereinbarung** der Gesellschafter hat, wie § 126 Abs. 2 in seinem zweiten Hs. ausdrücklich betont, nur **Bedeutung für das Innenverhältnis** (Rn 3). Ohne Einfluss auf die Vertretungsmacht sind des Weiteren ein Widerspruch bzw. die fehlende Mitwirkung eines Gesamtgeschäftsführers gem. § 115 und die Missachtung von Vorlagepflichten gem. § 116 Abs. 2. Die Vorschrift des Abs. 2 ist zwingend, kann also nicht von den Gesellschaftern abbedungen werden. Interne Beschränkungen der Vertretungsmacht dürfen nicht in das Handelsregister eingetragen werden; eine zu Unrecht erfolgte Eintragung lässt die Vertretungsmacht unberührt, so dass in Ermangelung einer eintragungsfähigen Tatsache auch für die Anwendung des § 15 Abs. 2 kein Raum ist. Macht allerdings ein Gesellschafter den Zustimmungsvorbehalt anderer Gesellschafter zum Gegenstand der **Vereinbarung mit dem Dritten**, so findet § 126 Abs. 2 keine Anwendung.[50]

21 2. **Beschränkung auf einzelne Niederlassung (Abs. 3).** Eine Ausnahme vom Grundsatz der unbeschränkten und unbeschränkbaren Vertretungsmacht enthält die Vorschrift des Abs. 3. Danach kann die organschaftliche Vertretungsmacht auf den Betrieb einer von mehreren Niederlassungen der Gesellschaft beschränkt werden, sei es eine Haupt- oder eine Zweigniederlassung. Zulässig ist auch die Beschränkung auf den Betrieb mehrerer Niederlassungen unter gleichzeitigem Ausschluss von der Vertretung einzelner Niederlassungen.[51] Hinsichtlich der Voraussetzungen und Rechtsfolgen einer solchen Beschränkung verweist Abs. 3 auf die – eine entsprechende Beschränkung der Prokura betreffende – Vorschrift des § 50 Abs. 3. Nach §§ 126 Abs. 3, 50 Abs. 3 S. 1 ist eine Beschränkung der organschaftlichen Vertretungsmacht auf den Betrieb einer von mehreren Niederlassungen Dritten gegenüber nur wirksam, wenn die **Niederlassungen unter verschiedener Firma** betrieben werden, wobei allerdings nach §§ 126 Abs. 3, 50 Abs. 3 S. 2 eine Verschiedenheit der Firmen auch durch Beifügung eines **Filialzusatzes** begründet werden kann.[52]

22 Die Beschränkung der Vertretungsmacht auf den Betrieb einer Niederlassung enthält einen teilweisen Ausschluss des Gesellschafters von der Vertretung i.S.d. § 125 Abs. 4 und ist deshalb zur **Eintragung in das Handelsregister** anzumelden[53]. Unterbleiben Eintragung und Bekanntmachung, so findet § 15 Abs. 1 Anwendung; mit erfolgter Eintragung und Bekanntmachung wirkt die Beschränkung nach Maßgabe des § 15 Abs. 2. Nach § 13 haben Anmeldung und Eintragung beim Gericht der Hauptniederlassung zu erfolgen. Anmeldung und Eintragung müssen den Inhalt der Beschränkung und damit die Niederlassung, für die Vertretungsmacht bestehen soll, unzweideutig zum Ausdruck bringen.[54]

---

[50] Für § 37 Abs. 2 GmbHG BGH ZIP 1997, 1419 f; zu § 128 S. 2 s. auch § 128 Rn 16.

[51] *A. Hueck* OHG § 20 III 2e.

[52] Wegen sämtlicher Einzelheiten dazu sowie zur Frage, ob der Vertreter mit der Niederlassungsfirma zu zeichnen hat, s. § 50 Rn 14 ff (*Joost*).

[53] Einh. M., s. A. *Hueck* § 20 III 2e; MünchKommHGB/*K. Schmidt* Rn 19.

[54] Vgl. dazu für §§ 13, 13c HGB a.F. auch BGHZ 104, 61 (64 ff) = NJW 1988, 1840: Im Register der Zweigniederlassung hat ein entsprechender Beschränkungsvermerk zu unterbleiben.

3. Missbrauch der Vertretungsmacht

a) **Allgemeines.** Indem § 126 Abs. 1 und 2 dem organschaftlichen Vertreter die unbeschränkte und unbeschränkbare Befugnis zur Vertretung der Gesellschaft einräumt, stellt er das Interesse an der Leichtigkeit und Sicherheit des Rechtsverkehrs über das Interesse der Gesellschaft und der nach § 128 haftenden Gesellschafter an einer auch nach außen wirksamen Koppelung der Vertretungs- an die Geschäftsführungsbefugnis. Dafür besteht nur bei Schutzbedürftigkeit des Dritten Anlass. Für sämtliche Tatbestände inhaltlich unbeschränkter und unbeschränkbarer Vertretungsmacht[55] ist deshalb im Grundsatz anerkannt, dass ein interne Bindungen missachtendes und damit pflichtwidriges Vertreterhandeln, wiewohl es an sich von der vom Innenverhältnis abstrahierenden Vertretungsmacht gedeckt ist, unter bestimmten Voraussetzungen (Rn 24 f) auf das Außenverhältnis durchschlägt.[56] Auf die Vertretung in **Gerichts- und Verwaltungsverfahren** finden die Grundsätze über den Missbrauch der Vertretungsmacht allerdings keine Anwendung; insoweit bewendet es also bei der unbeschränkten und unbeschränkbaren Vertretungsmacht (s. noch Rn 28).[57] 23

b) **Voraussetzungen.** Ein Missbrauch der (organschaftlichen) Vertretungsmacht ist unzweifelhaft bei kollusivem Zusammenwirken zwischen dem Vertreter und dem Dritten zum Nachteil der Gesellschaft gegeben.[58] Ein solches Zusammenwirken begründet allerdings regelmäßig die Sittenwidrigkeit des Rechtsgeschäfts nach § 138 Abs. 1 BGB[59] sowie Schadensersatzansprüche der vertretenen Gesellschaft aus § 826 BGB. Auch in diesem Fall kann zwar gleichwohl ergänzend auf die Grundsätze über den Missbrauch der Vertretungsmacht zurückgegriffen werden. Eigenständige Bedeutung kommt der Annahme eines Missbrauchs der Vertretungsmacht aber nur in den Fällen zu, in denen es an einem kollusiven Zusammenwirken fehlt oder ein solches nicht nachzuweisen ist. Schon das Reichsgericht hat es deshalb genügen lassen, dass der Vertreter bewusst zum Nachteil des Vertretenen gehandelt hat und der andere Teil dies infolge Fahrlässigkeit nicht erkannt hat;[60] der BGH ist dem zunächst gefolgt.[61] Die neuere Rechtsprechung – insbesondere diejenige zu § 37 Abs. 2 GmbHG – ist dagegen **vom Gedanken der Kollusion abgerückt** und verzichtet demgemäß auf das Vorliegen subjektiver Voraussetzungen in der Person des Vertreters.[62] 24

---

55 Und nicht nur für sie, s. allg. zur Problematik *Flume* AT II[4] § 45 II 3; ferner BGH NJW 1988, 3012.

56 Vgl. *R. Fischer* FS Schilling S. 3 ff; *Geßler* FS v. Caemmerer S. 532 ff; *John* FS Mühl S. 349 ff; *U. Jüngst* S. 41 ff; *K. Schmidt* Gesellschaftsrecht § 10 II 2; s. ferner für die Prokura § 50 Rn 37 ff (*Joost*); zu § 37 Abs. 2 GmbHG BGH NJW 1996, 589 (590); 1984, 1461 (1462); WM 1976, 632 (633); *Baumbach/Hueck/Zöllner* GmbHG[16] § 37 Rn 25 ff; zu § 78 Abs. 2 S. 1 AktG *Hüffer* AktG[2] § 78 Rn 9.

57 Vgl. zu § 37 Abs. 2 GmbHG RGZ 89, 369; Baumbach/Hueck/*Zöllner/Noack* GmbHG[18] § 37 Rn 44.

58 Vgl. RGZ 57, 389 (391 f); 58, 356; 130, 131 (142); 136, 359 (360); BGH WM 1980, 953 ff; BAG ZIP 1997, 603 (606).

59 Vgl. BGH NJW-RR 1989, 642 f; NZG 2004, 139 (140).

60 RGZ 83, 348 (353); 143, 196 (200); 159, 363 (367).

61 BGH WM 1960, 611 (613); NJW 1966, 1911; BGHZ 50, 112 (114 f) = NJW 1968, 1379; WM 1984, 730 (731); s. ferner BAG AP Nr. 1 = NJW 1978, 2215. Näher dazu 3. Aufl. Anm. 18 ff (*R. Fischer*); *U. Jüngst* S. 59 ff.

62 BGH NJW 1984, 1461 (1462); NJW 1988, 2241 (2243); NJW 1996, 589 (590); NZG 2004, 139 (140); für die Vollmacht auch BGH NJW 1988, 3012 (3013); zust. MünchKommBGB[5]/*Schramm* § 164 Rn 113 ff mit umf. Nachw.; für § 126 MünchKommHGB/*K. Schmidt* Rn 21; *ders.* Gesellschaftsrecht § 10 II 2c aa; Ebenroth/Boujong/Joost/Strohn/*Hillmann* Rn 20; Koller/Roth/Morck/

25 Vor dem Hintergrund des Schutzzwecks des § 126 Abs. 1, 2 (Rn 1, 20) kann es in der Tat nicht darauf ankommen, ob der organschaftliche Vertreter seine internen Bindungen bewusst oder unbewusst überschreitet; dem Dritten gegenüber schlagen die internen Bindungen des Vertreters vielmehr immer, aber auch nur dann durch, wenn in seiner Person ein Vertrauenstatbestand nicht gegeben ist (Rn 26). **Auf seiten des Vertreters** kommt es deshalb ausschließlich auf das Vorliegen einer **objektiven Pflichtverletzung** an. Das Vorliegen der subjektiven Voraussetzungen in der Person des Dritten unterstellt (Rn 26), handelt der Vertreter somit immer dann ohne Vertretungsmacht (Rn 27), wenn er seine gesellschaftsvertraglichen Bindungen missachtet. Unerheblich ist, ob der Inhalt des Rechtsgeschäfts der Gesellschaft zum Nachteil gereicht. Das Vorliegen eines Missbrauchs der Vertretungsmacht kommt maW stets dann in Betracht, wenn der organschaftliche Vertreter seine Geschäftsführungsbefugnis überschreitet (Rn 3, 16, 18, 20), mag das Rechtsgeschäft auch bei objektiver Betrachtung für die Gesellschaft vorteilhaft sein.[63]

26 Was die subjektiven Voraussetzungen in der **Person des Dritten** betrifft, so wäre es mit dem Schutzzweck des § 126 Abs. 1 und 2 (Rn 1, 20) nicht vereinbar, der Gesellschaft schon bei einfacher Fahrlässigkeit des Dritten die Berufung auf die Missachtung interner Bindungen zu gestatten.[64] Umgekehrt entfällt die Schutzbedürftigkeit des Dritten nicht erst bei positiver Kenntnis,[65] zumal diese Voraussetzung aus Sicht der Gesellschaft kaum nachweisbar wäre. Als zutreffend erscheint es vielmehr, auf die **Evidenz des pflichtwidrigen Verhaltens** abzustellen.[66] Damit wird zum Ausdruck gebracht, dass es dem Dritten zwar nicht obliegt, die Übereinstimmung des Vertreterhandelns mit den internen Pflichten zu überprüfen, er sich aber auch dann nicht auf das Rechtsgeschäft berufen kann, wenn ein Dritter aus den Umständen des Vertragsschlusses das Vorliegen eines Missbrauchs hätte ersehen müssen. In diesem Sinne ist wohl auch die neuere Rechtsprechung des BGH zu § 37 Abs. 2 GmbHG zu verstehen, wenn sie darauf abstellt, dass es sich dem Dritten aufdrängen muss, dass der organschaftliche Vertreter die Grenzen überschreitet, die seiner Vertretungsbefugnis im Innenverhältnis zur Gesellschaft gezogen sind.[67] Voraussetzung ist demnach das Vorliegen **massiver Verdachtsmomente.**[68]

Koller Rn 2; wohl auch Baumbach/*Hopt* Rn 11; einschränkend *Heymann/Emmerich* Rn 24a.

63 OLG Zweibrücken NZG 2001, 763; MünchKommHGB/*K. Schmidt* Rn 21; Ebenroth/Boujong/Joost/Strohn/*Hillmann* Rn 20; **aA** MünchKommBGB[5]/*Schramm* § 164 Rn 113; Heymann/*Emmerich* Rn 24; *Geßler* FS v. Caemmerer S. 531 (533); *R. Fischer* FS Schilling S. 3 (15 ff, 19 ff); *John* GmbHR 1983, 90 (91 f).

64 So aber für § 50 BGHZ 50, 112 (114) = NJW 1968, 1379; für § 1629 BGB BGH JZ 1964, 420.

65 So aber Straube/*Koppensteiner* Rn 9. Vgl. auch BGH NJW 1999, 2266 (2268): Eingreifen der Missbrauchsgrundsätze bei Bestechung.

66 MünchKommHGB/*K. Schmidt* Rn 21; *K. Schmidt* Gesellschaftsrecht § 10 II 2c bb; Ebenroth/Boujong/Joost/Strohn/*Hillmann* Rn 21; *Flume* AT II[4] § 45 II 3; MünchKommBGB[5]/*Schramm* § 164 Rn 115; *Medicus* Bürgerliches Recht[21] Rn 118; für die Bankvollmacht auch BGHZ 127, 239 (241 f) = NJW 1995, 250; BGH NJW 1994, 2082 (2083); NJW 1999, 2883; für grobe Fahrlässigkeit OLG Dresden NJW-RR 1995, 803 (804 f); Heymann/*Emmerich* Rn 25; allg. Soergel/*Leptien* BGB[13] § 177 Rn 18.

67 BGH NZG 2004, 139 (140); NJW 1996, 589; NJW 1988, 2241 (2243); NJW 1984, 1461 (1462); OLG Zweibrücken NZG 2001, 763; allg. für die Vollmacht BGH NJW 1988, 3012 (3013); ausdrücklich für das Erfordernis der Evidenz dagegen die in Fn 66 genannten Entscheidungen zur Bankvollmacht.

68 Vgl. für die Vollmacht BGHZ 127, 239 (241): „Notwendig ist dabei eine massive Verdachtsmomente voraussetzende objektive Evidenz des Mißbrauchs"; s. zu § 37 Abs. 2 GmbHG auch BGH NJW 1996, 589, 590 (für die Gesellschaft grob nachteilige Vertragskonditionen; Bestimmung der Vergü-

c) **Rechtsfolgen.** Bei missbräuchlicher Ausübung der organschaftlichen Vertretungsbefugnis handelt der Gesellschafter **ohne Vertretungsmacht.**[69] Vorbehaltlich des § 180 BGB kann die Gesellschaft somit dem schwebend unwirksamen Rechtsgeschäft durch **Genehmigung** gem. §§ 177 f BGB zur Wirksamkeit verhelfen. Auch bei einem – für das Vorliegen eines Missbrauchs der Vertretungsmacht nicht erforderlichen (Rn 25) – Verschulden auf seiten des Vertreters ist das Rechtsgeschäft vollumfänglich schwebend unwirksam; für die Heranziehung des Rechtsgedankens des **§ 254 BGB** ist insoweit kein Raum.[70] In Betracht kommt die Berücksichtigung eines Mitverschuldens der Gesellschaft aber im Zusammenhang mit der Geltendmachung von Schadensersatzansprüchen aus c.i.c. oder aus Delikt.[71] 27

4. **Rechtsgeschäfte mit Gesellschaftern.** Der Grundsatz der unbeschränkten und unbeschränkbaren Vertretungsmacht findet keine Anwendung auf Rechtsgeschäfte zwischen der Gesellschaft und ihren Gesellschaftern. Für den Bereich der Grundlagengeschäfte folgt dies bereits daraus, dass § 126 Abs. 1 nur zum Handeln für die Gesellschaft berechtigt, er also insoweit keine Anwendung findet, als das Rechtsverhältnis der Gesellschafter untereinander betroffen ist (Rn 12 ff).[72] Was dagegen den Abschluss von Drittgeschäften betrifft, so ist dieser zwar von § 126 Abs. 1 umfasst (Rn 10). Doch besteht insoweit kein Anlass, die Interessen der Gesellschaft und der Mitgesellschafter dem allgemeinen Interesse an Verkehrssicherheit (Rn 1, 20) unterzuordnen. Drittgeschäfte sind deshalb im Wege einer teleologischen Reduktion vom Anwendungsbereich des § 126 Abs. 2 auszunehmen.[73] Insoweit schlagen mithin die Beschränkungen der Geschäftsführungsmacht auf die Vertretungsmacht durch mit der Folge, dass bei Überschreiten der Geschäftsführungsbefugnis die §§ 177 ff BGB zur Anwendung gelangen. Die Nichtanwendbarkeit des § 126 Abs. 2 gilt im Verhältnis der Gesellschaft zu ihren Gesellschaftern generell und unabhängig davon, ob im jeweiligen Einzelfall die Voraussetzungen eines Missbrauchs der Vertretungsmacht (Rn 24 ff) vorliegen oder der Gesellschafter die interne Bindung 28

---

tung durch den Vertragspartner der Gesellschaft, ohne dass der Gesellschaft eine effektive Kontrolle der Höhe der Vergütung möglich ist); *Tries* Verdeckte Gewinnausschüttungen im GmbH-Recht (1991) S. 123 ff, 139.

69 BGH NJW 1999, 2266 (2268); *Flume* AT II[4] § 45 II 3; MünchKommBGB[5]/*Schramm* § 164 Rn 121; Palandt/*Heinrichs* BGB[67] § 164 Rn 14b; MünchKommHGB/*K. Schmidt* Rn 22; **aA** – Wirksamkeit des Rechtsgeschäfts, auf das sich der Dritte allerdings gem. § 242 BGB nicht berufen kann – RGZ 134, 67 (72); BGH WM 1980, 953 (954); NZG 2004, 139 (140); Soergel/*Leptien* BGB[13] § 177 Rn 15; Ebenroth/Boujong/Joost/Strohn/*Hillmann* Rn 23.

70 So aber offenbar BGHZ 50, 112 (114) = NJW 1968, 1379; dagegen zutr. *Medicus* Bürgerliches Recht[21] Rn 118; MünchKommHGB/*K. Schmidt* Rn 23.

71 Zutr. Soergel/*Leptien* BGB[13] § 177 Rn 19; *Heckelmann* JZ 1970, 62 ff; MünchKommHGB/*K. Schmidt* Rn 23. Vgl. dazu auch § 124 Rn 14.

72 Vgl. BGH WM 1976, 446 (Vertrag über Geschäftsführervergütung in Abweichung vom Gesellschaftsvertrag); MünchKommHGB/*K. Schmidt* Rn 17.

73 BGHZ 38, 26 (33 ff) = NJW 1962, 2344; BGH WM 1973, 637 f = NJW 1973, 1278 (Ls.); NJW 1974, 1555; WM 1976, 446; WM 1979, 71 (72); *H. Westermann* FS Meier-Hayoz S. 445 (451 ff); *Westermann* Rn I 307; *A. Hueck* OHG § 20 III 2d; Heymann/*Emmerich* Rn 18 f; *Baumbach*/*Hopt* Rn 6; Ebenroth/Boujong/Joost/Strohn/*Hillmann* Rn 14 f; Röhricht/v. Westphalen/*v. Gerkan*/*Haas* Rn 7; im Ergebnis auch MünchKommHGB/*K. Schmidt* Rn 17, der darin allerdings einen Anwendungsfall der Lehre vom Missbrauch der Vertretungsmacht sieht (dazu noch im Text); **aA** *Lindacher* JR 1973, 377.

zumindest hätte erkennen können.[74] So wie in den Fällen eines Erwerbs vom Nichtberechtigten für das Eingreifen der §§ 892 f, 932 ff BGB generell kein Raum ist, wenn es an einem Verkehrsgeschäft fehlt,[75] mag der Erwerber auch gutgläubig sein, so bewendet es für das Verhältnis der Gesellschaft zu ihren Gesellschaftern bei dem allgemeinen Grundsatz des § 714 BGB, wonach sich der Umfang der Vertretungsmacht im Zweifel nach dem Umfang der Geschäftsführungsbefugnis richtet. Anderes gilt allerdings für die Vertretung in Gerichts- und Verwaltungsverfahren; vorbehaltlich der Fälle arglistigen Verhaltens bewendet es insoweit auch im Verhältnis der Gesellschafter untereinander bei dem Grundsatz der unbeschränkten und unbeschränkbaren Vertretungsmacht.[76]

29 Im Verhältnis zu den Gesellschaftern wird die organschaftliche Vertretungsbefugnis nach dem in Rn 28 Gesagten zunächst durch entsprechende **gesellschaftsvertragliche Beschränkungen** begrenzt. In Betracht kommt insbesondere eine Bestimmung des Inhalts, dass ab einem bestimmten Geschäftsvolumen die übrigen Gesellschafter hinzuziehen sind. Aber auch das gesellschaftsvertraglich vorgesehene Erfordernis eines im Einzelfall zu fassenden Gesellschafterbeschlusses begrenzt die Geschäftsführungsmacht und mit ihr die Vertretungsbefugnis.[77] Wird ein entsprechender Beschluss zwar gefasst, ist dieser aber unwirksam, so handelt der organschaftliche Vertreter ohne Vertretungsmacht;[78] vorbehaltlich der Erteilung einer Genehmigung durch die Gesellschaft, der die Neuvornahme des Beschlusses vorauszugehen hätte, haftet der Vertreter gem. § 179 BGB. Des Weiteren muss sich jeder Gesellschafter die bei Fehlen entsprechender gesellschaftsvertraglicher Vereinbarungen eingreifenden **gesetzlichen Beschränkungen** der Geschäftsführungsmacht gem. §§ 115 f entgegenhalten lassen. Die Vertretungsmacht fehlt deshalb bei Vornahme eines außergewöhnlichen Geschäfts i.S.v. § 116 Abs. 2 und 3, ferner in den Fällen des § 115, d.h. bei Übergehen eines Widerspruchs gem. § 115 Abs. 1 sowie bei fehlender Mitwirkung eines Gesamtgeschäftsführers gem. § 115 Abs. 2.

30 Von der teleologischen Reduktion des Abs. 2 betroffen sind zunächst sämtliche Gesellschafter. Ihnen gleich stehen der **atypische stille Gesellschafter** (Rn 15) sowie diejenigen, die als **Nießbraucher, Pfandgläubiger** oder durch **offene Treuhand** bzw. **offene Unterbeteiligung** in das mitgliedschaftliche Rechtsverhältnis einbezogen sind.[79] Des Weiteren müssen sich die von der Gesellschaft oder von einem Gesellschafter beherrschten **Tochtergesellschaften** Beschränkungen der Vertretungsmacht entgegenhalten lassen, und zwar auch dann, wenn an ihnen noch Minderheitsgesellschafter beteiligt sind[80]. Anderes gilt dagegen für die Minderheitsgesellschafter dieser Tochtergesellschaften, ferner für aus der OHG **ausgeschiedene Gesellschafter** und Gesellschafter-Erben; vorbehaltlich eines Missbrauchs der Vertretungsmacht (Rn 23 ff) kommt ihnen die Vorschrift des § 126 Abs. 2 zugute.[81]

---

[74] Heymann/*Emmerich* Rn 19; Baumbach/*Hopt* Rn 6; wohl auch BGHZ 38, 26 (33 f) = NJW 1962, 2344; **aA** *H. Westermann* FS Meier-Hayoz S. 445 (455); *Westermann* Rn I 307; *A. Hueck* OHG § 20 III 2d; unentschieden Straube/*Koppensteiner* Rn 12.

[75] BGH WM 1999, 746 (748); BGH ZIP 2007, 1952 (1953); *Medicus* Bürgerliches Recht[21] Rn 548 f.

[76] Vgl. die Nachw. in Fn 57, ferner *Beise* GmbHR 1987, 259.

[77] Vgl. BGH WM 1973, 637.

[78] BGH WM 1973, 637.

[79] Dazu § 105 Rn 102 ff; *Ulmer* FS Odersky (1996) S. 873 ff; speziell im Zusammenhang mit § 126 Ebenroth/Boujong/Joost/Strohn/*Hillmann* Rn 18.

[80] Vgl. für die von einem Gesellschafter beherrschte Tochtergesellschaft BGH WM 1979, 71 (72); für 100 %-ige Tochtergesellschaften der Gesellschaft *H. Westermann* FS Meier-Hayoz S. 445 (455 ff); Heymann/*Emmerich* Rn 21; Baumbach/*Hopt* Rn 7.

[81] BGH NJW 1974, 1555; Heymann/*Emmerich* Rn 21; Baumbach/*Hopt* Rn 7.

§ 127

Die Vertretungsmacht kann einem Gesellschafter auf Antrag der übrigen Gesellschafter durch gerichtliche Entscheidung entzogen werden, wenn ein wichtiger Grund vorliegt; ein solcher Grund ist insbesondere grobe Pflichtverletzung oder Unfähigkeit zur ordnungsgemäßen Vertretung der Gesellschaft.

Schrifttum

Baums Der Geschäftsleitervertrag (1987); *Bork* Die Parteirollen im Streit um die Zugehörigkeit zu einer Personenhandelsgesellschaft, ZGR 1991, 125; *Erman* Eilmaßnahmen aus §§ 117, 127 HGB und Schiedsvertrag, FS Möhring (1965) S. 3; *R. Fischer* Die Entziehung der Geschäftsführungs- und Vertretungsbefugnis in der OHG, NJW 1959, 1057; *Harrer* Gesellschafterklagen im Recht der Personenhandelsgesellschaften, GesRZ 2003, 307; *ders.* Die Krise des liberalen Vertragsdenkens im Gesellschaftsrecht, FS Kramer (2004) S. 931; *Hopt* Zur Abberufung des GmbH-Geschäftsführers bei der GmbH & Co., ZGR 1979, 1; *Jabornegg* Zur Dogmatik der Mitwikungspflicht bei Klagen nach §§ 117, 127, 140 HGB, FS Koppensteiner (2001) S. 105; *Lindacher* Die Klage auf Ausschließung eines OHG- bzw. KG-Gesellschafters, FS Paulick (1973) S. 73; *ders.* Schiedsgerichtliche Kompetenz zur vorläufigen Entziehung der Geschäftsführungs- und Vertretungsbefugnis bei Personengesellschaften, ZGR 1979, 201; *Lukes* Teilentzug der Geschäftsführungs- und Vertretungsbefugnisse bei der OHG durch Urteil, JR 1960, 41; *Merle* Die Verbindung von Zustimmungs- und Ausschlußklagen bei den Personenhandelsgesellschaften, ZGR 1979, 67; *Pabst* Prozessuale Probleme bei Rechtsstreitigkeiten wegen Entziehung von Geschäftsführungs- bzw. Vertretungsbefugnis sowie Ausschließung eines Gesellschafters, BB 1978, 892; *Reichert/Winter* Die „Abberufung" und Ausschließung des geschäftsführenden Gesellschafters der Publikums-Personengesellschaft, BB 1988, 981; *H. Roth* Zweiparteiensystem und mehrseitige Gestaltungsklagen im Personengesellschaftsrecht, FS Großfeld (1999) S. 915; *K. Schmidt* Mehrseitige Gestaltungsprozesse bei Personengesellschaften (1992); *ders.* „Kündigung der Geschäftsführung und Vertretung" durch den Personengesellschafter, DB 1988, 2241; *ders.* Die sogenannte Zustimmungsklage bei Ausschließungs- und Entziehungsprozessen (§§ 140, 117, 127 HGB): eine Fehlkonstruktion, JBl. 1993, 165; *ders.* Mehrparteienprozess, Streitverkündung und Nebenintervention bei Gestaltungsprozessen im Gesellschaftsrecht, FS Beys, Athen (2003) S. 1485; *ders.* Ausschließungs- und Entziehungsklagen gegen den einzigen Komplementär, ZGR 2004, 227; *Schürnbrand* Organschaft im Recht der privaten Verbände, 2007; *O. Schütz* Sachlegitimation und richtige Prozeßpartei bei innergesellschaftlichen Streitigkeiten in der Personengesellschaft (1994); *M. Schwab* Das Prozessrecht gesellschaftsinterner Streitigkeiten 2005; *Ulmer* Gestaltungsklagen im Personengesellschaftsrecht und notwendige Streitgenossenschaft, FS Geßler (1971) S. 269; *Weber* Wider den Verlust des Bestellungsrechts bei Nichteinigung der Mehrparteiengegenseite auf einen Schiedsrichter, FS Schlosser (2005) S. 1063; *Westermann/Pöllath* Abberufung und Ausschließung von Gesellschaftern/Geschäftsführern in Personengesellschaften und GmbH[4] (1988).

Übersicht

I. Einführung

1 **1. Inhalt und Zweck der Vorschrift.** Die organschaftliche Vertretungsbefugnis des Gesellschafters beruht auf dem Gesellschaftsvertrag und ist mitgliedschaftlicher Natur (§ 125 Rn 5). Zum nachträglichen Ausschluss eines Gesellschafters von der Vertretung der Gesellschaft bedarf es deshalb grundsätzlich einer entsprechenden **Änderung des Gesellschaftsvertrags** und damit der Mitwirkung des betroffenen Gesellschafters (Rn 6). Dies gilt an sich auch für den Fall, dass der Gesellschaftsvertrag eine Mehrheitsklausel enthält (s. aber auch Rn 21); da die Entziehung der Vertretungsmacht einen Eingriff in die Mitgliedschaft darstellt, bedarf die Vertragsänderung auch bei Vorliegen der erforderlichen Mehrheit der Zustimmung des betroffenen Gesellschafters.[1] Abweichend von diesen Grundsätzen ermöglicht § 127 bei Vorliegen eines **wichtigen Grundes** die **einseitige Entziehung der Vertretungsmacht** durch Klage der anderen Gesellschafter. Im Hinblick auf die materiell-rechtlichen Voraussetzungen und Rechtsfolgen der Entziehungsklage handelt es sich bei dieser um eine **Gestaltungsklage** (Rn 16 ff, 24). Da die übrigen Gesellschafter andernfalls, schon um die persönliche Haftung für die durch den vertretungsberechtigten Gesellschafter begründeten Verbindlichkeiten der Gesellschaft zu vermeiden, die Gesellschaft auflösen oder den vertretungsberechtigten Gesellschafter ausschließen müssten, versteht sich die Vorschrift als Ausprägung des Grundsatzes der Verhältnismäßigkeit.

2 **2. Anwendungsbereich.** Die Vorschrift gilt gem. § 161 Abs. 2 auch für die **KG**, soweit die organschaftliche Vertretungsmacht eines Komplementärs entzogen werden soll (s. noch Rn 8). Ist dagegen einem Kommanditisten Vertretungsmacht eingeräumt, so handelt es sich bei dieser gem. § 170 zwangsläufig um eine Vollmacht (dazu § 125 Rn 13 ff); deren Erlöschen bestimmt sich ebenso wie das Erlöschen der einem Komplementär bzw. OHG-Gesellschafter eingeräumten Vollmacht nach den allg. Vorschriften der §§ 168 ff BGB, § 52 HGB (Rn 6). Im Fall einer GmbH & Co. KG richtet sich das Entziehungsverfahren gegen die **Komplementär-GmbH.**[2] Die Abberufung des GmbH-Geschäftsführers beurteilt sich dagegen ausschließlich nach GmbH-Recht. Ein wichtiger Grund i.S.v. § 127 rechtfertigt freilich auch in den Fällen des § 38 Abs. 2 GmbHG zugleich die Abberufung des GmbH-Geschäftsführers, so wie umgekehrt das Vorliegen eines wichtigen Grundes in der Person des GmbH-Geschäftsführers zur Entziehung der Vertretungsmacht der Komplementär-GmbH gem. § 127 berechtigt.[3] Nach § 7 Abs. 3 PartGG, § 1 EWIV-Ausführungsgesetz findet § 127 auch auf die **Partnerschaftsgesellschaft** und die **EWIV** Anwendung. Auf die GbR ist § 127 hingegen unanwendbar; bei ihr erfolgt die Entziehung der Vertretungsbefugnis nach Maßgabe des § 715.

---

[1] Dazu sowie zur Möglichkeit der antizipierten Zustimmung § 109 Rn 35 ff (*Schäfer*); MünchKommBGB[5]/*Ulmer*/*Schäfer* § 709 Rn 91 ff.

[2] MünchKommHGB/*K. Schmidt* Rn 2; *Baums* S. 326 ff; *Schürnbrand* S. 189 ff; **aA** *Hopt* ZGR 1979, 1 ff.

[3] Vgl. BGH WM 1983, 750.

3. Entziehung der Geschäftsführungsbefugnis. Die Entziehung der Geschäftsführungs- 3
befugnis ist in § 117 geregelt. Ist einem Gesellschafter neben der Geschäftsführung auch die organschaftliche Vertretung der Gesellschaft übertragen, so können die Entziehungsklagen im Wege der **objektiven Klaghäufung** i.S.v. § 260 ZPO miteinander verbunden werden. Wenn auch eine Verbindung beider Klagen nicht erforderlich ist, gegen einen zur Geschäftsführung berechtigten organschaftlichen Vertreter also auch auf Entziehung nur einer der beiden Befugnisse geklagt werden kann, so wird doch häufig in dem auf „Entziehung der Geschäftsführungsbefugnis" gerichteten Antrag zugleich der Antrag auf Entziehung der Vertretungsbefugnis enthalten sein. Das Gericht hat in diesem Fall, aber auch in dem umgekehrten Fall, dass allein auf Entziehung der Vertretungsbefugnis geklagt ist, gem. § 139 ZPO auf Klarstellung der Anträge hinzuwirken. Einen auf „Entziehung der Geschäftsführungsbefugnis" lautenden Antrag darf es dahin gehend auslegen, dass zugleich die Vertretungsbefugnis entzogen werden soll.[4] Die Entscheidung über die beiden Anträge kann unterschiedlich ausfallen.

4. Dispositivität. Die Vorschrift des § 127 ist ebenso wie diejenige des § 117 weit- 4
gehend dispositiv. Dies gilt zunächst hinsichtlich der **Voraussetzungen** der Entziehung der Vertretungsmacht. Sie können im Gesellschaftsvertrag jedenfalls erleichtert werden (Rn 14); nach hM kann die Entziehung aber auch erschwert oder gänzlich ausgeschlossen werden (Rn 15). Darüber hinaus kann der Gesellschaftsvertrag ein von § 127 abweichendes **Verfahren** vorsehen, insbesondere die Entziehung durch Beschluss der Gesellschafter und damit unabhängig von einem Gestaltungsurteil zulassen; dem betroffenen Gesellschafter obliegt es dann, die Rechtmäßigkeit des Beschlusses im Wege der Feststellungsklage klären zu lassen (Rn 21). Besonderheiten gelten schließlich für Publikumsgesellschaften (Rn 22, 25).

5. Sonstige Erlöschensgründe? Der vertretungsberechtigte Gesellschafter kann seine 5
Vertretungsbefugnis auch bei Vorliegen eines wichtigen Grunds **nicht einseitig durch Kündigung** bzw. „Niederlegung" derselben zum Erlöschen bringen.[5] Soweit hingegen die analoge Anwendung des § 712 Abs. 2 BGB befürwortet wird,[6] steht dem entgegen, dass diese Vorschrift die Kündigung der Pflicht zur Geschäftsführung[7] zum Gegenstand hat und auch im Recht der GbR nicht auf die Vertretungsbefugnis erstreckt werden kann;[8] sowohl bei der GbR als auch bei der OHG erklärt sich dies daraus, dass die Vertretungsbefugnis (im Unterschied zur Geschäftsführungsbefugnis) keine dem Gesellschafter unzumutbaren Tätigkeitspflichten begründet.[9] Eine andere Frage ist es demgegenüber, ob die –

---

4 BGHZ 51, 198 (199) = NJW 1969, 507; MünchKommHGB/*K. Schmidt* Rn 4; Heymann/*Emmerich* Rn 5; Baumbach/*Hopt* Rn 8.

5 Heute wohl hM, s. MünchKommHGB/*K. Schmidt* Rn 6, § 125 Rn 23 ff; *K. Schmidt* DB 1988, 2241 ff; Röhricht/v. Westphalen/*v. Gerkan/Haas* Rn 7, Baumbach/*Hopt* Rn 4; wohl auch Ebenroth/Boujong/Joost/Strohn/*Hillmann* Rn 10; Nachw. zur Gegenansicht s. in Fn 6.

6 So 3. Aufl. Anm. 24 (*R. Fischer*); Heymann/*Emmerich* Rn 10 f; *Westermann* Rn I 349 ff; Koller/Roth/Morck/*Koller* Rn 4, § 125 Rn 6; *A. Hueck* OHG § 20 IV 5.

7 Und damit auch der Geschäftsführungsbefugnis, s. MünchKommBGB⁵/*Ulmer/Schäfer* § 712 Rn 29; insoweit **aA** *K. Schmidt* DB 1988, 2241 (2243).

8 Vgl. MünchKommBGB⁵/*Ulmer/Schäfer* § 715 Rn 6 mwN.

9 Zutr. MünchKommBGB⁵/*Ulmer/Schäfer* § 715 Rn 6; s. dazu auch *K. Schmidt* DB 1988, 2241 (2242 f); **aA** 3. Aufl. Anm. 24 (*R. Fischer*), wo entscheidend auf die dem Gesellschafter lästige Vertretung der Gesellschaft bei Passivprozessen abgestellt wird.

auch im Recht der OHG gem. § 105 Abs. 2 i.V.m. § 712 Abs. 2 BGB zulässige – **Kündigung der Geschäftsführungspflicht** zugleich das Erlöschen der Vertretungsbefugnis zur Folge hat. Insoweit kommt es auf den (mutmaßlichen) Willen der Gesellschafter an. Geht dieser, wie im Regelfall, dahin, dass Geschäftsführungs- und Vertretungsbefugnis nur nebeneinander bestehen sollen, so erlischt mit der Kündigung der Geschäftsführungsbefugnis zugleich die Vertretungsbefugnis.[10] Ist nach allem eine isolierte Kündigung der Vertretungsbefugnis durch den Gesellschafter unstatthaft, so bleibt es den Gesellschaftern allerdings unbenommen, die Vertretungsbefugnis einvernehmlich, d.h. im Wege der ausdrücklichen oder stillschweigenden **Änderung des Gesellschaftsvertrags** aufzuheben. Eine solche kann auch in der allseitigen Anmeldung nach § 106 Abs. 2 Nr. 4 zu erblicken sein, selbst wenn der vom vormals vertretungsberechtigten Gesellschafter behauptete wichtige Grund in Wahrheit nicht vorlag.[11]

II. Gegenstand der Entziehung

6 **1. Organschaftliche Vertretungsbefugnis des Gesellschafters.** Nach § 127 kann dem Gesellschafter einer werbenden[12] OHG die organschaftliche Vertretungsbefugnis entzogen werden. Davon betroffen ist sowohl die gesetzliche Vertretungsbefugnis gem. § 125 Abs. 1 (Rn 7 f) als auch die durch Gesellschaftsvertrag modifizierte Vertretungsbefugnis, darunter insbes. die Gesamtvertretungsmacht (Rn 9). Von § 127 nicht erfasst ist zum einen die **Ermächtigung i.S.v. § 125 Abs. 2 S. 2;** sie kann jederzeit ohne Zustimmung des Ermächtigten und unabhängig vom Vorliegen eines wichtigen Grundes widerrufen werden (§ 125 Rn 53), so dass es der Erhebung einer Entziehungsklage nicht bedarf.[13] Zum anderen findet § 127 keine Anwendung auf die einem von der organschaftlichen Vertretungsbefugnis ausgeschlossenen Gesellschafter erteilte **Vollmacht.**[14] Diese erlischt auch dann nach allgemeinen Regeln, also insbesondere durch Widerruf gem. §§ 168 BGB, 52 HGB seitens der Gesellschaft (§ 125 Rn 14), wenn sie gesellschaftsvertraglich begründet ist. Sieht der Gesellschaftsvertrag ein Sonderrecht auf Erteilung einer Vollmacht vor, so ist zwar im Zweifel davon auszugehen, dass ein Widerruf nur bei Vorliegen eines wichtigen Grunds in Betracht kommt (§ 125 Rn 14); auch in diesem Fall erfolgt der Widerruf jedoch nach Maßgabe des § 168 BGB und damit durch entsprechende Erklärung der Gesellschaft, ohne dass es der Erhebung einer Gestaltungsklage i.S.v. § 127 bedarf.

---

10 Ähnlich MünchKommHGB/*K. Schmidt* § 125 Rn 23; *K. Schmidt* DB 1988, 2241 (2243): Fortfall der Geschäftsführungs- und Vertretungsbefugnis als Folge der endgültigen Nichterfüllung und Aufkündigung der – von der Geschäftsführungsbefugnis zu unterscheidenden – Tätigkeitspflicht des Gesellschafters (s. dazu bereits Fn 7); s. ferner die wN in Fn 5.

11 Weitergehend *K. Schmidt* DB 1988, 2241 (2244), der auch eine Beendigung durch – von einer Änderung des Gesellschaftsvertrags zu unterscheidende – „schlichte Einigung" zulassen will.

12 Mit Auflösung der Gesellschaft treten die §§ 147, 146 Abs. 2 an die Stelle des § 127, s. OGH SZ 44 (1971) Nr. 129, S. 471 (474); 46 (1973) Nr. 129, S. 590 (592); Heymann/*Emmerich* Rn 2.

13 Ganz hM, s. MünchKommHGB/*K. Schmidt* Rn 5; Heymann/*Emmerich* Rn 3; Baumbach/*Hopt* Rn 5; **aA** wohl Koller/Roth/Morck/*Koller* Rn 1.

14 Einh. M., s. nur MünchKommHGB/*K. Schmidt* Rn 5.

2. Einzelvertretungsbefugnis

a) **OHG.** Von § 127 erfasst ist zunächst die Entziehung der Einzelvertretungsbefugnis des OHG-Gesellschafters i.S.v. § 125 Abs. 1 S. 1, sei es, dass diese sich auf sämtliche Niederlassungen bezieht oder gem. § 126 Abs. 3 auf den Betrieb einer von mehreren Niederlassungen beschränkt ist. Nach heute ganz hM[15] ist die Entziehung auch für den Fall statthaft, dass nur **ein vertretungsberechtigter Gesellschafter** vorhanden ist. In diesem Fall hat nämlich die Entziehung der Einzelvertretungsmacht den Eintritt der Gesamtvertretungsmacht aller Gesellschafter (einschließlich des von der Entziehung betroffenen Gesellschafters) zur Folge, so dass dem Grundsatz der Selbstorganschaft (§ 125 Rn 5 ff) Rechnung getragen wird.[16] Durch einstweilige Verfügung (Rn 19 f) kann die Vertretung der Gesellschaft bis zur Rechtskraft des Gestaltungsurteils auch einem Nichtgesellschafter übertragen werden.[17] 7

b) **KG.** Was die Entziehung der organschaftlichen Vertretungsbefugnis des Komplementärs betrifft, so verneint die ganz hM deren Zulässigkeit für den Fall, dass die KG nur über einen **einzigen Komplementär** verfügt.[18] Vor dem Hintergrund der zwingenden Geltung des § 170 und mit Blick auf den Grundsatz der Selbstorganschaft (§ 125 Rn 5 ff) ist dies zwar konsequent; doch werden dadurch die Kommanditisten auf die Auflösungs- oder Ausschließungsklagen der §§ 133, 140[19] oder auf die Geltendmachung von Ansprüchen auf Änderung des Gesellschaftsvertrags (§ 105 Rn 239 ff) verwiesen. Die besseren Gründe sprechen deshalb dafür,[20] die Entziehung der Vertretungsmacht des einzigen Komplementärs zwar zuzulassen, sie aber mit der Rechtsfolge zu versehen, dass die Gesellschaft – wie bei Ausschließung des einzigen Komplementärs – aufgelöst ist und gem. § 146 von sämtlichen Kommanditisten[21] vertreten wird; die Gesellschafter haben es dann in der Hand, im Zusammenhang mit der Vornahme eines Fortsetzungsbeschlusses (§ 131 Rn 60 ff) die Beteiligungs- und Vertretungsverhältnisse neu zu ordnen. 8

---

[15] S. bereits § 125 Rn 11, 43; ferner etwa BGHZ 33, 105 (108) = NJW 1960, 1997; BGHZ 51, 198 (200) = NJW 1969, 507; *A. Hueck* OHG § 20 IV 3; MünchKommHGB/*K. Schmidt* Rn 7; Ebenroth/Boujong/Joost/Strohn/*Hillmann* Rn 7; Röhricht/v. Westphalen/*v. Gerkan/Haas* Rn 2; Heymann/*Emmerich* Rn 4; Baumbach/*Hopt* Rn 2; s. ferner bereits 3. Aufl. Anm. 4 (*R. Fischer*) mwN zum älteren Schrifttum; **aA** für die zweigliedrige Gesellschaft Straube/*Koppensteiner* Rn 7 f.

[16] Vgl. die Nachw. in Fn 15.

[17] S. für den Ausschließungsprozess BGHZ 33, 105 (108 ff) = NJW 1960, 1997; zust. auch für die Klage gem. § 127 3. Aufl. Anm. 32 *(R. Fischer); A. Hueck* OHG § 20 IV 3; *Wiedemann* Übertragung S. 375 f; MünchKommHGB/*K. Schmidt* Rn 29; Ebenroth/Boujong/Joost/Strohn/*Hillmann* Rn 13; Heymann/*Emmerich* Rn 7; *Westermann* Rn I 344; **aA** *Buchwald* DB 1957, 109 f; *ders.* BB 1961, 1343; zweifelnd noch *R. Fischer* LM § 140 Nr. 8–10.

[18] BGHZ 41, 367 (369) = NJW 1964, 1624; BGHZ 51, 198 (200) = NJW 1969, 507 = JZ 1969, 470 mit krit. Anm. *Wiedemann*; BGH NJW 1998, 1225 (1226) = DStR 1998, 89 mit Anm. *Goette*; BGH ZIP 2002, 396 (397); Ebenroth/Boujong/Joost/Strohn/*Hillmann* Rn 7; Röhricht/v. Westphalen/*v. Gerkan/Haas* Rn 2; Baumbach/*Hopt* Rn 3; **aA** *Westermann* Rn I 344 ff; MünchKommHGB/*K. Schmidt* Rn 7; *ders.* ZGR 2004, 227 (231 ff); Heymann/*Emmerich* Rn 4a; Koller/Roth/Morck/*Koller* Rn 3; Straube/*Koppensteiner* Rn 8; *Wiedemann* aaO; *Reiff* NJW 1964, 1940; für die Publikumsgesellschaft (Rn 22) auch *Reichert/Winter* BB 1988, 981 (989).

[19] Auch im Falle des § 140 mit der Folge der Auflösung der Gesellschaft, s. BGHZ 6, 113 (116) = NJW 1952, 875; BGHZ 51, 198 (200) = NJW 1969, 507.

[20] Vgl. die in Fn 18 angeführten Gegenstimmen.

[21] So zu Recht MünchKommHGB/*K. Schmidt* Rn 7; *ders.* ZGR 2004, 227 (233 ff); ungenau – für Vertretung durch sämtliche Gesellschafter – noch Voraufl. Rn 8; Schlegelberger/*K. Schmidt* Rn 3.

3. Gesamtvertretungsmacht

9 **a) Gesamtvertretung durch mehrere Gesellschafter.** Bei Gesamtvertretung i.S.v. § 125 Abs. 2 (§ 125 Rn 38 ff) richtet sich die Entziehung gegen den Gesellschafter, in dessen Person ein wichtiger Grund gegeben ist (dazu noch Rn 18). Der Entziehungsklage kann die Zulässigkeit nicht unter Hinweis darauf abgesprochen werden, dass der andere Gesamtvertreter seine Mitwirkung bei der Vertretung der Gesellschaft durch den von der Entziehung betroffenen Gesellschafter verweigern und dadurch dessen Vertretungsmacht blockieren könne. Das Rechtsschutzbedürfnis einer entsprechenden Klage folgt vielmehr schon aus der Befugnis zur Passivvertretung gem. § 125 Abs. 2 S. 3, aber auch daraus, dass auch der andere gesamtvertretungsberechtigte Gesellschafter auf die Mitwirkung des von der Entziehung betroffenen Gesellschafters angewiesen ist.[22] Mit wirksamer Entziehung der Vertretungsmacht eines Gesamtvertreters sind im Zweifel sämtliche Gesellschafter (bei einer KG: sämtliche Komplementäre) gesamtvertretungsberechtigt (§ 125 Rn 43). Anders verhält es sich nur für den Fall, dass die Gesellschaft ohnehin nur zwei Gesellschafter (bzw. zwei Komplementäre) hat; dann erlangt der andere Gesellschafter mit Rechtskraft der Entziehungsklage Einzelvertretungsbefugnis.[23]

10 **b) Gemischte Gesamtvertretung.** Bei gemischter Gesamtvertretung i.S.v. § 125 Abs. 3 (§ 125 Rn 56 ff) richtet sich die Entziehung nach § 127 ausschließlich gegen den zur organschaftlichen Vertretung der Gesellschaft berechtigten Gesellschafter; die Prokura unterliegt dagegen dem Widerruf gem. § 52 HGB (Rn 6). Da die Vereinbarung gemischter Gesamtvertretung ohnehin nur unter der Voraussetzung zulässig ist, dass daneben eine Vertretung der Gesellschaft ohne Mitwirkung des Prokuristen möglich bleibt (§ 125 Rn 57), hat der Widerruf der Prokura stets das Erlöschen auch der Gesamtvertretungsbefugnis des Gesellschafters zur Folge. Dies bedeutet aber nicht, dass die übrigen vertretungsberechtigten Gesellschafter die Gesamtvertretungsbefugnis i.S.v. § 125 Abs. 3 ohne weiteres durch Widerruf der Prokura beseitigen können. Vielmehr hat der durch Widerruf der Prokura um seine Vertretungsmacht gebrachte Gesellschafter Anspruch auf Bestellung eines neuen Prokuristen oder, wenn keine geeignete Persönlichkeit zur Verfügung steht, auf Begründung halbseitiger Gesamtvertretung i.S.v. § 125 Abs. 2 S. 1 (§ 125 Rn 39).[24] Auch in den Fällen des § 125 Abs. 3 hat die Entziehung der organschaftlichen Vertretungsmacht maW ausschließlich durch Klage nach § 127 oder durch das statt dessen vorgesehene Beschlussverfahren (Rn 21 f) zu erfolgen.

11 **4. Teilentziehung.** Eine völlige Entziehung der Vertretungsmacht kommt schon mit Rücksicht auf den Grundsatz der Verhältnismäßigkeit (Rn 13) nur für den Fall in Betracht, dass nicht auch mildere Mittel ausreichen, um den für die Mitgesellschafter unzumutbaren Zustand zu beseitigen. In Betracht zu ziehen sind deshalb die Beschränkung der Einzelvertretungsmacht auf eine bloße Gesamtvertretungsbefugnis i.S.v. § 125 Abs. 2 und 3 (s. aber noch Rn 13), die Beschränkung der Vertretungsmacht auf eine Niederlassung gem. § 126 Abs. 3 sowie die zeitlich begrenzte Entziehung der Vertretungsbefugnis;[25] eine gesetzlich nicht vorgesehene Beschränkung der Vertretungsmacht kann da-

---

[22] MünchKommHGB/*K. Schmidt* Rn 3; Ebenroth/Boujong/Joost/Strohn/*Hillmann* Rn 7 f.

[23] Heymann/*Emmerich* Rn 4; s. dazu auch § 125 Rn 11 (43).

[24] Zutr. *A. Hueck* OHG § 20 IV 2 (Fn 70e); weitergehend – Widerruf der Prokura nur aus wichtigem Grund – 3. Aufl. Anm. 2 (*R. Fischer*).

[25] Ganz hM, s. RG JW 1935, 696 f; BGH ZIP 2002, 396 (397); MünchKommHGB/*K. Schmidt* Rn 12 ff; Heymann/*Emmerich* Rn 6a; Baumbach/*Hopt* Rn 7; Ebenroth/

gegen nicht ausgesprochen werden. Da es sich bei völliger Entziehung der Vertretungsbefugnis und Teilentziehung in dem genannten Sinne um unterschiedliche Streitgegenstände handelt und im Übrigen das Gericht nicht befugt ist, gestaltend in den Gesellschaftsvertrag einzugreifen, ist eine Teilentziehung der Vertretungsmacht **nur auf Antrag der Kläger** zulässig.[26] Der Antrag auf völlige Entziehung der Vertretungsmacht und der – vom Kläger zu konkretisierende – Antrag auf Teilentziehung können als Haupt- und Hilfsantrag miteinander verbunden werden. Ist eine Teilentziehung nach dem Grundsatz der Verhältnismäßigkeit (Rn 13) zwar geboten, aber nicht beantragt, so ist die Entziehungsklage als unbegründet abzuweisen.

III. Voraussetzungen der Entziehung

1. **Wichtiger Grund.** Gem. § 127 setzt die Entziehung der Vertretungsmacht das Vorliegen eines wichtigen Grundes voraus. Die Vorschrift entspricht damit derjenigen des § 117 über die Entziehung der Geschäftsführungsbefugnis. Wegen sämtlicher Einzelheiten kann deshalb auf die **Erläuterungen zu § 117** verwiesen werden.[27] Die geltend gemachten Umstände müssen sich gerade auf die Entziehung der Vertretungsmacht beziehen. Was die Entziehung der Geschäftsführungsbefugnis begründet, muss zwar nicht zwangsläufig (Rn 3), wird aber in aller Regel auch die Entziehung der Vertretungsmacht rechtfertigen. Auch für die Publikumsgesellschaft (Rn 22, 25) gilt, dass der bloße Verlust des Vertrauens des vertretungsberechtigten Gesellschafters bei der Mehrheit der Anleger die Entziehung nicht zu rechtfertigen vermag; die Vorschrift des § 84 Abs. 3 AktG findet keine entsprechende Anwendung.[28] 12

Im Rahmen der Interessenabwägung kommt dem **Grundsatz der Verhältnismäßigkeit** hervorragende Bedeutung zu. Die begehrte Rechtsfolge muss danach zunächst *geeignet* sein, den Fortbestand der Gesellschaft zu sichern. Des weiteren darf *kein milderes Mittel* zur Verfügung stehen. In diesem Zusammenhang ist vor allem die Möglichkeit einer **Beschränkung der Vertretungsmacht** (Rn 11) zu erwägen. Freilich darf diese grundsätzlich nicht dazu führen, dass die übrigen Gesellschafter zu einer ihnen nicht zumutbaren Beschränkung ihrer eigenen Befugnisse genötigt werden;[29] dies ist insbesondere bei Rückführung der Einzelvertretungs- auf Gesamtvertretungsmacht zu beachten.[30] Eine 13

Boujong/Joost/Strohn/*Hillmann* Rn 5; Röhricht/v. Westphalen/*v. Gerkan/Haas* Rn 4; *A. Hueck* OHG § 20 IV iVm § 10 VII 8; *Westermann* Rn I 330; zu § 117 s. ferner RGZ 146, 169 (180 f); BGHZ 51, 198 (203) = NJW 1969, 507; BGH NJW 1984, 173 f; **aA** 3. Aufl. Anm. 10 (*R. Fischer*); *R. Fischer* NJW 1959, 1057 (1058 f); grundsätzlich auch *Lukes* JR 1960, 41, 43 ff (zulässig allein Beschränkung der Vertretungsmacht auf eine Niederlassung gem. § 126 Abs. 3).

[26] BGH ZIP 2002, 396 (397); MünchKommHGB/*K. Schmidt* Rn 23; Heymann/*Emmerich* Rn 6a, § 117 Rn 18 f; Baumbach/*Hopt* Rn 7, § 117 Rn 5; *Westermann* Rn I 330; *Pabst* BB 1978, 892 (895 f); *Lukes* JR 1960, 41 (47 f); insoweit auch *R. Fischer* NJW 1959, 1057 (1058); **aA** RG JW 1935, 696 f; *A. Hueck* OHG § 20 IV i.V.m. § 10 VII 8.

[27] § 117 Rn 22 ff (*Schäfer*); s. ferner § 133 Rn 10 ff, 23 ff (*Schäfer*); aus der jüngeren Rechtsprechung s. namentlich BGH ZIP 2002, 396 (397 f); BGH NJW 1998, 146; BGH DStR 1997, 1090; OLG München NZG 1999, 591 (592 ff). – Zum Verhältnis zwischen § 127 und §§ 133 Rn 140 s. § 133 Rn 13 f und § 140 Rn 16 (*Schäfer*).

[28] Näher dazu *Reichert/Winter* BB 1988, 981 (988 f).

[29] Straube/*Koppensteiner* Rn 7.

[30] Für einen Sonderfall (zwei alleinvertretungsbefugte und zerstrittene Komplementäre) s. OLG München NZG 2000, 1173 (1175).

Teilentziehung (Rn 11) setzt aber andererseits nicht voraus, dass der geltend gemachte wichtige Grund auch die völlige Entziehung der Vertretungsmacht rechtfertigt.[31] Der darüber hinaus aus dem allgemeinen Grundsatz der Verhältnismäßigkeit abzuleitenden Voraussetzung der Rechtmäßigkeit eines Eingriffs, nämlich die Verhältnismäßigkeit im engeren Sinne, der zufolge die begehrte Maßnahme *nicht völlig außer Verhältnis* zu dem Anlass stehen darf, kommt dagegen im Rahmen des § 127 keine eigenständige Bedeutung zu; dies deshalb, weil die Beschränkung oder vollständige Entziehung der Vertretungsmacht ohnehin nur unter der Voraussetzung in Betracht kommt, dass der Fortbestand der gegenwärtigen Vertretungsordnung für die übrigen Gesellschafter unzumutbar ist (Rn 1, 12).

14 **2. Abweichende Vereinbarungen.** Im Gesellschaftsvertrag kann die Generalklausel des „wichtigen Grundes" dahin gehend **konkretisiert** werden, dass die im Einzelnen angeführten Tatbestände stets zur Entziehung der Vertretungsmacht gem. § 127 berechtigen sollen (dazu noch Rn 15).[32] Den Gesellschaftern steht es dabei frei, Tatbestände aufzunehmen, die an sich nicht die Unzumutbarkeit des Fortbestands der Vertretungsmacht begründen (Rn 12 f). Sie können also die Entziehung **erleichtern.**[33] Ebenfalls zulässig ist der gänzliche Verzicht auf das Vorliegen eines wichtigen Grundes mit der Folge, dass die Entziehung der Vertretungsmacht im **Ermessen der Gesellschafter** steht.[34] Der Entziehungsbeschluss unterliegt dann allerdings der Ausübungskontrolle (§ 105 Rn 231, 236 ff); eine willkürliche und damit treuwidrige Entziehung ist unwirksam.[35] Mit einer entsprechenden gesellschaftsvertraglichen Bestimmung sollte allerdings die Vereinbarung des Beschlussverfahrens einhergehen (Rn 21). Im Übrigen mag es sich empfehlen, dem von der Entziehung betroffenen Gesellschafter bereits gesellschaftsvertraglich das Recht einzuräumen, seine Mitgliedschaft in eine Kommanditbeteiligung umzuwandeln.[36]

15 Unzulässig sind dagegen der völlige **Ausschluss sowie Erschwerungen** der Entziehung, insbesondere die enumerative, den Rückgriff auf die Generalklausel versperrende Aufzählung der die Entziehung der Vertretungsmacht rechtfertigenden Gründe.[37] Andern-

[31] MünchKommHGB/*K. Schmidt* Rn 17; **aA** noch OLG Köln SJZ 1948, 75 (754); *A. Hueck* SJZ 1948, 756.

[32] Wohl allgM, s. *A. Hueck* OHG § 20 IV i.V.m. § 10 VII 11; MünchKommHGB/*K. Schmidt* Rn 18; *Westermann* Rn I 356.

[33] Im Ergebnis einh. M., s. BGH NJW 1998, 1225 (1226); *A. Hueck* OHG § 20 IV i.V.m. § 10 VII 11b; *Westermann* Rn I 356; MünchKommHGB/*K. Schmidt* Rn 18, der darin freilich nur eine authentische Interpretation und damit keine Abänderung des § 127 erblickt.

[34] BGH NJW 1998, 1225 (1226); *A. Hueck* OHG § 20 IV i.V.m. § 10 VII 11b; MünchKommHGB/*K. Schmidt* Rn 19; Ebenroth/Boujong/Joost/Strohn/*Hillmann* Rn 19; Röhricht/v. Westpahlen/*v. Gerkan/Haas* Rn 11; Heymann/*Emmerich* Rn 9; Baumbach/*Hopt* Rn 12.

[35] So auch MünchKommHGB/*K. Schmidt* Rn 19; Ebenroth/Boujong/Joost/Strohn/*Hillmann* Rn 19; s. ferner bereits *A. Hueck* OHG § 20 IV i.V.m. § 10 VII 11b. – Zum Verhältnis zwischen Inhalts- und Ausübungskontrolle im Zusammenhang mit Hinauskündigungsklauseln s. auch *Habersack/Verse* ZGR 2005, 451, 454 ff (474).

[36] *Schlegelberger/K. Schmidt* Rn 19; s. ferner *Westermann* Rn I 359 (Nähe der Herabstufung zur Ausschließung lege es nahe, angemessene Abfindung als geschuldet anzusehen).

[37] Heute hM, vgl. BGH NJW 1998, 1225 (1226); RG JW 1935, 696; MünchKommHGB/*K. Schmidt* Rn 9; Heymann/*Emmerich* Rn 9; Baumbach/*Hopt* Rn 11; Koller/Roth/Morck/*Koller* Rn 5; großzügiger (Unzulässigkeit nur des gänzlichen Ausschlusses der Entziehung) Ebenroth/Boujong/Joost/Strohn/*Hillmann* Rn 20; Röhricht/v. Westphalen/*v. Gerkan/Haas* Rn 11; **aA** *Harrer* FS Kramer S. 931 (935 ff); 3. Aufl. Anm. 21 i.V.m. § 117 Rn 9 (*R. Fischer*) mwN zum

falls sähen sich die anderen Gesellschafter genötigt, gegen den untreuen oder zur Vertretung unfähigen Gesellschafter im Wege der Ausschließungsklage gem. § 140 vorzugehen oder gar die Gesellschaft aufzulösen; dies aber wäre mit dem auf Sicherung des Bestands der Gesellschaft gerichteten Schutzzweck des § 127 (Rn 1) nicht zu vereinbaren. Von einer unwirksamen Erschwerung der Entziehung der Vertretungsmacht zu unterscheiden ist allerdings die **zulässige Präzisierung** des wichtigen Grundes im Gesellschaftsvertrag (Rn 14). Letztere versperrt zwar nicht generell, wohl aber für Tatbestände im Vorfeld der gesellschaftsvertraglich genannten Gründe einen ergänzenden Rückgriff auf die Generalklausel; berechtigt also beispielsweise der Gesellschaftsvertrag zur Entziehung der Vertretungsmacht bei grob fahrlässiger Pflichtverletzung, so kann bei leichter Fahrlässigkeit nicht auf die Generalklausel des § 127 zurückgegriffen werden.

IV. Verfahren

1. Gestaltungsklage

a) **Kläger.** Was die prozessuale Geltendmachung des Rechts auf Entziehung der Vertretungsbefugnis anlangt, so kann im Wesentlichen auf die Erläuterungen zu §§ 117, 140 verwiesen werden.[38] Auch bei der Klage auf Entziehung der Vertretungsbefugnis handelt es sich um eine Gestaltungsklage (Rn 1);[39] das der Klage stattgebende Urteil ist folglich ein Gestaltungsurteil. Die Klage zielt auf Änderung der gesellschaftsvertraglichen Grundlagen der Gesellschaft und ist somit **von sämtlichen Mitgesellschaftern** (in der KG: einschließlich der Kommanditisten) des Beklagten zu erheben.[40] Ein für einen nicht voll geschäftsfähigen Gesellschafter handelnder gesetzlicher Vertreter bedarf insoweit keiner familien- oder vormundschaftsgerichtlichen Genehmigung.[41] Im Rahmen des Kostenfestsetzungsverfahrens nicht berücksichtigungsfähige Kosten der obsiegenden Kläger sind unter den Voraussetzungen des § 110 von der Gesellschaft zu erstatten.[42] Zu Besonderheiten bei der Publikumsgesellschaft s. Rn 22, 25, zur Fassung des Antrags sowie zur Verbindung mit der Klage auf Entziehung der Geschäftsführungsbefugnis s. Rn 3, zur teilweisen Entziehung bzw. Beschränkung der Vertretungsmacht s. Rn 11. 16

älteren Schrifttum; *R. Fischer* NJW 1959, 1057 (1060); *A. Hueck* OHG § 20 IV i.V.m. § 10 VII 11a; mit Einschränkungen auch *Westermann* Rn I 354 f.

38 Vgl. § 117 Rn 58 ff, § 140 Rn 35 ff (*Schäfer*); s. ferner § 133 Rn 45 ff (*Schäfer*); eingehend zum Ganzen *Ulmer* FS Geßler S. 269 ff; *K. Schmidt* S. 50 ff, 107 ff; *ders.* JBl 1993, 165 ff; *ders.* FS Beys S. 1485 ff; *Schütz* S. 131 ff, 154 ff; *Westermann/Pöllath* S. 23 ff; *H. Roth* FS Großfeld S. 915 ff; zum (inhaltsgleichen) österreichischen Recht *Harrer* GesRZ 2003, 307 ff; *Jabornegg* FS Koppensteiner S. 105 ff.

39 Wohl allgM, s. nur MünchKommHGB/*K. Schmidt* Rn 20; *Ulmer* FS Geßler S. 269.

40 Ganz hM, s. BGHZ 64, 253 (255) = NJW 1975, 1410; 68, 81 (82) = NJW 1977, 1013; BGH NJW 1984, 173 = ZIP 1983, 1066 mit Anm. *Westermann;* BGH NJW 1998, 146 (§§ 133, 140); MünchKommHGB/*K. Schmidt* Rn 20; Heymann/*Emmerich* Rn 6, § 117 Rn 10; Baumbach/*Hopt* Rn 8, § 117 Rn 7; **aA** *Lindacher* FS Paulick S. 73 (76, 78 ff); Schwab S. 196 ff, 243 (dazu bereits § 133 Rn 47 f – *Schäfer*); für die „körperschaftlich strukturierte" OHG und KG (s. dazu Rn 22, 25) *Nitschke* Die körperschaftlich strukturierte Personengesellschaft (1970) S. 314 f.

41 Vgl. BGH WM 1962, 1260 (1261).

42 Vgl. für die Publikumsgesellschaft (Rn 22) *Reichert/Winter* BB 1988, 981 (991 f).

17 Die Gestaltungsbefugnis steht nur allen Mitgesellschaftern gemeinsam zu.[43] Die Kläger sind deshalb **notwendige Streitgenossen** i.S.v. § 62 Abs. 1 ZPO,[44] und zwar sowohl aus materiell-rechtlichen Gründen als auch mit Blick auf das Erfordernis einheitlicher Feststellung (§ 117 Rn 63 f); bei fehlender Mitwirkung eines Gesellschafters ist die Klage als unzulässig abzuweisen.[45] Die bloße Zustimmung eines Gesellschafters zur Prozessführung vermag zwar als solche dessen eigene Prozessbeteiligung nicht zu ersetzen;[46] anzuerkennen ist jedoch auch für die Klagen gem. §§ 117, 127 die Möglichkeit einer **gewillkürten Prozessstandschaft.**[47] Verweigert ein Gesellschafter die Beteiligung an der Entziehungsklage oder die Erteilung einer gewillkürten Prozessstandschaft, so kann er, sofern seine Weigerung als Verletzung der mitgliedschaftlichen Treupflicht (§ 105 Rn 228 ff) anzusehen ist, auf **Mitwirkung** in Anspruch genommen werden.[48] Bei Vorliegen eines wichtigen Grundes i.S.v. § 127 (Rn 12 f) besteht in der Regel eine entsprechende Mitwirkungspflicht. Was die prozessuale Geltendmachung betrifft, so können Zustimmungs- und Mitwirkungsklage im Wege der objektiven Klaghäufung miteinander verbunden werden; über beide kann nach hM gleichzeitig entschieden werden.[49] Beide Klagen sind abzuweisen, wenn es entweder an einem wichtigen Grund (Rn 12 f) fehlt oder die Mitwirkungspflicht gleichwohl verneint wird.[50]

---

[43] Näher dazu sowie zur abweichenden Konzeption *K. Schmidts* (*K. Schmidt* S. 113 ff, *ders.* JBl. 1993, 165 (169 ff); *ders.* FS Beys S. 1485 ff) § 117 Rn 49 f (*Schäfer*); ferner *H. Roth* FS Großfeld S. 915 ff.

[44] BGHZ 30, 195 (197) = NJW 1959, 1683; Ebenroth/Boujong/Joost/Strohn/*Hillmann* Rn 12; Baumbach/*Hopt* § 117 Rn 7; s. ferner § 117 Rn 63 f (*Schäfer*).

[45] Vgl. BGHZ 36, 187 (191 f); s. ferner § 117 Rn 45, § 133 Rn 51 (*Schäfer*).

[46] § 117 Rn 52, § 133 Rn 52 (*Schäfer*); *Ulmer* FS Geßler S. 269 (277 f); MünchKommHGB/*K. Schmidt* Rn 20; *K. Schmidt* S. 79 ff; *ders.* JBl. 1993, 165 (167 f); *Schütz* S. 154 ff; **aA** RGZ 146, 169; 3. Aufl. § 117 Rn 17 (*R. Fischer*); *R. Fischer* NJW 1959, 1057 (1059); Schlegelberger/*Martens* § 117, 24; Heymann/*Emmerich* § 117 Rn 11; wohl auch BGH NJW 1998, 146 mwN (Unterwerfungserklärung).

[47] So auch *Westermann* Rn I 331; *Merle* ZGR 1979, 67 (68 f); *Pabst* 1978, 892; *Schütz* S. 156 f; hinsichtlich der im Wege der Zustimmungsklage (dazu sogleich im Text) erlangten Ermächtigung auch BGHZ 68, 81 (83) = NJW 1977, 1013; 64, 253 (259) = NJW 1975, 1410; allg. zur Zulässigkeit gewillkürter Prozeßstandschaft bei Gestaltungsklagen Thomas/Putzo/*Hüßtege* ZPO § 51 Rn 37; *Berger* Die subjektiven Grenzen der Rechtskraft bei der Prozeßstandschaft (1992) S. 168 ff; **aA** *K. Schmidt* S. 79 ff; *ders.* JBl. 1993, 165 (167); MünchKommHGB/*ders.* Rn 20; *Ulmer* FS Geßler S. 269 (278 f); für das österreichische Recht auch öOGH NZG 2001, 1028 ff mwN.

[48] Vgl. BGHZ 64, 253 (256 ff) = NJW 1975, 1410; 68, 81 (82) = NJW 1977, 1013; 102, 172 (176) = NJW 1988, 969; BGH NJW 1984, 173; BGH DStR 1997, 1090 mit Anm. *Goette*; OGH GesRZ 1992, 203 (204); eingehend dazu und mwN *Westermann* Rn I 333 ff; s. ferner § 117 Rn 53 ff (*Schäfer*); nur im Ergebnis MünchKommHGB/*K. Schmidt* Rn 20, § 140 Rn 62 (einheitliches Gestaltungsverfahren, gerichtet auf Entziehung der Vertretungsmacht, auf dessen Passivseite der von der Entziehung betroffene Gesellschafter und der die Mitwirkung verweigernde Gesellschafter stehen); krit. zur Herleitung der Mitwirkungspflicht aus der Treupflicht auch *Jabornegg* FS Koppensteiner S. 105 (110 ff); *ferner* Harrer GesRZ 2003, 307 ff.

[49] BGHZ 68, 81 (82 ff) = NJW 1977, 1013; BGH NJW 1984, 173; OGH GesRZ 1992, 203 (204); § 117 Rn 55 (*Schäfer*); Heymann/*Emmerich* § 117 Rn 13; *Westermann* Rn I 334; *R. Fischer* NJW 1959, 1057 (1060); *Flume* I/1 § 15 III. Bedenken bei *Ulmer* FS Geßler S. 269 (281 ff); *Merle* ZGR 1979, 67 ff; *Pabst* BB 1978, 892 (893 ff).

[50] Heymann/*Emmerich* § 117 Rn 13; **aA** *K. Schmidt* JBl. 1993, 165, 170 (s. dazu Fn 48).

b) **Beklagter.** Die Entziehungsklage kann von den übrigen Gesellschaftern gegen **mehrere Gesellschafter** gleichzeitig erhoben werden.[51] Dabei kommt es nicht darauf an, dass die geltend gemachten Entziehungsgründe sachlich zusammenhängen oder gar identisch sind.[52] Ist allerdings auch nur bei einem der Beklagten ein Entziehungsgrund zu verneinen, so sind auch die gegen die anderen Beklagten gerichteten Entziehungsklagen abweisungsreif; dann nämlich haben auf Klägerseite nicht alle übrigen Gesellschafter mitgewirkt (Rn 17).[53] Auf der Grundlage der hM, wonach Entziehungs- und Mitwirkungsklage miteinander verbunden werden können und über beide sodann gleichzeitig zu entscheiden ist (Rn 17), besteht allerdings die Möglichkeit, jeden Beklagten für den Fall, dass er keinen Entziehungsgrund gesetzt hat, **hilfsweise auf Zustimmung** zur Entziehung der Vertretungsmacht des anderen Beklagten zu verklagen.[54] Mehrere Beklagte sind einfache Streitgenossen. 18

c) **Vorläufiger Rechtsschutz.** Bis zur rechtskräftigen Entscheidung über die Entziehungsklage[55] kann unter den Voraussetzungen des § 940 ZPO durch einstweilige Verfügung eine vorläufige Regelung der Vertretungsbefugnis des Beklagten getroffen werden.[56] Was den Inhalt der einstweiligen Verfügung betrifft, so kann dem Beklagten zum einen die **Ausübung** der Vertretungsmacht ganz oder teilweise (Rn 11) untersagt werden.[57] In diesem Fall besteht zwar die Vertretungsmacht fort, doch finden die Grundsätze über den Missbrauch derselben (§ 126 Rn 23 ff) Anwendung.[58] Zulässig ist aber auch die **einstweilige Entziehung oder Beschränkung** (Rn 11) der Vertretungsmacht, ggf. in Verbindung mit der Übertragung derselben auf einen anderen Gesellschafter.[59] Bei Vorliegen einer „liquidationsähnlichen Sonderlage" ist ungeachtet des Grundsatzes der Selbstorganschaft (§ 125 Rn 5 ff) auch eine Übertragung der Vertretungsmacht auf einen Dritten möglich (Rn 5; § 125 Rn 8). Schließlich kann einem nur gesamtvertretungsberechtigten Gesellschafter für die Dauer des Rechtsstreits Einzelvertretungsbefugnis eingeräumt werden. In den Fällen einer Entziehung der Vertretungsmacht kommt der einstweiligen Verfügung 19

---

[51] Vgl. zu § 140 RGZ 146, 169 (173); BGHZ 64, 253 (255) = NJW 1975, 1410; zu §§ 117, 127 MünchKommHGB/*K. Schmidt* Rn 21; Heymann/*Emmerich* § 117 Rn 14.

[52] Heute hM, s. neben den in Fn 51 genannten Nachw. zum Schrifttum noch *R. Fischer* NJW 1959, 1057 (1059); *Pabst* BB 1978, 892 (896); **aA** *A. Hueck* OHG § 10 VII 4; *Schlegelberger/Geßler*[4] § 117 Rn 6.

[53] HM, s. zu § 140 BGHZ 64, 253 (255) = NJW 1975, 1410; OLG Düsseldorf NJW 1947, 65 f; zu §§ 117 Rn 127 Heymann/*Emmerich* § 117 Rn 14; *Westermann* Rn I 332; s. dazu aber auch *K. Schmidt* S. 77 ff; MünchKommHGB/*ders.* Rn 21.

[54] *Pabst* BB 1978, 892 (896); *Westermann/Pöllath* S. 34 f.

[55] Ebenso im Fall einer Ausschlussklage gem. § 140.

[56] Näher zum einstweiligen Rechtsschutz bei gesellschaftsrechtlichen Streitigkeiten *Damm* ZHR 154 (1990), 413 (424 ff), *v. Gerkan* ZGR 1985, 167 ff; *Littbarski* Einstweiliger Rechtsschutz im Gesellschaftsrecht, 1996; *Semler* BB 1979, 1533 ff; für vorliegenden Zusammenhang *Westermann* Rn I 339 ff; MünchKommHGB/*K. Schmidt* Rn 26 ff.

[57] MünchKommHGB/*K. Schmidt* Rn 27.

[58] MünchKommHGB/*K. Schmidt* Rn 27; **aA** Heymann/*Emmerich* Rn 7 unter Hinweis auf die – freilich ein dem GmbH-Geschäftsführer für unbestimmte Dauer auferlegtes Ausübungsverbot betreffende – Entscheidung BayObLGZ 1989, 81 (84 ff) = NJW-RR 1989, 934.

[59] BGHZ 33, 105 (107 ff) = NJW 1960, 1997 (Ausschließungsprozess); MünchKommHGB/*K. Schmidt* Rn 28 f; Heymann/*Emmerich* Rn 7; Ebenroth/Boujong/Joost/Strohn/*Hillmann* Rn 13; *A. Hueck* OHG § 20 IV 3; *ders.* JZ 1961, 91; *Westermann* Rn I 339; zurückhaltend gegenüber einer völligen Entziehung der Geschäftsführungsbefugnis *Baur* Studien zum einstweiligen Rechtsschutz (1967) S. 54 f.

mit Eintritt der Rechtskraft gestaltende Wirkung zu (s. auch Rn 20); sie hat m.a.W. das Erlöschen der Vertretungsmacht zur Folge. Das Erlöschen ist von den Gesellschaftern zur Eintragung im Handelsregister anzumelden (Rn 25).[60]

20 Hinsichtlich des Verfahrens gelten die §§ 936 ff, 916 ff ZPO. **Antragsberechtigt** sind die übrigen Gesellschafter gemeinsam (Rn 16). Zwar lässt die hM eine Ausnahme für den Fall gelten, dass einer der Gesellschafter verhindert ist und die Antragsteller glaubhaft machen, dass dieser sich dem Antrag angeschlossen hätte.[61] Dem kann jedoch allenfalls insoweit zugestimmt werden, als der einstweiligen Verfügung keine gestaltende Wirkung zukommt, mit ihr also lediglich ein Verbot der Ausübung der (fortbestehenden) Vertretungsmacht ausgesprochen wird (Rn 19). Die **Vollziehungsfrist** des § 929 Abs. 2 ZPO wird bereits mit Zustellung der einstweiligen Verfügung an den Antragsgegner gewahrt; die Eintragung im Handelsregister (Rn 25) ist dazu nicht erforderlich.[62]

2. Abweichende Vereinbarungen

21 a) **Feststellungsurteil; Beschlussverfahren.** Durch gesellschaftsvertragliche Vereinbarung können die Gesellschafter zunächst bestimmen, dass neben oder an die Stelle des in § 127 vorgesehenen Gestaltungsurteils ein – das Vorliegen eines wichtigen Grundes feststellendes – Feststellungsurteil tritt; auch in diesem Fall bewendet es bei dem Erfordernis allseitiger Mitwirkung (Rn 16 f).[63] Die Gesellschafter können darüber hinausgehend bestimmen, dass die Vertretungsmacht nicht durch Klage gem. § 127, sondern (nur) durch Gesellschafterbeschluss entzogen wird. Da sich außenstehende Dritte die Änderung in den Vertretungsverhältnissen nur nach Maßgabe des § 15 entgegenhalten lassen müssen (Rn 24), unterliegt eine solche Vereinbarung keinen Bedenken unter dem Gesichtspunkt der Rechtssicherheit.[64] Die Vertretungsmacht ist in diesem Fall entzogen, sobald ein wirksamer Beschluss vorliegt und dieser dem Gesellschafter mitgeteilt ist.[65] Die Wirksamkeit des Beschlusses und damit das Erlöschen der Vertretungsmacht sind ggf. im Wege der Feststellungsklage gem. § 256 ZPO klären zu lassen; bei Vorliegen des erforderlichen Feststellungsinteresses ist jeder Gesellschafter, aber auch die Gesellschaft[66]

---

60 **AA** Heymann/*Emmerich* Rn 7 unter Hinweis auf die (anders gelagerte, s. Fn 58) Entscheidung BayObLGZ 1989, 81 (84 ff) = NJW 1989, 934.

61 Schlegelberger/*Martens* § 117 Rn 36; *A. Hueck* OHG § 10 VII 7 (Fn. 98); *Westermann* Rn I 340; **aA** MünchKommHGB/*K. Schmidt* Rn 31 (Mitwirkung aller erforderlich bei gestaltendem Eingriff in Gesellschaftsvertrag; Antragsberechtigung eines jeden Gesellschafters bei bloßem Verbot der Ausübung der Vertretungsmacht).

62 KG Recht 1909 Nr. 950; OLG Dresden Recht 1901 Nr. 1676; MünchKommHGB/*K. Schmidt* Rn 32.

63 Dazu für § 140 BGH NJW 1998, 146; OLG München NZG 1999, 590.

64 Heute wohl einh. M., s. etwa BGH DStR 1997, 1090 mit Anm. *Goette* (betr. § 140; Unbegründetheit der gleichwohl erhobenen Ausschlussklage); MünchKommHGB/*K. Schmidt* Rn 8 Rn 25; Baumbach/*Hopt* Rn 12; **aA** noch *Staub/Pinner*[14] Anm. 6.

65 MünchKommHGB/*K. Schmidt* Rn 25; Ebenroth/Boujong/Joost/Strohn/*Hillmann* Rn 22.

66 Vgl. dazu für die vergleichbare Problematik bei Ausschließung eines Gesellschafters *Bork* ZGR 1991, 125 ff; **aA** BGH WM 1990, 309; WM 1990, 675; BGHZ 91, 132 (133) = NJW 1984, 2104, wonach der Streit um die Zugehörigkeit zur Gesellschaft grundsätzlich nur zwischen den Gesellschaftern ausgetragen werden könne, da die Gesellschaft selbst über das gesellschaftsvertragliche Grundverhältnis nicht disponieren könne; dies ist zwar zutr. (s. Rn 16 f), besagt aber nichts hinsichtlich des ggf. auch in der Person eines Dritten bestehenden Feststellungsinteresses; wie der BGH auch Ebenroth/Boujong/Joost/Strohn/*Hillmann* Rn 21.

klagebefugt. Die Möglichkeit gerichtlicher Nachprüfung kann durch den Gesellschaftsvertrag nicht ausgeschlossen werden.[67] Die Gesellschafter können vorläufigen Rechtsschutz nach Maßgabe der Ausführungen in Rn 19 f in Anspruch nehmen. Was die Frage der **Stimmberechtigung** des betroffenen Gesellschafters betrifft, so ist diese regelmäßig zu verneinen. Bei einer Entziehung der Vertretungsmacht aus wichtigem Grund steht schon das Verbot des Richtens in eigener Sache (§ 119 Rn 37 f) einer Mitwirkung des Betroffenen an dem Beschluss entgegen. Verzichtet der Gesellschaftsvertrag dagegen auf das Vorliegen eines wichtigen Grundes (Rn 14), so unterliegt der betroffene Gesellschafter zwar keinem gesetzlichen Stimmrechtsausschluss; doch wird auch in diesem Fall der Wille der Gesellschafter regelmäßig dahin gehen, lediglich die in § 127 vorgesehenen Voraussetzungen durch andere zu ersetzen, die Gestaltungsbefugnis der übrigen Gesellschafter mithin unberührt zu lassen.

Besonderheiten gelten für die **Publikumsgesellschaft.** Bei ihr kollidiert das in § 127 **22**
vorgesehene Gestaltungsklageverfahren (Rn 16 ff), insbesondere die Notwendigkeit einer Beteiligung sämtlicher Gesellschafter, mit dem Erfordernis eines im Wege der Selbsthilfe zu verwirklichenden Anlegerschutzes (dazu Voraufl. Anh. § 161 Rn 23 mwN). Dem Selbstschutz der Anleger dient im Allgemeinen die – nunmehr freilich auch für die gesetzestypische Personengesellschaft weitgehend vollzogene – Aufgabe des Bestimmtheitsgrundsatzes (§ 119 Rn 34 ff); sie ermöglicht die Änderung des Gesellschaftsvertrags aufgrund einfacher Mehrheitsklausel. Eine Entziehung der Vertretungsbefugnis aus wichtigem Grund durch die Mehrheit der Anleger setzt freilich neben der Existenz einer solchen Mehrheitsklausel die Einführung des Beschlussverfahrens (Rn 21) voraus. Trifft der Gesellschaftsvertrag insoweit keine Regelung oder hält er gar ausdrücklich am Gestaltungsklageverfahren des § 127 sowie am Erfordernis der Einstimmigkeit oder der Zustimmung des vertretungsberechtigten Gesellschafters fest, so stellt dies die Anleger rechtlos. Für die Publikumsgesellschaft ist deshalb auch ohne gesellschaftsvertragliche Grundlage die Entziehung der Vertretungsmacht aus wichtigem Grund durch **einfachen Mehrheitsbeschluss** zuzulassen; eine dem widersprechende Bestimmung des Gesellschaftsvertrags ist unwirksam.[68] Zumindest für die Fälle der Publikums-KG sollte auch die hM die Entziehung der Vertretungsmacht des **einzigen Komplementärs** anerkennen (s. dazu Rn 8).[69] Mit der zwingenden Befugnis zur Entziehung der Vertretungsmacht gehen das nicht abdingbare Recht zur Einberufung der Gesellschafterversammlung analog § 50 GmbHG[70] und die – gleichfalls nicht abdingbare – Befugnis zur Neuregelung der Vertretungsverhältnisse durch einfachen Mehrheitsbeschluss einher.[71] Zu Besonderheiten der Registeranmeldung s. Rn 25.

---

[67] MünchKommHGB/*K. Schmidt* Rn 10; Baumbach/*Hopt* Rn 12; *A. Hueck* OHG § 20 IV i.V.m. § 10 VII 11b.

[68] So für die Publikums-GbR BGHZ 102, 172 (176 ff) = NJW 1988, 969; für OHG und KG bereits *Stimpel* FS R. Fischer (1979) S. 771 (780); *Hüffer* ZGR 1980, 320 (348); für Übertragung der in BGHZ 102, 172 entwickelten Grundsätze auf OHG und KG auch *Reichert/Winter* BB 1988, 981 (984 ff); MünchKommHGB/*K. Schmidt* Rn 36; für Erfordernis einer Änderung des Gesellschaftsvertrags durch Mehrheitsbeschluss noch Voraufl. Anh. § 161 Rn 37, 25 (*Schilling*) mwN.

[69] So auch *Reichert/Winter* BB 1988, 981 (989).

[70] Vgl. zur analogen Anwendung des § 50 Abs. 3 GmbHG BGHZ 102, 172 (175) = NJW 1988, 969; im Übrigen *Reichert/Winter* BB 1988, 981 (985 f).

[71] So bereits Voraufl. Anh. § 161 Rn 37 (*Schilling*); *Stimpel* FS R. Fischer (1979) S. 771 (779); s. ferner *Reichert/Winter* BB 1988, 981 (986 f); tendenziell auch BGH WM 1983, 1407 (Fremdgeschäftsführer einer GbR).

23 b) **Schiedsabrede.** Die Gesellschafter können durch Schiedsabrede i.S.v. §§ 1025 ff ZPO sowohl für das Entziehungsverfahren gem. § 127 (Rn 16 ff) als auch für das Beschlussverfahren (Rn 21 f) die Zuständigkeit eines Schiedsgerichts vereinbaren.[72] Die Entziehung der Vertretungsmacht wird im Fall des Entziehungsverfahrens allerdings erst mit rechtskräftiger **Vollstreckbarerklärung** des Schiedsspruchs gem. § 1060 ZPO bewirkt.[73] Das Schiedsgericht kann nunmehr nach Maßgabe des § 1041 ZPO auch **einstweilige Anordnungen** (Rn 19 f) treffen;[74] die Möglichkeit, gem. § 1033 ZPO einstweilen Rechtsschutz durch das staatliche Gericht zu erlangen, wird hierdurch freilich nicht berührt.[75]

V. Rechtsfolgen

24 1. **Gestaltungswirkung.** Mit Rechtskraft des Urteils (Rn 16 ff), Vornahme eines wirksamen Entziehungsbeschlusses (Rn 21 f) oder Zustellung der einstweiligen Verfügung (Rn 19 f) erlischt die organschaftliche Vertretungsbefugnis des betroffenen Gesellschafters mit Wirkung gegenüber jedermann (zu den Rückwirkungen auf die Vertretungsbefugnis der übrigen Gesellschafter s. bereits Rn 7 ff). Die Eintragung im Handelsregister (Rn 25) hat lediglich deklaratorische Bedeutung; gutgläubige Dritte können sich nach Maßgabe des § 15 Abs. 1 auf den Fortbestand der Vertretungsmacht berufen (§ 125 Rn 31, 67). Von der Gestaltungswirkung zu unterscheiden ist die **Rechtskraft** des Entziehungsurteils; sie wirkt lediglich inter partes.[76]

25 2. **Eintragung.** Die Entziehung der Vertretungsmacht ist nach § 106 Abs. 2 Nr. 4 zur Eintragung in das Handelsregister anzumelden. Zur Anmeldung verpflichtet sind im Fall eines Entziehungsurteils **die übrigen Gesellschafter**, im Fall eines Entziehungsbeschlusses sämtliche Gesellschafter einschließlich des von der Entziehung Betroffenen.[77] Die Eintragung hat nur deklaratorische Wirkung (Rn 24); gutgläubigen Dritten gegenüber wirken Eintragung und Bekanntmachung nur nach Maßgabe des § 15 Abs. 2 und 3. Der Registerrichter darf ein rechtskräftiges Entziehungsurteil nicht auf seine Richtigkeit überprüfen. Bei Unwirksamkeit des Entziehungsbeschlusses hat er dagegen die Eintragung zu verweigern. Das Erfordernis der Anmeldung durch sämtliche Gesellschafter kann nicht abbedungen werden; zulässig ist dagegen die Erteilung einer Registervollmacht (§ 108

---

[72] Einh. M., s. BGH NJW 1996, 1753 (1754); ferner die Nachw. in Fn 73; zu den mit dem Erfordernis der Benennung eines gemeinsamen Schiedsrichters verbundenen Problemen s. BGHZ 132, 278 (287 ff) = NJW 1996, 1753 (betr. Beschlussmängelstreitigkeiten); *Weber* FS Schlosser S. 1063 ff.

[73] RGZ 71, 254 (256); BayObLG WM 1984, 809; MünchKommHGB/*K. Schmidt* Rn 24; Ebenroth/Boujong/Joost/Strohn/*Hillmann* Rn 14; Heymann/*Emmerich* § 117 Rn 17; Baumbach/*Hopt* § 117 Rn 8; **aA** – Entziehung bereits mit Rechtskraft des Schiedsspruchs – *Vollmer* BB 1984, 1774 (1776 ff); *Lindacher* ZGR 1979, 201 (209).

[74] MünchKommHGB/*K. Schmidt* Rn 35; Ebenroth/Boujong/Joost/Strohn/*Hillmann* Rn 14; zuvor bereits *Lindacher* ZGR 1979, 201 (212 ff); **aA** unter Geltung des alten (durch Gesetz v. 22.11.1997, BGBl. I S. 3224 geänderten) Schiedsverfahrensrechts RGZ 31, 370 (374 f); BGH ZZP 71 (1958), 426 (436 f); *Erman* FS Möhring S. 3 (12 ff); *Schwab* FS Baur (1981) S. 627 ff. – Zu gesellschaftsvertraglichen Abhilfen unter Geltung des alten Rechts s. Voraufl. Rn 23.

[75] Ebenroth/Boujong/Joost/Strohn/*Hillmann* Rn 14.

[76] Vgl. zu der im Text angesprochenen Unterscheidung Rosenberg/Schwab/*Gottwald* ZPO § 91 III 2.

[77] MünchKommHGB/*K. Schmidt* Rn 37; Baumbach/*Hopt* Rn 10; näher dazu § 108 Rn 10 f (*Schäfer*).

Rn 12 f). Bei **Publikumsgesellschaften** vermögen selbst gesellschaftsvertraglich eingeräumte Vollmachten[78] nicht zu verhindern, dass die die Entziehung der Vertretungsbefugnis ablehnenden, aber überstimmten Gesellschafter die von ihnen erteilte Vollmacht widerrufen und damit die Eintragung blockieren. In Fällen dieser Art sollte deshalb entsprechend dem in Rn 22 Gesagten auf die Mitwirkung sämtlicher Gesellschafter verzichtet und eine Anmeldung durch die Mehrheit der Gesellschafter (Rn 22) als ausreichend angesehen werden.[79]

§ 128

[1]Die Gesellschafter haften für die Verbindlichkeiten der Gesellschaft den Gläubigern als Gesamtschuldner persönlich. [2]Eine entgegenstehende Vereinbarung ist Dritten gegenüber unwirksam.

Schrifttum

Allg. zur Haftung gem. § 128: *Altmeppen* Haftung der Gesellschafter einer Personengesellschaft für Delikte, NJW 1996, 1017; *ders.* Deliktshaftung in der Personengesellschaft, NJW 2003, 1553; *Bentele* Gesamtschuld und Erlass (2006); *Beuthien* Die Haftung von Personengesellschaftern, DB 1975, 725, 773; *Buchner* Gesellschaftsschuld und Gesellschafterschuld bei der OHG, JZ 1968, 622; *P. Bydlinski* Die Bürgschaft im österreichischen und deutschen Handels-, Gesellschafts- und Wertpapierrecht (1991); *Drygala* Gesellschafterregress im Personengesellschaftskonzern, FS Raiser (2005) S. 63; *Emmerich* Erfüllungstheorie oder Haftungstheorie – Zur Auslegung der §§ 126 und 128 HGB, FS Lukes (1989) S. 639; *Faust* Der Regress gegen Mitgesellschafter bei Personenhandelsgesellschaften, FS K. Schmidt (2009) S. 357; R. *Fischer* Die Haftung des Gesellschafters für Schulden der OHG (1936); *Flume* Gesellschaftsschuld und Haftungsverbindlichkeit des Gesellschafters bei der OHG, FS Knur (1972) S. 125; *ders.* Der Inhalt der Haftungsverbindlichkeit des Gesellschafters nach § 128 HGB, FS Reinhardt (1972) S. 223; *ders.* Schuld und Haftung bei der Gesellschaft des Bürgerlichen Rechts, FS H. Westermann (1974) S. 119; *ders.* Die persönliche Haftung der Gesellschafter einer BGB-Gesellschaft für deliktisches Handeln der geschäftsführenden Gesellschafter, DB 2003, 1774; *Grunewald* Haftungsbeschränkungs- und Kündigungsmöglichkeiten für volljährig gewordene Personengesellschafter, ZIP 1999, 597; *Grunsky* Verfahrensrechtliche Probleme der Haftung des Gesellschafters einer Personengesellschaft für Lohn- und Gehaltsansprüche, FS Henckel, 1995, S. 329; *Habersack* Der Regreß bei akzessorischer Haftung, AcP 198 (1998), 152; *ders.* Das neue Gesetz zur Beschränkung der Haftung Minderjähriger, FamRZ 1999, 1; *Hadding* Inhalt und Verjährung der Haftung eines Gesellschafters einer OHG oder KG, ZGR 1981, 577; *Harrer* Rückerstattungs- und Ausgleichsprobleme im Recht der Personengesellschaften, GesRZ 2008, 266; *Hauer* Rechtsnatur und Schuldinhalt der Haftung des Gesellschafters einer oHG nach § 128 HGB (1966); *Henssler* Die „Limited Liability Partnership" des US-amerikanischen Rechts, FS Wiedemann (2002) S. 907; *Iber* Der Inhalt der Gesellschafterverbindlichkeit, Diss. Heidelberg 1956; *John* Die organisierte Rechtsperson (1977); *Kindler* Der Kommanditist hinter dem Kommanditisten – Zur Treugeberhaftung in der Insolvenz der PublikumsGmbH & Co. KG, FS K. Schmidt (2009) S. 871; *Koller* Aufwendungsersatz und Drittgläubigerforderung bei Personenhandelsgesellschaften, FS Georgiades (2005) S. 671; *Kornblum* Die Haftung der Gesellschafter für Verbindlichkeiten von Personengesellschaften (1972); *ders.* Die Haftung der Gesellschafter für Unterlassungspflichten der OHG und KG,

---

[78] Zur Frage der Zulässigkeit s. § 108 Rn 12 f (*Schäfer*).

[79] Sympathisierend MünchKommHGB/*K. Schmidt* Rn 38; **a**A *Reichert/Winter* BB 1988, 981, 990 f (Eintragung aufgrund Anordnung des Prozessgerichts).

BB 1971, 1434; *Kubis* Der Regreß des Personenhandelsgesellschafters aus materiell-rechtlicher und verfahrensrechtlicher Sicht (1988); *Kühne* Gläubigersicherung und Gesellschafterschutz im Rahmen der §§ 128, 129 HGB, ZHR 133 (1970), 149; *Lehleiter/Hoppe* Der Umfang der akzessorischen Gesellschafterhaftung in Fällen quotaler Haftungsbegrenzung, BKR 2008, 323; *Lindacher* Grundfälle zur Haftung bei Personengesellschaften, JuS 1982, 349; *ders.* Kommanditisten als Sicherungsgeber – Regress nach erfolgter Inanspruchnahme, FS Hadding (2004) S. 529; *Martensen* Der Inhalt der unbeschränkten Haftung von Personenhandelsgesellschaftern (1989); *A. Meyer* Der Grundsatz der unbeschränkten Verbandsmitgliederhaftung (2006); *R. Nagel* Gibt es eine OHG mbH? NZG 2001, 202; *Prediger* Der Gesamtschuldnerausgleich unter den Gesellschaftern einer offenen Handelsgesellschaft während des Bestehens der Gesellschaft, BB 1970, 868; *J. Schmidt* Die Gesellschafterbürgschaft in der Insolvenz der Personenhandelsgesellschaft (2006); *K. Schmidt* Wechselverband und Gesellschafterhaftung bei Personengesellschaften des Handelsrechts, ZHR 137 (1973), 509; *ders.* Die Gesellschafterhaftung bei der GbR als gesetzliches Schuldverhältnis, NJW 2003, 1897; *ders.* Minderjährigen-Haftungsbeschränkung im Unternehmensrecht: Funktioniert das?, JuS 2004, 361; *ders.* § 1629a BGB oder: über den Umgang mit einer rechtstechnisch misslungenen Vorschrift, FS Derleder (2005) S. 601; *Schönewolf* Die persönliche Haftung der Gesellschafter einer oHG und einer GbR für im Rahmen der Geschäftsführung begangene Delikte (1989); *Tröger* Kollektive Einheit, Haftungsverfassung und ökonomische Theorie des Unternehmens, FS Westermann (2008) S. 1533; *Ulmer* Zur Anlegerhaftung in geschlossenen (Alt-)Immobilienfonds, ZIP 2005, 1341; *Walter* Der Gesellschafter als Gläubiger seiner Gesellschaft, JuS 1982, 81; *Wiedemann* Juristische Person und Gesamthand als Sondervermögen, WM 1975, Sonderbeil. 4; *ders.* Rechte und Pflichten des Personengesellschafters, WM 1992, Sonderbeil. 2.

Zu Haftung und Rückgriff des ausgeschiedenen Gesellschafters: *Büscher/Klusmann* Forthaftung und Regreß ausgeschiedener Personengesellschafter, ZIP 1992, 11; *Gamp/Werner* Die Haftung des ausgeschiedenen Gesellschafters einer Personengesellschaft für Darlehen aufgrund von Kreditzusagen, ZHR 147 (1983), 1; *Hadding* Zur Haftung des ausgeschiedenen OHG-Gesellschafters, ZGR 1973, 137; *ders.* Zum Rückgriff des ausgeschiedenen Gesellschafters einer OHG oder KG, FS Stimpel (1985) S. 139; *Honsell/Harrer* Die Haftung des ausgeschiedenen Gesellschafters bei Dauerschuldverhältnissen, ZIP 1986, 341; *Hüffer* Die Haftung des ausgeschiedenen Gesellschafters für betriebliche Ruhegeldverpflichtungen bei Insolvenz der Gesellschaft, BB 1978, 454; *Hunke* Die Haftung des ausgeschiedenen Gesellschafters (1987); *Kollbach* Die Neuregelung der Nachhaftung ausgeschiedener persönlich haftender Gesellschafter, GmbHR 1994, 164; *v. Koppenfels-Spies* Die cessio legis (2006); *Lieb* Zur Begrenzung der sog. Nachhaftung nach Ausscheiden aus der haftungsbegründenden Rechtsposition, ZGR 1985, 124; *ders.* Zum Entwurf eines Nachhaftungsbegrenzungsgesetzes, GmbHR 1992, 561; *Moll/Hottgenroth* Zur Nachhaftung des ausgeschiedenen Gesellschafters einer Personenhandelsgesellschaft für Verbindlichkeiten aus Arbeitsverhältnissen, RdA 1994, 223; *Preuß* Regreßansprüche des ausgeschiedenen Gesellschafters einer Personenhandelsgesellschaft gegen die Gesellschaft, ZHR 160 (1996) 163; *Priester/K. Schmidt* Unbegrenzte Nachhaftung des geschäftsführenden Gesellschafters?; ZIP 1984, 1064; *Reichold* Die Haftung des ausgeschiedenen Gesellschafters für Ruhegeldverbindlichkeiten (1986); *ders.* Das neue Nachhaftungsbegrenzungsgesetz, NJW 1994, 1617; *Römer* Die Auswirkungen des Kontokorrents auf die Haftung ausgeschiedener Personhandelsgesellschafter (1991); *K. Schmidt* Gesellschaftsrechtliche Grundlagen eines Nachhaftungsbegrenzungsgesetzes, DB 1990, 2357; *Seibert* Nachhaftungsbegrenzungsgesetz – Haftungsklarheit für den Mittelstand, DB 1994, 461; *Ulmer* Die zeitliche Begrenzung der Haftung von Gesellschaftern bei Ausscheiden aus einer Personenhandelsgesellschaft sowie bei der Umwandlung in eine Kapitalgesellschaft, BB 1983, 1865; *Ulmer/Wiesner* Die Haftung ausgeschiedener Gesellschafter aus Dauerschuldverhältnissen, ZHR 144 (1980), 393; *Ulmer/Timmann* Die Enthaftung ausgeschiedener Gesellschafter, ZIP 1992, 1; *Warto* Gesellschafterhaftung und Dritthaftung, GesRZ 2008, 147; *Wiesner* Die Enthaftung persönlich haftender Gesellschafter für Ansprüche aus Dauerschuldverhältnissen, ZIP 1983, 1032.

Zur Haftung im Insolvenzverfahren: *E.A. Armbruster* Die Stellung des haftenden Gesellschafters in der Insolvenz der Personenhandelsgesellschaft nach geltendem und künftigem Recht (1996); *Bitter* Richterliche Korrektur der Funktionsuntauglichkeit des § 93 InsO, ZInsO 2002, 557; *J. Blomeyer*

Die Haftung des Gesellschafters im Konkurs der offenen Handelsgesellschaft, BB 1968, 1461; *Bork* Die analoge Anwendung des § 93 InsO auf Parallelsicherheiten, NZI 2002, 362; *Brinkmann* Funktion und Anwendungsbereich des § 93 InsO, ZGR 2003, 264; *Bunke* Zur Anwendbarkeit des § 93 InsO auf konkurrierende Individualhaftungsansprüche gegen persönlich haftende Gesellschafter, KTS 2002, 471; *Eidenmüller* Gesellschafterhaftung und Insolvenzplan, ZGR 2001, 681; *Fuchs* Die persönliche Haftung des Gesellschafters gemäß § 93 InsO, ZIP 2000, 1089; *Gerhardt* Die Haftung des ausgeschiedenen Gesellschafters im Rahmen des § 93 InsO, ZIP 2000, 2181; *Haas/Müller* Zur Reichweite des § 93 InsO, NZI 2002, 366; *Hadding* Zur Gläubigerstellung in der Insolvenz des Bürgen, FS G. Fischer (2008) S. 223; *Heitsch* Probleme bei der Anwendung von § 93 InsO, ZInsO 2003, 692; *Kesseler* Die Durchsetzung persönlicher Gesellschafterhaftung nach § 93 InsO, ZIP 2002, 1974; *ders.* Persönliche Sicherheiten und § 93 InsO, ZInsO 2002, 549; *Klinck* Die Konkurrenz zwischen Gesellschaftsverbindlichkeit und Gesellschafterbürgschaft im Hinblick auf § 93 InsO, NZI 2004, 651; *ders.* Voraussetzung und Folgen eines Prozessvergleichs im Einziehungsprozess nach § 93 InsO, NZI 2008, 349; *H. G. Graf Lambsdorff* Die Einwirkung des Vergleichs zur Abwendung des Konkurses und des Zwangsvergleichs der OHG (KG) auf die persönliche Haftung des Gesellschafters, MDR 1973, 362; *Marotzke* Haften die Gesellschafter einer OHG für die Verfahrenskosten der Gesellschaftsinsolvenz?, ZInsO 2008, 57; *Mohrbutter* Zur Einwirkung des Konkurses der OHG auf die persönliche Haftung des Gesellschafters, NJW 1968, 1125; *H.-F. Müller* Der Verband in der Insolvenz (2002); *K. Müller* Die Einwirkung des Konkurses der OHG auf die persönliche Haftung des Gesellschafters, NJW 1968, 225, 2230; *Oepen* Die Zuständigkeiten des Insolvenzverwalters für Gesamtschadensersatzansprüche und Gesellschafterhaftung – Aktuelles zu §§ 92, 93 InsO, ZInsO 2002, 162; *v. Olshausen* Doppelberücksichtigung, Ausfallprinzip und Gesellschafterhaftung in der Insolvenz, ZIP 2003, 1321; *Pohlmann* Die Verfahrenskostendeckung durch Geltendmachung der persönlichen Gesellschafterhaftung über § 93 InsO, ZInsO 2008, 21; *K. Schmidt* Zur Haftung und Enthaftung der persönlich haftenden Gesellschafter bei Liquidation und Konkurs der Personengesellschaft, ZHR 152 (1988) 105; *ders.* Labyrinthus creditorum – Gesellschaftsrechtliche Haftung im Insolvenzverfahren nach §§ 92, 93 InsO, ZGR 1996, 209; *ders./Bitter* Doppelberücksichtigung, Ausfallprinzip und Gesellschafterhaftung in der Insolvenz, ZIP 2000, 1077; *Theißen* Gesellschafterbürgschaften in der Insolvenz der OHG nach neuem Recht, ZIP 1998, 1625; *Wissmann* Persönliche Mithaft in der Insolvenz, 2. Aufl. (1998); *Wochner* Die Haftung des „aufrechtstehenden" Gesellschafters im Konkurse seiner OHG, BB 1983, 517.

Übersicht

I. Einführung

1 **1. Inhalt und Zweck der Vorschrift.** Die Vorschrift enthält in ihrem S. 1 den das Recht der Personengesellschaften prägenden[1] Grundsatz der **unbeschränkten persönlichen Haftung aller Gesellschafter** für die Verbindlichkeiten der Gesellschaft. S. 2 erklärt eine die

[1] Vgl. BGHZ 142, 315 (319) = NJW 1999, 3483: „Grundsatz des bürgerlichen Rechts und des Handelsrechts, dass derjenige, der als Einzelperson oder in Gemeinschaft mit anderen Geschäfte betreibt, für die daraus entstehenden Verpflichtungen mit seinem gesamten Vermögen haftet, solange sich aus dem Gesetz nichts anderes ergibt oder mit dem Vertragspartner keine Haftungsbeschränkung vereinbart wird"; sodann BGHZ 145, 370 (373) = NJW 2003, 1803: „Die persönliche Haftung aller Gesellschafter … entspricht dem Wesen der Personengesellschaft". Eingehend zu Existenz(berechtigung) und Reichweite des Grundsatzes der unbeschränkten Gesellschafterhaftung *A. Meyer* S. 85 ff, 169 ff, 219 ff; spezifisch ökonomische Rechtfertigung bei *Tröger* FS Westermann S. 1533 (1536 ff); s. aber auch *Henssler* FS Wiedemann S. 907 ff (927 f) mit – rechtsvergleichend abgesicherter – Forderung nach Einführung einer OHG mit beschränkter Haftung entsprechend § 8 Abs. 2 PartGG.

Haftung ausschließende, beschränkende oder modifizierende Vereinbarung Dritten gegenüber für unwirksam; vorbehaltlich einer entsprechenden Vereinbarung mit dem Gläubiger (Rn 16) ist die Haftung mithin auch **unbeschränkbar.** Der Grundsatz der unbeschränkten und unbeschränkbaren Haftung der Gesellschafter für sämtliche Verbindlichkeiten der Gesellschaft unterscheidet die OHG (und mit ihr die GbR, s. Rn 6) von den Kapitalgesellschaften. Sieht man von der persönlichen Haftung des Komplementärs einer KGaA (Rn 3) und **Durchgriffstatbeständen** sowie vergleichbaren Fallgestaltungen ab,[2] so hat der Gesetzgeber den Schutz der Gläubiger einer Kapitalgesellschaft vor allem durch Statuierung eines Mindestkapitals, durch die Vorschriften über die Kapitalaufbringung und -erhaltung und durch in einem Kernbereich nicht abdingbare Sorgfaltspflichten der Organwalter verwirklicht. Den Schutz der Gläubiger einer OHG besorgt dagegen ausschließlich die Vorschrift des § 128. Sie macht die Statuierung eines **Mindestkapitals** sowie flankierende Vorschriften über die Aufbringung und Erhaltung dieses Kapitals nicht nur **entbehrlich** (Anh. § 129, 6, 8), sondern begründet darüber hinaus die besondere Wertschätzung, die die OHG im Wirtschaftsleben genießt. Letztere resultiert auch aus der jedenfalls im Grundsatz zutreffenden Überlegung, dass die Gesellschafter mit Rücksicht auf ihre persönliche Haftung und damit im eigenen Interesse auf eine solide und vorsichtige Geschäftsführung hinwirken werden. Die Vorschrift des § 128 versteht sich damit auch als Ausprägung des unter ordnungspolitischen Gesichtspunkten jedenfalls nicht unerwünschten Gleichlaufs von Herrschaft und Haftung.[3] Daran fehlt es bei der OHG, bei der kein Gesellschafter eine natürliche Person ist. Der Gesetzgeber hat deshalb die **atypische OHG** im Interesse ihrer Gläubiger den auf Kapitalgesellschaften zugeschnittenen Grundsätzen über die Gesellschafterfinanzierung (Anh. § 129) und über die Insolvenzantragspflicht (§ 130a) unterstellt.

2. **Gesellschafts- und Gesellschafterschuld.** Nach § 124 Abs. 1 ist die Gesellschaft ein von ihren Gesellschaftern zu unterscheidendes Rechtssubjekt (§ 124 Rn 2 f), das eigene Verbindlichkeiten haben kann und für diese selbst haftet (§ 124 Rn 11 ff). Die Vorschrift des § 128 regelt dagegen die persönliche Haftung (Rn 17) der Gesellschafter für die Verbindlichkeiten der Gesellschaft und weist den Gesellschaftern eine – an die Mitgliedschaft in der Gesellschaft gebundene (Rn 17) – **bürgenähnliche Stellung** zu: So wie der Bürge aus der von der Hauptschuld zu trennenden Bürgschaftsverpflichtung in Anspruch genommen werden kann, haben die Gesellschafter persönlich für die (ihnen fremden) Verbindlichkeiten der Gesellschaft einzustehen. Auch die Leistung des Gesellschafters bringt, nicht anders als die Leistung des Bürgen, allein die eigene Verbindlichkeit zum Erlöschen; der demnach fortbestehende Anspruch des Gläubigers gegen die Gesellschaft geht – entsprechend § 774 Abs. 1 S. 1 BGB – im Wege der **cessio legis** auf den Gesellschafter über (Rn 43 f, 46). Für die Gesellschafter wie für den Bürgen gleichermaßen gilt des Weiteren, dass das Rechtsverhältnis zum Gläubiger auch dann **einseitig verpflichtender Natur** ist, wenn die Gesellschafts- oder Hauptschuld aus einem zweiseitig verpflichtenden Schuldverhältnis resultiert. Ansprüche gegen den Gläubiger stehen m.a.W. nur 2

[2] Vgl. für die Vermögensvermischung BGHZ 165, 85 (91 ff); für die Existenzvernichtungshaftung BGHZ 151, 181 (186 ff) (aufgegeben in BGHZ 173, 246 zugunsten einer Innenhaftung gegenüber der Gesellschaft); s. ferner für die Gründerhaftung BGHZ 134, 333 (341); BAG ZIP 2006, 1044; zur „unechten" Vor-GmbH s. BGHZ 152, 290 (294 f).

[3] Weiterführend *Tröger* FS Westermann S. 1533 (1536 ff). – Näher zur davon zu unterscheidenden (und zu verneinenden) Frage, ob sich aus dem im Text genannten ordnungspolitischen Konzept konkrete Rechtsfolgen ableiten lassen, s. zutr. *K. Schmidt* Gesellschaftsrecht § 5 III 2b.

der Gesellschaft oder dem Hauptschuldner zu.[4] Was schließlich die Geltendmachung von aus dem Rechtsverhältnis der Gesellschaft zum Gläubiger abgeleiteten **Einreden und Einwendungen** betrifft, so enthält § 129 Vorschriften, die weitgehend denjenigen der §§ 768, 770 BGB entsprechen. Zur Stellung der Gesellschaft und der nach § 128 in Anspruch genommenen Gesellschafter in **Zivilprozess** und **Zwangsvollstreckung** s. § 124 Rn 23 ff, 42 f, § 129 Rn 26 f; zur Rechtslage bei **Insolvenz** der Gesellschaft s. Rn 70 ff.

II. Anwendungsbereich

3 **1. OHG, KG und KGaA.** Die Vorschrift regelt die Haftung der Gesellschafter einer OHG. Nach § 161 Abs. 2 findet sie auch auf die Haftung des **Komplementärs** einer KG Anwendung. Der **Kommanditist** haftet nach §§ 171 f zwar nur beschränkt auf die im Handelsregister eingetragene Haftsumme. Vorbehaltlich der Frage des Inhalts der Haftung[5] beurteilt sich aber auch die Haftung des Kommanditisten nach den Grundsätzen des § 128 (Voraufl. § 171 Rn 3). Soweit der Kommanditist gem. § 176 infolge fehlender Eintragung der Haftungsbeschränkung wie ein Komplementär haftet, gelangt § 128 ohnehin aufgrund der in § 161 Abs. 2 enthaltenen Verweisung zur Anwendung. Der persönlich haftende Gesellschafter einer **KGaA** schließlich haftet gem. § 278 Abs. 2 AktG wie ein Komplementär und damit nach Maßgabe der §§ 128, 161 Abs. 2.

4 **2. Partnerschaftsgesellschaft.** Hinsichtlich der Haftung der Partner für die Schulden der Partnerschaftsgesellschaft enthält § 8 Abs. 1 S. 1 eine dem § 128 S. 1 entsprechende Vorschrift; § 8 Abs. 1 S. 2 PartGG bestimmt die entsprechende Anwendung der §§ 129 und 130 und – unausgesprochen – auch des § 128 S. 2.[6] Die Haftungsverfassung der Partnerschaft entspricht damit im Grundsatz derjenigen der OHG. Die Haftung für Schadensersatzansprüche wegen **fehlerhafter Berufsausübung** ist allerdings nach § 8 Abs. 2 PartGG auf den das Mandat bearbeitenden Partner beschränkt.[7] Der verantwortliche Partner haftet in diesem Fall – neben der Partnerschaft – unbeschränkt; die übrigen Partner bleiben haftungsfrei. Das Berufsrecht kann nach § 8 Abs. 3 PartGG Haftungshöchstbeträge einführen.[8]

5 **3. EWIV.** Die Haftung der Mitglieder einer EWIV (vor § 105 Rn 36 ff) ist weitgehend in Art. 24 EWIV-VO und damit innerhalb der EU einheitlich geregelt.[9] Nach Art. 24 Abs. 1 S. 1 EWIV-VO haften die Mitglieder – insoweit in Übereinstimmung mit § 128 S. 1 – **unbeschränkt und gesamtschuldnerisch** für die Verbindlichkeiten der Vereinigung. Allerdings obliegt es nach Art. 24 Abs. 2 EWIV-VO dem Gläubiger, vor Inanspruchnahme der Mitglieder zunächst die Vereinigung zur Zahlung aufzufordern und eine angemessene Frist abzuwarten. Anders als die Haftung der OHG-Gesellschafter (Rn 26) ist also diejenige der Mitglieder einer EWIV **subsidiär**, wobei allerdings die

---

[4] Zur entsprechenden Rechtslage bei der GbR unter Geltung der – überholten – „Doppelverpflichtungslehre" s. *Habersack* JuS 1990, 179 (183); *ders.* JuS 1993, 1 (5).

[5] Dazu Voraufl. § 171 Rn 4 (*Schilling*); zum Inhalt der unbeschränkten Haftung gem. § 128 s. Rn 27 ff.

[6] MünchKommHGB/*K. Schmidt* Rn 4; MünchKommBGB/*Ulmer/Schäfer* § 8 PartGG Rn 7.

[7] Näher dazu MünchKommBGB/*Ulmer/Schäfer* § 8 PartGG Rn 14 ff; zu § 8 Abs. 2 PartGG a.F. s. *Ulmer/Habersack* FS Brandner (1996) S. 151 ff; s. ferner *Henssler* FS Wiedemann S. 907 ff (927 f) und dazu bereits Fn 1.

[8] Näher dazu MünchKommBGB/*Ulmer/Schäfer* § 8 PartGG Rn 33 ff.

[9] Überblick bei *Habersack* Europäisches Gesellschaftsrecht[3] § 11 Rn 28 ff.

Durchführung einer Vorausvollstreckung i.S.v. § 771 BGB nicht erforderlich ist. Im Übrigen verweist Art. 24 Abs. 1 S. 2 EWIV-VO hinsichtlich der Haftungsfolgen auf das nationale Recht, so dass gem. § 1 EWIV-AusführungsG[10] die §§ **128, 129 ergänzend** heranzuziehen sind. Was die Haftung des der Vereinigung beitretenden Mitglieds betrifft, so enthält Art. 26 Abs. 2 EWIV-VO eine dem § 130 entsprechende Vorschrift.

4. Gesellschaft bürgerlichen Rechts. Auf die persönliche Haftung der Mitglieder einer GbR für die Verbindlichkeiten der Gesellschaft waren die Vorschriften der §§ 128 ff nach langer Zeit hM auch nicht entsprechend anwendbar. Nach der Theorie der Doppelverpflichtung[11] sollte die Haftung vielmehr auf einem namens des Gesellschafters begründeten Schuldbeitritt zu der Gesamthandsschuld und damit auf Rechtsgeschäft basieren. Die Folge war, dass die Gesellschafter, abgesehen von dem Fall, dass der handelnde Gesellschafter in seiner Person einen gesetzlichen Haftungstatbestand verwirklicht, allenfalls für rechtsgeschäftlich begründete Gesamthandsschulden gehaftet haben. In zwei Grundsatzurteilen aus den Jahren 1999 und 2001 hat der II. Zivilsenat des BGH indes der Doppelverpflichtungslehre eine Absage erteilt und sich im Grundsatz für die **analoge Anwendung der §§ 128, 129** – und damit für die akzessorische Haftung aller Gesellschafter einer Außengesellschaft bürgerlichen Rechts für sämtliche Gesellschaftsschulden – ausgesprochen.[12] In zwei weiteren Urteilen aus dem Jahr 2003 hat der II. Zivilsenat des BGH sodann die entsprechende Anwendung des **§ 31 BGB**[13] und des **§ 130**[14] anerkannt und damit die Haftungsverfassung der GbR weitgehend derjenigen der OHG gleichgestellt. Der Vielgestaltigkeit der Erscheinungsformen der GbR, die die Vertreter der Doppelverpflichtungslehre veranlasst hatten, der analogen Anwendung der §§ 128 ff ein flexibles Haftungsmodell gegenüberzustellen, trägt die Rechtsprechung nunmehr durch Anerkennung von Bereichsausnahmen insbesondere für Kapitalanlagegesellschaften und Bauherrengemeinschaften Rechnung.[15] 6

---

10 Gesetz v. 14.4.1988, BGBl. I, 514.

11 BGHZ 74, 240 (242) = NJW 1979, 1281; 79, 374 (377) = NJW 1981, 1213; BGH NJW 1987, 3124 (3125); näher MünchKomm-BGB³/*Ulmer* § 714 Rn 50 ff, *Habersack* JuS 1993, 1 ff, jew. mwN; **aA** bereits *Flume* I/1 § 16 IV 3; *Schwark* FS Heinsius (1991) S. 753 (758 f); *Mülbert* AcP 199 (1999), 38 (85); *Timm* NJW 1995, 3209 (3215 ff); *Ulmer* ZIP 1999, 554 (559); *Wiedemann* WM 1975 Beil. 4 S. 42; für die unternehmenstragende GbR namentlich *Raisch* BB 1969, 1361 (1366); *K. Schmidt* Gesellschaftsrecht³ § 60 III; *Wiedemann* WM 1994, Sonderbeil. 4 S. 17; *Reiff* Die Haftungsverfassungen nicht rechtsfähiger unternehmenstragender Verbände, 1996, S. 191, 321, 345; *Dauner-Lieb* DStR 1998, 2014 (2018).

12 BGHZ 142, 315 = NJW 1999, 3483; BGHZ 146, 341 = NJW 2001, 1056; näher dazu MünchKommBGB/*Ulmer/Schäfer* § 714 Rn 4 ff, 31 ff mit umf. Nachw.

13 BGHZ 154, 88 = NJW 2003, 1445, dort auch zur persönlichen Haftung der Gesellschafter für Deliktsschulden der GbR (vgl. dazu noch Rn 14).

14 BGHZ 154, 370 = NJW 2003, 1803; s. dazu noch § 130, 5.

15 BGHZ 150, 1 (4 ff) = NJW 2002, 1642; BGH NJW 2006, 3716 (3717); BGH ZIP 2008, 1317 (1319); näher dazu sowie zur Frage weiterer privilegierungsbedürftiger Gesellschaften *Schäfer* FS Nobbe (2008) S. 909 ff; MünchKommBGB/*Ulmer/Schäfer* § 714 Rn 60 ff; *A. Meyer* ZGR 2008, 702 ff; speziell zur quotalen Haftung bei Bauherrengemeinschaften s. *Lehleiter/Hoppe* BKR 2008, 323 ff mwN; s. ferner KG ZIP 2008, 18 zur Frage einer Aufklärungspflicht der das Objekt finanzierenden Bank betreffend die (quotale) Gesellschafterhaftung.

III. Voraussetzungen der Haftung

7 **1. Gesellschaft.** Erste Voraussetzung einer Haftung nach § 128 ist das Vorhandensein einer OHG[16] im Zeitpunkt der Begründung (Rn 62 ff) der Gesellschaftsschuld. Die nachfolgende Auflösung oder Vollbeendigung der Gesellschaft lässt die einmal begründete Haftung grundsätzlich ebenso unberührt wie ein Formwechsel (Rn 58 f); im Übrigen haften die Gesellschafter auch für die nach Auflösung begründeten Gesellschaftsschulden (§ 156 Rn 12, dort auch zur Rechtslage bei Insolvenz). Die **fehlerhafte Gesellschaft** (§ 105 Rn 315 ff) ist Gesellschaft i.S.v. § 128 (§ 105 Rn 348 f). Von ihr zu unterscheiden ist die **Scheingesellschaft** (§ 105 Rn 381 ff; § 123 Rn 7). Bei ihr handelt es sich um einen nur scheinbaren Zusammenschluss der Beteiligten zu einer Personenhandelsgesellschaft. Soweit in diesen Fällen nicht bereits § 15 Abs. 3 zur Anwendung gelangt, müssen sich die Scheingesellschafter, denen das Hervorrufen des Rechtsscheins einer OHG zuzurechnen ist, nach allgemeinen Grundsätzen der Rechtsscheinhaftung gutgläubigen Dritten gegenüber dem Rechtsschein entsprechend behandeln lassen. Sie haften somit, als seien sie Gesellschafter einer OHG, und damit nach Maßgabe der §§ 128 ff (§ 105 Rn 372); allzu große Bedeutung kommt der Frage nicht mehr zu, nachdem sich der BGH für die analoge Anwendung der §§ 128 ff auf die GbR ausgesprochen hat (Rn 6). Davon zu unterscheiden ist der Fall, dass zwar tatsächlich eine OHG besteht, ein an ihr nicht beteiligter Dritter aber den Rechtsschein hervorruft, er sei Mitglied dieser Gesellschaft (Rn 8). Der in diesem Fall gegebene Tatbestand eines Scheingesellschafters kann mit dem Tatbestand der Scheingesellschaft zusammenfallen; auch in diesem Fall haftet der Scheingesellschafter nach Maßgabe der §§ 128 ff.[17] Die Grundsätze über die Scheingesellschaft gelten schließlich entsprechend für die **Schein-OHG** (§ 123 Rn 7). Bei unterlassener Angabe eines die Haftungsbeschränkung kennzeichnenden **Firmenzusatzes** i.S.v. § 19 Abs. 2, § 4 GmbHG ergibt sich die Haftung dagegen aus der entsprechenden Anwendung des § 179 BGB (§ 125a Rn 12). Allg. zur Lehre vom Scheinkaufmann s. § 5 Rn 24 ff.

8 **2. Gesellschafter.** Nach § 128 haftet zunächst derjenige, der in dem für die Haftung relevanten Zeitpunkt (Rn 60 ff) persönlich haftender Gesellschafter ist; er haftet nach Maßgabe des § 160 auch dann, wenn er nachträglich ausgeschieden ist oder die Stellung eines Kommanditisten erlangt hat (Rn 54 ff). Die Vorschrift des § 130 unterstellt darüber hinaus denjenigen Gesellschafter, der der Gesellschaft beitritt, der Haftung für sämtliche Altverbindlichkeiten. Auch der **fehlerhafte Beitritt** (§ 105 Rn 357 ff) führt grundsätzlich zum Erwerb der Mitgliedschaft und damit zur Haftung nach §§ 128, 130 (§ 130 Rn 7 ff), so wie umgekehrt das fehlerhafte Ausscheiden (§ 105 Rn 361 ff) – vorbehaltlich der §§ 15 Abs. 1, 143 Abs. 2 – die Enthaftung des Gesellschafters nach § 160 (Rn 55) zur Folge hat.[18] Gleichfalls nach §§ 128 ff haftet der **Scheingesellschafter.** Davon betroffen ist zunächst der aus der Gesellschaft ausgeschiedene Gesellschafter, dessen Ausscheiden

[16] Zur Anwendbarkeit des § 128 auf KG, KGaA, Partnerschaft, EWIV und GbR s. Rn 3 ff; im Folgenden ist allein von der OHG die Rede.

[17] Vgl. BGHZ 17, 13 = NJW 1955, 985; MünchKommHGB/*K. Schmidt* Rn 7; *Baumbach/Hopt* Rn 5; Ebenroth/Boujong/Joost/Strohn/*Hillmann* Rn 7.

[18] Zum fehlerhaften Beitritt s. BGH ZIP 2008, 1317 (1320); zur Haftung des Kommanditisten auch nach Widerruf seines Beitritts nach § 312 Abs. 1 BGB s. KG ZIP 2008, 882 (883); zur Frage, ob die Anwendung der Grundsätze über die fehlerhafte Gesellschaft bei Widerruf des Beitritts zu einer Personengesellschaft im Einklang mit der Haustürgeschäfte-Richtlinie steht, s. BGH ZIP 2008, 1018 mit Anm. *Schäfer* (Vorlagebeschluss gem. Art. 234 EG). Zur Rechtslage bei fehlerhafter Anteilsübertragung s. § 105 Rn 364 ff.

entgegen §§ 15 Abs. 1, 143 Abs. 2 nicht eingetragen und bekanntgemacht wurde. Nach § 15 Abs. 2 S. 2 haftet der frühere Gesellschafter des Weiteren auch für die innerhalb von fünfzehn Tagen nach Eintragung und Bekanntmachung des Ausscheidens begründeten Verbindlichkeiten, sofern der Gläubiger beweist, dass er die Tatsache des Ausscheidens weder kannte noch kennen musste. Als Scheingesellschafter haftet ferner derjenige, der, ohne eingetragen zu sein, den Rechtsschein hervorruft, er sei Mitglied einer tatsächlich bestehenden OHG oder einer Schein-OHG (Rn 7).[19] Schließlich haftet, wer zwar als Kommanditist im Handelsregister eingetragen ist, aber den konkreten Anschein persönlicher Haftung erweckt.[20] Zu den allg. Voraussetzungen der Rechtsscheinhaftung s. § 5 Rn 24 ff, zur Frage, ob der Scheingesellschafter nach § 130 für die Altverbindlichkeiten haftet, s. § 130 Rn 3.

Nach § 128 haften zunächst die Gesellschafter im eigentlichen Sinne, also diejenigen, **9**
die an der Gründung der Gesellschaft beteiligt sind oder der Gesellschaft als Mitglied beitreten (§ 105 Rn 84 ff). Davon betroffen sind auch geschäftsunfähige und in der Geschäftsfähigkeit beschränkte Gesellschafter; die Haftung ist gesetzliche Folge der Mitgliedschaft, so dass §§ 104 ff, 1643, 1821 f BGB auch insoweit keine Anwendung finden, als die Gesellschaftsschuld qua Rechtsgeschäft begründet wird.[21] Dem sich aus Art. 1, 2 Abs. 1 GG ergebenden Schutzauftrag[22] trägt nunmehr vor allem der durch das **Minderjährigenhaftungsbegrenzungsgesetz vom 25.8.1998**[23] eingefügte § 1629a Abs. 1 S. 1 BGB Rechnung, der ungeachtet seines Wortlauts – eine Vertretung des Minderjährigen findet im Falle des § 128 S. 1 nicht statt[24] – auch auf die Gesellschafterhaftung anwendbar ist[25] und es dem Minderjährigen ermöglicht, seine Haftung für die vor Eintritt der Volljährigkeit begründeten Gesellschaftsschulden auf das zu diesem Zeitpunkt vorhandene Vermögen zu beschränken. Vor Erlangung der Volljährigkeit haftet der Minderjährige, die Wirksamkeit seines Beitritts unterstellt (dazu § 105 Rn 85 ff), mithin unbeschränkt, sei es nach § 128 oder – bei vorzeitigem Ausscheiden aus der Gesellschaft – nach § 160;[26] gleichwohl ist er mit Blick auf die Möglichkeit der Haftungsbeschränkung kein „persönlich haftender Gesellschafter" im Sinne des § 19 Abs. 2.[27] Die mit Eintritt der Volljährigkeit mögliche Geltendmachung der Beschränkung der Haftung „auf den Bestand des bei Eintritt der Volljährigkeit vorhandenen Vermögens" zielt auf eine Separierung von Alt- und Neuvermögen des Gesellschafters und erfolgt nach § 1629a Abs. 1 S. 2 BGB im Wege der **Dürftigkeitseinrede** des § 1990 BGB.[28] Sie wird im Übrigen durch

---

[19] Vgl. BGHZ 17, 13 = NJW 1955, 985; BGH NJW 1972, 1418; BFH ZIP 2006, 1860 (1861); BGH ZIP 2007, 1460 (1461 f); OLG Hamm MDR 1965, 580. Zur Eintrittshaftung s. aber auch § 130 Rn 3.

[20] BGH NJW 1972, 1418; WM 1977, 1405 (1407); *Stimpel* ZGR 1973, 89.

[21] Vgl. nur MünchKommHGB/*K. Schmidt* Rn 65; zum Erwerb der Mitgliedschaft s. § 105 Rn 85 ff; zu Vertretungsfragen s. § 125 Rn 29 ff.

[22] Vgl. BVerfGE 72, 155 = NJW 1986, 1859; ferner BGHZ 92, 259 = NJW 1985, 136 mit Anm. *K. Schmidt*.

[23] BGBl. I S. 2887; dazu *Behnke* NJW 1998, 3078; *Grunewald* ZIP 1999, 597; *Habersack* FamRZ 1999, 1.

[24] Hierauf hinweisend bereits *Habersack/Schneider* FamRZ 1997, 649, 652 f (betr. den RegE, BT-Drucks. 13/5624).

[25] *Grunewald* ZIP 1999, 597 (598 f); *Habersack* FamRZ 1999, 1 (3); MünchKommHGB/*K. Schmidt* Rn 65; Koller/Roth/Morck/*Koller* Rn 4; MünchKommBGB/*Huber* § 1629a Rn 17 mwN; **aA** *Klump* ZEV 1998, 409 (411).

[26] MünchKommHGB/*K. Schmidt* Rn 69.

[27] *Habersack* FamRZ 1999, 1 (3).

[28] Näher zur Geltendmachung sowie zur Durchführung der Vermögensseparierung MünchKommBGB/*Huber* § 1629a Rn 31 ff; *Habersack* FamRZ 1999, 1 (5 f). – Für summenmäßige Haftungsbeschränkung MünchKommHGB/*K. Schmidt* Rn 67; *ders.*

das – der Beseitigung von Zukunftsrisiken dienende – **Kündigungsrecht** des § 723 Abs. 1 S. 3 Nr. 2 BGB i.V.m. § 131 Abs. 3 Nr. 3 ergänzt (§ 133 Rn 31 ff). Die Geltendmachung der Dürftigkeitseinrede setzt zwar die Ausübung des Kündigungsrechts nicht voraus; § 1629a Abs. 4 BGB knüpft indes an die Nichtausübung zwei gläubigerfreundliche Vermutungen.[29] – Der Haftung unterliegen selbstredend auch an der OHG beteiligte **juristische Personen** und **Gesamthandsgesellschaften** (§ 105 Rn 93 ff). Ob und inwieweit die mittelbar an der OHG beteiligten Mitglieder ihrerseits für die Verbindlichkeiten nach § 128 haften, beantwortet sich nach dem für den jeweiligen OHG-Gesellschafter einschlägigen Organisationsrecht. In der doppelstöckigen OHG (§ 105 Rn 96) haftet demnach die Obergesellschaft gem. § 128 für die Verbindlichkeiten der Untergesellschaft; für diese Haftungsverbindlichkeit der Obergesellschaft haften wiederum deren Gesellschafter nach § 128. – Neben den Gesellschaftern haften auch diejenigen, die wie ein Gesellschafter in das mitgliedschaftliche Rechtsverhältnis einbezogen sind. Davon betroffen sind der **Nießbraucher** (§ 105 Rn 128) und – allerdings umstritten – der **Treugeber** in den Fällen der offenen Treuhand (§ 105 Rn 103, 107 ff).[30] Keiner Außenhaftung unterliegen dagegen der stille Gesellschafter und der Unterbeteiligte (§ 105 Rn 109 ff); dies gilt auch bei atypischer Ausgestaltung (§ 126 Rn 15) des stillen Gesellschaftsverhältnisses[31] sowie in den Fällen der offenen Unterbeteiligung (§ 105 Rn 113).

3. Gesellschaftsschuld

10 a) **Grundsatz.** Die Haftung der Gesellschafter setzt – als gesetzliche Haftung für fremde Schuld (Rn 17) – eine Verbindlichkeit der Gesellschaft voraus. Soweit es sich um rechtsgeschäftlich begründete Verbindlichkeiten handelt, bedarf es also eines Handelns namens der Gesellschaft; hingegen lässt sich weder aus § 126 noch aus § 128 die Befugnis der organschaftlichen oder bevollmächtigten Vertreter der Gesellschaft herleiten, die Gesellschafter persönlich zu verpflichten (Rn 39; § 126 Rn 12). Die Gesellschafter haften nach § 128 S. 1 für **sämtliche Verbindlichkeiten** der Gesellschaft. **Unerheblich ist** zunächst, welchen **Inhalt** die Gesellschaftsschuld hat. Die Haftung erstreckt sich somit auch auf die Verpflichtung der Gesellschaft zur Vornahme vertretbarer oder unvertretbarer Handlungen sowie auf Unterlassungs- und Duldungsverpflichtungen der Gesellschaft. Allerdings kann der Inhalt der Gesellschafterschuld von demjenigen der Gesellschaftsschuld abweichen (Rn 27 ff, 36 ff). Unerheblich ist des Weiteren, auf welchem Rechtsgrund die Gesellschaftsschuld beruht. Von § 128 werden mithin sowohl rechtsgeschäftlich begründete als auch gesetzliche Gesellschaftsschulden erfasst.[32] Entscheidend ist allein, dass die

---

FS Derleder S. 601 (618 ff); s. ferner *dens.* JuS 2004, 361 (363).

[29] Dazu *Habersack* FamRZ 1999, 1 (6 f); MünchKommBGB/*Huber* § 1629a Rn 67 ff.

[30] Gegen Haftung des Treugebers BGH ZIP 2008, 2354 (Tz. 18 ff) mit umf. Nachw.; BGH ZIP 2009, 1266 (1267 f); BGH WM 2009, 593 (599); OLG München ZIP 2009, 622; OLG Celle WM 2009, 935 (936); OLG Jena WM 2009, 937 (938); allg. dazu *Flume* I/1 § 17 VI; *Ulmer* FS Fleck (1988) S. 383 (387 ff); *ders.* FS Odersky (1996) S. 873 (889 ff); *Schön* ZHR 158 (1994), 229 (248 ff); *Kindler* FS K. Schmidt S. 871 ff; *ders.* ZIP 2009, 1146 ff; *Habersack* Die Mitgliedschaft – subjektives und „sonstiges“ Recht (1996) S. 62 ff, 109 ff.

[31] Vgl. BGH WM 1964, 296 (297); MünchKommHGB/*K. Schmidt* § 230 Rn 13 mwN; zur besonderen Problematik der Publikumsgesellschaft s. OLG Schleswig ZIP 2007, 2258 (2260 ff); ZIP 2009, 421; *Wagner* NZG 2009, 213 ff mwN.

[32] Im Grundsatz wohl einh. M., s. bereits RGZ 93, 227 (229); Voraufl. Rn 10; MünchKommHGB/*K. Schmidt* Rn 11; Heymann/*Emmerich* Rn 13 f; Baumbach/*Hopt* Rn 2; Ebenroth/Boujong/Joost/Strohn/*Hillmann*

Gesellschaft verpflichtet wurde, sei es durch rechtsgeschäftliches Handeln ihrer organschaftlichen oder bevollmächtigten Vertreter oder infolge der Zurechnungstatbestände der §§ 31, 278 BGB (§ 124 Rn 13 f). Die Gesellschafter haften somit für **Bereicherungs- und Deliktsschulden** der Gesellschaft[33] ebenso wie für Verbindlichkeiten aus GoA, Produkt- und Gefährdungshaftung, § 122 BGB und § 28 (§ 130 Rn 6); vom XI. Zivilsenat des BGH[34] für die Publikums-GbR befürwortete Ausnahmen von der Haftung für Bereicherungsschulden lassen sich auf das OHG-Recht nicht übertragen. Aus dem Bereich der vertraglichen Schuldverhältnisse erfasst die Haftung sämtliche Primär- und Sekundärverpflichtungen der Gesellschaft, darunter auch solche aus Arbeitsverträgen (einschließlich etwaiger Ruhegeldzusagen und Verbindlichkeiten aus Sozialplänen)[35] und aus der Beteiligung an anderen Gesellschaften.[36] Die Gesellschafter haften schließlich auch für **öffentlichrechtliche** Verbindlichkeiten der Gesellschaft, für Steuerschulden[37] somit ebenso wie für die Rückgewähr von Subventionen[38] und gegen die Gesellschaft verhängte Geldbußen (§ 124 Rn 22).[39]

Die Haftung des Gesellschafters umfasst nur die Verbindlichkeiten der Gesellschaft, **11**
nicht dagegen **Verbindlichkeiten eines Gesellschafters**, mag dieser sie auch im Interesse der Gesellschaft, z.B. als ihr mittelbarer Stellvertreter, begründet haben. Der Gläubiger kann allerdings einen etwaigen Erstattungsanspruch des Gesellschafters gegen die Gesellschaft pfänden und sich überweisen lassen. In diesem Fall kann er zumindest die Gesellschaft in Anspruch nehmen. Eine Inanspruchnahme der Gesellschafter durch den Gläubiger kommt dagegen nur für den Fall in Betracht, dass diese auch dem erstattungsberechtigten Gesellschafter haften[40]; in den Fällen des § 110 ist dies grundsätzlich zu verneinen (Rn 12; § 110 Rn 31 f). Pfändet der Gläubiger die nach § 717 S. 2 BGB über-

---

Rn 9; Röhricht/v. Westphalen/*v. Gerkan/Haas* Rn 3; Koller/Roth/Morck/*Koller* Rn 2; speziell zur Haftung für Deliktsschulden der Gesellschaft s. noch die Nachw. in Fn 33.

[33] Vgl. neben den Nachw. in Fn 32 insbesondere BGHZ 154, 88 (94 f) = NJW 2003, 1445 (GbR); s. ferner BGH ZIP 2007, 1460, 1462 (Schein-GbR); BGH ZIP 2008, 1317, 1318 (GbR); Westermann/*Wertenbruch* Rn I 736; *Beuthien* DB 1975, 725 (726); *Schwark* FS Heinsius (1991) S. 753 (764); *Schönewolf* S. 36 ff, 42 ff, 99; **aA** *Flume* I/1 § 16 IV 6; *ders.* FS H. Westermann S. 119 (143); *ders.* DB 2003, 1775 ff; *Altmeppen* NJW 1996, 1017 (1021 ff); *ders.* NJW 2003, 1553 ff; *Schäfer* ZIP 2003, 1225 (1227 ff); *Schöpflin* DStR 2003, 1349 (1351 f); differenzierend *Klerx* NJW 2004, 1907 ff. (GbR).

[34] BGH ZIP 2008, 1317 (1319 f).

[35] Vgl. BGHZ 87, 286 (288) = NJW 1983, 2254; BGH NJW 1983, 2256 (2258); NJW 1983, 2940 (2941); BAGE 52, 24 = NJW 1987, 92; BAG NZA 1990, 557; zu verfahrensrechtlichen Problemen der Haftung gem. § 128 für Lohn- und Gehaltsforderungen s. *Grunsky* FS Henckel S. 329 ff; s. ferner Rn 65; § 124, 29.

[36] BGH NJW 1973, 2198 (2199) = WM 1973, 1291; zur doppelstöckigen OHG s. bereits Rn 9.

[37] BGHZ 165, 85 (90) = ZIP 2006, 467; BFH NZI 2002, 173 (175); BFH ZIP 2006, 1860, 1861 (Schein-GbR); MünchKommHGB/*K. Schmidt* Rn 10.

[38] OVG Koblenz NJW 1986, 2129; OVG Brandenburg ZIP 1998, 1636 (1638) und OVG Frankfurt/Oder NZG 1998, 850: nicht auf der Grundlage des gegen die Gesellschaft gerichteten Rückforderungsbescheids; s. ferner VGH München NJW 2006, 1894 (1896); VG München NJW-RR 2005, 829 (830).

[39] **AA** noch OLG Stettin JW 1926, 2228; dagegen bereits zutr. Voraufl. Anm. 14 (*R. Fischer*).

[40] Zum Übergang der Nebenrechte auf den Gläubiger s. *Thomas/Putzo/Hüßtege* ZPO[29] § 829 Rn 32; s. ferner § 838 ZPO. – Zur Rechtslage bei Pfändung der Forderung eines gewöhnlichen Gesellschaftsgläubigers durch dessen Gläubiger s. RAG DNotZ 1938, 189.

tragbaren Vermögensrechte oder die Mitgliedschaft (§ 105 Rn 133, 289 f), so erwachsen ihm auch daraus lediglich Ansprüche gegen die Gesellschaft (Rn 12). Von der Frage der Haftung für Verbindlichkeiten des Gesellschafters zu unterscheiden ist die Frage, ob und inwieweit eine **Haftungsprivilegierung** eines Gesellschafters der Gesellschaft zugute kommt. Sie stellt sich nicht nur im Zusammenhang mit Vereinbarungen zwischen dem Gesellschafter und dem Gläubiger (Rn 16, 53), sondern auch im Rahmen gesetzlicher Haftungstatbestände. Insoweit ist zu prüfen, ob das Privileg des Gesellschafters auf die Gesellschaft (die sich das Handeln des privilegierten Gesellschafters nach § 31 BGB zurechnen lassen muss, § 124 Rn 14) zu erstrecken ist;[41] in diesem Fall kommt es mittelbar – über § 128 S. 1 – auch den Gesellschaftern zugute, und zwar einschließlich des privilegierten Gesellschafters selbst. Kommt hingegen eine Erstreckung des Privilegs auf die Gesellschaft nicht in Betracht, so sind ggf. die Grundsätze über den gestörten Gesamtschuldnerregress analog zur Anwendung zu bringen.[42]

12 b) **Verbindlichkeit gegenüber einem Gesellschafter. Sozialverbindlichkeiten**, also auf dem Gesellschaftsverhältnis beruhende Forderungen eines Gesellschafters gegen die Gesellschaft (§ 105 Rn 210, 217), sind grundsätzlich keine Gesellschaftsverbindlichkeiten i.S.v. § 128 S. 1, und zwar auch dann, wenn der Gesellschafter Befriedigung von der Gesellschaft nicht erlangen kann.[43] Andernfalls wären die Gesellschafter zu einer unfreiwilligen Vermehrung ihrer Beitragspflichten gezwungen; die – nach § 105 Abs. 3 auch für die OHG geltende – Vorschrift des § 707 BGB wäre weitgehend gegenstandslos. Sozialverbindlichkeiten sind vielmehr erst bei Abwicklung der Gesellschaft als Rechnungsposten der Auseinandersetzung zu berücksichtigen.[44] Anderes gilt allerdings für den nach § 128 in Anspruch genommenen Gesellschafter. Zwar handelt es sich bei dem Erstattungsanspruch aus § 110 um eine Sozialverbindlichkeit, für die die Gesellschafter nicht persönlich haften. Doch kann der vom Gläubiger in Anspruch genommene Gesellschafter auch schon vor Auflösung der Gesellschaft bei seinen Mitgesellschaftern – **pro rata** (Rn 49) – **Regress** nehmen, wenn sein gegen die Gesellschaft gerichteter Aufwendungsersatzanspruch von dieser nicht befriedigt werden kann.[45] Entsprechendes hat für den Kommanditisten zu gelten, der für eine Gesellschaftsschuld eine seine Gesellschafterhaftung übersteigende Kreditsicherheit stellt, daraufhin den Gesellschaftsgläubiger befriedigt und nunmehr nach § 110 Aufwendungsersatz begehrt. Ihm muss es möglich sein, die Gesellschafter pro rata und subsidiär (Rn 48 ff) – mithin wie ein Gesellschafter, der nach § 128 in Anspruch genommen worden ist – auf Ausgleich in Anspruch zu nehmen, und zwar auch dann, wenn die gesicherte Forderung nicht auf ihn übergegangen ist.[46] Die

---

41 Für §§ 106 Abs. 3 Alt. 3, 104 Abs. 1 SGB VII offengelassen von BGH ZIP 2003, 1604 (1606).

42 So BGH (vorige Fn); zu vertraglichen Haftungsfreistellungen s. aber auch Rn 16, 53. – Näher zum gestörten Gesamtschuldnerregress MünchKommBGB/*Bydlinski* § 426 Rn 54 ff.

43 BGHZ 37, 299 (301) = NJW 1962, 1863; BGH NJW-RR 1989, 866; MünchKommHGB/*K. Schmidt* Rn 12; Baumbach/*Hopt* Rn 22; Ebenroth/Boujong/Joost/Strohn/*Hillmann* Rn 11; Röhricht/v. Westphalen/*v. Gerkan/Haas* Rn 3.

44 Vgl. nur Baumbach/*Hopt* § 145 Rn 6; ferner Rn 52 und § 149 Rn 21, 41, § 155 Rn 15.

45 S. Rn 48 ff; ferner BGHZ 37, 299 (301) = NJW 1962, 1863; BGH ZIP 2002, 394 (396); BGH ZIP 2007, 2313 (2314); Ebenroth/Boujong/Joost/Strohn/*Hillmann* Rn 12; *Koller* FS Georgiades S. 671 (674 ff); näher zur Unanwendbarkeit des § 128 auf Ansprüche aus § 110 *Faust* FS K. Schmidt S. 357 (361 ff).

46 Zutr. BGH ZIP 2002, 394 (396) = NJW-RR 2002, 455; zust. auch *Lindacher* FS Hadding S. 529 ff; **aA** MünchKommHGB/*K. Schmidt* Rn 12; *ders.* JuS 2003, 228 ff; *Koller* FS Georgiades S. 671 (676 ff).

Gesellschafter haften des Weiteren grundsätzlich[47] für den gegen die Gesellschaft gerichteten **Abfindungsanspruch** des ausgeschiedenen Gesellschafters.[48] Entsprechendes gilt für Ansprüche eines stillen Gesellschafters;[49] sie basieren ohnehin nicht auf dem Gesellschaftsverhältnis der OHG-Gesellschafter und sind deshalb keine Sozialverbindlichkeiten.

Forderungen eines Gesellschafters aus **Drittgeschäften** (§ 126 Rn 10) sind dagegen 13
Gesellschaftsverbindlichkeiten i.S.v. § 128 S. 1, so dass die Gesellschafter dafür auch persönlich haften.[50] Dazu zählen etwa Darlehensforderungen,[51] und zwar auch solche, die dem Nachrang des § 39 Abs. 1 Nr. 5 InsO (Anh. § 129 Rn 18 ff) unterliegen,[52] ferner Ansprüche aus Liefer- und Mietverträgen[53] sowie im Wege der Abtretung durch einen außenstehenden Gläubiger erworbene Forderungen,[54] nicht dagegen ein gesellschaftsvertraglich zugesagter „Vorweggewinn" in Form einer Betriebsrente.[55] Der Annahme eines Drittgeschäfts steht es nicht entgegen, dass der Gesellschafter aufgrund gesellschaftsvertraglicher Vereinbarung zur Vornahme des Rechtsgeschäfts verpflichtet ist.[56] Denn auch für den Fall, dass der Abschluss eines Liefer-, Miet- oder Pachtvertrags Teil der Beitragsverpflichtung (§ 105 Rn 17 f) des Gesellschafters ist, liegt der Rechtsgrund der Gesellschaftsverbindlichkeit in dem zur Erfüllung der Beitragsschuld geschlossenen Vertrag, nicht dagegen im Gesellschaftsvertrag. Im Verhältnis zu seinen Mitgesellschaftern

---

47 Zu der – für die OHG nicht relevanten – Ausnahme bei Ausscheiden des durch Täuschung der Initiatoren einer Publikumsgesellschaft geworbenen Anlegers s. BGHZ 156, 46 (56) = NJW 2003, 2821; näher dazu MünchKommBGB/*Habersack* § 359 Rn 17, 77; *ders.* BKR 2006, 305 ff; zur Frage, ob die Anwendung der Grundsätze über die fehlerhafte Gesellschaft bei Widerruf des Beitritts zu einer Personengesellschaft mit der Haustürgeschäfte-Richtlinie im Einklang steht, s. Fn 18.

48 BGHZ 148, 201 (206 f) = NJW 2001, 2718; BGH WM 1971, 1454; OLG Oldenburg NZG 2000, 542 mit Anm. *Michalski*; § 131 Rn 142 (*Schäfer*); MünchKommHGB/*K. Schmidt* § 131 Rn 128; Ebenroth/Boujong/Joost/Strohn/*Hillmann* Rn 12; Heymann/*Emmerich* § 138 Rn 9; Westermann/*Wertenbruch* Rn I 740; **aA** OLG Frankfurt/M. NZG 2005, 712; *Flume* I/1 § 12 I (S. 173 f).

49 Ebenroth/Boujong/Joost/Strohn/*Hillmann* Rn 12.

50 Im Grundsatz wohl einh. M., s. RGZ 153, 305 (307, 310 f); BGH WM 1960, 187; NJW 1983, 749; OLG Karlsruhe NZG 2001, 748 (749); MünchKommHGB/*K. Schmidt* Rn 12; Heymann/*Emmerich* Rn 15; Ebenroth/Boujong/Joost/Strohn/*Hillmann* Rn 10; Röhricht/v. Westphalen/*v. Gerkan/Haas* Rn 3; Baumbach/*Hopt* Rn 24; Koller/Roth/Morck/*Koller* Rn 2; näher dazu *Drygala* FS Raiser S. 63 ff; *Koller* FS Georgiades S. 671 ff; *Walter* JuS 1982, 81 ff; s. ferner § 149 Rn 40, § 155 Rn 15 und BGH ZIP 2006, 994 (995 f): Drittgläubigerforderung unterliegt in der Auseinandersetzung keiner Durchsetzungssperre.

51 *A. Hueck* OHG § 21 V; MünchKommHGB/*K. Schmidt* Rn 12; Heymann/*Emmerich* Rn 17; **aA** noch RGZ 77, 102 (105).

52 So wohl auch *Faust* FS K. Schmidt S. 357, 368 f; **aA** *Drygala* FS Raiser S. 63 (69 ff): Forderung auf Rückzahlung eines eigenkapitalersetzenden Darlehens (dazu Anh. § 129) ist Sozialverbindlichkeit. – Zur Frage, ob sich die auf Rückzahlung in Anspruch genommenen Mitgesellschafter auf den Nachrang des Darlehens berufen können, s. Anh. § 129 Rn 21.

53 RGZ 153, 305 (310); OLG Karlsruhe NZG 2001, 748 (749).

54 BGH ZIP 2002, 394, 396 (unter I. 3. b) bb) der Gründe); Koller/Roth/Morck/*Koller* Rn 2; **aA** *Drygala* FS Raiser S. 63 (72 ff), der sich sogar gegen das Eingreifen der Grundsätze über die Gläubigerbefriedigung (Rn 12, 48 ff) ausspricht und den Gesellschafter auf den Regress gegenüber der Gesellschaft verweist.

55 BGH NJW-RR 1989, 866.

56 Zutr. MünchKommHGB/*K. Schmidt* Rn 12; *Drygala* FS Raiser S. 63, 68; **aA** Westermann/*Wertenbruch* Rn I 737.

muss sich allerdings der Gläubiger nicht nur die auf ihn entfallende **Haftungsquote anrechnen** lassen (Rn 25). Vielmehr obliegt es ihm darüber hinaus, **vorrangig die Gesellschaft** in Anspruch zu nehmen (Rn 26); aus der Treupflicht ergibt sich mithin eine eigene verzögerliche Einrede der Mitgesellschafter nach Art der in § 771 BGB geregelten Einrede der Vorausvollstreckung. Die für Forderungen aus Drittgeschäften geltenden Durchsetzungsschranken beanspruchen im Übrigen auch gegenüber **mittelbaren Gesellschaftern** der OHG Geltung, soweit diese maßgeblich an einem Gesellschafter beteiligt sind.[57]

14 c) **Abgrenzung.** Von der akzessorischen (Rn 20 ff) Haftung für die Verbindlichkeiten der Gesellschaft zu unterscheiden ist die auf der **Verwirklichung eines eigenen Haftungstatbestands** beruhende Verpflichtung eines Gesellschafters gegenüber den Gesellschaftsgläubigern.[58] Grundlage der Haftung ist in diesem Fall entweder die Übernahme einer rechtsgeschäftlichen Verpflichtung durch den Gesellschafter (der sich insoweit auch vertreten lassen kann, s. Rdn, 10, § 126, 12), etwa einer Bürgschaft (Rn 82 ff; s. ferner Rn 39), oder die Verwirklichung eines gesetzlichen Haftungstatbestands in der Person des Gesellschafters (Rn 39, 81). Soweit die Verwirklichung eines gesetzlichen Haftungstatbestands gem. § 31 BGB (§ 124 Rn 14) der Gesellschaft zuzurechnen ist, haften für diese Gesellschaftsschuld sämtliche Gesellschafter nach Maßgabe der §§ 128, 171; der Eigenhaftung des handelnden Gesellschafters kommt deshalb in diesen Fällen vor allem dann Bedeutung zu, wenn dieser Kommanditist und deshalb seine gesellschaftsrechtlich begründete Haftung gem. § 171 beschränkt ist. Zum Haftungsprivileg in der Person des handelnden Gesellschafters s. bereits Rn 11; zur Frage einer **Verlustausgleichspflicht und Durchgriffshaftung** des Gesellschafters der Kapitalgesellschaft & Co. OHG/KG in Abhängigkeits- und Konzernverhältnissen s. Anh. § 105 Rn 71 ff (*Schäfer*).

4. Keine haftungsbeschränkende Vereinbarung

15 a) **Vereinbarung der Gesellschafter (S. 2).** Nach S. 2 ist eine von S. 1 abweichende Vereinbarung Dritten gegenüber unwirksam. Davon betroffen sind zwar allein Vereinbarungen der Gesellschafter untereinander, nicht dagegen Vereinbarungen zwischen dem Gläubiger und den Gesellschaftern (Rn 16). Eine die Haftung nach S. 1 ausschließende oder beschränkende Vereinbarung der Gesellschafter lässt aber nach S. 2 die Außenhaftung gegenüber dem Gläubiger selbst dann unberührt, wenn dieser die Abrede der Gesellschafter kennt.[59] Der Vereinbarung kann allerdings **Bedeutung für das Innenverhältnis** zukommen (s. bereits § 105 Rn 37). So kann eine zugunsten einzelner Gesellschafter vereinbarte Haftungsfreistellung oder eine Abrede, der zufolge ein Gesellschafter nicht an den Verlusten teilnehmen soll, dahin gehend auszulegen sein, dass der privilegierte Gesellschafter nicht nur von der Gesellschaft, sondern auch von den Gesellschaftern vollumfänglich Freistellung bzw. Ausgleich beanspruchen kann.[60] Des Weiteren kann eine die Haftung einzelner oder sämtlicher Gesellschafter beschränkende Vereinbarung die Verpflichtung der vertretungsberechtigten Gesellschafter begründen, bei der Vornahme von

---

[57] *Drygala* FS Raiser S. 63 (75 ff) mit zutr. Hinweis auf BGHZ 89, 162 (166 ff) – Heumann/Ogilvy.

[58] Vgl. bereits RGZ 136, 266 (270); ferner MünchKommHGB/*K. Schmidt* Rn 6.

[59] MünchKommHGB/*K. Schmidt* Rn 13; Ebenroth/Boujong/Joost/Strohn/*Hillmann* Rn 14; vorbehaltlich des Tatbestands unzulässiger Rechtsausübung auch Baumbach/*Hopt* Rn 37.

[60] MünchKommHGB/*K. Schmidt* Rn 13; zum Regress bei Fehlen einer solchen Haftungsprivilegierung s. Rn 41 ff.

Rechtsgeschäften auf eine Vereinbarung mit dem Gläubiger hinzuwirken, wonach dieser die Gesellschafter nicht persönlich in Anspruch nimmt (Rn 16). Eine Beschränkung der organschaftlichen Vertretungsbefugnis geht damit freilich nicht einher (§ 126 Rn 4). Kommt es nicht zu einer entsprechenden Vereinbarung mit dem Gläubiger, so wird also nicht nur die Gesellschaft berechtigt und verpflichtet; vielmehr haften daneben sämtliche Gesellschafter gem. § 128 S. 1. Anderes gilt hinsichtlich der Haftung für Drittgeschäfte zwischen Gesellschafter und Gesellschaft; sie kann, da insoweit die mitgliedschaftliche Treupflicht auf das Außenverhältnis durchschlägt (Rn 26), auch durch gesellschaftsvertragliche Vereinbarung ausgeschlossen oder beschränkt werden.[61]

b) **Vereinbarung zwischen Gesellschafter und Gläubiger.** Die Vorschrift des S. 2 hindert den Gläubiger nicht daran, sich auf eine haftungsbeschränkende Vereinbarung einzulassen. Eine solche kann zunächst dadurch zustande kommen, dass der Vertreter der Gesellschaft zugleich als Bevollmächtigter des Gesellschafters auftritt, die Vereinbarung also im Namen des Gesellschafters geschlossen wird. Denkbar ist aber auch eine zugunsten des Gesellschafters getroffene Vereinbarung zwischen Gesellschaft und Gläubiger. Was den Inhalt einer solchen Vereinbarung betrifft, so kommt jede Form des Haftungsverzichts oder der Haftungsbeschränkung in Betracht; zulässig ist also auch eine Vereinbarung, wonach der Gesellschafter nicht primär und für die gesamte Gesellschaftsschuld (Rn 24, 26), sondern nur subsidiär und beschränkt auf einen Teil der Gesellschaftsschuld haften soll. Eine die Haftung des Gesellschafters ausschließende oder beschränkende Vereinbarung kann zwar auch konkludent getroffen werden.[62] Erforderlich ist aber stets ein über die bloße Kenntnis hinsichtlich der Vereinbarung der Gesellschafter (Rn 15) hinausgehender **Verzichtswille des Gläubigers.**[63] Er kann weder aus einem Hinweis eines Gesellschafters auf eine im Innenverhältnis getroffene Abrede[64] noch aus in den Vertrag mit dem Gläubiger einbezogenen AGB noch aus einem – ohnehin unzulässigen – Firmenzusatz („OHG m.b.H.“) hergeleitet werden.[65] Soweit Rechtsprechung und Schrifttum für die GbR einen AGB-förmigen Haftungsausschluss akzeptieren,[66] lässt sich dies auf die OHG schon deshalb nicht übertragen,[67] weil die Gesellschafter ohne Weiteres auf die Rechtsform der KG zurückgreifen können, wenn sie eine generelle Haftungsbeschränkung wünschen. Lassen sie es hingegen bei der Rechtsform der OHG bewenden, so bedarf es zur Abbedingung des § 128 S. 1 einer den Verzichtswillen des Gläubigers zum Ausdruck bringenden **Individualabrede.** Im Übrigen beschränkt sich die Wirkung einer solchen Vereinbarung mit dem Gläubiger grundsätzlich auf das Außenverhältnis. Sie schützt den privilegierten Gesellschafter mithin nicht vor dem **Regress** eines vom Gläubiger nach § 128 S. 1 in Anspruch genommenen Mitgesellschafters.[68] 16

[61] Zutr. MünchKommHGB/*K. Schmidt* Rn 13.

[62] Vgl. BGH BB 1971, 975; MünchKommHGB/*K. Schmidt* Rn 14.

[63] Vgl. im Zusammenhang mit Versorgungszusagen an Arbeitnehmer OLG Köln DB 1993, 1667; allg. wie hier MünchKommHGB/*K. Schmidt* Rn 14; nicht überzeugend *R. Nagel* NZG 2001, 202 ff.

[64] Wohl unstreitig, s. MünchKommHGB/*K. Schmidt* Rn 13.

[65] Für überraschenden Charakter (§ 305c BGB) einer solchen Klausel MünchKommHGB/*K. Schmidt* Rn 14.

[66] Vgl. BGHZ 150, 1 (6) = NJW 2002, 1642; MünchKommBGB/*Ulmer/Schäfer* § 714 Rn 66; *Ulmer* ZGR 2000, 339 (347 f); **aA** BGHZ 142, 315 (323) = NJW 1999, 3483; BGH NZG 2005, 209 (210); OLG Stuttgart NZG 2002, 84 (85). S. ferner Fn 15 zur Frage „privilegierungsbedürftiger“ Gesellschaften bürgerlichen Rechts.

[67] So im Ergebnis auch MünchKommHGB/*K. Schmidt* Rn 14; **aA** *R. Nagel* NZG 2001, 202 ff.

[68] Vgl. zur entsprechenden Problematik bei nachträglichem Erlass Rn 53.

IV. Rechtsnatur, Dauer und Ausgestaltung der Haftung

17 1. **Rechtsnatur.** Die Haftung nach § 128 ist **gesetzliche Haftung für fremde Schuld.** Sie ist Folge der Mitgliedschaft[69] in der OHG (Rn 18) und damit ein „Zustand", der „ständig neue Haftungsverbindlichkeiten für ständig neue Gesellschaftsverbindlichkeiten" auslösen kann und als solcher keiner eigenständigen Verjährung unterliegt.[70] Davon zu unterscheiden ist allerdings die Rechtslage nach Begründung einer Gesellschaftsverbindlichkeit. In diesem Fall aktualisiert sich der gesetzliche Haftungsstatus und bringt eine – neben die Gesellschaftsschuld tretende und zwar als solche keinen Verfügungen (Rn 22), wohl aber der **selbständigen Verjährung zugängliche** (§ 129 Rn 6 ff) – Gesellschafterschuld zur Entstehung (Rn 2).[71] Das zeigen die Vorschriften der §§ 159, 160 über die Sonderverjährung der Gesellschafterschuld bei Auflösung der Gesellschaft und die Enthaftung des ausgeschiedenen Gesellschafters, aber auch die Rechtslage nach Befriedigung des Gläubigers durch den Gesellschafter (Rn 2, 43); sämtliche Tatbestände betreffen allein die Gesellschafterschuld, lassen also die Gesellschaftsschuld unberührt. Aber auch die Vorschrift des § 129 Abs. 1 geht von der Existenz eigener Einwendungen und Einreden des Gesellschafters aus und erlaubt es diesem, sich zudem auf die Einwendungen und Einreden der Gesellschaft zu berufen, so wie es § 768 BGB dem Bürgen gestattet, sich auf die Gegenrechte des Hauptschuldners zu berufen. Die Bedeutung dieser Vorschriften liegt denn auch gerade im Bereich der Einreden; rechtsvernichtende und rechtshindernde Einwendungen der Gesellschaft haben demgegenüber schon aus Gründen der Akzessorietät (Rn 20 ff) das Erlöschen der Gesellschafterschuld zur Folge, ohne dass es des Rückgriffs auf § 129 Abs. 1 bedarf (§ 129 Rn 4). Was den **Schuldnerverzug** betrifft, so hat der Gesellschafter für Folgen eines Verzugs der Gesellschaft aus Gründen der Akzessorietät einzustehen (Rn 20). Unabhängig davon kann auch er als Schuldner aus § 128 S. 1 in Verzug geraten; hierfür hat zwar er, nicht dagegen die Gesellschaft einzustehen. Setzt der Gläubiger sowohl die Gesellschaft als auch den Gesellschafter in Verzug, so kann er seinen Verzugsschaden nur einmal liquidieren. Zahlt die Gesellschaft, wird der Gesellschafter frei; zahlt der Gesellschafter, kann er bei der Gesellschaft und den Mitgesellschaftern Regress nehmen (Rn 41 ff).

18 2. **Dauer.** Die Haftung bezieht sich nach § 128 S. 1 auf die während der Zugehörigkeit des Gesellschafters zur OHG begründeten Gesellschaftsschulden. Für den Fall des **Eintritts** in eine bestehende Gesellschaft bestimmt allerdings § 130 Abs. 1, dass der neue Gesellschafter auch für die Altverbindlichkeiten der Gesellschaft haftet. Das **Ausscheiden** aus der Gesellschaft und die **Auflösung** der Gesellschaft lassen zwar die Haftung des Gesellschafters für die während seiner Zugehörigkeit zur werbenden Gesellschaft begründeten Verbindlichkeiten sowie für Altverbindlichkeiten i.S.v. § 130 zunächst unberührt; doch gelangen in diesen Fällen die Vorschriften der §§ 159, 160 betr. die Sonderverjährung bei Auflösung der Gesellschaft und die Enthaftung des ausgeschiedenen Gesellschafters zur Anwendung (Rn 55, 59). Für nach seinem Ausscheiden aus der Gesellschaft neu begründete Verbindlichkeiten haftet der Gesellschafter allenfalls nach Maßgabe der §§ 15 Abs. 1, 2, 143 Abs. 2 (§ 143 Rn 28 ff). Zur Rechtslage bei Ausscheiden des Gesellschafters sowie bei Auflösung und Umwandlung der Gesellschaft s. noch Rn 55 ff, zur Haftung der Gesellschafter einer Liquidationsgesellschaft s. Rn 59.

---

[69] Nicht dagegen mitgliedschaftliche Pflicht, s. *Habersack* Die Mitgliedschaft – subjektives und „sonstiges" Recht, 1996, S. 93 f.

[70] MünchKommHGB/*K. Schmidt* Rn 3; ihm folgend Heymann/*Emmerich* Rn 2a.

[71] AA MünchKommHGB/*K. Schmidt* Rn 3, § 129 Rn 7; s. näher dazu § 129 Rn 6 ff mwN.

3. Ausgestaltung

a) **Unbeschränkte Außenhaftung.** Die Gesellschafter haften nach § 128 S. 1 den Gläubigern unmittelbar, also nicht lediglich mittelbar über einen Anspruch der Gesellschaft auf Leistung eines Nachschusses. Ihre Haftung ist unbeschränkt und – vorbehaltlich einer entsprechenden Vereinbarung mit dem Gläubiger (Rn 16) – unbeschränkbar (Rn 1). Dies bedeutet zum einen, dass das **gesamte Vermögen** der Gesellschafter dem Vollstreckungszugriff des Gläubigers unterliegt; die Haftung ist mithin nicht gegenständlich begrenzt. Zum anderen haften die Gesellschafter für die **gesamte Gesellschaftsverbindlichkeit**, anders als ein Kommanditist (Rn 3) also nicht begrenzt auf eine bestimmte Haftsumme. Zur Stellung der Gesellschaft und der nach § 128 in Anspruch genommenen Gesellschafter im **Zivilprozess** und in der **Zwangsvollstreckung** s. § 124 Rn 23 ff, 42 f, § 129 Rn 26 f; zur Rechtslage bei **Insolvenz** der Gesellschaft s. Rn 70 ff. 19

b) **Akzessorietät**

aa) **Grundsatz.** Die Haftung der Gesellschafter ist im Verhältnis zur Haftung der Gesellschaft akzessorischer Natur.[72] Zwar bestimmt § 128 S. 1, dass die Gesellschafter „als Gesamtschuldner" haften, doch bezieht sich dies allein auf das Verhältnis der Gesellschafter untereinander (Rn 24). Was dagegen das Verhältnis zwischen Gesellschafts- und Gesellschafterschuld betrifft, so fehlt es an der – für das Vorliegen einer Gesamtschuld erforderlichen[73] – Gleichstufigkeit der Haftung. Vielmehr lässt sich der Vorschrift des § 129 entnehmen, dass die Gesellschafterschuld jedenfalls insoweit, als es um ihre Durchsetzung geht, in Abhängigkeit von der Gesellschaftsschuld steht und damit gerade nicht dem für Gesamtschulden kennzeichnenden Grundsatz der Einzelwirkung i.S.v. § 425 BGB folgt (näher § 129 Rn 4 ff). Die Haftung der Gesellschafter ist somit, was das Verhältnis zur Gesellschaftsschuld betrifft, der Bürgenhaftung nachgebildet; die **Gesellschaftsschuld ist der Hauptschuld i.S.v. §§ 765 Abs. 1, 768 Abs. 1 BGB vergleichbar.** Der Grundsatz der Akzessorietät ist in §§ 128 f zwar auch insoweit verwirklicht, als nachträgliche Erweiterungen der Gesellschaftsschuld und der Verzicht der Gesellschaft auf Einreden in Frage stehen (s. § 129 Rn 14); ungeachtet der Unanwendbarkeit der §§ 767 Abs. 1 S. 3, 768 Abs. 2 BGB haben die Gesellschafter aber gleichwohl eine bürgenähnliche Stellung. Die Vorschrift des § 128 S. 1 entspricht deshalb, soweit sie die gesamtschuldnerische Haftung anordnet, derjenigen des § 769 Abs. 2 BGB, wonach Mitbürgen als Gesamtschuldner haften; die Akzessorietät der Bürgen- bzw. Gesellschafterschuld wird dadurch nicht berührt[74]. Dies entspricht auch der neueren Rechtsprechung des BGH.[75] 20

---

[72] MünchKommHGB/*K. Schmidt* Rn 16; Heymann/*Emmerich* Rn 5; Ebenroth/Boujong/Joost/Strohn/*Hillmann* Rn 19; Röhricht/v. Westphalen/*v. Gerkan/Haas* Rn 3; Koller/Roth/Morck/*Koller* Rn 2; Baumbach/*Hopt* Rn 19 f („unechte" Gesamtschuld); *A. Hueck* OHG § 21 II 7; *Wiedemann* Gesellschaftsrecht I § 5 IV 1; *ders.* WM 1975, Sonderbeil. 4 S. 41 ff; *Hadding* ZGR 1973, 137 (141 ff); *ders.* ZGR 1981, 577 (586 ff); *Kornblum* S. 129 ff; *Kühne* ZHR 133 (1970), 149 (161 ff); im Ergebnis auch *Flume* I/1 § 16 II 2a; **aA** *Buchner* JZ 1968, 622 f – Nachw. zur Rspr. s. in Fn 75.

[73] Näher dazu *Larenz* Schuldrecht I § 37 I; MünchKommBGB/*Selb* § 421 Rn 12 ff mit umf. Nachw.

[74] Vgl. MünchKommBGB/*Habersack* § 769 Rn 1.

[75] Vgl. für die GbR BGHZ 146, 341 (358) = NJW 2001, 1056; BGHZ 154, 88 (95) = NJW 2003, 1445; ferner BGHZ 47, 376 (378 ff) = NJW 1967, 2155; BGHZ 73, 217 (224 f) = NJW 1979, 1361; BGHZ 74, 240 (242) = NJW 1979, 1281; BGH 104, 76 (78) = NJW 1988, 1976; BGH NJW 1981, 2579; **aA** – für Identität von Gesellschafts- und Gesellschafterschuld (dazu Rn 2) noch –

21 bb) **Reichweite.** Die Akzessorietät gilt nicht nur hinsichtlich der **Durchsetzung** (Rn 20, § 129 Rn 4 ff) und des **Inhalts** (Rn 27 ff), sondern auch hinsichtlich der **Entstehung** und des **Fortbestands** der Gesellschafterschuld. So wie die Haftung der Gesellschafter nur bei Existenz einer Gesellschaftsschuld auflebt (Rn 10 ff), erlischt sie auch mit Erlöschen der Gesellschaftsschuld. Eine Vereinbarung zwischen Gesellschaft und Gläubiger, nach der die **Gesellschaftsschuld erlassen** werden, die Gesellschafterschuld aber fortbestehen soll, ist deshalb aus Gründen der Akzessorietät unwirksam.[76] Demgegenüber ergibt sich die Unwirksamkeit des unter Vorbehalt der Gesellschafterhaftung vereinbarten Erlasses nach Ansicht des BGH[77] daraus, dass andernfalls der Gesellschafter um sein Recht zur Geltendmachung der abgeleiteten Einwendungen i.S.v. § 129 gebracht und damit die Gesellschafterhaftung verschärft würde. Unwirksam soll danach also der Vorbehalt der Gesellschafterhaftung sein; nach dem mutmaßlichen Willen der Vertragsschließenden habe dies die Unwirksamkeit des Erlassvertrags insgesamt und damit den Fortbestand der Gesellschafts- wie der Gesellschafterhaftung zur Folge. Dagegen sollen der Erlass der Gesellschaftsschuld und der Vorbehalt der Gesellschafterhaftung wirksam sein, wenn der betroffene Gesellschafter dem zustimmt.[78] Gegen diese Ansicht spricht aber, dass der Erlass der Gesellschaftsschuld der Haftung des Gesellschafters die Grundlage entzieht und deshalb ein nur zugunsten der Gesellschaft wirkender Erlass eine dem Akzessorietätsprinzip widersprechende und damit rechtlich unmögliche Vereinbarung darstellt.[79] Eine solche Vereinbarung ist mithin auch dann nichtig, wenn der Gesellschafter ihr zustimmt.[80] Die dreiseitige Vereinbarung kann allerdings im Sinne eines pactum de non petendo zugunsten der Gesellschaft unter gleichzeitigem Verzicht des Gesellschafters auf die Geltendmachung dieser Einrede (§ 129 Rn 16) auszulegen sein.[81] Davon abgesehen steht es der Gesellschaft und dem Gläubiger frei, einen auch zugunsten der Gesellschafter wirkenden Erlassvertrag zu schließen; der einzelne Gesellschafter kann dann anstelle seiner – aus Gründen der Akzessorietät erloschenen – Gesellschafterhaftung eine nichtakzessorische Verbindlichkeit begründen. Zum Erlass der Gesellschafterschuld s. Rn 53.

22 Die Gesellschafterschuld ist des Weiteren hinsichtlich der **Zuständigkeit des Gläubigers** akzessorisch. Gem. §§ 398, 412 BGB i.V.m. § 401 BGB folgt sie stets der Gesellschaftsschuld, sei es, dass eine Gesamtrechtsnachfolge in das Vermögen des Gläubigers stattfindet oder der Gläubiger durch Rechtsgeschäft über seine Forderung gegen die Gesellschaft verfügt. Als akzessorisches Recht ist demnach auch die Forderung aus § 128 S. 1 **kein selbständiger Verfügungsgegenstand.** Auch der Grundsatz der Gläubigeridentität ist zwingender Natur. Eine isolierte Abtretung oder Belastung der Forderung aus § 128 S. 1 ist unwirksam.[82] Umgekehrt hat die isolierte, d.h. unter Ausklammerung der

---

BGHZ 23, 302 (303) = NJW 1957, 871; BGHZ 34, 293 (297) = NJW 1961, 1022.

[76] Im Ergebnis ganz hM, s. BGHZ 47, 376 (378 ff) = NJW 1967, 2155; *Flume* I/1 § 16 II 2b; *ders.* FS Knur S. 125 (135 ff); *Hadding* ZGR 1973, 137 (155 f); *Kornblum* S. 134 ff; MünchKommHGB/*K. Schmidt* Rn 17; Heymann/*Emmerich* Rn 7 f; Baumbach/*Hopt* Rn 20; **aA** RG JW 1928, 2612; *A. Hueck* OHG § 21 II 7; *Tiedtke* DB 1975, 1109 ff; *Buchner* JZ 1968, 622 f; differenzierend *Kühne* ZHR 133 (1970), 149 f (193).

[77] BGHZ 47, 376 (378 ff) = NJW 1967, 2155; BGH WM 1975, 974; zust. *Baumbach/Hopt* Rn 20.

[78] BGHZ 47, 376 (378) = NJW 1967, 2155; BGH WM 1975, 974; insoweit zust. auch *Heymann/Emmerich* Rn 7a.

[79] Vgl. insbesondere *Flume, Kornblum* und MünchKommHGB/*K. Schmidt*, jew. aaO (Fn 76).

[80] *Flume* I/1 § 16 II 2b; MünchKommHGB/*K. Schmidt* Rn 17.

[81] MünchKommHGB/*K. Schmidt* Rn 17.

[82] So für die Übertragung der Bürgschaftsforderung BGHZ 115, 177 (180) = NJW 1991,

Rechte gegen die Gesellschafter erfolgende Abtretung der gegen die Gesellschaft gerichteten Forderung entsprechend § 1250 Abs. 2 BGB das Erlöschen der Gesellschafterverbindlichkeit zur Folge.[83] Damit vergleichbar ist die Rechtslage bei einem **Wechsel auf der Schuldnerseite.** Soll die Gesellschaftsschuld von einem Dritten übernommen werden, so hat dies entsprechend § 418 Abs. 1 S. 1 und 3 BGB das Erlöschen der Gesellschafterschuld zur Folge, wenn nicht der Gesellschafter in die Schuldübernahme einwilligt.[84] Zur Rechtslage bei Umwandlung der Gesellschaft s. Rn 58, zu Durchbrechungen des Akzessorietätsgrundsatzes s. Rn 71.

cc) **Unanwendbarkeit der §§ 422 ff BGB.** Da zwischen Gesellschafts- und Gesellschafterschuld kein Gesamtschuldverhältnis besteht (Rn 20), finden die §§ 422 bis 426 BGB keine Anwendung. Unanwendbar ist deshalb nicht nur § 423 BGB betr. die Möglichkeit des **Einzelerlasses** (Rn 21), sondern auch § 422 Abs. 1 BGB, wonach die **Erfüllung** durch einen Gesamtschuldner Gesamtwirkung hat. Zwar bringt die Erfüllung durch die Gesellschaft auch die Gesellschafterschuld zum Erlöschen, so wie umgekehrt die Leistung eines Gesellschafters die Befriedigung des Gläubigers auch im Verhältnis zur Gesellschaft zur Folge hat. Indes ist der Eintritt dieser Simultanwirkung noch keine hinreichende Voraussetzung für das Vorliegen eines Gesamtschuldverhältnisses; dies zeigt das Bürgschaftsrecht, wo gleichfalls die Leistung des Bürgen oder Hauptschuldners zur Befriedigung des Gläubigers im Verhältnis zu beiden Schuldnern führt. Während aber in den Fällen des § 422 BGB die Leistung eines jeden Gesamtschuldners nach § 426 Abs. 1 und 2 BGB den Regress bei den anderen Gesamtschuldnern eröffnet, ist in den Fällen der akzessorischen Haftung das Regressverhältnis einseitigen Charakters. Leistet nämlich die Gesellschaft, so wird dadurch der akzessorischen Gesellschafterschuld die Grundlage entzogen; ein Regress findet nicht statt. Leistet umgekehrt der Gesellschafter, so führt dies zum Erlöschen allein seiner Gesellschafterschuld. Der Anspruch gegen die Gesellschaft dagegen geht entsprechend § 774 Abs. 1 S. 1 BGB vollumfänglich im Wege der cessio legis auf den leistenden Gesellschafter über (Rn 43 f, 46); mit ihm erwirbt der leistende Gesellschafter zugleich die Forderungen gegen die Mitgesellschafter, soweit diese zum Ausgleich verpflichtet sind (Rn 48 f). Soweit § 422 Abs. 2 BGB bestimmt, dass die Forderung eines Gesamtschuldners nur von diesem zur **Aufrechnung** verwandt werden kann, gilt dies zwar auch für die Gesellschafterhaftung nach § 128. Indes folgt dies mit Selbstverständlichkeit schon daraus, dass Gesellschaft und Gesellschafter unterschiedliche Rechtssubjekte sind; im Übrigen gewährt § 129 Abs. 3 – abweichend von § 422 Abs. 2 BGB – dem Gesellschafter die Befugnis, das Bestehen einer Aufrechnungslage zwischen Gesellschaft und Gläubiger mittels Einrede geltend zu machen (§ 129 Rn 19, 20 ff). Was die Rechtsfolgen des **Gläubigerverzugs** betrifft, so kommen die in §§ 300 ff BGB bestimmten Rechtsfolgen über § 129 Abs. 1 auch dem Gesellschafter zugute. Umgekehrt wirkt der durch den Gesellschafter bewirkte Verzug des Gläubigers abweichend von 23

3025; BGH NJW 1980, 1572 (1573); MünchKommBGB/*Habersack* § 765 Rn 52; **aA** *Tiedtke* ZIP 1995, 521 (527); *Bydlinski* ZIP 1989, 953 (957 ff). Zur entsprechenden Rechtslage bei Verpfändung und Pfändung s. §§ 1274 Abs. 2 BGB, 851 Abs. 1 ZPO i.V.m. § 401 BGB; für die Bürgschaft *Habersack* aaO; verkannt von *Grunsky* FS Henckel S. 329 (333 ff).

[83] So für die Bürgschaft BGHZ 115, 177 (181 f) = NJW 1991, 3025; MünchKommBGB/*Habersack* § 765 Rn 52; **aA** *Bydlinski* WM 1992, 1301 (1308 ff); *Tiedtke* ZIP 1995, 521 (526).

[84] Vgl. dazu sowie zum Folgenden für die Bürgschaft BGH NJW 1993, 1917 (1918); MünchKommBGB/*Habersack* § 765 Rn 50 f.

§ 424 BGB nicht zugunsten der Gesellschaft; leistet in diesem Fall die Gesellschaft, so lässt dies allerdings den Aufwendungsersatzanspruch des Gesellschafters aus § 304 BGB unberührt. Der in § 425 BGB normierte **Grundsatz der Einzelwirkung** findet in den Fällen der Akzessorietät naturgemäß keine Anwendung; vielmehr wirken Umstände in der Person der Gesellschaft stets für und gegen den Gesellschafter.

24 c) **Gesamtschuldnerische Haftung.** Im Verhältnis zum Gläubiger und untereinander haften die Gesellschafter gem. ausdrücklicher Bestimmung in S. 1 als Gesamtschuldner und damit nach Maßgabe der §§ 421 ff BGB. Auch insoweit entspricht die Haftung nach § 128 der Bürgenhaftung, bestimmt doch § 769 BGB, dass mehrere Bürgen, selbst wenn sie die Bürgschaft nicht gemeinschaftlich übernehmen, als Gesamtschuldner haften. Der Gläubiger kann somit gem. § 421 S. 1 BGB **nach Belieben jeden Gesellschafter ganz oder teilweise** in Anspruch nehmen und ungeachtet der im Innenverhältnis vereinbarten Haftungsquoten mit dem Regressrisiko belasten. Für das Verhältnis zwischen Gesellschafts- und Gesellschafterschuld trifft § 128 S. 1 keine Aussage; insoweit gilt der Grundsatz der Akzessorietät der Gesellschafterhaftung (Rn 20 ff).

25 Die Gesellschafter haften auch für **Drittansprüche eines Gesellschafters** (Rn 13).[85] Handelt es sich um eine Geldschuld, muss sich der Gesellschafter allerdings seinen eigenen **Verlustanteil anrechnen** lassen.[86] Da nämlich die Gesellschafter untereinander in Höhe ihrer jeweiligen Verlustbeteiligung zum Ausgleich verpflichtet sind (Rn 48 f), könnte der in Anspruch genommene Gesellschafter seinerseits Ausgleichung von dem Gesellschafter-Gläubiger verlangen; die Geltendmachung des Anspruchs in voller Höhe wäre deshalb dem dolo agit-Einwand[87] ausgesetzt. Aus dem gleichen Grund muss der Gesellschafter-Gläubiger den abzusehenden Ausfall eines Mitgesellschafters entsprechend der auf ihn entfallenden Quote mitragen.[88] Hat die OHG drei Gesellschafter mit gleichen Verlustanteilen, so muss sich demnach der Gesellschafter-Gläubiger einer Forderung in Höhe von 9.000 € zunächst den auf ihn entfallenden Anteil in Höhe von 3.000 € anrechnen lassen. Steht fest, dass ein Regress des in Anspruch genommenen Gesellschafters bei dem dritten Gesellschafter ausscheidet, so ist auch dessen Quote auf den Gläubiger und den in Anspruch genommenen Gesellschafter gleichmäßig zu verteilen mit der Folge, dass der Anspruch nur in Höhe von 4.500 € durchsetzbar ist. Diese Beschränkung des Anspruchs gegen die Gesellschafter muss sich gem. §§ 401, 412, 404 BGB auch ein **Zessionar** der gegen die Gesellschaft gerichteten Forderung (s. Rn 22) entgegenhalten

[85] HM, s. RGZ 85, 157; 153, 105; BGH ZIP 2002, 394, 396 (im Wege der Abtretung durch Dritten erworbene Forderung); BGH WM 1970, 280 (KG); NJW 1983, 749 = JZ 1983, 258 m. Anm *Walter* (GbR); BGH NJW-RR 1988, 710 (Erbengemeinschaft); Heymann/*Emmerich* Rn 15 f; Baumbach/*Hopt* Rn 24; Röhricht/v. Westphalen/*v. Gerkan/Haas* Rn 3, 5; Koller/Roth/Morck/*Koller* Rn 2; Westermann/*Wertenbruch* Rn I 738; *Faust* FS K. Schmidt S. 357, 358; *A. Hueck* OHG § 21 V mwN zum älteren (gespaltenen) Schrifttum; **aA** – Haftung als Teilschuldner mit wechselseitiger Ausfallgarantie – MünchKommHGB/*K. Schmidt* Rn 18; *K. Schmidt* Gesellschaftsrecht § 49 I 2b; Straube/*Koppensteiner* Rn 19; *Kornblum* S. 143 f; *Walter* JuS 1982, 81 (85).

[86] Vgl. RGZ 85, 157 (163); 153, 305 (311); BGH NJW 1983, 749 (GbR); *A. Hueck*, Heymann/*Emmerich*, Baumbach/*Hopt*, Westermann/*Wertenbruch* und Koller/Roth/Morck/*Koller*, jew. aaO (vorige Fn); **aA** BGH ZIP 2002, 394, 396 (im Wege der Abtretung durch Dritten erworbene Forderung).

[87] Vgl. BGH NJW 1983, 749 (GbR).

[88] Zutr. *A. Hueck* OHG § 21 V 2; *Heymann/Emmerich* Rn 15; *Baumbach/Hopt* Rn 24.

lassen.[89] Im umgekehrten Fall – der Gesellschafter erwirbt die gegen die Gesellschaft gerichtete Forderung eines Dritten – sieht sich der Anspruch aus § 128 (erst) in der Person des Zessionars dem dolo agit-Einwand ausgesetzt.[90] Zur **Subsidiarität** der Gesellschafterhaftung in diesen Fällen s. Rn 26.

d) **Primäre Haftung.** Die Gesellschafter haften nach § 128 S. 1 primär und damit wie ein selbstschuldnerischer Bürge; sie können also den Gläubiger nicht auf die vorrangige Inanspruchnahme der Gesellschaft verweisen.[91] Eine davon **abweichende Vereinbarung** zwischen Gesellschafter und Gläubiger wirkt nur im Außenverhältnis, kann also einem vom Gläubiger in Anspruch genommenen und nunmehr Regress begehrenden Mitgesellschafter nicht entgegengehalten werden (Rn 16, 53). Besonderheiten gelten für den Fall, dass der Gläubiger selbst Gesellschafter ist (Rn 13). Dann obliegt es ihm aufgrund der gegenüber seinen Mitgesellschaftern bestehenden mitgliedschaftlichen **Treupflicht** (§ 105 Rn 236 ff), vorrangig die Gesellschaft in Anspruch zu nehmen.[92] Einer Vorausvollstreckung i.S.v. § 771 BGB bedarf es allerdings nicht. Die Gesellschafter haften vielmehr nach Maßgabe der Ausführungen in Rn 25 bereits dann, wenn und soweit eine Befriedigung aus dem Gesellschaftsvermögen nicht zu erwarten ist, der Gesellschaft also hinreichende liquide Mittel zur Erfüllung ihrer Verbindlichkeit nicht zur Verfügung stehen;[93] nach zutr. Ansicht des BGH genügt insoweit bereits Erfüllungsverweigerung seitens der OHG.[94] Ist danach Befriedigung durch die Gesellschaft zu erwarten, so begründet dies eine persönliche, d.h. nicht von der Gesellschaft abgeleitete (§ 129 Rn 4 ff) Einrede des Gesellschafters. Nach §§ 401, 412, 404 BGB geht der Gesellschafter dieser Einrede nicht durch Abtretung des gegen die Gesellschaft gerichteten Anspruchs (s. Rn 22) verlustig.[95] Umgekehrt muss sich auch der Gesellschafter, der den Anspruch eines Dritten erwirbt, die sich aus der Treupflicht ergebenden Durchsetzungsschranken entgegenhalten lassen.[96] 26

e) **Inhalt der Haftung**

aa) **Überblick.** Über den Inhalt der Gesellschafterhaftung konnte bis heute kein volles Einvernehmen erzielt werden. Noch immer bewegt sich die Diskussion in dem durch die Schlagworte **„Haftungs- und Erfüllungstheorie“** abgesteckten Rahmen. Während die An- 27

[89] Zutr. BGH NJW 1983, 749 (GbR); RGZ 85, 157 (159); Heymann/*Emmerich* Rn 15; Baumbach/*Hopt* Rn 24; **aA** *Walter* JZ 1983, 260 f.

[90] **AA** BGH ZIP 2002, 394, 396 (keine Treupflichtschranken).

[91] Wohl einh. M., s. Röhricht/v. Westphalen/*v. Gerkan/Haas* Rn 3; *A. Hueck* OHG § 21 II 7; zur Fälligkeit des gegen den Gesellschafter gerichteten Anspruchs mit Fälligkeit der gegen die Gesellschaft gerichteten Forderung vgl. BGH NJW 2008, 1729 Tz. 24 f (betr. die Bürgschaft).

[92] *A. Hueck* OHG § 21 V 1; MünchKommHGB/*K. Schmidt* Rn 20; Ebenroth/Boujong/Joost/Strohn/*Hillmann* Rn 18; Heymann/*Emmerich* Rn 16; *Walter* JuS 1982, 81 (85); im Grundsatz auch BGH ZIP 2002, 394, 396 (s. aber noch Fn 96).

[93] Vgl. die Nachw. in Fn 92; s. ferner bezüglich des Regresses BGH NJW 1980, 339; BGH ZIP 2002, 394 (396).

[94] BGH ZIP 2002, 394 (396).

[95] Zust. MünchKommHGB/*K. Schmidt* Rn 20 unter Aufgabe seiner noch in Schlegelberger (Rn 20) vertretenen Ansicht; wie hier auch 3. Aufl. Anm. 46 (*R. Fischer*); Westermann/*Wertenbruch* Rn I 743; **aA** die hM unter Hinweis auf den persönlichen, aus der Stellung des Gesellschafter-Gläubigers abgeleiteten Charakter des Einwands, s. *A. Hueck* OHG § 21 V 2; *Kornblum* S. 144 f; *Walter* JuS 1982, 81 (87); wohl auch Ebenroth/Boujong/Joost/Strohn/*Hillmann* Rn 18.

[96] **AA** BGH ZIP 2002, 394, 396 (betr. die Geltendmachung eines vom Ehegatten erworbenen Aufwendungsersatzanspruchs).

hänger der „Haftungstheorie" davon ausgehen, die Gesellschafterschuld sei stets auf Geld und damit bei anderen als Geldschulden der Gesellschaft auf Schadensersatz wegen Nichterfüllung gerichtet,[97] entspricht nach der in Rechtsprechung und Schrifttum herrschenden „Erfüllungstheorie" der Inhalt der Gesellschafterschuld jedenfalls im Grundsatz demjenigen der Gesellschaftsschuld.[98] Für die Vertreter der Haftungstheorie steht der **Schutz der gesellschaftsfreien Sphäre** der Gesellschafter im Vordergrund. Demgegenüber betonen die Anhänger der Erfüllungstheorie, dass es mit Rücksicht auf die **Interessen der Gesellschaftsgläubiger** einer Erfüllungshaftung bedürfe, zumal bereits allgemeine Grundsätze des Schuldrechts und des Zwangsvollstreckungsrechts einen übermäßigen Eingriff in die Privatsphäre der Gesellschafter ausschlössen. Beide Auffassungen werden indes nicht mit letzter Konsequenz angewandt. Vielmehr müssen auch die Anhänger der „Erfüllungstheorie" einräumen, dass namentlich bei der Verpflichtung der Gesellschaft zur Vornahme einer unvertretbaren Handlung dem Gläubiger durch die „Erfüllung" seitens des Gesellschafters wenig gedient ist und deshalb insoweit allein eine Haftung auf das Interesse in Betracht kommt (Rn 36 ff). Umgekehrt soll auch nach Ansicht von *R. Fischer* der Gesellschafter trotz Geltung der „Haftungstheorie" jedenfalls dann auf Erfüllung haften, wenn er der Gesellschaft gegenüber zur Leistung des von dieser dem Gläubiger geschuldeten Gegenstands verpflichtet ist.[99] Im Ergebnis bestehen denn auch Divergenzen im Wesentlichen nur insoweit, als es um die Verpflichtung der OHG zur Lieferung individueller oder vertretbarer Gegenstände (Rn 31 ff) oder um die Verpflichtung zur Vornahme vertretbarer Handlungen (Rn 35) geht.

28 bb) **Grundsatz.** Mit der hM (Rn 27) ist von dem Grundsatz auszugehen, dass der Inhalt der Gesellschafterschuld demjenigen der Gesellschaftsschuld entspricht und damit die Gesellschafter auf **Erfüllung** in Anspruch genommen werden können. Dafür spricht bereits die Akzessorietät (Rn 20 ff). Hinsichtlich der Bürgenschuld ist es denn auch anerkannt, dass deren Inhalt grundsätzlich demjenigen der Hauptschuld entspricht;[100] Entsprechendes hat für die Haftung des Gesellschafters nach § 128 zu gelten.[101] Eine von vornherein auf das Interesse des Gläubigers begrenzte Haftung des Gesellschafters stünde aber auch in Widerspruch zum Grundsatz der primären Gesellschafterhaftung (Rn 26).

---

[97] Vgl. insbesondere *Wieland* Handelsrecht I § 53d I 3; *R. Fischer* S. 77 ff; aus neuerer Zeit 3. Aufl. Anm. 9 ff (*R. Fischer*); *John* S. 250 ff; Straube/*Koppensteiner* Rn 9 ff; s. ferner die Nachw. in Fn 103.

[98] Vgl. BGHZ 23, 302 = NJW 1957, 871; BGHZ 73, 217 = NJW 1979, 1361 = JZ 1980, 193 mit Anm. *Wiedemann*; BGH NJW 1987, 2367 (2369); BGHZ 104, 76, (78) = NJW 1988, 1976; aus dem neueren Schrifttum namentlich *Flume* I/1 § 16 III 3, 4 und FS Reinhardt S. 223, 229 f (diff. zwischen personengebundenen und nicht personengebundenen Verbindlichkeiten); im Ergebnis weitgehend übereinstimmend *A. Hueck* OHG § 21 II 3; *Hadding* ZGR 1981, 577 (582 ff); *Martensen* S. 21 ff, 53 ff; Westermann/*Wertenbruch* Rn I 744 f; MünchKommHGB/*K. Schmidt* Rn 24; *K. Schmidt* Gesellschaftsrecht § 49 III; Ebenroth/Boujong/Joost/Strohn/*Hillmann* Rn 22; Röhricht/v. Westphalen/*v. Gerkan/Haas* Rn 6; Baumbach/*Hopt* Rn 8; Koller/Roth/Morck/*Koller* Rn 5; einschränkend – Begrenzung der Vertretungsmacht (dazu Rn 29) – *Emmerich* FS Lukes S. 639 ff und Heymann/*Emmerich* Rn 21.

[99] 3. Aufl. Anm. 12 (*R. Fischer*).

[100] Vgl. MünchKommBGB/*Habersack* § 765 Rn 79; Staudinger/*Horn* BGB[13] § 765 Rn 99.

[101] Zutr. bereits *Flume* I/1 § 16 III 2 in Auseinandersetzung mit der (von unzutr. Prämissen ausgehenden) Auffassung *Wielands* (Fn 97), wonach für die „Haftungstheorie" auch die entsprechende Rechtslage im Bürgschaftsrecht (Haftung lediglich auf das Interesse) spreche.

Könnte der Gläubiger die Gesellschafter allein auf sein Interesse in Anspruch nehmen, wäre er gehalten, zunächst seinen Erfüllungsanspruch gegen die Gesellschaft in einen Sekundäranspruch umzuwandeln; eine sofortige Inanspruchnahme der Gesellschafter wäre ihm nur um den Preis des Verlusts seines Erfüllungsanspruchs möglich.[102] Soweit man dem seitens einiger Vertreter der „Haftungstheorie" durch Annahme einer primären Haftung der Gesellschafter auf das „Wertinteresse" des Gläubigers zu begegnen sucht,[103] vermag dies schon deshalb nicht zu überzeugen, weil eine auf den Wert der von der Gesellschaft geschuldeten Leistung beschränkte Haftung hinter dem tatsächlichen, aus der Nichterfüllung seitens der Gesellschaft zu bestimmenden positiven Interesse des Gläubigers zurückbleiben und diesen damit von der Inanspruchnahme der Gesellschafter abhalten kann. Wie nicht zuletzt die Vorschriften des § 887 ZPO einerseits und der §§ 888, 890 ZPO andererseits zeigen (Rn 31 ff, 36, 38), kann dem durchaus berechtigten Anliegen eines Schutzes der „gesellschaftsfreien Sphäre" der Gesellschafter auch auf der Grundlage der Erfüllungstheorie Rechnung getragen werden, ohne dass darauf abgestellt werden müsste, ob die fragliche Verbindlichkeit die Gesellschafter in ihrer Privatsphäre „nicht wesentlich mehr beeinträchtigt als Geldleistungen."[104]

Der Geltung des Akzessorietätsgrundsatzes (Rn 20 ff) auch hinsichtlich des Inhalts der Gesellschafterschuld lässt sich auch nicht entgegenhalten, dass die organschaftlichen Vertreter nur zur Vertretung der Gesellschaft, nicht dagegen zur Vertretung der Gesellschafter persönlich befugt sind (§ 126 Rn 12).[105] Die Haftung aus § 128 ist vielmehr gesetzlicher Natur und umfasst sämtliche Gesellschaftsschulden. Einer **Vertretung der Gesellschafter** persönlich und damit einer entsprechenden Vollmacht des handelnden Gesellschafters bedarf es allein in den Fällen, in denen die Haftung der Gesellschafter trotz Geltung der „Erfüllungstheorie" nur auf Geldersatz gerichtet ist (Rn 38 f). Sieht man vom Abschluss einer haftungsbeschränkenden Vereinbarung i.S.v. § 128 S. 2 ab (Rn 15 f), so ist auch nur in diesen Fällen einer eigenständigen rechtsgeschäftlichen Verpflichtung Raum für die Ermittlung des Inhalts der Gesellschafterschuld im Wege der Auslegung der im Namen der Gesellschafter getroffenen Vereinbarung. Entgegen der früheren Rechtsprechung des BGH[106] kommt es für den Inhalt der Haftung auch nicht auf das **Innenverhältnis** zwischen Gesellschaft und Gesellschafter an. Die Rechtsstellung des Gläubigers wird, wie § 128 S. 2 ganz allgemein betont (Rn 15 f), durch das Innenverhältnis der Gesellschafter untereinander und zur Gesellschaft nicht berührt; dies hat auch hinsichtlich des Inhalts der Haftung zu gelten. Auch für den Fall, dass der in Anspruch genommene Gesellschafter der Gesellschaft gegenüber nicht zur Vornahme der von dieser geschuldeten Leistung verpflichtet ist, entspricht also der Inhalt seiner Schuld demjenigen der Gesellschaftsschuld. Die gegenüber der Gesellschaft bestehende Leistungsverpflichtung kann jedoch den Inhalt der Gesellschaftsschuld und damit auch denjenigen der Gesellschafterschuld beeinflussen (Rn 32). Nicht weiterführend ist schließlich die An- **29**

[102] Vgl. bereits *A. Hueck* OHG § 21 II 3; dagegen die Replik von *John* S. 267 ff.

[103] *Hauer* S. 151; *Iber* S. 81 ff; dagegen aber auch *John* S. 268 f als Vertreter der „Haftungstheorie".

[104] So aber BGHZ 73, 217 (221 f) = JZ 1980, 193 mit Anm. *Wiedemann*; BGH NJW 1987, 2367 (2369) = ZIP 1987, 842.

[105] Darauf aber stützt *Emmerich* (in FS Lukes S. 639 (649 ff); ferner Heymann/*Emmerich* Rn 21 f) Einschränkungen der Erfüllungshaftung; ihm folgend Baumbach/*Hopt* Rn 9; dagegen aber zu Recht MünchKommHGB/*K. Schmidt* Rn 24; s. dazu noch Rn 39.

[106] Für Erfüllungshaftung „jedenfalls" in diesen Fällen BGHZ 23, 302 (306) = NJW 1957, 871; BGH WM 1974, 253 (254); dem BGH folgend *A. Hueck* OHG § 21 II 5; *Kornblum* S. 155 f; *ders.* BB 1971, 1434 (1439 f).

nahme einer Pflicht des Gesellschafters zur **Einwirkung auf die Gesellschaft**, damit diese ihrer Erfüllungspflicht nachkomme.[107] Ist die Gesellschaft zur Leistung imstande, so kann der Gläubiger den gegen die Gesellschaft gerichteten Erfüllungsanspruch zwangsweise durchsetzen; bei Unvermögen der Gesellschaft vermag dagegen auch die Einwirkung des Gesellschafters nicht zur Befriedigung des Gläubigers beizutragen.

cc) **Einzelfälle**

30 (1) **Geldschuld.** Unproblematisch sind die Fälle, in denen die Gesellschaft Zahlung von Geld schuldet. Dann ist auch der Inhalt der Gesellschafterschuld auf Zahlung der entsprechenden Summe gerichtet. Erweiterungen oder Herabsetzungen der Gesellschaftsschuld, beispielsweise durch **Verzug** der Gesellschaft oder durch die Vereinbarung von Zinsen, wirken für und gegen die Gesellschafter; die Vorschrift des § 767 Abs. 1 S. 3 BGB findet keine Anwendung (Rn 20). Die Vollstreckung der gegen die Gesellschafter gerichteten Forderung erfolgt nach §§ 803 ff ZPO.

31 (2) **Stückschuld.** Schuldet die Gesellschaft Lieferung eines bestimmten Gegenstands, so sind verschiedene Fallgestaltungen zu unterscheiden. Ist die **Gesellschaft Eigentümer** des geschuldeten Gegenstands, so können auch die Gesellschafter stets auf Erfüllung in Anspruch genommen werden.[108] Zwar sind sie zur Erbringung der Leistung nicht imstande, doch werden sie schon nach allgemeinen Grundsätzen des Schuldrechts mit diesem Einwand nicht gehört, wenn nur feststeht, dass sie jedenfalls auf das Interesse haften.[109] Letzteres aber trifft auf die Gesellschafter schon mit Blick auf die zwingende Haftung aus § 128 zu. Über den Einwand des Unvermögens ist somit erst gar nicht zu verhandeln. Gesellschaft und Gesellschafter können vielmehr auf dasselbe verklagt werden, so dass dem Gläubiger nicht nur die Bezifferung eines auf das Interesse gerichteten Antrags erspart bleibt, sondern auch der Erfolg einer Vollstreckung nach §§ 883, 885, 894, 897 ZPO nicht davon abhängt, dass die Gesellschaft Besitzer des geschuldeten Gegenstands ist.[110] Wollte man dagegen den Gläubiger auf die Geltendmachung eines Schadensersatzanspruchs beschränken, so wäre er für den Fall, dass der Gesellschafter Besitzer der geschuldeten Sache ist, gehalten, nach § 886 ZPO vorzugehen und ggf. den Gesellschafter klagweise auf Herausgabe in Anspruch zu nehmen. Nichts anderes gilt im Ergebnis, wenn der geschuldete Gegenstand im Besitz der Gesellschaft steht; auch dann kann der Gesellschafter auf Erfüllung in Anspruch genommen werden. Zwar ist die Vorschrift des § 283 BGB a.F. im Zuge der Schuldrechtsreform ersatzlos entfallen.[111] Nach wie vor gilt freilich, dass seine Erfüllungshaftung allein durch § 275 BGB begrenzt wird. Unmöglichkeit gem. § 275 Abs. 1 BGB kommt indes in Fällen, in denen sich die Sache im Eigentum der Gesellschaft befindet, regelmäßig schon deshalb nicht in Betracht, weil nicht ausgeschlossen ist, dass der Gesellschafter die Sache erwerben und damit sein vermeintliches Leistungsunvermögen überwinden kann. Auch das Leistungsverweigerungsrecht aus § 275 Abs. 2 BGB dürfte im Allgemeinen ausgeschlossen sein, und zwar zum

[107] Dies ist der Ausgangspunkt der Überlegungen von *A. Hueck* OHG § 21 II 5.

[108] Zutr. *Flume* I/1 § 16 III 3; *K. Schmidt* Gesellschaftsrecht § 49 III 1; *Martensen* S. 65 ff; **aA** *Lindacher* JuS 1982, 349 (352).

[109] Vgl. RGZ 80, 247 (249); RG JW 1937, 292 (293); BGH NJW 1974, 1552 (1554); **aA** *Wittig* NJW 1993, 635; *Wolff* JZ 1995, 280, 281 ff (Erlöschen des Erfüllungsanspruchs).

[110] Zutr. *Flume* I/1 § 16 III 3.

[111] Zu der auf § 283 BGB a.F. basierenden Argumentation s. Voraufl. Rn 31; ferner *Flume* I/1 § 16 III 3; für die Herausgabevollstreckung (Rn 34) s. auch BGH NJW 1987, 2367 (2368) = ZIP 1987, 842.

einen mit Blick auf die Möglichkeit des Erwerbs des geschuldeten Gegenstands von der Gesellschaft, zum anderen mit Blick auf seine Möglichkeit, als Gesellschafter darauf hinzuwirken, dass die Gesellschaft ihrerseits den geschuldeten Gegenstand an den Gläubiger leistet und hierdurch das Erlöschen der Gesellschaftsschuld (und damit zugleich der Gesellschafterschuld) herbeiführt. In prozessualer Hinsicht kann der Gesellschafter nach Maßgabe der §§ 255, 258 f, 510b ZPO zur Leistung und für den Fall des Ablaufs einer gerichtlich festgesetzten Frist auf Schadensersatz verurteilt werden. Die Möglichkeit, den Gesellschafter hilfsweise auf Schadensersatz nach §§ 280, 283 BGB in Anspruch zu nehmen, wird hierdurch nicht berührt.

Im Grundsatz nicht anders verhält es sich für den Fall, dass ein **Dritter oder** einer der **Gesellschafter Eigentümer** des von der Gesellschaft geschuldeten Gegenstands ist. Steht fest, dass die Gesellschaft jedenfalls auf das Interesse haftet, also kein Fall der nicht zu vertretenden Unmöglichkeit gegeben ist, so ist sie nach dem in Rn 31 Gesagten auf Erfüllung zu verurteilen; Entsprechendes gilt dann hinsichtlich der Klage gegen die Gesellschafter.[112] Das Leistungshindernis wird wiederum erst im Rahmen der Vollstreckung berücksichtigt. Ist einer der Gesellschafter aufgrund des Gesellschaftsvertrags oder eines Drittgeschäfts (Rn 13) verpflichtet, den von der Gesellschaft geschuldeten Gegenstand dieser zu übereignen, so fehlt es schon an dem Unvermögen der Gesellschaft. In diesem Fall haften sämtliche Gesellschafter entsprechend den Ausführungen in Rn 31 auf Erfüllung.[113] **32**

(3) **Gattungsschuld.** Nach den zur Stückschuld getroffenen Feststellungen (Rn 31 f) steht fest, dass die Gesellschafter für Gattungsschulden der Gesellschaft stets und ohne Rücksicht auf etwaige Leistungserschwerungen auf Erfüllung in Anspruch genommen werden können.[114] Der Gläubiger kann demnach gem. §§ 883 f, 894, 897 ZPO vollstrecken. Kommt der Gesellschafter seiner Beschaffungspflicht nicht nach, bleibt dem Gläubiger, wie § 893 ZPO ausdrücklich betont, allein die Geltendmachung seines Interesses (Rn 31). Der Gesellschafter wird durch die Erfüllungshaftung schon deshalb nicht unzumutbar belastet, weil nach § 887 Abs. 3 ZPO nicht einmal die in Abs. 1 und 2 dieser Vorschrift geregelten Vollstreckungsmaßnahmen (Rn 35) zulässig sind. **33**

(4) **Herausgabe.** Schuldet die Gesellschaft Herausgabe einer bestimmten oder vertretbaren Sache, so gelten die Ausführungen in Rn 31–33 betr. die Verpflichtung zur Lieferung einer Sache entsprechend. Auch in diesem Fall können die Gesellschafter mithin auf **34**

---

[112] So auch *Flume* I/1 § 16 III 3; *ders.* FS Reinhardt S. 223, 228 (mit zutr. Hinweis darauf, dass bei Verträgen über eine im Eigentum eines Gesellschafters stehende Sache häufig ein Fall des Missbrauchs der Vertretungsmacht [§ 126 Rn 23 ff] vorliegt und es damit an einer Gesellschaftsschuld fehlt); *Grunewald* Gesellschaftsrecht 1. B. Rn 38; **aA** *A. Hueck* OHG § 21 II 5, *Martensen* S. 68 ff, jew. unter Hinweis auf die auf das Interesse gehende Haftung der Gesellschaft und die Inhaltsakzessorietät der Gesellschafterhaftung; *Lindacher* JuS 1982, 349 (353); ferner sämtliche Vertreter der „Haftungstheorie", s. Nachw. in Fn 97.

[113] So auch *Hadding* ZGR 1981, 577, 585 (Fn 18); *Martensen* S. 70 f; **aA** – Erfüllungshaftung nur des aus Gesellschaftsvertrag zur Einbringung verpflichteten Gesellschafters – *Lindacher* JuS 1982, 349 (352); *Kornblum* S. 156; ähnlich *A. Hueck* OHG § 21 II 5 (Erfüllungshaftung des gegenüber der Gesellschaft verpflichteten Gesellschafters).

[114] HM, s. *Flume* I/1 § 16 III 3; *K. Schmidt* Gesellschaftsrecht § 49 III 1; Baumbach/*Hopt* Rn 14; s. ferner BGHZ 73, 217 (vertretbare Handlung, dazu Rn 35); BGH NJW 1987, 2367 (Herausgabe, dazu Rn 34); **aA** die Vertreter der „Haftungstheorie", s. namentlich *John* S. 257 f; ferner *Emmerich* FS Lukes S. 639 (652); *Lindacher* JuS 1982, 349 (353).

Erfüllung in Anspruch genommen werden, ohne dass es auf die Besitzverhältnisse hinsichtlich des vom Gläubiger zu beanspruchenden Gegenstands ankommt.[115] Die Vollstreckung erfolgt nach §§ 883 ff ZPO. Nach § 887 Abs. 3 ZPO ist die Anordnung einer Ersatzvornahme unzulässig. Der Gläubiger kann, wenn der Gesellschafter nicht freiwillig leistet oder die Herausgabevollstreckung scheitert, Schadensersatz begehren (Rn 31).

35 (5) **Vertretbare Handlungen.** Schuldet die Gesellschaft die Vornahme einer vertretbaren Handlung, so lässt schon § 887 ZPO erkennen, dass die Statuierung einer Erfüllungshaftung die gesellschaftsfreie Sphäre des Gesellschafters nicht tangiert. Nach dieser Vorschrift können nämlich für den Fall, dass der Gesellschafter der Erfüllungsverpflichtung nicht nachkommt, die Kosten einer **Ersatzvornahme** tituliert und sodann gem. § 788 Abs. 1 ZPO als Kosten der Zwangsvollstreckung beigetrieben werden.[116] Unmittelbarer Zwang wird mithin auf den Gesellschafter nicht ausgeübt. Mit der ganz hM ist deshalb davon auszugehen, dass der Gläubiger unabhängig vom Inhalt der geschuldeten (vertretbaren) Handlung sowohl die Gesellschaft als auch sämtliche Gesellschafter auf Erfüllung in Anspruch nehmen kann.[117]

36 (6) **Unvertretbare Handlungen.** Unvertretbare Handlungen sind nach § 888 Abs. 1 S. 1 ZPO dadurch gekennzeichnet, dass sie durch einen Dritten nicht vorgenommen werden können. Der Eintritt des Leistungserfolgs ist mithin in der Weise mit der Person des Schuldners verknüpft, dass die Leistung durch einen Dritten i.S.v. § 267 BGB nicht die Erfüllung des Schuldverhältnisses bewirkt. Wird die **Handlung durch einen Dritten** vorgenommen, so erlangt diese einen **anderen Inhalt.** Die Gesellschaftsschuld bleibt in diesem Fall bestehen; ein Regress des Gesellschafters (Rn 43 ff) kommt nicht in Betracht. Auch die Gesellschafter können somit nach § 128 nur auf das Interesse in Anspruch genommen werden,[118] und zwar auch dann, wenn sie der Gesellschaft gegenüber zur Vornahme einer entsprechenden Handlung verpflichtet sind (Rn 40). Die Vollstreckung des gegen die Gesellschaft gerichteten Titels erfolgt nach § 888 Abs. 1 ZPO. Das nach dieser Vorschrift festzusetzende Zwangsgeld ist in das Gesellschaftsvermögen zu vollstrecken. Die Zwangshaft ist demgegenüber zwar gegen den gesetzlichen Vertreter der

---

[115] BGH NJW 1987, 2367 (2369) = ZIP 1987, 842; MünchKommHGB/*K. Schmidt* Rn 26; Baumbach/*Hopt* Rn 14; *Emmerich* FS Lukes S. 639 (652).

[116] Dazu OLG Hamm NJW-RR 1986, 420; Thomas/Putzo/*Hüßtege* ZPO[29] § 887 Rn 13.

[117] BGH ZIP 2008, 2359 Tz. 11 (betr. Pflicht zur Erstellung einer Auseinandersetzungsbilanz); BGHZ 73, 217 (221 f) = NJW 1979, 1361 = JZ 1980, 193 m. Anm. *Wiedemann* (betr. Mängelbeseitigung); *Flume* I/1 § 16 III 3; MünchKommHGB/*K. Schmidt* Rn 27; Heymann/*Emmerich* Rn 24b; Baumbach/*Hopt* Rn 15; Ebenroth/Boujong/Joost/Strohn/*Hillmann* Rn 26; Westermann/*Wertenbruch* Rn 751 ff; *Hadding* ZGR 1981, 577 (585); einschränkend *Lindacher* JuS 1982, 349 (354); **aA** *John* S. 267 unter Hinweis auf angebliche – freilich bereits in §§ 887 f ZPO angelegte – Schwierigkeiten der Abgrenzung zwischen vertretbaren und unvertretbaren Handlungen.

[118] Ganz hM, s. *Flume* I/1 § 16 III 4; *Hadding* ZGR 1981, 577 (585); MünchKommHGB/*K. Schmidt* Rn 28; Heymann/*Emmerich* Rn 24b; *Emmerich* FS Lukes S. 639 (653); Baumbach/*Hopt* Rn 15; Ebenroth/Boujong/Joost/Strohn/Hillmann Rn 27; Röhricht/v. Westphalen/*v. Gerkan/Haas* Rn 6; Westermann/*Wertenbruch* Rn I 755; für die Verpflichtung zur Abgabe einer Willenserklärung (dazu noch Rn 37) auch BGH WM 1983, 220 f; BGH ZIP 2008, 501 (502); **aA** für den geschäftsführenden Gesellschafter BGHZ 23, 302 (306) = NJW 1957, 871; *A. Hueck* OHG § 21 II 5.

Gesellschaft zu vollstrecken;[119] doch ändert dies nichts daran, dass allein die Gesellschaft Schuldner der Primärleistung ist. Auch die **geschäftsführenden Gesellschafter** haften somit nicht persönlich auf Erfüllung. Die davon abweichende Rspr. des BGH[120] verkennt, dass der Gesellschafter als Organ der Gesellschaft handelt und damit die geschuldete Leistung durch die Gesellschaft erbracht wird.

(7) **Abgabe einer Willenserklärung.** Der auf den Inhalt der Gesellschafterschuld ausstrahlende höchstpersönliche Charakter einer jeden Verpflichtung zur Vornahme einer unvertretbaren Handlung tritt besonders deutlich in dem Fall zutage, dass die Gesellschaft die Abgabe einer Willenserklärung schuldet und diese Willenserklärung nicht Bestandteil einer vertretbaren Leistung ist.[121] Die von der Gesellschaft geschuldete Willenserklärung wird dann zwar nach § 894 ZPO durch die Rechtskraft des gegen die Gesellschaft gerichteten Urteils ersetzt. Ein entsprechender Titel gegen den Gesellschafter vermag dagegen den von der Gesellschaft geschuldeten Leistungserfolg, nämlich die Abgabe einer Willenserklärung der Gesellschaft, nicht herbeizuführen; die Willenserklärung des Gesellschafters ist nicht inhaltsgleich mit derjenigen der Gesellschaft. Auch in diesem Fall haften deshalb die Gesellschafter – einschließlich der zur Geschäftsführung und Vertretung berechtigten – nur auf das Interesse.[122] Eine Erfüllungshaftung des Gesellschafters kommt allein bei Übernahme einer entsprechenden persönlichen Verpflichtung in Betracht; doch hat dies mit § 128 nichts zu tun. 37

(8) **Unterlassungs- und Duldungspflichten.** Hinsichtlich der Frage des Inhalts der Gesellschafterschuld bei Unterlassungs- und Duldungspflichten der Gesellschaft kann auf die Ausführungen in Rn 36 verwiesen werden: Schuldet die Gesellschaft ein Unterlassen oder Dulden, so ist dem Gläubiger mit einem Unterlassen oder Dulden des Gesellschafters nicht gedient; auch Unterlassungs- und Duldungspflichten sind m.a.W. **höchstpersönlicher Natur**. Dies zeigt auch die Vorschrift des § 890 ZPO, wonach, nicht anders als nach § 888 Abs. 1 ZPO (Rn 36), auf den Eintritt des Vollstreckungserfolgs allein durch Festsetzung von Beugemaßnahmen hingewirkt werden kann. Die Gesellschafter haften demnach allein auf das Interesse des Gläubigers.[123] Dies gilt auch für die geschäftsführungs- und vertretungsberechtigten Gesellschafter (Rn 36) sowie für die Gesellschafter, die der Gesellschaft aus einem anderen Rechtsgrund zu einem entsprechenden Unterlassen oder Dulden verpflichtet sind (Rn 29). 38

---

119 Vgl. *Kornblum* S. 155; *John* S. 259; allg. Thomas/Putzo/*Hüßtege* ZPO[29] § 888 Rn 16.

120 BGHZ 23, 302 (306) = NJW 1957, 871; dagegen auch *Flume* I/1 § 16 III 5; MünchKommHGB/*K. Schmidt* Rn 28; *Wiedemann* Gesellschaftsrecht I § 5 IV 2b; Heymann/*Emmerich* Rn 25.

121 In diesem Fall ist auch der Gesellschafter zur Abgabe der Willenserklärung verpflichtet; die Vollstreckung erfolgt dann gem. § 894 ZPO, s. Rn 31, 33.

122 Wohl allgM, s. BGH WM 1983, 220 f; BGH ZIP 2008, 501 (502); *Flume* I/1 § 16 III 5; *Emmerich* FS Lukes S. 639 (653); *Hadding* ZGR 1981, 577 (585 f); *Lindacher* JuS 1982, 349 (354); Westermann/*Wertenbruch* Rn I 758; MünchKommHGB/*K. Schmidt* Rn 30; Baumbach/*Hopt* Rn 18; Röhricht/v. Westphalen/*v. Gerkan/Haas* Rn 6.

123 MünchKommHGB/*K. Schmidt* Rn 29; *Emmerich* FS Lukes S. 639 (650); Heymann/*Emmerich* Rn 22; Ebenroth/Boujong/Joost/Strohn/*Hillmann* Rn 29; Baumbach/*Hopt* Rn 17; im Ergebnis auch *Hadding* ZGR 1981, 577 (587 f); **aA** für den Fall, dass der Gesellschafter der Gesellschaft zur Unterlassung bzw. Duldung verpflichtet ist, 3. Aufl. Anm. 12 (*R. Fischer*); *Hueck* OHG § 21 II 5; *Kornblum* BB 1971, 1434 ff; im Ergebnis auch *Flume* I/1 § 16 III 4.

39 RG und BGH haben freilich schon verschiedentlich ein die Gesellschaft verpflichtendes Wettbewerbsverbot auf die Gesellschafter erstreckt,[124] um auf diesem Weg eine **„Umgehung“ der Unterlassungsverpflichtung** der Gesellschaft, etwa durch Aufnahme des Wettbewerbs durch die Gesellschafter persönlich, durch nahestehende Personen oder durch eine weitere Gesellschaft, zu verhindern. Indes handelt es sich dabei nicht um ein Problem des § 128, wie schon die Überlegung zeigt, dass ein entsprechender „Umgehungsschutz“ auch in den Fällen in Betracht zu ziehen ist, in denen es sich bei der verpflichteten Gesellschaft um eine GmbH oder KG handelt.[125] Nach zutr. Ansicht[126] unterliegen die Gesellschafter einer Unterlassungs- und Duldungspflicht vielmehr allein unter der Voraussetzung, dass sie in ihrer Person einen **eigenen Haftungstatbestand** verwirklichen (Rn 14). So können die Gesellschafter nach §§ 823 ff, 1004 BGB, § 3 UWG zur Unterlassung verpflichtet sein.[127] In Betracht kommt aber auch, dass sich die Gesellschafter vertraglich, sei es auch konkludent, zu einem Dulden oder Unterlassen verpflichten; insoweit sind im Rahmen der Auslegung der Wettbewerbsabrede selbstredend der Grundsatz von Treu und Glauben im Allgemeinen und das Verbot widersprüchlichen Verhaltens im Besonderen zu berücksichtigen.[128] Soll eine Unterlassungspflicht des Gesellschafters durch das Handeln eines Vertreters begründet werden, so bedarf es hierzu einer **Vollmacht**: die organschaftliche Vertretungsbefugnis berechtigt hingegen nur zur Vertretung der Gesellschaft (§ 126 Rn 4, 12). Dem Gesellschafter ist es grundsätzlich nicht verwehrt, sich auf das Fehlen einer von ihm erteilten Vollmacht zu berufen. Die auf das Recht der Publikums-GbR zugeschnittene Rechtsprechung des XI. Zivilsenats des BGH[129] zur **Vollstreckungsunterwerfung** gem. § 794 Abs. 1 Nr. 5 ZPO lässt sich, selbst wenn man ihr für den ihr zugedachten Anwendungsbereich folgen wollte,[130] auf das OHG-Recht nicht übertragen.

40 Sind die Gesellschafter im Verhältnis zur Gesellschaft zu einem entsprechenden Unterlassen verpflichtet, so mag die Gesellschaft dem Gläubiger gegenüber eine **Pflicht zur Einwirkung** auf die Gesellschafter übernehmen.[131] Eine „Erfüllungshaftung“ der Gesellschafter gegenüber dem Gesellschaftsgläubiger lässt sich daraus jedoch nicht herleiten. Insbesondere kann die Gesellschaft ihre gegen die Gesellschafter gerichteten Unterlassungsansprüche nicht an den Gläubiger abtreten. Ganz abgesehen davon, dass die Ansprüche der Gesellschaft zumeist dem mitgliedschaftlichen Rechtsverhältnis entstammen (§ 105 Rn 234 f, § 112 Rn 3, 11 f) und damit dem Abspaltungsverbot unterliegen (§ 109 Rn 25), steht einer Abtretung jedenfalls die Vorschrift des § 399, 1. Alt. BGB ent-

---

124 RGZ 136, 266 (270 f); BGHZ 59, 64 (67) = NJW 1972, 1421; BGH WM 1974, 253 f; BGH DB 2005, 382 (384); dazu insbes. *Kornblum, Hueck* und *Flume*, jew. aaO (Fn 123), ferner Westermann/*Wertenbruch* Rn 759 ff.

125 Zutr. *K. Schmidt* Gesellschaftsrecht § 49 III 2c; *Emmerich* FS Lukes S. 639 (650); s. denn auch BGH DB 2005, 382, 384 (Erstreckung des einer GmbH obliegenden Wettbewerbsverbots auf Alleingesellschafter-Geschäftsführer).

126 Vgl. neben *K. Schmidt* und *Emmerich* (jew. Fn 125) noch Straube/*Koppensteiner* Rn 10a; *John* S. 255 f; *Grunewald* Gesellschaftsrecht 1.B. Rn 40.

127 *Emmerich* FS Lukes S. 639 (650); MünchKommHGB/*K. Schmidt* Rn 29; Straube/*Koppensteiner* Rn 13.

128 Vgl. BGH DB 2005, 382 (384) mwN.

129 BGH ZIP 2005, 1361 (1363 f); BGH ZIP 2006, 121 (122 f); BGH NZG 2007, 140 (141); BGH ZIP 2007, 1650 (1652 f).

130 Berechtigt jedenfalls die Kritik *Ulmers* ZIP 2005, 1341 (1345) an der Begründung in BGH ZIP 2005, 1361 (1363 f); s. sodann BGH ZIP 2006, 121 (122 f).

131 Dazu *Flume* I/1 § 16 III 4; *A. Hueck* OHG § 21 II 5.

gegen; denn infolge des höchstpersönlichen Charakters der Verpflichtung hätte der mit der Abtretung verbundene Gläubigerwechsel eine Änderung des Inhalts der Verpflichtung zur Folge.

V. Regress- und Freistellungsansprüche des Gesellschafters

1. Gegen die Gesellschaft

a) Freistellung

aa) Bei bestehender Mitgliedschaft. Im Innenverhältnis zwischen dem Gesellschafter und der Gesellschaft ist es Sache der Gesellschaft, ihre Gläubiger zu befriedigen. Vorbehaltlich einer abweichenden Vereinbarung hat deshalb der Gesellschafter, sobald seine Inanspruchnahme durch den Gläubiger droht, einen Freistellungsanspruch gegen die Gesellschaft;[132] unerheblich ist, ob die Inanspruchnahme durch den Gläubiger berechtigt ist, ob also eine Gesellschaftsschuld tatsächlich besteht.[133] Nach § 257 S. 1 BGB besteht der Freistellungsanspruch im Allgemeinen zwar schon vor Fälligkeit der gegen den Freistellungsberechtigten gerichteten Forderung; der zur Freistellung Verpflichtete kann in diesem Fall gem. § 257 S. 2 BGB den Befreiungsanspruch allenfalls durch Sicherheitsleistung abwenden. Für die Haftung aus § 128 ist demgegenüber davon auszugehen, dass die Gesellschafter aufgrund des mitgliedschaftlichen Rechtsverhältnisses, insbesondere der ihnen obliegenden Treupflicht (§ 105 Rn 228 ff, 236 ff), gehalten sind, den Freistellungsanspruch **erst bei drohender Inanspruchnahme** geltend zu machen.[134] So wie § 775 BGB den – an sich aus §§ 257, 670, 675 BGB folgenden – Befreiungsanspruch des Auftragsbürgen den Besonderheiten des Auftragsverhältnisses zum Hauptschuldner anpasst und auf die Tatbestände einer nachträglichen Erweiterung des Bürgenrisikos beschränkt,[135] muss auch der Freistellungsanspruch des Gesellschafters auf die Gegebenheiten des Gesellschaftsverhältnisses Rücksicht nehmen; mit diesem wäre es unvereinbar, könnten die Gesellschafter für jede Gesellschaftsverbindlichkeit unmittelbar Freistellung verlangen. Was dagegen den Inhalt und die Geltendmachung des Befreiungsanspruchs betrifft, so bewendet es bei den allgemeinen Grundsätzen zu § 257 BGB.[136] 41

bb) Ausgeschiedener Gesellschafter. Der ausgeschiedene Gesellschafter (Rn 54 ff) kann nach § 105 Abs. 2, § 738 Abs. 1 S. 2 BGB Freistellung von sämtlichen Altverbindlichkeiten (Rn 60 ff) verlangen, ohne dass es darauf ankommt, dass seine Inanspruchnahme bevorsteht oder auch nur abzusehen ist. Der Anspruch richtet sich allein gegen die Gesellschaft, nicht gegen die Mitgesellschafter persönlich.[137] Ist der Gesellschafter 42

---

132 BGH ZIP 2007, 2313 (2315); LG Hagen BB 1976, 763; MünchKommHGB/*K. Schmidt* Rn 35; Ebenroth/Boujong/Joost/Strohn/*Hillmann* Rn 36; Baumbach/*Hopt* Rn 26; s. ferner § 110 Rn 28, 40 (*Schäfer*).

133 BGH ZIP 2007, 2313 (2315) mwN.

134 Zutr. LG Hagen BB 1976, 763; auf fehlendes Rechtsschutzinteresse abstellend dagegen MünchKommHGB/*K. Schmidt* Rn 35; Ebenroth/Boujong/Joost/Strohn/*Hillmann* Rn 36.

135 Näher dazu MünchKommBGB/*Habersack* § 775 Rn 1.

136 Vgl. neben den Kommentierungen zu § 257 BGB insbesondere *Rimmelspacher* JR 1976, 89 (183); ferner MünchKommBGB/*Habersack* § 775 Rn 11 ff.

137 *Hadding* FS Stimpel S. 139 (154 f); MünchKommHGB/*K. Schmidt* Rn 60; für die GbR MünchKommBGB/*Ulmer/Schäfer* § 738 Rn 77.

unter Umwandlung seiner Beteiligung in diejenige eines Kommanditisten weiterhin Mitglied der Gesellschaft, so steht ihm der allgemeine Befreiungsanspruch aus § 738 Abs. 1 S. 2 BGB i.V.m. § 105 Abs. 3 nicht zu; er unterliegt weiterhin der mitgliedschaftlichen Treupflicht und kann deshalb Befreiung allein nach Maßgabe der Ausführungen in Rn 41 beanspruchen.[138] Zur Haftung der Gesellschafter für den Abfindungsanspruch des ausgeschiedenen Gesellschafters s. Rn 12.

b) Regress

43 aa) **Bei bestehender Mitgliedschaft.** Der aus § 128 S. 1 in Anspruch genommene Gesellschafter kann nach § **110 Erstattung** des an den Gläubiger Geleisteten verlangen.[139] Ob und auf welcher Grundlage darüber hinaus eine **cessio legis** des Anspruchs des Gläubigers gegen die Gesellschaft erfolgt, ist umstritten. Die nach wie vor hM verneint eine cessio legis unter Hinweis auf das Fehlen eines Gesamtschuldverhältnisses zwischen Gesellschafts- und Gesellschafterschuld.[140] Dem kann freilich nicht gefolgt werden. Zwar trifft es zu, dass im Verhältnis des Gesellschafters zur Gesellschaft für § 426 Abs. 2 BGB kein Raum ist (Rn 20 ff, 23). Doch kommt eine cessio legis nicht allein unter der Voraussetzung eines Gesamtschuldverhältnisses in Betracht. Es ist vielmehr, wie §§ 774 Abs. 1, 1143 Abs. 1, 1225 BGB zum Ausdruck bringen, ein allgemeines Prinzip der **Akzessorietät**, dass die Hauptforderung auf den akzessorisch Haftenden übergeht, nachdem dieser den Gläubiger befriedigt hat; der Anspruch aus der Hauptforderung tritt dann neben den aus dem Innenverhältnis zum Hauptschuldner folgenden Anspruch, vorliegend also den Anspruch aus § 110.[141] Nur die **analoge Anwendung des § 774 Abs. 1 BGB** vermag denn auch das Schicksal der Gesellschaftsschuld nach Leistung durch den Gesellschafter zu erklären. Da nämlich der Gesellschafter auf seine eigene Schuld leistet (Rn 17) und diese Leistung die Schuld der Gesellschaft nicht zum Erlöschen bringt (Rn 23), muss die Forderung gegen die Gesellschaft, soll sie nicht in der Person des – durch den Gesellschafter befriedigten – Gläubigers fortbestehen, auf den leistenden Gesellschafter übergehen.[142] Dieses Ergebnis ist auch interessengerecht. Denn die cessio legis verschafft dem Gesellschafter zum einen nach §§ 412, 401 BGB die für die Gesell-

---

[138] *Saßenrath* Die Umwandlung von Komplementärbeteiligungen in Kommanditbeteiligungen (1988) S. 61; MünchKommHGB/*K. Schmidt* Rn 60.

[139] BGHZ 37, 299 (301 f) = NJW 1962, 1863; 39, 319 (323 f) = NJW 1963, 1873; BGH NJW 1984, 2290 f; BGH ZIP 2002, 394 (395); § 110, 12 (*Schäfer*); MünchKommHGB/*K. Schmidt* Rn 31; Baumbach/*Hopt* Rn 25; Koller/Roth/Morck/*Koller* Rn 8.

[140] BGHZ 39, 319 (323 f) = NJW 1963, 1873; *A. Hueck* OHG § 21 II 7; Baumbach/*Hopt* Rn 25; Ebenroth/Boujong/Joost/Strohn/Hillmann Rn 30; *Preuß* ZHR 160 (1996), 163 (170); *Harrer* GesRZ 2008, 266 (267 f); zumindest tendenziell auch Röhricht/v. Westpahlen/*v. Gerkan/Haas* Rn 10; Nachw. zur Gegenansicht s. in Fn 142.

[141] Näher *Habersack* AcP 198 (1998), 152 ff.

[142] *Kubis* S. 119 f; *v. Koppenfels-Spieß* S. 393 ff; *K. Schmidt* Gesellschaftsrecht § 49 V 1; MünchKommHGB/*ders.* Rn 31; Koller/Roth/Morck/*Koller* Rn 8; *Habersack* AcP 198 (1998), 152 (159 ff); *Wiedemann* WM 1992, Sonderbeil. 7, S. 36; s. ferner *Flume* I/1 § 16 II 2c; *K. Schmidt* ZHR 137 (1973), 509 (516 ff). – Die dagegen von *Preuß* (Fn 140) erhobenen Bedenken sind unbegründet: Der Anspruch aus § 110 mag zwar „Modellcharakter" haben, folgt aber aus dem Innenverhältnis und schließt die cessio legis ebenso wenig aus, wie bei Gesamtschuld und Bürgschaft die cessio legis durch das Verhältnis der Gesamtschuldner untereinander (§ 426 Abs. 1 BGB) und das Auftragsverhältnis zwischen dem Bürgen und dem Hauptschuldner ausgeschlossen wird.

schaftsschuld bestellten akzessorischen[143] **Sicherheiten und Vorzugsrechte.** Zum anderen kann der Gesellschafter einen vom Gläubiger gegen die Gesellschaft erwirkten Titel gem. § 727 ZPO umschreiben lassen und auf dieser Grundlage in das Gesellschaftsvermögen[144] vollstrecken. Was die Ansprüche des (befriedigten) Gläubigers gegen die nicht in Anspruch genommenen Gesellschafter betrifft, so gehen diese nur nach Maßgabe des § 774 Abs. 2 BGB auf den leistenden Gesellschafter über (Rn 48 f).

Auch die **Geltendmachung der Regressansprüche** beurteilt sich nach den für den Bürgenregress geltenden Grundsätzen. So findet zunächst im Verhältnis zwischen dem in Anspruch genommenen Gesellschafter und dem Gesellschaftsgläubiger die Vorschrift des § 774 Abs. 1 S. 2 BGB entsprechende Anwendung, wonach der Übergang der Forderung und der Nebenrechte nicht zum Nachteil des Gläubigers geltend gemacht werden kann, dem **Gläubiger** mithin der **Vorrang** gebührt; dies ist namentlich für Teilleistungen des Gesellschafters von Bedeutung.[145] Die Gesellschaft kann nach §§ 412, 404 BGB gegen die übergegangene Forderung sämtliche **Einwendungen** und Einreden aus dem Rechtsverhältnis zum Gläubiger geltend machen; auch kann sie nach §§ 412, 406 f BGB mit einer gegen den Gläubiger gerichteten Forderung aufrechnen und zwischenzeitlich erfolgte Leistung an den Gläubiger einwenden. Entsprechend § 774 Abs. 1 S. 3 BGB ist die Gesellschaft zudem auch insoweit, als der Gesellschafter den Rückgriff auf die cessio legis stützt, nur im Rahmen des Innenverhältnisses verpflichtet. Kraft des dadurch begründeten **Vorrangs des Innenverhältnisses** kann die Gesellschaft also auch gegenüber der im Wege der cessio legis erworbenen Forderung einwenden, dass der Gesellschafter die Leistung an den Gläubiger den Umständen nach nicht für erforderlich halten durfte, etwa weil die Forderung des Gläubigers gegen die Gesellschaft und damit gem. § 129 Abs. 1 auch diejenige gegen den Gesellschafter einwendungs- oder einredebehaftet war oder der Gesellschaft eine Aufrechnungs- oder Anfechtungsbefugnis zustand und deshalb der Gesellschafter gem. § 129 Abs. 2, 3 die Leistung hätte verweigern können. In diesen und ähnlichen Fällen ist also nicht nur ein Anspruch aus § 110 ausgeschlossen,[146] sondern – entsprechend § 774 Abs. 1 S. 3 BGB – auch der auf die cessio legis gestützte Rückgriff. **44**

bb) Ausgeschiedener Gesellschafter. Umstritten ist, auf welcher Grundlage der aus der Gesellschaft ausgeschiedene Gesellschafter, nachdem er vom Gläubiger wegen einer Altverbindlichkeit in Anspruch genommen wurde (Rn 60 ff), von der Gesellschaft Erstattung beanspruchen kann.[147] Keine Anwendung findet § 110, der einen mitgliedschaftlichen Anspruch gewährt und damit den Fortbestand des Gesellschaftsverhältnisses voraussetzt.[148] Dies zeigt bereits der Umstand, dass der ausgeschiedene Gesellschafter **45**

143 Nicht akzessorische Sicherungsrechte hat der Gläubiger auf den Gesellschafter zu übertragen, s. zum Anspruch des Bürgen BGH NJW 1995, 2635 (2636); BGHZ 110, 41 (43) = NJW 1990, 903.

144 Zum Zugriff auf Gegenstände des Gesellschaftsvermögens, die sich bei Dritten befinden, s. BGH WM 1986, 906 f.

145 Näher dazu MünchKommBGB/*Habersack* § 774 Rn 11 ff.

146 Näher dazu § 110 Rn 14 f (*Schäfer); Preuß* ZHR 160 (1996), 163 (166 ff).

147 Eingehende Darstellung des Meinungsstands bei *Büscher/Klusmann* ZIP 1992, 11 (16); *Hadding* FS Stimpel S. 139 (143 ff); *Preuß* ZHR 160 (1996), 163 ff.

148 BGHZ 39, 319 (323 ff) = NJW 1963, 1873; BGH WM 1978, 114 (115); § 110, 11 (*Schäfer);* MünchKommHGB/*K. Schmidt* Rn 62; Heymann/*Emmerich* § 110 Rn 16; Ebenroth/Boujong/Joost/Strohn/*Hillmann* Rn 31; Röhricht/v. Westphalen/*v. Gerkan/Haas* Rn 31, Baumbach/*Hopt* § 110 Rn 2; **aA** *Hadding* FS Stimpel S. 139 (155 f); *Kubis* S. 32 ff; *Preuß* ZHR 160 (1996), 163, 165 (§ 110 i.V.m. § 738 Abs. 1 S. 2 BGB); *Wiedemann* WM 1992, Sonderbeil. 7 S. 36.

nach § 105 Abs. 2, § 738 Abs. 1 S. 2 BGB unabhängig davon, ob seine Inanspruchnahme durch den Gläubiger droht, Freistellung von sämtlichen Verbindlichkeiten beanspruchen kann (Rn 42). Als zutreffend erscheint es denn auch, den Regress des ausgeschiedenen Gesellschafters zum einen (s. ferner Rn 46) auf die – freilich dispositive – Vorschrift des **§ 738 Abs. 1 S. 2 BGB** zu gründen. Der nach dieser Vorschrift bestehende Freistellungsanspruch setzt sich nach Inanspruchnahme des ausgeschiedenen Gesellschafters in einen Erstattungsanspruch fort.[149] Die Rechtslage entspricht damit derjenigen bei Vorliegen einer Gesamtschuld, wo jeder Gesamtschuldner von den Mitschuldnern gem. § 426 Abs. 1 BGB anteilige Befreiung und bei Nichterfüllung dieser Verpflichtung Ersatz beanspruchen kann.[150]

46 Neben seinem Anspruch aus dem – über § 738 Abs. 1 S. 2 BGB fortwirkenden – Innenverhältnis erwirbt allerdings auch der ausgeschiedene Gesellschafter im Wege der **cessio legis** die Forderung gegen die Gesellschaft. Da das Ausscheiden des Gesellschafters nichts an der Akzessorietät der Gesellschafterhaftung (Rn 20 ff) zu ändern vermag, ergibt sich die cessio legis nicht aus § 426 Abs. 2 BGB, sondern aus der analogen Anwendung des § 774 Abs. 1 BGB (Rn 44).[151] Dem Gläubiger gebührt somit auch im Verhältnis zum ausgeschiedenen Gesellschafter der Vorrang (Rn 44). Die Gesellschaft kann ihre Einwendungen und Einreden aus dem Innenverhältnis entsprechend § 774 Abs. 1 S. 3 BGB auch gegenüber der übergegangenen Hauptforderung geltend machen (Rn 44);[152] dazu gehört auch der Einwand, dass die Gesellschaftsschuld bei Bemessung der Abfindung nicht berücksichtigt worden war und der Ausgeschiedene somit einen Teil der Schuld selbst zu tragen hat. Zur Haftung der Gesellschafter s. Rn 50.

2. Gegen die Gesellschafter

47 a) **Freistellung.** Das zwischen den Gesellschaftern bestehende Gesamtschuldverhältnis (Rn 24) begründet nach § 426 Abs. 1 BGB die Verpflichtung, den vom Gläubiger – zu Recht oder zu Unrecht (Rn 41) – in Anspruch genommenen Gesellschafter entsprechend der auf den jeweiligen Gesellschafter entfallenden **Quote** (Rn 48) freizustellen.[153] Bei **bestehender Mitgliedschaft** hat sich der in Anspruch genommene Gesellschafter allerdings zunächst an die Gesellschaft zu halten; die Gesellschafter haften ihm auch hinsichtlich der Freistellungsverpflichtung nur **subsidiär** (Rn 26) und damit nur unter der Voraussetzung, dass die Inanspruchnahme durch den Gesellschaftsgläubiger droht (Rn 41)

---

[149] Zutr. *Kornblum* S. 192; *Flume* I/1 § 16 II 2c; *K. Schmidt* Gesellschaftsrecht § 51 III 2b; MünchKommHGB/*ders.* Rn 62; für die GbR *Hadding/Häuser* WM 1988, 1585 (1589); ähnlich Baumbach/*Hopt* Rn 25 (§ 670 BGB); *Büscher/Klusmann* ZIP 1992, 11, 16 (§§ 670, 683 BGB); unentschieden Ebenroth/Boujong/Joost/Strohn/*Hillmann* Rn 31; Röhricht/v. Westphalen/*v. Gerkan/Haas* Rn 31.

[150] BGHZ 114, 138 (142) = NJW 1991, 3148; BGH NJW 1992, 2286 (2287).

[151] *K. Schmidt* Gesellschaftsrecht § 51 III 2b; MünchKommHGB/*K. Schmidt* Rn 62; *Habersack* AcP 198 (1998), 152 (164 f); insoweit auch *Preuß* ZHR 160 (1996), 163, 173 f (anders für den Regress des Mitglieds, s. Fn 142); **aA** – für § 426 Abs. 2 BGB – BGHZ 39, 319 (325) = NJW 1963, 1873; BGHZ 93, 246 (247) = NJW 1985, 1776; 3. Aufl. Anm. 60 (*R. Fischer*); Ebenroth/Boujong/Joost/Strohn/*Hillmann* Rn 31; *Kühne* ZHR 133 (1970), 149 (182); *Büscher/Klusmann* ZIP 1992, 11 (17).

[152] Zu den Einwendungen und Einreden des ausgeschiedenen Gesellschafters s. § 129, 15.

[153] Vgl. neben den Nachw. in Fn 150 insbesondere BGH ZIP 2007, 2313, 2314 f (GbR), ferner MünchKommHGB/*K. Schmidt* 36; Röhricht/v. Westphalen/*v. Gerkan/Haas* Rn 12.

und – in Ermangelung frei verfügbarer Mittel zur Erfüllung der Gesellschaftsschuld – Freistellung durch die Gesellschaft nicht zu erwarten ist.[154] Entsprechendes gilt für den **ausgeschiedenen Gesellschafter**. Zwar kann er von der Gesellschaft Freistellung von sämtlichen Verbindlichkeiten und damit unabhängig von der drohenden Inanspruchnahme durch den Gläubiger verlangen (Rn 42). Die Gesellschafter haften ihm dagegen lediglich subsidiär und damit wiederum nur für den Fall, dass die Inanspruchnahme durch den Gläubiger bevorsteht und Freistellung durch die Gesellschaft nicht zu erwarten ist (Rn 50).

b) Regress

aa) Bei bestehender Mitgliedschaft. Wird ein Gesellschafter nach § 128[155] vom Gläubiger in Anspruch genommen, so kann er grundsätzlich (s. aber auch Rn 49) auch bei seinen Mitgesellschaftern Regress nehmen. Insbesondere steht die Vorschrift des § 707 BGB (Rn 12) einer Inanspruchnahme der Mitgesellschafter nicht entgegen.[156] Denn die Ausgleichsverpflichtung der Gesellschafter verteilt lediglich die Folgen der Außenhaftung nach § 128, begründet aber keine Nachschusspflicht i.S.v. § 707 BGB. Da zwischen den Gesellschaftern ein Gesamtschuldverhältnis besteht (Rn 24), beurteilt sich das Ausgleichsverhältnis zwischen den Gesellschaftern grundsätzlich nach der für den Regress zwischen Gesamtschuldnern geltenden Vorschrift des 426 BGB.[157] Der vom Gläubiger in Anspruch genommene Gesellschafter hat denn auch einen **Ausgleichsanspruch gem. § 426 Abs. 1 BGB.** Zu einer **cessio legis** der Ansprüche des Gläubigers gegen die anderen Gesamtschuldner gem. § 426 Abs. 2 BGB kommt es hingegen nicht. Nach §§ 412, 401 BGB erwirbt nämlich der in Anspruch genommene Gesellschafter die – im Verhältnis zur Forderung gegen die Gesellschaft akzessorischen (Rn 20 ff) – Forderungen gegen seine Mitgesellschafter bereits aufgrund der cessio legis der gegen die Gesellschaft gerichteten Forderung des Gläubigers (Rn 43);[158] für eine eigenständige cessio legis nach § 426 Abs. 2 S. 1 BGB[159] ist deshalb kein Raum. 48

Was die Höhe der Ausgleichsverpflichtung betrifft, so haften die Gesellschafter – insoweit wie gewöhnliche Gesamtschuldner – **nur pro rata** und damit nur als Teilschuldner; an die Stelle des in § 426 BGB als Regelfall vorgesehen Kopfprinzips tritt freilich grundsätzlich die gesellschaftsvertraglich vorgesehene Verlustbeteiligung.[160] Die Rechts- 49

---

154 BGH ZIP 2007, 2313 (2314 f) mwN; Röhricht/v. Westphalen/*v. Gerkan/Haas* Rn 12.

155 Zum Kommanditisten, der für eine Gesellschaftsschuld eine seine Gesellschafterhaftung übersteigende Kreditsicherheit stellt und nach § 110 Aufwendungsersatz begehrt, s. Rn 12.

156 So aber noch RGZ 80, 268 (272); für das ADHGB RGZ 31, 139 (141); dagegen neben den in nachfolgener Fn Genannten insbesondere BGHZ 37, 299 (302) = NJW 1962, 1863.

157 HM, s. neben BGHZ 37, 299 (302) insbesondere BGH ZIP 2002, 394 (396); MünchKommHGB/*K. Schmidt* Rn 34; Heymann/*Emmerich* § 110 Rn 15; Baumbach/*Hopt* Rn 27; Röhricht/v. Westphalen/*v. Gerkan/Haas* Rn 11; Ebenroth/Boujong/Joost/Strohn/*Hillmann* Rn 32; *Prediger* BB 1970, 868 f; für die GbR BGH ZIP 2007, 2313 (2314 f); BGHZ 103, 72 (75) = NJW 1988, 1375; BGH NJW 1980, 339 (340); *Hadding/Häuser* WM 1988, 1585 (1588).

158 *Habersack* AcP 198 (1998), 152 (162 ff); zur entsprechenden Rechtslage bei der Mitbürgschaft s. MünchKommBGB/*dens.* § 774 Rn 22.

159 Dafür MünchKommHGB/*K. Schmidt* Rn 34; Baumbach/*Hopt* Rn 27; wohl auch Röhricht/v. Westphalen/*v. Gerkan/Haas* Rn 11.

160 BGH ZIP 2002, 394 (396); MünchKommHGB/*K. Schmidt* Rn 34; Heymann/*Emmerich* § 110, 16; Baumbach/*Hopt* Rn 27; s. für die KG OLG Koblenz DB 1995, 421 (Haftung der Kommanditisten, soweit Pflichteinlage rückständig ist oder unzulässige Entnahmen getätigt wurden).

lage unterscheidet sich also von derjenigen bei Geltendmachung einer Drittgläubigerforderung, wo sich der vom Gläubiger in Anspruch genommene Gesellschafter lediglich den auf ihn entfallenden Verlustanteil anrechnen lassen muss (Rn 13, 25). Bei Ausfall eines Mitgesellschafters findet allerdings § 426 Abs. 1 S. 2 BGB Anwendung; der Anteil dieses Gesellschafters ist dann, wiederum entsprechend dem jeweiligen Verlustanteil, auf die anderen Gesellschafter zu verteilen. Auch aus der cessio legis des Anspruchs gegen die Gesellschaft (Rn 43) kann der vom Gläubiger in Anspruch genommene Gesellschafter keine weitergehenden Rechte gegen seine Mitgesellschafter herleiten. Zwar gehen gem. §§ 412, 401 BGB an sich auch die Ansprüche gegen die Mitgesellschafter in vollem Umfang über (Rn 48). Doch ist der nur beschränkten Ausgleichsverpflichtung durch **entsprechende Anwendung des § 774 Abs. 2 BGB** Rechnung zu tragen; danach erwirbt der vom Gläubiger in Anspruch genommene Gesellschafter die Forderungen gegen die Mitgesellschafter nur in Höhe der nach §§ 769, 426 Abs. 1 BGB bestehenden Ausgleichspflicht. Der Regress nehmende Gesellschafter hat sich zunächst an die Gesellschaft zu halten; die Mitgesellschafter haften ihm **nur subsidiär.**[161] Insoweit entspricht die Rechtslage also derjenigen bei Geltendmachung von Drittgläubigerforderungen (Rn 26). Wie dort bedarf es keiner Vorausvollstreckung in das Gesellschaftsvermögen; die Gesellschafter können vielmehr schon dann in Anspruch genommen werden, wenn und soweit der Gesellschaft frei verfügbare Mittel nicht zur Verfügung stehen.[162] Die Einrede der Subsidiarität kann nach §§ 404, 412 BGB auch einem Rechtsnachfolger des zum Regress berechtigten Gesellschafters entgegengehalten werden (vgl. Rn 25 f).

50 **bb) Regress des ausgeschiedenen Gesellschafters.** Auch der ausgeschiedene Gesellschafter kann sich, nachdem er vom Gläubiger in Anspruch genommen wurde, nicht nur an die Gesellschaft (Rn 45 f), sondern auch an die Gesellschafter halten. Fraglich ist allerdings bereits, woraus der Anspruch gegen die Gesellschafter folgt. Zudem ist umstritten, ob der Ausgeschiedene die Gesellschafter gesamtschuldnerisch oder aber, wie bei bestehender Mitgliedschaft (Rn 49), nur pro rata in Anspruch nehmen kann.[163] Was zunächst die Anspruchsgrundlage betrifft, so kann festgehalten werden, dass das zwischen den Gesellschaftern bestehende **Gesamtschuldverhältnis** durch das Ausscheiden aus der Gesellschaft nicht aufgelöst wird. Auch der ausgeschiedene Gesellschafter hat deshalb sowohl den Ausgleichsanspruch nach§ 426 Abs. 1 S. 1 BGB als auch die cessio legis gem. §§ 412, 401 BGB (Rn 48).[164] Der Anspruch aus dem Innenverhältnis zur Gesellschaft (Rn 45) begründet dagegen eine Sozialverpflichtung (Rn 12); für ihn haben die

S. ferner BGH WM 2008, 1873 und BGH WM 2007, 2289: Maßgeblichkeit des jeweiligen Verursachungsbeitrags (analog § 254 BGB) bei durch einen Gesellschafter verursachter Schadensersatzhaftung der Gesellschaft.

161 BGHZ 37, 299 (303) = NJW 1962, 1863; BGHZ 103, 72 (76) = NJW 1988, 1375; BGH ZIP 2007, 2313 (2315); BGH NJW 1980, 339 (340); BGH NJW 1981, 1095, 1096 (Inanspruchnahme des durch Anteilsübertragung ausgeschiedenen Gesellschafters); *A. Hueck* OHG § 18 III 2; *Walter* JuS 1982, 81, 84; MünchKommHGB/*K. Schmidt* Rn 34.

162 Vgl. BGH ZIP 2007, 2313 (2315); BGH NJW 1980, 339 (340); BGH NJW 1981, 1095 (1096); BGHZ 103, 72 (76) = NJW 1988, 1375.

163 Eingehend zu den im Einzelnen vertretenen Auffassungen *Büscher/Klusmann* und *Hadding* jew. aaO (Fn 147).

164 Für Ausgleich nach Gesamtschuldregeln denn auch *Hadding* FS Stimpel S. 139, 158 ff (§ 426 Abs. 1 S. 1 BGB); s. ferner Ebenroth/Boujong/Joost/Strohn/*Hillmann* Rn 34; *Kornblum* S. 192 f; Westermann/*Wertenbruch* Rn I 838.

Gesellschafter somit nicht nach § 128 S. 1 einzustehen,[165] und zwar unabhängig davon, ob man diesen Anspruch auf § 738 Abs. 1 S. 2 BGB oder auf § 110 stützt. Bewendet es somit auch in der Person des ausgeschiedenen Gesellschafters bei einem Anspruch aus § 426 Abs. 1 S. 1 BGB und bei der cessio legis gem. §§ 412, 401 BGB (Rn 48), so ist zwar hinsichtlich des Umfangs des Rückgriffs dem Umstand Rechnung zu tragen, dass der Ausgeschiedene insoweit, als die Gesellschaftsschuld bei Bemessung seines Auseinandersetzungsguthabens berücksichtigt wurde, auch im Verhältnis zu den verbleibenden Gesellschaftern vollständig entlastet werden sollte. Der Ausgeschiedene braucht sich demnach grundsätzlich nicht seinen früheren Verlustanteil anrechnen zu lassen. Doch folgt daraus keine gesamtschuldnerische Haftung der in der Gesellschaft verbliebenen Gesellschafter;[166] auch der Ausgeschiedene kann vielmehr die Gesellschafter gem. § 426 Abs. 1 S. 1 und 2, §§ 774 Abs. 2, 412, 401 BGB (Rn 48 f) lediglich pro rata und damit als Teilschuldner in Anspruch nehmen.[167] Die Gesellschafter haften zudem nur subsidiär; auch der Ausgeschiedene muss sich also zunächst an die Gesellschaft halten (Rn 49).[168]

cc) **Regress beim ausgeschiedenen Gesellschafter.** Nach dem in Rn 50 Gesagten kommt ein Rückgriff des vom Gläubiger in Anspruch genommenen Gesellschafters gegen zwischenzeitlich ausgeschiedene, aber nachhaftende (Rn 54 ff) Gesellschafter dann nicht in Betracht, wenn die Gesellschaftsschuld bei Bemessung des **Abfindungsanspruchs** berücksichtigt worden ist.[169] Eine Ausnahme ist nur für den Sonderfall anzuerkennen, dass der vom Gläubiger in Anspruch Genommene seinerseits im Zeitpunkt der Inanspruchnahme aus der Gesellschaft ausgeschieden war und seine Rückgriffsansprüche gegen die Gesellschaft und die verbliebenen Gesellschafter nicht durchsetzbar sind; dann stehen sich die ausgeschiedenen Gesellschafter gleichstufig gegenüber und schulden einander im Verhältnis ihrer früheren Beteiligung am Verlust der Gesellschaft Ausgleich. Anderes gilt bei **Anteilsübertragung** (§ 105 Rn 291 ff). In diesem Fall erlangt der Ausgeschiedene keinen Abfindungsanspruch (§ 105 Rn 292), so dass im Verhältnis zur Gesellschaft und zu den verbliebenen Gesellschaftern auch eine Freistellung hinsichtlich der Altverbindlichkeit nicht in Betracht kommt.[170] 51

3. Rechtslage bei Auflösung der Gesellschaft. Mit Auflösung der Gesellschaft hat die Gesamtabrechnung unter den Gesellschaftern nach Maßgabe der §§ 149, 155 zu erfolgen: Auf dem mitgliedschaftlichen Rechtsverhältnis beruhende Einzelansprüche der Gesellschafter gegen die Gesellschaft und gegen die Mitgesellschafter sind lediglich Rechnungsposten innerhalb der Gesamtabrechnung und können grundsätzlich nicht isoliert geltend gemacht werden.[171] Die Auflösung hat mithin eine **Durchsetzungssperre** zur Folge. 52

---

[165] **AA** 3. Aufl. Anm. 47 (*R. Fischer*); MünchKommHGB/*K. Schmidt* Rn 62; *Flume* I/1 § 16 II 2c.

[166] **AA** *Hadding* FS Stimpel S. 139 (161); ferner die in Fn 165 Genannten sowie *A. Hueck* OHG § 29 II 5c.

[167] **AA** die ganz hM, s. die Nachw. in Fn 165 f, ferner Koller/Roth/Morck/*Koller* Rn 12; Ebenroth/Boujong/Joost/Strohn/*Hillmann* Rn 34; im Ergebnis wie hier aber *Wiedemann* WM 1992, Sonderbeil. 7 S. 37.

[168] So auch MünchKommHGB/*K. Schmidt* Rn 62; Ebenroth/Boujong/Joost/Strohn/*Hillmann* Rn 34; *Wiedemann* WM 1992, Sonderbeil. 7 S. 37; **aA** *Büscher/Klusmann* ZIP 1992, 11 (18); Koller/Roth/Morck/*Koller* Rn 12; für die GbR auch BGH NJW 1980, 339 (340).

[169] So auch BGH NJW 1981, 1095 (1096); Ebenroth/Boujong/Joost/Strohn/*Hillmann* Rn 35; **aA** *Hadding* FS Stimpel S. 139 (161 f).

[170] BGH NJW 1981, 1095 (1096).

[171] Vgl. RGZ 40, 29 (31 f); BGHZ 37, 299 (305) = NJW 1962, 1863; BGH NJW 1984, 435; BGHZ 103, 72 = NJW 1988, 1375; eingehend dazu *Hillers* Personengesellschaft und Liquidation (1989) S. 119 ff.

Davon betroffen sind auch die im Wege der cessio legis übergegangenen Ansprüche des Gläubigers gegen die Gesellschaft (Rn 43, 46) und gegen die Mitgesellschafter (Rn 48 f).[172] Ausnahmsweise hat der vom Gläubiger in Anspruch genommene Gesellschafter aber auch schon vor Abschluss der Liquidation einen Zahlungsanspruch gegen die Gesellschaft oder die Gesellschafter, wenn und soweit feststeht, dass er jedenfalls insoweit Ausgleichung verlangen kann.[173] Näher dazu § 149 Rn 21 ff (41); zur Rechtslage bei Insolvenz der Gesellschaft s. Rn 71 ff.

53 **4. Abweichende Vereinbarungen.** Die Gesellschafter können das zwischen ihnen bestehende Ausgleichsverhältnis abweichend von der in Rn 41 ff dargestellten Rechtslage gestalten. Die Vorschrift des § 128 S. 2 (Rn 15 f) steht dem nicht entgegen. So wie Vereinbarungen im Innenverhältnis keine Auswirkungen auf die Rechtsstellung des Gläubigers haben (Rn 15), kann allerdings auch das Ausgleichsverhältnis nur einvernehmlich, d.h. durch Vereinbarung der daran beteiligten Gesellschafter geregelt werden. Insbesondere lässt ein zwischen einem Gesellschafter und dem Gläubiger vereinbartes pactum de non petendo oder ein **Erlassvertrag**[174] die aus dem Ausgleichsverhältnis[175] folgenden Verpflichtungen des privilegierten Gesellschafters unberührt. Anderes gilt für den Fall, dass einer Vereinbarung mit dem Gläubiger ausnahmsweise **beschränkte Gesamtwirkung** zukommt und damit die Außenhaftung der anderen Gesellschafter um die auf den privilegierten Gesellschafter entfallende Quote gemindert wird.[176] Bei unbeschränkter Gesamtwirkung, d.h. bei Erlass zugunsten aller Gesellschafter, kann sich der Gläubiger auf Dauer oder vorübergehend nur an die Gesellschaft halten; die Frage eines Ausgleichs zwischen den Gesellschaftern stellt sich dann nicht.

VI. Haftung des ausgeschiedenen Gesellschafters

54 **1. Problemstellung und Gang der Kommentierung.** Der Verlust der Mitgliedschaft lässt die Gesellschafterstellung und damit eine Voraussetzung der Haftung aus § 128 entfallen (Rn 8 f). Vorbehaltlich des § 15 (Rn 55) haftet der Gesellschafter somit nicht für die nach seinem Ausscheiden begründeten **Neuverbindlichkeiten** der Gesellschaft. Andererseits lässt das Ausscheiden die einmal eingetretene Haftung für die während der Mitgliedschaft begründeten Gesellschaftsschulden unberührt.[177] Kann sich somit der Gesellschafter der Haftung für **Altverbindlichkeiten** nicht durch Austritt aus der Gesellschaft oder anderweitige Aufgabe seiner Mitgliedschaft (Rn 54 ff) entledigen, so kommt er

[172] Vgl. für die GbR BGHZ 103, 72 (77 f) = NJW 1988, 1375; MünchKommBGB/*Ulmer/Schäfer* § 730 Rn 52; s. ferner *Hadding* FS Stimpel S. 139 (162 f) mit zutr. Hinweis darauf, dass die Sperre der gegen die Mitgesellschafter gerichteten Ansprüche bereits aus der Subsidiarität dieser Ansprüche (Rn 49) folgt.

[173] BGHZ 37, 299 (305) = NJW 1962, 1863; BGHZ 103, 72 (77) = NJW 1988, 1375.

[174] Zur Zulässigkeit s. BGH BB 1971, 975; OLG Hamm NZI 2007, 584 (589); zum Erlass der Gesellschaftsschuld s. dagegen Rn 21.

[175] Anderes gilt für die cessio legis (Rn 48): Gegenüber der übergegangenen Forderung kann der Gesellschafter gem. §§ 412, 404 BGB seine Einreden geltend machen; bei einem Erlass kommt es erst gar nicht zur cessio legis.

[176] Allg. dazu BGHZ 110, 114 (117); *Medicus* Bürgerliches Recht[21] Rn 932 ff; eingehend *Bentele* S. 14 ff.

[177] Dazu aus der älteren Rechtsprechung RGZ 125, 418; RGZ 140, 10; BGHZ 36, 224 = NJW 1962, 536; BGHZ 48, 203 = NJW 1967, 2203; BGHZ 50, 232 = NJW 1968, 2006.

zwar nach dem – durch das NachhaftungsbegrenzungsG v. 18.3.1994[178] neu gefassten – § 160 HGB in den Genuss einer Enthaftung nach Ablauf von fünf Jahren (Rn 55, 59). Im Übrigen aber entspricht seine Haftung derjenigen bei bestehender Mitgliedschaft (Rn 19 ff; zu den Einwendungen s. § 129 Rn 15);[179] auch zwischen Gesellschaft und ausgeschiedenem Gesellschafter besteht kein Gesamtschuldverhältnis (Rn 50). Die unterschiedliche Rechtslage bei Alt- und Neuverbindlichkeiten wirft die Frage der **Abgrenzung** zwischen diesen beiden Arten von Gesellschaftsschulden auf. Neben dem Tatbestand des Ausscheidens aus der Gesellschaft (Rn 55 ff) ist allein sie Gegenstand der nachfolgenden Ausführungen (Rn 60 ff). Die Rechtsfragen zur Sonderverjährung der Gesellschafterschuld bei **Auflösung** der Gesellschaft (Rn 59) und zur **Enthaftung** des ausgeschiedenen Gesellschafters (Rn 55, 57) einschließlich derjenigen zu den Übergangsvorschriften der Art. 35 und 36 EGHGB werden dagegen im Rahmen der Kommentierung der §§ 159 f erläutert. Zum **Regress** des ausgeschiedenen Gesellschafters s. bereits Rn 42, 45 f, 50; zur Geltendmachung der Nachhaftung in der Insolvenz der Gesellschaft s. Rn 75.

2. Der Tatbestand des Ausscheidens aus der Gesellschaft

a) **Austritt und Ausschließung.** Das Ausscheiden aus der Gesellschaft wird zunächst durch Austritt (§ 105 Rn 289 f) und Ausschließung gem. § 140 bewirkt. In beiden Fällen geht die Mitgliedschaft des Ausgeschiedenen unter (§ 105 Rn 279 f; § 140 Rn 47 ff). Austritt und Ausschließung bedürfen zwar zu ihrer Wirksamkeit nicht der Eintragung im Handelsregister. Unterbleibt aber die Eintragung, so haftet der Ausgeschiedene nach Maßgabe des § 15 Abs. 1 auch für Neuverbindlichkeiten (Rn 8, 61). Ist das Ausscheiden eingetragen und bekanntgemacht, so kommt nur noch eine Haftung für die innerhalb der Schonfrist des § 15 Abs. 2 S. 2 begründeten Verbindlichkeiten in Betracht (Rn 61). Für die Altverbindlichkeiten der Gesellschaft haftet der ausgeschiedene Gesellschafter nach Maßgabe des § 160 (Rn 54) fort; mit Ablauf von fünf Jahren nach Eintragung des Ausscheidens tritt **Enthaftung** ein, sofern nicht die fällige Forderung vom Gläubiger vor Fristablauf gerichtlich geltend gemacht wird. Der Forthaftung des Ausgeschiedenen nach § 160 steht es nicht entgegen, dass die Gesellschaft nach dem Ausscheiden aufgelöst und vollbeendigt wird.[180] **55**

b) **Anteilsübertragung.** Die Anteilsübertragung (§ 105 Rn 291 ff) unterscheidet sich in ihren Konsequenzen für die Haftung des Veräußerers nicht von dem Austritt (Rn 55).[181] Vorbehaltlich des § 15 (Rn 55, 61) führt die Abtretung des Anteils zum Verlust der Gesellschafterstellung des Veräußerers mit der Folge, dass dieser zwar nach Maßgabe des § 160 für die während der Zugehörigkeit zur Gesellschaft begründeten Altverbindlichkeiten, nicht aber für die danach begründeten Verbindlichkeiten haftet. Der Erwerber haftet zum einen für die Neuverbindlichkeiten; darüber hinaus haftet er nach § 130 auch für die Altverbindlichkeiten, obschon er nicht durch Abschluss eines Aufnahmevertrags mit den Gesellschaftern in die Gesellschaft „eintritt", sondern Rechtsnachfolger des Ausscheidenden wird (§ 130 Rn 9). **56**

---

178 BGBl. I, S. 560; dazu § 159, 2 f; *Reichold* NJW 1994, 1617; *Seibert* DB 1994, 461; *Dehmer* WiB 1994, 297.

179 Vgl. hinsichtlich des Inhalts der Haftung BGH NJW 1987, 2367 = ZIP 1987, 842 und dazu Rn 27 ff.

180 Vgl. BGHZ 48, 203 (205 ff) = NJW 1967, 2203; 50, 232 (237) = NJW 1968, 2006.

181 Wohl einh. M., s. MünchKommHGB/*K. Schmidt* Rn 43; Heymann/*Emmerich* Rn 45.

57 c) **Umwandlung der Mitgliedschaft.** Die Umwandlung der Mitgliedschaft des OHG-Gesellschafters[182] oder Komplementärs einer KG in diejenige eines Kommanditisten hat zur Folge, dass der Gesellschafter für die nach Umwandlung seiner Beteiligung begründeten Verbindlichkeiten der Gesellschaft nur nach Maßgabe der §§ 171 f und damit beschränkt haftet. Allerdings steht der Eintritt der Haftungsbeschränkung unter dem Vorbehalt des § 15 (Rn 55).[183] Was die Haftung für Altverbindlichkeiten betrifft, so wird diese durch die Umwandlung der Mitgliedschaft zunächst nicht berührt.[184] Nach § 160 Abs. 3 S. 1 kommt jedoch auch dem Kommanditisten nach Ablauf von fünf Jahren die in § 160 Abs. 1 und 2 für den ausgeschiedenen Gesellschafter vorgesehene (Rn 55) **Enthaftung** zugute (§ 160 Rn 13 ff). Gem. ausdrücklicher Klarstellung in § 160 Abs. 3 S. 2 gilt dies nunmehr auch für den Fall, dass der Kommanditist in der KG oder in der Komplementär-GmbH geschäftsführend tätig wird; die davon abweichende Rechtsprechung des BGH zu §§ 159, 160 a.F.[185] ist damit obsolet.[186] Nach § 160 Abs. 3 S. 3 wird die Haftung als Kommanditist, die sich nach § 173 auch auf Altverbindlichkeiten erstreckt, durch die Enthaftung freilich nicht berührt (§ 160 Rn 13).

58 d) **Umwandlung der Gesellschaft.** Die Rechtslage bei Umwandlung der Gesellschaft in eine Rechtsform ohne unbeschränkte Gesellschafterhaftung entspricht im Grundsatz derjenigen bei Umwandlung der Mitgliedschaft des OHG-Gesellschafters oder Komplementärs in diejenige eines Kommanditisten (Rn 57). Für die Fälle des **Formwechsels** der OHG oder KG in eine Kapitalgesellschaft oder eingetragene Genossenschaft (zum umgekehrten Fall s. § 130 Rn 6) enthält § 224 UmwG eine dem § 160 entsprechende Enthaftungsvorschrift. Entsprechendes gilt nach §§ 45, 125 S. 1 UmwG für die **Verschmelzung** auf einen Rechtsträger ohne unbeschränkte Gesellschafterhaftung sowie für die **Aufspaltung** gem. § 123 Abs. 1 UmwG; Ausgliederung und Abspaltung lassen hingegen den Fortbestand der Gesellschaft und damit die Haftung der Gesellschafter für Alt- und Neuverbindlichkeiten unberührt.[187] Die Enthaftung nach §§ 45, 125 S. 1, 224 UmwG gilt unter den Voraussetzungen des § 319 Abs. 1 UmwG auch für vor dem Inkrafttreten des UmwG am 1.1.1995 begründete Altverbindlichkeiten. Von den im UmwG geregelten Umwandlungstatbeständen zu unterscheiden sind die Fälle der **formwechselnen Umwandlung** der OHG in eine KG oder GbR sowie die umgekehrten Tatbestände (§ 105 Rn 56). Sie tragen der Auffangfunktion der Rechtsform der OHG (§ 105 Rn 4, 15) Rechnung und sind hinsichtlich der Gesellschafterhaftung nach allgemeinen Grundsätzen zu beurteilen; eine über die in 160 geregelten Tatbestände hinausgehende Enthaftung findet nicht statt. Vorbehaltlich der §§ 5, 15 und der allgemeinen Rechtsscheinhaftung (Rn 7 f) haf-

182 Mit ihr geht die Umwandlung der OHG in eine KG einher, s. § 105 Rn 52 (*Schäfer*).

183 Zur Unanwendbarkeit des § 176 Abs. 2 in diesem Fall s. BGHZ 66, 98 (101) = NJW 1976, 848; Voraufl. § 176 Rn 22 (*Schilling*).

184 Vgl. BGHZ 78, 114 (116) = NJW 1981, 175; BGHZ 108, 330 (340) = NJW 1990, 49; BGHZ 110, 342 (358 f) = NJW 1990, 1725; BGH NJW 1983, 2255 (2258); OLG Hamm NZG 2008, 101.

185 BGHZ 78, 114 (118) = NJW 1981, 175; BGHZ 110, 342 (358 f) = NJW 1990, 1725 mwN; aus neuerer Zeit OLG Hamm NZG 2008, 101 (102).

186 Näher § 160 Rn 14; zu Altfällen s. Art. 35 f EGHGB und dazu § 160 Rn 43 ff; *Kollbach* GmbHR 1994, 164 (168).

187 In sämtlichen Fällen der Spaltung kommt es zur Spaltungshaftung der beteiligten Rechtsträger nach § 133 UmwG, die ihrerseits Gesellschaftsschulden i.S.d. § 128 S. 1 begründen kann und neben die Forthaftung aus §§ 45, 125 S. 1 UmwG tritt; zur Spaltungshaftung s. noch § 159 Rn 10 f; näher zur Rechtsnatur, insbesondere zu ihrem akzessorischen Charakter, *Habersack* FS Bezzenberger (2000) S. 93 ff.

ten die Gesellschafter mithin für Neuverbindlichkeiten nach Maßgabe der Haftungsverfassung der neuen Rechtsform; für Altverbindlichkeiten haften sie uneingeschränkt nach Maßgabe der Haftungsverfassung der alten Rechtsform weiter, sofern nicht § 160 Abs. 3 zur Anwendung gelangt (Rn 57). Nennenswerte Bedeutung kommt der Frage freilich nicht mehr zu, seitdem die GbR im Grundsatz den §§ 128 ff HGB unterliegt (Rn 6).

e) **Auflösung der Gesellschaft.** Mit Auflösung[188] der Gesellschaft läuft zugunsten der Gesellschafter die **Sonderverjährung des § 159.** Die Gesellschafter haften somit zwar ungeachtet der Auflösung der Gesellschaft für die bis dahin begründeten Gesellschaftsschulden fort, doch verjähren die Forderungen des Gläubigers gegen die Gesellschafter in fünf Jahren, sofern nicht der Anspruch gegen die Gesellschaft einer kürzeren, von den Gesellschaftern nach § 129 Abs. 1 geltend zu machenden Verjährung unterliegt. Entsprechendes gilt für Neuverbindlichkeiten der Liquidationsgesellschaft; die Gesellschafter haften zwar auch für diese Verbindlichkeiten nach §§ 156, 128 (§ 156 Rn 12), können sich aber auf die – nach § 159 Abs. 3 freilich erst mit Entstehung der Gesellschaftsschuld laufende – Sonderverjährung des § 159 berufen. Die nach § 143 Abs. 1 gebotene Eintragung der Auflösung hat zwar nur deklaratorische Bedeutung; gutgläubigen Dritten gegenüber gilt die Gesellschaft jedoch gem. § 15 Abs. 1 als nicht aufgelöst mit der Folge, dass § 159 hinsichtlich der vor Eintragung begründeten Verbindlichkeiten keine Anwendung findet. Nach erfolgter Eintragung läuft die Schonfrist des § 15 Abs. 2 S. 2 (Rn 55). Zur Rechtslage bei Insolvenz der Gesellschaft s. noch Rn 70 ff. 59

3. Alt- und Neuverbindlichkeiten

a) **Maßgeblicher Zeitpunkt.** Die Forthaftung des Gesellschafters für Altverbindlichkeiten beschränkt sich auf diejenigen Gesellschaftsschulden, die im Zeitpunkt seines Ausscheidens oder des diesem gleichstehenden Tatbestands (Rn 55 ff) begründet waren. Für nach diesem Zeitpunkt begründete Gesellschaftsschulden haftet der ausgeschiedene Gesellschafter nicht. Maßgebender Zeitpunkt für die Bestimmung der Altverbindlichkeiten ist somit derjenige, in dem das **Ausscheiden wirksam** geworden und damit die Stellung als – unbeschränkt haftender (Rn 57 f) – Gesellschafter einer werbenden (Rn 59) OHG entfallen ist.[189] Das ist bei einem einvernehmlichen Ausscheiden (Rn 55) der Zeitpunkt, in dem der letzte der Gesellschafter der Vereinbarung wirksam zugestimmt hat, bei einer Abtretung der Mitgliedschaft (Rn 56) der Zeitpunkt der vollzogenen Abtretung im Fall vorheriger Zustimmung der übrigen Gesellschafter oder der Zeitpunkt der zuletzt erteilten Genehmigung eines Mitgesellschafters (§ 105 Rn 294 ff), bei gerichtlicher Ausschließung (Rn 55) der Zeitpunkt, in dem das Urteil rechtskräftig geworden ist, bei Ausschließung durch Gesellschafterbeschluss der Zeitpunkt, in dem dieser Beschluss Wirksamkeit erlangt hat, bei Kündigung der Mitgliedschaft (Austrittserklärung) der Zeitpunkt des Wirksamwerdens der Kündigung und bei Auflösung der Gesellschaft (Rn 59) der Eintritt des die Auflösung herbeiführenden Tatbestands.[190] Auf die Eintragung im 60

188 Nicht dagegen erst mit Vollbeendigung, s. § 159 Rn 6; MünchKommHGB/*K. Schmidt* Rn 46; *Lieb* GmbHR 1992, 561 (566); *Ulmer/Timmann* ZIP 1992, 1 (10); vor Inkrafttreten des Nachhaftungsbegrenzungsgesetzes (Rn 54) mit guten, vom Gesetzgeber freilich nicht aufgegriffenen und deshalb de lege lata unbeachtlichen Gründen für Maßgeblichkeit der Vollbeendigung *K. Schmidt* ZHR 152 (1988), 105 ff; *ders.* DB 1990, 2357 (2359 f).

189 MünchKommHGB/*K. Schmidt* Rn 48; Heymann/*Emmerich* Rn 49.

190 Vgl. MünchKommHGB/*K. Schmidt* Rn 48.

Handelsregister kommt es nicht an (Rn 61). Anders verhält es sich in den Fällen der §§ 45, 125 S. 1, 224 UmwG (Rn 58); insoweit kommt der Eintragung gem. §§ 16, 20, 130, 198, 202 UmwG konstitutive Bedeutung zu mit der Folge, dass der Zeitpunkt der Eintragung für die Abgrenzung zwischen Alt- und Neuverbindlichkeiten maßgebend ist.

61 Vom Zeitpunkt der Wirksamkeit des Ausscheidens zu unterscheiden ist der Zeitpunkt, in dem die Sonderverjährung oder Enthaftung für Altverbindlichkeiten zu laufen beginnt. Nach §§ 159 Abs. 2, 160 Abs. 1 S. 2 ist dies aus Gründen des Gläubigerschutzes und der Rechtssicherheit stets, also auch in den Fällen, in denen die Eintragung im Handelsregister nur deklaratorische Bedeutung hat (Rn 60), das Ende des Tages, an dem die Auflösung der Gesellschaft oder das Ausscheiden des Gesellschafters in das **Handelsregister** eingetragen wird; die Rechtsprechung stellt der Eintragung die **Kenntnis** des Gläubigers gleich.[191] Nach Wirksamkeit des Ausscheidens (Rn 60), aber vor Eintragung i.S.v. §§ 159 Abs. 2, 160 Abs. 1 S. 2 begründete Verbindlichkeiten sind zwar Neuverbindlichkeiten, für die der ausgeschiedene Gesellschafter an sich nicht haftet. Doch kann sich insoweit die Haftung aus **§ 15 Abs. 1** oder aus konkret veranlasstem Rechtsschein (Rn 7 f) ergeben; in diesem Fall sind auch diese Verbindlichkeiten als Altverbindlichkeiten i.S.v. §§ 159 anzusehen. Entsprechendes gilt für die innerhalb der Frist des § 15 Abs. 2 S. 2 begründeten Verbindlichkeiten (Rn 55).

b) Begründung der Verbindlichkeit

62 aa) **Grundsatz.** Nach § 160 Abs. 1 haftet der ausgeschiedene Gesellschafter für die bis zu seinem Ausscheiden begründeten Verbindlichkeiten. Für die Abgrenzung zwischen Alt- und Neuverbindlichkeiten (Rn 54) kommt es deshalb darauf an, ob in dem maßgeblichen Zeitpunkt (Rn 60 f) bereits der **Rechtsgrund** für den betreffenden Anspruch gelegt worden ist.[192] Unerheblich sind dagegen die Entstehung und die Fälligkeit des Anspruchs (Rn 63 ff, 69), bei einem gegenseitigen Vertrag des Weiteren die Erbringung der Gegenleistung durch den Gläubiger (Rn 64).

63 **bb) Vertragliche Schuldverhältnisse.** Für vertragliche Ansprüche haftet der ausgeschiedene Gesellschafter nach §§ 128, 160, wenn und soweit der **Vertrag vor dem Ausscheiden abgeschlossen** wurde und sich hieraus ohne Hinzutreten weiterer Abreden zwischen Gesellschaft und Gläubiger die Gesellschaftsschuld ergeben hat.[193] Unerheblich ist, ob der Anspruch des Gläubigers im Zeitpunkt des Ausscheidens des Gesellschafters bereits

---

[191] BGHZ 174, 7 = ZIP 2007, 2262 = NZG 2007, 941; näher dazu § 159 Rn 17, § 160 Rn 16.

[192] RGZ 140, 10 (14); BGHZ 55, 267 (269 f) = NJW 1971, 1268; BGHZ 142, 324 (328 ff) = NJW 2000, 208; BGHZ 150, 373 (375 f) = NJW 2002, 2170; BGH NJW 1986, 1690; BFH DB 1986, 2419; BAGE 63, 260 = WM 1990, 1466; BAG NJW 1992, 3255; MünchKommHGB/*K. Schmidt* Rn 49; Baumbach/*Hopt* Rn 29; Ebenroth/Boujong/Joost/Strohn/*Hillmann* Rn 46; Röhricht/v. Westphalen/*v. Gerkan/Haas* Rn 27; Koller/Roth/Morck/*Koller* Rn 10; *A. Hueck* OHG § 29 II 4; *Hüffer* BB 1978, 454 (457 ff); s. ferner die Nachw. in den nachfolgenden Fn; **aA** *Honsell/Harrer* ZIP 1986, 341 (344 ff); *Moll/Hottgenroth* RdA 1994, 223 (224 ff); sympathisierend Heymann/*Emmerich* Rn 50 (Fn 140).

[193] Vgl. RGZ 125, 417 (418); BGHZ 36, 224 (225) = NJW 1962, 536; BGHZ 48, 203 (204 f) = NJW 1967, 2203; BGHZ 55, 267 (269 f) = NJW 1971, 1268; BGHZ 70, 132 (135) = NJW 1978, 636; BGH NJW 1983, 2256 (2257); MünchKommHGB/*K. Schmidt* Rn 51; Heymann/*Emmerich* Rn 51 f; Baumbach/*Hopt* Rn 30; *Hunke* S. 37.

fällig gewesen ist,[194] des Weiteren, ob bei Abschluss eines aufschiebend bedingten oder befristeten Vertrags die Bedingung eingetreten oder der Anfangstermin erreicht ist.[195] Die **Angebotserklärung** der Gesellschaft ist dem Vertragsschluss hingegen auch dann nicht gleichzustellen, wenn ihr Bindungswirkung nach §§ 145 ff BGB zukommt.[196] Denn es ist nunmehr dem Gläubiger anheimgestellt, ob es trotz Ausscheidens des Gesellschafters zur Entstehung des Schuldverhältnisses kommt. Umgekehrt wird eine Altverbindlichkeit begründet, wenn der Gläubiger vor Ausscheiden des Gesellschafters das ihn nach §§ 145 ff BGB bindende Angebot abgegeben hat und dieses danach von der Gesellschaft angenommen wird. Entsprechend verhält es sich bei Abschluss eines **Vorvertrags** vor Ausscheiden des Gesellschafters; er begründet nur für den Fall Altverbindlichkeiten, dass auch der Vertragspartner der Gesellschaft bereits bei Ausscheiden des Gesellschafters gebunden war.[197]

Ein vor Ausscheiden des Gesellschafters geschlossener **Kauf- oder Werkvertrag** be- **64**
gründet auch dann eine Altverbindlichkeit der Gesellschaft, wenn die Erfüllung des Vertrags seitens des Gesellschafters oder Gläubigers erst nach Ausscheiden erfolgt.[198] Dies gilt auch für den Fall, dass es sich um einen Teillieferungsvertrag handelt, durch den sich die Gesellschaft zur Abnahme einer Sachgesamtheit oder einer bestimmten Warenmenge in Teillieferungen verpflichtet.[199] Entsprechendes gilt für das **Darlehen**; ein vor Ausscheiden geschlossener Darlehensvertrag begründet demnach unabhängig von der Valutierung eine Altverbindlichkeit.[200] Entsprechendes gilt für sonstige den Gläubiger bindende Kreditzusagen; sie begründen Altverbindlichkeiten, wenn sie vor Ausscheiden erteilt, aber erst danach valutiert werden.[201] Diese Grundsätze gelten auch für den Kontokorrentkredit (Rn 66).

Auch bei **Dauerschuldverhältnissen** ist auf den Abschluss des Vertrags oder die ihm **65**
gleichstehende Angebotserklärung des Gläubigers (Rn 63) abzustellen: Wurde der so zu bestimmende Rechtsgrund vor Ausscheiden des Gesellschafters gelegt, handelt es sich bei jeder aus dem Dauerschuldverhältnis hervorgehenden Einzelschuld um eine Altverbindlichkeit;[202] dies gilt auch insoweit, als sich nach Ausscheiden des Gesellschafters die Laufzeit des ursprünglichen Vertrags vereinbarungsgemäß durch Nichtausübung eines

---

[194] BGHZ 36, 224 (225) = NJW 162, 536; *A. Hueck* OHG § 29 II 4; MünchKommHGB/*K. Schmidt* Rn 50; Ebenroth/Boujong/Joost/Strohn/*Hillmann* Rn 47. – Zu Dauerschuldverhältnissen s. noch Rn 65.

[195] Vgl. für § 176 Abs. 1 BGHZ 73, 217 (220) = NJW 1979, 1361 (aufschiebend bedingter Werkvertrag).

[196] Zust. MünchKommHGB/*K. Schmidt* Rn 50; Röhricht/v. Westphalen/*v. Gerkan/Haas* Rn 28; **aA** *Hunke* S. 40; *Würdinger* Gesellschaften I S. 130.

[197] MünchKommHGB/*K. Schmidt* Rn 50, 54 (unter Aufgabe der noch in Schlegelberger Rn 55 vertretenen Gegenansicht).

[198] BGHZ 55, 267 (269 f) = NJW 1971, 1268; MünchKommHGB/*K. Schmidt* Rn 50; Heymann/*Emmerich* Rn 51; Ebenroth/Boujong/Joost/Strohn/*Hillmann* Rn 47; Baumbach/*Hopt* Rn 30.

[199] RG LZ 1912, 548 (549 f); Heymann/*Emmerich* Rn 51, 53.

[200] *A. Hueck* OHG § 29 II 4; MünchKommHGB/*K. Schmidt* Rn 50; Heymann/*Emmerich* Rn 55; **aA** *Gamp/Werner* ZHR 147 (1983), 1 (6 ff); *Hunke* S. 46; Baumbach/*Hopt* Rn 30.

[201] MünchKommHGB/*K. Schmidt* Rn 50; Heymann/*Emmerich* Rn 56; **aA** die in Fn 200 genannten Gegenstimmen.

[202] Ganz hM, vgl. neben den Nachw. in den nachfolgenden Fn namentlich BGHZ 142, 324 (328 ff) = NJW 2000, 208; BGHZ 150, 373 (375 f) = NJW 2002, 2170; BGHZ 154, 370 (375) = NJW 2002, 1803; BGH NJW 2006, 765; BAG NJW 2004, 3287 f; MünchKommHGB/*K. Schmidt* Rn 50, 53; Baumbach/*Hopt* Rn 31; **aA** *Honsell/Harrer* ZIP 1986, 341 (344 ff); *Moll/Hottgenroth* RdA 1994, 224 ff; sympathisierend auch Heymann/*Emmerich* Rn 50 (Fn 140).

Kündigungs- oder Widerspruchsrechts verlängert.[203] Die Nachhaftung bezieht sich insbesondere auf Miet- und Leasingverträge,[204] auf Dienst- und Geschäftsbesorgungsverträge,[205] auf Arbeitsverträge einschließlich etwaiger Ruhegeldzusagen,[206] aber auch auf Sukzessivlieferungsverträge, etwa solche im Zusammenhang mit der Energie- und Wasserversorgung.[207] Der mit dieser Ausgangslage verbundenen **Gefahr einer Endloshaftung** des ausgeschiedenen Gesellschafters für sämtliche nach seinem Ausscheiden fällig werdende Ansprüche des Gläubigers wurde bereits vor Inkrafttreten des NachhaftungsbegrenzungsG (Rn 54) durch die – vom BAG freilich nicht uneingeschränkt übernommene[208] – Rechtsprechung des BGH begegnet.[209] Die Vorschrift des § 160 in der Fassung durch das NachhaftungsbegrenzungsG bestimmt nunmehr für sämtliche bis zum Ausscheiden begründeten Verbindlichkeiten und damit auch für Verbindlichkeiten aus bis dahin begründeten Dauerschuldverhältnissen die **Enthaftung** des ausgeschiedenen Gesellschafters nach Ablauf von fünf Jahren seit der Eintragung seines Ausscheidens im Handelsregister (Rn 55). Für einen Rückgriff auf die von *A. Hueck* begründete[210] und vom BGH übernommene[211] „Kündigungstheorie", wonach sich die Haftung im Fall von Dauerschuldverhältnissen auf Ansprüche aus dem Zeitraum bis zur ersten auf das Ausscheiden folgenden Kündigungsmöglichkeit des Gläubigers beschränkt, ist neben der allgemeinen und abschließenden Enthaftungslösung des § 160 kein Raum.[212]

66 Für **Kontokorrentschulden** soll der ausgeschiedene Gesellschafter nach hM in Höhe des hypothetischen Saldos zur Zeit des Ausscheidens haften, jedoch nicht über den nach seinem Ausscheiden gezogenen niedrigsten Saldo eines periodischen Rechnungsabschlusses hinaus.[213] Danach erlischt also die – an sich in Höhe des fiktiven Saldos zur Zeit des Ausscheidens bestehende – Haftung des Ausgeschiedenen, sobald sich bei Abschluss einer Rechnungsperiode ein Guthaben der Gesellschaft ergibt. Umgekehrt lässt es die Haftung unberührt, wenn ein Soll-Saldo nach dem Ausscheiden, aber vor Abschluss der Rechnungsperiode weitgehend oder vollständig ausgeglichen und erst anschließend wieder angestiegen war. Dieser Auffassung kann schon deshalb nicht gefolgt werden, weil

---

[203] So für einen Mietvertrag BGHZ 150, 373 (375 f) = NJW 2002, 2170; **aA** KG NZG 2001, 164 f. – Zu nach Ausscheiden getroffenen Verlängerungsabreden s. hingegen Rn 67.

[204] RGZ 86, 60 (61); RGZ 140, 10 (12); BGHZ 36, 224 (228) = NJW 1962, 536; BGHZ 150, 373 (375 f) = NJW 2002, 2170; OLG Düsseldorf BB 1992, 2173; für Leasingverträge BGH NJW 1985, 1899.

[205] BGHZ 142, 324 (328 ff) = NJW 2000, 208 (Steuerberatervertrag).

[206] Vgl. neben den Nachw. in Fn 35 noch BAG NJW 2004, 3287, BAG NJW 1992, 3255, jew. mwN.

[207] BGHZ 70, 132 (135) = NJW 1978, 636 (Sonderabnehmer); BGH NJW 2006, 765; MünchKommHGB/*K. Schmidt* Rn 50.

[208] Vgl. etwa BAG NJW 1978, 391; BAGE 42, 312 = NJW 1983, 2283; BAG NZA 1990, 557; NJW 1992, 3255 mwN.

[209] Vgl. insbesondere BGHZ 87, 286 = NJW 1983, 2254; BGH NJW 1983, 2940; BGHZ 108, 330 = NJW 1990, 49; aus dem Schrifttum namentlich *Ulmer/Wiesner* ZHR 144 (1980), 393; *Ulmer* BB 1983, 1865; *Wiesner* ZIP 1983, 1032; *Priester/K. Schmidt* ZIP 1984, 1064; *Lieb* ZGR 1985, 124; *Reichold* passim.

[210] *A. Hueck* OHG § 29 II 4.

[211] BGHZ 70, 132 = NJW 1978, 636; BGHZ 87, 286 (291 f) = NJW 1983, 2254; s. ferner BGH NJW 1985, 1899 (Möglichkeit zu außerordentlicher Kündigung führt nicht zur Enthaftung).

[212] So zu Recht BGHZ 142, 324 (330 ff) = NJW 2000, 208 mwN; näher dazu § 160 Rn 34.

[213] Vgl. RGZ 76, 330 (334 f); BGHZ 26, 142 (150) = NJW 1958, 217; BGHZ 50, 277 (278) = NJW 1968, 2100; BGH WM 1972, 283 (284); BGH WM 1986, 447 (448); OLG Köln ZIP 2044, 2046; Ebenroth/Boujong/Joost/Strohn/*Hillmann* Rn 50; Baumbach/*Hopt* Rn 30; eingehend dazu *Römer* S. 54 ff.

sie dem ausgeschiedenen Gesellschafter den Einwand nimmt, dass die bei seinem Ausscheiden begründete Kontokorrentschuld zwischenzeitlich erloschen sei und der zum Abschluss der Rechnungsperiode festgestellte Negativsaldo auf der Begründung von Neuverbindlichkeiten beruhe. Nach zutr. Ansicht[214] wird deshalb die Haftung des ausgeschiedenen Gesellschafters allein durch den im Zeitpunkt seines Ausscheidens bestehenden, ggf. um eine vom Gläubiger bereits zugesagte Kreditlinie zu ergänzenden (Rn 64) Saldo begrenzt; nachfolgende Zahlungen seitens der Gesellschaft sind gem. §§ 366, 396 BGB zu verrechnen und kommen somit ggf. dem ausgeschiedenen Gesellschafter zugute. Der ausgeschiedene Gesellschafter ist demnach zwar an die Kontokorrentabrede gebunden. Doch führt dies gem. § 356 allein zur Forthaftung trotz Anerkennung des Rechnungsabschlusses durch die Gesellschaft, nicht aber zur Haftung für erst nach dem Ausscheiden begründete und in das Kontokorrent eingestellte Verbindlichkeiten.

Soweit Gläubiger und Gesellschaft eine **Vertragsänderung** vereinbaren, geht dies stets **67**
zugunsten, grundsätzlich (s. aber auch Rn 68) hingegen **nicht zu Lasten** des zuvor ausgeschiedenen Gesellschafters.[215] Diesem kommt somit zwar die einvernehmliche Herabsetzung der Schuld oder die Verkürzung der Laufzeit eines Vertrags zugute. Auch haftet er für die bereits im ursprünglichen Vertrag vorgesehene Erweiterung oder Verlängerung des Vertrags (einschließlich einer solchen aufgrund unterbleibender Kündigung, Rn 65). Dagegen braucht er sich die einvernehmliche Erweiterung oder Verlängerung des Vertrags nicht entgegenhalten zu lassen.[216] Von Sekundäransprüchen abgesehen (Rn 68) wird die Gesellschafterhaftung mithin durch den Stand der Gesellschaftsschuld im Zeitpunkt des Ausscheidens begrenzt. Die Rechtslage entspricht damit derjenigen bei der Bürgschaft, wo die Vorschrift des § 767 Abs. 1 S. 3 BGB haftungsverschärfenden Vereinbarungen zwischen Gläubiger und Hauptschuldner ausdrücklich Grenzen setzt. Was die **Rechtsfolgen** einer Haftungserweiterung betrifft, so bleibt die Haftung des Gesellschafters grundsätzlich im bisherigen Umfang bestehen.[217] Eine Vertragsverlängerung lässt also die Haftung des Gesellschafters für die bei seinem Ausscheiden vorgesehene Laufzeit des Vertrags unberührt; die Anhebung des von der Gesellschaft geschuldeten Miet- oder Kreditzinses lässt die Haftung des Gesellschafters für den bei seinem Ausscheiden vereinbarten Zins bestehen. Die Stundung der Gesellschaftsschuld nimmt dem Gesellschafter nicht das Recht, den Gläubiger zu befriedigen und bei der Gesellschaft und den Gesellschaftern Regress zu nehmen (Rn 41 ff);[218] vor diesem Hintergrund kann in ihr keine

---

214 Zutr. gegen die „Theorie von der Haftung für den niedrigsten anerkannten Saldo" Voraufl. § 356 Rn 19 f (*Canaris*); *ders.* Handelsrecht[24] § 25 Rn 39 ff; *ders.* DB 1972, 471 f; ihm folgend *K. Schmidt* Handelsrecht[5] § 21 V 2b; MünchKommHGB/*K. Schmidt* Rn 56; s. ferner MünchKommBGB/*Habersack* § 765 Rn 113; *Römer* S. 88 ff.

215 Im Grundsatz wohl einh. M., s. für die Vertragsverlängerung RGZ 86, 60 (62 f); RGZ 125, 417, 418 f (mit zutr. Hinweis, dass die Verlängerung eines Verwahrungsvertrags die Haftung auf Rückgabe der verwahrten Wertpapiere nicht beseitigt, wenn nur der ursprüngliche Verwahrungsvertrag vor dem Ausscheiden des Gesellschafters geschlossen wurde); MünchKommHGB/*K. Schmidt* Rn 52; Ebenroth/Boujong/Joost/Strohn/*Hillmann* Rn 51; Röhricht/v. Westphalen/*v. Gerkan/Haas* Rn 29; *Hunke* S. 41 ff.

216 Zur Abgrenzung s. BGH ZIP 2007, 2262 (2263): Herabsetzung der monatlichen Darlehensraten macht aus Darlehensvertrag keine Neuverbindlichkeit (s. dazu aber noch Fn 218).

217 MünchKommHGB/*K. Schmidt* Rn 52; vgl. für die Bürgschaft BGH NJW 1980, 2412 f; MünchKommBGB/*Habersack* § 767, 11.

218 Entsprechendes muss bei einvernehmlicher Herabsetzung der Darlehensrate unter Beibehaltung des Rückzahlungsbetrags gelten; dazu BGH ZIP 2007, 2262 (2263), wo über diesen Aspekt nicht zu entscheiden war.

unzulässige Haftungserweiterung gesehen werden. Dies gilt auch bei Prolongation eines Wechsels[219] sowie bei anderweitiger Ersetzung oder Bestärkung der ursprünglichen Schuld durch eine neue; in beiden Fällen haftet der Gesellschafter in dem bei seinem Ausscheiden bestehenden Rahmen fort. **Nachträgliche Beschränkungen der Gesellschaftsschuld** wirken stets zugunsten des ausgeschiedenen Gesellschafters; insoweit besteht kein Anlass für eine Einschränkung des Akzessorietätsgrundsatzes.

68 **Sekundäransprüche**, sei es, dass sie an die Stelle des vertraglichen Primäranspruchs treten oder, wie in den Fällen der §§ 280 Abs. 1, 288 BGB, diesen ergänzen, begründen immer dann Altverbindlichkeiten, wenn auch die gestörte Primärverpflichtung vor dem Ausscheiden des Gesellschafters begründet wurde. Auf die Verwirklichung des Tatbestands des Sekundäranspruchs, also die Verletzung der vertraglichen Primärverpflichtung, kommt es dagegen nicht an.[220] Handelt es sich also bei dem Primäranspruch des Gläubigers um eine Altverbindlichkeit i.S.d. Ausführungen in Rn 63 ff, so haftet auch der ausgeschiedene Gesellschafter nach Maßgabe des § 160 auf Schadensersatz statt der Leistung ebenso wie auf einfachen Schadensersatz und Ersatz des **Verzugsschadens**. Aber auch bei kraft Gesetzes oder infolge der Ausübung eines Gestaltungsrechts erfolgter Umwandlung des Schuldverhältnisses in ein **Rückgewährschuldverhältnis** haftet der ausgeschiedene Gesellschafter fort, wenn nur das Primärschuldverhältnis vor dem Ausscheiden begründet wurde. Auch eine vor dem Ausscheiden versprochene, aber erst nach dem Ausscheiden verwirkte **Vertragsstrafe** begründet eine Altverbindlichkeit.[221]

69 cc) **Gesetzliche Schuldverhältnisse.** Auch bei gesetzlichen Schuldverhältnissen ist für die Abgrenzung zwischen Alt- und Neuverbindlichkeiten entscheidend darauf abzustellen, wann der Rechtsgrund der Gesellschaftsschuld gelegt worden ist. So kommt es für **Deliktsschulden** allein auf die Verwirklichung des haftungsbegründenden Tatbestands, im Fall des § 823 Abs. 1 BGB also auf die Vornahme der Verletzungshandlung und die Verletzung des absoluten Rechts an; geschah dies vor Ausscheiden des Gesellschafters, so liegt eine Altverbindlichkeit auch dann vor, wenn der Schaden erst nach dem Ausscheiden des Gesellschafters eintritt.[222] Bei der **Geschäftsführung ohne Auftrag** kommt es auf die Übernahme der Geschäftsführung an. Wird eine Grundschuld zur Absicherung einer Gesellschaftsschuld bestellt und sodann durch Zahlung an den Gesellschaftsgläubiger abgelöst, so handelt es sich bei dem Aufwendungsersatzanspruch des Grundeigentümers aus §§ 683, 677, 670 BGB schon dann um eine Altverbindlichkeit, wenn die Grundschuld vor dem Ausscheiden des Gesellschafters bestellt worden ist, mag auch die Ablösung erst nach dem Ausscheiden erfolgt sein.[223] Was Ansprüche aus **ungerechtfertigter Bereicherung** betrifft, so ist zu differenzieren. Für die *Eingriffskondition* ist auf die Vornahme der Eingriffshandlung abzustellen, für die Verwendungs- und Rückgriffskondition auf die Vornahme der Verwendungen und die Zahlung der Gesellschaftsschuld bzw. Stellung der

---

219 MünchKommHGB/*K. Schmidt* Rn 52; Röhricht/v. Westphalen/*v. Gerkan/Haas* Rn 29; **aA** die hM, der zufolge der Prolongationswechsel eine Neuverbindlichkeit begründet und der Gesellschafter deshalb allenfalls aus dem Grundgeschäft in Anspruch genommen werden kann, s. RG JW 1902, 445; 3. Aufl. Anm. 52 (*R. Fischer*); Baumbach/*Hopt* Rn 30.

220 Vgl. RGZ 140, 10 (14 ff); BGHZ 36, 224 (225) = NJW 1962, 536; BGHZ 48, 203 = NJW 1967, 2203; *A. Hueck* OHG § 29 II 4; MünchKommHGB/*K. Schmidt* Rn 51; Baumbach/*Hopt* Rn 30; **aA** noch RGZ 65, 26 (28 f).

221 Vgl. zu §§ 25, 28 BGH NJW 1996, 2866.

222 Weitergehend MünchKommHGB/*K. Schmidt* Rn 57 und Ebenroth/Boujong/Joost/Strohn/*Hillmann* Rn 53 (auch Rechtsgutverletzung könne nach Ausscheiden eintreten).

223 BGH NJW 1986, 1690 = WM 1986, 288.

Sicherheit. In den Fällen der Leistungskondiktion kommt es dagegen nicht auf die Leistungshandlung des Gläubigers an, sondern auf den vermeintlichen Rechtsgrund, auf den der Gläubiger leistet; auch eine nach dem Ausscheiden erfolgte Leistung kann mithin eine Altverbindlichkeit begründen, wenn nur der vermeintliche Rechtsgrund, auf den die Leistung erfolgt, bereits bei Ausscheiden bestand.[224]

VII. Die Haftung in der Insolvenz der Gesellschaft

1. Überblick. Der persönlichen Haftung des Gesellschafters kommt insbesondere für **70**
den Fall der Insolvenz der Gesellschaft Bedeutung zu. Sie wird denn auch durch die Eröffnung des Insolvenzverfahrens über das Vermögen der – über **Insolvenzfähigkeit** verfügenden (§ 124 Rn 44; Rn 71 ff) – Gesellschaft nicht berührt.[225] In sachlicher Übereinstimmung mit § 171 Abs. 2 bestimmt allerdings § 93 InsO, dass die Geltendmachung der Haftung während der Dauer des Insolvenzverfahrens ausschließlich dem Insolvenzverwalter obliegt (Rn 74 ff); eine Inanspruchnahme der Gesellschafter durch einzelne Gesellschaftsgläubiger kommt also nicht in Betracht. Hierdurch soll ein Wettlauf der Gläubiger vermieden und der Grundsatz der **gleichmäßigen Befriedigung** der Gesellschaftsgläubiger auch auf die Haftung der Gesellschafter erstreckt werden.[226] Über Reichweite und Folgen des § 93 InsO im Einzelnen herrscht freilich ebenso wenig Einvernehmen wie hinsichtlich der Frage, ob die Gesellschafter für vom (vorläufigen) Insolvenzverwalter begründete **Neuverbindlichkeiten** haften (Rn 73). Besondere Fragen stellen sich schließlich im Zusammenhang mit einem Insolvenzplan (Rn 77 f) und bei Eröffnung des Insolvenzverfahrens über das Vermögen des Gesellschafters (Rn 80). Zur Stellung der Gesellschaft und der nach § 128 in Anspruch genommenen Gesellschafter in **Prozess und Einzelvollstreckung** s. § 124 Rn 23 ff, § 129 Rn 26 f.

2. Sachliche Reichweite der Haftung

a) **Altverbindlichkeiten.** Bei Insolvenz der Gesellschaft haften die Gesellschafter für **71**
sämtliche Altverbindlichkeiten der Gesellschaft nach Maßgabe der Ausführungen in Rn 19 ff, d.h. unbeschränkt, unmittelbar und akzessorisch.[227] Die Vorschrift des Art. 122 ADHGB, wonach die Gesellschafter nur auf den Ausfall des Gläubigers hafteten, ist vom HGB nicht übernommen worden.[228] Da die Eröffnung des Insolvenzver-

---

224 Zutr. OVG Koblenz NJW 1986, 2129 (zu § 49 Abs. 2 UmwG a.F.: Rückzahlung einer vor der Umwandlung bewilligten und erst danach ausgezahlten Subvention); MünchKommHGB/*K. Schmidt* Rn 57; Ebenroth/Boujong/Joost/Strohn/*Hillmann* Rn 53.

225 BGHZ 121, 179 (189) = NJW 1993, 663; BGHZ 48, 203 (205) = NJW 1967, 2203; BGH NJW 1957, 144; BAG ZIP 1993, 1558; MünchKommHGB/*K. Schmidt* Rn 77; Heymann/*Emmerich* Rn 28; Röhricht/v. Westphalen/*v. Gerkan/Haas* Rn 17; *K. Müller* NJW 1968, 225 ff; *Wissmann* S. 105 ff; **aA** *Wochner* BB 1983, 517, 521 f (vorläufige Befreiung).

226 Begr. RegE, BT-Drucks. 12/2443, S. 140; BGHZ 151, 245 (248) = NJW 2002, 2718; BGH ZIP 2008, 2224 Tz. 11 f; grundlegend *K. Schmidt* Verhandlungen des 54. DJT, Bd. I, S. D 46 ff; *ders.* Wege zum Insolvenzrecht der Unternehmen (1990) S. 80 ff; s. ferner *dens.* ZGR 1996, 209 (216 ff); *Armbruster* S. 141 ff; *H.-F. Müller* S. 228 ff; **aA** – Schutz des Gesellschaftsvermögens als Sanierungsmasse – *Brinkmann* ZGR 2003, 264 ff.

227 Vgl. die Nachw. in Fn 225.

228 Näher dazu *Wissmann* S. 110 ff.

fahrens nach § 131 Abs. 1 Nr. 3 die Auflösung der Gesellschaft zur Folge hat (§ 131 Rn 28 ff), unterliegt die Haftung der Gesellschafter der **Sonderverjährung des § 159** (Rn 59). Zugunsten bereits vor Auflösung ausgeschiedener Gesellschafter gelangt § 160 zur Anwendung (Rn 55 ff). Was den **Inhalt der Haftung** betrifft, so ist auch in der Insolvenz der Gesellschaft vom Grundsatz der Akzessorietät auszugehen (Rn 20 ff). Vor dem Hintergrund des § 45 InsO, wonach die Anmeldung der Insolvenzforderung auf Geld lauten muss, hätte dies an sich eine Umwandlung auch der Haftung der Gesellschafter in eine bloße Interessehaftung zur Folge.[229] Indes ist es für die Haftung des Bürgen anerkannt, dass der Grundsatz der Akzessorietät mit Rücksicht auf den Sicherungszweck des Bürgschaftsversprechens eine Reihe von Einschränkungen erleidet, die insbesondere bei Insolvenz des Hauptschuldners zum Tragen kommen.[230] Entsprechendes hat im vorliegenden Zusammenhang zu gelten. Auch bei Insolvenz der Gesellschaft bestimmt sich der Inhalt der Haftung aus § 128 mithin nach allgemeinen Grundsätzen (Rn 27 ff) und damit unabhängig von der Vorschrift des § 45 InsO.[231] Die **Rechtskraft der Feststellung** einer Insolvenzforderung zur Tabelle gem. §§ 178 Abs. 3, 201 Abs. 2 InsO wirkt auch gegenüber den Gesellschaftern (§ 129 Rn 10 ff), sofern diese nicht der Feststellung widersprochen haben.[232]

72 Die Abgrenzung zwischen Alt- und Neuverbindlichkeiten beurteilt sich im Ausgangspunkt nach den in Rn 62 ff getroffenen Feststellungen. Zu den **Altverbindlichkeiten** gehören demnach zunächst sämtliche Insolvenzforderungen[233] einschließlich solcher aus vor der Insolvenzeröffnung begründeten Dauerschuldverhältnissen, etwa fortlaufenden Arbeitsverhältnissen.[234] Aber auch Masseschulden gem. § 55 Abs. 1 Nr. 2 InsO haben ihren Rechtsgrund in dem vor Insolvenzeröffnung geschlossenen und nunmehr zu erfüllenden Vertrag und sind somit Altverbindlichkeiten.[235] Entsprechendes gilt für Verbindlichkeiten, die aus der Nichterfüllung von Altverbindlichkeiten resultieren, auch wenn die Nichterfüllung – wie namentlich im Fall des § 103 Abs. 2 InsO – auf einer Entscheidung des Insolvenzverwalters beruht,[236] ferner für nach § 144 InsO infolge der Insolvenzanfechtung auflebende Forderungen.[237] Dagegen haften die Gesellschafter nicht für Vertragsverletzungen, die nicht auf die Eröffnung des Insolvenzverfahrens, sondern auf Verletzungshandlungen des Insolvenzverwalters oder seiner Gehilfen zurückgehen;[238] in-

---

[229] So denn auch MünchKommHGB/*K. Schmidt* Rn 86; Röhricht/v. Westphalen/*v. Gerkan/Haas* Rn 17; s. ferner *Müller* NJW 1968, 225 ff, 2230 f, *Mohrbutter* NJW 1968, 1125, jew. eingehend zur Frage, zu welchem Zeitpunkt die Umwandlung in eine Interessehaftung erfolgt.

[230] S. dazu noch Rn 82; näher MünchKommBGB/*Habersack* § 767 Rn 6, § 768 Rn 7.

[231] So auch Uhlenbruck/*Hirte* InsO § 93 Rn 39; Ebenroth/Boujong/Joost/Strohn/*Hillmann* Rn 68.

[232] BGH WM 1961, 427 (429); Baumbach/*Hopt* Rn 46; zur Nichtgeltung gegenüber dem ausgeschiedenen Gesellschafter s. BGHZ 165, 85 (94 f) = ZIP 2006, 467; BGH ZIP 2007, 79 (80); OLG Hamm NZI 2007, 584 (588); zum Kommanditisten s. einerseits OLG Düsseldorf NZG 2001, 890 (891), Koller/Roth/Morck/*Koller* Rn 3, 13, andererseits OLG Hamm NZG 2001, 359; *Klimke* ZGR 2006, 540 (556 ff).

[233] BGHZ 48, 203 = NJW 1967, 2203; MünchKommHGB/*K. Schmidt* Rn 78.

[234] BAG NJW 1987, 92; *Armbruster* S. 155 f; MünchKommHGB/*K. Schmidt* Rn 78.

[235] SG Bremen ZIP 1980, 630 ff; MünchKommHGB/*K. Schmidt* Rn 78; Röhricht/v. Westphalen/*v. Gerkan/Haas* Rn 18; Ebenroth/Boujong/Joost/Strohn/*Hillmann* Rn 68.

[236] BGHZ 48, 203 = NJW 1967, 2203; MünchKommHGB/*K. Schmidt* Rn 78; Koller/Roth/Morck/*Koller* Rn 7.

[237] Röhricht/v. Westphalen/*v. Gerkan/Haas* Rn 18.

[238] MünchKommInsO/*Brandes* § 93, 9; MünchKommHGB/*K. Schmidt* Rn 79.

soweit handelt es sich vielmehr um Masseschulden gem. § 55 Abs. 1 Nr. 1 InsO (Rn 73). Der Gesellschafter hat gegen den Insolvenzverwalter der Gesellschaft Anspruch auf **Auskunft** über den Stand der Gesellschaftsschulden, für die er persönlich haftet.[239]

b) **Neuverbindlichkeiten.** Zum Kreis der Neuverbindlichkeiten zählen dagegen Massekosten gem. § 54 InsO und Masseschulden gem. § 55 Abs. 1 Nr. 1 und 3, Abs. 2 S. 1 InsO, also solche aus Geschäften oder Handlungen des (vorläufigen) Insolvenzverwalters und aus ungerechtfertigter Bereicherung der Masse.[240] Jedenfalls für **Masseschulden gem. § 55 Abs. 1 Nr. 1 und 3, Abs. 2 S. 1 InsO** haften die Gesellschafter nicht.[241] Der Übergang der Verwaltungsbefugnisse auf den Insolvenzverwalter und die Ausrichtung der Geschäftsführung am Gläubigerinteresse gebieten es vielmehr, die Gesellschafter wie ausgeschiedene Gesellschafter zu behandeln.[242] Dies hat auch bei Eigenverwaltung gem. §§ 270 ff InsO zu gelten.[243] Kommt es zur Einstellung des Insolvenzverfahrens oder zur Ablehnung der Eröffnung mangels Masse, so lebt die persönliche Haftung der Gesellschafter entsprechend § 130 wieder auf; sie umfasst dann auch die durch den (vorläufigen) Insolvenzverwalter begründeten Neuverbindlichkeiten.[244] Zutr. Ansicht zufolge haften die Gesellschafter auch nicht für **Massekosten** gem. § 54 InsO.[245] Hierfür spricht bereits die in §§ 26, 207 InsO vorgesehene Möglichkeit, die Eröffnung des Insolvenzverfahrens mangels Masse abzulehnen oder das eröffnete Verfahren aus eben diesem Grund einzustellen.[246] Damit unvereinbar wäre die Annahme, die Gesellschafter seien verpflichtet, eine verfahrenskostendeckende Masse herzustellen. Selbst im Anwendungsbereich des § 15a InsO, mithin bei Bestehen einer Insolvenzantragspflicht (§ 130a, 16 ff), lässt sich eine solche Ausstattungspflicht weder gesellschafts- noch insolvenzrechtlich begründen; erst recht gilt dies für die gesetzestypische OHG.[247] Davon zu unterscheiden ist die Frage, ob Verfahrenskostendeckung i.S.d. §§ 26, 207 InsO durch Geltendmachung der persönlichen Gesellschafterhaftung für Altverbindlichkeiten hergestellt werden kann (Rn 76). 73

3. **Geltendmachung der Haftung.** Nach § 93 InsO kann die persönliche Haftung des Gesellschafters in der Insolvenz der Gesellschaft **nur vom Insolvenzverwalter** geltend gemacht werden. Der Gesellschaftsgläubiger ist also während der Dauer des Verfahrens 74

[239] OLG Karlsruhe WM 1996, 1744.

[240] MünchKommHGB/*K. Schmidt* Rn 80; Ebenroth/Boujong/Joost/Strohn/*Hillmann* Rn 69; *Armbruster* S. 154 ff; im Ausgangspunkt auch Koller/Roth/Morck/*Koller* Rn 7 (freilich für Haftung der Gesellschafter, dazu sogleich im Text).

[241] OLG Brandenburg ZInsO 2007, 1155 f = ZIP 2007, 1756; MünchKommInsO/*Brandes* § 93, 9; MünchKommHGB/*K. Schmidt* Rn 81; Ebenroth/Boujong/Joost/Strohn/*Hillmann* Rn 69; *H.-F. Müller* S. 233 ff; unter Geltung der KO auch BGHZ 34, 293 (295 f) = NJW 1961, 1022; *K. Schmidt* ZHR 152 (1988), 105 (114 ff); Heymann/*Emmerich* Rn 28; wohl auch Braun/*Kroth* InsO[3] § 93 Rn 22.

[242] MünchKommHGB/*K. Schmidt* Rn 81; *ders.* ZHR 152 (1988), 105 (114 ff).

[243] MünchKommHGB/*K. Schmidt* Anh. § 158, 47.

[244] Zutr. *K. Schmidt* ZHR 152 (1988), 105 (116).

[245] OLG Brandenburg ZInsO 2007, 1155 f = ZIP 2007, 1756; OLG Celle ZIP 2007, 2210 (2211); MünchKommInsO/*Brandes* § 93, 10; Uhlenbruck/*Hirte* InsO § 93 Rn 37; MünchKommHGB/*K. Schmidt* Rn 81; Ebenroth/Boujong/Joost/Strohn/*Hillmann* Rn 69; *Pohlmann* ZInsO 2008, 21 (23); *Marotzke* ZInsO 2008, 57 ff (61 f) mit umf. Nachw. in Fn 10; **aA** Röhricht/v. Westphalen/*v. Gerkan/Haas* Rn 18; Koller/Roth/Morck/*Koller* Rn 7; Kübler/Prütting/*Lüke* InsO § 93 Rn 27 ff.

[246] So auch MünchKommHGB/*K. Schmidt* Rn 81.

[247] Überzeugend *Marotzke* ZInsO 2008, 57 (59 ff).

an der Verfolgung seines Anspruchs gehindert. Diese **Sperrwirkung**[248] des § 93 InsO bezweckt – ebenso wie diejenige des § 171 Abs. 2 – die Erstreckung des insolvenzrechtlichen Grundsatzes der Gläubigergleichbehandlung auf die Gesellschafterhaftung;[249] sie greift auch dann ein, wenn der Gläubiger seinen Anspruch in der Insolvenz der Gesellschaft nicht anmeldet.[250] Gegenüber Vollstreckungsmaßnahmen des Gläubigers steht sowohl dem Insolvenzverwalter als auch dem Gesellschafter die Erinnerung gem. § 766 ZPO zu.[251] Allerdings schließt § 93 InsO nicht nur die zwangsweise Geltendmachung des Anspruchs aus § 128 S. 1 aus. Er nimmt vielmehr auch dem Gesellschafter die Möglichkeit, nach Eröffnung des Insolvenzverfahrens mit befreiender Wirkung an den Gesellschaftsgläubiger zu leisten.[252] Leistet der Gesellschafter gleichwohl, so ist er, sofern nicht der Insolvenzverwalter die Leistung genehmigt, um sodann nach § 816 Abs. 2 BGB gegen den Gläubiger vorzugehen, darauf verwiesen, den Gläubiger nach § 812 BGB auf Rückgewähr in Anspruch zu nehmen.[253] Bei Unkenntnis des Gesellschafters dürfte allerdings § 82 InsO analog anzuwenden sein.[254] Hat der Gesellschafter hingegen an den Insolvenzverwalter geleistet, kann er bei seinen Mitgesellschaftern Regress nehmen (Rn 48 ff).

75 Von § 93 InsO erfasst sind allerdings **nur** die **Haftungsverbindlichkeiten aus § 128 S. 1**, mithin Ansprüche der Gläubiger aus der gesetzlichen Mithaft der Gesellschafter für Gesellschaftsschulden.[255] Der Anwendungsbereich des § 93 InsO deckt sich deshalb mit demjenigen des § 128 S. 1.[256] Er umfasst auch die Haftung des eintretenden Gesellschafters für Altverbindlichkeiten und die Nachhaftung des **ausgeschiedenen Gesellschafters** (einschließlich derjenigen aus § 160 Abs. 3).[257] Sowohl im Insolvenzverfahren über das Vermögen des Gesellschafters (Rn 80) als auch außerhalb eines solchen kann der Insolvenzverwalter die Gesellschafter **in voller Höhe** der noch offenen und der Gesellschafterhaftung unterliegenden Gesellschaftsschulden in Anspruch nehmen.[258] Im Falle einer Überdeckung der Masse steht dem Gesellschafter mit Blick auf § 199 S. 2 InsO der dolo agit-Einwand des § 242 BGB zu.[259] Soweit die Gesellschafter aus einem **anderen Rechtsgrund** haften, können sie vom Gläubiger (und nur von ihm, nicht dagegen vom Insol-

[248] BFH NZI 2002, 173 (174); ZIP 2008, 2224 Tz. 10; MünchKommHGB/*K. Schmidt* Rn 85; Ebenroth/Boujong/Joost/Strohn/*Hillmann* Rn 70.

[249] S. bereits Rn 70 mN in Fn 226.

[250] MünchKommInsO/*Brandes* § 93 Rn 13.

[251] LG Bad Kreuznach Rpfleger 2004, 517; MünchKommHGB/*K. Schmidt* Rn 85.

[252] MünchKommHGB/*K. Schmidt* Rn 85, 94; Röhricht/v. Westphalen/*v. Gerkan/Haas* Rn 21; Ebenroth/Boujong/Joost/Strohn/*Hillmann* Rn 74.

[253] *K. Schmidt, Hillmann*, jew. aaO (vorige Fn).

[254] MünchKommInsO/*Brandes* § 93, 30; MünchKommHGB/*K. Schmidt* Rn 85; **aA** – für analoge Anwendung der §§ 407, 412, 816 BGB – Koller/Roth/Morck/*Koller* Rn 7.

[255] S. die Nachw. in Fn 260.

[256] Zum Anwendungsbereich des § 128 vgl. im Einzelnen Rn 1, 3 ff; zur Anwendbarkeit des § 93 InsO auf die Gesellschafter der GbR s. BAG ZIP 2008, 846 (847 f); BGH ZIP 2007, 79 (80); zur Durchgriffshaftung s. BGHZ 151, 181, 187 (s. dazu aber auch Fn 2) und BGH BGHZ 165, 85 (90) = ZIP 2006, 467.

[257] Vgl. für die Eintrittshaftung BGH ZIP 2007, 79 (80); für § 160 Abs. 3 BGH ZIP 2009, 47 Tz. 6 ff; OLG Hamm NZI 2007, 584 (587 f); MünchKommInsO/*Brandes* § 93 Rn 6 mwN.

[258] MünchKommInsO/*Brandes* § 93 Rn 25 f; Gottwald/*Haas* Insolvenzrechts-Handbuch[3] § 94 Rn 85 f; Ebenroth/Boujong/Joost/Strohn/*Hillmann* Rn 70; Koller/Roth/Morck/*Koller* Rn 7; *Bitter* ZIP 2000, 1077 (1083); *Fuchs* ZIP 2000, 1089 (1090); **aA** *K. Schmidt* ZIP 2000, 1077 (1085 f); MünchKommHGB/*ders.* Rn 86; Braun/*Kroth* InsO[3] § 93 Rn 18 f.

[259] BGHZ 165, 85 (96) = ZIP 2006, 467; *Brandes, Haas, Hillmann, Koller, Bitter*, jew. aaO (vorige Fn); näher OLG Hamm NZI 2007, 584 (589 f).

venzverwalter) in Anspruch genommen werden.[260] Dies gilt namentlich für die Haftung aus Bürgschaft, Garantie oder Schuldbeitritt (Rn 82 ff), für die Haftung aus §§ 34, 69 AO wegen steuerlicher Rückstände[261] und für die Deliktshaftung (Rn 14). Wieder anderes gilt für die Haftung wegen Insolvenzverschleppung (§ 130a, 34 ff, 40 ff). Ansprüche der Gesellschaft schließlich sind Bestandteil der Masse, so dass der Insolvenzverwalter insoweit schon aufgrund des § 80 InsO zur Geltendmachung befugt ist.

Die Forderungen aus § 128 S. 1 stehen auch in der Gesellschaftsinsolvenz den Gesell- **76**
schaftsgläubigern zu. § 93 InsO verschafft also weder der Gesellschaft noch dem Insolvenzverwalter einen eigenen materiell-rechtlichen Anspruch. Nach zu Recht ganz hM entfaltet die Vorschrift vielmehr **Ermächtigungswirkung** in dem Sinne, dass der Insolvenzverwalter die ausschließliche Befugnis zur außergerichtlichen und gerichtlichen Geltendmachung der – massefremden – Gläubigerrechte und damit die Stellung eines – treuhänderisch tätigen – **gesetzlichen Prozessstandschafters** erlangt.[262] Die geltend gemachten Forderungen behalten deshalb ihre Selbständigkeit und sind vom Insolvenzverwalter substantiiert darzulegen;[263] mit Zahlung an den Insolvenzverwalter bringt der Gesellschafter, einen hinreichend bestimmten Tilgungszweck vorausgesetzt, konkrete Gläubigerforderungen zum Erlöschen.[264] Die Befugnis des Insolvenzverwalters umfasst allerdings auch den Abschluss eines **Vergleichs** mit Wirkung für und gegen die Gläubiger,[265] ferner das Recht zur **Anfechtung** von vom – nicht insolventen – Gesellschafter vor Eröffnung des Insolvenzverfahrens über das Vermögen der Gesellschafters erbrachten Leistungen.[266] Zudem schließt es der Umstand, dass die Ansprüche materiell-rechtlich solche der Gläubiger sind, nicht aus, sie im Rahmen der Massekostendeckungsprüfung nach §§ 26, 207 InsO zu berücksichtigen.[267] Auch ist es dem Insolvenzverwalter nicht verwehrt, den Erlös zur Deckung von Verfahrenskosten einzusetzen.[268]

---

260 BGHZ 151, 245 (248 ff) = NJW 2002, 2718; BGH NZI 2003, 94 (95); ZIP 2008, 2224 Tz. 9 ff, 26; BGHZ 165, 85 (90 f) = ZIP 2006, 467; BFH ZIP 2002, 179 (180); BSG ZIP 2008, 1965; Voraufl. Rn 76, 80; MünchKommInsO/*Brandes* § 93 Rn 21; MünchKommHGB/*K. Schmidt* Rn 84; Ebenroth/Boujong/Joost/Strohn/*Hillmann* Rn 70; *Haas/Müller* NZI 2002, 366 (367); *Theißen* ZIP 1998, 1625 ff; **aA** – mit Unterschieden im Einzelnen – OLG Schleswig ZIP 2001, 1968; *Bork* NZI 2002, 362 (366); *Brinkmann* ZGR 2003, 264 ff; *Bunke* KTS 2002, 471, 476 ff (484 ff); *Kesseler* ZInsO 2002, 549 (554); *ders.* ZIP 2002, 1974 ff; *Klinck* NZI 2004, 651 ff; *Oepen* ZInsO 2002, 162 (167 ff).

261 BFH ZIP 2002, 179 (180); BGHZ 151, 245, 248 ff (251) = NJW 2002, 2718; BGHZ 165, 85 (90 f) = ZIP 2006, 467; s. ferner für Ansprüche aus § 150 Abs. 4 SGB VII BSG ZIP 2008, 1965.

262 BGH ZIP 2007, 79 (80); ZIP 2008, 2224 Tz. 10 f; BAG ZIP 2008, 846 (848); MünchKommHGB/*K. Schmidt* Rn 85; Ebenroth/Boujong/Joost/Strohn/*Hillmann* Rn 70; zweifelnd Röhricht/v. Westphalen/*v. Gerkan/Haas* Rn 19; **aA** *Heitsch* ZInsO 2003, 692 ff (cessio legis).

263 BGH ZIP 2007, 79 (80), dort auch zur besonderen Situation des wegen Altverbindlichkeiten in Anspruch genommenen Gesellschafters der GbR (dazu auch § 130 Rn 5).

264 Vgl. neben BGH (vorige Fn) noch BAG ZIP 2008, 846 (848).

265 BAG ZIP 2008, 846 (848 f) mit umf. Nachw., auch zu den Grenzen der Bindungswirkung; dazu *Klinck* NZI 2008, 349 ff; s. ferner LAG Berlin ZI 2007, 1420.

266 BGH ZIP 2008, 2224 Tz. 12 ff mwN, dort auch zum Sonderfall der Doppelinsolvenz, in dem das Anfechtungsrecht dem Insolvenzverwalter des Gesellschafters zusteht.

267 AG Hamburg ZInsO 2007, 1283; MünchKommInsO/*Brandes* § 93 Rn 10; Gottwald/*Haas* Insolvenzrechts-Handbuch[3] § 94 Rn 35; *Pohlmann* ZInsO 2008, 21 (23 ff); **aA** MünchKommHGB/*K. Schmidt* Anh. § 158 Rn 39; *Floeth* EWiR 2008, 281 (282).

268 Näher Gottwald/*Haas* Insolvenzrechts-Handbuch[3] § 94 Rn 83, § 92 Rn 547 ff. – Zur davon zu unterscheidenden Frage der

77 **4. Insolvenzplan.** In sachlicher Übereinstimmung mit § 211 Abs. 2 KO, § 109 Abs. 1 Nr. 3 VerglO (Voraufl. Rn 73) bestimmt § 227 Abs. 2 InsO, dass ein nach Maßgabe der §§ 235 ff InsO angenommener und bestätigter Insolvenzplan, soweit er die Gesellschaft von Verbindlichkeiten befreit, auch zugunsten der Gesellschafter[269] wirkt, mithin deren **Haftung begrenzt**. Durch die Erstreckung der Planwirkungen auf die Gesellschafter soll der Gefahr begegnet werden, dass der Erfolg des Insolvenzplans, nämlich der Fortbestand des von der Gesellschaft betriebenen Unternehmens, durch weitergehende Inanspruchnahme der Gesellschafter vereitelt wird.[270] Von der Vergleichswirkung betroffen ist allerdings allein die **Haftung als Gesellschafter**, nicht dagegen die anderweitig begründete Haftung des Gesellschafters. § 254 Abs. 2 S. 1 InsO bestimmt vielmehr ausdrücklich, dass der Insolvenzplan die Rechte der Gläubiger gegen Mitschuldner und Bürgen sowie aus dinglichen Sicherungsrechten nicht berührt; dies gilt auch dann, wenn der Gesellschafter eine Bürgschaft übernimmt (Rn 82 ff) oder eine dingliche Sicherheit stellt. Hieraus erhellt zugleich, dass § 227 Abs. 2 InsO keine zwangsläufige Folge des akzessorischen Charakters der Gesellschafterhaftung zum Ausdruck bringt.[271] Was den **Regress eines Sicherungsgebers** betrifft, so kommen die Planwirkungen nicht nur der Gesellschaft (§ 254 Abs. 2 S. 2 InsO), sondern auch den Gesellschaftern (§ 227 Abs. 2 InsO) zugute.[272] Für den Regress des bürgenden oder eine dingliche Sicherheit stellenden Gesellschafters gilt dies allerdings nur dann, wenn die Sicherheit ohne Einverständnis der Mitgesellschafter übernommen wurde.[273] Beruht die Übernahme der Sicherheit dagegen auf einem gemeinsamen Entschluss der Gesellschafter, so ist eine Beschränkung des Regresses nicht veranlasst.[274]

78 Nach verbreiteter, zumindest unter Geltung von KO und VerglO klar herrschender Meinung soll dem **ausgeschiedenen Gesellschafter** die haftungsbegrenzende Wirkung von gerichtlichem Vergleich und Zwangsvergleich nicht zugute kommen.[275] Begründet wird dies mit dem Schutzzweck der Haftungsbefreiung: Da die ausgeschiedenen Gesellschafter ohnehin nicht an der Fortführung des von der Gesellschaft betriebenen Unternehmens beteiligt seien, bedürften sie auch keiner Schonung, zumal ihnen die Enthaftung nach § 160 zugute komme. Indes wird dabei verkannt, dass der Tatbestand des Ausscheidens

---

Haftung der Gesellschafter für Masseschulden und Massekosten s. Rn 72 f; zur Frage der Bildung von Sondermassen s. MünchKommHGB/*K. Schmidt* Rn 88.

269 Und zwar nach zutr. Ansicht auch zugunsten der Kommanditisten (soweit sie nach §§ 171, 172 der Außenhaftung unterliegen), s. MünchKommHGB/*K. Schmidt* §§ 171, 172 Rn 120; *H.-F. Müller* S. 426; **aA** RGZ 150, 163 (173); BGH WM 1970, 967 (968).

270 So für §§ 211 Abs. 2 KO, 109 Abs. 1 Nr. 3 VerglO BGHZ 100, 126 (129) = NJW 1987, 1893; BGH WM 1974, 59 (60).

271 Zur Einschränkungen der Akzessorietät der Bürgschaft infolge der dieser immanenten Sicherungsfunktion s. noch Rn 82, ferner MünchKommBGB/*Habersack* § 767 Rn 6, § 768 Rn 7.

272 MünchKommHGB/*K. Schmidt* Rn 89; Röhricht/v. Westphalen/*v. Gerkan/Haas* Rn 22.

273 So für §§ 211 Abs. 2 KO, 109 Abs. 1 Nr. 3 VerglO BGHZ 100, 126 (129 f) = NJW 1987, 1893; für § 227 Abs. 2 InsO auch MünchKommHGB/*Schmidt* Rn 71; Röhricht/v. Westphalen/*v. Gerkan/Haas* Rn 22; Ebenroth/Boujong/Joost/Strohn/*Hillmann* Rn 72.

274 Ebenroth/Boujong/Joost/Strohn/*Hillmann* Rn 72; offengelassen von BGHZ 100, 126 (129 f) = NJW 1987, 1893.

275 RGZ 29, 38 (39 f); RGZ 56, 362 (366); RGZ 142, 206 (208); RGZ 150, 163 (166); BGH NJW 1970, 1921 f; OLG Frankfurt/M. KTS 1974, 176 (177); 3. Aufl. Anm. 34 (*R. Fischer*); *Hadding* ZGR 1973, 137 (157); *Kühne* ZHR 133 (1970), 149 (175); *Kuhn/Uhlenbruck* KO[11] § 211 Rn 7. – Nachw. zur Gegenansicht s. in Fn 276 f.

nicht nur in den Fällen der vollständigen Aufgabe der Mitgliedschaft, sondern auch bei Umwandlung der Gesellschaft und Rückstufung der Mitgliedschaft in eine Kommanditbeteiligung erfüllt ist (Rn 57 f). Jedenfalls in diesen Fällen verlangt der Normzweck des § 227 Abs. 2 InsO die Erstreckung der Haftungsbefreiung.[276] Aber auch in den sonstigen („echten") Fällen des Ausscheidens erscheint die Schlechterstellung der ausgeschiedenen Gesellschafter als unvereinbar mit der Wertung des § 160; im neueren Schrifttum dominieren denn auch zu Recht diejenigen Stimmen, die sich für die uneingeschränkte Geltung des § 227 Abs. 2 InsO auch zugunsten ausgeschiedener Gesellschafter aussprechen.[277]

5. Teilnahme der Gesellschafter am Insolvenzverfahren der Gesellschaft. Auch die Gesellschafter können als Gläubiger der Gesellschaft an deren Insolvenzverfahren teilnehmen. Dies gilt zunächst insoweit, als den Gesellschaftern Forderungen aus **Drittgeschäften** zustehen (Rn 13).[278] Die hM spricht aber zu Recht auch dem Gesellschafter, der einen Gesellschaftsgläubiger befriedigt hat und nunmehr bei der Gesellschaft **Regress** nehmen möchte, das Recht zur Teilnahme zu.[279] Eine Schmälerung der Masse zu Lasten der sonstigen Gläubiger ist darin schon deshalb nicht zu sehen, weil der Gesellschaftsgläubiger, wäre er nicht vom Gesellschafter befriedigt worden, an Stelle des Gesellschafters am Insolvenzverfahren teilgenommen hätte. Die hier (Rn 43) befürwortete cessio legis entsprechend § 774 Abs. 1 BGB zeigt dies deutlich. Allerdings kann der Insolvenzverwalter der Geltendmachung der Quote durch den Gesellschafter entgegenhalten, dass dieser noch nach § 93 InsO für die Gesellschaftsschulden haftet.[280] Nach Eröffnung des Insolvenzverfahrens kann der Gesellschafter nicht mehr mit befreiender Wirkung an den Gesellschaftsgläubiger leisten (Rn 74), so dass sich die Frage eines Erstattungsanspruchs insoweit nicht stellt. Hat der Gesellschafter an den Insolvenzverwalter geleistet, kann er bei seinen Mitgesellschaftern Regress nehmen (Rn 48 ff). 79

6. Insolvenz des Gesellschafters. Insolvenz der Gesellschaft und Insolvenz des (gegenwärtigen oder ausgeschiedenen) Gesellschafters sind zu unterscheiden (§ 124 Rn 44). Die Eröffnung des einen Verfahrens hat nicht zwangsläufig die Eröffnung des anderen zur Folge. Ist nur der Gesellschafter insolvent, so nehmen die Gesellschaftsgläubiger an dem Insolvenzverfahren mit ihren Ansprüchen aus § 128 teil; Freistellungs- und Regressansprüche des Gesellschafters (Rn 41 ff) werden von dessen Insolvenzverwalter geltend gemacht. Bei Eröffnung beider Insolvenzverfahren[281] nimmt der Insolvenzverwalter der 80

---

[276] So auch MünchKommHGB/*K. Schmidt* Rn 90.

[277] MünchKommHGB/*K. Schmidt* Rn 90; Heymann/*Emmerich* Rn 29a; Röhricht/v. Westphalen/*v. Gerkan/Haas* Rn 22; Baumbach/*Hopt* Rn 46; *H.-F. Müller* S. 422 ff; für § 211 Abs. 2 KO, § 109 Abs. 1 Nr. 3 VerglO bereits Voraufl. Rn 74; *Graf Lambsdorff* MDR 1973, 362; *J. Blomeyer* BB 1968, 1461, 1462 (Fn 16).

[278] Unstreitig, s. statt aller Ebenroth/Boujoung/Joost/Strohn/*Hillmann* Rn 74.

[279] § 110 Rn 30 (*Schäfer*); MünchKommHGB/*K. Schmidt* Rn 92; Röhricht/v. Westphalen/*v. Gerkan/Haas* Rn 21; Heymann/*Emmerich* Rn 29b; *A. Hueck* OHG § 26 V; *Mohrbutter* NJW 1968, 1125 (1126 f); *Armbruster* S. 203 ff; **aA** *Müller* NJW 1968, 225 (229, 230 f); s. ferner *Keuk* ZHR 135 (1971), 410 (436 ff).

[280] MünchKommHGB/*K. Schmidt* Rn 92; *Wissmann* S. 121.

[281] Eingehend zur Doppelinsolvenz (insbesondere bei der GmbH & Co. KG) § 131 Rn 28 ff, 38 ff, 86 ff (*Schäfer*); Gottwald/*Haas* Insolvenzrechts-Handbuch[3] § 94 Rn 126 ff; MünchKommHGB/*K. Schmidt* Anh. § 158 Rn 58 ff; *ders.* GmbHR 2002, 1208 ff; zum Verbraucherinsolvenzverfahren über das Vermögen des Gesellschafters s. *Fuchs* ZIP 2000, 1089 (1091 ff); s. ferner BGH ZIP 2008, 2224 Tz. 13 ff und dazu bereits Fn 266.

Gesellschaft am Verfahren des Gesellschafters teil, um nach § 93 InsO die Forderungen sämtlicher Gesellschaftsgläubiger anzumelden, und zwar gem. § 43 InsO **in voller Höhe.**[282] Zur Vermeidung doppelter Quoten sind allerdings durch Gesellschafterbürgschaft (Rn 82 ff) besicherte Forderungen entsprechend § 44 InsO herauszurechnen, soweit der Gläubiger die Bürgschaftsforderung geltend macht;[283] bei dinglicher Besicherung durch den Gesellschafter ist der Insolvenzverwalter entsprechend § 52 S. 2 InsO auf den Ausfall beschränkt.[284] Soweit der Gesellschafter für **Masseschulden** einzustehen hat (Rn 72 f), haben diese in der Insolvenz des Gesellschafters den Rang gewöhnlicher Insolvenzforderungen;[285] andernfalls käme es zur Subventionierung des Gesellschaftsverfahrens durch das Gesellschafterverfahren.

VIII. Sonstige Haftungstatbestände

81 **1. Überblick.** Die Haftung gem. § 128 ist gesetzlicher Natur und wird durch die Mitgliedschaft in der OHG und die Existenz einer Gesellschaftsschuld begründet (Rn 7 ff). Neben sie kann eine durch die Erfüllung eines sonstigen gesetzlichen Haftungstatbestands oder durch Vornahme eines Rechtsgeschäfts durch den Gesellschafter persönlich begründete Haftung treten (s. bereits Rn 14, 39). Insbesondere die deliktische oder deliktsähnliche Haftung der – als solcher nicht handlungsfähigen – Gesellschaft wird erst durch die Verwirklichung eines der Gesellschaft nach § 31 BGB zuzurechnenden (§ 124 Rn 14) Deliktstatbestands durch den Gesellschafter begründet; die deliktische Haftung des handelnden Gesellschafters tritt dann neben diejenige der Gesellschaft, für die wiederum sämtliche Gesellschafter (einschließlich des Handelnden) nach § 128 haften (Rn 14). Größere praktische Bedeutung kommt der mit der Haftung aus § 128 konkurrierenden Eigenhaftung des Gesellschafters allerdings im Zusammenhang mit rechtsgeschäftlich begründeten Verbindlichkeiten zu. Sie verhilft dem Gläubiger in Fällen, in denen der Anspruch gegen die Gesellschaft auf Vornahme einer unvertretbaren Handlung oder auf ein Unterlassen gerichtet ist, zu einem *Erfüllungsanspruch* auch gegen den Gesellschafter (Rn 36 ff, 39). Aber auch die Übernahme einer Bürgschaft oder einer ver-

---

[282] Zu Recht für Doppelanmeldung *Bitter* ZIP 2000, 1077 (1083 f); *ders.* ZInsO 2002, 557 (561); *Oepen* ZInsO 2002, 162 (166 f); *v. Olshausen* ZIP 2003, 1321 (1322 f); Gottwald/*Haas* Insolvenzrechts-Handbuch[3] § 94 Rn 134; Röhricht/v. Westphalen/*v. Gerkan/Haas* Rn 23; Baumbach/*Hopt* Rn 47; Koller/Roth/Morck/*Koller* Rn 7; s. ferner für die Bürgenhaftung *Hadding* FS G. Fischer S. 223 ff; MünchKommBGB/*Habersack* § 765 Rn 80 mwN; **aA** – für Anmeldung in Höhe des Ausfalls – MünchKommHGB/*K. Schmidt* Rn 87; *ders.* ZIP 2000, 1077 (1089); MünchKommInsO/*Brandes* § 93 Rn 27 f.

[283] *Bitter* ZIP 2000, 1077 (1084); *v. Olshausen* ZIP 2003, 1321 (1329 f); Gottwald/*Haas* Insolvenzrechts-Handbuch[3] § 94 Rn 134.

[284] MünchKommHGB/*K. Schmidt* Rn 87; Gottwald/*Haas* Insolvenzrechts-Handbuch[3] § 94 Rn 134; Koller/Roth/Morck/*Koller* Rn 7; *Bitter* ZIP 2000, 1077 (1084).

[285] So auch Röhricht/v. Westphalen/*v. Gerkan/Haas* Rn 23; unter Geltung der KO bereits RGZ 135, 62 (63 f); BGHZ 34, 293 (295 f) = NJW 1961, 1022; Voraufl. Rn 78; *Kuhn/Uhlenbruck* KO[11] § 212 Rn 6; **aA** für die unechten Masseschulden i.S.v. § 59 Abs. 1 Nr. 3 KO a.F. BSG ZIP 1984, 724; BAG ZIP 1993, 1558 f; für Konkursvorrechte nach § 59 Abs. 1 KO a.F. allg. BGHZ 34, 293 (296 ff) = NJW 1961, 1022; BAG ZIP 1989, 53; BAG ZIP 1993, 1558 (1559); Schlegelberger/*K. Schmidt* Rn 77; *Grunsky* FS Henckel S. 329 (337 f); s. ferner BGHZ 55, 224 (225) = NJW 1971, 1271; BGHZ 60, 64 (65) = NJW 1973, 468.

gleichbaren Personalsicherheit durch einen Gesellschafter vermag die Rechtsstellung des Gläubigers entscheidend zu verbessern (Rn 82 ff). Allgemein gilt, dass die organschaftliche Vertretungsbefugnis nach § 125 nur zur Vertretung der Gesellschaft berechtigt. Soll hingegen der Gesellschafter – über § 128 S. 1 hinausgehend – persönlich verpflichtet werden, bedarf es hierzu einer **Vollmacht** (Rn 39; § 126 Rn 4, 12), sofern nicht der Gesellschafter im eigenen Namen handelt.

2. Gesellschafterbürgschaft

a) **Funktion.** Die Übernahme einer Bürgschaft – Entsprechendes gilt für Schuldbeitritt **82**
und Garantie (s. noch Rn 83) – durch den Gesellschafter kommt vor allem im Hinblick auf § 254 Abs. 2 S. 1 InsO praktische Bedeutung zu. Danach wird nämlich die Haftung des Bürgen – anders als die Haftung aus § 128 (Rn 77 f) – durch den bestätigten **Insolvenzplan** nicht berührt. Die Akzessorietät der Bürgschaft erfährt hierdurch eine – mit Blick auf ihre Sicherungsfunktion nur konsequente[286] – Einschränkung. Darüber hinaus kann der Gläubiger bei Insolvenz der Gesellschaft seinen Anspruch aus der Bürgschaft im Wege der **Einzelvollstreckung** durchsetzen; die Vorschrift des § 93 InsO umfasst ausschließlich die Haftung aus § 128 (Rn 75). Auch unterliegt die Bürgschaftsverpflichtung nicht der Sonderverjährung und der Enthaftung nach §§ 159, 160 (Rn 54 ff); eine auf unbestimmte Dauer übernommene Bürgschaft kann jedoch mit Ausscheiden aus der Gesellschaft gekündigt werden (Rn 85). Schließlich kann sich der Gesellschafter durch individualvertragliche Abrede auch zur **Leistung auf erstes Anfordern** verpflichten und die Rechtsstellung des Gläubigers auch insoweit verbessern.[287] Zur Verjährungseinrede des Bürgen s. noch § 129 Rn 6 ff.

b) **Wirksamkeit.** Nach §§ 350, 351 findet das in § 766 S. 1 BGB geregelte Erforder- **83**
nis der **Schriftform** keine Anwendung auf das Bürgschaftsversprechen eines Kaufmanns, sofern die Abgabe des Versprechens Handelsgeschäft i.S.v. §§ 343 f ist. Vom unmittelbaren Anwendungsbereich des § 350 erfasst ist allerdings allein das vom Kaufmann selbst oder von einem Vertreter im Namen des Kaufmanns abgegebene Versprechen, nach § 6 Abs. 1 also das Bürgschaftsversprechen der Gesellschaft. Die Vorschrift des § 350 ist indes analoger Anwendung zugänglich. Nach zutr. Auffassung bedarf denn auch jedenfalls die Bürgschaft eines geschäftsführenden OHG-Gesellschafters oder Komplementärs nicht der Form des § 766 S. 1.[288] Entsprechendes hat für die Bürgschaft eines geschäftsführenden Kommanditisten zu gelten.[289] Von der Geschäftsführung ausgeschlossene Mit-

---

[286] Näher dazu MünchKommBGB/*Habersack* § 767 Rn 6, § 768 Rn 7.

[287] Vgl. BGH NJW 2002, 3627 = BKR 2002, 989; BGH ZIP 1997, 582 (583 f); OLG Köln ZIP 1996, 631; MünchKommBGB/*Habersack* § 765 Rn 100; **aA** noch BGH NJW-RR 1990, 1265 = WM 1990, 1410, wonach die Übernahme einer Bürgschaft auf erstes Anfordern Banken und Versicherungen vorbehalten sei; einschränkend aber bereits BGH NJW 1992, 1446 (1447); BGH NJW 1996, 717 (718).

[288] Vgl. § 105 Rn 79 ff, 81 (*Schäfer*); *K. Schmidt* ZIP 1986, 1510 ff; *Canaris* Handelsrecht[24] § 24 II 1b; Baumbach/*Hopt* § 105 Rn 22; *Bydlinski* S. 31 f; weitergehend und basierend auf der Annahme der Kaufmannseigenschaft aller OHG-Gesellschafter BGH NJW 1982, 569 (570); BGHZ 45, 282 (285) = NJW 1966, 1960.

[289] *K. Schmidt* ZIP 1986, 1510 (1515); *Bydlinski* S. 32; MünchKommBGB/*Habersack* § 766 Rn 3; Baumbach/*Hopt* § 105 Rn 22; **aA** – generell für Formbedürftigkeit des Bürgschaftsversprechens eines Kommanditisten – BGH aaO (Fn 288); BGH ZIP 1997, 536, 537 (einziger Kommanditist und Geschäftsführer der Komplementärin einer

glieder einer OHG oder KG unterliegen dagegen dem Schutz des § 766;[290] davon unberührt bleibt freilich ihre persönliche Haftung für – unter den Voraussetzungen des § 350 HGB formlos wirksame[291] – Bürgschaftsverpflichtungen der Gesellschaft (Rn 10). Dem Erfordernis eines Handelsgeschäfts i.S.v. § 343 ist bei analoger Anwendung des § 350 dadurch Rechnung zu tragen, dass die Bürgschaft des Gesellschafters einen Bezug zur Geschäftstätigkeit der Gesellschaft aufweisen muss, was bei der Übernahme der Bürgschaft für eine Gesellschaftsschuld freilich stets der Fall ist.[292] Dem sachlichen Anwendungsbereich des § 766 S. 1 entzogen (und damit nicht formbedürftig) sind Garantie, Erfüllungsübernahme, Rechtsgrundabreden zur Begründung abstrakter Wertpapierverpflichtungen und die Verpflichtung zur Stellung dinglicher Sicherheiten.[293] Der **Schuldbeitritt** hingegen muss, soweit ihm Sicherungsfunktion zukommt, dem Formerfordernis des § 766 S. 1 BGB unterliegen, selbstredend mit dem Vorbehalt des § 350 (analog).[294] – Die Grundsätze über die **Sittenwidrigkeit** der Bürgschaft oder des Schuldbeitritts wegen krasser finanzieller Überforderung des Interzessionars[295] finden jedenfalls auf persönlich haftende Gesellschafter keine Anwendung.[296]

GmbH & Co. KG); s. ferner BGHZ 165, 43 (46 ff) = NJW 2006, 431 betr. den geschäftsführenden Mehrheitsgesellschafter der GmbH.

290 § 105 Rn 79 ff, 80 (*Schäfer*); MünchKommBGB/*Habersack* § 766 Rn 3; Baumbach/*Hopt* § 105 Rn 22; *Bydlinski* S. 31 f; **aA** für persönlich haftende Gesellschafter BGH (Fn 288); *K. Schmidt* ZIP 1986, 1510 (1515); *Canaris* Handelsrecht[24] § 24 Rn 12.

291 Das Bürgschaftsversprechen der GbR bedarf allerdings der Schriftform; nach heute hM (Rn 6) haften die Gesellschafter dafür sodann entsprechend § 128 S. 1 HGB, mithin kraft Gesetzes und unabhängig von einer persönlichen Verpflichtungserklärung; zur Problematik und zur Rechtslage auf der Basis der „Doppelverpflichtungslehre" (Rn 6) s. *Habersack* BB 1999, 61 ff.

292 § 105 Rn 81 (*Schäfer*); *Canaris* Handelsrecht[24] § 24 Rn 12; ähnlich *K. Schmidt* ZIP 1986, 1510 (1516); **aA** – für analoge Anwendung des § 350 auch auf Privatbürgschaften des Kaufmanns bzw. Gesellschafters – *Bydlinski* S. 24 ff – Allg. zur Anwendbarkeit des § 344 Abs. 2 auf Bürgschaftsurkunden und zur Nichtgeltung der Vorschrift bei Kenntnis des Gläubigers hinsichtlich des fehlenden Bezugs der Bürgschaft zum Handelsgewerbe BGH ZIP 1997, 836 (837 f).

293 Vgl. für die Garantie BGH WM 1962, 576 (577); BGH NJW 1967, 1020 (1021); für die Erfüllungsübernahme BGH LM Nr. 15 = NJW 1972, 576, für Zweckabreden betr. Wertpapierverpflichtungen BGHZ 45, 210 (212) = NJW 1966, 1557, für die Verpflichtung zur Bestellung einer dinglichen Sicherheit BGH WM 1956, 667 (668); RG WarnR 1909 Nr. 207 S. 196.

294 MünchKommBGB/*Habersack* Vor § 765 Rn 11 ff (15), MünchKommBGB/*Schürnbrand* § 491 Rn 74, jew. mwN und in krit. Auseinandersetzung mit der – für den persönlich haftenden Gesellschafter nicht maßgebenden – st. Rspr. (BGHZ 133, 71 (74 f) = NJW 1996, 2156; BGHZ 134, 94 (97) = NJW 1997, 654; BGHZ 138, 321 (325) = NJW 1998, 1939; BGHZ 155, 240 (243) = NJW 2003, 2742; BGHZ 165, 43 (46) = NJW 2006, 431; BGH ZIP 2007, 1850 f), der zufolge §§ 491 ff BGB auf den Schuldbeitritt des GmbH-Geschäftsführers anzuwenden sind; **aA** RGZ 64, 318 (320); BGH NJW 1972, 576; 1991, 3095 (3098); BGHZ 121, 1 (3) = NJW 1993, 584; BGHZ 138, 321 (327) = NJW 1998, 1939.

295 BVerfGE 89, 214 = NJW 1994, 36; s. ferner BVerfG NJW 1994, 2749; BVerfG ZIP 1996, 956; BVerfGE 115, 51; BGHZ 135, 66 (70) = NJW 1997, 1773; BGH NJW 2005, 971 (972); BGH NJW 2000, 1182 (118); BGHZ 146, 37 (42) = NJW 2001, 815; BGH BKR 2003, 288 (289 f); näher dazu MünchKommBGB/*Habersack* § 765 Rn 15 ff (mit Kritik am konzeptionellen Ansatz der BGH-Rechtsprechung).

296 Vgl. im Einzelnen BGHZ 137, 329 (336) = NJW 1998, 597; BGH WM 2001, 2156 (2157 f) = BKR 2001, 145 (Bürgschaft des Alleingesellschafters und Geschäftsführers für Schulden der Gesellschaft, die wirtschaftlich von einem dem Bürgen nahe

c) **Regress.** Soweit nicht zwischen Gesellschaft und Gesellschafter etwas anderes vereinbart ist, kann der vom Gläubiger aus der Bürgschaft in Anspruch genommene Gesellschafter bei der **Gesellschaft** und den Mitgesellschaftern Regress nehmen. Grundlage des Regresses ist zunächst die cessio legis gem. § 774 Abs. 1 S. 1 BGB, die bei Leistung auf die Bürgschaft nicht analog (vgl. Rn 43), sondern unmittelbar eingreift; hinzu kommt der Aufwendungsersatzanspruch aus § 670 BGB oder, wenn es sich bei der Übernahme der Bürgschaft um einen Beitrag des Gesellschafters handelt, aus § 110.[297] Seine **Mitgesellschafter** kann der Gesellschafter-Bürge **nur anteilig** und damit abweichend von den für die Geltendmachung von Drittgläubigerforderungen geltenden Grundsätzen (Rn 25 f) in Anspruch nehmen (Rn 49).[298] Auch für den Fall, dass sich mehrere Gesellschafter als Mitbürgen verbürgen, bestimmt sich der Ausgleich im Zweifel nach den Verlustanteilen.[299] Verbürgt sich neben einem Gesellschafter ein außenstehender Dritter für die Verbindlichkeit der Gesellschaft, so kann zwar grundsätzlich der Dritte sowohl bei der Gesellschaft (§ 774 Abs. 1 S. 1; § 670 BGB) als auch bei sämtlichen Gesellschaftern (774 Abs. 1 S. 1, 412, 401 BGB; § 670 BGB i.V.m. § 128 S. 1) Regress nehmen;[300] der Gesellschafter hat dagegen im Zweifel keinen Regress gegenüber dem bürgenden Dritten.[301] Auch der nach Übernahme der Bürgschaft ausgeschiedene Gesellschafter (Rn 85) ist im Zweifel dem den Anteil erwerbenden Mitbürgen nicht ausgleichspflichtig.[302] Zum Regress bei Bestätigung des Insolvenzplans s. bereits Rn 77; zum Regress des Gesellschafters in der **Insolvenz der Kapitalgesellschaft & Co. OHG/KG** s. Anh. § 129 Rn 21 f. 84

d) **Erlöschen.** Auch für die Bürgschaft eines Gesellschafters gelten die allgemeinen Erlöschensgründe.[303] Vorbehaltlich einer abweichenden Vereinbarung mit dem Gläubiger[304] hat allerdings das **Ausscheiden des Gesellschafters** nicht das Erlöschen der Bürgschaft zur Folge.[305] Im Innenverhältnis sind die Gesellschafter indes zur Freistellung des ausgeschiedenen Gesellschafters verpflichtet.[306] War die Gesellschafterstellung Anlass für die Übernahme der Bürgschaft, so kann der ausgeschiedene Gesellschafter zudem eine auf unbe- 85

---

stehenden Dritten beherrscht wird); BGH NJW 2002, 956 (Übernahme der Gesellschafterstellung nur aus persönlicher Verbundenheit mit einer die GmbH wirtschaftlich beherrschenden Person); BGH NJW 2002, 2634, 2635 und ZIP 2002, 2249, 2251 f (Kommanditistin ohne eigenes wirtschaftliches Interesse); BGH ZIP 2003, 621, 622 f (Anteil von 24 % ist nicht „gering" und führt zur Unanwendbarkeit der Rspr-Grundsätze).

[297] MünchKommHGB/*K. Schmidt* Rn 101.

[298] MünchKommHGB/*K. Schmidt* Rn 102; Ebenroth/Boujong/Joost/Strohn/*Hillmann* Rn 57; vgl. auch BGH ZIP 2002, 394 (396) und dazu Rn 12; für die GmbH OLG Hamburg ZIP 1985, 1390.

[299] BGH NJW-RR 1989, 685; OLG Köln NJW 1995, 1685; MünchKommBGB/*Habersack* § 774, 24.

[300] Vgl. BGH NJW-RR 1993, 1377 (1378).

[301] BGH LM § 774 BGB Nr. 3; BGH NJW-RR 1993, 1377 (1378); MünchKommHGB/*K. Schmidt* Rn 103; Baumbach/*Hopt* Rn 7; Staudinger/*Horn* BGB[13] § 774 Rn 53.

[302] BGH LM § 774 BGB Nr. 9 = WM 1975, 100.

[303] Vgl. dazu MünchKommBGB/*Habersack* § 765 Rn 48 ff.

[304] S. dazu RG HRR 1935 Nr. 581, wonach in diesem Fall der Ausgeschiedene für bereits bestehende Verbindlichkeiten nur noch subsidiär haftet.

[305] BGHZ 130, 19 (22 f) = NJW 1995, 2553; BGH NJW 1986, 2308 (2309); *Bydlinski* S. 56 ff; MünchKommHGB/*K. Schmidt* Rn 104; MünchKommBGB/*Habersack* § 765 Rn 51; **aA** *Stolzenburg* ZIP 1985, 1189. – S. ferner BGH NJW-RR 1993, 1377 (1378) zum Regressanspruch der für Gesellschaftsschulden als Bürgin in Anspruch genommenen Ehefrau eines Gesellschafters gegenüber einem ausgeschiedenen Mitgesellschafter.

[306] BGH NJW-RR 1989, 685; vgl. ferner OLG Köln NJW 1995, 1685 zur Änderung in den Beteiligungsverhältnissen.

stimmte Zeit übernommene Bürgschaft aus wichtigem Grund kündigen.[307] In diesem Fall ist dem Gläubiger allerdings je nach Lage des Falles eine angemessene Frist einzuräumen, damit er sich auf die veränderte Lage einstellen und entweder die Geschäftsbeziehung zur Gesellschaft beenden oder gegen Einräumung einer Ersatzsicherheit fortsetzen kann.[308] Wie jede Kündigung wirkt auch die Kündigung der Gesellschafter-Bürgschaft nur ex nunc. Sie hat zur Folge, dass die Bürgschaftsschuld betragsmäßig auf den Stand der Gesellschaftsschuld im Zeitpunkt des Wirksamwerdens der Kündigung – im Fall eines Kontokorrentkredits also auf den entsprechenden Tagessaldo – begrenzt wird.[309] Für danach entstehende Verbindlichkeiten haftet der Bürge nur insoweit, als es sich um Nebenforderungen und Kosten i.S.v. § 767 Abs. 1 S. 2 BGB handelt.[310] Dem Ausscheiden aus der Gesellschaft gleichzustellen ist der Fall, dass der Bürge Gesellschafter der OHG oder Komplementär der KG wird, für deren Schulden er sich verbürgt hat, und er sodann gem. §§ 128, 130, 161 Abs. 2 für sämtliche Gesellschaftsschulden haftet. Schon im Hinblick auf § 254 Abs. 2 S. 1 InsO (Rn 82) hat der Erwerb der Mitgliedschaft nicht das automatische Erlöschen der Bürgschaft zur Folge;[311] für eine Kündigung fehlt es regelmäßig am erforderlichen Kündigungsgrund.

§ 129

(1) Wird ein Gesellschafter wegen einer Verbindlichkeit der Gesellschaft in Anspruch genommen, so kann er Einwendungen, die nicht in seiner Person begründet sind, nur insoweit geltend machen, als sie von der Gesellschaft erhoben werden können.

(2) Der Gesellschafter kann die Befriedigung des Gläubigers verweigern, solange der Gesellschaft das Recht zusteht, das ihrer Verbindlichkeit zugrunde liegende Rechtsgeschäft anzufechten.

(3) Die gleiche Befugnis hat der Gesellschafter, solange sich der Gläubiger durch Aufrechnung gegen eine fällige Forderung der Gesellschaft befriedigen kann.

(4) Aus einem gegen die Gesellschaft gerichteten vollstreckbaren Schuldtitel findet die Zwangsvollstreckung gegen die Gesellschafter nicht statt.

Schrifttum

Brandes Verjährung von Gesellschafts- und Gesellschafterschuld im Recht der Personenhandelsgesellschaften, FS Stimpel (1985) S. 105; *Bülow* Einrede der Aufrechenbarkeit für Personengesellschafter, Bürgen und Hauptgesellschafter im Eingliederungskonzern, ZGR 1988, 192; *Hofmeister* Zur Auswirkung des neuen Verjährungsrechts auf die Nachhaftung der Gesellschafter, NZG 2002, 851; *Klimke* Einwendungsverzicht und Rechtskrafterstreckung bei Personengesellschaften, ZGR 2006, 540; *Lieb* Verjährung im Bürgschafts- und Gesellschaftsrecht, Gedächtnisschrift Lüderitz (2000)

[307] BGH NJW 1986, 252 (253); OLG Celle NJW-RR 1989, 548; MünchKommHGB/*K. Schmidt* Rn 104; Staudinger/*Horn* BGB[13] § 765 Rn 81; MünchKommBGB/*Habersack* § 765 Rn 56; krit. *Bydlinski* S. 58 ff; *Stolzenburg* ZIP 1985, 1189.

[308] Vgl. die Rspr-Nachw. in Fn 307, ferner BGH WM 1959, 855.

[309] Vgl. BGH NJW 1989, 27 (28); BGH NJW 1986, 2308 (2309); BGH NJW 1986, 252 (253); BGH NJW 1985, 3007 (3008).

[310] BGH ZIP 1988, 1167 (1169).

[311] BGH NJW 1986, 2308 (2309).

S. 455; *Mahr* Die Verjährungseinrede des Gesellschafters nach § 129 HGB, GesRZ 1991, 83, 149; *Schlüter* Die Einrede der Aufrechenbarkeit des OHG-Gesellschafters und des Bürgen, FS H. Westermann (1974) S. 509.

Übersicht

I. Inhalt und Zweck der Vorschrift

Die Vorschrift des § 129 enthält in ihren **Abs. 1–3** eine wesentliche **Ausprägung der Akzessorietät** der Haftung nach § 128 (dazu § 128 Rn 20 ff). Nach Abs. 1 kann der Gesellschafter neben seinen persönlichen Einwendungen auch solche der Gesellschaft geltend machen, letztere allerdings nur insoweit, als der Gesellschaft die Einwendungen noch zustehen (Rn 7, 11, 14). Die Vorschrift entspricht damit im Grundsatz (s. aber auch Rn 11 ff, 14) den §§ 768 Abs. 1 S. 1, 1137 Abs. 1 S. 1, 1211 Abs. 1 S. 1 BGB betr. die Durchsetzungsakzessorietät von Bürgschaft, Hypothek und Pfandrecht; zugleich enthält sie eine Abbedingung des für Gesamtschuldverhältnisse geltenden Grundsatzes des § 425 BGB über die Einzelwirkung von Gegenrechten. Die damit verbundene Durchbrechung des Grundsatzes der Unzulässigkeit einer exceptio ex iure tertii erklärt sich vor dem Hintergrund der **bürgenähnlichen Stellung des Gesellschafters** (§ 128 Rn 2). Mit dieser wäre es unvereinbar, hätte der Gläubiger bei Inanspruchnahme des Gesellschafters bessere Rechte als bei Durchsetzung der Gesellschaftsschuld. Dieser Grundsatz gilt auch bei Insolvenz der Gesellschaft; eine durch Insolvenzplan bewirkte Herabsetzung der Gesellschaftsschuld wirkt auch zugunsten des Gesellschafters (§ 128 Rn 77 f). In Abs. 2 und 3 wird – wiederum in grundsätzlicher Übereinstimmung (s. aber auch Rn 23) mit den entsprechenden Vorschriften des Bürgschafts-, Hypotheken- und Pfandrechts, nämlich den §§ 770 Abs. 2, 1137 Abs. 1 S. 1, 1211 Abs. 1 S. 1 BGB – der Grundsatz der Durchsetzungsakzessorietät auf ein der Gesellschaft zustehendes Recht zur Anfechtung oder Aufrechnung erstreckt: Zwar ist der Gesellschafter nicht zur Ausübung dieser Gestaltungsrechte befugt, wohl aber kann er seine Leistung verweigern, solange es die Gesellschaft in der Hand hat, die Gesellschaftsschuld und damit eine Voraussetzung der Gesellschafterhaftung (§ 128 Rn 10 ff) durch Aufrechnung oder Anfechtung in Wegfall zu bringen. Die Vorschrift des **Abs. 4** dagegen trägt der **Verselbständigung** der Gesellschaft (§ 124 Rn 2 ff) Rechnung, indem sie es dem Gesellschaftsgläubiger verwehrt, aus einem gegen die Gesellschaft gerichteten Titel in das Privatvermögen des Gesellschafters zu vollstrecken. 1

II. Einwendungen des Gesellschafters

2 **1. Überblick.** Die Vorschrift des Abs. 1 erlaubt es dem Gesellschafter, die aus dem Verhältnis zwischen Gesellschaft und Gläubiger resultierenden und damit **abgeleiteten Einwendungen** (Rn 4 ff) geltend zu machen, und bestimmt zugleich, dass der Fortfall der Einwendung der Gesellschaft den Verlust auch der abgeleiteten Einwendung des Gesellschafters zur Folge hat. Von diesen abgeleiteten Einwendungen zu unterscheiden sind die **persönlichen Einwendungen** des Gesellschafters (Rn 17 ff). Sieht man von den in Abs. 2 und 3 geregelten verzögerlichen Einreden ab (Rn 19, 20 ff), so sind die persönlichen Einwendungen des Gesellschafters in § 129 nicht geregelt; sie können allerdings vom Gesellschafter schon nach allgemeinen Grundsätzen geltend gemacht werden. Im Unterschied zu den streng akzessorischen abgeleiteten Einwendungen bestehen sie unabhängig von den Einwendungen der Gesellschaft; insbesondere ein Verzicht der Gesellschaft auf eine Einrede lässt zwar die entsprechende abgeleitete Einrede des Gesellschafters entfallen, führt aber nicht zum Fortfall der persönlichen Einrede des Gesellschafters (Rn 8, 17). Was die Geltendmachung von **Gestaltungsrechten** betrifft, so ist zu unterscheiden. Die Ausübung eigener Gestaltungsrechte steht im Belieben des Gesellschafters; allein der Bestand des Gestaltungsrechts begründet denn auch keine Einrede. Anders verhält es sich hinsichtlich der Gestaltungsrechte der Gesellschaft. Sie können nur durch die Gesellschaft ausgeübt werden. Bereits vor Ausübung durch die Gesellschaft begründet aber jedenfalls die Anfechtungs- und Aufrechnungsbefugnis gem. Abs. 2 und 3 eine verzögerliche Einrede des Gesellschafters (Rn 19, 20 ff); mit Ausübung dieser Rechte erwächst der Gesellschaft eine Einwendung, die sodann auch vom Gesellschafter gem. Abs. 1 geltend gemacht werden kann.

3 **2. Anwendungsbereich.** Der Anwendungsbereich des § 129 deckt sich mit demjenigen des § 128.[1] Er umfasst nach § 161 Abs. 2 neben der OHG auch die **KG**, und zwar auch insoweit, als die Kommanditisten nach §§ 171 ff der Außenhaftung unterliegen (§ 128 Rn 3). Der persönlich haftende Gesellschafter einer **KGaA** haftet nach § 278 Abs. 2 AktG wie ein Komplementär und damit nach Maßgabe der §§ 128, 129, 161 Abs. 2. Für **Partnerschaft** und **EWIV** wird § 129 durch § 8 Abs. 1 S. 2 PartGG, § 1 EWIV-AusführungsG für entsprechend anwendbar erklärt (§ 128 Rn 4 f). Was schließlich die **Außengesellschaft bürgerlichen Rechts** betrifft, so wird auch sie von § 129 erfasst. Nachdem sich der BGH für die analoge Anwendung des § 128 ausgesprochen hat, versteht sich die analoge Anwendung auch des § 129 von selbst (§ 128 Rn 6; s. ferner § 124 Rn 1);[2] doch galt unter Geltung der „Doppelverpflichtungslehre“ (§ 128 Rn 6) nichts anderes, soweit die Gesellschafter danach der Haftung unterlagen.[3]

3. Abgeleitete Einwendungen (Abs. 1)

4 a) **Grundsatz.** Nach Abs. 1 kann der Gesellschafter neben seinen persönlichen Einwendungen (Rn 17 ff) sämtliche Einwendungen aus dem Rechtsverhältnis der Gesellschaft zum Gläubiger geltend machen. Davon sind alle nur denkbaren Einwendungen i.w.S. betroffen, neben den – Einreden genannten – **rechtshemmenden** Einwendungen

---

[1] S. dazu § 128 Rn 1, 3 ff mit Hinweisen auch zur Gründer- und Durchgriffshaftung im Kapitalgesellschaftsrecht.

[2] Ausdrücklich für analoge Anwendung des § 129 Abs. 1 bis 3 BGH NJW-RR 2006, 1268 (1269).

[3] Voraufl. Rn 3; *Habersack* JuS 1993, 1 (6 f); *Lindacher* JuS 1981, 818 (822).

also auch **rechtsvernichtende und rechtshindernde Einwendungen**. Was letztere betrifft, so kann der Gesellschafter beispielsweise einwenden, das der Gesellschaftsschuld zugrunde liegende Rechtsgeschäft sei unwirksam, ferner, der geltend gemachte Anspruch des Gläubigers sei durch Erfüllung, Erfüllungssurrogat, Erlass oder gem. §§ 275, 326 BGB ganz oder teilweise erloschen. In all diesen Fällen fehlt es allerdings bereits an einer Gesellschaftsschuld und damit an einer Voraussetzung der Gesellschafterhaftung gem. § 128 (§ 128 Rn 10 ff). Die eigentliche Bedeutung des § 129 Abs. 1 liegt deshalb im Bereich der Einreden. Der Gesellschafter kann sich also beispielsweise auf ein Zurückbehaltungsrecht der Gesellschaft oder auf ein zwischen Gesellschaft und Gläubiger vereinbartes pactum de non petendo berufen, aber auch darauf, dass die Geltendmachung der gegen die Gesellschaft gerichteten Forderung nach § 242 BGB ausgeschlossen sei. Des Weiteren kann sich der Gesellschafter auf den Eintritt der Verjährung der Gesellschaftsschuld (Rn 6 ff) sowie auf die rechtskräftige Abweisung der gegen die Gesellschaft gerichteten Klage des Gläubigers (Rn 10) berufen; umgekehrt wirkt aber auch ein der Klage stattgebendes Urteil gegen ihn (Rn 11 ff). Dagegen findet Abs. 1 keine Anwendung auf **Gestaltungsrechte** der Gesellschaft. Insoweit gilt vielmehr, dass erst die Ausübung eines solchen Rechts eine Einwendung der Gesellschaft begründet, auf die sich sodann auch der Gesellschafter berufen kann (Rn 2, 20 ff). Da allerdings der Gesellschafter zur Ausübung der Gestaltungsrechte der Gesellschaft nicht befugt ist, gewähren ihm Abs. 2 und 3 die Möglichkeit, ein der Gesellschaft zustehendes Recht zur Anfechtung oder Aufrechnung einredeweise geltend zu machen (Rn 20 ff).

b) **Ausnahmen.** Rein **prozessuale Einwendungen**, d.h. solche, die sich in prozessrecht- 5
lichen Rechtsfolgen erschöpfen, werden von Abs. 1 nicht erfasst.[4] Dies gilt namentlich für den Einwand der Unzuständigkeit des Gerichts, soweit sie vom Gesellschafter darauf gestützt wird, dass das angerufene Gericht für eine Klage gegen die Gesellschaft nicht zuständig wäre. Davon betroffen ist des Weiteren die Einrede der Rechtshängigkeit; sie kann vom Gesellschafter nicht unter Hinweis auf die bereits rechtshängige Klage des Gläubigers gegen die Gesellschaft erhoben werden.[5] Soweit aber eine prozessuale Einwendung – wie insbesondere diejenige der Rechtskraft (Rn 10 ff) – auch materiell-rechtliche Folgen zeitigt, unterliegt sie dem § 129 Abs. 1. Zur Abbedingung des § 129 Abs. 1 s. Rn 16.

c) **Verjährung**

aa) **Grundlagen.** Der Gesellschafter kann sich nach Abs. 1 auf den Eintritt der Ver- 6
jährung der Gesellschaftsschuld berufen.[6] Davon zu unterscheiden ist die Verjährung der Gesellschafterschuld (§ 128 Rn 17).[7] Auf der Grundlage des alten, vor Inkrafttretens des

---

[4] Eingehend dazu 3. Aufl. Anm. 5 (*R. Fischer*); s. ferner MünchKommHGB/*K. Schmidt* Rn 5; Heymann/*Emmerich* Rn 3; Ebenroth/Boujong/Joost/Strohn/*Hillmann* Rn 3; Röhricht/v. Westphalen/*v. Gerkan/Haas* Rn 3.

[5] Zum Vorliegen einfacher Steitgenossenschaft bei einer Klage gegen Gesellschaft und Gesellschafter s. § 124 Rn 26.

[6] Im Ausgangspunkt wohl einh. M., s. BGHZ 104, 76 (77 ff) = NJW 1988, 1976; *Brandes* FS Stimpel S. 105 (106 ff); MünchKommHGB/*K. Schmidt* Rn 7; Heymann/*Emmerich* Rn 8; Röhricht/v. Westphalen/*v. Gerkan/Haas* Rn 4.

[7] Zutr. *Flume* I/1 16 II 2b; *Hofmeister* NZG 2002, 851 (854); *Mahr* GesRZ 1991, 83 (87 ff, 150 ff); s. ferner BGHZ 104, 76 (80 ff) = NJW 1988, 1976; BGH NJW 1981, 2579; **aA** MünchKommHGB/*K. Schmidt* Rn 7, § 128 Rn 3. – BGHZ 139, 214 (218) = NJW 1998, 2972 lässt sich insoweit nichts entnehmen (s. noch Fn 10).

Schuldrechtsmodernisierungsgesetzes vom 26.11.2001[8] geltenden Verjährungsrechts ist in der Voraufl. (Rn 6) – in Übereinstimmung mit dem Bürgschaftsrecht[9] – die Ansicht vertreten worden, dass für die Gesellschafterschuld eine eigene Verjährungsfrist laufe;[10] von Bedeutung war dies namentlich in Fällen, in denen die Gesellschaftsschuld nicht der dreißigjährigen Regelverjährung des § 195 BGB a.F., sondern der kurzen Sonderverjährung nach §§ 196, 197 BGB a.F. unterlag. Hieran kann unter Geltung des am 1.1.2002 in Kraft getretenen neuen Verjährungsrechts nicht festgehalten werden.[11] Die Erstreckung der Regelverjährung des § 195 BGB auf die Gesellschafterschuld hätte nämlich in den Fällen der §§ 196, 197 BGB zur Folge, dass die Gesellschafterschuld schon nach drei Jahren verjährt wäre, obschon die Gesellschaftsschuld erst nach zehn oder dreißig Jahren verjährt. Mit Konzeption und Schutzzweck der §§ 128, 129 wäre dies unvereinbar.[12] Vorbehaltlich des § 159 ist deshalb davon auszugehen, dass die Gesellschafterschuld der gleichen Verjährungsfrist wie die Gesellschaftsschuld unterliegt (s. noch § 159 Rn 15).

7 **bb) Hemmung und Neubeginn.** Auch wenn Gesellschafts- und Gesellschafterschuld nach den in Rn 6 getroffenen Feststellungen innerhalb der gleichen Frist verjähren, besteht entgegen der ganz hM[13] kein Anlass für die Annahme, eine Maßnahme, die zur Hemmung oder zum Neubeginn der Verjährung der **gegen die Gesellschaft gerichteten Forderung** führt, wirke auch insoweit gegen den der Gesellschaft im Zeitpunkt der Unterbrechungshandlung angehörenden (Rn 15) Gesellschafter, als es um dessen persönliche Einrede der Verjährung geht. Zwar ist es dem Gesellschafter in diesem Fall nach § 129 Abs. 1 versagt, die abgeleitete Einrede der Verjährung der Gesellschaftsschuld zu erheben; die davon zu unterscheidende, aus seinem eigenen Rechtsverhältnis zum Gläubiger folgende Einrede der Verjährung kann dagegen dem Gesellschafter nicht ohne sein Zutun verkürzt werden.

8 Entsprechend den Ausführungen in Rn 7 hindert auch eine in Bezug auf die **gegen den Gesellschafter gerichtete Forderung** ergriffene Maßnahme der Hemmung oder des Neubeginns nicht die Verjährung der Gesellschaftsschuld.[14] Dem Gläubiger kann es deshalb obliegen, neben dem Gesellschafter auch die Gesellschaft zu verklagen, will er nicht Gefahr laufen, dass die Inanspruchnahme des Gesellschafters nicht zur Befriedigung führt

---

[8] BGBl. I S. 3138.

[9] BGHZ 95, 375 (384) = NJW 1986, 310; MünchKommBGB/*Habersack* § 765 Rn 82 mwN.

[10] Voraufl. Rn 6; *Mahr* GesRZ 1991, 149 (152); **aA** bereits BGHZ 139, 214 (218) = NJW 1998, 2972; *Flume* I/1 § 16 II 2b; *Brandes* FS Stimpel S. 105 (107); Schlegelberger/*K. Schmidt* Rn 7.

[11] Überzeugend MünchKommHGB/*K. Schmidt* Rn 7; *Michalski* Rn 4; *Hofmeister* NZG 2002, 851 (854).

[12] Vgl. die Nachw. in voriger Fn.

[13] BGHZ 73, 217 (222 ff) = NJW 1979, 1361; BGHZ 78, 114 (119 f) = NJW 1981, 175; BGHZ 104, 76 (81 f) = NJW 1988, 1976; BGHZ 139, 214 (218) = NJW 1998, 2972; *Flume* I/1 § 16 II 2b; *Hadding* ZGR 1981, 577 (588 f); *Lieb* GS Lüderitz S. 455 (459 ff); MünchKommHGB/*K. Schmidt* Rn 8; Westermann/*Wertenbruch* Rn I 822; Heymann/*Emmerich* § 128 Rn 10a; Ebenroth/Boujong/Joost/Strohn/*Hillmann* Rn 4; Röhricht/v. Westphalen/*v. Gerkan/Haas* Rn 4; Baumbach/*Hopt* Rn 2; **aA** aber zu Recht 3. Aufl. Rn 9, § 124 Rn 27 (*R. Fischer*; aufgegeben aber in ZGR 1979, 251, 268); *Mahr* GesRZ 1991, 149 (150 ff); für die GbR MünchKommBGB/*Ulmer/Schäfer* § 714 Rn 49.

[14] MünchKommHGB/*K. Schmidt* Rn 9; Westermann/*Wertenbruch* Rn I 822; Ebenroth/Boujong/Joost/Strohn/*Hillmann* Rn 4; Röhricht/v. Westphalen/*v. Gerkan/Haas* Rn 4; Baumbach/*Hopt* Rn 2; offengelassen von BGHZ 104, 76 (81 f) = NJW 1988, 1976.

und nunmehr die Gesellschaft Verjährung geltend macht. Fraglich ist dagegen, ob der Gesellschafter, nachdem der Gläubiger ihm gegenüber die Verjährung unterbrochen hat, einwenden kann, dass die gegen die Gesellschaft gerichtete Forderung inzwischen verjährt ist. Entgegen der ganz hM ist dies zu bejahen.[15] Wollte man nämlich abweichend von § 129 Abs. 1 dem Gesellschafter die Einrede der Verjährung der Gesellschaftsschuld abschneiden, so liefe die Gesellschaft Gefahr, über den aus § 110 folgenden Aufwendungsersatzanspruch[16] (§ 128 Rn 43 ff) des Gesellschafters letztlich ihre dem Gläubiger gegenüber bestehende Einrede der Verjährung zu verlieren.[17] Ein der Klage des Gläubigers gegen den Gesellschafter stattgebendes Urteil würde demnach eine dem materiellen Recht widersprechende Rechtslage herbeiführen. Grundsätzlich obliegt es deshalb dem Gläubiger, auch die Gesellschaft zu verklagen, will er verhindern, dass sich der Gesellschafter nach § 129 Abs. 1 auf die abgeleitete Einrede der Verjährung beruft. Anderes gilt nur für den Fall, dass die Gesellschaft **vermögenslos** ist und somit ein Regress des Gesellschafters nicht in Betracht kommt; dann entfällt die Grundlage einer ohnehin nur auf die Belange der Gesellschaft gestützten Klageabweisung, was vom Gläubiger im Wege der Replik geltend gemacht werden kann.

Die Rechtslage ändert sich mit **rechtskräftiger Verurteilung des Gesellschafters.** Zwar **9**
könnte der Gesellschafter an sich die nach Schluss der mündlichen Verhandlung eintretende[18] Verjährung der Gesellschaftsschuld nach § 129 Abs. 1 i.V.m. § 767 Abs. 2 ZPO im Wege der Vollstreckungsgegenklage geltend machen. Da aber die Gesellschaft auch eine vor Eintritt der Verjährung erfolgende freiwillige Erfüllung durch den Gesellschafter hätte hinnehmen müssen, wird sie durch den Regress des Gesellschafters (Rn 8) nicht in ihren Interessen tangiert. Mit der hM ist deshalb dem rechtskräftig verurteilten Gesellschafter die Befugnis abzusprechen, die nach Schluss der mündlichen Verhandlung eingetretene Verjährung der Gesellschaftsschuld geltend zu machen.[19] Ist die **Gesellschaft rechtskräftig verurteilt**, so gilt zwar hinsichtlich der abgeleiteten Einrede § 197 Abs. 1 Nr. 3 BGB; die persönliche Einrede der Verjährung der Gesellschafterschuld bleibt hingegen unberührt (Rn 7, 17 f).

d) **Rechtskraft.** Ein Urteil, das eine gegen die Gesellschaft gerichtete Klage des Gläu- **10**
bigers abweist, entfaltet zwar nur im Verhältnis zwischen den Prozessparteien Rechtskraft. Nach § 129 Abs. 1 kann allerdings auch der Gesellschafter geltend machen, dass das **Nichtbestehen der Forderung rechtskräftig festgestellt** ist und es damit an einer Voraussetzung der Haftung nach § 128 (§ 128 Rn 10 ff) fehlt.[20] Der Klage des Gläubigers

---

15 **AA** BGHZ 104, 76 (80 ff) = NJW 1988, 1976; BGHZ 139, 214 (218 f) = NJW 1998, 2972; MünchKommHGB/*K. Schmidt* Rn 9; Westermann/*Wertenbruch* Rn I 822; Heymann/*Emmerich* § 128 Rn 10a; Ebenroth/Boujong/Joost/Strohn/*Hillmann* Rn 4; Röhricht/v. Westphalen/*v. Gerkan/Haas* Rn 4; Baumbach/*Hopt* Rn 2; einschränkend – nur für die nach Schluss der mündlichen Verhandlung eintretende Verjährung der Gesellschaftsschuld – noch BGH NJW 1981, 2579 (dazu noch Rn 9); wie hier dagegen *Wertenbruch* NJW 2002, 324 (325).

16 Anderes gilt dagegen für die cessio legis gem. § 774 Abs. 1 S. 1 BGB (§ 128 Rn 43); insoweit kann die Gesellschaft gem. §§ 412, 404 BGB Verjährung geltend machen.

17 Darauf zu Recht hinweisend *Fleck* EWiR 1988, 690, der aber offenlässt, ob dem BGH (Fn 15) zu folgen ist.

18 Zur Rechtslage bei Eintritt der Verjährung vor Schluss der mündlichen Verhandlung s. Rn 8.

19 BGH NJW 1981, 2579; MünchKommHGB/*K. Schmidt* Rn 11; Heymann/*Emmerich* Rn 9; *Fleck* EWiR 1988, 690.

20 Im Ergebnis wohl allgM, s. RGZ 49, 340 (343); RGZ 102, 301 (303); Schlegelberger/*K. Schmidt* Rn 12; Westermann/*Wertenbruch* Rn I 818; Baumbach/*Hopt* § 128 Rn 43; Koller/Roth/Morck/*Koller* Rn 3.

steht die negative Feststellungsklage der Gesellschaft gleich; mit Rechtskraft des stattgebenden Urteils steht also auch im Verhältnis zwischen Gläubiger und Gesellschafter fest, dass eine Gesellschaftsschuld nicht besteht.

11 Nach § 129 Abs. 1 kann der Gesellschafter nach Rechtskraft eines der Klage des Gläubigers gegen die Gesellschaft **stattgebenden Leistungs- oder Feststellungsurteils** grundsätzlich nicht mehr einwenden, dass die Gesellschaftsverbindlichkeit im Zeitpunkt der letzten mündlichen Tatsachenverhandlung nicht bestand oder nicht durchsetzbar war.[21] Das Urteil schneidet dem Gesellschafter die der Gesellschaft abgesprochenen Einwendungen ab und entspricht damit in seinen Wirkungen einem Fortfall der Einwendungen in der Person der Gesellschaft (Rn 14). Dabei handelt es sich nicht um einen Fall der Rechtskrafterstreckung, sondern um eine akzessorietätsbedingte Präklusion entsprechend § 767 Abs. 2 ZPO.[22] Gleichgültig ist, wie das Urteil zustande gekommen ist; auch ein auf einem Anerkenntnis oder der Säumnis der Gesellschaft beruhendes Urteil wirkt gegen den Gesellschafter.[23] Ein bloß vorläufig vollstreckbarer Titel entfaltet allerdings keine Wirkungen gegenüber dem Gesellschafter.[24] Anderes gilt wiederum für ein Vorbehaltsurteil i.S.v. §§ 302, 599 ZPO; mit seiner Rechtskraft schneidet es auch dem Gesellschafter die der Gesellschaft genommenen Einwendungen ab.[25] – Kann die Gesellschaft gegen das rechtskräftige Urteil gem. **§ 826 BGB** vorgehen,[26] so entfaltet das Urteil nach Abs. 1 auch dem Gesellschafter gegenüber keine Wirkung;[27] da Abs. 1 keine Rechtskrafterstreckung im prozessrechtlichen Sinne bewirkt, kann sich der Gesellschafter auch dann auf § 826 BGB berufen, wenn die Gesellschaft die auf § 826 BGB gestützte Klage noch nicht erhoben hat.[28] Entsprechendes gilt bei Vorliegen eines Nichtigkeits- oder Restitutionsgrundes i.S.v. §§ 579 ff ZPO. Zur davon zu unterscheidenden persönlichen Einrede der **Kollusion** s. Rn 18.

12 Der Gesellschafter kann nach Rechtskraft des der Klage gegen die Gesellschaft stattgebenden Urteils (Rn 11) nur noch seine **persönlichen Einwendungen** geltend machen (Rn 17 ff); die der Gesellschaft abgesprochenen Einwendungen sind hingegen auch dem

---

21 RGZ 5, 69 (71); RGZ 101, 301 (303); BGHZ 54, 251 (255) = NJW 1970, 1740; BGHZ 64, 155 (156 f) = NJW 1975, 1280; BGHZ 73, 217 (224 f) = NJW 1979, 1361; BGHZ 78, 114 (120 f) = NJW 1981, 175; BGHZ 139, 214 (218) = NJW 1998, 2972; BGH NJW 1980, 784; BGH WM 1993, 1585 (1586); BGH NJW 1996, 658; BGH ZIP 2006, 994 (995); BAG KTS 2003, 315; MünchKommHGB/*K. Schmidt* Rn 13; Heymann/*Emmerich* Rn 5a; Ebenroth/Boujong/Joost/Strohn/*Hillmann* Rn 5; Röhricht/v. Westphalen/*v. Gerkan/Haas* Rn 6; Baumbach/*Hopt* Rn 7, § 128 Rn 43; Koller/Roth/Morck/*Koller* Rn 3; Westermann/*Wertenbruch* Rn I 818. Zum Kommanditisten s. einerseits OLG Düsseldorf NZG 2001, 890 (891), Koller/Roth/Morck/*Koller* Rn 3, 13, andererseits *Klimke* ZGR 2006, 540 (556 ff). – Zu Ausnahmen s. sogleich im Text sowie in Rn 15.

22 Offengelassen von BGHZ 54, 251 (255) = NJW 1970, 1740; BGH WM 1976, 1085 (1086); BGH ZIP 2006, 994 (995); s. ferner BGHZ 64, 155 (156) = NJW 1975, 1280 (Gesellschaft und Gesellschafter sind nicht dieselben Beteiligten i.S.v. § 325 Abs. 1 ZPO); ähnlich wie hier Westermann/*Wertenbruch* Rn I 818 (auf akzessorischer Haftung beruhende Rechtskraftwirkung sui generis); **aA** – Rechtskrafterstreckung aufgrund Repräsentation des Gesellschafters im Gesellschaftsprozess – *Oberhammer* Die OHG im Zivilprozess, 1998, S. 61 ff; Röhricht/v. Westphalen/*v. Gerkan/Haas* Rn 6.

23 Heymann/*Emmerich* Rn 5a; Baumbach/*Hopt* Rn 7; Ebenroth/Boujong/Joost/Strohn/*Hillmann* Rn 6; **aA** noch RG JW 1903, 241.

24 Vgl. RGZ 3, 338 ff.

25 RG LZ 1908, 60; Heymann/*Emmerich* Rn 6.

26 Dazu Thomas/Putzo/*Reichold* ZPO[29] § 322 Rn 50 ff.

27 So auch MünchKommHGB/*K. Schmidt* Rn 13; Ebenroth/Boujong/Joost/Strohn/*Hillmann* Rn 7.

28 So auch Ebenroth/Boujong/Joost/Strohn/*Hillmann* Rn 7.

Gesellschafter genommen.[29] Anderes gilt für Einwendungen der Gesellschaft, mit der diese nach § 767 Abs. 2 ZPO nicht präkludiert ist.[30] Was die **Geltendmachung** dieser Einwendungen betrifft, so ist der Gesellschafter nicht auf die Vollstreckungsgegenklage gem. § 767 ZPO beschränkt. Da er nicht Partei des dem Titel zugrunde liegenden Rechtsstreits ist, kann er die abgeleiteten Einwendungen vielmehr auf jede Weise und damit insbesondere auch innerhalb des zwischen ihm und dem Gläubiger geführten Prozesses geltend machen.[31] Selbst nach seiner rechtskräftigen Verurteilung kann der Gesellschafter Einwendungen, die der Gesellschaft nach Rechtskraft des gegen ihn ergangenen Urteils erwachsen sind, noch vorbringen, nunmehr aber nur noch im Wege der Vollstreckungsgegenklage nach § 767 ZPO. Konnte er die abgeleiteten Einwendungen vor Schluss der mündlichen Verhandlung vorbringen, so sind sie für ihn – nicht anders als die persönlichen Einwendungen – nach § 767 Abs. 2 ZPO präkludiert. – Dem rechtskräftigen Urteil steht der rechtskräftige **Vollstreckungsbescheid** gleich.[32] Entsprechendes gilt nach §§ 178 Abs. 3, 201 Abs. 2 InsO für die **Feststellung einer Insolvenzforderung** zur Tabelle. In der Insolvenz der Gesellschaft muss der Gesellschafter deshalb im Prüfungstermin Widerspruch gegen die angemeldete Forderung erheben, wenn er verhindern will, dass die Rechtskraft des Tabelleneintrags nach Abs. 1 gegen ihn wirkt (§ 128 Rn 71). Hat bereits die Gesellschaft widersprochen, so fehlt es an der Grundlage für die Erstreckung zu Lasten des Gesellschafters.[33] Die Bestandskraft eines gegen die Gesellschaft gerichteten **Abgabenbescheids** wirkt nach § 166 AO allenfalls zu Lasten des vertretungsberechtigten Gesellschafters, nicht dagegen zu Lasten der sonstigen als Haftungsschuldner nach § 191 AO in Anspruch genommenen Gesellschafter.[34] Entsprechendes gilt für sonstige Leistungsbescheide.[35]

Die geschäftsführenden Gesellschafter sind verpflichtet, die übrigen Gesellschafter von der Klage des Gläubigers gegen die Gesellschaft so rechtzeitig zu informieren, dass diese in der Lage sind, dem Rechtsstreit als **Nebenintervenienten** beizutreten (§ 124 Rn 26) und durch Unterstützung der Gesellschaft die Präklusion der abgeleiteten Einwendungen (Rn 11 f) zu verhindern.[36] Bei Verletzung dieser Verpflichtung schulden die geschäftsführenden Gesellschafter Ersatz des den Mitgesellschaftern dadurch entstandenen Schadens. 13

e) **Fortfall der Einwendung.** Nach Abs. 1 kann der Gesellschafter die Einwendungen der Gesellschaft nur insoweit geltend machen, als sie noch von der Gesellschaft erhoben werden können. Ein Fortfall der Einwendung der Gesellschaft hat demnach zur Folge, dass auch der Gesellschafter zur Geltendmachung dieser abgeleiteten Einwendung nicht mehr befugt ist. Davon betroffen ist etwa der Verlust der Einwendung infolge des Ablaufs von Ausschluss- oder Verjährungsfristen oder infolge der Verletzung von Untersuchungs- und Rügeobliegenheiten, aber auch derjenige aufgrund Verwirkung. Des Weiteren geht der Gesellschafter seiner Befugnis aus § 129 Abs. 1 insoweit verlustig, als die Gesellschaft auf die Geltendmachung von Einwendungen **verzichtet** hat, etwa durch Vorleistung unter 14

[29] BGH ZIP 2006, 994 (995); Röhricht/v. Westphalen/*v. Gerkan/Haas* Rn 8.

[30] RGZ 124, 146 (152); BGH ZIP 2006, 994 (995); MünchKommHGB/*K. Schmidt* Rn 13; Baumbach/*Hopt* Rn 7.

[31] Vgl. die Nachw. in Fn 30.

[32] OLGR Schleswig 1998, 123 f; Ebenroth/Boujong/Joost/Strohn/*Hillmann* Rn 6.

[33] MünchKommHGB/*K. Schmidt* Rn 13; Koller/Roth/Morck/*Koller* Rn 3.

[34] Vgl. BVerfG BStBl. II 1997, 415 (418 f); BFHE 185, 105 (107); näher MünchKommHGB/*K. Schmidt* Rn 14.

[35] MünchKommHGB/*K. Schmidt* Rn 14 mit Hinweis auf BVerfGE 61, 82 (111); BVerfGE 69, 1 (49).

[36] Vgl. Straube/*Koppensteiner* Rn 5; Heymann/*Emmerich* Rn 5a.

Verzicht auf die Einrede aus § 320 BGB, durch Abschluss eines Vergleichs i.S.v. § 779 BGB oder durch Abgabe eines Schuldversprechens bzw. -anerkenntnisses gem. §§ 780 f BGB; die davon abweichende Vorschrift des § 768 Abs. 2 BGB findet keine entsprechende Anwendung (s. aber auch Rn 15). Ein Anerkenntnis gem. § 307 ZPO wirkt dagegen nur nach Maßgabe der Ausführungen in Rn 11 f zu Lasten des Gesellschafters.

15 f) **Ausgeschiedener Gesellschafter; eintretender Gesellschafter.** Die Forthaftung des ausgeschiedenen Gesellschafters (§ 128 Rn 54 ff) beurteilt sich grundsätzlich nach §§ 128, 129.[37] Änderungen ergeben sich zum einen insoweit, als zugunsten des ausgeschiedenen Gesellschafters die Sonderverjährung des § 160 an die Stelle der Regelverjährung des § 195 BGB tritt (Rn 7; § 128 Rn 54 f). Darüber hinaus sind mit dem Verlust der Mitgliedschaft[38] aber auch Einschränkungen des § 129 Abs. 1 verbunden. Dies gilt zunächst für die Erstreckung der Wirkungen der Rechtshängigkeit und der Rechtskraft auf den vor Erhebung der Klage ausgeschiedenen Gesellschafter. Da der Gesellschafter mit seinem Ausscheiden keinen Einfluss mehr auf die Prozessführung nehmen kann, ist mit dem BGH davon auszugehen, dass das der Klage des Gläubigers gegen die Gesellschaft stattgebende Urteil oder ein ihm entsprechender Titel (Rn 11 f) keine Wirkungen zu Lasten des vor Klageerhebung ausgeschiedenen Gesellschafters entfaltet.[39] Bei Ausscheiden nach Klageerhebung bewendet es hingegen bei der Rechtskrafterstreckung. Des Weiteren führt – auch insoweit in Übereinstimmung mit der hM – die Erhebung der Klage gegen die Gesellschaft nicht zur Verjährungshemmung gegenüber dem ausgeschiedenen Gesellschafter.[40] Der ausgeschiedene Gesellschafter wird also insoweit wie ein Bürge gestellt.[41] Daraus erklärt sich auch, dass ein die Klage des Gläubigers abweisendes Urteil (Rn 10) nach § 129 Abs. 1 zugunsten des ausgeschiedenen Gesellschafters wirkt.[42] Aber auch in materiell-rechtlicher Sicht ist dem Wegfall der durch die Mitgliedschaft vermittelten Möglichkeit der Einflussnahme auf die Gesellschaft durch **entsprechende Anwendung des § 768 Abs. 2 BGB** Rechnung zu tragen. Ein Einwendungsverzicht der Gesellschaft (Rn 14) wirkt deshalb nicht zu Lasten des ausgeschiedenen Gesellschafters.[43] Der in die Gesellschaft **eintretende Gesellschafter** muss sich hingegen einen Einwendungsverzicht der Gesellschaft (Rn 14) und die Rechtskraft eines gegen die Gesellschaft ergangenen Urteils (Rn 11 f) auch dann entgegenhalten lassen, wenn der Einwendungsverzicht oder der Eintritt der Rechtskraft in Bezug auf Altverbindlichkeiten der Gesellschaft und vor dem Eintritt erfolgt ist.[44]

---

[37] MünchKommHGB/*K. Schmidt* Rn 15; Heymann/*Emmerich* Rn 10.

[38] Nicht dagegen bei Vorliegen der in § 128 Rn 57 f genannten, einem Ausscheiden gleichstehenden Tatbestände.

[39] BGHZ 44, 229 (233 f) = NJW 1966, 499; BGHZ 78, 114 (120 f) = NJW 1981, 175; Schlegelberger/*K. Schmidt* Rn 16; Heymann/*Emmerich* Rn 10; Ebenroth/Boujong/Joost/Strohn/*Hillmann* Rn 8; *Klimke* ZGR 2006, 540 (555); speziell zu § 178 Abs. 3 InsO s. BGHZ 165, 85 (94 f) = ZIP 2006, 467; BGH ZIP 2007, 79 (80); OLG Hamm NZI 2007, 584 (588); Röhricht/v. Westphalen/*v. Gerkan*/*Haas* Rn 8.

[40] Vgl. die Nachw. in Fn 39, ferner *Hofmeister* NZG 2002, 851 (853). – Zur entsprechenden Rechtslage bei bestehender Mitgliedschaft s. Rn 7.

[41] Dazu im Einzelnen MünchKommBGB/*Habersack* § 768 Rn 11 f mwN.

[42] MünchKommHGB/*K. Schmidt* Rn 16; Heymann/*Emmerich* Rn 10; Röhricht/v. Westphalen/*v. Gerkan*/*Haas* Rn 9.

[43] So im Ergebnis auch MünchKommHGB/*K. Schmidt* Rn 15; Röhricht/v. Westphalen/*v. Gerkan*/*Haas* Rn 9; *Hofmeister* NZG 2002, 851 (853); *Klimke* ZGR 2006, 540 (544 ff).

[44] S. noch § 130 Rn 12, 14, ferner MünchKommHGB/*K. Schmidt* Rn 18; Heymann/*Emmerich* Rn 8; *Klimke* ZGR 2006, 540 (543 f, 553 f).

g) **Abweichende Vereinbarungen.** Die Vorschrift des Abs. 1 ist dispositiver Natur. Eine von Abs. 1 abweichende Vereinbarung kann allerdings nur unter Mitwirkung des Gesellschafters und zudem nur dahin gehend getroffen werden, dass der Gesellschafter auf eine abgeleitete Einrede verzichtet (s. auch § 128 Rn 21).[45] Insbesondere ist es zulässig, dass der Gesellschafter auf die Einrede der Verjährung der Gesellschaftsschuld verzichtet und damit die Obliegenheit des Gläubigers entfällt, die Gesellschaft nur aus Gründen des Abs. 1 mitzuverklagen (Rn 8). Eine Vereinbarung dagegen, wonach der Gesellschafter trotz des Bestehens einer rechtshindernden oder rechtsvernichtenden Einwendung der Gesellschaft aus § 128 verpflichtet sein soll, ist unvereinbar mit dem Grundsatz der Akzessorietät und damit auch dann unwirksam, wenn der Gesellschafter an ihr beteiligt ist. Dies gilt insbesondere für einen unter dem Vorbehalt der fortbestehenden Gesellschafterhaftung vereinbarten **Erlass** der Gesellschaftsschuld (§ 128 Rn 21). 16

4. **Persönliche Einwendungen.** Der vom Gläubiger in Anspruch genommene Gesellschafter kann neben den abgeleiteten Einwendungen (Rn 4 ff) die in seiner Person begründeten Einwendungen erheben. Diese persönlichen Einwendungen sind von der Entwicklung der Gesellschaftsschuld unabhängig. Sie beruhen auf dem Rechtsverhältnis des Gesellschafters zum Gläubiger und können deshalb ohne Rücksicht darauf geltend gemacht werden, ob auch der Gesellschaft dieselben oder andere Einwendungen zustehen oder ob die Gesellschaft die ihr ursprünglich zustehenden Einwendungen nachträglich verloren hat, etwa durch Anerkenntnis, Verzicht oder rechtskräftige Verurteilung (Rn 11, 14). Der Gläubiger kann die persönlichen Einwendungen nur durch Maßnahmen gegenüber dem Gesellschafter selbst beseitigen; insbesondere geht der Gesellschafter dieser Einwendungen nicht durch die Rechtskraft eines der Klage gegen die Gesellschaft stattgebenden Urteils verlustig (Rn 11; s. ferner Rn 7). Eine **Umkehrung des Abs. 1 zugunsten oder zu Lasten der Gesellschaft** kommt nicht in Betracht. Die Gesellschaft kann sich mithin nicht auf die persönlichen Einwendungen des Gesellschafters berufen; sie braucht sich umgekehrt die Rechtskraft eines gegen den Gesellschafter gerichteten Titels nicht entgegenhalten zu lassen (s. noch § 130 Rn 14). 17

Zu den persönlichen Einwendungen des Gesellschafters zählen zum **Beispiel** die Einrede der Verjährung der Gesellschafterschuld (Rn 6 ff), die Einrede der Stundung, aber auch der Einwand, dass der Gläubiger die Schuld des Gesellschafters erlassen habe (§ 128 Rn 16, 21) oder der Gesellschafter aufgrund einer Vereinbarung mit dem Gläubiger (§ 128 Rn 16) oder aufgrund der besonderen Natur der geltend gemachten Forderung (§ 128 Rn 26) nur subsidiär hafte. Des Weiteren kann der Gesellschafter einwenden, ein der Klage des Gläubigers gegen die Gesellschaft stattgebendes rechtskräftiges Urteil beruhe auf kollusivem Zusammenwirken des Gläubigers mit der Gesellschaft zum Nachteil des Gesellschafters; in diesem Fall beseitigt der persönliche Einwand der **Kollusion** die Wirkungen eines gegen die Gesellschaft gerichteten Urteils (Rn 11), so dass der Gesellschafter neben seinen – durch das Urteil ohnehin nicht tangierten – persönlichen Einwendungen auch die Einwendungen der Gesellschaft geltend machen kann.[46] 18

---

[45] S. bereits § 128 Rn 21, ferner 3. Aufl. Anm. 8 (*R. Fischer*); zur entsprechenden Rechtslage im Recht der Bürgschaft s. MünchKomm-BGB/*Habersack* § 767 Rn 2 (zwingende Geltung des § 767 Abs. 1 S. 1), § 768 Rn 3 (Dispositivität des § 768).

[46] BGH NJW 1996, 658; OLG Düsseldorf NZG 2001, 890 (891); zum entsprechenden Einwand der Gesellschaft s. Rn 11; s. ferner für die GbR BGH ZIP 2008, 1317 (1320) (aus dem Schutzzweck des Art. 1 § 1 RBerG a.F. hergeleiteter Einwand aus § 242 BGB gegenüber der Haftung für Bereicherungsschuld der Gesellschaft, an die das die Be-

19 Besonderheiten gelten für die in Abs. 2 und 3 geregelten **Einreden der Anfechtbarkeit und Aufrechenbarkeit** (Rn 20 ff). Sie sind insofern persönliche Einreden des Gesellschafters, als die Gesellschaft zwar zur Ausübung der Gestaltungsrechte berechtigt ist, ihr aber daraus keine entsprechende Einrede zusteht (Rn 2). Andererseits haben aber die Einreden aus Abs. 2 und 3 ihre Grundlage in dem Rechtsverhältnis zwischen Gesellschaft und Gläubiger. Im Unterschied zu den in Rn 17 f genannten persönlichen Einwendungen geht deshalb der Gesellschafter dieser Einreden verlustig, wenn die Gesellschaft ihr Anfechtungsrecht oder ihre Aufrechnungsbefugnis verliert (Rn 20). Vor diesem Hintergrund stehen die Einreden aus Abs. 2 und 3 den abgeleiteten Einwendungen i.S.v. Abs. 1 näher als den persönlichen Einwendungen des Gesellschafters.

5. Gestaltungsrechte (Abs. 2, 3)

20 a) **Allgemeines.** Nach Abs. 2 und 3 kann der Gesellschafter dem Gläubiger einredeweise entgegenhalten, dass die Gesellschaft das die Gesellschaftsschuld begründende Rechtsverhältnis anfechten oder die Forderung des Gläubigers durch Aufrechnung mit einer eigenen Gegenforderung zum Erlöschen bringen kann. Dem Gesellschafter ist es somit zwar nicht möglich, die entsprechenden **Gestaltungsrechte der Gesellschaft** im eigenen Namen auszuüben; dazu ist vielmehr allein die Gesellschaft befugt, die dabei durch ihre organschaftlichen oder sonstigen Vertreter (§ 125 Rn 4 ff, 13 ff) vertreten wird. Statt dessen kann aber der Gesellschafter die Leistung **verweigern, solange** die Gesellschaft zur Ausübung des Gestaltungsrechts imstande ist. Kommt es zur Anfechtung oder Aufrechnung durch die Gesellschaft, so hat dies das Erlöschen der Gesellschaftsschuld zur Folge; darauf kann sich der Gesellschafter nach § 129 Abs. 1 berufen. Erlischt das Gestaltungsrecht der Gesellschaft, sei es durch Ablauf der Anfechtungsfrist, durch Verzicht oder auf sonstige Weise, so geht der Gesellschafter seiner verzögerlichen Einrede aus Abs. 2 und 3 verlustig.[47] Die Vorschriften des § 129 Abs. 2 und 3 sind **abdingbar**, allerdings nur dahin gehend, dass der Gesellschafter auf die Geltendmachung seiner verzögerlichen Einrede verzichtet. Dagegen können Gesellschafter und Gläubiger nicht vereinbaren, dass die akzessorische Gesellschafterhaftung trotz erfolgter Anfechtung oder Aufrechnung fortbestehen soll (Rn 16).

21 Auf **andere Gestaltungsrechte der Gesellschaft** ist § 129 Abs. 2 und 3 – ebenso wie § 770 Abs. 1, 2 BGB[48] – **entsprechend** anwendbar.[49] Voraussetzung ist, dass die Ausübung des Gestaltungsrechts das Erlöschen der Gesellschaftsschuld zur Folge hat, mag auch ein Ersatzanspruch an deren Stelle treten (Rn 22). Der Gesellschafter kann sich somit insbesondere auf ein nicht ausgeübtes **Rücktrittsrecht** der Gesellschaft berufen. Mit Ausübung des Rücktrittsrechts durch die Gesellschaft erlischt der noch nicht erfüllte Primäranspruch des Gläubigers gegen die Gesellschaft und damit auch die entsprechende Haftung der Gesellschafter; Gesellschaft und Gesellschafter haften sodann für Ansprüche

---

teiligung des Gesellschafters an dem Immobilienfonds finanzierende Darlehen ausgezahlt worden ist).

[47] Einh. M., s. BGHZ 42, 396 (397) = NJW 1965, 627; s. ferner Rn 14.

[48] BGHZ 165, 363 (368) = NJW 2006, 845 (betr. das – für OHG und KG nicht in Betracht kommende Widerrufsrecht gem. § 355 BGB); MünchKommBGB/*Habersack* § 770 Rn 6.

[49] *A. Hueck* OHG § 21 IV 1b; Westermann/*Wertenbruch* Rn I 829; Heymann/*Emmerich* Rn 12a; Straube/*Koppensteiner* Rn 8; Röhricht/v. Westphalen/*v. Gerkan/Haas* Rn 10; **aA** MünchKommHGB/*K. Schmidt* Rn 18, der allerdings dem Gesellschafter über § 242 BGB (dilatorische Einrede) hilft und damit im Ergebnis die hier vertretene Ansicht teilt.

des Gläubigers aus §§ 346 ff BGB. Entsprechendes gilt für das Kündigungsrecht. Auf Gestaltungsrechte des Gläubigers kann sich der Gesellschafter nicht berufen (Rn 22 f). – In § 129 nicht geregelt sind etwaige **persönliche Gestaltungsrechte** des Gesellschafters, darunter namentlich das Recht zur Aufrechnung mit einer gegen den Gläubiger gerichteten Forderung (Rn 24). Insoweit gilt, dass allein der Gesellschafter zur Ausübung berechtigt ist, weshalb der Bestand des Gestaltungsrechts – abweichend von Abs. 2 und 3 – keine eigene Einrede begründet. Auch die Gesellschaft kann sich nicht auf die Gestaltungsbefugnis des Gesellschafters berufen; Abs. 2 und 3 sind insoweit nicht entsprechend anzuwenden. Kommt es zur Ausübung des Gestaltungsrechts durch den Gesellschafter, so betrifft dies zwar allein das Rechtsverhältnis zwischen Gesellschafter und Gläubiger. Die Aufrechnung durch den Gesellschafter führt jedoch zur Befriedigung des Gläubigers und damit zur cessio legis der gegen die Gesellschaft gerichteten Forderung (Rn 24). Im Übrigen kann auf die Ausführungen in Rn 17 verwiesen werden.

b) **Anfechtung (Abs. 2).** Das in Abs. 2 geregelte Leistungsverweigerungsrecht des Gesellschafters betrifft allein den Fall, dass die Gesellschaft nach §§ 119 f, 123 BGB zur Anfechtung ihrer Willenserklärung und damit zur Beseitigung des die Forderung des Gläubigers begründenden Rechtsverhältnisses berechtigt ist.[50] Die verzögerliche Einrede aus Abs. 2 entfällt mit **Erlöschen des Anfechtungsrechts,** also mit Ablauf der Anfechtungsfrist gem. §§ 121, 124 BGB, durch Verzicht, Verwirkung oder Bestätigung gem. § 144 BGB, aber auch mit Ausübung des Anfechtungsrechts. Im zuletzt genannten Fall erlischt freilich die Forderung des Gläubigers gegen die Gesellschaft und mit ihr der Anspruch aus § 128 S. 1. Für Ansprüche des Gläubigers aus §§ 122, 812 BGB haftet der Gesellschafter nach §§ 128, 129 Abs. 1. Ist der Gläubiger zur Anfechtung seiner Willenserklärung berechtigt, so kann daraus weder die Gesellschaft noch der Gesellschafter Rechte herleiten. 22

c) **Aufrechnung (Abs. 3).** Nach dem Wortlaut des Abs. 3 kann sich der Gesellschafter auf die Befugnis des Gläubigers zur Aufrechnung berufen. Der Gesetzgeber glaubte, sich bei Erlass des § 129 Abs. 3 an die entsprechende Vorschrift des § 770 Abs. 2 BGB anlehnen zu können. Dabei hat er indes nicht bedacht, dass § 770 Abs. 2 BGB im sachlichen Zusammenhang mit der – den Grundsatz der Subsidiarität der Bürgenhaftung verwirklichenden – Vorschrift des § 771 BGB steht[51] und somit auf die primäre Haftung des Gesellschafters (§ 128 Rn 26) nicht übertragen werden kann. Mit der heute ganz hM ist denn auch davon auszugehen, dass es sich bei der Vorschrift des § 129 Abs. 3 ebenso wie bei derjenigen des § 129 Abs. 2 (Rn 20) um eine Ausprägung des Grundsatzes der Akzessorietät der Gesellschafterhaftung (§ 128 Rn 20 ff) handelt, die dem Umstand Rechnung trägt, dass der Gesellschafter zur Ausübung der Gestaltungsrechte der Gesellschaft nicht befugt ist. Vor diesem Hintergrund steht dem Gesellschafter die Einrede der Aufrechenbarkeit nur für den Fall zu, dass die **Gesellschaft zur Aufrechnung imstande** ist.[52] Ist also zwar der 23

---

50 MünchKommHGB/*K. Schmidt* Rn 21.

51 Näher dazu sowie zur Frage der entsprechenden Anwendung des § 770 Abs. 1 oder 2 bei Aufrechnungsbefugnis nur des Schuldners MünchKommBGB/*Habersack* § 770 Rn 7 ff mwN.

52 BGHZ 42, 396 (397 f) = NJW 1965, 627; *Schlüter* FS Westermann S. 509 ff (520 ff); *Bülow* ZGR 1988, 192 (198); MünchKommHGB/*K. Schmidt* Rn 24; Westermann/*Wertenbruch* Rn I 832; Heymann/*Emmerich* Rn 13; Röhricht/v. Westphalen/*v. Gerkan/Haas* Rn 12; Ebenroth/Boujong/Joost/Strohn/*Hillmann* Rn 14; Baumbach/*Hopt* Rn 12, 13; Koller/Roth/Morck/*Koller* Rn 3; offengelassen noch von BGHZ 38, 122 (128) = NJW 1963, 244 (245).

Gläubiger zur Aufrechnung befugt, unterliegt aber die Gesellschaft einem vertraglichen oder in §§ 393, 394 BGB angeordneten Aufrechnungsverbot, so ist die Einrede der Aufrechenbarkeit nicht gegeben. Entsprechendes gilt für den Fall, dass die Forderung der Gesellschaft einredebehaftet und deshalb eine Aufrechnung mit dieser Forderung nach § 390 S. 1 BGB ausgeschlossen ist. Dass der Gläubiger aus einem der genannten Gründe an der Aufrechnung gehindert ist, steht der Einrede des Gesellschafters nach Abs. 3 nicht entgegen. Dem Gläubiger bleibt in diesem Fall nur die Möglichkeit der Inanspruchnahme der Gesellschaft (Rn 25). Erklärt diese nicht die Aufrechnung, so entfällt die Einrede des Gesellschafters spätestens mit Rechtskraft des der Klage des Gläubigers stattgebenden Urteils (Rn 11 f).

24 Dem **Gesellschafter** bleibt es unbenommen, mit einer **eigenen Forderung** gegen den Gläubiger aufzurechnen und damit seine Schuld aus § 128 zum Erlöschen zu bringen.[53] Ein Leistungsverweigerungsrecht erwächst ihm daraus allerdings nicht (Rn 21). Umgekehrt kann der Gläubiger, wenn er vom Gesellschafter in Anspruch genommen wird, mit seiner gegen den Gesellschafter gerichteten Forderung aus § 128 aufrechnen.[54] In beiden Fällen hat der Gesellschafter seine Forderung gegen den Gläubiger zu dessen Befriedigung eingesetzt; er erlangt deshalb Ausgleichsansprüche gegen Gesellschaft und Mitgesellschafter nach Maßgabe der Ausführungen in § 128 Rn 43 ff, 48 f.

25 d) **Rechtsfolgen.** Macht der Gesellschafter eine verzögerliche Einrede aus Abs. 2, 3 geltend, so ist die Klage des Gläubigers als **derzeit unbegründet** abzuweisen.[55] Leistungen des Gesellschafters in Unkenntnis einer aus Abs. 2, 3 folgenden Einrede können weder nach § 813 Abs. 1 S. 1 BGB noch aus anderen Gründen zurückverlangt werden.[56] Kommt es allerdings zur Ausübung des Gestaltungsrechts, so hat der Gesellschafter sine causa geleistet und kann somit kondizieren.

III. Zwangsvollstreckung gegen die Gesellschafter (Abs. 4)

26 1. **Grundsatz.** Die Vorschrift des § 129 Abs. 4 bestimmt, dass die Zwangsvollstreckung in das Vermögen eines Gesellschafters nur auf der Grundlage eines gegen diesen Gesellschafter gerichteten Titels erfolgt. Sie trägt damit – ebenso wie die **Parallelvorschrift des § 124 Abs. 2** (§ 124 Rn 42 f) – der Verselbständigung der Gesellschaft und der damit verbundenen Unterscheidung zwischen dem Personenverband und seinen Mitgliedern Rechnung. Zu dem Privatvermögen, auf das der Gläubiger allein auf der Grundlage eines gegen den Gesellschafter gerichteten Titels zugreifen kann, gehört auch die – nach Maßgabe des § 135 zu pfändende – Mitgliedschaft in der OHG (§ 124 Rn 9 f). Sieht man von den Fällen einer Gesamtrechtsnachfolge des Gesellschafters in das Vermögen der Gesellschaft ab (§ 124 Rn 40), so kann ein gegen die Gesellschaft gerichteter Titel des Gläubigers nicht nach § 727 ZPO auf den Gesellschafter umgeschrieben werden (§ 124 Rn 43 mwN); dies gilt auch hinsichtlich eines eintretenden Gesellschafters, soweit dieser nach § 130 für Altverbindlichkeiten haftet (§ 130 Rn 14). Wie im Rahmen der Einzelvollstreckung ist auch im Rahmen der Insolvenz streng zwischen Gesellschafts- und Gesellschaftervermögen zu unterscheiden (§ 128 Rn 70 ff; § 131 Rn 30 ff, 89 ff).

---

[53] MünchKommHGB/*K. Schmidt* Rn 26; Heymann/*Emmerich* Rn 15.

[54] MünchKommHGB/*K. Schmidt* Rn 26; Heymann/*Emmerich* Rn 17; s. ferner RGZ 41, 25 (27 ff).

[55] BGHZ 38, 122 (129 f) = NJW 1963, 244; Westermann/*Wertenbruch* Rn I 829.

[56] MünchKommBGB/*Schwab* § 813 Rn 6.

2. Einwand der Gesellschafterhaftung. Vollstreckt der Gläubiger auf der Grundlage eines gegen die Gesellschaft gerichteten Titels in Gegenstände, die nicht der Gesellschaft, sondern dem Gesellschafter gehören, so hat letzterer an sich die Drittwiderspruchsklage des § 771 ZPO. Vor dem Hintergrund, dass der Gesellschafter ohnehin für die titulierte Gesellschaftsschuld einzustehen hat, ist die in §§ 124 Abs. 2, 129 Abs. 4 angeordnete Trennung zwischen Gesellschafts- und Gesellschaftervermögen jedoch zu relativieren und es dem Gläubiger zu gestatten, den Widerspruch des Gesellschafters unter Hinweis auf § 128 zu entkräften.[57] Vorbehaltlich persönlicher Einwendungen des Gesellschafters ist in diesem Fall die Drittwiderspruchsklage nach § 242 BGB als unbegründet abzuweisen. 27

Anh. § 129
Gesellschafterdarlehen

Schrifttum

Altmeppen Die zentralen Änderungen des GmbH-Rechts nach dem Referentenentwurf des MoMiG, VGR 12 (2007) S. 93; *ders.* Das neue Recht der Gesellschafterdarlehen in der Praxis, NJW 2008, 3601; *Bayer/Graff* Das neue Eigenkapitalersatzrecht nach dem MoMiG, DStR 2006, 1654; *Bork* Abschaffung des Eigenkapitalersatzrechts zugunsten des Insolvenzrechts? ZGR 2007, 250; *Eidenmüller* Die GmbH im Wettbewerb der Rechtsordnungen, ZGR 2007, 167; *Freitag* Finanzverfassung und Finanzierung von GmbH und AG nach dem Regierungsentwurf des MoMiG, WM 2007, 1681; *Gersch/Herget/Marsch/Stützle* Die GmbH-Reform (1980); *Goette* Einführung in das neue GmbH-Recht, 2008; *Goette/Habersack* (Hrsg.) Das MoMiG in Wissenschaft und Praxis (2009); *Haas* Reform des gesellschaftsrechtlichen Gläubigerschutzes, Gutachten E für den 66. Deutschen Juristentag, 2006; *ders.* Das neue Kapitalersatzrecht nach dem RegE-MoMiG, ZInsO 2007, 617; *Habersack* Eigenkapitalersatz im Gesellschaftsrecht, ZHR 162 (1998), 201; *ders.* Das MoMiG ante portas – Nachlese zum 66. DJT, ZHR 170 (2006), 607; *ders.* Gesellschafterdarlehen nach MoMiG: Anwendungsbereich, Tatbestand und Rechtsfolgen, ZIP 2007, 2145; *ders.* Die Erstreckung des Rechts der Gesellschafterdarlehen auf Dritte, insbesondere im Unternehmensverbund, ZIP 2008, 2385; *Hirte* Die Neuregelung des Rechts der (früher: kapitalersetzenden) Gesellschafterdarlehen durch das „Gesetz zur Modernisierung des GmbH-Rechts und zur Bekämpfung von Missbräuchen" (MoMiG), WM 2008, 1429; *Hommelhoff* Für eine minimalinvasive und dennoch höchst effektive Reform des Eigenkapitalersatzrechts, VGR 11 (2006), S. 115; *U. Huber* Finanzierungsfolgenverantwortung de lege lata und de lege ferenda, FS Priester (2007) S. 259; *ders./Habersack* GmbH-Reform: Zwölf Thesen zu einer möglichen Reform des Rechts der kapitalersetzenden Gesellschafterdarlehen, BB 2006, 1; *dies.* Zur Reform des Rechts der kapitalersetzenden Gesellschafterdarlehen, in: Lutter (Hrsg), Das Kapital der Aktiengesellschaft in Europa, 2006, S. 370; *Kleindiek* Eigenkapitalersatz und gesetzestypische Personengesellschaften, FS Lutter (2000) S. 871; *ders.* Krisenvermeidung in der GmbH: Gesetzliches Mindestkapital, Kapitalschutz und Eigenkapitalersatz, ZGR 2006, 335; *Körner* Institutionelle Kreditgeber als Quasigesellschafter, 2008; *Koller* Sicherung des Eigenkapitals bei der gesetzestypischen Kommanditgesellschaft, FS Heinsius (1991) S. 357; *Mock* Stille im MoMiG zur stillen Gesellschaft?, DStR 2008, 1645; *Mülbert* Neuordnung des Kapitalrechts, WM 2006, 1977; *Pentz* Zu den GmbH-rechtlichen Änderungsvorschlägen des MoMiG aus Sicht eines

[57] *Noack* DB 1970, 1817; MünchKommHGB/*K. Schmidt* Rn 28; Ebenroth/Boujong/Joost/Strohn/*Hillmann* Rn 16; Röhricht/v. Westphalen/*v. Gerkan/Haas* Rn 14; Koller/Roth/Morck/*Koller* Rn 6; allg. dazu *Arens/Lüke* JuS 1984, 263 ff; s. ferner BGHZ 80, 296 (302) = NJW 1981, 1835 (Einwand der Haftung aufgrund Vermögensübernahme gem. § 419 BGB a.F.); BGHZ 100, 95 (105) = NJW 1987, 1880 (Einwand, dass der widersprechende Sicherungsnehmer zur Rückübertragung des Sicherungsguts verpflichtet sei).

Praktikers, VGR 12 (2007), S. 116; *Röhricht* Insolvenzrrechtliche Aspekte im Gesellschaftsrecht, ZIP 2005, 505; *K. Schmidt* Eigenkapitalersatz bei unbeschränkter Haftung, ZIP 1991, 1; *ders.* Eigenkapitalersatz, oder: Gesetzesrecht versus Rechtsprechungsrecht?, ZIP 2006, 1925; *ders.* Entbehrlicher Rangrücktritt im Recht der Gesellschafterdarlehen? – Kritik an § 19 Abs. 2 E-InsO im MoMiG-Entwurf, BB 2008, 461; *ders.* Gesellschafterbesicherte Drittkredite nach neuem Recht, BB 2008, 1966; *ders.* Nutzungsüberlassung nach der GmbH-Reform, DB 2008, 1727; *Thiessen* Eigenkapitalersatz ohne Analogieverbot – eine Alternativlösung zum MoMiG-Entwurf, ZIP 2007, 253.

Übersicht

I. Einführung

1 **1. Neuregelung des Rechts der Gesellschafterdarlehen durch das MoMiG.** Durch die **GmbH-Novelle von 1980**[1] waren die Vorschriften der **§§ 129a, 172a** in das HGB eingefügt worden. Beide Vorschriften hatten die Funktion, das für die GmbH seinerzeit in **§§ 32a und § 32b GmbHG** sowie in flankierenden Vorschriften des Insolvenz- und Anfechtungsrechts kodifizierte Recht der **„eigenkapitalersetzenden Gesellschafterdarlehen"** nebst den auf die analoge Anwendung der §§ 30, 31 GmbHG gründenden Rechtsprechungsregeln (Rn 2) auf diejenigen Personenhandelsgesellschaften zu erstrecken, die über keine natürliche Person als Gesellschafter oder – im Fall der KG – als Komplementäre verfügen und bei denen den Gläubigern somit nach §§ 128, 161 Abs. 2 nur andere als natürliche Personen unbeschränkt für die Gesellschaftsschulden haften. Da sich diese atypischen Personenhandelsgesellschaften aus Sicht der Gläubiger nicht von einer GmbH unterscheiden, sollten auch bei ihnen Gesellschafterhilfen, soweit sie Eigenkapital ersetzten, zur Haftungsmasse gehören. Im Unterschied zu §§ 32a, b GmbHG a.F. richtete sich § 129a allerdings nicht an die – ohnehin nach § 128 haftenden – Gesellschafter des Darlehensnehmers (d.h. der OHG), sondern ausschließlich an die Gesellschafter oder Mitglieder der OHG-Gesellschafter und damit an die mittelbar an der OHG Beteiligten. Dem entsprach der in § 129a S. 2 a.F. enthaltene Vorbehalt: Gehört zu den Mitgliedern der OHG eine andere Personenhandelsgesellschaft, bei der zumindest

[1] BGBl. I, 836; s. dazu bereits vor § 123 Rn 2.

ein Gesellschafter eine natürliche Person ist und der persönlichen Haftung gem. §§ 128, 161 Abs. 2 unterliegt, so steht den Gläubigern der OHG mittelbar der Zugriff auf eine natürliche Person offen mit der Folge, dass das Eingreifen der Vorschriften über kapitalersetzende Darlehen nicht veranlasst war. Im Zuge der **Neukonzeption des Rechts der Gesellschafterdarlehen** und der damit verbundenen vollständigen Verlagerung der Problematik in das Insolvenz- und Anfechtungsrecht (Rn 2, 6 ff, 18 ff) sind durch Art. 1 Nr. 22 und Art. 3 Nr. 11 und 13 des Gesetzes zur Modernisierung des GmbH-Rechts und zur Bekämpfung von Missbräuchen (MoMiG) vom 23.10.2008 die Basisvorschriften der §§ 32a, b GmbHG und mit ihnen die Verweisungsnormen der §§ **129a, 172a aufgehoben** worden.[2]

Das MoMiG hat das Recht der „kapitalersetzenden" Gesellschafterdarlehen[3] – im Wesentlichen einem von *Huber/Habersack* vorgelegten Vorschlag folgend[4] – auf eine rein insolvenz- und anfechtungsrechtliche Grundlage gestellt.[5] Zu diesem Zweck hat es nicht nur §§ 32a, 32b GmbHG, §§ 129a, 172a HGB aufgehoben (Rn 1), sondern darüber hinaus in § 30 Abs. 1 GmbHG – ebenso wie in § 57 Abs. 1 AktG – einen neuen Satz 3 ein- **2**

[2] BGBl. I S. 2026; dazu auch RegE, BT-Drucks. 16/6140 = BR-Drucks. 354/07 = ZIP 2007, Beil. zu Heft 23; dazu *Noack* DB 2007, 1395 ff; ferner Stellungnahme des Bundesrates vom 6.7.2007 und Gegenäußerung der Bundesregierung vom 5.9.2007, BT-Drucks. 16/6140; Beschlussempfehlung und Bericht des Rechtsausschusses vom 18.6.2008, BT-Drucks. 16/9737 (dazu *Seibert/Decker* ZIP 2008, 1208 ff); zu dem im Februar 2006 vorgelegten Referentenentwurf s. *Noack* DB 2006, 1475; *Seibert* ZIP 2006, 1157 ff; *Schäfer* DStR 2006, 2085 ff; umfassende Dokumentation bei *Goette*.

[3] Grundlegend BGHZ 31, 258 (272 f) = NJW 1960, 285; zur Fortgeltung der „Rechtsprechungsregeln" s. sodann BGHZ 90, 370 (380) = ZIP 1984, 698 (700 f) = NJW 1984, 1891; näher zum Ganzen und mit zahlreichen Nachw. *Goette/Kleindiek* Eigenkapitalersatzrecht in der Praxis, 5. Aufl., 2007, insbes. Rn 7 ff; Ulmer/*Habersack* GmbHG §§ 32a/b Rn 23 ff, 206 ff; Scholz/*K. Schmidt* GmbHG §§ 32a/b Rn 77 ff.

[4] *Huber/Habersack* BB 2006, 1 ff; *dies.* in: Lutter S. 370 ff; bereits zuvor für „Abschaffung" der „Rechtsprechungsregeln" und Verzicht auf das Krisenmerkmal *Röhricht* ZIP 2005, 505 (512); s. sodann *Altmeppen* NJW 2005, 1911 (1914); für Verzicht auf die „Rechtsprechungsregeln" unter Beibehaltung des Krisenmerkmals *Fastrich* FS Zöllner (1998) Bd. 1 S. 143 (158); *T. Bezzenberger* FS Gerold Bezzenberger (2000) S. 23 (45 f); *Grunewald/Noack* GmbHR 2005, 189 (194); s. ferner *Cahn* AG 2005, 217 (218 ff).

[5] Für Umsetzung der wesentlichen Eckpunkte des Referentenentwurfs die wirtschaftsrechtliche Abteilung des 66. DJT (141 Ja-Stimmen bei 3 Nein-Stimmen und 5 Enthaltungen), in Verhandlungen des 66. DJT, Bd. II/1, 2006, S. P 141 (dazu *Habersack* ZHR 170 (2006), 607 ff): im Wesentlichen zustimmend ferner *Bayer/Graff* DStR 2006, 1654 ff; *Bork* ZGR 2007, 250 ff; *Haas* Gutachten E für den 66. DJT S. 54 ff, 60 ff; *ders.* ZInsO 2007, 617 ff; *Mülbert* WM 2006, 1977 (1978 f); *Noack* DB 2006, 1475 ff; *Schäfer* DStR 2006, 2085 (2087 f); *Triebel/Otte,* ZIP 2006, 1321, 1324 (die freilich für gänzliche Abschaffung plädieren); *Handelsrechtsausschuss des DAV* NZG 2007, 211 (217, 219 ff); krit. *Altmeppen* VGR 12 S. 93 (100 ff); *Hommelhoff* VGR 11 S. 115 (123 ff); *Freitag* WM 2007, 1681 (der einen Verlust an Rechtssicherheit beklagt!); *Heinze*, ZIP 2008, 110 ff (betr. die Gebrauchsüberlassung); *Kleindiek* ZGR 2006, 335, 350 ff (s. aber auch *dens.* in: Verhandlungen des 66. DJT, Bd. II/1, 2006, S. P 45, P 62 ff); *Pentz* VGR 12 S. 116 (132 ff); *K. Schmidt* ZIP 2006, 1925 ff; *ders.* BB 2008, 461 ff; *Spindler* JZ 2006, 839 (844 f); *Theissen* ZIP 2007, 253 ff; s. ferner *Goette/Kleindiek* (Fn 3), S. V: „Die Verfasser des Referentenentwurfs des MoMiG planen, einer modernistischen … Stimmung im Schrifttum folgend, das Eigenkapitalersatzrecht (…) abzuschaffen. Gleichwohl sollen Restbestände (…) systemwidrig in das Insolvenzrecht transplantiert werden."

gefügt, dem zufolge das Auszahlungsverbot des Satzes 1 auf die Rückgewähr eines Gesellschafterdarlehens und Leistungen auf Forderungen aus Rechtshandlungen, die einem Gesellschafterdarlehen wirtschaftlich entsprechen, keine Anwendung findet. Hierdurch ist die Verankerung des Eigenkapitalersatzrechts in dem Grundsatz der Kapitalerhaltung gekappt, mithin die spezifisch **gesellschaftsrechtliche Basis und Legitimation des Eigenkapitalersatzrechts**, die nicht nur den Rechtsprechungsregeln, sondern auch den „Novellenregeln" der §§ 32a, 32b GmbHG eigen war,[6] **aufgegeben** worden. (Rn 6 f). Statt dessen ist die Regelungsmaterie gänzlich in das Insolvenz- und Anfechtungsrecht eingestellt worden, freilich mit der Maßgabe, dass es künftig auf das **Merkmal der Krise** der Gesellschaft im Zeitpunkt der Gewährung oder des Belassens der Gesellschafterhilfe **nicht mehr** ankommt, **vielmehr sämtliche Forderungen** auf Rückgewähr eines Darlehens und wirtschaftlich entsprechende Forderungen in der Insolvenz den Nachrang des § 39 Abs. 1 Nr. 5 InsO haben und Rechtshandlungen, die in den letzten zehn Jahren vor dem Eröffnungsantrag Sicherung oder im letzten Jahr vor dem Eröffnungsantrag Befriedigung gewährt haben, der Insolvenzanfechtung unterliegen.[7] Als flankierendes und das bislang aus § 30 Abs. 1 GmbHG, 57 Abs. 1 AktG herzuleitende Zahlungsverbot substituierendes Element dient die Neuregelung in § 130a Abs. 1 S. 3, § 64 S. 3 GmbHG, § 92 Abs. 2 S. 3 AktG, wonach Geschäftsführer und Vorstandsmitglieder für Zahlungen an Gesellschafter haften, die zur Zahlungsunfähigkeit der Gesellschaft führen mussten.[8] Was den persönlichen Anwendungsbereich der Neuregelung betrifft, so ist er – im Sinne eines rechtsformneutralen Ansatzes (Rn 8 ff) – auf sämtliche Gesellschaften erstreckt worden, die weder eine natürliche Person noch eine Gesellschaft, bei der ein persönlich haftender Gesellschafter eine natürliche Person ist, als persönlich haftenden Gesellschafter haben. Kleingesellschafter bleiben auch unter Geltung des MoMiG privilegiert (Rn 15 ff).

3 **2. Zeitlicher Anwendungsbereich.** In zeitlicher Hinsicht enthält **Art. 103d EGInsO** eine Überleitungsvorschrift. Danach sind auf Insolvenzverfahren, die vor Inkrafttreten des MoMiG am 1.11.2008 eröffnet worden sind, die bis dahin geltenden gesetzlichen Vorschriften und damit §§ 129a, 172a a.F. anzuwenden. Im Rahmen von nach Inkrafttreten des MoMiG eröffneten Insolvenzverfahren sind auf vor Inkrafttreten des MoMiG vorgenommene Rechtshandlungen die bis dahin geltenden Vorschriften anzuwenden, soweit die Rechtshandlungen nach dem bisherigen Recht der Anfechtung entzogen oder in geringerem Umfang unterworfen sind; im Übrigen unterliegen vor Inkrafttreten des MoMiG vorgenommene Rechtshandlungen – ebenso wie natürlich nach Inkrafttreten des MoMiG vorgenommene Rechtshandlungen – dem neuen Recht. Eine entsprechende Überleitungsvorschrift findet sich in **§ 20 Abs. 3 AnfG**. Hinsichtlich der § 30 Abs. 1 S. 3 GmbHG, § 57 Abs. 1 S. 3 AktG verzichtet das MoMiG auf eine besondere Über-

---

[6] Vgl. BGHZ 90, 381 (388 f) = NJW 1984, 1891; BGHZ 127, 17 (29) = NJW 1995, 326; BGHZ 127, 336 (344 f) = NJW 1995, 326; BGHZ 140, 147 (150) = NJW 1999, 577; BGHZ 142, 116 (119 f) = NJW 1999, 2809. *Goette/Kleindiek* (Fn 3) Rn 7 ff; *Goette* ZHR 162 (1998), 223 ff; *Habersack* ZHR 162 (1998), 201 ff; *ders.* ZGR 2000, 384 (389 ff); *K. Schmidt* GmbHR 2005, 797 (805 f); *Ulmer* ZIP 1984, 1163 ff.

[7] Für Verzicht auf die Zehnjahresfrist des § 135 Nr. 1 InsO und für Einbeziehung sämtlicher Gesellschafterforderungen (also nicht nur solcher auf Rückgewähr von Darlehen und wirtschaftlich entsprechende Forderungen) – unter Beibehaltung des Kleinbeteiligungs- und des Sanierungsprivilegs (dazu Rn 15 ff, 20) – hingegen *Huber/Habersack* in: Lutter S. 370 (405 ff, 411 f).

[8] Dazu § 130a Rn 28 ff; Ulmer/*Casper* GmbHG § 64 Rn 102 ff; zu den Folgen des § 64 S. 3 GmbHG für die „Trihotel"-Rechtsprechung des BGH (BGHZ 173, 246 = NJW 2007, 2689) s. *Habersack* ZGR 2008, 533 (557 f).

leitungsvorschrift. Insoweit bewendet es vielmehr bei **Art. 25 MoMiG**, wonach die Neuregelung – und damit die Unanwendbarkeit der §§ 30 Abs. 1 S. 1 GmbHG, 57 Abs. 1 S. 1 AktG auf die Rückzahlung von Gesellschafterdarlehen – am ersten Tag des auf die Verkündung folgenden Kalendermonats und damit am 1.11.2008 in Kraft getreten ist.[8a]

II. Die einschlägigen Vorschriften der InsO und des AnfG im Überblick

1. InsO. Unter Geltung des MoMiG ist das Recht der Gesellschafterdarlehen primär insolvenzrechtlicher Natur. Die Rechtsfolgen bestehen in dem gesetzlichen **Nachrang** der Forderung und in der **Anfechtbarkeit** von Handlungen, die dem Gesellschafter Befriedigung oder Sicherung gewähren. Im Einzelnen handelt es sich um folgende Vorschriften: 4

§ 19 InsO Überschuldung

(1) Bei einer juristischen Person ist auch die Überschuldung Eröffnungsgrund.

(2) Überschuldung liegt vor, wenn das Vermögen des Schuldners die bestehenden Verbindlichkeiten nicht mehr deckt; es sei denn, die Fortführung des Unternehmens ist nach den Umständen überwiegend wahrscheinlich. Forderungen auf Rückgewähr von Gesellschafterdarlehen oder aus Rechtshandlungen, die einem solchen Darlehen wirtschaftlich entsprechen, für die gemäß § 39 Abs. 2 zwischen Gläubiger und Schuldner der Nachrang im Insolvenzverfahren hinter den in § 39 Abs. 1 Nr. 1 bis 5 bezeichneten Forderungen vereinbart worden ist, sind nicht bei den Verbindlichkeiten nach Satz 1 zu berücksichtigen.

(3) Ist bei einer Gesellschaft ohne Rechtspersönlichkeit kein persönlich haftender Gesellschafter eine natürliche Person, so gelten die Absätze 1 und 2 entsprechend. Dies gilt nicht, wenn zu den persönlich haftenden Gesellschaftern eine andere Gesellschaft gehört, bei der ein persönlich haftender Gesellschafter eine natürliche Person ist.

§ 39 InsO Nachrangige Insolvenzgläubiger

(1) Im Rang nach den übrigen Forderungen der Insolvenzgläubiger werden in folgender Rangfolge, bei gleichem Rang nach dem Verhältnis ihrer Beträge, berichtigt:

1. ...
2. ...
3. ...
4. ...
5. nach Maßgabe der Absätze 4 und 5 Forderungen auf Rückgewähr eines Gesellschafterdarlehens oder Forderungen aus Rechtshandlungen, die einem solchen Darlehen wirtschaftlich entsprechen.

(2) Forderungen, für die zwischen Gläubiger und Schuldner der Nachrang im Insolvenzverfahren vereinbart worden ist, werden im Zweifel nach den in Absatz 1 bezeichneten Forderungen berichtigt.

(3) Die Zinsen der Forderungen nachrangiger Insolvenzgläubiger und die Kosten, die diesen Gläubigern durch ihre Teilnahme am Verfahren entstehen, haben den gleichen Rang wie die Forderungen dieser Gläubiger.

(4) Absatz 1 Nr. 5 gilt für Gesellschaften, die weder eine natürliche Person noch eine Gesellschaft als persönlich haftenden Gesellschafter haben, bei der ein persönlich haftender Gesellschafter eine natürliche Person ist. Erwirbt ein Gläubiger bei drohender oder eingetretener Zahlungsunfähig-

[8a] Dazu BGH ZIP 2009, 471 (Tz. 9); BGH ZIP 2009, 615; *Haas* DStR 2009, 976.

keit der Gesellschaft oder bei Überschuldung Anteile zum Zweck ihrer Sanierung, führt dies bis zur nachhaltigen Sanierung nicht zur Anwendung von Abs. 1 Nr. 5 auf seine Forderungen aus bestehenden oder neu gewährten Darlehen oder auf Forderungen aus Rechtshandlungen, die einem solchen Darlehen wirtschaftlich entsprechen.

(5) Absatz 1 Nr. 5 gilt nicht für den nicht geschäftsführenden Gesellschafter einer Gesellschaft im Sinn des Absatzes 4 Satz 1, der mit zehn Prozent oder weniger am Haftkapital beteiligt ist.

§ 44a InsO Gesicherte Darlehen

In dem Insolvenzverfahren über das Vermögen einer Gesellschaft kann ein Gläubiger nach Maßgabe des § 39 Abs. 1 Nr. 5 für eine Forderung auf Rückgewähr eines Darlehens oder für eine gleichgestellte Forderung, für die ein Gesellschafter eine Sicherheit bestellt oder für die er sich verbürgt hat, nur anteilsmäßig Befriedigung aus der Insolvenzmasse verlangen, soweit er bei der Inanspruchnahme der Sicherheit oder des Bürgen ausgefallen ist.

§ 135 InsO Gesellschafterdarlehen

(1) Anfechtbar ist eine Rechtsbehandlung, die für die Forderung eines Gesellschafters auf Rückgewähr eines Darlehens im Sinne des § 39 Abs. 1 Nr. 5 oder für eine gleichgestellte Forderung
1. Sicherung gewährt hat, wenn die Handlung in den letzten zehn Jahren vor dem Antrag auf Eröffnung des Insolvenzverfahrens oder nach diesem Antrag vorgenommen worden ist, oder
2. Befriedung gewährt hat, wenn die Handlung im letzten Jahr vor dem Eröffnungsantrag oder nach diesem Antrag vorgenommen worden ist.

(2) Anfechtbar ist eine Rechtshandlung, mit der eine Gesellschaft einem Dritten für eine Forderung auf Rückgewähr eines Darlehens innerhalb der in Absatz 1 Nr. 2 genannten Fristen Befriedigung gewährt hat, wenn ein Gesellschafter für die Forderung eine Sicherheit bestellt hatte oder als Bürge haftete; dies gilt sinngemäß für Leistungen auf Forderungen, die einem Darlehen wirtschaftlich entsprechen.

(3) Wurde dem Schuldner von einem Gesellschafter ein Gegenstand zum Gebrauch oder zur Ausübung überlassen, so kann der Aussonderungsanspruch während der Dauer des Insolvenzverfahrens, höchstens aber für eine Zeit von einem Jahr ab der Eröffnung des Insolvenzverfahrens nicht geltend gemacht werden, wenn der Gegenstand für die Fortführung des Unternehmens des Schuldners von erheblicher Bedeutung ist. Für den Gebrauch oder die Ausübung des Gegenstandes gebührt dem Gesellschafter ein Ausgleich; bei der Berechnung ist der Durchschnitt der im letzten Jahr vor Verfahrenseröffnung geleisteten Vergütung in Ansatz zu bringen, bei kürzerer Dauer der Überlassung ist der Durchschnitt während dieses Zeitraums maßgebend.

(4) § 39 Abs. 4 und 5 gilt entsprechend.

§ 143 InsO Rechtsfolgen

(1) …

(2) …

(3) Im Fall der Anfechtung nach § 135 Abs. 2 hat der Gesellschafter, der die Sicherheit bestellt hatte oder als Bürge haftete, die dem Dritten gewährte Leistung zur Insolvenzmasse zu erstatten. Die Verpflichtung besteht nur bis zur Höhe des Betrags, mit dem der Gesellschafter als Bürge haftete oder der dem Wert der von ihm bestellten Sicherheit im Zeitpunkt der Rückgewähr des Darlehens oder der Leistung auf die gleichgestellte Forderung entspricht. Der Gesellschafter wird von der Verpflichtung frei, wenn er die Gegenstände, die dem Gläubiger als Sicherheit gedient hatten, der Insolvenzmasse zur Verfügung stellt.

5 2. **AnfG.** Außerhalb des Insolvenzverfahrens unterliegen Gesellschafterdarlehen und ihnen wirtschaftlich entsprechende Rechtshandlungen besonderen **Anfechtungstatbeständen** des AnfG:

§ 6 AnfG Gesellschafterdarlehen

(1) Anfechtbar ist eine Rechtshandlung, die für die Forderung eines Gesellschafters auf Rückgewähr eines Darlehens im Sinne des § 39 Abs. 1 Nr. 5 der Insolvenzordnung oder eine gleichgestellte Forderung

1. Sicherung gewährt hat, wenn die Handlung in den letzten zehn Jahren vor Erlangung des vollstreckbaren Schuldtitels oder danach vorgenommen worden ist, oder
2. Befriedigung gewährt hat, wenn die Handlung im letzten Jahr vor Erlangung des vollstreckbaren Schuldtitels oder danach vorgenommen worden ist.

Wurde ein Antrag auf Eröffnung eines Insolvenzverfahrens nach § 26 Abs. 1 der Insolvenzordnung abgewiesen, bevor der Gläubiger einen vollstreckbaren Schuldtitel erlangt hat, so beginnt die Anfechtungsfrist mit dem Antrag auf Eröffnung des Insolvenzverfahrens.

(2) Die Anfechtung ist ausgeschlossen, wenn nach dem Schluss des Jahres, in dem der Gläubiger den vollstreckbaren Schuldtitel erlangt hat, drei Jahre verstrichen sind. Wurde die Handlung später vorgenommen, so ist die Anfechtung drei Jahre nach dem Schluss des Jahres ausgeschlossen, in dem die Handlung vorgenommen worden ist.

§ 6a AnfG Gesicherte Darlehen

Anfechtbar ist eine Rechtshandlung, mit der eine Gesellschaft einem Dritten für eine Forderung auf Rückgewähr eines Darlehens innerhalb der in § 6 Abs. 1 Satz 1 Nr. 2 und Satz 2 genannten Fristen Befriedigung gewährt hat, wenn ein Gesellschafter für die Forderung eine Sicherheit bestellt hatte oder als Bürge haftete; dies gilt sinngemäß für Leistungen auf Forderungen, die einem Darlehen wirtschaftlich entsprechen. § 39 Abs. 4 und 5 der Insolvenzordnung und § 6 Abs. 2 gelten entsprechend.

§ 11 AnfG Rechtsfolgen

(1) Was durch die anfechtbare Rechtshandlung aus dem Vermögen des Schuldners veräußert, weggegeben oder aufgegeben ist, muss dem Gläubiger zur Verfügung gestellt werden, soweit es zu dessen Befriedigung erforderlich ist. Die Vorschriften über die Rechtsfolgen einer ungerechtfertigten Bereicherung, bei der dem Empfänger der Mangel des rechtlichen Grundes bekannt ist, gelten entsprechend.

(2) ...

(3) Im Fall der Anfechtung nach § 6a hat der Gesellschafter, der die Sicherheit bestellt hatte oder als Bürge haftete, die Zwangsvollstreckung in sein Vermögen bis zur Höhe des Betrags zu dulden, mit dem er als Bürge haftete oder der dem Wert der von ihm bestellten Sicherheit im Zeitpunkt der Rückgewähr des Darlehens oder der Leistung auf die gleichgestellte Forderung entspricht. Der Gesellschafter wird von der Verpflichtung frei, wenn er die Gegenstände, die dem Gläubiger als Sicherheit gedient hatten, dem Gläubiger zur Verfügung stellt.

3. Prinzip der Haftungsbeschränkung als gedankliche Grundlage der Neuregelung. 6
Das zentrale und nicht zuletzt unter dem Eindruck entsprechender Ansätze in anderen Mitgliedstaaten[9] entwickelte Anliegen der Neukonzeption besteht darin, die Regeln über Gesellschafterdarlehen durch **Verzicht auf das Merkmal der Krise** von überflüssigem und die Prozesse in die Länge ziehenden Ballast zu befreien[10] und hierdurch ganz entscheidend zu vereinfachen, und zwar in einer Weise, die sowohl den Interessen der Gläubiger als auch denen der Gesellschafter hinreichend Rechnung trägt.[11] Auch nach altem Recht

[9] Vgl. *Huber/Habersack* in: Lutter S. 370 (381 ff); *Haas* Gutachten E für den 66. DJT S. 38 ff.

[10] Speziell hierzu *Röhricht* ZIP 2005, 505 (512 f).

[11] Vgl. zum Folgenden bereits *Habersack* ZHR 170 (2006), 607 (611 f); *ders.* ZIP 2007, 2145 (2146 f).

musste sich der Gesellschafter, der seiner Gesellschaft außerhalb der Krise ein Darlehen gewährt hatte, in aller Regel entgegenhalten lassen, dass er das Darlehen nicht rechtzeitig abgezogen hat,[12] so dass die Neuregelung allenfalls denjenigen Gesellschafter benachteiligt, der seine fällige Forderung erfolglos geltend macht (der sich also um den Abzug der Mittel bemüht und deshalb in der Krise keine Finanzierungsentscheidung in Form des Stehenlassens trifft) oder der auf eine im Zeitpunkt der Rückzahlung noch nicht kapitalersetzende Forderung Zahlungen seitens der Gesellschaft erhält und sich binnen eines Jahres mit der überraschenden Insolvenz der Gesellschaft konfrontiert sieht.[13] Auf der „Haben"-Seite können die Gesellschafter indes den – nahezu ersatzlosen (Rn 23) – **Wegfall der Rechtsprechung zum unentgeltlichen Nutzungsrecht** des Insolvenzverwalters in den Fällen eigenkapitalersetzender Gebrauchsüberlassung und den mit der **typisierenden Betrachtungsweise** einhergehenden Gewinn an **Rechtssicherheit** verbuchen; dieser äußert sich etwa darin, dass Rückzahlungen, die vor Beginn der Anfechtungsfrist erfolgt sind (und etwa dadurch ermöglicht worden sind, dass die Gesellschafter bei sich abzeichnender „Krise" weitere Darlehen gewährt und so die nicht anfechtbare Rückzahlung von Altdarlehen finanziert haben), nicht mehr unter Rückgriff auf den Rückgewähranspruch aus § 31 Abs. 1 GmbHG (der nach § 31 Abs. 5 S. 1 GmbHG binnen zehn Jahren verjährt) erstattet werden müssen. Dass der Gesetzgeber das allseits bekannte und in der Natur einer jeden typisierenden Regelung liegende Spannungsverhältnis zwischen Einzelfallgerechtigkeit und Rechtssicherheit schwerlich aufzulösen vermag[14] und deshalb auch mit der Neuregelung des Rechts der Gesellschafterdarlehen im Einzelfall Härten verbunden sein können, lässt sich gewiss nicht bestreiten. Doch taugt dies als Argument nicht viel, wenn man Rechtssicherheit und den Verzicht auf unnötig komplizierte Rechtsregeln als durchaus erstrebenswerte Leitlinien der Regelsetzung ansieht und zudem – nicht zuletzt aufgrund der gewonnenen Erfahrungen mit dem deutschen Eigenkapitalersatzrecht bisherigen Formats – davon ausgehen darf, dass die Neuregelung in der Regel (oder „typischerweise") das Richtige trifft.

7 Nach der Neukonzeption gibt es **keine „kapitalersetzenden Gesellschafterdarlehen" mehr;**[15] vielmehr ist nunmehr jedes Gesellschafterdarlehen bei Eintritt der Insolvenz nachrangig. Hinter diesen Bemerkungen verbirgt sich ein Paradigmenwechsel, wie er fundamentaler kaum sein könnte: Nach altem Recht – und zwar sowohl nach den Rechtsprechungs- als auch nach den Novellenregeln – basierten nämlich die Rückstufung des Darlehens und die Rechtsfolgen nach Rückzahlung durch die Gesellschaft auf dem Konzept der **Finanzierungsfolgenverantwortung** des Gesellschafters,[16] das seinerseits an eine im Stadium eingeschränkter Finanzierungsfreiheit getroffene Finanzierungsentscheidung des Gesellschafters anknüpfte und es dem Gesellschafter zum Vorwurf machte, dass er – wegen der Krisensituation – die Gesellschaft mit Fremdkapital versorgt hat, statt sie zu

---

[12] BGHZ 75, 334 (338 f) = ZIP 1980, 115 (116 f) = NJW 1980, 592; BGH ZIP 2003, 625; ZIP 2005, 82 und 163; wN bei Ulmer/*Habersack* GmbHG §§ 32a/b Rn 43.

[13] Gesellschafter, die ihre Forderung aufgrund des Ausschlusses des Rechts zur außerordentlichen Kündigung nicht geltend machen können, unterliegen de lege lata zwar nicht den Regeln über den Kapitalersatz, wohl aber den Grundsätzen über den Finanzplankredit; zu diesen s. noch in Rn 26.

[14] Dazu namentlich Summum Ius Summa Iniuria: Individualgerechtigkeit und der Schutz allgemeiner Werte im Rechtsleben, Tübinger Ringvorlesung, 1963; ferner Summum ius, summa iniuria – Zivilrecht zwischen Rechtssicherheit und Einzelfallgerechtigkeit, Jahrbuch junger Zivilrechtswissenschaftler, 1994.

[15] Begr. RegE, ZIP 2007, Beil. zu Heft 23 S. 32.

[16] Vgl. die Nachw. in Fn 6.

liquidieren oder ihr Eigenkapital zuzuführen;[17] auf diese Finanzierungsentscheidung reagierten deshalb die Rechtsprechung mit der analogen Anwendung der für das Eigenkapital geltenden Kapitalerhaltungsgrundsätze und die „Novellenregeln" mit der zwangsweisen „Umqualifikation" der Forderung. Dieser Ansatz lässt sich nicht mehr aufrechterhalten.[18] Mit dem ersatzlosen Wegfall des Krisenmerkmals ist das Konzept der Finanzierungsfolgenverantwortung seiner rechtsdogmatischen Grundlage beraubt, und es ist mitnichten so, dass das MoMiG den eigenkapitalersetzenden Charakter als regelmäßig gegeben unterstellt und deshalb, würde es auf die ausdrückliche „Abschaffung" der Rechtsprechungsregeln verzichten, durchaus noch Raum ließe für die analoge Anwendung der §§ 30, 31 GmbHG.[19] Im Einklang mit Nachbarrechtsordnungen[20] sind die Folgen des Gesellschafterdarlehens und der ihm wirtschaftlich entsprechenden Rechtshandlung nunmehr aus dem **Prinzip der Haftungsbeschränkung** selbst herzuleiten, dessen missbräuchliche Ausnutzung durch die Gesellschafter begegnet werden soll.[21] Einer darüber hinausgehenden „inhaltlichen Begründung"[22] bedarf es nicht. Konnte der *II. Zivilsenat* des BGH in seinem zur GmbH & Co. KG ergangenen Grundsatzurteil vom 24.3.1980 noch ausführen, dass das Argument, dass ein Gesellschafter-Gläubiger dem Unternehmen gewöhnlich „näher stehe" als ein fremder Kreditgeber, keinen ausreichenden Grund dafür bilden könne, ihn in diesem Rahmen schlechter als einen Fremdgläubiger zu stellen, der über die Lage der Gesellschaft unter Umständen ebenso gut informiert ist,[23] so liegt dem MoMiG just der Grundgedanke zugrunde, dass von einem Gesellschafter zur Verfügung gestelltes Fremdkapital in der Insolvenz und im Rahmen der Gläubigeranfechtung außerhalb des Insolvenzverfahrens eine Sonderbehandlung verdient.

III. Persönlicher Anwendungsbereich

1. Gesellschaft

a) **Rechtsformen.** Was zunächst den Kreis der erfassten Gesellschaften betrifft, so stellt § 39 Abs. 1 Nr. 5, Abs. 4 S. 1 InsO – im Sinne eines rechtsformneutral formulierten Grundsatzes und damit abweichend von den rechtsformspezifischen Regelungen des alten Rechts (§§ 129a, 172a; §§ 32a, b GmbHG) – darauf ab, dass die finanzierte Gesell- 8

[17] Auch dazu die Nachw. in Fn 6.

[18] Näher *Huber* FS Priester S. 259 (271 ff) in Auseinandersetzung mit *Bork* ZGR 2007, 250 (257, 262 ff) s. zuvor bereits *Huber/Habersack* BB 2006, 1 (2); *dies.* in: Lutter S. 370 (390 ff, 405 ff); s. ferner *K. Schmidt* ZIP 2006, 1925, 1932 ff (1934: „Mit der nunmehr angestrebten Vereinfachung geht eine Vereinfachung auch der Grundwertung her. Die Sonderbehandlung von Gesellschafterdarlehen wird nur noch auf den Gedanken gestützt: ‚Die Gesellschafter sind näher dran!' Ob dies und das Bestreben nach Einfachheit das neue Sanktionensystem trägt, ist die rechtspolitische Kernfrage."); *Haas* ZInsO 2007, 617 (618 f).

[19] So aber *Bork* ZGR 2007, 250 (257, 262 ff); ähnlich *Altmeppen* NJW 2008, 3601 (3602).

[20] Vgl. die Nachw. in Fn 9.

[21] Näher *Huber* FS Priester S. 259 (275 ff); s. ferner *Huber/Habersack* in: Lutter S. 370 (405 ff).

[22] Diese vermisst *K. Schmidt* ZIP 2006, 1925 (1934); ähnlich *Bork* ZGR 2007, 250 (256 f); zu beiden überzeugend *Huber* FS Priester S. 259, 278 (mit Fn 68); wieder anders *Eidenmüller* ZGR 2007, 168 (192 f), *ders.* FS Canaris (2007) Bd. 2 S. 49 ff, dem zufolge sich eine generelle Subordinierung sämtlicher stehengelassener Gesellschafterdarlehen – ebenso wie die Subordination nach den noch geltenden Regeln über den Kapitalersatz – „nicht rechtfertigen" lasse; s. ferner *Cahn* AG 2005, 217 (218 ff).

[23] BGHZ 76, 326 (330) = ZIP 1980, 361 (362) = NJW 1980, 1524.

schaft weder über eine natürliche Person noch über eine Gesellschaft, bei der ein persönlich haftender Gesellschafter eine natürliche Person ist, als persönlich haftenden Gesellschafter verfügt, mithin darauf, dass **nicht zumindest mittelbar** (Rn 11) eine **natürliche Person der unbeschränkten,** also nicht auf eine Haftsumme oder eine Haftungsquote begrenzten **Außenhaftung** nach§ 128 S. 1 für sämtliche Gesellschaftsschulden unterliegt.[24] Dies entspricht der Herleitung der Rechtsfolgen des Gesellschafterdarlehens aus dem Prinzip der Haftungsbeschränkung (Rn 7): Sollen die Vorschriften über Gesellschafterdarlehen einen Ausgleich dafür schaffen, dass es den Gesellschaftern gestattet wird, ihr unternehmerisches Risiko auf das Gesellschaftsvermögen zu beschränken, so ist es nur konsequent, einerseits sämtliche Kapitalgesellschaften und atypischen Personengesellschaften in den Anwendungsbereich einzubeziehen, andererseits die typische, über eine natürliche Person als persönlich haftenden Gesellschafter verfügende Personengesellschaft auszunehmen.[25] Dies entsprach im Übrigen der Rechtslage unter Geltung des § 129a (Kapitalgesellschaft & Co. OHG)[26] sowie des § 172a (Kapitalgesellschaft & Co. KG).[27]

9 Von der Neuregelung erfasst werden deshalb neben den Kapitalgesellschaften (mit Ausnahme der **KGaA** mit zumindest einer natürlichen Person als Komplementär, s. § 128 Rn 3) und Genossenschaften deutschen, ausländischen und europäischen Rechts[28] sämtliche Personengesellschaften, die weder unmittelbar noch mittelbar (Rn 11) über eine natürliche Person als unbeschränkt haftenden Gesellschafter verfügt. Neben der atypischen, ausschließlich über in- oder ausländische Kapitalgesellschaften oder atypische Personengesellschaften als Komplementäre verfügenden **OHG und KG** sind dies auch die atypische **GbR** und die atypische **EWIV.**[29] Die stille Gesellschaft nimmt dagegen nicht am Außenrechtsverkehr teil und ist damit als solche nicht Darlehensnehmerin; sie unterliegt deshalb auch bei atypischer Ausgestaltung nicht den §§ 39 Abs. 1 Nr. 5, Abs. 4 S. 1 InsO. Mitglieder einer Partnerschaft können nach § 8 Abs. 1 S. 3 PartGG nur natürliche Personen sein; auch im Anwendungsbereich des § 8 Abs. 2 PartGG steht deshalb den Gläubigern stets der Zugriff auf zumindest eine natürliche Person als unbeschränkt haftender Gesellschafter offen, so dass die Voraussetzungen der §§ 39 Abs. 1

---

[24] Vgl. Begr. RegE, ZIP 2007, Beil. zu Heft 23, S. 33 mit zutr. Hinweis auf § 161 HGB; vgl. dazu auch *Mülbert* WM 2007, 1977 (1981); *Haas* ZInsO 2007, 617 (629); zur quotalen Haftung der Gesellschafter einer Bauherrengemeinschaft sowie zur Frage weiterer privilegierungsbedüftiger Gesellschaften bürgerlichen Rechts s. § 128 Rn 6.

[25] Dazu bereits *Huber/Habersack* BB 2007, 1 (7); *dies.* (Fn 2), S. 370 (397 ff).

[26] BGHZ 112, 31 (38 f) = NJW 1990, 3145; Voraufl. § 129a Rn 6; Baumbach/*Hopt* HGB[33] Rn 2; *Habersack* ZHR 162 (1998), 201 (213); *Huber* ZGR 1988, 1, 40; *Kleindiek* FS Lutter S. 871 ff; **aA** MünchKommHGB/*K. Schmidt* § 129a Rn 15; *K. Schmidt* ZIP 1991, 1 ff; *Wiedemann* FS Beusch (1993) S. 893 (908); sympathisierend auch Heymann/*Emmerich* § 129a Rn 3.

[27] OLG Dresden ZIP 2009, 1382 (1383); OLG Frankfurt WM 1982, 198 (199); LG Düsseldorf ZIP 1988, 1569 (1570); Voraufl. § 129a Rn 6; *Rümker* ZGR 1988, 494 (508 ff); offengelassen von BGHZ 112, 31 (38 f) = NJW 1990, 3145; **aA** MünchKommHGB/*K. Schmidt* § 129a Rn 15, § 172a Rn 5; ihm weitgehend folgend *Joost* ZGR 1987, 370 (375 f, 393 ff); *Koller* FS Heinsius (1991) S. 357 (371 ff) mwN; jüngst *Haas* ZInsO 2007, 617 (628).

[28] Näher dazu *Habersack* ZIP 2007, 2145 (2147 f); *Haas* ZInsO 2007, 617 (628); *Mülbert* WM 2006, 1977 (1981).

[29] Für analoge Anwendung des § 129a a.F. auf die atypische GbR s. BGH ZIP 2009, 471 (Tz. 10 ff) sowie bereits Voraufl. § 129a Rn 5; *Habersack* ZHR 162 (1998), 201 (215); MünchKommHGB/*K. Schmidt* § 129a Rn 4, dort auch zur EWIV; zu privilegierten Gesellschaften bürgerlichen Rechts s. bereits Fn 24, ferner Rn 10.

Nr. 5, 39 Abs. 4 S. 1 InsO nicht erfüllt sind. In §§ 39 Abs. 1 Nr. 4, Abs. 4 S. 1 InsO stets vorausgesetzt ist ein inländischer Verwaltungssitz. Verlegt also die Gesellschaft ihren „Center of Main Interest" in das Ausland,[30] so richtet sich ihr Insolvenzstatut nach Auslandsrecht.

b) **Keine natürliche Person als persönlich haftender Gesellschafter.** Den §§ 39 Abs. 1 Nr. 4, Abs. 4 S. 1 InsO unterliegen nur Personengesellschaften, die weder unmittelbar noch mittelbar (Rn 11) über zumindest eine natürliche Person als unbeschränkt haftender Gesellschafter verfügen. Davon betroffen ist zunächst der Fall, dass die Gesellschaft ausschließlich über **juristische Personen** (mit Ausnahme der KGaA mit zumindest einer natürlichen Person als Komplementär, s. § 128 Rn 3) als Gesellschafter verfügt.[31] Dem gleich steht der Fall, dass sämtliche Gesellschafter der Personengesellschaft ihrerseits **atypische Personengesellschaften** sind,[32] ferner der Fall, dass ein Teil der Gesellschafter als juristische Person organisiert ist, der andere dagegen als atypische Personengesellschaft, schließlich der Fall, dass die Gesellschaft zwar über natürliche Personen verfügt, diese jedoch nicht unbeschränkt, sondern nur **beschränkt** – sei es auf eine Haftsumme im Sinne des § 171 oder nur anteilig für die Gesellschaftsschulden (Rn 8) – haften. Gehört der Gesellschaft hingegen unmittelbar oder mittelbar (Rn 11) auch nur eine natürliche Person als unbeschränkt haftender Gesellschafter an, so finden §§ 39 Abs. 1 Nr. 4, Abs. 4 S. 1 InsO keine Anwendung. 10

Was die – die Anwendung der Regeln über Gesellschafterdarlehen ausschließende und vor Inkrafttreten des MoMiG in §§ 129a S. 2, 172a S. 2 geregelte – **mittelbare Beteiligung** einer natürlichen Person als persönlich haftender Gesellschafter betrifft, so trägt § 39 Abs. 4 S. 1 InsO mit ihr dem Umstand Rechnung, dass in diesem Fall den Gesellschaftsgläubigern immerhin mittelbar eine natürliche Person nach § 128 haftet; dies deshalb, weil zu den Gesellschaftsschulden, für die die natürliche Person nach §§ 128, 161 Abs. 2 als Gesellschafter einzustehen hat,[33] auch die aus diesen Vorschriften folgenden **Haftungsverbindlichkeiten** der unmittelbar an der OHG beteiligten Personenhandelsgesellschaft gehören (§ 128 Rn 9). Mit Rücksicht auf diesen Normzweck war bereits § 129a S. 2 der **analogen Anwendung** auf den Tatbestand der mehrstufigen Verbindung von Gesamthandsgesellschaften zugänglich, also etwa auf den Fall, dass an der OHG wiederum eine atypische Personenhandelsgesellschaft beteiligt ist, zu deren Mitgliedern eine OHG oder KG mit einer natürlichen Person als Gesellschafter oder Komplementär gehört;[34] auch § 39 Abs. 4 S. 1 InsO bedarf insoweit der teleologischen Reduktion.[35] Anders als noch §§ 129a, 172a (Voraufl. § 129a Rn 11) verzichtet allerdings § 39 Abs. 4 S. 1 InsO darauf, Darlehen der nur mittelbar an der Personengesellschaft beteiligten Gesellschafter (mithin insbesondere Darlehen, die der Personengesellschaft von den Gesellschaftern der als Kapitalgesellschaft verfassten Komplementärin gewährt werden) ausdrücklich zu erwähnen. Ausweislich der Materialien soll insoweit gegebenenfalls eine 11

[30] Vgl. dazu GA *Maduro* Schlussanträge vom 22.5.2008 – C 210/06, NZG 2008, 498 – „Cartesio"; dazu *Behme/Nohlen* NZG 2008, 496 ff; zum Verwaltungssitz der OHG s. im Übrigen § 106 Rn 18 f (*Schäfer*).

[31] Zu deren Mitgliedsfähigkeit s. im Einzelnen § 105 Rn 93 ff (*Schäfer*).

[32] Zu deren Mitgliedsfähigkeit s. § 105 Rn 96 ff (*Schäfer*).

[33] Zum Anwendungsbereich der §§ 128 ff s. § 128 Rn 3 ff.

[34] Voraufl. § 129a Rn 5; MünchKommHGB/*K. Schmidt* 129a Rn 7.

[35] **AA** *Hirte* WM 2008, 1429 (1432); *Haas* ZInsO 2007, 617 (628).

dem Gesellschafterdarlehen wirtschaftlich entsprechende Rechtshandlung im Sinne des § 39 Abs. 1 Nr. 5 InsO vorliegen;[36] die Neukonzeption des Rechts der Gesellschafterdarlehen legt allerdings insoweit eine restriktive Handhabung nahe (Rn 13). Umgekehrt sind vom Wortlaut von § 39 Abs. 1 Nr. 5, Abs. 4 S. 1 InsO nunmehr – neben Kommanditistendarlehen[37] – **auch Darlehen der persönlich haftenden Gesellschafter** der Kapitalgesellschaft & Co. erfasst, was mit Blick auf § 93 InsO (§ 128 Rn 74 ff) zwar überflüssig, aber unschädlich ist.[38]

2. Gesellschafter

12 a) **Grundsatz.** Die Vorschriften der InsO und des AnfG über Gesellschafterdarlehen (Rn 18 ff) gelten – vorbehaltlich des Sanierungsprivilegs des § 39 Abs. 4 S. 2 InsO und des Kleinbeteiligungsprivilegs des § 39 Abs. 5 InsO (Rn 15 ff, 20) – für **sämtliche Gesellschafter** einer Gesellschaft im Sinne des § 39 Abs. 4 S. 1 InsO (Rn 8 ff) und damit sowohl für die persönlich haftenden Gesellschafter (Rn 11) als auch für Kommanditisten und nur quotal haftende Gesellschafter einer GbR (Rn 10, § 128 Rn 6). Bei Eingreifen der Lehre von der fehlerhaften Gesellschaft (§ 105 Rn 315 ff) steht die Fehlerhaftigkeit des Beitritts oder des Gesellschaftsvertrags der Anwendbarkeit der Sondervorschriften nicht entgegen. Darlehen Dritter werden hingegen grundsätzlich (s. aber Rn 13) nicht erfasst; insoweit unterliegen allerdings vom Gesellschafter gestellte Sicherheiten den besonderen Vorschriften der §§ 44a, 135 Abs. 2 InsO, §§ 6a, 11 Abs. 3 AnfG über **mittelbare Gesellschafterdarlehen** (Rn 19).

13 Nach § 39 Abs. 1 Nr. 5 (auf den wiederum §§ 44a, 135 Abs. 1 InsO und § 6 AnfG Bezug nehmen) betreffen die Vorschriften über Gesellschafterdarlehen sämtliche Forderungen auf Rückgewähr eines „Gesellschafterdarlehens oder Forderungen aus Rechtshandlungen, die einem solchen Darlehen wirtschaftlich entsprechen", mit dem Nachrang. Ausweislich der Regierungsbegründung wird hierdurch der bisherige § 32a Abs. 3 S. 1 GmbHG in personeller („Dritte") und sachlicher Hinsicht übernommen,[39] so dass die Neuregelung nicht nur für einem Darlehen wirtschaftlich entsprechende Finanzierungen,[40] sondern darüber hinaus – vorbehaltlich des § 39 Abs. 4 S. 2, Abs. 5 InsO (Rn 15 ff, 20) – für Finanzierungen (sei es durch Darlehen oder durch eine vergleichbare Leistung) durch bestimmte **Dritte** gelten soll. Der Fortgeltung der zu § 32a Abs. 3 S. 1 GmbHG a.F. entwickelten Grundsätze wird man zwar für Mittelspersonen eines Gesellschafters, die der Gesellschaft im eigenen Namen, aber mit Mitteln oder auf Rechnung des Gesellschafters Kredit gewähren,[41] uneingeschränkt folgen können.[42] Was hingegen die gesell-

[36] Begr. RegE, ZIP 2007, Beil. zu Heft 23, S. 33; zuvor bereits *Mülbert* WM 2006, 1977 (1981); ferner *Habersack* ZIP 2007, 2145 (2148).

[37] Insoweit in Übereinstimmung mit § 172a a.F, s. Voraufl. § 129a Rn 11; *Gersch/Herget/Marsch/Stützle* Rn 373; **aA** *v. Gerkan* ZGR 1997, 173 (188).

[38] *Habersack* ZIP 2007, 2145 (2148); *Haas* ZInsO 617 (629). Zur Rechtslage nach § 129a a.F. s. einerseits Voraufl. § 129a Rn 11, andererseits MünchKommHGB/*K. Schmidt* § 129a Rn 5, Heymann/*Emmerich* § 129a Rn 5.

[39] Begr. RegE, ZIP 2007, Beil. zu Heft 23, S. 32; vgl. dazu auch *Bork* ZGR 2007, 250 (253 f); *Bayer/Graff* DStR 2006, 1654 (1659); *Haas* ZInsO 2007, 617 (620); *Huber/Habersack* in: Lutter S. 370 (399 f); *Huber* FS Priester S. 259 (279 f).

[40] In diesem Sinne auch §§ 135 Abs. 2 InsO, 6a AnfG betreffend die mittelbare Finanzierung; zu dem Darlehen gleichstehenden Finanzierungen s. noch Rn 18 f.

[41] Näher dazu Ulmer/*Habersack* GmbHG §§ 32a/b Rn 142 ff; Scholz/*K. Schmidt* GmbHG §§ 32a/b Rn 145 ff, 154.

[42] Zu gebotenen Einschränkend für Konzernsachverhalte s. aber *Huber* FS Priester S. 259 (280); *Habersack* ZIP 2008, 2385 (2387 ff).

schaftergleichen Dritten betrifft, so legt die der Neukonzeption eigene Verknüpfung mit dem Prinzip der Haftungsbeschränkung eine eher restriktive Handhabung nahe.[43] Schon nach den Regeln über den Kapitalersatz war, wie auch aus dem Kleinbeteiligungsprivileg des § 32a Abs. 3 S. 2 GmbHG a.F. hergeleitet werden konnte, eine der Beteiligung am Kapital vergleichbare Beteiligung am Vermögen der finanzierten Gesellschaft zu verlangen, wie sie zwar der Treugeber sowie gegebenenfalls auch der Nießbraucher und der atypische Stille aufzuweisen vermögen,[44] keinesfalls aber der durch **Covenants** gesicherte Gläubiger.[45] Hinzu kommen musste ein dem mitgliedschaftlichen Interesse vergleichbares Interesse an der Finanzierung der GmbH, weshalb auch der durch Pfandrecht am Anteil des Gesellschafters gesicherte Gläubiger selbst dann nicht einem Gesellschafter gleichgestellt werden konnte, wenn er über besondere Kontroll- und Mitspracherechte verfügte.[46] Nach Inkrafttreten des MoMiG hat dies erst recht zu gelten: Die mit dem Verzicht auf das Erfordernis einer Krise und der Aufgabe des Konzepts der Finanzierungsfolgenverantwortung einhergehende „Entmaterialisierung" der Vorschriften über Gesellschafterdarlehen verlangt nach einer strikten Begrenzung des persönlichen Anwendungsbereichs auf Kreditgeber, denen das **Prinzip der Haftungsbeschränkung zugute** kommt. Demgegenüber geht es dem Pfandgläubiger darum, die zu seinen Lasten gehende beschränkte Haftung durch Einräumung von Befriedigungs- und Kontrollrechten zu überwinden. Auf die Einräumung übermäßiger Kontrollrechte mag deshalb mit § 138 BGB reagiert werden. Die Anwendung der Regeln über Gesellschafterdarlehen hingegen wäre systematisch verfehlt.[47]

Die Forderung des Gesellschafters behält das Nachrangrisiko des § 39 Abs. 1 Nr. 5 **14**
InsO nach §§ 404, 412 BGB in der Hand eines jeden **Rechtsnachfolgers** grundsätzlich bei, mag es sich bei diesem um einen Gesellschafter handeln oder nicht. Allerdings ist insoweit **§ 135 Nr. 2 InsO analog** anzuwenden;[48] die Abtretung an einen Dritten steht der Befriedigung gleich, so dass der Zessionar, wenn er die Forderung außerhalb der Anfechtungsfrist erworben hat, eine gewöhnliche Insolvenzforderung erlangt hat. Entsprechendes gilt im Übrigen für die Übertragung des Gesellschaftsanteils des Darlehensgebers. Auch unter Geltung des MoMiG kann sich der Gesellschafter dem Nachrangrisiko und der Anfechtbarkeit nicht ohne Weiteres durch Anteilsübertrag entziehen.[49]

---

[43] So auch *Huber* FS Priester S. 259 (279 f).

[44] BGHZ 31, 258 (266 f); BGHZ 157, 172; eingehend zum stillen Gesellschafter unter Geltung des MoMiG *Mock* DStR 2008, 1645 ff.

[45] Näher *Habersack* ZGR 2000, 384 (393 ff); Ulmer/*ders.* GmbHG §§ 32a/b Rn 149 ff (153); Scholz/*K. Schmidt* GmbHG §§ 32a/b Rn 154; *Westermann* FS Odersky (1996), S. 916 ff; *Körner* S. 135 ff; **aA** – für Einbeziehung des durch Covenants gesicherten Gläubigers – *Lutter/Hommelhoff* GmbHG[16] §§ 32a/b Rn 55; Rowedder/Schmidt-Leithoff/*Pentz* GmbHG[4] § 32a Rn 76; *Fleischer* ZIP 1998, 313 (315 ff); *Schwintowski/Dannischewski* ZIP 2005, 840 ff.

[46] Näher *Altmeppen* ZIP 1993, 1677 ff; *Maier-Reimer* FS Rowedder (1994) S. 245 (259 ff); *Habersack* ZGR 2000, 384 (393 ff); Ulmer/*ders.* GmbHG §§ 32a/b Rn 151; *Körner* S. 244 ff; **aA** – für Anwendbarkeit der Regeln über den Kapitalersatz auf den „atypischen" Pfandgläubiger – BGHZ 119, 191 (195 ff) = ZIP 1992, 1300 (1301) = NJW 1992, 3035; Scholz/*K. Schmidt* GmbHG §§ 32a/b Rn 152; *Lutter/Hommelhoff* GmbHG[16] §§ 32a/b Rn 54; Rowedder/Schmidt-Leithoff/*Pentz* GmbHG[4] § 32a Rn 74.

[47] *Habersack* ZIP 2007, 2145 (2148 f); *Huber* FS Priester S. 259 (279 f); *Freitag* WM 2004, 1681 (1682).

[48] Dafür bereits *Habersack* ZIP 2007, 2145 (2149).

[49] Zur Rechtslage nach Eigenkapitalersatzrecht s. BGH ZIP 2005, 82 (83 f); Ulmer/*Habersack* GmbHG §§ 32a/b Rn 56.

Vor dem Hintergrund, dass der Nachrang nunmehr unabhängig von einer Krise besteht, hat dies zur Folge, dass die in Gesellschafterhand begründete Forderung ihren Nachrang auch nach Wegfall der Gesellschafterstellung behält. Auch insoweit sollte indes die analoge Anwendung des § 135 Nr. 2 InsO veranlasst sein.

15 b) **Kleinbeteiligungsprivileg.** In § 39 Abs. 5 InsO nahezu unverändert übernommen, indes rechtsformneutral gefasst ist das Kleinbeteiligungsprivileg des § 32a Abs. 3 S. 2 GmbHG a.F. Es bezieht sich auf sämtliche Gesellschaften im Anwendungsbereich des § 39 Abs. 1 Nr. 5 InsO (Rn 8 ff)[50] und nimmt nicht geschäftsführende Gesellschafter, die mit zehn Prozent oder weniger am Haftkapital der Gesellschaft beteiligt sind, von der Nachrangregel des § 39 Abs. 1 Nr. 5 InsO aus. Der Ausnahmetatbestand beansprucht auch im Rahmen der §§ 44a, 143 Abs. 3 InsO, § 6 AnfG Geltung, die durchweg auf § 39 Abs. 1 Nr. 5 InsO und damit mittelbar auch auf § 39 Abs. 5 InsO verweisen;[51] § 135 Abs. 4 InsO, § 6a AnfG sehen zudem ausdrücklich die entsprechende Anwendung des § 39 Abs. 5 InsO vor.

16 Hinsichtlich der Personengesellschaften kann es insoweit **weitgehend** bei den bislang im Rahmen der §§ **129a, 172a HGB** geltenden Grundsätzen bewenden,[52] freilich mit der Maßgabe, dass nunmehr auch die Darlehen der unmittelbar beteiligten OHG-Gesellschafter und Komplementäre einer Kapitalgesellschaft & Co. erfasst werden (Rn 11). Das Recht der Gesellschafterdarlehen findet also nur auf Gesellschafter Anwendung, die unmittelbar oder mittelbar mit mehr als 10 % an der Kapitalgesellschaft & Co. beteiligt oder entweder unmittelbar (d.h. in der Kapitalgesellschaft & Co.) oder mittelbar (d.h. in der an der Kapitalgesellschaft & Co. beteiligten Gesellschaft) geschäftsführend tätig sind. Bei mittelbarer Beteiligung ist zudem vorausgesetzt, dass die Gesellschaft, an der der Darlehensgeber beteiligt ist, ihrerseits mit mehr als 10 % an der OHG beteiligt ist.[53] Speziell für die Kapitalgesellschaft & Co. KG ist nun durch den rechtsformneutralen Ansatz klargestellt, dass auch der **Nur-Kommanditist** von den Regeln über Gesellschafterdarlehen erfasst wird.[54] Er unterliegt dem Privileg des § 39 Abs. 5 InsO, wenn sich seine Beteiligung am Vermögen der KG auf nicht mehr als 10 % beläuft und er weder in der KG noch in der Komplementär-Gesellschaft geschäftsführend tätig ist.[55] Der **nur an der Kapitalgesellschaft** (und damit nur mittelbar an der OHG oder KG) beteiligte Gesellschafter unterliegt dem § 39 Abs. 1 Nr. 5 InsO hingegen wohl nur noch dann, wenn er als gesellschaftergleicher Dritter qualifiziert werden kann (Rn 13); wollte man dem nicht

---

[50] Zu den damit verbundenen Weiterungen für Aktionärsdarlehen s. *Huber/Habersack* in: Lutter S. 370 (401); *dies.* BB 2006, 1 (4); *Bayer/Graff* DStR 2006, 1654 (1658 f); zur Rechtslage nach altem Recht s. hingegen BGHZ 90, 381 (390 ff) = ZIP 1984, 572 (575 f) = NJW 1984, 1893; BGH ZIP 2005, 1316 (1317 f); aber auch *Habersack* ZHR 162 (1998), 201 (215 ff); *Veil* ZGR 2000, 223 ff.

[51] Verkannt von *Freitag* WM 2007, 1681 (1684).

[52] Näher dazu Scholz/*K. Schmidt* GmbHG §§ 32a/b Rn 230; MünchKommHGB/*ders.* § 172a Rn 14 ff; Ulmer/*Habersack* GmbHG §§ 32a/b Rn 251 f.

[53] Vgl. Voraufl. § 129a Rn 15.

[54] Zur entsprechenden Rechtslage unter Geltung des Kapitalersatzrechts s. BGHZ 110, 342 (355 ff); Ulmer/*Habersack* GmbHG §§ 32a/b Rn 255.

[55] Ulmer/*Habersack* GmbHG §§ 32a/b Rn 251: Scholz/*K. Schmidt* GmbHG §§ 32a/b Rn 230; Rowedder/Schmidt-Leithoff/*Pentz* GmbHG[4] § 32a Rn 240; Michalski/*Heidinger* GmbHG §§ 32a/b Rn 247; *v. Gerkan* GmbHR 1997, 677 (680); **aA** – Maßgeblichkeit allein der GmbH-Beteiligung – *Lutter/Hommelhoff* GmbHG[16] §§ 32a/b Rn 72; für Einbeziehung aller Kommanditisten noch Voraufl. § 129a Rn 16.

folgen und den mittelbaren Gesellschafter der Personengesellschaft – der Rechtslage unter Geltung der §§ 129a, 172a a.F. entsprechend (Voraufl. § 129a, 15) – grundsätzlich den Regeln über Gesellschafterdarlehen unterstellen, wäre er nach § 39 Abs. 5 InsO unter der Voraussetzung privilegiert, dass sich entweder die Beteiligung des Darlehensgebers an der Kapitalgesellschaft oder deren Beteiligung an der Personengesellschaft auf nicht mehr als 10 % beläuft und der Darlehensgeber weder in der Personengesellschaft noch in der Kapitalgesellschaft geschäftsführend tätig ist.[56] Dem sowohl an der KG als auch an der Kapitalgesellschaft beteiligten Darlehensgeber schließlich wäre dann das Privileg des § 39 Abs. 5 InsO immer dann zu gewähren, wenn sich keine Beteiligung auf mehr als 10 % beläuft und er in keiner der Gesellschaften geschäftsführend tätig ist;[57] eine Zusammenrechnung der Beteiligungsrechte[58] würde dagegen die Stellung des Gesellschafters in der Kapitalgesellschaft & Co. nicht zutreffend widerspiegeln.

Allgemein kommt es im Rahmen des § 39 Abs. 5 InsO ausschließlich auf die **Kapitalbeteiligung**, nicht hingegen auf die Stimmkraft oder auf die Gewinnbeteiligung an, so dass stimmrechtslose oder mit einem Gewinnvorzug versehene Anteile im Rahmen des Kleinbeteiligungsprivilegs ohne Bedeutung sind, auch der einflusslose Gesellschafter also, wenn er nur über eine hinreichende Kapitalbeteiligung verfügt, den Regeln über Gesellschafterdarlehen unterliegt. Dies entsprach schon für das Kleinbeteiligungsprivileg des § 32a Abs. 3 S. 2 GmbHG a.F. der zutreffenden, wenn auch nicht unbestrittenen Ansicht;[59] nach dem neuen Recht der Gesellschafterdarlehen gilt dies allemal, nimmt doch auch der einflusslose, aber mit mehr als zehn Prozent am Haftkapital beteiligte Gesellschafter das Privileg der beschränkten Haftung in Anspruch.[60] Klar sollte schließlich sein, dass sich ein Gesellschafter, der im Zeitpunkt der Kreditvergabe nicht unter das Kleinbeteiligungsprivileg fällt, dessen Segnungen nicht durch den Abbau seiner Beteiligung oder die Aufgabe der Geschäftsführerstellung verschaffen kann,[61] so wie umgekehrt ein zunächst privilegierter Gesellschafter von dem Zeitpunkt des „Herauswachsens" aus § 39 Abs. 5 InsO an auch in Bezug auf Altdarlehen ohne Weiteres die insolvenz- und anfechtungsrechtlichen Rechtsfolgen gegen sich gelten lassen muss.[62] Zum Sanierungsprivileg s. Rn 20. 17

56 Rowedder/Schmidt-Leithoff/*Pentz* GmbHG[4] § 32a Rn 230, 244, 248; *Lutter/Hommelhoff* GmbHG[16] §§ 32a/b Rn 72; **aA** Scholz/*K. Schmidt* GmbHG §§ 32a/b Rn 230 (Überschreitung der 10 %-Schwelle bei Komplementär-GmbH ist unschädlich).

57 So im Ergebnis auch *K. Schmidt*, *Pentz* und *Lutter/Hommelhoff* (jew. vorige Fn); ferner Michalski/*Heidinger* GmbHG §§ 32a/b Rn 247.

58 Dafür Ebenroth/Boujong/Joost/*Strohn* HGB § 172a Rn 48.

59 Scholz/*K. Schmidt* GmbHG §§ 32a/b Rn 200; Ulmer/*Habersack* GmbHG §§ 32a/b Rn 192; *Riegger* FS Sigle, 2000, S. 229 (239); **aA** Rowedder/Schmidt-Leithoff/*Pentz* GmbHG[4] § 32a Rn 91; *Lutter/Hommelhoff* GmbHG[16] §§ 32a/b Rn 67 f.

60 Nicht überzeugend *Freitag* WM 2007, 1681 (1682).

61 Vgl. zum alten Recht Ulmer/*Habersack* GmbHG §§ 32a/b Rn 195; für Fortbestand der Verstrickung trotz Anteilsveräußerung zutr. BGHZ 104, 33 (43) = ZIP 1988, 638 (641 f); BGH ZIP 2006, 2272. Für Maßgeblichkeit des Zeitpunkts der Darlehensgewährung dagegen *Freitag* WM 2007, 1681 (1683).

62 Nach altem Recht bedurfte es hierzu einer erneuten Finanzierungsentscheidung in Form des Stehenlassens des Darlehens, s. Ulmer/*Habersack* GmbHG §§ 32a/b Rn 195. Gegen die Verstrickung von Altdarlehen nach § 39 Abs. 1 Nr. 5 InsO hingegen *Freitag* WM 2007, 1681 (1683).

IV. Rechtsfolgen

1. Nachrang

18 a) **Grundsatz.** Im grundsätzlichen Einklang mit § 32a Abs. 3 S. 1 GmbHG a.F, § 39 Abs. 1 Nr. 5 InsO a.F. unterstellt § 39 Abs. 1 Nr. 5 InsO n.F. (auf den wiederum §§ 44a, 135 Abs. 1 InsO und § 6 AnfG Bezug nehmen und den § 135 Abs. 2 InsO und §§ 6a, 11 AnfG für den Fall der mittelbaren Gesellschafterfinanzierung um entsprechende Regelungen ergänzen) neben **Darlehensforderungen** auch Forderungen aus Rechtshandlungen, die einem Darlehen **wirtschaftlich entsprechen**, dem gesetzlichen Nachrang in der Insolvenz der finanzierten Gesellschaft. Damit bleibt das MoMiG zwar hinter dem Vorschlag zurück, sämtliche Gesellschafterforderungen, ohne Rücksicht auf ihren Entstehungsgrund, dem Nachrang zu unterstellen.[63] Die Folgen dieser Diskrepanz dürften sich indes in engen Grenzen halten. Denn zweifelsohne erfasst § 39 Abs. 1 Nr. 5 InsO auch die Forderungsstundung, mag die Forderung des Gesellschafters aus einem Austauschgeschäft resultieren oder einen anderen Entstehungsgrund haben. Hinsichtlich des sachlichen Anwendungsbereichs kann also – vorbehaltlich der besonderen Rechtslage bei der Gebrauchsüberlassung (Rn 23) – im Wesentlichen auf die zu § 32a Abs. 3 S. 1 GmbHG entwickelten Grundsätze zurückgegriffen werden.[64] Maßgebend ist, dass der Gesellschafter seiner Gesellschaft Kredit gewährt, entweder in Form eines Darlehens, durch Stundung einer Forderung oder auf vergleichbare Art und Weise. Nach § 39 Abs. 3 InsO erstreckt sich der Nachrang auch auf die **Zinsen**, ohne dass es darauf ankommt, dass der Zinsanspruch als solcher gestundet ist.

19 Der bislang in § 32a Abs. 2 GmbHG geregelte **mittelbare Gesellschafterkredit**, mithin die Besicherung der Forderung eines Dritten gegen die Gesellschaft, ist nunmehr in § 44a InsO gesondert geregelt, und zwar unverändert in dem Sinne, dass der Gläubiger vorrangig die Sicherheit in Anspruch zu nehmen hat; die Erstattungspflicht des befreiten Gesellschafters ergibt sich nunmehr aus §§ 135 Abs. 2, 143 Abs. 3 InsO und – eine Lücke des geltenden Rechts schließend[65] – aus §§ 6a, 11 Abs. 3 AnfG. Auch insoweit bringt der Konzeptionswechsel einige sachliche Änderungen mit sich.[66] Zunächst kommt es nicht darauf an, dass das vom Gesellschafter besicherte Drittdarlehen eigenkapitalersetzenden Charakter hat; die Vorschriften über die mittelbare Gesellschafterfinanzierung finden mit anderen Worten immer dann Anwendung, wenn der Gesellschafter für die Darlehensforderung oder eine wirtschaftlich entsprechende Forderung eines Dritten eine Sicherheit stellt. Nicht mehr begründen lassen sich zudem die bislang aus der analogen Anwendung der §§ 30, 31 GmbHG herzuleitenden Freistellungs- und Erstattungspflichten des Gesellschafters außerhalb der Insolvenz.[67] Auch insoweit hat es vielmehr bei den insolvenz- und anfechtungsrechtlichen Erstattungsansprüchen sein Bewenden.

---

[63] *Huber/Habersack* BB 2006, 1 (2); *dies.* in: Lutter S. 370 (405 ff); s. dazu auch *Bork* ZGR 2007, 250 (257 f); *Haas* ZInsO 2007, 617 (623 f); krit. *Bayer/Graff* DStR 2006, 1654 (1657); *Kleindiek* ZGR 2006, 335 (358). – Zu Bargeschäften s. aber noch Fn 77.

[64] So auch *Bayer/Graff* DStR 2006, 1654 (1657); näher zur sachlichen Reichweite des alten Kapitalersatzrechts Scholz/*K. Schmidt* GmbHG §§ 32a/b Rn 121 ff; Ulmer/*Habersack* §§ 32a/b Rn 110 ff.

[65] Vgl. Ulmer/*Habersack* GmbHG §§ 32a/b Rn 182; *Huber/Habersack* BB 2006, 1 (6); *dies.* in: Lutter S. 370 (431).

[66] Näher dazu *K. Schmidt* BB 2008, 1966 ff.

[67] Zutr. *K. Schmidt* BB 2008, 1966 (1970 f) mit Hinweis auf die Möglichkeit vertraglicher Absprachen (zum Finanzplankredit s. noch Rn 26) und den bilanziellen Folgen. Zum alten Recht BGH ZIP 1992, 108; BGH ZIP 2006, 243 (244 f); Scholz/*K. Schmidt* GmbHG §§ 32a/b Rn 180, 183; Ulmer/*Habersack* GmbHG §§ 32a/b Rn 180, ein-

b) **Ausnahmen.** Eine Einschränkung des sachlichen Anwendungsbereichs enthält nach wie vor das – bislang in § 32a Abs. 3 S. 3 GmbHG geregelte – **Sanierungsprivileg;** es findet sich nunmehr in § 39 Abs. 4 S. 2 InsO. Nach wie vor vorausgesetzt ist der Beteiligungserwerb,[68] der nun allerdings, da das Krisenmerkmal entfallen ist, nicht mehr in der Krise und zum Zwecke der Überwindung derselben, sondern bei drohender oder eingetretener Zahlungsunfähigkeit oder bei Überschuldung der Gesellschaft und zum Zwecke der Sanierung zu erfolgen hat[69] und – im Einklang mit dem bislang geltenden Recht[70] – „bis zur nachhaltigen Sanierung" privilegierende Wirkung entfaltet. Auch der Neuregelung liegt im Übrigen die Prämisse zugrunde, dass die der Gesellschaft überlassenen Fremdmittel auch als Eigenmittel hätten überlassen werden können. Verhält es sich hingegen so, dass es den überlassenen Mitteln an jeglicher Finanzierungsfunktion im eigentlichen Sinne fehlt, weil diese von der aufnehmenden Gesellschaft an Endkreditnehmer weitergereicht werden sollen und deshalb nicht als Eigenkapital hätten überlassen werden können, so kommt auch der Normzweck der Neuregelung nicht zum Tragen. Hiervon betroffen sind namentlich im Bankenbereich begegnende **Durchleitungskredite**, die ein Kreditinstitut einem anderen Kreditinstitut gewährt und von diesem sodann zwar im eigenen Namen, aber letztlich nur als Durchleitungsstelle, an Endkreditnehmer – typischerweise in Form spezieller Förderdarlehen – weitergereicht werden.[71] **20**

c) **Haftung der Mitgesellschafter.** Nach § 128 S. 1 kann der Darlehensgeber grundsätzlich auch die Mitgesellschafter auf Rückzahlung des Darlehens in Anspruch nehmen; er muss sich allerdings die auf ihn entfallende Haftungsquote anrechnen lassen und zudem vorrangig an die Gesellschaft halten (§ 128 Rn 13, 25 f). Jedenfalls außerhalb der Insolvenz der Gesellschaft können die Gesellschafter dem Darlehensgeber nicht entgegenhalten, dass der Anspruch im Falle der Insolvenz nachrangig wäre; denn auch der Gesellschaft steht ein entsprechendes Leistungsverweigerungsrecht nicht zu. Aber auch nach Eröffnung des Insolvenzverfahrens über das Vermögen der Gesellschaft umfasst die Gesellschafterhaftung – nicht anders als die Bürgenhaftung[72] – regelmäßig das Nachrangrisiko des § 39 Abs. 1 Nr. 5 InsO, so dass der Darlehensgeber die Mitgesellschafter nach wie vor in Anspruch nehmen kann, soweit nicht der Vertrag mit der Gesellschaft etwas anderes bestimmt. Bei vertraglicher Subordination der gesicherten Forderung (Rn 25), insbesondere bei „Finanzplankrediten" (Rn 26), gilt im Grundsatz Entsprechendes. Die Gesellschafter können sich mithin grundsätzlich nicht darauf berufen, dass die **21**

---

gehend *Thonfeld* Eigenkapitalersetzende Gesellschaftersicherheiten und der Freistellungsanspruch der Gesellschaft, 2005, S. 126 ff, 145 ff.

68 Vgl. bereits *Huber/Habersack* BB 2006, 1 (4); kritisch *Haas* ZInsO 2007, 617 (614 f); *Bork* ZGR 2007, 250 (259).

69 Berechtigte Kritik an der redaktionellen Ausgestaltung des Sanierungsprivilegs im Referentenentwurf bei *Noack* DB 2006, 1475 (1480 f); zum Regierungsentwurf s. *Freitag* WM 2007, 1681 (1683).

70 Ulmer/*Habersack* GmbHG §§ 32a/b Rn 204 mwN.

71 Näher *Habersack* in: Goette/Habersack Kapitel 5 Rn 15 f.

72 So für die Regeln über den Kapitalersatz im Grundsatz auch BGH NJW 1996, 1341 (1342 f) mwN, freilich mit Vorbehalt für den Fall, dass der Bürge keine Kenntnis davon hat, dass der Gläubiger Gesellschafter ist und die GmbH sich in einer Krise befindet; bestätigt von BGHZ 143, 381 (385) = NJW 2000, 1563; BGH NJW 2003, 59 (60); ZIP 2004 1303 (1305 f); fortgeführt von BGH ZIP 2008, 1376 Tz. 24 f (auch bei fehlender Kenntnis hinsichtlich der Gesellschafterstellung haftet Bürge bei überschuldungsbedingtem Eintritt des Sicherungsfalls); s. ferner für den gesamtschuldnerisch Haftenden OLG Hamm WM 1999, 586 (588 f).

Gesellschaft nicht über die erforderlichen freien Mittel verfügt und deshalb die gegen sie gerichtete Forderung auf Grund der Rangrücktrittsvereinbarung undurchsetzbar ist.[73] Bei allseitiger und koordinierter Vergabe von Gesellschafterdarlehen wird die Auslegung indes vielfach ergeben, dass die Inanspruchnahme der Mitgesellschafter nicht gewollt ist.

22 2. **Anfechtbarkeit.** Ist dem Gläubiger einer nach § 39 Abs. 1 Nr. 5 InsO nachrangigen Forderung von der Gesellschaft vor Eintritt der Insolvenz **Sicherung oder Befriedigung** gewährt worden, so unterliegt diese der Anfechtung durch den Insolvenzverwalter oder Vollstreckungsgläubiger. Bei mittelbarer Finanzierung ist nicht der Darlehensgeber, sondern der die Sicherheit gewährende Gesellschafter Anfechtungsgegner (Rn 19). Die Anfechtungsvoraussetzungen und – folgen ergeben sich im Einzelnen aus §§ 135 Abs. 1, 143 Abs. 1 InsO, § 6 AnfG und – für das mittelbare Darlehen – aus §§ 135 Abs. 2, 143 Abs. 3, §§ 6a, 11 AnfG. Insoweit haben sich durch das MoMiG keine nennenswerten Änderungen ergeben, so dass auf das Schrifttum zu §§ 32a, b GmbHG[74] und die Kommentierungen der InsO und des AnfG verwiesen werden kann. Der Neukonzeption des Rechts der Gesellschafterdarlehen hat der Gesetzgeber im Übrigen dadurch Rechnung getragen, dass er den besonderen **Gerichtsstand des § 22 ZPO** auf Klagen des Insolvenzverwalters erstreckt und damit auch insoweit den alten Rechtszustand aufrechterhalten hat.[75]

23 3. **Gebrauchsüberlassung.** Bei der Überlassung von Gegenständen zum Gebrauch und zur Nutzung[76] durch die Gesellschaft bewendet es zwar dabei, dass **gestundete Miet- und Pachtzinsansprüche** den Nachrang des § 39 Abs. 1 Nr. 5 InsO haben und geleistete Zahlungen nach Maßgabe des § 135 InsO und vorbehaltlich des Vorliegens eines Bargeschäfts im Sinne des § 142 InsO[77] angefochten werden können.[78] Für die Fortgeltung der Rechtsprechung zum **„Nutzungsrecht"**, der zufolge der Gesellschafter verpflichtet ist, der Gesellschaft auch nach Eröffnung des Insolvenzverfahrens weiterhin – unentgeltlich – die Nutzung bis zum Ende der vorgesehenen Laufzeit des Vertrags (oder für eine angemessene Dauer) zu überlassen,[79] ist hingegen unter Geltung des MoMiG kein Raum mehr. Die Herleitung des Nutzungsrechts ließ sich – wenn überhaupt[80] – nur aus den auf

---

73 So für die Bürgenhaftung im Ergebnis auch *Kaiser* DB 2001, 1543.

74 Scholz/*K. Schmidt* GmbHG §§ 32a/b Rn 70 ff, 185 ff; Ulmer/*Habersack* GmbHG §§ 32a/b Rn 93 ff, 180 ff.

75 Vgl. bereits *Habersack* ZIP 2007, 2145 (2152); zur Anwendbarkeit des § 22 ZPO a.F. für Klagen aus dem Recht des Eigenkapitalersatzes OLG Karlsruhe ZIP 1998, 1005 (1006); Stein/Jonas/*Roth* ZPO[22] § 22 Rn 12.

76 Entsprechendes gilt für sonstige Fälle der Finanzierung mit Sachwerten, vgl. bereits Ulmer/*Habersack* GmbHG §§ 32a/b Rn 115 ff mN zu weitergehenden, das Eigentum der Gesellschaft zuschlagenden Stimmen.

77 Dazu namentlich BGHZ 167, 190 (199 ff) = ZIP 2006, 1261 (1264 f) mit umf. Nachw. – Bargeschäfte sollten auch nach dem weitergehenden, sämtliche Forderungen des Gesellschafters umfassenden Gesetzgebungsvorschlag von *Huber/Habersack* (Rn 18) von der Anfechtbarkeit ausgenommen sein, s. BB 2006, 1 (2) und in: Lutter S. 370 (405 f).

78 Dazu *Goette/Kleindiek* (Fn 3) Rn 169 f; Ulmer/*Habersack* §§ 32a/b Rn 130; zum Fortbestand auch unter Geltung des MoMiG s. *Huber/Habersack* in: Lutter S. 370 (424 ff).

79 BGHZ 127, 1 (10 ff) = ZIP 1994, 1261 (1264 ff) = NJW 1994, 2349; BGHZ 127, 17 (26) = ZIP 1994, 1441 (1444) = NJW 1994, 2760; BGHZ 140, 147 (150) = ZIP 1999, 65 (66) = NJW 1999, 577; näher *Goette/Kleindiek* (Fn 3), Rn 169 ff; krit. Ulmer/*Habersack* §§ 32a/b Rn 131 ff; Scholz/*K. Schmidt* GmbHG §§ 32a/b Rn 135; *Huber/Habersack* in: Lutter S. 370 (427).

80 Zur Kritik s. Nachw. in voriger Fn.

der analogen Anwendung des § 30 GmbHG gründenden Rechtsprechungsregeln (Rn 1 f), nicht dagegen aus §§ 39 Abs. 1 Nr. 5, 135 InsO oder §§ 103 ff InsO herleiten, so dass die Neukonzeption schon ihren Rechtsfolgen nach nicht „passt".[81] Die erst auf Vorschlag des Rechtsausschusses eingefügte Vorschrift des **§ 135 Abs. 3 InsO** bestätigt dies.[82] Danach kann nämlich der Aussonderungsanspruch des Gesellschafters während der Dauer des Insolvenzverfahrens, höchstens aber für eine Zeit von einem Jahr ab Verfahrenseröffnung, nicht geltend gemacht werden, wenn der der Gesellschaft zum Gebrauch oder zur Ausübung überlassene Gegenstand für die Fortführung des Unternehmens von erheblicher Bedeutung ist. Anders als nach bislang geltendem Recht gebührt dem Gesellschafter nach § 135 Abs. 3 S. 2 InsO allerdings für den Gebrauch oder die Ausübung des Gegenstands ein Ausgleich, hinsichtlich derer der Durchschnitt der im letzten Jahr vor Verfahrenseröffnung geleisteten Vergütung in Ansatz zu bringen ist. Ausweislich der Begründung der Beschlussempfehlung des Rechtsausschusses versteht sich die vorübergehende Sperre des Aussonderungsrechts als Ausprägung der mitgliedschaftlichen Treupflicht des Gesellschafters; dem Gesellschafter soll indes kein Sonderopfer abverlangt werden, weshalb ihm im Unterschied zum bislang geltenden Recht ein Entgeltanspruch zusteht.[83]

Die – systematisch den §§ 103 ff InsO zuzuordnende und nach Maßgabe des § 119 InsO zwingende – Neuregelung in § 135 Abs. 3 InsO wirft eine Reihe von Fragen auf. Klar ist zunächst, dass der Entgeltanspruch des Gesellschafters aus § 135 Abs. 3 S. 2 InsO zwar Masseforderung ist, indes nur für die Zeit **nach Eröffnung des Insolvenzverfahrens** besteht;[84] auf die Zeit vor Insolvenzeröffnung entfallende Ansprüche sind entweder einfache oder – bei Vorliegen der Voraussetzungen des § 39 Abs. 1 Nr. 5 InsO – gar nur nachrangige Insolvenzforderungen. Auch sollte nicht zu bezweifeln sein, dass die Sperre des Aussonderungsrechts nach § 135 Abs. 3 S. 1 InsO **neben** die Vorschriften der **§§ 103 ff InsO** über das Schicksal gegenseitiger Verträge tritt und gerade für den Fall von Bedeutung ist, dass das Überlassungsverhältnis nicht bereits nach §§ 103 ff InsO fortgesetzt wird, der Insolvenzverwalter also nach § 103 InsO Nichterfüllung des Überlassungsverhältnisses über bewegliche Sachen und Rechte gewählt oder von dem Kündigungsrecht des § 109 InsO Gebrauch gemacht hat.[85] Ein widersprüchliches Verhalten kann in diesen Fällen nicht schon darin erblickt werden, dass der Verwalter das Recht **24**

81 *Huber/Habersack* in: Lutter S. 370 (426 f); so auch *Bayer/Graff* DStR 2006, 1654 (1659); *Noack* DB 2006, 1475 (1481); **aA** *Bork* ZGR 2007, 250 (267), *Haas* ZInsO 2007, 617 (622 f) und *Mülbert* WM 2006, 1977 (1980 f), die die Möglichkeit sehen, das Nutzungsrecht auch aus den spezifisch insolvenzrechtlichen Folgen herzuleiten.

82 Begr. Beschlussempfehlung Rechtsausschuss, BT-Drucks. 16/9737, S. 106 f: „Als Folge des Wegfalls des Merkmals „kapitalersetzend" … ist die dogmatische Grundlage der bisherigen Rechtsprechung zur eigenkapitalersetzenden Nutzungsüberlassung entfallen …" Deutlich aber schon Begr. RegE, ZIP 2007, Beil. zu Heft 23, S. 32: „Diese Begründung für eine von den Grundregeln der §§ 103 ff InsO abweichende Rechtsfolge findet in den Neuregelungen keine Grundlage… Eine ausdrückliche gesetzliche Klarstellung in dem (etwa in § 3 Abs. 3 des österreichischen Eigenkapitalersatz-Gesetzes (EKEG) enthaltenen) Sinne, dass im Falle einer Nutzungsüberlassung die „Kreditgewährung nur das Entgelt betreffen", nicht aber in der Nutzungsüberlassung selbst liegen könne, ist vor diesem Hintergrund nicht geboten."

83 Begr. Beschlussempfehlung Rechtsausschuss, BT-Drucks. 16/9737, S. 107; näher *K. Schmidt* DB 2008, 1727 (1732 ff).

84 Vgl. neben BT-Drucks. 16/9737, S. 107 noch *K. Schmidt* DB 2008, 1727 (1732).

85 Zutr. *K. Schmidt* DB 2008, 1727 (1732 f) mit eingehender Darstellung der Handlungsoptionen des Insolvenzverwalters.

aus § 135 Abs. 3 InsO geltend macht.[86] In § 135 Abs. 3 InsO nicht geregelt ist schließlich die Frage der Anfechtbarkeit einer **vor Insolvenzeröffnung** erfolgten **Beendigung** des Überlassungsverhältnisses. Die Vorschrift erschöpft sich darin, das Aussonderungsrecht des Gesellschafters zu suspendieren, und setzt damit den Bestand des Überlassungsverhältnisses im Zeitpunkt der Verfahrenseröffnung voraus.[87] Man wird dem den Fall gleichstellen müssen, dass das Überlassungsverhältnis bei Verfahrenseröffnung zwar bereits beendet, der überlassene Gegenstand indes noch nicht herausgegeben worden ist. Für eine darüber hinausgehende Fortsetzung des Gebrauchsüberlassungsverhältnisses gegen den Willen des Gesellschafters ist hingegen kein Raum.[88]

V. Sonstiges

25 **1. Überschuldungsstatut.** Die Frage, ob und, wenn ja, unter welchen Voraussetzungen von der Passivierung von Gesellschafterdarlehen im Überschuldungsstatut der Gesellschaft abgesehen werden kann, hat im Lauf des Gesetzgebungsverfahrens einem kontinuierlichen Beurteilungswandel unterlegen. Unter Geltung des alten Rechts hat die höchstrichterliche Rechtsprechung die Befreiung von der Passivierungspflicht bekanntlich von einem „qualifizierten" Rangrücktritt abhängig gemacht.[89] Zurückzuführen war dieses Erfordernis indes vor allem darauf, dass sich der kapitalersetzende Charakter eines Darlehens mit der im Rahmen des § 19 InsO gebotenen Präzision nicht feststellen ließ und deshalb die Passivierung mit Blick auf die schadensersatz- und strafbewehrte Antragspflicht des Geschäftsführers nur unterbleiben konnte, wenn der Gesellschafter den kapitalersetzenden Charakter außer Streit gestellt hatte. Der generellen Herabstufung sämtlicher Darlehensforderungen (Rn 18 f) hatte der Referentenentwurf eines MoMiG noch durch einen neuen § 19 Abs. 2 S. 3 InsO Rechnung tragen wollen, dem zufolge Forderungen auf Rückgewähr von Gesellschafterdarlehen, soweit sie nach § 39 Abs. 1 Nr. 5 InsO nachrangig sind und deshalb die Masse nicht mehr belasten, im Überschuldungsstatus nicht mehr bei den Verbindlichkeiten berücksichtigt und damit nicht mehr passiviert werden sollten.[90] Hieran hat der Regierungsentwurf im Grundsatz festgehalten.[91] Zwar sollte nach dem Regierungsentwurf die Befreiung von der Passivie-

---

[86] So auch *K. Schmidt* DB 2008, 1727 (1734), der sich allerdings mit guten Gründen für eine Obliegenheit zur Offenbarung der Absicht, § 135 Abs. 3 InsO geltend zu machen, ausspricht.

[87] So im Ausgangspunkt auch *K. Schmidt* DB 2008, 1727 (1734).

[88] AA insoweit *K. Schmidt* DB 2008, 1727 (1734), der zumindest deutliche Sympathie für die Anfechtbarkeit der Beendigung des Überlassungsverhältnisses nach §§ 130, 131 InsO oder für aus der mitgliedschaftlichen Treupflicht herzuleitende Zwangsverhältnisse erkennen lässt.

[89] BGHZ 146, 264 (269 ff) = ZIP 2001, 235 (236 ff) = NZG 2001, 365 mit – hinsichtlich der Anforderungen an die Tiefe des Rangrücktritts kritischer – Anm. *Habersack/Mayer*; BGH BB 2006, 792 (794); s. zum Ganzen auch Ulmer/*Habersack* GmbHG §§ 32a/b Rn 241; *K. Schmidt* FS Raupach (2006) S. 405 (413 ff). – Allg. zu Rangrücktrittsvereinbarungen *Habersack* ZGR 2000, 384 (400 ff).

[90] In diesem Sinne bereits *Huber/Habersack* (Fn 2), S. 370 (409 f, 413); *dies.* BB 2006, 1 (6 f); zust. auch *Handelrechtsausschuss des DAV* NZG 2007, 211, 220.

[91] Und zwar ungeachtet des klaren Votums der wirtschaftsrechtlichen Abteilung des 66. DJT, auch künftig Gesellschafterdarlehen im Überschuldungsstatus zu passivieren, sofern nicht ein qualifizierter Rangrücktritt vorliegt Beschluss Nr. 23 (Fn 5); so auch *Haas* ZInsO 2007, 617 (626 f); krit. auch *K. Schmidt* BB 2008, 461 ff; tendenziell auch *Mülbert* WM 2006, 1977 (1979).

rungspflicht auf „Forderungen auf Rückgewähr von Gesellschafterdarlehen" beschränkt sein. Hinsichtlich der Forderungen aus Rechtshandlungen, die einem Gesellschafterdarlehen „wirtschaftlich entsprechen", sollte es hingegen bei der bisherigen Rechtslage bleiben, „da eine entsprechende Qualifizierung trotz der von der Rechtsprechung bereits herausgebildeten Fallgruppen im Einzelfall noch mit Unsicherheiten verbunden sein kann."[92] Die schlussendlich Gesetz gewordene Fassung des § 19 Abs. 2 S. 3 InsO (nach der Änderung des § 19 Abs. 2 InsO durch das Finanzmarktstabilisierungsgesetz: § 19 Abs. 2 S. 2 InsO; s. § 130a Rn 16) ist zwar wieder zu einer Einheitslösung zurückgekehrt, allerdings in dem Sinne, dass nur solche Gesellschafterdarlehen und ihnen wirtschaftlich entsprechende Forderungen nicht bei den Verbindlichkeiten nach § 19 Abs. 2 S. 1 InsO zu berücksichtigen sind, „für die gemäß § 39 Abs. 2 zwischen Gläubiger und Schuldner der Nachrang im Insolvenzverfahren hinter den in § 39 Abs. 1 Nr. 1 bis 5 bezeichneten Forderungen vereinbart worden ist". Damit gilt nun, was unter Geltung des alten Rechts hätte gelten sollen, nämlich der **Verzicht auf einen „qualifizierten" Rangrücktritt** auf eine Stufe mit dem Anspruch auf Rückforderung der Einlagen, wie ihn die höchstrichterliche Rechtsprechung gefordert hatte.[93] Die in der Beschlussempfehlung des Rechtsausschusses bemühten „Abgrenzungsschwierigkeiten"[94] hatten sich indes spätestens mit dem differenzierenden Ansatz des Regierungsentwurfs erledigt.

2. **Finanzplankredit.** Auch nach der Neukonzeption des Rechts der Gesellschafterdarlehen kommt dem gewillkürten Nachrang und damit vor allem der Rangrücktrittsvereinbarung zwischen dem Gesellschafter und der Gesellschaft im Rahmen des Überschuldungsstatus nach wie vor Bedeutung zu (Rn 25). Abzuwarten bleibt, wie sich die Rechtsprechung zum Finanzplankredit entwickeln wird. Bei diesem Institut handelt es sich nicht um eine Ausprägung des alten Eigenkapitalersatzrechts. Grundlage der Bindung soll vielmehr eine unter den Gesellschaftern selbst oder zwischen den Gesellschaftern und der Gesellschaft getroffene Abrede sein.[95] So gesehen gilt auch für den Finanzplankredit, dass er durch das MoMiG zwar nicht unmittelbar berührt wird und seine praktische Relevanz, auch soweit es um den Nachrang eines tatsächlich gewährten Darlehens geht, angesichts der Vorschrift des § 19 Abs. 2 S. 2 InsO (Rn 25) nach wie vor nicht unerheblich ist. Im Übrigen besteht eine weitere und wesentliche Rechtsfolge des Finanzplankredits darin, dass der Gesellschafter nach Maßgabe des konkreten Inhalts der Finanzplanabrede auch noch in der Krise und in der Insolvenz der Gesellschaft **zur Erfüllung verpflichtet** ist, soweit die Leistung zur Gläubigerbefriedigung erforderlich ist.[96] Da sich dieses Zuführungsgebot weder aus dem bislang geltenden Recht des Eigenkapitalersatzes noch aus dem neuen Recht der Gesellschafterdarlehen herleiten lässt, kommt ihm auch innerhalb des persönlichen und sachlichen Anwendungsbereichs des § 39 Abs. 1 Nr. 5 InsO praktische Bedeutung zu. Es ist denn auch nicht ersichtlich, dass 26

---

[92] Begr. RegE, ZIP 2007, Beil. zu Heft 23, S. 32.

[93] Vgl. die Nachw. in Fn 89; speziell zu gesellschafterbesicherten Drittdarlehen *K. Schmidt* BB 2008, 1966 (1971).

[94] BT-Drucks. 16/9737, S. 105.

[95] BGHZ 142, 116 (121 ff) = ZIP 1999, 1263 (1264 f) = NJW 1999, 2809 mit Anm. *Altmeppen*; s. ferner BGH ZIP 2006, 1199 (1200); näher dazu *Altmeppen* FS Sigle (2000) S. 211 ff; *Fleischer* Finanzplankredite und Eigenkapitalersatzrecht im Gesellschaftsrecht (1995) S. 93 ff; *ders.* DStR 1999, 1774 ff; *Goette/Kleindiek* (Fn 3) Rn 114 ff; Ulmer/*Habersack* GmbHG §§ 32a/b Rn 242 ff; *ders.* ZGR 2000, 410 ff; *ders.* ZHR 161 (1997), 457 (462 ff); *Hommelhoff/Kleindiek* FS 100 Jahre GmbHG (1992) S. 421 (438 ff); *K. Schmidt* ZIP 1999, 1241 ff; *Steinbeck* ZGR 2000, 503 ff.

[96] Vgl. die Nachw. in Fn 95.

das MoMiG die – ohnehin und zu Recht zurückhaltende – Rechtsprechung zum Finanzplankredit weiter einschränken will.[97] Insbesondere bei ausdrücklicher oder konkludenter Abbedingung des Kündigungsrechts aus §§ 490 Abs. 1, 314 BGB[98] müssen deshalb Gesellschafter weiterhin damit rechnen, in der Krise auf Erfüllung eines Finanzierungsversprechens in Anspruch genommen zu werden. Der Finanzplankredit darf allerdings nicht dazu herangezogen werden, im MoMiG vollzogene Änderungen des bislang geltenden Rechts gleichsam „durch die Hintertür" ad absurdum zu führen. Nicht angängig wäre es deshalb, das von der Rechtsprechung bislang aus dem Kapitalersatzrecht hergeleitete – und vom MoMiG bewusst nicht anerkannte – Nutzungsrecht der Gesellschaft (Rn 24) kurzerhand unter Rückgriff auf das Institut der „Finanzplannutzungen" am Leben zu erhalten.

§ 130

(1) Wer in eine bestehende Gesellschaft eintritt, haftet gleich den anderen Gesellschaftern nach Maßgabe der §§ 128 und 129 für die vor seinem Eintritte begründeten Verbindlichkeiten der Gesellschaft, ohne Unterschied, ob die Firma eine Änderung erleidet oder nicht.

(2) Eine entgegenstehende Vereinbarung ist Dritten gegenüber unwirksam.

Schrifttum

Baumann/Rößler Haftung des einer GbR beitretenden Gesellschafters für Altschulden analog § 130 HGB? NZG 2002, 793; *Dauner-Lieb* § 130 HGB: Weitere Rechtsfortbildung im Recht der BGB-Gesellschaft? FS Ulmer (2003) S. 73; *Deckenbrock/Dötsch* Titelumschreibung analog § 729 ZPO auf den eintretenden Gesellschafter? Rpfleger 2003, 644; *Gerlach* Die Haftungsordnung der §§ 25, 28, 130 HGB (1976); *Habersack* Die Anerkennung der Rechts- und Parteifähigkeit der GbR und der akzessorischen Gesellschafterhaftung durch den BGH, BB 2001, 477; *ders./Schürnbrand* Die Haftung des eintretenden Gesellschafters für Altverbindlichkeiten der GbR, JuS 2003, 739; *Hanau/Ann* Unbeschränkte Haftung des eintretenden Gesellschafters für Altverbindlichkeiten der GbR? FS Westermann (2008) S. 955; *Hasenkamp* Die akzessorische Haftung ausscheidender und eintretender Gesellschafter bürgerlichen Rechts, DB 2002, 2632; *Honsell/Harrer* Die Haftung für Altschulden nach §§ 28, 130 HGB bei arglistiger Täuschung, ZIP 1983, 259; *Lieb* Die Haftung für Altschulden bei „Eintritt" eines Gesellschafters in ein nicht- oder minderkaufmännisches Einzelunternehmen, FS H. Westermann (1974) S. 309; *Lindacher* Akzessorische Gesellschafterhaftung bei Gesellschaftsschulden nach § 28 HGB, NZG 2002, 113; *Reindl* Zur Haftung des fehlerhaft eingetretenen Gesellschafters, FS Demelius (1973) S. 427; *Schäfer* Offene Fragen der Haftung des BGB-Gesellschafters, ZIP 2003, 1225; *K. Schmidt* Die Gesellschafterhaftung bei der Gesellschaft bürgerlichen Rechts als gesetzliches Schuldverhältnis, NJW 2001, 1897; *Segna* Neues zur Haftung des Eintretenden für Altverbindlichkeiten der GbR: Das partielle Ende des Vertrauensschutzes für Altfälle, NJW 2006, 1566; *Ulmer* Die höchstrichterlich „enträtselte" Gesellschaft bürgerlichen Rechts, ZIP 2001, 585; *Vetter* Altschuldenhaftung auf fehlerhafter Vertragsgrundlage (1995).

---

[97] Dazu – mit gleicher Tendenz zur Fortgeltung der Rechtsprechung zum Finanzplankredit – *Ekkenga* WM 2006, 1986 (1992 ff); s. ferner *Krolop* ZIP 2007, 1738 (1740 ff).

[98] Vgl. BGHZ 142, 116 (122 f) = ZIP 1999, 1263 (1264 f) = NJW 1999, 2809 mit Anm. *Altmeppen*; wN bei Ulmer/*Habersack* GmbHG §§ 32a/b Rn 244.

Übersicht

I. Inhalt und Zweck der Vorschrift

1 Die Vorschrift bestimmt in Übereinstimmung mit Art. 113 ADHGB, dass der in die Gesellschaft eintretende Gesellschafter nach Maßgabe der §§ 128, 129 auch für die vor seinem Eintritt begründeten Verbindlichkeiten haftet. Damit stellt das Gesetz sicher, dass **jeder Gesellschafter für sämtliche Gesellschaftsschulden haftet**, mögen diese während des Bestehens seiner Mitgliedschaft oder auch davor begründet worden sein. Die Rechtslage ändert sich erst mit Ausscheiden des Gesellschafters:[1] Vorbehaltlich des § 15 haftet der Ausgeschiedene nicht für die nach seinem Ausscheiden begründeten Verbindlichkeiten; zudem kommt ihm hinsichtlich der Altverbindlichkeiten die Enthaftung gem. § 160 zugute.

2 Der Zweck der – nach § 130 Abs. 2 durch Vereinbarung der Gesellschafter nicht abdingbaren (Rn 15) – Haftung des Eintretenden auch für die Altverbindlichkeiten der Gesellschaft besteht in dem **Schutz der Gesellschaftsgläubiger**.[2] Diese sollen die Gesellschafter nach §§ 128, 129 in Anspruch nehmen können, ohne auf den Zeitpunkt der „Begründung" ihrer Forderung gegen die Gesellschaft (§ 128 Rn 61 ff) Rücksicht nehmen zu müssen; namentlich bei Dauerschuldverhältnissen (§ 128 Rn 65) wäre es aus Gläubigersicht nämlich inakzeptabel, bräuchten die Gesellschafter, obschon sie von den fortwährend erbrachten Leistungen des Gläubigers profitieren, für die nach ihrem Eintritt fällig werdenden Verpflichtungen nicht aufzukommen.[3] Zentrale Bedeutung kommt der Haftung für Altverbindlichkeiten vor dem Hintergrund zu, dass sich der Erwerb der Mitgliedschaft, sei es im Wege des Eintritts oder durch Anteilsübertragung (Rn 7 ff), außerhalb des Handelsregisters vollzieht. Dem Gläubiger wäre es kaum möglich, die im Zeitpunkt der Begründung seiner Forderung vorhandenen Gesellschafter zu bestimmen; er liefe deshalb Gefahr, dass der von ihm nach § 128 in Anspruch genommene Gesell-

---

1 Näher dazu § 128 Rn 54 ff; zur Rechtslage bei Auflösung der Gesellschaft s. § 128 Rn 59.

2 Im Ausgangspunkt wohl unstreitig, s. BGHZ 154, 370 (372 ff) = NJW 2003, 1803; MünchKommHGB/*K. Schmidt* Rn 1; Röhricht/v. Westphalen/*v. Gerkan/Haas* Rn 1; *Habersack/Schürnbrand* JuS 2003, 739 (740 ff); *Lieb* FS H. Westermann S. 309 (323); *Honsell/Harrer* ZIP 1983, 259 (262 f); näher *Vetter* S. 241 ff; krit. *Dauner-Lieb* FS Ulmer S. 73, 76 ff (85). – Zum Verhältnis des § 130 zu § 28 (Neugründung der Gesellschaft) s. noch Rn 6, ferner § 28 Rn 1; zu etwaigen Parallelen zwischen § 130 einerseits, § 27 Abs. 1 andererseits s. *K. Schmidt* ZHR 157 (1993), 600 ff, aber auch *Canaris* Handelsrecht[24] § 7 Rn 99 ff, *Gerlach* S. 62 f, jew. mwN.

3 Zutr. BGHZ 154, 370 (374 f) = NJW 2003, 1803; dazu auch *Schäfer* ZIP 2003, 1225 (1229 f); *Habersack/Schürnbrand* JuS 2003, 739 (741).

schafter geltend macht, er sei im fraglichen Zeitpunkt noch gar nicht Mitglied der OHG gewesen. Davon betroffen ist nicht nur der in § 123 Abs. 2 geregelte Fall, dass die Gesellschaft ein Handelsgewerbe betreibt und damit auch im Außenverhältnis unabhängig von der Eintragung in das Handelsregister entsteht (§ 123 Rn 14 ff). Vielmehr hat die nach § 107 vorgeschriebene Eintragung des Gesellschafterwechsels auch in Fällen der §§ 2 und 3 (§ 123 Rn 8 ff) lediglich deklaratorische Bedeutung.[4] Zu Recht erblickt deshalb der BGH in der Eintrittshaftung des § 130 und der durch sie gewährleisteten persönlichen Haftung aller Gesellschafter in ihrem jeweiligen personellen Bestand eine dem Verkehrsschutzinteresse dienende **Ausprägung der Akzessorietät** der Gesellschafterhaftung.[5]

II. Anwendungsbereich

3 **1. OHG.** Die Vorschrift des § 130 findet auf den Erwerb der Mitgliedschaft in einer OHG Anwendung. Davon betroffen sind zunächst die Fälle, in denen die Gesellschaft schon vor Eintritt des Gesellschafters die Voraussetzungen des § 123 erfüllt hat und deshalb im Verhältnis zu Dritten als OHG anzusehen war. Betreibt also die Gesellschaft ein Handelsgewerbe, so kommt es nach § 123 Abs. 2 (§ 123 Rn 14 ff) auch für die Anwendbarkeit des § 130 nicht auf die Eintragung der Gesellschaft an. Betreibt die Gesellschaft ein Kleingewerbe oder ein land- oder fortwirtschaftliches Unternehmen und ist sie eingetragen, so ist auch sie OHG (§ 123 Rn 8 ff); der sodann beitretende Gesellschafter unterliegt unzweifelhaft dem § 130.[6] Die Vorschrift des § 130 ist aber auch dann anwendbar, wenn die Gesellschaft erst **infolge des Eintritts zur OHG** wird.[7] Soweit nicht die Gesellschaft ein Kleingewerbe gem. § 2 betreibt und dieses infolge des Beitritts vollkaufmännischen Charakter annimmt, bedarf es dazu allerdings der gleichzeitigen Eintragung der Gesellschaft in das Handelsregister.[8] Andererseits ist § 130 auch auf den Eintritt in eine **zu Unrecht eingetragene Gesellschaft** anwendbar.[9] Dagegen ist kein Raum für § 130, wenn der Gesellschafter einer **Schein-OHG** (§ 105 Rn 32; § 123 Rn 7; § 128 Rn 7) beitritt oder in sonstiger Weise den konkreten Rechtsschein hervorruft, er sei Mitglied einer OHG und hafte deshalb auch für die Altverbindlichkeiten der Gesellschaft.[10] In diesen Fällen kann die Haftung des – tatsächlich oder anscheinend – eintretenden Gesellschaf-

[4] Vgl. § 107 Rn 6 f (*Schäfer*); zur davon zu unterscheidenden Frage, ob die Eintrittshaftung die Eintragung des Beitretenden oder dessen Einverständnis mit der Geschäftsfortführung voraussetzt, s. Rn 13.

[5] BGHZ 154, 370 (373) = NJW 2003, 1803; so auch OLG Hamm NJW-RR 2002, 496; MünchKommHGB/*K. Schmidt* Rn 1; Baumbach/*Hopt* Rn 1; *Ulmer* ZIP 2001, 585 (598); *Habersack* BB 2001, 477 (482); *ders./Schürnbrand* JuS 2003, 739 (740); krit. *Dauner-Lieb* FS Ulmer S. 73 (75 f); **aA** etwa Gerlach S. 62 (vertragliche Schuldübernahme); *Hasenkamp* DB 2002, 2632, 2635 (Vertrauenshaftung). – Allg. zur Akzessorietät als offenes Strukturprinzip *Becker-Eberhard* Die Forderungsgebundenheit der Sicherungsrechte, 1993, S. 48 ff; *Habersack* JZ 1997, 857 (863).

[6] Statt aller MünchKommHGB/*K. Schmidt* Rn 2.

[7] Vgl. RGZ 164, 115; BGH LM § 28 Nr. 5; MünchKommHGB/*K. Schmidt* Rn 2.

[8] So auch MünchKommHGB/*K. Schmidt* Rn 2.

[9] Für vertragliche Ansprüche auch BGH NJW 1982, 45 (im Übrigen offengelassen); wie hier MünchKommHGB/*K. Schmidt* Rn 2. Zur Frage, ob § 5 das Vorliegen eines Gewerbes verlangt, s. allg. § 5 Rn 8 ff, speziell für die Gesellschaft § 5 Rn 10.

[10] OLG Saarbrücken NZG 2006, 619 (Scheingesellschafter); MünchKommHGB/*K. Schmidt* Rn 7; Koller/Roth/Morck/*Koller* Rn 1; *Canaris* Die Vertrauenshaftung im Deutschen Privatrecht (1971) S. 176; *Vetter* S. 27 ff; **aA** RGZ 93, 227 (229 f); Heymann/*Emmerich* Rn 4; Baumbach/*Hopt* Rn 4.

ters nur darauf gründen, dass die Altgläubiger im Vertrauen auf den Eintritt eines weiteren Gesellschafters eine Folgedisposition hinsichtlich ihrer Forderung treffen, indem sie etwa deren Einziehung hinausschieben, von der Möglichkeit einer Kündigung absehen oder gar eine Stundungsabrede treffen.[11] Aus dem Eintritt als solchen können die Altgläubiger dagegen keine Rechte herleiten. Auch für den Fall, dass die Altgläubiger eine Folgedisposition treffen, geht die Haftung des Eintretenden zudem nur auf Ersatz des Vertrauensschadens.[12] Für Neuverbindlichkeiten haftet der Eintretende allerdings nach Maßgabe der §§ 128 f.[13] Die **fehlerhafte Gesellschaft** ist, ihren Vollzug vorausgesetzt (§ 105 Rn 328 ff, 335 ff), Gesellschaft i.S.v. § 130 (s. noch Rn 8).[14] Besonderheiten gelten schließlich für die zwar **aufgelöste**, aber noch nicht vollbeendigte (Liquidations-) Gesellschaft. Grundsätzlich findet § 130 auch auf sie Anwendung,[15] doch kann in den Fällen der Vererbung der Mitgliedschaft (Rn 10) der neue Gesellschafter seine Haftung auf den Nachlass beschränken, wenn die Gesellschaft bereits vor oder mit dem Tod des Erblassers aufgelöst war.[16]

2. KG, KGaA, Partnerschaft und EWIV. Nach §§ 161 Abs. 2, 130 unterliegt auch 4
derjenige, der als Komplementär in eine **KG** eintritt, der Haftung für die Altverbindlichkeiten der Gesellschaft. Davon betroffen ist zum einen der originäre oder abgeleitete Erwerb der Mitgliedschaft (Rn 7 ff), zum anderen aber auch die – durch entsprechende Änderung des Gesellschaftsvertrags zu vollziehende – Umwandlung der Stellung eines Kommanditisten in diejenige eines Komplementärs.[17] Der Eintritt als Kommanditist ist dagegen in § 173 geregelt. Wird die Stellung eines Komplementärs in diejenige eines Kommanditisten umgewandelt, so haftet der Gesellschafter für die vor Wirksamkeit der Umwandlung begründeten Gesellschaftsschulden sowohl nach Maßgabe der §§ 128, 129, 160 (§ 128 Rn 57, dort auch zur Anwendbarkeit des § 15; s. dazu ferner § 128 Rn 61) als auch nach §§ 173, 171 f; für Neuverbindlichkeiten haftet er dagegen ausschließlich nach §§ 171 f (§ 128 Rn 57). Dem Eintritt als Komplementär in eine KG entspricht nach § 278 Abs. 2 AktG der Eintritt als Komplentär in eine **KGaA**. Für die **Partnerschaft** verweist § 8 Abs. 1 S. 2 PartGG auf § 130,[18] für die **EWIV** § 1 EWIV-AusführungsG.

3. GbR. Unter Geltung der „Doppelverpflichtungslehre" (§ 128 Rn 6) war für die 5
entsprechende Anwendung des § 130 auf die GbR kein Raum.[19] Die Haftung des Eintretenden für vor seinem Eintritt begründete Gesellschaftsschulden konnte sich nur aus der Verwirklichung eines besonderen Haftungstatbestands ergeben; in Betracht kamen insbe-

[11] So zu Recht *Canaris* Die Vertrauenshaftung im Deutschen Privatrecht (1971) S. 176; *Vetter* S. 27 ff; in anderem Zusammenhang auch *Eckert* ZHR 147 (1983), 565 (571 ff); *K. Schmidt* GmbHR 1981, 253 (258).

[12] **AA** *Vetter* S. 36 ff.

[13] S. § 128 Rn 7, ferner BGH ZIP 2007, 1460: persönliche Haftung der Gesellschafter einer GbR für Delikt eines Scheinsozius.

[14] BGHZ 44, 235 (237) = NJW 1966, 107; BAG NJW 1988, 222 (223); MünchKommHGB/*K. Schmidt* Rn 7; Baumbach/*Hopt* Rn 4; s. zur fehlerhaften Gesellschaft noch Rn 8.

[15] MünchKommHGB/*K. Schmidt* Rn 8, § 156 Rn 33; Ebenroth/Boujong/Joost/Strohn/*Hillmann* Rn 3.

[16] BGH NJW 1982, 45.

[17] *A. Hueck* OHG § 27 I 2 (S. 393 Fn 10); MünchKommHGB/*K. Schmidt* Rn 3; Heymann/*Emmerich* Rn 2.

[18] Näher dazu, insbes. zur Relevanz des § 8 Abs. 2 PartGG MünchKommBGB/Ulmer/Schäfer § 8 PartGG Rn 9 f, 32; zu § 8 Abs. 2 PartGG a.F. s. *Ulmer/Habersack* FS Brandner (1996) S. 151 (163 ff).

[19] BGHZ 74, 240 = NJW 1979, 1821; BGH NJW 1992, 1501 (1503); BAG NJW 1988, 222 (223); Voraufl. Rn 5: **aA** – für analoge Anwendung auf die unternehmenstragende GbR – Schlegelberger/*K. Schmidt* Rn 5; 2d; *Wiedemann* JZ 1980, 197.

sondere die Haftung als Erbe eines verstorbenen Gesellschafters (Rn 10) und aufgrund einer haftungsbegründenden Vereinbarung des neuen Gesellschafters mit dem Altgläubiger.[20] In der Konsequenz des mit BGHZ 142, 315 und BGHZ 146, 341 vollzogenen Übergangs zur Akzessorietätstheorie (§ 128 Rn 6) lag es indessen, auch **§ 130 analog** auf die GbR anzuwenden.[21] Diesen Schritt ist der II. Zivilsenat des BGH sodann in dem **Grundsatzurteil vom 7.3.2003** gegangen,[22] und zwar unter zutr. Rückgriff auf den Normzweck des § 130 (Rn 2) und mit Geltung für sämtliche Außengesellschaften bürgerlichen Rechts, soweit diese nicht – wie namentlich Bauherrengemeinschaften und Kapitalanlagegesellschaften – als privilegierungsbedürftig gelten (§ 128 Rn 6). Zwar hat sich der BGH aus Gründen des Vertrauensschutzes zunächst gegen eine Rückwirkung der im Wege der Rechtsfortbildung entwickelten analogen Anwendung des § 130 auf die GbR ausgesprochen[23] und einen generellen Vorbehalt für Altschulden aus freiberuflicher Berufshaftung aufgenommen.[24] Zumindest die Rückwirkungssperre ist indes in Folgeentscheidungen zunehmend und zu Recht relativiert worden.[25] Beruht der Eintritt auf Vererbung (Rn 10), so ist allerdings die analoge Anwendung des § 139 geboten.[26]

6 **4. Abgrenzung.** Vom Eintritt in eine bereits bestehende Gesellschaft zu unterscheiden ist der in § 28 geregelte „Eintritt in das Geschäft eines Einzelkaufmanns". Dabei handelt es sich um die **Gründung einer OHG oder KG** unter Einbringung des bislang einzelkaufmännisch betriebenen Unternehmens.[27] Nach § 28 haftet zwar nur die Gesellschaft für die Altverbindlichkeiten des Einzelkaufmanns. Die Gesellschafter haften aber für die aus § 28 folgenden Verbindlichkeiten der Gesellschaft ihrerseits nach Maßgabe der §§ 128, 171 f, 176.[28] Von § 28 wird insbesondere auch der Fall erfasst, dass in einer zweigliedri-

---

20 Sehr weitgehend BGHZ 124, 47: Erstreckung des einer Anwaltssozietät erteilten Mandats auch auf später eintretende Sozien im Wege ergänzender Vertragsauslegung.

21 Vgl. bereits *Habersack* BB 2001, 477, 482; *K. Schmidt* NJW 2001, 993, 999; *Ulmer* ZIP 2001, 585, 598.

22 BGHZ 154, 370 (373 ff) = NJW 2003, 1803; zust. *Habersack/Schürnbrand* JuS 2003, 739 ff; *K. Schmidt* NJW 2003, 1897 (1901 ff); *ders.* NJW 2005, 2801 (2806 ff); *Schäfer* ZIP 2003, 1225 (1230 f); *Ulmer* ZIP 2003, 1113 (1115 f); MünchKommBGB/*Ulmer/Schäfer* § 714 Rn 72 f mwN; ablehnend Soergel/*Hadding* BGB[12] § 714 Rn 46; *Armbrüster* ZGR 2004, 34 (49 f); *Baumann/Rößler* NZG 2002, 793 ff; *Canaris* ZGR 2004, 69 (114 ff); *Dauner-Lieb* FS Ulmer S. 73 (79 ff); *H. Hanau/Ann* FS Westermann S. 955 ff; *Lange* NZG 2002, 401 (403 ff).

23 BGHZ 154, 370 (377 f) = NJW 2003, 1803; dafür bereits *Hasenkamp* DB 2002, 2632 (2537 f); krit. *K. Schmidt* NJW 2003, 1897 (1901 f); *Habersack/Schürnbrand* JuS 2003, 739 (742 f).

24 BGHZ 154, 370 (376 f) = NJW 2003, 1803; krit. *K. Schmidt* NJW 2003, 1897 (1901 f); *Habersack/Schürnbrand* JuS 2003, 739 (742 f).

25 Vgl. im Anschluss an BGHZ 154, 370 insbesondere BGH NJW 2006, 3716 (3717); BGH NJW 2006, 675; BGH DStR 2007, 125; BGH NZG 2007, 140 (142); BGH NJW 2996, 2980 (2983); krit. neben den in Fn 22 genannten Gegenstimmen *Segna* NJW 2006, 1566 ff.

26 Zutr. MünchKommBGB/*Ulmer/Schäfer* § 714 Rn 74.

27 RGZ 142, 98 (101); § 28 Rn 18 ff (*Burgard*); Koller/Roth/Morck/*Koller* Rn 1. – Zur Frage der analogen Anwendung auf die GbR s. BGHZ 157, 361 (364 ff) = NJW 2004, 836 (im Allgemeinen offengelassen und für die Anwalts-GbR mit Rücksicht auf Pflicht zur persönlichen Leistungserbringung verneint); § 28 Rn 21 (*Burgard*); MünchKommHGB/*Ulmer/Schäfer* § 714 Rn 75 mit umf. Nachw.; ferner *Kleindiek* FS Röhricht (2005) S. 315 ff.

28 BGH NJW 2001, 2251 (2252); BGH NJW 1966, 1917 (1918); BGH NJW 1972, 1466, 1467 (fehlerhafter Eintritt); § 28 Rn 38 ff (*Burgard*); MünchKommHGB/*Lieb* § 28 Rn 30; Heymann/*Emmerich* § 28 Rn 31; Baumbach/*Hopt* § 28 Rn 1; Koller/Roth/Morck/*Koller* § 28 Rn 11; **aA** *Lieb*

gen OHG ein Gesellschafter ausscheidet und es sodann zum „Eintritt" eines neuen Gesellschafters kommt.[29] Denn die mit dem Ausscheiden des vorletzten Gesellschafters verbundene Gesamtrechtsnachfolge des verbleibenden Gesellschafters in das Vermögen der Gesellschaft (§ 105 Rn 280; § 145 Rn 39) macht die Neugründung der Gesellschaft unter Einbringung des nunmehr einzelkaufmännischen Unternehmens erforderlich. Von § 130 gleichfalls nicht erfasst ist die **formwechselnde Umwandlung** (§ 105 Rn 56) einer GbR in eine OHG. In diesem Fall haften die Gesellschafter für die Altverbindlichkeiten nach den für die Gesellschafterhaftung in der GbR geltenden Grundsätzen (§ 128 Rn 6); hinsichtlich der nach Umwandlung begründeten Verbindlichkeiten finden sodann §§ 128, 129 unmittelbar Anwendung. Anderes gilt schließlich für den in §§ 190 ff, 228 ff UmwG geregelten **Formwechsel** von einer Kapitalgesellschaft in eine OHG (zum umgekehrten Fall s. § 128 Rn 58); die Verbindlichkeiten des formwechselnden Rechtsträgers sind Verbindlichkeiten der OHG, für die die Gesellschafter nach §§ 128, 130 haften.

III. Haftungstatbestand

1. Eintritt

a) **Aufnahme eines neuen Gesellschafters.** Den in § 130 vorausgesetzten Regelfall des Eintritts eines neuen Gesellschafters bildet die Aufnahme eines neuen Gesellschafters; sie setzt eine entsprechende Änderung des Gesellschaftsvertrags voraus.[30] Im Unterschied zu den Fällen des derivativen Anteilserwerbs (Rn 8) kommt es mithin zur Begründung einer neuen Mitgliedschaft mit der Folge der Abwachsung (§ 105 Rn 279 f) bei den bisherigen Gesellschaftern. Als Grundlagengeschäft ist die Aufnahme eines neuen Gesellschafters zwar nicht von der organschaftlichen Vertretungsbefugnis gedeckt (§ 126 Rn 12 ff), doch können die Gesellschafter Einzelnen von ihnen oder der Gesellschaft, vorbehaltlich der Fälle einer nur aus wichtigem Grund widerruflichen Vollmacht aber auch einem Dritten, eine entsprechende Vollmacht erteilen.[31] Für Publikumsgesellschaften ist es darüber hinaus anerkannt, dass die Gesellschafter die Gesellschaft ermächtigen können, im eigenen Namen Aufnahmeverträge mit neuen Gesellschaftern zu schließen.[32] Der Anwendbarkeit des § 130 steht es nicht entgegen, dass, wie im Fall der sog. Eintrittsklausel (§ 139 Rn 8 ff, 22 ff), das neue Mitglied einen Anspruch auf Aufnahme in die Gesellschaft hatte. 7

Bei Unwirksamkeit des Beitritts können die Grundsätze über den **fehlerhaften Beitritt** (§ 105 Rn 357 ff) als besondere Ausprägung der Lehre von der fehlerhaften Gesellschaft (§ 105 Rn 315 ff) die Haftung des Beitretenden gem. § 130 begründen. Ein entsprechendes rechtsgeschäftliches Handeln unterstellt (§ 105 Rn 357), hat der fehlerhafte, aber vollzogene Eintritt in die – ihrerseits fehlerhafte oder fehlerfreie – Gesellschaft grundsätz- 8

FS H. Westermann S. 309 (311 f, 322 f); *Canaris* Handelsrecht[24] § 7 Rn 92; diff. *Lindacher* NZG 2002, 113 (114).

29 AA Heymann/*Emmerich* Rn 2 (§ 130).

30 Dazu RGZ 91, 412 (413); RGZ 128, 172 (176); BGHZ 44, 229 (231) = NJW 1966, 499; BGH NJW 1975, 166 (167); § 105 Rn 189, 288 ff (*Schäfer*).

31 Zur Bevollmächtigung eines Gesellschafters s. RGZ 128, 172 (176); BGHZ 26, 330 (333 f) = NJW 1958, 668; BGH WM 1983, 118 (120); § 126 Rn 12; zur Bevollmächtigung eines Dritten s. für die Publikumsgesellschaft BGH NJW 1982, 877, 879 (im Übrigen offengelassen); Voraufl. Anh § 161 Rn 10 (*Schilling*).

32 BGH NJW 1978, 1000; dazu Voraufl. Anh § 161 Rn 10 (*Schilling*); zur Frage der Zulässigkeit der Ermächtigung einzelner Gesellschafter s. *K. Schmidt* Gesellschaftsrecht § 57 II 1a.

lich den rückwirkend nicht vernichtbaren Erwerb der Mitgliedschaft und damit die Haftung für Altverbindlichkeiten nach § 130 sowie diejenige für nach erfolgtem Beitritt begründete Verbindlichkeiten nach § 128 zur Folge.[33] Anderes gilt allein für den fehlerhaften Eintritt eines nicht voll Geschäftsfähigen; insoweit gebührt den §§ 104 ff BGB der Vorrang.[34] Der durch arglistige Täuschung zum Eintritt veranlasste Gesellschafter unterliegt dagegen der Haftung nach § 130.[35] – Auch der fehlerfreie Eintritt in eine fehlerhafte Gesellschaft hat das Eingreifen des § 130 zur Folge (Rn 3); der Eintretende kann sich in diesem Fall auf den Mangel des Gesellschaftsvertrags nur für den Fall berufen, dass dieser auch seinen Beitritt tangiert.[36] – Zur Umwandlung der Kommanditisten- in eine Komplementärstellung s. bereits Rn 4, zum Formwechsel s. Rn 9, zu Nießbraucher, Treugeber, Stillen und Unterbeteiligten s. § 128 Rn 9.

9 b) **Übertragung der Mitgliedschaft.** Von der Begründung einer neuen Mitgliedschaft (Rn 7) zu unterscheiden ist die Übertragung einer bereits bestehenden Mitgliedschaft (§ 105 Rn 291 ff). Wiewohl der – dem Gesetzgeber des HGB noch unbekannte[37] – abgeleitete Erwerb nicht als „Eintritt" i.S.v. § 130 qualifiziert werden kann, hat auch er die Haftung des Erwerbers[38] nach § 130 zur Folge.[39] Dies gilt auch bei Übertragung der Mitgliedschaft in einer **zweigliedrigen OHG**. Anders als bei dem durch Austritt des vorletzten Gesellschafters und nachfolgenden Eintritt eines neuen Gesellschafters vollzogenen Gesellschafterwechsel (Rn 6) kommt es im Fall der Übertragung zu keinem Zeitpunkt zum Untergang der vorletzten Mitgliedschaft und der damit verbundenen Gesamtrechtsnachfolge des letzten Gesellschafters in das Vermögen der (beendigten) Gesellschaft. Die Grundsätze über die **fehlerhafte Gesellschaft** sind allerdings auf die Anteilsübertragung unanwendbar.[40]

---

[33] So zu Recht BGHZ 44, 235 = NJW 1966, 107; BGH NJW 1988, 1321 (1323); MünchKommHGB/*K. Schmidt* Rn 15; Ebenroth/Boujong/Joost/Strohn/*Hillmann* Rn 6; Röhricht/v. Westphalen/*v. Gerkan/Haas* Rn 6; Baumbach/*Hopt* Rn 4; Koller/Roth/Morck/*Koller* Rn 1; **aA** *Vetter* S. 207 ff, 230 ff, 252 ff. – Allg. dazu § 105 Rn 371 f.

[34] Näher dazu § 105 Rn 338 ff, 359 (*Schäfer*), dort auch zur Frage eines Vorrangs des Verbraucherschutzes; dazu auch BGH ZIP 2008, 1018 mit Anm. *Schäfer*. – Zur Frage, ob nach Inkrafttreten des Minderjährigenhaftungsbegrenzungsgesetzes (§ 128 Rn 9) noch Raum für die Unanwendbarkeit der Lehre von der fehlerhaften Gesellschaft ist, s. *Habersack/Schneider* FamRZ 1997, 649 (655).

[35] Allg. zur Anwendbarkeit der Lehre von der fehlerhaften Gesellschaft auch bei arglistiger Täuschung BGH NJW 1979, 1604; WM 1975, 512; § 105 Rn 343 (*Schäfer*) mwN; speziell zu § 130 MünchKommHGB/*K. Schmidt* Rn 15; Baumbach/*Hopt* Rn 4; **aA** *Honsell/Harrer* ZIP 1983, 259 ff; *Reindl* FS Demelius S. 427 (437); Straube/*Koppensteiner* Rn 4; *Vetter* S. 252 ff; s. ferner für besonders schwere Fälle der Täuschung (jew. obiter) BGHZ 13, 320 (323) = NJW 1954, 1562; 26, 330 (335) = NJW 1958, 668; 55, 5 (9) = NJW 1971, 375. – Zur Frage eines Vorrangs des Verbraucherschutzes s. vorige Fn.

[36] *A. Hueck* OHG § 7 III 7a aa.

[37] Erstmalige Anerkennung der Übertragbarkeit des Anteils durch RG DNotZ 1944, 195 = WM 1964, 1130; wN s. in § 105 Rn 291 (*Schäfer*).

[38] Zur Enthaftung des Veräußerers s. § 128 Rn 54 ff.

[39] Wohl einh. M., s. MünchKommHGB/*K. Schmidt* Rn 14; Heymann/*Emmerich* Rn 3; Ebenroth/Boujong/Joost/Strohn/*Hillmann* Rn 7; Röhricht/v. Westphalen/*v. Gerkan/Haas* Rn 5; Baumbach/*Hopt* Rn 4; Koller/Roth/Morck/*Koller* Rn 1.

[40] Eingehend dazu § 105 Rn 364 (*Schäfer*). – Die noch in der Voraufl. (Rn 9) vertretene Gegenansicht wird aufgegeben.

c) **Nachfolgeklausel.** Als „Eintritt" i.S.v. § 130 zu qualifizieren ist schließlich auch der Erwerb der Mitgliedschaft aufgrund einer im Gesellschaftsvertrag enthaltenen Nachfolgeklausel.[41] Kommt es in diesem Fall nicht zur Verwirklichung eines der in § 139 Abs. 4 geregelten Tatbestände, so haftet der Gesellschafter-Erbe in seiner Eigenschaft als OHG-Gesellschafter nach §§ 130, 128 für die vor dem Erwerb der Mitgliedschaft begründeten Gesellschaftsschulden sowie nach § 128 für die danach begründeten Verbindlichkeiten. Entsprechendes gilt nach § 161 Abs. 2 bei Vererbung der Komplementärstellung. Wird dem Erben nach § 139 die Stellung eines Kommanditisten eingeräumt, so haftet er gem. Abs. 4 dieser Vorschrift für die bis zur Erlangung der Kommanditistenstellung entstandenen Verbindlichkeiten in seiner Eigenschaft als Erbe des OHG-Gesellschafters oder Komplementärs mit der Möglichkeit der Haftungsbeschränkung gem. §§ 1967 ff BGB. Daneben tritt die Haftung als Kommanditist, und zwar nach § 173 für die Altverbindlichkeiten und nach §§ 171 f, 176 für die Neuverbindlichkeiten.[42] Für das Eingreifen der Grundsätze über die fehlerhafte Gesellschaft ist in den Fällen der Vererbung der Mitgliedschaft kein Raum (§ 105 Rn 365). Zur Umwandlung der Stellung eines Kommanditisten in diejenige eines Komplementärs s. Rn 4, zur Rechtslage bei Vererbung des Anteils an einer Liquidationsgesellschaft s. Rn 3. 10

2. **Firmenänderung; Rechtsschein.** Nach Abs. 1 haftet das neue Mitglied auch dann für die Altverbindlichkeiten der Gesellschaft, wenn es im Zuge des Eintritts (Rn 7 ff) zu einer Änderung der Firma kommt. Durch eine Änderung der Firma kann die Haftung mithin nicht vermieden werden. Vor dem Hintergrund des Normzwecks des § 130 (Rn 2) ist dies konsequent.[43] Ganz allgemein kommt es für die Haftung des Eintretenden weder auf die Erzeugung eines Rechtsscheins durch den Beitretenden noch auf die Verwirklichung eines Vertrauenstatbestands in der Person des Altgläubigers an, zumal dessen Forderung bereits vor Eintritt des neuen Mitglieds begründet worden ist (s. bereits Rn 3; ferner Rn 8 zur Haftung des arglistig Getäuschten und Rn 13 zur Unanwendbarkeit des § 123).[44] Die Haftung des Eintretenden kann allein durch Vereinbarung mit dem Gläubiger ausgeschlossen werden (Rn 15). 11

IV. Rechtsfolgen des Eintritts

1. **Haftung nach §§ 128, 129.** Mit Erlangung der Stellung eines Gesellschafters der OHG haftet der Eintretende (Rn 7 ff) für die bereits **vor seinem Eintritt begründeten Verbindlichkeiten.** Der neue Gesellschafter kann mithin nicht einwenden, dass er bei Begründung der Gesellschaftsschuld noch nicht Gesellschafter gewesen war und deshalb nach 12

---

[41] Heute hM, s. BGH NJW 1982, 45 (dort auch zu den Sonderfällen der Auflösung der Gesellschaft mit dem Tod des Erben sowie der Vererbung des Anteils an einer Liquidationsgesellschaft, s. Rn 3); Schlegelberger/*K. Schmidt* Rn 14; Heymann/*Emmerich* Rn 3; *ders.* ZHR 150 (1986), 193 (203); Röhricht/v. Westphalen/*v. Gerkan/Haas* Rn 5; Ebenroth/Boujong/Joost/Strohn/*Hillmann* Rn 5; Baumbach/*Hopt* Rn 4; Koller/Roth/Morck/*Koller* Rn 1; **aA** *Liebisch* ZHR 116 (1954), 153 ff; *Schlegelberger/Geßler*[4] Rn 15. – Allg. zur Nachfolgeklausel s. § 139 Rn 9 ff, 23 ff (*Schäfer*).

[42] RGZ 171, 328 (332); *Emmerich* ZHR 150 (1986), 193 (211).

[43] MünchKommHGB/*K. Schmidt* Rn 16; Röhricht/v. Westphalen/*v. Gerkan/Haas* Rn 7; Ebenroth/Boujong/Joost/Strohn/*Hillmann* Rn 8.

[44] MünchKommHGB/*K. Schmidt* Rn 17; Röhricht/v. Westphalen/*v. Gerkan/Haas* Rn 7; **aA** für den fehlerhaften Beitritt *Reindl* FS Demelius S. 427 (437).

§ 128 nicht hafte. Im Übrigen kann der neue Gesellschafter abgeleitete **Einwendungen nur nach Maßgabe des § 129** erheben, mithin nur insoweit, als die Einwendungen noch von der Gesellschaft geltend gemacht werden können. Wie die anderen Gesellschafter ist deshalb auch der neue Gesellschafter an ein von der Gesellschaft erklärtes Anerkenntnis selbst für den Fall gebunden, dass er dem Anerkenntnis vor oder nach seinem Eintritt widersprochen hat.[45] Die Rechtskraft des einer Klage gegen die Gesellschaft stattgebenden Urteils muss er sich entgegenhalten lassen, ohne einwenden zu können, dass er auf den Prozess keinen Einfluss hatte.[46] Was die Haftung für **Neuverbindlichkeiten,** also nach Erwerb der Mitgliedschaft begründete Gesellschaftsschulden betrifft, so enthält § 130 keine Regelung; insoweit ergibt sich die Haftung des neuen Gesellschafters vielmehr bereits aus § 128.

13 Die in § 130 angeordnete Haftung für Altverbindlichkeiten setzt die **wirksame Erlangung der Gesellschafterstellung** voraus, wobei in den Fällen des Eintritts die Grundsätze über die fehlerhafte Gesellschaft zur Anwendung gelangen (Rn 7 f). Zur Wirksamkeit des Eintritts und damit zur Begründung der Haftung nach § 130 bedarf es weder der Eintragung des neuen Gesellschafters in das Handelsregister noch der Fortsetzung der Geschäfte der Gesellschaft, sei es mit oder ohne Zustimmung des neuen Gesellschafters; die Vorschrift des **§ 123 ist auch nicht entsprechend anwendbar.**[47] Dies folgt schon daraus, dass § 130, wie die ihm eigene Rechtsfolge der Haftung für bereits in der Vergangenheit begründete Verbindlichkeiten zeigt, nicht auf Vertrauens- oder Verkehrsschutz abzielt, sondern aus Gründen der Rechtssicherheit und eines abstrakten Gläubigerschutzes einen einheitlichen Haftungsstatus sämtlicher OHG-Gesellschafter schafft (Rn 2, 11). Mit dieser Zielsetzung wäre es unvereinbar, wollte man die Haftung für Altverbindlichkeiten von der Eintragung oder der Fortsetzung der Geschäfte der Gesellschaft abhängig machen. Kommt es somit allein auf den Erwerb der Mitgliedschaft an, so haftet der neue Gesellschafter unabhängig davon, ob der Gläubiger Kenntnis hinsichtlich des Eintritts hat.[48] Sowohl der Eintritt (Rn 7) als auch der rechtsgeschäftliche Erwerb der Mitgliedschaft (Rn 9) können freilich **aufschiebend bedingt oder befristet** vorgenommen werden; vor Eintritt der Bedingung bzw. vor Fristablauf ist dann der Tatbestand des § 130 nicht erfüllt.[49] Der Regress des nach § 130 in Anspruch genommenen Gesellschafters beurteilt sich nach den Ausführungen in § 128 Rn 41 ff.

14 **2. Geltendmachung der Haftung.** Die Geltendmachung der Haftung des neuen Gesellschafters für Altverbindlichkeiten unterliegt keinen Besonderheiten (§ 124 Rn 23 ff). Der neue Gesellschafter wird insbesondere nicht kraft Gesetzes Partei eines im Zeitpunkt des Eintritts (Rn 7 ff) gegen die Gesellschaft und/oder die übrigen Gesellschafter geführten Prozesses. Will der Gläubiger den neuen Gesellschafter in den Prozess einbeziehen, so

---

[45] S. bereits § 129 Rn 14 f; ferner Heymann/*Emmerich* Rn 9; *Klimke* ZGR 2006, 540 (543 f, 553 f).

[46] S. bereits § 129 Rn 11 f, 15; ferner Rn 14; MünchKommHGB/*K. Schmidt* Rn 18; Heymann/*Emmerich* Rn 8; *Klimke* ZGR 2006, 540 (543 f, 553 f).

[47] Zutr. MünchKommHGB/*K. Schmidt* § 123 Rn 1a; Ebenroth/Boujong/Joost/Strohn/*Hillmann* Rn 9; Koller/Roth/Morck/*Koller* § 123 Rn 5; **aA** – für Erfordernis der Eintragung oder der Zustimmung zur Fortsetzung der Geschäfte – *A. Hueck* OHG § 27 I 2e; Heymann/*Emmerich* Rn 6; Baumbach/*Hopt* Rn 6, § 123 Rn 4; Straube/*Koppensteiner* Rn 6.

[48] Vgl. RG Bolze 5 (1888) 245 Nr. 749; LZ 1907, 500 Nr. 1 (jew. zur Haftung für den Abfindungsanspruch des unmittelbar vor dem Eintritt des neuen Gesellschafters ausgeschiedenen Gesellschafters; allg. dazu s. § 128 Rn 12).

[49] MünchKommHGB/*K. Schmidt* Rn 18.

hat er seine Klage entsprechend zu erweitern.[50] Bei erbrechtlichem Erwerb der Mitgliedschaft kommen §§ 239 f ZPO zur Anwendung. Die **Rechtskraft** eines gegenüber der Gesellschaft ergangenen Urteils wirkt zwar nach § 129 Abs. 1 auch dann für und gegen den neuen Gesellschafter (§ 129 Rn 10 ff), wenn das Urteil bereits im Zeitpunkt des Eintritts erlassen oder rechtskräftig war und der neue Gesellschafter somit keinen Einfluss auf den Prozess nehmen konnte (Rn 12; § 129 Rn 15). Der Titel kann indes weder nach § 727 ZPO noch analog § 729 Abs. 2 ZPO auf den Eingetretenen umgeschrieben werden (§ 129 Rn 26); andernfalls stünde der Beitretende schlechter als die Altgesellschafter.[51] Ohne Einfluss auf die Rechtsstellung des eingetretenen Gesellschafters oder der Gesellschaft ist ein gegen den ausgeschiedenen Gesellschafter gerichteter Titel.[52] In der **Insolvenz** der Gesellschaft erfolgt die Geltendmachung der Eintrittshaftung nach § 93 InsO (§ 128 Rn 74 ff) durch den Insolvenzverwalter.[53]

V. Abweichende Vereinbarung (Abs. 2)

Die Haftung des neuen Gesellschafters für Altverbindlichkeiten ist nach § 130 Abs. 2 **15**
zwingender Natur. Wie im Fall des § 128 S. 2 (§ 128 Rn 15 f) bedeutet dies allerdings nur, dass eine von § 130 Abs. 1 abweichende Vereinbarung der **Gesellschafter untereinander** die Haftung des neuen Gesellschafters nicht zu beseitigen vermag. Einer solchen Vereinbarung kommt vielmehr allein Bedeutung für das Innenverhältnis zu (§ 128 Rn 15); insoweit wird eine Vereinbarung, der zufolge der neue Gesellschafter nicht für Altschulden haften soll, regelmäßig dahin gehend auszulegen sein, dass dieser nicht nur von der Gesellschaft, sondern auch von den Mitgesellschaftern vollumfänglich freizustellen ist (§ 128 Rn 15). Soll dagegen die Haftung im **Außenverhältnis** ausgeschlossen werden, so bedarf es dazu einer entsprechenden Vereinbarung zwischen dem jeweiligen Altgläubiger und dem neuen Gesellschafter; ihr gleich steht eine zugunsten des neuen Gesellschafters getroffene Vereinbarung zwischen dem Altgläubiger einerseits, der Gesellschaft oder einem Gesellschafter andererseits.[54] Eine Mitteilung i.S.v. §§ 25 Abs. 2, 28 Abs. 2 hat dagegen keine enthaftende Wirkung.

§ 130a

(1) [1]**Nachdem bei einer Gesellschaft, bei der kein Gesellschafter eine natürliche Person ist, die Zahlungsunfähigkeit eingetreten ist oder sich ihre Überschuldung ergeben hat, dürfen die organschaftlichen Vertreter der zur Vertretung der Gesellschaft ermächtigten Gesellschafter und die Liquidatoren für die Gesellschaft keine Zahlungen leisten.** [2]**Dies gilt nicht von Zahlungen, die auch nach diesem Zeitpunkt mit der Sorgfalt eines ordentlichen und gewissenhaften Geschäftsleiters vereinbar sind.** [3]**Entsprechendes gilt für Zahlungen an Gesellschafter, soweit diese zur Zahlungsunfähigkeit der Gesellschaft führen mussten, es sei denn, dies war auch bei Beachtung der in Satz 2 bezeichneten Sorgfalt nicht erkennbar.** [4]**Die Sätze 1 bis 3 gelten nicht, wenn zu den Gesellschaftern der offenen**

[50] Dazu Thomas/Putzo/Hüßtege ZPO[29] vor § 50 Rn 25 f; s. auch § 129 Rn 5.
[51] *Deckenbrock/Dötsch* Rpfleger 2003, 644 f.
[52] S. bereits § 129 Rn 17, ferner MünchKommHGB/*K. Schmidt* Rn 23.
[53] BGH ZIP 2007, 79 (80).
[54] MünchKommHGB/*K. Schmidt* Rn 20; Heymann/*Emmerich* Rn 9.

Handelsgesellschaft eine andere offene Handelsgesellschaft oder Kommanditgesellschaft gehört, bei der ein persönlich haftender Gesellschafter eine natürliche Person ist.

(2) [1]Wird entgegen § 15a Abs. 1 der Insolvenzordnung die Eröffnung des Insolvenzverfahrens nicht oder nicht rechtzeitig beantragt oder werden entgegen Absatz 2 Zahlungen geleistet, so sind die organschaftlichen Vertreter der zur Vertretung der Gesellschaft ermächtigten Gesellschafter und die Liquidatoren der Gesellschaft gegenüber zum Ersatz des daraus entstehenden Schadens als Gesamtschuldner verpflichtet. [2]Ist dabei streitig, ob sie die Sorgfalt eines ordentlichen und gewissenhaften Geschäftsleiters angewandt haben, so trifft sie die Beweislast. [3]Die Ersatzpflicht kann durch Vereinbarung mit den Gesellschaftern weder eingeschränkt noch ausgeschlossen werden. [4]Soweit der Ersatz zur Befriedigung der Gläubiger der Gesellschaft erforderlich ist, wird die Ersatzpflicht weder durch einen Verzicht oder Vergleich der Gesellschaft noch dadurch aufgehoben, daß die Handlung auf einem Beschluß der Gesellschafter beruht. [5]Satz 4 gilt nicht, wenn der Ersatzpflichtige zahlungsunfähig ist und sich zur Abwendung des Insolvenzverfahrens mit seinen Gläubigern vergleicht oder wenn die Ersatzpflicht in einem Insolvenzplan geregelt wird. [6]Die Ansprüche aus diesen Vorschriften verjähren in fünf Jahren.

(3) Diese Vorschriften gelten sinngemäß, wenn die in den Absätzen 1 und 2 genannten organschaftlichen Vertreter ihrerseits Gesellschaften sind, bei denen kein Gesellschafter eine natürliche Person ist, oder sich die Verbindung von Gesellschaften in dieser Art fortsetzt.

Schrifttum

Altmeppen Probleme der Konkursverschleppungshaftung, ZIP 1997, 1173; *ders./Wilhelm* Quotenschaden, Individualschaden und Klagebefugnis bei der Verschleppung des Insolvenzverfahrens über das Vermögen der GmbH, NJW 1999, 673; *Bitter* Zur Haftung des Geschäftsführers aus § 64 Abs. 2 GmbHG für „Zahlungen" nach Insolvenzreife, WM 2001, 666; *Böcker/Poertzgen* Kausalität und Verschulden beim künftigen § 64 Satz 3 GmbHG, WM 2007, 1203; *Bork* Haftung des GmbH-Geschäftsführers wegen verspäteten Konkursantrags, ZGR 1996, 505; *Canaris* Die Haftung für fahrlässige Verletzungen der Konkursantragspflicht nach § 64 GmbHG, JZ 1993, 649; *Dauner-Lieb* Die Berechnung des Quotenschadens, ZGR 1998, 617; *Drukarczyk* Unternehmen und Insolvenz (1987); *ders.* Was kann der Tatbestand der Überschuldung leisten?, ZfbF 1986, 207; *ders.* Bilanzielle Überschuldungsmessung, ZGR 1979, 553; *ders.* Kapitalerhaltungsrecht, Überschuldung und Konsistenz, WM 1994, 1737; *Ehricke* Zur Teilnehmerhaftung von Gesellschaften bei Verletzung von Organpflichten mit Außenwirkung durch den Geschäftsführer einer GmbH, ZGR 2000, 351; *Eyber* Die Aktivlegitimation des Konkursverwalters bei Wegfall des „Quotenschadens", NJW 1994, 1622; *Flume* Die Haftung des GmbH-Geschäftsführers bei Geschäften nach Konkursreife der GmbH, ZIP 1994, 337; *Hirte* Abschied vom Quotenschaden (1994); *Goette* Zur persönlichen Haftung des Geschäftsführers einer GmbH gegenüber Dritten aus Geschäften, die nach Eintritt der Konkursreife mit ihnen geschlossen werden, DStR 1994, 1048; *Gottwald* (Hrsg.) Insolvenzrechts-Hdb., 3. Aufl. 2006; *Greulich/Bunnemann* Geschäftsführerhaftung für zur Zahlungsunfähigkeit führende Zahlungen an die Gesellschafter nach § 64 II 3 GmbHG-RefE – Solvenztest im deutschen Recht?, NZG 2006, 681; *Grunewald* Die unbeschränkte Haftung beschränkt haftender Gesellschafter für die Verletzung von Aufklärungspflichten im vorvertraglichen Bereich, ZGR 1986, 580; *Haas* Aktuelle Rechtsprechung zur Insolvenzantragspflicht des GmbH-Geschäftsführers, DStR 2003, 423; *ders.* Der Erstattungsanspruch nach § 64 Abs. 2 GmbHG, NZG 2004, 737; *ders.* Die Berücksichtigung der Insolvenzquote im Rahmen des Haftungsanspruchs nach § 64 Abs. 2 GmbHG, FS Fischer (2008) S. 211; *Habersack/Schürnbrand* Die Rechtsnatur der Haftung aus § 93 Abs. 3 AktG, § 43 Abs. 3 GmbHG, WM 2005, 957; *Henssler/Dedek* Gesamtschaden bei verspäteter Antragstellung, FS Uhlenbruck (2000) S. 175; *Karollus* Weitere Präzisierungen zur Konkursverschleppungshaftung, ZIP 1995, 269; *Klar* Überschuldung und Überschuldungsbilanz (1987); *Knof* Die neue Insolvenzverursachungshaftung nach § 64 Satz 3 RegE-GmbHG, DStR 2007, 1536, 1580; *B. Kübler* Die Konkursverschleppungshaftung des GmbH-Geschäftsführers nach der „Wende“ des Bundesgerichtshofes, ZGR 1996, 481; *Medicus* Die Außenhaftung des GmbH-Geschäftsführers, GmbHR 1993, 533; *ders.* Die Außenhaftung des GmbH-Geschäftsführers gegenüber Dritten aus Geschäften nach Konkursreife, DStR 1995, 1432; *Meyer-Cording* Die Bedeutung der Eröffnungstatbestände für die Funktion des Konkurses, ZIP 1989, 485; *Meyer-Landrut* Überschuldung als Konkursgrund, FS Quack (1991) S. 335; *G. Müller* Zur Haftung des Gesellschafter-Geschäftsführers aus culpa in contrahendo und aus § 64 Abs. 1 GmbHG, ZIP 1993, 1531; *ders.* Zum Schutz der Neugläubiger nach § 64 GmbHG, GmbHR 1994, 209; *ders.* Die Haftung des GmbH-Geschäftsführers aus § 64 GmbHG bei unterlassener Konkursanfechtung, ZIP 1996, 1153; *Pape* Keine Geltendmachung von Neugläubigerschäden durch den gerichtlich bestellten Insolvenzverwalter, KTS 1998, 367; *Poertzgen* Organhaftung wegen Insolvenzverschleppung (2006); *ders.* Die rechtsformneutrale Insolvenzantragspflicht (§ 15a InsO), ZInsO 2007, 574; *Reiff/Arnold* Unbeschränkte Konkursverschleppungshaftung des Geschäftsführers einer GmbH auch gegenüber gesetzlichen Neugläubigern?, ZIP 1998, 1893; *Roth* Die Haftung als faktischer Geschäftsführer im Konkurs der GmbH, ZGR 1989, 421; *K. Schmidt* Konkursgründe und präventiver Gläubigerschutz, AG 1978, 334; *ders.* Konkursantragspflichten und allgemeines Deliktsrecht, JZ 1978, 661; *ders.* Organverantwortlichkeit und Sanierung im Insolvenzrecht der Unternehmen, ZIP 1980, 328; *ders.* Sinnwandel und Funktion des Überschuldungstatbestandes, JZ 1982, 165; *ders.* Konkursverschleppungshaftung und Konkursverursachungshaftung, ZIP 1988, 1497; *ders.* Die Strafbarkeit „faktischer Geschäftsführer“ wegen Konkursverschleppung als Methodenproblem, FS Rebmann (1989) S. 419; *ders.* Wege zum Insolvenzrecht der Unternehmen (1990); *ders.* Labyrinthus creditorum – Gesellschaftsrechtliche Haftung im Insolvenzverfahren nach §§ 92, 93 InsO, ZGR 1996, 209; *ders.* Kein Abschied vom „Quotenschaden“ bei der Insolvenzverschleppungshaftung, NZI 1998, 9; *ders.* Geschäftsführerhaftung gemäß § 64 Abs. 2 GmbHG bei masseloser Insolvenz, GmbHR 2000, 1255; *ders.* Haftungsrealisierung in der Gesellschaftsinsolvenz, KTS 2001, 373; *ders.* Verbotene Zahlungen in der Krise von Handelsgesellschaften und die daraus resultierenden Ersatzpflichten, ZHR 168 (2004), 637; *ders.* Übermäßige Geschäftsführerrisiken aus § 64 Abs. 2 GmbHG, § 130a Abs. 3 HGB? ZIP 2005, 2177; *ders.* Debitorisches Bankkonto und Insolvenzverschleppungshaftung: Ist Geben seliger denn Nehmen?, ZIP 2008, 1401; *Schürnbrand* Organschaft im Recht der privaten Verbände, 2007; *Schulze-Osterloh* Grenzen des Gläubigerschutzes bei fahrlässiger Konkursverschleppung, AG 1984, 141; *ders.* Zahlungen nach Eintritt der Insolvenzreife (§ 63 Abs. 2 GmbHG; §§ 92 Abs. 3, 93 Abs. 3 Nr. 6 AktG), FS Bezzenberger (2000) S. 415; *Stapelfeld* Die Haftung des GmbH-Geschäftsführers für Fehlverhalten in der Gesellschaftskrise (1990); *Stein* Die Normadressaten der §§ 64, 84 GmbHG und die Verantwortlichkeit von Nichtgeschäftsführern wegen Konkursverschleppung, ZHR 148 (1984), 207; *Uhlenbruck* Die GmbH & Co. KG in Krise, Konkurs und Vergleich, 2. Aufl. (1988); *ders.* Die Legitimation zur Geltendmachung von Neugläubigerschäden wegen Konkursverschleppung, ZIP 1994, 1153; *ders.* Die Durchsetzung von Gläubigeransprüchen gegen eine vermögenslose GmbH und deren Organe nach geltendem und neuem Insolvenzrecht, ZIP 1996, 1641; *ders.* Insolvenzordnung, 12. Aufl. (2003); *Ulmer* Konkursantragspflicht bei Überschuldung der GmbH, KTS 1981, 469; *ders.* Volle Haftung des Gesellschafter-Geschäftsführers einer GmbH für Gläubigerschäden aus fahrlässiger Konkursverschleppung? NJW 1983, 1577; *ders.* Anm. zu BGH, Beschl. v. 1.3.1993 – II ZR 292/91, ZIP 1993, 769; *Vonnemann* Die Feststellung der Überschuldung, BB 1991, 867; *Wilhelm* Konkursantragspflicht des GmbH-Geschäftsführers und Quotenschaden, ZIP 1993, 1833; *Wimmer* Die Haftung des GmbH-Geschäftsführers, NJW 1996, 2546; *Windel* Zur persönlichen Haftung von Organträgern für Insolvenzverschleppungsschäden, KTS 1991, 477.

Übersicht

I. Einführung

1 **1. Inhalt und Zweck der Vorschrift.** Die Vorschrift des § 130a trägt dem Umstand Rechnung, dass die atypische, **keine natürliche Person als Gesellschafter** aufweisende OHG in haftungsrechtlicher Sicht einer Kapitalgesellschaft vergleichbar ist. Aus diesem Grund erstreckt sie die krisenbezogenen und gläubigerschützenden Verhaltenspflichten des Geschäftsführers einer GmbH und des Vorstands einer AG aus §§ 64 GmbHG, 92 Abs. 2 AktG auf eine solche OHG. Die Vorschrift steht im unmittelbaren gedanklichen und auch textlichen Zusammenhang mit der nunmehr in § 15a Abs. 1 S. 2, Abs. 2 und 3 InsO statuierten und nach Maßgabe des § 15a Abs. 4, 5 InsO strafbewehrten **Insolvenzantragspflicht** des organschaftlichen Vertreters oder – bei Führungslosigkeit – der Gesellschafter der zur Vertretung der OHG ermächtigten Gesellschafter oder der Abwickler der aufgelösten Gesellschaft, die wiederum auf die **Eröffnungsgründe** der §§ 17 und 19 InsO Bezug nimmt. Die hiernach in der InsO geregelte Insolvenzantragspflicht wird zunächst durch das **allgemeine Zahlungsverbot** des § 130a Abs. 1 S. 1 ergänzt, dem zufolge mit Eintritt von Zahlungsunfähigkeit oder Überschuldung für die Gesellschaft grundsätzlich keine Zahlungen mehr geleistet werden dürfen; ausgenommen sind nach § 130a Abs. 1 S. 2 nur solche Zahlungen, die trotz Insolvenzreife mit der Sorgfalt eines ordentlichen und gewissenhaften Geschäftsleiters vereinbar sind. Dieses allgemeine Zahlungsverbot findet seine Ergänzung in dem – sachlich neuen und die Rechtsprechung zur „Existenzvernichtung“ aufgreifenden – **besonderen Zahlungsverbot** des § 130a Abs. 1 S. 3, dem zufolge Zahlungen an Gesellschafter verboten sind, soweit diese erkennbar zur Zahlungsunfähigkeit der Gesellschaft führen mussten. Nach § 130a Abs. 2 sind die Organwalter bei schuldhafter Verletzung der Insolvenzantragspflicht des § 15a InsO oder der

Zahlungsverbote des § 130a Abs. 1 der Gesellschaft zum Ersatz des daraus entstandenen **Schadens** verpflichtet; bei Verstoß gegen die Antragspflicht kommen – weder in § 130a noch in § 15a InsO ausdrücklich geregelte – Schadensersatzansprüche der Alt- und Neugläubiger hinzu. § 130a Abs. 3 schließlich erklärt die Vorschriften der Abs. 1–3 auf **mehrstöckige Gebilde** für anwendbar, bei denen die organschaftlichen Vertreter der zur Vertretung der OHG-Gesellschafter berechtigten Gesellschaften ihrerseits Gesellschaften ohne natürliche Person als Gesellschafter sind.

Die Vorschrift statuiert besondere – nicht zur Disposition der Gesellschafter stehende (Rn 6) – Verhaltenspflichten der Geschäftsleiter im Umgang mit der in die Krise geratenen atypischen Personenhandelsgesellschaft und erstreckt damit den das Kapitalgesellschaftsrecht kennzeichnenden Grundgedanken, dass sich die Geschäftsführung der insolvenzreifen Gesellschaft nicht mehr am allgemeinen Gesellschafter- und Unternehmensinteresse, sondern am **Gläubigerinteresse** zu orientieren hat, auf derartige Personengesellschaften. Zugleich unterstellt die Vorschrift die Geschäftsleiter einer Insolvenzverursachungshaftung in Fällen, in denen die Zahlungsunfähigkeit durch Auszahlungen an die Gesellschafter herbeigeführt worden ist. Allgemein lässt sich deshalb von einer besonderen **„Krisenverantwortung"** der Geschäftsleiter sprechen, deren Zweck nicht im Schutz der Gesellschaft, sondern im Schutz der Gesellschaftsgläubiger und des Rechtsverkehrs im Allgemeinen besteht.[1] Was zunächst die nunmehr zwar in § 15a InsO geregelte, in § 130a Abs. 2 S. 1 indes in Bezug genommene und für den Fall der Verletzung mit der Pflicht zu „Schadensersatz" belegte **Antragspflicht** betrifft, so sollen durch sie zum einen die vorhandenen Gesellschaftsgläubiger vor einer weiteren Verschlechterung ihrer Vermögensposition bewahrt werden; die rasche Eröffnung des Insolvenzverfahrens soll sicherstellen, dass das bei Eintritt der Insolvenzreife vorhandene Vermögen den Gläubigern – unter Wahrung des Grundsatzes der Gläubigergleichbehandlung – zugute kommt und nicht durch eine Fortsetzung der Geschäftstätigkeit weiter aufgezehrt wird. Darüber hinaus dient die Begründung der Antragspflicht aber auch dem Zweck, ein Unternehmen mit beschränktem Haftungsfonds vom Geschäftsverkehr auszuschließen; andernfalls bestünde insbesondere die Gefahr, dass Dritte in Vertragsbeziehungen mit der insolvenzreifen Gesellschaft treten und dadurch in ihren Vermögensinteressen gefährdet werden.[2] Der Zweck des **allgemeinen Zahlungsverbots** des § 130a Abs. 1 S. 1 deckt sich partiell mit dem Schutzzweck der Antragspflicht, geht aber über diesen hinaus; er besteht darin, die Masse zu erhalten und für ranggerechte und gleichmäßige Gläubigerbefriedigung zu sorgen.[3] Eigenständige Bedeutung kommt dem Auszahlungsverbot schon deshalb zu, weil es unmittelbar mit Eintritt der Insolvenzreife eingreift, die in § 15a Abs. 1 S. 1 InsO für die Antragspflicht vorgesehene Bedenkfrist insoweit also nicht gilt (Rn 25). Das **besondere Zahlungsverbot** des § 130a Abs. 1 S. 3 schließlich soll in Ergänzung der Ausschüttungsverbote der §§ 30 GmbHG, 57 AktG und der Anfechtungstatbestände der §§ 129 ff 2

[1] MünchKommHGB/*K. Schmidt* Rn 2; Ebenroth/Boujong/Joost/Strohn/*Hillmann* Rn 2; **aA** für § 64 GmbHG *Altmeppen/Wilhelm* NJW 1999, 673 ff; dagegen zutr. *K. Schmidt* ZHR 168 (2004), 637 (654 f).

[2] So für § 64 GmbHG a.F. BGHZ 126, 181 (190 ff) = NJW 1994, 2220; BGH NJW 1995, 398 (399); für §§ 177a, 130a BGH ZIP 1995, 31.

[3] Für §§ 64 GmbHG, 92 AktG BGHZ 146, 264 (278 f) = NJW 2001, 1280; BGHZ 143, 184 (186) = NJW 2000, 601; BGH ZIP 2007, 1501 (1502); BGH ZIP 2008, 1229; GroßkommAktG/*Habersack* § 92 Rn 91; Ulmer/Habersack/Winter/*Casper* GmbHG § 64 Rn 4; *Schulze-Osterloh* FS Bezzenberger S. 415 (426); **aA** namentlich MünchKomm-HGB/*K. Schmidt* Rn 4, 29; *ders.* ZHR 168 (2004), 637 (669 f); *Altmeppen/Wilhelm* NJW 1999, 673 ff; *Altmeppen* ZIP 2001, 2201 (2205 f).

InsO die Zahlungsunfähigkeit herbeiführende Vermögensverschiebungen zwischen Gesellschaft und Gesellschaftern unterbinden und hierdurch im Gläubigerinteresse für eine gewisse Insolvenzprophylaxe sorgen; sanktioniert wird also die Insolvenzverursachung, nicht dagegen – wie in § 130a Abs. 1 S. 1, Abs. 2 S. 2 – die Insolvenzvertiefung.[4]

3 **2. Entstehungsgeschichte und Reformen.** Die Vorschrift des § 130a ist – gemeinsam mit § 130b a.F. – durch das Erste Gesetz zur Bekämpfung der Wirtschaftskriminalität vom 29.7.1976[5] erlassen worden und am 1.9.1976 in Kraft getreten. Zugleich wurde durch Neufassung der §§ 209, 210 KO auch für die atypische Personengesellschaft der Konkursgrund der Überschuldung eingeführt und damit auch insoweit Übereinstimmung mit dem GmbH-Recht hergestellt. Im Zuge der GmbH-Novelle vom 4.7.1980[6] wurde Abs. 1 S. 1, 2. Hs. eingefügt. Durch Art. 40 EGInsO[7] sind die §§ 130a, b mit Wirkung zum 1.1.1999 an die zu diesem Zeitpunkt in Kraft tretende InsO[8] angepasst worden.[9] Größere Änderungen sind sodann durch das Gesetz zur Modernisierung des GmbH-Rechts und zur Bekämpfung von Missbräuchen (**MoMiG**) vom 23.10.2008 erfolgt.[10] Dessen Art. 9 Nr. 3 hat die Antragspflicht für Kapitalgesellschaften und Personengesellschaften ohne natürliche Person als unbeschränkt haftenden Gesellschafter in § 15a InsO geregelt und fortentwickelt. In der Folge hat Art. 3 Nr. 12 des MoMiG den § 130a Abs. 1 a.F, der die Antragspflicht für die atypische OHG geregelt hatte, aufgehoben. Zugleich ist das besondere Zahlungsverbot des § 130a Abs. 1 S. 3 eingefügt worden und damit auch insoweit ein – partieller – Gleichlauf mit §§ 64 GmbHG n.F, 92 Abs. 2 AktG n.F. hergestellt worden. Art. 3 Nr. 13 MoMiG hat den Straftatbestand des § 130b aufgehoben; die strafrechtlichen Sanktionen bei Verstoß gegen die Insolvenzantragspflicht finden sich nun in § 15a Abs. 4 und 5 InsO. Art. 3 Nr. 14 des MoMiG enthält für § 177a die Folgeänderungen zu den Änderungen der §§ 130a, b.

3. Abgrenzung

4 **a) Gesellschafts- und Gesellschafterinsolvenz.** Auch bei der atypischen OHG ist zwischen der Insolvenz der Gesellschaft und derjenigen ihrer Gesellschafter zu unterscheiden (§ 124, 44). Die Vorschrift des § 130a regelt Pflichten im Zusammenhang mit der Insolvenz der OHG und schützt allein die **Gläubiger der OHG.** Was dagegen die an der OHG beteiligten Gesellschaften betrifft, so gelangt bei deren Insolvenz neben § 15a InsO das jeweils maßgebliche Organisationsrecht zur Anwendung. Handelt es sich also bei dem Gesellschafter um eine GmbH oder AG, so beurteilen sich die Pflichten des GmbH-Geschäftsführers oder des Vorstands der AG nach §§ 64 GmbHG, 92 Abs. 2 AktG, handelt es sich bei dem Gesellschafter um eine atypische Personenhandelsgesellschaft, so sind

---

4 *Greulich/Bunnemann* NZG 2006, 681 (684); *K. Schmidt* GmbHR 2007, 1072 (1079).

5 BGBl. I, 2034; s. dazu Begr. RegE, BT-Drucks. 7/5291.

6 BGBl. I, 836.

7 BGBl. 1994 I, 2911 (2927).

8 BGBl. 1994 I, 2866; zum Zeitpunkt des Inkrafttretens s. Art. 110 EGInsO (Fn 5).

9 Näher Voraufl. Rn 3 (*Habersack*).

10 BGBl. I S. 2026; dazu auch RegE, BT-Drucks. 16/6140 = BR-Drucks. 354/07 = ZIP 2007, Beil. zu Heft 23; dazu *Noack* DB 2007, 1395 ff; ferner Stellungnahme des Bundesrates vom 6.7.2007 und Gegenäußerung der Bundesregierung vom 5.9.2007, BT-Drucks. 16/6140; Beschlussempfehlung und Bericht des Rechtsausschusses vom 18.6.2008, BT-Drucks. 16/9737 (dazu *Seibert/Decker* ZIP 2008, 1208 ff); zu dem im Februar 2006 vorgelegten Referentenentwurf s. *Noack* DB 2006, 1475; *Seibert* ZIP 2006, 1157 ff; *Schäfer* DStR 2006, 2085 ff; umfassende Dokumentation bei *Goette* Einführung in das neue GmbH-Recht (2008).

auch auf dieser Ebene die §§ 130a, 177a einschlägig. Vor dem Hintergrund der in § 128 bestimmten Haftung für die Verbindlichkeiten der Gesellschaft hat die Insolvenz der atypischen OHG zumeist auch die Insolvenz der Gesellschafter zur Folge. Dies beruht darauf, dass bei Insolvenz der OHG der **Regressanspruch des OHG-Gesellschafters** (§ 128, 41 ff) nicht mehr vollwertig ist und sich deshalb das aus § 128 folgende Haftungsrisiko realisiert. Den zu passivierenden Haftungsverbindlichkeiten des OHG-Gesellschafters stehen dann keine gleichwertigen Ausgleichsansprüche gegen die OHG gegenüber; sofern nicht die an der OHG beteiligte Gesellschaft über ausreichend Vermögen verfügt, um die ungedeckten Haftungsverbindlichkeiten erfüllen zu können, müssen ihre organschaftlichen Vertreter – im Fall der doppelstöckigen Kapitalgesellschaft & Co. (Rn 13): die organschaftlichen Vertreter der Komplementärin der an der OHG beteiligten atypischen Personengesellschaft sowohl für die Komplementär-Gesellschaft als auch für die Personengesellschaft – nach Maßgabe des jeweils einschlägigen Organisationsrechts die Eröffnung des Insolvenzverfahrens beantragen.[11]

b) Schutz der Gesellschaft. Ebenso wie § 15a InsO bezweckt § 130a den Schutz der gegenwärtigen und potentiellen Gläubiger der Gesellschaft, nicht dagegen den Schutz der Gesellschaft (Rn 2; s. ferner Rn 40). Den Organwaltern der an der OHG beteiligten Gesellschaften obliegt es zwar, die Angelegenheiten der von ihnen geführten Gesellschaft mit der Sorgfalt eines ordentlichen Geschäftsmannes zu besorgen. Doch sind diese aus dem Innenverhältnis folgende Verpflichtung sowie die bei einer Pflichtverletzung eingreifenden Sanktionen nicht in § 130a, sondern anderweitig geregelt; von Bedeutung sind dabei insbesondere die Haftungstatbestände der §§ 43 Abs. 2 GmbHG, 93 Abs. 2 AktG. Gläubiger des Anspruchs aus §§ 43 Abs. 2 GmbHG, 93 Abs. 2 AktG ist zwar an sich nur die an der OHG beteiligte Kapitalgesellschaft. Doch haben die aus dem Rechtsverhältnis des Organwalters zu der von ihm vertretenen Kapitalgesellschaft resultierenden **Verhaltenspflichten drittschützende Wirkung** auch zugunsten der OHG;[12] auch die OHG hat mithin einen eigenen Schadensersatzanspruch gegen die Organwalter ihrer Gesellschafter. Durch diese auf dem organschaftlichen Rechtsverhältnis beruhende Haftung werden die Interessen der OHG und damit mittelbar auch die der anderen OHG-Gesellschafter geschützt. Entsprechendes gilt für den Fall, dass Gesellschafter oder Mitglieder eines Beirates oder Aufsichtsrates, also Personen, die nicht oder nicht primär zu den Normadressaten des § 130a gehören, ihre Pflichten gegenüber der Gesellschaft verletzen (s. dazu noch Rn 12, 50). 5

4. Zwingende Geltung. Die Vorschrift des § 130a enthält durchweg zwingendes Recht. Für die bei Verstoß gegen die Antragspflicht und die Zahlungsverbote eingreifende Ersatzpflicht gegenüber der Gesellschaft ist dies in Abs. 2 S. 3 ausdrücklich hervorgehoben; darüber hinaus statuiert Abs. 2 S. 4 insoweit ein Verzichts- und Vergleichsverbot sowie – in sachlicher Übereinstimmung mit §§ 64 S. 4, 43 Abs. 3 S. 3 GmbHG – die 6

[11] Vgl. BGHZ 127, 17 (32 f) = NJW 1994, 2760; BGH BB 1991, 246; ferner OLG Oldenburg ZIP 2008, 2077 (2078); näher zur Insolvenz der Kapitalgesellschaft & Co. und ihrer Gesellschafter § 131 Rn 30 ff, 40 ff, 89 ff (*Schäfer*).

[12] Vgl. für die GmbH & Co. KG BGHZ 75, 321 (322 ff) = NJW 1980, 589; 76, 326 (337 f) = NJW 1980, 1524; 100, 190 (193) = NJW 1987, 2008; BGH NJW 1982, 2869 m. Anm. *Westermann*; näher dazu Voraufl. § 164, 16 (*Schilling*); *Grunewald* BB 1981, 581 ff; *Hüffer* ZGR 1981, 354 ff; *K. Schmidt* GmbHR 1984, 279; *P. Krebs* Geschäftsführerhaftung bei der GmbH & Co. KG und das Prinzip der Haftung für sorgfaltswidrige Leitung (1991), insbes. S. 119 ff.

Unbeachtlichkeit eines die Verletzungshandlung stützenden Gesellschafterbeschlusses (Rn 37). Doch gilt ganz allgemein, dass die Antragspflicht des § 15a InsO und die Unterlassungspflichten des Abs. 1 S. 1, 3 und damit auch die bei Verletzung derselben eingreifende Haftung der Organwalter der OHG-Gesellschafter weder im Gesellschaftsvertrag noch durch Weisung der Mitglieder der an der OHG beteiligten Gesellschaften abbedungen werden können. Dies folgt schon aus dem Umstand, dass Gesellschaft und Gesellschafter nicht in den Schutzbereich des § 130a fallen und deshalb nicht dispositionsbefugt sind, aber auch aus den Strafvorschriften des § 15a Abs. 4, 5 InsO. Selbst eine Freistellung der Organwalter von den ihnen gegenüber der Gesellschaft obliegenden Sorgfaltspflichten (Rn 5) ist nur unter dem Vorbehalt der §§ 43 Abs. 2 S. 3 GmbHG, 93 Abs. 5 S. 3 AktG möglich. Im Übrigen vermag auch das Einverständnis eines oder mehrerer Gläubiger die Rechtswidrigkeit des Verhaltens und damit die Folgen des Abs. 2, § 15a Abs. 4, 5 InsO schon deshalb nicht zu verhindern, weil § 130a – ebenso wie § 15a InsO – den Schutz sämtlicher gegenwärtiger und künftiger Gläubiger der Gesellschaft bezweckt (Rn 2).

7 **5. Insolvenzrechtlicher Rahmen; Aufgabe der Kommentierung.** Die Vorschrift des § 130a regelt die Krisenverantwortung der organschaftlichen Vertreter der zur Vertretung der Kapitalgesellschaft & Co. ermächtigten Gesellschafter und der Liquidatoren und steht in engem, durch Bezugnahme in Abs. 2 S. 1 auf § 15a InsO noch unterstrichenen Zusammenhang mit den insolvenzrechtlichen Vorschriften über die Antragspflicht und die Eröffnungsgründe. Der Wortlaut dieser Vorschriften wird im Folgenden abgedruckt, und zwar unter Berücksichtigung der Änderungen durch das MoMiG (Rn 3) und das Finanzmarktstabilisierungsgesetz (Rn 16). Die Kommentierung beschränkt sich indes im Wesentlichen auf die in § 130a unmittelbar geregelten Fragen. Wegen sämtlicher Einzelheiten namentlich hinsichtlich der Eröffnungsgründe und der Außenhaftung gegenüber den Gläubigern ist auf die Kommentierungen zu §§ 15a, 17 ff InsO zu verweisen.

§ 15 InsO Antragsrecht bei juristischen Personen und Gesellschaften ohne Rechtspersönlichkeit

(1) Zum Antrag auf Eröffnung eines Insolvenzverfahrens über das Vermögen einer juristischen Person oder einer Gesellschaft ohne Rechtspersönlichkeit ist außer den Gläubigern jedes Mitglied des Vertretungsorgans, bei einer Gesellschaft ohne Rechtspersönlichkeit oder bei einer Kommanditgesellschaft auf Aktien jeder persönlich haftende Gesellschafter, sowie jeder Abwickler berechtigt. Bei einer juristischen Person ist im Fall der Führungslosigkeit auch jeder Gesellschafter, bei einer Aktiengesellschaft oder einer Genossenschaft zudem auch jedes Mitglied des Aufsichtsrats zur Antragstellung berechtigt.

(2) Wird der Antrag nicht von allen Mitgliedern des Vertretungsorgans, allen persönlich haftenden Gesellschaftern, allen Gesellschaftern der juristischen Person, allen Mitgliedern des Aufsichtsrats oder allen Abwicklern gestellt, so ist er zulässig, wenn der Eröffnungsgrund glaubhaft gemacht wird. Zusätzlich ist bei Antragstellung durch Gesellschafter einer juristischen Person oder Mitglieder des Aufsichtsrats auch die Führungslosigkeit glaubhaft zu machen. Das Insolvenzgericht hat die übrigen Mitglieder des Vertretungsorgans, persönlich haftenden Gesellschafter, Gesellschafter der juristischen Person, Mitglieder des Aufsichtsrats oder Abwickler zu hören.

(3) Ist bei einer Gesellschaft ohne Rechtspersönlichkeit kein persönlich haftender Gesellschafter eine natürliche Person, so gelten die Absätze 1 und 2 entsprechend für die organschaftlichen Vertreter und die Abwickler der zum Vertretung der Gesellschaft ermächtigten Gesellschafter. Entsprechendes gilt, wenn sich die Verbindung von Gesellschaften in dieser Art fortsetzt.

§ 15a InsO Antragspflicht bei juristischen Personen und Gesellschaften ohne Rechtspersönlichkeit

(1) Wird eine juristische Person zahlungsunfähig oder überschuldet, haben die Mitglieder des Vertretungsorgans oder die Abwickler ohne schuldhaftes Zögern, spätestens aber drei Wochen nach

Eintritt der Zahlungsunfähigkeit oder Überschuldung, einen Insolvenzantrag zu stellen. Das Gleiche gilt für die organschaftlichen Vertreter der zur Vertretung ermächtigten Gesellschafter oder die Abwickler bei einer Gesellschaft ohne Rechtspersönlichkeit, bei der kein persönlich haftender Gesellschafter eine natürliche Person ist; dies gilt nicht, wenn zu den persönlich haftenden Gesellschaftern eine andere Gesellschaft gehört, bei der ein persönlich haftender Gesellschafter eine natürliche Person ist.

(2) Bei einer Gesellschaft im Sinne des Absatzes 1 Satz 2 gilt Absatz 1 sinngemäß, wenn die organschaftlichen Vertreter der zur Vertretung der Gesellschaft ermächtigten Gesellschafter ihrerseits Gesellschaften sind, bei denen kein Gesellschafter eine natürliche Person ist, oder sich die Verbindung von Gesellschaften in dieser Art fortsetzt.

(3) Im Fall der Führungslosigkeit einer Gesellschaft mit beschränkter Haftung ist auch jeder Gesellschafter, im Fall der Führungslosigkeit einer Aktiengesellschaft oder einer Genossenschaft ist auch jedes Mitglied des Aufsichtsrats zur Stellung des Antrags verpflichtet, es sei denn, diese Person hat von der Zahlungsunfähigkeit und der Überschuldung oder der Führungslosigkeit keine Kenntnis.

(4) Mit Freiheitsstrafe bis zu drei Jahren oder mit Geldstrafe wird bestraft, wer entgegen Absatz 1 Satz 1, auch in Verbindung mit Satz 2 oder Absatz 2 oder Absatz 3, einen Insolvenzantrag nicht, nicht richtig oder nicht rechtzeitig stellt.

(5) Handelt der Täter in den Fällen des Absatzes 4 fahrlässig, ist die Strafe Freiheitsstrafe bis zu einem Jahr oder Geldstrafe.

§ 16 InsO Eröffnungsgrund

Die Eröffnung des Insolvenzverfahrens setzt voraus, dass ein Eröffnungsgrund gegeben ist.

§ 17 InsO Zahlungsunfähigkeit

(1) Allgemeiner Eröffnungsgrund ist die Zahlungsunfähigkeit.

(2) Der Schuldner ist zahlungsunfähig, wenn er nicht in der Lage ist, die fälligen Zahlungspflichten zu erfüllen. Zahlungsunfähigkeit ist in der Regel anzunehmen, wenn der Schuldner seine Zahlungen eingestellt hat.

§ 18 InsO Drohende Zahlungsunfähigkeit

(1) Beantragt der Schuldner die Eröffnung des Insolvenzverfahrens, so ist auch die drohende Zahlungsunfähigkeit Eröffnungsgrund.

(2) Der Schuldner droht zahlungsunfähig zu werden, wenn er voraussichtlich nicht in der Lage sein wird, die bestehenden Zahlungspflichten im Zeitpunkt der Fälligkeit zu erfüllen.

(3) Wird bei einer juristischen Person oder einer Gesellschaft ohne Rechtspersönlichkeit der Antrag nicht von anderen Mitgliedern des Vertretungsorgans, allen persönlich haftenden Gesellschaftern oder allen Abwicklern gestellt, so ist Absatz 1 nur anzuwenden, wenn der oder die Antragsteller zur Vertretung der juristischen Person oder der Gesellschaft berechtigt sind.

§ 19 InsO Überschuldung

(1) Bei einer juristischen Person ist auch die Überschuldung Eröffnungsgrund.

(2) Überschuldung liegt vor, wenn das Vermögen des Schuldners die bestehenden Verbindlichkeiten nicht mehr deckt, es sei denn, die Fortführung des Unternehmens ist nach den Umständen überwiegend wahrscheinlich. Forderungen auf Rückgewähr von Gesellschafterdarlehen oder aus Rechtshandlungen, die einem solchen Darlehen wirtschaftlich entsprechen, für die gemäß § 39 Abs. 2 zwischen Gläubiger und Schuldner der Nachrang im Insolvenzverfahren hinter den in § 39 Abs. 1 Nr. 1 bis 5 bezeichneten Forderungen vereinbart worden ist, sind nicht bei den Verbindlichkeiten nach Satz 1 zu berücksichtigen.

(3) Ist bei einer Gesellschaft ohne Rechtspersönlichkeit kein persönlich haftender Gesellschafter eine natürliche Person, so gelten die Absätze 1 und 2 entsprechend. Dies gilt nicht, wenn zu den per-

sönlich haftenden Gesellschaftern eine andere Gesellschaft gehört, bei der ein persönlich haftender Gesellschafter eine natürliche Person ist.

II. Anwendungsbereich

8 **1. Atypische OHG.** Die Vorschrift des § 130a ist nach dem 1. Halbsatz ihres Abs. 1 S. 1 auf jede OHG anwendbar, bei der **kein Gesellschafter eine natürliche Person** ist. Davon betroffen ist an sich jede OHG, die ausschließlich Kapitalgesellschaften, sonstige Körperschaften, Stiftungen oder Personengesellschaften als Gesellschafter aufweist (Anh. § 129 Rn 8). Abs. 1 S. 4 nimmt indes – in sachlicher Übereinstimmung mit § 39 Abs. 4 InsO (Anh. § 129 Rn 11) – Gesellschaften aus, zu deren Gesellschaftern eine andere OHG oder KG gehört, bei der ein Gesellschafter oder Komplementär eine natürliche Person ist und somit (mindestens) eine natürliche Person immerhin **mittelbar** für die Verbindlichkeiten der OHG haftet. Von § 130a erfasst werden mithin Offene Handelsgesellschaften, die haftungsrechtlich einer Kapitalgesellschaft vergleichbar und deshalb den für diese geltenden Vorschriften zum Schutz der Gesellschaftsgläubiger zu unterstellen sind. Wie § 39 Abs. 4 InsO (Anh. § 129 Rn 11) ist auch die Ausnahmebestimmung des § 130a Abs. 1 S. 4 der **analogen Anwendung** zugänglich. Hiervon betroffen sind zunächst die Beteiligung einer **KGaA** mit einer natürlichen Person als Komplementär und die Beteiligung einer gesetzestypischen GbR (Anh. § 129 Rn 10).[13] Ihrem Normzweck entsprechend umfasst die Ausnahmevorschrift des § 130a Abs. 1 S. 4 – ebenso wie diejenige des § 39 Abs. 4 InsO (Anh. § 129 Rn 11) – aber auch **mehrstufige Gebilde,** bei denen erst auf der zweiten oder dritten Beteiligungsstufe eine natürliche Person nach § 128 haftet;[14] dies deshalb, weil zu den Gesellschaftsschulden i.S.v. § 128 stets auch die auf der ersten oder zweiten Beteiligungsstufe anfallenden Haftungsverbindlichkeiten aus § 128 gehören. § 130a findet also keine Anwendung, wenn an der OHG neben einer GmbH eine KG beteiligt ist und Komplementär der KG nicht eine natürliche Person ist – dies wäre der in § 130a Abs. 1 S. 4 geregelte Fall –, sondern wiederum eine OHG oder KG mit einer natürlichen Person als Gesellschafter oder Komplementär. Zur Vorschrift des § 130a Abs. 3 s. Rn 13.

9 **2. Atypische KG.** Nach § 177a S. 1 ist § 130a auf die KG auch dann anwendbar, wenn ein Kommanditist eine natürliche Person ist; dem Anwendungsbereich des § 130a sind mithin nur diejenigen Kommanditgesellschaften entzogen, denen eine **natürliche Person als Komplementär** angehört. Darüber hinaus bestimmt § 177a S. 1, dass an die Stelle der Ausnahmevorschrift des § 130a Abs. 1 S. 4 (Rn 8) die Vorschrift des § 176 Abs. 6 S. 2 tritt. Im Einklang mit § 15a Abs. 1 S. 2, 39 Abs. 4 S. 1 InsO (Anh. § 129 Rn 10 f) sind deshalb dem Anwendungsbereich der §§ 130a, 177a nur solche Kommanditgesellschaften entzogen, bei denen zu den persönlich haftenden Gesellschaftern eine OHG oder KG gehört, die ihrerseits über eine natürliche Person als unbeschränkt haftenden Gesellschafter verfügt. Dies entspricht dem für die erste Beteiligungsstufe geltenden Grundtatbestand des § 130a Abs. 1 S. 1 und erklärt sich vor dem Hintergrund, dass die Gläubiger (nur) in diesem Fall mittelbar eine natürliche Person für die Verbindlichkeiten der Gesellschaft (i.S.v. §§ 130a Abs. 1 S. 1, 177a, also der KG) unbeschränkt in Anspruch nehmen können. Gehören also der KG eine weitere OHG oder KG als Kom-

---

13 MünchKommHGB/*K. Schmidt* Rn 10; Röhricht/v. Westphalen/*v. Gerkan/Haas* Rn 3.

14 MünchKommHGB/*K. Schmidt* Rn 10; Ebenroth/Boujong/Joost/Strohn/*Hillmann* Rn 4; **aA** Röhricht/v. Westphalen/*v. Gerkan/Haas* Rn 3.

plementär und eine natürliche Person als Kommanditist an, so unterliegt sie gem. § 177a S. 1 dem § 130a. Davon macht § 177a S. 1 i.V.m. § 176 Abs. 6 S. 2 eine Ausnahme nur für den Fall, dass der an der KG beteiligten OHG oder KG eine natürliche Person als Gesellschafter oder Komplementär angehört; nur in diesem Fall, nicht dagegen in dem Fall, dass einer der Kommanditisten der an der KG beteiligten KG eine natürliche Person ist, findet § 130a keine Anwendung. Allerdings ist auch § 177a S. 1 zu eng formuliert und deshalb auf die in Rn 8 genannten Fälle der Beteiligung einer KGaA oder GbR sowie auf mehrstufige Gebilde entsprechend anwendbar.

3. **Atypische GbR; atypische EWIV.** Die GbR ist nach § 11 Abs. 2 Nr. 1 als „Gesellschaft ohne Rechtspersönlichkeit" insolvenzrechtsfähig und unterliegt, wenn sie über keine natürliche Person als unbeschränkt haftenden Gesellschafter verfügt,[15] den §§ 15a Abs. 1 S. 2, 19 Abs. 3 InsO.[16] In der Konsequenz dessen liegt es, auch **§ 130a analog** anzuwenden.[17] Entsprechendes gilt für die atypische EWIV (zu ihr Anh. § 129 Rn 9). Sie unterliegt unmittelbar den §§ 15a Abs. 1 S. 2, 19 Abs. 3 InsO; die entsprechende Anwendung des § 130a ergibt sich aus § 1 EWIV-Ausführungsgesetz. Auf die Partnerschaft ist § 130a hingegen schon deshalb nicht anwendbar, weil sie ausschließlich über natürliche Personen verfügt (Anh. § 129 Rn 9). **10**

III. Normadressaten

1. Organschaftliche Vertreter

a) **Regelfall.** Normadressaten des § 130a sind – neben den Liquidatoren der aufgelösten OHG (Rn 14) – die organschaftlichen Vertreter der vertretungsberechtigten Gesellschafter der atypischen OHG. Davon betroffen sind **sämtliche organschaftlichen Vertreter sämtlicher zur organschaftlichen Vertretung der OHG berechtigten Gesellschafter**. Dem entspricht es, dass nach § 15 Abs. 1, 3 InsO jeder organschaftliche Vertreter eines vertretungsberechtigten Gesellschafters die Eröffnung des Insolvenzverfahrens beantragen kann und damit zur Erfüllung seiner Antragspflicht aus § 15a Abs. 1 S. 2 InsO imstande ist (s. Rn 24); auf die Ausgestaltung der Vertretungsmacht innerhalb der an der OHG beteiligten Gesellschaft kommt es dabei ebenso wenig an wie auf die interne Geschäftsverteilung zwischen den Organwaltern.[18] Unerheblich ist des Weiteren, wie die Vertretungsmacht innerhalb der OHG geregelt ist. Bei Geltung des Grundsatzes der Einzelvertretungsmacht eines jeden Gesellschafters sind mithin sämtliche organschaftlichen Vertreter sämtlicher Gesellschafter der OHG verpflichtet; bei Gesamtvertretungsmacht mehrerer Gesellschafter sind die organschaftlichen Vertreter der gesamtvertretungsberechtigten Gesellschafter verpflichtet. Nicht verpflichtet sind dagegen die organschaftlichen Vertreter eines von der organschaftlichen Vertretung der OHG ausgeschlossenen Gesellschafters, mag dem Gesellschafter auch Vollmacht erteilt sein (dazu § 125 Rn 13 ff). **11**

---

[15] Zur analogen Anwendung des § 128 auf die GbR und zu deren Grenzen s. § 128 Rn 6.

[16] Zu § 39 Abs. 4 S. 1 InsO s. Anh. § 129 Rn 9.

[17] Röhricht/v. Westphalen/*v. Gerkan/Haas* Rn 3; vor Inkrafttreten des MoMiG (Rn 3) bereits Voraufl. Rn 10; MünchKommHGB/*K. Schmidt* Rn 7; Ebenroth/Boujong/Joost/Strohn/*Hillmann* Rn 6.

[18] Vgl. BGH ZIP 1994, 891 (892); Ulmer/Habersack/Winter/*Casper* § 64 Rn 36; GroßkommAktG/*Habersack* § 92 Rn 31; s. ferner BGH ZIP 1996, 2017 (betr. § 266a StGB); allg. dazu *U. H. Schneider* FS 100 Jahre GmbHG (1992) S. 473 ff.

Nach Eintritt der Insolvenzreife können sich die organschaftlichen Vertreter ihren Pflichten aus § 15a InsO, § 130a nicht durch **Niederlegung** des Amtes entziehen.[19] Zwar entfällt mit wirksamer Niederlegung des Amtes des Geschäftsführers oder Mitglieds des Vorstands die Antragsberechtigung, doch tritt an die Stelle der Antragspflicht die Pflicht zur entsprechenden Einwirkung auf die verbliebenen organschaftlichen Vertreter.[20] Unberührt bleiben die Folgen eines bereits vor Niederlegung begangenen Verstoßes gegen §§ 15a InsO, 130a. Führt der Organwalter die Geschäfte trotz Niederlegung seines Amtes weiter, so haftet er nach hM ggf. als faktischer Organwalter (Rn 12).

12 b) **Fehlerhaft bestellter und faktischer Organwalter.** Zu den Normadressaten des § 130a zählt auch der fehlerhaft bestellte Organwalter.[21] Die Unwirksamkeit des Bestellungsakts steht mithin dem Eingreifen des § 130a nicht entgegen, sofern nur die Organfunktion tatsächlich ausgeübt wird. Problematischer ist der Tatbestand des faktischen Organwalters. Bei ihm geht es um Sachverhalte, in denen eine nicht (auch nicht fehlerhaft) zum Organwalter bestellte Person, zumeist ein Gesellschafter, die Geschäfte der Gesellschaft tatsächlich wie ein Organwalter führt.[22] Die ganz hM dehnt sowohl die zivilrechtlichen Sanktionen als auch die bislang in § 130b, nunmehr in § 15a Abs. 4, 5 InsO vorgesehenen Strafsanktionen auf diese Personen aus[23] und sieht sich deshalb gezwungen, auch die Berechtigung, den Eröffnungsantrag zu stellen, wiewohl sie nach § 15 Abs. 1, 3 InsO auf die organschaftlichen Vertreter beschränkt ist, auf die sog. faktischen Geschäftsführer zu erstrecken.[24] Dem kann freilich schon deshalb nicht gefolgt werden, weil die Befugnis, den Eröffnungsantrag zu stellen, u.a. aus Gründen der Rechtssicherheit an das Kriterium

---

[19] BGH NJW 1952, 554; MünchKommHGB/*K. Schmidt* Rn 15; Ebenroth/Boujong/Joost/Strohn/*Hillmann* Rn 7; Röhricht/v. Westphalen/*v. Gerkan/Haas* Rn 4; Ulmer/Habersack/Winter/*Casper* GmbHG § 64 Rn 37; GroßkommAktG/*Habersack* § 92 Rn 31.

[20] Vgl. neben den Nachw. in Fn 19 *Uhlenbruck* BB 1983, 1283 mit zutr. Erwägung, nach Eintritt der Insolvenz die Amtsniederlegung ohne vorherige Antragsstellung als unwirksam anzusehen.

[21] Wohl einh. M., vgl. MünchKommHGB/*K. Schmidt* Rn 14; Röhricht/v. Westphalen/*v. Gerkan/Haas* Rn 4; Ulmer/Habersack/Winter/*Casper* GmbHG § 64 Rn 39; *Stein* ZHR 148 (1984) 207 (217 ff); zu § 84 Abs. 1 Nr. 2 GmbHG a.F. s. RGSt 16, 269 (271 f).

[22] Näher dazu *Roth* ZGR 1989, 421 ff; *K. Schmidt* FS Rebmann S. 419 ff; *Schürnbrand* S. 294 ff; *Stein* ZHR 148 (1984), 207 ff.

[23] Vgl. für das Strafrecht BGHSt 3, 32 (38) = GmbHR 1955, 43; BGHSt 31, 118 (121 f) = NJW 1983, 240; BGH NJW 1997, 66 (67); näher dazu *Schäfer* GmbHR 1993, 718 (722 f); für die zivilrechtlichen Sanktionen BGHZ 75, 96 (106) = NJW 1979, 1823; BGHZ 104, 44 (46) = NJW 1988, 1789; BGHZ 150, 61 (69); BGH ZIP 2005, 1414 (1415); BGH ZIP 2005, 1550 (1551); speziell zu § 130a MünchKommHGB/*K. Schmidt* Rn 16; Heymann/*Emmerich* Rn 6; Ebenroth/Boujong/Joost/Strohn/*Hillmann* Rn 11; s. ferner Ulmer/Habersack/Winter/*Casper* GmbHG § 64 Rn 39; *Roth* ZGR 1989, 421 ff; *K. Schmidt* FS Rebmann S. 419 (433 ff); **aA** *Stein* ZHR 148 (1984), 207 (230 f); *Schürnbrand* S. 299 ff; GroßkommAktG/*Habersack* § 92 Rn 33; wohl auch Röhricht/v. Westphalen/*v. Gerkan/Haas* Rn 6.

[24] Vgl. BGHSt 31, 118 (122) = NJW 1983, 240; **aA** aber MünchKommHGB/*K. Schmidt* Rn 16 und *K. Schmidt* FS Rebmann S. 419 (429 ff), dem zufolge § 130a (a.F., jetzt § 15a InsO) nicht die Antragstellung gebiete, sondern die außerhalb des Insolvenzverfahrens erfolgende Unternehmensführung verbiete, weshalb den nach § 130a bestehenden Pflichten auch ohne Antragsbefugnis nachgekommen werden könne (s. dazu noch Rn 18); wieder anders Ulmer/Habersack/Winter/*Casper* GmbHG § 64 Rn 39, dem zufolge sich das faktische Organ jederzeit zum Organwalter bestellen lassen könne.

der förmlichen Stellung als Organwalter gebunden ist, ein Antragsrecht desjenigen, der „die Geschäfte tatsächlich wie ein Geschäftsführer oder Mitgeschäftsführer führt", dagegen zu einer im Verfahrensrecht unerwünschten Aufweichung der Antragsbefugnis führen muss. Es kommt hinzu, dass die Gläubiger in Fällen dieser Art keineswegs rechtlos gestellt sind (Rn 50). Zumal vor dem Hintergrund, dass das MoMiG das Problem der **führungslosen Gesellschaft** nunmehr anderweitig gelöst hat (Rn 15), sollte das Phänomen des sog. faktischen Geschäftsführers jedenfalls im Zusammenhang mit den Pflichten aus § 15a InsO, § 130a verabschiedet werden.[25]

c) **Mehrstufige Gebilde (Abs. 3).** Nach Abs. 3 sind die Vorschriften der Abs. 1 und 2 sinngemäß anzuwenden, wenn die organschaftlichen Vertreter der an der atypischen OHG beteiligten Gesellschaften ihrerseits Gesellschaften sind, bei denen kein Gesellschafter eine natürliche Person ist. Der Zweck der Vorschrift besteht darin, die Pflichten der Abs. 1 und 2 gegenüber den auf der höhergelagterten Stufe zur organschaftlichen Vertretung berechtigten **natürlichen Personen** zur Anwendung zu bringen. Im Unterschied zu §§ 130a Abs. 1 S. 4, 177a (Rn 8 f) geht es also in § 130a Abs. 3 nicht um die Bestimmung des Anwendungsbereichs der §§ 130a, 177a, sondern um die Bestimmung der bei Vorliegen einer atypischen Personengesellschaft für die Erfüllung der Antrags- und Masseerhaltungspflicht verantwortlichen natürlichen Personen. Die Vorschrift des Abs. 3 geht maW von der Anwendbarkeit des § 130a aus und **verlagert** die aus Abs. 1 und 2 resultierenden **Pflichten auf die mittelbaren organschaftlichen Vertreter.** Sind also an der OHG nur juristische Personen und atypische Personengesellschaften beteiligt, so begründet bereits dies die Anwendbarkeit des § 130a. Der mit § 130a verfolgte Gläubigerschutz würde aber leerlaufen, handelte es sich bei den nach Abs. 1 und 2 Verpflichteten ihrerseits um juristische Personen oder atypische Personengesellschaften. Deshalb unterliegen in diesem Fall die organschaftlichen Vertreter der zur organschaftlichen Vertretung berechtigten Gesellschaften dem Pflichtenkatalog des § 130a. Ist auch der mittelbare organschaftliche Vertreter keine natürliche Person, so ist gem. § 130a Abs. 3 letzter Hs. auf dessen organschaftlichen Vertreter abzustellen. Da nach §§ 76 Abs. 3 S. 1 AktG, 6 Abs. 2 S. 1 GmbHG nur eine natürliche Person zum Mitglied des Vorstands einer AG oder zum Geschäftsführer einer GmbH bestellt werden kann, ist von den Vorschriften der §§ 130a Abs. 3, 177a nur die Beteiligung einer (typischen oder atypischen) Personengesellschaft an der OHG bzw. KG betroffen; der Sache nach geht es um die sog. **doppelstöckige GmbH & Co. KG,** bei der die Komplementär-Stellung von einer weiteren GmbH & Co. KG übernommen wird und bei der gem. § 130a Abs. 3 der Geschäftsführer der Komplementär-GmbH der an der GmbH & Co. KG beteiligten KG Adressat der Pflichten aus § 130a Abs. 1 und 2 ist. Für den erforderlichen **Gleichlauf mit § 15a InsO** sorgt dessen Abs. 2, der § 130a Abs. 3 nahezu wörtlich übernimmt. 13

2. **Liquidatoren.** Mit Auflösung der atypischen OHG unterliegen die Liquidatoren den Pflichten aus § 130a. Erfolgt die Liquidation der OHG dem Regelfall des § 146 Abs. 1 S. 1 entsprechend durch sämtliche oder einzelne Gesellschafter als Liquidatoren, so kommt der besonderen Erwähnung der Liquidatoren in § 130a freilich keine eigenständige Bedeutung zu. Denn in diesem Fall handeln die Liquidatoren weiterhin durch 14

[25] Zutr. *Stein* ZHR 148 (1984), 207 (223 ff); s. ferner die weiteren in voriger Fn genannten Gegenstimmen; s. aber auch Begr. RegE MoMiG, ZIP 2007, Beil. zu Heft 23, S. 32, wonach die Rechtsprechung zum faktischen Geschäftsführer und die weitere Rechtsentwicklung hierzu durch § 15a Abs. 3 InsO nicht berührt werden.

ihre organschaftlichen Vertreter; diese sind dann anstelle des Gesellschafters der aufgelösten OHG nach § 130a verpflichtet (Rn 11 ff). Anderes gilt dagegen bei der – nach § 146 Abs. 1 S. 1, Abs. 2 zulässigen – **Bestellung eines Dritten zum Liquidator** der aufgelösten OHG. Werden mehrere Liquidatoren bestellt, so unterliegt jeder von ihnen der Antragspflicht; entsprechend § 15 Abs. 1, 3 InsO ist jeder Liquidator antragsberechtigt. Handelt es sich bei dem gekorenen Liquidator nicht um eine natürliche Person (dazu § 146 Rn 20), so sind seine organschaftlichen Vertreter verpflichtet.

15 **3. Gesellschafter einer führungslosen Gesellschaft.** Durch § 15a Abs. 3 InsO wird für den Fall der Führungslosigkeit einer GmbH (§ 35 Abs. 1 S. 2 GmbHG), AG (§ 78 Abs. 1 S. 2 AktG) oder Genossenschaft (§ 24 Abs. 1 S. 2 GenG),[26] mithin beim Fehlen eines Geschäftsführers oder Vorstandsmitglieds, eine Ersatzzuständigkeit eines jeden **Gesellschafters der GmbH** bzw. eines jeden **Mitglieds des Aufsichtsrats der AG oder Genossenschaft** für die Antragsstellung begründet; dem entspricht es, dass nach § 15 Abs. 1 S. 2 InsO jeder GmbH-Gesellschafter und jedes Mitglied des Aufsichtsrats der AG oder Genossenschaft im Fall der Führungslosigkeit zur Antragsstellung berechtigt ist. Hierdurch soll ein Anreiz geschaffen werden, für die Gewährleistung hinreichender Vertretung der Gesellschaft durch hierzu primär berufene organschaftliche Vertreter zu sorgen. Die subsidiäre Antragspflicht nach § 15a Abs. 3 InsO besteht allerdings nicht, wenn der Ersatzzuständige – mithin der Gesellschafter oder das Aufsichtsratsmitglied – von der Insolvenzreife und der Führungslosigkeit keine Kenntnis hat.[27] Die Vorschrift des § 15a Abs. 3 InsO gilt zwar unmittelbar nur bei Insolvenz der GmbH, AG oder Genossenschaft. Sie ist jedoch entsprechend anwendbar auf die atypische Personengesellschaft im Sinne des § 15a Abs. 1 S. 2 InsO, § 130a.[28] Die Gesellschafter der an der OHG beteiligten führungslosen GmbH unterliegen mithin auch in Bezug auf die OHG der Antragspflicht; Entsprechendes gilt für die Mitglieder des Aufsichtsrats einer an der OHG beteiligten führungslosen AG oder Genossenschaft.

IV. Antragspflicht (§ 15a Abs. 1 S. 2 InsO)

16 **1. Insolvenzreife.** Nach § 15a Abs. 1 S. 2 InsO sind die organschaftlichen Vertreter der vertretungsberechtigten Gesellschafter der Personengesellschaft (Rn 8 ff, 11 ff) im Interesse der Gesellschaftsgläubiger (Rn 2) verpflichtet, bei Zahlungsunfähigkeit oder Überschuldung der atypischen Personengesellschaft die Eröffnung des Insolvenzverfahrens über das Gesellschaftsvermögen zu beantragen. Die Vorschrift steht im unmittelbaren Zusammenhang mit §§ 17, 19 InsO. Nach § 17 Abs. 1 InsO ist nämlich die **Zahlungsunfähigkeit** des Schuldners allgemeiner Eröffnungsgrund. Sie ist nach § 17 Abs. 2 S. 1 InsO gegeben, wenn der Schuldner nicht in der Lage ist, die fälligen Zahlungspflichten zu erfüllen; nach § 17 Abs. 2 S. 2 InsO ist dies in der Regel bei Zahlungseinstellung anzunehmen.[29] Bei der atypischen Personengesellschaft ist nach § 19 Abs. 3 InsO darüber

---

26 S. ferner § 10 Abs. 2 InsO; näher *Schmahl* NZI 2008, 7.

27 Dazu sowie zur Beweislast des Gesellschafters bzw. Aufsichtsratsmitglieds s. Begr. RegE MoMiG, ZIP 2007, Beil. zu Heft 23 S. 31 f.

28 So auch *Poertzgen* ZInsO 2007, 574 (577); unentschieden Röhricht/v. Westphalen/ *v. Gerkan/Haas* Rn 7.

29 Zur Zahlungsunfähigkeit sowie zur Abgrenzung zur Zahlungsstockung s. neben den Kommentierungen zu § 17 InsO namentlich BGH NJW 2005, 3062; BGH ZIP 2007, 1666; BGH ZIP 2008, 707; *Bork* ZIP 2008, 1749 ff.

hinaus – ebenso wie bei der juristischen Person (§ 19 Abs. 1 InsO) – auch **Überschuldung** Eröffnungsgrund.[30] Nach der ursprünglichen Fassung des § 19 Abs. 2 S. 1 InsO sollte Überschuldung vorliegen, wenn das Vermögen des Schuldners die bestehenden Verbindlichkeiten nicht mehr deckt; nach § 19 Abs. 2 S. 2 InsO war bei der Bewertung des Vermögens des Schuldners die Fortführung des Unternehmens zugrunde zu legen, wenn diese nach den Umständen überwiegend wahrscheinlich ist. Der Tatbestand der rechnerischen Überschuldung wurde hierdurch zwar um ein Prognoseelement ergänzt. Anders als unter Geltung der KO (Voraufl. Rn 17) beseitigte allerdings eine positive Zukunftsprognose die Überschuldung nicht; sie hatte vielmehr allein zur Folge, dass die Aktiva in der Überschuldungsbilanz nicht mit Liquidationswerten, sondern mit Fortführungswerten – gem. § 252 Abs. 1 Nr. 2 HGB also mit den Handelsbilanzwerten zuzüglich der stillen Reserven – anzusetzen waren.[31] Art. 5 des Finanzmarktstabilisierungsgesetzes[32] ist indes vorübergehend zum ursprünglichen zweitstufigen Überschuldungsbegriff der KO zurückgekehrt;[33] nach Art. 6 Abs. 3, 7 Abs. 2 des Finanzmarktstabilisierungsgesetzes tritt am 1.1.2011 wieder die ursprüngliche Fassung des § 19 Abs. 2 InsO in Kraft. Forderungen auf Rückgewähr von **Gesellschafterdarlehen** oder aus dem Darlehen wirtschaftlich entsprechenden Rechtshandlungen sind nach § 19 Abs. 2 S. 2 InsO nur bei Vorliegen einer Rangrücktrittsvereinbarung im Sinne des § 39 Abs. 2 InsO von der Passivierungspflicht ausgenommen (Anh. § 129 Rn 25). Demgegenüber trennt der unter Geltung der KO herrschende neuere zweistufige Überschuldungsbegriff methodisch korrekt zwischen der Ermittlung der rechnerischen Überschuldung und der auf einer nachgeordneten Stufe ansetzenden Bewertung des – weiterhin mit Liquidationswerten versehenen – Überschuldungsstatus. Sowohl bei Zahlungsunfähigkeit als auch bei Überschuldung sind die organschaftlichen Vertreter nach §§ 15 Abs. 1, 15a Abs. 1 S. 2 InsO zur Antragstellung berechtigt und verpflichtet.

Drohende Zahlungsunfähigkeit ist hingegen nach § 18 Abs. 1 InsO nur dann Eröffnungsgrund, wenn der Schuldner – die Personengesellschaft – die Eröffnung des Verfahrens beantragt. Eine Antragspflicht besteht bei drohender Zahlungsunfähigkeit nicht, weshalb diesem zusätzlichen Eröffnungsgrund im Rahmen des § 130a keine Bedeutung zukommt. Konsequenter Weise bestimmt denn auch § 18 Abs. 3 InsO, dass bei drohender Zahlungsunfähigkeit die Eröffnung des Insolvenzverfahrens Vertretungsmacht des organschaftlichen Vertreters voraussetzt, der Antragssteller also entweder Einzelvertretungsmacht haben oder gemeinsam mit den anderen zur Gesamtvertretung berechtigten Personen handeln muss.[34] **17**

[30] Zur Überschuldung s. neben den Kommentierungen zu § 19 InsO noch die Nachw. in der nachfolgenden Fn.

[31] BGH ZIP 2006, 2171; BGH ZIP 2006, 2186; BGH ZIP 2007, 676 (679); BGH ZIP 2007, 1501 f; BGH DStR 2007, 1641 (1642).

[32] Gesetz zur Umsetzung eines Maßnahmenpakets zur Stabilisierung des Finanzmarktes vom 17.10.2008, BGBl. I S. 1982.

[33] Dazu LG Göttingen ZIP 2009, 382 (383 f); *Bitter* ZInsO 2008, 1097; *Hölzle* ZIP 2008, 2003; *K. Schmidt* DB 2008, 2467; zum Überschuldungsbegriff unter Geltung der KO s. BGHZ 119, 201 (213 ff) = NJW 1992, 2891; BGHZ 125, 141 (145 ff) = NJW 1994, 1477; BGHZ 126, 181 (200) = NJW 1994, 2220; BGHZ 129, 136 (153) = NJW 1995, 1739; Voraufl. Rn 17; *K. Schmidt* AG 1978, 354 (357 f); Hachenburg/*Ulmer* GmbHG[8] § 63 Rn 57 ff.

[34] Zur davon abweichenden Rechtslage bei Zahlungsunfähigkeit und Überschuldung s. dagegen Rn 11.

2. Entstehung und Dauer der Pflicht

18 a) **Entstehung.** Die Antragspflicht entsteht mit Eintritt der Zahlungsunfähigkeit oder Überschuldung der Gesellschaft. Masselosigkeit i.S.v. § 26 InsO kann nur vom Insolvenzgericht festgestellt werden und lässt die Antragspflicht nicht entfallen.[35] Für den Eröffnungsgrund der Überschuldung bedarf es nicht der Erstellung eines Überschuldungsstatus.[36] Nach wie vor umstritten ist freilich, ob die Antragspflicht bereits mit dem objektiven Vorliegen eines Eröffnungsgrundes[37] oder erst mit entsprechender – nicht zwangsläufig aus der Erstellung einer Überschuldungsbilanz resultierender – Kenntnis des jeweiligen Organwalters entsteht.[38] Die besseren Gründe sprechen gegen das Erfordernis der Kenntnis hinsichtlich der Überschuldung. Ganz allgemein ist es üblich, zwischen dem objektiven Tatbestand der Pflichtverletzung und den daran anknüpfenden Sanktionen zu unterscheiden; allein letztere setzen ggf. subjektive Elemente in der Person des pflichtwidrig Handelnden voraus. Hinzu kommt aber auch die Entwicklungsgeschichte des § 64 GmbHG: Die 1986 erfolgte Neufassung dieser Vorschrift hat bewusst das Erfordernis der Erstellung einer Überschuldungsbilanz gestrichen und den Wortlaut damit demjenigen der §§ 92 Abs. 2 S. 2 AktG a.F, 130a HGB a.F. angepasst[39]. Der gesetzgeberischen Absicht, das Eingreifen des § 64 GmbHG von der Aufstellung einer Überschuldungsbilanz zu lösen, würde es zuwiderlaufen, wollte man statt dessen auf die anderweitig begründete Kenntnis hinsichtlich der Überschuldung abstellen. Eine streng objektive Betrachtungsweise hätte freilich ungeachtet des Prognoseelements des Überschuldungsbegriffs die Gefahr einer Vereitelung der Dreiwochenfrist des § 15a Abs. 1 S. 1 InsO (Rn 23) zur Folge; zur Ermöglichung von Sanierungsversuchen ist sie deshalb um das subjektive Element der **Erkennbarkeit der die Überschuldung begründenden Tatsachen** zu ergänzen.[40] Dem Organwalter obliegt es deshalb, die Entwicklung des Unternehmens fortlaufend zu überwachen und sich ggf. extern beraten zu lassen.[41]

---

[35] MünchKommHGB/*K. Schmidt* Rn 23; Röhricht/v. Westphalen/*v. Gerkan/Haas* Rn 8; für § 64 GmbHG OLG Bamberg ZIP 1983, 200.

[36] Heute wohl allg.M., s. BGH NJW 1984, 2958; MünchKommHGB/*K. Schmidt* Rn 20; Heymann/*Emmerich* Rn 10. – Zur entsprechenden Problematik im Rahmen des – in seinem Wortlaut das Bilanzerfordernis enthaltenden – § 64 Abs. 1 GmbHG in der Fassung vor Änderung durch das 2. WiKG v. 15.5.1986 (BGBl. I, 721) s. BGHZ 100, 19 (22) = NJW 1987, 2433; BGH NJW 1991, 3146 = ZIP 1991, 1137.

[37] BGHZ 143, 184 (185) = NJW 2000, 668; BGH NJW 2001, 304; BGH ZIP 2007, 1265 (1266); MünchKommHGB/*K. Schmidt* Rn 20; Röhricht/v. Westphalen/*v. Gerkan/Haas* Rn 8; Ebenroth/Boujong/Joost/Strohn/*Hillmann* Rn 17; so bereits Voraufl. Rn 19; GroßkommAktG/*Habersack* § 92 Rn 62 mwN; für § 64 GmbHG Ulmer/Habersack/Winter/*Casper* GmbHG § 64 Rn 64 mwN; stark relativierend Scholz/*K. Schmidt* GmbHG § 64 Rn 18; *Bayer/J. Schmidt* AG 2005, 644 (651 f).

[38] So für § 92 Abs. 2 AktG noch BGHZ 75, 96 (110) = NJW 1979, 1823; s. ferner OLG Frankfurt/M. NZG 2004, 1157; OLG Koblenz NZG 2005, 79; für § 64 GmbHG Baumbach/Hueck/*Schulze-Osterloh* GmbHG[18] § 64 Rn 50; *ders.* AG 1984, 141 (142 f); für § 130a Baumbach/*Hopt* Rn 8; unentschieden Heymann/*Emmerich* Rn 10.

[39] Vgl. Fn 36.

[40] So denn auch BGH (Fn 37); ferner Ulmer/Habersack/Winter/*Casper* GmbHG § 64 Rn 64; GroßkommAktG/*Habersack* § 92 Rn 62; großzügiger Scholz/*K. Schmidt* GmbHG § 64 Rn 18; *Bayer/J. Schmidt* AG 2005, 644 (651 f).

[41] Zu den Anforderungen im Einzelnen s. BGH ZIP 2007, 1265 (1266) mwN; s. ferner BGH ZIP 2007, 1501 (1502).

Hinsichtlich des Eröffnungsgrunds der **Zahlungsunfähigkeit** schließlich ist schon mit Rücksicht darauf, dass er im Unterschied zu demjenigen der Überschuldung ohne Weiteres erkennbar ist, der objektiven Betrachtungsweise der Vorzug zu geben.[42] **19**

b) **Erlöschen.** Die Antragspflicht erlischt **mit Beseitigung der Insolvenzreife.**[43] Dies gilt zwar auch für den Fall, dass die Insolvenzreife erst nach Ablauf der Frist des § 15a Abs. 1 S. 1 InsO (Rn 23) beseitigt wird. Doch entfällt die Antragspflicht in diesem Fall lediglich mit Wirkung ex nunc. Die mit Ablauf der Frist eingetretene Verletzung der Antragspflicht bleibt also von der nachträglichen Beseitigung der Insolvenzreife unberührt. Freilich wird es bei erfolgreicher Sanierung zumeist an einem Verschleppungsschaden der Gläubiger fehlen.[44] Zum Erlöschen der Antragspflicht durch Eröffnungsantrag s. Rn 22, 24. **20**

3. Inhalt der Pflicht

a) **Allgemeines.** Nach § 15a Abs. 1 InsO sind die organschaftlichen Vertreter verpflichtet, die Eröffnung des Insolvenzverfahrens über das Vermögen der OHG zu beantragen. Mit dieser **Antragspflicht** einher geht zwar das Verbot, die Gesellschaft in der Insolvenzsituation fortzuführen. Doch erschöpft sich die Bedeutung des § 15a Abs. 1 InsO nicht in der Statuierung eines Fortführungsverbots.[45] Ein solches Fortführungsverbot mag zwar den Rechtsverkehr vor der Begründung rechtsgeschäftlicher Beziehungen zu der insolventen Gesellschaft bewahren und damit eines der Anliegen des § 15a InsO erfüllen (Rn 1 f). Was dagegen die gegenwärtigen Gläubiger betrifft, so ist ihnen allein mit der Einstellung des Geschäftsbetriebs nicht gedient; sie sollen vielmehr zwingend und unmittelbar mit Eintritt der Insolvenz in den Genuss eines rechtlich geordneten Verteilungsverfahrens kommen. Wenn auch die Gläubiger der Gesellschaft ihrerseits berechtigt sind, den Eröffnungsantrag zu stellen, so befinden sie sich doch regelmäßig hinsichtlich des Eröffnungsgrunds der Überschuldung in Unkenntnis und sehen deshalb keinen Anlass, von ihrer Antragsbefugnis Gebrauch zu machen. Erschöpft sich somit Abs. 1 nicht in der Anordnung eines Fortführungsverbots, so unterliegt ihm nur derjenige, der berechtigt ist, den Eröffnungsantrag zu stellen; dies ist von Bedeutung für die Frage, ob auch sog. faktische Organwalter der Antragspflicht unterliegen (Rn 12). **21**

Masselosigkeit befreit nicht von der Antragspflicht (Rn 18). Entsprechendes gilt für den Eröffnungsantrag eines **Gläubigers**; die Organwalter müssen also, solange nicht das Verfahren eröffnet ist, einem begründeten Gläubigerantrag beitreten.[46] Zur Einleitung von **Sanierungsmaßnahmen** sind die Organwalter den Gläubigern gegenüber nicht verpflichtet; Sanierungsmaßnahmen können allenfalls die Ausschöpfung der Dreiwochenfrist des § 15a Abs. 1 S. 1 InsO rechtfertigen (Rn 23). Anders kann das Verhältnis des **22**

---

42 Zutr. Scholz/*K. Schmidt* GmbHG § 64 Rn 18 mwN; s. ferner BGH ZIP 2007, 1265 (1266).

43 BGHSt 15, 310 = NJW 1961, 740 (zu § 84 GmbHG); MünchKommHGB/*K. Schmidt* Rn 21; Ebenroth/Boujong/Joost/Strohn/*Hillmann* Rn 19; Röhricht/v. Westphalen/*v. Gerkan/Haas* Rn 14.

44 Näher Ulmer/Habersack/Winter/*Casper* GmbHG § 64 Rn 68.

45 **AA** MünchKommHGB/*K. Schmidt* Rn 3; *K. Schmidt* ZIP 1980, 328 ff; *ders.* ZIP 1988, 1497.

46 BGH ZIP 2008, 2308 (Tz. 21 ff); s. ferner RG JW 1905, 551; BGH GmbHR 1957, 131; BGH GmbHR 1998, 830; Baumbach/Hueck/*Schulze-Osterloh* GmbHG § 64 Rn 52; Ulmer/Habersack/Winter/*Casper* GmbHG § 64 Rn 67 mwN; **aA** Scholz/*K. Schmidt* GmbHG § 64 Rn 19.

Organwalters zur Gesellschaft zu beurteilen sein (Rn 6); insoweit kommen Sanierungspflichten durchaus in Betracht.

23 b) **Antragsfrist.** Ist Insolvenzreife eingetreten (Rn 18 f), so haben die Organwalter nach § 15a Abs. 1 S. 1 InsO ohne schuldhaftes Zögern, spätestens aber binnen drei Wochen die Eröffnung des Insolvenzverfahrens zu beantragen. Bei der **Dreiwochenfrist** handelt es sich um eine **Höchstfrist.** Sie darf von den Organwaltern nur in Anspruch genommen werden, solange erfolgversprechende Sanierungsbemühungen eingeleitet und durchgeführt werden.[47] Zeigt sich bereits vor Ablauf der Frist, dass eine Sanierung nicht innerhalb der Dreiwochenfrist in Betracht kommt, muss unverzüglich und damit auch schon vor Fristablauf Eröffnungsantrag gestellt werden.[48] Der Ablauf der Frist wird nicht durch ernsthafte Sanierungsverhandlungen gehemmt.[49]

24 4. **Erfüllung der Antragspflicht.** Wird nicht die Insolvenzreife beseitigt (Rn 20), so hat allein der Antrag auf Eröffnung des Insolvenzverfahrens das Erlöschen der Antragspflicht zur Folge. Der Antrag kann nach § 15 Abs. 1 S. 1, Abs. 3 InsO von **jedem Organwalter** gestellt werden; bei Führungslosigkeit der Gesellschaft ist jeder GmbH-Gesellschafter und jedes Mitglied des Aufsichtsrats der AG oder Genossenschaft antragsberechtigt und -verpflichtet (Rn 15). Hat einer der Organwalter wirksam die Eröffnung des Verfahrens beantragt und ist der Antrag nicht zurückgenommen worden, so haben damit auch die anderen Organwalter ihre Antragspflicht erfüllt; Entsprechendes gilt in den Fällen des § 15 Abs. 1 S. 2, Abs. 3 InsO (Rn 15). Aus § 15a Abs. 4 InsO („nicht richtig") lässt sich im Übrigen herleiten, dass nur ein zulässiger Antrag von der Antragspflicht befreit.[50] Der **Antrag eines Gläubigers** lässt die Antragspflicht der Organwalter unberührt, solange nicht das Insolvenzverfahren eröffnet ist (Rn 22).

V. Zahlungsverbote des Abs. 1

1. Allgemeines Zahlungsverbot (Abs. 1 S. 1 und 2)

25 a) **Grundsatz.** Mit Eintritt der Insolvenzreife ist es den Organwaltern (Entsprechendes gilt für die im Folgenden nicht gesondert hervorgehobenen Liquidatoren, nicht dagegen für die Gesellschafter oder Mitglieder des Aufsichtsrats der führungslosen Gesellschaft, s. Rn 15, 28) nach Abs. 1 S. 1 untersagt, für die Gesellschaft Zahlungen zu leisten. Mit diesem – streng von der Antragspflicht zu unterscheidenden[51] – Zahlungs-

---

[47] Vgl. BGHZ 75, 96, 111 = NJW 1979, 1823 (zu § 92 Abs. 2 AktG); OLG Düsseldorf NZG 1999, 1066, 1068 (zu § 64 GmbHG); MünchKommHGB/*K. Schmidt* Rn 25; Heymann/*Emmerich* Rn 11; Röhricht/v. Westphalen/*v. Gerkan/Haas* Rn 8; Baumbach/*Hopt* Rn 8; Koller/Roth/Morck/*Koller* Rn 2; s. ferner BGH ZIP 2007, 1501, 1502 („unverzüglich").

[48] Vgl. die Nachw. in voriger Fn.

[49] Scholz/*K. Schmidt* GmbHG § 64 Rn 16; Ulmer/Habersack/Winter/*Casper* GmbHG § 64 Rn 65; Baumbach/Hueck/*Schulze-Osterloh* GmbHG § 64 Rn 51.

[50] Zutr. Röhricht/v. Westphalen/*v. Gerkan/Haas* Rn 8.

[51] St. Rspr., s. BGHZ 138, 211 (214 ff) = NJW 1998, 2667; BGHZ 146, 264 (278 ff) = NJW 2001, 1280; BGH ZIP 2007, 1501; ferner Ulmer/Habersack/Winter/*Casper* GmbHG § 64 Rn 7; Baumbach/Hueck/*Schulze-Osterloh* GmbHG § 64 Rn 1; **aA** – für (freilich unterschiedlich interpretierten) Einheitstatbestand – MünchKommHGB/*K. Schmidt* Rn 4, 29; *Altmeppen/Wilhelm* NJW 1999, 673 ff.

verbot soll im Interesse der Gesellschaftsgläubiger an **ranggerechter und gleichmäßiger Befriedigung** die **Erhaltung der Masse** sichergestellt werden (Rn 2). Die Folge einer verbotenen Zahlung besteht denn auch nach Abs. 2 S. 1 in der Pflicht des Geschäftsführers zur Erstattung des zu Unrecht Geleisteten (Rn 35). Vorbehaltlich des Ausnahmetatbestands des Abs. 1 S. 2 entsteht das Zahlungsverbot unmittelbar **mit Eintritt der Insolvenzreife** und damit auch schon vor Ablauf der Antragsfrist des § 15a Abs. 1 S. 1 InsO.[52] Auf die Kenntnis des Organwalters hinsichtlich des Eröffnungsgrunds kommt es für die Anwendbarkeit des Abs. 2 nicht an;[53] subjektive Elemente sind vielmehr erst auf der Rechtsfolgenseite Rechnung zu tragen (Rn 36). Die Pflicht endet mit Beseitigung der Insolvenzreife (Rn 20); zuvor unter Verstoß gegen Abs. 1 S. 1 vorgenommene Zahlungen verpflichten zum Ersatz gem. Abs. 2. Wird das Insolvenzverfahren eröffnet, so geht die Verfügungsbefugnis nach § 80 InsO auf den Insolvenzverwalter über; ein Verstoß gegen das Zahlungsverbot ist dann ausgeschlossen. Das Verbot des Abs. 1 und die Ersatzpflicht nach Abs. 2 knüpfen nach zutr. Ansicht an die **einzelne Zahlung** (Rn 26) an, so dass mit jeder verbotenen Zahlung ein eigener Ersatzanspruch entsteht.[54]

Den Organwaltern ist nach Abs. 1 S. 1 die **Leistung von Zahlungen** verboten. Aus- **26**
gehend von dem Zweck des Verbots, mit Eintritt der Insolvenzreife das Vermögen der Gesellschaft für die Befriedigung der Gläubiger zu reservieren und den Grundsatz der ranggerechten und gleichmäßigen Gläubigerbefriedigung mit Eintritt der Insolvenzreife zu verwirklichen (Rn 2), ist eine **weite Auslegung** des Zahlungsbegriffs veranlasst.[55] Erfasst werden neben der Leistung von Bargeld auch unbare Geldleistungen[56] und die Leistung sonstiger Gegenstände des Gesellschaftsvermögens, etwa die Lieferung von Waren, die Erbringung von Dienstleistungen oder die Gewährung von Sicherheiten.[57] Der Umstand, dass die Gesellschaft infolge der Leistung zugleich von einer Verbindlichkeit befreit wird, steht der Annahme einer verbotenen Zahlung schon mit Blick auf die in diesem Fall bewirkte Privilegierung eines einzelnen Gläubigers nicht entgegen (Rn 2, 25). Verboten sind deshalb auch die Einzahlung von Geldern und die Einreichung von Kundenschecks auf ein debitorisches Konto der Gesellschaft,[58] ferner die Genehmigung von Lastschriften, etwa durch Nichtausübung des Widerrufsrechts.[59] Verfügt die Gesellschaft ausschließlich über debitorische Konnten, obliegt es deshalb den Organwaltern, ein neues Konto zu eröffnen;[60] dabei haben sie darauf zu achten, dass der durch die Einzah-

52 Ebenroth/Boujong/Joost/Strohn/*Hillmann* Rn 20; Röhricht/v. Westphalen/*v. Gerkan*/*Haas* Rn 15.

53 Vgl. Rn 18 f, ferner MünchKommHGB/*K. Schmidt* Rn 30.

54 BGHZ 143, 184 (187 f) = NJW 2000, 668; **aA** – für einheitlichen Anspruch wegen Masseschmälerung – *Bitter* WM 2001, 666 (670 ff); *K. Schmidt* ZHR 168 (2004), 637 (655 ff); Ulmer/Habersack/Winter/*Casper* GmbHG § 64 Rn 79 ff (82) mwN. – S. ferner die Nachw. in Fn 51 zum Verhältnis zwischen Antragspflicht und Zahlungsverbot.

55 Vgl. nur BGHZ 143, 184 (186 ff) = NJW 2000, 668; BGH ZIP 2008, 1229 (1230); MünchKommHGB/*K. Schmidt* Rn 31; Ebenroth/Boujong/Joost/Strohn/*Hillmann* Rn 21; GroßkommAktG/*Habersack* § 92 Rn 93.

56 Wohl allg.M., s. Röhricht/v. Westphalen/*v. Gerkan*/*Haas* Rn 15; MünchKommHGB/*K. Schmidt* Rn 31.

57 Vgl. für § 64 GmbHG BGHZ 126, 181 (194) = NJW 1994, 2220; Ulmer/Habersack/Winter/*Casper* GmbHG § 64, 83 f; **aA** noch *Fleck* GmbHR 1974, 224 (230); s. ferner RGZ 159, 211 (234).

58 BGHZ 143, 184 (186 f) = NJW 2000, 668; BGH ZIP 2001, 304; BGH ZIP 2007, 1006; OLG Hamburg ZIP 1995, 913; Rowedder/*Schmidt-Leithoff* GmbHG § 64 Rn 27; krit. *K. Schmidt* ZIP 2008, 1401 (1404 ff).

59 BGH ZIP 2007, 2273 f; Röhricht/v. Westphalen/*v. Gerkan*/*Haas* Rn 15.

60 BGHZ 143, 184 (188) = NJW 2000, 668; krit. Ulmer/Habersack/Winter/*Casper* GmbHG § 64 Rn 87 f.

lung begründete Habensaldo nicht als Sicherheit für den anderweitig bestehenden Debetsaldo dient. Stets erforderlich ist die **Schmälerung des Aktivvermögens** der Gesellschaft;[61] hieran fehlt es nicht nur bei einem Aktiventausch (Rn 27), sondern auch bei der Begründung oder Vertiefung von Verbindlichkeiten (etwa der Zahlung aus einem debitorisch geführten Konto) und der Nichtausübung von Kündigungsrechten.[62]

27 b) **Ausnahmen.** Nach Abs. 1 S. 2 gilt das Zahlungsverbot nicht für mit der Sorgfalt eines ordentlichen und gewissenhaften Geschäftsleiters vereinbare Leistungen. Die Vorschrift betrifft nicht das Verschulden der Organwalter – dieses ist im Zusammenhang mit der Sanktionsnorm des Abs. 2 geregelt (Rn 36) –, sondern den Tatbestand der aus Abs. 1 resultierenden Pflichten der Organwalter und damit die Frage des Tatbestands der verbotenen Zahlung. Der Sache nach geht es um die Herausnahme von aus **Sicht der Gläubigergesamtheit**[63] unschädlichen oder gar vorteilhaften – mithin vom Normzweck nicht umfassten – Vermögenstransfers aus dem Anwendungsbereich des Abs. 1 S. 1. Von Abs. 1 S. 2 betroffen sind vor allem Leistungen, die innerhalb der Antragsfrist des § 15a Abs. 1 S. 1 InsO zum Zwecke der **Sanierung** der Gesellschaft oder der Vermeidung einer unwirtschaftlichen sofortigen Betriebsstillegung erfolgen,[64] ferner Leistungen im Zusammenhang mit der Erfüllung eines der Gesellschaft nicht unvorteilhaften Bargeschäfts[65] und die Bedienung von Aus- und Absonderungsrechten.[66] Sorgfaltsgemäß i.S.d. Abs. 1 S. 2 sind schließlich die Abführung von **Sozialversicherungsbeiträgen**,[67] die Erfüllung von **Steuerschulden** der Gesellschaft[68] und die **weisungsgemäße Verwendung** der von dritter Seite überlassenen Mittel.[69]

2. Verbot insolvenzverursachender Zahlungen (Abs. 1 S. 3)

28 a) **Regelungsgehalt und -zweck.** Das durch das MoMiG (Rn 3) in § 130a eingefügte besondere Zahlungsverbot des § 130a Abs. 1 S. 3 knüpft an die höchstrichterliche Rechtsprechung zur **„Existenzvernichtungshaftung"** des **GmbH-Gesellschafters** gem. § 826 BGB

---

61 Zutr. BGHZ 143, 184 (186 ff) = NJW 2000, 668; BGH ZIP 2007, 1006 (1007).

62 Vgl. neben den Nachw. in voriger Fn noch BGH WM 2009, 955 (956); Röhricht/v. Westpahlen/*v. Gerkan/Haas* Rn 15; **aA** Voraufl. Rn 25 (*Habersack*); MünchKommHGB/*K. Schmidt* Rn 31; Ebenroth/Boujong/Joost/Strohn/*Hillmann* Rn 21. Offengelassen noch in BGHZ 126, 181 (194); s. ferner OLG Hamm ZIP 1980, 280, 281 (unterlassene Kündigung eines Dauerschuldverhältnisses).

63 Nicht entscheidend ist das Interesse der Gesellschaft, vgl. BGH NJW 1974, 1088 (1089); ferner *Fleck* GmbHR 1974, 224 (230 f); Röhricht/v. Westphalen/v. Gerkan/Haas Rn 16.

64 BGH ZIP 2008, 72 (73); OLG Düsseldorf NZG 1999, 1066 (1068); OLG Celle ZIP 2004, 1210; näher dazu *Fleck* GmbHR 1974, 224 (231); *K. Schmidt* ZHR 168 (2004), 637 (668); Ulmer/Habersack/Winter/*Casper* GmbHG § 64 Rn 89.

65 Zu den Kriterien s. Ulmer/Habersack/Winter/*Casper* GmbHG § 64 Rn 85.

66 BGHZ 100, 19 (23 ff); Röhricht/v. Westphalen/*v. Gerkan/Haas* Rn 15; MünchKommHGB/*K. Schmidt* Rn 31.

67 Für Vorrang des § 266a StGB BGH NJW 2007, 2118 mit krit. Anm. *Altmeppen* = ZIP 2007, 1265 = DStR 2007, 1174 mit Anm. *Goette* = GmbHR 2007, 757 mit zust. Anm. *Schröder*; s. ferner BGH ZIP 2008, 2220; krit. *Wilhelm* ZIP 2007, 1781 (1783 ff); **aA** noch BGHZ 146, 264 (276) = NJW 2000, 1280; BGH ZIP 2005, 1026 (1027 ff); s. ferner *Schneider/Brouwer* ZIP 2007, 1033 ff.

68 S. die Nachw. in voriger Fn, ferner BFH ZIP 2009, 122.

69 Vgl. BGH ZIP 2008, 1229, 1230 (Pflicht, von Konzerngesellschaften eingezahlte Gelder zur Begleichung von deren Schulden einzusetzen).

an[70] und erstreckt das allgemeine Zahlungsverbot des § 130a Abs. 1 S. 1 auf Zahlungen, die zwar außerhalb der Insolvenzreife der Gesellschaft erfolgen, indes die Zahlungsunfähigkeit zur Folge haben mussten, mithin nicht insolvenzvertiefend, sondern insolvenzverursachend sind.[71] Während allerdings § 130a Abs. 1 S. 1 sämtliche den Gläubigerbelangen zuwiderlaufenden Zahlungen verbietet (Rn 25 ff), will § 130a Abs. 1 S. 3 – ebenso wie die Rechtsprechung zur „Existenzvernichtungshaftung" – ausschließlich den **Vermögenstransfer auf den Gesellschafter** erfassen. Das Verbot des § 130a Abs. 1 S. 3 ist nicht zuletzt vor dem Hintergrund der Neuregelung des Rechts der Gesellschafterdarlehen durch das MoMiG (Anh. § 129 Rn 1 ff) zu sehen, die dem Geschäftsführer den Einwand des § 30 Abs. 1 GmbHG abschneidet und nunmehr ganz auf den Nachrang in der Insolvenz und auf die Anfechtbarkeit von der Befriedigung oder der Besicherung dienenden Rechtshandlungen setzt (Anh. § 129 Rn 18 ff).[72] Normadressaten sind die **Organwalter** der zur Vertretung der OHG berechtigten Gesellschafter und die Liquidatoren der aufgelösten Gesellschaft (Rn 11 ff), nicht dagegen die Gesellschafter oder Aufsichtsratsmitglieder der führungslosen Gesellschaft (Rn 15); diese unterliegen nach § 15a Abs. 3 InsO nur der Antragspflicht.[73]

Wie das allgemeine Zahlungsverbot des Abs. 1 S. 1 (Rn 25) wird auch das besondere **29** Zahlungsverbot des Abs. 1 S. 3 durch die in Abs. 2 geregelte **Ersatzpflicht des Organwalters gegenüber der Gesellschaft** ergänzt (Rn 35). Diese Ersatzpflicht tritt neben einen Schadensersatzanspruch wegen sorgfaltswidriger Geschäftsführung (Rn 6). Daneben bestehen regelmäßig **Ansprüche gegen den begünstigten Gesellschafter**, und zwar unter dem Gesichtspunkt der „Existenzvernichtungshaftung", ferner aus §§ 31 GmbHG, 57 AktG[74] sowie – nach erfolgter Anfechtung gem. §§ 129 ff InsO – aus § 143 InsO.[75] Die Entstehung oder Vertiefung einer Unterbilanz auf Seiten der Komplementär-GmbH ist in § 130a Abs. 1 S. 3 nicht vorausgesetzt.[76] Die Haftung des Organwalters knüpft vielmehr an den namentlich im US-amerikanischen Recht begegnenden **„solvency test"** an,[77] dem

[70] BGHZ 173, 246 = NJW 2007, 2689 – „Trihotel"; BGH ZIP 2008, 308 (310); s. ferner BGH ZIP 2008, 1232 – „Gamma"; näher dazu Ulmer/Habersack/Winter/*Casper* GmbHG Anh. § 77 Rn 94 ff; *Dauner-Lieb* ZGR 2008, 34 ff; *Osterloh-Konrad* ZHR 172 (2008), 274 ff; *Schanze* NZG 2007, 681 ff; *Schwab* ZIP 2008, 341 ff; *Weller* ZIP 2007, 1681 ff. – Zu den Rückwirkungen des § 64 Satz 3 GmbHG, § 130a Abs. 1 S. 3 auf die Rechtsprechung zur „Existenzvernichtungshaftung" s. *Habersack* ZGR 2008, 533 (558).

[71] Vgl. dazu bereits Rn 2, ferner Begr. RegE, ZIP 2007, Beil. zu Heft 23, S. 21: „Teilbereich der Haftung, die unter dem Stichwort „existenzvernichtender Eingriff" bekannt geworden ist."

[72] Zu diesem Zusammenhang s. bereits Begr. RegE, ZIP 2007, Beil. zu Heft 23, S. 17; ferner *Habersack* ZIP 2007, 2145 (2146); *Böcker/Poertzgen* WM 2007, 1203 (1205); näher zur Neuregelung neben *Böcker/Poertzgen* aaO noch Greulich/Bunnemann NZG 2006, 681 ff; *Knof* DStR 2007, 1536 ff.

[73] Ulmer/Habersack/Winter/*Casper* GmbHG § 64 Rn 103; **aA** *Hölzle* GmbHR 2007, 729 (731).

[74] Zur Erstreckung der Kapitalerhaltungsregeln der §§ 30 f GmbHG auf die GmbH & Co. KG, insbes. auf Gesellschafter der Komplementäre einer GmbH & Co. KG sowie auf Nur-Kommanditisten, s. BGHZ 110, 342 (355 ff) = NJW 1990, 1725; BGH NJW 1991, 1057 (1059); BGH NJW 1995, 1960 (1961); Ulmer/*Habersack* GmbHG § 30 Rn 102 ff mwN.

[75] Vgl. Begr. RegE, ZIP 2007, Beil. zu Heft 23, S. 21.

[76] Begr. RegE, ZIP 2007, Beil. zu Heft 23, S. 21; *Böcker/Poertzgen* WM 2007, 1203 (1205); *Greulich/Bunnemann* NZG 2006, 681 (682).

[77] Begr. RegE, ZIP 2007, Beil. zu Heft 23, S. 21 („Parallelen"); s. ferner *Seibert* ZIP 2007, 1157 (1167); *Böcker/Poertzgen* WM 2007, 1203 (1205); *Greulich/Bunnemann* NZG 2006, 681 (683); *Knof* DStR 2007, 1536 (1537).

zufolge die Geschäftsleiter die Zulässigkeit von Ausschüttungen nicht anhand bilanzieller Ausschüttungssperren, sondern auf der Grundlage einer **Liquiditätsprognose** zu beurteilen haben.[78] Bezugspunkt der Haftung ist – wie im Falle des Abs. 1 S. 1 auch (Rn 25) – die **einzelne Zahlung**; die im Schrifttum zu § 130a Abs. 1 S. 1 vertretene Konzeption im Sinne eines „Gläubigergesamtschadens" lässt sich, selbst wenn man ihr für das allgemeine Zahlungsverbot folgen wollte, auf § 130a Abs. 1 S. 3 keinesfalls übertragen.[79]

30 b) **Zahlung.** Wie der Zahlungsbegriff des Abs. 1 S. 1 (Rn 26) ist auch derjenige des Abs. 1 S. 3 weit auszulegen.[80] Neben Geldleistungen werden auch Sachleistungen und sonstige Zuwendungen erfasst.[81] Die Schmälerung des Aktivvermögens (Rn 26) ist freilich weder notwendige noch hinreichende Voraussetzung. Zu berücksichtigen ist vielmehr, dass § 130a Abs. 1 S. 3 bereits im Vorfeld der Insolvenz einsetzt und Insolvenzvermeidung, nicht dagegen Gläubigergleichbehandlung bezweckt. Vor diesem Hintergrund sind im Rahmen des § 130a Abs. 1 S. 3 **Gegenleistungen** des Gesellschafters grundsätzlich zwar auch dann zu berücksichtigen, wenn sie nicht in Form eines Bargeschäfts (Zug um Zug) erfolgen.[82] Allerdings zielt § 130a Abs. 1 S. 3 auf die Vermeidung von Zahlungsunfähigkeit und damit auf **Liquiditätsschutz**,[83] weshalb eine Zahlung im Rechtssinne auch dann vorliegt, wenn liquides Vermögen gegen illiquide Gegenwerte getauscht wird.[84] Umgekehrt fehlt es an einer Zahlung, wenn illiquides Vermögen – sei es gegen oder ohne Gegenleistung – preisgegeben wird.[85]

31 c) **Gesellschafter.** Anders als § 130a Abs. 1 S. 1 erfasst § 130a Abs. 1 S. 3 nur Zahlungen „an Gesellschafter". Nicht erforderlich ist indes eine Leistung unmittelbar an den Gesellschafter. Im Einklang mit der Rechtsprechung zu § 30 Abs. 1 GmbHG und zur „Existenzvernichtungshaftung" muss es vielmehr genügen, dass die Leistung dem Gesellschafter **mittelbar zugute** kommt, etwa dergestalt, dass eine Verbindlichkeit des Gesellschafters gegenüber einem Dritten getilgt oder besichert wird oder die Leistung an ein mit dem Gesellschafter verbundenes Unternehmen oder eine ihm sonst nahestehende Person erbracht wird.[86] Auf die Höhe der Beteiligung kommt es nicht an; das Kleinbeteili-

---

[78] Näher zum „solvency test" *Engert* ZHR 170 (2007), 296 (318 ff); *Veil* in: Lutter (Hrsg.) Das Kapital der Aktiengesellschaft in Europa (2006) S. 91 ff.

[79] So auch Ulmer/Habersack/Winter/*Casper* GmbHG § 64 Rn 105.

[80] So im Ausgangspunkt auch Röhricht/v. Westphalen/*v. Gerkan/Haas* Rn 18; Ulmer/Habersack/Winter/*Casper* GmbHG § 64 Rn 105.

[81] Vgl. neben den Nachw. in voriger Fn *Knof* DStR 2007, 1536 (1537 f).

[82] So auch Ulmer/Habersack/Winter/*Casper* GmbHG § 64 Rn 105; *Gesmann-Nuissl* WM 2006, 1756 (1763); *Knof* DStR 2007, 1536 (1537 f); im Ergebnis auch Begr. RegE, ZIP 2007, Beil. zu Heft 23, S. 21, wonach es freilich nicht schon an einer Zahlung, sondern an der erforderlichen Kausalität der Zahlung fehlt.

[83] Zur praktisch nicht sonderlich bedeutsamen und mit Blick auf das Liquiditätsschutzkonzept des § 130a Abs. 1 S. 3 wohl eher zu verneinenden Frage der Anwendbarkeit des § 130a Abs. 1 S. 3 bei Herbeiführung von Überschuldung s. einerseits *Greulich/Bunnemann* NZG 2006, 681 (684 f), aber auch Ulmer/Habersack/Winter/*Casper* GmbHG § 64 Rn 107, *Knof* DStR 2007, 1536 (1538 f).

[84] Röhricht/v. Westphalen/*v. Gerkan/Haas* Rn 18.

[85] Röhricht/v. Westphalen/*v. Gerkan/Haas* Rn 18.

[86] Für Einbeziehung mittelbarer Zuwendungen auch *Greulich/Bunnemann* NZG 2006, 681 (685); *Knof* DStR 2007, 1536 (1538); Röhricht/v. Westphalen/*v. Gerkan/Haas* Rn 19; Ulmer/Habersack/Winter/*Casper* GmbHG § 64 Rn 106. – Zur Anwendung des § 30 Abs. 1 GmbHG auf mittelbare Zuwendungen s. Ulmer/Habersack/Winter/*Habersack* GmbHG § 30 Rn 60 ff, 65 ff.

gungsprivileg des § 39 Abs. 5 InsO (Anh. § 129 Rn 15 ff) ist auch nicht entsprechend anwendbar. Maßgebender Zeitpunkt ist derjenige des Abschlusses des Kausalgeschäfts; nachfolgendes Ausscheiden des begünstigten Gesellschafters lässt das Vorliegen einer verbotenen Zahlung unberührt.[87] Wie § 30 Abs. 1 GmbHG muss § 130a Abs. 1 S. 3 schließlich auch Zusagen zugunsten künftiger (mittelbarer) Gesellschafter erfassen, soweit diese im Zusammenhang mit dem Anteilserwerb stehen; hiervon betroffen ist namentlich die Zusage einer **finanziellen Unterstützung des Anteilserwerbs** durch Auskehr von Aktiva (Rn 26, 30), also durch Überlassung von Darlehen oder Bestellung von Sicherheiten,[88] nicht dagegen die Unterstützung im Wege der Übernahme von Verbindlichkeiten.[89]

d) **Herbeiführung von Zahlungsunfähigkeit.** § 130a Abs. 1 S. 3 setzt weiter voraus, dass die Zahlung zur Zahlungsunfähigkeit[90] führen musste. Ausweislich der Amtlichen Begründung soll hierdurch zum Ausdruck gebracht werden, dass der Organwalter nicht für jegliche Zahlungen, die irgendwie kausal für die Zahlungsunfähigkeit geworden sind, einzustehen hat, sondern nur für solche Zahlungen, die „ohne Hinzutreten weiterer Kausalbeiträge" zur Zahlungsunfähigkeit der Gesellschaft führen; es müsse sich im Moment der Zahlung klar abzeichnen, „dass die Gesellschaft unter normalem Verlauf der Dinge ihre Verbindlichkeiten nicht mehr wird erfüllen können."[91] Zwischen der Zahlung und dem Eintritt der Zahlungsunfähigkeit muss deshalb ein den Anforderungen der Adäquanzformel genügender **Zurechnungszusammenhang** bestehen. Schon mit Blick auf das separate Erfordernis sorgfaltswidrigen Verhaltens und die diesbezüglich bestehende Darlegungs- und Beweislast des Organwalters (Rn 36) ist hierbei eine rein **objektive und wertende Betrachtung** veranlasst.[92] Diese hat zwar auf der Grundlage der individuellen Finanzlage der die Zahlung leistenden Gesellschaft zu erfolgen; auf Vorhersehbarkeit des Eintritts der Zahlungsunfähigkeit aus Sicht des Organwalters kommt es indes erst im Rahmen des Erfordernisses sorgfaltswidrigen Verhaltens (Rn 36) an. Als „Faustformel" durchaus geeignet ist die Annahme hinreichenden Ursachenzusammenhangs, wenn die Zahlung eine bis auf weiteres nicht behebbare Liquiditätslücke von mehr als 10 % der Gesamtverbindlichkeiten bewirken würde.[93] Für die Gesellschaft positive künftige Entwicklungen können zugunsten des Organwalters nur berücksichtigt werden, soweit im Zeitpunkt der Auszahlung mit ihrem Eintritt ernsthaft gerechnet werden kann.[94] Umgekehrt gereicht es dem Organwalter nicht zum Nachteil, dass eine für sich genommen 32

---

[87] So auch Ulmer/Habersack/Winter/*Casper* GmbHG § 64 Rn 106; zur entsprechenden Rechtslage bei § 30 GmbHG s. Ulmer/Habersack/Winter/*Habersack* GmbHG § 30 Rn 62 f mwN.

[88] Dazu für § 30 Abs. 1 GmbHG OLG Brandenburg NZG 2006, 550 (551); Ulmer/Habersack/Winter/*Habersack* GmbHG § 30 Rn 63.

[89] Insoweit im Unterschied zu § 30 Abs. 1 GmbHG, s. Ulmer/Habersack/Winter/*Habersack* GmbHG § 30 Rn 63.

[90] Zur Frage der Anwendung auf die Überschuldung s. Fn 83.

[91] Begr. RegE, ZIP 2007, Beil. zu Heft 23, S. 21.

[92] *Böcker/Poertzgen* WM 2007, 1203 (1207 f); Ulmer/Habersack/Winter/*Casper* GmbHG § 64 Rn 109; wohl auch Röhricht/v. Westphalen/*v. Gerkan/Haas* Rn 20; *Knof* DStR 2007, 1536 (1539 ff, 1580 ff). Vermengung mit subjektiven Elementen hingegen bei *Greulich/Bunnemann* NZG 2006, 681 (685).

[93] So in Anlehnung an die Rechtsprechung zur Zahlungsunfähigkeit (BGH NJW 2005, 3062) *Böcker/Poertzgen* WM 2007, 1203 (1207); *Wicke* GmbHG § 64 Rn 29; für Maßgeblichkeit überwiegender Wahrscheinlichkeit des Eintritts der Zahlungsunfähigkeit hingegen *Knof* DStR 2007, 1536 (1540).

[94] Begr. RegE, ZIP 2007, Beil. zu Heft 23, S. 21.

noch nicht existenzgefährdende Zahlung durch das Hinzutreten von bei Auszahlung nicht zu erwartender Umstände die Zahlungsunfähigkeit zur Folge hat.[95] Das Vorliegen eines hinreichend verlässlichen Finanz- und Liquiditätsplans und einer hierauf gründenden Fortbestehensprognose ist im Rahmen der objektiven Zurechnung irrelevant;[96] auf sie kommt es vielmehr erst im Rahmen des Erfordernisses sorgfaltswidrigen Verhaltens an (Rn 36).

VI. Haftungsfolgen bei Pflichtverletzung

33 **1. Überblick.** Bei Verletzung der Antragspflicht nach § 15a InsO oder eines der Zahlungsverbote des § 130a Abs. 1 S. 1, 3 sind die Organwalter nach § 130a Abs. 2 – unter der weiteren Voraussetzung sorgfaltswidrigen Verhaltens – der Gesellschaft gegenüber zum Ersatz des aus der Pflichtverletzung entstehenden „Schadens" als Gesamtschuldner verpflichtet (Rn 34 ff). Die Vorschrift des § 15a InsO ist darüber hinaus Schutzgesetz zugunsten der Gesellschaftsgläubiger; ihre Verletzung kann deshalb nach § 823 Abs. 2 BGB zur Entstehung von Ansprüchen derjenigen Gläubiger führen, die durch die Leistung von „Schadensersatz" gemäß § 130a Abs. 2 nicht schadlos gestellt werden; angesprochen sind hierdurch die Neugläubiger (Rn 42 ff). Eine Eigenhaftung der Organwalter gegenüber den Gläubigern kommt des Weiteren auf der Grundlage des § 823 Abs. 2 BGB i.V.m. mit einem sonstigen Schutzgesetz sowie nach § 826 BGB in Betracht (Rn 45), ferner unter dem Gesichtspunkt einer Verletzung vorvertraglicher Aufklärungspflichten (Rn 46 f). Die Verletzung der Antragspflicht ist schließlich nach Maßgabe des § 15a Abs. 4, 5 InsO strafbewehrt.

2. Haftung gegenüber der Gesellschaft (Abs. 2)

34 a) **Antragspflicht.** Im Unterschied zu § 64 GmbHG, § 92 Abs. 2 AktG bestimmt § 130a Abs. 2 S. 1 auch für den Fall einer Verletzung der Antragspflicht, dass die organschaftlichen Vertreter (Rn 11 ff) – Entsprechendes gilt für die Liquidatoren der aufgelösten Gesellschaft und für die Gesellschafter oder Aufsichtsratsmitglieder der führungslosen Gesellschaft (Rn 14 f) – der Gesellschaft gegenüber zum Ersatz des daraus entstehenden Schadens als Gesamtschuldner verpflichtet sind. Damit wird der Anspruch auf Ersatz des durch die Insolvenzverschleppung verursachten Schadens der Gesellschaft zugeordnet. Die Befugnis des Insolvenzverwalters zur Geltendmachung des Anspruchs ergibt sich mithin bereits aus **§ 80 InsO.**[97] Der Heranziehung der Vorschrift des § 92 S. 1 InsO, wonach Ansprüche der Insolvenzgläubiger auf Ersatz des gemeinschaftlich erlittenen Schadens während der Dauer des Insolvenzverfahrens nur vom Insolvenzverwalter geltend gemacht werden können, bedarf es im Rahmen des § 130a Abs. 2 S. 1 nicht.[98] Freilich handelt es sich bei dem nach § 130a Abs. 2 S. 1 zu ersetzenden Schaden – dem Schutzzweck des § 130a (Rn 2) und der fehlenden Dispositionsbefugnis der Gesellschaft

---

[95] Begr. RegE (vorige Fn).

[96] AA wohl Röhricht/v. Westphalen/*v. Gerkan/Haas* Rn 20; *Wicke* GmbHG § 64 Rn 29.

[97] Zur entsprechenden Anwendung des § 280 InsO bei Eigenverwaltung sowie zur Zuständigkeit des Insolvenzverwalters bei Masseunzulänglichkeit s. Röhricht/v. Westphalen/*v. Gerkan/Haas* Rn 26.

[98] Vgl. MünchKommHGB/*K. Schmidt* Rn 36; Röhricht/v. Westphalen/*v. Gerkan/Haas* Rn 22.

über den Anspruch (Rn 6, 37) entsprechend – um den **Gesamtgläubigerschaden.**[99] Zu ersetzen ist deshalb die durch Abgang von Aktiva und – insoweit über den Anspruch bei Verstoß gegen das allgemeine Zahlungsverbot hinausgehend – durch Belastung mit Passiva bewirkte **Quotenschmälerung.**[100] Unerheblich ist insoweit, dass die Eingehung neuer Verbindlichkeiten keine „Zahlung" i.S.v. Abs. 1 S. 1, 3 darstellt (Rn 26, 30), wenn nur bei Erfüllung der Antragspflicht die Neuverbindlichkeit nicht begründet worden wäre. Der Anspruch auf Ersatz des Gesamtgläubigerschadens umfasst freilich nur die vertraglichen **Altgläubiger** und nach hM zudem die gesetzlichen Gläubiger der Gesellschaft.[101] Die (vertraglichen) Neugläubiger hingegen erlangen einen Individualanspruch nach § 823 Abs. 2 BGB (Rn 42).

b) **Zahlungsverbote.** Auch bei Verletzung des allgemeinen Zahlungsverbots des **Abs. 1 S. 1** sollen die Organwalter nach dem Wortlaut des Abs. 2 S. 1 der Gesellschaft gegenüber zum Schadensersatz verpflichtet sein. Demgegenüber sprechen §§ 64 S. 1 GmbHG, 92 Abs. 2 S. 1 AktG von der Pflicht zum Ersatz von Zahlungen, was ganz überwiegend nicht im Sinne einer Haftung auf den Quotenschaden, sondern in dem Sinne verstanden wird, dass das Gesellschaftsvermögen wiederaufzufüllen ist, damit es im Insolvenzverfahren ungeschmälert zur ranggerechten und gleichmäßigen Befriedigung aller Gesellschaftsgläubiger zur Verfügung steht.[102] Entsprechendes soll nach Ansicht des BGH auch für § 130a Abs. 2 S. 1 gelten.[103] Dem ist unter Aufgabe der noch in der Vorauflage vertretenen Ansicht[104] zu folgen (Rn 2). Hierfür spricht neben der Entstehungsgeschichte des – dem heutigen Abs. 2 S. 1 entsprechenden – Abs. 3 S. 1 a.F.[105] und einem Vergleich mit den funktional vergleichbaren Haftungstatbeständen der §§ 93 Abs. 3 Nr. 6 AktG, 43 Abs. 3 S. 3 GmbHG, bei denen der „Schaden" gleichfalls im Abfluss der Mittel liegt,[106] insbesondere die Erwägung, dass der Mittelabfluss regelmäßig die Befreiung der Gesellschaft von einer Verbindlichkeit zur Folge hat und deshalb der „Schaden" nicht in der Beeinträchtigung des Gesellschaftsvermögens, sondern in der Gläubigerungleichbehandlung liegt. Bei Verstoß gegen § 130a Abs. 1 S. 1 ist deshalb das **Geleistete ungekürzt zu erstatten**, und zwar auch dann, wenn es zur Tilgung einer Gesellschaftsschuld gekommen 35

[99] BGH ZIP 2007, 1006 f; Röhricht/v. Westphalen/*v. Gerkan/Haas* Rn 22; allgemein für § 130a Abs. 2 MünchKommHGB/*K. Schmidt* Rn 36; Ebenroth/Boujong/Joost/Strohn/*Hillmann* Rn 24; Baumbach/*Hopt* Rn 11.

[100] BGH ZIP 2007, 1006 f; näher zur Bemessung des Gesamtgläubigerschadens Ulmer/Habersack/Winter/*Casper* GmbHG § 64 Rn 122 f; Scholz/*K. Schmidt* GmbHG § 64 Rn 32 f.

[101] Röhricht/v. Westphalen/*v. Gerkan/Haas* Rn 22; zu den gesetzlichen Gläubigern s. aber noch Rn 43.

[102] BGHZ 146, 264 (278 f) = NJW 2001, 1280; GroßkommAktG/*Habersack* § 92 Rn 91; s. ferner *Habersack/Schürnbrand* WM 2005, 957 ff; **aA** namentlich MünchKommHGB/*K. Schmidt* Rn 4, 29; *ders.* ZHR 168 (2004), 637 (669 f); *ders.* ZIP 2005, 2177 ff; *ders.* ZIP 2008, 1401 ff.

[103] BGH ZIP 2007, 1006 f; BGH ZIP 2007, 1501 (1502); so auch OLG Koblenz NZG 2006, 583 (584); OLG München ZIP 2008, 2169, 2171 f (mehrfache Haftung des Geschäftsführers mehrerer Gesellschaften für eine durch diese Gesellschaften laufende Zahlung); Röhricht/v. Westphalen/*v. Gerkan/Haas* Rn 23; Ebenroth/Boujong/Joost/Strohn/*Hillmann* Rn 24.

[104] Voraufl. § 130a Rn 29; s. auch Rn 2 sowie für § 92 Abs. 2 S. 1 AktG bereits GroßkommAktG/*Habersack* § 92 Rn 91.

[105] Dazu Begr. RegE, BT-Drucks. 7/3441 S. 47: „... vorgesehene Schadensersatzpflicht entspricht § 93 Abs. 2, 3 Nr. 6 AktG, § 64 Abs. 2 GmbHG".

[106] Zu dieser Parallele s. auch BGH ZIP 2007, 1006; zur Rechtsnatur des Anspruchs aus §§ 93 Abs. 3 Nr. 6 AktG, 43 Abs. 3 S. 3 GmbHG s. *Habersack/Schürnbrand* WM 2005, 957 ff.

ist;[107] eine Gegenleistung, die die Gesellschaft erlangt hat, ist in Abzug zu bringen.[108] Zur Vermeidung der Bereicherung der Masse muss die Forderung des Gläubigers entsprechend § 144 InsO in der Hand des Organwalters aufleben, nachdem dieser das Geleistete an die Masse erstattet hat.[109] Der Organwalter kann den Insolvenzverwalter nicht auf die Möglichkeit der Anfechtung der Leistung an den Gläubiger nach §§ 129 ff InsO verweisen; doch kann der Erstattungsanspruch der Gesellschaft in diesem Fall nur nach Maßgabe des § 255 BGB geltend gemacht werden.[110] Bei Verstoß gegen das besondere Zahlungsverbot des **Abs. 1 S. 3** finden die zu Abs. 1 S. 1 entwickelten Grundsätze entsprechende Anwendung. Der Erstattungsanspruch aus Abs. 2 S. 1 konkurriert dann regelmäßig mit einem Anspruch gegen den Gesellschafter aus „Existenzvernichtungshaftung"; auch insoweit kann der Organwalter den Insolvenzverwalter nicht auf die vorrangige Inanspruchnahme des Gesellschafters verweisen.

36 c) **Verschulden; Beweislast.** Der Anspruch der Gesellschaft aus Abs. 2 S. 1 setzt die schuldhafte Verletzung einer der in Abs. 1 geregelten Pflichten der Organwalter voraus; einfache **Fahrlässigkeit** genügt.[111] Nach Abs. 2 S. 2 wird das Verschulden vermutet; dem in Anspruch genommenen Organwalter obliegt also der Nachweis, dass er mit der Sorgfalt eines ordentlichen und gewissenhaften Geschäftsleiters gehandelt hat.[112] Entsprechendes gilt für sonstige Einwendungen, etwa den Einwand, dass eine Gegenleistung erbracht worden und noch vorhanden sei oder die Zahlung unter Abs. 1 S. 2 falle.[113] Da nach hier vertretener Ansicht die Antragspflicht und das Zahlungsverbot des Abs. 1 S. 1 schon bei objektivem Eintritt der Insolvenzreife zur Entstehung gelangen (Rn 19), liegt die Bedeutung des Entlastungsbeweises im Falle einer Verletzung der Antragspflicht und des allgemeinen Zahlungsverbots vor allem in der unverschuldeten Unkenntnis hinsichtlich der Insolvenzreife der Gesellschaft.[114] Im Fall des besonderen Zahlungsverbots des Abs. 1 S. 3 bezieht sich das – nach Abs. 1 S. 3 a.E. zu vermutende – Verschulden auf die die Insolvenz verursachende Wirkung der Zahlung. Entlasten kann sich der Organwalter insoweit durch den Nachweis, dass er die Zahlung auf der Grundlage hinreichender Informationen über den finanziellen Status der Gesellschaft und einer fundierten **Fortbestehensprognose** getätigt hat.[115] Die Pflichtverletzung und der Eintritt des Schadens sind hingegen vom Kläger und damit zumeist vom Insolvenzverwalter darzulegen und zu beweisen. Dazu gehört im Fall des Abs. 1 S. 1 die Veranlassung der masseschmälernden

---

[107] BGH ZIP 2007, 1501 (1502); BGHZ 146, 264 (278 f) = NJW 2001, 1280.

[108] BGH NJW 1974, 1088, 1089.

[109] Röhricht/v. Westphalen/*v. Gerkan/Haas* Rn 23; *Haas* FS G. Fischer S. 211 ff; ähnlich – § 255 BGB – BGHZ 146, 264 (278 f) = NJW 2001, 1280 mwN; ferner OLG Schleswig ZIP 2005, 2211 und ZIP 2003, 856.

[110] OLG Oldenburg GmbHR 2004, 1014 (1015); *Goette* ZInsO 2005, 1 (5); Röhricht/v. Westphalen/*v. Gerkan/Haas* Rn 23; s. aber auch BGH ZIP 1996, 420 (421 f).

[111] BGHZ 126, 181 (199) = NJW 1994, 2220; BGHZ 75, 96 (111) = NJW 1979, 1823; MünchKommHGB/*K. Schmidt* Rn 37; s. ferner BGH ZIP 1995, 124 (Haftung entfällt nicht deshalb, weil der Organwalter auf überdurchschnittliche Geschäfte gehofft hatte, obwohl nicht einmal die laufenden Betriebskosten erwirtschaftet wurden).

[112] BGH ZIP 2007, 1501; s. aber auch LG München ZIP 2007, 1960 (1961): Darlegungs- und Beweislast des Insolvenzverwalters, der dem Organwalter die Einsicht in die Geschäftsunterlagen verweigert.

[113] BGH ZIP 2007, 1501.

[114] Dazu sowie zur Obliegenheit, ggf. externen Rat einzuholen, s. bereits Rn 18 a.E.; allg. MünchKommHGB/*K. Schmidt* Rn 37.

[115] Zu den Anforderungen s. *Knof* DStR 2007, 1580 ff; *Greulich/Bunnemann* NZG 2006, 681 (686); Ulmer/Habersack/Winter/*Casper* GmbHG § 64 Rn 111 f.

Zahlung durch den Geschäftsführer, im Fall des Abs. 1 S. 3 der Zurechnungszusammenhang zwischen Zahlung und Zahlungsunfähigkeit, in den Fällen des Abs. 1 S. 1 das Vorliegen eines Eröffnungsgrundes.[116] Steht allerdings die rechnerische Überschuldung der Gesellschaft fest, so obliegt es dem Organwalter, die Umstände darzulegen, die gleichwohl den Ansatz zu Fortführungswerten (Rn 18) rechtfertigten; ein non liquet geht zu seinen Lasten.[117]

d) **Verzicht und Vergleich (S. 4, 5).** Die nach Abs. 2 S. 3 unabdingbare (Rn 6) Haftung der Organwalter ist, ihrer gläubigerschützenden Funktion entsprechend, Dispositionen der Gesellschaft und ihrer Gesellschafter grundsätzlich entzogen, soweit der Ersatz – wie bei Insolvenzreife der Gesellschaft wohl stets – zur Befriedigung der Gesellschaftsgläubiger erforderlich ist. Davon betroffen sind nach Abs. 2 S. 4 Verzicht und Vergleich; des Weiteren können sich die Organwalter nach Abs. 2 S. 4 nicht darauf berufen, dass sie in Ausführung eines entsprechenden Beschlusses der Gesellschafter gehandelt haben (Rn 6). Nach hM unterliegt der **Insolvenzverwalter nicht** den Beschränkungen des Abs. 2 S. 4; allerdings kann ein von ihm erklärter Verzicht oder Vergleich die Haftung nach § 60 InsO begründen.[118] Nach Abs. 2 S. 5 gilt das Vergleichsverbot des Abs. 2 S. 4 nicht, sofern der Organwalter zahlungsunfähig ist und sich zur Abwendung des Insolvenzverfahrens mit seinen Gläubigern vergleicht; dies entspricht der Vorschrift des § 93 Abs. 4 S. 4 AktG; darüber hinaus ist die Ersatzpflicht der Regelung in einem **Insolvenzplan** gem. §§ 217 ff InsO zugänglich, was im Hinblick auf die Mitwirkungsbefugnis der Gläubiger nur konsequent ist. **37**

e) **Verjährung (S. 6).** Nach Abs. 2 S. 6 verjährt der Ersatzanspruch der Gesellschaft in **fünf Jahren.** Die Frist beginnt nach § 200 BGB mit der Entstehung des Anspruchs und demzufolge bei Verstoß gegen das Zahlungsverbot im Zeitpunkt der verbotswidrigen Zahlung, bei Verletzung der Antragspflicht im Zeitpunkt der quotenschmälernden Maßnahme. **38**

f) **Masselosigkeit.** Kommt es infolge Masselosigkeit nicht zur Eröffnung des Insolvenzverfahrens, so kann ein jeder Gesellschaftsgläubiger den Anspruch der Gesellschaft gegen die Organwalter pfänden, und zwar in Abweichung vom Grundsatz der Gläubigergleichbehandlung in voller Höhe, nicht nur in Höhe der auf ihn entfallenden Quote.[119] **39**

---

[116] BGH WM 2009, 955 (956); BGH ZIP 2007, 676 (678); s. ferner BGH ZIP 2009, 1220 f.

[117] BGH ZIP 2006, 2171; unter Geltung der KO noch offen gelassen von BGHZ 126, 181 (200) = NJW 1994, 2220; beachte auch BGHZ 129, 136 (154 f) = NJW 1995, 1739: Vorliegen einer Überschuldung ist einem Geständnis i.S.v. § 288 Abs. 1 ZPO nicht zugänglich; gegen echte Beweislastumkehr noch Voraufl. Rn 32 (*Habersack*); *Bork* ZGR 1996, 505 (521); *Goette* DStR 1994, 1048 (1053).

[118] MünchKommHGB/*K. Schmidt* Rn 40; Röhricht/v. Westphalen/*v. Gerkan/Haas* Rn 26; für § 64 GmbHG Ulmer/Habersack/Winter/*Casper* GmbHG § 64 Rn 98 mwN.

[119] BGH ZIP 2000, 1896 (1898) mwN; für analoge Anwendung des § 93 Abs. 5 AktG *Röhricht* ZIP 2005, 505 (510); Röhricht/v. Westphalen/*v. Gerkan/Haas* Rn 26 mwN; allg. zum Gläubigerschutz bei der masselosen GmbH *Konzen* FS Ulmer (2003) S. 323 ff.

3. Haftung gegenüber Gläubigern

40 a) **Schutzbereich.** Die Vorschrift des § 15a Abs. 1 InsO ist Schutzgesetz i.S.d. § 823 Abs. 2 BGB.[120] In den Schutzbereich des § 130a fallen **im Grundsatz sämtliche Gläubiger der Gesellschaft**, mögen sie ihre – vertraglichen oder gesetzlichen – Ansprüche vor oder nach Eintritt der Insolvenzreife und Verletzung der Antrags- und Masseerhaltungspflicht erworben haben.[121] **Ausgenommen** sind zum einen diejenigen Gläubiger, die ihre Ansprüche erst mit oder nach Eröffnung des Insolvenzverfahrens erworben haben.[122] Ausgenommen sind des Weiteren durch ein Aus- oder Absonderungsrecht geschützte Gläubiger, soweit ihr Schaden aus der Verletzung des Vorzugsrechts durch die Insolvenzverschleppung resultiert;[123] nach der Rechtsprechung des BGH kann die Verletzung des Vorzugsrechts freilich die Eigenhaftung des Organwalters aus § 823 Abs. 1 BGB begründen.[124] Nicht in den Schutzbereich des § 130a einbezogen sind schließlich die Gesellschaft (Rn 5), die Gesellschafter und die Organwalter der Gesellschaft.[125] Anders verhält es sich, wenn Gesellschafter und Organwalter Forderungen aus Drittgeschäften (§ 126 Rn 10, § 128 Rn 13) haben; der Anspruch aus § 823 Abs. 2 BGB i.V.m. § 15a InsO steht dann allerdings unter dem Vorbehalt des § 254 BGB (Rn 44).

41 b) **Subsidiarität.** Für den Anspruch aus § 823 Abs. 2 i.V.m. § 15a Abs. 1 InsO ist nur Raum, soweit der Gläubiger nicht bereits mittelbar durch den Anspruch der Gesellschaft auf Ersatz des **Gesamtgläubigerschadens** nach § 130a Abs. 2 (Rn 34) geschützt ist.[126] Soweit also der Schaden der Gesellschaftsgläubiger durch Leistung in das Gesellschaftsvermögen ausgeglichen werden kann und auch mit der Geltendmachung des Anspruchs der Gesellschaft zu rechnen ist, treten die deliktischen Anspruche der Einzelgläubiger hinter dem Anspruch der Gesellschaft aus § 130a Abs. 2 zurück.[127] Sieht man von den

---

120 So für § 130a a.F., § 64 Abs. 1 GmbHG a.F. BGHZ 138, 211 (214 ff) = NJW 1998, 26; BGH ZIP 1995, 31 (32); BGHZ 126, 181 (190 ff) = NJW 1994, 2220; BGHZ 110, 342 (360) = NJW 1990, 1725; MünchKommHGB/*K. Schmidt* Rn 42; Heymann/*Emmerich* Rn 15; Ebenroth/Boujong/Joost/Strohn/*Hillmann* Rn 31; Baumbach/*Hopt* Rn 13; speziell für § 15a Abs. 1 InsO Röhricht/v. Westphalen/*v. Gerkan/Haas* Rn 28; *Poertzgen* ZInsO 2007, 574 (575); **aA** *Altmeppen/Wilhelm* NJW 1999, 673 (679); *Altmeppen* ZIP 2001, 2201 (2205 f).

121 Vgl. neben den Nachw. in voriger Fn noch BGHZ 29, 100 (102) = NJW 1959, 623; BGHZ 75, 96 (106) = NJW 1979, 1823; grundlegend *K. Schmidt* JZ 1978, 661 ff; für Beschränkung auf Vertragsgläubiger wohl BGH NJW 1995, 398 (399); s. dazu noch Rn 43.

122 BGHZ 110, 342 (361) = NJW 1990, 1725; BGHZ 108, 134 (136 f) = NJW 1989, 3277; Baumbach/Hueck/*Schulze-Osterloh* GmbHG[18] § 64, 90.

123 BGHZ 100, 19 (24) = NJW 1987, 2433; Scholz/*K. Schmidt* GmbHG § 64 Rn 37; Baumbach/Hueck/*Schulze-Osterloh* GmbHG[18] § 64 Rn 94.

124 BGHZ 109, 297 = JZ 1990, 486 mit Anm. *Mertens/Mertens*; näher dazu Ulmer/Habersack/Winter/*Paefgen* GmbHG § 43 Rn 202 ff mwN; ferner *Medicus* FS Lorenz (1991) S. 155 ff; *Grunewald* ZHR 157 (1993), 451 ff; *Lutter* ZHR 157 (1993), 464 ff.

125 Heute hM, vgl. BGHZ 75, 96 (106) = NJW 1979, 1823; Baumbach/Hueck/*Schulze-Osterloh* GmbHG[18] § 64 Rn 90; **aA** noch RGZ 81, 269 (271); BGHZ 29, 100 (103).

126 BGHZ 126, 181 (198 f) = NJW 1994, 2220 (ausdrücklich auch für § 130a); Röhricht/v. Westphalen/*v. Gerkan/Haas* Rn 28; **aA** *G. Müller* ZIP 1993, 1531 (1536) f; krit. auch *Flume* ZIP 1994, 337 (339).

127 Röhricht/v. Westphalen/*v. Gerkan/Haas* Rn 28; Ebenroth/Boujong/Joost/Strohn/*Hillmann* Rn 32; wohl auch MünchKommHGB/*K. Schmidt* Rn 43; s. ferner BGHZ 138, 211 (217) = NJW 1998, 2667; BGHZ 171, 46 (52) = ZIP 2007, 676; Ulmer/Habersack/Winter/*Casper* GmbHG § 64 Rn 122 f; näher *Henssler/Dedek* FS Uhlenbruck S. 175 (185 ff); *Poertzgen* S. 283 f.

Fällen der Masselosigkeit ab (Rn 39), so kann deshalb über § 823 Abs. 2 BGB **nur** der Vertrauensschaden der **Neugläubiger** geltend gemacht werden (Rn 42 f).

c) **Haftung gegenüber Neugläubigern.** Nach der bis zum Jahre 1993 ganz hM beschränkte sich die Haftung der Organwalter auch gegenüber den Gläubigern, die ihre Forderung erst nach dem Zeitpunkt erworben haben, zu dem nach Abs. 1 hätte Insolvenzantrag gestellt werden müssen, auf Ersatz des Quotenschadens und damit auf den auf den einzelnen Gläubiger entfallenden Teil des Gesamtgläubigerschadens.[128] Von dieser Auffassung ist der II. Zivilsenat des BGH mit Zustimmung der übrigen betroffenen Zivilsenate des BGH und des BAG in seinem zu § 64 Abs. 1 GmbHG a.F. ergangenen, indes für § 130a Abs. 1 a.F. und nunmehr für § 15a Abs. 1 InsO gleichermaßen beachtlichen[129] Urteil v. 6.6.1994 abgerückt:[130] Danach sollen die Neugläubiger die verantwortlichen Organwalter auf Ersatz des Schadens in Anspruch nehmen können, der ihnen dadurch entstanden ist, dass sie in Rechtsbeziehungen zu der insolvenzreifen Gesellschaft getreten sind.[131] Die Haftung aus § 823 Abs. 2 BGB i.V.m. § 15a InsO geht danach also auf **Ersatz des Vertrauensschadens** des Neugläubigers; dieser braucht sich nicht entgegenhalten zu lassen, dass er nach Eintritt der Insolvenzreife von der Gesellschaft Leistungen auf Altforderungen erhalten hat, hinsichtlich derer er bei rechtzeitiger Antragstellung nur Insolvenzgläubiger gewesen wäre.[132] Die gleichfalls auf Ersatz des Vertrauensschadens gehende Haftung der Organwalter aus c.i.c. wurde im Zusammenhang mit der Ausdehnung der deliktischen Haftung erheblich eingeschränkt (Rn 46 f). 42

Die unterschiedliche Behandlung von Alt- und Neugläubigern macht die **Eingrenzung** der Klasse der – privilegierten – Neugläubiger erforderlich. Vor dem Hintergrund, dass 43

[128] BGHZ 29, 100 (104) = NJW 1959, 623; 100, 19 (24) = NJW 1987, 2433; 108, 134 (136) = NJW 1989, 3277; Schlegelberger/*K. Schmidt* Rn 41; Hachenburg/*Ulmer* GmbHG[8] § 64 Rn 48 f mwN; **aA** aber bereits *Stapelfeld* S. 166 ff; *Uhlenbruck* S. 403 ff.

[129] So zu § 130a Abs. 1 a.F. ausdrücklich BGH ZIP 1995, 31 (32); zu § 15a Abs. 1 InsO s. Röhricht/v. Westphalen/*v. Gerkan/Haas* Rn 28; *Poertzgen* ZInsO 2007, 574 (575).

[130] BGHZ 126, 181 (190 ff) = NJW 1994, 2220; bestätigt und fortgeführt von BGHZ 138, 211 (217) = NJW 1998, 2667; BGHZ 164, 50 = ZIP 2005, 1734; BGHZ 171, 46 (52) = ZIP 2007, 676; BGH ZIP 1995, 31 (32); BGH ZIP 1995, 124 (125); BGH NJW 1995, 398 (399). Vgl. auch den Anfragebeschluss v. 1.3.1993 (BGH ZIP 1993, 763 m. Anm. *Ulmer*) und den Vorlagebeschluss v. 20.9.1993 (BGH NJW 1993, 2931 m. Anm. *K. Schmidt*); ferner Einstellungsbeschluss des Gemeinsamen Senats der Obersten Gerichtshöfe des Bundes v. 10.1.1994 (GmS-OBG 3/93). – Zur Abgrenzung zwischen Alt- und Neugläubigern s. § 128 Rn 62 ff, ferner OLG Hamburg ZIP 2007, 2318 f.

[131] Im Grundsatz zustimmend Ebenroth/Boujong/Joost/*Hillmann* Rn 33; Röhricht/v. Westphalen/*v. Gerkan/Haas* Rn 29; im Ergebnis auch MünchKommHGB/*K. Schmidt* Rn 44, 46 und Scholz/*ders.* GmbHG § 64 Rn 37 ff; (allerdings für Anspruch aus §§ 311, 280 Abs. 1, 241 Abs. 2 BGB – c.i.c.); dem BGH zust. auch Ulmer/Habersack/Winter/*Casper* GmbHG § 64 Rn 131 ff; *Bork* ZGR 1996, 505 (512 ff); *Flume* ZIP 1994, 337 (339 ff); *Goette* ZIP 1994, 1048 ff; *Hirte* S. 4 ff; *B. Kübler* ZGR 1996, 481 (493 ff); *Lutter* DB 1994, 129 (135); *Roth* EWiR 1993, 1095 f; *Wiedemann* EWiR 1993, 583 f; *Wilhelm* ZIP 1993, 1883 ff; **aA** Baumbach/Hueck/*Schulze-Osterloh* GmbHG[18] § 64 Rn 93; *Bauder* BB 1993, 2472 ff; *Canaris* JZ 1993, 649 (650); *G. Müller* ZIP 1993, 1531 (1535 ff); *ders.* GmbHR 1994, 209 ff; *Ulmer* ZIP 1993, 769 (770 f).

[132] BGH ZIP 2007, 1066 f; zur Frage, ob der Anspruch den im Kaufpreis enthaltenen Gewinnanteil umfasst, s. BGH ZIP 2009, 1220 (1221 f).

§ 15a InsO die Gläubiger davor bewahren soll, einer insolventen Gesellschaft Geld- oder Sachkredit zu gewähren, ist für die Abgrenzung nicht auf den Zeitpunkt der Begründung des Schuldverhältnisses, sondern darauf abzustellen, ob der Gläubiger der Gesellschaft **nach Eintritt der Insolvenzreife Kredit** gewährt hat.[133] Die im Zusammenhang mit der Frage einer Forthaftung des ausgeschiedenen Gesellschafters geltenden Grundsätze (§ 128 Rn 60 ff) lassen sich insoweit nicht heranziehen. Von Bedeutung ist dies namentlich für Dauerschuldverhältnisse; der Vertragspartner der Gesellschaft kann mit seinen Ansprüchen aus einem solchen Schuldverhältnis zugleich Alt- und Neugläubiger sein.[134] Nach wie vor umstritten ist, ob auch **Deliktsgläubiger** und sonstige gesetzliche Gläubiger, die ihren Anspruch nach Eintritt der Insolvenzreife erworben haben, geschützt sind. Der BGH und die ihm folgende h.L. lehnen dies ab;[135] die besseren Gründe dürften indes nach wie vor für die Einbeziehung in den Schutzbereich des § 15a Abs. 1 InsO sprechen.[136]

44 Was die **Geltendmachung** des auf Ersatz des Vertrauensschadens gerichteten Ersatzanspruchs betrifft, so hat diese auch während des laufenden Insolvenzverfahrens **durch den Neugläubiger** zu erfolgen; § 92 InsO ist insoweit nicht anwendbar.[137] Der Neugläubiger ist auch nicht an dem vom Insolvenzverwalter nach § 130a Abs. 2, § 92 InsO geltend zu machenden Gesamtgläubigerschaden zu beteiligen und braucht sich deshalb umgekehrt nicht den Abzug der Quote gefallen zu lassen.[138] Der Quotenschaden, den der

---

[133] BGHZ 171, 46 (51 ff) = ZIP 2007, 676; BGHZ 164, 50 (60 f) = ZIP 2005, 1734; BGH ZIP 2009, 366; OLG Celle NZG 2002, 730 (732); Röhricht/v. Westphalen/*v. Gerkan/Haas* Rn 30; **aA** – für Maßgeblichkeit des Zeitpunkts der Begründung der vertraglichen Beziehung – OLG Jena ZIP 2002, 631; OLG Hamburg ZIP 2007, 2318 f; wohl auch Ebenroth/Boujong/Joost/Strohn/*Hillmann* Rn 33.

[134] BGHZ 171, 46 (52 f) = ZIP 2007, 676; Ulmer/Habersack/Winter/*Casper* GmbHG § 64 Rn 121.

[135] BGHZ 164, 50 (60 f) = ZIP 2005, 1734; Ulmer/Habersack/Winter/*Casper* GmbHG § 64 Rn 135; Baumbach/Hueck/*Schulze-Osterloh* GmbHG[18] § 64 Rn 92; Röhricht/v. Westphalen/*v. Gerkan/Haas* Rn 30; offengelassen noch von BGH NZG 2003, 923 f; BGH ZIP 1999, 967; s. ferner BGH ZIP 2009, 366 betr. § 3 EFZG.

[136] GroßkommAktG/*Habersack* § 92 Rn 80; MünchKommAktG/*Spindler* § 92 Rn 51; *Wagner* FS Gerhardt (2004) S. 1043 (1062 ff); *Reiff/Arnold* ZIP 1998, 1893 (1896 ff).

[137] BGHZ 138, 211 (214 ff) = NJW 1998, 2667; BGHZ 126, 181 (201) = NJW 1994, 2220; BGHZ 171, 46 (51 ff) = ZIP 2007, 676; BGHZ 164, 50 (60 f) = ZIP 2005, 1734; BGH NJW 1995, 398 (399); Ebenroth/Boujong/Joost/Strohn/*Hillmann* Rn 35; Röhricht/v. Westphalen/*v. Gerkan/Haas* Rn 31; *Bork* ZGR 1995, 505 (523 ff); *Karollus* ZIP 1995, 269 (270 ff); im Grundsatz auch MünchKommHGB/*K. Schmidt* Rn 44, 46; *K. Schmidt* ZGR 1996, 209 (213 f); **aA** *Uhlenbruck* ZIP 1994, 1153 ff (Bildung einer Sondermasse für Neugläubiger; vgl. sodann aber auch *dens.* ZIP 1996, 1641 (1643 f)); *Wilhelm* ZIP 1993, 1833 (1835 ff) (Befreiungsanspruch der Gesellschaft gegen den Organwalter, dagegen zutr. *Bork* ZGR 1996, 505 (524 f); *Eyber* NJW 1994, 1622 (1623 Fn 13); *Flume* ZIP 1994, 337 (341 Fn 43); *Karollus* ZIP 1995, 269 (271 f); *G. Müller* GmbHR 1994, 209 (211)); *Hasselbach* DB 1996, 2213 (2214 f).

[138] BGHZ 138, 211 (214 ff) = NJW 1998, 2667; BGHZ 171, 46 (51 ff) = ZIP 2007, 676; Röhricht/v. Westphalen/*v. Gerkan/Haas* Rn 31; *Haas* DStR 2003, 423 (431 ff); *Henssler/Dedek* FS Uhlenbruck S. 175 (177 ff); *Uhlenbruck* ZIP 1996, 1641 (1643 ff); **aA** – für Teilnahme am Gesamtgläubigerschaden – MünchKommHGB/*K. Schmidt* Rn 44; Scholz/*ders.* GmbHG § 64 Rn 40, 42; *ders.* ZGR 1996, 209 (213 f); *ders.* KTS 2001, 381 ff; Ulmer/Habersack/Winter/*Casper* GmbHG § 64 Rn 126; *Poertzgen* S. 327 ff für Kürzung um die Quote noch BGHZ 126, 181 (201) = NJW 1994, 2220.

Neugläubiger dadurch erleidet, dass die Eröffnung des Insolvenzverfahrens über das Vermögen der bereits bei Begründung der Forderung insolvenzreifen Gesellschaft weiter verzögert wird, geht in dem Anspruch auf Ersatz des Vertrauensschadens auf; auch insoweit partizipiert der Neugläubiger also nicht an dem Gesamtgläubigerschaden. Zur Vermeidung einer Bereicherung hat der Gläubiger indes **entsprechend § 255 BGB** Zug um Zug gegen Ersatz des vollen Vertrauensschadens seinen gegen die Gesellschaft gerichteten Anspruch an den Organwalter abzutreten.[139] Der Anspruch des Neugläubigers kann dem Einwand des **Mitverschuldens** gem. § 254 BGB ausgesetzt sein. Dies ist schon dann anzunehmen, wenn für den Gläubiger bei Abschluss des Vertrags Umstände erkennbar waren, denen er hätte entnehmen können, dass er mit seiner Forderung gegen die Gesellschaft zumindest teilweise ausfallen wird.[140] Zur Darlegungs- und Beweislast s. Rn 36.

4. Sonstige Haftungstatbestände

a) **Unerlaubte Handlung.** Schadensersatzansprüche der Neugläubiger gegen die Organwalter können sich im Zusammenhang mit der Vornahme von Rechtsgeschäften mit der insolvenzreifen Gesellschaft vor allem aus § 826 BGB sowie aus § 823 Abs. 2 BGB i.V.m. §§ 263, 265b StGB, 82 Abs. 2 Nr. 2 GmbHG, 331 Nr. 1 HGB ergeben.[141] Vor dem Hintergrund, dass der Anspruch der Neugläubiger aus § 823 Abs. 2 BGB i.V.m. § 15a InsO nicht auf Ersatz des Quotenschadens beschränkt ist, sondern den gesamten Vertrauensschaden umfasst (Rn 42 ff), kommt diesen Haftungstatbeständen im Anwendungs- und Schutzbereich des § 15a Abs. 1 InsO (Rn 40) freilich allenfalls während des Laufs der Dreiwochenfrist (Rn 23) Bedeutung zu.[142] **45**

b) **Culpa in contrahendo.** Die für die insolvente Gesellschaft handelnden Organwalter können ggf. nach §§ 311, 280 Abs. 1, 241 Abs. 2 BGB und damit unter dem Gesichtspunkt der culpa in contrahendo auf Schadensersatz in Anspruch genommen werden. Soweit dem Vertragspartner überhaupt Aufklärung über die finanzielle Situation der Gesellschaft und das damit verbundene Risiko eines Forderungsausfalls geschuldet ist,[143] ist an sich die Gesellschaft Schuldner der Aufklärungspflicht; sie hätte damit auch für die Verletzung dieser Pflicht einzustehen. Da die Gesellschaft allerdings insolvent ist und zudem bereits aufgrund des in ihrem Namen geschlossenen Vertrags haftet, ist aus Sicht des Gläubigers allein ein gegen den Organwalter persönlich gerichteter Schadensersatzanspruch von Interesse.[144] Auch insoweit hat freilich die Entscheidung des II. Zivilsenats **46**

---

139 Überzeugend BGHZ 171, 46 (55) = ZIP 2007, 676; vgl. auch Rn 35, ferner Fn 109.

140 Vgl. BGHZ 126, 181 (200 f) = NJW 1994, 2220.

141 Näher dazu Ulmer/Habersack/Winter/*Casper* GmbHG § 64 Rn 147 ff; Scholz/*K. Schmidt* GmbHG § 64 Rn 59 ff; s. ferner BGH ZIP 1995, 31, 32 (Haftung gem. § 826 BGB, §§ 823 Abs. 2 BGB, 263 StGB bei systematischem Austausch von mit Privatvermögen gesicherten Bankschulden gegen Warenkredite); speziell zu §§ 283 Abs. 1, 283b StGB, § 130 OWiG und § 41 GmbHG s. BGH NJW 1994, 1801 (1802 ff); *K. Schmidt* ZIP 1994, 837 ff.

142 Zur Haftung nach § 826 BGB gegenüber nicht nach § 15a Abs. 1 InsO geschützten Gläubigern s. BGH NZI 2008, 242 (243); BGH NJW 1989, 3277 (3278).

143 Für Aufklärungspflicht bei Eintritt der Insolvenzreife BGH NJW 1983, 676 (677); BGH NJW 1984, 2284 (2286); BGH NJW 1988, 2234 (2235 f); OLG München NJW-RR 1993, 491 = WM 1993, 1429; OLG Hamm GmbHR 1993, 585; einschränkend *Ulmer* NJW 1983, 1577 (1578 f).

144 Näher dazu *Brandner* FS Werner (1984) S. 53 ff; *Flume* ZIP 1994, 337 ff; *Grunewald* ZGR 1986, 580 ff; *Medicus* FS Steindorff (1990) S. 725 ff; *G. Müller* ZIP 1993, 1531

des BGH vom 6.6.1994 (Rn 42) eine bedeutsame Änderung herbeigeführt: Während nämlich in der früheren Rechtsprechung zur Eigenhaftung des Organwalters aus c.i.c. eine eher gläubigerfreundliche Tendenz vorherrschte, geht mit der Ausdehnung der deliktischen Haftung auf den Vertrauensschaden der Neugläubiger (Rn 42) die **zumindest partielle Aufgabe der** – gleichfalls auf Ersatz des Vertrauensschadens zielenden – **Rechtsprechung zur Eigenhaftung aus c.i.c.** einher. Im Ergebnis hat damit das Urteil v. 6.6.1994 die Haftung des Organwalters gegenüber Neugläubigern auf eine neue, an die Verletzung der Antragspflicht anknüpfende und richtiger Ansicht zufolge nicht nur Vertragsgläubiger schützende (Rn 43) Grundlage gestellt.

47 Was die **Grundlage** einer – ggf. neben die Haftung aus § 823 Abs. 2 BGB i.V.m. § 15a InsO tretenden – Eigenhaftung aus c.i.c. betrifft, so kommt zunächst die Inanspruchnahme eines **besonderen persönlichen Vertrauens** durch den Organwalter in Betracht.[145] Allerdings hat die Rechtsprechung stets und zu Recht betont, dass dieses Vertrauen sich nicht in der unterlassenen Aufklärung über die finanziellen Verhältnisse der Gesellschaft erschöpfen darf, sondern vom Organwalter selbst ausgehen muss, indem dieser etwa Erklärungen im Vorfeld echter Garantiezusagen abgibt.[146] Vor diesem Hintergrund erklärt sich die Bedeutung, die der zweiten Grundlage der Organwalterhaftung, nämlich dem sog. **wirtschaftlichen Eigeninteresse**, vor dem richtungsweisenden Urteil v. 6.6.1994 zukam. Stand schon vor dieser Entscheidung fest, dass auch die maßgebliche Beteiligung des Organwalters an der Gesellschaft als solche ein wirtschaftliches Eigeninteresse nicht zu begründen vermag,[147] so kann nunmehr die Haftung aus c.i.c. auch nicht mehr auf die Gewährung von Sicherheiten durch den Fremd- oder Gesellschafter-Geschäftsführer gestützt werden.[148] Zumal vor dem Hintergrund der deliktischen Haftung gegenüber Neugläubigern (Rn 42 ff) sollte sich die Rechtsprechung künftig von dem – grundsätzlichen Bedenken unterliegenden[149] – Haftungstatbestand des wirtschaftlichen Eigeninteresses generell distanzieren.[150]

(1532 ff); *Roth* GmbHR 1985, 137 ff; *K. Schmidt* ZIP 1988, 1497 ff; *Ulmer* NJW 1983, 1577 ff; Ulmer/Habersack/Winter/*Casper* GmbHG § 64 Rn 154 f; Scholz/*K. Schmidt* GmbHG § 64 Rn 64 ff.

145 Grundlegend *Ballerstedt* AcP 151 (1951), 505 ff; aus der Rspr. außerhalb des Bereichs der Organwalterhaftung RGZ 143, 219 (223); BGHZ 56, 81 (85 f) = NJW 1971, 1309; BGHZ 70, 337 (341) = NJW 1978, 1374; BGH NJW 1997, 1233; zu § 311 BGB s. MünchKommBGB/*Emmerich* § 311 Rn 61 ff.

146 St. Rspr., s. BGHZ 126, 181 (189 f) = NJW 1994, 2220; BGH NJW 1981, 1266 und 2810; BGH ZIP 1991, 1140 (1142 f); *Goette* DStR 1994, 1048 (1049 ff); Hachenburg/*Ulmer* GmbHG[8] § 64 Rn 70, 72 mwN; zu Garantiezusagen des Geschäftsführers s. auch BGH NZG 2002, 779 f; **aA** – Haftung des Geschäftsführers unter dem Gesichtspunkt, dass er als Repräsentant der Gesellschaft als Vertrauensträger anzusehen sei – *K. Schmidt* ZIP 1988, 1497 (1503 f); *ders.* NJW 1993, 2934 (2935); Scholz/*ders.* GmbHG § 64 Rn 40; zu Recht gegen eine solche Repräsentantenhaftung BGHZ 126, 181 (189 f); *Bork* ZGR 1995, 505 (509).

147 BGH NJW 1986, 586 (587 f); BGH NJW 1986, 3193 (3195); BGH NJW 1988, 2234 (2235); BGH NJW 1989, 292 f; **aA** noch BGHZ 87, 27 (34) = NJW 1983, 1607; BGH NJW 1983, 676 (677).

148 BGHZ 126, 181 (183 ff) = NJW 1994, 2220; BGH ZIP 1995, 31; dazu *Goette* DStR 1994, 1048 (1049 f); *Medicus* DStR 1995, 1432 (1433); zuvor bereits *Grunewald* ZGR 1986, 580 (584 ff); *Hommelhoff* EWiR 1986, 165 (166).

149 Vgl. namentlich *Medicus* FS Steindorff (1990) S. 725, 729 ff (733 f) mwN.

150 Auch eine Beschränkung auf die Fälle, in denen der Organwalter gleichsam in eigener Sache (als procurator in rem suam) tätig ist (dafür namentlich Hachenburg/*Ulmer* GmbHG[8] § 64 Rn 72; allg. RGZ 120, 249 (252 f)), erscheint nicht zuletzt im Hinblick auf die damit verbundenen Abgrenzungs-

5. **Antrags- und Masseerhaltungspflichten auf der Gesellschafterebene.** Von der Antrags- und Masseerhaltungspflicht innerhalb der atypischen Personengesellschaft bleiben entsprechende Pflichten auf der Ebene der Gesellschafter unberührt. Da die Insolvenz der atypischen Personengesellschaft regelmäßig zugleich die Insolvenz der persönlich haftenden Gesellschafter auslöst (Rn 4), müssen die Organwalter der Gesellschafter auch insoweit für die Einhaltung der Antrags- und Masseerhaltungspflichten sorgen. Für die GmbH & Co. OHG bedeutet dies, dass die Geschäftsführer einer jeden Komplementär-GmbH oder -AG der Antragspflicht nach § 15a Abs. 1 S. 1 InsO und den Masseerhaltungspflichten der §§ 92 Abs. 2 AktG, 64 GmbHG unterliegen; die Rechtsfolgen einer Pflichtverletzung entsprechen grundsätzlich denjenigen bei Verstoß gegen § 130a. Ensprechendes gilt für die Kapitalgesellschaft & Co. KG sowie für die Kapitalgesellschaft & Co. GbR (Rn 9 f). **48**

6. **Gesamtschuldnerische Haftung mehrerer Organwalter.** Nach Abs. 2 S. 1 haften mehrere verantwortliche Organwalter (Rn 11 ff) und Liquidatoren (Rn 14) gegenüber der Gesellschaft als Gesamtschuldner. Dies trägt dem Umstand Rechnung, dass jeder der verantwortlichen Organwalter und Liquidatoren der Antrags- und Masseerhaltungspflicht unterliegt und dieser Pflicht ohne weiteres dadurch nachkommen kann, dass er den Eröffnungsantrag stellt und die Vornahme weiterer „Zahlungen" unterlässt (Rn 11). Entsprechendes gilt nach § 830 BGB für die Haftung gegenüber Einzelgläubigern aus §§ 823 Abs. 2, 826 BGB (Rn 42 ff). Den Organwaltern und Liquidatoren stehen hinsichtlich der Antragspflicht die Gesellschafter oder Mitglieder des Aufsichtsrats einer führungslosen Gesellschaft gleich (Rn 15). Was dagegen die Haftung aus c.i.c. betrifft (Rn 46 f), so unterliegt ihr nur derjenige Organwalter, der Träger der Aufklärungspflicht ist und diese Pflicht verletzt hat. **49**

7. **Haftung Dritter.** Adressaten der Masseerhaltungspflichten sind ausschließlich die Organwalter und Liquidatoren der Gesellschaft (Rn 11 ff), Adressaten der Antragspflicht darüber hinaus (subsidiär) die Gesellschafter der führungslosen GmbH und die Mitglieder des Aufsichtsrats der führungslosen AG oder Genossenschaft (Rn 15); nur sie haften gegenüber der Gesellschaft nach § 130a Abs. 2 und gegenüber den Gläubigern nach § 823 Abs. 2 BGB i.V.m. § 15a InsO. Eine Haftung der nicht zu Organwaltern bestellten Personen kommt dagegen, sieht man von § 826 BGB und culpa in contrahendo (Rn 45 ff) ab, allenfalls unter dem Gesichtspunkt der **Teilnahme an der unerlaubten Handlung** der Organwalter in Betracht. Dies gilt auch für die **Gesellschafter** der OHG oder der an der OHG beteiligten Gesellschaften.[151] Nach § 830 Abs. 2 BGB setzt die Haftung als Anstifter oder Gehilfe allerdings neben dem Vorsatz des Teilnehmers das Vorliegen einer vorsätzlichen Haupttat und damit positive Kenntnis der nach § 130a Abs. 1, § 15a Abs. 1 InsO verpflichteten Organwalter hinsichtlich der Zahlungsunfähigkeit oder Überschuldung der Gesellschaft voraus.[152] Da nach der hier vertretenen Auffassung auch eine Haf- **50**

schwierigkeiten (vgl. *Flume* ZIP 1994, 337 (338), wonach bei Gewährung von Sicherheiten und Eintritt der Insolvenzreife ein Handeln als procurator in rem suam vorliege!) problematisch.

151 Vgl. BGHZ 75, 96 (107) = NJW 1979, 1823; BGH GmbHR 1974, 7 (9); ZIP 1995, 125 (126); speziell zu § 130a s. Schlegelberger/*K. Schmidt* Rn 47; *Heymann/Emmerich* Rn 16; *Baumbach/Hopt* Rn 14.

152 Vgl. BGHZ 75, 96 (107) = NJW 1979, 1823 (Vorsatz des Organwalters); BGH NJW 1979, 1829 (Vorsatz des Gesellschafters); BGHZ 164, 50 (57) = ZIP 2005, 1734; allg. BGH VersR 1967, 471 (473); **aA** – für Haftung auch bei vorsätzlicher Beteiligung an

tung als faktischer Organwalter ausscheidet (Rn 12), kann es zwar nicht ausgeschlossen werden, dass der Gesellschafter, der die Geschicke der Gesellschaft selbst in die Hand nimmt, in Ermangelung einer vorsätzlichen Haupttat des Organwalters der Haftung gem. §§ 830 Abs. 2, 840 BGB entgeht. Diese vermeintliche Haftungslücke vermag jedoch weder den Verzicht auf das allgemeine Erfordernis einer vorsätzlichen Haupttat[153] noch die Annahme von Verkehrspflichten zum Schutz fremden Vermögens[154] zu begründen. Soweit in Fällen dieser Art die Gesellschafter den Gläubigern nicht schon aus § 826 BGB, § 823 Abs. 2 BGB i.V.m. § 263 StGB haften oder – im Zusammenhang mit dem Auszahlungsverbot des § 130a Abs. 1 S. 3 – der **„Existenzvernichtungshaftung"** unterliegen (Rn 28), kommt allein eine spezifisch gesellschaftsrechtlich begründete Haftung gegenüber der Gesellschaft (Rn 5) und damit ein mittelbarer Schutz der Gläubiger in Betracht.[155] Grundlage einer solchen Haftung wäre gegebenenfalls die Verletzung der mitgliedschaftlichen Treupflicht (§ 105 Rn 228 ff), je nach Lage des Falles aber auch die konzernrechtlich begründete Verlustübernahmepflicht (Anh. § 105 Rn 71 ff).[156]

---

nicht vorsätzlicher Haupttat – *K. Schmidt* JZ 1978, 661 (666); Scholz/*K. Schmidt* GmbHG § 64 Rn 54.

153 So aber vor allem *K. Schmidt* (vorige Fn); s. ferner *Konow* GmbHR 1975, 104 ff.

154 So für den maßgeblichen Gesellschafter, der sich in grob unangemessener Weise aus eigennützigen Gründen über die Interessen des Rechtsverkehrs hinwegsetzt, Hachenburg/*Ulmer* GmbHG[8] § 64 Rn 77 f; zust. *Karollus* ZIP 1995, 269 (273).

155 Insoweit zutr. Scholz/*K. Schmidt* GmbHG § 64 Rn 54, 56.

156 Zum Verhältnis zwischen konzernrechtlicher Haftung und Verschleppungshaftung s. auch *Hirte* S. 6 f.

VIERTER TITEL

Auflösung der Gesellschaft und Ausscheiden von Gesellschaftern

§ 131

(1) Die offene Handelsgesellschaft wird aufgelöst:
1. durch den Ablauf der Zeit, für welche sie eingegangen ist;
2. durch Beschluß der Gesellschafter;
3. durch die Eröffnung des Insolvenzverfahrens über das Vermögen der Gesellschaft;
4. durch gerichtliche Entscheidung.

(2) [1]Eine offene Handelsgesellschaft, bei der kein persönlich haftender Gesellschafter eine natürliche Person ist, wird ferner aufgelöst:
1. mit der Rechtskraft des Beschlusses, durch den die Eröffnung des Insolvenzverfahrens mangels Masse abgelehnt worden ist;
2. durch die Löschung wegen Vermögenslosigkeit nach § 394 des Gesetzes über das Verfahren in Familiensachen und in den Angelegenheiten der freiwilligen Gerichtsbarkeit.

[2]Dies gilt nicht, wenn zu den persönlich haftenden Gesellschaftern eine andere offene Handelsgesellschaft oder Kommanditgesellschaft gehört, bei der ein persönlich haftender Gesellschafter eine natürliche Person ist.

(3) [1]Folgende Gründe führen mangels abweichender vertraglicher Bestimmung zum Ausscheiden eines Gesellschafters:
1. Tod des Gesellschafters,
2. Eröffnung des Insolvenzverfahrens über das Vermögen des Gesellschafters,
3. Kündigung des Gesellschafters,
4. Kündigung durch den Privatgläubiger des Gesellschafters,
5. Eintritt von weiteren im Gesellschaftsvertrag vorgesehenen Fällen,
6. Beschluß der Gesellschafter.

[2]Der Gesellschafter scheidet mit dem Eintritt des ihn betreffenden Ereignisses aus, im Falle der Kündigung aber nicht vor Ablauf der Kündigungsfrist.

Schrifttum

Ammon Gesellschaftsrechtliche und sonstige Neuerungen im Handelsrechtsreformgesetz – Ein Überblick, DStR 1998, 1474; *Ballwieser* Aktuelle Aspekte der Unternehmensbewertung, WPg 1995, 119; *Barthel* Handbuch der Unternehmensbewertung 19. Lieferung (1998); *Baumann* Abfindungsregelungen für ausscheidende Gesellschafter bei Personengesellschaften (1987); *Behringer* Unternehmensbewertung der Mittel- und Kleinbetriebe – Betriebswirtschaftliche Verfahrensweisen (1999); *Berninger* Die Societas quoad sortem: Eine Einbringungsform im Personengesellschaftsrecht (1994); *Blaurock/Berninger* Kapitalkonto und Sonderbetriebsvermögen des Kommanditisten bei der Anwendung von § 15a EStG, JZ 1992, 614; *Bork/Jacoby* Das Ausscheiden des einzigen Komplementärs nach § 131 Abs. 3 HGB, ZGR 2005, 611; *Brückner* Die Kontrolle von Abfindungsklauseln in Personengesellschafts- und GmbH-Verträgen (1995); *Büttner* Flexible Grenzen der Durchsetzbarkeit von Abfindungsbeschränkungen in Personengesellschaftsverträgen, FS Nirk (1992), S. 119; *Bydlinski*

Zentrale Änderungen des HGB durch das Handelsrechtsreformgesetz, ZIP 1998, 1169; *Casper/ Altgen* Gesellschaftsvertragliche Abfindungsklauseln – Auswirkungen der Erbschaftsteuerreform, DStR 2008, 2319; *Crezelius* Unternehmenserbrecht (1998); *Dauner-Lieb* Abfindungsklauseln bei Personengesellschaften – Methodische Anmerkungen zum Urteil des BGH vom 20.9.1993, ZHR 158 (1994), 271; *Ebenroth/Müller* Die Abfindungsklauseln im Recht der Personengesellschaften, BB 1993, 1153; *Eckardt* Das Ausscheiden des Komplementärs aus der zweigliedrigen KG – NZG 2000, 449; *Eiselt* Zum Ausschluss des Gesellschafters minderen Rechts unter Buchwertabfindung, FS v. Lübtow (1980), S. 643; *Engel* Abfindungsklauseln – Eine systematische Übersicht, NJW 1986, 345; *Engelhardt* Die Wirkung der Beendigung einer OHG, die Gesellschafterin einer anderen OHG ist, NJW 1962, 1489; *Ensthaler* Liquidation von Personengesellschaften (1985); *Feldhoff* Der neue IDW-Standard zur Unternehmensbewertung: Ein Fortschritt? DB 2000, 1237; *Finger* Der Ausschluss von Abfindungsansprüchen bei der Nachfolge in Personengesellschaften beim Tode des Gesellschafters, DB 1974, 29; *Flume* Die Abfindungsklauseln beim Ausscheiden eines Gesellschafters aus einer Personengesellschaft, FS Ballerstedt (1975), S. 197; *ders.* Die Abfindung nach der Buchwertklausel für den Gesellschafter minderen Rechts einer Personengesellschaft, NJW 1979, 902; *ders.* Die Erbennachfolge in den Anteil an einer Personengesellschaft und die Zugehörigkeit des Anteils zum Nachlaß, NJW 1988, 161; *Frey/von Bredow* Der Wegfall des einzigen Komplementärs nach der HGB-Reform, ZIP 1998, 1621; *Fröhlich* Der Shareholder Value als Abfindungsmaßstab bei Familienpersonengesellschaften (1997); *Gamon* Buchwertklauseln beim Ausscheiden aus OHG und KG, Rechts-, Angemessenheits- und Ausübungskontrolle (1989); *Großfeld* Unternehmensbewertung als Rechtsproblem, JZ 1981, 641; *ders.* Zweckmäßige Abfindungsklauseln, AG 1988, 217; *ders.* Unternehmens- und Anteilsbewertung (1994); *Gustavus* Die Neuregelungen im Gesellschaftsrecht nach dem Regierungsentwurf eines Handelsreformgesetzes, GmbHR 1998, 17; *Haack* Renaissance der Abfindung zum Buchwert? – Die neue Rechtsprechung des BGH zur Buchwertklausel, GmbHR 1994, 437; *Habersack* Die Reform des Rechts der Personenhandelsgesellschaften in Fachtagung der Bayer-Stiftung für Deutsches und Internationales Arbeits- und Wirtschaftsrecht am 30. Oktober 1998 (1999), S. 73; *Hartmann* Der ausscheidende Gesellschafter in der Wirtschaftspraxis (1983); *Heckelmann* Abfindungsklauseln in Gesellschaftsverträgen (1973); *Hennerkes/Binz* Die Buchwertabfindung – Ein Fossil unserer Zeit? DB 1983, 2669; *ders./May* Der Gesellschaftsvertrag des Familienunternehmens – Ein Überblick über Gestaltungsschwerpunkte, NJW 1988, 2761; *Heller* Das „Stuttgarter Verfahren" in Abfindungsklauseln, GmbHR 1999, 594; *Hillers* Personengesellschaft und Liquidation (1988); *Hintzen* Auflösung und Liquidation von Personengesellschaften (1965); *Hirte* Der Abfindungsanspruch des ausscheidenden Kommanditisten, JuS 1986, 504; *Hörstel* Der Auseinandersetzungsanspruch bei Ausscheiden einzelner Gesellschafter sowie der Liquidation von Gesellschaften und gesellschaftsähnlichen Rechtsverhältnissen, NJW 1994, 2268; *Hüttemann* Unternehmensbewertung als Rechtsproblem, ZHR 162 (1998), 563; *Korth* Unternehmensbewertung im Spannungsfeld zwischen betriebswirtschaftlicher Unternehmenswertermittlung, Marktpreisabgeltung und Rechtsprechung, BB 1992, Beil. 19 zu Heft 33, 1; *Lamprecht* Fortsetzung der OHG bei Ausscheiden eines Gesellschafters, ZIP 1997, 919; *Liebisch* Über die Rechtsstellung des Erben eines offenen Handelsgesellschafters, ZHR 116 (1954), 128; *Liebs* Offene Fragen der Insolvenz einer zweigliedrigen GmbH & Co. KG, ZIP 2002, 1716; *Luttermann* Zum Börsenkurs als gesellschaftsrechtliche Bewertungsgrundlage, ZIP 1999, 45; *Mark* Zweckmäßige Abfindungsklauseln für Personengesellschaften und Gesellschaften mit beschränkter Haftung (1996); *Marotzke* Weitestmögliche Sicherung des Fortbestandes von Unternehmen? – Ein Zwischenruf zum geplanten § 131 Abs. 2 Nr. 1 HGB, ZEV 1997, 389; *ders.* Sonderinsolvenz und Nachlassverwaltung über das Vermögen einer erloschenen Personengesellschaft, ZInsO 2009, 590; *Mayer* Neues zur Buchwertklausel in Personengesellschaftsverträgen, DB 1990, 1319; *Meilicke* Rechtsgrundsätze zur Unternehmensbewertung, DB 1980, 2121; *Michalski* Feststellung des Abfindungsguthabens durch einen Sachverständigen, ZIP 1991, 914; *ders.* OHG-Recht (2000); *Moxter* Das „Stuttgarter Verfahren" und die Grundsätze ordnungsmäßiger Unternehmensbewertung, DB 1976, 1585; *ders.* Grundzüge ordnungsgemäßer Unternehmensbewertung (1983); *Müller* Die Buchwertklausel – ein Dauerthema, ZIP 1995, 1561; *Neuhaus* Unternehmensbewertung und Abfindung (1990); *Notthoff* Abfindungsregelungen in Personalgesellschaftsverträgen, DStR 1998, 210; *Piltz* Rechtspraktische Überlegungen zu Abfindungsklauseln in Gesellschaftsverträgen, BB 1994, 1021; *ders.* Die Unternehmensbewertung in der Rechtspraxis (1994); *Raddatz* Die Nachlaßzugehörigkeit vererbter Personengesellschaftsanteile

(1991); *Ränsch* Die Bewertung von Unternehmen als Problem der Rechtswissenschaft, AG 1984, 202; *Rasner* Abfindungsklauseln in OHG- und KG-Verträgen, NJW 1983, 2995; *ders.* Abfindungsklauseln bei Personengesellschaften – Die Sicht eines Praktikers, ZHR 158 (1994), 292; *Reinicke/Tiedtke* Die Ausschließung der Ertragswertmethode bei der Berechnung des Auseinandersetzungsguthabens eines ausscheidenden Gesellschafters, DB 1984, 703; *Rieble* Verschmelzung und Spaltung von Unternehmen und ihre Folgen für Schuldverhältnisse mit Dritten, ZIP 1997, 301; *Riegger* Die Rechtsfolgen des Ausscheidens eines Gesellschafters aus einer zweigliedrigen Personengesellschaft (1969); *Ring* Das neue Handelsrecht (1999); *Römermann* Nachvertragliche Wettbewerbsverbote bei Anwaltssozietäten, NJW 2002, 1399; *Roolf/Vahl* Die Beteiligung eines Gesellschafters am Ergebnis schwebender Geschäfte, DB 1983, 1964; *Sanftleber* Abfindungsklauseln in Gesellschaftsverträgen (1990); *Schaefer, E.* Handelsrechtsreformgesetz – Einführung, Texte, Erläuterungen zu den geänderten Vorschriften (1990); *ders.* Das Handelsrechtsreformgesetz nach dem Abschluss des parlamentarischen Verfahrens, DB 1998, 1269; *Schäfer, C.* Der stimmrechtslose GmbH-Geschäftsanteil (1997); *ders.* Höchstpersönliche Rechte (Gegenstände) in der Aufspaltung, in *Habersack/Koch/Winter* (Hrsg.), Die Spaltung im neuen Umwandlungsrecht und ihre Rechtsfolgen, ZHR-Beiheft 68 (1999), S. 114; *ders.* Die Lehre vom fehlerhaften Verband (2002); *Schlitt* Die Auswirkungen des Handelsrechtsreformgesetzes auf die Gestaltung von GmbH & Co. KG-Verträgen, NZG 1998, 580; *Schmidt, K.* Löschungsgesetz und GmbH & Co, BB 1980, 1497; *ders.*, Abfindung, Unternehmensbewertung und schwebende Geschäfte, DB 1983, 2401; *ders.*, Die Handels-Personengesellschaft in Liquidation, ZHR 153 (1989), 270; *ders.* HGB-Reform im Regierungsentwurf, ZIP 1997, 909; *ders.* Das Handelsrechtsreformgesetz, NJW 1998, 2161; *ders.*, HGB-Reform und gesellschaftsrechtliche Gestaltungspraxis, DB 1998, 61; *ders.* Nachlaßinsolvenzverfahren und Personengesellschaft, FS Uhlenbruck (2000), S. 665; *ders.* Insolvenz und Insolvenzabwicklung bei der typischen GmbH & Co. KG, GmbHR 2002, 1209; *ders.* Fünf Jahre „neues Handelsrecht", JZ 2003, 585; *ders.* Konsolidierte Abwicklung von Personengesellschaften bei simultaner Gesellschafterinsolvenz? ZIP 2008, 2337; *ders./Bitter* Doppelberücksichtigung, Ausfallprinzip und Gesellschafterhaftung in der Insolvenz, ZIP 2000, 1077; *Schulze-Osterloh* Auseinandersetzungsguthaben des ausscheidenden Gesellschafters einer Personengesellschaft nach § 738 Abs. 1 Satz 2, ZGR 1986, 546; *ders.* Bilanzierungsentscheidungen bei der Personenhandelsgesellschaft und ihre Auswirkungen auf die Haftung des Kommanditisten und das Abfindungsguthaben aufgrund einer Buchwertklausel, BB 1997, 1783; *Schwung* Die Bindungswirkung der Abfindungsbilanz, BB 1985, 1374; *Seibert* Die Entwicklung des Personengesellschaftsrechts in der Gesetzgebung, in: Die Reform des Handelsstandes und der Personengesellschaften, Fachtagung der Bayer-Stiftung für Deutsches und Internationales Arbeits- und Wirtschaftsrecht am 30. Oktober 1998 (1999), S. 119; *Sethe* Die Wirkung und dogmatische Einordnung von Fortsetzungs- und Nachfolgeklauseln im Lichte der HGB-Reform, JZ 1997, 989; *Sieben/Lutz* Sonderfragen substanzwertorientierter Abfindungsklauseln in Gesellschaftsverträgen, DB 1983, 1989; *Sigle* Gedanken zur Wirksamkeit von Abfindungsklauseln in Gesellschaftsverträgen, ZGR 1999, 659; *Splieth* Die Kündigungs- und Abfindungsrechte des Personengesellschafters und die Zulässigkeit ihrer Beschränkungen durch gesellschaftsvertragliche Vereinbarungen. Zugleich ein Beitrag zum Minderheitenschutz (1989); *Stodolkowitz* Nachlaßzugehörigkeit von Personengesellschaftsanteilen, FS Kellermann (1991), S. 439; *Stoetter* Die Abschichtungsbilanz nach dem Ausscheiden eines Gesellschafters, DB 1972, 271; *ders.* Der Auseinandersetzungsanspruch des ausscheidenden Gesellschafters einer Personengesellschaft, BB 1974, 676; *Sudhoff* Die Berechnung des Auseinandersetzungsguthabens bei Personengesellschaften, ZGR 1972, 157; *ders.* Unternehmensnachfolge (2000); *Ulmer* Die Sonderzuordnung des vererbten OHG-Anteils in: FS Schilling (1973), S. 79; *ders.* Wirksamkeitsschranken gesellschaftsvertraglicher Abfindungsklauseln, NJW 1979, 81; *ders.* Abfindungsklauseln in Personengesellschafts- und GmbH-Verträgen: Plädoyer für die Ertragswertklausel, FS Quack (1991), S. 477; *ders.* Die höchstrichterlich „enträtselte" Gesellschaft bürgerlichen Rechts, ZIP 2001, 585; *Ulmer/C. Schäfer* Die rechtliche Beurteilung vertraglicher Abfindungsbeschränkungen bei nachträglich eintretendem groben Mißverhältnis – Besprechung der Entstehung BGHZ 123, 81, ZGR 1995, 134; *dies.* Die Zugriffsmöglichkeit der Nachlaß- und Privatgläubiger auf den durch Sondervererbung übergegangenen Anteil an einer Personengesellschaft, ZHR 160 (1996), 413; *van Randenborgh* Abfindungsklauseln in Gesellschaftsverträgen, BB 1986, 75; *Volmer* Vertragspaternalismus im Gesellschaftsrecht? – Neues zu Abfindungsklauseln, DB 1998, 2507; *Wagner-Nonnenmacher* Die Abfindung bei der Ausschließung aus einer Personengesellschaft, ZGR 1981,

674; *Weber* Buchwertabfindungsklauseln in Gesellschaftsverträgen von Personengesellschaften (1987); *Weber D./Jacob* Zum Referentenentwurf des Handelsrechtsreformgesetzes, ZRP 1997, 152; *H. P. Westermann* Kautelarjurisprudenz, Rechtsprechung und Gesetzgebung im Spannungsfeld zwischen Gesellschafts- und Wirtschaftsrecht, AcP 175 (1975), 375; *ders.* Die zweigliedrige Personengesellschaft in der Krise, FS Röhricht (2005), S. 655; *Wiedemann* Rechtsethische Maßstäbe im Unternehmens- und Gesellschaftsrecht, ZGR 1980, 147; *ders.* Rechte und Pflichten des Personengesellschafters, WM 1992, Sonderbeilage Nr. 7; *Zehner* Unternehmensbewertung im Rechtsstreit, DB 1981, 2109.

Übersicht

A. Einführung

I. Regelungsinhalt und geschichtliche Entwicklung der Norm

1 Der vierte Titel beinhaltet die Vorschriften über die Auflösung der Gesellschaft und das Ausscheiden von Gesellschaftern. § 131 nennt in Abs. 1 die allgemeinen, in Abs. 2 spezielle Auflösungsgründe für Gesellschaften, in denen keine natürliche Person haftet. §§ 133 f regeln die in Abs. 1 Nr. 4 erwähnte Auflösung durch gerichtliche Entscheidung näher. § 144 trifft eine besondere Regelung für die Fortsetzung einer wegen Insolvenz nach § 131 Abs. 1 Nr. 3 aufgelösten Gesellschaft. § 131 Abs. 3 zählt – nicht abschließend – die Gründe für das Ausscheiden von Gesellschaftern auf, für die § 132 (Kündigung durch Gesellschafter) und § 135 (Kündigung durch Privatgläubiger) detailliertere Bestimmungen enthalten. § 143 schließlich schreibt die Anmeldung von Auflösung und Ausscheiden zum Handelsregister vor.

2 Die **Handelsrechtsreform 1998** hat die jetzt in § 131 Abs. 1 Nrn. 1–4 enthaltenen gesellschaftsbezogenen Auflösungsgründe unangetastet gelassen, jedoch die jetzt in Abs. 3 Nrn. 1–6 (zunächst in Abs. 2, vgl. Rn 4) geregelten gesellschafterbezogenen Auflösungsgründe (insbes. Tod, Gesellschafterinsolvenz, Kündigung) in Gründe für das Ausscheiden des betreffenden Gesellschafters umgewandelt, freilich nur vorbehaltlich abweichender Regelung im Gesellschaftsvertrag. Damit ist insofern das Regel-Ausnahme-Verhältnis zwischen Auflösung und Ausscheiden entsprechend der schon seit langem zu beobachtenden Vertragsgestaltungspraxis umgekehrt worden. Die Motive sprechen anschaulich von der Ablösung des Grundsatzes „Auflösung der Gesellschaft durch Austritt eines Gesellschafters“ durch die Regel **„Fortführung der Gesellschaft unter Ausscheiden des Gesellschafters“**.[1] Demgegenüber ging der historische Gesetzgeber bei § 131 HGB 1897 und seinen Vorläufern[2] davon aus, dass Verband und Mitgliedschaft untrennbar mit der Person der vertragschließenden Gesellschafter verknüpft seien. Die Begründung zum Reformgesetz 1998[3] zitiert aus den Motiven zum Entwurf eines HGB für die Preußischen Staaten 1857 den anschaulichen Satz „…; denn durch das Ausscheiden auch nur eines Mitglieds ist die ganze Gesellschaft zu einer wesentlich anderen geworden“ und verweist mit Recht auf den Anschauungswandel, der seither eingetreten ist und demzufolge die „Personenkontinuität“ hinter die **„Unternehmenskontinuität“** zurücktrete. Bei personenbezogenen Gründen entspreche die Liquidation der Gesellschaft weder den Interessen der verbleibenden Gesellschafter noch widerspreche sie den Interessen des Ausscheidenden, zumal dieser eine der Beteiligung am Liquidationserlös entsprechende Abfindung erhalte.

3 Mag die Begründung auch nicht hinreichend zwischen der Liquidation der Gesellschaft und der des Unternehmens unterscheiden, die ja keineswegs zusammenfallen müssen, und mag der Vergleich zwischen Abfindungsanspruch und Anteil am Liquidationserlös schon mit Rücksicht auf die üblichen Abfindungsbeschränkungen problematisch erscheinen, so sprach doch die seit langem auf Kontinuität auch der Gesellschaft setzende Kautelarpraxis und der darin zum Ausdruck kommende **typische Parteiwille für die Neuregelung**. Zudem konnte sich der Reformgesetzgeber auf entsprechende Vorschläge der Unternehmensrechtskommission schon aus den 1970er Jahren berufen.[4] Zwar ließ

---

[1] BegrRegE BT-Drucks. 13/8444, S. 41.

[2] Unmittelbarer Vorläufer ist Art. 123 ADHGB, vgl. 3. Aufl. Rn 2 (*Ulmer*).

[3] BegrRegE BT-Drucks. 13/8444, S. 41.

[4] BegrRegE BT-Drucks. 13/8444, S. 41 verweist auf den Bericht über die Verhandlungen der Unternehmensrechtskommission, 1980, Rn 804 ff, sowie auf entsprechende Empfehlungen der Europäischen Kommission von 1994.

bereits § 131 a.F. die Abbedingung personenbezogener Auflösungsgründe zu;[5] doch durfte der Gesetzgeber wohl mit Grund davon ausgehen, dass vor allem in kleineren Unternehmen, denen „rechtsformspezifische Eigenheiten" nicht vertraut sind, eine Reihe von Insolvenzen auf fehlende oder mangelnde Nachfolgeregelungen zurückzuführen waren. In solchen Fällen kommt es nun nicht mehr auf den Fortsetzungswillen sämtlicher Gesellschafter an. Ob allerdings der mutmaßliche Parteiwille in allen Fällen mit der Neuregelung übereinstimmt, mag man bezweifeln, und insbesondere in Bezug auf den Tod (Abs. 3 Nr. 1) ist dies denn auch bestritten worden: Wo eine Nachfolgeregelung fehle, schwäche die Ausscheidensfolge einerseits die Stellung der Erben und zwinge andererseits die verbleibenden Gesellschafter zu deren Abfindung.[6] Den Gesetzgeber hat diese Kritik letztlich nicht beeindruckt, aber nichtsdestoweniger ist gewiss zutreffend, dass der Bedarf für eine Nachfolgeklausel durch den neuen Abs. 3 Nr. 1 eher gewachsen ist.[7] – Regelungsvorläufer war § 9 Abs. 2 PartGG 1994, der mit der Neufassung des § 131 aufgrund der allgemeinen Verweisung in § 9 Abs. 1 PartGG wieder aufgehoben werden konnte.

Die besonderen Auflösungsgründe des Abs. 2 sind im Zusammenhang mit der zum 1.1.1999 in Kraft getretenen **Insolvenzordnung** eingefügt worden,[8] wodurch die Bezeichnung des eben hinzugekommenen Abs. 2 in Abs. 3 geändert werden musste. Der Gesetzgeber hat auf diese Weise eine hM korrigiert, welche die Ablehnung eines Konkursantrages mangels Masse bislang selbst dann nicht als Auflösungsgrund akzeptierte, wenn kein Gesellschafter persönlich haftete.[9] Demgegenüber wurden Kapitalgesellschaften gem. § 1 Abs. 1 S. 1 des zeitgleich aufgehobenen Löschungsgesetzes[10] schon zuvor mit Rechtskraft desjenigen Beschlusses aufgelöst, der die Eröffnung des Konkursverfahrens mangels Masse ablehnte. Außerdem wird eine Gesellschaft, bei der keine natürliche Person unmittelbar haftet, durch Löschung wegen Vermögenslosigkeit nach § 394 FamFG aufgelöst. Dadurch wird ein Gleichlauf mit § 262 Abs. 1 Nr. 4, 5 AktG (AG), § 289 Abs. 2 Nrn. 1, 3 AktG (KGaA) und § 60 Abs. 1 Nr. 5, 6 GmbHG hergestellt, die für die Kapitalgesellschaften entsprechende Auflösungsgründe vorsehen. 4

Art. 41 EGHGB enthielt eine zeitlich begrenzte **Übergangsregelung.** Danach war § 131 in seiner bis zum 1.7.1998 geltenden Fassung weiterhin anwendbar, wenn ein Gesellschafter dies bis zum 31.12.2001 schriftlich gegenüber der Gesellschaft verlangte (näher dazu Voraufl. Rn 4 f). Seit dem 1.1.2002 gilt auch im Falle eines wirksamen Widerspruchs uneingeschränkt die neue Regelung; denn die Fortgeltung der alten Fassung setzt voraus, dass der Auflösungs- bzw. Ausscheidensgrund „innerhalb dieser Frist", also bis zum 31.12.2001, eingetreten war.[11] Die Vorschrift wurde folgerichtig als gegenstandslos inzwischen aufgehoben.[12] 5

---

5 § 131 Nr. 4 HGB a.F. sah dies für den Fall des Todes ausdrücklich vor; Entsprechendes galt aber auch bei Kündigung bzw. gerichtlicher Entscheidung (Nr. 6 a.F.) sowie beim Gesellschafterkonkurs (Nr. 5 a.F.), vgl. 3. Aufl. Rn 96, 110 (*Ulmer*).

6 *K. Schmidt* DB 1998, 61 (64); *ders.* BB 2001, 1. Vgl. auch *Lamprecht* ZIP 1997, 919 (920 f); kritisch zur Neuregelung hinsichtlich dieses Falls auch *Habersack* Bayer-Fachtagung 1999, S. 73 (85); *Wiedemann* GS Lüderitz, 2000, S. 839 (843).

7 *K. Schmidt* DB 1998, 61 (64); *ders.* ZIP 1997, 917.

8 Art. 40 Nr. 6 EGInsO v. 18.10.1994, BGBl. I, 2911, geändert durch Art. 19 Nr. 2 des Handelsrechtsreformgesetzes v. 22.6.1998, BGBl. I, 1474, 1481.

9 Vgl. BGHZ 75, 178 (179) = NJW 1980, 233 (GmbH & Co.KG); 3. Aufl. Rn 50 (*Ulmer*).

10 Gesetz über die Auflösung und Löschung von Gesellschaften und Genossenschaften, RGBl. I 1934, 914.

11 BegrRegE, BT-Drucks. 13/8444, S. 72 („Nach Ablauf der Dreijahresfrist gilt generell das neue Recht").

12 Art. 5 des Gesetzes zur Reform des VVG v. 23.11.2007, BGBl. 2007 I, 2631, 2668.

6 Probleme können sich aus der Neuregelung für die **Auslegung von Altverträgen** ergeben, die vor dem 1.7.1998 geschlossen wurden und Regelungen enthalten, die die (neuen) Ausscheidensgründe betreffen, inhaltlich aber von Abs. 3 n.F. abweichen. Dies ist insbesondere dann der Fall, wenn für einen heutigen Ausscheidensgrund ausdrücklich die Auflösungsfolge vorgesehen wurde. Als *Beispiel* hierfür sei eine *Kündigungsklausel* genannt, derzufolge die Kündigung entsprechend § 131 Nr. 6 a.F. zur Auflösung der Gesellschaft führt. Ein *weiteres Beispiel* ist eine *Fortsetzungsklausel*, die im Falle der (kündigungsbedingten) Auflösung der Gesellschaft ihre Fortsetzung ausdrücklich von der Zustimmung aller Gesellschafter abhängig macht (allgemein zu den Mehrheitserfordernissen bei Fortsetzungsbeschlüssen s. Rn 66 ff). Art. 41 EGHGB erfasste diese Fälle nicht unmittelbar, weil er naturgemäß keine Übergangsregelung in Bezug auf Vertragsbestimmungen traf. Gleichwohl ist die Fortgeltung der Auflösungsfolge seit 1998 auch dann nicht selbstverständlich, wenn sie *ausdrücklich* in der **(Kündigungs-)Klausel** vorgesehen ist. Denn die Gesellschafter mögen sich auf eine deklaratorische Wiedergabe des seinerzeit gültigen dispositiven Rechts beschränkt haben, so dass nicht ohne weiteres unterstellt werden darf, dass sie auch nach dessen Änderung, nunmehr also in Abweichung vom dispositiven Recht, an der Auflösungsfolge festhalten wollen.[13] Zwar mag an dieser Folge in vielen Fällen im Ergebnis festzuhalten sein; doch sollte der Gesellschaftsvertrag hierfür weitere Anhaltspunkte zugunsten der Auflösung enthalten, welche diese als bewusst gewählte, in einem Gesamtkontext stehende Rechtsfolge erscheinen lassen. Als Auslegungshilfe können dabei auch außerhalb des Vertrages entsprechende Abreden herangezogen werden (vgl. § 105 Rn 192 f). Ohne solche besonderen Hinweise wird dagegen regelmäßig anzunehmen sein, dass die Parteien sich lediglich auf die (damals) geltende Rechtslage beziehen wollten. In diesem Fall ist mit der Änderung des rechtlichen Bezugsrahmens die Grundlage der Klausel entfallen,[14] so dass, wenn nicht schon die ergänzende Vertragsauslegung hilft, zumindest ihre Anpassung gem. § 313 Abs. 1 BGB bzw. aufgrund der Treupflicht verlangt werden kann. Bei (alten) **Kündigungsklauseln ohne Rechtsfolgenanordnung** ist erst recht im Zweifel von einer unmittelbaren Bezugnahme auf das dispositive Recht auszugehen, so dass sich mit dessen Änderung seit 1998 ohne weiteres auch die Rechtsfolge der Kündigung geändert hat, nunmehr also Abs. 3 Nr. 3 gilt. Die gegenteilige Beurteilung wäre kaum mit dem andernfalls übermäßig reduzierten Anwendungsbereich der ehemaligen Übergangsregelung des Art. 41 EGHGB vereinbar gewesen, zumal dieser entgegenstehende Minderheitsinteressen an der Aufrechterhaltung des alten Rechtszustandes durchaus berücksichtigte, ihnen aber im Grundsatz eben nur zeitlich begrenzte Durchsetzungskraft zubilligte.[15] Ebenso ist auch der Fall einer besonderen, an die kündigungsbedingte Auflösung geknüpften **Fortsetzungsklausel** zu entscheiden. Regelmäßig ist mit der Neuregelung ihre Grundlage entfallen und damit auch der besondere Minderheitenschutz gegen eine Fortsetzung der Gesellschaft. Seit Ablauf der Übergangsfrist kann die Minderheit also die seither auch im Falle eines Widerspruchs kraft Gesetzes eintretende Fortsetzung grundsätzlich nicht mehr verhindern. Etwas anderes gilt wiederum (nur) dann, wenn sich im Auslegungswege besondere Anhaltspunkte dafür ergeben, dass der Minderheit in jedem Falle ein mehrheitsfestes Vetorecht gegen die Fortsetzung der Gesellschaft bei Eintritt eines (bestimmten) Grundes i.S.v. §131 Abs. 3 n.F. eingeräumt werden sollte.

---

[13] AA MünchKommHGB/*K. Schmidt* Rn 59, der die fortgeltende Auflösungsfolge hier für unproblematisch hält.

[14] Allgemein zu Rechtsänderungen als Änderung der GG s. nur MünchKommBGB[5]/*W. H. Roth* § 313 Rn 171 ff.

[15] Ebenso i.E. MünchKommHGB/*K. Schmidt* Rn 59.

II. Begriff und Bedeutung der Auflösung

1. Auflösung als Beginn des Abwicklungsstadiums. Zwischen Auflösung und Vollbeendigung ist deutlich zu unterscheiden. Tritt ein Auflösungsgrund ein, so beendet dies regelmäßig noch nicht Existenz und Rechtsfähigkeit der Gesellschaft.[16] Vielmehr wird sie zunächst in das Abwicklungs- oder Liquidationsstadium überführt, dessen Ziel entgegen der durch die moderne Gesamthandslehre überholten Ansicht des historischen Gesetzgebers in der Beseitigung der Gesellschaft *als Rechtsträger* besteht.[17] Grundsätzlich (vgl. aber §§ 145 Abs. 1, 158) sind hierfür die Rechtsbeziehungen der Gesellschaft gegenüber Dritten zu lösen, das Gesellschaftsvermögen zu liquidieren und der Überschuss unter den Gesellschaftern zu verteilen. Die hM deutet diesen Übergang als **Zweckänderung**, nämlich die Umwandlung des werbenden Zwecks in den Liquidationszweck, während *Karsten Schmidt* lediglich von einer Überlagerung des Gesellschaftszwecks durch den Zweck des Abwicklungsverfahrens spricht.[18] Unstreitig bewirkt der Eintritt in das Liquidationsstadium aber **keinen Identitätswechsel**; vielmehr sind werbende und zu liquidierende Gesellschaft ein und dasselbe. Insofern unterscheidet sich die Rechtslage bei der Personenhandelsgesellschaft weder von derjenigen bei der bürgerlich-rechtlichen Gesellschaft (§§ 726 ff BGB) noch von derjenigen bei den Kapitalgesellschaften (§§ 262 ff AktG, 60 ff GmbHG) oder bei der Genossenschaft (§§ 78 ff GenG). Wird die Gesellschaft liquidiert, tritt **Vollbeendigung** erst mit vollständiger Verteilung des (Aktiv-)Vermögens ein (§ 155 Rn 34 f [*Habersack*]). Nur ausnahmsweise erlischt die Gesellschaft liquidationslos, fallen also Auflösung und Vollbeendigung zusammen (dazu Rn 9). 7

Die Umwandlung der OHG in eine Liquidationsgesellschaft wird nach gesetzlicher Regel durch einen der in Abs. 1 Nrn. 1–4 aufgezählten **Gründe** bewirkt (zum Eingreifen sonstiger Gründe vgl. Rn 43 ff), also durch Zeitablauf, Auflösungsbeschluss, Eröffnung des Insolvenzverfahrens über das Gesellschaftsvermögen oder eine gerichtliche Entscheidung i.S.v. § 133. Seit der Handelsrechtsreform 1998, die die gesellschafterbezogenen Gründe in Ausscheidensgründe verwandelt hat (Rn 2), handelt es sich nur mehr um auf die Gesellschaft selbst bezogene Umstände, die nach gesetzlicher Wertung der Weiterverfolgung des werbenden Zwecks entgegenstehen. 8

2. Zusammenfallen von Auflösung und Beendigung. Die Handelsrechtsreform 1998 hat die Fälle der sofortigen Vollbeendigung der Gesellschaft ohne Liquidationsverfahren weiterhin ungeregelt gelassen, in ihrem Bestand aber nicht angetastet.[19] Da die personenbezogenen Auflösungs- in Ausscheidensgründe umgewandelt wurden, hat das liquidationslose Erlöschen infolge eines Wegfalls des vorletzten Gesellschafters sogar noch an praktischer Bedeutung gewonnen. Es liegt hier **keine Auflösung** i.S.v. § 131 vor, weil der mit ihr notwendig verbundene Verweis auf die §§ 145 ff von vornherein ins Leere geht. Vielmehr vollziehen sich gewissermaßen Auflösung und Vollbeendigung der Gesellschaft in einem Akt, und zwar dann, wenn alle Mitgliedschaftsrechte in einer Person zusammenfallen und dadurch auch die gesamthänderische Berechtigung am Gesellschaftsvermögen endet. Abgesehen von den Umwandlungsfällen (s. Rn 82 ff) ist dies der Fall, 9

[16] Vgl. Entwurf eines Handelsgesetzbuchs für die Preußischen Staaten nebst Motiven. Zweiter Teil, Motive, 1857, S. 70. – Demnach wurde als Ziel des Liquidationsverfahrens lediglich die Verteilung eines Sondervermögens angesehen.

[17] Eingehend *K. Schmidt* ZHR 153 (1989), 270 (274 f).

[18] Dazu näher mit Nachw. § 145 Rn 16 (*Habersack*).

[19] BegrRegE, BT-Drucks. 14/8444, S. 66 (zu § 131) und 67 (zu §§ 141, 142).

wenn bis auf einen alle Gesellschafter gleichzeitig ausscheiden oder alle Mitgliedschaften auf einen Gesellschafter kraft Rechtsgeschäft oder durch Universalsukzession übergehen (Rn 111). Dann tritt unbestrittenermaßen jeweils **Gesamtrechtsnachfolge** in das Gesellschaftsvermögen durch den verbleibenden Gesellschafter unter gleichzeitigem Erlöschen der Gesellschaft ein,[20] für die es für den Fall des unfreiwilligen Ausscheidens einer besonderen Legitimation bedarf (vgl. Erl. zu § 140). Nicht klar erkennbar ist freilich die **Rechtsgrundlage der Universalsukzession** in diesen Fällen. Vordem behalf man sich mit einer analogen Anwendung des 1998 aufgehobenen § 142 a.F.,[21] sofern dem verbleibenden Gesellschafter ein vertragliches Übernahmerecht zustand (3. Aufl. § 138 Rn 10 [*Ulmer*]). Der neu eingefügte § 140 Abs. 1 S. 2 trifft hierzu keine klare Aussage. Man kann auch in diesem Falle von einer Anwachsung entsprechend § 738 BGB ausgehen, was allerdings voraussetzt, dass man die Vorschrift auch dann (analog) anwendet, wenn die Gesellschaft infolge des Ausscheidens untergeht.[22] Plausibel ist es aber auch, die Universalsukzession auf eine Analogie zu § 1922 BGB zu stützen, die Vollbeendigung der Gesellschaft also dem Tod einer natürlichen Person gleichzustellen.[23] Dies mag namentlich den Weg zu einer Haftungsbeschränkung nach den §§ 1975 ff BGB bahnen (näher Rn 114). Unabhängig von dieser letztlich nur dogmatisch reizvollen Frage, werden jedenfalls die Rechtsbeziehungen zu Dritten durch eine Universalsukzession ebenso wenig berührt wie die Gesellschafterhaftung für die bis dahin entstandenen Verbindlichkeiten. Zur Registeranmeldung in diesem Falle vgl. § 157 Rn 4 (*Habersack*). Zur Frage, ob die Gesellschaft ausnahmsweise Bestand haben kann, obwohl nach dem Ausscheiden der übrigen nur ein Gesellschafter verblieben ist, siehe § 105 Rn 74. Grundsätzlich steht dem die **Einheitlichkeit der Mitgliedschaft** entgegen, an der der Gesetzgeber festgehalten hat;[24] doch geht die neuere Tendenz dahin, wenigstens bei dinglicher Belastung (Nießbrauch, Pfandrecht)

---

[20] S. etwa RGZ 136, 97 (98); BGHZ 48, 203 (206); 50, 307 (308) (Geschäftsübernahme durch letzten Gesellschafter); BGH ZIP 1990, 505 (506) („Verschmelzung" zweier Personengesellschaften durch gleichzeitige Übertragung der Anteile an der einen auf die andere); NJW 1993, 1917 (1918) (Ausscheiden aller Gesellschafter bis auf einen); ZIP 2000, 229 (223) (Ausscheiden des Komplementärs aus Zweipersonen-KG); ZIP 2008, 1677, 1678, Rn 9 ff (insolvenzbedingtes Ausscheiden eines Gesellschafters aus zweigliedriger GbR); OLG Düsseldorf GmbHR 1997, 903 (904); BayObLG NZG 2001, 889 (890) (Übertragung der Anteile auf einen verbleibenden Gesellschafter); MünchKommHGB/*K. Schmidt* Rn 7, 105; Baumbach/*Hopt* Rn 35; *Seibt* FS Röhricht, 2006, 603 ff, weit. Nachw. zum Schrifttum in Fn 22. – Näher zu den Folgen des Ausscheidens eines Gesellschafters aus der zweigliedrigen Gesellschaft, Rn 109; speziell zur Problematik der zweigliedrigen GmbH & Co.KG Rn 92.

[21] So – in Bezug auf die GbR – BGHZ 32, 307 (314); BGH NJW 1966, 827.

[22] In diesem Sinne *Flume* I/1, S. 373 f; MünchKommBGB[5]/*Ulmer*/*C. Schäfer* § 738 Rn 7; Soergel/*Hadding*/*Kießling*[12] § 738 Rn 2; Ebenroth/Boujong/Joost/Strohn/*Lorz* Rn 58; vgl. auch BGHZ 32, 307 (314); BGH NJW 2002, 1207; ZIP 2008, 1677 (Ls. 1); **aA** *Wiedemann* GS Lüderitz, 2000, 839 (843); *ders.* Gesellschaftsrecht Bd. II, § 8 IV 4, S. 755 f, der statt dessen vorschlägt, § 142 a.F. fortwirken zu lassen (dagegen aber *K. Schmidt* JZ 2003, 585 [595]); ablehnend auch *Bork*/*Jacoby* ZGR 2005, 611 (627 f) und *K. Schmidt* FS Huber, 2006, S. 969 (992 f, 995) sowie MünchKommHGB/*K. Schmidt* Rn 105: Der Vermögensanfall bei dem letztverbleibenden Gesellschafter sei als dinglicher Übergang keine Anwachsung.

[23] So etwa *Marotzke* ZHR 156 (1992), 17 (29); *ders.* ZInsO 2009, 590 (591); für Gesamtrechtsnachfolge kraft Natur der Sache *Bork*/*Jacoby* ZGR 2005, 627 f; MünchKommHGB/*K. Schmidt* Rn 105.

[24] BegrRegE, BT-Drucks. 13/8444, 41, 42.

eines Anteils bzw. bei dessen Beschwerung mit einer Testamentsvollstreckung Ausnahmen zuzulassen.[25]

Es liegt auf der Hand, dass liquidationsloses Erlöschen, Gesamtrechtsnachfolge und (bloßer) Abfindungsanspruch des vorletzten Gesellschafters dem Willen der beteiligten Gesellschafter nicht immer entsprechen werden. Für diese Fälle lässt sich indessen in aller Regel wirksame **gesellschaftsvertragliche Vorsorge** treffen, weil die Ausscheidensgründe des Abs. 3 durch eine **Auflösungsklausel** in Auflösungsgründe (zurück-)verwandelt werden können (vgl. auch Rn 134). Nur in dem Sonderfall von BGHZ 113, 132, dass der vorletzte Gesellschafter durch den letzten allein beerbt wird, lässt sich so das liquidationslose Erlöschen nicht vermeiden. Die Auflösungsklausel muss nicht generell formuliert sein, sondern kann sich auch bloß auf einzelne Ausscheidensgründe nach Abs. 3 beziehen. Zweitens kann die Auflösungsklausel **auf die Situation der Zweigliedrigkeit beschränkt** werden, also die Auflösung der Gesellschaft nur für den Fall vorsehen, dass beim vorletzten Gesellschafter ein (bestimmter) Ausscheidensgrund nach Abs. 3 eintritt.[26] Auf diese Weise tritt an die Stelle des liquidationslosen Erlöschens die Auflösung der zweigliedrigen Gesellschaft, so dass der oder die (sonst) ausscheidende(n) Gesellschafter oder die Erben (vgl. § 146 Abs. 1 S. 2) an der Liquidationsgesellschaft beteiligt bleiben. Statt einer – typischerweise beschränkten – Abfindung erhält der vorletzte Gesellschafter (bzw. mehrere gleichzeitig einen Ausscheidensgrund verwirklichende Gesellschafter) dann den vollen Anteil am Liquidationserlös. Die Auflösungsklausel kann auch mit einem **Übernahmerecht des letzten Gesellschafters** verbunden werden.[27] Das durch Gestaltungserklärung gegenüber dem vorletzten Gesellschafter (bzw. seinen Erben) auszuübende Übernahmerecht führt dann zum Ausschluss des (vorletzten) Gesellschafters bzw. seiner Erben aus dem Gesellschaftsvertrag. Da der vorletzte Gesellschafter einen Ausscheidensgrund nach Abs. 3 verwirklicht, der normalerweise zu seinem Ausscheiden führte, bestehen gegen eine solche Regelung keine Bedenken, zumal der vorletzte Gesellschafter bzw. seine Erben zwingend zum vollen Wert ihrer Beteiligung abzufinden sind. Das Übernahmerecht wirkt damit ähnlich einem Fortsetzungsbeschluss (vgl. dazu Rn 67 f). Sieht der Gesellschaftsvertrag für den Fall des Ausscheidens des vorletzten Gesellschafters *nur* ein Übernahmerecht des verbleibenden Gesellschafters, so ist dieses im Sinne einer mit einem Übernahmerecht verknüpften Auslegungsklausel zu verstehen: Der verbleibende Gesellschafter kann den (oder die) anderen durch Ausübung des Übernahmerechts aus der Liquidationsgesellschaft ausschließen und das Unternehmen allein als Einzelkaufmann fortführen, muss aber den (oder die) vorletzten Gesellschafter zum vollen Wert abfinden. Sofern allerdings der Gesellschaftsvertrag hierfür keinerlei Anhaltspunkte enthält, etwa in Gestalt einer Fortsetzungsklausel,[28] wird man ihn nicht ergänzend dahin auslegen können, dass beim Eintritt eines Ausscheidensgrundes nach 10

---

[25] Zur Einheitlichkeit der Mitgliedschaft s. hier nur BGHZ 65, 79 (83); 101, 123 (129); und näher § 105 Rn 72 ff; *Ulmer* ZHR 167 (2003), 103 ff.

[26] Etwa durch die Formulierung: „Verbleibt in den Fällen des § 131 Abs. 3 HGB nur noch ein Gesellschafter, so wird die Gesellschaft aufgelöst"; weitere Formulierungsvorschläge bei *K. Schmidt* ZIP 2008, 2337 (2342 f).

[27] So auch Baumbach/*Hopt* Rn 84; vgl. auch MünchKommHGB/*K. Schmidt* Rn 55.

[28] Zur Rechtslage vor 1998 hat BGH WM 1957, 512 (513 f) eine Fortsetzungsklausel als Übernahmerecht für den Fall ausgelegt, dass aus einer zunächst mehrgliedrigen Gesellschaft der vorletzte Gesellschafter ausscheidet, und konnte sich dafür auf § 142 a.F. berufen; das ist zutreffend (vgl. MünchKommBGB[5]/*Ulmer/Schäfer* § 736 Rn 9; Baumbach/*Hopt* Rn 81, 84), doch bedarf es hierfür eben einer Fortsetzungsklausel, die seit 1998 wegen Abs. 3 im Allgemeinen nicht mehr erforderlich ist.

Abs. 3 an die Stelle des Ausscheidens des vorletzten Gesellschafters automatisch die Auflösungsfolge, gar verbunden mit einem Übernahmerecht treten soll.

11 **3. Wegfall der OHG ohne Auflösung.** Um keinen Fall der Auflösung handelt es sich auch, wenn die OHG in eine andere Personengesellschaft umgewandelt wird, weil eines ihrer in § 105 genannten **Begriffsmerkmale entfällt.** In Betracht kommt vor allem die identitätswahrende Umwandlung in eine KG, die entweder dadurch erreicht wird, dass bei mindestens einem Gesellschafter die Haftung i.S.v. § 161 beschränkt oder ein neuer Gesellschafter von vornherein als Kommanditist aufgenommen wird. Daneben ist an die gleichfalls identitätswahrende Umwandlung in eine **Gesellschaft bürgerlichen Rechts** wegen Änderung des Zwecks zu denken. Eine Gesellschaft, die kein kaufmännisches Gewerbe betreibt, kann nach § 105 Abs. 1 keine OHG und nach § 161 Abs. 1 auch keine KG sein, es sei denn, sie verwaltet nur eigenes Vermögen, § 105 Abs. 2 S. 1 Fall 2. Nach der Handelsrechtsreform 1998 hat die Bedeutung dieser automatischen Umwandlung freilich stark abgenommen, weil auch „kleine" Gewerbetreibende nach § 2 die Wahl haben, durch Eintragung die Kaufmannseigenschaft zu erwerben, was nach § 105 Abs. 2 S. 1 Fall 1 ausdrücklich auch für Gesellschaften gilt. In Frage kommt deshalb vor allem noch der Fall, dass die Gesellschaft entgegen § 29 nicht in das Handelsregister eingetragen war und die Voraussetzungen des § 1 Abs. 2 nachträglich entfallen sind. Außerdem ist an eine eingetragene Gesellschaft zu denken, die ihren Gewerbebetrieb vollständig einstellt und auch kein eigenes Vermögen (mehr) verwaltet. Denn in beiden Fällen verhilft weder § 5 noch § 105 Abs. 2 S. 1 zur Kaufmannseigenschaft.[29]

12 Gleichwohl ist zweifelhaft, ob bei **völliger Einstellung des Geschäftsbetriebs** wirklich eine GbR entsteht, wie die hM dies in Anschluss an BGHZ 32, 307 annimmt.[30] Demgegenüber führt dieser Umstand nach Ansicht *Karsten Schmidts* zur Auflösung der Gesellschaft, sofern sie zu keinem anderen, nichtgewerblichen bzw. nicht vermögensverwaltenden Zweck übergeht.[31] Dem ist im Grundsatz schon deshalb zuzustimmen, weil die GbR gem. § 726 BGB kraft Gesetzes aufgelöst wird, wenn der Zweck unmöglich wird. Eine solche Unmöglichkeit tritt im Falle einer nicht nur vorübergehenden Geschäftseinstellung ohne weiteres ein, sofern der auf werbende Tätigkeit gerichtete Zweck unverändert bleibt. Der Unanwendbarkeit des § 726 BGB auf die OHG[32] kommt in diesem Falle also keine Bedeutung zu. Denn ohne Geschäftsbetrieb bzw. ohne Vermögensverwaltung fehlt es am Tatbestand der OHG, so dass sich die Gesellschaft zwar automatisch in eine GbR umwandelt, als solche aber bei dauernder Geschäftseinstellung keinen Bestand haben kann, sondern sogleich nach § 726 BGB aufgelöst wird. Wird die endgültige Geschäftseinstellung *beschlossen*, wird man hierin im Übrigen typischerweise einen konkludenten Auflösungsbeschluss sehen (Rn 25). In beiden Fällen gewährt § 15 Abs. 1 Verkehrsschutz, weil sowohl das Erlöschen der Firma wie auch die Auflösung eintragungspflichtige Tatsachen sind.[33]

13 Anderes gilt dagegen bei nur **vorübergehender Einstellung des Geschäftsbetriebs.** Zwar führt auch sie im Ausgangspunkt dazu, dass das Merkmal des Gewerbebetriebs

---

[29] Zur Anwendbarkeit des § 5 bei Umstellung auf bloße Vermögensverwaltung, vgl. Rn 11 sowie § 5 Rn 10 ff (*Oetker*).

[30] 3. Aufl. Rn 8, 10 (*Ulmer*); *Michalski* OHG Rn 8; Baumbach/*Hopt* Vor § 105 Rn 21; Röhricht/Graf v. Westphalen/*v. Gerkan*/*Haas* HGB § 123 Rn 6.

[31] *K. Schmidt* Gesellschaftsrecht, § 44 III 1a, S. 1306 f und Schlegelberger/*K. Schmidt* Rn 3.

[32] So hM, vgl. dazu unten Rn 44.

[33] Zum Erlöschen der Firma näher § 157 Rn 3 (*Habersack*); MünchKommHGB/*K. Schmidt* § 157 Rn 5. – Für die Auflösung ergibt sich die Anmeldepflicht aus § 143.

nicht mehr erfüllt wird. Doch haben die Beteiligten oft schon mit Rücksicht auf Firma und Goodwill ein berechtigtes Interesse daran, dass die Gesellschaft weiterhin als OHG erhalten bleibt. Diesem Anliegen trug die ältere Rechtsprechung dadurch Rechnung, dass sie sogar bei länger dauernder Geschäftsunterbrechung noch vom Betrieb des Gewerbes ausging, solange die Kundenbeziehungen oder der Goodwill fortbestanden und die Unternehmensorganisation aufrechterhalten und deshalb die Möglichkeit zur Fortführung gewahrt blieb.[34] Seit der Reform 1998 stellt sich mit Rücksicht auf § 105 Abs. 2 S. 1 in einem solchen Fall die Frage, ob eine nur noch ihr **eigenes Vermögen verwaltende Gesellschaft** auch dann noch als OHG angesehen werden kann, wenn sie sich nicht *als vermögensverwaltende* Gesellschaft, sondern mit Rücksicht auf die aus §§ 105 Abs. 1, 106 Abs. 1 folgende Pflicht hatte eintragen lassen. Für den Einzelkaufmann, der kein Handelsgewerbe i.S.v. § 1 Abs. 2 betreibt, gilt nämlich nach Ansicht vieler, dass dieser nur dann dem Kaufmannstatbestand des § 2 unterfällt, wenn er sich im Bewusstsein seines Wahlrechts hat eintragen lassen. Bei späterem Herabsinken des Umfangs soll demgemäß seine Kaufmannseigenschaft nicht aus § 2, sondern aus § 5 folgen.[35] Weil § 105 Abs. 2 S. 2 ausdrücklich auf § 2 S. 2 und 3 und damit auf das Eintragungswahlrecht verweist, kann für die Einordnung der OHG im Grundsatz nichts anderes gelten. Allerdings droht hier die zusätzliche Schwierigkeit, dass § 5 nach seinem Wortlaut einen Gewerbebetrieb voraussetzt, was im Falle der Vermögensverwaltung folglich zum Verlust der Kaufmannseigenschaft führen müsste. Indes spricht vieles dafür, die Norm im Analogiewege zumindest auf die Vermögensverwaltung zu erstrecken.[36] Im Ergebnis bleibt auf diese Weise auch die eingetragene, nur noch ihr eigenes Vermögen verwaltende Gesellschaft **als OHG erhalten.**

Von der Frage der Umwandlung der Gesellschaft wegen Wegfalls des Gewerbebetriebs zu trennen ist die Frage, ob die **aufgelöste Gesellschaft** während des Liquidationsstadiums weiterhin **als OHG** zu behandeln ist, auch soweit sie nicht mehr aktiv am Handelsverkehr teilnimmt. Dies ist schon mit Rücksicht auf § 156 zu bejahen (Rn 57). Eine Verwirrung des Handelsverkehrs ist deswegen gleichwohl nicht zu besorgen; denn nach § 143 ist die Auflösung zum Handelsregister anzumelden. **14**

4. **Auflösung der fehlerhaften Gesellschaft.** Für die Auflösung der fehlerhaft gegründeten Gesellschaft gelten nach zutr. hM die allgemeinen Regeln der §§ 131 ff (§ 105 Rn 346), wobei allerdings schon in der Fehlerhaftigkeit als solcher ein – somit absoluter – Auflösungsgrund i.S.v. § 133 zu sehen ist.[37] Es ist gerade Ziel der Lehre von der fehler- **15**

---

[34] RGZ 110, 422 (425); 170, 265 (274); BayObLGZ 1967, 458 (465); dazu 3. Aufl. Rn 11 (*Ulmer*).

[35] *Siems* Anwendungsbereich, S. 81, 112 ff; *Lieb* NJW 1999, 35 (36); *Canaris* Handelsrecht § 3 Rn 20; *Fezer* Handelsrecht, S. 25 ff; *v. Olshausen* JZ 1998, 718; Koller/*Roth*/Morck § 2 Rn 3 und § 5 Rn 1; *Oetker* Handelsrecht § 2 Rn 41; *Röhricht*/Graf v. Westphalen § 3 Rn 28 und § 5 Rn 12 f; s.a. BegrRegE, BT-Drucks. 13/844, S. 49; **aA** *K. Schmidt* ZHR 163 (1999), 87 (91 ff); *ders.* JZ 2003, 585 (588); Ebenroth/Boujong/Joost/Strohn/*Kindler* § 2 Rn 14 f und § 5 Rn 13 ff; *Bülow* Handelsrecht, 5. Aufl., Rn 93; *Bydlinski* ZIP 1998, 1172; *Treber* AcP 199 (1999), 582 f.

[36] Dafür namentlich *Schön* DB 1998, 1169 (1175); Ebenroth/Boujong/Joost/Strohn/*Kindler* § 5 Rn 22 f; § 5 Rn 10 (*Oetker*); weitergehend *K. Schmidt* (zuletzt JZ 2003, 585 [589]), der den Anwendungsbereich des § 5 über den Wortlaut hinaus auf nichtgewerbliche Unternehmen erstrecken will.

[37] § 105 Rn 350; näher *C. Schäfer* Fehlerhafter Verband, S. 177 ff; abweichend wohl MünchKommHGB/*K. Schmidt* Rn 51 (Fehlerhaftigkeit ist nicht ausnahmslos selbst [?] Auflösungsgrund).

haften Gesellschaft bzw. vom fehlerhaften Verband, die Gesellschaft aus Gründen des Bestands- und Verkehrsschutzes einem geordneten Liquidationsverfahren zuzuführen, also den §§ 145 ff zu unterwerfen.[38] Das gilt im Prinzip auch dann, wenn der Gesellschaftsvertrag nur zum Schein geschlossen wurde, sofern nicht sogar – wie regelmäßig – der Vollzug zur vollen Wirksamkeit führt.[39]

III. Begriff und Bedeutung des Ausscheidens

16 Tritt ein Grund für das Ausscheiden eines Gesellschafters gem. § 131 Abs. 3 (näher unten Rn 76 ff) ein, führt dies automatisch zum **Erlöschen der Mitgliedschaft** einschließlich aller mit ihr verbundenen Verwaltungs- und Vermögensrechte sowie der Beteiligung am gesamthänderisch gebundenen Gesellschaftsvermögen. Das betrifft insbesondere auch die Haftung für alle nach dem Ausscheiden begründeten Gesellschaftsverbindlichkeiten sowie die Beteiligung an künftigen Gewinnen und Verlusten, nicht jedoch am Erfolg schwebender Geschäfte nach Maßgabe des § 740 BGB. Der **Gesellschaftsanteil** des Ausscheidenden **wächst** den übrigen Mitgesellschaftern gemäß § 738 Abs. 1 S. 1 BGB im Verhältnis ihrer Beteiligungsquoten **an**; gem. § 738 Abs. 1 S. 2 BGB erwirbt der Ausscheidende einen (schuldrechtlichen) **Abfindungsanspruch**, der den Anspruch auf das künftige Auseinandersetzungsguthaben ersetzt. Die Stellung des Ausscheidenden wandelt sich somit von derjenigen eines Gesellschafters in die eines Gläubigers.

17 Der **Zeitpunkt** des Ausscheidens richtet sich, wenn nicht anders vereinbart (Rn 20), nach dem Eintritt des jeweiligen Ausscheidensgrundes, insbesondere also des Todes (Abs. 3 Nr. 1) und der Privatinsolvenz (Abs. 3 Nr. 2). Im Falle der Kündigung (§§ 132, 135) scheidet der Gesellschafter erst aus, wenn die Erklärung wirksam wird, also zum Ende des Geschäftsjahres, in dem mindestens sechs Monate vor seinem Ablauf gekündigt wurde. Im Falle des § 140 tritt das Ausscheiden mit Rechtskraft des Gestaltungsurteils ein, wobei aber als Stichtag für die Auseinandersetzung gem. § 140 Abs. 2 schon die Klageerhebung maßgeblich ist.

B. Die allgemeinen Auflösungsgründe des Abs. 1

I. Zeitablauf (Abs. 1 Nr. 1)

18 Die Gesellschaft wird durch Ablauf der Zeit, für die sie eingegangen wurde, aufgelöst. Der Gesellschaftsvertrag muss also die Vereinbarung einer wenigstens **bestimmbaren Frist** enthalten. Ist die Fristvereinbarung, wie die Nr. 1 voraussetzt (Rn 20), im Sinne einer **Höchstdauer** zu verstehen, wird die Gesellschaft mit Ablauf des letzten Tages dieser Frist automatisch aufgelöst. Zugleich ist typischerweise die ordentliche Kündigung nach § 132 ausgeschlossen, so dass die Höchstdauer **in der Regel**, aber nicht notwendigerweise[40] **zugleich Mindestdauer** ist. Umgekehrt ist mit der Vereinbarung einer Mindestfrist keineswegs automatisch auch eine Höchstfrist gemeint. Im Gegenteil wird bei unternehmerisch tätigen Gesellschaften zwar durchaus eine Mindest-, nur selten aber eine Höchstdauer

---

38 Eingehend mit allen Nachw. *C. Schäfer* Fehlerhafter Verband, S. 137 ff.

39 *C. Schäfer* Fehlerhafter Verband, S. 204 ff; s.a. *Flume* I/1, § 2 III; **aA** noch 3. Aufl. Rn 13 (*Ulmer*).

40 Denkbar, aber selten, ist auch, dass die Gesellschaft für eine Höchstfrist eingegangen ist, ohne dass für diese Zeit die Kündigung ausgeschlossen ist, vgl. MünchKommHGB/*K. Schmidt* Rn 11.

vereinbart, und im Zweifel ist davon auszugehen, dass die Gesellschaft auf unbestimmte Zeit geschlossen ist.[41]

Der Auflösungsgrund des § 131 Abs. 1 Nr. 1 greift nur ein, wenn eine **Höchstfrist** vereinbart ist; die Mindestdauer ist allein im Rahmen des § 132 von Bedeutung (§ 132 Rn 3; zu zeitlichen Grenzen für eine Mindestdauer § 132 Rn 33 ff). Das Fristende muss bestimmt oder wenigstens kalendarisch bestimmbar sein; es darf also nicht von einem nach Eintritt und Zeitpunkt ungewissen Ereignis abhängen.[42] Keinen Fall der Nr. 1 würde daher eine Vereinbarung darstellen, wonach die Gesellschaft eine bestimmte oder unbestimmte Zeit nach einer Kündigung aufgelöst wird. Hiervon unabhängig, kommt aber **auch die auflösende Befristung** in Betracht, deren Eintritt zwar gewiss, deren Zeitpunkt aber noch ungewiss ist.[43] Standardbeispiel ist die Vereinbarung einer Gesellschaft für die Dauer eines bestimmten Schutzrechts bzw. konkreten Projekts.[44] Nach der Rechtsprechung ist es für die ausreichende Bestimmbarkeit einer Befristung zwar erforderlich, dass die Gesellschafter die Dauer ihrer Bindung „einigermaßen übersehen und sich mit ihren wirtschaftlichen Dispositionen von vornherein in ähnlicher Weise darauf einstellen können, wie im Falle einer kalendermäßigen Befristung".[45] Doch betrifft diese Anforderung nicht die Höchst-, sondern die Mindestfrist und damit die Frage, unter welchen Voraussetzungen die ordentliche Kündigung ausgeschlossen werden kann (vgl. § 132 Rn 32). Für die Anwendbarkeit der Nr. 1 reicht es demgegenüber aus, wenn der Eintritt des Ereignisses eindeutig festgestellt werden kann, damit über die Auflösungsfolge Klarheit besteht.[46] Denn bei einer (isolierten) Höchstfrist bedarf es keines Gesellschafterschutzes vor unübersehbarer Bindung. 19

Die Auflösung tritt im Falle der Nr. 1 stets mit Ablauf der vereinbarten Zeit bzw. mit Eintritt des Ereignisses **von selbst** ein, ohne dass es noch eines Beschlusses der Gesellschafter bedarf. Die Gesellschafter können die Auflösung aber dadurch verhindern, dass sie vor dem maßgebenden Zeitpunkt den Gesellschaftsvertrag ändern, was allerdings zumindest in der typischen, personalistisch strukturierten Gesellschaft mit Rücksicht auf den Kernbereich der Mitgliedschaft die Zustimmung sämtlicher Gesellschafter voraussetzt (§ 109 Rn 35). Insbesondere kann auf diese Weise der Endtermin aufgehoben oder verändert werden. Demgemäß fällt unter Nr. 1 auch eine Regelung, dass die Gesellschaft zu einem bestimmten Zeitpunkt aufgelöst wird, wenn bis dahin keine Verlängerung beschlossen wird.[47] **Kein Fall** der Nr. 1, sondern eine Kündigungsklausel liegt dagegen vor, wenn sich die Gesellschaft für eine bestimmte[48] oder unbestimmte[49] Zeit verlängert, 20

41 *K. Schmidt* Gesellschaftsrecht, § 52 III 1, S. 1513; Heymann/*Emmerich* Rn 3a; Ebenroth/Boujong/Joost/Strohn/*Lorz* Rn 12.

42 Es gelten somit die gleichen Grundsätze wie im Rahmen des § 286 Abs. 2 Nr. 1 BGB, dazu nur Palandt/*Heinrichs*[67] § 286 Rn 22 mit Nachw.

43 RGZ 95, 147 (150); BGHZ 10, 91 (98); 50, 316 (321 f); BGH NJW 1992, 2696 (2698); 1994, 2886 (2888); MünchKommHGB/*K. Schmidt* Rn 12; Baumbach/*Hopt* Rn 11; Röhricht/Graf v. Westphalen/*v. Gerkan*/*Haas* Rn 6; MünchKommBGB[5]/*Ulmer*/*C. Schäfer* Vor § 723 Rn 16. – Die früher von Schlegelberger/*Geßler* HGB[4] Anm. 10 vertretene Auffassung ist seit langem überholt, s. aber *Merle* FS Bärmann, 1975, 631 (637).

44 Vgl. BGH WM 1985, 1367 (1369); MünchKommHGB/*K. Schmidt* Rn 12; 3. Aufl. Rn 17 (*Ulmer*).

45 OLG Karlsruhe NZG 2000, 304 (305) unter Berufung auf BGHZ 50, 316 (322) (keine wirksame Befristung, wenn Unterbeteiligung für die Dauer einer nicht ihrerseits befristeten Hauptgesellschaft geschlossen ist).

46 In diesem Sinne auch MünchKommHGB/*K. Schmidt* Rn 12 aE.

47 MünchKommHGB/*K. Schmidt* Rn 14.

48 RGZ 82, 395 (399); 136, 236 (241); BGH WM 1966, 707.

49 RGZ 156, 129 (133 f).

sofern der Vertrag nicht vor Ablauf der vereinbarten Frist von einem Gesellschafter gekündigt wird. Denn hier wird die Auflösung gerade nicht durch den Fristablauf, sondern durch die Kündigung bewirkt.

II. Beschluss der Gesellschafter (Abs. 1 Nr. 2)

21 Die Auflösung einer Gesellschaft kann im Beschlusswege herbeigeführt werden (Abs. 1 Nr. 2), und zwar unabhängig von anderen Auflösungsgründen und daher insbesondere auch dann, wenn ein Endtermin i.S.v. Abs. 1 Nr. 1 vereinbart wurde. Die Möglichkeit zur Auflösung durch Beschluss ist Kehrseite der Gründungsfreiheit, also Ausdruck der **negativen Vereinigungsfreiheit.** Als „Herren der Gesellschaft" können die Gesellschafter jederzeit deren Grundlagen verändern und somit auch den werbenden in einen auf Abwicklung gerichteten Zweck umwandeln; der Auflösungsbeschluss ist somit vertragsändernder Natur,[50] was vor allem in Hinblick auf die Geltung des Mehrheitsprinzips von Bedeutung ist (Rn 22). Aus diesem Grund ist Abs. 1 Nr. 2 auch **unabdingbar**; er kann weder abgeschafft, noch vom Ablauf einer bestimmten Zeit oder vom Eintritt bestimmter Ereignisse abhängig gemacht werden. Auch darf die Wirksamkeit des Beschlusses nicht von der Zustimmung Dritter abhängig gemacht werden.[51]

22 Der Auflösungsbeschluss (Abs. 1 Nr. 2) erfordert grundsätzlich Einstimmigkeit, doch kann der Gesellschaftsvertrag das **Mehrheitsprinzip** vorsehen (wegen der allgemeinen Anforderungen hierfür vgl. § 119 Rn 34 ff)[52] Mit Rücksicht auf die Qualifikation der Auflösung als **Zweckänderung**[53] und die deshalb nach § 33 Abs. 1 BGB erforderliche Zustimmung aller Gesellschafter (§ 119 Rn 42), muss sich die Mehrheitsklausel wenigstens allgemein auf die Auflösung beziehen; denn andernfalls kommt die wirksame Abbedingung des Zustimmungsrechts (vgl. § 40 BGB) kaum in Betracht. Mit dem – inzwischen aufgegebenen – Bestimmtheitsgrundsatz (dazu § 119 Rn 34 f) hat diese Anforderung also nichts zu tun. Darüber hinausgehende Anforderungen bestehen andererseits nicht, zumal die Auflösung keinen unmittelbaren Eingriff in den Kernbereich der Mitgliedschaft bewirkt. Das gilt selbst dann, wenn mit der Auflösung zugleich eine bestimmte Art der Auseinandersetzung beschlossen wird. Zwar hat der BGH in einer älteren Entscheidung eine ausdrücklich auf die Auflösung bezogene Mehrheitsklausel dann für unzureichend gehalten, wenn zugleich der Übergang des Gesellschaftsvermögens auf einen Gesellschafter beschlossen wird.[54] Doch war diese Entscheidung noch ganz dem Bestimmtheitsgrundsatz verhaftet und ist schon deshalb als überholt anzusehen. Zudem ist richtigerweise sorgfältig zu unterscheiden zwischen der Wirksamkeit des Auflösungsbeschlusses und derjenigen mit ihm verbundener Abwicklungsentscheidungen. Diese können zwar grundsätzlich gleichfalls mit Mehrheit beschlossen werden, sofern nur eine auf Vertragsänderungen bezogene Mehrheitsklausel vorhanden ist (§ 145

---

[50] Vgl. RGZ 123, 151 (155); § 145 Rn 16 f (*Habersack*); MünchKommBGB[5]/*Ulmer*/*C. Schäfer* Vor § 723 Rn 18; Ebenroth/Boujong/Joost/Strohn/*Lorz* Rn 15; **aA** MünchKommHGB/*K. Schmidt* Rn 16 und § 156 Rn 11.

[51] Eingehend 3. Aufl. Rn 29 (*Ulmer*); s.a. MünchKommHGB/*K. Schmidt* § 131 Rn 15; *Wiedemann* Gesellschaftsrecht II, § 8 IV 2b, S. 746.

[52] OLG Hamm DB 1989, 815; MünchKommHGB/*K. Schmidt* § 131 Rn 15; *Wiedemann* Gesellschaftsrecht II, § 8 IV 2b, S. 746.

[53] HM, vgl. Rn 7; **aA** MünchKommHGB/*K. Schmidt* § 156 Rn 6; *ders.* BB 1989, 229 (230). – Vgl. allgemein zur Zweckänderung auch *C. Schäfer* GmbH-Geschäftsanteil, S. 195 ff.

[54] So BGH WM 1966, 876; zustimmend *Michalski* OHG Rn 11.

Rn 24 [*Habersack*]). Doch bedarf es ausnahmsweise aufgrund der Kernbereichslehre zusätzlich der Zustimmung aller bzw. der betroffenen Gesellschafter, sofern der Beschluss in den individuellen Anspruch auf Teilnahme am Liquidationserlös eingreift.[55]

Von der Geltung des Mehrheitsprinzips zu unterscheiden ist die **materielle Kontrolle des Auflösungsbeschlusses**. Zwar bedarf dieser nach der Rechtsprechung des BGH nicht generell einer sachlichen Rechtfertigung, sondern trägt seine Rechtfertigung „in sich".[56] Dies bedeutet aber nur, dass die Unwirksamkeit des Beschlusses nicht auf den Eintritt der gesetzlich vorgesehenen Liquidationswirkungen als solche gestützt werden kann, und hierzu gehört im Grundsatz auch die Veräußerung des Unternehmens an einzelne Gesellschafter (näher § 145 Rn 35 [*Habersack*]). Dennoch kommt die Unwirksamkeit schon des Auflösungs-, nicht erst eines ggf. nachfolgenden Abwicklungsbeschlusses (Rn 21) wegen Treupflichtverletzung in Betracht, soweit die Mehrheitsgesellschafter vor der Beschlussfassung Absprachen über die Übernahme wesentlicher Teile des Gesellschaftsvermögens mit den Geschäftsführern getroffen und den Minderheitsgesellschaftern auf diese Weise von vornherein die Möglichkeit genommen haben, ihrerseits das Unternehmen, ggf. gemeinsam mit Dritten, zu erwerben.[57] Diese zur AG ergangene Rechtsprechung ist auf die Auflösung der Personengesellschaft übertragbar,[58] zumal hier seit jeher anerkannt ist, dass die Treupflicht auch unter den Gesellschaftern besteht. Im Übrigen ist vor allem an das aus der Kernbereichslehre folgende Zustimmungsrecht bei Eingriffen in den Anspruch auf Beteiligung am Liquidationserlös (dazu schon Rn 22) zu denken sowie an die Unwirksamkeit wegen eines Verstoßes gegen den Gleichbehandlungsgrundsatz (§ 105 Rn 247 ff). 23

Ist Einstimmigkeit erforderlich oder ein Quorum einzuhalten, kann im Einzelfall eine **Zustimmungspflicht** aufgrund der Treupflicht bestehen.[59] Doch ist Zurückhaltung gegenüber der Auffassung des BGH geboten, dass die fehlende Zustimmung in diesem Falle unbeachtlich sei. Einerseits ist eine Zustimmungspflicht grundsätzlich im Klagewege durchzusetzen (§ 105 Rn 190, 244), andererseits steht hierfür bei Vorliegen eines wichtigen Grundes die Auflösungsklage nach § 133 zur Verfügung, so dass einer Klage auf Zustimmung regelmäßig das Rechtsschutzbedürfnis fehlt.[60] 24

Die Auflösung kann auch **konkludent vereinbart** werden, jedenfalls sofern alle Gesellschafter zustimmen, zumal der Beschluss grundsätzlich nicht formbedürftig ist, selbst wenn sich im Gesellschaftsvermögen Grundstücke oder GmbH-Anteile befinden.[61] Zurückhaltung ist demgegenüber geboten, wenn einzelne Gesellschafter an der Beschlussfassung nicht beteiligt waren. Hier kommt ein konkludenter Auflösungsbeschluss allenfalls dann in Betracht, wenn ein Beschluss anderen Inhalts angekündigt und gefasst wurde und nach Lage der Dinge nur als Auflösungsbeschluss zu deuten war. Zu denken ist insbesondere an einen Beschluss zur *Einstellung des Geschäftsbetriebs* (Rn 12). Auch 25

---

[55] Zur Kernbereichslehre näher § 119 Rn 38 ff; s.a. *C. Schäfer* GmbH-Geschäftsanteil, 153 ff, 181 ff.

[56] BGHZ 76, 352 (353) (GmbHG); 103, 184 (190) (AG).

[57] BGHZ 103, 184 (191 ff) – *Linotype*; weitergehend namentlich *Lutter* ZGR 1981, 171 (177 ff); vgl. auch *Lutter/Drygala* FS Kropff, 1997, S. 191.

[58] So auch § 145 Rn 36 (*Habersack*); MünchKommHGB/*K. Schmidt* Rn 20.

[59] Vgl. BGH NJW 1960, 434.

[60] Sehr zurückhaltend auch MünchKommHGB/*K. Schmidt* Rn 20; Ebenroth/Boujong/Joost/Strohn/*Lorz* Rn 15; Baumbach/*Hopt* Rn 12.

[61] HM vgl. nur Ebenroth/Boujong/Joost/Strohn/*Lorz* Rn 17; MünchKommHGB/*K. Schmidt* Rn 18 jew. mwN; **aA** *Wiedemann* Gesellschaftsrecht Bd. II, § 8 IV 2, S. 746, der die Formvorschriften der §§ 216, 217 UmwG auf den Liquidationsbeschluss anwenden will.

der Beschluss, das Unternehmen an einen Dritten zu veräußern,[62] kann als Auflösung gewertet werden. Voraussetzung hierfür ist aber, dass nicht nur eine Vermögensumschichtung unter Aufgabe des Handelsgewerbes geplant ist, sondern das Gesellschaftsverhältnis insgesamt auseinandergesetzt werden soll.[63] Andernfalls kommt entweder die Umwandlung in eine GbR oder – bei Eintragung – der Fortbestand als OHG in Betracht (Rn 12). Schließlich ist eine unwirksame Kündigungserklärung in ein Angebot auf Auflösung umzudeuten, das von den übrigen Gesellschaftern konkludent angenommen werden kann. – *Keine* Auflösung stellt der vollständige Gesellschafterwechsel dar,[64] einerlei ob er sich im Wege des nacheinandergeschalteten Austritts der gegenwärtigen und Eintritts der neuen Gesellschafter vollzieht oder durch Übertragung sämtlicher Gesellschaftsanteile.[65]

26 Bei Beteiligung von **Minderjährigen** bedarf der unter Mitwirkung von Eltern oder Vormund ergangene Auflösungsbeschluss keiner Genehmigung des Familien- bzw. Vormundschaftsgerichts gem. §§ 1643 Abs. 1, 1822 Nr. 3 BGB, da er sich von einem „Vertrag über die Veräußerung eines Erwerbsgeschäfts" deutlich unterscheidet.[66] Etwas anderes gilt nach hM aber für den – vom Auflösungsbeschluss zu unterscheidenden – Beschluss über die Veräußerung eines von der Gesellschaft betriebenen Unternehmens, und zwar unabhängig davon, ob die Gesellschaft hierdurch zugleich (konkludent) aufgelöst wird.[67] Mindestvoraussetzung für die von der hM befürwortete Genehmigungspflicht ist allerdings, dass der Minderjährige (bzw. sein Vertreter) für die Veräußerung gestimmt hat; sollte der Beschluss dagegen unter Anwendung des Mehrheitsprinzips ohne eine in seinem Namen abgegebene Stimme zustande gekommen sein, fehlt es an jedem Anknüpfungspunkt für das Genehmigungserfordernis.[68] Im Übrigen ist weder die Vertragsänderung im Allgemeinen noch die Zustimmung zum Ausscheiden eines anderen Gesellschafters genehmigungspflichtig,[69] nach einer allerdings nicht unzweifelhaften hM jedoch die Vereinbarung über das Ausscheiden des beschränkt Geschäftsfähigen bzw. die Veräußerung von dessen Anteilen.[70] Wird der Minderjährige durch einen Vormund

---

[62] BGH WM 1958, 1105 (1106); NJW 1960, 434; vgl. auch BGHZ 26, 126 (128) (Übertragung im Wege eines Liquidationsvergleichs); MünchKommHGB/*K. Schmidt* Rn 19; Heymann/*Emmerich* Rn 7 – zur Verpachtung des Unternehmens s. MünchKommHGB/*K. Schmidt* Rn 19; teilweise überholt ist BGH WM 1962, 10 (12) (Gesellschaft, die ihr Vermögen verpachtet, wird nicht notwendigerweise aufgelöst): Die eingetragene Gesellschaft kann auch bei Vermögensverwaltung OHG bleiben, s. Rn 13.

[63] RG JW 1906, 477 (478); vgl. auch RGZ 110, 422 (425); OLG Hamm DB 1989, 815 (816) (Einstellung der einzigen Produktionsstätte).

[64] Heute ganz hM, BGHZ 44, 229 (231); BGH WM 1972, 1368 (1370); MünchKommHGB/*K. Schmidt* Rn 17; *Huber* Vermögensanteil, S. 402 ff; zu früher abweichenden Ansichten ausführlich 3. Aufl. Rn 25 f (*Ulmer*).

[65] Dazu näher § 105 Rn 291 ff; s.a. § 130 Rn 9 (*Habersack*).

[66] Vgl. BGHZ 52, 316 (319) (Auflösung einer GmbH); 38, 26 (28) (Vertragsänderung; Eintritt eines anderen Gesellschafters); BGH LM Nr. 8 zu § 138 HGB = NJW 1961, 724 (Ausscheiden eines anderen Gesellschafters); Röhricht/Graf v. Westphalen/*v. Gerkan/Haas* Rn 5; Ebenroth/Boujong/Joost/Strohn/*Lorz* Rn 16; MünchKommHGB/*K. Schmidt* Rn 18 (jeweils vorbehaltlich § 1823 BGB); Staudinger/*Engler* BGB (2004) § 1822 Rn 68 f; ausführlich 3. Aufl. Rn 31 f (*Ulmer*).

[67] Dazu näher § 145 Rn 26 (*Habersack*): Genehmigungspflicht nur, falls der Minderjährige selbst das Unternehmen erwirbt, abweichend aber die hM (Nachw. ebd.).

[68] 3. Aufl. Rn 31 (*Ulmer*) unter Berufung auf *Knopp* BB 1962, 939.

[69] Nachweise in Fn 66.

[70] Vgl. RGZ 122, 370; OLG Karlsruhe NJW 1973, 1977 (allerdings unter der unzutr. Prämisse, dass die Gesellschafter Träger des Unternehmens seien und das Ausscheiden daher als Veräußerung des Erwerbsgeschäfts anzusehen sei); MünchKommBGB[5]/*Wagenitz* § 1822 Rn 19; Ebenroth/Boujong/Joost/Strohn/*Lorz* Rn 16.

(nicht: die Eltern, vgl. § 1643 Abs. 1) vertreten, gilt für die Auflösung zudem § 1823 BGB, der aber die Wirksamkeit des Beschlusses nicht berührt.[71]

Bei **Ehegatten**, die im gesetzlichen Güterstand leben, bedarf der unter Mitwirkung des verheirateten Gesellschafters ergangene Auflösungsbeschluss nach hM der **Zustimmung** seines Gatten gem. **§ 1365 BGB**, sofern dessen sonstige Voraussetzungen vorliegen (Anteil bildet nahezu das gesamte Vermögen; Kenntnis der übrigen Gesellschafter).[72] Grundlage hierfür ist die Gleichstellung der Auflösung mit einer Verfügung über die Mitgliedschaft.[73] Dem ist grundsätzlich zuzustimmen, weil die Liquidation der Gesellschaft letztlich auch der Versilberung der Mitgliedschaft dient, ihre Umwandlung also einer Veräußerung zumindest sehr nahekommt. Der darin liegende Eingriff in die Verbandsautonomie ist als solcher noch kein Hinderungsgrund, zumal die Möglichkeit besteht, eine sachlich gebotene Auflösung im Wege des § 1365 Abs. 2 BGB durchzusetzen. Auch die „gesellschaftsrechtliche Entscheidungsfreiheit" des Ehegatten ergibt kein Argument in Bezug auf den Auflösungsbeschluss.[74] Richtig ist allerdings, dass im Falle einer Auflösungsklage nach § 133 gute Gründe für die teleologische Reduktion des § 1365 BGB sprechen.[75] Im Übrigen setzt die Anwendung des § 1365 Abs. 1 BGB – wie auch des § 1822 Nr. 3 BGB – jedenfalls voraus, dass der Gatte *für* die Auflösung gestimmt hat. Denn andernfalls fehlt jeglicher rechtsgeschäftliche Bezugspunkt für ein Genehmigungserfordernis, zumal die übrigen Gesellschafter, die mit ihren Stimmen den Beschluss zustande bringen, nicht etwa als Vertreter des Gesellschafter-Gatten anzusehen sind.[76] **27**

Seine **Wirkungen** entfaltet der Auflösungsbeschluss zu dem **Zeitpunkt**, den er selbst festlegt, ohne eine solche Bestimmung im Zweifel sofort. Soll die Auflösung erst zu einem späteren Zeitpunkt wirksam werden oder vom Eintritt einer Bedingung abhängen, kann anstelle eines Auflösungsbeschlusses auch die nachträgliche Vereinbarung einer Befristung (Nr. 1) oder auflösenden Bedingung (s. Rn 18 f) gewollt sein. Die Unterscheidung ist allerdings nur von Bedeutung, wenn der Vertrag für Auflösungs(beschluss) und allgemeine Vertragsänderung unterschiedliche Mehrheits- bzw. Formerfordernisse vorsieht. Eine Auflösung i.S.v. Abs. 1 Nr. 2 ist in diesem Falle anzunehmen, wenn der beschlossene Wirksamkeitszeitpunkt in der näheren Zukunft liegt, insbesondere die verbleibende Zeitspanne lediglich der Vorbereitung oder Vereinfachung der Abwicklung dienen soll (Auflösung zum Ende des Geschäftsjahres).[77] Ein Fall der Nr. 1 liegt dagegen vor, wenn die Auflösung zu einem erheblich späteren Zeitpunkt oder bei Eintritt eines künftigen ungewissen Ereignisses wirksam werden soll. **28**

---

[71] Ebenroth/Boujong/Joost/Strohn/*Lorz* Rn 16; MünchKommHGB/*K. Schmidt* Rn 18; Röhricht/Graf v. Westphalen/*v. Gerkan*/*Haas* Rn 8; MünchKommBGB[5]/*Wagenitz* § 1823 Rn 4; eingehend 3. Aufl. Rn 32 (*Ulmer*).

[72] So schon *Wiedemann* Übertragung, S. 263; *Beitzke* DB 1961, 21 (24). S. ferner Ebenroth/Boujong/Joost/Strohn/*Lorz* Rn 17; MünchKommBGB[5]/*Ulmer*/*C. Schäfer* Vor § 723 Rn 19; *Koller*/Roth/Morck Rn 3; Staudinger/*Thiele* BGB (2007) § 1365 Rn 67; Palandt/*Brudermüller*[67] § 1365 Rn 6; **aA** MünchKommBGB[4]/*Koch* § 1365 Rn 75 mwN.

[73] Deutlich (aber reserviert gegenüber dieser Begründung) MünchKommHGB/*K. Schmidt* Rn 18.

[74] So aber MünchKommBGB[4]/*Koch* § 1365 Rn 75.

[75] So namentlich MünchKommBGB[5]/*Ulmer*/*C. Schäfer* Vor § 723 Rn 5; anders noch 3. Aufl. § 133 Rn 46 (*Ulmer*). Näher dazu § 133 Rn 43.

[76] Zur Erstreckung des Zustimmungserfordernisses auf die von Vertretern geschlossenen Rechtsgeschäfte, s. nur MünchKommBGB[4]/*Koch* § 1365 Rn 51 ff.

[77] RGZ 145, 99 (101); MünchKommHGB/*K. Schmidt* Rn 16; *Hueck* OHG § 23 II 2, S. 344. – Zur Möglichkeit, die Abwicklung trotz bereits eingetretener Auflösung aufzuschieben, vgl. BGHZ 1, 324 (328).

29 Ein Sonderproblem betrifft die ehedem sehr kontrovers diskutierte Frage, ob ein **Rücktritt vom Auflösungsbeschluss** möglich ist.[78] Die hM lehnte zumindest einen Rücktritt nach § 326 BGB a.F. mangels Synallagma ab.[79] Geht man aber davon aus, dass die Änderung eines Dauerrechtsverhältnisses dessen Charakter teilt, ist die Frage angesichts der allgemeinen Regelung in § 314 BGB n.F. richtigerweise dahin zu stellen, ob der Auflösungsbeschluss aus wichtigem Grund mit dem Ziel der Fortsetzung der Gesellschaft prinzipiell gekündigt werden kann. Insofern ist aber nichts ersichtlich, was gegen eine solche **Kündigung** spricht, zumal der Gesellschafter, der sich auf einen wichtigen Grund beruft, andernfalls darauf verwiesen wäre, einen Fortsetzungsbeschluss gegen seine Mitgesellschafter notfalls im Wege einzelner Zustimmungsklagen durchzusetzen. Ebenso wie der Auflösungsbeschluss wegen eines Mangels von vornherein unwirksam sein kann (zur fehlerhaften Auflösung Rn 54 ff), ist auch das nachträgliche Eintreten eines wichtigen Grundes denkbar, der die Grundlagen der Auflösung entfallen lässt (etwa die Verbesserung der wirtschaftlichen Lage). Entsprechendes gilt erst recht, wenn dem Gesellschafter **vertraglich** ein Rücktrittsrecht eingeräumt worden ist, das vor Beginn von Abwicklungshandlungen unproblematisch ausgeübt werden kann und danach wiederum als Kündigung wirkt.[80] – Im Falle einer Kündigung aus wichtigem Grund fragt sich allerdings, ob diese im Wege der **Gestaltungsklage analog § 133**[81] oder durch einfache Gestaltungserklärung nach § 314 BGB durchzusetzen ist. Die besseren Gründe sprechen für eine Fortsetzungsklage analog § 133. Denn nach dem Gesetz (§§ 117, 127, 133, 140) ist eine Gestaltungsklage im Interesse der Rechtssicherheit und Einheitlichkeit der Entscheidung auch sonst erforderlich, wenn die Gesellschafter um das Vorliegen eines wichtigen Grundes streiten. Rechtssicherheit und -klarheit bedürfen die Gesellschafter aber nicht nur in diesen Fällen und insbesondere nicht nur bei der Auflösung, sondern auch im umgekehrten Fall, wenn also die Rückumwandlung der aufgelösten in eine werbende Gesellschaft in Streit steht. – Zu den Rechtsfolgen fehlerhafter Auflösungsbeschlüsse s. Rn 54 ff.

III. Insolvenz der Gesellschaft (Abs. 1 Nr. 3)

Schrifttum: *Armbrüster* Die Stellung des haftenden Gesellschafters in der Insolvenz, 1996; *Marotzke* Sonderinsolvenz und Nachlassverwaltung über das Vermögen einer erloschenen Personengesellschaft, ZInsO 2009, 590; *Karsten Schmidt* Insolvenzordnung und Gesellschaftsrecht, ZGR 1998, 633; *ders.* Insolvenz und Insolvenzabwicklung bei der typischen GmbH & Co KG, GmbHR 2003, 1209; *ders.* Konsolidierte Abwicklung von Personengesellschaften bei simultaner Gesellschafterinsolvenz? ZIP 2008, 2337; *Hans-Fr. Müller* Der Verband in der Insolvenz, 2001.

30 1. **Allgemeines.** Die Gesellschaft wird **zwingend aufgelöst**, wenn über ihr Vermögen das Insolvenzverfahren **eröffnet** wird; denn mit Verfahrenseröffnung, nicht schon mit Antragstellung geht die Verfügungsbefugnis über das Gesellschaftsvermögen auf den Insolvenzverwalter über (§§ 80 f InsO), der das Vermögen im Interesse der Gläubiger zu verwerten hat. Mit dieser Aufgabe verträgt sich die Weiterführung als werbende Gesellschaft nicht. Auch findet gem. § 145 Abs. 1 keine gesellschaftsrechtliche Liquidation, sondern eine Abwicklung nach der Insolvenzordnung (InsO) statt. Die **Fortsetzung** der Gesellschaft kommt gem. § 144 nur nach Einstellung (§ 213 InsO) bzw. Aufhebung des

[78] Ausführlich zum Streitstand 3. Aufl. Rn 34 (*Ulmer*).

[79] Vgl. schon RG JW 1929, 2147; ferner 3. Aufl. Rn 35 (*Ulmer*); MünchKommHGB/*K. Schmidt* Rn 21.

[80] In diesem Sinne schon 3. Aufl. Rn 35 (*Ulmer*).

[81] In diesem Sinne *Steines* OHG, S. 34 ff; 3. Aufl. Rn 123 (*Ulmer*) – in Bezug auf die fehlerhafte Auflösung.

Insolvenzverfahrens gem. § 259 Abs. 1 InsO oder nach Bestätigung eines Insolvenzplans gem. §§ 254 ff InsO in Betracht (Rn 36). Im Übrigen zielt das Insolvenzverfahren nach dem Willen des Gesetzgebers[82] sowie nach neuerer, wenngleich nicht unbestrittener Lehre auf die **Beseitigung der Gesellschaft** als Rechtsträger, so dass deren Fortsetzung nach Abschluss des Verfahrens regelmäßig ausscheidet.[83] Mit Beendigung des Insolvenzverfahrens **erlischt** die Gesellschaft daher im Grundsatz (Rn 4). – Näher zur Fortsetzung s. die Erl. zu § 144.

2. Voraussetzungen. § 11 Abs. 2 Nr. 1 InsO erklärt die Personenhandelsgesellschaft ausdrücklich für **insolvenzfähig**, was angesichts ihrer in § 124 positivierten Rechts- und Parteifähigkeit nur folgerichtig ist, mag auch § 11 Abs. 2 InsO, für sich gesehen, wegen seines vor allem auf die Ausschaltung von Privatgläubigern gerichteten Zwecks noch keine endgültige Aussage über die Rechtsnatur der Gesellschaft treffen.[84] Die Frage, ob der Gesamthandsgesellschaft „an sich" Rechtsfähigkeit zukommt,[85] ist jedoch spätestens mit der generellen Anerkennung der rechtsfähigen Personengesellschaft in § 14 BGB obsolet geworden (vgl. noch Rn 38, ferner § 124 Rn 3 [*Habersack*]).[86] Auch der *BGB-Gesellschaft* wird mittlerweile durch § 11 Abs. 2 Nr. 1 InsO die Insolvenzfähigkeit zuerkannt, so dass neben der Schein-OHG[87] auch die nicht eingetragene, unter §§ 2 und 3 fallende Gesellschaft von Anfang an, nicht erst mit ihrer Eintragung, insolvenzfähig ist. Dies trifft schließlich auch für die fehlerhafte Gesellschaft zu, die bis zu ihrer Auflösung als voll wirksam anzuerkennen ist (§ 105 Rn 348). Demgemäß ist die Gesellschaft selbst InsO-Schuldnerin, nicht aber sind es die Gesellschafter (Rn 38). Die Insolvenzfähigkeit **endet** erst mit der Vollbeendigung der Gesellschaft, wenn also kein (Aktiv-)Vermögen mehr vorhanden ist (§ 11 Abs. 3 InsO). 31

Die Eröffnung des Insolvenzverfahrens setzt das Vorliegen eines **Insolvenzgrundes** voraus. Für die Personenhandelsgesellschaft gelten zunächst die allgemeinen Insolvenzgründe, nämlich die in § 17 InsO definierte *Zahlungsunfähigkeit* sowie – bei eigenem Antrag – auch die drohende Zahlungsunfähigkeit (§ 18 InsO). Die – durch eine besondere Überschuldungsbilanz zu ermittelnde und in § 19 Abs. 2 InsO definierte – *Überschuldung* ist dagegen nur dann Eröffnungsgrund, wenn weder in der Gesellschaft selbst noch wenigstens bei einer Mitgliedsgesellschaft eine natürliche Person unbeschränkt haftet (§ 19 Abs. 3 InsO).[88] Entsprechend der Trennung zwischen Gesellschaftsinsolvenz und 32

[82] Vgl. z.B. BegrRegE zu § 141a FGG, bei *Schmidt-Räntsch* InsO mit Einführungsgesetz, 1995, S. 590 (Art. 23 Rn 1). Der neue § 394 FamFG entspricht inhaltlich § 141a FGG (BegrRegE zu § 394 FamFG, BR-Drucks. 309/07).

[83] Str., näher § 145 Rn 55 (*Habersack*) mit weit. Nachw. Grundlegend *Karsten Schmidt* Wege zum Insolvenzrecht der Unternehmen, S. 99 ff; *ders.* KTS 1994, 309 ff; *ders.* GmbHR 2002, 1209 (1217); unter Berufung auf § 1 Abs. 2 S. 3 RegE InsO zustimmend *Bork* Insolvenzrecht Rn 135; s.a. *Smid* InsO § 199 Rn 2; **aA** BGHZ 148, 252 (258) sowie (zum alten Recht) etwa BGH NJW 1996, 2035 (2036); 1966, 51; 3. Aufl. Rn 68, 79 (*Ulmer*).

[84] S. schon § 145 Rn 53 mN (*Habersack*).

[85] Vgl. dazu aus neuerer Zeit nur *Mülbert* AcP 199 (1999), 38 (44 ff); *Raiser* AcP 194 (1994), 495 (504); *Ulmer* AcP 199 (1999), 104 (106) jew. mit zahlreichen Nachw.

[86] Vgl. auch *Ulmer* ZIP 2001, 585 (589) (in Bezug auf die durch BGHZ 146, 341 anerkannte Rechts- und Parteifähigkeit der GbR).

[87] Vgl. § 105 Rn 32. – Anders nur, wenn sich hinter dem Schein einer OHG in Wahrheit überhaupt keine Gesellschaft verbirgt, nicht jedoch für den nach § 117 BGB unwirksamen Gesellschaftsvertrag (Rn 15).

[88] Zum Begriff der Zahlungsunfähigkeit vgl. näher § 130a Rn 16 (*Habersack*); zu Begriff und Ermittlung der Überschuldung vgl. § 130a Rn 16 f (*Habersack*).

der Insolvenz eines Gesellschafters (Rn 34) ist weder die Zahlungseinstellung eines Gesellschafters Insolvenzgrund noch kann umgekehrt die Zahlungsfähigkeit der Gesellschafter die Gesellschaftsinsolvenz abwenden.[89]

33 Der das Verfahren in Gang setzende **Insolvenzantrag** ist bei dem für den tatsächlichen Sitz der Gesellschaft zuständigen Insolvenzgericht (Amtsgericht) anzubringen, §§ 2, 3 InsO. **Antragsberechtigt** sind, außer im Falle drohender Zahlungsunfähigkeit (§ 18 Abs. 1 InsO), neben der Gesellschaft auch die Gesellschaftsgläubiger (§ 13 Abs. 1 S. 2 InsO). Für die Gesellschaft können bei drohender Zahlungsunfähigkeit die vertretungsberechtigten Gesellschafter auch einzeln handeln, sonstige Abwickler und persönlich haftende Gesellschafter dagegen nur, wenn sie den Antrag gemeinsam stellen (§ 18 Abs. 3 InsO). Bei Zahlungsunfähigkeit und Überschuldung gilt gem. § 15 Abs. 1 und 2 InsO, dass die Antragstellung einzelner vertretungsberechtigter bzw. persönlich haftender Gesellschafter oder Abwickler zwar möglich, der Eröffnungsgrund dann aber glaubhaft zu machen ist. – Eine öffentlich-rechtliche **Pflicht der Geschäftsführer** zur Antragstellung besteht im Gegensatz zu den Kapitalgesellschaften (§§ 64 GmbHG, 92 Abs. 2 AktG) bei der Personenhandelsgesellschaft nur in den von § 15a InsO (= § 130a und § 177a a.F.) erfassten Fällen, wenn also keine natürliche Person zum Kreis der persönlich Haftenden gehört. Hiervon unberührt bleibt aber die bei schuldhafter Verletzung zum Schadensersatz führende zivilrechtliche Pflicht gegenüber den Mitgesellschaftern, bei Insolvenz den gebotenen Antrag zu stellen.

34 Die Gesellschaftsinsolvenz ist von derjenigen eines Gesellschafters strikt zu trennen. Nicht nur tritt die Auflösungsfolge unabhängig davon ein, ob zugleich das Insolvenzverfahren über das Vermögen des persönlich haftenden Gesellschafters eröffnet wird. Das Gesellschaftsinsolvenzverfahren erfasst als **Insolvenzmasse** (§ 35 InsO) auch in einem solchen Falle allein das *Gesellschaftsvermögen,* nicht jedoch das Vermögen der Gesellschafter, deren Insolvenz umgekehrt nicht das Vermögen der Gesellschaft berührt (§ 84 Abs. 1 InsO).[90] Es bewirkt mangels abweichender Regelung im Gesellschaftsvertrag vielmehr nur das Ausscheiden des betroffenen Gesellschafters nach Abs. 3 Nr. 2 (Rn 89). Andererseits wird mit Rücksicht auf das auf Gesamtabwicklung gerichtete Ziel des Insolvenzverfahrens das **gesamte Gesellschaftsvermögen** erfasst; nach hM ist unter Geltung der InsO *kein* Raum mehr für die Anerkennung eines massefreien Vermögens.[91] Zum Gesellschaftsvermögen gehören auch die noch nicht erfüllten *Sozialansprüche* gegen die Gesellschafter, namentlich ausstehende Einlagen,[92] Ansprüche auf Schadensersatz wegen Treupflichtverletzung oder auf Herausgabe wegen Geschäftsbesorgung. Bei einer *entgeltlichen* Beitragspflicht begründet der Insolvenzverwalter freilich, indem er Erfüllung wählt (§ 103 Abs. 1 InsO), eine Masseverbindlichkeit nach § 55 Abs. 1 InsO. Selbstverständlich sind überdies die in der Gesellschaft gehaltenen Kapitaleinlagen („aktive Kapitalkonten") verstrickt;[93] sie verkörpern das Eigenkapital der Gesellschaft und können daher

---

89 Vgl. nur FK-InsO[4]/*Schmerbach* § 11 Rn 2 und § 17 Rn 2.

90 Vgl. nur OLG Köln NZG 2002, 87 (88); näher zum Zusammentreffen von Gesellschafts- und Gesellschafterinsolvenz s. Rn 92, 95.

91 *K. Schmidt* ZGR 1998, 637 f; *Hans-Fr. Müller* Verband, S. 25 ff, 45; MünchKomm-BGB[5]/*Ulmer*/*C. Schäfer* § 728 Rn 17; **aA** aber § 145 Rn 56 (*Habersack*).

92 BGHZ 93, 159 (161 ff) = NJW 1985, 1468; Kübler/Prütting/*Noack* InsO, Sonderband 1 (Gesellschaftsrecht) 1999, Rn 471.

93 Eine Ausnahme gilt wegen § 236 Abs. 1 für den stillen Gesellschafter; er kann den seinen Verlustanteil übersteigenden Teil seiner Einlage als Insolvenzgläubiger geltend machen, vgl. BGHZ 51, 352; Kübler/Prütting/*Holzer* InsO (Stand 8/2006) § 38 Rn 20.

naturgemäß ebenso wenig wie Gesellschafterdarlehen i.S.v. § 39 Abs. 1 Nr. 5 InsO (gleichrangig) am Insolvenzverfahren teilnehmen.[94] Auch Entnahmerechte können nicht mehr ausgeübt werden. Demgegenüber handelt es sich bei rückständigen Ansprüchen auf Aufwendungsersatz oder auf Abfindung um Insolvenzforderungen, soweit sie aus der Zeit vor Verfahrenseröffnung stammen.[95] Anders als nach altem Konkursrecht ist es gem. § 93 InsO ferner ausschließlich Sache des Insolvenzverwalters, die *Gesellschafterhaftung nach § 128* durchzusetzen; die Gesellschafter werden also aufgrund ihrer persönlichen Haftung zur Auffüllung der Masse herangezogen (vgl. § 128 Rn 76 [*Habersack*]). Damit hat die Insolvenzrechtsreform zu einer im Grundsatz begrüßenswerten koordinierten Haftungsabwicklung geführt.[96] – Zum Umfang der Insolvenzmasse vgl. ergänzend § 145 Rn 56 (*Habersack*).[97]

Die Auflösung der OHG durch Eröffnung des Insolvenzverfahrens hat gem. § 145 Abs. 1 die Liquidation im Rahmen des Insolvenzverfahrens unter **Ausschaltung der Abwicklung nach den §§ 145 ff** zur Folge (s.a. Rn 30). Dadurch soll sichergestellt werden, dass das Gesellschaftsvermögen zur Befriedigung der Gesellschaftsgläubiger verwendet wird; nur ein eventueller Überschuss wird an die Gesellschafter verteilt und nur deren Anteil am Überschuss unterliegt dem Zugriff der Privatgläubiger. Näher zum Verhältnis zwischen Insolvenzverfahren und der Abwicklung nach §§ 145 ff vgl. § 145 Rn 52 ff (*Habersack*). 35

3. Zeitpunkt der Auflösung. Die Auflösung tritt nicht erst mit Zustellung, sondern bereits mit **Erlass des Eröffnungsbeschlusses** gem. § 27 InsO ein; der genaue Zeitpunkt ist im Beschluss selbst anzugeben (§ 27 Abs. 2 Nr. 3 InsO). Wirksam wird der Beschluss, sobald er von der Geschäftsstelle zur Bekanntgabe herausgegeben worden ist.[98] Wird er im Beschwerdeverfahren rechtskräftig aufgehoben, entfällt die Auflösung zwar rückwirkend, doch berührt dies, wie § 34 Abs. 3 S. 3 InsO ausdrücklich regelt, nicht die Wirksamkeit der vom Insolvenzverwalter vorgenommenen Handlungen. Die Beendigung des Insolvenzverfahrens durch Aufhebung (§§ 200, 258 InsO) oder Einstellung (§§ 207, 211–213 InsO) lässt die Auflösung dagegen insgesamt unberührt. Die Aufhebung des Verfahrens kommt nach § 258 InsO insbesondere bei Bestätigung eines Insolvenzplans i.S.v. § 248 InsO in Betracht, der den Fortbestand der Gesellschaft vorsieht. Die Zustimmung der Gesellschafter zum Insolvenzplan ist in der Regel zugleich als (konkludenter) Fortsetzungsbeschluss i.S.v. § 144 zu werten (§ 144 Rn 9; s.a. § 145 Rn 55 [*Habersack*]). 36

---

[94] Anderes gilt für sonstige Darlehensforderungen (abgesehen vom Fall der gesplitteten Einlage) sowie Aufwendungsersatzansprüche; zum Ganzen eingehend 3. Aufl. Rn 59 ff (*Ulmer*); vgl. auch MünchKommInsO[2]/*Ehricke* § 38 Rn 54 f.

[95] Kübler/Prütting/*Lüke* InsO (Stand 10/02) § 93 Rn 19; Kübler/Prütting/*Noack* InsO (Sonderband Gesellschaftsrecht) 1999, Rn 460; *Häsemeyer* Insolvenzrecht Rn 31.22.

[96] Vgl. schon die Forderung von *Karsten Schmidt* Gutachten D zum 54. DJT, 1982, S. D 46 f – Zur umstr. Durchsetzung dieser Haftung („Vollanmeldungsmodell" vs. „Ausfallmodell"), s. *Bitter* ZIP 2000, 1082 f; *Karsten Schmidt* ZIP 2000, 1085 f.

[97] Wegen der von *Ulmer* in 3. Aufl. Rn 71 f ausführlich diskutierten Frage, ob auch die Firma zum Gesellschaftsvermögen zählt, vgl. § 22 Rn 55 f (*Burgard*) und BGHZ 85, 221 (224) sowie zur Rechtslage nach der HGB-Reform 1998 Röhricht/Graf v. Westphalen/*Ammon/Ries* § 24 Rn 1 ff; *Canaris* Handelsrecht, § 10 Rn 68 f; 73 ff. – Die Neuregelung des Firmenrechts, wonach kein Zwang zur Personalfirma mehr besteht, hat das Pendel weiter zugunsten eines Alleinverfügungsrechts des Insolvenzverwalters verschoben (str.).

[98] BGH ZIP 1996, 1909 (1910 f).

37 **4. Ablehnung der Verfahrenseröffnung mangels Masse.** Wird die Eröffnung des Verfahrens nach § 26 InsO mangels einer die Kosten deckenden Masse abgelehnt, führt dies grundsätzlich nicht zur Auflösung der Gesellschaft;[99] anderes gilt aber nach **Abs. 2 Nr. 1**, wenn zum Kreis der persönlich haftenden Gesellschafter nicht wenigstens mittelbar (Abs. 2 S. 2) eine natürliche Person gehört. Mit dieser Regelung hat die Insolvenzrechtsreform zum 1.1.1999 die im Schrifttum erhobene Forderung[100] aufgegriffen, wenigstens für die GmbH & Co den dort besonders dringenden Gleichlauf mit dem Kapitalgesellschaftsrecht herzustellen (Rn 42). Damit steht aber zugleich fest, dass es für die übrigen Fälle nicht zur Auflösung kommt, wenn die Verfahrenseröffnung mangels Masse abgelehnt wird.

38 **5. Die Gesellschaft als Schuldner i.S.d. InsO.** Aus der in § 124 anerkannten Rechtsfähigkeit der Gesellschaft sowie aus ihrer Insolvenzfähigkeit (Rn 31) folgt, dass sie selbst Schuldner im Sinne der InsO ist.[101] Die früher hM[102] nahm demgegenüber an, dass die Gesellschaft mit Rücksicht auf § 209 KO zwar konkursfähig, mangels Rechtsfähigkeit aber nicht selbst Gemeinschuldnerin sei. Als Schuldner sollten vielmehr alle zum Zeitpunkt der Eröffnung des Verfahrens noch nicht ausgeschiedenen Gesellschafter anzusehen sein. Spätestens nachdem BGHZ 146, 341 die Rechts- und Parteifähigkeit der BGB-Gesellschaft anerkannt und der Gesetzgeber in § 14 BGB für die Rechtsnatur der Gesamthandsgesellschaft den Begriff der „rechtsfähigen Personengesellschaft" gefunden hat, ist diese Sichtweise aber überholt. Es handelt sich daher keineswegs nur um die gesetzliche Zuschreibung der Insolvenzfähigkeit an ein Sondervermögen, wie sie § 11 Abs. 2 Nr. 2 InsO regelt.[103] Konsequentermaßen werden die dem Schuldner zustehenden Rechte von der Gesellschaft selbst, vertreten durch ihre Geschäftsführer bzw. Liquidatoren (§ 146 Rn 8 ff [*Habersack*]),[104] wahrgenommen, soweit nicht die Verwaltungs- und Verfügungsbefugnis des Insolvenzverwalters gem. § 80 InsO berührt ist.[105] Das betrifft vor allem die verfahrensleitenden Handlungen, wie den Eröffnungs- (Rn 33) oder Einstellungsantrag (§§ 211 ff InsO)[106] sowie die *Vorlage* eines Insolvenzplans (§ 218), die

---

[99] So die hM zum alten Rechtszustand, vgl. BGHZ 75, 178 (179); 96, 151 (154); Heymann/*Emmerich* Rn 10; 3. Aufl. Rn 50 (*Ulmer*); Baumbach/*Hopt* Rn 10, 13.

[100] Vgl. insbes. *Karsten Schmidt* ZHR 153 (1989), 270 (280) und Schlegelberger/*K. Schmidt* Rn 21.

[101] § 145 Rn 53 (*Habersack*); Schlegelberger/*K. Schmidt* § 145 Rn 68; Kübler/Prütting/*Noack* InsO (Sonderband Gesellschaftsrecht) 1999, Rn 37 f, 427; *Schlitt* NZG 1998, 701 (702); MünchKommInsO[2]/*Ott*/*Vuia* § 11 Rn 42 und § 80 Rn 113; eingehend *Hans-Fr. Müller* Verband, S. 46 ff; im Grundsatz auch Heymann/*Emmerich* Rn 12 sowie *Uhlenbruck* InsO[12] § 11 Rn 236, der die Schuldnereigenschaft aber auf die „verfahrensrechtliche Schuldnerrolle" beschränken will. – Die BegrRegE InsO, BT-Drucks. 12/2443, S. 113, geht im Ergebnis ebenfalls davon aus, dass § 11 die Schuldnereigenschaft der Gesellschaft beinhaltet.

[102] BGHZ 34, 293 (297); 3. Aufl. Rn 54 (*Ulmer*); *A. Hueck* OHG § 26 III, S. 384; *Michalski* OHG Rn 16; *Armbrüster* Haftender Gesellschafter, S. 22.

[103] Zur Einordnung nur Kübler/*Prütting* InsO (Stand 8/98) § 11 Rn 6. – § 11 Abs. 2 Nr. 1 spricht demgegenüber von einer „Gesellschaft ohne Rechtspersönlichkeit", die als solche insolvenzfähig ist.

[104] Zur Ausnahme von § 146 bei der GmbH & Co. KG vgl. § 146 Rn 13 (*Habersack*).

[105] S. § 145 Rn 54 ff (*Habersack*) sowie zuletzt *Karsten Schmidt* GmbHR 2002, 1209 ff (zur GmbH & Co.KG) mwN. – Zur Reichweite des Verwaltungs- und Verfügungsrechts s. MünchKomm/*Ott*/*Vuia* InsO § 80 Rn 43 ff; Kübler/Prütting/*Noack* InsO (Sonderband Gesellschaftsrecht) 1999, Kap. 10.

[106] Zur Antragsbefugnis nur Kübler/*Prütting* InsO (Stand 11/2000) § 212 Rn 3; vgl. auch MünchKommBGB[5]/*Ulmer*/*C. Schäfer* § 728 Rn 11.

Abgabe sonstiger Erklärungen und die Einlegung von Rechtsmitteln, gilt aber auch für die Verwaltungs- und Verfügungsrechte über das konkursfreie Vermögen, soweit ein solches anzuerkennen ist (vgl. § 145 Rn 56 [*Habersack*]).[107] Nur die Gesellschaft ist auch Zustellungsadressatin für den Eröffnungsbeschluss (§ 30 Abs. 2 InsO). Demgegenüber bleiben die **Grundlagengeschäfte** Sache aller Gesellschafter; das gilt namentlich für die *Zustimmung* zu einem Insolvenzplan, der zu seiner Umsetzung erforderlichen Reorganisationsmaßnahmen und die Fortsetzung der Gesellschaft nach Einstellung oder Aufhebung des Insolvenzverfahrens (§ 144).[108] – *Zum Zusammentreffen von Gesellschafts- und Gesellschafterinsolvenz* vgl. Rn 92, 95.

IV. Gerichtliche Entscheidung gem. § 133 (Abs. 1 Nr. 4)

Anders als § 133 Nr. 6 a.F. bildet seit der Handelsrechtsreform 1998 nur mehr die gerichtliche Entscheidung einen Auflösungsgrund, und anders als bis dahin ist mit der Gerichtsentscheidung nur noch die **Auflösungsklage** in § 133 angesprochen, während die in § 142 a.F. geregelte Übernahmeklage in der zweigliedrigen Gesellschaft als besondere Klage abgeschafft und durch die Aussage in § 140 Abs. 1 S. 2 ersetzt wurde, dass einer Auflösungsklage das Verbleiben nur eines Gesellschafters nicht entgegensteht. Ob in diesem Falle Abs. 1 Nr. 4 eingreift oder der Auflösungsgrund des Wegfalls des vorletzten Gesellschafters vorliegt,[109] ist nur von theoretischer Bedeutung; fest steht jedenfalls, dass in diesem Falle keine Liquidationsgesellschaft entsteht (Rn 9). Wegen der Einzelheiten ist auf die Erläuterungen zu § 133 und § 140 zu verweisen. 39

C. Die speziellen Auflösungsgründe des Abs. 2

I. Ablehnung der Verfahrenseröffnung mangels Masse (Abs. 2 Nr. 1)

Wird das Insolvenzverfahren mangels Masse nicht eröffnet (§ 26 InsO), stellt dies nach hM keinen Auflösungsgrund nach Abs. 1 Nr. 3 dar (Rn 37). Diese hM hat der Gesetzgeber indirekt bestätigt, indem er im Rahmen der Insolvenzrechtsreform zum 1.1.1999 den neu eingefügten Abs. 2 in Kraft gesetzt hat, der die Ablehnung der Verfahrenseröffnung als Auflösungsgrund nur für einen Ausnahmefall statuiert, sie nämlich auf Gesellschaften beschränkt, zu deren persönlich haftenden Gesellschaftern – auch mittelbar, S. 2 – keine natürliche Person gehört. In diesem Falle wird die Personenhandelsgesellschaft, in der Praxis regelmäßig eine GmbH & Co KG, der Kapitalgesellschaft (§§ 60 Abs. 1 Nr. 5 GmbHG, 262 Abs. 1 Nr. 4, 289 Abs. 2 Nr. 1 AktG) bzw. Genossenschaft (§ 81a Nr. 1 GenG) gleichgestellt. Auf diese Weise wird erreicht, dass für die Auflösung der Kommanditgesellschaft die gleichen Grundsätze wie für die Komplementär-Gesellschaft gelten. Zum Erfordernis einer hierüber hinausgehenden Parallelisierung vgl. Rn 92, 95. 40

---

107 Zur Anerkennung eines massefreien Vermögens vgl. oben Rn 34 mN.

108 Eingehend *Hans-Fr. Müller* Verband, S. 92 ff; *K. Schmidt* ZGR 1998, 645.

109 Vgl. etwa MünchKommHGB/*K. Schmidt* Rn 46, 55; Ebenroth/Boujong/Joost/Strohn/*Lorz* Rn 25 (kein Fall des § 131); **aA** Heymann/*Emmerich* Rn 27.

II. Löschung wegen Vermögenslosigkeit (Abs. 2 Nr. 2)

41 Die Möglichkeit, eine Gesellschaft wegen Vermögenslosigkeit zu löschen, ist durch die Insolvenzrechtsreform mit Wirkung ab 1.1.1999 auf solche Personenhandelsgesellschaften ausgedehnt worden, zu deren persönlich haftenden Gesellschaftern keine natürliche Person gehört (§ 394 Abs. 4 FamFG = § 141a Abs. 3 FGG a.F.). Voraussetzung ist gem. § 394 Abs. 4 S. 2 FamFG allerdings, dass auch die Komplementärgesellschaft, typischerweise also die GmbH, gelöscht wird. Aus dieser Möglichkeit und dem nur deklaratorischen Charakter der Löschung (§ 145 Rn 11 [*Habersack*]) zieht Abs. 2 Nr. 2 die Konsequenz und erklärt die gelöschte Gesellschaft **zwingend** für **aufgelöst.** Hierdurch soll verhindert werden, dass eine werbende Gesellschaft eine Schattenexistenz außerhalb des Handelsregisters führt. Die Vorschrift dient folglich dem **Schutz des Rechtsverkehrs**;[110] denn infolge der Löschung fehlt es naturgemäß an der von § 106 geforderten Publizität. Wegen der Vermögenslosigkeit erübrigt sich die sonst der Auflösung folgende Liquidation; diese findet, wie § 145 Abs. 3 überflüssigerweise erklärt, nur ausnahmsweise statt, falls sich nämlich doch noch Aktivvermögen finden sollte und deshalb in Wahrheit weder Löschung noch Auflösung zur Vollbeendigung geführt haben (Vgl. § 145 Rn 11 [*Habersack*]).

III. Ausdehnung des Abs. 2 auf andere Auflösungsfälle bei der Komplementär-Gesellschaft?

42 Abs. 2 verfügt die Auflösung wegen Masselosigkeit oder Löschung unmittelbar nur für die Personengesellschaft, vor allem also die GmbH & Co KG. Den Fall der **Auflösung der Komplementär-Gesellschaft** aus einem dieser Gründe erfasst der Wortlaut dagegen nicht. Wegen des mit Abs. 2 verfolgten Ziels stellt sich aber die Frage seiner erweiternden Auslegung; denn die beabsichtigte Abstimmung zwischen Gesellschaft und Komplementär-GmbH lässt sich vollends erst erreichen, wenn die Auflösung der Komplementärgesellschaft wegen Masselosigkeit oder Löschung zugleich die Auflösung der Personengesellschaft (KG) bewirkt. Zum alten Recht hatte die hM eine solche Koordinierung generell abgelehnt und erst die Vollbeendigung der Komplementär-Gesellschaft als Auflösungsgrund für die KG akzeptiert und dabei den Streit bei § 131 Nr. 4 a.F. verortet.[111] Demgegenüber führt nach einer von *Karsten Schmidt* angeführten Gegenauffassung[112] die Auflösung der Komplementärgesellschaft schon seit jeher **zur Auflösung der GmbH & Co KG,** weil die GmbH wegen laufend neu entstehender Verbindlichkeiten der KG weder sinnvoll isoliert zu liquidieren sei noch die Geschäfte der KG laufend durch Liquidatoren der GmbH geführt werden dürften. Dieser Ansicht ist vor dem Hintergrund des relativ neuen Abs. 2 und des mit ihm verfolgten, allerdings nur unvollkommen verwirklichten Abstimmungsziels für die beiden ausdrücklich geregelten und praktisch besonders

[110] BegrRegE, bei *Schmidt-Räntsch* (Fn 82), S. 626 (Art. 40 Rn 8).

[111] Vgl. BGHZ 75, 178 (Ablehnung der Konkurseröffnung über GmbH-Vermögen mangels Masse); OLG Frankfurt WM 1982, 1265 (1266) (Löschung der Komplementär-GmbH wegen Vermögenslosigkeit); OLG Hamburg NJW 1987, 1896 (Auflösung der Komplementär-GmbH wegen versäumter Kapitalerhöhung auf 50 TDM); 3. Aufl. Rn 85 (*Ulmer*); Baumbach/*Hopt* Rn 22, 36; Röhricht/Graf v. Westphalen/*v. Gerkan*/*Haas* Rn 25; in neuerer Zeit auch noch OLG Hamm NZI 2007, 584 (587).

[112] *K. Schmidt* BB 1980, 1497 ff; MünchKommHGB/*K. Schmidt* Rn 47; zust. Röhricht/Graf v. Westphalen/*v. Gerkan*/*Haas* Rn 25; Heymann/*Emmerich* Rn 22.

wichtigen Fälle *zuzustimmen*.[113] Die Personengesellschaft ist demgemäß nicht nur dann aufgelöst, wenn ein ihr Vermögen betreffender Insolvenzantrag mangels Masse abgelehnt oder sie selbst wegen Vermögenslosigkeit gelöscht wurde. Vielmehr ist sie auch dann aufgelöst, wenn einer dieser Gründe die Auflösung der Komplementär-GmbH bewirkt hat. Denn nicht nur sind diese beiden Fälle durch den gesetzgeberischen Willen in Abs. 2 besonders hervorgehoben; sie bergen auch ebenso gravierende Gefahren für Gläubiger wie die von Abs. 2 unmittelbar geregelten.

D. Auflösungsgründe außerhalb von § 131

I. Allgemeines; keine Geltung BGB-gesellschaftsrechtlicher Auflösungsgründe

Die Rechtsprechung hat gelegentlich betont, dass § 131 mindestens die zivilrechtlichen[114] Auflösungsgründe **abschließend** aufzähle.[115] Dem ist zwar durchaus in Bezug auf die tatsächlich entschiedenen Sachverhalte, nicht jedoch in der behaupteten Allgemeinheit zuzustimmen, wie schon die Situation beim Wegfall des letzten Komplementärs erkennen lässt (dazu näher Rn 45 f). Außerdem ist auf die aus Abs. 1 Nr. 1 ersichtliche Möglichkeit hinzuweisen, zusätzliche Auflösungsgründe vertraglich zu vereinbaren.[116] Neben der in Abs. 1 Nr. 1 ausdrücklich erwähnten Befristung kommt insbesondere die ihr gleichstehende auflösende Bedingung in Betracht, zumal eine Abgrenzung beider Fälle im Einzelfall zweifelhaft sein kann (vgl. Rn 19). Die Fälle des **liquidationslosen Erlöschens** der Gesellschaft lassen sich von vornherein nicht dem Begriff der Auflösung i.S.v. § 131 zuordnen, weil diese – abgesehen vom Fall des Abs. 2 Nr. 2 – zur Abwicklung nach §§ 145 ff führt und damit von der Unterscheidung zwischen Auflösung und Vollbeendigung ausgeht, die im Falle des liquidationslosen Erlöschens aber notwendigerweise zusammenfallen. Außer den Wegfall des vorletzten Gesellschafters (dazu Rn 9) betrifft dies insbesondere die *Verschmelzung* (§ 20 Abs. 1 Nr. 2 UmwG) und *Aufspaltung* (§ 131 Abs. 1 Nr. 2 UmwG) einer Personengesellschaft, während bei dem vom Identitätsprinzip gekennzeichneten *Formwechsel* auch von einer Vollbeendigung keine Rede sein kann (§ 202 Abs. 1 Nr. 2 UmwG). In jedem Falle richtet sich das Nähere nach dem UmwG (vgl. §§ 20 ff UmwG für die Verschmelzung; §§ 131 ff für die Aufspaltung; §§ 202 ff, 224 ff UmwG für den Formwechsel).[117] Auch der in Rn 11 ff behandelte **gesetzliche Formwechsel** zwischen OHG/KG und BGB-Gesellschaft lässt die Identität der Gesellschaft unberührt und bewirkt daher weder Auflösung noch Vollbeendigung der Gesellschaft. 43

Zutreffend ist die These von der abschließenden Regelung dagegen in Bezug auf die Auflösungsgründe des **BGB-Gesellschaftsrechts**. Aus Gründen der Spezialität betrifft sie 44

---

113 So auch *Wiedemann* GS Lüderitz, 2000, S. 839 (855).

114 Zu den öffentlich-rechtlichen Auflösungsgründen vgl. unten Rn 47 ff.

115 Vgl. insbes. BGHZ 75, 178 (179) (keine Auflösung bei Ablehnung der Eröffnung des Konkursverfahrens mangels Masse); BGHZ 82, 323 (326) (keine Auflösung wg. Vermögenslosigkeit oder Aufgabe der wirtschaftlichen Betätigung); BGH WM 1973, 863 (864) (keine Auflösung bei Vereinbarung eines Liquidationsvergleichs, an dessen Zustandekommen nicht sämtliche Gesellschafter beteiligt waren, so dass kein konkludenter Auflösungsbeschluss anzunehmen war).

116 Vgl. BegrRegE HRefG, BT-Drucks. 13/8444, S. 65 f („selbstverständlich"); MünchKommHGB/*K. Schmidt* Rn 9; näher zur früher im Detail umstrittenen Vertragsfreiheit 3. Aufl. Rn 117 f (*Ulmer*).

117 Zu den einzelnen Umwandlungsfällen vgl. näher § 145 Rn 43 ff (*Habersack*).

allerdings nur **§ 726 BGB**, der – anders die §§ 723–725 und 727 f BGB – kein Pendant in § 131 hat. Danach ist die GbR kraft Gesetzes aufgelöst, wenn ihr Zweck erreicht oder unmöglich geworden ist. Nach ganz hM[118] gilt dies aus Gründen der Rechtssicherheit nicht für die Handelsgesellschaft, für die in diesem Falle nur eine Auflösung aus wichtigem Grund nach § 133 in Betracht kommt. Dem ist grundsätzlich zuzustimmen, weil es sich bei Zweckerreichung und -unmöglichkeit im Gegensatz zu den in § 131 Abs. 1, 2 genannten Fällen nicht um fest umrissene, ohne weiteres in Erscheinung tretende Tatbestände handelt, deren Verwirklichung klar und einfach festgestellt werden kann, zumal sie wichtige Gründe darstellen, die im Handelsrecht grundsätzlich nur im Klagewege geltend gemacht werden können (Rn 29). Das Schweigen des HGB ist somit beredt, was zusätzlich durch den Umstand gestützt wird, dass alle sonstigen Auflösungsgründe des BGB ein Pendant im HGB gefunden haben. Für den Sonderfall der endgültigen *Einstellung des Geschäftsbetriebs* ist allerdings auf Rn 12 zu verweisen.

II. Der Wegfall des letzten Komplementärs

45 Der Begriff der KG setzt gem. § 161 Abs. 1 das Vorhandensein mindestens eines persönlich haftenden Gesellschafters voraus. Scheidet der letzte Komplementär[119] aus, fällt somit ein Tatbestandsmerkmal dieser Gesellschaftsform weg, weshalb die Gesellschaft nicht als werbende Gesellschaft fortgeführt werden kann und daher nach wohl einhM aufgelöst wird.[120] Die hM belässt es in diesem Falle zugleich bei dem jetzt von Abs. 3 angeordneten Ausscheiden des Komplementärs,[121] während nach anderer Ansicht der ehemalige Komplementär bzw. seine Erben entsprechend der Rechtslage vor der Reform von 1998 Mitglied der Liquidationsgesellschaft werden, sofern der Gesellschaftsvertrag nicht für die Nachfolge sorgt.[122]

46 Der hM ist zu folgen; die besseren Gründe und nicht zuletzt das Gesetz sprechen für die **Kombination aus Auflösung** der Gesellschaft **und Ausscheiden** des Komplementärs. Einerseits ist eine teleologische Reduktion des Abs. 3, der das Ausscheiden des Komplementärs auch in diesem Fall anordnet, nicht überzeugend begründbar (s.a. Rn 109). Weder wäre es sach- noch interessengerecht, etwa einen kündigenden Gesellschafter an Entscheidungen über die weitere Zukunft der Gesellschaft zu beteiligen, zumal wenn für

---

[118] BGH WM 1973, 863 (864); Heymann/*Emmerich* Rn 28; Ebenroth/Boujong/Joost/Strohn/*Lorz* Rn 26; Baumbach/*Hopt* Rn 5, 10; MünchKommHGB/*K. Schmidt* § 133 Rn 16; vgl. auch BGHZ 75, 178 (179); 82, 323 (326) (erschöpfende Aufzählung der Auflösungsgründe, dazu vorige Note).

[119] Beim Ausscheiden des letzten Kommanditisten, wandelt sich die Gesellschaft dagegen kraft Gesetzes in eine OHG um; nur ausnahmsweise liegt darin ein wichtiger Grund zur Auflösung nach § 133, vgl. *K. Schmidt* Gesellschaftsrecht, § 53 V 1a, S. 1554 f.

[120] Vgl. BGHZ 6, 113 (116); 68, 81 (82); BGH NJW 1979, 1705 (1706); KG NJW-RR 1995, 1442 (1443); OLG Köln NZG 2002, 87 (88); MünchKommHGB/*K. Schmidt* Rn 46; Ebenroth/Boujong/Joost/Strohn/*Lorz* Rn 30; Heymann/*Emmerich* Rn 29; *Koller*/Roth/Morck Rn 8; Röhricht/Graf v. Westphalen/*v. Gerkan*/*Haas* Rn 6, 21; *Wiedemann* GS Lüderitz, 2000, S. 839 (854 f); i.E. auch *Frey* ZGR 1988, 281 (284); *Frey*/*v. Bredow* ZIP 1998, 1621 (1622).

[121] BGHZ 6, 113 (116); MünchKommHGB/*K. Schmidt* Rn 46; *ders.* Gesellschaftsrecht § 53 V 1a, S. 1554 f; *ders.* JZ 2003, 885 (894); Ebenroth/Boujong/Joost/Strohn/*Lorz* Rn 30; *Koller*/Roth/Morck Rn 8; Sudhoff/*Salger* GmbH & Co.KG[6] § 45 Rn 5; *Bork*/*Jacoby* ZGR 2005, 611 (649); offenlassend OLG Köln NZG 2002, 87 (88).

[122] *Frey*/*v. Bredow* ZIP 1998, 1621 (1623 ff).

den (Fortsetzungs-)Beschluss das Einstimmigkeitserfordernis gilt.[123] Andererseits wäre die automatische Umwandlung der KG in eine OHG mit der Folge einer unbeschränkten Haftung auch für Altverbindlichkeiten den Kommanditisten weder zumutbar noch aufgrund schutzwürdiger Verkehrsinteressen zu rechtfertigen. Dass die Liquidationsgesellschaft über keinen Komplementär mehr verfügt, ist zwar misslich, zumal auch in der Abwicklungsphase in gewissem Umfang noch neue Verbindlichkeiten begründet werden können, sofern sie der Abwicklung dienen (§ 145 Rn 13 ff [*Habersack*]). Doch erscheint dies in dem typischerweise kurzen und auf die Auseinandersetzung des Unternehmens gerichteten Abwicklungsstadium hinnehmbar, zumal ausreichende Publizität gewährleistet werden kann. Zwar bewirkt der nach § 153 erforderliche Liquidationshinweis eine nur unspezifische Warnung.[124] Zusätzlich ist aber die Firma der Kommanditistengesellschaft i.L. nach dem Rechtsgedanken des § 19 Abs. 2 um einen Rechtsformzusatz zu ergänzen, der auf das Fehlen eines Komplementärs verweist.[125] Auf diese Weise lässt sich für ausreichenden Verkehrsschutz, wenn nicht über § 15 Abs. 1, so doch jedenfalls nach allgemeinen Rechtsscheinsgrundsätzen sorgen, wie sie auch beim Verstoß gegen die Angabepflichten nach §§ 125a, 177a gelten (dazu § 125a Rn 12 [*Habersack*]). Die Umwandlung der Kommanditistengesellschaft i.L. in eine OHG ist kraft Rechtsformzwangs erst dann anzunehmen, wenn die als Gesellschafter der Liquidationsgesellschaft verbliebenen Kommanditisten es versäumen, innerhalb einer angemessenen Frist, die in Anlehnung an § 139 Abs. 3 auf drei Monate zu bemessen ist, die Liquidation zu betreiben oder einen neuen Komplementär aufzunehmen.[126] – Zum Sonderfall der **zweigliedrigen KG** vgl. Rn 113; zur Insolvenz von GmbH und KG in der zweigliedrigen GmbH & Co. vgl. Rn 92; zur Frage, ob die Auflösung der Komplementär-GmbH zur Auflösung auch der KG führt, vgl. Rn 42.

III. Öffentlich-rechtliche Auflösungsgründe

Aus dem öffentlichen Recht ist zunächst das Vereinsverbot nach **§§ 3 ff VereinsG** zu nennen, das auch die OHG/KG als privatrechtliche Vereinigung i.S.v. § 2 VereinsG betreffen kann, sofern sie die Vereinigungsfreiheit missbraucht, insbes. gegen Strafgesetze verstößt oder sich gegen die verfassungsmäßige Ordnung bzw. den Gedanken der Völkerverständigung richtet. Das Verbot beinhaltet die Anordnung der Auflösung, die regelmäßig mit der Beschlagnahme und Einziehung des Vereinsvermögens verbunden wird (§ 3 Abs. 1 VereinsG). Die in einer öffentlich-rechtlichen Abwicklung durch die Verbotsbehörde bestehenden Auflösungsfolgen ergeben sich im Einzelnen aus den §§ 10 ff VereinsG. **47**

Wie ein Auflösungsbeschluss wirken gem. **§ 38 Abs. 1 S. 2 KWG** die Aufhebung oder das Erlöschen einer der Gesellschaft erteilten Erlaubnis zum Betreiben von Bankgeschäf- **48**

[123] Das sehen auch *Frey/v. Bredow* ZIP 1998, 1624, die deshalb für ein Stimmverbot plädieren. Das liefe aber auf eine Art gespaltene Mitgliedschaft hinaus, für die nicht nur jede Grundlage im Gesetz fehlt, die dem „Ausscheidenden" vielmehr auch nicht zumutbar ist. – Zum Fortsetzungsbeschluss und dessen Voraussetzungen näher unten Rn 60 ff.

[124] Vgl. OLG Frankfurt GmbHR 1998, 789 (GmbH). Näher § 153 Rn 1, 3 (*Habersack*).

[125] Zutr. *Bork/Jacoby* ZGR 2005, 611 (619), die den Zusatz „KG ohne Komplementär" vorschlagen; besser, weil aussagekräftiger, erscheint aber wohl der Zusatz „Kommanditistengesellschaft i.L. ohne Komplementär".

[126] BGH NJW 1979, 1705 (1706); KG NJW-RR 1995, 1442 (1443); *Bork/Jacoby* ZGR 2005, 611 (615); MünchKommHGB/*K. Schmidt* Rn 46; *ders.* Gesellschaftsrecht, § 53 I 1c, S. 1530, IV 1a, S. 1555.

ten. Die Bundesanstalt für Finanzdienstleistungsaufsicht (BAFin) kann in diesen Fällen zugleich die Abwicklung anordnen und die Bestellung eines geeigneten Abwicklers durchsetzen (§ 38 Abs. 2 KWG). Zweck dieser Regelung ist es, das Weiterbestehen von Mänteln früherer Kreditinstitute zu verhindern. Solange die Abwicklungsanordnung besteht, kommt eine Fortsetzung der Gesellschaft naturgemäß ebenso wenig in Betracht, wie die Übertragung des Unternehmens auf einen neuen Rechtsträger im Rahmen der Auseinandersetzung der Gesellschaft.[127]

49 **Keine** Auflösungsgründe enthält das **GWB bzw. Art. 81 EG.** Verstößt der Gesellschaftszweck gegen das *Kartellverbot* des § 1 GWB oder Art. 81 EG, ist der Gesellschaftsvertrag zwar nichtig gemäß § 134 BGB; doch führt dies nach den Regeln der Lehre vom fehlerhaften Verband, die entgegen der hM auch in diesem Falle anwendbar ist,[128] lediglich zur Auflösbarkeit nach § 133. Zwar kann die Kartellbehörde auf die Auflösung drängen, indem sie Untersagungsverfügungen nach § 32 GWB erlässt und Geldbußen nach §§ 81 f GWB verhängt. Hierdurch wird die Gesellschaft aber nicht unmittelbar aufgelöst. Entsprechendes gilt im Bereich der *Missbrauchsaufsicht* nach §§ 19 ff GWB, und zwar unabhängig davon, ob das wettbewerbswidrige Verhalten schon kraft Gesetzes oder erst aufgrund einer entsprechenden Behördenverfügung verboten ist. Bei der *Zusammenschlusskontrolle* bleiben gesellschaftsrechtliche Verträge sogar von einer sonst in Fällen unerlaubter Zusammenschlüsse eintretenden zivilrechtlichen Unwirksamkeit verschont (§ 41 Abs. 1 S. 3 GWB). Zwar besteht gem. § 41 Abs. 3 S. 1 GWB (Art. 8 Abs. 4) eine Pflicht zu Auflösung des kartellrechtswidrigen *Zusammenschlusses*; doch wird diese, wie sich § 41 Abs. 3 S. 2 GWB entnehmen lässt, nach hM erst durch eine Auflösungsverfügung des BKartA wirksam, mit der zugleich die erforderlichen Auflösungsmaßnahmen angeordnet werden,[129] die sodann nach § 41 Abs. 4 GWB durchzusetzen sind. Daher gibt auch § 41 Abs. 3 GWB keine Grundlage für die unmittelbare Auflösung *der Gesellschaft* durch das BKartA. Vielmehr besteht lediglich die Verpflichtung der Gesellschafter, eine neu entstandene Gesellschaft aufzulösen, nämlich durch einen entsprechenden Beschluss, der notfalls von einem nach § 41 Abs. 4 Nr. 3 GWB bestellten Treuhänder gefasst werden kann.[130]

E. Die Rechtsfolgen der Auflösung

I. Allgemeines und Wirkungen auf das Innenverhältnis

50 Es gehört zu den in Rn 7 dargestellten Begriffsmerkmalen, dass die Auflösung nicht den sofortigen Wegfall der Gesellschaft bewirkt, sondern diese in das Abwicklungsstadium überführt, was nach hM als materielle Vertragsänderung einzuordnen ist (Rn 21). Demgemäß wird die Identität der Gesellschaft durch die Auflösung nicht tangiert, so dass auch Vermögensbestand und Mitgliederkreis keine Änderung erfahren. Auch bleibt der Status der **Handelsgesellschaft** bis zur Vollbeendigung erhalten, und zwar unabhängig

[127] Vgl. näher Szagunn/*Wohlschiess* KWG[6] § 38 Rn 8; Boos/*Fischer*/Schulte-Mattler KWG[3] § 38 Rn 11 ff.

[128] Ebenso MünchKommHGB/*K. Schmidt* Rn 50; Röhricht/Graf v. Westphalen/*v. Gerkan*/*Haas* Rn 21; eingehend C. *Schäfer* Fehlerhafter Verband, S. 260 ff; **aA** (= hM im gesellschafts-, nicht aber kartellrechtlichen Schrifttum) noch Voraufl. § 105 Rn 355 (*Ulmer*), jew. mwN.

[129] Immenga/*Mestmäcker*/*Veelken* GWB[4] § 41 Rn 40; *Bechtold* GWB[5] § 41 Rn 15.

[130] Immenga/*Mestmäcker*/*Veelken* GWB[4] § 41 Rn 48.

davon, ob und in welchem Umfang das Handelsgewerbe während der Liquidation fortbetrieben wird (arg. § 156); auf die Eintragung im Handelsregister kommt es demgemäß nicht an.[131] Die von der Gesellschaft vorgenommenen Geschäfte sind folglich auch in der Liquidationsphase Handelsgeschäfte i.S.v. § 343. – Was die **Organisation** der Gesellschaft betrifft, so treten an die Stelle der bisherigen Geschäftsführer sämtliche Gesellschafter als Liquidatoren nach Maßgabe der §§ 146 ff, 149 S. 2 (§ 145 Rn 20 [*Habersack*) und zwar mangels abweichender Regelung als Gesamtgeschäftsführer (§ 150). Im Unterschied zum werbenden Stadium ist die Liquidationsgeschäftsführung nicht zwingend an die Mitgliedschaft geknüpft; es können also nicht nur Kommanditisten, sondern sogar gesellschaftsfremde Dritte zu Liquidatoren bestellt werden. Das die werbende Gesellschaft beherrschende Prinzip der Selbstorganschaft gilt nicht in der aufgelösten (§ 146 Abs. 1 S. 1). Der Umfang der Geschäftsführungs- und Vertretungsbefugnis bleibt aber unverändert; sie wird nach neuerer Ansicht nicht durch den Liquidationszweck beschränkt (§ 149 Rn 45 [*Habersack*]). Demgemäß ist das Liquidatorenamt – im Regelfall personaler Kontinuität – entgegen dem Verständnis des historischen Gesetzgebers nichts anderes als die Fortsetzung des Amtes eines geschäftsführungs- und vertretungsbefugten Gesellschafters, so dass auch für die Organisation das Kontinuitätsprinzip gilt.[132] – Die Befugnis der Gesellschafter zu **Vertragsänderungen** bleibt bestehen, wie sich nicht zuletzt daraus ergibt, dass die Fortsetzung der Gesellschaft bis zur Vollbeendigung jederzeit möglich ist (Rn 64 f). – Zum umstrittenen Bestand einer erteilten **Prokura** vgl. § 149 Rn 50 (*Habersack*). – Zu den auflösungsbedingten Änderungen der **Mitgliedschaft**, namentlich der vermögensrechtlichen Stellung (eingeschränkte Beitragspflicht; Lähmung der Ansprüche gegen die Gesellschaft; Nachschusspflicht) und hinsichtlich der Treubindung der Gesellschafter vgl. § 145 Rn 17 (*Habersack*). – Zur grundsätzlichen Fortgeltung des **Wettbewerbsverbots** vgl. § 112 Rn 12; zur Rechnungslegungspflicht vgl. Erl. zu § 154.

II. Wirkungen auf das Verhältnis zu Dritten

Im Verhältnis zu Geschäftspartnern der Gesellschaft hat die Auflösung – abgesehen **51**
von den Veränderungen bei der Vertretungsbefugnis (Rn 50) – **keine unmittelbaren Veränderungen** zur Folge. Die Auflösung begründet insbesondere kein außerordentliches Lösungs- oder Umgestaltungsrecht in Bezug auf bestehende Schuldverhältnisse, und zwar weder für die Gesellschaft noch für den anderen Teil. Das gilt im Prinzip sogar für betagte und bedingte Ansprüche sowie für Dauerschuldverhältnisse. Hier kann allerdings die Auflösung der Gesellschaft im Einzelfall die **Kündigung aus wichtigem Grund** (vgl. § 314 BGB) rechtfertigen, namentlich wenn der Inhalt des Schuldverhältnisses oder die Leistungsfähigkeit der Gesellschaft durch die Auflösung tangiert werden, etwa weil die Geschäftstätigkeit eingestellt wird.[133] Im Einzelnen beurteilt sich die Kündigungsmöglichkeit nach dem auf das jeweilige Schuldverhältnis anwendbaren Recht.[134] Beruht die Auflösung jedoch auf einer freiwilligen Entschließung der Gesellschafter, so berechtigt

131 RGZ 155, 75 (82); MünchKommHGB/*K. Schmidt* § 145 Rn 20; *ders.* BB 1989, 229 (230).

132 Ausführlich *K. Schmidt* ZHR 153 (1989), 270 (287 f), der deshalb bei § 146 von einem „Konzept modifizierter Selbstorganschaft“ spricht.

133 Vgl. RGZ 60, 58; 72, 15 sowie RG LZ 1913, 556.

134 Eingehender noch 3. Aufl. Rn 137 ff (*Ulmer*). – Dort auch zu Auswirkungen auf dingliche Rechte, Urheber- und sonstige Schutzrechte.

die Auflösung regelmäßig allein den Dritten zur Kündigung. Unabhängig vom Bestehen eines Kündigungsrechts der Gesellschaft haben sich die Liquidatoren im Rahmen des Liquidationszwecks freilich um die Beendigung schwebender Geschäfte und Dauerschuldverhältnisse zu bemühen (§ 149 Rn 13 [*Habersack*]). Auch das Recht zur Verweigerung einer *Vorleistung* (§ 321 BGB) bzw. zur Kündigung eines *Darlehensvertrages* nach § 490 BGB entsteht nicht schon durch die Auflösung als solche, sondern ggf. erst durch die nachfolgende Einstellung der werblichen Tätigkeit und einen daraus folgenden Verdienstausfall. – Zur fortbestehenden *Gesellschafterhaftung* und deren Sonderverjährung vgl. § 156 Rn 12 sowie § 159 mit Erl. (*Habersack*). Obwohl § 159 den Beginn der Sonderverjährung an die Eintragung der Auflösung bindet, ist nicht zweifelhaft, dass die §§ 128 ff nach der Auflösung fortgelten, die Gesellschafterhaftung also auch bei Verbindlichkeiten eingreift, die erst in der Abwicklungsphase begründet werden (§ 156 Rn 12 [*Habersack*]).

III. Wirkungen auf schwebende Prozesse

52 Entsprechend der im Liquidationsstadium fortbestehenden Rechtsfähigkeit der Gesellschaft (Rn 7) bleibt auch die Prozessfähigkeit bis zur Vollbeendigung unvermindert erhalten; ihre prozessrechtliche Stellung in schwebenden Prozessen wird demnach nicht berührt.[135] Weil auch die Organisation der aufgelösten Gesellschaft vom Kontinuitätsprinzip beherrscht wird (Rn 50), hat der Übergang zur Liquidationsgeschäftsführung als solcher überdies **keine Unterbrechung des Prozesses** nach § 241 ZPO zur Folge. Sie kommt nur in Betracht, wenn die Gesellschaft vorübergehend ohne Vertreter ist, etwa weil eine vertraglich vorgesehene Bestellung von Liquidatoren durch Gesellschafterbeschluss noch nicht stattgefunden hat (§ 124 Rn 37 [*Habersack*]). Abweichendes gilt allerdings, wenn die Gesellschaft wegen Eröffnung des Insolvenzverfahrens aufgelöst wird (Abs. 1 Nr. 3). In diesem Falle tritt die Unterbrechung gem. § 240 ZPO ein, bis der Verwalter das Verfahren nach §§ 85 f InsO aufnimmt (§ 124 Rn 37 [*Habersack*]). – Zu den Folgen einer Vollbeendigung der Gesellschaft während des Verfahrens vgl. § 124 Rn 38 ff (*Habersack*).

IV. Anmeldung zum Handelsregister

53 Die Auflösung der Gesellschaft ist nach § 143 Abs. 1 S. 1 grundsätzlich von **allen Gesellschaftern** zum Handelsregister anzumelden. Ausnahmen gelten nach § 143 Abs. 1 S. 2 für die in Abs. 1 Nr. 3 (Eröffnung des Insolvenzverfahrens) und Abs. 2 Nr. 1 (Ablehnung der Verfahrenseröffnung) geregelten Fälle, bei denen die Auflösung von Amts wegen einzutragen ist. Entsprechendes trifft gem. § 38 Abs. 1 S. 3 KWG auch auf die Auflösung durch die BAFin zu (Rn 48). Für den Fall, dass der Tod – entgegen Abs. 3 Nr. 1 – die Gesellschaft auflöst, müssen die Erben gem. § 143 Abs. 3 nicht notwendigerweise an der Anmeldung mitwirken. Wegen der Einzelheiten ist auf die Erl. zu § 143 zu verweisen. Die Eintragung im Handelsregister wirkt lediglich **deklaratorisch**, so dass § 15 anwendbar ist. Gem. § 15 Abs. 1 kann daher die Auflösung gutgläubigen Dritten nicht entgegengesetzt werden, solange sie nicht eingetragen und bekanntgemacht worden ist. Dies kann für Rechtshandlungen solcher Vertreter relevant sein, die nicht zum Kreis der

---

[135] So schon RGZ 141, 277 (280); RG JW 1926, 1432; ferner BGH NJW 1995, 196. – Weit. Nachw. bei § 124 Rn 37 (*Habersack*).

Liquidatoren gehören. Von Bedeutung ist die Eintragung auch für den Beginn der für die Gesellschafterhaftung geltenden *Sonderverjährung* (§ 159 Abs. 2), was allerdings insofern unbefriedigend ist, als sich die Haftung auch auf nach der Auflösung neu entstandene Verbindlichkeiten erstreckt (Rn 51).

V. Die fehlerhafte Auflösung

1. Auflösungsmängel und Lösungsansatz. Die Auflösungsfolge tritt nach allgemeinen Regeln nur ein, wenn ein Auflösungsgrund nach Abs. 1, 2 auch wirklich vorliegt. Mangelhaft ist die Auflösung daher einmal dann, wenn ein Auflösungsgrund überhaupt fehlt, zum Beispiel weil der Eintritt einer auflösenden Bedingung oder das Erreichen eines Termins nur irrtümlich angenommen wird (Abs. 1 Nr. 1). Zweitens kann ein der Auflösung zugrundeliegender Beschluss (Abs. 1 Nr. 2) fehlerhaft sein. Und drittens kann der Hoheitsakt, der die Gesellschaft aufgelöst hat, nachträglich wegfallen, also entweder das Gestaltungsurteil (Abs. 1 Nr. 4) oder der Beschluss über die Eröffnung des Insolvenzverfahrens (Abs. 1 Nr. 3). In all diesen Fällen fragt sich, ob die Wirkungen der Auflösung trotz des Mangels eintreten können. Die **hL** nimmt an, dass die Auflösung jedenfalls bei Mängeln des Auflösungsbeschlusses nach den Grundsätzen der Lehre von der fehlerhaften Gesellschaft bzw. vom **fehlerhaften Verband (LfV)** zu behandeln ist, also so lange wirksam bleibt, bis der Fehler mit ex-nunc-Wirkung geltend gemacht wird.[136] Vereinzelt sind diese Grundsätze sogar auf den Fall eines nur irrtümlich angenommenen Auflösungsgrundes erstreckt worden.[137] 54

2. Stellungnahme: Grundsätzliche Unanwendbarkeit der LfV. Die LfV lässt sich gemäß ihrem allgemeinen Tatbestand von vornherein allein auf den Fall einer fehlerhaften *rechtsgeschäftlichen* Auflösung anwenden, vor allem also auf den fehlerhaften Auflösungsbeschluss. Wie *Peter Ulmer* in diesem Kommentar schon mit Recht betont hat (3. Aufl. Rn 122), scheidet die Erstreckung auf *andere Fälle* aus den gleichen Gründen aus, die auch gegen eine Anerkennung bloß faktischer Gesellschaften ohne vertragliche Grundlage sprechen.[138] Dies gilt sowohl für die nur irrtümliche Annahme eines Auflösungsgrundes als auch für die (rückwirkende) Aufhebung eines Auflösungsurteils nach Wiederaufnahme des Verfahrens (§ 578 ZPO)[139] sowie für die Aufhebung eines Beschlusses zur Insolvenzverfahrenseröffnung nach Einlegung eines Rechtsmittels.[140] Hier bleibt es von vornherein bei den allgemeinen Regeln, also dem rückwirkenden Wegfall der Auflösung. Freilich ist der Fortgang des Liquidationsverfahrens vom Gericht bei seiner Entscheidung über die Aufhebung zu berücksichtigen.[141] 55

---

[136] MünchKommBGB[5]/*Ulmer* § 705 Rn 364; Soergel/*Hadding*[12] § 705 Rn 91; Erman/*Westermann*[12] § 705 Rn 81 ff; Röhricht/Graf v. Westphalen/*v. Gerkan*/*Haas* Rn 2; *Wiesner* Fehlerhafte Gesellschaft, S. 156; stark einschränkend aber MünchKommHGB/*K. Schmidt* § 105 Rn 251 (nur, wenn keine Fortsetzung mehr möglich); ihm folgend Baumbach/*Hopt* § 105 Rn 91; vgl. auch *A. Hueck* OHG § 7 III 8, S. 101.

[137] *Steines* OHG, S. 49 ff und 62 f; ebenso Heymann/*Emmerich* Rn 37.

[138] S.a. Schlegelberger/*K. Schmidt* Rn 78; *C. Schäfer* Fehlerhafter Verband, S. 402.

[139] Vgl. BGHZ 18, 350 (357); *Friedrichs* ZZP 58 (1934), 219 (222); Zöller/*Greger* ZPO[26] Vor § 578 Rn 26.

[140] Vgl. Kübler/Prütting/*Pape* InsO (Stand 7/07) § 34 Rn 45; MünchKommInsO[2]/*Schmahl* § 34 Rn 87.

[141] Eingehend 3. Aufl. Rn 125 ff (*Ulmer*).

56 Entgegen der hL ist die LfV aber auch im Falle des **fehlerhaften Auflösungsbeschlusses** unanwendbar.[142] Berücksichtigt man nämlich, dass die Wirksamkeit der zwischenzeitlich im Rahmen der Liquidation vorgenommenen Rechtshandlungen nicht davon abhängt, ob die Auflösung ihrerseits wirksam ist, bedarf es zu deren Aufrechterhaltung gar nicht der LfV. Es gilt vielmehr allgemein, was der Gesetzgeber speziell für die Aufhebung eines Beschlusses zur Eröffnung des Insolvenzverfahrens ausdrücklich angeordnet hat: Dieser entfällt zwar rückwirkend, doch bleibt die Wirksamkeit der vom Insolvenzverwalter inzwischen vorgenommenen Rechtshandlungen gem. § 34 Abs. 3 S. 3 InsO hiervon unberührt. Somit bleiben auch die wegen der Auflösung vorgenommenen Änderungen im Vermögensbestand der Gesellschaft ohne weiteres erhalten. Und auch sonst sind keine Gründe ersichtlich, die eine Anwendung der LfV rechtfertigen könnten: Die Gesellschafterhaftung wird durch den Eintritt in das Liquidationsstadium nicht berührt, die sich aus dem Eintritt ins Liquidationsstadium ergebenden Veränderungen der Organisationsstruktur fallen nicht ins Gewicht[143] und der Aspekt der Zweckänderung ist generell ungeeignet, die Anwendbarkeit der LfV zu stützen.[144]

57 Bleibt es somit in jedem Falle bei der Unwirksamkeit ex tunc und lässt sich auch kein konkludenter Bestätigungsbeschluss feststellen, etwa im (Weiter-)Betreiben der Liquidation,[145] so ergibt sich hieraus als **Rechtsfolge**, dass die nur vermeintlich aufgelöste Gesellschaft ununterbrochen im werbenden Stadium fortbestanden hat. Die Gesellschaft ist daher grundsätzlich als werbende fortzuführen, **ohne** dass es hierfür eines **Fortsetzungsbeschlusses** bedürfte, der aber aus Gründen der Rechtsklarheit durchaus empfehlenswert sein kann, zumal eine Reihe von Folgemaßnahmen zu treffen sind.[146] Konsequentermaßen sind nämlich alle auf Auseinandersetzung gerichteten, in ihrer Wirksamkeit aber nicht bedrohten Maßnahmen (Rn 56) nach Möglichkeit durch die Geschäftsführer rückgängig zu machen. Sofern die Gesellschafter selbst **Teile des Gesellschaftsvermögens** empfangen haben, sind sie grundsätzlich zur Rückübertragung verpflichtet, und zwar unabhängig davon, ob der Erwerb als Liquidationserlös oder aufgrund eines selbständigen Austauschgeschäfts erfolgt ist.[147] Allerdings genießt der redliche Empfänger Schutz nach § 818 Abs. 3 BGB.

58 Haben **Dritte** im Zuge der Auseinandersetzung **Gegenstände** aus dem Gesellschaftsvermögen **erhalten**, sind sie naturgemäß nicht zur Rückabwicklung des Geschäfts verpflichtet, und demnach brauchen die Geschäftsführer nur zu versuchen, sie zur freiwilligen Rückabwicklung zu bewegen. Ergibt sich, dass auf diesem Wege die Grundlagen für die Fortsetzung der werbenden Tätigkeit der Gesellschaft nicht wiederzubeschaffen sind, haben die Gesellschafter als mittelbare Folge der Unwirksamkeit der Auflösung entweder

---

142 Eingehend zum folgenden *C. Schäfer* Fehlerhafter Verband, S. 404 ff; tendenziell wie hier auch MünchKommHGB/*K. Schmidt* § 105 Rn 251, der die LfV nur anwenden will, wenn die Liquidation praktisch beendet ist; auch hier bedarf es ihrer indes nicht.

143 Insbes. bleibt die Vertretungsmacht in ihrer Reichweite unverändert (§ 149 Rn 45 f [*Habersack*]) und auch die – mögliche – Bestellung externer Liquidatoren würde zu keinen wesentlichen Rückabwicklungsschwierigkeiten führen.

144 Zur Unanwendbarkeit der LfV auf die Zweckänderung vgl. *C. Schäfer* Fehlerhafter Verband, S. 417 ff, und speziell im Kontext der Auflösung S. 406.

145 Dies setzt aber mindestens Kenntnis der Gesellschafter von der Unwirksamkeit voraus, vgl. auch MünchKommHGB/*K. Schmidt* § 105 Rn 251.

146 In seiner Rechtswirkung beschränkt sich ein solcher deklaratorischer „Fortsetzungsbeschluss" auf die Feststellung der Mangelhaftigkeit des Auflösungsbeschlusses, vgl. 3. Aufl. Rn 172 (*Ulmer*).

147 S. a. BGHZ 76, 352 (357); zum Ganzen näher *C. Schäfer* Fehlerhafter Verband, S. 406 f.

die Änderung des bisherigen Zwecks oder – erneut – die Auflösung der Gesellschaft zu beschließen, um die Grundlage für eine wirksame Abwicklung zu schaffen. Im Übrigen liegt in diesem Falle auch ein wichtiger Grund i.S.v. § 133 vor.[148] Für den Fall, dass bereits (nahezu) das **gesamte Gesellschaftsvermögen liquidiert** ist, sprechen im Übrigen gute Gründe dafür, ausnahmsweise die Auflösung *analog § 726 BGB* wegen Unmöglichkeit der Zweckerreichung anzunehmen.[149] Denn dieser eng abgegrenzte und unschwer feststellbare Tatbestand wirft keine Probleme in Hinblick auf fehlende Rechtsklarheit auf.[150] Außerdem ist die Fortsetzung einer aufgelösten Gesellschaft nur so lange zulässig, bis diese vollbeendigt ist (Rn 65). Eventuelle **Schadensersatzansprüche** wegen der mangels wirksamer Auflösung unberechtigten Liquidation bleiben hiervon unberührt. Sie vermitteln Klägern, die sich gegen die Wirksamkeit der Auflösung wenden, selbst dann noch ein ausreichendes Rechtsschutzbedürfnis, wenn die Fortsetzung der werbenden Gesellschaft nach dem Gesagten nicht mehr in Frage kommt. Sollten in der unwirksam aufgelösten Gesellschaft dritte Personen zu Liquidatoren bestellt worden sein, was in der werbenden Gesellschaft wegen Verstoßes gegen den Grundsatz der Selbstorganschaft nicht möglich ist, so wirft die Unwirksamkeit dieser Bestellung mit Rücksicht auf den durch das Register bewirkten Verkehrsschutz (vgl. § 148) bzw. allgemeine Rechtsscheinsgrundsätze keine Probleme auf, zumal die Umdeutung in eine Handlungsvollmacht in Betracht kommt.[151]

Eine **Ausnahme** von der Unanwendbarkeit der LfV gilt für den Sonderfall des **liquidationslosen Erlöschens**, sofern die LfV auf das zugrundeliegende Rechtsgeschäft nicht ohnehin schon anwendbar ist. Relevant wird dies vor allem bei der durch Anteilsübertragung bzw. durch Verfügung von Todes wegen bewirkten Nachfolge in der zweigliedrigen Personengesellschaft. Folgt hier der letzte Gesellschafter in den Anteil des vorletzten, so erlischt die Gesellschaft und das Gesellschaftsvermögen geht auf den Verbleibenden über (Rn 9). Diese Situation ist der fehlerhaften Gründung komplementär, weshalb die hierdurch ausgelösten Rückabwicklungsschwierigkeiten die Anwendung der LfV rechtfertigen.[152] Demgemäß bleibt das Erlöschen auch bei Unwirksamkeit des zugrundeliegenden Rechtsgeschäfts nach den Regeln des fehlerhaften Verbands (§ 105 Rn 348 ff) so lange wirksam, bis der Beschlussmangel von einem der (ehemaligen) Gesellschafter oder deren Rechtsnachfolger erfolgreich geltend gemacht wird, was Wirkungen nur ex nunc entfaltet. Von diesem Moment an besteht unter den Beteiligten wechselseitig ein Anspruch auf Wiederbegründung der Gesellschaft,[153] und zwar im Ausgangspunkt zu den Bedingungen, wie sie bis zur Vererbung oder Anteilsübertragung gegolten haben, freilich unter Einrechnung der zwischenzeitlich eingetretenen Veränderungen. Insofern gilt Entsprechendes wie im Falle eines fehlerhaften Austritts aus der Gesellschaft, auf den die LfV zweifellos anwendbar ist.[154] Die Durchsetzung des Wiederbegründungsanspruchs 59

---

[148] BGHZ 69, 160 (162); MünchKommHGB/*K. Schmidt* § 105 Rn 245 (differenzierend); 3. Aufl. Rn 112 (*Ulmer*).

[149] Zur grundsätzlichen Unanwendbarkeit des § 726 auf die Personenhandelsgesellschaft s.o. Rn 44.

[150] *C. Schäfer* Fehlerhafter Verband, S. 408.

[151] So – für den Fall der irrtümlichen Annahme eines Auflösungsgrundes – bereits 3. Aufl. Rn 120 (*Ulmer*).

[152] Näher *C. Schäfer* Fehlerhafter Verband, S. 410 ff.

[153] Abweichend wohl Schlegelberger/*K. Schmidt* Rn 80 (nur noch Schadensersatz; doch würde dies auf eine endgültige Bestandskraft des Beschlusses hinauslaufen, die dem Konzept der LfV nicht entspricht, s. *C. Schäfer* Fehlerhafter Verband, S. 117 ff, 182 f.

[154] § 105 Rn 361 und MünchKommBGB[5]/*Ulmer* § 705 Rn 372 mwN; s.a. *Däubler* BB 1966, 1292 ff.

durch Gestaltungsklage analog § 133 kommt schon deshalb nicht in Betracht, weil die danach gewährte richterliche Gestaltungsbefugnis nicht die (Neu-)Begründung des erloschenen Vertragsverhältnisses unter Wahrung der zwischenzeitlich eingetretenen Änderungen umfasst.[155]

F. Die Fortsetzung der aufgelösten Gesellschaft

I. Allgemeines und Voraussetzungen

60 Die Fortsetzung der aufgelösten Gesellschaft ist actus contrarius zur Auflösung, mithin die **identitätswahrende Rückumwandlung** der Gesellschaft vom Abwicklungsstadium in den werbenden Zustand. Sie ist *bis zur Vollbeendigung* möglich[156] (Rn 57, 65) und setzt grundsätzlich einen *Gesellschafterbeschluss* voraus.[157] Zum Sonderfall der fehlerhaften Auflösung vgl. Rn 54. § 144 beschränkt die Zulässigkeit der Fortsetzung nicht etwa auf den Fall der Auflösung wegen Insolvenz (Abs. 1 Nr. 3); vielmehr suspendiert er die allgemein bestehende Fortsetzungsbefugnis, bis das Verfahren entweder auf Antrag des Schuldners oder infolge eines Insolvenzplans eingestellt wird. Es handelt sich um Fälle, bei denen die **Beseitigung des materiellen Auflösungsgrundes**, nämlich der Insolvenz, unzweifelhaft ist. Die Vorschrift ist Ausdruck einer allgemeinen Fortsetzungsvoraussetzung, dass nämlich der materielle Auflösungsgrund beseitigt ist.[158] Von Bedeutung ist dies immer dann, wenn die Auflösung unabhängig vom Willen der Gesellschafter eintritt und daher nicht allein der Fortsetzungswille den Auflösungsgrund zu beheben vermag, namentlich also in den Fällen von Abs. 1 Nr. 3 und 4[159] sowie beim Wegfall des letzten Komplementärs. – Wie bei der Auflösung handelt es sich bei der Fortsetzung nach hM um die Umgestaltung des Gesellschaftszwecks und schon deshalb um eine **Vertragsänderung** (Rn 21 f).[160] – **Keine** Fortsetzung liegt vor, wenn eine ehemalige OHG, die zwischenzeitlich kraft Rechtsformzwangs in eine GbR umgewandelt war, den Betrieb eines Handelsgewerbes wieder aufnimmt. Hier fehlt es nämlich schon an einem Auflösungstatbestand (Rn 11); die Rückumwandlung betrifft allein die Stellung als Handelsgesellschaft, nicht den werbenden Charakter.

61 Die Fortsetzung wird im Zweifel sofort wirksam, sofern der Beschluss keinen anderen (zukünftigen) **Zeitpunkt** nennt. Auf die tatsächliche Aufnahme der werbenden Tätigkeit kommt es für die Wirksamkeit ebenso wenig an wie auf die nach § 144 Abs. 2 verallge-

---

[155] So schon 3. Aufl. Rn 123 (*Ulmer*); weitergehend *Steines* OHG, S. 34 f.

[156] Abweichend *K. Schmidt* ZHR 153 (1989), 270 (281): Wegen des gläubigerschützenden Zwecks des § 155 sei Fortsetzung nur bis zum Beginn der Schlußverteilung möglich. Anders die hM, vgl. § 155 Rn 16 f (*Habersack*); Röhricht/Graf v. Westphalen/*v. Gerkan*/*Haas* Rn 4.

[157] Vgl. BGHZ 1, 324 (327); 8, 35 (38); 84, 379 (381); MünchKommHGB/*K. Schmidt* Rn 60; *ders.* ZHR 153 (1989), 270 (281); Ebenroth/Boujong/Joost/Strohn/*Lorz* Rn 32; Röhricht/Graf v. Westphalen/*v. Gerkan*/*Haas* Rn 4.

[158] Vgl. *K. Schmidt* ZHR 153 (1989), 270 (281) und Schlegelberger/*K. Schmidt* Rn 67.

[159] Im Falle eines wichtigen Auflösungsgrundes i.S.v. § 133 wird man für einen wirksamen Fortsetzungsbeschluss dessen Beseitigung mindestens dann verlangen müssen, wenn nicht sämtliche Gesellschafter zustimmen; weitergehend aber wohl Schlegelberger/*K. Schmidt* Rn 70 („ohne weiteres"). – Näher die Erläut. zu § 133.

[160] So ausdrücklich auch Ebenroth/Boujong/Joost/Strohn/*Lorz* Rn 33.

meinerungsfähig vorgeschriebene **Eintragung im Handelsregister**, und zwar selbst dann nicht, wenn die Gesellschaft gem. §§ 2, 3 erst durch die Eintragung zur Handelsgesellschaft geworden ist; denn dieser Charakter wird durch die Auflösung nicht verändert (Rn 50). Die Frage, ob die Fortsetzung *rückwirkend* beschlossen werden kann, mag zu verneinen sein.[161] Die Wirksamkeit zwischenzeitlicher Liquidationshandlungen würde indes auch eine rückwirkende Fortsetzung nicht berühren.[162] Die Gesellschafter können aber vereinbaren, dass die schon begonnene Verteilung des Gesellschaftsvermögens nach Möglichkeit wieder rückgängig zu machen ist.

An der fortgesetzten Gesellschaft müssen sich nicht notwendigerweise alle Gesellschafter beteiligen; denkbar ist auch eine Fortsetzung mit nur **einem Teil der Gesellschafter**, wodurch die Identität der fortgesetzten mit der aufgelösten Gesellschaft nicht in Frage gestellt wird. Allerdings müssen die ausscheidenden Gesellschafter der Fortsetzung grundsätzlich zustimmen, da auch ein Hinausdrängen aus der Liquidationsgesellschaft ohne vertragliche Regelung nur nach § 140 in Betracht kommt. Wird mit der Ausschließungsklage die Fortsetzung der Gesellschaft bezweckt, sind jedoch für das Vorliegen eines wichtigen Grundes nicht die sonst im Abwicklungsstadium geltenden besonders strengen, sondern die für eine werbende Gesellschaft anerkannten Maßstäbe einschlägig.[163] Die Verweigerung der Zustimmung ist demgemäß grundsätzlich auch dann nicht treuwidrig, wenn die Ausscheidenden selbst kein Interesse an der Fortsetzung haben. In Betracht kommt die Fortsetzung mit verkleinertem Gesellschafterkreis vor allem beim Tod eines Gesellschafters, wenn der Vertrag hierfür abweichend von Abs. 3 Nr. 1 die Auflösung der Gesellschaft vorsieht. Sie setzt dann die Zustimmung der ausscheidenden Erben voraus (s.a. Rn 87), sofern der Vertrag nicht – wie § 141 für die Gläubigerkündigung – ausdrücklich regelt, dass die Fortsetzung von den *übrigen* Gesellschaftern beschlossen werden kann. Auch ohne eine solche Klausel wird der Ausscheidende aufgrund der Treupflicht aber häufig die Fortsetzung der Gesellschaft gegen volle Abfindung zu tolerieren haben (Rn 68). Wenn der Gesellschaftsvertrag die Fortsetzung mit den übrigen Gesellschaftern zulässt, ist der Ausscheidende **zum vollen Wert abzufinden**; er braucht sich nicht auf Abfindungsbeschränkungen verweisen zu lassen (vgl. § 132 Rn 42). 62

II. Zulässigkeit eines Fortsetzungsbeschlusses im Einzelnen

1. Gesetzlich geregelte Fälle. Das HGB hat die Fortsetzung der aufgelösten OHG in zwei Fällen ausdrücklich behandelt, die jeweils als Bestätigung der allgemeinen Fortsetzbarkeit aufgelöster Gesellschaften gewertet werden können. § 134 betrifft den Fall einer durch Zeitablauf (Abs. 1 Nr. 1) aufgelösten Gesellschaft und regelt die Konsequenz einer stillschweigenden Fortsetzung. Den anderen Fall bildet der bereits erwähnte § 144 (Rn 30), wonach die Fortsetzung einer nach Abs. 1 Nr. 3 aufgelösten Gesellschaft erst beschlossen werden kann, wenn das Insolvenzverfahren in bestimmter Weise aufgehoben wurde, der Auflösungsgrund also beseitigt ist (dazu näher Erl. zu § 144). 63

2. Sonstige Fälle. Nach einhM in Rechtsprechung und Literatur regeln die §§ 134, 144, wie unmittelbar aus ihrem Inhalt folgt, die Möglichkeiten zur Fortsetzung **nicht** 64

[161] So 3. Aufl. Rn 166 (*Ulmer*).

[162] Zur Abstraktheit der Liquidationsmaßnahmen s. Rn 56; vgl. auch RGZ 106, 64 (66).

[163] 3. Aufl. § 140 Rn 26 (*Ulmer*); MünchKommHGB/*K. Schmidt* § 140 Rn 34.

abschließend.[164] Vielmehr behandeln sie diese, wie schon die Denkschrift (I, 170) hervorhob, nur in „technischer“, auf den jeweiligen Auflösungsgrund bezogener Weise. Soweit daher durch die Fortsetzung nicht ausnahmsweise Rechte Dritter oder öffentliche Interessen berührt werden (Rn 65), sind die Gesellschafter frei, die Fortsetzung zu beschließen. Dies gilt im Prinzip für alle Auflösungsgründe, doch muss ein entgegenstehender (materieller) **Auflösungsgrund** zuerst **beseitigt**, insbesondere das Insolvenzverfahren abgeschlossen, ein wichtiger Grund, der die Fortsetzung unzumutbar macht, behoben oder ein neuer Kommanditist gefunden werden. Demgegenüber reicht jedenfalls in den Fällen der Nrn. 1 und 2 der schlichte Fortsetzungsbeschluss.[165] Die grundsätzliche Zulässigkeit der Fortsetzung in allen Auflösungsfällen entspricht einem allgemeinen Anliegen des HGB, zumal in der Gestalt der Handelsrechtsreform 1998, mit der die gesellschafterbezogenen Auflösungsgründe aufgehoben wurden. Es geht dahin, die Erhaltung unternehmenstragender Gesellschaften zu fördern und – auch im volkswirtschaftlichen Interesse – Unternehmenswerte, einschließlich Organisation, Firmenwert und Kundenstamm, zu erhalten. Dies gilt sogar mehr noch als im Kapitalgesellschaftsrecht, wo gem. § 274 Abs. 1 S. 1 AktG, der analog im GmbH-Recht gilt, die Fortsetzung zwar generell zugelassen wird, jedoch aus Gründen des Gläubigerschutzes nur bis zum Beginn der Schlussverteilung des Vermögens unter die Gesellschafter. Mit Rücksicht auf die persönliche Gesellschafterhaftung ist eine solche Beschränkung der Fortsetzungsmöglichkeit im Personengesellschaftsrecht nicht zu rechtfertigen;[166] hier ist der Beschluss *bis zur Vollbeendigung* zulässig.

65 3. **Schranken.** Da die Gesellschafter in der Regelung der Geschicke der OHG grundsätzlich frei sind, kommen Grenzen für einen Beschluss nur insoweit in Betracht, als (Mitwirkungs-) Rechte von der Entscheidung ausgeschlossener Gesellschafter (Rn 66 ff) oder **Dritter**, namentlich im Insolvenzfalle, entgegenstehen; letztere werden bereits durch § 144 ausreichend geschützt (näher Erl. dort). Im Übrigen kann die Wirksamkeit des Beschlusses ausnahmsweise auch von der *Zustimmung Dritter* abhängen (Rn 69). § 144 ist zugleich Ausdruck des allgemeinen Grundsatzes, dass materielle *Auflösungsgründe beseitigt* sein müssen, bevor die Fortsetzung wirksam beschlossen werden kann (Rn 60). Dies gilt konsequentermaßen auch dann, wenn die Auflösung aus **öffentlichem Interesse** angeordnet worden ist (Rn 47 f); hier ist die Fortsetzung allenfalls mit Zustimmung der entscheidenden Behörde möglich, im Falle einer Auflösung nach § 3 VereinsG nur, wenn das behördliche Vereinsverbot aufgehoben wird. Schließlich kommt eine Fortsetzung **nicht** mehr in Betracht, wenn die Gesellschaft **vollbeendet** ist, also über *keinerlei* Aktivvermögen mehr verfügt;[167] dann fehlt es nämlich an einem fortsetzungsfähigen Rechtsträger (§ 155 Rn 34 [*Habersack*]). Die zwischenzeitliche Veräußerung des Unternehmens steht indes der Fortsetzung ebenso wenig entgegen wie eine Löschung der Firma.[168] Nach der Vollbeendigung führt eine Einigung über die erneute gemeinsame Zweckverfolgung nicht zur Fortsetzung, sondern zur **Neuerrichtung** der Gesellschaft, und zwar selbst dann, wenn sie zwischen denselben Gesellschaftern und unter derselben Firma zustande kommt.

---

164 Nachw. in Fn 157; ferner *Koller*/Roth/Morck Rn 7; *Michalski* OHG Rn 4; *A. Hueck* OHG § 23 V 1, S. 353 f.

165 Vgl. schon Rn 60 mit Nachw. in Fn 159.

166 Str., vgl. Nachw. in Fn 156.

167 Vgl. BGHZ 84, 379 (381); BGH NJW 1995, 196; KG JW 1929, 2157; OLG Oldenburg DB 1955, 215; Baumbach/*Hopt* Rn 16, 33; Heymann/*Emmerich* Rn 35; Ebenroth/Boujong/Joost/Strohn/*Lorz* Rn 31; s.a. MünchKommHGB/*K. Schmidt* Rn 62 (vgl. aber den Hinweis in Fn 156).

168 Vgl. BGH NJW 1979, 1987; OLG Zweibrücken NJW-RR 2002, 457 (allerdings mit der irreführenden These, eine OHG müsse nicht zwingend über Vermögen verfügen, vgl. § 105 Rn 266).

III. Voraussetzungen des Fortsetzungsbeschlusses

1. Zustandekommen. Grundsätzlich gilt für den Fortsetzungsbeschluss, wie für alle Beschlüsse, gem. § 119 Abs. 1 das **Einstimmigkeitsprinzip**. Zwar steht es im Allgemeinen unter dem Vorbehalt abweichender Vertragsgestaltung. Doch ist zweifelhaft, ob für die Anforderungen an eine **Mehrheitsklausel** Entsprechendes gilt wie im Falle eines Auflösungsbeschlusses. Hiervon scheint der BGH in einer älteren Entscheidung ausgegangen zu sein, soweit er dort nämlich annahm, dass eine sich auf die Auflösung beziehende Mehrheitsklausel auch einen Fortsetzungsbeschluss abdeckt.[169] Dafür ließe sich immerhin anführen, dass in Gestalt der Auflösung zugleich die Zweckänderung im Allgemeinen erfasst wird und damit wiederum die nach hM ebenfalls als Zweckänderung zu qualifizierende Fortsetzung der Gesellschaft. Indes ist die Annahme nicht unbedenklich, dass § 33 Abs. 1 S. 2 BGB schon deshalb auch für die Fortsetzung abbedungen ist, weil der Vertrag dies für einen *anderen* Fall von Zweckänderung vorsieht. Wegen des Bezugs zu § 33 BGB und unabhängig von der zwischenzeitlichen Ablösung des Bestimmtheitsgrundsatzes (vgl. § 119 Rn 36)[170] ist daher jedenfalls eine Mehrheitsklausel unzureichend, die keinerlei Hinweise auf eine Zweckänderung enthält, mögen sich auch sonstige, die Kontinuität der Gesellschaft gewährleistende Bestimmungen im Vertrag finden.[171] – Unabhängig von dieser Frage bedarf aber die Fortsetzung aus anderen Gründen **notwendig der Zustimmung aller Gesellschafter**. Anders als bei der Auflösung verbindet sie sich nämlich stets mit einer *Leistungsvermehrung*, und zwar deshalb, weil der mit der Auflösung bereits entstandene Anspruch auf das anteilige Auseinandersetzungsguthaben wieder in einen künftigen Anspruch zurückverwandelt wird (Rn 72). Im Gegensatz zur Auflösung beinhaltet die Fortsetzung somit einen unmittelbaren Eingriff in ein zentrales Vermögensrecht der Gesellschafter, so dass ihre Zustimmung nach der Kernbereichslehre erforderlich ist.[172] Ein unverhältnismäßiger Individualschutz wird hierdurch schon deshalb nicht bewirkt, weil der zustimmungsunwillige Gesellschafter regelmäßig aus Treupflicht zum Ausscheiden gegen volle (!) Abfindung verpflichtet ist, solange die übrigen Gesellschafter die Gesellschaft fortsetzen wollen (Rn 68). 66

Unzulässig ist ein Mehrheitsbeschluss auch dann, wenn ein Gesellschafter die Auflösung nach § 133 erstritten hat, weil sonst das **unentziehbare Auflösungsrecht** entwertet würde.[173] Zwar kann der Gesellschaftsvertrag das Ausscheiden des Kündigenden gegen Abfindung vorsehen (vgl. § 133 Rn 72); ohne eine solche Regelung kann die Fortsetzung gegen den Willen des Auflösungsklägers aber nur dann beschlossen werden, wenn ent- 67

---

[169] So im Ergebnis BGHZ 8, 35 (43); vgl. auch Baumbach/*Hopt* Rn 31 (allgemeine Mehrheitsklausel reicht nicht).

[170] BGHZ 8, 35 (43) hat demgegenüber – auf Basis des Bestimmtheitsgrundsatzes – neben der Erwähnung der Auflösung noch weitere Anhaltspunkte gefordert. Zweifelnd auch 3. Aufl. Rn 154 (*Ulmer*).

[171] Vgl. BGHZ 8, 35 (43), wo dies insbes. aus der Abbedingung von Auflösungsgründen des § 131 a.F. geschlossen wurde.

[172] In diesem Sinne auch MünchKommBGB[5]/*Ulmer*/*C. Schäfer* Vor § 723 Rn 18 (Eingriff in die Rechtsstellung); ähnlich MünchKommHGB/*K. Schmidt* § 145 Rn 79 i.V.m. Schlegelberger/*K. Schmidt* Rn 64; *ders.* Gesellschaftsrecht, § 52 III 2a, S. 1514; anders aber Ulmer/Habersack/Winter/*Casper* GmbHG § 60 Rn 136 (Dreiviertelmehrheit und Sonderaustrittsrecht für Minderheitsgesellschafter) und Hachenburg/*Ulmer* GmbHG[8] § 60 Rn 89 (Vergleich mit Entzug des Gewinnanspruchs trägt nicht). – Allgemein zur Kernbereichslehre § 119 Rn 38 ff mwN.

[173] 3. Aufl. Rn 155 (*Ulmer*); *A. Hueck* OHG § 23 V 1, S. 355, Fn 46; im Grundsatz zustimmend auch Ebenroth/Boujong/Joost/Strohn/*Lorz* Rn 35 (die dort vorgenommenen Einschränkungen verstehen sich von selbst).

weder der Grund, der das Auflösungsurteil stützt, inzwischen beseitigt ist (Rn 64) oder der Kläger zur Zustimmung bzw. zum Ausscheiden gegen Abfindung verpflichtet ist (Rn 68). – Entsprechende Anforderungen gelten auch, wenn die Gesellschaft **nicht mit sämtlichen Gesellschaftern** fortgesetzt werden soll (Rn 62): Zwar ist es grundsätzlich nicht möglich, die Gesellschaft gegen den Willen des Ausscheidenden fortzusetzen, doch kann dieser aus Treupflicht verpflichtet sein, das Ausscheiden gegen *volle* Abfindung hinzunehmen, wenn die übrigen Gesellschafter fortsetzen wollen (Rn 68).

68 Kommt es auf die Zustimmung aller Gesellschafter an und sind Einzelne nicht bereit, sie zu erteilen, werden zwei unterschiedliche Rechtsfolgen diskutiert, deren übereinstimmende Grundlage die Treubindung der Gesellschafter ist. Es handelt sich zum einen um die **Pflicht zur Zustimmung** mit folgenden Voraussetzungen: Planwidriger Eintritt der Auflösung, Behebbarkeit des Auflösungsgrundes, Wiederherstellung (nicht Änderung!) der Geschäftsgrundlage als Fortsetzungsziel sowie Zumutbarkeit für den widersprechenden Gesellschafter.[174] Daneben wird bisweilen auch die **Pflicht zum Ausscheiden gegen Abfindung** angenommen.[175] Nach BGH WM 1986, 68[176] setzt sie voraus, dass einerseits „beachtliche Gründe" gegen eine Abwicklung sprechen und andererseits die Interessen des unwilligen Gesellschafters dadurch gewahrt werden, dass er eine „volle, nicht hinter dem voraussichtlichen Liquidationserlös zurückbleibende" Abfindung erhält und von der Haftung für die Gesellschaftsverbindlichkeiten befreit wird. – Nicht eindeutig geklärt ist, in welchem **Verhältnis** diese unterschiedlichen Folgen zueinander stehen. Im Schrifttum herrscht offenbar die Vorstellung der Gleichrangigkeit, was auf eine freie Wahl durch die übrigen Gesellschafter hinausliefe.[177] Indes wird man einerseits der Pflicht zur Zustimmung als der weitergehenden Folge den Vorrang einzuräumen, sie andererseits aber auf extreme Ausnahmefälle zu beschränken haben. Das zeigt schon das einschlägige, zum GmbH-Recht ergangene Judikat (BGHZ 98, 276, 283), das die von der GmbH-Novelle 1980 gesetzlich erzwungene Erhöhung des Stammkapitals auf 50.000 DM betraf.[178] Die Wiederherstellung der Geschäftsgrundlage setzt eben nicht nur voraus, dass die Basis für die werbende Tätigkeit aus objektiven, von niemandem zu vertretenden Gründen entfallen ist, sondern verbindet sich im Falle der Fortsetzung notwendig mit einer Leistungsvermehrung, weil der bereits entstandene Anspruch auf das Auseinandersetzungsguthaben wieder entfällt (Rn 66, 72); eine Pflicht zur Zustimmung zu Kernbereichseingriffen ist aber nur ganz ausnahmsweise anzuerkennen.[179] Regelmäßig ist dem widerstrebenden Gesellschafter daher die Möglichkeit zu geben, gegen volle Abfindung aus der Gesellschaft auszuscheiden. Auf Abfindungsbeschränkungen kann er folglich nicht verwiesen werden. Weil er dann aber im Wesentlichen das Gleiche erhält, was ihm auch nach Abschluss einer Liquidation zustünde, sind an die vom BGH verlangten „beachtlichen Gründe" für eine Fortsetzung keine besonderen Anforderungen mehr zu stellen; regelmäßig werden sie vielmehr durch den entsprechenden Mehrheitswillen indiziert. Im Ergebnis läuft dies also auf eine **Austrittsoption gegen vollen Anteilswert**

---

[174] BGHZ 98, 276 (283) (bei Auflösung einer GmbH mangels Anpassung des Stammkapitals gem. GmbH-Novelle 1980); MünchKommHGB/*K. Schmidt* § 145 Rn 79; Ebenroth/Boujong/Joost/Strohn/*Lorz* Rn 34.

[175] MünchKommHGB/*K. Schmidt* § 145 Rn 79; Ebenroth/Boujong/Joost/Strohn/*Lorz* Rn 34; *Koller*/Roth/Morck § 105 Rn 42, jew. unter Berufung auf BGH WM 1986, 68.

[176] Auch abgedruckt in BB 1986, 421 und JuS 1986, 407 mit Anm. *K. Schmidt*.

[177] Vgl. MünchKommHGB/*K. Schmidt* § 145 Rn 79; Ebenroth/Boujong/Joost/Strohn/*Lorz* Rn 34.

[178] Bestätigt von BGH NJW 1987, 3192 (3193).

[179] Vgl. § 119 Rn 45; C. *Schäfer* GmbH-Geschäftsanteil, S. 54 ff; M. *Winter* Treubindungen, S. 175 ff, 180; *Sester* Treupflichtverletzung, S. 77 ff, 134 ff.

hinaus: Entweder der dissentierende Gesellschafter stimmt zu oder er scheidet gegen Abfindung aus. Dogmatisch lässt sich dies wohl am besten als eine aus der Treupflicht folgende Wahlschuld des Gesellschafters deuten (§ 262 BGB)[180], die nach seiner Wahl entweder auf Zustimmung zur Fortsetzung der Gesellschaft oder zu seinem Ausscheiden gerichtet ist.

2. Notwendige Mitwirkung Dritter. Die Frage einer notwendigen Beteiligung Dritter am Fortsetzungsbeschluss stellt sich zunächst hinsichtlich des Erfordernisses einer **familiengerichtlichen Genehmigung** gem. §§ 1643 Abs. 1, 1822 Nr. 3 BGB, wenn Minderjährige zum Gesellschafterkreis gehören. Die traditionelle Auffassung hatte sie bejaht, während *Ulmer* schon in der dritten Auflage dieses Kommentars (Anm. 161) die Gegenauffassung vertrat, und zwar unter Berufung auf BGHZ 38, 26 (28), wo die Genehmigungsfreiheit von Vertragsänderungen allgemein anerkannt wird.[181] Dieser – mittlerweile deutlich überwiegenden[182] – Ansicht ist schon deshalb zuzustimmen, weil das Genehmigungserfordernis nicht zur Verselbständigung der Personengesellschaft gegenüber ihren Mitgliedern passt. Allein der Minderjährige, nicht aber die Gesellschaft steht unter elterlicher Sorge.[183] Es gilt also das Gleiche wie für den Auflösungsbeschluss und wie generell für Vertragsänderungen (Rn 26). Anders ist die Rechtslage allerdings, wenn der Minderjährige erst mit oder nach der Auflösung durch Erbfall Gesellschafter wurde, weil in diesem Falle der Fortsetzungsbeschluss wie der Neuabschluss eines Gesellschaftsvertrages i.S.v. § 1822 Nr. 3 BGB wirkt, zumal das Familiengericht hier die Beteiligung als solche noch nicht genehmigt hatte. 69

Auch die früher umstrittene Frage,[184] ob die Stimmabgabe des Gesellschafters der **Zustimmung seines Ehegatten** nach § 1365 BGB bedarf, wenn der Gesellschaftsanteil im Wesentlichen das Vermögen des Gatten darstellt, ist im Ergebnis ebenso wie beim Auflösungsbeschluss zu entscheiden (Rn 27): Die Fortsetzung der Gesellschaft schiebt nicht nur die mit der Schlussabrechnung eintretende Fälligkeit des Anspruchs auf das Auseinandersetzungsguthaben hinaus; sie bringt vielmehr diesen mit Auflösung entstehenden Anspruch wieder zum Erlöschen[185] und lässt überdies die Beitragspflichten wiederaufleben. Hierdurch wird das Vermögen des Gatten durch die Fortsetzung in einer den Schutzzweck des § 1365 BGB berührenden Weise umgestaltet, wobei nicht entscheidend ist, ob man die Fortsetzung als Verfügung einordnet oder ihr auch verpflichtenden Charakter beimisst.[186] Das Genehmigungserfordernis gilt uneingeschränkt, wenn die Mitgliedschaft durch Erbfall erworben wurde. Hatte demgegenüber der zustimmungsberechtigte Ehegatte schon der Beteiligung an der Gesellschaft zugestimmt, deckt dies im 70

---

180 Eine Ersetzungsbefugnis scheitert daran, dass sich die Schuld nicht allein auf die Zustimmung zur Fortsetzung richtet, weil eine solche Pflicht i.d.R. gerade nicht aus der Treupflicht folgt.

181 Ebenso auch schon *A. Hueck* OHG § 23 V 2, S. 356 f; Nachw. zur Gegenansicht in 3. Aufl. Rn 161 (*Ulmer*).

182 MünchKommHGB/*K. Schmidt* § 145 Rn 80; Ebenroth/Boujong/Joost/Strohn/*Lorz* Rn 36; *Koller*/Roth/Morck Rn 7; Baumbach/*Hopt* Rn 22, 31; Röhricht/Graf v. Westphalen/*v. Gerkan*/*Haas* Rn 5.

183 *A. Hueck* OHG, § 20 V 1 b, S. 309; s.a. *Wiedemann* GS Lüderitz, 2000, 839 (840) („heute selbstverständlich“).

184 Ausführlich 3. Aufl. Rn 163 f (*Ulmer*), der die Anwendbarkeit des § 1365 bejaht; ebenso *Tubbesing* BB 1966, 829 (831); **aA** *Rob. Fischer* NJW 1960, 942; *Eiselt* JZ 1960, 562 (563); *Beitzke* DB 1961, 21 (24).

185 Rn 72. – Zur Qualifizierung als künftigen Anspruch s. im Übrigen nur MünchKomm-BGB[5]/*Ulmer*/*C. Schäfer* § 717 Rn 32.

186 Näher 3. Aufl. Rn 164 (*Ulmer*); ebenso auch Ebenroth/Boujong/Joost/Strohn/*Lorz* Rn 36.

Zweifel auch die Fortsetzung der Gesellschaft ab, soweit nämlich nur der frühere, zeitlich nicht begrenzte Zustand wiederhergestellt wird.[187] – *Kein* Zustimmungsrecht hat der **Zessionar** des Anspruchs auf das Auseinandersetzungsguthabens.[188]

IV. Die Rechtsfolgen des Fortsetzungsbeschlusses

71 Der Fortsetzungsbeschluss transformiert die Gesellschaft unmittelbar vom Abwicklungs- **ins werbende Stadium**, sobald er zustande gekommen ist und eine etwa erforderliche Zustimmung Dritter vorliegt, ohne dass es auf die Eintragung im Handelsregister ankommt (Rn 61). Die **Anmeldepflicht** ergibt sich aus einer erweiternden Auslegung des § 144 Abs. 2; denn die Grundlagen der Gesellschaft sind nicht nur in dem dort geregelten speziellen Auflösungsfall betroffen. – Zur Rückwirkungsproblematik vgl. Rn 61.

72 Im **Innenverhältnis** tritt der Gesellschaftsvertrag mit all seinen bis zur Auflösung geltenden Bestimmungen grundsätzlich wieder in Kraft, soweit diese nicht durch die Auflösung verändert worden sind. Insbesondere nehmen Beitrags- und Treupflicht sowie das Wettbewerbsverbot wieder ihre frühere Gestalt an. Der durch die Auflösung entstandene Anspruch auf das Auseinandersetzungsguthaben verwandelt sich wieder in einen künftigen Anspruch. Hinsichtlich der **Organisation** der Gesellschaft treten die im Vertrag eingesetzten Geschäftsführer/Vertreter wieder an die Stelle der Liquidatoren; deren Befugnisse enden. Der Liquidationszusatz der Firma entfällt. Ungeachtet der Identität der Gesellschaft und ihres Vermögens bleiben zwischenzeitlich ergangene Liquidationsmaßnahmen in ihrer Wirksamkeit unberührt (vgl. Rn 56 f). Zudem kann die Fortsetzung mit weiteren **Vertragsänderungen verbunden** werden, zum Beispiel mit dem Ausscheiden oder Eintritt von Gesellschaftern,[189] mit Änderungen der vertraglichen Pflichten oder des Unternehmensgegenstands oder Veränderungen in der Organisationsstruktur (Geschäftsführung und Vertretung). Auch ohne besondere Vereinbarung verwandelt sich eine vormals befristete Gesellschaft durch Fortsetzung in eine unbefristete.

73 Im **Außenverhältnis** folgt aus der von Auflösung und Fortsetzung nicht tangierten Identität der Gesellschaft, dass diese nach der Fortsetzung selbstverständlich weiterhin für alle während der Liquidationsphase begründeten Verbindlichkeiten einzustehen hat. Soweit die Auflösung – vor allem im Falle des Abs. 1 Nr. 3 – mittelbar zu Änderungen bei Rechtsverhältnissen mit Dritten geführt hat, bleiben diese grundsätzlich bestehen; im Einzelfall kann sich die Pflicht der Gesellschaft zur Wiederherstellung der alten Bedingungen ergeben. – Für **schwebende Prozesse** gilt das Gleiche wie in Bezug auf den Auflösungsbeschluss (Rn 52): Sie werden von der Fortsetzung nicht beeinflusst, und eine Unterbrechung nach § 241 ZPO tritt nicht schon dadurch ein, dass die Vertretungsbefugnis von den Liquidatoren wieder auf die Gesellschafter übergeht.

74 Da der Fortsetzungsbeschluss die Vorschriften über die Gewinn- und Verlustrechnung wieder in Kraft setzt, macht er mindestens im Rahmen der internen Rechnungslegung[190]

---

187 Entgegengesetzt mag man daher entscheiden, wenn die Zustimmung sich auf eine befristete, also nach § 131 Abs. 1 Nr. 1 aufgelöste Gesellschaft bezog.

188 Zur Rechtsstellung des Zessionars allgemein MünchKommBGB⁵/*Ulmer*/*C. Schäfer* § 717 Rn 40; ausführlicher noch 3. Aufl. Rn 151 (*Ulmer*).

189 Vgl. RGZ 106, 64 (66).

190 Näher zum System der Rechnungslegung in der Liquidation § 154 Rn 7 ff (*Habersack*). Auf der Basis des heute vorherrschenden, zwischen interner und externer Rechnungslegung unterscheidenden Systemverständnisses, ist umstritten, ob es für die externe Rechnungslegung einer Eröffnungsbilanz

die Aufstellung einer **Eröffnungsbilanz** auf den Stichtag der Fortsetzung als Basis für künftige Jahresabschlüsse erforderlich. Die letzte Jahresbilanz *vor* der Auflösung kann deshalb nicht als Grundlage künftiger Gewinnermittlung dienen, weil es während der Liquidationsphase nicht zur Verteilung von Gewinn und Verlust kommt (§ 145 Rn 18; § 155 Rn 9 f [*Habersack*]). Für die künftige Gewinn- und Verlustverteilung kommt nur der (geänderte) Vermögensstand vom Zeitpunkt des Fortsetzungsbeschlusses in Betracht. Nur für die Bewertung des noch vorhandenen Vermögens kann an die letzte Jahresbilanz angeknüpft werden. Die Werte aus den nach § 154 erforderlichen Eröffnungs- und Schlussbilanzen können demgegenüber nicht übernommen werden, weil sie Abwicklungszwecken dienen (§ 154 Rn 15 [*Habersack*]).

V. Die „Fortsetzung" der fehlerhaft aufgelösten Gesellschaft

Nach hL ist auf den fehlerhaften Auflösungsbeschluss die Lehre vom fehlerhaften Verband anwendbar (Rn 54). Konsequentermaßen tritt die Fortsetzung dann nicht schon mit der (deklaratorischen) Feststellung ein, dass der Auflösungsbeschluss mangelhaft ist. Vielmehr bedarf es eines Fortsetzungsbeschlusses bzw. einer Fortsetzungsklage, falls kein Einvernehmen zu erzielen ist. Nach der hier vertretenen Auffassung ist die Lehre vom fehlerhaften Verband dagegen unanwendbar, so dass ein Fortsetzungsbeschluss in sämtlichen Auflösungsfällen entbehrlich ist (Rn 55 f). Eine Ausnahme von der Anwendbarkeit der LfV gilt zwar im Falle des liquidationslosen Erlöschens der Gesellschaft, doch kommt die Fortsetzung in diesem Falle ohnehin nicht mehr in Betracht (Rn 59). 75

G. Die Gründe für das Ausscheiden eines Gesellschafters (Abs. 3 S. 1)

I. Der Tod eines Gesellschafters (Nr. 1)

1. Allgemeines; Überblick über die Todesfolgen. Entsprechend dem mit der Handelsrechtsreform 1998 bei gesellschafterbezogenen Gründen durchgängig umgesetzten **Kontinuitätsgrundsatz** (Rn 2 ff) führt der Tod eines Gesellschafters nicht mehr zur Auflösung der Gesellschaft, sondern zu deren Fortsetzung nur mit den übrigen Gesellschaftern. Wie vordem bei einer – freilich in der Praxis kaum vorkommenden[191] – Fortsetzungsklausel i.S.v. § 138 a.F., bewirkt der Tod also das Ausscheiden des Gesellschafters unter Anwachsung seines Anteils bei den übrigen (§§ 105 Abs. 3 HGB, 738 Abs. 1 S. 1 BGB); die Erben werden nicht einmal für eine „logische Sekunde" zu Gesellschaftern.[192] Deshalb ist für den Eintritt der regulären Folgen des Ausscheidens der Verbleib wenigstens zweier (Mit-)Gesellschafter auch in diesem Falle essentiell; beim Tod des vorletzten Gesellschafters einer **zweigliedrigen Gesellschaft** greift Abs. 3 Nr. 1 also nicht ein (Rn 113); vielmehr erlischt die Gesellschaft liquidationslos. Einen problematischen Sonderfall stellt auch der Tod des **letzten Komplementärs** in der KG dar (dazu allgemein Rn 113 f). Im Übrigen geht allein der mit dem Ausscheiden entstehende **Abfindungsanspruch** als Nachlass- 76

---

der aufgelösten Gesellschaft bedarf (§ 154 Rn 17 ff). Hiervon hängt ab, ob bei Rückkehr ins werbende Stadium auch extern eine Eröffnungsbilanz zu erstellen ist, die zu den alten Wertansätzen zurückkehrt.

191 *K. Schmidt* NJW 1998, 2161 (2166); *Lamprecht* ZIP 1997, 919 (921).

192 Vgl. hier nur MünchKommHGB/*K. Schmidt* § 139 Rn 7. – Näher zu den Rechtsfolgen des Ausscheidens Rn 103 ff.

bestandteil im Wege der Universalsukzession (§ 1922 BGB) auf den oder die Erben über; mehreren Erben steht er somit zur gesamten Hand zu (§§ 2032, 2038 BGB).[193] Wegen dieser Ausscheidensfolge ist § 131 Abs. 3 Nr. 1 sogar als **„Todesfalle"** für Gesellschaften *ohne Nachfolgeklausel* kritisiert worden, weil die Erben in den Verhandlungen über die Abfindung besonders bei liquiditätsschwachen Gesellschaften über ein erhebliches Erpressungspotential verfügten.[194] Zumindest wird man in der Abfindungsfrage eine dringende Gestaltungsaufgabe für die Vertragspraxis erkennen,[195] sofern nicht die übliche Nachfolgeklausel gewünscht wird, die den Konflikt im Ansatz vermeidet. Allerdings kann hier das „Wahlrecht" *jedes* Erben nach § 139 ebenfalls zum Ausscheiden einzelner Erben und damit zur Belastung der Gesellschaft mit Abfindungsansprüchen führen (s. § 139 Rn 120 ff).

77 Weil die Erhaltung der Gesellschaft seit 1998 nicht mehr davon abhängt, dass der Gesellschaftsvertrag eine Fortsetzungsklausel (auch) für den Fall des Todes eines Gesellschafters enthält, ist **§ 138 a.F.**, der diese ausdrücklich für zulässig erklärt hatte, wie auch die **§§ 136 f a.F.**, konsequentermaßen gestrichen worden. Seither wird die Gesellschaft nur noch bei „abweichender vertraglicher Bestimmung" aufgelöst, wenn also der Tod als Auflösungsgrund vereinbart ist. Zu den Folgen einer solchen **Auflösungsklausel** vgl. Rn 85. Sollte der Gesellschaftsvertrag noch eine Fortsetzungsklausel enthalten, ist diese für Todesfälle seit Inkrafttreten des § 131 n.F. (Rn 5) schlicht wirkungslos (also unschädlich). – Als zulässig wird auch eine Regelung im Gesellschaftsvertrag angesehen, wonach die Fortsetzung der Gesellschaft davon abhängt, dass der verstorbene Gesellschafter **letztwillig einen Nachfolger** bestimmt.[196] Das ist schon deshalb unproblematisch, weil die Gesellschafter die Bestimmung eines Nachfolgers auch sonst – insbesondere durch Nachfolgeklausel – dem jeweiligen Gesellschafter überlassen und damit auch das Risiko des Scheiterns der Nachfolge auf sich nehmen können. – Zu den Rechtsfolgen des Todes bei Vorliegen einer **Nachfolgeklausel** vgl. § 139 Rn 22 ff.

78 **2. Der Tod eines Gesellschafters und vergleichbare Gründe im Einzelnen.** Dem Tod der **natürlichen Person** steht im Falle der Verschollenheit die Erklärung oder Feststellung ihres Todes gem. §§ 9, 39 VerschG gleich; die Gesellschaft wird zu dem darin genannten Zeitpunkt aufgelöst (§§ 23, 44 VerschG). Als solche bewirkt die Verschollenheit dagegen zunächst nur, dass gem. § 1911 BGB ein Pfleger zu bestellen ist, der die Gesellschafterrechte des Verschollenen wahrnimmt.[197]

79 Handelt es sich bei dem Gesellschafter um eine **juristische Person oder rechtsfähige Personengesellschaft**, war schon zu § 131 Nr. 4 a.F. umstritten, ob bereits deren Auflösung oder erst ihre Vollbeendigung dem Tod vergleichbar ist.[198] Die Reform 1998 hat an der Fragestellung im Prinzip nichts geändert, nur geht es seither nicht mehr um die Auflösung der Gesellschaft, sondern um das Ausscheiden der aufgelösten Gesellschafter-

---

[193] Vgl. BGHZ 108, 187 (192); MünchKommHGB/*K. Schmidt* Rn 66.

[194] *K. Schmidt* NJW 1998, 2161 (2166); *ders.* DB 1998, 61 (63); *ders.* JZ 2003, 585 (594); s.a. *Lamprecht* ZIP 1997, 919 ff; Staudinger/*Marotzke* BGB (2008) § 1922 Rn 173a („gefährlicher Fallstrick"); *ders.* ZEV 1997, 389 ff.

[195] Vgl. *Lamprecht* ZIP 1997, 919 (921); *Sethe* JZ 1997, 989 (994).

[196] 3. Aufl. Rn 95 (*Ulmer*).

[197] Eingehend 3. Aufl. Rn 83 f (*Ulmer*).

[198] So die ganz hM, BGHZ 75, 178; 84, 379 (KG als Gesellschafter); OLG Frankfurt WM 1982, 1266 (1267); Ebenroth/Boujong/Joost/Strohn/*Lorz* Rn 44; Baumbach/*Hopt* Rn 18; Röhricht/Graf v. Westphalen/*v. Gerkan/Haas* Rn 25. – Differenzierend MünchKommHGB/*K. Schmidt* Rn 67 ff; *ders.* BB 1980, 1497 ff.

Gesellschaft.[199] Nur bei der GmbH & Co. führt die Auflösung der Komplementär-GmbH in den von Abs. 2 erwähnten Fällen auch zur Auflösung der KG (s. sogleich Rn 80). Im Übrigen ist wie folgt zu differenzieren:

Die **Vollbeendigung der Gesellschafter-Gesellschaft** kann in aller Regel schon deshalb nicht zu ihrem Ausscheiden führen, weil auch die Anteile zu ihrem Vermögen gehören, das im Rahmen der Liquidation zu verwerten ist, und zwar entweder im Wege der Auflösung nach § 133,[200] oder durch Austrittskündigung bzw. Anteilsabtretung.[201] Abgesehen vom Fall des liquidationslosen Erlöschens (Rn 81), kann die Frage also nicht relevant werden. Ist damit aber der Fall einer erst durch Vollbeendigung ausscheidenden Gesellschaft grundsätzlich nicht denkbar, erscheint es konsequent, ihn für eine analoge Anwendung von Abs. 1 Nr. 3 von vornherein außer Betracht zu lassen. Ferner ist die **Auflösung** – wie auch der Formwechsel (Rn 82) – dem Tod einer natürlichen Person schon deshalb **nicht** vergleichbar, weil sie deren Identität unberührt lässt (Rn 7), also weder Vermögensübergang noch Erlöschen zur Folge hat. Das gilt, zumal nach der Neufassung des § 131, auch bei Auflösung der Komplementärgesellschaft einer GmbH & Co. KG. Die Frage, ob deren Auflösung diejenige der Gesellschaft (KG) nach sich zieht, hat seither erst recht nichts mehr mit einer Analogie zu Abs. 3 Nr. 1 zu tun, sondern ist richtigerweise bei Abs. 2 anzusiedeln (vgl. Rn 42). 80

Die entsprechende Anwendung von Abs. 3 Nr. 1 kommt deshalb nur im Falle des **liquidationslosen Erlöschens** der Gesellschafter-Gesellschaft in Betracht, das zu ihrer Vollbeendigung bei gleichzeitiger Universalsukzession ihres Vermögens führt.[202] Zu denken ist dabei zunächst an die in Rn 9 dargestellten, nur für eine *Personengesellschaft* bedeutsamen Fälle des Ausscheidens aller bis auf einen Gesellschafter bzw. der gleichzeitigen Übertragung sämtlicher Gesellschaftsanteile auf eine einzelne Person.[203] Auch hier ist für ein Ausscheiden analog Abs. 3 Nr. 1 allerdings von vornherein kein Raum, sofern der Anteil übertragbar ist. Dafür reicht eine (auf den Tod bezogene) Fortsetzungsklausel aus, weil sie mit hinreichender Klarheit die Höchstpersönlichkeit des Anteils aufhebt. Anders als in den Umwandlungsfällen (Rn 82 f) fehlt es zwar an einem gesetzlichen Anhaltspunkt dafür, dass sich die Übertragbarkeit des Anteils gegenüber dessen Höchstpersönlichkeit durchsetzt. Denn die der Universalsukzession zugrunde liegenden Rechtsgeschäfte sind auf diesen Sonderfall nicht zugeschnitten. Doch gelten die übrigen Gründe *für* die Sukzessionsfähigkeit auch hier: Die Höchstpersönlichkeit des Anteils ist bei Aufnahme einer Gesellschafter-Gesellschaft von vornherein relativiert, und die Gesellschaft lebt in der ihr Vermögen übernehmenden Person fort. Am deutlichsten wird das weichende Interesse der durch die Höchstpersönlichkeit geschützten Mitgesellschafter bei Übernahme des Gesellschaftsvermögens der Gesellschafter-Gesellschaft durch einen ihrer (schon vorhandenen) Gesellschafter. Aber auch sonst ist der Eingriff in die Interessen der Mitgesellschafter jedenfalls dann nicht als gravierend einzustufen, wenn die Anteile an der Gesellschafter-Gesellschaft auf eine natürliche Person übergehen. Schließlich braucht das Entstehen eines Abfindungsanspruchs keineswegs im – kalkulierten – Interesse der Mitgesellschafter zu liegen, wie die Diskussion um die „Todesfalle“ des Abs. 3 Nr. 1 81

199 Vgl. BegrRegE, BT-Drucks. 13/8444, S. 16.

200 Dazu, dass die Auflösung der Gesellschafter-Gesellschaft einen wichtigen Grund i.S.v. §§ 133, 140 darstellt, vgl. nur 3. Aufl. Rn 85 (*Ulmer*).

201 3. Aufl. Rn 85 (*Ulmer*); MünchKommHGB/*K. Schmidt* Rn 47; MünchKommBGB[5]/*Ulmer*/*C. Schäfer* § 727 Rn 8; Soergel/*Hadding*/*Kießling*[12] § 727 Rn 3.

202 In diesem Sinne MünchKommHGB/*K. Schmidt* Rn 68.

203 Für analoge Anwendung insoweit grds. MünchKommHGB/*K. Schmidt* Rn 68.

belegen mag (Rn 76). Deshalb dürften insgesamt die besseren Gründe dafür sprechen, auch ohne Nachfolgeklausel von einer Übertragbarkeit des Anteils auszugehen, gleichzeitig aber im Einzelfall ein Auflösungs- bzw. Ausschließungsrecht der Mitgesellschafter nach §§ 133, 140 zu akzeptieren (näher Rn 83).[204]

82 In Frage kommt die analoge Anwendung des Abs. 3 Nr. 1 auch bei **Umwandlung der Gesellschafter-Gesellschaft.** Dem Tod ansatzweise vergleichbar sind indes allein *Verschmelzung* (§ 20 Abs. 1 Nrn. 1, 2 UmwG) und *Aufspaltung* (§ 131 Abs. 1 Nrn. 1, 2 UmwG), und zwar jeweils aufseiten der übertragenden Gesellschaft; denn sie erlischt in beiden Fällen liquidationslos bei Universalsukzession der übernehmenden Gesellschaft. Der auf dem Identitätsprinzip beruhende *Formwechsel* (§ 202 Abs. 1 Nr. 1 UmwG) scheidet für eine Anwendung des Abs. 3 Nr. 1 dagegen von vornherein aus.[205] Demgemäß ist vor Inkrafttreten des UmwG 1994 die analoge Anwendung des § 131 Nr. 4 a.F. nur bei Verschmelzung und „übertragender Umwandlung" zum Teil befürwortet worden.[206] Heute geht es stattdessen um die Frage des Ausscheidens der sich umwandelnden Gesellschafter-Gesellschaft analog Abs. 3 Nr. 1 mit der weiteren Folge, dass der hierbei entstehende Abfindungsanspruch auf den übernehmenden Rechtsträger übergeht. Wie auch im Falle des Todes, stellt sich diese Frage nur dann, sofern nicht der Anteil selbst der Sukzession unterliegt, also im Wege der Universalsukzession auf die aufnehmende Gesellschaft übergeht. Auf dieser Grundlage ergibt sich das folgende Bild:

83 Für die **Aufspaltung** sah § 132 S. 1 UmwG a.F. vor, dass höchstpersönliche Rechte nicht ohne weiteres auf den übernehmenden Rechtsträger übergehen konnten; vielmehr sollten die allgemeinen Regeln anwendbar sein.[207] Danach kam es also darauf an, ob die Gesellschaftsanteile übertragbar waren. Übergehen konnten damit jedenfalls solche Anteile, die aufgrund einer Nachfolgeklausel oder kraft Gesetzes (§ 177) übertragbar sind.[208] Aber auch ohne Nachfolgeklausel hatte die Übertragbarkeit des Anteils im Wege der Umwandlung richtigerweise Vorrang vor der Höchstpersönlichkeit.[209] Mit Aufhebung des § 132 UmwG im Jahre 2007[210] gilt für Aufspaltung und **Verschmelzung** nunmehr die gleiche gesetzliche Ausgangslage. Nach verbreiteter Ansicht bedeutet dies, dass Anteile nur im Falle ihrer generellen Übertragbarkeit auf den Rechtsnachfolger übergehen, bei ausgeschlossener Übertragbarkeit dagegen nur der Abfindungsanspruch.[211] Indessen liegt darin eine unangemessene Erschwerung der Aufspaltung, die nicht zu den mit der Aufhebung der als „Spaltungsbremse" kritisierten Vorschrift des § 132 UmwG

---

204 Ebenso bereits 3. Aufl. Rn 90 (*Ulmer*); *Hueck* OHG, § 23 II 4, Fn 25; *Engelhardt* NJW 1962, 1489; im Ergebnis auch MünchKommHGB/*K. Schmidt* Rn 68.

205 So schon 3. Aufl. Rn 87 (*Ulmer*); Schlegelberger/*K. Schmidt* Rn 33.

206 So für Verschmelzung und „übertragende Umwandlung" MünchKommBGB[5]/*Ulmer*/*C. Schäfer* § 727 Rn 8; Schlegelberger/*K. Schmidt* Rn 30; ebenso – aufgrund des Abs. 3 Nr. 1 n.F. – Lutter/*Grunewald* UmwG[3] § 20 Rn 19; aA noch 3. Aufl. Rn 86 f (*Ulmer*) – der dort erwähnte Vorbehalt für die „übertragende Umwandlung" auf eine GbR ist im Wanken begriffen, nachdem die Fähigkeit der GbR, Mitglied einer OHG zu werden, demnächst anerkannt werden dürfte, vgl. *Ulmer* ZIP 2001, 585 (595) und § 162 Abs. 1 S. 2, der die Mitgliedschaft der GbR in einer KG inzwischen anerkennt.

207 Vgl. nur Widmann/*Mayer* UmwR § 132 Rn 2 und Voraufl. Rn 80.

208 Ausführlich Voraufl. Rn 80. Generell gegen die Höchstpersönlichkeit der Mitgliedschaft in einer Personengesellschaft *Dreyer* JZ 2007, 606 (611 f).

209 Voraufl. Rn 80.

210 Zweites Gesetz zur Änderung des Umwandlungsgesetzes, BGBl. I 2007, 542 ff.

211 Lutter/*Grunewald* UmwG[3] § 20 Rn 19 mwN, vgl. auch Lutter/*Teichmann* UmwG[3] § 132 Rn 50: Erlöschen der Mitgliedschaft.

a.F. verbundenen Zielen passt.[212] Der Ausschluss der Übertragung im Rahmen einer umwandlungsrechtlichen Universalsukzession wird häufig auch nicht im Interesse von Gesellschaft bzw. Mitgesellschaftern liegen, die durch eine Abfindungspflicht stark belastet werden können, wie die Diskussion um die „Todesfalle" des Abs. 3 Nr. 1 belegt (Rn 76).[213]

Deshalb ist **für Verschmelzung und Spaltung** eine Lösung vorzuziehen, die einerseits die Interessen der an der Umwandlung beteiligten Gesellschaften berücksichtigt, andererseits aber die mit der Höchstpersönlichkeit geschützten Interessen der Mitgesellschafter durch ein außerordentliches Ausschließungsrecht gem. § 140 HGB schützt.[214] Hierbei ist zu berücksichtigen, dass der personalistische Charakter bei Beteiligung von Gesellschaften, besonders bei Kapitalgesellschaften, von vornherein reduziert ist und überdies die übertragende Gesellschaft gewissermaßen in der übernehmenden fortlebt, so dass die Umwandlung **keinen absoluten Auflösungs- bzw. Ausschließungsgrund** darstellt, der wichtige Grund vielmehr aus der konkreten, aufspaltungs- bzw. verschmelzungsbedingten Veränderung zu begründen ist.[215] Entgegen einer noch immer verbreiteten Ansicht, welch die Übertragbarkeit der Mitgliedschaft in diesem Falle ablehnt,[216] gilt Entsprechendes selbst dann noch, wenn der Gesellschaftsvertrag die (generelle) **Übertragbarkeit** der Mitgliedschaft **explizit ausschließt.**[217] Denn diese beruht auf dem Vorrang des Umwandlungsrechts, zumal auch bei Ausschluss der Übertragbarkeit keinesfalls gewiss ist, dass die Entstehung eines Abfindungsanspruchs – als alternative Rechtsfolge gem. Abs. 3 Nr. 1 – von den Gesellschaftern bedacht wurde und ihren Interessen wirklich besser entspricht. Insgesamt ist daher für alle Fälle, unabhängig von einer Regelung im Gesellschaftsvertrag, davon auszugehen, dass die Mitgliedschaft im Wege der Aufspaltung oder Verschmelzung übertragen werden kann, den Mitgesellschaftern aber, je nach konkreter Auswirkung, ein Auflösungs- bzw. Ausschließungsrecht aus wichtigem Grund (§§ 133, 140) zusteht.[218] Freilich bleibt es den Gesellschaftern unbenommen, im Gesellschaftsvertrag die Unübertragbarkeit der Anteile gerade für den Fall der umwandlungsrechtlichen Universalsukzession vorzusehen. 84

3. Die Todesfolgen bei Vorliegen einer Auflösungsklausel. Haben die Gesellschafter von der Option einer Auflösungsklausel Gebrauch gemacht (Rn 77), löst der Tod des Gesellschafters die in Rn 50 ff dargestellten Rechtsfolgen der Auflösung mit der Maßgabe aus, dass an die Stelle des verstorbenen Gesellschafters dessen **Erben** treten, die kraft Universalsukzession **Mitglieder der Liquidationsgesellschaft** werden; mehreren Erben steht der Anteil als Nachlassbestandteil in Erbengemeinschaft, also zur gesamten Hand, zu (§ 2032 BGB). Die Unfähigkeit der **Erbengemeinschaft** zur Mitgliedschaft in 85

---

[212] BegrRegE, BT-Drucks. 548/06, 48.

[213] So auch *Dreyer* JZ 2007, 606 (612).

[214] Näher dazu schon C. *Schäfer* ZHR-Beiheft Nr. 68 (hrsg. von Habersack, Koch, Winter) 1999, 143 f i.V.m. 138; ebenso *Rieble* ZIP 1997, 301 (308); sowie jetzt auch Semler/Stengl/*Kübler* UmwG[2] § 20 Rn 25.

[215] In diesem Sinne bereits 3. Aufl. Rn 86 (*Ulmer*).

[216] So – jedenfalls für die Verschmelzung – Lutter/*Grunewald* UmwG[3] § 20 Rn 19; Kallmeyer/*Marsch-Barner* UmwG[3], 2006, § 20 Rn 7.

[217] C. *Schäfer* (Fn 214) S. 138 f, 144; Semler/Stengl/*Kübler* UmwG[2] § 20 Rn 25; vgl. auch schon RGZ 123, 289 (294) (KG); *Dreyer* JZ 2007, 606 (612).

[218] Im Ergebnis ebenso aufgrund der früheren Rechtslage schon 3. Aufl. Rn 86 (*Ulmer*); s. im Übrigen C. *Schäfer* (Fn 214) S. 144. Im Grundsatz auch *Dreyer* JZ 2007, 606 (612, 614 f), die aber ein Kündigungsrecht aus wichtigem Grund nicht erörtert.

einer Handelsgesellschaft (§ 139 Rn 43) beschränkt sich, wie § 146 Abs. 1 S. 2 unmissverständlich zu erkennen gibt, auf das werbende Stadium.[219] Wird allerdings die *Fortsetzung* der Gesellschaft beschlossen, bewirkt dies notwendig eine Nachlassteilung in Bezug auf den Gesellschaftsanteil, der entsprechend der jeweiligen Erbquote auf die einzelnen Erben übergeht.[220]

86 Ergänzend zu den allgemeinen Auflösungsfolgen gelten über § 105 Abs. 3 die in **§ 727 Abs. 2 BGB** geregelten *Hinweis- und Notgeschäftsführungspflichten*, nachdem der inhaltsgleiche **§ 137 Abs. 1 a.F.** im Zuge der Handelsrechtsreform 1998 aufgehoben wurde. Danach haben der oder die Erbe(n)[221] den Tod des Gesellschafters den Mitgesellschaftern unverzüglich anzuzeigen und eine dem Erblasser allein oder mit anderen obliegende Geschäftsführung bei Gefahr im Verzuge fortzusetzen,[222] bis die Mitgesellschafter tätig werden *können* bzw. bis zur Umstellung auf Gesamtgeschäftsführung (§ 150 Abs. 1). Die Anzeige durch *einen* Miterben ist ausreichend; im Übrigen müssen Miterben auch hier (s. Rn 87) **gemeinschaftlich** handeln, wenn nicht die Erhaltung des Nachlasses in Frage steht (§ 2038 Abs. 1 S. 2 BGB), was nicht zwingend mit der auf die Gesellschaft bezogenen Erforderlichkeit i.S.v. § 727 Abs. 2 S. 1 BGB korrespondiert. Eine entsprechend begrenzte Notgeschäftsführung obliegt gem. § 727 Abs. 2 S. 2 BGB auch den geschäftsführungsbefugten Mitgesellschaftern. Die Bestimmungen des § 727 Abs. 1 S. 1, 2 BGB gehen während der begrenzten Übergangszeit den Regeln der Liquidationsgeschäftsführung vor (§ 727 Abs. 2 S. 3 BGB). Sie gelten im Übrigen, durchaus dem Wortlaut entsprechend, **nur bei Auflösung** der Gesellschaft, also wenn der Gesellschaftsvertrag eine Auflösungsklausel enthält, nicht dagegen auch bei Fortsetzung der Gesellschaft gem. Abs. 3 Nr. 1.[223] Scheiden nämlich die Erben wegen Fortführung der Gesellschaft aus, fehlt es an jeder mitgliedschaftlichen Beziehung zur Gesellschaft, die eine Notgeschäftsführungsbefugnis bzw. Anzeigepflicht rechtfertigen könnte. Außerdem gelten in diesem Falle die Geschäftsführungsregeln der werbenden Gesellschaft ohne weiteres fort, so dass es für eine entsprechende Anwendung an einer Lücke fehlt.[224] Wegen der Einzelheiten dieser praktisch nur noch wenig bedeutsamen Bestimmungen ist auf die Anmerkungen in der dritten Auflage zu § 137 (*Ulmer*) und die Kommentierungen zu § 727 Abs. 2 BGB zu verweisen.[225]

87 Demgemäß gehen die **Mitgliedschaftsrechte** ungeteilt[226] auf die Erben zur gesamten Hand über. Sofern keine Testamentsvollstreckung angeordnet ist,[227] werden sie gem. § 2038 Abs. 1 BGB von den Miterben grundsätzlich **gemeinschaftlich ausgeübt**, wenn nicht die Voraussetzungen des § 2038 Abs. 1 S. 2 BGB vorliegen, was im Einzelfall auch in Bezug auf den Gesellschaftsanteil in Betracht kommen *kann*. Im Übrigen gilt für Maß-

219 BGHZ 98, 48 (58); BGH NJW 1995, 3314 (3315); MünchKommHGB/*K. Schmidt* Rn 66; MünchKommBGB⁵/*Ulmer*/*C. Schäfer* § 727 Rn 14; Staudinger/*Marotzke* BGB (2008) § 1922 Rn 177.

220 BGH NJW 1982, 170; MünchKommBGB⁵/*Ulmer*/*C. Schäfer* § 727 Rn 14.

221 Vgl. 3. Aufl. Rn 10 *(Ulmer)* und MünchKommBGB⁵/*Ulmer*/*C. Schäfer* § 727 Rn 18.

222 Ihrem Umfang nach entspricht also die Notgeschäftsführungsbefugnis der dem Erblasser eingeräumten Befugnis, vgl. 3. Aufl. § 137 Rn 16 (*Ulmer*).

223 3. Aufl. § 137 Rn 4 ff (*Ulmer*); aA *Hueck* OHG § 23 II 4, S. 345; Schlegelberger/*K. Schmidt* § 137 Rn 3 ff.

224 Eingehend 3. Aufl. § 137 Rn 5 f (*Ulmer*); s.a. MünchKommBGB⁵/*Ulmer*/*C. Schäfer* § 727 Rn 24 f.

225 Vgl. MünchKommBGB⁵/*Ulmer*/*C. Schäfer* § 727 Rn 15 ff.

226 Seit langem überholt ist die Rspr. des RG, wonach die Mitgliedschaft nur in ihrer „vermögensrechtlichen Beziehung" auf die Erben überging, vgl. RGZ 106, 63 (65) und DNotZ 36, 209; dagegen mit Recht schon 3. Aufl. Rn 92 (*Ulmer*).

227 Dazu näher § 139 Rn 57 ff.

nahmen der ordnungsgemäßen Verwaltung nach §§ 2038 Abs. 2, 745 Abs. 1 BGB das Mehrheitsprinzip.[228] Andere Maßnahmen sind einstimmig zu beschließen, insbesondere auch die **Fortsetzung der Gesellschaft**, die zum Erwerb der (geteilten) Mitgliedschaft durch die einzelnen Erben führt (Rn 85). Deshalb bedarf es sowohl der Zustimmung aller überlebenden Gesellschafter (Rn 66) als auch sämtlicher Erben. Gelingt es letzteren nicht, sich auf die Fortsetzung zu verständigen, können die übrigen Gesellschafter die Gesellschaft nach den allgemeinen Grundsätzen gegen den Willen der Erben auch ohne diese fortsetzen, freilich gegen Abfindung zum vollen Anteilswert (Rn 68). Die Fortsetzung mit nur einzelnen Erben setzt wegen der damit verbundenen Teilauseinandersetzung[229] demgegenüber zwingend eine Vereinbarung mit allen Erben voraus.[230] Weil die Willensbildung in der Erbengemeinschaft somit umständlich ist, gibt § 146 Abs. 1 S. 2 den Mitgesellschaftern das Recht, zumindest für die Liquidationsgeschäftsführung die Bestellung eines gemeinsamen Vertreters zu verlangen (näher § 146 Rn 22 ff [*Habersack*]).

Die Miterben **haften** für Gesellschaftsschulden, die bereits vor dem Erbfall begründet waren und demgemäß **Nachlassverbindlichkeiten** sind,[231] nur nach erbrechtlichen Grundsätzen (§ 1967 BGB), also mit der von § 1975 BGB vorgesehenen Möglichkeit, die Haftung durch Nachlassverwaltung oder -insolvenzverfahren zu beschränken. Entsprechendes gilt aber auch für Neuverbindlichkeiten,[232] die in der Zeit nach dem Erbfall entstanden sind und zu den sog. „Nachlasserbenschulden" gehören, zumal dies für die Ge-sellschaftsgläubiger regelmäßig unverkennbar ist.[233] Das gilt im Grundsatz auch für die aus einer Notgeschäftsführung (Rn 86) resultierenden Verbindlichkeiten.[234] Erst die **Fortsetzung** der Gesellschaft (Rn 60 ff) führt zum Erwerb der (geteilten) Mitgliedschaft durch die Erben persönlich und damit zur Anwendung des § 130. Wird die Gesellschaft dagegen *ohne* die Miterben nur mit den übrigen Gesellschaftern fortgesetzt, bleiben ihnen die erbrechtlichen Möglichkeiten zur Haftungsbeschränkung auch dann erhalten, wenn die Fortsetzung außerhalb der Dreimonatsfrist des – hier unanwendbaren – § 139 Abs. 4 vereinbart wird.[235] 88

II. Die Insolvenz eines Gesellschafters (Nr. 2)

1. Normzweck und Grenzen der Abdingbarkeit. Auch die Insolvenz eines Gesellschafters gehört zu den ehemals gesellschafterbezogenen Auflösungsgründen, die durch die Handelsrechtsreform 1998 in Ausscheidensgründe umgewandelt wurden. Abgesehen von dem nunmehr mitgeschützten **Interesse der übrigen Gesellschafter** an der Fortfüh- 89

---

228 MünchKommBGB[5]/*Ulmer*/*C. Schäfer* § 727 Rn 20; vgl. auch § 146 Rn 27 (*Habersack*) in Bezug auf die Vertreterbestellung.

229 Die Auseinandersetzung nach § 2042 BGB erfolgt in erster Linie durch Vertrag zwischen den Erben, der jedoch im Wege der Auseinandersetzungsklage erzwungen werden kann, vgl. nur Palandt/*Edenhofer*[67] BGB § 2042 Rn 3, 18 f.

230 Vgl. MünchKommHGB/*K. Schmidt* § 139 Rn 10.

231 BGH NJW 1995, 3314 (3315).

232 Ganz hM, s. BGHZ 113, 132 (134); MünchKommHGB/*K. Schmidt* § 139 Rn 103; 3. Aufl. Rn 94 (*Ulmer*).

233 MünchKommBGB[5]/*Ulmer*/*C. Schäfer* § 727 Rn 21 mit Fn 20; Staudinger/*Marotzke* BGB (2002) § 1967 Rn 5, 39 ff; kritisch gegenüber der Kategorie der Nachlasserbenschulden aber *Dauner-Lieb* Sondervermögen, S. 120 ff, 142 f.

234 MünchKommBGB[5]/*Ulmer*/*C. Schäfer* § 727 Rn 21; Schlegelberger/*K. Schmidt* § 137, 12; Heymann/*Emmerich* § 137 Rn 8.

235 3. Aufl. Rn 94 (*Ulmer*).

rung des Unternehmens,[236] dient die Vorschrift unverändert dem **Schutz der Privatgläubiger** des Gesellschafters, nämlich ihrem Interesse an der Liquidierung des zum Vermögen ihres Schuldners gehörenden Gesellschaftsanteils im Rahmen des Insolvenzverfahrens.[237] Denn aus ihrer Sicht ist es im Prinzip gleichgültig, ob sie auf das Auseinandersetzungsguthaben oder auf den Abfindungsanspruch zugreifen können. Zwar mag der Abfindungsanspruch durch den Gesellschaftsvertrag beschränkt sein (unten Rn 162 ff); doch haben Privatgläubiger dies hinzunehmen, solange die Beschränkung nicht sittenwidrig ist bzw. das Kündigungsrecht beschränkt und sich nicht allein zu ihren Lasten auswirkt (unten Rn 171). Aufgrund dieses Schutzzwecks ist die Regelung der Nr. 2 insoweit **zwingend**, als die Liquidierung des Anteils nicht gefährdet werden darf. Demgemäß kann zwar vereinbart werden, dass die Gesellschaft im Falle der Gläubigerkündigung entsprechend der früheren Rechtslage aufgelöst wird;[238] nicht in Betracht kommt aber die Abbedingung der Nr. 2 dergestalt, dass die Gesellschaft *mit* dem insolventen Gesellschafter fortgesetzt wird. Die Gesellschafterinsolvenz hat mit anderen Worten zwingend die Beendigung der Mitgliedschaft in der werbenden Gesellschaft zur Folge.[239] – Der auf die Trennung von privater und gesellschaftlicher Sphäre zielende gläubigerschützende Normzweck gerät allerdings in Gefahr, wenn Gesellschaft und Gesellschafter gleichzeitig mit Rücksicht auf Verbindlichkeiten der KG insolvent werden; in diesem Falle ist Abs. 3 Nr. 2 daher **teleologisch zu reduzieren** (Rn 92).

90 **2. Voraussetzungen des Ausscheidens.** Das Ausscheiden des Gesellschafters nach Abs. 3 S. 1 Nr. 2 setzt die **Eröffnung** des Insolvenzverfahrens über sein Eigenvermögen voraus. Für den *maßgeblichen Zeitpunkt* gelten die zu Abs. 1 Nr. 3 dargestellten Grundsätze (Rn 36); es kommt also auf den **Erlass** des Eröffnungsbeschlusses gem. § 27 InsO an. Wird der Beschluss im Beschwerdeverfahren gem. **§ 34 InsO aufgehoben**, entfällt damit rückwirkend auch der Ausscheidensgrund, so dass die Gesellschaft zusammen mit dem betroffenen Gesellschafter fortgesetzt wird. Gem. § 34 Abs. 3 S. 3 InsO bleiben Handlungen des Insolvenzverwalters hiervon aber allemal unberührt. Daneben ist für das Eingreifen der Lehre von der fehlerhaften Gesellschaft (Rn 55) kein Raum, weil das Ausscheiden im Falle der Nr. 2 kraft Gesetzes eintritt und somit die erforderliche rechtsgeschäftliche Grundlage fehlt.[240] Demgegenüber lässt die Beendigung des Insolvenzverfahrens durch **Aufhebung** gem. §§ 200, 258 InsO, insbes. bei Bestätigung eines Insolvenzplans, und die **Einstellung** auf Antrag des Schuldners die Ausscheidensfolge **unberührt** (vgl. Rn 36). Doch kann der Gesellschafter in diesen Fällen wieder beitreten (vgl. Rn 98).

91 **Keine Ausscheidensgründe** sind die Anordnung vorläufiger Sicherungsmaßnahmen gem. §§ 21 f InsO sowie – nach hM – die **Abweisung des Insolvenzantrags mangels Masse.**[241] Für diese Auffassung spricht seit der Handelsrechtsreform 1998 zusätzlich der

---

236 Dieser Schutzzweck wird namentlich bei der Frage einer teleologischen Reduktion des Abs. 3 in der *aufgelösten* Gesellschaft sichtbar, s. dazu Rn 109 mwN.

237 Vgl. etwa auch *Wiedemann* Gesellschaftsrecht Bd. II, § 8 IV 3a, S. 750.

238 Vgl. etwa MünchKommHGB/*K. Schmidt* Rn 57.

239 Ganz hM, vgl. Baumbach/*Hopt* Rn 78; *Koller*/Roth/Morck Rn 23; Uhlenbruch/*Hirte* § 11 InsO Rn 255; MünchKommHGB/*K. Schmidt* Rn 71 (die Aussage bei MünchKommHGB/*K. Schmidt* Rn 57, wonach Ausscheidensgründe auch folgenlos gestellt werden können, bezieht sich offenbar nicht auf Nr. 2); s.a. Rn 94 mN **aA** Röhricht/Graf v. Westphalen/*v. Gerkan*/*Haas* Rn 30.

240 Vgl. schon oben Rn 55; MünchKommBGB[5]/*Ulmer*/*C. Schäfer* § 728 Rn 34.

241 BGHZ 75, 178 (179 f); 96, 151 (154); OLG Hamm ZIP 2007, 1233 (1237); Ebenroth/

Umkehrschluss aus Abs. 2, zumal § 394 FamFG auf die reguläre Personengesellschaft nicht anwendbar ist (vgl. Rn 40 ff). Den Gläubigern steht in diesem Falle die Kündigung gem. § 135 zur Verfügung, so dass sie keineswegs völlig schutzlos sind. – Nach herrschender, aber stark bestrittener Ansicht stellt auch die Eröffnung des **Nachlassinsolvenzverfahrens** über den Nachlass des Gesellschafter/Erben *keinen* Ausscheidensgrund dar.[242] Dem ist zuzustimmen, ohne dass es hierfür auf die früher umstrittene Frage der Nachlasszugehörigkeit des Gesellschaftsanteils ankommt. Denn die Nachlassinsolvenz hindert den Gesellschafter nicht, an seinem nicht vom Insolvenzbeschlag erfassten Eigenvermögen festzuhalten und den Gesellschaftsanteil mit diesen Mitteln auszulösen. Auch in diesem Falle ergibt sich aber ein Kündigungsrecht für den Nachlassinsolvenzverwalter aus einer Analogie zu § 135, so dass er auf diesem Wege den Anteil liquidieren kann, wenn ihn der Gesellschafter-Erbe nicht gegen Erstattung des Wertes in die Nachlassinsolvenzmasse übernehmen will.[243]

Bedenklich ist die Anwendung von Abs. 3 Nr. 2 bei der **GmbH & Co. KG**, wenn zugleich Komplementär-GmbH und KG insolvent geworden sind (sog. **Simultaninsolvenz**)[244]; denn das Ausscheiden der GmbH vermöchte den Unternehmensfortbestand wegen Abs. 1 Nr. 3 nicht zu sichern und stünde der notwendigen Koordinierung der Insolvenzverfahren von GmbH und KG im Wege, zumal die KG auf diese Weise ihre Geschäftsführung verlöre. Die Problematik des Abs. 3 Nr. 2 geht also über den Fall der *zweigliedrigen GmbH & Co. KG* hinaus (dazu allgemein Rn 113), bei der es vor allem haftungsrechtliche Probleme zu lösen gilt, die sich daraus ergeben, dass der letzte Kommanditist im Wege der Universalsukzession zum Einzelkaufmann wird; sie werden inzwischen von den Gerichten aber auf andere Weise als durch teleologische Reduktion von Abs. 3 Nr. 2 gelöst.[245] Die *generelle* **teleologische Reduktion** der Nr. 2 bei gleichzeitiger Insolvenz von KG und Komplementär-GmbH ist vielmehr dem Erfordernis simultaner Verfahren und damit einer koordinierten Abwicklung der GmbH & Co. KG (Rn 95) geschuldet, sofern die Insolvenz der GmbH gerade auf der Komplementärhaftung, also den Gesellschaftsverbindlichkeiten der KG, beruht.[246] Der Normzweck von Abs. 3 Nr. 2, der 92

Boujong/Joost/Strohn/*Lorz* Rn 48; Baumbach/*Hopt* Rn 15; weitere Nachw. bei Rn 35; einschränkend MünchKommHGB/*K. Schmidt* Rn 74.

[242] BGHZ 91, 132 (137) = NJW 1984, 2104; ebenso schon *Ulmer* FS Schilling, 1973, S. 79 (98 f); sodann auch *Flume* NJW 1988, 161 (162); *Stodolkowitz* FS Kellermann, 1991, S. 439 (454); *Ulmer/Schäfer* ZHR 160 (1996), 413 (438); Heymann/*Emmerich* Rn 23a; Ebenroth/Boujong/Joost/Strohn/*Lorz* Rn 48; MünchKommBGB[5]/*Ulmer/C. Schäfer* § 728 Rn 35; **aA** MünchKommHGB/*K. Schmidt* Rn 73; *K. Schmidt* FS Uhlenbruck, 2000, S. 655 (658); Röhricht/Graf v. Westphalen/*v. Gerkan/Haas* Rn 32; Baumbach/*Hopt* Rn 22; *Raddatz* Personengesellschaftsanteile, S. 144 ff, 154.

[243] Vgl. schon *Flume* NJW 1988, 161 (162); ferner *Ulmer/Schäfer* ZHR 160 (1996), 413 (438) mwN.

[244] Zu diesem Begriff grundlegend *K. Schmidt* GmbHR 2003, 1404 und öfter; vgl. ferner *Bork/Jakoby* ZGR 2005, 611 (613 ff).

[245] BGH ZIP 2004, 1047 (Ausschluss der gesellschaftsrechtlichen Haftung durch rechtzeitige Einstellung des Geschäftsbetriebs analog § 27 HGB); OLG Hamm ZIP 2007, 1233 (1237 f) (Haftungsbeschränkungmöglichkeit nach Erbrecht bei Ausscheiden der Komplementär-GmbH aufgrund ihrer Vollbeendigung); vgl. ferner LG Dresden ZIP 2005, 955 (956); näher dazu *Bork/Jacoby* ZGR 2005, 611 (630 f); *Marotzke* ZInsO 2009, 590; *Liebs* ZIP 2002, 1716 (1717 f) sowie unten Rn 113.

[246] Überzeugend *K. Schmidt* GmbHR 2002, 1209 (1214); *ders.* GmbHR 2003, 1404; *ders.* ZIP 2009, 2337 (2344); MünchKommHGB/*K. Schmidt* Rn 76; ebenso jetzt auch *Westermann* FS Röhricht, 2006, 655 (671); *Koller*/Roth/Morck Rn 23; im Ergebnis auch *Gundlach/Frenzel/N. Schmidt* DStR 2004, 1658 ff; **aA** *Bork/Jacoby* ZGR 2005,

auf die Trennung privater und geschäftlicher Sphäre im Interesse der Kontinuität des Unternehmens gerichtet ist, würde bei haftungsbedingter Doppelinsolvenz geradezu in sein Gegenteil verkehrt. Zwar mögen auch Versuche ins Ziel führen, das allgemein als sinnvoll angesehene Ergebnis einer Verfahrenskoordination mittels Anpassung der insolvenzrechtlichen Instrumente zu erreichen.[247] Es leuchtet aber nicht ein, dass die Insolvenz einer GmbH & Co. KG nach unterschiedlichen Regeln abzuwickeln sein soll, je nachdem, ob auch die Kommanditisten insolvent sind. Für diesen Fall plädiert nämlich auch die Gegenauffassung für die teleologische Reduktion von Abs. 2 Nr. 2.[248] Richtigerweise gilt daher allgemein sowohl für die Simultaninsolvenz von KG und GmbH als (erst recht) **auch für die simultane Insolvenz von Gesellschaft und sämtlichen Gesellschaftern:** Die Gesellschaft wird nach Abs. 1 Nr. 3 aufgelöst und die Gesellschafter bleiben Mitglieder der insolventen Gesellschaft. Abs. 3 Nr. 2 tritt also zugunsten von Abs. 1 Nr. 3 zurück, sofern die Gesellschafterinsolvenz haftungsbedingt eingetreten ist.[249] – Zur allgemein zu befürwortenden teleologischen Reduktion des Abs. 3 bei Eintritt eines Ausscheidensgrundes im Auflösungsstadium vgl. Rn 109. Zum Sonderfall des liquidationslosen Erlöschens einer zweigliedrigen Gesellschaft, wenn der vorletzte Gesellschafter aus anderen Gründen als seiner Insolvenz ausscheidet vgl. Rn 113.

93 **3. Rechtsfolgen.** Mit Erlass des Eröffnungsbeschlusses (Rn 90) scheidet der betroffene Gesellschafter aus der Gesellschaft aus. Der hierdurch entstehende **Abfindungsanspruch** (Rn 139) fällt ebenso wie dessen übriges pfändbares Vermögen in die Insolvenzmasse und unterliegt daher der Zuständigkeit des Insolvenzverwalters (§ 80 InsO). Die Gesellschaft kann aber ungeachtet des § 96 Nr. 1 InsO mit Gegenansprüchen aufrechnen, weil der Abfindungsanspruch, obwohl er erst im Zeitpunkt des Ausscheidens entsteht, schon zuvor in Gestalt der den Anteilswert repräsentierenden Einlage bzw. des Anspruchs auf das künftige Auseinandersetzungsguthaben ein zentrales Vermögensrecht des Gesell-

611 (630 f, 650 ff); *Albertus/Fischer* ZInsO 2005, 246 (248 ff) (aber jew. vorbehaltlich Simultainsolvenz aller Gesellschafter); Ebenroth/Boujong/*Lorz* Rn 46; Baumbach/*Hopt* Anh. § 177a Rn 45; Röhricht/Graf v. Westphalen/*v. Gerkan/Haas* Rn 29; tendenziell auch BGH ZIP 2004, 1047 (aber kein Fall einer Simultaninsolvenz) sowie 2008, 1677 (auch hier blieb aber unklar, ob eine Simultaninsolvenz vorlag – vgl. dazu mit Recht kritisch *K. Schmidt* ZIP 2009, 2327 (2347); aus insolvenzrechtlicher Sicht auch *Marotzke* ZIP 2009, 590 (591 ff).

[247] Für Abwicklung mittels Partikularinsolvenz (bei zweigliedriger Gesellschaft) und unter Betonung der Koordinierungsfunktion des § 93 InsO bei personaler Identität der Insolvenzverwalter *Bork/Jakoby* ZGR 2005, 611 (651 f); ebenso auch *Albertus/Fischer* ZInsO 2005, 246 (249 f); Röhricht/Graf v. Westphalen/*v. Gerkan/Haas* Rn 29. Ohne einen sinnvollen Lösungsansatz dagegen BGH ZIP 2008, 1677 (Eröffnungsbeschluss sei wegen insolvenzbedingten Ausscheidens des vorletzten Gesellschafters einer zweigliedrigen GbR ins Leere gegangen); vgl. dazu die berechtigte Kritik bei *K. Schmidt* ZIP 2008, 2337 (2343 ff) und (aus insolvenzrechtlicher Sicht) *Marotzke* ZIP 2009, 590 (591 ff); zust. dagegen *Trams* NZG 2008, 736.

[248] *Bork/Jacoby* ZGR 2005, 611 (630 f, 650 ff); *Albertus/Fischer* ZInsO 2005, 246 (248 ff).

[249] *K. Schmidt* (Fn 246); zu Abgrenzungsfragen beim Begriff der Simultaninsolvenz insbes. *K. Schmidt* ZIP 2009, 2337 (2346 f) abweichend, aber schwerlich überzeugend OLG Hamm ZIP 2003, 2264 (Liquidation der KG trotz insolvenzbedingtem Ausscheiden sämtlicher Gesellschafter; dagegen *K. Schmidt* GmbHR 2003, 1404 [1405]; *ders.* ZIP 2008, 2337 [2345]; insoweit zustimmend auch *Bork/Jakoby* ZGR 2005, 611 [652]; *Albertus/Fischer* ZInsO 2005, 246 [250]).

schafters darstellt.[250] Gem. § 95 Abs. 1 S. 3 InsO ist die Aufrechnung allerdings dann nicht zulässig, wenn die Gegenforderung der Gesellschaft später als der Abfindungsanspruch entsteht und fällig wird. Dies betrifft aber nicht die *Sozialverbindlichkeiten* des Gesellschafters, die unmittelbar in die Berechnung seines Abfindungsanspruchs einfließen. Soweit die Abfindungsbilanz zu einem *Fehlbetrag* führt, den der Gesellschafter auszugleichen hat, ist dieser als einfache Insolvenzforderung zur Tabelle anzumelden.[251]

Gesellschaftsgläubiger sind mit ihren Ansprüchen aus § 128, soweit nicht auch die Gesellschaft selbst insolvent ist (Rn 95), grundsätzlich einfache Insolvenzgläubiger in der Gesellschafterinsolvenz; Insolvenzvorrechte gegenüber der Gesellschaft wirken nicht auch in der Gesellschafterinsolvenz.[252] Trotz einer Mithaftung von Gesellschaft und übrigen Gesellschaftern können die Gläubiger ihre Forderungen aber bis zur vollen Befriedigung in der jeweiligen Gesellschafterinsolvenz anmelden (§ 43 InsO);[253] an der Verteilung der Masse nehmen sie freilich nur teil, soweit nicht schon die Leistungen von Gesellschaft oder Mitgesellschaftern zum Erlöschen der Forderung geführt haben. Im Übrigen bleibt die Vollstreckung in das – nicht insolvenzbefangene – Gesellschaftsvermögen selbstverständlich möglich, ohne dass § 87 InsO einer Beschaffung des Titels im Wege stünde. – Rechtshandlungen der übrigen Gesellschafter können aber *nach Eröffnung des Insolvenzverfahrens* **keine neuen Insolvenzforderungen** aufgrund der persönlichen Gesellschafterhaftung begründen, wie sich aus der Sperrwirkung des § 38 InsO ergibt.[254] 94

Nicht selten folgt einer **Insolvenz der Gesellschaft** wegen der akzessorischen Gesellschafterhaftung diejenige der Gesellschafter. Das ändert aber nichts an der prinzipiellen Trennung der verschiedenen Insolvenzverfahren (Rn 34), zumal die unterschiedlichen Gläubigergruppen gegensätzliche Interessen vertreten. Demgemäß scheidet auch die Bestellung desselben Verwalters für Gesellschafts- und Gesellschafterinsolvenz aus.[255] Wegen der gebündelten Geltendmachung der Gesellschafterhaftung in der Gesellschaftsinsolvenz nach § 93 InsO vgl. schon die Hinweise in Rn 34. Bei **gleichzeitiger Insolvenz von Gesellschaft und allen Gesellschaftern** tritt jedoch die Rechtsfolge des Abs. 3 Nr. 2 zugunsten von Abs. 1 Nr. 3 zurück. (Rn 92 a.E.) – Auch für die **GmbH & Co KG** bewendet es im Ausgangspunkt beim Trennungsprinzip;[256] ein Einheitsinsolvenzverfahren ist dem Gesetz unbekannt. Zu befürworten ist aber ein abgestimmtes *Simultaninsolvenzverfahrens* beider Gesellschaften, welches die wirtschaftliche Notwendigkeit einer einheitlichen Unternehmensinsolvenz so weit wie möglich auf der rechtlich vorgegebenen 95

---

[250] BGH NJW 1989, 453; MünchKommHGB/*K. Schmidt* Rn 129 i.V.m. Schlegelberger/*K. Schmidt* Rn 44; Ebenroth/Boujong/Joost/Strohn/*Lorz* Rn 49; vgl. auch MünchKommBGB[5]/*Ulmer*/*C. Schäfer* § 738 Rn 14.

[251] Kübler/Prütting/*Noack* InsO, Sonderband 1 (Gesellschaftsrecht) 1999, Rn 469; MünchKommBGB[5]/*Ulmer*/*C. Schäfer* § 728 Rn 40.

[252] § 128 Rn 80 (*Habersack*); ferner MünchKommInsO[2]/*Brandes* § 93 Rn 29; *Häsemeyer* Insolvenzrecht[4] Rn 31.16; abweichend noch BGHZ 34, 293 (298).

[253] MünchKommInsO[2]/*Bitter* § 43 Rn 1, 34; MünchKommBGB[5]/*Ulmer*/*C. Schäfer* § 728 Rn 41; *Häsemeyer* Insolvenzrecht[4] Rn 31.26; *Bitter* ZIP 2000, 1082 f; **aA** MünchKommInsO[2]/*Brandes* § 93 Rn 27 f; *K. Schmidt* ZIP 2000, 1085 f.

[254] Vgl. MünchKommBGB[5]/*Ulmer*/*C. Schäfer* § 728 Rn 42.

[255] So zu Recht *Häsemeyer* Insolvenzrecht[4] Rn 31.27; Kübler/Prütting/*Lüke* InsO (Stand 10/02) § 93 Rn 52; MünchKommInsO[2]/*Brandes* § 93 Rn 23.

[256] S. nur Sudhoff/*Salger* GmbH & Co.KG[6] § 48 Rn 6 und *Schlitt* NZG 1998, 701 (702); *Häsemeyer* Insolvenzrecht[4] Rn 31.04; MünchKommHGB/*K. Schmidt* Anh. § 158 Rn 62 f (bei „Sukzessivinsolvenz“).

Grundlage des Trennungsprinzips zu verwirklichen sucht (vgl. schon Rn 92 zur teleologischen Reduktion der Ausscheidensfolge).[257]

96 **4. Rechtsfolgen bei Auflösung der Gesellschaft.** Führt infolge einer entsprechend formulierten Auflösungsklausel die Insolvenz eines Gesellschafters nicht zu dessen Ausscheiden gem. Nr. 2, sondern zur Auflösung der Gesellschaft, so fällt dessen Mitgliedschaft, nicht aber das Gesellschaftsvermögen, in die Insolvenzmasse (§ 35 InsO) und unterliegt damit der Kompetenz des Insolvenzverwalters (§ 80 InsO), sofern nicht Eigenverwaltung angeordnet ist (§§ 270 ff InsO). Die Gesellschafterrechte einschließlich des Liquidatorenamtes werden folglich vom Insolvenzverwalter ausgeübt, wie § 146 Abs. 3, der von der Auflösung ausgeht, ausdrücklich klarstellt (§ 146 Rn 44 ff [*Habersack*]).

97 Auch bei Auflösung infolge Gesellschafterinsolvenz kann die Gesellschaft **mit den übrigen Gesellschaftern fortgesetzt** werden. Bei der BGB-Gesellschaft wird in diesem Fall allerdings überwiegend die Zustimmung des Insolvenzverwalters für erforderlich gehalten,[258] weil von den regulären Auflösungsfolgen abgewichen, namentlich der Anspruch auf das Auseinandersetzungsguthaben in einen Abfindungsanspruch verwandelt wird. Demgegenüber sah § 141 Abs. 2 a.F. für den Fall der Gesellschafterinsolvenz ein Ausschließungsrecht der übrigen Gesellschafter vor, das durch einfache Erklärung gegenüber dem Konkursverwalter mit der Folge auszuüben war, dass der Gesellschafter rückwirkend auf den Zeitpunkt der Auflösung ausgeschieden war.[259] Der Reformgesetzgeber hat hieran nichts ändern wollen, als er § 141 aufhob. Vielmehr hielt er es für selbstverständlich, dass die übrigen Gesellschafter „nach allgemeinen Grundsätzen" die Fortsetzung beschließen könnten.[260] Dem ist im Ergebnis zuzustimmen. Berücksichtigt man nämlich, dass der Sache nach allgemein die Möglichkeit zur Ausschließung *gegen volle Abfindung* besteht (Rn 68), so entsteht der Insolvenzmasse durch die Fortsetzung mit den übrigen Gesellschaftern kein Nachteil. Demgemäß bedarf es auch *keines Zustimmungsrechts des Insolvenzverwalters*.

98 Eine **Fortsetzung mit dem insolventen Gesellschafter** ist demgegenüber während des Insolvenzverfahrens nur möglich, wenn der Insolvenzverwalter den Gesellschaftsanteil – ggf. gegen Vergütung – freigibt;[261] andernfalls würde der Zweck von Nr. 2 konterkariert. Davon unberührt bleibt die Möglichkeit, einen nach Nr. 2 ausgeschiedenen Gesellschafter als neues Mitglied aufzunehmen, obwohl sein Abfindungsanspruch zur Insolvenzmasse gehört. Denn dies trifft auf neu hinzuerworbene Gegenstände nicht zu, weshalb für sie auch die Verfügungsbeschränkung des § 80 InsO nicht greift. Erst recht kann der Gesellschafter nach Einstellung bzw. Aufhebung des Insolvenzverfahrens der Gesellschaft wieder beitreten.[262]

III. Kündigung des Gesellschafters (Nr. 3)

99 Der Ausscheidensgrund der Nr. 3 bezieht sich in erster Linie auf die ordentliche Kündigung nach §§ 132, 134 zum Ende des Geschäftsjahres, die durch die Handelsrechtsreform von einer Auflösungs- in eine **Austrittskündigung** verwandelt worden ist. Sie

---

[257] Eingehend insbes. *K. Schmidt* GmbHR 2002, 1209 (1211 ff) und MünchKomm-HGB/*K. Schmidt* Anh § 158 Rn 66 ff.

[258] Vgl. nur MünchKommBGB[5]/*Ulmer*/*C. Schäfer* § 728 Rn 43 mwN.

[259] 3. Aufl. § 141 Rn 13 f (*Ulmer*).

[260] BegrRegE, BT-Drucks. 13/8444, S. 67.

[261] Schlegelberger/*K. Schmidt* HGB[5] Rn 36, 69; *Hueck* OHG § 23 V 1, S. 353.

[262] 3. Aufl. Rn 100 (*Ulmer*); vgl. auch MünchKommBGB[5]/*Ulmer*/*C. Schäfer* § 728 Rn 44; Schlegelberger/*K. Schmidt* Rn 36.

bezieht sich also nur mehr auf das Mitgliedschaftsverhältnis, nicht auf die Gesellschaft im Ganzen. Demgegenüber kennt das Handelsrecht nach wie vor **keine Kündigung** des Gesellschafters **aus wichtigem Grund**, und eine solche wird auch nicht etwa durch Nr. 3 begründet, da die Vorschrift allein die Rechtsfolgen eines anderweit begründeten Rechts zur Austrittskündigung betrifft (Rn 100). Es ist vielmehr dabei geblieben, dass gem. §§ 133, 140 bei Vorliegen eines wichtigen Grundes nur eine Auflösungs- oder Ausschließungsklage in Betracht kommt.[263] Abweichend hiervon kann aber der Gesellschaftsvertrag ein Recht zur außerordentlichen Austritts- oder Auflösungskündigung vorsehen (§ 133 Rn 72 ff), wobei aber die Vereinbarung eines Rechts zur Auflösungskündigung, das dem Anliegen des Abs. 3 widerspricht, deutlich zum Ausdruck gebracht werden sollte, weil im Zweifel ein Kündigungsrecht i.S.v. Nr. 3 anzunehmen ist. (Nur) unter diesen Voraussetzungen gilt Nr. 3 also auch für die Kündigung aus wichtigem Grund.

Nr. 3 regelt *nicht* selbst die *Voraussetzungen* der Kündigungsrechte, sondern nur ihre **100**
Rechtsfolgen; diese treten, wie Abs. 3 S. 2 ausdrücklich klarstellt, erst mit Ablauf der Kündigungsfrist ein, im Falle der §§ 132, 134 also zum Ende des Geschäftsjahres, in dem gekündigt wird. Der Kündigende scheidet gegen Abfindung aus der Gesellschaft aus, die unter den übrigen Gesellschaftern fortgesetzt wird. Sofern der Gesellschaftsvertrag abweichend von Nr. 3 die **Auflösung** der Gesellschaft vorsieht, kann diese gleichwohl nach den allgemeinen Regeln unter den übrigen Gesellschaftern fortgesetzt werden.[264] – Wegen der **Voraussetzungen** der Kündigungsrechte ist auf die Erläuterungen zu §§ 132, 133, 134 und 140 zu verweisen.

IV. Kündigung eines Privatgläubigers (Nr. 4)

Der Ausscheidensgrund der Nr. 4 bezieht sich auf den Fall der Gläubigerkündigung **101**
nach § 135; wegen deren Voraussetzungen wird demgemäß auf die Erläuterungen zu dieser Vorschrift verwiesen. § 135 will dem Privatgläubiger die Möglichkeit verschaffen, den **Gesellschaftsanteil zu liquidieren**, namentlich auf den Abfindungsanspruch zuzugreifen. Die Rechtsfolgen treten gem. S. 2 i.V.m. § 135 zum Ende des Geschäftsjahres ein. – Auch wenn der Gesellschaftsvertrag für den Fall des § 135 die **Auflösung** der Gesellschaft vorsieht, kann diese nach allgemeinen Regeln ohne den betroffenen Gesellschafter **fortgesetzt** werden.[265]

V. Weitere Gründe (Nr. 5)

1. Grundsätzliches. Die Regelung von Abs. 3 S. 1 Nr. 5, derzufolge der Gesellschafts- **102**
vertrag weitere Fälle vorsehen kann, an deren Eintreten sich automatisch das Ausscheiden des betreffenden Gesellschafters knüpft, ist zwar ein Novum im Gesetz. Doch war schon zu § 138 a.F. anerkannt, dass der Gesellschaftsvertrag an den **Eintritt bestimmter Ereignisse** in der Person eines Gesellschafters dessen automatisches Ausscheiden knüpfen

---

263 Vgl. *Habersack* Bayer-Symposion 1999, S. 73 (92); (nur) im Ergebnis auch *Wiedemann* GS Lüderitz, 2000, 839 (845).

264 S. an dieser Stelle nur BGHZ 31, 295 (300); näher § 133 Rn 76.

265 Vgl. BGH WM 1968, 697 sowie BegrRegE BT-Drucks. 13/8444, S. 67 (in Bezug auf die Aufhebung des § 141, der im Falle der Gläubigerkündigung die Fortsetzung nur mit den übrigen Gesellschaftern ausdrücklich für zulässig erklärte; allgemein zur Fortsetzung s. Rn 60).

konnte.[266] Die unveränderte Beibehaltung dieser Rechtslage klarzustellen, war Anliegen der Reform, wie die Motive ausdrücklich hervorheben, nicht ohne ergänzend klarzustellen, dass die Ausschließung eines Gesellschafters hierdurch in materieller Hinsicht nicht erleichtert werden solle.[267] Vielmehr sollten die „in der Rechtsprechung insoweit herausgearbeiteten Kriterien" unberührt bleiben. Diese Klarstellung ist ernst zu nehmen; denn in der generalklauselartigen Formulierung der Nr. 5 ist der Konflikt mit dem Verdikt eines Hinauskündigungsrechts vorgezeichnet (§ 140 Rn 4).

103 **2. Die in Betracht kommenden Gründe im Einzelnen.** Diese Ausgangslage verlangt bei Bestimmung der in Betracht kommenden Gründe ausreichende Berücksichtigung. Weil das Ausscheiden im Falle der Nr. 3 ipso iure eintritt, ohne dass also ein Beschluss erforderlich wäre, ist der Grund außerdem so zu formulieren, dass sein Eintritt auch in zeitlicher Hinsicht sicher bestimmt werden kann. Hieraus ergibt sich zunächst allgemein, dass hinsichtlich der **Bestimmbarkeit** des Eintritts keine geringeren Voraussetzungen gelten als im Falle des Abs. 1 Nr. 1 (Rn 19). Überdies darf der Eintritt des Ereignisses keinesfalls durch die übrigen Gesellschafter beeinflussbar sein. Unwirksam wäre daher insbesondere, einen schlichten Beschluss der übrigen Gesellschafter als Grund zu benennen.[268] Unproblematisch sind auf der anderen Seite **objektive personenbezogene Ereignisse**, etwa der Eintritt einer Altersgrenze oder der – an bestimmte Umstände geknüpfte – Verlust der Berufsfähigkeit,[269] sofern sie einen *sachlichen Grund* für das Ausscheiden darstellen. Im Übrigen gelten *mutatis mutandis* die gleichen Grundsätze wie für die Beurteilung von Ausschließungsklauseln (§ 140 Rn 52 ff). Dies gilt allemal für solche Ausscheidensgründe, die nicht generell, sondern nur für einzelne Gesellschafter gelten sollten, zumal beim automatischen Ausscheiden zusätzlich eine Sicherung durch das Beschlussverfahren fehlt.

104 Problematisch sind insofern vor allem **Ereignisse, die außerhalb der gesellschaftsrechtlichen Sphäre** angesiedelt sind, etwa die Wiederverheiratung eines Gesellschafters oder der Verstoß gegen anderweitige (Rechts-)Beziehungen.[270] Selbst wenn solche Ereignisse so exakt formuliert werden können, dass die entsprechende Vertragsklausel nicht mangels Bestimmtheit unwirksam ist, und selbst wenn sie für alle Gesellschafter gleichermaßen gelten, wird in der Regel von einer Nichtigkeit nach § 138 BGB[271] auszugehen sein, weil die betroffenen Gesellschafter selbst in Bezug auf ihre Privatsphäre zu Wohlverhalten angehalten werden und also nicht einmal von ihren allgemeinen Freiheitsrechten unbefangenen Gebrauch machen können. Das gedeihliche Zusammenwirken der Gesellschafter, das der BGH im Zusammenhang mit Hinauskündigungsklauseln zu Recht gefährdet sieht, ist auch bei automatischem Ausscheiden nicht gewährleistet; denn hier steht es den Mitgesellschaftern selbstverständlich frei, sich nicht auf das Ausscheiden zu berufen und dadurch den Gesellschaftsvertrag konkludent zu ändern. Anders als bei den Hinauskündigungsklauseln liegt beim automatischen Ausscheiden eines Gesellschaf-

[266] S. nur 3. Aufl. § 138 Rn 5 (*Ulmer*); Schlegelberger/*K. Schmidt* § 138 Rn 9, jew. mwN.

[267] BegrRegE, BT-Drucks. 13/8444, S. 66.

[268] Unstr., vgl. etwa auch *Wiedemann* Gesellschaftsrecht Bd. II, § 8 IV 3c, S. 753 f.

[269] *Wiedemann* GS Lüderitz, 2000, S. 847 f; ebenso 3. Aufl. § 138 Rn 5 (*Ulmer*); vgl. auch OLG Schleswig NZG 2001, 404 (405): Eigentumsverlust an einer Ferienwohnung führt auch dann nicht zum automatischen Ausscheiden, wenn das Wohnungseigentum Beitrittsvoraussetzung ist.

[270] Vgl. *Wiedemann* GS Lüderitz, 2000, S. 847 f; *ders.* Gesellschaftsrecht Bd. II, S. 753.

[271] Zu § 138 BGB als Maßstab für die Kontrolle von Hinauskündigungsklauseln s. hier nur BGHZ 105, 213 (216 ff); 107, 351; weit. Nachw. bei § 140 Rn 70.

ters zusätzlich auch die Initiativlast auf seiner Seite, wenn er seinen – strittigen – Verbleib feststellen lassen will. Grundsätzlich besteht daher **kein schützenswertes Interesse** an einem automatischen Ausscheiden des Gesellschafters in solchen Fällen, zumal die Möglichkeit zur Ausschließung aus wichtigem Grund (§ 140) unberührt bleibt, falls sich das außergesellschaftliche Verhalten im Einzelfall als erhebliche Treupflichtverletzung herausstellen sollte.

VI. Beschluss über die Ausschließung (Nr. 6)

Auch bei dem in Nr. 6 geregelten Gesellschafterbeschluss handelt es sich um einen neu eingeführten Ausschließungsgrund, der zudem Unsicherheit darüber hervorgerufen hat, ob damit die materiellen und formellen Voraussetzungen, die § 140 an die Ausschließung eines Gesellschafters stellt, herabgesetzt werden.[272] Der Gesetzgeber hat dies jedenfalls nicht gewollt; die Begründung führt vielmehr aus, dass die Nr. 6 keine materielle Erleichterung der Ausschließung zur Folge habe.[273] Nichts anderes ergibt sich aus der systematischen Zusammenschau der Nrn. 3–6, die lediglich auf anderweitig – in Gesetz oder Vertrag – begründete Kündigungs- bzw. Ausscheidensrechte oder -tatbestände Bezug nehmen. Ihre Bedeutung beschränkt sich mit anderen Worten auf die Rechtsfolgenseite, so dass Nr. 6 lediglich **klarstellt**, was schon zuvor anerkannt war, dass nämlich **Ausschließungsklauseln** vereinbart werden dürfen, die von § 140 in formeller oder materieller Hinsicht abweichen.[274] Demgemäß besteht in der Tat ein unverkennbarer Zusammenhang zwischen Nr. 5 und Nr. 6:[275] Beide Vorschriften lassen erkennen, dass der Gesellschaftsvertrag – in gewissen Grenzen – Gründe bestimmen kann, die entweder eo ipso oder nach entsprechendem Gesellschafterbeschluss zum Ausscheiden eines Gesellschafters führen, und er hierdurch also von den Voraussetzungen des § 140 abweichen kann. Wegen der Einzelheiten ist daher auch hinsichtlich der Nr. 6 auf die Erläuterungen zu § 140 zu verweisen. 105

Keine Bedeutung kommt Nr. 6 dagegen hinsichtlich der Zulässigkeit einer (**einstimmigen) Vertragsänderung** zu, mit der sich die Gesellschafter auf das Ausscheiden verständigen;[276] diese ergibt sich nämlich schon aus allgemeinen Grundsätzen, so dass sie keiner Grundlage in Gesetz oder Vertrag bedarf.[277] Überdies passte es nicht zum Regelungsgehalt von Nr. 6, wenn man der Vorschrift *insoweit* doch eine rechtsbegründende Wirkung einräumen wollte. 106

---

272 *Wiedemann* GS Lüderitz, 2000, 839 (849); vgl. auch *K. Schmidt* NJW 1998, 2161 (2166).

273 BegrRegE, BT-Drucks. 13/8444, S. 66.

274 Ebenso im Ergebnis auch *Wiedemann* GS Lüderitz, 839 (858 ff); *K. Schmidt* NJW 1998, 2161 (2166); *ders.* Gesellschaftsrecht, § 50 III 2a, S. 1469; Ebenroth/Boujong/Joost/Strohn/*Lorz* Rn 54; Baumbach/*Hopt* Rn 26.

275 *K. Schmidt* NJW 1998, 2161 (2166).

276 In diesem Sinne aber BegrRegE, BT-Drucks. 13/8444, S. 65.

277 So mit Recht *Wiedemann* GS Lüderitz, 2000, 839 (849).

H. Die Rechtsfolgen des Ausscheidens

I. Überblick

107 Die wesentlichen Rechtsfolgen sind schon im Zusammenhang mit dem Begriff des Ausscheidens erwähnt worden (Rn 16): Die Mitgliedschaft des Ausscheidenden erlischt, sein Gesamthandsanteil wächst den verbleibenden Gesellschaftern an (§ 738 Abs. 1 S. 1 BGB). Der Ausgeschiedene und die verbliebenen Gesellschafter haben sich nach Maßgabe der §§ 738–740 BGB **auseinanderzusetzen** (Rn 117 ff), insbesondere erwirbt der Ausgeschiedene einen **Abfindungsanspruch** (§ 738 Abs. 1 S. 2 BGB). Dieser bemisst sich gem. § 738 Abs. 1 S. 2 BGB nach der Höhe des ihm im Fall der Liquidation zustehenden Auseinandersetzungsguthabens (Rückerstattung der Einlagen und Verteilung des Überschusses, §§ 733 Abs. 2 S. 1, 734 BGB). Andererseits trifft den Ausgeschiedenen eine anteilige **Verlustdeckungspflicht** gem. § 739 BGB, wenn die fiktive Auseinandersetzungsrechnung einen Fehlbetrag ergibt. Wie bei der Abwicklung (§ 732 BGB) hat der Ausgeschiedene außerdem Anspruch auf Rückgabe der der Gesellschaft zur Benutzung überlassenen Gegenstände (§ 738 Abs. 1 S. 2 BGB). Die Gesellschaft wird unter den übrigen Gesellschaftern **fortgesetzt**, ohne dass ihre oder ihres Gesellschaftsvermögens Identität hierdurch in Frage gestellt würde.

108 Der Ausgeschiedene **haftet** nicht mehr für die nach dem Zeitpunkt seines Ausscheidens (Rn 115) begründeten **Gesellschaftsverbindlichkeiten**; für die bis dahin entstandenen nurmehr nach § 160, also mit Enthaftungsmöglichkeit.[278] Wegen der Regressfolgen, die eine Inanspruchnahme des Ausgeschiedenen nach sich ziehen, ist auf § 128 Rn 42, 45 f (*Habersack*) zu verweisen.[279] Solange das Ausscheiden allerdings noch nicht gem. § 143 Abs. 2 in das Handelsregister eingetragen ist, wird dem Redlichen auch für Neuverbindlichkeiten gehaftet (§ 15 Abs. 1).

109 Tritt ein Ausscheidensgrund in der **aufgelösten Gesellschaft** ein, stellt sich die Frage, ob Abs. 3 gleichwohl anwendbar bleibt oder teleologisch zu reduzieren ist, so dass der betroffene Gesellschafter bzw. seine Erben Mitglied der Liquidationsgesellschaft bleiben. Der Zweck, die Kontinuität der Gesellschaft bei personenbezogenen Gründen zu sichern, ist im Auflösungsstadium nur begrenzt erreichbar, insofern nämlich der Verbleib des von einem Auflösungsgrund betroffenen Gesellschafters eine sonst zulässige Fortsetzung verhinderte. Zur **früheren Rechtslage**, bei der das Ausscheiden nur aufgrund einer Fortsetzungsklausel eintrat, herrschte eine entsprechend differenzierte Beurteilung vor: Im Wege der (ergänzenden) Auslegung wurde angenommen, dass die als Ausschließungsklausel funktionierende Fortsetzungsklausel nur dann anwendbar war, wenn entweder die Auflösung von vornherein nur vorübergehender Natur war und die Gesellschaft alsbald fortgesetzt werden sollte oder ein zur Ausschließung führender wichtiger Grund auch die ordnungsgemäße Abwicklung ernsthaft beeinträchtigen würde, wenn der Gesellschafter Mitglied der Liquidationsgesellschaft blieb.[280]

---

[278] Vgl. die Erl. zu § 160; zur Abgrenzung zwischen Alt- und Neuverbindlichkeiten § 160 Rn 9 ff (*Habersack*).

[279] Eingehend zur *Haftung des Ausgeschiedenen* § 128 Rn 54 ff (*Habersack*).

[280] So BGH WM 1964, 1086 f für den Ausscheidensgrund des Gesellschafterkonkurses; ebenso 3. Aufl. Rn 13 (*Ulmer*); Schlegelberger/*K. Schmidt* § 138 Rn 3. – Demgegenüber haben RGZ 95, 32 f und KG WM 1969, 900 f das Ausscheiden im Todesfalle verneint (zustimmend 3. Aufl. Rn 13 [*Ulmer*]; Heymann/*Emmerich* § 138 Rn 2; kritisch aber Schlegelberger/*K. Schmidt* § 138 Rn 2; Röhricht/Graf v. Westphalen/*v. Gerkan* HGB[1] § 138 Rn 1).

110 Im Wesentlichen gilt diese Rechtslage **auch noch nach Neufassung des § 131.** Für die im Gesellschaftsvertrag vereinbarten weiteren Ausscheidensfälle (Abs. 3 Nr. 6) bleibt die (ergänzende) Auslegung weiterhin Grundlage für eine Suspendierung der Ausscheidensfolge; für die übrigen Fälle kommt statt dessen mit Rücksicht auf den im Auflösungsstadium nur mehr begrenzt erreichbaren Normzweck des Abs. 3 dessen **teleologische Reduktion** in Betracht. Insofern ist allerdings nach den einzelnen *Ausscheidensgründen zu differenzieren*: **Kündigt** der Gesellschafter im Abwicklungsstadium kann dies nur mit dem Ziel geschehen, aus der Liquidationsgesellschaft auszuscheiden. Von der Folge des Abs. 3 abzuweichen, besteht kein Grund; es stellt sich allerdings die Frage, ob bzw. wie lange eine Kündigung im Liquidationsstadium überhaupt noch möglich ist (§ 132 Rn 42). Auch im Falle einer **Ausschließung** aus wichtigem Grund (Nr. 6 bzw. § 140) bleibt es beim Ausscheiden des Gesellschafters, da in diesem Falle ein ungestörtes Zusammenwirken regelmäßig auch in der Abwicklungsphase ausgeschlossen sein wird.[281] Nicht ganz eindeutig ist der Fall der **Gesellschafterinsolvenz** (Nr. 2). Stellt man allein auf den Schutz der Privatgläubiger ab (Rn 89), so ließe sich die teleologische Reduktion durchaus begründen, da es aus ihrer Sicht prinzipiell gleichgültig ist, ob sie auf das Auseinandersetzungsguthaben oder den Abfindungsanspruch zugreifen können, weshalb auch auf der Grundlage von § 131 n.F. die Auflösung der Gesellschaft vertraglich vereinbart werden kann (nicht jedoch ihre Fortsetzung mit dem insolventen Gesellschafter, vgl. Rn 98). Demgegenüber hat BGH WM 1964, 1087 als entscheidend angesehen, dass es auch im Abwicklungsstadium – zumal bei Fremdverwaltung des Anteils – zu störenden Interessengegensätzen in Hinblick auf die Erhaltung des Unternehmens kommen könne. Daher müsse es zum Schutz der Mitgesellschafter bei der Ausscheidensfolge bleiben. Dieser Wertung ist unverändert zuzustimmen, so dass es für eine Einschränkung des Abs. 3 also einer entsprechenden Vertragsklausel bedarf, mit der die Mitgesellschafter die von der Gesellschafterinsolvenz ausgehenden Störungen erkennbar in Kauf nehmen. Entsprechend wird man auch im Falle der **Kündigung durch Privatgläubiger** (Nr. 4) entscheiden müssen. Im Ergebnis verbleibt daher für eine teleologische Reduktion – abgesehen von den Fällen der Nr. 5 – letztlich nur der **Tod des Gesellschafters** (Nr. 1).

II. Der Verbleib zweier Gesellschafter als Voraussetzung für den Eintritt der regulären Ausscheidensfolgen

111 Der Eintritt der in Rn 107 f genannten Folgen setzt notwendig voraus, dass nach dem Ausscheiden noch wenigstens zwei Gesellschafter verbleiben, weil das geltende Recht grundsätzlich keine Einpersonengesellschaft zulässt. Scheidet der vorletzte Gesellschafter aus einer Zweipersonengesellschaft aus, hat dies das **liquidationslose Erlöschen** der Gesellschaft unter Universalsukzession ihres Vermögens auf den einzigen verbleibenden Gesellschafter zur Folge (Rn 9), der damit zugleich Schuldner des Abfindungsanspruchs wird; für die **vermögensrechtliche Auseinandersetzung** gelten die §§ 738–740 BGB entsprechend.[282] Dass § 142 a.F. als Grundlage für diese Universalsukzession nicht mehr zur Verfügung steht, mag die dogmatische Begründung hierfür erschweren, stellt sie aber als solche nicht in Frage.[283]

---

281 So zur früheren Rechtslage bereits RGZ 102, 375; BGHZ 1, 324 (331).

282 BGH NJW 1966, 827 (828); 1993, 1194; NZG 2000, 434 = ZIP 2000, 229; WM 2002, 293 (295); OLG Hamm ZIP 2007, 1233 (1236); MünchKommBGB[5]/*Ulmer*/*C. Schäfer* § 738 Rn 11 mwN; *K. Schmidt* FS Huber, 2006, S. 969 (991 ff).

283 Wegen der dogmatischen Begründung vgl. schon den Hinweis in Rn 7, Fn 18.

112 Dass in der Zweipersonengesellschaft an die Stelle des Ausscheidens des vorletzten Gesellschafters **ausnahmsweise schon kraft Gesetzes die Auflösung** der Gesellschaft tritt, lässt sich **nicht** begründen. Die teleologische Reduktion von Abs. 3 wäre hierfür ohnehin eine unzureichende methodische Grundlage; denn auf diesem Wege ließe sich zwar die Ausscheidensfolge suspendieren, nicht jedoch zugleich die Anwendbarkeit des Abs. 1 rechtfertigen. Vor allem ist aber die Reduktion nicht überzeugend begründbar: Abs. 3 enthält keinerlei Anhaltspunkte für seine Unanwendbarkeit in der Zweipersonengesellschaft. Anderes gilt lediglich für die Simultaninsolvenz von GmbH und KG bei der GmbH & Co. KG (Rn 92). Gemäß § 140 Abs. 1 S. 2 scheitert überdies in diesem Falle nicht einmal die *Ausschließung* eines Gesellschafters, obwohl es hier von der Willkür des verbleibenden Gesellschafters abhängt, ob er das Gesellschaftsvermögen ohne Liquidation erwirbt. Zudem ist es aus Sicht des Ausscheidenden rechtlich unerheblich, in wessen Hand das Gesellschaftsvermögen liegt, solange nur dessen Haftung für den Abfindungsanspruch gesichert bleibt. Die Unternehmenskontinuität, die Abs. 3 gewährleisten will, setzt den Bestand der Gesellschaft im Übrigen nicht zwingend voraus. So hat denn auch der Gesetzgeber die Aufhebung des § 142 damit begründet, dass die in dieser Vorschrift zum Ausdruck kommende, auf eine Entscheidung des ROHG[284] zurückgehende Vorstellung des historischen Gesetzgebers überholt sei, dass nämlich Ausscheiden und Ausschließung nur in Betracht kämen, wenn nicht allein das Unternehmen, sondern auch die Gesellschaft fortbestehe.[285] Dem ist nach dem Vorstehenden vollauf zuzustimmen.[286] Die **Auflösungsfolge** tritt deshalb nur dann ein, wenn sie im **Gesellschaftsvertrag** für das Ausscheiden des vorletzten Gesellschafters vorgesehen wird, wogegen keine Bedenken bestehen. Eine solche (spezifische) Auflösungsklausel kann auch mit einem **Übernahmerecht** des letzten Gesellschafters kombiniert werden (zum Ganzen näher Rn 10).

113 In Rn 92 ist ausgeführt, dass Abs. 3 Nr. 2 bei **simultaner Insolvenz** von KG und Komplementärgesellschaft in der **GmbH & Co. KG** teleologisch zu reduzieren ist, um dem Erfordernis simultaner Insolvenzverfahren (Rn 95) Rechnung zu tragen: Die insolvente GmbH scheidet nicht aus, sondern bleibt an der Liquidationsgesellschaft beteiligt. Es stellt sich daher die Frage, ob Entsprechendes zur Vermeidung unbilliger Haftungsfolgen **allgemein** für die **zweigliedrige KG** in Bezug auf das Ausscheiden des letzten Komplementärs gelten muss, und zwar unabhängig vom konkreten Ausscheidensgrund, sofern nicht der Gesellschaftsvertrag für diesen Fall die Auflösung der Gesellschaft vorsieht (Rn 10).[287] Das Festhalten am liquidationslosen Erlöschen hat nämlich nach der in Rn 9 f

---

284 ROHGE 11, 160; dazu *K. Schmidt* JZ 2003, 585 (595).

285 BegrRegE, BT-Drucks. 13/8444, S. 67 unter Bezugnahme auf die Denkschrift zum Entwurf eines Handelsgesetzbuches, 1896, S. 102. – § 142 Abs. 1 a.F. lautete: „Sind nur zwei Gesellschafter vorhanden, so kann, wenn in der Person des einen von ihnen die Voraussetzungen vorliegen, unter welchen bei einer größeren Zahl von Gesellschaftern seine Ausschließung aus der Gesellschaft zulässig sein würde, der andere Gesellschafter auf seinen Antrag vom Gerichte für berechtigt erklärt werden, das Geschäft ohne Liquidation mit Aktiven und Passiven zu übernehmen".

286 Ebenso *K. Schmidt* JZ 2003, 585 (595); MünchKommHGB/*K. Schmidt* Rn 101; im Ansatz abweichend, im Ergebnis aber zutr. OLG Karlsruhe NZG 2007, 265: kein Ausscheiden des vorletzten Gesellschafters aus einer Zweipersonen-OHG mit Fortsetzungsklausel im Falle seiner Kündigung, wenn danach auch der andere Gesellschafter gekündigt hat; die Anwendung der Liquidationsfolgen auf die vermögensmäßige Auseinandersetzung hätte hier schon auf den Missbrauchseinwand gestützt werden können, vgl. MünchKommBGB[5]/*Ulmer/Schäfer* § 736 Rn 9.

287 So für den Fall, dass in der GmbH&Co.KG nur für die GmbH Insolvenzantrag gestellt

dargestellten Rechtslage zur unangemessenen Konsequenz, dass die Gesellschaftsgläubiger nicht nur unbeschränkt auf das auf den einzigen Kommanditisten übergegangene Gesellschaftsvermögen zugreifen könnten, sondern ebenso auch auf dessen sonstiges Vermögen. Damit wäre die beschränkte Kommanditistenhaftung konterkariert. Aus diesem Grund hatte die Voraufl. eine teleologische Reduktion von Abs. 3 Nrn. 1, 2 bei Ausscheiden des einzigen Komplementärs für alle zweigliedrigen Kommanditgesellschaften befürwortet.[288] Indessen haben Rechtsprechung und Literatur in der Folge eines Urteils des **BGH** von März **2004** inzwischen ein anderes, konsistentes Konzept entwickelt, um der Haftungsproblematik zugunsten des letzten Kommanditisten Herr zu werden.[289] Der BGH hatte noch vertreten, dass die Haftung des übernehmenden Kommanditisten analog § 419 BGB a.F. schon kraft Gesetzes auf das übergegangene (Gesellschafts-)Vermögen beschränkt sei, freilich verbunden mit der schwer einzuordnenden Bemerkung, dass eine Haftung aus § 25 in Betracht komme, wenn der Kommanditist das Handelsgeschäft der KG fortführe.[290] Für diese freie Rechtsfortbildung fehlte indessen nicht nur eine ausreichende Grundlage. Vielmehr passte sie auch nicht in das System der Haftung für Verbindlichkeiten, die im Wege der Universalsukzession übergegangen sind, zumal das Bürgerliche Recht eine haftungsbegrenzende Vermögenssonderung bei der Einzelperson nur in wenigen gesetzlich angeordneten Fällen kennt, namentlich bei Anordnung von Nachlassverwaltung und -insolvenz.[291] Das Urteil war deshalb zu kritisieren.[292]

Zu einer konsistenten Lösung lässt sich aber gelangen, wenn man das liquidationslose Erlöschen der Personengesellschaft **dem Tod einer natürlichen Person gleichstellt** und deshalb unterscheidet zwischen einer „erbrechtlichen“ Haftung kraft Universalsukzession einerseits, die im Wege eines den §§ 1975 ff BGB bzw. §§ 315 f InsO nachgebildeten „Unternehmensverwaltungs-“ bzw. „Unternehmensinsolvenzverfahren“[293] beschränkbar ist, und andererseits von einer handelsrechtlichen Haftung analog § 27 Abs. 1, die nach § 27 Abs. 2 durch rechtzeitige Einstellung des Geschäftsbetriebs begrenzt werden kann.[294] Zu einer ähnlichen Lösung ist der BGH – nach alter Rechtslage – schon in **114**

wurde *K. Schmidt* JZ 2003, 585 (595) (bei Fn 148); und allgemein Voraufl. Rn 109 f. Vgl. auch BGH ZIP 2000, 229 f = NZG 2000, 474, wo unter der alten Rechtslage das Ausscheiden aufgrund einer Fortsetzungsklausel für möglich gehalten wird; **aA** dann aber BGH ZIP 2004, 1047 (1048) (s. sogleich im Text).

288 So für den Fall des insolvenzbedingten Ausscheidens auch *Liebs* ZIP 2002, 1716 (1717).

289 Vgl. insbes. OLG Hamm ZIP 2007, 1233 ff; LG Dresden ZIP 2005, 955 f sowie *Bork/Jacoby* ZGR 2005, 632 ff (643 ff); *Marotzke* ZInsO 2009, 590 (593 ff); *Albertus/Fischer* ZInsO 2005, 246 (248 ff); einen gewissen Rückschlag haben diese Bemühungen allerdings durch BGH ZIP 2008, 1677 erlitten (Eröffnungsbeschluss zum Insolvenzverfahren geht ins Leere, nachdem vorletzter Gesellschafter ausgeschieden ist; der Fall betraf aber eine GbR; vgl. dazu schon in die Hinweise in Rn 92, Fn 245 sowie mit Recht kritisch *Marotzke* aaO; *K. Schmidt* ZIP 2008, 2337 [2347]).

290 BGH ZIP 2004, 1047 (1048).

291 S. nur BGHZ 113, 132 (134) und eingehend *Dauner-Lieb* Sondervermögen, S. 67, 79 ff.

292 Näher Voraufl. Rn 109a; vgl. ferner im Übrigen nur *Bork/Jacoby* ZGR 2005, 632 ff; *Marotzke* ZInsO 2009, 590 (594 f) (mit Fn 34).

293 Terminologie nach *Bork/Jacoby* ZGR 2005, 611 (639 ff); schlicht von Nachlassverwaltungs- bzw. Insolvenzverfahren spricht auch in diesen Fällen *Marotzke* ZInsO 2009, 590 (595 f).

294 In diesem Sinne (mit Unterschieden im Detail) namentlich *Bork/Jacoby* ZGR 2005, 632 ff (643 ff); *Albertus/Fischer* ZInsO 2005, 246 (248 ff); *Marotzke* ZInsO 2009, 590 (593 ff); vgl. auch schon *dens.* ZHR 156 (1992), 17 (21 ff); dem grds. folgend OLG Hamm ZIP 2007, 1233 ff; LG Dresden ZIP 2005, 955 f.

BGHZ 113, 132 (135) gelangt, wo er § 27 analog anwandte.[295] Die Entscheidung betraf allerdings den Sonderfall, dass der einzige Komplementär durch den einzigen Kommanditisten beerbt wurde. Sie lässt sich aber auf alle Fälle des „Todes" einer Gesellschaft durch das Ausscheiden des vorletzten Gesellschafters im genannten Sinne verallgemeinern. Damit hat der als einziger Gesellschafter verbliebene Kommanditist die Chance, seine handelsrechtliche, aus § 27 Abs. 1 (analog) folgende Haftung durch rechtzeitige Einstellung der (eigenen) Unternehmenstätigkeit nach § 27 Abs. 2 zu beschränken, während seine „erbrechtliche" Haftung aus §§ 1922, 1967 BGB (analog) nur durch Anordnung eines „Unternehmensverwaltungs-" oder „-insolvenzverfahrens" begrenzt werden kann. Eine automatische Haftungsbegrenzung auf den „Nachlass", wie von BGH ZIP 2004, 1047 (1048) angenommen, kommt demgemäß nicht in Betracht.

III. Ende der Mitgliedschaft

115 Indem das Ausscheiden zum Erlöschen der Mitgliedschaft des Ausgeschiedenen führt, bewirkt es den Wegfall grundsätzlich sämtlicher Gesellschafterrechte und -pflichten mit dem Stichtag des Ausscheidens, soweit diese nicht schon zu selbständigen, vom Anteil gelösten Ansprüchen und Verbindlichkeiten geworden sind (zu deren Einbeziehung in die Berechnung des Abfindungsanspruchs vgl. Rn 143, 160). Das gilt für Mitsprache- und Geschäftsführungsrechte ebenso wie für Kontrollrechte. An die Stelle des Informationsrechts aus §§ 118, 166 tritt hinsichtlich der Auseinandersetzung das Recht aus § 810 BGB, Einsicht in die Unterlagen der Gesellschaft zu verlangen.[296] Die **Mitgliedschaftsrechte der übrigen Gesellschafter** werden infolge des Ausscheidens im Zweifel verhältnismäßig erhöht, wahren also ihr bisheriges relatives Gewicht. Das gilt grundsätzlich auch für das Gewinnrecht; doch kann die Gewinn- und Verlustbeteiligung des Ausgeschiedenen gesellschaftsvertraglich auch einem bestimmten Gesellschafter zugeordnet werden.[297] Der **Zeitpunkt** des Ausscheidens richtet sich grundsätzlich nach dem Eintritt des Ausscheidensgrundes (Eintritt des Todes; Eröffnung des Insolvenzverfahrens etc.), im Falle der Kündigung aber nach deren Wirksamkeit (§§ 132, 135), ohne dass es jeweils auf die nach § 143 Abs. 2 i.V.m. Abs. 1 erforderliche, von sämtlichen Gesellschaftern zu bewirkende **Eintragung im Handelsregister** ankäme (vgl. Rn 53 und näher Erl. zu § 143).

116 Ungeachtet des Erlöschens der Mitgliedschaft treffen den Ausgeschiedenen ebenso wie die übrigen Gesellschafter Pflichten zur gegenseitigen Rücksichtnahme im Rahmen der **nachvertraglichen Treupflicht.**[298] Sie hat Bedeutung sowohl für die *Erstellung der Abfindungsbilanz* und die insoweit gebotene Kooperation der Beteiligten als auch für ein *Wettbewerbsverbot* des Ausgeschiedenen. Dieses bedarf zwar besonderer Vereinbarung, weil die §§ 112 f nach dem Ausscheiden keine Anwendung mehr finden (§ 112 Rn 11),

[295] *K. Schmidt* JZ 2003, 585 (594) und *Bork/Jacoby* ZGR 2005, 611 (642 f) haben das Urteil deshalb als Hindernis für die teleologische Reduktion des Abs. 3 Nr. 1 aufgefasst.

[296] Vgl. BGH NJW 1989, 3272.

[297] Näher 3. Aufl. Rn 23 (*Ulmer*) unter Verweis auf RG JW 1936, 3118.

[298] 3. Aufl. Rn 18 f (*Ulmer*) und MünchKommBGB[5]/*Ulmer/C. Schäfer* § 738 Rn 7; Heymann/*Emmerich* § 199 Rn 11; Baumbach/*Hopt* § 109 Rn 42, § 131 Rn 37; aus der Rspr. etwa BGH WM 1990, 898; zur Kooperationspflicht der Gesellschafter in der Abwicklungsphase auch BGH ZIP 2003, 73 (74) (Informationspflicht); zur Treupflicht des aus einer Personengesellschaft Ausgeschiedenen BGH NJW 1980, 881 (882) = WM 1980, 462 (464) (Verbot der Einmischung in Geschäftsführungsangelegenheiten).

kann sich aber auch konkludent aus entsprechenden, auf den Ausscheidensfall bezogenen Abreden im Gesellschaftsvertrag ergeben,[299] namentlich aus einer Abfindungsvereinbarung, die dem Ausgeschiedenen vollen Anteil am Ertragswert der fortbestehenden Gesellschaft gewährt.[300] Freilich sind die durch §§ 138 BGB, 1 GWB gesetzten Grenzen zu beachten (§ 112 Rn 48).[301] Auch *ohne* wirksam vereinbartes Wettbewerbsverbot ergibt sich zumindest die Pflicht des Ausgeschiedenen, den Betrieb des gemeinsamen Unternehmens nicht gezielt zu stören, die Kundschaft oder die Angestellten der Gesellschaft nicht abzuwerben und sich auch sonstiger direkter Einflussnahme zu enthalten.[302]

IV. Die Anwachsung des Anteils am Gesellschaftsvermögen, § 738 Abs. 1 S. 1 BGB

Dem mit dem Ausscheiden verbundenen Ende der Mitgliedschaft (Rn 115) trägt auch die in § 738 Abs. 1 S. 1 BGB angeordnete **Anwachsung** der Gesamthandsberechtigung des Ausgeschiedenen bei den übrigen Gesellschaftern Rechnung. Aus § 719 Abs. 1 BGB ist ersichtlich, dass es sich um eine **zwingende Folge** des Ausscheidens handelt;[303] die Mitberechtigung an den Gegenständen des Gesellschaftsvermögens beruht allein auf der Zugehörigkeit zur Gesellschaft und kann daher von dieser nicht isoliert werden. Bedenkt man, dass das Anwachsungsprinzip allein dem Zweck dient, die dingliche Zuordnung des Gesellschaftsvermögens zur Gesellschaft zu sichern,[304] so ist wegen § 124 Abs. 1 für die OHG schon von jeher – seit Anerkennung der Rechtsfähigkeit der GbR durch BGHZ 146, 341 aber auch für Personengesellschaften im Allgemeinen – anzunehmen, dass die Anwachsung *keine Rechtsänderung* hinsichtlich des Gesellschaftsvermögens zur Folge hat. Denn bei diesem handelt es sich eben nicht um ein Sondervermögen der Gesellschafter, vielmehr ist es sachenrechtlich der Gesellschaft selbst zugeordnet[305] – und damit automatisch, aber indirekt zugleich dem *jeweiligen* Gesellschafterkreis.[306] Nur wenn irrtümlich nicht die Gesellschaft, sondern die Gesellschafter ins Grundbuch eingetragen sind, bedarf es bei Grundstücken einer Mitwirkung an der Grundbuchberichtigung, zu der der Ausgeschiedene dann verpflichtet ist.[307] – Der hiervon deutlich zu unterscheidende 117

---

[299] § 128 Rn 39 (*Habersack*); MünchKommHGB/*Langhein* § 112 Rn 21; *Hueck* OHG § 29 II 6b, S. 463; vgl. auch BGHZ 37, 381 (384); BGH NJW 1979, 1605 f.

[300] In der Praxis finden sich solche Vereinbarungen allerdings vornehmlich für das Ausscheiden aus einer Freiberufler-Sozietät in Gestalt einer Mandantenschutzvereinbarung, vgl. dazu MünchKommBGB[5]/*Ulmer/C. Schäfer* § 738 Rn 67 f; *Römermann* NJW 2002, 1399 ff.

[301] Vgl. BGH ZIP 1994, 61 (65); NJW 1991, 699 f; WM 1986, 1282; § 112 Rn 13; vgl. auch MünchKommHGB/*Langhein* § 112 Rn 22; Heymann/*Emmerich* § 112 Rn 7.

[302] So schon RG JW 1926, 1326; sodann auch BGH NJW 1980, 881 (882); BGH DB 1990, 623 (z.T. in Bezug auf die parallelen Pflichten bei Veräußerung eines Unternehmens).

[303] Zum Normzweck des § 719 Abs. 1 BGB vgl. nur MünchKommBGB[5]/*Ulmer/C. Schäfer* § 719 Rn 2: Sicherung des unlösbaren Zusammenhangs zwischen Gesellschafterstellung und Gesamthandsberechtigung.

[304] *Flume* I/1, § 17 VIII, S. 370; Schlegelberger/*K. Schmidt* § 138 Rn 24; MünchKommBGB[5]/*Ulmer/C. Schäfer* § 718 Rn 7.

[305] So deutlich schon MünchKommHGB/*K. Schmidt* Rn 103; *ders.* FS Huber, 2006, S. 969 (981 ff).

[306] So die klassische Formulierung bei Vertretern der Gruppen-Lehre, vgl. *Flume* I/1, § 17 VIII, S. 370; MünchKommBGB[5]/*Ulmer/C. Schäfer* § 718 Rn 7.

[307] Vgl. RGZ 65, 227 (235 f); 68, 410 (413). – Die Eintragungsbewilligung bedarf der Form des § 29 GBO, vgl. OLG Stuttgart NJW 1990, 2757.

vermögensrechtliche Ausgleich vollzieht sich unabhängig von der Anwachsung im Wege der Abfindung nach den §§ 738–740 BGB; der Abfindungsanspruch stellt ein grundsätzlich vollwertiges Äquivalent für den Verlust der gesamthänderischen Mitberechtigung dar. Wegen der **kraft Gesetzes** eintretenden Anwachsungsfolgen ist für eine rechtsgeschäftliche Übertragung der Gegenstände des Gesellschaftsvermögens auf die verbleibenden Gesellschafter kein Raum.[308]

V. Rückgabe von Gegenständen, § 738 Abs. 1 S. 2, Hs. 1 BGB

118 Wie bei der Abwicklung (§ 732 BGB) hat der Ausgeschiedene Anspruch auf Rückgabe von Gegenständen, die er der Gesellschaft zur Benutzung überlassen hat (§ 738 Abs. 1 S. 2 BGB). Entgegen dem missverständlichen, noch auf der Vorstellung mangelnder Rechtsfähigkeit der GbR beruhenden Wortlaut richtet sich der Rückgabeanspruch – wie auch die übrigen Ansprüche aus §§ 738–740 BGB – **gegen die Gesellschaft;** denn es geht bei sämtlichen aus der partiellen Auseinandersetzung der Gesellschaft resultierenden wechselseitigen Ansprüchen nicht um individuelle, sondern um Sozialverbindlichkeiten bzw. -ansprüche.[309] Der Rückgabeanspruch setzt voraus, dass die betreffenden Gegenstände der Gesellschaft im Rahmen der Beitragspflicht **zum Gebrauch überlassen** wurden, ohne in der Zwischenzeit durch bestimmungsgemäße Verwendung oder Zufall untergegangen zu sein. Bei *zu Eigentum* eingebrachten[310] Sachen erfolgt demgegenüber grundsätzlich Rückerstattung in Geld (§ 733 Abs. 2 BGB), soweit die Gesellschafter nichts Abweichendes vereinbart haben. Die Behandlung von *dem Werte nach* (quoad sortem) eingebrachten Sachen ist umstritten.[311] Heute wird überwiegend eine Analogie zu § 732 S. 1 BGB befürwortet, so dass der Gesellschafter die Sache zwar zurückerhält, der Wert im Rückgabezeitpunkt jedoch der Gesellschaft dadurch verbleibt, dass er als Negativposten vom Kapitalkonto des Gesellschafters abgezogen wird. Hierbei treffen aber Wertveränderungen – vorbehaltlich abweichender Regelung – nicht den Gesellschafter, sondern gehen zugunsten bzw. zu Lasten der Gesellschaft.[312] Dies entspricht am besten der einvernehmlich getroffenen Finanzierungsentscheidung der Gesellschafter, für deren Korrektur gerade in der Liquidation wenig spricht.

119 Im Unterschied zum Abfindungsanspruch (Rn 145) wird der Rückgabeanspruch grundsätzlich bereits im Zeitpunkt des Ausscheidens **fällig;** seine Durchsetzbarkeit kann aber daran scheitern, dass der Gesellschaft wegen eines absehbaren Fehlbetragsanspruchs nach § 739 BGB ein Zurückbehaltungsrecht zusteht.[313] Grundsätzlich ist es für die Fälligkeit des Anspruchs unerheblich, ob die Gesellschaft die Gegenstände auch nach dem Ausscheiden noch benötigt. In besonders gelagerten Fällen kann der Ausgeschiedene aus Gründen der nachvertraglichen Treupflicht aber gehalten sein, der Gesellschaft drin-

---

308 MünchKommBGB[5]/*Ulmer*/*C. Schäfer* § 738 Rn 9.

309 Eingehender noch 3. Aufl. Rn 33 (*Ulmer*); ebenso schon RGZ 89, 403 (406); 154, 334 (335); BGH WM 1965, 974 (975); *Hueck* OHG § 29 II 5a, S. 458.

310 Zu den einzelnen Einbringungsarten vgl. MünchKommBGB[5]/*Ulmer*/*C. Schäfer* § 706 Rn 11 ff.

311 Ausführliche Nachweise bei MünchKommBGB[5]/*Ulmer*/*C. Schäfer* § 732 Rn 8 f.

312 Schlegelberger/*K. Schmidt* § 138 Rn 26; MünchKommBGB[5]/*Ulmer*/*C. Schäfer* § 732 Rn 9; eingehend *Berninger* Societas quoad sortem, S. 136 ff; *Blaurock*/*Berninger* JZ 1992, 614 (621); differenzierend *Wiedemann* WM 1992, Beil. Nr. 7, S. 14.

313 BGH WM 1981, 1126.

gend benötigte Gegenstände noch vorübergehend zu belassen;[314] in diesem Falle ist ihm freilich nach § 242 BGB grundsätzlich ein Benutzungsentgelt als Ausgleich zu gewähren.

VI. Schuldbefreiung

Der Ausgeschiedene kann nach § 738 Abs. 1 S. 2 BGB *von der Gesellschaft* (Rn 118) **Schuldbefreiung** hinsichtlich derjenigen Verbindlichkeiten verlangen, für die er die persönliche Haftung übernommen hat. Dieser, nicht selten vertraglich abbedungene Anspruch richtet sich ungeachtet des missverständlichen Wortlauts des § 738 Abs. 1 S. 2 BGB wie der Abfindungsanspruch in erster Linie gegen die Gesellschaft; den Gesellschaftsgläubigern kann er nicht entgegengesetzt werden. Anspruchsvoraussetzung ist die **persönliche Haftung** des Ausgeschiedenen für fällige Gesellschaftsverbindlichkeiten (vgl. Rn 123 ff). Der Anspruch besteht auch dann, wenn der Ausgeschiedene keine Abfindung verlangen kann, sondern seinerseits nach § 739 BGB den Fehlbetrag schuldet; allerdings kann die Gesellschaft nach § 273 BGB die Schuldbefreiung bis zu dessen Zahlung verweigern.[315] Ist **streitig,** ob eine bestimmte Verbindlichkeit der Gesellschaft besteht oder ob der Ausgeschiedene hierfür auch persönlich haftet, so trägt er als Gläubiger des Schuldbefreiungsanspruchs die Beweislast;[316] anderes gilt, wenn die Gesellschaft sich auf den Wegfall des Befreiungsanspruchs beruft.[317] Das Recht auf Beteiligung am Ergebnis schwebender Geschäfte (§ 740 BGB) lässt den Befreiungsanspruch unberührt. Auf Verbindlichkeiten des Ausgeschiedenen aus dem Gesellschaftsvertrag erstreckt sich der Befreiungsanspruch nicht; sie sind bei der Berechnung des Abfindungsanspruchs zu berücksichtigen. 120

Die Gesellschaft kann den Anspruch auf Schuldbefreiung entweder durch **Tilgung** der Gesellschaftsverbindlichkeit erfüllen oder dadurch, dass sie mit den Gläubigern die **Entlassung** des Ausgeschiedenen **aus der Mithaftung** vereinbart.[318] Ob schon das Schweigen der Gläubiger auf die Mitteilung des Ausscheidens als Zustimmung anzusehen ist, hängt zwar von den Umständen des Einzelfalles ab. Wie im Falle der privativen Schuldübernahme nach § 415 BGB ist hierfür jedoch ein strenger Maßstab anzulegen, da der Gläubiger regelmäßig nicht ohne weiteres auf einen Schuldner verzichten wird.[319] Wird der Ausgeschiedene vor erreichter Schuldbefreiung von einem Gesellschaftsgläubiger in Anspruch genommen, kann er von der Gesellschaft und grundsätzlich auch von den *übrigen Gesellschaftern* vollen Ausgleich verlangen.[320] Hatte der Ausgeschiedene als Gesellschafter zusätzlich die Bürgschaft für Gesellschaftsschulden übernommen, so erstreckt sich der Befreiungsanspruch auch hierauf (§ 128 Rn 82 f [*Habersack*]). 121

Statt der Schuldbefreiung kann die Gesellschaft dem Ausgeschiedenen auch **Sicherheitsleistung** für noch nicht fällige, ihn im Rahmen seiner akzessorischen Haftung tref- 122

---

314 Vgl. MünchKommHGB/*K. Schmidt* Rn 107; MünchKommBGB[5]/*Ulmer*/*C. Schäfer* § 738 Rn 76.

315 BGH NJW 1974, 899; vgl. auch BGHZ 23, 17 (28).

316 RGZ 60, 155 (159); MünchKommBGB[5]/*Ulmer*/*C. Schäfer* § 738 Rn 77.

317 BGH NJW 2000, 1641 (1642).

318 RGZ 132, 29 (31); MünchKommBGB[5]/*Ulmer*/*C. Schäfer* § 738 Rn 78.

319 BGH NJW 1983, 678 (679); WM 1978, 351 (352); MünchKommBGB[5]/*Möschel* § 415 Rn 12; Soergel/*Zeiss*[12] §§ 414, 415 Rn 7.

320 Vgl. § 128 Rn 45 und 50 (*Habersack*); dort auch zur str. Frage, ob der Ausgeschiedene unmittelbar gegen die Mitgesellschafter als Gesamtschuldner vorgehen kann (so 3. Aufl. § 138 Rn 17 [*Ulmer*]; *Flume* I/1, § 16 II 2c, S. 298; relativierend MünchKommHGB/*K. Schmidt* § 128 Rn 31; **aA** § 128 Rn 50 [*Habersack*] mwN).

fende **Altverbindlichkeiten** anbieten (§ 738 Abs. 1 S. 3 BGB). Diese Ersetzungsbefugnis der Gesellschaft erstreckt sich auch auf Verbindlichkeiten aus schwebenden Geschäften; die Sonderregelung in § 740 BGB betrifft nur die Abrechnung im Innenverhältnis.[321] Hat der Ausgeschiedene seinerseits für eine noch nicht fällige Gesellschaftsschuld dem Gläubiger Sicherheiten aus seinem Privatvermögen bestellt, so kann er von der Gesellschaft deren Freisetzung schon vom Zeitpunkt des Ausscheidens an verlangen und muss nicht die Fälligkeit der Gesellschaftsschuld abwarten.[322]

VII. Die Haftung des Ausgeschiedenen auf den Fehlbetrag (§ 739 BGB)

123 **1. Normzweck und Voraussetzungen.** Nach § 739 BGB hat *die Gesellschaft* (Rn 107) Anspruch auf Erstattung des Fehlbetrages gegen den ausscheidenden Gesellschafter, wenn das Gesellschaftsvermögen nicht ausreicht, um die Gesellschaftsschulden und Einlagen zu decken. Dies entspricht der in § 735 BGB bei Auseinandersetzung der aufgelösten Gesellschaft vorgesehenen Nachschusspflicht der Gesellschafter für einen Fehlbetrag im Zuge der Schlussabrechnung. Grundlage für die *Berechnung des Fehlbetrags* ist die Schlussabrechnung zur Ermittlung des Abfindungsanspruchs (Rn 143); ergibt sich hierbei ein Negativsaldo, muss der Ausgeschiedene diesen ausgleichen. Für den auf ihn entfallenden Anteil des gesamten Fehlbetrags ist der **Verlustverteilungsschlüssel** maßgeblich; ein negatives Kapitalkonto des Ausgeschiedenen begründet als solches noch keinen Anspruch der Gesellschaft gegen ihn, sondern bildet nur einen Posten für die Fehlbetragsrechnung.[323] Eine Zahlungspflicht des Ausgeschiedenen ergibt sich nur dann, wenn der auf ihn entfallende Fehlbetrag einschließlich sonstiger, der Gesellschaft noch geschuldeter Beträge höher ist als die ihm im Rahmen der Abfindung zurückzugewährende Einlage sowie etwaige weitere ihm noch zustehende Ansprüche aus dem Gesellschaftsverhältnis. Für Kommanditisten ist zusätzlich § 169 zu beachten (Voraufl. § 169 Rn 6 f [*Schilling*]).

124 **2. Durchsetzbarkeit.** Hinsichtlich Entstehung und Fälligkeit des Zahlungsanspruchs gilt das Gleiche wie für den Abfindungsanspruch (Rn 139 ff). Der Ausgeschiedene kann die Zahlung nach § 273 BGB so lange verweigern, bis die Gesellschaft ihrerseits die Pflicht zur Rückgabe der ihr überlassenen Gegenstände, zur Schuldbefreiung und zur Sicherheitsleistung nach § 738 Abs. 1 S. 2 und 3 BGB erfüllt.[324] Die Aussicht auf Gewinnansprüche aus § 740 BGB nach Beendigung der beim Ausscheiden schwebenden Geschäfte kann dem Zahlungsverlangen der Gesellschaft dagegen nicht entgegengesetzt werden.[325]

125 Für einen vom Ausgeschiedenen nicht zu erlangenden Fehlbetrag besteht **keine Ausfallhaftung** der **Mitgesellschafter**;[326] sie wäre unvereinbar mit dem in § 707 BGB für die Dauer der Gesellschaft vorgesehenen Ausschluss einer Verlustausgleichsverpflichtung. Die Erhöhung des auf die Mitgesellschafter entfallenden Verlusts und die damit verbundene Minderung ihrer Kapitalkonten bleiben hiervon aber unberührt.

[321] MünchKommBGB[5]/*Ulmer/C. Schäfer* § 738 Rn 80.
[322] BGH NJW 1974, 899; RGZ 132, 29 (32).
[323] BGH NJW 1999, 2438 f.
[324] BGH NJW 1974, 899; MünchKommBGB[5]/*Ulmer/C. Schäfer* § 739 Rn 3.
[325] BGH WM 1969, 494.
[326] MünchKommBGB[5]/*Ulmer/C. Schäfer* § 739 Rn 4; Soergel/*Hadding/Kießling*[12] § 739 Rn 6; Erman/*Westermann*[12] § 739 Rn 2.

3. **Sonstige Ansprüche der Gesamthand.** § 739 BGB hat selbstverständlich keine Ausschlusswirkung in Bezug auf sonstige beim Ausscheiden noch offene Ansprüche aus dem Gesellschaftsverhältnis, soweit diese nicht schon im Rahmen der Abfindungsbilanz mit Gegenansprüchen des Ausgeschiedenen saldiert worden sind. Das gilt namentlich für Sozialansprüche auf Schadensersatz oder wegen unberechtigter Entnahmen[327] sowie für rückständige Einlageforderungen. Derartige Ansprüche der Gesellschaft werden durch das Ausscheiden nicht berührt. **126**

VIII. Die Beteiligung an schwebenden Geschäften (§ 740 BGB)

1. **Allgemeines.** Mit Rücksicht darauf, dass die Gesellschaft beim Ausscheiden als werbende fortbesteht und dass ihre Rechtsbeziehungen zu Dritten durch die personellen Veränderungen grundsätzlich nicht berührt werden, sieht § 740 Abs. 1 BGB die Beteiligung des Ausgeschiedenen am **Ergebnis der schwebenden Geschäfte** vor. Am Schluss eines jeden Geschäftsjahres kann er nach § 740 Abs. 2 BGB *von der Gesellschaft* (Rn 133) Rechenschaft über die inzwischen beendigten Geschäfte, Auszahlung des ihm gebührenden Betrags und Auskunft über den Stand der schwebenden Geschäfte verlangen. – Die **Funktion** der Vorschrift ging auf der Grundlage der früher für die Ermittlung des Abfindungsguthabens maßgeblichen Substanzwertmethode dahin, die Auseinandersetzung mit dem ausgeschiedenen Gesellschafter und die Erstellung der Abfindungsbilanz von der Berücksichtigung der beim Ausscheiden noch in Vollzug befindlichen Geschäfte zu entlasten und an Stelle der Vorwegnahme des voraussichtlichen Ergebnisses im Wege der Schätzung (§ 738 Abs. 2 BGB) hierüber erst nach jeweiliger Beendigung gesondert zum Jahresende Rechnung zu legen.[328] Mit Rücksicht hierauf ließ die Rechtsprechung es auch zu, dass der Ausgeschiedene bzw. die Gesellschaft unabhängig vom Stand der Auseinandersetzung nach § 738 Abs. 1 BGB den Anspruch auf das Ergebnis schwebender Geschäfte (Ertrag oder Verlust) schon jeweils mit seiner Entstehung zum Jahresende geltend machen konnte,[329] ohne dass dies aber Einfluss auf die dem jeweiligen Schuldner nach allgemeinem bürgerlichen Recht zustehenden Einwendungen und Einreden (vgl. insbes. §§ 273, 387 BGB) hatte.[330] Bei Ermittlung des Abfindungsguthabens aufgrund der heute vorherrschenden Ertragswertmethode (Rn 147 ff) ist für die Anwendung des § 740 BGB allerdings kein Raum (Rn 129). **127**

2. **Kein partieller Fortbestand der Mitgliedschaft.** Eine auch nur partielle Fortsetzung der Gesellschaft mit dem Ausgeschiedenen über den Stichtag des Ausscheidens hinaus ist mit der Regelung des § 740 BGB nicht verbunden. Auch hinsichtlich der schwebenden Geschäfte bestehen keinerlei Mitsprache- und Kontrollrechte mehr; an ihre Stelle tritt der besondere gesetzliche Rechenschafts- und Auskunftsanspruch aus § 740 Abs. 2 BGB. Umgekehrt bleibt aber der Anspruch auf Schuldbefreiung oder Sicherheitsleistung für Verbindlichkeiten aus schwebenden Geschäften durch § 740 BGB unberührt.[331] Weil durch § 740 BGB **Dritten gegenüber** keinerlei Rechte oder Pflichten des Ausgeschiedenen begründet werden, lässt sich aus der Ergebnisteilnahme nach § 740 BGB auch keine Haf- **128**

---

327 Vgl. BGH WM 1974, 834.

328 BGH NJW 1993, 1194; 1959, 1963; 3. Aufl. Rn 93 (*Ulmer*).

329 BGH NJW 1993, 1194 (1195); WM 1965, 765 (766); 1969, 494 (495); 1971, 130 (131).

330 BGH NJW 1990, 1171 f.

331 MünchKommBGB[5]/*Ulmer*/*C. Schäfer* § 738 Rn 77, 80.

tung des Ausgeschiedenen für nach dem Ausscheiden begründete Gesellschaftsschulden ableiten.

129 **3. Nichtanwendung bei Ertragswertberechnung.** Die in § 740 BGB vorgesehene Ergebnisbeteiligung erwies sich schon bei Anwendung der Substanzwertmethode als problematisch; sie wurde daher verbreitet abbedungen.[332] Gegen sie sprach, dass je nach Art der von der Gesellschaft getätigten Geschäfte noch für eine längere Zeit Rechtsbeziehungen zwischen ihr und dem Ausgeschiedenen aufrechterhalten wurden und überdies mit einer Fülle von Anwendungsschwierigkeiten zu rechnen war, da die Vorschrift eine Bestimmung und Aufgliederung der auf die einzelnen Geschäfte entfallenden Kosten der Gesellschaft, einschließlich der anteiligen Gemeinkosten, erforderlich macht.[333] Infolge des grundsätzlichen Übergangs zur *Ertragswertmethode* für die Berechnung des Abfindungsguthabens (Rn 147 ff) ist die Vorschrift heute im Regelfall **gegenstandslos.** Sie findet kraft teleologischer Reduktion auch dann keine Anwendung, wenn sie nicht ausdrücklich oder konkludent abbedungen ist.[334] Denn die „schwebenden Geschäfte" gehen in die Ermittlung des künftigen Ertrags als Grundlage der Abfindung ein, so dass für ihre erneute Berücksichtigung nach jeweiliger Beendigung kein Raum ist. Mit der heutigen Praxis der Unternehmensbewertung wäre es schwer vereinbar, den anhand des Ertragswerts berechneten Abfindungsbetrag nachträglich in der Weise zu modifizieren, dass die Wertermittlung nach jeweiliger Beendigung der schwebenden Geschäfte aufgrund der tatsächlich erzielten Ergebnisse korrigiert wird.[335] Auch wenn der Gesetzgeber es unterlässt, inhaltlich überholte Vorschriften aufzuheben oder zu ändern, zwingt das nicht zu ihrer funktionswidrigen Anwendung.[336]

130 **4. Begriff.** Schwebende Geschäfte sind solche **unmittelbar auf Erwerb gerichtete Rechtsgeschäfte** der Gesellschaft, für die im Zeitpunkt des Ausscheidens bzw. dem hiervon abweichenden Abfindungsstichtag (Rn 135) bereits eine **rechtliche Bindung**[337] begründet und mit der Ausführung begonnen war, die aber beiderseits noch nicht voll erfüllt sind.[338] Bloße Hilfsgeschäfte (Geschäftsraummiete, Erwerb von Anlagegegenständen u.a.) fallen nicht unter den Begriff; den hieraus drohenden Risiken ist bei Anwen-

---

332 Vgl. etwa die Empfehlungen von *Knöchlein* DNotZ 1960, 452; *Roolf/Vahl* DB 1983, 1964 (1968).

333 *Hueck* OHG § 29 II 5d, S. 461 f; *Roolf/Vahl* DB 1983, 1964 (1967); 3. Aufl. § 138 Rn 94 (*Ulmer*); für die „Eigenkosten" der Gesellschaft offenlassend BGH WM 1969, 494 (495).

334 So zu Recht Baumbach/*Hopt* Rn 45; *Michalski* OHG Rn 52; Ebenroth/Boujong/Joost/Strohn/*Lorz* Rn 108; *Großfeld* Unternehmens- und Anteilsbewertung im Gesellschaftsrecht, 4. Aufl., S. 87 f; *Schulze-Osterloh* ZGR 1986, 545 (559); im Erg. auch Erman/*Westermann*[12] § 740 Rn 1 („schlüssig abbedungen"); **aA** noch Schlegelberger/*K. Schmidt* § 138 Rn 33; Röhricht/Graf v. Westphalen/*v. Gerkan* HGB[1] § 138 Rn 20; *Koller*/Roth/Morck Rn 14.

335 Dafür aber *Neuhaus* S. 136 ff.

336 **AA** *K. Schmidt* DB 1983, 2401 (2403 f); *Neuhaus* S. 135 f. Einen Sonderfall der Abfindung auf der Basis der Substanzwertmethode, bei der § 740 BGB seinen Sinn behält, behandelt BGH NJW 1993, 1194.

337 Nach hM reicht eine einseitige Bindung (Angebot, Vorvertrag) allerdings nur aus, wenn die Gesellschaft gebunden ist, vgl. OLG Celle BB 1954, 757; MünchKommHGB/*K. Schmidt* Rn 117; *ders.* DB 1983, 2401 (2405, Fn 55); Röhricht/Graf v. Westphalen/*v. Gerkan/Haas* § 140 Rn 22.

338 HM, vgl. BGH NJW 1993, 1194; NJW-RR 1986, 454 (455); 1986, 1160; MünchKommHGB/*K. Schmidt* Rn 117 (der in Rn 119 aber von „unternehmensbezogenen Geschäften" spricht); *Hueck* OHG § 29 II 5d, S. 461; enger *Westermann* Handbuch Rn I 1137: nur voll abgewickelte, aber noch nicht abgerechnete Geschäfte.

dung der Substanzwertmethode durch Rückstellungen in der Abfindungsbilanz Rechnung zu tragen. Mit Rücksicht auf ihre Funktion ist die Vorschrift des § 740 Abs. 1 BGB aber **nicht** auf sämtliche beim Ausscheiden noch nicht abgewickelten vermögenswerten Rechtsbeziehungen der Gesellschaft gegenüber Dritten[339] oder auf offene **Forderungen** und Verbindlichkeiten **aus sonstigen Rechtshandlungen** der Gesellschaft, namentlich aus gesetzlichen Schuldverhältnissen, anwendbar.[340] Anderenfalls dürften sie nicht in der Abschichtungsbilanz berücksichtigt werden, so dass diese nur einen höchst unvollkommenen und zufälligen Ausschnitt aus dem tatsächlichen Vermögensstatus der Gesellschaft darstellte und die finanzielle Auseinandersetzung entgegen § 728 Abs. 1 S. 2 BGB weitgehend in die Zukunft verlagert würde. Demgemäß kommt eine Ergebnisbeteiligung nach § 740 BGB auch bei solchen Erwerbsgeschäften nicht in Frage, die beim Ausscheiden jedenfalls von einer Seite bereits vollständig erfüllt waren und daher unschwer in der Abfindungsbilanz berücksichtigt werden können.[341]

Nach hM fallen **Dauerschuldverhältnisse** grundsätzlich nicht unter den Begriff des **131** schwebenden Geschäfts.[342] Und mit Rücksicht auf den Normzweck (Rn 127) steht jedenfalls fest, dass Ansprüche, die nach dem Ausscheiden fällig werden, von der Regelung des § 740 BGB nicht erfasst werden, zumal der Ausgeschiedene auf den Fortbestand und späteren Vollzug des Dauerschuldverhältnisses keinen Einfluss mehr hat. Andererseits erscheint es gerechtfertigt, diejenigen gegenseitigen Leistungen und ihr Ergebnis im Rahmen des § 740 BGB zu berücksichtigen, die am Stichtag des Ausscheidens bereits fällig waren.[343] Denn sie hätten durchaus schon zu diesem Zeitpunkt Zug um Zug abgewickelt werden können.

5. Beendigung der schwebenden Geschäfte. Nach § 740 Abs. 1 S. 2 BGB ist es allein **132** Sache *der Gesellschaft*, über die Beendigung der schwebenden Geschäfte zu entscheiden; dass § 740 Abs. 1 S. 2 BGB die Entscheidung den Gesellschaftern zuweist, beruht noch auf dem überholten Verständnis der Gesamthand als bloßes Sondervermögen der Gesellschafter (Rn 118). Es handelt sich um eine Angelegenheit der Geschäftsführung. Der Begriff des „Vorteilhaftesten" gibt den Geschäftsführern bei ihrer Entscheidung ein weites kaufmännisches Ermessen. Zwar haben sie nicht nur die Belange der Gesellschaft, sondern im Rahmen der nachvertraglichen Treupflicht (Rn 116) auch diejenigen des Ausgeschiedenen zu beachten. Schadensersatzansprüche des Ausgeschiedenen wegen fehlerhafter Beendigungsmaßnahmen kommen allerdings nur dann in Betracht, wenn die Geschäftsführer die Sorgfalt in eigenen Angelegenheiten verletzt haben; der Maßstab des § 708 BGB gilt mangels vertraglicher Abweichung auch im Verhältnis zum Ausgeschiedenen fort.[344]

6. Auskunft und Rechnungslegung (§ 740 Abs. 2 BGB). Um den jeweils zum Jahres- **133** ende fälligen Anspruch auf Beteiligung am Ergebnis der bis dahin beendigten Geschäfte durchzusetzen, kann der Ausgeschiedene nach § 740 Abs. 2 BGB *von der Gesellschaft* (Rn 119) jeweils zum Geschäftsjahresende **Rechenschaft** verlangen; maßgebend ist der

---

339 So aber *Riegger* Rechtsfolgen, S. 140 ff, 147.

340 So auch RGZ 171, 129 (133); RGRK-Weipert HGB, 2. Aufl., § 138 Anm. 43.

341 Eingehend 3. Aufl. § 138 Rn 97 (*Ulmer*).

342 Dagegen im Anschluss an *K. Schmidt* DB 1983, 2405 f die hM, vgl. BGH NJW-RR 1986, 454 (455); 1986, 1160 f; Ebenroth/Boujong/Joost/Strohn/*Lorz* Rn 109; Baumbach/*Hopt* Rn 46; Erman/*Westermann*[12] § 740 Rn 2; *Neuhaus*, S. 140.

343 MünchKommBGB[5]/*Ulmer*/*C. Schäfer* § 740 Rn 5.

344 EinhM, vgl. MünchKommBGB[5]/*Ulmer*/*C. Schäfer* § 740 Rn 6 mwN.

jeweilige Zahlungseingang.[345] Ferner hat er Anspruch auf **Auskunft** über den Stand der noch schwebenden Geschäfte. § 740 Abs. 2 BGB trägt dem Umstand Rechnung, dass das gesellschaftsrechtliche Einsichts- und Kontrollrecht aus §§ 118, 166 mit dem Ausscheiden endet und das generelle nachvertragliche Kontrollrecht (Rn 115) sich auf die Berechnung der Abfindung beschränkt, später abgewickelte Geschäfte also nicht umfasst.[346] Die *Art und Weise* von Rechnungslegung und Auskunft bestimmt sich nach §§ 259, 260 BGB.[347] Wichtig ist dies vor allem wegen des in § 259 Abs. 2 BGB geregelten Rechts auf Abgabe einer eidesstattlichen Versicherung. Der Anspruch auf Rechnungslegung und Auskunft ist mit Rücksicht auf seine gesellschaftsvertragliche Grundlage höchstpersönlicher Natur und daher nicht übertragbar (§ 717 S. 1 BGB); dem Zessionar des Anspruchs auf Ergebnisbeteiligung nach Abs. 1 steht er nicht zu.[348] Die *Auszahlung* des auf die einzelnen Geschäfte entfallenden anteiligen Gewinns kann schon dann verlangt werden, wenn deren Ergebnis objektiv feststeht; auf die gemeinsame Berechnung und Feststellung kommt es nicht an.[349]

IX. Abweichende Vereinbarungen

134 1. **Allgemeines.** Auch wenn die Voraussetzungen des Ausscheidens eines Gesellschafters unter Fortsetzung der Gesellschaft durch die übrigen in Abs. 3 nunmehr gesetzlich festgelegt sind, steht es den Gesellschaftern im Rahmen ihrer Privatautonomie grundsätzlich nicht nur frei, die personenbezogenen Ausscheidensgründe durch eine **Auflösungsklausel** entsprechend der Rechtslage vor 1998 in Auflösungsgründe zu verwandeln (Rn 10).[350] Vielmehr können sie auch die **Wirkungen** des Ausscheidens im Grundsatz abweichend von Abs. 3 regeln. Besondere Bedeutung kommt insofern den sog. **Abfindungsklauseln** zu, auf die gesondert einzugehen ist (Rn 162 ff). *Grenzen* der Dispositionsfreiheit ergeben sich insoweit, als einzelne Folgen im Interesse des Ausscheidenden bzw. Dritter zwingend angeordnet sind. So kann etwa im Fall der *Gesellschafterinsolvenz* nicht vorgesehen werden, dass die Gesellschaft unverändert mit *sämtlichen* Gesellschaftern fortgesetzt wird (Rn 98). Entsprechendes gilt auch für den Fall der *Gläubiger-* sowie der *Gesellschafterkündigung*, deren Beschränkung nach § 723 Abs. 3 BGB unwirksam ist (näher dazu Rn 99 f). – Zur abweichenden Regelung der Kündigungsfolgen vgl. § 132 Rn 43. Zur Vereinbarung einer *Nachfolge- bzw. Eintrittsklausel* s. § 139 Rn 9 ff, 16 ff.

135 2. **Abweichender Zeitpunkt des Ausscheidens.** Der Zeitpunkt des Ausscheidens kann nur ausnahmsweise vertraglich auf einen bestimmten, vom Eintritt des Ausscheidensgrundes losgelösten Stichtag festgelegt werden. Das gilt namentlich für die in Abs. 3 Nrn. 1, 2 geregelten Gründe. So kann die Mitgliedschaft eines Gesellschafters, über dessen Vermögen das Insolvenzverfahren eröffnet wurde, nicht über den Eröffnungszeit-

345 BGH WM 1969, 494 (496); MünchKommBGB[5]/*Ulmer*/*C. Schäfer* § 740 Rn 7.

346 Vgl. BGH NJW 1959, 1963f; MünchKommHGB/*K. Schmidt* Rn 123.

347 BGH NJW 1959, 1963 (1964); WM 1961, 173; Schlegelberger/*K. Schmidt* § 138 Rn 39; Ebenroth/Boujong/Joost/Strohn/*Lorz* Rn 110; *Hueck* OHG § 29 II 5d, S. 462; MünchKommBGB[5]/*Ulmer*/*C. Schäfer* § 740 Rn 7; **aA** noch RG JW 1926, 1812.

348 *Hueck* OHG § 29 II 5 d, S. 462; Schlegelberger/*K. Schmidt* § 138 Rn 39; **aA** *Riegger* Rechtsfolgen, S. 154 ff.

349 BGH WM 1980, 212 (213).

350 Vgl. Rn 76, 85 ff (Tod); Rn 89 ff, 93 ff (Gesellschafterinsolvenz); 99 f (Gesellschafterkündigung); 101 (Privatgläubigerkündigung).

punkt erstreckt, die Wirkung eines Auflösungsurteils nicht über dessen Rechtskraft hinausgeschoben (§ 140 Rn 45), die Wirksamkeit einer Gläubigerkündigung nicht abweichend von § 135 geregelt werden. Zulässig ist eine abweichende Regelung aber in den vom Gesellschaftsvertrag geregelten Ausscheidensgründen (Abs. 3 Nr. 5). Und allgemein ist es zulässig, für die **Berechnung des Abfindungsanspruchs** einen *nach* dem tatsächlichen Ausscheiden liegenden Stichtag zu vereinbaren, ohne dass hierdurch das Ausscheiden selbst in Frage gestellt würde. Wohl aber wird die Gesellschaft dann im Innenverhältnis bis zum Abfindungsstichtag für Rechnung sämtlicher Gesellschafter unter Einschluss des Ausgeschiedenen geführt. Dieser nimmt demgemäß einerseits weiterhin an den Chancen und Risiken des gemeinsamen Unternehmens teil und ist andererseits gehindert, die ihm nach den §§ 738–740 BGB zustehenden Rechte vor dem Stichtag geltend zu machen.

3. **Die Rechtsfolgen der §§ 738, 739 BGB.** Wie im Recht der GbR üblich, sind auch die Vorschriften der §§ 738 bis 740 BGB **grundsätzlich dispositiv**. Abweichende Vereinbarungen finden sich mit Rücksicht auf die Kapitalsicherung der Gesellschaft und die Bewertungsprobleme bei der Anspruchsberechnung namentlich in Bezug auf die Fälligkeit und Höhe des *Abfindungsanspruchs* (Rn 144 f), aber auch zum Anspruch auf *Schuldbefreiung* und auf Teilnahme an den schwebenden Geschäften (Rn 127).[351] In Ergänzung zu § 738 Abs. 1 BGB kommt insbes. die Vereinbarung eines dem Bestandsschutz der Gesellschaft dienenden *nachvertraglichen Wettbewerbsverbots* zu Lasten des Ausgeschiedenen in den Grenzen der §§ 134, 138 BGB, 1 GWB in Betracht. Möglich sind auch Vereinbarungen über die *Rückgabe von Gegenständen* (Rn 118) und die *Nachschusspflicht* (Rn 123 ff).[352] Wegen der Zulässigkeit von *Abfindungsklauseln* vgl. ausführlich Rn 162 ff. 136

Demgegenüber ist das **Anwachsungsprinzip** (§ 738 Abs. 1 S. 1 BGB) bzw. die **Universalsukzession** nach Ausscheiden des vorletzten Gesellschafters (Rn 8 ff) **zwingende Folge** des Ausscheidens (Rn 117). Demgemäß lässt sich ein auf Vereinbarung beruhendes, zwischenzeitlich wirksam gewordenes Ausscheiden nicht wieder rückwirkend beseitigen. Das gilt erst recht für das liquidationslose Erlöschen infolge Ausscheidens des vorletzten Gesellschafters.[353] In Betracht kommt vielmehr allgemein nur die Neuaufnahme des wirksam ausgeschiedenen Gesellschafters unter Einräumung einer der früheren entsprechenden Rechtsstellung.[354] Ist die Gesellschaft liquidationslos erloschen, bedarf es gar einer Neugründung.[355] 137

4. **Beteiligung an schwebenden Geschäften.** § 740 BGB ist in vollem Umfang **dispositiv**. Abweichende Vereinbarungen sind verbreitet und werden empfohlen.[356] Zu beweisen sind sie von demjenigen, zu dessen Gunsten sich die Abweichung auswirkt, regelmäßig also von der Gesellschaft.[357] Eine konkludente Abbedingung liegt im Zweifel auch dann 138

351 Dazu auch *Westermann* Handbuch Rn I 1136 f; MünchKommHGB/*K. Schmidt* Rn 124.

352 Vgl. MünchKommHGB/*K. Schmidt* Rn 124.

353 Vgl. auch *K. Schmidt* ZIP 2008, 2337 (2342).

354 BGH WM 1982, 1146 (1147).

355 Deshalb läuft eine Klausel, derzufolge der letzte verbleibende Gesellschafter das Recht haben soll, den Übergang des Vermögens nach Ausscheiden des vorletzten Gesellschafters binnen 3 Monaten abzulehnen, ins Leere, zutr. *K. Schmidt* ZIP 2008, 2337 (2342). Dazu näher Rn 9 f.

356 Beispiele bei *Knöchlein* DNotZ 1960, 472.

357 BGH WM 1979, 1064 (1065) (Beteiligung an den Gebühren der von der Sozietät weitergeführten Mandate beim Ausscheiden eines Rechtsanwalts).

vor, wenn der Ausscheidende nach dem Gesellschaftsvertrag Anspruch auf einen festen Abfindungsbetrag oder auf den nach der letzten Jahresbilanz zu berechnenden **Buchwert** seines Anteils hat. Derartige Vereinbarungen sind meist als abschließende gewollt; sie sollen alle Ansprüche aus der früheren Beteiligung erledigen.[358] Demgegenüber lässt sich aus der abweichenden **Festsetzung des Abfindungsstichtags** (Rn 135) noch nicht ohne weiteres ein Ausschluss der Ansprüche aus § 740 BGB entnehmen.[359] Vielmehr ist hier lediglich hinsichtlich der in die Ergebnisbeteiligung einzubeziehenden Geschäfte statt auf den Ausscheidenszeitpunkt auf den vereinbarten Stichtag abzustellen. – Zur Unanwendbarkeit von § 740 BGB bei Berechnung der Abfindung nach der Ertragswertmethode vgl. Rn 129.

X. Die Abfindung des Ausgeschiedenen, § 738 Abs. 1 S. 2 BGB

1. Der Abfindungsanspruch

139 a) **Allgemeines.** Der Abfindungsanspruch aus § 738 Abs. 1 S. 2 BGB ist zwar Sozialverbindlichkeit insofern, als er das *ersatzlose Ausscheiden* eines Gesellschafters aus der im Übrigen fortbestehenden Gesellschaft voraussetzt. Hinsichtlich der Geltendmachung hat er jedoch den Charakter eines echten Gläubigerrechts, da der Ausgeschiedene nicht mehr Gesellschafter ist und daher grundsätzlich auch nicht mehr den aus dem Gesellschaftsverhältnis folgenden Schranken hinsichtlich der Durchsetzung unterliegt. Dies zeigt sich sowohl bei Inanspruchnahme der Mitgesellschafter (Rn 142) als auch in der Insolvenz der Gesellschaft, an der der ausgeschiedene Gesellschafter als Insolvenzgläubiger teilnimmt. Abgesehen vom Fall des Ausscheidens entsteht der Anspruch auch bei **Vollbeendigung der Gesellschaft** wegen Ausscheidens des vorletzten Gesellschafters (Rn 111). Demgegenüber kommt es beim **Anteilsübergang** auf einen Nachfolger, entweder infolge Anteilsübertragung oder aufgrund einer erbrechtlichen Nachfolgeklausel (§ 139 Rn 9), **nicht** zur Entstehung eines Anspruchs des Ausgeschiedenen oder seiner Erben auf Abfindung bzw. Schuldbefreiung,[360] und auch für die Anwachsung ist hier kein Raum. – Zur Rechtswirksamkeit von Abfindungsklauseln vgl. Rn 163.

140 Wird zusammen mit dem **Ausscheiden eines Gesellschafters die Aufnahme eines neuen Mitglieds** vereinbart, ist im Wege der Vertragsauslegung zu klären, ob eine Anteilsübertragung gewollt ist oder ein Ausscheiden mit nachgeschaltetem Neueintritt. Hiervon hängen auch die Ansprüche des Ausgeschiedenen ab.[361] Besteht allseitiges Einvernehmen darüber, dass den Neueintretenden keine Einlagepflichten gegenüber der Gesellschaft treffen sollen, so spricht das für eine Anteilsübertragung; der Ausgeschiedene kann sich dann wegen seiner Zahlungsansprüche nur an den Anteilserwerber halten, nicht aber an die Gesellschaft. Fallen dagegen – wie bei der auf den Todesfall eines Gesellschafters bezogenen Eintrittsklausel (§ 139 Rn 16) – Ausscheiden und Neueintritt zeitlich auseinander, so greifen grundsätzlich die Rechtsfolgen der §§ 738 bis 740 BGB ein, soweit nicht die Rechte des Ausgeschiedenen – gegebenenfalls auflösend bedingt für den Fall der

---

[358] Zutr. *Hueck* OHG § 29 II 5d, S. 463; Baumbach/*Hopt* Rn 45; *Westermann* Handbuch Rn I 1137; einschränkend *Knöchlein* DNotZ 1960, 472.

[359] BGH NJW 1959, 1963; *Hueck* OHG § 29 II 5d, S. 463; MünchKommBGB[5]/*Ulmer*/ *C. Schäfer* § 740 Rn 9.

[360] Dies lässt die Forthaftung des durch Anteilsübertragung ausgeschiedenen Gesellschafters auch für gesamtschuldnerische Ausgleichsansprüche von Mitgesellschaftern nach § 426 BGB unberührt, vgl. BGH NJW 1981, 1095 (1096).

[361] Vgl. BGH NJW 1975, 1661; 1995, 3313.

Nichtausübung des Eintrittsrechts – im Interesse des Eintrittsberechtigten ausgeschlossen wurden.[362]

b) **Anspruchsgegner.** Wie die übrigen Ansprüche aus den §§ 738–740 BGB (Rn 107) richtet sich auch der gesetzliche Abfindungsanspruch als *Sozialverbindlichkeit* in erster Linie **gegen die Gesellschaft,** im Falle der sofortigen Vollbeendigung als Ausscheidensfolge gegen den **Übernehmer.**[363] Unerheblich ist, dass der Anspruch erst im Zeitpunkt des Ausscheidens entsteht (Rn 139 f); denn es handelt sich um den durch das Ausscheiden zum Abfindungsanspruch umgestalteten (künftigen) Anspruch auf das Auseinandersetzungsguthaben.[364] **141**

Die **Haftung der übrigen Gesellschafter** ergibt sich zwar nicht aus § 738 Abs. 1 S. 2 BGB, wohl aber aus § **128 bzw.** §§ **171 f,** weil der Abfindungsanspruch ungeachtet seines Charakters als Sozialverbindlichkeit hinsichtlich der Durchsetzung ein echtes Gläubigerrecht darstellt (Rn 139); denn die einer Geltendmachung von Sozialverbindlichkeiten im Verhältnis zwischen den Gesellschaftern entgegenstehenden Schranken entfallen mit dem Ausscheiden.[365] Seit dem Übergang der höchstrichterlichen Rechtsprechung zur akzessorischen Gesellschafterhaftung wird die gesamtschuldnerische Haftung inzwischen **auch in der GbR** bejaht.[366] **142**

c) **Einbeziehung sonstiger gesellschaftsvertraglicher Ansprüche.** Der Abfindungsanspruch bestimmt sich in seiner Höhe grundsätzlich nach dem auf den Ausscheidenszeitpunkt zu berechnenden, fiktiven Auseinandersetzungsguthaben; das Ausscheiden wird als partielle Auseinandersetzung behandelt (§ 738 Abs. 1 S. 2, Hs. 2 BGB). Dementsprechend ist wie bei der Liquidation eine **Gesamtabrechnung** vorzunehmen, in die im Grundsatz *sämtliche* auf dem Gesellschaftsverhältnis beruhenden Ansprüche als **unselbständige Rechnungsposten** eingehen.[367] Der Grund hierfür, möglichst wechselseitige Zahlungen zwischen Gesamthand und Gesellschaftern im Abwicklungsstadium zu vermeiden, hat auch im Verhältnis zwischen Ausgeschiedenem und Gesamthand Bedeutung. Die Rechtsprechung lässt jedoch zahlreiche Ausnahmen zu. So kann bei entsprechender Liquidität der Gesellschaft die **Rückzahlung von Einlagen** schon vor der Schlussabrechnung verlangt werden, soweit die betreffenden Gesellschafter von der Verlustteilnahme freigestellt sind.[368] Entsprechendes gilt, wenn die **Mindesthöhe** eines Auseinandersetzungsguthabens schon vor der Schlussabrechnung feststeht.[369] Insofern handelt es sich **143**

---

[362] Zur Behandlung von Abfindungsanspruch und Einlageverpflichtung bei Vereinbarung einer Eintrittsklausel vgl. näher § 139 Rn 16 ff.

[363] Vgl. BGH ZIP 1990, 305 (306).

[364] Vgl. nur MünchKommBGB[5]/*Ulmer/C. Schäfer* § 738 Rn 16 und § 717 Rn 37.

[365] So schon RGZ 89, 403 (406); BGH WM 1971, 1451. S.a. MünchKommHGB/*K. Schmidt* Rn 128; Ebenroth/Boujong/Joost/Strohn/*Lorz* Rn 65; § 128 Rn 12 (*Habersack*); Baumbach/*Hopt* Rn 48.

[366] BGHZ 148, 201 (207) = NJW 2001, 2718; MünchKommBGB[5]/*Ulmer/C. Schäfer* § 738 Rn 17 mwN.

[367] So für Auseinandersetzung BGH WM 1978, 89 (90); 1979, 937 (938); 1992, 306 (308); 1999, 1827 f; s.a. MünchKommHGB/*K. Schmidt* Rn 131; Ebenroth/Boujong/Joost/Strohn/*Lorz* Rn 99; MünchKommBGB[5]/*Ulmer/C. Schäfer* § 738 Rn 13, 26. – Zur Einbeziehung von Verbindlichkeiten der Gesellschaft, die der Ausgeschiedene im Wege *privativer Schuldübernahme* übernommen hatte, auch bei Buchwertklausel vgl. OLG Karlsruhe NZG 2000, 1123 (1124).

[368] BGH WM 1964, 740 (741); 1967, 346 (347); KG NZG 2001, 556.

[369] BGHZ 37, 299 (305) = NJW 1962, 1863; BGH NJW 1980, 1628; 1992, 2757 (2758); WM 1961, 323 (324); 1981, 487; 1993,

allerdings streng genommen nicht um eine Ausnahme vom Verbot isolierter Durchsetzung; vielmehr geht es um die Geltendmachung eines unstreitigen bzw. sicher feststehenden Forderungsteils.[370] Allerdings tritt auch die *Fälligkeit* solcher Mindestbeträge im Zweifel nicht schon im Zeitpunkt der Anspruchsentstehung, also beim Ausscheiden, ein, sondern erst nach Ablauf einer für die Beschaffung der erforderlichen Mittel nötigen Frist. Umgekehrt kann die Gesellschaft einen auf unerlaubter Handlung des Ausgeschiedenen beruhenden Schadensersatzanspruch jedenfalls dann isoliert geltend machen, wenn der Gesellschafter nach seinem Ausscheiden im Wege der „Selbsthilfe" seinen (vermeintlichen) Abfindungsanspruch realisiert hat.[371] Mit Rücksicht auf diese Ausnahmen sowie die schon bald nach dem Ausscheiden eintretende Fälligkeit des Abfindungsanspruchs (Rn 145) werden die Interessen des Ausgeschiedenen an der ungehinderten Geltendmachung der Einzelansprüche nicht unzumutbar beeinträchtigt. Nach richtiger Ansicht, die sich freilich in der Rechtsprechung bislang nur unvollkommen niedergeschlagen hat, erstreckt sich die Gesamtabrechnung von vornherein *nicht* auf die **Drittgläubigerforderungen** des Ausgeschiedenen;[372] diese können also selbständig geltend gemacht werden.

144 d) **Entstehung, Fälligkeit und Verzinsung.** Der Abfindungsanspruch **entsteht** *im Zeitpunkt des Ausscheidens.*[373] Das folgt aus § 738 Abs. 1 S. 1 und 2 BGB, nämlich aus dem Zusammenhang zwischen Verlust der Mitgliedschaft und Abfindung durch die Gesellschaft. Auch für die Berechnung der Abfindung ist dieser Zeitpunkt maßgeblich, doch wird er im Falle einer *Ausschließungsklage* gem. § 140 Abs. 2 durch den Zeitpunkt der Klageerhebung ersetzt (§ 140 Rn 36 ff). Die Vereinbarung eines hiervon abweichenden **Abfindungsstichtags** ist für die Entstehung des Anspruchs ohne Bedeutung, beeinflusst aber dessen Höhe sowie im Zweifel auch die Fälligkeit und Verzinsung. Weil aber der Abfindungsanspruch an die Stelle des bis dahin als künftiges Recht bestehenden Anspruchs auf das Auseinandersetzungsguthaben tritt (Rn 141), kann über ihn schon mit Abschluss des Gesellschaftsvertrages **verfügt** und im Insolvenzverfahren aufgerechnet werden (§ 94 InsO).[374] Verfügungen über den Anspruch auf das Auseinandersetzungsguthaben, auch solche im Wege der Zwangsvollstreckung, erstrecken sich demgemäß auf den an seine Stelle tretenden Abfindungsanspruch,[375] werden jedoch hinfällig, wenn der Gesellschafter seine Beteiligung später auf einen Dritten überträgt.[376]

145 Die **Fälligkeit** des Anspruchs und damit auch dessen Aufrechenbarkeit (§ 387 BGB) soll nach vor allem früher verbreiteter Ansicht entgegen § 271 Abs. 1 BGB nicht schon mit seiner Entstehung, sondern regelmäßig erst mit der Feststellung der Abfindungsbilanz

---

1340 (1341); 1997, 2220 (2221); 1999, 1827 (1828); NJW-RR 1988, 1249. Vgl. auch *Ensthaler* Die Liquidation von Personengesellschaften, 1985, S. 49 ff.

370 Zutr. MünchKommHGB/*K. Schmidt* Rn 131.

371 OLG Hamm NZG 2003, 677 (678) (Revision nicht zugelassen).

372 RGZ 118, 295 (299 f); MünchKommHGB/*K. Schmidt* Rn 132; Ebenroth/Boujong/Joost/Strohn/*Lorz* Rn 100; Heymann/*Emmerich* § 138 Rn 13; MünchKommBGB[5]/*Ulmer*/*C. Schäfer* § 738 Rn 53; **aA** aber BGH WM 1978, 89 (90) sowie BGH WM 1971, 931 (932) für die gegen Mitgesellschafter gerichteten, den eigenen Verlustanteil übersteigenden Forderungen des Drittgläubigers, der von der Gesamthand keine Befriedigung erlangen kann; dem folgend OLG Karlsruhe NZG 2001, 748 (749); *Messer* FS Stimpel, 1985, S. 205.

373 BGHZ 88, 205 (206); 104, 351 (354) = NJW 1989, 453; BGH NJW 1997, 3370; MünchKommHGB/*K. Schmidt* Rn 129; Ebenroth/Boujong/Joost/Strohn/*Lorz* Rn 66.

374 So – zu § 54 KO – BGHZ 104, 351 (354).

375 Näher § 135 Rn 1; MünchKommBGB[5]/*Ulmer*/*C. Schäfer* § 717 Rn 38 f, 43.

376 BGHZ 88, 205; 104, 351 (353); BGH NJW 1997, 3370 (3371); WM 1981, 638 (649).

eintreten.[377] Dem folgt die heute hM zu Recht nicht, weil die **Bilanzfeststellung keine konstitutive Bedeutung** für den Abfindungsanspruch hat, sondern nur dazu dient, Einvernehmen zwischen den Beteiligten über die Anspruchshöhe zu erzielen.[378] Auch der Umstand, dass die genaue Höhe des Anspruchs vor Erstellung der Schlussabrechnung meist noch nicht feststeht, schließt seine alsbaldige Fälligkeit nicht aus, solange der Anspruch wenigstens bestimmbar ist.[379] Anderes gilt allerdings, wenn als Abfindung *nicht* der Buchwert einer schon vor dem Ausscheiden festgestellten Bilanz vorgesehen ist. Hier richten sich die Vorstellungen der Beteiligten regelmäßig nicht auf die sofortige Fälligkeit des Anspruchs; vielmehr sprechen die Umstände (§ 271 Abs. 1 BGB) zumeist dafür, eine Verschiebung des Fälligkeitszeitpunkts um die für die Erstellung der Abfindungsbilanz üblicherweise *erforderliche* Zeit anzunehmen.[380] Der *tatsächliche* Zeitpunkt der Schlussabrechnung ist im Zweifel nur dann maßgebend, wenn es bis dahin nicht zu unerwarteten oder von den übrigen Gesellschaftern zu vertretenden Verzögerungen gekommen ist. Bei Verstößen des Ausgeschiedenen gegen die **nachvertragliche Treupflicht** kann sich das Auszahlungsverlangen im Einzelfall als unzulässige Rechtsausübung erweisen.[381] Eine (partielle) **Stundungspflicht** des Ausgeschiedenen kommt namentlich dann in Betracht, wenn die sofortige Zahlung der gesamten Abfindungssumme den Bestand der Gesellschaft ernsthaft gefährdet und dem Ausgeschiedenen unter Berücksichtigung namentlich der finanziellen Lage der Mitgesellschafter und des Ausscheidensgrundes ein Zahlungsaufschub zugemutet werden kann.[382] Demgemäß kann ein Zahlungsaufschub nicht begehrt werden, wenn er Drittinteressen berührt, wie es bei Gesellschafterinsolvenz (Abs. 3 Nr. 2) und Gläubigerkündigung (Abs. 3 Nr. 4) der Fall ist. Ist eine Stundungspflicht ausnahmsweise zu bejahen, hat der Ausgeschiedene Anspruch auf *Sicherheitsleistung*.[383] – Entsprechendes gilt auch für die Fälligkeit von **Mindestbeträgen** (Rn 143). Schon die eng mit dem Ausscheiden verknüpfte Fälligkeit des Anspruchs lässt wegen der damit verbundenen Gefahr einer Liquiditätsgefährdung *vertragliche Abfindungsvereinbarungen* angeraten erscheinen (Rn 162).[384]

Zinsen sind im Grundsatz nicht schon ab Entstehung oder Fälligkeit des Anspruchs, sondern erst dann zu zahlen, wenn die Gesellschaft nach Eintritt der Fälligkeit auf eine Mahnung des Ausgeschiedenen nicht leistet (§ 286 Abs. 1 BGB).[385] Fälligkeitszinsen **146**

---

377 RG JW 1917, 539; HRR 1939 Nr. 937; so auch noch *Hueck* OHG § 29 II 5a–d, S. 458; *Hörstel* NJW 1994, 2268 (2271); *Sudhoff* DB 1964, 1326; mit anderer Begründung auch *Heckelmann* Abfindungsklauseln, S. 26 ff.

378 MünchKommBGB[5]/*Ulmer*/*C. Schäfer* § 738 Rn 20; und § 721 Rn 8. – Ebenso im Ergebnis auch MünchKommHGB/*K. Schmidt* Rn 129; Heymann/*Emmerich* § 138 Rn 10; Ebenroth/Boujong/Joost/Strohn/*Lorz* Rn 67; Röhricht/Graf v. Westphalen/*v. Gerkan* HGB[1] § 138 Rn 11.

379 *Riegger* Rechtsfolgen, S. 96; MünchKommHGB/*K. Schmidt* Rn 129; *Westermann* Handbuch Rn I 1141; *Stötter* BB 1977, 1219 (1220); ebenso BGH WM 1980, 212 (213) für Ansprüche aus § 740 BGB.

380 Ausführlicher noch 3. Aufl. Rn 38 (*Ulmer*); so auch *Neuhaus* S. 149 ff; ähnlich (Fälligkeit ab dem Zeitpunkt, zu dem der Anspruch berechenbar ist) MünchKommHGB/*K. Schmidt* Rn 129; Röhricht/Graf v. Westphalen/*v. Gerkan* HGB[1] § 138 Rn 11; **aA** (für grundsätzlich sofortige Fälligkeit) *Riegger* und *Stötter* (Fn 379); vgl. auch BGH NJW 1990, 1171 (1172).

381 BGH NJW 1960, 718 (719).

382 RG HRR 1939 Nr. 937; Heymann/*Emmerich* § 138 Rn 21; Baumbach/*Hopt* Rn 54; eingehend 3. Aufl. Rn 69 f (*Ulmer*).

383 Ebenso Heymann/*Emmerich* § 138 Rn 21.

384 Vgl. einstweilen *Priester* DNotZ 1998, 691 (704); *Lambrecht* ZIP 1997, 919 (920); *K. Schmidt* NJW 1998, 2161 (2166); *Schlitt* NZG 1998, 583.

385 Heute hL, vgl. Nachweise in Fn 386.

nach den §§ 352, 353 werden deshalb nicht geschuldet, weil in der Regel nicht einmal das einvernehmliche Ausscheiden unter Abänderung des Gesellschaftsvertrages als Handelsgeschäft anzusehen ist.[386] Allerdings liegt die Annahme einer konkludenten Verzinsungsabrede nahe, wenn die Gesellschafter sich auf eine Abfindung zu einem Stichtag *vor* dem Ausscheiden geeinigt und den Ausscheidenden dadurch von einer Ergebnisbeteiligung schon während der restlichen Zeit seiner Gesellschaftszugehörigkeit ausgeschlossen haben oder wenn der Gesellschaftsvertrag vergleichbare Regelungen enthält.[387] Zu abweichenden Vereinbarungen über Fälligkeit, Stundung und Verzinsung vgl. Rn 136.

2. Die Abfindungsbilanz

147 a) **Bedeutung.** Nach einer über längere Zeit vorherrschenden Ansicht, die eine **Substanzwertrechnung** für maßgeblich hielt,[388] bedurfte es zur Ermittlung des Abfindungsanspruchs zwingend der Erstellung einer sog. Abschichtungs- oder Abfindungsbilanz als Pendant zu den in § 154 für den Fall der Auflösung vorgesehenen Liquidationsbilanzen (§ 154 Rn 7 ff [*Habersack*]). Darin waren die Gegenstände des Gesellschaftsvermögens mit ihren Substanzwerten auf der Basis der Fortsetzung der Gesellschaft anzusetzen, vermehrt um einen sog. Firmen- oder Geschäftswert („good will"). Diese Ansicht ist *überholt*, seit die höchstrichterliche Rechtsprechung die grundsätzliche Maßgeblichkeit des **Ertragswertverfahrens** für die Ermittlung des Abfindungsguthabens anerkannt hat.[389] Auch wenn sich die Differenz zwischen Substanz- und Ertragswert mit Hilfe des Firmen- oder Geschäftswerts theoretisch ausgleichen lässt, handelt es sich bei der vorgeschalteten Ermittlung des Substanzwerts aus heutiger Sicht um einen überflüssigen Umweg, der nurmehr zu beschreiten ist, wenn die Abfindungsregelungen im Gesellschaftsvertrag ausdrücklich hierauf abstellen.

148 Seit den 1970er Jahren basiert die Unternehmensbewertung nach ständiger Rechtsprechung auf einer **Schätzung der voraussichtlichen künftigen Jahreserträge** auf Basis der ordentlichen Erträge und Aufwendungen der letzten Geschäftsjahre und ihrer Abzinsung auf den Bewertungszeitpunkt unter Zugrundelegung des hierfür geeigneten Kapitalisierungszinsfußes.[390] Demgegenüber kommt es auf den **Substanzwert** in Gestalt der Liquidationswerte grundsätzlich nicht an. Zwar stellt der Wortlaut des § 738 Abs. 1 S. 2 a.E. BGB auf die fiktive Liquidation ab, doch bedeutet dies keineswegs notwendigerweise auch die Zerschlagung *des Unternehmens*.[391] Anderes gilt nur für die gesonderte Bewer-

[386] Vgl. § 105 Rn 44; ebenso auch MünchKommHGB/*K. Schmidt* § 105 Rn 115; Ebenroth/Boujong/Joost/Strohn/*Lorz* Rn 68; anders noch *Hueck* OHG § 29 II 5a δ, S. 459; *Stötter* BB 1977, 1220; Baumbach/*Hopt* Rn 54.

[387] Vgl. MünchKommBGB[5]/*Ulmer*/*C. Schäfer* § 738 Rn 22; krit. Ebenroth/Boujong/Joost/Strohn/*Lorz* Rn 68.

[388] Vgl. etwa BGH NJW 1974, 312; WM 1971, 1450; *Düringer*/*Hachenburg*/*Flechtheim* HGB § 138 Anm.10 f; Schlegelberger/*Geßler* HGB[4] § 138 Rn 17 ff; vgl. auch noch 3. Aufl. Rn 44 (*Ulmer*).

[389] BGHZ 116, 359 (370 f) = NJW 1992, 892 (895); BGH NJW 1982, 2441; 1985, 192 (193); 1993, 2101 (2103); dazu auch *W. Müller* FS Bezzenberger, 2000, S. 705 (706 ff); *Ulmer* FS Quack, 1991, S. 477 (479); *Westermann* Handbuch I Rn 1145; *Hülsmann* ZIP 2001, 450 ff.

[390] Vgl. *Ulmer* FS Quack, 1991, S. 490 ff; *Großfeld* (Fn 334) S. 114 ff, 152 ff; vgl. auch die Hinweise bei Ebenroth/Boujong/Joost/Strohn/*Lorz* Rn 69 sowie den in IDW-Fachnachrichten 2008, 271 ff veröffentlichen IDW-Standard zur Durchführung von Unternehmensbewertungen (IDW S1 i.d.F. v. 2008); vgl. dazu auch *Feldhoff* DB 2000, 1237 (zur Version v. 2000).

[391] Zutr. MünchKommHGB/*K. Schmidt* Rn 138; § 145 Rn 35 (*Habersack*).

tung von Gegenständen des *nicht betriebsnotwendigen Vermögens*,[392] sowie immer dann, wenn der Ertrags- unter dem Substanzwert liegt; dieser bildet die **Untergrenze** des nach gesetzlicher Regel zu ermittelnden Abfindungswertes.[393] Von Bedeutung bleibt die Substanzwertmethode daher nur in Fällen, in denen die zu bewertende Gesellschaft inaktiv ist oder kein Fortführungskonzept (mehr) hat.[394] Mit dem Substanzwert überholt sind auch die wesentlich hierauf basierenden *Mittelwert- und Übergewinnmethoden* sowie das von der Finanzverwaltung zur Bewertung nicht börsennotierter Kapitalgesellschaften verwendete sog. *Stuttgarter Verfahren*.[395] Zu neuen, von der Rechtsprechung bisher nicht rezipierten Bewertungsverfahren vgl. Rn 159.

Der Übergang von der Substanz- zur Ertragswertermittlung für die Zwecke der Abfindung hat **nicht** etwa zur Folge, dass die Erstellung einer **Abfindungsbilanz** (auch „Abschichtungsbilanz" genannt) dadurch **gegenstandslos** geworden ist.[396] Sie hat zwar mittlerweile ihre herkömmliche Bedeutung weitgehend verloren. Doch bleibt sie erforderlich, um aus dem (Ertrags-)Wert des Unternehmens die Höhe des Abfindungsanspruchs abzuleiten. Dies erfordert nämlich die Einbeziehung auch solcher Posten, die im Rahmen der Ertragswertermittlung außer Ansatz bleiben, aber den Wert der Gesellschaftsanteile beeinflussen, namentlich die nicht betriebsnotwendigen (neutralen) Aktiva[397] sowie vor allem die Ansprüche der Gesellschafter auf Rückgewähr der der Gesellschaft zur Benutzung überlassenen oder dem Werte nach eingebrachten Gegenstände (Rn 118) sowie sonstige im Rahmen der Abfindung nach dem Prinzip der Gesamtabrechnung (Rn 120) zu berücksichtigende Sozialverbindlichkeiten und -ansprüche (Rn 126).[398] Mit diesem begrenzten Inhalt bedarf es also weiterhin der Erstellung einer Schlussabrechnung, auch wenn in dieser Rechnung das Unternehmen (die Gesamtheit seiner [betriebsnotwendigen] Aktiva und Passiva) durch das globale Aktivum des Ertragswerts repräsentiert wird. 149

392 Vgl. *Großfeld* (Fn 334) S. 168 ff; *Piltz* Die Unternehmensbewertung in der Rechtsprechung, S. 30 ff; *Ulmer* FS Quack S. 479, 497 f; *Hüttemann* ZHR 162 (1998) 563 (585); Schlegelberger/*K. Schmidt* § 138 Rn 56; Ebenroth/Boujong/Joost/Strohn/*Lorz* Rn 88; aus der Rspr. BGHZ 71, 40 (52); NJW 1993, 2101 (2103); 1982, 2497 (2498); AG 1984, 216 f; BayObLG BB 1996, 259; OLG Köln ZIP 1999, 965.

393 BGH NZG 2006, 425 (426) (allerdings nur im Sinne einer Tendenzaussage); MünchKommHGB/*K. Schmidt* Rn 145; Baumbach/*Hopt* Rn 49; vgl. ferner *Großfeld* (Fn 334) S. 222, der diesem Aspekt des Substanzwertes jedoch nur geringe Bedeutung beimisst.

394 Vgl. OLG Düsseldorf WM 1990, 1052; MünchKommHGB/*K. Schmidt* Rn 143; zur Anwendung der Substanzwertmethode auf landwirtschaftliche Unternehmen vgl. auch BGHZ 138, 371 (382 ff).

395 So mit Recht Ebenroth/Boujong/Joost/Strohn/*Lorz* HGB Rn 71 ff; vgl. auch MünchKommHGB/*K. Schmidt* Rn 144; s. aber auch BGH WM 1986, 1384 (1385) zur Zulässigkeit des Stuttgarter Verfahrens bei Unternehmen, das seine Erträge wesentlich durch den persönlichen Einsatz des Geschäftsführers erwirtschaftet. Zur grds. Ungeeignetheit des Stuttgarter Verfahrens ferner *Göllert/Ringling* DB 1999, 516.

396 Vgl. MünchKommHGB/*K. Schmidt* Rn 135; MünchKommBGB[5]/*Ulmer*/*C. Schäfer* § 738 Rn 25; *Westermann* Handbuch Rn I 1144; Baumbach/*Hopt* Rn 50; Heymann/*Emmerich* § 138 Rn 22; Röhricht/Graf v. Westphalen/*v. Gerkan* HGB[1] § 138 Rn 12; **aA** *Schulze-Osterloh* ZGR 1986, 545 (546); *Großfeld* (Fn 334), S. 36; Ebenroth/Boujong/Joost/Strohn/*Lorz* Rn 102; *Sauter* in: Beck'sches Hb. Personengesellschaften, § 7 Rn 139.

397 Vgl. dazu und zur Abgrenzung vom betriebsnotwendigen Vermögen nur *Großfeld* (Fn 334) S. 168 ff; *Piltz* (Fn 392) S. 30 f; WP-Handbuch 2008, 13. Aufl., Bd. II Rn A 131 ff.

398 MünchKommBGB[5]/*Ulmer*/*C. Schäfer* § 738 Rn 25.

150 b) **Aufstellung und Feststellung.** Zur Berechnung des Abfindungsanspruchs kann der Ausgeschiedene die **Aufstellung** einer „Abfindungsbilanz" (Abrechnung) auf den Stichtag des Ausscheidens verlangen,[399] soweit sich eine solche nicht wegen der jeweiligen vertraglichen Abfindungsvereinbarungen (Buchwertklausel u.a.) erübrigt.[400] Zu den für die Bilanzerstellung maßgeblichen Bewertungsgrundsätzen vgl. Rn 157 f, zur Berechnung des Abfindungsanspruchs Rn 160, zur Nichtberücksichtigung schwebender Geschäfte bei Abfindung auf der Basis des Ertragswerts vgl. Rn 129. Zur Aufstellung gegenüber dem Ausgeschiedenen **verpflichtet** ist die **Gesellschaft;**[401] im Innenverhältnis ist sie Sache der *Geschäftsführer.*[402] Auch den Ausgeschiedenen selbst trifft im Rahmen der nachvertraglichen Abwicklungspflichten grundsätzlich eine Mitwirkungspflicht,[403] naturgemäß aber nur im Rahmen der ihm verbleibenden Möglichkeiten.[404] Hierbei ist namentlich zu berücksichtigen, dass an die Stelle seiner gesellschaftsrechtlichen Einsichts- und Kontrollrechte aus §§ 118, 164 das **Recht zu Urkundeneinsicht** nach § 810 BGB getreten ist (Rn 128),[405] das grundsätzlich auch unter Einschaltung eines zur Verschwiegenheit verpflichteten **Sachverständigen** wahrgenommen werden kann.[406] Die schuldhafte Verzögerung der Aufstellung seitens der Gesellschaft oder unrichtige Ansätze führen zu Schadensersatzansprüchen des Ausgeschiedenen.

151 Von der Bilanzaufstellung zu unterscheiden ist ihre **Feststellung,** d.h. die verbindliche Festlegung der zur Bemessung des Abfindungsanspruchs dienenden Rechnungsposten zwischen den Beteiligten (ausführlich, auch zur Rechtsnatur § 120 Rn 16 ff, 19). Anders als hinsichtlich der laufenden Gewinnansprüche (§ 120 Rn 46) ist die Feststellung der Abfindungsbilanz jedoch keine Voraussetzung für Entstehung und Fälligkeit des Abfindungsanspruchs (Rn 145); ihre Bedeutung beschränkt sich auf die Berechnung der konkreten Abfindung (Rn 154). Deshalb ist eine gesonderte Feststellung im Unterschied zur Jahresbilanz entbehrlich. Den Beteiligten steht daher auch kein (gerichtlich durchsetzbarer) Anspruch auf einen Feststellungsbeschluss zu.[407] Streitigkeiten über einzelne Ansätze sind unmittelbar im Wege der Leistungs- oder Feststellungsklage zu klären (Rn 153 f).

152 Die **Bindungswirkung** einer gleichwohl festgestellten, d.h. vertraglich fixierten Abfindungsbilanz richtet sich entsprechend der vergleichsähnlichen, bestätigenden Natur des Feststellungsakts **nach § 779 BGB** (näher § 120 Rn 18 f). Die Feststellung ist unwirksam, wenn sich nachträglich herausstellt, dass beide Seiten von einem unzutreffenden Sachverhalt ausgegangen sind und durch die Feststellungsvereinbarung eine Ungewissheit behoben werden sollte, die bei Kenntnis der wahren Sachlage gar nicht bestanden hätte

---

399 MünchKommHGB/*K. Schmidt* Rn 136; Baumbach/*Hopt* Rn 51; vgl. auch BGH NJW 1959, 1491.

400 BGH WM 1980, 1362 (1363).

401 MünchKommHGB/*K. Schmidt* Rn 136; Baumbach/*Hopt* Rn 51; Ebenroth/Boujong/Joost/Strohn/*Lorz* Rn 65, 104; MünchKommBGB⁵/*Ulmer*/*C. Schäfer* § 738 Rn 27; **aA** noch BGH NJW 1959, 1491; Heymann/*Emmerich* § 138 Rn 18 (Gesellschaft oder Gesellschafter).

402 BGH WM 1979, 1330.

403 Näher 3. Aufl. § 138 Rn 48 (*Ulmer*); s.a. MünchKommBGB[5]/*Ulmer*/*C. Schäfer* § 738 Rn 27; *Westermann* Handbuch Rn I 1149.

404 Für regelmäßige Beschränkung der Aufstellungspflicht auf die verbliebenen Gesellschafter demgemäß BGH NJW 1959, 1491; OLG Hamburg MDR 1964, 511; *Hueck* OHG § 29 II 5a, Fn 70.

405 BGHZ 26, 25 (31); BGH WM 1989, 878 (879); 1994, 1925 (1928) – Zum Recht.

406 Vgl. RGZ 170, 392 (395); BGHZ 25, 115 (123); BGH WM 1965, 974 f; *Riegger* Rechtsfolgen, S. 127 f.

407 MünchKommHGB/*K. Schmidt* Rn 136; Ebenroth/Boujong/Joost/Strohn/*Lorz* Rn 105; MünchKommBGB[5]/*Ulmer*/*C. Schäfer* § 738 Rn 28.

(§ 779 Abs. 1 BGB).[408] Eine Unwirksamkeit kann sich ferner daraus ergeben, dass Aktiva zu Unrecht berücksichtigt oder Sozialverbindlichkeiten vergessen wurden. Handelt es sich dabei allerdings nur um einzelne, das Ergebnis nicht entscheidend prägende Posten, so kann an die Stelle der Unwirksamkeit die nachträgliche Anpassung der Bilanz unter Vornahme der gebotenen Änderungen treten.[409] Demgegenüber bleibt der Vergleich verbindlich, wenn eine anfängliche Ungewissheit über die Wertansätze, die der Feststellungsakt gerade beheben sollte, nachträglich geklärt wird.[410] Entsprechendes gilt für die Irrtumsanfechtung nach § 119 Abs. 2 BGB; auch sie ist ausgeschlossen, wenn die vergleichsweise Regelung die bestehende Ungewissheit über den vom Irrtum betroffenen Punkt beseitigen sollte.[411] Hiervon unberührt bleibt die Anfechtbarkeit nach § 123 BGB wegen Drohung oder arglistiger Täuschung.[412] Greift danach eine Anfechtung ausnahmsweise durch, so bleibt das Ausscheiden selbst allemal wirksam; ein Anspruch auf Wiederaufnahme nach den Grundsätzen des fehlerhaften Ausscheidens (Rn 196) kommt nur ausnahmsweise in Frage.[413] Im Einzelfall kann auch eine Anfechtung des Vergleichs wegen Gläubigerbenachteiligung nach §§ 3 ff AnfG bzw. §§ 130 ff InsO in Betracht kommen.

c) **Gerichtliche Durchsetzung.** Der Anspruch des Ausgeschiedenen auf **Aufstellung** der Abfindungsbilanz kann im Wege der **Leistungsklage** durchgesetzt werden, wenn die übrigen Gesellschafter ihre Rechnungslegungspflicht entweder bestreiten oder ihr nicht rechtzeitig nachkommen. Die Klage richtet sich grundsätzlich auf Vornahme einer vertretbaren Handlung durch die Gesellschaft (Rn 150), weil die Bilanz auch durch sachverständige Dritte erbracht werden kann;[414] das Urteil ist deshalb nach § 887 ZPO zu **vollstrecken**,[415] der Kläger also auf Antrag zu ermächtigen, die Aufstellung auf Kosten der beklagten Gesellschaft vornehmen zu lassen, und zwar auch dann, wenn sich alle erforderlichen Unterlagen bereits bei einem mit der Aufstellung beauftragten Steuerberater befinden.[416] Eine Bilanzaufstellung durch das Gericht ist ausgeschlossen,[417] und § 888 ZPO gilt nur dann, wenn die Bilanz anhand der Geschäftsbücher nicht zuverlässig durch einen Sachverständigen erstellt werden kann.[418] Die Fälligkeit des Abfindungsanspruchs ist für die Klage auf Bilanzaufstellung oder gerichtliche Feststellung streitiger **153**

408 Ebenso MünchKommHGB/*K. Schmidt* Rn 137; MünchKommBGB⁵/*Ulmer*/*C. Schäfer* § 738 Rn 29; enger *Schwung* BB 1985, 1375.

409 BGH NJW 1957, 1834; WM 1960, 187; 1972, 1443 (1444); Heymann/*Emmerich* § 138 Rn 20; anders für den Regelfall des § 779 BGB MünchKommBGB[4]/*Habersack* § 779 Rn 59; Staudinger/*Marburger* BGB (2002) § 779 Rn 83.

410 *Riegger* Rechtsfolgen, S. 133 f; so im Ergebnis auch RG DJZ 1929, 311; *Hueck* OHG § 29 II 5a–g, S. 452 ff; *Zunft* NJW 1959, 1947.

411 RGZ 162, 198 (201); BGH WM 1975, 1279; NJW 1983, 2034 (2035); MünchKomm-HGB/*K. Schmidt* Rn 137; *Riegger* Rechtsfolgen, S. 133 Fn 270; vgl. auch § 120 Rn 19.

412 BGH WM 1975, 1279 (1281 f); Staudinger/*Marburger* BGB (2002) § 779 Rn 81 f – Zur Anfechtung eines Abfindungsvergleichs wegen Verletzung der den verbleibenden Gesellschaftern obliegenden Offenbarungspflicht vgl. BGH WM 1972, 1443 (1445 f).

413 BGH NJW 1969, 1483.

414 Anderes gilt für die Pflicht zur Aufstellung des Jahresabschlusses, vgl. § 120 Rn 21; sie ist als Grundlagenfrage unter den Gesellschaftern auszutragen.

415 MünchKommHGB/*K. Schmidt* Rn 136; Heymann/*Emmerich* § 138 Rn 19; zweifelnd *Westermann* Handbuch Rn I 1150.

416 Vgl. Schlegelberger/*K. Schmidt* § 138 Rn 50 unter Hinweis auf OLG Zweibrücken JurBüro 1987, 466.

417 BGHZ 26, 25 (28 f) = NJW 1958, 57.

418 Vgl. MünchKommZPO[3]/*Gruber* § 887 Rn 45 und § 888 Rn 3; Baumbach/Lauterbach/Albers/*Hartmann* ZPO[66] § 887 Rn 22; Thomas/Putzo/*Hüßtege* ZPO[28] § 887 Rn 2a.

Posten unerheblich; ist sie aber eingetreten (Rn 145), ohne dass die Anspruchshöhe schon bekannt ist, so können die Klage auf Bilanzaufstellung bzw. gerichtliche Feststellung streitiger Posten und die Klage auf Zahlung im Wege der **Stufenklage** (§ 254 ZPO) miteinander verbunden werden.[419] Die Umdeutung des Leistungsbegehrens in einen Feststellungsantrag ist auch im Fall der Stufenklage zulässig.[420] Geht es nur um die *Berücksichtigung bestimmter Rechnungsposten* (Rn 151) in einer schon vorliegenden Abfindungsbilanz, so kann unmittelbar auf Zahlung geklagt und der Streit im Rahmen dieser Klage ausgetragen werden, so dass regelmäßig kein Rechtsschutzbedürfnis für eine Feststellungsklage besteht.[421]

154 Eine Klage auf Bilanz**feststellung** scheidet mangels materiellen Anspruchs aus (Rn 151). Gestritten werden kann aber über die **Richtigkeit einzelner Bilanzposten** oder Berechnungsgrundsätze, und zwar mittels **Feststellungsklage.**[422] Eine solche Klage setzt allerdings voraus, dass das Bestehen des Abfindungsanspruchs und die Zahlungsbereitschaft der Gesellschaft außer Zweifel stehen; in diesem Falle kann sie aber sowohl von der Gesellschaft als auch vom Ausgeschiedenen erhoben werden, ohne dass der Vorrang der Leistungsklage entgegensteht. Richtet sich die Klage gegen den Ausgeschiedenen – zur Konkretisierung des Anspruchs auf *Verlustausgleich* nach § 739 BGB –, so kann dieser sich nicht allgemein auf ein Bestreiten beschränken, sondern muss im Einzelnen darlegen, welche Bilanzansätze unrichtig sind.[423] Insofern hilft ihm sein Einsichtsrecht nach § 810 BGB (Rn 150).

3. Die Wertermittlung

155 a) **Grundlagen.** Der Ermittlung des gesetzlichen Anteilswerts, der **indirekt** (quotal) aus dem Gesamtwert des Unternehmens abgeleitet wird, bedarf es nicht nur, wenn der Gesellschaftsvertrag keine abweichenden Vereinbarungen enthält. Vielmehr ist sie auch für die Prüfung bedeutsam, ob eine zur Reduktion führende Abfindungsklausel der Inhalts- bzw. Ausübungskontrolle standhält (Rn 163). Dabei eröffnet § 738 Abs. 2 BGB den Weg der **Schätzung** (Rn 148). Deren Grundlage ist nach ganz hM nicht der Zerschlagungs-(Liquidations-)wert, sondern der **(Ertrags-)Wert** der als werbend **fortgesetzten Gesellschaft.**[424] Die Befugnis zur Wertermittlung durch Schätzung liegt nach § 287 Abs. 2 ZPO bei den Gerichten; sie erfordert regelmäßig ein Sachverständigengutachten unter Beachtung anerkannter betriebswirtschaftlicher Bewertungsmethoden.[425] Die Ermittlung

---

419 OLG Karlsruhe BB 1977, 1475; *Stötter* BB 1977, 1219; *Westermann* Handbuch Rn I 1150; MünchKommHGB/*K. Schmidt* Rn 136; MünchKommBGB[5]/*Ulmer*/*C. Schäfer* § 738 Rn 30; vgl. auch BGH FamRZ 35, 38 (betr. Abfindungsanspruch bei Ehegatten-Innengesellschaft).

420 BGH WM 1995, 109 (110 f).

421 BGH NJW-RR 1987, 1386 (1387); WM 1999, 1213 f; *Stötter* DB 1972, 271 (273); *Westermann* Handbuch Rn I 1150.

422 BGHZ 1, 65 (74) = NJW 1951, 311; BGH NJW 1951, 360; WM 1964, 1052; 1971, 1450; 1972, 1399 (1400); *Hueck* OHG § 29 II 5a Fn 71; *Riegger* Rechtsfolgen, S. 137; *Stötter* DB 1972, 272; *Zunft* NJW 1959, 1945 (1949); Ebenroth/Boujong/Joost/Strohn/*Lorz* Rn 99, 104; Röhricht/Graf v. Westphalen/*v. Gerkan* HGB[1] § 138 Rn 16; MünchKommBGB[5]/*Ulmer*/*C. Schäfer* § 738 Rn 31.

423 BGH WM 1965, 974 (975).

424 BGHZ 17, 130 (136) = NJW 1955, 1025; 116, 359 (370 f) = NJW 1992, 892; BGH NJW 1985, 192 (193); WM 1961, 323; 1971, 1450; *Großfeld* (Fn 334) S. 4 f; *Hueck* OHG § 29 II 5a, S. 452 ff; *Heckelmann* Abfindungsklauseln, S. 28 f; *Sudhoff* ZGR 1972, 157 f; **aA** wohl nur *Flume* I/1 § 12 I.

425 S. nur BGH 116, 359 (371); NJW 1985, 192 (193); Schlegelberger/*K. Schmidt* § 138 Rn 53 und (knapper) MünchKommHGB/

kann vertraglich auch einem **Schiedsgutachter** übertragen werden; in diesem Fall sind die Gerichte auf eine Billigkeitskontrolle nach § 319 Abs. 1 BGB beschränkt.[426]

Eine **direkte Ermittlung des Anteilswerts** ohne Bezugnahme auf den Gesamtwert der Gesellschaft bzw. des von ihr betriebenen Unternehmens scheidet in aller Regel aus,[427] zumal Anteile von Personengesellschaften nicht handelbar sind und die Feststellung eines solchen isolierten Wertes *meist kaum möglich* ist. Deshalb lässt sich auch die Rechtsprechung des BVerfG zur Maßgeblichkeit des *Börsenwerts* für die Abfindung ausscheidender Aktionäre[428] nicht auf die Abfindung von Personengesellschaftern übertragen, selbst wenn sich der Ausscheidende vorrangig zu Anlagezwecken beteiligt haben sollte. Eine Ausnahme kommt allenfalls bei solchen **Publikumsgesellschaften** in Betracht, deren Anteile in einem funktionierenden Markt gehandelt werden. Neben diesen eher praktischen Erwägungen sprechen aber auch Wortlaut und Sinn des § 738 Abs. 1 S. 2 BGB gegen eine direkte Ermittlung des Anteilswertes. Aus dem Prinzip der Teilhabe am fiktiven Liquidationserlös folgt, dass für die Abfindung des Ausgeschiedenen nicht der Verkehrswert seines Anteils, sondern sein *Anteil am (Verkehrs-)Wert des fortgeführten Unternehmens der Gesellschaft* maßgeblich ist, den die Beteiligten bei dessen Veräußerung zum Stichtag des Ausscheidens erzielen könnten.[429] 156

b) **Bewertungsverfahren.** Während die hM im Rahmen von § 738 BGB früher auch für die Unternehmensbewertung grundsätzlich von der sog. *Substanzwertmethode* ausging[430] und die Ertragskraft durch Ansatz eines „Firmenwerts" oder „good will" als eine Art fiktiven Substanzposten berücksichtigte (Rn 147 f),[431] haben sich in der betriebswirtschaftlichen Bewertungspraxis seit Jahrzehnten abweichende Bewertungsgrundsätze entwickelt,[432] die für die Unternehmensbewertung grundsätzlich vom **Ertragswert** ausgehen und dem Substanzwert grundsätzlich nur eine Hilfsfunktion zumessen (Rn 147).[433] 157

K. Schmidt Rn 143; Ebenroth/Boujong/Joost/Strohn/*Lorz* Rn 69; Baumbach/*Hopt* Rn 49; IDW-Standard des Hauptfachausschusses zur Durchführung von Unternehmensbewertungen v. 2.4.2008 (IDW S. 1), IDW-Fachnachrichten, 271 ff.

426 RGZ 152, 201 (204); BGHZ 9, 138 (145); BGH NJW 1991, 2761; WM 1982, 767; Schlegelberger/*K. Schmidt* § 138 Rn 58; Baumbach/*Hopt* Rn 53; MünchKomm-BGB[5]/*Ulmer/C. Schäfer* § 738 Rn 32.

427 HM, BGH GmbHR 1992, 257 (261); WM 1979, 432 (433).

428 So seit BVerfGE 100, 289 (305 ff) = NJW 1999, 3769 std. Rspr.; dazu nur die Nachw. bei *Hüffer* AktG[8] § 305 Rn 20a ff; *Emmerich*/Habersack Aktien- und GmbH-Konzernrecht[5] § 305 Rn 42 ff.

429 Std. Rspr., vgl. schon BGHZ 17, 130 (136) = NJW 1955, 1025; ebenso BGHZ 116, 359 (370 f) = NJW 1992, 892; BGH NJW 1985, 192; WM 1971, 1450; vgl. ferner Ebenroth/Boujong/Joost/Strohn/*Lorz* Rn 97; Baumbach/*Hopt* Rn 49; MünchKomm-BGB[5]/*Ulmer/C. Schäfer* § 738 Rn 33; eingehend *Hüttemann* ZHR 162 (1998), 563 (576 f); *Hülsmann* ZIP 2001, 450 f. Für einen Bewertungsabschlag gegenüber dem anteiligen Unternehmenswert wegen der geringen Fungibilität der Anteile aber *Sigle* ZGR 1999, 669; für direkte Wertermittlung *Wagner/Nonnenmacher* ZGR 1981, 674 (677).

430 Vgl. Nachw. in Fn 388 und *Großfeld* (Fn 334) S. 20 ff.

431 Zur Problematik dieser Betrachtung aus der Sicht neuerer Bewertungsmethoden vgl. schon 3. Aufl. § 138 Rn 89 f (*Ulmer*).

432 Vgl. *Großfeld* (Fn 334) S. 152 ff; *Aurnhammer* Abfindung, S. 96 ff; *Piltz* (Fn 392) S. 3 ff, 16 ff; *Westermann* Handbuch Rn I, 1146 f sowie die Übersicht bei *Ulmer* FS Quack, 1991, S. 477 (479 f). – Siehe auch IDW-Standard zur Durchführung von Unternehmensbewertungen (IDW S. 1 i.d.F. v. 2008, unter 2.1), abgedruckt IDW-Fachnachrichten 2008, 271 (273), Rn 4 ff.

433 Vgl. nur WP-Handbuch (Fn 397) Bd. II Rn A 8 f, 441 f; IDW S. 1 (Fn 432) Rn 5 f.

Die Ertragswertmethode dominiert heute unverändert sowohl in der Rechtsprechung[434] als auch im juristischen Schrifttum zur Unternehmensbewertung[435]. Soweit es daneben noch des Rückgriffs auf die Substanzwertmethode bedarf (Rn 147),[436] kommt es nicht auf die Buchwerte, sondern die *Verkehrswerte* der Gegenstände des Gesellschaftsvermögens an; stille Reserven sind aufzulösen.

158 Der Ertragswert des Unternehmens ist auf den **Stichtag** des Ausscheidens (Rn 144) zu **berechnen**; spätere Erkenntnisse können nach dem Prinzip der Wertaufhellung nur noch berücksichtigt werden, wenn sie Rückschlüsse auf den Wert am Stichtag zulassen,[437] wobei aber Vereinbarungen der Gesellschafter hierüber möglich sind.[438] Der **Unternehmenswert** ergibt sich aus der Addition des Barwerts der zukünftigen Erfolge des betriebsnotwendigen Vermögens (= Ertragswert) und des Bar-(Substanz-)werts des nicht betriebsnotwendigen Vermögens (Rn 148). Wesentliche Bestandteile des Ertragswerts sind die voraussichtlichen Zukunftserträge und der Kapitalisierungszinsfuß zur Barwertermittlung. Um die Zukunftserträge zu errechnen, ermittelt die Praxis in einem ersten Schritt den Überschuss der Erträge über die Aufwendungen, die aus den zurückliegenden Gewinn- und Verlustrechnungen ohne weiteres ersichtlich sind; hierbei werden üblicherweise die gewichteten Ergebnisse der vergangenen drei bis fünf Jahre zugrunde gelegt.[439] Aus den Ertragsüberschüssen werden sodann die entscheidungserheblichen Überschüsse der Einzahlungen über die Auszahlungen auf Gesellschafterebene abgeleitet. Seit dem IDW S1 2005[440] wird wegen des Halbeinkünfteverfahrens nicht mehr von einer Vollausschüttung ausgegangen, sondern ein realitätsnahes Ausschüttungsverhalten angenommen.[441] Auf der Grundlage einer solchen Vergangenheitsanalyse werden sodann – mehr oder weniger pauschal – die gewichteten Durchschnittserträge als nachhaltig erzielbarer Gewinn **prognostiziert.**[442] Die derart ermittelten zukünftigen Erfolge werden mittels

---

[434] Vgl. etwa BGHZ 116, 359 (370 f) = NJW 1992, 892; BGH WM 1993, 1412 (1413); NJW 1985, 192 (193); WM 1974, 129; 1981, 452. Gelegentlich betont der BGH allerdings, dass keine rechtliche Bindung an eine bestimmte Bewertungsmethode bestehe, vgl. BGH NJW 1993, 2101 (2102); WM 1991, 283 (284).

[435] Vgl. näher *Ulmer* FS Quack, 1991, S. 477 ff; *W. Müller* FS Bezzenberger, 2000, S. 705 (706 ff); *Hülsmann* ZIP 2001, 450 (451 ff); *Großfeld* (Fn 334) S. 152 ff; *Piltz* (Fn 392) S. 16 ff, jew. mwN. Aus der Kommentarliteratur nur Ebenroth/Boujong/Joost/Strohn/*Lorz* Rn 69 ff; MünchKommHGB/*K. Schmidt* Rn 143; Baumbach/*Hopt* Rn 49.

[436] So etwa BGH NJW 1991, 1547 (1548) (Bewertung einer freiberuflichen Praxis im Rahmen des Zugewinnausgleichs); BGH NJW 1993, 2101 (2102) (Bewertung bei überdurchschnittlich hohem Anteil nicht betriebsnotwendigen Vermögens); vgl. auch *Sommer* GmbHR 1995, 249 (254).

[437] BGH BB 1981, 1128 (1129); WP-Handbuch Bd. II (Fn 397) Rn A 51 ff; Ebenroth/Boujong/Joost/Strohn/*Lorz* Rn 74.

[438] *Piltz* (Fn 392) S. 114.

[439] *Großfeld* (Fn 334) S. 41 ff.

[440] IDW S1 (Fn 432); Stand 18.10.2005, WPg 2005, 1303 (1308), Rn 45 ff.

[441] Näher WP-Handbuch Bd. II (Fn 397) Rn A 89 ff; IDW S. 1 i.d.F.v. 2008, IDW-Fachnachrichten 2008, 271 (277), Rn 35 ff; Ebenroth/Boujong/Joost/ Strohn/*Lorz* Rn 76.

[442] Näher IDW S. 1 i.d.F.v. 2008 Nr. 5.3, IDW-Fachnachrichten 2008, 271 (280), Rn 75; Ebenroth/Boujong/Joost/Strohn/*Lorz* Rn 78 f. – Zur umstr., heute überwiegend bejahten Frage, ob auch die **persönlichen Steuern** der Gesellschafter bei der Ertragswertermittlung mindernd zu berücksichtigen sind, vgl. WP-Handbuch Bd. II (Fn 397) Rn A 151 ff; IDW S 1 (Fn 432), Nr. 6.3, IDW-Fachnachrichten 2008, 271 (283), Rn 93; Ebenroth/Boujong/Joost/Strohn/*Lorz* Rn 81, jew. mwN (Abzug der Ertragsteuer von den finanziellen Überschüssen zum typisierten Steuersatz von 35 %).

eines **Kapitalisierungszinsfußes** auf den Stichtag abgezinst, was den **Barwert des Zukunftserfolges** ergibt. Der Kapitalisierungszinssatz hat die Funktion, als Diskontfaktor alle in der Zukunft erwarteten Erträge auf den in der Gegenwart liegenden Stichtag zu projizieren. Er bemisst sich nach einer durchschnittlichen Verzinsung des im Unternehmen investierten Eigenkapitals. Die Praxis legt als Kapitalisierungszinssatz regelmäßig den langfristigen Durchschnitt der Umlaufrenditen für öffentliche Anleihen vor dem Stichtag zugrunde, erhöht diesen Basiszins um einen typisierend ermittelten Risikozuschlag[443] und vermindert ihn um persönliche Ertragsteuern.[444] Die instanzgerichtliche Rechtsprechung neigt dazu, zwar einen Risikozuschlag für allgemeine, *nicht* jedoch auch für *spezielle* Unternehmensrisiken anzuerkennen.[445] Wie die Prognostizierung der Zukunftserträge ist auch die Schätzung der Höhe des Kapitalisierungszinssatzes mit erheblichen *Unsicherheitsfaktoren* belastet.[446]

Seit den 1990er Jahren ist in der *betriebswirtschaftlichen* Literatur eine Entwicklung **159**
zu beobachten, die das Ertragswertverfahren (Rn 157 f) gegenüber *neuen Verfahrensarten* zunehmend in den Hintergrund treten lässt.[447] Auch die Bewertungspraxis hat sich entsprechend umgestellt; sie verwendet neben dem Ertragswertverfahren zunehmend das sog. **Discounted-cash-flow-Verfahren.**[448] Wie das Ertragswertverfahren zielt auch dieses Verfahren auf den geschätzten Barwert der künftig von der Gesellschaft zu erzielenden finanziellen Überschüsse des betriebsnotwendigen Vermögens.[449] Grundlage der Bewertung ist aber nicht die – im Wesentlichen aus der Gewinn- und Verlustrechnung abgeleitete – Differenz zwischen Erträgen und Aufwendungen (einschl. Fremdkapitalkosten

---

443 Dazu IDW S 1 i.d.F. v. 2008, Nr. 6.2, IDW-Fachnachrichten 2008, 271 (282), Rn 88 ff; Ebenroth/Boujong/Joost/Strohn/*Lorz* Rn 84 ff.

444 WP-Handbuch Bd. II (Fn 397) Rn A 310 ff, 381; Ebenroth/Boujong/Joost/Strohn/*Lorz* Rn 83 f; vgl. auch BGH NJW 1982, 575 (576). – Zur Berücksichtigung der persönlichen Ertragsteuern vgl. den Hinweis in Fn 442.

445 BayObLG BB 1996, 259 (261); OLG Düsseldorf AG 1992, 200 (204); vgl. auch BGH NJW 1978, 1316 (1319) (*Kali und Salz*: Zuschlag von 50 % auf Basiszins); anders aber IDW S. 1 (Fn 432), Nr. 6.2, IDW-Fachnachrichten 2008, 271 (282), Rn 91; krit. auch Ebenroth/Boujong/Joost/Strohn/*Lorz* Rn 85; zu den Besonderheiten bei **kleineren** und **mittleren Unternehmen** IDW S. 1 (Fn 432), Nr. 8.3, IDW-Fachnachrichten, 271 (289 ff), Rn 154 ff; Ebenroth/Boujong/Joost/Strohn/*Lorz* Rn 89 f.

446 Vgl. schon 3. Aufl. Rn 92 (*Ulmer*) sowie Ebenroth/Boujong/Joost/Strohn/*Lorz* Rn 79, 85.

447 Vgl. etwa die Zusammenstellung bei *W. Müller* in: Semler/Volhard, Hdb. Unternehmensübernahmen, Bd. 1, 2001, § 10 Rn 85 ff; *ders.* FS Bezzenberger, 2000, S. 705 f. Dazu auch *Großfeld* (Fn 334) S. 46 ff, 159 ff; WP-Handbuch (Fn 397) Bd. II, Rn A 45, 337 ff, 408 ff.

448 Vgl. WP-Handbuch (Fn 397) Bd. II, Rn A 337 ff; *Großfeld* (Fn 334) S. 159 ff; *Ballwieser* WPg 1995, 81 ff; *Kohl/Schulte* WPg 2000, 1147 ff; *W. Müller* Hdb. (Fn 447) § 10 Rn 126 ff, 179 ff; Ebenroth/Boujong/Joost/Strohn/*Lorz* Rn 91 ff. Nach *Drukarczyk*/Schüler Unternehmensbewertung, 5. Aufl. 2007, S. 101 wird das DCF-Verfahren schon seit ca. 1985 praktiziert; *W. Müller* FS Bezzenberger, 2000, S. 708 zitiert eine Untersuchung von 1999, derzufolge es inzwischen das Ertragswertverfahren des IDW deutlich überrundet hat. Aus Sicht des IDW-Hauptfachausschusses (IDW S. 1 [Fn 432], Nr. 2.1, 7.3, IDW-Fachnachrichten 2008, 271 [273, 286 ff], Rn 7, 124 ff) steht das DCF-Verfahren (Nr. 7.3) gleichrangig neben dem Ertragswertverfahren (Nr. 7.2).

449 Zur engen Verwandtschaft der konzeptionellen Grundlagen beider Verfahren vgl. nur *Sieben* FS Havermann, 1995, S. 713 (716); *Drukarczyk* WPg 1995, 329; zusammenfassend Ebenroth/Boujong/Joost/Strohn/*Lorz* Rn 96.

und Steuern) aus der persönlichen Geschäftstätigkeit. Vielmehr knüpft die Methode primär an den sog. **Cashflow** an, also an den jährlich zu erzielenden *finanziellen Überschuss* nach Abzug von Investitionskosten und Unternehmenssteuern, jedoch *ohne Berücksichtigung von Abschreibungen und Fremdkapitalkosten.*[450] In der Rechtsprechung hat diese Umorientierung allerdings, soweit ersichtlich, bislang keinen Niederschlag gefunden,[451] so dass sich eine Vertiefung an dieser Stelle erübrigt.[452]

160 **4. Die Berechnung des Abfindungsanspruchs.** Die Höhe des Anspruchs wird nach der indirekten Methode (Rn 149) aus dem Gesamtwert des Unternehmens nach dem im Zeitpunkt des Ausscheidens geltenden allgemeinen Gewinnverteilungsschlüssel abgeleitet,[453] und zwar vermittels einer heute vor allem noch der *Gesamtabrechnung* dienenden **Abfindungsbilanz** (Rn 147). In sie fließen außer dem Ertragswert der Gesellschaft (als globalem Aktivum) auch die nicht betriebsnotwendigen Aktiva ein, ferner die Ansprüche des Gesellschafters auf Rückzahlung der **Einlage** (oder ihres Wertes), auf Rückgewähr überlassener oder dem Werte nach eingebrachter **Gegenstände** (Rn 118) sowie alle sonstigen im Rahmen der Abfindung zu berücksichtigenden **Sozialverbindlichkeiten** und -ansprüche (Rn 143). Auf die Frage, ob der *Gewinnverteilungsschlüssel* während der Gesellschaftsdauer *Änderungen* erfahren hat, kommt es grundsätzlich ebenso wenig an,[454] wie es unerheblich ist, ob der Ausgeschiedene zum Kreis der Gründungsgesellschafter gehört oder erst später beigetreten ist.[455] Grundsätzlich irrelevant ist auch die *Stellung des Gesellschafters* innerhalb der Gesellschaft, namentlich der beherrschende Einfluss in der Gesellschaft bzw. seine Beteiligung als Komplementär oder Kommanditist; sie rechtfertigt aus Gründen der Gleichbehandlung, anders als beim Unternehmenskauf im Verhältnis zu Dritten, regelmäßig keine Zu- oder Abschläge auf den quotal ermittelten Wert.[456]

---

450 Vgl. zu den beiden Brutto-Varianten des DCF-Verfahrens IDW S 1 (Fn 432), Nr. 7.3.2 und 7.3.3, IDW-Fachnachrichten 2008, 271 (284 ff), Rn 125 ff, 136 ff; *W. Müller* Hdb. (Fn 447) § 10 Rn 127, 179 ff; *Ballwieser* WPg 1995, 119 (121 ff).

451 *Hülsmann* ZIP 2001, 450 (451); *Westermann* Handbuch Rn I 1145; MünchKommBGB[5]/*Ulmer*/*C. Schäfer* § 738 Rn 36; *W. Müller* FS Bezzenberger S. 706 (708). – S.a. *Behringer* S. 95 f; Ebenroth/Boujong/Joost/Strohn/*Lorz* Rn 96 aE, die mit Recht auf die mangelnde Eignung des Verfahrens für kleine und mittlere Unternehmen hinweisen, bei denen der zur Erfassung der besonderen Risikolage eingesetzte sog. b-Faktor nicht durch Bezugnahme auf einen repräsentativen Index (DAX o.Ä.) gewonnen werden kann.

452 Vgl. den guten Überblick bei Ebenroth/Boujong/Joost/Strohn/*Lorz* Rn 91 ff mit zahlr. Nachw.

453 BGHZ 17, 130 (133, 136); 19, 42 (47); Heymann/*Emmerich* § 138 Rn 22; Ebenroth/Boujong/Joost/Strohn/*Lorz* Rn 98; *Großfeld* (Fn 334) S. 125; *Neuhaus* S. 145; *Flume* I/1 § 12 I, S. 169; *Hueck* OHG § 29 II 5a, S. 455 f.

454 Vgl. MünchKommBGB[5]/*Ulmer*/*C. Schäfer* § 738 Rn 37; *Neuhaus* S. 145; *Flume* I/1 § 12 I, S. 169; *Hueck* OHG § 29 II 5a, S. 455 f; **aA** *Schönle* DB 1959, 1427 (1430); ihm folgend *Heckelmann* Abfindungsklauseln, S. 35 f.

455 BGH WM 1981, 627 (volle Teilnahme am Liquidationsüberschuss auch bei späterem, nach der Bildung von stillen Reserven erfolgtem Beitritt); ebenso *Neuhaus* S. 145 ff; MünchKommBGB[5]/*Ulmer*/*C. Schäfer* § 738 Rn 37; *Flume* I/1 § 12 I, S. 169 f; anders noch 3. Aufl.[3] Anm. 65 (*Ulmer*) und *Hueck* OHG § 29 II 5a, S. 455; *Ganssmüller* NJW 1956, 299.

456 Vgl. *Großfeld* (Fn 334), S. 112 f; *Piltz* (Fn 392), S. 236 f; *Piltz*/*Wissmann* NJW 1985, 2673 (2680); Ebenroth/Boujong/Joost/Strohn/*Lorz* Rn 98.

5. **Verlustausgleich.** Soweit die Gesamtabrechnung (Rn 160) keinen Überschuss, sondern einen **Fehlbetrag** ergibt, ist dieser – vorbehaltlich gesellschaftsvertraglicher Abweichung – gem. § 739 BGB der Gesellschaft gegenüber auszugleichen,[457] zumal das Verbot der Nachschusspflicht (§ 707 BGB) nur für die Dauer des Gesellschaftsverhältnisses gilt. *Kommanditisten* schulden Ausgleich jedoch nur in Höhe rückständiger Einlagen bzw. haftungswirksamer Entnahmen (vgl. §§ 167 Abs. 3, 169 Abs. 2; näher Voraufl. § 167 Rn 8 [*Schilling*]); hat der Kommanditist seine (Pflicht-)Einlage geleistet und nicht haftungswirksam zurückerhalten, trifft ihn – unabhängig vom Ergebnis der Gesamtabrechnung – keine Zahlungspflicht. In Bezug auf **Entstehung und Fälligkeit** des Zahlungsanspruchs gilt das Gleiche wie für den Abfindungsanspruch (Rn 144 f). Der Ausgeschiedene kann die Zahlung nach § 273 BGB so lange verweigern, bis die Gesellschaft ihre Pflichten zur Rückgabe der ihr zum Gebrauch überlassenen oder dem Werte nach eingebrachten Gegenstände, zur Schuldbefreiung und zur Sicherheitsleistung nach § 738 Abs. 1 S. 2 und 3 BGB erfüllt.[458] Die Aussicht auf Gewinnansprüche aus § 740 BGB nach Beendigung der beim Ausscheiden schwebenden Geschäfte kann dem Zahlungsverlangen der Gesellschaft nicht entgegengesetzt werden.[459] Im Übrigen können **schwebende Geschäfte** und daraus erzielte Ergebnisse nach § 740 BGB nur berücksichtigt werden, wenn der Abfindungsanspruch weder auf der Basis der Ertragswerte berechnet wird, noch sich nach dem Buchwert richtet (Rn 138). Eine **Ausfallhaftung der Mitgesellschafter** für den Ausgeschiedenen entsprechend § 735 S. 2 BGB ist unvereinbar mit dem in § 707 BGB verankerten Verbot der Leistungsvermehrung, das für die verbleibenden Gesellschafter anwendbar bleibt.[460] Allerdings erhöht der Ausfall den von den Mitgesellschaftern zu tragenden Verlust, so dass ihre Kapitalkonten als Grundlage der ihnen beim Ausscheiden zurückzuerstattenden Einlagen entsprechend vermindert werden. 161

XI. Vertragliche Abfindungsvereinbarungen (Abfindungsklauseln)

1. Allgemeines

a) **Gründe abweichender Vertragsgestaltung.** Die meisten Gesellschaftsverträge enthalten für den Fall des Ausscheidens eines Gesellschafters bei Fortsetzung der Gesellschaft Vereinbarungen über die Abfindung. Solche Abfindungsklauseln können unterschiedlichen Zwecken dienen.[461] Regelmäßig sollen sie vor allem eine **einfache und reibungslose Auseinandersetzung** ermöglichen, insbesondere einen praktikablen Maßstab für die **Berechnung** des Abfindungsanspruchs bereitstellen, damit sich eine umständliche und schwierige Bewertung des Unternehmens bzw. die Aufstellung einer besonderen Abfindungsbilanz erübrigen.[462] Dieses Ziel ist im Ansatz ebenso unproblematisch wie die 162

---

[457] BGHZ 23, 17 (30); 63, 338 (346); Ebenroth/Boujong/Joost/Strohn/*Lorz* Rn 114; Baumbach/*Hopt* Rn 55; MünchKommBGB[5]/*Ulmer*/*C. Schäfer* § 738 Rn 38.

[458] BGH NJW 1974, 899; MünchKommBGB[5]/*Ulmer*/*C. Schäfer* § 738 Rn 3; Ebenroth/Boujong/Joost/Strohn/*Lorz* Rn 114.

[459] BGH WM 1969, 494.

[460] MünchKommBGB[5]/*Ulmer*/*C. Schäfer* § 739 Rn 4; Soergel/*Hadding*/*Kießling*[12] § 739 Rn 6; Erman/*Westermann*[12] § 739 Rn 2.

[461] Näher etwa *Heckelmann* Abfindungsklauseln, S. 37 ff; *Kost* DStR 1995, 1961 f; *Knöchlein* DNotZ 1960, 452 ff; *Ulmer* FS Quack, 1991, S. 477 (478); *Westermann* Handbuch Rn I 1151 f.

[462] Zu den damit verbundenen Problemen vgl. *Hueck* OHG § 29 II 5a, S. 459; *Flume* I/1 § 12 II, S. 175, § 12 IV, S. 184; *Eiselt* FS v. Lübtow, 1980, S. 643 (649 ff). Gestaltungsvorschläge für praktikable Abfindungsklauseln auf Ertragswertbasis bei

häufig und zweckmäßigerweise vereinbarten Regelungen über **Zahlungsmodalitäten** (Fälligkeit der Abfindung und Auszahlungsmodus, ggf. auch Verzinsung und Sicherheiten [Rn 144]). Oftmals verbindet sich hiermit freilich das Bestreben, im Interesse der **Kapitalsicherung** der Gesellschaft und zur Vermeidung eines für den Gesellschaftszweck nachteiligen Kapitalabflusses den Abfindungsanspruch der Höhe nach zu beschränken, etwa durch die besonders häufig begegnende *Buchwertklausel* (vgl. Rn 170),[463] die nicht selten noch mit einer Streckung der Auszahlungsdauer auf eine Reihe von Jahren kombiniert wird. Darüber hinaus begegnen auch Klauseln mit *spezieller* Zielrichtung. Wird etwa jegliche Abfindung beim *Tod* bestimmter oder aller Gesellschafter ausgeschlossen, so soll damit im Zweifel eine **Verfügung** über den Anteilswert **auf den Todesfall** ermöglicht werden (Rn 188). Eine Abfindungsklausel, die auf den Fall der Anteilspfändung oder der Gesellschafterinsolvenz bezogen ist, bezweckt regelmäßig eine – rechtlich bedenkliche – **Gläubigerbenachteiligung** (Rn 171). In engem Zusammenhang mit den im Auslegungswege[464] zu ermittelnden Zwecken, die eine Abfindungsklausel verfolgt, steht auch die Frage, ob die Klausel auf andere Fälle übertragbar ist. Nur wo keine spezifischen Zwecke nachweisbar sind, kommt eine solche Erstreckung in Betracht; zumal Zweifel grundsätzlich zu Lasten desjenigen gehen, der sich auf die Abweichung vom dispositiven Recht beruft.

163 Da die §§ 738–740 BGB – mit Ausnahme des Anwachsungsprinzips des § 738 Abs. 1 S. 1 BGB – **dispositiver** Natur sind (Rn 136), stehen der Vereinbarung von Abfindungsklauseln nur die *allgemeinen Schranken* der Gestaltungsfreiheit entgegen, die indessen bei den Abfindungsklauseln durch die Rechtsprechung im hohen Maße effektuiert worden sind (Rn 176 ff). Sollen Abfindungsregelungen im Wege der **Vertragsänderung** in den Gesellschaftsvertrag aufgenommen werden, so bedarf dies entsprechend der Regelung des § 119 grundsätzlich der Zustimmung sämtlicher Gesellschafter (§ 119 Rn 30 ff). Dies gilt mit Rücksicht auf die Kernbereichslehre im Ergebnis aber auch, wenn der Gesellschaftsvertrag eine *Mehrheitsklausel* enthält, und zwar selbst dann, wenn sie sich ausdrücklich auf Einschränkungen des Abfindungsanspruchs bezieht, ohne hierfür einen Rahmen anzugeben. Beschränkungen der Abfindung greifen nämlich unmittelbar in das Recht auf Teilhabe am Auseinandersetzungsguthaben ein.[465]

164 **b) Wirksamkeitsgrenzen (Übersicht).** Bis in die 1970er Jahre betrachtete man die verbreiteten **Buchwertklauseln** bei Personen*handels*gesellschaften überwiegend als rechtlich unproblematisch, soweit sie sich nicht auf die Fälle der Anteilspfändung oder der Gesellschafterinsolvenz beschränkten, sondern alle Ausscheidensfälle gleichermaßen erfassten.[466] Als unwirksam nach §§ 138, 723 Abs. 3 BGB beurteilt wurden nur der *Ausschluss* jeglicher Abfindung sowie ihre Beschränkung auf eine Höhe *unterhalb des Buchwerts* der Beteiligung (Einlage, einbehaltene Gewinne und Beteiligung an offenen und verdeckten Rücklagen[467]). Nur in Extremfällen wurde also die Beschränkung der persönlichen und

---

Ulmer FS Quack, 1991, S. 477 (490 ff). – Nicht selten begegnet auch die – grundsätzlich unproblematische – vertragliche Festlegung auf eine Bewertungsmethode, eingehender noch 3. Aufl. Rn 115 (*Ulmer*).

463 *Heckelmann* Abfindungsklauseln, S. 37 f; *Westermann* Handbuch Rn I 1152; *Ulmer* FS Quack, 1991, S. 478 f.

464 Zur Auslegung von Abfindungsklauseln vgl. etwa BGH WM 1970, 711; NJW 1979, 104.

465 Vgl. dazu § 119 Rn 40 f mwN sowie *C. Schäfer* GmbH-Geschäftsanteil, S. 179.

466 Vgl. etwa *Erman* FS Westermann, 1974, S. 75 ff; *Heyn* FS Schiedermair, 1976, S. 271 ff; *Knöchlein* DNotZ 1960, 452 ff; *Möhring* FS Barz, 1974, S. 49 ff sowie Schlegelberger/*Geßler* § 138 Rn 26 ff und 3. Aufl. § 138 Anm. 121 f (*Ulmer*).

467 Vgl. BGH WM 1978, 1044 = NJW 1979, 104 (auszugsweise).

wirtschaftlichen Freiheit des betroffenen Gesellschafters als hinreichend gravierend betrachtet. Und vom Nichtigkeitsverdikt ganz ausgenommen blieben sogar Ausschlussklauseln, sofern sie sich auf den Todesfall der Gesellschafter bezogen und der Verfügung über den Anteilswert dienten.

Etwa seit den 1980er Jahren hat die höchstrichterliche Rechtsprechung jedoch eine zunehmend *kritischere Haltung* gegenüber Beschränkungen der Abfindung namentlich durch *Buchwertklauseln* eingenommen (näher Rn 170).[468] Während sie sich zunächst darauf beschränkt hatte, die Kombination aus Hinauskündigungs- und Abfindungsklausel zu problematisieren (Rn 166), wurde nun auch die Unangemessenheit der Abfindungsklausel unabhängig davon in den kritischen Blick genommen, ob für den betroffenen Gesellschafter weitere Beschränkungen seiner Rechtsstellung galten. Das mag mit der generell gewachsenen Bereitschaft zusammenhängen, unangemessenen Gestaltungen in Gesellschaftsverträgen entgegenzutreten,[469] hat seine Wurzeln aber auch in der wirtschaftlichen Entwicklung und allgemeinen Geldentwertung der letzten Jahrzehnte. Sie haben bei vielen Gesellschaften dazu geführt, dass der Buchwert der Beteiligung, also der Saldo der Kapitalkonten nach Maßgabe der letzten Handels- oder Steuerbilanz,[470] den Anteil am Ertragswert des fortgeführten Unternehmens unvorhergesehen stark unterschreitet. Zudem wird seit der Erbschaftsteuerreform 1974 die Differenz zwischen dem Schenkungsteuerwert des Anteils und dem geringeren Abfindungsbetrag als unentgeltliche Zuwendung des Ausgeschiedenen an die Mitgesellschafter der Schenkungsteuer von bis zu 50 % unterworfen.[471] Deshalb mag vor allem bei älteren Abfindungsklauseln auch eine Störung der Geschäftsgrundlage in Betracht kommen (Rn 183). 165

Besonders streng beurteilt der BGH schon seit jeher Abfindungsbeschränkungen bei **„Gesellschaftern minderen Rechts"**, die ohne eigene Kapitalbeteiligung in die Gesellschaft aufgenommen und nicht selten auch Hinauskündigungsklauseln unterworfen worden sind. Eine Reihe von Urteilen, in denen Buchwertklauseln als problematisch[472] oder gar unwirksam[473] angesehen wurden, bezog sich auf Fälle vertraglich verminderter Gesellschafterrechte des Betroffenen bzw. dessen Ausschließung ohne wichtigen Grund. Namentlich *Heckelmann*[474] und *Flume*[475] sehen demgegenüber in der fehlenden eigenen Kapitalbeteiligung einen Grund, der den späteren Verlust der Mitgliedschaft ohne angemessenes Entgelt zu legitimieren vermag (vgl. Rn 184). Weil die Anteile zumal an Personenhandelsgesellschaften häufig im Erbwege erlangt werden, käme einer solchen Relativierung des grundsätzlichen Verbots eines Abfindungsausschlusses weitreichende Bedeutung zu; sie hat sich jedoch nicht durchzusetzen vermocht (Rn 185). In jüngerer Zeit hat der BGH allerdings Abfindungsbeschränkungen bei einem sogenannten „Managermodell" 166

---

[468] Vgl. BGHZ 116, 359 (368) = NJW 1992, 892; 123, 281 (286) = NJW 1993, 3193 (3194); BGH NJW 1979, 104; 1985, 192 (193); 1989, 2685 (2686).

[469] S. etwa die Rechtsprechung zu den Anforderungen an die Vereinbarung eines Rechts zur Ausschließung ohne wichtigen Grund, vgl. § 140 Rn 61 ff.

[470] Vgl. zur Auslegung einer Buchwertklausel insbes. BGH WM 1978, 1044 (1045) (nicht in BGH NJW 1979, 104), näher unten Rn 189.

[471] §§ 3 Abs. 1 Nr. 2 S. 2; 7 Abs. 7 ErbStG; dazu *Meincke* ErbStG[14] § 3 Rn 62 ff, 66, § 7 Rn 142 ff und speziell zu den Auswirkungen der ErbSt-Reform 2008 auf Abfindungsklauseln ausführlich *Casper/Altgen* DStR 2008, 2319 (2320 ff); dazu auch *Jülicher* ZErb 2008, 214; *Jorde/Götz* BB 2008, 1032 (1038).

[472] BGH NJW 1973, 651; 1973, 1606; 1985, 192; 1994, 2536; GmbHR 1977, 81 (83).

[473] BGH NJW 1979, 104; 1989, 2685; WM 1962, 462 (463); 1978, 1044; vgl. auch BGH GmbHR 1990, 540 (545) (parallele Beurteilung für das GmbH-Recht).

[474] Abfindungsklauseln, S. 113 f.

[475] I/1 § 12 III; *ders.* NJW 1979, 902 ff.

großzügiger beurteilt, so dass sich die Frage stellt, ob auch allgemein bei nur vorübergehend eingeräumten Gesellschafterstellungen eine stärkere Abfindungsbeschränkung zulässig sein soll (Rn 186). Zu diskutieren ist auch, ob bei großen Familiengesellschaften wegen des besonderen Bestandssicherungsinteresses ein weiterer Gestaltungsspielraum einzuräumen ist, namentlich in dem Sinne, dass für die Abfindung nicht auf den Ertragswert des Unternehmens abzustellen ist, sondern lediglich auf die Ausschüttungen für die einzelnen Gesellschafter (Rn 186).

167 Gelegentlich hatte die (instanzgerichtliche) Rechtsprechung auch den umgekehrten (Ausnahme-)Fall zu beurteilen, dass die vertraglich geschuldete Abfindung **über dem wirklichen Wert** des Anteils lag. Namentlich in Krisenzeiten ist es denkbar, dass ein positiver Ertragswert nicht mehr feststellbar ist, die Bilanz aber gleichwohl noch „buchmäßiges" Eigenkapital der Gesellschaft ausweist.[476] Eine solche Abweichung des Abfindungsbetrags vom wahren Anteilswert zugunsten des Ausscheidenden kann – wenn sie gravierend ist (dazu Rn 175) – als Beschränkung des Kündigungsrechts der übrigen Gesellschafter anzusehen und somit mutatis mutandis aus den gleichen Gründen unwirksam sein wie eine zu geringe Abfindung.[477]

2. Schranken vertraglicher Abfindungsvereinbarungen

168 a) **Überblick.** Für den Ausschluss oder eine wesentliche Beschränkung des Abfindungsanspruchs sind **vier Wirksamkeitsschranken** zu beachten (zu Auszahlungsvereinbarungen vgl. Rn 190).[478] Zunächst können Abfindungsklauseln nach § 138 Abs. 1 BGB wegen sittenwidriger Knebelung (Rn 169) oder wegen Gläubigerbenachteiligung (Rn 171) nichtig sein. Drittens kann die Abfindungsvereinbarung die Ausübung des Kündigungs- bzw. Auflösungsklagerechts wegen nachteiliger Vermögensfolgen unzulässig beschränken und deshalb analog §§ 723 Abs. 3 BGB, 133 Abs. 3 unwirksam sein (Rn 172). Und schließlich kann die Berufung auf eine an sich wirksam vereinbarte Abfindungsklausel am Einwand gestörter Geschäftsgrundlage oder des Rechtsmissbrauchs scheitern (Rn 181). – Zu den Rechtsfolgen unwirksamer oder undurchsetzbarer Abfindungsvereinbarungen vgl. Rn 191.

169 b) **Sittenwidrigkeit (§ 138).** Dass eine Abfindungsklausel, besonders wegen Ausnutzung der Unerfahrenheit betroffener Gesellschafter, den Wuchertatbestand (§ 138 Abs. 2 BGB) verwirklicht, dürfte nur selten vorkommen. Weit bedeutsamer ist dagegen der Tatbestand der sittenwidrigen **Knebelung** (Abs. 1), bei dem subjektive Umstände wie der

---

[476] Vgl. *Rasner* NJW 1983, 2905 (2906); *Sigle* ZGR 1999, 659 (662); *Dauner-Lieb* ZHR 158 (1994) 271 (273).

[477] Vgl. OLG Bamberg NZG 1998, 897 (Abfindung weit über Wert für Kündigenden in zweigliedriger Gesellschaft); ähnlich *Sigle* ZGR 1999, 659 (679 f). (Bsp.: modifizierte Buchwertklausel, bei der Grundstücke mit ihrem Verkehrswert zu berücksichtigen sind). Vgl. aber auch OLG Naumburg NZG 1999, 111 f (keine Unwirksamkeit einer an einen Gewinn geknüpften Abfindungsklausel, die zu höherer als der gesetzlichen Abfindung führt) abgelehnt auch von OLG München OLGR 2006, 516, weil es in der Zweipersonen-KG der verbleibende Gesellschafter in der Hand hatte, statt einer Abfindung die Gesellschaft zu liquidieren.

[478] Rspr.-Übersichten bei *Ulmer* FS Quack, 1991, S. 485 ff; *Kort* DStR 1995, 1961 ff; *Hülsmann* NJW 2002, 1673 ff und *Westermann* Handbuch Rn I 1155 ff; zur Rechtslage bei Buchwertklauseln auch *Gerd Müller* ZIP 1995, 1561 ff; *B. Richter* Die Abfindung ausscheidender Gesellschafter unter Beschränkung auf den Buchwert, 2002, S. 83 ff.

vom anderen Teil verfolgte Beweggrund und das Bewusstsein der Sittenwidrigkeit auch nach der wohl noch herrschenden subjektiven Theorie[479] für die Prüfung der Sittenwidrigkeit zwar bedeutsam, nicht aber notwendige Voraussetzung des Eingreifens von § 138 BGB sind.[480] Vor allem der völlige **Ausschluss** der Abfindung bewirkt regelmäßig eine objektiv derart einschneidende Beschränkung der persönlichen und wirtschaftlichen Freiheit des Ausgeschiedenen, dass – vorbehaltlich besonderer Umstände – im Zweifel die Nichtigkeitsfolge des § 138 BGB eintritt (Rn 170).[481] Die von der Rechtsprechung zu Recht anerkannte Ausnahme für Gesellschaften mit **Idealzweck,**[482] bei der mit Rücksicht auf die gemeinsamen altruistischen Motive der Beteiligten auch der vollständige Abfindungsausschluss toleriert wird, dürften für OHG/KG regelmäßig irrelevant sein, und zwar unabhängig davon, dass die Gewinnerzielungsabsicht nach zutreffender neuerer Ansicht kein Merkmal des Gewerbebegriffs darstellt[483] und Gemeinnützigkeit und Gewerblichkeit deshalb nicht in notwendigem Widerspruch stehen (vgl. § 1 Rn 37 ff [*Oetker*]). Gleichwohl dürfte die Mehrzahl der gemeinnützigen Personengesellschaften schon wegen § 1 Abs. 2 bzw. § 105 Abs. 2 nicht in der Rechtsform der OHG oder KG geführt werden. – Wegen der ausnahmsweisen Zulässigkeit eines Abfindungsausschlusses für den **Todesfall** eines Gesellschafters vgl. Rn 188.

Buchwertklauseln sehen regelmäßig eine Abfindung auf Basis der Kapital- und Darlehenskonten des Gesellschafters vor, die auch ohne besondere Erwähnung um anteilige (offene) Rücklagen sowie sämtliche Posten mit Rücklagencharakter zu ergänzen sind.[484] Solche oder ähnliche Beschränkungen des Abfindungsanspruchs, die nicht auf den im Wege der Unternehmensbewertung zu ermittelnden wahren Wert der Beteiligung abstellen und ggf. weder stille Reserven noch Goodwill berücksichtigen, sind schon deshalb nur in Sonderfällen,[485] insbes. bei einer Reduktion auf den **halben Buch-** 170

[479] Vgl. MünchKommBGB⁵/*Armbrüster* § 138 Rn 129 ff; zutreffenderweise kann aber allein die Beurteilung des Rechtsgeschäfts und dessen Wirkungen in Frage stehen, s. Staudinger/*Sack* BGB (2003) § 138 Rn 62 f; eingehend *Eckert* AcP 199 (1999), 337 (348 ff, 351).

[480] Staudinger/*Sack* BGB (2003) § 138 Rn 61 ff; MünchKommBGB⁵/*Armbrüster* § 138 Rn 129 ff.

[481] HM, vgl. MünchKommHGB/*K. Schmidt* Rn 166; Ebenroth/Boujong/Joost/Strohn/*Lorz* Rn 123; Baumbach/*Hopt* Rn 63; *Westermann* Handbuch Rn I 1153, 1156; *Knöchlein* DNotZ 1960, 455; differenzierend *Flume* I/1 § 12 III; grds. **aA** aber *Heckelmann* Abfindungsklauseln, S. 104 ff, 112 f, 123.

[482] BGHZ 135, 387 (390) = NJW 1997, 2592 (2593); MünchKommBGB⁵/*Ulmer*/*C. Schäfer* § 738 Rn 62; *Sigle* ZGR 1999, 659 (675 ff); vgl. auch OLG Hamm DB 1997, 1612; OLG Oldenburg GmbHR 1997, 503 (505); *Nitschke* Personengesellschaft, S. 338 f; *Flume* I/1 § 12 III; im Grds. auch *Volmer* DB 1998, 2509; *Grunewald* JZ 1997, 1066; vgl. aber auch den berechtigten Hinweis bei *K. Schmidt* NJW 2000, 2927 (2930), der Senat hätte besser auf die Vereins- bzw. Stiftungsfunktion der konkreten Gesellschaft abstellen sollen; ähnlich auch *Sigle* ZGR 1999, 659 (677).

[483] S. nur MünchKommHGB/*K. Schmidt* § 1 Rn 32 mN; § 1 Rn 39 (*Oetker*).

[484] Siehe schon Rn 164 sowie besonders BGH WM 1978, 1044; auch OLG München ZIP 1997, 240 (241) (betr. Rücklage nach § 6b EStG); *Rasner* ZHR 159 (1994) 292 (294); *Schilling* ZGR 1979, 428; *Dauner-Lieb* ZHR 159 (1994), 271 (273); *Sigle* ZGR 1999, 659 (662); Ebenroth/Boujong/Joost/Strohn/*Lorz* Rn 116; ausführliche Darstellung bei *B. Richter* (Fn 478) S. 73 ff; **aA** (grds. keine Berücksichtigung der Rücklagen) *Sudhoff* ZGR 1972, 157 (169).

[485] Vgl. die Nachweise in Fn 473, besonders BGH NJW 1979, 104: Sittenwidrigkeit einer Buchwertabfindung im Fall der Ausschließung ohne wichtigen Grund; dem zust. *Schilling* ZGR 1979, 419 ff; *Ulmer* NJW 1979, 82 (84); *U. Huber* ZGR 1980, 177 (203 f); *Hirtz* BB 1981, 761 (764 f); auch

wert,[486] wegen Sittenverstoßes nichtig (§ 138 Abs. 1 BGB), weil es für das Eingreifen dieser Vorschrift nach richtiger Ansicht hinsichtlich der tatsächlichen Umstände auf den **Zeitpunkt** des *Zustandekommens* der Vereinbarung ankommt, regelmäßig also des Vertragsschlusses.[487] In diesem Moment besteht aber die mit dem späteren Anstieg des Unternehmenswerts bzw. der stillen Reserven verbundene Diskrepanz zwischen gesetzlicher und vertraglicher Abfindung in der Regel noch nicht und ist auch noch nicht im Einzelnen vorhersehbar. Auf den Zeitpunkt einer späteren Vertragsänderung kommt es nur an, wenn diese sich zumindest mittelbar mit einer Änderung auch der Abfindungsregelung verbindet.[488] Auch die geänderte Anteilsbewertung nach der ErbSt-Reform 2008 dürfte die Maßstäbe nicht zu Lasten von Buchwertklauseln verschoben haben.[489] – Näher zur Frage des erheblichen Missverhältnisses Rn 175; zu den Konsequenzen Rn 191.

171 c) **Gläubigerschutz.** Vereinbarungen, die den Abfindungsanspruch eines Gesellschafters bei seinem durch Insolvenzeröffnung (Abs. 3 Nr. 2) oder Gläubigerkündigung (Abs. 3 Nr. 4) bedingten Ausscheiden ausschließen oder stärker als für andere Ausscheidensfälle beschränken, beurteilt die ganz hM *wegen Gläubigerbenachteiligung* zu Recht als nichtig

---

G. Müller ZIP 1995, 1561 (1565); krit. *Flume* NJW 1979, 902 ff; *Kreutz* ZGR 1983, 109 ff. – Zur grds. Wirksamkeit und Kontrolle von Buchwertklauseln ferner etwa *Esch* NJW 1979, 1390; *Rasner* NJW 1983, 2906 f; *Hennerkes/Binz* DB 1983, 2669; *Sigle* ZGR 1999, 659 (661ff); *B. Richter* (Fn 478), S. 72 ff, 90 ff; Ebenroth/Boujong/Joost/Strohn/*Lorz* Rn 116. – Für grds. Unwirksamkeit von Buchwertklauseln in „Satzungsgesellschaften" aber *Reuter* Perpetuierung, 1973, S. 299 f.

486 BGH NJW 1989, 2685 (2686) (Sittenwidrigkeit einer Abfindung zum halben Buchwert trotz vorhergegangener Anteilsschenkung; vgl. aber auch BGHZ 126, 226 [240] = NJW 1994, 2536); BGHZ 116, 359 (368) = NJW 1992, 892 (Sittenwidrigkeit der Abfindung eines GmbH-Gesellschafters nur, wenn Abfindung völlig außer Verhältnis zum grundsätzlich unbedenklichen Kapitalsicherungszweck steht); OLG Hamm NZG 2003, 440 (441) (Sittenwidrigkeit der Beschränkung des Abfindungsanspruchs auf ein Drittel des Zeitwerts); zust. *Ulmer* FS Quack, 1991, S. 477 (486); Ebenroth/Boujong/Joost/Strohn/*Lorz* Rn 125; Baumbach/*Hopt* Rn 64; *Koller*/Roth/Morck Rn 18; *Michalski* OHG Rn 58; strenger *Mayer* DB 1990, 1319 (Abfindung unter Buchwert stets unwirksam).

487 BGHZ 123, 281 (284) = NJW 1993, 3193 unter Aufgabe der früheren Rechtsprechung (z.B. BGH NJW 1985, 192 [193]); bestätigt in BGHZ 126, 226; eingehend dazu *Ulmer/Schäfer* ZGR 1995, 134 (136 ff); ferner *Büttner* FS Nirk, 1992, S. 119, 124 f, 127 f; *Rasner* NJW 1983, 2905 (2908); *ders.* ZHR 158 (1994), 291 (297 ff); *Sigle* ZGR 1999, 659 (665); vgl. auch Schlegelberger/*K. Schmidt* § 138 Rn 70; Staudinger/*Sack* BGB (2003) § 138 Rn 375. Allgemein zum maßgeblichen Zeitpunkt für die Beurteilung der tatsächlichen Umstände bei § 138 BGB MünchKommBGB[5]/*Armbrüster* § 138 Rn 133 und Staudinger/*Sack* BGB (2003) § 138 Rn 80, 83, s.a. Rn 368; *Schmoeckel* AcP 197 (1997), 1 (20 ff). – Auch jüngere Untersuchungen ergeben für die hier relevante Fallgestaltung keine neuen Erkenntnisse; so stellt zwar *Eckert* AcP 199 (1999), 337 (355) entgegen der hM maßgeblich auf den Zeitpunkt des Eintritts der Rechtswirkungen (nicht: Erfüllung) für die Beurteilung der Sittenwidrigkeit ab; doch lässt sich hieraus für Abfindungsklauseln, die typischerweise in einer Mehrzahl von Anwendungsfällen zu ganz unterschiedlichen Zeitpunkten Wirkung entfalten, kein anderer als der Zeitpunkt des Vertragsschlusses herleiten, der im Übrigen für Rechtsgeschäfte unter Lebenden auch der Regelannahme *Eckerts* entspricht (aaO, S. 356); vgl. auch *Ulmer/C. Schäfer* ZGR 1995, 134 (139 f).

488 *Sigle* ZGR 1999, 659 (666).

489 Gegen eine Rückwirkung der ErbStReform 2008 auf die Beurteilung von Abfindungsklauseln auch *Casper/Altgen* DStR 2008, 2319 (2321 f).

nach § 138 Abs. 1 BGB.[490] Dem ist zwar entgegengehalten worden,[491] dass die gleichfalls bei Gläubigerbenachteiligung einschlägigen *Anfechtungsvorschriften* der §§ 133 Abs. 1 InsO, 3 Abs. 1 AnfG den Rückgriff auf § 138 BGB ausschlössen, falls keine weiteren die Sittenwidrigkeit begründenden Umstände vorliegen.[492] Doch ist eine solche Vorrangwirkung mit der hM abzulehnen. Denn der über die Anfechtung erreichbare Gläubigerschutz ist schon deshalb unzureichend,[493] weil die Anfechtungsfrist jeweils auf 10 Jahre seit Vornahme des Rechtsgeschäfts begrenzt ist. Bei dem häufig länger zurückliegenden Zustandekommen eines Gesellschaftsvertrages kann dies erhebliche Schutzlücken hervorrufen. Das gesellschaftsrechtliche *Gläubigerschutzprinzip*, das hinsichtlich der Abfindung vor allem durch § 738 Abs. 1 S. 2 BGB ausgeprägt wird, genießt demgemäß Vorrang.[494] Auch wenn die Gläubiger die vermögensrechtliche Position des Gesellschafters/Schuldners grundsätzlich so hinzunehmen haben, wie sie sich aus dem jeweiligen Gesellschaftsvertrag ergibt,[495] brauchen sie doch Vereinbarungen, die *speziell* auf eine Verschlechterung ihrer Rechtsstellung zielen, ebenso wenig gegen sich gelten zu lassen, wie in den Ausscheidensfällen der Nrn. 2 und 4 eine Fortsetzung der Gesellschaft *mit* dem betroffenen Gesellschafter.[496] – Die **Nichtigkeit** wegen Gläubigergefährdung nach § 138 Abs. 1 BGB ist von eigenständiger Bedeutung freilich nur dann, wenn die konkrete Abfindungsbeschränkung *allein* für die Ausscheidensfälle von Abs. 3 Nr. 2 und/oder Nr. 4 vorgesehen ist, anderenfalls tritt Gesamtunwirksamkeit bzw. -unanwendbarkeit nach den in Rn 172 ff dargestellten Grundsätzen ein. Die Frage der Reichweite der Nichtigkeit einer *einheitlich* formulierten Klausel (vgl. Rn 173) stellt sich hier also nicht; eventuelle besondere Kürzungen für andere Ausscheidensfälle bleiben in ihrer Wirksamkeit vielmehr unberührt; für sie gelten eigene Maßstäbe.

d) **Verbotene Kündigungs- bzw. Klagebeschränkung (§§ 723 Abs. 3 BGB i.V.m. §§ 105 Abs. 3, 133 Abs. 3).** Nach hM kann eine erhebliche vertragliche Beschränkung des Abfindungsanspruchs analog § 723 Abs. 3 BGB, § 133 Abs. 3 nichtig sein, weil sie den Gesellschafter wegen nachteiliger wirtschaftlicher Folgen von einer ordentlichen Kündigung (§ 132) oder Auflösungsklage (§ 133 Abs. 1) abzuhalten geeignet ist.[497] Es handelt **172**

---

490 BGHZ 65, 22 (28) = NJW 1975, 1835 und 144, 365 (366 f) = NJW 2000, 2819 (GmbH); *Flume* I/1 § 12 III; *Hueck* OHG § 24 II 4, S. 370 f; *Wiedemann* WM 1992, Beil. 7, S. 42; MünchKommHGB/*K. Schmidt* Rn 160; Ebenroth/Boujong/Joost/Strohn/*Lorz* Rn 124; Baumbach/*Hopt* Rn 60; MünchKommBGB[5]/*Ulmer*/*C. Schäfer* § 738 Rn 48; *Ulmer* FS Quack, 1991, S. 477 (487); *Westermann* Handbuch Rn I 1153. Anders, wenn sich die Abfindungsklausel zugleich auf das kündigungsbedingte Ausscheiden bezieht: BGH NJW 1993, 2101 (2102).

491 So *Heckelmann* Abfindungsklauseln, S. 116 ff, 123; ihm folgend *Möhring* FS Barz, 1974, S. 49 (63 ff); ebenso *Rittstieg* DB 1985, 2285 (2288).

492 So die std. Rspr. zum Verhältnis der Anfechtungstatbestände der früheren KO und des AnfG gegenüber § 138, vgl. BGHZ 53, 174 (180); 65, 22 (26); BGH NJW 1973, 513.

493 Eingehend *Ulmer* FS Quack, 1991, S. 477 (487).

494 So im Ergebnis auch die in Fn 490 Genannten; **aA** *Heckelmann* Abfindungsklauseln, S. 166 ff.

495 Vgl. in Bezug auf Abfindungsvereinbarungen etwa OLG Frankfurt NJW 1978, 328; OLG Hamburg GmbHR 1983, 126.

496 Vgl. zur insoweit zwingenden Geltung von Abs. 3 Nrn. 2, 4 oben Rn 96, 99.

497 BGHZ 123, 281 (283 f) = NJW 1993, 3193; 126, 226 (230 f) = NJW 1994, 2536; BGH NJW 1954, 106; 1973, 651 (652); 1985, 192 (193); WM 1979, 1064, 1065; RGZ 162, 388 (393); Ebenroth/Boujong/Joost/Strohn/*Lorz* Rn 131; Baumbach/*Hopt* Rn 64; MünchKommBGB[5]/*Ulmer*/*C. Schäfer* § 738 Rn 49; abweichend – für Einbeziehung der Kündigungsbeschränkung in die Beurteilung nach § 138 BGB – MünchKommHGB/*K. Schmidt* Rn 156; Staudinger/*Sack* BGB (2003) § 138 Rn 370.

sich um einen Fall von Gesetzesumgehung, also Analogie,[498] weshalb es auf eine Umgehungsabsicht der Mitgesellschafter ebenso wenig ankommt wie darauf, ob die Abfindungsklausel für alle Ausscheidensfälle einheitlich formuliert ist oder sich speziell auf das kündigungsbedingte Ausscheiden bezieht.[499] Ebenso wie im Falle des §138 BGB (Rn 169) hat der BGH inzwischen auch in Bezug auf die Wirksamkeitsschranke des § 723 Abs. 3 BGB bzw. § 133 Abs. 3 (Rn 164) auf entsprechende Kritik aus dem Schrifttum[500] hin anerkannt, dass Nichtigkeit nur eintritt, wenn schon im **Zeitpunkt** des Vertragsschlusses die kündigungs-, also abfindungsbeschränkende Wirkung bestanden hat.[501] Ein *ursprüngliches* erhebliches Missverhältnis zwischen wirklichem Anteilswert und Abfindungsbetrag wird indes, wie bei § 138 BGB, nur selten vorliegen (vgl. Rn 175), so dass die Nichtigkeit der Abfindungsklausel regelmäßig ausscheidet.[502]

173 Ist gleichwohl die **Nichtigkeit** einer Abfindungsklausel **wegen Kündigungsbeschränkung** anzunehmen, ist die Klausel **insgesamt** unwirksam, wenn sie *einheitlich* für alle Ausscheidensfälle formuliert wurde. Mithin kommt es nicht darauf an, ob der Gesellschafter tatsächlich aufgrund eigener Kündigung oder Auflösungsklage ausgeschieden ist.[503] Denn die (potentiell) kündigungsbeschränkende Wirkung besteht unabhängig davon, welcher Grund schließlich zum Ausscheiden geführt hat; für eine partielle Aufrechterhaltung der Klausel ist daher kein Raum. Die Gesamtunwirksamkeit der Klausel lässt sich demgemäß nur vermeiden, wenn die beschränkende Wirkung nach dem Grund des Ausscheidens differenziert wird. Von Bedeutung ist diese Frage allerdings nur, wenn man mit der hier vertretenen Ansicht annimmt, dass für das erhebliche Missverhältnis zwischen Anteilswert und Abfindungsbetrag sub specie § 723 Abs. 3 BGB ein *strengerer Maßstab* als für die Beurteilung nach § 138 BGB gilt (Rn 169). Die Wirksamkeit des übrigen Gesellschaftsvertrages bleibt von einer Nichtigkeit der Abfindungsklausel unberührt (Rn 191), zumal die Vermutungsregelung des § 139 BGB für die Gesamtunwirksamkeit bei Gesellschaftsverträgen keine Anwendung findet (§ 105 Rn 183).

174 Auch wenn der BGH nicht mehr auf die Nichtigkeit einer Abfindungsklausel bei **nachträglichem Eintritt eines erheblichen Missverhältnisses** zwischen wirklichem Anteilswert und vereinbartem Abfindungsbetrag erkennt (Rn 172), bleibt doch der Wechsel der Begründung im Ergebnis weithin folgenlos. Denn nunmehr geht er in solchen Fällen von einer Vertragslücke aus, die im Wege **ergänzender Vertragsauslegung** zu schließen sei[504]

---

[498] Eingehend *Teichmann* Gesetzesumgehung, S. 78 ff; *Sieker*, Umgehungsgeschäfte, 2001, S. 87 ff; speziell im Hinblick auf § 723 Abs. 3 *Heckelmann* Abfindungsklauseln, S. 141 ff.

[499] So schon 3. Aufl. § 138 Rn 122 (*Ulmer*).

[500] *Rasner* NJW 1983, 2905 (2907); ihm folgend *Büttner* FS Nirk, 1992, S. 119 (124 f); Schlegelberger/*K. Schmidt* § 138 Rn 70.

[501] BGHZ 123, 281 (284) = NJW 1993, 3193; zust. *Dauner-Lieb* ZHR 158 (1994), 271 (280); *Ulmer/C. Schäfer* ZGR 1995, 134 (139 f); vgl. auch schon BGH NJW 1993, 2101 (2102) (Unzumutbarkeit wegen wesentlicher Änderung der Verhältnisse); anders noch BGH WM 1989, 783 (785); NJW 1985, 192 (193); WM 1979, 1064.

[502] Vgl. aber BGH NZG 2006, 425 = NJW-RR 2006, 1270: Abfindung auf der Grundlage des Ertragswerts verstößt gegen § 723 Abs. 3 BGB, wenn der Liquidationswert den Ertragswert erheblich übersteigt (Ertragswert betrug ca. 29 % des Liquidationswerts). Unklar blieb allerdings, ob dieses Wertverhältnis schon von vornherein bestand; vgl. auch *Lux* MDR 2006, 1205 f.

[503] Vgl. nur BGHZ 123, 281 (288) = NJW 1993, 3193: Eine Abfindungsklausel, die wegen tatsächlicher Beschränkung des Kündigungsrechts unanwendbar ist, bleibt auch im Falle der Gläubigerkündigung wirkungslos. – Die Frage wird dort konsequentermaßen im Kontext mit der ergänzenden Vertragsauslegung erörtert, dazu Rn 179.

[504] BGHZ 123, 281 (285 f) = NJW 1993, 3193 im Anschluss an BGH NJW 1993, 2101

(s.a. Rn 179). Methodisch ist dieser neue Ansatz zwar problematisch, weil sich das Vorliegen einer Vertragslücke angesichts der umfassend gewollten Beschränkungswirkung kaum je begründen lässt[505] und die Parteien im Übrigen durch entsprechende Formulierung der Klausel mit einfachen Mitteln dahingehend Klarheit schaffen könnten, dass die Klausel bei jedwedem Verhältnis zwischen Buch- und tatsächlichem Wert anwendbar sein soll.[506] Außerdem passt die vom BGH vorgenommene umfassende Interessenabwägung nicht zu dem gewählten Ansatz der ergänzenden Vertragsauslegung.[507] Ihm kann daher nicht gefolgt werden. Gleichwohl gelangt man mittels des methodisch vorzugswürdigen **Rechtsmissbrauchseinwands** (§ 242 BGB) zu ähnlichen Resultaten (Rn 175, 181 f).[508] Demnach kann eine ursprünglich wirksame, aber durch zwischenzeitliche Entwicklungen unangemessen gewordene Abfindungsklausel im Einzelfall wegen Rechtsmissbrauchs undurchsetzbar sein, soweit sie zu diesem Zeitpunkt nicht mehr wirksam hätte vereinbart werden können (näher Rn 179).

Die Frage, *wann* ein **erhebliches Missverhältnis** zwischen wirklichem Anteilswert und vereinbartem Abfindungswert zu bejahen ist, bleibt auch nach dem Wandel der Rechtsprechung erheblich. Denn obgleich sein **nachträgliches** Entstehen nicht mehr zur Nichtigkeit der Klausel nach § 138 BGB bzw. §§ 723 Abs. 3 BGB, 133 Abs. 3 führt, so begründet es doch den **Missbrauchseinwand des § 242 BGB** (Rn 181). Entscheidend ist danach, ob mit Rücksicht auf Ausschluss oder weitgehende Beschränkung des Abfindungsanspruchs die *Entschließungsfreiheit* des Gesellschafters im Zeitpunkt der beabsichtigten Kündigung *unvertretbar eingeengt* wird. Dieser – auch bei kapitalistisch strukturierten Personengesellschaften geltende[509] – Maßstab greift erst recht ein, wenn die Abfindungsbeschränkung sogar das nur bei wichtigem Grund gegebene Recht zur **Erhebung einer Auflösungsklage** gem. § 133 betrifft, also entweder einheitlich für alle Ausscheidensgründe formuliert ist oder sich explizit auf diesen Fall bezieht. Bedeutung gewinnt dieser Aspekt allerdings nur, sofern der Gesellschaftsvertrag für den Fall der Klageerhebung das Ausscheiden des Gesellschafters vorsieht (vgl. Abs. 3 Nr. 5, näher Rn 178). – Zum Sonderfall der Gesellschafterstellung ohne Kapitalbeteiligung vgl. Rn 62. 175

(2102); BGHZ 126, 226 (242) = NJW 1994, 2536 (2540); zust. *Schulze-Osterloh* JZ 1993, 45 f; Ebenroth/Boujong/Joost/Strohn/*Lorz* Rn 132; ähnlich *Dauner-Lieb* ZHR 158 (1994), 271 (283 ff); *B. Richter* (Fn 478) S. 98 ff, 107 ff; vgl. auch *Westermann* ZGR 1996, 272 (279 ff); *Lange* NZG 2001, 635 (641 ff).

505 Eingehend *Ulmer/C. Schäfer* ZGR 1995, 134 (141 ff); **aA** *Dauner-Lieb* ZHR 158 (1994), 292 (300), deren Begründung für eine Lücke allerdings nur mittels einer – zweifelhaften – Beweislastumkehr gelingt (vgl. *Ulmer/C. Schäfer* ZGR 1995, 142 f); ähnlich auch *B. Richter* (Fn 478) S. 98 ff, 107 ff (mit eigenständiger, aber nicht überzeugender Verteilung der Beweislast); vgl. ferner *G. Müller* ZIP 1995, 1561 (1568).

506 Vgl. den Formulierungsvorschlag von *Rasner* ZHR 158 (1994), 291 (300).

507 Näher *Ulmer/C. Schäfer* ZGR 1995, 134 (141 ff).

508 Näher *Ulmer/C. Schäfer* ZGR 1995, 145 f, (147 ff); dem folgend *Kort* DStR 1995, 1961 (1966); *Mecklenbrauck* BB 2000, 2001 (2004); *Sigle* ZGR 1999, 671; Staudinger/*Sack* BGB (2003) § 138 Rn 375 f; Bamberger/Roth/*Timm/Schöne*[2] § 738 Rn 39; *K. Schmidt* Gesellschaftsrecht, § 50 IV 2c, dd (aE), S. 1489; ebenso auch OLG Naumburg NZG 2000, 698.

509 Zur Anwendbarkeit auf die GmbH in Bezug auf das Kündigungsrecht aus wichtigem Grund s. nur BGHZ 116, 359 (368 ff); 144, 365 (367) = NJW 2000, 2819; *Ulmer*/Habersack/Winter GmbHG § 34 Rn 96; Baumbach/*Hueck/Fastrich* GmbHG[18] § 34 Rn 27 und Anh. § 34 Rn 27.

176 Wann **im Einzelnen** die aus § 723 Abs. 3 BGB folgende Schranke der vertraglichen Gestaltungsfreiheit eingreift, lässt sich nicht abschließend beschreiben. Der **BGH** hat in einer früheren Entscheidung festgestellt, die kritische Grenze sei jedenfalls bei einem Abfindungsanspruch überschritten, der nur 20 % der nach § 738 Abs. 1 S. 2 BGB zu zahlenden Abfindung erreiche.[510] Später hat er ein erhebliches Missverhältnis bejaht, wenn der Abfindungsbetrag 45 %[511] beziehungsweise weniger als 50 %[512] des Verkehrswertes betrug. In einem anderen Fall[513] hat er für die Abfindung beim Ausscheiden aus einer Personenhandelsgesellschaft zu Recht betont, Vergleichsmaßstab für die Beurteilung der Wirksamkeit der *Buchwertklausel* sei nicht die Höhe der vorhandenen stillen Reserven, sondern der „wirkliche Wert" der Beteiligung, berechnet auf der Grundlage des Ertragswerts des von der Gesellschaft betriebenen Unternehmens. Bislang hat sich das Gericht nicht auf eine Mindesthöhe des Abfindungsanspruchs (im Verhältnis zum wirklichen Wert) festgelegt, bei deren Unterschreitung ein erhebliches Missverhältnis indiziert ist. Anhaltspunkte dieser Art wären indes schon aus Gründen der Rechtssicherheit in diesem umstrittenen Bereich erwünscht,[514] auch wenn sie nur eine allgemeine Richtschnur enthalten könnten und die Zulässigkeit stärkerer Einschränkungen in solchen Fällen unberührt lassen würden, in denen die Beteiligung des betroffenen Gesellschafters auf besonderen Umständen beruht (vgl. Rn 186). Im Bereich des § 138 BGB sind solche prozentualen Richtwerte beim wucherähnlichen Geschäft zur Bestimmung des groben Missverhältnisses in der Rechtsprechung durchaus anerkannt.[515] Als Faustregel könnte sich sub specie **Kündigungsbeschränkung** (§ 723 Abs. 3 BGB) die Grenzziehung bei **zwei Drittel** des wirklichen Anteilswerts anbieten.[516] Demgegenüber ist der Grenzwert für die

---

[510] BGH NJW 1973, 651 (652).

[511] BGHZ 123, 281 (285) = NJW 1993, 3193 (unter Einbeziehung des Guthabens auf dem Privatkonto; ohne dieses betrug der Anteil 35 %).

[512] BGHZ 126, 226 (244) (Der Verkehrswert der Anteile bewegte sich im Jahr des Ausscheidens etwa zwischen dem Doppelten und mehr als dem Dreifachen des Übernahmepreises); vgl. auch BGH NZG 2006, 425 = NJW-RR 2006, 1270: der nach der Abfindungsklausel geschuldeter Ertragswert betrug nur ca. 29 % des Liquidationswerts, was der Senat als Verstoß gegen § 723 Abs. 3 BGB bewertete.

[513] BGH NJW 1985, 192 (193); vgl. auch OLG Köln GmbHR 1998, 641 (643): Sittenwidrige bzw. kündigungsbeschränkende Bestimmung, wenn Abfindungsguthaben nicht einmal Kapitaleinlage und stehengelassene Gewinne erreicht. Ferner OLG Naumburg NZG 2000, 698: keine unzulässige Beschränkung durch Buchwertklausel, wenn danach 83 % des Anteilswertes erreicht werden, wie er sich aus der vom Ausgeschiedenen verlangten Einbeziehung stiller Reserven ergäbe.

[514] Vgl. – aus Sicht der Praxis – auch *Sigle* ZGR 1999, 659 (665, 672); *Rasner* ZHR 158 (1994), 292 (300 ff). – Aus diesem Grund wird nicht selten überhaupt vor Buchwertklauseln ab- und die Vereinbarung von Ertragswertklauseln angeraten, vgl. etwa schon *Großfeld* AG 1988, 217 (218); *Ulmer* FS Quack, 1991, S. 477 (479 f, 501 f); *Haack* GmbHR 1994, 437 (441); Ebenroth/Boujong/Joost/Strohn/*Lorz* Rn 139 f; anders aber z.B. *Lange* NZG 2001, 635 (641 ff).

[515] Vgl. aus neuerer Zeit etwa BGH NJW 1992, 899 (900); 2000, 1487 (1488); 2002, 55 (57) (in Bezug auf Teilzahlungs-/Ratenkreditverträge): grobes Missverhältnis, wenn der Wert der Leistung 50 % oder weniger der Gegenleistung beträgt; eingehende Nachweise bei Staudinger/*Sack* BGB (2003) § 138 Rn 238; wie hier auch *Lange* NZG 2001, 635 (641 f).

[516] *Ulmer/C. Schäfer* ZGR 1995, 153; MünchKommBGB[5]/*Ulmer*/*C. Schäfer* § 738 Rn 52; grds. zustimmend *Hülsmann* NJW 2002, 1676; Röhricht/Graf v. Westphalen/*v. Gerkan/Haas* Rn 75; restriktiver (Grenze erst bei 50 %) *Kellermann* StGJB 1986/87, S. 409 (414); *Mecklenbrauck* BB 2000, 2001 (2006); *Rasner* ZHR 158 (1994), 292 (303 f); *Lange* NZG 2001, 635 (641); *B. Richter* (Fn 478) S. 100 f (jew. unter Hin-

Beurteilung der **Sittenwidrigkeit** einer Abfindungsbeschränkung (§ 138 Abs. 1 BGB) tendenziell bei **50 %** des Verkehrswertes anzusiedeln.[517] In beiden Fällen bleibt die Berücksichtigung besonderer Umstände zu Lasten und zugunsten des Ausgeschiedenen selbstverständlich offen, wie etwa existenzgefährdende Liquiditätsprobleme der Gesellschaft infolge der Abfindungszahlung einerseits, die Existenz von Auszahlungsvereinbarungen (Rn 190) andererseits. Zur Frage, ob § 723 Abs. 3 bei Abfindungsklauseln bedeutsam werden kann, die zu einer Abfindung *über* dem anteiligen Verkehrswert führen, vgl. Rn 167.

Der **strengere Maßstab**, wie er hier für die Beurteilung unter dem Aspekt der Kündigungsbeschränkung befürwortet wird, **setzt sich** bei *einheitlich* formulierten Kündigungsbeschränkungen naturgemäß **durch**: Wie in Rn 173 ausgeführt, ergreift die Nichtigkeit die einheitliche Abfindungsklausel dann insgesamt, d.h. für alle Ausscheidensfälle; Entsprechendes gilt auch beim Einwand des Rechtsmissbrauchs (Rn 174). Selbständige Bedeutung kommt der Schranke des § 138 Abs. 1 BGB für den Fall einer unverhältnismäßigen Anspruchskürzung folglich nur dann zu, wenn die Abfindungsklausel zwischen der Kündigung (bzw. Ausscheiden infolge Klageerhebung) und den sonstigen Abfindungsgründen hinsichtlich der Höhe des Anspruchs differenziert. **177**

Nach der Rechtsprechung des BGH hat das Vorliegen eines groben Missverhältnisses eine Lückenfüllung durch ergänzende Vertragsauslegung zur **Rechtsfolge**, und zwar unter Berücksichtigung sämtlicher Einzelfallumstände (sogleich Rn 179); nach der hier vertretenen Ansicht steht dem ausscheidenden Gesellschafter demgegenüber der Rechtsmissbrauchseinwand gegen die Abfindungsbeschränkung bis zur Höhe einer angemessenen Entschädigung zu (Rn 181). **178**

e) **Ergänzende Vertragsauslegung (§§ 157, 242 BGB).** Dass die Rechtsprechung die Problematik des *nachträglich eintretenden* erheblichen Missverhältnisses zwischen Anteilswert und Abfindungsbetrag mit Hilfe der ergänzenden Vertragsauslegung löst, ist bereits in methodischer Hinsicht kritisiert und abgelehnt worden (Rn 174). Nicht unproblematisch ist jedoch auch die mit diesem methodischen Ansatz kaum zu vereinbarende **umfassende Interessenabwägung**, die der BGH sowohl hinsichtlich der *Eingreifkriterien* als auch zur *Lückenfüllung* vornehmen will und bei der insbesondere die folgenden Umstände einfließen sollen: Wertdifferenz zwischen Klauselwert und Anteilswert; Dauer der Mitgliedschaft des Ausgeschiedenen sowie dessen Beitrag zum Aufbau und Erfolg des Unternehmens; Anlass des Ausscheidens; tatsächliche Entwertung des Kündigungsrechts durch die Abfindungsbeschränkung; Angewiesensein des Ausgeschiedenen auf die Verwertung seines Anteils; finanzielle Situation der Gesellschaft; Auszahlungsmodalitäten.[518] Auf diese Weise will er entgegen seiner früheren Rechtsprechung[519] die starre Anwendung des dispositiven Rechts (§ 738 Abs. 1 S. 2 BGB) durch eine flexible, allerdings nur **179**

---

weis, dass auch absolute Zahlen zu berücksichtigen seien); vgl. ferner *K. Schmidt* Gesellschaftsrecht, § 50 IV 2c, ee, S. 1489 f (50–60 %); Ebenroth/Boujong/Joost/Strohn/*Lorz* Rn 136 (50 % bei Kündigung aus wichtigem Grund); generell kritisch gegenüber solchen Grenzwerten *Flume* I/1 § 12 IV Fn 51 („Kadi-Erwägungen"); *Büttner* FS Nirk, 1992, 119 (129); Baumbach/*Hopt* Rn 64; auch OLG Oldenburg GmbHR 1997, 503 (505).

[517] *Ulmer/C. Schäfer* ZGR 1995, 134 (153); im Ergebnis auch diejenigen, die nicht im hier vorgeschlagenen Sinne differenzieren (s. Fn 516).

[518] BGHZ 123, 281 (286 f) = NJW 1993, 3193.

[519] Vgl. etwa noch BGH WM 1978, 1044 (1045); anders – für einen Verstoß gegen § 723 Abs. 3 BGB – aber schon BGH NJW 1985, 192 (193).

wenig rechtssichere Einzelfallkorrektur ersetzen, die zu einer „angemessenen" Abfindung führt, welche typischerweise unterhalb des Verkehrswertes liegt.

180 Hierzu ist wie folgt **Stellung zu nehmen:** Zuzustimmen ist der neuen Rechtsprechung zwar im Grundsatz darin, dass der lückenfüllenden ergänzenden Vertragsauslegung Vorrang gegenüber den Wirksamkeitsschranken zukommt.[520] Aber bei nachträglich eintretenden Wertänderungen fehlt es typischerweise an einer Vertragslücke, sofern die Abfindungsklausel als solche wirksam bleibt (Rn 174). Ein Missverhältnis zwischen Klauselwert und wahrem Anteilswert kann hier deshalb allein mittels allgemeiner Wirksamkeitsschranken, namentlich unter Rückgriff auf den *Missbrauchseinwand* korrigiert werden (Rn 175). Aber nicht nur gegen die ergänzende Vertragsauslegung, sondern auch gegen die vom BGH vertretene umfassende Interessenabwägung bei der Lückenfüllung bestehen zumindest insoweit Bedenken, als auch Umstände aus der Privatsphäre des Gesellschafters berücksichtigt werden sollen.[521] Stattdessen ist die Abfindungshöhe möglichst nahe am Inhalt des Gesellschaftsvertrags zu orientieren (Rn 182). Auch aus diesem Grund ist dem methodischen Vorgehen des BGH daher nicht zu folgen. – *Keinen prinzipiellen Einwänden* begegnet die ergänzende Vertragsauslegung demgegenüber in einer anderen Grundsatzentscheidung, in der es um die Folgen eines qua Idealzweck ausnahmsweise zulässigen (Rn 169) Abfindungsausschlusses beim Wegfall des vorletzten Gesellschafters ging.[522] Hier lag es nahe, dass die Gesellschafter den Fall nicht bedacht hatten, dass der letzte Gesellschafter einst das gesamte Gesellschaftsvermögen erhalten würde, ohne dass der auch für ihn geltende Abfindungsausschluss Wirkung zu entfalten vermöchte, und dass der Vertrag deshalb lückenhaft und ergänzungsbedürftig war.[523]

181 f) **Rechtsmissbrauch; Störung der Geschäftsgrundlage (§§ 242, 313 BGB).** Durch die Änderung der Rechtsprechung zu § 723 Abs. 3 BGB hat die Ausübungskontrolle gegenüber der Wirksamkeitskontrolle des Vertragsinhalts erheblich an Bedeutung gewonnen. Auszugehen ist dabei von der Fallgruppe der **unzulässigen Rechtsausübung.** Für sie ist anerkannt, dass einem Anspruch, dessen vertragliche Vereinbarung im Zeitpunkt seiner Geltendmachung als nichtig oder unwirksam beurteilt werden müsste, nach § 242 BGB der **Missbrauchseinwand** entgegengesetzt werden kann.[524] Anknüpfend an die frühere Rechtsprechung ist daher in einem ersten Schritt zu prüfen, ob die Abfindungsklausel gegen § 138 Abs. 1 oder § 723 Abs. 3 BGB verstoßen würde, wenn sie *im Zeitpunkt des Ausscheidens* bzw. *im Zeitpunkt der beabsichtigten Kündigung* vereinbart worden wäre.

---

520 So auch *Schulze-Osterloh* JZ 1993, 45 f; *Dauner-Lieb* ZHR 158 (1994), 271 (277).

521 Vgl. näher *Ulmer/C. Schäfer* ZGR 1995, 134 (150); kritisch auch *Dauner-Lieb* ZHR 158 (1994), 271 (286); *Westermann* Handbuch Rn I 1166; Ebenroth/Boujong/Joost/Strohn/*Lorz* Rn 134; *B. Richter* (Fn 478) S. 169 f; weitergehend *ders.* im Rahmen der ergänzenden Vertragsauslegung, S. 114: keine Berücksichtigung von Einzelfallumständen; vgl. auch *Hülsmann* NJW 2002, 1673 (1678 f).

522 BGHZ 135, 387 (390 f) = NJW 1997, 2592; zu Unrecht kritisch insoweit *Volmer* DB 1998, 2507; vgl. aber auch *Grunewald* JZ 1997, 1066.

523 Denkbar, wenn auch nicht festgestellt, war allerdings, dass die Gesellschafter sich am Vereinsrecht orientiert (vgl. § 45 Abs. 3 BGB) und den Fall daher bewusst ungeregelt gelassen hatten; (nur) in diesem Fall wäre man zu einer Lücke allein über die Sittenwidrigkeit des Abfindungsausschlusses gelangt; vgl. *Grunewald* JZ 1997, 1066 (die einen entsprechenden Willen unterstellt).

524 BGH NJW 1983, 2692 f; Staudinger/*Sack* BGB (2003) § 138 Rn 83; MünchKommBGB[5]/*Armbrüster* § 138 Rn 138; *Larenz/Wolf* Allgemeiner Teil des Bürgerlichen Rechts, 9. Aufl. 2004, § 41 Rn 28; *Eckert* AcP 199 (1999), 337 (358).

Ist dies nach den in Rn 172 f, 175 ff aufgezeigten Grundsätzen der Fall, zu denen insbesondere auch die zu § 723 Abs. 3 bzw. § 138 BGB im Sinne einer Orientierungshilfe postulierten Schwellenwerte zu rechnen sind (Rn 176), so steht der Berufung auf die Abfindungsklausel der Einwand unzulässiger Rechtsausübung entgegen (Rn 174).[525]

Sind die Voraussetzungen für den Missbrauchseinwand erfüllt, hat dies keineswegs automatisch zur **Folge**, dass der betroffene Gesellschafter nunmehr nach dem Verkehrswert abzufinden wäre.[526] Soweit nämlich eine geltungserhaltende Reduktion zulässig ist, was namentlich im Falle einer (nur) kündigungsbeschränkenden Wirkung der Klausel der Fall ist (Rn 173), tritt an die Stelle vielmehr dasjenige, was die Parteien bei Kenntnis der fehlenden Durchsetzbarkeit redlicherweise vereinbart hätten. Hierfür bedarf es einer engen Anlehnung an den vertraglichen Regelungsplan, entgegen der Ansicht des BGH jedoch *keiner umfassenden* Interessenabwägung[527] (Rn 179 f). Angesichts der methodischen Grundlage des Rechtsmissbrauchseinwands bei § 242 BGB bzw. der Treupflicht unter den Gesellschaftern und dem damit notwendigerweise verbundenen Einzelfallbezug der unanwendbaren Klausel sind vielmehr nur solche Umstände zu berücksichtigen, denen auch sonst im Gesellschaftsvertrag Rechnung getragen wurde *oder* die der *mitgliedschaftlichen Sphäre* des Ausgeschiedenen entstammen,[528] auf die im Rahmen der Treupflicht von den Mitgesellschaftern Rücksicht zu nehmen ist (§ 105 Rn 236 f). Demgemäß sind nicht nur das Ausmaß der Anspruchskürzung (unter Einbeziehung zusätzlicher Beschränkungen durch Auszahlungsregeln) sowie Grund und Anlass des Ausscheidens und die Liquiditätslage der Gesellschaft zu berücksichtigen. Vielmehr können auch personenbezogene Umstände wie der Anteil des Ausgeschiedenen am Aufbau des Unternehmens in die Ermittlung der angemessenen Abfindung einbezogen werden (s. noch Rn 183). 182

Neben oder an Stelle des Missbrauchseinwands kommt auch die Berufung auf eine **Störung der Geschäftsgrundlage** (§ 313 BGB) in Betracht, wenn *erhebliche, zumal unvorhersehbare Wertänderungen* seit dem Abschluss des Gesellschaftsvertrages eingetreten sind (Rn 176), bei denen gewiss ist, dass die Abfindungsbeschränkung in dieser Form nicht vereinbart worden wäre. Bleibt in derartigen Fällen der Abfindungsbetrag aufgrund *unvorhersehbarer* Entwicklungen wesentlich hinter dem anteiligen Verkehrswert des Unternehmens zurück, so dass die Abfindungsregelung *lückenhaft* ist, und kann die Abfindung zum Klauselwert dem Ausgeschiedenen nicht zugemutet werden, so ist an die Stelle der vereinbarten Abfindung im Wege ergänzender Vertragsauslegung eine angemessene Abfindung zu setzen.[529] Auch insofern lässt sich keine schematische Grenze 183

---

525 Näher *Ulmer/C. Schäfer* ZGR 1995, 134 (145 f, 147 ff); dem folgend *K. Schmidt* Gesellschaftsrecht, § 50 IV 2c, dd, ee, S. 1488 ff; Bamberger/Roth/*Timm/Schöne*[2] BGB § 738 Rn 39; Staudinger/*Sack* BGB (2003) § 138 Rn 376; *Kort* DStR 1995, 1961 (1966); *Mecklenbrauck* BB 2000, 2001 (2004); *Sigle* ZGR 1999, 671; so auch OLG Naumburg NZG 2000, 698.

526 Allgemein zur nur partiellen An- oder Aberkennung eines Rechts, dem der Missbrauchseinwand entgegensteht, vgl. nur MünchKommBGB[5]/*G. H. Roth* § 242 Rn 197 mit Hinweis auf BGH LM § 387 BGB Nr. 48 und OLG Celle JZ 1973, 246.

527 *Ulmer/C. Schäfer* ZGR 1995, 134 (151 f); anders (wie BGH) etwa Staudinger/*Sack* BGB (2003) § 138 Rn 375.

528 Etwas enger noch *Ulmer/C. Schäfer* ZGR 1995, 134 (152): personenbezogene Umstände nur berücksichtigungsfähig, wenn ihnen im Vertrag Rechnung getragen wird. – Wie hier etwa auch *B. Richter* (Fn 478) S. 160 ff; *Hülsmann* NJW 2002, 1673 (1678 f); Ebenroth/Boujong/Joost/Strohn/*Lorz* Rn 134; ebenso auch MünchKommBGB[5]/*Ulmer/C. Schäfer* § 738 Rn 54 (bei Fn 121).

529 BGHZ 126, 226 (242) = NJW 1994, 2536. Vgl. auch BGH WM 1980, 1362 (1363); 1977, 192 (193) (jew. obiter); i.E. auch BGH NJW 1993, 2101 (2102 f). Ebenso *Ulmer*

anführen, bei deren Überschreiten eine Berufung auf den Wegfall der Geschäftsgrundlage begründet ist. Wie im Falle des Missbrauchseinwands bedarf es vielmehr einer **Würdigung der Einzelfallumstände** (Rn 178). Dabei sind einerseits die Art und Herkunft der Gesellschafterstellung des Ausgeschiedenen sowie die ihn durch die Abfindungsklausel treffenden Vermögensnachteile zu berücksichtigen. Andererseits ist zu prüfen, ob den Mitgesellschaftern eine Anpassung der Abfindungsklausel an die geänderten Umstände im Hinblick auf die Änderung der Wertrelationen zugemutet werden kann.[530] Zu beachten ist auch die seit 1974 geltende Schenkungsteuerbelastung (Rn 165), zu der die Buchwertabfindung bei den Mitgesellschaftern führen kann und die bei Vereinbarung älterer Gesellschaftsverträge noch nicht bedacht worden war.

184 g) **Ausnahmen für Beteiligungen minderen Rechts?** In der Diskussion zu den Wirksamkeitsgrenzen von Abfindungsklauseln wird im Ansatz zutreffend darauf hingewiesen, dass für die rechtliche Beurteilung auch die jeweilige Art und Herkunft der Gesellschafterstellung zu berücksichtigen ist (vgl. schon Rn 183).[531] Die Unbedenklichkeit weitgehender Beschränkungen oder gar eines Ausschlusses des Abfindungsanspruchs für einen oder bestimmte Gesellschafter lässt sich daraus, entgegen den Vertretern dieser Ansicht, freilich nicht ohne weiteres ableiten. Zwar steht der Gleichbehandlungsgrundsatz einer Ungleichbehandlung im Falle allseitiger Zustimmung nicht entgegen (§ 105 Rn 250). Nach gesetzlicher Regel haben jedoch auch solche **Gesellschafter** einen Abfindungsanspruch, die zwar einen Kapitalanteil „halten", selbst aber **ohne Einlage** beigetreten sind.[532] Denn der Abfindungsanspruch ist das Surrogat des Anteils, so dass es für sein *Entstehen* prinzipiell nicht auf die Art des Erwerbs ankommt.[533] Deshalb mögen bei bestimmten Gesellschaftern zwar weitergehende Beschränkungen als bei anderen tolerabel sein, z.B. weil sie nur einen geringen Anteil am Erfolg des Unternehmens haben; nicht jedoch ist der völlige Ausschluss des Anspruchs hinnehmbar (vgl. auch Rn 186). Dieser kann vielmehr, besonders wenn er sich auf den Fall kündigungsbedingten Ausscheidens bezieht oder sogar bei Hinauskündigung (Ausschluss) ohne wichtigen Grund eingreifen soll, wie auch sonst zur Unwirksamkeit nach § 723 Abs. 3 BGB oder § 138 BGB führen oder sich im Einzelfall als rechtsmissbräuchlich erweisen.[534]

FS Quack, 1991, S. 477 (469); *Ulmer/C. Schäfer* ZHR 158 (1994) 134 (141); *Büttner* FS Nirk, 1992, S. 119 (128 f); *K. Schmidt* Gesellschaftsrecht § 50 IV 2c, ee, S. 1489 f; *Hueck* OHG § 24 I 5, S. 366; *Möhring* FS Barz, 1974, S. 49 (58 f, 63); **aA** *Rasner* ZHR 158 (1994), 292 (299 f); *Sudhoff* ZGR 1972, 168; offenlassend BGHZ 123, 281 (287) = NJW 1993, 3193; allgemein zur Störung der Geschäftsgrundlage in derartigen Fällen MünchKommBGB[5]/*G. H. Roth* § 313 Rn 43 ff.

[530] Zu diesen auch für die Frage einer Vertragsanpassung kraft Treupflicht maßgebenden Kriterien vgl. § 105 Rn 228 ff; für Gleichbehandlung beider Fälle *Rob. Fischer* FS Barz, 1974, S. 33 (46 f) (vgl. dazu aber *Flume* I/1 § 12 IV Fn 41).

[531] *Heckelmann* Abfindungsklauseln, S. 113 f; *Flume* I/1, § 12 III; *ders.* NJW 1979, 902 ff; vgl. ferner *U. Huber* ZGR 1980, 177 (193 ff). Zur Relevanz einer durch Anteilsschenkung erlangten Beteiligung vgl. BGH NJW 1989, 2685 (2686) (tendenziell verneinend); *Nitschke* Personengesellschaft, S. 341 ff; vgl. (aus praktischer Sicht) auch *Sigle* ZGR 1999, 659 (673).

[532] MünchKommBGB[5]/*Ulmer*/*C. Schäfer* § 738 Rn 58; Soergel/*Hadding*/*Kießling*[12] § 738 Rn 51; demgegenüber sind Gesellschafter ohne Kapitalanteil schon kraft Gesetzes von der Abfindung ausgeschlossen, vgl. *K. Schmidt* Gesellschaftsrecht, § 50 IV 2c, cc, S. 1488 (mit Fn 182); *Huber* ZGR 1980, 191 ff; s. jedoch auch Rn 166.

[533] Zutr. MünchKommHGB/*K. Schmidt* Rn 179.

[534] Rechtsprechungsnachweise in Fn 473; wie hier auch die ganz hL, vgl. MünchKommHGB/*K. Schmidt* Rn 179; Ebenroth/

185 Das Gleiche gilt für Gesellschafter, die ihren Anteil **unentgeltlich bzw. auf erbrechtlichem Wege** erworben haben. Solange die Gesellschafter an Gewinn und Verlust beteiligt sind, kommt es auch nicht etwa in Betracht, sie in Hinblick auf den ausgeschlossenen Abfindungsanspruch als Gesellschafter ohne Kapitalanteil zu behandeln; denn eine solche Rechtsstellung wäre perplex: Auch soweit nur die Beteiligung an Gewinnen und Verlusten gewollt ist, hält der Gesellschafter notwendig einen Kapitalanteil.[535] Denn bei diesem handelt es sich schlicht um eine Rechnungsgröße, die Aufschluss über die vermögensmäßige Beteiligung des Gesellschafters geben soll und sich daher wesentlich aus stehengelassenen Gewinn- und Verlustanteilen zusammensetzt.[536] Im Übrigen besteht gegenüber Gesellschaftern, denen die Beteiligung unentgeltlich zugewendet wurde, nicht etwa eine geminderte gesellschaftsrechtliche Treupflicht.[537] Die Lehre von den Gesellschaftern „minderen Rechts" vermag daher weitgehende Abfindungsbeschränkungen nicht zu legitimieren. Zu diskutieren ist aber über **Sonderregeln für große Familiengesellschaften.**[538] Hier erscheint es gerechtfertigt, eine (einheitliche) Abfindungsbeschränkung dergestalt zu ermöglichen, dass ausnahmsweise an den fiktiven Ertragswert des Anteils angeknüpft und der Berechnung etwa die durchschnittliche Ausschüttungshöhe der letzten fünf Jahre (inkl. Steuergutschriften) zugrunde gelegt wird.[539] Eine Rechtfertigung findet dieser großzügigere Maßstab zum einen in der Generationenfolge (Familienbindung der Anteile bei allenfalls geringem „Eintrittspreis"), dem Gesellschafts- und Familieninteresse an einer Selbstfinanzierung und der funktionalen Nähe solcher Gesellschaften zur Familienstiftung. – Von vornherein **abweichend** beurteilt der BGH den Widerruf einer **Anteilsschenkung** wegen groben Undanks, der naturgemäß keine Abfindung des Beschenkten durch den widerrufenden Schenker zur Folge hat.[540]

186 **h) Ausnahmen aus sachlichem Grund?** In neueren Entscheidungen hat der BGH die Frage aufgeworfen und grundsätzlich bejaht, ob die Abfindung für bestimmungsgemäß nur vorübergehend eingeräumte Anteile in stärkerem Maße beschränkt werden kann.[541] Beim sogenannten **„Managermodell"** wird der Geschäftsführer gleichzeitig als Gesellschafter aufgenommen und verliert diese Stellung wieder, sobald er als Geschäftsführer abberufen wird. Die Abfindung wird hierbei häufig auf den Nominalwert beschränkt.[542]

Boujong/Joost/Strohn/*Lorz* Rn 126; Soergel/*Hadding*/*Kießling*[12] § 738 Rn 51; Baumbach/*Hopt* Rn 66; MünchKommBGB[5]/*Ulmer*/*C. Schäfer* § 738 Rn 58; *Wiedemann* WM 1992, Beil. 7, S. 42; *D. Mayer* DB 1990, 1319.

535 Im Ergebnis auch BGH NJW 1989, 2685 (2686) (Unwirksamkeit der Abfindung zum halben Buchwert auch bei geschenktem Anteil); vgl. auch *Büttner*/*Tonner* BB 2003, 2417 ff (auflösend bedingte Anteilsübertragung auf GmbH-Geschäftsführer aufgrund Dienstvertrags); *Binz*/*Sorg* GmbHR 2005, 893 (895, 899 f). Anders für den Gesellschafter ohne Kapitalanteil, s. MünchKommBGB[5]/*Ulmer*/*C. Schäfer* § 738 Rn 59; vgl. MünchKommHGB/*K. Schmidt* Rn 179 mit Hinweis auf OLG Celle DStR 1997, 336.

536 Vgl. § 120 Rn 50; *K. Schmidt* Gesellschaftsrecht, § 47 III 1, S. 1380 ff.

537 Missverständlich daher BGHZ 34, 80 (83) = NJW 1961, 504 (keine Pflicht der Mitgesellschafter zur Rücksichtnahme bei Ausübung eines „Ablösungsrechts" gegenüber einem unentgeltlich in die Gesellschaft aufgenommenen Gesellschafter). Wie hier dagegen MünchKommBGB[5]/*Ulmer*/*C. Schäfer* § 738 Rn 59; *Schilling* ZGR 1979, 419 (423).

538 Dazu eingehend *Ulmer*, Vortrag auf dem Mannheimer Unternehmensnachfolgetag 2009 (z.V.b.).

539 So der Vorschlag von *Ulmer* (Fn 538).

540 BGHZ 112, 41 (47); s.a. BGH BB 1996, 713. – Ob hieraus die Zulässigkeit von Widerrufsvorbehalten in Schenkungsverträgen folgt, ist umstr., näher § 140 Rn 66.

541 Vgl. nur BGHZ 164, 98 (107). Näher dazu unter dem Aspekt der Hinauskündigung § 140 Rn 61 ff.

542 *Binz*/*Sorg* GmbHR 2005, 893 (898).

Nach den allgemeinen Grundsätzen (Rn 174 f) würde dies in vielen Fällen zur Unwirksamkeit bzw. Undurchsetzbarkeit der Abfindungsbeschränkung führen und solche besonderen Beteiligungsmodelle daher letztlich verhindern. Der BGH hat die Beschränkung deshalb unter Berufung auf die nur „treuhandartige" Rechtsposition des Gesellschafters toleriert, und es erscheint in der Tat angemessen, auch für die Beurteilung der Abfindungsklauseln zu berücksichtigen, dass dem Geschäftsführer die Gesellschafterstellung mit sachlichem Grund nur auf Zeit eingeräumt wird, weil ihm als Geschäftsführer lediglich die Partizipation an den Gewinnen zu Motivationszwecken, nicht aber eine unternehmerische Beteiligung vermitteln werden soll.[543] Weil der Gesellschafter letztlich nur die Früchte des Anteils erhalten soll und seine Geschäftsführertätigkeit überdies vor allem durch sein Gehalt entgolten wird, können Abfindungsbeschränkungen mit großzügigerem Maß beurteilt werden.[544] Zum Teil ist diese Rechtsprechung des BGH bei Instanzgerichten allerdings für zweifelhafte weitergehende Folgerungen in Anspruch genommen worden.[545] – Zur großzügigeren Beurteilung von Abfindungsbeschränkungen bei großen Familiengesellschaften vgl. schon Rn 185.

3. Typische Vertragsklauseln

187 a) **Abfindungsausschluss.** Regelungen über den Ausschluss des Abfindungsanspruchs sind nach zutr. hM grundsätzlich *unwirksam* (Rn 169). Dies ergibt sich für alle Abfindungsfälle im Übrigen regelmäßig schon aus dem Knebelungsverbot des § 138 Abs. 1 BGB, so dass es auf eine analoge Anwendung des § 723 Abs. 3 BGB wegen Kündigungsbeschränkung insoweit nicht ankommt. Auch ein einseitiger Abfindungsausschluss für bestimmte Gesellschafter „minderen Rechts" kann grundsätzlich nicht wirksam vereinbart werden (Rn 166 f). Beschränkt sich der Abfindungsausschluss auf die Fälle der Gesellschafterinsolvenz (Abs. 3 Nr. 2) oder Gläubigerkündigung (Abs. 3 Nr. 4), so ist er wegen Verstoßes gegen das gesellschaftsrechtliche Gläubigerschutzprinzip (§ 138 Abs. 1 BGB) nichtig (Rn 171).

188 **Ausnahmen** vom grundsätzlichen Verbot kommen in Betracht, wenn der Abfindungsausschluss als Vertragsstrafe für besonders schwerwiegende Pflichtverletzungen eines Gesellschafters vereinbart wurde,[546] ohne dass hierfür allerdings eine Ausschließung aus wichtigem Grund ausreichen würde;[547] ferner bei Klauseln, die einen Ausschluss nur für

[543] Vgl. den Sachverhalt bei BGHZ 164, 98 f.

[544] BGHZ 164, 98 (104); *Habersack/Verse* ZGR 2005, 451 (477 f); *Binz/Sorg* GmbHR 2005, 893 (899); *Goette* DStR 1997, 337 (338); MünchKommHGB/*K. Schmidt* Rn 178. Zur GmbH: BGHZ 164, 107 (115); *Ulmer*/Habersack/Winter GmbHG § 34 Rn 90a.

[545] Vgl. OLG Karlsruhe NZG 2007, 423 (424), wo eine gesellschaftsvertragliche Klausel gebilligt wurde, nach welcher der angeheiratete Gesellschafter mit Rechtskraft des Scheidungsurteils aus der Gesellschaft ausschied und danach (?) seine Gesellschaftsanteile nach Wahl des Ehegatten unentgeltlich an diesen oder Kinder zu übertragen hatte. Die rechtliche Argumentation des OLG ist allerdings schwer nachvollziehbar und auch die Grundsätze für große Familiengesellschaften (Rn 185) würden einen vollständigen Ausschluss nicht rechtfertigen (Rn 188). Näher dazu § 140 Rn 64 ff.

[546] Vgl. etwa *Kort* DStR 1995, 1961 (1962); Bamberger/Roth/*Timm/Schöne*^{2} § 738 Rn 31; MünchKommBGB^5/*Ulmer/C. Schäfer* § 738 Rn 61; s. aber auch BGH NJW 1989, 2685 (2686).

[547] BGH NJW 1989, 2685 (2686) (Ausschließung aus wichtigem Grund rechtfertigt keine Reduktion der Abfindung auf halben Buchwert); *Ulmer* NJW 1979, 81 (84); MünchKommHGB/*K. Schmidt* Rn 180; *Engel* NJW 1986, 348; **aA** *Heckelmann* Abfindungsklauseln, S. 112.

den **Todesfall** eines Gesellschafters vorsehen (s. schon Rn 162). Unabhängig davon, ob der Abfindungsausschluss für bestimmte oder alle Gesellschafter gilt, handelt es sich zwar um vorweggenommene, auf den Todesfall bezogene unentgeltliche gesellschaftsvertragliche Verfügungen über den Anteilswert;[548] die Formvorschrift des § 2301 Abs. 1 BGB greift aber wegen lebzeitigen Vollzuges nach zutr. hM nicht ein, weil die Mitgesellschafter sofort eine Anwartschaft erwerben.[549] Die früher bei allseitigem Ausschluss des Abfindungsanspruchs überwiegend vertretene Einordnung als „aleatorisches", entgeltliches Rechtsgeschäft zwischen sämtlichen Gesellschaftern,[550] die zum Ausschluss von Pflichtteilsergänzungsansprüchen nach §§ 2325 ff BGB führt, wird von der heute wohl schon führenden Gegenansicht zu Recht kritisiert.[551] Im Ergebnis unterfällt der Abfindungsausschluss auf den Todesfall somit stets der Pflichtteilsergänzung nach den §§ 2323 ff BGB. – Zur Kombination von Abfindungsausschluss und Eintrittsklausel vgl. § 139 Rn 152. Die dritte, für Gesellschaften mit **ideellem Zweck** geltende Ausnahme vom grundsätzlichen Verbot des Abfindungsausschlusses, ist für Personenhandelsgesellschaften nur ausnahmsweise von Bedeutung (Rn 169). Sie lässt sich **nicht** etwa generell auf Abfindungsklauseln in **Familiengesellschaften** übertragen, bei denen der Gesellschaftsvertrag etwa das Ausscheiden eines angeheirateten Gesellschafters im Falle seiner Scheidung oder Wiederverheiratung vorsieht.[552] Zu möglichen Abfindungs*beschränkungen* in großen Familiengesellschaften vgl. aber Rn 185.

b) **Buchwertklauseln.** Anders als sog. *Nennwertklauseln*[553] beschränken Buchwert- **189**
klauseln den Abfindungsanspruch im Zweifel auf die Rückzahlung noch nicht verbrauchter Einlagen, einbehaltener Gewinne sowie sonstiger anteiliger Rücklagen und

---

548 HM, s. schon KG JR 1959, 101; *Siebert* Gesellschaftsvertrag und Erbrecht bei der OHG, 3. Aufl. 1958, S. 10 f; *Huber* Vermögensanteil, S. 462 ff; 3. Aufl. § 138 Anm. 120 (*Ulmer*); ferner Schlegelberger/*K. Schmidt* § 138 Rn 66; Ebenroth/Boujong/Joost/Strohn/*Lorz* Rn 123; MünchKommBGB⁴/*Lange* § 2325 Rn 20; Staudinger/*Olshausen* BGB (2006) § 2325 Rn 31; Bedenken bei *Wiedemann* Übertragung, S. 188 f. – Zum allseitigen Abfindungsausschluss auf den Todesfall vgl. Nachw. in Fn 536 f.

549 BGHZ 22, 187 (194); BGH WM 1971, 1339; KG JR 1959, 101; *Huber* Vermögensanteil, S. 463 f; *G.* und *D. Reinicke* NJW 1957, 561 (562); *Ulmer* ZGR 1972, 195 (214 ff); Schlegelberger/*K. Schmidt* § 138 Rn 67; Heymann/*Emmerich* § 138 Rn 39; i.E. auch Staudinger/*Kanzleiter* BGB (2006) § 2301 Rn 51 (entgeltliches Geschäft) – jew. mindestens für den nicht allseitigen Ausschluss; **aA** *Rittner* FamRZ 1961, 505 (509 ff); *Wiedemann* Übertragung, S. 176 ff, 188.

550 So Schlegelberger/*Geßler* HGB⁴ § 138 Rn 27; *G. und D. Reinicke* NJW 1957, 561 (562); wohl auch *Wiedemann* Übertragung, S. 189 (vgl. aber auch S. 186); ebenso auch noch Baumbach/*Hopt* Rn 62; Staudinger/*Olshausen* BGB (2006) § 2325 Rn 34 (der aber den aleatorischen Charakter als Begründung ablehnt); sowie im Ergebnis BGHZ 22, 186 (194) = NJW 1957, 180.

551 Vgl. *Heckelmann* Abfindungsklauseln, S. 77 ff, 84; *Huber* Vermögensanteil, S. 465; Flume I/1 § 18 VI 1; MünchKommHGB/*K. Schmidt* Rn 167; MünchKommBGB⁵/*Ulmer*/*C. Schäfer* § 738 Rn 61; MünchKommBGB⁴/*Lange* § 2325 Rn 20.

552 So der Sache nach aber OLG Karlsruhe NZG 2007, 265 (s. schon Fn 545); anders die hM, vgl. MünchKommBGB⁵/*Ulmer*/*C. Schäfer* § 738 Rn 62 und näher *Sigle* ZGR 1999, 659 (663 f, 672 f) mit Kritik an der aus seiner Sicht zu rigorosen Rechtsprechung; ähnlich auch *Kübler* FS Sigle, 2000, S. 183 (186 ff).

553 Sie beschränken die Abfindung auf den Nominalbetrag der Kapitaleinlage zuzüglich der nicht entnommenen Gewinne, vgl. OLG Hamm DB 1997, 1612 (1613) und *Jaeger* DB 1997, 1607 (betr. die Abfindungsklausel einer gemeinnützigen Baugesellschaft).

Rückstellungen mit Eigenkapitalcharakter nach Maßgabe der letzten, auf den Stichtag der Abfindung fortzuschreibenden Handelsbilanz (Rn 170 mN). Ein nicht aufgelöster Verlustvortrag ist anteilig zu berücksichtigen.[554] Steuerrechtlich bedingte Sonderabschreibungen sind grundsätzlich nicht aufzulösen.[555] Buchwertklauseln führen typischerweise zu einer Beschränkung der Abfindung gegenüber dem anteiligen Ertragswert; sie können je nach Lage des Falles aber auch den gegenteiligen Effekt haben (Rn 167). – In **rechtlicher** Hinsicht sind sie im Ausgangspunkt unter den Aspekten der Knebelung (§ 138 BGB) oder Kündigungsbeschränkung (§§ 723 Abs. 3 BGB i.V.m. § 105 Abs. 3; § 133 Abs. 3) grundsätzlich unbedenklich, da im *Zeitpunkt ihrer Vereinbarung* eine sittenwidrige Knebelung oder Kündigungsbeschränkung angesichts des zunächst meist geringen Unterschieds zwischen Verkehrswert und Buchwert der Beteiligung nur selten gegeben sein wird (Rn 172). Führt jedoch die *spätere Entwicklung* zu einer starken Divergenz dieser Werte, kann dies den Einwand des Rechtsmissbrauchs oder der gestörten Geschäftsgrundlage begründen (Rn 181, 183). Buchwertklauseln, die sich nur auf bestimmte Gesellschafter beziehen, können mit Rücksicht auf Besonderheiten der betroffenen Beteiligungen in weitergehendem Umfang durchsetzbar sein, ohne dass deshalb ein völliger Ausschluss der Abfindung zulässig wäre (Rn 170). Andererseits sind Buchwertklauseln traditionell besonders streng beurteilt worden, wenn die betroffenen Gesellschafter noch sonstige Beschränkungen ihrer Rechtsstellung hinzunehmen hatten (Rn 165). Privatgläubiger eines Gesellschafters haben eine allgemein für alle Ausscheidensfälle vereinbarte, nicht aus anderen Gründen unwirksame Buchwertklausel grundsätzlich hinzunehmen (Rn 171).

190 c) **Auszahlungsvereinbarungen.** Die Auszahlungsmodalitäten können in vielfältiger Weise geregelt werden, insbesondere hinsichtlich der Fälligkeit des Abfindungsanspruchs, seiner Verzinsung (s.a. Rn 146), der Auszahlung in Raten sowie der dem Ausgeschiedenen einzuräumenden Sicherheiten.[556] Auch solche Regelungen, sofern sie von der gesetzlichen Fälligkeit zum Nachteil des Ausgeschiedenen abweichen, können wegen sittenwidriger Knebelung (§ 138 BGB) oder Kündigungsbeschränkung (§ 723 Abs. 3 BGB) unwirksam sein, besonders in Kombination mit einer Anspruchskürzung (vgl. Rn 177, 181). Überschreitet die vereinbarte Auszahlungsfrist den für die Berechnung und Liquiditätsbeschaffung erforderlichen Zeitraum deutlich, sind Stundung bzw. Ratenzahlung nur dann tolerabel, wenn die Gesamtfrist zeitlich überschaubar ist, sich mit einer angemessenen Verzinsung der stehengelassenen Beträge verbindet und den Ausgeschiedenen nicht mit unzumutbaren Risiken hinsichtlich der späteren Durchsetzung seiner Ansprüche belastet. Während demnach Auszahlungsfristen von insgesamt bis zu *fünf Jahren* grundsätzlich *unbedenklich* sind, zumal wenn sie sich mit einer angemessenen Verzinsung des gestundeten Betrags verbinden, sind **Auszahlungsfristen** von mehr als **10 Jahren** in aller Regel **unwirksam.**[557] In dem dazwischenliegenden Zeitraum von 5–10 Jahren kommt es

---

[554] BGH WM 1978, 1152.

[555] Vorbehaltlich abweichender Vereinbarung, vgl. dazu BGH WM 1965, 627. Eine konkludente Auflösungsabrede im Rahmen der Buchwertklausel regelmäßig bejahend *Huber* Vermögensanteil, S. 339.

[556] S. schon *Knöchlein* DNotZ 1960, 466 ff; ferner MünchKommHGB/*K. Schmidt* Rn 171; Ebenroth/Boujong/Joost/Strohn/*Lorz* Rn 141; MünchKommBGB[5]/*Ulmer*/*C. Schäfer* § 738 Rn 65; vgl. z.B. BGHZ 123, 281 (282): Auszahlung in 5 Jahresraten bei Verzinsung; weitere Bspe. in der folgenden Note.

[557] S. BGH NJW 1989, 2685 (2686) (Unwirksamkeit einer insgesamt 15jährigen Ratenzahlungsfrist trotz Verzinsung); OLG Dresden NZG 2000, 1042 (1043) (Unwirksamkeit einer Ratenzahlungsvereinbarung mit Auszahlungen nach 5, 8 und 10 Jahren

auf eine sorgfältige Abwägung der wechselseitigen Interessen an. Auch bei einer danach wirksamen Abfindungsklausel kann einer im Zeitpunkt des Ausscheidens ausreichend liquiden Gesellschaft im Einzelfall der *Einwand des Rechtsmissbrauchs* entgegengesetzt und die sofortige Auszahlung verlangt werden[558].

4. Rechtsfolgen unwirksamer oder unangemessener Abfindungsklauseln

a) **Allgemeines.** Auch wenn eine Abfindungsklausel insgesamt unwirksam sein sollte, bleibt dies regelmäßig ohne Auswirkung auf den restlichen Gesellschaftsvertrag (s. schon Rn 173 und § 105 Rn 183). Ist die nichtige oder unwirksame Abfindungsklausel ausnahmsweise von so zentraler Bedeutung, dass von ihrer Wirksamkeit nach übereinstimmender Vorstellung der Parteien der Bestand der Gesellschaft abhängen soll, so greifen die Grundsätze über die fehlerhafte Gesellschaft ein (§ 105 Rn 331 ff). Die durch die unwirksame Abfindungsklausel entstandene Lücke ist durch ergänzende Vertragsauslegung oder dispositives Recht zu schließen (Rn 193). – Zur Frage der Gesamtunwirksamkeit einer wegen Kündigungsbeschränkung oder Gläubigerbeeinträchtigung unwirksamen Abfindungsklausel vgl. Rn 171 (Gläubigerbeeinträchtigung) und Rn 173 (Kündigungsbeschränkung). **191**

Die Nichtanwendung von § 139 BGB gilt nach zutreffender Rechtsprechung des BGH auch für das **Verhältnis zwischen Abfindungs- und Ausschließungs-** bzw. **Fortsetzungsklausel.** Erweist sich der Ausschluss oder die Beschränkung der Abfindung im Hinblick auf den in Frage stehenden Ausscheidensgrund als unwirksam oder unangemessen, so wird die Wirksamkeit des Ausscheidens hiervon grundsätzlich nicht berührt; die Höhe der Abfindung ist vielmehr selbständig zu beurteilen.[559] Daher scheitert etwa ein der Mehrheit vertraglich eingeräumtes Ausschließungsrecht ohne wichtigen Grund, sofern es den hierfür geltenden Anforderungen entspricht (§ 133 Rn 70), nicht daran, dass der Vertrag für diesen Fall eine unangemessene Abfindungsregelung enthält.[560] Entsprechendes gilt, wenn der Gesellschaftsvertrag das Ausscheiden eines Gesellschafters verfügt, der die Ausschließungsklage nach § 133 erhebt (§ 133 Rn 76). **192**

b) **Vertragsergänzung und dispositives Recht.** Wegen der recht strengen Inhaltskontrolle von Abfindungsklauseln wird sich nicht selten die Frage stellen, wie die durch **193**

---

trotz Verzinsung mit max. 8 % – dazu krit. *Lange* NZG 2001, 635 [638 f] und *Heß* NZG 2001, 648 [650]); OLG München NZG 2004, 1055 (Unbedenktlichkeit einer auf 5 Jahresraten verteilten Auszahlung); OLG Hamm NZG 2003, 440 (Unwirksamkeit einer $5^1/_2$jährigen Ratenzahlungsfrist jedenfalls bei gleichzeitiger erheblicher Kürzung der Abfindung). Für grundsätzliche Zulässigkeit der Vereinbarung von Zahlungsfristen bis zu 10 Jahren bei angemessener Verzinsung, *Heckelmann* Abfindungsklauseln, S. 147; *Huber* Vermögensanteil, S. 330; MünchKommBGB[5]/*Ulmer*/*C. Schäfer* § 738 Rn 65; strenger (an der Wirksamkeit einer 10-Jahresfrist zweifelnd) RGZ 162, 383 (393); Ebenroth/Boujong/Joost/Strohn/*Lorz* Rn 142 (absolute Obergrenze); auch MünchKommHGB/*K. Schmidt* Rn 171; für Grenze schon bei 5 Jahren Bamberger/Roth/*Timm*/*Schöne*[2] § 738 Rn 33. – Gegen jede Frist als Anhaltspunkt *Hueck* OHG § 24 I 5, S. 366; *Westermann* Handbuch Rn I 1168; OLG Frankfurt BB 1978, 170 (171).

558 Zutr. *K. Schmidt* Gesellschaftsrecht, § 50 IV 2c, ee, S. 1489 f und MünchKommHGB/*K. Schmidt* Rn 171; dem folgend auch Ebenroth/Boujong/Joost/Strohn/*Lorz* Rn 142.

559 BGHZ 105, 213 (220) = NJW 1989, 834 (835 f); BGH NJW 1973, 651 (652); NJW 1973, 1606 (1607); so auch RGZ 162, 388 (393); MünchKommBGB[5]/*Ulmer*/*C. Schäfer* § 738 Rn 73; **aA** *Heckelmann* Abfindungsklauseln, S. 156 f.

560 BGH NJW 1979, 104 = WM 1978, 1044.

Unwirksamkeit oder Unanwendbarkeit der Abfindungsklausel entstandene Lücke zu schließen ist. Unabhängig davon, ob der Gesellschaftsvertrag eine „salvatorische Klausel" enthält, ist auch in Bezug auf Abfindungsklauseln grundsätzlich der im Personengesellschaftsrecht allgemein anerkannte **Vorrang der ergänzenden Vertragsauslegung** vor der Anwendung dispositiven Rechts (vgl. näher § 105 Rn 198) zu beachten. Das gilt jedenfalls in Fällen, in denen sich eine Abfindungsklausel wegen **Kündigungsbeschränkung** nach §§ 723 Abs. 3 BGB, 133 Abs. 3 als unwirksam (Rn 172 f) bzw. nach § 242 BGB als undurchsetzbar erweist (Rn 181).[561] Weil sich die §§ 723 Abs. 3 BGB, 133 Abs. 3 nicht gegen die Art der vereinbarten Klausel, sondern gegen ihre kündigungsbeschränkende Wirkung richten, bestehen keine grundsätzlichen Bedenken dagegen, dem Parteiwillen durch Rückführung der Abfindungsbeschränkung auf ein mit § 723 Abs. 3 BGB zu vereinbarendes Maß Rechnung zu tragen.[562] Zu der vom BGH vertretenen, nicht unbedenklichen umfassenden Interessenabwägung zur Ermittlung des hypothetischen Parteiwillens vgl. Rn 179.

194 Demgegenüber ist bei Nichtigkeit der Abfindungsklausel nach § **138 BGB** (Rn 169) bzw. bei deren Undurchsetzbarkeit wegen sittenwidriger Knebelung (Rn 169) das *Verbot der geltungserhaltenden Reduktion* zu beachten. Wie für den Anwendungsbereich von § 138 BGB überwiegend und mit Recht anerkannt ist, würde es dem Zweck dieser Vorschrift widersprechen, „dem gegen die guten Sitten Handelnden einen Teilerfolg zu belassen".[563] Die Rechtsprechung ist zwar in Sonderfällen auch bei § 138 BGB zu einer geltungserhaltenden Reduktion bereit.[564] Doch ist der Fall sittenwidriger Abfindungsbeschränkung damit nicht vergleichbar. Ist somit eine Abfindungsklausel wegen Knebelung sittenwidrig und damit gem. § 138 Abs. 1 BGB nichtig oder gem. § 242 BGB undurchsetzbar, ist die hierdurch entstehende Lücke nicht durch ergänzende Vertragsauslegung, sondern durch das dispositive Recht zu schließen, und zwar unabhängig davon, ob der Gesellschaftsvertrag eine salvatorische Klausel enthält;[565] denn das Verbot der geltungs-

---

561 *Ulmer/Schäfer* ZGR 1995, 134 (151); MünchKommBGB[5]/*Ulmer/C. Schäfer* § 738 Rn 74; so (zur GmbH) auch BGH ZIP 2002, 258 (259); im Ergebnis auch MünchKommHGB/*K. Schmidt* Rn 174 (stets möglich); Baumbach/*Hopt* Rn 73; für den Fall der Inhaltskontrolle von Gesellschaftsverträgen auch *Stimpel* FS Rob. Fischer, 1979, S. 775.

562 HM, vgl. BGHZ 123, 281 (285 f) = NJW 1993, 3193; BGH NJW 1973, 651 (652); 1985, 192 (193); Schlegelberger/*K. Schmidt* § 138 Rn 77; Baumbach/*Hopt* Rn 73; MünchKommBGB[5]/*Ulmer/C. Schäfer* § 738 Rn 74; *Heckelmann* Abfindungsklauseln, S. 154; einschr. *Büttner* FS Nirk, 1992, S. 119 (127) (nur im Fall der Ausübungskontrolle nach § 242 BGB).

563 So OLG Celle NJW 1959, 1971 (1972); ebenso BGHZ 68, 204 (207) = NJW 1977, 1233 für den Fall einer sittenwidrigen Vereinbarung über das Ausscheiden eines GmbH-Geschäftsführers; ferner BGH NJW 1997, 3089 (3090 ff); näher MünchKommBGB[5]/*Armbrüster* § 138 Rn 158 mN und allgemein MünchKommBGB/*M. Schwab* § 817 Rn 37; abweichend aber viele, vgl. Staudinger/*Sack* BGB (2003) § 138 Rn 109 ff, 123 ff (dessen Auffassung in Rn 129, Strafzwecke seien dem Bürgerlichen Recht prinzipiell fremd, indessen nicht zugestimmt werden kann, vgl. nur *C. Schäfer* AcP 202 (2002), 397 ff, 406 ff [zu § 817 S. 2 BGB]).

564 So bei überlangen Bierlieferungsverträgen (BGHZ 68, 1 [5]; 68, 204 [207]; BGH NJW 1992, 2145 [2146]) und bei „Geliebtentestamenten" mit übermäßiger Verkürzung der Rechte der gesetzlichen Erben (BGHZ 52, 17 [23 f]; 53, 369 [383]); weit. Nachw. bei Staudinger/*Sack* BGB (2003) § 138 Rn 110 ff, 118.

565 So auch Baumbach/*Hopt* Rn 73; *Büttner* FS Nirk, 1992, S. 119 (126 f); Ebenroth/Boujong/Joost/Strohn/*Lorz* Rn 130; *Wiedemann* WM 1992, Beil. 7, S. 41; MünchKommBGB[5]/*Ulmer/C. Schäfer* § 738 Rn 75; ohne Begründung auch BGH NJW 1979, 104 und WM 1962, 462 (463). Für gel-

erhaltenden Reduktion steht nicht zur Disposition der Parteien. Der Ausgeschiedene kann in diesem Falle also die gesetzliche Abfindung gem. § 738 Abs. 1 S. 2 BGB verlangen (dazu Rn 176).

XII. Steuerrecht und Abfindungsanspruch

Steuerrechtliche Aspekte sind im Zusammenhang mit dem Abfindungsanspruch in zweierlei Hinsicht zu beachten. Das betrifft zum einen die – vorbehaltlich abweichender Vertragsregelung – grundsätzlich zu verneinende Frage, ob steuerliche Auswirkungen bei der Berechnung des Abfindungsanspruchs zu berücksichtigen sind.[566] Zum anderen geht es um die steuerlichen Folgen des Ausscheidens für die verbliebenen Gesellschafter (gesellschaftsrechtlich: die Gesellschaft) sowie die Besteuerung des Abfindungsanspruchs beim Ausgeschiedenen. Hierzu an dieser Stelle nur die folgenden Hinweise zur ertragsteuerlichen Seite[567]: Die Abfindung des Gesellschafters wird einkommensteuerlich aufseiten **des Ausscheidenden** als Gewinn aus der Veräußerung eines Mitunternehmeranteils i.S.v. § 16 Abs. 1 Nr. 2 EstG erfasst.[568] Dieser errechnet sich auf der Grundlage des in der Steuerbilanz der Gesellschaft sowie etwaiger Sonder- und Ergänzungsbilanzen zusammengesetzten Buchwerts des Anteils. Liegt der Veräußerungspreis, also der Abfindungsbetrag,[569] nach Abzug der Kosten über dem Buchwert der Beteiligung, wie er sich aus den Kapitalkonten des Ausgeschiedenen ergibt, wird dies steuerlich als Auflösung stiller Reserven behandelt. Nur wenn also der ausscheidende Gesellschafter mehr als den Buchwert seiner Beteiligung als Abfindung erhält, entsteht ein steuerlich relevanter *Veräußerungsgewinn*. Liegt der Abfindungsbetrag unter dem nominellen Wert, tritt ein Veräußerungsverlust ein, soweit nicht feststeht, dass der Erwerb in Höhe des Differenzbetrages zwischen Abfindung und Buchwert unentgeltlich erfolgt ist bzw. auf außerbetrieblichen Gründen beruht.[570] Bei Abfindung mit Sachwerten durch Überführung in ein anderes Betriebsvermögen des Ausscheidenden ist zu berücksichtigen, dass § 16 Abs. 3 S. 2 EStG das Recht zur Fortführung von Buchwerten nunmehr stark einschränkt.[571] – Aufseiten der **verbleibenden Gesellschafter** entstehen dem Veräußerungsgewinn korrespondierende *Anschaffungskosten*, obwohl, gesellschaftsrechtlich gesehen, Schuldner der Abfindung die Gesellschaft ist; die aufgelösten Reserven sind grundsätzlich[572] den Buchwerten der betreffenden Wirtschaftsgüter in der Steuerbilanz der Gesellschafter zuzuschrei- 195

tungserhaltende Reduktion auch in diesem Falle aber Schlegelberger/*K. Schmidt* § 138 Rn 77; Erman/*Westermann*[12] § 738 Rn 20. Krit. gegenüber der grundsätzlichen Anwendung dispositiven Rechts bei sittenwidrigen Abfindungsklauseln auch *Sigle* ZGR 1999, 659 (668 f).

566 Dazu näher 3. Aufl. Rn 42; BGH BB 1959, 719; *Loos* NJW 1964, 480 (482); *Brönner* Die Besteuerung der Gesellschaften, 17. Aufl. 1999, Rn 1581 ff (VII 383, 408).

567 Überblick zur erbschafts- und schenkungssteuerlichen Behandlung bei Ebenroth/Boujong/Joost/Strohn/*Lorz* Rn 162 ff.

568 S. nur BFH BStBl. II, 1998, 180 (181); Ebenroth/Boujong/Joost/Strohn/*Lorz* Rn 144 mwN; *Crezelius* BB-Spezial 10, 2007, 1 (3).

569 BFH BStBl. II, 1994, 227; näher Schmidt/*Wacker* EstG[28] § 16 Rn 456; Ebenroth/Boujong/Joost/Strohn/*Lorz* Rn 147 ff.

570 BFH BStBl. II 1974, 50; näher Schmidt/*Wacker* EstG[28] § 16 Rn 510; *Brönner* (Fn 566), Rn 1536; *Knobbe-Keuk* Bilanz- und Unternehmenssteuerrecht, 9. Aufl. 1993, § 23 II 2c, S. 906 f.

571 Näher Schmidt/*Wacker* EstG[28] § 16 Rn 520 ff; Ebenroth/Boujong/Joost/Strohn/*Lorz* Rn 151 mwN.

572 Ein sofortiger Abzug als Betriebsausgabe kommt aber in Betracht, wenn der höhere Abfindungsbetrag betrieblich veranlasst ist und nicht als Abfindung für Firmenwert oder stille Reserven anzusehen ist (z.B. Abfindungsvergleich), vgl. BFH BStBl. II 1992, 647.

ben.[573] Liegt die Abfindung unter dem Buchwert der Beteiligung, so sind die Wirtschaftsgüter in der Steuerbilanz der Gesellschafter entsprechend zu aktivieren.[574] Bei Abfindung in Sachwerten kommt es darauf an, ob – bei Übernahme in das Betriebsvermögen des Ausscheidenden – ein Recht zur Fortführung der stillen Reserven i.S.v. § 16 Abs. 3 S. 2 EStG besteht, andernfalls ob der Veräußerungspreis über oder unter dem Buchwert liegt.[575]

XIII. Das fehlerhafte Ausscheiden

196 Als Komplementärakt zum Beitritt fällt auch das fehlerhafte *Ausscheiden* eines Gesellschafters im Wege der Austrittskündigung (Austritt) in den **Anwendungsbereich der Lehre vom fehlerhaften Verband** (LfV), wie Rechtsprechung und hL wenigstens im Ergebnis auch seit langem anerkennen.[576] Wie der Beitritt verbindet auch das Ausscheiden die Änderung der Gesellschafterzahl mit einem Wandel der Gesellschaftsstruktur.[577] Auch ohne dass zwingende Gläubigerinteressen berührt wären, treten beim Ausscheiden Rückabwicklungsschwierigkeiten i.S.d. LfV auf. Ohne Kapital- bzw. Arbeitseinsatz einerseits, sowie ohne irgendeine Kontrollmöglichkeit andererseits fehlt jede Legitimation dafür, den Ausgeschiedenen an Gewinnen oder Verlusten zu beteiligen bzw. ihn für sämtliche zwischenzeitlich eingetretenen Verbindlichkeiten ohne weiteres haften zu lassen.[578] Weitere Probleme betreffen die Wirksamkeit von zwischenzeitlich gefassten Gesellschafterbeschlüssen, einschließlich solcher vertragsändernder Art[579], sowie – bei Gesamtgeschäftsführung – auch von Geschäftsführungsmaßnahmen. Entsprechendes gilt ferner für die *Ausschließung*[580], soweit sie überhaupt auf einem Gesellschafterbeschluss beruht,[581] der die Ausschließungsklage gem. § 140 ersetzt oder ergänzt.

---

[573] Vgl. BFH BStBl. II 1998, 180 (182); Kirchhof/*Reiß* EstG[8] § 16 Rn 99; Schmidt/*Wacker* EstG[28] § 16 Rn 482 ff – Zur Verteilung des Mehrpreises auf die Wirtschaftsgüter s. BStBl. II 1994, 224 (225); Ebenroth/Boujong/Joost/Strohn/*Lorz* Rn 157 f.

[574] BStBl. II 1998, 180 (182); s.a. BFH BStBl. II 745 (747); *Brönner* (Fn 566) Rn 1544; *Knobbe-Keuk* (Fn 570) § 23 II 2b, S. 905 f; Ebenroth/Boujong/Joost/Strohn/*Lorz* Rn 159 f. – Zur Behandlung bei betrieblich veranlasster Unentgeltlichkeit, vgl. BFH BStBl. II 1995, 770 (771) und DStR 1997, 319 (321).

[575] BFH BStBl. II 194 (196); Schmidt/*Wacker* EstG[28] § 16 Rn 520 f; Ebenroth/Boujong/Joost/Strohn/*Lorz* Rn 161.

[576] BGH NJW 1969, 1483; 1988, 1324 (1325); 1992, 1503 (1504); WM 1975, 512 (514); MünchKommHGB/*K. Schmidt* § 105 Rn 209; *A. Hueck* OHG § 7 III 7b, S. 99 f; *Wiesner* Fehlerhafte Gesellschaft, S. 154; *C. Schäfer* Fehlerhafter Verband, S. 357 f; ebenso auch § 105 Rn 361, der allerdings danach unterscheidet, ob der Austrittsfehler die Organisation betrifft oder nur die schuldrechtlichen Beziehungen. (Dazu *C. Schäfer* aaO. S. 357, Fn 251).

[577] Näher *C. Schäfer* Fehlerhafter Verband, S. 357 f.

[578] Zwar würde er, wenn er wegen der Fehlerhaftigkeit des Ausscheidens, wieder in die Gesellschaft eintritt, für diese Verbindlichkeiten gemäß § 130 HGB ebenfalls haften, aber diese Haftung setzt eben einen Eintritt, also eine willentliche Erklärung, des Gesellschafters voraus, zu der er grds. nicht gezwungen werden kann.

[579] Das wäre unter Geltung des Einstimmigkeitsprinzips stets, im Übrigen dann der Fall, wenn unter Einrechnung des Ausgeschiedenen das einschlägige Quorum nicht erreicht würde. – Im Kapitalgesellschaftsrecht würde diese Schwierigkeit allerdings durch die einmonatige Anfechtungsfrist entschärft.

[580] Ebenso wohl auch BGHZ 18, 350 (358 f); ferner MünchKommBGB[5]/*Ulmer* § 705 Rn 370 ff; Erman/*Westermann*[12] § 705 Rn 86; s.a. *Wiesner* Fehlerhafte Gesellschaft, S. 140; **aA** MünchKommHGB/*K. Schmidt* § 105 Rn 249.

[581] Nämlich wenn der Gesellschaftsvertrag von § 140 abweicht, vgl. Rn 99 und § 140 Rn 55 ff.

Aus der Anwendbarkeit der LfV folgt, dass das Ausscheiden trotz seiner Fehlerhaftigkeit vorläufig wirksam und nur für die Zukunft zu beseitigen ist; der Ausgeschiedene kann folglich den **Wiedereintritt** verlangen.[582] Umstritten ist, wie dieses Recht **durchzusetzen** ist. Die wohl hL befürwortet aus Gründen der Rechtssicherheit die Analogie zu § 140 bzw. § 133, kreiert also ein eigenartiges Gestaltungsklagerecht.[583] Die Gegenauffassung plädiert für einen im Wege der Leistungsklage durchzusetzenden Anspruch gegen die Mitgesellschafter auf Abschluss eines Beitrittsvertrages.[584] Diese Lösung wird allgemein auch für die GbR favorisiert.[585] Der BGH hat die Frage regelmäßig offenlassen können,[586] scheint aber *nicht* von einem Gestaltungsklageerfordernis auszugehen.[587] – Die Analogie zu § 133 bzw. § 140 HGB ist entgegen der wohl hL abzulehnen.[588] Sie befriedigt ein Bedürfnis nach Rechtssicherheit, das nur besteht, wenn man ein (einseitiges) *materielles* Gestaltungsrecht annimmt, welches indes praeter legem kaum begründbar ist.[589] Bei einem *Anspruch* auf Wiedereinräumung der Mitgliedschaft wird dagegen ausreichende Rechtssicherheit schlicht dadurch erreicht, dass sich die Gesellschafter entweder über das Wiedereintreten und dessen Bedingungen einig sind oder ein Leistungsurteil auf Abgabe von Willenserklärungen ergeht, das gegen die übrigen Gesellschafter bzw. die Gesellschaft[590] erwirkt wurde und schon wegen § 894 ZPO gleichfalls zu einer klaren Rechtslage führt. 197

§ 132

Die Kündigung eines Gesellschafters kann, wenn die Gesellschaft für unbestimmte Zeit eingegangen ist, nur für den Schluß eines Geschäftsjahrs erfolgen; sie muß mindestens sechs Monate vor diesem Zeitpunkt stattfinden.

Schrifttum

Andörfer Ausschluß und Beschränkung des Kündigungsrechts bei Personengesellschaften (1967); *Baier* Die Störung der Geschäftsgrundlage im Recht der Personengesellschaften, NZG 2004, 356; *Barz* Vertraglicher Kündigungsausschluß bei Personalgesellschaften, JW 1938, 490; *Becker* Die

582 Gegen den Wiedereintritt als Folge des fehlerhaften Ausscheidens, abweichend von der ganz hM aber *Hartmann* FS Schiedermair, 1976, S. 257 (267 ff).

583 § 105 Rn 362; *Gursky* Das fehlerhafte Ausscheiden eines Gesellschafters aus einer Personengesellschaft, 1969, S. 106 ff; *Lieberich* Fehlerhafte Abänderungen des Gesellschaftsvertrags bei Personengesellschaften, 1972, S. 137 ff; *Steines* OHG, S. 36 f; *Wiesner* Fehlerhafte Gesellschaft, S. 154.

584 *Däubler* DB 1966, 1292 (1293); dem folgend *Hueck* OHG § 7 III 7b, S. 100; ebenso auch *K. Schmidt* Gesellschaftsrecht, § 6 V 1 b, S. 169 und MünchKommHGB/*K. Schmidt* § 105 Rn 249.

585 MünchKommBGB[5]/*Ulmer* § 705 Rn 372 mit Note 1097; Soergel/*Hadding*[12] § 705 Rn 90; Erman/*Westermann*[12] § 705 Rn 86.

586 BGH NJW 1969, 1483 (Anspruch auf Wiederaufnahme verneint, weil der Ausscheidende arglistig getäuscht hatte); NJW 1988, 1324 (1325) (nur Bestätigung von BGH NJW 1969); BGH NJW 1992, 1503 (1504) (keine Anwendung der LfV auf fehlerhaftes Ausscheiden eines nach § 105 Abs. 2 BGB Geschäftsunfähigen).

587 Die Entscheidung BGH WM 1975, 512 (515) erwähnt jedenfalls ein solches Erfordernis nicht, obwohl es in den Zusammenhang passen würde.

588 *C. Schäfer* Fehlerhafter Verband, S. 385.

589 Näher *C. Schäfer* Fehlerhafter Verband, S. 386.

590 Entscheidend ist insofern, wie in der jeweiligen Gesellschaft der Beitritt geregelt ist: durch Vertrag mit den übrigen Gesellschaftern oder mit der Gesellschaft.

Übertragung eines Personengesellschaftsanteils durch Rechtsgeschäft unter Lebenden auf den Todesfall, AcP 2001, 629; *Beitzke* Gesellschaftsvertrag und güterrechtliche Verfügungsbeschränkung, DB 1961, 21; *Blumers* Der „rausgedrängte" Gesellschafter, DB 1980, 2273; *Bötticher* Wesen und Arten der Vertragsstrafe sowie deren Kontrolle, ZfA 1970, 1; *Canaris* Kreditkündigung und Kreditverweigerung gegenüber sanierungsbedürftigen Bankkunden, ZHR 1979 (143), 113; *ders.* Die Vertrauenshaftung im deutschen Privatrecht (1971); *Dietrich* Die Publikumskommanditgesellschaft und die gesellschaftsrechtlich geschützten Interessen (1988); *Fischer, Rob.* Kollision zwischen Gesellschaftsrecht und ehelichem Güterrecht, NJW 1960, 937; *Flume* Der nichtrechtsfähige Verein, ZHR 1984, 148, 503; *Gersch* Die Grenzen zeitlicher Beschränkungen des ordentlichen Kündigungsrechts bei Personengesellschaften, BB 1977, 871; *Großfeld/Gersch* Zeitliche Grenze von privaten Schuldverträgen, JZ 1988, 937; *Heckelmann* Abfindungsklauseln in Gesellschaftsverträgen (1973); *Henssler/Kilian* Zulässigkeit und Grenzen einer gemeinschaftlichen Kündigung der Mitgliedschaft in der Mitunternehmer-Personengesellschaft, ZIP 2005, 2229; *Huber, U.* Vermögensanteil, Kapitalanteil und Gesellschaftsanteil an Personengesellschaften des Handelsrechts (1970); *Hueck, A.* Zur Problematik langfristiger Gesellschaftsverträge, FS Larenz (1973), S. 741; *Kießling/Becker* Die Teilkündigung von Dauerschuldverhältnissen, WM 2002, 578; *Lutter* Zur Beschränkung des Vorerben im Gesellschaftsrecht – Besprechung der Entscheidung BGHZ 78, 177; *Merkel* Kündigung einer auf unbestimmte Zeit geschlossenen OHG, NJW 1961, 2004; *Merle* Personengesellschaften auf unbestimmte Zeit und auf Lebenszeit, FS Bärmann (1975), S. 631; *Nitschke* Die körperschaftlich strukturierte Personengesellschaft (1970); *Noack* Gesellschaftsvereinbarungen bei Kapitalgesellschaften (1994); *Oetker* Das Dauerschuldverhältnis und seine Beendigung (1994); *Paschke* Nacherbenschutz in der Vorerben-Personengesellschaft, ZIP 1982, 108; *Raisch* Zur Rechtsnatur des Automatenaufstellervertrages, BB 1968, 526; *Reimann* Der Minderjährige in der Gesellschaft – Kautelarjuristische Überlegung aus Anlaß des Minderjährigenhaftungsbeschränkungsgesetzes, DNotZ 1999, 179; *Reuter* Privatrechtliche Schranken der Perpetuierung von Unternehmen (1973); *Siebel* Erschwerte Kündigung bei der OHG und KG, DNotZ 1954, 71; *Simon* Gesellschaftsrechtliche Bindungen auf Lebenszeit?, DB 1961, 1679; *Strothmann/Vieregge* Gesellschaft bürgerlichen Rechts und ordentliche Kündigung, FS Oppenhoff (1985), S. 451; *Thünnesen* Gesetzliche und vertragliche Kündigungsschranken bei der GdbR, OHG und KG, 1988; *Ulmer* Kündigungsschranken im Handels- und Gesellschaftsrecht, FS Möhring (1975), S. 295; *ders.* Zur Bedeutung des gesellschaftsrechtlichen Abspaltungsverbots für den Nießbrauch am OHG (KG)-Anteil, FS Fleck (1988), S. 383; *van Venrooy* Unwirksamkeit der unzeitigen Kündigung in den gesetzlich geregelten Fällen, JZ 1981, 53; *ders.* Vertragsfreiheit und Typengesetzlichkeit im Recht der Personengesellschaften (1970); *Wiedemann* Die Übertragung und Vererbung von Mitgliedschaftsrechten bei Handelsgesellschaften (1965); *ders.* Rechte und Pflichten des Personengesellschafters, WM Sonderbeilage 7/1992; *ders.* Die Personenunabhängigkeit der Personengesellschaft, GS Lüderitz (2000), S. 839.

Übersicht

A. Einführung

1 § 132 regelt nur Kündigungsfrist und -termin, und zwar in Bezug auf die **ordentliche Kündigung**; die außerordentliche Kündigung ist Gegenstand des § 133. Das Recht zur (ordentlichen) Kündigung einer unbefristeten Gesellschaft als solches folgt bereits aus der über § 105 Abs. 3 anwendbaren Vorschrift des § 723 Abs. 1 S. 1 BGB und die Rechtsfolge der Kündigung, das Ausscheiden des Kündigenden, ergibt sich aus § 131 Abs. 3 Nr. 3 (§ 131 Rn. 93 f). § 132 stimmt inhaltlich mit Art. 124 ADHGB überein, der aber zusätzlich einen ausdrücklichen Vorbehalt abweichender vertraglicher Regelung bezüglich der Frist enthielt. § 132 weicht insofern von § 723 Abs. 1 S. 2, Abs. 2 BGB ab, als für die unbefristete GbR eine Kündigung jederzeit und mit sofortiger Wirkung erfolgen kann, abgesehen nur von der Kündigung zur Unzeit. Eine solche Regelung wäre bei der OHG unzweckmäßig, weil diese typischerweise auf Dauer und auf die persönliche Beteiligung der Gesellschafter angelegt ist und zur Zweckverwirklichung das eingelegte Kapital benötigt. Deshalb nimmt das Gesetz als Regel an, dass die Gesellschaft mindestens für die Dauer eines Geschäftsjahres bestehen soll und dass sich die Gesellschafter innerhalb der Kündigungsfrist von sechs Monaten ursprünglich auf die Auflösung, seit der Handelsrechtsreform 1998 auf das Ausscheiden des kündigenden Gesellschafters sollen vorbereiten können (Rn 2). In diesem Sinne **bezweckt** die Vorschrift seit Neufassung des § 131 also, die Gesellschaft vor dem plötzlichen Austritt eines Gesellschafters und dem damit verbundenen **spontanen Kapitalabfluss** wegen sofortiger Fälligkeit des Abfindungsanspruchs zu bewahren. Das in § 723 Abs. 1 S. 1 BGB verankerte Kündigungsrecht als solches dient dagegen dem Schutz der persönlichen und wirtschaftlichen **Freiheit der Gesellschafter,**[1] der besonders durch § 723 Abs. 3 BGB mit seinem Verbot eines dauerhaften Kündigungsausschlusses unterstrichen wird. Die Vorschriften des § 723 BGB sind vorbehaltlich der §§ 132–134 über § 105 Abs. 3 entsprechend auf die Personenhandelsgesellschaft anwendbar; insbesondere gilt § 723 Abs. 3 BGB auch für das Recht zur ordentlichen Kündigung unbefristeter Handelsgesellschaften.[2]

2 Die **Handelsrechtsreform 1998** hat den Text des § 132 zwar unberührt gelassen, seinen systematischen Kontext jedoch verändert: Seit der Neufassung des § 131 Abs. 3 ist Regelungsgegenstand nicht mehr die Auflösungs-, sondern die *Austrittskündigung*. Die Modifikation des § 723 BGB betrifft seither also nicht nur das Verfahren, sondern auch die *Folge* der ordentlichen Kündigung. Hierdurch ist zugleich der Normzweck des § 132 verändert worden (Rn 1): Er ist nicht mehr darauf gerichtet, die der Auflösung folgende (sofortige) Liquidation der Gesellschaft zu verhindern. Vielmehr wird die Gesellschaft nurmehr vor spontanem Kapitalabfluss geschützt, der allerdings im Einzelfall durchaus die Fortführung der Gesellschaft gefährden kann. Eine solche mittelbare Änderung des § 132 lässt sich zwar mit dessen Tatbestand unschwer vereinbaren[3] und führt auch nicht zu besonderen Auslegungsproblemen. Doch hat der Normzweck des § 132 gegenüber dem von § 723 BGB bezweckten Gesellschafterschutz tendenziell an Gewicht verloren, zumal der Zusammenhang zwischen § 723 BGB und § 132 allemal unberührt bleibt. Für die Behandlung von **Altverträgen** ist auf § 131 Rn 5 hinzuweisen (dort auch zur Behandlung von Irrtümern über die geänderte Rechtsfolge der Kündigung).

---

[1] Vgl. MünchKommHGB/*K. Schmidt* Rn 2; Ebenroth/Boujong/Joost/Strohn/*Lorz* Rn 3; Heymann/*Emmerich* Rn 1a; *H. Gersch* BB 1977, 871 (874); *Großfeld/H.-G. Gersch* JZ 1988, 937 (945); *Wiedemann* WM 1992, Beil. 7, S. 48.

[2] BGH NJW 1954, 106; MünchKommBGB[5]/*Ulmer/C. Schäfer* § 723 Rn 62; MünchKommHGB/*K. Schmidt* Rn 30; *Wiedemann* Gesellschaftsrecht Bd. II, § 8 IV 3, S. 751.

[3] So im Ergebnis auch *Wiedemann* GS Lüderitz, 2000, S. 839 (843, 845).

B. Voraussetzungen

I. Anwendungsbereich

3 **1. Für unbestimmte Zeit eingegangene Gesellschaft.** Nur Gesellschaften, die ohne vertragliche **Mindestdauer** eingegangen sind, unterfallen dem § 132. Ist die (Mindest-)Dauer im Vertrag selbst festgelegt, widerspräche es dem Sinn einer solchen Vereinbarung, könnte die Gesellschaft gleichwohl einseitig beendet werden. Fehlt dagegen eine vereinbarte Dauer, gewährt das Gesetz das Recht zu ordentlicher (Austritts-)Kündigung, damit keine zeitlich unbegrenzte Bindung entsteht (§ 131 Abs. 3 Nr. 3). Die das Kündigungsrecht ausschließende Mindestdauer darf **nicht** mit einer **Höchstdauer** i.S.v. § 131 Abs. 1 Nr. 1 verwechselt werden, deren Ablauf zur Auflösung der Gesellschaft führt (§ 131 Rn 18 ff). Auch eine Gesellschaft, für die eine Höchstdauer vereinbart wurde, kann durchaus nach § 132 kündbar sein, wenn nämlich die Fristbestimmung nicht zugleich als eine – die Kündigung ausschließende – Mindestdauer zu verstehen ist (§ 131 Rn 18).[4] Zumal seitdem Auflösung und Kündigung unterschiedliche Folgen haben, versteht sich der Gleichlauf von Höchstdauer und Kündigungsausschluss keineswegs von selbst. Vielmehr ist im Wege der Auslegung sorgfältig zu ermitteln, ob die Vereinbarung einer Zeitspanne dem Ausschluss des Kündigungsrechts (Mindestdauer) oder allein der Festlegung des Auflösungszeitpunkts (Höchstdauer) dient.[5] Als Beispiel für die Vereinbarung einer reinen Höchstdauer wird genannt, dass die Gesellschaft mit dem Eintritt eines bestimmten Ereignisses aufgelöst wird.[6] Dass früher nicht selten im Zusammenhang mit § 132 von Höchst- (statt von Mindest-)dauer die Rede war,[7] dürfte bloß auf Ungenauigkeit, nicht auf sachlicher Divergenz beruhen. – Ob bzw. für welche Zeit die Kündigung ausgeschlossen werden kann, hat mit § 132, namentlich einer auf unbestimmte Zeit eingegangenen Gesellschaft, streng genommen nichts zu tun; es handelt sich vielmehr um die Frage der Wirksamkeit einer Mindestfrist (dazu Rn 28).[8] Doch kann eine unwirksame Mindestfrist zur Anwendbarkeit des § 132 führen, also zur Annahme einer auf unbestimmte Zeit geschlossenen Gesellschaft (Rn 28). Gem. § 134 gelten auch die nach Ablauf einer Höchstfrist fortgesetzte sowie die auf Lebenszeit eines Gesellschafters eingegangene Gesellschaft als auf unbestimmte Zeit eingegangen (näher Erl. zu § 134).

4 **2. Vereinbarung einer Mindestfrist.** Die Vereinbarung einer (schlichten) Mindestdauer macht die Gesellschaft **nicht** zu einer befristeten, schließt das Kündigungsrecht aber bis zum Ablauf der Frist aus. Mit Rücksicht auf die zwingende gesetzliche Gewährleistung des Kündigungsrechts bei unbefristeten Gesellschaften (§ 723 Abs. 3 BGB) ist sie nur für einen **bestimmten oder bestimmbaren Zeitraum** möglich (näher Rn 6, 28). Eine Mindestfrist kann auch *stillschweigend* vereinbart sein und sich insbesondere aus dem Gesellschaftszweck ergeben. Vor allem während der Anlaufzeit beim Aufbau eines gemeinsamen Unternehmens ist eine ordentliche Kündigung regelmäßig bis zu dem Zeitpunkt als abbedungen anzusehen, zu dem die gemeinsamen Investitionen voraussichtlich den

---

[4] MünchKommHGB/*K. Schmidt* Rn 7; Ebenroth/Boujong/Joost/Strohn/*Lorz* Rn 4; Röhricht/Graf v. Westphalen/*v. Gerkan/Haas* Rn 2; Heymann/*Emmerich* Rn 2; wohl auch Voraufl. § 131 Rn 15 (*Ulmer*).

[5] Vgl. BGH WM 1967, 315 (316) (Vereinbarung einer Höchstdauer rechtfertigt keine Vermutung für Ausschluss der Kündigung).

[6] S. § 131 Rn 19 sowie MünchKommHGB/*K. Schmidt* Rn 7.

[7] Vgl. etwa 3. Aufl. Rn 2 (*Ulmer*).

[8] Missverständlich daher etwa BGHZ 10, 91 (98); näher dazu unten Rn 6, 28.

erstrebten Erfolg erreicht haben werden.[9] Zur Frage der Abdingbarkeit des Kündigungsrechts vgl. Rn 6, 29 ff.

3. Ordentliches Kündigungsrecht. § 132 betrifft nur das ordentliche Kündigungsrecht, also die Befugnis eines jeden Gesellschafters, ohne Berufung auf einen Kündigungsgrund aus der Gesellschaft auszutreten (§ 131 Abs. 3 Nr. 3). Den Gegensatz dazu bildet das *außerordentliche Kündigungsrecht*, das nur bei Vorliegen eines wichtigen Grundes gegeben ist und die Gesellschaft mit sofortiger Wirkung zur Auflösung bringt (vgl. § 131 Abs. 1 Nr. 4). Anders als bei der GbR (§ 723 Abs. 1 S. 2 BGB), muss die Auflösung der Handelsgesellschaft gem. § 133 allerdings im Wege der Gestaltungsklage durchgesetzt werden, sofern der Gesellschaftsvertrag das Klageerfordernis nicht durch ein Kündigungsrecht ersetzt.[10] Zur Missbräuchlichkeit der ordentlichen Kündigung vgl. Rn 20 ff. 5

II. Das Kündigungsrecht im Einzelnen

1. Berechtigte. Das zum Ausscheiden des Gesellschafters führende Kündigungsrecht berührt die Grundlagen der Gesellschaft und ist als **höchstpersönliches und unentziehbares Recht** jedes Gesellschafters anzusehen (§ 105 Abs. 3 i.V.m. § 723 Abs. 2 S. 1, Abs. 3 BGB); es besteht unabhängig von der Geschäftsführungs- und Vertretungsbefugnis des Gesellschafters. Zwar kann nach dem Wortlaut des § 132 das **Kündigungsrecht** für die Dauer einer Mindestfrist **ausgeschlossen** werden (Rn 4, 28). Doch ist kein überzeugender Grund ersichtlich, dies entgegen dem Wortlaut im Sinne einer generellen Abdingbarkeit dergestalt auszuweiten, dass auch Mindestfristen zugelassen werden, die nur einen oder **einzelne Gesellschafter** binden.[11] Der auf erhöhten Bestandsschutz zugunsten der Gesellschaft gerichtete Normzweck des § 132 rechtfertigt eine solche Beschränkung des Kündigungsrechts nicht; dieser Zweck wird vielmehr allein durch die von § 723 Abs. 1 S. 1 BGB abweichende Kündigungsfrist erreicht (Rn 1), also durch Modifizierung der Kündigungswirkung und nicht durch Beschränkung des Kündigungsrechts als solches. Von dieser handelt vielmehr § 723 Abs. 1 S. 2 BGB, der hierfür eben eine Mindestfrist verlangt; § 132 greift diese Möglichkeit lediglich auf, ohne insoweit eigene Zwecke zu verfolgen. § 723 Abs. 1 S. 2 BGB und § 132 sind demgemäß übereinstimmend dahin zu verstehen, dass der Verzicht auf das Kündigungsrecht – mit Rücksicht auf § 723 Abs. 3 BGB und 6

---

9 BGHZ 10, 91 (98) = NJW 1953, 1217 (1218): stillschweigender Ausschluss bis zum Erscheinen der geplanten Adressbücher; vgl. auch BGHZ 50, 316 (323) = NJW 1968, 2003 (2004): Unterbeteiligung der Miterben am Anteil des Gesellschafters/Erben für eine durch Auslegung zu ermittelnde Mindestzeit; BGH WM 1967, 315 (316): Bindung durch Vereinbarung einer Unterbeteiligung zur lebenslangen Versorgung; BGH NJW 1992, 2696 (2698): Abschluss einer stillen Gesellschaft auf unbestimmte Zeit; MünchKommHGB/*K. Schmidt* Rn 26; Ebenroth/Boujong/Joost/Strohn/*Lorz* Rn 4; Baumbach/*Hopt* Rn 2.

10 BGHZ 47, 293 = NJW 1967, 1961; MünchKommHGB/*K. Schmidt* Rn 38; *Henssler/Kilian* ZIP 2005, 2229 (2231); differenzierend *Blumers* DB 1980, 2273 (2275), der die außerordentliche Austrittskündigung auch ohne vertragliche Regelung stets für zulässig hält. – Zur Zulässigkeit der Austrittskündigung bei Publikumsgesellschaften vgl. BGHZ 63, 338 = NJW 1975, 1022 und näher zum Ganzen § 133 Rn 1 ff.

11 So aber noch 3. Aufl. Rn 5 (*Ulmer*) sowie MünchKommHGB/*K. Schmidt* Rn 12, unter Berufung auf RGZ 156, 129 (134 f), dem der BGH indes zu Recht nicht gefolgt ist, vgl. BGHZ 23, 10 (12 ff); 50, 316 (320 f).

im Interesse strukturell ausgewogener Machtverhältnisse[12] – **nur einheitlich**, zu Lasten sämtlicher Gesellschafter erfolgen kann. Dass das Gesetz einen von der Person einzelner Gesellschafter absehenden Befristungsgrund verlangt, erscheint daher vor dem Hintergrund der besonderen, von § 723 Abs. 3 BGB betonten Bedeutung des Kündigungsrechts durchaus sinnvoll und ergibt die folgende **Abstufung:** Das ordentliche Kündigungsrecht kann nur durch eine generell wirkende Mindestfrist, das außerordentliche überhaupt nicht ausgeschlossen werden. – Zur Vereinbarung eines Übernahme- anstelle des Kündigungsrechts vgl. § 140 Rn 68; näher zur Möglichkeit abweichender Regelungen Rn 26 ff.

7 Als Verwaltungsrecht ist das Kündigungsrecht untrennbar mit der Mitgliedschaft verbunden; es kann **nicht auf Dritte übertragen** werden (§ 717 S. 2 BGB). Auch der *Nießbraucher* hat kein eigenes Kündigungsrecht; die Kündigung durch den Nießbrauchsbesteller als Inhaber des belasteten Anteils hängt trotz § 1071 BGB jedenfalls dann nicht von seiner Zustimmung ab, wenn es um die außerordentliche Kündigung geht.[13] Die Ausübung durch Bevollmächtigte bleibt hiervon unberührt (Rn 8).

8 2. **Zustimmung Dritter?** Die Kündigung eines nicht voll geschäftsfähigen Gesellschafters wird durch den *gesetzlichen Vertreter oder Vormund* vorgenommen;[14] sie ist auch **ohne** Zustimmung des **Vormundschaftsgerichts** wirksam; § 1822 Nr. 3 BGB greift nur im Falle des einvernehmlichen Ausscheidens ein, nicht jedoch bei der (einseitigen) Kündigung und ist – als Ordnungsvorschrift – auch nicht auf diese zu erstrecken.[15] Ebenso wenig bedarf es der Zustimmung eines **Pfandgläubigers** des Gesellschaftsanteils (§ 105 Rn 133, 281 ff). Bei verheirateten Gesellschaftern, die im gesetzlichen Güterstand leben, bedarf die ordentliche Kündigung zur Wirksamkeit der Einwilligung des **Ehegatten** nach § 1365 Abs. 1 BGB, sofern der Gesellschaftsanteil das wesentliche Vermögen des Gesellschafters bildet und dieses den Mitgesellschaftern bekannt ist.[16] Wegen ihrer zum Ausscheiden führenden Wirkungen ist die Kündigung ein einseitiges Verfügungsgeschäft i.S.v. § 1365 Abs. 1 BGB. Eine Ausnahme ist – in teleologischer Reduktion von § 1365 Abs. 1 BGB – für die Kündigung aus wichtigem Grund anzunehmen.[17] Zur Unwirksamkeit vertraglich begründeter Zustimmungserfordernisse vgl. Rn 29.

---

[12] BGHZ 23, 10 (15) spricht in Bezug auf die ordentliche Kündigungsmöglichkeit, ganz in diesem Sinne, von einem „notwendigen Element in dem strukturellen Aufbau" der Personengesellschaft.

[13] Str., näher § 105 Rn 125; *Ulmer* FS Fleck, 1988, S. 383 (393 f); weitergehend *Wiedemann* Übertragung, S. 417; *ders.* Gesellschaftsrecht Bd. II, § 3 III 5, S. 268 (Besteller bleibt auch zu ordentlicher Kündigung allein berechtigt).

[14] Zur Frage, ob dem Minderjährigen bei Eintritt der Volljährigkeit das Sonderkündigungsrecht des § 723 Abs. 1 S. 3 Nr. 2 BGB zusteht, vgl. § 133 Rn 31.

[15] HM; MünchKommBGB[5]/*Ulmer/C. Schäfer* § 723 Rn 9; MünchKommHGB/*K. Schmidt* Rn 13; Heymann/*Emmerich* Rn 10; Ebenroth/Boujong/Joost/Strohn/*Lorz* Rn 10; MünchKommBGB[5]/*Wagenitz* § 1822 Rn 20; *Reimann* DNotZ 1999, 179 (205); **aA** *Wiedemann* Übertragung, S. 246; Koller/Roth/Morck/*Koller* Rn 2; *Michalski* OHG Rn 3.

[16] Vgl. BGHZ 35, 135 (144); MünchKommBGB[5]/*Ulmer/C. Schäfer* Vor § 723 Rn 19; Ebenroth/Boujong/ Joost/Strohn/*Lorz* Rn 12; Koller/Roth/Morck/*Koller* Rn 2; *Wiedemann* Übertragung, S. 263; *ders.* Gesellschaftsrecht Bd. II, § 2 II 5, S. 114 f; *Beitzke* DB 1961, 21 (24 f); wohl auch MünchKommHGB/*K. Schmidt* § 132 Rn 13; Staudinger/*Thiele BGB* (2007) § 1365 Rn 67; **aA** MünchKommBGB[4]/*Koch* § 1365 Rn 75. Differenzierend *Rob. Fischer* NJW 1960, 937 (942 f) (nicht bei kündigungsbedingter Auflösung der Gesellschaft).

[17] So auch MünchKommBGB[5]/*Ulmer/C. Schäfer* § 723 Rn 9.

Auch bei aufschiebend bedingter **Verfügung über die Mitgliedschaft auf den Todesfall** (rechtsgeschäftliche Nachfolgeklausel, vgl. § 139 Rn 12) bedarf die Kündigung des Verfügenden nicht der Zustimmung des Erwerbers. Die Vorschrift des § 161 Abs. 1 S. 1 BGB wird durch § 723 Abs. 3 BGB verdrängt.[18] Ferner kann der Vorerbe **ohne Zustimmung des Nacherben** kündigen. Das gilt sowohl bei Anwendbarkeit des § 738 Abs. 1 S. 2 BGB zur Abfindungsberechnung[19] als auch im Falle einer für den Gesellschafter geltenden und damit vom Nacherben hinzunehmenden Abfindungsbeschränkung,[20] ohne dass dem § 2113 Abs. 2 BGB entgegenstünde.[21] 9

III. Die Kündigungserklärung

1. Allgemeines. Wie jede Gestaltungserklärung ist die Kündigung ein einseitiges, empfangsbedürftiges Rechtsgeschäft, auf das die §§ 106 ff, 130 ff BGB Anwendung finden. Sie muss den Kündigungs- (i.d.R. also **Austritts-)willen** deutlich erkennen lassen, ohne dass der Begriff „Kündigung" verwendet werden müsste. Es genügen vielmehr auch sonstige Erklärungen wie Rücktritt, Anfechtung, Auflösung, Austritt o.Ä.[22] Eine Kündigung unter dem „Vorbehalt" einer vom Kündigenden gewünschten Vertragsänderung ist im Zweifel als *Änderungskündigung* zu verstehen (Rn 11).[23] Die bloße *Androhung* einer Kündigung reicht ebenso wenig aus wie das Verlangen, über den Austritt (und dessen Folgen) in Verhandlungen einzutreten.[24] 10

Zwar sind nach allgemeinen Regeln **bedingte Kündigungen** zum Schutz des Erklärungsempfängers grundsätzlich unzulässig. Doch beruht dies nicht schon auf ihrer Rechtsnatur als Gestaltungserklärung.[25] Deshalb gilt anderes, wenn durch den Schwebezustand keine schutzwürdigen Interessen der Mitgesellschafter berührt werden, also keine Ungewissheit über die Wirksamkeit der Kündigung entsteht.[26] Dies ist namentlich bei einer bloßen **Potestativbedingung**,[27] also dann der Fall, wenn das Wirksamwerden 11

---

18 *Becker* AcP (2001), 629 (644 ff, 651); MünchKommBGB⁵/*Ulmer*/*C. Schäfer* § 723 Rn 8. – Mit Bedingungseintritt (Überleben des Bedachten) kann jedoch die Kündigung gem. § 161 Abs. 1 S. 1 BGB unwirksam werden und eine Schadensersatzpflicht der Erben des Abfindungsanspruchs aus §§ 160 Abs. 1, 1967 BGB eintreten; näher zur Problematik § 139 Rn 14.

19 Für diesen Fall BGHZ 78, 177 (183) = NJW 1981, 115.

20 MünchKommBGB⁵/*Ulmer*/*C. Schäfer* § 723 Rn 10; *Lutter* ZGR 1982, 108 (116); *Paschke* ZIP 1985, 129 (135 f); **aA** MünchKommBGB⁴/*Grunsky* § 2113 Rn 22a.

21 Einschränkend für den Fall, dass „der Nachlaß ohne Kündigung offensichtlich besser gefahren wäre", *Lutter* ZGR 1982, 108 (116).

22 BGH NJW 1993, 1002; RGZ 89, 398 (400); RG LZ 1917, 457; MünchKommHGB/*K. Schmidt* Rn 18; Heymann/*Emmerich* Rn 5. Zur Auslegung einer Klage auf Durchsetzung von Ausscheidensfolgen als Kündigungserklärung vgl. BGH WM 1979, 1062 (1063).

23 MünchKommBGB⁵/*Ulmer*/*C. Schäfer* § 723 Rn 14; MünchKommHGB/*K. Schmidt* Rn 18.

24 Vgl. auch BGH BB 1953, 336 (Verlangen nach Abschluss einer Übernahmevereinbarung ist keine Kündigung); MünchKommHGB/*K. Schmidt* Rn 18.

25 Gegen generelle Bedingungsfeindlichkeit von Gestaltungsrechten schon RGZ 91, 307 (309); ferner Erman/*C. Armbrüster*[12] Vor § 158 Rn 18; *Flume* II, § 38, 5, S. 697 f; Staudinger/*Bork* BGB (2003) Vor §§ 158 ff Rn 40 ff.

26 MünchKommHGB/*K. Schmidt* Rn 18; Ebenroth/Boujong/Joost/Strohn/*Lorz* Rn 7; Heymann/*Emmerich* Rn 6; MünchKommBGB⁵/*Westermann* § 158 Rn 30 f.

27 Dazu allgemein MünchKommBGB⁵/*Westermann* § 158 Rn 19.

allein vom Willen der Kündigungsempfänger abhängt, aber auch dann, wenn der für die Fristwahrung entscheidende Stichtag derjenige ist, an dem auch die Bedingung eintritt.[28] Ist nämlich der Eintritt der Bedingung allen Empfängern der Kündigung bekannt, ist die Lage nicht anders, als wäre die Kündigung von vornherein erst zu diesem Zeitpunkt erklärt, sofern das Ereignis mit Wahrscheinlichkeit bevorsteht und leicht feststellbar ist.[29] Allerdings muss die Bedingung für *sämtliche* Gesellschafter gleichermaßen bestimmt und beherrschbar sein.[30] Erfolgt die Kündigung „vorbehaltlich" einer vom Kündigenden begehrten Vertragsänderung, kommt deshalb in der mehrgliedrigen Gesellschaft regelmäßig nur die Umdeutung in eine **Änderungskündigung** in Betracht. Bei dieser handelt es sich um keine bedingte, sondern eine unbedingte Kündigung, verbunden mit einem Angebot auf Änderung des Vertrages. Ihre Wirksamkeit hängt somit nicht davon ab, ob die übrigen Gesellschafter das Vertragsangebot annehmen; sie ist daher unbedenklich.[31]

12 Ein Recht zur **Teilkündigung** wird von der ganz hM in Rechtsprechung[32] und Schrifttum[33] – vorbehaltlich gesetzlicher Gestattung[34] oder vertraglichen Vorbehalts – abgelehnt. Dem ist für das Gesellschaftsrecht zuzustimmen.[35] Das Gesetz sieht Teilkündigungen (bzw. äquivalente Gestaltungsklagerechte) nur in Gestalt der Ausschließung eines Gesellschafters aus wichtigem Grund (§ 133) bzw. der Entziehung von Geschäftsführungsbefugnis und Vertretungsmacht (§§ 117, 127) vor. Demgegenüber ist der kündigungswillige Gesellschafter durch § 132 darauf beschränkt, den Gesellschaftsvertrag *insgesamt* mit der Folge seines Ausscheidens zu kündigen. Vertrags*anpassungen* kann er nicht durch Kündigung, sondern nur ausnahmsweise dadurch erreichen, dass er unter Berufung entweder auf eine Störung der Geschäftsgrundlage (§ 313) oder auf die Treupflicht von den Mitgesellschaftern die **Zustimmung zur Vertragsanpassung** verlangt.[36] Demgegenüber wird eine auf Vertragsänderung zielende *Änderungskündigung* mit Fristablauf wirksam, auch wenn die übrigen Gesellschafter das Angebot der Vertragsänderung ablehnen (Rn 11). Sie ist daher einer Teilkündigung nicht vergleichbar.

13 Die Kündigungserklärung ist *sämtlichen Gesellschaftern* gegenüber abzugeben und wird grundsätzlich nur mit **Zugang** bei diesen **wirksam**. Eine an die Gesellschaft bzw. die geschäftsführenden Gesellschafter gerichtete Erklärung genügt grundsätzlich nicht; denn

---

[28] OGHZ 3, 250 (252) = NJW 1950, 503; *Hueck* OHG § 24 I 2, S. 362 f; MünchKommHGB/*K. Schmidt* Rn 18; für den Rücktritt auch BGHZ 97, 264 = NJW 1986, 2245 (2246).

[29] MünchKommBGB⁵/*Ulmer/C. Schäfer* § 723 Rn 16; *Hueck* OHG § 24 I 2, S. 362; MünchKommHGB/*K. Schmidt* Rn 18.

[30] *Hueck* OHG § 24 I 2, S. 362; MünchKommBGB⁵/*Westermann* § 158 Rn 31; 3. Aufl. Rn 12 (*Ulmer*).

[31] 3. Aufl. Rn 12 (*Ulmer*); MünchKommHGB/*K. Schmidt* Rn 18; allgemein MünchKommBGB⁵/*Westermann* § 158 Rn 31.

[32] BGH NJW 1993, 1320 (1322) (Vertriebsvertrag); BGH LM BGB § 242 Bc Nr. 21; NJW 2006, 430 f (Girovertrag – Kündigung einzelner Leistungen als unzulässige Teilkündigung, aber Möglichkeit der Kündigung des Bankkartenvertrages); OLG Karlsruhe NJW 1983, 1499; BAG BB 1983, 1791 und NJW 1989, 1562 (1563); zu Sonderfällen ausnahmsweise zulässiger Teilkündigung vgl. BGHZ 96, 275 (280 ff) = NJW 1986, 925 (Bauträgervertrag); BGH NJW 1999, 2269 (2270) (Darlehensvertrag).

[33] MünchKommBGB⁵/*Gaier* § 314 Rn 19; Staudinger/*Emmerich* (2006) BGB § 543 Rn 86; Palandt/*Grüneberg*⁶⁶ Vor § 346 Rn 12; *Ferner* Die Teilkündigung von Dauerschuldverhältnissen, 1988, S. 49 ff; **aA** *Kießling/Becker* WM 2002, 578 (580 ff).

[34] Vgl. §§ 489 Abs. 1, 608 Abs. 2 BGB (bestimmte Darlehensverträge) sowie § 573b BGB (Mietverträge hinsichtlich Nebenräumen).

[35] So auch MünchKommBGB⁵/*Ulmer/C. Schäfer* § 723 Rn 15.

[36] Zur Abgrenzung der beiden Rechtsinstitute vgl. *Baier* NZG 2004, 356 (358 ff).

weder die Gesellschaft noch ihre Organe sind zur Vertretung der Gesellschafter (in Grundlagenangelegenheiten) berufen.[37] Die Erklärung wird jedoch wirksam, wenn entweder der Gesellschaftsvertrag die Organe zur Entgegennahme derartiger Erklärungen ermächtigt bzw. die Gesellschaft als Kündigungsadressatin benennt[38] oder die Organe eine an die Gesellschaft gerichtete Kündigungserklärung von sich aus an die übrigen Gesellschafter zur Kenntnisnahme weiterleiten.[39]

Die Kündigung kann auch durch einen **Vertreter**[40] erfolgen. Weist ein Bevollmächtig- 14
ter seine Vertretungsmacht nicht durch Vollmachtsurkunde nach, hat dies keine Auswirkungen auf die Wirksamkeit, wenn die Erklärung von ihren Empfängern nicht unverzüglich wegen dieses Mangels zurückgewiesen wird (§ 174 BGB); allerdings führt schon die Zurückweisung *eines* Empfängers zur Unwirksamkeit.[41] Erklärt ein Vertreter ohne Vertretungsmacht unbeanstandet die Kündigung, so wird diese wirksam, wenn der Gesellschafter sie nachträglich genehmigt (§§ 180 S. 2, 177 BGB). Auch wenn der Gesellschaftsvertrag die Vertretung ausschließt, müssen die Gesellschafter die von einem Vertreter erklärte Kündigung gegen sich gelten lassen, wenn keinerlei Zweifel an ihrer Wirksamkeit und kein schutzwürdiges Interesse an der persönlichen Ausübung bestehen.[42]

2. Form. Die Kündigung ist grundsätzlich **formlos** möglich; sie kann damit auch 15
konkludent erfolgen, solange nur der Wille, sich von der Gesellschaft zu lösen, deutlich zum Ausdruck kommt (Rn 10).[43] Der Gesellschaftsvertrag kann jedoch eine bestimmte Form (Schriftform, eingeschriebenen Brief) vorschreiben;[44] wird diese nicht gewahrt, führt dies gem. § 125 S. 2 BGB im Zweifel zur Unwirksamkeit der Erklärung. Demgemäß bedeutet auch das Schweigen auf eine nicht formgerechte Kündigung noch keinen Verzicht auf die Beachtung der Form. Das Verhalten der Gesellschafter im Anschluss an die Kündigung, etwa die Vorbereitung der Abfindungszahlung, kann aber den Rückschluss auf einen solchen Verzicht gestatten.

---

37 EinhM, RGZ 21, 93 (95); BGH LM Nr. 7 zu § 142 HGB = WM 1957, 163; WM 1993, 460 (461) = NJW 1093, 1002; MünchKommHGB/*K. Schmidt* Rn 17; Ebenroth/Boujong/Joost/Strohn/*Lorz* Rn 5; Baumbach/*Hopt* Rn 3; Heymann/*Emmerich* Rn 3.

38 So OLG Schleswig NZG 2001, 404 (405) (Publikumsgesellschaft), unter Berufung auf die anerkannte Zulässigkeit einer Vertragsklausel, wonach der Streit um die Wirksamkeit eines (Ausschließungs-)Beschlusses mit der Gesellschaft auszutragen ist, vgl. BGH WM 1983, 785 (786); 1990, 675 (676); sowie näher § 140 Rn 58.

39 BGH NJW 1993, 1002; RGZ 21, 93 (95) (KG); OLG Celle NZG 2000, 586; MünchKommHGB/*K. Schmidt* Rn 17; Ebenroth/Boujong/Joost/Strohn/*Lorz* Rn 5; *Hueck* OHG § 24 I 2, S. 362.

40 RG JW 1929, 368 (369); MünchKommBGB[5]/*Ulmer*/*C. Schäfer* § 723 Rn 7; MünchKommHGB/*K. Schmidt* Rn 14; *Wiedemann* WM 1992, Beil. 7, S. 23 (49); *ders.* Gesellschaftsrecht Bd. II § 3 III 5, S. 268.

41 3. Aufl. Rn 9 (*Ulmer*); Ebenroth/Boujong/Joost/Strohn/*Lorz* Rn 8.

42 So mit Recht MünchKommHGB/*K. Schmidt* Rn 14; die Interessenlage ist ähnlich wie bei dem ausnahmsweisen Ausschluss des Zurückweisungsrechts nach § 174 BGB, dazu MünchKommBGB[5]/*Schramm* § 174 Rn 7 f.

43 S. BGH NJW 1993, 1002; vgl. auch BGH WM 1958, 1335 (1336) (Kündigung durch Klage auf „Feststellung" der Auflösung [gem. § 131 Nr. 6 a.F.]) sowie ergänzend Fn 22.

44 Vgl. MünchKommHGB/*K. Schmidt* Rn 18; Ebenroth/Boujong/Joost/Strohn/*Lorz* Rn 6; Baumbach/*Hopt* Rn 3; Heymann/*Emmerich* Rn 4. – Zur Heilung des Mangels der „eingeschriebenen" Form durch tatsächlichen Zugang des Kündigungsbriefs beim Empfänger vgl. RGZ 77, 70 (daran fehlte es im Fall von LG Cottbus NZG 2002, 375).

16 **3. Bindungswirkung; Anfechtung.** Die Kündigung bewirkt als Gestaltungserklärung, sobald sie wirksam wird, eine einseitige Vertragsänderung, nämlich das Ausscheiden des kündigenden Gesellschafters (§ 131 Rn 77 ff). Sie kann gem. § 130 Abs. 1 S. 2 BGB nur so lange **widerrufen** werden, bis sie durch *Zugang* bei sämtlichen übrigen Gesellschaftern wirksam geworden ist; der Widerruf muss also bei allen Gesellschaftern spätestens gleichzeitig mit dem Zugang der Kündigung beim letzten Gesellschafter eingegangen sein.[45] Nach diesem Zeitpunkt ist der kündigende Gesellschafter auch dann an seine Erklärung gebunden, wenn die *Kündigungsfrist* noch nicht abgelaufen ist. Die Rücknahme der Kündigung bedarf also jedenfalls einer einvernehmlichen Aufhebung, da die Gesellschafter mit Wirksamwerden der an sie gerichteten Kündigung bereits eine geschützte Rechtsposition erlangt haben. Ein Wiedereintritt *vor* Ablauf der Kündigungsfrist ist bei einverständlicher Rücknahme der Kündigung allerdings entbehrlich.

17 Die Kündigung kann nach den allgemeinen Vorschriften des BGB **anfechtbar** oder **nichtig** sein. Gemäß der Lehre von der fehlerhaften Gesellschaft bleibt die Ausscheidensfolge hiervon jedoch unberührt, sofern der Fehler erst *nach* Eintritt des Kündigungstermins geltend gemacht wird; in diesem Falle hat der Gesellschafter aber einen Anspruch auf Wiedereintritt (näher § 131 Rn 196 f).

IV. Kündigungsfrist; -termin

18 Anders als § 723 BGB, der sich in Absatz 2 sogar für die ordentliche Kündigung mit einem schadensersatzbewehrten Verbot der Kündigung zur Unzeit begnügt,[46] sieht § 132 eine **Frist** von **sechs Monaten** und als **Termin** das Ende eines **Geschäftsjahres** vor. Zur Vereinbarung abweichender Kündigungsfristen s. Rn 26 ff. Die Kündigung ist mit *Abschluss des Gesellschaftsvertrages* möglich; einer Invollzugsetzung der Gesellschaft bedarf es nicht.[47] Die Berechnung der Frist richtet sich nach den §§ 187 ff BGB. Fällt das Geschäftsjahr mit dem Kalenderjahr zusammen, was nicht notwendig, aber typischerweise der Fall ist, muss die Kündigung demnach **spätestens am 30.6.** allen übrigen Gesellschaftern zugegangen sein. Sie kann aber schon zu jedem *früheren Zeitpunkt* erklärt werden, auch vor Beginn des Geschäftsjahres, auf dessen Ende sie wirken soll.[48] Die Mitgesellschafter erleiden hierdurch keinen Nachteil, da sie ihrerseits zum Ende des laufenden Geschäftsjahres kündigen können, wenn sie mit dem späteren Zeitpunkt nicht einverstanden sind.

19 Eine **verspätete**, also erst in der zweiten Hälfte des Geschäftsjahres erklärte **Kündigung** ist, wenn sie nicht von vornherein als Kündigung zum nächstzulässigen Termin auszulegen ist, zwar unwirksam. Sie kann aber gem. § 140 BGB in einer Kündigung zum nächstmöglichen Termin aufrechterhalten werden, sofern es dem Kündigenden nicht gerade auf das Ausscheiden zu dem bestimmten Termin ankam.[49] **Verzichten** die übrigen

---

[45] MünchKommBGB[5]/*Ulmer/C. Schäfer* § 723 Rn 18; MünchKommHGB/*K. Schmidt* Rn 19; ebenso LG Frankenthal NZG 1998, 939.

[46] Zum Ausnahmecharakter des Verzichts auf eine Kündigungsfrist s. *Raisch* BB 1968, 526 (530); *Strohtmann/Vieregge* FS Oppenhoff, 1985, S. 451 ff.

[47] BGH WM 1995, 1277; Ebenroth/Boujong/Joost/Strohn/*Lorz* Rn 11; Heymann/*Emmerich* Rn 8.

[48] MünchKommHGB/*K. Schmidt* Rn 15; Baumbach/*Hopt* Rn 4; Heymann/*Emmerich* Rn 8.

[49] RG LZ 1908, 699; MünchKommHGB/*K. Schmidt* Rn 15; Heymann/*Emmerich* Rn 8; Ebenroth/Boujong/Joost/Strohn/*Lorz* Rn 14.

Gesellschafter auf die Rechtzeitigkeit der Kündigung, was ohne weiteres möglich ist, wird darin regelmäßig eine Vereinbarung über das Ausscheiden zu dem in der Kündigung genannten Termin zu sehen sein; bloßes Schweigen bedeutet aber regelmäßig noch keinen Verzicht. Doch kann die Treupflicht gebieten, den sich ersichtlich im Irrtum befindlichen Kündigenden über die fehlende Rechtzeitigkeit aufzuklären.[50] Bei unterlassener Aufklärung über die fehlende Rechtzeitigkeit kommt dann ein Anspruch des Kündigenden auf einen Verzicht in Betracht, sofern das Unterlassen sämtlichen Gesellschaftern zuzurechnen ist.

V. Kündigung und Rechtsmissbrauch

1. Allgemeines. Das Kündigungsrecht steht wie jedes Recht unter dem Vorbehalt missbräuchlicher Ausübung (vgl. § 226 BGB). Die in § 723 Abs. 2 BGB vorgesehene Schadensersatzpflicht bei einer *Kündigung zur Unzeit* (Rn 18, 24 f) ist hierfür nur eine typische Ausprägung; daneben sind im Rahmen der allgemeinen Missbrauchslehre weitere Fallgruppen entwickelt worden.[51] Der Vorbehalt beschränkt sich nicht auf die *ordentliche* Kündigung, wenn ihm hier auch vorrangige Bedeutung zukommt; auch bei der Kündigung aus wichtigem Grund, sofern diese abweichend von § 133 HGB im Gesellschaftsvertrag vorgesehen ist, kann die Art und Weise des Vorgehens des Kündigenden den Missbrauchsvorwurf begründen. Zur Frage der Verwirkung des Kündigungsrechts vgl. Rn 21, 26. **20**

Hinsichtlich der *Voraussetzungen* und *Folgen* des Rechtsmissbrauchs sind indes die **Besonderheiten des Kündigungsrechts** als eines einseitigen, auf Vertragsauflösung gerichteten Gestaltungsrechts zu berücksichtigen. Das betrifft zunächst seinen Charakter als **eigennütziges Recht,** bei dessen Ausübung der Kündigende in erster Linie eigene Interessen verfolgen darf. Dennoch folgt aus der Treupflicht das Gebot, sich über die Belange der Mitgesellschafter nicht rücksichtslos oder willkürlich hinwegzusetzen (§ 105 Rn 236). Hinzu kommt, dass die aus dem Missbrauchseinwand abgeleiteten Kündigungsschranken die von § 723 Abs. 3 BGB besonders betonte **Vertragsbeendigungsfreiheit** wahren müssen.[52] Zu berücksichtigen ist nämlich, dass Einschränkung und Ausschluss der Kündigung sich bei Dauerschuldverhältnissen mit Rücksicht auf die dort laufend neubegründeten Pflichten letztlich rechtsbegründend auswirken, der Missbrauchseinwand also zu neuen Pflichten führt.[53] Demgemäß darf die Wirksamkeit einer Kündigung nicht auf **21**

---

[50] MünchKommHGB/*K. Schmidt* Rn 15; Ebenroth/Boujong/Joost/Strohn/*Lorz* Rn 14.

[51] Vgl. *Ulmer* FS Möhring, 1975, S. 295 (308 ff); ferner *Strothmann/Vieregge* FS Oppenhoff, 1985, S. 461 ff (für Gesellschaftsverträge); *Henssler/Kilian* ZIP 2005, 2229 (2232 ff). Allgemein zu den aus § 242 BGB folgenden Kündigungsschranken auch *Oetker* Dauerschuldverhältnis S. 284 ff.

[52] Zurückhaltend daher BGHZ 23, 10 (16) = NJW 1957, 461; BGH NJW 1954, 106; WM 1977, 736 (738); MünchKommHGB/*K. Schmidt* Rn 20; *Hueck* OHG § 24 I 4, S. 364; *Strothmann/Vieregge* FS Oppenhoff, 1985, S. 451 (463); *Wiedemann* WM 1992, Beil. 7, S. 54; *ders.* Gesellschaftsrecht Bd. II, § 3 III 5, S. 278 f. Vgl. zu den Grenzen des Missbrauchseinwands bei der Kreditkündigung auch *Canaris* ZHR 143 (1979), 113 (122 f); *Oetker* Dauerschuldverhältnis, S. 289 ff.

[53] *Ulmer* FS Möhring, 1975, S. 301 ff; *Henssler/Kilian* ZIP 2005, 2229 (2232); ähnlich *Oetker* Dauerschuldverhältnis, S. 289 ff; **aA** *Canaris* ZHR 143 (1979), 113 (123); allgemein zur Unterscheidung zwischen der Begrenzung und der Begründung von Ansprüchen aus § 242 *ders.* Vertrauenshaftung, S. 270, 511 f, 531.

unabsehbare Zeit hinausgeschoben werden, weshalb als *Rechtsfolge* nicht nur die Unwirksamkeit der Kündigung problematisch ist, vielmehr auch Schadensersatzansprüche ausgeschlossen sind, die die Mitgesellschafter im Ergebnis so stellen sollen, als wäre das Vertragsverhältnis langfristig fortgeführt worden.

22 Der **Schwerpunkt der Rechtsfolgen** missbrauchsbedingter Kündigungsschranken liegt deshalb, zumindest im Gesellschaftsrecht, **bei Schadensersatzansprüchen,** mit denen der durch die *missbräuchliche Art und Weise der Kündigung* den Mitgesellschaftern entstandene Schaden ausgeglichen werden soll.[54] Die Regelung des § 723 Abs. 2 S. 2 BGB über die Rechtsfolgen der Kündigung zur Unzeit lässt erkennen, dass auch der Gesetzgeber nicht in erster Linie von der Unwirksamkeit einer missbräuchlichen Kündigung ausgeht (Rn 24 f). Auch dies spricht dafür, die Missbrauchsfolgen nach Art und Schwere des Treupflichtverstoßes abzustufen.[55] Hierbei ist zu berücksichtigen, dass die Kündigung – abgesehen von der zweigliedrigen Gesellschaft – seit der Handelsrechtsreform regelmäßig nur zum Ausscheiden des Gesellschafters führt. Nur wenn sich der Missbrauchsvorwurf ausnahmsweise auf das Ausscheiden als solches bezieht, und nicht lediglich auf dessen Begleitumstände oder Rechtsfolgen, kann die **Unwirksamkeit** der Kündigung angenommen werden. Dies dürfte indes nur ganz ausnahmsweise in Betracht kommen; eher kann eine Kündigung dann unwirksam sein, wenn sie ausnahmsweise zur Auflösung der Gesellschaft führt, sei es aufgrund einer von § 131 Abs. 3 Nr. 3 abweichenden Vertragsbestimmung, sei es wegen Wegfalls des vorletzten Gesellschafters.[56]

23 2. **Fallgruppen.** Die Voraussetzungen des **Missbrauchsvorwurfs** lassen sich nicht allgemein umschreiben, doch ist jedenfalls die Kündigung zur **rücksichtslosen Verfolgung von Eigeninteressen** oder gar in **Schädigungsabsicht** missbräuchlich. Eine solche Schädigung der Gesellschaft kommt nicht nur bei kündigungsbedingter Auflösung, sondern ausnahmsweise auch aufgrund der Verpflichtung zur Abfindung in Betracht.[57] Weil hier ein enger Zusammenhang zu den Verboten der §§ 138, 226, 826 BGB besteht, hat die Treuwidrigkeit in diesen Fällen ausnahmsweise die Unwirksamkeit der Kündigung zur Folge. Sie ergibt sich also insbesondere aus den verwerflichen **Zielen** des Kündigenden.[58] – In der Regel wird sich die Treuwidrigkeit jedoch aus den zu missbilligenden **Begleitumständen** ergeben, also aus der Art und Weise der **Ausübung** des Kündigungsrechts, wofür die durch § 723 Abs. 2 BGB besonders erwähnte Kündigung zur Unzeit (dazu Rn 24) nur ein Beispiel ist. Allgemein kann sich die Treuwidrigkeit aus der Art oder Zeit der Kündigungserklärung ergeben, etwa wenn die Erklärung in einer dem Ansehen der

---

[54] Zur Lehre von den „schuldrechtlichen" Kündigungsbeschränkungen vgl. *Oetker* Dauerschuldverhältnis, S. 312 ff; *Ulmer* FS Möhring, 1975, S. 307 f; *Strothmann/Vieregge* FS Oppenhoff, 1985, S. 462 ff, jew. mwN; vgl. ferner MünchKommHGB/*K. Schmidt* Rn 21; Heymann/*Emmerich* Rn 7; Ebenroth/Boujong/Joost/Strohn/*Lorz* Rn 17. – Vgl. auch BGH WM 1963, 282 (283) im Zusammenhang mit der Durchsetzung des Auflösungsrechts nach § 133; und aus neuerer Zeit BGH NJW 2005, 2618 (2620).

[55] Eingehend noch 3. Aufl. Rn 19 (*Ulmer*).

[56] Vgl. BGHZ 76, 353 (357) (GmbH): Wegen rücksichtsloser Verfolgung von Sonderinteressen unwirksamer Auflösungsbeschluss mit dem Ziel einer Übernahme des Unternehmens.

[57] S. schon RGZ 164, 257 (258); RG DR 1943, 1220; ausführlich noch 3. Aufl. Rn 20 (*Ulmer*); vgl. ferner MünchKommHGB/*K. Schmidt* Rn 20.

[58] Zur – dort verneinten – Frage, ob die Kollektivkündigung zum Zwecke des Ausschlusses eines Gesellschafters wegen Umgehung des § 140 HGB (keine Hinauskündigung) missbräuchlich ist, vgl. *Henssler/Kilian* ZIP 2005, 2229 (2235 ff) und *Kilian* WM 2006, 1567 (1574 ff).

Gesellschaft oder anderer Gesellschafter abträglichen Weise erfolgt. Auch kann die Kündigung Ausdruck eines *widersprüchlichen Verhaltens* sein, etwa wenn ein Gesellschafter kündigt, nachdem er kurz zuvor seine Mitgesellschafter zur Einlagenerhöhung oder zum Verbleiben in der Gesellschaft bewogen hat, sofern man in solchen Fällen nicht schon von einem konkludenten Kündigungsausschluss für bestimmte Zeit ausgehen kann.[59] Demgegenüber ergibt sich die Treuwidrigkeit **nicht** schon aus dem **Fehlen eines Kündigungsgrundes.**[60] Ein wichtiger Grund ist allein für die Auflösung nach § 133 erforderlich; und die Grenze zu diesen Klagerechten darf nicht verwischt werden. Dennoch muss der kündigende Gesellschafter aufgrund der Treupflicht die Folgen der Kündigung umso mehr bedenken, je schwerwiegender die Nachteile sind, die sich für die übrigen Gesellschafter ergeben.

Nach den vorstehenden Grundsätzen ist auch die **Kündigung zur Unzeit** zu beurteilen. § 723 Abs. 2 BGB, wonach in diesem Falle die Kündigung zwar wirksam ist, aber zur Schadensersatzpflicht führt, ist gesetzlicher Ausdruck der in Rn 21 bezeichneten Treupflichtbindung, und gilt daher in OHG und KG entsprechend.[61] Dem steht nicht entgegen, dass die Mitgesellschafter im Falle des § 132 schon durch die verhältnismäßig lange Kündigungsfrist geschützt sind, während die ordentliche Kündigung nach § 723 BGB keine solche Frist kennt. Die für die Beurteilung der Unzeitigkeit selbstverständlich zu berücksichtigende Kündigungsfrist des § 132 wird zwar in der Regel ausreichen, um den Vorwurf der Treuwidrigkeit insoweit auszuschließen. Der Kündigungswillige kann aber im Einzelfall durchaus gehalten sein, die Kündigung *früher* auszusprechen als nach gesetzlicher Frist erforderlich, zumal wenn er ohnehin entschlossen ist und die frühere Erklärung keine ihm unzumutbaren Nachteile bewirkt. Dies gilt zumal, wenn eine von § 132 abweichende kürzere Frist vertraglich vereinbart wurde. Eine Kündigung zur Unzeit liegt demgemäß vor, wenn der Kündigende zwar zur Kündigung berechtigt ist, für die Erklärung aber einen Zeitpunkt wählt, der auf die gesellschaftsvertraglich relevanten Interessen der Mitgesellschafter keine Rücksicht nimmt, und die Unzeitigkeit nicht durch einen wichtigen Grund i.S.v. § 723 Abs. 2 S. 1 BGB gerechtfertigt ist.[62] 24

Die **Rechtsfolge** der Kündigung zur Unzeit besteht gem. § 723 Abs. 2 S. 2 BGB in der Pflicht des Kündigenden zum **Schadensersatz.** Dies entspricht der allgemeinen Rechtsfolge einer missbräuchlichen Kündigung, sofern diese sich, wie regelmäßig, auf die Art der Ausübung beschränkt (Rn 21 f). Der Anspruch setzt Verschulden voraus[63] und ist auf Ersatz desjenigen Schadens gerichtet, den die Mitgesellschafter durch die treuwidrige Wahl des Kündigungszeitpunkts erleiden. Demgegenüber kann der Ersatz des Schadens, 25

---

59 Dazu *Henssler/Kilian* ZIP 2005, 2229 (2235).

60 Ebenso MünchKommBGB[5]/*Ulmer/C. Schäfer* § 723 Rn 60; MünchKommHGB/*K. Schmidt* Rn 20 i.V.m. Schlegelberger/*K. Schmidt* Rn 19; *Henssler/Kilian* ZIP 2005, 2229 (2234); im Grundsatz auch *Oetker* Dauerschuldverhältnis, S. 372 ff; anders noch *Merkel* NJW 1961, 2004 (2005).

61 Siehe schon 3. Aufl. Rn 22 (*Ulmer*); ebenso MünchKommHGB/*K. Schmidt* Rn 21; Ebenroth/Boujong/Joost/Strohn/*Lorz* Rn 15; Baumbach/*Hopt* Rn 5; *Andörfer* S. 30 f; *Koehler* JZ 1954, 195 (195); *Thünnesen* S. 208 f; **aA** *Hueck* OHG § 24 I 5, S. 364.

62 Näher MünchKommBGB[5]/*Ulmer/C. Schäfer* § 723 Rn 53 f mwN. – Zur Bestimmung des wichtigen Grundes, der bei § 723 Abs. 2 BGB nur über die Zulässigkeit des Zeitpunkts entscheidet, vgl. nur BGH DB 1977, 87 (89).

63 MünchKommBGB[5]/*Ulmer/C. Schäfer* § 723 Rn 55; MünchKommHGB/*K. Schmidt* Rn 21; Baumbach/*Hopt* Rn 5; *Henssler/Kilian* ZIP 2005, 2229 (2233).

der durch das Ausscheiden als solches entstanden ist, nicht verlangt werden.[64] Eine Naturalrestitution durch (einseitige) Rücknahme der Kündigung kommt mit Rücksicht auf deren Gestaltungswirkung von vornherein nicht in Betracht; sie wäre auch nicht mit den Gründen vereinbar, die regelmäßig gegen die Unwirksamkeit der Kündigung sprechen (Rn 22), zumal eben nur der aus der treuwidrigen Art und Weise der Ausübung entstandene Schaden ersatzfähig ist.[65] Die Möglichkeit, die Kündigungswirkung einvernehmlich hinauszuschieben, bleibt hiervon unberührt; im Einzelfall können die Mitgesellschafter aufgrund ihrer Schadensminderungspflicht nach § 254 Abs. 2 BGB auch zur Zustimmung gehalten sein.

C. Abweichende Vereinbarungen

I. Frist- und Terminvereinbarungen

26 Die Regelungen des § 132 über Kündigungsfrist und -termin sind **nicht zwingend**. Der Gesellschaftsvertrag kann die *zeitlichen* Voraussetzungen für eine Kündigung sowohl erschweren als auch erleichtern. Die hM lässt es auch zu, dass das Kündigungsrecht für die einzelnen Gesellschafter **verschieden ausgestaltet** wird, indem z.B. einem Gesellschafter das Recht eingeräumt wird, die Gesellschaft jederzeit oder beim Eintritt eines bestimmten Ereignisses zu kündigen.[66] Das ist nicht unbedenklich, weil auf diese Weise ein ähnlicher Effekt wie durch unterschiedlich lange Mindestfristen erzielt wird, was nach der hier vertretenen Auffassung mit der Unabdingbarkeit des Kündigungsrechts nicht vereinbar ist (Rn 6). Geht man indes von der systematischen Unterscheidung zwischen Ausschluss und Beschränkung des Kündigungsrechts aus, wird man der hM noch zustimmen können, sofern der Gleichbehandlungsgrundsatz gewahrt bleibt, also sämtliche Gesellschafter der unterschiedlich langen Frist zugestimmt haben, und eine Fristverlängerung nicht derart unverhältnismäßig ist, dass sie wie ein Ausschluss des Kündigungsrechts wirkt (vgl. Rn 6).

27 **Erleichtert** wird die Kündigung, wenn vertraglich eine kürzere Kündigungsfrist vorgesehen, die Zahl der Kündigungstermine vermehrt bzw. auf Frist und Termin, wie im Falle des § 723 Abs. 1 S. 1 BGB, ganz verzichtet wird.[67] Gerade in derartigen Fällen kommt der für die Ausübung geltenden Treupflichtschranke eine besondere Bedeutung zu (Rn 23 f). Möglich ist auch die Vereinbarung eines Ereignisses, das ein außerordentliches Kündigungsrecht in Abweichung von § 133 zur Folge hat.

28 Weit häufiger als erleichtert wird das Kündigungsrecht **erschwert.** Solche Erschwerungen dienen meist der Wahrung des Unternehmensbestandes, der auch durch das Ausscheiden und die hierdurch ausgelöste Abfindungszahlung gefährdet werden kann. Demgemäß besteht ein im Ausgangspunkt berechtigtes Interesse an der Sicherung der gemeinsamen Unternehmenstätigkeit (vgl. zur entsprechenden Legitimation von Abfindungsbeschränkungen näher § 131 Rn 162). Abgesehen von Erschwerungen kann das

---

[64] *Strothmann/Vieregge* FS Oppenhoff, 1985, S. 451 (464); MünchKommBGB[5]/*Ulmer/C. Schäfer* § 723 Rn 56; Ebenroth/Boujong/Joost/Strohn/*Lorz* Rn 15; gegen jeden Schadensersatz zu Unrecht *van Venrooy* JZ 1981, 53 (58).

[65] *Ulmer* FS Möhring, 1975, S. 295 (307).

[66] 3. Aufl. Rn 23 (*Ulmer*); MünchKommHGB/*K. Schmidt* Rn 28; *Koller*/Roth/Morck Rn 4; Röhricht/Graf v. Westphalen/*v. Gerkan/Haas* Rn 13.

[67] MünchKommHGB/*K. Schmidt* Rn 36; Ebenroth/Boujong/Joost/Strohn/*Lorz* Rn 18; Baumbach/*Hopt* Rn 8; *Thünnesen* S. 53 ff.

Kündigungsrecht durch Vereinbarung einer *Mindestfrist* vorübergehend auch ganz ausgeschlossen werden, wie sich schon aus dem Wortlaut des § 132 ergibt (Rn 6). Die Gesellschaft geht dann erst nach Ablauf der Mindestfrist in eine unbefristete und damit kündbare Gesellschaft über.[68] Es ist demnach auch eine entsprechende, in ihrer Wirkung vergleichbare *Verlängerung der Kündigungsfrist* bzw. *Reduzierung der Kündigungstermine* möglich, wie sich zusätzlich auch aus § 723 Abs. 1 S. 3 BGB ergibt.[69] Zu den Schranken solcher Fristverlängerungen vgl. Rn 32 ff.

II. Kündigungsausschluss

Schon in Rn 6 wurde die Unentziehbarkeit des Kündigungsrechts betont; bei unbefristeten und überlangen (§ 134 Rn 2, 3) Gesellschaften ist die Geltung des § 723 Abs. 3 BGB über § 105 Abs. 3 heute unbestritten (Rn 1), so dass der völlige Ausschluss des Kündigungsrechts **unzulässig** ist,[70] und zwar auch bei kapitalistisch strukturierten Gesellschaften.[71] Die Kündigung darf auch nicht an das Vorliegen bestimmter Gründe,[72] an die *Mitwirkung von Mitgesellschaftern* – etwa in Gestalt eines *Mehrheitsbeschlusses* –, an die Zustimmung eines gemeinsamen Vertreters oder gar Dritter gebunden werden;[73] all diese Beschränkungen laufen gleichfalls auf die Aufhebung des Kündigungsrechts hinaus. – Zu *Beschränkungen* des Kündigungsrechts vgl. näher Rn 32 ff. **29**

Die **Ersetzung** des Austrittsrechts durch andere Lösungsrechte ist mit dem Verdikt des Kündigungsausschlusses grundsätzlich unvereinbar. Möglich ist es aber, das Austrittsrecht zu ersetzen durch ein **Recht zur Übertragung** des Anteils auf die verbleibenden Gesellschafter gegen angemessene Entschädigung.[74] Unerheblich hierfür ist, dass der aus- **30**

---

68 BGHZ 10, 91 (98); 23, 10 (16); BGH WM 1966, 707; MünchKommHGB/*K. Schmidt* Rn 26; Heymann/*Emmerich* Rn 11; Ebenroth/Boujong/Joost/Strohn/*Lorz* Rn 19; Baumbach/*Hopt* Rn 9; *Hueck* OHG § 24 I 5, S. 365; einschränkend jedoch *Nitschke* S. 369 f, unter Hinweis auf § 624 BGB – dazu näher Rn 33; vgl. auch schon Rn 4 f mN.

69 Vgl. MünchKommHGB/*K. Schmidt* Rn 27; Ebenroth/Boujong/Joost/Strohn/*Lorz* Rn 19; Baumbach/*Hopt* Rn 9.

70 BGHZ 23, 10 (15) = NJW 1957, 461 (462); 50, 316 (320 f) = NJW 1968, 2003; BGH NJW 1973, 1602; 1985, 192; *H. P. Westermann* Vertragsfreiheit, S. 234 ff; *Andörfer* S. 23 ff; *Hueck* OHG § 24 I 5, S. 365; *Nitschke* S. 366 ff; *Simon* DB 1961, 1679 (1680); *Thünnesen* S. 58, 60 f; MünchKommHGB/*K. Schmidt* Rn 30; Ebenroth/Boujong/Joost/Strohn/*Lorz* Rn 24; Heymann/*Emmerich* Rn 13 f; *Mentz* DStR 2007, 453 (454); anders noch RGZ 129, 134 f (Ausschluss des Kündigungsrechts für stillen Gesellschafter).

71 BGHZ 23, 10 (15); insoweit übereinstimmend auch MünchKommHGB/*K. Schmidt* Rn 31 (aE); Ebenroth/Boujong/Joost/Strohn/*Lorz* Rn 24 (vgl. aber bei Fn 76).

72 Dazu, dass die grundlose Kündigung nicht treuwidrig ist, s. schon Rn 23 mwN; **aA** noch *Barz* JW 1938, 490 (491); *Siebel* DNotZ 1954, 71 (73); *Merkel* NJW 1961, 2004 (2005); gegen sie zutr. schon 3. Aufl. Rn 28 (*Ulmer*).

73 BGH NJW 1973, 1602; 1954, 106; RGZ 21, 93 (94); *Wiedemann* Gesellschaftsrecht Bd. I, S. 398; MünchKommBGB[5]/*Ulmer*/*C. Schäfer* § 723 Rn 70; Ebenroth/Boujong/Joost/Strohn/*Lorz* Rn 24; *Hueck* OHG § 24 I 5; Baumbach/*Hopt* Rn 12; Heymann/*Emmerich* Rn 14; *Mentz* DStR 2007, 453 (454); einschränkend MünchKommHGB/*K. Schmidt* Rn 32. – Vgl. auch BGHZ 48, 251 (256) = NJW 1967, 2157 (2158 f) zur Unzulässigkeit eines nach Kündigung mit qualifizierter Mehrheit gefassten Übernahmebeschlusses.

74 BGHZ 126, 226 (238) = NJW 1994, 2536 (Schutzgemeinschaftsvertrag I); *Westermann* Handbuch I 1089; MünchKommHGB/*K. Schmidt* Rn 31; Ebenroth/Boujong/Joost/Strohn/*Lorz* Rn 27; Baumbach/*Hopt* Rn 10;

tretende Gesellschafter – wie für Familiengesellschaften typisch – zugleich verpflichtet ist, seinen Anteil anderen Gesellschaftern anzubieten, solange dies mit einem Entgelt einhergeht, das sich im Rahmen zulässiger Abfindungsbeschränkungen hält (dazu § 131 Rn 172 ff, 185 f).[75] Dann entsprechen nämlich die Rechtsfolgen aus Sicht des Ausscheidenden wirtschaftlich weitgehend den gesetzlichen Kündigungswirkungen. Demgegenüber stellt die bloße **Übertragbarkeit** des Anteils als solche *keinen* funktional gleichwertigen Ersatz für das Austrittsrecht dar; denn hierdurch kann die Möglichkeit zur Lösung von der Gesellschaft unter Liquidierung des Anteilswerts nicht garantiert werden.[76] Zur unzulässigen Vereinbarung des Übernahmerechts eines anderen Gesellschafters für den Fall der Kündigung aus wichtigem Grund vgl. Rn 32.

31 Anderes gilt nach hM für die Beurteilung sog. **Umwandlungsklauseln**; demnach soll das Kündigungsrecht durch ein „Recht" auf Umwandlung der Personen- in eine Kapitalgesellschaft **ersetzt** werden können.[77] Dem kann *nicht zugestimmt* werden.[78] Denn § 723 Abs. 3 BGB schützt entgegen der Referenzentscheidung RGZ 156, 129 (136 f) nicht lediglich die persönliche Freiheit des Gesellschafters, nämlich vor unabsehbarer Bindung seiner Arbeitskraft. Vielmehr gehört auch seine wirtschaftliche Bewegungsfreiheit, namentlich die Sicherung einer angemessenen Abfindung, zum Schutzumfang des § 723 Abs. 3 BGB, wie dessen heute ganz überwiegend anerkannte Schrankenwirkung auf Abfindungsklauseln zeigt (§ 131 Rn 168).[79] Das Reichsgericht hatte demgegenüber noch angenommen, die Pflicht, das Unternehmen bei eigener Kündigung in eine neu zu gründende Aktiengesellschaft einzubringen, sei nichts anderes als eine ohne weiteres zulässige **Auseinandersetzungsvereinbarung.** Abgesehen davon, dass die Kündigung nach § 132 seit der Handelsrechtsreform 1998 (Rn 2) nicht mehr zur Auflösung führt, kann auch der zugrundeliegenden Wertung nicht zugestimmt werden. Zwar ist es im Falle der Liquidation in der Tat zulässig, die Übertragung des Unternehmens im Ganzen ggf. auch mit Mehrheit zu beschließen (§ 145 Rn 24 [*Habersack*]). Doch lässt sich eine Pflicht zur Beteiligung an der übernehmenden Gesellschaft keineswegs gegen den aktuellen Willen des einzelnen Gesellschafters begründen, und generell bedarf der Eingriff in den Anspruch auf anteiligen Liquidationserlös der Zustimmung sämtlicher betroffener Gesellschafter (§ 145 Rn 24 [*Habersack*]). Überdies ist auch keine aus der Treupflicht abzu-

---

viel zu großzügig OLG Karlsruhe NZG 2007, 423 (425) (auch unentgeltliche Andienungspflicht möglich); dazu § 140 Rn 65.

[75] Vgl. die Nachw. in Fn 74; strenger offenbar *Mentz* DStR 2007, 453 (434).

[76] MünchKommBGB[5]/*Ulmer*/*C. Schäfer* § 723 Rn 70 und bereits 3. Aufl. Rn 29 (*Ulmer*); *Wiedemann* WM 1992, Beil. 7, S. 51; *Andörfer* S. 34; *Thünnesen* S. 123 f; *Simon* DB 1961, 1679 (1682); *Mentz* in: Eilers/Rödding/Schmalenbach, Handbuch der Unternehmensfinanzierung (2008), G III 92; einschränkend *Nitschke* S. 369 f; Heymann/*Emmerich HGB* Rn 14 (zulässig bei konkreter Übertragungsmöglichkeit); **aA** MünchKommHGB/*K. Schmidt* Rn 31; Baumbach/*Hopt* Rn 10 und Ebenroth/Boujong/Joost/Strohn/*Lorz* Rn 28 (Abtretbarkeit ausreichend bei Gesellschaftern, deren persönliche Haftung auf Einlage begrenzt ist, also insbes. in der GmbH & Co.).

[77] So in Anschluss an RGZ 156, 129 (136 f); *Hueck* OHG § 24 I 5, S. 366; *Andörfer* S. 79 ff; MünchKommHGB/*K. Schmidt* Rn 31; Heymann/*Emmerich* Rn 14; Ebenroth/Boujong/Joost/Strohn/*Lorz* Rn 27; 3. Aufl. Rn 30 (*Ulmer*); trotz Bedenken auch *Wiedemann* WM 1992, Beil. 7, S. 51; *ders.* Gesellschaftsrecht Bd. II, § 3 III 5, S. 273; **aA** *H. P. Westermann* Vertragsfreiheit, S. 240 f; Schlegelberger/*Geßler*[4] Anm. 17.

[78] Zustimmend: *Mentz* in: Eilers/Rödding/Schmalenbach, Handbuch der Unternehmensfinanzierung (2008), G III 93.

[79] Allgemein zum Schutzzweck des § 723 Abs. 3 BGB s. nur MünchKommBGB[5]/*Ulmer*/*C. Schäfer* § 723 Rn 61 ff.

leitende *generelle* Pflicht jedes Personengesellschafters anzuerkennen, seine zwingend kündbare Personengesellschaftsbeteiligung in eine unkündbare Beteiligung an einer Kapitalgesellschaft einzutauschen.[80] Die Ersetzung des Austrittsrechts durch die Pflicht, im Falle einer Kündigung das in der Gesellschaft gebundene Kapital auch einer neu gegründeten oder umgewandelten Gesellschaft zur Verfügung zu stellen, bewirkt letztlich nichts anderes als die „Einmauerung“[81] des Gesellschafters und ist deshalb ebenso zu bewerten wie ein **unzulässiger Kündigungsausschluss.** Andernfalls ließe sich im Übrigen auch nicht konsistent begründen, warum die Abtretbarkeit des Anteils *keinen* hinreichenden Ersatz für das abbedungene Kündigungsrecht darstellt (Rn 30), obwohl der Austritt dort immerhin möglich bleibt, sofern sich ein Käufer findet.

III. Beschränkungen des Kündigungsrechts

1. Allgemeines. § 723 Abs. 3 BGB, der auch auf die Personenhandelsgesellschaft anwendbar ist (Rn 1), verbietet neben dem Ausschluss auch jede über § 723 Abs. 1, 2 BGB hinausgehende Beschränkung des Kündigungsrechts. *Zeitlichen* Beschränkungen (Rn 28) steht die Vorschrift aber schon deshalb nicht generell entgegen, weil § 723 Abs. 1 S. 2 BGB selbst und überdies § 132 solche Beschränkungen vorsehen. Entsprechendes gilt für die funktionell verwandten *Kündigungstermine.* Doch dürfen sie nicht zu einer überlangen Bindung führen (Rn 33 f). Auch sonst sind unangemessene Erschwerungen des Kündigungsrechts mit § 723 Abs. 3 BGB unvereinbar, und zwar nicht nur unmittelbare (dazu Rn 33 ff) sondern **auch mittelbare Beschränkungen**, die einen Kündigungswilligen von der Ausübung seines Rechts abzuhalten geeignet sind.[82] Hierzu zählen insbesondere Einschränkungen des *Abfindungsanspruchs*, und zwar sowohl in Bezug auf dessen Höhe als auch hinsichtlich der Auszahlungsmodalitäten. Diese sind nichtig, wenn die kündigungsbeschränkende Wirkung bereits im Zeitpunkt des Vertragsschlusses bzw. der Einfügung der Abfindungsklausel besteht; ansonsten steht ihrer Ausübung der Einwand des Rechtsmissbrauchs entgegen. Wegen der Einzelheiten ist auf § 131 Rn 167 ff, 172 ff, 181 zu verweisen.[83] Ebenfalls unwirksam nach § 723 Abs. 3 ist die Vereinbarung eines **Übernahmerechts**, das auch für den Fall der außerordentlichen Kündigung des anderen Gesellschafters gelten soll.[84] – Zur mittelbaren Kündigungsbeschränkung durch Vereinbarung einer Vertragsstrafe vgl. Rn 37; zum Ausschluss des Kündigungsrechts durch Bindung der Kündigung an die Mitwirkung Dritter oben Rn 29. 32

2. Überlange Befristung. § 132 sieht das Recht zur ordentlichen Kündigung nur bei unbefristeten Gesellschaften vor, und § 134 setzt als Höchstgrenze nur die Lebenszeit 33

---

[80] So aber MünchKommHGB/*K. Schmidt* Rn 29 gegen Schlegelberger/*Geßler*[4] Anm. 17.

[81] *Wiedemann* WM 1992, Beil. 7, S. 51; *ders.* Gesellschaftsrecht Bd. II, § 3 III 5, S. 273 (der eine solche Klausel allerdings der Form der §§ 2 GmbHG, 23 Abs. 1 AktG unterwirft und nur mit Rücksicht auf diese Formstrenge im Ergebnis billigt).

[82] Ganz hM, s. etwa BGH NJW 1985, 192 (193); NZG 2006, 425 f; 2008, 623 (626) (in Bezug auf Abfindungsbeschränkungen); Ebenroth/Boujong/Joost/Strohn/*Lorz* Rn 24; Heymann/*Emmerich* Rn 15; Baumbach/*Hopt* Rn 11; teilw. einschränkend MünchKommHGB/*K. Schmidt* Rn 31 ff; weitere Nachw. bei den folgenden Einzelerläuterungen.

[83] Vgl. auch BGH ZIP 2008, 967: Klausel, die Sozien Versorgungsleistungen an die „Altsozien“ auch für den Fall ihres Ausscheidens auferlegt, ist nach § 723 Abs. BGB auch dann nichtig, wenn für die Aufnahme keine Einlage zu leisten war.

[84] BGH ZIP 2007, 1309 (1312).

eines Gesellschafters: Bei in dieser Weise befristeten Gesellschaften ist das ordentliche Kündigungsrecht nicht ausgeschlossen (§ 134 Rn 8). Demgemäß werden Vereinbarungen über eine Befristung der Gesellschaft auch von § 723 Abs. 3 BGB grundsätzlich **nicht berührt**. Während aber früher Befristungen unterhalb der Lebenszeit eines Gesellschafters weithin als unproblematisch beurteilt wurden,[85] herrscht mittlerweile eine insgesamt kritischere Beurteilung vor.[86] Zwar vermochten sich Vorschläge nicht durchzusetzen, die auf die entsprechende Anwendung des § 624 BGB zielten,[87] eine wirksame Befristung der Gesellschaft nur bis zur Lebenserwartung des ältesten Mitglieds zulassen[88] oder die Befristung davon abhängig machen wollten, dass sie durch den Gesellschaftszweck geboten ist.[89] Als Ausgangspunkt ist aber mittlerweile ganz überwiegend anerkannt, dass § 723 Abs. 3 BGB die Gesellschafter vor der Eingehung übermäßiger Bindungen schützen will und daher **überlange** und deshalb für den einzelnen Gesellschafter nicht mehr überschaubare Befristungen unter Umgehungsgesichtspunkten verbietet.[90]

34 Wo genau die **Höchstgrenze** für Zeitbestimmungen verläuft, lässt sich nicht allgemein beantworten. Zu berücksichtigen sind außer dem schutzwürdigen Interesse der einzelnen Gesellschafter auch die konkrete Struktur der Gesellschaft als Familiengesellschaft, als Arbeits- und Haftungsgemeinschaft oder als sonstige Interessengemeinschaft, ferner die Art und das Ausmaß der für die Beteiligten aus dem Gesellschaftsvertrag folgenden Pflichten sowie das durch den Gesellschaftszweck begründete Interesse an möglichst langfristigem Bestand der Gesellschaft.[91] Die verschiedentlich genannte *Maximaldauer von 30 Jahren*[92] kann daher in der Tat nur als Obergrenze verstanden werden.[93] Im

---

[85] BGHZ 10, 91 (98) = NJW 1953, 1217; 3. Aufl. Rn 31 (*Ulmer*); *Flume* I/1 § 13 II, S. 194 ff; *ders.* ZHR 148 (1984), 503 (520); *Hueck* OHG § 24 I 5, S. 365; *Andörfer* S. 39; *Merle* FS Bärmann, 1965, S. 631 (640 ff).

[86] Vgl. *Heckelmann* S. 132 f; *U. Huber* S. 54; *Nitschke* S. 367 ff; *Reuter* S. 281 ff; *Wiedemann* Gesellschaftsrecht Bd. I, S. 398 f; *Gersch* BB 1977, 871 (873 f).

[87] *Nitschke* S. 369 f; so auch *Wiedemann* WM 1992, Beil. 7 S. 23 (51); *ders.* Gesellschaftsrecht Bd. II, § 3 III 5, S. 272 (für geschäftsführende Gesellschafter); dagegen *A. Hueck* FS Larenz, 1973, S. 741 (744) Fn 4; MünchKommBGB[5]/*Ulmer*/*C. Schäfer* § 723 Rn 64; *Gersch* BB 1977, 871 (873).

[88] So *Heckelmann* S. 133; dagegen etwa MünchKommBGB[5]/*Ulmer*/*C. Schäfer* § 723 Rn 64; Baumbach/*Hopt* § 134 Rn 3; *Hueck* OHG § 24 I 1, Fn 6.

[89] So *Reuter* S. 281, 283; ähnlich *Wiedemann* Gesellschaftsrecht Bd. I, S. 399 (Rechtfertigung durch sachliche Gründe erforderlich); dagegen *Gersch* BB 1977, 871 (873).

[90] So im Anschluss an BGHZ 50, 316 (321) = NJW 1968, 2003 schon *Gersch* BB 1977, 874; bestätigend BGH NJW 2007, 295 f; vgl. ferner MünchKommBGB[5]/*Ulmer*/*C. Schäfer* § 723 Rn 64; MünchKommHGB/*K. Schmidt* Rn 33; Ebenroth/Boujong/Joost/Strohn*Lorz* Rn 25; Baumbach/*Hopt* Rn 13; Heymann/*Emmerich* Rn 15; **aA** *Flume* ZHR 148 (1984), 503 (520); ferner 3. Aufl. § 134 Rn 7 (*Ulmer*).

[91] BGH NJW 2007, 295 (296) mit Anm. *Jickeli*/*Urban* LMK 2007, 39 f und *Römermann* NJW 2007, 297 f; *A. Hueck* FS Larenz, 1973, S. 746 f; MünchKommBGB[5]/*Ulmer*/*C. Schäfer* § 723 Rn 66.

[92] Vgl. etwa *Gersch* BB 1977, 871 (874); *U. Huber* S. 54 Fn 81; Ebenroth/Boujong/Joost/Strohn/*Lorz* Rn 25; näher *Oetker* Dauerschuldverhältnis S. 499 f, 501 ff.

[93] BGH NJW 2007, 295 f (unter Billigung der von dem Berufungsgericht angenommenen Grenze von 14 Jahren); dazu auch die Anm. *Römermann* NJW 2007, 297 f und *Jickeli*/*Urban* LMK 2007, 39 f (14 Jahre zu lang). Wie hier auch MünchKommHGB/*K. Schmidt* Rn 33; *ders.* Gesellschaftsrecht § 50 II 4c, aa, S. 1456 (flexibler Schutz nach §§ 138, 242 BGB); ferner MünchKommBGB[5]/*Ulmer*/*C. Schäfer* § 723 Rn 66; Ebenroth/Boujong/Joost/Strohn/*Lorz* Rn 25; Baumbach/*Hopt* Rn 13; Röhricht/Graf v. Westphalen/*v. Gerkan*/*Haas* Rn 15; weitergehend noch BGH WM 1967, 315 (316): Bindung bis zu 30 Jahren grds. unbedenklich.

Einzelfall können durchaus auch kürzere Fristen gegen § 723 Abs. 3 BGB verstoßen, zumal in Anbetracht des unbegrenzbaren Haftungsrisikos der Gesellschaft. Doch toleriert die Rechtsprechung den Ausschluss der Kündigung für 5 bis 12 Jahre.[94] Für Publikumsgesellschaften gelten aber, wie allgemein, strengere Grenzen.[95] Auch zulässige Befristungen erhöhen zudem das Risiko der Auflösung aus wichtigem Grund nach § 133, und zwar proportional zu ihrer Länge; denn der Zeitraum bis zur nächsten Lösungsmöglichkeit ist bei der Interessenabwägung nach § 133 zu berücksichtigen.[96]

Keinen Fall übermäßiger Befristung bildet die Bindung der Gesellschaftsdauer an ein künftiges *ungewisses* Ereignis wie die Auflösung oder Insolvenz einer mit der Gesellschaft verbundenen Kapitalgesellschaft,[97] das Aussterben eines Gesellschafterstamms oder die Einstellung des Vertriebs bestimmter Verlagswerke.[98] In solchen Fällen handelt es sich in aller Regel entweder um eine **auflösende Bedingung** (§ 131 Rn 43) oder um eine **Höchstfrist** (dazu § 131 Rn 18 ff) und damit jedenfalls nicht um eine Mindestfrist i.S.v. § 132. Die Gesellschaften sind deshalb i.S.v. § 132 *unbefristet* und somit jederzeit kündbar, soweit keine Anhaltspunkte für die konkludente Vereinbarung einer Mindestfrist vorliegen (§ 131 Rn 19). Eine solche konkludente Befristung setzt im Übrigen voraus, dass das Ende der Frist und damit der Bindung der Gesellschafter wenigstens bestimmbar ist (§ 131 Rn 19).[99] In diesem Falle gelten die in Rn 34 dargestellten Anforderungen an die maximale Dauer einer Gesellschaft. 35

3. Verlängerungsklauseln. Klauseln, die der **Gesellschaftermehrheit** das Recht einräumen, die befristete Gesellschaft durch Beschluss zu verlängern, müssen zunächst die allgemeinen Anforderungen an Mehrheitsklauseln einhalten (§ 119 Rn 34 ff, 46 ff). Demgegenüber ist es nicht veranlasst, die Verlängerung der Gesellschaft ebenso von einer Mehrheitsentscheidung auszunehmen wie die Fortsetzung der Gesellschaft (§ 131 Rn 66 ff). Denn solange die Gesellschaft noch nicht aufgelöst ist, wird der Aspekt der Leistungsvermehrung nicht wirksam, der die Fortsetzung der Gesellschaft nach der hier vertretenen Ansicht deshalb an die Zustimmung sämtlicher Gesellschafter bindet, weil sie den bereits entstandenen Auseinandersetzungsanspruch wieder zum Erlöschen bringt. Selbstverständlich darf aber die Verlängerung nicht dazu führen, dass die zulässige Höchstdauer einer Gesellschaft überschritten wird (Rn 34). Unabhängig von den allgemein für Mehrheitsklauseln geltenden Anforderungen an die Bestimmtheit (§ 119 Rn 34 ff), muss die Verlängerungsklausel schon aus diesem Grund zwingend eine *Bestimmung über die Dauer* der Verlängerung enthalten. Mit § 723 Abs. 3 BGB unvereinbar sind demnach einerseits Verlängerungsklauseln, die keinerlei bestimmbare Höchstdauer enthalten, bis zu der die Gesellschaft verlängert werden darf, zum anderen aber auch solche, die eine 36

94 BGH NZG 2006, 425 und OLG Stuttgart, NZG 2007, 786 (788) (5 Jahre); BGH NJW 2005, 1784 (1786) (10–12 Jahre).

95 Vgl. *Gersch* BB 1977, 871 (874) (höchstens 5 Jahre analog § 65 Abs. 2 GenG); Ebenroth/Boujong/Joost/Strohn/*Lorz* Rn 25.

96 *Gersch* BB 1977, 871 (874 f); Ebenroth/Boujong/Joost/Strohn/*Lorz* Rn 26. Allgemein zur Interessenabwägung nach § 133 vgl. § 133 Rn 11.

97 Für Behandlung einer auf die Dauer der Hauptgesellschaft eingegangenen Unterbeteiligung als unbefristete BGHZ 50, 316 (321 f) = NJW 1968, 2003 sowie BGH NJW 1994, 2886 (2888). – Vgl. auch *Noack* S. 231 f (Bindung eines Konsortialvertrages an die Bestandsdauer der unbefristeten Kapitalgesellschaft der Konsorten).

98 So der Fall von OLG Karlsruhe NZG 2000, 304 (305); vgl. auch OLG Düsseldorf NZG 2000, 588 (589) (Bindung der Gesellschaftsdauer an die Nutzungszeit eines Bauwerks).

99 BGHZ 50, 316 (321 f) = NJW 1968, 2003; BGH NJW 1994, 2886 (2888); OLG Karlsruhe NZG 2000, 304 (305).

mehrheitliche Verlängerung auf eine zwar bestimmte, aber insgesamt überlange Dauer gestatten; es sei denn, überstimmte Gesellschafter erhalten ein Austrittsrecht.[100]

37 **4. Vertragsstrafe.** Auch die Vereinbarung einer Vertragsstrafe für den Fall der Kündigung ist unabhängig von deren Höhe unwirksam gem. § 723 Abs. 3 BGB.[101] Als (unzulässige) Vertragsstrafe sind auch *Abfindungsbeschränkungen* anzusehen, sofern der Abfindungsanspruch des Kündigenden nach ungünstigeren Maßstäben berechnet wird, als sie für die übrigen Fälle des Ausscheidens gelten. Das gilt unabhängig vom Ausmaß der Anspruchsreduktion, also auch dann, wenn die Verminderung noch nicht die allgemein für eine Kündigungsbeschränkung i.S.v. § 723 Abs. 3 BGB erforderliche Schwelle erreicht.[102] Zur kündigungsbeschränkenden Reduktion des Abfindungsanspruchs eingehend § 131 Rn 168 ff.

38 **5. Wettbewerbsverbot.** Die Vereinbarung eines nachvertraglichen Wettbewerbsverbotes lässt sich entgegen einer früher vertretenen Auffassung *nicht* als Kündigungsbeschränkung einordnen.[103] Zum einen besteht an einem solchen Verbot, sofern es sich innerhalb eines Zeitrahmens von zwei bis maximal fünf Jahren und gegenständlich im Rahmen des § 138 BGB hält, grundsätzlich ein berechtigtes und kartellrechtlich anerkanntes Interesse der übrigen Gesellschafter (näher dazu § 112 Rn 13, 48). Zum anderen sollten (nachvertragliche) Wettbewerbsverbote ausschließlich nach den spezielleren Regeln der §§ 1 GWB i.V.m. 134, 138 BGB beurteilt werden.

IV. Rechtsfolgen unzulässiger Vereinbarungen

39 Folge eines Verstoßes gegen § 723 Abs. 3 BGB wegen Ausschlusses (Rn 29 ff) oder unzulässiger Beschränkung des Kündigungsrechts (Rn 32 ff) ist die **Nichtigkeit** der entsprechenden Vertragsbestimmung. Demgegenüber bleibt der Gesellschaftsvertrag abweichend von § 139 BGB im Übrigen regelmäßig wirksam.[104] An die Stelle der nichtigen Vereinbarung tritt *dispositives* Recht, soweit sich nicht dem Gesellschaftszweck oder sonstigen Bestimmungen der Wille der Gesellschafter entnehmen lässt, dass sie übereinstimmend eine zeitlich unbegrenzte oder langanhaltende Bindung gewollt und mit einer Nichtigkeit (oder der Folge des § 134) nicht gerechnet haben.[105] In derartigen Fällen sind die Gerichte befugt, dem Parteiwillen durch **ergänzende Vertragsauslegung**, d.h. Fest-

---

[100] MünchKommBGB[5]/*Ulmer*/*C. Schäfer* § 723 Rn 69.

[101] So schon RGZ 61, 328 (329); 75, 234 (238); 130, 209 (212); *Andörfer* S. 89 f; *Bötticher* ZfA 1970, 25; *Hueck* OHG § 24 I 5, S. 366; ferner *Strothmann*/*Vieregge* FS Oppenhoff, 1985, S. 457; MünchKommBGB[5]/*Ulmer*/*C. Schäfer* § 723 Rn 73; MünchKommHGB/*K. Schmidt* Rn 30; Heymann/*Emmerich* Rn 15.

[102] MünchKommBGB[5]/*Ulmer*/*C. Schäfer* § 723 Rn 76; vgl. auch OLG Bamberg NZG 1998, 897.

[103] MünchKommHGB/*K. Schmidt* Rn 30; **aA** offenbar BGH NJW 2005, 2618 (2619) (*in concreto* aber verneint); Schlegelberger/*Geßler*[4] Anm. 18; *Hueck* OHG § 23 I 5, S. 366; Heymann/*Emmerich* Rn 16; Ebenroth/Boujong/Joost/Strohn/*Lorz* Rn 24 (entgegen der Vorauflage).

[104] Näher dazu allgemein § 105 Rn 183; vgl. im vorliegenden Kontext ferner BGH NJW 2007, 295 (297); NZG 2008, 623 (626) (Die Unwirksamkeit der Abfindungsregelung bei einem Sozietätsvertrag berührt grundsätzlich nicht die Wirksamkeit der Fortsetzungsklausel – diese ist nicht für sich genommen gem. § 723 Abs. 3 BGB nichtig); MünchKommHGB/*K. Schmidt* Rn 34; Baumbach/*Hopt* Rn 14; Heymann/*Emmerich* Rn 18.

[105] Eingehend OLG Stuttgart NZG 2007, 786 ff unter Berücksichtigung mehrerer Laufzeitvereinbarungen (nicht rechtskräftig).

setzung einer den Vorstellungen der Beteiligten möglichst nahekommenden, noch zulässigen Befristung Rechnung zu tragen.[106]

D. Kündigungsfolgen

I. Allgemeines

40 Die Gestaltungswirkung der Kündigung, gem. § 131 Abs. 3 Nr. 1 also das **Ausscheiden** des Kündigenden (§ 131 Rn 99 f), tritt nach § 132 grundsätzlich nicht schon dann ein, wenn die Erklärung allen Gesellschaftern zugegangen ist (Rn 13, 16). Zwar kann die Kündigung jetzt nicht mehr einseitig zurückgenommen werden (Rn 16) und ihre Wirkungen können von den übrigen Gesellschaftern nicht mehr gegen den Willen des Kündigenden geändert werden, gleich mit welcher Mehrheit.[107] Dieser bleibt aber noch bis zum Ende der Kündigungsfrist vollgültiges Mitglied der Gesellschaft.[108] Er ist demnach weiterhin an seine Treupflicht gegenüber Gesellschaft und Mitgesellschaftern gebunden. Doch kann auch umgekehrt der durch die Kündigungserklärung eingetretene Schwebezustand besondere Rücksichtspflichten der übrigen Gesellschafter zur Folge haben (s. noch Rn 42). Der kündigende Gesellschafter scheidet **mit Ablauf der Kündigungsfrist** aus der Gesellschaft aus, mangels abweichender Bestimmung also am Ende des laufenden oder, falls die Kündigung in der zweiten Jahreshälfte erfolgt, am Ende des folgenden Geschäftsjahres. Wegen der einzelnen Folgen des Ausscheidens vgl. § 131 Rn 107 ff.

II. Kündigung und andere Ausscheidensgründe

41 Durch die Kündigung wird das **frühere Ausscheiden** des Gesellschafters aufgrund eines **anderen Ausscheidensgrundes** nach § 131 Abs. 3 nicht ausgeschlossen. Was nach der Rechtslage vor 1998, als die Kündigung noch zur Auflösung führte, in Hinblick auf andere Auflösungsgründe galt,[109] trifft jetzt mutatis mutandis auf das Verhältnis zu anderen Ausscheidensgründen zu:[110] Solange die Kündigungsfrist noch nicht abgelaufen und der Kündigende also noch Gesellschafter ist, führt allein der später eintretende, aber früher wirksame Ausscheidensgrund zum Ende der Mitgliedschaft. Demzufolge werden auch ausschließlich die für diesen Grund eventuell vertraglich bedungenen Ausscheidensfolgen wirksam, während die speziell für die Kündigung vorgesehenen Folgen keine Wirkung mehr entfalten können, sofern der Gesellschaftsvertrag dies nicht eigens anordnet.[111] All dies ergibt sich ohne weiteres aus dem Hinausschieben der Kündigungswirkung bis zum Fristablauf.

---

[106] BGH NJW 2007, 295 (297); 1994, 2886 (2888); BB 1967, 309; *Flume* I/1 § 13 II, S. 194; MünchKommBGB[5]/*Ulmer*/*C. Schäfer* § 723 Rn 63; MünchKommHGB/*K. Schmidt* Rn 35; Ebenroth/Boujong/Joost/Strohn/*Lorz* Rn 29; *Oetker* Dauerschuldverhältnis S. 557 ff; *A. Hueck* FS Larenz, 1973, S. 741 (748). Allgemein zum Vorrang der ergänzenden Auslegung von Gesellschaftsverträgen § 105 Rn 197 ff.

[107] BGHZ 48, 251 (253); MünchKommHGB/*K. Schmidt* Rn 19; Heymann/*Emmerich* Rn 10.

[108] Unstr., s. nur: Schlegelberger/*K. Schmidt* Rn 17; Heymann/*Emmerich* Rn 9. Vgl. auch BGH WM 1983, 170 (171).

[109] RGZ 93, 54 f; 95, 32 f; OGHZ 3, 250 (254 f) = NJW 1950, 503; 3. Aufl. Rn 41 (*Ulmer*); Schlegelberger/*K. Schmidt* Rn 18; Heymann/*Emmerich* Rn 9.

[110] So auch Baumbach/*Hopt* Rn 7.

[111] Vgl. RGZ 93, 54; MünchKommHGB/*K. Schmidt* Rn 23.

III. Auflösung während der Kündigungsfrist

42 Im Grundsatz gilt Entsprechendes erst recht **im Verhältnis zur Auflösung:** Das Eintreten eines Ausscheidensgrundes verhindert nicht, dass die Gesellschaft während des Schwebezustandes aufgelöst wird. Es fragt sich allerdings, ob die Kündigungsfolgen noch unverändert eintreten können, wenn die Kündigungsfrist erst *nach dem Auflösungsstichtag* abläuft. In Hinblick auf **Abfindungsbeschränkungen** kann ein Ausscheiden aus der Liquidationsgesellschaft für den Kündigenden erheblich ungünstiger sein als die Beteiligung am Liquidationserlös. Die Kautelarpraxis hilft hier nicht selten durch eine Bestimmung, die auch solchen Gesellschaftern die Teilnahme am Liquidationsverfahren sichert, welche im Zeitpunkt der Auflösung zwar schon gekündigt haben, aber noch nicht ausgeschieden sind.[112] Es fragt sich aber, ob Entsprechendes auch ohne eine solche Vertragsklausel und unabhängig vom konkreten Auflösungsgrund gilt. In Hinblick auf die Rücksichtnahmepflicht während des Schwebezustandes (Rn 40) sowie den gegenüber Abfindungsbeschränkungen bestehenden Missbrauchseinwand (§ 131 Rn 181 f) ist dies grundsätzlich zu bejahen. Abfindungsbeschränkungen rechtfertigen sich vor allem durch ihre Kapitalsicherungs- und Vereinfachungsfunktion (§ 131 Rn 162), die sich erledigen, sobald die Gesellschaft liquidiert wird. Für eine Reduktion des Abfindungsanspruchs gegenüber der Liquidationsquote entfällt demgemäß bei auflösungsbedingter Liquidation grundsätzlich jede Rechtfertigung. Die Gesellschafter sind daher gem. § 242 BGB bzw. kraft Treupflicht gehindert, sich auf Abfindungsbeschränkungen zu berufen. Stattdessen ist der Gesellschafter proportional am Liquidationserlös zu beteiligen. – Demgegenüber kann ein *Aufstocken* eines bereits entstandenen Abfindungsanspruchs grundsätzlich nicht verlangt werden, wenn die Gesellschaft *nach dem Ausscheiden aufgelöst* wird.[113] In Betracht kommt eine solche Aufstockung nach den zuvor genannten Grundsätzen jedoch, wenn die Auflösung im Beschlusswege herbeigeführt wird und die Gesellschafter für die Beschlussfassung (gerade) noch das Ausscheiden abwarten, obwohl ein entsprechender Wille schon zuvor vorhanden war. Indiziert wird ein solcher Wille durch einen engen zeitlichen Zusammenhang zwischen Auflösungsbeschluss und Ablauf der Kündigungsfrist.

IV. Abweichende Vertragsregelungen

43 Der Gesellschaftsvertrag kann Abweichendes regeln, insbesondere die **Auflösung** der Gesellschaft vorsehen, wie es der Rechtslage vor 1998 entsprochen hat (Rn 1). In diesem Falle führt der Ablauf der Kündigungsfrist zur Auflösung der Gesellschaft mit den bei § 131 Rn 50 ff im Einzelnen beschriebenen Folgen. Auch in diesem Falle kann die Gesellschaft **ohne den Kündigenden fortgesetzt** werden; ein entsprechender Beschluss bedarf jedoch der Zustimmung des Kündigenden, wenn der Gesellschaftsvertrag nicht ausdrücklich einen Fortsetzungsbeschluss der übrigen Gesellschafter zulässt (§ 131 Rn 62), diesen also gewissermaßen ein **„Wahlrecht"** in Bezug auf die Kündigungsfolge gibt.[114] Weil aber der Anspruch auf anteiliges Auseinandersetzungsguthaben mit Auflösung der Gesellschaft zum Ende der Kündigungsfrist bereits entstanden ist, muss der kündigende Gesellschafter, der infolge der Fortsetzung der Gesellschaft mit den übrigen Gesellschaftern ausscheidet, zum vollen Wert seines Anteils, eben der (fiktiven) Liquidationsquote abgefunden werden; vertragliche Abfindungsregelungen sind hier unanwendbar, und

[112] Ebenroth/Boujong/Joost/Strohn/*Lorz* Rn 21.

[113] So auch Ebenroth/Boujong/Joost/Strohn/*Lorz* Rn 16.

[114] Vgl. *Hueck* OHG § 24 I 5, S. 366; Ebenroth/Boujong/Joost/Strohn/*Lorz* Rn 21.

zwar unabhängig von ihrer Wirksamkeit im Übrigen.[115] Zwar ist der Eingriff in das Auseinandersetzungsguthaben des Gesellschafters mit dessen Zustimmung wirksam (§ 131 Rn 66; allgemein auch § 119 Rn 46); eine solche Zustimmung kann aber mangels ausreichender Bestimmbarkeit der konkreten Beschränkungswirkung nicht schon im Voraus, insbesondere nicht im Wege einer entsprechenden Vertragsklausel erteilt werden.[116] – Zur Frage, ob der Gesellschaftsvertrag *Andienungsrechte* oder *Umwandlungsklauseln* vorsehen kann, vgl. oben Rn 30 f.

§ 133

(1) Auf Antrag eines Gesellschafters kann die Auflösung der Gesellschaft vor dem Ablaufe der für ihre Dauer bestimmten Zeit oder bei einer für unbestimmte Zeit eingegangenen Gesellschaft ohne Kündigung durch gerichtliche Entscheidung ausgesprochen werden, wenn ein wichtiger Grund vorliegt.

(2) Ein solcher Grund ist insbesondere vorhanden, wenn ein anderer Gesellschafter eine ihm nach dem Gesellschaftsvertrag obliegende wesentliche Verpflichtung vorsätzlich oder aus grober Fahrlässigkeit verletzt oder wenn die Erfüllung einer solchen Verpflichtung unmöglich wird.

(3) Eine Vereinbarung, durch welche das Recht des Gesellschafters, die Auflösung der Gesellschaft zu verlangen, ausgeschlossen oder diesen Vorschriften zuwider beschränkt wird, ist nichtig.

Schrifttum

Andörfer Ausschluß und Beschränkung des Kündigungsrechts bei Personengesellschaften (1967); *Armbruster* Aktuelle Tendenzen im Personengesellschaftsrecht, DStR 1999, 1907; *Becker* Typologie und Probleme der (handelsrechtlichen) Gestaltungsklagen unter besonderer Berücksichtigung der GmbH-rechtlichen Auflösungsklage (§ 61 GmbHG), ZZP 97 (1984), 314; *Behnke* Das neue Minderjährigenhaftungsbeschränkungsgesetz, NJW 1998, 3078; *ders.* Minderjährige als Gesellschafter – Minderjährigenhaftungsbeschränkungsgesetz und Beratungspraxis, NZG 1999, 244; *Bötticher* Besinnung auf das Gestaltungsrecht und das Gestaltungsklagerecht, FS Dölle (1964), S. 56; *Bork* Gerichtsstandsklauseln in Satzungen von Kapitalgesellschaften, ZHR 157 (1993), 48; *Bräutigam* Die Rechtsnachfolge in der Gesellschafterstellung als erledigendes Ereignis einer Ausschließungsklage? FS Quack (1991), S. 181; *Canaris* Feststellung von Lücken im Gesetz (1983); *Christmann* Die Geltendmachung der Haftungsbeschränkung zugunsten Minderjähriger, ZEV 2000, 45; *Dölle* Die sachliche Rechtskraft der Gestaltungsurteile, ZZP 62 (1941), 281; *ders.* Zum Wesen der Gestaltungsrechte, FS Bötticher (1970), S. 93; *Fischer* Die Entziehung der Geschäftsführungs- und Vertretungsbefugnis in der OHG, NJW 1959, 1057; *Glöckner* Das Sonderkündigungsrecht des volljährig gewordenen Gesellschafters, ZEV 2001, 47; *Grunewald* Der Ausschluß aus Gesellschaft und Verein (1987); *dies.* Das Recht zum Austritt aus der Aktiengesellschaft, FS Claussen (1997), S. 103; *dies.*

[115] Zutr. MünchKommHGB/*K. Schmidt* § 131 Rn 149; s. auch schon § 131 Rn 62 und 67 f. Dies schmälert den Wert eines solchen „Wahlrechts" indes nicht unerheblich, so dass durchaus fraglich sein kann, ob es der Praxis anzuraten ist (so aber früher Ebenroth/Boujong/Joost/*Lorz*[1] Rn 21; Hueck OHG § 23 V 2 c).

[116] Eingehend zu den Voraussetzungen einer antizipierten Zustimmung zu einem Eingriff in den Kernbereich der Mitgliedschaft vgl. *C. Schäfer* GmbH-Geschäftsanteil, S. 260 ff.

Haftungsbeschränkungs- und Kündigungsmöglichkeiten für volljährig gewordene Personengesellschafter, ZIP 1999, 597; *Habersack* Reform des Handelsstandes und der Personengesellschaften, Bayer-Symposium (1999), S. 73; *ders.* Das neue Gesetz zur Beschränkung der Haftung Minderjähriger, FamRZ 1999, 1; *Häsemeyer* Prozeßrechtliche Rahmenbedingungen für die Entwicklung des materiellen Privatrechts – Zur Unvertauschbarkeit materieller und formeller Rechtssätze, AcP 188 (1988), 140; *Henckel* Parteilehre und Streitgegenstand im Zivilprozeß (1961); *Hueck* Gestaltungsklagen im Recht der Handelsgesellschaften, FS Heymanns-Verlag (1965), S. 287 ff; *Hüffer* Die Gesamthandsgesellschaft in Prozeß, Zwangsvollstreckung und Konkurs, FS Stimpel (1985), S. 165; *Jauernig* Tod eines Ehegatten vor Beginn, während oder nach Abschluß des Eheprozesses, FamRZ 1993, 48; *Klumpp* Beschränkung der Minderjährigenhaftung – ein überfälliges Gesetz, ZEV 1998, 409; *Lindacher* Schiedsgerichtliche Kompetenz zur vorläufigen Entziehung der Geschäftsführungs- und Vertretungsbefugnis bei Personengesellschaften, ZGR 1979, 201; *ders.* Die Streitgenossenschaft, JuS 1986, 379, 540; *Lüke* Zu den handelsrechtlichen Gestaltungsklagen, JuS 1998, 594; *Merle* Die Verbindung von Zustimmungs- und Ausschlußklage bei den Personenhandelsgesellschaften, ZGR 1979, 67; *Muscheler* Haftungsbeschränkung zugunsten Minderjähriger (§ 1629a BGB), WM 1998, 2271; *Nicklisch* Bindung der Gerichte an gestaltende Gerichtsentscheidungen und Verwaltungsakte (1965); *Oetker* Das Dauerschuldverhältnis und seine Beendigung (1994); *Raisch* Vereinigungen zum Betrieb landwirtschaftlicher Unternehmen auch in der Rechtsform der OHG oder der KG?, BB 1969, 1361; *Raiser* Der Begriff der juristischen Person. Eine Neubestimmung, AcP 199 (1999), 104; *Reimann* Der Minderjährige in der Gesellschaft – Kautelarjuristische Überlegungen aus Anlaß des Minderjährigenhaftungsbeschränkungsgesetzes, DNotZ 1999, 179; *Röhricht* Zum Austritt des Gesellschafters aus der GmbH, FS Kellermann (1991), S. 361; *Roth* Zweiparteiensystem und mehrseitige Gestaltungsklagen im Personengesellschaftsrecht, FS Großfeld (1999), S. 915; *Rothe* Richterliches Ermessen und Gestaltungswirkung, AcP 151 (1951), 33; *Schäfer, C.* Die Lehre vom fehlerhaften Verband (2002); *Schlosser* Gestaltungsklagen und Gestaltungsurteile (1966); *Schmidt, K.* Mehrseitige Gestaltungsprozesse bei Personengesellschaften (1992); *Schwab, M.* Das Prozeßrecht gesellschaftsinterner Streitigkeiten (2004); *Seibert* Die Reform des Handelsstandes und der Personengesellschaften, Bayer-Symposium (1999), 119; *Timm* Einige Zweifelsfragen zum neuen Umwandlungsrecht, ZGR 1996, 247; *Ulmer* Gestaltungsklagen im Personengesellschaftsrecht und notwendige Streitgenossenschaft, FS Geßler (1971), 269; *ders.* Die Gesamthandsgesellschaft – ein noch immer unbekanntes Wesen?, AcP 198 (1998), 113; *Vollmer* Die Wirkungen rechtskräftiger Schiedssprüche bei gesellschaftlichen Gestaltungsklagen, BB 1984, 1774; *Walter* Die Vollstreckbarerklärung als Voraussetzung bestimmter Wirkungen des Schiedsspruchs, FS Schwab (1990), 539; *Wiedemann* Der Gesellschaftsvertrag der Personengesellschaften, WM 1990, Sonderbeilage 8; *ders.* Rechte und Pflichten des Personengesellschafters, WM 1992, Beilage 7, 52; *ders.* Die Personenunabhängigkeit der Personengesellschaft, GS Lüderitz (2000), 839; *Windel* Der Interventionsgrund des § 66 Abs. 1 ZPO als Prozeßführungsbefugnis (1992).

Übersicht

A. Einleitung

I. Regelungsinhalt

§ 133 regelt die Auflösung der Gesellschaft aus **wichtigem Grund**, und zwar als ein Klagerecht *jedes* Gesellschafters, während der Ausschließungsklage nach § 140 ein kollektives Recht der übrigen Gesellschafter zugrunde liegt. § 133 überträgt auf die Personengesellschaften des Handelsrechts den **allgemeinen**, seit 2002 in § 314 BGB gesetzlich verankerten **Rechtsgrundsatz**,[1] dass jedes auf Dauer angelegte vertragliche Rechtsverhältnis unabhängig vom Ablauf einer vertraglich bestimmten Zeit aus wichtigem Grund einseitig gelöst werden kann. Sein Regelungsgegenstand ist somit die Kündigung aus wichtigem Grund, die in der Handelsgesellschaft allerdings nur im Klagewege und mit Auflösungsfolge geltend gemacht werden kann. Hieraus erklärt sich ohne weiteres auch die *Klagebefugnis jedes einzelnen Gesellschafters*. Schon Art. 125 ADHGB hatte die Auflösungsmöglichkeit aus diesem Grund anerkannt, und für die Gesellschaft bürgerlichen Rechts ist sie schon seit jeher in § 723 Abs. 1 Satz 2 BGB geregelt, der als speziellere Vorschrift dem § 314 BGB vorgeht. Auch im Handelsrecht ist die außerordentliche Kündigung seit langem anerkannt (heute insbes. in § 89a). Die **Funktionen** des außerordentlichen Kündigungsrechts sind vielgestaltig, darunter auch solche, die beim Austauschvertrag vom Rücktrittsrecht bzw. vom Institut der Störung der Geschäftsgrundlage (vgl. § 313 Abs. 3 S. 2 BGB) übernommen werden, und nach der Lehre vom fehlerhaften Verband dient die Kündigung sogar der Geltendmachung anfänglicher Vertragsmängel (Rn 6, 38 ff). – Zur Frage der Sonderkündigung wegen Vollendung des 18. Lebensjahrs vgl. Rn 31 ff. 1

---

[1] Vgl. zur Entwicklung des Grundsatzes nur MünchKommBGB[5]/*Gaier* § 314 Rn 1 ff mwN.

II. Historische Entwicklung, Normzweck und außerordentliches Austrittsrecht

2 Gegenüber dem Recht des ADHGB brachte § 133 schon in seiner bis 1998 geltenden Fassung eine Fortentwicklung. Denn Art. 125 ADHGB hatte noch vorgesehen, dass ein Gesellschafter bei Vorliegen eines wichtigen Grundes die Auflösung *verlangen* konnte, wobei schon das Verlangen selbst zur Auflösung führte, sofern ein wichtiger Grund tatsächlich vorlag. Ein dies feststellendes Urteil hatte demgemäß nur deklaratorische Wirkung.[2] Es galt also für die OHG das Gleiche, was § 723 Abs. 1 S. 2, 3 BGB noch heute für die Gesellschaft bürgerlichen Rechts bestimmt. Für die offene Handelsgesellschaft erschien aber die Beibehaltung dieser Rechtslage nicht vertretbar; denn die Entscheidung über das Vorliegen eines wichtigen Grundes weist im Gegensatz zu den anderen, tatbestandlich fest umrissenen Auflösungsgründen des § 131 einen stark wertenden Charakter auf und führt daher regelmäßig zum Rechtsstreit. Zugleich ist das Bedürfnis nach **Rechtssicherheit und -klarheit** in der OHG angesichts der darin gebundenen, meist erheblichen Vermögenswerte typischerweise deutlich größer als in der GbR. Dem Rechnung zu tragen, ist folglich als der *Normzweck* des § 133 anzusehen. Zu seiner Verwirklichung hat das HGB – wie auch beim Entzug der Geschäftsführungs- und Vertretungsbefugnis sowie bei der Ausschließung eines Gesellschafters (vgl. §§ 117, 127, 140) – die Klage auf Erlass eines **Gestaltungsurteils** eingeführt.

3 Die **Handelsrechtsreform 1998** (§ 131 Rn 2 f) hat nicht nur den Normtext des § 133 *unverändert* gelassen, sondern auch am Prinzip der außerordentlichen **Auflösungs**kündigung (bzw. -**klage**) festgehalten (§ 131 Abs. 1 Nr. 4). Daneben ist allerdings praeter legem seit langem die **Austrittskündigung** aus wichtigem Grund anerkannt, allgemein indes (nur) bei der *Publikumsgesellschaft*, und dort insbesondere für die Fälle des fehlerhaften, namentlich durch Täuschung beeinflussten Beitritts sowie bei wesentlichen Vertragsänderungen.[3] Darüber hinausgehende Vorschläge, ein allgemeines Austrittsrecht aus wichtigem Grund für alle Gesellschafter[4] oder wenigstens für Kommanditisten[5] anzuerkennen, haben sich angesichts der eindeutigen gesetzlichen Ausgangslage bislang nicht durchzusetzen vermocht. Demgemäß kam ohne entsprechende Vertragsregelung (zur Abdingbarkeit des verfahrensrechtlichen Teils des § 133, s. Rn 68, 72 ff) eine Austrittskündigung aus wichtigem Grund zumindest bis 1998 *nicht* in Betracht. Durch die Handelsrechtsreform könnte sich aber die Waagschale deshalb stärker dem allgemeinen Austrittsrecht geneigt haben, weil seither das Ausscheiden des Gesellschafters als Regelfolge einer Kündigung vorgesehen ist (§ 131 Abs. 3 Nr. 3; 132), und ein Erst-Recht-Schluss für die außerordentliche Kündigung nicht fern liegt.[6] Im Ergebnis ist dies indes zu verneinen.

---

[2] ROHG 12, 98 (101).

[3] BGHZ 63, 338 (345); 69, 160 (162); 85, 350 (361); näher Voraufl. Anh. § 161 (*Schilling*) sowie MünchKommHGB/*Grunewald* § 161 Rn 134, jew. mwN.

[4] *Röhricht* FS Kellermann, 1991, S. 361 (379); für den Fall des *fehlerhaften Beitritts* auch *K. Schmidt* Gesellschaftsrecht, § 50 II 4d, S. 1457 f (weitergehend MünchKommHGB/*K. Schmidt* § 132 Rn 44 f: Auflösungsgründe berechtigen auch zur Austrittskündigung, aber nur, wenn vorrangigem Auflösungswunsch nicht entsprochen wird); *Grunewald* FS Claussen, 1997, S. 103 (104 f); *C. Schäfer* Fehlerhafter Verband, S. 334; tendenziell in diesem Sinne auch BGHZ 47, 293 (301) allerdings mit der Einschränkung, dass ein Verbleib in der Gesellschaft bis zum Erlass des Gestaltungsurteils unzumutbar sein muss, was im Falle einer arglistigen Täuschung oder sittenwidrigen Übervorteilung aber idR zu bejahen ist.

[5] So MünchKommHGB/*Grunewald* § 161 Rn 37 in Anlehnung an die Rechtslage in der GmbH, dazu *Ulmer*/Habersack/Winter GmbHG Anh. § 34 Rn 46; Baumbach/*Hueck*/*Fastrich* GmbHG[18] Anh. § 34 Rn 20; eingehend *Röhricht* FS Kellermann, 1991, S. 361.

[6] So namentlich Baumbach/*Hopt* Rn 1.

Stellungnahme: Die Reform 1998 hat für die Anerkennung eines außerordentlichen Austrittsrechts **keine zusätzlichen Argumente** erbracht. Zunächst lässt sich wegen der – im Übrigen – vollkommen eindeutigen Regelung des § 131 Abs. 1 Nr. 4 der Hauptanwendungsfall des § 133 nicht überzeugend von der Auflösungsfolge ausnehmen.[7] Auch der Erst-Recht-Schluss aus § 131 Abs. 3 Nr. 3 überzeugt nicht, denn das Rechtssicherheitsbedürfnis ist im Falle des § 133 mit Rücksicht auf den diffusen Begriff des wichtigen Grundes ungleich höher als bei einer ordentlichen Kündigung. Dem ließe sich zwar durch das Erfordernis einer *Austrittsklage* analog § 133 abhelfen.[8] Doch ist eine solche Analogie schon deshalb kaum zu rechtfertigen, weil die mit der Reform bezweckte Sicherung der Unternehmenskontinuität (§ 131 Rn 2) auf andere Weise zur Geltung gebracht wird. Nach der *Ultima-ratio*-Formel kommt eine Auflösung nämlich erst in Betracht, wenn alle sonstigen Mittel, und insbesondere auch die Ausschließung, von vornherein keine Abhilfe versprechen (zum Verhältnismäßigkeitsprinzip vgl. Rn 13). Liegt aber ein in dieser Weise qualifizierter wichtiger Grund vor, wird ein gedeihliches Zusammenleben der Gesellschafter unter dem Dach der Gesellschaft regelmäßig nicht mehr in Betracht kommen. Für die Austrittskündigung bedeutet dies: Wie bisher besteht ein **außerordentliches Austrittsrecht** nur in **Sonderfällen.** Über die allgemein anerkannte Ausnahme für *Publikumsgesellschaften*[9] hinaus gehört hierzu auch der Fall des *fehlerhaften Beitritts*,[10] und zwar unabhängig von der Realstruktur der Gesellschaft, mag er auch vor allem bei Publikumsgesellschaften praktisch werden (Rn 39). Und Entsprechendes gilt für das bei *Vollendung des 18. Lebensjahres* gewährte Sonderkündigungsrecht (Rn 31 ff). Im Übrigen bewendet es bei der Möglichkeit zur Auflösungsklage. 4

B. Die materiellrechtlichen Voraussetzungen

I. Der Anwendungsbereich des § 133

1. Sachlicher Anwendungsbereich. Die in § 133 vorgesehene Auflösung durch Gestaltungsurteil gilt nach der gesetzlichen Regelung nur für die offene Handelsgesellschaft und – über § 161 Abs. 2 – für die Kommanditgesellschaft. Ob die Gesellschaft befristet oder unbefristet eingegangen ist, ist für die Anwendbarkeit von § 133 ohne Bedeutung. Zweck der Klage ist es, vorzeitig eine gesellschaftsrechtliche Bindung zu lösen, soweit dies nicht auf einem anderen Wege erreicht werden kann. Das trifft bei Vorliegen einer Mindestfrist, aber auch dann zu, wenn die Gesellschaft auf unbestimmte Zeit eingegangen ist und die Kündigung nur unter Einhaltung einer unzumutbar langen Kündigungsfrist (Rn 8) oder nach Ablauf einer vereinbarten Mindestdauer möglich ist. **Kein Raum** ist demgegenüber für eine Auflösung aus wichtigem Grund, wenn der klagewillige Gesellschafter nach dem Gesellschaftsvertrag jederzeit ordentlich kündigen kann und der Gesellschaftsvertrag für diesen Fall keine mit § 133 Abs. 3 unvereinbaren Abfindungsbeschränkungen enthält.[11] Entsprechendes gilt, wenn der Vertrag abweichend von § 133 ein **außerordentliches Austrittsrecht** vorsieht (Rn 72, 74) oder dieses im konkreten Fall 5

---

7 So auch *Wiedemann* Gedächtnisschrift Lüderitz, 2000, S. 839 (845); *Habersack* Reform, S. 73, 92; Ebenroth/Boujong/Joost/Strohn/*Lorz* Rn 8 f.

8 So etwa *Koller*/Roth/Morck Rn 3.

9 Nachweise in Fn 3.

10 Nachweise in Fn 4.

11 So zur früheren Rechtslage schon *Hueck* OHG § 25 II 2, S. 372 f; Heymann/*Emmerich* Rn 2; ferner Ebenroth/Boujong/Joost/Strohn/*Lorz* Rn 5.

praeter legem anzuerkennen ist (Rn 3 f).[12] Das außerordentliche Lösungsrecht nach § 133 besteht also nur, wenn die ordentliche Kündigung mit sofortiger Wirkung nicht möglich ist oder nicht zum gleichen Ziel führt. – Zum Einfluss von Vereinbarungen im Gesellschaftsvertrag über Kündigungsrecht und Mindestdauer der Gesellschaft auf die Beurteilung des wichtigen Grundes vgl. Rn 70.

6 § 133 gilt auch bei der in Vollzug gesetzten **fehlerhaften Gesellschaft**, die nach den Regeln des fehlerhaften Verbands bis zu ihrer Auflösung voll wirksam ist (§ 105 Rn 346 ff). Bei ihr scheidet überdies eine Berufung auf die Nichtigkeit des Gesellschaftsvertrags oder dessen Anfechtung aus Rechtssicherheitsgründen nach Aufdeckung des Mangels aus.[13] Dieser ist zudem grundsätzlich im Wege der Auflösungsklage geltend zu machen.[14] Sind demgegenüber nur **einzelne Beitrittserklärungen** fehlerhaft, liegt insoweit **nicht** einmal ein Fall des § 133 vor; vielmehr steht dem fehlerhaft Beigetretenen in diesen Fällen ein Recht zur außerordentlichen **Austrittskündigung** zu (s. schon Rn 3 f sowie Rn 39). Denn das für die Einführung des § 133 maßgebliche Bedürfnis nach Rechtssicherheit und -klarheit (Rn 2) besteht nicht bei absoluten Kündigungsgründen, hier der Unwirksamkeit der Beitrittserklärung. Vielmehr gilt Entsprechendes wie für das Sonderkündigungsrecht nach § 723 Abs. 1 S. 3 Nr. 2 BGB (dazu Rn 31 ff). – Näher zum Ganzen, insbesondere dazu, dass die Fehlerhaftigkeit des Gesellschaftsvertrages bzw. der Beitrittserklärung schon als solche einen Auflösungs- bzw. Kündigungsgrund bildet, Rn 38 f.

7 Auf sonstige Personengesellschaften (**bürgerlich-rechtliche Gesellschaft, stille Gesellschaft**) findet § 133 **keine Anwendung.**[15] Vielmehr bleibt es hier nach §§ 723 Abs. 1 S. 2, 3 BGB, auf den § 234 Abs. 1 S. 2 für die stille Gesellschaft verweist, bei der Auflösungskündigung. Eine Ausnahme gilt allerdings für die „kleine", als OHG bzw. KG gegründete Gesellschaft, die wegen § 123 Abs. 2 mit Geschäftsbeginn zunächst als GbR entsteht und erst durch Eintragung in die Form der OHG wechselt (Rn 8). Die Auflösung durch Gestaltungsurteil kann in diesen Fällen aus prozessrechtlichen Gründen auch **nicht wirksam vereinbart** werden.[16] Denn die rechtsändernde Kraft, die dem Gestaltungsurteil zukommt und ihm Wirkung gegenüber jedermann verleiht, beruht nicht allein auf Erlass und Rechtskraft des Urteils. Sie setzt vielmehr eine entsprechende gesetzliche Ermächtigung voraus.[17] Weil eine solche fehlt und mangels Regelungslücke auch nicht die analoge Anwendung des § 133 in Betracht kommt,[18] geht die Vereinbarung einer Auflösung durch Gestaltungsurteil ins Leere.[19] Zulässig ist es aber, die Auflösung an die gerichtliche

---

12 BGHZ 31, 295 (300); BGH WM 1957, 1406 (1407); Schlegelberger/*K. Schmidt* Rn 6; Ebenroth/Boujong/Joost/*Lorz* Rn 4.

13 Näher § 105 Rn 315 ff sowie eingehend *C. Schäfer* Fehlerhafter Verband, S. 137 ff, 201 ff, jew. mit zahlr. Nachw.; vgl. ferner § 131 Rn 54 ff zur fehlerhaften Auflösung und § 131 Rn 196 f zum fehlerhaften Ausscheiden.

14 Std. Rspr. BGHZ 3, 285 (289 f); näher § 105 Rn 350 f zu den Besonderheiten für die Geltendmachung einer fehlerhaften Beitrittserklärung siehe schon oben Rn 3 f mit Nachweisen in Fn 3 sowie unten Rn 39.

15 MünchKommBGB[5]/*Ulmer*/*C. Schäfer* § 723 Rn 3; Ebenroth/Boujong/Joost/Strohn/*Lorz* Rn 5; Baumbach/*Hopt* Rn 2; Heymann/*Emmerich* Rn 2; im Grds. auch MünchKommHGB/*K. Schmidt* Rn 3.

16 Vgl. BGH NJW-RR 1990, 474 (475); *Rothe* AcP 151 (1951), 33 ff, weit. Nachw. in Fn 17. Vgl. auch Rn 69.

17 *Bötticher* FS Dölle, 1964, S. 56; *Nicklisch* Bindung, 130 ff, 141; *Schlosser* Gestaltungsklagen, S. 22.

18 *Hueck* FS Heymanns-Verlag, 1965, S. 287 (292 ff); so auch MünchKommHGB/*K. Schmidt* Rn 3. – Zur grundsätzlichen Analogiefähigkeit des § 133 s. aber auch Rn 69.

19 Vgl. *Hueck* FS Heymanns-Verlag, 1965, S. 287 (294 f); *Raisch* BB 1969, 1361 (1365); abw. aber RG SeuffA 95 Nr. 33; *Andörfer* Kündigungsrecht, S. 93 f.

Feststellung des wichtigen Grundes zu knüpfen,[20] zumal sich hiermit keine Gestaltungswirkung verbindet. – Zu Vereinbarungen über den wichtigen Grund vgl. unten Rn 70 f.

2. Zeitlicher Anwendungsbereich. Fraglich ist, ob § 133 schon *ab Vertragsschluss* anwendbar ist, wie die ältere Rechtsprechung angenommen hat.[21] Hierfür könnte sprechen, dass jedenfalls der Auflösungsbeschluss eine Änderung des Gesellschaftsvertrages bedingt und seine Wirksamkeit daher eine Frage des Innenverhältnisses darstellt (Zulässigkeit eines Mehrheitsbeschlusses etc.). Andererseits entsteht eine als OHG bzw. KG gegründete Gesellschaft gem. § 123 Abs. 2 vor der Eintragung zunächst als GbR, wenn das von ihr betriebene Gewerbe keine kaufmännische Einrichtung i.S.v. § 1 Abs. 2 erfordert. Dennoch lässt sich die *entsprechende Anwendung des § 133* auf eine solche **„Vor-OHG/KG"** rechtfertigen, weil sich die Gesellschafter im Innenverhältnis auf die Gründung einer OHG bzw. KG verständigt haben. Dass im Gesellschaftsvertrag einer GbR mangels Dispositionsbefugnis grundsätzlich keine Gestaltungsklagen vereinbart werden können (Rn 7), steht nicht entgegen, weil es allein um die analoge Anwendung des § 133 auf eine entstehende OHG/KG geht.[22] Andererseits passt das schwerfällige Auflösungsverfahren nach § 133 nicht für Gesellschaften, die nach außen noch nicht durch Geschäftsbeginn entstanden sind und die, abgesehen von den Einlageansprüchen, noch kein Gesamthandsvermögen gebildet haben.[23] Soweit sich in diesem Stadium ein wichtiger Grund zur Lösung des Vertragsverhältnisses ergibt, bewendet es bei den allgemeinen Rechtsbehelfen der §§ 280 ff, 320 ff BGB. Das entspricht nicht nur dem allgemeinen, auch nach Inkraftsetzung des § 314 BGB fortgeltenden Grundsatz, wonach das Rücktrittsrecht grundsätzlich erst nach Vollzug durch das Recht zur (außerordentlichen) Kündigung verdrängt wird.[24] Vielmehr gilt Entsprechendes nach den Regeln der Lehre vom fehlerhaften Verband (LfV) auch für die Verdrängung der Unwirksamkeitstatbestände des Bürgerlichen Rechts durch die gesellschaftsrechtlichen Auflösungsregeln, namentlich also § 133 (Rn 6). Auch die Regeln der LfV greifen erst ein, nachdem die Gesellschaft durch Geschäftsbeginn nach außen wirksam geworden ist.[25] Nur im Ergebnis *und* für die Zeit nach Geschäftsbeginn trifft es also zu, wenn die ältere Rechtsprechung für die Anwendbarkeit des § 133 nicht auf die Registereintragung, sondern auf den Vertragsschluss abgestellt hat.[26] Richtigerweise ist bei der als OHG oder KG gegründeten Gesellschaft **einheitlich auf den Geschäftsbeginn** als den für die Entstehung maßgeblichen Zeitpunkt abzustellen. Für Gesellschaften, die gem. § 123 Abs. 2 durch Geschäftsbeginn schon als OHG bzw. KG entstehen, gilt dies ebenso wie für diejenigen Gesellschaften, die wegen § 123 Abs. 2 zunächst als GbR entstehen, im letzteren Falle aufgrund *analoger* Anwendung des § 133 auf die „Vor-OHG/KG". 8

[20] Zur funktionellen Ähnlichkeit derartiger Regelungen vgl. *Bötticher* FS Dölle, 1964, S. 43 (56).

[21] So etwa BGH LM Nr. 3, 7 zu § 133; BGH WM 1957, 1407.

[22] Ebenso im Ergebnis MünchKommHGB/*K. Schmidt* Rn 3 i.V.m. Schlegelberger/*K. Schmidt* Rn 3; *Hueck* OHG § 5 I 2, S. 40 f; **aA** 3. Aufl. Rn 6 (*Ulmer*) – unter Berufung auf die fehlende Dispositionsbefugnis. – Zur Analogiefähigkeit des § 133 vgl. Rn 69.

[23] In diesem Sinne bereits *Hueck* OHG § 25 II 2, S. 372 f; 3. Aufl. Rn 6 (*Ulmer*).

[24] Vgl. nur MünchKommBGB[5]/*Gaier* § 314 Rn 3. – Zur Anwendbarkeit der §§ 320 ff bei Leistungsstörungen im Rahmen eines auf Errichtung einer OHG gerichteten Vorvertrags vgl. OLG Koblenz MDR 1959, 130; 3. Aufl. Rn 6 (*Ulmer*); Schlegelberger/*K. Schmidt* Rn 3.

[25] S. nur oben Rn 6 sowie § 105 Rn 335 f zum Vollzugserfordernis.

[26] So etwa BGH LM Nr. 3, 7 zu § 133; BGH WM 1957, 1407.

9 Nach hM ist für eine Auflösungsklage andererseits nur so lange Raum, wie die Gesellschaft **nicht aus anderen Gründen aufgelöst** ist.[27] Demgegenüber wird verbreitet betont, dass einer Auflösungsklage erst dann das Rechtsschutzbedürfnis fehle, wenn die Auflösung schon „definitiv und unstreitig" feststehe.[28] Zwischen diesen Ansichten besteht indes kein echter Widerspruch; die zuletzt genannte Auffassung ergänzt lediglich die materiellrechtliche Lage. Insofern muss wegen des auf die Gewährleistung größtmöglicher Rechtssicherheit und -klarheit gerichteten Normzwecks (Rn 2) eine Klage nach § 133 in der Tat so lange zulässig sein, wie ein zwischen den Parteien über den Eintritt eines anderen Auflösungsgrundes bestehender Streit nicht verbindlich, insbes. rechtskräftig entschieden ist; das ist eine Frage des Rechtsschutzbedürfnisses. Andererseits gilt aber auch, dass die Auflösungsklage in der Hauptsache erledigt ist, wenn während ihrer Rechtshängigkeit die Auflösung aus einem anderen, sofort wirkenden Grund eintritt,[29] sofern dieser entweder unstreitig oder rechtskräftig festgestellt ist. Nicht anders ist die Rechtslage, wenn die Gesellschaft während der Rechtshängigkeit der Auflösungsklage sogar *vollbeendet* wird,[30] etwa aufgrund ihres liquidationslosen Erlöschens wegen Wegfalls des vorletzten Gesellschafters (dazu auch § 140 Rn 26, 51).

II. Der wichtige Grund

10 **1. Unbestimmter Rechtsbegriff.** Der wichtige Grund ist ein unbestimmter Rechtsbegriff, dessen Vorliegen *jedem* Gesellschafter ein Klagerecht auf Auflösung der Gesellschaft durch Gestaltungsurteil gibt. Nach der **Legaldefinition** des § 314 Abs. 1 S. 2 BGB liegt ein wichtiger Grund vor, wenn dem kündigenden Teil unter Berücksichtigung aller Umstände des Einzelfalls und unter Abwägung der beiderseitigen Interessen die **Fortsetzung** des Vertragsverhältnisses bis zur vereinbarten Beendigung oder bis zum Ablauf einer Kündigungsfrist **nicht zugemutet** werden kann. Daneben haben die in § 133 Abs. 2 genannten Gründe nur beispielhafte Bedeutung. Die Definition des § 314 Abs. 1 S. 2 BGB verbindet zwei schon zuvor gebräuchliche Formeln zur Umschreibung des wichtigen Grundes: Nach der **ersten Formel** muss der zur Auflösung berechtigende Grund so gravierend sein, dass dem Gesellschafter unter Abwägung aller Umstände ein Festhalten am Gesellschaftsvertrag bis zum nächsten ordentlichen Auflösungstermin nicht zumutbar ist, weil das Vertrauensverhältnis grundlegend gestört oder ein gedeihliches Zusammenwirken aus sonstigen, namentlich auch wirtschaftlichen Gründen nicht mehr möglich ist.[31] Die **zweite Formel** stellt darauf ab, ob das auf dem wichtigen Grund beruhende Individualinteresse an der sofortigen Auflösung höher zu bewerten ist als das Interesse der Mitgesellschafter an der unveränderten Fortsetzung der Gesellschaft.[32] Ist somit die Unzumutbarkeit einer Fortsetzung der Gesellschaft auch auf die *Möglichkeit zur ordentlichen Kündigung* zu beziehen (erste Formel), so ist hierbei zu beachten, dass deren

[27] 3. Aufl. Rn 7 *(Ulmer)*; Heymann/*Emmerich* Rn 2; *Michalski* OHG Rn 2.

[28] So MünchKommHGB/*K. Schmidt* Rn 5; dem folgend Ebenroth/Boujong/Joost/Strohn/*Lorz* Rn 5; Röhricht/Graf v. Westphalen/*v. Gerkan/Haas* Rn 3; Baumbach/*Hopt* Rn 3.

[29] RG JW 1929, 1359.

[30] Unstr., vgl. BGH NJW 1979, 765; MünchKommHGB/*K. Schmidt* Rn 5; Heymann/*Emmerich* Rn 2.

[31] Vgl. BGHZ 31, 295 (304); 69, 160 (169); BGH NJW 1998, 146; ferner BGHZ 84, 379 (382 f) = NJW 1982, 2821; BGH WM 1975, 329 (330 f); 1963, 282 (283); *Hueck* OHG § 25 II 2, S. 372; Ebenroth/Boujong/Joost/Strohn/*Lorz* Rn 6.

[32] Vgl. z.B. BGHZ 84, 379 (383) = NJW 1982, 2821; ähnlich MünchKommHGB/*K. Schmidt* Rn 11; Baumbach/*Hopt* Rn 5.

Rechtsfolge seit der *Handelsrechtsreform 1998* nicht mehr in der Auflösung, sondern in dem für den Gesellschafter häufig ungünstigeren Ausscheiden besteht (§ 131 Abs. 3 Nr. 3). Dies schließt die Anwendung des § 314 Abs. 1 S. 2 BGB insofern zwar nicht aus; doch ist bei der Interessenabwägung (Rn 11) zusätzlich zu berücksichtigen, ob der Gesellschaftsvertrag eine **Abfindungsbeschränkung** für den Kündigungsfall vorsieht. Denn in diesem Falle bedingt die Kündigung eine für den betroffenen Gesellschafter im Vergleich zur Auflösung nachteilige Rechtsfolge, so dass sie ihm keinen äquivalenten Rechtsbehelf bietet. Auf die Möglichkeit zur ordentlichen Kündigung braucht sich der Kläger maW nur dann verweisen zu lassen, wenn er durch die damit verbundene Ausscheidensfolge keine unzumutbaren finanziellen Nachteile erleidet. Auch aus diesem Grund ist im Übrigen Zurückhaltung gegenüber der Ansicht geboten, dass nicht die Klagemöglichkeit nach § 133, sondern ein außerordentliches Austrittsrecht bestehe, wenn die Fortsetzung der Gesellschaft nur einem Gesellschafter gegenüber unzumutbar sei.[33] – Wegen der **Nachprüfbarkeit** des wichtigen Grundes **in der Revisionsinstanz** kann auf die Ausführungen zu § 117 Rn 46–48 verwiesen werden.

2. **Interessenabwägung.** Gem. § 314 Abs. 1 S. 2 BGB ist eine **Würdigung der Gesamtumstände des Einzelfalls** erforderlich. Zu diesen gehören anerkanntermaßen die Art und der Zweck sowie die bisherige Dauer[34] der Gesellschaft und der Umfang der dabei geschaffenen Werte, ferner die Zeit bis zur nächsten ordentlichen Kündigungsmöglichkeit (vgl. aber Rn 10 aE),[35] die Intensität der persönlichen Zusammenarbeit und die Stellung des Kündigenden in und zu der Gesellschaft,[36] weiter das Ausmaß der eingetretenen Störung des Vertrauensverhältnisses und der voraussichtlichen Entwicklung der Gesellschafterbeziehungen. Auch die in Abs. 2 als **Regelbeispiele** genannten Fälle der groben Pflichtverletzung und der Unmöglichkeit der Pflichterfüllung machen eine Interessenabwägung keineswegs entbehrlich, bilden also keine absoluten Kündigungsgründe.[37] Im Übrigen folgt aus der Berücksichtigung der konkreten Verhältnisse der jeweiligen Gesellschaft, dass der gleiche Umstand bei verschiedenen Gesellschaften ganz unterschiedliches Gewicht einnehmen kann, die Kündigung in einem Falle rechtfertigt, im anderen dagegen nicht. – Zur Frage eines **Abmahnungserfordernisses** bei verhaltensbezogenen Kündigungsgründen vgl. Rn 27. 11

Ein von den Gesellschafterinteressen zu trennendes **öffentliches Interesse** an der Erhaltung des Gesellschaftsunternehmens ist im Rahmen von § 133 **nicht** anzuerkennen. Daran hat auch die Handelsrechtsreform 1998 nichts geändert, auch wenn sie vom Ziel geleitet war, die Unternehmenskontinuität besser zu gewährleisten (§ 131 Rn 2 ff).[38] Denn hierfür knüpft das Gesetz unverändert an den (vermuteten) Parteiwillen an, überlässt also den Bereich des Ausscheidens und der Auflösung weiterhin der Privatautonomie (§ 131 Abs. 3 S. 1 und Nr. 5). Der Frage kommt allerdings schon deshalb keine besondere praktische Bedeutung zu, weil regelmäßig auch das Interesse der beklagten 12

[33] So aber *K. Schmidt* Gesellschaftsrecht, § 52 III 4b, S. 1446; näher zur Ablehnung eines allgemeinen Austrittsrechts aus wichtigem Grund bereits oben, Rn 3 f.

[34] BGH DB 1977, 87 (88).

[35] BGH WM 1975, 329 (331); 1976, 1030 (1032) (stille Gesellschaft; 1,5 Jahre bis zur nächsten ordentlichen Kündigung stehen einer außerordentlichen Kündigung nicht entgegen).

[36] EinhM, vgl. BGHZ 84, 379 (382) = NJW 1982, 2821; BGH NJW 1996, 2573; MünchKommBGB[5]/*Ulmer*/*C. Schäfer* § 723 Rn 29; Ebenroth/Boujong/Joost/Strohn/*Lorz* Rn 6 f.

[37] Allgemein dazu *Oetker* Dauerschuldverhältnis, S. 444 f.

[38] Abweichend Ebenroth/Boujong/Joost/Strohn/*Lorz* Rn 8.

Gesellschafter auf Erhaltung des Unternehmens gehen wird; es ist dann aufgrund der gesellschaftlichen Treupflicht auch vom Kläger zu respektieren (Rn 13). Andererseits rechtfertigt es die Handelsrechtsreform nicht, in weiterem Umfang als bisher das Auflösungsklagerecht durch ein praeter legem entwickeltes Austrittsrecht zurückzudrängen.[39]

13 **3. Verhältnismäßigkeitsprinzip.** Die richterliche Auflösung der Gesellschaft ist nach dem Prinzip der Verhältnismäßigkeit nur das **äußerste Mittel.** Das folgt schon aus der alle Gesellschafter bindenden, die Ausübung ihrer Rechte beschränkenden Treupflicht.[40] Es reicht demgemäß nicht, dass dem Kläger das Festhalten am Vertrag nicht länger zumutbar ist; vielmehr dürfen auch keine weniger einschneidenden Gestaltungsmöglichkeiten zu Gebote stehen, die in einer für alle Beteiligten annehmbaren Weise zur Beilegung der Differenzen führen könnten.[41] Die Annahme eines wichtigen Grundes setzt daher auch voraus, dass weder die Verweisung des Klägers auf ordentliche Auflösungsmöglichkeiten (Kündigung, Zeitablauf) zumutbar erscheint (s. aber Rn 10), noch durch weniger einschneidende, den Fortbestand der Gesellschaft sichernde Maßnahmen Abhilfe geschaffen werden kann.[42] Bei *personenbezogenen Gründen* ist insbesondere zu prüfen, ob nicht schon der **Entzug der Geschäftsführungs- und Vertretungsbefugnis** nach §§ 117, 127 als das *mildere Mittel* ausreicht, um die gemeinsame Fortführung der Gesellschaft zumutbar erscheinen zu lassen.[43] Sind allerdings die übrigen Gesellschafter nicht bereit, bei der erforderlichen Entziehungsklage mitzuwirken, so kann hierin ein die Auflösung rechtfertigender Grund liegen. Auch der **Ausschluss** eines Gesellschafters gem. § 140 kann in diesem Sinne als milderes Mittel anzusehen sein, wenn die übrigen Gesellschafter an der Klage nach § 140 mitzuwirken bereit sind und nicht ihrerseits Ausschließungsgründe gesetzt haben.[44] Steht dem Kläger – in der Publikumsgesellschaft oder bei vertraglicher Vereinbarung – ein Recht zum **Austritt** aus wichtigem Grund zu, braucht er sich hierauf aber nur verweisen zu lassen, wenn er dadurch keine erheblichen Einbußen erleidet (s. schon Rn 10 aE). Bei rein kapitalistischer Beteiligung kommt es hierfür allein auf die finanzielle Kompensation an,[45] bei unternehmerischer Beteiligung können dagegen auch immaterielle Interessen es unzumutbar erscheinen lassen, dass die übrigen Gesellschafter die Gesellschaft ohne den klagewilligen Gesellschafter fortführen.

14 Das Gericht kann wegen der Bindung an die Klageanträge **nicht** von **Amts wegen** anstelle der beantragten Auflösung **auf andere Vertragsänderungen** wie Entziehung der Geschäftsführungs- oder Vertretungsmacht oder Ausschluss eines Gesellschafters erkennen. Es hat aber die Möglichkeit, durch einen Vergleichsvorschlag im Rahmen seiner wertenden Beurteilung weniger einschneidende, zur Abhilfe geeignete und allen Beteiligten zumutbare Vertragsänderungen anzuregen. Die Vorschläge müssen geeignet sein, die Quelle der Störungen zu beseitigen, indem sie etwa die Mitwirkungsrechte eines stören-

---

39 So aber Ebenroth/Boujong/Joost/Strohn/*Lorz* Rn 9 – näher dazu Rn 4.

40 So bereits RG JW 1938, 2212 (2213); zuletzt OLG Karlsruhe NZG 2008, 785; s.a. *Wiedemann* WM 1992, Beil. 7, S. 52 ff.

41 Vgl. BGHZ 18, 350 (362); 69, 160 (169); BGH WM 1968, 430; MünchKommHGB/*K. Schmidt* Rn 13; Ebenroth/Boujong/Joost/Strohn/*Lorz* Rn 10.

42 S. schon RGZ 122, 312; 146, 169; RG JW 1938, 2212; OGHZ 2, 253 (262); BGHZ 18, 350 (362); BGH LM Nr. 4 zu § 133; BGH WM 1966, 29 (31); weitere Nachw. in Fn 41.

43 BGHZ 4, 108 (111 f); MünchKommHGB/*K. Schmidt* Rn 9; Heymann/*Emmerich* Rn 6; Ebenroth/Boujong/Joost/Strohn/*Lorz* Rn 10.

44 MünchKommHGB/*K. Schmidt* Rn 11; Ebenroth/Boujong/Joost/Strohn/*Lorz* Rn 10; näher zum Verhältnis zwischen § 117, § 127 und § 133 bei § 117 Rn 6 ff.

45 Vgl. aber auch BGHZ 69, 160 (162): Vorrang der Auflösung, wenn der wichtige Grund alle Gesellschafter gleichermaßen betrifft.

den Gesellschafters drastisch einschränken und die Umwandlung seiner Beteiligung in diejenige eines Kommanditisten vorsehen oder – bei äußeren Störungen – auf eine entsprechende Anpassung des Gesellschaftszwecks hinwirken. Lehnen die Beklagten diese Vorschläge ab, so folgt daraus, dass mildere Mittel nicht in Betracht kommen; der Auflösungsantrag des Klägers ist in diesem Fall begründet, wenn ihm die Fortsetzung der Gesellschaft auf unveränderter Grundlage nicht zugemutet werden kann. Wird der Vergleich umgekehrt zwar von dem Beklagten, nicht aber vom Kläger akzeptiert, so wird dieser sich regelmäßig auch nicht mehr auf die Unzumutbarkeit der Fortsetzung berufen können.[46]

4. Beurteilungszeitpunkt. Für die Interessenabwägung sind sämtliche Umstände zu berücksichtigen, die bis zum *Zeitpunkt der letzten mündlichen Tatsachenverhandlung* in den Prozess eingeführt werden.[47] Grundsätzlich kann jeder bis dahin eintretende Umstand die Auflösung rechtfertigen, sofern er sich noch derart nachteilig auf die Beziehungen der Gesellschafter auswirkt, dass die Fortführung der Gesellschaft unzumutbar ist. Im Einzelnen ist wie folgt zu differenzieren: Vorfälle aus der Zeit **vor Errichtung** der Gesellschaft sind jedenfalls insoweit von Bedeutung, als das spätere Verhalten des Gesellschafters dadurch besonderes Gewicht erhält.[48] Tatsachen, die **nach Klageerhebung** *eingetreten* sind, können den Ausschlag für die Annahme eines wichtigen Grundes geben, aber auch zu seiner Verneinung führen, etwa wenn durch einen zwischenzeitlichen Mitgliederwechsel die Hauptquelle der Unzuträglichkeiten beseitigt ist.[49] Die Rechtslage ist insofern eine andere als bei der Kündigung, wo nach hM ein *Nachschieben* von Gründen nur ausnahmsweise in Betracht kommt;[50] denn dort zeitigt schon die Erklärung Gestaltungswirkung, nicht erst das Auflösungsurteil nach § 133. **Ältere**, lange vor Klageerhebung liegende **Tatsachen**, auch verziehene Verfehlungen, können noch zur Beurteilung einer *neuen* Tatsache als wichtiger Grund beitragen;[51] für sich allein reichen sie aber regelmäßig nicht aus, weil die zwischenzeitliche Fortsetzung der Gesellschaft auf ihren weniger schwerwiegenden Charakter schließen lässt.[52] 15

5. Die verschiedenen Arten wichtiger Gründe. Wie schon betont (Rn 1), ersetzt die Auflösungsklage nach § 133 bei der wirksam entstandenen und in Vollzug gesetzten Gesellschaft all diejenigen Rechtsbehelfe, die sonst bei Schuldverhältnissen eine einseitige 16

---

[46] Vgl. BGHZ 18, 350 (363 f); OLG Nürnberg WM 1958, 710 (714).

[47] BGH NJW 1998, 146; RGZ 51, 89 (91); OLG Nürnberg WM 1958, 710 (713); ferner RGZ 122, 38 (39); BGHZ 27, 220 (225); MünchKommHGB/*K. Schmidt* Rn 12; Heymann/*Emmerich* Rn 3; Baumbach/*Hopt* Rn 5; teilweise abweichend *Wiedemann* WM 1992, Beil. 7, S. 52.

[48] BGH WM 1961, 886; MünchKommHGB/*K. Schmidt* Rn 12; abweichend aber BGHZ 18, 350 (365) für Vorfälle aus der Zeit, in der die Personengesellschaft als AG betrieben wurde.

[49] Insoweit abweichend *Wiedemann* WM 1992, Beil. 7, S. 52 (nach Klageerhebung entstandene Gründe sind nicht berücksichtigungsfähig); anders die hM, Nachw. in Fn 47.

[50] Dazu MünchKommBGB[5]/*Ulmer*/*C. Schäfer* § 723 Rn 27 mwN.

[51] RGZ 51, 89 (91); MünchKommHGB/*K. Schmidt* Rn 12; Röhricht/Graf v. Westphalen/*v. Gerkan*/*Haas* Rn 4.

[52] RG JW 1935, 2490; BGH MDR 1959, 186; BGH NJW 1966, 2160; vgl. aber auch BGH NJW 1999, 2820 (2821) (kein Wegfall des Kündigungsgrundes, wenn Ausschließungsklage 11 Monate nach einer schweren Pflichtverletzung [Unterschlagung] erfolgt, ohne dass Zeitpunkt der Kenntniserlangung festgestellt wird); s. ferner MünchKommHGB/*K. Schmidt* Rn 42; Röhricht/Graf v. Westphalen/*v. Gerkan*/*Haas* Rn 4; Heymann/ *Emmerich* Rn 5.

Lösung vom Vertrag gestatten: außerordentliche Kündigung, Rücktritt (§§ 323 f, 326 Abs. 5 BGB) und die Berufung auf den Wegfall der Geschäftsgrundlage[53]. Außerdem tritt die Klage bei fehlerhafter Vertragsgrundlage an die Stelle der Anfechtung des Gesellschaftsvertrags oder der Berufung auf dessen Nichtigkeit (Rn 6). Diesen vielfältigen Funktionen entspricht eine große Vielfalt der als wichtiger Grund in Betracht kommenden Umstände. Die Aufzählung in § 133 Abs. 2 ist demgemäß nur sehr unvollständig.

17 Die für den wichtigen Grund erheblichen Umstände lassen sich danach unterscheiden, ob sie dem *internen* Gesellschaftsbereich zuzuordnen sind oder auf äußeren Einflüssen beruhen.[54] Bei der ersten Gruppe stehen diejenigen Probleme im Mittelpunkt, die sich aus der Nichterfüllung oder Unmöglichkeit der gesellschaftsvertraglichen Pflichten oder aus sonstigen grundlegenden Störungen des gegenseitigen Vertrauens ergeben. Sie deckt sich mit der inzwischen üblichen Einteilung als **personenbezogene Gründe**, die sich weiter in verhaltensbezogene und nichtverhaltensbezogene Gründe differenzieren lässt.[55] Gerade bei ihnen stellt sich regelmäßig die Frage, ob nicht bereits weniger einschneidende Eingriffe Abhilfe schaffen können (Rn 13). Zu den nicht verhaltensbedingten Gründen gehört seit 1999 auch der Eintritt in die Volljährigkeit eines minderjährigen Gesellschafters (dazu Rn 31). Anders verhält es sich mit der zweiten, die *äußeren* Faktoren umfassenden Gruppe, bei der es um Fragen von Erreichung oder Unerreichbarkeit des Gesellschaftszwecks sowie sonstige die wirtschaftliche Grundlage der Gesellschaft betreffende Umstände (Kapitalverlust, dauernde Unrentabilität) geht. Sie rubrizieren häufig auch als **gesellschaftsbezogene Gründe**. Hier geht es gemäß dem Verhältnismäßigkeitsprinzip oftmals um die Frage, ob eine zumutbare Anpassung des Gesellschaftsvertrags in Betracht kommt, die im Vergleich zur Auflösung als milderes Mittel Vorrang genießt. Eine dritte Gruppe von wichtigen Gründen umfasst schließlich diejenigen Umstände, die den **Vertrag** insgesamt **fehlerhaft** (nichtig oder anfechtbar) machen. In diesen Fällen kommt der vertraglichen Bindung der Gesellschafter kein entscheidendes Gewicht zu; sie sind demgemäß als absolute Kündigungsgründe zu behandeln (vgl. Rn 38).

6. Beurteilungsgrundsätze

18 a) **Allgemeines.** Das Gesetz nennt in § 133 Abs. 2 bestimmte Tatsachen, bei deren Vorliegen ein wichtiger Grund vorhanden sein soll. Ein ähnliches Vorgehen findet sich in § 723 Abs. 1 BGB sowie in §§ 117, 127. Die in § 133 Abs. 2 genannten Gründe (grobe Verletzung oder Unmöglichkeit der Erfüllung wesentlicher Pflichten) entsprechen dabei im Grundsatz den in §§ 117, 127 für die Entziehung von Geschäftsführungsbefugnis und Vertretungsmacht angeführten Umständen mit dem Unterschied, dass in § 133 Abs. 2 allgemein auf die wesentlichen Verpflichtungen aus dem Gesellschaftsvertrag abgestellt wird, nicht nur auf die Erfüllung der Verpflichtung zu Geschäftsführung bzw. Vertretung. Der wichtige Grund i.S.v. § 133 Abs. 2 kann sich also seiner Art nach mit demjenigen nach §§ 117, 127 decken, als Auflösungsgrund kommt er jedoch nur dann in Betracht, wenn nicht bereits die Entziehungsklage nach §§ 117, 127 ausreicht, um den Gesellschaftsfrieden herzustellen (Rn 13, 25). Die **Bedeutung** der in § 133 Abs. 2 genannten Gründe darf nicht **überschätzt** werden. Es handelt sich lediglich um Beispiele, bei deren Vorliegen der Gesetzgeber typischerweise von einem wichtigen Grund ausgeht. Die Auf-

---

[53] RGZ 81, 303 (304); 89, 333 (335) und 398 (400); 165, 193 (200); RG JW 1929, 2147; BGHZ 10, 44 (51); Schlegelberger/*K. Schmidt* Rn 10.

[54] So 3. Aufl. Rn 15 *(Ulmer)*.

[55] Vgl. etwa MünchKommHGB/*K. Schmidt* Rn 15, 32; Ebenroth/Boujong/Joost/Strohn/*Lorz* Rn 17, 19.

zählung ist weder abschließend, noch stellt das Vorliegen eines der genannten Tatbestände einen absoluten Auflösungsgrund dar. Vielmehr ist auch bei Verletzung oder Unerfüllbarkeit wesentlicher Vertragspflichten im Einzelfall zu prüfen, ob daraus die Unzumutbarkeit der Fortsetzung der Gesellschaft folgt. Diese ergibt sich nach dem Prinzip der Interessenabwägung (Rn 11) aus einer **Gesamtschau** sämtlicher von beiden Seiten bis zur letzten mündlichen Tatsachenverhandlung vorgetragener Tatsachen (Rn 15). Namentlich bei Pflichtverletzungen durch einzelne Gesellschafter sind hierbei sowohl begünstigende wie auch belastende Tatsachen sorgfältig gegeneinander abzuwägen.[56]

b) **Kriterien für die Interessenabwägung.** Die Interessenabwägung hat von der Art und den **Besonderheiten der jeweiligen Gesellschaft** und der den einzelnen Gesellschaftern darin zukommenden Stellung auszugehen. So sind an den wichtigen Grund geringe Anforderungen zu stellen, wenn sich die Gesellschaft noch im **Anfangsstadium** befindet.[57] In diesem Zeitpunkt können die Beziehungen der Beteiligten noch verhältnismäßig leicht gelöst werden; auch ist es einem Gesellschafter nur schwer zumutbar, weiter am Aufbau einer Gesellschaft mitzuwirken, wenn sich bereits zu Beginn erhebliche Unstimmigkeiten ergeben.[58] Umgekehrt steht nach **langjähriger** erfolgreicher Zusammenarbeit das Bestandsinteresse der die Auflösung ablehnenden Gesellschafter im Vordergrund, da die Auflösung regelmäßig dazu führt, die gemeinsam geschaffene Unternehmensorganisation mit ihren oft bedeutenden Werten zu zerschlagen.[59] 19

Zeitfaktoren sind für die Interessenabwägung auch in sonstiger Hinsicht von Bedeutung. So spricht die **Möglichkeit** der jederzeit oder doch in absehbarer Frist im Wege der **Kündigung** erzielbaren Auflösung regelmäßig gegen die Anerkennung eines außerordentlichen Auflösungsgrundes i.S.v. § 133 (s. schon Rn 10, 11); das folgt aus dem Verhältnismäßigkeitserfordernis (Rn 13). Nicht eindeutig bewerten lässt sich ein (langjähriger) Ausschluss des Kündigungsrechts durch (wirksame) Vereinbarung einer **Mindestdauer** (§ 132 Rn 3): Einerseits kann er die Verweisung des Klägers auf die ordentliche Auflösungsmöglichkeit unzumutbar machen,[60] andererseits lässt die Mindestdauervereinbarung ein besonderes Interesse der Gesellschafter an der Bestandssicherung der Gesellschaft erkennen und legt es daher nahe, an das Vorliegen eines wichtigen Grundes höhere Anforderungen zu stellen.[61] – Zur Zulässigkeit von Mindestfristen vgl. § 132 Rn 33 ff. 20

Hinsichtlich der **Stellung der Gesellschafter** ist davon auszugehen, dass Umstände in der Person eines Gesellschafters regelmäßig umso größeres Gewicht haben, je zentraler die Rolle des einzelnen Gesellschafters innerhalb der Gesellschaft ist. Pflichtverletzung oder Unmöglichkeit der Pflichterfüllung (Rn 28) können daher die unveränderte Fortsetzung für die übrigen unzumutbar machen, vor allem, wenn sie bei zur Geschäftsführung und Vertretung berufenen Gesellschaftern eintreten. Allerdings ist bei erheblichen Verdiensten solcher Gesellschafter um die Gesellschaft auch besonders sorgfältig zu prüfen, ob nicht ein milderes, ihnen den Fortbestand der Gesellschaft sicherndes Mittel in Betracht kommt.[62] Das Gleiche gilt, wenn ein Teil der Gesellschafter durch die Auflösung 21

---

56 Vgl. BGH NJW 1998, 146 f; BGHZ 4, 108 (111); 46, 392 (397); MünchKommHGB/*K. Schmidt* Rn 23; Baumbach/*Hopt* Rn 5.

57 BGH WM 1969, 526; WM 1975, 329 (331); MünchKommHGB/*K. Schmidt* Rn 26; Baumbach/*Hopt* Rn 5.

58 Vgl. auch ROHG 10, 433 (436).

59 BGH WM 1966, 29 (31); WM 1975, 329 (zu § 723 BGB); Baumbach/*Hopt* Rn 5.

60 BGH MDR 1959, 186.

61 Vgl. BGH WM 1958, 216 (218); OLG Nürnberg WM 1958, 710 (714); *Hueck* OHG § 25 II 2, S. 373.

62 BGHZ 4, 108 (111, 122); 46, 392 (397); BGH WM 1973, 11 (12); MünchKommHGB/*K. Schmidt* Rn 23; Röhricht/Graf v. Westphalen/*v. Gerkan*/*Haas* Rn 7.

besonders hart getroffen und um die Früchte langjähriger Tätigkeit gebracht würde.[63] – Umstände in der Person eines für das gemeinsame Unternehmen weniger zentralen Gesellschafters, insbesondere eines (gesetzestypischen) **Kommanditisten**, sind demgegenüber nur in besonders gravierenden Fällen als Auflösungsgrund anzuerkennen.[64] Soweit solche Umstände der Fortsetzung mit ihm entgegenstehen, wird es im Übrigen naheliegen, statt der Auflösung seine Ausschließung aus der Gesellschaft nach § 140 zu verlangen.[65]

22 Zum Tatbestand des wichtigen Grundes gehört **nicht**, dass bereits ein **Schaden** eingetreten ist oder ein solcher unmittelbar droht. Schon eine erhebliche Gefährdung der Belange der Gesellschaft oder des klagenden Gesellschafters genügt. Umgekehrt rechtfertigt auch der bereits erfolgte Eintritt eines Schadens noch nicht unbedingt die Bejahung des wichtigen Grundes.[66] – Auch ist bei einer Pflichtverletzung (Rn 23) **nicht** erforderlich, dass diese **verschuldet** wurde, damit ein (verhaltensbedingter) wichtiger Grund angenommen werden kann (vgl. § 314 Abs. 2 BGB).[67] Entscheidend ist vielmehr die unter Abwägung aller Umstände zu beurteilende Zumutbarkeit der Fortsetzung der Gesellschaft. Im Falle der Vorwerfbarkeit einer Pflichtverletzung wird diese zwar eher zu verneinen sein.[68] Aber auch die auf Krankheit oder hohem Alter beruhende, also unverschuldete Unmöglichkeit der Erfüllung der Gesellschafterpflichten kann im Einzelfall ebenso einen Auflösungsgrund darstellen[69] wie Handlungen, die im Zustand der Verschuldensunfähigkeit begangen wurden.[70] – Endlich schließt auch ein (Mit-)**Verschulden des Klägers** hinsichtlich des Auflösungsgrundes den Erfolg der Klage nicht notwendig aus, wenn keine milderen Mittel zu Gebote stehen;[71] es kommt allein auf die Zerrüttung der Vertrauensgrundlage an. § 254 BGB ist unanwendbar.[72] Allerdings ist dem Kläger der Verbleib in der Gesellschaft im Falle eines Mitverschuldens eher zumutbar.[73] Das gilt erst recht, wenn nur er den Auflösungsgrund schuldhaft verursacht hat;[74] insofern wird allerdings nicht selten ein Ausschließungsgrund i.S.v. § 140 vorliegen (zum Verhältnis der Auflösungs- zur Ausschließungsklage s. schon Rn 13 und näher § 140 Rn 15). Im Übrigen kann eine Auflösungsklage rechtsmissbräuchlich sein, wenn der Kläger selbst schuldhaft die Voraussetzungen dafür geschaffen hat, dass die Fortsetzung der Gesellschaft unzumutbar ist (Rn 10, 24).

---

[63] BGH WM 1968, 430 (431).

[64] BGH NJW 1995, 597; OLG Hamm BB 1976, 722 (anders, wenn der Kommanditist einem Geschäftsführer gleichsteht); MünchKommHGB/*K. Schmidt* Rn 23.

[65] BGHZ 6, 113 (117); siehe schon oben Rn 14 sowie § 140 Rn 14 f.

[66] ROHG 20, 265; BGH MDR 1959, 529; Schlegelberger/*K. Schmidt* Rn 19.

[67] Seit langem unstr., vgl. RGZ 24, 136 (137); 146, 169 (176); BGHZ 80, 346 (348) (zu § 61 GmbHG); BGH WM 1975, 774 (775) (zu § 140); 1977, 500 (502); *Hueck* OHG § 25 II 2, S. 374; MünchKommHGB/*K. Schmidt* Rn 23; Heymann/*Emmerich* Rn 4; *Wiedemann* WM 1992, Beil. 7, S. 53.

[68] BGH WM 1975, 774 (775); 1977, 500 (502).

[69] RG DJZ 1931, 432 (433).

[70] RG SeuffA 67, 413; MünchKommHGB/*K. Schmidt* Rn 25.

[71] RGZ 122, 312 (313); OGHZ 2, 253 (259); BGHZ 80, 348 (zu § 61 GmbHG); MünchKommHGB/*K. Schmidt* Rn 25; Ebenroth/Boujong/Joost/Strohn/*Lorz* Rn 18.

[72] RG LZ 1917, 731; RG JW 1938, 1392; BGHZ 4, 108 (116); BGH WM 1960, 49 (50).

[73] MünchKommHGB/*K. Schmidt* Rn 25; s.a. BGHZ 4, 108 (111) (zu § 140).

[74] RGZ 122, 312 (313); OGHZ 2, 253 (259); BGHZ 80, 346 (348) (GmbH); MünchKommHGB/*K. Schmidt* Rn 25; MünchKommBGB[5]/*Ulmer*/*C. Schäfer* § 723 Rn 34; s. aber auch BGH NJW 1996, 2573 (2574) (GbR; Kläger, der selbst die Spannungen wesentlich verschärft hat, kann Kündigung nicht auf entsprechende Reaktionen der Mitgesellschafter stützen).

7. Personenbezogene Auflösungsgründe

a) Verhaltensbezogene Gründe. Der wichtigste und von § 133 Abs. 2 besonders betonte verhaltensbezogene Auflösungsgrund ist die **Verletzung** einer wesentlichen **Vertragspflicht.** Entsprechendes gilt aufgrund § 723 Abs. 1 S. 3 Nr. 1 BGB auch für die Gesellschaft bürgerlichen Rechts. In Betracht kommen alle mit der Mitgliedschaft verbundenen Verpflichtungen, gleichgültig, ob sie auf dem Gesetz oder einer besonderen Vertragsbestimmung beruhen. Doch darf weder die verletzte Pflicht noch die Verletzung selbst unwesentlich sein; eine einmalige Pflichtverletzung wird deshalb, auch wenn sie vorsätzlich oder grobfahrlässig erfolgt, häufig noch nicht ausreichen.[75] Immer muss die Beschädigung des Vertrauensverhältnisses so gravierend sein, dass die Fortsetzung der Gesellschaft für den Kläger unzumutbar wird, sei es, wegen der Schwere der Verfehlung, sei es wegen der durch sie begründeten Wiederholungsgefahr. 23

Als Verletzung einer wesentlichen Gesellschafterpflicht ist vor allem die Weigerung anzusehen, die versprochenen **Einlage- oder** (sonstigen) **Beitragspflichten** zu erfüllen; denn sie sind für die Verfolgung des gemeinsamen Zwecks unmittelbar relevant.[76] Das gilt jedenfalls bei nachhaltiger Erfüllungsverweigerung. Bei verspäteter oder mangelhafter Leistung kommt es darauf an, ob die Einlage für die Zwecke der Gesellschaft noch von Interesse ist oder ob die Leistungsstörung wegen ihrer Schwere oder wegen der Begleitumstände die Fortsetzung der meist noch im Anfangsstadium befindlichen Gesellschaft (Rn 19) unzumutbar macht.[77] Haben die Gesellschafter die Einlage als für das Gesellschaftsverhältnis wesentlich eingestuft, braucht nicht erst eine Leistungsklage auf die Einlageleistung erhoben zu werden, bevor auf Auflösung geklagt wird. Demgegenüber führt bei Einlagen, die für die Gesellschaft nicht von entscheidender Bedeutung sind, eine Nicht- oder Schlechtleistung lediglich zu Schadensersatzansprüchen.[78] 24

Von wesentlicher Bedeutung ist weiter die Pflicht der Gesellschafter zur **Geschäftsführung** (§ 114) und **Vertretung** (§ 125); ihre nachhaltige Verletzung kann – zumal angesichts der Haftungsrisiken im Rahmen von Personengesellschaften – die Fortsetzung jedenfalls dann unzumutbar machen, wenn Entziehungsmaßnahmen nach §§ 117, 127 nicht in Betracht kommen (vgl. dazu näher § 117 Rn 33 ff). Dabei kommt es auf die Wichtigkeit der pflichtwidrigen oder unterlassenen Tätigkeit für die jeweilige Gesellschaft an. Eine erhebliche Pflichtverletzung kann insbesondere in der unsorgfältigen Erfüllung oder Unterlassung von Buchführungs- und Bilanzaufstellungspflichten liegen.[79] Auch ständiges Fernbleiben vom Geschäft, leichtfertige Geschäftsführung, eigenmächtiger Abschluss ungewöhnlicher Geschäfte, grundloser Widerspruch gegen Handlungen anderer Gesellschafter oder Erschwerung des Auskunfts- und Informationsrechts der Mitgesellschafter, die Missachtung von deren Zustimmungsrechten[80] oder allgemein die Verweigerung der Zusammenarbeit, leichtfertige Kreditgewährung, geschäftsschädigende Handlungen oder Störungen des Betriebsfriedens und Beleidigungen des Personals kön- 25

[75] BGH WM 1966, 29 (31). – Zur Frage, ob es vor Klageerhebung stets einer Abmahnung bedarf, vgl. unten Rn 27.

[76] ROHG 10, 433 (436); BGH NJW-RR 1993, 1123 (1124 f); MünchKommHGB/*K. Schmidt* Rn 28.

[77] BGH WM 1969, 526 (527) (auch wenn Nichtleistung auf Rechtsirrtum beruht); BGH WM 1976, 1030 (1032) (stG); Gegenbeispiel: BGH WM 1976, 526 (Nichtleistung beruht auf vom Kläger provoziertem Rechtsirrtum).

[78] So mit Recht MünchKommHGB/*K. Schmidt* Rn 28.

[79] ROHG 20, 244 (245); BGH WM 1963, 282; 1964, 419 (420); MünchKommBGB[5]/*Ulmer*/*C. Schäfer* § 723 Rn 31; Ebenroth/Boujong/Joost/Strohn/*Lorz* Rn 17.

[80] BGH NJW-RR 1993, 1123 (1124).

nen je nach Schwere einen Auflösungsgrund bilden.[81] Erst recht gilt dies für gravierendes strafbares Verhalten des Geschäftsführers, namentlich für Veruntreuung bzw. Unterschlagung von Gegenständen des Gesellschaftsvermögens,[82] für die Berechnung zu hoher Auslagen, für zu hohe Entnahmen,[83] falsche Buchungen, für die Annahme von Schmiergeldern und Verschaffung persönlicher Vorteile zu Lasten der Gesellschaft, für den Missbrauch der Vertretungsmacht[84] oder die Wahrnehmung von Geschäftschancen für Privatzwecke bzw. Vornahme verbotener Wettbewerbshandlungen (§ 112).[85] Schon der nicht widerlegte Verdacht einer Unredlichkeit kann im Einzelfall ausreichen, um die Vertrauensgrundlage zu zerstören und die Fortsetzung der Gesellschaft unzumutbar zu machen.[86] Anderes gilt aber bei einvernehmlichen Handlungen, mögen diese auch strafbar sein; so bei einverständlichen Falschbuchungen zum Zweck der Steuerhinterziehung: sie rechtfertigen die Annahme eines wichtigen Grundes auch dann nicht, wenn die Finanzlage der Gesellschaft dadurch unübersichtlich wird.[87]

26 Eine dritte Gruppe wesentlicher Pflichtverletzungen bilden die Verstöße gegen die **gesellschaftliche Treupflicht.**[88] Sie umfasst das Gebot, die eigenen Gesellschafterrechte nicht gegen die Interessen der Mitgesellschafter auszuüben, und verpflichtet jeden Gesellschafter auch allgemein, bei seinen Handlungen auf die Mitgesellschafter Rücksicht zu nehmen (vgl. § 105 Rn 228 ff). Das gilt insbesondere hinsichtlich des geschäftlichen Verhaltens. So können ständige Störungen des Vertrauensverhältnisses durch ungehörige Behandlung von Mitgesellschaftern, Beschimpfungen und sonstige Beleidigungen oder Verleumdungen im Geschäftsbetrieb einen wichtigen Grund bilden.[89] Auch gravierende Verletzungen des Wettbewerbsverbotes kommen als Auflösungsgrund in Frage.[90] **Außergeschäftliches Verhalten** kann bei der Beurteilung des wichtigen Grundes nur insoweit berücksichtigt werden, als es zu einer Zerstörung des Vertrauensverhältnisses unter den Gesellschaftern führt.[91] Bejaht wurde dies für die Liebesbeziehung zur Ehefrau eines Mitgesellschafters, die zu einer unerträglichen Belastung des Gesellschaftsverhältnisses geführt hatte,[92] sowie für die (private) Denunziation eines Mitgesellschafters.[93] Die dauerhafte **Zerstörung des Vertrauensverhältnisses** kann schließlich auch dann einen Auflösungsgrund darstellen, wenn sich der Grund dafür nicht mehr feststellen lässt. Dies ist

---

81 BGH NJW-RR 1993, 1123 (1125); BGH WM 1976, 1030 (1032); BGHZ 4, 108 (121); ROHG 11, 263 (265); 20, 265 (268); RG LZ 1914, 1036; Heymann/*Emmerich* Rn 10; MünchKommHGB/*K. Schmidt* Rn 29 ff; Ebenroth/Boujong/Joost/Strohn/*Lorz* Rn 17.

82 BGH NJW 1999, 2820 (2821); BGHZ 16, 317 (323) (GmbH); BGHZ 6, 113 (116).

83 OLG Hamburg HansRGZ 1929, 520.

84 BGH WM 1985, 997 (998).

85 ROHG 20, 265; RG LZ 1913, 67.

86 BGH WM 1958, 216 (218); 1971, 20 (22); MünchKommHGB/*K. Schmidt* Rn 32. – Siehe aber auch BGH WM 1975, 329 (330) (zu § 723 BGB; kein wichtiger Grund, wenn ein zunächst vager Verdacht unaufgeklärt blieb und 1 1/2 Jahre bis zur Klageerhebung verstrichen sind).

87 BGH WM 1971, 125 (126).

88 BGHZ 4, 108 (113); MünchKommBGB[5]/*Ulmer/C. Schäfer* § 723 Rn 31.

89 BGHZ 4, 108 (120 f); 46, 392 (394, 396); OLG München NZG 2002, 85 (86) (Herabwürdigung eines Mitgesellschafters in Rundbrief).

90 BGH BB 1968, 352; NJW-RR 1997, 925; OLG München NZG 1999, 591 (593).

91 BGH NJW 1995, 597; 1973, 92; MünchKommHGB/*K. Schmidt* Rn 34; Heymann/*Emmerich* Rn 11.

92 ROHG 24, 398 (310); BGHZ 4, 108 (114); BGH NJW 1973, 92 (eheliche Untreue gegen Schwester bzw. Tochter der Kl. für sich aber noch nicht ausreichend); vgl. auch BGHZ 46, 392 (394).

93 BGHZ 4, 108 (115); BGH NJW 1969, 793 (794).

insbesondere für die persönliche Verfeindung der Gesellschafter entschieden worden.[94] – Dazu, dass ein **Verschulden** der Pflichtverletzung keine Voraussetzung für die Auflösung ist, vgl. Rn 22.

§ 314 Abs. 2 BGB macht die Kündigung wegen Pflichtverletzung allgemein von einer **Abmahnung** abhängig, so dass sich die Frage stellt, ob Entsprechendes auch für die Klageerhebung gilt;[95] denn § 133 enthält keine eigene Definition des wichtigen Grundes und könnte deshalb durch § 314 BGB auch in Bezug auf das Erfordernis einer Abmahnung zu ergänzen sein (Rn 10). Richtigerweise ist dies aber schon deshalb zu **verneinen**, weil § 314 Abs. 2 im Personengesellschaftsrecht durch § 723 Abs. 1 S. 3 BGB als der spezielleren Vorschrift verdrängt wird.[96] Wie der vergleichende Blick auf § 543 BGB zeigt, bezieht sich die verdrängende Wirkung auch auf § 314 Abs. 2 BGB. Andernfalls wäre nämlich das Wiederaufgreifen des Abmahnerfordernisses in § 543 Abs. 3 BGB unverständlich. Schon § 723 Abs. 1 S. 3 BGB, wo eine entsprechende Anordnung fehlt, ist also nicht durch § 314 Abs. 2 BGB zu ergänzen; nichts anderes kann daher in Bezug auf § 133 gelten. Hiervon unabhängig wird indes ein einmaliger, zumal nicht besonders gravierender Pflichtverstoß oftmals noch keinen Auflösungsgrund darstellen (vgl. Rn 23). 27

b) **Nichtverhaltensbezogene Gründe.** Insofern kommen insbesondere Gründe in der Person eines Gesellschafters in Betracht, die zur **Unmöglichkeit der Erfüllung von Mitgliedschaftspflichten** (§ 133 Abs. 2) führen (zur Unmöglichkeit von Einlagepflichten s. schon Rn 24). Auch insofern kommt es nicht darauf an, ob der Verpflichtete die Unmöglichkeit zu vertreten hat (Rn 22). In Betracht kommt insbesondere anhaltende körperliche oder geistige *Krankheit*, wenn sie den Gesellschafter an der Erfüllung wesentlicher Verpflichtungen hindert und dadurch die Belange der Gesellschaft erheblich beeinträchtigt werden;[97] gleiches gilt für eine – auch unverschuldete – Strafhaft.[98] Übernimmt der Gesellschafter ein Abgeordnetenmandat und kann deshalb seine Arbeitskraft nicht mehr (unvermindert) der Gesellschaft widmen, steht dies trotz Art. 48 Abs. 2 S. 1 GG einer Auflösung nicht entgegen, wenn hierdurch nicht die Mandatsübernahme verhindert, sondern lediglich eine Mehrbelastung der Mitgesellschafter abgewendet werden soll.[99] Schon die bloße **Verminderung der Arbeitskraft** durch Krankheit oder zunehmendes Alter kann im Einzelfall einen wichtigen Grund bilden. Gewöhnliche altersbedingte Erschwerungen der Geschäftsführung durch Veränderung der Arbeitskraft sind jedoch zu tolerieren und durch Einstellung von Hilfskräften oder Veränderung der Geschäftsverteilung als mildere Mittel zu beheben. Oft ist dies auch in besonderen Vertragsbestimmungen vorgesehen; überdies kann sich aus der Treupflicht eine Pflicht zur Zustimmung zu entsprechenden Vertragsänderungen ergeben (vgl. § 105 Rn 239 ff). 28

Als **weitere** in der **Person** eines Gesellschafters liegende Auflösungsgründe kommen in Betracht der *finanzielle Zusammenbruch* eines Gesellschafters, auch ohne bzw. vor Eröffnung eines zum Ausscheiden nach § 131 Abs. 3 Nr. 2 führenden Insolvenzverfahrens[100] und die gravierende *Verminderung des Ansehens* der Gesellschaft, etwa wegen strafrechtlicher Verurteilung von einigem Gewicht oder wegen Ausschlusses aus Vereinen oder 29

---

[94] BGHZ 4, 108 (112 f); BGH MDR 1959, 186; WM 1963, 282; 1966, 1051; BGHZ 80, 346 (348 f) (GmbH).
[95] Bejahend Baumbach/*Hopt* Rn 7.
[96] BegrRegE, BT-Drucks. 14/6040, S. 177; MünchKommBGB[5]/*Gaier* § 314 Rn 9.
[97] RGZ 105, 376 (377).
[98] OGH GmbHR 1950, 14.
[99] BGHZ 94, 248 (250); MünchKommHGB/*K. Schmidt* Rn 38. – Vgl. auch § 114 Rn 41.
[100] RG LZ 1914, 1936; Schlegelberger/*K. Schmidt* Rn 36; Heymann/*Emmerich* Rn 12.

Verbänden. Auf ein Verschulden des betreffenden Gesellschafters kommt es insofern nicht an (Rn 22). Demgegenüber stellen *Krankheit* wie auch eine *Betreuung* mit Einwilligungsvorbehalt wegen Geisteskrankheit regelmäßig noch *keinen* wichtigen Grund dar, solange der Gesellschafter hierdurch nicht an der Erfüllung seiner Pflichten gehindert wird, insbesondere also, wenn er an Geschäftsführung und Vertretung nicht beteiligt ist oder gleichwertig – ggf. durch einen Betreuer – ersetzt werden kann.[101] Regelmäßig wird in diesen Fällen nach dem Verhältnismäßigkeitsprinzip ohnehin statt der Auflösung allein die Ausschließung des betreffenden Gesellschafters in Betracht kommen (vgl. § 140 Rn 4, 16). Stets muss aber der geltend gemachte Auflösungsgrund **nach objektiven Maßstäben relevant** sein. Rein subjektiv begründete Vorurteile reichen niemals aus. So ist insbesondere die Partei-, Religions- oder Rassenzugehörigkeit eines Gesellschafters als solche in keinem Fall ein Auflösungsgrund.[102]

30 Auf den wichtigen Auflösungsgrund kann sich grundsätzlich **auch derjenige** berufen, **in dessen Person** er eintritt, wenn die Fortsetzung der Gesellschaft für ihn unzumutbar geworden ist[103] (zum Fall des verschuldeten Auflösungsgrunds vgl. Rn 23). So kann für den Hauptkapitalgeber der Gesellschaft der Umstand, dass er unerwartet durch Krankheit auf Dauer an der Geschäftsführung verhindert ist, einen Auflösungsgrund bedeuten, wenn ihm nicht zuzumuten ist, ohne eigene Mitwirkung in der Geschäftsführung das volle Gesellschaftsrisiko zu tragen, und eine Umwandlung seiner Stellung in die eines Kommanditisten nicht in Betracht kommt.[104] Werden die Rechte eines Gesellschafters auf Dauer durch einen Dritten (gesetzlicher Vertreter, Betreuer, Pfleger, Ehegatte) ausgeübt, so können auch personenbezogene Umstände bei diesen **Vertretern** einen wichtigen Grund bilden, wenn ein Wechsel der Person des Vertreters nicht erreicht werden kann.[105]

31 c) **Eintritt der Volljährigkeit insbesondere.** Nach § 723 Abs. 1 S. 3 Nr. 2 BGB stellt die Vollendung des 18. Lebensjahres einen *absoluten Kündigungsgrund* dar, den der volljährig gewordene Gesellschafter binnen drei Monaten nach Kenntniserlangung von seiner Gesellschafterstellung geltend machen kann. Dieses **Sonderkündigungsrecht** ist als Ergänzung zu § 1629a BGB zu verstehen und soll dem Minderjährigen den schuldenfreien Start in die Volljährigkeit dadurch ermöglichen, dass er seine Haftung für Altverbindlichkeiten auf das bei Eintritt in die Volljährigkeit vorhandene Vermögen konzentriert.[106] Macht er von seinem Kündigungsrecht keinen (rechtzeitigen) Gebrauch, ist nämlich gem. § 1629a Abs. 4 S. 1 BGB von den Gesellschaftsverbindlichkeiten zu vermuten, dass sie erst nach Eintritt der Volljährigkeit entstanden sind. Für solche Neuverbindlichkeiten scheidet aber die **Haftungskonzentration** auf das Altvermögen gem. § 1629a Abs. 1 BGB aus. Das Schutzbedürfnis ist bei Beteiligung an einer OHG/KG identisch; der Gesetzgeber des Minderjährigenhaftungsbeschränkungsgesetzes[107] hielt aber ein handelsrechtliches Pendant in der Erwartung für entbehrlich, dass § 723 Abs. 1 S. 3 Nr. 2 BGB

[101] Vgl. schon RG JW 1933, 98 (Nr. 2); ferner MünchKommBGB[5]/*Ulmer*/*C. Schäfer* § 723 Rn 33; MünchKommHGB/*K. Schmidt* Rn 39.

[102] Vgl. auch Schlegelberger/*K. Schmidt* Rn 37. – Im Prinzip wurde dies selbst in der berüchtigten Entscheidung, RGZ 146, 169 (177), so gesehen („Tatsache, daß ein Gesellschafter Nichtarier" ist, rechtfertige nicht für sich gesehen schon seine Ausschließung).

[103] RGZ 24, 136 (137); RG JW 1900, 413.

[104] Ebenso Schlegelberger/*K. Schmidt* Rn 35; Heymann/*Emmerich* Rn 6.

[105] RGZ 105, 376 (377).

[106] Näher zu Normzweck und Regelungshintergrund MünchKommBGB[5]/*Ulmer*/*C. Schäfer* § 723 Rn 39 mwN.

[107] Vom 25.8.1998, BGBl. I, 2487.

auf die Auslegung des wichtigen Grundes in § 133 ausstrahle.[108] Demgegenüber plädiert das Schrifttum im Ergebnis überwiegend für ein außerordentliches Austrittsrecht des volljährig gewordenen Gesellschafters.[109] Begründet wird dies vor allem mit dem Hinweis, dass der eindeutige und leicht nachprüfbare Fall der Vollendung des 18. Lebensjahres kein Bedürfnis nach Rechtssicherheit und -klarheit hervorrufe (vgl. Rn 2) und dass dieser personenbezogene Grund nach der Systematik des § 131 nur mehr das Ausscheiden des Gesellschafters rechtfertige.[110] Auch soweit ein Austrittsrecht de lege lata abgelehnt wird, sieht man in ihm jedoch die angemessenste, freilich nur durch Vertragsgestaltung erreichbare Lösung.[111]

Hierzu ist wie folgt *Stellung zu nehmen*: Nachdem weitgehend Einvernehmen darüber besteht, dass einerseits der Normzweck des § 723 Abs. 1 S. 3 Nr. 2 BGB auch für die OHG/KG relevant ist (Rn 2),[112] dass andererseits aber nur das Ausscheiden des volljährig gewordenen Gesellschafters als angemessene Rechtsfolge anzusehen ist, bleibt lediglich zu prüfen, ob diese Folge methodisch auf der Grundlage des geltenden Rechts begründbar oder allein durch richterliche Rechtsfortbildung bzw. entsprechende Vertragsgestaltung zu erreichen ist. Die besseren Gründe sprechen **für die Anerkennung eines außerordentlichen Austrittsrechts** de lege lata. Die Rechtslage stellt sich im Ausgangspunkt ganz ähnlich dar wie im Falle des fehlerhaften Beitritts (Rn 39). Hier wie dort passen weder das durch ein Bedürfnis nach Rechtssicherheit und -klarheit gerechtfertigte Klageerfordernis des § 133;[113] denn wie dort die Fehlerhaftigkeit des Beitritts, so stellt hier der Eintritt der Volljährigkeit einen absoluten, d.h. die Kündigung ohne weiteres rechtfertigenden und daher leicht feststellbaren Grund dar. Noch passt die Rechtsfolge der Auflösung (§ 131 Abs. 1 Nr. 4) zu den personenbezogenen Gründen (dort) der fehlerhaften Beitrittserklärung bzw. (hier) des Eintritts der Volljährigkeit; denn seit der Handelsrechtsreform 1998 führen personenbezogene Gründe, sofern sie keine Bewertung als wichtiger Grund erfordern, sondern absolut wirken, durchgängig zum Ausscheiden des betroffenen Gesellschafters (§ 131 Abs. 3). Wie im Falle des fehlerhaften Beitritts ist daher auch für den Eintritt der Volljährigkeit ein außerordentliches Austrittsrecht anzuerkennen, ohne dass es hierfür auf eine entsprechende Vereinbarung ankommt. Anders als beim fehlerhaften Beitritt braucht das Austrittsrecht hier aber nicht praeter legem begründet, sondern kann vielmehr auf eine **Analogie** zu § 723 Abs. 1 S. 3 Nr. 2; S. 4–5 BGB gestützt werden,[114] wodurch zugleich § 131 Abs. 3 Nr. 3 zur Anwendung gelangt. 32

[108] BegrRegE, BT-Drucks. 13/5624, S. 10 (entgegen einer Forderung des Bundesrates, vgl. BT-Drucks. 13/5624, S. 16); s.a. *Seibert* Reform, S. 119, 120 f. Kritisch dazu z.B. *Armbruster* DStR 1999, 1907 (1912); *Behnke* NZG 1999, 244 (245); weitere Nachw. in Fn 109.

[109] Vgl. außer den in Fn 110 Genannten auch Baumbach/*Hopt* Rn 1, 7; *Koller*/Roth/Morck § 132 Rn 5; *Reimann* DNotZ 1999, 179 (207); *Christmann* ZEV 2000, 45 (47); **aA** (im Ansatz wie Gesetzesbegründung, jedoch einen absoluten Auflösungsgrund verneinend) Ebenroth/Boujong/Joost/Strohn/*Lorz* Rn 23; *Habersack* Reform, S. 73, 75.

[110] MünchKommBGB[5]/*Ulmer*/*C. Schäfer* § 723 Rn 41; *Behnke* NJW 1998, 3078 (3082); *Grunewald* ZIP 1999, 597 (599).

[111] Ebenroth/Boujong/Joost/Strohn/*Lorz* Rn 23; s.a. *Habersack* FamRZ 1999, 1 (7); *Klumpp* ZEV 1998, 409 (413); *Glöckner* ZEV 2001, 47 (49); *Reimann* DNotZ 1999, 179 (207).

[112] Insofern zutr. auch BegrRegE, BT-Drucks. 13/5624, S. 10.

[113] Näher *C. Schäfer* Fehlerhafter Verband, S. 334 sowie *K. Schmidt* Gesellschaftsrecht, § 50 II 4d, S. 1457 f; *Grunewald* FS Claussen, S. 103 (104 f).

[114] Die unmittelbare Anwendung über § 105 Abs. 3 scheitert daran, dass § 723 BGB hinsichtlich der Bestimmung des wichtigen Grundes von § 133 HGB verdrängt wird und überdies die Auflösungskündigung regelt, MünchKommBGB[5]/*Ulmer*/*C. Schäfer* § 723 Rn 2.

Das Kündigungsrecht als solches wird somit § 723 Abs. 1 S. 3 Nr. 2 BGB entnommen, während sich entsprechend handelsrechtlicher Systematik die Rechtsfolge nicht aus § 723 BGB, sondern aus § 131 Abs. 3 ergibt. Denn § 133 passt aus den genannten Gründen nicht auf den Eintritt in die Volljährigkeit, so dass das Gesetz insoweit lückenhaft ist.[115] Im Ergebnis steht dem volljährig gewordenen Gesellschafter somit ein Recht zur Austrittskündigung nach § 723 Abs. 1 S. 3 Nr. 2; S. 4, 5 BGB zu.

33 Mit Rücksicht auf den Normzweck des § 723 Abs. 1 S. 3 Nr. 2 BGB gehört zu den **Voraussetzungen** des Kündigungsrechts außer dem Eintritt der Volljährigkeit auch das mit der Gesellschafterstellung verbundene *Risiko von Altverbindlichkeiten.* Diese brauchen aber nicht notwendigerweise auf einem Handeln der Vertretungsberechtigten zu beruhen, wie der zu eng gefasste Wortlaut des § 1629a Abs. 1 S. 1 BGB nahelegt; vielmehr können sie auch auf das Handeln der (übrigen) Gesellschafter, mithin auf die gesellschaftsrechtliche Haftung aus § 128 zurückzuführen sein.[116] Demgemäß steht **Kommanditisten** das Sonderkündigungsrecht nur dann zu, wenn sie wegen nicht voll erbrachter Pflichteinlagen ein Haftungsrisiko tragen.[117] Wegen des auf den Schutz von Minderjährigen begrenzten Zwecks des Sonderkündigungsrechts, ist es ausgeschlossen, (allein) den Eintritt der Volljährigkeit bei einem Gesellschafter als Kündigungs- oder gar Auflösungsgrund i.S.v. § 133 für die **übrigen Gesellschafter** einzuordnen.

34 Hinsichtlich der **Rechtsfolgen** der Austrittskündigung ist vor allem problematisch, ob für den Fall des Ausscheidens analog § 723 Abs. 1 S. 3 Nr. 2 BGB; § 131 Abs. 3 Nr. 3 die **Abfindung** wirksam **beschränkt oder gar ausgeschlossen** werden kann.[118] Für den fehlerhaften Beitritt ist richtigerweise anzunehmen, dass der ausscheidende Gesellschafter *zwingend zum vollen Verkehrswert* seiner Beteiligung abzufinden ist, vertragliche Kündigungsbeschränkungen also insoweit nicht wirksam (vereinbar) sind.[119] Dies beruht darauf, dass dort ein Abweichen von den nach Bürgerlichem Recht sonst bestehenden Folgen einer Unwirksamkeit des Vertrages nur insoweit zu rechtfertigen ist, als hierfür zwingende gesellschaftsrechtliche Gründe bestehen; eine Voraussetzung, die in Bezug auf Abfindungsbeschränkungen eindeutig zu verneinen ist. Dieser Grundsatz hat für das Sonderkündigungsrecht aus § 723 Abs. 1 S. 3 BGB indes keine Bedeutung; denn dieses verwirklicht eindeutig nicht die Willensgrundlage, sondern ist dem Leistungsstörungsrecht zuzuordnen. Demgemäß bleiben Abfindungsbeschränkungen in den allgemeinen Grenzen zulässig (dazu § 131 Rn 164 ff). Danach darf die Abfindung insbesondere weder ausgeschlossen (§ 131 Rn 169) noch so sehr limitiert werden, dass von ihr eine kündigungsbeschränkende Wirkung ausgeht (§ 131 Rn 172, 177 f). Ferner wird man auch die auflösend auf die Sonderkündigung bedingte Erbeinsetzung als unzulässige Beschränkung des Kündigungsrechts und somit als unwirksam anzusehen haben.[120]

---

[115] So insbesondere auch MünchKommBGB[5]/*Ulmer*/*C. Schäfer* § 723 Rn 41.

[116] S. nur BegrRegE, BT-Drucks. 13/5624, S. 8, 10; *Muscheler* WM 1998, 2280; *Grunewald* ZIP 1999, 597 (598). – Im Einzelnen ist wg. der Voraussetzungen auf MünchKommBGB[5]/*Ulmer*/*C. Schäfer* § 723 Rn 42 ff zu verweisen.

[117] So mit Recht *Grunewald* ZIP 1999, 599 f; MünchKommBGB[5]/*Ulmer*/*C. Schäfer* § 723 Rn 41.

[118] Für die Zulässigkeit eines Abfindungsausschlusses *Reimann* DNotZ 1999, 179 (207).

[119] *C. Schäfer* JZ 2002, 249 (251).

[120] **AA** *Klumpp* ZEV 1998, 409 (414); *Reimann* DNotZ 1999, 179 (207); Ebenroth/Boujong/Joost/Strohn/*Lorz* Rn 27.

8. Gesellschaftsbezogene Auflösungsgründe

a) **Zweckerreichung oder -verfehlung.** Erreichen[121] und Unerreichbarkeit des Gesellschaftszwecks sind für die bürgerlich-rechtliche Gesellschaft unmittelbar wirkende Auflösungsgründe (§ 726 BGB). Das HGB hat diese Regelung aus Rechtssicherheitsgründen in § 131 nicht übernommen, und sie gilt richtigerweise auch nicht über § 105 Abs. 3 entsprechend (§ 131 Rn 44). Stattdessen sind die den Gesellschaftszweck berührenden Umstände im Rahmen von § 133 als wichtiger Grund zu beachten. Voraussetzung ist auch hier, dass die Zweckverfolgung offenbar und dauerhaft unmöglich ist *und* auch durch zumutbare Änderung des Gesellschaftszwecks (vgl. § 105 Rn 241) keine Abhilfe geschaffen werden kann.[122] Ist dies zu bejahen, bleibt für das richterliche Ermessen allerdings kaum noch Spielraum. Die der Auflösung widersprechenden Gesellschafter können indes, soweit der Vertrag dies zulässt (vgl. § 119 Rn 42, 46), mehrheitlich den Gesellschaftszweck ändern und dadurch den Auflösungsgrund beseitigen. Der Beschluss muss vor der letzten mündlichen Verhandlung in der letzten Tatsacheninstanz gefasst sein (Rn 15). Ein späterer Beschluss hindert den Erlass des Auflösungsurteils nicht; er kann auch nicht mehr gegen den Willen des Klägers zur Fortsetzung der aufgelösten Gesellschaft führen (§ 131 Rn 66). 35

Als **Gründe für die Unerreichbarkeit** des Gesellschaftszwecks kommen all diejenigen Umstände in Betracht, die eine Gewinnerzielung in Zukunft als ausgeschlossen oder doch wenig wahrscheinlich erscheinen lassen. Eine bloß vorübergehende oder durch Zufuhr weiteren Kapitals oder sonstige organisatorische Änderungen zu behebende Unmöglichkeit reicht nicht aus.[123] Die Unerreichbarkeit kann auf *Änderungen der Marktverhältnisse* beruhen, aber auch auf *wirtschaftslenkende Eingriffe* des Staates durch Veränderung der Zoll- oder Steuervorschriften, Beseitigung von Einfuhrhindernissen etc. zurückzuführen sein. Auch die voraussichtlich nicht zu überwindende *Schwierigkeit* der Erreichung des Gesellschaftszwecks stellt einen wichtigen Grund im Sinne von § 133 dar. Die Unmöglichkeit ist nicht dadurch ausgeschlossen, dass die Fortsetzung des Betriebes, etwa durch völlige Umgestaltung desselben, z.B. Änderung der Fabrikationsart, ermöglicht werden kann, *wenn* zur Erreichung dieses Zieles im Gesellschaftsvertrag nicht vorgesehene neue Einlagen der Gesellschafter oder die Aufnahme neuer Kapitalgeber als Gesellschafter erforderlich wären; denn zu einer derartigen Umgestaltung des Gesellschaftsvertrages ist ohne besondere Vertragsbestimmung kein Gesellschafter verpflichtet.[124] 36

Die voraussichtlich **dauernde Unrentabilität** stellt einen **Hauptfall** der Unerreichbarkeit des Gesellschaftszwecks dar. Sie reicht allemal zur Begründung des Auflösungsanspruchs aus, wenn sonstige Abhilfe nicht in Betracht kommt.[125] Dabei ist nicht erforderlich, dass bereits erhebliche Kapitalverluste eingetreten sind. Entfällt die Gewinnerwartung, so ist der Gesellschaft damit die Geschäftsgrundlage entzogen; nach ständiger 37

---

[121] Abweichend insoweit MünchKommHGB/*K. Schmidt* Rn 16 (bei Handelsgesellschaften nicht denkbar); anders die hM, BGHZ 69, 160 (162); Ebenroth/Boujong/Joost/Strohn/*Lorz* Rn 19; Baumbach/*Hopt* Rn 10.

[122] BGHZ 84, 379 (381) (verneint bei Auflösung der unternehmenstragenden Gesellschaft in Bezug auf den Zweck einer stillen Gesellschaft); BGHZ 24, 279 (293). Näher zu den grds. strengen Anforderungen an eine dauernde und offenbare Unmöglichkeit nur MünchKommBGB[5]/*Ulmer*/*C. Schäfer* § 726 Rn 4 f.

[123] OLG Köln BB 2002, 1167 (anders, wenn unerlässliche Kapitalzufuhr durch alle Gesellschafter abgelehnt wird); MünchKommBGB[5]/*Ulmer*/*C. Schäfer* § 726 Rn 4.

[124] RG JW 1938, 1522 (1523).

[125] BGH NJW 1960, 434; MünchKommHGB/*K. Schmidt* Rn 17; Ebenroth/Boujong/Joost/Strohn/*Lorz* Rn 19; Baumbach/*Hopt* Rn 10.

Rechtsprechung kann ein Festhalten am Vertrag unter weiterem Einsatz von Kapital und Arbeit unter diesen Voraussetzungen keinem Gesellschafter zugemutet werden.[126] Demgegenüber rechtfertigt ein eingetretener, selbst erheblicher **Kapitalverlust** nicht schon als solcher die Auflösung. Das gilt insbesondere für das Anfangsstadium, in dem Anlaufverluste meist unvermeidbar sind. Bestehen begründete Aussichten auf künftige Besserung, so ist den Gesellschaftern das Festhalten am Vertrag auch während einer nicht nur vorübergehenden „Durststrecke" zuzumuten. Anders ist es, wenn die eingetretenen Verluste so erheblich sind, dass sie den Wegfall der finanziellen Grundlage der Gesellschaft zur Folge haben und dadurch die Erreichung des Gesellschaftszwecks unmöglich machen.[127]

38 b) **Fehlerhafter Vertragsschluss.** Für die Auflösung einer auf fehlerhafter Vertragsgrundlage beruhenden Gesellschaft gelten abweichende Grundsätze.[128] Das Vertragsprinzip verlangt grundsätzlich, dass Mängel der rechtsgeschäftlichen Grundlage um ihrer selbst willen beachtet werden, soweit dies mit gegenläufigen Prinzipien, hier der Lehre vom fehlerhaften Verband, vereinbar ist. Demnach handelt es sich bei der fortbestehenden[129] *Gesamtunwirksamkeit* des Vertrages um einen **absoluten Auflösungsgrund,** der dem Personengesellschaftsrecht im Übrigen keineswegs fremd ist, wie das Beispiel des § 723 Abs. 1 S. 3 Nr. 2 BGB zeigt (dazu Rn 31 f).[130] Die Auflösungsklage ist somit nur rechtstechnisches Mittel, um den Anfechtungs- oder Nichtigkeitsgrund als Auflösungsgrund durchzusetzen. Sofern sich die Unwirksamkeit nicht auf einen (objektiven) Teil des Gesellschaftsvertrages oder einzelne Beitrittserklärungen beschränkt,[131] muss sie auch ohne Interessenabwägung zur Auflösung führen, wenn sie innerhalb der nach §§ 121, 124 BGB vorgeschriebenen Frist geltend gemacht wird (§ 105 Rn 350). Ausnahmsweise kann aber die Auflösung aufgrund der *Treupflichtbindung* des Gestaltungsklagerechts gleichwohl ausscheiden. Voraussetzung ist allerdings, dass der klagende Gesellschafter aufgrund der Treupflicht verpflichtet wäre, einer den Mangel heilenden *Vertragsänderung* zuzustimmen.[132] Eine solche Zustimmungspflicht kommt zwar nur in Ausnahmefällen in Betracht (allgemein dazu § 105 Rn 239 ff) wird aber um so eher anzunehmen sein, wenn der Grund der Fehlerhaftigkeit infolge der zwischenzeitlichen Entwicklung seine Bedeutung verloren hat und vom Auflösungskläger nur als Vorwand benutzt wird, um sich von der Gesellschaft zu lösen.

---

[126] ROHG 12, 98 (100); RG LZ 1907, 139; 1908, 62; 1916, 40; RG JW 1913, 265; 1927, 1684; 1928, 1568; BGH LM Nr. 13 zu § 161 HGB; s.a. BGHZ 69, 160 (167); MünchKommHGB/*K. Schmidt* Rn 17; Ebenroth/Boujong/Joost/Strohn/*Lorz* Rn 19; *Wiedemann* WM 1992, Beil. 7, S. 52 (53).

[127] OLG Dresden ZHR 8 (1865), 592; OLG Frankfurt ZHR 35 (1889), 233; MünchKommHGB/*K. Schmidt* Rn 17.

[128] BGHZ 3, 285 (290); 47, 293 (300); § 105 Rn 159 und MünchKommBGB^5/*Ulmer*/*C. Schäfer* § 705 Rn 345; *Hueck* OHG § 7 III 1b, S. 86; *C. Schäfer* Fehlerhafter Verband, S. 177 ff; *Wiedemann* WM 1990, Beil. 8, S. 28; im Wesentlichen übereinstimmend auch MünchKommHGB/*K. Schmidt* Rn 15; *ders.* Gesellschaftsrecht, § 6 III 2, S. 148.

[129] Selbstverständlich kommt eine Auflösung nicht mehr in Betracht, wenn der Fehler zwischenzeitlich – etwa durch Bestätigung gem. § 141 BGB geheilt worden ist.

[130] *C. Schäfer* Fehlerhafter Verband, S. 178 f; grundsätzlich gegen Anerkennung absoluter Kündigungsgründe *Oetker* Dauerschuldverhältnis, S. 444 f.

[131] Dazu § 105 Rn 334 und eingehend *C. Schäfer* Fehlerhafter Verband, S. 236 ff.

[132] So mit Recht *Wiedemann* WM 1990, Beil. 8, S. 28; dem folgend *C. Schäfer* Fehlerhafter Verband, S. 179; *Hueck* OHG § 7 III 1b, S. 86; ähnlich auch *K. Schmidt* Gesellschaftsrecht, § 6 III 2, S. 148.

Anders ist die Rechtslage beim **fehlerhaften Beitritt.** Hier besteht regelmäßig lediglich ein *außerordentliches Austrittsrecht*, wobei die Fehlerhaftigkeit der Beitrittserklärung entsprechend den eben dargestellten Grundsätzen einen absoluten Austrittsgrund darstellt (Rn 4). Eine Auflösung kommt bei fehlerhaftem Beitritt nur dann in Betracht, wenn sich entweder die mangelhafte Erklärung einzelner Gesellschafter nach den Regeln der subjektiven Teilunwirksamkeit ausnahmsweise in einer Unwirksamkeit des gesamten Gesellschaftsvertrages niederschlägt[133] oder wenn sämtliche Beitrittserklärungen (bis auf eine) mangelhaft sind.[134] 39

III. Der Auflösungsanspruch als Individualrecht; Zustimmung Dritter

Das Recht, beim Vorliegen eines wichtigen Grundes die Auflösung der Gesellschaft zu verlangen, ist wie das Kündigungsrecht des § 132 ein jedem einzelnen Gesellschafter zustehender, im Kern **unentziehbarer** (vgl. Rn 68) und im Wege der Gestaltungsklage durchsetzbarer Anspruch, der heute überwiegend als materiell-rechtlicher Anspruch aufgefasst wird.[135] Für die Anwendung von § 133 ist indes vor allem entscheidend, dass es sich bei dem Gestaltungsklagerecht des § 133 um ein **Individualrecht** jedes Gesellschafters handelt; darin unterscheidet es sich grundlegend von den in §§ 117, 127, 140 geregelten, allen übrigen Gesellschaftern gemeinschaftlich zustehenden Gestaltungsklagerechten.[136] Wegen der **Höchstpersönlichkeit** des Rechts und der daraus folgenden Konsequenzen kann auf die entsprechenden Ausführungen zu § 132 verwiesen werden (§ 132 Rn 6 f). 40

Aus dem Charakter als Individualrecht folgt, dass jeder Gesellschafter die Auflösungsklage **ohne Mitwirkung** der übrigen Gesellschafter erheben kann; die Klage ist gegen die der Auflösung widersprechenden Gesellschafter zu richten (Rn 53). Ebenso kann jeder Gesellschafter zwar nicht generell (Rn 68 ff), wohl aber *im Einzelfall*, in Hinblick auf bestimmte Umstände, auf die Geltendmachung des Rechts **verzichten.**[137] Der Verzicht kann – wie auch sonst bei einseitigen Rechtsgeschäften – ausdrücklich oder stillschweigend, etwa durch längere widerspruchslose Fortführung der Geschäfte trotz Kenntnis des Auflösungsgrunds, erfolgen, sofern darin ein Verzichtswille zum Ausdruck kommt.[138] Auch ohne Verzicht(swillen) kann der längere Zeit nach Eintritt des Auflösungsgrundes erhobenen Auflösungsklage der Einwand der **Verwirkung** entgegengesetzt werden.[139] 41

---

[133] Von einer Gesamtunwirksamkeit ist insofern nur auszugehen, wenn die Stellung des fehlerhaft beigetretenen Gesellschafters in der Gesellschaft die Annahme rechtfertigt, dass der Vertrag ohne ihn nicht abgeschlossen wäre; vgl. Nachw. in der folgenden Fußnote.

[134] Vgl. § 105 Rn 340 und eingehend *C. Schäfer* Fehlerhafter Verband, S. 241 f.

[135] *K. Schmidt* Mehrseitige Gestaltungsprozesse, S. 21 ff; *Dölle* FS Bötticher, 1970, S. 93 (97 f); *Häsemeyer* AcP 188 (1988), 140 (153); *Windel* Interventionsgrund, S. 104; *H. Roth* FS für Großfeld, 1999, S. 915; Rosenberg/Schwab/*Gottwald* Zivilprozessrecht, § 91 I 2; MünchKommZPO³/*Becker-Eberhard* Vor § 253 Rn 30; **aA** noch *Henckel* Parteilehre und Streitgegenstand, S. 33; *Schlosser* Gestaltungsklagen, S. 366 ff.

[136] Vgl. *Ulmer* FS Geßler, 1971, S. 269 (277 f).

[137] RGZ 51, 89 (91); 153, 274 (280); RG JW 1935, 2490; BGH WM 1959, 134; MünchKommHGB/*K. Schmidt* Rn 40; Ebenroth/Boujong/Joost/Strohn/*Lorz* Rn 28; Baumbach/*Hopt* Rn 12.

[138] RGZ 51, 89 (91); BGH WM 1959, 134; abweichend MünchKommHGB/*K. Schmidt* Rn 40: dann nur Entfallen des wichtigen Grundes.

[139] Im Ergebnis unstr., vgl. BGH NJW 1957, 1358; 1966, 2110; Ebenroth/Boujong/Joost/Strohn/*Lorz* Rn 28; im Ergebnis auch MünchKommHGB/*K. Schmidt* Rn 41.

42 Schließlich kann die **verzögerte Ausübung** des Kündigungsrechts den wichtigen Grund **entkräften.** Nach zutr. Ansicht des BGH spricht eine tatsächliche Vermutung dafür, dass ein Kündigungsgrund entweder von vornherein nicht ausreicht, die Fortsetzung für den Kläger unzumutbar zu machen, oder dieses Gewicht verloren hat, wenn erst 15 Monate nach einer Verfehlung gekündigt bzw. Klage geführt wird und hierfür keine – vom Kläger darzulegenden – anerkennenswerten Gründe vorliegen.[140] Dies bestätigt § 314 Abs. 3 BGB, der dem Kläger aber auf der anderen Seite eine *angemessene Bedenkzeit* zugesteht, die je nach Lage des Falles einige Monate erreichen kann.[141] Erst wenn diese Frist deutlich überschritten wurde, ist somit von einer die Vermutung auslösenden *Verzögerung* auszugehen, und zwar selbst dann, wenn sich der Kläger seine Rechte aus einem bestimmten Vorfall ausdrücklich vorbehalten hatte. Auch bei Verzögerung kann allerdings auf einen früheren wichtigen Grund im Rahmen der gebotenen Gesamtbetrachtung noch zurückgegriffen werden.[142]

43 Dazu, dass die Auflösungsklage grundsätzlich **nicht** der **Zustimmung Dritter (Ehegatten, Pfandgläubiger, Vormundschaftsgericht, Nacherben)** bedarf, kann im Wesentlichen auf die entsprechenden Ausführungen bei § 132 Rn 8 f verwiesen werden. Der Umstand, dass die Auflösung hier nicht unmittelbar durch die Erklärung eines Gesellschafters, sondern erst durch Gerichtsurteil aufgrund der Auflösungsklage eintritt, rechtfertigt keine abweichende Behandlung, da das Gericht die Auflösung bei Vorliegen eines wichtigen Grundes auszusprechen hat und keine Erwägungen im Sinne der §§ 1365 Abs. 2, 1822 f BGB anstellen darf. Abweichend von der Rechtslage bei der ordentlichen Kündigung gem. § 132, bedarf die Auflösungsklage auch **nicht** der Zustimmung des **Ehegatten.**[143] Zwar kann die Klageerhebung mangels gerichtlichen Ermessens durchaus als Verfügung i.S.v. § 1365 BGB angesehen werden; doch ist § 1365 Abs. 1 BGB für den Fall der Auflösung aus wichtigem Grund teleologisch zu reduzieren. Das besondere Interesse des Auflösungsklägers an der Geltendmachung wichtiger Gründe setzt sich durch gegen die von § 1365 BGB bezweckte allgemeine Sicherung der wirtschaftlichen Grundlage der Familie und der Ausgleichsansprüche des Ehegatten. Dies gilt umso mehr, als bei Zerstörung der Vertrauensgrundlage in der Gesellschaft deren Auflösung in aller Regel den wirtschaftlichen Interessen der Familie besser dienen wird.

IV. Auflösung und Schadensersatz

44 Die Auflösung der Gesellschaft aus wichtigem Grunde kann vertragliche Schadensersatzansprüche wegen Pflichtverletzung (§ 280 BGB) gegen den Veranlasser des wichtigen Grundes auslösen; der Übergang der Gesellschaft in das Liquidationsstadium schließt ihre Geltendmachung nicht aus. Erforderlich ist allerdings der Nachweis einer **schuldhaften Vertragsverletzung** des anderen Teils. Sie liegt nicht schon in der Her-

140 Vgl. BGH NJW 1966, 2160 (2161); NJW-RR 1993, 1123 (1125); NJW 1999, 2820 (2821) (zu § 140; i.E. Verzögerung verneinend); vgl. auch OLG Hamm NJW-RR 1993, 1383 (1384); OLG München DB 2000, 2588 (2589); MünchKommBGB[5]/*Ulmer*/*C. Schäfer* § 723 Rn 48; Schlegelberger/*K. Schmidt* Rn 39; Ebenroth/Boujong/Joost/Strohn/*Lorz* Rn 29; Heymann/*Emmerich* Rn 5.

141 In diesem Sinne auch schon BGH NJW 1966, 2160.

142 OLG Köln WM 1993, 325 (328).

143 Ebenso MünchKommBGB[5]/*Ulmer*/*C. Schäfer* § 723 Rn 9; *Koller*/Roth/Morck Rn 3; **aA** Ebenroth/Boujong/Joost/Strohn/*Lorz* Rn 31.

beiführung der Auflösung als solcher, auch wenn diese auf Umständen in der Person eines Gesellschafters beruht. Entscheidend sind vielmehr Art und Veranlassung dieser Umstände. Schadensersatzansprüche kommen namentlich in Betracht, wenn die Auflösung auf Verletzung wesentlicher Vertragspflichten wie Nichtleistung der Einlagen, mangelhafte Geschäftsführung oder Treupflichtverstöße gestützt ist.[144] Bei beiderseitigem Verschulden bestimmt sich die Verpflichtung zum Schadensersatz und der Umfang des zu leistenden Ersatzes nach den Umständen, insbesondere nach dem Verhältnis des Verschuldens der einzelnen Gesellschafter und seiner Auswirkungen (§ 254 BGB). Auch eine durch das Verhalten der **Beklagten** im Auflösungsprozess bewirkte **Verzögerung** der Auflösung kann Schadensersatzansprüche auslösen.

Auch wenn Schadensersatzansprüche im Zuge der Auflösung mangels Verschuldens ausscheiden, so kann doch derjenige Gesellschafter, der durch die Auflösung besonders belastet wird, bei der Auseinandersetzung die Zahlung eines **Ausgleichsbetrags** von den durch die Auflösung begünstigten Gesellschaftern verlangen.[145] Die Schadensersatzansprüche sind gesondert geltend zu machen. Das Auflösungsurteil als solches begründet keine Ersatzpflicht; die darin getroffenen Feststellungen zur Verursachung des Auflösungsgrunds nehmen zwischen den Parteien des Rechtsstreits allerdings an der Rechtskraft des Auflösungsurteils teil.[146] Die Höhe der Ansprüche richtet sich nach dem aus der vorzeitigen Auflösung entstandenen Schaden. Er kann sowohl in der Entwertung des Gesellschaftsvermögens durch Liquidation als auch im Entgehen künftiger Gewinnchancen bestehen. **45**

C. Klage und Urteil

I. Der Auflösungsanspruch als Gestaltungsklagerecht

Die **Gründe** dafür, dass das Auflösungsrecht in § 133 Abs. 1 als Gestaltungsklagerecht ausgestaltet wurde,[147] ergeben sich unmittelbar aus dem auf Rechtssicherheit und Rechtsklarheit gerichteten **Normzweck** (Rn 2). Wegen der einschneidenden Wirkungen der Auflösung auf das von der Gesellschaft betriebene Unternehmen und wegen der Unbestimmtheit des Rechtsbegriffs „wichtiger Grund" sollte die Auflösung hier nicht durch einseitige Erklärung eintreten, sondern durch (rechtskräftiges) Gestaltungsurteil unter gleichzeitiger Feststellung des wichtigen Grundes. Den Parteien bleibt es freilich unbenommen, anstelle des Gestaltungsklagerechts des § 133 vertraglich ein Gestaltungsrecht der Gesellschafter in Form der Kündigungsbefugnis aus wichtigem Grunde zu vereinbaren (Rn 73 ff). **46**

Der Gestaltungsanspruch kann nur im Wege der **Klage** oder **Widerklage**, etwa gegenüber einer Ausschließungsklage der übrigen Gesellschafter nach § 140, geltend gemacht werden.[148] Das folgt aus der Notwendigkeit einer die Gestaltung aussprechenden **47**

---

[144] RGZ 89, 398 (399 f); 162, 396; BGH WM 1960, 50; Heymann/*Emmerich* Rn 20; Baumbach/*Hopt* Rn 17; Ebenroth/Boujong/Joost/Strohn/*Lorz* Rn 41; Schlegelberger/*K. Schmidt* Rn 58.

[145] BGH JZ 1954, 195; WM 1958, 777; 1963, 282 (283).

[146] *Henckel* Parteilehre und Streitgegenstand, S. 209; *Dölle* ZZP 62 (1941), 281 (289 ff); Schlegelberger/*K. Schmidt* Rn 59; allgemein hierzu Rosenberg/Schwab/*Gottwald* Zivilprozessrecht, § 91 III 2.

[147] Zu diesem besonders *Bötticher* FS Dölle, 1964, S. 41 (54 ff); *K. Schmidt* Mehrseitige Gestaltungsprozesse, S. 3 ff.

[148] Vgl. MünchKommHGB/*K. Schmidt* Rn 43; Ebenroth/Boujong/Joost/Strohn/*Lorz* Rn 36. – Zur Verbindung einer Ausschließungs- mit

und dadurch die gewünschte Rechtsänderung herbeiführenden gerichtlichen Entscheidung (§ 133 Abs. 1). Die Geltendmachung des wichtigen Grundes im Wege der Einwendung gegenüber Leistungsklagen aus dem Gesellschaftsverhältnis ist zwar unter dem Aspekt der unzulässigen Rechtsausübung nicht generell ausgeschlossen.[149] Sie kann aber auch für den Fall, dass das Gericht die Einwendung als beachtlich anerkennt und die Leistungsklage abweist, nicht die Auflösung der Gesellschaft bewirken, weil es an dem Ausspruch der Auflösung als Tatbestandsvoraussetzung des § 133 Abs. 1 fehlt.[150] Daher wird auch eine Klage auf Feststellung des Bestehens einer werbenden OHG nicht dadurch unbegründet, dass der Beklagte sich auf einen wichtigen Grund im Sinne von § 133 beruft.[151] Anders ist es bei der Klage auf Mitwirkung bei der Eintragung einer erst *durch Eintragung entstehenden* OHG; hier kann der wichtige Grund schon deshalb einredeweise geltend gemacht werden, weil § 133 erst von der Eintragung an Anwendung findet (vgl. Rn 6), so dass die Geltendmachung des wichtigen Grundes in diesem Stadium noch als Kündigung i.S.v. § 723 Abs. 1 S. 2 BGB zu verstehen ist. Einer Berufung auf den Grundsatz der unzulässigen Rechtsausübung bedarf es daher nicht.[152]

II. Die Auflösungsklage

48 **1. Parteien.** Die Auflösungsklage ist auf eine richterliche Vertragsänderung gerichtet. Da sie sich nicht auf die Geschäftsführung, sondern auf die Grundlage der Gesellschaft bezieht, sind nach ganz hM **alle Gesellschafter**, nicht aber Dritte[153] klagebefugt, ohne dass es hierfür auf eine Geschäftsführungs- oder Vertretungsbefugnis ankäme. Anders als im Recht der Kapitalgesellschaften (§§ 246 Abs. 2, 249 Abs. 1 AktG, § 61 Abs. 2 GmbHG) ist die **Gesellschaft** als solche **nicht Prozesspartei**, sondern nur Gegenstand des Rechtsstreits;[154] denn über ihre eigene Grundlage steht ihr keine Dispositionsbefugnis zu.[155] – Abweichend hiervon sind nach einer von *M. Schwab* vertretenen Ansicht immer dort, wo es um die Wahrnehmung eines Gesamtinteresses geht, entgegen dem Wortlaut der §§ 117, 127, 140, nicht die Gesellschafter, sondern ist die Gesellschaft Prozesspartei. Die Prozessführungsbefugnis stehe schon kraft Gesetzes allein der Gesellschaft zu.[156] Begründet wird dies mit der „Projektionsidee", der zufolge allein die Gesellschaft Trägerin des Interesses an ungehinderter Verfolgung des Gesellschaftszwecks und damit insbesondere auch des Ausschlussrechts sei.

---

einer Auflösungswiderklage, vgl. OLG Frankfurt BB 1971, 1479; zur Abweisung einer Auflösungsklage bei Erfolg einer Ausschließungswiderklage vgl. BGHZ 80, 346 (GmbH); zum Verhältnis beider Klagen ferner § 140 Rn 15. – Zum Verhältnis zwischen Auflösungs- und Entziehungsklage s. § 117 Rn 62.

149 RGZ 112, 280 (283).

150 RGZ 112, 280 (282); RG JW 1913, 548; Heymann/*Emmerich* Rn 17; Ebenroth/Boujong/Joost/Strohn/*Lorz* Rn 36; Baumbach/*Hopt* Rn 4.

151 OHGZ 1, 347 (351).

152 So auch Heymann/*Emmerich* Rn 17; anders wenn die OHG nach § 123 Abs. 2 schon vor der Eintragung entstanden ist, vgl. sinngemäß RGZ 112, 280 (283).

153 OGHZ 2, 253 (254).

154 HM; vgl. BGHZ 91, 132 (133); BGH NJW-RR 1990, 474 (zu § 140); Heymann/*Emmerich* Rn 16; Ebenroth/Boujong/Joost/Strohn/*Lorz* Rn 35; i.E. auch MünchKommHGB/*K. Schmidt* Rn 48, 50; *ders.* Mehrseitige Gestaltungsprozesse, S. 63.

155 BGHZ 48, 175 (176 f); BGH NJW-RR 1990, 474.

156 So *M. Schwab* Prozessrecht, S. 197 ff (für die Ausschlussklage), S. 633 ff (für die Auflösungsklage).

Stellungnahme: Der hM ist zuzustimmen. Zwar besticht das Modell *Schwabs* durch seine Eignung, die prozessualen Probleme um die Beteiligung sämtlicher Gesellschafter am Auflösungsverfahren auf elegante Art zu bewältigen (dazu Rn 52 f), zumal Kollektivklagen – und vielleicht sogar Gestaltungsklagen – notfalls im Wege der actio pro socio geführt werden können. Doch abgesehen vom entgegenstehenden Wortlaut der §§ 117, 127, 140, gibt dieser unbestreitbare Vorzug noch keinen hinreichenden Grund, die im Personengesellschaftsrecht unverändert gültige Kategorie des Grundlagengeschäfts zu überwinden. Insbesondere lässt sich aus der mittlerweile ganz überwiegend anerkannten Rechtsfähigkeit von Gesamthands(außen)gesellschaften[157] keine Rechtszuständigkeit der Gesellschaft für sämtliche „Kollektivrechte" herleiten.[158] Es ist zweifellos zutreffend, dass die Gesellschaft auch im Verhältnis zu ihren Gesellschaftern Rechte haben kann und umgekehrt. Doch ergibt sich hieraus nicht schon ihre Zuständigkeit im Grundlagenbereich. Vielmehr ist trotz Rechtsfähigkeit an der grundsätzlichen Unterscheidung zwischen juristischer Person und rechtsfähiger Personengesellschaft festzuhalten,[159] und hiermit verbindet sich insbesondere eine ausschließliche Zuständigkeit der Gesellschafter für Veränderungen des Gesellschaftsvertrags und sonstige Grundlagenangelegenheiten (§ 119 Rn 10 f, 46). Anderenfalls müsste konsequenterweise auch die Vertretungsmacht der Geschäftsführer entsprechend erweitert werden (§ 126 Rn 12 ff [*Habersack*]). Für eine derart weitreichende und grundsätzliche Abweichung vom gegenwärtigen System besteht indes weder Bedarf noch Rechtfertigung. Dies gilt umso mehr, als für die Lösung der prozessualen Probleme andere, wenn auch für sich gesehen weniger geeignete Vorschläge zur Verfügung stehen (dazu Rn 52 f). Im Ergebnis bleibt es daher bei der Beteiligtenfähigkeit **allein der Gesellschafter** im Auflösungsverfahren. 49

Eine andere Frage ist, ob der **Gesellschaftsvertrag** vorsehen kann, dass die Auflösungsklage nicht gegen die Mitgesellschafter, sondern **gegen die Gesellschaft** zu richten ist, wie es mittlerweile überwiegend befürwortet wird.[160] Im Ergebnis kann dem *zugestimmt* werden. Man mag in der Vertragsklausel eine materiell-rechtliche Willenserklärung sehen, mit der die Befugnis, über das Gesellschaftsverhältnis zu disponieren, an die Gesellschaft übertragen wird,[161] müsste sie dann allerdings ergänzen um eine Unterwerfung der Gesellschafter unter die Gestaltungswirkung des gegen die Gesellschaft erstrittenen Auflösungsurteils.[162] Konsequenter erscheint indes, die Klausel als *Prozessführungsermächtigung* der Gesellschaft (gewillkürte Prozesstandschaft) zu begreifen. Denn es besteht kein prinzipieller Unterschied zur Rechtslage bei Klageunwilligkeit einzelner Ge- 50

157 Verwiesen sei nur auf BGHZ 146, 341 (344 ff) zur (Außen-)GbR, s. dazu nur die zahlr. Nachw. bei MünchKommBGB[5]/*Ulmer*/*C. Schäfer* § 705 Rn 299 f.

158 In diesem Sinne aber *M. Schwab* Prozessrecht, S. 197 ff; **aA**, gegen Beteiligtenfähigkeit der Gesellschaft, auch *K. Schmidt* Gestaltungsprozesse, S. 40; *Hüffer* FS Stimpel, 1985, S. 165 (171).

159 Eingehend *Ulmer* AcP 198 (1998), 113 (119 ff); MünchKommBGB[5]/*Ulmer*/*C. Schäfer* § 705 Rn 307 f mwN; so im Ansatz auch *M. Schwab* Prozessrecht, S. 197 ff; **aA** namentlich *Raiser* AcP 199 (1999), 104 (107 f); *Timm* ZGR 1996, 247 (251).

160 Vgl. BGHZ 91, 132 (133); 85, 350 (355); BGH NJW-RR 1990, 474 (475) (betr. Klage gegen Ausschließungsbeschluss); speziell zu § 133 MünchKommHGB/*K. Schmidt* Rn 50; Heymann/*Emmerich* Rn 16; Ebenroth/Boujong/Joost/Strohn/*Lorz* Rn 35; *Koller*/Roth/Morck Rn 3.

161 So BGHZ 91, 132 (133); 85, 350 (353); BGH NJW-RR 1990, 474 (475) in Bezug auf eine Klausel, der zufolge eine Klage gegen den Ausschließungs*beschluss* gegen die Gesellschaft zu erheben ist.

162 In den zur Ausschließung entschiedenen Fällen (in Fn 161 war das Klageerfordernis des § 140 durchgängig abbedungen, so dass eine Gestaltungswirkung nicht in Rede stand).

sellschafter (näher Rn 53 f); auch dort lässt die Rechtsprechung eine Übertragung des Prozessführungsrechts mit der Folge zu, dass die nicht klagenden Gesellschafter Gestaltungswirkung und Rechtskraft des Urteils unterworfen sind.[163] Die mangelnde Privatautonomie im Bereich der Gestaltungsklagen[164] steht nicht entgegen, zumal es in Hinblick auf § 133 nicht an der erforderlichen gesetzlichen Ermächtigung fehlt (vgl. Rn 7). Auch bei *Publikumspersonengesellschaften* ist auf diesen rechtsgeschäftlichen Ansatz abzustellen. Mit Rücksicht auf das außerordentliche Austrittsrecht, das dort die Auflösungsklage ersetzt (Rn 4, 74), bedarf es einer Übertragung des Geschäftsführungsrechts allerdings nicht in Bezug auf die Gestaltungsklage nach § 133. Vielmehr geht es hier typischerweise – ebenso wie auch beim Rechtsschutz gegen Ausschließungsbeschlüsse (dazu § 140 Rn 58) – lediglich um die einfache Feststellungsklage auf Vorliegen eines wichtigen Grundes, bei der die gewillkürte Prozesstandschaft ohnehin weniger problematisch erscheint. Demgemäß wird sich hier in aller Regel, wenn nicht schon aufgrund ausdrücklicher Vertragsklauseln, so doch mit Rücksicht auf die eindeutige Interessenlage im Auslegungswege ergeben, dass das Prozessführungsrecht auf die Gesellschaft übertragen wurde.[165] Auf die nicht ohne weiteres zu bejahende Frage, ob Entsprechendes schon kraft Gesetzes, also auch ohne Vertragsregelung gilt,[166] kommt es daher nicht an.

51 Kläger der Auflösungsklage kann *jeder Gesellschafter* sein, bei der KG also auch der Kommanditist. Auf seine Stellung in der Gesellschaft und die ihm eingeräumten Befugnisse kommt es nicht an. Auch wenn der Gesellschafter auf seine Verwaltungsrechte (Geschäftsführungs-, Stimm-, Kontrollrecht) verzichtet hat, bleibt ihm das gem. § 133 Abs. 3 unentziehbare Recht, die Auflösung der Gesellschaft aus wichtigem Grund zu verlangen. Ebenso verbleibt ihm das Klagerecht, wenn er am Gesellschaftsanteil einen *Nießbrauch* vereinbart hat; der Nießbraucher hat demgemäß kein eigenes Klagerecht.[167] Auch *stillen Gesellschaftern* und *Unterbeteiligten* steht mangels mitgliedschaftlicher Beteiligung *kein* Auflösungsrecht zu.[168] Anders verhält es sich bei der *treuhänderischen Übertragung* des Anteils (§ 105 Rn 102 ff):[169] Bei der verdeckten Treuhand steht allein der Treuhänder in einer mitgliedschaftlichen Beziehung zur Gesellschaft (§ 105 Rn 106). Auch bei der

---

[163] BGHZ 68, 81 (83); BGH NJW 1958, 416; *Rob. Fischer* NJW 1959, 1057 (1059); *Merle* ZGR 1979, 67 (68, 78 ff); näher § 117 Rn 52 mwN. – Grundsätzliche Kritik hingegen bei *M. Schwab* Prozessrecht, S. 206 ff; gegen die Möglichkeit, die Mitwirkung am Prozess durch eine außergerichtliche Zustimmung zu ersetzen, auch *K. Schmidt* Mehrseitige Gestaltungsprozesse, S. 68 ff, 82 (notwendig allseitige Prozessbeteiligung); für Erstreckung unter dem Vorbehalt einer Beiladung analog § 856 ZPO *H. Roth* FS Großfeld, 1999, S. 915 (920) – Näher dazu vgl. Rn 53.

[164] So – in Bezug auf die Beschlussmängelklage – BGH NJW-RR 1990, 474 (475) unter Berufung auf *Rothe* AcP 151 (1951), 33 ff. Siehe auch bereits oben Rn 7 mit Fn 17. – Zur Ablehnung der Beschlussmängelklage im Recht der Personenhandelsgesellschaft durch die hM näher § 119 Rn 75 ff.

[165] Vgl. etwa die – sehr großzügige – Auslegung bei BGH NJW-RR 1990, 474 (475), wo dies – bezogen auf die Anfechtung eines Ausschließungsbeschlusses – aus dem Begriff „Anfechtungsklage" geschlossen wird.

[166] So *Grunewald* Der Ausschluss, S. 107; *Becker* ZZP 97 (1984), 331 ff; MünchKommHGB/*K. Schmidt* Rn 50; tendenziell auch Ebenroth/Boujong/Joost/Strohn/*Lorz* Rn 35; *Koller*/Roth/Morck Rn 3; zum Abstellen auf die Realstruktur kritisch aber *M. Schwab* Prozessrecht, S. 201 ff.

[167] § 105 Rn 125; MünchKommHGB/*K. Schmidt* Rn 45; Heymann/*Emmerich* Rn 14.

[168] MünchKommHGB/*K. Schmidt* Rn 45.

[169] Vgl. für die GmbH BGHZ 24, 119 (124); für die AG BGH NJW 1966, 1459; ferner MünchKommHGB/*K. Schmidt* Rn 45; Baumbach/*Hopt* Rn 13.

offenen Treuhand (§ 105 Rn 107) bleibt die Mitwirkung des Treugebers in Bezug auf Gestaltungsklagen grundsätzlich auf das Innenverhältnis beschränkt. Doch ist es aufgrund der stärkeren Einbindung des Treugebers in das Gesellschaftsverhältnis als zulässig anzusehen, dass der Gesellschaftsvertrag die Klageerhebung von der Zustimmung des Treugebers abhängig macht.[170] Das Gestaltungsklagerecht ist **Individualrecht** (Rn 40), weshalb es im Übrigen keiner Mitwirkung weiterer Gesellschafter auf Klägerseite bedarf. Selbstverständlich können aber mehrere Gesellschafter gemeinsam klagen, und zwar als *notwendige Streitgenossen* i.S.v. § 62 Abs. 1 (1. Fall) ZPO, weil die begehrte Auflösung des Gesellschaftsvertrages ihnen gegenüber nur einheitlich ausgesprochen oder abgelehnt werden kann.[171]

Die Auflösungsklage ist grundsätzlich gegen **alle** nicht als Kläger beteiligten **Gesellschafter als Beklagte** zu richten, nicht aber gegen die Gesellschaft (zu deren grundsätzlich mangelnder Parteifähigkeit s. Rn 49 f). Mehrere Beklagte bilden wegen ihrer Beteiligung an dem Streitgegenstand, dem Fortbestand des Gesellschaftsvertrages, eine *notwendige Streitgenossenschaft* aus materiell-rechtlichen Gründen.[172] Das Erfordernis der Prozessbeteiligung grundsätzlich aller Gesellschafter beruht dabei auf der **gemeinschaftlichen Zuständigkeit** für die begehrte Vertragsänderung, namentlich für die Auflösung der Gesellschaft. Zwar setzte die gestaltende Wirkung des Urteils nicht zwingend eine Rechtskrafterstreckung auf alle Gesellschafter voraus.[173] Die notwendige Streitgenossenschaft rechtfertigt sich aber aus der gemeinsamen Zuständigkeit für Vertragsänderungen und dem hieraus abgeleiteten Erfordernis rechtlichen Gehörs:[174] In das Rechtsverhältnis der Gesellschafter soll nicht eingegriffen werden, ohne dass diese Gelegenheit hatten, zu der begehrten Gestaltung Stellung zu nehmen. Die Verklagung aller nicht als Kläger am Prozess beteiligten Gesellschafter bildet demgemäß eine **Prozessvoraussetzung**, deren Fehlen grundsätzlich zur Abweisung der Klage als unzulässig führt.[175] **52**

Nach hM gilt eine **Ausnahme** vom Grundsatz der notwendigen Verklagung aller nicht als Kläger am Auflösungsprozess beteiligten Gesellschafter für diejenigen, die dem Kläger gegenüber **mit bindender Wirkung in die Auflösung eingewilligt** und hierdurch erklärt haben, dass sie das Ergebnis des Prozesses gegen sich gelten lassen wollen.[176] Darin liegt **53**

170 So wohl auch Baumbach/*Hopt* § 105 Rn 34.

171 Heute ganz hM, vgl. *Henckel* Parteilehre, S. 211 f; *Lüke* JuS 1998, 594; *H. Roth* FS Großfeld, 1999, S. 915 (927); MünchKommHGB/*K. Schmidt* Rn 47; anders noch BGHZ 30, 195 (197) (Fall 2); aber auch Ebenroth/Boujong/Joost/Strohn/*Lorz* Rn 30.

172 § 62 Abs. 1, Fall 2 ZPO; vgl. BGHZ 30, 195 (197) (entgegen BGH NJW 1959, 1683; Ebenroth/Boujong/Joost/Strohn/*Lorz* Rn 31; *Becker* ZZP 97 (1984), 314 (333); *Lüke* JuS 1998, 594; MünchKommZPO³/*Schultes* § 62 Rn 27; wohl auch MünchKommHGB/*K. Schmidt* Rn 48; Baumbach/*Hopt* Rn 13.

173 S. etwa Stein/Jonas/*Roth* ZPO²² Vor § 253 Rn 107; *Musielak* ZPO⁶ § 322 Rn 63; *Häsemeyer* ZZP 101 (1988), 385 (406); *ders.* AcP 188 (1988), 140 (153, 162); eingehend schon *Ulmer* FS Geßler, 1973, S. 269 (272) gegen *Rob. Fischer* NJW 1959, 1057 sowie § 117 Rn 52.

174 *Ulmer* FS Geßler, 1973, S. 269 (275 f); *Schlosser* Gestaltungsklagen, S. 164 ff, 172 ff; vgl. ferner *K. Schmidt* Mehrseitige Gestaltungsprozesse, S. 59; *Becker* ZZP 97 (1984), 314 (333).

175 Vgl. BGHZ 36, 187 (191 f); *Henckel* Parteilehre, S. 98, 103; *K. Schmidt* Mehrseitige Gestaltungsprozesse, S. 59; *Lindacher* JuS 1986, 379 (540); **aA** Baumbach/*Lauterbach* ZPO⁶⁷ § 59 Rn 5; zum Ganzen vgl. auch *Ulmer* FS Geßler, 1973, S. 269 (271 ff); *Häsemeyer* ZZP 101 (1988), 385 (406).

176 OGHZ 2, 253 (255 f); BGH NJW 1958, 418; BGHZ 68, 81 (82); BGH NJW 1998, 146; OLG Hamm MDR 1964, 330; *Hueck* OHG § 25 III 3, S. 377; *Henckel* Parteilehre, S. 104 f; *Ulmer* FS Geßler, 1973, S. 269 (274 ff); ebenso auch noch Schlegelberger/*K. Schmidt* Rn 48; **aA** jetzt *ders.* Mehrseitige Gestaltungsprozesse, S. 70 ff, wenn das Gericht der Auflösungsklage jedoch statt-

eine *Prozessführungsermächtigung* (Rn 50), so dass der zustimmende Gesellschafter an ein rechtskräftiges Gestaltungsurteil gebunden ist,[177] ohne sich ihm noch durch Widerruf oder Anfechtung entziehen zu können (s. noch Rn 57). Fehlt die Einwilligung, ist ein gleichwohl ergangenes Urteil wirksam; doch liegt ein Wiederaufnahmegrund nach § 579 Abs. 1 Nr. 4 ZPO vor.[178] – *Gegenstimmen* im neueren Schrifttum lehnen demgegenüber eine Rechtskrafterstreckung auf die nicht am Prozess beteiligten Gesellschaftern insgesamt ab[179] oder machen sie doch von der zusätzlichen Voraussetzung einer Beiladung abhängig, und zwar analog § 856 ZPO[180], bzw. wollen sie durch das Modell einer Klage gegen bzw. – in den Fällen der §§ 117, 127, 140 – durch die Gesellschaft ersetzen, die ggf. im Wege der actio pro socio auch durch einzelne Gesellschafter geführt werden kann.[181]

54 **Stellungnahme:** Nachdem nicht nur die Rechtsprechung, sondern auch die Alternativmodelle gezwungen sind, sich mehr oder weniger stark vom Gesetz zu entfernen[182] und einer Klage gegen bzw. durch die Gesellschaft aus den in Rn 49 genannten Gründen nicht zugestimmt werden kann, fehlt es letztlich an einem zwingenden Gegenmodell zur hM, das zu einer Neuorientierung nötigen würde. Das Konzept von *Karsten Schmidt* geht in den Fällen der §§ 117, 127, 140 einerseits von individuellen Klagerechten der einzelnen Gesellschafter aus und besteht andererseits auf der notwendigen Beteiligung sämtlicher Gesellschafter an einem einzigen, mehrseitigen Gestaltungsprozess über einen einheitlichen Streitgegenstand (insbes. Auflösung oder Ausschließung).[183] Gegen den ersten Aspekt hat *Ulmer* in diesem Kommentar schon mit Recht die gemeinsame Zuständigkeit der Gesellschafter für Vertragsänderungen eingewandt, hierauf ist zu verweisen (§ 117 Rn 50 f). Ähnlichen Bedenken sieht sich, wie erwähnt, auch der Ansatz *Martin Schwabs* ausgesetzt (Rn 49). Im Übrigen ist es nicht zuletzt aus Gründen der Prozessökonomie nachteilig, dass nach dem Modell *Karsten Schmidts* auch der klageunwillige, aber einer Auflösung zustimmende Gesellschafter gezwungen wird, sich auf Klägerseite am Prozess zu beteiligen.[184] Schließlich bietet der Vorschlag *Herbert Roths*, die zwingende allseitige Beteiligung durch die Beiladung der prozessunwilligen, aber mit der Auflösung einverstandenen Gesellschafter analog § 856 Abs. 3 ZPO zu ersetzen,[185] zwar eine maßvolle Ergänzung der herrschenden Ansicht. Ob hierfür ein echter Bedarf besteht, erscheint indes fraglich. Deutet man nämlich die bindende Erklärung als Prozessführungsermächtigung (Rn 50), reduziert sich die Gefahr einer unerwünschten Rechtskraftbeschränkung bei Unwirksamkeit der Erklärung im Wesentlichen auf die Nichtigkeitsgründe der §§ 104 ff BGB; die Anfechtung ist demgegenüber regelmäßig ausgeschlossen[186] und auch der

gegeben hat, obwohl noch nicht alle Gesellschafter zugestimmt haben, hindert dies nicht den Eintritt der Gestaltungswirkung; weitere Nachweise zu Gegenstimmen in Fn 179 ff.

177 Zur Rechtskrafterstreckung auf den Rechtsinhaber s. allgemein nur BGHZ 78, 7; 123, 135 f; Zöller/*Vollkommer* ZPO[27] Vor § 50 Rn 54.

178 So zu Recht schon *Schlosser* Gestaltungsklagen, S. 167, 190, 220 f gegen *Jauernig* FamRZ 1961, 98 (101 f), s. ferner *Häsemeyer* ZZP 101 (1988), 385 (406).

179 So *K. Schmidt* Mehrseitige Gestaltungsprozesse, S. 70 ff.

180 So *H. Roth* FS Großfeld, 1999, S. 915 (921 ff, 926 f) – Hierbei soll abweichend von Abs. 2 der Anschluss auch auf Beklagtenseite möglich sein und abweichend von Abs. 3 auch der Kläger die Beiladung beantragen können.

181 So *M. Schwab* Prozessrecht, S. 226 ff.

182 Vgl. die eingehende Analyse bei *M. Schwab* Prozessrecht, S. 209 ff.

183 *K. Schmidt* Mehrseitige Gestaltungsprozesse, S. 76 ff, 90 ff.

184 Vgl. *H. Roth* FS Großfeld, 1999, S. 915 (926 f); *M. Schwab* Prozessrecht, S. 215 ff.

185 *H. Roth* FS Großfeld, 1999, S. 915 (920 ff, 926 f).

186 S. *M. Schwab* Prozessrecht, S. 206 ff.

Widerruf ist nur eingeschränkt möglich.[187] Die bei unterbliebener Beiladung nur relative Gestaltungswirkung des Auflösungsurteils und die weiteren Konsequenzen hieraus sind zudem nicht ganz unerhebliche Nachteile dieser Lösung.[188] Auf der anderen Seite lässt sich der nach hM fehlende Zwang zur Prozessbeteiligung hinreichend rechtfertigen: Der Verzicht der klageunwilligen Gesellschafter auf rechtliches Gehör ist hinreichende Legitimation, sie der Gestaltungswirkung zu unterwerfen,[189] und die von ihnen erteilte Prozessführungsermächtigung rechtfertigt die Rechtskrafterstreckung auf sie.[190]

2. Klageantrag, Klagegründe. Der Klageantrag ist darauf zu richten, die Gesellschaft für aufgelöst zu erklären.[191] Soweit Gesellschafter nicht auf Kläger- oder Beklagtenseite beteiligt sind (Rn 53 f), ist deren *Zustimmungserklärung* als Prozessvoraussetzung beizubringen, und zwar entweder durch Erklärung gegenüber dem Gericht oder durch den Kläger in schriftlicher Form.[192] Eine von einer *Bedingung* abhängige Auflösung kann wegen der notwendigen Bestimmtheit des Gestaltungsurteils nicht beantragt werden. Auch kann die Auflösung nicht für einen bestimmten *Zeitpunkt* beantragt werden. Die Auflösung tritt nach § 131 Abs. 1 Nr. 4 vielmehr automatisch mit der Rechtskraft des Urteils ein (Rn 64); ein Einfluss hierauf ist dem Gericht verwehrt. Wohl aber dürfte es zulässig sein, die Wirkungen der Auflösung auf Antrag einer Partei aus Zweckmäßigkeitsgründen auf einen nicht zu fernen Zeitpunkt nach Rechtskraft des Urteils, etwa auf das Ende des laufenden Geschäftsjahrs, zu beziehen.[193] Die Klage kann auch im Wege der **Widerklage** erhoben (Rn 47) sowie als **Hauptantrag** mit Hilfsanträgen auf Ausschließung bzw. Entziehung der Geschäftsführungs- und Vertretungsbefugnis verbunden werden.[194] 55

Die Klageschrift muss einen **bestimmten Tatbestand** als wichtigen Grund angeben. Weitere Tatsachen, auch solche nach Klageerhebung (Rn 15), können zur Unterstützung der ursprünglichen Begründung bis zur letzten mündlichen Verhandlung in der Tatsacheninstanz nachgeschoben werden. Wird der Antrag im Lauf des Verfahrens auf völlig neue Tatsachen gestützt, so liegt darin eine nach §§ 264, 268 f ZPO zu beurteilende Klageänderung.[195] Die *Beweislast* für die zur Begründung des wichtigen Grundes angeführten Tatsachen trifft den Kläger;[196] über ihre Anerkennung als wichtiger Grund entscheidet das Gericht im Rahmen wertender Beurteilung (Rn 11). 56

---

[187] Zutr. *M. Schwab* Prozessrecht, S. 206 ff; vgl. auch Zöller/*Greger* ZPO[27] Vor § 128 Rn 18 und Zöller/*Vollkommer* ZPO[27] Vor § 50 Rn 45 (nur bis zur Klageerhebung); vor Klageerhebung unterliegt die Ermächtigung dagegen den allgemeinen Regeln über fehlerhafte Rechtsgeschäfte, vgl. Stein/Jonas/*Bork* ZPO[22] Vor § 50 Rn 60.

[188] Näher *M. Schwab* Prozessrecht, S. 219 ff (der diese Nachteile allerdings i.E. für hinnehmbar hält).

[189] So schon *Ulmer* FS Geßler, 1973, S. 269 (275) unter Berufung auch auf andere Ausnahmen, die die Rspr. von der notwendigen Streitgenossenschaft gemacht hat, RGZ 71, 366 (371); 93, 292 (295); 111, 338 (339 f); BGH NJW 1962, 1722.

[190] Insoweit noch abweichend *Ulmer* FS Geßler, 1973, S. 269 (279); aufgegeben in Voraufl. § 117 Rn 52.

[191] Vgl. MünchKommHGB/*K. Schmidt* Rn 51; Ebenroth/Boujong/Joost/Strohn/*Lorz* Rn 36.

[192] MünchKommHGB/*K. Schmidt* Rn 51.

[193] So auch *Hueck* OHG § 25 IV 1, S. 378; MünchKommHGB/*K. Schmidt* Rn 55.

[194] OLG Frankfurt BB 1971, 1479; MünchKommHGB/*K. Schmidt* Rn 52, 53.

[195] Vgl. im vorliegenden Zusammenhang auch Schlegelberger/*K. Schmidt* Rn 59, sowie RG JW 1938, 1392.

[196] Vgl. BGHZ 33, 105 (110 f); MünchKommHGB/*K. Schmidt* Rn 54; Ebenroth/Boujong/Joost/Strohn/*Lorz* Rn 38.

57 **3. Klagefrist, Zuständigkeit, Streitwert.** Besondere Fristbestimmungen für die Auflösungsklage bestehen nicht. Die Klage kann **sofort** erhoben werden. Ein vorheriges Auflösungsverlangen gegenüber den übrigen Gesellschaftern ist nicht erforderlich; bei unverzüglicher Anerkennung des Auflösungsanspruchs trägt freilich der Kläger nach § 93 ZPO die Kosten, da das Klageziel in diesem Fall auch ohne Rechtsstreit durch Auflösungsbeschluss (§ 131 Abs. 1 Nr. 2) zu erreichen ist. Eine **verspätete** Klageerhebung begründet andererseits die Gefahr, dass das zwischenzeitliche Verhalten des Klägers als Verzicht ausgelegt wird oder doch den Einwand der Verwirkung rechtfertigt (Rn 41).

58 Für die Klage besteht keine ausschließliche **Zuständigkeit**. Sie kann beim Gericht des besonderen Gerichtsstands der Mitgliedschaft (§ 22 ZPO) erhoben werden, der dem allgemeinen Gerichtsstand der Gesellschaft an ihrem Sitz entspricht (§ 17 ZPO). Ferner kann die Klage im allgemeinen Gerichtsstand des Beklagten oder im Gerichtsstand des Erfüllungsortes (§ 29 ZPO) angebracht werden. Grundsätzlich möglich ist auch die gesellschaftsvertragliche Vereinbarung eines besonderen ausschließlichen Gerichtsstands, was zwar nicht schon aus § 17 Abs. 3 ZPO, wohl aber aus § 38 Abs. 1 ZPO[197] bzw. §§ 1043, 1066 ZPO folgt.[198]

59 Der **Streitwert** ist, auch soweit von ihm die sachliche Zuständigkeit des Gerichts (Amtsgericht oder Landgericht) abhängt, nach richterlichem Ermessen festzusetzen, § 3 ZPO. Maßgebend ist das Interesse des Klägers an der Auflösung der Gesellschaft. Es richtet sich in erster Linie nach seiner Beteiligung, kann aber auch durch andere Tatsachen bestimmt werden.[199]

60 **4. Anderweitige Auflösung, Ausscheiden während des Rechtsstreits.** Die Erhebung der Auflösungsklage schließt es nicht aus, dass die **Auflösung** zwischenzeitlich, vor Rechtskraft des Auflösungsurteils, aus anderen Gründen eintritt (vgl. Rn 9 ff). Die Auflösung kann trotz schwebenden Rechtsstreits weiter auch durch Beschluss der Gesellschafter (§ 131 Abs. 1 Nr. 2) herbeigeführt werden, der einem Anerkenntnis i.S.v. § 307 ZPO vorgeht.[200] In all diesen Fällen tritt Erledigung in der Hauptsache ein.

61 Im Fall des **Ausscheidens des oder der Auflösungskläger** während des Rechtsstreits wird die Klage unbegründet und ist abzuweisen, da der Auflösungsanspruch aus § 133 untrennbar mit der Mitgliedschaft verbunden ist.[201] Das gilt auch dann, wenn der Kläger **durch Anteilsübertragung** ausgeschieden ist; § 265 ZPO ist in diesem Falle unanwendbar, da der Prozess nicht ohne Rücksicht auf das Auflösungsinteresse des *neuen* Gesellschafters fortgeführt werden kann.[202] Ist nur ein Teil der klagenden Gesellschafter ausgeschieden, so ist zu prüfen, ob den verbliebenen Gesellschaftern, gegebenenfalls unter Einschluss Neueingetretener, die Fortsetzung der Gesellschaft zugemutet werden kann.[203] Scheidet einer der **beklagten Gesellschafter** aus und weicht der Gesellschaftsvertrag nicht von der Regel des § 131 Abs. 3 ab, so verliert er die Prozessführungsbefugnis als notwen-

---

197 So etwa Zöller/*Vollkommer* ZPO[27] § 38 Rn 9a.

198 So eingehend *Bork* ZHR 157 (1993), 48 (53 ff), auch zu möglichen Schranken (noch bezogen auf § 1048 ZPO a.F.).

199 RGZ 40, 407; RG JW 1901, 395; OLG Hamburg OLGE 9, 50; Köln GmbHR 1988, 192; BB 1982, 1384; Baumbach/*Hopt* Rn 14.

200 MünchKommHGB/*K. Schmidt* Rn 54; Heymann/*Emmerich* Rn 15; zur Erledigungswirkung s. auch RG JW 1929, 1359.

201 RGZ 69, 333 (339); MünchKommHGB/*K. Schmidt* Rn 46; Heymann/*Emmerich* Rn 15.

202 MünchKommHGB/*K. Schmidt* Rn 46.

203 RG DR 1942, 1796; *K. Schmidt* Mehrseitige Gestaltungsprozesse, S. 61.

diger Streitgenosse, so dass die Klage gegen ihn als *unzulässig* abzuweisen ist,[204] wenn der Kläger sie nicht zurücknimmt bzw. für erledigt erklärt (Teilrücknahme oder Teilerledigung). *Anderes* gilt, wenn ein Beklagter durch **Anteilsübertragung** ausscheidet. In diesem Falle sprechen die besseren Gründe dafür, dass der bisherige Gesellschafter, der sich der Auflösung widersetzt hat, den Prozess analog § 265 ZPO wegen Streitbefangenheit seiner Mitgliedschaft fortführt.[205]

III. Die gerichtliche Entscheidung

1. Gestaltungsurteil. Bei der in §§ 131 Abs. 1 Nr. 4, 133 genannten „gerichtlichen Entscheidung" handelt es sich um ein Gestaltungsurteil, dessen rechtsgestaltende Wirkung in der Auflösung der Gesellschaft besteht (Rn 64). Es kann auch vor einem *Schiedsgericht* erstritten werden (Rn 75). Ungeachtet des irreführenden Wortlauts („kann"), *muss* das Urteil erlassen werden, wenn das Gericht einen wichtigen Grund feststellt. Allein diese Feststellung unterliegt der wertenden Beurteilung des Gerichts (vgl. Rn 11), während hinsichtlich der Rechtsfolge **kein Ermessen** besteht,[206] insbesondere kann das Gericht nicht statt auf Auflösung der Gesellschaft auf Ausschließung nach § 140 oder Entziehung nach §§ 117, 127 erkennen, sofern dies nicht hilfsweise beantragt worden ist (Rn 14).[207] 62

2. Keine einstweilige Verfügung. Die gerichtliche Auflösung der Gesellschaft schafft einen endgültigen Zustand; sie kann daher nicht im Wege der einstweiligen Verfügung angeordnet werden, da diese ihrem Wesen nach vorläufig ist (vgl. §§ 935, 940 ZPO) und ihre Wirkungen durch die spätere Entscheidung zur Hauptsache müssen beseitigt werden können. Demgemäß wird heute der Erlass einer einstweiligen Verfügung auf Auflösung der Gesellschaft einhellig abgelehnt.[208] Zulässig sind einstweilige Verfügungen, die nur die Durchführung der künftigen Entscheidung, insbesondere die sich an die Auflösung anschließende Abwicklung, sichern sollen, so etwa die einstweilige Entziehung der Geschäftsführungs- oder Vertretungsbefugnis einzelner Gesellschafter oder die Einsetzung eines Dritten als Verwalter (§ 117 Rn 67 ff). Durch solche Maßregeln können die Belange der Beteiligten ausreichend gewahrt werden, so dass für eine auf Auflösung lautende einstweilige Verfügung letztlich auch kein Bedürfnis besteht. 63

IV. Rechtsfolgen des Gestaltungsurteils

1. Auflösung der Gesellschaft. Das Urteil bewirkt die Auflösung der Gesellschaft (§ 131 Abs. 1 Nr. 4), ohne dass es hierfür einer Vollstreckungshandlung bedürfte. Die Wirkung tritt unmittelbar mit der (formellen) Rechtskraft ein (Rn 65). Bis zu diesem Zeitpunkt bleibt die Gesellschaft ein werbendes Unternehmen. Die Gesellschafter verblei- 64

---

204 Vgl. BGHZ 92, 351 (353); MünchKomm-ZPO³/*Schultes* § 62 Rn 47; MünchKomm-HGB/*K. Schmidt* Rn 49.

205 MünchKommHGB/*K. Schmidt* Rn 49; *Bräutigam* FS Quack, 1991, S. 181 (196 ff); Bedenken hiergegen bei Röhricht/Graf v. Westphalen/*v. Gerkan/Haas* Rn 18.

206 RGZ 122, 312 (314); MünchKommHGB/*K. Schmidt* Rn 55; Ebenroth/Boujong/Joost/Strohn/*Lorz* Rn 39; Baumbach/*Hopt* Rn 16.

207 MünchKommHGB/*K. Schmidt* Rn 55.

208 KG OLGE 40, 433; MünchKommHGB/*K. Schmidt* Rn 57; Ebenroth/Boujong/Joost/Strohn/*Lorz* Rn 37; Heymann/*Emmerich* Rn 17a.

ben in ihren Funktionen als Geschäftsführer und Vertreter, müssen allerdings bei ihrer Tätigkeit auf die Gefahr der alsbaldigen Auflösung Rücksicht nehmen (§ 132 Rn 40). Sie behalten die Ansprüche auf Gewinn und Zinsen und bleiben zur Einhaltung des Wettbewerbsverbots verpflichtet.

65 **2. Eintritt mit Rechtskraft.** Die Auflösungswirkung tritt nicht schon mit Erlass des Urteils oder Anordnung seiner vorläufigen Vollstreckbarkeit ein, sondern erst mit seiner formellen Rechtskraft (Unanfechtbarkeit, § 705 ZPO).[209] Die Gestaltung bewirkt einen endgültigen Zustand. Sie führt zur Abwicklung der Gesellschaft mit der sich anschließenden Vollbeendigung unter Löschung der Firma. Alle diese Folgen könnten im Fall einer späteren Aufhebung des Urteils nicht ungeschehen gemacht werden; sie können daher nicht an eine nur vorläufig vollstreckbare Entscheidung geknüpft werden (vgl. auch Rn 63). Das Auflösungsurteil kann demnach auch nur hinsichtlich der Kosten für vorläufig vollstreckbar erklärt werden.[210]

66 Auch das Urteil selbst kann den **Gestaltungszeitpunkt** grundsätzlich **nicht** abweichend **festlegen**; dieser ergibt sich vielmehr unmittelbar aus dem Gesetz (§ 131 Abs. 1 Nr. 4). Als zulässig wird es aber angesehen, die Auflösungswirkungen aus Zweckmäßigkeits- und Billigungsgründen auf Antrag einer Partei auf einen in naher Zukunft bevorstehenden Zeitpunkt festzusetzen (Rn 55). Eine Rückbeziehung der Auflösungswirkungen, wie sie § 140 Abs. 2 für den Fall der Ausschließung vorsieht ist, ist demgegenüber ausgeschlossen. Die Gesellschafter sollen sich auch in ihren Innenbeziehungen auf das Fortbestehen der Gesellschaft bis zur Rechtskraft des Urteils verlassen können[211]. Bei schuldhafter Prozessverschleppung stehen den geschädigten Gesellschaftern Schadensersatzansprüche aus dem Gesellschaftsverhältnis zu (Rn 44).

67 **3. Auflösungsfolgen.** Für die Auflösungsfolgen bewendet es bei den allgemeinen Grundsätzen (§ 131 Rn 50 ff), soweit im Gesellschaftsvertrag keine abweichenden Vereinbarungen getroffen sind (vgl. Rn 68 ff). Die Rechtsfolgen ergeben sich also im Wesentlichen aus den §§ 145 ff. Die Pflicht zur Anmeldung der Auflösung beim Handelsregister resultiert aus § 143 Abs. 1; abweichend hiervon genügt jedoch nach § 16 Abs. 1 S. 1 die Anmeldung allein durch den Kläger.

D. Abweichende Vereinbarungen, Abs. 3

I. Allgemeines

68 **1. Grenzen der Abdingbarkeit (§ 133 Abs. 3).** Eine Vereinbarung, die das Recht des Gesellschafters, die Auflösung der Gesellschaft zu verlangen, ausschließt oder entgegen § 133 Abs. 1 und 2 beschränkt, ist nach § 133 Abs. 3 **nichtig.** Das Auflösungsrecht aus wichtigem Grund ist ein unabdingbares Recht jedes Gesellschafters (vgl. Rn 40). § 133 Abs. 3 schließt allerdings die Möglichkeit, von Abs. 1 und 2 abweichende Regelungen zu

---

[209] EinhM, vgl. RGZ 123, 151 (153); Stein/Jonas/*Roth* ZPO[22] Vor § 253 Rn 107; MünchKommHGB/*K. Schmidt* Rn 58; Ebenroth/Boujong/Joost/Strohn/*Lorz* Rn 40; Heymann/*Emmerich* Rn 18; *Becker* ZZP 97 (1984), 314 (317); *Hueck* OHG § 25 IV 1, S. 378.

[210] KG JW 1924, 1179; MünchKommHGB/*K. Schmidt* Rn 59 i.V.m. Schlegelberger/*K. Schmidt* Rn 53; Heymann/*Emmerich* Rn 18; Baumbach/*Hopt* Rn 15.

[211] *Hueck* FS Heymanns-Verlag, 1965, S. 287 (302 f); MünchKommHGB/*K. Schmidt* Rn 59.

vereinbaren, nicht generell aus.[212] Solche Abweichungen sind in mehrfacher Hinsicht denkbar: Sie können sich beziehen auf die Voraussetzungen des wichtigen Grundes, auf die Art seiner Geltendmachung und das damit zu erreichende Ziel sowie schließlich auf die Rechtsfolgen eines Auflösungsurteils. Ihre Wirksamkeit setzt jeweils voraus, dass dadurch das Recht der Gesellschafter, sich einseitig bei Vorliegen eines wichtigen Grundes aus der Gesellschaft zu lösen, weder ausgeschlossen noch unzumutbar beschränkt wird.

2. Erweiterung des Anwendungsbereichs? Eine ausdehnende Anwendung von § 133 im Wege der **Analogie** ist grundsätzlich zulässig. Die Rechtsnatur des Gestaltungsklagerechts schließt eine Analogie keineswegs aus.[213] Das Vorliegen der Analogievoraussetzungen[214] ist allerdings mit Rücksicht auf die ungewöhnliche richterliche Gestaltungsermächtigung besonders sorgfältig zu prüfen. Erfüllt sind die Analogievoraussetzungen bei der „Vor-OHG/KG" (Rn 8). Demgegenüber bedarf es für die Anwendung auf die fehlerhafte Gesellschaft keiner Analogie;[215] sie ergibt sich schon daraus, dass die fehlerhaft gegründete OHG/KG bis zu ihrer Auflösung eine voll wirksame Gesellschaft darstellt (Rn 6). Von einer analogen Anwendung zu unterscheiden ist die **vertragliche** Erweiterung des Anwendungsbereichs. Da die richterliche Gestaltung einer gesetzlichen Ermächtigung bedarf, kommt sie nicht in Betracht (Rn 7). Mit gewissen Einschränkungen möglich sind aber Vereinbarungen über den wichtigen Grund (dazu Rn 70 ff). 69

II. Vereinbarungen über den wichtigen Grund

1. Erschwerung der Auflösung. Bestimmungen im Gesellschaftsvertrag, denen zufolge bestimmte Tatsachen **keinen** Auflösungsgrund bilden oder nur bestimmte Tatsachen bei der Feststellung des wichtigen Grundes zu berücksichtigen sind, unterfallen nicht generell der Nichtigkeit gem. Abs. 3. Solche Regelungen sind in erster Linie Ausdruck des Bestrebens der Parteien nach einem besonders gefestigten Zusammenschluss, das für die Wertung des Auflösungsgrundes bzw. bei der Zumutbarkeit einer Fortsetzung der Gesellschaft grundsätzlich zu beachten ist (vgl. Rn 10 f). Allerdings darf das Auflösungsrecht der Gesellschafter gem. Abs. 3 **weder ausgeschlossen noch unzumutbar eingeschränkt** werden.[216] Die Regelungen sind demgemäß unbedenklich nur insoweit, als sie eine *klarstellende Funktion* erfüllen. Das ist etwa bei Klauseln der Fall, nach denen die Auflösung wegen Krankheit oder Abwesenheit eines Gesellschafters nicht verlangt werden kann, wenn sie einen gewissen Zeitraum nicht übersteigt oder wenn der an der Ausübung seiner Tätigkeit verhinderte Gesellschafter einen Ersatzmann als Arbeitskraft stellt oder für die Kosten einer solchen aufkommt oder sich schließlich eine entsprechende Minderung seines Gewinnanteils gefallen lässt (vgl. Rn 28). Derartige Bestimmungen enthalten regelmäßig eine Einschränkung der Verpflichtung eines Gesellschafters zu persönlicher 70

[212] Vgl. auch MünchKommHGB/*K. Schmidt* Rn 62; Ebenroth/Boujong/Joost/Strohn/*Lorz* Rn 42.

[213] RGZ 85, 311 (313); Stein/Jonas/*Roth* ZPO[22] Vor § 253 Rn 91; Rosenberg/Schwab/*Gottwald* Zivilprozessrecht, § 91 II, S. 609; *Hueck* FS Heymanns Verlag, 1964, S. 287 (292 ff).

[214] Regelungslücke und hinreichende Ähnlichkeit des nichtgeregelten Sachverhalts, s. nur *Canaris* Feststellung von Lücken im Gesetz (1964).

[215] So aber noch 3. Aufl. Rn 4, 68 *(Ulmer)*.

[216] Vgl. RG Recht 1924 Nr. 661; RG JW 1938, 521 (522 f).

Tätigkeit.[217] Die Berücksichtigung bestimmter Umstände kann aber **insofern nicht ausgeschlossen** werden, als diese im **Einzelfall**, anders als erwartet, doch zur Unzumutbarkeit der Fortsetzung führen, insbesondere wenn sie mit anderen Tatsachen zusammentreffen und die Gesamtschau (Rn 11) ergibt, dass das Festhalten am Vertrag unzumutbar ist.[218] Schließt etwa der Vertrag einer zweigliedrigen OHG die Arbeitsunfähigkeit eines Gesellschafters als wichtigen Grund aus, so kann das gleichwohl dann nicht gelten, wenn kurz hintereinander beide Gesellschafter arbeitsunfähig werden. Generell unzulässig sind Einschränkungen des Austrittsrechts wegen Vollendung des 18. Lebensjahres (Rn 31 f).

71 **2. Erleichterung der Auflösung.** Grundsätzlich **unbedenklich** sind Klauseln, denen zufolge bestimmte Tatsachen stets als wichtiger Grund gelten sollen.[219] Beispiele sind Krankheit oder Abwesenheit eines Gesellschafters über einen längeren Zeitraum oder die Anordnung einer Betreuung. Hierin liegt auch keine unzulässige vertragliche Erweiterung des Anwendungsbereichs des § 133.[220] Die Parteien brauchen ferner nicht den Weg einer Bedingung oder Befristung zu wählen, sondern können die gerichtliche Entscheidung nach § 133 in Bezug auf die *Bewertung* des Umstandes als wichtiger Grund binden.[221]

III. Ersetzung und inhaltliche Änderung des Klagerechts

72 **1. Allgemeines.** Der als Gestaltungsklagerecht (Rn 46) ausgebildete Anspruch, bei Vorliegen eines wichtigen Grundes Auflösung der Gesellschaft zu verlangen, ist vom HGB im Interesse der Rechtssicherheit und Rechtsklarheit zwischen den Gesellschaftern eingeführt worden (Rn 2). Das Klageerfordernis ist indes nicht zwingend; vielmehr sind **Erleichterungen in verfahrensrechtlicher Hinsicht** grundsätzlich zulässig. Insbesondere kann das Gestaltungsklagerecht durch ein funktionell gleichwertiges Individualrecht ersetzt werden, sich beim Vorliegen eines wichtigen Grundes einseitig von der Gesellschaft zu lösen.[222] Möglich ist nicht nur die ersatzweise Vereinbarung einer **Auflösungskündigung** nach dem Vorbild des § 723 Abs. 1 S. 2 BGB (Rn 73).[223] Vielmehr kann statt dessen auch ein **außerordentliches Austrittsrecht** vorgesehen werden (vgl. Rn 4 f, 74).[224] Allerdings ist für diesen Fall zusätzlich zu beachten, dass § 133 Abs. 3 einer Reduktion der **Abfindung** insoweit entgegensteht, als diese sich kündigungsbeschränkend auswirkt

217 Vgl. RG JW 1938, 521 (522 f); *Hueck* OHG § 25 V 1a, S. 379; Schlegelberger/*K. Schmidt* Rn 70; Heymann/*Emmerich* Rn 25; Ebenroth/Boujong/Joost/Strohn/*Lorz* Rn 44; *Andörfer* Kündigungsrecht, S. 140 ff – Näher dazu noch 3. Aufl. Rn 70 f *(Ulmer)*.

218 MünchKommHGB/*K. Schmidt* Rn 68; Ebenroth/Boujong/Joost/Strohn/*Lorz* Rn 44; MünchKommBGB[5]/*Ulmer*/*C. Schäfer* § 723 Rn 75; *Andörfer* Kündigungsrecht, S. 140 ff.

219 RG JW 1938, 2752 (2753); MünchKommHGB/*K. Schmidt* Rn 67; Ebenroth/Boujong/Joost/Strohn/*Lorz* Rn 45; Baumbach/*Hopt* Rn 18; MünchKommBGB[5]/*Ulmer*/*C. Schäfer* § 723 Rn 75.

220 So aber *Hueck* OHG § 25 V 2; *ders.* FS Heymanns Verlag, 1964, S. 293 f.

221 Vgl. RG JW 1938, 521 (522); RG SeuffA 93 S. 20, 23 sowie die Nachw. in Fn 219.

222 BGHZ 31, 295 (300); 47, 293 (302); BGH LM Nr. 6 zu § 140 HGB (Auflösungskündigung); Schlegelberger/*K. Schmidt* Rn 68; Ebenroth/ Boujong/Joost/*Lorz* Rn 46; Heymann/ *Emmerich* Rn 22; *Koller*/Roth/ Morck Rn 4; Röhricht/Graf v. Westphalen/ *v. Gerkan/Haas* Rn 24; *Hueck* OHG § 25 V 2, S. 381.

223 BGHZ 31, 295 (300); 47, 293 (302).

224 MünchKommHGB/*K. Schmidt* Rn 70; Ebenroth/Boujong/Joost/Strohn/*Lorz* Rn 48; Baumbach/*Hopt* Rn 19.

(§ 131 Rn 172 ff);[225] dass ein wichtiger Grund für das Ausscheiden vorliegt ist hierbei zugunsten des Gesellschafters zu berücksichtigen.[226] Interessen von Gläubigern oder sonstigen **Dritten** stehen dem auch im Falle einer Auflösungskündigung nicht entgegen, da die Identität der Gesellschaft allemal unberührt bleibt und Dritte sich hinsichtlich der Vertretungsmacht der Gesellschaftsorgane auf den Fortbestand der Handelsregistereintragung verlassen können (§ 15 Abs. 1). Dazu, dass die **Gesellschaft als Klagegegner** vertraglich vereinbart werden kann, vgl. Rn 50. – **Unzulässig** ist demgegenüber die **ersatzlose Abbedingung** des Gestaltungsklagerechts sowie der völlige Ausschluss des Rechtsweges; das Vorliegen eines wichtigen Grundes muss zumindest nachträglich gerichtlich kontrolliert werden können.[227] – Zur Vereinbarung einer Schiedsklausel vgl. Rn 75.

2. Außerordentliches Kündigungsrecht insbesondere. Die dem Auflösungsanspruch des § 133 am nächsten kommende Gestaltung besteht in der Vereinbarung eines außerordentlichen Kündigungsrechts (Rn 72).[228] Hier tritt die Auflösungsfolge schon mit dem Zugang der Kündigungserklärung bei den übrigen Gesellschaftern ein (§ 132 Rn 13), sofern der wichtige Grund *im Zeitpunkt* der Kündigung wirklich vorgelegen hat.[229] Dies ist gegebenenfalls im Wege der Feststellungsklage zu klären; ihre Rechtshängigkeit hindert den Eintritt der Auflösung nicht. Die Kündigung kann auch von der Einhaltung bestimmter *Formvorschriften*, etwa der Absendung durch eingeschriebenen Brief, abhängig gemacht werden; dadurch wird der Anspruch auf Auflösung der Gesellschaft nicht beeinträchtigt. Aus Gründen der Treupflicht ist der Kündigende regelmäßig zur **Angabe des Kündigungsgrundes** gehalten, sofern dieser nicht bereits bekannt ist.[230] Eine Verletzung dieser Pflicht führt allerdings nicht etwa zur Unwirksamkeit der Kündigung bzw. zur Präklusion nicht benannter Kündigungsgründe (vgl. § 573 Abs. 3 S. 2 BGB), sondern hat lediglich **Schadensersatzansprüche** zur Folge (etwa wegen unnötiger Verteidigungsaufwendungen). Das ergibt sich aus den allgemeinen Grundsätzen, soweit sich der Treupflichtverstoß auf die Art und Weise der Kündigung beschränkt (§ 132 Rn 32 f). Für eine Präklusion nach dem Vorbild des § 573 Abs. 3 S. 2 BGB bedürfte es demgegenüber einer gesetzlichen Grundlage. – Denkbar ist schließlich auch die Einräumung eines außerordentlichen Kündigungsrechts *neben* der Auflösungsklage. Ein praktisches Bedürfnis hierfür dürfte allerdings nur selten bestehen; zudem wird einer Auflösungsklage in diesem Falle regelmäßig das Rechtsschutzinteresse fehlen (Rn 5). **73**

3. Außerordentliches Austrittsrecht insbesondere. Für das gleichfalls im Wege der Kündigung geltend zu machende Austrittsrecht (Rn 72) gilt Entsprechendes wie für die Auflösungskündigung (Rn 73). Auch hier tritt die **Wirksamkeit** grundsätzlich erst durch Zugang bei sämtlichen übrigen Gesellschaftern ein. Sofern allerdings, wie nicht selten in der Publikums-KG, dem Komplementär die Vertretungsbefugnis zum Abschluss von Bei- **74**

---

[225] Weitergehend wohl MünchKommHGB/*K. Schmidt* Rn 70: Garantie einer vollständigen Abfindung; in diesem Sinne auch Ebenroth/Boujong/Joost/Strohn/*Lorz* Rn 48; wie hier MünchKommBGB[5]/*Ulmer*/*C. Schäfer* § 723 Rn 76.

[226] Zur Interessenabwägung bei Ermittlung der angemessenen Abfindung vgl. § 131 Rn 178, 182.

[227] BGHZ 31, 295 (299); *Hueck* OHG § 25 V 2, S. 382; Schlegelberger/*K. Schmidt* Rn 65.

[228] Vgl. die Nachweise in Fn 222.

[229] BGH NJW 2000, 3491 (3492): spätere Vorgänge haben nur indizielle Bedeutung. – Zur grundsätzlichen Unzulässigkeit eines *Nachschiebens* von Kündigungsgründen vgl. BGHZ 27, 220 (225); *Wiedemann* WM 1992, Beil. 7, S. 23, 52; MünchKommBGB[5]/*Ulmer*/*C. Schäfer* § 723 Rn 27.

[230] Siehe auch MünchKommBGB[5]/*Ulmer*/*C. Schäfer* § 723 Rn 27.

trittsverträgen übertragen ist,[231] braucht auch die Austrittserklärung nur ihm zuzugehen.[232] Ist nach dem Gesellschaftsvertrag der Streit um das Vorliegen eines wichtigen Grundes mit der Gesellschaft auszutragen (Rn 50), kommt es auf den Zugang bei *einem* der Geschäftsführer an (vgl. § 125 Abs. 2 S. 3), was im praktischen Ergebnis häufig auf das Gleiche hinauslaufen wird. – Dazu, dass die **Abfindung** nicht in kündigungsbeschränkender Weise reduziert sein darf, vgl. schon Rn 72 m.N.

75 4. **Schiedsgerichtsabrede.** Der Gesellschaftsvertrag kann den Auflösungsstreit auch einem Schiedsgericht zuweisen. In diesem Falle kann das Schiedsgericht anstelle des ordentlichen Gerichts die Auflösung mit rechtsgestaltender Wirkung aussprechen[233] bzw. über die Rechtmäßigkeit einer Kündigung entscheiden. Zu der von der wohl hM[234] bejahten Frage, ob die Auflösung der Gesellschaft im ersten Falle erst mit Vollstreckbarerklärung gem. § 1060 ZPO eintritt, vgl. näher § 117 Rn 74.

76 5. **Ausscheiden, Fortsetzung, Ausschließung.** In der dritten Auflage Rn 78, 80 hat *Ulmer*, die Ansicht vertreten, der Gesellschaftsvertrag könne das Auflösungsklagerecht in der Weise regeln, dass die Ges*ellschaft* mit Rechtskraft des Auflösungsurteils **ohne den Kläger fortgesetzt** werde. Dem ist nur mit Einschränkung zu folgen. Zwar kann der Gesellschaftsvertrag ein außerordentliches Austrittsrecht vereinbaren, das naturgemäß zur Fortsetzung der Gesellschaft mit den übrigen Gesellschaftern führt (Rn 74). Daneben besteht aber weder ein anerkennenswertes Bedürfnis noch eine Rechtfertigung dafür, einer *Auflösungs*klage sämtliche Folgen des Ausscheidens beizulegen. Wie im Falle der Fortsetzung einer aufgelösten Gesellschaft (vgl. § 131 Rn 68) ist zwar gegen die Fortsetzung der Gesellschaft mit einem Teil der Gesellschafter, für sich betrachtet, nichts einzuwenden. Doch entspricht es der Wertung des § 133 Abs. 3, dem Gesellschafter in diesem Falle einen Anspruch auf eine volle **Abfindung zum Verkehrswert** zu gewährleisten, also auf dasjenige, was er bei der Auseinandersetzung erhalten hätte (vgl. § 131 Rn 68).[235] Anders als beim Austritt (Rn 74) sind vertragliche Abfindungsbeschränkungen also unanwendbar. Im Ergebnis führt eine Fortsetzungsklausel daher lediglich zum Ausscheiden gegen Abfindung nach anteiligem Ertragswert. – Wegen Sanktionscharakters insgesamt unwirksam (vgl. nach Rn 78) ist eine Klausel, nach welcher der **erfolglose Auflösungskläger** automatisch aus der Gesellschaft ausscheidet.[236] Das gilt erst recht, wenn die Ausscheidensfolge schon an die Erhebung der Klage geknüpft wird.

77 Von vornherein unschädlich ist demgegenüber eine Vereinbarung, nach der im Falle eines wichtigen Grundes in der Person eines Gesellschafters statt der Auflösungs- ledig-

---

[231] BGHZ 63, 338 (344); BGH NJW 1975, 1700 (1701); 1978, 1000; vgl. ferner BGH NJW 1988, 1321 (1322); 1992, 1501 (1502) und dazu C. *Schäfer* Fehlerhafter Verband, S. 322 f.

[232] So mit Recht etwa BGH NJW 1975, 1700 (1701).

[233] RGZ 71, 254 (256); BayObLG WM 1984, 809 (810) (zu § 61 GmbHG); MünchKommHGB/*K. Schmidt* Rn 44; Ebenroth/Boujong/Joost/Strohn/*Lorz* Rn 47; Heymann/*Emmerich* Rn 23; *Becker* ZZP 97 (1984), 314 (319 f); *Hueck* OHG § 25 V 2, S. 382.

[234] BayObLG WM 1984, 809 (810); *K. Schmidt* ZGR 1988, 523; Baumbach/*Hopt* Rn 19; **aA** *Lindacher* ZGR 1979, 201 (209); *Vollmer* BB 1984, 1774 (1775 ff); *G. Walter* FS Schwab, 1990, S. 539 (552 ff); Stein/Jonas/*Schlosser* ZPO[22] § 1060 Rn 2; § 117 Rn 74; offenlassend BGH KTS 1961, 31.

[235] Ebenso MünchKommHGB/*K. Schmidt* Rn 71; Ebenroth/Boujong/Joost/Strohn/*Lorz* Rn 48.

[236] MünchKommHGB/*K. Schmidt* Rn 72; Baumbach/*Hopt* Rn 20; Ebenroth/Boujong/Joost/Strohn/*Lorz* Rn 43.

lich die **Ausschließungsklage** nach § 140 gegen diesen zulässig ist. Einer solchen Klausel kommt allerdings lediglich klarstellende Bedeutung zu; denn nach dem Grundsatz der *Verhältnismäßigkeit* (Rn 13) ist dem klagenden Gesellschafter das Festhalten an der Gesellschaft ohnehin zumutbar, wenn der wichtige Grund durch die Ausschließung des störenden Gesellschafters beseitigt werden kann; der Ausschließungsklage kommt hier also schon nach allgemeinen Regeln der Vorrang zu. Eine vertragliche Vorrangklausel stellt in diesem Zusammenhang klar, dass sämtliche Gesellschafter zur Mitwirkung an einer *vorrangigen* Ausschließungsklage verpflichtet sind. Demgegenüber wäre eine Klausel der erwähnten Art jedenfalls dann **unwirksam**, wenn sie einer Ausschließungsklage selbst dann noch Vorrang gegenüber der Auflösungsklage zuweisen sollte, dass der wichtige Grund durch die Ausschließung einzelner Gesellschafter *nicht* beseitigt werden könnte. Überdies muss eine Auflösungsklage nach § 133 Abs. 3 auch dann stets möglich sein, wenn nicht alle übrigen Gesellschafter *freiwillig* bereit sind, sich an der Ausschließungsklage zu beteiligen.[237] Denn ein Anspruch gegen die anderen Gesellschafter auf Mitwirkung an der Ausschließungsklage ist nur schwer und zeitraubend realisierbar (s. Rn 13).

6. Sonstige Beschränkungen. Erst recht sind Vereinbarungen unzulässig, die das Gestaltungsklagerecht oder eine an ihrer Stelle vorgesehene Kündigung für eine bestimmte Zeit ganz *ausschließen* oder nach denen sie *nur mit Zustimmung* eines Mitgesellschafters oder eines Dritten erfolgen darf.[238] Sie verletzen das Recht jedes einzelnen Gesellschafters, die sofortige Auflösung der Gesellschaft aus wichtigem Grunde zu verlangen. Auch **mittelbare Einschränkungen** des Auflösungsrechts können nach § 133 Abs. 3 unwirksam sein (siehe schon § 132 Rn 32). Dies gilt insbesondere für kündigungsbeschränkende **Abfindungsklauseln** (dazu § 131 Rn 172 ff). Auch die Vereinbarung sonstiger *Folgen mit Sanktionscharakter* kann unwirksam sein. Abgesehen vom erwähnten Ausscheiden erfolgloser Auflösungskläger (Rn 76) gilt dies namentlich für die Verhängung von **Vertragsstrafen** für den Fall der Klageerhebung oder Kündigung.[239] Es gelten wiederum die gleichen Grundsätze wie für die ordentliche Kündigung (dazu § 132 Rn 37); Vertragsstrafen sind danach generell unwirksam gem. § 133 Abs. 3. Demgegenüber begegnen *Wettbewerbsverbote* in Hinblick auf eine Beschränkung des Auflösungsrechts grundsätzlich keinen Bedenken (§ 132 Rn 38). 78

IV. Rechtsfolgen unzulässiger Vereinbarungen

Vertragsbestimmungen, die gegen Abs. 3 verstoßen, sind nichtig. Die Nichtigkeit ergreift den ganzen Gesellschaftsvertrag nur, wenn die Gesellschafter den Vertrag ohne die nichtige Bestimmung nicht abgeschlossen hätten. Abweichend von der Auslegungsregel des § 139 BGB ist das regelmäßig nicht anzunehmen (vgl. § 132 Rn 39). Ergreift die Nichtigkeit ausnahmsweise den ganzen Gesellschaftsvertrag, so kommen die Grundsätze über die fehlerhafte Gesellschaft (§ 105 Rn 346 ff) zur Anwendung. 79

---

[237] So mit Recht *Hueck* § 25 V 1b, S. 380 f, 3. Aufl. Rn 78 *(Ulmer)*; so auch *Andörfer* Kündigungsrecht, S. 102.

[238] RG JR 1926 Nr. 1266; MünchKommHGB/*K. Schmidt* Rn 66; Heymann/*Emmerich* Rn 24; Baumbach/*Hopt* Rn 20.

[239] Vgl. auch MünchKommHGB/*K. Schmidt* Rn 74.

§ 134

Eine Gesellschaft, die für die Lebenszeit eines Gesellschafters eingegangen ist oder nach dem Ablaufe der für ihre Dauer bestimmten Zeit stillschweigend fortgesetzt wird, steht im Sinne der Vorschriften der §§ 132 und 133 einer für unbestimmte Zeit eingegangenen Gesellschaft gleich.

Schrifttum

Andörfer Ausschluß und Beschränkung des Kündigungsrechts bei Personengesellschaften (1967); *Barz* Vertraglicher Kündigungsausschluß bei Personalgesellschaften, JW 1938, 490; *Gersch* Die Grenzen zeitlicher Beschränkungen des ordentlichen Kündigungsrechts bei Personengesellschaften, BB 1977, 871; *Heckelmann* Abfindungsklauseln in Gesellschaftsverträgen (1973); *Huber* Vermögensanteil, Kapitalanteil und Gesellschaftsanteil an Personengesellschaften des Handelsrechts (1970); *Hueck, A.* Zur Problematik langfristiger Gesellschaftsverträge, FS Larenz (1973), 741; *Merle* Personengesellschaften auf unbestimmte Zeit und auf Lebenszeit, FS Bärmann, 1975, 631; *Nitschke* Die körperschaftlich strukturierte Personengesellschaft (1970); *Siebe* Erschwerte Kündigung bei der OHG und KG, DNotZ 1954, 71; *Simon* Gesellschaftsrechtliche Bindungen auf Lebenszeit? DB 1961, 1679.

Übersicht

A. Allgemeines

I. Inhalt

1 § 134 schließt für OHG und KG in Übereinstimmung mit Art. 123 Abs. 1 Nr. 5, Abs. 2 ADHGB und § 724 BGB die Bindung der Gesellschaft an die **Lebenszeit eines Gesellschafters** aus und stellt eine solchermaßen befristete Gesellschaft einer auf unbestimmte Zeit geschlossenen gleich. Dieselbe Rechtsfolge ordnet § 134 auch in dem ganz anders gelagerten Fall an, dass eine Gesellschaft nach Ablauf der für ihre Dauer bestimmten Zeit **stillschweigend fortgesetzt** wird. Für beide Fälle wird auf diese Weise der Anwendungsbereich des ordentlichen Kündigungsrechts nach § 132 erweitert, so dass sämtliche Gesellschafter zur (Austritts-)Kündigung (§ 131 Abs. 3 Nr. 3) berechtigt sind (Rn 8). Daneben bleibt der von § 133 geregelte Auflösungsanspruch unberührt; denn er besteht ohnehin unabhängig von einer Befristung (§ 133 Rn 1). Die Differenzierung zwischen befristeten und unbefristeten Gesellschaften ist deshalb dort nur insofern von Belang, als bei diesen der die Auflösung begehrende Kläger gegebenenfalls auf sein Kündigungsrecht als das mildere Mittel verwiesen werden kann (§ 133 Rn 13).

II. Normzweck

Nach heute ganz hM ist § 134 im Zusammenhang mit dem Verbot von Ausschluss bzw. unzumutbarer Erschwerung des ordentlichen Kündigungsrechts zu sehen (§ 723 Abs. 3 BGB i.V.m. § 105 Abs. 2 HGB). Demgemäß dient die Vorschrift, soweit sie die lebenszeitige Bindung verbietet, dem **Schutz** jedes Gesellschafters **vor unüberschaubaren Bindungen** durch eine in ihrem Ende nicht absehbare und ggf. auch überlange Befristung der Gesellschaft.[1] Ihre Besonderheit gegenüber § 723 Abs. 3 BGB, der gleichfalls den Ausschluss des ordentlichen Kündigungsrechts zum Gegenstand hat (vgl. § 132 Rn 33 f), liegt zum einen in der Betonung der Unabsehbarkeit als Unwirksamkeitsgrund, zum anderen in der Klarstellung, dass die Unwirksamkeit einer Befristung auf die Lebenszeit *eines* Gesellschafters *sämtlichen* Gesellschaftern zugute kommt, und zwar unabhängig davon, wie lange *ihr* Kündigungsrecht letztlich ausgeschlossen ist (vgl. Rn 5). – In Bezug auf den Auflösungsanspruch nach § 133 ist die Vorschrift des § 134 entgegen ihrem Wortlaut von vornherein ohne Bedeutung (Rn 1 a.E.). – Einen **anderen Zweck** verfolgt § 134 dagegen mit seiner Bestimmung, dass eine auf Lebenszeit eingegangene bzw. **stillschweigend fortgesetzte** Gesellschaft einer auf unbestimmte Zeit geschlossenen gleichsteht. Insofern handelt es sich jeweils nur um eine **Auslegungsregel**,[2] deren Zweck sich darauf beschränkt, die Regel des § 139 BGB außer Kraft zu setzen bzw. (bei Fortsetzung) die Lückenhaftigkeit des geänderten Vertrages zu vermeiden. Mithin kann ein ausdrücklicher Fortsetzungsbeschluss von der angeordneten Folge ebenso abweichen wie sich im Einzelfall durch Auslegung ergeben mag, dass der Gesellschaftsvertrag infolge der unwirksamen Befristung auf Lebenszeit entweder insgesamt unwirksam oder durch eine andere Befristung zu ergänzen ist (Rn 7, 9). 2

B. Gesellschaft auf Lebenszeit

I. Voraussetzungen

1. Ausdrückliche Bindung. Eine auf Lebenszeit eingegangene und damit nach § 134 als unbefristet zu behandelnde Gesellschaft liegt nur dann vor, wenn die Vertragsdauer **ausdrücklich** an die **Lebenszeit** eines oder mehrerer Gesellschafter geknüpft ist, und zwar im Sinne einer **Mindestdauer** (vgl. § 132 Rn 3).[3] § 134 greift demnach nicht schon dann ein, wenn die vereinbarte Vertragsdauer die voraussichtliche Lebenserwartung eines Gesellschafters übersteigt.[4] Dies folgt schon daraus, dass § 134 nur eine Ergänzung des Verbots fester gesellschaftsrechtlicher Bindung auf *unüberschaubare* Zeit bildet (Rn 2). Ist demgegenüber die Mindestfrist exakt und ohne Rücksicht auf die konkrete Lebenserwar- 3

---

1 BGH WM 1967, 315; NJW 2007, 295 f (zu § 724 BGB); *Hueck* FS Larenz, 1973, S. 741 (742); *Gersch* BB 1977, 871 (873 f); *Merle* FS Bärmann, 1975, S. 631 (646); MünchKommBGB[5]/*Ulmer*/*C. Schäfer* § 724 Rn 4; abweichend RGZ 156, 129 (136); MünchKommHGB/*K. Schmidt* Rn 3 (freiheitsschützende Funktion).

2 MünchKommHGB/*K. Schmidt* Rn 2; Heymann/*Emmerich* Rn 1; Ebenroth/Boujong/ Joost/Strohn/*Lorz* Rn 2; für § 724 BGB auch MünchKommBGB[5]/*Ulmer*/*C. Schäfer* § 724 Rn 1, 9.

3 Vgl. auch RGZ 156, 129 (136); MünchKommHGB/*K. Schmidt* Rn 10; Ebenroth/Boujong/Joost/Strohn/*Lorz* Rn 3; Baumbach/*Hopt* Rn 2; *Hueck* FS Larenz, 1973, 741 ff; *Merle* FS Bärmann, 1975, S. 639 ff.

4 So aber *Heckelmann* Abfindungsklauseln, S. 132 f; *U. Huber* Vermögensanteil, S. 54; Nachweise zu älteren Ansichten in 3. Aufl. Rn 3 (*Ulmer*).

tung einer natürlichen Person bestimmt, geht es nicht (auch) um den Schutz vor Unüberschaubarkeit, sondern allein und unmittelbar um den **Schutz vor überlanger Bindung**; er ist Thema des § 723 Abs. 3 BGB (dazu § 132 Rn 33 ff). Entsprechendes gilt für den lebenslangen Ausschluss des Kündigungsrechts nur eines Gesellschafters (dazu näher Rn 5).

4 **2. Lebenszeit eines Gesellschafters.** Weitere Voraussetzung für § 134 ist, dass die Gesellschaft für die Lebenszeit eines Gesellschafters fest eingegangen ist und bei normalem Verlauf vorher nicht gelöst werden kann. Hierunter fallen nur Vereinbarungen, die die **Lebenszeit als Mindestdauer** der Gesellschaft vorsehen und auch keine sonstigen Möglichkeiten zum vorzeitigen Ausscheiden gewähren. Dagegen bleibt eine kalendarische Zeitbestimmung wirksam, auch wenn sie mit der Lebenszeit eines Gesellschafters verknüpft ist.[5] Hier bildet die Lebenszeit nämlich keine Mindest-, sondern die Höchstfrist der Gesellschaft i.S.v. § 131 Abs. 1 Nr. 1 (§ 131 Rn 19).

5 Seinem Wortlaut entsprechend, gilt § 134 nur dann, wenn *die Gesellschaft* für die Lebenszeit eines Gesellschafters eingegangen ist, hat also den Fall im Auge, dass das **Kündigungsrecht bei sämtlichen Gesellschaftern** bis zum Tode des (oder der) benannten Gesellschafters **ausgeschlossen** ist. Die hM erstreckt diese Regel auch auf den Fall, dass das Kündigungsrecht *nur eines Gesellschafters* lebenslang ausgeschlossen wird.[6] Das ist zwar systematisch zweifelhaft. Denn § 134 betrifft mit gutem Grund allein den Fall einer für alle Gesellschafter gleichermaßen geltenden Mindestfrist, weil seine Besonderheit gerade darin liegt, dass sämtliche Gesellschafter von der Unwirksamkeit der Frist profitieren, auch wenn sie an die Lebenszeit nur eines Gesellschafters geknüpft ist und die Bindung deshalb für die übrigen Gesellschafter tatsächlich nicht besonders lang ausfällt (Rn 2). Am Ergebnis ändert dies aber nichts. Denn der Ausschluss des Kündigungsrechts für nur einen Gesellschafter (auf dessen Lebenszeit) ist ohne weiteres nach § 723 Abs. 3 BGB unwirksam, was im Zweifel ebenfalls zur Kündbarkeit nach § 132 führt (vgl. § 132 Rn 32; zu den Konsequenzen eines unwirksamen Kündigungsausschlusses, s. § 132 Rn 39). Von einer Befristung *der Gesellschaft* kann hier also zwar keine Rede sein, und auch der Normzweck des § 134 passt nicht, weil der Ausschluss des Kündigungsrechts für die *eigene* Lebenszeit stets als überlange Bindung i.S.v. § 723 Abs. 3 anzusehen ist, ohne dass es noch auf die Unüberschaubarkeit der Bindung ankommt, die § 134 verhindern will. Weil indessen beide Ansätze zu praktisch deckungsgleichen Ergebnissen führen, mag die exakte Abgrenzung letztlich dahinstehen. Das gilt insbesondere für die Frage, ob § 134 oder § 723 Abs. 3 BGB eingreift, wenn das Kündigungsrecht bei *mehreren* Gesellschaftern auf ihre Lebenszeit ausgeschlossen ist. BGHZ 50, 316 (321) hat jedenfalls die Anwendbarkeit des § 134 auch dann bejaht, wenn der Kündigungsausschluss auf Lebenszeit eines Gesellschafters zu dessen Gunsten gilt, ihm also vertraglich ein Sonderrecht auf Fortsetzung der Gesellschaft bis zu seinem Tod gewährt wurde. Denn hier sind alle übrigen Gesellschafter durch Ausschluss ihres Kündigungsrechts beschwert.

---

[5] So bei der Klausel „auf 20 Jahre fest, höchstens aber bis zum Tode eines der Gesellschafter"; vgl. *Hueck* OHG § 24 I 1, S. 360, Fn 6; *Hueck* FS Larenz, 1973, 741 (742); *Simon* DB 1961, 1679 (1680); Schlegelberger/*K. Schmidt* Rn 6; Ebenroth/Boujong/Joost/Strohn/*Lorz* Rn 4; **aA** *Merle* FS Bärmann, 1975, 631 (648 f).

[6] RGZ 156, 129 (136); MünchKommBGB[5]/*Ulmer/C. Schäfer* § 724 Rn 7; Ebenroth/Boujong/Joost/Strohn/*Lorz* Rn 3; Baumbach/*Hopt* Rn 2; so jetzt auch MünchKommHGB/*K. Schmidt* Rn 12.

3. Bindung an die Dauer einer Mitgliedsgesellschaft (juristische Personen oder Personengesellschaft). Ist der Gesellschaftsvertrag für die Dauer einer als Gesellschafter beteiligten juristischen Person oder Personengemeinschaft eingegangen, liegt nach hM **kein Fall von § 134** vor.[7] Dem ist im Ergebnis zuzustimmen. Ist die *Mitglieds-Gesellschaft* ihrerseits *befristet*, gilt diese Befristung auch für die Gesellschaft selbst, so dass es an einer unübersehbaren Bindung fehlt und der Schutzzweck des § 134 folglich nicht eingreift (Rn 2); es bewendet bei dem allgemeinen Schutz vor überlangen Befristungen (§ 132 Rn 33 f). Ist dagegen die *Mitgliedsgesellschaft* auf *unbestimmte Dauer* eingegangen, ist die Bezugnahme auf die Dauer der Mitgliedsgesellschaft nach BGHZ 50, 316 (321) mangels Bestimmbarkeit nicht als Mindestfrist, sondern als Höchstfrist i.S.v. § 131 Abs. 1 Nr. 1 aufzufassen (§ 131 Rn 19 und § 132 Rn 35)[8]. Die Gesellschaft ist daher unabhängig von § 134 als **unbefristete** anzusehen. Hieran vermöchte auch ein zusätzlich vereinbarter Kündigungsausschluss nichts zu ändern; er wäre nach § 723 Abs. 3 BGB unwirksam. 6

II. Rechtsfolgen

1. § 134 als Auslegungsregel. § 134 behandelt die auf die Lebenszeit eines Gesellschafters befristete Gesellschaft als unbefristete; es handelt sich insoweit aber nur um eine Auslegungsregel, die § 139 BGB verdrängt (Rn 2). Vorausgesetzt wird also die **Unwirksamkeit der Befristung** der Lebenszeit, die aber nicht zur Nichtigkeit des ganzen Vertrages führt. Vielmehr wird dieser *ohne* Mindestfrist aufrechterhalten, so dass § 132 eingreift. Ebenso wie auch sonst bei unzulässiger Kündigungserschwerung (dazu § 132 Rn 39), kann sich aber aus dem **im Auslegungswege** zu ermittelnden Parteiwillen eine **andere Folge** ergeben.[9] Entweder kann zwischen der Bindung auf Lebenszeit und einer anderen Vertragsbestimmung ein unlösbarer Zusammenhang bestehen, so dass mit dem Wegfall der lebenslänglichen Bindung der ganze Gesellschaftsvertrag hinfällig wird. Voraussetzung hierfür ist, dass nach dem Willen der Parteien die lebenslängliche Bindung eines oder mehrerer Gesellschafter so wesentlich war, dass die Gesellschafter ohne diese Bindung den Gesellschaftsvertrag überhaupt nicht abgeschlossen hätten. Oder die ergänzende Vertragsauslegung ergibt eine Bindung für eine bestimmte Mindestzeit, etwa die Durchführung des ersten gemeinsamen Projekts u.a. In beiden Fällen bedarf es aber für die von § 134 abweichenden Rechtsfolgen konkreter Anhaltspunkte. Außerdem bedarf eine Mindestfristbestimmung ausreichender Bestimmtheit, um wirksam zu sein (s. Rn 6). 7

---

[7] *Hueck* OHG § 24 I 1, S. 361, Fn 6; *Simon* DB 1961, 1679 (1681); Ebenroth/Boujong/Joost/Strohn/*Lorz* Rn 5; Baumbach/*Hopt* Rn 3; *Koller*/Roth/Morck Rn 2; MünchKommBGB[5]/*Ulmer*/*C. Schäfer* § 724 Rn 8; einschränkend MünchKommHGB/*K. Schmidt* Rn 13 i.V.m. Schlegelberger/*K. Schmidt* Rn 7 (analoge Anwendung, wenn Befristung als Mindestdauer zu verstehen ist).

[8] S. auch OLG Karlsruhe NZG 2000, 304 (305); *Simon* DB 1961, 1679 (1681); insofern übereinstimmend MünchKommHGB/*K. Schmidt* Rn 13.

[9] Vgl. BGH WM 1967, 315 = BB 1967, 309 (allerdings mit unzutr. Bezugnahme auf den Wegfall der Geschäftsgrundlage, dagegen zu Recht *Flume* I/1, § 13 II, S. 194); NJW 2007, 295 (297) (Vertragsanpassung bei unzulässiger Kündigungsbeschränkung nach § 723 Abs. 3 BGB); Schlegelberger/*K. Schmidt* Rn 10; Ebenroth/Boujong/Joost/Strohn/*Lorz* Rn 7; Heymann/*Emmerich* Rn 4; MünchKommBGB[5]/*Ulmer*/*C. Schäfer* § 724 Rn 9. – Vgl. auch die Nachw. bei § 132 Rn 39.

8 **2. Kündigungsrecht aller Gesellschafter.** Bleibt es bei der Regelfolge des § 134, so dass die Gesellschaft als auf unbestimmte Zeit eingegangene gilt, steht das Kündigungsrecht gem. § 132 grundsätzlich allen Gesellschaftern zu, also nicht nur denjenigen, auf deren Lebenszeit die Gesellschaft eingegangen war.[10] Ein für die übrigen Gesellschafter vereinbarter befristeter Kündigungsausschluss bleibt allerdings unberührt. Gelten für alle übrigen Gesellschafter einheitliche Fristen, ist im Zweifel auch der – unwirksam – auf Lebenszeit gebundene Gesellschafter so lange wie diese gebunden. Dies gilt letztlich unabhängig davon, ob die Unwirksamkeit des Kündigungsausschlusses aus § 134 oder aus § 723 Abs. 3 BGB folgt (vgl. Rn 5).

C. Stillschweigende Fortsetzung

I. Fortsetzung nach Zeitablauf

9 Eine nach dem Ablauf der für ihre (Mindest-)Dauer bestimmten Zeit stillschweigend fortgesetzte Gesellschaft wird nach § 134 ebenfalls zur unbefristeten Gesellschaft und kann also von jedem Gesellschafter nach § 132 mit der Folge seines Ausscheidens gekündigt werden (§ 131 Abs. 3 Nr. 3). Ob die Gesellschaft alsbald nach Eintritt der Auflösung gem. § 131 Abs. 1 Nr. 1 fortgesetzt wird oder die Gesellschafter zunächst mit der Abwicklung beginnen, ist unerheblich; ein Fortsetzungsbeschluss (ausdrücklich oder stillschweigend) bleibt bis zur Vollbeendigung der Gesellschaft möglich (§ 131 Rn 64). Auch der auf die stillschweigende Fortsetzung bezogene Teil des § 134 hat nur die Bedeutung einer **Auslegungsregel** (Rn 2). Er schließt eine abweichende Auslegung im Einzelfall nicht aus.[11] So kann sich aus den Umständen ergeben, dass die Gesellschafter die Gesellschaft nach Ablauf der ursprünglichen Vertragsdauer nur noch für eine bestimmte Zeit fortsetzen wollen, z.B. für die Dauer des Mietvertrages über die für den Geschäftsbetrieb gemieteten Fabrikräume oder im Falle des Verkaufs des Unternehmens bis zum vereinbarten Übergabetermin oder bis zum Auslaufen eines langfristigen Liefer- oder Bezugsvertrages. In allen diesen Fällen kann es sich allerdings auch um reine Abwicklungsgeschäfte handeln, so dass aus ihnen nicht notwendig auf eine Fortsetzung der Gesellschaft geschlossen werden muss (vgl. § 149). Die Voraussetzung des § 134 ist nur gegeben, wenn die Gesellschafter den **werbenden Betrieb fortsetzen** wollen. Dies kann sich z.B. **aus** dem Abschluss eines neuen langfristigen Mietvertrages oder neuer Dienstverträge ergeben. Die nach außen unveränderte Fortführung des Unternehmens genügt aber dann nicht für das Eingreifen des § 134, wenn zwischen den Gesellschaftern keine Einigung über die Fortsetzung erzielt werden kann.[12] – Dazu, dass der Fortsetzungsbeschluss **allseitiges Einvernehmen** erfordert, vgl. § 131 Rn 66 f.

10 Die Auslegungsregel des § 134 greift entsprechend ein, wenn die Gesellschafter nach Ablauf der für die Dauer der Gesellschaft bestimmten Zeit **ausdrücklich** die Fortsetzung der Gesellschaft **beschließen**, jedoch über die künftige Dauer der Gesellschaft nichts ver-

---

[10] RGZ 20, 166; MünchKommHGB/*K. Schmidt* Rn 14; Ebenroth/Boujong/Joost/Strohn/*Lorz* Rn 6; Baumbach/*Hopt* Rn 4; MünchKommBGB[5]/*Ulmer/C. Schäfer* § 724 Rn 10; *Simon* DB 1961, 1679 (1682).

[11] Unstr., s. auch MünchKommHGB/*K. Schmidt* Rn 15; Baumbach/*Hopt* Rn 7; MünchKommBGB[5]/*Ulmer/C. Schäfer* § 724 Rn 11.

[12] BGH NJW 1995, 2843 (2844); MünchKommBGB[5]/*Ulmer/C. Schäfer* § 724 Rn 12.

einbaren.[13] Mit dem Fortsetzungsbeschluss wird die Gesellschaft im Zweifel auch in diesem Fall zur unbefristeten. Die ursprünglich vereinbarte Vertragsdauer ist durch den Zeitablauf erledigt. Regelmäßig kann auch nicht angenommen werden, dass die Gesellschaftsdauer um die gleiche Zeit verlängert werden soll, die sie nach dem bisherigen Vertrag hatte. Selbstverständlich bedarf es keiner entsprechenden Anwendung des § 134, wenn der Beschluss die Fortsetzung auf unbestimmte Zeit bereits ausdrücklich beinhaltet.[14]

Bei der stillschweigenden wie bei der ausdrücklich vereinbarten Fortsetzung der Gesellschaft bleiben abgesehen von der Zeitbestimmung alle **übrigen Vertragsbestimmungen unberührt**, soweit nicht stillschweigend oder ausdrücklich im Einzelnen etwas anderes vereinbart ist. Die Gesellschaft wird fortgesetzt, bleibt also dieselbe, mit allen im Vertrag enthaltenen Bestimmungen; die abweichenden Vorschriften des dispositiven Rechts bleiben abbedungen. Eine stillschweigende Vertragsänderung kann sich aber daraus ergeben, dass eine Vertragsbestimmung notwendig mit der Zeitbestimmung im ursprünglichen Vertrag verbunden war, z.B. eine Vorzugsdividende eines Gesellschafters auf einige Jahre. 11

II. Sonstige Fortsetzungsfälle

Schon **vor Ablauf** der für die Dauer der Gesellschaft bestimmten Zeit können die Gesellschafter die Fortsetzung nach Zeitablauf **beschließen** (Näheres zum Fortsetzungsbeschluss vgl. § 131 Rn 60 ff). Auch dieses kann stillschweigend geschehen, z.B. durch Handlungen, die die Fortsetzung der Gesellschaft voraussetzen, wie Verlängerung der Miet- und Dienstverträge über die vertragsmäßige Gesellschaftsdauer hinaus. Aus derartigen Handlungen der geschäftsführenden oder vertretungsberechtigten Gesellschafter ergibt sich eine auf Fortsetzung der Gesellschaft gerichtete stillschweigende Vereinbarung der Gesellschafter allerdings nur, wenn alle Gesellschafter von diesen Handlungen Kenntnis hatten und sie durch ihr Verhalten (Zustimmung oder Unterlassen eines Widerspruchs) billigten. Auch in diesem Fall gilt die Gesellschaft für die Zukunft als auf unbestimmte Zeit eingegangen, falls sich aus den Umständen nicht ein anderes ergibt. 12

Ist eine befristete Gesellschaft nicht durch Zeitablauf, sondern bereits vorher **aus einem sonstigen Grund** aufgelöst, insbes. nach § 131 Abs. 1 Nrn. 2–4, und wird sie dann fortgesetzt, so greift § 134 **nicht** ein; auch eine analoge Anwendung scheidet nach heute ganz hM aus.[15] Vielmehr gelten die allgemeinen Auslegungsgrundsätze, so dass die vereinbarte Zeitbestimmung im Zweifel unberührt bleibt. Macht etwa ein Gesellschafter von einem ihm zustehenden Recht zur vorzeitigen Kündigung Gebrauch und nimmt er die Kündigung im Einvernehmen mit den übrigen Gesellschaftern wieder zurück, so ist anzunehmen, dass auch die bisherigen Bestimmungen über die Dauer der Gesellschaft und das Kündigungsrecht weiter bestehen sollen. Der Gesellschaftsvertrag kann hierzu bereits eine Regelung treffen, z.B. dahin, dass bei Fortsetzung der Gesellschaft nach Auflösung wieder eine bestimmte Vertragsdauer oder ein bestimmtes, von der Regel des § 132 abweichendes Kündigungsrecht gelten soll. Eine solche Regelung kann sich auch aus den Umständen ergeben, z.B. aus dem Abschluss eines neuen Mietvertrages über die Fabrikräume von bestimmter Dauer. 13

---

[13] MünchKommBGB^5/*Ulmer*/*C. Schäfer* § 724 Rn 11; MünchKommHGB/*K. Schmidt* Rn 16; Heymann/*Emmerich* Rn 6.

[14] Insoweit zutr. Ebenroth/Boujong/Joost/Strohn/*Lorz* Rn 8; Baumbach/*Hopt* Rn 5.

[15] MünchKommBGB^5/*Ulmer*/*C. Schäfer* § 724 Rn 13; MünchKommHGB/*K. Schmidt* Rn 17; Baumbach/*Hopt* Rn 5.

§ 135

Hat ein Privatgläubiger eines Gesellschafters, nachdem innerhalb der letzten sechs Monate eine Zwangsvollstreckung in das bewegliche Vermögen des Gesellschafters ohne Erfolg versucht ist, auf Grund eines nicht bloß vorläufig vollstreckbaren Schuldtitels die Pfändung und Überweisung des Anspruchs auf dasjenige erwirkt, was dem Gesellschafter bei der Auseinandersetzung zukommt, so kann er die Gesellschaft ohne Rücksicht darauf, ob sie für bestimmte oder unbestimmte Zeit eingegangen ist, sechs Monate vor dem Ende des Geschäftsjahrs für diesen Zeitpunkt kündigen.

Schrifttum

Furtner Pfändung der Mitgliedschaftsrechte bei Personengesellschaften, MDR 1965, 613; *Huber* Vermögensanteil, Kapitalanteil und Gesellschaftsanteil an Personengesellschaften des Handelsrechts (1970); *Lorz* Testamentsvollstreckung und Unternehmensrecht (1995); *Marotzke* Zwangsvollstreckung in Gesellschaftsanteile nach Abspaltung der Vermögensansprüche, ZIP 1988, 1509; *Muscheler* Die Haftungsordnung der Testamentsvollsteckung (1994); *Paschke* Zwangsvollstreckung in den Anteil eines Gesellschafters am Gesellschaftsvermögen einer Personengesellschaft (1981); *Riegger* Das Auseinandersetzungsguthaben in einer Personengesellschaft als Kreditsicherung, BB 1972, 115; *Roth, H.* Pfändung und Verpfändung von Gesellschaftsanteilen, ZGR 2000, 187; *Schmidt, K.* Der unveräußerliche Gesamthandsanteil – ein Vollstreckungsgegenstand? JR 1977, 177; *Stöber* Forderungspfändung, 12. Auflage (1999); *Stodolkowitz* Nachlaßzugehörigkeit von Personengesellschaftsanteilen, FS Kellermann (1991), S. 439; *Ulmer* Gesellschafternachfolge und Erbrecht, ZGR 1972, 324; *Ulmer/C. Schäfer* Zugriffsmöglichkeiten der Nachlaß- und Privatgläubiger auf den durch Sondervererbung übergegangenen Anteil an einer Personengesellschaft, ZHR 160 (1996), 413; *Wälzholz* Rückforderungsrechte an Gesellschaftsanteilen für den Fall von Insolvenz und Zwangsvollstreckung, GmbHR 2007, 1319; *Wertenbruch* Die Haftung von Gesellschaften und Gesellschaftsanteilen in der Zwangsvollstreckung (2001); *Wiedemann* Die Übertragung und Vererbung von Mitgliedschaftsrechten bei Handelsgesellschaften (1965); *Wössner* Die Pfändung des Gesellschaftsanteils bei den Personengesellschaften (2001); *Zimmer* Zwangsvollstreckung gegen den Gesellschafter einer Personengesellschaft (1978).

Übersicht

A. Einleitung; Inhalt und Normzweck

§ 135 gibt dem Privatgläubiger eines Gesellschafters ein Kündigungsrecht, um ihm den **Zugriff auf den Wert des Gesellschaftsanteils** seines Schuldners zu gestatten. Seit der *Handelsrechtsreform 1998* führt die Gläubigerkündigung, wie die übrigen gesellschafterbezogenen Gründe (§ 131 Rn 2), nicht mehr zur Auflösung der Gesellschaft, sondern zum *Ausscheiden* des Gesellschafters (§ 131 Abs. 3 Nr. 4), so dass § 135 den **Zugriff auf den Abfindungsanspruch** des Gesellschafters gewährleistet. Zwar ist unabhängig von § 135 die Pfändung der nach § 717 S. 2 BGB übertragbaren Vermögensrechte, darunter der Anspruch auf das *künftige* Auseinandersetzungsguthaben und die Gewinnansprüche, schon durch §§ 851, 829 ZPO i.V.m. §§ 717 BGB, 105 Abs. 3 HGB eröffnet, ferner die **Pfändbarkeit des Gesellschaftsanteils** durch §§ 859 Abs. 1 S. 1 ZPO i.V.m. §§ 725 BGB, 105 Abs. 3 HGB garantiert (vgl. auch Rn 7).[1] Befriedigung ist aus diesen Ansprüchen aber erst nach ihrem Entstehen zu erlangen, auf das der Pfändungsgläubiger keinen Einfluss gewinnt (Rn 7). Auch durch Pfändung des Gesellschaftsanteils wird der Gläubiger nicht etwa Inhaber der Verwaltungsrechte des Gesellschafters, insbesondere nicht des Stimm- bzw. Kündigungsrechts; diese verbleiben vielmehr grundsätzlich dem Gesellschafter/Schuldner, wie in § 725 Abs. 2 BGB ausdrücklich bestimmt ist.[2] Eben deshalb ist zur alsbaldigen Realisierung des Anteilswertes das von § 135 gewährte **gesetzliche Kündigungsrecht** erforderlich. Die Vorschrift stimmt im Wesentlichen mit Art. 126 ADHGB überein. Als Schutzvorschrift zugunsten der Gläubiger ist sie grundsätzlich **zwingend**, abweichende Vereinbarungen sind nur hinsichtlich der Kündigungsfolgen zulässig (Rn 28). – Für die bürgerlich-rechtliche Gesellschaft findet sich die entsprechende Vorschrift in § 725 BGB, der sich von § 135 durch die fehlende **Kündigungsfrist** unterscheidet. Sie dient – wie bei § 132 im Vergleich zu § 723 BGB (dazu § 132 Rn 1 f) – dem Schutz des von der Gesellschaft betriebenen Unternehmens. Ein solches Schutzbedürfnis besteht trotz der seit 1998 geltenden Ausscheidensfolge fort; denn nicht nur die Auflösung, auch der Zwang zur Abfindung kann die Gesellschaft erheblich belasten (§ 132 Rn 2). Der Schutz richtet sich nunmehr auf die *Vermeidung eines spontanen Kapitalverlusts.* 1

Anwendbar ist § 135 auf **OHG** und **KG**; für die Gesellschaft bürgerlichen Rechts gilt aber gem. § 725 BGB Entsprechendes (Rn 1 a.E.). Ist der Gesellschafter schon aus anderen Gründen ausgeschieden, bleibt für eine weitere Kündigung mangels fortbestehenden Gesellschaftsverhältnisses kein Raum mehr; der Gläubiger kann und muss unmittelbar auf den Abfindungsanspruch zugreifen (falls dieser nicht ohnehin schon gepfändet wurde). Demgegenüber stellt sich die früher umstrittene Frage, ob § 135 auch in der **aufgelösten Gesellschaft** gilt,[3] seit der Handelsrechtsreform 1998 in neuer Form, nämlich dahin, ob mit Rücksicht auf den bereits auf andere Weise verwirklichten Zweck des § 135, dem Gläubiger die Liquidierung des Anteils zu ermöglichen, die **Ausscheidensfolge zu reduzieren** ist. In § 131 Rn 110 ist diese Frage inzident schon dahin entschieden worden, dass eine bereits erfolgte Gläubigerkündigung zum Schutz der Mitgesellschafter auch noch in 2

[1] Zur Pfändung des Gesellschaftsanteils eingehend *Wertenbruch* Haftung, S. 483 ff; *Wössner* Pfändung, S. 36 ff, 145 ff.

[2] MünchKommHGB/*K. Schmidt* Rn 13; Heymann/*Emmerich* Rn 15; Ebenroth/Boujong/Joost/Strohn/*Lorz* Rn 12; MünchKommBGB[5]/*Ulmer*/*C. Schäfer* § 725 Rn 11; näher *Wertenbruch* Haftung, S. 507 ff, 525 ff; *Wössner* Pfändung, S. 180 ff, 218 ff – Durch Überweisung des Anteils erwirbt der Gesellschafter aber das Recht, die Auseinandersetzung zu verlangen, vgl. BGHZ 116, 222 (229); *Wössner* Pfändung, S. 219 f, s.a. Rn 7.

[3] Nach hM galt § 135 nur in der *werbenden Gesellschaft*, vgl. 3. Aufl. Rn 15 (*Ulmer*); **aA** Schlegelberger/*K. Schmidt* Rn 3.

der Liquidationsphase zum Ausscheiden führt. Denn für die Frage der Suspendierung des Kündigungsrechts kommt es nicht allein auf die sofortige Zugriffsmöglichkeit des Gläubigers, sondern auch auf die von § 131 Abs. 3 Nr. 4 mitgeschützten Interessen der übrigen Gesellschafter an. Daraus folgt notwendig, dass die Gläubigerkündigung auch in der aufgelösten Gesellschaft möglich bleiben muss. Das gilt umso mehr, als der Gläubiger, wenn er (nur) auf den Auseinandersetzungsanspruch zugreift, das Risiko einer Fortsetzung der Gesellschaft trägt.[4] Kündigt er dagegen gem. § 135, kann er in jedem Falle ungehindert auf den Abfindungsanspruch zugreifen; dieser wird allerdings nicht selten unter dem Auseinandersetzungsguthaben liegen.

B. Kündigungsvoraussetzungen

I. Privatgläubiger

3 **1. Abgrenzung zum Gesellschaftsgläubiger.** Das Kündigungsrecht des § 135 steht nur den **Einzelgläubigern**[5] **eines Gesellschafters** zu, deren Ansprüche auf einer individuellen Rechtsbeziehung zum Gesellschafter/Schuldner, nicht aber auf einem – über § 128 gegen den Gesellschafter geltend zu machenden – Rechtsverhältnis zur Gesellschaft beruhen. Diese Privatgläubiger sind nämlich nach § 124 Abs. 2 gehindert, wegen ihrer Ansprüche unmittelbar in das Gesellschaftsvermögen zu vollstrecken. Weil der Gesellschaftsanteil ihres Schuldners aber zu dessen Vermögen gehört, sollen sie auf dem Umweg über § 135 auf den im Anteil steckenden Vermögenswert in Gestalt des Abfindungsanspruchs zugreifen können (Rn 1). Demgemäß findet § 135 nach einhelliger Meinung **keine Anwendung auf Gesellschaftsgläubiger;**[6] denn diese können sich unmittelbar aus dem Gesellschaftsvermögen befriedigen (§ 124 Abs. 2) und bedürfen daher keines Kündigungsrechts. Beruht der Vollstreckungstitel also nur auf der Gesellschafterhaftung nach § 128, kann nicht gem. § 135 gekündigt werden. Durch Umwandlung von Ansprüchen aus dem Gesellschaftsverhältnis in außergesellschaftliche Ansprüche, etwa im Wege des Prozessvergleichs, ändert sich aber zugleich die Rechtsstellung der bisherigen Gesellschaftsgläubiger; sie werden zu Privatgläubigern und können nunmehr nach § 135 vorgehen.[7]

4 **2. Mitgesellschafter.** Auch Mitgesellschafter können Privatgläubiger sein, soweit nämlich ihr Anspruch nicht auf dem Gesellschaftsverhältnis, sondern auf einem Drittgeschäft bzw. auf sonstigen Gründen beruht (vgl. § 126 Rn 10; § 128 Rn 13 [*Habersack*]). **Kein Kündigungsrecht** besteht demgegenüber wegen Ansprüchen aus dem Gesellschaftsverhältnis (Sozialansprüchen) jedweder Art. Dazu zählen allerdings Kostenerstattungsansprüche gegen Mitgesellschafter aus § 91 ZPO auch dann nicht, wenn die zugrundeliegende Klage auf das Gesellschaftsverhältnis gestützt wird.[8]

5 Auch wenn das Kündigungsrecht wegen der Drittgläubigerstellung des Gesellschafters besteht, kann seine **Ausübung** gegen die **Treupflicht** verstoßen und deshalb der Einrede

[4] Dieses Risiko besteht allerdings gem. § 145 Abs. 2 auch dann nicht mehr, wenn die Pfändung des Gesellschaftsanteils bzw. des Auseinandersetzungsguthabens *nach* der (anderweitigen) Auflösung erfolgt ist, s. § 145 Rn 28 (*Habersack*).

[5] Der **Insolvenzverwalter** bedarf wegen § 131 Abs. 3 Nr. 2 keines Kündigungsrechts.

[6] MünchKommHGB/*K. Schmidt* Rn 6; Heymann/*Emmerich* Rn 5; *Hueck* OHG § 24 II 2a, S. 368; **aA** noch *Zimmer* S. 61 ff.

[7] BGHZ 51, 84 (87) = NJW 1969, 505.

[8] BGH WM 1978, 675 (676); MünchKommHGB/*K. Schmidt* Rn 6.

unzulässiger Rechtsausübung (§ 242 BGB) ausgesetzt sein. Dies ist insbesondere dann anzunehmen, wenn der kündigende Gesellschafter die Forderung gegen einen Mitgesellschafter gerade zu dem Zweck erworben oder begründet hat, den Gesellschafter aus der Gesellschaft zu drängen.[9] Auch sonst kann der Gesellschafter als Drittgläubiger im Einzelfall gehalten sein, primär auf das sonstige Vermögen oder die Gewinnansprüche des Gesellschafters zuzugreifen, und auch dies erst, wenn keine Befriedigung von der Gesellschaft zu erlangen ist (§ 128 Rn 26 [*Habersack*]). Von diesen Einschränkungen abgesehen, besteht andererseits aber keine grundsätzliche Pflicht des Gesellschafters, seine Befriedigungsinteressen als Gläubiger hinter die Unternehmensinteressen und die Interessen der Mitgesellschafter zurücktreten zu lassen.[10]

3. Nachlass(insolvenz)verwalter; Testamentsvollstrecker. Sind Erben eines Gesellschafters als persönlich haftende Gesellschafter oder Kommanditisten in die Gesellschaft eingetreten, so müssen auch Nachlassgläubiger über § 135 notfalls den Anteilswert liquidieren können. Bedeutung hat dies, wenn die Mittel des Nachlasses zur Befriedigung nicht ausreichen und die Erben die beschränkte Erbenhaftung geltend machen. Dann steht dem **Nachlassverwalter** bzw. dem **Nachlassinsolvenzverwalter** ein Kündigungsrecht analog § 135 zu.[11] Anders als die Insolvenz eines Gesellschafters nach § 131 Abs. 3 Nr. 2 führt nämlich die Nachlassinsolvenz nicht schon automatisch zum Ausscheiden des Gesellschafters (näher Rn 7 und § 139 Rn 37). Die Kündigung kommt allerdings nur in Betracht, wenn sonst kein Nachlassvermögen vorhanden ist.[12] Schließlich muss auch der **Testamentsvollstrecker** analog § 135 kündigen können, um zur Erfüllung von Nachlassverbindlichkeiten bei fehlender Verfügungsbefugnis den Anteilswert zu realisieren (§ 139 Rn 37).[13] In all diesen Fällen ist wegen der auch die Verwertung umfassenden Verwaltungs- und Verfügungsbefugnis des Fremdverwalters (§§ 2205, 1985 BGB; 80 InsO) im Rahmen der analogen Anwendung des § 135 **kein Vollstreckungstitel und keine Pfändung** erforderlich.[14] – Wegen des Kündigungsrechts eines **Vertragspfandgläubigers** vgl. Rn 16. 6

II. Vollstreckungserfordernisse (Pfändung)

1. Pfändungsgegenstand. Das Kündigungsrecht des § 135 setzt – abgesehen von den in Rn 6 genannten Fällen – voraus, dass der Privatgläubiger einen **rechtskräftigen Schuldtitel** gegen den Gesellschafter erlangt hat, dass er aufgrund dieses Schuldtitels die **Pfän-** 7

[9] BGHZ 51, 84 (87) = NJW 1969, 505; MünchKommHGB/*K. Schmidt* Rn 6; *Hueck* OHG § 24 II 2a, S. 368.

[10] BGH WM 1978, 675 (676); MünchKomm-HGB/*K. Schmidt* Rn 6; Ebenroth/Boujong/Joost/Strohn/*Lorz* Rn 5 f.

[11] BGHZ 91, 132 (135 f) = NJW 1984, 2104 (Nachlassinsolvenzverwalter); BayObLG NJW-RR 1991, 361 (362) (Nachlassverwalter); Ebenroth/Boujong/Joost/Strohn/*Lorz* Rn 7; Baumbach/*Hopt* Rn 3; Heymann/*Emmerich* Rn 7; abweichend für den Nachlassinsolvenzverwalter (Anwendbarkeit von § 131 Abs. 3 Nr. 2) MünchKommHGB/*K. Schmidt* Rn 5. Vgl. dazu § 131 Rn 91.

[12] *Ulmer/C. Schäfer* ZHR 160 (1996), 413 (437); *Stodolkowitz* FS Kellermann, 1991, S. 439 (455).

[13] MünchKommBGB^5/*Ulmer/C. Schäfer* § 725 Rn 4; *Stodolkowitz* FS Kellermann, 1991, S. 439 (456); Ebenroth/Boujong/Joost/Strohn/*Lorz* Rn 7; *ders.* Testamentsvollstreckung, S. 163 f; *Muscheler* Haftungsordnung, S. 479, jew. mwN.

[14] *Stodolkowitz* FS Kellermann, 1991, S. 439 (455); *Ulmer/C. Schäfer* ZHR 160 (1996), 413 (437 f mit Fn 84); MünchKommBGB^5/*Ulmer/C. Schäfer* § 725 Rn 5.

dung des Gesellschaftsanteils nach §§ 859 Abs. 1, 857 Abs. 1 ZPO bewirkt hat und dass innerhalb von sechs Monaten vor der Pfändung (und Überweisung) eine Zwangsvollstreckung in das bewegliche Vermögen des Gesellschafters ohne Erfolg versucht wurde. Zwar spricht § 135 – wie schon § 126 ADHGB – statt von der Anteilspfändung von einer *Pfändung des Auseinandersetzungsguthabens*, und ist in § 859 ZPO – wie auch in § 725 BGB – von der Pfändung „des Anteils des Gesellschafters am Gesellschaftsvermögen" die Rede. Dies beruht aber zum einen auf einer Fehlinterpretation des § 717 BGB in Bezug auf die Zulässigkeit der Anteilsübertragung, zum anderen auf der lange vorherrschenden, inzwischen aber überwundenen Unterscheidung zwischen der – als solche nicht der Pfändung unterworfenen – Mitgliedschaft und einem den Vermögenswert der Beteiligung repräsentierenden, pfändbaren „Wertrecht".[15] Nachdem inzwischen nicht nur die Abtretbarkeit des Anteils, sondern auch die dingliche Berechtigung mehrerer am Anteil anerkannt wird, ist diese Differenzierung überholt.[16] Mit der heute ganz hM ist daher der **Gesellschaftsanteil** selbst als **Gegenstand der Pfändung** anzusehen.[17] Sie erstreckt sich ohne weiteres auch auf den Abfindungsanspruch (Auseinandersetzungsguthaben),[18] ohne dass aber eine Mitpfändung dieser Ansprüche schädlich wäre.[19] Der Praxis wird dieser Weg üblicherweise auch *empfohlen*.[20] Durch eine Pfändung des Gesellschaftsanteils wird der Gläubiger nicht etwa zum Gesellschafter; insbesondere verbleiben die Verwaltungsrechte beim Schuldner/Gesellschafter (s.a. Rn 1). Verwertungsziel sind vielmehr unverändert die Vermögensrechte.[21] Ist die Pfändung allein auf den Auseinandersetzungsanspruch gerichtet, wird darin regelmäßig die unschädliche Falschbezeichnung einer Anteilspfändung nach § 859 ZPO zu sehen sein (Rn 8). – Wegen der **Folgen** der Pfändung vgl. auch § 105 Rn 281.

8 Möglich ist auch die **isolierte Pfändung des Auseinandersetzungsanspruchs** und der **sonstigen Vermögensrechte,** und zwar *unabhängig* von den Voraussetzungen des § 135 nach § 717 S. 2 BGB, §§ 829, 851 ZPO. Sie ist gem. § 851 Abs. 2 ZPO selbst dann zulässig, wenn die Abtretung gesellschaftsvertraglich ausgeschlossen ist. Allerdings verschafft sie dem Gläubiger kein Kündigungsrecht (Rn 1) und führt auch nicht zur (entsprechenden) Anwendbarkeit des § 135.[22] Zudem setzt die Verstrickung bei erst *künftig*

---

15 Eingehende Nachweise in 3. Aufl. Rn 8 f (*Ulmer*); zum „Wertrecht" insbes. *U. Huber* Vermögensanteil, S. 143, 147, 164 ff.

16 BGHZ 97, 392 (394); MünchKommZPO³/*Smid* § 859 Rn 4; MünchKommBGB⁵/*Ulmer/C. Schäfer* § 725 Rn 10; *Stodolkowitz* FS Kellermann, 1991, S. 439 (446); *Westermann* Handbuch Rn I 651; so jetzt auch *K. Schmidt* Gesellschaftsrecht § 45 IV 2b, S. 1327.

17 Vgl. außer den Nachw. in Fn 16 eingehend *Wertenbruch* Haftung, S. 487 ff, 562; *Wössner* Pfändung, S. 22 ff, 41 f; *H. Roth* ZGR 2000, 187 (193, 205).

18 S. nur BGHZ 116, 222 (229); *H. Roth* ZGR 2000, 187 (205); Stein/Jonas/*Brehm* ZPO²² § 859 Rn 12; weitere Nachw. in Fn 38.

19 BGH BB 1972, 10 (11); *H. Roth* ZGR 2000, 187 (193).

20 *Stöber* Forderungspfändung, Rn 1580; Ebenroth/Boujong/Joost/Strohn/*Lorz* Rn 12; *Groß/Diepold/Hintzen* Musteranträge für Pfändung und Überweisung, 1996, Muster 129, jeweils mit der Empfehlung, dass neben dem Gesellschaftsanteil auch das Auseinandersetzungsguthaben sowie die Guthaben auf Privat- und Darlehenskonten des Gesellschafters gepfändet werden sollten. Vgl. auch *K. Schmidt* Gesellschaftsrecht § 59 III 4c, S. 1752; *H. Roth* ZGR 2000, 187 (205 f mit Fn 100).

21 BGHZ 116, 222 (229); *K. Schmidt* Gesellschaftsrecht § 45 IV 2b, S. 1327.

22 Ebenroth/Boujong/Joost/Strohn/*Lorz* Rn 12; Röhricht/Graf v. Westphalen/v. *Gerkan/Haas* Rn 4 ff; MünchKommBGB⁵/*Ulmer/C. Schäfer* § 725 Rn 6; *Stodolkowitz* FS Kellermann, 1991, 439 (446); aA MünchKommHGB/*K. Schmidt* Rn 11, 17; *Koller*/Roth/Morck Rn 2.

entstehenden Ansprüchen voraus, dass diese dem Schuldner bei ihrer Entstehung noch unverändert zustehen, der Anteil also nicht zwischenzeitlich abgetreten ist. Andernfalls geht die Pfändung ins Leere.[23] Allerdings wird man wegen des missverständlichen Wortlauts des § 135 **im Zweifel** anzunehmen haben, dass in Wahrheit eine **Anteilspfändung** i.S.v. § 859 ZPO gewollt ist und keine Pfändung der Einzelansprüche nach § 851 ZPO, wenn der Antrag gerichtet wird auf „dasjenige, was dem Gesellschafter bei der Auseinandersetzung zukommt".[24] In der Praxis dürfte dieses Auslegungsproblem indes selten auftreten; denn typischerweise wird die Pfändung ausdrücklich auf sämtliche Rechte erstreckt (Rn 7 a.E.).

2. **Rechtskräftiger Schuldtitel.** Um die Kündigung der Gesellschaft mit ihrer einschnei- 9
denden Auflösungsfolge herbeizuführen, muss im *Zeitpunkt der Kündigung* (Rn 15)[25] feststehen, dass der Kündigende einen nicht befriedigten Anspruch gegen den Gesellschafter hat. Pfändung und Überweisung müssen daher „auf Grund eines nicht bloß vorläufig vollstreckbaren Schuldtitels" erfolgt sein. Weil die ZPO die vorläufige Vollstreckbarkeit nur in Bezug auf Urteile kennt (§ 704 ZPO), ist dieser Begriff untechnisch zu verstehen. Gemeint sind sämtliche Schuldtitel, die mit ordentlichen **Rechtsmitteln nicht mehr angreifbar** sind.[26] Ungenügend sind daher: Urteile, die nur vorläufig vollstreckbar (§§ 708 ff ZPO) oder unter Vorbehalt (§§ 302, 599 ZPO) ergangen sind, ferner noch nicht rechtskräftige Kostenfestsetzungsbeschlüsse (§§ 103 ff ZPO), Vollstreckungsbescheide (§ 700 ZPO) oder Arrestbeschlüsse (§ 922 ZPO).[27] Ausreichend sind demgegenüber **alle rechtskräftigen Titel**, darunter auch der Auszug aus der Insolvenztabelle (§ 201 Abs. 2 InsO), die vollstreckbare Ausfertigung eines gerichtlichen Vergleichs, der rechtskräftig für vollstreckbar erklärte Schiedsspruch oder eine gerichtliche bzw. notarielle Urkunde i.S.v. § 794 Nr. 1, 5 ZPO; auch ein bestandskräftiger Verwaltungsakt, etwa ein Steuerbescheid, kommt in Betracht.[28]

3. **Vorangegangene erfolglose Zwangsvollstreckung.** Weitere Kündigungsvoraussetzung 10
ist, dass innerhalb der letzten sechs Monate vor Pfändung und Überweisung des Auseinandersetzungsanspruchs eine Zwangsvollstreckung in das bewegliche Vermögen des Gesellschafters ohne Erfolg versucht wurde. Es muss ein **Vollstreckungsversuch** nach den Vorschriften über die Zwangsvollstreckung gemacht worden sein, und zwar **wegen einer Geldforderung.** Die Glaubhaftmachung oder der Beweis, dass eine Vollstreckung keinen Erfolg haben würde, genügt nicht; auch eine *Offenbarungsversicherung* des Schuldners ersetzt nicht den Vollstreckungsversuch; sie ist andererseits aber auch nicht erforderlich. Ob sämtliche Vollstreckungsmöglichkeiten erschöpft sind, ist unerheblich; es genügt, dass eine Vollstreckung in das **bewegliche Vermögen** (Mobilien, Forderungen und Rechte,

---

[23] Vgl. MünchKommBGB[5]/*Ulmer*/*C. Schäfer* § 717 Rn 36, 38, 43; Ebenroth/Boujong/Joost/Strohn/*Lorz* Rn 14; ausführlich *Münzberg* JZ 1989, 253 (254 f).

[24] In diesem Sinne auch Ebenroth/Boujong/Joost/Strohn/*Lorz* Rn 12; Röhricht/Graf v. Westphalen/*v. Gerkan*/*Haas* Rn 4; vgl. auch *H. Roth* ZGR 2000, 187 (205 f).

[25] Vgl. BGH NJW 1982, 2773: Nachträgliches Entstehen des Kündigungsrechts, wenn der für die Vollstreckung zugrunde gelegte Titel später rechtskräftig wird.

[26] Unstr., MünchKommHGB/*K. Schmidt* Rn 18; Heymann/*Emmerich* Rn 8; Baumbach/*Hopt* Rn 5.

[27] LG Lübeck NJW-RR 1986, 836 (837) (Vorbehaltsurteil); MünchKommHGB/*K. Schmidt* Rn 18; Heymann/*Emmerich* Rn 8; *Furtner* MDR 1965, 613 (614, 617).

[28] Ebenroth/Boujong/Joost/Strohn/*Lorz* Rn 8; Heymann/*Emmerich* Rn 8; Baumbach/*Hopt* Rn 5.

§§ 803 ff ZPO) ohne (vollen) Erfolg gewesen ist. An einem vollen Erfolg fehlt es auch dann, wenn die gepfändeten Gegenstände auf Widerspruch Dritter freigegeben werden mussten oder sich als unpfändbar herausstellten.[29] Der Nachweis kann regelmäßig durch eine beglaubigte Abschrift des Pfändungsprotokolls oder eine entsprechende Bescheinigung des Gerichtsvollziehers erbracht werden.[30] Der kündigende Gläubiger braucht nicht selbst den Vollstreckungsversuch unternommen zu haben; auch der Versuch eines Dritten, etwa einer Behörde wegen eines öffentlich-rechtlichen Anspruchs, reicht aus.[31] Die Voraussetzung des erfolglosen Vollstreckungsversuchs ist auch erfüllt, wenn der Versuch aufgrund eines nur **vorläufig vollstreckbaren bzw. nicht rechtskräftigen Titels** erfolgt, selbst wenn dieser Titel im Folgenden aufgehoben wird. Das Kündigungsrecht kann auch noch nachträglich entstehen, sobald nämlich der Titel formell rechtskräftig geworden ist (vgl. Rn 9).[32] Vollstreckt ein **Nachlassgläubiger** in den Gesellschaftsanteil des Gesellschafters/Erben, so kann die Kündigung im Fall der beschränkten Haftung des Vollstreckungsschuldners nicht von einer vorausgegangenen erfolglosen Zwangsvollstreckung in das bewegliche Vermögen des Erben abhängig gemacht werden.[33] An ihre Stelle tritt die erfolglose Zwangsvollstreckung in das zum Nachlass gehörende bewegliche Vermögen.

11 Die erfolglose Vollstreckung und die Zustellung des *Pfändungs*beschlusses an die Gesellschaft[34] dürfen **höchstens sechs Monate auseinander liegen**; der Fristlauf **beginnt** regelmäßig mit dem Zeitpunkt des letzten erfolglosen Vollstreckungsversuchs; auf die Kündigungserklärung kommt es insofern nicht an, sie braucht insbesondere nicht gleichfalls innerhalb von sechs Monaten seit der erfolglosen Vollstreckung zu erfolgen (zur Kündigungsfrist s. aber Rn 21).[35] Der Pfändungsbeschluss kann dem fruchtlosen Vollstreckungsversuch auch vorausgehen, wodurch die Frist stets gewahrt bleibt.[36] Stellt sich erst bei der Versteigerung der gepfändeten Gegenstände die Erfolglosigkeit heraus, so beginnt die Frist erst mit deren Beendigung.[37] Das Gleiche gilt, wenn der Durchführung der Vollstreckung Hindernisse (z.B. durch Widerspruchsprozesse) entgegenstehen. Für die Berechnung der Frist gelten die §§ 186, 187 Abs. 1, 188 Abs. 2, 193 BGB. Zu Frist und Termin für die Ausübung des Kündigungsrechts vgl. Rn 21.

12 **4. Durchführung der Pfändung.** Gegenstand der Pfändung ist entgegen dem abweichenden Wortlaut des § 135 nach heute ganz hM der Gesellschaftsanteil (Rn 7); seine Pfändung erfasst ohne weiteres auch den Anspruch auf das künftige Auseinandersetzungsguthaben bzw. den infolge der Kündigung entstehenden Abfindungsanspruch[38] sowie alle sonstigen Vermögensrechte, ohne dass hierdurch aber dem Gläubiger die Verwal-

[29] MünchKommHGB/*K. Schmidt* Rn 19 i.V.m. Schlegelberger/*K. Schmidt* Rn 19.

[30] MünchKommHGB/*K. Schmidt* Rn 19; Ebenroth/Boujong/Joost/Strohn/*Lorz* Rn 10 f.

[31] MünchKommHGB/*K. Schmidt* Rn 19; Heymann/*Emmerich* Rn 9; *Hueck* OHG, § 24 II 2c, S. 369.

[32] BGH NJW 1982, 2773; Heymann/*Emmerich* Rn 9; MünchKommHGB/*K. Schmidt* Rn 19.

[33] *Ulmer* ZGR 1972, 329 f; MünchKommHGB/*K. Schmidt* Rn 19; **aA** *Wiedemann* Übertragung, S. 207.

[34] So auch MünchKommHGB/*K. Schmidt* Rn 19; Heymann/*Emmerich* Rn 9; näher zum Verfahren Rn 13.

[35] MünchKommHGB/*K. Schmidt* Rn 19 i.V.m. Schlegelberger/*K. Schmidt* Rn 19.

[36] BGH NJW 1982, 2773; näher unten Rn 15.

[37] MünchKommHGB/*K. Schmidt* Rn 19; Ebenroth/Boujong/Joost/Strohn/*Lorz* Rn 10.

[38] Vgl. BGHZ 116, 222 (229) = NJW 1992, 830 (832); BGHZ 97, 392 (394) = NJW 1986, 1991 (1992); Schlegelberger/*K. Schmidt* Rn 17; Heymann/*Emmerich* Rn 2; *Hueck* OHG § 24 II 2d Fn 28, S. 369 – weitere Nachw. in Fn 18.

tungsrechte zufallen.[39] Die Pfändbarkeit ergibt sich aus § 859 ZPO, der sich trotz seines Wortlauts auch auf die Personengesellschaften des Handelsrechts bezieht.[40] Ist somit der **Antrag auf die Pfändung des Gesellschaftsanteils** zu richten, so ist doch der Gebrauch einer dem Wortlaut des § 135 entsprechenden Formulierung regelmäßig unschädlich, nämlich im Sinne einer Anteilspfändung zu verstehen (vgl. Rn 7 mit Hinweisen auf Formulierungsvorschläge).

Die **Pfändung** des Gesellschaftsanteils erfolgt als *Rechtspfändung* nach §§ 829 ff, 857 **13**
ZPO. Nach heute ganz hM ist der Anteil nicht etwa als drittschuldnerloses Recht i.S.v. § 857 Abs. 2 ZPO anzusehen; vielmehr bedarf es zur Wirksamkeit der **Zustellung an die Gesellschaft** (§§ 829 Abs. 3, 835 Abs. 3 ZPO), wofür eine Zustellung an einen Geschäftsführer ausreicht.[41] Nach hM reicht aber auch die Zustellung an sämtliche Gesellschafter.[42] Die **Überweisung** des Gesellschaftsanteils wird überwiegend als zulässig angesehen,[43] macht den Gläubiger aber nicht zum Gesellschafter (Rn 7), sondern weist ihm außer den Vermögensrechten als solchen lediglich die zu ihrer Realisierung erforderlichen Befugnisse zu, namentlich den Anspruch des Gesellschafters/Schuldners gegen seine Mitgesellschafter auf Durchführung der Auseinandersetzung.[44] Wie bei der isolierten Pfändung des Auseinandersetzungsguthabens kann die Überweisung mangels Nennwertes nur zur Einziehung erfolgen (§ 835 Abs. 1, 1.Alt. ZPO).[45] Sie ist richtigerweise **keine Voraussetzung des Kündigungsrechts,**[46] wohl aber für den Erwerb des Anspruchs auf Durchführung der Liquidation[47] sowie für die – nur bei freier Übertragbarkeit des Anteils – mögliche *Selbstverwertung* des Anteils durch den Gläubiger.[48] Die Frage ist indes von eher theoretischer Natur; denn die Praxis pflegt mit gutem Grund Pfändung und Überweisung gemeinsam zu beantragen. Die **Abtretung** des Anteils oder einzelner Vermögensrechte **an den Privatgläubiger**, sei es auch zu dessen Befriedigung, reicht zur Entstehung des Kündigungsrechts **nicht** aus, selbst wenn die sonstigen Voraussetzungen des § 135 vorliegen.[49]

---

[39] Vgl. schon oben Rn 1 mit Nachw. in Fn 7.

[40] BGH WM 1972, 81; Stein/Jonas/*Brehm* ZPO[22] § 859 Rn 12; *K. Schmidt* Gesellschaftsrecht § 45 IV, S. 1325 f; Ebenroth/Boujong/Joost/Strohn/*Lorz* Rn 12.

[41] BGHZ 97, 392 (396); MünchKommHGB/*K. Schmidt* Rn 12; Ebenroth/Boujong/Joost/Strohn/*Lorz* Rn 12; *Westermann* Handbuch Rn I 652; MünchKommBGB[5]/*Ulmer*/*C. Schäfer* § 725 Rn 12 (dort auch zu abweichenden Ansichten, welche noch die Gesellschafter einer GbR als Drittschuldner angesehen haben); überholt RGZ 57, 414 (415) (drittschuldnerloses Recht).

[42] BGHZ 97, 392 (395) (GbR); MünchKommHGB/*K. Schmidt* Rn 10, 12; *Westermann* Handbuch Rn I 652; Heymann/*Emmerich* Rn 1.

[43] BGHZ 116, 222 (229 f); *Wössner* Pfändung, S. 218 ff; *K. Schmidt* Gesellschaftsrecht § 45 IV 3b, S. 1328; MünchKommHGB/*K. Schmidt* Rn 14; Ebenroth/Boujong/Joost/Strohn/*Lorz* Rn 12 ff.

[44] BGHZ 116, 222 (229); ferner stehen dem Gläubiger Kontrollrechte zu, vgl. 3. Aufl. § 141 Rn 17 (*Ulmer*); *H. Roth* ZGR 2000, 187 (207 f) (der dem Gläubiger zusätzlich einen eigenen Anspruch auf Erstellung einer Abfindungsbilanz einräumen will).

[45] Stein/Jonas/*Brehm* ZPO[22] § 835 Rn 37; MünchKommZPO[3]/*Smid* § 857 Rn 46; *Wössner* Pfändung, S. 227 f.

[46] Ebenroth/Boujong/Joost/Strohn/*Lorz* Rn 12; Röhricht/Graf v. Westphalen/*v. Gerkan*/*Haas* Rn 4; **aA** Zöller/*Stöber* ZPO[27] § 859 Rn 4 ff.

[47] S. nur BGHZ 116, 222 (229); *Wössner* Pfändung, S. 220.

[48] Dazu *Wössner* Pfändung, S. 218 ff; *Wertenbruch* Haftung, S. 560; *K. Schmidt* Gesellschaftsrecht § 45 IV 3d, S. 1329; MünchKommZPO[3]/*Smid* § 859 Rn 13; s.a. § 124 Rn 7, 43 (*Habersack*); MünchKommBGB[5]/*Ulmer*/*C. Schäfer* § 719 Rn 60; *Westermann* Handbuch Rn I 654.

[49] So schon RGZ 95, 231 (234 f); ferner Schlegelberger/*K. Schmidt* Rn 40; **aA** *Riegger* BB 1972, 116 f; *Zimmer* Zwangsvollstreckung, S. 43 ff.

14 **5. Konkurrierende Verfügungen.** Die **vorherige Abtretung** an einen Dritten steht einer nachfolgenden Pfändung und Überweisung *des Auseinandersetzungsanspruchs* entgegen, und zwar unabhängig davon, ob sie an den pfändenden Gläubiger selbst oder an einen Dritten erfolgt ist.[50] Demgegenüber geht die Pfändung des *Gesellschaftsanteils* einer Vorausabtretung des künftigen Auseinandersetzungs- oder Abfindungsanspruchs vor.[51] Eine vorherige **Pfändung** zugunsten eines anderen Gläubigers hindert die erneute Pfändung nicht; sie verschafft auch dem **nachrangigen Pfandgläubiger** ein eigenes **Kündigungsrecht** nach § 135, unabhängig davon, ob der vorrangige Gläubiger bereits Befriedigung erlangt hat.[52] Das ergibt sich aus der zeitlich limitierten Kündigungsmöglichkeit des § 135 (Rn 21) sowie daraus, dass die nachrangigen Pfandgläubiger nach den §§ 853–856 ZPO zwar die vorrangige Befriedigung aus dem Erlös dulden müssen, im Übrigen aber die zur Realisierung des gepfändeten Anspruchs notwendigen Maßnahmen selbst ergreifen können. Eine der Pfändung **nachfolgende Verfügung** über den Anteil oder einzelne Rechte kann diese in keinem Fall mehr dem durch das Pfändungspfandrecht legitimierten Gläubigerzugriff entziehen; im Übrigen ist der Schuldner gem. §§ 829 Abs. 1 S. 2, 857 Abs. 1 ZPO verpflichtet, sich beeinträchtigender Verfügungen über den Anteil zu enthalten.[53]

III. Maßgeblicher Zeitpunkt

15 Zur Wirksamkeit der Kündigung reicht es nicht aus, dass die in § 135 genannten Voraussetzungen beim Privatgläubiger irgendwann einmal gegeben waren. Sie müssen vielmehr im Zeitpunkt des **Zugangs der Kündigungserklärung** bei allen Gesellschaftern vorliegen (Rn 20, 22). Der Gläubiger darf also insbesondere nicht vor diesem Zeitpunkt befriedigt worden sein.[54] Er darf auch nicht die Annahme der ihm vom Schuldner, einem Mitgesellschafter oder der Gesellschaft selbst in gehöriger Form angebotenen Zahlung abgelehnt oder auf andere Weise die Tilgung der Schuld vereitelt haben; anderenfalls wäre die Ausübung des ihm nur im Interesse seiner Befriedigung gewährten Kündigungsrechts wegen Rechtsmissbrauchs unwirksam.[55] Der Pfändungs- und Überweisungsbeschluss darf des weiteren nicht aufgehoben oder die Zwangsvollstreckung für unzulässig erklärt worden sein.[56] Die **einstweilige Einstellung** der Vollstreckung hindert die Kündi-

[50] BGH WM 1981, 648 (649); Baumbach/*Hopt* Rn 7; Ebenroth/Boujong/Joost/Strohn/*Lorz* Rn 15; Heymann/*Emmerich* Rn 10; MünchKommBGB[5]/*Ulmer/C. Schäfer* § 717 Rn 38; *Riegger* BB 1972, 116.

[51] BGHZ 104, 351 (353 ff) = JZ 1989 mit Anm. *Münzberg* (Pfändung des GmbH-Anteils); BGH JZ 1987, 880 mit Anm. *Ulmer*; MünchKommHGB/*K. Schmidt* Rn 16 f; Ebenroth/Boujong/Joost/Strohn/*Lorz* Rn 15; Heymann/*Emmerich* Rn 3a; MünchKommBGB[5]/*Ulmer/C. Schäfer* § 725 Rn 6 und § 717 Rn 39; **aA** RGZ 95, 231 (234 f); *Marotzke* ZIP 1988, 1509 ff.

[52] So schon 3. Aufl. Rn 9 (*Ulmer*); *Stöber* Forderungspfändung, Rn 1592; Ebenroth/Boujong/Joost/Strohn/*Lorz* Rn 15.

[53] Eingehend zur Reichweite des Verfügungsverbots *Wössner* Pfändung, S. 186 ff, dort auch gegen RGZ 139, 224 (230), das den Schutz des Gläubigers vor mittelbaren Beschränkungen abgelehnt hatte (anders hM, etwa MünchKommHGB/*K. Schmidt* Rn 36 mN); ferner *Flume* I/1, § 14 III, S. 217 f.

[54] BGH NJW 1982, 2773; MünchKommHGB/*K. Schmidt* Rn 22 i.V.m. Schlegelberger/*K. Schmidt* Rn 21; Heymann/*Emmerich* Rn 11; Ebenroth/Boujong/Joost/Strohn/*Lorz* Rn 16; *Westermann* Handbuch Rn I 661 ff; **aA** *Furtner* MDR 1965, 613 (615) (für § 725 BGB).

[55] MünchKommHGB/*K. Schmidt* Rn 22; Heymann/*Emmerich* Rn 11; *Westermann* Handbuch, Rn I 661 ff; vgl. auch Rn 32.

[56] Schlegelberger/*K. Schmidt* Rn 22; Heymann/*Emmerich* Rn 11.

gung nur während der Dauer dieser Maßnahme.[57] – Fallen die Kündigungsvoraussetzungen erst **nach Zustellung** der Kündigungserklärung fort, so hat das auf die Wirksamkeit der in Gang gesetzten Kündigung keinen Einfluss mehr; die Gesellschaft wird mit Ablauf der Kündigungsfrist aufgelöst, sofern die Gesellschafter nicht zuvor die Fortsetzung beschließen (Rn 32).[58] – Auch die **Reihenfolge** von Rechtskraft, erfolglosem Vollstreckungsversuch und Pfändung ist trotz des missverständlichen Wortlauts („nachdem") belanglos.[59] Insbesondere kann der Vollstreckungsversuch der Pfändung auch nachfolgen[60] und kann die Rechtskraft des Titels erst nach Zustellung des Pfändungsbeschlusses eintreten. Allerdings muss die *Sechsmonatsfrist* beachtet werden, wenn der erfolglose Vollstreckungsversuch der Pfändung vorausgeht (Rn 11). Dass die fruchtlose Zwangsvollstreckung nicht notwendig vor dem Pfändungs- (und Überweisungs-)Beschluss liegen muss, hat der BGH überzeugend mit dem Interesse der Gesellschaft begründet, dass die Zahlungsunfähigkeit des Gesellschafters/Schuldners möglichst spät festgestellt wird, damit die Kündigung noch abgewendet werden kann, wenn der Schuldner zwischenzeitlich Liquidität zurückgewinnt.[61]

C. Die Kündigung

I. Das Kündigungsrecht

1. Wesen, Berechtigter. Das Kündigungsrecht des Privatgläubigers ist ein ihm gesetzlich zur Befriedigung seines Anspruchs gegen den Gesellschafter/Schuldner verliehenes **eigenständiges**, also nicht vom Gesellschafter/Schuldner abgeleitetes **Recht.**[62] Daher bedarf es zu seiner Geltendmachung nicht zwingend der Überweisung des Anteils (Rn 13) und richten sich Kündigungsvoraussetzungen und -frist nicht nach dem Gesellschaftsvertrag, sondern ausschließlich nach § 135 (Rn 15). Tritt der Gläubiger seinen zu vollstreckenden Anspruch gegen den Gesellschafter/Schuldner an einen **Dritten** ab, so geht damit nicht nur das Pfändungspfandrecht am Gesellschaftsanteil, sondern auch das Kündigungsrecht auf den Dritten über (§§ 401, 1250 BGB). Der neue Gläubiger kann es ausüben, ohne zuvor die Erteilung der Vollstreckungsklausel als Rechtsnachfolger (§§ 727, 750 ZPO) zu erwirken; das Gebrauchmachen von der Kündigung ist kein Akt der Zwangsvollstreckung. Es ist aber der Forderungsübergang nach allgemeinen Vorschriften (§§ 403, 410 BGB) nachzuweisen. – Zum Kündigungsrecht von *Fremdverwaltern* vgl. Rn 6. 16

2. Unentziehbarkeit. Wegen seines gläubigerschützenden Zwecks besteht das Kündigungsrecht des § 135 unabhängig von den Regelungen im Gesellschaftsvertrag über die Gesellschaftsdauer und namentlich auch bei einer auf bestimmte Zeit eingegangenen Gesellschaft. Ferner schließt der **zwingende** Charakter vertragliche Vereinbarungen aus, 17

[57] MünchKommHGB/*K. Schmidt* Rn 22; Heymann/*Emmerich* Rn 11; *Hueck* OHG § 24 II 3, S. 369; *Westermann* Handbuch Rn I 661 ff.

[58] RGZ 169, 153 (155); MünchKommHGB/*K. Schmidt* Rn 27; *Westermann* Handbuch Rn I 661 ff.

[59] BGH NJW 1982, 2773; OLG Düsseldorf ZIP 1981, 1210; MünchKommHGB/*K. Schmidt* Rn 20; *Westermann* Handbuch Rn I 661 ff; Ebenroth/Boujong/Joost/Strohn/*Lorz* Rn 16; Baumbach/*Hopt* Rn 8.

[60] BGH NJW 1982, 2773; s. schon Rn 11.

[61] BGH NJW 1982, 2773.

[62] MünchKommHGB/*K. Schmidt* Rn 21.

die das Kündigungsrecht einschränken oder ausschließen.[63] Namentlich kommt nicht in Betracht, die Gesellschaft mit dem Gesellschafter/Schuldner fortzusetzen. Zulässig ist jedoch, dass der Gesellschaftsvertrag als *Kündigungsfolge* die **Auflösung** der Gesellschaft vorsieht;[64] denn hierdurch wird das Gläubigerinteresse an der Liquidierung des Anteils nicht beeinträchtigt (vgl. auch § 131 Rn 89 zum Ausscheidensgrund des § 131 Abs. 3 Nr. 2). Im Gegenteil ist die Auflösung insofern günstiger für den Gläubiger, als vertragliche Abfindungsbeschränkungen keine Anwendung finden. *Mittelbare Einschränkungen* des Kündigungsrechts sind nur im Rahmen der allgemeinen Grundsätze zulässig; insbesondere darf die **Abfindung** nicht allein für den Fall der Gläubigerkündigung ausgeschlossen oder beschränkt werden (näher § 131 Rn 171 ff). – Dem Gläubiger zugute kommende **Erleichterungen** der Kündigung können ohne weiteres vertraglich vereinbart werden, etwa dass der Gesellschafter schon mit der Pfändung ausscheidet.[65]

18 **3. Anderweitiges Ausscheiden des Gesellschafters/Schuldners; Auflösung.** Die Kündigung ist *nicht* ausgeschlossen, wenn die Gesellschaft bereits **aufgelöst** ist, bevor von dem Kündigungsrecht Gebrauch gemacht wird (Rn 2). Auch ein während der **Schwebezeit** eintretender Auflösungsgrund führt, ohne die Kündigung zu berühren, zur Auflösung der Gesellschaft (dazu näher § 132 Rn 42). Demgegenüber geht die Kündigung ins Leere, wenn der Gesellschafter/Schuldner schon aus einem anderen Grund aus der Gesellschaft **ausgeschieden** ist, bevor die Erklärung durch Zugang bei sämtlichen Gesellschaftern bindend *und* durch Ablauf der Kündigungsfrist wirksam geworden ist (Rn 20, 21). Das nach wirksamer Auflösung eintretende Liquidationsstadium hat im Falle des Ausscheidens kein Pendant, die Mitgliedschaft ist vielmehr sofort (voll-)beendet und ist daher kein tauglicher Verfügungsgegenstand mehr. In Hinblick auf den schon entstandenen Abfindungsanspruch ist eine Kündigung dann auch nicht mehr erforderlich, um den Anteilswert zu realisieren.[66] Schließlich braucht der Gläubiger nicht zu befürchten, dass ihm durch „Fortsetzung" der Mitgliedschaft der Abfindungsanspruch wieder entzogen wird; denn die Wiederaufnahme des Gesellschafters ist allein durch Abschluss eines neuen Gesellschaftsvertrages möglich, der den Abfindungsanspruch nicht unmittelbar berührt. Außerdem ist der Gläubiger gegen die der Pfändung nachfolgenden Verfügungen schon nach allgemeinen Regeln geschützt (Rn 14).

19 Eine hiervon zu unterscheidende Frage ist, ob während der **Schwebezeit** ein **anderer Ausscheidensgrund** das Wirksamwerden der Gläubigerkündigung noch verhindern kann. Dies ist aus den bei § 132 Rn 41 genannten Gründen grundsätzlich zu bejahen. Das Pfändungspfandrecht erstreckt sich auch im Falle einer isolierten Anteilspfändung automatisch auf den Abfindungsanspruch (Rn 7). Demnach kann – ungeachtet des Verbots beeinträchtigender Verfügungen gem. §§ 857 Abs. 1, 829 Abs. 1 S. 2 ZPO – das Ausscheiden grundsätzlich auch durch **Gesellschafterbeschluss** herbeigeführt werden (§ 131 Abs. 3 Nr. 6).[67] Denn zur Gläubigerbeeinträchtigung kann dies nur führen, wenn sich mit dem Beschluss besondere Rechtsfolgen aufgrund von Auseinandersetzungsvereinbarungen zugunsten der Mitgesellschafter oder anderer Gläubiger verbinden.

---

63 Unstr., MünchKommHGB/*K. Schmidt* Rn 7; Ebenroth/Boujong/Joost/Strohn/*Lorz* Rn 27; Baumbach/*Hopt* Rn 12; *Hueck* OHG § 24 II 1, S. 367; *Wälzholz* GmbHR 2007, 1319 (1320).

64 Unstr., s. nur Ebenroth/Boujong/Joost/Strohn/*Lorz* Rn 28; Baumbach/*Hopt* Rn 13.

65 Vgl. BGHZ 51, 205; Baumbach/*Hopt* Rn 13.

66 Vgl. singgemäß BGH WM 1972, 81 (82).

67 Näher MünchKommBGB[5]/*Ulmer*/*C. Schäfer* § 725 Rn 27; *Wössner* Pfändung, S. 215 f; s.a. *Wiedemann* Übertragung, S. 430; allgemein auch MünchKommZPO[3]/*Smid* § 829 Rn 44.

II. Die Kündigungserklärung

1. Allgemeines. Die Kündigung des Privatgläubigers erfolgt, ebenso wie diejenige eines Gesellschafters unbefristeter Gesellschaften (§ 132), durch formlose, empfangsbedürftige Willenserklärung. Sie muss sämtlichen Gesellschaftern, auch dem Gesellschafter/Schuldner, zugehen, da sie das zwischen ihnen bestehende Rechtsverhältnis zur Auflösung bringt.[68] Die Rechtsprechung lässt es allerdings ausreichen, wenn eine nur an den Geschäftsführer bzw. einen Gesellschafter adressierte Kündigung an die übrigen Gesellschafter weitergeleitet wird.[69] Von dieser Erleichterung abgesehen, ist jedoch eine Kündigung gegenüber der Gesellschaft – im Unterschied zur Zustellung des Pfändungs- und Überweisungsbeschlusses (Rn 13) – weder erforderlich noch genügend. Anderes gilt, wenn der Gesellschaftsvertrag vorsieht, dass *jede* Kündigung, nicht nur diejenige eines Gesellschafters, der Gesellschaft, also ihrem Geschäftsführer gegenüber zu erklären ist.[70] Bei einer *Publikumsgesellschaft* gilt dies auch ohne eine entsprechende Vertragsklausel.[71] Wegen des **Inhalts** der Kündigungserklärung kann auf § 132 Rn 10 ff verwiesen werden. Verlangt ein Gläubiger unter Berufung auf einen Pfändungs- und Überweisungsbeschluss von den Gesellschaftern Zahlung des Abfindungsanspruchs seines Schuldners, wird darin regelmäßig die Kündigungserklärung zu sehen sein.[72] Als **Nachweis** des Kündigungsrechts können die Gesellschafter Vorlage (einer beglaubigten Abschrift) des Schuldtitels und der Bescheinigung über die fruchtlose Zwangsvollstreckung verlangen (vgl. § 174 BGB); den Pfändungs- und Überweisungsbeschluss können sie schon bei der Gesellschaft einsehen.[73] 20

2. Frist, Termin. Die Kündigungsfrist bestimmt sich zwingend nach § 135 und beträgt **sechs Monate** bis zum Ablauf des Geschäftsjahrs. Sie stimmt mit der Frist für die ordentliche Kündigung nach § 132 überein; wie diese soll sie den Gesellschaftern und der Gesellschaft die Möglichkeit geben, sich auf die bevorstehende Auflösung einzustellen. Im Unterschied zu § 132 unterliegt die Frist jedoch nicht der Disposition der Gesellschafter. Auch auf eine etwaige Verkürzung der ordentlichen Kündigungsfrist im Gesellschaftsvertrag kann sich der Privatgläubiger, der ja ein selbständiges Kündigungsrecht ausübt (Rn 16), nicht berufen.[74] Er kann das Kündigungsrecht des Gesellschafters auch nicht pfänden und sich zur Ausübung überweisen lassen, da es als mitgliedschaftliches Verwaltungsrecht **nicht übertragbar** und damit auch nicht pfändbar ist (§§ 717 BGB, 851 ZPO). 21

Der **Termin**, zu dem die Kündigung erfolgen kann, ist durch die Entstehung des Kündigungsrechts und das Geschäftsjahr der Gesellschaft abschließend bestimmt: Gekündigt werden kann nur zum **Ende desjenigen Geschäftsjahrs**, für das die sechsmonatige Frist nach der Entstehung des Kündigungsrechts (Rn 15) noch nicht abgelaufen ist. Die Kündi- 22

[68] BGHZ 97, 392 (395) = NJW 1986, 1991; BGH WM 1957, 163; MünchKommHGB/*K. Schmidt* Rn 23; Ebenroth/Boujong/Joost/Strohn/*Lorz* Rn 18; Heymann/*Emmerich* Rn 14; vgl. auch § 132 Rn 13.

[69] BGH NJW 1993, 1002; vgl. § 132 Rn 13.

[70] Heymann/*Emmerich* Rn 14; MünchKommHGB/*K. Schmidt* Rn 24.

[71] MünchKommHGB/*K. Schmidt* Rn 24; Heymann/*Emmerich* Rn 14; Ebenroth/Boujong/Joost/Strohn/*Lorz* Rn 18.

[72] RG SeuffA 98 Nr. 7; MünchKommHGB/*K. Schmidt* Rn 23; *Stöber* Forderungspfändung, Rn 1593.

[73] MünchKommHGB/*K. Schmidt* Rn 23; Ebenroth/Boujong/Joost/Strohn/*Lorz* Rn 19; Baumbach/*Hopt* Rn 9.

[74] MünchKommHGB/*K. Schmidt* Rn 25; Ebenroth/Boujong/Joost/Strohn/*Lorz* Rn 17; *Hueck* OHG § 24 II 3, S. 369; **aA** MünchKommZPO³/*Smid* § 859 Rn 24.

gung zum Ende eines späteren Geschäftsjahrs ist ausgeschlossen; auch wirkt eine verspätete Kündigung nicht automatisch auf den nächsten Termin.[75] Das Geschäftsjahr braucht nicht mit dem Kalenderjahr zusammenzufallen. Wann es beginnt und abläuft, ergibt sich aus dem Gesellschaftsvertrag oder der bestehenden Übung. Der Gläubiger hat vor der Pfändung keinen Anspruch auf Auskunft über die Dauer des Geschäftsjahrs und auf Vorlegung des Gesellschaftsvertrages;[76] er kann aber auf den „nächsten zulässigen Termin" kündigen und in entsprechender Anwendung des § 840 ZPO bei Zustellung des Pfändungsbeschlusses auch Auskunft über die Dauer des Geschäftsjahres verlangen.[77]

23 3. **Kündigungsmängel.** Hinsichtlich der Kündigungsmängel, insbesondere der Anfechtbarkeit und Nichtigkeit der Kündigungserklärung, und deren Folgen gilt das zu § 132 Rn 16 f Ausgeführte.

III. Widerruf der Kündigung

24 Ein Widerruf der Kündigung ist dem Gläubiger nur bis zum Zugang der Erklärung bei sämtlichen Gesellschaftern möglich (§ 130 Abs. 1 S. 2 BGB). Von diesem Zeitpunkt an bedarf er der Zustimmung der Gesellschafter, da die Kündigungserklärung das – zum Kündigungstermin wirksam werdende – Ausscheiden bereits eingeleitet hat.[78] Zur Rechtslage im Falle einer Befriedigung des Gläubigers nach Kündigungserklärung vgl. Rn 32.

D. Kündigungswirkungen

I. Die Regelfolgen: Ausscheiden und Abfindung (§ 131 Abs. 3 Nr. 4)

25 Die Wirkung der Kündigung besteht gem. § 131 Abs. 3 Nr. 4 im **Ausscheiden** des Gesellschafters mit dem Ende des Geschäftsjahrs, für das sie ausgesprochen ist (Rn 22). Wegen der Einzelheiten kann auf § 132 Rn 40 verwiesen werden. Die Mitgliedschaft erlischt, der Anteil wächst den übrigen Gesellschaftern an (näher § 131 Rn 107 ff), und das den Anteil belastende Pfändungspfandrecht besteht nurmehr hinsichtlich des mit dem Ausscheiden entstehenden **Abfindungsanspruchs** (§ 131 Rn 144), auf den es sich von vornherein erstreckt hat (Rn 7). Die Abfindung ist somit an den Gläubiger auszuzahlen, der kraft Überweisung des Anspruchs zu ihrer Einziehung in Höhe seines Vollstreckungsanspruchs ermächtigt ist (§§ 829, 836 ZPO).

26 Gesellschaftsvertragliche **Abfindungsbeschränkungen** sind nur im Rahmen der allgemeinen Regeln wirksam; speziell den Gläubiger belastende Beschränkungen sind demgegenüber nichtig gem. § 138 BGB (s. schon Rn 17). Wegen der **Fälligkeit** der Abfindung vgl. § 131 Rn 145; zur Frage ihrer **Verzinsung** § 131 Rn 146.

27 Zur **Durchsetzung** des Anspruchs kann der Gläubiger gem. § 836 Abs. 3 ZPO Auskunft vom Gesellschafter/Schuldner verlangen. Bedeutsamer ist indes die Frage, ob dem

---

[75] Ebenroth/Boujong/Joost/Strohn/*Lorz* Rn 17; Heymann/*Emmerich* Rn 13. – Anders verhält es sich bei der Gesellschafterkündigung vgl. § 132 Rn 19.

[76] OLG Karlsruhe OLGE 14, 185 (186); MünchKommHGB/*K. Schmidt* Rn 25.

[77] MünchKommHGB/*K. Schmidt* Rn 25.

[78] Vgl. § 132 Rn 16; MünchKommHGB/*K. Schmidt* Rn 26; Heymann/*Emmerich* Rn 18.

Gläubiger auch Informationsansprüche unmittelbar **gegen die Gesellschaft** zustehen. Dies wird herkömmlicherweise unter Berufung auf die Höchstpersönlichkeit verneint und der Gläubiger auf die §§ 810, 242 BGB verwiesen.[79] Seit aber der BGH dem Gläubiger mit gutem Grund das Recht zugebilligt hat, nach kündigungsbedingter Auflösung den Anspruch des Gesellschafters/Schuldners auf Durchführung der Auseinandersetzung selbst geltend zu machen,[80] leitet die neuere gesellschafts- und prozessrechtliche Literatur hieraus zunehmend auch die Befugnis des Gläubigers zur Geltendmachung der sonstigen, für die Realisierung des Anspruchs erforderlichen Verwaltungsrechte her, insbesondere des **Informations- und Kontrollrechts** sowie des Rechts auf Rechnungslegung.[81] Folgt man dem, muss Entsprechendes erst recht in Bezug auf Informationen zum Abfindungsanspruch gelten, soweit sie zu dessen Durchsetzung erforderlich sind.[82]

II. Abweichende Vereinbarung: Auflösung der Gesellschaft

Der Gesellschaftsvertrag kann ohne Verstoß gegen den zwingenden Charakter des Kündigungsrechts (Rn 17) als Folge einer Gläubigerkündigung vorsehen, dass die Gesellschaft **aufgelöst** wird. Auch kann die Auflösung noch bis zum Wirksamwerden der Kündigung beschlossen werden (Rn 18). Die Gläubigerrechte sind insofern nicht beeinträchtigt, weil auch durch die Auflösung eine Liquidation des Anteilswertes erfolgt, der zudem nicht durch etwaige Abfindungsbeschränkungen vermindert wird (Rn 26). – Wegen der Möglichkeit, **abweichende** Auseinandersetzungsvereinbarungen trotz § 145 Abs. 2 im Gesellschaftsvertrag, also ohne Zustimmung des Gläubigers zu vereinbaren vgl. § 145 Rn 30 ff (*Habersack*). **28**

Wird die Gesellschaft aufgelöst, nimmt der **Gläubiger** zwar nach der insoweit eindeutigen gesetzlichen Ausgangslage **nicht am Liquidationsverfahren teil** (vgl. §§ 145 Abs. 2, 146 Abs. 2 Satz 2, 147, 152). Mit der inzwischen wohl schon hM ist er jedoch nicht auf seine Rechte gegenüber dem Gesellschafter/Schuldner begrenzt (Rn 27). Vielmehr kann er neben dem Anspruch auf Durchführung der Auseinandersetzung[83] richtigerweise auch die sonstigen für die Realisierung seines Anspruchs erforderlichen **Verwaltungsrechte** des Gesellschafters geltend machen,[84] ohne dass der Vorbehalt des § 725 Abs. 2 BGB entgegenstünde.[85] Im Übrigen bleibt es aber dabei, dass der Gläubiger zur persönlichen Mitwirkung an der Abwicklung nicht berechtigt ist; diese ist grundsätzlich den Gesellschaftern vorbehalten (§ 146 Abs. 1 Satz 1). **29**

---

[79] Vgl. Röhricht/Graf v. Westphalen/*v. Gerkan/Haas* Rn 11; Ebenroth/Boujong/Joost/Strohn/*Lorz* Rn 22; s. auch noch 3. Aufl. § 141 Rn 17 (*Ulmer*).

[80] BGHZ 116, 222 (229 f) – für höchstpersönliche Hilfsrechte offen lassend.

[81] *H. Roth* ZGR 2000, 190 (197 f); *Wössner* Pfändung, S. 50 ff; zustimmend MünchKommBGB[5]/*Ulmer/C. Schäfer* § 725 Rn 20; etwas anderer Ansatz *Wertenbruch* Haftung, S. 533 f, 557 f (eigenes Gläubigerrecht); in diese Richtung auch schon 3. Aufl. Rn 25 (*Ulmer*); ablehnend MünchKommHGB/*K. Schmidt* Rn 29.

[82] So tendenziell bereits KG OLGE 21, 386; Heymann/*Emmerich* Rn 36; Baumbach/*Hopt* Rn 10.

[83] BGHZ 116, 222 (229 ff); MünchKommHGB/*K. Schmidt* Rn 29 i.V.m. Schlegelberger/*K. Schmidt* Rn 29; *Hueck* OHG § 24 II 4, S. 371; so auch schon 3. Aufl. Rn 23 (*Ulmer*) unter zutr. Hinweis auch auf § 145 Abs. 2, wonach das Unterbleiben der Liquidation die Zustimmung des Gläubigers voraussetzt.

[84] Nachweise in Fn 81.

[85] MünchKommBGB[5]/*Ulmer/C. Schäfer* § 725 Rn 20.

30 Die **Rechtsstellung** des **Gesellschafters/Schuldners** im Abwicklungsverfahren wird durch die Pfändung und Überweisung zunächst nur insoweit berührt, als es um den Anspruch auf das Auseinandersetzungsguthaben geht. Dieser ist durch die Pfändung zugunsten des Gläubigers mit Beschlag belegt (§ 829 Abs. 1 ZPO); seine Beeinträchtigung ist dem **Gesellschafter**/Schuldner verwehrt (Rn 19). Im Übrigen stehen ihm aber die Gesellschafterrechte, soweit sie nicht vermögensrechtlicher Art sind, ungeschmälert zu. Auch an Gesellschafterbeschlüssen kann der Gesellschafter kraft seines Stimmrechts weiterhin mitwirken. Er kann als Abwickler tätig sein, soweit er nach dem Gesetz oder dem Gesellschaftsvertrag oder durch Beschluss der Gesellschafter dazu berufen ist (§ 146). Auch die aus dem Gesellschaftsverhältnis sonst sich ergebenden Ansprüche, z.B. auf Gewinn früherer Jahre, kann er geltend machen, wenn sie nicht zugunsten eines Gläubigers ebenfalls gepfändet sind. Umgekehrt kann der **Gläubiger** grundsätzlich keine aus der Mitgliedschaft abgeleiteten Verwaltungsrechte geltend machen; anderes gilt aber nach erfolgter Kündigung hinsichtlich der zu seiner Rechtsverfolgung erforderlichen Verwaltungsrechte (Rn 27, 29).

31 Nach Durchführung der Abwicklung kann der Gläubiger aufgrund des Pfändungs- und Überweisungsbeschlusses von der Gesellschaft **Auszahlung des anteiligen Abwicklungserlöses** verlangen, soweit er zu seiner Befriedigung erforderlich ist. Abgesehen von seinem Informationsrecht (Rn 27) kann er, um die Höhe des Anspruchs prüfen zu können, von der Gesellschaft auch Einblick in die von den Abwicklern nach § 154 zu erstellenden Bilanzen und Rechnungslegung verlangen.

III. Befriedigung des Gläubigers

32 1. **Allgemeines.** Wird der Gläubiger **nach** Zugang der **Kündigung** befriedigt, so wird diese hierdurch nicht wirkungslos.[86] Es entfällt aber sein Anspruch auf die Abfindung bzw. das Auseinandersetzungsguthaben und damit auch auf das Ausscheiden bzw. die Abwicklung der Gesellschaft; im Falle der kündigungsbedingten Auflösung gilt dies auch dann, wenn die Befriedigung erst nach Ablauf der Kündigungsfrist erfolgt ist. Hieraus folgt, dass die Zustimmung zur Fortsetzung der Gesellschaft unter Beteiligung des Gesellschafters bzw. zu einem Beschluss über eine andere Art der Auseinandersetzung nicht mehr erforderlich ist.[87] Die Befriedigung des Gläubigers kann auch durch einen **Mitgesellschafter** geschehen, wie sich aus § 268 BGB ergibt.[88] Jeder Mitgesellschafter kann ein besonderes Interesse daran haben, dass die Gesellschaft in ihrer bisherigen Zusammensetzung bestehen bleibt. Soweit er den Gläubiger befriedigt, geht dessen Forderung auf ihn über. Das gleiche Recht auf Befriedigung muss man in sinngemäßer Anwendung des § 268 BGB der Gesellschaft zugestehen.[89] Nach RGZ 169, 153 (157) sind die Mitgesellschafter aufgrund der Treupflicht sogar gehalten, dem Gesellschafter/Schuldner die Befriedigung des Gläubigers mit den von ihm in der Gesellschaft investierten Mitteln zu ermöglichen, soweit es die finanzielle Lage der Gesellschaft gestattet.

---

86 RGZ 169, 153 (155); MünchKommHGB/*K. Schmidt* Rn 27; *Hueck* OHG § 23 II 3, S. 369.

87 Ebenroth/Boujong/Joost/Strohn/*Lorz* Rn 25; Heymann/*Emmerich* Rn 18a.

88 MünchKommHGB/*K. Schmidt* Rn 31; Ebenroth/Boujong/Joost/Strohn/*Lorz* Rn 26; Heymann/*Emmerich* Rn 18a; *Furtner* MDR 1965, 613 (615); offen lassend BGHZ 97, 392 (396) (GbR).

89 So 3. Aufl. Rn 29 (*Ulmer*); offen lassend BGHZ 97, 392 (396) = NJW 1986, 1991; zustimmend Heymann/*Emmerich* Rn 18a; Baumbach/*Hopt* Rn 13; im Hinblick auf die Zuständigkeit der Gesellschafter zweifelnd MünchKommHGB/*K. Schmidt* Rn 31.

2. Fortsetzung der Gesellschaft mit dem Schuldner (Wiederaufnahme). Die nach der Kündigungserklärung erfolgte Befriedigung beseitigt die Kündigungswirkungen auch dann nicht, wenn die Kündigungsfrist noch nicht abgelaufen ist (Rn 32). Die Gesellschafter haben vielmehr wie im Fall der ordentlichen Kündigung (§ 132 Rn 16, 40) ein Recht auf das damit in Gang gesetzte Ausscheiden bzw. die Auflösung der Gesellschaft. Die genannten Rechte stehen den Mitgesellschaftern – vorbehaltlich der Schranken aus der Treupflicht (Rn 34) – sogar noch nach Befriedigung des Gläubigers bis zum Ablauf der Kündigungsfrist zu. Die Beseitigung der Kündigungsfolgen bedarf grundsätzlich der Zustimmung aller Gesellschafter. 33

Eine hiervon zu unterscheidende Frage ist allerdings, ob die Gesellschafter angesichts der Befriedigung des kündigenden Gläubigers gehalten sind, die Kündigungsfolgen **rückgängig** zu machen. Eine solche Pflicht kann sich aus der gesellschaftsrechtlichen **Treupflicht** jedenfalls dann ergeben, wenn der Kündigungsanlass auf Dauer beseitigt, insbesondere die finanzielle Lage des Gesellschafters/Schuldners wieder konsolidiert ist und nachhaltige Abwicklungsmaßnahmen oder sonstige grundlegende geschäftliche Veränderungen aufgrund der Kündigung bzw. des Ausscheidens noch nicht vorgenommen worden sind. Insoweit kommt je nach Lage des Falles ein Anspruch auf Fortsetzung der Gesellschaft mit dem Gesellschafter/Schuldner, auf dessen Wiederaufnahme oder auf Neuabschluss des Gesellschaftsvertrages unter Wiedereinbringung des übernommenen Handelsgeschäfts in Betracht.[90] Aus dem gleichen Grunde können Mitgesellschafter, sofern die Kündigung ausnahmsweise zur Auflösung führt, gehalten sein, im Fall bereits erfolgter oder doch mit Wahrscheinlichkeit zu erwartender Befriedigung des Gläubigers **von Abwicklungsmaßnahmen Abstand zu nehmen**; eine Ausschluss- oder Übernahmeerklärung im Sinne von § 140 Abs. 1 kann in diesem Stadium wegen Rechtsmissbrauchs unwirksam sein. In all diesen Fällen kommt der Treupflicht gesteigerte Bedeutung zu, da die Rechtsfolgen aus § 135 den Interessen des pfändenden Gläubigers dienen, nicht aber den übrigen Gesellschaftern einen Vorwand bieten sollen, sich mit Hilfe des Gläubigers eines nur vorübergehend in finanzielle Schwierigkeiten geratenen Mitgesellschafters zu entledigen. Rechtsmissbräuchlich ist es daher insbesondere, wenn ein Mitgesellschafter von seinem Übernahmerecht Gebrauch macht, nachdem er den Gläubiger zum Vorgehen nach § 135 provoziert hat[91] oder bei Vorgehen aus einem nur zum Schein erteilten Titel.[92] Ihre Grenze findet die Pflicht zur Fortsetzung der Gesellschaft mit dem Gesellschafter/Schuldner allerdings in den Fällen, in denen in seiner Person ein seine Ausschließung rechtfertigender wichtiger Grund vorliegt (§§ 133, 140). Dieser Grund kann auch in seiner Zahlungsunfähigkeit bestehen, z.B. wenn er gerade wegen seiner Kreditwürdigkeit in die Gesellschaft aufgenommen wurde (§ 131 Rn 31). Kommt eine Fortsetzung der Gesellschaft aus sonstigen Gründen nicht in Betracht, so ist die Ausübung des Übernahmerechts trotz bevorstehender Befriedigung des Gläubigers nur dann treuwidrig, wenn sie zu einer wesentlichen finanziellen Schlechterstellung des Gesellschafters/Schuldners im Vergleich zur Lage bei einer Liquidation nach §§ 145 ff führt.[93] 34

---

90 RGZ 169, 153 (156); BGHZ 30, 195 (201 f) = NJW 1958, 1683; BGH WM 1964, 420; BGH LM Nr. 7 zu § 142 HGB; MünchKommHGB/*K. Schmidt* Rn 27; Heymann/*Emmerich* Rn 19; Baumbach/*Hopt* Rn 11; *Hueck* OHG § 24 II 3, S. 370; **aA** noch OLG Dresden JW 1935, 717.

91 BGHZ 30, 195 (202) = NJW 1959, 1683; BGH WM 1964, 1127 (1128); vgl. auch Rn 5 zur Kündigung durch den Mitgesellschafter als Privatgläubiger.

92 BGHZ 101, 113 (120) = NJW 1987, 2514 (2515) (GmbH); MünchKommHGB/*K. Schmidt* Rn 27; Ebenroth/Boujong/Joost/Strohn/*Lorz* Rn 26.

93 BGH LM Nr. 7 zu § 142 HGB = WM 1957, 163.

§§ 136–138
(aufgehoben)

Hinweis:
Der aufgehobene § 136 [vorübergehende Fortdauer der Geschäftsführungsbefugnis bei Auflösung oder Ausscheiden] findet sich jetzt in § 729 Abs. 1 BGB fort und gilt daher über § 105 Abs. 3 auch für die OHG. Die Vorschriften haben allerdings kaum praktische Bedeutung, weshalb auf eine eigenständige Kommentierung verzichtet wird; verwiesen wird auf MünchKommBGB/Ulmer/C. Schäfer § 729 Rn 1 ff).

§ 139

(1) Ist im Gesellschaftsvertrage bestimmt, daß im Falle des Todes eines Gesellschafters die Gesellschaft mit dessen Erben fortgesetzt werden soll, so kann jeder Erbe sein Verbleiben in der Gesellschaft davon abhängig machen, daß ihm unter Belassung des bisherigen Gewinnanteils die Stellung eines Kommanditisten eingeräumt und der auf ihn fallende Teil der Einlage des Erblassers als seine Kommanditeinlage anerkannt wird.

(2) Nehmen die übrigen Gesellschafter einen dahingehenden Antrag des Erben nicht an, so ist dieser befugt, ohne Einhaltung einer Kündigungsfrist sein Ausscheiden aus der Gesellschaft zu erklären.

(3) [1]Die bezeichneten Rechte können von dem Erben nur innerhalb einer Frist von drei Monaten nach dem Zeitpunkt, in welchem er von dem Anfalle der Erbschaft Kenntnis erlangt hat, geltend gemacht werden. [2]Auf den Lauf der Frist finden die für die Verjährung geltenden Vorschriften des § 210 des Bürgerlichen Gesetzbuchs entsprechende Anwendung. [3]Ist bei dem Ablaufe der drei Monate das Recht zur Ausschlagung der Erbschaft noch nicht verloren, so endigt die Frist nicht vor dem Ablaufe der Ausschlagungsfrist.

(4) Scheidet innerhalb der Frist des Absatzes 3 der Erbe aus der Gesellschaft aus oder wird innerhalb der Frist die Gesellschaft aufgelöst oder dem Erben die Stellung eines Kommanditisten eingeräumt, so haftet er für die bis dahin entstandenen Gesellschaftsschulden nur nach Maßgabe der die Haftung des Erben für die Nachlaßverbindlichkeiten betreffenden Vorschriften des bürgerlichen Rechtes.

(5) Der Gesellschaftsvertrag kann die Anwendung der Vorschriften der Absätze 1 bis 4 nicht ausschließen; es kann jedoch für den Fall, daß der Erbe sein Verbleiben in der Gesellschaft von der Einräumung der Stellung eines Kommanditisten abhängig macht, sein Gewinnanteil anders als der des Erblassers bestimmt werden.

§ 210 BGB – Ablaufhemmung bei nicht voll Geschäftsfähigen

(1) [1]Ist eine geschäftsunfähige oder in der Geschäftsfähigkeit beschränkte Person ohne gesetzlichen Vertreter, so tritt eine für oder gegen sie laufende Verjährung nicht vor dem Ablauf von sechs Monaten nach dem Zeitpunkt ein, in dem die Person unbeschränkt geschäftsfähig oder der Mangel der Vertretung behoben wird. [2]Ist die Verjährungsfrist kürzer als sechs Monate, so tritt der für die Verjährung bestimmte Zeitraum an die Stelle der sechs Monate.

(2) Absatz 1 findet keine Anwendung, soweit eine in der Geschäftsfähigkeit beschränkte Person prozessfähig ist.

Schrifttum

Baumann Die Einmann-Personengesellschaft, BB 1998, 225; *Baur* Der Testamentsvollstrecker als Unternehmer, FS Dölle (1963), Band I, S. 249; *Baur/Grunsky* Eine „Einmann OHG", ZHR 133 (1970), 209; *Bayer* Der Vertrag zugunsten Dritter (1995); *Becker, M.* Die Übertragung eines Personengesellschaftsanteils durch Rechtsgeschäft unter Lebenden auf den Todesfall, AcP 201 (2001), 653; *Bippus* Einheitlichkeit der Mitgliedschaft und Selbständigkeit der Beteiligung in der Personengesellschaft, AcP 195 (1995), 13; *Börner* Die Erbengemeinschaft als Gesellschafterin einer offenen Handelsgesellschaft, AcP 166 (1966), 426; *Boesebeck* Gefährdung von Gesellschaftsverträgen durch Zugewinngemeinschaft, DB 1958, 1147; *Bommert* Neue Entwicklung zur Frage der Testamentsvollstreckung in Personengesellschaften, BB 1984, 178; *Bonifacio* Die Haftung des Erben als Hausgeldschuldner nach dem WEG, MDR 2006, 244; *Boujong* Abfindungsklauseln nach dem Tod des Gesellschafters einer OHG und Pflichtteilsergänzungsansprüche, FS Ulmer (2003), S. 41; *Bratke* Die Auswirkungen Gesellschaftsvertraglicher Abfindungsklauseln auf Pflichtteils- und erbrechtliche Ausgleichsansprüche (1998); *Brandner* Die Testamentsvollstreckung am Kommanditanteil ist zulässig, FS Kellermann (1991), S. 37; *Brunk* Pflichtteilsanspruch und Buchwertabfindung, Stellungnahme, DB 1973, 1005; *Buchner* Die Kommanditistenhaftung bei Rechtsnachfolge in Gesellschaftsanteile, DNotZ 1988, 467; *Buchwald* Die Berechnung der Kommanditeinlage des Erben nach § 139 HGB, DB 1958, 1003; *Casper/Altgen* Gesellschaftsvertragliche Abfindungsklauseln – Auswirkungen der Erbschaftsteuerreform, DStR 2008, 2319; *Däubler* Die Vererbung des Geschäftsanteils bei der GmbH (1965); *Dauner-Lieb* Unternehmen in Sondervermögen (1998); *Demuth* Unternehmensnachfolge: Folgen des Ausscheidens eines Gesellschafters und Anwachsung bei Kommanditgesellschaften, BB 2007, 1569; *Dörrie* Die Testamentsvollstreckung im Recht der Personengesellschaften und der GmbH (1994); *ders.* Reichweite der Kompetenzen des Testamentsvollstreckers an Gesellschaftsbeteiligungen, ZEV 1996, 370; *Dötsch* Beschränkte Erbenhaftung für Hausgeldschulden? ZMR 2006, 902; *Eberl-Borges* Die Rechtsnatur der Erbengemeinschaft nach dem Urteil des BGH vom 29.1.2001 zur Rechtsfähigkeit der (Außen-) GbR, ZEV 2002, 125; *Einmahl* Die Ausübung der Verwaltungsrechte des Gesellschaftererben durch den Testamentsvollstrecker, AcP 160 (1961), 29; *Eiselt* Buchwertabfindung in Personengesellschaften und Pflichtteil, NJW 1981, 2447; *Emmerich* Die Haftung des Gesellschaftererben nach § 139 HGB, ZHR 150 (1986), 193; *ders.* Die Testamentsvollstreckung an Gesellschaftsanteilen, ZHR 132 (1969), 297; *Everts* Die Testamentsvollstreckung an Personengesellschaftsbeteiligungen in der notariellen Praxis, MittBayNot 2003, 427; *Faust* Die Testamentsvollstreckung am Anteil eines persönlich haftenden Gesellschafters, DB 2002, 189; *Fischer, Rob.* Die Stellung des vermeintlichen Erben in der OHG, FS Heymanns Verlag (1965), S. 271; *Flume* Die Erben-Nachfolge in die Beteiligung an einer Personengesellschaft und die sonstige Erbfolge in Hinsicht auf die Problematik von Nachlaßverwaltung, Nachlaßkonkurs und Testamentsvollstreckung, FS Freienfels (1986), S. 113; *ders.* Die Erbennachfolge in den Anteil an einer Personengesellschaft und die Zugehörigkeit des Anteils zum Nachlaß, NJW 1988, 161; *ders.* Die Nachlaßzugehörigkeit der Beteiligung an einer Personengesellschaft in ihrer Bedeutung für Testamentsvollstreckung, Nachlaßverwaltung und Nachlaßkonkurs und Surrogatserwerb, ZHR 155 (1991), 501; *Frey* Tod des einzigen Komplementärs – Besprechung der Entscheidung BGHZ 101, 123, ZGR 1988, 281; *Fromm* Nachlassverwaltung: Eine Bedrohung für mittelständische Unternehmen im Nachlass, ZEV 2006, 298; *Gehringer* Der Einfluß latenter Chancen und Risiken im Pflichtteilsrecht unter besonderer Berücksichtigung gesellschaftsvertraglicher Abfindungsklauseln (1989); *Glaser* Haftungsfragen bei einer mit Erben fortgesetzten offenen Handelsgesellschaft, DB 1956, 933; *Gluth* Rechtsnachfolge bei Personengesellschaften ErbStB 2003, 105 (I), 122 (II), 169 (III); *Goroncy* Bewertung und Pflichtteilsberechnung bei gesellschaftsvertraglichen Abfindungsklauseln, NJW 1962, 1895; *Göbel* Gestaltung der Gesellschafternachfolge für den Todesfall, DNotZ 1979, 133; *Goette* Die Gewinn- und Auseinandersetzungsansprüche bei einer Gesellschafternachfolge aufgrund rechtsgeschäftlichen Eintrittsrechts, DNotZ 1988, 603; *Großfeld* Höchstpersönlichkeit der Erbenbestimmung und Auswahlbefugnis Dritter, JZ 1968, 113; *Habersack/Schneider* Haftungsbeschränkung zugunsten Minderjähriger – aber wie? FamRZ 1997, 649; *Haegele* Der Pflichtteil im Handels- und Gesellschaftsrecht, BWNotZ 1976, 25; *Heckelmann* Materielle und vollstreckungsrechtliche Folgeprobleme der Entscheidung des BGH (BGHZ 68, 225) für die Sondernachfolge in den Gesellschaftsanteil an der OHG bei sog. qualifizierter Nachfolgeklausel, FS von Lübtow (1980), S. 619; *Hefer-*

mehl Vor- und Nacherbfolge bei der Beteiligung an einer Personenhandelsgesellschaft, FS Westermann (1974), S. 223; *Hehemann* Testamentsvollstreckung bei Vererbung von Anteilen an Personengesellschaften, BB 1995, 1301; *Heinrich* Pflichtteilsanspruch und Buchwertabfindung, DB 1973, 1003; *Herfs* Haftung des Erben als Nachfolger eines Komplementärs bei Umwandlung des Komplementäranteils in einem Kommanditanteil, DB 1991, 2121; *Holch* Testamentsvollstreckung an einer OHG-Beteiligung? DNotZ 1958, 282; *von Hoyenberg* Ausgewählte Fragen zum Unternehmertestament, RNotZ 2007, 377; *Huber, U.* Vermögensanteil, Kapitalanteil und Gesellschaftsanteil an Personengesellschaften des Handelsrechts, 1970; *ders.* Gesellschafterkonten in der Personengesellschaft, ZGR 1988, 1; *Hüffer* 100 Bände BGHZ: Personengesellschaftsrecht, ZHR 151 (1987), 396; *Hüfner* Testamentsvollstreckung an Personengesellschaftsanteilen (1990); *Ivo* Erbteilsverfügungen bei Sondererbfolge in Anteile von Personengesellschaften, ZEV 2004, 499; *Johannsen* Die Rechtsprechung des BGH auf dem Gebiet des Erbrechts, WM 1970, 110; *Jonen* Vereinbarung der Fortsetzung einer OHG mit den Erben eines Gesellschafters (1921); *Kaduk* Fragen zur Zulässigkeit von Verfügungen zugunsten eines Dritten, FS Larenz (1983), S. 303; *Kanzleiter* „Mehrfach-Beteiligung" einer Person an Gesamt- oder Rechtsgemeinschaft? „Einmann-Gesamthand"? FS Weichler (1997), S. 39; *Kick* Die Haftung des Erben eines Personenhandelsgesellschafters (1997); *Kieserling* Die erbrechtliche Haftung des Miterben-Gesellschafters (1972); *Koblenzer/Groß* Qualifizierte Nachfolgeklauseln bei Personengesellschaften, ErbStB 2003, 367; *Koch* Kommanditanteil und Testamentsvollstreckung, NJW 1983, 1762; *Konzen* Der vermeintliche Erbe in der OHG, ZHR 145 (1981), 29; *Kreppel* Der Testamentsvollstrecker und die Erben des Gesellschafters, DStR 1996, 432; *Kruse* Die Vererbung des Mitgliedschaftsrechts an der OHG im Falle der Nachfolgeklausel, FS Laufke (1972), S. 179; *Lamers* Die Kommanditeinlage der Miterbengesellschaft, MDR 1960, 888; *Lamprecht* Die Zulässigkeit der mehrfachen Beteiligung an einer Personengesellschaft (2002); *Lieb* Haftungsprobleme beim Übergang des Gesellschaftsvermögens auf einen Kommanditisten, ZGR 1991, 572; *Liebisch* Über die Rechtsstellung der Erben einer offenen Handelsgesellschaft, ZHR (116),1954, 128; *Lorz* Testamentsvollstreckung und Unternehmensrecht (1995); *ders.* Die Testamentsvollstrecker und der Kernbereich der Mitgliedschaft, FS Boujong (1996), S. 319; *Luttermann* Die Erbenhaftung bei Kommanditanteilen, ZErb 2008, 139; *Lüttge* Die zulässige Mehrfachbeteiligung an einer Personengesellschaft, NJW 1994, 5; *Marotzke* „Höferechtliche Tendenzen" und dogmatische Lösungen bei Beerbung des Mitglieds einer offenen Handelsgesellschaft, AcP 184 (1984), 541; *ders.* Die Mitgliedschaft in einer offenen Handelsgesellschaft als Gegenstand der Testamentsvollstreckung, JZ 1986, 457; *ders.* Die Nachlaßzugehörigkeit ererbter Personengesellschaftsanteile und der Machtbereich des Testamentsvollstreckers nach dem Urteil des Bundesgerichtshofs vom 14. Mai 1986, AcP 187 (1987), 223; *ders.* Haftungsverhältnisse und Probleme der Nachlaßverwaltung bei der Beerbung des einzelnen Komplementärs durch den einzigen Kommanditisten, ZHR 156 (1992), 17; *ders.* Weitestmögliche Sicherung des Fortbestands von Unternehmen? ZEV 1997, 389; *Mayer, D.* Testamentsvollstreckung am Kommanditanteil, ZIP 1990, 976; *Merkel* Übergang der Geschäftsführungs- und Vertretungsbefugnis eines persönlich haftenden Gesellschafters auf seine Erben, MDR 1963, 102; *Michalski* Gesellschaftsrechtliche Gestaltungsmöglichkeiten zur Perpetuierung von Unternehmen (1980); *ders.* Nachfolgeregelungen in Personengesellschaften, DB 1980 Beilage Nr. 5 Heft 11, 22; *Mock* Anwendbarkeit des § 139 HGB auf die GbR, NZG 2004, 118; *Muscheler* Die Haftungsordnung der Testamentsvollstreckung (1994); *Paschke* Nacherbenschutz in der Vorerben-Personengesellschaft, ZIP 1985, 129; *Patzschke* Problem in Bezug auf das Weiterbestehen der offenen Handelsgesellschaft mit den Erben eines Handelsgesellschafters, ZHR 113 (1950), 1; *Picot* Vor- und Nacherbschaft an der Gesellschafterstellung in einer Personenhandelsgesellschaft (1966); *Priester* Testamentsvollstreckung am GmbH-Anteil, FS Stimpel (1985), S. 463; *Quack* Die Testamentsvollstreckung an Kommanditanteilen, BB 1989, 2271; *Raddatz* Die Nachlaßzugehörigkeit vererbter Personengesellschaftsanteile (1990); *Rauch* Parteiwille und Nachfolge in die Personengesellschaft, DB 1969, 1277; *von Rechenberg* Erbfolge und Erbteilung in der GmbH & Co. KG, GmbHR 2005, 386; *Reimann* Gesellschaftsvertragliche Bewertungsvorschriften in der notariellen Praxis, DNotZ 1992, 472; *ders.* Gesellschaftsvertragliche Abfindung und erbrechtlicher Ausgleich, ZEV 1994, 7; *ders.* Der Minderjährige in der Gesellschaft – Kautelarjuristische Überlegungen aus Anlaß des Minderjährigenhaftungsbeschränkungsgesetzes, DNotZ 1999, 179; *Reuter* Gesellschaftsvertragliche Nachfolgeregelung und Pflichtteilsrecht, JuS 1971, 289; *Reymann* Das Vermächtnis des Kommanditisten, ZEV 2006, 307; *Riedel* Gesellschaftsvertragliche Nachfolgeregelungen im Lichte der neuen Erbschaftsteuer, ZErb 2009, 2; *Rowedder* Die Zulässigkeit der Testamentsvollstreckung bei Kommanditbeteiligungen, FS Goerdeler (1987), S. 445; *Rüthers* Die privatautonome Gestaltung der Vererbung des Anteils an einer OHG durch die beschränkte Nachfolgeklausel, AcP 168 (1968), 263; *Säcker* Gesellschaftsvertragliche und erbrechtliche Nachfolge in Gesamthandsmitgliedschaften (1970); *Saßenrath* Die Umwandlung von Komplementär- in Kommanditbeteiligungen (1988); *ders.* Die Kommanditistenhaftung des ehemaligen Komplementärs und seiner Rechtsnachfolger, BB 1990, 1209; *Schäfer, C.* Höchstpersönliche Rechte (Gegenstände) in der Aufspaltung, in: Habersack/Koch/Winter (Hrsg.), Die Spaltung im neuen Umwandlungsrecht und ihre Rechtsfolgen, ZHR-Beiheft 68 (1999), S. 143; *ders.* Die Vererbung von Personengesellschaftsanteilen durch Nachfolgeklauseln, BB-Special 5/2004, 14; *ders.* Das bedingte Austrittsrecht nach § 139 HGB in der GbR, NJW 2005, 3665; *Scherer* Erfolgreiche Unternehmensnachfolge – Beratungsaspekte und Störfelder, BB-Special 5/2004, 2; *Schilling* Zur Haftung der Erben nach §§ 139, 176 Abs. 2, 15 Abs. 1, 128 HGB – Besprechung der Entscheidung BGHZ 66, 98, ZGR 1978, 173; *Schmidt, K.* Zur kombinierten Nachfolge- und Umwandlungsklausel bei OHG- oder Komplementäranteilen, BB 1989, 1702; *ders.* Kommanditisteneinlage und Haftsumme des Gesellschaftererben, ZGR 1989, 445; *Schmitz* Testamentsvollstreckung an Personengesellschaftsanteilen, ZGR 1988, 140; *ders.* Handelsrechtliche Erbenhaftung als Bestandteil des Unternehmensrechts, ZHR 157 (1993), 600; *ders.* Minderjährigen-Haftungsbeschränkung im Unternehmensrecht: Funktioniert das? – Eine Analyse des § 1629a BGB mit Rückblick auf BGHZ 92, 259 = NJW 1985, 136, JuS 2004, 361; *Schmitz-Herscheidt* Die Unternehmernachfolge in der OHG von Todes wegen (1969); *Schönert* Grenzen der Beschränkbarkeit der Erbenhaftung auf den Nachlass, BWNotZ 2008, 81; *Seeger* Einführung in das Recht der Unternehmensnachfolge, Jura 2007, 889; *Sethe* Die Wirkung und dogmatische Einordnung von Fortsetzungs- und Nachfolgeklauseln im Lichte der HGB-Reform, JZ 1997, 989; *Siebert* Gesellschaftsvertragliche Abfindungsklauseln und Pflichtteilsrecht, NJW 1960, 1033; *Siegmann* Personengesellschaftsanteil und Erbrecht (1992); *ders.* Zur Fortbildung des Rechts der Anteilsvererbung, NJW 1995, 481; *Stimpel* Testamentsvollstreckung über den Anteil an einer Gesellschaft bürgerlichen Rechts, FS Brandner (1991/1996), S. 782; *ders.* Der Gesellschafter als Vorerbe des verstorbenen einzigen Mitgesellschafters einer offenen Handelsgesellschaft, FS Rowedder (1994), S. 477; *Stodolkowitz* Nachlaßzugehörigkeit von Personengesellschaftsanteilen, FS Kellermann (1991), S. 439; *Stötter* Die Nachfolge in Anteile an Personengesellschaften auf Grund Gesellschaftsvertrages oder Erbrecht, DB 1970, 525 (I), 573 (II); *Sudhoff* Die Berechnung der Kommanditeinlage im Falle des § 139 HGB, NJW 1958, 401; *ders.* Gesellschaftsvertragliche Abfindungsklauseln bei Errechnung des Pflichtteils- und Zugewinnanspruchs, NJW 1961, 801; *ders.* Unternehmensnachfolge und Pflichtteilsanspruch, DB 1961, 1573; *ders.* Unternehmensnachfolge und Pflichtteilsanspruch, DB 1968, 648; *ders.* Pflichtteilsanspruch und Buchwertabfindung, DB 1973, 53 und 1006; *Tanck* Pflichtteil bei unternehmerisch gebundenem Vermögen, BB-Special 5/2004, 19; *Teichmann, A.* Der Übergang von Sozialansprüchen und Sozialverbindlichkeiten in der Personalgesellschaft, NJW 1966, 2336; *Tiedau* Gesellschaftsvertrag und neues eheliches Güterrecht unter besonderer Berücksichtigung gesellschaftsvertraglicher Abfindungsklauseln, MDR 1959, 523; *ders.* Die Abfindungsansprüche und Ausgleichsansprüche der von der gesellschaftlichen Nachfolge ausgeschlossenen Erben, NJW 1980, 2446; *Timmann* Vor- und Nacherbschaft innerhalb der zweigliedrigen OHG oder KG, 2000; *Ulmer* Gesellschafternachfolge und Erbrecht, ZGR 1972, 324; *ders.* Die Sonderzuordnung des vererbten OHG-Anteils, FS Schilling (1973), S. 79; *ders.* Zur Gesellschafternachfolge im Todesfall, BB 1977, 805; *ders.* Testamentsvollstreckung an Kommanditanteilen? ZHR 146 (1982), 555; *ders.* Nachlaßzugehörigkeit vererbter Personengesellschaftsbeteiligungen? NJW 1984, 1496; *ders.* Probleme der Vererbung von Personengesellschaftsanteilen, NJW 1986, 2431, JuS 1986, 856; *ders.* Testamentsvollstreckung am Kommanditanteil – Voraussetzungen und Rechtsfolgen, NJW 1990, 73; *ders.* Die Einheitlichkeit der Mitgliedschaft in einer Personengesellschaft – ein überholtes Dogma? ZHR 167 (2003), 103; *Ulmer/C. Schäfer* Die Zugriffsmöglichkeiten der Nachlaß- und Privatgläubiger auf den durch Sondervererbung übergegangenen Anteil an einer Personengesellschaft, ZHR 160 (1996),413; *Weber* Testamentsvollstreckung an Kommanditanteilen? FS Stiefel (1987), S. 829; *Weidlich* Testamentsvollstreckung im Recht der Personengesellschaften (1993); *Weipert* Die Erbengemeinschaft als Mitglied einer Personengesellschaft, ZEV 2002, 300; *Wessels* Testamentsvollstreckung an einem Kommanditanteil (1989); *Westermann,* Haftung für Nachlaßschulden bei Beerbung eines Personengesellschafters, AcP 173 (1973), 24; *Wiedemann* Die Übertragung und Vererbung von Mitgliedschaftsrechten bei Handelsgesellschaften (1965); *ders.* Der Gesellschaftsvertrag der Personengesellschaften, WM 1990, Sonderbeilage 8, 30; *ders.* Zum Stand der Vererbungslehre in der Personengesellschaft, FS Großfeld (1999), S. 1309; *ders.* Die Übertragung und Vererbung von Mitgliedschaftsrechten bei Handelsgesellschaften (1965), S. 343; *Wiesner* Die Lehre von der fehlerhaften Gesellschaft (1980); *Windel* Über die Modi der Nachfolge in das Vermögen einer natürlichen Person beim Todesfall (1998); *Winkler* Reduzierung der Ansprüche der bei der Gesellschafter-Nachfolge übergangenen Pflichtteilsberechtigten durch gesellschaftsvertragliche Abfindungsklauseln? BB 1997, 1697; *ders.* Unternehmertestament und gesellschaftsvertragliche Nachfolgeklauseln, ZErb 2006, 195; *Wolf* Vermögensschutz für Minderjährige und handelsrechtliche Haftungsgrundsätze, AcP 187 (1987), 319; *Zimmermann,* Pflichtteilsrecht und Zugewinnausgleich bei Unternehmer- und Gesellschafternachfolge, BB 1969, 969.

Übersicht

A. Einleitung; Inhalt und Normzweck

Die Vorschrift des § 139 trifft eine Sonderregelung für den Fall, dass der Gesellschaftsvertrag von der Folge des Ausscheidens abweicht, die gem. § 131 Abs. 3 Nr. 1 beim Tod eines Gesellschafters eintritt, und stattdessen die **Fortsetzung der Gesellschaft mit den Erben** vorsieht. Da die Erben hier automatisch mit dem Erbfall in die Gesellschafterstellung des Erblassers einrücken (§ 1922 BGB), droht ihnen grundsätzlich das **Risiko unbeschränkter Haftung** für die Gesellschaftsschulden, wenn der Erblasser selbst voll haftender Gesellschafter war. Das Gleiche gilt für die Beachtung des Wettbewerbsverbots aus § 112, die sich für einen Erben im Einzelfall als äußerst belastend erweisen 1 kann. Ohne gesetzliche Regelung könnten die Erben sich diesen Belastungen nur durch Ausschlagung der Erbschaft entziehen, ohne deren Wirkung auf den Gesellschaftsanteil beschränken zu können (§ 1950 BGB). § 139 **bezweckt** somit vor allem den **Schutz der Gesellschafter-Erben**, indem er jedem Einzelnen von ihnen das konsequentermaßen unentziehbare Recht gewährt (Abs. 5), aus der Gesellschaft **auszuscheiden**, wenn die übrigen Gesellschafter seinen Antrag auf Einräumung der Stellung eines Kommanditisten nicht annehmen. Wechselt der Gesellschafter-Erbe innerhalb der Dreimonatsfrist des Abs. 3 in die Kommanditistenstellung oder scheidet er bis dahin aus, so kann er sich auch hinsichtlich der zwischenzeitlich entstandenen Gesellschaftsschulden auf die beschränkte Erbenhaftung bzw. die Haftung als Kommanditist berufen. Eine darüber hinausgehende Inanspruchnahme des Erben ist ausgeschlossen, obwohl er mit dem Erbfall zunächst die Stellung eines persönlich haftenden Gesellschafters erlangt hatte. Der Erbe, der fristgemäß ausscheidet oder Kommanditist wird, **haftet** also im Ergebnis ebenso, als wäre schon der Erblasser ausgeschieden oder Kommanditist gewesen. Man kann also sagen, dass § 139 den Erben davor bewahren will, wegen der erbrechtlich nicht beschränkbaren Gesellschafterhaftung für Altverbindlichkeiten die Erbschaft ausschlagen zu müssen.[1] – § 139 übernimmt aber auch eine wichtige Funktion in Hinblick auf die **Sicherung der Unternehmenskontinuität**, indem er nämlich die Vererblichkeit der Gesellschaftsanteile unter dem Vorbehalt einer vertraglichen Nachfolgeregelung betont, das Wahlrecht an eine relativ kurze Frist bindet und eben die kontinuitätsfördernde Umwandlung des Anteils vorsieht. Als **weiteren Zweck** wird man daher anzusehen haben, die Kapitalgrundlage der Gesellschaft vor Abfindungsansprüchen der Erben zu schützen, die beim Ausscheiden des gestorbenen Gesellschafters entstünden (§ 131 Abs. 3 Nr. 1).[2] Die Denkschrift zum HGB 1897[3] hatte denn auch zugunsten des Gesellschafter-Erben ein unbedingtes Austrittsrecht erwogen, dieses aber mit der Begründung abgelehnt, dass sich aus der Fortsetzungsklausel die Absicht ergebe, die Gesellschaft vor einem Kapitalentzug zu schützen. Das differenzierte, an eine gesellschaftsrechtliche Nachfolgeregelung geknüpfte Schutzinstrumentarium des § 139 dient somit auch dem Kapitalschutz. Der Gesellschafter-Erbe, der sich in der Gesellschaft nicht aktiv beteiligen will oder kann, hat die Möglichkeit, haftungsschonend in die Stellung eines Kommanditisten zu wechseln, so dass ein Abfindungsanspruch nur dann entsteht, wenn die Gesellschafter einen entsprechenden Antrag ablehnen, womit sie zugleich auf den Kapitalschutz verzichten. – Weil dieser Schutzzweck auch auf den Gesellschafter einer GbR zutrifft, seit dessen Haftung sich nach §§ 128, 130 (analog) richtet, gilt auch **§ 139 in der GbR entsprechend.**[4]

2 Das **ADHGB** beschränkte sich in Art. 123 Abs. 1 Nr. 2 darauf, ausdrücklich die Zulässigkeit einer gesellschaftsvertraglichen Regelung über die Fortsetzung der Gesellschaft mit den Erben auszusprechen. Eine dem Schutzzweck des § 139 entsprechende Bestimmung sah es nicht vor, so dass der Gesellschafter-Erbe, selbst wenn er bürgerlich-rechtlich nur beschränkt haftete, einer gesellschaftsrechtlichen Haftung auch für Altverbindlichkeiten unterlag.[5] Der Gesetzgeber von 1897 wollte dieser Härte durch ein Wahlrecht

[1] Vgl. *K. Schmidt* ZHR 157 (1993), 600 (608).

[2] In diesem Sinne auch *K. Schmidt* ZGR 1989, 445 (450).

[3] In: *Schubert/Schmiedel/Krampe* Materialien zum HGB, II/2, 1988, S. 1031 f.

[4] Näher dazu C. *Schäfer* NJW 2005, 3365; MünchKommBGB[5]/*Ulmer/C. Schäfer* § 727 Rn 47 f; vgl. auch *Mock* NZG 2004, 118 (mit z.T. abweichenden Konsequenzen); zust. Ebenroth/Boujong/Joost/Strohn/*Lorz* Rn 98; *von Hoyenberg* RNotZ 2007, 377 (384).

[5] RGZ 16, 40; *Wiedemann* Übertragung, S. 154 ff.

abhelfen, ohne dem Gesellschafter-Erben andererseits ein unbedingtes Austrittsrecht oder eine dauernde Haftungsbeschränkung auf das ererbte Vermögen zuzuerkennen (Rn 1 a.E.). – Die **Handelsrechtsreform 1998** hat den Normtext unverändert gelassen; auch indirekte Auswirkungen sind nicht zu verzeichnen, da die Anwendbarkeit des § 139, wie bisher, nur durch eine gesellschaftsvertragliche Nachfolgeklausel eröffnet wird. Dass seit der Reform als **Regelfolge des Todes** nicht mehr die Auflösung der Gesellschaft, sondern gem. § 131 Abs. 3 Nr. 1 das **Ausscheiden** des Gesellschafters vorgesehen ist (Rn 1),[6] ist somit für § 139 ohne Belang. Hiervon abgesehen, sind die – in der Praxis freilich äußerst seltenen – isolierten *Fortsetzungsklauseln*[7] aber durch die Reform entbehrlich geworden (näher § 131 Rn 76). – Eine lediglich redaktionelle Korrektur hat Abs. 3 S. 2 durch die **Schuldrechtsreform 2001** erfahren, insofern die bürgerlich-rechtliche Referenznorm betreffend die Ablaufhemmung bei nicht voll Geschäftsfähigen nunmehr in § 210 BGB zu finden ist.

B. Gestaltungsmöglichkeiten des Beteiligungsübergangs beim Tod eines Gesellschafters

I. Überblick

1. Gesetzliche Regelungen

a) **Das Ausscheiden des Gesellschafters als gesetzlicher Regelfall (§ 131 Abs. 3 Nr. 1).** 3
Sind im Gesellschaftsvertrag keine besonderen Vereinbarungen für den Tod eines Gesellschafters getroffen, so führt er zu dessen Ausscheiden (§ 131 Abs. 3 Nr. 1). Der Abfindungsanspruch des Verstorbenen fällt in diesem Fall in den Nachlass. Mehreren Miterben steht er in gesamthänderischer Verbundenheit zu (§ 2032 BGB). Abweichend hiervon kann der Gesellschaftsvertrag auch die Auflösung der Gesellschaft vorsehen, wie es der Rechtslage bis 1998 entsprach. – Zum Ganzen näher § 131 Rn 76 ff (allgemein) und § 131 Rn 85 ff (Rechtsfolgen bei Vorliegen einer Auflösungsklausel).

b) **Die Vererbung des Kommanditanteils (§ 177).** Während der vom Gesetz höchst- 4
persönlich gestaltete Anteil eines persönlich haftenden Gesellschafters nur bei Vorliegen einer Nachfolgeklausel vererblich ist (Rn 5), gilt dies für den Kommanditanteil schon kraft Gesetzes. Die durch die **Handelsrechtsreform 1998** auf Vorschlag des Bundesrates neugefasste Vorschrift des § 177[8] sieht dies jetzt ausdrücklich vor, nachdem sich die Bundesregierung zunächst auf die Aufhebung des § 177 a.F. hatte beschränken wollen, demzufolge der Tod eines Kommanditisten, abweichend von § 131 Nr. 4 a.F., nicht die Auflösung der Gesellschaft zur Folge hatte. Der Abstand zum Anteil eines persönlich haftenden Gesellschafters, was die Kontinuitätssicherung betrifft, ist also erhalten geblieben; auch beim Kommanditanteil ist der Gesetzgeber gewissermaßen einen Schritt vorangegangen und hat diesen mit Rücksicht auf seine kapitalistische Natur schon kraft Gesetzes für vererblich erklärt, wovon der Gesellschaftsvertrag aber abweichen kann. § 177 funktioniert somit wie eine einfache Nachfolgeklausel (Rn 9): Auch ohne Regelung im Gesellschaftsvertrag geht der Kommanditanteil auf die Erben des Gesellschafters über,

---

6 Wegen der Übergangsregelung vgl. § 131 Rn 5.

7 Zu den steuerrechtlichen Konsequenzen einer Nachfolgeklausel näher *Riedel* ZErb 2009, 2 (3 ff).

8 Vgl. BT-Drucks. 13/8444, S. 93.

ohne dass sich hierdurch etwas an der Sondernachfolge (dazu Rn 45 ff) geändert hätte.[9] – Wegen der Einzelheiten ist auf die Erläuterungen zu § 177 zu verweisen.

5 c) **Die Fortsetzung mit den Erben (§ 139).** Nach § 131 Abs. 3 Nr. 1 befasst sich § 139 als zweiter gesetzlicher Tatbestand mit dem Tod eines Gesellschafters, indem er die Folgen einer gesellschaftsvertraglichen Vereinbarung regelt, derzufolge die Gesellschaft mit den Erben des Verstorbenen fortgesetzt wird (sog. **Nachfolgeklausel**). Das Schicksal von Gesellschaft und Beteiligung wird demgegenüber nicht besonders geregelt, sondern als Folge des § 131 Abs. 3 Nr. 1 (keine Auflösung, sondern Fortsetzung der Gesellschaft) bzw. als Wirkung der vertraglichen Nachfolgeklausel vorausgesetzt. Weil aber auch das Erbrecht der Sukzession in den Gesellschaftsanteil keine besondere Aufmerksamkeit widmet, besteht eine Regelungslücke, die zu jahrzehntelangen Auseinandersetzungen über die Frage geführt hat, wie der insoweit erkennbare **Konflikt zwischen Gesellschafts- und Erbrecht** sinnvoll und systemgerecht zu lösen sei (vgl. Rn 48 ff). Die Funktion des § 139 beschränkt sich somit darauf, den durch den Tod in die Gesellschaft eingetretenen Gesellschafter-Erben ein unentziehbares Austrittsrecht für den Fall zu sichern, dass die übrigen Gesellschafter ihren Antrag auf Einräumung der Stellung von Kommanditisten nicht annehmen. § 139 ist primär eine **Schutzvorschrift** zugunsten der Gesellschafter/Erben, dient daneben aber auch dem Schutz der Kapitalgrundlage der Gesellschaft (Rn 1); seine Regelungen beschränken sich auf die Geltendmachung des Wahlrechts durch die Erben, die Folgen für die übrigen Gesellschafter und die Haftung der Erben für die Gesellschaftsschulden bei Ausübung ihres Wahlrechts.

6 d) **Auflösung der Gesellschaft.** Die von § 131 Nr. 4 a.F. als Regelfolge des Todes vorgesehene Auflösung der Gesellschaft tritt nur noch in dem praktisch sehr seltenen Fall ein, dass der Gesellschaftsvertrag eine **Auflösungsklausel** enthält (§ 131 Rn 85 f). Beim Tod eines Gesellschafters geht dann die Mitgliedschaft an der durch Auflösung entstehenden Liquidationsgesellschaft als Nachlassbestandteil auf die Erben über; im Falle von Miterben steht sie diesen zur gesamten Hand zu (§ 2032 BGB). Die in der werbenden Gesellschaft eintretende Sondernachfolge in den Anteil (Rn 45) gilt nicht für die auf baldige Abwicklung gerichtete Liquidationsgesellschaft, und auch § 139 ist hier seinem Wortlaut und Zweck entsprechend *unanwendbar.*[10] Die Fortsetzung der aufgelösten Gesellschaft setzt allerdings die privatautonome Aufteilung der Mitgliedschaft unter den Miterben voraus, da die Erbengemeinschaft nicht Mitglied einer werbenden Gesellschaft sein kann (Rn 45). Gleichzeitig muss der Nachlass erbrechtlich zumindest partiell, nämlich in Bezug auf den Anteil, auseinandergesetzt werden.[11]

7 **2. Sonstige Möglichkeiten der Vertragsgestaltung, insbes. Umwandlungsklauseln.** Zwar nimmt § 139 lediglich Bezug auf die typischen Nachfolgeklauseln; eine Beschränkung der vertraglichen Dispositionsfreiheit hierauf ist aber nicht beabsichtigt. Den Gesellschaftern steht es vielmehr frei, sonstige Fortsetzungsregelungen zu treffen. Denkbar ist etwa die

9 Vgl. BGHZ 58, 316 (317); 108, 187 (192); MünchKommHGB/*K. Schmidt* § 177 Rn 15 ff; Baumbach/*Hopt* § 177 Rn 3. – Gelegentlich ist freilich erwogen worden, die Sondernachfolge für Kommanditanteile aufzugeben, s. *Ulmer* NJW 1990, 73 (75); *Wiedemann* FS Großfeld, 1999, S. 1309 (1314).

10 Vgl. BGHZ 98, 48 (58); BGH NJW 1985, 3314 (3315); 1982, 170 (171); MünchKommHGB/*K. Schmidt* Rn 8 f; *Wiedemann* Übertragung, S. 171; *Marotzke* AcP 184 (1984), 541 (548).

11 MünchKommHGB/*K. Schmidt* Rn 10.

Vereinbarung der Geschäftsübernahme beim Tod eines Gesellschafters durch einen der übrigen, der Übergang der Beteiligung auf einen bestimmten Mitgesellschafter[12] oder die Einräumung eines **Eintrittsrechts** an bestimmte Personen (Rn 16, 144 ff). Auch die in § 139 vorausgesetzte **Nachfolgeklausel** lässt sich in vielerlei Hinsicht modifizieren: So kann die Nachfolge bestimmten im Gesellschaftsvertrag gekennzeichneten Erben vorbehalten sein oder von einer Entscheidung des Erblassers[13] oder Dritter abhängig gemacht werden.[14]

Die Nachfolgeklausel kann auch mit der **automatischen Umwandlung der Beteiligung** in einen Kommanditanteil[15] oder einem Optionsrecht auf Umwandlung[16] verbunden werden (**Kombination aus Nachfolge- und Umwandlungsklausel**) oder sonstige Modifikationen der mitgliedschaftlichen Rechte beim Übergang auf die Erben vorsehen. Das bedingte Austrittsrecht des § 139 kommt für die Erben in diesen Fällen nur – dann aber zwingend – zum Zuge, wenn sie mit dem Erbfall die Stellung eines persönlich haftenden Gesellschafters erlangen; nur insoweit bedürfen sie nämlich des in § 139 vorgesehenen Schutzes gegen die mit dem Erbfall verbundenen unerwünschten Haftungsfolgen. Insbesondere bei der automatischen Umwandlung der Beteiligung ist das **Austrittsrecht** nach Abs. 2 mithin **ausgeschlossen**, ohne dass dem Abs. 5 entgegenstünde. Die Klausel kann allerdings nur funktionieren, wenn feststeht, zu welchen Konditionen die Anteilsumwandlung stattfindet, wobei hilfsweise auf die – allerdings nur rudimentäre – Regelung des Abs. 1 zurückgegriffen werden kann.[17] Auch sollte Klarheit über die Anwendbarkeit der Klausel für den Fall geschaffen werden, dass ein schon persönlich haftender Gesellschafter Erbe wird.[18] Wegen der **Haftungsfolgen** einer *automatischen* Umwandlung bedarf es des Haftungsprivilegs aus **Abs. 4** nicht, da die Haftung als Kommanditist gem. §§ 173, 171 f hiervon einerseits unberührt bleibt (Rn 125), andererseits eine Haftung nach den §§ 128, 130 im Ansatz ausscheidet, wenn der Nachfolger von vornherein als Kommanditist nachfolgt.[19] Allerdings verlangt der Privilegierungszweck des § 139 Abs. 4 auch bei der automatischen Umwandlung, dass § 176 Abs. 2 nur in modifizierter Form (dazu Rn 77, 133) angewandt wird. **Anderes** gilt für Klauseln, die eine **Umwandlungsoption** bzw. einen **Anspruch auf Umwandlung** des Anteils gewähren (Rn 136).[20] Hier ist die erforderliche Privilegierung nach Abs. 4 in vollem Umfang erforderlich und mithin zu befürworten; denn die Kombination aus Nachfolge- und Umwandlungsklausel will die Position des Gesellschafter-Erben stärken, will und kann (Abs. 5) ihm aber nicht das Haftungsprivileg nehmen, das Abs. 4 an die vertragliche Umwandlung der Mitgliedschaft knüpft. Dessen Zweck ist zweifellos auch bei Ausübung eines Umwandlungsrechts wirksam.[21] Bei fristgerechter Ausübung der Option bzw. Geltendmachung des Anspruchs bewirkt Abs. 4 also auch hier die Konzentration der aus §§ 128, 130 folgenden Haftung des Nachfolger-Erben auf erbrechtliche Regeln (dazu Rn 120 ff). 8

---

[12] BGH NJW 1970, 1638.
[13] BGH WM 1963, 259 (260).
[14] BGH WM 1966, 1035 f (Bestimmungsrecht der Erben); NJW-RR 1986, 28 (29) (Bestimmungsrecht des Testamentsvollstreckers); s. auch Rn 27.
[15] BGHZ 101, 123 = NJW 1987, 3184; ausführlich dazu *K. Schmidt* BB 1989, 1702.
[16] *K. Schmidt* BB 1989, 1702 (1705).
[17] So zu Recht *K. Schmidt* BB 1989, 1702 (1705).
[18] Vgl. den Fall von BGHZ 101, 123, wo die Klausel in diesem Falle nicht galt.
[19] Abweichend insoweit wohl *K. Schmidt* BB 1989, 1702 (1707); MünchKommHGB/*K. Schmidt* Rn 140 (aufgrund seines von der hM abweichenden Haftungskonzepts des § 139; dazu Rn 102 ff).
[20] Vgl. MünchKommHGB/*K. Schmidt* Rn 135 f.
[21] *K. Schmidt* BB 1989, 1702 (1706 f); MünchKommHGB/*K. Schmidt* Rn 94, 140; Ebenroth/Boujong/Joost/Strohn/*Lorz* Rn 140.

II. Die Nachfolgeklausel (Funktion und Arten)

9 **1. Erbrechtliche Nachfolgeklauseln.** § 139 setzt voraus, dass der **Gesellschaftsvertrag** für den Fall des Todes eines Gesellschafters die Fortsetzung der Gesellschaft „mit dessen Erben" vorsieht, also eine sog. **Nachfolgeklausel** enthält. Diese gewährt als solche keine Rechte für die darin als Nachfolger zugelassenen Personen, sondern beschränkt sich darauf, den Gesellschaftsanteil an der werbenden Gesellschaft **vererblich zu stellen,**[22] d.h. das Ausscheiden des Verstorbenen zu verhindern. Dies ist erforderlich, weil der Anteil eines persönlich haftenden Gesellschafters vom Gesetz als höchstpersönlich eingeordnet wird (§ 131 Abs. 3 Nr. 1) und daher – im Gegensatz zum Kommanditanteil (Rn 4) – nicht ohne Zustimmung der durch die Höchstpersönlichkeit geschützten (übrigen) Gesellschafter übertragbar ist.[23] Die an dieser Terminologie geäußerte Kritik[24] beachtet den auch bei erbrechtlicher Universalsukzession erforderlichen Schutz der Mitgesellschafter vor dem Übergang des Anteils an einer *werbenden* Gesellschaft auf beliebige Personen nicht hinreichend und hat sich spätestens mit der Handelsrechtsreform erledigt, zumal seither die Fortsetzung der Gesellschaft nicht mehr eigens vereinbart zu werden braucht (Rn 2).[25] Liegt eine Zustimmung der Mitgesellschafter in Gestalt einer – einfachen oder qualifizierten[26] – Nachfolgeklausel vor, wird der Anteil grundsätzlich auf erbrechtlichem Wege übertragen; er geht beim Tode des Erblassers mithin kraft **Universalsukzession** (§ 1922 BGB) auf den Nachfolger über, gleichviel ob dieser gesetzlich oder testamentarisch zum Erben berufen ist.[27] Der Erfolg der erbrechtlichen Nachfolgeklausel setzt somit die **Übereinstimmung zwischen gesellschaftsvertraglicher und erbrechtlicher Nachfolgeregelung** voraus; ist die Beteiligung nach dem Gesellschaftsvertrag nur für bestimmte Personen (die Witwe, den ältesten Sohn u.a.) „vererblich gestellt", sind also nur diese als Nachfolger zugelassen (sog. qualifizierte Nachfolgeklausel, Rn 11, 26), sind sie aber durch den verstorbenen Gesellschafter von der erbrechtlichen Nachfolge ganz ausgeschlossen bzw. nur mit einem **Vermächtnis** bedacht, so geht die Klausel *ins*

---

[22] Vgl. BGHZ 68, 225 (229); *Wiedemann* Übertragung, S. 152; *ders.* FS Großfeld, 1999, S. 1309 (1310); *Windel* Modi, S. 132 ff, 150 f; *Kick* Haftung, S. 56; MünchKommBGB[5]/*Ulmer*/*C. Schäfer* § 727 Rn 28 f, jew. mwN; zustimmend für die Zeit nach der Reform 1998 *Sethe* JZ 1997, 989 (994) (mit [unnötig] komplizierter Deutung der Nachfolgeklausel nach altem Recht, S. 991 f); etwas andere Akzentsetzung bei *K. Schmidt* Gesellschaftsrecht § 45 V 4, S. 1338 f und MünchKommHGB/*K. Schmidt* Rn 11 (Verhinderung des Ausscheidens); deutlichere, in der Sache aber unberechtigte Kritik bei Staudinger/*Marotzke* BGB (2008) § 1922 Rn 171. Zu steuerrechtlichen Konsequenzen von Nachfolgeklauseln vgl. *Riedel* in: ZErb 2009, 2 (7 ff).

[23] Vgl. zur Höchstpersönlichkeit als Übertragungshindernis in der Universalsukzession näher *C. Schäfer* ZHR-Sonderheft 68, 123 ff, 143 f (zur Mitgliedschaft); vgl. allgemein nur Staudinger/*Marotzke* BGB (2008) § 1922 Rn 115 f.

[24] Am deutlichsten bei *Marotzke* AcP 184 (1984), 541 (545); Staudinger/*Marotzke* BGB (2008) § 1922 Rn 171; vgl. auch *Siegmann* NJW 1995, 481 (484).

[25] Insoweit übereinstimmend *Sethe* JZ 1997, 989 (994); Staudinger/*Marotzke* BGB (2008) § 1922 Rn 172; tendenziell auch *K. Schmidt* Gesellschaftsrecht § 45 V 4, S. 1338 f und MünchKommHGB/*K. Schmidt* Rn 11.

[26] Zur Terminologie vgl. Rn 11, 26.

[27] BGHZ 22, 186 (191); 68, 225 (229); 98, 48 (50); 108, 187 (194); 119, 346 (354); MünchKommHGB/*K. Schmidt* Rn 12; Ebenroth/Boujong/Joost/Strohn/*Lorz* Rn 10; Baumbach/*Hopt* Rn 14; Sudhoff/*Froning* Unternehmensnachfolge[5], § 44 Rn 28; *Koller*/Roth/Morck Rn 3; Röhricht/Graf v. Westphalen/*v. Gerkan*/*Haas* Rn 3; Staudinger/*Marotzke* BGB (2008) § 1922 Rn 169 ff; *v. Hoyenberg* RNotZ 2007, 377 (383); **aA** *Flume* I/1, § 18 II 2a; *Säcker* Nachfolge, S. 43 ff; Staudinger/*Werner* BGB (2002) Vor § 2032 Rn 24; *Brox* Erbrecht[22] Rn 791.

Leere. Vorbehaltlich der Möglichkeit rechtsgeschäftlicher Nachfolgeregelungen (Rn 12) kommt hier nur die Umdeutung in eine Eintrittsklausel in Betracht (dazu Rn 22).

Besondere Schwierigkeiten bei der rechtskonstruktiven Bewältigung der Nachfolgeklausel ergeben sich für den Fall, dass der verstorbene Gesellschafter **mehrere Erben** hinterlässt. Sie beruhen zunächst darauf, dass die Miterbengemeinschaft als solche nach ganz hM nicht Gesellschafter einer Personengesellschaft werden kann (Rn 45); eine Ausnahme gilt nur für die Abwicklungsgesellschaft (§ 131 Rn 85). Das macht es notwendig, den Gesellschaftsanteil des Erblassers nicht als einen der gesamthänderischen Gebundenheit unterliegenden Nachlassbestandteil anzusehen, sondern unmittelbar auf die einzelnen Erben unter gleichzeitiger Aufteilung entsprechend ihrer Erbquoten übergehen zu lassen (**Sondernachfolge** vgl. Rn 45).[28] 10

Der zweite Konflikt mit erbrechtlichen Grundsätzen ergibt sich für den Fall, dass nur einer oder ein Teil der Miterben nach dem Gesellschaftsvertrag zur Nachfolge berufen ist (sog. **qualifizierte Nachfolgeklausel**). Auch hier herrscht praktisch kein Streit mehr über das Ergebnis – Übergang des gesamten Anteils auf den oder die nachfolgeberechtigten Erben unter Ausschluss der Übrigen – und seine Begründung. Seit dem Grundsatzurteil BGHZ 68, 225 ist vielmehr anerkannt, dass die vererbte Mitgliedschaft **vollständig**, also nicht nur in Höhe der Erbquote,[29] auf die in der Nachfolgeklausel Benannten übergeht, und zwar wiederum außerhalb des sonstigen, gesamthänderisch gebundenen Nachlasses.[30] Weil der Anteil mangels (teilweisen) Ausscheidens des Erblassers den übrigen Gesellschaftern nicht einmal partiell gem. § 738 Abs. 1 S. 1 BGB anwächst, entsteht hier auch **kein** (Teil-)**Abfindungsanspruch** gem. § 738 Abs. 1 S. 2 BGB. Erhält der Miterbe auf diese Weise mehr, als seiner Erbquote entspricht, ist dies Anlass für einen schuld- bzw. erbrechtlichen Ausgleich unter den Miterben (Rn 15). 11

2. Rechtsgeschäftliche Nachfolgeklauseln. Anders als „erbrechtliche" Nachfolgeklauseln, die sich darauf beschränken, den Anteil vererblich zu stellen, den Vollzug des Übergangs aber dem Erbrecht überlassen (Rn 9), wollen „rechtsgeschäftliche" Nachfolgeklauseln den Anteilsübergang im Todeszeitpunkt durch **Verfügungsvertrag** und ohne Rückgriff auf die erbrechtliche Rechtsnachfolge bewirken, und zwar auf die in der Klausel benannten Personen. Ein Interesse der Beteiligten an solchen Klauseln kann namentlich dann bestehen, wenn die Berufung der als Nachfolger in Betracht gezogenen Personen zu Erben aus der Sicht des Verfügenden oder der Mitgesellschafter zweifelhaft oder unwahrscheinlich ist und der Anteilsübergang auf sie gleichwohl sichergestellt werden soll. **§ 139** ist bei rechtsgeschäftlichen Nachfolgeklauseln nach Wortlaut und Zweck von vornherein **unanwendbar** (Rn 70 ff). 12

Solche rechtsgeschäftlichen Nachfolgeklauseln sind in zweierlei Hinsicht **problematisch.**[31] Einerseits widersprechen sie dem in Rechtsprechung[32] und Literatur[33] teilweise 13

---

[28] BGHZ 68, 225 (231); 108, 187 (192); s. bereits BGHZ 22, 186 (191); *Ulmer* ZGR 1972, 195 (211); *Rüthers* AcP 168 (1968), 263 (276); ähnlich *Wiedemann* Übertragung, S. 196; näher Rn 45.

[29] So aber noch BGHZ 22, 186 (195) (aufgegeben durch BGHZ 68, 225).

[30] S. BGH NJW 1999, 571; 1996, 1284; MünchKommHGB/*K. Schmidt* Rn 18; Baumbach/*Hopt* Rn 17; Ebenroth/Boujong/Joost/Strohn/*Lorz* Rn 19; MünchKommBGB[5]/*Ulmer*/*C. Schäfer* § 727 Rn 44; vgl. auch Rn 47.

[31] Vgl. BGHZ 68, 225 (231 ff) = NJW 1977, 1339 und *Ulmer* ZGR 1972, 212 ff mN.

[32] BGHZ 41, 95 f = NJW 1964, 1124 (mN zur Rspr. des RG); 68, 225 (231) = NJW 1977, 1339.

[33] Eingehende Nachw. bei MünchKommBGB[5]/*Gottwald* § 328 Rn 188 ff; Soergel/*Hadding*[12] § 328 Rn 115 ff; Palandt/*Grüne-*

vertretenen Verbot von Verfügungen zugunsten Dritter, weil sie auf den unmittelbaren Anteilsübergang im Todeszeitpunkt gerichtet sind. Und zum anderen enthalten sie wegen der mit jeder Gesellschafterstellung verbundenen Verpflichtungen auch Elemente eines **Vertrages zu Lasten Dritter**, sofern nicht der Begünstigte am Zustandekommen der Vertragsklausel beteiligt wird.[34] Zu Recht hat daher der BGH in seiner Grundsatzentscheidung von 1977 zur Gesellschafter-Nachfolge auf den Todesfall[35] den in der Literatur wiederholt vertretenen Bestrebungen eine Absage erteilt, rechtsgeschäftliche Nachfolgeklauseln gleichrangig neben erbrechtlichen zuzulassen[36] oder gar sämtliche Nachfolgeklauseln im Hinblick auf die mit der Sondererbfolge verbundenen Probleme als rechtsgeschäftliche zu behandeln.[37] Rechtsgeschäftliche Nachfolgeklauseln sind vielmehr **grundsätzlich unwirksam**, sofern nicht ausnahmsweise die Bedachten an ihrer Entstehung mitgewirkt haben (Rn 14). – Zur Frage der Auslegung von Nachfolgeklauseln und ihrer etwaigen Umdeutung in Eintrittsklauseln vgl. Rn 20 ff.

14 Eine **Ausnahme** von der grundsätzlichen Unzulässigkeit gilt für solche rechtsgeschäftlichen Nachfolgeklauseln, an deren Vereinbarung die begünstigten Personen selbst beteiligt sind, insbesondere also für Klauseln zugunsten von **Mitgesellschaftern.**[38] Letztlich wird dem Verdikt einer Verfügung zugunsten Dritter also keine ausschlaggebende Bedeutung eingeräumt. Denn in diesem Ausnahmefall lässt sich die Vereinbarung unproblematisch als eine Verfügung zwischen dem begünstigten und dem verfügenden Gesellschafter einordnen, und zwar aufschiebend bedingt auf das Überleben des Bedachten und befristet auf den Tod des Verfügenden. Das Verbot von Verträgen zu Lasten Dritter steht der Wirksamkeit des Verfügungsgeschäfts daher von vornherein nicht entgegen.[39] Die rechtsgeschäftliche Nachfolgeklausel beinhaltet zugleich die erforderliche *Zustimmung der übrigen Gesellschafter* (Rn 9). Während diese materieller Bestandteil des Gesellschaftsvertrages ist, kann die Verfügung als solche naturgemäß auch in Gestalt einer separaten Vereinbarung erfolgen.[40] Das Fehlen der in § 2301 Abs. 1 BGB vorgeschriebenen Form kann weder einer solchen Klausel noch der zugrundeliegenden Schenkung entgegengesetzt werden, die durch aufschiebend bedingte Übertragung des Gesellschaftsanteils unter Lebenden als vollzogen anzusehen ist.[41] Von einer rechtsgeschäftlichen

---

berg[68] Vor § 328 Rn 8; für die Zulässigkeit des verfügenden Vertrages zugunsten Dritter aber namentlich *Bayer* Vertrag, S. 199 ff; *Kaduk* FS Larenz, 1983, S. 303; Staudinger/*Jagmann* BGB (2004) Vor § 328 Rn 60 ff; *Larenz* Schuldrecht I, § 17 IV; *Esser/Schmidt* Schuldrecht I/2, § 36 IV.

[34] BGHZ 68, 225 (232) = NJW 1977, 1339; MünchKommHGB/*K. Schmidt* Rn 24; MünchKommBGB[5]/*Ulmer/C. Schäfer* § 727 Rn 50; Soergel/*Hadding/Kießling*[12] § 727 Rn 37 f; so auch schon *Rüthers* AcP 168 (1968), 263 (274); **aA** *Flume* I/1, § 18 II 1, S. 375 ff; *Säcker* Nachfolge, S. 54 (63 f); *Brox* Erbrecht[22] Rn 787.

[35] BGHZ 68, 225 (231 ff) = NJW 1977, 1339.

[36] Nachweise in Fn 34 (unter aA).

[37] So eingehend *Flume* I/1 § 18, S. 375 ff.

[38] BGHZ 68, 225 (234) = NJW 1977, 1339; BayObLG ZIP 2000, 1614 (1615 f); vgl. auch *Becker* AcP 201 (2001), 629 ff; Sudhoff/*Froning* Unternehmensnachfolge[5], § 44 Rn 50.

[39] Vgl. *Marotzke* AcP 184 (1984), 541 (557 ff); MünchKommBGB[5]/*Ulmer/C. Schäfer* § 727 Rn 51; Ebenroth/Boujong/Joost/Strohn/*Lorz* Rn 51 f; Soergel/*Hadding/Kießling*[12] § 727 Rn 38 mwN; wohl auch MünchKommHGB/*K. Schmidt* Rn 24.

[40] Vgl. Ebenroth/Boujong/Joost/Strohn/*Lorz* Rn 52; eindeutig jetzt auch MünchKommHGB/*K. Schmidt* Rn 24.

[41] Eingehend *Ulmer* ZGR 1972, 195 (212 ff, 216); s. ferner BGH WM 1971, 1338 (1340); KG JR 1959, 101; MünchKommHGB/*K. Schmidt* Rn 24; Ebenroth/Boujong/Joost/Strohn/*Lorz* Rn 52; Sudhoff/*Froning* Unternehmensnachfolge[5], § 44 Rn 53; *Hoyenberg* RNotZ 2007, 377 (384); MünchKommBGB[5]/*Ulmer/C. Schäfer* § 727 Rn 51; MünchKommBGB[4]/*Musielak* § 2301 Rn 21 f; Soergel/*Hadding/Kießling*[12] § 727

Nachfolgeklausel ist daher auch bei Mitwirkung des Bedachten nur dann auszugehen, wenn sich der Verfügende endgültig seiner Dispositionsbefugnis über den Anteil begeben wird; im Zweifel liegt demgemäß eine erbrechtliche Nachfolgeklausel vor (Rn 20). – **Scheitert** eine gewollte rechtsgeschäftliche Nachfolge an der mangelnden Beteiligung des Bedachten, kommt die **Umdeutung in ein Eintrittsrecht** oder, wenn der Bedachte Erbe ist, in eine erbrechtliche Nachfolgeklausel in Betracht (Rn 9); bestehen Zweifel darüber, ob eine rechtsgeschäftliche oder erbrechtliche Nachfolge gewollt ist, und kommen wegen der Beteiligung des Bedachten beide Alternativen in Betracht, ist im Zweifel von der erbrechtlichen Nachfolge auszugehen (Rn 20).[42]

Anders als beim Ausscheiden des Erblassers (§ 131 Rn 76 f), aber ebenso wie bei erbrechtlicher Nachfolge, entsteht auch bei Eingreifen einer Nachfolgeklausel wegen des unmittelbaren Anteilsübergangs **kein Abfindungsanspruch**, den die Erben des verstorbenen Gesellschafters geltend machen könnten. Der Anteil geht vielmehr mit allen Rechten und Pflichten außerhalb des Nachlasses auf den durch die Nachfolgeklausel begünstigten Gesellschafter über. Nur dieser haftet damit auch für die auf dem Gesellschaftsvertrag beruhenden Verbindlichkeiten des verstorbenen Gesellschafters.[43] **Ausgleichsansprüche** der weichenden Erben und Pflichtteilsberechtigten bestehen mit Rücksicht auf den ihnen durch die Verfügung auf den Todesfall entgehenden Abfindungsanspruch zumindest nach § 2325 BGB gegen die Erben bzw. nach § 2329 BGB gegen den beschenkten Anteilserwerber. Ob über die Pflichtteilsergänzung hinaus noch Ausgleichsansprüche analog §§ 2050 ff bzw. § 2048 BGB anzuerkennen sind, ist umstritten,[44] konsequenterweise aber zu verneinen, sofern man von einer lebzeitig vollzogenen Schenkung, und damit von einem Anteilsübergang außerhalb des Nachlasses ausgeht. 15

III. Die Eintrittsklausel (Allgemeines; dogmatische Einordnung)

1. Rechtsnatur und Wirkungen. Während bei der Nachfolgeklausel der Gesellschaftsanteil im Todeszeitpunkt automatisch auf den oder die Nachfolger übergeht, ohne dass es einer Aufnahme der Nachfolger in die Gesellschaft bedarf (Rn 9), verschafft die **Eintrittsklausel** dem Eintrittsberechtigten nur ein **Recht auf Aufnahme** in die – zunächst unter den übrigen Gesellschaftern allein fortgesetzte – Gesellschaft. Rechtlich handelt es sich regelmäßig um einen echten (berechtigenden) **Vertrag zugunsten Dritter** (§ 328 BGB); dabei erwirbt der Dritte das Recht auf Eintritt in die Gesellschaft mit dem Tode des Gesellschafters (§ 331 Abs. 1 BGB), ohne dass es auf seine Erbenstellung ankommt. Ob er das Eintrittsrecht durch einseitige Erklärung ausüben kann oder ob es hierzu eines mit den übrigen Gesellschaftern auszuhandelnden und abzuschließenden Vertrages bedarf, ist durch Auslegung der Eintrittsklausel zu ermitteln; beide Gestaltungen sind denk- 16

Rn 38; **aA** in Bezug auf die zugrundeliegende Schenkung mit beachtlichen Gründen *Becker* AcP 201 (2001), 629 (632 ff, 656 f).

42 Vgl. BGHZ 68, 225 (238 f); krit. dazu Ebenroth/Boujong/Joost/Strohn/*Lorz* Rn 54.

43 Demgegenüber haftet gem. BGH WM 1974, 834 bei ersatzlosem Ausscheiden des verstorbenen Gesellschafters unter Ausschluss des Abfindungsanspruchs (nur) der Nachlass, nicht aber die durch den Abfindungsausschluss begünstigten Mitgesellschafter auf die Rückzahlung unzulässiger Entnahmen.

44 Verneinend *Marotzke* AcP 184 (1984), 541 (560 ff); Ebenroth/Boujong/Joost/Strohn/*Lorz* Rn 53; Soergel/*Hadding/Kießling*[12] § 727 Rn 38; MünchKommBGB[5]/*Ulmer*/*C. Schäfer* § 727 Rn 52; abweichend wohl MünchKommHGB/*K. Schmidt* Rn 31; *Säcker* Nachfolge, S. 94 ff.

bar (näher Rn 148). In jedem Falle ist **§ 139 unanwendbar** (vgl. schon Rn 12 zur rechtsgeschäftlichen Nachfolgeklausel und näher Rn 153).

17 Die **Hauptschwierigkeit** bei der Eintrittsklausel besteht darin, wie dem Eintrittsberechtigten die **Kapitalbeteiligung** des verstorbenen Gesellschafters zugewendet werden kann, obwohl infolge des Ausscheidens zunächst ein Abfindungsanspruch der Erben des verstorbenen Gesellschafters entsteht (§ 131 Abs. 3 Nr. 1 i.V.m. §§ 738 BGB, 105 Abs. 2 HGB). Aufgabe der Vertragsgestaltung ist es daher, den Übergang der Kapitalbeteiligung auf den eingetretenen Nachfolger zu bewerkstelligen, und zwar unter Verweisung der übergangenen Erben wegen etwaiger Ausgleichsansprüche an diesen. Das kann entweder durch *Ausschluss des Abfindungsanspruchs* der Erben geschehen,[45] verbunden mit einer treuhänderischen Zuweisung der „Kapitalbeteiligung" des verstorbenen Gesellschafters an die übrigen Gesellschafter durch schuldrechtliche Simulation des Anteilsfortbestandes.[46] Oder der Erblasser verschafft dem Eintrittsberechtigten den Abfindungsanspruch auf erbrechtlichem Wege, namentlich durch Vermächtnis.[47] In diesem Fall wird der Anspruch beim Eintritt des Nachfolgers mit dessen Einlageschuld verrechnet (näher Rn 151). Für die Mitgesellschafter ist der erste der beiden Wege vorzuziehen, da sie in diesem Fall unabhängig von letztwilligen Verfügungen des verstorbenen Gesellschafters gegen eine Inanspruchnahme durch die nichteintrittsberechtigten Erben geschützt sind.

18 **2. Unterschiede zur Nachfolgeklausel.** Obwohl Nachfolge- und Eintrittsklausel regelmäßig auf das gleiche Ziel gerichtet sind, nämlich die Fortsetzung der Gesellschaft mit dem Nachfolger/Eintrittsberechtigten, ohne dass Abfindungsansprüche entstehen, unterscheiden sie sich in Bezug auf Voraussetzungen und Rechtsfolgen nicht unerheblich. Dies ist vor allem bei der Vertragsgestaltung zu beachten, kann aber auch für die Auslegung nicht eindeutiger Fortsetzungsvereinbarungen Bedeutung gewinnen (dazu Rn 20 ff). Hinsichtlich der **Voraussetzungen** besteht der Hauptunterschied darin, dass bei der Nachfolgeklausel gesellschaftsvertragliche und erbrechtliche Lage übereinstimmen müssen, insbesondere der nach dem Gesellschaftsvertrag Nachfolgeberechtigte auch Erbe sein muss, während das Eintrittsrecht allein aus dem Gesellschaftsvertrag erwächst und daher auch einem Dritten zugewendet werden kann. Ferner muss bei der Nachfolgeklausel die Auswahl des Nachfolger-Erben grundsätzlich vom Erblasser selbst vorgenommen werden (§ 2065 Abs. 2 BGB; vgl. Rn 27); bei der Eintrittsklausel kann der begünstigte Dritte dagegen sogar noch nach dem Tod des Erblassers von dem im Gesellschaftsvertrag hierzu Ermächtigten bestimmt werden.

19 Bei den **Rechtsfolgen** ergeben sich Unterschiede daraus, dass der Anteilsübergang nur bei der Nachfolgeklausel automatisch und ohne Zutun der nachfolgeberechtigten Erben im Zeitpunkt des Todes erfolgt. Bei der Eintrittsklausel erwirbt der Berechtigte zu diesem Zeitpunkt dagegen nur ein Eintrittsrecht; es ist daher seine Sache, ob er hiervon unter den in der Klausel genannten Voraussetzungen Gebrauch macht; Minderjährige bedürfen zum Eintritt in die Gesellschaft der Genehmigung des Familiengerichts (§ 1822 Nr. 3 BGB). Der Fortbestand der Gesellschaft ist bei der Eintrittsklausel wegen der bestehen-

---

[45] Dazu näher § 131 Rn 188.

[46] BGH NJW 1978, 264 (265); *Ulmer* ZGR 1972, 219 f (Treuhand an – nicht mehr existierenden – Vermögensrechten); MünchKommHGB/*K. Schmidt* Rn 29; MünchKommBGB[5]/*Ulmer*/*C. Schäfer* § 727 Rn 59; vgl. auch BGHZ 22, 186 (194 ff) zu einem anders gelagerten, ohne Treuhandkonstruktion lösbaren Fall. – Näher Rn 151 f.

[47] Vgl. BGH NJW 1978, 264 (278); JZ 1987, 880 mit Anm. *Ulmer*; *Tiedau* NJW 1980, 2450; MünchKommHGB/*K. Schmidt* Rn 30; MünchKommBGB[5]/*Ulmer*/*C. Schäfer* § 727 Rn 58.

den Unsicherheit über den Eintritt stärker gefährdet als bei der Nachfolgeklausel. Macht der Eintrittsberechtigte von seinem Recht keinen Gebrauch, lebt der zunächst wirksam ausgeschlossene Abfindungsanspruch (Rn 152) wieder auf, so dass die Erben nunmehr abzufinden sind. Übt er sein Eintrittsrecht allerdings aus, so bestehen, anders als bei der (erbrechtlichen) Nachfolgeklausel (dazu Rn 15), nach hM Ausgleichsansprüche der Erben nur dann, wenn der Abfindungsanspruch nicht ausgeschlossen, sondern dem Eintrittsberechtigten auf erbrechtlichem Wege zugewendet wird (Rn 17, 151 f). Der aus dem Anteil folgende Abfindungsanspruch bildet also bei der Eintrittsklausel nur dann ein Aktivum zugunsten von Nachlassgläubigern und weichenden Erben, wenn das Eintrittsrecht nicht ausgeübt wird oder versäumt wurde, den Abfindungsanspruch auszuschließen.

IV. Auslegung und Umdeutung nicht eindeutig formulierter oder wirkungsloser Klauseln

1. Auslegungsgrundsätze. Bei der Auslegung von im Gesellschaftsvertrag für den 20 Todesfall getroffenen Vereinbarungen kommt es entsprechend den allgemeinen Auslegungsmaßstäben (§ 105 Rn 192 ff), abgesehen vom Wortlaut, auch auf die hierin nicht unmittelbar zum Ausdruck gebrachten übereinstimmenden Vorstellungen der Beteiligten an. Diese gehen wegen der für die Gesellschaft günstigeren Rechtsfolgen (Rn 19) **im Zweifel** dahin, keine Eintritts- oder rechtsgeschäftliche Nachfolgeklausel, sondern eine **erbrechtliche Nachfolgeklausel** vorzusehen, weil auf diesem Wege am sichersten ein sofortiger Anteilsübergang ermöglicht, die bis zur Ausübung des Eintrittsrechts bestehende Rechtsunsicherheit vermieden und der Gefahr eines planwidrigen Kapitalabflusses in Form von Abfindungszahlungen vorgebeugt wird.[48] Außerdem behält der Gesellschafter sein volles Verfügungsrecht über den Anteil, was im Falle einer (wirksamen) rechtsgeschäftlichen Nachfolgeklausel nicht der Fall wäre (Rn 14). Unerheblich ist, ob die Klausel von „Nachfolge“, von „Übergang“ oder von „Eintritt“ spricht und ob der Gesellschaftsvertrag die nachfolgeberechtigten Personen namentlich benennt oder nach generellen Merkmalen bezeichnet.[49] Typisch für die *einfache Nachfolgeklausel*, die den Anteil allgemein vererblich stellt, ist eine Formulierung entsprechend dem Wortlaut des Abs. 1 bzw. der Satz: „Beim Tod eines Gesellschafters geht der Anteil auf dessen Erben über.“ Von einer *qualifizierten Nachfolgeklausel*, die den Anteil nur für bestimmte Personen vererblich stellt, ist immer dann auszugehen, wenn der Kreis der potentiellen Nachfolger zumindest durch abstrakte Merkmale begrenzt ist (z.B. „männliche Abkömmlinge“; „Tochter aus erster Ehe“) oder die zugelassenen Nachfolger gar konkret bezeichnet, insbes. namentlich benannt werden. Alles in allem wird eine erbrechtliche Nachfolgeklausel in der einen oder anderen Form in aller Regel dann vorliegen, wenn Gesellschaftsvertrag und Nach-

[48] Ganz hM, vgl. BGHZ 68, 225 (231) = NJW 1977, 1339; BGH NJW 1974, 498 (insoweit in BGHZ 62, 20 nicht abgedruckt); BB 1974, 902 (903); WM 1973, 37 (38); BayObLG DB 1980, 2028; *Wiedemann* Übertragung, S. 164; *Ulmer* BB 1977, 805 (807); *Goette* DNotZ 1988, 603 (605); MünchKommHGB/*K. Schmidt* Rn 26; MünchKommBGB[5]/*Ulmer/C. Schäfer* § 727 Rn 60; Baumbach/*Hopt* Rn 10; Heymann/*Emmerich* Rn 5; Röhricht/Graf v. Westphalen/*v. Gerkan/Haas* Rn 2; *Seeger* Jura 2007, 889 (893); Soergel/*Hadding/Kießling*[12] § 727 Rn 39; mit Vorbehalt auch Ebenroth/Boujong/Joost/Strohn/*Lorz* Rn 46, 54 f.

[49] BGHZ 68, 225 (231) = NJW 1977, 1339; MünchKommBGB[5]/*Ulmer/C. Schäfer* § 727 Rn 60. – Vgl. auch BGH BB 1974, 249: Automatischer Anteilsübergang auch dann, wenn phG das vertragliche Recht hatte, zu Lebzeiten oder von Todes wegen die Aufnahme eines Abkömmlings zu „verlangen“.

folgeregelung inhaltlich übereinstimmen. Dies ist bei einfachen Nachfolgeklauseln automatisch, bei qualifizierten Nachfolgeklauseln unter der Bedingung der Fall, dass die darin konkret oder abstrakt als Nachfolger Bezeichneten zu Erben berufen sind. Eine Nachfolgeklausel, kombiniert mit einer **Umwandlungsklausel**, liegt regelmäßig ferner dann vor, wenn der Gesellschaftsvertrag die Gesellschafterstellung des Nachfolgers bereits eindeutig bestimmt, insbesondere dessen Eintritt als Kommanditist vorsieht (näher Rn 7 f).

21 Von einer **Eintrittsklausel** ist dagegen auszugehen, wenn der Gesellschaftsvertrag Personen für die Fortsetzung der Gesellschaft vorsieht, die voraussichtlich nicht zum Kreis der Erben des verstorbenen Gesellschafters gehören werden. Die Annahme einer – den verfügenden Gesellschafter schon zu Lebzeiten bindenden – **rechtsgeschäftlichen Nachfolgeklausel** (Rn 11 ff) liegt schließlich nahe, wenn ein Mitgesellschafter als Nachfolger namentlich bestimmt ist *und* der Inhaber hinreichend deutlich zu erkennen gibt, dass er mit dem endgültigen Verlust seiner Verfügungsbefugnis über den Anteil einverstanden ist; ein ausdrücklicher Vorbehalt anderweitiger Verfügungen über den Anteil wäre hiermit allemal unvereinbar.[50]

22 2. **Umdeutung.** Zwar setzt die Umdeutung gem. § 140 BGB im Grundsatz die Nichtigkeit eines Rechtsgeschäfts voraus; in der Rechtsprechung ist aber anerkannt, dass die Vorschrift auch dann zur Anwendung kommt, wenn ein Rechtsgeschäft im Einzelfall die beabsichtigten Rechtsfolgen nicht herbeiführt, also **wirkungslos** bleibt.[51] Ein Beispiel für den erstgenannten Fall bildet die nichtige Vereinbarung einer rechtsgeschäftlichen Nachfolgeklausel zugunsten eines Nichtgesellschafters (Rn 13). Bei ihr kommt die Umdeutung in eine erbrechtliche Nachfolgeklausel in Betracht, wenn der Begünstigte zum Erben berufen ist, andernfalls in eine Eintrittsklausel mit treuhänderischer Zuordnung der Vermögensposition aus dem Anteil durch die Mitgesellschafter (Rn 17).[52] **Scheitert** dagegen eine – an sich zulässige – **erbrechtliche Nachfolgeklausel** an der mangelnden Erbenstellung der als Nachfolger vorgesehenen Person (Rn 9) bzw. daran, dass der Erblasser es versäumt hat unter mehreren Erben die erforderliche Auswahl zu treffen, so bietet sich je nach Lage des Falles die Umdeutung in eine Eintrittsklausel an,[53] sofern nicht ausnahmsweise dadurch Abhilfe zu schaffen ist, dass der nicht Nachfolgeberechtigte die Erbschaft zugunsten eines Nachfolgeberechtigten ausschlägt.[54] Die Umdeutung in eine Eintrittsklausel setzt freilich voraus, dass die vertragliche Vereinbarung den Kreis der möglichen

---

[50] BGHZ 68, 225 (234) = NJW 1977, 1339; im Ergebnis auch MünchKommHGB/*K. Schmidt* Rn 21, der aber die ergänzende Vertragsauslegung insofern für passender hält.

[51] Vgl. außerhalb des Gesellschaftsrechts etwa BGHZ 50, 45 (48 f) (zu § 139; [im Ergebnis aus anderen Gründen verneinte] Unwirksamkeit eines Besitzkonstituts wg. *Scheiterns* des primär beabsichtigten Eigentumserwerbs durch Erfolglosigkeit der Einigung im Einzelfall). – In Bezug auf Nachfolgeklauseln vgl. die Nachweise in Fn 53 sowie BGH NJW 1981, 977 (mangels ausreichender Gründe wirkungslose Kündigung).

[52] BGHZ 68, 225 (233) = NJW 1977, 1339; BGH NJW 1978, 264 (265); MünchKommHGB/*K. Schmidt* Rn 21; Ebenroth/Boujong/Joost/Strohn/*Lorz* Rn 6; Heymann/Emmerich Rn 32.

[53] BGH NJW 1978, 264; OLG Frankfurt DB 1988, 194. – Problematisch aber die von BGH ZIP 1987, 1042 (1043) = JZ 1987, 880 f in einem Sonderfall vorgenommene ergänzende Auslegung einer fehlgeschlagenen gesellschaftsvertraglichen Nachfolgeklausel in ein Eintrittsrecht, verbunden mit der Vererbung des Abfindungsanspruchs an die als Alleinerbin eingesetzte Witwe des verstorbenen Gesellschafters; sie hatte mit der überholten Abspaltungsthese nichts zu tun, vgl. *Ulmer* JZ 1987, 881 ff (883).

[54] Vgl. auch *Winkler* ZErb 2006, 195 (198 f).

Nachfolger so genau bestimmt hat, dass sie als Vertrag zugunsten Dritter aufgefasst werden kann (s. Rn 16).[55] Besondere Schwierigkeiten kann in diesem Fall das Schicksal des Abfindungsanspruchs bereiten, der mangels wirksamer Nachfolgeklausel in diesem Falle entsteht (dazu näher Rn 17). Hier ist insbesondere zu prüfen, ob aus der fehlgeschlagenen Nachfolgeregelung nach § 140 BGB zugleich ein Ausschluss des Abfindungsanspruchs zugunsten des Eintrittsberechtigten abgeleitet werden kann (vgl. Rn 17, 152). – Hat der Erblasser trotz der auf *einen* Nachfolger-Erben beschränkten Nachfolgeklausel verfügt, dass seine übrigen Erben die Stellung von Kommanditisten erlangen sollen, so können hierin Vermächtnisansprüche gegen den Nachfolger-Erben auf **Einräumung von Unterbeteiligungen** an seinem Anteil zu sehen sein.[56]

C. Die erbrechtliche Nachfolgeklausel im Einzelnen

I. Nachfolgevoraussetzungen

1. Gesellschafterstellung des Erblassers. Weil sich die unmittelbare Nachfolge beim Tod eines Gesellschafters auf erbrechtlichem Wege vollzieht (Rn 9), muss der Erblasser *im Zeitpunkt seines Todes* Gesellschafter gewesen sein, damit der Anteil als Nachlassbestandteil von der Universalsukzession gem. § 1922 BGB erfasst wird. Auf die Höhe der Einlage bzw. den Stand des Kapitalanteils („aktiver Kapitalanteil", vgl. auch Rn 56) kommt es nicht an. Unvererblich ist ein Anteil, der mit dem Tode des Gesellschafters erlischt, weil er ihm nur für die Zeit seines Lebens eingeräumt war, etwa wegen besonderer Verdienste um die Gesellschaft. Selbstverständlich kann ein Anteil auch nicht mehr vererbt werden, wenn der Gesellschafter bereits bei Lebzeiten gegen eine Abfindungszahlung ausgeschieden ist.[57] – War der verstorbene Gesellschafter als **Kommanditist** beteiligt, so folgt die grundsätzliche Vererblichkeit seines Anteils bereits aus § 177 (Rn 4); hierfür bedarf es folglich keiner Nachfolgeklausel. Für die Kommanditisten-Erben kommt das Wahlrecht des § 139 naturgemäß nicht in Betracht. 23

Eine Nachfolgeklausel wirkt auch dann, wenn **nur zwei Gesellschafter** vorhanden sind. Wird allerdings ein Gesellschafter durch den anderen beerbt, ist die Fortsetzung der Gesellschaft mangels der erforderlichen Zahl von Gesellschaftern ebenso unmöglich wie auch sonst bei Vereinigung aller Anteile in einer Hand: Die Gesellschaft erlischt demgemäß liquidationslos (§ 131 Rn 111 ff), und die Anwendung des § 139 scheidet aus. Die Haftungskontinuität wird stattdessen durch Universalsukzession gewährleistet; daneben ist § 27 Abs. 2 HGB analog anzuwenden, so dass die Haftungsfolgen für den Rechtsnachfolger in anderer Weise gemildert werden.[58] Sofern der letzte Gesellschafter den vorletzten allerdings lediglich als **Vorerbe** beerbt hat, lebt die Gesellschaft entsprechend §§ 2139, 2143 BGB mit dem Anfall der Nacherbschaft wieder auf (vgl. Rn 85). 24

2. Existenz einer Nachfolgeklausel

a) **Allgemeines.** Damit der Anteil an der werbenden Gesellschaft vererbt werden kann, muss der Gesellschaftsvertrag eine (erbrechtliche) Nachfolgeklausel (Rn 9 ff) enthalten. Sie entspricht der von § 139 Abs. 1 verwendeten Formulierung („Im Falle des Todes eines 25

[55] Zur gleichfalls möglichen Übertragung des Auswahlrechts auf Dritte s. unten Rn 28.
[56] BGHZ 50, 316 (319).
[57] Vgl. auch BGH WM 1967, 1275.
[58] BGHZ 113, 132; näher dazu s. Rn 72.

Gesellschafters wird die Gesellschaft mit dessen Erben fortgesetzt"). Die Nachfolgeklausel braucht aber nicht ausdrücklich vereinbart zu sein; sie kann sich auch **aus den Umständen** ergeben. Auf einen Nachfolgewillen ist etwa zu schließen, wenn ein betagter Einzelkaufmann das Familienunternehmen in eine neugegründete Gesellschaft einbringt, wenn die vereinbarte Zeitdauer die Lebenserwartung der Gesellschafter deutlich übersteigt oder wenn die Rechtsstellung der Gesellschafter-Erben besonders geregelt ist. Eine solche Nachfolgeregelung ist im Zweifel nicht darauf gerichtet, den Anteil auf rechtsgeschäftlichem Wege zu verschaffen (Rn 21), was ohnehin nur ausnahmsweise rechtswirksam erfolgen kann (Rn 14). Sie gewährt den als Nachfolger benannten Personen auch kein Recht auf den Anteilsübergang und kann nicht als – berechtigender oder ermächtigender – Vertrag zugunsten Dritter verstanden werden (Rn 13). Ihre Wirkung beschränkt sich vielmehr darauf, den Gesellschaftsanteil generell oder in Bezug auf bestimmte Personen vererblich zu stellen und dem Gesellschafter demgemäß eine mehr oder weniger große Dispositionsfreiheit für letztwillige Verfügungen in Bezug auf die Nachfolgerbestimmung einzuräumen (näher Rn 9). Der Erblasser kann aber in diesem Falle *keinen Nachfolger aus dem Kreis seiner Erben auswählen*; dies setzt vielmehr eine qualifizierte Nachfolgeregelung, namentlich die Einräumung eines Auswahlrechts voraus (Rn 26). Aufgrund seiner **Treuepflicht** kann ein Gesellschafter gehalten sein, einer von den Mitgesellschaftern gewünschten Nachfolgeklausel oder der Vorwegnahme einer Nachfolgeregelung aus Alters- oder Krankheitsgründen eines Mitgesellschafters zuzustimmen, wenn die Vorsorge für die Zukunft der Gesellschaft dies erfordert.[59]

26 b) **Qualifizierte Nachfolgeklauseln.** Wie bereits erwähnt (Rn 11, 20), ist es möglich, die Zustimmung der Mitgesellschafter in der Weise zu „qualifizieren", dass der Anteil nur zugunsten bestimmter Personen vererblich gestellt wird. Diese können entweder namentlich benannt oder nach abstrakten Merkmalen (Eigenschaften, Fähigkeiten etc.) bezeichnet werden (vgl. schon Rn 20).[60] Eine solche inhaltliche Beschränkung der Zustimmung ist aber nicht ohne besonderen Anhalt im Vertrag zu vermuten; im Zweifel ist also von einer *einfachen Nachfolgeklausel* auszugehen. Sie bewirkt zugunsten **aller** jetzt oder **in Zukunft** beteiligter Gesellschafter die sichere Vererblichkeit der Anteile, zumal bei Wegfall eines eingesetzten Erben gem. § 2068 f BGB für ausreichenden Ersatz in der nachfolgenden Generation gesorgt ist.[61] Üblicherweise ist der auf eine qualifizierte Nachfolge gerichtete Wille der Gesellschafter allerdings hinreichend klar formuliert, indem die Gesellschafter eine **Auswahl** der zur Nachfolge zugelassenen Personen treffen. Hierbei unterliegen sie grundsätzlich **keinen Schranken**. Sie können den Kreis der möglichen Nachfolger ebenso den Interessen und Bedürfnissen der Gesellschaft anpassen wie sie auch deren Rechtsstellung abweichend von derjenigen des verstorbenen Gesellschafters ausgestalten können.[62] Denkbar ist etwa eine Beschränkung auf die gesetzlichen Erben oder die Abkömmlinge der Gesellschafter und innerhalb dieses Kreises auf den oder die volljährigen Söhne usw. Auf die Bezeichnung der Nachfolger als „Erben" kommt es nicht an.[63] Die Nachfolgeklausel muss aber grundsätzlich so **bestimmt** sein,

---

[59] BGH ZEV 2005, 71 ff.

[60] Vgl. BGHZ 68, 225; BGH NJW 1983, 2376; MünchKommHGB/*K. Schmidt* Rn 16; Ebenroth/Boujong/Joost/Strohn/*Lorz* Rn 19; Baumbach/*Hopt* Rn 16 f; Röhricht/Graf v. Westphalen/*v. Gerkan/Haas* Rn 7; Formulierungsbeispiele etwa bei *Koblenzer/Groß* ErbStB 2003, 367 (368) und bei *Gluth*, ErbStB 2003, 105 (108).

[61] So mit Recht bereits *Hueck* OHG § 28 IV 4, S. 313 f.

[62] Zur kombinierten Nachfolge- und Umwandlungsklausel s. Rn 8.

[63] KG JW 1933, 118.

dass bei Eintritt des Erbfalls feststeht, wer zum Nachfolger berufen ist;[64] andernfalls ist im Zweifel von einer einfachen Nachfolgeklausel auszugehen.

Selbstverständlich kann der Gesellschaftsvertrag auch **dem Erblasser die Auswahl** der Nachfolger überlassen;[65] denn ein solches Auswahlrecht steht ihm auch (in größerem Umfang) bei der einfachen Nachfolgeklausel zu. Das Auswahlrecht ist im Zweifel vererblich, kann also selbst dann noch ausgeübt werden, wenn der Erblasser die Entscheidung versäumt hat.[66] Obgleich grundsätzlich selbst Erben nachfolgen können, die in ihrer Person einen **Ausschließungsgrund** verwirklichen,[67] hat der BGH[68] aber mit Recht angenommen, dass ein Auswahlrecht des Erblassers durch die Treupflicht in der Weise gebunden ist, dass er unter seinen Abkömmlingen nicht denjenigen auswählen darf, der aus wichtigem Grund – dort wegen Konkurrenztätigkeit – ausgeschlossen werden könnte. Sieht der Vertrag indes die anteilige Nachfolge *sämtlicher* Erben vor (einfache Nachfolgeklausel), so kann der Erblasser den Beteiligungsübergang nicht im Wege der *Teilungsanordnung* auf einzelne der von ihm als Erben berufenen Personen beschränken (Rn 46); in diesem Falle werden trotz anderslautender Teilungsanordnung zunächst sämtliche Erben Nachfolger (im Zweifel im Verhältnis ihrer Erbquoten), und es müsste dann eine Anteilsübertragung stattfinden, um dem Erblasserwillen gerecht zu werden. Voraussetzung hierfür ist aber, dass die übrigen Gesellschafter dem zustimmen. Vermeiden lässt sich dies nur dadurch, dass der Gesellschaftsvertrag dem Gesellschafter das Recht einräumt, aus dem Kreis seiner (nach bestimmten Merkmalen qualifizierten) Erben einen oder mehrere Nachfolger auszuwählen, wobei er dann im Zweifel auch die Beteiligungsquoten mehrerer Nachfolgeberechtigter abweichend von der jeweiligen Erbquote bestimmen kann (Rn 47). Erst recht ist es *ohne Zustimmung* der Gesellschafter unmöglich, den durch eine Nachfolgeklausel vererblich gestellten Anteil nur partiell (etwa in Höhe seiner Erbquote) zu vererben und im Übrigen die Abfindung der Erben durch die Gesellschaft anzuordnen.[69] Wiederum kann aber der Gesellschaftsvertrag Abweichendes zulassen (vgl. Rn 30 a.E.). 27

Zwar ist eine Entscheidung der Mitgesellschafter oder Dritter über die als *Erben* zu berufenden Personen aus erbrechtlichen Gründen (§ 2065 Abs. 2 BGB) selbst dann ausgeschlossen, wenn der Gesellschaftsvertrag ihnen eine entsprechende Ermächtigung einräumt;[70] eine solche Bestimmung kann entweder in eine Eintrittsklausel oder eine einfache Nachfolgeklausel umgedeutet werden.[71] Möglich ist ein **Bestimmungsrecht Dritter** aber dergestalt, dass diese unter mehreren potentiellen Erben den geeigneten *Nachfolger* auswählen (s. schon Rn 7).[72] In diesem Falle ist die – erbrechtliche – Nachfolge aufschie- 28

---

[64] *Hueck* OHG § 28 II 2 c, S. 301 f; MünchKommHGB/*K. Schmidt* Rn 16.

[65] Vgl. BGH WM 1966, 1035; NJW-RR 1986, 28 (29); MünchKommHGB/*K. Schmidt* Rn 16; Baumbach/*Hopt* Rn 11; *Wiedemann* FS Großfeld, 1999, S. 1309 (1311).

[66] BGH WM 1966, 1035.

[67] Es bedarf dann ggf. eines Ausschließungsverfahrens nach § 140.

[68] BGH WM 1982, 234 (235); BGH BB 1974, 249 (Klausel, nach der der phG das Recht hatte, bei Lebzeiten oder von Todes wegen die Aufnahme eines Abkömmlings „zu verlangen" und die als qualifizierte Nachfolgeklausel ausgelegt wurde, s. schon Rn 20).

[69] Anders anscheinend Röhricht/Graf v. Westphalen/*v. Gerkan/Haas* Rn 7.

[70] BGHZ 15, 199 (201 f); BGH NJW 1965, 2201; wohl auch MünchKommHGB/*K. Schmidt* Rn 16; kritisch *Großfeld* JZ 1968, 113 ff; *Stötter* DB 1970, 573 (575).

[71] Abweichend MünchKommHGB/*K. Schmidt* Rn 16 (i. Zw. einfache Nachfolgeklausel).

[72] BGH WM 1966, 1035 f (Bestimmungsrecht der Erben); NJW-RR 1986, 28 (29) (Bestimmungsrecht des Testamentsvollstreckers); MünchKommHGB/*K. Schmidt* Rn 16; *Wiedemann* FS Großfeld, 1999, S. 1309 (1311).

bend bedingt durch die wirksame Ausübung des Bestimmungsrechts,[73] falls nicht eine Eintrittsklausel anzunehmen ist.[74] Akzeptiert man, wie die Rechtsprechung, einen solchen Schwebezustand, wird man die Mitgliedschaftsrechte für diese Zeit den verbleibenden Gesellschaftern zur treuhänderischen Wahrnehmung zuzuweisen haben[75] (s.a. Rn 19 zur konstruktiv schwierigeren Situation bei der Eintrittsklausel).

29 Ist der *benannte* Nachfolger im Zeitpunkt des Erbfalls bereits **(vor-)verstorben** oder sonst weggefallen, ist im Auslegungswege zu ermitteln, ob auch der an seine Statt tretende Erbe Nachfolger werden soll. Im Ansatz ist allerdings mit BGHZ 68, 225 (235) ohne besondere Anhaltspunkte nicht davon auszugehen, dass die Gesellschafter mit einer Nachfolge durch die *Enkelgeneration* im Zweifel einverstanden sind. Das gilt besonders dann, wenn der vorverstorbene Nachfolger von mehreren Personen beerbt wird und nichts dafür ersichtlich ist, wer von diesen zum Nachfolger bestellt sein soll. Dass es dem Willen der Mitgesellschafter entspricht, eine qualifizierte Nachfolgeklausel bei Wegfall des (namentlich oder nach abstrakten Merkmalen qualifizierten) Nachfolgers hinsichtlich der Enkelgeneration als einfache Nachfolgeklausel zu interpretieren, kann keineswegs angenommen werden.[76] Weil überdies kein Grund ersichtlich ist, die Interessen der Mitgesellschafter von vornherein zurücktreten zu lassen, erscheint insbesondere auch die **analoge Anwendung der §§ 2068 f BGB nicht gerechtfertigt**; denn diese Vorschriften stellen naturgemäß einseitig auf den mutmaßlichen Erblasserwillen ab und berücksichtigen somit Drittinteressen nicht eigens.[77] Dies bedeutet andererseits keineswegs, dass ein Ersatz-Nachfolger niemals aus der Enkelgeneration stammen könnte. Bestimmt der Vertrag vielmehr eine Nachfolge mit „den" (oder abstrakt bezeichneten) „Abkömmlingen", kann regelmäßig von einem Einverständnis der Mitgesellschafter auch zugunsten der – ggf. entsprechend qualifizierten – Erbes-Erben ausgegangen werden. Nach diesen Grundsätzen hätte auch der Fall von BGHZ 68, 225 entschieden werden müssen; denn die vorverstorbene Erbin hatte dort dem Erblasser unter (partieller) Umwandlung des Anteils als Kommanditistin nachfolgen sollen, und für Kommanditisten galt eine einfache Nachfolgeklausel, in der sich ausreichend deutlich die Zustimmung der Mitgesellschafter manifestierte, dass die Enkelgeneration durchaus zur Nachfolge als Kommanditist anstand.[78]

30 Möglich ist es ferner, die qualifizierte Nachfolgeklausel mit **inhaltlichen Änderungen** des Anteils zu verbinden. Der Gesellschaftsvertrag kann die **automatische Umwandlung des Anteils** in die Kommanditistenstellung (dazu allgemein Rn 8)[79] auch auf einen Teil der Nachfolger begrenzen, so dass etwa nur einer der Erben die Komplementärstellung erwirbt, die übrigen Kommanditisten werden. In diesem Fall ist es Sache des Erblassers, letztwillig den zum Komplementär berufenen Erben zu bestimmen, während die anderen

---

[73] Vgl. die Nachw. in Fn 72 sowie Baumbach/*Hopt* Rn 11; abweichend aber MünchKommHGB/*K. Schmidt* Rn 16 (Bestimmung nur bis zum Erbfall möglich).

[74] Vgl. RGZ 170, 98 (107 f).

[75] Vgl. auch BGH NJW 1978, 264 (265), wo gleichfalls die Möglichkeit diskutiert wird, dass der Anteil für den Schwebezustand von den übrigen Gesellschaftern treuhänderisch verwaltet wird.

[76] So allgemein Ebenroth/Boujong/Joost/Strohn/*Lorz* Rn 21; *Göbel* DNotZ 1979, 133 (149); *Heckelmann* FS v. Lübtow, 1980, S. 619 (635 f).

[77] **AA** Heymann/*Emmerich* Rn 6; *Wiedemann* JZ 1977, 689 (690); vgl. auch *Ulmer* BB 1977, 805 (808) (in Bezug auf die Sonderkonstellation in BGHZ 68, 225, siehe dazu sogleich im Text).

[78] So mit Recht *Ulmer* BB 1977, 805 (808).

[79] Vgl. insbes. BGHZ 101, 123 (128): Umwandlungsklausel, nach der der Gesellschafter-Erbe Kommanditist wird, falls nicht der Erblasser (testamentarisch) bestimmt, dass er als Komplementär nachfolgen soll.

Erben unmittelbar mit dem Erbfall Kommanditisten werden. Übt der Erblasser sein Bestimmungsrecht nicht aus, so erlangen beim Erbfall zunächst alle Nachfolger die Stellung von Kommanditisten. Sie können das Bestimmungsrecht nun ihrerseits ausüben und für einen von ihnen die Aufnahme in den Kreis der persönlich haftenden Gesellschafter verlangen.[80] Machen die Erben im Einverständnis mit dem als Komplementär Benannten von dieser Möglichkeit Gebrauch und wird seine Stellung entsprechend geändert, so kann er sich allerdings auf das Wahlrecht des § 139 nicht berufen.[81] Möglich ist ferner eine Vertragsregelung, wonach der Anteil nur **partiell,** etwa in Höhe der Erbquote auf einen bestimmten Nachfolger **übergeht**, der Rest dagegen den übrigen Gesellschaftern anwächst, so dass ein entsprechender Abfindungsanspruch in den Nachlass fällt.[82]

Fraglich kann sein, ob eine qualifizierte Nachfolgeklausel auch bei der im Erbfall – **31**
aus anderen Gründen – bereits **aufgelösten Gesellschaft**, also auf den Anteilsübergang im Liquidationsstadium anwendbar ist (Rn 6). Dies ist durch Auslegung der jeweiligen Klausel zu ermitteln. Weil die Gesellschafter auch im Liquidationsstadium Herren der Gesellschaft sind, insbesondere deren Fortsetzung beschließen können (§ 144 Rn 9), steht nichts im Wege, auch für diesen Zeitraum im Gesellschaftsvertrag Vereinbarungen über das Schicksal der Beteiligung im Todesfall zu treffen. Ohne besondere vertragliche Anhaltspunkte besteht freilich kein Anlass, die Bestimmungen einer für die werbende Gesellschaft getroffenen Nachfolgeklausel auf die Abwicklungsgesellschaft zu übertragen. Regelmäßig verbleibt es hier vielmehr bei dem im Liquidationsstadium ohne weiteres möglichen Übergang des (unveränderten) Anteils auf sämtliche Miterben zur gesamten Hand (§ 131 Rn 85).

3. Erbrechtliche Anforderungen. Weil die gesellschaftsvertragliche Nachfolgeklausel **32**
den Übergang des Anteils beim Tod eines Gesellschafters nicht unmittelbar bewirkt (Rn 9), bedarf es zusätzlich der **Erbenstellung** der als Nachfolger berufenen Personen, um den Anteilsübergang gem. § 1922 BGB zu bewirken; fehlt sie, versagt die Nachfolgeklausel (s.a. Rn 22 zur Umdeutung fehlgeschlagener Nachfolgeklauseln).[83] Demgemäß reicht naturgemäß die Anordnung eines **Vermächtnisses** für die als Nachfolger vorgesehene Person wegen dessen nur obligatorischer Natur **nicht** aus, um den Anteilsübergang zu bewirken. Auch in diesem Falle geht die Nachfolge deshalb ins Leere.[84] Der (dritte) Erbe wird auch nicht etwa zunächst Gesellschafter, damit er dann das Vermächtnis erfüllen kann. Vielmehr können Vermächtnisnehmer allein durch eine – ggf. durch ergänzende Vertragsauslegung oder Umdeutung zu gewinnende – Eintrittsklausel nachfolgeberechtigt werden.[85] Für die Nachfolgeberechtigung unerheblich ist allerdings, ob die Erbenstellung auf **Gesetz** oder **letztwilliger Verfügung** beruht, ob der Benannte Allein- oder Miterbe wird. Ein Testament pp. ist also nur erforderlich, wenn der benannte Nachfolger nicht zum Kreis der gesetzlichen Erben gehört. Ist der Anteil im Gesellschaftsvertrag **generell vererblich** gestellt, möchte der Erblasser aber nur einen seiner gesetzlichen Erben zum Nachfolger berufen, so kann er dies nur dadurch erreichen, dass er ihn als Alleinerben einsetzt. Wird er dagegen von mehreren Personen beerbt, so hat die letztwillige Beschrän-

---

80 BGH DNotZ 1967, 387 (389); s.a. BGHZ 101, 123 (128 f) = NJW 1987, 3184.

81 RG SeuffA 93, 23.

82 Ebenroth/Boujong/Joost/Strohn/*Lorz* Rn 20; Baumbach/*Hopt* Rn 16; vgl. auch RGZ 170, 98 (106); BGHZ 22, 186 (194).

83 Zu Fragen der Testamentsgestaltung vgl. auch *v. Hoyenberg* RNotZ 2007, 377 (384 ff).

84 Vgl. nur MünchKommBGB[5]/*Ulmer*/*C. Schäfer* § 727 Rn 42.

85 Vgl. die entsprechende Empfehlung bei *Winkler* in ZErb 2006, 195 (196).

kung der Nachfolge auf eine von ihnen nur den Charakter einer Auseinandersetzungsanordnung (§ 2048 BGB), deren Ausführung den Miterben angesichts der grundsätzlichen Unveräußerlichkeit der Anteile nur mit Zustimmung der Mitgesellschafter möglich ist, zu der diese grundsätzlich nicht verpflichtet sind.[86] Vorab kann diese nur in der Weise erteilt werden, dass der Gesellschaftsvertrag dem Erblasser ein *Auswahlrecht* einräumt (dazu Rn 27). Stimmen die Mitgesellschafter nicht zu, setzt sich die Nachfolgeklausel gegen die abweichende Auseinandersetzungsanordnung durch, sofern der gesellschaftsvertraglich qualifizierte Bewerber wenigstens **Miterbe** wird.[87] In diesem Falle geht der Anteil gleichwohl in vollem Umfang auf ihn über.[88] Zugleich entstehen ggf. Ausgleichspflichten gegenüber den übrigen Erben (näher Rn 11, 47). – Zur **Umdeutung fehlgeschlagener** (qualifizierter) **Nachfolgeklauseln** vgl. Rn 22. – Zu **erbschaftsteuerlichen** Konsequenzen vgl. § 131 Rn 165 und 195.[89]

II. Die nachfolgeberechtigten Personen im Einzelnen

1. Erbenstellung

33 a) **Allgemeines.** Zur erbrechtlichen Gesellschafternachfolge sind im Rahmen der gesellschaftsvertraglichen Nachfolgeklausel alle Personen berufen, die **Erben** des verstorbenen Gesellschafters geworden sind (Rn 32). Auch der Ersatzerbe (§ 2096 BGB) und der Nacherbe (§ 2100 BGB) können auf erbrechtlichem Wege Gesellschafter werden, letzterer gem. § 2106 BGB allerdings erst mit Eintritt der Nacherbfolge (näher Rn 85). Anderes gilt für den *Vermächtnisnehmer* sowie für den nicht zum Erben berufenen Pflichtteilsberechtigten; sie können ebenso wie der Erbschaftskäufer oder der Erwerber eines Miterbenanteils nur auf rechtsgeschäftlichem Wege, durch Vertrag mit den übrigen Gesellschaftern, in die Gesellschaft aufgenommen werden und haben daher auch nicht die Rechte aus § 139 (vgl. schon Rn 32). Der Nießbraucher am Nachlass ist nicht Erbe und kann daher auch nicht unmittelbar die Gesellschafternachfolge antreten.[90]

34 Befindet sich der Nachfolger-**Erbe** im Zeitpunkt des Erbfalls in der **Insolvenz**, kann er zwar – für eine logische Sekunde – Nachfolger werden. Weil aber auch das durch Erbfall erworbene Vermögen gem. § 35 InsO zur Insolvenzmasse gehört,[91] scheidet der Erbe gem. § 131 Abs. 3 Nr. 2 sogleich wieder aus der Gesellschaft aus. Der Zweck des § 131 Abs. 3 Nr. 2, den Privatgläubigern die Befriedigung aus dem gesamthänderisch gebundenen Vermögen des Gesellschafters zu ermöglichen, ist wegen § 35 InsO auch insofern wirksam. Demgegenüber sind Maßnahmen der Einzelzwangsvollstreckung in den Anteil gem. § 89 Abs. 1 InsO während der Dauer des Insolvenzverfahrens unzulässig.

35 Lebte der verstorbene Gesellschafter in **ehelicher Gütergemeinschaft** und wird diese zwischen dem überlebenden Ehegatten und den gemeinschaftlichen Abkömmlingen fortgesetzt, so sollte nach einer früher verbreiteten Ansicht der unmittelbare Anteilsübergang auf die Witwe und/oder die Abkömmlinge in gleicher Weise möglich sein, wie wenn sie

---

[86] So auch MünchKommHGB/*K. Schmidt* Rn 22; *Huber* Vermögensanteil, S. 458.

[87] MünchKommHGB/*K. Schmidt* Rn 22.

[88] Seit BGHZ 68, 225 (231) nahezu allgemein anerkannt; vgl. hier nur MünchKommHGB/*K. Schmidt* Rn 17; MünchKommBGB[5]/*Ulmer/C. Schäfer* § 727 Rn 43; näher Rn 11, 47.

[89] Vgl. auch *Tiedtke/Hils* ZEV 2004, 441 zu steuerrechtlichen Konsequenzen und Problemen qualifizierter Nachfolgeklauseln.

[90] KG OLGE 43, 289.

[91] Vgl. MünchKommInsO[2]/*Lwowski/Peters* § 35 Rn 48; zur früher abweichenden Rechtslage vgl. 3. Aufl. Rn 33 (*Ulmer*).

zu Erben berufen wären.[92] Dem ist schon deshalb nicht zu folgen, weil die Gütergemeinschaft nicht Mitglied einer OHG sein kann (näher § 105 Rn 92, 101). Wenn nicht der Gesellschaftsvertrag die Übertragung des Anteils vorsieht, gehört der Anteil überdies gem. § 1417 Abs. 2 BGB gar nicht zum Gesamtgut. Er untersteht somit in keinem Fall der fortgesetzten Gütergemeinschaft; vielmehr geht er gem. § 1483 Abs. 1 Satz 3 BGB als Nachlassgegenstand auf den Erben über, soweit dieser nachfolgeberechtigt ist.

b) **Ausschlagung der Erbschaft.** Die Ausschlagung der Erbschaft führt zum rückwirkenden Wegfall der Erbenstellung (§ 1953 Abs. 1 BGB); an die Stelle des ausschlagenden Erben tritt der Ersatzerbe bzw. mangels eines solchen der Nächstberufene. Das hat notwendig auch Auswirkungen auf die durch den Erbfall erlangte Gesellschafterstellung; auch insoweit **scheidet der** ausschlagende Erbe **mit rückwirkender Kraft aus.**[93] Der Übergang des Anteils auf den neuen Erben ist bei einer *einfachen Nachfolgeklausel* grundsätzlich unproblematisch, da diese sich ohne weiteres auch auf einen Ersatzerben oder Nächstberufenen erstreckt (Rn 26). Bei der *qualifizierten Nachfolgeklausel* kommt es dagegen darauf an, ob der Nächstberufene zum Kreis der von der Nachfolgeklausel erfassten Personen gehört. Falls dies nicht der Fall ist, kommt auch die Umdeutung der (fehlgeschlagenen) Nachfolgeklausel in eine Eintrittsklausel (Rn 22) nicht in Betracht; ihr steht wiederum das mangelnde Einverständnis der übrigen Gesellschafter entgegen. Schon vor Ablauf der Ausschlagungsfrist stehen dem Erben zwar alle mit dem Anteil verbundenen Rechte zu. Mit Rücksicht auf seine Haftung für die vor einer Ausschlagung besorgten Geschäfte aus § 1959 Abs. 1 BGB, obliegt ihm aber auch bei seiner Tätigkeit als Gesellschafter eine besondere Rücksichtspflicht gegenüber dem nachberufenen Erben. 36

c) **Nachlassverwaltung und Nachlassinsolvenz.** Die Anordnung von Nachlass(insolvenz)verwaltung hat auf den erbrechtlichen **Anteilsübergang keinen Einfluss.** Der Nachfolger-Erbe verliert dadurch insbesondere nicht seine Gesellschafterstellung, zumal die hM die analoge Anwendung des § 131 Abs. 3 Nr. 2 mit Recht ablehnt (§ 131 Rn 91). Lange wurde es jedoch als zweifelhaft angesehen, ob und welche Auswirkungen sich aus der Anordnung der Nachlass(insolvenz)verwaltung auf die Gesellschaftsbeteiligung der Erben ergeben.[94] Nachdem mittlerweile die Nachlasszugehörigkeit des Anteils weithin anerkannt ist (Rn 1), hat sich die folgende Linie herauskristallisiert: Von vornherein unproblematisch ist nach hM die Nachlass(insolvenz)verwaltung in der Liquidationsgesellschaft, für die auch keine besondere Zustimmung der Mitgesellschafter erforderlich ist.[95] Im Übrigen besteht inzwischen weitgehende Einigkeit darüber, dass sich die **Nachlass(insolvenz)verwaltung** auch auf den Gesellschaftsanteil erstreckt, und der Nachlassverwalter deshalb jedenfalls die Befugnis erhält, die mit dem Anteil verbundenen Vermögensrechte geltend zu machen. Demgegenüber bleibt ihm die Ausübung der Verwaltungsrechte zum Schutze der Mitgesellschafter und in Hinblick auf seine auf Abwicklung gerichtete Funktion grundsätzlich verwehrt.[96] Dies gilt konsequentermaßen auch für das 37

---

92 LG Hamburg JW 1935, 1586; *Hueck* OHG § 28 II 2b, S. 301; 2. Aufl. Rn 5 (*Weipert*); Schlegelberger/*Geßler* 4. Aufl., Anm. 11; vgl. auch KG DNotZ 1935, 988; weitere Nachweise zum älteren Schrifttum bei BGHZ 65, 79 (82 f).

93 RG SeuffA 93, 24.

94 Eingehender noch 3. Aufl. Rn 37 ff (*Ulmer*).

95 Ebenroth/Boujong/Joost/Strohn/*Lorz* Rn 93; MünchKommBGB⁵/*Ulmer*/*C. Schäfer* § 727 Rn 23; Staudinger/*Marotzke* BGB (2002) § 1985 Rn 20; **aA** BayObLG DB 1991, 33 (Nachlassverwaltung).

96 BGHZ 91, 132 (137); 47, 293 (296) (aber noch unter der inzwischen aufgegebenen Prämisse fehlender Nachlasszugehörigkeit des Anteils); *Stodolkowitz* FS Kellermann, 1991, S. 439 (455); *Flume* NJW 1988, 161

Wahlrecht aus § 139.[97] Stattdessen steht dem Verwalter nach zutreffender hM aber ein **eigenes Kündigungsrecht** analog § 135 zu, um den Anteilswert zu liquidieren (§ 131 Rn 91 und § 135 Rn 6).

38 **2. Minderjähriger Erbe.** Die Nachfolgeklausel wirkt auch zugunsten minderjähriger Nachfolger, ohne dass es hierfür einer familien- bzw. vormundschaftsgerichtlichen Genehmigung bedürfte. Da sich der Anteilsübergang gem. § 1922 BGB vollzieht (Rn 9), greift weder § 1822 Nr. 3 BGB (Gesellschaftsvertrag) ein noch gar § 1822 Nr. 10 BGB (Schuldübernahme).[98] Hieran hat sich durch das am 1.1.1999 in Kraft getretene Minderjährigenhaftungsbegrenzungsgesetz[99] nichts geändert.[100] Vorschläge, dem Minderjährigen in § 139 ein zusätzliches Recht zur Umwandlung seiner Mitgliedschaft einzuräumen,[101] wurden nicht berücksichtigt. Stattdessen kann der minderjährige Nachfolger mit Eintritt der Volljährigkeit seine Haftung auf sein in diesem Zeitpunkt vorhandenes Vermögen beschränken (§ 1629a Abs. 1 BGB). Wird er persönlich haftender Gesellschafter, steht ihm dann überdies ein **außerordentliches Austrittsrecht** analog § 723 Abs. 1 S. 3 Nr. 2 BGB zu (dazu näher § 133 Rn 31 ff). Die Rechte des Minderjährigen werden im Übrigen im Rahmen ihrer Vermögenssorge durch die Eltern (§ 1926 BGB), ggf. durch einen Pfleger wahrgenommen.

39 **3. Vor- und Nacherbe.** Durch Einsetzung eines Nacherben wird der Eintritt des Vorerben in die Gesellschaft mit allen daraus erwachsenden Rechten und Pflichten nicht gehindert. Der **Vorerbe** wird zunächst allein Gesellschafter (§§ 2100, 2112 BGB). Hierzu braucht sich die Nachfolgeklausel nicht eigens auf die Vor-/Nacherbfolge zu beziehen.[102] Mit dem Eintritt der Nacherbschaft folgt der **Nacherbe** ohne weiteres dem Vorerben in die Gesellschaft nach (§ 2139 BGB); im Falle einer qualifizierten Nachfolgeklausel allerdings nur, sofern er die Qualifizierungsmerkmale aufweist.[103] Erfüllt nur der Vorerbe die Voraussetzungen einer qualifizierten Nachfolgeklausel, scheidet der Nacherbe aus und wird abgefunden.[104] Gehörte der Vorerbe schon vor dem Vorerbfall zum Gesellschafterkreis, soll nach herrschender, wenn auch stark bestrittener Meinung sogar in der **Zweipersonengesellschaft** der Gesellschaftsanteil ausnahmsweise selbständig bestehen bleiben

---

(162); *Ulmer/Schäfer* ZHR 160 (1996), 413 (437 f); *Hueck* OHG § 28 II 5, S. 306 f; MünchKommHGB/*K. Schmidt* Rn 55; Ebenroth/Boujong/Joost/Strohn/*Lorz* Rn 90; Röhricht/Graf v. Westphalen/*v. Gerkan/Haas* Rn 22; Staudinger/*Marotzke* BGB (2002) § 1985 Rn 20; im Ansatz abweichend noch 3. Aufl. Rn 37 ff (*Ulmer*); eingehend zu Fragen der Nachlassverwaltung auch *Fromm* ZEV 2006, 289 f.

97 BGHZ 47, 293 (295 f) (allerdings mit inzwischen überholter Begründung [fehlende Nachlasszugehörigkeit]); MünchKomm-HGB/*K. Schmidt* Rn 55; Heymann/*Emmerich* Rn 26; Staudinger/*Marotzke* BGB (2002) § 1985 Rn 20; *Kick* Haftung, S. 146.

98 BGHZ 55, 267 (269); BGH WM 1974, 945 (947); Ebenroth/Boujong/Joost/Strohn/*Lorz* Rn 14; Baumbach/*Hopt* Rn 12; *Reimann* DNotZ 1999, 179 (194 f).

99 Vom 25.8.1998, BGBl. I, 2487; vgl dazu etwa die im Detail kritische Analyse bei *K. Schmidt* JuS 2004, 361 ff.

100 Vgl. *Habersack/Schneider* FamRZ 97, 649; *Reimann* DNotZ 1999, 179 (194 f).

101 Vgl. *Wolf* AcP 187 (1987), 319 (339).

102 BGHZ 69, 47 (49 f); MünchKommHGB/*K. Schmidt* Rn 33.

103 BGHZ 78, 177 (181); BGH NJW-RR 1987, 989; MünchKommHGB/*K. Schmidt* Rn 33; Ebenroth/Boujong/Joost/Strohn/*Lorz* Rn 57.

104 BGHZ 78, 177 = NJW 1981, 115; ferner BGH NJW-RR 1987, 989; MünchKomm-HGB/*K. Schmidt* Rn 33.

(Durchbrechung des Einheitlichkeitsdogmas).[105] Dieser Durchbrechung bedarf es indessen nicht; vielmehr bleibt es bei Vollbeendigung der Gesellschaft und Universalsukzession auf den einzigen Gesellschafter, und Anteil bzw. Gesellschaft leben mit Eintritt des Nacherbfalls entsprechend §§ 2139, 2143 BGB wieder auf.[106] – Um **keinen Fall** erbrechtlicher Nachfolge handelt es sich naturgemäß, wenn der Vorerbe mit **Mitteln des Nachlasses** einen Gesellschaftsanteil erworben hat. Der Anteil geht deshalb auch nicht aufgrund einer Nachfolgeklausel, sondern nur mit besonderer Zustimmung der Mitgesellschafter auf den Nacherben über.[107] – Näher zur Rechtsstellung von Vor- und Nacherben unter Rn 81 ff.

4. Fiskus als Erbe. Nach § 1936 BGB ist der Fiskus gesetzlicher Erbe, wenn zur Zeit **40**
des Erbfalls keine sonstigen Erben vorhanden sind bzw. diese die Erbschaft ausgeschlagen haben. Aufgrund einer einfachen, auf „die Erben" bezogenen Nachfolgeklausel könnte daher auch der Fiskus Nachfolger werden. Regelmäßig wird man hiervon aber nicht ausgehen können. Dies folgt zwar nicht schon daraus, dass dem Fiskus, der die Erbschaft nicht ausschlagen kann (§ 1942 Abs. 2 BGB), die Gesellschafternachfolge nicht aufgedrängt werden dürfe.[108] Denn diese Schlussfolgerung überzeugt deshalb nicht, weil der Fiskus wie jeder Erbe die Möglichkeit hat, die Haftung für Nachlassschulden auf den Nachlass zu beschränken, und sich gegen eine weitergehende Haftung durch das unentziehbare Wahlrecht aus § 139 schützen kann.[109] Die **Nachfolgeklausel** kann jedoch regelmäßig **nicht** dahin verstanden werden, dass sie **auch dem Fiskus** die Nachfolge ermöglichen will.[110] Vielmehr wird sich das Einverständnis der Gesellschafter in der Regel auf Ehegatten, Abkömmlinge oder testamentarisch eingesetzte Personen beschränken. Allerdings kann im Einzelfall das Interesse der Gesellschafter an einer Nachfolge unabhängig von der Person des Nachfolgers zur Vermeidung eines Kapitalabflusses überwiegen, namentlich wenn sich der Anteilsübergang mit der Umwandlung in eine Kommanditbeteiligung verbindet. Falls ein solcher Fall nicht vorliegt, scheidet der Erblasser gem. § 131 Abs. 3 Nr. 2 aus und der Fiskus erwirbt als gesetzlicher Erbe einen Abfindungsanspruch nach §§ 128 HGB, 738 BGB.

5. Der vermeintliche Erbe[111]. Da der Anteilsübergang auf den oder die Erben im Falle **41**
einer erbrechtlichen Nachfolgeklausel mit dem Zeitpunkt des Erbfalls *kraft Gesetzes* eintritt (Rn 9), wird der **wahre Erbe** auch dann **Gesellschafter,** wenn zunächst ein Dritter als vermeintlicher Erbe auftritt und die Gesellschafterrechte in Anspruch nimmt. Mangels

---

[105] BGHZ 98, 48 (57); s.a. BGH NJW 1984, 362 (363); MünchKommHGB/*K. Schmidt* Rn 34 und § 105 Rn 25, 78; Ebenroth/Boujong/Joost/Strohn/*Lorz* Rn 58; Baumbach/*Hopt* Rn 19; *Baur/Grunsky* ZHR 133 (1970), 209; *Kanzleiter* FS Weichler, 1997, S. 39 (50); *Lüttge* NJW 1994, 5 (8 f); im Ergebnis auch *Lamprecht* Zulässigkeit, S. 36 f, 175 ff, 270 ff und passim (generelle Zulässigkeit der Einmannpersonengesellschaft), dazu eingehend *Ulmer* ZHR 167 (2003), 103 ff mwN; **aA** (Wiederaufleben der Mitgliedschaft mit dem Nacherbfall analog §§ 2139, 2143 BGB) *Timmann* Vor- und Nacherbschaft, S. 92 ff; *Stimpel* FS Rowedder, 1994, S. 477 (481 f); MünchKommBGB[5]/*Ulmer/C. Schäfer* § 727 Rn 71 (offener *Ulmer* ZHR 167 [2003], 103 [115]).

[106] MünchKommBGB[5]/*Ulmer/C. Schäfer* § 727 Rn 71, vgl. auch Rn 85.

[107] BGHZ 109, 214 (219); MünchKommHGB/*K. Schmidt* Rn 38.

[108] So aber eine früher verbreitete Ansicht vgl. Schlegelberger/*Geßler* Anm. 8; *Hueck* OHG § 28 II 2b, S. 301.

[109] Näher *Rauch* DB 1969, 1279.

[110] *Hueck* OHG § 28 II 2b, S. 301; Röhricht/Graf v. Westphalen/*v. Gerkan/Haas* Rn 3.

[111] Dazu näher *Konzen* ZHR 145 (1981), 29.

vertraglicher Grundlage der Nachfolge greift die Lehre vom fehlerhaften Verband nicht ein.[112] Die bloße Mitwirkung des Scheinerben in der Gesellschaft reicht nicht aus, um den Scheinerben unter Verdrängung des wahren Erben zum Gesellschafter zu machen. Auch die Lehre von der fehlerhaften Gesellschaft greift nicht ein, weil sich die Nachfolge ohne (fehlerhaften) Vertragsschluss vollzieht; anderes gilt nur dann, wenn es in der Folgezeit zu gesellschaftsvertraglichen Vereinbarungen zwischen dem vermeintlichen Erben und den Mitgesellschaftern über den Anteil kommt, etwa zur Änderung seiner gesellschaftsrechtlichen Stellung (auch aufgrund von § 139) oder zur Vereinbarung seines Ausscheidens.[113] Im Übrigen reicht das bloße Faktum seiner Mitwirkung in der Gesellschaft nicht aus, um den Scheinerben unter Verdrängung des wahren Erben zum Gesellschafter zu machen. Für den Lauf der Frist zur Geltendmachung des (nicht ausgeübten) „Wahlrechts" kommt es aber auf die Kenntnis des wahren Erben an; sie beginnt also erst mit Aufdeckung des Irrtums zu laufen (§ 139 Abs. 3). – Wegen der Situation bei Vorliegen einer **Eintrittsklausel** vgl. Rn 149.

42 Hinsichtlich der Wirkungen von **Rechtshandlungen des vermeintlichen Erben** in der Gesellschaft ist danach zu unterscheiden, ob für ihn ein Erbschein ausgestellt war oder nicht. Lag ein **Erbschein** vor, so können sich die Mitgesellschafter dem wahren Erben gegenüber wegen der mit dem vermeintlichen Erben getätigten Verfügungsgeschäfte und der an ihn erbrachten Leistungen auf den öffentlichen Glauben des Erbscheins berufen (§ 2367 BGB). Der wahre Erbe muss den Anteil grundsätzlich in dem Zustand übernehmen, in dem er sich bei Aufdeckung des Irrtums befindet; das gilt auch für den Abfindungsanspruch als Surrogat (§ 2019 BGB), falls der vermeintliche Erbe zwischenzeitlich ausgeschieden ist.[114] Im Übrigen ist der wahre Erbe auf die Ansprüche nach §§ 2018 ff BGB gegen den vermeintlichen Erben verwiesen. Dieser kann seinerseits von den Mitgesellschaftern entsprechend § 738 Abs. 1 BGB Befreiung von den Verbindlichkeiten verlangen, die für ihn kraft Rechtsscheins während seiner Stellung als Scheingesellschafter entstanden sind.[115] Gegen die Gesellschaft und den wahren Erben hat er wegen seiner in deren Interesse gemachten Aufwendungen gegebenenfalls Ansprüche aus Geschäftsführung ohne Auftrag.

43 **Ohne Erbschein** stehen dem wahren Erben die mit dem Erbfall erlangten Anteilsrechte unter Berücksichtigung zwischenzeitlicher Gewinne oder Verluste zu.[116] Entnahmen des vermeintlichen Erben oder sonstige von diesem herbeigeführte Verschlechterungen der mit dem Anteil verbundenen Rechtsstellung haben ihm gegenüber keine Wirkung; die Gesellschaft muss sich insoweit an den vermeintlichen Erben halten (Umkehrschluss aus § 2367 BGB). Diese für die Gesellschaft unerfreulichen Rechtsfolgen lassen sich vermeiden, wenn man entsprechend den allgemein für die Abtretung geltenden Schutzvorschrif-

---

[112] Dazu allgemein § 105 Rn 331 f und MünchKommBGB⁵/*Ulmer/C. Schäfer* § 705 Rn 327, 366; speziell zum vorliegenden Zusammenhang *Wiesner* Fehlerhafte Gesellschaft, S. 150; *C. Schäfer* Fehlerhafter Verband, S. 317 f; MünchKommHGB/*K. Schmidt* Rn 40; *ders.* AcP 186 (1986), 437 f; ebenso i.E. auch *Rob. Fischer* FS Heymanns Verlag, 1965, S. 271 (281 f); **aA** *Konzen* ZHR 145 (1981), 29 (61 ff).

[113] Näher MünchKommBGB⁵/*Ulmer/C. Schäfer* § 727 Rn 63.

[114] *Rob. Fischer* FS Heymanns Verlag, 1965, S. 271 (277); MünchKommHGB/*K. Schmidt* Rn 41. – Zur Einschränkung für den Fall von Vertragsänderungen mit bindender Wirkung für den wahren Erben vgl. *Konzen* (Fn 112), S. 66.

[115] *Rob. Fischer* FS Heymanns Verlag, 1965, S. 271 (283); MünchKommBGB⁵/*Ulmer/C. Schäfer* § 727 Rn 64.

[116] So i.E. auch *Konzen* (Fn 112) S. 65 f.

ten der §§ 413, 407, 409 BGB zu einer *Annäherung an § 16 GmbHG* kommt (vgl. Rn 149).[117] Ist der vermeintliche Erbe zwischenzeitlich durch – fehlerhafte – Vereinbarung mit den Gesellschaftern ausgeschieden und damit auch die Gesellschafterstellung des wahren Erben entfallen, kann dieser nach Aufdeckung des Irrtums seine Wiederaufnahme verlangen.[118] Für die Rechtsstellung des vermeintlichen Erben gelten die Ausführungen in Rn 42 entsprechend.

III. Der Übergang der Beteiligung im Einzelnen

1. Übergang auf den Alleinerben. Der Übergang des durch eine (einfache oder qualifizierte) Nachfolgeklausel vererblich gestellten Anteils vollzieht sich nach § 1922 BGB, sofern Erbenstellung und Nachfolgeregelung übereinstimmen (Rn 9 ff). Erfüllt also der Alleinerbe zugleich die Voraussetzungen einer (qualifizierten) Nachfolgeklausel, so tritt er auch hinsichtlich der Gesellschaftsbeteiligung unmittelbar kraft erbrechtlicher Universalsukzession an die Stelle des Erblasser-Gesellschafters.[119] Ist der Alleinerbe zugleich der einzige überlebende Gesellschafter, so führt der durch den Tod des Erblassers ausgelöste Anteilsübergang allerdings im Ergebnis zur Beendigung der Gesellschaft und zum Übergang des Unternehmens auf den Erben (§ 131 Rn 111 f). Die früher sehr umstrittene, inzwischen aber geklärte Frage der *Nachlasszugehörigkeit* des Gesellschaftsanteils (Rn 45), war in dieser Konstellation schon immer ohne wesentliche Bedeutung, sieht man einmal ab von mittelbaren Auswirkungen für die Anordnung von Testamentsvollstreckung bzw. Nachlass(insolvenz)verwaltung (zur Nachlass[insolvenz]verwaltung s. Rn 37; zur Testamentsvollstreckung Rn 57). Auch die *Sonderzuordnung* des Anteils (Rn 45) wird im Falle eines Alleinerben nicht relevant. Dieser haftet für Nachlassschulden im Übrigen grundsätzlich unbeschränkt; im Falle einer Haftungsbeschränkung nach §§ 1975 ff BGB gewährleistet die sich auf den Gesellschaftsanteil erstreckende Fremdverwaltung des Nachlasses (Rn 37), dass auch dieser dem vorrangigen Zugriff der Nachlassgläubiger reserviert wird (zur Situation bei Sondernachfolge vgl. Rn 45, 48). Besondere, gesellschaftsrechtlich begründete Probleme treten nicht auf. 44

2. Übergang auf sämtliche Erben. Sind mehrere nachfolgeberechtigte Erben vorhanden, so ist schon seit langem weitgehend anerkannt, dass **nicht** die **Erbengemeinschaft** als solche, sondern **jeder Gesellschafter** persönlich Mitglied der Gesellschaft wird, und zwar in Höhe der jeweiligen Erbquote.[120] Der Grund für die Anerkennung der von § 2032 BGB abweichenden **Sondernachfolge** liegt einerseits in der mangelnden Eignung der Erbengemeinschaft, Mitglied der als Haftungs- und regelmäßig auch als Arbeitsgemein- 45

[117] *K. Schmidt* BB 1988, 1053 (1060); *C. Schäfer* Fehlerhafter Verband, S. 318 f; MünchKommBGB[5]/*Ulmer/C. Schäfer* § 727 Rn 65; ähnlich auch schon *Huber* Vermögensanteil, S. 411; *Wiedemann* Übertragung, S. 69 ff; *ders.* WM 1990, Beilage 8, S. 30.

[118] *Konzen* (Fn 112) S. 67; vgl. zu dieser Folge des fehlerhaften Ausscheiden näher § 131 Rn 197.

[119] Unstr., siehe schon die Nachw. in Fn 27.

[120] Std. Rspr. seit RGZ 16, 40 (56); vgl. RG JW 1912, 475 (476); DR 1943, 1224 (1225); BGHZ 22, 186 (192); 55, 267 (269); 58, 316 (317); 68, 225 (237); MünchKomm-HGB/*K. Schmidt* Rn 12; Ebenroth/Boujong/Joost/Strohn/*Lorz* Rn 10; Heymann/*Emmerich* Rn 11; Baumbach/*Hopt* Rn 14; *Hueck* OHG § 28 II 2a, S. 300; *Ulmer/Schäfer* ZHR 160 (1996), 413 (414); *Wiedemann* Übertragung, S. 156 ff; *Windel* Modi, S. 133 f – Zu abweichenden Konzeptionen vgl. *Flume* I/1, § 18 II 2a; Staudinger/*Werner* BGB (2002) Vor § 2032 Rn 24; *Brox* Erbrecht[22] Rn 787, 790.

schaft ausgestalteten OHG zu sein.[121] Diese wiederum beruht zum Teil auf der Haftungsbeschränkung aus § 2059 Abs. 1 BGB zugunsten der Erben, die mit der gesellschaftsrechtlich unbeschränkten Haftung konfligiert, zum anderen Teil auf der zu schwerfälligen Organisation der Erbengemeinschaft, die sich aus dem Verweis auf das Recht der Bruchteilsgemeinschaft ergibt (§ 105 Rn 100). Schon deshalb würde auch nichts anderes gelten, falls die Erbengemeinschaft rechtsfähig wäre,[122] was die hM indessen mit Recht ablehnt.[123] Zudem entspricht zweitens die Nachfolge der Erbengemeinschaft als solcher eindeutig *nicht dem Willen des Gesetzgebers*. Denn § 139 räumt das **„Wahlrecht"** schon vom Zeitpunkt des Erbfalls an **jedem (einzelnen) Erben** unabhängig von der Entscheidung der Übrigen ein, was nur im Falle einer mit der Sondernachfolge verbundenen, kraft Gesetzes eintretenden Anteilsteilung funktionieren kann. Die somit geltende Sondernachfolge in den Anteil ändert jedoch nichts daran, dass dieser als Teil des Erblasservermögens **Nachlassbestandteil** ist. Dies ist inzwischen nahezu einhellig anerkannt.[124] Die Sondererbfolge wirkt sich demnach im Ansatz so aus wie eine automatische Teilauseinandersetzung des Nachlasses, beschränkt auf den Gesellschaftsanteil, freilich mit besonderen Wirkungen (näher Rn 47).[125]

46 Da sich der Rechtserwerb trotz Sondernachfolge auf erbrechtlichem Wege vollzieht, ist es nicht möglich, den einzelnen Erben eine **von ihrer jeweiligen Erbquote abweichende Gesellschaftsbeteiligung zuzuweisen**, wenn der Anteil des Erblassers im Gesellschaftsvertrag *generell* vererblich gestellt ist (zum Fall der qualifizierten Nachfolgeklausel vgl. aber Rn 47).[126] In diesem Falle haben sich die Gesellschafter nämlich den erbrechtlichen Regeln unterworfen, und eine Abweichung hiervon bedarf naturgemäß wiederum ihrer Zustimmung. Hat somit der Erblasser letztwillig eine anderweitige Aufteilung seines Anteils unter den nachfolgeberechtigten Erben vorgesehen, so kann dies zwar als **Tei-**

---

121 Std. Rspr. seit RGZ 16, 40 (56); s. BGHZ 22, 186 (192); 68, 225 (237); MünchKommHGB/*K. Schmidt* Rn 13; Ebenroth/Boujong/Joost/Strohn/*Lorz* Rn 10; Baumbach/*Hopt* Rn 14; *Koller*/Roth/Morck Rn 5; Staudinger/*Marotzke* BGB (2008) § 1922 Rn 178; *Rüthers* AcP 168 (1968), 276; *Säcker* Nachfolge, S. 25; *Wiedemann* Übertragung, S. 196; s. auch § 105 Rn 100; **aA** *Börner* AcP 166 (1966), 426 (447 ff); *Kruse* FS Laufke, 1972, S. 184 ff; *Stötter* DB 1970, 528 ff.

122 So aber tendenziell *Weipert* ZEV 2002, 300; *Eberl-Borges* ZEV 2002, 125; *dies.* NJW 2006, 1313 (1314). Grundlegend für die Rechtsfähigkeit der Erbengemeinschaft *Grunewald* AcP 197 (1997), 305 ff.

123 Vgl. BGH NJW 2002, 3389 (3390); NJW 2006, 3715; *Marotzke* ZEV 2002, 506; *Ulmer* AcP 198 (1998), 113 (124 ff); *Ivo* ZEV 2004, 499; MünchKommBGB/*Heldrich* § 2032 Rn 12; Bamberger/Roth/*Lohmann* BGB § 2032 Rn 5.

124 *Ulmer* hat seine früher vertretene Auffassung (3. Aufl. Rn 55 ff und öfter) in Anschluss an BGHZ 108, 189 ausdrücklich aufgegeben, s. *Ulmer/C. Schäfer* ZHR 169 (1996), 413 (419 f); MünchKommBGB[5]/*Ulmer* § 705 Rn 112 und MünchKommBGB[5]/*Ulmer/Schäfer* § 727 Rn 33, 39 f; vgl. ferner BGHZ 119, 346 (354); 98, 48 (51); *Flume* NJW 1988, 161 ff; *Wiedemann* FS Großfeld, 1999, S. 1309 (1314 f); MünchKommHGB/*K. Schmidt* Rn 12; jew. mit zahlr. Nachw.; abweichend namentlich noch *Siegmann* NJW 1995, 481 (485 f) und *ders.* Personengesellschaftsanteil, S. 222 f.

125 Vgl. MünchKommHGB/*K. Schmidt* Rn 18; *Ulmer/Schäfer* ZHR 160 (1996), 413 (421 f) („partielle Aufteilung"); *Wiedemann* FS Großfeld, 1999, S. 1309 (1314 f) („Realteilung").

126 Vgl. *Göbel* DNotZ 1979, 133 (133); MünchKommHGB/*K. Schmidt* Rn 15, 22; Ebenroth/Boujong/Joost/Strohn/*Lorz* Rn 17; Heymann/*Emmerich* Rn 12; **aA** *Priester* DNotZ 1977, 558 (561); *Wiedemann* Übertragung, S. 220 f; so anscheinend auch *v. Hoyenberg* RNotZ 2007, 377 (383), allerdings unter Verkennung des Meinungsstandes.

lungsanordnung aufgefasst werden und zu einem nachträglichen Ausgleich zwischen den Nachfolgern (Erben) Anlass geben (vgl. schon Rn 27). Dies setzt aber zwingend das **Einverständnis der übrigen Gesellschafter** voraus (Rn 9, 27, 32), hat also keine „dingliche" Wirkung.[127] Will der Erblasser demnach nur einen seiner gesetzlichen Erben zum Nachfolger berufen, so kann er dies ohne Zustimmung der Mitgesellschafter nur durch dessen Einsetzung zum Alleinerben erreichen.[128] Sind die übrigen Gesellschafter einverstanden, so lässt sich der Erblasserwille mittels Teilungsanordnung immerhin indirekt ins Werk setzen, indem die anderen Erben ihre Anteile auf den Nachfolger-Erben übertragen (s. schon Rn 27); für das erforderliche Einverständnis der Mitgesellschafter wird es in der Regel ausreichen, dass die Anteile *generell* übertragbar sind, zumal auch die einfache Nachfolgeklausel einerseits nicht personenspezifisch ist, andererseits sowohl die Teilung des Anteils als auch den Übergang auf nur eine zum Erben eingesetzte Person umfasst. Auch die gleichzeitige Veränderung der mit dem Anteil verbundenen Rechte (Rn 7, 30) erfordert eine entsprechende Regelung im Gesellschaftsvertrag, kann also vom Erblasser nicht hiervon unabhängig verfügt werden. Der Gesellschaftsvertrag kann eine solche Änderung aber zulassen, und zwar auch beschränkt auf einen Teil der Erben, und er kann sie mit einem **Auswahlrecht des Erblassers** kombinieren, etwa dergestalt, dass von mehreren Erben nur ein vom Erblasser zu bestimmender Nachfolger Komplementär wird (Rn 30).

3. **Übergang auf nur einen Teil der Miterben („qualifizierte Nachfolge").** Soweit die gesellschaftsvertragliche Nachfolgeregelung die Vererbung des Anteils nur zugunsten eines (oder eines Teils der) Erben zulässt oder den Erblasser ermächtigt, Zahl und Person der Nachfolger unter seinen Erben zu bestimmen (qualifizierte Nachfolgeklausel, dazu Rn 11, 26 ff), wird aufgrund des Erbfalls nur der als Nachfolger vorgesehene Erbe Gesellschafter; er erwirbt den Anteil unabhängig von seiner Erbquote **insgesamt** (Rn 11). Sind **mehrere Erben nachfolgeberechtigt**, so teilt sich der Anteil im Zweifel im Verhältnis ihrer Erbquoten zueinander. Erben also drei Personen zu je ein Drittel und sind zwei von ihnen nachfolgeberechtigt, so erwerben diese den Anteil je zur Hälfte. Der Gesellschaftsvertrag kann jedoch (konkludent) eine andere Aufteilung vorsehen oder die Bestimmung des Verhältnisses der Anteile dem jeweiligen Gesellschafter überlassen.[129] Eine isolierte, nicht durch den Gesellschaftsvertrag gespiegelte Teilungsanordnung bleibt aber auch hier ohne Wirkung (Rn 46). Denn mit Ausnahme möglicher *Ausgleichsansprüche der übergangenen Miterben* (Rn 11, 15) gelten für den Anteilsübergang als solchen und für die Rechtsstellung des Nachfolger-Erben die gleichen Grundsätze wie bei einer einfachen Nachfolgeklausel (Rn 45 f). Hinsichtlich der **Rechtsfolgen** unterscheidet sich die qualifizierte somit nicht von einer einfachen Nachfolgeklausel. – Wegen der *Voraussetzungen* der qualifizierten Nachfolge vgl. näher Rn 26 ff. 47

4. **Die Sondernachfolge im Einzelnen, insbes. Sicherung der Nachlassgläubiger.** Anders als im Falle eines Alleinerben, bei dem es nicht zur Sondernachfolge kommt (Rn 44), bereitet diese im Falle einer **Erbengemeinschaft** erhebliche Schwierigkeiten, und zwar 48

---

[127] So auch die hM; Nachw. in Fn 126.

[128] Ebenroth/Boujong/Joost/Strohn/*Lorz* Rn 17; *C. Schäfer* BB-Special 2004, 14 (16).

[129] Etwa durch die Formulierung: „Die Gesellschaft wird im Falle des Todes eines Gesellschafters mit dem- oder denjenigen Erben fortgesetzt, welche(n) dieser durch Verfügung von Todes wegen als Nachfolger bestimmt, und zwar – bei mehreren Nachfolgern – mit den vom Gesellschafter bestimmten Beteiligungsquoten."

sowohl bei einfacher wie auch bei qualifizierter Gesellschafter-Nachfolge. Hier fragt sich zunächst, ob und inwieweit die im Zuge der Anteilsvererbung eintretende partielle Aufteilung des Nachlasses in Bezug auf den Gesellschaftsanteil dazu führt, dass die Erben trotz des übrigen, gesamthänderisch gebundenen Nachlassvermögens die **Einrede der beschränkten Erbenhaftung** (§ 2059 Abs. 1 BGB) verlieren. Auch wenn dies zu verneinen ist (ggf. vorbehaltlich der Fälle, in denen der Anteil das wesentliche Nachlassvermögen ausmacht), stellt sich die weitere Frage, ob und auf welche Weise die *Nachlassgläubiger* gleichwohl auf den jedem Gesellschafter-Erben persönlich zustehenden Gesellschaftsanteil zugreifen und wie sie sich den Vorrang vor dem Zugriff der Privatgläubiger eines Gesellschafter-Erben sichern können.

49 Zur **Lösung** dieses Interessenwiderstreits werden in der **Literatur** verschiedene Ansätze vertreten;[130] neuere höchstrichterliche Urteile liegen nicht vor. Eine **erste** Gruppe von Ansichten sieht in der Sondervererbung eine ipso iure eintretende Nachlassteilung jedenfalls dann, wenn der Anteil den *wesentlichen Nachlasswert* ausmacht. In diesem Falle sollen die Nachfolger-Erben die Einrede nach § 2059 Abs. 1 BGB insgesamt verlieren;[131] Nachlass- und Privatgläubiger können danach grundsätzlich gleichrangig auf das gesamte Vermögen des Nachfolger-Erben zugreifen. Unter teleologischer Reduktion des § 2062 Halbs. 2 BGB wird den Nachfolger-Erben von einigen Autoren immerhin die Möglichkeit offengehalten, ohne Mitwirkung der Miterben, also entgegen § 2062 Halbs. 1 BGB, Nachlassverwaltung zu beantragen, um nachträglich ihre Haftungsbeschränkung auf den Nachlass herbeizuführen.[132] Macht der Anteil demgegenüber *nicht den wesentlichen Teil* des Nachlasses aus, so soll die Einrede des § 2059 Abs. 1 BGB im Hinblick auf das sonstige Nachlassvermögen erhalten bleiben. Ergänzend soll entweder als Ersatz für den ins Privatvermögen gefallenen Anteil ein aus § 1978 BGB abgeleiteter Wertersatzanspruch in den Nachlass fallen,[133] oder den Nachlassgläubigern soll der unmittelbare Zugriff auf den Anteil unter Beschränkung der Einrede nach § 2059 Abs. 1 BGB auf das sonstige Vermögen der Erben eröffnet bleiben.[134] Die Vertreter dieser Ansicht übertragen also grundsätzlich den objektiven Teilungsbegriff des § 2059 Abs. 1 BGB auf die kraft Gesetzes durch die Sondervererbung eintretende Nachlassteilung. Eine **zweite** noch stär-

---

[130] Ausführliche Darstellung des Streitstands etwa bei *Raddatz* Personengesellschaftsanteile, S. 60 ff; *Siegmann* Personengesellschaftsanteil, S. 216 f; *Stodolkowitz* FS Kellermann, 1991, S. 439 (450 ff); eingehend dazu *Ulmer/Schäfer* ZHR 160 (1996), 413 ff sowie MünchKommBGB[5]/*Ulmer/C. Schäfer* § 727 Rn 34 ff (die nachfolgenden Ausführungen lehnen sich daran an); *Windel* Modi, S. 278 ff; vgl. ferner *Wiedemann* FS Großfeld, 1999, S. 1309 (1314 ff, 1324 ff).

[131] So insbes. *Kieserling* Die erbrechtliche Haftung des Miterben-Gesellschafters, S. 53 ff; *H. P. Westermann* AcP 173 (1973), 24 (28 f) und Erman/*Westermann*[12] § 727 Rn 11 (kritisch dazu schon *Ulmer* ZGR 1972, 195 [203]).

[132] So *H. P. Westermann* AcP 173 (1973), 24 (36 ff); im Ergebnis auch MünchKommBGB[4]/*Heldrich* § 2062 Rn 9 f; *Siegmann* Personengesellschaftsanteil, S. 35; wohl auch *Wiedemann* FS Großfeld, 1999, S. 1309 (1316) (anders aber dann S. 1324 f); **aA** Staudinger/*Marotzke* BGB (2002) § 2059 Rn 60.

[133] *H. P. Westermann* AcP 173 (1973), 24 (31 f, 40). Ein Rückgewährungsanspruch aus §§ 1978 Abs. 2, 1991 Abs. 1 entspricht der hM in Bezug auf vorab verteilte Nachlassgegenstände, vgl. RGZ 89, 403 (408 f); Soergel/*Wolf*[13] § 2059 Rn 3; Palandt/*Edenhofer*[68] § 2059 Rn 3. Gegenansichten in Fn 134, 135, 136.

[134] So *Kieserling* (Fn 131) S. 119 ff, 140; *Raddatz* Personengesellschaftsanteile, S. 70 ff, 73; *Stodolkowitz* FS Kellermann, 1991, S. 439 (451). Diese Lösung favorisieren allgemein für vorab verteilte Nachlassgegenstände MünchKommBGB[4]/*Heldrich* § 2059 Rn 10; Jauernig/*Stürner* BGB[12] § 2059 Rn 3.

ker erbrechtlich orientierte Ansicht will den *Eintritt unbeschränkter Erbenhaftung* sogar *generell* als Folge der Sondervererbung des Anteils bejahen,[135] also unabhängig von der Wertrelation zwischen Gesellschaftsanteil und restlichem Erbteil. Jeder Gesellschafter-Erbe soll danach eine Beschränkung seiner Erbenhaftung nur gem. §§ 1975 ff BGB herbeiführen, sich also nicht auf § 2059 Abs. 1 BGB hinsichtlich seines sonstigen Privatvermögens berufen können.[136] Kommt es auf diesem Wege (§§ 1975, 1981 Abs. 1 BGB) zur Bestellung eines Nachlassverwalters, so soll seinem Zugriff nicht nur der Gesellschaftsanteil, sondern auch der restliche Erbteil des Gesellschafter-Erben unterliegen.[137]

Eine **dritte**, im Grundsatz abweichende Ansicht sieht in der Sondervererbung **in keinem Falle** eine **Nachlassteilung**, gleichviel ob außer dem Anteil noch weitere wesentliche Nachlassgegenstände vorhanden sind oder nicht.[138] Die §§ 2059 Abs. 1 S. 1, 2062 Halbs. 2 BGB bleiben danach trotz Sondervererbung anwendbar, wobei der Anteil so behandelt wird, als gehörte er zum gesamthänderisch gebundenen Nachlass, womit sich die Zugriffsmöglichkeit der Nachlassgläubiger zwanglos verbindet. Den Nachfolger-Erben bleibt demzufolge die Einrede des § 2059 Abs. 1 S. 1 BGB in Bezug auf ihr sonstiges Privatvermögen erhalten; zur Anordnung von Nachlassverwaltung bedarf es des Antrags sämtlicher Miterben. Schließlich findet sich trotz Anerkennung der Nachlasszugehörigkeit der Anteile durch BGHZ 108, 187 noch eine **vierte** Ansicht, wonach entsprechend der *Abspaltungsthese* die Vermögensrechte aus dem Anteil trotz dessen Sondervererbung in den gesamthänderisch gebundenen Nachlass fallen. Folgt man ihr, so erledigt sich die Problematik der Nachlassteilung durch Sondererbfolge, da in diesem Fall die gleiche Rechtslage besteht wie bei Universalsukzession.[139] Auch können Privatgläubiger und Dritte vom Zugriff auf die Vermögensrechte relativ einfach ferngehalten werden, sofern abweichend von allgemeinen Grundsätzen angenommen wird, dass Anteilsverfügungen des Erben die Nachlasszugehörigkeit der Vermögensrechte unberührt lassen. 50

Stellungnahme: Das Erbrecht widmet der Sondervererbung des Gesellschaftsanteils bekanntlich keine Aufmerksamkeit, so dass sich die Problemlösung nicht unmittelbar aus dem Gesetz entnehmen lässt. Auch kann die im Grunde zu angemessenen Ergebnissen führende Abspaltungsthese (Rn 50), kaum aufrechterhalten bleiben, nachdem ihre Basis, die fehlende Nachlasszugehörigkeit des Anteils, inzwischen entfallen ist (Rn 45). Die Lösung hat sich vielmehr möglichst nahe an der erbrechtlichen Regelung zu orientieren, die dem Gesellschaftsrecht bei der Anteilsvererbung *nur insoweit* weichen muss, als die Besonderheiten der Personengesellschaft, darunter insbes. ihre Natur als Arbeits- und 51

135 So eingehend *Windel* Modi, S. 283 ff; *Wiedemann* FS Großfeld, 1999, S. 1309 (1316); ähnlich zuvor schon *Heckelmann* FS v. Lübtow, 1980, S. 619 (632 f). Für den Fall, dass außer dem Anteil keine weiteren Nachlassgegenstände vorhanden sind, auch *Raddatz* Personengesellschaftsanteile, S. 76 ff; ansonsten will er die Einrede des § 2059 Abs. 1 in Bezug auf das sonstige Privatvermögen gewähren; **aA** Staudinger/*Marotzke* BGB (2002) Vor § 2058 Rn 8.

136 *Windel* Modi, S. 287 ff.

137 *Windel* Modi, aaO.

138 Staudinger/*Marotzke* BGB (2002) § 2059 Rn 57 f, 62 ff; MünchKommBGB⁴/*Heldrich* § 2059 Rn 11; grundsätzlich auch *Stodolkowitz* FS Kellermann, 1991, S. 439 (450 ff, 453) (solange der Anteil nicht durch Verfügungen des Erben beeinträchtigt ist); *Wiedemann* FS Großfeld, 1999, S. 1309 (1324 f).

139 *Siegmann* Personengesellschaftanteil, S. 222 f. Gegen die Abspaltungsthese aber *Flume* ZHR 155 (1991), 501 (505, 506 f); *ders.* FS Müller-Freienfels, 1986, S. 113 (126) und NJW 1988, 161 (162); *Ulmer/Schäfer* ZHR 196 (1996), 413 (419 f); *Windel* Modi, S. 280 f; ferner *Marotzke* JR 1988, 184 (186); *Stodolkowitz* FS Kellermann, 1991, S. 439 (444).

Haftungsgemeinschaft, dies erzwingen.[140] Geht man von diesen Prämissen aus, so bereitet die **vorrangige Reservierung des Gesellschaftsanteils für die Nachlassgläubiger** unter Zurückdrängung der Privatgläubiger entsprechend der dritten Ansicht (Rn 50) keine unüberwindlichen konstruktiven Schwierigkeiten.[141] Das gilt auch dann, wenn es nicht zu Nachlassverwaltung oder Nachlassinsolvenz (dazu Rn 37) kommt. Aus *Gläubigersicht* bleibt es vielmehr zunächst bei dem erbrechtlichen Grundsatz, dass der Gesellschaftsanteil mit dem Erbfall **Nachlassbestandteil** wird und *deshalb* dem vorrangigen Zugriff der Nachlassgläubiger unterliegen muss. Seine Abgrenzung gegenüber dem Privatvermögen der Gesellschafter-Erben ist aus erbrechtlicher Sicht trotz Sondervererbung unschwer möglich,[142] und gesellschaftsrechtlich bestehen gegen diese Rechtsfolge keine Bedenken. Aus der fortbestehenden Nachlasszugehörigkeit folgt einerseits, dass *Nachlassgläubiger* in den jeweiligen (Teil-)Anteil der einzelnen Erben nach Maßgabe von § 135 vollstrecken können, ohne dass diesen dagegen die Einrede der beschränkten Erbenhaftung zusteht, weil der Anteil fiktiv wie gesamthänderisch gebundenes Nachlassvermögen behandelt wird;[143] mit Rücksicht auf die Sondervererbung ist für die Vollstreckung freilich ein Titel gegen den jeweiligen Erben zu verlangen.[144] Den *Privatgläubigern* andererseits ist der Vollstreckungszugriff verwehrt, auch ohne dass die Erben (gemeinschaftlich oder je für sich handelnd) bzw. die Nachlassgläubiger Nachlassverwaltung beantragen müssten.[145] Gegen eine gleichwohl erfolgende Vollstreckung können die Erben Drittwiderspruchsklage erheben; den Nachlassgläubigern steht dieses Recht zwar nicht zu; sie können aber Nachlassverwaltung nach § 1981 Abs. 2 BGB beantragen.[146] Die **Einrede der beschränkten Erbenhaftung** (§ 2059 Abs. 1 S. 1 BGB) **entfällt** erst dann und insoweit, als einzelne Erben dazu übergehen, den ererbten Anteil zu veräußern oder darüber auf sonstige Weise, durch Verpfändung, Nießbrauchbestellung, Kündigung o.Ä., zu verfügen.[147] In einer solchen Verfügung ist, bezogen auf den jeweiligen Erben, ein der Nachlassteilung i.S.d. §§ 2059 ff BGB entsprechender Vorgang zu sehen, der den endgültigen Verlust der Haftungsbeschränkung für ihn zur Folge hat. Die hiermit verbundene – geringe – Rechtsunsicherheit ist im Interesse der Erben hinzunehmen; wollte man ihnen den Weg zur Haftungsbeschränkung allein über die §§ 1975 ff BGB eröffnen, bedeutete dies eine eklatante, nicht zu rechtfertigende Schlechterstellung im Vergleich zur gesetzlichen Ausgangslage. Ein zusätzlicher Gewinn an Rechtssicherheit lässt sich dadurch

---

140 So im Grundsatz zutreffend schon *Wiedemann* Übertragung S. 207 ff; so auch *ders.* FS Großfeld, 1999, S. 1309 (1316) (allerdings mit abweichender Schlussfolgerung). Vgl. auch BGHZ 91, 132 (136 f) = NJW 1984, 2104; BGH NJW 1983, 2376.

141 Näher zum Ganzen *Ulmer/Schäfer* ZHR 160 (1996), 413 (424 ff).

142 Zutr. *Stodolkowitz* FS Kellermann, 1991, S. 451 f.

143 *Stodolkowitz* FS Kellermann, 1991, S. 450 ff; i.E. auch Staudinger/*Marotzke* BGB (2002) § 2059 Rn 62.

144 Vgl. näher *Ulmer/Schäfer* ZHR 160 (1996), 413 (427 ff). – Für die Vollstreckung der Nachlassgläubiger in (gesamthänderisch gebundene) Nachlassgegenstände bedarf es normalerweise eines Titels gegen sämtliche Miterben gem. § 747 ZPO.

145 S. *Ulmer/Schäfer* ZHR 160 (1996), 413 (429 ff); weniger weitgehend *Stodolkowitz* FS Kellermann, 1991, S. 451; Staudinger/*Marotzke* BGB (2002) § 2059 Rn 64 und *Wiedemann* FS Großfeld, 1999, S. 1309 (1325), die es beim Antragsrecht der Nachlassgläubiger aus § 1981 Abs. 2 BGB belassen wollen.

146 Dies entspricht der Situation bei Abwehr des Vollstreckungszugriffs von Privatgläubigern eines Miterben in den noch ungeteilten Nachlass. Vgl. *Ulmer/Schäfer* ZHR 160 (1996), 413 (430 ff); zur Anwendbarkeit des § 771 ZPO in diesem Falle siehe auch MünchKommZPO³/*K. Schmidt* § 771 Rn 19.

147 Überzeugend *Stodolkowitz* FS Kellermann, 1991, S. 453; näher *Ulmer/Schäfer* ZHR 160 (1996), 413 (427).

erreichen, dass man in Anlehnung an die Frist des § 1981 Abs. 2 BGB, binnen derer Nachlassverwaltung beantragt werden muss, spätestens mit *Ablauf von zwei Jahren* seit Annahme der Erbschaft von einer Nachlassteilung ausgeht.[148]

IV. Die gesellschaftsrechtliche Stellung des Nachfolgers

1. Allgemeines. Die Rechtsstellung des Nachfolger-Erben ist grundsätzlich identisch mit derjenigen des Erblassers und bestimmt sich also **nach dem Gesellschaftsvertrag,**[149] sofern die Nachfolgeklausel keine Änderungen vorsieht (dazu näher Rn 30). Seit anerkannt ist, dass der Anteil als Nachlassbestandteil und einheitlicher Rechtsgegenstand[150] kraft Gesetzes insgesamt auf den Erben übergeht, gilt dies im Grundsatz auch für die einzelnen mit dem Anteil verbundenen Rechte und Pflichten,[151] ohne dass man anzunehmen braucht, diese entstünden in der Person des Nachfolgers neu. Vom Tod des Erblassers an hat der Nachfolger-Erbe also grundsätzlich **sämtliche Rechte und Pflichten eines Gesellschafters.** Er ist insbesondere befugt zur Mitwirkung bei Beschlüssen, zur Stellung von Anträgen, z.B. auf Entziehung der Geschäftsführungsbefugnis oder Vertretungsmacht eines Mitgesellschafters (§§ 117, 127) oder auf Ausschließung eines Gesellschafters aus der Gesellschaft (§ 140), auf Auflösung der Gesellschaft (§ 133), sowie zur Mitwirkung bei Anmeldungen zum Handelsregister (§ 108). Diese Rechte stehen ihm persönlich zu, sofern nicht wirksam Testamentsvollstreckung angeordnet ist (dazu näher Rn 57 ff). Eine Einschränkung gilt allerdings für besondere, dem Erblasser **höchstpersönlich zugewiesenen Rechte**, die im Falle seines Todes erlöschen. Ob ein solcher Tatbestand vorliegt, ist durch Auslegung zu ermitteln, was insbesondere in Bezug auf *Geschäftsführungs- und Vertretungsrechte* Schwierigkeiten bereiten kann.[152] Ist die Geschäftsführung vertraglich bestimmten Gesellschaftern wegen ihrer besonderen Fähigkeiten übertragen, so handelt es sich im Zweifel um Sonderrechte, die dem Nachfolger-Erben *nicht* zustehen (vgl. noch Rn 54). Sind dagegen nur einzelne Gesellschafter von der Geschäftsführung ausgeschlossen, soll es für die Übrigen im Zweifel bei der gesetzlichen Regel bleiben.[153] Insgesamt sind somit die gleichen Grundsätze anwendbar wie bei der Anteilsübertragung unter Lebenden (§ 105 Rn 304 ff). 52

Das Vorstehende gilt sinngemäß auch dann, wenn der Anteil auf **mehrere Erben aufgeteilt** wird. Weil sich hierdurch die Zahl der Gesellschafter vermehrt, besteht Verwandtschaft zur *Teilübertragung* des Anteils unter Lebenden (§ 105 Rn 312 f): Die – unteilbaren – Verwaltungsrechte vervielfältigen sich demnach entsprechend der Anzahl der Mitglieder der Erbengemeinschaft.[154] Auf das Stimmrecht trifft dies allerdings nur dann zu, wenn es entsprechend § 119 Abs. 1 nach Köpfen bemessen ist, der Gesellschaftsvertrag also keine hiervon abweichende quotale Gewichtung vorsieht. Im Übrigen wer- 53

---

148 Überzeugend *Wiedemann* FS Großfeld, 1999, S. 1309 (1327).

149 Vgl. nur BGHZ 81, 82 (84) (zur rechtsgeschäftlichen Übertragung: Erwerber tritt in vollem Umfang in die Rechtsstellung ein, die der Veräußerer bis dahin innehatte); BGH WM 1959, 53; WM 1982, 1170.

150 So auch schon BGHZ 91, 132 (137); näher auch MünchKommBGB[5]/*Ulmer/C. Schäfer* § 719 Rn 40 ff.

151 Zu dieser – früher streitigen Frage – vgl. etwa RGZ 170, 392 (394); Schlegelberger/*Geßler* Anm. 21; *Hueck* OHG § 28 II 1b, S. 298 f; *Wiedemann* Übertragung, S. 72 ff.

152 Näher § 105 Rn 306; *Wiedemann* Übertragung, S. 71 ff; *Hueck* OHG § 27 II 3, S. 399; *Teichmann* NJW 1966, 2339.

153 Vgl. BGH NJW 1959, 192.

154 Vgl. auch MünchKommBGB[5]/*Ulmer/C. Schäfer* § 727 Rn 33; Erman/*Westermann*[12] § 727 Rn 8.

den die Rechte – wie der Anteil – ihrerseits quotal geteilt, und zwar im Zweifel, wie der Anteil selbst, im Verhältnis der Erbquoten zueinander (Rn 47). Eine solche Zersplitterung der Rechte bzw. des Gesellschafterkreises lässt sich nur durch eine qualifizierte Nachfolgeklausel verhindern, was oftmals empfehlenswert ist.[155] Wandelt sich die Beteiligung mit dem Erbfall in einen Kommanditanteil (Rn 30), so kann im Gesellschaftsvertrag vorgesehen werden, dass die Rechte der Nachfolger-Erben von einem *gemeinsamen Vertreter* wahrzunehmen sind.[156] Eine vom Gesellschaftsvertrag **abweichende Ausgestaltung** der Rechtsstellung der Nachfolger-Erben *durch letztwillige Verfügung* ist nicht möglich.[157] Der Gesellschaftsvertrag kann die Gesellschafter freilich ermächtigen, letztwillig einen der Nachfolger-Erben als geschäftsführenden Gesellschafter zu bestimmen, während die anderen die Stellung von Kommanditisten erhalten (Rn 30). – Zur Rechtsstellung des Nachfolger-Erben vor Ablauf der durch das Wahlrecht nach § 139 bedingten Schwebezeit vgl. Rn 121, zur Lage vor Ablauf der Frist zur Ausschlagung der Erbschaft Rn 36.

54 2. **Geschäftsführung und Vertretung.** Daraus, dass das Geschäftsführungsrecht im Vertrag auch als (höchstpersönliches) **Sonderrecht** ausgestaltet sein kann (Rn 52), ergibt sich, dass selbst beim Tod des einzigen geschäftsführenden Gesellschafters nicht zwingend auch sein Erbe geschäftsführungsbefugt wird, während die übrigen Gesellschafter ausgeschlossen bleiben. Allerdings kann dies dazu führen, dass ein handlungsfähiges **Gesellschaftsorgan** vorübergehend überhaupt **fehlt**. Eine solche Situation ist allerdings auch beim Ausscheiden des Verstorbenen gem. § 131 Abs. 3 Nr. 1 denkbar und daher hinzunehmen. Es ist dann Aufgabe aller Gesellschafter, durch Änderung des Gesellschaftsvertrags für eine neue Geschäftsführungsregelung zu sorgen, falls der Vertrag für diesen Fall keine Vorsorge getroffen hat, etwa dass beim Tode (oder sonstigem Ausscheiden) eines Gesellschafters die Geschäftsführung und Vertretung durch Mehrheitsbeschluss neu geordnet werden kann. Bis zur Neuordnung sind im Zweifel alle Gesellschafter gemeinsam geschäftsführungs- und vertretungsberechtigt.[158]

55 Soll in einer Familiengesellschaft die Geschäftsführung und Vertretung nur je **einem Mitglied jedes Stammes** zustehen, so gilt das im Zweifel auch für die Nachfolger-Erben; dabei ist wiederum im Wege der Vertragsauslegung zu klären, ob die Bestellung zum Geschäftsführer und Vertreter hier der Zustimmung aller Gesellschafter bedarf oder ob es sich um ein vom Erblasser bzw. hilfsweise von den Nachfolger-Erben auszuübendes einseitiges Präsentationsrecht handelt. – Stehen einem Nachfolger-Erben nach dem Gesellschaftsvertrag Geschäftsführung und Vertretung zu, erweist er sich hierfür aber als ungeeignet, so können die übrigen Gesellschafter gegen ihn Entziehungsklage erheben.[159]

56 3. **Vermögensrechtliche Stellung.** Auch hinsichtlich der Vermögensrechte ergeben sich durch den erbrechtlichen Anteilsübergang grundsätzlich keine Änderungen.[160] Ist der Nachfolger zugleich **Alleinerbe**, so stehen ihm der Kapitalanteil des Erblassers sowie dessen **Gewinn- und Entnahmerechte** in vollem Umfang zu, soweit sich nicht aus dem

---

[155] Vgl. z.B. *v. Rechenberg,* DStR 2005, 386 (389).

[156] BGHZ 46, 291, näher Voraufl. § 163 Rn 16 (*Schilling*) und MünchKommHGB/ *K. Schmidt* § 177 Rn 17 mwN.

[157] So mit Recht schon RG DR 1942, 1057; siehe bereits Rn 46.

[158] Vgl. BGHZ 51, 198 (201); vgl. auch § 127 Rn 7 (*Habersack*).

[159] Vgl. auch *Merkel* MDR 1963, 102.

[160] Vgl. nur BGH WM 1986, 1314 (1315); näher § 105 Rn 307 ff sowie *Wertenbruch* S. 507 ff (567).

Gesellschaftsvertrag etwas anderes ergibt, insbesondere dem verstorbenen Gesellschafter ein höherer Gewinnanteil oder eine besondere Entnahmeregelung als Sonderrecht bewilligt war. Gleiches gilt für eine vom Erblasser noch nicht voll erfüllte Einlagepflicht. Sind **mehrere Erben** als Nachfolger berufen, so verteilen sich die mit der Beteiligung verbundenen Vermögensrechte, wie der Anteil als solcher, auf die Nachfolger nach Maßgabe ihrer Erbquote (Rn 47). Ist die tatsächliche Aufteilung des (Kapital-)Anteils unter Verkennung dieser Rechtslage abweichend hiervon erfolgt, so kann der dadurch benachteiligte Nachfolger-Erbe von den Mitgesellschaftern die rückwirkende Anpassung (Neuberechnung) verlangen,[161] und zwar auch dann, wenn er zwischenzeitlich ausgeschieden ist.[162] Was die Gewinn- und Verlustverteilung betrifft, so greift der in § 121 Abs. 3 vorgesehene Verteilungsschlüssel nach Köpfen bei der generellen Vererblichkeit der Anteile im Zweifel selbst dann nicht ein, wenn im Gesellschaftsvertrag ausnahmsweise auf eine besondere Gewinnverteilungsabrede verzichtet und jeder Gesellschafter ursprünglich zu gleichen Teilen an Kapital und Gewinn beteiligt war. Ist schließlich aus mehreren Miterben **nur ein Nachfolger** berufen, so geht der Anteil einschließlich der Vermögensrechte in vollem Umfang auf den Nachfolger-Erben über, ohne dass für die übrigen Gesellschafter ein Abfindungsanspruch entstünde (vgl. Rn 11). – Wegen der fiktiven *Zugehörigkeit des Anteils* und damit sämtlicher (Vermögens-)Rechte *zum gesamthänderisch gebundenen Nachlass* sowie den Möglichkeiten des Nachfolgers zur *Haftungsbeschränkung* bei Vorhandensein mehrerer Erben vgl. Rn 48 ff.

V. Testamentsvollstreckung

1. Überblick und Grundlagen. Die bloße **Abwicklungsvollstreckung** i.S.v. §§ 2203 f BGB in Bezug auf Gesellschaftsanteile wird heute nahezu einhellig als **unproblematisch** betrachtet;[163] doch kommt ihr wegen der durch die Sondererbfolge bedingten automatischen Anteilsspaltung (Rn 53), die eine Auseinandersetzung erübrigt, Bedeutung ohnehin nur für den (Ausnahme-)Fall einer todesbedingten **Auflösung** der Gesellschaft zu, dann folglich in Bezug auf den **Anteil an der Liquidationsgesellschaft**, der ungeteilt auf die Erbengemeinschaft übergeht.[164] Insoweit bestehen weder erb-, noch gesellschaftsrechtliche Bedenken gegen die Verwaltung mit Abwicklungszweck; der Testamentsvollstrecker entspricht einem gemeinsamen Vertreter der Erben i.S.v. § 146 Abs. 1 S. 2.[165] Hiervon unabhängig steht ihm aber auch im Falle einer – die Auseinandersetzung erübrigenden – Sondererbfolge das **Kündigungsrecht** analog § 135 zu, um notfalls den Anteilswert zugunsten der Miterben zu realisieren, soweit der Nachfolger-Erbe etwaige Ausgleichsansprüche nicht erfüllt (s.a. § 135 Rn 6). – Demgegenüber ist die seit vielen Jahren geführte Diskussion um die Zulässigkeit der **(Verwaltungs-/Dauer-)Testamentsvollstreckung** i.S.v. § 2206 S. 1 BGB an Personengesellschaftsanteilen noch keineswegs zum Abschluss 57

---

161 *Rob. Fischer* FS Heymanns Verlag, 1965, S. 271 (286).

162 Vgl. BGH WM 1964, 629 (631).

163 BGHZ 98, 48 (58); BGH NJW 1981, 749 (750); MünchKommHGB/*K. Schmidt* Rn 44; Ebenroth/Boujong/Joost/Strohn/*Lorz* Rn 63; MünchKommBGB[5]/*Ulmer/C. Schäfer* § 727 Rn 22.

164 Zutr. OLG Hamm NJW-RR 2002, 729 (730); MünchKommBGB[4]/*Zimmermann* § 2205 Rn 27 („gegenstandslos"); MünchKommHGB/*K. Schmidt* Rn 44; Ebenroth/Boujong/Joost/Strohn/*Lorz* Rn 63; Röhricht/Graf v. Westphalen/*v. Gerkan/Haas* Rn 6; MünchKommBGB[5]/*Ulmer/C. Schäfer* § 727 Rn 22.

165 Vgl. MünchKommHGB/*K. Schmidt* Rn 53.

gekommen;[166] sie hat allerdings durch ein Grundsatzurteil des BGH aus dem Jahr 1989 eine wesentliche Wendung erfahren.[167] Seither wird die Testamentsvollstreckung am *Kommanditanteil* von der ganz hM zugelassen, während hinsichtlich des Anteils eines persönlich haftenden Gesellschafters vor allem wegen dessen unbeschränkter Haftung für die Gesellschaftsschulden die Bedenken unverändert überwiegen (Rn 60).

58 **Erbrechtliche Einwände** gegen die Testamentsvollstreckung, die in der älteren Diskussion vor allem auf eine Differenzierung zwischen Erbschaft und Nachlass gestützt wurden,[168] haben sich in der Folge von BGHZ 108, 187 erledigt (s. schon Rn 45). Inzwischen wird die **Nachlasszugehörigkeit** des Gesellschaftsanteils, nach § 2206 BGB Grundvoraussetzung der Testamentsvollstreckung, nahezu einhellig und in Übereinstimmung mit der neueren Erbrechtsliteratur[169] anerkannt.[170] In Hinblick auf die Kompetenzen des Testamentsvollstreckers bleiben aber **zwei erbrechtliche Schranken** zu berücksichtigen: Zum einen darf der Testamentsvollstrecker den Erben nicht über den Nachlass hinaus auch persönlich verpflichten (§ 2206 Abs. 1 BGB, dazu Rn 60). Zum anderen ist er nicht zu unentgeltlichen Verfügungen befugt (§ 2205 S. 3 BGB). Beide Schranken stehen aber der Testamentsvollstreckung nicht generell entgegen; vielmehr kann ihnen durch entsprechende Eingrenzung der vollstreckungsfähigen Anteile bzw. der Rechte des Testamentsvollstreckers Rechnung getragen werden (Rn 59 f).

59 Auch die früher vorgebrachten **gesellschaftsrechtlichen Einwände** sind zum größten Teil überholt.[171] Das gilt zunächst für den Charakter der Personengesellschaft als Zusam-

---

[166] Vgl. die Schrifttumsnachweise in 3. Aufl. Rn 66 (*Ulmer*). Aus neuerer Zeit *Dörrie* Testamentsvollstreckung; *Faust* DB 2002, 189; *Flume* NJW 1988, 161; *Hehemann* BB 1995, 1301; *Hüfner* Testamentsvollstreckung; *Kreppel* DStR 1996, 430; *Lorz* Testamentsvollstreckung; *ders.* FS Boujong, 1996, S. 319; *Marotzke* JZ 1986, 197; *ders.* AcP 187 (1987), 233; *Muscheler* Haftungsordnung; *Quack* BB 1989, 2271; *Raddatz* Personengesellschaftsanteile; *Rowedder* FS Goerdeler, 1987, S. 445; *Schmitz* ZGR 1988, 140; *Siegmann* Personengesellschaftsanteil; *Stimpel* FS Brandner, 1996, S. 779; *Ulmer/Schäfer* ZHR 160 (1996), 413 ff (439); *D. Weber* FS Stiefel, 1987, S. 829; *Weidlich* Testamentsvollstreckung; *Wessels* Testamentsvollstreckung; *Winkler* FS Schippel, 1996, S. 519.

[167] BGHZ 108, 187 = NJW 1989, 3152. Vgl. dazu *Brandner* FS Kellermann, 1991, S. 37; *Flume* ZHR 155 (1991), 501; *D. Mayer* ZIP 1990, 976; *Stodolkowitz* FS Kellermann, 1991, S. 439; *Ulmer* NJW 1990, 73.

[168] So insbes. noch *Ulmer* NJW 1984, 1496 (1497 f); *ders.* JuS 1986, 856; Soergel/*Hadding/Kießling*[12] § 727 Rn 48; *Koch* NJW 1983, 1763. Vgl. auch BGH NJW 1981, 749 (750) („Ausgliederung aus der Nachlassmasse") und BGHZ 91, 132 (135) = NJW 1984, 2104 (Anteil fällt getrennt vom übrigen Nachlass „unmittelbar und endgültig in das Privatvermögen des Gesellschafter-Erben"); zur Entwicklung näher *Ulmer/Schäfer* ZHR 160 (1996), 413 (416 ff, 439).

[169] *Muscheler* Haftungsordnung, S. 470 ff; *Brandner* FS Kellermann, 1991, S. 40; *Dörrie* Testamentsvollstreckung, S. 25 ff; *Schmitz* ZGR 1988, 140 (149 ff); *Marotzke* JZ 1986, 457 (458 ff); *ders.* AcP 187 (1987), 223 (229); *Raddatz* Personengesellschaftsanteile, S. 39 ff, 141 ff; *Siegmann* Personengesellschaftsanteil, S. 153 f; *Weidlich* Testamentsvollstreckung, S. 22 ff; Soergel/*Damrau*[13] § 2205 Rn 31; *Hehemann* BB 1995, 1301 (1303 f). Aus gesellschaftsrechtlicher Sicht auch *Flume* ZHR 155 (1991), 501 (504 ff, 510); *ders.* NJW 1988, 161 ff; MünchKommHGB/*K. Schmidt* Rn 45; Ebenroth/Boujong/Joost/Strohn/*Lorz* Rn 68; Baumbach/*Hopt* Rn 24 ff.

[170] So zuerst BGHZ 98, 48 = NJW 1986, 2431 (IVa.-Senat); ihm folgend BGHZ 108, 187 = NJW 1989, 3152 (II. Senat); ferner etwa OLG Düsseldorf ZEV 2008, 142. Eingehend zur Entwicklung der Rspr. *Ulmer/C. Schäfer* ZHR 160 (1996), 413 (416 ff).

[171] Näher schon *Ulmer/C. Schäfer* ZHR 160 (1996), 413 (439) mN.

menschluss auf *persönlicher* Grundlage. Denn den hiermit geschützten Interessen der Mitgesellschafter wird durch das zwingende *Erfordernis einer Zustimmung der Mitgesellschafter* als Wirksamkeitsvoraussetzung ausreichend Rechnung getragen (näher Rn 61). Auch das *Abspaltungsverbot* steht einer Verwaltungsvollstreckung nicht entgegen,[172] weil die wesentlichen Gesellschafterrechte in diesem Fall beim Testamentsvollstrecker als Amtswalter liegen, ohne vom Anteil getrennt zu sein (näher zur Rechtsstellung des Verwalters Rn 37). Der Grundsatz der *Selbstorganschaft*[173] könnte von vornherein allein der Wahrnehmung der Geschäftsführungs- und Vertretungsbefugnis durch den Testamentsvollstrecker, nicht jedoch der Testamentsvollstreckung als solcher entgegenstehen (Rn 63 a.E.). Es bleibt der Einwand **fehlender Verpflichtungsbefugnis** des Testamentsvollstreckers gegenüber dem Erben persönlich (§ 2206 Abs. 1 BGB) bzw. der Unzumutbarkeit unbeschränkter persönlicher Haftung ohne (eigene) Mitspracherechte, die nach hM dazu führen, dass die Testamentsvollstreckung auf **Kommanditanteile** beschränkt bleibt.[174] Die von der Gegenauffassung geforderte Zulassung der Testamentsvollstreckung auch bei Anteilen *persönlich haftender Gesellschafter* hat sich bisher nicht durchgesetzt (Rn 60). Die hM verweist die Beteiligten deshalb auf die Treuhand als Ersatzkonstruktion (Rn 66), falls sich der persönlich haftende Gesellschafter-Erbe nicht entschließt, seine Beteiligung gem. § 139 Abs. 1 HGB mit Zustimmung der Mitgesellschafter in eine Kommanditistenstellung umzuwandeln. Ist Testamentsvollstreckung gewünscht, wird sich deshalb in vielen Fällen die Kombination mit einer (partiellen) Anteilsumwandlung anbieten (Rn 66).

2. Stellungnahme, insbes. zur Haftungsproblematik. Wie gesehen, bildet das Risiko 60
unbeschränkter Haftung des Gesellschafter-Erben für die Gesellschaftsverbindlichkeiten das zentrale Problem für die Anerkennung der Testamentsvollstreckung am **Anteil eines persönlich haftenden Gesellschafters**, während die Fremdverwaltung des *Kommanditanteils* im Ausgangspunkt unproblematisch ist (Rn 59). Wie aus den Regelungen der §§ 2206, 2207, 2208 BGB folgt, kann der Testamentsvollstrecker durch sein rechtsgeschäftliches Handeln den Erben wirksam nur mit dem Nachlass, nicht aber mit dessen Privatvermögen verpflichten. Deshalb kollidiert die unbegrenzbare gesellschaftsrechtliche Haftung aus § 128 mit der Möglichkeit, für Nachlassverbindlichkeiten zur Haftungs-

---

172 So aber noch 3. Aufl. § 105 Rn 28d (*Rob. Fischer*); vgl. auch Schlegelberger/*Geßler* § 105 Anm. 14c; *Hueck* OHG § 28 II 5; *Wiedemann* Übertragung, S. 341.

173 Als Gegenargument angedeutet bei Schlegelberger/*K. Schmidt* Rn 51; *Hehemann* BB 1995, 1301 (1307); dagegen aber zu Recht *Stimpel* FS Brandner, 1996, S. 779 (783 f).

174 BGHZ 108, 187 (195); 68, 225 (239); 24, 106 (113); BGH NJW 1985, 1953 (1954); 1981, 749 (750); BayObLG WM 1991, 131 (134) (anders möglicherweise BGH NJW 1996, 1284 (1286) (IV. Senat) und 1998, 1313 = JZ 1998, 468 mit krit. Anm. *Ulmer*; vgl. auch OLG Düsseldorf [Testamentsvollstreckung zwar zulässig, aber nur hinsichtlich der Vermögensrechte]); *Flume* I/1, § 14 V; *Stodolkowitz* FS Kellermann, 1991, S. 439 (441); *Raddatz* Personengesellschaftsanteile, S. 157 f; *Ulmer/Schäfer* ZHR 160 (1996), 413 (439); Heymann/*Emmerich* Rn 23c; Baumbach/*Hopt* Rn 21 (in Bezug auf OHG-Anteil); ebenso auch Röhricht/Graf v. Westphalen/*v. Gerkan/Haas* (TV erstreckt sich nur auf Vermögensrechte); **aA** (für TV auch am OHG-Anteil) *Stimpel* FS Brandner, 1996, S. 779 ff; MünchKommBGB[4]/*Zimmermann* § 2205 Rn 33 ff; *Weidlich* Testamentsvollstreckung, S. 121 ff; *Bommert* BB 1984, 178 (183); *Marotzke* JZ 1986, 457 ff; so jetzt auch MünchKommHGB/*K. Schmidt* Rn 47; (nur) für die GbR auch MünchKommBGB[5]/*Ulmer* § 705 Rn 114; *Muscheler* Haftungsordnung, S. 549 ff; *Faust* DB 2002, 189 ff; in diesem Sinne wohl auch LG Leipzig ZEV 2009, 96 ff.

beschränkung nach den §§ 2206 Abs. 2, 1975 ff BGB zu gelangen. Dieser Konflikt lässt sich nicht dadurch auflösen, dass man den aus dem Handeln des Testamentsvollstreckers folgenden Verbindlichkeiten kurzerhand den Charakter als Nachlassverbindlichkeit abspricht;[175] denn der Testamentsvollstrecker ist allein zur Nachlassverwaltung und damit nur zur Erzeugung von Nachlassverbindlichkeiten befugt. Es fehlen andererseits aber auch überzeugende Gründe für die entgegengesetzte These, dass die erbrechtlichen Haftungsbeschränkungsmöglichkeiten ohne weiteres mit § 128 vereinbar seien.[176] Ihr widerspricht nicht nur der Gegenschluss zu § 139 Abs. 4; vielmehr versagt sie jedenfalls in Bezug auf die durch *andere* Gesellschafter entstehenden Verbindlichkeiten. Diese sind als Nachlassverbindlichkeiten schwerlich begründbar, so dass der Erbe zumindest insoweit ohne die Möglichkeit zu erbrechtlicher Begrenzung haften müsste, weshalb es bei der Unzumutbarkeit der unbegrenzten Haftung bei fehlender Einflussmöglichkeit bleibt. Aus dem gleichen Grund ist es auch nicht ausreichend, dem Testamentsvollstrecker lediglich die Wahrnehmung der Geschäftsführungs- und Vertretungsbefugnisse zu versagen,[177] ganz abgesehen von den hiermit hervorgerufenen Problemen bei Abgrenzung der Kompetenzen.[178] Keinen angemessenen Ausgleich bietet schließlich das – allemal dem Gesellschafter-Erben persönlich[179] zustehende – Wahlrecht aus § 139 HGB,[180] selbst wenn es über die Dreimonatsfrist hinaus erstreckt wird;[181] denn dem Erben ist nicht zumutbar, seinen Anteil nur deshalb umzuwandeln, weil er dem Testamentsvollstrecker nicht vertraut. Zu Recht gehen deshalb höchstrichterliche Rechtsprechung[182] und hL[183] davon aus, dass die Haftungsproblematik über die persönliche Verpflichtung des Erben hinaus der Unterwerfung des **OHG- bzw. Komplementär-Anteils** unter die Testamentsvollstreckung **insgesamt entgegensteht**, weil der Erbe anderenfalls zumindest mittelbar für die OHG-Verbindlichkeiten persönlich verpflichtet würde. Es bleibt also dabei, dass die Testamentsvollstreckung **nur am Kommanditanteil** zulässig ist. Hiervon unberührt bleibt die zweifelsfrei mögliche Verwaltung der mit dem (OHG-)Anteil verknüpften **Vermögensrechte** (Rn 37, 62); außerdem hat der Testamentsvollstrecker die Möglichkeit, den Anteilswert analog § 135 durch Kündigung zu liquidieren (s. Rn 62 und § 135 Rn 6).

---

[175] So aber *Marotzke* JZ 1986, 457 (463 ff); dem folgend *Kick* Haftung, S. 154 f; ähnlich zuvor bereits *Einmahl* AcP 160 (1961), 29 (36 f); *Emmerich* ZHR 132 (1969), 297 (304 ff); dagegen zu Recht auch *Muscheler* Haftungsordnung, S. 545; *Lorz* Testamentsvollstreckung, S. 143 ff und Ebenroth/Boujong/Joost/Strohn/*Lorz* Rn 71.

[176] So aber *Muscheler* Haftungsordnung, S. 545 ff; dem folgend MünchKommBGB[4]/*Zimmermann* § 2205 Rn 33 ff; anders die hM, BGHZ 24, 106 (112 f) = NJW 1957, 1026; 68, 225 (239) = NJW 1977, 1339; 98, 48 (55 f) = NJW 1986, 2431; 108, 187 (195) = NJW 1989, 3152; *Flume* NJW 1988, 161 (163); Baumbach/*Hopt* Rn 21; Heymann/*Emmerich* Rn 23a; MünchKommBGB[5]/*Ulmer*/*C. Schäfer* § 705 Rn 113; *Faust* DB 2002, 189 (191).

[177] So aber *Weidlich* Testamentsvollstreckung, S. 66 ff; so noch mit Einschränkungen *Lorz* Testamentsvollstreckung, S. 148 ff; zurückhaltender *ders.* in Ebenroth/Boujong/Joost/Strohn Rn 70 f.

[178] S. auch *Weidlich* Testamentsvollstreckung, S. 66; *Lorz* Testamentsvollstreckung, S. 150; *Bommert* BB 1984, 178 (182).

[179] Vgl. MünchKommBGB[4]/*Zimmermann* § 2205 Rn 39; mit unzutr. Begründung („Kernbereich") auch *Kick* Haftung, S. 153.

[180] So aber *Marotzke* JZ 1986, 457 (461 f); MünchKommHGB/*K. Schmidt* Rn 47; dagegen mit Recht *Dörrie* Testamentsvollstreckung, S. 56; *Stimpel* FS Brandner, 1996, S. 782; im Grundsatz auch schon *Emmerich* ZHR 132 (1969), 297 (309 f, 319 ff).

[181] In diesem Sinne *Faust* DB 2002, 189 (192 f).

[182] Vgl. die Rspr.-Nachw. in Fn 174.

[183] Nachw. in Fn 174.

3. Folgerungen

a) Voraussetzungen der Vollstreckung. Wie sich gezeigt hat (Rn 60), ist die Verwaltungstestamentsvollstreckung wegen der nur dort überzeugend lösbaren Haftungsproblematik lediglich am **Kommanditanteil** zulässig.[184] Notwendige Voraussetzung für eine wirksame Anordnung ist auch hier freilich die **Zustimmung der Mitgesellschafter.**[185] Sie kann entweder nach Eintritt des Erbfalls *ad hoc*, also als Genehmigung, oder schon im *Gesellschaftsvertrag* erteilt werden, sei es generell oder beschränkt auf bestimmte Gesellschaftsanteile oder bestimmte Personen als Testamentsvollstrecker.[186] Sind die Anteile im Gesellschaftsvertrag *generell* (auch unter Lebenden) *übertragbar* ausgestaltet und haben die Mitgesellschafter somit sehr weitgehend auf den Schutz der Höchstpersönlichkeit verzichtet, so sind sie im Zweifel auch mit der Anordnung der Testamentsvollstreckung einverstanden.[187] Auch das Vorhandensein einer **einfachen Nachfolgeklausel** lässt sich als Indiz für die Zustimmung werten;[188] denn hiermit haben die Mitgesellschafter zu erkennen gegeben, dass sie *jeden* beliebigen Dritten als Anteilserwerber akzeptieren. Wegen der mit der Testamentsvollstreckung verbundenen Kompetenzaufteilung kann sich allerdings im Einzelfall aus dem Regelungszusammenhang des Gesellschaftsvertrags ergeben, dass eine besondere Zustimmung erforderlich ist.[189] Demgegenüber wird die Zustimmung der Mitgesellschafter **nicht** schon durch eine **qualifizierte**, also auf bestimmte Personen begrenzte **Nachfolgeklausel** indiziert. Richtigerweise ist die Testamentsvollstreckung nicht nur eintragungsfähige, sondern **eintragungspflichtige Tatsache.**[190] 61

b) Wahrnehmung der Mitgliedschaftsrechte. Die mit dem Gesellschaftsanteil verbundenen **Vermögensrechte,** darunter insbes. das *Gewinnrecht* des nicht selbst in der Gesell- 62

---

[184] Nachw. in Fn 174.

[185] Vgl. BGHZ 98, 45 (55) = NJW 1986, 2431 (IVa.-Senat); 108, 187 (191) = NJW 1989, 3152; 68, 225 (241) = NJW 1977, 1339; BGH NJW 1985, 1953 (1954) (jew. II. Senat); BayObLG BB 1983, 1751 (1752); OLG Hamburg ZIP 1984, 1226 (1227); OLG Hamm ZIP 1989, 505 (507); OLG Stuttgart ZIP 1988, 1335 (1336); OLG Düsseldorf ZEV 2008, 142 (143); *Muscheler* Haftungsordnung, S. 474 ff; *Marotzke* JZ 1986, 457 (460); *Rowedder* FS Goerdeler, 1987, S. 453 f; *Ulmer* NJW 1990, 73 (75) und MünchKommBGB[5]/*Ulmer/C. Schäfer* § 705 Rn 115; MünchKommBGB[5]/*Zimmermann* § 2205 Rn 34 (zweifelnd für KG aber *ders.* FS Kellermann, 1991, S. 37 [47 f]); MünchKommHGB/*K. Schmidt* Rn 48 (zweifelnd bei Kommanditanteil); Ebenroth/Boujong/Joost/Strohn/*Lorz* Rn 69; Röhricht/Graf v. Westphalen/*v. Gerkan/Haas* Rn 16; Baumbach/*Hopt* Rn 22.

[186] So auch *Ulmer* NJW 1990, 73 (76); MünchKommBGB[5]/*Ulmer/C. Schäfer* § 705 Rn 115; MünchKommBGB[4]/*Zimmermann* § 2205 Rn 34; MünchKommHGB/*K. Schmidt* § 177 Rn 27; Nachw. zur Rspr. in Fn 185; häufig werden nur Mitgesellschafter zur Testamentsvollstreckung zugelassen, vgl. *Seeger* Jura 2007, 889 (894).

[187] So im Grundsatz bereits *Holch* DNotZ 1958, 282 (299); näher *Ulmer* NJW 1990, 73 (76); zustimmend *Brandner* FS Kellermann, 1991, S. 37 (48); MünchKommHGB/*K. Schmidt* § 177 Rn 27; tendenziell auch BGHZ 68, 225 (241) = NJW 1977, 1339. **AA** OLG Hamburg ZIP 1984, 1226 (1228); *Faust* DB 2002, 189 (194); *Muscheler* Haftungsordnung, S. 475.

[188] MünchKommBGB[5]/*Ulmer/C. Schäfer* § 705 Rn 115; Soergel/*Damrau*[13] § 2205 Rn 30; **aA** *Stimpel* FS Brandner, 1996, S. 779 (781); Ebenroth/Boujong/Joost/Strohn/*Lorz* HGB Rn 69.

[189] *Ulmer* NJW 1990, 73 (76); MünchKommBGB[5]/*Ulmer/C. Schäfer* § 705 Rn 115; MünchKommBGB[4]/*Zimmermann* § 2205 Rn 34.

[190] MünchKommHGB/*K. Schmidt* Rn 48; MünchKommBGB[4]/*Zimmermann* § 2205 Rn 23, 37 (deklaratorische Eintragung); Röhricht/Graf v. Westphalen/*v. Gerkan/Haas* Rn 16; *Ulmer* NJW 1990, 73 (82); offenlassend BGHZ 108, 187 (190); **aA** KG NJW-RR 1996, 227; § 8 Rn 50 f (*Koch*).

schaft tätigen Erben und das Recht auf das *Auseinandersetzungsguthaben,* unterfallen angesichts der Wertung in § 717 S. 2 BGB in jedem Fall der Dispositionsbefugnis des Testamentsvollstreckers (sog. **„Außenseite“** des Anteils).[191] Dies gilt **auch** für den **OHG- bzw. Komplementäranteil** bzw. bei **fehlender Zustimmung** der Mitgesellschafter.[192] Beim **Gewinnrecht** ist dann allerdings zu differenzieren: Soweit dieses – beim OHG- bzw. Komplementäranteil – als Tätigkeitsvergütung bzw. Haftungsprämie zugunsten des Gesellschafter-Erben anzusehen ist, kann der Testamentsvollstrecker nicht auf neu entstehende Gewinnansprüche zugreifen.[193] Das *Entnahmerecht* steht dem Testamentsvollstrecker wegen der Begrenzung in § 2206 Abs. 1 BGB nur insoweit zu, als die Entnahme nicht zum Aufleben der persönlichen Haftung des Erben führt, und zwar nicht nur hinsichtlich der Außenhaftung (§§ 171 Abs. 1, 172 Abs. 4), sondern auch im Innenverhältnis gegenüber der Gesellschaft.[194] Ist der Vollstrecker auf die **Verfügung über den Anteil** zur Erfüllung seiner Aufgaben angewiesen, wird man ihm – in den Grenzen der den Gesellschaftern vertraglich eröffneten Dispositionsbefugnis – auch die Befugnis zur rechtsgeschäftlichen Veräußerung der Beteiligung zuzuweisen haben.[195] Das folgt nicht nur aus §§ 2205, 2211 BGB, sondern entspricht auch dem analog § 135 anzuerkennenden eigenen Kündigungsrecht des Vollstreckers (dazu § 135 Rn 6), das an die Stelle der ordentlichen Kündigung aus § 132 tritt,[196] ohne dass freilich der Erbe das Kündigungsrecht aus § 132 ausüben könnte.[197] Zur Doppelzuständigkeit hinsichtlich des Auflösungsklagerechts aus § 133 s. Rn 64. – Eindeutig **nicht** zu den Vermögensrechten gehört **das bedingte Austrittsrecht aus § 139**, so dass es für die Kompetenzabgrenzung keine Bedeutung hat. Im Übrigen bliebe dieses erst durch den Erbfall, somit originär in der Person des Erben

[191] S. BGHZ 98, 48 (57) und dazu besonders *Ulmer* NJW 1990, 73 (77 ff); *Schmitz* ZGR 1988, 140 (154 ff); *Marotzke* AcP 187 (1987), 223; ferner OLG Düsseldorf ZEV 2008, 142; *Everts* MittBayNot 2003, 427 (428 f).

[192] Anders als die in Fn 191 Genannten aber *Everts* MittBayNot 2003, 427 (428 f), der dem Testamentsvollstrecker auch beim OHG-Anteil alle „Handlungen“ zubilligen will, die sich nicht „unmittelbar haftungsbegründend“ auswirkten. Sollte damit gemeint sein, dass dem TV lediglich die Vertretung der Gesellschaft verwehrt sei, wäre das aber gewiss zu weitgehend.

[193] Zur Aufteilungsproblematik in Bezug auf das Gewinnrecht eingehend *Ulmer/C. Schäfer* ZHR 160 (1996), 413 (434 ff) mwN. Grundsätzlich gegen ein Verfügungsrecht des Testamentsvollstreckers über den Gewinn noch RGZ 170, 392 (395); 172, 199 (203); RG DR 1943, 1224 (1226); ähnlich auch BGHZ 98, 48 (57); dagegen Ebenroth/Boujong/Joost/Strohn/*Lorz* Rn 75; *Weidlich* Testamentsvollstreckung, S. 102 f; *Muscheler* Haftungsordnung, S. 479; auch Sudhoff/*Scherer* Unternehmensnachfolge[5], § 9 Rn 42 ff.

[194] Vgl. MünchKommHGB/*K. Schmidt* Rn 51; MünchKommBGB[5]/*Ulmer/C. Schäfer* § 705 Rn 116.

[195] Näher *Ulmer* NJW 1990, 73 (79); *Muscheler* Haftungsordnung, S. 504 ff; *Dörrie* Testamentsvollstreckung, S. 132 ff, 134; ferner *Brandner* FS Kellermann, 1991, S. 37 (45); abweichend *D. Mayer* ZIP 1990, 976 (978); *Schmitz* ZGR 1988, 140 (154); Heymann/*Emmerich* Rn 24a (gemeinsame Zuständigkeit); *Weidlich* Testamentsvollstreckung, S. 108 (alleinige Zuständigkeit des Erben) in diese Richtung wohl auch BGHZ 108, 187 (198) = NJW 1989, 3152 und BGHZ 98, 48 (57), wo allerdings jeweils nur davon die Rede ist, dass der Gesellschafter-Erbe nicht mehr über den Anteil verfügen kann; vgl. auch *Priester* FS Stimpel, 1985, S. 463 (473) (für GmbH-Anteil).

[196] So auch Ebenroth/Boujong/Joost/Strohn/*Lorz* Rn 74; *Dörrie* ZEV 1996, 370 (375); s.a. MünchKommHGB/*K. Schmidt* Rn 51; abweichend (Kündigungsrecht aus § 132) *Ulmer* NJW 1990, 73 (79).

[197] Insoweit abweichend Ebenroth/Boujong/Joost/Strohn/*Lorz* Rn 74; im Ergebnis wie hier dagegen *Ulmer* NJW 1990, 73 (79 f); s.a. MünchKommBGB[5]/*Ulmer/C. Schäfer* § 705 Rn 117.

entstehende Recht nach seinem Zweck auch dann dem Nachfolger-Erben persönlich zugeordnet, wenn man eine Testamentsvollstreckung am OHG-Anteil zulassen wollte.[198]

Ist die (Verwaltungs-)**Testamentsvollstreckung zulässig** und wird sie wirksam, insbes. mit Zustimmung der Mitgesellschafter angeordnet, kann der Testamentsvollstrecker grundsätzlich auch die mit dem Anteil verbundenen **Verwaltungsrechte** wahrnehmen, darunter vor allem das Stimmrecht, das Recht auf Teilnahme an der Gesellschafterversammlung sowie das Informations- und Kontrollrecht. Das *Abspaltungsverbot* steht nach heute hM angesichts der (Mit-)Berechtigung des Testamentsvollstreckers an dem zum Nachlass gehörenden Gesellschaftsanteil nicht entgegen.[199] Soweit dem Testamentsvollstrecker diese Rechte zugeordnet sind, ist der Gesellschafter-Erbe gehindert, sie konkurrierend mit ihm oder an seiner Stelle auszuüben, wenn der Testamentsvollstrecker ihn hierzu nicht besonders ermächtigt; eine **Ausnahme** ist nur für das unentziehbare **Kontrollrecht** gem. § 166 zu machen.[200] Den weitgehenden Befugnissen des Testamentsvollstreckers innerhalb der Gesellschaft entspricht es, ihn gleich einem Gesellschafter der Bindung durch die **Treupflicht** zu unterwerfen.[201] Die Mitgesellschafter sind deshalb bei treuwidrigem Verhalten des Testamentsvollstreckers nicht auf ein Vorgehen gegen den Gesellschafter-Erben beschränkt, sondern können unmittelbar gegen den Testamentsvollstrecker klagen, sei es auf Zustimmung zu im Gesellschaftsinteresse dringend gebotenen Gesellschafterbeschlüssen oder auf Feststellung der Unbeachtlichkeit einer treuwidrigen Stimmabgabe.[202] Soweit der Kommanditanteil ausnahmsweise mit einem – nicht höchstpersönlichen (Rn 54) – **Geschäftsführungsrecht** ausgestattet ist, kann derTestamentsvollstrecker auch dieses ausüben, ohne dass dem der Grundsatz der Selbstorganschaft entgegenstünde, wie aus der Einbeziehung des Vollstreckers in den Gesellschafterverband folgt.[203] 63

Umstritten ist, ob das Handeln des Testamentsvollstreckers eine Schranke in der Lehre von **Kernbereich** der Mitgliedschaft des Gesellschafter-Erben findet.[204] Die besseren 64

[198] Vgl. MünchKommHGB/*K. Schmidt* Rn 51.

[199] BGHZ 108, 187 (199) = NJW 1989, 3152; *Dörrie* Testamentsvollstreckung, S. 44 ff; *Muscheler* Haftungsordnung, S. 462; *Quack* BB 1989, 2271 (2274); *Raddatz* Personengesellschaftsanteile, S. 170 ff; *Rowedder* FS Goerdeler, 1987, S. 445 (464); *Ulmer* NJW 1990, 73 (78); *Weidlich* Testamentsvollstreckung, S. 59 ff; MünchKommHGB/*K. Schmidt* Rn 51; Baumbach/*Hopt* Rn 27.

[200] So auch *Brandner* FS Kellermann, 1991, S. 37 (45); *Dörrie* Testamentsvollstreckung, S. 132 ff; *Muscheler* Haftungsordnung, S. 504 ff; Baumbach/*Hopt* Rn 30; *Ulmer* NJW 1990, 73 (81); MünchKommBGB[5]/*Ulmer*/*C. Schäfer* § 705 Rn 117 (in Bezug auf § 716 Abs. 2 BGB); s.a. *Stimpel* FS Brandner, 1996, S. 779 (796); abweichend Ebenroth/Boujong/Joost/Strohn/*Lorz* Rn 74 (steht *allein* dem Erben zu; TV habe nur Auskunftsanspruch hinsichtlich der Gewinne).

[201] *Dörrie* Testamentsvollstreckung, S. 103 ff; *D. Mayer* ZIP 1990, 976 (979); *Raddatz* Personengesellschaftsanteile, S. 172; *Ulmer* NJW 1990, 73 (81); Baumbach/*Hopt* Rn 27; **aA** *Faust* DB 2002, 189 (190 f); *Muscheler* Haftungsordnung, S. 527 ff mwN.

[202] Näher *Ulmer* NJW 1990, 73 (81).

[203] Zutr. *Ulmer* NJW 1990, 73 (76 f); vgl. auch MünchKommBGB[5]/*Ulmer*/*C. Schäfer* § 705 Rn 118; *Stimpel* FS Brandner, 1996, S. 779 (783 f); MünchKommBGB[4]/*Zimmermann* § 2205 Rn 37; *Faust* DB 2002, 189 (194 f).

[204] **Bejahend:** OLG Hamm NJW-RR 2002, 729 (obiter, vgl. Fn 164); *Hüffer* ZHR 151 (1987), 396 (403); *D. Mayer* ZIP 1990, 976 (978); *Quack* BB 1989, 2271 (2273); *Raddatz* Personengesellschaftsanteile, S. 173 ff; *Weidlich* Testamentsvollstreckung, S. 46 ff, 69 f; Röhricht/Graf v. Westphalen/*v. Gerkan*/*Haas* Rn 16; *Koller*/Roth/Morck Rn 15; für die GmbH auch *Priester* FS Stimpel, 1985, S. 463 (482 ff); offenlassend BGHZ 108, 187 (198) = NJW 1989, 3152. **Verneinend**: LG Mannheim NZG 1999, 824; *Muscheler* Haftungsordnung, S. 506 f; *Brandner* FS Kellermann, 1991, S. 37 (45); *Lorz* FS Boujong, 1996, S. 319 (325 ff); *Rowedder* FS Goerdeler, 1987, S. 445 (464 f); *Siegmann* Personengesellschafts-

Gründe sprechen dafür, die Frage zu **verneinen.** Denn die Anerkennung eines mehrheitsfesten Kernbereichs der Mitgliedschaft zielt auf Individual- bzw. Minderheitenschutz, also auf das Verhältnis der Gesellschafter untereinander, nicht jedoch auf das Verhältnis eines Gesellschafters zu einem Fremdverwalter (hier also Testamentsvollstrecker) des Anteils.[205] Auch wäre es widersprüchlich, dem Testamentsvollstrecker zwar das Recht zur Verfügung über den ganzen Anteil gem. § 2205 S. 2 BGB einzuräumen, ihn aber bei weniger weitreichenden Maßnahmen an die Zustimmung des Gesellschafter-Erben zu binden.[206] **Schranken** für die Ausübung der Verwaltungsrechte durch den Testamentsvollstrecker ergeben sich aber aus **§ 2205 S. 3 BGB** für **unentgeltliche** Verfügungen über den Anteil. Das ist nicht nur beim Verschenken des Anteils oder beim einvernehmlichen **Ausscheiden** gegen ein nicht vollwertiges bzw. hinter der vertraglichen Abfindungsregelung zurückbleibendes Entgelt der Fall, sondern auch bei der Zustimmung zu **Vertragsänderungen**, die zur Verschlechterung der Rechtsstellung des Gesellschafter-Erben ohne vollwertige Kompensation führen. In derartigen Fällen bedarf es zur vollen Wirksamkeit der Mitwirkung des betroffenen Gesellschafter-Erben;[207] andernfalls greifen bei Vollzug der Änderung die Grundsätze über fehlerhafte Vertragsänderungen ein (§ 105 Rn 352 ff)[208]. Für das **Gestaltungsklagerecht nach § 133** gelten gleichfalls Besonderheiten insoweit, als *auch* der Gesellschafter-Erbe selbständig muss vorgehen können, sofern es ihm *aus persönlichen Gründen* unzumutbar ist, an der Gesellschaft festzuhalten. Für die Geltendmachung sonstiger wichtiger Gründe (vgl. 133 Rn 16 f), etwa aus dem Verhalten von Mitgesellschaftern, bleibt es aber bei der Zuständigkeit des Testamentsvollstreckers.[209]

65 c) **Mitgesellschafter als Nachfolger-Erbe.** Soweit die Verwaltungs-(Dauer-)Testamentsvollstreckung zulässig und wirksam angeordnet ist, bleibt sie auch dann möglich, wenn der Gesellschafter-Erbe schon *vor dem Erbfall Gesellschafter* war. Denn nach heute hM bleibt der vererbte Anteil in diesem Fall ausnahmsweise selbständig bestehen, trotz grundsätzlicher Einheitlichkeit der Mitgliedschaft, und zwar bis zum Ende der Testamentsvollstreckung.[210] Die Fremdverwaltung ist daher auch in diesem Falle konstruktiv möglich.

---

anteil, S. 240 f; *Pentz* NZG 1999, 826; *Hehemann* BB 1995, 1301 (1309); MünchKommHGB/*K. Schmidt* Rn 51 (anders noch Schlegelberger/*K. Schmidt* Rn 51); MünchKommBGB[5]/*Ulmer*/*C. Schäfer* § 705 Rn 119 (anders noch *Ulmer* NJW 1990, 73 [79]); Ebenroth/Boujong/Joost/Strohn/*Lorz* Rn 85 f.

[205] *Muscheler* Haftungsordnung, S. 506 f; *Hehemann* BB 1995, 1301 (1309); *Lorz* FS Boujong, 1996, S. 330 f.

[206] Zutr. *Muscheler* Haftungsordnung, S. 604 f gegen *Priester* FS Stimpel, 1985, S. 464 und *D. Mayer* ZIP 1990, 976 (978).

[207] MünchKommBGB[5]/*Ulmer*/*C. Schäfer* § 705 Rn 120.

[208] Eingehend dazu *C. Schäfer* Fehlerhafter Verband, S. 353 ff, 400 ff.

[209] *Ulmer* NJW 1990, 73 (80); für generelle Zuordnung des Klagerechts an den Erben wohl Ebenroth/Boujong/Joost/Strohn/*Lorz* Rn 74.

[210] BGHZ 98, 48 (57) = NJW 1986, 2431; BGH NJW 1996, 1284 (1286); MünchKommHGB/*K. Schmidt* § 105 Rn 78 und § 139 Rn 50; *Bippus* AcP 195 (1995), 13 (27 f, 31); *Ulmer* ZHR 167 (2003), 103 (115) (anders noch *ders.* NJW 1990, 73 [76 f]); tendenziell auch Ebenroth/Boujong/Joost/Strohn/*Lorz* Rn 77 a.E.; offenlassend BGHZ 108, 187 (199) = NJW 1989, 3152 (Gesellschaftsrechtssenat). **AA** noch BGHZ 24, 106 (113) = NJW 1957, 1026 (Gesellschaftsrechtssenat); Voraufl. § 177 Rn 21 (*Schilling*).

4. Ersatzkonstruktionen. Ist die Testamentsvollstreckung generell (OHG bzw. Komplementär-Anteil) unzulässig oder scheitert sie im Einzelfall an der fehlenden Zustimmung von Mitgesellschaftern (Kommanditanteil), fragt sich, wie das vom Erblasser verfolgte Ziel einer Wahrnehmung der Gesellschafterrechte durch den Testamentsvollstrecker auf anderem Wege erreicht werden kann. Genannt werden insbesondere die **Treuhand-** und die **Vollmachtlösung.**[211] Seit allerdings die Testamentsvollstreckung an Kommanditanteilen zugelassen wird, hat die Frage stark an Bedeutung verloren. Auch angesichts der erheblichen praktischen und rechtlichen Schwierigkeiten, denen sich diese Gestaltungen ausgesetzt sehen,[212] besteht die heute grundsätzlich vorzugswürdige Lösung darin, die Anordnung der Testamentsvollstreckung gesellschaftsvertraglich mit der automatischen Umwandlung des Anteils in eine Kommanditbeteiligung zu kombinieren (vgl. Rn 30). Sowohl die Treuhand- als auch die Vertreterlösung setzen grundsätzlich eine Rechtseinräumung durch den Nachfolger-Erben gegenüber dem Testamentsvollstrecker voraus, im Falle einer unwiderruflichen, verdrängenden Vollmacht stellt sich zudem die höchstrichterlich noch nicht geklärte Grundsatzfrage ihrer rechtlichen Zulässigkeit.[213] Der Erblasser kann auf die Rechtseinräumung allerdings durch Erbeinsetzung unter Auflage (§ 1940 BGB) oder Bedingung (§§ 2074, 2075 BGB) hinwirken (s.a. Rn 67). Hierdurch wird der Nachfolger-Erbe letztwillig verpflichtet, dem Testamentsvollstrecker entweder eine Vollmacht zur Wahrnehmung der mit dem Gesellschaftsanteil verbundenen Rechte zu erteilen bzw. den Anteil treuhänderisch zu übertragen (zu Schranken s. Rn 67 f). In jedem Falle erforderlich ist auch hier die **Zustimmung der Mitgesellschafter.**[214] Deshalb bieten auch die Ersatzlösungen letztlich keine Ausweichstrategie für den Fall der fehlenden Zustimmung der Mitgesellschafter.[215] Im Übrigen gelten für die Wahrnehmung der Gesellschafterrechte im Ansatz *mutatis mutandis* die gleichen Grundsätze und **Schranken** wie für die „echte" Testamentsvollstreckung: 66

Besonders für die **Vollmachtlösung** ist die Schranke des **§ 2206 Abs. 1 BGB** bedeutsam. Wegen der nur beschränkten Verpflichtungsbefugnis des Testamentsvollstreckers ist auch eine erbrechtliche Verfügung, die den Erben zu einer *unbeschränkten* bzw. *unwiderruflichen* Vollmacht anhalten soll, unwirksam.[216] Sie hätte die persönliche Haftung des Nachfolger-Erben mit seinem Privatvermögen zur Folge, wenn der Testamentsvollstrecker 67

---

[211] Vgl. eingehend *Ulmer* ZHR 146 (1982), 555 (569 ff); MünchKommBGB[4]/*Zimmermann* § 2205 Rn 24 ff; Staudinger/*Reimann* (2003) § 2205 Rn 108 ff; MünchKommHGB/*K. Schmidt* § 177 Rn 38 ff; Ebenroth/Boujong/Joost/Strohn/*Lorz* Rn 79 ff; weitere Vorschläge bei *Everts* MittBayNot 2003, 427 (431 f) (Vermächtnislösung, lebzeitige Umwandlung in GmbH [& Co. KG], Umwandlung „post mortem").

[212] Eingehend 3. Aufl. Rn 76 ff (*Ulmer*); ferner Ebenroth/Boujong/Joost/Strohn/*Lorz* Rn 80 f.

[213] Vgl. (im Ausgangspunkt befürwortend) *Ulmer* ZHR 146 (1982), 555 (576 f); Ebenroth/Boujong/Joost/Strohn/*Lorz* Rn 81; MünchKommHGB/*K. Schmidt* § 177 Rn 40; gänzlich ablehnend dagegen noch 3. Aufl. Rn 77 (*Ulmer*); s. noch Rn 68.

[214] So mit Recht schon BGHZ 13, 179 (185); *Hueck* OHG § 28 II 5, S. 304 ff; ferner MünchKommHGB/*K. Schmidt* § 177 Rn 39; Ebenroth/Boujong/Joost/Strohn/*Lorz* Rn 79; *Ulmer* ZHR 146 (1982), 555 (570); MünchKommBGB[5]/*Ulmer/C. Schäfer* § 705 Rn 123, 124.

[215] MünchKommBGB[5]/*Ulmer/C. Schäfer* § 705 Rn 123 bezeichnet die Vollmachtlösung daher als insgesamt überholt.

[216] *Dörrie* Testamentsvollstreckung, S. 175 ff; MünchKommBGB[5]/*Ulmer/C. Schäfer* § 705 Rn 123; vgl. auch BGH WM 1969, 492 (493); *Stimpel* FS Brandner, 1996, S. 779 (788 f); abweichend anscheinend *Kreppel* DStR 1996, 432; tendenziell großzügiger auch Ebenroth/Boujong/Joost/Strohn/*Lorz* Rn 81.

nach außen als Vertreter des Erben auftritt, und würde überdies seine Haftung als Gesellschafter für die Verbindlichkeiten der OHG unberührt lassen.

68 Demgegenüber besteht bei der **Vollrechts-Treuhand** nicht die Gefahr einer persönlichen Haftung des Nachfolger-Erben. Denn infolge der – hier erforderlichen – Anteilsübertragung auf den Testamentsvollstrecker,[217] wird dieser Gesellschafter und haftet somit seinerseits für die Gesellschaftsverbindlichkeiten. Das mindert die Praktikabilität indes ganz erheblich, da sich schon wegen des Haftungsrisikos wohl – außerhalb des Kreises persönlich haftender Gesellschafter – kaum geeignete Verwalter werden finden lassen.[218] Das gilt umso mehr, als bei analoger Anwendung der §§ 2205 ff BGB im Verhältnis zwischen Erben/Treugeber und Testamentsvollstrecker/Treuhänder[219] der Regressanspruch des Treuhänders auf §§ 2218, 670 BGB beruht und deshalb als Nachlassverbindlichkeit einzustufen ist, für die der Erbe/Treugeber seine Haftung erbrechtlich beschränken kann.[220] Auch im Übrigen gelten für die Treuhandlösung die gleichen Schranken wie bei der Testamentsvollstreckung (Rn 64).

D. Das bedingte Austrittsrecht („Wahlrecht") des Gesellschafter-Erben nach § 139

I. Funktion und Voraussetzungen

69 **1. Funktion.** § 139 Abs. 1 gewährt jedem Gesellschafter, der auf erbrechtlichem Wege einem voll haftenden Gesellschafter unmittelbar in dessen Rechtsstellung nachgefolgt ist, das **unentziehbare** Recht (Abs. 5), sein Verbleiben in der Gesellschaft davon abhängig zu machen, dass ihm die Stellung eines Kommanditisten eingeräumt wird. Versagen die Mitgesellschafter ihre Zustimmung, hat der Nachfolger-Erbe die Wahl, ob er als persönlich haftender Gesellschafter in der Gesellschaft verbleiben oder unter erleichterten Voraussetzungen (Abs. 2, 3) und haftungsneutral (Abs. 4) ausscheiden möchte. Umgekehrt können die Mitgesellschafter entscheiden, ob sie Austritt und Abfindung in Kauf nehmen oder dem Nachfolger eine von ihm begehrte Anteilsumwandlung zubilligen. § 139 gewährt dem Gesellschafter-Nachfolger also kein echtes Wahlrecht, sondern ein **bedingtes Austrittsrecht.** Ausscheiden kann er nämlich nur, wenn die Mitgesellschafter die Anteilsumwandlung ablehnen.[221] Der **Zweck** dieser Regelung geht dahin, dem Nachfolger-Erben die Entscheidung zwischen Ausschlagung der Erbschaft (einschließlich des Gesellschaftsanteils) und Übernahme der unbeschränkten und unbeschränkbaren persönlichen Haftung für die Gesellschaftsschulden aus §§ 128, 130 zu ersparen (Rn 1). Demgemäß gestattet ihm § 139 Abs. 4 HGB die *Berufung auf die beschränkte Erbenhaftung* gegenüber seiner an sich unbeschränkbaren gesellschaftsrechtlichen Haftung, wenn er entweder innerhalb der Dreimonatsfrist mit Einverständnis der Mitgesellschafter in die Kommanditistenstellung überwechselt oder – bei deren fehlendem Einverständnis – seinen Austritt aus der Gesellschaft erklärt.

---

217 Zur Vollrechts-Treuhand eingehend *Dauner-Lieb* Sondervermögen, S. 282 ff.

218 So schon *Baur* FS Dölle, 1963, I, S. 249 (251); ferner nur *Dörrie* Testamentsvollstreckung, S. 183; Ebenroth/Boujong/Joost/Strohn/*Lorz* Rn 80.

219 3. Aufl. Rn 78 (*Ulmer*); Soergel/*Damrau*[13] § 2205 Rn 24; *Dörrie* Testamentsvollstreckung, S. 184; im Ergebnis auch MünchKommBGB[4]/*Zimmermann* § 2205 Rn 28; **aA** *Wiedemann* Übertragung, S. 343 f.

220 Zutr. MünchKommBGB[5]/*Ulmer*/*C. Schäfer* § 705 Rn 124.

221 Vgl. auch *C. Schäfer* NJW 2005, 3665.

2. Voraussetzungen

a) **Erbrechtliche Nachfolge.** Grundvoraussetzung für das Eingreifen von § 139 ist demnach, dass der Erbe dem Erblasser gem. § 1922 BGB aufgrund einer **Nachfolgeklausel** unmittelbar in die Stellung eines **voll haftenden** Gesellschafters nachgefolgt ist. Diese Voraussetzung ist auch dann erfüllt, wenn der **Erbe vor dem Erbfall Kommanditist** war und aufgrund erbrechtlicher Nachfolge und wegen Einheitlichkeit der Mitgliedschaft die Stellung eines persönlich haftenden Gesellschafters erlangt hat; denn eine Aufspaltung der Beteiligung in einen Komplementär- und einen Kommanditanteil, also die Kombination aus beschränkter und unbeschränkter Haftung, kommt nicht in Betracht; konsequentermaßen besteht dann aber auch das Wahlrecht in Bezug auf den *gesamten* Anteil.[222] Stellt der Erbe in diesem Falle einen Antrag auf Anteilsumwandlung, lehnen die übrigen Gesellschafter aber die Umwandlung des gesamten Anteils in einen Kommanditanteil ab, so kann der frühere Kommanditist naturgemäß nur mit seinem ererbten Anteil aus der Gesellschaft ausscheiden und eine entsprechende Abfindung verlangen.[223] Zum umgekehrten Fall – der Erbe **war bereits Komplementär** – vgl. Rn 77 aE. **70**

Soll die Nachfolgeklausel, wie im Zweifel anzunehmen ist (vgl. aber § 131 Rn 10, 112 zu spezifischen Auflösungsklauseln), auch dann anwendbar sein, wenn die Gesellschaft nur noch aus **zwei Gesellschaftern** besteht, so steht den Gesellschafter-Erben des vorletzten Gesellschafters naturgemäß auch das Recht aus § 139 zu. **Anderes** gilt aber, wenn der überlebende (bzw. bei einer Mehrheit von Gesellschaftern sämtliche überlebenden) Gesellschafter ebenfalls innerhalb der Frist des § 139 Abs. 3 stirbt, ohne dass die Erben des zuerst Verstorbenen endgültig voll haftende Gesellschafter geworden sind. Hier fehlt es an einer Fortsetzung „der Gesellschaft mit dessen Erben", weil keine übrigen Gesellschafter mehr vorhanden sind, und überdies an einem Adressaten, der über den Antrag der jeweiligen Erben auf Einräumung der Kommanditistenstellung entscheiden könnte. Daraus ergibt sich zugleich, dass der **Tod des einzigen** oder aller übrigen Gesellschafter **während der Überlegungsfrist** die Gesellschaft **auflöst**. Auch im Gesellschaftsvertrag kann für diesen Fall nichts anderes vorgesehen werden. Folglich ist hier § 139 unanwendbar mit der Folge, dass der Erbe des zuerst Verstorbenen die Umwandlung seiner Stellung nicht mehr erreichen und auch nicht mehr ausscheiden kann.[224] Die Erben sind freilich nicht gehindert, einvernehmlich über die Fortsetzung der Gesellschaft durch alle oder einen Teil von ihnen oder über die Übernahme des Geschäfts durch einen Erben zu beschließen. Bewendet es bei der Auflösung oder scheidet ein Teil der Gesellschafter im Zeitpunkt der Fortsetzung aus, so haften diese den Gesellschaftsgläubigern nur nach Maßgabe von § 139 Abs. 4 (Rn 120). **71**

Eine (weitere), die **Zweipersonen-KG** betreffende **Ausnahme** gilt für den Sonderfall, dass **der Kommanditist den Komplementär beerbt**. Hier ist § 139 unanwendbar, weil die Gesellschaft mit dem Erbfall erlischt und das Gesellschaftsvermögen auf den Erben kraft Universalsukzession übergeht (§ 131 Rn 9 und 111). Auch eine analoge Anwendung des § 139 Abs. 4 scheidet aus; vielmehr ist **§ 27 Abs. 2 (nur) zugunsten des überlebenden Kommanditisten** anwendbar, mangels Zugehörigkeit des Unternehmens zum Nachlass aber ebenfalls nicht unmittelbar, sondern **analog**, begründet durch ein entsprechendes **72**

---

[222] Vgl. BGHZ 55, 267 = NJW 1971, 1268 (1269); BayObLG ZIP 2003, 1443 (1444); MünchKommHGB/*K. Schmidt* Rn 65; Ebenroth/Boujong/Joost/Strohn/*Lorz* Rn 99; Baumbach/*Hopt* Rn 7; Röhricht/Graf v. Westphalen/*v. Gerkan/Haas* Rn 26.

[223] Vgl. etwa *Demuth* BB 2007, 1569 (1572).

[224] So auch Schlegelberger/*Geßler* Anm. 54; **aA** *Hueck* OHG § 28 IV 4, Fn 89, S. 314.

Schutzbedürfnis des Nachfolgers.[225] Abweichend vom Konzept des BGH bezieht sich die Haftungsbeschränkung gemäß § 27 Abs. 2 aber lediglich auf die analog § 27 Abs. 1 begründete handelsrechtliche Haftung; diese kann der Erbe binnen drei Monaten dadurch vermeiden, dass er den **Betrieb einstellt**[226] oder die *Firma* ändert.[227] Daneben bleibt aber eine *erbrechtliche Haftung* gem. §§ 1922, 1967 BGB bestehen, freilich nach den §§ 1975 ff BGB beschränkbar; sie gilt unabhängig davon, ob die Universalsukzession nach Ausscheiden des vorletzten Gesellschafters in diesem Falle unmittelbar aus § 1922 BGB folgt oder mit Hilfe einer Analogie zu dieser Vorschrift zu begründen ist.[228] Der Zweck des § 27 Abs. 1 passt allemal auch hier, sofern der Erbe zuvor noch nicht (unbeschränkt) für die Unternehmensverbindlichkeiten haftete. Denn die Vorschrift begründet gerade deshalb eine zusätzliche „handelsrechtliche" Haftung, weil die parallel bestehende erbrechtliche Haftung (§§ 1922, 1967 BGB) der Beschränkbarkeit gem. §§ 1975 ff BGB unterliegt und daher verstärkt werden soll (vgl. § 27 Rn 16 ff [*Burgard*]). Dies trifft auch auf die Situation nach dem „Tod" einer Gesellschaft durch Ausscheiden des vorletzten Gesellschafters zu. Entgegen dem Konzept des BGH[229] ist die Haftung bei Einstellung des eigenen Unternehmensbetriebs also allgemein nicht schon kraft Gesetzes auf das übernommene Gesellschaftsvermögen beschränkt; vielmehr setzt diese Beschränkung – auch außerhalb eines Erbfalls – allemal die Eröffnung eines Nachlassverwaltungs- oder -insolvenzverfahrens (bzw. Dürftigkeit) voraus (§ 131 Rn 113 f).

73 Auch auf **sonstige Fälle** von nichterbrechtlicher **Universalsukzession** findet § 139 keine Anwendung, namentlich nicht bei Verschmelzung einer Kapitalgesellschaft, die Mitglied einer OHG ist, mit einer anderen Gesellschaft. Die gesetzgeberischen Gründe für die Begünstigung der Erben treffen für andere Fälle der allgemeinen Rechtsnachfolge nicht zu. Unter Umständen kann aber die Verschmelzung einen wichtigen Grund zur Auflösung der offenen Handelsgesellschaft oder zur Ausschließung eines Gesellschafters geben, z.B. wenn die übernehmende Gesellschaft Wettbewerberin der offenen Handelsgesellschaft ist.

74 An einem Anteilsübergang kraft Erbrechts **fehlt es** auch, wenn der Erbe die Stellung als persönlich haftender Gesellschafter aufgrund eines **Eintrittsrechts** erworben hat. Er kann nun also nicht mit den Folgen des § 139 verlangen, dass ihm die Kommanditistenstellung eingeräumt wird.[230] Vielmehr muss er sich entscheiden, ob er voll haftender Gesellschafter werden oder den Abfindungsanspruch geltend machen will, die in § 139 vorausgesetzte Zwangslage besteht bei ihm nicht (zur evtl. Eintrittspflicht vgl. Rn 153 ff).

---

[225] BGHZ 113, 132 = JZ 1991, 731 mit Anm. *K. Schmidt*; s.a. BGH ZIP 2004, 1047 (1048) (dazu § 131 Rn 113); MünchKomm-HGB/*K. Schmidt* Rn 66; *ders.* ZHR 157 (1993), 600 (607 ff); Ebenroth/Boujong/Joost/Strohn/*Lorz* Rn 102; Heymann/*Emmerich* Rn 4; Baumbach/*Hopt* Rn 7; Röhricht/Graf v. Westphalen/*v. Gerkan*/*Haas* Rn 28; *Marotzke* ZHR 156 (1992), 17; **aA** *Baumann* BB 1998, 225 (230 ff) (Fortbestehen der [Einmann-]Gesellschaft).

[226] BGHZ 113, 132 (138); dieses Konzept fortführend jetzt BGH ZIP 2004, 1047 (1048) (zw., vgl. § 131 Rn 113).

[227] Sofern man mit der hM für die Haftung aus § 27 Abs. 1 die Fortführung der Firma verlangt, dazu näher § 27 Rn 37 ff (*Burgard*); bei BGHZ 113, 132 (134 ff) kam es auf diese Frage nicht an, weil die Firma offenbar fortgeführt worden war (S. 136).

[228] So allgemein jetzt § 131 Rn 113 f; abweichend noch Voraufl. Rn 70; ebenso auch *Marotzke* ZHR 156 (1992), 17 (25, 37) im Anschluss an *Ulmer* JuS 1986, 856 (858); im Ansatz auch *K. Schmidt* JZ 1991, 733 f (unter Verzicht auf Firmenfortführung bei § 27); ebenso auch *Lieb* ZGR 1991, 572 (577). – Näher zum Haftungskonzept nach Ausscheiden des letzten Komplementärs § 131 Rn 113 f.

[229] BGH ZIP 2004, 1047 (1048).

[230] MünchKommHGB/*K. Schmidt* Rn 62.

Das Wahlrecht entsteht auch dann nicht, wenn die **Gesellschaft** durch den Tod des Erblassers oder aus anderen Gründen vor Ausübung der Befugnisse aus § 139 **aufgelöst** ist.[231] In diesem Fall fehlt es an dem in § 139 vorausgesetzten Schutzbedürfnis des Erben. Denn für die Gesellschaftsverbindlichkeiten einschließlich derjenigen, die zwischen seiner Beteiligung und der Auflösung entstanden sind, haftet der Erbe ohnehin nur mit der Beschränkungsmöglichkeit aus § 139 Abs. 4 (vgl. Rn 120). Die Möglichkeit zur Fortsetzung[232] rechtfertigt schon deshalb keine abweichende Beurteilung, weil sie nach der hier vertretenen Konzeption nur besteht, wenn sämtliche Gesellschafter zustimmen oder gegen volle Abfindung ausscheiden (§ 131 Rn 66 ff). **75**

War der verstorbene Gesellschafter **ohne Kapitalanteil** an der Gesellschaft beteiligt, bleibt es zwar bei der Nachfolge in den Gesellschaftsanteil, die in § 139 Abs. 1 vorgesehene Einräumung der Kommanditistenstellung kommt aber **mangels ererbter „Einlage"** des Nachfolgers nicht in Betracht. Der Schutzzweck des § 139 gebietet es in diesem Sonderfall gleichwohl, dem Nachfolger ein sofortiges Austrittsrecht innerhalb der Dreimonatsfrist einzuräumen, ohne dass es eines vorherigen Antrags nach Abs. 1 bedarf.[233] Sorgfältig zu prüfen ist in Fällen dieser Art freilich, ob sich die vertragliche Nachfolgeklausel überhaupt auf den einlagelosen Gesellschafter erstrecken sollte oder ob diesem die Gesellschaftsbeteiligung nicht vielmehr als höchstpersönliche zugesagt war. Denn ein solcher Gesellschafter ist seiner Funktion – nicht seiner Stellung – nach eher Fremdorgan, also reiner Geschäftsführer-Gesellschafter mit Organbefugnissen und persönlicher Haftung, aber ohne Kapitalanteil.[234] **76**

b) Keine Kommanditistenstellung des Nachfolgers. – Keine Anwendung findet § 139 nach zutr. hM, wenn schon der Erblasser *Kommanditist* war[235] oder wenn sich die Beteiligung des Erblassers nach dem Gesellschaftsvertrag im Zeitpunkt des Erbfalls *automatisch in einen Kommanditanteil umwandelt* (Rn 30);[236] in beiden Fällen besteht weder eine Zwangslage, die das Wahlrecht legitimieren könnte, noch passt die Rechtsfolge des § 139. Allerdings wird man in Hinblick auf § 176 eine **Ausnahme** für den **nicht eingetragenen Kommanditisten** machen müssen, zumal diese Haftung durch Eintragung nicht rückwirkend beseitigt wird, so dass Bedarf nach einer Privilegierung gem. Abs. 4 besteht.[237] Zu diesem Zweck ist die *analoge Anwendung (nur) des Abs. 4* mit der Maßgabe zu befürworten, dass **innerhalb der Frist des Abs. 3** die Eintragung als Kommanditist zu beantragen ist. Der Erbe eines nicht eingetragenen Kommanditisten erhält also nicht **77**

---

231 BGH NJW 1982, 45 (46); Ebenroth/Boujong/Joost/Strohn/*Lorz* Rn 8; Baumbach/*Hopt* Rn 8; *Hueck* OHG § 28 IV 4, S. 313 f; Heymann/*Emmerich* Rn 38a; **aA** MünchKommHGB/*K. Schmidt* Rn 61 (wegen der Möglichkeit zur Fortsetzung der aufgelösten Gesellschaft).

232 Auf sie stützt MünchKommHGB/*K. Schmidt* Rn 66 seine abweichende Ansicht.

233 So schon *Hueck* OHG § 28 III 3, S. 308 f; MünchKommHGB/*K. Schmidt* 63; Ebenroth/Boujong/Joost/Strohn/*Lorz* Rn 100; Heymann/*Emmerich* Rn 38; s.a. OLG Hamm DB 1999, 272 (273). – Zur Lage bei negativem Kapitalanteil vgl. aber Rn 110.

234 S. OLG Hamm DB 1999, 272 (273); MünchKommHGB/*K. Schmidt* Rn 63.

235 KG OLGE 27, 337 (338); MünchKommHGB/*K. Schmidt* Rn 64; Baumbach/*Hopt* Rn 7; **aA** *Kick* Haftung, S. 168 ff (bei Haftung wegen § 172 Abs. 4).

236 BGHZ 101, 123 (125); BGH WM 1974, 945 (947); Ebenroth/Boujong/Joost/Strohn/*Lorz* Rn 100; Heymann/*Emmerich* Rn 38; abweichend MünchKommHGB/*K. Schmidt* Rn 137 („Austrittsrecht i.Zw. abbedungen" – richtigerweise fehlt es aber schon an dessen Voraussetzungen; *deshalb* steht auch Abs. 5 nicht entgegen).

237 Überzeugend MünchKommHGB/*K. Schmidt* Rn 64.

etwa ein (modifiziertes) Wahlrecht gem. Abs. 1; zumal die Mitgesellschafter zweifellos verpflichtet sind, die für den Eintragungsantrag notwendigen Erklärungen abzugeben (§§ 162, 107 f, vgl. Voraufl. § 162 Rn 6 [*Schilling*]). Ausgeglichen wird vielmehr nur das planwidrig trotz Kommanditistenstellung auftretende Haftungsrisiko. Des Weiteren ist § 139 nach seinem Normzweck (Rn 1) unanwendbar, wenn der Erbe **schon zuvor als persönlich haftender Gesellschafter beteiligt** war, also ohnehin nach § 128 haftete und der Erbfall nur zu einer Vergrößerung seines Anteils geführt hat; denn auch hier ist kein erhöhtes Haftungsrisiko durch den Erbfall entstanden.[238]

78 c) **Verhältnis zur Ausschlagung.** Das Wahlrecht entsteht unmittelbar mit dem Erbfall, unabhängig von der noch bestehenden Möglichkeit des Nachfolgers, die **Erbschaft auszuschlagen** (§§ 1944 ff BGB).[239] Hat der Erbe von seinem Ausschlagungsrecht Gebrauch gemacht, so verliert er naturgemäß auch die Gesellschafterstellung einschließlich des mit ihr verbundenen Wahlrechts; dieses kann nun von dem nächstberufenen Erben ausgeübt werden, wobei die Frist des § 139 Abs. 3 erneut zu laufen beginnt. Hatte der Nachfolger im Zeitpunkt der Ausschlagung bereits im Rahmen seines Wahlrechts über den Anteil verfügt, so ist diese Verfügung für den an seine Stelle Tretenden regelmäßig ohne Wirkung (§ 1959 Abs. 2 BGB).

II. Berechtigte Personen

79 1. **Jeder Erbe.** Wie Abs. 1 deutlich zum Ausdruck bringt, hat *jeder einzelne* Miterbe für sich das Wahlrecht. Hierin liegt zugleich einer der tragenden Gründe für die Sondernachfolge in den Anteil, also dessen persönliche Zuordnung zu den Nachfolger-Erben (Rn 45). Ohne an die Entschließung der anderen gebunden zu sein oder ihrer Zustimmung zu bedürfen, kann sich jeder Erbe entscheiden, ob er persönlich haftender Gesellschafter bleiben oder die Einräumung der Kommanditistenstellung begehren und im Falle der Ablehnung dieses Verlangens ausscheiden will.[240] Die Selbständigkeit der Entschließung hängt insbesondere nicht etwa von der vorherigen Auseinandersetzung der Miterben oder einer Teilungsanordnung des Erblassers nach § 2048 BGB ab. Vielmehr behandelt die Vorschrift des § 139 das Wahlrecht als ein **persönliches** Recht jedes Nachfolger-Erben.

80 Als ein erst mit dem Anteilsübergang entstehendes, seinem Schutz dienendes Recht, steht das Wahlrecht dem Erben persönlich zu, nicht einem etwaigen **Fremdverwalter** (zum *Testamentsvollstrecker* s. Rn 62, zum *Nachlass*(*insolvenz*)*verwalter* s. Rn 37) und auch nicht dem *Nießbraucher* (§ 105 Rn 125). – Für einen **minderjährigen** oder aus sonstigen Gründen nicht voll geschäftsfähigen Gesellschafter wird das Wahlrecht von seinem gesetzlichen Vertreter ausgeübt; der **Genehmigung** des Familien- bzw. Vormundschaftsgerichts bedarf es **nicht**,[241] wohl aber eines Ergänzungspflegers, falls der gesetzliche Ver-

---

[238] KG JW 1936, 2933 (Nr. 28); MünchKommHGB/*K. Schmidt* Rn 65; Ebenroth/Boujong/Joost/Strohn/*Lorz* Rn 100; Röhricht/Graf v. Westphalen/*v. Gerkan*/*Haas* Rn 26; Heymann/*Emmerich* Rn 38; Baumbach/*Hopt* Rn 8.

[239] MünchKommHGB/*K. Schmidt* Rn 59.

[240] BGH NJW 1971, 1268 (in BGHZ 55, 267 nur teilweise abgedruckt); MünchKommHGB/*K. Schmidt* Rn 68; Ebenroth/Boujong/Joost/Strohn/*Lorz* Rn 103; Baumbach/*Hopt* Rn 37; Heymann/*Emmerich* Rn 36.

[241] BGHZ 55, 267 (270); KG JW 1933, 118; MünchKommHGB/*K. Schmidt* 68; Ebenroth/Boujong/Joost/Strohn/*Lorz* Rn 105; *Reimann* DNotZ 1999, 179 (196).

treter gleichfalls zum Gesellschafterkreis gehört.[242] Dazu, dass dem Minderjährigen bei Eintritt der Volljährigkeit ein *zusätzliches* Austrittsrecht analog § 723 Abs. 1 S. 3 Nr. 2 BGB zuzubilligen ist, vgl. Rn 38.

2. Vor- und Nacherbe

a) **Gesellschafterstellung des Vorerben.** Für den Vorerben gelten im Ausgangspunkt **keine Besonderheiten** im Vergleich zum Vollerben; die Anordnung einer Nacherbschaft steht der Nachfolge des Vorerben in die Gesellschaft – wie im Übrigen auch der Ausübung eines gesellschaftsvertraglichen Eintrittsrechts (Rn 87) – grundsätzlich nicht entgegen, sofern in seiner Person die im Gesellschaftsvertrag bestimmten Nachfolge- (oder Eintritts-)voraussetzungen gegeben sind; hierfür braucht sich die Nachfolgeklausel nicht eigens auf die Vor-/Nacherbfolge zu beziehen (näher Rn 39). Während der Dauer der Vorerbschaft übt der Vorerbe grundsätzlich uneingeschränkt die mit dem Anteil verbundenen Rechte aus.[243] Die Kontrollrechte des Nacherben nach §§ 2121, 2122, 2127 BGB richten sich nach gesetzlicher Regel nicht gegen die Gesellschaft, sondern nur gegen den Vorerben.[244] Einer Verfügungsbeschränkung zugunsten des Nacherben unterliegt der Vorerbe nur hinsichtlich **unentgeltlicher Verfügungen** über den Gesellschaftsanteil (§§ 2113 Abs. 2, 2136 BGB).[245] 81

Änderungen des Gesellschaftsvertrags, die mit Zustimmung des Vorerben beschlossen werden, muss der Nacherbe grundsätzlich **hinnehmen**. Eine **Ausnahme** gilt für solche Änderungen, die sich einseitig zum Nachteil des Vor- (oder des Nach-) Erben auswirken, ohne im Gesellschaftsinteresse geboten zu sein; sie werden als unentgeltliche Verfügungen behandelt und sind folglich dem Nacherben gegenüber nach § **2113 Abs. 2 BGB** unwirksam.[246] Das gilt aber nicht, wenn der Vorerbe von der Entgeltlichkeit überzeugt sein durfte.[247] Auch das vom Vorerben durch Ausübung eines Kündigungsrechts, Vereinbarung mit den übrigen Gesellschaftern oder Anteilsveräußerung herbeigeführte **Ausscheiden** ist für den Nacherben verbindlich, wenn es dazu führt, dass dem Nachlass ein angemessenes Entgelt zufließt.[248] Daran fehlt es bei einem unverhältnismäßig hinter dem Anteilswert zurückbleibenden gesellschaftsvertraglichen Abfindungsanspruch[249] oder bei 82

[242] BGHZ 55, 267 (270); Ebenroth/Boujong/Joost/Strohn/*Lorz* Rn 105.

[243] Unstr., s. nur MünchKommHGB/*K. Schmidt* Rn 34; Baumbach/*Hopt* Rn 20; Ebenroth/Boujong/Joost/Strohn/*Lorz* Rn 59; *Hefermehl* FS Westermann, 1974, S. 223 (230 f).

[244] BGHZ 69, 47 (50); MünchKommHGB/*K. Schmidt* Rn 35; Ebenroth/Boujong/Joost/Strohn/*Lorz* Rn 60; Baumbach/*Hopt* Rn 20; *Ulmer* JuS 1986, 856 (857); weitergehend – für Geltendmachung auch gegenüber der Gesellschaft – *Paschke* ZIP 1985, 129 (137).

[245] Std. Rspr. (vgl. Nachw. in Fn 246 f); MünchKommHGB/*K. Schmidt* Rn 35; Ebenroth/Boujong/Joost/Strohn/*Lorz* Rn 60. Gegen eine entspr. Anwendung der Verfügungsbeschränkung des § 2113 Abs. 1 BGB auf entgeltliche Verfügungen über den Gesellschaftsanteil zu Recht auch schon *Hefermehl* FS Westermann, 1974, S. 223 (227).

[246] BGHZ 78, 177 (183 f) = NJW 1981, 115; BGH NJW 1981, 1560; zust. *Lutter* ZGR 1982, 108 ff; Ebenroth/Boujong/Joost/Strohn/*Lorz* Rn 61; Heymann/*Emmerich* Rn 18; für weitergehende Schranken zugunsten des Nacherben aber *Paschke* ZIP 1985, 129 (134 ff); *Seeger* Jura 2007, 889 (894).

[247] BGHZ 78, 177 (183 f).

[248] BGHZ 69, 47 (50 f) = NJW 1977, 1540; BGH NJW 1984, 362; dazu auch *Lutter* ZGR 1982, 108 (113 ff); vgl. ferner OLG Hamburg NJW-RR 1994, 1231 (Liquidation einer GbR unter Mitwirkung des Vorerben wirksam).

[249] BGH NJW 1984, 362.

Vereinbarung einer bis zum Eintritt des Nacherbfalls an den Vorerben zu zahlenden Leibrente als Veräußerungserlös.[250] Entsprechendes gilt schließlich für die Zustimmung eines Vorerben zur **Auflösung** der Gesellschaft.[251]

83 Auch für das **bedingte Austrittsrecht** („Wahlrecht") des **Vorerben** gelten keine Besonderheiten. Entsprechend den für Vertragsänderungen allgemein geltenden Grundsätzen (Rn 82), hindert ihn die Anordnung einer Nacherbschaft nicht daran, die Einräumung der Kommanditistenstellung zu beantragen und bei Ablehnung des Antrags aus der Gesellschaft auszuscheiden.[252] Dieses Recht ist ihm nach der zwingenden Vorschrift des § 139 Abs. 5 unabhängig davon zugesichert, ob er als Voll- oder Vorerbe eingesetzt ist. Es rechtfertigt sich schon daraus, dass die Zwangslage des zur Gesellschafter-Nachfolge berufenen Vorerben – Übernahme der persönlichen Haftung oder Ausschlagung der Erbschaft – sich in nichts von derjenigen eines Vollerben unterscheidet. Dem Erblasser ist es freilich ebenso wenig wie gegenüber dem Vollerben verwehrt, den Vorerben letztwillig zur Nichtausübung des Wahlrechts zu veranlassen, sei es durch Vermächtnis, Auflage oder Bedingung; denn die Testierfreiheit wird durch Abs. 5, der sich nur auf Abreden im Gesellschaftsvertrag bezieht, nicht beschränkt (vgl. Rn 142).

84 Die **Nutzungen** aus dem Anteil stehen dem Vorerben im Verhältnis zum Nacherben insoweit zu, als es sich um die auf den Zeitraum der Vorerbschaft entfallenden entnahmefähigen Gewinne handelt, während vertraglich gebundene, die Kapitalbeteiligung erhöhende Gewinne zusammen mit dem Anteil auf den Nacherben übergehen.[253] Entnimmt der Vorerbe zu Lasten seines Kapitalanteils mehr, als gesellschaftsvertraglich zugelassen, haftet auch der Nacherbe für den Rückzahlungsanspruch, wenn er Rechtsnachfolger in die Mitgliedschaft geworden ist (Rn 85). Er hat jedoch gegen den Vorerben einen gesamtschuldnerischen Ausgleichsanspruch nach §§ 426, 2133 BGB.

85 **b) Eintritt des Nacherbfalls.** Mit dem Eintritt des Nacherbfalls geht die Erbschaft auf den Nacherben über. Dieser wird Rechtsnachfolger nicht des Vorerben, sondern des Erblassers,[254] übernimmt allerdings die Erbschaft grundsätzlich in dem Zustand, in dem sie sich aufgrund der Verwaltung durch den Vorerben befindet (§§ 2111, 2139 BGB). Enthält der Gesellschaftsvertrag eine **Nachfolgeklausel,** so stellt sich der Nacherbfall aus der Sicht der Gesellschaft als neuer Erbfall dar, da er wie dieser den Mitgliederbestand verändert. Der Nacherbe tritt, sofern er zu den von der Nachfolgeklausel erfassten Personen gehört, ipso iure mit dem Eintritt der Nacherbfolge als Gesellschafter an die Stelle des Vorerben; einer „Herausgabe" des Anteils i.S.v. § 2130 BGB bedarf es hierfür nicht.[255] Das gilt nach hM auch im Falle einer **Zweipersonengesellschaft,** bei der der Vorerbe den Anteil seines verstorbenen Mitgesellschafters allein geerbt hat und die Gesellschaft ausnahmsweise als Einpersonengesellschaft mit zwei selbständigen Anteilen erhalten bleibt (näher Rn 39). Nach der hier vertretenen Auffassung bleibt es hingegen beim liquidationslosen Erlöschen der Gesellschaft; sie lebt entsprechend §§ 2139, 2143

---

250 BGHZ 69, 47 (51 f) = NJW 1977, 1540.

251 Vgl. auch OLG Hamburg NJW-RR 1994, 1231 (Liquidation einer Grundstücks-GbR); MünchKommBGB[5]/*Ulmer*/*C. Schäfer* § 727 Rn 69.

252 Vgl. MünchKommHGB/*K. Schmidt* Rn 62, 68; Ebenroth/Boujong/Joost/Strohn/*Lorz* Rn 106; Baumbach/*Hopt* Rn 19.

253 BGHZ 78, 177 (178); 109, 214 (219 f); Ebenroth/Boujong/Joost/Strohn/*Lorz* Rn 59; eingehend *Baur*/*Grunsky* ZHR 133 (1970), 209 (211 ff) und *Hefermehl* FS Westermann, 1974, 223 (228 ff) mwN.

254 Unstr., vgl. etwa BGHZ 57, 186 (188) = NJW 1972, 436; BGHZ 3, 254 (255) = NJW 1952, 102.

255 *Hefermehl* FS Westermann, 1974, S. 223 (228).

BGB mit dem Anfall der Nacherbschaft wieder auf. Generell gilt aber: Ist der Anteil für den Nacherben **nicht vererblich gestellt,** so scheidet der Vorerbe ersatzlos aus der im Übrigen fortbestehenden Gesellschaft aus; der Abfindungsanspruch steht dem Nacherben zu (Rn 39).[256]

Die früher umstrittene Frage, ob dem **Nacherben** das **Recht aus § 139** im Nacherbfall erneut zusteht, sofern der Vorerbe hiervon noch keinen Gebrauch gemacht hat,[257] wird heute nahezu einhellig bejaht.[258] Dem ist mit Rücksicht auf den Schutzzweck des § 139 und die auch für den Nacherben bestehende Zwangslage zuzustimmen. Das Interesse der Mitgesellschafter an schneller und endgültiger Klärung des Schicksals der Beteiligung tritt zurück. Ist die Nacherbfolge an den Tod des Vorerben geknüpft, werden ihre Belange nicht stärker betroffen als bei zweimaliger Vollerbfolge. Wollen die Mitgesellschafter diese doppelte Unsicherheit nicht in Kauf nehmen, so können sie die Nachfolgeregelung auf den Tod der gegenwärtigen Gesellschafter beschränken und den Übergang der Anteile auf spätere Erben ausschließen. Hat schließlich der Vorerbe im Rahmen von § 139 bereits über den Anteil verfügt, indem er die Kommanditistenstellung erlangt oder seinen Austritt aus der Gesellschaft erklärt hat, so ist damit auch für den Nacherben die Grundlage für eine nochmalige Ausübung des Wahlrechts entfallen; ein Anspruch auf Rückumwandlung der Beteiligung in diejenige eines voll haftenden Gesellschafters kommt nicht in Betracht.[259] – Wegen des Fristbeginns nach Abs. 3 vgl. Rn 90. **86**

Ist der Vorerbe aufgrund einer **Eintrittsklausel** Gesellschafter geworden, kommt ein unmittelbarer Anteilsübergang auf den Nacherben ebenso wenig in Betracht, wie wenn er die Erbfolge nach dem Vorerben antreten würde. Je nach *Ausgestaltung der Eintrittsklausel* scheidet der Vorerbe mit dem Nacherbfall entweder ipso iure aus oder kann von den übrigen Gesellschaftern ausgeschlossen werden. War das Eintrittsrecht dem Begünstigten nicht ad personam, sondern nur als (Vor-)Erbe eingeräumt, ist seine Mitgliedschaft im Zweifel auf die Dauer der Vorerbschaft begrenzt. Ein *eigenes Eintrittsrecht* des Nacherben ist nur anzunehmen, wenn auch er zum Kreis der begünstigten Personen gehört. In diesem Fall ist auch das **Wahlrecht** des Nacherben, ob er Mitglied werden oder die Abfindung beanspruchen will, durch den Gesellschaftsbeitritt des Vorerben nicht verbraucht.[260] Hat freilich bereits der Vorerbe sich unter Verzicht auf den Beitritt die Abfindung auszahlen lassen, so bindet das nach § 2112 BGB grundsätzlich auch den Nacherben,[261] soweit nicht § 2113 Abs. 2 BGB eingreift (Rn 82). Eindeutige Regeln empfehlen sich also; sie müssen freilich auf der Ebene des Gesellschaftsvertrages erfolgen; entsprechende testamentarische Anordnungen sind wirkungslos, soweit sie nicht dem Gesellschaftsvertrag entsprechen. **87**

---

256 BGHZ 78, 177 (181); BGH NJW-RR 1987, 989; MünchKommHGB/*K. Schmidt* Rn 33; Ebenroth/Boujong/Joost/Strohn/*Lorz* Rn 57.

257 Eingehend 3. Aufl. Rn 105 (*Ulmer*).

258 BGHZ 69, 47 (52); MünchKommHGB/*K. Schmidt* Rn 37, 62; Ebenroth/Boujong/Joost/Strohn/*Lorz* Rn 106; Baumbach/*Hopt* Rn 19; *Michalski* DB 1987, Beil. 16, S. 13, je mwN; so auch schon 3. Aufl. Rn 105 (*Ulmer*).

259 Die entgegengesetzte Ansicht von *Jonen* Vereinbarung, S. 89, hat sich zu Recht nicht durchgesetzt, vgl. nur Ebenroth/Boujong/Joost/Strohn/*Lorz* Rn 106.

260 MünchKommHGB/*K. Schmidt* Rn 62; MünchKommBGB[5]/*Ulmer*/*C. Schäfer* § 727 Rn 72.

261 Näher 3. Aufl. Rn 106 (*Ulmer*) mit Nachw. zum älteren Schrifttum; ebenso insbes. *Picot* Vor- und Nacherbschaft, S. 94 f.

III. Die Ausübung des bedingten Austrittsrechts („Wahlrechts")

88 **1. Erklärung des Erben.** Will der Erbe **voll haftender Gesellschafter** bleiben, so kann er seine Entschließung den übrigen Gesellschaftern entweder alsbald mitteilen und dadurch den Schwebezustand (Rn 118 f) vorzeitig beenden oder die in Abs. 3 bezeichnete Frist schlicht verstreichen lassen. Hat er die übrigen Gesellschafter vergeblich um Einräumung der Kommanditistenstellung ersucht, steht es ihm immer noch frei, voll haftender Gesellschafter zu bleiben. Auch diesen Entschluss kann er durch ausdrückliche Erklärung oder Verstreichenlassen der Frist nach Abs. 3 kundgeben. Mit Abgabe der Erklärung oder Fristablauf ist er endgültig voll haftender Gesellschafter.

89 Will der Erbe **Kommanditist** werden, so muss er **an die übrigen Gesellschafter** einen dahin gehenden Antrag stellen, d.h. erklären, dass er sein Verbleiben in der Gesellschaft von der Einräumung der Stellung als Kommanditist unter Belassung des bisherigen Gewinnanteils und Anerkennung des auf ihn entfallenden Teils der Einlage des Erblassers als seine Kommanditeinlage abhängig mache. Es ist aber auch ein solcher Antrag ausreichend bestimmt, um das Austrittsrecht nach Abs. 2 zu begründen, der ohne weitere Angaben nur auf die „Umwandlung nach § 139 Abs. 1" oder auf die „Einräumung der Kommanditistenstellung" gerichtet ist.[262] Werden demgegenüber **andere** als die in Abs. 1 vorgesehenen **Bedingungen** gestellt, wird kein Austrittsrecht begründet (zum Sonderfall des sofortigen Austrittsrechts beim Fehlen eines Kapitalanteils vgl. Rn 110). Insbesondere kann der Erbe keinen höheren Gewinnanteil, keine höhere Einlage oder eine sonstige Änderung des Gesellschaftsverhältnisses verlangen. Er kann seinen Antrag ferner nicht an die Bedingung knüpfen, dass die Miterben ebenfalls Kommanditisten werden oder dass sie voll haftende Gesellschafter bleiben. Durch all diese Zusätze wird weder die Erklärungspflicht der übrigen Gesellschafter ausgelöst, noch im Falle der Ablehnung des Antrags das Recht des Erben zum Ausscheiden aus der Gesellschaft begründet. Vor Ablauf der Frist des Abs. 3 kann der unzulässige Antrag aber durch einen zulässigen ersetzt werden.

90 **2. Frist (Abs. 3).** Der Antrag ist innerhalb einer Frist von drei Monaten zu stellen, gerechnet ab dem Zeitpunkt, in dem der Erbe von dem Anfall der Erbschaft Kenntnis erlangt hat (Abs. 3 Satz 1). Für jeden einzelnen (Mit-)Erben wird eine besondere Frist in Gang gesetzt (vgl. Rn 92). Tritt an die Stelle des ursprünglichen Erben ein anderer, wie im Falle eines **Nacherben** (Rn 86), so läuft für diesen eine **neue Frist** von seiner Kenntnis an, wenn der Vorgänger das Wahlrecht nicht bereits endgültig ausgeübt hat.[263] Der Fristablauf beim Vorerben ist wegen der neuen Frist für den Nacherben dagegen unschädlich. Der Antrag muss so **rechtzeitig** gestellt werden, dass bei seiner Ablehnung – unter Berücksichtigung einer angemessenen Überlegungsfrist – auch der Austritt noch innerhalb der Frist erfolgen kann (Abs. 3 S. 1, Rn 95).

91 Auf den **Lauf der Frist** finden die für die Verjährung geltenden Vorschriften des § 210 BGB entsprechende Anwendung (**Abs. 3 Satz 2**); bei einer *nicht voll geschäftsfähigen* Person hängt der Beginn der Frist daher zusätzlich davon ab, dass sie einen gesetzlichen Vertreter hat oder die unbeschränkte Geschäftsfähigkeit erlangt. Dem Fehlen eines gesetzlichen Vertreters steht dessen Verhinderung im konkreten Fall, etwa aufgrund des Verbots des Selbstkontrahierens nach § 181 BGB, gleich.[264] Die Frist endet demgemäß erst nach Ablauf dreier Monate, gerechnet ab Eintritt der Volljährigkeit bzw. der Beseiti-

---

[262] Vgl. auch MünchKommHGB/*K. Schmidt* Rn 70.

[263] MünchKommHGB/*K. Schmidt* Rn 89.

[264] RG JW 1934, 1044; BGHZ 55, 267 (271 f).

gung des Vertretungsmangels. Im Übrigen gelten für den Fristlauf auch gegenüber Minderjährigen keine Besonderheiten. Ist beim Ablauf der drei Monate das Recht zur Ausschlagung der Erbschaft noch nicht verloren, so endet die Frist überdies nicht vor Ablauf der Ausschlagungsfrist (**Abs. 3 Satz 3**). Die Vorschriften in Satz 2 und 3 stimmen überein mit den Vorschriften des § 27, die den Erben eines Handelsgeschäfts im Falle der Geschäftseinstellung innerhalb der Dreimonatsfrist vor unbeschränkter Haftung schützen.

Die **Berechnung** der Frist erfolgt nach den allgemeinen Vorschriften des BGB 92 (§§ 187 ff). Sie **beginnt**, sobald der (einzelne) Erbe **Kenntnis vom Anfall** der Erbschaft (nicht vom Bestehen des Gesellschaftsverhältnisses) erlangt. Es handelt sich um eine **materielle Ausschlussfrist**. Eine Wiedereinsetzung kommt demgemäß auch bei unverschuldeter Säumnis nicht in Betracht. Der Erbe, der von dem Anfall der Erbschaft Kenntnis erhalten hat, muss sich also erkundigen, ob der Erblasser Mitglied einer offenen Handelsgesellschaft war und eine Nachfolgevereinbarung besteht. Er kann zu diesem Zweck selbstverständlich auch das Handelsregister einsehen (§ 9).

3. **Form, Zugang.** Bei dem Antrag handelt es sich um eine einseitige empfangsbedürf- 93 tige Willenserklärung, die keiner besonderen Form bedarf, ist auch die schriftliche Fassung aus Beweisgründen stets anzuraten. Ähnlich der Kündigung ist er dazu bestimmt, eine Umgestaltung des bestehenden Rechtsverhältnisses einzuleiten. Daher finden die für die Kündigungserklärung geltenden Grundsätze Anwendung (§ 132 Rn 10 ff). Gleiches gilt für das Erfordernis der Zustimmung Dritter (§ 132 Rn 8). Der Antrag ist nicht an die Gesellschaft, sondern an alle **übrigen Gesellschafter**, bei der Kommanditgesellschaft auch an die Kommanditisten zu richten; er wird erst mit fristgerechtem (Abs. 3) **Zugang** beim letzten Gesellschafter wirksam. Wie bei der Kündigungserklärung reicht es aber aus, dass ein der Gesellschaft gegenüber abgegebener Antrag alle übrigen Gesellschafter erreicht (§ 132 Rn 13). Obwohl auch die (nachfolgeberechtigten) **Miterben** zum Gesellschafterkreis gehören, ist der Zugang bei ihnen nicht erforderlich (wenngleich empfehlenswert).[265] Denn nur den alten Gesellschaftern soll das Recht eingeräumt werden, die unbeschränkte Haftung der Neueintretenden oder deren Ausscheiden zu verlangen. Die Miterben können nur entscheiden, ob sie selbst für ihre Person voll haftender Gesellschafter bleiben, Kommanditist werden oder ausscheiden wollen.

4. **Annahme des Antrags.** Angenommen ist der Antrag nur, wenn alle übrigen Gesell- 94 schafter, auch die von der Geschäftsführung und Vertretung ausgeschlossenen, zustimmen. Die **Annahme** kann auch noch **nach Fristablauf** erfolgen, doch verliert der Erbe in diesem Falle das Haftungsprivileg des Abs. 4 (Rn 95). Bei **Ablehnung** auch nur eines Gesellschafters kommt die beantragte Vertragsänderung nicht zustande. Das gilt auch, wenn die Annahme mit Änderungen in Bezug auf Gewinnanteil bzw. Einlage verbunden wird (§ 150 Abs. 2 BGB). Auch wenn die Annahmeerklärung an eine Bedingung geknüpft ist, muss sich der Erbe mit dieser innerhalb der Frist des Abs. 3 einverstanden erklärt haben, andernfalls ist der Antrag nicht wirksam angenommen. Erfolgt die Ablehnung **nach Fristablauf**, kommt das Austrittsrecht gem. Abs. 2 grundsätzlich nicht mehr in Betracht (s. auch Rn 95). Spätestens mit Ablauf der Frist des Abs. 3 endet auch die **Bindung** an den Antrag; im Übrigen ist den Adressaten aber eine angemessene Überlegensfrist einzuräumen (Rn 95). Der Gesellschaftsvertrag kann abweichend von Abs. 2 einen **Mehrheitsbeschluss** zur Annahme des Antrags genügen lassen, ohne dass die in

---

[265] BGH NJW 1971, 1268 (1269); MünchKommHGB/*K. Schmidt* Rn 70.

Abs. 5 angeordnete Unabdingbarkeit der Vorschrift entgegenstünde; denn sie dient allein dem Schutz des Nachfolger-Erben, nicht auch dem der übrigen Gesellschafter.[266]

95 In der **Entscheidung über die Annahme** des Antrags sind die übrigen Gesellschafter grundsätzlich frei. Vorbehaltlich der Grenzen aus dem gesellschaftsrechtlichen Gleichbehandlungsgrundsatz (§ 105 Rn 247 ff) können sie insbesondere auch den Antrag des einen Miterben annehmen, den des anderen ablehnen.[267] Das entspricht dem selbständigen Antragsrecht der einzelnen Miterben (Rn 88), die auch ihrerseits jeweils unterschiedliche Entscheidungen über die Ausübung des Rechts treffen können. Wohl aber sind die übrigen Gesellschafter aus dem Gesellschaftsverhältnis verpflichtet, sich auf den Antrag zu erklären.[268] Dem Nachfolger-Erben darf nicht durch eine **Verzögerung** seitens der übrigen Gesellschafter das unter die Dreimonatsfrist fallende Austrittsrecht (§ 139 Abs. 2, 3) und das Haftungsprivileg nach Abs. 4 genommen werden. Im Übrigen gelten für die **Antwortfrist** und die Rechtswirkungen der Antwort grundsätzlich die allgemeinen Vorschriften über die Annahme eines Vertragsangebots (§§ 146 ff BGB). Eine Einschränkung ist allerdings gegenüber §§ 147, 148 BGB geboten, da den übrigen Gesellschaftern wegen der Tragweite ihrer Entscheidung eine **angemessene Überlegungsfrist** gelassen werden muss; die sofortige Annahme kann entgegen § 147 BGB also auch von Anwesenden nicht erwartet werden.[269] Denn die übrigen Gesellschafter müssen die Möglichkeit haben, sich vor ihrer Entscheidung untereinander zu verständigen. Der Antrag sollte mithin so **rechtzeitig** gestellt werden, dass im Falle seiner fristgerechten Ablehnung auch der Austritt noch innerhalb der Frist des Abs. 3 erklärt werden kann. Den Mitgesellschaftern ist es nur dann verwehrt, sich auf die Verfristung des Austrittsrechts zu berufen, wenn der Antrag im genannten Sinne rechtzeitig gestellt worden ist. Hat ihn der Erbe hingegen erst kurz vor Ablauf der Frist des Abs. 3 gestellt, so trägt er allein das **Risiko der Verfristung.** Entsprechendes gilt auch für eine den Mitgesellschaftern gem. § 148 BGB gesetzte Frist. Die Bindung an den Antrag endet also erst mit Ablauf der *angemessenen* Frist. Antworten nicht alle übrigen Gesellschafter innerhalb der angemessenen oder gesetzten Frist, so gilt der Antrag als abgelehnt. Eine *verspätete Annahme* gilt überdies gem. § 150 Abs. 1 BGB als neuer Antrag an den Nachfolger-Erben, der aber dessen Austrittsrecht nur dann wieder entfallen lässt, wenn der Erbe sich für die Umwandlung des Anteils entscheidet. Dies ist selbstverständlich auch nach Ablauf der Frist noch möglich. Für das ebenfalls an die Frist des Abs. 3 geknüpfte **Haftungsprivileg** nach Abs. 4 gelten die vorstehenden Grundsätze nicht, weil eventuell den Gesellschaftern anzulastende Verzögerungen nicht zu Lasten der Gläubiger gehen können (Rn 135). Insofern kommen lediglich Schadensersatzansprüche des Nachfolger-Erben gegen seine Mitgesellschafter in Betracht (Rn 112).

96 Die **übrigen Gesellschafter** können den Nachfolger-Erben **keine Frist** i.S.v. § 148 BGB setzen; die gesetzliche Frist kann vielmehr in jedem Falle voll ausgenutzt werden (Abs. 5), solange nur die Möglichkeit einer Antwort innerhalb der Frist und der Erklärung des Ausscheidens im Falle der Ablehnung bleibt. Auch für die übrigen Gesellschafter kann Anlass zur Überlegung und Verständigung mit den Mitgesellschaftern oder den Miterben bestehen.

---

[266] KG DR 1942, 732; *Hueck* OHG § 28 III 2, S. 308; Baumbach/*Hopt* Rn 39.

[267] BGH NJW 1971, 1268 (ausführlicher als in BGHZ 55, 267); KG DR 1942, 732; MünchKommHGB/*K. Schmidt* Rn 68, 70; Baumbach/*Hopt* Rn 39.

[268] So auch MünchKommHGB/*K. Schmidt* Rn 70; anders wohl Heymann/*Emmerich* Rn 41.

[269] MünchKommHGB/*K. Schmidt* Rn 70; Heymann/*Emmerich* Rn 41; Röhricht/Graf v. Westphalen/*v. Gerkan/Haas* Rn 42; *Hueck* OHG § 28 III 2, Fn 66, S. 308.

IV. Die Kommanditistenstellung des Erben

1. **Allgemeines.** Nehmen die übrigen Gesellschafter den Antrag des Erben an, so wird der Erbe Kommanditist, sobald die Annahme wirksam wird. Damit sind zugleich die Voraussetzungen für die **Haftungsbeschränkung** nach Abs. 4 geschaffen (Rn 121). Die OHG wird unter Aufrechterhaltung ihrer Identität **in eine Kommanditgesellschaft umgewandelt**, so dass die §§ 161 ff Anwendung finden, auch soweit sie dispositives Recht enthalten. Anderes gilt, wenn der Gesellschaftsvertrag für den Fall der Umwandlung besondere Bestimmungen enthält. Unberührt bleiben freilich die Vorschriften über die Dauer der Gesellschaft, über Auflösung und Abwicklung, das Recht einzelner Gesellschafter zur Übernahme des Geschäfts usw. Der Erbe, der Kommanditist wird, muss die Bestimmungen des Gesellschaftsvertrags hinnehmen, soweit sie nicht mit der Umwandlung seiner Stellung in die eines Kommanditisten unvereinbar sind. 97

2. **Gewinn- und Verlustbeteiligung.** Die Umwandlung der Stellung des Gesellschafter-Erben in diejenige eines Kommanditisten hat **nach gesetzlicher Regel** auf seinen Gewinnanteil keinen Einfluss; bei Annahme seines Antrags wird ihm dieser – vorbehaltlich vertraglicher Abweichungen (§ 139 Abs. 5, vgl. Rn 140) – nach Abs. 1 „belassen", d.h. er bleibt in demselben Umfang bestehen, wie wenn der Erbe persönlich haftender Gesellschafter geblieben wäre.[270] Ebenso bleibt die Verlustbeteiligung grundsätzlich unverändert. Begrenzt wird sie freilich wie bei jedem Kommanditisten „durch den Betrag seines Kapitalanteils und seiner noch rückständigen Einlage" (§ 167 Abs. 3). Gewinnanteil ist nach dem Sprachgebrauch des Gesetzes der Anteil am Jahresgewinn (§§ 120, 121). Seine Höhe bestimmt sich nach dem Gewinnverteilungsschlüssel des Gesellschaftsvertrags, in Ermangelung eines solchen nach § 121. Die Sondervorschrift des § 168 Abs. 2 über die Gewinnbeteiligung des Kommanditisten ist auf den in die Kommanditistenstellung zurücktretenden Erben wegen Abs. 1 nicht anwendbar. 98

Der **Gesellschaftsvertrag** kann für den Fall, dass der Erbe sein Verbleiben in der Gesellschaft von der Einräumung der Stellung eines Kommanditisten abhängig macht, seinen Gewinnanteil anders als den des Erblassers bestimmen (**Abs. 5 Halbsatz 2**). Eine solche Regelung ist namentlich angebracht, wenn der Gewinnanteil des Erblassers mit Rücksicht auf dessen persönliche Mitarbeit im Unternehmen bemessen war. Auch ohne besondere Vertragsbestimmung kann aber im Einzelfall eine **Anpassung des Gewinnanteils** des Kommanditisten-Erben nach den Umständen veranlasst sein. Sie kann zwischen den übrigen Gesellschaftern und dem Erben auch im Zusammenhang mit dem Antrag nach Abs. 1 vereinbart werden; insbesondere können die übrigen Gesellschafter ihre Zustimmung zur Umwandlung von einer solchen Änderung abhängig machen. Überhaupt empfiehlt sich allgemein eine klarstellende Regelung der Konditionen im Vertrag.[271] Eine Änderung der Gewinnbeteiligung gilt nach der Auslegungsregel des § 722 BGB im Zweifel auch für den Verlustanteil (und umgekehrt). Der aufgrund einer Vereinbarung nach Abs. 5 Halbsatz 2 **frei werdende Gewinnanteil** des Erblassers wächst, wenn 99

[270] MünchKommHGB/*K. Schmidt* Rn 82; Heymann/*Emmerich* Rn 42; für regelmäßige Anpassung des Kommanditistengewinnrechts an § 167 aber RG ZAkDR 1944, 129 mit zu Recht krit. Anm. *Hueck*; offenlassend BGH WM 1967, 317 (318) (bei automatischer Umwandlung in Kdt.-Stellung richten sich Gewinnanteil und Entnahmerecht nach den für Kommanditisten geltenden Regeln).

[271] Unstr., siehe nur MünchKommHGB/*K. Schmidt* Rn 71; Ebenroth/Boujong/Joost/Strohn/*Lorz* Rn 107.

sich nicht aus dem Vertrag etwas anderes, etwa zugunsten der persönlich haftenden Miterben-Gesellschafter ergibt, den übrigen Gesellschaftern nach dem Maßstab ihrer bisherigen Gewinnbeteiligung zu.

100 Im Unterschied zu Gewinnbeteiligung und Einlage ist das **Entnahmerecht** des Gesellschafter-Erben in § 139 Abs. 1 nicht ausdrücklich genannt, eine Gleichstellung der Rechte des Erben als Kommanditist mit demjenigen eines persönlich haftenden Gesellschafters gesetzlich somit nicht vorgeschrieben. Soweit der Gesellschaftsvertrag nicht bereits allgemeine Regelungen über die Entnahmebefugnisse der Kommanditisten enthält, bewendet es daher bei dem **Grundsatz des § 169**;[272] das Entnahmerecht des § 122 in Höhe von 4 % des Kapitalanteils kommt nicht zum Zuge. Der Erbe hat nur Anspruch auf Auszahlung des auf ihn entfallenden Gewinns, und auch das nur insoweit, als seine Pflichteinlage nicht durch Verlust unter den vereinbarten Stand vermindert ist bzw. als der Gesellschaftsvertrag keine Vorschriften über die Einbehaltung eines Teils der Gewinne enthält. Für das Eingreifen von § 169 anstelle von § 122 spricht nicht nur der Ausnahmecharakter des § 139 Abs. 1, sondern auch der andersartige Charakter der Beteiligung als Kommanditist, darunter insbesondere der Wegfall von Tätigkeitspflichten in der Gesellschaft und das Wiederaufleben der Haftung im Fall der entnahmebedingten Verminderung der Einlagen unter den Betrag der Hafteinlage (§ 172 Abs. 4).

3. Kommanditeinlage

101 a) **Fragestellung und Meinungsstand.** Über die Bemessung der Kommanditeinlage des Nachfolger-Erben im Rahmen von § 139 Abs. 1 herrscht unverändert Streit, auf den es allerdings nur ankommt, wenn die Gesellschafter zu keiner vertraglichen Einigung kommen (vgl. Rn 99).[273] Er hat seinen Grund in der wenig klar gehaltenen Gesetzesfassung, derzufolge der auf den Nachfolger-Erben „fallende Teil der Einlage des Erblassers als seine Kommanditeinlage anerkannt wird". Umstritten ist vor allem die Festsetzung der **Einlagenhöhe** des Kommanditisten: Soll sie auf Basis der – ursprünglich vereinbarten oder im Zeitpunkt des Erbfalls gültigen – Einlage des verstorbenen Gesellschafters oder auf derjenigen seines Kapitalanteils gebildet werden? Zusätzliche Schwierigkeiten ergeben sich im Falle eines negativen Kapitalanteils wegen der hier notwendigen Differenzierung zwischen Pflichteinlage und Haftsumme. – Die nach wie vor kaum vorhandene Rechtsprechung zu dieser Problematik lässt allerdings erkennen, dass die Praxis sie in aller Regel durch entsprechende **vertragliche Vereinbarungen** löst.

102 Unter Auslassung der inzwischen überholten Ansichten lassen sich im Wesentlichen noch zwei Ansätze unterscheiden:[274] Die heute **hM** stellt (mit Abweichungen im Detail) auf den **Kapitalanteil** des verstorbenen Gesellschafters **im Zeitpunkt des Erbfalls** ab, vermehrt um ausstehende Einlagen bzw. unrechtmäßige Entnahmen.[275] Demgegenüber

---

[272] MünchKommHGB/*K. Schmidt* Rn 82; insoweit auch RG ZAkDR 1944, 129.

[273] MünchKommHGB/*K. Schmidt* Rn 71 hebt noch den Fall hervor, dass der Erbe gem. Abs. 2 (zu Recht?) austritt, obwohl ihm die Mitgesellschafter eine Kommanditistenstellung angeboten haben.

[274] Eingehend zu älteren Ansichten noch 3. Aufl. Rn 123 f (*Ulmer*) und *K. Schmidt* ZGR 1989, 445 (451 ff).

[275] So eingehend schon 3. Aufl. Rn 125 ff (*Ulmer*); *Hueck* OHG § 28 II 3, S. 308 f; *Lamers* MDR 1960, 888 ff; *Liebisch* ZHR 116 (1954), 128 (168); *Sudhoff* NJW 1958, 401 ff; *Huber* Vermögensanteil, S. 430, 433; ferner Ebenroth/Boujong/Joost/Strohn/*Lorz* Rn 108 f; Heymann/*Emmerich* Rn 45; Baumbach/*Hopt* Rn 41; *Koller*/Roth/Morck Rn 8; *Saßenrath* Umwandlung, S. 159 ff; *ders.* BB 1990, 1209 (1211 f); *Frey* ZGR

nimmt eine heute vor allem von *Karsten Schmidt* angeführte Ansicht die **ursprünglich vereinbarte („bedungene") Einlage** des Erblassers i.S.v. §§ 167 Abs. 2, 169 S. 2 zum Bezugspunkt, bei festem Kapitalanteil also dessen Kontostand („Soll-Beteiligung"), verwehrt dem Erben allerdings auch dann die Auszahlung des Überschusses, wenn der Kapitalanteil die bedungene Einlage übersteigt.[276] Zu unterschiedlichen Ergebnissen gelangen beide Auffassungen vor allem bei der Bemessung der Haftsumme (Rn 107 ff). Eine *höchstrichterliche Klärung* steht nach wie vor aus; zu verzeichnen ist immerhin ein Urteil des BGH zur automatischen Anteilsumwandlung, demzufolge ein negativer Kapitalanteil der Umwandlung nicht entgegensteht und „stille Rücklagen" nicht aufgelöst zu werden brauchen, wenn alle Gesellschafter mit der Anrechnung auf die zu erbringenden Einlagen einverstanden sind.[277] Der Senat geht hier also offenbar, wie die hM, davon aus, dass sich die Erben nicht auf die vom Erblasser (als Komplementär) geleistete Einlage hinsichtlich ihrer gesellschaftsrechtlichen Haftung berufen können (näher Rn 110). – Bedenkt man, dass es sich bei dem Kapitalanteil um eine aus den Salden der verschiedenen Kapitalkonten des Erblassers gebildete Bilanzziffer handelt, welche die Mitgliedschaft „buchmäßig" darstellt, und setzt diese mit der gegenwärtigen Einlage gleich,[278] so **reduziert sich die Problematik** vor allem **auf zwei Fragen:** Ist die verlust- oder entnahmebedingte Verminderung des Kapitalanteils des Erblassers im Vergleich zur bedungenen Einlage für die Festsetzung der Kommanditeinlage zu berücksichtigen (Rn 105 f)? Und – ggf. wie – kann die Einräumung der Kommanditistenstellung nach § 139 Abs. 1 bei negativem Kapitalanteil beantragt werden, wie ist insbesondere die Haftsumme in diesem Falle zu bemessen (Rn 111)?

b) Stellungnahme: Bestimmung der Einlagebegriffe. Wie *Peter Ulmer* schon in der 3. Auflage (dort Rn 125 ff) eingehend entwickelt hat, kann sich eine Klärung der verschiedenen Einlagebegriffe des § 139 Abs. 1 nur aus dessen **Normzweck** ergeben, nämlich die Bedingungen festzulegen, unter denen der Erbe die Einräumung der Kommanditistenstellung beantragen kann, um bei Ablehnung seines Antrags nach § 139 Abs. 2 austreten zu können. Hierfür bedarf es zunächst der Differenzierung zwischen der Einlage des Erblassers und der auf den Erben entfallenden Kommanditeinlage, ferner zwischen bedungener Einlage und Haftsumme. Sodann ist zu berücksichtigen, dass der **Erbe** einerseits vor der Zwangslage bewahrt werden soll, sich zwischen Ausschlagung der Erbschaft und unbeschränkter Gesellschafterhaftung entscheiden zu müssen (Rn 69), weshalb ihm die Vermeidung einer unbeschränkten persönlichen Haftung ermöglicht werden soll. Andererseits sollen aber auch die Interessen der **Mitgesellschafter** gewahrt bleiben; diese sollen namentlich dagegen geschützt werden, dass das vom Erblasser im gemeinsamen Unternehmen investierte Vermögen ohne ihr Zutun zurückgefordert werden kann. Deshalb erhält der Erbe ein einseitiges Austrittsrecht nur, wenn sich die Mitgesellschafter weigern, ihm unter Beibehaltung der Vermögensbeteiligung die Kommanditistenstellung einzuräumen.[279] Ein Schutz weiterer Personen, insbesondere der **Gläubiger**, ist den auf 103

1988, 281 (288 f); im Grundsatz auch BGHZ 101, 123 (126 f) (betr. automatische Umwandlung in Kommanditanteil).

276 MünchKommHGB/*K. Schmidt* Rn 75 ff und *ders.* ZGR 1989, 445 (459 ff) (insoweit abweichend von Staub/*Pinner* 14. Aufl. 1932, Anm. 15); dem folgend *Herfs* DB 1991, 2121 (2122 f); Röhricht/Graf v. Westphalen/*v.Gerkan/Haas* Rn 35.

277 BGHZ 101, 123 (126) = NJW 1987, 3184.

278 S. *Huber* Vermögensanteil, S. 429; vgl. auch *dens.* ZGR 1988, 42 ff.

279 Teilweise abweichend zum Normzweck *K. Schmidt* ZGR 1989, 445 ff: § 139 wolle auch vermeiden, dass der Erbe bei voll eingezahltem Anteil des Erblassers – ohne weiteres – gegen jede persönliche Haftung gefeit sei. Zu den daraus gezogenen Folge-

die Festsetzung der Kommanditeinlage bezogenen Vorschriften des § 139 demgegenüber **nicht** zu entnehmen,[280] zumal ihnen durch den Tod des Erblassers wegen der Haftung „des Nachlasses" für die Gesellschaftsschulden kein Nachteil entsteht.

104 Aus den vorstehenden Überlegungen ergibt sich zunächst, dass eine Verminderung des Gesellschaftsvermögens nicht gegen den Willen der Mitgesellschafter erfolgen darf. Deshalb ist die **„Einlage des Erblassers"** i.S.v. Abs. 1 zu verstehen als die Gesamtheit der der Gesellschaft vom Erblasser auf Dauer belassenen oder zugesagten Vermögenswerte, was cum grano salis dem (aktiven) **Saldo der bei der Gesellschaft geführten Konten** entspricht,[281] freilich ohne Berücksichtigung der auf einem „echten" Darlehenskonto gebuchten Positionen, insbes. vorübergehend stehengelassene Gewinne, die jederzeit entnehmbar sind.[282] Dieses Ziel vermag zwar auch die Minderheitsmeinung zu erreichen, soweit sie zur ursprünglich vereinbarten Einlage auch eventuelle Überschüsse hinzurechnet, um die der Kapitalanteil die bedungene Einlage übersteigt.[283] Doch schränkt sie die Interessen des Nachfolger-Erben insoweit über das Erforderliche hinaus ein, als sie die Entnahme künftiger Gewinne so lange verhindert, bis die ursprüngliche Einlage des Erblassers wieder aufgefüllt ist, was zu ermitteln aber auf erhebliche praktische Schwierigkeiten stoßen kann.[284] Außerdem handelt es sich bei der bedungenen Einlage mit Rücksicht auf die unbeschränkte persönliche Haftung nicht selten um einen eher zufällig gewählten Wert.[285] Schließlich überzeugt es nicht, die Haftsumme unverändert vom Erblasser zu übernehmen. Es gibt vielmehr Fälle, in denen sich eine abweichende Bemessung geradezu aufdrängt (dazu Rn 108 f).

105 Was andererseits die in § 139 Abs. 1 genannte **Kommanditeinlage** betrifft, so ist mit Rücksicht auf den Gesetzeszweck eine Gleichstellung von Pflichteinlage und Haftsumme nicht in allen Fällen möglich. Zwar sind regelmäßig auch hier – wie sonst bei der KG (Voraufl. § 161 Rn 17 [*Schilling*]) – Pflicht- und Hafteinlage gleich hoch zu bemessen, doch können sich in bestimmten Fällen (bei rückständigen Einlagen des Erblassers sowie im Fall eines negativen Kapitalanteils, vgl. Rn 110 f) Abweichungen als notwendig erweisen,[286] weshalb angesichts des mit unterschiedlicher Bedeutung verwandten Wortlauts (vgl. §§ 171 f) zu klären ist, wie der **Begriff der „Einlage"** des Kommanditisten bei § 139 Abs. 1 zu verstehen ist. Zu dem auf den Interessenausgleich zwischen Erben und Mitgesellschaftern, nicht auf Gläubigerschutz gerichteten **Normzweck** des § 139 Abs. 1 (Rn 103) passt es allein, die Einlage als **Pflichteinlage** zu verstehen.[287] Auch als Kom-

---

rungen in Bezug auf den negativen Kapitalanteil siehe Rn 108 f. Gegen ihn *Saßenrath* BB 1990, 1209 (1211 f).

280 Insoweit übereinstimmend MünchKommHGB/*K. Schmidt* Rn 79 bzw. Schlegelberger/*K. Schmidt* Rn 66; **aA** *Hueck* OHG § 28 III 3, S. 308 f.

281 Damit sind auch Einlagerückstände erfasst, die auf dem beweglichen Kapitalkonto gebucht werden, vgl. *Huber* ZGR 1988, 49.

282 So auch MünchKommHGB/*K. Schmidt* Rn 76; pauschaler (Saldo sämtlicher Konten) demgegenüber *Huber* Vermögensanteil, S. 433; s.a. *Saßenrath* Umwandlung, S. 160 ff.

283 Vgl. nur MünchKommHGB/*K. Schmidt* Rn 75.

284 Vgl. *Saßenrath* BB 1990, 1209 (1212).

285 *Hueck* OHG § 28 III 3, S. 308 f; Ebenroth/Boujong/Joost/Strohn/*Lorz* Rn 105.

286 Abweichend MünchKommHGB/*K. Schmidt* Rn 79a; *ders.* BB 1989, 1702 (1708); *ders.* ZGR 1989, 445 (446): auch beim negativen Kapitalanteil braucht und darf keine neue Haftsumme festgesetzt werden; damit erledigt sich die Frage insoweit (näher dazu Rn 110 f); dem folgend *Herfs* DB 1991, 2122; krit. etwa *Saßenrath* BB 1990, 1209 (1211 f).

287 Ebenso *Huber* Vermögensanteil, S. 429; vgl. ferner Ebenroth/Boujong/Joost/Strohn/*Lorz* Rn 106; Heymann/*Emmerich* Rn 41 f; im Ansatz abweichend MünchKommHGB/*K. Schmidt* Rn 79 f.

manditist soll der Erbe verpflichtet sein, die mit dem Anteil verbundenen Vermögenswerte in der Gesellschaft zu belassen; ebenso soll er auch seinerseits die vermögensrechtliche Stellung des Erblassers vorbehaltlich der nach § 139 Abs. 5 zulässigen Abweichungen (Rn 134 ff) unverändert behalten. Durch die Einräumung der Kommanditistenstellung werden die bisher für den Erblasser geführten Kapitalkonten daher nicht berührt; es bleibt nicht nur bei der – im Fall der Nachfolge durch mehrere Erben quotenmäßig aufzuteilenden – Höhe der Kapitalkonten, sondern auch bei ihrer Unterscheidung in feste und bewegliche Konten nach Maßgabe des Gesellschaftsvertrags. Damit ist zugleich gewährleistet, dass sich hinsichtlich der Gewinnverteilung, der Entnahmeregelung und der Auseinandersetzungsbilanz, für die nach gesetzlicher Regel (§§ 121, 122, 155) jeweils der Kapitalanteil maßgebend ist (§ 120 Rn 53), keine Änderungen ergeben. Wiederum vermag zwar auch die Minderheitsauffassung diesem Ziel im Ansatz gerecht zu werden; doch gilt das zu Rn 104 a.E. Gesagte insoweit entsprechend.

Ist somit die Pflichteinlage des Kommanditisten als der buchmäßige Kapitalanteil **106**
unter Einschluss **rückständiger Einlagen** und unzulässiger **Entnahmen** des Erblassers zu verstehen, bleibt noch die früher umstrittene Frage, ob der Erbe seine **Haftung für nicht erfüllte Einlageansprüche** (bzw. Entnahmen) nach erbrechtlichen Grundsätzen beschränken kann, was die heute hM ablehnt, wenn der Erbe nicht binnen drei Monaten ausscheidet.[288] Dem ist zuzustimmen; denn es handelt sich um eine aus der Gesellschafterstellung folgende, den Erben also persönlich treffende Pflicht gegenüber Mitgesellschaftern bzw. Gesellschaft. Da auch der Kommanditist für ausstehende Einlagen haftet,[289] ist der Schutzzweck des § 139 insoweit nicht berührt. Insofern vermag nur die Ausschlagung zu helfen. Scheidet der Gesellschafter aber binnen drei Monaten aus, kann die Haftung für die Einlage als Nachlassverbindlichkeit nach erbrechtlichen Grundsätzen beschränkt werden.[290] Dies wird man auch auf die KG übertragen können.[291] Eine ausschließlich erbrechtliche Haftung trifft den Erben auch dann, wenn der Erbfall erst *nach* der Auflösung der Gesellschaft eintritt,[292] bzw. die Gesellschaft durch den Erbfall aufgelöst wird (dazu allgemein Rn 128). Die *Fälligkeit* des Zahlungsanspruchs der Gesellschaft richtet sich nach den auch für den Erblasser geltenden Vereinbarungen im Gesellschaftsvertrag.[293]

c) **Bestimmung der Haftsumme insbesondere.** Die in das Handelsregister einzutra- **107**
gende Haftsumme entspricht im **Grundsatz** dem für die Pflichteinlage maßgebenden Betrag. Ein Haftungsrisiko gegenüber den Gesellschaftsgläubigern ist für den Erben damit so lange nicht verbunden, als dieser Betrag im Zeitpunkt des Erbfalls vollständig geleistet war. Vor dem Erbfall eingetretene Verluste oder zulässige Entnahmen können schon deshalb außer Betracht bleiben, weil sie auch den Betrag der Pflichteinlage entsprechend vermindern (Rn 105). Nach hM erfährt dieser Grundsatz aber Durchbrechungen in dem

---

288 So OLG Hamburg BB 1994, 238; *Hueck* OHG § 28 III 3, S. 308 f; *Koller*/Roth/Morck Rn 8; MünchKommHGB/*K. Schmidt* Rn 72; *ders.* ZGR 1989, 445 (458); Röhricht/Graf v. Westphalen/*v. Gerkan*/*Haas* Rn 32; Nachweise zum älteren Schrifttum in der 3. Auflage Rn 130 [*Ulmer*]); **aA** *Lamers* MDR 1960, 888 (889); gegen jede Haftung *Saßenrath* Umwandlung, S. 160 ff.

289 Zutr. MünchKommHGB/*K. Schmidt* Rn 72.

290 MünchKommHGB/*K. Schmidt* Rn 72; Röhricht/Graf v. Westphalen/*v. Gerkan*/*Haas* Rn 32.

291 Ansätze dazu bei *Luttermann* ZErb 2008, 139 (140 ff) (allerdings im Detail nicht leicht nachvollziehbar; die richtige Lösung dürfte in einem außerordentlichen Austrittsrecht bei unverhältnismäßig hoher, rückständiger Einlage außerhalb von § 139 liegen).

292 BGH BB 1995, 2338 (KG) mit zust. Anmerkung *K. Schmidt* JuS 1996, 362 f.

293 Vgl. *Sudhoff* NJW 1958, 401 (404).

Sinne, dass die Haftsumme in bestimmten Fällen niedriger als die Pflichteinlage anzusetzen ist.[294] Das gilt zum einen in Hinblick auf rückständige Einlagen, und zwar wegen der Haftungsgefahr für den Erben aus §§ 171 Abs. 1, 172 Abs. 4 (näher Rn 108, 125). Zum anderen betrifft es den Fall eines negativen Kapitalanteils des Erblassers (Rn 110 f).

108 **Stehen** im Zeitpunkt des Erbfalls noch **Einlageleistungen aus** bzw. hat der Erblasser **unberechtigte Entnahmen** vorgenommen, so ist beides für die Festsetzung der Pflichteinlage des Kommanditisten zu berücksichtigen; außerdem haftet dieser hierfür im Innenverhältnis ohne erbrechtliche Beschränkungsmöglichkeit, sofern er nicht aus der Gesellschaft ausscheidet (Rn 106). Daraus folgt aber noch nicht, dass Entsprechendes auch für die Hafteinlage des Erben gilt. Der sich besonders in § 139 Abs. 4 manifestierende Normzweck, die unbeschränkte persönliche Haftung des in die Kommanditistenstellung zurückgetretenen Erben auszuschließen, erfordert eine abweichende Bemessung des durch die Hafteinlage repräsentierten Risikos persönlicher Inanspruchnahme des Erben. Die Möglichkeit einer Haftungsbeschränkung des Erben folgt hier nicht bereits aus der Einlageleistung des Erblassers. Denn der Erblasser hätte sich seinerseits, wäre er schon Kommanditist gewesen, nach §§ 171 Abs. 1, 172 Abs. 4 insoweit nicht auf die Haftungsbeschränkung berufen können.[295] Folglich könnte für den Erben – bei gleichbleibender Hafteinlage – nichts anderes gelten. Auch der Hinweis auf die häufig in der Beteiligung steckenden, wertmäßig über den Nominalbetrag des Kapitalanteils des Erblassers hinausgehenden **stillen Reserven** vermag eine Haftungsbeschränkung des Erben hier nicht zu begründen. Das zeigt ein Vergleich mit der haftungsrechtlichen Lage bei Sacheinlagen eines Kommanditisten. Einigen sich die Gesellschafter im Innenverhältnis auf eine Unterbewertung, so wird der Kommanditist auch nur in nämlicher Höhe von seiner Haftung befreit. Denn anderenfalls könnten die Gläubiger nicht wirksam gegen die Gefahren einer späteren Auflösung der stillen Reserven durch Veräußerung der unterbewerteten Sacheinlage und Verteilung des daraus resultierenden Scheingewinns geschützt werden.[296] Aus diesem Grunde ist dem Erben gegenüber den Gesellschaftsgläubigern auch der Einwand verwehrt, er habe im Zuge der Einräumung der Kommanditistenstellung seine Kommanditeinlage in Höhe des tatsächlichen und nicht des nominellen Wertes des Anteils erbracht.[297]

109 Diese Zusammenhänge machen es im Hinblick auf § 139 Abs. 4 erforderlich, die **Hafteinlage** so zu bemessen, dass sie den **Buchwert** der Beteiligung im Zeitpunkt des Erbfalls[298] nicht übersteigt. Soweit Einlagenforderungen der Gesellschaft gegen den Erblasser bestanden haben, sind diese deshalb **nicht** in die Hafteinlage einzubeziehen.[299] Für die Mitgesellschafter mag das im Einzelfall zwar unerwünscht sein, da es die Kreditfähigkeit der Gesellschaft beeinträchtigen kann. Mit Rücksicht auf den Zweck des § 139, den

---

[294] Zum Meinungsstand vgl. die Nachw. in Fn 275 f; die abweichende Position wird insbes. von Röhricht/Graf v. Westphalen/*v. Gerkan/Haas* Rn 37 und *K. Schmidt* vertreten (Fn 286).

[295] Insoweit übereinstimmend MünchKommHGB/*K. Schmidt* Rn 79 f und ZGR 1989, 445 (464 f), der die Anpassung der Haftsumme hier aber ablehnt (dazu Rn 125); s. auch Heymann/*Emmerich* Rn 45a; weit. Nachw. in Fn 276.

[296] So auch BGHZ 101, 123 (127); *Huber* Vermögensanteil, S. 210 ff.

[297] *Huber* Vermögensanteil, S. 432 (436); *Lamers* MDR 1960, 888 (889).

[298] Für Maßgeblichkeit dieses Bewertungszeitpunkts auch BGHZ 101, 123 (128).

[299] HM, vgl. die Nachw. Fn 275, so auch schon *Patzschke* ZHR 113, 21 ff; **aA** MünchKommHGB/*K. Schmidt* Rn 79 f; *ders.* ZGR 1989, 445 (463 ff), der den Nachfolger-Kommanditisten nur insoweit schützen will, als der Wert der Beteiligung durch Verluste unter den Betrag der Haftsumme gemindert ist; weit. Nachw. in Fn 276.

Erben als Kommanditisten effektiv vor einer Außenhaftung zu schützen, ist dieser Effekt aber hinzunehmen. Man mag zwar darüber streiten, ob dem Nachfolger-Erben, der im Innenverhältnis für ausstehende Einlagen und unzulässige Entnahmen einzustehen hat (Rn 106, 108), substantiell geholfen ist, wenn ihm die Außenhaftung insoweit erspart bleibt. Ebenso zweifelhaft erscheint es jedoch, den nachfolgebedingten Neuerwerb der Mitgliedschaft des Erben haftungsrechtlich völlig zu ignorieren und diesen so zu behandeln, als sei er der Erblasser in Gestalt eines Kommanditisten. Dies zwingt die Kritiker der hM etwa dazu, die **Anwendung des § 173** auf den Erbfall entgegen der hM[300] systemwidrig **einzuschränken**. Nimmt man die bereits erwähnten praktischen Schwierigkeiten hinzu (Rn 104) und bedenkt die Publizitätslücken,[301] sind keine wirklich durchgreifenden Vorzüge des Alternativkonzepts erkennbar, die dazu zwängen, die in der 3. Aufl. von *Ulmer* vertretene, der hM entsprechende Ansicht aufzugeben. Auch der *II. Senat des BGH* geht im Übrigen in BGHZ 101, 123 stillschweigend davon aus, dass sich die Erben *nicht* auf die vom Erblasser (als Komplementär) geleistete Einlage hinsichtlich ihrer Außenhaftung sollen berufen können. Denn die Entscheidung lässt es nur zu, dass – bei negativem Kapitalanteil (Rn 110) – stille Reserven ohne Aufdeckung auf die zu erbringenden Einlageleistungen der Kommanditisten angerechnet werden, sofern alle Gesellschafter damit einverstanden sind. Der Senat begründet dies damit, dass Gläubigern generell nicht ersichtlich wird, ob und in welcher Höhe die Einlageleistungen werthaltig sind und deshalb haftungsbefreiend wirken.[302] Hiermit setzt er aber das Erfordernis haftungsbefreiender Einlageleistung des Erben voraus. Über die Höhe der Haftsumme war offenbar, wie typischerweise, von den Gesellschaftern Einigkeit erzielt worden.

Die vorstehenden Überlegungen sind auch **bei negativem Kapitalanteil** des Erblassers **110**
im Zeitpunkt des Erbfalls relevant. Zunächst ist aber festzuhalten, dass dem Erben **das bedingte Austrittsrecht** auch in diesem Falle **zusteht.** Wie der Fall von BGHZ 101, 123 beispielhaft verdeutlicht, ist über den tatsächlichen Wert des Anteils durch einen negativen Buchwert des Anteils noch nichts gesagt; denn dieser ist zunächst nur das Ergebnis der von den Gesellschaftern praktizierten Bewertungsgrundsätze. Trotz negativen Kapitalanteils kann deshalb mit Rücksicht auf den „inneren Wert" des Anteils auch abgesehen von der Haftungsbeschränkung nach Abs. 4 ein Interesse des Erben an der Beteiligung als Kommanditist bestehen. Nicht durchgesetzt hat sich die Ansicht, dass der Erbe in diesem Falle, abweichend von § 139 Abs. 1, nur das Recht zum sofortigen Austritt hat.[303] Wie der BGH[304] vielmehr mit Recht ausgeführt hat, scheitert die Kommandi-

300 Voraufl. § 173 Rn 10 (*Schilling*); Baumbach/*Hopt* Rn 45; im Grundsatz auch MünchKommHGB/*K. Schmidt* § 173 Rn 41; *Kick* Haftung, S. 72 ff; **aA** Heymann/*Horn* § 173 Rn 8; Staudinger/*Marotzke* BGB (2002) § 1967 Rn 68 (verdrängt durch § 139 Abs. 4 – dagegen mit Recht aber Schlegelberger/*K. Schmidt* Rn 115 und § 173 Rn 43) mwN.

301 *K. Schmidt* will diese durch einen besonderen Registervermerk beheben, dessen Fehlen aber ohne Haftungsfolgen bleibt, vgl. *K. Schmidt* ZGR 1989, 466 f; MünchKommHGB/*K. Schmidt* Rn 80; dagegen *Saßenrath* BB 1990, 1210.

302 BGHZ 101, 123 (126 f) = NJW 1987, 3184; krit. *K. Schmidt* BB 1989, 1702 (1706 f) – Dass die Entscheidung die automatische Umwandlung in einen Kommanditanteil betrifft, ist insoweit unerheblich; denn für die Festlegung der Haftsumme folgen daraus keine Besonderheiten, insoweit auch MünchKommHGB/*K. Schmidt* Rn 140.

303 *Hueck* OHG § 28 III 3, S. 308; *Buchwald* DB 1958, 1003 (1004); so auch Heymann/*Emmerich* Rn 45b.

304 BGH NJW 1971, 1268 (1269); so auch schon *Lamers* MDR 1960, 888; *Liebisch* ZHR 116 (1954), 128 (172 ff); *Sudhoff* NJW 1958, 401 (404); *Huber* Vermögens-

tistenstellung insbesondere nicht daran, dass der negative Buchwert der Beteiligung die Festsetzung der Kommanditeinlage erschweren kann. Ob die Mitgesellschafter bei negativem Kapitalanteil des Erben bereit sein werden, seinen Antrag auf Einräumung der Kommanditistenstellung anzunehmen, steht auf einem anderen Blatt. Die Entscheidung hierüber muss ihnen nach der Systematik des § 139 aber belassen werden; dies zumal angesichts des Umstands, dass die Gefahr eines Vermögensabflusses für die Gesellschaft beim Ausscheiden des Erben je nach dem tatsächlichen Anteilswert und den vertraglichen Abfindungsregeln auch bei negativem Kapitalanteil nicht ausgeschlossen werden kann.

111 Da die **Haftsumme bei negativem Kapitalanteil** nicht unmittelbar vom Erblasser übernommen werden kann (Rn 109), bedarf es ihrer Neufestsetzung,[305] für die zu berücksichtigen ist, dass nur positive Beträge in das Handelsregister eingetragen werden können. Als Ausweg bietet sich die Festsetzung der Haftsumme in **Höhe von 1 Euro** an. Hierdurch wird einerseits die Eintragung ins Handelsregister ermöglicht, andererseits dem Kommanditisten-Erben kein nennenswertes Haftungsrisiko auferlegt.[306] Die Gesellschafter können sich aber selbstverständlich auch auf eine höhere Haftsumme, namentlich in Höhe des objektiven Anteilswertes verständigen, und zwar ohne *die stillen Reserven* aufzudecken und ohne dass dies zu einer Haftung nach § 171 führt.[307] Dass den Mitgesellschaftern mit einer derart geringen Hafteinlage häufig nicht gedient sein wird, ist kein entscheidender Einwand; sie sind nicht gezwungen, den Antrag des Erben auf Einräumung der Kommanditistenstellung anzunehmen. – Hinsichtlich der – mit dem Buchwert der Beteiligung identischen – **Pflichteinlage** bewendet es demgegenüber bei den allgemeinen Grundsätzen (Rn 107).

V. Das Ausscheiden des Erben (Abs. 2)

112 **1. Die Austrittserklärung und ihre Wirkungen.** Lehnen die übrigen Gesellschafter die Einräumung der Kommanditistenstellung ab oder gilt der Antrag wegen Nichtbeantwortung als abgelehnt (Rn 95), so erlangt der Erbe die **Befugnis**, ohne Einhaltung einer Kündigungsfrist sein **Ausscheiden** aus der Gesellschaft zu erklären. Vorher steht ihm diese Befugnis nur im Sonderfall eines Anteils ohne Kapitalbeteiligung (Rn 76) zu. Der Erbe scheidet nicht ohne weiteres mit der Ablehnung seines Antrages aus, sondern muss sein Ausscheiden erklären. Die Erklärung kann aber schon mit der Antragstellung – für den Fall der Ablehnung – verbunden werden. Dann ist der Erbe an die Erklärung gebunden und scheidet in dem Zeitpunkt aus, in dem die Ablehnung wirksam wird, also mit der ersten Ablehnungserklärung eines Gesellschafters. Der Erbe kann auch das Austrittsrecht

---

anteil, S. 434 ff; ferner *Saßenrath* BB 1990, 1209 (1212); Baumbach/*Hopt* Rn 42; Ebenroth/Boujong/Joost/Strohn/*Lorz* Rn 110; *Koller*/Roth/Morck Rn 9; *Michalski* Perpetuierung, Rn 47.

[305] **AA** wiederum MünchKommHGB/*K. Schmidt* Rn 79a; *ders.* BB 1989, 1702 (1708); *ders.* ZGR 1989, 445 (446 f); *Herfs* DB 91, 2122 f; dazu schon Rn 109.

[306] So schon *Sudhoff* NJW 1958, 401 (404 f); *Huber* Vermögensanteil, S. 434 ff; ferner *Saßenrath* BB 1990, 1209 (1212); Ebenroth/Boujong/Joost/Strohn/*Lorz* Rn 110; Baumbach/*Hopt* Rn 42.

[307] BGHZ 101, 123 (126) (s. schon bei Fn 302); Ebenroth/Boujong/Joost/Strohn/*Lorz* Rn 110; *Koller*/Roth/Morck Rn 9; insoweit auch *K. Schmidt* BB 1989, 1702 (1706); relativierend dann BGHZ 109, 334 = NJW 1990, 1109; **aA** *Buchner* DNotZ 1988, 467 und OLG Hamburg ZIP 1983, 59 ff.

nur innerhalb der **Frist des Abs. 3** geltend machen (Rn 90 ff).[308] Die auf das sofortige Ausscheiden gerichtete – grundsätzlich **formfreie**[309] – Erklärung muss als empfangsbedürftige Willenserklärung demnach innerhalb der Frist **wirksam** werden, also allen übrigen Gesellschaftern **zugehen**. Dem Zugang steht es gleich, dass sämtliche Gesellschafter innerhalb der Frist tatsächlich Kenntnis genommen haben (Rn 93). Selbstverständlich ist es auch möglich, dass die Geschäftsführer zum **Empfang** besonders **bevollmächtigt** werden. Das Erfordernis fristgemäßen Zugangs gilt auch dann, wenn die Mitgesellschafter sich erst kurz vor Ablauf der Frist zum Antrag des Erben auf Anteilsumwandlung äußern; dieser muss eine ausreichende Überlegungsfrist für die übrigen Gesellschafter ebenso einkalkulieren wie die Zeit, die er selbst für die Kündigung noch benötigt. **Vereiteln** allerdings die Mitgesellschafter **die rechtzeitige Erklärung** durch verspätete Reaktion, so kommt zwar wegen Betroffenheit auch der Gläubiger in Hinblick auf die Haftungsbeschränkung nach Abs. 4 eine Fristverlängerung nicht in Betracht (Rn 95). Doch sind die Mitgesellschafter im Innenverhältnis gehindert, sich auf die mangelnde Rechtzeitigkeit zu berufen; sie schulden dem Erben ggf. Schadensersatz und haben ihn von den gemeinschaftlichen Schulden zu befreien.[310] – Statt nach Abs. 2 auszutreten kann der Erbe aber auch ein vertragliches oder das gesetzliche Kündigungsrecht (§ 132) ausüben. Hierdurch verliert er allerdings die nur für das Ausscheiden nach Abs. 2 bestehende Befugnis, seine Haftung gem. Abs. 4 zu beschränken.

Für einen **minderjährigen Gesellschafter** handelt sein gesetzlicher Vertreter; eine fami- **113**
lien- bzw. vormundschaftsgerichtliche Genehmigung ist nicht erforderlich.[311] Fehlt ein gesetzlicher Vertreter, beginnt die **Frist** gem. Abs. 3 S. 2 i.V.m. § 210 BGB erst nach Ablauf dreier Monate ab Eintritt der Volljährigkeit oder Behebung des Mangels. Ein Mangel der gesetzlichen Vertretung liegt auch dann vor, wenn der gesetzliche Vertreter, typischerweise also ein Elternteil, deshalb gem. § 181 BGB (i.V.m. §§ 1629 Abs. 2, 1795 Abs. 2 BGB) von der Vertretung ausgeschlossen ist, weil er selbst zum Gesellschafterkreis gehört.[312] Hiervon abgesehen, läuft die Frist des Abs. 4 auch gegen den Minderjährigen, dem aber zusätzlich das **Sonderkündigungsrecht** analog § 723 Abs. 1 S. 3 Nr. 4; S. 4, 5 BGB im Zeitpunkt der Volljährigkeit zusteht (§ 133 Rn 32).

Ausgeschieden ist der Gesellschafter, sobald die Erklärung dem letzten Gesellschafter **114**
zugegangen ist (Rn 112). Auf diesen **Zeitpunkt** erfolgt auch die Berechnung des Abfindungsguthabens; sie richtet sich nach den allgemeinen Vorschriften über die Ermittlung des Abfindungsguthabens eines ausscheidenden Gesellschafters unter Zugrundelegung des Kapitalanteils des ausscheidenden Erben (näher zur Berechnung § 131 Rn 139 ff). Vertragliche **Abfindungsbeschränkungen** sind im Rahmen der allgemeinen Grundsätze anwendbar, sie dürfen also insbesondere keine einigungs- bzw. austrittsbeschränkende Wirkung entfalten (s. Rn 139).[313] Das Abfindungsguthaben fällt in den Nachlass (Rn 3). Für die nach dem Zeitpunkt des Ausscheidens entstandenen Gesellschaftsschulden haftet

---

308 Vgl. MünchKommHGB/*K. Schmidt* Rn 86 (mit rechtspolitischer Kritik); Ebenroth/Boujong/Joost/Strohn/*Lorz* Rn 111; Röhricht/Graf v. Westphalen/*v. Gerkan/Haas* Rn 41.

309 Ungeachtet des Abs. 5 kann der Gesellschaftsvertrag aber die Schriftform vorschreiben, MünchKommHGB/*K. Schmidt* Rn 87.

310 MünchKommHGB/*K. Schmidt* Rn 86.

311 MünchKommHGB/*K. Schmidt* Rn 87; Ebenroth/Boujong/Joost/Strohn/*Lorz* Rn 111; *Reimann* DNotZ 1999, 196.

312 BGHZ 55, 267 (271 f); MünchKommHGB/*K. Schmidt* Rn 89; siehe schon oben Rn 91.

313 Tendenziell enger (keine Geltung für den Fall des Abs. 2) Ebenroth/Boujong/Joost/Strohn/*Lorz* Rn 111; Heymann/*Emmerich* Rn 47; Baumbach/*Hopt* Rn 43.

der Ausgeschiedene nicht. Wegen der Haftung für die bis dahin entstandenen Schulden vgl. Abs. 4 und unten Rn 121.

115 **2. Der Fortbestand der Gesellschaft.** Scheidet der Erbe nach Abs. 2 aus, so wird die Gesellschaft unter den übrigen Gesellschaftern, auch den Miterben, die von dem Ausscheidensrecht keinen Gebrauch gemacht haben, **fortgesetzt**; denn der Fall des Austritts kann als personenbezogener Grund nicht anders als eine Kündigung behandelt werden (vgl. § 131 Abs. 3 Nr. 3). Überdies wird die Gesellschaft seit 1998 selbst dann nicht aufgelöst, wenn mangels Nachfolgeklausel gar kein erbrechtlicher Anteilsübergang stattfindet (§ 131 Abs. 3 Nr. 1). Indes stehen die Folgen des § 131 Abs. 3 zur Disposition der Gesellschafter, so dass der Gesellschaftsvertrag Abweichendes bestimmen, insbesondere vorsehen kann, dass die Gesellschaft aufgelöst wird, wenn der Erbe oder ein Miterbe nach Abs. 2 ausscheidet, oder dass die verbleibenden Gesellschafter in diesem Falle das Gesellschaftsverhältnis kündigen oder die sofortige Auflösung der Gesellschaft beschließen können. Nach Lage des Einzelfalles kann das Ausscheiden eines Erben auch einen wichtigen Grund für die Auflösungsklage nach § 133 bilden.

116 Die Gesellschaft kann das gemeinsame Unternehmen unter der **bisherigen Firma** ohne Einwilligung des ausscheidenden Erben fortführen, auch wenn der Name des verstorbenen Gesellschafters in der Firma enthalten ist, sofern die Erben nach dem Erbfall gem. § 24 Abs. 2 zugestimmt haben. § 24 Abs. 2 findet beim Ausscheiden anderer Personen als des ursprünglichen Gesellschafters nur Anwendung, wenn es sich um dessen unmittelbaren Nachfolger-Erben (bei übereinstimmenden Familiennamen) handelt.[314] Im Übrigen begründet die erbrechtliche Nachfolge auch im Falle der Namensgleichheit kein (eigenes) Zustimmungsrecht nach § 24 Abs. 2 beim späteren Ausscheiden.[315]

117 Bestand die Gesellschaft **nur aus zwei Gesellschaftern** und scheiden nach dem Tode des einen sämtliche ihm in die Gesellschaft nachgefolgten Erben aus, so führt das zur Beendigung der Gesellschaft; das Gesellschaftsvermögen geht ohne Abwicklung auf den überlebenden Gesellschafter im Wege der Universalsukzession über (ausführlich § 131 Rn 111 ff).[316] Der Übernehmer ist befugt, das Unternehmen auf eigene Rechnung fortzuführen, und muss den ausgeschiedenen Erben das auf sie entfallende Abfindungsguthaben auszahlen.

VI. Der Schwebezustand während der Dauer des Wahlrechts

118 Zwischen dem Tod des Gesellschafters und der endgültigen Regelung der Stellung des Erben zur Gesellschaft besteht ein Schwebezustand. Für die Außenhaftung ist das in § 139 Abs. 4 ausdrücklich klargestellt (vgl. Rn 120). Es gilt aber **auch im Innenverhältnis** der Gesellschafter. Zwar wird der Erbe mit dem Tode des Erblassers Gesellschafter der fortbestehenden Gesellschaft, und zwar offener Handelsgesellschafter mit grundsätzlich allen Rechten und Pflichten (Rn 52 ff). Diese Stellung ist aber nur eine vorläufige. Er kann die Erbschaft ausschlagen und damit seine Rechtsbeziehungen zur Gesellschaft aufheben. Seine Stellung kann sich in die eines Kommanditisten umwandeln. Er kann auch ganz aus der Gesellschaft ausscheiden und den Abfindungsanspruch geltend machen.

---

314 BGHZ 92, 79 (82 ff); Baumbach/*Hopt* § 24 Rn 11; str.

315 BGHZ 100, 75 (78 f); Baumbach/*Hopt* § 24 Rn 11.

316 Vgl. Ebenroth/Boujong/Joost/Strohn/*Lorz* Rn 112; Baumbach/*Hopt* Rn 43; zur Rechtsgrundlage der Universalsukzession s. § 131 Rn 9.

Hier fordert die gesellschaftliche **Treupflicht**, dass die Ungewissheit der künftigen Entwicklung nicht ohne Einfluss auf die Rechtsstellung des Erben in der Gesellschaft während des Schwebezustands bleibt. Insbesondere brauchen Pflichten noch nicht erfüllt zu werden und dürfen Rechte noch nicht wahrgenommen werden, soweit sie erst bei der Endgültigkeit der Stellung ihre volle Berechtigung haben.

So unterliegt der Erbe zwar auch während der Schwebezeit grundsätzlich dem gesetz- **119**
lichen **Wettbewerbsverbot** (§§ 112 f). Allerdings kann nicht von ihm gefordert werden, dass er ein bisher betriebenes Erwerbsgeschäft alsbald aufgibt; der damit verbundene persönliche Nachteil würde ihn auch in der Ausübung des Wahlrechts innerhalb der Dreimonatsfrist des Abs. 3 unbillig beschränken. Immerhin werden ihm der Betrieb seines eigenen Unternehmens und die Möglichkeit künftigen Wettbewerbs regelmäßig während der Schwebezeit die Verpflichtung zur Zurückhaltung in der Geschäftsführung und Vertretung oder gar zum vorläufigen Verzicht auf das Geschäftsführungsrecht auferlegen. Das **Überwachungs-** und **Prüfungsrecht** (§ 118) bleibt hiervon jedoch unberührt, unterliegt aber seinerseits dem Missbrauchsverbot. Der Ausübung des **Auflösungsklagerechts** aus wichtigem Grund wird er sich grundsätzlich zu enthalten haben, sofern hierdurch keine erheblichen Nachteile drohen.

E. Die Haftung des Nachfolger-Erben

I. Allgemeines

1. Die Regelung des § 139 Abs. 4. Scheidet der Nachfolger-Erbe innerhalb der Drei- **120**
monatsfrist des Abs. 3 aus der Gesellschaft aus oder wird ihm in dieser Frist die Stellung eines Kommanditisten eingeräumt, so kann er sich gegenüber den bis dahin entstandenen Gesellschaftsverbindlichkeiten, für die er nach §§ 130, 128 einstehen muss,[317] auf die **beschränkte Erbenhaftung** berufen (Abs. 4). § 139 Abs. 4 zieht die notwendige Konsequenz daraus, dass während der Schwebezeit (Rn 121) die kraft Erbfolge erlangte Stellung als persönlich haftender Gesellschafter noch keine endgültige ist, sondern vom Nachfolger-Erben nach Maßgabe von § 139 Abs. 1, 2 einseitig umgestaltet werden kann. Wechselt dieser in die Kommanditistenstellung bzw. tritt er aus der Gesellschaft aus, so entfällt damit schon nach allgemeinen Regeln seine *unbeschränkte* Haftung als Gesellschafter für *künftig* entstehende Gesellschaftsschulden. Um auch für die **Zwischenzeit** ein **unerwünschtes Haftungsrisiko auszuschließen** und dem Erben eine ausreichende Überlegungsfrist zur Prüfung der Frage einzuräumen, ob und wie er von seinem Wahlrecht Gebrauch machen will, gestattet Abs. 4 darüber hinaus die *rückwirkende* Beschränkung der persönlichen Haftung aus §§ 130, 128; dies freilich unter der Voraussetzung, dass der Erbe die Stellung eines unbeschränkt haftenden Gesellschafters *innerhalb der Dreimonatsfrist* aufgibt. Ist der Erbe demgegenüber **erst nach Ablauf der Frist des Abs. 3 ausgeschieden** oder Kommanditist geworden, so wird dadurch seine unbeschränkte persönliche Haftung für die bis dahin entstandenen Gesellschaftsschulden nicht berührt. – Die durch § 139 Abs. 4 gewährte Bedenkfrist dient nicht allein dem Erben, sondern liegt

[317] BGH NJW 1982, 45 (46); MünchKommHGB/*K. Schmidt* Rn 104; Heymann/*Emmerich* Rn 49; Baumbach/*Hopt* Rn 44 f; Ebenroth/Boujong/Joost/Strohn/*Lorz* Rn 120; abweichend aber *Kick* Haftung, S. 28 ff, 64 ff, wonach der Nachfolger-Erbe *nur* erbrechtlich hafte, weil § 130 insoweit unanwendbar sei; zu dieser – abzulehnenden – These näher § 130 Rn 10 (*Habersack*).

auch im **Interesse der übrigen Gesellschafter** und des gemeinsamen Unternehmens, das leichter erhalten werden kann, wenn der Erbe nicht zu übereiltem Ausscheiden genötigt wird. Für die Gläubiger ist mit dieser Regelung wegen der Haftung des Nachlasses kein Nachteil verbunden. – Zur möglichen Haftung als (Mit-)Erbe wegen unterlassener Eintragung des Ausscheidens des verstorbenen Gesellschafters vgl. Rn 129 f. Sie ist naturgemäß unabhängig vom eigenen Ausscheiden.

121 **2. Die Rechtslage während der Schwebezeit.** Die Möglichkeit des Erben, die unbeschränkte persönliche Haftung für die bis dahin entstandenen Gesellschaftsschulden (sog. **Zwischenneuschulden**) rückwirkend zu beseitigen (Rn 124), hat notwendige Auswirkungen auf die Haftungslage während der Schwebezeit. Da die Stellung des Erben als voll haftender Gesellschafter[318] zunächst nur eine **vorläufige** ist, kann er in der Schwebezeit für die Gesellschaftsschulden **nicht mit seinem Privatvermögen** in Anspruch genommen werden.[319] Das ergibt sich aus dem Zweck des § 139: Es wäre dem Gesellschafter unzumutbar, erst zahlen zu müssen und alsbald nach Eintritt der Änderung das Gezahlte wegen Wegfalls des Rechtsgrunds zurückzufordern. Dies gilt auch dann, wenn er die Erbschaft bereits angenommen hat, da die Ausübung des Wahlrechts dadurch nicht berührt wird. Die Gläubiger müssen deshalb mit einer persönlichen Inanspruchnahme des Erben bis zur endgültigen Festlegung von dessen Stellung ebenso warten, wie die Nachlassgläubiger den einzelnen Miterben in der Regel nicht unbeschränkt haftbar machen können, sondern sich trotz Sondernachfolge zunächst die Einrede des § 2059 BGB entgegenhalten lassen müssen (näher Rn 51).

122 Hat der Gesellschafter-Erbe während der Schwebezeit aus seinem Privatvermögen eine **Gesellschaftsschuld bezahlt** und führt er nun eine die Haftungsbeschränkung gestattende Änderung seiner Stellung herbei, so kann er Ersatz seiner Aufwendungen hierfür sowohl von der Gesellschaft nach § 110 HGB als auch aus dem Nachlass nach §§ 1978 Abs. 3, 1979 BGB verlangen (vgl. auch § 324 Abs. 1 InsO).[320] Ist der Ersatz aus dem Nachlass geleistet worden, so ist das Aufgewendete von der Gesellschaft zu erstatten, da die Aufwendungen im Interesse der Gesellschaft gemacht worden sind. Das Gleiche gilt von anderen Aufwendungen im Sinne des § 110. Neben der Gesellschaft haften dem ausgeschiedenen Erben auch die Gesellschafter für seine Aufwendungen nach § 128 (§ 128 Rn 47 ff [*Habersack*]).

II. Die Haftungsfolgen der verschiedenen Gestaltungsmöglichkeiten

123 **1. Der Erbe bleibt persönlich haftender Gesellschafter.** In diesem Fall bleibt es bei der **unbeschränkten gesellschaftsrechtlichen Haftung** aus §§ 128, 130 sowohl für die nach dem Erbfall entstandenen als auch für die in diesem Zeitpunkt bereits bestehenden

---

[318] Ganz hM, s. nur BGHZ 55, 267 (273); MünchKommHGB/*K. Schmidt* Rn 104; Ebenroth/Boujong/Joost/Strohn/*Lorz* Rn 119; *Emmerich* ZHR 150 (1986), 193 (196); anders aber *Wiedemann* Übertragung, S. 239 ff (treuhänderischer Anteilsverwalter).

[319] MünchKommHGB/*K. Schmidt* Rn 104; Baumbach/*Hopt* Rn 45; *Emmerich* ZHR 150 (1986), 193 (197); Ebenroth/Boujong/Joost/Strohn/*Lorz* Rn 119; abweichend noch *Hueck* OHG § 28 II 1c, S. 299 f (keine persönliche Haftung).

[320] MünchKommHGB/*K. Schmidt* Rn 104; Heymann/*Emmerich* Rn 49; *Koller*/Roth/Morck Rn 10; *Saßenrath* Umwandlung, S. 170 ff; im Ergebnis auch *Kick* Haftung, S. 64 ff.

Gesellschaftsschulden.[321] Das Recht des Erben zur vorläufigen Leistungsverweigerung (Rn 121) entfällt mit Ablauf der Dreimonatsfrist. Die persönliche Haftung des Gesellschafter-Erben für die im Zeitpunkt des Erbfalls bereits bestehenden Gesellschaftsschulden wird auch nicht dadurch ausgeschlossen, dass es sich hierbei zugleich um Nachlassverbindlichkeiten handelt.[322] Die inzwischen überwundene Gegenauffassung setzte sich nicht nur mit dem aus § 139 Abs. 4 abzuleitenden Umkehrschluss in Widerspruch; sie war auch unvereinbar mit dem Haftungssystem in der OHG, in dem es grundsätzlich keine Abweichungen von dem in §§ 128, 130 enthaltenen Grundsatz der gesamtschuldnerischen Haftung für sämtliche Gesellschaftsschulden gibt.

Wegen der **gleichzeitig** bestehenden **erbrechtlichen Haftung** des Nachfolger-Erben aus den §§ 1967 ff BGB gelten im Prinzip keine Besonderheiten. Sie betrifft nicht nur die vom Erblasser herrührenden Altschulden, sondern, wie sich aus Abs. 4 zweifelsfrei ergibt, auch die sog. **Zwischenneuschulden** aus der Schwebezeit des Abs. 3, für die der Erbe als Gesellschafter nach § 128 einzustehen hat (Rn 121). Ihr Status als Nachlassverbindlichkeit ist somit kraft gesetzlicher Anordnung eindeutig.[323] Für sie gelten demgemäß uneingeschränkt die §§ 1975 ff BGB, und zwar auch noch nach Verlust des Haftungsprivilegs aus § 139 Abs. 4[324] und unabhängig davon, ob von dem Wahlrecht des Abs. 2 Gebrauch gemacht wird. Handelt es sich um **mehrere Erben,** besteht trotz Sondererbfolge zusätzlich auch die **Einrede aus § 2059 Abs. 1 S. 1 BGB** (Rn 51), und zwar selbst dann, wenn sich das Vermögen des Erblassers im Wesentlichen in dessen Anteil erschöpft.[325] Erst Verfügungen des Erben über den Anteil bzw. das Erreichen der Zweijahresfrist des § 1981 Abs. 2 BGB führen zum Verlust des Leistungsverweigerungsrechts aus § 2059 Abs. 1 S. 1 BGB (s. Rn 51). Erst dann geht auch das Recht der Erben verloren, *Nachlassverwaltung* zu beantragen (vgl. § 2062 Hs. 2 BGB). 124

2. Der Erbe wird Kommanditist. Ist der Erbe innerhalb der Frist des Abs. 3 Kommanditist geworden, so haftet er zunächst wiederum **erbrechtlich**, und zwar sowohl für die vom Erblasser stammenden Haftungsschulden aus § 128 als auch gem. § 139 Abs. 4 für die *Zwischenneuschulden* (Rn 124), und zwar jeweils mit den Beschränkungsmöglichkeiten nach §§ 1975 ff BGB.[326] Zusätzlich haftet der Nachfolger-Erbe aber auch **gesellschaftsrechtlich**, nämlich **als Kommanditist** mit den daraus sich ergebenden Beschränkungen. Für die *nach der Anteilsumwandlung begründeten Verbindlichkeiten* ergibt sich dies unmittelbar aus §§ 171, 172. Entgegen der missverständlichen Formulierung des 125

321 MünchKommHGB/*K. Schmidt* Rn 106 ff; s.a. die Nachw. in Fn 317.

322 BGH NJW 1982, 45 (46); NJW 1992, 2694 f; MünchKommHGB/*K. Schmidt* Rn 107 f; Heymann/*Emmerich* Rn 50; Baumbach/*Hopt* Rn 46; zur Kritik an früher vertretenen Gegenauffassungen 3. Aufl. Rn 151 (*Ulmer*); zum Charakter der in der Schwebezeit entstandenen Haftung als Nachlassverbindlichkeiten s.a. Staudinger/*Marotzke* BGB (2002) § 1967 Rn 64 mwN.

323 S. a. BGHZ 55, 267 (274); MünchKommHGB/*K. Schmidt* Rn 113; Ebenroth/Boujong/Joost/Strohn/*Lorz* Rn 123; *Emmerich* ZHR 186 (1986), 194 (209); Staudinger/*Marotzke* BGB (2002) § 1967 Rn 64.

324 MünchKommHGB/*K. Schmidt* Rn 107, 113; Ebenroth/Boujong/Joost/Strohn/*Lorz* Rn 121; Staudinger/*Marotzke* BGB (2002) § 1967 Rn 64.

325 Näher *Ulmer/Schäfer* ZHR 160 (1996), 413 (424 ff); MünchKommBGB[5]/*Ulmer/C. Schäfer* § 727 Rn 40 (jew. mit Nachw. zur Gegenansicht); **aA** Ebenroth/Boujong/Joost/Strohn/*Lorz* Rn 122.

326 BGHZ 55, 267 (274); MünchKommHGB/*K. Schmidt* Rn 113; Ebenroth/Boujong/Joost/Strohn/*Lorz* Rn 123; Baumbach/*Hopt* Rn 47; Röhricht/Graf v. Westphalen/*v. Gerkan/Haas* Rn 53; *Emmerich* ZHR 150 (1986), 193 (209).

Abs. 4 **haftet** der Nachfolger-Erbe aber auch für die *während der Schwebezeit begründeten Verbindlichkeiten* **als Kommanditist**, nämlich aufgrund von § **173**; denn auch die Zwischenneuschulden sind vor der Anteilsumwandlung begründet worden.[327] Die von Abs. 4 angeordnete Konzentration auf die erbrechtliche Haftung betrifft also allein die Haftung aus §§ 128, 130, verhindert aber richtigerweise nicht die Anwendung des § 173. Eine weitergehende Privilegierung, wie sie der Minderheitsauffassung[328] unter Berufung auf den Wortlaut des Abs. 4 vorschwebt, würde zu einer vom Normzweck nicht gedeckten Privilegierung des Nachfolgers führen; denn dieser soll danach nicht besser gestellt werden, als hätte er unmittelbar einen Kommanditanteil geerbt (s. Rn 1).[329] Schließlich erstreckt sich die Haftung gem. § 173 richtigerweise auch auf sämtliche *vor dem Erbfall begründeten Verbindlichkeiten* (vgl. Rn 120). Eine persönliche Inanspruchnahme droht dem Erben in dieser Konstellation also nur, wenn er sich einen Teil der Einlage zurückzahlen lässt oder Gewinne entnimmt, während sein Kapitalanteil durch zwischenzeitliche Verluste unter den Stand beim Erbfall gesunken ist (§ 172 Abs. 4). Dann können sich auch die Altgläubiger unmittelbar an ihn halten, ohne vorher eine Vollstreckung in den Nachlass versucht zu haben. Das Haftungsprivileg des § 139 Abs. 4 bedeutet also nicht, dass *jede* gesellschaftsrechtliche Haftung entfällt oder der erbrechtlichen Beschränkbarkeit unterworfen wird; vielmehr gilt dies entsprechend dem Normzweck allein für die Haftung aus §§ 130, 128. – Zur Haftung nach § **176 Abs. 2** vgl. Rn 130; zu den Auswirkungen einer **Fristvereitelung** auf das Haftungsprivileg vgl. Rn 112; zur Festsetzung der Hafteinlage bei ausstehenden Einlagen des Erblassers vgl. Rn 108.

126 3. **Der Erbe scheidet aus.** Der während der Schwebezeit ausgeschiedene Erbe haftet **nur mit Nachlassmitteln**, soweit er nicht das Recht zur Berufung auf die beschränkte Haftung nach erbrechtlichen Grundsätzen verloren hat (vgl. §§ 1975 ff, 1994 BGB; zur Bedeutung der Eintragung des Ausscheidens s. Rn 130). Ob das Ausscheiden auf der Ausübung der Gestaltungsmöglichkeit nach § 139 Abs. 2 oder auf Vereinbarung der Gesellschafter beruht, ist unerheblich, solange nur die **Frist des Abs. 3 gewahrt** wird.[330] Schließlich wird man das Haftungsprivileg auch auf die fristgemäße **Anteilsveräußerung** zu erstrecken haben,[331] zumal der Erwerber seinerseits nach § 130 für die Altverbindlichkeiten haftet (§ 130 Rn 9 [*Habersack*]) und es den Mitgesellschaftern nur recht sein kann, wenn das Gesellschaftsvermögen nicht durch eine Abfindungszahlung belastet wird. Die Haftungsbeschränkung erstreckt sich gem. § 139 Abs. 4 auch auf die während der **Schwebezeit** gem. § 128 entstandenen Haftungsschulden, selbst wenn sie auf Geschäftsführungshandlungen des Erben beruhen (vgl. auch Rn 122). Diese **gesellschaftsrechtliche Haftung entfällt rückwirkend** ebenso wie diejenige aus § 130 für Altverbindlichkeiten. Dazu, dass § 139 Abs. 4 auch die Funktion hat, die Erbenhaftung nach § 1967 BGB auf die Zwischenneuschulden zu erstrecken, s. schon Rn 125.

---

[327] S. schon RGZ 171, 328 (332); MünchKommHGB/*K. Schmidt* Rn 112 f; Heymann/*Emmerich* Rn 52; Baumbach/*Hopt* Rn 47; Ebenroth/Boujong/Joost/Strohn/*Lorz* Rn 124; (weit. Nachweise in Fn 323), aA aber Staudinger/*Marotzke* BGB (2002) § 1967 Rn 63, 68 f mwN.

[328] Staudinger/*Marotzke* BGB (2002) § 1967 Rn 63, 68 f; *Muscheler* Haftungsordnung, S. 496 f; *Kick* Haftung, S. 175 f, jew. mwN.

[329] MünchKommHGB/*K. Schmidt* Rn 113.

[330] BGHZ 55, 267 (271); MünchKommHGB/*K. Schmidt* Rn 117; Baumbach/*Hopt* Rn 48; Ebenroth/Boujong/Joost/Strohn/*Lorz* Rn 129.

[331] Dafür namentlich MünchKommHGB/*K. Schmidt* Rn 117.

4. Die Gesellschaft wird aufgelöst. Wird die Gesellschaft *nach dem Erbfall* innerhalb der Dreimonatsfrist des § 139 Abs. 3 aus einem der in § 131 Abs. 1, 2 genannten Gründe aufgelöst, so kann der Erbe das Recht aus § 139 nicht mehr ausüben (Rn 128). Um auch insoweit den Erben vor einer persönlichen Haftung zu bewahren, ordnet § 139 Abs. 4 ausdrücklich auch für diesen Fall die **rückwirkende Konzentration auf die erbrechtliche Haftung** an.[332] Wiederum werden nicht nur die vor der Auflösung entstandenen Schulden erfasst; ihrem Zweck gemäß erstreckt sich die Vorschrift vielmehr auch auf die **Verbindlichkeiten aus dem Liquidationsstadium.** Da der Erbe durch die Auflösung das Wahlrecht des § 139 verloren hat, kann ihm die Beibehaltung der ererbten Stellung als voll haftender Gesellschafter nicht entgegengehalten werden; er wird vielmehr haftungsrechtlich so gestellt, als sei die Gesellschaft schon mit dem Erbfall aufgelöst worden.[333] Anderes gilt – mangels Schutzbedürftigkeit – freilich, wenn der Erbe vor der Auflösung durch Ablauf der Frist des Abs. 3 oder durch eine entsprechende Erklärung gegenüber den übrigen Gesellschaftern endgültig voll haftender Gesellschafter geworden ist. Der Erbe haftet dann wie die übrigen Gesellschafter, deren unbeschränkte Haftung ebenfalls während des Abwicklungsstadiums fortdauert.[334] Gleiches gilt, wenn die Beteiligten die Gesellschaft trotz eingetretener Auflösung längere Zeit als werbende fortführen.[335] 127

Der Wortlaut des Abs. 4 setzt voraus, dass die Gesellschaft „in der Frist des Abs. 3", 128
also *nach* dem Erbfall aufgelöst wird. Nicht geregelt ist mithin der Fall, dass die Gesellschaft – aufgrund einer von Abs. 3 Nr. 1 abweichenden Vertragsregelung – schon **mit dem Tod des Erblassers** oder vor dem Erbfall **aufgelöst** wurde. Die Schutzbedürftigkeit der Erben, die in diesem Falle – als Erbengemeinschaft – Mitglied der Liquidationsgesellschaft geworden sind, unterscheidet sich aber nicht wesentlich von der durch Abs. 4 vorausgesetzten, so dass dessen **analoge Anwendung** im Ergebnis zu Recht ganz überwiegend angenommen wird.[336] Auch in diesem Falle haften die Erben demgemäß allein nach erbrechtlichen Grundsätzen.

III. Die Bedeutung der Handelsregistereintragung

1. Grundsatz. Nach §§ 143 Abs. 2, 107 sind sowohl das Ausscheiden des verstorbenen Gesellschafters als auch der „Eintritt" des Nachfolgers zum Handelsregister anzumelden.[337] Dieser Grundsatz gilt dann uneingeschränkt, wenn der Tod des Gesellschafters zu einer automatischen und **sofortigen Umgestaltung** des Gesellschaftsverhältnisses führt, ohne dass es zu der in § 139 vorgesehenen Schwebezeit kommt. Demnach ist **unverzüglich anzumelden**, wenn die Gesellschaft, wie es der Regel des § 131 Abs. 3 Nr. 1 HGB entspricht, von den übrigen Gesellschaftern *ohne die Erben* fortgesetzt wird. Glei- 129

332 Ebenroth/Boujong/Joost/Strohn/*Lorz* Rn 131; Baumbach/*Hopt* Rn 49; Röhricht/Graf v. Westphalen/*v. Gerkan/Haas* Rn 59; im Grundsatz auch MünchKommHGB/*K. Schmidt* Rn 118 ff.

333 BGH NJW 1982, 45 (46); RGZ 72, 119 (121); Heymann/*Emmerich* Rn 57; *Hueck* OHG § 28 V 4, S. 315; *Glaser* DB 1956, 933; im Ergebnis auch MünchKommHGB/*K. Schmidt* Rn 121.

334 RGZ 72, 119 (120).

335 BGH WM 1964, 152; 3. Aufl. Rn 154 (*Ulmer*); Ebenroth/Boujong/Joost/Strohn/*Lorz* Rn 131.

336 BGH NJW 1982, 45; MünchKommHGB/*K. Schmidt* Rn 119; Ebenroth/Boujong/Joost/Strohn/*Lorz* Rn 132; Heymann/*Emmerich* Rn 58; Baumbach/*Hopt* Rn 49; vgl. auch BGH BB 1995, 2338 (KG) und oben Rn 106.

337 Zur Anmeldepflicht der erbrechtlichen Nachfolge s. § 107 Rn 6, bzw. der Anteilsumwandlung Voraufl. § 162 Rn 12 (*Schilling*).

ches gilt in Bezug auf das Ausscheiden des verstorbenen Gesellschafters. Das ist offensichtlich im Fall der *Eintrittsklausel*, die ebenfalls zunächst die Fortsetzung unter den übrigen Gesellschaftern ohne Beteiligung des Eintrittsberechtigten zur Folge hat (Rn 16); der Eintritt des Eintrittsberechtigten ist dagegen naturgemäß erst anzumelden, wenn er vollzogen ist. Richtigerweise ist aber das **Ausscheiden des verstorbenen Gesellschafters** auch im Falle einer Nachfolgeklausel **sofort** anzumelden; denn es steht unabhängig von der späteren Entscheidung des Nachfolger-Erben fest, kann von dieser also nicht beeinflusst werden (näher Rn 130). Ist die Nachfolgeklausel mit einer **Umwandlungsklausel** kombiniert, so dass die Erben unmittelbar als Kommanditisten in den Anteil nachfolgen und folglich auch das Recht aus § 139 nicht geltend machen können, ist **auch der Eintritt** der Nachfolger im Prinzip sofort anzumelden, wobei es hier aber ausreicht, wenn die Anmeldung unverzüglich erfolgt (Rn 133). Schließlich gilt Entsprechendes auch dann, wenn der **Nachfolger schon zuvor voll haftender Mitgesellschafter** war und das „Wahlrecht" aus diesem Grunde ausscheidet (Rn 77). Im letztgenannten Fall bedarf es nur der (sofortigen) Anmeldung des Ausscheidens des verstorbenen Gesellschafters; dagegen ist die Erweiterung der Beteiligung des Mitgesellschafters nicht eintragungsfähig.[338]

130 **2. Die Rechtslage während der Schwebezeit.** Für den (Normal-)Fall der Gesellschafternachfolge *bei Anwendbarkeit des § 139* wird die **Eintragungspflicht** demgegenüber heute ganz überwiegend **abgelehnt**, was für die Anwendbarkeit des **§ 15 Abs. 1** bzw. **§ 176 Abs. 2** bedeutsam ist.[339] Hierbei wird aber häufig nicht hinreichend zwischen dem Ausscheiden des verstorbenen Gesellschafters und dem Eintritt des Nachfolgers unterschieden.[340] Auch ein Grundsatzurteil des Bundesgerichtshofs[341] wird im Sinne einer völligen Haftungsfreistellung bei fehlender Eintragung interpretiert. Doch wird in diesem Urteil die Eintragungspflicht von Ausscheiden und Eintritt zwar erwähnt;[342] entscheidungserheblich war aber allein eine (mögliche) Pflicht, die in der Schwebezeit bestehende Haftungsbeschränkung einzutragen, die der Senat mit Recht abgelehnt hat. *Insofern* kann also eine Haftung aus § 15 Abs. 1 oder § 176 Abs. 2 nicht abgeleitet werden. Zur Wahrung des Haftungsprivilegs muss dies im Anwendungsbereich des § 139 Abs. 3, 4 **allgemein** gelten, also auch dann, wenn der Nachfolger während der Schwebezeit in die Stellung des Kommanditisten wechselt bzw. die Gesellschaft aufgelöst wird: Hinsichtlich der (eigenen) gesellschaftsrechtlichen Haftung ist der Gesellschafter geschützt, obwohl seine eigene Rechtsstellung noch nicht im Register erscheint. Es besteht kein schutzwürdiges Interesse der Gläubiger daran, von der eingetretenen Nachfolge bereits während der Schwebezeit Kenntnis zu erlangen, obwohl diese noch nicht endgültig ist. Wohl aber können die Gläubiger nach § 15 Abs. 1 vom Fortbestand der **unbeschränkten Haftung des Erblassers** (bzw. des Nachlasses) ausgehen, wenn dessen **Ausscheiden nicht eingetragen** ist, und insofern besteht umgekehrt kein schutzwürdiges Interesse des Nachfolger-Erben daran, *diese* Eintragung zurückzuhalten, zumal das Ausscheiden in jedem Falle schon endgültig feststeht. Anmeldepflichtig für das Ausscheiden sind sämtliche Erben

---

[338] KG JW 1936, 2933.

[339] BGHZ 55, 267 (272 f); MünchKommHGB/*K. Schmidt* Rn 105; Ebenroth/Boujong/Joost/Strohn/*Lorz* Rn 119; Heymann/*Emmerich* Rn 27 f, 49b; Baumbach/*Hopt* Rn 45; *Saßenrath* Umwandlung, S. 179 f; so auch schon 3. Aufl. Rn 157 (*Ulmer*) mit Nachw. zur damals entgegengesetzten hL.

[340] So auch noch Voraufl. Rn 128 (*Ulmer*); ebenso offenbar MünchKommHGB/*K. Schmidt* Rn 105; Baumbach/*Hopt* Rn 45; Ebenroth/Boujong/Strohn/*Lorz* Rn 119; Röhricht/Graf v. Westphalen/*v. Gerkan*/*Haas* Rn 62; anders möglicherweise *Koller*/Roth/Morck Rn 10.

[341] BGHZ 55, 267 (272 f) = NJW 1971, 1268.

[342] BGH NJW 1971, 1268 (1270).

(§ 143 Rn 16); unterbleibt die Anmeldung entsteht folgerichtig eine – erbrechtlich beschränkbare – **Nachlassverbindlichkeit** gem. §§ 15 Abs. 1, 128, für die sämtliche Erben und damit auch der Nachfolger-Erbe einstehen müssen.[343] Im Übrigen erscheint der Ausweg über einen Vorbehalt der Haftungsbeschränkung, dessen Eintragungsfähigkeit zweifelhaft ist (Rn 131),[344] hinsichtlich der gesellschaftsrechtlichen Haftung des Nachfolger-Erben nicht erforderlich und auch nicht hilfreich, zumal seine Eintragung mit Rücksicht auf die bei der Anmeldung zu erbringenden Nachweise (Erbschein!) häufig nicht vor Ablauf der Dreimonatsfrist erreichbar sein wird.[345]

Die sofortige **freiwillige Eintragung** der Nachfolge bleibt hiervon unberührt; sie mag **131** im Einzelfall durchaus im Interesse des Nachfolger-Erben und der übrigen Gesellschafter liegen, so etwa bei seiner Beschränkung der Vertretungsmacht (Gesamtvertretung), die Dritten gegenüber nur im Falle ihrer Eintragung wirkt (§ 15 Abs. 2). Umgekehrt mag der Nachfolger verhindern wollen, wegen seines Auftretens als geschäftsführender Gesellschafter nach Rechtsscheingrundsätzen persönlich in Anspruch genommen zu werden. Schließlich werden – im Fall der qualifizierten Nachfolgeregelung – die von der Nachfolge ausgeschlossenen Erben eine möglichst rasche Eintragung und Bekanntmachung des Übergangs herbeiführen wollen, da – vorbehaltlich der Haftungsfolgen aus § 139 Abs. 4 – erst von diesem Zeitpunkt an eine Haftung des Nachlasses für neue Gesellschaftsschulden entfällt (§ 15 Abs. 1). Mit Rücksicht auf solche berechtigten Interessen sollte die **Eintragungsfähigkeit** eines auf die Befugnisse des Erben aus § 139 Abs. 2 hinweisenden **Vorbehalts** anerkannt werden, damit das Haftungsprivileg in diesen Fällen nicht in Gefahr gerät (vgl. Rn 132).[346] Denn die Eintragung ist zweifellos geeignet, für den Handelsverkehr wesentliche Umstände der Rechtsstellung des Nachfolgers kundbar zu machen.

Bestimmen sich somit die Wirkungen, die dem **Fehlen** der Eintragung des Nachfolger- **132** erben bzw. der Eintragung eines Vorbehalts **während der Schwebezeit** zukommen, zwar **nicht nach § 15 Abs. 1 HGB**, so ist doch das Eingreifen allgemeiner Rechtsscheingrundsätze nicht ausgeschlossen.[347] Im Einzelfall kann sich daraus entgegen § 139 Abs. 4 für den Erben auch ein Verlust der Haftungsbeschränkung ergeben, insbesondere wenn die Eintragung nicht nur vorbehaltlos erfolgt, sondern auch nicht den Berufungsgrund des Neueingetretenen als Erbe des verstorbenen Gesellschafters erkennen lässt. In Verbindung mit seinem Auftreten als Gesellschafter kann dies im Einzelfall den Rechtsschein eines endgültigen Beitritts als persönlich haftender Gesellschafter erzeugen.

3. Die Rechtslage nach Ablauf der Schwebezeit. Ist die Schwebezeit abgelaufen (sei es **133** durch Fristablauf oder Ausübung des Austrittsrechts nach § 139 Abs. 2) und ist die auf dem Erbfall beruhende Rechtsänderung damit endgültig geworden, so endet die „Hemmung" der Eintragungspflicht in Bezug auf die Nachfolger, so dass nunmehr der **Eintritt des Erben** und gegebenenfalls weitere vom Erben herbeigeführte Änderungen unverzüglich zum Handelsregister anzumelden sind (Rn 129). Die Anmeldung des Ausscheidens des Erblassers musste demgegenüber sofort erfolgen (Rn 129 f und § 143 Rn 16). Die

[343] BGHZ 66, 98 = NJW 1976, 848 (849).

[344] Verneint von Ebenroth/Boujong/Joost/Strohn/*Lorz* Rn 119; *Koller*/Roth/Morck Rn 10; *Emmerich* ZHR 150 (1986), 193 (198 f); bejaht von 3. Aufl. Rn 159 (*Ulmer*); offenlassend MünchKommHGB/*K. Schmidt* Rn 104.

[345] So auch BGHZ 55, 267 (273 f).

[346] So schon 3. Aufl. Rn 159 (*Ulmer*) sowie BayObLG DJZ 1920, 320; *Hueck* OHG § 28 V 2a, S. 314 f; anders die heute wohl hL, vgl. Fn 344.

[347] Vgl. auch *Saßenrath* Umwandlung, S. 180.

Anmeldung des Eintritts ist auch dann noch veranlasst, wenn der Erbe in der Schwebezeit wieder ausgeschieden ist, da er sich gegenüber gutgläubigen Dritten anderenfalls nicht auf die Eintragungswirkung (§ 15 Abs. 2) berufen könnte. Auch die **Auflösung** (in der Schwebezeit) bedarf der Eintragung (§ 143 Abs. 2), weil dem Ausgeschiedenen sonst die – nicht erbrechtlich beschränkbare – Haftung nach § 15 Abs. 1 (auch) für Neuverbindlichkeiten droht. Ist der Erbe in der Schwebezeit **Kommanditist** geworden,[348] greift nach der wohl hM[349] **§ 176 Abs. 2** ein, während andere § 15 Abs. 1 anwenden wollen.[350] Allerdings muss die Haftungswirkung jeweils **einschränkend** daran geknüpft werden, dass die Gesellschafter die Anmeldung nicht **unverzüglich nach Einräumung der Kommanditistenstellung** vorgenommen haben. Anderenfalls würde das Haftungsprivileg des Abs. 4 zu stark beeinträchtigt.[351] Denn die kurze Frist des § 139 Abs. 3 wird es meist unmöglich machen, die Eintragung der Rechtsänderung noch innerhalb der Dreimonatsfrist herbeizuführen, und die Wirksamkeit der Vertragsänderung lässt sich in diesem Falle auch nicht auf den Zeitpunkt der Eintragung beziehen (vgl. Voraufl. § 176 Rn 2 [*Schilling*]). Dieser Schutz wird auch bei der **automatischen Anteilsumwandlung** relevant. Hier besteht zwar kein „Wahlrecht"; es erscheint aber nicht gerechtfertigt, die Nachfolger hinsichtlich der Eintragungspflicht schlechter zu behandeln, zumal es aus Sicht der Gläubiger ein zufälliger Umstand ist, ob der Anteil infolge einer Umwandlungsklausel oder aufgrund einer Vertragsänderung in einen Kommanditanteil transformiert wird.[352] Ihre Interessen müssen daher in beiden Fällen auch noch in der Zeit unmittelbar nach der Umwandlung zurückstehen. Im Übrigen ist sowohl bei § 176 Abs. 2 als auch bei § 15 Abs. 1 zu berücksichtigen, dass der „Eintritt" des Nachfolgers in der Schwebezeit nicht eintragungspflichtig ist (Rn 130); denn § 176 Abs. 2 setzt nach seinem Normzweck das Bestehen einer Eintragungspflicht voraus (vgl. § 162 Abs. 3),[353] und für § 15 Abs. 1 gilt dies ohnehin.[354] Entsprechendes gilt beim **Ausscheiden** des Nachfolger-Erben in der Frist

---

348 Unanwendbar ist § 176 Abs. 2 demgegenüber, wenn der Erbe schon vor dem Erbfall als Kommanditist beteiligt (und eingetragen) war.

349 LG Hamburg JW 1935, 1586; ebenso auch BGH NJW 1983, 2258 (2259) (obiter) und (im Ansatz) BGHZ 66, 98 (100); ferner Heymann/*Emmerich* Rn 53; *Hueck* OHG § 28 V 2b, S. 315; *Saßenrath* Umwandlung, S. 184 ff; *Schilling* ZGR 1978, 173 (175 f) und Voraufl. § 176 Rn 18 [Schilling]; *Kick* Haftung, S. 81; **aA** MünchKommHGB/*K. Schmidt* Rn 126; Ebenroth/Boujong/Joost/Strohn/*Lorz* Rn 126 f; Baumbach/*Hopt* § 176 Rn 10; möglicherweise auch BGHZ 108, 187 (197) (keine Anwendung des § 176 Abs. 2 bei erbrechtlicher Nachfolge; die Entscheidung betrifft allerdings unmittelbar nur die Vererbung eines Kommanditanteils [dazu Voraufl. § 176 Rn 17 – *Schilling*], betraf also nicht § 139).

350 Vgl die Nachw. in Fn 349 (unter aA) sowie *Koller*/Roth/Morck Rn. 12; Ebenroth/Boujong/*Strohn* § 176 Rn. 24 ff.

351 So auch BGH NJW 1983, 2258 (2259) sowie *Emmerich, Kick, Saßenrath, Schilling* (jew. wie Fn 349).

352 Ebenso MünchKommHGB/*K. Schmidt* Rn 128, 140 (durch Umwandlungsklausel werden lediglich Rechte des Erben gegenüber den Mitgesellschaftern gestärkt) und tendenziell wohl auch BGHZ 66, 98 = NJW 1976, 848 (849).

353 Vgl. BGH NJW 1983, 2258 (2259) sowie die weit. Nachw. in Fn 349. – Allgemein zur Eintragungspflichtigkeit der Anteilsumwandlung s. Voraufl. § 163 Rn 12 [*Schilling*]. Die Praxis bringt den Fall traditionellerweise unter § 40 Abs. 2 lit. c HRV und trägt eine Kombination aus Austritt (eines Komplementärs) und Eintritt (eines Kommanditisten) ein, s. Baumbach/*Hopt* Rn 45 ff; dazu mit Recht krit. Voraufl. Rn 131; MünchKommHGB/*K. Schmidt* Rn 126 ff; offenlassend BayObLG NJW 1970, 1796; s.a. BayObLG ZIP 2003, 1443.

354 Im Ergebnis wie hier daher MünchKommHGB/*K. Schmidt* Rn 127 f; Ebenroth/Boujong/Strohn/*Lorz* Rn 124; Baumbach/*Hopt* Rn 60.

des § 139 Abs. 3: Auch hier kommt es trotz Eintragung des Ausscheidens (§ 143 Abs. 2) nach Ablauf der Dreimonatsfrist nicht zur unbeschränkten Haftung des Erben, wenn nur die Rechtsänderung von den Beteiligten unverzüglich angemeldet ist. – Soweit der Nachfolger-Erbe dagegen **nicht (rechtzeitig) eingetragen** wird und deshalb kraft abstrakten Vertrauensschutzes aus §§ 15 Abs. 1 i.V.m. 128 bzw. § 176 Abs. 2 haftet, ist diese – nur die nach Umwandlung bzw. Ausscheiden entstehenden **Neuverbindlichkeiten** betreffende – Haftung naturgemäß **nicht** nach erbrechtlichen Grundsätzen **beschränkbar**.[355] Unberührt bleibt die eventuelle Haftung aus § 15 Abs. 1 als (Mit-)Erbe wegen Nichteintragung des Ausscheidens des Erblassers (Rn 130).

F. Die Unabdingbarkeit von § 139 (Abs. 5)

I. Grundgedanke und Anwendungsbereich des Abs. 5

Der Gesellschaftsvertrag kann die Anwendung der Vorschriften der Abs. 1 bis 4 nicht ausschließen (Abs. 5 Halbs. 1). Die Unabdingbarkeit ergibt sich aus dem Schutzzweck des § 139 (Rn 1) und sichert die freie Wahlmöglichkeit des Erben gegen abweichende Vereinbarungen im Gesellschaftsvertrag. Mittelbar kommt die Unabdingbarkeit damit auch den Privatgläubigern des Erben zugute, indem sie den Zugriff der Gesellschaftsgläubiger auf das Privatvermögen des Erben so lange einschränkt, als dieser nicht endgültig persönlich haftender Gesellschafter geworden ist. Schließt Abs. 5 somit im Grundsatz sämtliche Abreden aus, die die gesetzlich vorgesehenen Handlungsbefugnisse des Erben beschränken, so sind andererseits solche Vereinbarungen ohne weiteres mit dem Normzweck vereinbar, die die Stellung des Nachfolger-Erben im Vergleich zu § 139 **stärken**. Insbesondere kann dem Erben ein *Recht auf Einräumung* der Kommanditistenstellung gewährt,[356] die Frist des § 139 Abs. 3 verlängert, oder das sofortige Ausscheiden ohne vorherigen Antrag auf Einräumung der Kommanditistenstellung gestattet werden.[357] Auch in diesem Fall ist der Erbe freilich nicht gehindert, zunächst den Antrag nach § 139 Abs. 1 zu stellen. Das Haftungsprivileg des Abs. 4 kann hierdurch aber nicht erweitert werden (Rn 135). **134**

Die **zugunsten des Nachfolger-Erben vereinbarten Abweichungen** finden ihre Grenze an der Haftungsvorschrift des **§ 139 Abs. 4**. Sie dient nämlich auch den Interessen der **Gläubiger**, indem sie die Möglichkeit, zu einer außerordentlichen Haftungsbeschränkung zu gelangen, zeitlich begrenzt. Deshalb sind Vereinbarungen, die über § 139 Abs. 4 hinaus die Haftung des Nachfolger-Erben beschränken, unwirksam; darüber hinaus würden sie auch gegen den allgemeinen Grundsatz verstoßen, dass der Gesellschaftsvertrag nicht in die Rechte der Gläubiger eingreifen kann (vgl. auch §§ 172 Abs. 3, 174 sowie § 131 Rn 171). Demgemäß kann die Überlegungsfrist des § 139 Abs. 3 nicht über die gesetzliche Dauer hinaus gedehnt (Rn 112 und 90 ff) oder die Hafteinlage unter den Buchwert des vom Erben fortgeführten Kapitalanteils des Erblassers ermäßigt werden. **135**

---

[355] MünchKommHGB/*K. Schmidt* 129; **aA** Ebenroth/Boujong/Joost/Strohn/*Lorz* Rn 130.

[356] Zu Anspruch bzw. Optionsrecht auf Umwandlung der Beteiligung s. oben Rn 8 und näher MünchKommHGB/*K. Schmidt* Rn 135 f.

[357] RG DR 1943, 1226; MünchKommHGB/*K. Schmidt* Rn 94; Ebenroth/Boujong/Joost/Strohn/*Lorz* Rn 137; Heymann/*Emmerich* Rn 61; *Hueck* OHG § 28 VI, S. 315 ff; *Westermann* Handbuch Rn I 1260.

Zulässig ist dagegen die vereinbarungsgemäße Rückzahlung eines Teils der Einlage des Erblassers an den Erben bei Festsetzung der Kommanditeinlage, da der Haftungszugriff der Gesellschaftsgläubiger auf diesen in den Nachlass fließenden Betrag erhalten bleibt. Die Rechte der Gläubiger werden hierdurch nicht stärker verkürzt, als wenn der Erbe mit dem entsprechenden Kapitalanteil ausgeschieden wäre (vgl. auch Rn 120).

II. Einzelheiten

136 **1. Die Unentziehbarkeit des Wahlrechts im Gesellschaftsvertrag.** Der Gesellschaftsvertrag kann dem Nachfolger-Erben das Wahlrecht nicht entziehen oder seine Ausübung an zusätzliche Erschwerungen knüpfen. Das gilt auch für **mittelbare** Beschränkungen, insbesondere die Bemessung des **Abfindungsanspruchs** (Rn 139). Immer ist aber für die Unwirksamkeit einer Klausel gem. Abs. 5 Voraussetzung, dass § 139 nach Wortlaut und Grundgedanken überhaupt eingreift (Rn 134). Wandelt sich etwa die Beteiligung bereits im Zeitpunkt des Erbfalls **automatisch in einen Kommanditanteil** um, so ist für eine Anwendung von § 139 von vornherein kein Raum (Rn 8, s. auch Rn 30). Besteht demgegenüber eine Option bzw. ein Anspruch auf Umwandlung der Beteiligung (Rn 134), besteht zwar – mangels Schutzwürdigkeit – gleichfalls kein Austrittsrecht nach Abs. 2; wohl aber gilt in diesem Falle zwingend die Haftungsprivilegierung nach Abs. 4 (Rn 8). **Unanwendbar** ist § 139 (Abs. 5) auch, wenn der Gesellschaftsvertrag keine Nachfolge-, sondern eine **Eintrittsklausel** enthält und der Erbe nunmehr freiwillig von seinem Eintrittsrecht Gebrauch macht (vgl. Rn 7; zum Sonderfall der Eintragungspflicht Rn 153).

137 **2. Die Grenzen abweichender Ausgestaltung des bedingten Austrittsrechts.** Die **Kommanditeinlage** des Erben kann durch den Gesellschaftsvertrag nicht niedriger bemessen werden als die Einlage des Erblassers war. Ebenso kann im Gesellschaftsvertrag nicht vereinbart werden, dass der Erbe bei Eintritt als Kommanditist zusätzliche, über die Pflichten des Erblassers hinausgehende Einlagen zu machen habe.[358] Dagegen ist es zulässig, im Gesellschaftsvertrag allgemein vorzusehen, dass der Anteil als solcher nur **teilweise** auf die Erben übergeht, unabhängig davon, ob sie voll haftende Gesellschafter bleiben oder den Antrag auf Einräumung der Kommanditistenstellung stellen. Hinsichtlich des restlichen Anteils sind sie in diesem Fall abzufinden, ohne dass dadurch eine persönliche Haftung entsprechend §§ 172, 174 begründet wird.

138 Auch die **Überlegungsfrist des Abs. 3** kann nicht zum Nachteil der Erben verkürzt werden. Einer *Verlängerung* steht demgegenüber zwar der Schutz des Erben nicht entgegen, da sie nur die Stärkung seiner Stellung und der Ausweitung der Wahlbefugnisse dient; im Innenverhältnis kann sie daher wirksam vereinbart werden (Rn 134); gegenüber den Gläubigern ist eine zu ihren Lasten gehende Verlängerung dagegen unwirksam (Rn 135).[359] Macht der Nachfolger **nach Ablauf der gesetzlichen Frist**, aber innerhalb des vertraglich vorgesehenen Zeitraums von seinem Wahlrecht Gebrauch, so kann er somit zwar noch eine Umgestaltung des Gesellschaftsverhältnisses nach Maßgabe von § 139 Abs. 1, 2 herbeiführen; für die vor der Vertragsänderung begründeten Gesellschaftsverbindlichkeiten bleibt jedoch seine mit dem Fristablauf eingetretene unbeschränkte persönliche Haftung bestehen (s.a. Rn 95, 135).

---

[358] So auch MünchKommHGB/*K. Schmidt* Rn 92.

[359] MünchKommHGB/*K. Schmidt* Rn 92; Ebenroth/Boujong/Joost/Strohn/*Lorz* Rn 137; Heymann/*Emmerich* Rn 60; *Hueck* OHG § 28 VI, S. 315 ff.

Soweit der Gesellschaftsvertrag Vereinbarungen über Höhe und Auszahlung des **Abfindungsanspruchs** eines ausscheidenden Gesellschafters enthält (vgl. § 131 Rn 162 ff), steht ihnen § 139 Abs. 5 zwar grundsätzlich nicht entgegen (Rn 114). Wohl aber verhindert er speziell für den Austritt nach § 139 Abs. 3 vorgesehene Abfindungsbeschränkungen.[360] Die Grundsätze über die unzulässige mittelbare Einschränkung des Kündigungsrechts durch Vereinbarungen über den Abfindungsanspruch (§ 131 Rn 172 f, 176 ff, § 132 Rn 32 ff) gelten hier entsprechend. Demgegenüber ist es nicht veranlasst, wie teilweise vertreten wird (Fn 313), das Austrittsrecht des Nachfolger-Erben stärker gegen Abfindungsbeschränkungen zu schützen als das ordentliche Kündigungsrecht. **139**

Ausgenommen vom Verbot gesellschaftsvertraglicher Abweichungen von § 139 ist nach **Abs. 5, 2. Halbsatz**, lediglich die Festsetzung des **Gewinnanteils** des Erben im Fall der Einräumung der Kommanditistenstellung (vgl. Rn 99). Insoweit trägt das Gesetz dem Umstand Rechnung, dass die Beteiligung als Kommanditist regelmäßig geringere Belastungen für den Gesellschafter mit sich bringt (geringeres Haftungsrisiko; keine Geschäftsführungspflicht) und folglich auch zur Änderung des Gewinnverteilungsschlüssels Anlass geben kann.[361] **140**

3. **Die Gestaltungsfreiheit nach Eintritt des Erbfalls.** Die Schranken des § 139 Abs. 5 gelten – vorbehaltlich der Haftungsregelung in Abs. 4 – nur für die Zeit bis zum Erbfall. Nach diesem Zeitpunkt sind die Gesellschafter frei, mit dem Nachfolger-Erben beliebige Vereinbarungen über den Fortbestand seiner Beteiligung oder sein Ausscheiden zu treffen. Der Schutzzweck des § 139 wird dadurch nicht berührt, da der Nachfolger-Erbe sich hier freiwillig seiner Rechte aus § 139 begibt. Eine Verkürzung von Gläubigerrechten ist den Gesellschaftern demgegenüber verwehrt; sie liegt freilich nicht schon darin, dass der Nachfolger-Erbe innerhalb der Dreimonatsfrist nicht durch einseitige Erklärung, sondern durch Vereinbarung mit den Mitgesellschaftern aus der Gesellschaft ausscheidet[362] oder dass dem Nachfolger ein Teil der Einlage ausbezahlt wird (Rn 135). **141**

III. Letztwillige Beschränkungen des Wahlrechts, der Kündigung

§ 139 Abs. 5 gilt nur für gesellschaftsvertragliche Vereinbarungen über das Wahlrecht des Nachfolger-Erben. Die **Testierfreiheit** des Erblassers wird somit **nicht beschränkt**; dieser kann durch letztwillige Verfügung (Auflage oder Vermächtnis) bestimmen, dass seine Erben von dem ihnen gesellschaftsrechtlich zustehenden Wahlrecht keinen Gebrauch machen oder es nur in bestimmter Weise ausüben dürfen.[363] Der Erblasser kann auch sonstige erbrechtliche Nachteile, etwa die Anordnung einer Nacherbschaft, an die Ausübung des Wahlrechts knüpfen. Gültigkeit und Rechtsfolgen solcher Bestimmungen sind allein **Gegenstand des Erbrechts**; im Verhältnis zur Gesellschaft bleiben die Wahlrechte des § 139 **142**

---

360 MünchKommHGB/*K. Schmidt* Rn 92; Ebenroth/Boujong/Joost/Strohn/*Lorz* Rn 134; *Hueck* OHG § 28 VI, S. 315 ff; eingehend zu den Schranken für Abfindungsbeschränkungen, § 131 Rn 168 ff.

361 Vgl. MünchKommHGB/*K. Schmidt* Rn 93 mit Hinweis auf Denkschrift in: Schubert/Schmiedel/Krampe Materialien II/2, S. 1032.

362 BGHZ 55, 267 (271); s.a. MünchKommHGB/*K. Schmidt* Rn 96.

363 MünchKommHGB/*K. Schmidt* Rn 95; Ebenroth/Boujong/Joost/Strohn/*Lorz* Rn 136; Heymann/*Emmerich* Rn 62; Baumbach/*Hopt* Rn 64; vgl. auch BGH WM 1990, 1066 (1067) (Anordnung nach § 2048 BGB zur Durchsetzung einer Änderung des Gesellschaftsvertrages wirksam, wenn sämtliche Gesellschafter zugleich Erben sind); **aA** *Wiedemann* Übertragung, S. 167.

daher im vollen Umfang erhalten.[364] Will sich der Erbe – zur Vermeidung erbrechtlicher Nachteile – den Risiken der unbeschränkten Haftung dennoch entziehen, so kann er nach § 2306 Abs. 1 Satz 2 BGB die Erbschaft ausschlagen und gegebenenfalls den Pflichtteil verlangen; damit verliert er rückwirkend auch die Gesellschafterstellung (vgl. auch Rn 36).

143 Ist der Erbe mit Rücksicht auf die letztwilligen Beschränkungen des Wahlrechts voll haftender Gesellschafter geblieben, so ist er grundsätzlich nicht gehindert, von den allen Gesellschaftern zustehenden Auflösungsmöglichkeiten auch seinerseits Gebrauch zu machen. Ein wichtiger Grund zur Auflösung (§ 133) wird in der Tatsache der erbrechtlichen Nachfolge zwar nur selten gefunden werden können. Denkbar ist aber die Ausübung des **ordentlichen Kündigungsrechts** bei einer auf unbestimmte Zeit eingegangenen Gesellschaft (§ 132). Demgegenüber kann der Erblasser mit erbrechtlicher, wenn auch nicht gesellschaftsrechtlicher Wirkung, letztwillig zwar auch das Kündigungsrecht durch Auflage, Vermächtnis u.a. einschränken. Eine unbeschränkte Ausschließung des Kündigungsrechts durch letztwillige Verfügung würde aber dem Grundgedanken des § 132 widersprechen und damit zugleich eine sittenwidrige Beschränkung der Bewegungsfreiheit des Erben zur Folge haben (§ 138 BGB). Eine letztwillige Beschränkung des Kündigungsrechts kann daher ebenso wie im Gesellschaftsvertrag nur durch Bindung auf Zeit erfolgen (vgl. § 132 Rn 6).

G. Der Beteiligungserwerb kraft Eintrittsklausel

I. Allgemeines

144 **1. Grundlagen.** Die in § 139 vorausgesetzte, das Wahlrecht begründende Gesellschafternachfolge beruht auf erbrechtlichem Beteiligungsübergang (§ 1922 BGB); die Funktion der gesellschaftsvertraglichen Nachfolgeklausel beschränkt sich dabei darauf, den Anteil des Erblassers an der werbenden Gesellschaft abweichend von der gesetzlichen Regel (§ 719 BGB, § 131 Abs. 3 Nr. 1 HGB) vererblich zu gestalten (Rn 9 ff). Weil demnach der erbrechtliche Beteiligungsübergang nur eintreten kann, wenn die nach dem Gesellschaftsvertrag „nachfolgefähige“ Person auch Erbe des verstorbenen Gesellschafters wird, steht es in der Macht des Erblassers, die Gesellschafternachfolge dadurch zu verhindern, dass er andere Personen als Erben einsetzt. Die hieraus für die Mitgesellschafter resultierende Unsicherheit hat dazu geführt, neben erbrechtlichen Nachfolgeregelungen auch nach Möglichkeiten eines rechtsgeschäftlichen Beteiligungserwerbs auf den Todesfall zu suchen. Überdies besteht bei (unbeabsichtigtem) Fehlschlagen der erbrechtlichen Sukzession des Anteils regelmäßig Bedarf, die Nachfolge im Wege der Umdeutung zu retten (s. Rn 22). Da eine „rechtsgeschäftliche Nachfolgeklausel“, die den Anteilsübergang bei Tod des Gesellschafters unmittelbar selbst herbeiführt, auf Fälle begrenzt ist, in denen der Nachfolger von vornherein zugestimmt hat (Rn 12–14), kommt hier in erster Linie die **Eintrittsklausel** in Betracht. Sie zielt darauf, vertraglich bestimmten oder durch Dritte zu bestimmenden Personen ein *Recht auf Eintritt* in die Gesellschaft zu verschaffen, vermag aus diesem Grund aber nicht die Unsicherheit der Mitgesellschafter über die Nachfolge zu vermindern.[365] Diesen in Rn 16 ff im Einzelnen ausgeführten Unterschieden zur Nachfolgeklausel entsprechen eine Reihe abweichender

---

364 MünchKommHGB/*K. Schmidt* Rn 95; Ebenroth/Boujong/Joost/Strohn/*Lorz* Rn 136; *Hueck* OHG § 28 II 1, S. 405, 430 ff.

365 Zu steuerrechtlichen Konsequenzen der Eintrittsklausel vgl. *Riedel* in: ZErb 2009, 2 (5 f).

Voraussetzungen und Rechtsfolgen der Eintrittsklausel. – Zur **Auslegung unklarer Klauseln** siehe Rn 20–22.

Notwendige **Voraussetzung** jeder Eintrittsklausel im Gesellschaftsvertrag ist, dass der Gesellschaftsvertrag nicht von § 131 Abs. 3 Nr. 1 abweicht, die Gesellschaft also beim Tod eines Gesellschafters fortgesetzt wird. *Keine Bedenken* gegen die Wirksamkeit der Eintrittsklausel können aus der Vorschrift des § **2301 BGB** abgeleitet werden.[366] Auch soweit man entgegen der Rechtsprechung[367] das Eingreifen dieser Vorschrift in Fällen bejaht, in denen für die Schenkung auf den Todesfall der Weg des Vertrags zugunsten Dritter gewählt wird,[368] würde sich die Unwirksamkeit wegen Nichteinhaltung der in § 2301 Abs. 1 Satz 1 BGB vorgeschriebenen Form doch nicht auf das Eintrittsrecht als solches erstrecken, sondern allenfalls auf die Zuwendung des Kapitalanteils an den Eingetretenen unter Befreiung von dessen eigener Einlagepflicht (dazu vgl. Rn 146). **145**

2. **Die Eintrittsklausel als Vertrag zugunsten Dritter.** Da die Eintrittsklausel im Gesellschaftsvertrag den Rechtsgrund für die Aufnahme des begünstigten Dritten schaffen soll, ist sie als Vertrag zugunsten Dritter zwischen dem durch Tod ausscheidenden Gesellschafter (Versprechensempfänger) und seinen Mitgesellschaftern (Versprechenden) anzusehen. Dabei handelt es sich regelmäßig um einen echten (berechtigenden) Vertrag zugunsten Dritter (§ 328 Abs. 1 BGB), wobei der Dritte das **Recht auf Aufnahme** freilich im Zweifel erst **mit dem Tod** des Versprechensempfängers erwirbt (§ 331 BGB).[369] Bis zu diesem Zeitpunkt sind die Gesellschafter frei, eine abweichende Vereinbarung zu treffen; anderes gilt nur dann, wenn dem Dritten ausnahmsweise schon zu Lebzeiten des Vorgängers ein durch dessen Vorversterben bedingtes Aufnahmerecht in Gestalt eines bindenden Angebots bzw. Optionsrechts gewährt wurde (Rn 148). **146**

3. **Die Rechtslage vor Ausübung des Eintrittsrechts.** Bis zur Ausübung des Eintrittsrechts (dazu vgl. Rn 148) besteht die Gesellschaft allein unter den überlebenden Gesellschaftern fort; beim Tod des vorletzten Gesellschafters wandelt sie sich wegen § 131 Abs. 3 Nr. 2 in ein Einzelunternehmen um, wird also vollbeendet (§ 131 Rn 111 ff; zum Sonderfall der Zweipersonen-KG § 131 Rn 113 f).[370] Bei der **zweigliedrigen Gesellschaft** ist also die Wiederbegründung der Gesellschaft erforderlich, und im Zweifel begründet die Eintrittsklausel daher die Pflicht des verbliebenen Gesellschafters, mit dem Berechtigten eine neue Gesellschaft einzugehen.[371] Für die früher vertretene gegenteilige Ansicht, die vom Bestehen eines Schwebezustands am Anteil bis zur Entscheidung des Eintrittsberechtigten ausging,[372] ist angesichts der Notwendigkeit eines jederzeit eindeutig abgrenz- **147**

---

[366] Ebenso MünchKommHGB/*K. Schmidt* Rn 27; Ebenroth/Boujong/Joost/Strohn/*Lorz* Rn 44; Baumbach/*Hopt* Rn 51; MünchKommBGB[5]/*Ulmer*/*C. Schäfer* § 727 Rn 59; *Ulmer* ZGR 1972, 195 (219 f).

[367] BGHZ 41, 95 (96); 66, 8; BGH NJW 1984, 480; 1993, 2171.

[368] S. die Nachweise bei MünchKommBGB[4]/*Musielak* § 2301 Rn 34 f; zum älteren Schrifttum bei *Ulmer* ZGR 1972, 214 ff.

[369] § 331 BGB, vgl. MünchKommHGB/*K. Schmidt* Rn 27; Ebenroth/Boujong/Joost/Strohn/*Lorz* Rn 38; Baumbach/*Hopt* Rn 51; Heymann/*Emmerich* Rn 64.

[370] Vgl. BGH NJW 1978, 264 (266); NJW-RR 1987, 989 = JZ 1987, 880 mit Anm. *Ulmer*; Schlegelberger/*K. Schmidt* Rn 30; Heymann/*Emmerich* Rn 68; Ebenroth/Boujong/Joost/Strohn/*Lorz* Rn 42; Baumbach/*Hopt* Rn 53; *Goette* DNotZ 1988, 603 (608).

[371] Ebenroth/Boujong/Joost/Strohn/*Lorz* Rn 40; MünchKommBGB[5]/*Ulmer*/*C. Schäfer* § 727 Rn 55.

[372] RGZ 170, 98 (108) (dahingestellt in RGZ 145, 289 [293]); **aA** aber RG DNotZ 1936, 209.

baren Gesellschafterkreises kein Raum; auch rechtskonstruktiv wäre sie nur vertretbar, wenn man die Eintrittsklausel entgegen ihrer Funktion als Verfügungsvertrag zugunsten des Eintrittsberechtigten ansehen und diesem sodann das Zurückweisungsrecht aus § 333 BGB zubilligen wollte (zur Problematik des Verfügungsvertrags zugunsten Dritter vgl. Rn 13). Folge des Ausscheidens ist somit zunächst die **Anwachsung** des Gesamthandsanteils des Verstorbenen bei den übrigen Gesellschaftern, die bis zum Eintritt des Berechtigten andauert. Auch kommt es zur Entstehung eines **Abfindungsanspruchs** der Erben, soweit dieser nicht vertraglich zugunsten des Eintrittsberechtigten ausgeschlossen ist (Rn 151 f). – Von einem **Schwebezustand** kann man allerdings insofern sprechen, als die übrigen Gesellschafter bei ihren Handlungen und Beschlüssen auf die Interessen des Eintrittsberechtigten Rücksicht nehmen müssen, solange diesem die Ausübung des Eintrittsrechts noch möglich ist (zur Frist vgl. Rn 150). Insbesondere ist den übrigen Gesellschaftern auch eine zwischenzeitliche anderweitige Verfügung über den Anteil des Verstorbenen verwehrt; sie wäre sowohl mit ihren Pflichten aus der Eintrittsklausel als auch mit ihrer Treuhänderstellung am Kapitalanteil unvereinbar. Andererseits ist das Eintrittsrecht binnen angemessener **Frist** auszuüben (Rn 150).[373]

II. Der Vollzug des Beteiligungserwerbs

148 **1. Die Ausübung des Eintrittsrechts.** Um die Stellung des verstorbenen Gesellschafters zu erlangen, muss der Eintrittsberechtigte zunächst in den Gesellschaftsverband „eintreten", d.h. Partner des zwischen den übrigen Gesellschaftern fortbestehenden Gesellschaftsvertrags werden. Ob es hierfür der Mitwirkung der übrigen Gesellschafter bedarf oder ob der Eintritt sich durch einseitige Erklärung des Eintrittsberechtigten gegenüber den Mitgesellschaftern vollzieht, ist durch **Auslegung der Eintrittsklausel** zu klären; beide Gestaltungen sind möglich. Ein **einseitiges** Eintrittsrecht kommt regelmäßig nur dann in Betracht, wenn die Bedingungen des Eintritts und die Ausgestaltung der Gesellschafterstellung des Eintrittsberechtigten bereits feststehen, er etwa in vollem Umfang an die Stelle des verstorbenen Gesellschafters treten und dessen Rechte und Pflichten unverändert übernehmen soll.[374] Ob das einseitige Eintrittsrecht als Options-(Gestaltungs-)recht oder als Recht auf Annahme eines bindenden Vertragsangebots der übrigen Gesellschafter zu qualifizieren ist,[375] ist Frage der Vertragsauslegung. Bedeutung hat sie nur, wenn der Gesellschaftsvertrag – und damit auch die Vertragsannahme, nicht aber die Ausübung des Optionsrechts – formbedürftig ist.[376] Sind demgegenüber für eine Befugnis zur einseitigen Ausübung des Eintrittsrechts keine Anhaltspunkte im Gesellschaftsvertrag ersichtlich, bedarf die Aufnahme des Eintrittsberechtigten in die Gesellschaft eines Vertragsschlusses unter **Mitwirkung der übrigen Gesellschafter**. Der Eintritt ist erst dann vollzogen, wenn sämtliche Mitgesellschafter das Angebot des Eintrittsberechtigten angenommen haben. Sind alle oder ein Teil der Mitgesellschafter zum Vertragsschluss nicht bereit, so kann der Eintrittsberechtigte seinen Anspruch im Klageweg

---

[373] Insoweit zutr. RGZ 170, 98 (108); ferner BGH NJW-RR 1987, 989 = JZ 1987, 880 mit Anm. *Ulmer*; MünchKommHGB/*K. Schmidt* Rn 28; Heymann/*Emmerich* Rn 67; Ebenroth/Boujong/Joost/Strohn/*Lorz* Rn 38; MünchKommBGB[5]/*Ulmer*/*C. Schäfer* § 727 Rn 57.

[374] Vgl. MünchKommHGB/*K. Schmidt* Rn 27; Sudhoff/*Froning* Unternehmensnachfolge[5], § 44 Rn 58; Heymann/*Emmerich* Rn 64; s.a. BGH NJW 1978, 264 (266).

[375] Dazu etwa *Säcker* Nachfolge, S. 39; *Huber* Vermögensanteil, S. 453; *Wiedemann* Übertragung, S. 163.

[376] Vgl. *Ulmer* ZGR 1972, 195 (218) mit Fn 111.

durchsetzen. **Minderjährige** bedürfen in jedem Fall der familien- bzw. vormundschaftsgerichtlichen Genehmigung nach § 1822 Nr. 3 BGB;[377] hierin liegt ein wesentlicher Unterschied zur erbrechtlichen Nachfolge (Rn 38). Ist der gesetzliche Vertreter des Minderjährigen schon an der Gesellschaft beteiligt, bedarf es überdies eines Ergänzungspflegers gem. § 1795 BGB.

Ist das Eintrittsrecht einem Erben zugewandt und tritt ein nur **vermeintlicher Erbe** ein, so ist der Beitritt zwar anfechtbar (§ 119 Abs. 2 BGB), nach den Grundsätzen der fehlerhaften Gesellschaft (Lehre vom fehlerhaften Verband) aber gleichwohl wirksam.[378] Erwirbt somit der vermeintliche Erbe eine vollgültige, wenn auch durch Ausschluss auflösbare Mitgliedschaft, muss sich der wahre Erbe die Rechtshandlungen des vermeintlichen Erben unabhängig davon entgegenhalten lassen, ob man im Verhältnis zur Gesellschaft § 16 GmbHG entsprechend anwendet.[379] Bei Geltung der LfV ist mangels Lücke für eine Analogie zu § 16 GmbHG kein Raum.[380] Das *Eintrittsrecht* zugunsten des wahren Erben besteht zwar fort, kann jedoch erst nach Ausschluss des vermeintlichen Erben ausgeübt werden, weil die übrigen Gesellschafter im Zweifel nur mit *einem* eintrittsberechtigten Nachfolger einverstanden waren. Allerdings sind sie aufgrund der Eintrittsklausel verpflichtet, den vermeintlichen Erben auszuschließen, damit der wahre Erbe das fortbestehende Eintrittsrecht ausüben kann.[381] Die Rechtslage ist auch bei Erteilung eines **Erbscheins** nicht anders. Insbesondere kann aus § 2019 BGB (dingliche Surrogation) nicht hergeleitet werden, dass die durch Eintritt des Scheinerben fehlerhaft begründete Mitgliedschaft dem wahren Erben zusteht.[382] Auch hier bedarf es also zunächst des Ausschlusses des vermeintlichen Erben, damit der wahre Erbe eintreten kann. – Zum Anteilserwerb bei **Vor- und Nacherbfolge** vgl. Rn 87. **149**

Mit Rücksicht auf die Schwebezeit, die sich aus dem Bestehen des Eintrittsrechts zwischen Todesfall und Ausübung des Rechts für die übrigen Gesellschafter ergibt (Rn 147), ist der Eintrittsberechtigte auch ohne Fristvereinbarung gehalten, seine Entscheidung **binnen angemessener Frist** zu treffen. Die Mitgesellschafter können überdies entsprechend § 148 BGB eine Entscheidungsfrist setzen, die dem Eintrittsberechtigten genügend Zeit belassen muss, um sich einen Überblick über die Lage der Gesellschaft zu verschaffen und das Für und Wider der Entscheidung abzuwägen.[383] Als Richtschnur bietet sich die Dreimonatsfrist des § 139 Abs. 3 an. Wird die Entscheidung vom Eintrittsberechtigten nicht innerhalb der angemessenen oder ihm von den übrigen Gesellschaftern gesetzten Frist getroffen, so erlischt das Eintrittsrecht; zugleich lebt damit im Zweifel der Abfindungsanspruch wieder auf (Rn 147). **150**

---

377 S. schon KG JW 1933, 118 (119); MünchKommHGB/*K. Schmidt* Rn 29; Ebenroth/Boujong/Joost/Strohn/*Lorz* Rn 39.

378 MünchKommBGB⁵/*Ulmer*/*C. Schäfer* § 727 Rn 66; *Konzen* ZHR 145 (1981), 29 (49 ff); *Rob. Fischer* FS Heymanns Verlag, 1965, 271 (279).

379 Dafür – im Falle einer Nachfolgeklausel – *K. Schmidt* BB 1988, 1051 (1053); *C. Schäfer* Lehre vom fehlerhaften Verband, S. 318 f.

380 Abweichend (bei gleichem Ansatz) aber MünchKommBGB⁵/*Ulmer*/*C. Schäfer* § 727 Rn 66; in Bezug auf Vertragsänderungen auch *Konzen* ZHR 145 (1981), 29 (57 ff): Sie wirken – auch bei Vorliegen eines Erbscheins – nicht gegenüber dem wahren Erben, soweit sie *künftige* Pflichten begründen.

381 Vgl. *Konzen* ZHR 145 (1981), 29 (60).

382 MünchKommBGB⁵/*Ulmer*/*C. Schäfer* § 727 Rn 67; *Konzen* ZHR 145 (1981), 29 (54 ff).

383 BGH NJW-RR 1987, 989 = JZ 1987, 880 mit Anm. *Ulmer*; BGH NJW 1978, 264 (265); RGZ 170, 98 (108); Schlegelberger/*K. Schmidt* Rn 30; Ebenroth/Boujong/Joost/Strohn/*Lorz* Rn 38; Heymann/*Emmerich* Rn 67; Baumbach/*Hopt* Rn 53; *Hueck* OHG § 28 II 1a, S. 296 ff.

151 **2. Der Übergang des Abfindungsanspruchs.** Vom Gesellschaftseintritt zu unterscheiden ist die Frage, was mit dem Abfindungsanspruch geschieht, der nach allgemeinen Regeln aufgrund des todesbedingten Ausscheidens in den Nachlass fällt (Rn 147). Ohne vertragliche Regelung ändert sich hieran auch dann nichts, wenn der Berechtigte in die Gesellschaft eintritt; die Mitgesellschafter wären deshalb nicht verpflichtet, den Eintrittsberechtigten ohne Einlageleistung aufzunehmen. Vielmehr müsste er aufgrund des Eintritts eine Einlage mindestens in Höhe des Abfindungsbetrages erbringen, um die Vermögensstellung des bisherigen Gesellschafters zu erlangen.[384] Dies entspricht aber in der Regel nicht dem Willen der Beteiligten, der im Zweifel darauf gerichtet ist, den Berechtigten im Ergebnis ebenso zu stellen wie bei einer Nachfolgeklausel.[385] Um dies zu erreichen, könnte ihm der Abfindungsanspruch auf erbrechtlichem Wege zugewendet werden, insbesondere also durch Vermächtnis, ggf. auch durch Teilungsanordnung.[386] Nach Abtretung des Anspruchs an den Berechtigten wäre er dann in der Lage, seine Einlage dadurch zu leisten, dass er den Abfindungsanspruch „einbringt".

152 Regelmäßig wird der Wille der Gesellschafter freilich dahin gehen, dem Eintrittsberechtigten die Vermögensstellung des verstorbenen Gesellschafters unmittelbar auf **rechtsgeschäftlichem Wege**, also unter Ausschluss der (übrigen) Erben **zu verschaffen**, um die Gesellschaft vor den Risiken eines Kapitalabflusses und der mangelnden Zahlungsfähigkeit des Eintretenden zu sichern. Insofern kommt *entweder* ein zweiseitiger **Vertrag** zwischen Berechtigtem und dem bisherigen Gesellschafter **auf den Todesfall** in Betracht, für den § 2301 BGB zu beachten ist.[387] *Oder* der beim Tod eines Gesellschafters entstehende **Abfindungsanspruch** wird **ausgeschlossen** (dazu § 131 Rn 188) *und* die übrigen Gesellschafter werden gem. § 328 BGB verpflichtet, die – nicht mehr existenten! – Vermögensrechte des verstorbenen Gesellschafters gewissermaßen **treuhänderisch** für den Eintrittsberechtigten zu halten und ihn bei seinem Eintritt so zu stellen, als hätten sie ihm die erloschenen Rechte übertragen.[388] **§ 2301 BGB** ist hier nach hM wegen des Vorrangs des Vertrages zugunsten Dritter auch im Valutaverhältnis zwischen Erblasser und Berechtigtem unanwendbar (vgl. Rn 145).[389] Wenn die Klausel dem Berechtigten die Vermögensrechte in dieser Weise sichern soll, ist demgemäß im Zweifel zugleich ein *Abfindungsausschluss* gewollt, der aber wegen der Ungewissheit über den Eintritt in der Regel *auflösend bedingt* ist durch den Nichteintritt des Berechtigten.[390] Dieser Weg bietet auch für die Mitgesellschafter die sicherste Lösung, da eine Abfindungszahlung der Gesell-

---

384 MünchKommHGB/*K. Schmidt* Rn 30; MünchKommBGB⁵/*Ulmer*/*C. Schäfer* § 727 Rn 58.

385 Vgl. BGH NJW 1978, 264 f.

386 BGH NJW 1978, 264 (266); BGH JZ 1987, 880 mit Anm. *Ulmer*; MünchKommHGB/*K. Schmidt* Rn 30; Ebenroth/Boujong/Joost/Strohn/*Lorz* Rn 45; MünchKommBGB[5]/*Ulmer*/*C. Schäfer* § 727 Rn 58.

387 Eingehend dazu *Marotzke* AcP 184 (1984), 541 (573 ff); *Michalski* Perpetuierung, S. 190 ff; ferner MünchKommBGB[5]/*Ulmer*/*C. Schäfer* § 727 Rn 59; MünchKommBGB[4]/*Musielak* § 2301 Rn 45.

388 BGH NJW 1978, 264 (265); *Ulmer* ZGR 1972, 219 f; MünchKommBGB[5]/*Ulmer*/*C. Schäfer* § 727 Rn 59; MünchKommHGB/*K. Schmidt* Rn 29; Baumbach/*Hopt* Rn 54; Ebenroth/Boujong/Joost/Strohn/*Lorz* Rn 43.

389 Allgemein zum Vorrang des § 331 gegenüber § 2301 BGB: BGHZ 41, 95 (97); 46, 198 (201); 66, 8 (9 f); BGH NJW 1984, 480; 1993, 2171; MünchKommBGB[4]/*Musielak* § 2301 Rn 31 ff; Staudinger/*Kanzleiter* BGB (2006) § 2301 Rn 42 ff; zum vorliegenden Kontext Ebenroth/Boujong/Joost/Strohn/*Lorz* Rn 44; wohl auch MünchKommHGB/*K. Schmidt* Rn 27; anders insoweit noch *Ulmer* ZGR 1972, 195 (220).

390 MünchKommBGB[5]/*Ulmer*/*C. Schäfer* § 727 Rn 59; so mit Recht schon *Ulmer* ZGR 1972, 195 (220).

schaft – vorbehaltlich der Nichtausübung des Eintrittsrechts – unabhängig von letztwilligen Verfügungen des verstorbenen Gesellschafters vermieden wird; er ist deshalb im Zweifel gewollt.[391] – Zur Frage eines Ausgleichsanspruchs der weichenden Erben gegen den Eintrittsberechtigten vgl. noch Rn 15.

III. Anwendbarkeit des § 139 bei Eintrittspflicht?

Die Erstreckung des Wahlrechts aus § 139 auf den Eintrittsberechtigten kommt nach dessen Schutzzweck (Rn 1 f) nur in Betracht, falls der Eintrittsberechtigte im Gesellschaftsvertrag zum Eintritt **verpflichtet** werden kann. Das wurde früher verbreitet bejaht,[392] doch ist diese Auffassung heute überholt. Denn eine solche Pflicht wäre mit dem Verdikt des Vertrages zu Lasten Dritter nicht vereinbar.[393] Selbst wenn der Eintrittsberechtigte sich seinerseits durch Vertrag mit dem Verstorbenen oder sämtlichen Gesellschaftern zum Eintritt verpflichtet hatte, ist für die sinngemäße Anwendung von § 139 ebenfalls kein Raum. Weder wäre der Berechtigte angesichts der freiwillig eingegangenen Verpflichtung schutzwürdig, noch bestünde der von § 139 vorausgesetzte Zusammenhang zwischen der Eintrittspflicht und der Erbenstellung. Schließlich ist die sinngemäße Anwendung des § 139 auch bei einer **letztwillig angeordneten Eintrittspflicht** zu verneinen. Diese kann zwar wirksam begründet werden, sofern der Berechtigte Erbe wird, entweder durch Vermächtnis zugunsten der übrigen Gesellschafter[394] oder durch Erbeinsetzung unter Auflage oder Bedingung.[395] Sowenig aber die Vorschrift des § 139 Abs. 5 einer letztwilligen Beschränkung des Wahlrechts des Nachfolger-Erben entgegensteht (Rn 139), sowenig ist sie bei der letztwillig angeordneten Eintrittspflicht heranzuziehen.[396] Dem Berechtigten bleibt hier immerhin die Möglichkeit, wenn er die Erbschaft ausschlägt, den Pflichtteil geltend zu machen (§ 2306 BGB). 153

H. Die Rechte der übrigen Nachlassbeteiligten

I. Weichende Erben

1. Ansprüche bei qualifizierter Nachfolge. Abfindungs- oder Ausgleichsansprüche der weichenden Erben kommen naturgemäß nur dann in Betracht, wenn nicht sämtliche Erben des verstorbenen Gesellschafters zugleich zur Nachfolge in den Gesellschaftsanteil 154

[391] So im Ergebnis auch RGZ 145, 289 (293); OLG Hamburg MDR 1955, 43; ähnlich BGHZ 22, 186 (194 ff); im Ansatz ebenso ferner BGH NJW 1978, 264 (265); MünchKommHGB/*K. Schmidt* Rn 29; Ebenroth/Boujong/Joost/Strohn/*Lorz* Rn 43.

[392] Nachweise in 3. Aufl Rn 184 (*Ulmer*), so insbes. auch noch *Hueck* OHG § 28 II 1a, Fn 10, S. 297.

[393] BGHZ 68, 225 (232); BGH NJW 1978, 264 (265); MünchKommHGB/*K. Schmidt* Rn 29; Baumbach/*Hopt* Rn 52; Heymann/*Emmerich* Rn 66; *Wiedemann* Übertragung, S. 166.

[394] Näher noch 3. Auflage Rn 185 (*Ulmer*); für die Zulässigkeit eines Vermächtnisanspruchs auf Abschluss eines Aufnahmevertrags namentlich *Hueck* OHG § 28 II 1a, S. 296 ff.

[395] Vgl. BGH NJW 1978, 264 (266); JZ 1987, 880 mit Anm. *Ulmer*; MünchKommHGB/*K. Schmidt* Rn 30; Ebenroth/Boujong/Joost/Strohn/*Lorz* Rn 38; Baumbach/*Hopt* Rn 52; Heymann/*Emmerich* Rn 70.

[396] Vgl. Nachw. in Fn 395 sowie *Hueck* OHG § 28 II 1a, S. 296 ff; **aA** *Wiedemann* Übertragung, S. 167.

berufen sind, also im Falle einer „qualifizierten" Nachfolgeklausel (vgl. Rn 11, 26). Da der nachfolgeberechtigte Erbe den Anteil in vollem Umfang erwirbt, scheiden **gesellschaftsrechtliche Abfindungsansprüche** (§ 738 Abs. 1 S. 2 BGB) der weichenden Erben von vornherein aus.[397] Die Rechtslage ist nicht anders als bei rechtsgeschäftlicher Anteilsübertragung;[398] auf einen Ausschluss des Abfindungsanspruchs im Gesellschaftsvertrag kommt es demnach nicht an.[399] – Grundsätzlich muss der Nachfolger-Erbe sich aber den durch erbrechtliche Sondernachfolge zugeflossenen Anteilswert im Verhältnis zu den Miterben in vollem Umfang anrechnen lassen und einen im Vergleich zur Erbquote übermäßigen Wertzuwachs nach erbrechtlichen Grundsätzen **ausgleichen.**[400] Umstritten sind indes rechtliche Begründung, Umfang und Grenzen der Ausgleichspflicht.[401] Sieht man im Anteilsübergang kraft Sondererbfolge eine vorweggenommene Erbteilung,[402] wird man einer entsprechenden Anwendung des § 1978 BGB zuneigen, andernfalls die Lösung in der Analogie zu §§ 2050 ff BGB suchen, die der Ausgleichung lebzeitiger Zuwendungen dienen, deshalb aber allein hinsichtlich der Rechtsfolge passen.

155 In beiden Fällen ist der Nachfolger-Erbe im Zweifel zur **Ausgleichszahlung an die Erbengemeinschaft** verpflichtet, wenn der objektive (vgl. Rn 159) oder vom Erblasser im Rahmen seiner Dispositionsfreiheit bestimmte Wert des Anteils dasjenige übersteigt, was der Nachfolger aufgrund seiner Erbquote bei der Erbauseinandersetzung insgesamt zu beanspruchen hat. Dieser Anspruch folgt ohne weiteres aus § 1978 BGB (analog); bei der entsprechenden Anwendung der §§ 2050 ff BGB würde dem Anspruch zwar an sich § 2056 BGB entgegenstehen. Doch passt dessen Zweck hier nicht; denn die Vorschrift will nur einen Mehrempfang zu *Lebzeiten* des Erblassers verhindern und ist deshalb nicht anzuwenden.[403] – In beiden Fällen kann der Erblasser **Abweichendes** anordnen, entweder die Anrechnung – insbes. durch **Vorausvermächtnis** nach § 2150 BGB[404] – ganz ausschließen oder den Wert bestimmen, mit dem der Anteil bei der Auseinandersetzung in Ansatz gebracht werden soll. In der Berufung zum Nachfolger als solcher ist allerdings im Zweifel noch kein Ausschluss der Ausgleichspflicht zu sehen.[405] Doch ist andererseits auch nicht erforderlich, dass der Erblasser den Ausgleichsanspruch in sei-

[397] Näher zur Vollnachfolge Rn 11, 47.

[398] Dazu BGHZ 13, 179 (184 ff); 44, 229 (231); BGH NJW 1981, 1095 (1096); näher § 105 Rn 288 ff.

[399] Vgl. nur BGHZ 50, 316 (318); MünchKommHGB/*K. Schmidt* Rn 19.

[400] Im Ergebnis ganz hM; vgl. RGZ 170, 98 (107); BGHZ 22, 186 (196 f); 68, 225 (238); MünchKommHGB/*K. Schmidt* Rn 19 f; Heymann/*Emmerich* Rn 71; Ebenroth/Boujong/Joost/Strohn/*Lorz* Rn 24 f; *Hueck* OHG § 28 II 2c, S. 301 f; *Marotzke* AcP 184 (1984), 541 (562 ff); Sudhoff/*Froning* Unternehmensnachfolge[5], § 44 Rn 40; abweichend *Tiedau* NJW 1980, 2446 (2450). Nachweise zum älteren Schrifttum bei *Ulmer* ZGR 1972, 324 (326).

[401] Ausführlicher noch 3. Aufl. Rn 187 f (*Ulmer*); s. im Übrigen BGHZ 22, 186 (197) (§ 242 BGB; dazu krit. *Marotzke* AcP 184 [1984], 541 [576 f]); *Heckelmann* FS v. Lübtow, 1980, S. 619 (627 f) (§ 812 BGB); *Rüthers* AcP 168 (1968), 263 (281); wohl auch MünchKommHGB/*K. Schmidt* Rn 20; Ebenroth/Boujong/Joost/Strohn/*Lorz* Rn 23; Sudhoff/*Froning* Unternehmensnachfolge[5], § 44 Rn 40 (§ 1978 BGB); *Brox* Erbrecht[22] Rn 794; *Flume* I/1, § 18 VI 2, S. 405 ff; MünchKommBGB[5]/*Ulmer*/*C. Schäfer* § 727 Rn 45; *Tiedau* NJW 1980, 2448 f (§§ 2050 ff BGB).

[402] Dagegen aber oben Rn 49 f, 51 mwN.

[403] *Brox* Erbrecht[22] Rn 794; MünchKommBGB[5]/*Ulmer*/*C. Schäfer* § 727 Rn 45; *Säcker* Nachfolge, S. 94 ff, 100 f; **aA** *Flume* I/1, § 18 VI 2, S. 406; *Marotzke* AcP 184 (1984), 541 (565 f) mwN.

[404] Dazu *Ulmer* ZGR 1972, 324 (327 f); MünchKommHGB/*K. Schmidt* Rn 20; Formulierungsbeispiele bei *Koblenzer*/*Groß* ErbStB 2003, 367 (368 f).

[405] MünchKommBGB[5]/*Ulmer*/*C. Schäfer* § 727 Rn 45; s.a. *Windel* Modi, S. 307 ff.

nem Testament ausdrücklich ausschließt.[406] Die Auslegung der entsprechenden testamentarischen Regelungen richtet sich nach den allgemeinen Grundsätzen über die Abgrenzung von Teilungsanordnung und Vorausvermächtnis.[407]

2. Ansprüche bei rechtsgeschäftlichem Eintritt. Die für den erbrechtlichen Anteilsübergang geltenden Regeln (Rn 154 f) können nicht ohne weiteres übernommen werden, wenn der Nachfolger aufgrund einer Eintrittsklausel Gesellschafter geworden ist, zumal der verstorbene Gesellschafter hier mit dem Erbfall ausscheidet. Ob in diesem Falle Ausgleichs- bzw. Abfindungsansprüche der Erben entstehen, richtet sich in erster Linie nach den Regeln, die im Gesellschaftsvertrag oder einer letztwilligen Verfügung über die Vermögensbeteiligung des verstorbenen Gesellschafters getroffen sind (Rn 151 f). Erbrechtliche Ausgleichsansprüche kommen nur dann in Betracht, wenn die Vermögensbeteiligung nach erbrechtlichen Grundsätzen übertragen oder ihre Übertragung als Schenkung im Sinne der §§ 2325, 2329 BGB zu qualifizieren ist. Hieraus ergibt sich die folgende Differenzierung: 156

Wird der **Abfindungsanspruch** ausnahmsweise auf **erbrechtlichem Wege** an den Anteilsberechtigten übertragen (Rn 151), gelten die in Rn 154 f dargestellten Grundsätze entsprechend. Wird dem Eintrittsberechtigten die Vermögensstellung des Erblassers durch **zweiseitigen Vertrag** zwischen ihnen auf den **Todesfall** übertragen, so gilt das zwar nicht für das im Gesellschaftsvertrag verankerte Eintrittsrecht,[408] wohl aber für das Schenkungsversprechen im Valutaverhältnis zwischen Erblasser und Eintrittsberechtigtem, § 2301 Abs. 1 BGB (Rn 152). Ist die danach erforderliche letztwillige Form nicht eingehalten, steht den Erben ein Bereicherungsanspruch gegen den Eintrittsberechtigten zu. Bei Beachtung der Form ist das Schenkungsversprechen zwar wirksam; doch wird der Eintrittsberechtigte so behandelt, als hätte er den Anteil durch letztwillige Verfügung erhalten, weshalb die für die erbrechtliche Übertragung geltenden Regeln entsprechend anwendbar sind (Rn 154 f).[409] – **Anders** verhält es sich bei dem sog. **Treuhandmodell** (Rn 152); denn hier liegt der Zuwendung der Vermögensstellung an den Eintrittsberechtigten im Valutaverhältnis keine Schenkung zwischen Erblasser und Eintrittsberechtigtem, sondern ein Vertrag zwischen den Gesellschaftern zugunsten des Eintrittsberechtigten zugrunde. Weil § 2301 BGB nach hM von § 331 BGB verdrängt wird (Rn 152), wird die Vermögensbeteiligung in diesem Falle ohne Berührung zum Nachlass übertragen. Es kommen daher allein Pflichtteilsergänzungsansprüche nach den §§ 2325, 2329 BGB in Betracht (vgl. Rn 158).[410] 157

[406] Vgl. *Ulmer* ZGR 1972, 324 (328); Ebenroth/Boujong/Joost/Strohn/*Lorz* Rn 25; Schlegelberger/*K. Schmidt* Rn 23.

[407] Dazu allgemein BGHZ 36, 115 (118); weit. Nachw. bei MünchKommBGB[4]/*Schlichting* § 2150 Rn 6.

[408] S. *Ulmer* ZGR 1972, 195 (215 f); *Tiedau* NJW 1980, 2446 (2449); *Marotzke* AcP 184 (1984), 541 (574 ff); Schlegelberger/*K. Schmidt* Rn 29; Heymann/*Emmerich* Rn 70.

[409] So bereits 3. Aufl. Rn 191a (*Ulmer*); vgl. auch MünchKommBGB[5]/*Ulmer*/*C. Schäfer* § 727 Rn 52, 59.

[410] *Marotzke* AcP 184 (1984), 541 (579 f); *Tiedau* NJW 1980, 2446 (2449); Ebenroth/Boujong/Joost/Strohn/*Lorz* Rn 47; Staudinger/*Kanzleiter* BGB (2006) § 2301 Rn 49; MünchKommBGB[4]/*Lange* § 2311 Rn 31; abweichend insoweit noch *Ulmer* ZGR 1972, 324 (332 ff).

II. Pflichtteilsberechtigte

158 **1. Die Einbeziehung des Anteils in die Pflichtteilsberechnung.** Für die Berechnung des Pflichtteils der von der Gesellschafternachfolge ausgeschlossenen Pflichtteilsberechtigten macht es keinen Unterschied, ob sich der Anteilsübergang auf erbrechtlichem Wege oder durch Rechtsgeschäft unter Lebenden vollzogen hat; der Pflichtteilsberechnung ist nicht nur der Wert des Nachlasses (§ 2311 BGB) einschließlich der vererbten Beteiligung zugrunde zu legen, sondern auch die ausgleichspflichtigen lebzeitigen Zuwendungen an Abkömmlinge (§ 2316 i.V.m. §§ 2050 ff BGB) sowie die in den letzten 10 Jahren vor dem Erbfall gemachten Schenkungen an Dritte (§ 2325 BGB). Der Übergang des Gesellschaftsanteils bzw. der Vermögensbeteiligung im Falle der Eintrittsklausel (Rn 156) hat eine Verkürzung des Pflichtteils somit nicht zur Folge. Auch läuft die Zehnjahresfrist des § 2325 BGB in diesem Fall nicht schon vom Datum der gesellschaftsvertraglichen Vereinbarung ab, sondern erst vom Todeszeitpunkt des Schenkers.[411] Für den Kreis der Pflichtteilsberechtigten und die zur Erfüllung der Pflichtteilsansprüche verpflichteten Personen gelten die allgemeinen erbrechtlichen Grundsätze (vgl. §§ 2303 ff, 2318 ff, 2329 BGB).

159 **2. Der Wertansatz für den Anteil.** Aus der in § 2311 BGB für die **Pflichtteilsberechnung** vorgeschriebenen, nach objektiven Maßstäben auf den Zeitpunkt des Erbfalls bezogenen Nachlassbewertung ergeben sich beim Anteil des in die Gesellschafterstellung nachgefolgten oder eingetretenen Erben besondere Probleme (allgemein zur Bewertung von Gesellschaftsanteilen vgl. § 131 Rn 155 ff). Gleiches gilt im Bezug auf die Wertermittlung für den Ausgleich im Rahmen der **Erbauseinandersetzung** (Rn 154 f). Sie haben ihre Ursache in dem möglichen Auseinanderfallen des im Gesellschaftsvertrag für den Ausscheidensfall geregelten **Abfindungsanspruchs** und dem vollen **Verkehrswert** der Beteiligung, d.h. dem nach der Ertragswertmethode ermittelten Wert des Gesellschaftsanteils. Der gesellschaftsvertragliche Abfindungsanspruch beschränkt sich häufig auf den Buchwert der Beteiligung bzw. den Stand der Gesellschafterkonten (§ 131 Rn 162 ff, 189). Soweit die Abfindungsbeschränkung wirksam ist oder nicht angegriffen wird, würde sich diese Diskrepanz immer dann zum Nachteil des Gesellschaftererben auswirken, wenn dieser zum Abfindungswert aus der Gesellschaft ausscheidet, bei der Berechnung des Pflichtteilsanspruchs aber der volle Verkehrswert zugrunde gelegt würde. Zur Lösung dieses Konfliktes haben sich zwei unterschiedliche Lösungsansätze herausgebildet. Die einen befürworten eine endgültige und abschließende Berechnung zum Zeitpunkt des Erbfalls (Stichtagslösungen), die anderen halten dagegen eine nachträgliche Anpassung für möglich.

160 Unter den **Stichtagslösungen** hat die auf *Tiedau*[412] zurückgehende These vom Ansatz der Beteiligung zum jeweiligen Vollwert unabhängig vom Verbleiben des Nachfolgers in der Gesellschaft auch im neueren Schrifttum wieder Anhänger gefunden,[413] da nur so ein klarer Bewertungsmaßstab zu erzielen sei und nach der Stichtagsregelung des § 2311

[411] BGHZ 98, 226 (230); BGH NJW 1993, 2737 (2738) (unter Aufgabe von BGH NJW 1970, 1638); so auch schon 3. Aufl. Rn 193 (*Ulmer*).

[412] *Tiedau* MDR 1959, 253 (255 f); ihm folgend *Zimmermann* BB 1969, 965 (968 f); *Stötter* DB 1970, 573 (575); für die Berechnung des Zugewinns bereits *Boesebeck* DB 1958, 1147.

[413] Baumbach/*Hopt* Rn 13; *Haegele* BwNotZ 1976, 25 (28), der allerdings eine Ausnahme dann für möglich hält, wenn der Erbe alsbald nach § 139 Abs. 2 HGB aus der Gesellschaft zum Abfindungswert ausscheidet; ebenso auch schon *Stötter* DB 1970, 573 (575); *Winkler* BB 1997, 1697 (1702), der aus Billigkeitserwägungen dem Erben im Einzelfall allenfalls ein (vorläufiges) Leistungsverweigerungsrecht gewähren will.

Abs. 1 Satz 1 BGB den Pflichtteilsberechtigten das spätere Schicksal der Nachlassgegenstände nichts angehe. Erfreulich ist zwar die so erreichbare Rechtsklarheit, doch **überwiegen** die gegen diese Lösung eingewandten **Bedenken.** Insbesondere vermag sie unbillige Ergebnisse in dem Fall nicht zu vermeiden, dass der Nachfolger zur Befriedigung der Nachlassverbindlichkeiten die Beteiligung kündigen muss und seinerseits auf den wesentlich geringeren Abfindungsanspruch beschränkt ist.[414] Auch die Vorschrift des § 2331a BGB, die dem Erben in besonderen Härtefällen eine Stundungseinrede gegenüber dem Pflichtteilsanspruch eröffnet, kann diese Gefahr nicht beseitigen. Zudem führten Nachfolge- und Eintrittsklausel zu nicht zu rechtfertigenden Unterschieden: Wenn nämlich der Eintrittsberechtigte von seinem Recht keinen Gebrauch macht, kann ein den Abfindungsanspruch übersteigender Wert regelmäßig nicht in Ansatz gebracht werden.

Aber auch die **Gegenposition**[415] vermag **nicht zu überzeugen**; ihrzufolge soll der Anteil grundsätzlich zum Abfindungsbetrag anzusetzen sein. Sie ist unvereinbar mit der in § 2311 Abs. 2 BGB geregelten Pflicht zum Ansatz des objektiven Wertes der Nachlassgegenstände,[416] dem ein auf den Buchwert beschränkter, vertraglicher Abfindungsanspruch nicht entspricht. Außerdem wird die im Wege der Nachfolge- oder Eintrittsklausel übertragene Beteiligung vom Begünstigten meistens nicht liquidiert, sondern mit allen darin verkörperten Chancen fortgeführt. Zuschläge im Einzelfall (bei einem überdurchschnittlichen, vor allem auf der Kapitalbeteiligung beruhenden Ertragswert des Anteils)[417] vermögen dieses Manko nicht wirksam auszugleichen. Nicht zu folgen ist auch einem Vorschlag *Sudhoff*,[418] wonach die Gesellschafter durch eine sog. „Pflichtteilsklausel" bewirken können, dass der Pflichtteilsanspruch nach dem Abfindungswert berechnet wird.[419] Eine solche gesellschaftsvertragliche Vereinbarung, nach der Erbauseinandersetzungs- und Pflichtteilsansprüche auch bei Fortführung der Beteiligung durch einen Erben nach einem zu bestimmenden Abfindungswert zu berechnen sind, vermag nicht in die Rechte der Pflichtteilsberechtigten einzugreifen. **161**

Die im **Todeszeitpunkt**[420] **des Erblassers vorzunehmende Anteilsbewertung** muss somit einerseits sowohl künftige Abfindungsrisiken wie auch Chancen aus dem Ausscheiden anderer Gesellschafter ausreichend berücksichtigen, andererseits aber von späteren Veränderungen unbeeinflusst bleiben.[421] Ein von diesen Prämissen ausgehender Ansatz hat nicht zuletzt mit Rücksicht auf die höchstrichterliche Rechtsprechung zur **Parallelfrage bei § 1376 BGB**[422] auch im erbrechtlichen Schrifttum viele Anhänger gefunden.[423] **162**

---

414 MünchKommBGB⁴/*Lange* § 2311 Rn 32; *Gehringer* Latente Chancen, S. 51 f; *Huber* Vermögensanteil, S. 347; *Wiedemann* Übertragung, S. 214.

415 *Wiedemann* Übertragung, S. 217 f; *Huber* Vermögensanteil, S. 345 ff; ebenso im Falle einer sog. Pflichtteilsklausel im Gesellschaftsvertrag *Sudhoff* DB 1961, 1573 (1575); *ders.* DB 1968, 648 (652); *ders.* DB 1973, 53 (56); *ders.* DB 1973, 1006 (1007 f).

416 *Gehringer* Latente Chancen, S. 55; *Schmitz-Herscheidt* Unternehmernachfolge, S. 174 ff.

417 *Wiedemann* Übertragung, S. 218 f; *Huber* Vermögensanteil, S. 347.

418 *Sudhoff* DB 1961, 1573 (1575); *ders.* DB 1968, 648 (652); *ders.* DB 1973, 53 (56); *ders.* DB 1973, 1006 (1007 f).

419 *Gehringer* Latente Chancen, S. 60; *Heinrich* DB 1973, 1003 ff; *Brunk* DB 1973, 1005 f.

420 So die hM BGHZ 123, 77 (80) = NJW 1993, 2176 (2177); Staudinger/*Haas* BGB (2006) § 2313 Rn 17 u. § 2311 Rn 63 mwN; **aA** MünchKommBGB³/*Frank* § 2313 Rn 13 mwN.

421 So erstmals *Sudhoff* NJW 1961, 801 (805); *Goroncy* NJW 1962, 1895 (1897).

422 BGHZ 75, 195 (201 f) = NJW 1980, 2229; BGH NJW 1987, 321 (322); ebenso zu § 1376 BGB MünchKommBGB⁴/*Koch* § 1376 Rn 30 mwN.

423 *Goroncy* NJW 1962, 1895 (1897); *Eiselt* NJW 1981, 2447 (2449); *Reimann* ZEV 1994, 7 (10); *ders.* DNotZ 1992, 472 (487); *Däubler* Vererbung, S. 44 f; *Bratke* Auswir-

Nach Ansicht des BGH sind allerdings subjektive, auf die Person des Gesellschafters bezogene Kriterien – wie dessen spezielles Ausscheidensrisiko – außer Betracht zu lassen. Maßgeblich seien allein objektive Umstände, so dass eine Wertminderung durch eine Abfindungsklausel nur insoweit berücksichtigt werden kann, als sich die eingeschränkte Verwertbarkeit des Anteils nach der Verkehrsanschauung auf dessen Wert auswirkt.[424] Dieser Einschränkung wird indes mit Recht entgegengehalten, dass derart ungewisse, von den künftigen Entwicklungen der Gesellschaftsbeziehungen abhängige Chancen und Risiken einer quantifizierbaren Bewertung nicht zugänglich sind.[425] Der BGH umgeht das Problem durch einen nicht überzeugenden Verweis auf die tatrichterliche Würdigung[426] und lässt die zugrundeliegende Rechtsfrage daher ungelöst. Anders als das Recht des Zugewinnausgleichs[427] bietet überdies § 2313 BGB für das Pflichtteilsrecht die Möglichkeit zur nachträglichen Anpassung des Wertansatzes, soweit dieser von Bedingungen und ähnlichen künftigen ungewissen Ereignissen, die den Nachlasswert verändern können, beeinflusst wird.[428]

163 **Vorzugswürdig** sind deshalb diejenigen Ansichten, die zwar grundsätzlich von der Bewertung der Beteiligung zum **Vollwert** ausgehen, eine **nachträgliche Anpassung** bei Ausscheiden des Gesellschaftererben aber für **möglich** halten. In Begründung und Ergebnis unterscheiden sich die Auffassungen allerdings erheblich: Sie reichen von der Annahme eines übersteigenden Anteilswertes,[429] über eine Analogie zu § 2313 Abs. 1 S. 2, 3 BGB,[430] der Befürwortung einer Dreimonatsfrist entsprechend dem Rechtsgedanken des § 139 Abs. 3 HGB, innerhalb derer sich ein Ausscheiden zum Abfindungswert pflichtteilsmindernd auswirkt,[431] bis hin zu einer Analogie zu den insolvenzrechtlichen Bestimmungen der §§ 134 InsO, 4 AnfG (früher §§ 32 KO, 3 Abs. 1 Nr. 3 AnfG).[432]

164 Vom Grundsatz des vollen Verkehrswertes ausgehend, ist der Pflichtteils(ergänzungs)-anspruch anerkanntermaßen für die folgenden *beiden Fallgruppen* auf Basis des **Abfindungswertes** zu berechnen: (1) Das Ausscheiden des Nachfolger-Erben erfolgt zur Befriedigung der Pflichtteilsansprüche sowie (2) er scheidet im Rahmen von § 139 Abs. 2 HGB aus. Auch *darüber hinaus* kommt eine Berechnung des Pflichtteilsanspruchs zum Abfin-

---

kungen, S. 139 ff; *Esch/Baumann/Schulze zur Wiesche* Handbuch der Vermögensnachfolge[6] Rn 176; *Tanck* BB-Special 5/2004, 19 (21 f); *Riedel* Die Bewertung von Gesellschaftsanteilen im Pflichtteilsrecht, 2005, S. 133 f.

[424] BGHZ 75, 195 (201 f) = NJW 1980, 229; BGH NJW 1987, 321 (322); ähnlich *Bratke* Auswirkungen, S. 145 ff, der nur die zwangsweisen, automatischen Ausscheidens- und Auflösungsgründe im Rahmen des Abschlags vom Vollwert berücksichtigen will.

[425] Soergel/*Diekmann*[13] § 2311 Rn 30; *Zimmermann* BB 1969, 968 unter Hinweis auf BFH BStBl. 1959 II, 155 (157).

[426] BGHZ 75, 196 (202).

[427] Eine analoge Anwendung des § 2313 BGB wird im Rahmen des Zugewinnausgleichs jedenfalls vom BGH abgelehnt vgl. BGHZ 87, 367 (370 ff) mN zur abweichenden Meinung in der Literatur.

[428] *Schmitz-Herscheidt* Unternehmernachfolge, S. 184.

[429] *Siebert* NJW 1960, 1033 (1036); ebenso *Johannsen* WM 1970, 110 (111); beschränkt auf besonders krasse Ausnahmefälle auch *Winkler* BB 1997, 1697 (1703).

[430] *Schmitz-Herscheidt* Unternehmernachfolge, S. 184.

[431] *Gehringer* Latente Chancen, S. 93 ff; Staudinger/*Haas* BGB (2006) § 2311 Rn 106; ebenso wenn auch grundsätzlich von einem die Abfindungsrisiken berücksichtigenden Zwischenwert ausgehend *Eiselt* NJW 1981, 2447 (2449).

[432] *Heckelmann* S. 209 ff; Soergel/*Dieckmann*[13] § 2311 Rn 30. Diese Ansicht geht jedoch von der unzutreffenden Prämisse aus, in der Abfindungsbeschränkung liege eine unentgeltliche Verfügung zugunsten der Gesellschaft (vgl. dazu Rn 159).

dungswert in Frage, allerdings nur, wenn der Nachfolger tatsächlich zum Abfindungswert ausgeschieden ist und das **Ausscheiden** in **unmittelbarem zeitlich-sachlichem Zusammenhang mit dem Erbfall** steht.[433] Zu denken ist etwa an die Kündigung der Gesellschaftsbeteiligung durch einen Nachlassgläubiger. Aber auch über die von § 139 Abs. 2 HGB unmittelbar erfasste Konstellation hinaus muss dem Nachfolger die freie Entscheidung darüber ermöglicht werden, ob er die Gesellschaft fortsetzen oder aus ihr zum Abfindungswert ausscheiden will. Die Gefahr eines doppelten finanziellen Nachteils würde die Entscheidungsfreiheit indes empfindlich einschränken.[434] Deshalb erscheint es gerechtfertigt, entsprechend § 139 Abs. 3 HGB grundsätzlich von einer **Entscheidungsfrist** des Erben **von drei Monaten** auszugehen, soweit nicht der Gesellschaftsvertrag eine andere Kündigungsfrist vorsieht. **Nicht** überzeugend ist es aber, **pauschal** auf die Dreimonatsfrist des § 139 Abs. 3 HGB abzustellen und immer (aber auch nur) dann den Abfindungswert für die Pflichtteilsberechnung zugrunde zu legen, wenn der Gesellschaftererbe drei Monate nach Kenntnis vom Erbfall aus der Gesellschaft ausscheidet.[435] Wird etwa ein Nachfolger-Erbe aufgrund schwerer persönlicher Verfehlungen gegen seine Mitgesellschafter noch während der Frist des § 139 Abs. 3 aus der Gesellschaft ausgeschlossen, fehlt es an jeder Rechtfertigung dafür, dass er sich gegenüber dem Pflichtteilsberechtigten auf den niedrigeren Abfindungswert soll berufen können. Umgekehrt kann eine Berechnung zum Abfindungswert auch noch nach mehr als drei Monaten sachgerecht sein, so etwa wenn der Gesellschaftsvertrag den Mitgesellschaftern erlaubt, nach einer längeren „Bewährungszeit" darüber zu entscheiden, ob sie die Gesellschaft mit dem Gesellschaftererben fortsetzen oder ihn wieder aus der Gesellschaft ausschließen wollen. Hier besteht also der unmittelbare sachliche Zusammenhang zwischen Ausscheiden und Erbfall auch noch nach Ablauf der Dreimonatsfrist. Anders ist es hingegen, wenn sich das Ausscheiden als Ausdruck des allgemeinen unternehmerischen oder persönlichen wirtschaftlichen Risikos des Gesellschaftererben darstellt, die der Pflichtteilsberechtigte nicht mitzutragen hat. Das ist etwa der Fall, wenn der Nachfolger-Erbe wegen Insolvenz (§ 131 Abs. 3 Nr. 2) oder Kündigung eines (sonstigen) Privatgläubigers (§ 131 Abs. 3 Nr. 4) ausscheidet. Auch der Ausschluss des Nachfolgers aus von ihm nicht zu vertretenden Gründen ist nur dann pflichtteilsmindernd zu berücksichtigen, wenn der Grund hierfür mit dem Erbfall in unmittelbarem Zusammenhang steht.[436] Nicht gerechtfertigt ist die Zugrundelegung des Abfindungswerts auch dann, wenn mit einem baldigen (Wieder-)Ausscheiden des Nachfolgers durch Tod zu rechnen ist.[437] Denn auch insofern realisiert sich nur sein allgemeines Lebensrisiko, das den Pflichtteilsberechtigten nichts angeht. Für eine solche Beschränkung der relevanten Ausscheidensgründe spricht nicht zuletzt ein Vergleich mit § 2313 Abs. 1 S. 2 BGB. Denn nur bei einem unmittelbaren sachlichen Zusammenhang zwischen Erbfall und Ausscheiden ist das Ausscheidensrisiko in ähnlicher Weise schon im Zeitpunkt des Erbfalls angelegt wie bei einer auflösenden Bedingung.

---

433 In der Tendenz ähnlich auch *Michalski* DB 1980 Beil. 5, S. 11 (22), der auf die Gefahrengemeinschaft zwischen Erben und Pflichtteilsberechtigtem abstellt.

434 *Siebert* NJW 1960, 1033 (1038); *Ulmer* ZGR 1972, 324 (343).

435 So aber *Gehringer* Latente Chancen, S. 93 ff; Staudinger/*Haas* BGB (2006) § 2311 Rn 106; *Eiselt* NJW 1981, 2447 (2449).

436 Weitergehend noch *Ulmer* ZGR 1972, 324 (327).

437 **AA** *Esch/Baumann/Schulze zur Wiesche* (Fn 423) Rn 177.

III. Schutz der Nachlassgläubiger; Verhältnis der Gläubigergruppen zueinander

165 **1. Fortsetzung der Gesellschaft mit dem Erben.** Wegen der Zugriffsmöglichkeiten der Nachlassgläubiger auf den im Wege der Sondererbfolge übergegangenen Anteil ergeben sich besondere Schwierigkeiten im Falle einer **Erbengemeinschaft**, weil der Anteil zwar Nachlassbestandteil ist, aber außerhalb der gesamthänderischen Bindung des § 2032 Abs. 1 BGB steht. Wie die Nachlassgläubiger gleichwohl gegenüber dem Zugriff von Privatgläubigern geschützt werden können, ist ausführlich in Rn 48 ff, 51 dargestellt. – Im Falle eines **Alleinerben** ergeben sich demgegenüber auch dann keine Schwierigkeiten, wenn dieser die Haftungsbeschränkung nach den §§ 1975 ff BGB betreibt: Sie erfasst ohne weiteres auch den Anteil und behält ihn hierdurch dem Zugriff der Nachlassgläubiger vor.[438] Die **Privatgläubiger** des Erben sind bei Nachlassverwaltung und Nachlassinsolvenz nämlich auf dessen Privatvermögen beschränkt; am Nachlassvermögen nehmen sie nur nachrangig und insoweit teil, als dieses dem Erben nach Befriedigung der Nachlassgläubiger verbleibt. – Für das **Verhältnis zu den Gesellschaftsgläubigern** gilt: Verbleibt der Gesellschafter unter Verzicht auf sein Wahlrecht aus § 139 in der Gesellschaft, so haftet er den Gesellschaftsgläubigern mit seinem Privatvermögen unbeschränkt persönlich (§ 128). Das gilt auch für die vor dem Erbfall entstandenen Gesellschaftsschulden (§ 130 Rn 10 [*Habersack*]); ein Zugriff auf den Gesellschaftsanteil durch Kündigung nach § 135 scheidet jedoch aus (§ 135 Rn 3).

166 **2. Wechsel in die Kommanditistenstellung.** Macht der Nachfolger-Erbe innerhalb der Dreimonatsfrist des § 139 Abs. 2 von seinem Wahlrecht durch Übertritt in die Stellung eines **Kommanditisten Gebrauch**, hat das eine Änderung seiner Haftung nur im Verhältnis zu den Gesellschaftsgläubigern zur Folge. Als Gesellschafter haftet er ihnen gegenüber nur insoweit, als seine Kommanditeinlage nicht erbracht ist (Rn 89, 99). Die beschränkte Erbenhaftung des Nachfolgers für die vor dem Erbfall begründeten Gesellschaftsschulden bleibt demgegenüber ebenso unberührt wie die Grundsätze für das Rangverhältnis zwischen Nachlass- und Privatgläubigern (Rn 165).

167 **3. Bei Auflösung der Gesellschaft oder Ausscheiden des Erben.** Wird die Gesellschaft durch den Tod eines Gesellschafters **aufgelöst** oder **scheidet** der Erblasser gem. § 131 Abs. 3 Nr. 1 bzw. der Nachfolger-Erbe innerhalb der Frist des § 139 Abs. 2 **aus**, so hat es mit den allgemeinen erbrechtlichen Grundsätzen über das Rangverhältnis von Privat- und Nachlassgläubigern sein Bewenden. Da der Anteil des Erblassers hier nicht vererbt wird bzw. die vorgesehene Vererbung schon während des Schwebezustands scheitert, kommt es auch nicht zu den in Rn 165 beschriebenen Problemen. Nur das Auseinandersetzungsguthaben bzw. der Abfindungsanspruch unterliegen hier der Erbfolge. Sie fallen in der gesetzlich oder vertraglich festgesetzten Höhe in den Nachlass und stehen im Fall der Nachlasssonderung vorrangig den Nachlassgläubigern (unter Einschluss der im Zeitpunkt des Erbfalls vorhandenen Gesellschaftsgläubiger) zu.

---

[438] Vgl. MünchKommBGB[5]/*Ulmer/C. Schäfer* § 727 Rn 34.

§ 140

(1) [1]Tritt in der Person eines Gesellschafters ein Umstand ein, der nach § 133 für die übrigen Gesellschafter das Recht begründet, die Auflösung der Gesellschaft zu verlangen, so kann vom Gericht anstatt der Auflösung die Ausschließung dieses Gesellschafters aus der Gesellschaft ausgesprochen werden, sofern die übrigen Gesellschafter dies beantragen. [2]Der Ausschließungsklage steht nicht entgegen, daß nach der Ausschließung nur ein Gesellschafter verbleibt.

(2) Für die Auseinandersetzung zwischen der Gesellschaft und dem ausgeschlossenen Gesellschafter ist die Vermögenslage der Gesellschaft in dem Zeitpunkte maßgebend, in welchem die Klage auf Ausschließung erhoben ist.

Schrifttum

Behr Der Ausschluß aus der Personengesellschaft im Spannungsfeld zwischen Vertrag und Status, ZGR 1985, 475; *ders.* Neue Tendenzen im Recht der Ausschließung aus der Personengesellschaft, ZGR 1990, 370; *Benecke* Inhaltskontrolle im Gesellschaftsrecht oder: „Hinauskündigung" und das Anstandsgefühl aller billig und gerecht Denkenden, ZIP 2005, 1437; *Binz/Sorg* Manager-Beteiligung auf Zeit – ein unzulässiger Etikettenschwindel? GmbHR 2005, 893; *Böttcher* Managementbeteiligungen im Spiegel der aktuellen BGH-Rechtsprechung, NZG 2005, 992; *Bräutigam* Die Rechtsnachfolge in die Gesellschafterstellung als erledigendes Ereignis einer Ausschließungsklage? FS Quack (1991), S. 189; *Buchwald* Ausschluß und Entziehung der Vertretungsmacht des einzigen vertretungsberechtigten Gesellschafters einer Personengesellschaft, BB 1961, 1342; *Bunte* Ausschließung und Abfindung von Gesellschaftern einer Personengesellschaft, ZIP 1983, 8; *ders.* Wirksamkeitskontrolle gesellschaftsvertraglicher Hinauskündigungsklauseln, ZIP 1985, 915; *ders.* Die „Hinauskündigung" aus der Personengesellschaft, DB 1986, 629; *Brandner/Bergmann* Die Schenkung von Gesellschaftsanteilen, FS Sigle (2000), S. 327; *Bütter/Tonner* Wirksamkeit der auflösend bedingten Übertragung auf leitende Angestellte? Zum Spannungsverhältnis zwischen Gesellschaftsrecht und Arbeitsrecht bei Beendigung des Anstellungsverhältnisses, BB 2003, 2417; *dies.* Sittenwidrigkeit der Übertragung und bedingten Rückübertragung eines Gesellschaftsanteils, BB 2005, 283; *dies.* Hinauskündigungsverbot bei zeitlicher Beschränkung der Gesellschafterstellung von Managern und Mitarbeitern, MDR 2006, 61; *Eiselt* Zum Ausschluß des Gesellschafters minderen Rechts unter Buchwertabfindung, FS von Lübtow (1980), S. 643; *Esch* Gesellschaftsvertragliche Buchwertabfindung im Falle der Ausschließungskündigung, NJW 1979, 1390; *Fischer, Rob.* Die Grenzen bei der Ausübung gesellschaftlicher Mitgliedsrechte, NJW 1954, 777; *ders.* Die Entziehung der Geschäftsführungs- und Vertretungsbefugnis in der OHG, NJW 1959, 1057; *Flume* Die Abfindung nach der Buchwertklausel für den Gesellschafter minderen Rechts einer Personengesellschaft, NJW 1979, 902; *ders.* „Hinauskündigung" aus der Personengesellschaft und Abfindung, DB 1986, 629; *ders.* Die Problematik der Zustimmungspflicht des Gesellschafters einer Personengesellschaft zu Gesellschafterbeschlüssen und zur Änderung des Gesellschaftsvertrages, FS Rittner (1991), S. 119; *Gehrlein* Neue Tendenzen zum Verbot der freien Hinauskündigung eines Gesellschafters, NJW 2005, 1969; *Goette* Zulässigkeit einer Kapitalerhöhung im Liquidationsstadium und Voreinzahlung auf eine Einlageschuld aus einer noch zu beschließenden Kapitalerhöhung, DStR 1995, 500; *Grunewald* Ausschluß aus Gesellschaft und Verein (1987); *dies.* Ausschluss aus Freiberuflersozietäten und Mitunternehmergesellschaften ohne besonderen Anlaß, DStR 2004, 1750; *Habersack* Die Reform des Rechts der Personenhandelsgesellschaften, in: Die Reform des Handelsstandes und der Personengesellschaften, Band 5 der Schriftenreihe der Bayer-Stiftung für deutsches und internationales Arbeits- und Wirtschaftsrecht (1999), S. 73; *ders./Verse* Rechtsfragen der Mitarbeiterbeteiligung im Spiegel der neueren Rechtsprechung, ZGR 2005, 451; *Heinemann* Gesellschafter am seidenen Faden? ZHR 155 (1991), 447; *Hennerkes/Binz* Zur Ausschließbarkeit von Gesellschaftern nach freiem Ermessen, NJW 1983, 73; *Herrmann* Der Ausschluß eines Gesellschafters aus einer Personenhandelsgesellschaft, RdA 1989, 313; *Hohaus* Aktuelles zu Managementbeteiligungen in Private Equity Transaktionen, BB 2005, 1291; *ders./Weber* Aktuelle Rechtsprechung zum Gesellschafterausschluss und die

Bedeutung für Managementbeteiligungen, NZG 2005, 961; *Huber, U.* Der Ausschluß des Personengesellschafters ohne wichtigen Grund, ZGR 1980, 177; *Hirtz* Die Abfindung des Gesellschafters einer Personengesellschaft nach der Ausschließung ohne wichtigen Grund, BB 1981, 761; *Jülicher* Der freie Widerrufsvorbehalt bei der Schenkung einer Kommanditbeteiligung – Kollision von Schenkungs- und Gesellschaftsrecht? ZGR 1996, 82; *Kiethe* Ausschluss aus der Personengesellschaft und Einstweilige Verfügung, NZG 2004, 114; *Klumpp* Die Schenkung von Gesellschaftsanteilen und deren Widerruf, ZEV 1995, 385; *Kohler* Die Klage auf Zustimmung zum Ausschluß eines Gesellschafters, NJW 1951, 5; *Koller, I.* Der Ausschluß ohne wichtigen Grund zum Buchwert bei Familiengesellschaften, DB 1984, 545; *Kollhosser* Anmerkung zu BGH, Urt. v. 28.4.1975 – II ZR 16/73, NJW 1976, 144; *ders.* Aktuelle Fragen der vorweggenommenen Erbfolge, AcP 194 (1994), 231; *Krämer* Die gesellschaftsvertragliche „Ausschließung" aus der Personengesellschaft, NJW 1981, 2553; *Kreutz* Hinauskündigungsklauseln im Recht der Personengesellschaften, ZGR 1983, 110; *Kübler* Familiengesellschaften zwischen Institution und Konkurs, FS Sigle (2000), S. 183; *Kulka* Die gleichzeitige Ausschließung mehrerer Gesellschafter aus Personengesellschaften und GmbH (1983); *Lindacher* Die Klage auf Ausschließung eines OHG- bzw. KG-Gesellschafters, FS Paulick (1973), S. 73; *Lüke* Zu den handelsrechtlichen Gestaltungsklagen, JuS 1998, 594; *Marotzke* Haftungsverhältnisse und Probleme der Nachlaßverwaltung bei der Beerbung des einzigen Komplementärs durch den einzigen Kommanditisten, ZHR 156 (1992), 17; *Manke* Das Recht zur Ausschließung aus der Personengesellschaft kraft Vertrages, 1978; *Mayer* Zur Mitwirkungspflicht beim Ausschluß von Personengesellschaftern, BB 1992, 1497; *ders.* Schenkungswiderruf bei Gesellschaftsanteilen im Spannungsfeld zwischen Gesellschafts- und Schenkungsrecht; *Merkel* Ausschließung eines Gesellschafters aus einer handelsgerichtlichen Personengesellschaft, MDR 1961, 729; *Merle* Die Verbindung von Zustimmungs- und Ausschlußklage bei den Personengesellschaften, ZGR 1979, 67; *Müller-Laube/Büsching* Der grundlose Ausschluß eines Gesellschafters und die Abfindungsbeschränkung, JA 1989, 1; *Nickel* Probleme der Ausschließungsklage bei OHG und KG, JuS 1977, 14; *Nitschke* Die körperschaftlich strukturierte Personengesellschaft (1970); *Paefgen* Das Ausschließungsverschulden im Personenhandelsgesellschaftsrecht, ZIP 1990, 839; *Papst* Mitwirkungspflichten bei Klagen nach §§ 117, 127, 140 HGB und bei der Anpassung von Verträgen im Recht der Personengesellschaften, BB 1977, 1524; *ders.* Prozessuale Probleme bei Rechtsstreitigkeiten wegen Entziehung von Geschäftführungs- bzw. Vertretungsbefugnis sowie Ausschließung eines Gesellschafters, BB 1978, 892; *Rasner* Abfindungsklauseln in OHG- und KG-Verträgen, NJW 1983, 2905; *Riegger* Die Rechtsfolgen des Ausscheidens aus einer zweigliedrigen Personengesellschaft (1969); *Rinsche* Das Verhältnis der materiellrechtlichen Voraussetzungen der Gesellschafterausschließung nach §§ 140, 142 HGB zu denen nach § 133 HGB (1963); *Rötelmann* Der Wegfall unentbehrlicher Gesellschafter bei der OHG und KG, NJW 1956, 1617; *Roth, H.* Zweiparteiensystem und mehrseitige Gestaltungsklagen im Personengesellschaftsrecht, FS Großfeld (1999); *Sandrock* Zur Übernahme eines Unternehmens nach § 142 HGB, JR 1969, 323; *Scheifele* Der Ausschluß aus der Gesellschaft als ultima ratio? BB 1989, 782; *Schilling* Zur Abfindung bei der Ausschließung ohne wichtigen Grund aus einer Personengesellschaft, ZGR 1979, 419; *Schmidt, K.* Mehrseitige Gestaltungsprozesse bei Personengesellschaften (1992); *ders.* „Übernahmerecht" und „Übernahmeprozeß" nach § 142 HGB. Betrachtungen zum Umgang mit mißlungenen Rechtsnormen, FS Frotz (1993), S. 401; *ders.* HGB-Reform im Regierungsentwurf, ZIP 1997, 909; *ders.* Ausschließungs- und Entziehungsklagen gegen den einzigen Komplementär, ZGR 2004, 227; *Schöne* Gesellschafterausschluß bei Personengesellschaften (1993); *Schockenhoff* Die befristete Unternehmensbeteiligung des GmbH-Geschäftsführers, ZIP 2005, 1009; *Schramm* Gesellschaftsvertragliche Vereinbarungen über das Verfahren bei der Ausschließung eines Gesellschafters aus der OHG, MDR 1963, 174; *Schwab, M.* Das Prozeßrecht gesellschaftsinterner Streitigkeiten, 2005; *Stauf* Der wichtige Grund bei der personengesellschaftlichen Auflösungs- und Ausschließungsklage, 1980; *von Stetten* Die Ausschließung von Mehrheitsgesellschaftern durch Minderheitsgesellschafter, GmbHR 1982, 106; *Teichmann* Gestaltungsfreiheit in Gesellschaftsverträgen (1970); *Ulmer* Gestaltungsklagen im Personengesellschaftsrecht und notwendige Streitgenossenschaft, FS Geßler (1971), S. 269; *Wälzholz* Rückforderungsrechte bei Gesellschaftsanteilen nach vorweggenommener Erbfolge, GmbHR 2007, 1177; *Weber/Hickel* Die Wirksamkeit von „Hinauskündigungsklauseln" im Recht der Personenhandelsgesellschaften, NJW 1986, 2752; *Weimar* Ein-Mann-Personengesellschaft – Ein neuer Typ des Gesellschaftsrechts? ZIP 1997, 1769; *Werner* Zur Hinauskündigung von Gesellschaftergeschäftsführern, WM 2006, 213; *Westermann, Harry* Gedanken zur

Methode der richterlichen Rechtsfortbildung, FS Larenz zum 80. Geburtstag (1983), S. 723; *Westermann, H. P.* Vertragsfreiheit und Typengesetzlichkeit im Recht der Personengesellschaften (1970); *ders.* Die Ausschließungsklage gemäß § 140 HGB – eine stumpfe Waffe? NJW 1977, 2185; *ders.* Die Gestaltungsfreiheit im Personengesellschaftsrecht in den Händen des Bundesgerichtshofs, FS 50 Jahre BGH (2000), Band 2, S. 245; *Wiedemann* Die Zukunft des Gesellschaftsrechts, FS Rob. Fischer (1979), S. 883; *ders.* Rechtsethische Maßstäbe im Unternehmens- und Gesellschaftsrecht, ZGR 1980, 147; *Wiesner* Die Lehre von der fehlerhaften Gesellschaft (1980); *Wolf, M.* Das unheilbare Zerwürfnis als Abberufungsgrund, GmbHR 1998, 1163; *Zöllner* Die Schranken mitgliedschaftlicher Stimmrechtsmacht bei den privatrechtlichen Personenverbänden (1963).

Übersicht

A. Einleitung; Normzweck und -geschichte

1 Wie § 131 Abs. 3 ist § 140 Ausdruck des gesetzgeberischen Bestrebens, die Gesellschaft und das von ihr betriebene Unternehmen zu erhalten, wenn (nur) in der Person eines Gesellschafters ein wichtiger Grund eintritt, der die Auflösung der Gesellschaft nach § 133 HGB rechtfertigte. Dass in § 131 zwar § 133 erwähnt wird (Abs. 1 Nr. 4), nicht aber § 140, der nach Abs. 3 gehörte, ist unerheblich, zumal sich die Rechtsfolge des Ausscheidens unmittelbar und eindeutig aus § 140 selbst ergibt. Indem das Gesetz somit den übrigen, vertragstreuen Gesellschaftern das Recht gibt, anstelle der Auflösung die Ausschließung des Gesellschafters im Wege der Gestaltungsklage zu verlangen, sollen diese davor bewahrt werden, dass die Gesellschaft aufgelöst und sodann mit dem Störer abgewickelt wird.[1] Die Vorschrift stimmt überein mit Art. 128 ADHGB. In der bürgerlichrechtlichen Gesellschaft können die Gesellschafter gem. § 737 BGB die Ausschließung durch Beschluss bewirken, vorausgesetzt der Gesellschaftsvertrag sieht bei Kündigung der Gesellschaft deren Fortsetzung unter den übrigen Gesellschaftern vor. – **§ 140 Abs. 1 S. 2** wurde durch das **Handelsrechtsreformgesetz** vom 1.7.1998 angefügt. Die Vorschrift ist an die Stelle des *§ 142 a.F. HGB* getreten, der die so genannte Übernahmeklage regelte, die in der Zweipersonengesellschaft an die Stelle der Ausschließung trat. Auf diese Weise sollte nach dem Willen des Gesetzgebers von 1897 eine Rechtsprechung des ROHG korrigiert werden, das die Ausschließung in der Zweipersonengesellschaft für unmöglich hielt, weil keine Gesellschaft mehr übrig bliebe.[2] § 140 gilt seit 1998 auch für die zweigliedrige Gesellschaft; auf das Sonderinstitut der **Übernahmeklage** hat der Reformgesetzgeber von 1998 also **verzichtet**, und zwar mit gutem Grund.[3] Diese hatte nämlich wegen ihres von der Ausschließungsklage (angeblich) abweichenden Klagegegenstandes[4] gelegentlich zu erheblichen Schwierigkeiten geführt.[5] Dass damit zugleich § 142 als **Grundlage für die Universalsukzession** in das Gesellschaftsvermögen bei Wegfall des vorletzten Gesellschafters entfallen ist, ist nach der hier vertretenen Ansicht unschädlich, weil diese auch auf das Anwachsungsprinzip des § 738 Abs. 1 S. 1 BGB gestützt werden kann (vgl. § 131 Rn 9, 111 f). § 140 Abs. 1 S. 2 verschafft jedenfalls ausreichende Legitimation dafür, dass das gesamte Gesellschaftsvermögen auf den letzten verbleibenden Gesellschafter übergeht, obwohl die Erhebung der Ausschließungsklage allein von dessen Willkür abhängt (§ 131 Rn 9, 112). Wie Abs. 1 S. 1 dient die Vorschrift daher der **Unternehmenskontinuität** trotz Ausschließung einzelner oder aller bis auf einen Gesellschafter.[6] – **Abs. 2** bestimmt den für die Auseinandersetzung nach der Ausschließung maßgebenden **Stichtag**. Dadurch soll die Auseinandersetzung von dem zufälligen Tag des Eintritts der Rechtskraft des Ausschließungsurteils unabhängig gemacht werden.

---

[1] BGHZ 6, 113 (114).

[2] ROHG 11, 160, vgl. Denkschrift bei: *Schubert/Schmiedel/Krampe* Quellen zum HGB von 1897, II/2, 1988, S. 1033; näher dazu *K. Schmidt* ZGR 2004, 227 (234 ff).

[3] S. BegrRegE, BT-Drucks. 13/8444, S. 67 f (zu §§ 141 und 142); MünchKommHGB/*K. Schmidt* Rn 10; krit. aber Baumbach/*Hopt* Rn 3 („Verunklarung").

[4] Vgl. 3. Aufl. § 142 Rn 10, 21 (*Ulmer*); dagegen Schlegelberger/*K. Schmidt* § 142 Rn 3, 5, 20.

[5] *K. Schmidt* JZ 2003, 585 (595).

[6] Vgl. BegrRegE, BT-Drucks. 13/8444, S. 67 f.

B. Die materiellrechtlichen Voraussetzungen

I. Vorliegen der Voraussetzungen des Auflösungsanspruchs

1. **Allgemeines.** § 140 Abs. 1 lässt die Ausschließungsklage anstatt der Auflösungsklage nach § 133 zu, wenn der zur Auflösung berechtigende **wichtige Grund in der Person eines Gesellschafters** liegt. Grundsätzlich müssen daher zugleich die Voraussetzungen des Auflösungsanspruchs gegeben sein, wenn die Ausschließung eines Gesellschafters in Betracht kommen soll (zu den besonderen Anforderungen an den Ausschließungsgrund vgl. Rn 6 ff). Eine Ausnahme besteht nach hM nur insoweit, als die Ausschließungsklage auch noch nach Auflösung der Gesellschaft bis zu ihrer Vollbeendigung zulässig bleibt (Rn 29). 2

2. **Anwendungsbereich.** Wie die Auflösungs- setzt auch die Ausschließungsklage voraus, dass im Innenverhältnis eine **OHG oder KG** entstanden ist. Die gerichtliche Ausschließung aus einer bürgerlichrechtlichen Gesellschaft ist auch dann nicht möglich, wenn die Parteien die Anwendung von Handelsrecht auf ihre Vertragsbeziehungen vereinbart haben (vgl. § 133 Rn 7). Auf die Bildung von Gesamthandsvermögen kann es im Fall des § 140 erst recht nicht ankommen,[7] weil die von § 140 bezweckte Fortsetzung der Gesellschaft ohne den Störer mit sonstigen allgemeinen Rechtsbehelfen wie Anfechtung, Kündigung oder Rücktritt nicht zu bewerkstelligen ist. § 140 ermöglicht auch die Ausschließung der **Komplementär-GmbH** aus einer GmbH & Co. KG[8] (s. auch Rn 27). Auch auf die **fehlerhafte** Gesellschaft ist § 140 anwendbar (§ 133 Rn 6). Die Ausschließung setzt hier voraus, dass die Fehlerhaftigkeit ihren Grund in der Person eines Gesellschafters oder in den von diesem abgegebenen Willenserklärungen hat.[9] Im Falle eines fehlerhaften Beitritts wird oftmals allerdings der Beitretende ein Interesse an der Abwicklung seiner Mitgliedschaft haben. Hierfür steht ihm ein *außerordentliches Austrittsrecht* zur Verfügung (§ 133 Rn 3 f). – Zur Ausschließungsklage nach Auflösung der Gesellschaft vgl. Rn 43. 3

3. **Wichtiger Grund.** Auch für den wichtigen Grund ist zunächst auf die Erläuterungen zu § 133 (§ 133 Rn 10 ff) zu verweisen. Sie sind für § 140 in einem doppelten Sinn von Bedeutung. Zum einen setzt die Ausschließungsklage das Vorliegen eines wichtigen Grundes **im Sinne von § 133** voraus. Fehlt es schon an einem Auflösungsgrund, d.h. ist den Gesellschaftern die Fortsetzung der Gesellschaft mit unverändertem Gesellschafterbestand zumutbar (§ 133 Rn 10), so kann nach § 140 Abs. 1 auch der Ausschluss eines Gesellschafters nicht verlangt werden. Ebenso wie die Auflösung kommt auch die Ausschließung nur als **äußerstes Mittel** in Betracht (§ 133 Rn 13), also nur dann, wenn nicht schon durch mildere Mittel, insbesondere die Entziehung der Geschäftsführungs- und Vertretungsbefugnis oder den Austausch eines Vertreters, (zumutbare) Abhilfe geschaffen werden kann.[10] Das setzt hier wie dort eine umfassende **Interessenabwägung** voraus (§ 133 Rn 18 f). § 140 stellt an den wichtigen Grund allerdings insofern **andere Anforde-** 4

[7] Vgl. § 133 Rn 8; insofern übereinstimmend auch schon 3. Aufl. Rn 3 (*Ulmer*).

[8] BGH NJW-RR 1993, 1123 (1125); MünchKommHGB/*K. Schmidt* Rn 4.

[9] § 105 Rn 350; MünchKommHGB/*K. Schmidt* Rn 8; Baumbach/*Hopt* Rn 2; *Wiesner* S. 128.

[10] Vgl. nur BGH WM 1971, 20 (22); 1977, 500 (502 f); OLG München NZG 2002, 328 (330); MünchKommHGB/*K. Schmidt* Rn 28; Ebenroth/ Boujong/Joost/Strohn/*Lorz* Rn 8 f; MünchKommBGB[5]/*Ulmer*/*C. Schäfer* § 737 Rn 9.

rungen als § 133, als sich der – ebenso schwerwiegende[11] – wichtige Grund hier auf einen oder einzelne Gesellschafter beschränkt, während sich die übrigen Gesellschafter gesellschaftstreu verhalten (vgl. Rn 6).[12] Das trifft im Prinzip auch auf den Sonderfall der **Zweipersonengesellschaft** zu, also auf die Ausschließung des vorletzten Gesellschafters gem. **Abs. 1 S. 2.** Spätestens mit Einbettung der ehemaligen Übernahme in die Ausschließung hat sich das früher angenommene Stufenverhältnis zwischen § 140 und § 142 a.F. hinsichtlich des wichtigen Grundes erledigt (Rn 21).[13] Im Übrigen gelten die zu § 133 aufgestellten Grundsätze auch für die Feststellung und Bewertung des wichtigen Grundes im Sinne von § 140. Auch hier geht es um eine **Interessenabwägung**, in die sämtliche Umstände bis zur letzten mündlichen Verhandlung der jeweiligen Tatsacheninstanz einzubeziehen sind (vgl. § 133 Rn 15).

II. Der Ausschließungsanspruch als Gemeinschaftsrecht

5 Während die Auflösungsklage des § 133 von jedem Gesellschafter erhoben werden kann (§ 133 Rn 40), setzt die Ausschließungsklage nach § 140 die **Beteiligung aller übrigen Gesellschafter** auf der Klägerseite voraus. Der Grund für diese Regelung des § 140 liegt nicht etwa im prozessualen Bereich. Vielmehr ist die Notwendigkeit der gemeinsamen Klageerhebung Ausdruck der materiellrechtlichen Zuordnung des Ausschließungsanspruchs. Er ist, anders als der Auflösungsanspruch, kein Individualrecht jedes Gesellschafters, sondern steht allen in der Gesellschaft verbleibenden Mitgliedern **gemeinschaftlich** gegen den Auszuschließenden zu.[14] Das wird besonders deutlich beim Vergleich mit dem funktionell gleichgelagerten Ausschlussrecht des § 737 BGB bei der bürgerlichrechtlichen Gesellschaft. Dort ist in Satz 2 die gemeinschaftliche Zuordnung ausdrücklich hervorgehoben. Dass das Ausschließungsrecht bei der OHG in einem anderen Verfahren durchzusetzen ist (Klage statt Kündigung), rechtfertigt keine Abweichung hinsichtlich der materiellrechtlichen Zuordnung. Auch bei der OHG setzt der Ausschließungsanspruch daher die Übereinstimmung der übrigen Gesellschafter darüber voraus, die Gesellschaft ohne den Auszuschließenden fortzusetzen (Rn 19). Von Bedeutung ist diese Zuordnung – neben dem Erfordernis der gemeinsamen Klage (Rn 36) – vor allem für die Beurteilung des Ausschließungsgrundes bei schuldhaftem Verhalten auch auf Seiten eines der Kläger (Rn 11 f) sowie für die Voraussetzungen, die an Verzicht und Verwirkung des Ausschließungsgrundes zu stellen sind (Rn 18).

---

[11] Dazu, dass kein Stufenverhältnis zwischen dem wichtigen Grund i.S.v. § 133 und i.S.v. § 140 besteht, siehe die Nachweise in Fn 12 f.

[12] MünchKommHGB/*K. Schmidt* Rn 13; Ebenroth/Boujong/Joost/Strohn/*Lorz* Rn 5, 16; Röhricht/Graf v. Westphalen/*v. Gerkan/Haas* Rn 3; Heymann/*Emmerich* Rn 17; Baumbach/*Hopt* Rn 5; MünchKommBGB[5]/*Ulmer/C. Schäfer* § 737 Rn 8 f; **aA** OLG Hamm DB 1992, 673; *Hueck* OHG § 29 I 2c, S. 440 (Ausschließung verlange gewichtigeren Grund als Auflösung); dagegen schon 3. Aufl. Rn 16 (*Ulmer*).

[13] Vgl. MünchKommHGB/*K. Schmidt* Rn 14; Ebenroth/Boujong/Joost/Strohn/*Lorz* Rn 7; Röhricht/Graf v. Westphalen/*v. Gerkan/Haas* Rn 1, 3; anders noch BGHZ 4, 108 (110).

[14] *Ulmer* FS Geßler, 1971, S. 269 (277 f); ebenso *Grunewald* Ausschluß, S. 22 ff (gruppenbezogenes Verteidigungsrecht zur Absicherung des Korporationsziels); zust. *Schöne* S. 17 ff.

III. Der Ausschließungsgrund

1. Umstände in der Person des Auszuschließenden. Als Ausschließungsgrund kommen nur solche wichtigen Gründe in Betracht, die in der **Person** des auszuschließenden Gesellschafters begründet sind, soweit sie Bedeutung für das **Gesellschaftsverhältnis** haben (§ 133 Rn 23 ff).[15] Keinen wichtigen Grund stellt aber grundsätzlich der exzessive Gebrauch von Gesellschafterrechten, etwa des Auskunftsrechts dar; Entsprechendes gilt für die gerichtliche Durchsetzung von Forderungen gegen die Gesellschaft oder das Betreiben einer Ausschließungsklage, sofern diese im Einzelfall nicht als missbräuchlich anzusehen sind. Andererseits hat die Rechtsprechung ausnahmsweise auch Störfälle im **privaten Bereich** als ausreichend angesehen, sofern hierdurch die Fortsetzung des Gesellschaftsverhältnisses unzumutbar wurde (§ 133 Rn 26).[16] **Gesellschaftsbezogene** Auflösungsgründe wie Zweckverfehlung, mangelnde Rentabilität u.a. (§ 133 Rn 35 ff) können für die Ausschließungsklage **nicht** berücksichtigt werden. Denn sie würden ebenso einer Fortsetzung der Gesellschaft unter den übrigen Gesellschaftern im Wege stehen. Auch auf Umstände in der Person des oder der klagenden Gesellschafter kann die Ausschließungsklage nicht gestützt werden. Will der Kläger aus Gründen, die in seiner eigenen Person liegen, ohne Rücksicht auf die Kündigungsfrist des § 132 aus der Gesellschaft ausscheiden, so bleibt ihm mangels einverständlicher Regelung in der Regel nur die Auflösungsklage. Er hat grundsätzlich keine Möglichkeit, die übrigen Gesellschafter zur Fortsetzung der Gesellschaft ohne ihn zu zwingen, mag er daran mit Rücksicht auf eine im Fall der Fortsetzung möglicherweise höhere Abfindung auch ein erhebliches Interesse haben. Ausnahmsweise ist allerdings die **außerordentliche Austrittskündigung** praeter legem anerkannt (§ 133 Rn 3 f). Wegen der *ordentlichen* Austrittskündigung vgl. im Übrigen die Erläuterungen zu § 132. 6

Zu den Gründen in der Person eines Gesellschafters gehören neben seinen persönlichen Eigenschaften auch seine **Beziehungen zu Dritten**. Ausschließungsgründe i.S.v. § 140 können alle diejenigen für den Fortbestand der Gesellschaft hinderlichen Umstände sein, die mit der Mitgliedschaft des auszuschließenden Gesellschafters, seiner Zugehörigkeit zur Gesellschaft in Zusammenhang stehen und demgemäß durch seinen Ausschluss beseitigt werden. Hierher rechnen einmal die Beziehungen des Gesellschafters zu Konkurrenzunternehmen, die den wirtschaftlichen Erfolg der Gesellschaft ernsthaft gefährden. Ebenso können Verbindungen zu dem Gesellschafter **nahe stehenden Personen** (Ehegatten, enge Familienangehörige) die sofortige Ausschließung rechtfertigen, wenn diese Personen oder ihr Einfluss auf die Gesellschaft für deren Fortbestand untragbar sind.[17] Anerkannt ist dies bei der **Treuhand**, bei der die Ausschließungsklage gegen den Treuhänder unmittelbar auf einen Grund in der Person des Treugebers gestützt werden kann, sofern der Treugeber die Möglichkeit hat, auf das Verhalten der Gesellschaft einzuwirken oder die Beteiligung zurückzuerwerben.[18] Von diesem Sonderfall abgesehen, 7

---

15 BGHZ 4, 108 (113 f); BGH NJW 1973, 92; vgl. auch OLG München NZG 1999, 591 (592 ff) (Verstoß gegen Wettbewerbsverbot; Verletzung der Pflicht, die gesamte Arbeitskraft zur Verfügung zu stellen); 2002, 328 (332) (unrichtige Bezichtigung der Mitgesellschafter als Straftäter); MünchKommHGB/*K. Schmidt* Rn 17; Ebenroth/Boujong/Joost/Strohn/*Lorz* Rn 22; Baumbach/*Hopt* Rn 10.

16 BGH NJW 1973, 92 (außereheliche Beziehungen in Familiengesellschaft); OLG Bremen BB 1972, 811 (813) (Scheidung der Ehe mit der Tochter eines Gründers).

17 RG JW 1938, 2214.

18 BGHZ 32, 17 (33) = NJW 1960, 644; BGH WM 1980, 1082 (1084f); MünchKommHGB/*K. Schmidt* Rn 26; Ebenroth/Boujong/Joost/Strohn/*Lorz* Rn 14; Heymann/*Emmerich* Rn 10a.

bedarf es aber **besonderer Umstände**, die es rechtfertigen, dem Gesellschafter die Gründe in der **Person des Dritten** zuzurechnen. Das Bestehen verwandtschaftlicher Beziehungen allein reicht nicht aus; vielmehr müssen sich das Verhalten des Dritten oder die sonstigen gesellschaftsschädigenden Umstände auf die Person des Gesellschafters auswirken.[19] Zu weit geht es allerdings, bei dem auszuschließenden Gesellschafter eine Verletzung seiner Aufsichtspflicht gegenüber dem Dritten bzw. die Kenntnis oder Billigung von dessen gesellschaftsschädigendem Verhalten vorauszusetzen.[20] Auch Umstände in der Person von **Vertretern**, die die Rechte des Gesellschafters auf Dauer wahrnehmen, muss dieser sich entgegenhalten lassen, wenn eine Auswechslung der Person des Vertreters nicht in Betracht kommt.[21] Gleiches gilt für das Verhalten der **Organe juristischer Personen**, die an der Gesellschaft beteiligt sind.[22] In diesen Fällen ist allerdings zu prüfen, ob die Störung schon durch den Austausch des Vertreters behoben werden kann; dann ist die Ausschließung unverhältnismäßig.[23] Ebenso kommt eine Zurechnung des Verhaltens eines **herrschenden Unternehmens** in Betracht, solange das Herrschaftsverhältnis besteht, insbesondere Konzernleitungsmacht (faktisch) ausgeübt wird.[24]

8 **2. Einfluss des Gesellschafterwechsels.** Der Ausschließungsgrund muss bis zum maßgeblichen **Beurteilungszeitpunkt** der letzten mündlichen Tatsachenverhandlung **fortbestehen** (§ 133 Rn 15). Sein vorheriger Wegfall macht die Ausschließungsklage unbegründet, etwa wenn der abwesende Gesellschafter zurückkehrt oder der kranke Gesellschafter seine Gesundheit wiedererlangt. **Scheidet** der **beklagte** Gesellschafter während des Rechtsstreits **aus** der Gesellschaft aus, so ist dadurch regelmäßig die Hauptsache erledigt, da das Ziel der Ausschließungsklage, den störenden Gesellschafter aus der Gesellschaft zu entfernen, erreicht ist. Auch wenn der Beklagte nicht ersatzlos ausscheidet, sondern sein Anteil auf einen Erben oder sonstigen Rechtsnachfolger übergeht, kann die Ausschließungsklage gegen den Erwerber nicht auf einen in der Person des ausgeschiedenen Gesellschafters liegenden Grund gestützt werden.[25] Eine Fortsetzung des Rechtsstreits kommt nur dann in Betracht, wenn auch in der Person des Rechtsnachfolgers ein Ausschließungsgrund besteht. In prozessualer Hinsicht kommt es zusätzlich auf die Zulässigkeit der in der Fortsetzung gegen den Rechtsnachfolger liegenden Klageänderung an; § 265 Abs. 2 ZPO ist nicht anwendbar.[26] Das **Ausscheiden eines der Ausschlusskläger**

---

[19] BGH WM 1958, 49 f; OLG Saarbrücken NJW-RR 1989, 1512 (1513 f); MünchKommHGB/*K. Schmidt* Rn 27; Ebenroth/Boujong/Joost/Strohn/*Lorz* Rn 13; Heymann/*Emmerich* Rn 10.

[20] So aber BGH WM 1961, 886 (888); ZIP 1995, 113.

[21] RGZ 105, 376 f; MünchKommHGB/*K. Schmidt* Rn 25; Ebenroth/Boujong/Joost/Strohn/*Lorz* Rn 13 f.

[22] BGH WM 1977, 500 (502); MünchKommHGB/*K. Schmidt* Rn 25; Ebenroth/Boujong/Joost/Strohn/*Lorz* Rn 14; Heymann/*Emmerich* Rn 9; *H. P. Westermann* NJW 1977, 2186 f; *Grunewald* Ausschluß, S. 72 f.

[23] Vgl. MünchKommHGB/*K. Schmidt* Rn 25.

[24] MünchKommHGB²/*K. Schmidt* Rn 26; Ebenroth/Boujong/Joost/Strohn/*Lorz* Rn 14; Baumbach/*Hopt* Rn 12; Röhricht/Graf v. Westphalen/*v. Gerkan/Haas* Rn 4.

[25] Std. Rspr., RGZ 108, 388; 109, 80 (82); 153, 274 (278 f); RG JW 1925, 244; BGHZ 1, 324 (333) = NJW 1951, 650; BGH WM 1958, 49 f; NJW-RR 1990, 530 (zu § 34 GmbHG); und ganz hL, vgl. MünchKommHGB/*K. Schmidt* Rn 24; Ebenroth/Boujong/Joost/Strohn/*Lorz* Rn 13; Baumbach/*Hopt* Rn 12; Heymann/*Emmerich* Rn 11; Röhricht/Graf v. Westphalen/*v. Gerkan/Haas* Rn 4; *Grunewald* Ausschluß, S. 73; **aA** *Bräutigam* FS Quack, 1991, S. 189 (191 ff).

[26] RGZ 109, 80 (83); MünchKommHGB/*K. Schmidt* Rn 79; Ebenroth/Boujong/Joost/Strohn/*Lorz* Rn 33; **aA** *Bräutigam* FS Quack, 1991, S. 189 (198 f); vgl. auch Rn 43.

hat auf den Erfolg der Ausschließungsklage dagegen regelmäßig keinen Einfluss, da die in der Person des Beklagten liegende Gefährdung der Gesellschaft dadurch meist unberührt bleibt.[27] Ein etwaiger Rechtsnachfolger tritt in den Rechtsstreit ein (zur notwendigen Streitgenossenschaft aller übrigen Gesellschafter vgl. Rn 36). Er kann sich auf den schon vor seiner Mitgliedschaft eingetretenen Ausschließungsgrund jedenfalls dann berufen, wenn dieser – wie regelmäßig – fortwirkt und das Verbleiben des Beklagten in der Gesellschaft unzumutbar macht. Andererseits muss er sich hinsichtlich der vor seinem Eintritt veranlassten Gründe auch die Verfehlungen seines Rechtsvorgängers entgegenhalten lassen, wenn diese geeignet sind, den Ausschlussanspruch unbegründet zu machen;[28] der Beklagte darf aus dem Gesellschafterwechsel auf der Klägerseite keinen Nachteil erleiden.

3. Bedeutung des Verschuldens

a) **Allgemeines.** Wie bei § 133 (§ 133 Rn 22) braucht der wichtige Grund **nicht** in 9
einem schuldhaften Verhalten des Auszuschließenden zu bestehen.[29] Es genügt jede in der Person eines Gesellschafters begründete schwere Gefährdung des Gesellschaftszwecks, etwa durch Geisteskrankheit, Entmündigung, krankhafte Unbeherrschtheit, Unfähigkeit zur Führung der Geschäfte oder zur Förderung des Gesellschaftszwecks.[30] Das Fehlen eines Verschuldens kann freilich bei der Abwägung des Ausschließungsgrundes berücksichtigt werden (§ 133 Rn 22). Umgekehrt ist die **grob schuldhafte** Verletzung wesentlicher Vertragspflichten allemal zu Lasten des Gesellschafters zu berücksichtigen. Das ergibt sich schon aus **§ 133 Abs. 2**, der bei der Ausschließung seinen Hauptanwendungsbereich hat (§ 133 Rn 22). Insofern beinhaltet die *vorsätzliche* Verletzung wesentlicher Gesellschafterpflichten regelmäßig einen Ausschließungsgrund, da den übrigen Gesellschaftern die Fortsetzung der Gesellschaft mit dem Störer hier meist nicht zugemutet werden kann. Bei *grobfahrlässigen* Pflichtverletzungen kommt es demgegenüber auf die objektive Schwere des Verstoßes und seine Auswirkungen auf das gesellschaftliche Vertrauensverhältnis an.[31] Als denkbare **Verstöße** kommen namentlich in Betracht (s.a. § 133 Rn 23 ff): die Verletzung der Geschäftsführungs- und Vertretungspflicht, etwa durch Unterlassung der einem Gesellschafter übertragenen Buchführung;[32] die Nichtaufstellung des Jahresabschlusses durch den dazu berufenen Geschäftsführer; die Nichteinhaltung der im Innenverhältnis bestehenden Beschränkungen des Geschäftsführungsrechts, etwa durch Missachtung des § 116 Abs. 2 oder 3; die Überschreitung des Entnahmerechts; ferner die Verletzung des **Wettbewerbsverbots;**[33] (sonstiges) Handeln zum Nachteil der Gesellschaft, insbes. die Verfolgung gesellschaftsfremder Interessen.[34] Auch

---

27 RGZ 153, 274 (278); BGH WM 1965, 359; Heymann/*Emmerich* Rn 11.

28 BGH WM 1971, 20 (22).

29 Unstr., RGZ 24, 136 (138); 146, 169 (176); BGHZ 80, 346 (348) (zu § 61 GmbHG); BGH WM 1975, 774 (775); MünchKommHGB/*K. Schmidt* Rn 23; Ebenroth/Boujong/Joost/Strohn/*Lorz* Rn 11; Heymann/*Emmerich* Rn 7; *H. P. Westermann* NJW 1977, 2185.

30 RGZ 24, 136 (138); RG JW 1925, 245; vgl. auch MünchKommHGB/*K. Schmidt* Rn 22 mit dem zutr. Hinweis, dass bei *nicht verhaltensbezogenen Gründen* besonders genau und unter Beachtung des Diskriminierungsverbots zu prüfen ist, ob die Fortführung der Gesellschaft – ggf. mit Änderungen – wirklich unzumutbar ist.

31 BGH WM 1966, 29.

32 RGSt 45, 387; einschr. BGH WM 1971, 20 (22).

33 OLG München NZG 1999, 591 (593 f).

34 OLG München NZG 1999, 591 (593) (Nichtbereitstellung der gesamten Arbeitskraft trotz entsprechender Vereinbarung).

der schuldhaft begründete **Verdacht von Unregelmäßigkeiten** bei der Geschäftsführung (insbesondere verdeckte Sonderentnahmen oder sonstige Untreuehandlungen) kann einen wichtigen Ausschließungsgrund bilden, wenn dadurch das gegenseitige Vertrauen grundlegend zerstört wird;[35] allerdings ist dem Beklagten auch noch im Ausschließungsprozess Gelegenheit zu geben, den Verdacht durch Beweisantritt auszuräumen.[36] Verfehlungen im **privaten Bereich** kommen als Ausschließungsgrund nur dann in Betracht, wenn sie sich unmittelbar gegen den persönlichen Lebensbereich eines Mitgesellschafters richten und daher eine schwere Verletzung der gebotenen Rücksicht enthalten (Rn 6).[37] Ob im Einzelfall ein wichtiger Ausschließungsgrund gegeben ist, entscheidet das Gericht unter Berücksichtigung aller Umstände des Falles (§ 133 Rn 11 ff). Zum Einfluss des Verhaltens der übrigen Gesellschafter, insbesondere zur Bedeutung eines **Mitverschuldens** auf ihrer Seite, vgl. Rn 11.

10 Die **rechtskräftige Verurteilung** eines Gesellschafters, auch eines Kommanditisten wegen eines auf Vorsatz beruhenden strafbaren Verhaltens von einigem Gewicht, bildet in der Regel einen Ausschließungsgrund (§ 133 Rn 29). Die Nachprüfung der Richtigkeit des strafgerichtlichen Urteils und die Beseitigung des durch die Verurteilung entstandenen Makels ist nicht Aufgabe des Zivilgerichts im Ausschließungsprozess.[38] Die übrigen Gesellschafter können sich auf das Strafurteil als Ausschließungsgrund allerdings dann nicht berufen, wenn sie oder ihre Rechtsvorgänger mit dem Gesetzesverstoß einverstanden waren oder sich sogar daran beteiligt haben.[39]

11 **b) Beiderseitiges Verschulden.** Im Rahmen der erforderlichen Interessenabwägung (Rn 4) muss auch das Verhalten der übrigen Gesellschafter berücksichtigt werden. Insbesondere wenn auch auf ihrer Seite Pflichtwidrigkeiten vorliegen oder sie zu dem beanstandeten Verhalten des Beklagten Anlass gegeben haben, bedarf es besonders sorgfältiger Prüfung, ob gerade der Ausschluss des Beklagten der Billigkeit entspricht oder vielmehr nur die Auflösungsklage in Betracht kommt.[40] Zu eng ist es aber, den Ausschlussanspruch überhaupt nur bei ganz überwiegendem oder Alleinverschulden des Beklagten anzuerkennen.[41] Soweit die Rechtsprechung derartige Anforderungen aufgestellt hat, handelte es sich jeweils um Übernahmeklagen nach § 142 a.F.[42] Sie waren schon vor der Aufhebung des § 142 auf die Ausschließungsklage nach § 140 nicht ohne weiteres übertragbar, da der wichtige Grund in der Person des Beklagten im Verhältnis zu mehreren Gesellschaftern ermittelt werden musste und das Interesse dieser Gesellschafter an der Aufrechterhaltung der Gesellschaft ohne den Störer gesetzlich anerkannt war. Das gilt

---

35 BGHZ 31, 295 (304 f) = NJW 1960, 669; BGH WM 1971, 20 ff; OLG Köln JR 1964, 22; OLG München NZG 1999, 591 (593) (Veranlassung von Kundenzahlungen auf persönliches Konto).
36 BGH WM 1971, 20 ff.
37 BGH NJW 1973, 92.
38 RG SeuffA 97 Nr. 7.
39 BGHZ 31, 295 (307) = NJW 1960, 669; BGH WM 1971, 20 ff: einverständliche Steuerhinterziehung.
40 RGZ 24, 136 (139); 122, 312 (314); RG JW 1938, 2214 ff; BGHZ 4, 108 (111) = NJW 1952, 461; 16, 317 (322) = JZ 1952, 529; BGH WM 1956, 1060 (1061); 1957, 582; 1960, 349 (355); 1980, 1082; NJW 1998, 1225 (1226 f); DB 2003, 1214 (zu § 737 BGB); NJW 2006, 844 f (zur GbR); MünchKommHGB/*K. Schmidt* Rn 30; MünchKommBGB[5]/*Ulmer*/*C. Schäfer* § 737 Rn 8; *Hueck* OHG § 29 I 2c b, S. 440; abweichend Heymann/*Emmerich* Rn 14.
41 BGHZ 80, 346 (351 f) = NJW 1981, 2302; MünchKommHGB/*K. Schmidt* Rn 30; Ebenroth/Boujong/Joost/Strohn/*Lorz* Rn 16.
42 BGHZ 4, 108 (111) = NJW 1952, 461; 16, 317 (323) = NJW 1955, 667; BGH WM 1957, 582; 1960, 349 (355); vgl. aber auch BGHZ 46, 392 (396).

erst recht nach Aufhebung des § 142, und zwar sowohl für den Ausschluss aus der mehrwie auch aus der zweigliedrigen Gesellschaft (Rn 4).[43] Danach genügt für die Ausschließungsklage bereits der Nachweis **überwiegenden Verschuldens des Beklagten** am Ausschließungsgrund, soweit der Ausschluss im Übrigen der Billigkeit entspricht und das Verschulden beim Kläger nicht seinerseits einen Ausschließungsgrund bildet.[44] Dies gilt vor allem dann, wenn dem Beklagten durch den Ausschluss keine besonderen finanziellen Nachteile im Vergleich zur Auflösung entstehen, er also **keinen Abfindungsausschluss** hinzunehmen hat, im Übrigen jedenfalls dann, wenn der Ausschluss auf ein unteilbares Zerwürfnis gestützt wird. Auf ein (überwiegendes) Verschulden der übrigen Gesellschafter kann sich der Beklagte auch dann nicht berufen, wenn über die Beilegung früherer Streitigkeiten eine Einigung erzielt worden war und die seither eingetretenen Störungen nur vom Beklagten zu vertreten sind.[45] Andererseits kann der Ausschließungsklage der Arglisteinwand entgegengesetzt werden, wenn der Kläger sie vorsätzlich herbeigeführt hat.[46]

Das die Ausschließungsklage hindernde mitwirkende Verschulden muss **nicht bei allen** 12
übrigen Gesellschaftern vorliegen. Es genügt bereits, wenn einer der Kläger sich entsprechende Pflichtwidrigkeiten hat zuschulden kommen lassen.[47] Das folgt aus der gemeinschaftlichen Zuordnung des Ausschließungsanspruchs (Rn 5); sie steht einer auf einzelne Gesellschafter beschränkten Verschuldensabwägung entgegen.[48] Den am wichtigen Grund unbeteiligten Gesellschaftern bleibt aber die Möglichkeit, die Ausschließungsklage zugleich gegen alle pflichtwidrig handelnden Gesellschafter zu erheben.[49] Die Berücksichtigung eigener Verfehlungen der Kläger setzt schließlich einen Zusammenhang mit den Gründen voraus, die das unveränderte Festhalten am Vertrag unzumutbar machen. Die bloße Tatsache eigenen gesetzwidrigen Verhaltens steht der Ausschließungsklage nicht entgegen; der Rechtsgedanke des § 817 BGB ist im Rahmen von § 140 nicht anwendbar.[50] Bei einer auf verdeckte Sonderentnahmen gestützten Ausschließungsklage hat der BGH daher zu Recht den Umstand außer Betracht gelassen, dass die Steuerhinterziehung, durch die die Sonderentnahmen ermöglicht wurden, von allen Gesellschaftern gebilligt worden war.[51]

4. Billigkeit des Ausschlusses

a) **Allgemeines.** Die Ausschließung nach § 140 führt zu anderen Rechtsfolgen als die 13
Auflösung. Sie trifft den gegen seinen Willen ausscheidenden Gesellschafter regelmäßig besonders hart, da sie ihm die Gesellschafterstellung einseitig entzieht, während die übrigen Gesellschafter das gemeinsame Unternehmen fortführen können; nicht selten beinhaltet der Gesellschaftsvertrag überdies gerade für den Fall der Ausschließung emp-

---

43 Zum Letzteren vgl. näher unter Rn 21.

44 BGH DB 2003, 1214 (zu § 737 BGB); BGHZ 80, 346 (351 f) = NJW 1981, 2302; BGH NJW-RR 1991, 1249 (1251) = GmbHR 1991, 362 (jew. zur personalistischen GmbH); ähnlich MünchKommHGB/*K. Schmidt* Rn 30; ähnlich Heymann/*Emmerich* Rn 14. OGH GesRZ 1978, 170 (172); 1980, 142 (143 f) und *Hueck* OHG § 29 I 2c b, S. 440 verlangen „erhebliches" bzw. „eindeutiges" Überwiegen.

45 BGH WM 1956, 1060 f; 1964, 1188 (1191); ZIP 1999, 1843.

46 OLG München NZG 1998, 937 (938) (zu § 737 BGB); MünchKommHGB/*K. Schmidt* Rn 30.

47 RGZ 122, 312 (314).

48 Eingehend *Ulmer* FS Geßler, 1971, S. 269 (281).

49 RGZ 122, 312 (315).

50 BGHZ 31, 295 (307) = NJW 1960, 625; BGH WM 1961, 886 ff.

51 BGHZ 31, 295 (307) = NJW 1960, 625.

findliche Abfindungsbeschränkungen, die dem Ausgeschlossenen erhebliche finanzielle Einbußen auferlegen. An die Billigkeit des Ausschlussverlangens werden daher nach einhelliger Meinung besondere Anforderungen gestellt. **Zugunsten** des Beklagten ist dabei zu berücksichtigen, dass er sich um den **Aufbau** der Gesellschaft besonders verdient gemacht hat, dass ihn **kein Verschulden** hinsichtlich seines Verhaltens trifft sowie dass sich daraus für die Gesellschaft keine wirtschaftlich nachteiligen Folgen ergeben haben.[52] Gegen den Ausschluss spricht weiter eine dem Beklagten besonders **ungünstige**, etwa an den Buchwerten ausgerichtete **Abfindungsregelung.**[53] Auch ein schuldhaftes Verhalten der Kläger kann dem Ausschlussverlangen entgegenstehen, wenn nicht das Verschulden des Beklagten überwiegt (Rn 11 f). Umgekehrt sind die Anforderungen an den Ausschließungsgrund geringer, wenn sich die Stellung des Beklagten in der Gesellschaft derjenigen eines leitenden Angestellten nähert.[54] Zu denken ist insbesondere an Fälle, in denen Personen ohne erhebliche eigene Kapitalbeteiligung zum Zweck der Übernahme der Geschäftsführung in eine bestehende Gesellschaft aufgenommen wurden. Demgegenüber gibt es keinen allgemeinen Grundsatz, dass die **Größe des Anteils** per se einer Ausschließungsklage entgegensteht.[55] Der Umfang der Beteiligung ist vielmehr nur Maßstab dafür, wie einschneidend sich die Ausschließung auswirkt, was wiederum bei der Gesamtabwägung aller Umstände (Rn 18 f) zu berücksichtigen ist.[56]

14 b) **Der Ausschluss eines Kommanditisten.** Für die Ausschließungsklage gegen einen Kommanditisten findet sich verbreitet die Feststellung, sie unterliege **strengeren Anforderungen** hinsichtlich des Ausschließungsgrundes als die Klage gegen einen voll haftenden Gesellschafter.[57] Dem kann in dieser Allgemeinheit **nicht** gefolgt werden.[58] Das Vorliegen eines Ausschließungsgrundes hängt vielmehr für alle Gesellschafter in gleicher Weise davon ab, ob ihr Verbleiben in der Gesellschaft – auch unter Berücksichtigung des mehr personalistisch oder kapitalistisch geprägten Charakters der Gesellschaft[59] – den übrigen Gesellschaftern noch zumutbar ist.[60] Auch der Charakter der Gesellschaft als **Familiengesellschaft** kann besonders berücksichtigt werden.[61] Verfehlungen von persön-

[52] BGHZ 4, 108 (111) = NJW 1952, 461; BGH LM Nr. 2 zu § 140 = BB 1952, 649; WM 1971, 20 (22); 1977, 500 (502); MünchKommHGB/*K. Schmidt* Rn 32; Baumbach/*Hopt* Rn 7; zur Berücksichtigung von arbeitsrechtlichen Einflüssen vgl. *Herrmann* RdA 1989, 313 ff.

[53] BGH WM 1971, 20 (22); i.E. auch Heymann/*Emmerich* Rn 14.

[54] BGHZ 6, 113 (117) = JZ 1952, 529.

[55] BGHZ 51, 204 (207) = NJW 1969, 793 (zu § 142 a.F.); MünchKommHGB/*K. Schmidt* Rn 33; Ebenroth/Boujong/Joost/Strohn/*Lorz* Rn 19; Baumbach/*Hopt* Rn 9; **aA** Röhricht/Graf v. Westphalen/*v. Gerkan/Haas* Rn 12; schwer nachvollziehbar *v. Stetten* GmbHR 1982, 106 f (keine Ausschließungsklage des Minderheits- gegen Mehrheitsgesellschafter).

[56] MünchKommHGB/*K. Schmidt* Rn 33; Heymann/*Emmerich* Rn 12.

[57] RG JW 1938, 2212; OGHZ 3, 203 (209); BGH NJW 1995, 598; 1998, 147; OLG Hamm BB 1976, 722; Baumbach/*Hopt* Rn 10; Röhricht/Graf v. Westphalen/*v. Gerkan/Haas* Rn 12.

[58] Mit Recht einschr. auch BGH WM 1961, 886 ff; 1971, 20 (22): besonders strenge Anforderungen beim Ausschluss des einzigen persönlich haftenden Gesellschafters; statt allein auf die Kommanditistenstellung auch auf die kurze Dauer der Beteiligung abstellend BGH BB 1973, 61 (62).

[59] Dazu etwa BGHZ 18, 350 (361) = NJW 1955, 1919; MünchKommHGB/*K. Schmidt* Rn 33; *Goette* DStR 1995, 502.

[60] So auch BGH WM 1961, 886; MünchKommHGB/*K. Schmidt* Rn 33.

[61] Vgl. dazu BGH NJW 1995, 597 (598); 1998, 146 (147); WM 1971, 20 (24); s.a. den Fall von OLG München NZG 2002, 328 (332); ferner MünchKommHGB/*K. Schmidt* Rn 35.

lich haftenden Gesellschaftern mögen dabei wegen deren zentraler Stellung in der Gesellschaft zwar regelmäßig stärker ins Gewicht fallen als gleichartige Verfehlungen von Kommanditisten. Indessen ist auch bei jenen stets zu prüfen, ob anstelle des Ausschlusses nicht auch ihr Übertritt in die Kommanditistenstellung in Betracht kommt (Rn 16). Sind die Verfehlungen so schwer, dass diese Möglichkeit ausscheidet, so wäre die Beurteilung im Zweifel nicht anders, wenn der Auszuschließende bereits als Kommanditist beteiligt gewesen wäre. – Auch die **kapitalistische Struktur** einer Kommanditgesellschaft steht der Ausschließungsklage gegen einen *Kommanditisten* nicht entgegen;[62] ein Ausschließungsgrund ist hier freilich nur bei besonders schwerwiegenden Umständen anzunehmen. Zu abweichenden Vereinbarungen, insbesondere bei Publikumsgesellschaften, vgl. Rn 52.

c) **Verhältnis zur Auflösungsklage.** Dazu, dass zwischen dem Auflösungsgrund i.S.v. **15**
§ 133 und dem Ausschließungsgrund i.S.v. § 140 kein **Rangverhältnis** besteht, vgl. schon Rn 4. Heute ist weithin anerkannt, dass der wichtige Grund bei § 140 nicht etwa (noch) gewichtiger zu sein braucht als im Falle des § 133, sondern dass er sich vielmehr von jenem nur durch seine einseitige Gewichtung – in der Person des Auszuschließenden – unterscheidet (Rn 4).[63] Die Subsidiarität des Ausschlusses gegenüber der Auflösung wird heute demgemäß fast einhellig abgelehnt.[64] – Dem ist zuzustimmen. Wie *Ulmer* in der 3. Aufl. Rn 16 f noch ausführlich begründet hat, spricht schon die gesetzliche Wertung gegen ein Stufenverhältnis zwischen § 133 und § 140. Wenn der wichtige Grund in der Person eines Gesellschafters liegt und dessen Ausscheiden damit für die übrigen Gesellschafter die Möglichkeit der Fortführung der Gesellschaft begründet, ist primär die Ausschließung vorgesehen, die der vom Gesetzgeber mit § 140 bezweckten Aufrechterhaltung der Gesellschaft und des von ihr betriebenen Unternehmens dient (Rn 1). Die Ausschließung ist auch nicht diskriminierend, solange ein wichtiger Grund (nur) in der Person des Auszuschließenden gegeben ist. Die **finanzielle Schlechterstellung** des Auszuschließenden, insbes. durch die Verweisung auf einen vertraglich beschränkten Abfindungsanspruch, ist zudem schon bei der Frage zu berücksichtigen, ob überhaupt ein Ausschließungsgrund – oder ausnahmsweise nur ein Auflösungsgrund – vorhanden ist (Rn 13).[65] Hier kann die Ausschließungsklage je nach Art und Schwere des wichtigen Grundes abgewiesen werden, wenn die übrigen Gesellschafter nicht auf eine Anregung des Gerichts eingehen, die Abfindungsleistungen zu verbessern.[66] Entsprechendes kann

---

[62] BGHZ 18, 350 (361); Baumbach/*Hopt* Rn 10; Voraufl. Anh. § 177a Rn 10 (*Schilling*).

[63] Anders die frühere Rspr. des RG, etwa RGZ 24, 136 (138): Ausschluss sei Strafe für den Betroffenen; auf ein Verschulden kommt es indes nicht an (Rn 9 f).

[64] MünchKommHGB/*K. Schmidt* Rn 13; Ebenroth/Boujong/Joost/Strohn/*Lorz* Rn 5; Heymann/*Emmerich* Rn 17; Baumbach/*Hopt* Rn 5; Röhricht/Graf v. Westphalen/*v. Gerkan/Haas* Rn 3; *Grunewald* Ausschluß, S. 83 ff; *Kulka* S. 98 f; *Stauf* Wichtiger Grund, S. 47 f; *Scheifele* BB 1989, 792 ff; *Westermann/Pöllath* S. 123; wohl auch BGHZ 80, 346, 348 f = NJW 1981, 2302 (zur Parallelfrage im GmbH-Recht; Auflösungsantrag muss grundsätzlich abgewiesen werden, wenn die Ausschließung gerechtfertigt erscheint).

[65] Im Grundsatz ebenso Röhricht/Graf v. Westphalen/*v. Gerkan/Haas* Rn 11; Schlegelberger/*K. Schmidt* Rn 21; wohl auch MünchKommHGB/*K. Schmidt* Rn 31; **aA** *Grunewald* Ausschluß, S. 84: beide Rechtsbehelfe ständen stets selbständig nebeneinander; Ebenroth/Boujong/Joost/Strohn/*Lorz* Rn 17. – Neuere Entscheidungen des BGH pflegen zwischen Zulässigkeit der Ausschließung und der Abfindungsbeschränkung zu trennen, vgl. BGHZ 105, 213 (220); 107, 351 (354).

[66] BGHZ 6, 113 (118) = JZ 1952, 529; vgl. auch BGH WM 1971, 20 (22); aber auch NJW 1973, 1606 (1607).

gelten, wenn der Beklagte ein berechtigtes Interesse daran hat, im Zuge der Liquidation das von ihm in die Gesellschaft eingebrachte, unter seiner Firma fortgeführte Unternehmen aus der Liquidationsmasse zu erwerben.[67] Im Übrigen gilt jedoch: Ergibt die Interessenabwägung einen wichtigen Grund, so steht damit zugleich fest, dass keine milderen Mittel zur Behebung der eingetretenen Störung ersichtlich sind.

16 5. **Verhältnismäßigkeit (äußerstes Mittel).** Der Grundsatz, dass ein wichtiger, zum Ausschluss eines Gesellschafters führender Grund nur anzuerkennen ist, wenn weniger einschneidende Änderungen keine Abhilfe versprechen oder den Gesellschaftern nicht zumutbar sind, gilt für § 140 ebenso wie für den Auflösungsgrund des § 133 (dort Rn 13).[68] Für § 140 kommt dem Grundsatz deswegen besondere Bedeutung zu, weil sich gerade bei Gründen in der Person eines Gesellschafters häufig ein **milderes** Mittel als der Ausschluss anbietet. Zu denken ist vor allem an die Entziehung der Geschäftsführungs- und Vertretungsbefugnis, die Umwandlung der Beteiligung in diejenige eines Kommanditisten oder stillen Gesellschafters, die Anteilsübertragung in vorweggenommener Erbfolge oder an einen Treuhänder sowie (andere) zumutbare Vertragsänderungen.[69] Nur wenn auch derartige Maßnahmen angesichts der Schwere der gesellschaftswidrigen Umstände in der Person des Beklagten keine Abhilfe versprechen oder der Beklagte hierauf nicht eingeht[70] bzw. solche Maßnahmen nicht von selbst anbietet,[71] ist die Ausschließungsklage begründet.

17 6. **Einzelfälle.** Die Frage, ob ein den Ausschluss des Beklagten rechtfertigender wichtiger Grund gegeben ist, kann jeweils nur aufgrund einer Gesamtschau aller Umstände des Einzelfalls entschieden werden (§ 133 Rn 11 ff). Die Bedeutung der zu § 140 ergangenen Urteile als Präjudizien ist daher notwendig beschränkt. Dieser Vorbehalt gilt auch für die folgende Zusammenstellung. Im Einzelnen wurde der Ausschließungsklage **stattgegeben** wegen Vermögensverfalls,[72] strafrechtlicher Verurteilung von Gewicht,[73] maßloser Beschimpfungen und nachhaltiger Verletzung der Mitwirkungsrechte der anderen Gesellschafter bei der Geschäftsführung,[74] gravierender Verstöße gegen die gesellschaftsvertragliche Zuständigkeitsverteilung und gegen die Informationspflicht,[75] Ver-

[67] Vgl. auch BGH WM 1961, 886 (887); MünchKommHGB/*K. Schmidt* Rn 32; s. aber auch BGHZ 51, 204 (207).

[68] RGZ 146, 169 (180 f); 153, 275 (280); RG JW 1938, 2212 ff; BGHZ 4, 108 ff = NJW 1952, 461; 6, 113 (116 f) = JZ 1952, 529; 18, 350 ff = NJW 1955, 1919; BGH WM 1961, 886 f; 1966, 29 ff; 1971, 20 ff; 1975, 769 (770); 1977, 500 (502 f); NJW 1995, 597; OLG Hamm BB 1976, 722; MünchKommHGB/*K. Schmidt* Rn 28; Ebenroth/Boujong/Joost/Strohn/*Lorz* Rn 8; Röhricht/Graf v. Westphalen/*v. Gerkan/Haas* Rn 6; Baumbach/*Hopt* Rn 6; MünchKommBGB[5]/*Ulmer/C. Schäfer* § 737 Rn 9; *Hueck* OHG § 29 I 2c b, S. 440 f; *Grunewald* Ausschluß, S. 79 ff.

[69] Vgl. auch MünchKommHGB/*K. Schmidt* Rn 28; Ebenroth/Boujong/Joost/Strohn/*Lorz* Rn 9; Baumbach/*Hopt* Rn 6; *Sandrock* JR 1969, 323 (328).

[70] BGHZ 18, 350 (363) = NJW 1955, 1919; BGH WM 1975, 769 (770); MünchKommHGB/*K. Schmidt* Rn 28.

[71] Grundsätzlich ist es Aufgabe des Auszuschließenden, ggf. auf Anregung des Gerichts, ein milderes Mittel anzubieten, vgl. BGH WM 1975, 769 (770); MünchKommHGB/*K. Schmidt* Rn 28; Heymann/*Emmerich* Rn 16; *Grunewald* Ausschluß, S. 85.

[72] RG JZ 1914, 1036.

[73] RG SeuffA 97 Nr. 7; BGH WM 1961, 886 (888).

[74] BGHZ 4, 108 (121) = NJW 1952, 461; BGH NJW-RR 1993, 1123 (1125); s. auch OLG München NZG 2002, 328 (332 f) (falsche Strafanzeigen gegen Mitgesellschafter).

[75] BGH NJW-RR 1993, 1123 (1125).

untreuung von Gesellschaftsgeldern durch Geschäftsführer,[76] Zerstörung des Vertrauensverhältnisses durch schuldhaft begründeten Verdacht unredlicher Geschäftsführung,[77] eines Zerwürfnisses mit schädlichen Auswirkungen auf die Gesellschaft,[78] bewusster Geschäftsschädigung und Kreditgewährung durch geschiedene oder getrennt lebende Ehefrau als Kommanditistin,[79] Verstößen gegen das Wettbewerbsverbot[80] oder nachhaltiger Verletzung der vertraglichen Pflicht zur Mitarbeit,[81] nachhaltiger Inanspruchnahme von sachlichen und finanziellen Mitteln der Gesellschaft für private Zwecke.[82] Als mögliche Ausschlussgründe wurden weiter angesehen die nachhaltige Verletzung der Bilanzierungspflicht[83] sowie die Unmöglichkeit einer Geschäftsführertätigkeit wegen schwerer geistiger Erkrankung.[84] Wegen der Berücksichtigung von Umständen aus der **Privatsphäre** vgl. schon Rn 6. – **Abgewiesen** wurde die Ausschließungsklage wegen eines grob fahrlässig verursachten Fehlbestands beim Handel mit betriebsfremden Artikeln sowie wegen nur vorübergehender Verletzung der Geschäftsführungsrechte der anderen Gesellschafter,[85] wegen Nichtteilnahme an Gesellschafterversammlungen.[86] Abgewiesen wurde ferner eine auf mangelhafte Geschäftsführung gestützte Klage, bei der den Mitgesellschaftern die mangelnde Einigung und die Unzuverlässigkeit des Auszuschließenden bekannt waren.[87] Vgl. noch die sich teilweise überschneidende Kasuistik bei § 117 Rn 36 ff und § 133 Rn 23 ff.

7. Verwirkung, Verzicht. Der Ausschließungsgrund muss noch im Zeitpunkt der letzten mündlichen Verhandlung vorliegen (§ 133 Rn 15). Seine Geltendmachung darf nicht durch Verwirkung, Verzicht oder sonstige zwischenzeitliche Umstände ausgeschlossen sein (§ 133 Rn 41 f).[88] Eine Besonderheit gegenüber § 133 ergibt sich allerdings daraus, dass der Ausschlussanspruch, anders als der Auflösungsanspruch, nicht jedem Gesellschafter, sondern allen übrigen gemeinsam zusteht (Rn 5). Daher sind auch nur alle **gemeinsam verfügungsbefugt**. Ein Verzicht nur durch einen von ihnen hat auf den Aus- **18**

[76] BGHZ 6, 113 (116) = JZ 1952, 529.
[77] BGHZ 31, 295 (304) = NJW 1960, 625; BGH WM 1971, 20 (21); OLG Köln JR 1964, 22; OLG München NZG 1999, 591 (593) (Vereinnahmung von Kundenzahlungen auf Privatkonto).
[78] BGHZ 80, 346 (349) = NJW 1981, 2302 (GmbH); BGH NJW 1995, 597; 1998, 146 (147); vgl. aber auch BGH NJW 1973, 92: geringere Anforderungen an das Zerwürfnis bei kurzer Dauer der Beteiligung ohne Beitragsleistung; vgl. auch BGH GmbHR 1998, 1179: dort wurde das Vorliegen eines Zerwürfnisses jedoch im konkreten Fall verneint und darauf hingewiesen, dass eine Rechtsfortbildung dahin, sich trotz Fehlens eines Ausschließungsgrundes wegen § 242 BGB nicht auf den Fortbestand der Gesellschaft berufen zu können, abzulehnen sei. Zu Besonderheiten beim Zerwürfnis in der zweigliedrigen Gesellschaft vgl. *M. Wolf* GmbHR 1998, 1163 ff.
[79] BGHZ 46, 392 (396) = NJW 1967, 1081; vgl. auch OLG Hamm MDR 1956, 746.
[80] BGH NJW-RR 1997, 225; OLG München NZG 1999, 591 (593).
[81] BGH WM 1956, 1060 ff; OLG München NZG 1999, 591 (593); vgl. demgegenüber OLG Hamm DB 1992, 673: nicht genügend sei die bloße Nichterfüllung einzelner Pflichten, z.B. der Einlageschuld.
[82] BGHZ 80, 346 (350) = NJW 1981, 2302 zur Ausschließung aus personalistisch strukturierten GmbH; grds. können auch Verstöße gegen § 112 HGB einen wichtigen Grund bilden, vgl. BGH NJW 1998, 1225 (1226 f) (dort aber in casu verneint).
[83] RG JW 1925, 245; RGSt 45, 387; einschr. BGH WM 1971, 20 ff.
[84] RG JW 1925, 245.
[85] BGH WM 1966, 29 ff.
[86] OLG Hamm DB 1992, 673.
[87] OLG Hamm BB 1976, 722 f.
[88] BGH LM Nr. 11 zu § 140 = NJW 1966, 2160; NJW-RR 1993, 1123 (1124); NJW 1999, 2820 (2821); OLG Celle NZG 1999, 167 (GmbH); MünchKommHGB/*K. Schmidt* Rn 38; Ebenroth/Boujong/Joost/Strohn/*Lorz* Rn 23.

schlussanspruch keinen Einfluss.[89] Entsprechend höhere Anforderungen sind auch an die Verwirkung zu stellen: Sie ist grundsätzlich nur dann anzunehmen, wenn das Verhalten aller übrigen Gesellschafter dahin verstanden werden kann, dass sie von ihrem Ausschlussanspruch keinen Gebrauch machen wollen.[90]

IV. Fortsetzungsbereitschaft der übrigen Gesellschafter?

19 Früher verlangte die Rechtsprechung neben dem Vorliegen eines Ausschließungsgrundes für die Begründetheit der Klage aus § 140 auch die Prüfung des Willens und der Fähigkeit der übrigen Gesellschafter, das gemeinsame Unternehmen ohne den Beklagten fortzuführen.[91] Indes besteht für den Regelfall (zur abweichenden Beurteilung im Fall des Abs. 1 S. 2, vgl. Rn 22) kein Bedarf nach Prüfung eines solchen zusätzlichen Merkmals; denn die übrigen Gesellschafter müssen die Klage ohnehin notwendig gemeinsam erheben (Rn 39). Ob die Gesellschafter das Unternehmen allein fortführen oder ob sie aus Kapital- oder Geschäftsführungsgründen neue Mitglieder aufnehmen, muss im Übrigen ihnen überlassen bleiben. Anderes gilt nur, wenn die Kläger mit der Ausschließungsklage erkennbar das Ziel verfolgen, den Beklagten entsprechend der vertraglichen Regelung unter dem Anteilswert abzufinden oder ihm den bei der anschließenden Liquidation aus Stilllegungsprämien oder aufgrund sonstiger besonderer Umstände erhofften Liquidationsgewinn vorzuenthalten. Hier ist die Ausschließungsklage abzuweisen,[92] richtigerweise fehlt es hier regelmäßig bereits an einem Ausschließungsgrund, da angesichts der ohnehin beabsichtigten Liquidation ein Verbleiben des Beklagten in der Gesellschaft bis zu deren Vollbeendigung meist zumutbar sein wird.

V. Die Ausschließung des vorletzten Gesellschafters aus der zweigliedrigen OHG/KG (Abs. 1 S. 2)

20 **1. Allgemeines.** Zu historischem Hintergrund und Normzweck von Abs. 1 S. 2 vgl. schon Rn 1. Wie seit der **Handelsrechtsreform 1998** feststeht, reicht es für die Ausschließung aus, dass die Gesellschaft bis zum Wirksamwerden der Ausschließung besteht.[93] Auch wenn die Motive offenlassen, ob die Übernahmeklage einen anderen **Streitgegenstand** als die Ausschließungsklage nach § 140 hatte,[94] ist diese Frage durch die Neufassung erledigt. Ob an den wichtigen Grund oder bei der Gesamtabwägung strengere Maßstäbe als bei dem Ausschluss mit dem Verbleiben mehrerer Gesellschafter anzulegen sind, lässt sich Abs. 1 S. 2 nicht unmittelbar entnehmen (dazu Rn 1). Abs. 1 S. 2 erfasst sowohl die Ausschließung des vorletzten Gesellschafters aus der zweigliedrigen Gesell-

---

[89] MünchKommHGB/*K. Schmidt* Rn 38; *Ulmer* FS Geßler, 1971, S. 269 (280); **aA** *Hueck* OHG § 29 I 2c, S. 443 mit Fn 30.

[90] So im Ergebnis auch Heymann/*Emmerich* Rn 18; teilw. abw. MünchKommHGB/*K. Schmidt* Rn 38, für den Fall, dass nur der die Ausschließung (hauptsächlich?) betreibende Gesellschafter das Recht verloren hat, sich auf den wichtigen Grund zu berufen.

[91] So für § 142 a.F. RGZ 153, 274 (280); RG HRR 1941, 777.

[92] BGH LM Nr. 10 zu § 142 HGB = NJW 1958, 1633; *Rinsche* S. 60.

[93] Vgl. BegrRegE, BT-Drucks. 13/444, S. 67.

[94] Vgl. BegrRegE, BT-Drucks. 13/444, S. 67. Für einen unterschiedlichen Streitgegenstand die hM, vgl. 3. Aufl. § 142 Anm. 21 mN (*Ulmer*); **aA** Schlegelberger/*K. Schmidt* § 142 Rn 3; *ders.* FS Frotz, 1993, S. 401; *ders.* ZIP 1997, 909 (918).

schaft, als auch die Ausschließung aller Gesellschafter mit Ausnahme des Klägers aus der mehrgliedrigen Gesellschaft.[95]

2. Verhältnis zu Abs. 1 S. 1. Die überwiegende Ansicht zu § 142 a.F. stellte gegenüber dem Ausschluss aus der mehrgliedrigen Gesellschaft nach § 140 a.F. gesteigerte Anforderungen an das Vorliegen eines wichtigen Grundes.[96] Damit war die Vorstellung verbunden, dass die Ausschließung eines von zwei Gesellschaftern in der Regel noch härter in die Gesellschafterstellung eingreifen würde, als die Ausschließung eines Gesellschafters von dreien oder mehreren. Auch wenn die Gesetzesmaterialien keine eindeutige Position erkennen lassen,[97] sprechen die besseren Gründe dafür, § 140 Abs. 1 n.F. **einheitlich auszulegen** (s. schon Rn 4).[98] Mit der Integration des § 142 a.F. hat der Gesetzgeber hinlänglich zum Ausdruck gebracht, dass beide Fälle grundsätzlich gleich zu behandeln sind. Außerdem erscheint es nicht gerechtfertigt anzunehmen, dass der Ausschluss aus einer zweigliedrigen Gesellschaft für den betroffenen Gesellschafter typischerweise härter ist als derjenige aus einer mehrgliedrigen Gesellschaft, zumal sich die (finanziellen) Folgen aus Sicht des Ausgeschiedenen nicht unterscheiden. Dass der Anreiz in der Zweipersonengesellschaft höher ist, den anderen Gesellschafter zum geringen Abfindungswert missbräuchlich aus der Gesellschaft zu drängen, steht nicht entgegen; denn dies ist ohnehin bei der Prüfung des Ausschließungsgrundes zu berücksichtigen. Hierfür spricht ferner, dass auch im Verhältnis von Auflösung (§ 133) zu Ausschließung (§ 140) kein Stufenverhältnis in Bezug auf den wichtigen Grund anzuerkennen ist (Rn 15), obwohl sich die **wirtschaftlichen Folgen** aus Sicht der übrigen Gesellschafter in gleicher Weise unterscheiden wie zwischen den beiden Fällen des Abs. 1 (s. noch Rn 24).[99] Die gespaltene Auslegung des § 140 Abs. 1 ist daher abzulehnen. Allerdings ist es in der Zweipersonengesellschaft praktisch oftmals schwierig, die Verantwortlichkeit für die Unzumutbarkeit der Fortsetzung klar dem einen – auszuschließenden – Gesellschafter zuzuweisen,[100] so dass aus diesem Grund die Ausschließung häufig ausscheiden wird (Rn 11 f). 21

3. Fortsetzungsbereitschaft und -befähigung. Grundsätzlich bedarf die Fortsetzungsbereitschaft der übrigen Gesellschafter keiner gesonderten Prüfung (Rn 19). Demgegenüber hat die Rechtsprechung zu § 142 Abs. 1 a.F. neben dem Willen des Übernehmers zur Fortführung des Unternehmens auch dessen Befähigung besondere Bedeutung beige- 22

---

95 Das war auch schon für § 142, trotz dessen abweichenden Wortlauts, anerkannt, vgl. z.B. BGH WM 1993, 1080 (1083); 3. Aufl. § 142 Rn 9 (*Ulmer*); Schlegelberger/*K. Schmidt* § 142 Rn 16; Heymann/*Emmerich* § 142 Rn 3.

96 Std. Rspr. BGHZ 4, 108 (110) = NJW 1952, 461; 51, 198 (205) = NJW 1969, 507; 3. Aufl. § 142 Rn 12 f, 14 (*Ulmer*); **aA** Schlegelberger/*K. Schmidt* § 142 Rn 17; Heymann/*Emmerich* § 142 Rn 9; *Grunewald* Ausschluß, S. 69 f.

97 Vgl. BegrRegE, BT-Drucks. 13/8444, S. 67 f; „Auch wenn in materieller Hinsicht der Auffassung gefolgt wird, dass die Ausschließung nach § 142 Abs. 1 HGB eines noch wichtigeren Grundes bedarf als die nach § 140 Abs. 1 HGB (BGHZ 4, 108 [110]), so könnte dies im Rahmen der Einzelfallentscheidung nach § 140 Abs. 1 HGB berücksichtigt werden."

98 Ebenso MünchKommHGB/*K. Schmidt* Rn 11; Ebenroth/Boujong/Joost/Strohn/*Lorz* Rn 7, 24 f; wohl auch *Westermann* FS Röhricht, 2004, S. 655 (667 ff); **aA** Baumbach/*Hopt* Rn 3, 14.

99 Zur abweichenden Beurteilung bei § 142 Abs. 1 vgl. 3. Aufl § 142 Rn 15 (*Ulmer*).

100 Ebenso MünchKommHGB/*K. Schmidt* Rn 14; Ebenroth/Boujong/Joost/Strohn/*Lorz* Rn 7; Röhricht/Graf v. Westphalen/*v. Gerkan*/*Haas* Rn 2.

messen.[101] Dies wird in den Fällen des Abs. 1 S. 2 zumindest dann auch weiterhin relevant sein, wenn der einzige Kommanditist oder der einzige nicht geschäftsführungsbefugte OHG-Gesellschafter die Ausschließung betreibt.

23 **4. Besonderheiten beim gegenseitigen Ausschluss aus der zweigliedrigen Gesellschaft.** Versuchen sich beide Gesellschafter einer zweigliedrigen OHG gegenseitig auszuschließen, so sind zwei Fragen zu unterscheiden: Zum einen, ob die Ausschließung nur eines Gesellschafters beim Vorliegen wechselseitiger Verfehlungen in Betracht kommt (Rn 24), und zum anderen, wie das Konkurrenzverhältnis zwischen zwei wechselseitig erhobenen Ausschließungsklagen in der zweigliedrigen Gesellschaft zu beurteilen ist (Rn 25).

24 Erheben beide Gesellschafter Ausschließungsklage, so kann naturgemäß nur eine (oder keine) Klage begründet sein. Welche dies ist, ist im Wege einer Gesamtabwägung der **beiderseitigen Verfehlungen** nach den in Rn 11 f vorgezeichneten Grundsätzen zu ermitteln. Demgemäß ist von vornherein nur diejenige Ausschließungsklage begründet, bei der das Verschulden des Klägers weniger gravierend ist. Nach der Rechtsprechung ist gleichwohl bei der Frage der Zumutbarkeit der Fortsetzung der Gesellschaft für den Kläger dessen eigenes Verhalten zu berücksichtigen, also auch dann, wenn es seinerseits keine Ausschließung rechtfertigt.[102] Andererseits kann die erfolglose Ausschließungsklage nicht schon als solche einen Ausschließungsgrund darstellen; vielmehr ist auch insofern das Verhalten des Beklagten zu berücksichtigen.[103] Die Rechtsprechung zu § 142 a.F. hat insofern verlangt, dass das Verschulden des Beklagten dasjenige des Klägers *eindeutig* überwiegt.[104] Vor dem Hintergrund des in Rn 15, 21 Gesagten ist indes ein erhebliches Überwiegen nicht erforderlich, solange der Auszuschließende, verglichen mit der Auflösung, keine besonderen finanziellen Nachteile hinzunehmen hat. Anderenfalls ist die Ausschließung in aller Regel schon deshalb unbillig (Rn 15).

25 Für das **prozessuale Konkurrenzverhältnis** der wechselseitigen Ausschließungsklagen folgt daraus zunächst, dass beide Klagen zwar unabhängig voneinander verhandelt werden können, aber in der Begründetheit im Sinne einer Vorgreiflichkeit miteinander verbunden sind. Dem lässt sich durch Anwendung des § 148 ZPO Rechnung tragen, damit divergierende Entscheidungen vermieden werden.[105] Die Verbindung der Verfahren kommt demgegenüber wegen der gegensätzlichen Parteirollen nicht in Betracht. Ist jedoch über eine Ausschließungsklage bereits rechtskräftig entschieden, kommt eine

---

101 RG HRR 1941, 775 (777); OGHZ 3, 203 (213); BGHZ 4, 108 (111) = NJW 1952, 461; BGH WM 1964, 201; 1968, 430 (431); zustimmend 3. Aufl. § 142 Rn 16 (*Ulmer*); Heymann/*Emmerich* § 142 Rn 13.

102 So zur wechselseitigen Kündigung in zweigliedriger GbR BGH NJW 2006, 844.

103 BGH NJW 2006, 844 (Gesellschafter hatte Bauaufsichtsbehörde gegen seinen Mitgesellschafter in Stellung gebracht; dies sei nicht schon deshalb gerechtfertigt, weil das Einschreiten der Behörde wegen Ablaufs der Baugenehmigung rechtmäßig war).

104 So zu § 142: BGHZ 4, 108 (111) = NJW 1952, 461; 16, 317 (323) = NJW 1955, 667, BGH WM 1957, 582 (583); 1960, 349 (355); 1968, 430 (431); 3. Aufl. § 142 Rn 15 (*Ulmer*); Baumbach/*Hopt* § 142 Rn 5; wohl auch Schlegelberger/*K. Schmidt* Rn 39; noch strenger Heymann/*Emmerich* § 142 Rn 10 (nur bei besonders schwerwiegenden Verstößen, die den eigenen Verstoß des Klägers ganz in den Hintergrund treten lassen).

105 Anders allerdings die hM bei gleichzeitig erhobener Klage auf Ausschließung und Widerklage auf Auflösung (keine Aussetzung, sondern Verbindung bzw. gesonderte Durchführung), vgl. OLG Frankfurt BB 1971, 1479; Baumbach/*Hopt* Rn 21; Ebenroth/Boujong/Joost/Strohn/*Lorz* Rn 27; MünchKommHGB/*K. Schmidt* Rn 77. – Die Fälle sind indes nicht vergleichbar; denn vorliegend scheidet eine gleichzeitige Begründetheit beider Klagen notwendig aus.

erneute Ausschließungsklage auch dann nicht mehr in Betracht, wenn der Beklagte kein überwiegendes Verschulden der Gegenseite eingewandt hat; denn die Gesellschaft ist mit Rechtskraft erloschen.[106]

5. **Rechtsfolgen.** Mit dem Ausschluss wird der verbleibende Gesellschafter kraft Gesetzes im Wege der auf der Anwachsung gem. § 738 Abs. 1 S. 1 BGB bzw. § 1922 BGB (analog) beruhenden Universalsukzession Alleininhaber des bisherigen gesamthänderischen Vermögens (§ 131 Rn 9, 111).[107] Er führt das Handelsgeschäft als Einzelkaufmann fort und muss den ausscheidenden Gesellschafter abfinden. Die bisherige Gesellschaft erlischt liquidationslos (Rn 51). Der Übernehmer **haftet** demgemäß uneingeschränkt für **sämtliche Verbindlichkeiten** der Gesellschaft (näher Rn 51). Handelt es sich um einen **Kommanditisten,** so soll nach einer zum Ausscheidensgrund des § 131 Abs. 3 Nr. 2 jüngst vertretenen Auffassung des II. Zivilsenats des BGH seine Haftung aber auf das „ihm zugefallene[n] Gesellschaftsvermögen" begrenzt sein.[108] Dieses auf eine Analogie zu dem ehemaligen § 419 BGB gestützte Urteil ist schon bei § 131 Rn 114 f kommentiert und kritisiert worden. Stattdessen ist für die dort entschiedene Konstellation eine Analogie einerseits zu § 27 HGB, andererseits zu den §§ 1922, 1967, 1975 ff BGB zu befürworten. Im hier zu beurteilenden Falle des § 140 liegt es demgegenüber in der Hand des Klägers, statt der Ausschließung die Auflösung zu betreiben, so dass er keines weitergehenden Schutzes bedarf (vgl. auch Rn 27).[109] 26

VI. Die Ausschließung des einzigen persönlich haftenden Gesellschafters einer KG

Die Ausschließungsbefugnis nach § 140 findet über § 161 Abs. 2 HGB entsprechend auch auf mehrgliedrige Kommanditgesellschaften Anwendung (zum Ausschließungsgrund vgl. Rn 13). Das gilt auch für den Fall, dass die Ausschließungsklage von den Kommanditisten gegen den einzigen persönlich haftenden Gesellschafter erhoben wird.[110] Die gegen den Ausschluss des einzigen Komplementärs vorgebrachten Bedenken vermögen nicht zu überzeugen. Unrichtig ist insbesondere, dass es eine KG ohne persönlich haften- 27

[106] Entsprechend zu § 142 a.F. 3. Aufl. § 142 Anm. 46 (*Ulmer*).

[107] Vgl. hier nur BGHZ 71, 296 (300); 48, 203 (206); 113, 132 (133 f); BGH NJW 1993, 1917 (1918); 1989, 1030 (1031); NZG 2000, 474; ZIP 2004, 1047 (1048); MünchKommHGB/*K. Schmidt* Rn 86 weit. Nachw. bei § 131 Rn 9 f; **aA** *Weimar* ZIP 1997, 1769 (1773) (Fortbestehen der OHG/KG als Einpersonengesamthand [!?]).

[108] BGH ZIP 2004, 1047 (1048): vorbehaltlich einer weitergehenden Haftung aus § 25 (?) bei Fortführung des Unternehmens sei der übernehmende Kommanditist nur zur Duldung der Zwangsvollstreckung in das übernommene Vermögen zu verurteilen.

[109] So auch noch BGH NZG 2000, 474; anders wohl Ebenroth/Boujong/Joost/Strohn/*Lorz* Rn 42, der auf den Fall der Ausschließung nicht besonders eingeht und im Übrigen eine Analogie zu § 27 Abs. 2 HGB befürwortet, dazu auch § 131 Rn 114.

[110] BGHZ 6, 113 (115) = JZ 1952, 529; 51, 198 (200) = NJW 1969, 507 (obiter); 68, 81 (82) = NJW 1977, 1013; BGH WM 1971, 20 ff; NJW-RR 1993, 1123 (1125) (GmbH & Co); OLG Nürnberg WM 1958, 710; MünchKommHGB/*K. Schmidt* Rn 4; *ders.* ZGR 2004, 227 (230, 237 f); Ebenroth/Boujong/Joost/Strohn/*Lorz* Rn 3; Baumbach/*Hopt* Rn 8; Heymann/*Emmerich* Rn 3a; *H. P. Westermann* NJW 1977, 2185 (2187); **aA** *Geßler* JZ 1952, 530; *Buchwald* BB 1961, 1342 f; einschr. auch *Rötelmann* NJW 1956, 1617 (1620).

den Gesellschafter nicht geben könne.[111] Scheidet der einzige persönlich haftende Gesellschafter – aus anderen als den in § 131 Abs. 3 genannten Gründen – aus, so fällt die KG dadurch zwar in Liquidation;[112] das schließt aber ihre künftige Rückumwandlung in eine werbende Gesellschaft nicht aus, sofern ein Kommanditist oder ein neu aufgenommener Gesellschafter an die Stelle des ausgeschlossenen Komplementärs tritt. Dass die Ausschließung wegen Wegfalls des einzigen Komplementärs automatisch zur Auflösung der KG führt, steht gleichfalls nicht entgegen, zumal die Ausschließungsklage sogar im Liquidationsstadium zugelassen wird (Rn 31).[113] An den Ausschließungsgrund beim Ausschluss des einzigen persönlich haftenden Gesellschafters sind allerdings, zumal in der Familiengesellschaft, die der Komplementär aufgebaut oder wesentlich vorangebracht hat, besonders strenge Anforderungen zu stellen (Rn 13).[114] – Zu der nach Abs. 1 S. 2 möglichen Ausschließung des Komplementärs aus der **Zweipersonen-KG** vgl. näher Rn 20 ff, 26.

28 Um die Ausschließungsklage gegen den einzigen Komplementär ohne ernsthafte Schädigung der Gesellschaft durchzuführen, kann unter Einschränkung des Prinzips der Selbstorganschaft dem einzigen vertretungsberechtigten Gesellschafter im Wege der einstweiligen Verfügung für den Zeitraum der Ausschließungsklage neben der Geschäftsführungsbefugnis auch die Vertretungsmacht entzogen und ein **Dritter** als Geschäftsführer und Vertreter eingesetzt werden.[115]

VII. Die Ausschließung im Liquidationsstadium

29 Im Unterschied zur Auflösungsklage ist die Ausschließungsklage mit der heute ganz hM auch noch **nach Auflösung** der Gesellschaft zulässig.[116] Der scheinbar entgegenstehende Wortlaut des § 140 Abs. 1 (Ausschließung „anstatt der Auflösung") schadet nicht, da er nur klarstellen soll, dass Auflösung und Ausschließung nicht nebeneinander sollen verlangt werden können. Dem Zweck des § 140 entspricht die Zulassung der Ausschließungsklage im Liquidationsstadium vor allem dann, wenn sie dazu dienen soll, die Fortsetzung der Gesellschaft unter den übrigen Gesellschaftern zu ermöglichen. Aber auch das Interesse an einer ungehinderten Durchführung der Liquidation kann im Einzelfall die Ausschließungsklage noch in diesem Stadium rechtfertigen, wenn weniger einschneidende Regelungen wie die Abberufung des Störers als Liquidator (§ 147) nicht ausreichen.

30 Entsprechend den unterschiedlichen Zwecken, die die übrigen Gesellschafter mit der Ausschließungsklage verfolgen können, ist auch für die Beurteilung des **Ausschließungs-**

---

111 So aber *Geßler* JZ 1952, 530.

112 Auf die umstrittene Frage, ob das Ausscheiden des letzten Komplementärs entgegen § 131 Abs. 3 ausnahmsweise zur Auflösung führt (dazu § 131 Rn 45 f), kommt es in der Zweipersonengesellschaft nicht an, deren Auflösung unausweichlich ist.

113 Eingehender noch 3. Aufl. Rn 23 (*Ulmer*) mwN.

114 BGH WM 1971, 21 ff.

115 BGHZ 33, 105 (108 ff) = NJW 1960, 1997; näher § 127 Rn 7 (*Habersack*) mwN; eingehend *K. Schmidt* ZGR 2004, 227 (238 ff). Vgl. ferner § 127 Rn 8 (*Habersack*): Wird dem einzigen Komplementär die Geschäftsführungsbefugnis entzogen, führt dies ebenfalls zur Auflösung der Gesellschaft.

116 Std. Rspr. seit RG JW 1938, 2214; vgl. BGHZ 1, 324 (331) = NJW 1951, 650 (für § 142); BGH WM 1961, 33; MünchKommHGB/*K. Schmidt* Rn 9; Ebenroth/Boujong/Joost/Strohn/*Lorz* Rn 4; Heymann/*Emmerich* Rn 4; Röhricht/Graf v. Westphalen/*v. Gerkan*/*Haas* Rn 2; *Hueck* OHG § 29 I 2b g, S. 441 f; Baumbach/*Hopt* Rn 2; grds. auch *Grunewald* Ausschluß, S. 29 ff, 63; abweichend noch RGZ 74, 62.

grundes zu **differenzieren.**[117] Umstände, die einem Verbleiben des Störers in der werbenden Gesellschaft entgegenstehen würden, reichen für die Ausschließungsklage im Liquidationsstadium nur dann aus, wenn diese der **Fortsetzung** der Gesellschaft als werbende dienen soll.[118] Die klagenden Gesellschafter müssen hier ihre ernsthafte Fortsetzungsabsicht nachweisen; sie darf auch nicht durch weitgehende zwischenzeitliche Abwicklungsmaßnahmen, etwa die Veräußerung des Unternehmens mit der Firma, gefährdet sein.[119] Zwar bedarf die Fortsetzung der aufgelösten Gesellschaft der Zustimmung sämtlicher Gesellschafter (§ 131 Rn 66 f), doch sind diese aus der Treupflicht grundsätzlich verpflichtet, entweder zuzustimmen oder gegen Beteiligung am (vollen) Liquidationserlös aus der Gesellschaft auszuscheiden (näher § 131 Rn 68).

Soll der Ausschluss dagegen nur die **ordnungsmäßige Abwicklung** der Gesellschaft **31**
ermöglichen, so sind an den Ausschließungsgrund weitergehende Anforderungen zu stellen. Er ist nur dann anzuerkennen, wenn ohne den Ausschluss eine sachgemäße Abwicklung nicht zu erreichen wäre.[120] Regelmäßig wird es den übrigen Gesellschaftern indes zumutbar sein, den Verbleib des Störers in der Gesellschaft bis zur vollständigen Liquidation zu dulden. Da das persönliche Zusammenwirken aller Gesellschafter, etwa bei Beschlüssen, nur ausnahmsweise in Betracht kommt, entfällt neben den Rechtsbehelfen nach §§ 146 Abs. 2, 147 regelmäßig ein Bedürfnis für die Ausschließung. Von ihr ist namentlich dann mit größter Zurückhaltung Gebrauch zu machen, wenn der wichtige Grund nicht in einem Verschulden des betreffenden Gesellschafters, sondern in einer anderen Ursache, z.B. unverschuldeter Krankheit, besteht. Muss die Gesellschaft ohnehin liquidiert werden, so bildet jedenfalls das Interesse der übrigen Gesellschafter, die Abwicklung ohne den Beklagten durchzuführen, etwa um das Unternehmen allein günstiger zu verkaufen, keinen wichtigen Grund. Die Absicht, den auszuschließenden Gesellschafter durch Verweisung auf den Abfindungsanspruch finanziell schlechter zu stellen, rechtfertigt die Ausschließungsklage in keinem Fall.[121]

In **zeitlicher** Hinsicht ergeben sich für die Berücksichtigung von Ausschlussgründen **32**
aus der zwischenzeitlichen Auflösung **keine Besonderheiten.** Berücksichtigungsfähig sind alle Umstände bis zur letzten mündlichen Tatsachenverhandlung (Rn 8). Bei ihrer Wertung darf allerdings der Eintritt der Auflösung nicht außer Betracht bleiben, da er auch Auswirkungen auf die Vertragspflichten der Gesellschafter, insbesondere auf die gegenseitige Treupflicht hat. Vorfälle, die im Rahmen einer werbenden Gesellschaft als grober Vertragsverstoß zu werten sind und insoweit den Ausschließungsanspruch begründen, haben regelmäßig nicht das gleiche Gewicht, wenn sie sich erst nach Auflösung der Gesellschaft ereignen.

Nach **Beendigung** der Gesellschaft ist für eine Ausschließungsklage mangels eines Per- **33**
sonenverbands kein Raum mehr.[122] Macht etwa ein Gesellschafter von einem ihm wirksam eingeräumten Ausschließungsrecht gegenüber den übrigen Gesellschaftern Gebrauch (dazu

---

117 So zu Recht schon *Hueck* OHG § 29 I 2c g, S. 442; vgl. ferner MünchKommHGB/*K. Schmidt* Rn 34; Heymann/*Emmerich* Rn 4; Ebenroth/Boujong/Joost/Strohn/*Lorz* Rn 4; **aA** BGHZ 1, 324 (332) = NJW 1951, 650.

118 MünchKommHGB/*K. Schmidt* 34; Heymann/*Emmerich* Rn 4; **aA** *Grunewald* Ausschluß, S. 63.

119 RG JW 1938, 2214.

120 OGHZ 3, 203 (217); BGHZ 1, 324 (332) = NJW 1951, 650; MünchKommHGB/*K. Schmidt* Rn 34; Ebenroth/Boujong/Joost/Strohn/*Lorz* Rn 4; Heymann/*Emmerich* Rn 4; Baumbach/*Hopt* Rn 2; insoweit zutreffend auch *Grunewald* Ausschluß, S. 63.

121 *Hueck* OHG § 29 I 2c, S. 442; Schlegelberger/*K. Schmidt* Rn 3; näher Rn 19.

122 EinhM, vgl. nur RG JW 1938, 2214; MünchKommHGB/*K. Schmidt* Rn 8; Heymann/*Emmerich* Rn 4.

Rn 25, 53), erlischt damit die Gesellschaft. Die übrigen Gesellschafter können diese Wirkung nicht dadurch beseitigen, dass sie gegen den Kündigenden die Ausschließungsklage erheben; erfolgt die Ausschließung vor Eintritt der Rechtskraft ist der Rechtsstreit durch Beendigung der Gesellschaft in der Hauptsache erledigt.[123] – Der nach § 140 verklagte Gesellschafter darf den Erlass des Ausschließungsurteils nicht dadurch verhindern, dass er den Prozess verschleppt und gleichzeitig die beschleunigte Abwicklung zum Zweck der Vollbeendigung der Gesellschaft betreibt. Die Kläger können hier statt der Abberufung des Beklagten als Liquidator diesem auch die Fortsetzung der Abwicklung durch einstweilige Verfügung untersagen.[124]

VIII. Ausschließungsklage und Schadensersatz

34 Ebenso wie bei der Auflösung nach § 133 (vgl. § 133 Rn 44 f) kommen auch neben der Ausschließung Schadensersatzansprüche wegen schuldhafter Vertragsverletzung gegen den Ausgeschlossenen in Betracht. Die Ausschließung als solche reicht freilich zur Begründung einer Schadensersatzpflicht nicht aus.[125] Hinzu kommen müssen vielmehr die Schadensersatzvoraussetzungen nach allgemeinem bürgerlichem Recht. Die Geltendmachung von Schadensersatz hat hier freilich geringere Bedeutung als bei erfolgreicher Auflösungsklage, da durch den Ausschluss des Störers zumindest die Entstehung künftiger Schäden in der Regel unterbleiben wird.

C. Klage und Urteil

I. Der Ausschließungsanspruch als Gestaltungsklagerecht

35 Der Anspruch auf Ausschließung des Gesellschafters, in dessen Person ein wichtiger Grund gegeben ist, muss nach § 140 im Wege der Gestaltungsklage durchgesetzt werden (zur entsprechenden Lage beim Auflösungsanspruch vgl. § 133 Rn 46).[126] Die Ausschließung wird erst mit Rechtskraft des der Klage stattgebenden Urteils wirksam. Anders als bei der gerichtlichen Auflösung ist für die Berechnung des Abfindungsanspruchs die Vermögenslage im **Zeitpunkt der Klageerhebung** maßgeblich (**§ 140 Abs. 2**). Zur Vereinbarung einer von § 140 abweichenden Form des Ausschlusses, insbesondere des Ausschlusses durch Beschluss der übrigen Gesellschafter, vgl. Rn 53 und 57.

II. Die Ausschließungsklage

1. Parteien

36 a) **Kläger; notwendige Streitgenossenschaft.** Parteien der Ausschließungsklage sind die Gesellschafter; die Gesellschaft ist Gegenstand, nicht Partei des Rechtsstreits.[127] Als

---

[123] RG JW 1938, 2214, vgl. näher Rn 8.

[124] RGZ 102, 375 (377).

[125] RGZ 101, 55 (60); zu eventuellen Schadensersatzansprüchen des ausgeschlossenen Gesellschafters nach provoziertem Ausschluss durch die Mitgesellschafter, vgl. *Paefgen* ZIP 1990, 839 ff.

[126] Zum Einsatz einstweiliger Verfügungen in Ausschließungsfällen vgl. *Kiethe* NZG 2004, 114 ff.

[127] Ganz hM; vgl. § 133 Rn 48 sowie MünchKommHGB/*K. Schmidt* Rn 66; Ebenroth/Boujong/Joost/Strohn/*Lorz* Rn 28; Baumbach/*Hopt* Rn 17; Heymann/*Emmerich* Rn 22; s.a. OLG München NZG 1999, 590 (für Klage auf Feststellung eines wichtigen

Kläger müssen sich dabei nach ausdrücklicher Vorschrift des § 140 Abs. 1 („sofern die übrigen Gesellschafter dies beantragen") sämtliche in der Gesellschaft verbleibenden Gesellschafter beteiligen. Sie bilden eine notwendige Streitgenossenschaft aus materiellen Gründen (§ 62 Abs. 1, 2. Fall ZPO),[128] da der Ausschließungsanspruch ihnen nur gemeinschaftlich zusteht (Rn 5). Die Notwendigkeit der Mitwirkung aller übrigen Gesellschafter auf der Klägerseite ist im Grundsatz unstreitig.

Umstritten ist demgegenüber auch bei § 140, ob eine **Ausnahme** von der notwendigen Streitgenossenschaft auf der Aktivseite zugelassen werden kann, wenn ein Gesellschafter sein **bindendes Einverständnis** mit dem Klageziel erklärt hat (vgl. § 133 Rn 53 für die Parallelfrage bei § 133, dort zur Passivseite). Die hM bejaht dies,[129] *Gegenstimmen* im neueren Schrifttum lehnen demgegenüber eine Rechtskrafterstreckung auf die nicht am Prozess beteiligten Gesellschafter insgesamt ab[130] oder machen sie von der zusätzlichen Voraussetzung einer Beiladung der nicht prozesswilligen Gesellschafter abhängig, und zwar analog § 856 ZPO[131] bzw. wollen sie – so im Falle des § 140 – durch das Modell einer Klage durch die Gesellschaft ersetzen, die ggf. im Wege der actio pro socio auch durch einzelne Gesellschafter geführt werden kann.[132] – Wegen der *Stellungnahme* kann mutatis mutandis auf § 133 Rn 54 verwiesen werden (s. ferner § 117 Rn 50 f). Auch für § 140 ist der hM daher zuzustimmen. Die bindende Einwilligung in die Ausschließung eines Gesellschafters macht somit die Beteiligung des Einwilligenden am Prozess entbehrlich; sie ist als *Prozessführungsermächtigung* zu qualifizieren und damit **Prozessvoraussetzung** (§ 133 Rn 49, 53, 55). 37

Allgemein anerkannt ist die Zulässigkeit einer gleichzeitigen Ausschließungsklage **gegen mehrere Gesellschafter**, von denen jeder die Voraussetzungen der Ausschließung erfüllt,[133] 38

Grundes); **aA** (für körperschaftlich strukturierte OHG/KG) *Nitschke* S. 314 f; ähnlich *Grunewald* Ausschluß, S. 106 f (mit allerdings für die Personengesellschaft nicht überzeugendem Hinweis auf die Rechtslage bei Verein und GmbH) sowie neuerdings allgemein *Schwab* Prozessrecht, S. 197 ff (dazu näher § 131 Rn 50).

128 Vgl. BGHZ 30, 195 (197) = NJW 1959, 1683; Baumbach/*Hopt* Rn 17; Stein/Jonas/*Bork* ZPO[22] § 62 Rn 15; *Ulmer* FS Geßler, 1971, S. 278; *Lüke* JuS 1998, 594 (595); *Nickel* JuS 1977, 14 (15); im Ergebnis auch *K. Schmidt* Mehrseitige Gestaltungsprozesse, S. 96; MünchKommHGB/*K. Schmidt* Rn 73; s.a. § 117 Rn 63.

129 So BGH NJW 1958, 418 (obiter); 1998, 146; ZIP 2002, 710 (711); OLG München NZG 1999, 590; der Sache nach auch RGZ 146, 169 (175); BGHZ 68, 81 (83) = NJW 1977, 1013; *R. Fischer* NJW 1959, 1057 ff; Ebenroth/Boujong/Joost/Strohn/*Lorz* Rn 28; Baumbach/*Hopt* Rn 17; Röhricht/Graf v. Westphalen/*v. Gerkan/Haas* Rn 17; *Hueck* OHG § 29 I 2c, S. 444; *H. P. Westermann* Vertragsfreiheit, S. 224 f; *Westermann* Handbuch Rn I, 1120; *Grunewald* Ausschluß, S 101 ff; *Mayer* BB 1992, 1497 (1499); *Lindacher* FS Paulick, 1973, S. 73 (78); **aA** OLG Nürnberg WM 1958, 710 ff; 3. Aufl Rn. 32 (*Ulmer*); *ders.* FS Geßler, 1971, S. 276 ff; Zweifel auch bei *Lüke* JuS 1998, 594 (595 f).

130 So *K. Schmidt* Mehrseitige Gestaltungsprozesse, S. 70 ff; MünchKommHGB/*K. Schmidt* Rn 71; dem folgend OLG München NZG 2001, 1028 (1033).

131 So *H.Roth* FS Großfeld, 1999, S. 915 (921 ff, 926 f). – Hierbei soll abweichend von Abs. 2 der Anschluss auch auf Beklagtenseite möglich sein und abweichend von Abs. 3 auch der Kläger die Beiladung beantragen können.

132 So *Schwab* Prozeßrecht § 3 B III.

133 RGZ 122, 312 (314); BGHZ 64, 253 (255) = NJW 1975, 1410; 68, 81 (83 f) = NJW 1977, 1013; MünchKommHGB/*K. Schmidt* Rn 74; Ebenroth/Boujong/Joost/Strohn/*Lorz* Rn 32; Heymann/*Emmerich* Rn 25; Baumbach/*Hopt* Rn 19; *Hueck* OHG § 29 I 2c, S. 444; *Westermann* Handbuch Rn I 1120; *Mayer* BB 1992, 1497; *Papst* BB 1978, 892 (896); *Grunewald* Ausschluß, S. 101 ff; eingehend *Kulka* S. 68 ff.

und zwar auch dann, wenn die Ausschlussgründe sachlich nicht zusammenhängen. Es kommt also nur darauf an, dass den klagenden Gesellschaftern die Fortsetzung der Gesellschaft mit keinem der Beklagten mehr zugemutet werden kann. Ist ein Ausschließungsgrund indes auch nur bei einem von ihnen zu verneinen, so fehlt es an einer Prozessvoraussetzung für die Verurteilung auch der anderen, weil nicht alle „übrigen" Gesellschafter auf der Klägerseite vertreten sind. Die Klage gegen diese ist dann (als unzulässig) abzuweisen, sofern nicht jeder der Gesellschafter hilfsweise auf Zustimmung verklagt worden ist bzw. sich mit der Ausschließung der anderen einverstanden erklärt hat (Rn 39).[134] – Hat sich **ein** Gesellschafter **freiwillig zum Ausscheiden** im Zeitpunkt der Rechtskraft des Ausschließungsurteils **verpflichtet**, braucht dieser nicht mitverklagt zu werden.[135] In der Verpflichtungserklärung ist nämlich regelmäßig zugleich das Einverständnis mit der Ausschließung des anderen Gesellschafters zu sehen (Rn 37), so dass es für die Zulässigkeit der Klage gegen den anderen Gesellschafter keines zusätzlichen, mit der Ausschließungsklage zu führenden Nachweises bedarf, dass gegen den zustimmenden Gesellschafter tatsächlich ein Ausschließungsgrund vorgelegen hat.[136]

39 b) **Mitwirkungspflicht der übrigen Gesellschafter.** Die Notwendigkeit der Beteiligung sämtlicher in der Gesellschaft verbleibenden Gesellschafter auf der Aktivseite – sei es durch Übernahme einer Klägerrolle, sei es durch bindende Einverständniserklärung (Rn 38) – hat zu der weiteren Frage geführt, ob beim Vorliegen eines Ausschließungsgrundes in der Person eines Gesellschafters die übrigen zur Mitwirkung an der Ausschließungsklage verpflichtet sind (zur entsprechenden Frage bei der Entziehung der Geschäftsführungsbefugnis vgl. § 117 Rn 49). Dies ist mit der heute ganz hM zu bejahen.[137] Für die **Mitwirkungspflicht** bei der Ausschließungsklage gelten die gleichen Grundsätze wie für die Pflicht zur Mitwirkung an Vertragsänderungen,[138] weil sich die Gestaltungsklage nach § 140 gleichfalls auf eine Vertragsänderung richtet. Rechtsgrundlage für die Mitwirkungspflicht ist demnach die gesellschaftsrechtliche Treupflicht. Erfor-

---

134 BGHZ 68, 81 (83 f) = NJW 1977, 1013; OLG Düsseldorf NJW 1947, 66; Ebenroth/Boujong/Joost/Strohn/*Lorz* Rn 32; Heymann/*Emmerich* Rn 25; Baumbach/*Hopt* Rn 19; *Hueck* OHG § 29 I 2c, S. 444; *Mayer* BB 1992, 1497 (1498); § 117 Rn 63; **aA** MünchKommHGB/*K. Schmidt* Rn 67, 74; *ders.* Mehrseitige Gestaltungsprozesse, S. 77 ff, 190; folgend OLG München NZG 2001, 1028 (1033) (Prozessbeteiligung des anderen als solche reicht).

135 RGZ 146, 169 (173); BGHZ 68, 81 (83 f) = NJW 1977, 1013; Baumbach/*Hopt* Rn 19; *Hueck* OHG § 29 I 2c, S. 444; im Ergebnis auch MünchKommHGB/*K. Schmidt* Rn 72.

136 So aber noch *Ulmer* FS Geßler, 1971, S. 280 (vgl. § 117 Rn 50 f); *Lüke* JuS 1998, 594 (595) mwN.

137 BGHZ 64, 253 (257 f) = NJW 1975, 1410; 68, 81 (82 f) = NJW 1977, 1013; MünchKommHGB/*K. Schmidt* Rn 60; Ebenroth/Boujong/Joost/Strohn/*Lorz* Rn 29f; OLG München NZG 1999, 591 (593); BGH NJW-RR 1997, 925 (926); Heymann/*Emmerich* Rn 25; Baumbach/*Hopt* Rn 20; *Grunewald* Ausschluß, S. 102 ff; *Lindacher* FS Paulick, 1973, S. 73 (78 ff); *R. Fischer* NJW 1954, 777 (780); *ders.* NJW 1959, 1057 (1060); *Zöllner* S. 347 f; **aA** noch *Hueck* OHG § 10 VII 4, 29 I 2c, S. 443 sowie *Kollhosser* NJW 1976, 144 f; *Flume* FS Rittner, 1991, S. 119 (123 f) (unberechtigte Zustimmungsverweigerung ist nur Ausschließungsgrund); abweichend – aufgrund seines Ansatzes (dazu Rn 37) – auch *K. Schmidt* Mehrseitige Gestaltungsprozesse, S. 85 ff, 90 ff und MünchKommHGB/*K. Schmidt* Rn 70 (widerstrebender Gesellschafter wird auf Ausschließung des anderen mitverklagt); vgl. ferner *H. Roth* FS Großfeld, 1998, S. 915 (919) (dazu Rn 37); sowie *Papst* BB 1977, 1524 ff.

138 Näher dazu § 105 Rn 234 f und § 117 Rn 53; vgl. ferner MünchKommHGB/*K. Schmidt* Rn 60; abl. *Flume* FS Rittner, 1991, S. 119 ff.

derlich für die Annahme einer Mitwirkungspflicht ist demnach zwar, dass die Vertragsänderung im Interesse der Erhaltung gemeinsam geschaffener Werte dringend geboten und dem widerstrebenden Gesellschafter eine Mitwirkung zumutbar ist.[139] Doch verbindet sich mit der Feststellung eines Ausschließungsgrundes, d.h. der sich aus einer umfassenden Interessenabwägung ergebenden Unzumutbarkeit für die Mitgesellschafter, am unveränderten Gesellschaftsvertrag festzuhalten, regelmäßig zugleich die Bejahung einer Mitwirkungspflicht kraft Treupflicht (näher § 117 Rn 53).[140]

Die Mitwirkungspflicht (Rn 39) kann gerichtlich im Wege der **Leistungsklage durchgesetzt** werden; sie ist auf Zustimmung zur Ausschließung zu richten;[141] das rechtskräftige Urteil ist nach § 894 ZPO vollstreckbar, es ersetzt also die Zustimmungserklärung.[142] Mit der hM ist grundsätzlich auch die – prozessökonomisch vorteilhafte – **Verbindung von Ausschließungs- und Mitwirkungsklage**[143] als zulässig anzusehen, obwohl die theoretische Möglichkeit, dass das Mitwirkungsurteil im Rechtsmittelweg aufgehoben wird, während das Ausschließungsurteil in Rechtskraft erwächst, nicht vollends befriedigend zu lösen ist (Näheres bei § 117 Rn 55 f). 40

c) **Beklagter.** Beklagter im Ausschließungsprozess ist der auszuschließende Gesellschafter. **Mehrere** gleichzeitig auf Ausschluss verklagte Gesellschafter (näher Rn 38) sind **notwendige Streitgenossen.**[144] Zwar kann das Gericht bei Prüfung des Ausschließungsgrundes zu unterschiedlichen Ergebnissen kommen, selbst wenn die Ausschließungsklage gegen beide auf die gleichen Umstände gestützt wird, weil die Beurteilung des wichtigen Grundes stets auch von zusätzlichen Merkmalen in der Person der Beklagten (Verdienste um den Aufbau in der Gesellschaft, Gesellschafterstellung u.a.) abhängt (Rn 13). Ist aber die Klage gegen den einen Gesellschafter unbegründet, so muss auch die Klage gegen den anderen wegen Fehlens einer Prozessvoraussetzung abgewiesen werden (Rn 38). 41

2. Klageantrag. Der Klageantrag muss auf Ausschließung lauten; er lautet: „Gesellschafter X wird ausgeschlossen."[145] Das gilt wegen Abs. 1 S. 2 auch in der *Zweipersonengesellschaft* (vgl. Rn 20 ff). Soweit nicht sämtliche Gesellschafter am Prozess beteiligt sind, ist die **Zustimmungserklärung** der übrigen als Prozessvoraussetzung (Rn 37) beizubringen (§ 131 Rn 56). Der Antrag kann auch im Wege der **Widerklage**, nicht aber als 42

---

139 § 105 Rn 234 f; vgl. auch RGZ 162, 388 (396); BGHZ 64, 253 (258 f) = NJW 1975, 1410 m. Anm. *Ulmer* JZ 1976, 97 f; **aA** noch *Kohler* NJW 1951, 5 ff.

140 Enger noch 3. Aufl. Rn 34 (*Ulmer*) sowie OLG Nürnberg WM 1958, 710 (713) (Unzumutbarkeit beim Ausschluss von Verwandten).

141 Der Antrag lautet: „Gesellschafter x wird verurteilt, der Ausschließung des Gesellschafters y zuzustimmen", BGH NJW-RR 1997, 925.

142 EinhM, vgl. BGHZ 64, 253 (256); 68, 81 (83); Ebenroth/Boujong/Joost/Strohn/*Lorz* Rn 29; § 117 Rn 54; kritisch zur Begründung aber MünchKommHGB/*K. Schmidt* Rn 70.

143 BGHZ 68, 81 (84 f) = NJW 1976, 1013; BGH WM 1979, 1388; § 117 Rn 55; *Fischer* NJW 1959, 1057 (1060); *Kohler* NJW 1951, 6; *Schramm* MDR 1963, 174 ff; *Mayer* BB 1992, 1493 (1494); Heymann/*Emmerich* Rn 25; Baumbach/*Hopt* Rn 20; eingehend *Merle* ZGR 1979, 67 ff; *Papst* BB 1978, 893 ff; grds. auch *Grunewald* Ausschluß, S. 104 f; **aA** noch 3. Aufl. Rn 35 (*Ulmer*); *ders.* FS Geßler, 1971, S. 281 f; *Nickel* JuS 1977, 14 ff; zur abweichenden Konzeption von *K. Schmidt* (etwa MünchKommHGB Rn 71) vgl. die Hinweise in Rn 37; dessen Kritik (Rn 61, 68) ist in diesem Punkt freilich berechtigt.

144 Vgl. die Nachweise in Fn 134 sowie *Lüke* JuS 1998, 594; krit. MünchKommHGB/*K. Schmidt* Rn 67, 74.

145 Vgl. MünchKommHGB/*K. Schmidt* Rn 75.

Einwendung geltend gemacht werden (§ 133 Rn 55). Ausschließungsantrag und Auflösungsantrag sind zu unterscheiden; weder kann der Ausschließungsantrag zur Auflösung führen noch umgekehrt der Auflösungsantrag zur Ausschließung.[146] Der Übergang von einem zum anderen Antrag bedeutet demgemäß eine Klageänderung. Zulässig ist es aber, **Ausschließungs- und Auflösungsklage zu verbinden**, insbesondere den Auflösungsantrag hilfsweise neben den Ausschlussantrag zu stellen;[147] dagegen kommt eine Aussetzung des Auflösungsprozesses bis zur Entscheidung über die Ausschließungsklage nicht in Betracht.[148] Zur Klageschrift und zu den in zeitlicher Hinsicht berücksichtigungsfähigen Klagegründen vgl. § 133 Rn 55 f, zu Klagefrist und Zuständigkeit § 133 Rn 57 f. Nach Ansicht des BGH bestimmt sich der **Streitwert** nach dem Wert der Anteile der *klagenden* Gesellschafter.[149]

43 **3. Auflösung, anderweitiges Ausscheiden des Beklagten.** Die zwischenzeitliche Auflösung der Gesellschaft hindert die Fortsetzung der Ausschließungsklage nicht (Rn 29); sie kann aber Bedeutung haben für die an den Ausschließungsgrund zu stellenden Anforderungen (Rn 30). Scheidet der Beklagte während des Rechtsstreits aus der Gesellschaft aus, so ist die **Hauptsache** dadurch **erledigt**;[150] gegen einen etwaigen Rechtsnachfolger kann die Ausschließungsklage regelmäßig nicht betrieben werden (Rn 8). Das freiwillige Ausscheiden ermöglicht es den Parteien, in Abweichung von § 140 Abs. 2 einen anderen Abfindungsstichtag als den Tag der Klageerhebung zu vereinbaren.

III. Das Ausschließungsurteil

44 Die Ausschließung nach § 140 erfolgt durch (rechtskräftiges) Urteil, bei dem es sich somit um ein **Gestaltungsurteil** handelt (s.a. § 133 Rn 62). Es kann als *Versäumnisurteil* ergehen.[151] Auch ein *Schiedsurteil* ist zulässig; der Eintritt der Ausschlusswirkung setzt hier freilich voraus, dass es rechtskräftig für vollstreckbar erklärt ist (§ 133 Rn 75). Ein Ausschluss im Wege der *einstweiligen Verfügung* ist wegen der endgültigen Wirkung der Entscheidung nicht möglich. Wegen der Einzelheiten vgl. die entsprechenden Erläuterungen zum Auflösungsurteil (§ 133 Rn 63). – Im *Wiederaufnahmeverfahren* gegen ein Ausschlussurteil können neue Ausschlussgründe mit gewissen Einschränkungen berücksichtigt werden.[152] Liegen die Voraussetzungen des § 140 nach der wertenden Beurteilung des Gerichts vor, so **muss** es auf Antrag den Ausschluss aussprechen. Der anscheinend abweichende Wortlaut des § 140 Abs. 1 („… kann vom Gericht … ausgesprochen werden“) steht nicht entgegen.[153] Geringere als die beantragten Rechtsfolgen (z.B. Ent-

---

146 RGZ 24, 136 (140); RG LZ 1916, 40; MünchKommHGB/*K. Schmidt* Rn 77; Ebenroth/Boujong/Joost/Strohn/*Lorz* Rn 27; Baumbach/*Hopt* Rn 21.

147 RG JW 1917, 292; OLG Frankfurt BB 1971, 1479; MünchKommHGB/*K. Schmidt* Rn 76 f; Ebenroth/Boujong/Joost/Strohn/*Lorz* Rn 27; Heymann/*Emmerich* Rn 27; Baumbach/*Hopt* Rn 21.

148 So OLG Frankfurt BB 1971, 1479; Ebenroth/Boujong/Joost/Strohn/*Lorz* Rn 27; Heymann/*Emmerich* Rn 27; kritisch Schlegelberger/*K. Schmidt* Rn 59.

149 BGH WM 1979, 560 (561); zweifelhaft, vgl. Schlegelberger/*K. Schmidt* Rn 47, der mit gutem Grund für den Wert des Anteils des Beklagten plädiert.

150 MünchKommHGB/*K. Schmidt* Rn 79; Ebenroth/Boujong/Joost/Strohn/*Lorz* Rn 33.

151 MünchKommHGB/*K. Schmidt* Rn 78.

152 Näher BGHZ 18, 350 (358, 365).

153 EinhM, vgl. RGZ 122, 312 (314 f); MünchKommHGB/*K. Schmidt* Rn 81; Ebenroth/Boujong/Joost/Strohn/*Lorz* Rn 34; Baumbach/*Hopt* Rn 23.

ziehung der Geschäftsführungs- oder Vertretungsbefugnis) kann das Gericht nur auf (Hilfs-)Antrag der Parteien (§ 308 ZPO) aussprechen.[154]

IV. Rechtsfolgen des Ausschließungsurteils

1. Urteilswirkungen. Das auf Ausschließung des (genau bezeichneten) Gesellschafters aus der (genau bezeichneten) Gesellschaft lautende Urteil entfaltet seine **Gestaltungswirkung** (Rn 47) unmittelbar mit Eintritt der **Rechtskraft** (§ 133 Rn 65; zum Auseinandersetzungsstichtag vgl. aber Rn 49). Sie besteht im (vertragsändernden) **Ausscheiden** des beklagten Gesellschafters unter Fortbestand der werbenden Gesellschaft zwischen den übrigen Gesellschaftern, sofern nach dem Ausschluss zwei oder mehrere Gesellschafter verbleiben (zum Sonderfall des Abs. 1 S. 2 vgl. Rn 20). Da die gestaltende Wirkung keiner Vollstreckungshandlung bedarf, ist auch eine vorläufige Vollstreckbarerklärung nur hinsichtlich der Kosten möglich.[155] Das Ausscheiden erfolgt unabhängig von etwaigen Beschlüssen der übrigen Gesellschafter: So wenig sie mangels abweichender Vertragsbestimmung (Rn 57) den Ausschluss gegen den Willen des Beklagten durch Gesellschafterbeschluss herbeiführen können, so wenig können sie die Urteilswirkungen einseitig rückgängig machen. Zu einer Fortsetzung der Gesellschaft mit dem Beklagten oder zur Abwicklung mit ihm bedarf es vielmehr seiner vertraglichen Neuaufnahme. 45

Bis zur (formellen) Rechtskraft des Ausschlussurteils bleibt die **Gesellschafterstellung des Beklagten** im Innen- und Außenverhältnis grundsätzlich unberührt. Er behält seine Gesellschafterrechte und -pflichten, soweit sie ihm nicht nach §§ 117, 127 im Wege der einstweiligen Verfügung entzogen sind (§ 117 Rn 67 ff). Insbesondere bleibt ihm das Recht zur Mitwirkung an Gesellschafterbeschlüssen (§§ 116, 119), das Entnahmerecht (§ 123) und – vorbehaltlich des Erfolgs der Ausschließungsklage (§ 140 Abs. 2) – die Beteiligung am Gewinn und Verlust erhalten (§§ 120, 121). Ebenso bestehen auch seine Verpflichtungen fort wie Einlagepflicht, Treupflicht und Wettbewerbsverbot. Auch seine Haftung gegenüber Gesellschaftsgläubigern erfährt während des Rechtsstreits keine Änderung, unabhängig davon, ob die Gläubiger von Klageerhebung und Ausschließungsgrund Kenntnis haben.[156] 46

2. Ausschließungsfolgen

a) Fortbestand der Gesellschaft als Regelfall. Ebenso wie beim Ausscheiden des Gesellschafters aus sonstigen Gründen besteht die Gesellschaft unter den übrigen grundsätzlich unverändert fort, sofern zwei oder mehr Gesellschafter verbleiben (§ 131 Rn 107 ff). Eine Identitätsänderung ist mit der Ausschließung nicht verbunden. Der Gesellschaftsvertrag bildet weiterhin die Grundlage für die Beziehungen der verbleibenden Gesellschafter; allerdings kann durch das Ausscheiden des Beklagten eine Anpassung in bestimmten Punkten (Geschäftsführung, Beitragspflicht, Gewinnverteilung) erforderlich werden (s.a. § 131 Rn 107, 115). Das Recht zur Firmenfortführung bleibt grundsätzlich unberührt; nur wenn der Name des Ausgeschlossenen in der Firma erhalten war, bedarf es zur Beibehaltung der Firma dessen Zustimmung (§ 24 Abs. 2, vgl. § 24 Rn 21, 26 ff [*Burgard*]). 47

---

[154] Zur Eventualklage näher MünchKommHGB/*K. Schmidt* Rn 76; Ebenroth/Boujong/Joost/Strohn/*Lorz* Rn 24; vgl. auch § 117 Rn 61 f.

[155] KG JW 1924, 1179.

[156] Vgl. MünchKommHGB/*K. Schmidt* Rn 83; Heymann/*Emmerich* Rn 28.

Auch zu einer Abwicklung kommt es nicht; dem Ausgeschlossenen steht vielmehr nur ein Abfindungsanspruch zu (Rn 48). Sein Anteil am Gesellschaftsvermögen wächst den verbleibenden Gesellschaftern im Verhältnis ihrer Beteiligung an. Das Ausscheiden des ausgeschlossenen Gesellschafters ist zur **Eintragung** im Handelsregister anzumelden (§ 143 Abs. 2); einer Mitwirkung des Ausgeschlossenen bedarf es dabei nicht (§ 16 Abs. 1 HGB). Die Eintragung ins Handelsregister hat jedoch nur **deklaratorische** Wirkung. – Wegen der Besonderheiten beim Ausschluss aus der *zweigliedrigen Gesellschaft* vgl. Rn 23 ff.

48 b) **Auseinandersetzung mit dem Ausgeschiedenen.** Soweit vertraglich nichts Abweichendes bestimmt ist, erfolgt die Auseinandersetzung mit dem ausgeschiedenen Gesellschafter nach den gleichen Grundsätzen wie beim Ausscheiden aufgrund Gesellschaftsvertrags oder freiwilliger Vereinbarung (näher § 131 Rn 117 ff). Der Ausgeschiedene hat Anspruch auf sein **Abfindungsguthaben** gegen die Gesellschaft und die übrigen Gesellschafter; mangels abweichender Vereinbarung ist es unter Zugrundelegung des Verkehrswertes der Gesellschaft zu berechnen (§ 131 Rn 155 ff). Der Ausgeschiedene kann Befreiung von den gemeinschaftlichen Schulden verlangen (§ 131 Rn 120 ff) und nimmt an Gewinn und Verlust aus schwebenden Geschäften teil (§ 131 Rn 127 ff). Andererseits ist er auch zur Deckung eines Fehlbetrages verpflichtet (§ 131 Rn 123 ff). Er hat das Recht zur Einsicht in die Handelsbücher der Gesellschaft, soweit sie zur Feststellung seines Abfindungsguthabens erforderlich ist (§ 131 Rn 115). In der Verwertung der rechtmäßig in der Gesellschaft erlangten Fähigkeiten und geschäftlichen Erfahrungen ist der Ausgeschlossene grundsätzlich nicht beschränkt, bleibt aber auch nach dem Ausscheiden noch zu gewisser Rücksicht verpflichtet (näher § 131 Rn 115 f).

49 c) **Stichtag der Auseinandersetzung (§ 140 Abs. 2).** Für die vermögensrechtlichen Folgen des Ausscheidens ordnet § 140 Abs. 2 eine Rückbeziehung auf den Zeitpunkt der **Klageerhebung** an; hierunter ist derjenige Zeitpunkt zu verstehen, in dem alle Gesellschafter am Verfahren beteiligt sind, sofern sie keine bindende Einverständniserklärung (Rn 37) abgegeben haben.[157] Die Rückbeziehung gilt aber allein für das Innenverhältnis; der Eintritt der Urteilswirkungen (Rn 45) bleibt hiervon unberührt.[158] Ziel der Regelung ist es, die Berechnung des Abfindungsguthabens von dem zufälligen Datum des Eintritts der Rechtskraft unabhängig zu machen und die Gesellschafter gegen die vermögensrechtlichen Nachteile einer Prozessverschleppung durch den Beklagten zu schützen.[159] Andererseits wird auch der Ausgeschlossene davor bewahrt, im Innenverhältnis an den Unternehmensrisiken während des Rechtsstreits teilzunehmen. Die Abschichtungsbilanz (§ 131 Rn 149) ist somit auf den Stichtag der Klageerhebung zu erstellen. Zur Vermeidung von Schwierigkeiten, die durch die meist große Zeitspanne bis zur Rechtskraft des Urteils auftreten können, empfiehlt sich die vorsorgliche Aufstellung der Bilanz alsbald nach Klageerhebung. Hierauf hat grundsätzlich vor allem auch der Beklagte im Rahmen der gesellschaftlichen Treupflicht einen Anspruch. – Zur **Verzinsung** des Anspruchs vgl. § 131 Rn 146.

50 Eine **abweichende** Festsetzung des Auseinandersetzungsstichtags im **Ausschlussurteil** ist, anders als bei der gerichtlichen Auflösung (§ 133 Rn 55, 66), angesichts der binden-

[157] MünchKommHGB/*K. Schmidt* Rn 87; offen lassend BGH NJW 1972, 1320.

[158] MünchKommHGB/*K. Schmidt* Rn 83, 87; Ebenroth/Boujong/Joost/Strohn/*Lorz* Rn 36.

[159] Vgl. BGH WM 1965, 974 (975); Ebenroth/Boujong/Joost/*Lorz* Rn 36; Heymann/*Emmerich* Rn 29.

den Vorschrift des § 140 Abs. 2 im Grundsatz ausgeschlossen. Anderes gilt nur für den Fall, dass als entscheidender Ausschließungsgrund nicht die in der Klageschrift angeführten Umstände, sondern Tatsachen aus der Zeit nach Rechtshängigkeit der Ausschließungsklage gewertet werden. Hier müsste die Regelung des § 140 Abs. 2 zu großer Unbilligkeit führen. Außerdem dient Abs. 2 nicht der Prozessökonomie, sondern wählt einen Zeitpunkt, in dem die Klage typischerweise begründet ist. Auf entsprechenden Antrag des Beklagten hin hat das Gericht in dem erwähnten (Sonder-) Fall daher ausnahmsweise als Stichtag denjenigen Zeitpunkt im Urteil festzusetzen, in dem die den Ausschluss begründenden Umstände eingetreten sind.[160] Entsprechendes gilt, wenn sonstige Klagevoraussetzungen erst im Laufe des Rechtsstreits gegeben sind.[161] Die verbleibenden Gesellschafter können sich schließlich mit dem Ausgeschlossenen auch auf einen **abweichenden Termin einigen**, etwa auf das auf die Klageerhebung oder das Ausschlussurteil folgende Geschäftsjahresende (vgl. Rn 53).

d) **Das Erlöschen der Gesellschaft als Ausnahmefall (Abs. 1 S. 2).** Verbleibt nach dem **51** Ausschluss nur noch ein Gesellschafter, so führt dies abweichend von den allgemeinen Grundsätzen (Rn 47 ff) zum liquidationslosen Erlöschen der Gesellschaft; sämtliche Aktiva und Passiva der bisherigen Gesellschaft gehen im Wege der **Universalsukzession** kraft Gesetzes – also ggf. außerhalb des Grundbuchs – auf den verbleibenden Gesellschafter über (Rn 26),[162] so dass auch Formvorschriften (§ 311b BGB, § 15 GmbHG) nicht zur Anwendung kommen. Der letzte Gesellschafter führt das Handelsgeschäft als **einzelkaufmännisches Unternehmen** fort. Infolge des Erlöschens der Gesellschaft entfällt das Gesamthandsvermögen. Das Gesellschaftsvermögen verliert also seinen Sonderstatus als bevorzugtes Zugriffsobjekt für die Gesellschaftsgläubiger (§ 124 Abs. 2) und vermischt sich mit dem Privatvermögen des übernehmenden Gesellschafters.[163] Der Gedanke, dem Gläubiger müsse seine Befriedigung vorrangig aus derjenigen Masse gesichert werden, der die von ihm erbrachte Leistung zugeflossen ist, ist dem geltenden Recht – nach wie vor – unbekannt.[164] Konsequenterweise **haftet** der Übernehmer daher für sämtliche Verbindlichkeiten der Gesellschaft auch mit seinem Privatvermögen (vgl. aber Rn 26), ohne sich auf §§ 159, 160 berufen zu können. **§ 25** findet mangels Lücke auch **keine** entsprechende **Anwendung**, weil schon die Universalsukzession für ausreichende Haftung

160 So auch MünchKommHGB/*K. Schmidt* Rn 87; *Hueck* OHG § 29 I 2c, S. 445; Ebenroth/Boujong/Joost/Strohn/*Lorz* Rn 36; wohl auch Heymann/*Emmerich* Rn 29; Baumbach/*Hopt* Rn 26 und Röhricht/Graf v. Westphalen/*v. Gerkan/Haas* Rn 21; **aA** aus Gründen der Prozessökonomie RGZ 101, 242 (245).

161 BGH NJW 1972, 1320, für den Fall verspäteter Beschlussfassung beim Ausschluss eines GmbH-Gesellschafters.

162 Demgegenüber ging die hM zu § 142 a.F. davon aus, dass der Vermögensübergang Folge der Gestaltungswirkung sei, dagegen aber zu Recht Schlegelberger/*K. Schmidt* § 142 Rn 3. Der Gegenansicht steht entgegen, dass der richterliche Gestaltungsakt nur den Ausschluss des Gesellschafters und damit eine Umgestaltung des Gesellschaftsvertrages bewirkt, nicht jedoch den Vermögensübergang. Er folgt vielmehr nach dem oben Gesagten aus der entsprechenden Anwendung des § 738 Abs. 1 S. 1 BGB, also qua Gesetz.

163 Ausführlicher noch 3. Aufl. § 142 Rn 27, 36 (*Ulmer*).

164 BGHZ 27, 257 (263); 48, 203 (206); 113, 132 (134); BGH ZIP 2004, 1047 (1048); 3. Aufl. § 142 Rn 36 (*Ulmer*); Schlegelberger/*K. Schmidt* § 142 Rn 36; Ebenroth/Boujong/Joost/Strohn/*Lorz* Rn 40; Baumbach/*Hopt* Rn 25; grds. krit. zur unbeschränkbaren Haftung des Gesamtrechtsnachfolgers aber *Marotzke* ZHR 156 (1992), 17 (30) (dessen Ansicht ist mit Aufhebung des § 419 BGB indes überholt).

des Übernehmers sorgt.[165] Grundsätzlich von der Universalsukzession ausgenommen sind **höchstpersönliche** Gegenstände.[166] Hinsichtlich laufender Prozesse tritt ein gesetzlicher Parteiwechsel analog §§ 230 ff, 246 ZPO ein.[167] Schon ergangene Titel können nach § 727 ZPO umgeschrieben werden.[168] – Zur **Haftungsproblematik** in der **KG** siehe Rn 26 mit Weiterverweis.

D. Abweichende Vereinbarungen

I. Abdingbarkeit des Ausschließungsanspruchs

52 **1. Grundsatz.** § 140 gehört zu denjenigen Vorschriften, die die Rechtsbeziehungen der Gesellschafter untereinander regeln, und ist daher **grundsätzlich abdingbar** (§ 109 Rn 1 ff). Gesetzliche Einschränkungen der Dispositionsfreiheit der Parteien bestehen insoweit nicht; insbesondere findet auch die Vorschrift des § 133 Abs. 3, die den Auflösungsanspruch aus wichtigem Grund für unentziehbar erklärt, nach ganz herrschender Ansicht auf § 140 keine entsprechende Anwendung.[169] Dem ist grundsätzlich zuzustimmen. Zu den unabdingbaren Grundsätzen jedes Dauerschuldverhältnisses gehört zwar das Recht der Beteiligten, sich einseitig vom Vertrag zu lösen, wenn ihnen das Festhalten daran wegen des Eintritts unvorhergesehener Umstände unzumutbar wird. Dieses Recht ist in § 133 verankert und nach Maßgabe von § 133 Abs. 3 zwingend (näher § 133 Rn 68 ff). Der Ausschließungsanspruch des § 140 will demgegenüber nicht nur sicherstellen, dass die vertragliche Bindung aufgrund einer unhaltbar gewordenen Situation gelöst bzw. umgestaltet wird. Vielmehr hat er auch die Funktion, die Gesellschaft und das von ihr betriebene Unternehmen unter Ausschaltung der Störerquelle in ihrem Bestand zu erhalten. Der Ausschluss eines Gesellschafters unter Fortbestand der Gesellschaft zwischen den übrigen setzt deshalb auch deren Übereinstimmung und Bereitschaft voraus, das gemeinsame Unternehmen ohne den Ausgeschlossenen weiter zu betreiben. Hiervon geht das Gesetz zwar als Regelfall aus. Doch kann sich aus dem Gesellschaftsvertrag ergeben, dass das gemeinsame Handelsgeschäft nur unter Beteiligung aller Gründer betrieben werden soll. Die Beseitigung oder Beschränkung des Ausschlussanspruchs ist dann Ausdruck eines besonders ausgeprägten personalistischen Charakters der Gesellschaft. Mit Rücksicht auf das fortbestehende Auflösungsrecht des § 133 kann sie den

[165] Zutr. § 25 Rn 42 f (*Burgard*); MünchKommHGB/*Lieb* § 25 Rn 27; Ebenroth/Boujong/Joost/Strohn/*Lorz* Rn 40; *K. Schmidt* ZHR 145 (1981), 2 (5); irreführend OLG München NJW-RR 1996, 228 (229). – Zur entsprechenden Anwendung des § 27 Abs. 2 vgl. § 131 Rn 113 f.

[166] Dazu eingehend *C. Schäfer* Höchstpersönliche Rechte (Gegenstände) in der Aufspaltung, in: Habersack/Koch/Winter (Hrsg.), Die Spaltung im neuen Umwandlungsrecht und ihre Rechtsfolgen, ZHR-Beiheft Nr. 68, 1999, S. 114; vgl. ferner Ebenroth/Boujong/Joost/Strohn/*Lorz* Rn 39; Schlegelberger/*K. Schmidt* § 142 Rn 33; 3. Aufl. § 142 Rn 27 (*Ulmer*).

[167] BGH ZIP 2004, 1047 (1048); 2002, 614; NJW 1971, 1844; Baumbach/*Hopt* Rn 25; Schlegelberger/*K. Schmidt* Rn 33; 3. Aufl. § 142 Rn 35 (*Ulmer*).

[168] Vgl. Ebenroth/Boujong/Joost/Strohn/*Lorz* Rn 39; *Riegger* S. 88.

[169] BGHZ 68, 212 (214 f) = NJW 1977, 1292; 81, 263 (265 f) = NJW 1981, 2565; 107, 351 (356) = NJW 1989, 2681; BGH NJW 1998, 146; *Westermann/Pöllath* S. 154; Baumbach/*Hopt* Rn 28; Ebenroth/Boujong/Joost/Strohn/*Lorz* Rn 43; Heymann/*Emmerich* Rn 30; Röhricht/Graf v. Westphalen/*v. Gerkan/Haas* Rn 22; *Hueck* OHG § 29 I 2c, S. 446; *Goette* DStR 1997, 1093; mit Einschränkungen auch MünchKommHGB/*K. Schmidt* Rn 89; **aA** *Nitschke* S. 392 f; *Teichmann* S. 249.

Gesellschaftern nicht verwehrt werden. Eine Ausnahme gilt jedoch für das – unabdingbare – Recht zur Ausschließung des geschäftsführenden Gesellschafters in der **Publikumsgesellschaft.**[170] Andererseits bedarf die Ausschließung dort auch ohne besondere Vereinbarung keiner Klage, sondern kann durch (Mehrheits-)Beschluss erfolgen.[171]

2. Einzelfälle. Durch den Gesellschaftsvertrag kann der Ausschließungsanspruch somit grundsätzlich **abgeschafft, eingeschränkt oder erschwert** werden. Dies gilt seit der HGB-Reform 1998 auch für die Ausschließung aus der **zweigliedrigen Gesellschaft.** Die Vereinbarungen können sich auf den wichtigen Grund beziehen und insoweit nur bestimmte Umstände zulassen bzw. andere ausschließen (Rn 55 f), nicht allerdings die grundlose Ausschließung zulassen (Rn 54, 64). Sie können das Ausschließungsrecht generell, aber auch gegenüber bestimmten Gesellschaftern beseitigen, insbesondere gegenüber solchen, die durch Einbringung ihres Handelsgeschäfts oder Übernahme der Geschäftsführung maßgeblich zum Aufbau des gemeinsamen Unternehmens beigetragen haben.[172] Dem Ausgeschlossenen kann eine über die gesetzliche Regelung der §§ 738–740 BGB hinausgehende Abfindung zugesichert oder ein Recht auf Übernahme des Handelsgeschäfts eingeräumt werden (zu den Übernahmeklauseln vgl. Rn 68). Es kann auch vereinbart werden, dass nur die Umwandlung der Stellung des Gesellschafters in die eines Kommanditisten oder eines stillen Gesellschafters begehrt werden dürfe oder dass den übrigen Gesellschaftern oder dem Beklagten das Wahlrecht zustehe, statt der Ausschließung eine solche Umwandlung zu fordern. Zulässig sind grundsätzlich auch vertragliche Regelungen über das Rangverhältnis zwischen § 133 und § 140, etwa dahin gehend, dass die Ausschließungsklage der Auflösungsklage vorzugehen hat (vgl. aber § 133 Rn 47) oder dass der Auflösungskläger mit Rechtskraft des Auflösungsurteils aus der Gesellschaft ausscheidet.[173] Ebenso wie eine Erschwerung kann der Gesellschaftsvertrag auch **Erleichterungen** für das Ausschlussrecht vorsehen. Die wichtigsten Fälle sind die Vereinbarung bestimmter Umstände als regelmäßiger Ausschließungsgrund (Rn 56), der Ausschluss durch Gesellschafterbeschluss statt durch Urteil (Rn 57) oder die Zuerkennung eines Rechts, einzelne Gesellschafter auch ohne wichtigen Grund aus der Gesellschaft auszuschließen bzw. ihren Anteil zu übernehmen (Rn 64). 53

3. Grenzen. Grenzen für die Dispositionsfreiheit ergeben sich zum einen aus allgemeinen bürgerrechtlichen Vorschriften, insbesondere § 138 BGB.[174] Generell unzulässig ist etwa der Ausschluss des Rechtswegs (Rn 58). Ein Recht zur Ausschließung ohne wichtigen Grund kommt nur ausnahmsweise, bei Vorliegen sachlicher Gründe in 54

---

170 MünchKommHGB/*K. Schmidt* Rn 89; Ebenroth/Boujong/Joost/Strohn/*Lorz* Rn 43; Heymann/*Emmerich* Rn 30.

171 BGHZ 102, 172 (178 f) = NJW 1988, 969; BGH NJW 1982, 2495; *Grunewald* Ausschluß, S. 106 f; Ebenroth/Boujong/Joost/Strohn/*Lorz* Rn 47; MünchKommHGB/*K. Schmidt* Rn 91.

172 BGHZ 105, 213 (216 f) = NJW 1989, 834; *Behr* ZGR 1990, 370 (378); Baumbach/*Hopt* Rn 28; Bedenken gegen eine Differenzierung zwischen verschiedenen Gesellschaftergruppen bei *Westermann/Pöllath* S. 154 f und *Nitschke* S. 293.

173 Vgl. BGH NJW 1973, 750; Baumbach/*Hopt* Rn 29.

174 Vgl. dazu etwa BGHZ 105, 213 (217); *Behr* ZGR 1990, 370 (379 f); *Grunewald* Ausschluß, S. 136 ff; *Bunte* ZIP 1983, 8 (15); *K. Schmidt* Gesellschaftsrecht § 50 III 3a, S. 1470 f; zur Inhaltskontrolle von Ausschließungsklauseln in Publikumsgesellschaftsverträgen s. Voraufl. Anh. § 161 Rn 21 ff (*Schilling*) und eingehend *Schöne* S. 143 ff. – Näher zu den Hinauskündigungsklauseln unten Rn 61 ff.

Betracht (Rn 64). Auch wenn die Vereinbarung als solche unbedenklich ist, kann die **Rechtsausübung** im Einzelfall treuwidrig und daher unwirksam sein.[175]

II. Vereinbarungen über den wichtigen Grund

55 Gegen die vertragliche **Einschränkung** der Umstände, die zur Begründung einer Ausschließungsklage angeführt werden können, bestehen keine Bedenken. Es kann etwa vorgesehen werden, dass der Ausschluss **nur bei Vorliegen bestimmter Tatsachen**, insbesondere nur bei grob fahrlässigem oder vorsätzlichem Verhalten oder nach Eintritt einer Schädigung, nicht bloß einer erheblichen Gefährdung der Gesellschaft – die in der Regel ausreicht – zulässig ist. Vereinbart werden kann auch, dass bestimmte Fälle, wie Krankheit oder Alter, nicht genügen oder dass die Ausschließung nur innerhalb bestimmter Frist nach Eintritt des wichtigen Grundes oder nach Kenntnis von diesem beantragt werden darf oder dass sie erst nach fruchtloser Abmahnung zulässig ist. Die insofern gegenüber einer vertraglichen Beschränkung der Auflösungsgründe hervorgehobenen Schranken (§ 133 Rn 68 ff) gelten für § 140 nicht (Rn 52). Soweit eine Ausschließungsklage danach scheitert, bleibt den Gesellschaftern immer noch die Möglichkeit, wegen des wichtigen Grundes in der Person eines Mitgesellschafters die Auflösung zu verlangen.

56 Für die vertragliche **Erleichterung** der Ausschließung durch die **Vereinbarung bestimmter Tatsachen als Ausschließungsgrund** (z.B. längere Krankheit, Erreichung eines bestimmten Alters, Wohnsitzverlegung) gelten die gleichen Grundsätze wie bei der Auflösungsklage (§ 133 Rn 71). Auch sie sind im Rahmen der Dispositionsfreiheit der Parteien grundsätzlich zulässig,[176] jedoch unwirksam, sofern sie als Umgehung des Verbots der Hinauskündigung (Rn 61 ff) zu bewerten sind.[177] Regelmäßig sind solchen Vereinbarungen als abschließende Aufzählung der in Betracht kommenden Gründe zu verstehen, im Einzelfall können sie aber auch als nur beispielhafte Aufzählung zu interpretieren sein.[178] Belässt es der Gesellschaftsvertrag trotz einer solchen Regelung beim Erfordernis der Gestaltungsklage, so ist daraus zu schließen, dass dem Gericht ein **Beurteilungsspielraum** bei Beurteilung der Frage verbleiben soll, *ob* der Eintritt eines vertraglichen Ausschließungsgrundes die Fortsetzung der Gesellschaft mit dem Beklagten wirklich unzumutbar macht.[179] Dabei geht es um eine echte Interessenabwägung, nicht nur um die Prüfung des Missbrauchseinwands, der nur ausnahmsweise begründet wäre (Rn 54).[180]

---

[175] So schon RG JW 1938, 2214; BGH DB 1964, 1516; zu eng BGHZ 34, 80 (83) = NJW 1961, 504; vgl. ferner MünchKommHGB/*K. Schmidt* Rn 104; Röhricht/Graf v. Westphalen/*v. Gerkan/Haas* Rn 28; *H. P. Westermann* FS 50 Jahre BGH, 2000, Bd. 2, S. 257 f.

[176] BGHZ 51, 204 (205); MünchKommHGB/*K. Schmidt* Rn 94; Ebenroth/Boujong/Joost/Strohn/*Lorz* Rn 52; Baumbach/*Hopt* Rn 28. Nach BGH BB 1965, 1167 gilt das auch für eine Vereinbarung, nach der ein in die Gesellschaft aufgenommener Ehegatte eines verstorbenen Gesellschafters im Falle seiner Wiederheirat ausscheidet. – **Einschränkend** aber OLG Karlsruhe ZIP 2003, 78 (79) (kein Ausschließungsrecht bei Verweigerung der Zustimmung zur Umwandlung einer KG in eine Kapitalgesellschaft wg. Unvereinbarkeit mit §§ 202, 207 UmwG).

[177] Vgl. MünchKommHGB/*K. Schmidt* Rn 94.

[178] MünchKommHGB/*K. Schmidt* Rn 94; Ebenroth/Boujong/Joost/Strohn/*Lorz* Rn 52; *Westermann/Pöllath* S. 153.

[179] *Westermann/Pöllath* S. 154; vgl. auch RGZ 24, 136 (140); **aA** *Schöne* S. 115 ff.

[180] So wohl auch *Westermann/Pöllath* S. 154; **aA** RG JW 1938, 2752 f; RG SeuffA 93 S. 20 (23); die – aus ihrer Sicht konsequent – jeweils auch die Sittenwidrigkeit derartiger Vereinbarungen prüfen.

III. Die Abdingbarkeit des Gestaltungsklagerechts

1. Ausschließung durch Gesellschafterbeschluss. Die wichtigste Änderung des Ausschließungs*verfahrens* besteht in der Vereinbarung eines Gestaltungsrechts der übrigen Gesellschafter, bei Vorliegen eines wichtigen Grundes in der Person eines Mitgesellschafters diesen *durch Beschluss* der übrigen Gesellschafter aus der Gesellschaft auszuschließen. Dessen Zulässigkeit, nicht etwa ein zusätzlicher Ausscheidensgrund, wird seit 1998 in § 131 Abs. 3 Nr. 6 ausdrücklich anerkannt (§ 131 Rn 105); das gilt auch für die Ausschließung aus der zweigliedrigen Gesellschaft. Bei der **Publikumsgesellschaft** ist ausnahmsweise auch ohne vertragliche Regelung die Ausschließung durch (Mehrheits-) Beschluss zulässig (Rn 52). Schon vor der Handelsrechtsreform wurde die vertragliche Abbedingung des Klageerfordernisses nahezu einhellig akzeptiert;[181] demgegenüber hatte das RG sie noch unter Betonung des gegenüber der GbR (§ 737 BGB) höheren Bestandsschutzes der OHG für unwirksam gehalten.[182] Der Ausschließungsbeschluss betrifft in erster Linie das **Rechtsverhältnis zwischen den Gesellschaftern**; Dritte brauchen sich das Ausscheiden des Ausgeschlossenen bis zur Eintragung im Handelsregister nicht entgegenhalten zu lassen (§ 15 Abs. 1). Für das Innenverhältnis kann sich zwar bis zur Entscheidung über den – im Wege der Feststellungsklage zu klärenden – Ausschließungsgrund eine **Rechtsunsicherheit** ergeben. Ebenso wie im Fall der Auflösung (§ 133 Rn 72 ff) bestehen jedoch keine grundsätzlichen Bedenken dagegen, dass die Gesellschafter im Interesse der Verfahrensbeschleunigung auf das zu ihrem Schutz vorgesehene Verfahren des § 140 verzichten.[183] Der grundsätzlich einstimmig zu fassende Beschluss kann durch Gesellschaftsvertrag auch der **Mehrheit** zugewiesen werden;[184] bei der Publikumsgesellschaft ist dies im Zweifel anzunehmen (Rn 52). Der betroffene Gesellschafter hat bei der Beschlussfassung kein Stimmrecht.[185] Die **Wirksamkeit** der Ausschließung durch Gesellschafterbeschluss tritt gem. § 737 S. 3 BGB durch Mitteilung des Beschlusses an den betroffenen Gesellschafter ein; ist dieser bei der Beschlussfassung anwesend, wird die Ausschließung folglich sofort wirksam.[186] Vorausgesetzt ist jeweils, dass tatsächlich ein Ausschließungsgrund vorliegt. Fehlt es hieran und wird der betroffene Gesellschafter deshalb während der Rechtshängigkeit der Feststellungsklage zu Unrecht an der Ausübung seiner Gesellschafterrechte gehindert, so kann er bei Beeinträchtigung seiner Vermögens- 57

[181] BGHZ 31, 295 (300) = NJW 1960, 625; 47, 293 (302) = NJW 1967, 1961; 68, 212 (214) = NJW 1977, 1292; 81, 263 (265 f) = NJW 1981, 2565; 107, 351 (356) = NJW 1989, 2681; BGH WM 1992, 57; NJW 1998, 146; OLG Karlsruhe NJW-RR 1997, 169; MünchKommHGB/*K. Schmidt* Rn 91; Baumbach/*Hopt* Rn 30; Ebenroth/Boujong/Joost/Strohn/*Lorz* Rn 44 ff; Röhricht/Graf v. Westphalen/*v. Gerkan/Haas* Rn 29; Heymann/*Emmerich* Rn 33; *Hueck* OHG § 29 I 2b, S. 435 f; *Grunewald* Ausschluß, S. 180 ff; **aA** *Merkel* MDR 1961, 729 und *Behr* ZGR 1985, 475 (501 ff).

[182] RGZ 38, 119 (122); 109, 80 (82 f); anders aber RG ZAkDR 1938, 818; RG DR 1943, 808 f.

[183] Vgl. dazu eingehend *Schramm* MDR 1963, 174 (176).

[184] Vgl. MünchKommHGB/*K. Schmidt* Rn 91; allg. zu den Voraussetzungen eines Mehrheitsbeschlusses § 119 Rn 30 ff.

[185] BGH NJW-RR 1997, 925; MünchKommHGB/*K. Schmidt* Rn 91; Ebenroth/Boujong/Joost/Strohn/*Lorz* Rn 45; Baumbach/*Hopt* Rn 30; näher MünchKommBGB[5]/*Ulmer*/*C. Schäfer* § 737 Rn 14.

[186] OLG Karlsruhe NJW-RR 1997, 169; MünchKommHGB/*K. Schmidt* Rn 91; Heymann/*Emmerich* Rn 33; Baumbach/*Hopt* Rn 30.

interessen die Mitgesellschafter auf Schadensersatz in Anspruch nehmen.[187] Das Ausscheiden des Gesellschafters soll bereits dann zur Eintragung ins Handelsregister **anzumelden** sein, wenn die Gesellschafter noch gerichtlich über die Wirksamkeit des Beschlusses streiten.[188]

58 Auch im Falle der Ausschließung durch Beschluss muss stets die **gerichtliche Nachprüfung** der Ausschlussvoraussetzungen und des Ausschlussverfahrens gewährleistet sein.[189] Die Nachprüfung ist nicht auf die ordentlichen Gerichte beschränkt; zulässig ist auch die Vereinbarung einer **Schiedsgerichtsabrede,**[190] und zwar auch in der Weise, dass das Schiedsgericht selbst die Ausschließung rechtsgestaltend durch Schiedsspruch herbeiführt.[191] Die Nachprüfung eines Ausschlusses per Beschluss erfolgt im Wege der **Feststellungsklage.** Problematisch ist allerdings eine Entscheidung des OLG München, derzufolge auch die Feststellungsklage vertraglich mit Gestaltungswirkung ausgestattet wird, also der *Ausschließungsbeschluss* durch die Feststellungsklage ersetzt werden kann.[192] Die Klage kann beim Bestreiten der Wirksamkeit des Beschlusses von jedem der Gesellschafter erhoben werden. Klagegegner ist nicht die Gesellschaft, sondern ein oder mehrere Mitgesellschafter.[193] Doch kann auch der **Gesellschaft** ein Klagerecht eingeräumt werden.[194] Anders als bei der Gestaltungsklage des § 140 besteht eine notwendige Streitgenossenschaft weder auf der Aktiv- noch auf der Passivseite.[195]

59 Von der Ausschließung durch Beschluss zu unterscheiden ist eine Vereinbarung, nach der **die Erhebung der Ausschließungsklage** von einem **Mehrheitsbeschluss** der übrigen Gesellschafter abhängt.[196] Diese Regelung betrifft nicht das in § 140 vorgesehene Ausschlussverfahren, sondern begründet beim Zustandekommen eines entsprechenden Beschlusses lediglich die Pflicht der überstimmten Gesellschafter, sich an der Ausschließungsklage zu beteiligen. – Eine vertragliche Abweichung von dem in § 140 Abs. 1 vorgesehenen Erfordernis der Erhebung der Gestaltungsklage durch alle übrigen Gesellschafter ist wegen der gemeinsamen Rechtszuständigkeit aller Gesellschafter (Rn 36) grundsätzlich unwirksam,[197] freilich kann eine derartige Klausel dahin verstanden werden, dass dadurch der oder die Kläger ermächtigt werden, im Wege der Prozessstand-

---

187 BGHZ 31, 295 (302) = NJW 1960, 625; OLG Karlsruhe NJW-RR 1997, 169; Ebenroth/Boujong/Joost/Strohn/*Lorz* Rn 45; Baumbach/*Hopt* Rn 30; MünchKommBGB[5]/*Ulmer/C. Schäfer* § 737 Rn 12.

188 OLG Karlsruhe NJW-RR 1997, 169; MünchKommHGB/*K. Schmidt* Rn 91.

189 EinhM, BGHZ 31, 295 (299) = NJW 1960, 625; OLG Karlsruhe NJW-RR 1997, 169; MünchKommHGB/*K. Schmidt* Rn 93; Ebenroth/ Boujong/Joost/Strohn/*Lorz* Rn 45; *Hueck* OHG § 29 I 2b, S. 436; MünchKommBGB[5]/*Ulmer/C. Schäfer* § 737 Rn 12.

190 HM, vgl. MünchKommHGB/*K. Schmidt* Rn 90; Ebenroth/Boujong/Joost/Strohn/*Lorz* Rn 51; Baumbach/*Hopt* Rn 30; *Hueck* OHG § 29 I 2b, S. 436 in Fn 7; *Westermann* Handbuch Rn I 1132; *Schramm* MDR 1963, 174 (177); nicht eindeutig RG DR 1943, 808 f mit krit. Anm. *Barz.*

191 Schlegelberger/*K. Schmidt* Rn 73.

192 OLG München NZG 1999, 590 (prozessuale Vereinfachung für die Entfernung); mit Recht kritisch MünchKommHGB/*K. Schmidt* Rn 90.

193 BGH WM 1965, 709; vgl. näher § 119 Rn 91.

194 MünchKommHGB/*K. Schmidt* Rn 90.

195 BGH LM Nr. 6 zu § 140.

196 MünchKommHGB/*K. Schmidt* Rn 91; Heymann/*Emmerich* Rn 34; zu den inhaltlichen Anforderungen an die Bestimmtheit einer solchen Regelung vgl. *Westermann* Handbuch Rn I 1132; allg. vgl. auch § 119 Rn 92 und § 131 Rn 134 ff, jew. mwN.

197 So im Ergebnis auch *Westermann* Handbuch Rn I 1132; *Schramm* MDR 1963, 174 f; teilw. abw. *Grunewald* Ausschluß, S. 106 f: Wurde ein Mehrheitsbeschluss gefasst und waren die Gesellschafter zur Zustimmung verpflichtet, so könne die OHG/KG selbst Klage auf Ausschluss ohne die klageunwilligen Gesellschafter erheben.

schaft zugleich für die übrigen Gesellschafter den Ausschlussanspruch geltend zu machen (Rn 37). Eine Klausel, die einen Ausschluss durch Beschluss ermöglicht, steht der Erhebung einer Ausschließungs*klage* nicht zwingend entgegen.

2. Sonstige Regelungen. Die Ausschließung durch Gesellschafterbeschluss ist nicht 60
die einzige Möglichkeit einer von § 140 abweichenden Verfahrensgestaltung. Denkbar ist auch, dass das Ausschließungsrecht bei Vorliegen eines wichtigen Grundes einem Gesellschaftsorgan (**Beirat** etc.)[198] übertragen oder einem der übrigen Gesellschafter als Sonderrecht eingeräumt wird. Auch hinsichtlich der **Ausgestaltung** kommen verschiedene Möglichkeiten in Betracht: Es kann sich etwa um ein Gestaltungsrecht nach Art eines Kündigungsrechts handeln, dessen Ausübung beim Vorliegen der Voraussetzungen zum Ausschluss des betroffenen Gesellschafters führt. Einem begünstigten Gesellschafter kann aber auch ein Anspruch auf Übertragung des Gesellschaftsanteils gegen denjenigen eingeräumt werden, in dessen Person ein wichtiger Grund vorliegt (zu den **Übernahmerechten** vgl. Rn 68); der Abfindungsanspruch des Ausscheidenden richtet sich in diesem Fall im Zweifel nur gegen den Übernehmer. Ob daneben noch ein Ausschließungsanspruch aller Gesellschafter einschließlich des Begünstigten besteht, ist Sache der Vertragsauslegung. Hiervon zu unterscheiden sind Regelungen, wonach ein Gesellschafter ohne Vorliegen eines wichtigen Grundes nach Ablauf einer bestimmten **Frist** aus der Gesellschaft ausscheiden soll, sofern nicht die übrigen Gesellschafter einen Fortsetzungsbeschluss mit ihm fassen.[199] Es handelt sich dann um ein Ausscheiden aus sonstigen Gründen (§ 131 Abs. 3 Nr. 5; vgl. § 131 Rn 102 f).

IV. Die Ausschließung ohne wichtigen Grund? (Hinauskündigungsklauseln)

1. Meinungsstand. Die Vereinbarung sog. Hinauskündigungsrechte wurde früher ohne 61
weiteres toleriert[200] und lediglich einer Ausübungskontrolle unterworfen.[201] In den 1970er Jahren änderte der **BGH** seine Haltung dann und erklärte Hinauskündigungsklauseln grundsätzlich für unwirksam, weil die wirtschaftliche und persönliche Freiheit der vom Ausschlussrecht bedrohten Mitgesellschafter unverhältnismäßig eingeschränkt werde.[202] Entsprechend hat er auch **Übernahmeklauseln** behandelt, wonach ein Gesellschafter seine Mitgesellschafter ohne wichtigen Grund abfinden und das Unternehmen ohne sie fortführen konnte (vgl. Rn 68).[203] Akzeptabel seien solche, an keine Voraussetzungen geknüpfte Hinauskündigungsklauseln nur, wenn sie unzweideutig auf einen wichtigen Grund verzichteten und **sachlich gerechtfertigte Gründe** für das Hinauskündigungsrecht bestünden (dazu Rn 64). Anderenfalls seien sie wegen Beeinträchtigung der Entschließungsfreiheit der betroffenen Gesellschafter nach § 138 BGB grundsätzlich nichtig;[204]

---

198 MünchKommHGB/*K. Schmidt* Rn 91.

199 Dazu BayObLG DB 1990, 168 f.

200 Vgl. nur BGHZ 34, 80 (83) = NJW 1961, 504; BGH NJW 1973, 1606; 3. Aufl. Rn 55 (*Ulmer*).

201 Vgl. etwa BGH NJW 1973, 1606.

202 BGHZ 68, 212 (215) = NJW 1977, 1292; 81, 263 (266 ff) = NJW 1981, 2565; 105, 213 (216 f) = NJW 1989, 834; 107, 351 (353) = NJW 1989, 2681; BGH NJW 1985, 2421 (2422); ZIP 2004, 903 (904); so auch für ein Recht zum Ausschluss ohne Grund aus einer Publikums-KG BGHZ 84, 11 (14) = NJW 1982, 2303; für atypische stille Gesellschaft BGHZ 125, 74 (79 f) = NJW 1994, 1156; für GmbH BGHZ 112, 103 (108) = NJW 1990, 2622; vgl. ferner OLG Hamm NZG 1999, 712 (714).

203 BGHZ 104, 50 (57 f) = NJW 1988, 1903.

204 So die std. BGH-Rspr. seit NJW 1985, 2421 (2422) (vgl. Fn 202).

wobei aber bei teilbarem Inhalt ihre Aufrechterhaltung entsprechend § 139 mit ihrem angemessenen Teil in Betracht komme.[205] Auch in seiner jüngeren, seit 2004 überwiegend zum GmbH-Recht ergangenen Rechtsprechung hält der II. Zivilsenat des BGH im Ausgangspunkt zwar an dieser Auffassung fest, relativiert sie jedoch durch eine immer großzügigere Anerkennung sachlich gerechtfertigter Gründe, welche einen grundlosen jederzeitigen Ausschluss sollen rechtfertigen können.[206] Hierbei tritt offenbar der ursprünglich gewählte institutionelle Begründungsansatz,[207] dass nämlich der Gesellschafter im Interesse des Verbands als solchem nicht durch das „Damoklesschwert" der Hinauskündigung von der effektiven Wahrnehmung seiner Gesellschafterrechte abgehalten werde dürfe,[208] zunehmend in den Hintergrund. Nunmehr fragt der Senat vor allem danach, ob die Rechtsposition des betroffenen Gesellschafters mangels besonderer Schutzwürdigkeit dessen grundlose Hinauskündigung rechtfertigen könne und hat dies bejaht, soweit die Hinauskündigung eine – zeitlich begrenzte – Probezeit[209] oder ein sog. „Managerbeteiligungsmodell" absichern soll,[210] die Gesellschafterstellung durch einen Kooperationsvertrag überlagert wird,[211] ja selbst dann, wenn die Gesellschafterstellung der Sache nach vererbt wurde.[212] – In der **Literatur** ist der Ansatz der Rechtsprechung teils auf erhebliche Kritik, teils auf Zustimmung gestoßen.[213] Von den (aktuellen) Kriti-

---

[205] BGHZ 105, 213 (220 f) = NJW 1989, 834; 107, 351 (355 ff) = NJW 1989, 2681; zust. *Behr* ZGR 1990, 370 (386 ff).

[206] BGHZ 164, 98 = NJW 2005, 3641 und 164, 107 = NJW 2005, 3644 (dazu *Peltzer* ZGR 2006, 702; *Drinkuth* NJW 2006, 410; *Böttcher* NZG 2005, 992; *Werner* WM 2006, 213); BGH NJW 2004, 2013 (dazu *Grunewald* DStR 2004, 1750); ZIP 2005, 706; WM 2007, 1270. Zur Rechtsprechungsentwicklung s.a. *Gehrlein* NJW 2005, 1969.

[207] Dazu etwa auch *Wiedemann* Gesellschaftsrecht Bd. II § 5 I 3, S. 408.

[208] So vor allem die Grundsatzentscheidung BGHZ 81, 263 (266 ff); ferner 112, 103 (107) = NJW 1990, 2622.

[209] BGH NJW 2004, 2013; WM 2007, 1270 – grds. für die Dauer von max. 3 Jahren zulässige Probezeit bei Laborärzten (allerdings auf der Basis von inzwischen weitgehend obsoletem Berufsrecht, das eine Angestelltenposition verbot).

[210] BGHZ 164, 98 = NJW 2005, 3641 und 164, 107 = NJW 2005, 3644 (betr. GmbH: Der Fremdgeschäftsführer bzw. Angestellte erhielt für die Dauer seiner Anstellung einen 10%igen Geschäftsanteil, um seine Einsatzfreude zu steigern); zu den „Mitarbeitermodellen" vgl. näher *Habersack/Verse* ZGR 2005, 451; *Henssler* FS Konzen, 2006, S. 267 ff; *Grunewald* DStR 2004, 1750; *Verse* DStR 2007, 1822; grds. kritisch hierzu *Benecke* ZIP 2005, 1437 ff, der ein eigenes Modell vorschlägt.

[211] BGH ZIP 2005, 706 (Gesellschaftsverhältnis war durch einen Kooperationsvertrag zur Begründung eines internationalen Paketdienstes überlagert, der ordentlich mit bestimmter Frist gekündigt werden konnte; beide Rechtsverhältnisse sollten gemeinsam enden).

[212] So BGH ZIP 2007, 862 (863 f) (Vater hatte seinen Sohn als Unternehmensnachfolger auserkoren, während die Tochter „kapitalmäßig" an der nach dem Tod zu gründenden Gesellschaft beteiligt sein sollte, und demgemäß testamentarisch verfügt, dass der Sohn seine Schwester in der zu gründenden Gesellschaft sollte hinauskündigen können).

[213] Kritisch namentlich *Westermann* FS Larenz II, 1983, S. 723 ff; *H. P. Westermann* FS 50 Jahre BGH, Bd. II, S. 256 f; *Bunte* ZIP 1983, 8 ff; *ders.* ZIP 1985, 915 (917); *Koller* DB 1984, 545 ff; *Krämer* NJW 1981, 2553 ff; *Kreutz* ZGR 1983, 109 ff; *Kübler* FS Sigle, 2000, S. 183 (190 ff); *Weber/Hickel* NJW 1986, 2752 (2753 f); im Grundsatz auch *Flume* I/1 § 10 III; *ders.* NJW 1979, 902; *ders.* DB 1986, 629 (632 f); *Eiselt* FS v. Lübtow, 1980, S. 643 ff (656) (jeweils für Zulassung der Ausschlussklausel gegenüber Gesellschaftern „minderen Rechts"); *Priester* DNotZ, Sonderheft 1989, 101 ff; *Schilling* ZGR 1979, 419 (422 f). – Dem BGH grundsätzlich **zustimmend** aber *Wiedemann* Gesellschaftsrecht Bd. I, § 7 III 2a, cc; MünchKommHGB/*K. Schmidt* Rn 100; MünchKommBGB[5]/

kern werden die Lockerungstendenzen seit 2004 naturgemäß begrüßt. Gerügt wurde an dem Ansatz vor allem, dass der BGH eine richterliche Inhaltskontrolle von Personengesellschaftsverträgen auch in solchen Fällen für sich in Anspruch nehme, in denen es sich um personalistische Gesellschaften handele und in denen daher die besonderen Schutzbedürfnisse der Mitglieder einer Publikumsgesellschaft nicht vorlägen.[214] Zumindest in Fällen, in denen die Abfindung nicht unangemessen beschränkt sei, sei der Ausschluss ohne wichtigen Grund nicht zu beanstanden.[215]

2. Stellungnahme. Mögen auch keine speziellen Regeln des HGB für die vom BGH postulierte Beschränkung der Vertragsfreiheit sprechen,[216] so ist der Rechtsprechung zur **Nichtigkeit** eines sachlich nicht gerechtfertigten Ausschlussrechts mit Rücksicht auf die allgemeinen Schranken der Vertragsfreiheit im Verbandsrecht gleichwohl **zuzustimmen**. Die Zulassung eines willkürlichen Ausschlusses im Gesellschaftsvertrag stellt ähnlich wie die Aberkennung von Mitspracherechten in zentralen Fragen (vgl. § 109 Rn 21, 35; § 119 Rn 38 ff) die betroffenen Gesellschafter weitgehend rechtlos und macht sie vom Wohlwollen der bevorrechtigten Gesellschafter abhängig. Derartige Vertragsgestaltungen berühren unmittelbar den Kernbereich der Mitgliedschaft der betroffenen Gesellschafter und sind damit unvereinbar mit den Grundlagen eines privatautonom gestalteten Verbandsrechts, soweit die Vereinbarung des Ausschlussrechts nicht ausnahmsweise sachlich gerechtfertigt werden kann; dies gilt ungeachtet der im Personengesellschaftsrecht bestehenden Gestaltungsfreiheit und der Möglichkeit des wirksamen Verzichts auf die Gleichbehandlung (§ 105 Rn 250).[217] Dass sich die Inhaltskontrolle im Grundsatz auf Verträge von Publikumsgesellschaften beschränkt (vgl. § 105 Rn 179; § 109 Rn 40), steht nicht entgegen; denn hier geht es um die immanenten Schranken der Privatautonomie im Verbandsrecht. Dass die Rechtsprechung anstelle des nichtigen Ausschließungsrechts *ersatzweise* ein Recht zur Ausschließung *aus sachlichen Gründen* anerkennt,[218] entspricht der grundsätzlich bestehenden Möglichkeit, die Ausschließung zu erleichtern (Rn 56), und lässt sich in Abweichung von § 139 BGB aus einer ergänzenden Auslegung des Gesellschaftsvertrages ableiten, sofern ein entsprechender (hypothetischer) Parteiwille feststellbar ist (vgl. allgemein zum Vorrang der ergänzenden Vertragsauslegung § 105 Rn 197 f). 62

Demgegenüber stößt die seit 2004 eingeschlagene Linie, immer großzügiger sachlich gerechtfertigte Gründe zuzubilligen, auf grundsätzliche Bedenken. Die Zulassung eines willkürlichen Ausschlusses im Gesellschaftsvertrag stellt ähnlich wie die Aberkennung 63

Ulmer/C. Schäfer § 737 Rn 19; Baumbach/*Hopt* Rn 31; Ebenroth/Boujong/Joost/Strohn/*Lorz* Rn 53 ff; Heymann/*Emmerich* Rn 39; Röhricht/Graf v. Westphalen/*v. Gerkan/Haas* Rn 39 (aber unter Billigung auch der aktuellen Relativierungstendenzen); *Michalski* OHG Rn 21; *Behr* ZGR 1990, 370 (377 f); *Heinemann* ZHR 155 (1991) 447 (457 ff); wohl auch *Hennerkes/Binz* NJW 1983, 73 ff.

214 So vor allem *Flume, Westermann, Bunte, Koller, Kreutz* (Fn 213).

215 So namentlich *Esch* NJW 1979, 1390; *U. Huber* ZGR 1980, 177 (210 f); *Hirtz* BB 1981, 761 ff.

216 Vgl. den Hinweis auf § 131 Nr. 5 und 6 bei MünchKommHGB/*K. Schmidt* Rn 100.

217 So mit Recht schon MünchKommBGB[4]/*Ulmer* § 737 Rn 19; im Grundsatz auch MünchKommHGB/*K. Schmidt* Rn 100; Heymann/*Emmerich* Rn 39; Ebenroth/Boujong/Joost/Strohn/*Lorz* Rn 54; *Wiedemann* Gesellschaftsrecht Bd. I, § 7 III 2a cc; vgl. auch die weit. Nachw. in Fn 213.

218 BGHZ 105, 213 (220 f) = NJW 1989, 834; 107, 351 (355 ff) = NJW 1989, 2681; OLG Hamm NZG 1999, 712 (714).

von Mitspracherechten in zentralen Fragen die betroffenen Gesellschafter weitgehend rechtlos und macht sie vom Wohlwollen der bevorrechtigten Gesellschafter abhängig. Derartige Vertragsgestaltungen höhlen den Kernbereich der Mitgliedschaft der betroffenen Gesellschafter aus; das ist, soweit nicht sachlich gerechtfertigte Gründe für die Vereinbarung des Ausschlussrechts vorliegen, trotz der im Personengesellschaftsrecht grundsätzlich bestehenden Gestaltungsfreiheit und der Möglichkeit wirksamen Verzichts auf die Gleichbehandlung (§ 105 Rn 250) mit den Anforderungen an ein privatautonom gestaltetes Verbandsrecht unvereinbar.[219] Es steht insofern keineswegs allein die konkrete Schutzwürdigkeit des betroffenen Gesellschafters in Frage; vielmehr gilt es die Funktionsfähigkeit des Verbands im Ganzen zu schützen, wie der BGH 1981 in mustergültiger Klarheit entschieden hat.[220] Diesen – als solche nicht bezweifelten – Vorgaben wird die jüngere Rechtsprechung nicht immer gerecht. Dies wird besonders deutlich, wenn der Senat mittlerweile selbst die Testierfreiheit als Rechtfertigung für ein Hinauskündigungsrecht ansieht und sich damit in der Sache unverkennbar von BGHZ 81, 263 abwendet.[221] Demgegenüber ist daran festzuhalten, dass es immanente Schranken der Privatautonomie im Verbandsrecht gibt, deren Überschreitung zur Rechtlosstellung der betroffenen Gesellschafter führt und deshalb von der Rechtsordnung im Interesse der Funktionsfähigkeit der Verbände nicht hingenommen werden. Dies gilt ungeachtet des Grundsatzes, dass eine Inhaltskontrolle von Gesellschaftsverträgen im Regelfall, außerhalb der Publikumsgesellschaft, abzulehnen ist (vgl. näher § 109 Rn 39 f).

64 **3. Sachlich gerechtfertigte Gründe.** Kommt es nach dem Vorstehenden somit entscheidend darauf an, ob das Ausschließungsrecht durch einen sachlichen Grund gerechtfertigt ist, verbindet sich damit zugleich eine nicht unerhebliche Unsicherheit über Art und Gewicht solcher Gründe sowie über die Frage, ob sie unmittelbar aus dem Gesellschaftsvertrag selbst ersichtlich sein müssen. Der **BGH** hat stets betont, dass eine abschließende Aufzählung nicht möglich sei,[222] und sich lange Zeit darauf beschränkt, (negativ) **bestimmte Gründe** für **ungeeignet** zu erklären, um das Ausschließungsrecht zu rechtfertigen; dies sind namentlich der Erwerb der Mitgliedschaft kraft **Erbgangs**[223] und die **geringe Kapitalbeteiligung.**[224] In BGHZ 112, 103 hat er aber (positiv) eine sachliche Rechtfertigung für die Hinauskündigungsklausel darin erkannt, dass der berechtigte Minderheitsgesellschafter, der das Unternehmen allein finanzierte, der Mehrheitsgesell-

---

[219] So namentlich auch MünchKommHGB/*K. Schmidt* § 140 Rn 100; *Wiedemann* Gesellschaftsrechtrecht Bd. I, § 7 III 2a cc; *ders.* Gesellschaftsrecht Bd. II, § 5 I 3, S. 408 f; Soergel/*Hadding/Kießling* BGB[13] § 737 Rn. 17 f; *Timm/Schöne* in *Bamberger/Roth* BGB § 737 Rn. 26.

[220] BGHZ 81, 263 (266 ff) = NJW 1981, 2565 im Anschluss an *Schilling* ZGR 1979, 419 (426).

[221] BGH ZIP 2007, 862 (864). – Das Urteil betrifft zwar nicht die Anteilsvererbung, sondern eine testamentarische Verfügung zum Abschluss eines Gesellschaftsvertrages; aus Sicht des betroffenen Gesellschafters ist dies aber belanglos: In beiden Konstellationen steht in Frage, ob seine Position mit Rücksicht auf die Testierfreiheit des Erblassers relativiert werden darf. – Vgl. im Übrigen nur die – zutr. – Wertung bei *Henssler* FS Konzen, 2006, S. 267 (274), wonach die neuere Rspr. auf die bislang abgelehnte Rechtsfigur des „Gesellschafters minderen Rechts" hinauslaufe.

[222] Vgl. insbes. BGHZ 105, 213 (217) = NJW 1989, 834. Siehe ferner die Fallgruppen bei MünchKommHGB/*K. Schmidt* Rn 101 ff; *Behr* ZGR 1990, 370 (380 ff); *Westermann* Handbuch Rn I 1129 ff.

[223] BGHZ 81, 263 (270) = NJW 1981, 2565. Ob der Erwerb durch **Schenkung** ebenso zu behandeln ist, ist offen gelassen in BGHZ 112, 103 (109) = NJW 1990, 2622.

[224] BGH NJW 1985, 2421.

schafterin deren Position nur wegen und für die Dauer einer eheähnlichen Beziehung zwischen ihnen eingeräumt hatte.[225] Seit 2004 verfährt der II. Senat des BGH seit 2004 aber **zunehmend großzügiger** bei der positiven Anerkennung sachlicher Gründe und lässt etwa eine **Erprobungsphase** ebenso als sachlich gerechtfertigten Grund gelten wie die intendierte **Koppelung** der Mitgliedschaft an die **Geschäftsführer**- bzw. Angestelltenstellung oder andere Vertragsbeziehungen, ferner auch den Erwerb der Mitgliedschaft aufgrund testamentarischer Verfügung (Rn 61); dies begegnet in der Tendenz und vor allem hinsichtlich des – vorgeblichen – Vorrangs der Testierfreiheit Bedenken (Rn 63). Demgegenüber wird man die Aspekte einer „Managerbeteiligung" und einer maßvollen Probezeit akzeptieren können. Allgemein wird man vor allem **Gründe aus der Entstehungsgeschichte der Gesellschaft** als sachliche Rechtfertigung akzeptieren können, namentlich besondere Verdienste des ausschließungsberechtigten Gesellschafters um die Gesellschaft,[226] aber auch der Tod eines Gesellschafters, wenn das Ausschließungsrecht gegenüber den Gesellschafter-Erben zeitlich begrenzt ist.[227] Der bloße Umstand, dass das Recht an ein fest umschriebenes Tatbestandsmerkmal anknüpft, reicht allerdings nicht aus, wenn dieses keine Begründung für die sachliche Rechtfertigung enthält.[228] Selbst wenn aber das Ausschlussrecht nach diesen Grundsätzen wirksam vereinbart und seine Ausübung nicht zu beanstanden ist, kann die **Abfindungsregelung** wegen Unangemessenheit gegen § 138 verstoßen.[229] Der BGH hat insofern allgemein ausgesprochen, dass die Frage der Hinauskündigung von der Höhe der zu zahlenden Abfindung unabhängig sei.[230] Auch eine besonders hohe Abfindung könne keine Hinauskündigung rechtfertigen, während umgekehrt eine zu niedrige Abfindung eine an sich zulässige Hinauskündigung nicht unwirksam mache.[231] Dem ist zuzustimmen, weil die Abfindungsbeschränkung nach den für sie geltenden Regeln überprüft werden kann (dazu § 131 Rn 168). –

Umstritten ist, ob die **Art des Anteilserwerbs**, insbesondere dessen Unentgeltlichkeit, das Ausschließungsrecht sachlich zu rechtfertigen vermag. Der BGH hat dies für den **Erwerb durch Erbgang** verneint und für den Erwerb **durch Schenkung** offen gelassen.[232] In einer neueren Entscheidung hat der Senat die Testierfreiheit als Rechtfertigung für ein Hinauskündigungsrecht angesehen und ist dafür bereits in Rn 63 kritisiert worden.[233] Das Schrifttum ist gespalten.[234] Auf den ersten Blick spricht vieles dafür, den Erwerb **65**

[225] BGHZ 112, 103 (109 f) (und Leits. 1b) = NJW 1990, 2622 (GmbH).

[226] So namentlich in BGHZ 112, 103 (109) (alleinige Finanzierungslast des Berechtigten bei dessen gleichzeitiger Minderheitsposition).

[227] BGHZ 105, 213 (220 f) = NJW 1989, 834; MünchKommBGB⁵/*Ulmer/C. Schäfer* § 737 Rn 20. – Weitergehend hält MünchKommHGB/*K. Schmidt* Rn 103 – entgegen der hM – eine Differenzierung nach der Ausgestaltung der Mitgliedschaft des Auszuschließenden allgemein für zulässig.

[228] Zutr. *Behr* ZGR 1990, 370 (383 f) (mit insoweit berechtigter Kritik an BGHZ 105, 213 [218 ff]); MünchKommBGB⁵/*Ulmer/C. Schäfer* § 737 Rn 20; wohl auch *Bütter/Tonner* BB 2003, 2417 (2419 f) (in Bezug auf die Beendigung eines Anstellungsverhältnisses als festes TB-Merkmal); **aA** wohl *Hennerkes/Binz* NJW 1983, 79 f; Ebenroth/Boujong/Joost/Strohn/*Lorz* Rn 58.

[229] Dazu *Peltzer* ZGR 2006, 702 (716 ff).

[230] BGHZ 164, 98 (104) = NJW 2005, 3641.

[231] Dazu auch *Wälzholz*, GmbHR 2007, 1177 (1179).

[232] Nachweise in Fn 223, vgl. ferner OLG Karlsruhe NZG 2007, 423 (425) (keine Rechtfertigung). – Abzulehnen ist aber die Ansicht des OLG, auf außergesellschaftsvertragliche Vereinbarungen ließen sich diese Grundsätze nicht erstrecken, dazu Rn 64 f.

[233] BGH ZIP 2007, 862 (864) und dazu die Bemerkungen in Fn 221.

[234] *Für* Berücksichtigung der Art des Erwerbs *Eiselt* FS v. Lübtow, 1980, S. 643 (656); *dagegen* MünchKommHGB/*K. Schmidt* Rn 102; Baumbach/*Hopt* Rn 31; Heymann/*Emmerich* Rn 39; Röhricht/Graf v. West-

durch Erbgang und durch Schenkung gleich zu behandeln,[235] zumal beide Fälle auch in Bezug auf die Zulässigkeit von Abfindungsbeschränkungen analog behandelt werden (§ 131 Rn 184 f). Indes ist zu berücksichtigen, dass auf schenkungsrechtlicher Ebene ein Widerruf unter großzügigeren Bedingungen zugelassen wird und die gesellschaftsrechtliche Beurteilung trotz des „Trennungsdogmas" wegen funktionaler Identität zwischen Schenkungswiderruf und Hinauskündigung hierauf in gewissem Umfang Rücksicht zu nehmen hat (näher Rn 66 f). Dies rechtfertigt es, die Hinauskündigung beim Erwerb im Schenkungswege unter weniger strengen Kautelen zuzulassen. – Selbst wenn nach den vorstehenden Grundsätzen das Ausschließungsrecht wirksam vereinbart und seine Ausübung nicht zu beanstanden ist (Rn 61), kann doch die **Abfindungsregelung** in solchen Fällen wegen Unangemessenheit gegen § 138 BGB verstoßen (§ 131 Rn 187).

66 4. **Anteilsschenkung unter Widerrufsvorbehalt.** Der Möglichkeit zur Hinauskündigung ohne besonderen Grund entspricht im Ergebnis weitgehend die – bürgerlichrechtlich grundsätzlich zulässige[236] – Schenkung eines Gesellschaftsanteils unter Widerrufsvorbehalt. Denn sie berechtigt den Schenker, den beschenkten Gesellschafter nach seinem Belieben zur Rückübertragung des Anteils zu verpflichten, und verschafft ihm damit im Fall des Fortbestands der eigenen Mitgliedschaft in der Gesellschaft eine Rechtsstellung, die funktional mit derjenigen eines Gesellschafters vergleichbar ist, der über ein Hinauskündigungsrecht verfügt. Nach wohl *hL* folgt aus dem Dogma der Trennung von Gesellschafts- und Schenkungsrecht gleichwohl auch nach Vollzug der Schenkung, dass einerseits der freie Widerrufsvorbehalt unbedenklich ist, während es andererseits dabei bewendet, dass der Erwerb der Mitgliedschaft durch Schenkung kein Hinauskündigungsrecht rechtfertigt (Rn 64).[237] *Andere* Stimmen weisen demgegenüber auf die sachlich übereinstimmenden Folgen der beiden Gestaltungsarten und deren Ausstrahlung auf die Gesellschafterstellung des Beschenkten hin und plädieren für eine wechselseitige Anpassung der Wirksamkeitsvoraussetzungen von Hinauskündigungsrecht und Widerrufsvorbehalt.[238] Die *Rechtsprechung* ist uneinheitlich; während BGHZ 112, 40 auf die strikte

---

phalen/*v. Gerkan/Haas* Rn 28; tendenziell auch Ebenroth/Boujong/Joost/Strohn/*Lorz* Rn 61; vgl. auch *Bütter/Tonner* BB 2003, 2417 ff (Einräumung einer Mitgliedschaft an Mitarbeiter für die Dauer ihres Angestelltenverhältnisses).

235 In diesem Sinne namentlich MünchKommHGB/*K. Schmidt* Rn 102 mwN; vgl. auch *Bütter/Tonner* BB 2003, 2417 (2419 f).

236 HM, vgl. nur MünchKommBGB⁵/*Koch* § 516 Rn 13; *Kolhosser* AcP 194 (1994), 231 (237 f) und *Jülicher* ZGR 1996, 82 (84); jew. mwN. – Vgl. aber auch BFH BB 1989, 2236, wonach der Vorbehalt freien Widerrufs der Schenkung einer Mitunternehmerschaft des Beschenkten entgegensteht, s.a. Ebenroth/Boujong/Joost/Strohn/*Lorz* Rn 62 (mit Hinweisen auch auf die schenkungssteuerliche Situation).

237 So insbes. *K. Schmidt* BB 1990, 1992 (1995 f) und MünchKommHGB/*K. Schmidt* Rn 102; ihm folgend *Jülicher* ZGR 1996, 82 (89 ff); *Brandner/Bergmann* FS Sigle, 2000, S. 327 (335 f); *Bütter/Tonner* BB 2003, 2417 (2422) (die daraus auch die Zulässigkeit einer dienstvertraglichen Rückübertragungspflicht ableiten); eingehend *Blanke* Ausschließung, S. 218 ff, 227; ferner *Wiedemann/Heinemann* DB 1990, 1649 (1655); Ebenroth/Boujong/Joost/Strohn/*Lorz* Rn 62; i.E. ebenso schon *Sudhoff* Handbuch der Unternehmensnachfolge, 3. Aufl. 1984, S. 99; allgemein für die Trennung zwischen schuldrechtlicher und vertraglicher Ebene auch OLG Karlsruhe NZG 2007, 423 (425) (zw.).

238 So insbes. *Heinemann* ZHR 155 (1991), 447 (460 ff, 469); ebenso *Schöne* S. 90 f; *Mayer* ZGR 1995, 93 (105); MünchKommBGB⁵/*Ulmer/C. Schäfer* § 737 Rn 22; Vorschlag für Fallgruppen bei *Klumpp* ZEV 1995, 385 (388 ff).

Trennung der Voraussetzungen hindeutet,[239] spricht BGHZ 112, 103[240] eher für eine einheitliche Beurteilung.[241]

Zuzustimmen ist der vermittelnden Ansicht, derzufolge die **Beurteilungskriterien** für beide Fälle aufeinander **abzustimmen** sind.[242] Zwar ist im Ansatz klar zwischen Schenkungswiderruf (im Verhältnis zwischen Schenker und Beschenktem) und Ausschließungsrecht (im Verhältnis zwischen den Gesellschaftern) nach rechtlichen Voraussetzungen und Wirkungen zu differenzieren, zumal der Schenkungswiderruf lediglich zu einer Rückübertragungspflicht, nicht zu einem automatischen Rückfall der Mitgliedschaft führt und der Übertragende überdies keinen Abfindungsanspruch erwirbt. Beide Behelfe sind aber in der Weise aufeinander zu beziehen, dass einerseits die Schenkung einer Gesellschaftsbeteiligung im Grundsatz als rechtfertigender Grund für ein Hinauskündigungsrecht anzuerkennen ist (Rn 64), andererseits der **Schenkungswiderruf nicht schrankenlos** zulässig ist, sondern einer strikten Ausübungskontrolle unterworfen wird, so dass auch der Schenkungswiderruf entweder einer sachlichen Rechtfertigung im Einzelfall oder der Festlegung sachlicher Widerrufsgründe im Schenkungsvertrag bedarf (vgl. auch Rn 62 a.E. zum Hinauskündigungsrecht).[243] 67

V. Vertragliche Übernahmerechte

Während der Geltung des § 142 a.F. enthielten zahlreiche Gesellschaftsverträge sog. Übernahmeklauseln, wonach bestimmten oder sämtlichen Gesellschaftern das Recht gewährt wurde, bei Eintritt bestimmter Tatsachen (in der Regel eines wichtigen Grundes) das Geschäft mit allen Aktiven und Passiven zu übernehmen. Derartige Klauseln sind zwar auch nach Wegfall der Übernahmeklage und Integration des § 142 in § 140 Abs. 1 S. 2 durch die Handelsrechtsreform 1998 möglich (s. Rn 1). Sie sind jedoch seither als ein **einfaches Ausschließungsrecht** gegen den vorletzten oder alle übrigen Gesellschafter zu interpretieren.[244] Es wird durch Erklärung gegenüber dem vorletzten oder sämtlichen übrigen Gesellschaftern wirksam (vgl. § 132 Rn 13 zur Kündigung) und hat die partielle Gesamtrechtsnachfolge in das Unternehmen durch den verbleibenden Gesellschafter zur Folge (vgl. näher Rn 26). Zur Vermeidung des liquidationslosen Erlöschens einer zweigliedrigen Gesellschaft durch Ausscheiden des vorletzten Gesellschafters ist eine (nur in diesem Fall greifende) **Auflösungsklausel mit Übernahmerecht** möglich und empfehlenswert, vgl. § 131 Rn 10. – Für Übernahmeklauseln ohne (wichtigen) Grund gilt hinsichtlich ihrer Wirksamkeit das Gleiche wie auch sonst für Hinauskündigungsklauseln (Rn 61 ff). 68

[239] BGHZ 112, 40 (47) = NJW 1990, 2616.

[240] BGHZ 112, 103 (107 ff, 109) = NJW 1990, 2622.

[241] Ebenso in der Tendenz BGB BB 1996, 713 (ehevertragliche Rückübertragungspflicht). Vgl. auch *Kollhosser* AcP 194 (1994) 231 (240); *Bütter/Tonner* BB 2003, 2417 (2422).

[242] Namentlich *Kollhosser* AcP 194 (1994), 238 ff und – ihm folgend – MünchKommBGB[5]/*Ulmer/C. Schäfer* § 737 Rn 22.

[243] Zu zeitlichen und sachlichen Schranken des Schenkungswiderrufs auch *K. Schmidt* BB 1990, 1996 f und *Jülicher* ZGR 1996, 82 (100 ff); s.a. *Bütter/Tonner* BB 2003, 2417 (2422), die eine Entschädigung des Beschenkten zum Verkehrswert anregen (und den freien Widerruf in diesem Falle für unproblematisch halten); ferner *Klumpp* ZEV 1995, 385 (388).

[244] Entsprechend schon zu § 142 Schlegelberger/*K. Schmidt* § 142 Rn 41; vgl. ferner Ebenroth/Boujong/Joost/Strohn/*Lorz* Rn 48.

VI. Vereinbarung abweichender Rechtsfolgen

69 Zu den **Abfindungsbeschränkungen** vgl. die Darstellung bei § 131 Rn 168 ff. Die Schranken der §§ 723 Abs. 3 BGB i.V.m. §§ 105 Abs. 3, 133 Abs. 3 HGB gelten als solche naturgemäß zwar nicht für die Ausschließung aus wichtigem Grund (§ 131 Rn 172 ff); bei einer einheitlich für alle Ausscheidensfälle formulierten Abfindungsklausel setzt sich aber der strengere Maßstab durch (§ 131 Rn 173, 177). – Zulässig ist auch die Vereinbarung eines von § 140 Abs. 2 **abweichenden Stichtags** für die Aufstellung der Abschichtungsbilanz.[245] Für den Ausschluss aus der zweigliedrigen Gesellschaft kann die Gesamtrechtsnachfolge (Rn 26) nicht vertraglich ausgeschlossen werden. Die dinglichen Wirkungen der Anwachsung sind vertraglicher Gestaltung nicht zugänglich.[246] Klauseln, wonach nur bestimmte Gegenstände auf den Übernehmer übergehen sollen, haben lediglich schuldrechtliche Wirkung.[247] Möglich ist aber für diesen Fall die Ausschließungsklage auszuschließen (Rn 52), so dass die Auflösungsklage nach § 133 bleibt. Die Erhaltung des Bestands der Gesellschaft kommt in diesem Falle ohnehin nicht in Betracht.

VII. Rechtsfolgen unzulässiger Vereinbarungen

70 Soweit im Einzelfall von § 140 abweichende Vereinbarungen wegen Verstoßes gegen die guten Sitten (§ 138 BGB) nichtig sind, erstreckt sich die Nichtigkeit im Zweifel nicht auf den ganzen Vertrag.[248] Die durch die Nichtigkeit entstehenden Lücken sind vielmehr mangels Einigung der Beteiligten im Wege ergänzender Vertragsauslegung zu schließen (vgl. Rn 62 sowie § 132 Rn 39).

§§ 141, 142
(aufgehoben)

§ 143

(1) [1]Die Auflösung der Gesellschaft ist von sämtlichen Gesellschaftern zur Eintragung in das Handelsregister anzumelden. [2]Dies gilt nicht in den Fällen der Eröffnung oder der Ablehnung der Eröffnung des Insolvenzverfahrens über das Vermögen der Gesellschaft (§ 131 Abs. 1 Nr. 3 und Abs. 2 Nr. 1). [3]In diesen Fällen hat das Gericht die Auflösung und ihren Grund von Amts wegen einzutragen. [4]Im Falle der Löschung der Gesellschaft (§ 131 Abs. 2 Nr. 2) entfällt die Eintragung der Auflösung.

---

[245] MünchKommHGB/*K. Schmidt* Rn 87.

[246] Zum zwingenden Charakter der Anwachsung nach § 738 BGB vgl. nur MünchKommBGB[5]/*Ulmer*/*C. Schäfer* § 738 Rn 8.

[247] Ebenso zu § 142 a.F. *Huber* Vermögensanteil, Kapitalanteil und Gesellschaftsanteil an Personengesellschaften des Handelsrechts, 1970, S. 69; 3. Aufl. § 142 Rn 45 (*Ulmer*); **aA** RG JW 1926, 2894; wohl auch Heymann/*Emmerich* § 142 Rn 34; nicht eindeutig RGZ 107, 171 (172).

[248] BGHZ 105, 213 (220 f) = NJW 1989, 834; 107, 351 (355 ff) = NJW 1989, 2681; BGH WM 1962, 462 f; *Behr* ZGR 1990, 370 (386 ff); Baumbach/*Hopt* Rn 33; weitere Nachweise oben Rn 61 ff (zu den Hinauskündigungsklauseln).

(2) Absatz 1 Satz 1 gilt entsprechend für das Ausscheiden eines Gesellschafters aus der Gesellschaft.

(3) Ist anzunehmen, dass der Tod eines Gesellschafters die Auflösung oder das Ausscheiden zur Folge gehabt hat, so kann, auch ohne dass die Erben bei der Anmeldung mitwirken, die Eintragung erfolgen, soweit einer solchen Mitwirkung besondere Hindernisse entgegenstehen.

Schrifttum

Krafka/Willer Registerrecht (2007); *Wiedemann* Die Übertragung und Vererbung von Mitgliedschaftsrechten bei Handelsgesellschaften (1965).

Übersicht

A. Einleitung

§ 143 verpflichtet die Gesellschafter, die Auflösung der Gesellschaft und das Ausscheiden eines Gesellschafters beim Handelsregister anzumelden. Er bildet die Ergänzung zu der in §§ 106, 107 angeordneten Anmeldung der neuerrichteten Gesellschaft und des Eintritts neuer Gesellschafter. Die Absätze 1 und 2 stimmen ihrem wesentlichen Inhalt nach mit Art. 129 Abs. 1–3 ADHGB überein. Die noch nicht im ADHGB enthaltene Vorschrift des Abs. 3 erleichtert die Eintragung der Auflösung oder des Ausscheidens beim Tode eines Gesellschafters, falls der Mitwirkung seiner Erben bei der Anmeldung besondere Hindernisse entgegenstehen. Die aktuelle Fassung des § 143 beruht auf Art. 40 Nr. 11 EG InsO;[1] sie suspendiert die Anmeldepflicht in Fällen, in denen die Eintragung von Amts wegen erfolgt (Rn 3). Wichtig ist die **Eintragungspflicht** vor allem für den (abstrakten) Vertrauensschutz nach § 15 Abs. 1, dessen Normzweck sich auf die Fälle von Ausscheiden und Auflösung erstreckt. § 143 beschränkt sich nicht darauf, die Eintragungspflicht anzuordnen, er bestimmt auch die **Person des Eintragungspflichtigen.** 1

[1] BGBl. 1994, I 2911 (2928).

Hierbei handelt es sich grundsätzlich um sämtliche Gesellschafter, im Falle des Abs. 3 (nur) um sämtliche Mitgesellschafter des Verstorbenen. – Für Form (§ 12) und Bekanntmachung (§ 10) der Eintragung gelten die allgemeinen Vorschriften.

B. Die anzumeldenden Tatbestände

I. Die Auflösung der Gesellschaft (Abs. 1)

2 **1. Allgemeines.** Die Anmeldepflicht erstreckt sich grundsätzlich auf alle Fälle der Auflösung der Gesellschaft, d.h. ihrer Umwandlung in eine Abwicklungsgesellschaft (§ 131 Rn 7 ff). Auf den Auflösungsgrund kommt es, abgesehen vom Insolvenzfall (Rn 3), nicht an. Die Anmeldepflicht dient der Information des Handelsverkehrs über die Zweckänderung der Gesellschaft und über den Übergang der Geschäftsführungs- und Vertretungsbefugnisse auf die Abwickler (§§ 146, 149). Mit Rücksicht auf die Publizität des Handelsregisters (§ 15 Abs. 1, 2) liegt sie ebenso auch im Interesse der Gesellschafter.

3 Eine **Ausnahme** von der Pflicht zur Anmeldung der Gesellschaftsauflösung gilt nach § 143 Abs. 1 **S. 2** nur für die auf Eröffnung oder Ablehnung der Eröffnung des **Insolvenzverfahrens** beruhende Auflösung (§ 131 Abs. 1 Nr. 3; Abs. 2 Nr. 1). Denn hier erfolgt die Eintragung schon von Amts wegen (§ 143 Abs. 1 S. 3; vgl. allgemein auch § 32 Rn 9 [*Burgard*]). Entsprechendes gilt gem. **S. 4** für die **Löschung wegen Vermögenslosigkeit**. Denn hier ist die Gesellschaft grundsätzlich bereits nach § 141a FGG (= § 394 FamFG n.F.), § 145 Abs. 3 liquidationslos erloschen. Das Eingreifen der handelsrechtlichen Publizitätsvorschriften des § 15 ist nach § 32 Abs. 2 ausdrücklich ausgeschlossen. Ein Dritter, der nach Verfahrenseröffnung mit einem bisher vertretungsberechtigten Gesellschafter namens der Gesellschaft ein Rechtsgeschäft abgeschlossen hat, kann sich also nicht darauf berufen, dass die Auflösung der Gesellschaft nicht eingetreten sei.

4 Die Vorschriften des § 143 gelten nicht für die Anmeldung und Eintragung des **Erlöschens** der Gesellschaft, das als „Erlöschen der Firma" einzutragen ist.[2] Dieses ist erst nach Vollbeendigung der Gesellschaft, regelmäßig also nach der Liquidation anzumelden; davor nur, wenn nach Vereinbarung statt der Abwicklung eine andere Art der Auseinandersetzung stattgefunden hat (§§ 145 Abs. 1, 157).[3] – Zum Sonderfall der Eintragung bei liquidationslosem Erlöschen vgl. unten Rn 11.

2. Einzelfälle

5 a) **Zeitablauf.** Anzumelden ist auch die Auflösung durch Ablauf der Zeit, für welche die Gesellschaft eingegangen ist (§ 131 Abs. 1 Nr. 1). Dies gilt selbst dann, wenn die Dauer der Gesellschaft im Handelsregister eingetragen ist. Art. 129 Abs. 2 ADHGB schrieb die Eintragung der Auflösung durch Ablauf der vertragsmäßigen Zeit ausdrücklich vor. Ein Bedürfnis zu einer solchen Eintragung besteht schon im Hinblick auf die in § 134 vorgesehene Möglichkeit stillschweigender Fortsetzung der Gesellschaft. Auch die Zulässigkeit der Bemessung der Dauer der Gesellschaft nach dem Eintritt eines bestimmten Ereignisses (§ 131 Rn 19) macht die Anmeldung der durch Zeitablauf eingetretenen Auflösung erforderlich.

---

2 Vgl. OLG Düsseldorf NJW-RR 1998, 245 (246); OLG Frankfurt BB 2003, 2131; MünchKommHGB/*K. Schmidt* Rn 6; Ebenroth/Boujong/Joost/Strohn/*Lorz* Rn 4.

3 KGJ 22 A 109; Ebenroth/Boujong/Joost/Strohn/*Lorz* Rn 4; Heymann/*Emmerich* Rn 4.

b) **Fehlerhafte Gesellschaft.** Für die Auflösung einer auf **fehlerhafter** Vertragsgrundlage beruhenden Gesellschaft (§ 131 Rn 15) gelten keine Besonderheiten; ab Invollzugsetzung ist sie in gleicher Weise zur Eintragung anzumelden wie die Auflösung der vollgültigen Gesellschaft.[4] Auf die (Vor-)Eintragung der fehlerhaften Gesellschaft kommt es, wie auch sonst, nicht an (vgl. aber Rn 8). 6

c) **Umwandlung.** Die Umwandlung einer Personenhandelsgesellschaft begründet zwar regelmäßig eine Anmeldepflicht der Gesellschafter, doch folgt diese **nicht aus § 143.** Wandelt sich die OHG durch Wegfall des vollkaufmännischen Geschäftsbetriebs in eine **Gesellschaft bürgerlichen Rechts** um, so ist die Firma nach §§ 31, 6 auf Anmeldung der Gesellschafter zu löschen. Im Falle der Umwandlung in eine **Kommanditgesellschaft** bedarf es der Anmeldung der in § 162 Abs. 1 genannten Tatsachen. Eine Auflösung der OHG ist mit der Umwandlung in beiden Fällen nicht verbunden; § 143 ist daher unanwendbar. – Soll die OHG schließlich in eine **Kapitalgesellschaft** (AG, KGaA, GmbH) umgewandelt werden, so müssen die Gesellschafter den Umwandlungsbeschluss beim Handelsregister anmelden (§§ 198 Abs. 1, 199 UmwG). 7

3. **Nicht oder zu Unrecht eingetragene Gesellschaft.** Die Auflösung einer noch **nicht eingetragenen** Gesellschaft bildet nur dann einen anmeldepflichtigen Tatbestand, wenn die Gesellschaft auch ohne Eintragung eine – im Liquidationsstadium befindliche – Handelsgesellschaft ist, das von ihr betriebene Gewerbe also einen kaufmännisch eingerichteten Geschäftsbetrieb erfordert (§§ 105 Abs. 2; 1 Abs. 2; 123 Abs. 2); denn auf die **GbR** ist § 143 weder unmittelbar noch analog anwendbar.[5] Ist die Gesellschaft Handelsgesellschaft, ergibt sich der Fortbestand der Eintragungspflicht auch aus §§ 148, 157; Errichtung und Auflösung der Gesellschaft sind dann gleichzeitig anzumelden und einzutragen (§ 106 Rn 9).[6] 8

Fallen ausnahmsweise **Auflösung und Beendigung** einer zwar als Handelsgesellschaft entstandenen, aber bisher nicht eingetragenen Gesellschaft (Rn 8) **zusammen** oder kommt es aus sonstigen Gründen nicht zur Abwicklung der Gesellschaft, so besteht kein öffentliches Interesse an einer nachträglichen Eintragung (§ 106 Rn 9). Wohl aber können die Gesellschafter bestrebt sein, die Gesellschaft und ihre Beendigung nachträglich eintragen zu lassen, um sich auf die Publizitätswirkung des Handelsregisters (§ 15 Abs. 2) berufen zu können und die fünfjährige Verjährungsfrist für Gesellschaftsverbindlichkeiten in Gang zu setzen (§ 159 Abs. 2). Insoweit ist daher ein Anspruch jedes Gesellschafters gegen seine Mitgesellschafter auf Mitwirkung bei der Anmeldung trotz Fehlens des öffentlichen Interesses zu bejahen (§ 106 Rn 9). 9

Die **zu Unrecht eingetragene Gesellschaft** ist wegen §§ 5, 105 Abs. 2 nur dann keine Handelsgesellschaft (mit Anmeldepflicht nach § 143), wenn sie weder ein Gewerbe betreibt noch eigenes Vermögen verwaltet (zur entsprechenden Anwendung des § 5 auf den Fall der nachträglichen Vermögensverwaltung vgl. § 131 Rn 13 aE). Auf eine solche Gesellschaft ist § 143 unanwendbar; sie ist von Amts wegen zu löschen (§ 142 FGG = § 395 FamFG n.F.). 10

4. **Liquidationsloses Erlöschen.** Erlischt die Gesellschaft liquidationslos wegen Fortfalls des vorletzten Gesellschafters (§ 140 Abs. 1 S. 2; s. dazu § 140 Rn 26; § 131 Rn 9) 11

[4] Vgl. MünchKommHGB/*K. Schmidt* Rn 3.

[5] S.a. MünchKommHGB/*K. Schmidt* Rn 2.

[6] ROHG 22, 201 (204); 23, 227; RGZ 15, 33 (35); 127, 98 (99); RG JW 1902, 172; KG OLGE 41, 202; Hamburg OLGE 40, 189; Schlegelberger/*K. Schmidt* Rn 1.

stellt dies zweifellos einen **anmeldepflichtigen Vorgang** dar. Korrekterweise müsste das Erlöschen der Gesellschaft eingetragen werden. Nach herrschender Praxis wird in diesem Falle aber die Auflösung der Gesellschaft[7] bzw. das Erlöschen der Firma eingetragen.[8] Die Praxis lässt als Ergänzung zur Auflösung auch die Eintragung des Hinweises zu, dass eine Liquidation nicht stattfindet.[9] Überholt ist demgegenüber eine früher vom RG vertretene Ansicht, derzufolge statt der Auflösung auch das Ausscheiden des bzw. der anderen Gesellschafter(s) angemeldet und eingetragen werden kann.[10] Vielmehr ist der hM im Grundsatz zuzustimmen; der Sache nach geht es allerdings um einen in zweifacher Hinsicht anmeldepflichtigen Tatbestand: Zum Erlöschen der Gesellschaft tritt ein Wechsel des Firmeninhabers (§§ 32, 6) hinzu. Denn die Firma der Gesellschaft erlischt nur dann, wenn sie nicht von dem übernehmenden Gesellschafter fortgeführt wird (str., vgl. § 31 Rn 8 f, 23 ff [*Burgard*]), weshalb das „Erlöschen der Firma" nicht als Regeleintragung an die Stelle des Erlöschens der Gesellschaft treten kann.[11] Vorzugswürdig ist deshalb die Eintragung des „Erlöschens der Gesellschaft"; akzeptabel erscheint auch die Eintragung der Auflösung, sofern sie mit dem Hinweis verbunden wird, dass eine Liquidation nicht stattfindet.

12 5. **Fortsetzung vor Eintragung der Auflösung.** Wird vor Anmeldung/Eintragung der Auflösung die Fortsetzung der Gesellschaft beschlossen, so besteht für die nachträgliche Eintragung der Auflösung kein rechtliches Interesse mehr; insbesondere bedarf der Rechtsverkehr hier nicht des Schutzes nach § 15 Abs. 1. Das gilt auch für die Fortsetzung selbst; § 144 Abs. 2, der die grundsätzliche Eintragungspflicht der Fortsetzung regelt, steht nicht entgegen (§ 144 Rn 11). Daher **entfällt** in diesem Fall ausnahmsweise die Anmeldepflicht;[12] eine bereits erfolgte Anmeldung kann von jedem Anmelder widerrufen werden (zum Widerruf vgl. § 12 Rn 15, 21 ff [*Koch*]).

II. Das Ausscheiden eines Gesellschafters (Abs. 2)

13 Die Pflicht zur Anmeldung des Ausscheidens eines Gesellschafters besteht in allen Fällen, in denen die Mitgliedschaft eines Gesellschafters in der Gesellschaft endet, während die Gesellschaft fortbesteht (§ 131 Rn 76 ff, 111 ff). War die Gesellschaft selbst pflicht-

---

[7] BayObLG DB 2001, 2088 (2089); NJW-RR 1993, 848 (849); OLG Düsseldorf NJW-RR 1998, 245 (246); KG NJW 1965, 254; OLG Köln DNotZ 1970, 747; vgl. auch OLG Frankfurt BB 2003, 2531 (2532) (kumulative Eintragung bei „Verschmelzung" zweier KGen durch Übertragung der Geschäftsanteile auf eine von ihnen – offenbar ohne Firmenfortführung); *Wörbelauer* DNotZ 1961, 471 (475); Ebenroth/Boujong/Joost/Strohn/*Lorz* Rn 4; Heymann/*Emmerich* Rn 4; *Krafka/Willer* Rn 692; gegen Eintragung als Ausscheiden auch MünchKommHGB/*K. Schmidt* Rn 4 (der aber statt der Auflösung das Erlöschen der Firma eingetragen sehen will, s. bei Fn 11).

[8] KG ZIP 2007, 1505 (1507); MünchKommHGB/*K. Schmidt* Rn. 4; Röhricht/Graf v. Westphalen/*v. Gerkan/Haas* Rn. 1.

[9] OLG Frankfurt BB 2003, 2531 (2532); BayObLG DB 2001, 2088 (2089); OLG Düsseldorf NJW-RR 1998, 245 (246).

[10] ROHGE 21, 192 (193); dagegen eingehend Voraufl. Rn 12 (*Ulmer*).

[11] So im Ergebnis auch LG Berlin Rpfleger 1997, 218 (219); **aA** MünchKommHGB/*K. Schmidt* Rn 4, 6.

[12] Wie hier Heymann/*Emmerich* Rn 3; Voraufl. Rn 13 (*Ulmer*); **aA** MünchKommHGB/*K. Schmidt* Rn 3 (wg. § 144 Abs. 2); Baumbach/*Hopt* Rn 1; Ebenroth/Boujong/Joost/Strohn/*Lorz* Rn 3; Röhricht/Graf v. Westphalen/*v. Gerkan/Haas* Rn 1.

widrig noch nicht eingetragen, lässt dies die Eintragungspflicht keineswegs entfallen,[13] die Anmeldung muss dann gleichzeitig die in §§ 106, 107 genannten Angaben enthalten. – Die **Ursache des Ausscheidens** ist unerheblich; es kommen sämtliche Fälle des § 131 Abs. 3 in Betracht (§ 131 Rn 76 ff). Wird die Gesellschaft beim **Tode** eines Gesellschafters entgegen § 131 Abs. 3 Nr. 1 **mit dessen Erben fortgesetzt,** so ist dies traditionellerweise grundsätzlich als Ausscheiden des Verstorbenen und „Neueintritt" des Nachfolgers einzutragen, obwohl der Anteil unmittelbar auf den Nachfolger übergeht (§ 139 Rn 129).[14] Zumindest sollte hier indes, wie beim rechtsgeschäftlichen Anteilsübergang (§ 107 Rn 6; Voraufl. § 173 Rn 7 [*Schilling*]),[15] die Eintragungsfähigkeit eines *Nachfolgevermerks* anerkannt werden. Während der Schwebezeit des § 139 Abs. 3 besteht noch keine Eintragungspflicht hinsichtlich des „Eintritts", wohl aber hinsichtlich des Ausscheidens des verstorbenen Gesellschafters (näher § 139 Rn 132). Auch die **rechtsgeschäftliche Anteilsübertragung** wird traditioneller-, aber irreführenderweise als Kombination aus Ausscheiden und Beitritt eingetragen (vgl. § 40 Abs. 2 lit. c HRV), immerhin jedoch mit einem klarstellenden *Nachfolgevermerk* versehen.[16] Schließlich wird auch die **Anteilsumwandlung** vom Komplementär zum Kommanditisten herkömmlicherweise und in Übereinstimmung mit der haftungsrechtlichen Lage (s. § 160 Abs. 3) als Ausscheiden des persönlich haftenden Gesellschafters und Eintritt eines Kommanditisten eingetragen, obwohl auch dies den rechtlichen Vorgang nicht zutreffend erfasst.[17] – Scheidet ein als **Vorerbe** beteiligter Gesellschafter aus der OHG aus, so ist sowohl dessen Ausscheiden als auch der Eintritt des Nacherben anzumelden.[18] – Zum Sonderfall des liquidationslosen Erlöschens wegen **Ausscheidens des vorletzten Gesellschafters** (dazu allgemein § 131 Rn 10, 107 ff) näher Rn 11.

C. Die Anmeldung

I. Anmeldepflichtige Personen

1. Allgemeines. Die Anmeldung ist grundsätzlich von sämtlichen Gesellschaftern zu bewirken, einschließlich derjenigen, deren Ausscheiden den Gegenstand der Anmeldung bildet (**Abs. 3**)[19]. An die Stelle eines verstorbenen Gesellschafters treten dessen (sämtliche) Erben (Rn 16). Die Erklärungen brauchen nicht gleichzeitig abgegeben zu werden.[20] **14**

---

[13] Vgl. OLG Brandenburg NZG 2002, 909; MünchKommHGB/*K. Schmidt* Rn 5.

[14] KG NZG 2003, 122; *Krafka/Willer* Rn 755; Ebenroth/Boujong/Joost/Strohn/*Lorz* Rn 7; konsequenter Verbesserungsvorschlag bei MünchKommHGB/*K. Schmidt* Rn 8 (Eintragung als Rechtsnachfolge).

[15] RG DNotZ 1944, 195 (199 f); BGHZ 81, 82 (86); Ebenroth/Boujong/Joost/Strohn/*Lorz* Rn 6; Röhricht/Graf v. Westphalen/*v. Gerkan/Haas* Rn 3.

[16] Nachweise in Fn 15; berechtigte Kritik an dieser Praxis bei MünchKommHGB/*K. Schmidt* Rn 7; die Handelsrechtsreform 1998 hat indes nichts an diesem Provisorium geändert (vgl. *K. Schmidt* NJW 1998, 2161 [2169]).

[17] Vgl. wiederum die Kritik bei MünchKommHGB/*K. Schmidt* Rn 9.

[18] KG HRR 1934 Nr. 1041 = DNotZ 1934, 684 (685); KG NJW-RR 1991, 835; *Heymann/Emmerich* Rn 7.

[19] Vgl. BayObLG DB 1978, 1832; 1979, 86; MünchKommHGB/*K. Schmidt* Rn 10; Ebenroth/Boujong/Joost/Strohn/*Lorz* Rn 8; Baumbach/*Hopt* Rn 3.

[20] EinhM, vgl. KG HRR 1934 Nr. 1041 = DNotZ 1934, 684 (685); KG OLGE 42, 202; MünchKommHGB²/*K. Schmidt* Rn 10; Ebenroth/Boujong/Joost/Strohn/*Lorz* HGB² Rn 14.

Solange dem Registergericht nicht alle erforderlichen Anmeldeerklärungen vorliegen, kann es die Eintragung nicht vornehmen. **Vertretung** ist zulässig (§ 12 Rn 36 ff [*Koch*]); bei **Publikumsgesellschaften** ist auch ohne entsprechende Vertragsregelung davon auszugehen, dass die geschäftsführenden Gesellschafter zur Anmeldung bevollmächtigt sind.[21] Für eine Handelsgesellschaft als Gesellschafter können nur deren organschaftliche Vertreter, nicht auch ihr Prokurist handeln.[22]

15 Ist die Auflösung der Gesellschaft oder die Ausschließung eines Gesellschafters durch Gestaltungsurteil (§§ 133, 140) ausgesprochen, so genügt zur Eintragung die Anmeldung der übrigen Beteiligten (§ 16); die Anmeldung durch den Beklagten im Auflösungs- oder Ausschließungsprozess wird in diesem Falle **durch das rechtskräftige Urteil ersetzt.** Bei Auflösung der Gesellschaft durch Kündigung eines Privatgläubigers (§ 135) hat der Gesellschafter, nicht der Gläubiger bei der Anmeldung mitzuwirken.[23] Demgegenüber gehen bei Insolvenz eines Gesellschafters (§ 131 Abs. 3 Nr. 2) mit den übrigen Gesellschafterrechten (§ 146 Abs. 3) auch Recht und Pflicht zur Handelsregisteranmeldung vom betroffenen Gesellschafter auf den **Insolvenzverwalter** über.[24]

16 **2. Anmeldungspflicht beim Tod eines Gesellschafters.** Beruhen Auflösung oder Ausscheiden auf dem Tod eines Gesellschafters, so sind – von der Ausnahme des Abs. 3 (vgl. Rn 18) abgesehen – **sämtliche Erben**, auch die nicht nachfolge- oder eintrittsberechtigten, verpflichtet, bei der Anmeldung mitzuwirken.[25] Für den (Ausnahme-)Fall der durch den Tod bedingten Auflösung (§ 139 Rn 6) ergibt sich die Anmeldepflicht der Erben schon daraus, dass sie – in ihrer gesamthänderischen Verbundenheit – Gesellschafter der Abwicklungsgesellschaft geworden sind (§ 139 Rn 6). Die mit der Gesellschafterstellung verbundenen Verpflichtungen sind hier auf die Erben übergegangen. Aber auch im Übrigen geht der Gesetzgeber in Abs. 3 ersichtlich von einer Verpflichtung zur Anmeldung auch hinsichtlich der nicht nachfolgeberechtigten Erben aus, erstreckt die Anmeldepflicht also auf Nichtgesellschafter. Die Erben eines Gesellschafters sind also auch dann zur Anmeldung des Ausscheidens (vgl. Rn 13) verpflichtet, wenn die Gesellschaftsbeteiligung nicht auf sie übergegangen ist.[26] Nur so können nämlich die Interessen der Erben, aber auch das öffentliche Interesse an der Vermeidung unrichtiger Registereintragungen effektiv gewährleistet werden. Und nur auf diese Weise lässt sich eine Rechtsscheinhaftung der Erben mit dem Nachlass aus § 15 Abs. 1 für solche Gesellschaftsschulden begründen, die vor Eintragung des Ausscheidens entstanden sind. Gleiches gilt für die Erben desjenigen, der als Vorerbe Gesellschafter geworden war: Scheidet er mit seinem Tode aus der Gesellschaft aus, so ist die Anmeldung außer von dem Nacherben und den übrigen Gesellschaftern auch von seinen Erben zu bewirken.[27] Die Anmeldepflicht der Erben beschränkt

---

21 MünchKommHGB/*K. Schmidt* Rn 10; Heymann/*Emmerich* Rn 12.

22 BayObLG WM 1982, 647 (649); MünchKommHGB/*K. Schmidt* Rn 10.

23 MünchKommHGB/*K. Schmidt* Rn 10; Heymann/*Emmerich* Rn 12.

24 BGHZ 108, 187 (190) = NJW 1989, 3152 (3153); BGH NJW 1981, 822 = WM 1981, 174 (175); MünchKommHGB/*K. Schmidt* Rn 10; Ebenroth/Boujong/Joost/Strohn/*Lorz* Rn 10.

25 OLG Hamburg OLGE 40, 189; BayObLG DB 1979, 86; BB 1993, 385 (386); KG DNotZ 1935, 988; DR 1942, 1497; NJW-RR 1991, 835; MünchKommHGB/*K. Schmidt* Rn 10; Ebenroth/Boujong/Joost/Strohn/*Lorz* Rn 11; Heymann/*Emmerich* Rn 14; *Wiedemann* S. 207.

26 Heute unstr., vgl. MünchKommHGB/*K. Schmidt* Rn 10 und § 139 Rn 17; Ebenroth/Boujong/Joost/Strohn/*Lorz* Rn 11; Heymann/*Emmerich* Rn 14; ausführlicher noch Voraufl. Anm. 21 (*Ulmer*).

27 KG HRR 1934, 1041 = DNotZ 1934, 684; MünchKommHGB/*K. Schmidt* Rn 10.

sich aber jeweils auf das Ausscheiden, erstreckt sich also nicht auf den „Eintritt" des Nachfolgers; insofern bedarf es nach §§ 107, 108 nur der Mitwirkung der Gesellschafter.

Ist eine (Verwaltungs-)**Testamentsvollstreckung** (am Kommanditanteil) angeordnet, so hat der Vollstrecker die Anmeldung vorzunehmen.[28] Dies gilt generell auch für den Fall des Ausscheidens des Gesellschafters nach § 131 Abs. 3 Nr. 1; auch hier übernimmt allein der Testamentsvollstrecker für den verstorbenen Gesellschafter die Anmeldung.[29] Demgegenüber bleibt es bei der Anmeldepflicht eines Gesellschafter-Erben, wenn lediglich Abwicklungstestamentsvollstreckung angeordnet[30] oder die Anordnung der Testamentsvollstreckung unwirksam ist (§ 139 Rn 63, 66); der wirksam (für den sonstigen Nachlass) bestellte Testamentsvollstrecker handelt dann allein für die übrigen Erben, die nicht Nachfolger geworden sind (Rn 16).[31] – Allgemein zur Testamentsvollstreckung am Gesellschaftsanteil § 139 Rn 60 ff. **17**

3. Die erleichterte Anmeldung des Abs. 3. Auf eine Mitwirkung einzelner oder aller Erben bei der Anmeldung der durch den Tod des Erblassers bewirkten Auflösung oder seines Ausscheidens kann nach pflichtmäßigem Ermessen des Registerrichters dann verzichtet werden, wenn ihrer Mitwirkung besondere Hindernisse entgegenstehen (Abs. 3). Voraussetzung ist das Vorliegen einer **Auflösungsklausel** (§ 139 Rn 6) oder das **Ausscheiden des verstorbenen Gesellschafters** gem. § 139 Abs. 3 Nr. 1. Die Regelung will die Eintragung von Änderungen erleichtern, die wegen der Gefahr der Nachlasshaftung für die nach dem Tod begründeten Gesellschaftsschulden (Rn 20) besonders eilbedürftig sind.[32] Sie sollen im Interesse einer baldigen Beschränkung der Erbenhaftung schon dann vorgenommen werden können, wenn der Eintritt der von den überlebenden Gesellschaftern gemeldeten Änderung selbst außer Zweifel steht, eine rechtzeitige Mitwirkung sämtlicher Erben aber auf Schwierigkeiten stößt, weil diese noch nicht feststehen oder nicht erreichbar sind. Dies ist auch der Grund dafür, dass Abs. 3 **unanwendbar** ist, wenn die Gesellschaft mit den oder einzelnen Erben des Gesellschafters fortgesetzt wird; hier besteht grundsätzlich kein dringendes Interesse an einer baldigen Eintragung (Rn 20).[33] **18**

Erste Voraussetzung für die Erleichterung der Anmeldeerfordernisse ist somit, dass der Registerrichter keine Zweifel an der **Richtigkeit** der von den übrigen Gesellschaftern angemeldeten Tatsachen hat. Im Rahmen seiner Prüfungspflicht (vgl. § 8 Rn 80 f [*Koch*]; § 12 Rn 1 [*Koch*]; § 106 Rn 28 f) wird er sich daher die für seine Urteilsbildung erforderlichen Urkunden, insbesondere eine Abschrift des Gesellschaftsvertrags, vorlegen lassen, aus denen die der Anmeldung entsprechenden Rechtsfolgen (Auflösung der Gesellschaft oder Fortsetzung unter Ausscheiden des Verstorbenen) ersichtlich sind. **19**

Entsprechend dem Gesetzeszweck setzt die Anwendung von Abs. 3 zweitens die **Eilbedürftigkeit** der Eintragung voraus. Sollen nach dem Gesellschaftsvertrag alle Erben die Nachfolge des Verstorbenen in der Gesellschaft antreten, so ist für eine beschleunigte **20**

---

[28] BGHZ 108, 187, (190) = NJW 1989, 3152; Ebenroth/Boujong/Joost/Strohn/*Lorz* Rn 12; zur Frage eines eigenen Anmelderechts des Erben vgl. einerseits (bejahend) Voraufl. § 177 Rn 20 (*Schilling*); andererseits zutr. KG NJW-RR 1991, 835 = BB 1991, 1283; MünchKommBGB[4]/*Brandner* § 2205 Rn 38a; Staudinger/*Reimann* BGB (2003) § 2205 Rn 134; dazu auch Baumbach/*Hopt* § 139 Rn 61.

[29] KG NJW-RR 1991, 835; Ebenroth/Boujong/Joost/Strohn/*Lorz* Rn 12.

[30] KG NJW-RR 1991, 835 f; Ebenroth/Boujong/Joost/Strohn/*Lorz* Rn 12; Heymann/*Emmerich* Rn 15.

[31] KG NJW-RR 1991, 835 (836).

[32] MünchKommHGB/*K. Schmidt* Rn 15; Heymann/*Emmerich* Rn 17.

[33] Vgl. MünchKommHGB/*K. Schmidt* Rn 16; Ebenroth/Boujong/Joost/Strohn/*Lorz* Rn 13.

Eintragung des Ausscheidens des Verstorbenen regelmäßig kein Bedürfnis und zwar unabhängig davon, ob die Nachfolger den Anteil aufgrund einer einfachen oder qualifizierten **Nachfolgeklausel** erworben haben.[34] Denn in diesem Falle haften die Nachfolger unabhängig vom Zeitpunkt der Eintragung und Bekanntmachung für die nach dem Tod entstandenen Gesellschaftsschulden; sie haben nach § 139 Abs. 4 nur die Möglichkeit, ihre Haftung auf den Nachlass zu beschränken. Aus den gleichen Gründen kommt eine Erleichterung der Anmeldung nicht in Betracht, soweit es um den „Eintritt" der Erben in die Gesellschaft als Nachfolger des Verstorbenen geht (Rn 13): Auch insoweit hat die Eintragung keine haftungsbeschränkenden Wirkungen oder ist aus sonstigen Gründen eilbedürftig.

21 Der Mitwirkung der Erben bei der Anmeldung müssen drittens **„besondere Hindernisse"** entgegenstehen. Solche besonderen Hindernisse ergeben sich nicht bereits aus der Vermehrung der Zahl der anmeldepflichtigen Personen durch eine Vielzahl von Erben oder aus ihrer möglicherweise geringeren Geschäftserfahrenheit; auch die Verweigerung der Mitwirkung durch einen bekannten und leicht erreichbaren Erben kann regelmäßig nicht als besonderer Hinderungsgrund angesehen werden.[35] Vielmehr kommen vor allem die schwere Erreichbarkeit oder der **unbekannte Aufenthaltsort** von Erben in Betracht.[36] Ob das jeweilige Hindernis ausreicht, um auf die Mitwirkung des betroffenen Erben zu verzichten, hat das Gericht nach pflichtgemäßem Ermessen unter Berücksichtigung der Eilbedürftigkeit der Eintragung (Rn 20) zu entscheiden. Führt die Prüfung zu einer Bejahung der Frage, so muss die Eintragung auch ohne die Anmeldung des verhinderten Erben vollzogen werden. Das Wort „kann" bedeutet auch hier nicht, dass es im Ermessen des Richters liegt, ob er die Anmeldung durch die Erben verlangen will oder nicht (vgl. § 140 Rn 44). Sind nur einzelne Erben verhindert, so haben die anderen mitzuwirken.[37]

II. Die Durchsetzung der Anmeldungspflicht

22 **1. Der öffentlich-rechtliche Charakter der Anmeldungspflicht.** Die Anmeldepflicht ist eine öffentlich-rechtliche Pflicht (§ 106 Rn 5 f; § 108 Rn 3, 6). Sie dient dem **Interesse des Handelsverkehrs** an der Klarstellung der Rechtsverhältnisse der Gesellschaft. Sie besteht, sobald die anzumeldenden Rechtsänderungen eingetreten sind. Die Anmeldung hat unverzüglich, d.h. ohne schuldhaftes Zögern, zu erfolgen. Auf sie kann durch die Festsetzung eines Zwangsgeldes hingewirkt werden (§ 14). Sind nur einzelne Anmeldepflichtige säumig, so ist das Zwangsgeldverfahren nur gegen diese zulässig. Ist eine nach §§ 106, 107 eintragungspflichtige, aber noch nicht eingetragene Gesellschaft zwischenzeitlich durch Vollbeendigung weggefallen, so besteht an der nachträglichen Eintragung der Auflösung oder des Ausscheidens eines Gesellschafters ausnahmsweise kein öffentliches Interesse mehr (Rn 9); eine Erzwingung der Anmeldung nach § 14 kommt hier folglich nicht in Betracht. Gleiches gilt, wenn die vorübergehend aufgelöste Gesellschaft inzwischen fortgesetzt wurde (Rn 12).

23 **2. Der gesellschaftsrechtliche Mitwirkungsanspruch.** Neben der durch § 14 gesicherten öffentlich-rechtlichen Anmeldungspflicht besteht eine auf dem Gesellschaftsverhältnis

---

[34] MünchKommHGB/*K. Schmidt* Rn 16; Ebenroth/Boujong/Joost/Strohn/*Lorz* Rn 13.

[35] Ebenroth/Boujong/Joost/Strohn/*Lorz* Rn 14; Heymann/*Emmerich* Rn 19.

[36] MünchKommHGB/*K. Schmidt* Rn 17; Heymann/*Emmerich* Rn 18.

[37] MünchKommHGB/*K. Schmidt* Rn 18; Ebenroth/Boujong/Joost/Strohn/*Lorz* Rn 15.

beruhende, zivilrechtliche Verpflichtung der einzelnen Gesellschafter, bei den im Interesse der Gesellschaft oder der Mitgesellschafter erforderlichen Anmeldungen der Auflösung oder des Ausscheidens mitzuwirken (§ 108 Rn 4 f). Sie kommt auch dann in Betracht, wenn die Gesellschaftsgründung selbst noch nicht eingetragen war und hängt nicht vom Bestehen eines öffentlich-rechtlichen Eintragungsinteresses ab (Rn 9). Auch die **Erben** eines Gesellschafters (Rn 16) bzw. der **Testamentsvollstrecker** sind zur Mitwirkung bei der Anmeldung verpflichtet (Rn 13); mit Rücksicht auf ihr bis zur Eintragung und Bekanntmachung fortbestehendes Haftungsrisiko (Rn 20) können sie auch ihrerseits die Anmeldung des Ausscheidens des Erblassers von den verbliebenen Gesellschaftern verlangen, unabhängig davon, ob sie Gesellschafter geworden sind.

Der Anspruch auf Mitwirkung steht nicht der Gesellschaft als solcher, sondern **als Individualanspruch** jedem einzelnen Gesellschafter gegen die übrigen zu;[38] eine notwendige Streitgenossenschaft besteht weder auf der Aktiv- noch auf der Passivseite.[39] Die **Klage** richtet sich **auf Feststellung** der Mitwirkungspflicht bei der Anmeldung; auch ein nur vorläufig vollstreckbares Urteil hat dabei die Wirkung, dass die Anmeldung der übrigen Beteiligten zur Eintragung genügt (§ 16 Abs. 1 Satz 1). Einwendungen aus dem Gesellschaftsverhältnis können dem Mitwirkungsanspruch nur beschränkt entgegengesetzt werden; die Einrede des nichterfüllten Vertrages (§ 320 BGB) ist in jedem Fall ausgeschlossen (vgl. § 108 Rn 5). Insbesondere kann die Mitwirkung auch nicht deshalb verweigert werden, weil die Gesellschaft die Verpflichtung zur Zahlung des Abfindungsguthabens nicht erfüllt hat.[40] **24**

III. Form und Inhalt der Anmeldung

1. Form. Die Form der Anmeldung und die formellen Voraussetzungen der Bevollmächtigung Dritter richten sich nach den allgemeinen Vorschriften über die Anmeldung zum Handelsregister (§ 12; s.a. § 108 Rn 2). Zuständiges Gericht ist das Amtsgericht des Sitzes der Gesellschaft oder das für mehrere Gerichtsbezirke bestimmte gemeinsame Gericht (§ 125 FGG bzw. § 377 FamFG n.F. [i.V.m. allg. Vorschr.]). Die **Eintragung** der anzumeldenden Veränderungen und ihre **Bekanntmachung** geschieht nach den allgemeinen Bestimmungen (§§ 8, 10). Das Fehlen der in § 12 für die Anmeldung vorgeschriebenen Form hindert die Wirksamkeit der gleichwohl erfolgten Eintragung nicht;[41] ein Mangel i.S.v. § 142 FGG (§ 395 FamFG n.F.), der zur Löschung der Eintragung von Amts wegen führen würde, ist hierin nicht zu sehen. Gleiches gilt bei Unvollständigkeit der in § 143 vorgeschriebenen Anmeldungen, insbesondere bei Nichtmitwirkung einer der anmeldepflichtigen Personen, solange nur die dennoch vorgenommene Eintragung die eingetretene Rechtsänderung zutreffend wiedergibt.[42] **25**

2. Inhalt. Der Inhalt der **Anmeldung** muss alle diejenigen Angaben umfassen, die für den Registerrichter wesentlich sind, um die Richtigkeit der angemeldeten Änderung zu **26**

[38] BGH WM 1966, 707; MünchKommHGB/*K. Schmidt* Rn 13; Heymann/*Emmerich* Rn 11.

[39] BGHZ 30, 195 (197 f) = NJW 1959, 1683; MünchKommHGB/*K. Schmidt* Rn 13; Heymann/*Emmerich* Rn 11; Baumbach/*Hopt* Rn 4. – Zum Streitwert: BGH BB 1979, 647 bzw. OLG Köln DB 1971, 1055.

[40] Hamburg OLGE 40, 189; MünchKommHGB/*K. Schmidt* Rn 13; Heymann/*Emmerich* Rn 11.

[41] KG OLGE 28, 338 (339); *Richert* NJW 1958, 894 (895).

[42] KGJ 53, 257 ff; zweifelnd insoweit *Richert* NJW 1958, 896 f.

überprüfen, und zwar einschließlich des **Auflösungs- bzw. Ausscheidensgrundes.**[43] Das folgt aus der Prüfungsfunktion des Registerrichters (§ 106 Rn 28 f); diese wird freilich dadurch erleichtert, dass in der Anmeldung der Auflösung oder des Ausscheidens durch sämtliche Gesellschafter beim Fehlen eines sonstigen Grundes stattdessen regelmäßig ein dahin gehender Beschluss der Gesellschafter gesehen werden kann. Demgegenüber beschränken sich **Eintragung** und Bekanntmachung grundsätzlich auf die Tatsache, dass die Gesellschaft aufgelöst oder der Gesellschafter ausgeschieden ist; **Zeitpunkt und Grund** der Auflösung oder des Ausscheidens sind, abgesehen vom Fall des Abs. 1 S. 3, mangels gesetzlicher Regelung **nicht anzugeben.**[44] Im Übrigen hätte die Eintragung eines unrichtigen Grundes auf die Wirksamkeit der Auflösung oder des Ausscheidens auch keinen Einfluss, sondern könnte allenfalls zu einer Haftung nach § 15 führen.

IV. Entscheidung des Registergerichts

27 Das Registergericht ist nur dann berechtigt, die Eintragung abzulehnen, wenn es hinsichtlich der Wirksamkeit der angemeldeten Tatsachen begründete Zweifel hat. Demgegenüber reicht es nicht, dass andere Eintragungen dadurch unzulässig würden und geändert werden müssten. So kann das Registergericht die Eintragung eines Gesellschafterwechsels nicht von der Eintragung einer Firmenänderung abhängig machen.[45]

D. Die Wirkungen von Eintragung und Nichteintragung

28 Die Eintragung der Auflösung und des Ausscheidens hat lediglich **deklaratorische** Bedeutung (s. schon § 139 Rn 139 ff);[46] eine **Ausnahme** gilt nur hinsichtlich des Beginns von Sonderverjährung bzw. Enthaftung (§§ 159 Abs. 2, 160 Abs. 1 S. 2), die mit dem Tag der Eintragung beginnt, ohne dass es auf die Bekanntmachung ankäme. Demgegenüber treten die allgemeinen Wirkungen von Auflösung und Ausscheiden schon mit Eintritt des jeweiligen Grundes ein (§ 131 Rn 8, 17). Die Wirkungen von Eintragung bzw. Nichteintragung bestimmen sich somit grundsätzlich allein nach § 15. Zur Ausnahmesituation bei **Vererbung** des Anteils vgl. § 139 Rn 129 ff; hier besteht die Eintragungspflicht hinsichtlich des „Eintritts" erst nach Ablauf der Frist des § 139 Abs. 3. Allgemein gilt aber: Solange Auflösung oder Ausscheiden **nicht eingetragen** und bekanntgemacht sind, können sie einem Dritten nur dann entgegengesetzt werden, wenn sie diesem bekannt waren (§ 15 Abs. 1; näher Rn 29). Sind **Eintragung** und Bekanntmachung jedoch erfolgt, so muss ein Dritter sich grundsätzlich die Auflösung bzw. das Ausscheiden vom Zeitpunkt der Bekanntmachung an entgegenhalten lassen (§ 15 Abs. 2). Bei **unrichtiger Bekanntmachung** einer – richtig oder unrichtig eingetragenen – „einzutragenden Tatsache" kann sich der Dritte gem. § 15 Abs. 3 auf die unrichtig bekanntgemachte Tatsache berufen, sofern er die Unrichtigkeit nicht kannte (näher § 15 Rn 98 ff [*Koch*]). Die Wirkungen des § 15 greifen bezüglich der Auflösung oder des Ausscheidens auch

---

[43] OLG Köln DNotZ 1979, 54; MünchKommHGB/*K. Schmidt* Rn 3; Ebenroth/Boujong/Joost/Strohn/*Lorz* Rn 16; Heymann/*Emmerich* Rn 3; *Krafka/Willer* Rn 663; **aA** *Koller*/Roth/Morck Rn 2.

[44] Ebenroth/Boujong/Joost/Strohn/*Lorz* Rn 16; Heymann/*Emmerich* Rn 20.

[45] BGH NJW 1977, 1879; BayObLG NJW-RR 1988, 1307; 1989, 100; Heymann/*Emmerich* Rn 21.

[46] Unstr. RG HRR 1936 Nr. 611; MünchKommHGB/*K. Schmidt* Rn 20; Baumbach/*Hopt* Rn 5; Ebenroth/Boujong/Joost/Strohn/*Lorz* Rn 19.

dann ein, wenn die Gesellschaft selbst im Zeitpunkt der Rechtsänderung noch nicht eingetragen war.[47] Gegebenenfalls sind die Anmeldung der Gesellschaft (§§ 106, 107) und diejenige ihrer Auflösung oder des Ausscheidens eines Gesellschafters zu verbinden (Rn 9). – Vgl. zur Beschränkung der Wirkungen von Eintragung und Bekanntmachung auf den **rechtsgeschäftlichen Verkehr** näher § 15 Rn 25 ff (*Koch*).

Sind die in § 143 genannten Tatsachen **nicht eingetragen** bzw. nicht bekanntgemacht, 29
so gilt die Gesellschaft im Rechtsverkehr mit gutgläubigen Dritten als nicht aufgelöst, im Falle der Vollbeendigung als noch bestehend, die Mitgliedschaft des Ausgeschiedenen als fortdauernd (Rn 28). Einer gegen die Gesellschaft und/oder ihre (ausgeschiedenen) Gesellschafter erhobenen Klage kann deshalb nicht entgegengehalten werden, dass die Gesellschaft bereits bei Klageerhebung nicht mehr bestanden habe. Die Klage kann vielmehr noch gegen die Gesellschaft bzw. gegen die Gesellschafter, einschließlich des Ausgeschiedenen, als Gesamtschuldner erhoben werden.[48] Auch bei Streit über die Wirksamkeit von sonstigen Rechtshandlungen können sich weder die Gesellschaft noch die vorhandenen oder ausgeschiedenen Gesellschafter oder deren Erben Dritten gegenüber auf die Auflösung oder das Ausscheiden berufen. Sie können auch nicht geltend machen, dass dem Dritten die Rechtsverhältnisse der Gesellschaft gar nicht bekannt, sondern gleichgültig gewesen seien und dass er vor seinen Entschließungen vom Inhalt des Handelsregisters keine Kenntnis genommen habe und deshalb nicht durch diesen Inhalt zu seinen Handlungen bestimmt worden sei.[49]

Dritte können sich dagegen zu ihrem Vorteil auch ohne Eintragung auf die **tatsächliche Lage,** also die erfolgte Auflösung oder das Ausscheiden berufen. Sie können z.B. 30
geltend machen, dass der von einem früheren vertretungsberechtigten Gesellschafter im Namen der Gesellschaft abgeschlossene Vertrag keine Ansprüche der Gesellschaft erzeugt habe, weil der Gesellschafter im Zeitpunkt des Vertragsschlusses bereits durch rechtskräftiges Urteil aus der Gesellschaft ausgeschlossen gewesen sei (§ 15 Rn 63 f [*Koch*]), oder dass die Vertretungsmacht eines Gesellschafters wegen Auflösung der Gesellschaft und Beginn der Abwicklung erloschen sei.[50] Insbesondere kann sich ein Dritter auf die Unwirksamkeit einer von einem ausgeschiedenen oder wegen Auflösung der Gesellschaft nicht mehr vertretungsberechtigten Gesellschafter namens der Gesellschaft ausgesprochenen Kündigung berufen (§ 180 BGB). Ein Gläubiger eines Gesellschafters kann aufgrund des Ausscheidens auch ohne Eintragung dieser Tatsache dessen Abfindungsguthaben pfänden und von der Gesellschaft Zahlung verlangen. Dagegen können **die Gesellschaft, die Gesellschafter, die Ausgeschiedenen und ihre Erben** dem Dritten die Auflösung oder Ausschließung im gleichen Fall **nur dann** entgegenhalten, wenn sie ihm bekannt war. Anderenfalls müssen sie die Rechtshandlungen, die ein Gesellschafter nach der Auflösung oder seinem Ausscheiden vor der Eintragung dieser Tatsachen namens der Gesellschaft vornimmt, als Handlungen der Gesellschaft gegen sich gelten lassen.[51] Dem Dritten ist es sogar möglich, sich **gleichzeitig** auf die durch die Nichteintragung des Ausscheidens hervorgerufene **negative Publizität** des Handelsregisters (§ 15 Abs. 1 HGB) und die durch das Ausscheiden bewirkte **wahre Rechtslage** zu berufen. So haftet ein ausgeschiedener Gesellschafter für die nach seinem Ausscheiden rechtsgeschäftlich begründeten Gesellschaftsschulden bei Nichteintragung seines Ausscheidens auch dann, wenn

[47] HM, vgl. die Nachw. bei § 15 Rn 43 (*Koch*).

[48] RGZ 127, 98 (99); auch zur Frage der Zustellung der Klage an einen früheren Gesellschafter.

[49] RGZ 40, 146; 128, 172 (181); § 15 Rn 60 f (*Koch*); MünchKommHGB/*K. Schmidt* Rn 21; Ebenroth/Boujong/Joost/Strohn/*Lorz* Rn 20.

[50] MünchKommHGB/*K. Schmidt* Rn 21.

[51] ROHG 21, 370; RG Recht 1923 Nr. 642; Hamburg OLGE 21, 385; MünchKommHGB/*K. Schmidt* Rn 21.

das Register Gesamtvertretung der Gesellschafter ausweist.[52] Denn während sich der gutgläubige Dritte hinsichtlich des Fortbestehens der Gesellschafterstellung auf den durch die Nichteintragung bewirkten Rechtsschein berufen kann, richtet sich die Vertretungsmacht der verbliebenen Gesellschafter nach der durch das Ausscheiden des Gesellschafters entstandenen wahren Rechtslage.

31 Die Grundsätze des § 15 gelten auch in Bezug auf die **Haftung eines ausgeschiedenen Gesellschafters** für die nach seinem Ausscheiden rechtsgeschäftlich begründeten Gesellschaftsschulden: Der Ausgeschiedene haftet für alle bis zur Bekanntmachung des Ausscheidens entstandenen Ansprüche gegen die Gesellschaft, wenn nicht der Gläubiger positive Kenntnis vom Ausscheiden hatte. Diese Haftung trifft auch die **Erben** eines durch Tod ausgeschiedenen Gesellschafters, auch wenn die Gesellschaft ohne sie fortgesetzt wird; sie haben allerdings die Möglichkeit, die beschränkte Erbenhaftung geltend zu machen (§ 139 Rn 130). Die Haftung für nach dem Erbfall entstandene Schulden tritt nach dem Zweck des § 15 auch ein, wenn die Gesellschaft **schon vor dem Tode des Erblassers** aufgelöst war, und zwar für alle bis zur Eintragung und Bekanntmachung entstandenen Gesellschaftsschulden. Die Haftung besteht auch, wenn der Erblasser schon vor der Auflösung gestorben, sein Ausscheiden aus der unter den übrigen Gesellschaftern fortgesetzten Gesellschaft aber nicht eingetragen und bekanntgemacht worden ist.[53]

32 Nur die **positive Kenntnis** von Auflösung oder Ausscheiden schließt die Berufung Dritter auf die Nichteintragung aus; fahrlässige Unkenntnis ist also nicht genügend.[54] Hat der Dritte gewusst, dass das Unternehmen von einem Einzelkaufmann als alleinigem Inhaber betrieben wird, so kann er sich nicht darauf berufen, dass er von dem Ausscheiden eines früheren Teilhabers keine Kenntnis gehabt habe.[55] Die Kenntnis vom Ausscheiden eines Gesellschafters kann auch dann vorhanden sein, wenn dem Dritten die zum Ausscheiden führenden Tatsachen selbst nicht bekannt waren.[56] Auch eine aus formellen Gründen fehlerhafte öffentliche Bekanntmachung kann die positive Kenntnis herbeiführen; eine Vermutung der Kenntnis i.S.v. § 15 Abs. 2 begründet sie freilich nicht (Rn 15).

33 Nach hM ist die **Kenntnis des auflösungsbegründenden Umstands** der Kenntnis der Auflösung **nicht** gleichzusetzen, weil der Auflösungsgrund im Vertrag abbedungen sein kann.[57] Aufgrund dieser Prämisse kann dem nur für dispositive Auflösungsgründe zugestimmt werden,[58] folglich nur für den Fall des § 131 Abs. 1 Nr. 1 (zur zwingenden Geltung von Nr. 2 vgl. § 131 Rn 21; von Nr. 3 vgl. § 131 Rn 30; von Nr. 4 vgl. § 131 Rn 39 i.V.m. § 133 Rn 68 und § 140 Rn 47; von § 131 Abs. 2 Nr. 1 vgl. § 131 Rn 40 f). Ob die Gesellschaft durch Erreichen einer Höchstfrist aufgelöst wird (§ 131 Abs. 1 Nr. 1), kann der Dritte freilich nur wissen, wenn ihm bekannt ist, dass der Gesellschaftsvertrag eine solche Frist vorsieht. Von den übrigen, zwingenden Auflösungsgründen sind zunächst die **Insolvenzfälle** (§ 131 Abs. 1 Nr. 3 und Abs. 2 Nr. 1) hier nicht von Interesse, weil die

---

[52] Sog. „Rosinentheorie", vgl. BGHZ 65, 309 (310) = BGH NJW 1976, 569; § 15 Rn 66 ff (*Koch*), Heymann/*Sonnenschein*/*Weitenauer* § 15 Rn 13; *K. Schmidt* Handelsrecht[5] § 14 II 4c, S. 408 ff; **aA** MünchKommHGB/*Lieb* § 15 Rn 37; *Canaris* Handelsrecht[23] § 5 Rn 26; *John* ZHR 140 (1976), 254 ff; *Reinicke* JZ 1985, 272 (274 ff); *Tiedtke* DB 1979, 245 f.

[53] RGZ 144, 199 (206); MünchKommHGB/*K. Schmidt* Rn 10, 21; **aA** KG JW 1931, 2998 mit zu Recht ablehnender Anm. *Endemann*.

[54] RGZ 144, 199 (204); MünchKommHGB/*K. Schmidt* Rn 21; Baumbach/*Hopt* Rn 6.

[55] RGZ 70, 272 (273); vgl. auch RGZ 144, 199 (203); MünchKommHGB/*K. Schmidt* Rn 21.

[56] RGZ 70, 272 (273); 74, 117 (120).

[57] BGHZ 66, 98 (103) = NJW 1976, 848; RGZ 144, 199; MünchKommHGB/*K. Schmidt* Rn 21; Ebenroth/Boujong/Joost/Strohn/*Lorz* Rn 20; Baumbach/*Hopt* Rn 6; Heymann/*Emmerich* Rn 24.

[58] So mit Recht bereits Voraufl. Rn 39 (*Ulmer*).

Vorschriften des § 15 wegen § 143 Abs. 1 S. 3 insoweit ohnehin nicht zum Zuge kommen (vgl. auch § 32 Abs. 2). Demgegenüber besteht bei den beiden verbleibenden Gründen (**Beschluss** der Gesellschafter, **Auflösungsurteil**) angesichts ihrer Eindeutigkeit kein Anlass, zwischen der Kenntnis der auflösungsbegründenden Tatsache und derjenigen der Auflösung selbst zu differenzieren; insoweit ist die hM also einzuschränken. – Anders verhält es sich mit dem **Ausscheiden,** weil sämtliche Gründe entweder insgesamt dispositiv sind (zur Abdingbarkeit von § 131 Abs. 1 Nr. 1 s. § 139 bzw. § 131 Rn 77; von § 131 Abs. 3 Nr. 2 vgl. § 131 Rn 89; von Nr. 3 vgl. § 132 Rn 32 f, 43 – vorbehaltlich überlanger Befristung) oder jedenfalls durch die Auflösung ersetzt werden können (so das – als solches unentziehbare – Recht zur Gläubigerkündigung, § 131 Abs. 3 Nr. 5). In Bezug auf das Ausscheiden ist deshalb die Kenntnis eines der in Abs. 3 geregelten Gründe generell unzureichend. Hier ist dem Dritten jeweils zusätzlich die Kenntnis der gesellschaftsvertraglichen Regelung nachzuweisen, damit ihm das nicht eingetragene Ausscheiden entgegengesetzt werden kann.

§ 144

(1) Ist die Gesellschaft durch die Eröffnung des Insolvenzverfahrens über ihr Vermögen aufgelöst, das Verfahren aber auf Antrag des Schuldners eingestellt oder nach der Bestätigung eines Insolvenzplans, der den Fortbestand der Gesellschaft vorsieht, aufgehoben, so können die Gesellschafter die Fortsetzung der Gesellschaft beschließen.

(2) Die Fortsetzung ist von sämtlichen Gesellschaftern zur Eintragung in das Handelsregister anzumelden.

Übersicht

A. Anwendungsbereich und Bedeutung

I. Die von § 144 erfassten Fortsetzungsfälle

§ 144 gestattet die Fortsetzung einer Gesellschaft, die durch Eröffnung des Insolvenzverfahrens über ihr Vermögen aufgelöst worden war, wenn das Verfahren auf Schuldnerantrag mit Zustimmung der Insolvenzgläubiger (§ 213 InsO) beendet worden ist. Das ADHGB enthielt keine dem § 144 entsprechende Bestimmung. Die aktuelle (redaktionelle) Fassung des § 144 Abs. 1 beruht auf Art. 40 Nr. 12 EGInsO.[1] 1

[1] Vom 5.10.1994, BGBl. I 2911 (2928).

II. Die Fortsetzung in sonstigen Fällen

2 Trotz des eng gefassten Anwendungsbereichs beinhaltet die Vorschrift des § 144, der nach Wegfall des § 141 aufgrund der Handelsrechtsreform 1998[2] einzigen Fortsetzungsregelung des HGB, nach heute einhM **keine abschließende** Einräumung einer Fortsetzungsbefugnis der Gesellschafter (§ 131 Rn 64). Vielmehr kann die Fortsetzung auch bei Eintritt anderer Auflösungsgründe beschlossen werden, sobald der Auflösungsgrund beseitigt ist; in den Fällen von § 131 Abs. 1 Nr. 1 und 2 reicht hierfür schon der **jederzeit** mögliche Fortsetzungsbeschluss (§ 131 Rn 64). § 144 ist also – entgegen der Vorstellung des Gesetzgebers von 1897 – als **Ausdruck eines allgemeinen Grundsatzes** zu verstehen.[3] Während der Gesellschaftsinsolvenz entfällt diese Befugnis zwar, weil die Verwaltungs- und Verfügungsbefugnisse über das Gesellschaftsvermögen in dieser Zeit ausschließlich dem Insolvenzverwalter zustehen. Eine Fortsetzung der Gesellschaft widerspräche hier dem Zweck des Insolvenzverfahrens, das Gesellschaftsvermögen im Interesse der Gläubiger zu verwerten (§ 131 Rn 30 ff, 63). Nach Beendigung des Insolvenzverfahrens leben die Befugnisse der Gesellschafter aber wieder auf, so dass die Gesellschafter grundsätzlich auch wieder in der Lage sind, über die Fortsetzung der noch nicht vollständig abgewickelten Gesellschaft zu beschließen.

III. Die (klarstellende) Bedeutung von § 144

3 **§ 144 Abs. 1** hat lediglich klarstellende Bedeutung (Rn 2). Er soll vor allem zum Ausdruck bringen, dass eine Fortsetzung der Gesellschaft im Fall der Gesellschaftsinsolvenz (§ 131 Abs. 1 Nr. 3) erst nach deren Beendigung, also nach Beseitigung des Auflösungsgrundes, möglich ist (vgl. § 131 Rn 64 f). Man mag die Hervorhebung der in § 144 geregelten Fälle, nämlich die Einstellung des Verfahrens auf Antrag des Schuldners (§§ 212 f InsO) und seine Aufhebung nach Bestätigung eines entsprechenden Insolvenzplans (§§ 248, 258 InsO; zu beiden schon § 131 Rn 38) damit rechtfertigen, dass es sich um standardisierte Fälle handelt, bei denen die Fortsetzung die Regel und die Vollbeendigung die Ausnahme darstellt.[4] Nach hM steht dies aber einer **analogen Anwendung** des § 144 auf andere Formen der Verfahrensbeendigung nicht entgegen; das gilt namentlich für die Einstellung des Verfahrens mangels Masse (§ 207 InsO) und nach Feststellung der Masseunzulänglichkeit (§ 211 InsO) sowie für seine Aufhebung nach Abhaltung des Schlusstermins gem. § 200 InsO.[5] Außerdem ist § 144 entsprechend anwendbar auf die Einstellung des Verfahrens wegen Wegfalls des Eröffnungsgrundes (§ 212 InsO).[6]

4 Auch **§ 144 Abs. 2**, der die **Anmeldung** des Fortsetzungsbeschlusses **durch alle Gesellschafter** vorschreibt, ist keine Sonderregelung für die Fortsetzung nach Beendigung des Insolvenzverfahrens, sondern Ausdruck des allgemeinen Grundsatzes, dass alle die Grundlagen der Gesellschaft betreffenden, ihren Status als Handelsgesellschaft berührenden Tatsachen von sämtlichen Gesellschaftern zur Eintragung ins Handelsregister anzu-

[2] HRefG v. 22.06.1998, BGBl. I 1474 (1477).

[3] EinhM, vgl. MünchKommHGB/*K. Schmidt* Rn 2; Ebenroth/Boujong/Joost/Strohn/*Lorz* Rn 1.

[4] MünchKommHGB/*K. Schmidt* Rn 3.

[5] BGH NJW 1995, 196; KG LZ 1908, 82 (83); Baumbach/*Hopt* Rn 1; Heymann/*Emmerich* Rn 4; differenzierend Röhricht/Graf v. Westphalen/*v. Gerkan*/*Haas* Rn 4 f; im Grundsatz auch Ebenroth/Boujong/Joost/Strohn/*Lorz* Rn 6; abweichend (Fortsetzung nach allgemeinen Grundsätzen) MünchKommHGB/*K. Schmidt* Rn 3.

[6] Insoweit übereinstimmend auch MünchKommHGB/*K. Schmidt* Rn 3.

melden sind (vgl. auch §§ 108, 143, 148 Abs. 1). Das HGB trägt hier zutreffend dem Umstand Rechnung, dass verfügungsbefugt über die Grundlagen der Gesellschaft nicht die OHG als solche ist, sondern die Gesellschafter in ihrer gesamthänderischen Verbundenheit.

B. Voraussetzungen der Fortsetzung nach § 144 Abs. 1

I. Die Auflösung gem. § 131

Nach dem Wortlaut des § 144 Abs. 1 muss die **Auflösung** der Gesellschaft durch die Eröffnung des Insolvenzverfahrens eingetreten sein (§ 131 Abs. 1 Nr. 3). War die in Insolvenz gefallene Gesellschaft **zuvor** bereits aus einem anderen Grund aufgelöst, so bedarf es keiner Analogie zu § 144.[7] Zulässigkeit und Grenzen der Fortsetzung ergeben sich hier aus den allgemeinen Grundsätzen; insbesondere ist – außer der Verfahrenseinstellung – auch die Beseitigung des materiellen Auflösungsgrundes erforderlich (vgl. § 131 Rn 65; § 145 Rn 15 [*Habersack*]).[8] 5

§ 144 Abs. 1 erwähnt nur zwei Fälle der **Insolvenzbeendigung**: die Einstellung auf Schuldnerantrag (§ 213 InsO) und die Aufhebung nach Bestätigung eines Insolvenzplans (§ 258 InsO). Doch ist die Vorschrift auch auf andere Fälle der Verfahrenseinstellung bzw. -aufhebung **analog** anwendbar (Rn 3; s.a. § 131 Rn 36). Der Antrag auf Verfahrenseinstellung muss dabei von sämtlichen Gesellschaftern als Trägern der Schuldnerrolle ausgehen, zur Vorlage eines Insolvenzplans sind sowohl alle Gesellschafter gemeinsam als auch der Insolvenzverwalter berechtigt. Ihre Zustimmung zum Insolvenzplan ist aber grundsätzlich als konkludenter Fortsetzungsbeschluss (Rn 9) zu werten (§ 131 Rn 36). 6

Die Fortsetzung ist auch in den Fällen des § 144 Abs. 1 nur möglich, solange nach Beendigung des Insolvenzverfahrens noch Gesellschaftsvermögen vorhanden und die Gesellschaft daher noch **nicht vollbeendet** ist (§ 131 Rn 64).[9] Als OHG kann die Gesellschaft ferner nur fortgesetzt werden, wenn sämtliche Voraussetzungen des § 105 noch gegeben sind. Fehlt es hieran, so ist die noch eingetragene Firma nach Rückumwandlung der Gesellschaft in eine werbende zur Löschung zu bringen.[10] 7

II. Die Beendigung des Insolvenzverfahrens

Die **Einstellung auf Antrag des Schuldners (Var. 1)** erfolgt gem. § 213 Abs. 1 S. 1 InsO, wenn die Gesellschaft als Schuldnerin die Zustimmung sämtlicher Gläubiger beibringt, die Forderungen angemeldet haben; ggf. kann die Zustimmung gem. § 213 Abs. 1 S. 2 ersetzt werden. – Der zweite Fall des Abs. 1 betrifft die Aufhebung des Verfahrens aufgrund eines **bestätigten Insolvenzplans (Var. 2)**. Sieht der Insolvenzplan (vgl. §§ 217 ff InsO) die Fortsetzung der Gesellschaft vor *und* wird er vom Insolvenzgericht gem. § 248 InsO bestätigt, hat dies gem. § 258 InsO die Aufhebung des Insolvenzverfahrens zur Folge. – In beiden Fällen kann der **Fortsetzungsbeschluss** schon **vorab**, nämlich auf die 8

---

7 **AA** MünchKommHGB/*K. Schmidt* Rn 4.

8 Ebenso – trotz abweichenden Ausgangspunktes – auch MünchKommHGB/*K. Schmidt* Rn 4.

9 Vgl. auch MünchKommHGB/*K. Schmidt* Rn 4; Ebenroth/Boujong/Joost/Strohn/*Lorz* Rn 4.

10 RGZ 155, 75 (84).

Verfahrenseinstellung aufschiebend bedingt beschlossen werden.[11] Umgekehrt kann gem. § 249 InsO auch der Insolvenzplan auf die Fortsetzung bedingt werden.

III. Der Fortsetzungsbeschluss

9 Zur Fortsetzung bedarf es schließlich eines **Fortsetzungsbeschlusses** der Gesellschafter. Er ist einstimmig zu fassen (§ 119 Abs. 1), doch sind die Gesellschafter grundsätzlich wahlweise zur Zustimmung oder zum Ausscheiden gegen (volle) Abfindung verpflichtet (§ 131 Rn 68). Zum Erfordernis der Zustimmung des Familien-/Vormundschaftsgerichts bzw. des Ehegatten vgl. § 131 Rn 69 f. Die Fortsetzung kann auch stillschweigend beschlossen werden.[12] Die Zustimmung zum Insolvenzplan (vgl. § 230 Abs. 1 InsO) beinhaltet in der Regel zugleich die konkludente Zustimmung zur Fortsetzung (Rn 6). Eine Vereinbarung der Gesellschafter, nach der einer von ihnen das Geschäft unter der bisherigen Firma weiterbetreiben soll, ist keine Fortsetzung, sondern Liquidation und führt zur Beendigung der Gesellschaft.[13] Kommt der Fortsetzungsbeschluss nicht zustande, bewendet es bei der Auflösung, so dass die Gesellschaft bis zur Vollbeendigung gem. §§ 145 ff abzuwickeln ist.[14]

C. Wirkungen der Fortsetzung

10 Zu den Wirkungen des Fortsetzungsbeschlusses vgl. allgemein § 131 Rn 71 ff. Die fortgesetzte Gesellschaft ist mit der aufgelösten Gesellschaft identisch und haftet demgemäß auch für die Gesellschaftsschulden. Die durch die Bestätigung des Insolvenzplans bewirkte Begrenzung der Schuldenhaftung von Gesellschaft und Gesellschaftern (§§ 254 Abs. 1 S. 1 und 3, 227 Abs. 2 InsO) besteht aber auch nach der Fortsetzung fort. Dagegen entfallen die Wirkungen der in § 159 geregelten Sonderverjährung mit der Fortsetzung (§ 159 Rn 6 [*Habersack*]). Die durch die Verfahrenseröffnung oder in ihrer Folge bewirkte Umgestaltung von **Rechtsbeziehungen zu Dritten** (vgl. §§ 103, 115 f, 45 InsO) wird durch den Fortsetzungsbeschluss nicht berührt.[15]

D. Die Eintragung der Fortsetzung ins Handelsregister

11 Die Fortsetzung der Gesellschaft gehört, ebenso wie die Auflösung (§ 143), zu den **anmeldepflichtigen Tatsachen.** Anders als die Anmeldung der Auflösung (§ 143 Abs. 1 S. 3) erfolgt sie nicht von Amts wegen, sondern ist von **sämtlichen** Gesellschaftern zu bewirken (vgl. Rn 4). Es gelten insofern die bei § 143 Rn 14 dargestellten allgemeinen

---

[11] Vgl. MünchKommHGB/*K. Schmidt* Rn 7.

[12] RGZ 28, 134; MünchKommHGB/*K. Schmidt* Rn 8; Ebenroth/Boujong/Joost/Strohn/*Lorz* Rn 7; Heymann/*Emmerich* Rn 5.

[13] KG JW 1929, 2157.

[14] BGHZ 93, 159 (164); MünchKommHGB/*K. Schmidt* Rn 10; Heymann/*Emmerich* Rn 2.

[15] MünchKommHGB/*K. Schmidt* Rn 11; Baumbach/*Hopt* Rn 3; Ebenroth/Boujong/Joost/Strohn/*Lorz* Rn 8. – Zur Fortsetzung von Prozessen, die der Verwalter aufgenommen oder angestrengt hat oder die gegen ihn geführt werden, vgl. OLG Köln ZIP 1987, 1004; Stein/Jonas/*Roth* ZPO § 240 Rn 39 (Unterbrechung des Verfahrens analog §§ 239, 240 ZPO bis zur Aufnahme durch die Gesellschaft).

Grundsätze. Die Anmeldung wird nicht etwa durch die von Amts wegen eingetragene Beendigung des Insolvenzverfahrens (§§ 6, 32 HGB, 31 InsO) gegenstandslos, da diese die Auflösung der Gesellschaft unberührt lässt, solange kein wirksamer Fortsetzungsbeschluss gefasst ist. Die Eintragung der Fortsetzung dient dazu, die Rückumwandlung in eine werbende Gesellschaft unter Löschung des Auflösungsvermerks offenkundig zu machen. Sie hat nur **deklaratorische** Wirkung; für den Fortsetzungszeitpunkt ist sie ohne Belang.

Die **Rechtsfolgen von Eintragung und Nichteintragung** ergeben sich wie bei der Auf- **12**
lösung aus § 15 (näher § 143 Rn 28). Solange die Fortsetzung nicht eingetragen und bekanntgemacht ist, kann sie von der Gesellschaft und den Gesellschaftern einem Dritten nur entgegengehalten werden, wenn sie ihm bekannt war (§ 15 Abs. 1; zum Fall der unrichtigen Bekanntmachung vgl. § 15 Abs. 3).[16] Unter diesen Voraussetzungen kann deshalb die Rechtswirksamkeit eines von einem Liquidator namens der Gesellschaft abgeschlossenen Geschäfts von der Gesellschaft oder den Gesellschaftern nicht mit dem Einwand bekämpft werden, dass dessen Befugnisse durch den Fortsetzungsbeschluss erloschen seien. Ist die Eintragung und Bekanntmachung erfolgt, so muss ein Dritter, der etwa mit dem Abwickler abgeschlossen hat, die Fortsetzung der Gesellschaft und damit das Erlöschen der Vertretungsmacht des Abwicklers gegen sich gelten lassen, es sei denn, dass er sie weder kannte noch kennen musste (§ 15 Abs. 2).

---

[16] S.a. MünchKommHGB/*K. Schmidt* Rn 15; Ebenroth/Boujong/Joost/Strohn/*Lorz* Rn 10.

FÜNFTER TITEL

Liquidation der Gesellschaft

Vorbemerkungen

Vor § 145

Übersicht

I. Inhalt und Entstehung der §§ 145 ff

Die Vorschriften der §§ 145 bis 158 handeln von der Liquidation der Gesellschaft. Sie knüpfen an die Vorschriften der §§ 131 ff an und regeln Status und weiteres Schicksal der aufgelösten Gesellschaft. Dem liegt die – vom Gesetzgeber des HGB in ihrer Tragweite freilich verkannte (Rn 3) – Vorstellung zugrunde, dass die Personenhandelsgesellschaft notwendigerweise Außengesellschaft ist (§ 105 Rn 46 f; § 124 Rn 2) und deshalb die Auflösung nicht ohne weiteres auch die Vollbeendigung im Sinne einer Beseitigung des Rechtsträgers nach sich zieht. Die Gesellschaft bleibt vielmehr auch nach ihrer Auflösung als Rechtsträger bestehen und bedarf deshalb der Abwicklung[1] nach Maßgabe der – überwiegend dispositiven (§ 145 Rn 3 ff) – §§ 145 ff. **1**

Im Einzelnen enthält § 145 den Grundsatz, dass die aufgelöste Gesellschaft, sofern nicht die Gesellschafter eine „andere Art der Auseinandersetzung" vereinbaren, nach Maßgabe der §§ 146 ff zu liquidieren ist. Bestellung, Abberufung und Eintragung der **Liquidatoren** sind in §§ 146 bis 148 geregelt. In § 149 ist bestimmt, dass die Liquidatoren zur **Geschäftsführung** und organschaftlichen **Vertretung** der Gesellschaft berufen sind; die nähere Ausgestaltung der Geschäftsführungs- und Vertretungsbefugnis ist Gegenstand der §§ 150 bis 155. Nach § 156 finden die Vorschriften der §§ 109 bis 130a auch auf die aufgelöste, aber noch nicht abgewickelte Gesellschaft Anwendung, soweit sich nicht aus den §§ 145 ff oder aus dem Zweck der Liquidation etwas anderes ergibt; dies ist Ausdruck der Identität der aufgelösten mit der werbenden Gesellschaft (Rn 1, 3). Erst mit Beendigung der Liquidation ist deshalb, wie § 157 ausdrücklich betont, das Erlöschen der Firma und damit auch dasjenige der Gesellschaft zur Eintragung in das Handelsregister anzumelden. Nach § 158 finden schließlich im Verhältnis zu Dritten die §§ 145 ff auch in dem Fall Anwendung, dass die Gesellschafter eine „andere Art der Auseinandersetzung" (§ 145 Rn 7) vereinbaren. **2**

---

[1] Zur Terminologie s. § 145 Rn 6 f.

3 Die Vorschriften der §§ 145 ff sind im Wesentlichen den **Art. 133 bis 145 ADHGB** nachgebildet.[2] Wie dem ADHGB lag auch noch dem HGB die Vorstellung des Gesetzgebers zugrunde, dass der in § 156 HGB zum Ausdruck gebrachte Fortbestand der aufgelösten Gesellschaft fiktiven Charakter hat. So heißt es in der Denkschrift[3] zu dem Entwurf eines Handelsgesetzbuchs für das Deutsche Reich von 1895 im Zusammenhang mit dem heutigen § 158: „Den Grundsatz, daß die Gesellschaft trotz der Auflösung in gewissen Beziehungen als fortbestehend gilt, solange noch ungetheiltes Gesellschaftsvermögen vorhanden ist, hat das Handelsgesetzbuch nur für den Fall der Liquidation aufgestellt. Wie es sich verhält, wenn die Gesellschafter eine andere Art der Auseinandersetzung vereinbaren, insbesondere ob auch in einem solchen Falle die Gesellschaft noch unter ihrer Firma klagen und verklagt werden kann, ist nicht bestimmt. Die Frage ist nicht unzweifelhaft." Obschon die §§ 145 ff bis zur HGB-Reform 1998 (Rn 4) und dem Inkrafttreten der InsO (Rn 5) keine Änderungen erfahren haben, hat doch insbesondere die **neuere Gesamthandslehre** (§ 124 Rn 2 ff) zu einem grundlegenden, den Fortbestand der aufgelösten Gesellschaft als Rechtsträger zum Ausgangspunkt nehmenden Bedeutungswandel dieser Vorschriften geführt (§ 145 Rn 2, 6 ff; § 149 Rn 21 ff; § 155 Rn 9 ff; § 156 Rn 3 f).

4 Durch das **Handelsrechtsreformgesetz**[4] sind die §§ 145 bis 158 nur unwesentlich geändert worden: Während nach § 148 Abs. 3 HGB a.F. die Liquidatoren die Firma nebst ihrer Namensunterschrift zur Aufbewahrung bei dem Gerichte zu zeichnen hatten, sollte ab 1.7.1998 die Zeichnung der Namensunterschrift unter Angabe der Firma genügen; zwischenzeitlich ist § 148 Abs. 3 allerdings aufgehoben worden (Rn 6; § 148 Rn 2). Von mittelbarer Bedeutung für §§ 145 ff ist sodann die Neufassung des § 131 durch das Handelsrechtsreformgesetz, der zufolge gesellschafterbezogene Tatbestände grundsätzlich nicht mehr die Auflösung und Abwicklung der Gesellschaft, sondern das Ausscheiden des betroffenen Gesellschafters zur Folge haben (s. noch Rn 5). Der Anwendungsbereich der §§ 145 ff hat dadurch eine deutliche Einschränkung erfahren.

5 Von weitreichender Bedeutung sind die Änderungen, die die §§ 145, 146 durch die am 1.1.1999 in Kraft getretene[5] **Insolvenzrechtsreform** erfahren haben.[6] So knüpfen die neu aufgenommen Vorschriften der §§ 145 Abs. 3, 146 Abs. 2 S. 3 an den – ebenfalls durch die Insolvenzrechtsreform eingeführten[7] – Auflösungsgrund des § 131 Abs. 2 S. 1

---

[2] Abdruck bei *Schubert/Schmiedel/Krampe* Quellen zum Handelsgesetzbuch von 1897, Bd. 1: Gesetze und Entwürfe, 1986, S. 125 ff. Allgemein zum ADHGB s. vor § 1 Rn 4 ff mwN – Zur Rechtslage vor Inkrafttreten des ADHGB s. *Hillers* Personengesellschaft und Liquidation, 1988, S. 12 f.

[3] Abdruck bei *Schubert/Schmiedel/Krampe* (Fn 2), Bd. 2: Denkschriften, Beratungen, Berichte (Erster Halbband), 1987, S. 1, 96.

[4] Gesetz zur Neuregelung des Kaufmanns- und Firmenrechts und zur Änderung anderer handels- und gesellschaftsrechtlicher Vorschriften (Handelsrechtsreformgesetz) vom 22.6.1998, BGBl. I, 1474; s. dazu RegE, BT-Drucks. 13/8444, auch abgedruckt in ZIP 1997, 942 und 992 (dazu *K. Schmidt* ZIP 1997, 909 ff); ferner RefE, abgedruckt in ZIP 1996, 1401, 1445 und 1485 (dazu *Krebs* DB 1996, 2013 ff; *Weber/Jakob* ZRP 1997, 152 ff). – Nach Art. 29 Abs. 4 Handelsrechtsreformgesetz sind die Änderungen der §§ 131 ff, 148 Abs. 3 am 1.7.1998 in Kraft getreten. Die bereits vor Erlass des Handelsrechtsreformgesetz verabschiedete Änderung des § 131 durch Art. 40 EGInsO (Rn 5) ist durch Art. 19 Handelsrechtsreformgesetz ihrerseits geändert, nämlich dem zwischenzeitlich verabschiedeten und in Kraft getretenen Handelsrechtsreformgesetz angepasst worden.

[5] Art. 110 Abs. 1 EGInsO, BGBl. 1994 I, 2911 (2952 f).

[6] Art. 40 Nr. 13 und 14 EGInsO, BGBl. 1994 I, 2911 (2928).

[7] Art. 23 Nr. 1, 40 Nr. 6 EGInsO, BGBl. 1994 I, 2911 (2919 f, 2927 f), geändert durch Art. 19 Handelsrechtsreformgesetz (s. Fn 4).

Nr. 2 an, nämlich an die Löschung der Kapitalgesellschaft & Co. OHG bzw. KG wegen Vermögenslosigkeit nach § 394 Abs. 4 FamFG (= § 141a Abs. 3 FGG, s. Rn 4). Nach §§ 145 Abs. 3 findet in diesem Fall eine Liquidation statt, wenn sich nach der Löschung verteilungsfähiges Vermögen findet; die Liquidatoren sind nach § 146 Abs. 2 S. 3 auf Antrag eines Beteiligten durch das Gericht zu ernennen. Dies entspricht der Rechtslage, wie sie bis zum 31.12.1998 nach § 2 Abs. 3 LöschG[8] für die AG, KGaA und GmbH galt. Des Weiteren tragen §§ 145 Abs. 2, 146 Abs. 3 dem Umstand Rechnung, dass nach § 270 InsO Eigenverwaltung angeordnet werden kann. Schließlich ist § 145 Abs. 1 der neuen Terminologie der InsO angepasst worden.

Änderungen des § 148 sind sodann noch durch das Gesetz über elektronische Register und Justizkosten für Telekommunikation (**ERJuKoG**) vom 10.12.2001[9] und durch das Gesetz über elektronische Handelsregister, Genossenschaftsregister und Unternehmensregister (**EHUG**) vom 10.11.2006[10] erfolgt (§ 148 Rn 2). 6

II. Anwendungsbereich der §§ 145 ff

1. OHG/KG. Die Vorschriften der §§ 145 ff regeln die Liquidation der OHG. Nach § 161 Abs. 2 finden sie auch auf die aufgelöste KG Anwendung; die §§ 161 ff enthalten keine abweichenden Vorschriften. Auch die fehlerhafte Personenhandelsgesellschaft (§ 105 Rn 315 ff) ist grundsätzlich nach Maßgabe der §§ 145 ff zu liquidieren.[11] Finden die Grundsätze über die fehlerhafte Gesellschaft ausnahmsweise keine Anwendung (§ 105 Rn 337 ff), so ist auch für eine Liquidation nach §§ 145 ff kein Raum; einer Rückabwicklung des Gesellschaftsverhältnisses steht dann freilich der Gedanke der §§ 313 Abs. 3 S. 2, 314 BGB entgegen (§ 105 Rn 351). Die Gesellschaft kraft Eintragung i.S.v. § 5 ist OHG bzw. KG und somit nach §§ 145 ff zu liquidieren. Umgekehrt setzen §§ 145 ff nicht die Eintragung der Gesellschaft voraus (§ 123 Rn 14 ff). Soweit allerdings im Zuge der Abwicklung eine Eintragung, etwa eine solche nach §§ 148, 157, erforderlich wird, ist zuvor die Gesellschaft einzutragen.[12] Auf die Scheingesellschaft finden die §§ 145 ff schon deshalb keine Anwendung, weil es sich bei diesem Gebilde nicht um eine Gesellschaft, sondern nur um den Rechtsschein einer solchen handelt (§ 105 Rn 32, 367 ff). Die Schein-OHG ist zwar Gesellschaft (§ 105 Rn 32); ihre Abwicklung erfolgt aber – der wahren Rechtsnatur des Zusammenschlusses entsprechend – nach §§ 730 ff BGB (Rn 8). Besonderheiten gelten schließlich für die atypische, über keine natürliche Person als Gesellschafter bzw. Komplementär verfügende Gesellschaft und damit vor allem für die GmbH & Co. KG (Rn 5; § 145 Rn 4; § 155 Rn 17). 7

2. Partnerschaftsgesellschaft. Eine Erweiterung ihres Anwendungsbereichs haben die §§ 145 ff durch das Gesetz über Partnerschaftsgesellschaften Angehöriger Freier Berufe 8

---

[8] Gesetz über die Auflösung und Löschung von Gesellschaften und Genossenschaften vom 9.10.1934, RGBl. I, 914; § 2 Abs. 1 S. 2 LöschG a.F. mit Wirkung zum 19.10.1994, die übrigen Bestimmungen des LöschG mit Wirkung zum 1.1.1999 (s. Art. 110 Abs. 1 und 3 EGInsO, BGBl. 1994 I, 2911, 2953) aufgehoben durch Art. 2 Nr. 9 EGInsO (BGBl. 1994 I, 2911, 2913) und ersetzt durch § 141a FGG (Art. 23 Nr. 1 EGInsO, BGBl. 1994 I, 2911, 2919 f).

[9] BGBl. I S. 3422.

[10] BGBl. I S. 2553.

[11] Heute wohl unstreitig, s. BGHZ 3, 285 (289) = NJW 1952, 97; MünchKommHGB/*K. Schmidt* Rdn 4; *A. Hueck* OHG § 7 III S. 92; § 105 Rn 351 (*Schäfer*) mwN.

[12] KG OLGE 41, 202; MünchKommHGB/*K. Schmidt* § 145 Rn 4.

(PartGG) erfahren[13]. Dessen § 10 Abs. 1 bestimmt nämlich, dass die Liquidation der Partnerschaft nach den Vorschriften über die Liquidation der OHG und damit nach §§ 145 ff zu erfolgen hat. Nachdem die Vorschrift des § 131 im Zuge der HGB-Reform (Rn 4) dahin geändert worden ist, dass gesellschafterbezogene Tatbestände, darunter insbesondere der Tod, die Eröffnung des Insolvenzverfahrens und die Kündigung durch einen Privatgläubiger, grundsätzlich nicht mehr die Auflösung der Gesellschaft, sondern das Ausscheiden des betroffenen Gesellschafters zur Folge haben, ist nunmehr auch insoweit Übereinstimmung zwischen §§ 9, 10 Abs. 1 PartGG und §§ 131, 145 ff HGB hergestellt.[14]

9 **3. EWIV.** Die Liquidation der Europäischen Wirtschaftlichen Interessenvereinigung (EWIV, zu ihr Vor § 105 Rn 34 ff) erfolgt grundsätzlich nach §§ 145 bis 158. Dies ergibt sich aus § 1 des Gesetzes zur Ausführung der EWG-Verordnung über die EWIV,[15] dem zufolge auf die EWIV die für die OHG geltenden Vorschriften subsidiär, also insoweit, als die Verordnung über die EWIV und das Ausführungsgesetz keine Regelung enthalten, zur Anwendung gelangen. In Art. 35 EWIV-VO ist denn auch bestimmt, dass die Auflösung der EWIV die Abwicklung nach sich zieht und diese nach dem einzelstaatlichen Recht zu erfolgen hat. In Abweichung von § 146 Abs. 1 bestimmt allerdings § 10 Abs. 1 des Ausführungsgesetzes, dass die Liquidation grundsätzlich durch die Geschäftsführer (und damit nicht durch sämtliche Mitglieder) erfolgt; durch Beschluss der Gesellschafter oder durch den Gesellschaftsvertrag kann freilich – insoweit in Übereinstimmung mit § 146 Abs. 1 – ein anderes bestimmt werden. Die Vorschrift des § 146 Abs. 2 S. 1 bleibt unberührt.

10 **4. Gesellschaft bürgerlichen Rechts.** Die Abwicklung der Gesellschaft bürgerlichen Rechts ist in §§ 730 ff BGB geregelt. Eine **analoge Anwendung der §§ 145 ff** ist auch in den Fällen der unternehmenstragenden Gesellschaft bürgerlichen Rechts **nicht veranlasst.**[16] Dies gilt zumal vor dem Hintergrund des seit Inkrafttreten des Handelsrechtsreformgesetzes vom 22.6.1998 (Rn 4) geltenden einheitlichen Kaufmannsbegriffs (Vor § 1 Rn 11). Der mit ihm verbundene Verzicht auf die Konstitutivwirkung der Eintragung in das Handelsregister hat zur Folge, dass der Gewerbebetrieb als solcher, sofern nur das Unternehmen nach Art oder Umfang einen in kaufmännischer Weise eingerichteten Geschäftsbetrieb erfordert, Handelsgewerbe, die ein solches Unternehmen betreibende Personengesellschaft also auch unabhängig von ihrer Eintragung OHG und damit im Falle ihrer Auflösung nach §§ 145 ff zu liquidieren ist (Rn 4). Vermögensverwaltungsgesellschaften und einen land- oder forstwirtschaftlichen Betrieb oder ein Kleingewerbe betreibende Gesellschaften können dagegen nach § 105 Abs. 2, § 2 S. 2 die Rechtsform der OHG oder KG wählen; in diesen Fällen hat die Eintragung konstitutive Bedeutung. Kommt es nicht zur Eintragung, so erfolgt die Abwicklung nach §§ 730 ff BGB; im Fall der Eintragung finden §§ 145 ff Anwendung.

---

[13] Vom 25.7.1994, BGBl. I S. 1744; s. dazu auch BGH WM 2009, 1231 (1232): Zulässigkeit der Naturalteilung als andere Art der Auseinandersetzung.

[14] Zur Rechtslage vor Änderung des § 131 HGB s. MünchKommBGB/*Ulmer,* 3. Aufl., § 10 PartGG Rn 5.

[15] Vom 14.4.1988, BGBl. I 514.

[16] Ebenroth/Boujong/Joost/Strohn/*Hillmann* Rn 5; **aA** MünchKommHGB/*K. Schmidt* § 145 Rn 4. – Allg. zur Frage der Anwendbarkeit von OHG-Recht auf die Außengesellschaft bürgerlichen Rechts § 128 Rn 6 mwN.

§ 145

(1) Nach der Auflösung der Gesellschaft findet die Liquidation statt, sofern nicht eine andere Art der Auseinandersetzung von den Gesellschaftern vereinbart oder über das Vermögen der Gesellschaft das Insolvenzverfahren eröffnet ist.

(2) Ist die Gesellschaft durch Kündigung des Gläubigers eines Gesellschafters oder durch die Eröffnung des Insolvenzverfahrens über das Vermögen eines Gesellschafters aufgelöst, so kann die Liquidation nur mit Zustimmung des Gläubigers oder des Insolvenzverwalters unterbleiben; ist im Insolvenzverfahren Eigenverwaltung angeordnet, so tritt an die Stelle der Zustimmung des Insolvenzverwalters die Zustimmung des Schuldners.

(3) Ist die Gesellschaft durch Löschung wegen Vermögenslosigkeit aufgelöst, so findet eine Liquidation nur statt, wenn sich nach der Löschung herausstellt, daß Vermögen vorhanden ist, das der Verteilung unterliegt.

Schrifttum

Bork/Jacoby Das Ausscheiden des einzigen Komplementärs nach § 131 Abs. 3 HGB, ZGR 2005, 611; *Bork/Oepen* Einzelklagebefugnisse des Personengesellschafters, ZGR 2001, 515; *Butzer* Die Liquidation von Personenhandelsgesellschaften – ein Überblick, Jura 1994, 628; *Dellinger* Rechtsfähige Personengesellschaften in der Liquidation, 2001; *Ensthaler* Die Liquidation von Personengesellschaften (1985); *Grziwotz* Die Liquidation von Personengesellschaften, DStR 1992, 1365; *Hillers* Personengesellschaft und Liquidation (1988); *U. Huber* Vermögensanteil, Kapitalanteil und Gesellschaftsanteil an Personalgesellschaften des Handelsrechts (1970); *Messer* Gesellschaftsbezogene Forderungen als unselbständige Rechnungsposten in der Auseinandersetzung der Gesellschaft, FS Stimpel (1985) S. 205; *Paura* Liquidation und Liquidationspflichten – Pflichten von Organen und Mitgliedern nach Auflösung der Gesellschaft (1996); *Riehm* Gerichtliche Bestellung des Nachtragsliquidators – ein Modell für alle Handelsgesellschaften, NZG 2003, 1054; *Schlitt* Die GmbH & Co. KG in der Insolvenz nach neuem Recht, NZG 1998, 701, 755; *H. Schmidt* Verschmelzung von Personengesellschaften, in Lutter (Hrsg.), Kölner Umwandlungsrechtstage (1995) S. 59; *K. Schmidt* Wege zum Insolvenzrecht der Unternehmen (1990); *ders.* Liquidationsbilanzen und Konkursbilanzen (1989); *ders.* Die Handels-Personengesellschaft in Liquidation, ZHR 153 (1989), 270; *ders.* Zur Ablösung des Löschungsgesetzes – Was ändert die Insolvenzrechtsreform für GmbH bzw. GmbH & Co.? GmbH-Rdsch. 1994, 829; *Seibt* Gesamtrechtsnachfolge beim gestalteten Ausscheiden von Gesellschaftern aus Personengesellschaften: Grundfragen des Gesellschafter-, Gläubiger- und Arbeitnehmerschutzes, FS Röhricht (2005) S. 603; *Wimpfheimer* Die Gesellschaften des Handelsrechts und des bürgerlichen Rechts im Stadium der Liquidation (1908).

Übersicht

I. Einführung

1 **1. Inhalt und Zweck der Vorschrift.** Abs. 1 der – **durch Art. 40 Nr. 13 EGInsO** (Vorb. Rn 5) **geänderten** – Vorschrift statuiert zunächst den Grundsatz, dass die Gesellschaft, sobald sie nach § 131 aufgelöst ist, nach Maßgabe der §§ 146 ff zu liquidieren ist. Die Gesellschafter können zwar eine andere Art der Auseinandersetzung vereinbaren. Für den Fall, dass die Gesellschaft durch Kündigung eines Gläubigers eines Gesellschafters oder durch Eröffnung des Insolvenzverfahrens über das Vermögen eines Gesellschafters aufgelöst ist, bedarf es dazu allerdings nach Abs. 2 der Zustimmung des Gläubigers oder des Insolvenzverwalters; bei Anordnung von Eigenverwaltung i.S.v. § 270 InsO (Rn 27) tritt die Zustimmung des Schuldners, also des Gesellschafters, an die Stelle derjenigen des Insolvenzverwalters. Ist über das Vermögen der Gesellschaft das Insolvenzverfahren eröffnet, so ist es Sache des Insolvenzverwalters, das Gesellschaftsvermögen nach Maßgabe der Bestimmungen der InsO zu verwerten; für eine Liquidation nach §§ 145 ff oder für eine von den Gesellschaftern vereinbarte andere Art der Auseinandersetzung ist in diesem Fall gem. ausdrücklicher Bestimmung in Abs. 1 zunächst kein Raum. Was schließlich die Liquidation einer nach § 394 Abs. 4 FamFG (= § 141a FGG) wegen Vermögenslosigkeit gelöschten und somit nach § 131 Abs. 2 S. 1 Nr. 2 aufgelösten Kapitalgesellschaft & Co. OHG/KG betrifft, so hat sie nach Abs. 3 nur dann zu erfolgen, wenn sich nach der Löschung verteilungsfähiges Vermögen findet. Da freilich die einschränkende Voraussetzung des Abs. 3 ohnehin selbstverständlich ist (Rn 8 f) und auch der Löschung im Handelsregister nur deklaratorische Wirkung zukommt (Rn 11; § 157 Rn 10), hat die Vorschrift nur klarstellenden Charakter. Von Bedeutung ist in diesem Zusammenhang allein § 146 Abs. 2 S. 3, dem zufolge im Fall des § 145 Abs. 3 die Liquidatoren auf Antrag eines Beteiligten durch das Gericht zu bestellen sind.

2 Die Vorschrift des § 145 Abs. 1 trägt dem Umstand Rechnung, dass der Eintritt eines Auflösungsgrundes im Regelfall nicht zur sofortigen Beendigung der Gesellschaft führt.[1] Ungeachtet der Auflösung besteht vielmehr die Gesellschaft als **Rechtssubjekt** (§ 124 Rn 2 ff) fort. Ihr Zweck hat sich allerdings geändert: An die Stelle des werbenden, auf den Betrieb eines Handelsgewerbes gerichteten Zwecks ist der **Abwicklungszweck** getreten (Rn 16 ff; § 156 Rn 3 f). In Verfolgung dieses Zwecks sind insbesondere die Rechtsverhältnisse der Gesellschaft zu Dritten zu beenden und das gesamthänderisch gebundene Vermögen aus dieser Bindung zu lösen und – gegebenenfalls nach Versilberung und

[1] So erstmals *Wimpfheimer*, passim, insbes. S. 33 ff, 95 ff („Die Liquidation als Stadium der fortdauernden Gesellschaft“); zum Stand der Diskussion bei Erlass des HGB s. Vorb. Rn 3.

Befriedigung der Gläubiger – in das Vermögen der Gesellschafter zu überführen. Erst mit Abschluss der Liquidation ist die Gesellschaft vollbeendigt und als Rechtsträger erloschen. Daraus erhellt zugleich, dass es bei Fehlen eines Aktivvermögens einer Liquidation nach §§ 145 ff nicht bedarf (s. aber Rn 9). Zwar kann auch in diesem Fall die Notwendigkeit eines Ausgleichs unter den Gesellschaftern bestehen. Dieser erfolgt dann allerdings auf der Grundlage des schuldrechtlichen Rechtsverhältnisses und damit außerhalb des – einen fortbestehenden Rechtsträger voraussetzenden – Liquidationsverfahrens im Sinne des § 145 Abs. 1.

2. Zur Frage der Dispositivität der §§ 145 ff. Vorbehaltlich der Eröffnung des Insolvenzverfahrens und des § 145 Abs. 2 haben die Gesellschafter zwar nach § 145 Abs. 1 die Möglichkeit, anstelle des in §§ 145 ff vorgesehenen Liquidationsverfahrens eine **„andere Art der Auseinandersetzung"** zu vereinbaren (Rn 22 ff, 34). Auch in diesem Fall finden allerdings nach § 158 im Verhältnis zu Dritten die für die Liquidation geltenden Vorschriften Anwendung (Rn 34). Statt der Wahl einer anderen Art der Auseinandersetzung können die Gesellschafter beschließen, dass die Liquidation zwar grundsätzlich nach §§ 145 ff zu erfolgen hat, diese Vorschriften aber **partiell nicht zur Anwendung** gelangen sollen (dazu im einzelnen § 152 Rn 7 f).[2] Auch diese Möglichkeit besteht allerdings nur insoweit, als die §§ 145 ff dispositiv sind. Vor dem Hintergrund, dass § 146 Abs. 2 und 3, §§ 147, 148, 149 S. 2, 151, 153, 156 und 157 Abs. 1 und 2 zumindest in Teilen nicht abdingbar sind,[3] kommen abweichende Vereinbarungen namentlich hinsichtlich der Bestellung und der Pflichten der Liquidatoren sowie hinsichtlich der in § 155 bestimmten Modalitäten der Verteilung in Betracht (s. noch Rn 4). Zur Frage einer Liquidationspflicht s. noch Rn 19 ff. 3

Den §§ 145 ff liegt die Vorstellung zugrunde, dass die Liquidation zum Zwecke der Auseinandersetzung des zwischen den Gesellschaftern bestehenden Rechtsverhältnisses erfolgt. Auf die **Interessen der Gesellschaftsgläubiger** nehmen die §§ 145 ff dagegen grundsätzlich[4] keine Rücksicht; insbesondere kann es – vorbehaltlich der Anfechtung nach dem AnfG und nach §§ 129 ff InsO – zur Verteilung des Gesellschaftsvermögens unter die Gesellschafter kommen, obschon nicht sämtliche Gesellschaftsschulden getilgt sind (§ 155 Rn 16 f). Dies ist vor dem Hintergrund der in § 128 angeordneten, durch § 159 freilich modifizierten Haftung der Gesellschafter durchaus konsequent und entspricht im Übrigen dem Umstand, dass das Gesetz auch hinsichtlich der werbenden Gesellschaft keine Bestimmungen über die Aufbringung und Erhaltung eines Mindestkapitals enthält (§ 128 Rn 1; Anh. § 129 Rn 6 f). Daraus erhellt zugleich, dass im Fall der **Kapitalgesellschaft & Co. OHG/KG** das Fehlen der Haftung einer natürlichen Person durch die analoge Anwendung des § 73 GmbHG zu kompensieren ist (§ 149 Rn 9, 37; § 155 Rn 17). 4

Besonderheiten gelten schließlich für den Fall, dass die Eröffnung des **Insolvenzverfahrens** über das Vermögen der Kapitalgesellschaft & Co. OHG/KG nach § 26 InsO **mangels Masse abgelehnt** wird. Nach § 131 Abs. 2 S. 1 Nr. 1, S. 2 hat die Rechtskraft eines entsprechenden Beschlusses die Auflösung der Gesellschaft zur Folge, wenn diese weder unmittelbar noch mittelbar über eine natürliche Person als Gesellschafter bzw. Komplementär verfügt (§ 131 Rn 40; s. ferner Anh. § 129 Rn 11 f). Die Abwicklung hat auch in diesem Fall nach Maßgabe der §§ 145 ff zu erfolgen. Dabei sind zwar die für die 5

---

[2] MünchKommHGB/*K. Schmidt* Rn 12.

[3] S. die Erläuterungen zu der jeweiligen Vorschrift; ferner § 154 Rn 6; § 158 Rn 7.

[4] Zu § 145 Abs. 2 und 3 s. die Ausführungen in Rn 11 f, 27 ff.

Kapitalgesellschaft & Co. geltenden Besonderheiten zu berücksichtigen (Rn 4; § 155 Rn 17). Eine am insolvenzrechtlichen Grundsatz der par condicio creditorum orientierte Abwicklung ist dagegen de lege lata nicht geboten (§ 149 Rn 39); es bewendet vielmehr bei der Anfechtung nach dem AnfG[5]. Die gesetzestypische, über eine natürliche Person als nach § 128 haftenden Gesellschafter verfügende Gesellschaft wird dagegen durch die Ablehnung mangels Masse nicht aufgelöst;[6] die Frage einer durch den Grundsatz der Gläubigergleichbehandlung modifizierten Geltung der §§ 145 ff stellt sich deshalb nicht.

II. Terminologie

6 1. **Auseinandersetzung und Liquidation.** Ausweislich seines Wortlauts geht Abs. 1 davon aus, dass es sich bei der in §§ 145 ff geregelten Liquidation um eine Art der Auseinandersetzung handelt. Diese Einordnung ist darauf zurückzuführen, dass dem historischen Gesetzgeber die **Rechtssubjektivität der Handelsgesellschaft** (§ 124 Rn 3 ff, 11 ff; s. ferner Vorb. Rn 3) nicht bewusst war:[7] Auf der Grundlage einer Vorstellung, die die Gesellschaft primär als Schuldverhältnis zwischen den Gesellschaftern und das Gesellschaftsvermögen als Sondervermögen der Gesellschafter begreift, muss der Liquidation die Aufgabe zukommen, das Sondervermögen dem Privatvermögen der Gesellschafter zuzuführen und einen Ausgleich zwischen den Gesellschaftern als Parteien des Schuldverhältnisses herzustellen. Geht man demgegenüber mit der heute ganz herrschenden Meinung (§ 124 Rn 3 ff) davon aus, dass die Handelsgesellschaft als solche Träger von Rechten und Pflichten ist, so ist schon im Ansatz zwischen der Liquidation der Gesellschaft und der Auseinandersetzung zwischen den Gesellschaftern zu unterscheiden.[8] Während nämlich die Liquidation im Sinne der §§ 145 ff darauf gerichtet ist, die zwar aufgelöste, als Rechtssubjekt aber fortbestehende Gesellschaft ihrem Ende zuzuführen, indem deren Rechtsverhältnisse zu Dritten abgewickelt, das Gesellschaftsvermögen zerschlagen und ein etwaiger Erlös in das Vermögen der Gesellschafter überführt wird, zielt die Auseinandersetzung auf die Abrechnung und den **Ausgleich unter den Gesellschaftern.**[9] Kommt es allerdings zur Liquidation oder zu einer „anderen Art der Auseinandersetzung" im Sinne des Abs. 1, so geht der Ausgleich unter den Gesellschaftern in dieser auf (Rn 9; § 149 Rn 21 ff; § 155 Rn 9 ff). Von praktischer Bedeutung ist die Unterscheidung demnach allein in den Fällen, in denen die Gesellschaft liquidationslos erlischt, sei es, dass sie über kein Aktivvermögen verfügt (Rn 9) oder ein Fall der Gesamtrechtsnachfolge vorliegt (Rn 39 ff).

---

[5] Vgl. für die GmbH BayObLG GmbH-Rdsch. 1987, 468 (469); OLG Koblenz DB 1991, 646; s. ferner BGH NZG 2004, 962 (964); eingehend *Konzen* FS Ulmer (2003) S. 323 ff; für die Personengesellschaft *Hillers* S. 230 ff (freilich auf der Grundlage der jedenfalls für die Kapitalgesellschaft & Co. unzutreffenden Prämisse, es gebe im Rahmen der Abwicklung keinen Gläubigerschutz); **aA** – für Verpflichtung zur Abwicklung unter möglichster Gleichbehandlung der Gläubiger – MünchKommHGB/*K. Schmidt* Rn 30; *ders.* Wege S. 177 ff; *ders.* ZIP 1982, 9 (11 ff); noch weitergehend – für Bestellung eines obligatorischen Drittliquidators und Ausschluß der Einzelzwangsvollstreckung – *W. Schulz* Die masselose Liquidation der GmbH (1986) S. 94 ff, 106 ff, 155 ff.

[6] BGHZ 75, 178 (179) = NJW 1980, 233; BGH NJW-RR 1989, 993 = WM 1989, 786; § 131 Rn 37, 40 (*Schäfer*); **aA** noch *K. Schmidt* ZHR 153 (1989), 270 (280 f).

[7] Eingehend zum Folgenden *K. Schmidt* ZHR 153 (1989), 270 (271 ff).

[8] Zutr. *K. Schmidt* ZHR 153 (1989), 270 (276 ff); MünchKommHGB/*K. Schmidt* Rn 6 f; ihm zust. auch MünchGesR/*Butzer/Knof* Bd. I § 84 Rn 1 ff.

[9] So für die Gesellschaft bürgerlichen Rechts überaus klar MünchKommBGB/*Ulmer/Schäfer* § 730 Rn 3 ff.

2. „Andere Art der Auseinandersetzung". Der richtig verstandene Begriff der Liquidation bezeichnet das auf Beseitigung des aufgelösten Rechtsträgers gerichtete Verfahren. Er deckt sich mit dem Begriff der Abwicklung, wie er in §§ 264 ff AktG gebraucht wird. Dieses Verfahren ist Gegenstand der §§ 146 ff; es steht aber, wie § 145 Abs. 1 zum Ausdruck bringt, grundsätzlich zur Disposition der Gesellschafter, die eine „andere Art der Auseinandersetzung" vereinbaren können (Rn 22 ff). Die Vorschrift des § 158, wonach im Fall einer solchen Vereinbarung im Verhältnis zu Dritten die für die Liquidation geltenden Vorschriften entsprechende Anwendung finden, bringt allerdings klar zum Ausdruck, dass es sich bei der „anderen Art der Auseinandersetzung" um eine **andere Art der Liquidation** der aufgelösten, aber fortbestehenden Gesellschaft handeln muss (Rn 39).[10] Nach § 145 Abs. 1 steht es den Gesellschaftern somit frei, die Gesellschaft nicht durch Versilberung des Vermögens, sondern auf andere Weise ihrem Ende zuzuführen (Rn 35 ff). Davon zu unterscheiden ist der Fall, dass die Gesellschaft über kein Aktivvermögen verfügt (Rn 9) oder ihr Vermögen im Wege der Gesamtrechtsnachfolge auf einen Gesellschafter oder Dritten übergeht (Rn 39 ff). In Ermangelung eines Abwicklungsbedarfs kommt es dann zu einem **liquidationslosen Erlöschen** der Gesellschaft. Auch dieser Tatbestand wird von Abs. 1 insoweit erfasst, als die Gesellschafter den Eintritt der Gesamtrechtsnachfolge durch Rechtsgeschäft herbeiführen können. Doch handelt es sich nicht um eine andere Art der Liquidation im Sinne der §§ 145, 158 (Rn 39). In diesem Fall bewendet es vielmehr bei dem Ausgleich unter den Gesellschaftern, also der Auseinandersetzung im richtig verstandenen Wortsinne (§ 149 Rn 21 ff; § 155 Rn 9 ff). 7

III. Liquidation nach §§ 145 ff

1. Voraussetzungen

a) Allgemeine Voraussetzungen (Abs. 1). Jede Liquidation und damit auch diejenige nach §§ 145 ff setzt voraus, dass Liquidationsbedarf besteht. Es muss deshalb zunächst ein **Auflösungsgrund** vorliegen und fortbestehen. Daran fehlt es, wenn die Gesellschaft fortgesetzt und damit in eine werbende Gesellschaft zurückverwandelt wird.[11] des Weiteren darf die Gesellschaft noch **nicht vollbeendigt,** d.h. als Rechtsträger erloschen sein. Eine Liquidation erübrigt sich deshalb in den Fällen, in denen das Gesellschaftsvermögen im Wege der Gesamtrechtsnachfolge auf einen Gesellschafter oder einen Dritten übergeht (Rn 39 ff).[12] Es bewendet dann bei dem Ausgleich unter den Gesellschaftern (Rn 6). 8

Darüber hinaus bedarf es nach hM keiner Liquidation bei **Vermögenslosigkeit** der Gesellschaft.[13] Nach dem in Rn 8 Gesagten kann dieser Ansicht zwar im Ansatz zugestimmt werden. Was allerdings den Tatbestand der Vermögenslosigkeit betrifft, so muss 9

---

[10] So im Grundsatz auch *K. Schmidt* (Fn 8), der freilich auch den Fall des liquidationslosen Erlöschens (Rn 39 ff) im Begriff der „anderen Art der Auseinandersetzung" enthalten sieht; s. dazu sogleich im Text.

[11] BGHZ 1, 324 (327) = NJW 1951, 650; 8, 35 (38) = NJW 1953, 102; BGH NJW 1995, 2843 (2844); ZIP 2007, 1988; näher dazu, insbesondere zu den Voraussetzungen, s. § 131 Rn 60 ff (*Schäfer*).

[12] MünchKommHGB/*K. Schmidt* Rn 8, 16; Ebenroth/Boujong/Joost/Strohn/*Hillmann* Rn 7; Röhricht/v. Westphalen/*v. Gerkan/Haas* Rn 7 f; Heymann/*Sonnenschein/Weitemeyer* Rn 12; *Hillers* S. 19.

[13] RGZ 40, 29 (31); BGHZ 24, 91 (93 f) = NJW 1957, 989; 26, 126 (130 f) = NJW 1958, 299; 3. Aufl. Anm. 5 (*Schilling*); *A. Hueck* OHG § 31 II 3; Ebenroth/Boujong/Joost/Strohn/*Hillmann* Rn 8; Röhricht/v. Westphalen/*v. Gerkan/Haas* Rn 1; Heymann/*Sonnenschein/Weitemeyer* Rn 3; Straube/*Torggler* Rn 23; *Hillers* S. 18 f mwN.

vor dem Hintergrund der Rechtsnatur der aufgelösten Gesellschaft (Rn 13 ff) davon ausgegangen werden, dass das – einen fortbestehenden Liquidationsbedarf begründende – Aktivvermögen der Gesellschaft auch in etwaigen Forderungen und damit auch in **Sozialansprüchen** (§ 105 Rn 217) gegen die Gesellschafter bestehen kann (§ 149 Rn 21 ff; § 155 Rn 9 ff).[14] Vollbeendigung kann deshalb nur dann eintreten, wenn die Ansprüche der Gesellschaft aus § 105 Abs. 3 i.V.m. § 735 BGB, gerichtet auf **Nachschuss** in Höhe des anteiligen Verlusts, entweder geltend gemacht und verteilt oder anderweitig aus dem Gesellschaftsvermögen ausgeschieden sind. Vor diesem Hintergrund kommt ein die Einleitung eines Liquidationsverfahrens erübrigender Tatbestand der Vermögenslosigkeit grundsätzlich nicht in Betracht. Die Vermögenslosigkeit ist vielmehr das Ziel der Liquidation; selbst bei Fehlen eines anderweitigen Aktivvermögens bedarf es jedenfalls zur Geltendmachung der Ansprüche aus § 735 BGB der Einleitung eines Liquidationsverfahrens (§ 149 Rn 21 ff). Im Ergebnis bedeutet dies, dass im Hinblick auf § 735 BGB schon das Bestehen von Verbindlichkeiten der Gesellschaft einen fortbestehenden Liquidationsbedarf begründet.[15] Die Vorschrift des § 735 BGB ist allerdings dispositiv.[16] Haben die Gesellschafter die Nachschussverpflichtung von vornherein abbedungen oder im Namen der Gesellschaft auf etwaige Ansprüche verzichtet, so liegt bei Fehlen sonstigen Aktivvermögens ein Fall der Vermögenslosigkeit vor. Die Gesellschaft ist erloschen; die Gesellschafter haften nach §§ 128, 159.

10 Ist über das Vermögen der Gesellschaft das **Insolvenzverfahren eröffnet,** so kommt es nach Abs. 1 weder zu einer Liquidation nach §§ 145 ff noch zu einer anderen Art der Auseinandersetzung. Die Gesellschaft ist in diesem Fall vielmehr nach Maßgabe der Sondervorschriften der InsO abzuwickeln. In seinen Einzelheiten ist das Verhältnis zwischen der handelsrechtlichen und der insolvenzrechtlichen Abwicklung allerdings umstritten; auf die Ausführungen in Rn 52 ff wird verwiesen.

11 **b) Löschung nach § 394 FamFG (Abs. 3).** Nach Abs. 3 findet in den Fällen des § 131 Abs. 2 S. 1 Nr. 2, also bei Auflösung der **Kapitalgesellschaft & Co. OHG/KG** durch Löschung wegen Vermögenslosigkeit nach § 394 Abs. 4 FamFG (= § 141a Abs. 3 FGG) (Rn 1; § 131 Rn 41), die Liquidation nur statt, wenn sich nach der Löschung herausstellt, dass die Gesellschaft über **verteilungsfähiges Vermögen** verfügt. Dies entspricht der Rechtslage nach den – an die Stelle des § 2 Abs. 3 LöschG getretenen[17] – §§ 264 Abs. 2 AktG, 66 Abs. 5 GmbHG. Nach dem in Rn 9 getroffenen Feststellungen versteht sich die Vorschrift des Abs. 3 freilich von selbst: Ist verteilungsfähiges Vermögen nicht vorhanden, so erübrigt sich die Liquidation. Die Bedeutung der Vorschrift ist denn auch allein in der Klarstellung zu sehen, dass die Löschung der Gesellschaft der Durchführung des Liquidationsverfahrens nicht entgegensteht. Auch dies folgt allerdings schon daraus, dass die Löschung der Personenhandelsgesellschaft[18] nach § 394 Abs. 4 FamFG (= § 141a Abs. 3 FGG) zwar insoweit konstitutive Wirkung entfaltet, als sie die Auflösung der

---

[14] So zu Recht MünchKommHGB/*K. Schmidt* Rn 17; für die Gesellschaft bürgerlichen Rechts MünchKommBGB/*Ulmer/Schäfer* § 730 Rn 4; s. ferner OLG Zweibrücken NJW-RR 2002, 457.

[15] MünchKommHGB/*K. Schmidt* Rn 17, § 155 Rn 53; MünchKommBGB/*Ulmer/Schäfer* § 730 Rn 30; s. ferner *Ensthaler* S. 61 ff.

[16] MünchKommBGB/*Ulmer/Schäfer* § 735 Rn 2 mwN.

[17] Dazu bereits Vorb. Rn 5; näher zu den mit der Ablösung des Löschungsgesetzes verbundenen Folgen *K. Schmidt* GmbH-Rdsch. 1994, 829 ff.

[18] Zur Rechtslage bei der Kapitalgesellschaft s. Ulmer/Habersack/Winter/*Casper* GmbHG § 60 Rn 93 ff, Scholz/*K. Schmidt* GmbHG[9] § 60 Rn 56 ff, jew. mwN.

Gesellschaft herbeiführt. Auch die aufgelöste und über Aktivvermögen verfügende Gesellschaft ist aber, abgesehen von der mit der Auflösung eintretenden Zweckänderung (Rn 16 ff), mit der werbenden Gesellschaft identisch. Schon deshalb kann die Löschung nicht zum Untergang des fortbestehenden Rechtsträgers führen (§ 157 Rn 10). Von Bedeutung im Zusammenhang mit § 145 Abs. 3 ist denn auch allein die Folgevorschrift des § 146 Abs. 2 S. 3 (§ 146 Rn 42 f).

Voraussetzung für die Durchführung der Liquidation ist allerdings auch im Fall des Abs. 3, dass die Gesellschaft über **Aktivvermögen** verfügt; auch insoweit kommen insbesondere Sozialansprüche in Betracht (Rn 9). Fehlt es daran, so hat die Löschung die Auflösung und Vollbeendigung der Gesellschaft zur Folge. Etwaige Verbindlichkeiten erlöschen mit der Gesellschaft. Die Haftung der Gesellschafter nach §§ **128, 159** bleibt – ungeachtet ihres akzessorischen Charakters – davon zwar unberührt.[19] Da jedoch § 394 Abs. 4 S. 2 FamFG (= § 141a Abs. 3 S. 2 FGG) die Löschung der Kapitalgesellschaft & Co. OHG/KG davon abhängig macht, dass auch die persönlich haftenden Gesellschafter vermögenslos sind, kommt deren Inanspruchnahme nur in Betracht, wenn sich bei ihnen verteilungsfähiges Vermögen findet und die Nachtragsliquidation nach §§ 264 Abs. 2 AktG, 66 Abs. 5 GmbHG durchgeführt wird. Zum Verfahren der Liquidation nach Abs. 3 s. § 146 Rn 42 f, § 147 Rn 6. **12**

2. Rechtsfolgen

a) **Fortbestand als Liquidationsgesellschaft.** Sofern nicht ein Tatbestand des liquidationslosen Erlöschens der Gesellschaft gegeben ist (Rn 9, 39 ff), kommt die Gesellschaft durch die Auflösung nicht in Wegfall. Sie ist vielmehr zu liquidieren und besteht deshalb als Abwicklungsgesellschaft fort. Als Abwicklungsgesellschaft ist sie mit der werbenden Gesellschaft identisch;[20] sie behält deshalb ihre Rechts- und Parteifähigkeit (§ 124 Rn 3 ff, 23 ff). Infolge der Auflösung kommt es zwar zu einer Änderung des Gesellschaftszwecks (Rn 16 ff). Ungeachtet dessen ist aber auch die Liquidationsgesellschaft **Handelsgesellschaft**; von ihr vorgenommene Geschäfte sind Handelsgeschäfte im Sinne der §§ 343, 344.[21] Soweit den Gesellschaftern der werbenden Gesellschaft Kaufmannseigenschaft zukam (§ 105 Rn 77 ff), hat sich daran durch die Auflösung nichts geändert. Eine formwechselnde Umwandlung in eine Gesellschaft bürgerlichen Rechts erfolgt, wie sich § 156 entnehmen lässt, auch dann nicht, wenn die Gesellschaft infolge ihrer Auflösung und Liquidation ein Handelsgewerbe nicht mehr betreibt.[22] In diesem Fall kommt freilich eine Fortsetzung als Handelsgesellschaft (Rn 8) nicht mehr in Betracht. **13**

Ungeachtet der Identität von werbender und aufgelöster Gesellschaft bewirkt die Auflösung eine **Zäsur.** Davon betroffen ist vor allem das Verhältnis der Gesellschafter untereinander (s. noch Rn 17), aber auch das Außenverhältnis der Gesellschaft zu Dritten (Rn 18; ferner § 156 Rn 3 ff; 159 Rn 6 f, 15 ff). So geht nach §§ 146 ff, 149 S. 2 die **Geschäftsführungs- und Vertretungsbefugnis** auf die Liquidatoren über. Diese brauchen **14**

---

[19] Vgl. BGHZ 153, 337 (340 ff) = NJW 2003, 1250; BGH ZIP 2008, 1376 (Tz. 24 f). Allgemein zur Akzessorietät der Gesellschafterhaftung s. § 128 Rn 20 ff, 71 ff.

[20] *A. Hueck* OHG § 32 I (S. 481); MünchKommHGB/*K. Schmidt* Rn 20; Ebenroth/Boujong/Joost/Strohn/*Hillmann* 11; Röhricht/v. Westphalen/*v. Gerkan/Haas* Rn 4; Heymann/*Sonnenschein*/*Weitemeyer* Rn 5; Baumbach/*Hopt* Rn 4.

[21] RG JW 1903, 64.

[22] RGZ 155, 75 (82); LG Kaiserslautern Rpfleger 1985, 121; MünchKommHGB/*K. Schmidt* Rn 20; Heymann/*Sonnenschein*/*Weitemeyer* Rn 5.

nicht notwendigerweise Mitglied der Gesellschaft zu sein und unterliegen zudem nach § 152 den Weisungen der an der Liquidation Beteiligten. Die Abwicklung ist freilich Sache der – durch ihre Liquidatoren handelnden – Gesellschaft. Sie erfolgt also nicht in Gestalt eines gerichtlichen oder behördlichen Verfahrens. Die Tätigkeit des Gerichts bei Berufung und Abberufung der Liquidatoren (§ 146 Rn 30 ff; § 147 Rn 12 ff) dient nur der Förderung der von der Gesellschaft betriebenen Abwicklung. Anderes gilt bei Insolvenz der Gesellschaft (Rn 52 ff).

15 Die Gesellschaft tritt **mit der Auflösung** ohne weiteres in den Abwicklungszustand ein. Sie ist somit auch dann – entweder nach Maßgabe der §§ 145 ff oder auf andere Art (Rn 22 ff) – zu liquidieren, wenn die Gesellschafter diese Folge nicht gewollt haben.[23] Die Gesellschafter haben zwar gegebenenfalls die Möglichkeit, den Auflösungsgrund zu beseitigen und die Fortsetzung der Gesellschaft zu beschließen (Rn 8); solange die Rückumwandlung nicht erfolgt ist, bewendet es hingegen bei dem Eintritt der Auflösung. Erst mit der **Vollbeendigung** der Gesellschaft endet auch die Liquidation. Findet sich also nach erfolgter Schlussverteilung noch anderweitiges Vermögen der Gesellschaft, so ist die Gesellschaft, mag sie auch zwischenzeitlich im Handelsregister gelöscht sein (§ 157 Rn 10), nicht erloschen; das Liquidationsverfahren ist deshalb fortzusetzen (Rn 9; § 155 Rn 34 f).

16 b) **Änderung des Gesellschaftszwecks.** Mit Vorliegen eines Auflösungsgrundes ändert sich der Zweck der Gesellschaft: Es entfällt der auf Betrieb des Handelsgeschäfts gerichtete Zweck; an seine Stelle tritt der auf Abwicklung und Vollbeendigung der Gesellschaft gerichtete Zweck.[24] Demgegenüber soll nach Ansicht von *K. Schmidt* zwischen dem Zweck des Liquidationsverfahrens und dem Zweck der Gesellschaft zu unterscheiden sein:[25] Der auf Abwicklung und Beseitigung der Gesellschaft gerichtete Zweck des Liquidationsverfahrens überlagere zwar den Zweck der aufgelösten Gesellschaft, sei aber nicht mit diesem identisch. Dieser Ansicht kann nicht gefolgt werden. Den §§ 145 ff liegt vielmehr die Vorstellung zugrunde, dass die aufgelöste Gesellschaft ihre werbende Tätigkeit einstellt und die Liquidatoren statt dessen – sei es durch Abwicklung nach Maßgabe der §§ 145 ff oder auf andere Art (Rn 22 ff) – die Verteilung des Gesellschaftsvermögens nach § 155 anzustreben haben. Die Annahme, der auf Betrieb des Handelsgewerbes gerichtete ursprüngliche Zweck der Gesellschaft bestehe fort, ist damit nicht vereinbar. Zwar trifft es zu, dass die Gesellschafter das von der Gesellschaft betriebene Unternehmen einstweilen fortsetzen können (Rn 20); indes setzt gerade der neue, auf Abwicklung der Gesellschaft gerichtete Zweck dieser Möglichkeit Grenzen.

17 Mit dem Gesellschaftszweck ändert sich auch der Bezugspunkt der **mitgliedschaftlichen Treupflicht** (§ 105 Rn 228 ff). Nunmehr sind die Gesellschafter, auch soweit sie nicht als Liquidator tätig sind (dazu noch Rn 19 ff), gehalten, die Ausübung ihrer mitgliedschaftli-

---

23 BayObLG HRR 1934 Nr. 1042; *A. Hueck* § 31 II (S. 470); MünchKommHGB/*K. Schmidt* Rn 19.

24 Ganz hM, s. RGZ 123, 151 (155); 3. Aufl. Anm. 1 (*Schilling*); *A. Hueck* OHG § 23 I (S. 340 f), 32 I (S. 481); Heymann/*Sonnenschein*/*Weitemeyer* Rn 5; Ebenroth/Boujong/Joost/Strohn/*Hillmann* Rn 12; Röhricht/v. Westphalen/*v. Gerkan*/*Haas* Rn 4; Baumbach/*Hopt* Rn 4; für die Gesellschaft bürgerlichen Rechts MünchKommBGB/*Ulmer*/*Schäfer* Vor § 723 Rn 6; für die GmbH *Goette* Die GmbH[2] § 10 Rn 1; Ulmer/Habersack/Winter/*Casper* GmbHG § 69 Rn 121. Nachw. zur Gegenansicht s. in Fn 25.

25 MünchKommHGB/*K. Schmidt* Rn 28, § 156 Rn 11; *K. Schmidt* BB 1989, 229 (230); *ders.* Liquidationsbilanzen S. 28; *ders.* ZHR 153 (1989), 270 (281 f); s. ferner *Paura* S. 19 ff; für die GmbH Scholz/*K. Schmidt* GmbHG § 69 Rn 3; Baumbach/Hueck/*Schulze-Osterloh*/*Fastrich* GmbHG[18] § 60 Rn 9.

chen Rechte an dem Liquidationszweck auszurichten; der Zweck der Liquidation bestimmt mit anderen Worten Inhalt und Intensität dieser Pflicht.[26] Dies gilt sowohl im Verhältnis zur Gesellschaft als auch im Verhältnis der Gesellschafter untereinander.[27] In Ermangelung einer fortbestehenden erwerbswirtschaftlichen Zielsetzung der Gesellschaft sind die Gesellschafter freilich regelmäßig nicht länger daran gehindert, sich auf dem Gebiet der abzuwickelnden Gesellschaft selbst zu betätigen.[28] Die Gesellschafter schulden vielmehr Förderung des Abwicklungszwecks und haben deshalb insbesondere die zur Erstellung der Schlussabrechnung erforderlichen Auskünfte zu erteilen.[29]

Aber auch im Übrigen bleibt die Zweckänderung nicht ohne Auswirkungen auf die mitgliedschaftlichen Rechte und Pflichten der Gesellschafter (156 Rn 4, 6 ff). So kommt es nicht nur zu einer Änderung der Organisationsverfassung der Gesellschaft, indem nach § 150 an die Stelle der für die werbende Gesellschaft geltenden Geschäftsführungs- und Vertretungsordnung der Grundsatz der **Gesamtgeschäftsführung und -vertretung** durch die – nicht notwendigerweise mitgliedschaftlich gebundenen – Liquidatoren tritt (Rn 14). Vielmehr erfährt auch die **vermögensrechtliche Stellung** des Mitglieds eine Änderung. Dies gilt zunächst für die Beitragspflicht; ihre Geltendmachung kommt nur insoweit in Betracht, als die Beiträge für den Abwicklungszweck benötigt werden (§ 149 Rn 21 ff).[30] Umgekehrt können Ansprüche der Gesellschafter grundsätzlich nicht mehr selbständig geltend gemacht werden; auch sie gehen vielmehr als unselbständige Rechnungsposten in der Schlussabrechnung auf (§ 149 Rn 41; § 155 Rn 9 ff).[31] Schließlich tritt der Anspruch aus § 155 Abs. 2 S. 1 an die Stelle des gesetzlichen Entnahmerechts nach § 122 Abs. 1 (§ 155 Rn 24). 18

c) **Liquidationspflicht.** Infolge der Auflösung der Gesellschaft geht die Geschäftsführungs- und Vertretungsbefugnis auf die Liquidatoren über. Diese haben deshalb den Gesellschaftszweck, nämlich die Abwicklung der Gesellschaft (Rn 16 ff), nach Kräften zu fördern und dabei ihre eigenen Interessen diesem Zweck unterzuordnen.[32] Vor diesem Hintergrund besteht grundsätzlich die Pflicht, die Abwicklung beim Vorliegen eines Auflösungsgrundes unverzüglich zu betreiben. Für die Annahme eines auf unsorgfältiger Geschäftsführung gründenden Schadensersatzanspruchs der Gesellschaft scheint freilich kein Raum zu sein, wenn die Gesellschafter einvernehmlich davon absehen, die Gesellschaft nach §§ 145 ff abzuwickeln. In diesem Fall fragt sich, ob die §§ 145 ff derartigen Vereinbarungen Grenzen setzen und es somit im Innenverhältnis bei der Pflicht zur Liquidation 19

[26] BGH NJW 1971, 802; BGH ZIP 2007, 1988; MünchKommHGB/*K. Schmidt* Rn 23; Ebenroth/Boujong/Joost/Strohn/*Hillmann* Rn 12; Röhricht/v. Westphalen/*v. Gerkan/Haas* Rn 4; Heymann/*Sonnenschein/Weitemeyer* Rn 10; *Hillers* S. 55 ff.

[27] MünchKommHGB/*K. Schmidt* Rn 23; zur Subsidiarität der Treupflicht zwischen den Gesellschaftern s. aber § 105 Rn 236.

[28] Näher dazu § 156 Rn 6 ff; s. ferner BGH ZIP 2007, 1988 (betr. positive Stimmpflichten).

[29] BGH WM 1969, 591 (592); vgl. ferner OLG Hamburg BB 1972, 417.

[30] RGZ 100, 165 (166); 111, 77 (83); BGH WM 1966, 639 (640); NJW 1978, 424; WM 1978, 898; OLG Köln ZIP 1983, 310; MünchKommBGB/*Ulmer/Schäfer* § 730 Rn 30; Soergel/*Hadding* § 730 Rn 1; *Messer* FS Stimpel (1985) S. 205 (211 f).

[31] RGZ 158, 302 (314); BGHZ 37, 299 (305) = NJW 1962, 1863; BGH NJW 1968, 2005; für die Gesellschaft bürgerlichen Rechts BGH NJW 1992, 2757 (2758); ZIP 1993, 919 (920); ZIP 1997, 2120 (2121); ZIP 2005, 1068 (1070); ZIP 2008, 24.

[32] Vgl. im Einzelnen § 149 Rn 5 ff, ferner BGH WM 1969, 591 (592); MünchKommHGB/*K. Schmidt* § 149 Rn 4; für die Gesellschaft bürgerlichen Rechts MünchKommBGB/*Ulmer/Schäfer* § 730 Rn 28; Soergel/*Hadding* § 730 Rn 3; Erman/*Westermann* § 730 Rn 6.

der Gesellschaft bewendet. Gegebenenfalls fragt sich des Weiteren, ob es den Gesellschaftern bzw. Liquidatoren im Verhältnis zu Dritten obliegt, die Gesellschaft zu liquidieren. Mit Blick auf die Haftung der OHG-Gesellschafter nach §§ 128, 159 kommt der Problematik vor allem für die aufgelöste KG Bedeutung zu. Aber auch im Fall der OHG ist die Annahme von Liquidationspflichten insoweit von Relevanz, als Dritte zu Liquidatoren bestellt sind (§ 146 Rn 20, 39) und es um deren Haftung geht.

20 Als Grundsatz gilt, dass die Gesellschafter im Innenverhältnis zueinander verpflichtet sind, die aufgelöste Gesellschaft abzuwickeln und zum Erlöschen zu bringen.[33] Dies ist zwar nicht ausdrücklich in § 145 ausgesprochen, folgt aber aus der mit der Auflösung verbundenen Änderung des Gesellschaftszwecks (Rn 16 ff); solange sie nicht durch wirksame Fortsetzungsvereinbarung rückgängig gemacht worden ist (Rn 8), steht sie dem Fortbestand der Gesellschaft als werbende und damit der Fortführung des Unternehmens entgegen.[34] Eine Vereinbarung des Inhalts, dass die Liquidation oder die Einleitung eines anderen Verfahrens zur Beendigung der Gesellschaft unterbleibt, ist deshalb grundsätzlich (s. aber Rn 21) unwirksam.[35] Die Gesellschafter haben allerdings die Möglichkeit, die Abwicklung **für absehbare Zeit aufzuschieben,** wenn hierfür ein sachlicher Grund gegeben ist (s. dazu noch Rn 21).[36] So kann es geboten sein, einen günstigen Zeitpunkt für die Veräußerung des Unternehmens oder eines Unternehmensteils abzuwarten oder den Gesellschaftern Gelegenheit zur Beschlussfassung über die Fortsetzung der Gesellschaft zu geben.[37] Zulässig ist jedoch allenfalls ein Aufschub der Liquidation; entsprechend § 139 Abs 3 ist insoweit von einer Maximalfrist von drei Monaten auszugehen (s. noch Rn 21). Soll die Liquidation dagegen auf Dauer unterbleiben, so bedarf es eines Fortsetzungsbeschlusses.

21 Die Unwirksamkeit einer die Liquidation über das zulässige Maß hinaus aufschiebenden oder gar ausschließenden Abrede lässt sich freilich nicht aus dem Interesse der Gesellschafter an Überführung des gesamthänderisch gebundenen Vermögens in das Privatvermögen herleiten.[38] Grundsätzlich sind zwar die Gesellschafter einander zur Durchführung des Liquidationsverfahrens verpflichtet (Rn 20; § 149 Rn 6). Mit Einwilligung sämtlicher Gesellschafter kann diese im Innenverhältnis bestehende Verpflichtung jedoch außer Kraft gesetzt werden. Jedenfalls bleibt in diesem Fall der Aufschub oder die Nichtdurchführung des Liquidationsverfahrens sanktionslos. Trägt allerdings der **Auflösungsgrund** den **Interessen der Gläubiger** Rechnung, so ist davon auszugehen, dass es den Gesellschaftern auch unabhängig von einer im Innenverhältnis bestehenden Verpflichtung unter-

---

[33] BGHZ 116, 222 (228) = NJW 1992, 832 (Anspruch des Privatgläubigers im Sinne des § 725 BGB); s. aber auch BGH WM 1986, 68 (69): Ist ein Gesellschafter nicht bereit, die Gesellschaft als werbende fortzusetzen, so kann ihm die Treupflicht gebieten, auszuscheiden, falls beachtliche Gründe gegen die Abwicklung sprechen und durch das Ausscheiden kein anerkennenswertes Interesse des Gesellschafters berührt, er insbesondere von seiner Haftung für die Gesellschaftsverbindlichkeit befreit und ihm als Abfindung der volle, also auch nicht hinter dem voraussichtlichen Liquidationserlös zurückbleibende Anteilswert zugesprochen wird.

[34] So auch BGHZ 1, 324 (328 ff) = NJW 1951, 650; MünchKommHGB/*K. Schmidt* Rn 24 f; Heymann/*Sonnenschein*/*Weitemeyer* Rn 6.

[35] So auch BGHZ 1, 324 (328 f) = NJW 1951, 650.

[36] Vgl. die Nachw. in Fn 34, ferner BGH NJW 1995, 2843 (2844); MünchKommHGB/*K. Schmidt* Rn 25; Baumbach/*Hopt* Rn 9; Ebenroth/Boujong/Joost/Strohn/*Hillmann* Rn 13.

[37] BGHZ 1, 324 (329) = NJW 1951, 650; BGH NJW 1995, 2843 (2844).

[38] In diesem Sinne aber BGHZ 1, 324 (329) = NJW 1951, 650; BGH NJW 1995, 2843 (2844); Ebenroth/Boujong/Joost/Strohn/*Hillmann* Rn 13.

sagt ist, die aufgelöste Gesellschaft fortzuführen.[39] Vor dem Hintergrund der Haftung der OHG-Gesellschafter und der Komplementäre der KG aus §§ 128, 159, 161 Abs. 2 kommt der Annahme einer solchen Verpflichtung vor allem für die aufgelöste KG Bedeutung zu. In Fällen dieser Art ist denn auch aus Gründen des **Rechtsformzwangs** (§ 105 Rn 15) davon auszugehen, dass bei unzulässiger (Rn 20) Fortführung der aufgelösten KG sämtliche Gesellschafter unbeschränkt haften.[40] Davon betroffen ist insbesondere die nach **§ 131 Abs. 2 S. 1 Nr. 1 und 2** (Rn 5, 11 f) oder durch **Wegfall des einzigen Komplementärs** aufgelöste KG.[41] Die Gesellschafter haften in diesen Fällen, der Rechtslage bei Fortführung einer „unechten" Vorgesellschaft vergleichbar,[42] nach §§ 128, 130 für sämtliche Alt- und Neuverbindlichkeiten der aufgelösten und zu Unrecht fortgeführten KG. Entsprechend § 139 Abs. 3 ist allerdings ein Aufschub von drei Monaten noch hinzunehmen (Rn 20). Stellen also die Gesellschafter innerhalb dieser Frist die werbende Tätigkeit ein, so haften sie nur für die nach Auflösung und einstweiliger Fortführung begründeten Neuverbindlichkeiten;[43] hinsichtlich der Altverbindlichkeiten bewendet es in diesem Fall bei der beschränkten Kommanditistenhaftung. Verfügt die Gesellschaft über einen Drittliquidator (§ 146 Rn 20, 39) und führt dieser – sei es auf Weisung der Gesellschafter oder eigenmächtig – die Gesellschaft in unzulässiger Weise (Rn 20) fort, so haftet er den Gläubigern gegenüber aus **§ 823 Abs. 2 BGB**; Schutzgesetz ist in diesem Fall § 145 in Verbindung mit dem gesetzlichen, auf Gläubigerschutz zielenden Auflösungsgrund.[44] Zur Frage der Haftung bei von § 149 S. 1 abweichender Liquidation s. § 149 Rn 37.

IV. Andere Art der Abwicklung

1. Überblick. Nach Abs. 1 können die Gesellschafter eine andere Art der „Auseinandersetzung" vereinbaren. Das Gesetz eröffnet dadurch den Gesellschaftern die Möglichkeit, das in §§ 145 ff geregelte Liquidationsverfahren durch eine **andere Art der Liquidation** zu ersetzen (Rn 7). Dagegen regelt § 145 Abs. 1 nicht den Ausgleich unter den Gesellschaftern (Rn 7); er ist zwar Bestandteil der Liquidation der Gesellschaft (§ 149 Rn 21 ff; § 155 Rn 9 ff), in §§ 146 ff aber nur ansatzweise geregelt (Rn 7). Für eine Reihe von Auflösungsgründen gelten allerdings Besonderheiten. So kommt die Wahl einer anderen Art der Auseinandersetzung nicht in Betracht, wenn über das Vermögen der Gesellschaft das **Insolvenzverfahren** eröffnet ist; dann ist die Gesellschaft vielmehr durch den Insolvenzverwalter nach Maßgabe der Vorschriften der Insolvenzordnung abzuwickeln (Rn 52 ff). Kommt es hingegen zur Auflösung der Gesellschaft durch Kündigung eines Privatgläubigers nach § 135 oder durch Eröffnung des Insolvenzverfahrens über das Vermögen eines Gesellschafters, so ist nach **Abs. 2** die Wahl einer anderen Art 22

[39] MünchKommHGB/*K. Schmidt* Rn 26; *ders.* ZHR 153 (1989), 270 (285 f); **aA** die wohl hM, s. 3. Aufl. Anm. 3, 26 (*Schilling*); *A. Hueck* OHG § 31 III (S. 471); Ebenroth/Boujong/Joost/Strohn/*Hillmann* Rn 14; Röhricht/v. Westphalen/*v. Gerkan/Haas* Rn 3.

[40] So auch *K. Schmidt* (Fn 39); im Grundsatz auch *Paura* S. 46 ff; s. ferner die Nachw. in Fn 41.

[41] So für den Wegfall des einzigen Komplementärs zu Recht BGH NJW 1979, 1705 (1706); s. dazu *Frey* ZGR 1988, 281 ff; ferner Ebenroth/Boujong/Joost/Strohn/*Hillmann* Rn 14; Röhricht/v. Westphalen/*v. Gerkan/Haas* Rn 3. – Zur Auflösung der KG in diesem Fall s. BGHZ 8, 35 (37); § 131, 45 f; zur entsprechenden Rechtslage bei Entziehung der Vertretungsmacht des einzigen Komplementärs s. § 127 Rn 8.

[42] Dazu Ulmer/Habersack/Winter/*Ulmer* GmbHG § 11, 26 ff.

[43] Überzeugend *Frey* ZGR 1988, 281 (284 ff).

[44] Für Verschuldenshaftung des Drittliquidators auch MünchKommHGB/*K. Schmidt* Rn 26.

der Abwicklung nur mit Zustimmung des Gläubigers oder Insolvenzverwalters möglich (Rn 27 ff). Von der Vereinbarung einer anderen Art der Abwicklung zu unterscheiden ist schließlich das **liquidationslose Erlöschen** der Gesellschaft; es macht eine Abwicklung der Gesellschaft entbehrlich (Rn 7, 39 ff).

2. Voraussetzungen

23 a) **Vereinbarung der Gesellschafter.** Soll die Gesellschaft nicht nach §§ 145 ff, sondern auf andere Art abgewickelt werden, so bedarf es dazu nach Abs. 1 einer entsprechenden Vereinbarung der Gesellschafter. Vor dem Hintergrund, dass die Abwicklung der Gesellschaft das Rechtsverhältnis der Gesellschafter untereinander und zur Gesamthand betrifft, ist eine diesbezügliche Vereinbarung notwendigerweise **Bestandteil des Gesellschaftsvertrags.**[45] Ist also nicht bereits im Gründungsvertrag eine andere Art der Abwicklung vorgesehen, so sind die allgemeinen Voraussetzungen einer Änderung des Gesellschaftsvertrags zu beachten. Grundsätzlich bedarf es deshalb der Zustimmung aller Gesellschafter.[46] Aufgrund der mitgliedschaftlichen **Treupflicht** (Rn 17) kann allerdings ein jeder Gesellschafter verpflichtet sein, der von den Mitgesellschaftern begehrten Vereinbarung einer anderen Art der Abwicklung zuzustimmen; insoweit bewendet es bei den allgemeinen Grundsätzen (§ 105 Rn 239 ff).

24 Auf der Grundlage einer entsprechenden Mehrheitsklausel kann die Vereinbarung einer anderen Art der Abwicklung auch durch **Mehrheitsbeschluss** erfolgen, wenn nur die Klausel selbst sich auch auf Vertragsänderungen bezieht.[47] Zielt freilich der Mehrheitsbeschluss nicht nur auf die Vereinbarung eines anderen Verfahrens der Abwicklung (Rn 35 ff), sondern auch oder allein auf eine Verschiebung des zwischen den Gesellschaftern bestehenden Ausgleichsverhältnisses (§ 155 Rn 9 ff), so ist der **Kernbereich** der Mitgliedschaft betroffen.[48] Insbesondere ein Eingriff in den Anspruch auf den Liquidationserlös bedarf deshalb des antizipierten oder ad hoc erklärten Einverständnisses des betroffenen Gesellschafters[49]. Eine Abwicklungsvereinbarung im Sinne des Abs. 1 kann auch noch **nach Auflösung** der Gesellschaft getroffen werden.[50] Ist bereits die Abwicklung nach §§ 145 ff eingeleitet, so wird diese durch die nachträgliche Vereinbarung beendet. Die Vereinbarung bedarf in diesem Fall nicht der Zustimmung eines etwaigen Drittliquidators (§ 146 Rn 20, 39).[51] Umgekehrt haben die Gesellschafter die Möglichkeit, durch erneute Änderung des Gesellschaftsvertrags von der anderen Art der Abwick-

---

[45] Einh. M., s. MünchKommHGB/*K. Schmidt* Rn 45 f; Ebenroth/Boujong/Joost/Strohn/*Hillmann* Rn 16; Heymann/*Sonnenschein*/*Weitemeyer* Rn 13; Baumbach/*Hopt* Rn 8; näher *Dellinger* S. 105 ff.

[46] Miterben haben nur die ungeteilte Stimme des verstorbenen Gesellschafters, die nach Maßgabe des § 2038 BGB zu verwalten ist, s. MünchKommHGB/*K. Schmidt* Rn 46; ferner § 146 Rn 22 ff.

[47] S. dazu im Einzelnen § 119 Rn 30 ff (*Schäfer*) mit umfassenden Nachw.; s. ferner BGH WM 1966, 876: Eine Klausel, wonach die Auflösung mit qualifizierter Mehrheit beschlossen werden kann, umfasst nicht die Befugnis, auch über die Art der Abwicklung abweichend von §§ 145 ff mehrheitlich zu beschließen.

[48] BGH NJW 1995, 194 (195); Ebenroth/Boujong/Joost/Strohn/*Hillmann* Rn 16; MünchKommBGB/*Ulmer*/*Schäfer* § 730 Rn 79 mwN – Allg. zur Kernbereichslehre § 119 Rn 38 ff (*Schäfer*).

[49] Vgl. die Nachw. in Fn 48.

[50] KGJ 39 A 111 (112); BayObLG DB 1981, 518; MünchKommHGB/*K. Schmidt* Rn 45; Heymann/*Sonnenschein*/*Weitemeyer* Rn 13; Baumbach/*Hopt* Rn 8.

[51] Vgl. neben den Nachw. zum Schrifttum in Fn 50 noch OLG Hamm ZIP 1984, 180 (181).

lung zur Liquidation nach §§ 145 ff überzugehen; sie bedürfen hierzu nicht der Zustimmung durch bereits eingesetze Liquidatoren.

Der Grundsatz der **Verbandssouveränität** (§ 109 Rn 30 f) schließt es aus, dass die Gesellschafter einem außenstehenden Dritten die Befugnis einräumen, eine andere Art der Abwicklung anzuordnen.[52] Davon zu unterscheiden ist zwar die – nach § 146 Abs. 1 S. 1 zulässige – Bestellung von Drittliquidatoren (§ 146 Rn 20). Auch in diesem Fall ist es aber Sache der Gesellschafter, die Art der Auseinandersetzung gesellschaftsvertraglich zu regeln. Ebenfalls unzulässig ist eine Vereinbarung, der zufolge ein Gesellschafter eine andere Art der Abwicklung anordnen kann.[53] Ihr steht zwar nicht der Grundsatz der Verbandssouveränität, wohl aber das Erfordernis einer Änderung des Gesellschaftsvertrags und der damit einhergehende **Individualschutz** entgegen (Rn 23 f). Die Abwicklungsvereinbarung bedarf im Übrigen nur in den Fällen des Abs. 2 der Zustimmung Dritter (Rn 27 ff). Sie kann aber nach §§ 129 ff InsO, § 3 AnfG anfechtbar sein und einen Arrestgrund im Sinne des § 917 ZPO bilden (s. noch Rn 30).[54] **25**

Ist ein Mitglied der Gesellschaft nicht voll geschäftsfähig, so bedarf nach bislang hM eine vor Auflösung getroffene Vereinbarung, der zufolge das Unternehmen im Zuge der Liquidation als Ganzes an einen anderen Gesellschafter oder an einen Dritten veräußert werden soll (Rn 35 ff), der **Genehmigung des Familien- oder Vormundschaftsgerichts** nach § 1822 Nr. 3, § 1643 Abs. 1 BGB.[55] Dem kann schon deshalb nicht gefolgt werden,[56] weil § 1822 Nr. 3 BGB ganz offensichtlich die Veräußerung eines Erwerbsgeschäfts des nicht voll Geschäftsfähigen betrifft,[57] die Auseinandersetzungsvereinbarung aber auf die Veräußerung des der Gesellschaft gehörenden Unternehmens gerichtet ist. Zudem vermag es vom Standpunkt der hM nicht einzuleuchten, zwischen der vor Auflösung erfolgten und der nach Auflösung getroffenen Vereinbarung zu differenzieren. Denn zwar hat die Auflösung eine Änderung des Gesellschaftszwecks zur Folge (Rn 16 ff); gleichwohl ist das von der Gesellschaft betriebene und als Ganzes zu veräußernde Unternehmen noch „Erwerbsgeschäft" im Sinne des § 1822 Nr. 3 BGB. Die Vorschrift des § 1822 Nr. 3 BGB findet deshalb nach zutr. Ansicht nur in dem Fall Anwendung, dass der nicht voll Geschäftsfähige selbst das Unternehmen erwirbt. Entsprechendes gilt, wenn ein Grundstück zum Gesellschaftsvermögen gehört. Da die Gesellschaft selbst Eigentümer des Grundstücks ist (§ 124 Rn 6, 18), liegen eine Veräußerung durch den nicht voll Geschäftsfähigen und damit der Tatbestand des **§ 1821 Nr. 1 BGB** nicht vor.[58] **26**

---

[52] AA 3. Aufl. Anm. 19 (*Schilling*).

[53] AA 3. Aufl. Anm. 19 (*Schilling*).

[54] MünchKommHGB/*K. Schmidt* Rn 47.

[55] 3. Aufl. Anm. 21 (*Schilling*); *A. Hueck* OHG § 31 III (S. 472 f); Heymann/*Sonnenschein/Weitemeyer* Rn 14; Röhricht/v. Westphalen/*v. Gerkan/Haas* Rn 6; Ebenroth/Boujong/Joost/Strohn/*Hillmann* Rn 17; s. ferner RGZ 122, 370 (372) mit Hinweis auf Urteil vom 23.2.1907 (insoweit in RGZ 65, 227 nicht abgedruckt); weitergehend – für Zustimmungsbedürftigkeit auch der nach Auflösung getroffenen Vereinbarung – KG OLGE 40, 96; Nachw. zur Gegenansicht s. in Fn 56.

[56] So auch MünchKommHGB/*K. Schmidt* Rn 48; zweifelnd auch Koller/Roth/Morck/*Koller* Rn 4.

[57] Dafür spricht, dass § 1822 Nr. 3 BGB darüber hinaus den Abschluss eines auf Betrieb eines Erwerbsgeschäfts gerichteten Gesellschaftsvertrags erfasst und somit zwischen dem Betrieb eines Unternehmens durch den nicht voll Geschäftsfähigen und demjenigen durch die Gesellschaft zu unterscheiden weiß; allg. zum Anwendungsbereich des § 1822 Nr. 3 BGB MünchKommBGB/*Wagenitz* § 1822 Rn 11 ff, 21 ff.

[58] Wohl einh. M., s. RGZ 54, 278 (281); MünchKommHGB/*K. Schmidt* Rn 48; *A. Hueck* OHG § 31 III (S. 472 f); Ebenroth/Boujong/Joost/Strohn/*Hillmann* Rn 17; Heymann/*Sonnenschein/Weitemeyer* Rn 14; Baumbach/*Hopt* Rn 8.

Anderes gilt wiederum für den Fall, dass die Abwicklungsvereinbarung auf den Erwerb des Grundstücks durch den nicht voll Geschäftsfähigen gerichtet ist; dann ergibt sich die Genehmigungsbedürftigkeit allerdings aus §§ 1821 Nr. 5, 1643 BGB.

b) Zustimmung des Gläubigers oder Insolvenzverwalters (Abs. 2)

27 aa) **Normzweck.** Ist die Gesellschaft durch Kündigung eines Privatgläubigers oder durch die Eröffnung des Insolvenzverfahrens über das Vermögen eines Gesellschafters aufgelöst, so bestimmt Abs. 2, dass die Gesellschafter nur mit Zustimmung des Gläubigers oder des Insolvenzverwalters eine andere Art der Abwicklung (Rn 29) oder das liquidationslose Erlöschen der Gesellschaft (Rn 39 ff) vereinbaren können. Ist Eigenverwaltung im Sinne des § 270 InsO angeordnet und somit der Schuldner berechtigt, unter der Aufsicht eines Sachwalters die Insolvenzmasse zu verwalten und über sie zu verfügen, so tritt nach Abs. 2, 2. Hs. die Zustimmung des Gesellschafters an die Stelle der Zustimmung des Insolvenzverwalters. Die Vorschrift bezweckt den Schutz des pfändenden Gläubigers bzw. der Gesamtheit der Gläubiger: Vorbehaltlich der Zustimmung des Gläubigers oder des Insolvenzverwalters soll die Auflösung der Gesellschaft die Abwicklung nach §§ 145 ff und damit die Entstehung des – nach § 135 gepfändeten oder einen Teil der Masse bildenden – Anspruchs auf das Auseinandersetzungsguthabens zur Folge haben; der Privatgläubiger bzw. der Insolvenzverwalter kann mit anderen Worten die Versilberung des Gesellschaftsvermögens beanspruchen.[59]

28 bb) **Voraussetzungen.** Ihrem Wortlaut nach gelangt die Vorschrift des Abs. 2 nur unter der Voraussetzung zur Anwendung, dass die Gesellschaft – abweichend von dem Grundsatz des § 131 Abs. 3 Nr. 2 und 4 (§ 131 Rn 85 ff, 97) – durch die Kündigung oder die Eröffnung des Insolvenzverfahrens aufgelöst ist. Mit Rücksicht auf den Normzweck des Abs. 2 (Rn 27) ist dem allerdings die Pfändung oder die Eröffnung des Insolvenzverfahrens über das Vermögen eines Gesellschafters nach anderweit erfolgter Auflösung der Gesellschaft gleichzustellen.[60] Anderes gilt dagegen bei **Verpfändung oder Abtretung** des (künftigen) Anspruchs auf das Auseinandersetzungsguthaben. Da es sich um einen künftigen Anspruch handelt, hat der Gläubiger oder Zessionar nicht nur eine anderweitige Verfügung durch den Gesellschafter, sondern auch die Vereinbarung einer anderen Art der Abwicklung hinzunehmen.[61] Ist der Anspruch auf das Auseinandersetzungsguthaben gepfändet und überwiesen, die Gesellschaft aber noch nicht aufgelöst, so treten auch die Rechtsfolgen des Abs. 2 erst mit Kündigung nach § 135 oder anderweit begründeter Auflösung ein.

29 cc) **Rechtsfolgen.** Bei Vorliegen der Voraussetzungen des Abs. 2 bedarf die Vereinbarung einer anderen Art der Abwicklung (Rn 7, 35 ff; zum liquidationslosen Erlöschen

---

[59] MünchKommHGB/*K. Schmidt* Rn 49.

[60] MünchKommHGB/*K. Schmidt* Rn 54, 58; Heymann/*Sonnenschein*/*Weitemeyer* Rn 17; Röhricht/v. Westphalen/*v. Gerkan*/*Haas* Rn 11; Ebenroth/Boujong/Joost/Strohn/*Hillmann* Rn 19.

[61] MünchKommHGB/*K. Schmidt* Rn 61; Heymann/*Sonnenschein*/*Weitemeyer* Rn 17; Röhricht/v. Westphalen/*v. Gerkan*/*Haas* Rn 13; **aA** 3. Aufl. Anm. 29 (*Schilling*). – Zur Rechtsnatur des Anspruchs auf das Auseinandersetzungsguthaben und zur damit zusammenhängenden Stellung des Zessions- oder Pfandgläubigers s. BGH WM 1985, 1343 (1344); BGHZ 104, 351 (353 ff) = NJW 1989, 458 (Pfändung eines GmbH-Anteils geht Vorauszession vor); MünchKommBGB/*Ulmer*/*Schäfer* § 717 Rn 36 mwN.

s. Rn 41) der Zustimmung des Insolvenzverwalters oder des Gläubigers. Der Wortlaut der Vorschrift bringt dies nur sehr unvollkommen zum Ausdruck, was freilich darauf zurückzuführen ist, dass der Gesetzgeber unter der Liquidation der Gesellschaft nur die in §§ 145 ff näher geregelte Art der Abwicklung verstanden hat (Rn 7). Das Zustimmungserfordernis bezieht sich auf die nach Abs. 1 erforderliche Vereinbarung der Gesellschafter (Rn 23 ff), nicht dagegen auf die in Ausführung einer – schwebend unwirksamen (Rn 31) – Abwicklungsvereinbarung vorgenommenen Rechtshandlungen.[62] Die Wirksamkeit der **Ausführungshandlungen,** etwa der Veräußerung des Unternehmens an einen Dritten, ist allein davon abhängig, dass die Liquidatoren (Rn 34) Vertretungsmacht haben (§ 149 Rn 43 ff); dies beurteilt sich nach §§ 149 Abs. 1 S. 2, 150 (Rn 31, 34).

Abs. 2 enthält insofern **zwingendes Recht,** als die Gesellschafter im Anwendungsbe- **30**
reich der Vorschrift eine Abwicklungsvereinbarung (Rn 23 ff) nicht ohne Mitwirkung des Gläubigers oder Insolvenzverwalters treffen können.[63] Mit der hM ist allerdings der Anwendungsbereich des Abs. 2 auf **Vereinbarungen nach der Pfändung** oder der Eröffnung des Insolvenzverfahrens zu beschränken.[64] Denn die Verstrickung des Anspruchs auf das Auseinandersetzungsguthaben vermag dem Gläubiger oder Insolvenzverwalter allenfalls die Stellung zu verschaffen, die dem Gesellschafter zusteht; eine bereits zuvor erfolgte Abwicklungsvereinbarung ist deshalb vom Gläubiger bzw. Insolvenzverwalter grundsätzlich hinzunehmen. Die Vereinbarung darf allerdings nicht einseitig zum Nachteil der Gläubiger gehen.[65] Andernfalls ist sie sittenwidrig mit der Folge, dass es bei der Abwicklung nach §§ 145 ff und damit bei Geltung des Abs. 2 bewendet. Unberührt bleibt zudem die Möglichkeit der Anfechtung (Rn 25).

Die nach Abs. 2 erforderliche Zustimmung ist eine solche im Sinne des **§ 182 BGB;** **31**
solange sie nicht erteilt ist, ist deshalb die Abwicklungsvereinbarung der Gesellschafter (Rn 29) schwebend unwirksam. Nach § 182 Abs. 2 BGB kann die Zustimmung formlos, auch konkludent erteilt werden. Adressat ist die nach §§ 149 Abs. 1 S. 2, 150 vertretene Gesellschaft. Bei einer Mehrheit von Liquidatoren gelangt § 150 Abs. 2 S. 2 betr. die Passivvertretungsbefugnis jeden Liquidators zur Anwendung.

Die **Zustimmung des Privatgläubigers** ersetzt nicht die zur Änderung des Gesellschafts- **32**
vertrags erforderliche Mitwirkung des Gesellschafters.[66] Dies folgt schon aus § 146 Abs. 2 S. 2, aber auch daraus, dass der die Forderung des Gläubigers übersteigende Betrag des Auseinandersetzungsguthabens dem Gesellschafter gebührt. Der Gläubiger nimmt denn auch nicht selbst an der Abwicklung teil; er hat vielmehr lediglich Anspruch auf das Ergebnis der Auseinandersetzung. Haben mehrere Privatgläubiger gekündigt, so ist die Zustimmung aller erforderlich. Die Erteilung oder Verweigerung der Zustimmung liegt im freien Ermessen des Gläubigers. Schranken ergeben sich allein aus §§ 226, 242 BGB, nicht dagegen aus der mitgliedschaftlichen Treupflicht.[67] Verweigert der Gläubiger die

---

62 MünchKommHGB/*K. Schmidt* Rn 52.

63 Zumindest im Ergebnis auch MünchKommHGB/*K. Schmidt* Rn 53.

64 So bereits 3. Aufl. Anm. 30 (*Schilling*); ferner *A. Hueck* OHG § 31 IV 1 (S. 473 f); MünchKommHGB/*K. Schmidt* Rn 50, 53; Heymann/*Sonnenschein*/*Weitemeyer* Rn 18; Baumbach/*Hopt* Rn 11; Röhricht/v. Westphalen/*v. Gerkan*/*Haas* Rn 10; Ebenroth/Boujong/Joost/Strohn/*Hillmann* Rn 20; *Grziwotz* DStR 1992, 1365 (1367).

65 MünchKommHGB/*K. Schmidt* Rn 50; s. ferner die entsprechende Problematik im Zusammenhang mit Abfindungsbeschränkungen nach § 34 GmbHG und dazu BGHZ 65, 22 (24) = NJW 1975, 1835; Ulmer/Habersack/Winter/*Ulmer* GmbHG § 34, 95.

66 MünchKommHGB/*K. Schmidt* Rn 55; *A. Hueck* OHG § 31 IV 1 (S. 474); Heymann/*Sonnenschein*/*Weitemeyer* Rn 18.

67 MünchKommHGB/*K. Schmidt* Rn 57; Ebenroth/Boujong/Joost/Strohn/*Hillmann* Rn 21;

Zustimmung, so hat die Liquidation nach Maßgabe der §§ 145 ff zu erfolgen. Die übrigen Gesellschafter können jedoch – entsprechend § 141 Abs. 2, 142 Abs. 2 HGB a.F. – die Fortsetzung der Gesellschaft unter Ausschluss des von der Pfändung betroffenen Gesellschafters beschließen.[68]

33 Die **Zustimmung des Insolvenzverwalters** ersetzt – im Unterschied zur Zustimmung des Gläubigers (Rn 32) – die Mitwirkung des Gesellschafters. Der Insolvenzverwalter tritt also, wie § 146 Abs. 3 ausdrücklich hervorhebt, an die Stelle des Gesellschafters und hat in Erfüllung seiner Verpflichtung aus § 159 InsO das gesamte Auseinandersetzungsguthaben der Masse zuzuführen. Auch der Insolvenzverwalter entscheidet nach freiem, nur durch §§ 226, 242 BGB gebundenem Ermessen über die Erteilung oder Verweigerung der Zustimmung. Handelt er dabei seinen insolvenzrechtlichen Pflichten zuwider, so haftet er nach Maßgabe des § 60 InsO der Masse gegenüber auf Schadensersatz; auf die Wirksamkeit der Zustimmung oder Zustimmungsverweigerung hat dies allerdings keinen Einfluss. Ist nach § 270 InsO **Eigenverwaltung** angeordnet, so tritt nach § 145 Abs. 2, 2. Hs. die Zustimmung des Gesellschafters an die Stelle derjenigen des Insolvenzverwalters.

34 3. **Rechtsfolgen.** Ist eine andere Art der Abwicklung vereinbart (Rn 22 ff), so stellt § 158 – überflüssiger Weise (§ 158 Rn 2) – klar, dass im Verhältnis zu Dritten (§ 158 Rn 7 f) die für die Liquidation nach §§ 145 ff geltenden Vorschriften entsprechende Anwendung finden. Die Gesellschaft besteht auch in diesem Fall bis zu ihrer Vollbeendigung (§ 155 Rn 34 f; § 157 Rn 10) fort; die Gesellschafter haften nach §§ 128, 159. Auch die Vereinbarung einer anderen Art der Abwicklung vermag nichts daran zu ändern, dass die Gesellschaft aufgelöst und diese Tatsache nach § 143 anzumelden und einzutragen ist. Infolge der Änderung des Gesellschaftszwecks (Rn 16 ff) bedarf es nunmehr der Abwicklung nach Maßgabe der zwischen den Gesellschaftern getroffenen Vereinbarung. Was die Geschäftsführungs- und Vertretungsbefugnis betrifft, so bewendet es bei den §§ 146 bis 148, 149 S. 2, 150 bis 153: Die Gesellschafter müssen also **Liquidatoren** bestellen, die die **Abwicklung der Gesellschaft durchzuführen** und dabei die Weisungen der Gesellschafter zu befolgen haben (§ 158 Rn 2, 7).[69] Grundlage der Abwicklung ist die Vereinbarung der Gesellschafter (Rn 22 ff). Soweit die Art der Abwicklung in dieser Vereinbarung im einzelnen geregelt ist, bedarf es nur noch des Vollzugs durch die Liquidatoren. Die Gesellschafter können dann aber immer noch die Vereinbarung und damit nach § 152 zugleich das Pflichtenprogramm der Liquidatoren ändern. In der Vereinbarung nicht geregelte Abwicklungsmaßnahmen bedürfen des Einverständnisses der Gesellschafter.[70]

35 4. **Inhalt der Abwicklungsvereinbarung.** Nach hM ist die andere Art der Abwicklung dadurch gekennzeichnet, dass das von der Gesellschaft betriebene Unternehmen nicht zerschlagen wird.[71] Die hM sieht deshalb insbesondere in der Übernahme des Unter-

---

Röhricht/v. Westphalen/*v. Gerkan/Haas* Rn 12; ferner Heymann/*Sonnenschein/Weitemeyer* Rn 19.

[68] MünchKommHGB/*K. Schmidt* Rn 57.

[69] Zutr. *K. Schmidt* ZHR 153 (1989), 270 (277); MünchKommHGB/*K. Schmidt* Rn 44, § 158 Rn 5, 12 f; **aA** die hM, s. KG OLGE 43, 289; BayObLG DB 1981, 518; 3. Aufl. Anm. 24 (*Schilling*); Ebenroth/Boujong/Joost/Strohn/*Hillmann* § 158, 5; Baumbach/*Hopt* § 158 Rn 1; Straube/*Torggler* Rn 88 und § 146 Rn 2; aus dem älteren Schrifttum *Düringer/Hachenburg/Flechtheim* Anm. 6.

[70] Zutr. MünchKommHGB/*K. Schmidt* Rn 43.

[71] So 3. Aufl. Anm. 7 ff (*Schilling*); MünchKommHGB/*K. Schmidt* Rn 38 ff; Ebenroth/Boujong/Joost/Strohn/*Hillmann* Rn 22; Röhricht/v. Westphalen/*v. Gerkan/Haas* Rn 9; Heymann/*Sonnenschein/Weitemeyer* Rn 15; *Baumbach/Hopt* Rn 10; eingehend *Dellinger* S. 101 ff, 125 ff.

nehmens durch einen Gesellschafter unter Fortbestand der Gesellschaft, aber auch in der Veräußerung des Unternehmens an einen Dritten[72] eine andere Art der Abwicklung. Gleichzeitig betont sie allerdings, dass die Liquidatoren, auch wenn eine Abwicklungsvereinbarung nicht getroffen ist, nach § 149 S. 1 grundsätzlich auch ohne Zustimmung der Gesellschafter zur Veräußerung des Unternehmens im Ganzen befugt sind (§ 149 Rn 35).[73] Das aber steht im Widerspruch zu der Annahme, die Übernahme oder Veräußerung des Unternehmens setze die Vereinbarung einer anderen Art der Abwicklung voraus. Mit Blick auf die Rechtsnatur der Abwicklungsvereinbarung (Rn 23 f) erscheint es vielmehr als zutreffend, das Wesen einer Abwicklungsvereinbarung im **Verzicht auf Versilberung** des Gesellschaftsvermögens und Ausschüttung des Erlöses zu sehen; nicht entscheidend ist dagegen die Bestimmung einer besonderen Art und Weise der Versilberung des Vermögens. Für die rechtsgeschäftliche Übernahme des Unternehmens durch einen Gesellschafter oder einen Dritten bedeutet dies, dass es sich bei ihr um eine gewöhnliche Abwicklungsmaßnahme nach § 149 S. 1 handelt (§ 149 Rn 35 f). Kommt es nämlich zum Erwerb des Unternehmens auf der Grundlage eines Kaufvertrags oder einer kaufähnlichen Übernahmevereinbarung mit der – durch die Liquidatoren vertretenen (Rn 34) – Gesellschaft und damit gegen Zahlung des Kaufpreises in das Gesellschaftsvermögen, so ist sodann das geleistete Geld unter die Gesellschafter zu verteilen. Unabhängig von dieser Frage werden allerdings der Übernahme des Unternehmens durch einen Gesellschafter durch die mitgliedschaftliche Treupflicht (§ 105 Rn 228 ff, 243 ff; § 109 Rn 41, 43) Grenzen gesetzt; insbesondere darf sich der beherrschende Gesellschafter **keinen Sondervorteil** verschaffen.[74]

Die sog. **Naturalteilung** hat dagegen auf der Grundlage einer Abwicklungsvereinbarung zu erfolgen. Denn bei ihr kommt es nicht zur Übernahme des gesamten Unternehmens durch einen Gesellschafter und zur anschließenden Verteilung des Erlöses unter die Gesellschafter (Rn 35). Es werden vielmehr Unternehmensteile, etwa mehrere Niederlassungen, durch jeweils einen Gesellschafter ohne Zahlung eines Kaufpreises übernommen und auf diese Weise eine Versilberung des Vermögens verhindert.[75] Der Naturalteilung hat sich ggf. ein Ausgleich unter den Gesellschaftern anzuschließen. Das UmwG ermöglicht des Weiteren die **Abspaltung** und die **Ausgliederung** als andere Arten der Abwicklung (Rn 50, 51). Nur eine besondere Variante dieser Form der Abwicklung ist die **Einbringung** des Unternehmens als Sacheinlage in eine bestehende oder von der Gesellschaft zu gründende Personen- oder Kapitalgesellschaft.[76] Es bedarf in diesem Fall lediglich der Übertragung der von der aufgelösten Gesellschaft erworbenen Anteile auf die Gesellschafter; eine Versilberung des Vermögens erfolgt dagegen nicht (§ 149 Rn 36). Im Ergebnis hat diese Form der Abwicklung einen Wechsel des Rechtsträgers zur Folge; 36

[72] Vgl. dazu 3. Aufl. Anm. 9 (*Schilling*), Heymann/*Sonnenschein/Weitemeyer* Rn 15; s. ferner ROHGE 24, 147; OLG Hamburg OLGE 19, 131.

[73] Vgl. einerseits die Nachw. in Fn 71, andererseits RGZ 158, 226 (230); 3. Aufl. § 149 Rn 19 f (*Schilling*); MünchKommHGB/*K. Schmidt* § 149 Rn 36 f; Röhricht/v. Westphalen/*v. Gerkan/Haas* § 149 Rn 14. – Zur Übernahme des Vermögens durch einen Gesellschafter bei gleichzeitigem Ausscheiden der übrigen Gesellschafter s. Rn 42.

[74] Zur entsprechenden aktienrechtlichen Problematik s. BGHZ 103, 184 (193 ff) = NJW 1988, 1579 – Linotype; näher dazu *Henze* ZIP 1995, 1473 ff; *Lutter/Drygala* FS Kropff, 1997, S. 191 ff.

[75] BGH WM 2009, 1231 (1232); KG OLGE 43, 289; MünchKommHGB/*K. Schmidt* Rn 40; *A. Hueck* OHG § 31 V 5 (S. 479); vgl. ferner RGZ 106, 128 (130 f).

[76] Vgl. RG JW 1908, 686; KG DNotZ 1929, 341; MünchKommHGB/*K. Schmidt* Rn 41; Ebenroth/Boujong/Joost/Strohn/*Hillmann* Rn 24; Baumbach/*Hopt* Rn 10.

im Unterschied zu dem Formwechsel nach §§ 190 ff UmwG (Rn 43) kommt es zur Abwicklung und Vollbeendigung des aufgelösten Rechtsträgers.

37 Nicht zwangsläufig als andere Art der Abwicklung anzusehen ist die Übertragung des Vermögens der Gesellschaft auf einen **Treuhänder,** etwa im Rahmen eines Liquidationsvergleichs.[77] Es ist dann zwar Aufgabe des Treuhänders, das Vermögen der Gesellschaft zu verwerten. Etwaige Ansprüche der Gesellschaft gegen den Treuhänder, gerichtet auf Herausgabe des durch die Verwertung Erlangten, sind dagegen Bestandteil des Gesellschaftsvermögens und durch die Liquidatoren geltend zu machen; im Anschluss an die Verwertung ist sodann der Erlös unter die Gesellschafter zu verteilen. Anders kann es sich in dem Fall verhalten, dass die Übertragung auf den „Treuhänder" zum Zwecke der endgültigen Befriedigung und damit erfüllungshalber oder an Erfüllung statt erfolgt.[78] Die Übertragung des Vermögens beinhaltet dann einen Verzicht auf Versilberung und hat deshalb auf der Grundlage einer Abwicklungsvereinbarung zu erfolgen. Dessen ungeachtet wird allerdings die Übertragung des Vermögens auf einen Treuhänder regelmäßig der Zustimmung der Gesellschafter bedürfen. Zwar bleiben die Liquidatoren auch nach der Übertragung des Vermögens Organwalter der Gesellschaft; die Vorschrift des § 149 S. 1 geht aber davon aus, dass die Versilberung durch die Liquidatoren selbst erfolgt (s. § 149 Rn 5).

38 5. **Abgrenzung.** Nach hier vertretener Ansicht bedarf es der Vereinbarung einer „anderen Art der Abwicklung" im Sinne des Abs. 1 (Rn 22 ff), wenn die Gesellschafter von einer Versilberung des Vermögens oder einzelner Vermögensgegenstände absehen wollen (Rn 35 ff). Weisungen im Sinne des § 152 betreffen dagegen die **Art und Weise der Versilberung.** Wollte man dagegen der hM folgen und eine andere Art der Abwicklung bei Verzicht auf die Zerschlagung des von der Gesellschaft betriebenen Unternehmens annehmen (Rn 35), so wären davon Vereinbarungen, die sich auf einen Teil des Unternehmens der Gesellschaft beschränken, auszunehmen; bei ihnen handelte es sich vielmehr um Weisungsbeschlüsse im Sinne des § 152.[79] Je nach Lage des Falles könnte auf der Grundlage der hM aber auch eine auf die Veräußerung eines Teils des Unternehmens gerichtete Vereinbarung Grundlagencharakter haben, so dass es einer Änderung des Gesellschaftsvertrags (Rn 23 f) bedürfte. So läge es u.U. bei Veräußerung eines Unternehmensteils, der einen eigenständigen Teil des Unternehmensgegenstands bildet (vgl. § 126 Rn 16 f, aber auch § 149 Rn 11, 35).

---

[77] So aber *A. Hueck* OHG § 31 V 3 (S. 477 f); MünchKommHGB/*K. Schmidt* Rn 42; Ebenroth/Boujong/Joost/Strohn/*Hillmann* Rn 24; Baumbach/*Hopt* Rn 10; s. ferner BGHZ 26, 126 (128) = JZ 1958, 401 mit Anm. *A. Hueck*. Zum Liquidationsvergleich s. auch BGHZ 118, 70 = NJW 1992, 1834: Ein Vergleichsgläubiger kann, solange der Treuhänder die ihm vom Schuldner überlassenen Vermögensstücke im Interesse der Vergleichsgläubiger verwerten und den Erlös auskehren muss, vom Schuldner (Gesellschaft) weder Zahlung des vollen Betrages noch der Vergleichsquote verlangen; er kann aber den Schuldner auf Feststellung des Rechts in Anspruch nehmen, wegen seiner Forderung anteilige Befriedigung aus dem Liquidationserlös zu verlangen. Zur Berücksichtigung einer Forderung gegen die Gesellschaft, die außerhalb des Vergleichsverfahrens geltend gemacht wird, s. BGHZ 126, 138 = NJW 1994, 3102.

[78] Insoweit folgerichtig BGHZ 26, 126 (130) = JZ 1958, 401; *A. Hueck* OHG § 31 V 3 (S. 477 f Fn 22): Übertragung des Vermögens auf Gläubiger zum Zwecke der endgültigen Befriedigung bewirke Vollbeendigung der Gesellschaft; für Abwicklung sei dann kein Raum mehr (wohl aber für einen Ausgleich unter den Gesellschaftern, s. dazu § 149 Rn 21 ff).

[79] 3. Aufl. Anm. 25 (*Schilling*); Heymann/*Sonnenschein*/*Weitemeyer* Rn 15.

V. Liquidationsloses Erlöschen der Gesellschaft

1. Grundlagen. Eine Abwicklung der Gesellschaft, sei es nach §§ 145 ff oder auf andere Art (Rn 22), kommt von vornherein nicht in Betracht, wenn es am Fortbestand eines Gesellschaftsverhältnisses fehlt. So liegt es in den Fällen, in denen sich **sämtliche Anteile in der Person eines Mitglieds** vereinigen und damit das Schuldverhältnis der Gesellschaft und mit ihm die Gesellschaft als Rechtsträger erlöschen (§ 105 Rn 70).[80] Es bedarf dann allenfalls eines Ausgleichs unter den Gesellschaftern, der sich allerdings in der Weise realisiert, dass es in der Person des ausgeschiedenen Gesellschafters zur Entstehung eines Anspruchs auf Abfindung oder Kaufpreiszahlung kommt. Um eine „andere Art der Auseinandersetzung“ im Sinne des § 145 Abs. 1 handelt es dabei schon deshalb nicht, weil es an einem fortbestehenden Rechtsträger und damit an einem Abwicklungsbedarf im Sinne dieser Vorschrift fehlt (Rn 7, aber auch Rn 41). Die Vorschrift des **§ 158** ist **insoweit gegenstandslos.** 39

Soweit das Erlöschen des Rechtsträgers auf einem – rechtsgeschäftlichen oder gesetzlich angeordneten – **Übergang der Mitgliedschaft** beruht (Rn 42), ist das Gesellschaftsverhältnis zudem nur mittelbar betroffen. Für eine – den Charakter einer Änderung des Gesellschaftsvertrags aufweisende (Rn 23 f) – Abwicklungsvereinbarung ist dann auch aus diesem Grund kein Raum. Dies schließt es nicht aus, dass es zu einer zwischen den Mitgliedern abgestimmten Verfügung über Mitgliedschaften kommt; doch liegt dem keine Abwicklungsvereinbarung im Sinne der §§ 145 Abs. 1, 158, sondern eine außerhalb des Gesellschaftsverhältnisses getroffene Abrede zugrunde. Aber auch bei der durch **Austritt** der übrigen Gesellschafter bewirkten Gesamtrechtsnachfolge des verbleibenden Gesellschafters in das Vermögen der Gesellschaft (Rn 42) hat die Vereinbarung der Gesellschafter nicht die Art und Weise der Abwicklung der Gesellschaft zum Gegenstand. Es handelt sich vielmehr um eine die personelle Zusammensetzung der Gesellschaft betreffende Vertragsänderung (§ 105 Rn 289). – Vom Erlöschen des Rechtsträgers durch Wegfall des Gesellschaftsverhältnisses zu unterscheiden ist das Erlöschen infolge **Vermögenslosigkeit**; er wird allerdings schon durch die Existenz von Sozialansprüchen ausgeschlossen (Rn 9). 40

Kann somit das liquidationslose Erlöschen der Gesellschaft – entgegen der hM[81] – nicht als „andere Art der Auseinandersetzung“ angesehen werden, so folgt daraus doch nicht zwangsläufig die Unanwendbarkeit des **§ 145 Abs. 2** betr. das Erfordernis der **Zustimmung des Gläubigers oder Insolvenzverwalters** (Rn 27 ff). Es ist vielmehr zu unterscheiden. Kommt es gleichzeitig mit der Auflösung zum Erlöschen der Gesellschaft, so ist für das Eingreifen des § 145 Abs. 2 schon deshalb kein Raum, weil diese Vorschrift, auch soweit es um Abwicklungsvereinbarungen geht, nur nach Auflösung und Verstrickung des Anspruchs auf das Auseinandersetzungsguthaben getroffene Vereinbarungen erfasst 41

[80] Dazu BGH ZIP 2004, 1047; § 105 Rn 70, § 131 Rn 111 ff (*Schäfer*); *Bork/Jacoby* ZGR 2005, 611 (624 ff); zum gezielten Einsatz der Gesamtrechtsnachfolge durch Ausscheiden des vorletzten Gesellschafters im Rahmen von Unternehmensübernahmen s. *Habersack* FS Röhricht (2005) S. 155 (169 ff); *Seibt* FS Röhricht (2005) S. 603 ff; zur Abgrenzung s. auch BGH ZIP 2003, 2264 (keine Vollbeendigung der GmbH & Co. KG durch Eröffnung des Insolvenzverfahrens sowohl über ihr Vermögen als auch über das der Gesellschafter).

[81] Vgl. BGH DB 1958, 1241; OLG Oldenburg BB 1955, 237; 3. Aufl. Anm. 8 (*Schilling*); Ebenroth/Boujong/Joost/Strohn/*Hillmann* Rn. 23; Röhricht/v. Westphalen/*v. Gerkan*/*Haas* Rn 8; Koller/Roth/Morck/*Koller* Rn 4. – Klare sachliche Unterscheidung dagegen bei MünchKommHGB/*K. Schmidt* Rn 6 f, 32 ff, *ders.* ZHR 153 (1989), 270, 275 ff (s. bereits Fn 10).

(Rn 30). Innerhalb der aufgelösten Gesellschaft kommt dagegen der durch Anteilsübertragung bewirkten Vollbeendigung die Funktion eines **Liquidationsersatzes** zu. Berücksichtigt man, dass Gläubiger und Insolvenzverwalter unter den Voraussetzungen des § 145 Abs. 2 die Versilberung des Gesellschaftsvermögens verlangen können (Rn 27), so versteht es sich von selbst, dass es ihrer Zustimmung nicht nur zur Vereinbarung einer anderen Art der Abwicklung, sondern auch zur Vereinbarung eines liquidationslosen Erlöschens der Gesellschaft bedarf.[82] Zur Begründung dieses Ergebnisses bedarf es auch auf der Grundlage der hier vertretenen Ansicht keiner analogen Anwendung des § 145 Abs. 2. Denn auch bei Wahl des Liquidationsersatzes kommt es nicht zur Liquidation nach §§ 145 ff; dies aber ist den Gesellschaftern nach § 145 Abs. 2 nur mit Zustimmung des Gläubigers oder Insolvenzverwalters erlaubt. Abweichend von der Rechtslage bei Abwicklung der Gesellschaft (Rn 29) bezieht sich das Zustimmungserfordernis allerdings nicht nur auf die schuldrechtliche Abrede zwischen den Gesellschaftern (Rn 40); bei fehlender Zustimmung ist vielmehr auch die Anteilsübertragung als solche unwirksam.

42 2. **Einzelfälle.** Zu einem liquidationslosen Erlöschen der Gesellschaft kommt es bei Rückgang der Mitgliederzahl auf einen Gesellschafter (Rn 39). Die Liquidation kann somit zum einen dadurch ersetzt werden, dass die Gesellschafter der aufgelösten Gesellschaft ihre **Anteile auf einen Dritten** übertragen.[83] In der Person dieses Dritten kommt es in diesem Fall mit Erwerb des letzten Anteils zur Gesamtrechtsnachfolge in das Vermögen der Gesellschaft (vor § 105 Rn 21; § 105 Rn 53, 70). Die ausgeschiedenen Gesellschafter können vom Anteilserwerber Zahlung des vereinbarten Kaufpreises beanspruchen. Zum anderen haben die Gesellschafter die Möglichkeit der **Gesamtrechtsnachfolge durch einen Gesellschafter.** Dazu kommt es, wenn alle anderen Gesellschafter entweder ihre Anteile dem verbleibenden Gesellschafter übertragen (§ 105 Rn 291) oder aus der Gesellschaft austreten;[84] in beiden Fällen geht das Gesellschaftsvermögen kraft Gesetzes auf den verbleibenden Gesellschafter über. Die ausgeschiedenen Gesellschafter haben im Fall des Austritts Anspruch auf Abfindung, im Fall der Anteilsübertragung Anspruch auf Zahlung des Kaufpreises.

3. Umwandlung nach dem UmwG

43 a) **Formwechsel.** Das UmwG sieht eine Reihe von Möglichkeiten zur Umwandlung aufgelöster Personenhandelsgesellschaften vor. In Betracht kommt zunächst ein Formwechsel im Sinne der §§ 1 Abs. 1 Nr. 4, 190 ff UmwG. Insoweit bestimmt § 191 Abs. 3 UmwG ausdrücklich, dass ein Formwechsel **auch bei einem aufgelösten Rechtsträger möglich** ist, wenn seine Fortsetzung in der bisherigen Rechtsform beschlossen und dadurch der Auflösungsgrund beseitigt werden könnte; daran fehlt es vor allem bei insolvenzbedingter Auflösung.[85] Für die aufgelöste Personenhandelsgesellschaft macht § 214 Abs. 2 UmwG den Formwechsel zusätzlich davon abhängig, dass die Gesellschafter keine

---

[82] Im Ergebnis wohl unstreitig, s. MünchKommHGB/*K. Schmidt* Rn 51; ferner die herkömmliche Ansicht, der zufolge es sich um eine „andere Art der Auseinandersetzung" handelt, s. Nachw. in Fn 81.

[83] MünchKommHGB/*K. Schmidt* Rn 34.

[84] Vgl. die Nachw. in Fn 80, ferner § 105 Rn 289; OLG Düsseldorf GmbH-Rdsch. 1997, 903 (904); zur Firmenfortführung s. BGH NJW 1989, 1798 = ZIP 1989, 368 (§ 24 Abs. 2, nicht § 22).

[85] Vgl. dazu die Erläuterungen zu §§ 131, 144; s. ferner KG NZG 1999, 359 und BayObLG ZIP 1998, 739 betr. § 3 Abs. 3 UmwG: keine Verschmelzung bei Überschuldung der GmbH.

„andere Art der Auseinandersetzung“ als die Abwicklung oder den Formwechsel vereinbart haben. Ausweislich der Materialien soll andernfalls nicht gewährleistet sein, dass das Vermögen der aufgelösten Personenhandelsgesellschaft zum Zeitpunkt des Umwandlungsbeschlusses noch vorhanden ist.[86] Vor dem Hintergrund der Nachhaftung der Gesellschafter gem. § 224 Abs. 1 UmwG und der Kapitalschutzvorschrift des § 220 UmwG vermag dies zwar nicht zu überzeugen.[87] Ungeachtet dessen hat es jedoch bei der Geltung des § 214 Abs. 2 UmwG zu bewenden, so dass eine Abwicklungsvereinbarung (Rn 22 ff) – nicht dagegen der Beginn der Liquidation – der Möglichkeit des Formwechsels entgegensteht. Die weiteren Voraussetzungen des Formwechsels ergeben sich aus §§ 190 ff, 214 ff UmwG.

Kommt es zur Eintragung des Formwechsels, so besteht nach § 202 Abs. 1 Nr. 1 **44** UmwG die Personenhandelsgesellschaft in der im Umwandlungsbeschluss bestimmten Rechtsform weiter. Die Gesellschafter sind nach Maßgabe des § 202 Abs. 1 Nr. 2 UmwG an dem neuen Rechtsträger beteiligt. Eine Gesamtrechtsnachfolge in das Vermögen der Personenhandelsgesellschaft findet nicht statt. Der Rechtsträger besteht vielmehr als solcher – freilich in neuer Rechtsform – fort; der Formwechsel führt demnach **nicht** zum **liquidationslosen Erlöschen** des aufgelösten Rechtsträgers. Infolge der **Identität** des Rechtsträgers neuer Rechtsform mit demjenigen alter Rechtsform gilt vielmehr, dass der Formwechsel als solcher den Status des Rechtsträgers als Abwicklungsgesellschaft unberührt lässt. Soll der Rechtsträger neuer Rechtsform nicht abgewickelt werden, so bedarf es deshalb noch eines Fortsetzungsbeschlusses. Die Forthaftung der Gesellschafter für die Altverbindlichkeiten ergibt sich aus § 224 UmwG; sie entspricht weitgehend derjenigen nach § 160 (s. noch § 159 Rn 10 f).

b) **Verschmelzung.** Die Personenhandelsgesellschaft kann nach § 3 Abs. 1 Nr. 1 **45** UmwG als übertragender, übernehmender oder neuer Rechtsträger an Verschmelzungen beteiligt sein. Sie kann deshalb mit anderen verschmelzungsfähigen Rechtsträgern sowohl eine Verschmelzung durch Aufnahme gem. §§ 4 ff UmwG als auch eine Verschmelzung durch Neugründung gem. §§ 36 ff UmwG vereinbaren. Im Fall der Verschmelzung durch Aufnahme hat die Eintragung der Verschmelzung in das Register des übernehmenden Rechtsträgers nach § 20 Abs. 1 UmwG unter anderem die **Gesamtrechtsnachfolge** des übernehmenden Rechtsträgers in das Vermögen des übertragenden Rechtsträgers (§ 20 Abs. 1 Nr. 1 UmwG), das **liquidationslose Erlöschen** des übertragenden Rechtsträgers (§ 20 Abs. 1 Nr. 2 UmwG) und den Erwerb von Mitgliedschaften in dem übernehmenden Rechtsträger durch die Mitglieder des übertragenden Rechtsträgers (§ 20 Abs. 1 Nr. 3 UmwG) zur Folge. Im Fall der Verschmelzung durch Neugründung treten nach § 36 Abs. 1 S. 2 der – nach Maßgabe des § 36 Abs. 2 UmwG erst noch zu gründende – neue Rechtsträger und dessen Eintragung an die Stelle des übernehmenden Rechtsträgers und die Eintragung der Verschmelzung in das Register des übernehmenden Rechtsträgers. Es kommt dann also zum liquidationslosen Erlöschen aller übertragenden Rechtsträger und zur Gesamtrechtsnachfolge durch den neuen Rechtsträger. Die Gläubiger der durch Verschmelzung erloschenen Personenhandelsgesellschaft haben nach § 22 UmwG grundsätzlich Anspruch auf Sicherheitsleistung. Die (begrenzte) Forthaftung der Gesellschafter ergibt sich aus § 45 UmwG: sie entspricht weitgehend derjenigen nach § 160 (s. noch § 159 Rn 10 f).

---

[86] Begr. RegE bei *Schaumburg/Rödder* UmwG/UmwStG, 1994, § 214 UmwG Rn 4.

[87] So auch Lutter/*Joost* UmwG, 4. Aufl., 2008, § 214 Rn 7.

46 Sind somit Verschmelzung durch Aufnahme und Verschmelzung durch Neugründung durchaus dazu geeignet, das liquidationslose Erlöschen des **übertragenden Rechtsträgers** herbeizuführen, so sind allerdings für die **aufgelöste Personenhandelsgesellschaft** die Vorschriften der **§§ 3 Abs. 3, 39 UmwG** zu beachten. Nach § 3 Abs. 3 UmwG kann nämlich an der Verschmelzung als übertragender Rechtsträger eine aufgelöste Gesellschaft, gleich welcher Rechtsform, nur unter der Voraussetzung beteiligt sein, dass ihre Fortsetzung beschlossen und damit der Auflösungsgrund beseitigt werden könnte; dies entspricht der für den Formwechsel geltenden Vorschrift des § 191 Abs. 3 UmwG (Rn 43). Speziell für die aufgelöste Personenhandelsgesellschaft bestimmt § 39 UmwG des Weiteren, dass eine Beteiligung als übertragender Rechtsträger ausgeschlossen ist, wenn die Gesellschafter nach § 145 eine „andere Art der Auseinandersetzung" als die Abwicklung nach §§ 145 ff oder als die Verschmelzung vereinbart haben; dies wiederum entspricht der Vorschrift des § 214 Abs. 2 UmwG (Rn 43). Kommt es zur Verschmelzung, so treten die Rechtsfolgen der §§ 20, 36 UmwG (Rn 45) ein: Die aufgelöste Personenhandelsgesellschaft als übertragender Rechtsträger erlischt liquidationslos; eines zuvor gefassten Fortsetzungsbeschlusses bedarf es dazu nicht.

47 In §§ 3 Abs. 3, 39 UmwG nicht ausdrücklich geregelt ist, ob sich eine aufgelöste Gesellschaft **als übernehmender Rechtsträger** an einer Verschmelzung nach §§ 4 ff UmwG beteiligen kann.[88] Der Frage kommt indes keine nennenswerte praktische Bedeutung zu. Denn jedenfalls ist auch in diesem Fall die Verschmelzungsfähigkeit davon abhängig zu machen, dass die Fortsetzung beschlossen, der Auflösungsgrund also beseitigt werden könnte (Rn 46). Dann kann aber in dem Verschmelzungsbeschluss regelmäßig auch ein Fortsetzungsbeschluss gesehen werden.[89]

48 c) **Spaltung.** Nach §§ 124 Abs. 1, 3 Abs. 1 Nr. 1 UmwG kann die Personenhandelsgesellschaft als übertragender, übernehmender oder neuer Rechtsträger an den in § 123 UmwG genannten Spaltungsvorgängen beteiligt sein. Die Vorschrift des § 3 Abs. 3 UmwG, der zufolge die Beteiligung der aufgelösten Gesellschaft als übertragender Rechtsträger von der Möglichkeit eines Fortsetzungsbeschlusses abhängig ist (Rn 46), findet nach § 124 Abs. 2 UmwG auch auf die Spaltung Anwendung. § 125 UmwG verweist zudem auf § 39 UmwG (Rn 46). Im Einzelnen sehen §§ 123 ff UmwG drei Arten der Spaltung vor, von denen nur die Aufspaltung (Rn 49) das liquidationslose Erlöschen des übertragenden Rechtsträgers zur Folge hat. In den Fällen der Abspaltung und Ausgliederung (Rn 50 f) bleibt dagegen der übertragende Rechtsträger bestehen; handelt es sich bei diesem Rechtsträger um eine aufgelöste Personenhandelsgesellschaft, so ist sie abzuwickeln. Den Gesellschaftern bleibt es unbenommen, die Wirkungen einer Spaltung anderweitig, nämlich durch sog. Realteilung herbeizuführen.[90] Es bedarf dann freilich – in Vollzug einer entsprechenden Abwicklungsvereinbarung (Rn 22 ff) – der Einzelübertragung von Aktiven und Passiven. Demgegenüber sehen §§ 123 ff UmwG eine „partielle" Gesamtrechtsnachfolge des neuen oder übernehmenden Rechtsträgers in das Vermögen des übertragenden Rechtsträgers vor.[91] Da allerdings der übertragende Rechtsträger in den Fällen der Abspaltung und der Ausgliederung nicht erlischt, sondern der Abwicklung bedarf (Rn 50 f), handelt es sich bei diesen Spaltungsvorgängen um „andere Arten der Auseinandersetzung" im Sinne des § 145 Abs. 1 (Rn 22 ff, 35).

---

[88] Ablehnend Lutter/*Lutter/Drygala* UmwG, 4. Aufl., 2008, § 3 Rn 23 mwN.

[89] So zu Recht *H. Schmidt* in: Lutter (Hrsg.), Kölner Umwandlungsrechtstage, S. 59 (68 f) mwN.

[90] Dazu *Schulze-Osterloh* ZHR 149 (1985), 614 ff.

[91] Dazu *K. Schmidt* AcP 191 (1991), 495 ff; Lutter/*Teichmann* UmwG, 4. Aufl., 2008, § 123 Rn 11 f.

Was zunächst die **Aufspaltung** nach § 123 Abs. 1 Nr. 1 UmwG betrifft, so ist sie dadurch gekennzeichnet, dass das Vermögen des übertragenden Rechtsträgers, mithin das der aufgelösten Personenhandelsgesellschaft, auf mindestens zwei – entweder bereits bestehende oder neugegründete – Rechtsträger übertragen wird. Nach §§ 131 Abs. 1 Nr. 1, 135 Abs. 1 UmwG geht das Vermögen des übertragenden Rechtsträgers als Gesamtheit und nach Maßgabe der Bestimmungen des Spaltungs- und Übernahmevertrags im Sinne des § 126 UmwG auf die übernehmenden (bzw. neuen) Rechtsträger über. Nach §§ 131 Abs. 1 Nr. 2, 135 UmwG hat dies zugleich das **liquidationslose Erlöschen** des übertragenden Rechtsträgers zur Folge. Die Anteilsinhaber des (erloschenen) übertragenden Rechtsträgers werden nach §§ 131 Abs. 1 Nr. 3, 135 UmwG entsprechend der im Spaltungs- und Übernahmevertrag vorgesehenen Aufteilung Anteilsinhaber der übernehmenden (bzw. neuen) Rechtsträger. In ihren Wirkungen entspricht damit die Aufspaltung weitgehend der Verschmelzung (Rn 45 ff). Die übernehmenden bzw. neuen Rechtsträger haften nach §§ 133, 135 UmwG für die Verbindlichkeiten des übertragenden Rechtsträgers als Gesamtschuldner;[92] demjenigen Rechtsträger, dem die fragliche Verbindlichkeit nicht zugewiesen worden ist, kommen die Enthaftungsvorschriften des § 133 Abs. 3 bis 5 UmwG zugute. Daneben haften die Gesellschafter der aufgelösten und nach §§ 131 Abs. 1 Nr. 2, 135 UmwG erloschenen Personenhandelsgesellschaft nach Maßgabe des § 159 für die Altverbindlichkeiten (s. noch § 159 Rn 10 f). **49**

Die **Abspaltung** nach § 123 Abs. 2 UmwG unterscheidet sich von der Aufspaltung (Rn 49) insbesondere dadurch, dass der übertragende Rechtsträger, mithin die aufgelöste Personenhandelsgesellschaft, nicht das gesamte Vermögen, sondern einen Teil oder mehrere Teile auf einen oder mehrere (bestehende oder neue) Rechtsträger überträgt. Im Gegenzug erhalten die Gesellschafter (als Anteilsinhaber des übertragenden Rechtsträgers) nach §§ 123 Abs. 2, 131 Abs. 1 Nr. 3, 135 UmwG Anteile oder Mitgliedschaften dieses (übernehmenden oder neuen) Rechtsträgers oder dieser (übernehmenden oder neuen) Rechtsträger. Die aufgelöste Personenhandelsgesellschaft als **übertragender Rechtsträger besteht fort** und ist hinsichtlich ihres Restvermögens abzuwickeln, sei es nach §§ 145 ff oder auf andere Art. Die Abspaltung hat also, anders als die Aufspaltung (Rn 49), nicht das liquidationslose Erlöschen zur Folge; sie ist vielmehr selbst eine andere Art der Abwicklung im Sinne des § 145 Abs. 1 (Rn 22 ff, 35). Hinsichtlich der Haftung der beteiligten Rechtsträger und der Gesellschafter bewendet es bei §§ 133, 135 UmwG, § 159 (Rn 49; § 159 Rn 10 f). **50**

Die **Ausgliederung** schließlich entspricht der Abspaltung insoweit, als auch sie **nicht** zum **liquidationslosen Erlöschen** des übertragenden Rechtsträgers führt. Wie die Abspaltung ist des Weiteren auch die Ausgliederung dadurch gekennzeichnet, dass der übertragende Rechtsträger einen Teil oder mehre Teile seines Vermögens auf einen (bestehenden oder neuen) Rechtsträger oder auf mehrere (bestehende oder neue) Rechtsträger überträgt. Anders als bei der Auf- und Abspaltung erhält allerdings nach § 123 Abs. 3 UmwG der übertragende Rechtsträger selbst die Mitgliedschafts- oder Anteilsrechte an dem aufnehmenden Rechtsträger bzw. den aufnehmenden Rechtsträgern. Zusammen mit dem nicht übertragenen Restvermögen bilden diese Mitgliedschaften das abzuwickelnde Vermögen der aufgelösten Gesellschaft. Die Abwicklung erfolgt durch Versilberung oder auf andere Art (Rn 22 ff), etwa durch Übernahme der Anteile durch die Gesellschafter. Die beteiligten Rechtsträger haften nach §§ 133, 135 UmwG, die Gesellschafter nach § 159 (Rn 49; § 159 Rn 10 f). **51**

---

[92] Zur Spaltungshaftung nach § 133 UmwG s. *Habersack* FS Bezzenberger, 2000, S. 93 ff.

VI. Abwicklung bei Eröffnung des Insolvenzverfahrens über das Vermögen der Gesellschaft

52 **1. Auflösung und Insolvenzfähigkeit der Gesellschaft.** Nach § 131 Abs. 1 Nr. 3 wird die OHG durch die Eröffnung des Insolvenzverfahrens über ihr Vermögen aufgelöst. Entsprechendes gilt nach § 161 Abs. 2 für die KG. Eine Liquidation nach §§ 145 ff findet in diesem Fall, wie § 145 Abs. 1 ausdrücklich klarstellt, nicht statt; aber auch eine andere Art der Abwicklung (Rn 22 ff) kommt nicht in Betracht. Die Gesellschaft ist vielmehr der Verwaltung durch einen Insolvenzverwalter zu unterstellen und nach Maßgabe der Vorschriften der InsO abzuwickeln (Rn 54 ff). Anderes gilt dagegen bei Eröffnung des Insolvenzverfahrens über das Vermögen eines **Gesellschafters.** Nach § 131 Abs. 3 Nr. 2 hat sie grundsätzlich das Ausscheiden des Gesellschafters zur Folge; die Gesellschaft besteht dagegen als werbende fort (§ 131 Rn 89 ff). Bestimmt dagegen der Gesellschaftsvertrag, dass die Gesellschaft aufgelöst wird, so kommt es zur Abwicklung der Gesellschaft, sei es nach §§ 145 ff oder auf andere Art (s. aber Rn 27 ff). Zur Abweisung des Antrags auf Eröffnung des Insolvenzverfahrens mangels Masse s. Rn 5; zur **Fortsetzung** der insolventen Gesellschaft s. die Erl. zu § 144; zur Geltendmachung der Gesellschafterhaftung s. § 128 Rn 70 ff.

53 OHG und KG sind nach § 11 Abs. 2 Nr. 1 InsO **insolvenzfähig** (§ 124 Rn 44). Wie der Vorgängervorschrift des § 209 KO lässt sich allerdings auch der Vorschrift des § 11 Abs. 2 Nr. 1 InsO nichts hinsichtlich der Rechtsnatur der Gesamthandsgesellschaft entnehmen. Ihr geht es vielmehr allein darum, das Gesellschaftsvermögen den Gesellschaftsgläubigern, unter Ausschluss der Privatgläubiger der Gesellschafter, haftungsrechtlich zuzuweisen.[93] Die Frage der Rechtsnatur der Personenhandelsgesellschaft beantwortet sich vielmehr nach § 124. Geht man davon aus, dass OHG und KG als solche Träger von Rechten und Pflichten sind (§ 124 Rn 3 ff), so kann dies nur bedeuten, dass die **Gesellschaft** selbst **Schuldner** im Sinne der InsO ist (§ 124 Rn 44).

2. Insolvenzverfahren und Abwicklung nach §§ 145 ff

54 **a) Ziel des Insolvenzverfahrens.** Was Voraussetzungen und Wirkungen der Eröffnung des Insolvenzverfahrens im Einzelnen betrifft, so ist auf § 131, 28 ff zu verweisen. Hier ist allein auf das Verhältnis zwischen dem Insolvenzverfahren und der Abwicklung nach §§ 145 ff einzugehen. Diesbezüglich hat sich mit Inkrafttreten der InsO (Vorb. Rn 5) eine Änderung der Rechtslage ergeben. Unter Geltung der KO war die ganz hM der Ansicht, dass es sich bei dem Konkursverfahren um ein Verfahren der Gesamtvollstreckung handelte, dem die Konkursmasse und nur diese unterlag.[94] Auf der Grundlage dieser Ansicht war mithin Raum für die Anerkennung von konkursfreiem, der Verwaltungs- und Verfügungsbefugnis des Konkursverwalters entzogenem und damit durch die Gesellschaft zu verwaltendem Vermögen;[95] an die Beendigung des Konkursverfahrens hatte sich deshalb ggf. ein Liquidationsverfahren nach §§ 145 ff anzuschließen.[96] Aber auch unabhängig von

---

[93] Begr. RegE zu § 13 InsOE (entspricht § 11 InsO), BT-Drucks. 12/2443 S. 112 f und BT-Drucks. 12/7302, S. 156.

[94] Vgl. RGZ 40, 31; RG JW 1932, 1832 (1833); BGH NJW 1966, 51; OLG Düsseldorf GmbH-Rdsch. 1995, 233; 3. Aufl. § 131, 68, 79 (*Ulmer*); 3. Aufl. § 145, 6 (*Schilling*); **aA** namentlich Schlegelberger/*K. Schmidt* Rn 67 ff; *ders.* Wege S. 70 ff, 99 ff; *ders./W. Schulz* ZIP 1982, 1015 ff.

[95] Vgl. neben den Nachw. in Fn 94 noch Jaeger/*Henckel* KO[9] § 6 Rn 18; Hachenburg/*Ulmer* GmbHG[8] § 63 Rn 78 ff; Baumbach/Hueck/*Schulze-Osterloh* GmbHG[16] § 63 Rn 45.

[96] Vgl. die Nachw. in Fn 94.

der Existenz konkursfreien Vermögens lag die Vollbeendigung der Gesellschaft außerhalb des Zwecks des Konkursverfahrens.[97] Demgegenüber bestimmt **§ 199 S. 2 InsO,** dass der Insolvenzverwalter von einem etwaigen Überschuss jedem Gesellschafter den Teil herauszugeben hat, der diesem bei einer Abwicklung außerhalb des Insolvenzverfahrens zustünde. Die Vorschrift geht demnach davon aus, dass der Insolvenzverwalter die aufgelöste Gesellschaft zum Erlöschen bringt, die Vollabwicklung mithin – anders als der Ausgleich unter den Gesellschaftern – vom Insolvenzzweck umfasst ist.[98] In § 1 Abs. 2 S. 3 der Entwurfsfassung war denn sogar noch ausdrücklich bestimmt, dass bei juristischen Personen und Gesellschaften ohne Rechtspersönlichkeit (im Sinne des § 11 Abs. 2 Nr. 1 InsO) das Insolvenzverfahren an die Stelle der gesellschafts- oder organisationsrechtlichen Abwicklung tritt.[99] Die Streichung dieser Vorschrift hatte, wie nicht zuletzt § 199 S. 2 InsO zeigt, rein redaktionelle Gründe und hat an der Ausrichtung des Gesellschaftsinsolvenzverfahrens nichts geändert. Zur masselosen Insolvenz s. Rn 5.

Hat somit das Insolvenzverfahren über das Vermögen der Gesellschaft die **Funktion** 55
eines auf Beseitigung des Rechtsträgers zielenden Liquidationsverfahrens,[100] so ist für eine Abwicklung der Gesellschaft nach §§ 145 ff, mag sie gleichzeitig mit dem Insolvenzverfahren oder nach dessen Abschluss erfolgen, grundsätzlich (s. aber Rn 56) kein Raum. Der Insolvenzverwalter hat vielmehr die Funktion[101] eines Drittliquidators.[102] Die Gesellschaft ist somit nur insoweit auf das Handeln von Liquidatoren im Sinne des § 146 angewiesen, als ihr die Rolle des Schuldners zukommt (Rn 53). – Anderes gilt bei rechtskräftiger Bestätigung eines **Insolvenzplans** gem. §§ 254 ff InsO.[103] Sie hat nach § 259 Abs. 1 InsO die Aufhebung des Insolvenzverfahrens und die Wiedererlangung der Verfügungsgewalt der Gesellschaft über ihr Vermögen zur Folge. Indes zielt der Insolvenzplan auf die Sanierung der Gesellschaft; mit seiner Bestätigung geht deshalb wohl stets die Fortsetzung der Gesellschaft nach § 144 Abs. 1 einher.

b) **Insolvenzmasse.** Dem auf die Beendigung der Gesellschaft gerichteten Ziel des In- 56
solvenzverfahrens (Rn 54 f) kommt auch im Zusammenhang mit dem Begriff der Insolvenzmasse Bedeutung zu. Nach § 35 InsO erfasst das Insolvenzverfahren das gesamte Vermögen, das dem Schuldner zur Zeit der Eröffnung des Verfahrens gehört und das er während des Verfahrens erlangt. Danach gehört also auch der **Neuerwerb** zur Insolvenzmasse. Indes war dies auch schon unter Geltung der KO anzunehmen, soweit der Neu-

---

97 Deutlich BayObLG Rpfleger 1979, 212 (214).

98 Röhricht/v. Westphalen/*v. Gerkan/Haas* Rn 14; MünchKommHGB/*K. Schmidt* Anh. § 158 Rn 41, 55; vgl. dazu auch Begr. RegE BT-Drucks. 12/2443 S. 187: „Auf die Weise wird vermieden, daß sich dem Insolvenzverfahren noch eine gesellschaftsrechtliche Liquidation anschließen muß. Maßstab für diese Verteilung sind die gesetzlichen oder vertraglichen Bestimmungen über die Aufteilung des Vermögens im Falle einer solchen Liquidation."; ferner *Balz* in: Kölner Schrift zur Insolvenzordnung (1997) S. 3 (11 f); s. aber auch BGHZ 148, 252 (257 ff) = NJW 2001, 2966; BGH NJW-RR 2002, 1198; AG Dresden ZIP 2003, 1264.

99 RegE, BT-Drucks. 12/7302 S. 5.

100 *Balz* (Fn 98); *K. Schmidt* GmbH-Rdsch. 1994, 829 (831); für das Konkursverfahren s. *dens.* (Fn 94).

101 Nicht notwendigerweise auch die Rechtsstellung; eingehend zu den diesbezüglich vertretenen Ansichten (Vertreter-, Amts- und Organtheorie) MünchKommInsO/*Graeber* § 56 Rn 142 ff; s. ferner § 146 Rn 44.

102 So bereits unter Geltung der KO *K. Schmidt* (Fn 94).

103 Zur Möglichkeit der einstweiligen Fortführung des Unternehmens durch den Insolvenzverwalter s. *Mönning* und *Lüke*, jew. in: Prütting (Hrsg.), Insolvenzrecht 1996 (1997), S. 43 ff und 67 ff; ferner Röhricht/v. Westphalen/*v. Gerkan/Haas* Rn 18.

erwerb mit den Mitteln der Masse erfolgt war, die neu erworbenen Gegenstände also an die Stelle der ursprünglichen Massegegenstände getreten waren.[104] In § 36 Abs. 2 Nr. 1 InsO ist darüber hinaus klargestellt, dass auch die Geschäftsbücher des Schuldners zur Insolvenzmasse gehören. Da die Gesellschaft als Schuldner naturgemäß kein pfändungsfreies Vermögen im Sinne des § 36 Abs. 1 InsO kennt, unterliegt somit zumindest bei Eröffnung des Insolvenzverfahrens das Gesellschaftsvermögen in seiner Gesamtheit der Verwaltungs- und Verwertungsbefugnis des Insolvenzverwalters. Vor dem Hintergrund des in § 199 S. 2 InsO zum Ausdruck gebrachten Ziels des Insolvenzverfahrens (Rn 55) sollte an sich auch nach Eröffnung des Verfahrens die Entstehung massefreien Gesellschaftsvermögens ausgeschlossen sein.[105] Der Gesetzgeber hat jedoch in § 32 Abs. 3 InsO die **Freigabe** von massezugehörigen Gegenständen zugunsten der Gesellschaft anerkannt und ist insoweit von einem seiner Regelungsziele abgewichen.[106] Man wird deshalb den Gesellschaftern auch die Befugnis, der Gesellschaft unabhängig von einem Insolvenzplan i.S.v. §§ 217 ff, 254 ff InsO zum Zwecke der Sanierung Eigenkapital zuzuführen, nicht absprechen können.

§ 146

(1) [1]Die Liquidation erfolgt, sofern sie nicht durch Beschluß der Gesellschafter oder durch den Gesellschaftsvertrag einzelnen Gesellschaftern oder anderen Personen übertragen ist, durch sämtliche Gesellschafter als Liquidatoren. [2]Mehrere Erben eines Gesellschafters haben einen gemeinsamen Vertreter zu bestellen.

(2) [1]Auf Antrag eines Beteiligten kann aus wichtigen Gründen die Ernennung von Liquidatoren durch das Gericht erfolgen, in dessen Bezirke die Gesellschaft ihren Sitz hat; das Gericht kann in einem solchen Falle Personen zu Liquidatoren ernennen, die nicht zu den Gesellschaftern gehören. [2]Als Beteiligter gilt außer den Gesellschaftern im Fall des § 135 auch der Gläubiger, durch den die Kündigung erfolgt ist. [3]Im Falle des § 145 Abs. 3 sind die Liquidatoren auf Antrag eines Beteiligten durch das Gericht zu ernennen.

(3) Ist über das Vermögen eines Gesellschafters das Insolvenzverfahren eröffnet und ist ein Insolvenzverwalter bestellt, so tritt dieser an die Stelle des Gesellschafters.

Schrifttum: Vgl. die Nachw. zu § 145.

Übersicht

[104] Eingehend dazu Jaeger/*Henckel* KO⁹ § 1 Rn 117 ff mwN; unentschieden BGH NJW 1995, 1483 (1484); ablehnend BGH ZIP 1996, 842 (844).

[105] Eingehend dazu *K. Schmidt* S. 73 f; *ders.* NJW 1993, 2833 ff; *ders./W. Schulz* ZIP 1982, 1015; zum Standpunkt der hM unter Geltung der KO s. demgegenüber Hachenburg/*Ulmer* GmbHG⁸ § 63 Rn 78 ff mwN.

[106] *Balz* (Fn 98) S. 12; *Uhlenbruck* in: Kölner Schrift (Fn 98) S. 879 (891 f).

I. Einführung

1. Inhalt und Zweck der Vorschrift. Die mit der Auflösung verbundene Änderung des Gesellschaftszwecks (§ 145 Rn 16 ff) lässt die – auf die Verwirklichung des werbenden Zwecks gerichtete – Geschäftsführungs- und Vertretungsbefugnis der Gesellschafter entfallen. Die Vorschrift des § 146 Abs. 1 S. 1 bestimmt deshalb zunächst, dass der neue Zweck der Gesellschaft, nämlich die Herbeiführung der Vollbeendigung, durch **Liquidatoren** zu verwirklichen ist; zugleich beruft sie dazu, wenn durch Gesellschaftsvertrag oder Gesellschafterbeschluss nichts anderes bestimmt wird, sämtliche Gesellschafter. Abs. 1 S. 2 hat die Auflösung der Gesellschaft durch den Tod eines Gesellschafters im Auge und bestimmt, dass mehrere Erben des verstorbenen Gesellschafters einen gemeinsamen Vertreter zu bestellen haben. Die gerichtliche Bestellung von Liquidatoren ist Gegenstand des Abs. 2. Grundsätzlich ist das Gericht nur bei Vorliegen eines wichtigen Grundes zur Ernennung von Liquidatoren befugt. Daraus erklärt sich zugleich, dass es auch Personen ernennen kann, die nicht Gesellschafter sind. Ist die Gesellschaft durch Löschung wegen Vermögenslosigkeit aufgelöst und stellt sich heraus, dass noch Vermögen vorhanden ist, so sind nach Abs. 2 S. 3 die Liquidatoren stets durch das Gericht zu ernennen. Bei Insolvenz eines Gesellschafters schließlich handelt nach Abs. 3 der Insolvenzverwalter für den Gesellschafter, sofern nicht Eigenverwaltung angeordnet ist. Die Ernennung eines zusätzlichen Liquidators kann zugleich als „Abberufung“ des bisherigen Liquidators im Sinne des § 147 anzusehen sein (§ 147 Rn 5, 9). 1

Die Vorschrift des § 146 bezweckt zum einen, die **Zuständigkeit und Verantwortung der Gesellschafter** für die Durchführung der Liquidation zu statuieren. Die Liquidation soll also grundsätzlich durch die Gesellschafter selbst oder durch von den Gesellschaftern ernannte Liquidatoren erfolgen. Zugleich schränkt § 146 diesen Grundsatz aber insoweit ein, als durch die Liquidation schutzwürdige **Interessen Dritter** betroffen sind; daraus erklären sich die Vorschriften des Abs. 2 S. 2 und 3, aber auch diejenige des Abs. 3. Durch Abs. 2 S. 1 schließlich soll sichergestellt werden, dass die Liquidation auch dann erfolgen kann, wenn eine gedeihliche Durchführung der Abwicklung durch die nach Abs. 1 S. 1 oder durch die Gesellschafter berufenen Abwickler nicht zu erwarten ist; die Vorschrift trifft also Vorsorge bei drohender **Handlungsunfähigkeit** der Gesellschaft.[1] Eine gerichtliche Abwicklung der Gesellschaft erfolgt dagegen in keinem Fall. Zur Vertretung der aufgelösten Gesellschaft durch Bevollmächtigte s. § 149 Rn 50. 2

---

[1] MünchKommHGB/*K. Schmidt* Rn 1.

3 **2. Von § 146 abweichende Vereinbarungen; Anwendungsbereich.** Abs. 2 und 3 des § 146 sollen die Durchführung der Liquidation sicherstellen und berechtigte Interessen Dritter schützen; sie enthalten deshalb zwingendes Recht. Anderes gilt dagegen für Abs. 1. Dessen S. 1 gelangt nur bei Fehlen einer abweichenden Vereinbarung durch Gesellschaftsvertrag oder Beschluss zur Anwendung, enthält also dispositives Recht.[2] Aber auch Abs. 1 S. 2 bezweckt nach zutr. Ansicht allein den Schutz der Mitgesellschafter und steht somit zu deren Disposition (Rn 22). – Die Vorschrift des § 146 findet auch bei Vereinbarung einer **„anderen Art der Auseinandersetzung"** Anwendung (§ 158 Rn 7 f; § 145 Rn 22 ff, 34). Unanwendbar ist § 146 dagegen bei liquidationslosem Erlöschen der Gesellschaft (§ 145 Rn 39 ff). In diesem Fall besteht kein Liquidationsbedarf, so dass sich auch die Ernennung von Liquidatoren erübrigt. Des Weiteren findet § 146 keine Anwendung bei Eröffnung des **Insolvenzverfahrens** über das Vermögen der Gesellschaft. Die Abwicklung der Gesellschaft erfolgt dann vielmehr durch den Insolvenzverwalter (§ 145 Rn 52 ff). Zur Anwendbarkeit auf KG und Partnerschaftsgesellschaft sowie zur Rechtslage bei der EWIV s. vor § 145 Rn 7 ff.

4 **3. Gesetzesgeschichte.** Die Vorschrift entspricht, sieht man von den im Rahmen der Insolvenzrechtsreform erfolgten Änderungen ab, im Wesentlichen derjenigen des Art. 133 ADHGB. Allein Abs. 3 ist neu in das HGB aufgenommen worden. Änderungen hat § 146 durch **Art. 40 Nr. 14 EGInsO** erfahren.[3] So ist Abs. 3 nicht nur terminologisch der InsO angepasst worden; vielmehr war auch der Tatbestand der Eigenverwaltung im Sinne der §§ 270 ff InsO zu berücksichtigen. Die neue Vorschrift des § 146 Abs. 2 S. 3 versteht sich als Folgevorschrift zu §§ 131 Abs. 2 S. 1 Nr. 2, 145 Abs. 3; sie entspricht dem – zwischenzeitlich aufgehobenen (vor § 145 Rn 5) – § 2 Abs. 3, 2. Hs. LöschG.

5 **4. Liquidation und Mitgliedschaft.** Nach § 146 Abs. 1 S. 1 erfolgt die Liquidation im Zweifel durch sämtliche Gesellschafter. Dies entspricht insoweit der in §§ 114, 125 für die werbende Gesellschaft getroffenen Regelung, als die Geschäftsführung und Vertretung auch nach Auflösung der Gesellschaft an die Mitgliedschaft gebunden ist. Soweit also die Gesellschafter an dem Grundsatz des Abs. 1 S. 1 festhalten oder diese dahingehend abbedingen, dass nur einzelne von ihnen als Liquidatoren tätig sein sollen (Rn 20), gehen die mit der Liquidatorentätigkeit verbundenen Rechte und Pflichten in der Mitgliedschaft auf. Die Liquidationsbefugnis ist in diesem Fall **mitgliedschaftliches Pflichtrecht.**[4] Als solches kann sie zwar nicht von der Mitgliedschaft abgespalten werden (§ 125 Rn 5; § 109 Rn 25 ff); von diesem Abspaltungsverbot zu unterscheiden ist freilich die Ausübung des mitgliedschaftlichen Rechts durch Dritte (Rn 10 f, 29, 46).

6 Nach Abs. 1 S. 1 haben die Gesellschafter allerdings auch die Möglichkeit, die Liquidation außenstehenden Dritten zu übertragen (Rn 20). Die gleiche Befugnis hat unter den Voraussetzungen des Abs. 2 das Gericht (Rn 39). Die Liquidatorentätigkeit ist also – insoweit in Abweichung von §§ 114, 125 (§ 125 Rn 5 ff) – nicht zwangsläufig an die

---

[2] Näher dazu *K. Schmidt* ZHR 153 (1989), 270 (290 f), der in Auseinandersetzung mit älteren Stimmen, die die Gesellschafter als „gesetzliche" Liquidatoren bezeichneten, von der „Auslegungsregel" des § 146 Abs. 1 S. 1 spricht. Indes sollte die Bezeichnung der Gesellschafter als „gesetzliche" Liquidatoren nur zum Ausdruck bringen, dass es sich bei der Zuständigkeit nach § 146 Abs. 1 S. 1 um eine Hilfszuständigkeit handelt. Auch im Rahmen des § 146 besteht deshalb kein Grund für eine von § 114 abweichende Sichtweise (s. noch Rn 8).

[3] BGBl. 1994 I, 2911 (2928); dazu bereits vor § 145 Rn 5.

[4] Zutr. MünchKommHGB/*K. Schmidt* Rn 2; s. ferner § 105 Rn 220 und § 114 Rn 17 (*Schäfer*).

Mitgliedschaft gebunden. Der für die werbende Gesellschaft geltende Grundsatz der Selbstorganschaft – verstanden im Sinne einer zwingenden Zuordnung der Organfunktionen zur Mitgliedschaft sämtlicher oder einzelner Gesellschafter – findet demnach auf die abzuwickelnde Gesellschaft keine Anwendung; die Gesellschafter haben vielmehr die **Möglichkeit der Fremdorganschaft.** Vor dem Hintergrund der mit Auflösung der Gesellschaft eingetretenen Zweckänderung (§ 145 Rn 16 ff) erscheint dies als konsequent: Sind nämlich die Interessen der Gesellschafter nicht mehr durch den ursprünglichen gemeinsamen Zweck verbunden, dominieren vielmehr die – gegenläufigen – Individualinteressen an einer möglichst hohen Liquidationsquote, so kann im Interesse einer gerechten Abwicklung die Fremdverwaltung durchaus angemessen sein. Der Gesichtspunkt der Verbandssouveränität (§ 125 Rn 5) kann schon im Hinblick auf die Pflicht zur alsbaldigen Durchführung der Liquidation (§ 145 Rn 19 ff) vernachlässigt werden.

Die Geschäftsführung und Vertretung innerhalb der aufgelösten Gesellschaft, mag sie **7** durch die Gesellschafter oder durch außenstehende Dritte erfolgen, hat **organschaftlichen Charakter.** Sie ist Ausfluss der Stellung als Liquidator. Lassen es die Gesellschafter bei dem Grundsatz des § 146 Abs. 1 S. 1 bewenden, so sind sämtliche Gesellschafter Organwalter der Gesellschaft. Denn erst das Vorhandensein von Liquidatoren verleiht der rechtsfähigen, aber handlungsunfähigen und damit auf organschaftliches Handeln angewiesenen Gesellschaft die Möglichkeit zur Teilnahme am Rechtsverkehr. Die nach Abs. 1 S. 1 zur Abwicklung berufenen Gesellschafter werden deshalb ohne Weiteres mit Auflösung der Gesellschaft Abwickler; eine Übernahme des Amtes ist nicht erforderlich. Die Gesellschafter behalten diese Stellung bis zur Beendigung der Gesellschaft, es sei denn, dass an ihrer Stelle einzelne Gesellschafter oder Dritte wirksam zu Liquidatoren bestellt werden (Rn 14, 17, 20).

II. Abwicklung durch sämtliche Gesellschafter (Abs. 1 S. 1)

1. Grundsatz. Nach Abs. 1 S. 1 erfolgt die Abwicklung der Gesellschaft, sofern nicht **8** durch Beschluss der Gesellschafter oder durch den Gesellschaftsvertrag etwas anderes bestimmt ist (Rn 15 ff), durch sämtliche Gesellschafter als Liquidatoren. Dies entspricht der Rechtslage vor Auflösung der Gesellschaft: Wie §§ 114, 125 als Regel annehmen, dass sämtliche Gesellschafter im Betriebe des Handelsgewerbes tätig und deshalb zur Geschäftsführung und Vertretung berufen sind, überträgt § 146 Abs. 1 S. 1 auch die Abwicklung der Gesamtheit der Gesellschafter. Die Gesellschafter handeln dabei „als Liquidatoren“ und damit in Ausübung ihrer Organstellung (Rn 7). Nach § 150 gilt allerdings – abweichend von §§ 115, 125 – der Grundsatz der Gesamtgeschäftsführung und -vertretung. Haben die Gesellschafter die Geschäftsführung und Vertretung der werbenden Gesellschaft abweichend von §§ 114, 125 geregelt, so bewendet es mit Auflösung gleichwohl bei dem Grundsatz des § 146 Abs. 1 S. 1. Die für die werbende Gesellschaft getroffene Vereinbarung über die Geschäftsführung und Vertretung gilt also nicht ohne weiteres auch für die abzuwickelnde Gesellschaft.[5] Die Gesellschafter können denn auch Grund haben, den Betrieb des Handelsgewerbes einem oder einigen von ihnen zu überlassen, bei der Abwicklung dagegen selbst mitzuwirken.[6] Soll dagegen die für die wer-

[5] So bereits ROHGE 7, 71; für § 68 Abs. 1 S. 2 GmbHG BGH ZIP 2009, 34 (Tz. 9 ff) mit umf. Nachw.

[6] Zur Entstehungsgeschichte dieser Regelung und zu ihren Ursprüngen im ADHGB s. MünchKommHGB/*K. Schmidt* Rn 13; *K. Schmidt* ZHR 153 (1989), 270 (290 f).

bende Gesellschaft vereinbarte Verteilung der Geschäftsführungs- und Vertretungsbefugnis auch für die Abwicklungsgesellschaft gelten, so bedarf es einer entsprechenden Bestimmung im Gesellschaftsvertrag oder eines entsprechenden Beschlusses (Rn 15 ff).

2. Kreis der Gesellschafter

9 a) **Liquidation der OHG.** Nach Abs. 1 S. 1 sind im Zweifel sämtliche Gesellschafter gleichberechtigte Liquidatoren. Jede Mitgliedschaft verkörpert demnach das Pflichtrecht, als Abwickler nach Maßgabe der §§ 145 ff tätig zu werden. Liquidatoren sind demnach auch die bislang von der Geschäftsführung oder Vertretung ausgeschlossenen Gesellschafter der OHG (zur KG s. Rn 12 f). Dies gilt auch für Gesellschafter, denen nach §§ 117, 127 die Geschäftsführungs- oder Vertretungsbefugnis entzogen worden ist,[7] mag auch die Entziehung die Auflösung der Gesellschaft herbeigeführt haben.[8] Die mit Auflösung der Gesellschaft erfolgte Zweckänderung (§ 145 Rn 16 ff) lässt die Eignung zur Geschäftsführung und Vertretung möglicherweise in einem neuen Licht erscheinen, zumal nach § 150 die Gesellschafter nur in Gemeinschaft handeln können und somit der Schutz der Mitgesellschafter weniger dringlich ist als bei Geltung der §§ 114, 125. Erscheint das Tätigwerden des betreffenden Gesellschafters gleichwohl als unzumutbar, so haben die Mitgesellschafter die Möglichkeit der Abberufung nach § 147.

10 Ist ein Gesellschafter nach Abs. 1 S. 1 zur Liquidation der Gesellschaft berufen, so geht diese Befugnis als untrennbarer Bestandteil der Mitgliedschaft auf seinen **Rechtsnachfolger** über. Die Erben des verstorbenen Gesellschafters haben das mitgliedschaftliche Recht allerdings nach Maßgabe des Abs. 1 S. 2 auszuüben (Rn 22 ff). Hat ein **Privatgläubiger** eines Gesellschafters nach § 135 gekündigt und dadurch die Auflösung der Gesellschaft herbeigeführt, so erlangt er zwar nach Abs. 2 S. 2 die Stellung eines Beteiligten (Rn 37). Abwickler ist aber der Gesellschafter, nicht der Gläubiger (s. auch Rn 19).[9] Nach § 145 Abs. 2 bedarf allein die Vereinbarung einer anderen Art der Abwicklung der Zustimmung des Gläubigers (§ 145 Rn 27 ff). Auch eine geschäftsunfähige oder in der **Geschäftsfähigkeit beschränkte** natürliche Person (s. Rn 11) als Gesellschafter ist Abwickler.[10] Die Ausübung der mitgliedschaftlichen Rechte und Pflichten als Liquidator hat allerdings durch den gesetzlichen Vertreter des Gesellschafters zu erfolgen (§ 125 Rn 29 ff).

11 **Juristische Personen** des privaten und des öffentlichen Rechts, Vorgesellschaften und **Personenhandelsgesellschaften** können Gesellschafter einer OHG oder KG sein (§ 105 Rn 93 ff; § 124 Rn 19) und sind deshalb nach Abs. 1 S. 1 im Zweifel zur Abwicklung der Gesellschaft berufen.[11] Da diese Gesellschafter allerdings auf das Handeln natürlicher Personen angewiesen sind, gilt auch für die Abwicklungsbefugnis, dass sie durch die organschaftlichen Vertreter oder Bevollmächtigten der Gesellschafter auszuüben ist

---

[7] 3. Aufl. Anm. 3 (*Schilling*); *A. Hueck* OHG § 32 IV 2 b (S. 488 Fn 23); Ebenroth/Boujong/Joost/Stohn/*Hillmann* Rn 2; Heymann/*Sonnenschein*/*Weitemeyer* Rn 2; Baumbach/*Hopt* Rn 2.

[8] So auch Baumbach/*Hopt* Rn 2.

[9] Wohl einh. M., s. Heymann/*Sonnenschein*/*Weitemeyer* Rn 2.

[10] *A. Hueck* OHG § 32 IV 2b (S. 488); MünchKommHGB/*K. Schmidt* Rn 4; Röhricht/v. Westphalen/*v. Gerkan*/*Haas* Rn 4; Ebenroth/Boujong/Joost/Strohn/*Hillmann* Rn 2; Heymann/*Sonnenschein*/*Weitemeyer* Rn 2; **aA** Baumbach/*Hopt* Rn 2.

[11] BayObLG ZIP 1994, 1767 (1768); OLG Karlsruhe JW 1925, 2017 mit Anm. *Heilbrunn*; OLG Karlsruhe JW 1925, 2338 mit Anm. *Hoeninger*; KG JW 1930, 1410; 3. Aufl. Anm. 5 (*Schilling*); MünchKommHGB/*K. Schmidt* Rn 5; Ebenroth/Boujong/Joost/Strohn/*Hillmann* Rn 2.

(§ 125 Rn 28). Abwickler sind jedoch die Gesellschafter, nicht deren organschaftliche Vertreter.[12] Entsprechendes gilt nach heute hM für die **Gesellschaft bürgerlichen Rechts** (§ 105 Rn 100; § 124 Rn 1); auch sie kann sich an einer OHG oder KG beteiligen und gehört deshalb zum Kreis der „geborenen“ Liquidatoren.[13] Eine Innengesellschaft kann dagegen unzweifelhaft weder Gesellschafter noch „geborener“ oder „gekorener“ Liquidator sein.

b) **Liquidation der KG.** Die Vorschrift des § 146 Abs. 1 S. 1 findet nach § 161 Abs. 2 auch auf die Kommanditgesellschaft Anwendung. Im Zweifel sind also sämtliche Komplementäre und Kommanditisten[14] als Liquidatoren berufen.[15] Mag auch die Vorgängerbestimmung des Art. 133 ADHGB noch ohne Blick auf die KG konzipiert worden sein,[16] so hat doch der Gesetzgeber des HGB die **Zuständigkeit sämtlicher Gesellschafter** sehenden Auges angeordnet. Für die gesetzestypische, über einen natürlichen Komplementär verfügende und nicht körperschaftlich strukturierte KG erscheint dies vor dem Hintergrund des dispositiven Charakters des Abs. 1 S. 1 (Rn 3, 15 ff) auch als angemessen. 12

Bei der **Publikums-KG** ist hingegen auch beim Fehlen einer von Abs. 1 S. 1 abweichenden Regelung im Gesellschaftsvertrag davon auszugehen, dass die Liquidation allein dem Komplementär obliegt.[17] Im Fall der Nachtragsliquidation findet § 273 Abs. 4 AktG entsprechende Anwendung (Rn 14). Handelt es sich um eine typische (personalistisch) **GmbH & Co. KG**, so bereitet die Anwendung des Abs. 1 S. 1 jedenfalls dann Probleme, wenn zwischen den Gesellschaftern der KG und denjenigen der GmbH Personenidentität besteht. Vor dem Hintergrund, dass Abs. 1 S. 1 dispositiven Charakter hat (Rn 3), bleibt allerdings auch bei Fehlen einer ausdrücklichen gesellschaftsvertraglichen Abrede Raum für die Frage, ob die Zuständigkeit sämtlicher KG-Gesellschafter dem mutmaßlichen Willen der Gesellschafter entspricht.[18] Für die Annahme einer stillschweigenden Abbedingung des Grundsatzes des Abs. 1 S. 1 kann denn auch die – im Regelfall anzutreffende – Verzahnung von GmbH- und KG-Vertrag sprechen. Sie lässt sich bei Fehlen gegenläufiger Anhaltspunkte regelmäßig dahin gehend auslegen, dass die Liquidation durch die Komplementär-GmbH erfolgen soll.[19] Die Komplementär-GmbH handelt durch ihre Geschäftsführer (Rn 11); diese haben nach § 66 Abs. 1 GmbHG zugleich die Abwicklung der GmbH zu betreiben. Von Bedeutung ist dies insbesondere bei Auflösung beider Gesellschaften nach § 131 Abs. 2 S. 1 Nr. 1 und 2, § 60 Abs. 1 Nr. 5 und 7 GmbHG, also bei Nichteröffnung des Insolvenzverfahrens mangels Masse und bei Löschung wegen Vermögenslosigkeit (§ 131 Rn 40 ff). Konsequenterweise ist dann – wie bei der Publikums-KG auch (Rn 14) – § 273 Abs. 4 AktG analog zur Anwendung zu 13

---

[12] Vgl. die Nachw. in Fn 11.

[13] Zumindest tendenziell für entsprechende Anwendung des § 146 Abs. 1 S. 2 MünchKommHGB/*K. Schmidt* Rn 5.

[14] Zur Kommanditistenfähigkeit der Gesellschaft bürgerlichen Rechts s. § 162 Abs. 1 S. 2 und dazu Röhricht/v. Westphalen/*v. Gerkan/Haas* § 162 Rn 4a.

[15] BGH WM 1982, 1170; BayObLG ZIP 1994, 1767 (1768); OLG Hamm NJW-RR 1997, 32 (33 f); NZG 2003, 627; MünchKommHGB/*K. Schmidt* Rn 14; Röhricht/v. Westphalen/*v. Gerkan/Haas* Rn 3; Heymann/*Sonnenschein/Weitemeyer* Rn 2; Baumbach/*Hopt* Rn 2; Koller/Roth/Morck/*Koller* Rn 4.

[16] So MünchKommHGB/*K. Schmidt* Rn 13 f; *K. Schmidt* ZHR 153 (1989), 270 (290 f).

[17] MünchKommHGB/*K. Schmidt* Rn 14; Röhricht/v. Westphalen/*v. Gerkan/Haas* 3a; Koller/Roth/Morck/*Koller* Rn 1.

[18] *K. Schmidt* ZHR 153 (1989), 270 (291); MünchKommHGB/*K. Schmidt* Rn 14; **aA** OLG Frankfurt/M. ZIP 1987, 1593 (1594); OLG Hamm NJW-RR 1997, 32 (33 f); Koller/Roth/Morck/*Koller* Rn 1; Ebenroth/Boujong/Joost/Strohn/*Hillmann* Rn 2.

[19] Vgl. die Nachw. in Fn 18.

bringen.[20] Kommt es hingegen zur Eröffnung des Insolvenzverfahrens über das Vermögen der KG, so erfolgt die Abwicklung durch den Insolvenzverwalter (§ 145 Rn 52 ff). Ist schließlich die GmbH & Co. KG aufgrund des Wegfalls der Komplementär-GmbH aufgelöst (§ 131 Rn 43 f), so obliegt den Kommanditisten die Abwicklung.

14 3. **Beginn und Ende des Amtes.** Erfolgt die Liquidation entsprechend dem Grundsatz des Abs. 1 S. 1 durch die Gesellschafter, so erlangen diese die Stellung eines Liquidators ohne weiteres mit Auflösung der Gesellschaft; einer besonderen Annahme des Amtes bedarf es nicht (Rn 7). Ihre Verpflichtung zur Ausübung organschaftlicher Funktionen (Rn 7) folgt dann unmittelbar aus dem Gesellschaftsvertrag. Der Vertrag bestimmt den Inhalt der Mitgliedschaft in dem Sinne, dass diese das Pflichtrecht auf Liquidatorentätigkeit verkörpert (Rn 5 ff). Ein Anspruch auf **Vergütung** besteht nur, wenn dies im Gesellschaftsvertrag oder durch Gesellschafterbeschluss bestimmt ist.[21] Vorbehaltlich einer Abberufung nach § 147 (Rn 17), der Niederlegung des Amtes (§ 147 Rn 17) oder des Todes des Gesellschafters (§ 147 Rn 16) endet das Amt erst mit Abschluss der Liquidation, d.h. mit Vollbeendigung der Gesellschaft. Stellt sich nach Löschung der Firma im Handelsregister heraus, dass die Gesellschaft noch über Vermögen verfügt, so ist sie nur scheinbar erloschen (§ 145 Rn 9, 11; § 155 Rn 34 f; § 157 Rn 10); die Gesellschafter sind dann noch Liquidatoren.[22] Anders verhält es sich bei Auflösung der Gesellschaft durch **Löschung wegen Vermögenslosigkeit.** Nach § 146 Abs. 2 S. 3 sind in diesem Fall die Liquidatoren stets durch das Gericht zu bestellen; der Grundsatz des Abs. 1 S. 1 findet keine Anwendung (Rn 42 f). Entsprechendes hat für die aus anderen Gründen aufgelöste **Publikums-KG** zu gelten. Ist ihre Abwicklung scheinbar beendet und die Schlussrechnung gelegt, so bedarf es analog § 273 Abs. 4 AktG der gerichtlichen Bestellung von Nachtragsliquidatoren, wenn sich noch Vermögen findet.[23] Zur **Kapitalgesellschaft & Co.** s. Rn 13.

III. Berufung der Abwickler durch Gesellschaftsvertrag oder Gesellschafterbeschluss (Abs. 1 S. 1)

15 1. **Grundlage der Bestellung.** Nach § 146 Abs. 1 S. 1 sind die Gesellschafter in ihrer Gesamtheit nur für den Fall zur Abwicklung berufen, dass der Gesellschaftsvertrag oder ein Gesellschafterbeschluss nicht etwas anderes bestimmt. Das Gesetz überlässt es also den Gesellschaftern (Rn 19), abweichend von Abs. 1 S. 1 zu bestimmen, dass nur einzelne

---

[20] OLG München ZIP 2002, 1249 (1250); MünchKommHGB/*K. Schmidt* Rn 14; *Riehm* NZG 2003, 1054, 1055 f (der sich allerdings generell für Anwendung des § 273 Abs. 4 AktG auf OHG und KG ausspricht); **aA** – freilich basierend auf der Annahme, § 146 Abs. 1 S. 1 sei anwendbar – OLG Hamm DB 1996, 2327; Ebenroth/Boujong/Joost/Strohn/*Hillmann* Rn 3.

[21] BGHZ 17, 299 (301) = NJW 1955, 1227; BGH WM 1967, 682; BayObLG ZIP 1994, 1767 (1770); MünchKommHGB/*K. Schmidt* Rn 9; Straube/*Torggler* Rn 6.

[22] Vgl. BGH NJW 1979, 1987; OLG Hamm NJW-RR 1997, 32 (33); BayObLG NJW-RR 1993, 359 (360); **aA** – für analoge Anwendung des § 273 Abs. 4 AktG – *Riehm* NZG 2003, 1054 (1055 f).

[23] BGHZ 155, 121 (123 ff) = NJW 2003, 2676 mit umf. Nachw.; ferner BayObLG NJW-RR 1993, 359 (360) (mit Vorbehalt für den Fall, dass der Gesellschaftsvertrag die Bestellung von Nachtragsliquidatoren regelt); BayObLG ZIP 2000, 1054 f; OLG Hamm NJW-RR 1997, 32 (33); s. aber auch OLG Hamm OLGZ 1991, 13 (17 f, 19) zur Frage der Vergütung des Liquidators bei mittelloser Gesellschaft.

Gesellschafter oder außenstehende Dritte (Rn 20) Liquidatoren sein sollen. Was zunächst die Bestimmung der Abwickler durch den Gesellschaftsvertrag betrifft, so kann diese entsprechend allgemeinen Grundsätzen im ursprünglichen Vertrag enthalten sein oder durch Änderung desselben erfolgen; letzteres ist auch noch nach Auflösung der Gesellschaft möglich. Vor diesem Hintergrund fragt sich allerdings, ob § 146 Abs. 1 S. 1 den Gesellschaftern mit dem Vorbehalt eines Gesellschafterbeschlusses eine zusätzliche, die Änderung des Gesellschaftsvertrags entbehrlich machende Möglichkeit eröffnet.[24] Dies ist mit Blick auf die Rechtsnatur der Liquidatorentätigkeit zu verneinen: Üben nämlich die Liquidatoren organschaftliche Funktion aus (Rn 7), so betrifft ihre Bestellung die – im Gesellschaftsvertrag zu regelnden – Grundlagen der Gesellschaft. Der Vorbehalt eines von Abs. 1 S. 1 abweichenden Gesellschafterbeschlusses verweist somit die Gesellschafter auf die Möglichkeit einer nachträglichen Änderung des Gesellschaftsvertrags. Dagegen eröffnet er ihnen nicht die Möglichkeit, die Liquidatoren durch gewöhnlichen (nicht vertragsändernden) Beschluss zu bestellen. Davon betroffen ist nicht nur der Fall, dass bereits der ursprüngliche Gesellschaftsvertrag eine Bestimmung über die Person der Liquidatoren enthält. Vielmehr bedarf es auch dann einer Änderung des Gesellschaftsvertrags, wenn es die Gesellschafter zunächst bei dem Grundsatz des Abs. 1 S. 1 belassen haben (§ 125 Rn 32 f, 38).

Sofern nicht der Gesellschaftsvertrag eine von Abs. 1 S. 1 abweichende Bestimmung enthält, bedarf es zur Bestellung der Liquidatoren grundsätzlich eines einstimmigen Beschlusses. Der Gesellschaftsvertrag kann zwar auch einen **Mehrheitsbeschluss** zulassen. Vor dem Hintergrund der Rechtsnatur des die Liquidatoren bestellenden Beschlusses (Rn 15) genügt eine allgemeine Mehrheitsklausel allerdings nur unter der Voraussetzung, dass sie sich auch auf Vertragsänderungen bezieht.[25] Auch in diesem Fall kann die zu ändernde gesellschaftsvertragliche Bestimmung ein **Sonderrecht** des darin zum Liquidator bestellten Gesellschafters begründen; dieses Sonderrecht kann dann ohne Zustimmung des betroffenen Gesellschafters nur aus wichtigem Grund entzogen werden.[26] Der Gesellschafter handelt grundsätzlich nicht treuwidrig, wenn er an seinem Sonderrecht festhalten will (§ 105 Rn 235). Dagegen kann ein jeder Gesellschafter aufgrund der mitgliedschaftlichen **Treupflicht** verpflichtet sein, der von den Mitgesellschaftern begehrten Berufung bestimmter Liquidatoren zuzustimmen (§ 105 Rn 239 ff). Einer auf Zustimmung gerichteten Leistungsklage (§ 105 Rn 244 f) wird zwar im Hinblick auf das Verfahren nach Abs. 2 (Rn 30 ff) das Rechtsschutzinteresse fehlen;[27] die Schadensersatzpflicht (§ 105 Rn 212, 246) bleibt davon aber unberührt. 16

Ist im Gesellschaftsvertrag die Liquidation einzelnen Gesellschaftern oder Dritten (Rn 20) übertragen, so sind damit **entsprechend § 114 Abs. 2** im Zweifel die übrigen Gesellschafter von der Abwicklung ausgeschlossen. Dies gilt auch bei Änderung einer zuvor im Gesellschaftsvertrag getroffenen Bestimmung, mit der ihrerseits der Grundsatz des Abs. 1 S. 1 abbedungen worden war. Mit der Wirksamkeit des neuen Beschlusses ist 17

---

[24] So wohl die hM, s. MünchKommHGB/*K. Schmidt* Rn 11 f; Heymann/*Sonnenschein/Weitemeyer* Rn 8; Ebenroth/Boujong/Joost/Strohn/*Hillmann* Rn 9; ausdrücklich 3. Aufl. Anm. 30 (*Schilling*).

[25] Vgl. bereits § 145 Rn 24 mN; enger 3. Aufl. Anm. 30 (*Schilling*) und MünchKommHGB/*K. Schmidt* Rn 12, jew. unter Hinweis auf OLG Karlsruhe JFG 7, 166: Klausel müsse sich auch auf die Liquidatorenbestellung beziehen. – Allg. zu Mehrheitsklauseln § 119 Rn 30 ff (*Schäfer*).

[26] Allg. dazu § 119 Rn 51 (*Schäfer*); für vorliegenden Zusammenhang MünchKommHGB/*K. Schmidt* Rn 11.

[27] So auch MünchKommHGB/*K. Schmidt* Rn 12.

die ursprüngliche Bestimmung außer Kraft gesetzt. Ist allerdings die Gesellschaft bereits aufgelöst, so geht mit der Änderung der ursprünglichen gesellschaftsvertraglichen Bestimmung die Abberufung der bisherigen Liquidatoren einher; die Wirksamkeit des Beschlusses beurteilt sich deshalb nach § 147.[28] Nach wohl hM soll die Bestimmung der Liquidatoren einem Gesellschafter oder gar einem Dritten überlassen werden können;[29] dem kann freilich aus den in § 145 Rn 25 genannten Gründen nicht gefolgt werden.

18 Der Gesellschaftsvertrag (Rn 15) kann sich nicht darauf beschränken, alle Gesellschafter von der Abwicklung auszuschließen, ohne gleichzeitig für die Durchführung der Abwicklung durch andere Personen oder für ein liquidationsloses Erlöschen der Gesellschaft (§ 145 Rn 39 ff) Sorge zu tragen.[30] Zulässig ist es zwar, bestimmte oder alle Gesellschafter von vornherein aus dem Kreis der Liquidatoren auszuschließen (Rn 17). Doch muss der Vertrag auch eine **positive Regelung** enthalten und damit die Durchführung der Liquidation sicherstellen (§ 145 Rn 19 ff). Andernfalls hat es bei dem Grundsatz des § 146 Abs. 1 S. 1 sein Bewenden. Bestimmt der Gesellschaftsvertrag, dass die Abwickler nach Auflösung der Gesellschaft durch Beschluss der Gesellschafter zu berufen sind, so bedeutet dies in keinem Fall, dass die Gesellschaft bis zur Vornahme des Beschlusses ohne Abwickler ist.[31] Auch in diesem Fall gelangt vielmehr mit Auflösung der Gesellschaft die Vorschrift des Abs. 1 S. 1 zur Anwendung, sofern nicht die Auslegung des Gesellschaftsvertrags ergibt, dass die Geschäftsführer der werbenden Gesellschaft einstweilen als Liquidatoren tätig sein sollen.

19 Sollen die Liquidatoren durch Beschluss der Gesellschafter berufen werden (Rn 15), so sind **sämtliche Gesellschafter stimmberechtigt**, also auch diejenigen, die zur Wahl anstehen. In den Fällen des Abs. 3 handelt der Insolvenzverwalter anstelle des Gesellschafters (Rn 44 ff). Der Privatgläubiger eines Gesellschafters, der nach § 135 gekündigt hat, ist zwar Beteiligter im Rahmen des gerichtlichen Ernennungsverfahrens (Rn 37); im Rahmen des gesellschaftsinternen Beschlussverfahrens hat er dagegen kein Stimmrecht (s. Rn 10). Bei einer Mehrheit von Erben fällt der Anteil in den gesamthänderisch gebundenen Nachlass (§ 131 Rn 85 ff). Das Stimmrecht kann deshalb nur gemeinschaftlich ausgeübt werden; vorbehaltlich einer abweichenden Vereinbarung der Gesellschafter bedarf es in diesem Fall keiner Bestellung eines gemeinsamen Vertreters im Sinne des Abs. 1 S. 2 (Rn 25).

20 **2. Kreis der Liquidatoren.** Nach Abs. 1 S. 1 können zunächst einzelne Gesellschafter unter gleichzeitigem Ausschluss der übrigen zu Liquidatoren bestellt werden. Die Abwicklung kann aber **auch Nichtgesellschaftern** übertragen werden (Rn 6);[32] diese können neben oder an die Stelle von Gesellschafter-Liquidatoren treten. In Betracht kommt somit namentlich die Bestellung einzelner Gläubiger zu Liquidatoren.[33] Diese können zugleich von den Beschränkungen des § 181 BGB befreit und damit zur unmittelbaren

---

[28] Zu Mehrheitsklauseln s. § 147 Rn 8.

[29] So 3. Aufl. Anm. 31 (*Schilling*); *A. Hueck* OHG § 32 IV 2 (S. 487); Straube/*Torggler* Rn 26; **aA** Schlegelberger/*Geßler* (4. Aufl.) Rn 14.

[30] 3. Aufl. Anm. 31 (*Schilling*); MünchKommHGB/*K. Schmidt* Rn 15.

[31] Zutr. 3. Aufl. Anm. 44 (*Schilling*); unentschieden Ebenroth/Boujong/Joost/Strohn/*Hillmann* Rn 9; **aA** OLG Bremen BB 1978, 275; MünchKommHGB/*K. Schmidt* Rn 11; Heymann/*Sonnenschein*/*Weitemeyer* Rn 8; Baumbach/*Hopt* Rn 4.

[32] Einh. M., s. MünchKommHGB/*K. Schmidt* Rn 11; Ebenroth/Boujong/Joost/Strohn/*Hillmann* Rn 10; Röhricht/v. Westphalen/*v. Gerkan*/*Haas* Rn 1; Baumbach/*Hopt* Rn 4; Koller/Roth/Morck/*Koller* Rn 3.

[33] Vgl. bereits ROHGE 9, 215; ferner die Nachw. in Fn 34.

Befriedigung aus dem Gesellschaftsvermögen ermächtigt werden.[34] Auch juristische Personen, Personenhandelsgesellschaften und Außengesellschaften bürgerlichen Rechts können zu Liquidatoren bestellt werden (Rn 11). Zu Liquidatoren bestellte Körperschaften und Handelsgesellschaften handeln durch ihre organschaftlichen Vertreter (Rn 11). Eine geschäftsunfähige oder in der Geschäftsfähigkeit beschränkte natürliche Person kann Gesellschafter-Liquidator sein; sie wird dann – wie unter Geltung des Grundsatzes des Abs. 1 S. 1 (Rn 10) – durch ihren gesetzlichen Vertreter vertreten. Dagegen kann eine solche Person nicht zum Drittliquidator bestellt werden.[35]

3. **Beginn und Ende des Amtes.** Was Beginn und Ende des Amtes betrifft, so ist zu unterscheiden. Ein durch Gesellschaftsvertrag oder Gesellschafterbeschluss (Rn 15) berufener Gesellschafter ist in gleicher Weise verpflichtet wie der nach Abs. 1 S. 1 berufene Gesellschafter (Rn 14). Das Recht und die Pflicht zur Ausübung des Liquidatorenamtes sind mithin Bestandteil der – durch den Gesellschaftsvertrag definierten – Mitgliedschaft (Rn 5 ff). Einer Annahme des Amtes bedarf es nicht (Rn 14).[36] Ein Anspruch auf Vergütung steht dem Gesellschafter-Liquidator grundsätzlich nicht zu (Rn 14). Dritte können nicht ohne ihre Mitwirkung zu Liquidatoren berufen werden. Es bedarf vielmehr der Kundgabe des Bestellungsaktes durch die Gesellschafter und der Erklärung des Einverständnisses durch den Dritten. Von diesem gesellschaftsrechtlichen **Bestellungsakt** zu unterscheiden ist der Abschluss eines schuldrechtlichen Vertrags zwischen der Gesellschaft und dem Dritten. Da die organschaftliche Vertretungsmacht nach § 125 infolge der Auflösung der Gesellschaft erloschen ist (Rn 8), wird die Gesellschaft bei Abschluss des Vertrags mit dem Drittliquidator durch sämtliche Gesellschafter vertreten.[37] Anderes gilt, wenn die Gesellschaft bereits über Liquidatoren verfügt und diese Vertretungsmacht haben. Bei dem Vertrag handelt es sich zumeist um einen Geschäftsbesorgungsvertrag gem. §§ 675, 611 BGB. Er verpflichtet die Gesellschaft zu einer Vergütung; § 612 BGB findet Anwendung.[38] Der Dritte wird durch den Vertrag zu Annahme und ordnungsgemäßer Ausübung des Amtes verpflichtet. Das Amt des gekorenen (Gesellschafter- oder Dritt-)Liquidators endet wie dasjenige des geborenen Liquidators entweder mit Abschluss der Liquidation oder vorzeitig, nämlich durch Abberufung nach § 147, Niederlegung oder Tod (Rn 14). Verfügt die Gesellschaft nur über einen gekorenen Liquidator, so gelangt bei dessen Wegfall der Grundsatz des Abs. 1 S. 1 zur Anwendung (Rn 8 ff), solange nicht durch Gesellschafterbeschluss (Rn 15) ein neuer Liquidator bestellt wird.[39] 21

IV. Bestellung eines gemeinsamen Vertreters (Abs. 1 S. 2)

1. **Normzweck.** Die Vorschrift des 146 Abs. 1 S. 2 bestimmt, dass mehrere Erben eines Gesellschafters einen gemeinsamen Vertreter zu bestellen haben. Sie trägt damit dem Umstand Rechnung, dass der Anteil eines verstorbenen und von mehreren Erben beerbten Gesellschafters **ungeteilt auf die Miterben** übergeht, sofern es abweichend von 22

[34] Baumbach/*Hopt* Rn 4; Heymann/*Sonnenschein/Weitemeyer* Rn 9.

[35] So auch MünchKommHGB/*K. Schmidt* Rn 4.

[36] MünchKommHGB/*K. Schmidt* Rn 9; **aA** Heymann/*Sonnenschein/Weitemeyer* Rn 10; Baumbach/*Hopt* Rn 4.

[37] So bereits 3. Aufl. Anm. 42 (*Schilling*); s. ferner MünchKommHGB/*K. Schmidt* Rn 10.

[38] Vgl. auch BayObLGZ 27, 42: Die Abwickler haben grundsätzlich keinen Anspruch auf Vorschuß auf die geschuldete Vergütung; ferner MünchKommHGB/*K. Schmidt* Rn 10; Ebenroth/Boujong/Joost/Strohn/*Hillmann* Rn 11.

[39] OLG Hamm DB 1982, 274.

§ 131 Abs. 3 S. 1 Nr. 1 infolge (s. aber Rn 23) des Todes des Gesellschafters zur Auflösung der Gesellschaft kommt (§ 131 Rn 85 ff). Nach § 2038 Abs. 1 S. 1 BGB stehen in diesem Fall die Verwaltung des Anteils im allgemeinen und die Ausübung der mitgliedschaftlichen Befugnisse im besonderen den Miterben gemeinschaftlich zu. Bei Geltung des Grundsatzes des Abs. 1 S. 1 wäre davon an sich auch die Ausübung des in der Mitgliedschaft verkörperten Pflichtrechts auf Betätigung als Liquidator betroffen. Dies aber erschien dem Gesetzgeber als unvereinbar mit dem typischerweise vorhandenem Interesse der Mitgesellschafter an alsbaldiger und reibungsloser Aufhebung der gesamthänderischen Bindung des Gesellschaftsvermögens. Das Liquidatorenamt soll deshalb nicht durch sämtliche Miterben gemeinsam, sondern durch einen eigens dazu bestellten Vertreter ausgeübt (Rn 26) werden. Daraus erhellt zugleich, dass die Vorschrift des Abs. 1 S. 2 dispositiv ist; die Gesellschafter können mit anderen Worten die Ausübung des Liquidatorenamtes durch die – nach Abs. 1 S. 1 gemeinschaftlich zu Liquidatoren berufenen – Miterben hinnehmen (s. noch Rn 23 f, 26, 28).[40]

23 2. **Anwendungsbereich.** Abs. 1 S. 2 findet zunächst in dem Fall Anwendung, dass die Gesellschaft **durch den Tod eines Gesellschafters** aufgelöst wird und der verstorbene Gesellschafter mehrere Erben hinterlässt, die den Anteil im Wege der Universalsukzession erwerben (Rn 22). Die Bestellung eines gemeinsamen Vertreters ist aber auch dann erforderlich, wenn **nach Auflösung** der Gesellschaft ein Gesellschafter stirbt und mehrere Erben hinterlässt.[41] Ist dagegen nur ein Erbe vorhanden, so gelangt Abs. 1 S. 2 nicht zur Anwendung. Ebenfalls unanwendbar ist die Vorschrift, wenn die Gesellschaft nach dem Tod eines Gesellschafters mit einer Mehrheit von Erben fortgesetzt und sodann aus einem anderen Grund aufgelöst wird. Denn in diesem Fall ist jeder Erbe Gesellschafter geworden (§ 139 Rn 45 ff), so dass nunmehr jede Mitgliedschaft das Pflichtrecht auf Ausübung des Liquidatorenamtes verkörpert. Auf die Beteiligung einer GbR an der Liquidationsgesellschaft ist Abs. 1 S. 2 unanwendbar (s. Rn 11).

24 Die Vorschrift des Abs. 1 S. 2 steht nach hM in unmittelbarem Zusammenhang mit derjenigen des Abs. 1 S. 1. Die Verpflichtung zur Bestellung eines gemeinsamen Vertreters soll deshalb nur für den Fall bestehen, dass sämtliche Gesellschafter und damit auch die Miterben nach Abs. 1 S. 1 als **„geborene" Liquidatoren** berufen sind.[42] Dem ist schon deshalb zuzustimmen, weil die Gesellschafter, wenn sie die Vorschrift des Abs. 1 S. 1 abbedingen und gleichwohl die Miterben zu („gekorenen") Liquidatoren berufen (Rn 15 ff), auch über die Ausübung der Liquidatorenbefugnisse beschließen können. Der Annahme eines gesetzlichen Anspruchs auf Bestellung eines gemeinsamen Vertreters bedarf es in diesem Fall nicht. Anderes gilt dagegen bei Vereinbarung einer **anderen Art der Abwicklung** im Sinne des § 145 Abs. 1 (§ 145 Rn 22 ff). Sie enthält als solche noch keine Vereinbarung über die Person der Liquidatoren. Insoweit bewendet es vielmehr bei Geltung des § 146 (§ 145 Rn 34). Belassen es die Gesellschafter bei dem Grundsatz des Abs. 1 S. 1, so gelangt im Zweifel auch Abs. 1 S. 2 zur Anwendung (§ 158 Rn 8).

25 Systematische Stellung und Normzweck des Abs. 1 S. 2 (Rn 22) machen deutlich, dass sich die Verpflichtung zur Bestellung eines gemeinsamen Vertreters nur auf die **Aus-**

---

40 *K. Schmidt* ZHR 153 (1989), 270 (289); Röhricht/v. Westphalen/*v. Gerkan/Haas* Rn 5.

41 Allg. M., s. MünchKommHGB/*K. Schmidt* Rn 19; Röhricht/v. Westphalen/*v. Gerkan/Haas* Rn 5; Ebenroth/Boujong/Joost/Strohn/*Hillmann* Rn 5; Heymann/*Sonnenschein/Weitemeyer* Rn 4.

42 3. Aufl. Anm. 12 (*Schilling*); Heymann/*Sonnenschein/Weitemeyer* Rn 4, 8; Baumbach/*Hopt* Rn 2.

übung des Liquidatorenamtes bezieht.[43] Die Ausübung anderer mitgliedschaftlicher Befugnisse, insbesondere die Ausübung des Stimmrechts im Zusammenhang mit einer Änderung des Gesellschaftsvertrags, wird von Abs. 1 S. 2 ebenso wenig erfasst wie das Antragsrecht nach Abs. 2 (Rn 37). Doch können die Gesellschafter hinsichtlich der Ausübung anderer mitgliedschaftlicher Befugnisse eine dem Abs. 1 S. 2 entsprechende Vereinbarung treffen. Haben die Gesellschafter die Vorschrift des Abs. 1 S. 1 abbedungen, so findet Abs. 1 S. 2 ohnehin keine Anwendung (Rn 24). Die Gesellschafter können aber auch in diesem Fall eine entsprechende Verpflichtung durch Beschluss begründen, die sich sodann auf die Ausübung des Liquidatorenamtes durch eine Mehrzahl „gekorener" Liquidatoren beschränken oder auf die Ausübung sonstiger mitgliedschaftlicher Befugnisse erstrecken kann.

3. **Stellung des Vertreters.** Die hM entnimmt der Vorschrift des Abs. 1 S. 2, dass die **26**
zur Miterbengemeinschaft verbundenen Erben nicht Liquidatoren sein können und dass statt ihrer der gemeinsame Vertreter Liquidator ist.[44] Dem steht freilich schon der auf den Schutz der Mitgesellschafter gerichtete Normzweck des Abs. 1 S. 2 (Rn 22) entgegen. Er spricht dafür, dass bei Einverständnis aller Gesellschafter auch das Liquidatorenamt durch die Miterben selbst ausgeübt werden kann (Rn 22). Vor allem aber sieht sich die hM zu einer überflüssigen Durchbrechung des Abspaltungsverbots (§ 125 Rn 5; § 109 Rn 25 ff) gezwungen. Denn zwar erlaubt Abs. 1 S. 1 die Bestellung von Drittliquidatoren und damit die Abspaltung des Liquidatorenamtes von der Mitgliedschaft. Soweit aber die Gesellschafter an dem Grundsatz des Abs. 1 S. 1 festhalten oder Gesellschafter zu „gekorenen" Liquidatoren bestellen, besteht keine Notwendigkeit zu der Annahme, dass der – im Namen der Erben handelnde (!) – Vertreter anstelle der Miterben Liquidator sei. Entsprechend der Rechtslage bei gesetzlicher Vertretung (Rn 10 f) ist vielmehr davon auszugehen, dass das Liquidatorenamt zwar den Miterben zusteht, die **Ausübung** aber einem von den Miterben zu bestellenden und in deren Namen handelnden Bevollmächtigten zu übertragen ist.[45] Ein **Verschulden** des Vertreters haben die Miterben nach Maßgabe des § 278 BGB zu vertreten. Zur Eintragung des Vertreters in das Handelsregister s. § 148 Rn 6.

4. **Bestellung des Vertreters.** Die Bestellung des gemeinsamen Vertreters erfolgt nach **27**
§§ 2038 Abs. 2 S. 1, 745 BGB durch **Mehrheitsbeschluss der Erben.** Die Erben sind auch im Verhältnis zueinander zur Mitwirkung verpflichtet.[46] Als gemeinsamer Vertreter kann jeder Miterbe, aber auch ein Dritter bestellt werden. Die Bestellung bedarf nicht der Zustimmung der übrigen Gesellschafter; bestehen gegen die Mitwirkung des Vertreters Bedenken, so kann er allerdings in entsprechender Anwendung (Rn 26) des § 147 abberufen werden.[47] Anderes gilt für den Fall, dass die Erben einen anderen Liquidator als gemeinsamen Vertreter bestellen wollen. Die damit verbundene Abweichung von dem

---

[43] Ganz hM, s. etwa 3. Aufl. Anm. 12 (*Schilling*); Ebenroth/Boujong/Joost/Strohn/*Hillmann* Rn 6; **aA** MünchKommHGB/*K. Schmidt* Rn 18, 20; *ders.* ZHR 153 (1989), 270 (289).

[44] 3. Aufl. Anm. 13 (*Schilling*); Baumbach/*Hopt* Rn 2; Straube/*Torggler* Rn 11; Koller/Roth/Morck/*Koller* Rn 4; Nachw. zur Gegenansicht s. in Fn 45.

[45] Zutr. MünchKommHGB/*K. Schmidt* Rn 17; Röhricht/v. Westpahlen/*v. Gerkan/Haas* Rn 5.

[46] 3. Aufl. Anm. 14 (*Schilling*); MünchKommHGB/*K. Schmidt* Rn 22; Ebenroth/Boujong/Joost/Strohn/*Hillmann* Rn 7.

[47] Für direkte Anwendung des § 147 3. Aufl. Anm. 19 (*Schilling*), freilich aufgrund der Prämisse, der Vertreter sei selbst Liquidator (s. dazu Rn 26).

dispositiven Recht bedarf der Zustimmung der Mitgesellschafter.[48] Der Bestellte ist zum Antritt des Amtes grundsätzlich nicht verpflichtet. Eine Verpflichtung kann allerdings aufgrund eines Auftrags oder Geschäftsbesorgungsvertrags oder einer Auflage des Erblassers bestehen;[49] in diesem Fall unterliegt der Vertreter den Weisungen der Erben nach Maßgabe des Schuldverhältnisses bzw. den Anordnungen des Erblassers.

28 Nach Abs. 1 S. 2 hat jeder Gesellschafter einen Anspruch auf Bestellung eines gemeinsamen Vertreters. Umgekehrt sind die Miterben in ihrer Eigenschaft als Mitglied der OHG **zur Bestellung eines Vertreters verpflichtet**. Die Erfüllung dieser Primärverpflichtung kann zwar schon wegen ihres unbestimmten Inhalts, aber auch aufgrund der Notwendigkeit des Zusammenwirkens der Miterben nicht erzwungen werden.[50] Kommen die Miterben ihrer Verpflichtung nicht nach und ist ihnen ein gemeinschaftliches Handeln nicht gestattet (Rn 22), so machen sie sich allerdings schadensersatzpflichtig. Zudem sind in diesem Fall die übrigen Gesellschafter auch ohne Mitwirkung der Miterben zur Vornahme aller Abwicklungshandlungen berechtigt und verpflichtet. Die Miterben als „geborene" Liquidatoren sind aufgrund der nicht ordnungsgemäßen Ausübung ihrer Befugnisse nicht an der Abwicklung der Gesellschaft beteiligt (§ 150 Rn 10); sie sind nicht „vorhanden" im Sinne des § 150 Abs. 1.[51] Die Miterben haben allerdings die Möglichkeit, noch nachträglich einen gemeinsamen Vertreter zu bestellen. Die verspätete Erfüllung ihrer Verpflichtung aus Abs. 1 S. 2 schließt sie also nicht auf Dauer von der Abwicklung aus; insbesondere findet § 323 BGB keine Anwendung.[52] Unterbleibt die Bestellung eines Vertreters, so kommt zudem die gerichtliche Bestellung eines Liquidators in Betracht.[53] Ein wichtiger Grund im Sinne des Abs. 2 S. 1 wird allerdings regelmäßig nur in dem Fall vorliegen, dass die Gesellschaft aufgrund der Untätigkeit der Erben handlungsunfähig zu werden droht.[54] Auch wenn die Erben die Bestellung eines Vertreters nachholen, bleibt der gerichtlich bestellte Liquidator bis zu seiner Abberufung nach § 147 im Amt.[55]

29 **5. Testamentsvollstreckung, Nachlassverwaltung und -insolvenz.** Ist Testamentsvollstreckung angeordnet,[56] so bedarf es keiner Bestellung eines gemeinsamen Vertreters; die mitgliedschaftlichen Rechte und damit auch die Rechte eines Liquidators werden in diesem Fall vielmehr durch den Testamentsvollstrecker nach Maßgabe der §§ 2205 ff BGB ausgeübt.[57] Entsprechendes gilt bei Anordnung von Nachlassverwaltung nach §§ 1975,

---

48 So im Ergebnis auch Baumbach/*Hopt* Rn 3, Heymann/*Sonnenschein*/*Weitemeyer* Rn 6, jew. unter Hinweis auf § 181 BGB.

49 *A. Hueck* OHG § 32 IV 2b (S. 489).

50 S. bereits RGZ 24, 381; 3. Aufl. Anm. 14 (*Schilling*); ferner Ebenroth/Boujong/Joost/Strohn/*Hillmann* Rn 7; Heymann/*Sonnenschein*/*Weitemeyer* Rn 5; Koller/Roth/Morck/*Koller* Rn 4.

51 KG WM 1962, 60; 3. Aufl. Anm. 16 (*Schilling*); MünchKommHGB/*K. Schmidt* Rn 23; Röhricht/v. Westphalen/*v. Gerkan*/*Haas* Rn 6; Ebenroth/Boujong/Joost/Strohn/*Hillmann* Rn 7; Heymann/*Sonnenschein*/*Weitemeyer* Rn 5; Koller/Roth/Morck/*Koller* Rn 4.

52 3. Aufl. Anm. 17 (*Schilling*); Heymann/*Sonnenschein*/*Weitemeyer* Rn 5.

53 *A. Hueck* OHG § 32 IV 2b (S. 489); Röhricht/v. Westphalen/*v. Gerkan*/*Haas* Rn 6; Ebenroth/Boujong/Joost/Strohn/*Hillmann* Rn 7; Heymann/*Sonnenschein*/*Weitemeyer* Rn 5; Baumbach/*Hopt* Rn 3.

54 So zu Recht MünchKommHGB/*K. Schmidt* Rn 23; Ebenroth/Boujong/Joost/Strohn/*Hillmann* Rn 7.

55 Vgl. die Nachw. in Fn 52.

56 Zur Zulässigkeit der Testamentsvollstreckung am Anteil einer aufgelösten OHG s. BGHZ 98, 48 (58) = NJW 1986, 912; § 131 Rn 57 (*Schäfer*); verkannt von Heymann/*Sonnenschein*/*Weitemeyer* Rn 6a.

57 Im Ergebnis einh. M., s. 3. Aufl. Anm. 28 (*Schilling*), *A. Hueck* OHG § 32 IV 2b (S. 489), Ebenroth/Boujong/Joost/Strohn/

1985 BGB[58] sowie bei Eröffnung des Nachlassinsolvenzverfahrens nach §§ 315 ff InsO (Rn 45). Zur Eintragung des Testamentsvollstreckers, Nachlassverwalters oder Insolvenzverwalters in das Handelsregister s. § 148 Rn 7.

V. Gerichtliche Ernennung von Abwicklern (Abs. 2)

1. Überblick. § 146 Abs. 2 S. 1 ermöglicht die gerichtliche Ernennung von Liquidatoren. Voraussetzungen sind das **Vorliegen eines wichtigen Grundes** und der Antrag eines Beteiligten; nach Abs. 2 S. 2 gilt auch der Privatgläubiger eines Gesellschafters im Sinne des § 135 als Beteiligter. Der gerichtlichen Ernennung von Liquidatoren kommt somit im Allgemeinen die Funktion zu, die zügige und reibungslose Durchführung der Liquidation auch in den Fällen zu ermöglichen, in denen ein Handeln der Gesellschafter den Eintritt dieses Erfolges nicht erwarten lässt. Ein Antrag nach Abs. 2 S. 1 kommt insbesondere in dem Fall in Betracht, dass bereits Abwickler vorhanden sind, sei es aufgrund des Abs. 1 S. 1 oder aufgrund einer davon abweichenden Vereinbarung der Gesellschafter. Der Antrag kann in diesem Fall auch auf Erweiterung der Befugnisse der vorhandenen Liquidatoren gerichtet sein (vgl. § 147 Rn 5); er kann umgekehrt mit einem Antrag **auf Abberufung nach § 147** verbunden werden. Die gerichtliche Ernennung kann aber auch erfolgen, wenn keine Abwickler vorhanden sind, etwa weil die Vorschrift des Abs. 1 S. 1 abbedungen ist und die durch den Gesellschaftsvertrag bestimmten Liquidatoren aus rechtlichen oder tatsächlichen Gründen an der Ausübung ihrer Befugnisse verhindert sind. Besonderheiten gelten bei Auflösung der Gesellschaft durch **Löschung wegen Vermögenslosigkeit.** In diesem Fall sind die zur Durchführung einer Nachtragsliquidation erforderlichen Liquidatoren nach § 146 Abs. 2 S. 3 ausschließlich durch das Gericht zu ernennen; eine Ernennung von Liquidatoren durch die Gesellschafter kommt insoweit also nicht in Betracht (Rn 42 f). Abs. 2 enthält **zwingendes Recht;** das Antragsrecht kann mithin weder ausgeschlossen noch beschränkt werden.[59] Lex specialis zu § 146 Abs. 2 ist **§ 38 Abs. 2 S. 2, 3 KWG.** Danach kann die Bundesanstalt für Finanzdienstleistungsaufsicht die Ernennung geeigneter Abwickler durch das Gericht beantragen, und zwar auch in dem Fall, dass die Auflösung nicht nach § 38 Abs. 1 S. 1 KWG, sondern durch Beschluss der Gesellschafter erfolgt ist.[60] § 146 Abs. 2 findet auch bei Vereinbarung einer **anderen Art der Abwicklung** Anwendung, nicht dagegen bei liquidationslosem Erlöschen der Gesellschaft sowie bei Eröffnung des Insolvenzverfahrens über das Vermögen der Gesellschaft (Rn 3). 30

2. Allgemeine Voraussetzungen. Voraussetzung für die gerichtliche Ernennung von Liquidatoren ist das Vorhandensein von **Liquidationsbedarf,** d.h. das Vorliegen einer aufgelösten, aber noch nicht vollbeendigten Gesellschaft.[61] Im Übrigen gilt Abs. 2 für die 31

Hillmann Rn 8; Röhricht/v. Westphalen/*v. Gerkan/Haas* Rn 7, Koller/Roth/Morck/*Koller* Rn 5, die allerdings davon ausgehen, dass der Testamentsvollstrecker selbst Liquidator ist; dagegen zu Recht MünchKommHGB/*K. Schmidt* Rn 26.

58 3. Aufl. Anm. 27 (*Schilling*); Koller/Roth/Morck/*Koller* Rn 4; **aA** BayObLG BB 1988, 791 (792 f) und DB 1991, 33 f, das freilich verkennt, dass bei Auflösung der Gesellschaft eine Sondervererbung nicht stattfindet (§ 131 Rn 85 ff).

59 3. Aufl. Anm. 62 (*Schilling*); *A. Hueck* OHG § 32 IV 2c (S. 490).

60 BayObLGZ 78, 121 = WM 1978, 1164; MünchKommHGB/*K. Schmidt* Rn 44.

61 Dazu § 145 Rn 8 ff, 11; s. ferner OLG Hamm ZIP 2007, 1905 (1906): Prüfungskompetenz des Gerichts erstreckt sich nicht auf Frage, ob Gesellschaft durch wirksame

ganze Dauer der Liquidation.[62] Ein Verfahren nach Abs. 2 kommt also auch dann noch in Betracht, wenn die Abwicklung zwar bereits eingeleitet, aber noch nicht abgeschlossen ist, etwa weil noch verteilungsfähiges Vermögen vorhanden ist. So liegt es insbesondere in den Fällen des § 145 Abs. 3 (Rn 42 f; § 145 Rn 11 f). Die Eintragung des Erlöschens der Firma nach § 157 hat nur deklaratorische Bedeutung und steht somit der gerichtlichen Ernennung nicht entgegen (§ 145 Rn 11; § 157 Rn 10). Vorbehaltlich der Fälle des § 145 Abs. 3 (Rn 30, 42 f) sind in diesem Fall allerdings die ordentlichen Liquidatoren weiter im Amt (§ 155 Rn 35), so dass es am Vorliegen eines wichtigen Grundes fehlen kann.[63]

32 Die Ernennung von Abwicklern (wie die damit etwa verbundene Aufhebung der Berufung von bereits durch den Gesellschaftsvertrag bestellten Abwicklern) kann schon **vor Auflösung** der Gesellschaft beantragt und vom Gericht mit Wirkung von der Auflösung an angeordnet werden.[64] Voraussetzung ist allerdings, dass sich im Zeitpunkt der Entscheidung die Lage bei Auflösung bereits übersehen lässt; dies wird regelmäßig nur bei unmittelbar bevorstehender Auflösung der Fall sein.[65] Die Ernennung von Abwicklern durch das Gericht kann auch nach Erhebung einer **Auflösungsklage** nach § 133 oder einer auf Feststellung der Auflösung gerichteten Klage beantragt werden; der Antrag kann unter die Voraussetzung gestellt werden, dass der Klage stattgegeben wird.[66]

33 3. **Wichtiger Grund.** Zentrale Voraussetzung für die gerichtliche Ernennung von Liquidatoren ist das Vorliegen eines wichtigen Grundes. Ein solcher ist nach dem Normzweck des Abs. 2 S. 1 (Rn 2, 30) gegeben, wenn nach den Gesamtumständen des Falles eine gedeihliche Abwicklung durch die Gesellschafter oder durch von den Gesellschaftern berufene Abwickler nicht zu erwarten ist und erhebliche Nachteile für die Gesellschaft oder einen Beteiligten (Rn 37) zu befürchten sind.[67] Der Sache nach geht es darum, einer drohenden oder bereits eingetretenen, durch die Gesellschafter nicht abzustellenden Handlungsunfähigkeit der Gesellschaft zu begegnen (Rn 2; s. ferner § 147 Rn 12). Zu beachten sind zunächst die **Belange der Gesellschaft**, wie sie sich aus dem auf Abwicklung gerichteten Zweck (§ 145 Rn 16 ff) ergeben. Maßgebend ist somit, ob die an sich berufenen Abwickler ihrer Aufgabe gewachsen sind.[68] Aber auch die besonderen Belange **eines Beteiligten** können einen wichtigen Grund bilden. Dies gilt insbesondere für das Interesse des Privatgläubigers (im Sinne des § 135, s. Rn 37) oder der Insolvenzgläubiger eines Gesellschafters (Rn 44 ff) daran, dass die Beendigung der Abwicklung und damit die Überführung des gesamthänderisch gebundenen Vermögens in das Privatvermögen ihres Schuldners nicht durch Mangel an fähigen Abwicklungskräften verzögert

---

Kündigungserklärung eines Gesellschafters aufgelöst worden ist, wenn darüber zwischen den Gesellschaftern Streit besteht; Streitentscheidung kann vielmehr nur im Zivilprozess herbeigeführt werden.

[62] KG OLGE 9, 261 (261); 43, 290 (291); Baumbach/*Hopt* Rn 5.

[63] MünchKommHGB/*K. Schmidt* Rn 29.

[64] KG HRR 39, 95; KG OLGE 43, 290; Baumbach/*Hopt* Rn 5.

[65] KG OLGE 43, 290; 3. Aufl. Anm. 50 (*Schilling*).

[66] 3. Aufl. Anm. 51 (*Schilling*); **aA** KG RJA 15, 123.

[67] Vgl. KGJ 32, A 129 (133); KG NZG 1999, 437; BayObLG OLGE 45, 52; NJW-RR 1998, 470 (471); OLG Hamm BB 1958, 497 und 1960, 918; OLG Köln BB 1989, 1432; MünchKommHGB/*K. Schmidt* Rn 30; Heymann/*Sonnenschein/Weitemeyer* Rn 12; Röhricht/v. Westphalen/*v. Gerkan/Haas* Rn 8; Ebenroth/Boujong/Joost/Strohn/*Hillmann* Rn 13; zu § 6 Abs. 6a VermG s. auch LG Berlin VIZ 2003, 382 (383).

[68] Vgl. die Nachw. in Fn 66.

oder gefährdet wird.[69] Auch die Gefährdung der Belange **eines Gesellschafters** kann die gerichtliche Ernennung rechtfertigen; im Vordergrund steht dabei das Interesse an alsbaldiger Realisierung des Anspruchs auf das Auseinandersetzungsguthaben und Rückgabe von der Gesellschaft überlassenen Gegenständen. Stets sind die Belange des Antragstellers gegen die Belange der übrigen Beteiligten, darunter namentlich der an sich berufenen Abwickler, und diejenigen der Gesellschaft abzuwägen.[70]

Der wichtige Grund kann namentlich in der **Person eines bisherigen Abwicklers** begründet sein, z.B. in dessen Verhinderung an der Durchführung der Abwicklung,[71] in der mangelhaften Führung der Geschäfte und deren Verschleppung in der Vergangenheit,[72] in dem durch Tatsachen gerechtfertigten, wenn auch nicht auf einem Verschulden der Abwickler beruhenden Misstrauen der Beteiligten in ihre Redlichkeit, Unparteilichkeit oder Fähigkeit zur Geschäftsführung,[73] in der Voranstellung persönlicher Belange vor denjenigen der Gesellschaft,[74] aber auch im Betrieb eines Konkurrenzunternehmens, sofern dadurch die Belange der Abwicklungsgesellschaft gefährdet werden. Ein **feindseliges Verhältnis zwischen mehreren Abwicklern** bildet jedenfalls dann einen wichtigen Grund, wenn eine gemeinschaftliche Tätigkeit erforderlich ist,[75] Nach Lage des Einzelfalls kann auch ein feindseliges Verhältnis zwischen einem zunächst berufenen Abwickler und einem Gesellschafter genügen,[76] ferner die Uneinigkeit der Gesellschafter oder die Uneinigkeit der Erben eines Gesellschafters, die die Bestellung eines gemeinsamen Vertreters nach Abs. 1 S. 2 verhindert, des Weiteren die große Zahl der nach Abs. 1 S. 1 oder nach dem Gesellschaftsvertrag zur Abwicklung Berufenen.[77] 34

4. **Verfahren.** Nach § 23a Abs. 1 GVG i.V.m. §§ 376 Abs. 1, 375 Nr. 1 FamFG (= § 145 Abs. 2 i.V.m. § 125 Abs. 1 FGG) ist das Amtsgericht zuständig, in dessen Bezirk die Gesellschaft ihren Sitz hat. Aus § 376 Abs. 2 FamFG (= § 145 Abs. 2 FGG) kann sich allerdings die Zuständigkeit eines anderen Amtsgerichts ergeben. Die Entscheidung erfolgt nach § 375 Nr. 1 FamFG (= § 145 Abs. 1 FGG) im **Verfahren der freiwilligen Gerichtsbarkeit**. Gem. §§ 3 Nr. 2 lit. d, 17 Nr. 2 lit. a RpflG entscheidet der Rechtspfleger; gegen seine Entscheidung ist nach § 11 Abs. 1 RpflG i.V.m. § 402 Abs. 1 FamFG (= § 19 FGG) die Beschwerde gegeben. 35

Die Entscheidung ergeht auf **Antrag**. Da es sich nicht um eine Registersache handelt, bedarf der Antrag nicht der Form des § 12 sondern derjenigen des § 25 FamFG. Der Antrag kann nach § 22 FamFG bis zum Eintritt der Unanfechtbarkeit der Verfügung über die Ernennung zurückgenommen werden;[78] danach kommt nur noch die Abberufung nach § 147 in Betracht. Die Ernennung kann unter einer Bedingung beantragt wer- 36

---

69 KGJ 32, A 129, 134 (weite Entfernung zwischen Wohnort und Gesellschaftssitz).

70 KGJ 32, A 129 (133); KG NZG 1999, 437 f.

71 Vgl. RGZ 162, 370 (377): Bevorstehender Prozeß, der ohne Änderung der Vertretungsmacht der Liquidatoren ein Insichprozeß wäre.

72 Auch als Geschäftsführer der werbenden Gesellschaft, s. 3. Aufl. Anm. 47 (*Schilling*); s. ferner OLG Hamm BB 1960, 918.

73 RG JW 1897, 291; ROHGE 9, 33; BayObLGZ 23, 193; BayObLG BB 1997, 2397, NJW-RR 1998, 470 und KG NZG 1999, 437 (jew. begründete Zweifel an der Unparteilichkeit des bisherigen Liquidators); OLG Köln BB 1989, 1432 (bisheriger Liquidator hat es unterlassen, den Gesellschaftern vor grundlegenden Entscheidungen Gelegenheit zur Stellungnahme zu geben).

74 RG Gruchot 37, 1031.

75 RG JW 1897, 290 (291); BayObLGZ 15, 52; 26, 18; KGJ 32, A 129 (135); KG NZG 1999, 437.

76 RG JW 1897, 290.

77 KGJ 32, A 129 (135).

78 BayObLG JFG 2, 183.

den.[79] Denkbar ist etwa ein Antrag für den Fall, dass einem Antrag auf Abberufung eines anderen Abwicklers stattgegeben wird.

37 **Antragsberechtigt** sind die „Beteiligten". Beteiligt und damit antragsberechtigt ist zunächst **jeder Gesellschafter**. Bei einer Mehrheit von Erben ist nach § 2038 Abs. 1 S. 2, 2. Hs. BGB jeder Miterbe zur Antragsstellung berechtigt;[80] Abs. 1 S. 2 findet insoweit keine Anwendung (Rn 25). Ist über das Vermögen eines Gesellschafters das Insolvenzverfahren eröffnet und ein Insolvenzverwalter bestellt, so übt nach Abs. 3 der Insolvenzverwalter das Antragsrecht des Gesellschafters aus (Rn 46). Entsprechendes gilt bei **Testamentsvollstreckung**, Nachlassverwaltung und Nachlassinsolvenzverfahren (Rn 29).[81] Nach Abs. 2 S. 2 gilt des Weiteren der **Privatgläubiger** eines Gesellschafters, der die Gesellschaft gem. § 135 gekündigt hat, als Beteiligter (s. dazu noch § 147 Rn 9). Das Antragsrecht des von der Pfändung betroffenen Gesellschafters (Schuldners) bleibt dadurch allerdings unberührt (s. auch Rn 10, 19). Mit Rücksicht auf den Normzweck des Abs. 2 S. 2 (Rn 2) ist der Kündigung nach § 135 die Pfändung des Anteils nach anderweit erfolgter Auflösung der Gesellschaft gleichzustellen (§ 145 Rn 28). Im Übrigen regelt Abs. 2 S. 2 die Antragsbefugnis der Gläubiger erschöpfend (§ 145 Rn 28); weitergehende Rechte bestehen allein bei Löschung wegen Vermögenslosigkeit (Rn 42 f). Ist ein Abwickler nicht vorhanden, so können die Gläubiger, wenn sie einen vollstreckbaren Titel gegen die Gesellschaft erwirken wollen, nach § 57 ZPO die Bestellung eines Prozessvertreters beantragen. Die Abwickler als solche haben kein Antragsrecht.

38 Die anderen Beteiligten (Rn 37) sind „Gegner" des Antragstellers; ihnen ist deshalb nach Maßgabe des Art. 103 Abs. 1 GG, § 34 Abs. 1 FamFG (= 146 Abs. 1 FGG) **rechtliches Gehör** zu gewähren.[82] Nach § 26 FamFG (= § 12 FGG) gilt der Grundsatz der Amtsermittlung.[83] Da das Gericht nicht als Registergericht entscheidet, kommt eine Aussetzung nur nach § 21 FamFG, nicht aber auch gemäß § 381 FamFG (= § 127 FGG) in Betracht.[84] Das Gericht entscheidet durch **Beschluss**; zu einer Änderung desselben ist das Gericht nach §§ 48, 402 FamFG (= § 18 Abs. 2, 146 Abs. 2 FGG) nicht befugt. Bei Vorliegen der Voraussetzungen des Abs. 2 ist das Gericht zum Erlass der Entscheidung verpflichtet; entgegen der missverständlichen Formulierung („kann") steht die Ernennung als solche (zum Inhalt der Entscheidung s. dagegen Rn 39) also nicht im Ermessen des Gerichts.[85] Gegen die Entscheidung des Rechtspflegers (Rn 35) ist nach § 11 Abs. 1 RpflG i.V.m. § 402 Abs. 1 FamFG (= § 146 Abs. 2 FGG) zunächst die Beschwerde gegeben. Der Beschluss unterliegt vollumfänglich, also auch hinsichtlich des Vorliegens eines wichtigen Grundes (Rn 33 f), der Überprüfung durch das Beschwerdegericht.[86] Beschwerdeberechtigt ist nach § 59 FamFG (= § 20 FGG) bei Zurückweisung des Antrags der Antragsteller, bei stattgebendem Beschluss jeder, dessen Recht durch die Verfügung

---

79 BayObLG Recht 1914 Nr. 1148; MünchKommHGB/*K. Schmidt* Rn 33.

80 3. Aufl. Anm. 49 (*Schilling*); wohl auch MünchKommHGB/*K. Schmidt* Rn 34, der allerdings auch den gemeinsamen Vertreter im Sinne des Abs. 1 S. 2 als antragsbefugt ansieht (s. dazu allg. Rn 25).

81 **AA** – gegen ein Antragsrecht des Nachlaßverwalters – BayObLG BB 1988, 791 (792 f) und DB 1991, 33 f (dazu Fn 59); wie hier dagegen *Baumbach/Hopt* Rn 5.

82 Die Anhörung sämtlicher Miterben soll „untunlich" im Sinne des § 146 Abs. 1 FGG sein können, s. MünchKommHGB/*K. Schmidt* Rn 36; dies erscheint mit Blick auf Art. 103 Abs. 1 GG als problematisch und dürfte mit Inkrafttreten des § 34 Abs. 2 FamFG überholt sein.

83 Vgl. aber auch OLG Hamm ZIP 2007, 1905, 1906 (dazu bereits Fn 61).

84 3. Aufl. Anm. 57 (*Schilling*); MünchKommHGB/*K. Schmidt* Rn 37.

85 Allg. M., s. zu § 66 GmbHG BayObLG GmbH-Rdsch. 1987, 306 (307).

86 Schlegelberger/*K. Schmidt* Rn 38 f; **aA** RG JW 1897, 290; OLG Hamm BB 1960, 1355.

beeinträchtigt wird; dies sind die „Gegner" des Antragstellers, im Fall der Abberufung nach § 147 aber auch die zunächst berufenen Abwickler (vgl. § 147 Rn 13). Gegen die Entscheidung des Beschwerdegerichts ist unter den Voraussetzungen des § 70 FamFG (und abweichend von § 27 FGG) die Rechtsbeschwerde gegeben. Im Wege der **einstweiligen Verfügung** des Prozessgerichts kann die Ernennung (und Abberufung) von Abwicklern nicht angeordnet werden;[87] hieran ist auch unter Geltung der §§ 49 ff FamFG festzuhalten.

5. Inhalt der Entscheidung. Was den Inhalt eines dem Antrag stattgebenden Beschlusses betrifft, so entscheidet das Gericht nach pflichtgemäßem, am Interesse der Gesellschaft und der Beteiligten auszurichtendem Ermessen. Das Gericht ist zwar an den Antrag gebunden; der Antrag kann jedoch, was die Person und die Zahl der Abwickler sowie die Befugnisse des zu Ernennenden betrifft, unbestimmt gehalten werden.[88] Wird also die Ernennung einer bestimmten Person beantragt, erscheint diese aber dem Gericht als ungeeignet, so ist der Antrag abzulehnen. Das Gericht kann **einen oder mehrere** Personen zu Abwicklern ernennen. Gemäß ausdrücklicher Klarstellung in Abs. 2 S. 1, 2. Hs. kann es sich dabei um Gesellschafter, aber auch um außenstehende Dritte handeln (s. Rn 20). Entsprechendes gilt hinsichtlich der **Befugnisse der Abwickler**. Das Gericht kann Einzelgeschäftsführung und -vertretung anordnen, aber auch Gesamtgeschäftsführung und -vertretung. Verfügt die Gesellschaft bereits über Liquidatoren, so kann nach § 147 Hs. 2 neben der Ernennung neuer Liquidatoren die **Abberufung** der vorhandenen beantragt werden. Das Gericht kann dann nicht nur beiden Anträgen stattgeben oder beide Anträge zurückweisen. Es kann vielmehr auch nur dem Antrag nach § 146 Abs. 2 S. 1 stattgeben und somit weitere Liquidatoren ernennen, die neben die bereits vorhandenen treten (vgl. § 147 Rn 5, aber auch § 150 Rn 8). Unzulässig ist die Ernennung von Abwicklern unter Beschränkung auf einen bestimmten Geschäftszweig.[89] 39

6. Stellung des Ernannten. Der Ernannte ist zur Übernahme des Amtes nicht verpflichtet. Es bedarf vielmehr der Erklärung des Einverständnisses des Ernannten gegenüber der Gesellschaft. Dies gilt auch für den Fall, dass der Ernannte Gesellschafter ist; im Hinblick auf das Antragsrecht eines jeden Beteiligten (Rn 37) ist für die Annahme einer auf der Treupflicht gründenden Verpflichtung zur Übernahme des Amtes kein Raum.[90] Was die Frage der **Vergütung** des Liquidators betrifft, so ist zu unterscheiden. Handelt es sich bei dem gerichtlich bestellten Abwickler um einen Gesellschafter, so hat dieser grundsätzlich keinen Anspruch auf Vergütung; anderes gilt bei entsprechender Vereinbarung 40

---

[87] Heute wohl einh. M., s. OLG Frankfurt/M. ZIP 1989, 39 (Abberufung); MünchKommHGB/*K. Schmidt* Rn 41; Baumbach/*Hopt* Rn 9; eingehend 3. Aufl. Anm. 61 (*Schilling*); s. ferner RG JW 1901, 754; OLG Dresden OLGE 5, 202.

[88] Zutr. MünchKommHGB/*K. Schmidt* Rn 35; im Ergebnis auch BayObLGZ 23, 209; 24, 58; BayObLG OLGE 42, 214; 3. Aufl. Anm. 58 f (*Schilling*); Ebenroth/Boujong/Joost/Strohn/*Hillmann* Rn 17; Röhricht/v. Westphalen/*v. Gerkan/Haas* Rn 10: keine Bindung an Antrag, es sei denn, daß der Antrag unter der Bedingung gestellt wird, dass eine bestimmte Person (und sonst niemand) ernannt wird.

[89] 3. Aufl. Anm. 59 (*Schilling*).

[90] *A. Hueck* OHG § 32 IV 2c (S. 491 mit Fn 35); MünchKommHGB/*K. Schmidt* Rn 42; Ebenroth/Boujong/Joost/Strohn/*Hillmann* Rn 18; Röhricht/v. Westphalen/*v. Gerkan/Haas* Rn 10; Baumbach/*Hopt* Rn 5; **aA** – möglicherweise Pflicht zur Übernahme des Amts aufgrund der mitgliedschaftlichen Treupflicht – 3. Aufl. Anm. 63 (*Schilling*); Heymann/*Sonnenschein/Weitemeyer* Rn 14.

der Gesellschafter (Rn 14).[91] Ein zum Abwickler bestellter Nichtgesellschafter soll nach der bislang hM einen Vergütungsanspruch nur auf der Grundlage eines zwischen ihm und der Gesellschaft geschlossenen Vertrags haben (Rn 21), der freilich durch den Gerichtsbeschluss und die Annahmeerklärung des Ernannten zustande kommen soll.[92] Dieser Ansicht liegt die an sich berechtigte Erwägung zugrunde, dass die Abgabe einer Vertragserklärung durch die Gesellschaft in den Fällen des Abs. 2 nicht ohne weiteres erwartet werden kann und somit die Durchführung der Liquidation gefährdet ist. Gleichwohl begegnet die Annahme, das Gericht könne eine vertragliche Verpflichtung der Gesellschaft begründen, dogmatischen Bedenken. Als vorzugswürdig erscheint vielmehr die **analoge Anwendung des § 265 Abs. 4 AktG.**[93] Die Gesellschafter haften zwar nach §§ 128, 159. Sie haben aber die Möglichkeit, entweder den gerichtlich bestellten Liquidator abzuberufen und einen anderen Liquidator zu ernennen (§ 147 Rn 6; s. aber auch Rn 43) oder eine vertragliche Vergütungsvereinbarung zu treffen.

41 Das Gericht kann in die Tätigkeit der von ihm ernannten Abwickler nicht eingreifen. Insbesondere ist es nicht befugt, die Arbeit der Abwickler zu überwachen oder den Abwicklern gar Weisungen zu erteilen.[94] Die gerichtlich ernannten Abwickler sind vielmehr **Organwalter** der Gesellschaft (Rn 7). Ihre Rechte und Pflichten bestimmen sich nach §§ 149 ff. Ist der Abwickler an der Ausübung seines Amtes verhindert, so ist es dem Gericht verwehrt, einen Vertreter zu bestellen; es bleibt dann nur die Abberufung nach § 147.[95]

42 **7. Löschung wegen Vermögenslosigkeit.** Nach der – durch Art. 40 Nr. 13 EGInsO eingefügten (Rn 4; Vor § 145 Rn 5) – Vorschrift des § 146 Abs. 2 S. 3 sind im Fall des § 145 Abs. 3, d.h. bei Auflösung der Kapitalgesellschaft & Co. durch Löschung wegen Vermögenslosigkeit (§ 145 Rn 11 f), die Liquidatoren auf Antrag eines Beteiligten durch das Gericht zu ernennen. Die Vorschrift bezweckt den **Schutz der Gläubiger**, die mit Blick auf das Fehlen der unbeschränkten Haftung einer natürlichen Person auf den Zugriff auf das Gesellschaftsvermögen angewiesen sind, indes nach Löschung der Gesellschaft ein Tätigwerden der Gesellschafter nicht mehr erwarten können. Dieser Normzweck spricht dafür, § 146 Abs. 2 S. 3 entsprechend anzuwenden, wenn die Kapitalgesellschaft und Co. OHG/KG **aus anderen Gründen aufgelöst** und scheinbar vollbeendigt ist und sich die Notwendigkeit einer Nachtragsliquidation ergibt.[96]

43 Die Auflösung durch Löschung wegen Vermögenslosigkeit hat das Erlöschen der Geschäftsführungs- und Vertretungsbefugnis der bisherigen Organwalter zur Folge. Abweichend von der Rechtslage im GmbH- und Aktienrecht[97] ist dies allerdings nicht auf die Löschung als solche, sondern auf die mit der Löschung verbundene Auflösung zurückzuführen (Rn 8). Die Vorschrift des Abs. 1 S. 1 findet keine Anwendung. Die Gesellschaft verfügt mithin weder über „geborene" Liquidatoren noch über durch die Gesellschafter

---

91 So auch *A. Hueck* OHG § 32 IV 2c (S. 491); MünchKommHGB/*K. Schmidt* Rn 43; Heymann/*Sonnenschein*/*Weitemeyer* Rn 15.

92 3. Aufl. Anm. 68 (*Schilling*); *A. Hueck* OHG § 32 IV 2c (S. 491); Ebenroth/Boujong/Joost/Strohn/*Hillmann* Rn 18; Baumbach/*Hopt* Rn 7.

93 So zu Recht MünchKommHGB/*K. Schmidt* Rn 43.

94 RGZ 12, 32; RG LZ 1913, 212; Heymann/*Sonnenschein*/*Weitemeyer* Rn 14; Baumbach/*Hopt* Rn 7.

95 KG RJA 15, 127; Baumbach/*Hopt* Rn 7.

96 So auch die hM zu § 2 Abs. 3 LöschG a.F, s. BGHZ 53, 264 (267) = NJW 1970, 1044; BGH NJW 1985, 2479; Hachenburg/*Ulmer* GmbHG[8] Anh. § 60 Rn 43 mwN.

97 Vgl. BayObLG GmbH-Rdsch. 1994, 189; BayObLG ZIP 1998, 421 (422).

ernannte Liquidatoren. Die Bestellung (und Abberufung, s. § 147 Rn 6) von Liquidatoren liegt vielmehr in der ausschließlichen Zuständigkeit des Registergerichts.[98] Das Gericht kann Gesellschafter, aber auch außenstehende Dritte ernennen (Rn 39). Auch im Fall des § 145 Abs. 3 wird das Gericht nur auf Antrag eines Beteiligten tätig. Mit Blick auf den Normzweck des Abs. 2 S. 3 (Rn 42) wird man aber – abweichend von der Rechtslage nach Abs. 2 S. 1 und 2 (Rn 37) – auch die **Gesellschaftsgläubiger** und sonstige Dritte, zu deren Gunsten Liquidationsmaßnahmen durchzuführen sind, als Beteiligte und damit als **antragsberechtigt** ansehen müssen.[99]

VI. Insolvenzverfahren über das Vermögen eines Gesellschafters (Abs. 3)

1. Insolvenzrechtliche Ausgangslage. Ist über das Vermögen eines Gesellschafters das Insolvenzverfahren eröffnet, so ist die Mitgliedschaft in der aufgelösten Gesellschaft Bestandteil der **Insolvenzmasse** im Sinne des § 35 InsO. Sofern nicht Eigenverwaltung im Sinne der §§ 270 ff InsO angeordnet ist, geht deshalb nach § 80 InsO die Verwaltungs- und Verfügungsbefugnis hinsichtlich der Mitgliedschaft auf den Insolvenzverwalter über. Konsequenterweise bestimmt § 146 Abs. 3, dass der Insolvenzverwalter „an die Stelle des Gesellschafters tritt". Was die Rechtsnatur des Amtes des Insolvenzverwalters betrifft, so hat sich die InsO einer Stellungnahme enthalten. Für die Praxis hat es deshalb bei der sog. „Amtstheorie" zu bewenden, der zufolge der Insolvenzverwalter als im eigenen Namen handelnder Amtstreuhänder auftritt.[100] Doch folgt daraus keineswegs, dass der Insolvenzverwalter selbst Liquidator ist (Rn 46). 44

2. Anwendungsbereich. Abs. 3 hat den – mit Blick auf § 131 Abs. 3 Nr. 2 atypischen – Fall im Auge, dass die Gesellschaft durch die Eröffnung des Insolvenzverfahrens über das Vermögen eines Gesellschafters aufgelöst wird. Die Vorschrift findet jedoch auch dann Anwendung, wenn die Gesellschaft aus einem anderen Grund aufgelöst und sodann das Insolvenzverfahren über das Vermögen eines Gesellschafters eröffnet wird.[101] Des Weiteren ist Abs. 3 bei Eröffnung des **Nachlassinsolvenzverfahrens** anwendbar,[102] sollte es in diesem Fall zur Auflösung der Gesellschaft kommen (§ 131 Rn 88). – Testamentsvollstrecker und Nachlassverwalter üben die mitgliedschaftlichen Befugnisse nach Maßgabe der erbrechtlichen Bestimmungen aus (Rn 29 Rn 37); im Ergebnis entspricht dies der Rechtslage nach Abs. 3.[103] Der Privatgläubiger im Sinne des § 135 hat den Status eines antragsberechtigten Beteiligten (Rn 37; s. ferner § 145 Rn 27 ff); die Ausübung der mitgliedschaftlichen Befugnisse erfolgt aber weiterhin durch den Gesellschafter. Zur Rechtslage bei Eröffnung des Insolvenzverfahrens über das Vermögen der Gesellschaft s. § 145 Rn 52 ff. 45

---

[98] Ebenroth/Boujong/Joost/Strohn/*Hillmann* Rn 19; zu § 2 Abs. 3 LöschG a.F. BayObLG ZIP 1998, 421 (422); Hachenburg/*Ulmer* GmbHG[8] Anh. § 60 Rn 43.

[99] Ebenroth/Boujong/Joost/Strohn/*Hillmann* Rn 19; zu § 2 Abs. 3 LöschG a.F. auch Hachenburg/*Ulmer* GmbHG[8] Anh. § 60 Rn 44; Scholz/*K. Schmidt* GmbHG[8] § 74 Rn 22.

[100] Näher MünchKommInsO/*Graeber* § 56 Rn 148.

[101] Wohl einh. M., s. MünchKommHGB/*K. Schmidt* Rn 47; Röhricht/v. Westphalen/*v. Gerkan/Haas* Rn 12; s. ferner Rn 23 zur entsprechenden Frage im Zusammenhang mit § 146 Abs. 1 S. 2.

[102] 3. Aufl. Anm. 7, 27 (*Schilling*); MünchKommHGB/*K. Schmidt* Rn 48; Röhricht/v. Westphalen/*v. Gerkan/Haas* Rn 12; Baumbach/*Hopt* Rn 2.

[103] So auch MünchKommHGB/*K. Schmidt* Rn 50; s. ferner Baumbach/*Hopt* Rn 2.

46 **3. Rechtsfolgen.** Die Vorschrift des Abs. 3 ist deklaratorischer Natur: Der Gesellschafter bleibt zwar Inhaber der Mitgliedschaft und der in ihr verkörperten Mitgliedschaftsrechte und -pflichten. Die **Ausübung des Amtes als Liquidator** ist jedoch Sache des Insolvenzverwalters (Rn 44; s. ferner Rn 10 f, 29);[104] Abs. 3 gelangt deshalb nur unter der Voraussetzung zur Anwendung, dass der insolvente Gesellschafter Liquidator ist. Was die Ausübung der **sonstigen mitgliedschaftlichen Rechte** betrifft, so enthält § 146 Abs. 3 keine Regelung. Insoweit bewendet es freilich bei § 80 InsO; insbesondere das Stimmrecht und das Antragsrecht nach Abs. 2 unterliegen danach der Verwaltungs- und Ausübungsbefugnis des Insolvenzverwalters.[105] Zur Eintragung des Insolvenzverwalters in das Handelsregister s. § 148 Rn 7.

§ 147

Die Abberufung von Liquidatoren geschieht durch einstimmigen Beschluß der nach § 146 Abs. 2 und 3 Beteiligten; sie kann auf Antrag eines Beteiligten aus wichtigen Gründen auch durch das Gericht erfolgen.

Schrifttum: Vgl. die Nachw. zu § 145.

Übersicht

I. Einführung

1 **1. Inhalt und Zweck der Vorschrift.** Die Vorschrift des § 147 regelt die Abberufung der Liquidatoren. Grundsätzlich hat die Abberufung durch Beschluss der Gesellschafter zu erfolgen. Dies entspricht der Regelung in § 146 Abs. 1, wonach auch die Ernennung der Liquidatoren Sache der Gesellschafter ist, sei es, dass sie es bei dem Grundsatz des

---

[104] So auch MünchKommHGB/*K. Schmidt* Rn 45; **aA** die hM, der zufolge der Insolvenzverwalter Liquidator ist, s. 3. Aufl. Anm. 7 (*Schilling*); *A. Hueck* OHG § 32 IV 2b (S. 489); Baumbach/*Hopt* Rn 2; wohl auch BGH NJW 1981, 822 („wenn der Gesellschafter zu den Liquidatoren gehören würde").

[105] MünchKommHGB/*K. Schmidt* Rn 45, 52; insoweit zutr. auch BGH NJW 1981, 822 f.

§ 146 Abs. 1 S. 1 bewenden lassen oder diesen abbedingen (§ 146 Rn 8 ff, 15 ff). Hat ein Privatgläubiger eines Gesellschafters nach § 135 gekündigt oder ist über das Vermögen eines Gesellschafters das Insolvenzverfahren eröffnet worden, so sind der Gläubiger und der Insolvenzverwalter an dem Abberufungsbeschluss zu beteiligen. Bei Vorliegen eines wichtigen Grundes kann nach § 147 Hs. 2 ein jeder Beteiligter die Abberufung durch das Gericht beantragen. Dies entspricht dem Antragsrecht nach § 146 Abs. 2 S. 1. Die Vorschrift des § 147 findet auch bei Vereinbarung einer **anderen Art der Abwicklung** Anwendung (§ 145 Rn 34; § 158 Rn 7); im Fall eines liquidationslosen Erlöschens der Gesellschaft ist sie demgegenüber gegenstandslos (§ 145 Rn 39 ff).

Ebenso wie § 146 bezweckt auch § 147, die grundsätzliche **Zuständigkeit der Gesellschafter** für die Durchführung der Liquidation zu statuieren (§ 146 Rn 2). Auch § 147 schränkt diesen Grundsatz aber insoweit ein, als durch die Liquidation **schutzwürdige Interessen Dritter** betroffen sind. Daraus erklärt sich, dass Privatgläubiger und Insolvenzverwalter an dem Abberufungsbeschluss zu beteiligen sind und zudem das Antragsrecht nach § 147 Hs. 2 haben. – Die Vorschrift des § 147 entspricht derjenigen des Art. 134 ADHGB. Sie hat bislang keine Änderung erfahren. Die Einfügung des **§ 146 Abs. 2 S. 3** (§ 146 Rn 42 f) strahlt freilich insoweit auf § 147 aus, als die Abberufung eines nach dieser Vorschrift ernannten Liquidators allein durch das Gericht erfolgen kann (Rn 6). 2

2. Von § 147 abweichende Vereinbarungen. Die Vorschrift enthält sowohl zwingendes als auch dispositives Recht. Unabdingbar ist zunächst die Beteiligung des Privatgläubigers und des Insolvenzverwalters; die Gesellschafter können also nicht bestimmen, dass die Abberufung ohne Mitwirkung der übrigen Beteiligten erfolgt. Ebenfalls unabdingbar ist das Antragsrecht nach § 147 Hs. 2.[1] Dispositiven Charakter hat dagegen die in § 147 Hs. 1 vorgesehene Möglichkeit der ordentlichen Abberufung. So können die Gesellschafter nicht nur das Einstimmigkeitserfordernis abbedingen und die Abberufung durch Mehrheitsbeschluss zulassen.[2] Sie haben vielmehr auch die Möglichkeit, das ordentliche Abberufungsrecht gänzlich auszuschließen.[3] Der Gesellschaftsvertrag kann des Weiteren die außerordentliche Abberufung durch Mehrheitsbeschluss vorsehen; das Antragsrecht nach § 147 Hs. 2 wird dadurch freilich nicht berührt. Entsprechende gesellschaftsvertragliche Regelungen wirken auch gegenüber den anderen Beteiligten, d.h. gegenüber dem Privatgläubiger im Sinne des § 135 und dem Insolvenzverwalter; auch sie haben also den Ausschluss des ordentlichen Abberufungsrechts und die Einführung von Mehrheitsklauseln hinzunehmen (vgl. § 145 Rn 30).[4] Ein nach § 146 Abs. 2 gerichtlich bestellter Liquidator kann allerdings nur mit Zustimmung dessen, der die Ernennung beantragt hat, abberufen werden.[5] Von der gesellschaftsvertraglichen Abbedingung des § 147 Hs. 1 zu unterscheiden ist der **Verzicht** auf die Abberufung eines bestimmten Liquidators. Er ist 3

---

1 3. Aufl. Anm. 15 (*Schilling*); MünchKommHGB/*K. Schmidt* Rn 19; Ebenroth/Boujong/Joost/Strohn/*Hillmann* Rn 3; Baumbach/*Hopt* Rn 1.

2 Heute wohl einh. M., s. 3. Aufl. Anm. 7 (*Schilling*); *A. Hueck* OHG § 32 IV 3c (S. 492); MünchKommHGB/*K. Schmidt* Rn 15; Ebenroth/Boujong/Joost/Strohn/*Hillmann* Rn 3; Röhricht/v. Westphalen/*v. Gerkan/Haas* Rn 5; Baumbach/*Hopt* Rn 1; **aA** noch Schlegelberger/*Geßler* (4. Aufl.) § 146 Rn 1, 2.

3 MünchKommHGB/*K. Schmidt* Rn 15; Ebenroth/Boujong/Joost/Strohn/*Hillmann* Rn 3; Röhricht/v. Westphalen/*v. Gerkan/Haas* Rn 5; enger (Vereinbarung aller Beteiligten erforderlich, dazu sogleich im Text) noch 3. Aufl. Anm. 13 (*Schilling*); ebenso Heymann/*Sonnenschein/Weitemeyer* Rn 4.

4 **AA** offensichtlich 3. Aufl. Anm. 13 (*Schilling*); Heymann/*Sonnenschein/Weitemeyer* Rn 4.

5 MünchKommHGB/*K. Schmidt* Rn 15; Ebenroth/Boujong/Joost/Strohn/*Hillmann* Rn 3; Baumbach/*Hopt* Rn 1; *A. Hueck* OHG § 32 IV 3c (S. 492).

möglich, soweit es um die ordentliche Abberufung geht, bedarf dann allerdings der Mitwirkung aller Beteiligten, denen nach der – gesellschaftsvertraglich nicht abbedungenen – Vorschrift des § 147 Hs. 1 an sich das Recht auf Abberufung zusteht.[6] Fehlt es an der Verzichtserklärung eines Beteiligten, so haben die Verzichtswilligen freilich immer noch die Möglichkeit, die ordentliche Abberufung abzulehnen; demjenigen, der nicht verzichtet hat, bleibt dann nur das Antragsrecht nach § 147 Hs. 2. Ein **Sonderrecht** auf Betätigung als Liquidator schließlich kann gegen den Willen des Berechtigten nur aus wichtigem Grund entzogen werden (§ 146 Rn 16).

4 3. **Anwendungsbereich.** Die Vorschrift findet auf OHG, KG, Partnerschaft und EWIV Anwendung (vor § 145 Rn 7 ff). Voraussetzung ist, dass die Gesellschaft **aufgelöst, aber nicht vollbeendigt** ist. Mit Vollbeendigung der Gesellschaft ist das Amt des Liquidators beendet; für die Abberufung nach § 147 ist dann kein Raum mehr. Am Eintritt der Vollbeendigung fehlt es aber, wenn die Gesellschaft noch über verteilungsfähiges Vermögen verfügt (§ 145 Rn 8 f).[7] Bei Liquidation einer **Kapitalgesellschaft & Co.** (§ 146 Rn 13) gilt § 147 für die Abberufung der OHG- bzw. KG-Liquidatoren. Die Abberufung der Liquidatoren der Kapitalgesellschaft richtet sich dagegen nach §§ 265 AktG, 66 GmbHG.

II. Gegenstand der Vorschrift

5 1. **Abberufung.** Die Vorschrift handelt von der Abberufung von Liquidatoren. Darunter ist zunächst die **Beendigung des Liquidatorenamtes** durch Beschluss der Beteiligten oder durch gerichtliche Anordnung zu verstehen. Sie kann mit einer Neuberufung nach § 146 Abs. 1 und 2 verbunden sein (§ 146 Rn 39). Abberufung im Sinne des § 147 ist aber auch die **Beschränkung der Liquidatorenrechte.**[8] In Betracht kommt etwa die Ersetzung der Befugnis zum Alleinhandeln durch das bloße Recht zum gemeinsamen Handeln aller oder mehrerer Abwickler (s. noch § 150 Rn 8).[9] Soll zusätzlich zu den bereits vorhandenen Abwicklern ein weiterer Abwickler ernannt werden und haben es die Gesellschafter bei dem Grundsatz der Gesamtgeschäftsführung und -vertretung bewenden lassen (§ 150 Rn 3 ff, 10 ff), so geht mit der Neuberufung zwar gleichfalls eine Beschränkung der Befugnisse der bisherigen Abwickler einher; verfahrensrechtlich liegt in diesem Fall allerdings lediglich eine Ernennung im Sinne des § 146 Abs. 1 und 2 vor. Die Abberufung im Sinne des § 147 ist nur möglich, solange das Amt des Liquidators nicht durch Vollbeendigung der Gesellschaft oder aus einem anderen Grund (Rn 16 ff) beendet ist (Rn 4).

6 2. **Liquidator.** Alle Abwickler können abberufen werden, mag ihre Ernennung auf § 146 Abs. 1 S. 1 (§ 146 Rn 8 ff), auf Gesellschaftsvertrag oder Beschluss (§ 146 Rn 15 ff) oder auf gerichtlicher Ernennung gem. § 146 Abs. 2 (§ 146 Rn 30 ff) beruhen. Auch was den Modus der Abberufung betrifft, kommt es auf die Grundlage der Ernennung nicht

---

[6] Insoweit zutr. 3. Aufl. Anm. 13 (*Schilling*); Heymann/*Sonnenschein*/*Weitemeyer* Rn 4.

[7] Vgl. dazu auch KG OLGE 9, 261 (262): Veräußerung des Unternehmens einschließlich Firma schließt Abberufung nicht aus, wenn noch Erlös zu verteilen ist.

[8] 3. Aufl. Anm. 2 (*Schilling*); MünchKommHGB/*K. Schmidt* Rn 7; Ebenroth/Boujong/Joost/Strohn/*Hillmann* Rn 2; Heymann/*Sonnenschein*/*Weitemeyer* Rn 2; Röhricht/v. Westphalen/*v. Gerkan*/*Haas* Rn 4.

[9] Dazu ROHGE 20, 11; 21, 142.

an. Es kann also ein nach § 146 Abs. 1 berufener Abwickler durch das Gericht, ein nach § 146 Abs. 2 durch das Gericht ernannter Abwickler durch Beschluss der Gesellschafter nach § 147 Hs. 1 abberufen werden. Anderes gilt allerdings bei Auflösung der Gesellschaft durch **Löschung wegen Vermögenslosigkeit.** Kommt es in diesem Fall zur Abwicklung nach § 145 Abs. 3, so ist nach § 146 Abs. 2 S. 3 nicht nur die Ernennung des Abwicklers Sache des Gerichts (§ 146 Rn 42 f); aus § 146 Abs. 2 S. 3 folgt vielmehr, dass auch die Abberufung ausschließlich durch das Gericht erfolgt. Während allerdings die Ernennung unabhängig vom Vorliegen eines wichtigen Grunds erfolgt, wird man für die Abberufung das Vorliegen eines solchen Grunds verlangen müssen. Die Abberufung des nach § 146 Abs. 2 S. 3 ernannten Liquidators kann mit anderen Worten ausschließlich nach § 147 Hs. 2 erfolgen.[10]

Die Abberufung zielt auf die Entziehung organschaftlicher Befugnisse (§ 146 Rn 7). **7**
Sie ist deshalb gegen den Liquidator gerichtet, nicht gegen seinen Vertreter oder Organwalter (§ 146 Rn 10 f). Ist also ein minderjähriger Gesellschafter Liquidator, so kann nur er abberufen werden (§ 146 Rn 10). Entsprechend verhält es sich, wenn Liquidator eine Gesellschaft ist (§ 146 Rn 11). In beiden Fällen kann zwar das Verhalten des gesetzlichen Vertreters bzw. Organwalters Anlass für die Abberufung sein; doch ändert dies nichts daran, dass § 147 auf die Entfernung des Amtsinhabers gerichtet ist.[11] Es ist eine Frage des Innenverhältnisses zwischen Gesellschafter bzw. Liquidator und Organwalter, ob letzterer nach den maßgebenden Vorschriften etwa des Aktien- oder GmbH-Rechts abberufen werden kann, so dass möglicherweise der Grund für die Abberufung des Liquidators entfällt. Auch in den Fällen, in denen das Amt des Liquidators durch einen **Insolvenzverwalter, Nachlassverwalter** oder **Testamentsvollstrecker** ausgeübt wird (§ 146 Rn 29, 44 ff), richtet sich das Abberufungsverfahren allein gegen den Liquidator und damit gegen den Gesellschafter;[12] der Insolvenzverwalter ist dagegen ebensowenig Liquidator wie der Testamentsvollstrecker oder der Nachlassverwalter. Was schließlich den **gemeinsamen Vertreter** im Sinne des § 146 Abs. 1 S. 2 betrifft (§ 146 Rn 22 ff), so kann er zwar in entsprechender Anwendung des § 147 abberufen werden (§ 146 Rn 27).[13] Liquidatoren sind allerdings die in Erbengemeinschaft handelnden Miterben; nur ihre Abberufung ist Gegenstand des § 147. Mit erfolgter Abberufung entfällt auch die Grundlage für das Handeln ihres Vertreters. Die Abberufung des Vertreters durch die Miterben erfolgt dagegen – ebenso wie die Bestellung (§ 146 Rn 27) – nach Maßgabe der §§ 2038 Abs. 2 S. 1, 745 BGB und damit durch Beschluss der Miterben.

III. Abberufung durch Beschluss der Beteiligten

1. Beschlusserfordernis. Nach § 147 Hs. 1 können die Liquidatoren (Rn 7) **jederzeit** **8**
und ohne Angabe von Gründen durch Beschluss der Beteiligten (Rn 9) abberufen werden. Erforderlich ist ein einstimmiger Beschluss der Beteiligten. Doch ist § 147 Hs. 1 weitgehend dispositiv (Rn 3). Der Gesellschaftsvertrag kann nicht nur die ordentliche

---

[10] Zust. Ebenroth/Boujong/Joost/Strohn/*Hillmann* Rn 4.

[11] MünchKommHGB/*K. Schmidt* Rn 1.

[12] MünchKommHGB/*K. Schmidt* Rn 1; Koller/Roth/Morck/*Koller* Rn 2; **aA** die hM, die davon ausgeht, dass der Verwalter selbst Liquidator sei, etwa 3. Aufl. Anm. 5 (*Schilling*); Heymann/*Sonnenschein*/*Weitemeyer* Rn 3; Ebenroth/Boujong/Joost/Strohn/*Hillmann* Rn 2.

[13] **AA** die hM, der zufolge der gemeinsame Vertreter selbst Liquidator ist, s. § 146 Rn 26; ferner *Heymann*/*Sonnenschein*/*Weitemeyer* Rn 3.

Abberufung ausschließen oder erschweren, etwa an das Vorliegen eines wichtigen Grundes binden; er kann vielmehr auch einen Mehrheitsbeschluss zulassen. Fehlt es an einer entsprechenden gesellschaftsvertraglichen Bestimmung, so bedarf es allerdings auch dann eines einstimmigen Beschlusses, wenn die Ernennung durch das Gericht oder durch Mehrheitsbeschluss erfolgt ist. Im zuletzt genannten Fall ist die Zustimmung des Liquidators nur erforderlich, wenn ihm ein Sonderrecht auf Betätigung als Liquidator zusteht (Rn 3). Ein gerichtlich ernannter Liquidator kann nur mit Zustimmung des Antragstellers abberufen werden (Rn 3). Im Fall der §§ 145 Abs. 3, 146 Abs. 2 S. 3 schließlich kann die Abberufung nur durch das Gericht erfolgen (Rn 6).

9 2. **Beteiligte.** Erforderlich ist ein Beschluss der „nach § 146 Abs. 2 und 3 Beteiligten".[14] Dies sind neben den Gesellschaftern der Privatgläubiger im Sinne des § 135 und der Insolvenzverwalter, ferner Nachlassverwalter und Testamentsvollstrecker. Was zunächst den **Privatgläubiger** betrifft, so ist seine Mitwirkung an der Abberufung (Rn 5) neben derjenigen des Gesellschafters erforderlich (§ 146 Rn 37). Der **Insolvenzverwalter** übt dagegen das in der Mitgliedschaft des insolventen Gesellschafters verkörperte Amt des Liquidators und die sonstigen mitgliedschaftlichen Befugnisse aus; für eine Mitwirkung des Gesellschafters ist deshalb kein Raum (§ 146 Rn 44 ff). Entsprechendes gilt für den **Testamentsvollstrecker** und den **Nachlassverwalter** (§ 146 Rn 29, 37). Das Erfordernis der Mitwirkung aller Beteiligten ist zwingend (Rn 3); die Beteiligten haben jedoch eine Mehrheitsklausel ebenso hinzunehmen wie den Ausschluss oder die Beschränkung der ordentlichen Abberufung (Rn 3). Hinterlässt ein Gesellschafter **mehrere Erben**, so sind diese in ihrer Gesamtheit Gesellschafter (§ 146 Rn 22). Haben die Miterben einen gemeinsamen Vertreter im Sinne des § 146 Abs. 1 S. 2 ernannt (§ 146 Rn 22 ff), so übt dieser lediglich das Amt des Liquidators aus (§ 146 Rn 25). An der Beschlussfassung nach § 147 Hs. 1 nehmen deshalb die Miterben teil. Sie haben das ungeteilte Stimmrecht des von ihnen gehaltenen Anteils gemeinschaftlich auszuüben; im Innenverhältnis erfolgt die Willensbildung nach §§ 2038 Abs. 2 S. 1, 745 BGB. Der Gesellschaftsvertrag kann allerdings auch die Ausübung des Stimmrechts von der Ernennung eines gemeinsamen Vertreters abhängig machen (§ 146 Rn 25). Soll ein Beteiligter abberufen werden, so darf er mitstimmen.[15] Anderes gilt bei Abberufung aus wichtigem Grund (Rn 3).[16]

10 3. **Erklärung der Abberufung.** Wie die Ernennung (§ 146 Rn 21) setzt auch die Abberufung voraus, dass sie dem Liquidator gegenüber erklärt wird.[17] Die Erklärung hat durch den organschaftlichen Vertreter der Gesellschaft zu erfolgen. Verfügt die Gesellschaft über keine weiteren Liquidatoren, so gelangt die Vorschrift des § 146 Abs. 1 S. 1 zur Anwendung; es sind dann alle Gesellschafter Liquidatoren. Einer gesonderten **Abberufungserklärung** bedarf es nicht, wenn der abzuberufende Liquidator bei der Beschlussfassung anwesend war. Die Rechtsfolgen des Beschlusses treten in diesem Fall vielmehr ein, sobald dem Abzuberufenden bekannt ist, dass alle Beteiligten (bzw. die erforderliche Mehrheit der Beteiligten, s. Rn 3) seiner Abberufung zugestimmt haben.[18]

---

14 Vgl. dazu BayObLG BB 1988, 791 f.

15 ROHGE 20, 11; MünchKommHGB/*K. Schmidt* Rn 16.

16 Einschränkend – kein Stimmverbot bei Abberufung durch einstimmigen Beschluss – MünchKommHGB/*K. Schmidt* Rn 16; **aA** wohl Koller/Roth/Morck/*Koller* Rn 2.

17 3. Aufl. Anm. 10 (*Schilling*); MünchKommHGB/*K. Schmidt* Rn 18.

18 3. Aufl. Anm. 10 (*Schilling*); MünchKommHGB/*K. Schmidt* Rn 18.

4. **Rechtsfolgen.** Mit wirksamer Abberufung endet das Amt des Liquidators; die organschaftlichen Befugnisse (§ 146 Rn 7) sind erloschen. Erschöpft sich die „Abberufung" in einer Beschränkung der Befugnisse des Liquidators (Rn 5), so gilt mit Wirksamkeit des Beschlusses die neue Geschäftsführungs- bzw. Vertretungsregelung. Die Abberufung hat keine Rückwirkung.[19] Von der Stellung als (Dritt-)Liquidator zu trennen ist der Dienst- bzw. Geschäftsbesorgungsvertrag mit der Gesellschaft (§ 146 Rn 21, 40).[20] Die Beendigung dieses Vertrags erfolgt nach den Grundsätzen des Bürgerlichen Rechts. Die Abberufung kann auch insoweit einen wichtigen Grund hergeben und somit zur außerordentlichen Kündigung des Vertrags berechtigen.[21] In der Bekanntgabe des Abberufungsbeschlusses (Rn 10) kann dann zugleich die Kündigungserklärung liegen. Zur Eintragung der Abberufung in das Handelsregister s. § 148 Rn 8. **11**

IV. Abberufung durch das Gericht

1. **Voraussetzungen.** Nach der zwingenden (Rn 3) Vorschrift des § 147 Hs. 2 kann die Abberufung (Rn 5) von Liquidatoren (Rn 6 f) auf Antrag eines Beteiligten (Rn 9, aber auch Rn 13 mit § 146 Rn 37) auch durch das Gericht erfolgen. Zentrale Voraussetzung ist das Vorliegen eines **wichtigen Grundes.** Ein solcher ist gegeben, wenn das weitere Amtieren des Liquidators für die Gesellschaft oder einen Beteiligten unzumutbar ist.[22] Dabei ist das Kriterium der Unzumutbarkeit vor dem Hintergrund des auf Vollbeendigung des Rechtsträgers gerichteten Gesellschaftszwecks (§ 145 Rn 16 ff) zu sehen. Ein wichtiger Grund ist deshalb immer dann anzunehmen, wenn die Abberufung zur Verwirklichung des Gesellschaftszwecks erforderlich ist oder – anders gewendet – das weitere Amtieren des Liquidators die **Durchführung der Abwicklung gefährdet.**[23] Ein Sachverhalt, der einen wichtigen Grund im Sinne der §§ 117, 127 abgibt, rechtfertigt deshalb nicht zwangsläufig auch die Abberufung nach § 147 Hs. 2.[24] Wegen sämtlicher Einzelheiten wird auf die Ausführungen in § 146 Rn 33 f verwiesen. **12**

2. **Verfahren.** Das Abberufungsverfahren entspricht dem Ernennungsverfahren im Sinne des § 146 Abs. 2 (§ 146 Rn 35 ff). Auch die Abberufung aus wichtigem Grund erfolgt also nur auf **Antrag eines Beteiligten** (§ 146 Rn 37). Dem Abzuberufenden ist nach Art. 103 Abs. 1 GG, § 34 Abs. 1 Nr. 1 FamFG (= § 146 Abs. 1 FGG) stets rechtliches Gehör zu gewähren.[25] Den Gesellschaftern ist jedenfalls dann rechtliches Gehör zu gewähren, wenn sie an der Ernennung des Liquidators mitgewirkt haben;[26] indes sprechen gute Gründe dafür, auf die einschränkende Voraussetzung zu verzichten und den **13**

---

19 MünchKommHGB/*K. Schmidt* Rn 27; Ebenroth/Boujong/Joost/Strohn/*Hillmann* Rn 5; Heymann/*Sonnenschein*/*Weitemeyer* Rn 10; s. ferner OLG Frankfurt/M. Rpfl. 1981, 238.

20 3. Aufl. Anm. 12 (*Schilling*); MünchKommHGB/*K. Schmidt* Rn 28; Ebenroth/Boujong/Joost/Strohn/*Hillmann* Rn 5; Heymann/*Sonnenschein*/*Weitemeyer* Rn 10.

21 So auch MünchKommHGB/*K. Schmidt* Rn 28.

22 MünchKommHGB/*K. Schmidt* Rn 21; Röhricht/v. Westphalen/*v. Gerkan*/*Haas* Rn 8.

23 BayObLG BB 1997, 2397; OLG Hamm BB 1954, 913 und 1960, 1355; Röhricht/v. Westphalen/*v. Gerkan*/*Haas* Rn 8.

24 OLG Hamm BB 1960, 918; Röhricht/v. Westphalen/*v. Gerkan*/*Haas* Rn 8; Baumbach/*Hopt* Rn 3.

25 MünchKommHGB/*K. Schmidt* Rn 24; Ebenroth/Boujong/Joost/Strohn/*Hillmann* Rn 7; einschränkend („wenn möglich") noch Schlegelberger/*K. Schmidt* Rn 24.

26 BayObLG BB 1988, 791 (792); MünchKommHGB/*K. Schmidt* Rn 24; Ebenroth/Boujong/Joost/Strohn/*Hillmann* Rn 7; Heymann/*Sonnenschein*/*Weitemeyer* Rn 9.

(eingetragenen) Gesellschaftern stets Gelegenheit zur Stellungnahme zu geben. Gegen die Entscheidung des Gerichts ist die **Beschwerde** gegeben (§ 146 Rn 38). Beschwerdeberechtigt ist – neben den Beteiligten (Rn 9)[27] – auch der Liquidator, gegen den der Antrag auf Abberufung gerichtet ist.[28] Mit dem Antrag auf Abberufung kann ein Antrag auf Ernennung (§ 146 Rn 22 ff) verbunden werden (§ 146 Rn 30, 39).

14 3. **Inhalt und Rechtsfolgen der Entscheidung.** Das Gericht ist nach § 147 Hs. 2 zur „Abberufung" des Liquidators berechtigt. Es kann deshalb die Stellung als Organwalter entziehen; es kann aber auch die organschaftlichen Befugnisse beschränken (Rn 5; s. ferner § 150 Rn 8). Zur Erteilung von Weisungen ist das Gericht nicht berechtigt (§ 146 Rn 41). Die Rechtsfolgen der gerichtlichen Abberufung entsprechen denjenigen der Abberufung durch Beschluss (Rn 11).

15 4. **Vorläufiger Rechtsschutz.** Im Wege der einstweiligen Verfügung kann die Abberufung nicht angeordnet werden (§ 146 Rn 38). Das Prozessgericht kann jedoch nach § 940 ZPO dem Liquidator einstweilen die Ausübung seiner Befugnisse oder die Vornahme bestimmter Maßnahmen untersagen (vgl. § 127 Rn 19).[29]

V. Anderweitige Beendigung

1. Beendigungsgründe

16 a) **Tod.** Durch den Tod des Drittliquidators endet dessen Abwicklerstellung ohne Weiteres; nach §§ 611, 613, 673 BGB erlischt zugleich der Dienstvertrag (Rn 11). Verfügt die Gesellschaft über keine weiteren gekorenen Liquidatoren, so gelangt die Vorschrift des § 146 Abs. 1 S. 1 zur Anwendung (§ 146 Rn 8 ff); die Gesellschafter können aber sogleich einen neuen Liquidator ernennen (§ 146 Rn 15 ff). Bei Tod eines Gesellschafter-Liquidators ist zu unterscheiden. Haben die Gesellschafter die Vorschrift des § 146 Abs. 1 S. 1 nicht abbedungen, so wird der Erbe Liquidator; mehrere Erben haben nach § 146 Abs. 1 S. 2 einen gemeinsamen Vertreter zu bestellen (§ 146 Rn 22 ff). Der Tod eines gekorenen Gesellschafter-Liquidators (§ 146 Rn 15 ff) hat, wenn die Gesellschaft nicht über weitere Liquidatoren verfügt, das Eingreifen des § 146 Abs. 1 S. 1 zur Folge; andernfalls führen die verbliebenen Liquidatoren die Geschäfte. Den Gesellschaftern bleibt es unbenommen, einen neuen Liquidator zu ernennen.

17 b) **Niederlegung.** Ein **Drittliquidator** kann sein Amt jederzeit und unabhängig vom Vorliegen eines wichtigen Grundes niederlegen.[30] Seine dienstvertragliche Verpflichtung (§ 146 Rn 21, 40) wird durch die Niederlegung als solche allerdings nicht beseitigt; inso-

---

[27] Einschränkend aber die in Fn 26 Genannten (jedenfalls die Gesellschafter, die an der Ernennung mitgewirkt haben); **aA** – gegen ein Beschwerderecht der Gesellschafter – noch OLG Hamm OLGZ 1978, 35 = DB 1977, 2089.

[28] 3. Aufl. Anm. 14 (*Schilling*); MünchKommHGB/*K. Schmidt* Rn 24; Ebenroth/Boujong/Joost/Strohn/*Hillmann* Rn 7.

[29] 3. Aufl. Anm. 14 (*Schilling*); MünchKommHGB/*K. Schmidt* Rn 26; Röhricht/v. Westphalen/*v. Gerkan/Haas* Rn 10; Ebenroth/Boujong/Joost/Strohn/*Hillmann* Rn 8; vgl. ferner RGZ 102, 197 (198); *v. Gerkan* ZGR 1985, 177 (183); *Semler* BB 1979, 1534 f.

[30] BayObLG ZIP 1981, 188, 190 (freilich unter Vermengung von organschaftlicher Stellung und Dienstvertrag); Röhricht/v. Westphalen/*v. Gerkan/Haas* Rn 6; MünchKommHGB/*K. Schmidt* Rn 10.

weit bedarf es vielmehr einer Kündigung und damit ggf. des Vorliegens eines wichtigen Grundes. Umgekehrt hat die Aufhebung oder Kündigung des Vertrags nicht zwangsläufig die Beendigung des Liquidatorenamtes zur Folge.[31] Ein **Gesellschafter** kann sich dagegen seiner mitgliedschaftlichen Pflicht zur Ausübung des Liquidatorenamtes nur durch Kündigung gem. § 105 Abs. 3 i.V.m. § 712 Abs. 2 BGB entledigen;[32] mit der Kündigung der Geschäftsführungspflicht erlischt zugleich die organschaftliche Vertretungsbefugnis (vgl. § 127 Rn 5).

c) **Sonstige.** Ist ein Liquidator auf Zeit bestellt, so endet das Amt mit **Zeitablauf.**[33] **18** Verfügt die Gesellschaft über weitere gekorene Liquidatoren, so setzen diese die Liquidation fort; andernfalls greift die Vorschrift des § 146 Abs. 1 S. 1 ein (§ 146 Rn 8 ff). Des Weiteren hat die **Vollbeendigung** der Gesellschaft das Erlöschen sämtlicher Liquidatorenbefugnisse zur Folge (Rn 4). Die **Fortsetzung** (§ 131 Rn 60 ff) schließlich lässt den auf Vollbeendigung gerichteten Gesellschaftszweck (§ 145 Rn 16 ff) und damit die Liquidatorenbefugnisse entfallen; die Gesellschaft unterliegt als werbende wieder den §§ 114 ff, 125 ff.

2. **Abgrenzung.** Die Vereinbarung einer anderen Art der Abwicklung lässt – anders **19** als das liquidationslose Erlöschen der Gesellschaft (Rn 18; § 145 Rn 39 ff) – die Liquidatorenbefugnisse unberührt.[34] Die Eröffnung des **Insolvenzverfahrens** über das Vermögen eines Gesellschafters hat nach § 146 Abs. 3 zur Folge, dass das Liquidatorenamt durch den Insolvenzverwalter ausgeübt wird (Rn 7). Aber auch das Insolvenzverfahren über das Vermögen der Gesellschaft macht die Tätigkeit von Liquidatoren nicht entbehrlich (§ 145 Rn 52 ff).

§ 148

(1) [1]Die Liquidatoren und ihre Vertretungsmacht sind von sämtlichen Gesellschaftern zur Eintragung in das Handelsregister anzumelden. [2]Das gleiche gilt von jeder Änderung in den Personen der Liquidatoren oder in ihrer Vertretungsmacht. [3]Im Falle des Todes eines Gesellschafters kann, wenn anzunehmen ist, daß die Anmeldung den Tatsachen entspricht, die Eintragung erfolgen, auch ohne daß die Erben bei der Anmeldung mitwirken, soweit einer solchen Mitwirkung besondere Hindernisse entgegenstehen.

(2) Die Eintragung gerichtlich bestellter Liquidatoren sowie die Eintragung der gerichtlichen Abberufung von Liquidatoren geschieht von Amts wegen.

(3) (aufgehoben)

Schrifttum: Vgl. die Nachw. zu § 145.

---

[31] So aber wohl BayObLG ZIP 1981, 188 (190).

[32] 3. Aufl. § 146 Rn 29 (*Schilling*); MünchKommHGB/*K. Schmidt* Rn 19; Röhricht/v. Westphalen/*v. Gerkan/Haas* Rn 6 i.V.m. § 127 Rn 7; Baumbach/*Hopt* Rn 5; **aA** – für Recht zur Niederlegung des Liquidatorenamtes aus wichtigem Grund – wohl Ebenroth/Boujong/Joost/Strohn/*Hillmann* Rn 9; s. ferner Schlegelberger/*K. Schmidt* Rn 10.

[33] MünchKommHGB/*K. Schmidt* Rn 9; Baumbach/*Hopt* Rn 2; vgl. ferner OLG Hamm DB 1981, 518.

[34] Näher § 145 Rn 34; **aA** die hM, s. Nachw. in § 145 Rn 34, ferner BayObLG ZIP 1991, 188 (190).

Übersicht

I. Einführung

1 **1. Inhalt und Zweck der Vorschrift.** Die Vorschrift regelt die **Anmeldung** der Abwickler und deren Vertretungsmacht sowie etwaiger Änderungen in der Person und Vertretungsmacht der Abwickler zur Eintragung in das Handelsregister und bezweckt, die **Publizität** der mit der Auflösung der Gesellschaft verbundenen Abänderung der organschaftlichen Befugnisse (§ 146 Rn 7) sicherzustellen. Sie steht insoweit im Zusammenhang mit § 15. Da nämlich die Rechtsfolgen der Auflösung der Gesellschaft, darunter insbesondere die Ersetzung der bisherigen organschaftlichen Befugnisse der Gesellschafter durch die Befugnisse der Liquidatoren, unabhängig von der – nur **deklaratorisch wirkenden – Eintragung** nach §§ 143, 148 eintreten,[1] bedarf es zum Schutze des Rechtsverkehrs der Statuierung einer Anmeldepflicht der Gesellschafter bzw. der Eintragung von Amts wegen.

2 **2. Gesetzesgeschichte.** Die Vorschriften des Abs. 1 S. 1 und 2 gehen auf Art. 135 ADHGB zurück; Abs. 1 S. 3 und Abs. 2 sind dagegen neu in das HGB aufgenommen worden. § 148 hat sodann eine Reihe von Änderungen erfahren. So hat das Gesetz über elektronische Register und Justizkosten für Telekommunikation (**ERJuKoG**) vom 10.12. 2001[2] die Pflicht zur Anmeldung nach Abs. 1 S. 1 – im Einklang mit dem neuen § 106 Abs. 2 Nr. 4 (§ 106 Rn 22; § 125 Rn 1) – ausnahmslos auf die Vertretungsmacht der Liquidatoren erstreckt (Rn 7). Durch das Gesetz über elektronische Handelsregister, Genossenschaftsregister und Unternehmensregister (**EHUG**) vom 10.11.2006[3] ist sodann die Vorschrift des § 148 Abs. 3 betreffend die Zeichnung der Namensunterschriften durch die Liquidatoren (Voraufl. Rn 14) aufgehoben worden; zuvor hatte bereits das **Handelsrechtsreformgesetz** auf die noch in § 148 Abs. 3 a.F. vorgesehene Hinterlegung der handschriftlichen Firmenzeichnung verzichtet (vor § 145 Rn 4).

3 **3. Sonstige Eintragungstatbestände.** Treten vor oder nach Beginn der Abwicklung **andere** als die nach Abs. 1 **anmeldepflichtigen Tatsachen** ein, die ihrerseits der Anmeldung bedürfen, so sind die Abwickler zur Anmeldung verpflichtet, wenn es sich um Angelegenheiten handelt, die zu ihrem Geschäftskreis gehören. In Betracht kommt dies bei Aufhebung einer Zweigniederlassung (§ 13 Abs. 3), aber auch bei Erteilung oder Widerruf einer Prokura (§ 149 Rn 50). Hinsichtlich des Erlöschens der Firma ist die Anmeldepflicht der Abwickler eigens in § 157 angeordnet. Ist dagegen eine Änderung in

[1] ROHGE 22, 294; BayObLG ZIP 1994, 1767 (1770); OLG Köln BB 1959, 463; § 143 Rn 28 ff (*Schäfer*); Ebenroth/Boujong/Joost/Strohn/*Hillmann* Rn 1.

[2] BGBl. I S. 3422.

[3] BGBl. I S. 2553.

den Grundlagen der Gesellschaft eingetreten (§ 126 Rn 12 ff), so sind auch in der aufgelösten Gesellschaft die Gesellschafter zur Anmeldung verpflichtet.[4] Dies gilt etwa bei Ausscheiden oder Eintritt eines Gesellschafters, aber auch bei Fortsetzung der Gesellschaft. Die Anmeldung der Auflösung ist in § 143 geregelt.

4. Unabdingbarkeit. Die Vorschrift des § 148 enthält zwingendes Recht.[5] Sie kann weder durch den Gesellschaftsvertrag noch durch anderweitige Vereinbarung abbedungen werden. Die Gesellschafter haben die Möglichkeit, die Anmeldung durch **Bevollmächtigte** vornehmen zu lassen (§ 108 Rn 12 f). Dies ist insbesondere in der Publikums-KG von Bedeutung; bei ihr wird man sogar von einer stillschweigenden Bevollmächtigung der Liquidatoren ausgehen können.[6] Die Bevollmächtigung lässt aber die in der Person der Gesellschafter bestehende Anmeldepflicht (Rn 10 ff) unberührt. 4

II. Anmeldung durch die Gesellschafter (Abs. 1)

1. Voraussetzungen. Die Anmeldepflicht nach Abs. 1 bezieht sich auf die Liquidatoren und setzt deshalb voraus, dass die Gesellschaft aufgelöst ist und als Abwicklungsgesellschaft fortbesteht. Nach zutr., freilich bestrittener Ansicht verfügt die Gesellschaft auch bei Vereinbarung einer **anderen Art der Abwicklung** über Abwickler (§ 145 Rn 22 ff, 34); auch in diesem Fall findet also § 148 Abs. 1 Anwendung (§ 158 Rn 2, 7). Die Anmeldung hat auch dann zu erfolgen, wenn die Gesellschaft selbst oder ihre Auflösung entgegen §§ 106, 143 Abs. 1 noch nicht angemeldet war. Die Anmeldung ist dann mit den noch ausstehenden Anmeldungen zu verbinden.[7] Bei **liquidationslosem Erlöschen** (§ 145 Rn 39 ff) erübrigt sich dagegen eine Abwicklung und mit ihr die Eintragung von Liquidatoren; § 148 findet in diesem Fall keine Anwendung. Doch liegt ein liquidationsloses Erlöschen nur unter der Voraussetzung vor, dass die Gesellschaft unmittelbar mit ihrer Auflösung vollbeendigt ist. Dagegen bewendet es bei der Pflicht aus Abs. 1, wenn die Gesellschaft aufgelöst ist und sodann im Zuge der Abwicklung erlischt. In diesem Fall ist die Anmeldung nach Abs. 1 im Zusammenhang mit der Anmeldung nach § 157 nachzuholen.[8] Die Eintragung des Erlöschens darf zwar nicht von den nach Abs. 1 S. 1 gebotenen Voreintragungen abhängig gemacht werden, da andernfalls ein gesetzlich nicht zulässiger mittelbarer Registerzwang ausgeübt würde;[9] die Anmeldepflicht aus Abs. 1 S. 1 S. 1 wird hierdurch indes nicht berührt.[10] 5

2. Inhalt der Anmeldung

a) Liquidatoren; Vertretungsmacht (Abs. 1 S. 1). Nach Abs. 1 S. 1 sind zunächst die Liquidatoren zur Eintragung in das Handelsregister anzumelden. Dies sind, wie sich Abs. 2 entnehmen lässt, nur die nach § 146 Abs. 1 S. 1 „geborenen" oder durch den Gesell- 6

[4] 3. Aufl. Anm. 11 (*Schilling*); *A. Hueck* OHG § 32 IV 4 (S. 494); MünchKommHGB/*K. Schmidt* Rn 2.

[5] Allg. M., s. 3. Aufl. Anm. 20 (*Schilling*); MünchKommHGB/*K. Schmidt* Rn 1.

[6] Zutr. MünchKommHGB/*K. Schmidt* Rn 8; Ebenroth/Boujong/Joost/Strohn/*Hillmann* Rn 3; Koller/Roth/Morck/*Koller* Rn 1.

[7] KG OLGE 41, 202; Baumbach/*Hopt* Rn 1.

[8] MünchKommHGB/*K. Schmidt* Rn 4; Ebenroth/Boujong/Joost/Strohn/*Hillmann* Rn 2; Röhricht/v. Westphalen/*v. Gerkan/Haas* Rn 1; Baumbach/*Hopt* Rn 1; zu § 67 GmbHG s. BayObLG WM 1982, 1288 (1289).

[9] BayObLG NJW-RR 2001, 1482 = NZG 2001, 792 (zweifelhaft).

[10] MünchKommHGB/*K. Schmidt* Rn 4; Ebenroth/Boujong/Joost/Strohn/*Hillmann* Rn 2.

schaftsvertrag „gekorenen" Abwickler (§ 146 Rn 8 ff, 15 ff). Die Anmeldung hat auch dann zu erfolgen, wenn die bislang vertretungsberechtigten Gesellschafter Liquidatoren werden, ferner dann, wenn sämtliche Gesellschafter berufen sind.[11] Die Eintragung der gerichtlich ernannten Abwickler erfolgt dagegen von Amts wegen (Rn 13). Entsprechend § 106 Abs. 2 Nr. 1 hat die Anmeldung den Namen, Vornamen, Stand und Wohnort des einzelnen Liquidators zu enthalten.[12] Nicht erforderlich sind Angaben über den Rechtsgrund der Berufung des Abwicklers sowie über den Beginn der Tätigkeit[13]. Handelt es sich bei dem Abwickler um eine **juristische Person** oder **Personenhandelsgesellschaft** (§ 146 Rn 11, 20), so sind Firma und Sitz anzumelden;[14] über die organschaftlichen Vertreter dieser Liquidatoren braucht die Anmeldung dagegen keine Angaben zu enthalten. Was den **gemeinsamen Vertreter** im Sinne des § 146 Abs. 1 S. 2 betrifft (§ 146 Rn 22 ff), so ist er zwar weder Liquidator noch übt er die Befugnisse eines Liquidators im eigenen Namen aus (§ 146 Rn 26). Gleichwohl ist er anstelle der Miterben einzutragen;[15] andernfalls ließe sich dem Handelsregister nicht entnehmen, wer zur organschaftlichen Vertretung der Gesellschaft berechtigt ist. Entsprechendes gilt bei Insolvenz eines Gesellschafters (§ 146 Rn 44 ff) sowie bei Testamentsvollstreckung und Nachlassverwaltung (§ 146 Rn 29, 45). Anzumelden und einzutragen sind also der **Insolvenzverwalter**, der Testamentsvollstrecker und der Nachlassverwalter.[16]

7 Zu den anmeldepflichtigen Tatsachen gehört seit Inkrafttreten des ERJuKoG (Rn 2) auch die **Vertretungsmacht** der Liquidatoren, und zwar unabhängig davon, ob sie mit der gesetzlichen Regel des § 150 übereinstimmt oder von ihr abweicht.[17] Dies entspricht der Rechtslage bei Anmeldung der OHG (§ 106 Abs. 2 Nr. 4, dazu § 106 Rn 22; § 125 Rn 1) sowie bei Liquidation von AG und GmbH (§§ 34 Abs. 1, 266 Abs. 1 AktG, § 67 Abs. 1 GmbHG) und soll die Aussagekraft der Registereintragung erhöhen.[18]

8 **b) Änderungen (Abs. 1 S. 2).** Entsprechend der die werbende OHG betreffenden Vorschrift des § 107 (§ 107 Rn 2) ist nach § 148 Abs. 1 S. 2 jede Änderung in der Person oder Vertretungsmacht eines nach § 146 Abs. 1 berufenen Liquidators (Rn 6 f) anzumelden. Die Pflicht zur Anmeldung entfällt nicht dadurch, dass bereits die nach Abs. 1 S. 1 geschuldete Anmeldung unterblieben ist. Als Änderung in der **Person** sind etwa die Abberufung nach § 147 Abs. 1, der Tod (§ 147 Rn 16), die Niederlegung des Amtes (§ 147 Rn 17) oder Zeitablauf (§ 147 Rn 18) anzusehen, ferner eine Änderung in den nach § 106 Abs. 2 Nr. 1 erforderlichen Angaben (Rn 6), nicht dagegen die auf gerichtlicher Verfügung beruhende Änderung (Rn 6). Im Verfahren der Löschung eines Liquidators ist die Gesellschaft zu beteiligen. Sie wird dabei durch die übrigen Liquidatoren vertreten; gegebenenfalls findet § 146 Abs. 1 S. 1 (§ 146 Rn 8 ff) Anwendung[19] mit der Folge, dass die Gesellschafter (unter Ausschluss des zu löschenden Gesellschafter-Liquidators) zur Vertretung berufen sind.

---

[11] MünchKommHGB/*K. Schmidt* Rn 4.

[12] 3. Aufl. Anm. 4 (*Schilling*); MünchKommHGB/*K. Schmidt* Rn 4; Ebenroth/Boujong/Joost/Strohn/*Hillmann* Rn 2.

[13] KG RJA 12, 217.

[14] Vgl. § 106 Rn 17 ff (*Schäfer*); 3. Aufl. Anm. 4 (*Schilling*); MünchKommHGB/*K. Schmidt* Rn 4; Ebenroth/Boujong/Joost/Strohn/*Hillmann* Rn 2; Röhricht/v. Westphalen/*v. Gerkan/Haas* Rn 1.

[15] So auch 3. Aufl. Anm. 5 (*Schilling*); MünchKommHGB/*K. Schmidt* Rn 4; Röhricht/v. Westphalen/*v. Gerkan/Haas* Rn 1.

[16] Vgl. die Nachw. in Fn 15.

[17] Vgl. Begr. RegE, BT-Drucks. 14/6855, S. 19; MünchKommHGB/*K. Schmidt* Rn 4.

[18] Vgl. die Nachw. in Fn 17.

[19] BayObLG ZIP 1994, 1767 (1768).

Was die **Vertretungsmacht** der Liquidatoren betrifft, so erfasst § 148 Abs. 1 S. 2 jede Änderung der nach Abs. 1 S. 1 anzumeldenden und im Zeitpunkt der Auflösung geltenden Vertretungsregel. Sind die Liquidatoren zunächst gesamtvertretungsberechtigt, so ist dies nach § 148 Abs. 1 S. 1 anzumelden (Rn 7); die Umwandlung in Einzelvertretungsbefugnis ist sodann nach Abs. 1 S. 2 anzumelden. Entsprechendes gilt für den umgekehrten Vorgang. Der Zeitpunkt der Änderung ist auch im Fall des Abs. 1 S. 2 nicht anzumelden (Rn 6). 9

3. Pflicht der Gesellschafter. Nach § 148 Abs. 1 S. 1 sind **sämtliche Gesellschafter** – also auch diejenigen, die durch die anzumeldende Tatsache betroffen sind – zur Anmeldung verpflichtet (s. noch Rn 12).[20] Für einen geschäftsunfähigen oder in der Geschäftsfähigkeit beschränkten Gesellschafter handelt sein gesetzlicher Vertreter,[21] für Personengesellschaften und juristische Personen der jeweilige organschaftliche Vertreter. Davon zu unterscheiden ist die Anmeldung durch **Bevollmächtigte** der Gesellschafter (Rn 4); sie ist nach Maßgabe der Ausführungen in § 108 Rn 12 f zulässig (Rn 4). In der Insolvenz eines Gesellschafters wird die Anmeldepflicht durch den Insolvenzverwalter ausgeübt.[22] Bei Anordnung von Testamentsvollstreckung oder Nachlassverwaltung handelt der Testamentsvollstrecker oder Nachlassverwalter (§ 146 Rn 29, 45). Die Abwickler sind dagegen zur Anmeldung weder berechtigt noch verpflichtet. Dies gilt auch bei Veränderungen in ihrer Person; insoweit unterscheidet sich die Rechtslage nach Abs. 1 von derjenigen nach § 266 Abs. 1 AktG, § 67 Abs. 1 GmbHG. Auch der Privatgläubiger im Sinne der §§ 135, 145 Abs. 2, 146 Abs. 2 S. 2 ist zur Anmeldung weder berechtigt noch verpflichtet.[23] 10

Bei **Tod eines Gesellschafters** sind an sich auch sämtliche Erben zur Anmeldung verpflichtet. Nach Abs. 1 S. 3 kann aber die Eintragung auch ohne Mitwirkung sämtlicher Erben erfolgen, wenn nur anzunehmen ist, dass die Anmeldung den Tatsachen entspricht, und einer Mitwirkung sämtlicher Erben Hindernisse entgegenstehen. Dies entspricht der Rechtslage nach § 143 Abs. 3; auf die Ausführungen in § 143 Rn 18 ff wird verwiesen. Ist allerdings Testamentsvollstreckung oder Nachlassverwaltung angeordnet, so ist Abs. 1 S. 3 gegenstandslos (Rn 10). Der gemeinsame Vertreter im Sinne des § 146 Abs. 1 S. 2 ist zwar anstelle der Miterben einzutragen (Rn 6); seine Bestellung beurteilt sich indes nicht nach § 148 Abs. 1 S. 3, sondern nach §§ 2038 Abs. 2 S. 1, 745 BGB (§ 146 Rn 27 f). 11

4. Modalitäten der Anmeldung. Die Anmeldung nach Abs. 1 S. 1 hat **unverzüglich** nach wirksamer Bestellung der Liquidatoren, diejenige nach Abs. 1 S. 2 unverzüglich nach Eintritt der Änderung zu erfolgen. Sie hat bei dem Registergericht des Sitzes der Gesellschaft zu erfolgen. Die Formvorschrift des § 12 ist zu beachten. Die Erfüllung der Anmeldepflicht kann vom Registergericht nach Maßgabe des § 14 **erzwungen** werden. Besteht unter den Gesellschaftern Streit über die Anmeldepflicht, so kann das Gericht im Rahmen des Eintragungsverfahrens auch über die Vorfrage – etwa über die Frage der Wirksamkeit eines Ernennungs- oder Abberufungsbeschlusses oder über die Frage der Gesamt- oder Einzelvertretungsbefugnis – entscheiden und die säumigen Gesellschafter 12

---

20 BayObLG NJW-RR 2001, 1482 = NZG 2001, 792.

21 MünchKommHGB/*K. Schmidt* Rn 6.

22 3. Aufl. Anm. 8 (*Schilling*); MünchKommHGB/*K. Schmidt* Rn 6; Heymann/*Sonnenschein/Weitemeyer* Rn 3; Röhricht/v. Westphalen/*v. Gerkan/Haas* Rn 4.

23 MünchKommHGB/*K. Schmidt* Rn 6; Baumbach/*Hopt* Rn 2.

nach § 14 zu der erforderlichen Anmeldung anhalten.[24] Nach § 381 FamFG (= § 127 FGG) kann das Gericht aber auch – anders als im Fall des § 146 Abs. 2 (s. § 146 Rn 38) – das Eintragungsverfahren aussetzen und den Gesellschaftern die Klärung des Streits im ordentlichen Verfahren aufgeben. Die Entscheidung des Prozessgerichts ersetzt nach Maßgabe des § 16 die verweigerte Mitwirkung. Fehlt es an einer die Anmeldung ersetzenden Entscheidung, so kann das Registergericht nicht eintragen. Von der öffentlich-rechtlichen Verpflichtung zur Anmeldung zu unterscheiden ist die **gesellschaftsvertragliche Pflicht** eines jeden Gesellschafters, bei der nach Abs. 1 erforderlichen Anmeldung mitzuwirken (§ 108 Rn 4 f). Zur Bevollmächtigung s. Rn 4.

III. Eintragung gerichtlicher Anordnungen (Abs. 2)

13 Nach Abs. 2 sind die gerichtliche Ernennung und Abberufung von Liquidatoren von Amts wegen in das Handelsregister einzutragen. Die Vorschrift versteht sich als Folgevorschrift zu §§ 146 Abs. 2, 147 Hs. 2. Sie gilt für jede Form der Ernennung und Abberufung von Abwicklern; als Abberufung im Sinne des § 148 Abs. 2 ist somit auch eine **Beschränkung der Liquidatorenbefugnisse** anzusehen (§ 147 Rn 5). Die Eintragung erfolgt durch das Registergericht auf Ersuchen des nach §§ 146 Abs. 2, 147 Hs. 2 zur Entscheidung berufenen, insoweit nicht als Registergericht handelnden Gerichts (§ 146 Rn 35, 38). Bei Nichtigkeit der Ernennung oder Abberufung kann die Eintragung von Amts wegen gelöscht werden.[25]

§ 149

[1]Die Liquidatoren haben die laufenden Geschäfte zu beendigen, die Forderungen einzuziehen, das übrige Vermögen in Geld umzusetzen und die Gläubiger zu befriedigen; zur Beendigung schwebender Geschäfte können sie auch neue Geschäfte eingehen. [2]Die Liquidatoren vertreten innerhalb ihres Geschäftskreises die Gesellschaft gerichtlich und außergerichtlich.

Schrifttum

S. zunächst die Nachw. zu § 145, ferner *K. Schmidt* Liquidationszweck und Vertretungsmacht der Liquidatoren, AcP 174 (1974), 55 ff.

Übersicht

[24] KG OLGE 43, 290; 3. Aufl. Anm. 15 (*Schilling*); MünchKommHGB/*K. Schmidt* Rn 9.

[25] OLG München DFG 1936, 241.

I. Einführung

1. Inhalt und Zweck der Vorschrift. Mit der Auflösung geht insoweit eine Änderung der Organisationsverfassung der Gesellschaft einher, als die Geschäftsführungs- und Vertretungsbefugnis der Gesellschafter nach §§ 114 ff, 125 entfällt und nunmehr die Liquidatoren zur Ausübung dieser **organschaftlichen Befugnisse** berufen sind (§ 145 Rn 14; § 146 Rn 7). Die Vorschrift des § 149 S. 1 umschreibt deshalb nicht nur den Aufgabenkreis der Abwickler; sie ist vielmehr zugleich Grundlage der organschaftlichen Geschäftsführungsbefugnis der Abwickler. Entsprechendes gilt nach § 149 S. 2 für die organschaftliche Vertretungsbefugnis. Die Aufgaben und Befugnisse der Liquidatoren sind freilich in § 149 **nicht abschließend** geregelt (Rn 11). So obliegt den Liquidatoren nach § 155 im Anschluss an die Erledigung der in § 149 genannten Aufgaben noch die Verteilung des restlichen Vermögens unter die Gesellschafter. Nach § 154 sind sie zur Rechnungslegung verpflichtet. § 157 verpflichtet die Liquidatoren des Weiteren, das Erlöschen der Firma anzumelden. 1

2. Gesetzesgeschichte. Die Vorschrift stimmt mit derjenigen des Art. 137 Abs. 1 ADHGB überein. Die noch in § 137 Abs. 2 ADHGB enthaltene Beschränkung, der zufolge die Abwickler unbewegliche Sachen grundsätzlich nur mit Zustimmung sämtlicher Gesellschafter veräußern durften, hat der Gesetzgeber des HGB nicht übernommen. § 149 hat bislang keine Änderung erfahren. 2

3. Anwendungsbereich; abweichende Vereinbarungen. Die Vorschrift findet auf jede aufgelöste, aber noch nicht vollbeendigte OHG, KG, Partnerschaft oder EWIV (vor § 145 Rn 7 ff) Anwendung. Nach zutr. Ansicht verfügt eine solche Gesellschaft auch bei Vereinbarung einer **anderen Art der Abwicklung** über Liquidatoren (§ 145 Rn 22 ff, 34; § 158 Rn 2, 7); mit Auflösung ist also in keinem Fall mehr Raum für die §§ 114 ff, 125. Freilich ist § **149 S. 1 insoweit dispositiv**, als die Gesellschafter zwar zur Durchführung der Abwicklung verpflichtet sind (§ 145 Rn 19 ff) und deshalb die Liquidatoren mit entsprechenden Geschäftsführungsbefugnissen auszustatten haben, die Modalitäten der Abwicklung von ihnen aber abweichend von den gesetzlichen Vorgaben geregelt werden können. Zu diesem Zweck können die Gesellschafter nicht nur eine andere Art der Abwicklung vereinbaren (§ 145 Rn 22, 35 ff); sie können es vielmehr im Grundsatz bei der – auf Versilberung des Vermögens gerichteten – Abwicklung im Sinne des § 149 S. 1 3 bewenden lassen, den Liquidatoren aber nach § 152 einzelne Weisungen erteilen und damit deren Geschäftsführungsbefugnis beschränken. Die **Vertretungsmacht** der Liquidatoren wird freilich weder durch Vereinbarung einer anderen Art der Abwicklung noch durch die Erteilung von Weisungen berührt; entgegen der hM ist sie vielmehr umfassend und unbeschränkbar (Rn 45 ff).[1] § 149 S. 2 enthält mithin zwingendes Recht.

4 4. **Zuständigkeit der Gesellschafter.** Der Geschäftskreis der Abwickler umfasst weder die Grundlagen der Gesellschaft noch die gesellschaftsfreie Sphäre der Gesellschafter.[2] Auch innerhalb der aufgelösten Gesellschaft fallen entsprechende Maßnahmen vielmehr in die Zuständigkeit der Gesellschafter; die Liquidatoren haben insoweit weder Geschäftsführungs- noch Vertretungsbefugnis (vgl. § 126 Rn 12 ff). Was zunächst die **gesellschaftsfreie Sphäre** der Gesellschafter betrifft, so fehlt es den Liquidatoren insbesondere an der Befugnis, Willenserklärungen im Namen der Gesellschafter abzugeben; dazu benötigen sie vielmehr eine entsprechende Vollmacht (§ 126 Rn 12). Aber auch Maßnahmen, die das gesellschaftsvertragliche Rechtsverhältnis der Gesellschafter untereinander und damit die **Grundlagen der Gesellschaft** betreffen,[3] sind von der Geschäftsführungs- und Vertretungsbefugnis der Liquidatoren nicht gedeckt (§ 126 Rn 12). Davon betroffen sind sämtliche Maßnahmen, die ihrem Inhalt nach unmittelbar oder mittelbar auf eine Änderung des Gesellschaftsvertrags gerichtet sind (§ 126 Rn 13 ff). So ist es etwa Sache der Gesellschafter, eine andere Art der Abwicklung zu vereinbaren (§ 145 Rn 22 ff). Des Weiteren haben die Liquidatoren keine Befugnis, neue Gesellschafter aufzunehmen (§ 126 Rn 15) oder den Sitz der Gesellschaft zu verlegen.[4] Auch die Änderung oder Übertragung der Firma fällt in die Zuständigkeit der Gesellschafter. Deshalb benötigen die Liquidatoren die Zustimmung der Gesellschafter,[5] wenn sie das von der Gesellschaft betriebene Unternehmen mitsamt der Firma veräußern wollen (Rn 35). Umgekehrt sind die Gesellschafter auf die Ausübung ihrer **mitgliedschaftlichen Befugnisse** beschränkt. In Betracht kommt etwa die Geltendmachung von Kontrollrechten nach §§ 118, 166 (§ 156 Rn 9, 15), die actio pro socio (Rn 18), ferner die Ausübung des Stimmrechts im Zusammenhang mit der Vornahme von Weisungsbeschlüssen nach § 152 oder der Änderung des Gesellschaftsvertrags. Über organschaftliche Geschäftsführungs- und Vertretungsbefugnisse verfügen die Gesellschafter dagegen nur in dem Fall, dass ihre Mitgliedschaft die Befugnis zur Ausübung des Liquidatorenamtes verkörpert (§ 145 Rn 5 ff; s. noch Rn 43).[6]

---

[1] Nach der davon abweichenden hM, der zufolge die Vertretungsmacht durch den Liquidationszweck begrenzt wird (Rn 45), können dagegen Einschränkungen der Geschäftsführungsbefugnis auf die Vertretungsmacht durchschlagen.

[2] Für Grundlagengeschäfte s. 3. Aufl. Anm. 9 (*Schilling*); MünchKommHGB/*K. Schmidt* Rn 5.

[3] Allg. dazu § 126 Rn 12 mwN; dort auch der Hinweis, dass die Kategorie des sog. Grundlagengeschäfts gleichfalls auf den Schutz der gesellschaftsfreien Sphäre des Gesellschafters zielt.

[4] 3. Aufl. Anm. 9 (*Schilling*); MünchKommHGB/*K. Schmidt* Rn 5; Röhricht/v. Westphalen/*v. Gerkan*/*Haas* Rn 1; **aA** BGH WM 1969, 293 (294); Heymann/*Sonnenschein*/*Weitemeyer* Rn 2; Ebenroth/Boujong/Joost/Strohn/*Hillmann* Rn 2.

[5] *Schilling* und *K. Schmidt*, jew. aaO (Fn 4); ferner Baumbach/*Hopt* Rn 6.

[6] ROHGE 10, 356 (357); 12, 215 (216); RGZ 5, 10; KGJ 33, A 184; 3. Aufl. Anm. 2 (*Schilling*); MünchKommHGB/*K. Schmidt* Rn 6; **aA** RGZ 91, 34 (36) = JW 1918, 41 mit Anm. *Flechtheim*: Gesamtheit der Gesellschafter kann an die Stelle der Liquidatoren treten.

II. Rechte und Pflichten der Liquidatoren

1. Primärrechte und -pflichten. Die Liquidatoren sind verpflichtet, die **Abwicklung** der Gesellschaft nach Maßgabe der §§ 145 ff oder einer davon abweichenden Vereinbarung der Gesellschafter (§ 145 Rn 22 ff) zu betreiben. Grundlage dieser Verpflichtung ist im Fall eines Gesellschafter-Liquidators die Mitgliedschaft, im Fall eines Drittliquidators der mit der Gesellschaft geschlossene Dienstvertrag (§ 146 Rn 14, 21). Während der Drittliquidator einen Anspruch auf **Vergütung** hat, steht dem Gesellschafter-Liquidator grundsätzlich kein Vergütungsanspruch zu (§ 146 Rn 14, 21). Die Befugnisse der Liquidatoren sind organschaftlicher (§ 146 Rn 7) und damit höchstpersönlicher Natur. Eine **Delegation** ist nicht statthaft, wohl aber die Hinzuziehung von – ggf. bevollmächtigten (Rn 50) – Gehilfen.[7] Die Liquidatoren haben ihre Tätigkeit an dem Zweck des Liquidationsverfahrens (§ 145 Rn 2, 16 ff) auszurichten. Sie haben den Weisungen der Gesellschafter Folge zu leisten (§ 152 Rn 5 ff) und die Vereinbarung einer anderen Art der Abwicklung (§ 145 Rn 22 ff) zu respektieren. 5

Wenn auch die Abwicklung die Überführung des gesamthänderisch gebundenen Vermögens in das Privatvermögen der Gesellschafter zum Ziel hat, so sind die Liquidatoren doch – nicht anders als die Geschäftsführer der werbenden Gesellschaft – primär der Gesellschaft gegenüber verpflichtet. Sie können von der Gesellschaft auf Einhaltung ihrer Pflichten in Anspruch genommen werden (§ 150 Rn 5; § 152 Rn 9 ff). Der Annahme von **Pflichten gegenüber den Gesellschaftern** steht dies freilich nicht entgegen.[8] Handelt es sich um einen Gesellschafter-Liquidator, so lassen sich diese Pflichten auf das mitgliedschaftliche Rechtsverhältnis zurückführen. Im Fall eines Drittliquidators ist dieser Weg zwar versperrt. Gleichwohl ist an der Existenz von gesellschafterbezogenen Verhaltenspflichten angesichts des Zwecks des Liquidationsverfahrens, das Gesellschaftsvermögen in das Privatvermögen der Gesellschafter zu überführen (§ 145 Rn 2, 21), nicht zu zweifeln; insoweit bietet es sich an, auf die Grundsätze über die Haftung des Geschäftsführers der Komplementär-GmbH gegenüber der KG zurückzugreifen.[9] Unabhängig von der Person des Liquidators ist allerdings für eigene Ansprüche der Gesellschafter, seien sie auf Erfüllung oder auf Schadensersatz gerichtet (Rn 7), nur insoweit Raum, als durch die Pflichtverletzung ein unmittelbarer, d.h. nicht durch die Mitgliedschaft vermittelter Individualschaden des Gesellschafters zu entstehen droht oder bereits entstanden ist.[10] So kann es sich bei Verletzung des – auch im Rahmen der Abwicklung zu beachtenden (s. aber auch Rn 22)[11] – Grundsatzes der **Gleichbehandlung** (§ 105 Rn 247 ff) verhalten, ferner bei Vereitelung des Anspruchs eines Gesellschafters auf Herausgabe zum Gebrauch überlassener Sachen.[12] Soweit dagegen die Gesellschaft berechtigt ist, bleibt dem Gesellschafter allenfalls die **actio pro socio** (Rn 18 ff, 30; § 150 Rn 5; § 152 Rn 9 ff; 6

---

[7] 3. Aufl. Anm. 4 (*Schilling*); MünchKommHGB/*K. Schmidt* Rn 3; näher dazu *Paura* S. 80 ff.

[8] So auch MünchKommHGB/*K. Schmidt* Rn 4; *Hillers* S. 55 ff, 60 ff.

[9] Dazu Voraufl. § 161 Rn 36 (*Schilling*); ferner *K. Schmidt* Gesellschaftsrecht § 56 IV 3b.

[10] **AA** *Hillers* S. 55 ff, der jedem Gesellschafter einen Anspruch auf Durchführung der Abwicklung nach Plan und auf bestmögliche Verwertung zuspricht; ebenso MünchKommHGB/*K. Schmidt* Rn 7 und § 150 Rn 5.

[11] So auch *Hillers* S. 59 ff; MünchKommHGB/*K. Schmidt* Rn 4. – Zutr. aber auch BGH ZIP 1980, 192 (194) betr. die Einziehung von Forderungen gegen die Gesellschafter (Rn 21 ff), wonach die Liquidatoren nicht verpflichtet sind, den benötigten Betrag auf alle Gesellschafter anteilig zu verteilen; der Ausgleich hat vielmehr im Rahmen der Auseinandersetzung unter den Gesellschaftern zu erfolgen (dazu noch Rn 21 ff; § 155 Rn 9 ff).

[12] Dazu RG LZ 1931, 1388.

§ 155 Rn 25; § 157 Rn 11). – Neben den Liquidatoren haben auch die Gesellschafter im Rahmen ihrer Zuständigkeit (Rn 4) den Gesellschaftszweck (§ 145 Rn 16 ff) zu fördern. Insbesondere haben sie sich mit Auflösung der Gesellschaft der Ausübung ihrer (erloschenen, s. Rn 1) Geschäftsführungs- und Vertretungsbefugnisse aus §§ 114 ff, 125 zu enthalten und auf die Vollbeendigung der Gesellschaft hinzuwirken (§ 145 Rn 21). Zu der Frage, ob sich aus §§ 149 S. 1, 155 Pflichten der Liquidatoren oder Gesellschafter gegenüber den Gläubigern herleiten lassen, s. Rn 9, 37, ferner § 145 Rn 4 f, § 155 Rn 16 f.

7 2. **Rechtsfolgen einer Pflichtverletzung.** Für von ihm zu vertretende Pflichtverletzungen haftet der Liquidator – nicht anders als der Geschäftsführer der werbenden Gesellschaft[13] – auf Schadensersatz. Was den **Verschuldensmaßstab** betrifft, so ist zu unterscheiden. Drittliquidatoren haben nach § 276 BGB auch für einfache Fahrlässigkeit einzustehen.[14] Den Gesellschafter-Liquidatoren kommt dagegen die Vorschrift des § 708 BGB zugute,[15] soweit die Vorschrift auch innerhalb der werbenden Gesellschaft zur Anwendung gelangt.[16] Gläubiger des Anspruchs ist grundsätzlich die Gesellschaft (Rn 6). Die Geltendmachung erfolgt durch die übrigen Liquidatoren. Wird der Anspruch nicht verfolgt, hat der Gesellschafter die actio pro socio (Rn 18 ff, 30; allg. § 105 Rn 256 ff). Nur ausnahmsweise ist der Gesellschafter aktivlegitimiert (Rn 6, aber auch Rn 8).

8 Besonderheiten gelten bei Übergriffen der Liquidatoren in den **Kompetenzbereich der Gesellschafter** (Rn 4). Sie haben Abwehr-, Beseitigungs- und Schadensersatzansprüche des um seine mitgliedschaftlichen Teilhaberechte gebrachten Gesellschafters zur Folge.[17] Die Ansprüche beruhen auf §§ 823 Abs. 1, 1004 BGB (§ 124 Rn 9), bei Handeln eines Gesellschafter-Liquidators zudem auf dem mitgliedschaftlichen Rechtsverhältnis. Voraussetzung ist, dass die Liquidatoren die Zuständigkeit der Gesellschafter missachten, sei es, dass sie ein Grundlagengeschäft (Rn 4) oder ein gegenstandsfremdes Geschäft (§ 126 Rn 17) ohne die erforderliche Mitwirkung der Gesellschafter vornehmen oder einen Weisungsbeschluss (§ 152 Rn 5 ff) ignorieren.[18] Die fehlerhafte Geschäftsführung hat dagegen grundsätzlich (s. aber Rn 6) keine Ansprüche der Gesellschafter zur Folge.

9 Im **Verhältnis zu den Gläubigern** haften die **Liquidatoren** nach allgemeinen Grundsätzen. In Betracht kommt etwa eine Haftung aus §§ 823 ff, aber auch eine Eigenhaftung aus culpa in contrahendo (§ 130a Rn 46 f; § 153 Rn 8). Was die Haftung aus § 823 Abs. 2 BGB betrifft, so handelt es sich zwar bei § 153 um ein Schutzgesetz zugunsten der Gläu-

---

13 Vgl. im Zusammenhang mit einer Überschreitung der Geschäftsführungsbefugnis BGH WM 1988, 968 (969); WM 1989, 1335 (1339); ZIP 1996, 2164 (2165); DStR 2008, 1599 mit Anm. *Goette*.

14 RG LZ 1913, 212; 3. Aufl. Anm. 54 (*Schilling*); MünchKommHGB/*K. Schmidt* Rn 59; Ebenroth/Boujong/Joost/Strohn/*Hillmann* Rn 3; Röhricht/v. Westphalen/*v. Gerkan/Haas* Rn 2.

15 3. Aufl. Anm. 54 (*Schilling*); MünchKommHGB/*K. Schmidt* Rn 58; Ebenroth/Boujong/Joost/Strohn/*Hillmann* Rn 3; Röhricht/v. Westphalen/*v. Gerkan/Haas* Rn 2.

16 Zur Unanwendbarkeit auf die Publikumsgesellschaft s. BGHZ 69, 207 (209 f) = NJW 1977, 2311; 75, 321 (327 f) = NJW 1980, 589; zur Frage der Geltung bei Handeln im Straßenverkehr s. BGHZ 46, 313 (317) = NJW 1967, 558 (verneinend), aber auch MünchKommBGB/*Ulmer/Schäfer* § 708 Rn 12 ff.

17 Vgl. für die AG BGHZ 83, 122 = NJW 1982, 1703; BGHZ 136, 133 (141) = NJW 1997, 2815; BGHZ 164, 249 (254 ff) = NJW 2006, 374; für die KG BGH WM 1980, 1141 (insoweit in BGHZ 76, 160 nicht abgedruckt); näher dazu *K. Schmidt* Gesellschaftsrecht § 21 V 3; *Habersack* Die Mitgliedschaft – subjektives und „sonstiges" Recht (1996), S. 297 ff, 316 ff.

18 Dazu im Einzelnen *Habersack* (Fn 17) S. 332 ff, 339 f; vgl. ferner die Nachw. in Fn 13.

biger (§ 153 Rn 8), nicht dagegen bei § 149 (s. noch Rn 37; § 155 Rn 16).[19] Die Liquidatoren einer Kapitalgesellschaft & Co. OHG/KG haften entsprechend § 179 BGB, wenn sie es unterlassen, einen auf die Haftungsbeschränkung hindeutenden Firmenzusatz zu verwenden (§ 125a Rn 12). Gesellschafter-Liquidatoren haften in ihrer Eigenschaft als **Gesellschafter** nach §§ 128, 159 für die Verbindlichkeiten der Gesellschaft. Was die Haftung der **Gesellschaft** betrifft, so ist von Bedeutung, dass die Liquidatoren organschaftliche Befugnisse ausüben (§ 145 Rn 7). Der Gesellschaft ist deshalb das Verschulden ihrer Liquidatoren nach § 31 BGB zuzurechnen; die Ausführungen unter § 124 Rn 13 ff gelten entsprechend.

III. Die Aufgaben der Abwickler nach S. 1

1. Überblick. Nach §§ 149 S. 1, 155 haben die **Liquidatoren** in Verfolgung des geän- 10
derten Gesellschaftszwecks (§ 145 Rn 16 ff) die Rechtsverhältnisse der Gesellschaft einem Ende zuzuführen, das Gesellschaftsvermögen zu versilbern, die Gläubiger zu befriedigen und den Überschuss unter die Gesellschafter zu verteilen. Die **Gesellschafter** können zwar die Geschäftsführungsbefugnis der Liquidatoren beschränken, indem sie Weisungen im Sinne des § 152 erteilen oder eine andere Art der Abwicklung vereinbaren (§ 145 Rn 22); sie können zudem das liquidationslose Erlöschen der Gesellschaft (§ 145 Rn 39 ff) herbeiführen. Lassen sie es allerdings bei § 149 S. 1 bewenden, so haben die Liquidatoren im Verhältnis zur Gesellschaft (Rn 6) ihre Handlungen an den Vorgaben dieser Vorschrift auszurichten.

Die Vorschrift des § 149 S. 1 trägt dem auf Abwicklung gerichteten Gesellschafts- 11
zweck (§ 145 Rn 16 ff) dadurch Rechnung, dass sie die in § 116 Abs. 1 enthaltene Beschränkung der Geschäftsführungsbefugnis auf Handlungen, die der gewöhnliche Betrieb des Handelsgewerbes der Gesellschaft mit sich bringt, für das Abwicklungsstadium nicht übernimmt. Von der Geschäftsführungsbefugnis der Liquidatoren können mithin auch Maßnahmen gedeckt sein, die, würden sie innerhalb der werbenden Gesellschaft vorgenommen, den Charakter eines **außergewöhnlichen Geschäfts** hätten oder gar die Grundlagen der Gesellschaft berührten. Der Zweck der Liquidation kann mit anderen Worten Maßnahmen erfordern, die über § 116 Abs. 1 hinausgehen. In Betracht kommt namentlich die Veräußerung des Unternehmens im Ganzen (Rn 35; s. ferner § 145 Rn 35 ff). § 149 S. 1 enthält im Übrigen **keine abschließende Aufzählung** der Befugnisse der Liquidatoren (s. bereits Rn 1). So haben die Liquidatoren insbesondere die steuerrechtlichen Pflichten der Gesellschaft zu erfüllen.[20] Des Weiteren können Maßnahmen der Vermögensverwaltung und -sicherung sowie der Rechtsverteidigung erforderlich sein.[21]

Mit der Vornahme von Maßnahmen, die über den durch § 149 S. 1 definierten **Rahmen** 12
der Abwicklung hinausgehen, überschreiten die Liquidatoren ihre Geschäftsführungsbefugnis. Sie sind deshalb im Verhältnis zur Gesellschaft (Rn 6) verpflichtet, derartige Maßnahmen zu unterlassen.[22] Neben der Verpflichtung zum Schadensersatz (Rn 7)

[19] 3. Aufl. Anm. 24 (*Schilling*); MünchKommHGB/*K. Schmidt* Rn 60; Röhricht/v. Westphalen/*v. Gerkan/Haas* Rn 2; Heymann/*Sonnenschein/Weitemeyer* Rn 10.

[20] Eingehend *Gericke* GmbH-Rdsch. 1957, 173 ff; *Liftin* Liquidation und steuerliche Pflichten (1964); für die GmbH s. noch BFHE 144, 329 und 146, 511: Pflicht des Liquidators zur anteiligen Befriedigung des Fiskus aus der Liquidationsmasse.

[21] Vgl. BGH WM 1959, 323.

[22] Zur Haftung der Liquidatoren s. die Nachw. in Fn 13.

droht den Liquidatoren die Inanspruchnahme durch die Gesellschafter (Rn 8). Die Gesellschafter können allerdings nicht nur die Handlungsbefugnisse der Liquidatoren von vornherein erweitern, sondern auch ein von der Geschäftsführungsbefugnis nicht gedecktes Handeln der Liquidatoren genehmigen. Von der Geschäftsführungsbefugnis zu unterscheiden ist die Vertretungsbefugnis der Liquidatoren; sie beurteilt sich nach § 149 S. 2 und entscheidet über die **Wirksamkeit** der von den Liquidatoren getätigten Rechtsgeschäfte (Rn 43 ff).

13 **2. Beendigung der laufenden Geschäfte.** Die Auflösung hat zwar eine Änderung des Gesellschaftszwecks zur Folge (§ 145 Rn 16 ff); sie ändert jedoch nichts am Fortbestand der Gesellschaft als Träger von Rechten und Pflichten (§ 145 Rn 13 ff). Auf den Bestand der von der werbenden Gesellschaft getätigten Rechtsgeschäfte hat die Auflösung deshalb grundsätzlich keinen Einfluss.[23] Nach Lage des Falles kann der Vertragspartner, aber auch die Gesellschaft zur außerordentlichen Kündigung eines Dauerschuldverhältnisses berechtigt sein (§ 131 Rn 51). Im **Innenverhältnis** zur Gesellschaft sind allerdings die Liquidatoren nach § 149 S. 1 verpflichtet, die „laufenden Geschäfte zu beendigen". Soweit es der Liquidationszweck erfordert, haben sie sich deshalb nach Lage des Falles darum zu bemühen, den Vertragspartner zu einer vorzeitigen Beendigung von Dauerschuldverhältnissen, zur vorzeitigen Annahme der von der Gesellschaft geschuldeten Leistungen oder zur vorzeitigen Erbringung der der Gesellschaft geschuldeten Leistungen zu veranlassen. Von der Möglichkeit der ordentlichen oder außerordentlichen Kündigung von Dauerschuldverhältnissen ist Gebrauch zu machen. Für das Innenverhältnis trifft es also nicht zu, dass die schwebenden Geschäfte so abzuwickeln sind, wie dies auch ohne Auflösung geschehen müsste.[24]

14 Der Begriff des „Geschäfts" bezieht sich freilich **nicht nur** auf **Rechtsgeschäfte.**[25] Erfasst wird vielmehr die gesamte unternehmerische Tätigkeit; sie ist unter Berücksichtigung des Abwicklungszwecks einem Ende zuzuführen. Einer **einstweiligen Fortsetzung** der unternehmerischen Betätigung steht dies freilich nicht entgegen. Die Liquidatoren haben darüber nach pflichtgemäßem Ermessen zu entscheiden (§ 145 Rn 20).[26] Zulässig ist jedoch allenfalls ein Aufschub der Liquidation; zur dauerhaften Fortsetzung der werbenden Tätigkeit bedarf es eines Fortsetzungsbeschlusses der Gesellschafter (§ 145 Rn 20). Anhängige **Prozesse und Verwaltungsverfahren** sind von den Liquidatoren fortzuführen (§ 131 Rn 52). Auch insoweit haben die Liquidatoren den auf Abwicklung gerichteten Zweck der Gesellschaft zu berücksichtigen und deshalb je nach Lage des Falles auf eine rasche Beendigung des Verfahrens hinzuwirken; in Betracht kommt etwa das Führen von Vergleichsverhandlungen, die Abgabe einer Erledigungserklärung oder die Klagerücknahme.[27] Nach S. 2 sind die Liquidatoren auch zur gerichtlichen Vertretung der Gesellschaft berechtigt (Rn 49).

---

[23] RGZ 5, 7 (8); 24, 70 (71), 123, 151 (155); OLG Hamburg OLGE 9, 260; § 131, 49 (*Schäfer*); *A. Hueck* OHG § 32 V 1 (S. 506); MünchKommHGB/*K. Schmidt* Rn 10.

[24] So aber offensichtlich 3. Aufl. Anm. 5 (*Schilling*); unklar Heymann/*Sonnenschein*/*Weitemeyer* Rn 3 („vorzeitige Beendigung ist nicht nötig"); wie hier hingegen MünchKommHGB/*K. Schmidt* Rn 10; Ebenroth/Boujong/Joost/Strohn/*Hillmann* Rn 6; Röhricht/v. Westphalen/*v. Gerkan*/*Haas* Rn 4.

[25] 3. Aufl. Anm. 2 (*Schilling*); MünchKommHGB/*K. Schmidt* Rn 8; unentschieden Ebenroth/Boujong/Joost/Strohn/*Hillmann* Rn 5; **aA** Heymann/*Sonnenschein*/*Weitemeyer* Rn 3.

[26] RGZ 72, 236 (240); BGHZ 1, 324 (329) = NJW 1951, 650; *A. Hueck* OHG § 32 V 1 (S. 506); MünchKommHGB/*K. Schmidt* Rn 9; Röhricht/v. Westphalen/*v. Gerkan*/*Haas* Rn 4.

[27] Zutr. MünchKommHGB/*K. Schmidt* Rn 11.

15 3. **Eingehung neuer Geschäfte.** Nach § 149 S. 1 Hs. 2 dürfen die Liquidatoren zur Beendigung schwebender Geschäfte (Rn 13 f) neue Geschäfte eingehen. Auch § 149 S. 1 Hs. 2 handelt von der Geschäftsführungsbefugnis der Liquidatoren und damit von der Beurteilung der von ihnen vorgenommenen Rechtsgeschäfte im Innenverhältnis zur Gesellschaft. Die Wirksamkeit der Rechtsgeschäfte bestimmt sich dagegen nach § 149 S. 2 (Rn 12, 43 ff). Die Befugnis zur Eingehung neuer Geschäfte versteht sich als Ergänzung zur Befugnis, die laufenden Geschäfte zu beendigen (Rn 13 f).[28] Auch im Rahmen des § 149 S. 1 Hs. 2 ist deshalb der **Begriff des Geschäfts** nicht auf Rechtsgeschäfte zu beschränken, sondern in einem weiten, die werbende Tätigkeit der Gesellschaft als solche bezeichnenden Sinne (Rn 14) zu verstehen.[29] Die hM sieht dies zwar anders, betont aber, dass der Zweck der Vorschrift eine weite Auslegung des Begriffs der Beendigung der Geschäfte erfordere;[30] im Ergebnis gelangt deshalb auch sie zu einer umfassenden Befugnis der Liquidatoren, im Rahmen des auf Abwicklung gerichteten Zwecks der Gesellschaft neue Geschäfte zu tätigen.[31]

16 Nach im Ergebnis einh. M. besagt also § 149 S. 1 Hs. 2 mitnichten, dass die Abwickler nur im Zusammenhang mit einzelnen (konkreten) Geschäften neue eingehen dürfen. Erlaubt sind vielmehr sämtliche Geschäfte, die unter Berücksichtigung des konkreten Abwicklungsplans dem auf Vollbeendigung gerichteten Zweck der Gesellschaft dienen; nicht erforderlich ist dagegen, dass es sich um ein Hilfsgeschäft zu einem konkreten schwebenden Geschäft handelt.[32] Grundsätzlich gibt es keine Geschäfte, die schon ihrer Art nach unzulässig wären.[33] Maßgebend ist vielmehr, dass das Geschäft objektiv zumindest **geeignet**, wenn auch nicht unbedingt dazu erforderlich ist, dem **Zweck der Abwicklung zu dienen**; zudem muss es zu diesem Zwecke vorgenommen sein.[34] Dies kann selbst bei der Errichtung einer Zweigniederlassung der Fall sein, kann sie doch dazu dienen, die Abwicklung durch Veräußerung des Unternehmens zu fördern.

17 Soweit es den Liquidatoren gestattet ist, das Unternehmen vorübergehend fortzuführen (Rn 14), kann deshalb der Kauf von Materialien, die Anmietung von Räumen oder die Einstellung neuer Mitarbeiter erforderlich sein;[35] dies gilt zumal, wenn das Unternehmen im Ganzen veräußert werden soll (Rn 35). Unabhängig von der Fortführung des Unternehmens sind die Liquidatoren des Weiteren berechtigt und verpflichtet, das **Gesellschaftsvermögen zu verwalten** und – im Rahmen des Abwicklungszwecks und unter Berücksichtigung der Interessen der Gesellschafter – zu mehren. Je nach Lage des einzelnen Falles kann insoweit die Anlage flüssiger (etwa eingezogener, s. Rn 18 ff) Mittel als Darlehen, aber auch die Wahl einer anderen Anlageform in Betracht kommen.[36] Selbst Grundstücksgeschäfte sind nicht ausgeschlossen.[37] So kann etwa, um den Ausfall

---

[28] Insoweit allg. M., s. 3. Aufl. Anm. 6 (*Schilling*); Heymann/*Sonnenschein*/*Weitemeyer* Rn 4.

[29] So auch MünchKommHGB/*K. Schmidt* Rn 13; offen Ebenroth/Boujong/Joost/Strohn/*Hillmann* Rn 7.

[30] RGZ 72, 236 (240); BGH WM 1959, 323 (324); 3. Aufl. Anm. 6 (*Schilling*); Heymann/*Sonnenschein*/*Weitemeyer* Rn 4; Röhricht/v. Westphalen/*v. Gerkan*/*Haas* Rn 4.

[31] Vgl. neben den Nachw. in Fn 30 noch RGZ 4, 61 (64); 44, 80 (84); 146, 376 (378 f).

[32] 3. Aufl. Anm. 6 (*Schilling*); MünchKommHGB/*K. Schmidt* Rn 13.

[33] RGZ 49, 77 (80); 72, 236 (240); 85, 397; 106, 68 (72).

[34] RGZ 4, 61 (64); 3. Aufl. Anm. 6 (*Schilling*); s. ferner MünchKommHGB/*K. Schmidt* Rn 13.

[35] 3. Aufl. Anm. 6 (*Schilling*); MünchKommHGB/*K. Schmidt* Rn 14, Baumbach/*Hopt* Rn 6; Heymann/*Sonnenschein*/*Weitemeyer* Rn 4.

[36] BGH BB 1959, 249 = LM Nr. 2; MünchKommHGB/*K. Schmidt* Rn 15.

[37] RGZ 44, 80, 84 (betr. die Genossenschaft); OLG Frankfurt/M. OLGZ 1980, 95 (Belastung eines Grundstücks).

einer Hypothek zu vermeiden, der Erwerb des belasteten Grundstücks im Rahmen der Zwangsvollstreckung geboten sein.[38] Zulässig sind des Weiteren Verträge über das Anerkenntnis von und den Verzicht auf Forderungen,[39] ferner Vergleichs- und Sicherungsverträge.[40] Auch das Führen neuer **Aktivprozesse** ist den Liquidatoren im Rahmen des Abwicklungszwecks gestattet (s. Rn 19).

4. Einziehung von Forderungen

18 a) **Allgemeines.** Nach § 149 S. 1 gehört es zu den Aufgaben der Liquidatoren, die Forderungen der Gesellschaft einzuziehen und dadurch in verteilungsfähiges Vermögen umzuwandeln. Die Einziehung erfolgt im Regelfall in der Weise, dass der Schuldner auf Leistung an die Gesellschaft in Anspruch genommen wird. Den Liquidatoren bleibt es aber unbenommen, die Forderung anderweitig zu verwerten, etwa durch Aufrechnung oder **Abtretung.**[41] Die Einziehung ist Sache der Liquidatoren; diese handeln dabei im Namen der Gesellschaft.[42] Soweit es um die Geltendmachung von Sozialansprüchen geht, haben die Gesellschafter allerdings auch nach Auflösung der Gesellschaft die Möglichkeit der **actio pro socio** (§ 105 Rn 256 ff; s. noch Rn 19 f, 30; zur entsprechenden Anwendung des § 273 Abs. 4 AktG auf die Publikums-KG s. aber § 146 Rn 14).[43] Nach zutr. Ansicht gilt dies für sämtliche Sozialansprüche und damit auch für Beitrags- und Einlageansprüche,[44] mag insoweit auch die Möglichkeit der Geltendmachung im Allgemeinen (also auch die Geltendmachung durch die Liquidatoren) nach – insoweit zutr. – Ansicht der Rechtsprechung eingeschränkt sein.[45] Denn zwar kann auch der Gesellschafter diese Ansprüche nur insoweit geltend machen, als die Leistung für die Zwecke der Abwicklung benötigt wird (Rn 21). Doch handelt es sich dabei um eine Frage der Begründetheit der actio pro socio, nicht dagegen um eine solche ihrer Zulässigkeit. Der Gesellschafter hat grundsätzlich auf Leistung an die Gesellschaft zu klagen (§ 105 Rn 256). Die Rechtsprechung hat es allerdings zugelassen, dass der Gesellschafter auf Leistung an sich selbst klagt, wenn es sich bei dem Sozialanspruch um den **einzigen Vermögensgegenstand** der Gesellschaft handelt und die Leistung im Verhältnis der Gesellschafter untereinander allein dem Kläger gebührt.[46] Dem ist zwar aus Gründen der Verfahrensökonomie zuzustimmen.[47] Doch wird es im Hinblick auf § 735 BGB (Rn 24, 31 f) zumeist an der erstgenannten Voraussetzung fehlen.

---

[38] 3. Aufl. Anm. 6 (*Schilling*).

[39] RG Recht 1919 Nr. 132.

[40] OLG Frankfurt/M. OLGZ 1980, 95 (Belastung eines Grundstücks); für den Verein RGZ 146, 376, 378 f (Bürgschaft).

[41] RGZ 44, 80 (84).

[42] RGZ 17, 365 (367 ff); 82, 131 f; allg. dazu § 124 Rn 11 ff.

[43] RGZ 90, 300 (301); 91, 34; RG JW 1927, 1090; BGHZ 10, 91 (101) = NJW 1953, 1217; BGH WM 1971, 723 (725); OLG Düsseldorf NZG 2000, 475; OLG Köln NZG 2000, 1171 (1173); 3. Aufl. Anm. 15 (*Schilling*); MünchKommHGB/*K. Schmidt* § 146 Rn 55 f; MünchKommBGB/*Ulmer/Schäfer* § 730 Rn 34; Röhricht/v. Westphalen/*v. Gerkan/Haas* Rn 2.

[44] So zu Recht MünchKommHGB/*K. Schmidt* § 146 Rn 55; MünchKommBGB/*Ulmer/Schäfer* § 730 Rn 34; **aA** RGZ 100, 165 (167); BGH WM 1960, 47 (48); offen BGHZ 155, 121 (124) = NJW 2003, 2676.

[45] Näher dazu Rn 21, 22 ff; zur damit übereinstimmenden Rechtslage bei Schadensersatzansprüchen s. im Übrigen Rn 29 f.

[46] RGZ 158, 302 (314); BGHZ 10, 91 (101 f) = NJW 1953, 1217; BGH BB 1958, 603; ZIP 1994, 1846.

[47] 3. Aufl. Anm. 15 (*Schilling*); MünchKommHGB/*K. Schmidt* § 146 Rn 56; MünchKommBGB/*Ulmer/Schäfer* § 730 Rn 35; *Bork/Oepen* ZGR 2001, 515 (539).

b) **Ansprüche gegen Dritte.** Grundsätzlich haben die Liquidatoren **sämtliche fälligen Ansprüche** gegen Dritte einzuziehen. Unerheblich sind Inhalt und Rechtsgrund des Anspruchs; neben Geldforderungen und auf andere Leistung gerichteten Forderungen sind mithin auch dingliche und sonstige Ansprüche geltend zu machen. **Nicht fällige** Forderungen sind nach Möglichkeit fällig zu stellen (Rn 13), etwa durch Ausübung eines Kündigungsrechts, durch Abruf von Waren oder durch Hinwirken auf die Aufhebung einer Stundungsabrede. Die Einziehung hat notfalls klagweise zu erfolgen (Rn 17, 49). Von der Geltendmachung eines an sich bestehenden Anspruchs kann freilich abgesehen werden, wenn keine Aussicht auf Befriedigung besteht. Die Gesellschafter sind in keinem Fall zur Geltendmachung befugt. In Ermangelung eines Sozialanspruchs haben sie insbesondere nicht die Möglichkeit der actio pro socio (§ 105 Rn 257).[48] Bleiben die Liquidatoren pflichtwidrig untätig, so sind sie allerdings der Gesellschaft gegenüber zum Schadensersatz verpflichtet (Rn 7); dieser Anspruch ist ein Sozialanspruch und kann demnach mittels actio pro socio geltend gemacht werden (s. noch Rn 30). 19

Von § 149 S. 1 werden auch Ansprüche der Gesellschaft aus **Drittgeschäften** mit ihren Gesellschaftern erfasst (§ 105 Rn 213 f; § 128 Rn 13). Auch insoweit ist die Geltendmachung ausschließlich Sache der Liquidatoren; die actio pro socio steht den Gesellschaftern nicht zur Verfügung (Rn 19; § 105 Rn 257). Der Gesellschafter kann zwar – vergleichbar der Rechtslage bei der Geltendmachung von Sozialansprüchen (Rn 21, 22) – die Leistung verweigern, soweit diese zur Durchführung der Liquidation nicht erforderlich ist.[49] Ihre Berücksichtigung im Rahmen der Schlussabrechnung wird dadurch allerdings nicht berührt (Rn 28). 20

c) **Sozialansprüche**

aa) **Grundlagen.** Die Geltendmachung von Sozialansprüchen, also von auf dem mitgliedschaftlichen Rechtsverhältnis basierenden Forderungen der Gesellschaft gegen ihre Gesellschafter (s. aber Rn 30), unterliegt besonderen Regeln. Infolge der Grundlage dieser Ansprüche im mitgliedschaftlichen Rechtsverhältnis kann nämlich die mit der Auflösung einhergehende **Änderung des Gesellschaftszwecks** (§ 145 Rn 16 ff) nicht ohne Einfluss auf die Rechte (Rn 41) und Pflichten des Mitglieds bleiben (s. noch § 155 Rn 9 ff). Insbesondere im Zusammenhang mit Beiträgen ist zu berücksichtigen, dass sie im Hinblick auf den werbenden Zweck versprochen worden sind. Mit Wegfall dieses Zwecks ist deshalb die Leistung nur noch insoweit geschuldet, als die Beiträge zur Verwirklichung des neuen Gesellschaftszwecks notwendig sind (Rn 22). Ist der Zweck der aufgelösten Gesellschaft auf Vollbeendigung und Rückführung des gesamthänderisch gebundenen Vermögens in das Privatvermögen der Gesellschafter gerichtet (§ 145 Rn 16 ff), so ist es ausgeschlossen, den Gesellschafter auf Leistung von Beiträgen in Anspruch zu nehmen, die er alsbald, nämlich nach Beendigung der Abwicklung zurückerhält (Rn 22). Entsprechendes hat für sonstige Sozialansprüche zu gelten (Rn 29 f). Im Ergebnis ist dies weitgehend anerkannt. Entgegen der hM folgt dies allerdings nicht aus dem Einwand des dolo agit und damit aus § 242 BGB; vielmehr werden mit Auflösung der Gesellschaft sämtliche auf Geld gerichteten Sozialansprüche und -verbindlichkeiten zu **unselbständigen Rechnungsposten** der Auseinandersetzungsrechnung, so dass schon deshalb für eine isolierte Geltendmachung kein Raum ist.[50] So wie der Gesellschafter nach § 155 Abs. 2 21

---

[48] Ebenroth/Boujong/Joost/Strohn/*Hillmann* Rn 10; **aA** offensichtlich MünchKommHGB/*K. Schmidt* Rn 17.

[49] MünchKommHGB/*K. Schmidt* Rn 31; Ebenroth/Boujong/Joost/Strohn/*Hillmann* Rn 10; näher *Hillers* S. 155 ff.

[50] So für Schadensersatzansprüche auch BGH NJW-RR 1992, 543 (544); eingehend *Dellin-*

S. 1 einen Anspruch auf vorläufige Verteilung hat (Rn 41), können allerdings umgekehrt auch die Liquidatoren den für die Durchführung der Abwicklung erforderlichen (Rn 23) Betrag vorab verlangen (Rn 23 ff). Geltend gemacht wird in diesem Fall allerdings nicht der unselbständige Einzelanspruch, sondern der **Anspruch aus § 735 BGB** (Rn 31 f). Wenn im folgenden gleichwohl von der Geltendmachung bestimmter Sozialansprüche die Rede ist, so ist dies mithin in dem Sinne zu verstehen, dass sich aus der Existenz dieser Forderungen ein Anspruch auf Vorableistung des auf den Gesellschafter entfallenden Nachschusses ergeben kann. Anders verhält es sich allein hinsichtlich nicht auf Geld gerichteter Sozialansprüche. Sie können nicht verrechnet werden und sind demnach isoliert geltend zu machen (Rn 26 f). Auch auf Geld gerichtete Sozialansprüche können im Übrigen zum Gegenstand einer **Feststellungsklage** gemacht werden; ein entsprechender Antrag ist in dem verfrühten Leistungsbegehren enthalten.[51] Zu Ansprüchen des Gesellschafters gegen die Gesellschaft s. noch Rn 40 f.

22 bb) **Beiträge.** Was zunächst die Erbringung offener **Einlagen**[52] betrifft, so kommt ihre Geltendmachung (Rn 18) nach dem in Rn 21 Gesagten nur insoweit in Betracht, als sie für die Zwecke der Abwicklung der Gesellschaft notwendig (Rn 23 ff) sind.[53] Entsprechendes gilt für die Forderung und Rückforderung einlagengleicher Leistungen des Gesellschafters (Anh. § 129 Rn 26; Voraufl. Anh. § 161 Rn 17; § 236 Rn 13).[54] Allerdings ist **zu vermuten**, dass der eingeforderte Betrag für die Zwecke der Abwicklung benötigt wird. Dem in Anspruch genommenen Gesellschafter obliegt somit der Nachweis, dass es der Einforderung nicht bedarf.[55] Dem Liquidator soll es zwar obliegen, die Verhältnisse der Gesellschaft darzulegen, soweit nur er dazu imstande ist; die Beweislast und das Risiko eines non liquet liegen dessen ungeachtet beim Gesellschafter.[56] Soweit danach die Gesellschaft Einlageforderungen hat, ist der Liquidator – vorbehaltlich einer entsprechenden Weisung nach § 152 – nicht gehalten, die Gesellschafter unter Beachtung des Grundsatzes der **Gleichbehandlung** und damit entsprechend den geschuldeten Ein-

---

ger S. 365 ff; *Hillers* S. 119 ff, 128 ff, 162 ff; ebenso MünchKommHGB/*K. Schmidt* Rn 19, 29; *ders.* ZHR 153 (1989), 270 (293); für § 242 BGB dagegen BGH WM 1968, 1086; 1969, 591 (592); 1970, 280 (281); Ebenroth/Boujong/Joost/Strohn/*Hillmann* Rn 11; s. ferner *Messer* FS Stimpel (1985) S. 205 (212); offen Röhricht/v. Westphalen/*v. Gerkan/Haas* Rn 6; s. ferner BGH NJW 2000, 2586 (2587); OLG Celle NZG 1999, 650 (651 f).

[51] BGH ZIP 1993, 919 (920); ZIP 1994, 1846 (1847); NJW 2000, 2586; NZG 2002, 519; s. ferner BGH NJW 1984, 1455; 1985, 1898; KG NZG 2008, 70 (72).

[52] Im Sinne von Beiträgen, die auf Bildung von Eigenkapital gerichtet sind.

[53] RGZ 45, 153, 155 (AG); RGZ 111, 77, 83 (Gesellschaft bürgerlichen Rechts); BGH WM 1960, 47 (48); WM 1966, 639 (640); WM 1977, 617 (618); WM 1978, 898; NJW 1978, 424; ZIP 1980, 192 (193 f); NJW 1984, 435; 3. Aufl. Anm. 12 (*Schilling*); MünchKommHGB/*K. Schmidt* Rn 19, 22; Ebenroth/Boujong/Joost/Strohn/*Hillmann* Rn 11; Röhricht/v. Westphalen/*v. Gerkan/Haas* Rn 6; Heymann/*Sonnenschein/Weitemeyer* Rn 6; Baumbach/*Hopt* Rn 3; Koller/Roth/Morck/*Koller* Rn 2; MünchGesR/*Butzer/Knof* Bd. I § 84 Rn 37.

[54] Vgl. BGH ZIP 1980, 192 (193 f); ZIP 1981, 734 (735); anders noch BGH WM 1977, 617; s. ferner BGH NJW 1978, 424. – Zur Rückforderung kapitalersetzender Gesellschafterhilfen (dazu Anh. § 129, 1 ff) MünchKomm-HGB/*K. Schmidt* Rn 19; Röhricht/v. Westphalen/*v. Gerkan/Haas* Rn 7; vgl. für die Geltendmachung durch den Insolvenzverwalter OLG Köln ZIP 1983, 310 (311).

[55] BGH WM 1978, 898; ZIP 1980, 192 (194); 3. Aufl. Anm. 12 (*Schilling*); **aA** für die Gesellschaft bürgerlichen Rechts Münch-KommBGB/*Ulmer/Schäfer* § 730 Rn 31.

[56] BGH WM 1978, 898 (899); ZIP 1980, 192 (194).

lagebeträgen in Anspruch zu nehmen.[57] Die Mehrleistung eines Gesellschafters ist vielmehr im Rahmen der Schlussabrechnung zu berücksichtigen.

Umstritten ist freilich, wonach sich die **Notwendigkeit** der Einforderung rückständiger Einlagen bestimmt. Während die hM insoweit ausschließlich auf die Tätigkeit der Liquidationsgesellschaft (Rn 13 f, 15 ff) und auf die Befriedigung der Gläubiger (Rn 37 ff) abstellt,[58] ist nach Ansicht von *K. Schmidt* auch der **Ausgleich unter den Gesellschaftern Aufgabe der Liquidatoren**, so dass sich auch daraus die Notwendigkeit der Geltendmachung rückständiger Sozialansprüche ergeben könne.[59] Zwar lässt es auch die hM zu, dass die Gesellschafter die Liquidatoren zur Vornahme des Ausgleichs ermächtigen,[60] während umgekehrt nach Ansicht von *K. Schmidt* die Gesellschafter die Möglichkeit haben sollen, die Liquidatorenkompetenzen abweichend vom dispositiven Gesetzesrecht zu beschränken und den Ausgleich selbst in die Hand zu nehmen (s. dazu noch Rn 25).[61] Die Unterschiede zwischen den beiden Ansichten zeigen sich aber beim Fehlen einer Vereinbarung der Gesellschafter. **23**

Den Vorzug verdient die Ansicht von *K. Schmidt*. Für sie spricht zunächst die – im Grundsatz nahezu einhellig anerkannte – **Rechtssubjektivität** der Personenhandelsgesellschaft (§ 124 Rn 3 ff). Geht man davon aus, dass die Gesellschaft selbst Träger der Rechte und Pflichten ist (§ 124 Rn 6 ff) und sich daran durch die Auflösung nichts ändert (§ 145 Rn 6, 13 ff), so ist diesem Umstand zunächst dadurch Rechnung zu tragen, dass auch etwaige Verpflichtungen aus § 735 BGB, gerichtet auf Leistung von Nachschüssen (Rn 31), der Gesellschaft geschuldet sind, es sich bei diesen also um Sozialansprüche handelt.[62] Im umgekehrten Fall – die Abwicklung ergibt einen Überschuss – kann nichts anderes gelten: Der Anspruch auf den Anteil des Gesellschafters ist gegen die Gesellschaft gerichtet und damit Sozialverbindlichkeit.[63] Die hM, der zufolge der Ausgleich unter den Gesellschaftern nicht mehr Aufgabe der Liquidatoren ist (Rn 23), trägt dieser mit der neueren Gesamthandslehre verbundenen Ausgangslage nicht gebührend Rechnung. Sie (die hM) basiert vielmehr auf der – zwischenzeitlich überholten – Prämisse, dass das Gesellschaftsvermögen Sondervermögen der Gesellschafter und die Gesellschaft primär Schuldverhältnis der Gesellschafter untereinander sei, weshalb auch die Auseinandersetzung im Anschluss an die Versilberung des Sondervermögens unter den Gesellschaftern zu erfolgen habe. Demgegenüber ist auch im Rahmen der Liquidation daran festzuhalten, dass die Gesellschaft selbst Rechtssubjekt und damit Träger insbesondere von Sozialansprüchen und -verbindlichkeiten ist. Vor diesem Hintergrund muss davon ausgegangen werden, dass die Auseinandersetzung unter den Gesellschaftern grundsätzlich (s. aber auch Rn 18 a.E., Rn 25) Aufgabe der Liquidatoren ist. Anders gewendet bedeutet dies: Die Liquidatoren haben, wie sich auch §§ 154, 155, 157 entnehmen lässt, **24**

---

[57] Überzeugend BGH ZIP 1980, 192 (194); zust. auch Röhricht/v. Westphalen/*v. Gerkan/Haas* Rn 13.

[58] BGH NJW 1984, 435; ZIP 1980, 192 (193 f); WM 1978, 898 (899); NJW 1978, 424; 3. Aufl. Anm. 12 f (*Schilling*), Ebenroth/Boujong/Joost/Strohn/*Hillmann* Rn 11; Röhricht/v. Westphalen/*v. Gerkan/Haas* Rn 6; *Michalski* Rn 9; Heymann/*Sonnenschein/Weitemeyer* Rn 6; *Ensthaler* S. 58; wohl auch Baumbach/*Hopt* Rn 3.

[59] *K. Schmidt* ZHR 153 (1989), 270 (295 f); MünchKommHGB/*ders.* Rn 22; s. ferner MünchKommBGB/*Ulmer/Schäfer* § 730 Rn 7, 57 ff.

[60] BGH WM 1978, 898 (899); NJW 1978, 424; Ebenroth/Boujong/Joost/Strohn/*Hillmann* Rn 11; Röhricht/v. Westphalen/*v. Gerkan/Haas* Rn 6.

[61] MünchKommHGB/*K. Schmidt* Rn 22, 30.

[62] MünchKommBGB/*Ulmer/Schäfer* § 735 Rn 5.

[63] Vgl. für § 734 BGB MünchKommBGB/*Ulmer/Schäfer* § 730 Rn 62.

die **Vollbeendigung der Gesellschaft** herbeizuführen; vollbeendigt ist die Gesellschaft aber nicht, wenn sie noch über Vermögen verfügt, mögen diesem auch Sozialverbindlichkeiten gegenüberstehen.

25 Ist nach dem in Rn 24 Gesagten der Ausgleich unter den Gesellschaftern Sache der Liquidatoren, so sollte daran strikt festgehalten werden. Solange die Gesellschaft nicht vollbeendigt ist, besteht sie als Träger von Rechten und Pflichten fort; sie ist deshalb auf das Handeln von Organwaltern angewiesen (§ 146 Rn 7). Die Gesellschafter können zwar eine andere Art der Abwicklung vereinbaren (§ 145 Rn 22 ff) oder nach § 152 Weisungen erteilen; stets aber muss die aufgelöste und nicht vollbeendigte Gesellschaft über Liquidatoren verfügen (§ 145 Rn 34; § 158 Rn 2, 7). Wollen die Gesellschafter den Ausgleich selbst vornehmen, so ist dies nur in der Weise möglich, dass sie die bisherigen Liquidatoren abberufen und den **Grundsatz des § 146 Abs. 1 S. 1** zur Anwendung bringen, d.h. selbst als Abwickler tätig werden (§ 146 Rn 8 ff).[64] Anderes gilt nur in den Fällen, in denen es keiner Abwicklung der Gesellschaft bedarf, sei es, dass sie liquidationslos erlischt (§ 145 Rn 39 ff) oder die Gesellschafter die Geltung von § 735 BGB abbedungen haben und die Gesellschaft auch im Übrigen vermögenslos ist (§ 145 Rn 9); in diesen Fällen bewendet es bei der schuldrechtlichen Auseinandersetzung unter den Gesellschaftern.

26 Die Liquidatoren haben somit zunächst die noch offenen **Geldeinlagen** einzufordern, soweit diese für die Zwecke der Abwicklung (Rn 24 f) benötigt werden. Entsprechendes gilt für die Einforderung von **Sacheinlagen.** Dem Gesellschafter ist es allerdings grundsätzlich gestattet, die Erbringung der Sacheinlage durch Geldzahlung abzuwenden.[65] Die Zahlungspflicht wird in diesem Fall sowohl durch den Wert der versprochenen Sacheinlage als auch durch das Merkmal der Notwendigkeit (Rn 24 f) begrenzt. Erfordert allerdings der Zweck der Abwicklung die Erbringung der Sacheinlage, so bleibt der Gesellschafter zur Erfüllung in natura verpflichtet.

27 Auch die Einforderung sonstiger Beiträge kommt im Allgemeinen nur insoweit in Betracht, als der Zweck der Abwicklung dies gebietet. Was die Einbringung von Sachen **quoad usum** betrifft (§ 105 Rn 227), so kann deshalb der Gesellschafter auch noch während der Abwicklung zur Gebrauchsüberlassung verpflichtet sein.[66] Die Abwendung der Verpflichtung zur Gebrauchsüberlassung durch Geldzahlung kommt in diesem Fall schon deshalb nicht in Betracht, weil der Fortbestand der Verpflichtung gerade voraussetzt, dass die Zwecke der Liquidation die fortwährende Nutzung der Sache durch die Gesellschaft erfordern. Auch für den Fall, dass die Gesellschaft den ihr überlassenen Gegenstand nicht mehr benötigt, kann ihr gleichwohl ein Zurückbehaltungsrecht zustehen, wenn davon auszugehen ist, dass der Gesellschafter im Rahmen der Schlussabrechnung zur Zahlung eines Nachschusses verpflichtet ist (s. noch Rn 42).[67] Schuldet

---

[64] **AA** insoweit MünchKommHGB/*K. Schmidt* Rn 22, 30; ebenso die ganz hM, der zufolge der Ausgleich unter den Gesellschaftern ohnehin nicht Bestandteil der Abwicklung ist, s. Nachw. in Fn 58.

[65] Zutr. MünchKommHGB/*K. Schmidt* Rn 23; Ebenroth/Boujong/Joost/Strohn/*Hillmann* Rn 12; *Hillers* S. 242 f.

[66] Für Überlassung aufgrund eines Drittgeschäfts auch MünchKommBGB/*Ulmer/Schäfer* § 732 Rn 2; **aA** die ganz hM, s. BGH NJW 1981, 2802, RG JW 1938, 457 und Soergel/*Hadding* § 732 Rn 1, die allerdings die Möglichkeit anerkennen, dass der Gesellschafter ausnahmsweise auch noch während der Abwicklung zur Überlassung verpflichtet sein kann.

[67] So für die Gesellschaft bürgerlichen Rechts BGH WM 1998, 555 (557); BGH NJW 1981, 2802; MünchKomm/BGB/*Ulmer/Schäfer* § 732 Rn 4 mit zutr. Herleitung des Zurückbehaltungsrechts aus dem Grundsatz,

der Gesellschafter noch die Einbringung einer Sache **quoad sortem** (§ 105 Rn 226), so geht die Verpflichtung mit Auflösung der Gesellschaft grundsätzlich auf Wertersatz.[68] Die Einforderung dieses Zahlungsanspruchs kommt dann nur im Rahmen des Notwendigen und als Teil der Schlussforderung in Betracht (Rn 21, 24 f). Je nach Lage des Falles kann aber der Gesellschafter auch jetzt noch zur Erfüllung in natura verpflichtet sein; auch kann es ihm gestattet sein, seine Verpflichtung zum Wertersatz durch Einbringung der Sache quoad dominium abzuwenden.[69] Davon zu unterscheiden ist die Frage nach dem Schicksal einer vom Gesellschafter bereits vor Auflösung dem Werte nach eingebrachten Sache (Rn 42).

Ist ein Gesellschafter nach den Ausführungen in Rn 22 ff zur Erbringung eines noch offenen Beitrags nicht verpflichtet, so ist dies in der Schlussabrechnung (§ 155 Rn 5 ff) zu berücksichtigen. Der Anspruch des Gesellschafters auf das anteilige **Auseinandersetzungsguthaben vermindert sich** demgemäß um den Betrag der nicht erfüllten Beitragsverpflichtung. Nach der hier vertretenen Ansicht folgt dies schon daraus, dass sämtliche Sozialverbindlichkeiten und -ansprüche zu unselbständigen Rechnungsposten werden (Rn 21, 41). **28**

cc) **Schadensersatz; Rückgewähr.** Neben den Beitragsforderungen haben die Liquidatoren auch auf Schadensersatz oder auf Rückgewähr unberechtigt erlangter Vorteile gerichtete Ansprüche der Gesellschaft gegen die Gesellschafter geltend zu machen.[70] Entsprechend der Rechtslage bei offenen Beitragsforderungen (Rn 22 ff) ist zwar eine Inanspruchnahme nur insoweit statthaft, als die Mittel für die Zwecke der Abwicklung benötigt werden.[71] Im Übrigen ist die Schadensersatzpflicht des Gesellschafters jedoch im Rahmen der Schlussabrechnung zu berücksichtigen (Rn 28). **29**

Was Schadensersatzansprüche der Gesellschaft gegen ihre **Liquidatoren** betrifft, so ist zu unterscheiden. Handelt es sich um Gesellschafter-Liquidatoren, so bewendet es bei den Ausführungen in Rn 29. Drittliquidatoren haben dagegen keinen Anspruch auf das Auseinandersetzungsguthaben, so dass eine Verrechnung im Rahmen der Auseindersetzung (Rn 21) nicht in Betracht kommt. Gegen Drittliquidatoren gerichtete Ansprüche sind demnach **vollumfänglich und isoliert geltend zu machen.** Die Geltendmachung obliegt den übrigen Liquidatoren (Rn 18); ggf. bedarf es der Ernennung zusätzlicher Liquidatoren (s. noch Rn 48; § 150 Rn 10 ff). Eine Geltendmachung der Ansprüche im Wege der **actio pro socio** kommt nach hM nicht in Betracht.[72] Dem kann freilich nicht gefolgt werden. Zwar trifft es zu, dass die Drittliquidatoren nicht in einem mitgliedschaftlichen Rechtsverhältnis zur Gesellschaft stehen, weshalb ein Sozialanspruch, verstanden als ein auf einem solchen Rechtsverhältnis basierender Anspruch der Gesell- **30**

---

dass im Abwicklungsstadium vor der Schlussabrechnung Sozialansprüche nur geltend gemacht werden können, wenn und soweit feststeht, dass solche Ansprüche auch tatsächlich bestehen (Rn 21).

68 BGH WM 1967, 951 (953); MünchKommHGB/*K. Schmidt* Rn 24; *Hillers* S. 245; *Ullrich* NJW 1974, 1486 (1491).

69 So zu Recht *Hillers* S. 245; *Ullrich* NJW 1974, 1486 (1491); MünchKommHGB/*K. Schmidt* Rn 24.

70 BGH WM 1960, 47 (48); 3. Aufl. Anm. 12 (*Schilling*); MünchKommHGB/*K. Schmidt* Rn 25; Röhricht/v. Westphalen/*v. Gerkan/Haas* Rn 8; Ebenroth/Boujong/Joost/Strohn/*Hillmann* Rn 14; Heymann/*Sonnenschein/Weitemeyer* Rn 6.

71 S. neben den Nachw. in Fn 70 noch BGH WM 1977, 617 (618); NJW-RR 1992, 543; *Hillers* S. 205 ff; für die Gesellschaft bürgerlichen Rechts MünchKommBGB/*Ulmer/Schäfer* § 730 Rn 32; *Soergel/Hadding* § 730 Rn 1.

72 RGZ 86, 66 (71); 91, 34 (36); 3. Aufl. Anm. 15 (*Schilling*); *A. Hueck* OHG § 32 IV 5d (S. 499 f).

schaft, nicht besteht. Entscheidend ist indes, dass die Drittliquidatoren organschaftliche Befugnisse ausüben (§ 146 Rn 7). Innerhalb der werbenden Gesellschaft kommt es auf diese Unterscheidung nicht an. Ist nämlich die Ausübung organschaftlicher Befugnisse in der Mitgliedschaft verkörpert (§ 125 Rn 5 ff), so sind auf der fehlerhaften Ausübung dieser Befugnisse basierende Ansprüche zwangsläufig solche aus dem mitgliedschaftlichen Rechtsverhältnis. Lässt nun aber das Gesetz für die Abwicklung Fremdorganschaft zu (§ 146 Rn 20, 39), so sollte damit keine Abschwächung des – zumal in der Liquidationsgesellschaft gebotenen – Individualschutzes einhergehen.

31 dd) **Nachschüsse.** Nach § 105 Abs. 3 i.V.m. § 735 S. 1 BGB sind die OHG-Gesellschafter und Komplementäre[73] der KG auch unabhängig von einer entsprechenden gesellschaftsvertraglichen Vereinbarung[74] nach Maßgabe ihrer Beteiligung am Verlust zur Zahlung von Nachschüssen verpflichtet, soweit das Gesellschaftsvermögen für die Berichtigung der Gesellschaftsschulden und für die Rückerstattung von Einlagen (Rn 32) nicht ausreicht (§ 105 Rn 67). Bei Ausfall eines Gesellschafters trifft die übrigen Gesellschafter zudem die Ausfallhaftung aus § 735 S. 2 BGB. Nach zutr. Ansicht handelt es sich bei den Ansprüchen aus § 735 S. 1 und 2 BGB um **Sozialansprüche** (Rn 24). Die Geltendmachung dieser Ansprüche ist **Bestandteil der Abwicklung** und hat deshalb durch die Liquidatoren zu erfolgen (Rn 23 ff).[75] Die Gesellschafter haben allenfalls die Möglichkeit der actio pro socio (Rn 18). Die Geltendmachung der Nachschussverpflichtung nach § 735 S. 1 Fall 1 hat vor Durchführung der Schlussabrechnung zu erfolgen; sie dient der Beseitigung einer Überschuldung der Gesellschaft (s. noch Rn 32). Nach zutr. Ansicht gehen die vor Auflösung noch als selbständige Rechte bestehenden Sozialansprüche in dem Anspruch aus § 735 BGB auf (Rn 21).

32 Die Zuständigkeit der Liquidatoren besteht nicht nur hinsichtlich der für die **Berichtigung von Gesellschaftsschulden** erforderlichen Nachschüsse (Rn 31), sondern gleichermaßen hinsichtlich der für die **„Rückerstattung von Einlagen"** erforderlichen Nachschüsse.[76] Zwar trifft es zu, dass § 149 S. 1 – anders als § 733 Abs. 2 S. 1 BGB – eine Rückerstattung von Einlagen nicht ausdrücklich vorsieht (Rn 42; s. noch § 155, 6). Indes sind die Gesellschafter auch nach § 735 BGB nicht in dem Sinne zum Nachschuss verpflichtet, dass sie der Gesellschaft bürgerlichen Rechts das Kapital zur Verfügung stellen müssten, welches diese zur vollständigen Rückerstattung sämtlicher Einlagen benötigt. Dies stünde in klarem Widerspruch zu § 722 BGB, dem zufolge die Gesellschafter den Verlust der Gesellschaft anteilig zu tragen haben. Der Nachschusspflicht nach § 735 S. 1 Fall 2 BGB kommt vielmehr allein die Funktion zu, für das Liquidationsstadium den § 707 BGB außer Kraft zu setzen und eine Verpflichtung der Gesellschafter für den Fall

---

73 Kommanditisten unterliegen keiner Nachschusspflicht, s. § 167 Abs. 3 und dazu Voraufl. § 167 Rn 8 (*Schilling*).

74 Bei Vorliegen einer entsprechenden Vereinbarung handelt es sich um einen vertraglichen Beitragsanspruch, dessen Geltendmachung den in Rn 22 ff dargelegten Grundsätzen folgt.

75 Zutr. MünchKommHGB/*K. Schmidt* Rn 27 ff; *ders.* ZHR 153 (1989), 270 (294 ff); für die zur Berichtigung der Gesellschaftsschulden erforderlichen Nachschüsse zustimmend Röhricht/v. Westphalen/*v. Gerkan/Haas* Rn 10; **aA** die ganz hM, s. RG LZ 1914, 1030; 3. Aufl. Anm. 13 (*Schilling*); Ebenroth/Boujong/Joost/Strohn/*Hillmann* Rn 15; Heymann/*Sonnenschein/Weitemeyer* Rn 7; *A. Hueck* OHG § 32 V 4 (S. 509), § 32 XI 2 (S. 520 ff); s. ferner OLG Köln NZG 1999, 152 sowie die Nachw. in Fn 58.

76 So zu Recht *K. Schmidt* (Fn 75); **aA** die ganz hM, s. neben den in Fn 75 genannten Autoren auch Röhricht/v. Westphalen/*v. Gerkan/Haas* Rn 11; aus der Rechtsprechung RG LZ 1914, 1030; BGH WM 1966, 706.

zu begründen, dass sich nach erfolgter Gesamtabrechnung und unter Berücksichtigung der Verlustanteile der Gesellschafter ein Fehlbetrag ergibt.[77] Entsprechendes gilt für OHG und KG.[78] Auch bei OHG und KG kann sich mit anderen Worten aufgrund der Schlussabrechnung (§ 155 Rn 5 ff), d.h. unter Berücksichtigung der allseitigen Ansprüche auf Einlagenrückgewähr und der jeweiligen Verlustbeteiligung, ein Fehlbetrag ergeben. Der Ausgleichsanspruch steht der Gesellschaft zu und ist durch die Liquidatoren geltend zu machen (Rn 24); umgekehrt haben die Gesellschafter, die über ein positives Kapitalkonto verfügen, einen Anspruch gegen die Gesellschaft. Wenn auch die Nachschussverpflichtung nach § 735 S. 1 Fall 2 BGB dem Ausgleich unter den Gesellschaftern dient und somit erst nach erfolgter Schlussabrechnung zu erfolgen hat, so ist doch die Annahme von Ansprüchen der Gesellschafter untereinander unvereinbar mit der neueren Gesamthandslehre und somit abzulehnen (Rn 24; § 155 Rn 9 ff).[79]

5. Umsetzung des Vermögens in Geld

a) Überblick. Nach § 149 S. 1 obliegt es den Liquidatoren, neben den Forderungen **33**
auch das übrige Vermögen der Gesellschaft in Geld umzusetzen. Die Gesellschaft soll dadurch die nötigen Mittel zur Befriedigung der Gesellschaftsgläubiger und ggf. zur Verteilung unter die Gesellschafter erlangen. Geld im Sinne des § 149 S. 1 ist Bargeld, aber auch Buchgeld, sofern die Gesellschaft darüber verfügen kann; Termin- und Spareinlagen sind deshalb durch Kündigung in verteilungsfähige Masse zu verwandeln.[80] § 149 S. 1 schreibt die **vollständige Versilberung** des Gesellschaftsvermögens vor; die Rückerstattung der Einlagen ist also nicht vorgesehen (Rn 32, 42). Zu versilbern ist allerdings nur das **Vermögen der Gesellschaft**; der Gesellschaft zur Nutzung überlassene Gegenstände sind dagegen zurückzugewähren (s. noch Rn 42). Als andere Art der Abwicklung im Sinne des § 145 Abs. 1 können die Gesellschafter die **Realteilung**, d.h. die Übernahme des gesamten oder eines Teils des Gesellschaftsvermögens durch die Gesellschafter vereinbaren (§ 145 Rn 22 ff, 35; s. noch Rn 35 ff).[81] Auch haben die Gesellschafter nach § 152 die Möglichkeit, den Liquidatoren hinsichtlich der Art und Weise der Versilberung Weisungen zu erteilen (§ 145 Rn 38; § 152 Rn 7 f).

b) Einzelne Maßnahmen. Soweit nicht die Gesellschafter eine andere Art der Ab- **34**
wicklung vereinbart oder Einzelweisungen erteilt haben (§ 145 Rn 22 ff, 38), bestimmen die Abwickler im Rahmen ihrer Geschäftsführungsbefugnis (Rn 4, 35) die Art der Umsetzung des Vermögens in Geld. Sie bestimmen nach pflichtgemäßem, am Interesse der Gesellschafter (Rn 6) an einer möglichst hohen Verteilungsmasse auszurichtendem Ermessen den Zeitpunkt, die Reihenfolge und die Art der Verwertung. Danach haben die Liquidatoren also insbesondere zu entscheiden, ob die Vermögensgegenstände freihändig oder im Wege der öffentlichen Versteigerung im Sinne des § 383 Abs. 3 BGB zu verwer-

---

77 Zutr. *Ensthaler* S. 35 ff; ihm folgend MünchKommBGB/*Ulmer/Schäfer* § 735 Rn 3 i.V.m. § 734 Rn 3; s. ferner BGH WM 1977, 973 (974); WM 1975, 268 (269); MünchKommHGB/*K. Schmidt* Rn 29.

78 Vgl. *Huber* S. 181 f; *Hillers* S. 272 f; MünchKommHGB/*K. Schmidt* Rn 29.

79 MünchKommHGB/*K. Schmidt* Rn 29; s. ferner MünchKommBGB/*Ulmer/Schäfer* § 735 Rn 3, 5; **aA** die hM, s. RGZ 40, 29 (32); RG LZ 1914, 1030; BGH WM 1966, 706; 3. Aufl. Anm. 13 und § 155 Rn 20 (*Schilling*); Röhricht/v. Westphalen/*v. Gerkan/Haas* Rn 11; Ebenroth/Boujong/Joost/Strohn/*Hillmann* Rn 15.

80 MünchKommHGB/*K. Schmidt* Rn 32.

81 BayObLG WM 1983, 353; 3. Aufl. Anm. 16 (*Schilling*); MünchKommHGB/*K. Schmidt* Rn 33.

ten sind.[82] Sie können auch Geschäfte vornehmen, duch die die Versilberung mittelbar erreicht wird (Rn 36; s. auch § 145 Rn 37). So können sie etwa schwer verkäufliche Gegenstände gegen marktgängige Gegenstände tauschen, ferner zur Abrundung von Baugelände angrenzende Parzellen hinzukaufen oder das Gelände erschließen.

35 Die Liquidatoren können das **Unternehmen im Ganzen** veräußern.[83] Dies ergibt sich schon aus dem Zweck der Abwicklung und der Aufgabe der Abwickler, einen möglichst hohen Erlös zu erzielen. Vorbehaltlich eines Weisungsbeschlusses nach § 152 oder der Vereinbarung einer anderen Art der Abwicklung (§ 145 Rn 22, 35) ist deshalb die Unternehmensveräußerung von der Geschäftsführungsbefugnis der Liquidatoren gedeckt.[84] Entsprechendes gilt für die Vertretungsmacht nach § 149 S. 2 (Rn 43 ff). Als Grundlagengeschäft (Rn 4, 47; § 126 Rn 12 ff) ist die Verpflichtung zur Übertragung des Unternehmens schon deshalb nicht zu qualifizieren, weil der Zweck der Gesellschaft bereits auf Abwicklung und Vollbeendigung gerichtet ist (§ 145 Rn 16 ff); demgegenüber beruht in der werbenden Gesellschaft die Qualifizierung des Unternehmensverkaufs als Grundlagengeschäft auf der damit einhergehenden Zweckänderung (§ 126 Rn 16). Anderes gilt freilich für die **Veräußerung der Firma.** Ihr kommt in jedem Fall Grundlagencharakter zu (§ 126 Rn 16), so dass die Liquidatoren insoweit weder Geschäftsführungs- noch Vertretungsbefugnis haben. Davon betroffen sind das Verpflichtungs- und das Verfügungsgeschäft (§ 126 Rn 16). Vorbehaltlich einer Mehrheitsklausel (§ 145 Rn 24) müssen deshalb sämtliche Gesellschafter zustimmen und der Gesellschaft eine Ersatzfirma geben.[85] Die Gesellschafter können allerdings verpflichtet sein, der Firmenveräußerung und Firmenneubildung zuzustimmen.[86]

36 Den Liquidatoren steht es frei, Einzelgegenstände oder auch das Unternehmen im Ganzen **an Gesellschafter zu veräußern.**[87] Entgegen der hM bedarf es dazu keiner Vereinbarung einer anderen Art der Abwicklung im Sinne des § 145 Abs. 1 (§ 145 Rn 22, 35). Der Gesellschafter darf sich freilich keine Sondervorteile verschaffen.[88] Andernfalls macht er sich schadensersatzpflichtig, wenn nicht gar das Rechtsgeschäft unwirksam ist (Rn 47). Die Haftung der Liquidatoren wird dadurch nicht berührt (Rn 7). Soll das Unternehmen **in eine andere Gesellschaft eingebracht** werden, so kann dies von dem Liquidationszweck und damit auch von der Geschäftsführungsbefugnis der Liquidatoren gedeckt sein. Voraussetzung ist, dass die Einbringung mittelbar auf die Versilberung des Gesellschaftsvermögens zielt, es also im Anschluss an die Einbringung zur Veräußerung der Anteile und zur Verteilung des – nach Befriedigung der Gläubiger verbleibenden –

---

[82] Vgl. dazu auch BGHZ 116, 222 (227 f) = NJW 1992, 832.

[83] RGZ 85, 397 (399, 401); 158, 226 (228); OLG Hamm BB 1954, 913; 3. Aufl. Anm. 19 (*Schilling*); *A. Hueck* OHG § 32 V 3 (S. 508); MünchKommHGB/*K. Schmidt* Rn 36; Ebenroth/Boujong/Joost/Strohn/*Hillmann* Rn 18; Röhricht/v. Westphalen/*v. Gerkan/Haas* Rn 14; Baumbach/*Hopt* Rn 4; Koller/Roth/Morck/*Koller* Rn 2; *Hillers* S. 66 ff.

[84] Vgl. die Nachw. in Fn 83.

[85] Vgl. RGZ 158, 226 (230); 3. Aufl. Anm. 20 (*Schilling*); MünchKommHGB/*K. Schmidt* Rn 36; Ebenroth/Boujong/Joost/Strohn/*Hillmann* Rn 18; Röhricht/v. Westphalen/*v. Gerkan/Haas* Rn 14; **aA** – Zustimmung des Namensinhabers genügt – noch *Düringer/Hachenburg/Flechtheim* Anm. 12; *Adler* ZHR 85 (1921), 138 ff.

[86] RGZ 158, 226 (230); MünchKommHGB/*K. Schmidt* Rn 36; Ebenroth/Boujong/Joost/Strohn/*Hillmann* Rn 18; Röhricht/v. Westphalen/*v. Gerkan/Haas* Rn 14; *Hillers* S. 72 ff.

[87] OLG Hamm BB 1954, 913; 3. Aufl. Anm. 19 (*Schilling*); MünchKommHGB/*K. Schmidt* Rn 37; Ebenroth/Boujong/Joost/Strohn/*Hillmann* Rn 18; Röhricht/v. Westphalen/*v. Gerkan/Haas* Rn 14; Baumbach/*Hopt* Rn 4.

[88] Vgl. etwa OLG Düsseldorf NZG 2000, 475 f mit Anm. *Grunewald.*

Erlöses unter die Gesellschafter kommen soll und kann (Rn 34).[89] Vor diesem Hintergrund wird die Einbringung nur gegen Gewährung marktgängiger Anteile in Betracht kommen. Die Einbringung in eine Personengesellschaft oder GmbH bedarf dagegen regelmäßig der Zustimmung der Gesellschafter.[90] Sollen die Anteile, die die Gesellschaft gegen die Einbringung des Unternehmens erwirbt, von den Gesellschaftern übernommen werden, so handelt es sich um eine andere Art der Abwicklung im Sinne des § 145 Abs. 1 (§ 145 Rn 22, 36).

6. Befriedigung der Gläubiger

a) **Grundlagen.** § 149 S. 1 verpflichtet die Liquidatoren des Weiteren zur Befriedigung der Gesellschaftsgläubiger, mag es sich bei diesen um außenstehende Dritte oder um Gesellschafter (Rn 40 ff) handeln. Auf den **Inhalt der Forderung** kommt es nicht an. Neben Zahlungsansprüchen sind deshalb auch Herausgabeansprüche (Rn 42), aber auch auf die Vornahme von Handlungen, die Lieferung von Sachen oder die Abtretung von Rechten gerichtete Forderungen zu erfüllen. Wie § 149 S. 1 im Allgemeinen betrifft auch die Verpflichtung zur Gläubigerbefriedigung allein das **Innenverhältnis** der Liquidatoren zur Gesellschaft. Die Gläubiger können deshalb aus § 149 S. 1 weder einen Anspruch gegen die Liquidatoren noch die Fälligkeit ihrer Forderungen gegen die Gesellschaft herleiten;[91] auch insoweit ist vielmehr zwischen dem Außenverhältnis der Gläubiger zur Gesellschaft und dem Innenverhältnis der Liquidatoren zur Gesellschaft zu unterscheiden (Rn 13, 19). Nach § 152 können die Gesellschafter grundsätzlich die Liquidatoren anweisen, von der Befriedigung der Gläubiger abzusehen und das versilberte Vermögen unter die Gesellschafter zu verteilen; § 149 S. 1 steht also auch insoweit zur Disposition der Gesellschafter, als er den Liquidatoren die Befriedigung der Gläubiger aufgibt (Rn 3). Den Gläubigern bleibt es unbenommen, die Gesellschafter nach §§ 128, 172 Abs. 4 (i.V.m. § 159) persönlich in Anspruch zu nehmen. Auch nach Auflösung der Gesellschaft erübrigt sich deshalb die Notwendigkeit eines gebundenen Garantiekapitals oder vergleichbarer Gläubigerschutzvorkehrungen. Anderes gilt für die **Kapitalgesellschaft & Co. OHG/KG**; bei ihr sind die Gläubiger – über die Regeln über Gesellschafterdarlehen (Anh. § 129) und §§ 130a, 177a hinausgehend – durch die analoge Anwendung des § 73 GmbHG zu schützen (§ 155 Rn 17). 37

b) **Allgemeine Pflichten der Liquidatoren.** Die Liquidatoren haben auch im Zusammenhang mit der Befriedigung der Gläubiger ihr Verhalten an dem Interesse der Gesellschaft und dem damit parallel laufenden Interesse der Gesellschafter an der Erzielung eines möglichst hohen Erlöses zu orientieren (Rn 5 f). Sie haben deshalb mit der Sorgfalt eines gewissenhaften Geschäftsleiters zu prüfen, ob und inwieweit die geltend gemachten Forderungen bestehen und durchsetzbar sind.[92] Einwendungen und **Einreden** der Gesellschaft sind – vorbehaltlich einer davon abweichenden Weisung der Gesellschafter (§ 152 Rn 5 ff) – grundsätzlich geltend zu machen. Über streitige Forderungen ist ggf. ein Rechtsstreit zu führen. Im Interesse einer zügigen Abwicklung kann freilich im Einzelfall 38

---

89 So bereits 3. Aufl. Anm. 17 (*Schilling*); *Düringer/Hachenburg/Flechtheim* Anm. 12; ferner MünchKommHGB/*K. Schmidt* Rn 38.

90 KG OLGE 3, 67 (69); 3. Aufl. Anm. 22 (*Schilling*); MünchKommHGB/*K. Schmidt* Rn 38.

91 Einh. M., s. statt aller MünchKommHGB/*K. Schmidt* Rn 39.

92 MünchKommHGB/*K. Schmidt* Rn 39; Ebenroth/Boujong/Joost/Strohn/*Hillmann* Rn 19.

auch ein Verzicht auf die Einrede, etwa diejenige der Verjährung, die Anerkennung der Forderung oder der Abschluss eines Vergleiches vom Ermessen der Liquidatoren gedeckt sein.[93]

39 Die Liquidatoren sind weder im Verhältnis zur Gesellschaft noch im Außenverhältnis zur **Gleichbehandlung** der Gläubiger verpflichtet.[94] Das Vorhandensein betagter, bedingter oder bestrittener Forderungen bildet ebensowenig ein Hindernis für die Befriedigung der anderen Gläubiger wie die Möglichkeit, dass neben den bekannten Forderungen noch weitere bestehen. Zwar haben die Liquidatoren nach § 155 Abs. 2 S. 2 das insoweit Erforderliche zurückzubehalten. Doch betrifft diese Vorschrift allein das Innenverhältnis; zudem ist sie grundsätzlich dispositiv (Rn 37). Den Gläubigern, die ungeachtet der Haftung der Gesellschafter auf das Gesellschaftsvermögen zugreifen wollen, bleibt die Möglichkeit der Klage und der Vollstreckung; zudem können sie ggf. einstweiligen Rechtsschutz beantragen. Reicht das Gesellschaftsvermögen zur Befriedigung der Gläubiger nicht aus, so sind die Liquidatoren grundsätzlich weder im Verhältnis zu den Gläubigern noch im Verhältnis zur Gesellschaft verpflichtet, die **Eröffnung des Insolvenzverfahrens** zu beantragen. Anderes gilt nur in den Fällen des § 15a Abs. 1 S. 2 InsO (§ 130a Rn 16 ff). Zur Nichteröffnung des Insolvenzverfahrens wegen **Masselosigkeit** s. § 145 Rn 5.

40 c) **Gesellschafter als Gläubiger.** Was die Befriedigung von Forderungen der Gesellschafter betrifft, so ist zu unterscheiden. Forderungen der Gesellschafter aus **Drittgeschäften** (§ 105 Rn 213 f, 263; § 126 Rn 10, 28; § 128 Rn 13) sind grundsätzlich nach Maßgabe der Ausführungen in Rn 38 f zu erfüllen; die Forderung bildet keinen unselbständigen Rechnungsposten der Auseinandersetzungsbilanz (dazu Rn 41).[95] Ist demnach der Gesellschafter wie ein gewöhnlicher Gläubiger zu behandeln, so kann allerdings die Geltendmachung des Anspruchs dem Einwand aus § 242 BGB ausgesetzt sein[96] oder gegen die mitgliedschaftliche Treupflicht verstoßen (§ 105 Rn 217). Auch in diesem Fall behält der Anspruch allerdings seine Selbständigkeit.

41 Auf dem **mitgliedschaftlichen Rechtsverhältnis** beruhende Forderungen der Gesellschafter[97] gegen die Gesellschaft (§ 105 Rn 217) können dagegen grundsätzlich nicht mehr selbständig geltend gemacht werden; sie gehen vielmehr als **unselbständige Rechnungsposten** in der Schlussabrechnung auf (§ 155 Rn 5 ff).[98] Eine **Ausnahme** soll gelten,

---

[93] Vgl. neben den Nachw. in Fn 92 noch RG LZ 1919, 376 (377); Röhricht/v. Westphalen/*v. Gerkan/Haas* Rn 16.

[94] RG LZ 1919, 376 (377); MünchKommHGB/*K. Schmidt* Rn 42; Röhricht/v. Westphalen/*v. Gerkan/Haas* Rn 16; Ebenroth/Boujong/Joost/Strohn/*Hillmann* Rn 20; Koller/Roth/Morck/*Koller* Rn 2.

[95] BGH NZG 2006, 459 (460); ZIP 2008, 24; KG NZG 2008, 70 (72); MünchKommHGB/*K. Schmidt* Rn 45; Ebenroth/Boujong/Joost/Strohn/*Hillmann* Rn 21; Röhricht/v. Westphalen/*v. Gerkan/Haas* Rn 17; *A. Hueck* OHG § 32 V 4 (S. 509); *Hillers* S. 146 ff; MünchKommBGB/*Ulmer/Schäfer* § 730 Rn 53; wohl auch Baumbach/*Hopt* Rn 5; **aA** noch BGH WM 1970, 280 (281); 1971, 931 f; 1978, 89 (90); NJW 1983, 749; BGHZ 103, 72 (76 ff) = NJW 1988, 1375; *Messer* FS Stimpel (1985) S. 205 (214); Heymann/*Sonnenschein/Weitemeyer* Rn 10.

[96] Nämlich wenn feststeht, dass der Gesellschafter im Hinblick auf § 735 BGB alsbald zur Rückgewähr des Erlangten verpflichtet ist, s. *Hillers* S. 155 ff; ihm zust. auch MünchKommHGB/*K. Schmidt* Rn 45.

[97] Auch Rechtsnachfolger müssen sich die Durchsetzungssperre entgegenhalten lassen, s. KG NZG 2008, 70; *Michalski* NZG 2008, 57; s. aber auch BGH WM 2008, 1745.

[98] RGZ 158, 302 (314); BGHZ 37, 299 (305) = NJW 1962, 1863; BGH NJW 1968, 2005; NJW 2000, 2586 (2587); NZG 2002, 519; für die Gesellschaft bürgerlichen Rechts

wenn bereits vor Beendigung der Abwicklung (einschließlich der Auseinandersetzung unter den Gesellschaftern, Rn 23) feststeht, dass der Gesellschafter jedenfalls einen bestimmten Betrag verlangen kann; dann soll er zur Geltendmachung desselben auch schon vor Beendigung der Auseinandersetzung berechtigt sein[99]. Dem ist mit der Maßgabe zuzustimmen, dass der Gesellschafter in diesem Fall nicht den Einzelanspruch, sondern seinen auf vorläufige Verteilung gerichteten **Anspruch aus § 155 Abs. 2 S. 1** geltend macht (Rn 21).[100] Wie Sozialansprüche können auch Sozialverbindlichkeiten zum Gegenstand einer Feststellungsklage gemacht werden (Rn 21).

Die Gesellschafter haben keinen Anspruch auf Rückgewähr der von ihnen erbrachten **Einlagen** in natura (Rn 32);[101] die Einlage wird vielmehr ihrem Kapitalkonto gutgeschrieben und geht somit als Rechnungsposten in der Schlussrechnung auf (§ 155 Rn 5 ff). Dagegen sind nach § 105 Abs. 3, § 732 BGB der Gesellschaft **quoad usum** überlassene Gegenstände (§ 105 Rn 227) spätestens mit Beendigung der Abwicklung zurückzugeben (Rn 27). Ergibt sich allerdings aus der Schlussabrechnung ein Anspruch der Gesellschaft auf Zahlung eines Nachschusses (Rn 31), so steht ihr ein Zurückbehaltungsrecht zu; mit Beendigung der Abwicklung folgt dies aus § 273 BGB.[102] Der Gesellschaft **quoad sortem** überlassene Gegenstände (§ 105 Rn 226) sind dem Gesellschafter gleichfalls zurückzugeben.[103] Das Kapitalkonto des Gesellschafters ist allerdings mit dem Wert des Gegen- 42

BGH NJW 1984, 1455; 1992, 2757 (2758); ZIP 1993, 919 (920); 1997, 2120 (2121); NZG 2006, 459 (460); ZIP 2005, 1068 (1070); 2008, 24; s. ferner MünchKommHGB/*K. Schmidt* Rn 44; Röhricht/v. Westphalen/*v. Gerkan/Haas* Rn 17; Ebenroth/Boujong/Joost/Strohn/*Hillmann* Rn 21; Baumbach/*Hopt* Rn 5; Koller/Roth/Morck/*Koller* Rn 2; eingehend *Hillers* S. 128 ff, 162 ff; *Messer* FS Stimpel (1985) S. 205 (212 f); **aA** noch 3. Aufl. Anm. 28 (*Schilling*).

99 BGH NJW 1992, 2757 (2758); ZIP 1993, 919 (920); BGHZ 103, 72 (77) = NJW 1988, 1375; BGH NZG 2006, 459 (460); KG NZG 2008, 70 (72). S. ferner BGH ZIP 1997, 2120 (2121), wo unter Berufung auf BGHZ 10, 91 (101) und BGH WM 1971, 723 (725) eine Geltendmachung der Einzelansprüche auch dann anerkannt wird, wenn „die gesellschaftliche Treupflicht verletzt ist", und Einzelansprüche gegen andere Gesellschafter auch dann gesondert weiterverfolgt werden können, „wenn sich aus Sinn und Zweck der gesellschaftsvertraglichen Bestimmungen ergibt, daß sie im Falle der Auflösung ihre Selbständigkeit behalten sollen"; BGHZ 10, 91 (101) und BGH WM 1971, 723 (725) betreffen allerdings die Zulässigkeit der actio pro socio, die im Übrigen allenfalls insoweit begründet ist, als der Sozialanspruch besteht (Rn 18). Was den zweiten Vorbehalt betrifft, so sind die Ausführungen des BGH in ZIP 1997, 2120 (2121) wenig klar; im Übrigen betreffen sie auf dem mitgliedschaftlichen Rechtsverhältnis beruhende Ansprüche der Gesellschafter untereinander, für die nach zutr. Ansicht im Rahmen der Abwicklung ohnehin kein Raum ist (s. Rn 23 f).

100 So zu Recht *Hillers* S. 212; MünchKommHGB/*K. Schmidt* Rn 44; *ders.* ZHR 143 (1989), 270 (293).

101 Allg. M., s. statt aller MünchKommHGB/*K. Schmidt* Rn 34; zutr. auch *ders.* Rn 37: nach Lage des Falles kann der Gesellschafter verlangen, dass ihm ein eingebrachter unvertretbarer Gegenstand im Rahmen der Versilberung des Gesellschaftsvermögens vorab zum Erwerb angeboten wird.

102 Zur Rechtslage während der Abwicklungsphase s. demgegenüber Rn 27 mit Fn 67.

103 So auch FG Schleswig-Holstein BB 1988, 1217 (1221); MünchKommHGB/*K. Schmidt* Rn 34; MünchKommBGB/*Ulmer/Schäfer* § 732 Rn 10; Erman/*Westermann* § 732 Rn 1; *Berninger* Die Societas quoad sortem: Einbringung im Personengesellschaftsrecht (1994) S. 136 ff; *Blaurock/Berninger* JZ 1992, 614 (621); *Gädke* Dem Werte nach eingebrachte Grundstücke im Gesellschaftsvermögen (1987) S. 136; **aA** BGH WM 1965, 744 (745 f); Soergel/*Hadding* § 706 Rn 23; *Grziwotz* DStR 1992, 1365 (1366).

stands zu belasten.[104] Anders als bei Einbringung quoad usum gehen Wertveränderungen zugunsten oder zu Lasten der Gesellschaft.[105] Ergibt sich infolge der Belastung des Kapitalkontos mit dem Wert des Gegenstands ein Anspruch der Gesellschaft auf Ausgleichung des Fehlbetrags, so kann der Gesellschafter seine Verpflichtung zum Nachschuss durch Einbringung des Gegenstands quoad dominium abwenden (vgl. Rn 27).[106] Für die Überlassung der Benutzung eines Gegenstands als solche kann nach § 105 Abs. 3 i.V.m. § 733 Abs. 2 S. 3 BGB ebensowenig Ersatz verlangt werden wie für die Erbringung von Diensten.

IV. Die Vertretung der aufgelösten Gesellschaft (S. 2)

43 1. **Grundlagen.** Nach § 149 S. 2 ist die gerichtliche und außergerichtliche Vertretung der aufgelösten Gesellschaft Sache der Liquidatoren. Da die Liquidatoren Organwalter der aufgelösten Gesellschaft sind und somit organschaftliche Befugnisse ausüben (§ 146 Rn 7), ist auch ihre Vertretungsmacht **organschaftlicher Natur:**[107]: Erst sie verleiht der rechtsfähigen, aber handlungsunfähigen und damit auf organschaftliches Handeln angewiesenen Liquidationsgesellschaft die Möglichkeit zur Teilnahme am Rechtsverkehr (§ 125 Rn 4). Zugleich hat die Auflösung der Gesellschaft das Erlöschen der organschaftlichen Vertretungsbefugnis der Gesellschafter nach § 125 zur Folge (§ 145 Rn 14). Die Vertretungsmacht der Liquidatoren tritt demnach an die Stelle der Vertretungsmacht der Gesellschafter; die Liquidatoren sind mit anderen Worten die **alleinigen organschaftlichen Vertreter** der aufgelösten Gesellschaft (§ 125 Rn 12).[108] Die Gesellschafter haben allerdings die Möglichkeit, durch Erteilung von Weisungen auf die Geschäftsführung der Liquidatoren und damit zugleich auf die Ausübung der organschaftlichen Vertretungsbefugnis Einfluss zu nehmen. Darüber hinaus können sie von dem Recht auf Abberufung nach § 147 Gebrauch machen. Für eine Entziehung der Vertretungsbefugnis nach § 127 ist dagegen kein Raum (§ 156 Rn 11). Zur actio pro socio des Gesellschafters s. Rn 18, 19 f, 30.

44 Die Vertretungsmacht der Liquidatoren ist allerdings nicht notwendigerweise an die Mitgliedschaft gebunden; die Gesellschafter haben vielmehr die Möglichkeit der **Fremdorganschaft** (§ 146 Rn 5 ff). Im Übrigen sind die Liquidatoren zwar lediglich zur Vertretung der Gesellschaft berechtigt (Rn 47; § 124 Rn 11 ff; § 145 Rn 13). Doch haften die Gesellschafter nach §§ 128, 159 auch für die Verbindlichkeiten der aufgelösten Gesellschaft. Was die **Ausübung der Vertretungsmacht** und die Frage der Geltung der §§ 164 ff BGB betrifft, so hat es bei den Grundsätzen des § 125 sein Bewenden (§ 125 Rn 4, 16 ff; s. ferner § 153 Rn 7). Auch die aufgelöste Gesellschaft kann durch Bevollmächtigte vertreten werden (Rn 50; § 125 Rn 13 ff); die Erteilung neuer Vollmachten und der Widerruf bestehender Vollmachten ist Sache der Liquidatoren (Rn 50).

---

104 So die in Fn 103 genannten Anhänger der hier vertretenen Ansicht.

105 So zu Recht MünchKommBGB/*Ulmer/Schäfer* § 732 Rn 10.

106 *Berninger* S. 142; s. ferner die Nachw. in Fn 69.

107 So bereits 3. Aufl. Anm. 33 (*Schilling*); s. ferner Ebenroth/Boujong/Joost/Strohn/*Hillmann* Rn 22; MünchKommHGB/*K. Schmidt* Rn 50 mwN.

108 RGZ 5, 9 (10); OLG Braunschweig OLGE 21, 388.

2. Umfang der Vertretungsmacht der Liquidatoren

45 a) **Grundsatz der unbeschränkten und unbeschränkbaren Vertretungsmacht.** Die Frage des Umfangs der organschaftlichen Vertretungsmacht der Liquidatoren ist umstritten. Nach hM nimmt 149 S. 2 unter Betonung des „Geschäftskreises" die Geschäftsführungsbefugnis der Liquidatoren nach S. 1 in Bezug und begrenzt dadurch zugleich die organschaftliche Vertretungsbefugnis. Danach gelangt also § 126 innerhalb der aufgelösten Gesellschaft nicht zur Anwendung; die Vertretungsbefugnis wird vielmehr durch den **Liquidationszweck** beschränkt.[109] Allerdings ist nach dieser hM der Begriff des Liquidationszwecks in einem weiten Sinne zu verstehen. Danach genügt es, dass es sich um ein Liquidationsgeschäft handeln kann, was der Sache nach auf eine Vermutung für das Vorliegen eines Liquidationsgeschäfts hinausläuft.[110] Aber auch bei Vorliegen eines **liquidationsfremden Geschäfts** soll die Gesellschaft aus Gründen des Verkehrsschutzes gebunden sein, außer wenn der Geschäftsgegner wusste oder hätte wissen müssen, dass sich das Geschäft nicht mehr im Rahmen der Liquidation hält[111]. Auch insoweit soll dem Geschäftsgegner allerdings eine Vermutung zugute kommen und somit die Darlegungs- und Beweislast für dessen Bösgläubigkeit bei der Gesellschaft liegen.[112] Vermag die Gesellschaft die Bösgläubigkeit des Geschäftsgegners nachzuweisen, so sollen schließlich die Gesellschafter bzw. die Liquidationsbeteiligten das Handeln der Liquidatoren nach Maßgabe der §§ 177, 180 BGB genehmigen können.[113] Nach der von *K. Schmidt* begründeten Gegenansicht hat es dagegen auch innerhalb der aufgelösten Handelsgesellschaft bei dem Grundsatz der unbeschränkten Vertretungsmacht zu bewenden; für die Geltung der ultra-vires-Lehre sei kein Raum.[114]

46 In der Tat vermag die hM nicht zu überzeugen. Zwar lässt sich nicht bestreiten, dass der historische Gesetzgeber mit dem Wortlaut des § 149 S. 2 die Vertretungsbefugnis an die Geschäftsführungsbefugnis binden wollte.[115] Indes hat sich auch auf der Grundlage der hM die Notwendigkeit ergeben, den Rechtsverkehr von dem Risiko, dass das einzelne Rechtsgeschäft dem Zweck der Gesellschaft widerspricht, weitgehend zu entlasten (Rn 45). Vor dem Hintergrund, dass der Umfang der Geschäftsführungsbefugnis nach § 149 S. 1 bewusst weit gefasst ist und es mit Ausnahme von Grundlagengeschäften (Rn 4, 47) keine Geschäfte gibt, die schon ihrer Art nach unzulässig sind (Rn 10 ff, 15 ff), ist diese

---

[109] RGZ 72, 119 (122 f); BGH WM 1959, 323 (324); NJW 1984, 982; eingehend 3. Aufl. Anm. 36 ff (*Schilling*); s. ferner *A. Hueck* OHG § 32 IV 5b (S. 495 ff); Röhricht/v. Westphalen/*v. Gerkan/Haas* Rn 20; Ebenroth/Boujong/Joost/Strohn/*Hillmann* Rn 23; Heymann/*Sonnenschein/Weitemeyer* Rn 12; Baumbach/*Hopt* Rn 7; Straube/*Torggler* Rn 48.

[110] RGZ 72, 119 (122); RGZ 146, 376, 378 f (betr. den Verein); BGH WM 1959, 323 (324); ferner die in Fn 109 genannten Autoren.

[111] BGH WM 1959, 323 (324); NJW 1984, 982; ferner Röhricht/v. Westphalen/*v. Gerkan/Haas* Rn 20; Ebenroth/Boujong/Joost/Strohn/*Hillmann* Rn 23; Heymann/*Sonnenschein/Weitemeyer* Rn 12; Baumbach/*Hopt* Rn 7; Straube/*Torggler* Rn 48.

[112] Vgl. die Nachw. in Fn 111.

[113] BGH NJW 1984, 982; 3. Aufl. Anm. 37a (*Schilling*); für Genehmigung durch die Liquidationsbeteiligten *A. Hueck* OHG § 32 IV 5b (S. 498).

[114] *K. Schmidt* AcP 174 (1974), 55 (71 ff); *ders.* AcP 184 (1984), 534 ff; *ders.* ZHR 153 (1989), 270 (291 f); MünchKommHGB/*ders.* Rn 53; ihm für das Vereinsrecht folgend Soergel/*Hadding* BGB § 49 Rn 13; Staudinger/*Weick* BGB (13. Bearbeitung), § 49 Rn 14 f; für § 149 sympathisierend Koller/Roth/Morck/*Koller* Rn 3; eingehend für das österreichische Recht *Dellinger* S. 231 ff, 239 ff.

[115] Eingehend *K. Schmidt* AcP 174 (1974), 55 (64) mwN.

Notwendigkeit in § 149 S. 1 und 2 vorgezeichnet. Der Liquidationszweck vermag demnach keine verlässliche Auskunft darüber zu geben, ob das jeweilige Rechtsgeschäft innerhalb des Geschäftskreises der Liquidatoren liegt oder nicht. Maßgebend ist vielmehr die Frage, ob das jeweilige Rechtsgeschäft mit dem Gesellschaftsinteresse und damit letztlich dem Interesse der Gesellschafter an zügiger Abwicklung und Erzielung einer möglichst hohen Liquidationsquote vereinbar ist.[116] Die **Frage der Pflichtwidrigkeit** (und damit zugleich diejenige nach der Vereinbarkeit des Rechtsgeschäfts mit dem Liquidationszweck) beurteilt sich freilich ganz nach den Besonderheiten der jeweiligen Gesellschaft. Rechtsgeschäfte, die ihrer Art nach typische Abwicklungsgeschäfte sind, können dem Liquidationszweck zuwiderlaufen,[117] während umgekehrt Rechtsgeschäfte, die vermeintlich liquidationsfremden Charakter haben, durch die Gegebenheiten gerechtfertigt sein können.[118] Vor diesem Hintergrund erscheint die Annahme unbeschränkter und unbeschränkbarer Vertretungsmacht der Liquidatoren geboten. Angesichts der Grundsätze über den Missbrauch der Vertretungsmacht (Rn 47) gelangen die herrschende und die hier vertretene Ansicht im Übrigen zu den gleichen Ergebnissen,[119] so dass es nur darum geht, dem auch nach Ansicht der hM gebotenen Verkehrsschutz eine stimmige rechtliche Grundlage zu geben. Auch sehen sich beide Ansichten mit der Frage ihrer Vereinbarkeit mit dem Willen des historischen Gesetzgebers konfrontiert. Mit dem Wortlaut des § 149 S. 2 schließlich lässt sich die hier vertretene Ansicht in Einklang bringen, wenn man den Begriff des „Geschäftskreises" nicht auf die Belange der jeweiligen Gesellschaft bezieht, sondern abstrakt-generell auslegt.

47 Ist somit die Vertretungsmacht der Liquidatoren grundsätzlich unbeschränkt, so ergeben sich freilich insoweit Einschränkungen, als die Grundsätze über den **Missbrauch der organschaftlichen Vertretungsmacht** (§ 126 Rn 23 ff) auch innerhalb der aufgelösten Gesellschaft zur Anwendung gelangen (§ 151 Rn 8). Ein Gesellschafter oder Liquidator muss sich zudem die Pflichtwidrigkeit des Vertreterhandelns auch unabhängig von seiner Bösgläubigkeit entgegenhalten lassen (§ 126 Rn 28 ff; § 151 Rn 9). Schließlich sind die Liquidatoren nur zur Vertretung der Gesellschaft berechtigt (Rn 44); zur Vornahme von Grundlagengeschäften fehlt ihnen deshalb die Vertretungsmacht (Rn 4; § 126 Rn 12 ff). Auch erscheint es folgerichtig, § 126 Abs. 3 zur Anwendung zu bringen, so dass die Gesellschafter die Möglichkeit haben, die Vertretungsbefugnis auf den Betrieb einer von mehreren Niederlassungen zu beschränken (§ 126 Rn 21 f; § 151 Rn 9).

48 b) **Insichgeschäft; Doppelvertretung.** Auch die Liquidatoren unterliegen den Beschränkungen des § 181 BGB.[120] Sofern ihnen nicht ein anderes gestattet ist, können sie deshalb als Vertreter der Gesellschaft weder mit sich im eigenen Namen noch als Vertreter eines Dritten rechtsgeschäftlich handeln. Die Wirksamkeit eines gleichwohl vorgenommenen Rechtsgeschäfts beurteilt sich nach §§ 177, 178, 180 BGB.[121] Eine danach zur Wirksamkeit des Geschäfts erforderliche **Genehmigung** kann von den Gesellschaftern, aber auch von ihrerseits (also unabhängig von dem nach § 181 BGB verhinderten Liquidator) vertretungsberechtigten Liquidatoren oder Bevollmächtigten (Rn 50) erteilt werden (§ 125

[116] So zu Recht MünchKommHGB/*K. Schmidt* Rn 52; *ders.* AcP 174 (1974), 55 (57 ff).

[117] Vgl. den von BGH NJW 1984, 982 entschiedenen Sachverhalt: Abtretung einer Forderung.

[118] Vgl. etwa die in Rn 16 f genannten Liquidationsgeschäfte.

[119] So auch *K. Schmidt* (Fn 116).

[120] Allg. M., s. Ebenroth/Boujong/Joost/Strohn/*Hillmann* Rn 26; Heymann/*Sonnenschein*/*Weitemeyer* Rn 12.

[121] BGH NJW-RR 1994, 292 f.

Rn 42).[122] Die Gesellschafter können den Liquidatoren **generell oder für den Einzelfall Befreiung** von den Beschränkungen des § 181 BGB erteilen.[123] Das Rechtsgeschäft bedarf dann keiner Genehmigung; die Liquidatoren handeln vielmehr mit Vertretungsmacht. Eine den vertretungsberechtigten Gesellschaftern durch den Gesellschaftsvertrag erteilte Befreiung wirkt allerdings im Zweifel auch dann nicht zugunsten der Liquidatoren, wenn diese mit den vertretungsberechtigten Gesellschaftern der werbenden Gesellschaft identisch sind.[124] Sind sämtliche Liquidatoren nach § 181 BGB an der Vertretung der Gesellschaft verhindert, so bedarf es der Bestellung eines neuen, zur Einzelvertretung befugten Liquidators.[125] Zu den durch § 181 BGB aufgeworfenen Fragen bei Gesamtvertretung s. § 150 Rn 11 f, 15; zur Eintragungsfähigkeit der durch Gesellschaftsvertrag erteilten Befreiung von § 181 BGB s. § 106 Rn 28.

3. Gerichtliche Vertretung im Besonderen. Nach § 149 S. 2 sind die Liquidatoren 49
auch zur gerichtlichen Vertretung der Gesellschaft befugt. Da die Auflösung die **Parteifähigkeit** der Gesellschaft unberührt lässt (§ 124 Rn 37),[126] vertreten die Liquidatoren auch insoweit die Gesellschaft. Die Liquidatoren können neue Prozesse anstrengen. Nach der hier vertretenen Ansicht haben sie unbeschränkbare Vertretungsmacht (Rn 46), so dass die Zulässigkeit der Klage und die Wirksamkeit von Prozesshandlungen durch die Unvereinbarkeit dieser Maßnahmen mit dem Liquidationszweck nicht in Frage gestellt werden.[127] Zudem finden die Grundsätze über den Missbrauch der Vertretungsmacht (Rn 47) auf die Vertretung in Gerichts- und Verwaltungsverfahren keine Anwendung (§ 126 Rn 23). Auch eine das Verhältnis der Gesellschafter untereinander betreffende Klage der durch die Liquidatoren vertretenen Gesellschaft ist nicht unzulässig, wohl aber grundsätzlich[128] unbegründet.[129] Die Aufnahme eines durch den Liquidationszweck nicht gedeckten Prozesses verpflichtet die Liquidatoren zu Schadensersatz (Rn 7). Ein **laufendes Verfahren** wird durch die Auflösung der Gesellschaft grundsätzlich nicht unterbrochen (§ 124 Rn 37); Besonderheiten gelten freilich bei Eröffnung des Insolvenzverfahrens über das Vermögen der Gesellschaft (§ 124 Rn 37). Die Liquidatoren werden als Partei, die Gesellschafter dagegen als Zeugen vernommen (§ 124 Rn 33).[130] Im Übrigen

[122] MünchKommHGB/*K. Schmidt* Rn 54; s. ferner BGH NJW-RR 1994, 292 f; RGZ 81, 325, 327 f (das Urteil ist zur GmbH ergangen, dürfte aber wohl übertragbar sein!).

[123] 3. Aufl. Anm. 41 (*Schilling*); MünchKommHGB/*K. Schmidt* Rn 53 f; s. ferner § 125, 52; Ebenroth/Boujong/Joost/Strohn/*Hillmann* Rn 26.

[124] So für die GmbH zu Recht BayObLGZ 1995, 335 (337) = GmbHR 1996, 56; BayObLG ZIP 1996, 2110 (2111); OLG Düsseldorf ZIP 1989, 917; OLG Zweibrücken NJW-RR 1999, 18; s. ferner Ebenroth/Boujong/Joost/Strohn/*Hillmann* Rn 26; **aA** – Auslegungsfrage – MünchKommHGB/*K. Schmidt* Rn 53; Röhricht/v. Westphalen/*v. Gerkan/Haas* § 151 Rn 5.

[125] OLG Braunschweig OLGE 21, 388.

[126] BGH ZIP 1996, 842; ZIP 1994, 1685; RGZ 141, 277 (280); Ebenroth/Boujong/Joost/Strohn/*Hillmann* Rn 25.

[127] So auch MünchKommHGB/*K. Schmidt* Rn 55; **aA** die hM, s. etwa Heymann/*Sonnenschein/Weitemeyer* Rn 13; s. ferner Rn 45.

[128] Anderes kann für Feststellungsklagen gelten, s. BGH WM 1978, 1232 betr. die negative Feststellungsklage gegen einen Gesellschafter, der sich eines Anspruchs gegen die Gesellschaft berühmt. Handelt es sich um Sozialansprüche bzw. -verbindlichkeiten, so ist freilich die Gesellschaft aktiv- bzw. passivlegitimiert.

[129] MünchKommHGB/*K. Schmidt* Rn 55; **aA** wohl Heymann/*Sonnenschein/Weitemeyer* Rn 13.

[130] BGHZ 42, 230 (231 f) = NJW 1965, 106; MünchKommHGB/*K. Schmidt* Rn 57 und § 156 Rn 19; Heymann/*Sonnenschein/Weitemeyer* Rn 14; Ebenroth/Boujong/Joost/Strohn/*Hillmann* Rn 25.

gelten die Ausführungen in § 124 Rn 23 ff betreffend die Stellung der OHG im Zivilprozess auch für die aufgelöste Gesellschaft.

50 **4. Vertretung durch Bevollmächtigte.** Grundsätzlich kann auch die aufgelöste Gesellschaft, vertreten durch die Liquidatoren, nach Maßgabe der allgemeinen Vorschriften des Bürgerlichen Rechts und des Handelsrechts Vollmachten erteilen (§ 125 Rn 13 ff). Vor der Auflösung erteilte Vollmachten bleiben bestehen; die Liquidatoren können allerdings bestehende Vollmachten nach Maßgabe des § 168 BGB widerrufen. Die früher hM sprach allerdings der aufgelösten Gesellschaft die Befugnis zur Erteilung einer **Prokura** ab; eine bereits erteilte Prokura sollte mit Auflösung erlöschen.[131] Die heute herrschende Gegenansicht[132] weist dagegen zu Recht darauf hin, dass die Gesellschaft mit Auflösung zwar nicht mehr ihren ursprünglichen Zweck verfolgt, dies indes ihre Rechtsnatur und ihren Status als Handelsgesellschaft unberührt lässt (§ 145 Rn 13 ff). Hinzu kommt, dass auch in der aufgelösten Gesellschaft eine Vielzahl neuer Geschäfte anfallen können, so dass die Erteilung von Prokuren durchaus mit dem auf Abwicklung gerichteten Gesellschaftszweck (§ 145 Rn 16 ff) vereinbar sein kann. Der Gesetzgeber des AktG 1965 hat denn auch die Vorschrift des § 210 Abs. 5 AktG 1937, der zufolge die Bestellung von Prokuristen für die aufgelöste AG ausgeschlossen war, bewusst nicht in § 269 AktG aufgenommen.[133] Sind somit die Liquidatoren zur Bestellung von Prokuristen grundsätzlich imstande, so kann sich allerdings die Erteilung der Prokura ihrerseits als Missbrauch der organschaftlichen Vertretungsbefugnis (Rn 47) erweisen.[134] Zudem kann die Erteilung neuer oder der Nichtwiderruf bestehender Prokuren pflichtwidrig sein (Rn 5 ff).

§ 150

(1) Sind mehrere Liquidatoren vorhanden, so können sie die zur Liquidation gehörenden Handlungen nur in Gemeinschaft vornehmen, sofern nicht bestimmt ist, daß sie einzeln handeln können.

(2) [1]**Durch die Vorschrift des Absatzes 1 wird nicht ausgeschlossen, daß die Liquidatoren einzelne von ihnen zur Vornahme bestimmter Geschäfte oder bestimmter Arten von Geschäften ermächtigen.** [2]**Ist der Gesellschaft gegenüber eine Willenserklärung abzugeben, so findet die Vorschrift des § 125 Abs. 2 Satz 3 entsprechende Anwendung.**

Schrifttum: Vgl. die Nachw. zu § 145.

---

131 RGZ 72, 119 (122); 3. Aufl. Anm. 40 (*Schilling*) und § 131 Anm. 134 (*Ulmer*); *A. Hueck* OHG § 32 IV 5f (S. 501 f); Ebenroth/Boujong/Joost/Strohn/*Hillmann* Rn 27; Nachw. zur Gegenansicht s. in Fn 132.

132 *K. Schmidt* BB 1989, 229 ff; MünchKommHGB/*ders.* § 146 Rn 53 f; ihm zust. § 48 Rn 13 (*Joost*); Baumbach/*Hopt* § 48 Rn 1; Koller/Roth/Morck/*Roth* § 48 Rn 2.

133 Vgl. *Kropff* AktG (1965) S. 359; ferner *Hüffer* AktG[8] (2008) § 269 Rn 4.

134 Zutr. MünchKommHGB/*K. Schmidt* § 146 Rn 53.

Übersicht

I. Einführung

1. Inhalt und Zweck der Vorschrift. Die Vorschrift des § 150 Abs. 1 stellt in Überein- 1
stimmung mit Art. 136 ADHGB und der für die Abwicklung der AG geltenden Vorschrift des § 269 Abs. 2 S. 1 AktG die gesetzliche Regel auf, dass mehrere Abwickler nur gemeinsam handlungsberechtigt sind. Zugleich stellt sie klar, dass die Gesellschafter etwas anderes vereinbaren können. Bis zum Inkrafttreten des Gesetz über elektronische Register und Justizkosten für Telekommunikation (ERJuKoG) vom 10.12.2001 (§ 148 Rn 2) enthielt § 150 Abs. 1 noch einen weiteren Halbsatz, dem zufolge eine vom Grundsatz der Gesamtvertretungsbefugnis abweichende Regelung der Vertretungsmacht zur Eintragung in das Handelsregister anzumelden war (s. noch Rn 14); diese Bestimmung ist infolge der Neufassung des § 148 Abs. 1 S. 1 (§ 148 Rn 2, 7) überflüssig und deshalb aufgehoben worden. Nach § 150 Abs. 2 bewendet es auch für die aufgelöste Gesellschaft bei den Vorschriften des § 125 Abs. 2 S. 2 und 3. Auch die Liquidatoren können also einander zur Vornahme von bestimmten Geschäften oder bestimmter Arten von Geschäften ermächtigen; zudem ist jeder Liquidator zur Entgegennahme von an die Gesellschaft gerichteten Willenserklärungen befugt. – Die Vorschrift des § 150 Abs. 1 weicht von dem für die werbende Gesellschaft geltenden, in §§ 115 Abs. 1, 125 Abs. 1 und 2 kodifizierten Grundsatz der Einzelbefugnis ab. Dies erklärt sich aus der Zweckänderung, die die Gesellschaft durch die Auflösung erfahren hat (§ 145 Rn 16 ff). Vor dem Hintergrund des nunmehr dominierenden Interesses der Gesellschafter an Versilberung und Auskehrung des Gesellschaftsvermögens erschien dem Gesetzgeber der **Grundsatz der Gesamtgeschäftsführung und -vertretung** (Rn 2) als der angemessene. Was die **Ausübung** der Gesamtgeschäftsführung und -vertretung im Einzelnen betrifft, so wird auf § 115 Rn 27 ff sowie auf § 125 Rn 38 ff verwiesen.

2. Anwendungsbereich. Die Vorschrift gilt für OHG, KG, Partnerschaft und EWIV 2
(vor § 145 Rn 7 ff; zur Kapitalgesellschaft & Co. KG s. auch § 146 Rn 12 f). Sie bezieht sich auf § 149 S. 1 und 2 und betrifft demnach sowohl die Geschäftsführungs- als auch die (organschaftliche, s. Rn 17) Vertretungsbefugnis der Liquidatoren.[1] Der Grundsatz der Gesamtzuständigkeit gilt **für sämtliche Fälle einer Mehrheit von Abwicklern**, mag es sich um nach § 146 Abs. 1 S. 1 „geborene" (§ 146 Rn 8 ff), um durch die Gesellschafter „gekorene" (§ 146 Rn 15 ff) oder um gerichtlich bestellte Liquidatoren (§ 146 Rn 30 ff) handeln.[2] Eine Ausnahme gilt auch nicht für Gesellschafter, die vor der Auflösung der Gesellschaft zur Einzelgeschäftsführung und -vertretung berufen waren; mit der Auflösung sind diese Befugnisse erloschen (§ 149 Rn 1, 43). § 150 findet bei der Abwicklung

---

[1] Allg. M., s. MünchKommHGB/*K. Schmidt* Rn 2; *A. Hueck* OHG § 32 IV 5d (S. 499).

[2] Ebenfalls allg. M., s. MünchKommHGB/*K. Schmidt* Rn 3.

der Gesellschaft nach Maßgabe der §§ 145 ff, aber auch bei Vereinbarung einer **anderen Art der Abwicklung** Anwendung (§ 149 Rn 3; § 145 Rn 34; § 158 Rn 7 f).

II. Geschäftsführung

3 **1. Grundsatz.** Nach der gesetzlichen Regel „können" die Abwickler die nach § 149 S. 1 oder aufgrund einer Abwicklungsvereinbarung der Gesellschafter (Rn 2) anfallenden Aufgaben nur in Gemeinschaft vornehmen. Jede Einzelmaßnahme bedarf deshalb der **Zustimmung sämtlicher Liquidatoren.** Fehlt es an der Zustimmung auch nur eines Abwicklers, so muss die Maßnahme unterbleiben. Dabei ist es unerheblich, ob ein Liquidator widerspricht oder schweigt; erforderlich ist die zumindest stillschweigende Zustimmung. Wird eine Maßnahme ohne die erforderliche Zustimmung aller Liquidatoren ausgeführt, so fehlt es dem Handelnden an der Geschäftsführungsbefugnis; er haftet deshalb der Gesellschaft gegenüber für die aufgrund der schuldhaften Anmaßung von Kompetenzen entstehenden Schäden (§ 149 Rn 7). Die Wirksamkeit der im Namen der Gesellschaft abgegebenen Willenserklärungen beurteilt sich in diesem Fall nach den Ausführungen in Rn 10 ff. Zur Rechtslage bei Wegfall eines Liquidators s. Rn 11 f.

4 Bei der Entscheidung über die Erteilung der Zustimmung zu einer Maßnahme handelt der Liquidator in Ausübung seiner organschaftlichen Befugnisse. Er hat deshalb seine Entscheidung nach pflichtgemäßem, an dem Gesellschaftszweck zu orientierendem Ermessen zu treffen (§ 149 Rn 5 ff). Die **pflichtwidrige Erteilung**, aber auch die **pflichtwidrige Verweigerung** der Zustimmung verpflichtet den Gesellschafter unter der weiteren Voraussetzung schuldhaften Handelns zum Schadensersatz (§ 149 Rn 7). Zudem kann sie zum Anlass für die Abberufung des Liquidators nach § 147, für die Bestellung neuer (zum Alleinhandeln berechtigter) Liquidatoren, für die Änderung des Gesellschaftsvertrags (Rn 7, 13) oder für die Erteilung von Weisungen nach § 152 genommen werden. Der pflichtwidrig die Zustimmung verweigernde Liquidator kann zudem nicht seinerseits gegen die anderen Liquidatoren den Vorwurf fehlender Geschäftsführungsbefugnis erheben; im Innenverhältnis kann die fehlende Zustimmung also unbeachtlich sein (§ 105 Rn 245).

5 Nach heute hM kann der einzelne Abwickler auch **auf Erteilung der Zustimmung in Anspruch genommen** werden.[3] Dem ist zu folgen. Der Anspruch setzt allerdings voraus, dass die Zustimmung pflichtwidrig verweigert wird, der Liquidator also die Grenzen seines Ermessens überschreitet. Die Frage der Zweckmäßigkeit einer Geschäftsführungsmaßnahme kann dagegen nicht zum Gegenstand einer Klage gemacht werden.[4] Klagebefugt ist die Gesellschaft; sie wird durch die anderen Liquidatoren vertreten (Rn 10; § 125 Rn 43). Nach hM soll darüber hinaus zwar ein Gesellschafter-Liquidator, nicht dagegen ein Drittliquidator von jedem Gesellschafter im Wege der „actio pro socio" in Anspruch genommen werden können.[5] Diese Ansicht beruht freilich auf dem überkom-

[3] 3. Aufl. Anm. 4 (*Schilling*); *A. Hueck* OHG § 32 IV 5d (S. 499 f); MünchKommHGB/*K. Schmidt* Rn 5; Röhricht/v. Westphalen/*v. Gerkan/Haas* Rn 2; Ebenroth/Boujong/Joost/Strohn/*Hillmann* Rn 3; Heymann/*Sonnenschein/Weitemeyer* Rn 2; Baumbach/*Hopt* Rn 1; **aA** noch RGZ 12, 32.

[4] Vgl. BGH NJW 1972, 862; NJW 1986, 844.

[5] So *Schilling* und *A. Hueck*, jew. aaO (Fn 3), die freilich die actio pro socio als Klage aus eigenem Recht qualifizieren (dazu § 105 Rn 256); ferner Heymann/*Sonnenschein/Weitemeyer* Rn 2; Baumbach/*Hopt* Rn 1; wohl auch Ebenroth/Boujong/Joost/Strohn/*Hillmann* Rn 3; **aA** MünchKommHGB/*K. Schmidt* Rn 5; Röhricht/v. Westphalen/*v. Gerkan/Haas* Rn 2.

menen Verständnis von der aufgelösten Gesellschaft als einem Schuldverhältnis der Gesellschafter untereinander (dazu § 145 Rn 13 ff; § 149 Rn 21 ff). Mit Blick auf die Rechtssubjektivität auch der aufgelösten Gesellschaft (§ 124 Rn 3 ff; § 145 Rn 13) erscheint es deshalb zutreffend, dem Gesellschafter die **actio pro socio**, verstanden im Sinne einer Geltendmachung des Rechts der Gesellschaft im eigenen Namen und damit als Prozessstandschafter (§ 105 Rn 256), sowohl gegen den Gesellschafter-Liquidator als auch gegen den Drittliquidator zu gewähren (§ 149 Rn 30).[6]

Nach Abs. 2 S. 1 haben die Liquidatoren die Möglichkeit, einander zur Vornahme bestimmter Geschäfte oder bestimmter Arten von Geschäften zu ermächtigen (Rn 15). Zudem ist bei Gefahr im Verzuge die Zustimmung sämtlicher Liquidatoren entbehrlich; entsprechend § 115 Abs. 2 haben dann vielmehr die nicht verhinderten Liquidatoren die Befugnis zur **Notgeschäftsführung.**[7] Voraussetzung ist allerdings, dass sofortiges Handeln geboten ist; insbesondere der Bestellung eines zur Einzelgeschäftsführung befugten Liquidators gebührt deshalb der Vorrang. Zudem umfasst die Befugnis zur Notgeschäftsführung nicht auch Vertretungsmacht für die Gesellschaft. Zur Unbeachtlichkeit eines pflichtwidrigen Widerspruchs s. Rn 4, zur Rechtslage bei **Wegfall oder Verhinderung eines Liquidators** s. Rn 10 ff. 6

2. **Abweichende Bestimmungen.** Nach § 150 Abs. 1 kann bestimmt werden, dass die Abwickler – auch die nach § 146 Abs. 2 durch das Gericht ernannten[8] – abweichend von der gesetzlichen Regel **Einzelgeschäftsführungsbefugnis** haben. Die Bestimmung kann im ursprünglichen **Gesellschaftsvertrag** enthalten sein, aber auch nachträglich eingeführt werden. Stets handelt es sich um eine die Grundlagen der Gesellschaft betreffende Regelung, so dass die nachträgliche Abbedingung des Grundsatzes der Gesamtgeschäftsführung als Änderung des Gesellschaftsvertrags anzusehen ist und den diesbezüglich geltenden Anforderungen entsprechen muss (§ 146 Rn 15 f). Die Zustimmung des Privatgläubigers als Liquidationsbeteiligter (§ 146 Rn 37; § 147 Rn 9) ist nicht erforderlich.[9] Die Änderung des Gesellschaftsvertrags kann auch stillschweigend erfolgen. Die einem Gesellschafter durch Gesellschaftsvertrag eingeräumte Befugnis zur Einzelgeschäftsführung und -vertretung innerhalb der werbenden Gesellschaft umfasst freilich grundsätzlich keine entsprechenden Liquidatorenbefugnisse (§ 145 Rn 14; § 149 Rn 1).[10] 7

Auch das **Gericht** kann im Rahmen seiner Entscheidungen nach §§ 146 Abs. 2, 147 Hs. 2 bestimmen, dass die von ihm ernannten Abwickler einzeln handeln können. Dagegen soll es nicht bestimmen können, dass die nach § 146 Abs. 1 S. 1 oder durch den Gesellschaftsvertrag berufenen Abwickler (§ 146 Rn 8 ff, 15 ff) abweichend von § 150 einzeln handeln können.[11] Andererseits bleibe es dem Gericht unbenommen, auf entspre- 8

---

6 Ähnlich MünchKommHGB/*K. Schmidt* Rn 5, § 152 Rn 11, der freilich zunächst einen Weisungsbeschluss der Gesellschafter nach § 152 verlangt, dessen Befolgung sodann von jedem Beteiligten erzwungen werden könne; s. ferner Röhricht/v. Westphalen/*v. Gerkan/Haas* Rn 2.

7 *A. Hueck* OHG § 32 IV 5d (S. 499); MünchKommHGB/*K. Schmidt* Rn 9; Heymann/*Sonnenschein/Weitemeyer* Rn 3; Ebenroth/Boujong/Joost/Strohn/*Hillmann* Rn 4; Baumbach/*Hopt* Rn 1; Straube/*Torggler* Rn 6.

8 *A. Hueck* OHG § 32 IV 5e (S. 501).

9 3. Aufl. Anm. 7 (*Schilling*). – Zur Ausübung des Stimmrechts durch Insolvenz- und Nachlassverwalter sowie durch den Testamentsvollstrecker s. dagegen § 146 Rn 29, 44.

10 So zu § 68 GmbHG auch BayObLG ZIP 1996, 2110 (2111); BB 1985, 1148 (1149); OLG Düsseldorf GmbH-Rdsch. 1989, 465; s. ferner MünchKommHGB/*K. Schmidt* Rn 6.

11 So 3. Aufl. Anm. 8 (*Schilling*), freilich unter Beschränkung auf die Interessen des betroffenen Abwicklers, nicht ohne Zustimmung eine erhöhte Verantwortung übernehmen zu müssen; ferner MünchKommHGB/*K. Schmidt* Rn 6 mit Fn 16.

chenden Antrag die bisherigen Abwickler abzuberufen und die von ihm ernannten Abwickler mit Einzelbefugnis auszustatten.[12] Vor diesem Hintergrund sprechen die besseren Gründe dafür, dem Gericht die Anordnung von Einzelgeschäftsführung und -vertretung der nach § 146 Abs. 1 S. 1 oder durch den Gesellschaftsvertrag berufenen Liquidatoren zu gestatten und den Liquidator, der den damit verbundenen Zuwachs an Verantwortung nicht übernehmen möchte, auf die Möglichkeit der Niederlegung des Amtes (§ 147 Rn 17) zu verweisen.[13] Mit Rücksicht auf die Haftung der Gesellschafter nach §§ 128, 159 sollte allerdings eine entsprechende gerichtliche Entscheidung nur als ultima ratio in Betracht kommen. – Einhellig anerkannt ist dagegen, dass das Gericht unter den Voraussetzungen des § 147 Hs. 2 Gesamtgeschäftsführung anordnen kann, wenn die Gesellschafter den Liquidatoren Einzelgeschäftsführungsbefugnis gewährt haben (§ 147 Rn 5).

9 Sowohl durch das Gericht als auch durch die Gesellschafter kann bestimmt werden, dass ein oder mehrere Liquidatoren einzeln handeln können, **andere dagegen nur gemeinschaftlich.**[14] Sind mehrere Liquidatoren zur Einzelgeschäftsführung befugt, so bezieht sich die Befugnis auf Geschäfte jeder Art, die nach § 149 S. 1 in den Geschäftskreis der Abwickler fallen. Ein **Widerspruchsrecht**, wie es § 115 Abs. 1 Hs. 2 für die Geschäftsführer der werbenden Gesellschaft vorsieht, besteht im Fall der Liquidation nicht.[15]

III. Vertretung

10 **1. Grundsatz.** Vorbehaltlich einer abweichenden Vereinbarung der Gesellschafter sind die Liquidatoren nach § 150 Abs. 1 nur in Gemeinschaft zur aktiven (Rn 16) Vertretung der Gesellschaft befugt.[16] Eine wirksame Vertretung der Gesellschaft setzt somit voraus, dass jeder Liquidator eine Willenserklärung namens der Gesellschaft abgibt (§ 125 Rn 41). Bei fehlender Mitwirkung eines Liquidators (zur Ermächtigung nach Abs. 2 S. 1 s. Rn 15) ist das Rechtsgeschäft schwebend unwirksam; ihm kann nach Maßgabe der §§ 177, 180 BGB durch Genehmigung zur Wirksamkeit verholfen werden (§ 125 Rn 42). Kommt es im Fall einer Mehrheit von Erben nicht zur Bestellung eines **gemeinsamen Vertreters** im Sinne des § 146 Abs. 1 S. 2, so ist dieser Liquidator „nicht vorhanden" im Sinne des § 150 Abs. 1 (§ 146 Rn 28). Entsprechendes gilt, wenn im Namen der Gesellschaft **Klage gegen einen Liquidator** erhoben wird oder einer der Liquidatoren Klage gegen die Gesellschaft erhebt. Die Gesellschaft wird dann durch die anderen Liquidatoren vertreten; der Bestellung eines weiteren Liquidators anstelle des nach § 181 BGB verhinderten Liquidators (§ 149 Rn 48) bedarf es nicht.[17] Anders verhält es sich dagegen, wenn der Gesellschaftsvertrag (Rn 7) oder das Gericht (Rn 8) anordnet, dass nur bestimmte Personen Abwickler sind oder eine bestimmte Zahl von Abwicklern mitwirken

12 3. Aufl. Anm. 8 (*Schilling*).

13 So zu Recht *A. Hueck* OHG § 32 IV 5e (S. 501).

14 MünchKommHGB/*K. Schmidt* Rn 6; Ebenroth/Boujong/Joost/Strohn/*Hillmann* Rn 5.

15 MünchKommHGB/*K. Schmidt* Rn 7; Straube/*Torggler* Rn 12.

16 Zu den Liquidatoren der KG s. § 146 Rn 12 f; speziell zur Vertretung der KG OLG Hamm NZG 2003, 627.

17 BGH WM 1964, 740, 741 (betr. den Fall, dass nur ein weiterer Liquidator vorhanden ist); vgl. ferner für die werbende Gesellschaft BGH WM 1983, 60; § 125 Rn 43; **aA** – Notwendigkeit der Bestellung eines anderen Liquidators – RGZ 116, 116 (117).

muss. Die Verhinderung des Prozessgegners ist dann durch Änderung der Vertretungsordnung, durch Bestellung eines zusätzlichen Liquidators oder durch Bestellung eines Prozessvertreters nach § 57 ZPO auszugleichen.[18]

Vorbehaltlich der Verhinderung durch Prozessgegnerschaft (Rn 10) ist die Rechtslage bei **Wegfall oder Verhinderung eines Gesamtvertreters umstritten.** Nach herrschender Meinung soll die Vertretungsmacht eines Liquidators, der nach § 181 BGB oder aus anderen rechtlichen Gründen an der Vertretung der Gesellschaft verhindert ist (§ 149 Rn 48), nicht den übrigen Liquidatoren zuwachsen; Entsprechendes soll bei gänzlichem Wegfall eines Liquidators gelten.[19] Nach einer anderen Ansicht ist dagegen zu differenzieren: Bei Geltung des Grundsatzes des § 146 Abs. 1 S. 1 (§ 146 Rn 8 ff) soll die Gesellschaft durch die übrigen Liquidatoren vertreten werden können; in allen anderen Fällen, also bei Ernennung von Liquidatoren durch Gericht oder Gesellschafter (§ 146 Rn 15 ff, 30 ff), soll es dagegen grundsätzlich (und vorbehaltlich einer davon abweichenden Auslegung des Gesellschaftsvertrags bzw. der gerichtlichen Entscheidung) erforderlich sein, einen neuen Liquidator zu bestellen oder die Vertretungsordnung zu ändern.[20] Nach einer dritten Ansicht schließlich sollen bei Wegfall oder rechtlicher Verhinderung eines Liquidators die anderen Liquidatoren jedenfalls dann handlungsbefugt sein, wenn andernfalls die Gesellschaft handlungsunfähig würde.[21] 11

Zuzustimmen ist der hM. Gegen die zuletzt genannte Ansicht spricht zunächst, dass der Handlungsunfähigkeit der aufgelösten Gesellschaft nach §§ 146 Abs. 2, 147 Hs. 2 durch das Gericht abgeholfen werden kann; dieses kann einen Drittliquidator ernennen (§ 146 Rn 39), aber auch Einzelbefugnis anordnen (Rn 8). Vor diesem Hintergrund begegnet der Rückgriff auf die für die werbende Gesellschaft geltenden Grundsätze (§ 125 Rn 43 f) Bedenken. Aber auch eine Unterscheidung zwischen der Verhinderung eines „geborenen" und derjenigen eines „gekorenen" Liquidators vermag nicht zu überzeugen. Lassen es nämlich die Gesellschafter bei dem Grundsatz des § 146 Abs. 1 S. 1 bewenden (§ 146 Rn 8 ff), so vertrauen sie auf den mit dem Erfordernis der Mitwirkung aller verbundenen Schutz ihrer Interessen (Rn 1). Bedarf es somit entweder der Ernennung eines Ersatzliquidators oder einer Änderung der Vertretungsordnung, so ist davon allerdings für den Fall eine Ausnahme zu machen, dass der Wegfall eines Liquidators auf dem **Verlust der Mitgliedschaft** in der Gesellschaft beruht; in diesem Fall sind die verbleibenden Liquidatoren gesamtvertretungsbefugt. Unberührt bleibt auch der Fall der Prozessgegnerschaft (Rn 10, 15). Zur Frage der Ermächtigung eines Liquidators durch den nach § 181 BGB verhinderten Liquidator s. Rn 15. 12

2. Abweichende Bestimmungen. Durch Gesellschaftsvertrag (Rn 7) oder durch das Gericht (Rn 8) kann zunächst bestimmt werden, dass sämtliche Liquidatoren einzelvertretungsbefugt sind (§ 125, 27 ff). In Betracht kommt ferner eine Kombination aus Einzel- und Gesamtvertretungsbefugnis (Rn 9; § 125, 39). Aber auch die Einführung **gemischter Gesamtvertretung** ist statthaft (s. § 149, 50), freilich nur in den Grenzen, die dieser Vertretungsordnung innerhalb der werbenden Gesellschaft gesetzt sind (§ 125, 13

[18] 3. Aufl. § 149 Rn 47 (*Schilling*).

[19] RGZ 103, 417; 116, 116 (117); OLG Hamm NZG 2003, 627; 3. Aufl. Anm. 3 (*Schilling*); Ebenroth/Boujong/Joost/Strohn/*Hillmann* Rn 7; Heymann/*Sonnenschein*/*Weitemeyer* Rn 3; Baumbach/*Hopt* Rn 1; Koller/Roth/Morck/*Koller* Rn 2.

[20] *Heymann*/*Kötter* (21. Aufl.) Anm. 1; Straube/*Torggler* Rn 18 f.

[21] MünchKommHGB/*K. Schmidt* Rn 4, 10; Röhricht/v. Westphalen/*v. Gerkan*/*Haas* Rn 3, 7.

56 ff).[22] Unzulässig sind dagegen der Ausschluss eines Liquidators von der Vertretungsbefugnis und die Bindung der Vertretungsbefugnis eines Liquidators an die Mitwirkung einer Person, die weder Liquidator noch Prokurist ist.[23]

14 **3. Eintragung.** Nach § 148 Abs. 1 S. 1 und 2 sind die Vertretungsbefugnis[24] und jede Änderung der Vertretungsbefugnis ausnahmslos – abweichend von § 150 Abs. 1 a.F. (dazu Voraufl. Rn 14) also auch dann, wenn es bei Gesamtvertretungsbefugnis bewendet (Rn 1) – zur Eintragung in das Handelsregister anzumelden (§ 148 Rn 6 ff, 10 ff; zu § 148 Abs. 2 s. § 148 Rn 13). Die Eintragung hat nur deklaratorische Wirkung; die Rechtsfolgen der Eintragung wie der unterlassenen Eintragung bestimmen sich nach § 15 (§ 125 Rn 67).

15 **4. Ermächtigung (Abs. 2 S. 1).** Nach Abs. 2 S. 1 nimmt Abs. 1 den Liquidatoren nicht die Möglichkeit, einander zur Vornahme bestimmter Geschäfte oder bestimmter Arten von Geschäften zu ermächtigen. Es bewendet vielmehr auch für die aufgelöste Gesellschaft bei der Rechtslage nach § 125 Abs. 2 S. 2. Im Unterschied zu § 125 Abs. 2 S. 2 betrifft allerdings § 150 Abs. 2 sowohl die Geschäftsführung als auch die Vertretung. Auch im Rahmen des § 150 Abs. 2 ist das Verbot des Selbstkontrahierens und der Mehrvertretung nach § 181 BGB (§ 149 Rn 48) zu berücksichtigen. Ein danach von der Vertretung der Gesellschaft ausgeschlossener Liquidator kann deshalb nicht die übrigen Liquidatoren ermächtigen und daraufhin mit der – durch die ermächtigten Liquidatoren vertretenen – Gesellschaft kontrahieren (§ 125 Rn 51 f). Ist allerdings ein Liquidator infolge Prozessgegnerschaft an der Vertretung der Gesellschaft gehindert, so sind die übrigen Liquidatoren vertretungsbefugt (Rn 10); der Annahme einer – nach § 181 BGB ohnehin nicht möglichen – Ermächtigung bedarf es deshalb nicht.[25] Wegen sämtlicher Einzelheiten wird auf die Erläuterungen zu § 125 Abs. 2 S. 2 (§ 125 Rn 45 ff) verwiesen.

16 **5. Passivvertretung (Abs. 2 S. 2).** Ist der Gesellschaft gegenüber eine Willenserklärung[26] abzugeben, so findet nach Abs. 2 S. 2 die für die werbende Gesellschaft geltende Vorschrift des § 125 Abs. 2 S. 3 entsprechende Anwendung. Danach ist also jeder Liquidator zur Passivvertretung befugt. Zum zwingenden Charakter sowie zum Anwendungsbereich des § 125 Abs. 2 S. 3 s. § 125 Rn 54 f.

17 **6. Vertretung durch Bevollmächtigte.** Soweit § 150 die Vertretung der aufgelösten Gesellschaft regelt, ist davon nur die organschaftliche Vertretungsbefugnis betroffen. Soll

---

[22] Heymann/*Sonnenschein*/*Weitemeyer* Rn 4; Röhricht/v. Westphalen/*v. Gerkan*/*Haas* Rn 8; MünchKommHGB/*K. Schmidt* Rn 13; **aA** – ausgehend freilich von der Unzulässigkeit der Erteilung von Prokuren und dem Erlöschen von Altprokuren (dazu § 149 Rn 50) – 3. Aufl. Anm. 9 (*Schilling*); *A. Hueck* OHG § 32 IV 5e (S. 500); so auch noch Ebenroth/Boujong/Joost/Strohn/*Hillmann* Rn 8.

[23] 3. Aufl. Anm. 9 (*Schilling*); MünchKommHGB/*K. Schmidt* Rn 13.

[24] Die Geschäftsführungsbefugnis ist nicht eintragungsfähig.

[25] Zust. MünchKommHGB/*K. Schmidt* Rn 16; **aA** – für Annahme einer konkludenten Ermächtigung – RGZ 116, 116 (118); BGH BB 1964, 786; 3. Aufl. Anm. 14 (*Schilling*); Schlegelberger/*K. Schmidt* Rn 16; Heymann/*Sonnenschein*/*Weitemeyer* Rn 6.

[26] Zur Geltung hinsichtlich des Zugangs von Steuerbescheiden s. OLG Hamm NJW-RR 1997, 32 (34).

die aufgelöste Gesellschaft durch Bevollmächtigte vertreten werden (§ 149 Rn 50), so können die Liquidatoren nach Maßgabe der §§ 164 ff BGB, §§ 48 ff, 54 ff sowohl Einzelvertretungs- als auch Gesamtvertretungsbefugnis erteilen. Insbesondere besteht die Möglichkeit, das Handeln eines Prokuristen (§ 149 Rn 50) an die Mitwirkung eines Liquidators zu binden (§ 48 Rn 99 ff; § 125 Rn 59). Davon zu unterscheiden ist die – auch nach Auflösung zulässige – sog. gemischte Gesamtvertretung im Sinne des § 125 Abs. 3; sie hat organschaftlichen Charakter (Rn 13; § 125 Rn 56 ff).

§ 151

Eine Beschränkung des Umfanges der Befugnisse der Liquidatoren ist Dritten gegenüber unwirksam.

Schrifttum: Vgl. die Angaben zu § 145.

Übersicht

I. Einführung

1. Inhalt und Zweck der Vorschrift. § 151 bestimmt in Übereinstimmung mit Art. 138 ADHGB, dass eine Beschränkung der Befugnisse der Abwickler im Verhältnis zu Dritten unwirksam ist. Die Vorschrift erstreckt damit den in § 126 Abs. 2 geregelten Grundsatz der Unbeschränkbarkeit der organschaftlichen Vertretungsmacht auf die aufgelöste Handelsgesellschaft. Wie § 126 Abs. 2 bezweckt auch § 151 den **Schutz des Rechtsverkehrs:** Mit der aufgelösten Gesellschaft in rechtsgeschäftliche Beziehung tretende Dritte sollen sich auf die Vertretungsbefugnis des organschaftlichen Vertreters verlassen dürfen; insbesondere sollen etwaige Beschränkungen der Geschäftsführungsbefugnis die Wirksamkeit der namens der Gesellschaft abgegebenen Willenserklärungen sowie den Zugang der an die Gesellschaft gerichteten Willenserklärungen nicht in Frage stellen. 1

2. Zwingende Geltung; Anwendungsbereich. Die Vorschrift des § 151 ist zwingend. Interne Beschränkungen der Vertretungsmacht dürfen nicht in das Handelsregister eingetragen werden. Eine zu Unrecht erfolgte Eintragung lässt die Vertretungsmacht unberührt; in Ermangelung einer eintragungsfähigen Tatsache ist kein Raum für die Anwendung des § 15 Abs. 2. Der Anwendungsbereich der Vorschrift umfasst OHG, KG, Partnerschaft und EWIV (vor § 145 Rn 7 ff). Nach § 158 gelangt § 151 auch bei Vereinbarung einer anderen Art der Abwicklung (§ 145 Rn 22 ff) zur Anwendung (Rn 3; § 158 Rn 7 f). 2

I. Gegenstand der Vorschrift

3 **1. Organschaftliche Vertretungsbefugnis.** Die Vorschrift versteht sich als Folgevorschrift zu §§ 149 S. 2, 150. Sie betrifft die organschaftliche Vertretungsbefugnis der Liquidatoren; soweit diese nach §§ 149 S. 2, 150 reicht (Rn 6), kann sie gemäß ausdrücklicher Bestimmung in § 151 Dritten gegenüber nicht beschränkt werden. Da die aufgelöste Gesellschaft auch bei Vereinbarung einer anderen Art der Abwicklung über Liquidatoren verfügt (§ 145 Rn 22 ff, 34), findet § 151 auch in diesem Fall Anwendung (Rn 2). Was dagegen den Umfang der einem Dritten oder einem Gesellschafter erteilten **Vollmacht** (§ 149 Rn 50) betrifft, so gelten die allgemeinen Vorschriften, insbesondere diejenigen der §§ 48 ff, 54 ff betr. Prokura und Handlungsvollmacht. Bei **gemischter Gesamtvertretung** im Sinne des § 125 Abs. 3 S. 1 (§ 150 Rn 13; § 125 Rn 56 ff) bestimmt sich jedoch auch die Vertretungsbefugnis des Prokuristen nach § 151 (§ 125 Rn 61).

4 Die **Geschäftsführungsbefugnis** der Liquidatoren ist in § 151 nicht geregelt. Ihr Umfang bestimmt sich vielmehr grundsätzlich nach § 149 S. 1. Zwar haben die Gesellschafter die Möglichkeit, eine andere Art der Abwicklung zu vereinbaren und damit die Geschäftsführungsbefugnis der Liquidatoren abweichend von § 149 S. 1 zu gestalten (§ 145 Rn 22 ff). Nach § 152 können sie zudem den Liquidatoren Weisungen erteilen und damit die Geschäftsführungsbefugnis – sei es diejenige nach § 149 S. 1 oder diejenige nach Maßgabe der Abwicklungsvereinbarung – weiter beschränken. Auf den Umfang der Vertretungsmacht haben entsprechende Vereinbarungen oder Weisungsbeschlüsse freilich ebensowenig Einfluss wie die Aufnahme sonstiger die Geschäftsführung betreffender Regelungen in den Gesellschafts- oder Anstellungsvertrag. Die Liquidatoren machen sich zwar ggf. schadensersatzpflichtig (§ 149 Rn 7); sofern nicht ein Missbrauch der Vertretungsmacht gegeben ist (Rn 8), wird die Wirksamkeit des rechtsgeschäftlichen Handelns dadurch aber nicht berührt.

5 **2. Vertretung der Gesellschaft.** Der Grundsatz der unbeschränkbaren Vertretungsmacht gilt nur für die Vertretung der Gesellschaft. Voraussetzung ist also zunächst, dass der Liquidator rechtsgeschäftlich handelt, also Willenserklärungen abgibt oder entgegennimmt. Rechtsgeschäftsähnliches Handeln steht allerdings auch im Rahmen des § 151 dem rechtsgeschäftlichen Handeln gleich. Das rechtsgeschäftliche oder rechtsgeschäftsähnliche Handeln muss des Weiteren ein solches im Namen der Gesellschaft sein. **Grundlagengeschäfte** sind somit weder von § 149 S. 2 noch von § 151 erfasst (§ 149 Rn 4; § 126 Rn 12 ff). Die Wissens- oder Verschuldenszurechnung beurteilt sich auch innerhalb der aufgelösten Gesellschaft nach § 31 BGB (§ 125 Rn 19 ff).

II. Unbeschränkbarkeit der Vertretungsmacht

6 **1. Grundsatz.** Nach § 151 ist die organschaftliche Vertretungsbefugnis der Liquidatoren unbeschränkbar. Dies entspricht allgemeiner Meinung. Umstritten ist dagegen die **Vorfrage nach der Reichweite** der – nach § 151 sodann unbeschränkbaren – Vertretungsmacht. Insoweit steht die wohl noch hM auf dem Standpunkt, dass die Vertretungsmacht der Liquidatoren nach § 149 S. 2 durch den Liquidationszweck begrenzt wird; nach anderer, auch hier vertretener Ansicht ist dagegen die Vertretungsbefugnis der Liquidatoren **unbeschränkt** (§ 149 Rn 45 ff). Wollte man der hM folgen, so wäre § 151 vor allem im Zusammenhang mit § 152 zu sehen; die Vertretungsmacht der Liquidatoren wäre danach also zwar durch den Liquidationszweck begrenzt, im Übrigen aber auch

durch Weisungsbeschlüsse nicht weiter beschränkbar.[1] Nach der hier vertretenen Ansicht, der zufolge die Vertretungsmacht der Liquidatoren unbeschränkt ist (§ 149 Rn 45 ff), bestimmt § 151 demgegenüber, dass grundsätzlich weder der auf Abwicklung gerichtete Gesellschaftszweck noch die Geschäftsführung betreffende Vereinbarungen oder Weisungen der Gesellschafter Auswirkungen auf die Vertretungsbefugnis der Liquidatoren haben; die Rechtslage nach § 151 entspricht danach derjenigen nach § 126 (s. im Einzelnen § 126 Rn 4 ff, 20).

Die Beantwortung der (in § 151 nicht geregelten, s. Rn 6) Frage nach der Reichweite der organschaftlichen Vertretungsbefugnis der Liquidatoren entscheidet zugleich über die Frage nach möglichen **Erweiterungen** der organschaftlichen Befugnis. Auf der Grundlage der herkömmlichen, vom Grundsatz der auf Liquidationsgeschäfte beschränkten Vertretungsmacht ausgehenden hM kommen Erweiterungen in Betracht.[2] Insbesondere können die Gesellschafter danach die Liquidatoren zur Vornahme von anderen als Liquidationsgeschäften ermächtigen. Nach der hier vertretenen, vom Grundsatz der unbeschränkten Vertretungsmacht ausgehenden Ansicht (§ 149 Rn 45 ff) ist dagegen für eine Erweiterung der organschaftlichen Vertretungsbefugnis **schon im Ansatz kein Raum.**[3] Zwar können die Gesellschafter die Vertretungsbefugnis der Liquidatoren dahin gehend erweitern, dass diese auch zum Handeln im Namen der Gesellschafter befugt sind; doch handelt es sich dabei nicht um eine Erweiterung der – in § 151 allein geregelten – organschaftlichen Vertretungsbefugnis, sondern um die Erteilung einer davon unabhängigen Vollmacht. 7

2. Ausnahmen. Der Grundsatz der unbeschränkten Vertretungsmacht erleidet Ausnahmen. Dies gilt zumal auf der Grundlage der hier vertretenen Ansicht, der zufolge die Vertretungsmacht der Liquidatoren nicht nur unbeschränkbar, sondern auch unbeschränkt ist (Rn 6).[4] Insbesondere finden die Grundsätze über den **Missbrauch** der organschaftlichen Vertretungsmacht Anwendung.[5] Handelt also der Liquidator pflichtwidrig und muss sich dies dem Dritten aufdrängen, so schlagen die Beschränkungen der Geschäftsführungsbefugnis (§ 149 Rn 10 ff) auf die Vertretungsbefugnis durch. Der Liquidator handelt dann ohne Vertretungsmacht; die Wirksamkeit des Rechtsgeschäfts und die weiteren Rechtsfolgen bestimmen sich nach §§ 177 ff BGB (§ 149 Rn 45). Näher zu Voraussetzungen und Rechtsfolgen eines Missbrauchs der Vertretungsmacht in § 126 Rn 23 ff. 8

Besonderheiten gelten für **Rechtsgeschäfte** der Gesellschaft **mit Gesellschaftern oder Liquidatoren.** Insoweit besteht kein Anlass, die Interessen der Gesellschaft und der (Mit-)Gesellschafter dem allgemeinen Interesse an Verkehrssicherheit unterzuordnen. Auch unabhängig vom Vorliegen der Voraussetzungen eines Missbrauchs der Vertretungsmacht (Rn 8) müssen sich vielmehr Gesellschafter und Liquidatoren die an sich nur im 9

---

1 In diesem Sinne denn auch 3. Aufl. Anm. 2 (*Schilling*); Schlegelberger/*Geßler* (4. Aufl.) Anm. 2.

2 So denn auch 3. Aufl. Anm. 8 (*Schilling*); Heymann/*Sonnenschein*/*Weitemeyer* Rn 3; Röhricht/v. Westphalen/*v. Gerkan*/*Haas* Rn 4; Ebenroth/Boujong/Joost/Strohn/*Hillmann* Rn 2; Baumbach/*Hopt* Rn 1; s. ferner RGZ 106, 68 (72): Genehmigung eines von der Vertretungsmacht nicht gedeckten Rechtsgeschäfts durch die Gesellschafter bedeute Erweiterung; s. dazu auch BGH NJW 1984, 982.

3 So auch MünchKommHGB/*K. Schmidt* Rn 4, der freilich zu Recht betont, dass entsprechende Beschlüsse der Gesellschafter für Rechtssicherheit sorgen, indem sie den Vorwurf der Pflichtwidrigkeit beseitigen und das Eingreifen der Grundsätze über den Missbrauch der Vertretungsmacht ausschließen.

4 Entsprechendes hat aber auch auf der Grundlage der herkömmlichen Ansicht zu gelten, s. 3. Aufl. Anm. 6 (*Schilling*).

5 Eingehend dazu MünchKommHGB/*K. Schmidt* Rn 5 ff.

Innenverhältnis geltenden Beschränkungen der Geschäftsführungsbefugnis entgegenhalten lassen; dies folgt aus einer teleologischen Reduktion des § 151 (vgl. § 126 Rn 28 ff). Des Weiteren erscheint es mit Rücksicht auf den Grundsatz der unbeschränkten und unbeschränkbaren Vertretungsmacht (Rn 6; § 149 Rn 45 ff) folgerichtig, § 126 Abs. 3 zur Anwendung zu bringen.[6] Danach haben also die Gesellschafter die Möglichkeit, die Vertretungsbefugnis der Liquidatoren auf den Betrieb einer von mehreren **Niederlassungen** zu beschränken (§ 126 Rn 21 f); andernfalls bliebe die Vertretungsmacht der Gesellschafter nach §§ 125, 126 hinter derjenigen der Liquidatoren zurück. Schließlich sind die Liquidatoren nur zur Vertretung der Gesellschaft berechtigt; zur Vornahme von **Grundlagengeschäften** fehlt ihnen deshalb die Vertretungsmacht (Rn 5; § 149 Rn 4; § 126 Rn 12 ff).

§ 152

Gegenüber den nach § 146 Abs. 2 und 3 Beteiligten haben die Liquidatoren, auch wenn sie vom Gerichte bestellt sind, den Anordnungen Folge zu leisten, welche die Beteiligten in betreff der Geschäftsführung einstimmig beschließen.

Schrifttum: Vgl. die Angaben zu § 145.

Übersicht

I. Einführung

1 **1. Inhalt und Zweck der Vorschrift.** § 152 bestimmt in Übereinstimmung mit Art. 140 ADHGB, dass die Abwickler den Anordnungen der nach § 146 Abs. 2 und 3 Beteiligten in betreff der Geschäftsführung Folge zu leisten haben. Die Vorschrift beruht auf dem Gedanken, dass den Gesellschaftern auch im Rahmen des Liquidationsverfahrens die Rolle der „Herren der Gesellschaft" zukommt. Für die aufgelöste Gesellschaft erklärt sich dies daraus, dass die Abwicklung auf die Überführung des gesamthänderisch gebundenen Gesellschaftsvermögens gerichtet ist und somit im Interesse der Gesellschafter erfolgt. Die Gesellschafter sollen deshalb das Recht haben, die in § 149 S. 1 geregelte **Geschäftsführungsbefugnis** der Liquidatoren **zu begrenzen.** Die Vertretungsmacht der

---

6 **AA** 3. Aufl. Anm. 7 (*Schilling*), freilich ausgehend vom Grundsatz der auf Liquidationsgeschäfte beschränkten Vertretungsmacht; MünchKommHGB/*K. Schmidt* Rn 1; Ebenroth/Boujong/Joost/Strohn/*Hillmann* Rn 1.

Liquidatoren wird allerdings durch entsprechende Beschlüsse der Gesellschafter nicht berührt (§ 151 Rn 3 ff). Die organschaftlichen Befugnisse (§ 146 Rn 7) der Liquidatoren sind somit denjenigen eines GmbH-Geschäftsführers vergleichbar: Abweichend von der Rechtslage nach §§ 116 ff, aber vergleichbar der Rechtslage nach § 37 Abs. 1 GmbHG sind die Liquidatoren in betreff der Geschäftsführung den Weisungen der Gesellschafter unterworfen. Wenn außer den Gesellschaftern noch anderen Beteiligten, nämlich dem Insolvenzverwalter und dem Privatgläubiger eines Gesellschafters, ein Mitbestimmungsrecht eingeräumt wird, so erklärt sich dies daraus, dass diesen Beteiligten durch § 135, §§ 1, 80 InsO ein im Verhältnis zum Gesellschafter vorrangiges Interesse an dem Liquidationserlös zugesprochen wird. Nach allem stellt die Vorschrift sicher, dass sich die Vorstellungen der Beteiligten auch im Rahmen der Liquidation durchsetzen können.

2. **Anwendungsbereich.** Die Vorschrift findet auch bei Vereinbarung einer **anderen Art der Abwicklung** Anwendung (§ 145 Rn 22). Denn nach zutr., freilich umstrittener Ansicht verfügt die Gesellschaft auch in diesem Fall über Liquidatoren (§ 145 Rn 34); deren Geschäftsführungsbefugnis unterliegt dann den Einschränkungen aus § 152 (§ 158 Rn 8). Vereinbaren also die Gesellschafter eine andere Art der Abwicklung, so bestimmt diese Vereinbarung zunächst den allgemeinen Pflichtenrahmen der Liquidatoren. Die Gesellschafter und sonstigen Beteiligten haben sodann die Möglichkeit zur Erteilung von Weisungen betreffend die Art und Weise des Vollzugs der Abwicklungsvereinbarung (§ 145 Rn 35 ff). Fehlt es dagegen an der Vereinbarung einer anderen Art der Abwicklung, so beziehen sich Weisungen nach § 152 auf die Art und Weise der Gläubigerbefriedigung, der Versilberung des Gesellschaftsvermögens und der sonstigen in § 149 S. 1 genannten Regelaufgaben der Liquidatoren (§ 145 Rn 38). Die Vorschrift findet auch auf KG, Partnerschaft und EWIV Anwendung (vor § 145 Rn 7 ff; § 149 Rn 3). 2

3. **Abweichende Vereinbarungen.** Die Vorschrift des § 152 ist dispositiv.[1] Die Gesellschafter können insbesondere die Modalitäten der Erteilung von Weisungen abweichend von § 152 regeln. So können sie den Einstimmigkeitsgrundsatz abbedingen und stattdessen bestimmen, dass zur Erteilung von Weisungen ein **Mehrheitsbeschluss** genügt (s. ferner Rn 6). Was die Anforderungen an entsprechende Mehrheitsklauseln betrifft, so bewendet es bei den allgemein zu § 119 geltenden Grundsätzen. Dabei ist von Bedeutung, dass Beschlüsse nach § 152 nicht auf die Änderung des Gesellschaftsvertrags gerichtet sind, sondern in laufenden Angelegenheiten ergehen (Rn 2); Mehrheitsklauseln begegnen deshalb grundsätzlich keinen Bedenken.[2] Eine für die werbende Gesellschaft geltende, auf laufende Angelegenheiten beschränkte Mehrheitsklausel gilt freilich nicht ohne Weiteres auch für die aufgelöste Gesellschaft (vgl. § 145 Rn 14; § 146 Rn 8; § 149 Rn 1). Andererseits ermöglicht es eine auch Vertragsänderungen umfassende Mehrheitsklausel den Gesellschaftern, den Einstimmigkeitsgrundsatz des § 152 durch Mehrheitsbeschluss abzubedingen. Diese Möglichkeit besteht auch noch nach Auflösung der Gesellschaft;[3] 3

[1] BGHZ 48, 251 (255) = NJW 1967, 2157; MünchKommHGB/*K. Schmidt* Rn 14; Ebenroth/Boujong/Joost/Strohn/*Hillmann* Rn 7; Heymann/*Sonnenschein/Weitemeyer* Rn 5; Röhricht/v. Westphalen/*v. Gerkan/Haas* Rn 3.

[2] Für Zulässigkeit auch MünchKommHGB/*K. Schmidt* Rn 14; Ebenroth/Boujong/Joost/Strohn/*Hillmann* Rn 7; Röhricht/v. Westphalen/*v. Gerkan/Haas* Rn 3; Baumbach/*Hopt* Rn 1.

[3] **AA** für die Auflösung der Gesellschaft nach Kündigung durch einen Gesellschafter BGHZ 48, 251 (254 ff) = NJW 1967, 2157. Die Entscheidung ist freilich zu einem besonders gelagerten Fall ergangen und lässt sich wohl nicht verallgemeinern. Betroffen war eine

doch bedarf der Änderungsbeschluss der Mitwirkung (nicht zwangsläufig der Zustimmung) der nach § 146 Abs. 2 und 3 Beteiligten. Eine vor Pfändung nach § 135 oder Eröffnung des Insolvenzverfahrens über das Vermögen des Gesellschafters vereinbarte Mehrheitsklausel bindet dagegen auch den Privatgläubiger und den Insolvenzverwalter (§ 145 Rn 30).

4 Die Gesellschafter können des Weiteren ihr Recht zur Erteilung von Weisungen beschränken; nach Auflösung der Gesellschaft bedarf ein entsprechender Beschluss allerdings der Mitwirkung der übrigen Beteiligten (Rn 3). In Betracht kommt insbesondere die Übertragung des Weisungsrechts auf einen von den Gesellschaftern gebildeten **Beirat**;[4] die insoweit bestehenden Schranken der Gestaltungsfreiheit (§ 109 Rn 51 ff, 62) sind freilich auch innerhalb der aufgelösten Gesellschaft zu beachten. Zulässig ist ferner ein Beschluss des Inhalts, dass ein Gesellschafter das Weisungsrecht auszuüben hat.[5] Ein darüber hinausgehender **Verzicht** der Gesellschafter auf das Weisungsrecht stößt dagegen im Hinblick auf die Haftung nach §§ 128, 159 auf Bedenken,[6] zumal das Amt des Liquidators nicht zwingend an die Mitgliedschaft gebunden ist (§ 146 Rn 5 ff, 20, 39). Von dem gesellschaftsvertraglichen Verzicht auf das Weisungsrecht zu unterscheiden sind **Vereinbarungen der Gesellschafter mit Dritten** betreffend die Ausübung oder Nichtausübung des Weisungsrechts. Sie begegnen etwa im Zusammenhang mit dem Abschluss eines Liquidationsvergleichs (§ 145 Rn 37). Im Unterschied zu einem „dinglich" wirkenden Verzicht auf das Weisungsrecht begründen sie lediglich – außerhalb des Gesellschaftsverhältnisses stehende – Verpflichtungen gegenüber dem Dritten; eine Änderung der Verfassung der aufgelösten Gesellschaft und der Mitgliedschaft in derselben ist also mit solchen Abreden nicht verbunden. Ihre Wirksamkeit beurteilt sich zwar im Ansatz nach den für Stimmbindungsverträge geltenden Grundsätzen (§ 119 Rn 70 ff); mit Blick auf den Zweck der aufgelösten Gesellschaft (§ 145 Rn 16 ff) erscheint jedoch eine großzügigere Handhabung dieser Grundsätze veranlasst.

II. Ausübung des Weisungsrechts

5 **1. Beschlusserfordernis.** Vorbehaltlich einer abweichenden Vereinbarung der Gesellschafter (Rn 3 f) sind Anordnungen im Sinne des § 152 einstimmig zu beschließen. An der Beschlussfassung haben die Gesellschafter[7] und ein etwaiger **Privatgläubiger** im Sinne des § 135 teilzunehmen (§ 145 Rn 32). Der **Insolvenzverwalter** tritt nach § 146 Abs. 3 an die Stelle des insolventen Gesellschafters (§ 146 Rn 44 ff; § 145 Rn 33); Entsprechendes

---

zweigliedrige OHG; mit der Stimme des Mehrheitsgesellschafters wurde nach erfolgter Kündigung die Übernahme des Unternehmens durch den Mehrheitsgesellschafter unter gleichzeitiger Abfindung des Kündigenden beschlossen (s. dazu § 145 Rn 35). Die Lösung des Falles liegt in der Annahme eines Stimmrechtsausschlusses zu Lasten desjenigen Gesellschafters, der das Unternehmen durch Rechtsgeschäft zu übernehmen beabsichtigt; s. dazu allg. RGZ 136, 236 (245); § 119 Rn 64 (*Schäfer*).

[4] So auch MünchKommHGB/*K. Schmidt* Rn 16; Röhricht/v. Westphalen/*v. Gerkan*/*Haas* Rn 3; Ebenroth/Boujong/Joost/Strohn/*Hillmann* Rn 7.

[5] 3. Aufl. Anm. 14 (*Schilling*); MünchKommHGB/*K. Schmidt* Rn 14.

[6] **AA** 3. Aufl. Anm. 14 (*Schilling*); *A. Hueck* OHG § 32 IV 6c (S. 503); Heymann/*Sonnenschein*/*Weitemeyer* Rn 5; Röhricht/v. Westphalen/*v. Gerkan*/*Haas* Rn 3; mit Vorbehalt für die Publikums-KG auch MünchKommHGB/*K. Schmidt* Rn 14.

[7] Zur Rechtslage bei Treuhand, Nießbrauch und Unterbeteiligung s. § 105 Rn 102 ff (*Schäfer*).

gilt für den Testamentsvollstrecker und den Nachlassverwalter (§ 146 Rn 29). Bei einer **Mehrheit von Erben** geht der Anteil des verstorbenen Gesellschafters auf die Erbengemeinschaft über (§ 146 Rn 22; § 131 Rn 85 ff). Die Erben – nicht dagegen der gemeinsame Vertreter im Sinne des § 146 Abs. 1 S. 2 (s. § 146 Rn 25) – üben das in der gesamthänderisch gebundenen Mitgliedschaft verkörperte Stimmrecht aus. Es hat also nicht jeder Erbe ein Stimmrecht. Die Verwaltung des von der Erbengemeinschaft gehaltenen Anteils erfolgt im Verhältnis der Erben zueinander nach §§ 2038 Abs. 2, 745 BGB.

Ein **einstimmiger Beschluss** liegt grundsätzlich nur vor, wenn alle stimm- und mit- **6**
wirkungsberechtigten Beteiligten (Rn 5) ihm zustimmen. Dies gilt auch bei Gefahr im Verzuge.[8] Nicht zu berücksichtigen ist allerdings ein vom Stimmrecht ausgeschlossener Beteiligter. Auch kann der Gesellschaftsvertrag bestimmen, dass ein einstimmiger Beschluss sämtlicher erschienenen (und ordnungsgemäß geladenen) Beteiligten genügt. Aus der mitgliedschaftlichen Treupflicht herzuleitenden Stimmpflichten (§ 105 Rn 228 ff, 244) kommt im Rahmen des auf Geschäftsführungsmaßnahmen bezogenen § 152 besonderes Gewicht zu; eine treuwidrig verweigerte Zustimmung kann unbeachtlich sein (§ 105 Rn 245).

2. Beschlussinhalt. Nach § 152 haben die Liquidatoren in betreff der **Geschäftsfüh- 7**
rung ergehende Weisungen zu befolgen. Dies ist nicht nur bei Weisungen der Fall, die sich auf den in § 149 S. 1 bestimmten Geschäftskreis der Liquidatoren beziehen. § 152 gelangt vielmehr auch bei Vereinbarung einer anderen Art der Abwicklung zur Anwendung (Rn 2). Im Übrigen bezieht sich die Weisungsbefugnis auch auf die **Ausübung der Vertretungsmacht;**[9] denn auch insoweit handelt es sich im Verhältnis zur Gesellschaft um Fragen der Geschäftsführung. Handeln die Liquidatoren der Weisung zuwider, so hat dies allerdings auf die Wirksamkeit des Rechtsgeschäfts grundsätzlich keinen Einfluss (§ 149 Rn 45 ff). Was den **Inhalt der Anordnungen** im einzelnen betrifft, so können die Beteiligten den Liquidatoren aufgeben, eine bestimme Handlung vorzunehmen oder zu unterlassen; auch können sie die Modalitäten der Ausführung bestimmen. Die Anordnungen können sich auf eine einzelne Maßnahme beschränken, aber auch allgemeinen Inhalts sein.[10] Es können insbesondere Richtlinien über die Abwicklung im Allgemeinen oder einzelne Bereiche derselben aufgestellt werden, etwa hinsichtlich der Anlage liquider Mittel, der Reihenfolge der Versilberung oder der Gläubigerbefriedigung. Es kann auch angeordnet werden, dass bestimmte Geschäfte nur mit Zustimmung der Beteiligten vorgenommen werden dürfen.

Das Weisungsrecht nach § 152 besteht nur innerhalb der durch Gesetz und die guten **8**
Sitten gezogenen Grenzen. Weisungen, die die Liquidatoren zu einem **gesetzes- oder sittenwidrigen Verhalten** veranlassen sollen, sind unbeachtlich.[11] So brauchen (und dürfen) die Liquidatoren etwa einen Beschluss, der ihnen eine Verletzung bilanz- oder steuerrechtlicher Verpflichtungen auferlegt, nicht befolgen. Aber auch eine auf **Fortsetzung der werbenden Tätigkeit** gerichtete Weisung ist unbeachtlich, wenn der Auflösungsgrund im Interesse der Gesellschaftsgläubiger liegt und es an einem wirksamen Fortsetzungsbeschluss, insbesondere an der Beseitigung des Auflösungsgrundes fehlt (§ 145 Rn 21).

---

[8] MünchKommHGB/*K. Schmidt* Rn 6; Ebenroth/Boujong/Joost/Strohn/*Hillmann* Rn 2; *A. Hueck* OHG § 32 IV 6a (S. 502).

[9] MünchKommHGB/*K. Schmidt* Rn 8; Heymann/*Sonnenschein/Weitemeyer* Rn 3; Ebenroth/Boujong/Joost/Strohn/*Hillmann* Rn 3; Röhricht/v. Westphalen/*v. Gerkan/Haas* Rn 2.

[10] MünchKommHGB/*K. Schmidt* Rn 10.

[11] Allg. M., s. Ebenroth/Boujong/Joost/Strohn/*Hillmann* Rn 4; *A. Hueck* OHG § 32 IV 6b (S. 502).

Vorbehaltlich dieser Fälle sind die Gesellschafter nach § 152 durchaus befugt, die Liquidatoren zur Vornahme **liquidationsfremder Geschäfte** anzuhalten.[12] An entsprechende Weisungen sind auch Drittliquidatoren (§ 146 Rn 20, 39) gebunden;[13] das Recht zur Niederlegung des Amtes (§ 147 Rn 17) bleibt allerdings unberührt.

III. Rechtsfolgen

9 **1. Folgepflicht der Liquidatoren.** Ein wirksamer Beschluss im Sinne des § 152 bindet die Liquidatoren, auch die nach § 146 Abs. 2 durch das Gericht ernannten. Ein Beschluss, der auf die Vornahme von Handlungen gerichtet ist, ist auszuführen; ein Beschluss, der die Vornahme einer bestimmten Maßnahme untersagt, verpflichtet zum Unterlassen. Durch die Beschlussfassung nach § 152 **konkretisieren** die Gesellschafter mithin die **Geschäftsführungsbefugnis und -pflicht** der Liquidatoren. In der Missachtung wirksamer Beschlüsse liegt deshalb zugleich eine Pflichtverletzung, die unter anderem die Pflicht zum Schadensersatz (§ 149 Rn 5 ff, 30) und die Abberufung nach § 147 nach sich ziehen kann. Umgekehrt handeln die Liquidatoren, wenn sie wirksame Beschlüsse ausführen, grundsätzlich (Rn 10) pflichtgemäß; ihnen kann dann keine Verletzung ihrer Geschäftsführungspflichten vorgeworfen werden. Die Pflicht zur Befolgung von Weisungen kann von der Gesellschaft auch durch Klage durchgesetzt werden; die Gesellschafter haben die Möglichkeit der actio pro socio (§ 149 Rn 6, 30; § 150 Rn 5).

10 Die Folgepflicht der Liquidatoren steht allerdings unter dem **Vorbehalt des § 665 BGB.**[14] Die Vorschrift bringt den der Lebenserfahrung entsprechenden Gedanken zum Ausdruck, dass eine Anweisung nur unter den von den Anweisenden als tatsächlich vorhanden vorausgesetzten Umständen gelten soll, nicht aber, wenn sich die Verhältnisse unerwartet wesentlich geändert haben. Dies gilt namentlich, wenn es sich um Anordnungen allgemeiner Natur handelt (Rn 7). Tritt eine solche Änderung ein, so sind die Liquidatoren verpflichtet, die Beteiligten zunächst von der veränderten Sachlage in Kenntnis zu setzen und eine neue Weisung abzuwarten. Bei Gefahr im Verzuge können sie entsprechend § 665 S. 2 BGB alsbald die frühere Anweisung unbeachtet lassen und nach pflichtgemäßem Ermessen handeln. Der Befugnis zur Abweichung entspricht auch die Verpflichtung, in dieser Weise zu handeln, wenn die Belange der Beteiligten dies erfordern. Regelmäßig sind die Liquidatoren zudem verpflichtet, die Beteiligten (Rn 5) von der erfolgten Abweichung unverzüglich zu benachrichtigen, damit diese ihre weiteren Entschließungen treffen können. Ergibt sich aus dem Beschluss, dass er unter allen Umständen befolgt werden soll, nehmen also die Beteiligten die Gefahr, die sich aus einer Veränderung der Umstände ergeben kann, bewusst auf sich, so wird ein Abweichen nur bei ganz unerwarteten Veränderungen zulässig sein.

11 **2. Rechtslage bei fehlendem Weisungsbeschluss.** Fehlt es an einem wirksamen Weisungsbeschluss, so haben die Liquidatoren die Ausübung der Geschäftsführungsbefugnis

[12] So auch MünchKommHGB/*K. Schmidt* Rn 9; Röhricht/v. Westphalen/*v. Gerkan*/*Haas* Rn 2.

[13] MünchKommHGB/*K. Schmidt* Rn 9; Ebenroth/Boujong/Joost/Strohn/*Hillmann* Rn 4; Röhricht/v. Westphalen/*v. Gerkan*/*Haas* Rn 2; **aA** *A. Hueck* OHG § 32 IV 6 (S. 503).

[14] Für entsprechende Anwendung auch die hM, s. 3. Aufl. Anm. 5 (*Schilling*); *A. Hueck* § 32 IV 6b (S. 503); MünchKommHGB/*K. Schmidt* Rn 12; Ebenroth/Boujong/Joost/Strohn/*Hillmann* Rn 6.

an den Vorgaben des § 149 S. 1 oder an einer von den Gesellschaftern getroffenen Abwicklungsvereinbarung (§ 145 Rn 22 ff) auszurichten. Innerhalb dieses Rahmens haben die Liquidatoren diejenigen Maßnahmen zu ergreifen, die den Interessen der Gesellschafter und der sonstigen Beteiligten am ehesten entsprechen. Aufgrund ihrer Stellung als Organwalter der Gesellschaft können die Liquidatoren zur Berichterstattung, aber auch zur **Einholung von Stellungnahmen** der Beteiligten verpflichtet sein.[15] Wenn auch die Liquidatoren nur wirksamen Beschlüssen Folge zu leisten haben, ein einzelner Beteiligter also keine bindenden Anordnungen erlassen kann, so besteht doch die Verpflichtung der Liquidatoren, die Meinungsäußerung eines Beteiligten zur Kenntnis zu nehmen und eine hiervon abweichende Maßnahme sorgfältig zu prüfen.[16]

§ 153

Die Liquidatoren haben ihre Unterschrift in der Weise abzugeben, daß sie der bisherigen, als Liquidationsfirma zu bezeichnenden Firma ihren Namen beifügen.

Schrifttum: Vgl. die Angaben zu § 145.

Übersicht

I. Einführung

1 **1. Inhalt und Zweck der Vorschrift.** Die mit Art. 139 ADHGB übereinstimmende Vorschrift bestimmt, wie die Liquidatoren ihre Unterschrift abzugeben haben. Im Unterschied zu § 148 Abs. 3 (§ 148 Rn 14) betrifft sie das Handeln der durch die Liquidatoren vertretenen Gesellschaft im **Rechtsverkehr.** Eine entsprechende Vorschrift für die werbende Gesellschaft fehlt. Die wesentliche Bedeutung des § 153 liegt denn auch in der Anordnung, dass der Firma der Gesellschaft ein Liquidationszusatz hinzuzufügen ist. Dadurch wird sichergestellt, dass der Rechtsverkehr von der Tatsache der Auflösung der Gesellschaft erfährt. Ist die Auflösung entgegen § 143 nicht eingetragen, so kann sich der Geschäftsgegner mithin nicht auf § 15 Abs. 1 berufen; infolge der Zeichnung nach Maßgabe des § 153 ist er vielmehr bösgläubig im Sinne des § 15 Abs. 1 a.E. Die Vorschrift des § 153 ist **zwingend.**[1] Die Gesellschafter können also die Liquidatoren nicht von der Pflicht aus § 153 befreien. Dagegen können sie zwar über § 153 hinausgehende Vor-

---

[15] MünchKommHGB/*K. Schmidt* Rn 3.
[16] BGH LM § 149 Nr. 2 = WM 1959, 323.

[1] MünchKommHGB/*K. Schmidt* Rn 4; Ebenroth/Boujong/Joost/Strohn/*Hillmann* Rn 1.

schriften über die Art und Weise der Zeichnung treffen. Doch sind solche Bestimmungen nur im Innenverhältnis von Bedeutung. Auch daran vermag der Gesellschaftsvertrag nichts zu ändern. Die Gesellschafter können mithin nicht anordnen, dass die Wirksamkeit der von den Liquidatoren abgegebenen Willenserklärungen von der Einhaltung des § 153 oder darüber hinausgehender Ordnungsvorschriften abhängig sein soll; dies wäre als eine mit § 151 unvereinbare Beschränkung der Vertretungsmacht anzusehen.[2]

2 **2. Anwendungsbereich.** Die Vorschrift betrifft das Handeln der Liquidatoren einer OHG, KG, Partnerschaftsgesellschaft oder EWIV (vor § 145 Rn 7 ff; § 149 Rn 3). Nach zutreffender Ansicht verfügt die aufgelöste Gesellschaft auch bei Vereinbarung einer **anderen Art der Abwicklung** über Liquidatoren (§ 145 Rn 22 ff, 34); § 153 gilt deshalb auch in diesem Fall (§ 158 Rn 7). Für eine Unterschrift im Sinne des § 153 ist im Übrigen nur insoweit Raum, als die Liquidatoren **schriftliche Erklärungen** für die Gesellschaft abgeben.[3] Davon betroffen ist freilich auch die Abgabe von Erklärungen gegenüber den Gesellschaftern, mag es sich um Erklärungen im Rahmen von Drittgeschäften oder solche im Zusammenhang mit dem mitgliedschaftlichen Rechtsverhältnis handeln.

II. Zeichnung der Liquidatoren

3 **1. Liquidationszusatz.** Durch die Auflösung der Gesellschaft wird die **Firma nicht geändert.**[4] Nach § 153 soll sie allerdings im schriftlichen Verkehr mit einem die Abwicklung andeutenden Zusatz gebraucht werden. Dadurch soll auch unabhängig von der nach § 143 gebotenen Eintragung für die Offenkundigkeit der Tatsache der Auflösung gesorgt werden (Rn 1). Der Zusatz wird **nicht Bestandteil der Firma.**[5] Er ist deshalb nicht in das Handelsregister einzutragen.[6] Die Abwickler haben aber auch die nach § 148 Abs. 3 erforderliche Namensunterschrift unter Beachtung des § 153 zu leisten (§ 148 Rn 13). In der Wahl des Zusatzes sind die Abwickler frei. Der Zusatz kann „in Liquidation" oder „in Abwicklung" lauten, es kann aber auch eine Abkürzung, etwa „i.L." oder „in Abw.", gewählt werden.[7] Der Zusatz kann, braucht aber nicht handschriftlich zu erfolgen. – Die Firma der Gesellschaft kann auch noch während der Liquidation geändert werden.[8] In Betracht kommt dies bei Veräußerung des von ihr betriebenen Unternehmens (§ 149 Rn 4, 35); die Gesellschafter müssen in diesem Fall eine Ersatzfirma bilden.

4 Von § 153 unberührt bleiben die **Pflichten aus §§ 125a, 177a.** Nach der im Zuge der HGB-Reform erfolgten Änderung dieser Vorschriften (vor § 145 Rn 4; § 125a Rn 1) muss nunmehr jede Handelsgesellschaft, also auch die aufgelöste OHG oder KG (§ 145 Rn 13; § 156 Rn 12), auf sämtlichen Geschäftsbriefen die in § 125a Abs. 1 S. 1 genannten Angaben machen. Die Kapitalgesellschaft & Co. OHG/KG (Rn 6) hat darüber hinaus die

---

[2] KGJ 33 A, 156; MünchKommHGB/*K. Schmidt* Rn 4.

[3] 3. Aufl. Anm. 6 (*Schilling*); MünchKommHGB/*K. Schmidt* Rn 3.

[4] Zum Schutz der Firma der aufgelösten Gesellschaft s. etwa RGZ 29, 66 (68); KGJ 39 A, 104; OLG Dresden ZHR 37, 529.

[5] OLG Hamburg ZHR 35, 235; MünchKommHGB/*K. Schmidt* Rn 7; Ebenroth/Boujong/Joost/Strohn/*Hillmann* Rn 1; Röhricht/v. Westphalen/*v. Gerkan/Haas* Rn 1.

[6] RGZ 15, 102 (105).

[7] *A. Hueck* OHG § 32 I (S. 482); MünchKommHGB/*K. Schmidt* Rn 7; Baumbach/*Hopt* Rn 1.

[8] Heute einh. M., s. *A. Hueck* OHG § 32 I (S. 482); MünchKommHGB/*K. Schmidt* Rn 8.

Angaben nach § 125a Abs. 1 S. 2 aufzunehmen; dies gilt auch nach Auflösung der Gesellschaft (§ 156 Rn 12). Die Firma der Gesellschaft ist allerdings in § 125a nicht genannt, so dass auch der Liquidationszusatz nicht zu den Pflichtangaben nach dieser Vorschrift zählt. Immerhin kann sich aus § 153 die praktische Notwendigkeit ergeben, den Liquidationszusatz auch in die Geschäftsbögen der Gesellschaft aufzunehmen.

2. Beifügung des Namens. Die Abwickler haben der mit dem Zusatz versehenen Firma ihren Namen beizufügen. Erforderlich ist die Namensunterschrift. Sie hat grundsätzlich[9] handschriftlich und eigenhändig zu erfolgen. Anforderungen an die Lesbarkeit stellt § 153 nicht; doch muss die Unterschrift charakteristische Merkmale aufweisen. 5

3. Rechtslage bei der Kapitalgesellschaft & Co. Auf die Kapitalgesellschaft & Co. OHG/KG findet § 153 nur unter der Voraussetzung Anwendung, dass die Personengesellschaft aufgelöst ist und für sie eine Erklärung abgegeben werden soll. Der Angabe eines Liquidationszusatzes nach § 153 bedarf es deshalb nicht, wenn nur die Komplementär-GmbH/AG, nicht aber auch die OHG bzw. KG aufgelöst ist. Soll für die aufgelöste Komplementär-GmbH/AG gehandelt werden, so sind §§ 68 GmbHG, 269 Abs. 6 AktG maßgebend. Sind beide Gesellschaften aufgelöst und erfolgt die Liquidation durch die Komplementärin, so haben deren Organwalter, wenn sie für die aufgelöste Personengesellschaft handeln, unter Berücksichtigung der §§ 68 GmbHG, 269 Abs. 6 AktG und des § 153 zu zeichnen. Für die aufgelöste Kapitalgesellschaft & Co. OHG/KG bewendet es im Übrigen bei §§ 19 Abs. 2, 125a Abs. 1 S. 2, 177a (Rn 4). 6

4. Rechtsfolgen bei Verstoß gegen § 153. § 153 enthält eine **Ordnungsvorschrift**. Ihre Nichtbeachtung hat deshalb weder die Unwirksamkeit der Willenserklärungen der Liquidatoren noch das Eingreifen des § 164 Abs. 2 BGB zur Folge.[10] Die Wirksamkeit der Willenserklärung beurteilt sich vielmehr nach dem allgemeinen Zivilrecht (vgl. § 108 Rn 8). Entsprechendes gilt für den Eintritt der Vertretungswirkungen. Die Willenserklärung wirkt mithin auch bei Nichtbeachtung des § 153 für und gegen die Gesellschaft, wenn nur dem **Offenkundigkeitserfordernis** Rechnung getragen und somit nach außen erkennbar zum Ausdruck gebracht worden ist, dass namens der Gesellschaft gehandelt werden sollte.[11] Die Grundsätze über das unternehmensbezogene Rechtsgeschäft (§ 126 Rn 16) finden auch nach Auflösung der Gesellschaft Anwendung. 7

Die Nichtbeachtung des § 153 kann allerdings den Geschäftsgegner zur **Anfechtung** nach §§ 119 Abs. 2, 123 BGB berechtigen;[12] die Tatsache der Auflösung kann durchaus als verkehrswesentliche Eigenschaft anzusehen sein. Des Weiteren ist § 153 **Schutzgesetz** im Sinne des § 823 Abs. 2 BGB.[13] Erwächst also dem Geschäftsgegner aus der Nicht- 8

---

9 Anderes gilt in den Fällen, in denen auch die zur Wirksamkeit der Erklärung gebotene Schriftform (s. Rn 7) durch Faksimile eingehalten werden kann, s. § 793 Abs. 2 S. 2 BGB; zur analogen Anwendung auf andere Massenurkunden s. *R. Schmidt* AcP 166 (1966), 1 (9).

10 Allg. M., s. MünchKommHGB/*K. Schmidt* Rn 5; Heymann/*Sonnenschein*/*Weitemeyer* Rn 4; Ebenroth/Boujong/Joost/Strohn/*Hillmann* Rn 3; Röhricht/v. Westphalen/*v. Gerkan*/*Haas* Rn 2.

11 Vgl. neben den Nachw. in Fn 10 noch RGZ 75, 1; 119, 114.

12 So auch MünchKommHGB/*K. Schmidt* Rn 5; Ebenroth/Boujong/Joost/Strohn/*Hillmann* Rn 3; Baumbach/*Hopt* Rn 1; vgl. ferner § 125a Rn 19.

13 So zu § 68 GmbHG auch OLG Frankfurt/M. NJW 1991, 3286; NJW 1998, 550; zu § 153 MünchKommHGB/*K. Schmidt* Rn 6; Röhricht/v. Westphalen/*v. Gerkan*/*Haas* Rn 2; Ebenroth/Boujong/Joost/Strohn/*Hillmann* Rn 3; Baumbach/*Hopt* Rn 1; Koller/

beachtung des § 153 ein Vermögensschaden, so haften ihm die dafür verantwortlichen Liquidatoren auf Schadensersatz (§ 125a Rn 19). Nach § 31 BGB ist das Delikt zudem der Gesellschaft zuzurechnen; für deren Verbindlichkeit aus §§ 823 Abs. 2, 31 BGB haben die Gesellschafter nach §§ 128, 171 f einzustehen (§ 128 Rn 10). In Betracht kommt ferner eine Haftung der Gesellschaft aus §§ 280, 311 Abs. 2 BGB (**culpa in contrahendo**) Auch dafür haften die Gesellschafter nach Maßgabe der §§ 128, 159; eine Eigenhaftung der Liquidatoren kommt dagegen nur ausnahmsweise in Betracht.[14] Auch für eine allgemeine Rechtsscheinhaftung der Liquidatoren ist kein Raum. Insbesondere ein Rückgriff auf die Haftung wegen unterlassener Angabe eines die Haftungsbeschränkung kennzeichnenden Firmenzusatzes (§ 125a Rn 12) kommt selbst dann nicht in Betracht, wenn die Gesellschaft über keine nach § 128 haftende natürliche Person verfügt. Wird nämlich die Rechtsform der Gesellschaft offengelegt, so darf auch bei Weglassen des Liquidationszusatzes nicht auf die persönliche Haftung natürlicher Personen vertraut werden.[15]

§ 154

Die Liquidatoren haben bei dem Beginne sowie bei der Beendigung der Liquidation eine Bilanz aufzustellen.

Schrifttum

Arians Sonderbilanzen (1984); *E. Braun* Handelsbilanz contra Schlußrechnung – Der entmündigte Rechtspfleger? ZIP 1997, 1013; *Budde/Förschle* Sonderbilanzen, 3. Aufl. 2002; *Förschle/Deubert* Entsprechende Anwendung allgemeiner Vorschriften über den Jahresabschluß in der Liquidations-Eröffnungsbilanz, DStR 1996, 1743; *Förschle/Kropp/Deubert* „Schlußbilanz der werbenden Gesellschaft" kein Pflichtbestandteil der Rechnungslegung von Kapitalgesellschaften in Liquidation, DB 1994, 998; *Förster/Döring* Die Liquidationsbilanz, 4. Aufl. 2005; *Förster/Grönwoldt* Das Bilanzrichtlinien-Gesetz und die Liquidationsbilanz, BB 1987, 577; *Forster* Überlegungen zur Bewertung in Abwicklungs-Abschlüssen, FS für Barz (1974) S. 335; *Kunz/Mundt* Rechnungslegungspflichten in der Insolvenz, DStR 1997, 620, 664; *H.-P. Müller/Gelhausen* Zur handelsrechtlichen Rechnungslegungs- und Prüfungspflicht nach § 155 InsO bei Kapitalgesellschaften, FS Claussen (1997) S. 687; *Pink* Rechnungslegungspflichten in der Insolvenz der Kapitalgesellschaft, ZIP 1997, 177; *Sarx* Zur Abwicklungs-Rechnungslegung einer Kapitalgesellschaft, FS Forster (1992) S. 547; *Scherrer/Heni* Liquidations-Rechnungslegung, 2. Aufl. 1996; *dies.* Offene Fragen zur Liquidationsbilanz, Wpg. 1996, 681; *K. Schmidt* Liquidationsbilanzen und Konkursbilanzen (1989); *ders.* Liquidationsergebnisse und Liquidationsrechnungslegung im Handels- und Steuerrecht, FS L. Schmidt (1993) S. 227; *Sudhoff* Berechnung und Verteilung des Liquidationserlöses bei OHG und KG, NJW 1957, 731; *Veit* Die Konkursrechnungslegung (1982).

Roth/Morck/*Koller* Rn 1; näher *Verse* ZHR 170 (2006), 398 (415 f) mit umf. Nachw.

14 Vgl. § 130a Rn 46 f; großzügiger wohl MünchKommHGB/*K. Schmidt* Rn 6; Ebenroth/Boujong/Joost/Strohn/*Hillmann* Rn 3; Baumbach/*Hopt* Rn 1; *Dellinger* S. 277.

15 So auch Ebenroth/Boujong/Joost/Strohn/*Hillmann* Rn 3.

Übersicht

I. Einführung

1. Inhalt und Zweck der Vorschrift. Nach § 154 haben die Liquidatoren eine Eröffnungs- und eine Schlussbilanz aufzustellen. Über den Zweck dieser vermeintlich klaren Gesetzesbestimmung herrscht freilich kein Einvernehmen. Nach herkömmlichem Verständnis tritt die Rechnungslegung nach § 154 an die Stelle der allgemeinen Rechnungslegung nach §§ 242 ff. Danach entfällt also innerhalb der Liquidationsgesellschaft die Verpflichtung zur Erstellung von Jahresabschlüssen. Nach einer im neueren Schrifttum vertretenen und vorzugswürdigen Ansicht regelt § 154 dagegen nur die **interne Rechnungslegung** der Liquidatoren gegenüber den Beteiligten; die allgemeine handels- und steuerrechtliche Verpflichtung zur Rechnungslegung wird danach durch § 154 nicht berührt (Rn 7 ff). Dies deckt sich mit den Vorstellungen des Gesetzgebers des HGB (Rn 2 f), aber auch mit der Rechtslage bei Insolvenz der Gesellschaft (Rn 5). 1

2. Gesetzesgeschichte. Die Vorschrift ist ohne Vorbild im ADHGB. Seit Inkrafttreten des HGB hat sie keine Änderung erfahren; insbesondere das Bilanzrichtliniengesetz[1] hat zwar §§ 270 AktG, 71 GmbHG, nicht aber § 154 geändert. Unter Geltung des ADHGB war freilich umstritten, ob eine ungeschriebene Verpflichtung der Liquidatoren zur Rechnungslegung bestand.[2] Die Denkschrift zu dem Entwurf eines HGB für das Deutsche Reich von 1895 begründet denn auch die in § 124 des Entwurfs vorgesehene, dem § 154 entsprechende Vorschrift wie folgt:[3] 2

„Diese beiden Bilanzen sind für die Auseinandersetzung unter den Gesellschaftern unentbehrlich. Die Liquidationszeit bildet einen in sich geschlossenen Rechnungsabschnitt, für den der Gesammtgewinn oder Gesammtverlust auf Grund der erwähnten beiden Bilanzen berechnet werden muß. Die Aufstellung von Jahresbilanzen während der Liquidation braucht nicht vorgeschrieben zu werden. Solche Bilanzen haben nur die Be-

---

[1] Gesetz zur Durchführung der Vierten, Siebenten und Achten Richtlinie des Rates zur Koordinierung des Gesellschaftsrechts vom 19.12.1985, BGBl. I, 2355.

[2] Vgl. OLG Karlsruhe ZHR 37, 542.

[3] Abdruck bei *Schubert/Schmiedel/Krampe* Quellen zum Handelsgesetzbuch von 1897, Bd. 2: Denkschriften, Beratungen, Berichte, Erster Halbband (1987) S. 1, 93; s. dazu auch *Scherrer/Heni* S. 148 ff.

deutung, den Gesellschaftern eine Uebersicht über den Vermögensstand zu verschaffen; die Anfertigung derselben anzuordnen, kann daher bei der offenen Handelsgesellschaft den Gesellschaftern überlassen werden."

3 Aus der Begründung erhellt, dass der Gesetzgeber dem § 154 eine **der Auseinandersetzung unter den Gesellschaftern dienende Funktion** beigemessen hat. Die „Aufstellung von Jahresbilanzen", sei es im Sinne der allgemeinen Vorschriften über die Rechnungslegung oder in demjenigen einer weitergehenden internen Rechnungslegung, ist dagegen nicht Gegenstand des § 154. Insoweit hat sich freilich die Rechtslage für die Liquidationsgesellschaft auch unabhängig von einer Änderung des § 154 erheblich geändert. Vor dem Hintergrund nämlich, dass die Handelsgesellschaft ungeachtet ihrer Auflösung als mit Rechtsfähigkeit ausgestattete **Handelsgesellschaft** fortbesteht (§ 145 Rn 13; § 156 Rn 3 ff), ist sie auch zur Beachtung der allgemeinen Vorschriften über die Rechnungslegung verpflichtet. Dem Gesetzgeber des Jahres 1897 musste dies verborgen bleiben; für ihn hatte der in § 156 angeordnete Fortbestand der aufgelösten Gesellschaft nur fiktiven Charakter (vor § 145 Rn 3). Mit Rücksicht auf den besonderen Zweck der Gesellschaft (§ 145 Rn 16 ff) finden die allgemeinen Vorschriften über die Rechnungslegung allerdings nur entsprechende Anwendung (Rn 20 ff).

4 3. **Anwendungsbereich.** Nach zutr. Ansicht findet § 154 auch bei Vereinbarung einer **anderen Art der Abwicklung** (§ 145 Rn 22 ff) Anwendung. Denn auch in diesem Fall verfügt die Gesellschaft über Liquidatoren (§ 145 Rn 34); deren Pflicht zur Rechnungslegung beurteilt sich nach § 154 (§ 158 Rn 8). Hinzu kommt die Verpflichtung zur Rechnungslegung nach Maßgabe der §§ 242 ff (Rn 17 ff) und des Steuerrechts (Rn 10). Bei **liquidationslosem Erlöschen** der Gesellschaft (§ 145 Rn 39 ff) erübrigt sich dagegen jegliche Rechnungslegung im Sinne der §§ 154, 242 ff. Es bewendet in diesem Fall bei der Auseinandersetzung unter den Gesellschaftern (§ 145 Rn 6). – Zur Anwendbarkeit auf KG, Partnerschaftsgesellschaft und EWIV s. Vor § 145 Rn 7 ff.

5 Besonderheiten gelten bei Eröffnung des **Insolvenzverfahrens** über das Vermögen der Gesellschaft (§ 145 Rn 52 ff). Nach § 155 Abs. 1 S. 1 InsO bleiben in diesem Fall die handels- und steuerrechtlichen Pflichten des Schuldners zur Buchführung und zur Rechnungslegung unberührt; die Erfüllung dieser Pflichten in Bezug auf die Insolvenzmasse obliegt nach § 155 Abs. 1 S. 2 InsO dem Insolvenzverwalter.[4] Davon zu unterscheiden ist die spezifisch insolvenzrechtliche Pflicht des Insolvenzverwalters zur Rechnungslegung gegenüber dem Insolvenzgericht und den Gläubigern; sie folgt aus §§ 66, 153 InsO.[5] Spätestens mit Inkrafttreten der InsO ist mithin auch bei Insolvenz der Gesellschaft zwischen interner und externer Rechnungslegung zu unterscheiden (Rn 7 ff).[6] Die Pflicht zur internen Rechnungslegung folgt bei Insolvenz aus §§ 66, 153 InsO, bei Abwicklung nach §§ 145 ff dagegen aus § 154; in beiden Fällen besteht die Pflicht zur externen Rechnungslegung nach Maßgabe der §§ 242 ff.

6 4. **Abweichende Vereinbarungen.** Auf der Grundlage der hier vertretenen Ansicht, der zufolge § 154 allein die interne Rechnungslegung der Liquidatoren regelt (Rn 1, 7 ff), haben die Gesellschafter und die übrigen am Liquidationsverfahren Beteiligten (§ 145 Rn 27 ff; § 146 Rn 29) die Möglichkeit, von § 154 abweichende Vereinbarungen zu tref-

---

[4] Näher zu den damit verbundenen Fragen *Braun* ZIP 1997, 1013 ff; *Kunz/Mundt* DStR 1997, 620 ff, 664 ff; *H.-P. Müller/Gelhausen* FS Claussen S. 687 ff; *Pink* ZIP 1997, 177 ff.

[5] Zur Rechtslage vor Inkrafttreten der InsO s. §§ 123, 124, 132 Abs. 2, 86 KO und dazu *Veit*, insbes. S. 43 ff, 169 ff.

[6] Grundlegend *K. Schmidt* S. 70 ff.

fen.[7] Die Pflicht zur externen Rechnungslegung (Rn 17 ff) wird durch eine solche Vereinbarung freilich ebenso wenig berührt wie die **Einsichts- und Informationsrechte** der Gesellschafter nach §§ 118 Rn 166.[8] Im Übrigen wird man die Wirksamkeit einer von § 154 abweichenden Vereinbarung von der **Zustimmung eines jeden Beteiligten** (§ 145 Rn 27 ff, § 146 Rn 29) abhängig machen müssen;[9] dies deshalb, weil die Rechnungslegung nach § 154 die Grundlage für die Auseinandersetzung unter den Gesellschaftern nach § 155 schafft und somit der Verwirklichung eines dem Kernbereich der Mitgliedschaft (§ 109 Rn 35 ff) zugehörigen Individualrechts des Gesellschafters oder dem entsprechenden Gläubigerinteresse eines sonstigen Beteiligten zu dienen bestimmt ist. Anders verhält es sich freilich, wenn die Zwecke der internen Rechnungslegung vollumfänglich durch die ohnehin gebotene externe Rechnungslegung erfüllt werden können. In diesem Fall genügen die Liquidatoren auch ihrer internen Rechnungslegungspflicht durch Erstellung der nach allgemeinem Handelsrecht erforderlichen Rechenwerke (Rn 12). Hinsichtlich der Eröffnungsbilanz (Rn 14, 19) wird es allerdings schon mit Blick auf die für die externe Rechnungslegung geltenden Bilanzierungsverbote des § 248 Abs. 2 (Rn 14) an den genannten Voraussetzungen fehlen.

II. Das System der Rechnungslegung in der Liquidation

1. Interne und externe Rechnungslegung

a) **Meinungsstand.** Inhalt des § 154 und, damit zusammenhängend, Systematik der Rechnungslegung in der Liquidation sind schon im Ansatz umstritten. Nach herkömmlicher Ansicht **tritt § 154 an die Stelle der §§ 242 ff**; die Liquidationsrechnungslegung nach Maßgabe des § 154 löst danach also die allgemeine Rechnungslegung nach §§ 242 ff ab.[10] Nach dieser Ansicht bedarf es also während der Liquidation nicht der Aufstellung von Jahresabschlüssen nach §§ 242 ff. Anders soll es zwar in besonders gelagerten Fällen sein, etwa bei außergewöhnlich großem Umfang der Abwicklungstätigkeit. Doch beruhe die Verpflichtung zur Jahresrechnungslegung in diesen Fällen nicht auf den Vorschriften des HGB über die Rechnungslegung, sondern auf allgemeinem Zivilrecht.[11] Dagegen ist die Liquidationsgesellschaft auch nach herkömmlicher Ansicht zur Buchführung verpflichtet.[12] 7

Die neuere Ansicht unterscheidet dagegen – zu Recht (Rn 9 f) – zwischen **interner** und **externer Liquidationsrechnungslegung:**[13] Während die interne Liquidationsrechnungslegung 8

[7] So auch MünchKommHGB/*K. Schmidt* Rn 27; Ebenroth/Boujong/Joost/Strohn/*Hillmann* Rn 16; Röhricht/v. Westphalen/*v. Gerkan/Haas* Rn 12.

[8] Zur Geltung des § 166 Abs. 3 nach Auflösung der Gesellschaft s. OLG Celle BB 1983, 1450; s. ferner § 156 Rn 9.

[9] So wohl auch Röhricht/v. Westphalen/*v. Gerkan/Haas* Rn 12; großzügiger (Mehrheitsklausel) MünchKommHGB/*K. Schmidt* Rn 27; Ebenroth/Boujong/Joost/Strohn/*Hillmann* Rn 16.

[10] So insbes. BGH NJW 1980, 1522 (1523); BayObLG DB 1994, 523 (524); OLG Celle ZIP 1983, 943 (944); 3. Aufl. Anm. 7 (*Schilling*); *A. Hueck* OHG § 32 VI 1 (S. 510); Baumbach/*Hopt* Rn 4; *Arians* S. 152 f; *Förster/Döring* S. 9; *Förster/Grönwoldt* BB 1987, 577 (580); für das österreichische Recht Straube/*Torggler* Rn 1, 9; *Dellinger* S. 322 ff.

[11] Vgl. die Nachw. in Fn 10.

[12] 3. Aufl. Anm. 15 (*Schilling*); *A. Hueck* OHG § 32 VI 1 (S. 510).

[13] Grundlegend *K. Schmidt* S. 20 ff, 58 ff, 63 ff (Rechnungslegung der Handelsgesellschaft in der Liquidation einerseits, Rechnungslegung der Liquidatoren gegenüber den Beteiligten

das Verhältnis der Liquidatoren zu den Beteiligten, vor allem zu den Gesellschaftern betreffe und der Stellung der Liquidatoren als Verwalter fremden Vermögens Rechnung trage, knüpfe die externe Liquidationsrechnungslegung an den Status der aufgelösten Gesellschaft als Handelsgesellschaft (§ 145 Rn 13 ff) und damit zu Buchführung und Jahresrechnungslegung nach Maßgabe der §§ 238 ff, 242 ff verpflichtetem Unternehmen an. Im Rahmen der externen Rechnungslegung gelangten grundsätzlich die herkömmlichen Bilanzierungsregeln zur Anwendung; dabei sei freilich dem Umstand Rechnung zu tragen, dass es häufig um die Bilanzierung liquidationsspezifischer Sachverhalte gehe (Rn 21 ff).[14] Die interne Liquidationsrechnungslegung diene dagegen der Befriedigung eines ungeachtet der externen Liquidationsrechnungslegung bestehenden Informationsdefizits. Nur sie sei in § 154 geregelt. Sie komme mit anderen Worten neben und ergänzend zu der Rechnungslegung nach §§ 238 ff, 242 ff zum Zuge.

9 b) **Stellungnahme.** Der neueren Ansicht (Rn 8) ist zu folgen. Für sie spricht zunächst der Umstand, dass die Gesellschaft ungeachtet ihrer Auflösung **Handelsgesellschaft** bleibt und ihre Kaufmannseigenschaft erst mit der Vollbeendigung verliert, mag auch im Zuge der Liquidation das Unternehmen veräußert oder eingestellt werden (§ 145 Rn 13; § 156 Rn 3). Aber auch der **Entstehungsgeschichte** des § 154 lässt sich unmissverständlich entnehmen, dass der Gesetzgeber den nach § 154 zu erstellenden Rechenwerken eine der Auseinandersetzung unter den Gesellschaftern dienende Funktion beigemessen hat (Rn 3). Die aus allgemeinem Handelsrecht folgende Rechnungslegungspflicht ist dagegen überhaupt nicht Gegenstand des § 154 (Rn 2 f). Ihre Relevanz auch für die aufgelöste Gesellschaft folgt schlicht aus dem Umstand, dass auch diese als Kaufmann zu den Normadressaten der §§ 242 ff zählt. Für das Aktien- und GmbH-Recht hat dies der Gesetzgeber in §§ 270 AktG, 71 GmbHG klargestellt.[15] Der Umstand, dass eine entsprechende Änderung des § 154 unterblieben ist, lässt sich darauf zurückführen, dass die Änderung der §§ 270 AktG, 71 GmbHG durch das Bilanzrichtliniengesetz (Rn 2) und damit in Erfüllung der sich damals noch auf AG und GmbH beschränkenden Vorgaben des Europäischen Rechts erfolgt ist. Spätestens mit Erlass der GmbH & Co. KG-Richtlinie[16] lässt sich denn auch jedenfalls für die aufgelöste Kapitalgesellschaft & Co. OHG/KG die Notwendigkeit der Jahresrechnungslegung nach §§ 242 ff auch aus Gründen des **Europäischen Rechts** nicht mehr bestreiten.

10 Des Weiteren findet die neuere Ansicht ihre Bestätigung in **§ 155 Abs. 1 InsO** (Rn 5). Vor dem Hintergrund, dass es sich bei dem Insolvenzverfahren um eine besondere Form der Abwicklung der insolventen und daraufhin aufgelösten Personengesellschaft handelt (§ 145 Rn 52 ff), muss der mit §§ 66, 153, 155 InsO erfolgten Unterscheidung zwischen interner und externer Liquidationsrechnungslegung auch für die aus anderen Gründen aufgelöste Handelsgesellschaft Rechnung getragen werden. Schließlich ist unbestritten, dass die aufgelöste Personenhandelsgesellschaft jedenfalls bis zur Einstellung oder Ver-

---

andererseits); s. ferner *ders.* FS L. Schmidt S. 227 (228 ff); MünchKommHGB/*ders.* Rn 3 ff, 8 ff; ihm folgend *Scherrer/Heni* S. 4 ff, 148 ff; Röhricht/v. Westphalen/*v. Gerkal Haas* Rn 9; Ebenroth/Boujong/Joost/Strohn/*Hillmann* 6 ff; Koller/Roth/Morck/*Koller* Rn 3; MünchHdb. GesR I-*Butzer/Knof* § 84 Rn 69; wohl auch Heymann/*Sonnenschein/Weitemeyer* Rn 1, aber auch Rn 6 mit Fn 4.

[14] Zutr. *Scherrer/Heni* S. 9.

[15] Zur Frage, ob die in §§ 270 AktG, 71 GmbHG geregelte externe Rechnungslegung um eine interne Rechnungslegung zu ergänzen ist s. einerseits (bejahend) *K. Schmidt* S. 39 ff, 47 ff; Scholz/*K. Schmidt* GmbHG[9] § 71 Rn 6, andererseits (ablehnend) Baumbach/Hueck/*Schulze-Osterloh* GmbHG[18] § 71 Rn 8.

[16] 90/605/EWG, ABl.EG Nr. L. 317 v. 16.11. 1990, S. 60 ff.

äußerung des von ihr betriebenen Unternehmens ihrer **steuerrechtlichen Rechnungslegungspflicht** nachzukommen hat;[17] schon aus Gründen des Steuerrechts sind deshalb für die aufgelöste Gesellschaft Jahresabschlüsse zu erstellen.

2. Während der Liquidation zu erstellende Rechenwerke

a) **Interne Rechnungslegung.** Die interne Liquidationsrechnungslegung ist Gegenstand des § 154 (Rn 7 ff). Danach haben die Liquidatoren sowohl eine Liquidationseröffnungs- als auch eine Liquidationsschlussbilanz zu erstellen (Rn 14 ff). Beide Bilanzen sind Bestandteil der Rechnungslegung der Liquidatoren gegenüber den Beteiligten; sie bilden die Grundlage für die Auseinandersetzung unter den Gesellschaftern. Vorbehaltlich einer entsprechenden Weisung der Gesellschafter sind die Liquidatoren nach § 154 zur Aufstellung von **Zwischenbilanzen** grundsätzlich nicht verpflichtet.[18] Anders kann es sich bei umfangreichen Abwicklungen und größeren Veränderungen von Aktiven und Passiven verhalten;[19] doch steht auch in diesem Fall die Verpflichtung zur Erstellung von Zwischenbilanzen unter dem Vorbehalt, dass das Informationsinteresse der Beteiligten nicht durch die ohnehin gebotenen periodischen Erfolgsrechnungen nach §§ 242 ff (Rn 20 ff) befriedigt werden kann (s. noch Rn 12). Eine Zwischenbilanz ist schließlich bei Ausscheiden eines Gesellschafters erforderlich.[20] **11**

Mit § 154 verbindet sich nicht zwangsläufig die Pflicht, gesonderte Rechenwerke zu erstellen. Nach Lage des Falles können die Liquidatoren vielmehr ihrer Pflicht zur internen Liquidationsrechnungslegung auch auf der Grundlage der nach allgemeinem Handelsrecht und Steuerrecht zu erstellenden Rechenwerke nachkommen (Rn 16).[21] Die Rechtsfolgen bei Verletzung der Pflicht zur internen Liquidationsrechnungslegung bestimmen sich nach allgemeinen Grundsätzen. In Betracht kommen **Schadensersatzansprüche** der Gesellschaft und der Gesellschafter (§ 149 Rn 7 ff), ferner die Abberufung der Liquidatoren nach § 147. Darüber hinaus können die Liquidatoren auf Aufstellung der Bilanzen in Anspruch genommen werden; die Gesellschafter haben insoweit die actio pro socio (s. Rn 13). **12**

b) **Externe Rechnungslegung.** Die externe Liquidationsrechnungslegung hat den Vorgaben der §§ 242 ff zu genügen. Es sind somit insbesondere **Jahresabschlüsse** zu erstellen (Rn 17, 20 ff). Darüber hinaus ist die Gesellschaft auch während der Abwicklung zur **Buchführung** nach §§ 238 ff verpflichtet (Rn 7). Die Erfüllung dieser Pflichten ist Teil der Geschäftsführung und obliegt deshalb nach § 149 S. 1 den Liquidatoren.[22] Die Rechtsfolgen einer Verletzung der Pflichten aus §§ 238 ff, 242 ff bestimmen sich nach allgemeinen Grundsätzen. In Betracht kommen Ansprüche der Gläubiger aus § 823 Abs. 2 BGB, bei Insolvenz zudem nach §§ 283 ff StGB. Ist im Fall einer Kapitalgesellschaft & Co. **13**

---

[17] OLG Celle ZIP 1983, 943 (945); L. Schmidt/*Weber-Grellet* EStG, 27. Aufl., § 5, 13; eingehend *K. Schmidt* FS L. Schmidt S. 226 (232 ff); s. ferner 3. Aufl. Anm. 7 (*Schilling*).

[18] Insoweit zutr. BGH NJW 1980, 1522 (1523); ferner OLG Celle ZIP 1983, 943 (944).

[19] OLG Celle ZIP 1983, 943 (944).

[20] Zur Rechtslage bei Ausscheiden vor Auflösung der Gesellschaft s. MünchKommBGB/*Ulmer/Schäfer* § 738 Rn 23 ff. – Bei Ausscheiden aus der Liquidationsgesellschaft ist allerdings der Abfindungsanspruch im Hinblick auf den Zweck der Gesellschaft (§ 145 Rn 16 ff) auf der Grundlage der Substanzwertmethode zu ermitteln.

[21] MünchKommHGB/*K. Schmidt* Rn 24; s. ferner *Pink* ZIP 1997, 177 ff mit Vorschlag eines integrierten Systems; dazu *Förster* ZIP 1997, 344; *E. Braun* ZIP 1997, 1013 ff.

[22] Wohl einh. M., s. 3. Aufl. Anm. 15 (*Schilling*); MünchKommHGB/*K. Schmidt* Rn 31.

die Komplementär-Gesellschaft aufgelöst, so kann nach § 335 S. 1 Nr. 1 die insoweit bestehende Pflicht zur externen Rechnungslegung zudem durch Festsetzung von **Ordnungsgeld** erzwungen werden.[23] Schließlich sind die Liquidatoren auch im Verhältnis zur Gesellschaft zur Beachtung der §§ 238 ff, 242 ff verpflichtet. Pflichtverletzungen können deshalb die Verpflichtung zum Schadensersatz und die Abberufung nach sich ziehen (Rn 12). Zudem kann auch der einzelne Gesellschafter die Liquidatoren mittels **actio pro socio** (§ 105 Rn 256 ff) auf Aufstellung der Bilanzen in Anspruch nehmen (§ 149 Rn 30).[24] Zu den insolvenz- und steuerrechtlichen Rechnungslegungspflichten s. Rn 5, 10.

III. Interne Liquidationsrechnungslegung

14 **1. Eröffnungsbilanz.** Nach § 154 haben die Liquidatoren zu Beginn der Liquidation eine Bilanz, die sog. Liquidationseröffnungsbilanz, aufzustellen. Auf der Grundlage der hier vertretenen Ansicht, der zufolge in § 154 allein die interne Rechnungslegung geregelt ist (Rn 7 ff), kann die Funktion dieser Bilanz nur in der Ermittlung des zu versilbernden und schlussendlich an die Gesellschafter zu verteilenden Vermögens bestehen.[25] Es handelt sich also um eine **Vermögensbilanz,** nicht dagegen um eine Erfolgsermittlungsbilanz. Der Grundsatz der Bilanzidentität, verstanden im Sinne einer Anknüpfung an den letzten periodischen Abschluss der werbenden Gesellschaft (Rn 18), findet keine Anwendung. Erforderlich ist vielmehr eine Neubewertung. Bilanzstichtag ist der Zeitpunkt der Auflösung der Gesellschaft als regelmäßiger Beginn der Liquidation. Was den Kreis der in die Eröffnungsbilanz einzubeziehenden Vermögenswerte betrifft, so gilt der Grundsatz der Vollständigkeit in einem die besondere Funktion der Liquidationseröffnungsbilanz berücksichtigenden Sinn. Einzubeziehen sind mithin **sämtliche werthaltigen Posten,**[26] insbesondere auch solche immateriellen Wirtschaftsgüter, die nach § 248 im Rahmen der externen Rechnungslegung einem Bilanzierungsverbot unterliegen.

15 Die auf die periodische Erfolgsrechnungslegung der Gesellschaft zugeschnittenen **Bewertungsvorschriften** finden auf die Liquidationseröffnungsbilanz nur mit Vorbehalt Anwendung.[27] Insbesondere für die in § 252 Abs. 1 Nr. 1 und 2 statuierten Grundsätze der Bilanzidentität (Rn 14) und des going-concern (Rn 23) ist mit Rücksicht auf die besonderen Zwecke der internen Rechnungslegung kein Raum. Was die Frage der Bewertung der Aktiva betrifft, so sind stille Reserven aufzulösen.[28] Abzustellen ist mithin auf den wahren Wert. Die Ermittlung und Bewertung des Vermögens hat bereits mit Blick

---

[23] **AA** BayObLG DB 1994, 523 (524); dazu *Förschle/Kropp/Deubert* DB 1994, 998; ferner Rn 7 ff.

[24] Für einen eigenen Anspruch des Gesellschafters dagegen noch 3. Aufl. Anm. 14 (Schilling); s. ferner KG OLGE 21, 378; MünchKommHGB/*K. Schmidt* Rn 21; zur Klage auf Zustimmung zur Auseinandersetzungsbilanz s. OLG München NZG 2001, 959 (960).

[25] Im Ergebnis weithin anerkannt, s. MünchKommHGB/*K. Schmidt* Rn 25; Röhricht/v. Westphalen/*v. Gerkan/Haas* Rn 10; Ebenroth/Boujong/Joost/Strohn/*Hillmann* Rn 14; Heymann/*Sonnenschein/Weitemeyer* Rn 3; *Scherrer/Heni* S. 255 f; auf der Grundlage der herkömmlichen Ansicht (Rn 7) bereits 3. Aufl. Anm. 2 f (*Schilling*); *Sudhoff* NJW 1957, 731.

[26] *Scherrer/Heni* Wpg. 1996, 681 (688).

[27] *Scherrer/Heni* Wpg. 1996, 681 (688); s. ferner die Nachw. in Fn 28.

[28] 3. Aufl. Anm. 4 (*Schilling*); MünchKommHGB/*K. Schmidt* Rn 25; Röhricht/v. Westphalen/*v. Gerkan/Haas* Rn 10; Heymann/*Sonnenschein/Weitemeyer* Rn 2; s. ferner *Förster/Grönwoldt* BB 1987, 577 (580); **aA** *Forster* FS Barz S. 335, 339 (Bewertung in Jahresabschluss der werbenden Gesellschaft bildet Obergrenze).

auf die Vermögensverteilung zu erfolgen: Die Eröffnungsbilanz soll das Liquidationsergebnis prognostizieren.[29] Bei Ansatz der Aktiva sind deshalb insbesondere die voraussichtlichen Modalitäten der Verwertung zu berücksichtigen;[30] von Bedeutung ist insoweit insbesondere, ob das Unternehmen zerschlagen oder als Ganzes veräußert werden soll (§ 145 Rn 35 ff; § 149 Rn 35). Der Zeitpunkt der Versilberung der Aktiva kann freilich ebenso wie derjenige der Tilgung von Verbindlichkeiten unberücksichtigt bleiben. Die Eröffnungsbilanz basiert mithin auf der Vorstellung, dass die Versilberung des Vermögens und die Befriedigung der Gläubiger zum Bilanzstichtag (Rn 14) erfolgen.[31] Neben der Eröffnungsbilanz sind deshalb ggf. Finanz- und Liquiditätspläne zu erstellen.[32] Für eine Periodisierung von Aufwendungen und Erträgen, wie sie § 252 Abs. 1 Nr. 5 für die Erfolgsrechnung vorschreibt, ist in der Eröffnungsbilanz kein Raum.

2. **Schlussrechnung.** Die Abwickler haben nach § 154 auch bei Beendigung der Abwicklung eine Bilanz aufzustellen. Diese Schlussrechnung ist nach der hier vertretenen Ansicht Teil der Rechnungslegung der Liquidatoren gegenüber den Beteiligten (Rn 6). Sie soll allein die **Vermögensverteilung vorbereiten**[33] und ist ebenso wie die Eröffnungsbilanz (Rn 14 f) Vermögensbilanz. Was den **Stichtag** betrifft, so ist die Schlussrechnung entgegen dem missverständlichen Wortlaut des § 154 nicht auf den Zeitpunkt der Beendigung der Gesellschaft aufzustellen. Maßgebend ist vielmehr der Zeitpunkt, in dem die in § 149 S. 1 genannten Aufgaben erledigt sind und der Betrag des unter die Gesellschafter zu verteilenden Vermögens ermittelt werden kann.[34] Im Regelfall sind also bei Aufstellung der Bilanz das gesamte Gesellschaftsvermögen versilbert und die Gläubiger befriedigt, so dass sich Bewertungsprobleme nicht ergeben. Die Schlussrechnung i.S.d. § 154 ist zwar von der Schlussbilanz als Teil der externen Liquidationsrechnungslegung zu unterscheiden (Rn 17 ff, 25). Stimmen beide überein, so kann freilich die Schlussverteilung auch auf der Grundlage der im Rahmen der externen Rechnungslegung erstellten Schlussbilanz erfolgen (Rn 12); bei vollständiger Versilberung des Gesellschaftsvermögens liegt diese Voraussetzung stets vor. Zur Ermittlung des Liquidationsgewinns ist ein Vergleich zwischen Eröffnungs- und Schlussrechnung i.S.d. § 154 nicht geeignet (Rn 27). Ihm lässt sich vielmehr allein entnehmen, ob und inwieweit das in der Eröffnungsbilanz prognostizierte Liquidationsergebnis (Rn 15) erzielt werden konnte. 16

IV. Externe Liquidationsrechnungslegung

1. **Überblick.** Nach zutr. Ansicht (Rn 7 ff) unterliegt die aufgelöste, aber noch nicht vollbeendigte Handelsgesellschaft den Vorschriften der §§ 238 ff, 242 ff über die Buchführungs- und Rechnungslegungspflichten des Kaufmanns. Selbst die Veräußerung des Unternehmens im Ganzen (§ 145 Rn 35 ff; § 149 Rn 35) lässt den Status als Handelsgesellschaft unberührt (§ 156 Rn 3). Auch zwischen den Vertretern der neueren, in § 154 17

---

[29] *Scherrer/Heni* Wpg. 1996, 681 (687); s. ferner Baumbach/*Hopt* Rn 2 (Klärung der Aussichten der Liquidation).

[30] *Scherrer/Heni* Wpg. 1996, 681 (689); Koller/Roth/Morck/*Koller* Rn 2.

[31] S. dazu aber auch *Scherrer/Heni* S. 260 f; *dies.* Wpg. 1996, 681 (689).

[32] Überzeugend *Scherrer/Heni* S. 271 ff.

[33] 3. Aufl. Anm. 8 f (*Schilling*); MünchKommHGB/*K. Schmidt* Rn 29; Ebenroth/Boujong/Joost/Strohn/*Hillmann* Rn 17; Röhricht/v. Westphalen/*v. Gerkan/Haas* Rn 10; Heymann/*Sonnenschein/Weitemeyer* Rn 5; Koller/Roth/Morck/*Koller* Rn 4.

[34] Einh. M., s. 3. Aufl. Anm. 8 (*Schilling*); *A. Hueck* OHG § 32 VI 3 (S. 513); Heymann/*Sonnenschein/Weitemeyer* Rn 4.

nur die interne Rechnungslegung erblickenden Ansicht (Rn 7 ff) herrscht freilich kein Einvernehmen über die Pflichtbestandteile der externen Liquidationsrechnungslegung. Unumstritten ist allein, dass die aufgelöste Gesellschaft zur Buchführung (Rn 7), zur jährlichen Rechnungslegung (Rn 20 ff) und zur Aufstellung einer Schlussbilanz (Rn 25) verpflichtet ist. Umstritten ist dagegen, ob es im Rahmen der externen Rechnungslegung einer Schlussbilanz der werbenden Gesellschaft (Rn 18) und einer Eröffnungsbilanz der aufgelösten Gesellschaft (Rn 19) bedarf. Soweit Bilanzen zu erstellen sind, finden die Grundsätze des § 247 über den Ausweis und die Gliederung Anwendung.[35]

18 **2. Schlussbilanz der werbenden Gesellschaft.** Was die Frage einer Schlussbilanz der werbenden Gesellschaft betrifft, so ist zu unterscheiden. Unproblematisch ist zunächst der Fall, dass die Auflösung auf den **Bilanzstichtag** der werbenden Gesellschaft fällt. Es bedarf dann der Aufstellung eines gewöhnlichen Jahresabschlusses nach § 242 ff;[36] ihm kommt zugleich die Funktion einer Schlussbilanz der werbenden Gesellschaft zu. Entsprechendes hat aber auch für den Fall zu gelten, dass der Zeitpunkt der Auflösung in den Lauf eines Geschäftsjahres fällt. In Übereinstimmung mit der herkömmlichen Ansicht (Rn 7),[37] aber auch mit einigen Vertretern der neueren Ansicht (Rn 8)[38] ist für diesen Fall davon auszugehen, dass für das **Rumpfgeschäftsjahr** eine letzte Erfolgsbilanz für die werbende Gesellschaft aufzustellen ist. Dafür spricht bereits der Umstand, dass der erste Abschluss der aufgelösten Gesellschaft eine Reihe von Neubewertungen enthält (Rn 21 ff). Vor allem aber bedarf es der Feststellung des Gewinns der werbenden Gesellschaft, um daran anknüpfende Ansprüche Dritter befriedigen und den Rest den Gesellschaftern gutschreiben zu können. Die Schlussbilanz ist Erfolgsrechnung im Sinne der §§ 242 ff. Ihre Aufstellung ist bereits Sache der Liquidatoren (Rn 13; s. ferner § 149 Rn 1);[39] die Feststellung erfolgt nach allgemeinen Grundsätzen (§ 120 Rn 16 ff).

19 **3. Liquidationseröffnungsbilanz.** Gleichfalls umstritten ist die Frage, ob es der Aufstellung einer Liquidationseröffnungsbilanz bedarf. Für die herkömmliche Ansicht (Rn 7) erübrigt sich diese Frage: Nach ihr folgt die Pflicht zur Erstellung einer Eröffnungsbilanz aus § 154. Geht man dagegen mit der neueren Ansicht davon aus, dass § 154 die interne Rechnungslegung der Liquidatoren gegenüber den Beteiligten betrifft (Rn 8 ff), so ließe sich die Notwendigkeit einer der externen Rechnungslegung zugehörigen Eröffnungsbilanz aus einer **analogen Anwendung der §§ 270 Abs. 1 AktG, 71 GmbHG** ableiten. Die besseren Gründe sprechen denn auch für die Analogie.[40] So bestimmen §§ 270 Abs. 2 S. 2, 3 AktG, 71 Abs. 2 S. 2, 3 GmbHG aus gutem Grund, dass die erforderliche Neubewertung insbesondere der Gegenstände des Anlagevermögens (Rn 21) bereits zu Beginn der Liquidation zu erfolgen hat. Wollte man nämlich auf die Aufstellung einer Liquida-

---

[35] Eingehend *Scherrer/Heni* S. 199 ff; s. ferner Fn 46.

[36] Unstreitig, s. 3. Aufl. Anm. 6 (*Schilling*); MünchKommHGB/*K. Schmidt* Rn 12, 17; Ebenroth/Boujong/Joost/Strohn/*Hillmann* Rn 7.

[37] BayObLG DB 1994, 523 (524); 3. Aufl. Anm. 6 (*Schilling*); Schlegelberger/*Geßler* (4. Aufl.) Anm. 5; *Sudhoff* NJW 1957, 731; **aA** *A. Hueck* OHG § 32 VI 1 (S. 510 f).

[38] *Scherrer/Heni* S. 166 ff; **aA** MünchKommHGB/*K. Schmidt* Rn 18; Röhricht/v. Westphalen/*v. Gerkan/Haas* Rn 6 f, 9; Ebenroth/Boujong/Joost/Strohn/*Hillmann* Rn 7; *Förschle/Kropp/Deubert* DB 1994, 998 (1000); *Förschle/Deubert* DStR 1996, 1743 (1746).

[39] **AA** noch Schlegelberger/*Geßler* (4. Aufl.) Anm. 3 (geschäftsführende Gesellschafter).

[40] So auch *Förster* S. 18 ff, 32; *Scherrer/Heni* S. 171 ff; **aA** MünchKommHGB/*K. Schmidt* Rn 16; Ebenroth/Boujong/Joost/Strohn/*Hillmann* 8; Röhricht/v. Westphalen/*v. Gerkan/Haas* Rn 7, 9.

tionseröffnungsbilanz verzichten, so bestünde hinsichtlich derjenigen Gegenstände, die bereits vor Aufstellung des ersten periodischen Abschlusses der aufgelösten Gesellschaft (Rn 20) veräußert worden sind, ein – auch durch die im Rahmen der internen Rechnungslegung zu erstellende Eröffnungsbilanz (Rn 14 f) nicht zu befriedigendes – Informationsdefizit. Darüber hinaus spricht der Grundsatz der Bilanzidentität für die Notwendigkeit einer Liquidationseröffnungsbilanz (Rn 22). Die Eröffnungsbilanz unterliegt den für die periodische Rechnungslegung der Liquidationsgesellschaft geltenden Grundsätzen (Rn 20 ff).

4. Jahresrechnungslegung

a) **Grundlagen.** Nach zutr. Ansicht ist die Liquidationsgesellschaft zur Aufstellung **20**
von Jahresabschlüssen verpflichtet (Rn 8 ff, 13). Die Aufstellung hat grundsätzlich nach Maßgabe der §§ 242 ff zu erfolgen (Rn 21); erforderlich sind nach § 242 Abs. 1 und 2 eine Bilanz und eine Gewinn- und Verlustrechnung.[41] Vorbehaltlich einer abweichenden Bestimmung durch die Gesellschafter läuft das bisherige Geschäftsjahr weiter;[42] unter Umständen ist somit schon kurze Zeit nach Erstellung der Schlussbilanz der werbenden Gesellschaft (Rn 18) der erste periodische Abschluss der Liquidationsgesellschaft aufzustellen. Die Aufstellung des Jahresabschlusses ist Sache der Liquidatoren (Rn 13). Die Feststellung erfolgt nach den für die werbende Gesellschaft geltenden Grundsätzen (§ 120 Rn 16 ff). Prüfungs- und Offenlegungspflichten bestehen nach § 264a auch für die Kapitalgesellschaft & Co. nach Maßgabe der für Kapitalgesellschaften geltenden Vorschriften der §§ 316 ff, 325 ff. Dagegen finden die Vorschriften des PublG nach dessen § 3 Abs. 3 PublG auf die Gesellschaft in Abwicklung keine Anwendung (s. noch Rn 24).

b) **Wertansätze.** Nach der durch das Bilanzrichtliniengesetz[43] erfolgten Neufassung **21**
der §§ 270 Abs. 2 S. 2 AktG, 71 Abs. 2 S. 2 GmbHG sind auf die Liquidationseröffnungsbilanz und damit auch auf die Jahresabschlüsse der aufgelösten Kapitalgesellschaft die Vorschriften über den Jahresabschluss entsprechend anzuwenden.[44] Entsprechendes hat, bezogen auf die Jahresabschlüsse (s. Rn 19), auch für die aufgelöste Personenhandelsgesellschaft zu gelten.[45] Eine **Neubewertung** hat deshalb nicht prinzipiell, sondern nur insoweit zu erfolgen, als den liquidationsbedingten Besonderheiten nur durch eine „entsprechende", d.h. auf die Änderung des Gesellschaftszwecks (§ 145, 16 ff) Rücksicht nehmende Anwendung dieser Vorschriften hinreichend Rechnung getragen werden kann. Davon betroffen sind die zur Veräußerung anstehenden **Gegenstände des Anlagevermögens;** sie sind entsprechend §§ 270 Abs. 2 S. 3 AktG, 71 Abs. 2 S. 3 GmbHG wie Umlaufvermögen zu bewerten (s. noch Rn 22).[46]

---

[41] Eingehend zur Gewinn- und Verlustrechnung der aufgelösten Gesellschaft *Scherrer/Heni* S. 208 ff.

[42] MünchKommHGB/*K. Schmidt* Rn 18.

[43] Vgl. Fn 1; zur alten Rechtslage s. dagegen RGZ 80, 104 (107).

[44] Vgl. *Hüffer* AktG[8], § 270 Rn 14; Ulmer/Habersack/Winter/*Paura* GmbHG § 71 Rn 15, 21 ff.

[45] So auch MünchKommHGB/*K. Schmidt* Rn 20; *Scherrer/Heni* S. 182 ff.

[46] Eingehend *Scherrer/Heni* S. 220 ff. – Nach zutr. Ansicht handeln §§ 270 Abs. 2 S. 3 AktG, 71 Abs. 2 S. 3 GmbHG nur von der Bewertung, nicht dagegen von der Bilanzgliederung, s. *Scherer/Heni* Wpg. 1996, 681 (686); **aA** *Förschle/Deubert* DStR 1996, 1743 (1748); Scholz/*K. Schmidt* GmbHG[9] § 71 Rn 21.

22 Nach hM erfährt insbesondere der in § 252 Abs. 1 Nr. 1 geregelte Grundsatz der **Bilanzidentität** eine Relativierung. Da die hM davon ausgeht, dass es im Rahmen der externen Rechnungslegung einer Liquidationseröffnungsbilanz nicht bedarf (Rn 19), muss sie schon mit Rücksicht auf die entsprechende Anwendung der §§ 270 Abs. 2 S. 3 AktG, 71 Abs. 2 S. 3 GmbHG (Rn 21) von einer Fortführung der in der Schlussbilanz (Rn 18) enthaltenen Ansätze in dem ersten Jahresabschluss der aufgelösten Gesellschaft jedenfalls insoweit absehen, als danach Gegenstände des Anlagevermögens wie solche des Umlaufvermögens zu bewerten und folglich auch nach Maßgabe des § 253 Abs. 2 S. 3, Abs. 3 S. 1 abzuschreiben sind.[47] Auf der Grundlage der hier vertretenen Ansicht ist dagegen die Neubewertung bereits im Rahmen der Eröffnungsbilanz (Rn 19) vorzunehmen; bei Aufstellung des ersten Jahresabschlusses ist sodann der Grundsatz der Bilanzidentität zu beachten.

23 Der in § 252 Abs. 1 Nr. 2 geregelte Grundsatz des **going-concern** findet nach hM Anwendung, solange nicht der Geschäftsbetrieb tatsächlich eingestellt ist; die Einstellung ist danach eine „tatsächliche Gegebenheit" im Sinne des § 252 Abs. 1 Nr. 2, die den Übergang zu Einzelveräußerungswerten nach sich zieht.[48] Dem kann zwar insoweit gefolgt werden, als es sich bei der Auflösung der Gesellschaft nicht um eine „rechtliche Gegebenheit" im Sinne des § 252 Abs. 1 Nr. 2 handelt. Allein die Einstellung des Geschäftsbetriebs rechtfertigt dagegen noch nicht die Bewertungsumstellung. Mit einer im neueren Schrifttum vertretenen Ansicht[49] sollte vielmehr auf den Zeitpunkt abgestellt werden, zu dem eine Unternehmensfortführung objektiv ausgeschlossen ist. Für den Regelfall bedeutet dies, dass erst in der Schlussbilanz (Rn 25) zu Einzelveräußerungswerten übergegangen werden darf, nämlich insoweit, als die Gesellschaft noch über nicht versilberte und im Rahmen der Auseinandersetzung von den Gesellschaftern zu übernehmende Gegenstände verfügt (§ 145 Rn 35 ff). Die interne Rechnungslegung erfolgt dagegen stets auf der Basis von Einzelveräußerungswerten (Rn 14 f).

24 Was schließlich die Bewertungsgrundsätze des **§ 252 Abs. 1 Nr. 3 bis 6** betrifft, so finden sie – mit dem allgemeinen Vorbehalt des § 252 Abs. 2 – auch auf die Jahresrechnungslegung der aufgelösten Gesellschaft Anwendung.[50] Entsprechendes gilt für die Bewertungsvorschriften der **§§ 253 bis 255**; unter den Voraussetzungen der §§ 270 Abs. 2 S. 3 AktG, 71 Abs. 2 S. 3 GmbHG sind freilich Gegenstände des Anlagevermögens wie solche des Umlaufvermögens zu bewerten (Rn 21).

25 **5. Schlussbilanz der aufgelösten Gesellschaft.** Nach Beendigung der Abwicklung haben die Liquidatoren eine Schlussbilanz aufzustellen. Dies ergibt sich zwar nicht aus § 154 (s. Rn 8 f), wohl aber aus der in §§ 242 ff statuierten Rechnungslegungspflicht der Gesellschaft.[51] Die Schlussbilanz dokumentiert das Ergebnis der Gesellschaft seit der

---

[47] Näher zu der damit einhergehenden Veränderung des Wertansatzes *Scherrer/Heni* S. 105 ff; **aA** *Förschle/Kropp/Deubert* DB 1994, 998 (999); *Förschle/Deubert* DStR 1996, 1743 (1745); wohl auch BayObLG DB 1994, 523, 524 („in aller Regel").

[48] So Scholz/*K. Schmidt* GmbHG[9] § 71 Rn 22; Ulmer/Habersack/Winter/*Paura* GmbHG § 71 Rn 33; Hachenburg/*Hohner* GmbHG[8] § 71 Rn 23; *Lutter/Hommelhoff* GmbHG[14] § 71 Rn 2; *Hüffer* in: *Geßler/Hefermehl/Eckardt/Kropff* AktG § 270 Rn 22 f; *Sarx* FS Forster S. 547 (552, 556).

[49] *Scherrer/Heni* S. 108 ff, 216 f; *dies.* Wpg. 1996, 681 (684 ff); ablehnend *Förschle/Deubert* DStR 1996, 1743 (1746 f).

[50] Näher dazu *Scherrer/Heni* S. 217 ff.

[51] *K. Schmidt* S. 62; MünchKommHGB/*K. Schmidt* Rn 22 f; Röhricht/v. Westphalen/*v. Gerkan/Haas* Rn 8, 9; für das GmbH-Recht Baumbach/Hueck/*Schulze-Osterloh* GmbHG[18] § 71 Rn 28 f mwN.

letzten Jahresrechnungslegung und das – unter Berücksichtigung restlicher Aufwendungen, insbesondere im Zusammenhang mit den noch ausstehenden Eintragungen (§ 157 Rn 6 ff) und der nach § 157 Abs. 2 erforderlichen Aufbewahrung der Geschäftsunterlagen (§ 157 Rn 13 ff) – zur Verteilung unter die Gesellschafter bestimmte Vermögen. Nicht zu versilberndes Vermögen der Gesellschaft ist in der Schlussbilanz mit Einzelveräußerungswerten anzusetzen (Rn 23). Die Schlussbilanz deckt sich im Allgemeinen mit der nach § 154 zu erstellenden Schlussrechnung (Rn 16). Sie ist jedoch Bilanz im Sinne der §§ 242 ff und bedarf somit zusammen mit der Gewinn- und Verlustrechnung der Feststellung durch die Gesellschafter (vgl. § 120 Rn 16 ff, dort auch zur Frage der Bindung an das festgestellte Ergebnis).

6. Konzernrechnungslegung. Ist die Gesellschaft als Mutterunternehmen nach **§§ 11 ff** 26
PublG zur Konzernrechnungslegung verpflichtet, so lässt die Auflösung diese Verpflichtung unberührt. Die Vorschrift des § 3 Abs. 3 PublG steht dem nicht entgegen; danach finden nämlich auf Unternehmen in Abwicklung allein die Vorschriften der §§ 1 bis 10 PublG betreffend den Einzelabschluss keine Anwendung. Nach § 13 Abs. 2 PublG gelten die §§ 294 bis 315 sinngemäß. Prüfung und Offenlegung des Konzernabschlusses sind in §§ 14, 15 PublG geregelt. Ist die aufgelöste Gesellschaft Tochterunternehmen, so bewendet es grundsätzlich bei den allgemeinen Vorschriften über die Konzernrechnungslegung; aus §§ 295, 296 (ggf. i.V.m. § 13 Abs. 2 PublG) ergibt sich grundsätzlich kein Einbeziehungsverbot oder -wahlrecht.[52]

7. Ermittlung des Liquidationsergebnisses. Das Liquidationsergebnis wird aufgrund 27
eines Vergleichs der Liquidationsschlussbilanz (Rn 25) mit der zum Zeitpunkt der Auflösung erstellten Schlussbilanz der werbenden Gesellschaft (Rn 18) ermittelt.[53] Das so ermittelte Abwicklungsergebnis wird wie sonstiger Gewinn oder Verlust unter die Gesellschafter verteilt, d.h. ihrem Kapitalanteil zu- oder abgeschrieben. Erst das hiernach verbleibende Vermögen ist nach Maßgabe des § 155 unter die Gesellschafter zu verteilen.[54] Der Gewinn oder Verlust, der sich aus einem Vergleich der Eröffnungsbilanz (Rn 14 f, 19) mit der Schlussbilanz der werbenden Gesellschaft (Rn 18) ergibt, ist dagegen auf die unterschiedlichen Wertansätze zurückzuführen und hat somit den Charakter eines Buchgewinns oder -verlusts (Rn 16).

§ 155

(1) Das nach Berichtigung der Schulden verbleibende Vermögen der Gesellschaft ist von den Liquidatoren nach dem Verhältnisse der Kapitalanteile, wie sie sich auf Grund der Schlußbilanz ergeben, unter die Gesellschafter zu verteilen.

(2) [1]Das während der Liquidation entbehrliche Geld wird vorläufig verteilt. [2]Zur Deckung nicht fälliger oder streitiger Verbindlichkeiten sowie zur Sicherung der den Gesellschaftern bei der Schlußverteilung zukommenden Beträge ist das Erforderliche

---

[52] Näher dazu *Scherrer/Heni* S. 47 ff.

[53] *A. Hueck* OHG § 32 VI 2 (S. 512); MünchKommHGB/*K. Schmidt* Rn 26; Röhricht/v. Westphalen/*v. Gerkan/Haas* Rn 10; Ebenroth/Boujong/Joost/Strohn/*Hillmann* Rn 15; näher *Scherrer/Heni* S. 240 ff.

[54] BGHZ 19, 42 (47 f) = NJW 1956, 300; 3. Aufl. Anm. 10 (*Schilling*).

zurückzubehalten. [3]Die Vorschriften des § 122 Abs. 1 finden während der Liquidation keine Anwendung.

(3) Entsteht über die Verteilung des Gesellschaftsvermögens Streit unter den Gesellschaftern, so haben die Liquidatoren die Verteilung bis zur Entscheidung des Streites auszusetzen.

Schrifttum

Vgl. die Nachw. zu § 145, ferner *K. Schmidt* Zum Liquidationsrecht der GmbH & Co., GmbH-Rdsch. 1980, 261; *ders.* Kapitalsicherung in der GmbH & Co. KG: Schlußbilanz oder Zwischenbilanz einer Rechtsfortbildung? GmbH-Rdsch. 1989, 141.

Übersicht

I. Einführung

1 **1. Inhalt und Zweck der Vorschrift.** Nach § 155 obliegt es den Liquidatoren, das Vermögen der Gesellschaft unter die Gesellschafter zu verteilen. Abs. 1 regelt die endgültige Verteilung; sie hat nach Erledigung der in § 149 S. 1 genannten Aufgaben der Abwickler zu erfolgen. Nach Abs. 2 S. 1 sind die Liquidatoren darüber hinaus verpflichtet, das für die Zwecke der Liquidation entbehrliche Vermögen vorläufig zu verteilen. Abs. 2 S. 2 trifft Vorsorge, dass durch die vorläufige Verteilung nicht die Erfüllung der noch unerledigten Aufgaben der Abwickler (einschließlich der endgültigen Verteilung nach Abs. 1) beeinträchtigt wird. Abs. 2 S. 3 stellt klar, dass während der Abwicklung das Entnahmerecht der Gesellschafter aus § 122 Abs. 1 nicht besteht, Abs. 3 ordnet bei Streit unter den Gesellschaftern die Aussetzung der Verteilung bis zur Entscheidung des Streites an. – Die Vorschrift entspricht im Wesentlichen den Art. 141, 142 ADHGB (s. noch Rn 2).

2 Die Vorschrift versteht sich als Ergänzung des § 149 S. 1. Nach der Vorstellung des Gesetzgebers sollten §§ 149 S. 1, 154, 155 und 157 die Aufgaben der Liquidatoren

abschließend regeln; vorbehaltlich der Anmeldung nach § 157 sollten also die Aufgaben mit der Verteilung des Gesellschaftsvermögens beendet sein. So heißt es in der Denkschrift I[1]:

„Von rückständigen Einlagen abgesehen, ist es nicht Sache der Liquidatoren, den Passivsaldo eines Gesellschafters zur **Ausgleichung der wechselseitigen Ansprüche der Gesellschafter** oder zur Tilgung von Gesellschaftsschulden einzuziehen. Es handelt sich dabei nicht um Ansprüche der Gesellschaft als solcher; die entgegengesetzte Auffassung würde zu dem Ergebnisse führen, daß die fraglichen Ansprüche auch im Konkurse der offenen Handelsgesellschaft von dem Konkursverwalter geltend zu machen wären. Die Gesellschafter haben vielmehr den Verlust unter sich auszugleichen. Da diese Sätze als allgemein anerkannt gelten können, so bedarf es keiner besonderen Vorschriften darüber im Gesetz. Doch ist, um das Mißverständnis zu verhüten, als ob das Gesetz auf einem anderen Standpunkte stehe, im § 155 Abs. 1 eine andere Fassung gewählt als diejenige des bisherigen Art. 142 Abs. 1, welcher besagt, daß die Liquidatoren die schließliche Auseinandersetzung unter den Gesellschaftern herbeizuführen haben."

Mit der Rechtssubjektivität der Personenhandelsgesellschaft (§ 124 Rn 3 ff) steht diese Ansicht freilich nicht im Einklang (§ 149 Rn 23 f). Geht man nämlich davon aus, dass die Gesellschaft selbst Gläubiger und Schuldner von Sozialansprüchen und -verbindlichkeiten ist, so kann dies nur bedeuten, dass der Ausgleich unter den Gesellschaftern unter Zwischenschaltung der Gesellschaft zu erfolgen hat und deshalb Sache der Liquidatoren ist. Diesem Umstand kommt auch im Rahmen der Auslegung des § 155 Bedeutung zu (Rn 7 ff, ferner § 149 Rn 21 ff).

2. **Anwendungsbereich.** Die Vorschrift ist auf die Abwicklung nach Maßgabe der **3**
§§ 149 ff zugeschnitten. Dies hindert freilich nicht, sie bei Vereinbarung einer **anderen Art der Abwicklung** (§ 145 Rn 22) entsprechend anzuwenden. Nach der hier vertretenen Ansicht ist zwar die andere Art der Abwicklung durch den Verzicht der Gesellschafter auf die Versilberung des gesamten oder eines Teils des Gesellschaftsvermögens gekennzeichnet (§ 145 Rn 35 ff). Der Anspruch auf Vollzug der Abwicklungsvereinbarung, d.h. der Anspruch auf Übertragung eines Teils des Gesellschaftsvermögens, unterliegt dann freilich gleichfalls den Beschränkungen aus § 155 Abs. 1 und 2 (Rn 18);[2] ggf. ist der Vollzug der Abwicklungsvereinbarung mit dem Ausgleich unter den Gesellschaftern zu verbinden (Rn 7 ff). Bei **liquidationslosem Erlöschen** der Gesellschaft ist dagegen kein Raum für die Verteilung eines Liquidationsüberschusses. Es bewendet vielmehr bei dem Ausgleich unter den Gesellschaftern (Rn 7 ff; § 145 Rn 39 ff); in Ermangelung von Liquidatoren und einem abzuwickelnden Rechtssubjekt erfolgt der Ausgleich durch die Gesellschafter selbst. Zur Anwendbarkeit auf KG, Partnerschaftsgesellschaft und EWIV s. Vor § 145 Rn 7 ff.

3. **Abweichende Vereinbarungen.** Innerhalb der allgemeinen Schranken können die **4**
Gesellschafter von § 155 abweichende Vereinbarungen treffen. Sie können nicht nur im Gesellschaftsvertrag Voraussetzungen und Inhalt der Beteiligung am Liquidationserlös abweichend von § 155 regeln; nach § 152 haben sie vielmehr auch die Möglichkeit, den

[1] Begründung zu dem Entwurf eines HGB für das Deutsche Reich von 1895, abgedruckt in *Schubert/Schmiedel/Krampe* Quellen zum Handelsgesetzbuch von 1897, Bd. 2: Denkschriften, Beratungen, Berichte, 1. Halbbd. (1987), S. 1, 94; Hervorhebung nicht im Original.

[2] Vgl. dazu auch BayObLG BB 1983, 82 f.

Liquidatoren entsprechende Weisungen zu erteilen. Die Beteiligung am Liquidationserlös gehört allerdings zum **Kernbereich** der Mitgliedschaft; sie kann deshalb nur mit Zustimmung des betroffenen Gesellschafters abweichend gestaltet werden;[3] ggf. bedarf es neben oder anstelle der Mitwirkung des Gesellschafters derjenigen eines sonstigen Beteiligten (§ 154 Rn 6; § 145 Rn 27 ff; § 146 Rn 29). Im Übrigen ist insbesondere der Grundsatz der **Gleichbehandlung** (§ 105 Rn 247 ff) zu beachten. Auf die Interessen der **Gesellschaftsgläubiger** brauchen die Gesellschafter dagegen grundsätzlich keine Rücksicht zu nehmen. Selbst wenn es bereits vor Erledigung der in § 149 S. 1 genannten Aufgaben zur Verteilung des Gesellschaftsvermögens kommen sollte, können die Gläubiger daraus keine Rechte gegen die Gesellschafter oder gegen die Liquidatoren herleiten; ihnen bleibt allein die Inanspruchnahme der Gesellschafter nach §§ 128, 159 (Rn 16; § 149 Rn 9, 37; zur Rechtslage bei unzulässiger Fortsetzung der Gesellschaft s. § 145 Rn 21). Anderes gilt allein für die Kapitalgesellschaft & Co. OHG/KG (Rn 17).

II. Schlussverteilung (Abs. 1)

5 **1. Zeitpunkt.** Nach Abs. 1 haben die Liquidatoren das nach Berichtigung der Schulden verbleibende Vermögen der Gesellschaft nach dem Verhältnisse der Kapitalanteile, wie sie sich aufgrund der Schlussbilanz ergeben, unter die Gesellschafter zu verteilen. Dem entspricht ein Anspruch eines jeden Gesellschafters auf Auszahlung seines Anteils (Rn 15). Vorbehaltlich einer abweichenden Vereinbarung der Gesellschafter (Rn 4; s. ferner § 145 Rn 35 ff) haben die Liquidatoren zunächst die Gesellschaftsgläubiger zu befriedigen und – über den Wortlaut des § 155 Abs. 1 hinaus – die sonstigen in § 149 S. 1 genannten Aufgaben zu erledigen.[4] Zudem bedarf es der Aufstellung einer Schlussbilanz (§ 154 Rn 16). Unerledigte Maßnahmen, die nach kaufmännischer Beurteilung der Aufstellung der Schlussbilanz nicht entgegenstehen, hindern auch nicht die Schlussverteilung. Dies gilt namentlich, wenn noch **unverwertbare Vermögensstücke** vorhanden sind oder uneinbringliche Forderungen bestehen. Freilich kommt es bei Existenz solcher Rechte nicht zur Vollbeendigung der Gesellschaft (Rn 9, 34 f; § 157 Rn 6 f; § 145 Rn 9);[5] es empfiehlt sich deshalb, diese Rechte anderweitig, etwa durch Abtretung an einen Gesellschafter, aus dem Gesellschaftsvermögen auszusondern.

6 **2. Verteilungsfähiges Vermögen.** Zu verteilen ist nur, was zum Gesellschaftsvermögen gehört. Der Gesellschaft zur Nutzung überlassene Gegenstände sind deshalb entweder vor Durchführung der Schlussverteilung zurückzugewähren (§ 149 Rn 37 ff) oder von der Verteilung und der Berechnung der Quoten auszunehmen (Rn 4). Dies gilt auch hinsichtlich solcher Gegenstände, die der Gesellschaft von einem Gesellschafter überlassen worden sind, sei es auf der Grundlage eines Drittgeschäfts (§ 149 Rn 40) oder als **Beitrag quoad usum** oder quoad sortem (§ 149 Rn 42). Die Rückerstattung von **Einlagen** ist dagegen in § 155 Abs. 1 nicht vorgesehen (§ 149 Rn 32, 42). Bereits erbrachte Einlagen sind vielmehr den Kapitalkonten der Gesellschafter gutzuschreiben und gehen somit als Rechnungsposten in der Schlussrechnung auf (Rn 7 ff).[6] Die Gesellschafter können allerdings die Rückgewähr der Einlagen vereinbaren; dabei handelt es sich um eine andere Art der Abwicklung (Rn 3; § 149 Rn 22 ff, 35 ff).

---

[3] MünchKommHGB/*K. Schmidt* Rn 3. Näher dazu, insbesondere zur Frage, ob die antizipierte Zustimmung genügt, § 109 Rn 35; s. ferner § 119 Rn 38 ff.

[4] Vgl. OLG Hamburg DB 1958, 395.

[5] Vgl. dazu auch BayObLG NJW 1952, 28.

[6] RGZ 56, 430 (433); 114, 327 (335); s. ferner § 149 Rn 42.

3. Umfang des Anspruchs aus Abs. 1

a) Liquidationsanteile und Ausgleich unter den Gesellschaftern

aa) Meinungsstand. Nach § 155 Abs. 1 hat die Verteilung des verbleibenden Vermögens nach dem Verhältnisse der Kapitalanteile, wie sie sich aufgrund der Schlussbilanz ergeben, zu erfolgen. Die Ermittlung dieser sich aus der Schlussbilanz ergebenden Kapitalanteile, auch Liquidationsanteile genannt,[7] bereitet nach den Ausführungen in § 154 Rn 20 ff, keine Schwierigkeiten. Umstritten ist dagegen, wie bei Vorhandensein negativer Kapitalanteile zu verfahren ist. Nach herkömmlicher, dem Willen des Gesetzgebers entsprechender (Rn 2) und auch heute noch klar überwiegender Ansicht wird der durch die Abwicklung entstandene Gewinn oder Verlust (§ 154 Rn 27) dem Kapitalanteil[8] nach Maßgabe des gesellschaftsvertraglich vereinbarten oder gesetzlichen Gewinn- und Verlustschlüssels zugeschrieben und danach das Vermögen nach dem Verhältnis der – nunmehr endgültig festgestellten (s. § 154 Rn 23) – Kapitalanteile verteilt.[9] Wird neben dem festen Kapitalkonto ein bewegliches Konto geführt, so sind die Salden der beiden Konten zu summieren.[10] 7

Im Einzelnen haben die Liquidatoren nach dieser hM wie folgt vorzugehen: Sind die Kapitalanteile sämtlicher Gesellschafter aktiv, so kommt es zur Verteilung des Vermögens unter sämtliche Gesellschafter. Die Summe der Ziffern aller Kapitalanteile muss sich dann mit dem Betrag des zur Verteilung anstehenden Vermögens decken; jeder Gesellschafter erhält dann eine der Ziffer seines Kapitalanteils entsprechende Summe in bar oder einen entsprechenden Anteil an den aufgrund einer Abwicklungsvereinbarung (Rn 3) zu verteilenden Gegenständen durch die Abwickler ausgehändigt. Ist dagegen ein Teil der Kapitalkonten der Gesellschafter passiv, so ist nach dieser Ansicht das Reinvermögen **nur unter die Gesellschafter mit aktivem Kapitalanteil** nach dem Verhältnis ihrer Kapitalanteile zu verteilen. Der in diesem Fall noch erforderliche Ausgleich zwischen den Gesellschaftern soll dagegen nicht mehr Bestandteil der Liquidation sein; er soll sich vielmehr der Abwicklung anschließen und unmittelbar zwischen den Gesellschaftern erfolgen. Demgegenüber ist nach einer anderen Ansicht auch der **Ausgleich** zwischen den Gesellschaftern **Bestandteil der Abwicklung** und somit Aufgabe der Liquidatoren.[11] 8

bb) Stellungnahme. Den Vorzug verdient, wie im Einzelnen unter § 149 Rn 24 f dargelegt worden ist, die neuere Ansicht. Für sie spricht insbesondere die – vom historischen Gesetzgeber noch nicht erkannte – **Rechtssubjektivität** der Gesamthandsgesellschaft (§ 124 Rn 3 ff; § 145 Rn 6, 13 ff). Sie hat zur Folge, dass etwaige Ansprüche aus § 735 BGB, gerichtet auf Leistung von Nachschüssen, der Gesellschaft geschuldet sind (§ 149 Rn 24). Schon die Existenz derartiger Ansprüche steht der Vollbeendigung der Gesell- 9

[7] So die Bezeichnung von *Hillers* S. 179 ff; s. ferner MünchKommHGB/*K. Schmidt* Rn 2, 46.

[8] Vgl. dazu im Einzelnen § 120 Rn 48 ff (*Schäfer*).

[9] RGZ 40, 29 (32); BGHZ 19, 42 (47 f) = NJW 1956, 300; BGH WM 1966, 706; OLG Köln DStR 1991, 1228; 3. Aufl. Anm. 4, 19 ff (*Schilling*); *A. Hueck* OHG § 32 VII 1 (S. 516), § 32 IX (S. 520 ff); Heymann/*Sonnenschein/Weitemeyer* Rn 7; Röhricht/v. Westphalen/*v. Gerkan/Haas* Rn 1, 8; Ebenroth/Boujong/Joost/Strohn/*Hillmann* Rn 23; Baumbach/*Hopt* Rn 2; Koller/Roth/Morck/*Koller* Rn 2; Straube/*Torggler* Rn 4; s. ferner BGH ZIP 1993, 1307, 1309 (betr. die GbR), ZIP 2006, 232 und 2271 (jew. betr. die vermögenslose zweigliedrige GbR) sowie die Nachw. in Fn 13.

[10] *Huber* ZGR 1988, 1 (62).

[11] *K. Schmidt* ZHR 153 (1989), 270 (295 f); MünchKommHGB/*ders.* Rn 16 ff, § 149 Rn 22; s. ferner MünchKommBGB/*Ulmer*/*Schäfer* § 730 Rn 57 ff.

schaft entgegen (§ 145 Rn 9). Daraus erhellt, dass die Geltendmachung dieser Ansprüche und die anschließende Verteilung des Erlöses unter die Gesellschafter zum Aufgabenbereich der Liquidatoren gehören. Anders verhält es sich nur in den Fällen, in denen es keiner Abwicklung der Gesellschaft bedarf, sei es, dass sie liquidationslos erlischt (Rn 3; § 145 Rn 39 ff) oder dass die Gesellschafter den § 735 BGB abbedungen haben und die Gesellschaft auch im Übrigen vermögenslos ist (§ 145 Rn 9); es bewendet dann bei der schuldrechtlichen Auseinandersetzung zwischen den Gesellschaftern.

b) **Durchführung**

10 aa) **Ausgangspunkt.** Ist somit der Ausgleich zwischen den Gesellschaftern Aufgabe der Liquidatoren, so hat er der Vermögensverteilung vorauszugehen. Sowohl nach der hM als auch nach der hier vertretenen Ansicht kommt es mit Auflösung der Gesellschaft zu einer **Gesamtabrechnung**; die auf Geld gerichteten Sozialansprüche und -verbindlichkeiten werden zu unselbständigen Rechnungsposten und können nicht mehr einzeln geltend gemacht werden (§ 149 Rn 21 ff, 40 ff). Ein Unterschied zwischen der hM und der hier vertretenen Ansicht besteht allein hinsichtlich etwaiger Ansprüche aus § 735 BGB. Nach hM sind passive Kapitalkonten im Rahmen des § 155 nicht zu berücksichtigen. Der Liquidationserlös, wie er sich nach Erledigung der in § 149 S. 1 genannten Aufgaben ergibt, ist danach unter diejenigen Gesellschafter zu verteilen, die über aktive Liquidationsanteile verfügen. Sodann haben sich die Gesellschafter untereinander auszugleichen. Nach der hier vertretenen Ansicht handelt es sich bei den Ansprüchen aus § 735 BGB um Sozialansprüche, die gleichfalls in die Gesamtabrechnung einzubeziehen und durch die Liquidatoren geltend zu machen sind (§ 149 Rn 21, 31 f). Die Verteilung des Gesellschaftsvermögens hat somit unter Berücksichtigung der nach § 735 BGB eingezogenen Beträge zu erfolgen. Im Einzelnen lassen sich drei Grundkonstellationen unterscheiden:

11 bb) **Aktive Liquidationsanteile.** Unproblematisch ist zunächst der Fall, dass sämtliche Gesellschafter über aktive Liquidationsanteile verfügen. Jeder Gesellschafter kann dann den Betrag seines Liquidationsanteils verlangen. Die Summe der Liquidationsanteile entspricht dem Gesellschaftsvermögen.[12] Ein Ausgleich zwischen den Gesellschaftern ist mithin entbehrlich.

12 cc) **Passive Liquidationsanteile.** Sind sämtliche Liquidationsanteile passiv, so erschöpft sich der Ausgleich zwischen den Gesellschaftern in der Aufteilung der noch offenen Gesellschaftsschulden. Auch insoweit erfolgt der Ausgleich entgegen der hM[13] durch die Liquidatoren; sie haben die auf Nachschuss gerichteten Ansprüche aus § 735 BGB im Verhältnis der Kapitalanteile geltend zu machen und sodann die Gläubiger zu befriedigen. Die Gesellschafter können allerdings den § 735 BGB abbedingen (§ 145 Rn 9). In diesem Fall kommt es zur Vollbeendigung der Gesellschaft, sobald diese über kein Aktivvermögen mehr verfügt; allein die Existenz von Gesellschaftsschulden steht der Vollbeendigung also nicht entgegen. Die Gläubiger können sich nach §§ 128, 159 an die Gesellschafter halten; der Regress der Gesellschafter erfolgt nach Maßgabe der Ausführungen unter § 128 Rn 48 ff.

---

[12] *Huber* S. 181; MünchKommHGB/*K. Schmidt* Rn 25; 3. Aufl. Anm. 4 (*Schilling*).

[13] Vgl. neben den Nachw. in Fn 9 noch BGHZ 26, 126 (133) = NJW 1958, 299; *A. Hueck* OHG § 32 IX (S. 521).

dd) **Aktive und passive Liquidationsanteile.** Zu einem Ausgleich zwischen den Gesellschaftern im engeren Sinne kommt es mithin allein beim Zusammentreffen von aktiven und passiven Kapitalkonten. Nach ganz hM ist in einem solchen Fall das Restvermögen der Gesellschaft unter die Gesellschafter mit aktivem Liquidationsanteil – dem Verhältnis der Anteile entsprechend – zu verteilen (Rn 7 f); sodann haben sich die Gesellschafter untereinander auszugleichen. Nach der hier vertretenen Ansicht sind dagegen die Gesellschafter mit passivem Kapitalanteil nach § 735 S. 1 BGB verpflichtet, ihre **Konten durch Leistung an die Gesellschaft auszugleichen.** Die Gesellschafter mit aktivem Liquidationsanteil erhalten daraufhin nach § 155 den vollen Betrag ihrer Konten. Ein unmittelbarer Ausgleich zwischen den Gesellschaftern erfolgt also nicht (§ 149 Rn 24 f). Bei Ausfall eines nach § 735 S. 1 BGB ausgleichspflichtigen Gesellschafters haben nach § 735 S. 2 BGB die übrigen Gesellschafter für den auf den ausgefallenen Gesellschafter entfallenden Betrag nach dem Verhältnis ihrer Verlustbeteiligung aufzukommen. Der nach § 735 S. 1 BGB geschuldete Betrag der Gesellschafter mit passivem Kapitalanteil erhöht sich also um den Anteil an dem Ausfall, während die Gesellschafter mit aktivem Anteil nur einen entsprechend geminderten Betrag verlangen können. Entsprechend verhält es sich innerhalb der KG: Kommanditisten sind nach § 167 Abs. 3 nicht zum Nachschuss verpflichtet (Voraufl. § 167 Rn 8), so dass der Verlust von den Komplementären zu tragen ist. 13

4. **Inhalt und Geltendmachung des Anspruchs aus Abs. 1.** Der Anspruch aus Abs. 1 ist grundsätzlich auf Geld gerichtet. Etwas anderes gilt nur bei Vereinbarung einer anderen Art der Abwicklung (Rn 3; § 145 Rn 22 ff, 35 ff).[14] Wenn auch die Schlussverteilung auf Grund der **Schlussbilanz** (§ 154 Rn 23) erfolgen soll, so setzt doch der Anspruch nicht notwendigerweise deren Aufstellung voraus.[15] Der Gesellschafter kann vielmehr seinen Anspruch selbst errechnen und einklagen. Entsprechendes gilt für den Insolvenzverwalter, Testamentsvollstrecker oder Nachlassverwalter (§ 146 Rn 29), aber auch für den Privatgläubiger im Sinne des § 135.[16] Der Anspruch aus Abs. 1 richtet sich gegen die Gesellschaft. Die Befriedigung der Gesellschafter ist Teil der Geschäftsführung (§ 149 Rn 37 ff). Die Liquidatoren sind deshalb im Verhältnis zur Gesellschaft verpflichtet, berechtigten Forderungen der Gesellschafter nachzukommen (s. noch Rn 25). Der Gesellschaft wiederum steht ein gegen die Liquidatoren gerichteter Anspruch auf Aufstellung der Schlussbilanz zu (§ 154 Rn 13). Wird dieser durch einen Gesellschafter im Wege der actio pro socio geltend gemacht (§ 149 Rn 30), so sind die in Anspruch genommenen Liquidatoren von der Vertretung der Gesellschaft in dem Verfahren über die Zahlungsklage ausgeschlossen (§ 149 Rn 48). Die Gesellschaft wird in diesem Fall durch die übrigen Liquidatoren oder durch einen Prozessvertreter nach § 57 ZPO vertreten (§ 150 Rn 10). 14

Mit Auflösung der Gesellschaft kommt es zu einer Gesamtabrechnung im Rechtsverhältnis der Gesellschaft zu ihren Gesellschaftern. Auf dem mitgliedschaftlichen Rechtsverhältnis beruhende Geldansprüche können grundsätzlich nicht mehr selbständig geltend gemacht werden. Sie gehen vielmehr als **unselbständige Rechnungsposten** in der Schlussabrechnung und damit in dem Anspruch des Gesellschafters aus Abs. 1 bzw. – bei 15

---

[14] So im Ergebnis auch BayObLG BB 1983, 82 (83); Baumbach/*Hopt* Rn 1.

[15] RGZ 47, 16 (19); 3. Aufl. Anm. 13 (*Schilling*); MünchKommHGB/*K. Schmidt* Rn 43; Ebenroth/Boujong/Joost/Strohn/*Hillmann* Rn 12; Heymann/*Sonnenschein*/*Weitemeyer* Rn 5; Baumbach/*Hopt* Rn 1.

[16] Zutr. 3. Aufl. Anm. 13 (*Schilling*); Straube/*Torggler* Rn 8; Baumbach/*Hopt* Rn 1; zu den Auskunftsansprüchen des Gläubigers s. § 135 Rn 27 (*Schäfer*).

passivem Kapitalkonto – in dem Anspruch der Gesellschaft aus § 735 BGB auf (§ 149 Rn 21 ff, 41 f). Nach hM soll allerdings die isolierte Geltendmachung von in die Gesamtabrechnung eingestellten Forderungen insoweit in Betracht kommen, als schon vor Aufstellung der Schlussabrechnung feststeht, dass der einen oder anderen Seite ein bestimmter Mindestbetrag zusteht (§ 149 Rn 21, 41). Dem ist mit der Maßgabe zuzustimmen, dass nicht eine Einzelforderung, sondern der Anspruch der Gesellschaft aus § 735 BGB oder der Anspruch des Gesellschafters aus Abs. 2 S. 1 (Rn 18 ff) geltend gemacht wird (§ 149 Rn 21, 41). Forderungen der Gesellschaft und der Gesellschafter aus **Drittgeschäften** sind dagegen nicht Bestandteil der Gesamtabrechnung; sie sind vielmehr nach Maßgabe des § 149 S. 1 einzuziehen bzw. zu befriedigen (§ 149 Rn 20, 40).

5. Schutz der Gesellschaftsgläubiger

16 a) **Grundsatz.** §§ 149 S. 1, 155 enthalten keine Vorkehrungen zum Schutz der Gesellschaftsgläubiger. Insbesondere können die Gesellschafter die Liquidatoren anweisen, das Gesellschaftsvermögen bereits vor Befriedigung der Gesellschaftsgläubiger auszuzahlen (§ 149 Rn 9, 37). Die Gläubiger sind in diesem Fall auf die Inanspruchnahme der Gesellschafter nach §§ 128, 171 f, 159 verwiesen. Ansprüche gegen die Liquidatoren haben die Gläubiger dagegen ebenso wenig wie über §§ 171 f hinausgehende Ansprüche gegen Kommanditisten; insbesondere ist § 155 Abs. 2 S. 2 **kein Schutzgesetz** im Sinne des § 823 Abs. 2 BGB (s. noch Rn 28).[17] Aus der vorzeitigen Verteilung des Gesellschaftsvermögens kann sich allenfalls ein **Arrest- oder Verfügungsgrund** i.S.d. §§ 916 ff, 935 ff ZPO ergeben. Zur Rechtslage bei unzulässiger Fortführung der aufgelösten Gesellschaft s. § 145 Rn 21.

17 b) **Besonderheiten bei der Kapitalgesellschaft & Co.** Verfügt die Gesellschaft über keine natürliche Person als unbeschränkt haftenden Gesellschafter, so geht es nicht an, die Gesellschaftsgläubiger auf ihre Ansprüche aus §§ 128, 171 f, 159 zu verweisen (Rn 16). Zu ihrem Schutz bedarf es vielmehr der **analogen Anwendung der §§ 272 AktG, 73 GmbHG.**[18] Nach diesen Vorschriften darf das Vermögen der aufgelösten Kapitalgesellschaft nur nach Ablauf eines Sperrjahres verteilt werden. Für die Kapitalgesellschaft & Co. bedeutet dies im Einzelnen: Ist die Komplementärgesellschaft aufgelöst, so finden §§ 272 AktG, 73 GmbHG unmittelbar Anwendung; mit Blick auf § 131 Abs. 2 kommt diesem Fall freilich keine nennenswerte praktische Bedeutung mehr zu. Bei Auflösung der Personengesellschaft, sei es allein oder gemeinsam mit der Komplementärgesellschaft, sind in Fortentwicklung der Grundsätze über die Kapitalerhaltung bei der GmbH & Co. KG[19] die Vorschriften der §§ 272 AktG, 73 GmbHG auch insoweit analog anzuwenden, als es um die Verteilung des Vermögens der Personengesellschaft geht.[20]

---

[17] Ebenroth/Boujong/Joost/Strohn/*Hillmann* Rn 4; *A. Hueck* OHG § 32 VII 1 (S. 515); Schlegelberger/*Geßler* (4. Aufl.) Anm. 14; jetzt auch MünchKommHGB/*K. Schmidt* Rn 1, 42, 50; **aA** noch Schlegelberger/*K. Schmidt* Rn 50.

[18] *K. Schmidt* GmbH-Rdsch. 1989, 141 ff; *ders.* in Scholz GmbHG[9] § 73 Rn 39; Ebenroth/Boujong/Joost/Strohn/*Henze* Anh. A § 177 Rn 229 f; Ulmer/Habersack/Winter/*Paura* GmbHG § 73 Rn 60 mit umf. Nachw., auch zu Gegenstimmen; s. ferner *K. Schmidt* GmbH-Rdsch. 1980, 261, 265 f (Anspruch auf Zurückzahlung des vor Befriedigung der Gläubiger Geleisteten aus § 155 Abs. 2 S. 1; s. dazu aber Rn 28).

[19] BGHZ 60, 324 = NJW 1973, 1036; 110, 342 = NJW 1990, 1725; BGH NJW 1995, 1960; zusammenfassend Ulmer/Habersack/Winter/*Habersack* GmbHG § 30 Rn 101 ff.

[20] So zu Recht Scholz/*K. Schmidt* GmbHG[9] § 73 Rn 39 f; *ders.* GmbH-Rdsch. 1989, 141

III. Vorläufige Verteilung (Abs. 2)

1. Gegenstand der Verteilung

a) **Allgemeines.** Nach Abs. 2 S. 1 ist das während der Abwicklung entbehrliche Geld vorläufig zu verteilen. Das Gesetz trägt mit dieser Vorschrift dem Umstand Rechnung, dass sich mit dem Fortschreiten der Abwicklung die gesamthänderische Bindung des gesamten Gesellschaftsvermögens angesichts des geänderten Gesellschaftszwecks (§ 145 Rn 16 ff) erübrigen kann. Die Liquidatoren sollen deshalb berechtigt und verpflichtet sein, die nicht mehr benötigten Mittel vorab unter die Gesellschafter zu verteilen. Haben die Gesellschafter eine andere Art der Abwicklung vereinbart, so findet Abs. 2 entsprechende Anwendung (Rn 3); Gegenstand der vorläufigen Verteilung sind in diesem Fall die von der Gesellschaft nicht mehr benötigten Gegenstände. **18**

Vorbehaltlich einer Weisung der Gesellschafter nach § 152 haben die Liquidatoren nach Lage des Einzelfalles zu prüfen, ob verteilungsfähiges Vermögen vorhanden ist; ihre Entscheidung haben sie nach **pflichtgemäßem Ermessen** zu treffen. Die Liquidatoren haben insbesondere festzustellen, welche Gelder zur Fortsetzung und Beendigung der Abwicklung erforderlich sind. Zu diesem Zweck haben sie sich anhand der Bücher, der Eröffnungsbilanz und etwaiger Jahresabschlüsse (§ 154 Rn 20 ff) einen Überblick über die Liquidationsmasse und die noch offenen Verbindlichkeiten zu verschaffen. Zur Aufstellung einer Zwischenbilanz sind sie nicht verpflichtet.[21] **19**

b) **Die Vorschrift des Abs. 2 S. 2 im Besonderen.** Nach Abs. 2 S. 2 ist das zur Deckung noch nicht fälliger oder streitiger Verbindlichkeiten sowie zur Sicherung der den Gesellschaftern bei der Schlussverteilung zukommenden Beträge Erforderliche zurückzuhalten. Die Vorschrift stellt klar, dass es insoweit, als ihre Voraussetzungen vorliegen, an entbehrlichem Vermögen im Sinne des Abs. 2 S. 1 fehlt. Eine Zurückbehaltung von Bargeld ist nur erforderlich, wenn die Zwecke, denen sie dienen soll, nicht auf andere Weise zu erreichen sind; sie hat zu unterbleiben, wenn noch nicht versilberte Vermögensgegenstände vorhanden sind, durch deren künftige Veräußerung die Befriedigung der Gläubiger und der Gesellschafter gewährleistet ist.[22] **20**

Was zunächst den Einbehalt wegen **nicht fälliger oder streitiger Verbindlichkeiten** betrifft, so will das Gesetz verhindern, dass sich die Gesellschaft infolge der Abschlagszahlungen außerstande sieht, ihre Gläubiger zu befriedigen. Vor dem Hintergrund der Nachschusspflicht der Gesellschafter (§ 149 Rn 31 f) dient der Einbehalt freilich in erster Linie der Vermeidung überflüssiger Hin- und Herzahlungen. Das Zurückbehaltungsrecht steht unter dem Vorbehalt einer anderslautenden Weisung der Gesellschafter; die Gesellschafter sind also nicht verpflichtet, mit der Verteilung des Gesellschaftsvermögens bis zur Befriedigung sämtlicher Gläubiger zuzuwarten (Rn 16, 28). Lassen es die Gesellschafter bei der Regelung des Abs. 2 S. 2 bewenden, so haben die Liquidatoren nach pflichtgemäßem Ermessen zu beurteilen, ob und inwieweit mit einer Inanspruchnahme der Gesellschaft zu rechnen ist. **21**

---

(144); ihm folgend auch Ulmer/Habersack/Winter/*Paura* GmbHG § 73 Rn 60; Ebenroth/Boujong/Joost/Strohn/*Henze* Anh. A § 177 Rn 230.

[21] MünchKommHGB/*K. Schmidt* Rn 5; Ebenroth/Boujong/Joost/Strohn/*Hillmann* Rn 6; **aA** wohl *Hillers* S. 336 f.

[22] So auch MünchKommHGB/*K. Schmidt* Rn 6; Röhricht/v. Westphalen/*v. Gerkan/Haas* Rn 2; Ebenroth/Boujong/Joost/Strohn/*Hillmann* Rn 6; *Hillers* S. 338.

22 Die Zurückbehaltung zum Zwecke der Sicherung der den Gesellschaftern bei der **Schlussverteilung zukommenden Beträge** soll verhindern, dass ein Gesellschafter im Rahmen der vorläufigen Verteilung mehr erhält, als er voraussichtlich zu beanspruchen hat. Die Regelung ist vor dem Hintergrund zu sehen, dass der endgültige Liquidationsanteil des Gesellschafters noch nicht feststeht. Zu sichern ist deshalb der Anspruch der Gesellschafter, wie er sich voraussichtlich aus der künftigen Schlussbilanz (§ 154 Rn 23) und unter Berücksichtigung des Ausgleichs unter den Gesellschaftern (Rn 9 ff) ergibt. Nur die Gefährdung dieses Anspruchs durch übermäßige Abschlagszahlungen soll verhindert werden.[23] Auch unter Berücksichtigung des Abs. 2 S. 2 können also die Gesellschafter insoweit Abschläge verlangen, als sie den Betrag der Vorabausschüttung aller Voraussicht nach behalten dürfen (§ 149 Rn 41).

23 **2. Verteilungsschlüssel.** Die vorläufige Verteilung soll den Gesellschaftern einen Teil dessen verschaffen, was sie voraussichtlich endgültig erhalten werden, und erfolgt deshalb nach dem **voraussichtlichen Verhältnis der Kapitalanteile.**[24] Die bis zur jeweiligen Abschlagszahlung eingetretenen Veränderungen sind also ebenso zu berücksichtigen wie sich abzeichnende künftige Entwicklungen.[25] Der einzelne Gesellschafter kann auf seine Beteiligung an der Vorabausschüttung verzichten. Der auf den Verzichtenden entfallende Betrag ist grundsätzlich unter die übrigen Gesellschafter zu verteilen.[26] Eine Verteilung kommt freilich nur im Rahmen des Abs. 2 S. 2 in Betracht; die Auszahlung an die Gesellschafter darf also deren künftigen Liquidationsanteil nicht übersteigen (Rn 22).[27] Im Zweifel ist der Verzicht nur in dem Sinne gewollt, dass der Verzichtende an der nächsten Vorabteilung wieder und zudem vorrangig zu beteiligen ist.[28]

24 **3. Kein Entnahmerecht.** Der Anspruch auf Abschlagszahlungen nach Abs. 2 S. 1 und 2 (Rn 18 ff) tritt an die Stelle des Entnahmerechts der Gesellschafter nach § 122 Abs. 1. Während nämlich das Entnahmerecht auf der Erwägung beruht, dass die Gesellschaft werbend tätig ist und Gewinn erzielt, trägt das Recht auf Abschlagszahlungen dem neuen, auf Entwidmung des Gesellschaftsvermögens und Beendigung der Gesellschaft gerichteten Zweck (§ 145 Rn 16 ff) Rechnung. In § 155 Abs. 2 S. 3 ist dies ausdrücklich klargestellt. Der Ausschluss des Entnahmerechts erfasst unzweifelhaft die anfallenden Liquidationsgewinne. Fällt der Zeitpunkt der Auflösung in den Lauf eines Geschäftsjahres, so ist zwar für das Rumpfgeschäftsjahr ein Jahresabschluss aufzustellen (§ 154 Rn 18). Auch der auf das **Rumpfgeschäftsjahr** entfallende Gewinn unterliegt aber bereits dem Abs. 2 S. 3.[29] Was den auf das letzte bereits **abgeschlossene Geschäftsjahr** entfallenden Gewinn betrifft, so soll nach hM das Entnahmerecht nur insoweit entfallen, als der Gewinn noch nicht festgestellt ist.[30] Selbst wenn man dem folgen und im Grundsatz ein Recht zur Entnahme des

---

[23] MünchKommHGB/*K. Schmidt* Rn 8; *Hillers* S. 338 f.

[24] MünchKommHGB/*K. Schmidt* Rn 8; Röhricht/v. Westphalen/*v. Gerkan/Haas* Rn 3; Ebenroth/Boujong/Joost/Strohn/*Hillmann* Rn 8; Koller/Roth/Morck/*Koller* Rn 3; eingehend dazu und mwN *Hillers* S. 345 ff.

[25] Unzutr. Denkschrift I bei *Schubert/Schmiedel/Krampe* (Fn 1) S. 94: Maßgeblichkeit der Liquidationseröffnungsbilanz.

[26] So auch *Hillers* S. 350 f.

[27] MünchKommHGB/*K. Schmidt* Rn 8; *Hillers* S. 350 f.

[28] *Düringer/Hachenburg/Flechtheim* Anm. 6; *Hillers* S. 350.

[29] MünchKommHGB/*K. Schmidt* Rn 11; Röhricht/v. Westphalen/*v. Gerkan/Haas* Rn 5; Ebenroth/Boujong/Joost/Strohn/*Hillmann* Rn 9.

[30] MünchKommHGB/*K. Schmidt.* Rn 11; Röhricht/v. Westphalen/*v. Gerkan/Haas* Rn 5; Ebenroth/Boujong/Joost/Strohn/*Hillmann* Rn 9; Straube/*Torggler* Rn 16; weitergehend – kein Entnahmerecht auch hinsichtlich des bereits festgestellten Gewinns – 3. Aufl. Anm. 9 (*Schilling*);

bereits festgestellten Gewinns der werbenden Gesellschaft anerkennen wollte, handelte es sich aber bei diesem Anspruch um einen solchen, der auf dem mitgliedschaftlichen Rechtsverhältnis beruht und deshalb mit Auflösung der Gesellschaft als unselbständiger Rechnungsposten in der Gesamtabrechnung aufgeht (Rn 15; § 149 Rn 21 ff, 41 f). Er erhöht zwar den Liquidationsanteil und damit auch den Anteil des Gesellschafters an der Vorabausschüttung,[31] kann aber als solcher nicht mehr geltend gemacht werden. Dies deckt sich mit der Aussage, dass nach Auflösung der Gesellschaft allein für die Geltendmachung von Ansprüchen aus § 735 BGB, § 155 Abs. 2 S. 1, 2 Raum ist (§ 149 Rn 21, 41). Von der Liquidationsbefangenheit sind auch etwaige **vertragliche Entnahmerechte** betroffen;[32] auch sie können nur nach Maßgabe des § 155 Abs. 2 S. 1 und 2 ausgeübt werden.

4. **Anspruch auf Vorabausschüttung.** Die Gesellschafter haben einen klagbaren Anspruch auf vorläufige Verteilung nach Maßgabe des Abs. 2 S. 1 und 2.[33] Der Nachweis, dass der geforderte Betrag entbehrlich ist, obliegt den Gesellschaftern.[34] Der Anspruch der Gesellschafter aus Abs. 2 S. 1 richtet sich gegen die Gesellschaft. Erleiden die Gesellschafter durch die Nichterfüllung begründeter Ansprüche aus Abs. 2 einen Schaden, so haftet ihnen deshalb die Gesellschaft auf **Schadensersatz** wegen Nichterfüllung oder nicht rechtzeitiger Erfüllung (vgl. § 124 Rn 13). Die Liquidatoren sind allerdings im Verhältnis zur Gesellschaft verpflichtet, den begründeten Forderungen der Gesellschafter nachzukommen (Rn 14). Die Gesellschaft kann deshalb bei den Liquidatoren Regress nehmen; dieser Anspruch kann von den Gesellschaftern im Wege der actio pro socio verfolgt werden (§ 149 Rn 30). Für eine unmittelbare Haftung der Liquidatoren gegenüber den Gesellschaftern ist dagegen kein Raum (§ 149 Rn 6).[35] 25

Der Anspruch auf Vorabausschüttung ist **Teil des endgültigen Auseinandersetzungsguthabens.** Leistungen nach Abs. 2 S. 1 vermindern somit das Kapitalkonto und damit den bei der Schlussverteilung maßgebenden Liquidationsanteil des Gesellschafters. Eine **Aufrechnung** durch die Gesellschaft kommt nur mit Forderungen aus Drittgeschäften in Betracht. Sozialansprüche sind dagegen unselbständige Rechnungsposten innerhalb der Gesamtabrechnung (Rn 15) und können somit nicht zur Aufrechnung herangezogen werden;[36] allerdings verkürzen sie die Liquidationsquote des Gesellschafters und damit auch den Anspruch aus Abs. 2 S. 1. Ist der Anspruch auf das künftige Auseinandersetzungsguthaben abgetreten, so steht auch der Anspruch aus Abs. 2 S. 1 dem **Zessionar** zu.[37] Der Anspruch aus Abs. 2 S. 1 kann aber auch selbständig abgetreten werden. Entsprechendes gilt bei Pfändung und Verpfändung des Anspruchs auf das Auseinandersetzungsguthaben oder des Anspruchs aus Abs. 2 S. 1. 26

A. Hueck OHG § 32 VII 1 (S. 516); *Hillers* S. 358 ff.

[31] Zutr. Heymann/*Sonnenschein*/*Weitemeyer* Rn 8; *Hillers* S. 359 f; s. ferner BGH WM 1968, 697 (699).

[32] Vgl. demgegenüber MünchKommHGB/*K. Schmidt* Rn 12, Ebenroth/Boujong/Joost/Strohn/*Hillmann* Rn 9, die im Wege der Auslegung feststellen wollen, ob das Entnahmerecht nach Auflösung Bestand hat.

[33] Vgl. RGZ 47, 16 (19); Ebenroth/Boujong/Joost/Strohn/*Hillmann* Rn 10; Röhricht/v. Westphalen/*v. Gerkan*/*Haas* Rn 2; Straube/*Torggler* Rn 16.

[34] MünchKommHGB/*K. Schmidt* Rn 9; Ebenroth/Boujong/Joost/Strohn/*Hillmann* Rn 10; *Hillers* S. 351 mwN.

[35] AA MünchKommHGB/*K. Schmidt* Rn 7.

[36] So im Ergebnis auch 3. Aufl. Anm. 14 (*Schilling*) und MünchKommHGB/*K. Schmidt* Rn 9, jew. im Zusammenhang mit rückständigen Einlagen.

[37] MünchKommHGB/*K. Schmidt* Rn 10. Zu den mit der Abtretung des Anspruchs auf das Auseinandersetzungsguthaben verbundenen Fragen s. § 131 Rn 144 (*Schäfer*); MünchKommBGB/*Ulmer*/*Schäfer* § 717 Rn 37 ff.

27 5. **Rückerstattung.** Leistungen nach Abs. 2 S. 1 sind Abschlagszahlungen auf das künftige Auseinandersetzungsguthaben (Rn 26). Sie können deshalb zurückgefordert werden, sobald sich herausstellt, dass die Gesellschafter mehr erhalten haben, als ihnen nach der endgültigen Schlussverteilung gebührt.[38] Dies gilt auch, wenn nur einzelne Gesellschafter zuviel erhalten haben, ohne dass insgesamt zu viel ausgezahlt worden ist.[39] Der Anspruch folgt aus **§ 812 Abs. 1 S. 1, 1. Fall BGB.**[40] Nach § 818 Abs. 1 BGB erstreckt sich die Verpflichtung auf die gezogenen Nutzungen; eine weitergehende Haftung kann sich aus §§ 819 Abs. 1, 818 Abs. 4, 291 f BGB sowie aus §§ 280, 286, 288 BGB ergeben. Da Gegenstand der Leistungskondiktion eine Abschlagszahlung ist, kann sich der Empfänger nicht auf §§ 814, 818 Abs. 3 BGB berufen; der Leistung ist vielmehr der **Vorbehalt der Rückforderung immanent.**[41] Zur Rückzahlung verpflichtet ist der Empfänger der Leistung. Dies ist der Gesellschafter, der Pfändungsgläubiger oder der Insolvenzverwalter; im zuletzt genannten Fall handelt es sich gem. § 55 Abs. 1 Nr. 3 InsO um eine Masseverbindlichkeit. Bei Leistung an den Zessionar (Rn 26) richtet sich der Bereicherungsanspruch gegen den Zedenten.[42]

28 Die **Gesellschaftsgläubiger** können aus einer Verletzung des Abs. 2 S. 2 keine Rechte herleiten (Rn 16). Ihnen bleibt nur die Möglichkeit, die Bereicherungsansprüche der Gesellschaft zu pfänden; doch macht dies im Hinblick auf §§ 128, 159 nur in den Fällen Sinn, in denen sich der Bereicherungsanspruch nicht gegen einen unbeschränkt haftenden Gesellschafter richtet oder Sonderverjährung nach § 159 eingetreten ist. Im Übrigen können die Gesellschafter die Liquidatoren anweisen, das Gesellschaftsvermögen bereits vor Befriedigung sämtlicher Gläubiger auszuzahlen (Rn 16 f). In diesem Fall werden nicht Abschlagszahlungen im Sinne des Abs. 2, sondern **Schlusszahlungen** nach Abs. 1 erbracht; zur Entstehung von Bereicherungsansprüchen kommt es nicht.

IV. Aussetzung der Verteilung (Abs. 3)

29 1. **Verpflichtung zur Aussetzung.** Nach Abs. 3 hat die Verteilung des Gesellschaftsvermögens, auch die vorläufige nach Abs. 2, zu unterbleiben, solange und soweit zwischen den Gesellschaftern Streit über die Verteilung besteht. Die Vorschrift geht, wie schon Art. 142 Abs. 2 ADHGB, davon aus, dass ein Streit der Gesellschafter darüber, ob

---

[38] RG LZ 1931, 1261; MünchKommHGB/*K. Schmidt* Rn 13; Röhricht/v. Westphalen/*v. Gerkan/Haas* Rn 4; Ebenroth/Boujong/Joost/Strohn/*Hillmann* Rn 11; Baumbach/*Hopt* Rn 1.

[39] So auch MünchKommHGB/*K. Schmidt* Rn 13; Ebenroth/Boujong/Joost/Strohn/*Hillmann* Rn 11; **aA** die früher hM, der zufolge die Zuvielzahlung im Rahmen der sich an die Abwicklung anschließenden Auseinandersetzung zwischen den Gesellschaftern zu erfolgen hatte (s. dazu Rn 9 ff), s. RG LZ 1931, 1261; 3. Aufl. Anm. 12 (*Schilling*); unentschieden Röhricht/v. Westphalen/*v. Gerkan/Haas* Rn 4.

[40] Zutr. MünchKommHGB/*K. Schmidt* Rn 13; *Dellinger* S. 350; **aA** – Anspruchsgrundlage sei der Vorbehalt als solcher – 3. Aufl. Anm. 12 (*Schilling*); Baumbach/*Hopt* Rn 1; wohl auch *A. Hueck* OHG § 32 VII 1 (S. 515 f); unentschieden Röhricht/v. Westphalen/*v. Gerkan/Haas* Rn 4; Ebenroth/Boujong/Joost/Strohn/*Hillmann* Rn 11.

[41] Vgl. BGH WM 1988, 1494 (1496); OLG München WM 1993, 411 (413); speziell zu § 155 Abs. 2 MünchKommHGB/*K. Schmidt* Rn 13; Ebenroth/Boujong/Joost/Strohn/*Hillmann* Rn 11.

[42] BGHZ 105, 365 (369 f); eingehend und mwN MünchKommBGB/*Schwab* § 812 Rn 220 ff; **aA** – für Anspruch gegen den Zessionar – die ganz hM, s. 3. Aufl. Anm. 12 (*Schilling*); MünchKommHGB/*K. Schmidt* Rn 13; Ebenroth/Boujong/Joost/Strohn/*Hillmann* Rn 11.

Gesellschaftsvermögen zu verteilen ist und was dem einzelnen Gesellschafter davon zukommt, von den Gesellschaftern selbst auszutragen und ggf. durch das Gericht zu entscheiden ist. Die Abwickler sind dagegen zur Entscheidung des Streites weder berechtigt noch verpflichtet.[43] Abs. 3 bezweckt somit den **Schutz der Gesellschafter:** Infolge des Widerspruchs eines Gesellschafters ist es den Liquidatoren untersagt, das Gesellschaftsvermögen aus der **gesamthänderischen Bindung** zu lösen und in das Privatvermögen der Gesellschafter zu überführen. Dem widersprechenden Gesellschafter bleibt es somit insbesondere erspart, die von ihm nicht gebilligte Verteilung hinnehmen und sodann seine Ansprüche gegen die Mitgesellschafter verfolgen zu müssen. Missachten die Liquidatoren einen berechtigten (Rn 31) und begründeten Widerspruch, so haftet die Gesellschaft dem widersprechenden Gesellschafter auf **Schadensersatz** (Rn 25). Die Gesellschaft kann bei den Liquidatoren Regress nehmen (Rn 25); dieser Anspruch kann von den Gesellschaftern im Wege der actio pro socio verfolgt werden (Rn 25; § 149 Rn 30).

Gegenstand des Streites kann jede Meinungsverschiedenheit der Gesellschafter über die Vornahme der Verteilung[44] sein, z.B. darüber, ob eine vorläufige oder endgültige Verteilung überhaupt vorzunehmen oder ob das vorhandene Vermögen zur Befriedigung der Gesellschaftsgläubiger zu verwenden oder aus einem anderen Grunde nach Abs. 2 S. 2 zurückzubehalten ist, ferner darüber, ob einem Gesellschafter weniger oder mehr zukommt, als der von den Abwicklern in Aussicht genommene Verteilungsmaßstab oder der von ihnen aufgestellte Verteilungsplan ergibt, des Weiteren, ob die der Verteilung zugrunde zu legenden Kapitalanteile richtig berechnet sind, ob ein Vermögensgegenstand der Gesellschaft gehört und für diese zu versilbern und der Erlös zur Schuldentilgung zu verwenden ist,[45] des Weiteren, ob der Anspruch eines Gesellschafters auf das vorläufig zu verteilende Geld durch Aufrechnung getilgt ist oder ob der Anspruch einem Dritten, etwa einem Zessionar zusteht, nach der hier vertretenen Ansicht (Rn 9 ff) schließlich, ob Nachschusspflichten berücksichtigt sind. 30

Jeder Widerspruch eines Gesellschafters gegen die geplante Verteilung verpflichtet die Abwickler zur Aussetzung der Verteilung, mögen die Abwickler den Widerspruch auch als unbegründet ansehen. Einen offenbaren Missbrauch des Rechts zum Widerspruch brauchen sie allerdings ebenso wenig zu beachten[46] wie einen völlig unsubstantiierten Widerspruch.[47] Trotz eines Widerspruchs kann die Verteilung durchgeführt werden, soweit sie außer Streit ist. Bezieht sich also der Widerspruch nur auf einen bestimmten **Teil der auszuzahlenden Mittel,** so sind die Liquidatoren weder berechtigt noch verpflichtet, die Verteilung auch im Übrigen auszusetzen.[48] 31

2. Weiteres Vorgehen. Der Streit unter den Gesellschaftern ist nach allgemeinen Grundsätzen zu entscheiden. Regelmäßig wird es zur Erhebung einer Feststellungsklage des widersprechenden Gesellschafters gegen einzelne oder sämtliche Mitgesellschafter 32

---

[43] Darin und in der Verlagerung des Streits auf das Verhältnis der Gesellschafter sieht die herkömmliche Ansicht die ratio des Abs. 3, s. RGZ 47, 16 (20); 59, 58 (59); Röhricht/v. Westphalen/*v. Gerkan/Haas* Rn 16; s. demgegenüber die weiteren Ausführungen im Text.

[44] Nicht dagegen über die Zweckmäßigkeit einzelner Liquidationsmaßnahmen, s. Straube/*Torggler* Rn 18.

[45] RG LZ 1931, 1388.

[46] *A. Hueck* OHG § 32 VII 3 (S. 517); MünchKommHGB/*K. Schmidt* Rn 36; Ebenroth/Boujong/Joost/Strohn/*Hillmann* Rn 20.

[47] MünchKommHGB/*K. Schmidt* Rn 36; Ebenroth/Boujong/Joost/Strohn/*Hillmann* Rn 20.

[48] 3. Aufl. Anm. 18 (*Schilling*); Ebenroth/Boujong/Joost/Strohn/*Hillmann* Rn 20; Straube/*Torggler* Rn 21.

kommen. Entgegen der hM[49] kommt aber auch eine gegen die Gesellschaft gerichtete Feststellungs- oder Leistungsklage in Betracht;[50] denn Schuldner des Anspruchs auf Verteilung ist die Gesellschaft (Rn 14, 25). Denkbar ist auch eine gegen die Gesellschaft gerichtete Zahlungsklage eines Mitgesellschafters. Da jedoch die Liquidatoren zur Beachtung des Widerspruchs berechtigt und verpflichtet sind (Rn 29, 31), ist eine solche Klage regelmäßig unbegründet, mag sich auch der Widerspruch als unberechtigt erweisen. Solange der Streit nicht entschieden ist, ist die **Abwicklung nicht beendet** (Rn 34 f).[51] Doch haben die Liquidatoren die Möglichkeit, durch **Hinterlegung** des streitigen Betrags und Erledigung der sonstigen Aufgaben die Abwicklung zu beenden.[52]

33 Die Frage der **Bindung der Liquidatoren** an die Entscheidung des Streits beantwortet sich nach allgemeinen Grundsätzen.[53] Eine einvernehmliche oder durch rechtskräftige Entscheidung herbeigeführte Erledigung des Streits im Verhältnis der Gesellschafter untereinander vermag deshalb die Liquidatoren nur unter den Voraussetzungen der §§ 68, 74 Abs. 3 ZPO zu binden. Bei Nichtvorliegen dieser Voraussetzungen haben die Liquidatoren nach pflichtgemäßem Ermessen zu verfahren. Regelmäßig werden sie die Verteilung unter Berücksichtigung der Streitentscheidung vornehmen. Die Gesellschafter haben im Übrigen nach § 152 die Möglichkeit, die Liquidatoren zur Verteilung nach Maßgabe der Entscheidung anzuweisen.

V. Vollbeendigung der Gesellschaft

34 **1. Voraussetzungen.** Die Verteilung nach § 155 Abs. 1 zielt auf die Vollbeendigung der Gesellschaft. Vollbeendigt ist die Gesellschaft aber nur, wenn **kein Aktivvermögen** mehr vorhanden ist (Rn 5).[54] Dies entspricht allgemeiner Meinung.[55] Ebenfalls allgemein anerkannt ist, dass den Eintritt der Vollbeendigung hinderndes Vermögen auch in Forderungen der Gesellschaft gegen Gesellschafter oder Liquidatoren bestehen kann.[56] Allein aus der Existenz offener Verbindlichkeiten der Gesellschaft oder passiver Kapitalkonten[57] der Gesellschafter lässt sich dagegen nach hM kein Aktivvermögen der Gesellschaft herleiten; es soll vielmehr die Gesellschaft erlöschen und der Ausgleich zwischen den

---

49 3. Aufl. Anm. 18 (*Schilling*); Heymann/*Sonnenschein/Weitemeyer* Rn 9; Ebenroth/Boujong/Joost/Strohn/*Hillmann* Rn 20; Baumbach/*Hopt* Rn 4; wohl auch Röhricht/v. Westphalen/*v. Gerkan/Haas* Rn 17; eingehend *Dellinger* S. 361 ff; vgl. auch OLG München NZG 2001, 959 (960).

50 So zu Recht MünchKommHGB/*K. Schmidt* Rn 38.

51 BayObLG BB 1983, 82 (83); Röhricht/v. Westphalen/*v. Gerkan/Haas* Rn 17; Baumbach/*Hopt* Rn 4.

52 BayObLG WM 1979, 655 (656); ferner das in Fn 51 genannte Schrifttum.

53 Zutr. MünchKommHGB/*K. Schmidt* Rn 39; **aA** die hM, der zufolge die Liquidatoren stets an eine im Verhältnis zwischen den Gesellschaftern ergangene Entscheidung gebunden sind, s. 3. Aufl. Anm. 18 (*Schilling*); Röhricht/v. Westphalen/*v. Gerkan/Haas* Rn 17; Baumbach/*Hopt* Rn 4.

54 Zur Möglichkeit der Hinterlegung von unter den Gesellschaftern streitigen Beträgen s. Rn 32.

55 RG JW 1926, 1432 (1433); BGH NJW 1979, 1987; KG OLGE 9, 257 (259); BayObLG BB 1983, 82; 3. Aufl. § 157 Rn 2 (*Schilling*); MünchKommHGB/*K. Schmidt* Rn 52; Röhricht/v. Westphalen/*v. Gerkan/Haas* Rn 12; Ebenroth/Boujong/Joost/Strohn/*Hillmann* Rn 21.

56 Vgl. die Nachw. in Fn 55.

57 In passiven Kapitalkonten schlagen sich Verbindlichkeiten erst nach Leistung durch die Gesellschaft nieder; die beiden im Text genannten Alternativen sind also auseinanderzuhalten.

Gesellschaftern erfolgen (Rn 7 ff; § 145 Rn 9; § 149 Rn 21 ff). Aus § 735 **BGB** ergibt sich allerdings das Gegenteil (Rn 9 ff; § 145 Rn 9; § 149 Rn 21 ff). Qualifiziert man den Anspruch auf Leistung von Nachschüssen als Sozialanspruch, so ist die Gesellschaft, solange sie über solche Ansprüche verfügt, nicht erloschen, mag auch ihr sonstiges Vermögen verteilt sein.[58] Vor dem Hintergrund des § 735 BGB steht somit schon die Existenz von **Gesellschaftsschulden** oder die Notwendigkeit eines **Ausgleichs zwischen den Gesellschaftern** (Rn 9 ff) der Vollbeendigung der Gesellschaft entgegen. Die Haftung der Gesellschafter nach §§ 128, 159 vermag daran nichts zu ändern. Die Gesellschafter können allerdings den Ausgleich nach § **735 BGB abbedingen** (§ 145 Rn 9) oder der Gesellschaft anderweitig den Anspruch entziehen; in diesem Fall ist die Gesellschaft vermögenslos und erloschen, wenn sie nicht über sonstiges Aktivvermögen verfügt. **Akzessorische Sicherungsrechte** der Gesellschaftsgläubiger bleiben freilich auch in diesem Fall bestehen (§ 159 Rn 1).[59] Die Eintragung nach § 157 hat nur deklaratorische Wirkung; sie ist also weder hinreichende noch notwendige Voraussetzung für das Erlöschen der Gesellschaft (§ 157 Rn 10).

2. **Nachtragsliquidation.** Stellt sich heraus, dass die Gesellschaft noch über Aktiv- **35**
vermögen (Rn 5, 34) verfügt, so ist Vollbeendigung nicht eingetreten.[60] Die Gesellschaft besteht als OHG fort, auch wenn es zur Eintragung gem. § 157 Abs. 1 gekommen ist (§ 157 Rn 10). Grundsätzlich haben die **bisherigen Liquidatoren** eine Nachtragsliquidation durchzuführen; einer Neubestellung von Liquidatoren bedarf es also nicht.[61] Anderes gilt nach § 145 Abs. 3 bei Löschung wegen Vermögenslosigkeit (§ 145 Rn 11 f); nach § 146 Abs. 2 S. 3 sind in diesem Fall Liquidatoren durch das Gericht zu bestellen (§ 146 Rn 42 f). Stellt sich heraus, dass für die bereits gelöschte Gesellschaft Erklärungen abzugeben sind, so erwächst der Gesellschaft daraus regelmäßig kein Aktivvermögen. Jedenfalls wird man den Verwahrer der Bücher und Papiere im Sinne des § 157 Abs. 2 als ermächtigt ansehen können, derartige Erklärungen, etwa Löschungsbewilligungen, abzugeben.[62] Zur **Publikums-KG** sowie zur **Kapitalgesellschaft & Co.** s. § 146 Rn 13 f.

---

[58] Zutr. MünchKommHGB/*K. Schmidt* Rn 53; Röhricht/v. Westphalen/*v. Gerkan/Haas* Rn 12; *Ensthaler* S. 61 ff; **aA** namentlich BGH WM 1966, 706; Ebenroth/Boujong/Joost/Strohn/*Hillmann* Rn 21; Baumbach/*Hopt* Rn 3; zu wN s. Fn 9, ferner bei § 149 Rn 23.

[59] So im Ergebnis auch BGH ZIP 1982, 294 (295) betreffend die Bürgschaft eines Gesellschafters (§ 128 Rn 82 ff); allgemein zu Einschränkungen der Akzessorietät *Habersack* JZ 1997, 857 (863 f).

[60] RG JW 1926, 1432 (1433); BGH NJW 1979, 1897; NJW 1990, 1725 (1728); BayObLG BB 1983, 82; MünchKommHGB/*K. Schmidt* Rn 56; Röhricht/v. Westphalen/*v. Gerkan/Haas* Rn 14; Ebenroth/Boujong/Joost/Strohn/*Hillmann* Rn 22; Baumbach/*Hopt* § 157 Rn 3.

[61] BGH NJW 1979, 1897; NJW 1990, 1725 (1728); **aA** *Riehm* NZG 2003, 1054 (1055 f).

[62] Zutr. MünchKommHGB/*K. Schmidt* Rn 57.

§ 156

Bis zur Beendigung der Liquidation kommen in bezug auf das Rechtsverhältnis der bisherigen Gesellschafter untereinander sowie der Gesellschaft zu Dritten die Vorschriften des zweiten und dritten Teils zur Anwendung, soweit sich nicht aus dem gegenwärtigen Titel oder aus dem Zwecke der Liquidation ein anderes ergibt.

Schrifttum: Vgl. die Nachw. zu § 145.

Übersicht

I. Einführung

1 **1. Inhalt und Zweck der Vorschrift.** In Übereinstimmung mit Art. 144 Abs. 1 ADHGB bestimmt § 156, dass die für die werbende Gesellschaft geltenden Vorschriften der §§ 109 ff; 123 ff betreffend das Rechtsverhältnis der Gesellschafter untereinander sowie der Gesellschaft zu Dritten auch nach Auflösung der Gesellschaft zur Anwendung gelangen. Die Fortgeltung dieser Vorschriften steht freilich unter dem Vorbehalt, dass sich nicht aus den §§ 145 ff oder aus dem Zwecke der Liquidation etwas anderes ergibt. Aus heutiger Sicht enthält § 156 eine **selbstverständliche Regelung:** Die Auflösung hat zwar eine Änderung des Gesellschaftszwecks, nicht aber das Erlöschen der Gesellschaft zur Folge (§ 145 Rn 13 ff). Die Gesellschaft besteht also – wenn auch mit auf Abwicklung gerichtetem Zweck – als Handelsgesellschaft fort und unterliegt deshalb grundsätzlich den für die werbende Gesellschaft geltenden Vorschriften (s. im Einzelnen Rn 3 ff). Daraus erhellt zugleich, dass nicht nur die Vorschriften des zweiten und dritten Titels, sondern auch die sonstigen Vorschriften über die Handelsgesellschaft anwendbar bleiben (Rn 5, 12, 13). Dem Gesetzgeber des HGB lag dagegen noch die – zwischenzeitlich allgemein als überholt angesehene – Vorstellung zugrunde, dass der in § 156 zum Ausdruck gebrachte Fortbestand der aufgelösten Gesellschaft den Charakter einer Fiktion habe.[1]

2 **2. Anwendungsbereich.** § 156 gilt für jede aufgelöste, aber noch nicht vollbeendigte Personenhandelsgesellschaft, EWIV oder Partnerschaftsgesellschaft (vor § 145 Rn 7 ff; zur KG s. Rn 15). Nach Ansicht des historischen Gesetzgebers ist die Frage, ob § 156 auch bei Vereinbarung einer **anderen Art der Abwicklung** Anwendung findet, „nicht unzweifelhaft" (vor § 145 Rn 3). Demgegenüber ist auch im Zusammenhang mit § 156

[1] Vgl. Vor § 145 Rn 3; eingehend zu den älteren Theorien über die Liquidation und den Status der aufgelösten Gesellschaft *Wimpfheimer* S. 81 ff.

daran festzuhalten, dass die Vereinbarung einer anderen Art der Abwicklung zwar den modus der Abwicklung, nicht aber die Rechtsnatur der abzuwickelnden Gesellschaft berührt (§ 145 Rn 34). Auch die auf andere Art abzuwickelnde Gesellschaft ist also Handelsgesellschaft im Sinne der §§ 105 ff. Nach zutreffender Ansicht verfügt auch sie über Liquidatoren (§ 145 Rn 34), so dass der Vorbehalt des § 156 – Nichtgeltung der §§ 105 ff; soweit sich aus den § 145 ff oder aus dem Zweck der Liquidation etwas anderes ergibt – vollumfänglich zur Anwendung gelangt (s. Rn 9, 11; § 158 Rn 7). Bei **liquidationslosem Erlöschen** der Gesellschaft (§ 145 Rn 39 ff) ist dagegen für die in § 156 angeordnete Fortgeltung der §§ 105 ff kein Raum.

II. Der Status der aufgelösten Gesellschaft im Überblick

Die aufgelöste Gesellschaft ist, nicht anders als die werbende Gesellschaft, **Rechtsträger** 3
und damit Zuordnungssubjekt von Rechten und Pflichten (§ 145 Rn 13). Sie ist Gesamthandsgesellschaft, verfügt also über ein gesamthänderisch gebundenes Vermögen im Sinne der §§ 718 f BGB (§ 124 Rn 5 ff). Von der werbenden Gesellschaft unterscheidet sie sich zunächst durch ihren besonderen, auf Beendigung gerichteten Zweck (§ 145 Rn 16 ff). Ungeachtet der Identität von werbender und aufgelöster Gesellschaft erfährt des Weiteren die **Organisationsverfassung** der Gesellschaft eine Zäsur: Geschäftsführungs- und Vertretungsbefugnis gehen nach §§ 146 ff auf die Liquidatoren über und sind zudem nicht zwingend an die Mitgliedschaft in der Gesellschaft gebunden (§ 146 Rn 5 ff). Wie sich §§ 156, 157 entnehmen lässt, bleibt die aufgelöste Gesellschaft bis zu ihrem Erlöschen **Handelsgesellschaft,** mag auch die Versilberung des Vermögens den Gewerbebetrieb in Wegfall bringen (§ 145 Rn 13). Als Handelsgesellschaft kann die aufgelöste Gesellschaft durch Prokuristen vertreten werden (str., vgl. § 149 Rn 50). Der Sitz der Gesellschaft bleibt grundsätzlich bestehen.[2] Auch die Parteifähigkeit (§ 149 Rn 49), die Insolvenzfähigkeit (§ 145 Rn 52) und die Grundbuchfähigkeit (§ 124 Rn 18) der Gesellschaft werden durch die Auflösung nicht berührt. Zur Kaufmannseigenschaft der Gesellschafter s. § 145 Rn 13.

Die Gesellschaft bleibt auch nach ihrer Auflösung Verband und damit mitgliedschaft- 4
lich strukturiert (§ 124 Rn 9 ff). Die **Mitgliedschaft** der Gesellschafter erfährt allerdings infolge des geänderten Gesellschaftszwecks eine Reihe von Änderungen. So bestimmt der Abwicklungszweck Inhalt und Intensität der Treupflicht (Rn 8). Des Weiteren entfällt das Entnahmerecht nach § 122 Abs. 1; an seine Stelle tritt der Anspruch auf Abschlagszahlungen nach Maßgabe des § 155 Abs. 2 S. 1 und 2 (§ 155 Rn 24). Schließlich gehen sämtliche Sozialansprüche und -verbindlichkeiten als unselbständige Rechnungsposten in der **Gesamtabrechnung** zwischen Gesellschaft und Gesellschafter auf. Sie können als solche nicht mehr geltend gemacht werden; an ihre Stelle treten die Ansprüche aus § 155 Abs. 2 S. 1, § 735 BGB (§ 149 Rn 21, 41; § 155 Rn 9 ff). Auch nach Auflösung kann es zu **Änderungen des Gesellschaftsvertrags** kommen; denkbar ist insbesondere ein Beschluss über die Fortsetzung der Gesellschaft (§ 145 Rn 8), aber auch ein solcher über den Eintritt bzw. das Ausscheiden von Gesellschaftern (s. § 145 Rn 39 ff). Auch Anteilsübertragungen sind nach Maßgabe der allgemeinen Grundsätze möglich (§ 105 Rn 294 ff; s. ferner § 145 Rn 39 ff). Was die **Haftung** nach §§ 128, 129, 171 f betrifft, so erfährt sie durch die Auflösung insoweit eine Änderung, als den Gesellschaftern die Sonderverjährung nach § 159 zugute kommt (Rn 12). Zudem kann bei Auflösung der Gesellschaft

2 BGH WM 1969, 293 (294).

durch Tod eines Gesellschafters (s. dazu aber § 131 Abs. 3 S. 1 Nr. 1 und dazu § 131 Rn 73 ff) auch die gesellschaftsrechtliche Haftung der Erben nach erbrechtlichen Regeln beschränkt werden.[3]

III. Die anwendbaren Vorschriften im Einzelnen

5 **1. Erster Titel.** Entgegen dem Wortlaut des § 156 finden die Vorschriften der §§ 105 ff grundsätzlich auch nach Auflösung der Gesellschaft Anwendung.[4] Von der in § 105 Abs. 3 angeordneten subsidiären Geltung der §§ 705 ff BGB betroffen ist insbesondere (s. noch Rn 3, 6) die Vorschrift des **§ 735 BGB** (§ 149 Rn 21 ff; § 155 Rn 9 ff). Was die Vorschriften der §§ 106 f anbelangt, so sind nicht nur nach Auflösung eintretende Änderungen anzumelden; vielmehr sind auch versäumte Anmeldungen nachzuholen. Abweichend von § 108 Abs. 1 sind allerdings die Abwickler zur Anmeldung verpflichtet, soweit es sich um Angelegenheiten handelt, die in ihren Geschäftskreis fallen (§ 148 Rn 3); dazu zählt nach § 157 Abs. 1 insbesondere die Anmeldung des Erlöschens der Firma.

6 **2. Zweiter Titel.** Auch während der Abwicklung bewendet es bei dem Grundsatz des § 109; das Rechtsverhältnis der Gesellschafter zur Gesellschaft und dasjenige der Gesellschafter untereinander richten sich also grundsätzlich nach den Bestimmungen des **Gesellschaftsvertrags.** Durch **Auslegung des Vertrags** ist allerdings zu ermitteln, ob einzelne Bestimmungen, z.B. über die Zulässigkeit von Mehrheitsbeschlüssen, die Leistung von Diensten und anderen Beiträgen, über besondere Vergütungen an einzelne Gesellschafter oder etwaige Sonderrechte, über eine Schiedsgerichtsvereinbarung, auch während der Abwicklung gelten sollen.[5] Das **Abspaltungsverbot** des § 717 S. 1 BGB (§ 109 Rn 25 ff) findet auch auf die aufgelöste Gesellschaft Anwendung; allein die Ansprüche aus § 155 Abs. 1 und 2 können als solche übertragen und belastet werden (s. § 155 Rn 26; § 124 Rn 10).[6]

7 Was die Vorschriften der §§ 110 f über den **Aufwendungsersatz** und die **Verzinsung** von Entnahmen oder offenen Einlagen betrifft, so gelangen sie zwar auch nach Auflösung der Gesellschaft zur Anwendung.[7] Insbesondere die von einem Gesellschafter getätigten Aufwendungen sind also zu ersetzen, und zwar auch dann, wenn der Gesellschafter nicht als Liquidator gehandelt hat. Freilich gehen sämtliche Ansprüche aus §§ 110, 111 – also auch diejenigen, die vor Auflösung der Gesellschaft begründet worden sind – in die mit Auflösung erfolgende Gesamtabrechnung ein und können somit nicht mehr selbständig geltend gemacht werden (§ 149 Rn 21 ff; 41 f; § 155 Rn 9 ff). Für die Einbeziehung des aus § 111 folgenden Anspruchs auf Verzinsung offener Einlagen in die Gesamtabrechnung ist nach Auflösung nur noch insoweit Raum, als die Einlage für die Zwecke der Abwicklung benötigt wird (§ 149 Rn 21 ff). Von Drittliquidatoren getätigte Aufwendungen sind nach Maßgabe der §§ 675, 670 BGB zu ersetzen (§ 146 Rn 21).

---

[3] Dazu insbes. BGH NJW 1982, 45; ferner BGHZ 112, 132 (134) = NJW 1991, 844 betr. die Möglichkeit der Haftungsbeschränkung auch für Neuverbindlichkeiten. Allgemein zur Haftung der Erben bei Auflösung der Gesellschaft § 139 Rn 127 f (*Schäfer*).

[4] So auch MünchKommHGB/*K. Schmidt* Rn 21 ff; Ebenroth/Boujong/Joost/Strohn/*Hillmann* Rn 8.

[5] Vgl. RG LZ 1907, 431.

[6] Näher dazu, insbes. zur Frage, ob § 717 S. 2 BGB auch die Trennung von Vermögensstammrechten oder des „Vermögenswerts" der Beteiligung von der Mitgliedschaft erlaubt, *Habersack* Die Mitgliedschaft – subjektives und „sonstiges" Recht (1996) S. 82 ff.

[7] MünchKommHGB/*K. Schmidt* Rn 25; Ebenroth/Boujong/Joost/Strohn/*Hillmann* Rn 9; Baumbach/*Hopt* Rn 3.

Die Vorschriften der §§ 112 f betreffend das **Wettbewerbsverbot** der Gesellschafter[8] finden insoweit Anwendung, als das Unternehmen im Rahmen des auf Abwicklung gerichteten Zwecks der Gesellschaft einstweilen fortgeführt wird (§ 145 Rn 20; § 149 Rn 14).[9] Im Übrigen unterliegen die Gesellschafter auch nach Auflösung der allgemeinen mitgliedschaftlichen **Treupflicht** (§ 145 Rn 17). Aus ihr kann sich je nach Lage des Falles auch unabhängig von einer Fortführung der unternehmerischen Tätigkeit die Pflicht des Gesellschafters ergeben, Maßnahmen zu unterlassen, die einer reibungslosen und erfolgreichen Abwicklung entgegenstehen.[10] Des Weiteren untersagt es die Treupflicht dem Gesellschafter, sich im Zuge der Abwicklung Sondervorteile zu verschaffen (§ 145 Rn 35). 8

Die Vorschriften der §§ 114 bis 117 über das Recht und die Pflicht der Gesellschafter zur **Geschäftsführung** finden während der Abwicklung keine Anwendung. Die Geschäftsführung geht vielmehr auf die Liquidatoren über; deren Rechte und Pflichten bestimmen sich nach §§ 149 ff (§ 145 Rn 14, 18; § 149 Rn 1). Das **Kontrollrecht** des § 118 wird dagegen durch die Auflösung nicht berührt.[11] Nach § 157 Abs. 3 besteht sogar nach Vollbeendigung der Gesellschaft ein Recht auf Einsicht in die Bücher und Papiere (§ 157 Rn 21 ff). Hinsichtlich der **Beschlussfassung** gelten die allgemeinen Grundsätze. In Ermangelung einer Mehrheitsklausel bewendet es deshalb auch innerhalb der aufgelösten Gesellschaft bei dem Grundsatz des § 119. Enthält der Gesellschaftsvertrag eine Mehrheitsklausel, so ist durch Auslegung des Vertrags zu ermitteln, ob sich diese Klausel auch auf die Beschlussfassung nach Auflösung der Gesellschaft bezieht (Rn 6; s. ferner § 145 Rn 24; § 146 Rn 16; § 147 Rn 8; § 152 Rn 3). Was die §§ **120 bis 122** betrifft, so enthalten die §§ 154, 155 Sondervorschriften zu §§ 120, 122 Abs. 1. Die Vorschriften der §§ 121, 122 Abs. 2 finden dagegen auch nach Auflösung Anwendung. 9

3. Dritter und sechster Titel. Entgegen herkömmlicher Ansicht findet § **123** auch nach Auflösung der Gesellschaft Anwendung.[12] Denn auch für die aufgelöste Gesellschaft stellt sich die Frage, ob sie OHG und damit nach §§ 145 ff zu liquidieren oder GbR und als solche nach §§ 730 ff BGB abzuwickeln ist; dies wiederum beurteilt sich nach § 123. Nach Einführung des einheitlichen, auf den Betrieb eines Gewerbes abstellenden Kaufmannsbegriffs (§ 123 Rn 23 f) kommt der Frage nach der Geltung des § 123 allerdings keine nennenswerte Bedeutung mehr zu. War nämlich die Gesellschaft vor ihrer Auflösung OHG, so behält sie diesen Status bis zu ihrer Vollbeendigung, selbst wenn das von ihr betriebene Unternehmen im Rahmen der Abwicklung veräußert worden ist (Rn 3; § 145 Rn 13). 10

Uneingeschränkt anwendbar bleibt des Weiteren § **124**. Auch nach ihrer Auflösung kann die Gesellschaft als solche am Rechtsverkehr teilnehmen (§ 145 Rn 13); insbesondere behält sie ihre Rechts-, Partei- und Insolvenzfähigkeit (§ 124 Rn 11 ff; 23 ff; § 145 Rn 52 f; § 149 Rn 49). Nach § 153 haben allerdings die Liquidatoren, wenn sie für die Gesellschaft zeichnen, der Firma einen Liquidationszusatz hinzuzufügen. Zur Zwangsvollstreckung in das Gesellschaftsvermögen bedarf es nach § 124 Abs. 2 eines gegen die 11

---

8 Drittliquidatoren unterliegen nicht dem Verbot des § 112, s. BGH WM 1961, 629; MünchKommHGB/*K. Schmidt* Rn 26.

9 RG JW 1938, 3180 (3184 f); BGH WM 1961, 629 (631); MünchKommHGB/*K. Schmidt* Rn 26; Ebenroth/Boujong/Joost/Strohn/*Hillmann* Rn 9; *A. Hueck* OHG § 32 II 2 (s. 482 f); **aA** *Düringer/Hachenburg/Flechtheim* § 112 Rn 5.

10 Vgl. BGH WM 1971, 412 (414).

11 OLG Celle BB 1983, 1450; BayObLG BB 1987, 2184; MünchKommHGB/*K. Schmidt* Rn 27.

12 So zu Recht MünchKommHGB/*K. Schmidt* Rn 30; Ebenroth/Boujong/Joost/Strohn/*Hillmann* Rn 10; **aA** Baumbach/*Hopt* Rn 4; Schlegelberger/*Geßler* (4. Aufl.) Anm. 7.

Gesellschaft gerichteten Titels (§ 124 Rn 42 f); unerheblich ist, ob der Titel vor oder nach Auflösung erwirkt worden ist. Die **Vertretung** der aufgelösten Gesellschaft ist nach §§ 149 S. 2 Sache der Liquidatoren. Die §§ 147, 149 S. 2, 150 f treten deshalb an die Stelle der §§ 125 bis 127 (§ 145 Rn 14, 18; § 149 Rn 43 ff); anwendbar bleibt jedoch § 126 Abs. 3 (§ 151 Rn 9).

12 Die Vorschriften der §§ 128, 129 über die **Haftung der Gesellschafter** gelten auch nach Auflösung. Die Gesellschafter haften deshalb für sämtliche Verbindlichkeiten der Gesellschaft, gleichgültig, ob diese vor oder nach der Auflösung begründet worden sind. Dies gilt auch in dem Fall, dass über das Vermögen eines Gesellschafters das Insolvenzverfahren eröffnet worden ist. Nach § 38 InsO kann sich allerdings der Gläubiger nur wegen eines zur Zeit der Eröffnung des Verfahrens begründeten (§ 128 Rn 60 ff) Anspruchs an die Insolvenzmasse halten. Wegen einer danach begründeten Forderung bleibt dem Gläubiger – insoweit freilich mit den Insolvenzgläubigern konkurrierend – nur der Zugriff auf etwaiges insolvenzfreies Vermögen (§ 145 Rn 54 ff) oder auf das nach Beendigung des Insolvenzverfahrens erworbene Vermögen des Gesellschafters. Selbst wenn der Insolvenzverwalter das Amt des Liquidators der Gesellschaft ausgeübt hat (§ 146 Rn 44), begründet also die dadurch ausgelöste Haftung des Gesellschafters keine Masseverbindlichkeit im Sinne des § 55 Abs. Nr. 1 InsO.[13] Unberührt bleiben des Weiteren die Vorschrift des § **130** betreffend die Haftung des in die (aufgelöste) Gesellschaft eintretenden Gesellschafters, diejenige des § **125a** betreffend die Angaben auf Geschäftsbriefen und diejenige des § **130a** betreffend die Pflichten bei Insolvenzreife der Gesellschaft, ferner die Grundsätze über **Gesellschafterdarlehen** (Anh. § 129). Anwendbar sind schließlich die Vorschriften über die **Nachhaftungsbegrenzung.** Den Gesellschaftern kommt mithin die Sonderverjährung nach § 159 Abs. 1 und 3 zugute; der aus der aufgelösten Gesellschaft ausscheidende Gesellschafter unterliegt zudem der Enthaftung nach § 160 (§ 159 Rn 8 f).

13 **4. Vierter Titel.** Die Vorschriften des vierten Titels sind auf die aufgelöste Gesellschaft naturgemäß unanwendbar, soweit sie sich mit dem Eintritt der Auflösung befassen. Auch nach Auflösung der Gesellschaft kann es allerdings zum **Ausscheiden von Gesellschaftern** kommen. In Betracht kommt insbesondere die Ausschließung nach § 140; ihr steht nicht entgegen, dass die Gesellschaft bereits aufgelöst ist, die Möglichkeit der Ausschließung aber gerade den Zweck hat, die Auflösung zu vermeiden.[14] Im Hinblick auf den auf Abwicklung gerichteten Zweck (§ 145 Rn 16 ff) ist das Vorliegen eines wichtigen Grundes allerdings davon abhängig, dass eine sachgemäße und gerechte Abwicklung ohne Ausscheiden des Gesellschafters nicht möglich ist; an dieser Voraussetzung wird es regelmäßig fehlen (§ 140 Rn 31; s. aber auch Rn 14). Keine Anwendung findet **§ 131 Abs. 3.**[15] Bezweckt nämlich diese Vorschrift, die Auflösung der Gesellschaft aus in der Person eines Gesellschafters liegenden Gründen zu vermeiden,[16] so ist für sie kein Raum, wenn die Gesellschaft ohnehin aufgelöst ist. Tritt also nach Auflösung der Gesellschaft einer der in § 131 Abs. 3 genannten Tatbestände ein, so hat dies nicht das Ausscheiden dieses Gesellschafters aus der aufgelösten Gesellschaft zur Folge. Die Gesellschaft ist vielmehr nach Maßgabe der §§ 145 ff zum Erlöschen zu bringen.

14 Auch nach Änderung des § 131 (vor § 145 Rn 4 f) bleibt die Frage von Bedeutung, ob bei Auflösung der Gesellschaft und nachfolgendem Eintritt eines in der Person eines

---

[13] Zur entsprechenden Rechtslage unter Geltung der KO s. 3. Aufl. Anm. 19 (*Schilling*).

[14] BGHZ 1, 324 (330 ff); näher dazu § 140 Rn 29 ff (*Schäfer*).

[15] Ebenroth/Boujong/Joost/Strohn/*Hillmann* Rn 12; Koller/Roth/Morck/*Koller* Rn 2.

[16] Begr. RegE, BR-Drucks. 340/97 S. 65.

Gesellschafters liegenden Auflösungsgrundes dieser Gesellschafter von den übrigen, an einer Fortsetzung der Gesellschaft interessierten Gesellschaftern ausgeschlossen werden kann.[17] Denn nach dem in Rn 13 Gesagten kommt es bei Vorliegen eines in § 131 Abs. 3 genannten gesellschafterbezogenen Tatbestands nicht zum Ausscheiden des betreffenden Gesellschafters; die Fortsetzung der aus anderen Gründen aufgelösten Gesellschaft kann also durch einen in der Person eines Gesellschafters begründeten Umstand verhindert werden. Die Frage, ob der betreffende Gesellschafter im Interesse einer Fortsetzung der zunächst aufgelösten Gesellschaft ausgeschlossen werden kann, beantwortet sich nach § 140; im Hinblick auf die Fortsetzungsbereitschaft der übrigen Gesellschafter kommt das Vorliegen eines wichtigen Grundes durchaus in Betracht.

5. **Recht der KG.** Die aufgelöste KG unterliegt nach §§ 161 Abs. 2, 156 grundsätzlich **15**
den für die werbende Gesellschaft geltenden Vorschriften der §§ 161 ff. Im Übrigen gelangen über § 161 Abs. 2 die für die aufgelöste OHG geltenden Vorschriften der §§ 105 ff; §§ 705 ff BGB (Rn 5 ff) zur Anwendung. Von den Vorschriften der §§ 161 ff werden insbesondere die §§ 164, 170 betreffend die Geschäftsführung und Vertretung verdrängt (Rn 9, 11; § 146 Rn 12 f; 15 ff). Die §§ 167 bis 169 sind nur insoweit anwendbar, als die §§ 154, 155 keine Sondervorschriften enthalten (vgl. Rn 9). Im Übrigen bewendet es bei Geltung der §§ 161 bis 163, 165, 166, 171 bis 177a.

§ 157

(1) Nach der Beendigung der Liquidation ist das Erlöschen der Firma von den Liquidatoren zur Eintragung in das Handelsregister anzumelden.

(2) [1]Die Bücher und Papiere der aufgelösten Gesellschaft werden einem der Gesellschafter oder einem Dritten in Verwahrung gegeben. [2]Der Gesellschafter oder der Dritte wird in Ermangelung einer Verständigung durch das Gericht bestimmt, in dessen Bezirke die Gesellschaft ihren Sitz hat.

(3) Die Gesellschafter und deren Erben behalten das Recht auf Einsicht und Benutzung der Bücher und Papiere.

Schrifttum: Vgl. die Nachw. zu § 145.

Übersicht

[17] Eingehend dazu 3. Aufl. Anm. 22 (*Schilling*) und § 140 Rn 25 ff (*Ulmer*).

I. Einführung

1 **1. Inhalt und Zweck der Vorschrift.** Abs. 1 der Vorschrift macht es den **Liquidatoren** zur **Pflicht**, nach Beendigung der Liquidation das Erlöschen der Firma zur **Eintragung** in das Handelsregister anzumelden. Dadurch soll im Interesse des Rechtsverkehrs sichergestellt werden, dass die durch Beendigung der Abwicklung erfolgte Vollbeendigung der Gesellschaft publik gemacht wird. Eine entsprechende Bestimmung war im ADHGB nicht enthalten; unter seiner Geltung waren deshalb die Gesellschafter zur Anmeldung verpflichtet. § 157 Abs. 2 regelt die **Aufbewahrung der Bücher und Papiere** der Gesellschaft. Die Vorschrift ergänzt die allgemeine Vorschrift des § 257, deren Anwendung aufgrund des Erlöschens der Gesellschaft ausgeschlossen ist. Nach § 157 Abs. 3 schließlich „behalten" die Gesellschafter und deren Erben das Recht, die Bücher und Papiere einzusehen und zu benutzen. Die aus §§ 118, 166 folgenden **Informationsrechte** sollen demnach ungeachtet der Beendigung der Gesellschaft fortbestehen. Die Vorschriften des § 157 Abs. 2 und 3 gehen auf Art. 145 ADHGB zurück. Während aber nach § 145 ADHGB neben den Gesellschaftern auch deren „Rechtsnachfolger" zur Einsicht und Benutzung der Bücher berechtigt waren, beschränkt § 157 Abs. 3 den Kreis der Berechtigten auf die Gesellschafter und deren Erben.

2 **2. Anwendungsbereich.** § 157 gilt unzweifelhaft für jede aufgelöste und nach Maßgabe der §§ 145 ff abgewickelte Personenhandelsgesellschaft, EWIV oder Partnerschaftsgesellschaft (vor § 145 Rn 7 ff). Nach § 158 findet die Vorschrift des § 157 aber auch dann Anwendung, wenn die Gesellschaft auf der Grundlage einer Abwicklungsvereinbarung zum Erlöschen gebracht worden ist (§ 158 Rn 7 f).[1] Denn auch bei Vereinbarung einer **anderen Art der Abwicklung** verfügt die aufgelöste Gesellschaft über Liquidatoren (§ 145 Rn 34), so dass diese, nicht dagegen die Gesellschafter, zur Anmeldung des Erlöschens verpflichtet sind. Neben § 157 Abs. 1 und 2 (Rn 13) ist auch Abs. 3 der Vorschrift anwendbar.[2] Zwar finden nach § 158 bei Vereinbarung einer anderen Art der Abwicklung und Vorhandensein ungeteilten Vermögens die Vorschriften der §§ 145 ff im Verhältnis zu Dritten Anwendung. Indes lässt sich dem keineswegs entnehmen, dass die §§ 145 ff im Innenverhältnis gänzlich unanwendbar sind. Auch im Innenverhältnis gelangen diese Vorschriften vielmehr zur Anwendung, soweit sie zwingendes Recht enthalten (Rn 5) oder die Gesellschafter keine abweichende Vereinbarung getroffen haben (§ 158 Rn 8).

---

[1] MünchKommHGB/*K. Schmidt* Rn 3; **aA** – für Anmeldung durch die Gesellschafter nach § 31 Abs. 2 – KG KGJ 22 A 109; 39 A, 111; BayObLG ZIP 1981, 188 (191); Heymann/*Sonnenschein/Weitemeyer* Rn 4; Ebenroth/Boujong/Joost/Strohn/*Hillmann* Rn 2; Röhricht/v. Westphalen/*v. Gerkan/Haas* Rn 2; Baumbach/*Hopt* Rn 1.

[2] Wie hier auch MünchKommHGB/*K. Schmidt* Rn 2; **aA** die Vertreter der herkömmlichen Ansicht (s. die Nachw. in Fn 1), denen zufolge § 157 bei Vereinbarung einer anderen Art der Abwicklung generell keine Anwendung findet.

Kommt es im Verlauf der Abwicklung zur **Veräußerung des Unternehmens,** so findet § 157 schon deshalb Anwendung, weil eine andere Art der Abwicklung überhaupt nicht vorliegt (§ 145 Rn 35).[3] Hinsichtlich des weiteren Vorgehens ist zu unterscheiden. Wird das Unternehmen mit Firma veräußert und ist die Abwicklung im Übrigen noch nicht beendet (s. § 145 Rn 9; § 155 Rn 9 ff), so muss die Gesellschaft eine neue Firma annehmen; dies ist durch die Gesellschafter anzumelden. Mit Beendigung der Abwicklung ist sodann das Erlöschen der neuen Firma nach § 157 Abs. 1 durch die Liquidatoren anzumelden. Anders verhält es sich, wenn das Unternehmen mit Firma veräußert wird und dadurch die Gesellschaft vollbeendigt sein sollte. In diesem Fall liegt ein Inhaberwechsel vor, der nach §§ 31 Abs. 1, 107, 143 Abs. 1 durch die Gesellschafter anzumelden ist.[4] Dem Eintritt der Vollbeendigung steht allerdings regelmäßig der Umstand entgegen, dass der Gesellschaft ein Veräußerungserlös zufließt (§ 145 Rn 9, 35) und zudem der Ausgleich zwischen den Gesellschaftern zu erfolgen hat (§ 145 Rn 21 ff; § 155 Rn 9 ff). Wird schließlich das Unternehmen ohne Firma veräußert, so bewendet es bei § 157 Abs. 1. Zur Anwendbarkeit der Abs. 2 und 3 s. Rn 13, 24. 3

Bei **liquidationslosem Erlöschen** der Gesellschaft (§ 145 Rn 39 ff) findet § 157 keine Anwendung. In diesem Fall sind nach §§ 31 Abs. 2 S. 1, 107, 143 Abs. 1 die Gesellschafter verpflichtet, das „Erlöschen der Firma" zur Eintragung anzumelden.[5] Die Firma kann sodann von dem Gesamtrechtsnachfolger wieder angemeldet werden. Der Gesamtrechtsnachfolger in das Vermögen der Gesellschaft ist nach § 257 zur Aufbewahrung der Bücher und Papiere verpflichtet; die Anwendung des § 157 Abs. 2 erübrigt sich deshalb.[6] Einsichtsrechte haben die ausgeschiedenen Gesellschafter nur nach Maßgabe des § 810 BGB. Ist über das Vermögen der Gesellschaft das **Insolvenzverfahren** eröffnet worden, so hat die Anmeldung nach § 157 Abs. 1 durch den Insolvenzverwalter zu erfolgen (§ 145 Rn 54).[7] Zwar verfügt die Gesellschaft auch in diesem Fall über Liquidatoren. Doch nehmen diese nur die Rechte der Gesellschaft als Schuldner wahr (§ 145 Rn 53, 55). Zur Anwendbarkeit der Abs. 2 und 3 bei Insolvenz der Gesellschaft s. Rn 13, 19, 23. 4

3. Abweichende Vereinbarungen. Die Vorschriften des § 157 **Abs. 1 und 2 sind zwingend.** Die Gesellschafter können also nicht vereinbaren, dass die Anmeldung nach Abs. 1 unterbleiben oder zu einem anderen Zeitpunkt erfolgen soll.[8] Sie können auch nicht vereinbaren, dass die in Abs. 2 genannten Bücher und Papiere nicht aufbewahrt werden sollen. Davon zu unterscheiden ist die in Abs. 2 vorausgesetzte Vereinbarung der Gesellschafter über die Person des Verwahrers; nach Abs. 2 S. 2 ist die Bestimmung des Ver- 5

---

[3] MünchKommHGB/*K. Schmidt* Rn 8; **aA** die ganz hM, s. § 145 Rn 35 mN, ferner 3. Aufl. Anm. 3 (*Schilling*); Röhricht/v. Westphalen/*v. Gerkan/Haas* Rn 2.

[4] 3. Aufl. Anm. 3 (*Schilling*); MünchKommHGB/*K. Schmidt* Rn 8; Röhricht/v. Westphalen/*v. Gerkan/Haas* Rn 2; vgl. auch BayObLG NJW-RR 2001, 1482 = NZG 2001, 792 und dazu § 148 Rn 5.

[5] MünchKommHGB/*K. Schmidt* Rn 5; s. ferner OLG Düsseldorf GmbH-Rdsch. 1997, 903, 904 (Eintragung der Auflösung (i.S.d. § 143 Abs. 1) kann mit dem Vermerk verbunden werden, dass eine Liquidation nicht stattfinde und die Firma erloschen sei); BayObLG BB 2000, 1211 (1212), KG ZIP 2007, 1505 (1507) und OLG Frankfurt/M. NZG 2004, 808, 809 (jew. betr. das liquidationslose Erlöschen der Gesellschaft infolge der Vereinigung sämtlicher Anteile in einer Person).

[6] **AA** MünchKommHGB/*K. Schmidt* Rn 5.

[7] So unter Geltung der KO bereits *K. Schmidt* KTS 1984, 345 ff; *ders.* Wege S. 107 ff; **aA** die unter Geltung der KO ganz hM (s. § 145 Rn 54), der zufolge der Konkursverwalter nicht die Vollbeendigung der Gesellschaft herbeizuführen hatte und deshalb die Liquidatoren zur vollständigen Abwicklung und Anmeldung verpflichtet sind.

[8] Vgl. OLG Hamburg OLGE 9, 262.

wahrers durch das Gericht davon abhängig, dass es an einer entsprechenden Vereinbarung der Gesellschafter fehlt. Von § 157 **Abs. 3** abweichende Vereinbarungen schließlich sind insoweit möglich, als §§ 118, 166 entsprechende Vereinbarungen erlauben.[9] Dies gilt auch bei Vereinbarung einer anderen Art der Abwicklung; auch in diesem Fall haben die Gesellschafter allein die Möglichkeit, Voraussetzungen und Ausübung des Informationsrechts innerhalb der durch §§ 118, 166 gesteckten Grenzen einvernehmlich zu regeln (Rn 2).

II. Anmeldung und Eintragung des Erlöschens der Firma (Abs. 1)

6 **1. Voraussetzungen.** Nach § 157 Abs. 1 hat die Anmeldung nach der Beendigung der Liquidation zu erfolgen. Nach hM ist die Abwicklung beendet, wenn die Gesellschaft über kein Aktivvermögen mehr verfügt; offene Verbindlichkeiten der Gesellschaft sollen dagegen der Beendigung der Liquidation nicht entgegenstehen.[10] Zwischen diesen Aussagen besteht ein Widerspruch, ist es doch unter Geltung[11] des § 735 BGB ausgeschlossen, dass die Gesellschaft zwar Schulden, aber kein Aktivvermögen hat (§ 145 Rn 9; § 149 Rn 24; § 155 Rn 9 ff, 34 f). Sind nämlich die Gesellschafter aufgrund offener Gesellschaftsschulden oder wegen der Notwendigkeit eines Ausgleichs zwischen den Gesellschaftern der Gesellschaft gegenüber zum Nachschuss verpflichtet, so verfügt diese mit dem Anspruch aus § 735 BGB über einen Vermögensgegenstand, der die Annahme ihrer Vollbeendigung ausschließt.[12] **Vollbeendigung** tritt somit erst ein, wenn neben dem sonstigen Vermögen auch etwaige Sozialansprüche erloschen oder aus dem Gesellschaftsvermögen ausgeschieden sind (§ 145 Rn 9; § 155 Rn 5, 34; zur Möglichkeit der Hinterlegung s. § 155 Rn 32). Auch nach Vollbeendigung der Gesellschaft bleibt es den Gesellschaftsgläubigern unbenommen, die Gesellschafter (§ 159 Rn 12 ff) und etwaige Sicherungsrechte (§ 155 Rn 34) in Anspruch zu nehmen.

7 Ist somit der Eintritt der Vollbeendigung ausgeschlossen, wenn die Gesellschaft noch über Vermögensgegenstände verfügt, so gilt dies auch für den Fall, dass diese **Gegenstände nicht werthaltig** sind (Rn 14).[13] Kommt eine Versilberung dieser Gegenstände nicht in Betracht, so sind sie anderweitig aus dem Gesellschaftsvermögen auszusondern, etwa durch Veräußerung an einen Gesellschafter oder durch Dereliktion. Stellt sich nach erfolgter Löschung heraus, dass die Gesellschaft noch über Aktivvermögen verfügt, so ist Vollbeendigung nicht eingetreten; es bedarf dann einer **Nachtragsliquidation** (§ 155 Rn 35). Anderes gilt, wenn für die Gesellschaft noch Handlungen vorzunehmen sind, daraus aber kein Aktivvermögen der Gesellschaft resultiert (§ 155 Rn 35). Die Anmeldung nach Abs. 1 hat auch dann zu erfolgen, wenn es an der Voreintragung der Gesellschaft fehlt (Rn 9).

---

[9] Dazu § 118 Rn 41 ff; Voraufl. § 166 Rn 15 ff.

[10] Vgl. § 145 Rn 9, § 155 Rn 34, ferner BGH NJW-RR 1988, 477, 478 (Vollbeendigung der Komplementär-GmbH, wenn die KG überschuldet und deshalb der Komplementäranteil nicht werthaltig ist); KG KGJ 28 A 45.

[11] Zur Abdingbarkeit des § 735 BGB s. § 145 Rn 9; § 155 Rn 34.

[12] Vgl. denn auch KG KGJ 28 A 44, Baumbach/*Hopt* Rn 1: Forderungen der Gesellschaft gegen Gesellschafter oder Liquidatoren schließen Vermögenslosigkeit aus.

[13] **AA** BGH NJW-RR 1988, 477, 478 (betr. die GmbH, s. Fn 10); 3. Aufl. Anm. 2 (*Schilling*).

2. **Anmeldepflichtige Personen.** Anmeldepflichtig sind die Liquidatoren. Denn sie können aufgrund ihrer Stellung am besten beurteilen, ob die Abwicklung beendet ist. **Sämtliche Liquidatoren** müssen mitwirken. Da es sich nicht um einen Akt der Vertretung der Gesellschaft handelt, genügt die Anmeldung durch eine zur Vertretung berechtigte Zahl von Liquidatoren nicht.[14] Die Pflicht zur Anmeldung nach § 157 Abs. 1 ist öffentlich-rechtlicher Natur. Die Liquidatoren sind darüber hinaus im Verhältnis zur Gesellschaft und zu den Gesellschaftern zur Anmeldung des Erlöschens verpflichtet (s. noch Rn 11); diese Pflicht ergibt sich aus der organschaftlichen Stellung der Liquidatoren (§ 146 Rn 5 ff). Die Gesellschafter sind zur Anmeldung nicht verpflichtet. Melden allerdings nach Beendigung der Abwicklung sämtliche Gesellschafter das Erlöschen der Firma an, so genügt auch dies.[15] Zur Rechtslage bei Vereinbarung einer anderen Art der Abwicklung und bei liquidationslosem Erlöschen der Gesellschaft s. Rn 2 ff. **8**

3. **Inhalt der Anmeldung und Eintragungsverfahren.** Anzumelden und einzutragen ist das **Erlöschen der Firma,** nicht die Beendigung der Liquidation. Die Anmeldung nach § 157 Abs. 1 tritt somit an die Stelle derjenigen nach § 31 Abs. 2 S. 1 (s. noch Rn 11). Nach zutr. Ansicht hat die Anmeldung auch in dem Fall zu erfolgen, dass die Gesellschaft noch nicht angemeldet und eingetragen war.[16] Das Erlöschen der Firma ist also auch dann eine eintragungspflichtige Tatsache im Sinne des § 15 Abs. 1, wenn die Eintragung der Gesellschaft nach § 106 lediglich deklaratorische Wirkung hat.[17] Die Anmeldung hat in der Form des § 12 zu erfolgen. Hinsichtlich des Verfahrens gelten die allgemeinen Grundsätze (§ 8 Rn 1 ff). Auch im Zusammenhang mit Anmeldungen nach § 157 Abs. 1 ist also das Registergericht zur **Prüfung der formellen und materiellen Voraussetzungen** der Eintragung verpflichtet (§ 8 Rn 79 ff).[18] Das Gericht darf allerdings die Eintragung des Erlöschens nicht von den nach § 148 Abs. 1 S. 1 gebotenen Voreintragungen abhängig machen, da andernfalls ein gesetzlich nicht zulässiger mittelbarer Registerzwang ausgeübt würde (§ 148 Rn 5). **9**

4. **Wirkung der Eintragung.** Die Eintragung des Erlöschens der Firma hat nur **deklaratorische Wirkung.**[19] Maßgebend für das Erlöschen der Firma ist allein die Beendigung der Abwicklung, mithin die Vollbeendigung der Gesellschaft. Dies bedeutet zunächst, dass die Firma stets, also unabhängig von der Eintragung nach § 157 Abs. 1, mit der Beendigung der Gesellschaft erlischt. Gutgläubigen Dritten gegenüber gilt die Gesellschaft allerdings gem. § 15 Abs. 1 als fortbestehend (Rn 12); für die Anwendung des § 5 ist dagegen in Ermangelung des Betriebs eines Gewerbes kein Raum (§ 5 Rn 8 ff). Umge- **10**

---

[14] BayObLG NJW-RR 2001, 1482 = NZG 2001, 792; Röhricht/v. Westphalen/*v. Gerkan/Haas* Rn 4; Ebenroth/Boujong/Joost/Strohn/*Hillmann* Rn 5; MünchKommHGB/*K. Schmidt* Rn 11.

[15] S. die Nachw. in Fn 14; ferner Baumbach/*Hopt* Rn 2; Heymann/*Sonnenschein/Weitemeyer* Rn 2.

[16] MünchKommHGB/*K. Schmidt* Rn 12; Ebenroth/Boujong/Joost/Strohn/*Hillmann* Rn 6; Heymann/*Sonnenschein/Weitemeyer* Rn 3; **aA** 3. Aufl. Anm. 5 (*Schilling*); Schlegelberger/*Geßler* (4. Aufl.) Anm. 4.

[17] Allgemein zur Geltung des § 15 Abs. 1 trotz fehlender Voreintragung § 15 Rn 43 ff (*Koch*) mwN.

[18] So bereits 3. Aufl. Anm. 9 (*Schilling*); ferner MünchKommHGB/*K. Schmidt* Rn 11; **aA** – Ablehnung der Eintragung nur bei positiver Kenntnis der Unrichtigkeit, insbes. bei Gerichtskundigkeit – KG KGJ 22 A 107; *Düringer/Hachenburg/Flechtheim* Anm. 5.

[19] RG JW 1926, 1432; BGH NJW 1979, 1987; NJW 1990, 1725 (1728); BayObLG BB 1983, 82; MünchKommHGB/*K. Schmidt* Rn 13; Ebenroth/Boujong/Joost/Strohn/*Hillmann* Rn 7; Röhricht/v. Westphalen/*v. Gerkan/Haas* Rn 6.

kehrt bleiben Gesellschaft und Firma bestehen, wenn zwar die Eintragung nach § 157 Abs. 1 erfolgt, die Abwicklung aber noch nicht beendigt ist (§ 155 Rn 9 ff; § 149 Rn 21 ff). In diesem Fall ist die zu Unrecht erfolgte Eintragung nach § 395 FamFG (= § 142 FGG) zu berichtigen.[20] Des Weiteren ist die Gesellschaft im Wege der **Nachtragsliquidation** der Vollbeendigung zuzuführen; diese hat grundsätzlich durch die bisherigen Liquidatoren zu erfolgen (§ 155 Rn 35). Bis zu ihrer Vollbeendigung kann die Gesellschaft klagen und verklagt werden (§ 124 Rn 39). Zudem ist die Gesellschaft im Fall eines Streits über die Vollbeendigung als parteifähig zu behandeln; stellt sich die Vollbeendigung heraus, so ist die Klage als unzulässig abzuweisen (§ 124 Rn 39).[21]

11 **5. Rechtsfolgen der unterbliebenen Eintragung.** Die Pflicht zur Anmeldung ist öffentlich-rechtlicher Natur. Ihre Erfüllung kann nach § 14 durch Festsetzung von **Zwangsgeld** durchgesetzt werden. Führt dies nicht zum Ziel, so ist nach § 31 Abs. 2 S. 2, § 393 FamFG (= § 141 FGG) das Erlöschen von Amts wegen einzutragen. Auch im Verhältnis zur Gesellschaft und zu den Gesellschaftern (§ 149 Rn 6) sind die Liquidatoren zur Anmeldung verpflichtet. Sie können von der Gesellschaft, im Wege der **actio pro socio** zudem von den Gesellschaftern, auf Erfüllung der Pflicht zur Anmeldung in Anspruch genommen werden (§ 149 Rn 30). Erwächst den Gesellschaftern infolge der Pflichtverletzung ein Schaden (Rn 12), so ist dieser von den Liquidatoren zu ersetzen (§ 149 Rn 6). Dabei ist allerdings zu berücksichtigen, dass auch die Gesellschafter zur Anmeldung des Erlöschens berechtigt sind (Rn 8); der Anspruch steht somit unter dem Vorbehalt des § 254 BGB.

12 Die Folgen der Eintragung oder Nichteintragung bestimmen sich nach § 15. Bis zur Löschung und Bekanntmachung gelten somit gem. § 15 Abs. 1 **gutgläubigen Dritten** gegenüber die Gesellschaft und die Vertretungsmacht der Liquidatoren als fortbestehend. Die Gesellschafter haften deshalb aus den durch die Liquidatoren namens der Gesellschaft vorgenommenen Rechtshandlungen, wie wenn die Gesellschaft noch bestünde. Auch kann gegen die nicht gelöschte Gesellschaft geklagt werden.[22] Nach – freilich nicht überzeugender – herrschender Meinung unterbricht eine solche Klage zugleich die Verjährung der gegen die Gesellschafter gerichteten Ansprüche aus § 128 (§ 129 Rn 6 ff).

III. Verwahrung der Bücher und Papiere (Abs. 2)

13 **1. Allgemeines.** Indem § 157 Abs. 2 bestimmt, dass die Bücher und Papiere der Gesellschaft einem der Gesellschafter oder einem Dritten in Verwahrung gegeben werden, stellt er die Einhaltung der in § 257 geregelten Aufbewahrungspflichten auch in den Fällen sicher, in denen die Gesellschaft und damit der Adressat des § 257 erloschen ist.[23] Zwar werden von § 157 Abs. 2 auch andere als die in § 257 genannten Bücher und Schriften erfasst. Dem auf Sicherung der Pflichten nach § 257 gerichteten Normzweck lässt sich jedoch entnehmen, dass § 157 Abs. 2 auch bei Vereinbarung einer **anderen Art der Abwicklung** (Rn 2)[24] sowie bei Abwicklung der Gesellschaft nach den Vorschriften

[20] Vgl. KG KGJ 28 A 44; KGJ 34 A 125; s. ferner BayObLG BB 2000, 1211 (1212).
[21] BGH NJW-RR 1988, 477 f.
[22] Vgl. RGZ 127, 98 (99); 157, 369 (376 f).
[23] So bereits 3. Aufl. Anm. 13 (*Schilling*), betr. § 44b HGB a.F.; s. ferner Heymann/*Sonnenschein/Weitemeyer* Rn 6.
[24] So auch die hM, s. MünchKommHGB/*K. Schmidt* Rn 17; Heymann/*Sonnenschein/Weitemeyer* Rn 6; Ebenroth/Boujong/Joost/Strohn/*Hillmann* Rn 8; Röhricht/v. Westphalen/*v. Gerkan/Haas* Rn 8.

der InsO (§ 145 Rn 52 ff; s. noch Rn 19)[25] zur Anwendung gelangt. Bei Veräußerung des Unternehmens soll § 157 Abs. 2 dagegen selbst dann keine Anwendung finden, wenn es sich bei dem Erwerber um einen Gesellschafter handelt.[26] Dem kann freilich nicht gefolgt werden (Rn 3). Selbst wenn man annehmen wollte, die Veräußerung des Unternehmens sei als andere Art der Abwicklung anzusehen (dagegen § 145 Rn 35), spricht doch der Normzweck des § 157 Abs. 2 für die Anwendbarkeit der Vorschrift. Allerdings haben die Gesellschafter die Möglichkeit, die Aufbewahrung der Unterlagen durch den Erwerber des Unternehmens zu bestimmen (Rn 14, 16). Unanwendbar ist § 157 Abs. 2 dagegen bei **liquidationslosem Erlöschen** der Gesellschaft (Rn 4).

Die Übergabe der Unterlagen hat **nach Beendigung der Abwicklung** zu erfolgen. Bis **14**
zur Übergabe haben die Liquidatoren für die Verwahrung zu sorgen. Sie können sich dieser Pflicht durch Antragstellung nach Abs. 2 S. 2 entledigen (Rn 19). Was die **Eigentumsverhältnisse** an den Unterlagen betrifft, so muss die Annahme fortbestehenden Gesamthandseigentums ausscheiden;[27] sie wäre unvereinbar mit dem in § 157 Abs. 1 und 2 vorausgesetzten Erlöschen der Gesellschaft (Rn 7). Man wird deshalb annehmen müssen, dass es den Gesellschaftern obliegt, das Eigentum an den Büchern und Papieren einem von ihnen oder einem Dritten zu übertragen, um so den Eintritt der Vollbeendigung der Gesellschaft sicherzustellen. **Verwahrer** kann nach § 157 Abs. 2 ein Gesellschafter, aber auch ein Dritter sein. In Betracht kommt jede natürliche oder juristische Person, aber auch eine Personenhandelsgesellschaft oder Außengesellschaft bürgerlichen Rechts.[28] Ist ein Verwahrer bestellt, so können die Gesellschafter die Liquidatoren auf Herausgabe an ihn in Anspruch nehmen.[29] Die Festsetzung von Zwangsgeld kommt dagegen nicht in Betracht.[30]

Vorbehaltlich der einstweiligen Aufbewahrung durch die Liquidatoren (Rn 14) ist **15**
auch ein Gesellschafter oder Liquidator zur Verwahrung der Bücher und Papiere nicht schon kraft Gesetzes verpflichtet.[31] Entsprechend der Rechtslage bei Ernennung von Liquidatoren (§ 146 Rn 21, 40) bedarf es vielmehr des **Einverständnisses** des durch die Gesellschafter oder durch das Gericht Bestimmten (Rn 17, 20). Liegt das Einverständnis des Verwahrers vor und ist es zur Übergabe der Unterlagen gekommen, so findet § 283b Abs. 1 Nr. 2, Abs. 3 StGB Anwendung.

2. Bestimmung des Verwahrers durch die Gesellschafter. Nach § 157 Abs. 2 S. 2 **16**
erfolgt die Bestimmung des Verwahrers in erster Linie durch die Gesellschafter. Die Bestimmung erfolgt nach allgemeinen Grundsätzen, also durch **Beschluss gem. § 119** oder durch Regelung im **Gesellschaftsvertrag**. Beschließen die Gesellschafter erst nach der Auflösung, so gelangt § 146 Abs. 1 S. 2 gleichwohl nicht zur Anwendung (§ 146 Rn 24 f). An der Stelle des verstorbenen Gesellschafters wirken vielmehr seine Erben mit;

---

[25] MünchKommHGB/*K. Schmidt* Rn 17; Ebenroth/Boujong/Joost/Strohn/*Hillmann* Rn 8; Röhricht/v. Westphalen/*v. Gerkan/Haas* Rn 8; Baumbach/*Hopt* Rn 4; unter Geltung der KO auch KG OLGE 19, 317; wohl auch OLG Stuttgart ZIP 1984, 1385.

[26] RGZ 43, 133; 3. Aufl. Anm. 13 (*Schilling*); Heymann/*Sonnenschein/Weitemeyer* Rn 6.

[27] So aber noch 3. Aufl. Anm. 15 (*Schilling*).

[28] Ebenroth/Boujong/Joost/Strohn/*Hillmann* Rn 10; für Tauglichkeit von OHG und KG als Verwahrer auch MünchKommHGB/*K. Schmidt* Rn 16.

[29] Vgl. für die GmbH BayObLG NJW 1968, 56 (Inanspruchnahme durch Gesellschafter und Gläubiger).

[30] BayObLG NJW 1968, 56.

[31] Wohl einh. M., s. bereits MünchKommHGB/*K. Schmidt* Rn 25; Ebenroth/Boujong/Joost/Strohn/*Hillmann* Rn 12; Röhricht/v. Westphalen/*v. Gerkan/Haas* Rn 10; für § 74 GmbHG OLG Stuttgart ZIP 1984, 1385.

diese haben das Stimmrecht gemeinschaftlich auszuüben und sich im Innenverhältnis nach Maßgabe der §§ 2038 Abs. 2 S. 1, 745 BGB darüber zu verständigen (§ 146 Rn 22, 27). Die Gesellschaftsgläubiger, die Privatgläubiger der Gesellschafter, ein Zessionar des Anspruchs auf das Auseinandersetzungsguthaben und die Liquidatoren haben nicht mitzuwirken.[32] Ist über das Vermögen eines Gesellschafters das **Insolvenzverfahren** eröffnet worden, so findet § 146 Abs. 3 Anwendung; der Insolvenzverwalter handelt also anstelle des Gesellschafters (§ 146 Rn 46).[33] Entsprechendes gilt bei Testamentsvollstreckung, Nachlassverwaltung und Nachlassinsolvenz (§ 146 Rn 29).

17 Der als Verwahrer Bestimmte ist zur Übernahme nicht verpflichtet (Rn 15). Zur Begründung einer entsprechenden Pflicht bedarf es vielmehr des Abschlusses eines entgeltlichen oder unentgeltlichen **Verwahrungsvertrags** zwischen den Gesellschaftern und dem zum Verwahrer Bestimmten. Vorbehaltlich einer durch den Gesellschaftsvertrag oder einen Vorvertrag begründeten Verpflichtung steht der Abschluss des Verwahrungsvertrags im Belieben des von den Gesellschaftern als Verwahrer Bestimmten. Entsprechend allgemeinen Grundsätzen kann der Verwahrungsvertrag auch konkludent, etwa durch Entgegennahme der Unterlagen, geschlossen werden. Die Liquidatoren sind zwar nicht gegenüber dem Verwahrer, wohl aber gegenüber den Gesellschaftern zur **Herausgabe** der Unterlagen verpflichtet; die Gesellschafter können allerdings auf Herausgabe an den Verwahrer klagen (Rn 14). Hinsichtlich der **Haftung des Verwahrers** ist zu unterscheiden. Ist der Verwahrer Gesellschafter, so kommt ihm die Vorschrift des § 708 BGB (§ 149 Rn 7) zugute.[34] Andernfalls beurteilt sich die Haftung nach § 690 BGB; bei entgeltlicher Verwahrung bewendet es danach bei § 276 BGB.

18 **3. Bestimmung des Verwahrers durch das Gericht.** Für den Fall, dass sich die Gesellschafter nicht verständigen, wird der Verwahrer nach Abs. 2 S. 2 durch das Gericht bestimmt. Nach § 375 Nr. 1 FamFG (= § 145 Abs. 1 FGG) handelt es sich um ein Verfahren der freiwilligen Gerichtsbarkeit. Zuständig ist nach § 157 Abs. 2 S. 2, § 23a Abs. 1 Nr. 2 GVG i.V.m. § 376 FamFG (= § 145 FGG) das Amtsgericht, in dessen Bezirk die Gesellschaft ihren Sitz hatte. Aus § 376 Abs. 2 FamFG (= § 145 Abs. 2 FGG) kann sich allerdings die örtliche Zuständigkeit eines anderen Amtsgerichts ergeben. Nach §§ 3 Nr. 2 lit. d, 17 Nr. 2 lit. a RpflG entscheidet der Rechtspfleger. Die Zuständigkeit ist eine ausschließliche; namentlich Entscheidungen des Prozessgerichts sind unzulässig (s. § 146 Rn 38).[35]

19 Das Gericht entscheidet auf **Antrag** (s. § 146 Rn 36). Antragsberechtigt ist zunächst jeder Gesellschafter. Bei einer Mehrheit von Erben ist nach § 2038 Abs. 1 S. 2, 2. Hs. BGB jeder Miterbe zur Antragsstellung befugt. Bei Insolvenz eines Gesellschafters und Vorliegen der Voraussetzungen des § 146 Abs. 3 übt der Insolvenzverwalter das Antragsrecht aus.[36] Entsprechendes gilt bei Testamentsvollstreckung, Nachlassverwaltung und

---

[32] MünchKommHGB/*K. Schmidt* Rn 19; Ebenroth/Boujong/Joost/Strohn/*Hillmann* Rn 11; Röhricht/v. Westphalen/*v. Gerkan/Haas* Rn 9.

[33] MünchKommHGB/*K. Schmidt* Rn 19; Ebenroth/Boujong/Joost/Strohn/*Hillmann* Rn 11; **aA** – gemeinsames Handeln von Gesellschafter und Verwalter – 3. Aufl. Anm. 14 (*Schilling*).

[34] Koller/Roth/Morck/*Koller* Rn 2; Ebenroth/Boujong/Joost/Strohn/*Hillmann* Rn 12; bei unentgeltlicher Verwahrung auch MünchKommHGB/*K. Schmidt* Rn 26.

[35] MünchKommHGB/*K. Schmidt* Rn 21; Ebenroth/Boujong/Joost/Strohn/*Hillmann* Rn 13; **aA** Baumbach/*Hopt* Rn 6 (einstweilige Verfügung durch Prozessgericht).

[36] MünchKommHGB/*K. Schmidt* Rn 22; Ebenroth/Boujong/Joost/Strohn/*Hillmann* Rn 14; Röhricht/v. Westphalen/*v. Gerkan/Haas* Rn 10.

Nachlassinsolvenz (§ 146 Rn 29, 37). Auch ein jeder Liquidator kann den Antrag stellen und sich dadurch seiner Pflicht zur Aufbewahrung der Unterlagen entledigen (Rn 14).[37] Ist über das Vermögen der Gesellschaft das Insolvenzverfahren eröffnet worden (§ 145 Rn 52 ff), so ist schließlich auch der Insolvenzverwalter antragsberechtigt.[38] Der Privatgläubiger eines Gesellschafters hat dagegen kein Antragsrecht.[39] Eine bestimmte Person braucht vom Antragssteller nicht vorgeschlagen zu werden.[40] An einen etwaigen Vorschlag ist das Gericht nicht gebunden. Hinsichtlich des **Verfahrens**, der Entscheidung des Gerichts und der **Rechtsbehelfe** der Beteiligten bewendet es bei den Vorschriften des FamFG und des § 11 RpflG (§ 146 Rn 38). Entsprechend § 147 können die Gesellschafter den gerichtlich ernannten Verwahrer „abberufen“, d.h. einvernehmlich einen anderen Verwahrer bestimmen. Die vertraglichen Rechte des durch das Gericht bestimmten Verwahrers (Rn 20) bleiben allerdings unberührt.

Auch der durch das Gericht Bestimmte ist zur Verwahrung der Unterlagen **nicht verpflichtet** (Rn 15). Eine Person, deren Ablehnung gewiss ist, darf deshalb erst gar nicht zum Verwahrer bestellt werden.[41] Nach hM kommt zwischen dem durch das Gericht Bestimmten und den Gesellschaftern ein **Verwahrungsvertrag** zustande;[42] hinsichtlich der Vergütung soll § 689 BGB Anwendung finden. Auch insoweit sprechen allerdings die besseren Gründe für die analoge Anwendung des § 265 Abs. 4 AktG (§ 146 Rn 40). Für die festgesetzte Vergütung haften die Gesellschafter. Nach hM ergibt sich dies aus der Stellung der Gesellschafter als Vertragspartner des Verwahrers, nach der hier vertretenen Ansicht aus der sinngemäßen[43] Anwendung des § 265 Abs. 4 AktG. Im Innenverhältnis sind die Kosten von der Gesellschaft zu tragen; im Rahmen der Auseinandersetzung ist dies zu berücksichtigen.[44] **20**

IV. Einsicht in die Bücher (Abs. 3)

1. **Allgemeines.** Nach § 157 Abs. 3 „behalten“ die Gesellschafter und ihre Erben ungeachtet des Erlöschens der Gesellschaft das Recht, die Bücher und Papiere (Rn 13 ff) einzusehen und zu benutzen. Nach der Konzeption des § 157 Abs. 3 gehen also die Gesellschafter ihres mitgliedschaftlichen Informationsrechts aus §§ 118, 166 nicht verlustig.[45] Infolge des Erlöschens der Gesellschaft kommt es freilich auch zum Erlöschen **21**

[37] Ebenroth/Boujong/Joost/Strohn/*Hillmann* Rn 14; Röhricht/v. Westphalen/*v. Gerkan*/*Haas* Rn 10.

[38] OLG Stuttgart ZIP 1984, 1385; Röhricht/v. Westphalen/*v. Gerkan*/*Haas* Rn 10.

[39] So auch MünchKommHGB/*K. Schmidt* Rn 22.

[40] KG OLGE 19, 318; 3. Aufl. Anm. 14 (*Schilling*); wohl auch OLG Dresden OLGE 19, 316.

[41] OLG Stuttgart ZIP 1984, 1385.

[42] 3. Aufl. Anm. 14 (*Schilling*); MünchKommHGB/*K. Schmidt* Rn 24; Ebenroth/Boujong/Joost/Strohn/*Hillmann* Rn 15; Baumbach/*Hopt* Rn 6; s. ferner KG OLGE 19, 317 (keine Festsetzung der Vergütung durch das Gericht).

[43] Für eine Haftung der Gesellschaft und eine solche der Gesellschafter aus § 128 ist – insoweit in Abweichung von der Rechtslage nach § 146 Abs. 2 (s. § 146 Rn 20) – angesichts des Erlöschens der Gesellschaft kein Raum.

[44] Vgl. 3. Aufl. Anm. 14 (*Schilling*), MünchKommHGB/*K. Schmidt* Rn 24, die jew. die Zurückbehaltung eines entsprechenden Betrags empfehlen, was freilich nur Sinn macht, wenn die volle Vergütung für die Verwahrung über den gesamten Zeitraum alsbald geleistet werden kann.

[45] In diesem Sinne denn auch 3. Aufl. Anm. 15 (*Schilling*); Heymann/*Sonnenschein*/*Weitemeyer* Rn 7; Ebenroth/Boujong/Joost/Strohn/*Hillmann* Rn 16.

der Mitgliedschaften und der in diesen verkörperten Befugnisse (dazu § 124 Rn 9 f). Vor diesem Hintergrund kann das Recht aus § 157 Abs. 3 zwar nicht mit den mitgliedschaftlichen Informationsrechten gleichgesetzt werden; es tritt **vielmehr an die Stelle der Rechte aus §§ 118, 166**. Gleichwohl können die Gesellschafter (nur) insoweit von § 157 Abs. 3 abweichende Vereinbarungen treffen, als auch die Rechte aus §§ 118, 166 dispositiv sind (Rn 5). Vorbehaltlich einer abweichenden Vereinbarung wirken etwaige **Beschränkungen** der mitgliedschaftlichen Informationsrechte allerdings nicht auch hinsichtlich des Einsichtsrechts aus § 157 Abs. 3.[46] – Zum Anwendungsbereich des § 157 Abs. 3 s. Rn 2 ff.

22 2. **Berechtigte.** Zur Einsicht und Benutzung der Bücher und Papiere sind nach § 157 Abs. 3 zunächst die **Gesellschafter** berechtigt. Berechtigt sind nur die Gesellschafter, die bei Beendigung der Abwicklung Mitglied waren; zuvor ausgeschiedene Gesellschafter können die Unterlagen nur nach Maßgabe des § 810 BGB oder einer etwaigen Vereinbarung einsehen.[47] Unerheblich ist dagegen, ob die Gesellschafter zur Geschäftsführung und Vertretung der werbenden Gesellschaft berechtigt waren. Neben den Gesellschaftern sind deren **Erben** berechtigt. Dies ist von Bedeutung, wenn ein Gesellschafter nach der Beendigung der Gesellschaft stirbt. Die Erben der nach Auflösung, aber vor Beendigung der Gesellschaft verstorbenen Gesellschafter werden dagegen ihrerseits Gesellschafter (§ 146 Rn 22) und sind deshalb ohnehin nach Abs. 3 berechtigt. Ausweislich der Entstehungsgeschichte des Abs. 3 sollen sonstige Rechtsnachfolger eines Gesellschafters nicht zur Einsicht und Benutzung berechtigt sein (Rn 1). Davon betroffen ist insbesondere die nach Beendigung der Gesellschaft erfolgte Verschmelzung oder Spaltung (§ 145 Rn 45 ff) eines Gesellschafters; die Rechtsnachfolger sind dann allenfalls nach § 810 BGB zur Einsichtnahme berechtigt (Rn 23). Anderes gilt dagegen für einen Formwechsel im Sinne der §§ 190 ff UmwG (§ 145 Rn 43 f). Mit ihm verbindet sich keine Rechtsnachfolge. Das Einsichts- und Benutzungsrecht bleibt deshalb unberührt.

23 **Andere** als die in Abs. 3 genannten Personen sind zur Einsicht und Benutzung der Bücher nur nach Maßgabe des **§ 810 BGB** berechtigt.[48] Dies gilt für Gläubiger der Gesellschaft, für die Privatgläubiger der Gesellschafter, für den gemeinsamen Vertreter im Sinne des § 146 Abs. 1 S. 2, aber auch für die Abwickler und den Insolvenzverwalter der Gesellschaft. Was schließlich den Insolvenzverwalter eines Gesellschafters betrifft, so übt er im Rahmen seiner Zuständigkeit das Einsichts- und Benutzungsrecht des Abs. 3 aus; entsprechend allgemeinen Grundsätzen handelt es sich aber um ein Recht des Gesellschafters (§ 146 Rn 46).[49] Entsprechendes gilt bei Testamentsvollstreckung, Nachlassverwaltung und Nachlassinsolvenz (vgl. § 146 Rn 29).

24 3. **Inhalt und Geltendmachung des Rechts.** Das Recht aus Abs. 3 ist auf „Einsicht und Benutzung" der Bücher und Papiere gerichtet. Der Berechtigte darf deshalb auch Abschriften und Kopien erstellen und diese sodann für eigene Zwecke verwenden. Sachver-

---

[46] MünchKommHGB/*K. Schmidt* Rn 29; Ebenroth/Boujong/Joost/Strohn/*Hillmann* Rn 3.

[47] MünchKommHGB/*K. Schmidt* Rn 29; Heymann/*Sonnenschein*/*Weitemeyer* Rn 7; Röhricht/v. Westphalen/*v. Gerkan*/*Haas* Rn 11; Ebenroth/Boujong/Joost/Strohn/*Hillmann* Rn 18.

[48] MünchKommHGB/*K. Schmidt* Rn 30; Röhricht/v. Westphalen/*v. Gerkan*/*Haas* Rn 11; Ebenroth/Boujong/Joost/Strohn/*Hillmann* Rn 17; Heymann/*Sonnenschein*/*Weitemeyer* Rn 7.

[49] Im Ergebnis heute ganz hM, s. MünchKommHGB/*K. Schmidt* Rn 30; Ebenroth/Boujong/Joost/Strohn/*Hillmann* Rn 17; Röhricht/v. Westphalen/*v. Gerkan*/*Haas* Rn 11; Baumbach/*Hopt* Rn 7.

ständige dürfen hinzugezogen werden.[50] Die Abtretung des Rechts ist dagegen ausgeschlossen.[51] Von der Abtretung zu unterscheiden ist freilich die Ausübung des Rechts durch den gesetzlichen Vertreter, den Insolvenzverwalter oder Testamentsvollstrecker eines nach Abs. 3 Berechtigten (Rn 23; ferner § 146 Rn 11, 29, 46). Die Einsichtnahme hat grundsätzlich an dem **Ort** zu erfolgen, an dem die Unterlagen verwahrt werden. Entsprechend § 811 Abs. 1 S. 2, Abs. 2 BGB kann freilich auch Vorlegung an einem anderen Ort verlangt werden. Ein **berechtigtes Interesse** an der Einsichtnahme braucht der Berechtigte nicht darzulegen.[52] Davon zu unterscheiden ist die Frage, ob der Verwahrer einwenden kann, dem Berechtigten fehle ein Informationsinteresse; sie beurteilt sich nach den zu den mitgliedschaftlichen Informationsrechten geltenden Grundsätzen (§ 118 Rn 15 ff). Die Durchsetzung des Rechts erfolgt im gerichtlichen Streitverfahren, also mittels **Leistungsklage** oder Antrag auf Erlass einer einstweiligen Verfügung.[53]

Das Recht aus Abs. 3 besteht zwar auch bei **Veräußerung des Unternehmens** (Rn 2 ff, **25**
13).[54] Auch in diesem Fall können also die Gesellschafter Beschränkungen nur innerhalb der durch §§ 118, 166 gesteckten Grenzen vereinbaren (Rn 5, 21). Entsprechende Beschränkungen sind freilich im Fall der Unternehmensveräußerung regelmäßig gewollt; insbesondere entspricht es dem mutmaßlichen Willen der Gesellschafter, dass eine Einsichtnahme, die geeignet ist, mit dem Erwerber in Wettbewerb zu treten, ausgeschlossen sein soll. Im Übrigen bleibt die Möglichkeit, dass die Gesellschafter durch Vertrag mit dem Erwerber Ausübung und Reichweite des Rechts zur Einsicht und Benutzung der Unterlagen regeln.

§ 158

Vereinbaren die Gesellschafter statt der Liquidation eine andere Art der Auseinandersetzung, so finden, solange noch ungeteiltes Gesellschaftsvermögen vorhanden ist, im Verhältnisse zu Dritten die für die Liquidation geltenden Vorschriften entsprechende Anwendung.

Schrifttum: Vgl. die Nachw. zu § 145.

Übersicht

[50] 3. Aufl. Anm. 16 (*Schilling*); MünchKommHGB/*K. Schmidt* Rn 31; Ebenroth/Boujong/Joost/Strohn/*Hillmann* Rn 18; Baumbach/*Hopt* Rn 7.

[51] S. die Nachw. in Fn 50.

[52] Ebenroth/Boujong/Joost/Strohn/*Hillmann* Rn 18; Baumbach/*Hopt* Rn 7; Heymann/*Sonnenschein*/*Weitemeyer* Rn 7.

[53] MünchKommHGB/*K. Schmidt* Rn 32; Röhricht/v. Westphalen/*v. Gerkan*/*Haas* Rn 12; Ebenroth/Boujong/Joost/Strohn/*Hillmann* Rn 18; **aA** – für Zulässigkeit einer Entscheidung des Gerichts der freiwilligen Gerichtsbarkeit analog § 273 AktG – 3. Aufl. Anm. 16 (*Schilling*).

[54] **AA** RGZ 43, 135 f; Baumbach/*Hopt* Rn 7.

I. Einführung

1 **1. Inhalt und Zweck der Vorschrift.** Nach § 158 finden im Verhältnis zu Dritten die für die Liquidation geltenden Vorschriften der §§ 145 ff auch dann Anwendung, wenn die Gesellschafter eine **andere Art der Abwicklung** vereinbaren und die Gesellschaft noch nicht vollbeendigt ist. Die Vorschrift ist ohne Vorbild im ADHGB. Der Gesetzgeber des HGB hielt den Erlass des § 158 aus Gründen der Klarstellung für notwendig. Den Grundsatz nämlich, „dass die Gesellschaft trotz der Auflösung in gewissen Beziehungen als fortbestehend gilt, solange noch ungetheiltes Gesellschaftsvermögen vorhanden ist, hat das Handelsgesetzbuch nur für den Fall der Liquidation aufgestellt".[1] Durch § 158 werde im Interesse der Gläubiger und des Rechtsverkehrs klargestellt, dass Klagen und Vollstreckungshandlungen gegen die Gesellschaft als solche zulässig seien und die Gesellschafter die unbeschränkbare gesetzliche Vertretungsmacht der Liquidatoren hätten.

2 Aus heutiger Sicht hätte es der Vorschrift des § 158 freilich nicht bedurft.[2] Vor dem Hintergrund nämlich, dass die Gesellschaft ungeachtet ihrer Auflösung Rechtssubjekt ist und als solches erst mit Vollbeendigung erlischt (§ 145 Rn 2, 6, 13 ff; § 156 Rn 3 ff), versteht es sich von selbst, dass dem unabhängig von der Art der Abwicklung so ist. Die demnach **überflüssige Vorschrift** des § 158 hat allerdings die herrschende Meinung zu der Annahme veranlasst, durch Vereinbarung einer anderen Art der Auseinandersetzung komme es nicht zu der in §§ 146, 149 geregelten Änderung der Organisationsverfassung der Gesellschaft; insbesondere verfüge die aufgelöste, aber nach Maßgabe einer Abwicklungsvereinbarung abzuwickelnde Gesellschaft nicht über Liquidatoren (§ 145 Rn 34). Demgegenüber ist auch insoweit daran festzuhalten, dass die Art der Abwicklung keine Auswirkungen auf den Status der Gesellschaft hat und es somit auch bei Bestehen einer Abwicklungsvereinbarung im Verhältnis zu Dritten (Rn 7 f) bei Geltung der Vorschriften der §§ 145 ff bewendet (§ 145 Rn 34). Nach § 156 gelangen zudem, wenn auch nur subsidiär, die Vorschriften der §§ 105 ff, §§ 705 ff BGB zur Anwendung. Anderes gilt allerdings bei liquidationslosem Erlöschen der Gesellschaft (Rn 4). Zur Rechtslage bei Insolvenz der Gesellschaft s. § 145 Rn 52 ff.

3 **2. Anwendungsbereich; zwingender Charakter.** Die Vorschrift gilt für jede aufgelöste, aber noch nicht vollbeendigte OHG, KG, EWIV und Partnerschaftsgesellschaft (vor § 145 Rn 7 ff). Auf die Außengesellschaft bürgerlichen Rechts findet sie zwar keine Anwendung (vor § 145 Rn 10). Indes gilt auch insoweit, dass die Auflösung nichts am Fortbestand der Gesellschaft als Subjekt von Rechten und Pflichten zu ändern vermag; auch die aufgelöste GbR ist also abzuwickeln, allerdings nach Maßgabe der §§ 730 ff BGB. – Die Vorschrift des § 158 enthält, soweit sie für das Außenverhältnis die Geltung der §§ 145 ff vorschreibt, zwingendes Recht.

---

[1] Denkschrift zum RJA – E I, Abdruck bei *Schubert/Schmiedel/Krampe* Quellen zum Handelsgesetzbuch von 1897, Bd. 2: Denkschriften, Beratungen, Berichte, 1. Halbbd. 1987, S. 96.

[2] MünchKommHGB/*K. Schmidt* Rn 3 ff; Röhricht/v. Westphalen/*v. Gerkan/Haas* Rn 1; **aA** 3. Aufl. Anm. 1 (*Schilling*); Heymann/*Sonnenschein/Weitemeyer* Rn 1; Baumbach/*Hopt* Rn 1; s. ferner KG OLGE 43, 289; BayObLG ZIP 1981, 188 (191).

II. Tatbestand

4 **1. Andere Art der Abwicklung.** Voraussetzung für die in § 158 angeordnete Geltung der §§ 145 ff ist, dass die Gesellschafter eine **andere Art der Abwicklung** im Sinne des § 145 Abs. 1 (§ 145 Rn 22 ff) vereinbart haben. Kommt es dagegen zum **liquidationslosen Erlöschen** der Gesellschaft, so ist für eine Abwicklung, mag sie nach §§ 145 ff oder nach Maßgabe einer Abwicklungsvereinbarung erfolgen, in Ermangelung eines abzuwickelnden Rechtssubjekts kein Raum (§ 145 Rn 39 ff); die Vorschriften der §§ 145 ff und damit auch diejenige des § 158 sind in diesem Fall gegenstandslos. Anders verhält es sich wiederum, wenn die Gesellschafter zwar die Abwicklung nach Maßgabe der §§ 145 ff abbedungen, sich aber noch nicht auf eine andere Art der Abwicklung verständigt haben. In diesem Fall besteht die Gesellschaft als Liquidationsgesellschaft fort und unterliegt deshalb nach § 158 im Verhältnis zu Dritten den §§ 145 ff.[3]

5 Nach hM findet § 158 dagegen keine Anwendung, wenn sich die Abwicklungsvereinbarung nur auf einen **Teil des Gesellschaftsvermögens** bezieht.[4] Diese Ansicht beruht allerdings auf einer unzutreffenden Auslegung des Begriffs der „anderen Art der Abwicklung" und ist deshalb abzulehnen. Geht man demgegenüber davon aus, dass es der Vereinbarung einer anderen Art der Abwicklung immer dann bedarf, wenn die Gesellschafter von der Versilberung des gesamten oder eines Teils des Gesellschaftsvermögens absehen wollen (§ 145 Rn 35 ff), so ist § 158 auch in dem Fall anwendbar, dass sich die Abwicklungsvereinbarung nur auf einen Teil des Gesellschaftsvermögens bezieht. Indes kommt der Frage keine praktische Bedeutung zu, enthält doch § 158 eine überflüssige, nämlich die ohnehin selbstverständliche Fortgeltung der §§ 145 ff anordnende Vorschrift (Rn 2).

6 **2. Gesellschaftsvermögen.** Neben der Vereinbarung einer anderen Art der Abwicklung (Rn 4 f) setzt § 158 das Vorhandensein von ungeteiltem Gesellschaftsvermögen voraus. Auch dies versteht sich freilich von selbst, ist doch die Gesellschaft, wenn sie über kein Vermögen mehr verfügt, vollbeendigt (§ 155 Rn 34 f; § 157 Rn 6 f, 10), so dass für die Anwendung der §§ 145 ff kein Raum ist. Auch bei Bestehen einer Abwicklungsvereinbarung gilt allerdings, dass es auf **Art und Werthaltigkeit** des Vermögensgegenstands nicht ankommt. Die Gesellschaft unterliegt also auch dann den §§ 145 ff, wenn ihr Vermögen ausschließlich in etwaigen **Sozialansprüchen** gegen ihre Gesellschafter besteht (§ 149 Rn 21 ff; § 155 Rn 9 ff).

III. Rechtsfolgen

7 **1. Außenverhältnis.** Bei den durch § 158 für anwendbar erklärten Vorschriften handelt es sich zunächst um diejenigen der §§ 145 ff, soweit darin das Verhältnis der Gesellschaft zu Dritten geregelt ist. Entgegen der hM verfügt die Gesellschaft auch bei Vereinbarung einer anderen Art der Abwicklung über **Liquidatoren** (§ 145 Rn 34), so dass zunächst die Vorschriften der §§ 146 Abs. 1 S. 1, Abs. 2 und 3, 147, 148, 149 S. 2, 150,

---

[3] MünchKommHGB/*K. Schmidt* Rn 8; Ebenroth/Boujong/Joost/Strohn/*Hillmann* Rn 3; im Ergebnis auch 3. Aufl. Anm. 2 (*Schilling*); *A. Hueck* OHG § 31 VI (S. 480, Fn 28).

[4] 3. Aufl. Anm. 2 (*Schilling*); MünchKommHGB/*K. Schmidt* Rn 9; Ebenroth/Boujong/Joost/Strohn/*Hillmann* Rn 3; Heymann/*Sonnenschein*/*Weitemeyer* Rn 2; Straube/*Torggler* Rn 4; unentschieden Röhricht/v. Westphalen/*v. Gerkan*/*Haas* Rn 1.

151, 153, und 157 Abs. 1, 2 zur Anwendung gelangen. Entgegen der Vorstellung des historischen Gesetzgebers (Rn 1) und der noch hM (§ 145 Rn 34) gelten also die Gesellschafter nicht nur als Liquidatoren; vorbehaltlich einer von § 146 Abs. 1 S. 1 abweichenden Vereinbarung sind sie es auch. Des Weiteren ist die aufgelöste Gesellschaft zur Rechnungslegung nach den allgemeinen Vorschriften des Handelsrechts verpflichtet, mag sie nach §§ 145 ff oder auf andere Art abgewickelt werden (§ 154 Rn 7 ff). Neben den genannten Vorschriften ist ferner diejenige des § 156 anwendbar, soweit darin aus dem Kreis der §§ 105 ff, §§ 705 ff BGB die das Außenverhältnis betreffenden Vorschriften in Bezug genommen werden (§ 156 Rn 5 ff). Auch die aufgelöste, aber nach Maßgabe einer von den Gesellschaftern getroffenen Abwicklungsvereinbarung zu liquidierende Gesellschaft unterliegt danach insbesondere den **§§ 124, 128 bis 130a** (§ 156 Rn 11 f).

8 **2. Innenverhältnis.** Das Rechtsverhältnis der Gesellschafter untereinander, dasjenige der Gesellschafter zur Gesellschaft sowie dasjenige der Gesellschaft zu den Liquidatoren bestimmt sich primär nach dem **Inhalt der Abwicklungsvereinbarung.** Im Übrigen gelangen die §§ 105 ff, 705 ff BGB sowie die sonstigen Vorschriften des Bürgerlichen Rechts zur Anwendung. Dagegen scheinen die §§ 145 ff, soweit sie das Innnenverhältnis betreffen, nach dem Wortlaut des § 158 unanwendbar zu sein. Indes widerspräche insbesondere die Nichtgeltung der §§ 152, 155 dem mutmaßlichen Willen der Gesellschafter. Ungeachtet des Wortlauts des § 158 ist deshalb davon auszugehen, dass die §§ 145 ff auch im Innenverhältnis zur Anwendung gelangen, soweit nicht die Gesellschafter von diesen Vorschriften abweichende Vereinbarungen getroffen haben. Letzteres gilt insbesondere hinsichtlich des § 149 S. 1, soweit dieser den Liquidatoren die Versilberung des Gesellschaftsvermögens zur Pflicht macht; insoweit liegt die Abbedingung des § 149 S. 1 in der Natur der Abwicklungsvereinbarung (§ 145 Rn 35 ff; § 149 Rn 3). Der Vorschrift des § 158 lässt sich also auch für das Innenverhältnis nicht mehr als die ohnehin selbstverständliche Anordnung entnehmen, dass das dispositive Recht nur subsidiär zur Anwendung gelangt. An der Geltung zwingender Vorschriften vermag dagegen die Vereinbarung einer anderen Art der Abwicklung nichts zu ändern.

SECHSTER TITEL

Verjährung. Zeitliche Begrenzung der Haftung

§ 159

(1) Die Ansprüche gegen einen Gesellschafter aus Verbindlichkeiten der Gesellschaft verjähren in fünf Jahren nach der Auflösung der Gesellschaft, sofern nicht der Anspruch gegen die Gesellschaft einer kürzeren Verjährung unterliegt.

(2) Die Verjährung beginnt mit dem Ende des Tages, an welchem die Auflösung der Gesellschaft in das Handelsregister des für den Sitz der Gesellschaft zuständigen Gerichts eingetragen wird.

(3) Wird der Anspruch des Gläubigers gegen die Gesellschaft erst nach der Eintragung fällig, so beginnt die Verjährung mit dem Zeitpunkte der Fälligkeit.

(4) Der Neubeginn der Verjährung und ihre Hemmung nach § 204 des Bürgerlichen Gesetzbuchs gegenüber der aufgelösten Gesellschaft wirken auch gegenüber den Gesellschaftern, die der Gesellschaft zur Zeit der Auflösung angehört haben.

Schrifttum

S. zunächst die Nachw. zu § 128 (insbesondere diejenigen zur Haftung und zum Rückgriff des ausgeschiedenen Gesellschafters), ferner *Altmeppen* Zur Enthaftung des ausscheidenden Personengesellschafters, NJW 2000, 2529; *Armbrüster* Zur Nachhaftung ausgeschiedener Gesellschafter von Personengesellschaften, DZWiR 1997, 55; *Bärwaldt/Schabacker* Das Ausscheiden des Kommanditisten ohne Nachhaftung, NJW 1998, 1909; *Bormann* Nachhaftungsbegrenzung beim Wechsel vom Voll- zum Teilhafter, NZG 2004, 751; *Brandes* Verjährung von Gesellschafts- und Gesellschafterschuld im Recht der Personenhandelsgesellschaften, FS Stimpel (1985) S. 105; *Eckert* Begrenzung der Nachhaftung ausgeschiedener Gesellschafter, RdA 1994, 215; *Habersack* Der Regreß bei akzessorischer Haftung, AcP 198 (1998), 152; *Hardt* Nachhaftungsbegrenzungsgesetz und Deliktsrecht, ZIP 1999, 1541; *Hofmeister* Zur Auswirkung des neuen Verjährungsrechts auf die Nachhaftung der Gesellschafter, NZG 2002, 851; *ders.* Beginn der Enthaftung des ausscheidenden Personengesellschafters nach § 160 I 2 HGB, NJW 2003, 93; *Langohr-Plato* Umwandlung und Nachhaftung: neue rechtliche Aspekte in der betrieblichen Altersversorgung, MDR 1996, 325; *K. Leverenz* Enthält § 160 HGB dispositives Recht? ZHR 160 (1996), 75; *Lieb* „Haftungsklarheit für den Mittelstand"? – Offene (Übergangs-)Fragen nach Erlaß des Nachhaftungsbegrenzungsgesetzes (NHBG), GmbH-Rdsch. 1994, 657; *Maier-Reimer* Nachhaftungsbegrenzung und neues Verjährungsrecht, DB 2002, 1818; *Mattheus/Schwab* Kommanditistenhaftung und Registerpublizität, ZGR 2008, 65; *Medicus* Nachhaftungsbegrenzung und Deliktsverjährung am Beispiel der OHG, FS Lutter (2000) S. 891; *K. Schmidt* Zur Haftung und Enthaftung der persönlich haftenden Gesellschafter bei Liquidation und Konkurs der Personengesellschaft, ZHR 152 (1988), 105; *ders./Schneider* Haftungserhaltende Gläubigerstrategien beim Ausscheiden von Gesellschaftern bei Unternehmensübertragung, Umwandlung und Auflösung, BB 2003, 1961; *Siems/Maaß* Die Begrenzung der Nachhaftung gem. § 160 HGB, § 736 Abs. 2 BGB, WM 2000, 2328; *Steinbeck* Das Nachhaftungsbegrenzungsgesetz, WM 1996, 2041; *Waldner* Das neue Nachhaftungsbegrenzungsgesetz, WiB 1994, 297; *Wertenbruch* Beginn der Enthaftungsfrist bei Ausscheiden aus einer Personengesellschaft, NZG 2008, 216.

Übersicht

I. Einführung

1 **1. Inhalt und Zweck der Vorschrift.** Nach § 159 Abs. 1 unterliegt die Haftung der Gesellschafter aus §§ 128, 130, 171 f, 176 (Rn 5, 12 f) mit Auflösung der Gesellschaft einer **Sonderverjährung von fünf Jahren**. Beginn und Unterbrechung der Verjährung sind in § 159 Abs. 2 bis 4 geregelt. Die Vorschrift des § 159 steht in Zusammenhang sowohl mit §§ 128, 171 als auch mit §§ 145 ff. Sie trägt einerseits dem Umstand Rechnung, dass die Gesellschaft ihre werbende Tätigkeit eingestellt hat (§ 145 Rn 16 ff) und deshalb aus Sicht der Gesellschafter ein Bedürfnis besteht, die trotz der Auflösung fortdauernde persönliche Haftung zeitlich zu begrenzen. Andererseits soll es die Frist von fünf Jahren den Gesellschaftsgläubigern ermöglichen, ihre im Zuge der Liquidation nicht befriedigten Forderungen durch Inanspruchnahme der Gesellschafter durchzusetzen; dies ist insbesondere in den Fällen von Bedeutung, in denen es ungeachtet der Existenz offener Verbindlichkeiten zur Ausschüttung des Vermögens an die Gesellschafter kommt (§ 149 Rn 9, 37; § 155 Rn 16 f) oder das Vermögen der aufgelösten Gesellschaft nicht ausreicht, um sämtliche Gläubiger zu befriedigen. Die Vorschrift begründet eine **eigene Einrede des Gesellschafters.** Die Befugnis des Gesellschafters, sich auf die vor Ablauf von fünf Jahren eingetretene Verjährung der Gesellschaftsschuld zu berufen, wird dadurch nicht berührt; auch nach Auflösung der Gesellschaft bleibt also § **129 Abs. 1** anwendbar (Rn 15; § 156 Rn 12). Vor diesem Hintergrund und unter Berücksichtigung des Umstands, dass die gegen die Gesellschaft gerichteten Forderungen zumeist der kurzen Verjährung nach §§ 195, 199 BGB unterliegen, kommt der Vorschrift des § 159 keine allzu große praktische Bedeutung zu.[1] Immerhin lässt sich dem § 159 entnehmen, dass auch die **Vollbeendigung der Gesellschaft** (§ 155 Rn 34 f) der Forthaftung der Gesellschafter nicht entgegensteht; die Akzessorietät der Haftung aus § 128 (§ 128 Rn 20 ff) erfährt also insoweit eine Einschränkung (s. bereits § 155 Rn 34; § 157 Rn 6).

2 **2. Gesetzesgeschichte.** Die Vorschrift des § 159 ist – ebenso wie diejenigen der §§ 26, 28, 160 (Rn 8) – durch das am 26.3.1994 in Kraft getretene **Nachhaftungsbegrenzungs-**

---

[1] Eingehend zu den mit der Neuregelung des Verjährungsrechts verbundenen Folgen und dem Bedeutungsverlust der §§ 159 f *Hofmeister* NZG 2002, 851 ff; s. aber noch Rn 15.

gesetz[2] geändert worden. Während nach § 159 a.F. das Ausscheiden des Gesellschafters der Auflösung der Gesellschaft gleichgestellt war, regelt § 159 seitdem ausschließlich die Rechtslage bei **Auflösung** der Gesellschaft. Im Übrigen sind die Abs. 1 bis 3 unverändert geblieben. Die Vorschrift des § 160 a.F. betreffend die Unterbrechung der Verjährung ist – inhaltlich unverändert – in § 159 als neuer Abs. 4 eingefügt worden, der wiederum durch Art. 5 Abs. 16 Nr. 4 des **Schuldrechtsmodernisierungsgesetzes** vom 26.11.2001[3] an die Neuregelung des Verjährungsrechts angepasst worden ist. Für den Fall der Auflösung der Gesellschaft hat sich mithin durch das Nachhaftungsbegrenzungsgesetz keine inhaltliche Änderung der Rechtslage ergeben. Die Übergangsvorschriften der Art. 35 f EGHGB (§ 160 Rn 38 ff) sind denn auch bei Auflösung der Gesellschaft nicht anwendbar. Anderes gilt bei **Ausscheiden** eines Gesellschafters. Die mit dem Ausscheiden verbundenen Folgen für die Haftung aus §§ 128, 171 f sind nunmehr in § 160 – auch in der Sache abweichend von der alten Rechtslage – geregelt worden (Rn 8 f). Hierin und in der entsprechenden Änderung der §§ 26, 28[4] liegt die wesentliche Bedeutung des Nachhaftungsbegrenzungsgesetzes.

Bis zum Inkrafttreten des Nachhaftungsbegrenzungsgesetz (Rn 2) waren die §§ 159, 160 unverändert geblieben. Sachlich stimmten sie mit **Art. 146 bis 148 ADHGB** überein; mit Rücksicht auf die zeitgleich in Kraft getretenen Vorschriften des BGB über die Verjährung konnte sie der Gesetzgeber des HGB allerdings erheblich straffen. Wie Art. 146 bis 148 ADHGB stellten auch §§ 159, 160 a.F. das **Ausscheiden** eines Gesellschafters der **Auflösung** der Gesellschaft gleich; in beiden Fällen sollte die Haftung aus §§ 128, 171 f der Sonderverjährung unterliegen. Dem lag die Vorstellung zugrunde, dass das Ausscheiden eines Gesellschafters als „partielle Auflösung" der Gesellschaft und die Auflösung wiederum als Ausscheiden sämtlicher Gesellschafter anzusehen sei. Demgegenüber herrscht heute Einvernehmen darüber, dass zwischen der Auflösung der Gesellschaft und dem Ausscheiden eines Gesellschafters auch in der Sache zu unterscheiden ist. Während nämlich das Ausscheiden eines Gesellschafters den Fortbestand der Gesellschaft als werbende unberührt lässt und es lediglich zu einer schuldrechtlichen „Auseinandersetzung" zwischen Gesellschaft und Ausgeschiedenem nach Maßgabe der §§ 738 ff BGB kommt (§ 105 Rn 65), geht mit der Auflösung eine Änderung des Gesellschaftszwecks und der Organisationsverfassung der Gesellschaft einher (§ 145 Rn 13 ff). Dies schließt es zwar nicht per se aus, Auflösung und Ausscheiden, was die Frage der Nachhaftung betrifft, einheitlichen Regeln zu unterstellen. Indes war es gerade der Fortbestand des auf werbende Tätigkeit gerichteten Gesellschaftszwecks, der für den Fall des Ausscheidens die Einheitskonzeption des § 159 a.F. zum Scheitern verurteilt hat (§ 160 Rn 2). 3

3. **Abweichende Vereinbarungen.** Die Vorschrift des § 159 ist insoweit dispositiv, als nach § 202 BGB Vereinbarungen über die Verjährung statthaft sind. Was zunächst **Erleichterungen** der Verjährung betrifft, so können nach Maßgabe des § 202 Abs. 1 BGB namentlich eine Abkürzung der Verjährungsfrist, eine von Abs. 3 abweichende Vorverle- 4

---

[2] Gesetz zur zeitlichen Begrenzung der Nachhaftung von Gesellschaftern vom 18.3.1994, BGBl. I, 560; dazu RegE, Stellungnahme des Bundesrates und Gegenäußerung der Bundesregierung, BT-Drucks. 12/1868 v. 20.12.1991; dazu *Funke* DB 1992, 2177; *Lieb* GmbH-Rdsch. 1992, 561 ff; *Ulmer/Timmann* ZIP 1992, 1 ff; s. ferner Beschlussempfehlung und Bericht des Rechtsausschusses, BT-Drucks. 12/6569 v. 13.1.1994; dazu *K. Schmidt* ZIP 1994, 243 f.

[3] BGBl. I S. 3138; zu Übergangsvorschriften zum neuen Verjährungsrecht s. Art. 229 § 6 EGBGB.

[4] Zur Änderung des UmwG s. Fn 15.

gung des Verjährungsbeginns[5] und die Nichtgeltung des Abs. 4[6] vereinbart werden kann. Nach § 128 S. 2 bedarf es dazu allerdings einer Vereinbarung mit dem Gläubiger; eine Vereinbarung der Gesellschafter untereinander lässt dagegen die Rechte des Gläubigers aus §§ 128, 159 unberührt (§ 128 Rn 15 f). **Erschwerungen** der Verjährung können im Rahmen des § 202 Abs. 2 BGB vereinbart werden;[7] auf eine entsprechende Vereinbarung der Gesellschafter untereinander kann sich auch der Gläubiger berufen.

4. Anwendungsbereich

5 a) **Erfasste Gesellschaftsformen.** Die Vorschrift des § 159 regelt die Verjährung der Gesellschafterhaftung; ihr Anwendungsbereich deckt sich folglich mit demjenigen der §§ 128, 171 f, 176 (Rn 12 ff; § 128 Rn 3 ff). § 159 gelangt somit zunächst bei Auflösung einer **OHG, KG oder KGaA** zur Anwendung; im Fall der KG können sich gem. § 161 Abs. 2 auch die Kommanditisten auf den Eintritt der Sonderverjährung berufen, mögen sie auf ihre Haftsumme beschränkt oder nach § 176 und damit unbeschränkt haften.[8] Was die Haftung der Partner für die Verbindlichkeiten der **Partnerschaftsgesellschaft** (§ 128 Rn 4; vor § 145 Rn 8) betrifft, so ordnet § 10 Abs. 2 PartGG die Geltung der §§ 159, 160 an. Mit Auflösung der Partnerschaft unterliegt also auch die Haftung aus § 8 PartGG i.V.m. §§ 128, 129 der Sonderverjährung des § 159. Die Rechtslage bei Auflösung der **EWIV** (vor § 145 Rn 9; § 128 Rn 5) entspricht weitgehend derjenigen nach § 159. Nach Art. 37 Abs. 2 EWIV-VO verjähren nämlich Ansprüche gegen die Mitglieder der aufgelösten EWIV binnen fünf Jahren. Im Unterschied zur Rechtslage nach § 159 (Rn 16 f) bestimmt allerdings Art. 37 Abs. 2 EWIV-VO, dass die Verjährung erst mit der nach Art. 8 EWIV-VO erforderlichen Bekanntmachung des Schlusses der Abwicklung und demnach nicht vor Vollbeendigung der Gesellschaft beginnt. Den Gesellschaftern einer **Gesellschaft bürgerlichen Rechts** (§ 128 Rn 6; vor § 145 Rn 10) schließlich kommt gleichfalls die Sonderverjährung zugute. Zwar wird von der – durch das Nachhaftungsbegrenzungs G (Rn 2) eingefügten – Vorschrift des § 736 Abs. 2 BGB nur § 160 in Bezug genommen; doch hindert dies nicht daran, auch § 159 entsprechend anzuwenden.[9]

6 b) **Den Lauf der Sonderverjährung begründender Tatbestand.** Nach der Neufassung des § 159 (Rn 2) läuft die Sonderverjährung nur noch im Fall der **Auflösung** der Gesellschaft. Unerheblich ist der Auflösungsgrund; § 159 findet deshalb auch bei Auflösung durch **Eröffnung des Insolvenzverfahrens** über das Vermögen der Gesellschaft Anwendung (Rn 16 f).[10] Das **Ausscheiden** des Gesellschafters aus der Gesellschaft ist dagegen in § 160 geregelt; ggf. findet § 159 neben § 160 Anwendung (Rn 9, 14). Dem Normzweck des § 159 entsprechend (Rn 1) setzt der Lauf der Sonderverjährung voraus, dass die Gesellschaft ihre werbende Tätigkeit eingestellt hat. Unerheblich ist zwar, ob die Gesellschaft nach Maßgabe

---

[5] Allg. dazu RGZ 66, 412 (414); MünchKommBGB/*Grothe* § 202 Rn 6.

[6] Allg. dazu MünchKommBGB/*Grothe* § 202 Rn 6.

[7] Näher dazu MünchKommBGB/*Grothe* § 202 Rn 11 ff.

[8] MünchKommHGB/*K. Schmidt* Rn 13; s. ferner Voraufl. § 171 Rn 16 (*Schilling*).

[9] Eingehend dazu, insbes. zu dem Beginn der Fünfjahresfrist (mit Kenntnis der Gläubiger) MünchKommBGB/*Ulmer/Schäfer* § 736 Rn 28 f mwN; s. ferner BFH NZG 1998, 238; MünchKommHGB/*K. Schmidt* Rn 15; für analoge Anwendung des § 159 a.F. bereits BGHZ 117, 168 (179) = NJW 1992, 1615.

[10] Röhricht/v. Westphalen/*v. Gerkan/Haas* Rn 4; Koller/Roth/Morck/*Koller* Rn 2; näher MünchKommHGB/*K. Schmidt* Rn 18 mit zutr. Hinweis auf die Sachgerechtigkeit des Verjährungsbeginns mit insolvenzbedingter Auflösung (dazu noch Rn 16).

der §§ 145 ff liquidiert wird oder ob die Gesellschafter eine andere Art der Abwicklung (§ 145 Rn 22 ff) vereinbart haben. Kommt es aber nach Auflösung zur **Fortsetzung** der Gesellschaft (§ 145 Rn 8) und damit zur Wiederherstellung des auf werbende Tätigkeit gerichteten Gesellschaftszwecks (§ 145 Rn 16 ff), so entfällt auch die Anwendbarkeit des § 159. Die Ansprüche gegen die Gesellschafter verjähren in diesem Fall selbst dann nach allgemeinem Verjährungsrecht (Rn 19; § 129 Rn 6), wenn die fünfjährige Verjährungsfrist bei Vornahme des Fortsetzungsbeschlusses bereits abgelaufen war. Entsprechendes gilt, wenn die Gesellschafter zwar keinen wirksamen Fortsetzungsbeschluss fassen, sie aber gleichwohl ihrer Pflicht zur Liquidation zuwider handeln und die Gesellschaft tatsächlich als werbende fortführen (§ 145 Rn 19 ff). Ein nach § 145 zulässiger Aufschub der Liquidation (§ 145 Rn 20) steht dagegen dem Lauf der Sonderverjährung nicht entgegen. Die Auflösung der Gesellschaft ist nicht nur Voraussetzung des § 159; vorbehaltlich des Abs. 3 ist sie vielmehr auch für den Beginn der Sonderverjährung entscheidend (Rn 16 ff).

Was die Frage der Anwendbarkeit des § 159 bei **liquidationslosem Erlöschen** der Gesellschaft (§ 145 Rn 39 ff) betrifft, so ist zu unterscheiden. Fallen Auflösung und Erlöschen der Gesellschaft zusammen und beruht das Erlöschen auf der Vereinigung sämtlicher Anteile in der Person eines Mitglieds (§ 145 Rn 39), so ist für die Anwendung des § 159 kein Raum; die aus der Gesellschaft ausgeschiedenen Gesellschafter werden vielmehr nach § 160 von ihrer Haftung befreit, während der Letztverbleibende als Gesamtrechtsnachfolger der Gesellschaft der Haftung unterliegt.[11] Anderes gilt dagegen, wenn die Gesellschaft im Zeitpunkt der Auflösung **vermögenslos** ist, mithin insbesondere in den Fällen der § 394 FamFG (= § 141a FGG), § 131 Abs. 2 (§ 145 Rn 9, 40); dann findet § 159 Anwendung.[12] Kommt es nach Auflösung zur Vereinigung sämtlicher Anteile in der Person eines Mitglieds und damit zum Erlöschen der Liquidationsgesellschaft, so läuft die Sonderverjährung des § 159 zugunsten sämtlicher Gesellschafter; die ausgeschiedenen Gesellschafter werden zudem nach § 160 von ihrer Haftung befreit (Rn 9, 14). Auf die aus Gründen des Rechtsformzwangs erfolgende **formwechselnde Umwandlung einer OHG in eine GbR** (§ 105 Rn 15, 52) schließlich ist weder § 159 noch § 160 entsprechend anwendbar (§ 128 Rn 58). 7

II. Verhältnis zu anderen Vorschriften

1. § 160. Nach § 160 Abs. 1 S. 1 unterliegt die Haftung des ausgeschiedenen Gesellschafters für die bis zu seinem Ausscheiden begründeten Verbindlichkeiten einer doppelten Begrenzung: Die Haftung kommt zunächst nur insoweit in Betracht, als die Verbindlichkeiten vor Ablauf von fünf Jahren nach dem Ausscheiden fällig werden; zudem muss der Anspruch des Gläubigers innerhalb der genannten Frist geltend gemacht werden. Die Rechtsfolge des § 160 besteht in der **Enthaftung** des ausgeschiedenen Gesellschafters: Im Unterschied zur Rechtslage nach § 159 (Rn 1, 15 ff) und in Übereinstimmung mit derjenigen nach §§ 26, 28 Abs. 3 n.F.[13] erlöschen die sich aus §§ 128, 171 f ergebenden Ansprüche der Gläubiger gegen den ausgeschiedenen Gesellschafter, wenn sie nicht innerhalb von fünf Jahren nach Ausscheiden fällig und geltend gemacht werden. 8

---

[11] *K. Schmidt* Gesellschaftsrecht § 52 IV 3d; MünchKommHGB/*ders.* Rn 19; s. ferner BGH ZIP 2004, 1047; KG ZIP 2005, 123.

[12] Zust. MünchKommHGB/*K. Schmidt* Rn 19.

[13] Ebenfalls geändert durch das NachhaftungsbegrenzungsG (Fn 2); speziell zu §§ 26, 28 s. Beschlußempfehlung und Bericht des Rechtsausschusses (Fn 2); zu §§ 45, 133, 224 UmwG s. Rn 10.

9 Was das Verhältnis des § 159 zu § 160 betrifft, so können die **Rechtsfolgen** der beiden Vorschriften **zusammentreffen.** So verhält es sich insbesondere, wenn ein Gesellschafter aus der aufgelösten Gesellschaft ausscheidet (dazu § 156 Rn 13 f); seine Haftung für die Altverbindlichkeiten unterliegt dann sowohl der Sonderverjährung nach § 159 als auch dem Erlöschen nach § 160 (s. noch Rn 14, 23).[14] Verhält es sich umgekehrt – die Gesellschaft wird erst nach dem Ausscheiden eines Gesellschafters aufgelöst –, so kommt dem Gesellschafter die Enthaftung nach § 160 zugute. Für die persönliche Einrede der Sonderverjährung nach § 159 (Rn 1, 15 ff) ist in diesem Fall schon deshalb kein Raum, weil mit Ablauf der Frist des § 159 bereits Enthaftung nach § 160 eingetreten ist und es somit an einem der Verjährung unterliegenden Anspruch fehlt. Verjährt allerdings die Gesellschaftsschuld vor Eintritt der Enthaftung, so bleibt es auch dem ausgeschiedenen Gesellschafter unbenommen, sich gemäß § 129 Abs. 1 auf die abgeleitete Einrede der Verjährung zu berufen (Rn 1, 15).

10 **2. §§ 45, 133, 224 UmwG.** Für die Fälle der Verschmelzung, der Spaltung und des Formwechsels enthalten die Vorschriften der §§ 45, 133 Abs. 3 bis 5, 224 UmwG[15] dem § 160 vergleichbare **Enthaftungsregelungen.** Diese Vorschriften werden zudem durch §§ 135, 158, 167, 173, 249, 257 UmwG in Bezug genommen; § 134 UmwG schließlich modifiziert zugunsten bestimmter Gläubiger die Spaltungshaftung aus § 133 UmwG. Die genannten Vorschriften des UmwG gelangen neben derjenigen des § 159 zur Anwendung. Von Bedeutung ist dies insbesondere bei **Umwandlung einer aufgelösten Gesellschaft.** Soweit eine solche Umwandlung nach §§ 3 Abs. 3, 39, 124 Abs. 2, 125, 191 Abs. 3, 214 Abs. 2 UmwG zulässig ist (dazu § 145 Rn 43 ff), kommt nämlich den Gesellschaftern neben der Sonderverjährung nach § 159 auch die Enthaftung nach Maßgabe der §§ 45, 133, 224 UmwG zugute.[16] Im umgekehrten Fall – Auflösung nach erfolgter Umwandlung – ist dagegen für die Sonderverjährung nach § 159 selbst dann kein Raum, wenn es sich bei dem aufgelösten Rechtsträger seinerseits um eine Personenhandelsgesellschaft handelt; es tritt dann vielmehr hinsichtlich der Altschulden Enthaftung ein (Rn 9).

11 Was das Verhältnis der §§ 45, 133, 224 UmwG zu § 160 betrifft, so kann sich aus dem UmwG eine **Vorverlagerung des Enthaftungszeitpunkts** ergeben. So verhält es sich insbesondere, wenn die OHG der Spaltungshaftung aus § 133 UmwG unterliegt und es nach Eintragung der Spaltung zum Ausscheiden des Gesellschafters kommt. In diesem Fall tritt nämlich Enthaftung nach § 133 Abs. 3 bis 5 UmwG vor derjenigen nach § 160 ein. Allerdings bezieht sich die Enthaftung nach § 133 UmwG auf die Gesellschaftsschuld, so dass der Gesellschafter aus Gründen der Akzessorietät seiner Haftung (§ 128 Rn 20 ff), nicht dagegen aufgrund der Verwirklichung eines Enthaftungstatbestands in seiner Person befreit wird. In den Fällen der Verschmelzung und des Formwechsels ist zu differenzieren. Scheidet der Gesellschafter aus, bevor es zur Eintragung der Verschmelzung oder des Formwechsels kommt, so tritt Enthaftung nach Maßgabe des § 160 ein. Kommt es dagegen zum Ausscheiden nach Eintragung der Umwandlung, so finden §§ 45,

---

14 MünchKommHGB/*K. Schmidt* Rn 10; Röhricht/v. Westphalen/*v. Gerkan/Haas* Rn 6; Ebenroth/Boujong/Joost/Strohn/*Hillmann* Rn 4.

15 Die Vorschrift des § 157 UmwG betreffend die Enthaftung des Einzelkaufmanns ist im vorliegenden Zusammenhang ohne Bedeutung. – Durch das Nachhaftungsbegrenzungsgesetz (Fn 1) wurden die §§ 45, 56 UmwG a.F. im Sinne einer Enthaftungslösung geändert; das neue UmwG (v. 28.10.1994) hat diese Lösung aufgegriffen; zur Gesamtkonzeption des Nachhaftungsbegrenzungsgesetzes s. auch *K. Schmidt/Schneider* BB 2003, 1961 ff.

16 **AA** MünchKommHGB/*K. Schmidt* Rn 11.

224 UmwG Anwendung. Denn auch ungeachtet der Vorverlagerung des Enthaftungszeitpunkts fehlt es in diesem Fall bereits am Tatbestand des § 160, nämlich an dem Ausscheiden aus einer Personenhandelsgesellschaft.

III. Gegenstand der Sonderverjährung

1. Gesellschafterhaftung nach §§ 128, 130, 171 f, 176. Die in § 159 geregelte Sonder- 12
verjährung bezieht sich ausschließlich auf die persönliche und akzessorische Haftung der Gesellschafter nach §§ 128, 130, 171 f, 176. Voraussetzung ist also das Bestehen einer **Gesellschaftsschuld**, für die die Gesellschafter nach §§ 128, 130, 171 f, 176 einzustehen haben (§ 128 Rn 10 ff). § 159 erfasst somit zwar gegen die Gesellschaft gerichtete Forderungen eines Gesellschafters aus Drittgeschäften (§ 128 Rn 13), nicht aber Sozialverbindlichkeiten, also auf dem mitgliedschaftlichen Rechtsverhältnis beruhende Forderungen eines Gesellschafters gegen die Gesellschaft (§ 128 Rn 12). Anderes gilt allein für die Abfindungsansprüche ausgeschiedener Gesellschafter; für sie haben die Gesellschafter nach § 128 einzustehen (§ 128 Rn 12), so dass insoweit auch § 159 zur Anwendung gelangt.[17] Die **Titulierung** der gegen die Gesellschaft gerichteten Forderung steht dem Eingreifen des § 159 nicht entgegen;[18] vor dem Hintergrund, dass die nicht titulierte Forderung gegen die Gesellschaft nach §§ 195, 199 BGB im Allgemeinen vor Ablauf von fünf Jahren verjährt, die rechtskräftig festgestellte Forderung hingegen nach § 197 Abs. 1 Nr. 3 BGB der dreißigjährigen Verjährung unterliegt, liegt die praktische Bedeutung des § 159 vielmehr gerade im Bereich titulierter Forderungen (s. noch Rn 15). Was den **Regress** eines nach § 128 in Anspruch genommenen Gesellschafters bei den Mitgesellschaftern betrifft, so folgt dieser zum einen aus § 426 Abs. 1 BGB (§ 128 Rn 48); insoweit findet § 159 mithin keine Anwendung. Zum anderen erwirbt aber der in Anspruch genommene Gesellschafter im Wege der cessio legis nach §§ 774, 412, 401 BGB die gegen die Gesellschaft gerichtete Forderung des Gläubigers und mit ihr die Ansprüche aus § 128 gegen die Mitgesellschafter;[19] insoweit haben die Mitgesellschafter nach §§ 412, 404 BGB die Einrede der Sonderverjährung. § 159 enthält im Übrigen auch für Ansprüche aus **Dauerschuldverhältnissen** eine abschließende Regelung.[20] Insbesondere lässt § 159 keinen Raum für den Fortbestand der vor Inkrafttreten des Nachhaftungsbegrenzungsgesetzes entwickelten „Kündigungstheorie".[21] Der Gesetzgeber hat mit dem Nachhaftungsbegrenzungsgesetz nicht nur für das Ausscheiden (§ 160 Rn 34), sondern auch für die Auflösung eine abschließende Regelung der Enthaftungsproblematik geschaffen und im Rahmen des § 159 vor allem dem Umstand Rechnung tragen wollen, dass die Gesellschaft infolge der Auflösung den Gläubigern nur noch bis zum Ende der Abwicklung als Schuldner verbleibt.[22]

---

17 So auch 3. Aufl. Anm. 6 (*Schilling*); *A. Hueck* OHG § 33.1b (S. 524).

18 RG JW 1938, 1173; MünchKommHGB/*K. Schmidt* Rn 25; Röhricht/v. Westphalen/*v. Gerkan/Haas* Rn 8; Ebenroth/Boujong/Joost/Strohn/*Hillmann* Rn 10; Baumbach/*Hopt* Rn 4.

19 Näher dazu § 128 Rn 41 ff, 48 ff; *Habersack* AcP 198 (1998), 152 ff.

20 So auch Koller/Roth/Morck/*Koller* Rn 5; Baumbach/*Hopt* Rn 2; *Reichold* NJW 1994, 1617 (1619); im Grundsatz auch MünchKommHGB/*K. Schmidt* Rn 46 f, der allerdings erwägt, mit Eintragung des Erlöschens der Gesellschaft eine fünfjährige Enthaftungsfrist laufen zu lassen; **aA** noch Ebenroth/Boujong/Joost/*Seibert* (1. Aufl.) Rn 3, 6.

21 Vgl. zu § 159 die Nachw. in voriger Fn; für § 160 BGHZ 142, 324 (330 ff) = NJW 2000, 208 sowie näher in § 160 Rn 1 ff, 34.

22 Vgl. Begr. RegE, BT-Drucks. 12/1868, S. 7.

13 Von der akzessorischen Gesellschafterhaftung nach §§ 128, 130, 171 f, 176 zu unterscheiden ist die auf Verwirklichung eines **eigenen Haftungstatbestands** beruhende Verpflichtung des Gesellschafters gegenüber den Gesellschaftsgläubigern (§ 128 Rn 14). Sie unterliegt nicht der Sonderverjährung nach § 159,[23] sondern den allgemeinen Bestimmungen des Bürgerlichen Rechts und des Handelsrechts. Dies gilt insbesondere, wenn sich der Gesellschafter für die Verbindlichkeit der Gesellschaft verbürgt (§ 128 Rn 82 ff). Zwar kann er in diesem Fall neben den Einreden der Gesellschaft auch die in seiner Person begründeten Einreden geltend machen;[24] ggf. kann er auch die Bürgschaft kündigen (§ 128 Rn 85). Die Sonderverjährung nach § 159 kommt ihm dagegen, was seine Haftung als Bürge betrifft, nicht zugute. Entsprechendes gilt bei Schuldbeitritt oder Garantie eines Gesellschafters, bei Übernahme des Handelsgeschäfts im Sinne des § 25,[25] aber auch bei Verwirklichung eines Deliktstatbestands (§ 128 Rn 81) oder eines Tatbestands der culpa in contrahendo in der Person des Gesellschafters (§ 130a Rn 46 f). Hat sich dagegen ein Gesellschafter oder ein Dritter für die Schuld eines Gesellschafters aus § 128 verbürgt, so kann er die Einrede der Sonderverjährung als abgeleitete Einrede im Sinne des § 768 Abs. 1 S. 1 BGB geltend machen.[26] Entsprechendes gilt in sonstigen Fällen akzessorischer Haftung. **Sozialansprüche** (§ 105 Rn 210 ff) schließlich basieren auf dem mitgliedschaftlichen Rechtsverhältnis, so dass sich der verpflichtete Gesellschafter grundsätzlich nicht auf den Eintritt der Sonderverjährung berufen kann. Handelt es sich allerdings um den Anspruch aus §§ 735, 739 BGB (§ 149 Rn 21 ff; § 155 Rn 9 ff), so sprechen gute Gründe für die analoge Anwendung des § 159;[27] andernfalls ginge die auf Gesellschaftsschulden beruhende Haftung des Gesellschafters im Innenverhältnis weiter als im Außenverhältnis. **Deliktische Ansprüche** schließlich fallen nicht unter § 159, soweit sie sich unmittelbar gegen den Gesellschafter richten; soweit hingegen die Gesellschafter nach §§ 128 f, 130, 171 f, 176 für Deliktsschulden der Gesellschaft haften (§ 128 Rn 10, 14), ist § 159 anwendbar.[28]

14 **2. Neuverbindlichkeiten im Besonderen.** Gesellschaftsverbindlichkeiten im Sinne des § 159 sind auch solche, die erst **nach Auflösung** der Gesellschaft begründet worden sind (§ 156 Rn 12).[29] Die Unterscheidung zwischen Alt- und Neuverbindlichkeiten ist somit allein für den Beginn der Verjährung von Bedeutung (Rn 16 ff). Anderes gilt bei Ausscheiden eines Gesellschafters. Vorbehaltlich des § 15 Abs. 1 lässt der Verlust der Mitgliedschaft die Gesellschafterstellung entfallen, so dass es an einer Voraussetzung der Haftung aus § 128 fehlt (§ 160 Rn 8 ff; § 128 Rn 8 f). Kommt es nach Auflösung der Gesellschaft zum Ausscheiden eines Gesellschafters (Rn 9, 23), so haftet dieser somit zwar nur für die bis dahin begründeten Gesellschaftsschulden (§ 160 Rn 9 ff; § 128

---

23 Allg. M., s. MünchKommHGB/*K. Schmidt* Rn 21; Röhricht/v. Westphalen/*v. Gerkan*/*Haas* Rn 7; Ebenroth/Boujong/Joost/Strohn/*Hillmann* Rn 9; Baumbach/*Hopt* Rn 4.

24 Überblick über die Gegenrechte des Bürgen bei Staudinger/*Horn* (13. Bearbeitung) § 768 Rn 6 ff; MünchKommBGB/*Habersack* § 768 Rn 2.

25 RGZ 142, 300 (302).

26 MünchKommHGB/*K. Schmidt* Rn 21; Ebenroth/Boujong/Joost/Strohn/*Hillmann* Rn 9.

27 OLG Nürnberg WM 2009, 942 (Freistellungsanspruch der Treuhandkommanditisten); so auch MünchKommHGB/*K. Schmidt* Rn 22; zur Unanwendbarkeit des § 159 auf die Einlageforderung s. aber (zutr.) OLG Schleswig ZIP 2009, 421 (423 f).

28 **AA** – für kenntnisabhängige Sonderverjähung (im Rahmen des § 160) – *Hardt* ZIP 1999, 1541 ff; dagegen zu Recht MünchKommHGB/*K. Schmidt* § 160 Rn 25; *Medicus* FS Lutter S. 891 (897 ff).

29 MünchKommHGB/*K. Schmidt* Rn 20; Ebenroth/Boujong/Joost/Strohn/*Hillmann* Rn 8; Baumbach/*Hopt* Rn 4, 7; Röhricht/v. Westphalen/*v. Gerkan*/*Haas* Rn 10.

Rn 54 ff). Auch in diesem Fall ist es aber unerheblich, ob die Gesellschaftsschulden vor oder nach der Auflösung begründet worden sind. Zum Beginn der Sonderverjährung s. Rn 16, 18.

IV. Sonderverjährung

1. Verjährungsfrist. Nach § 159 Abs. 1 Hs. 1 verjähren die Ansprüche der Gläubiger **15**
aus §§ 128, 130, 171 f, 176 in fünf Jahren nach Auflösung der Gesellschaft. Etwas anderes soll nach § 159 Abs. 1 Hs. 2 gelten, wenn der Anspruch gegen die Gesellschaft einer kürzeren Verjährung unterliegt. Indes liegt auch der Neufassung der Vorschrift (Rn 2) die Vorstellung des historischen Gesetzgebers des HGB zugrunde, Gesellschafts- und Gesellschafterhaftung seien zwar auf unterschiedliche Vermögensmassen bezogen, im Übrigen aber identisch. Unterscheidet man demgegenüber zwischen der Gesellschaftsschuld und der akzessorischen Gesellschafterschuld (§ 128 Rn 2), so erhellt, dass der Vorbehalt des § 159 Abs. 1 Hs. 2 die „Hauptschuld", also die Verpflichtung der Gesellschaft betrifft. Tritt insoweit vor Ablauf von fünf Jahren Verjährung ein, was im Hinblick auf §§ 195, 199 BGB häufig, aber angesichts der subjektiven Voraussetzungen des § 199 BGB keineswegs zwangsläufig der Fall ist (s. noch Rn 16), so steht deshalb dem Gesellschafter zwar die **abgeleitete Einrede** der Verjährung im Sinne des § 129 Abs. 1 zu (§ 129 Rn 6). Eine auf Verjährung der Gesellschaftsschuld gründende **eigene Einrede** des Gesellschafters, wie sie der Wortlaut des § 159 Abs. 1 Hs. 2 vorauszusetzen scheint, lässt sich in diesem Fall dagegen mit der gebotenen Trennung zwischen Gesellschafts- und Gesellschafterschuld nicht in Einklang bringen (§ 129 Rn 6); nach zutr. Ansicht tritt vielmehr Verjährung des gegen den Gesellschafter gerichteten Anspruchs auch dann in fünf Jahren nach der Auflösung ein, wenn der gegen die Gesellschaft gerichtete Anspruch einer kürzeren Verjährung unterliegt.[30] Dies muss auch dann gelten, wenn Verjährung der Gesellschafterschuld an sich vor Ablauf der Frist des § 159 Abs. 1 eintreten würde und der Gesellschafter deshalb, wäre die Gesellschaft nicht aufgelöst, die eigene Einrede der Verjährung hätte (§ 129 Rn 6); mit Auflösung tritt also die Einrede des § 159 an die Stelle der eigenen Verjährungseinrede des Gesellschafters einer werbenden Gesellschaft. Da die abgeleitete Verjährungseinrede des Gesellschafters unberührt bleibt, ist die Einrede des § 159 gerade in den Fällen von praktischer Bedeutung, in denen die gegen die Gesellschaft gerichtete Forderung ausnahmsweise einer längeren Verjährung unterliegt (etwa weil sie tituliert ist, s. Rn 12). Ist allerdings die **Haftung des Gesellschafters rechtskräftig festgestellt**, so findet § 197 Abs. 1 Nr. 3 BGB auch in Bezug auf die eigene Einrede der Verjährung Anwendung; der kann sich dann also nicht auf die Sonderverjährung nach § 159 berufen, mag auch die Feststellung vor Auflösung der Gesellschaft erfolgt sein.[31] Umgekehrt bleibt dem Gesellschafter bei Existenz eines gegen die Gesellschaft gerichteten Titels die Einrede der Sonderverjährung erhalten.[32]

---

30 Zutr. BGH NJW 1982, 2443; OLG Oldenburg NJW-RR 1987, 1441; *Brandes* FS Stimpel S. 105 (113 ff); MünchKommHGB/*K. Schmidt* Rn 26, 28; Ebenroth/Boujong/Joost/Strohn/*Hillmann* Rn 11; Röhricht/v. Westphalen/*v. Gerkan/Haas* Rn 9; **aA** – für kürzere Verjährung auch der Gesellschafterschuld – 3. Aufl. Anm. 17 (*Schilling*); Heymann/*Sonnenschein/Weitemeyer* § 159 n.F. Rn 4; Baumbach/*Hopt* Rn 5; *Straube/Koppensteiner* Rn 5; Koller/Roth/Morck/*Koller* Rn 4.

31 RG JW 1938, 1173; Röhricht/v. Westphalen/*v. Gerkan/Haas* Rn 8; Ebenroth/Boujong/Joost/Strohn/*Hillmann* Rn 10.

32 RG JW 1938, 1173; Baumbach/*Hopt* Rn 4; *K. Schmidt/Schneider* BB 2003, 1961, 1968 f.

2. Beginn der Verjährung (Abs. 2 und 3)

16 a) **Eintragung der Auflösung.** Nach § 159 Abs. 2 beginnt die Sonderverjährung fälliger Forderungen (Rn 18) des Gläubigers gegen den Gesellschafter (Rn 12 ff) mit dem Ende des Tages, an welchem die Auflösung der Gesellschaft in das Handelsregister des für den Sitz der Gesellschaft zuständigen Gerichts (§ 106 Rn 10) eingetragen wird. Was zunächst die Eintragung der **Auflösung** betrifft, so ist dieser Zeitpunkt vor dem Hintergrund, dass die aufgelöste Gesellschaft als Subjekt von Rechten und Pflichten fortbesteht (§ 145 Rn 13 ff) und die Gesellschafter auch für Neuverbindlichkeiten der Haftung aus §§ 128, 171 f, 130, 176 unterliegen (Rn 14), zwar im Allgemeinen **wenig sachgerecht.**[33] Der Gesetzgeber des Nachhaftungsbegrenzungsgesetzes (Rn 2) ist jedoch der ihm bekannten Empfehlung,[34] den Beginn der Sonderverjährung von der Eintragung der Vollbeendigung gem. § 157 abhängig zu machen, nicht gefolgt; er hat es stattdessen bei der Maßgeblichkeit der Eintragung nach § 143 Abs. 1 bewenden lassen. Angesichts dieser Gesetzesgeschichte ist deshalb vom klaren Wortlaut des § 159 Abs. 2 auszugehen,[35] zumal die Gläubiger durch das Erfordernis der Eintragung, bei später fällig werdenden Verbindlichkeiten zudem durch Abs. 3 (Rn 18) geschützt sind. Dies gilt auch in den Fällen des § 131 Abs. 1 Nr. 3, also bei Auflösung der Gesellschaft durch **Eröffnung des Insolvenzverfahrens;**[36] in diesem Fall ist der Verjährungsbeginn mit Eintragung der Verfahrenseröffnung (Rn 17) überdies auch in der Sache berechtigt, hafte doch die Gesellschafter nicht für durch den Insolvenzverwalter begründete Masseverbindlichkeiten (Rn 18).[37]

17 Für den Beginn der Verjährung kommt es nach § 159 Abs. 2 grundsätzlich auf die **Eintragung** der Auflösung (Rn 16) an. Danach kann die Sonderverjährung ohne Eintragung nicht beginnen, mag auch die Eintragung trotz erfolgter Anmeldung unterblieben sein. Nicht ausreichend ist also die Anmeldung, während umgekehrt die Bekanntmachung der Eintragung nicht erforderlich ist.[38] Ist die Gesellschaft nicht eingetragen, so muss, soll die Sonderverjährung laufen, diese Eintragung nachgeholt und sodann die Auflösung eingetragen werden.[39] Der Eintragung der Auflösung steht die nach § 31 InsO i.V.m. § 143 Abs. 1 S. 2 und 3 erfolgte Eintragung der Eröffnung des Insolvenzverfahrens über das Vermögen der Gesellschaft gleich.[40] Die Amtslöschung der Firma nach § 31 Abs. 2 S. 2 genügt dagegen nicht.[41] Nach bislang ganz herrschender und auch noch

---

[33] *K. Schmidt* ZHR 152 (1988), 105 (116 ff); *ders.* DB 1990, 2357 (2359 f); *Reichold* NJW 1994, 1617 (1619). – Zum Sonderfall der insolvenzbedingten Auflösung s. sogleich im Text.

[34] S. neben den Nachw. in voriger Fn noch *K. Schmidt* ZIP 1994, 243 (244); ferner *Lieb* GmbH-Rdsch. 1992, 561 (566), aber auch *Ulmer/Timmann* ZIP 1992, 1, 10 („nicht dringlich").

[35] So auch *K. Schmidt* Gesellschaftsrecht § 52 IV 3b; MünchKommHGB/*K. Schmidt* Rn 7; Röhricht/v. Westphalen/*v. Gerkan/Haas* Rn 5; Baumbach/*Hopt* Rn 6; Koller/Roth/Morck/*Koller* Rn 4.

[36] BGH NJW 1982, 2443; *K. Schmidt* ZHR 152 (1988), 105 (112 ff), MünchKommHGB/*K. Schmidt* Rn 18.

[37] Vgl. *K. Schmidt* (vorige Fn).

[38] *A. Hueck* OHG § 33.3 (S. 526); MünchKommHGB/*K. Schmidt* Rn 29; Baumbach/*Hopt* Rn 6; Heymann/*Sonnenschein/Weitemeyer* § 159 n.F. Rn 5.

[39] OLG Oldenburg BB 1987, 1622 (1623); MünchKommHGB/*K. Schmidt* Rn 29; Ebenroth/Boujong/Joost/Strohn/*Hillmann* Rn 12; Röhricht/v. Westphalen/*v. Gerkan/Haas* Rn 11; Baumbach/*Hopt* Rn 6.

[40] Röhricht/v. Westphalen/*v. Gerkan/Haas* Rn 11; zur entsprechenden Rechtslage unter Geltung der KO s. RGZ 70, 323; 74, 63; BGH NJW 1982, 2443; NJW 1983, 2258 (2259); 3. Aufl. Anm. 22 (*Schilling*).

[41] Zutr. LG Dortmund NJW 1961, 832; 3. Aufl. Anm. 22 (*Schilling*); Heymann/*Sonnenschein/Weitemeyer* § 159 n.F. Rn 5.

in der Vorauf l. (Rn 17) vertretener Ansicht bildet die Eintragung ein Tatbestandserfordernis für den Beginn der Sonderverjährung; ihr kommt insoweit rechtserzeugende Wirkung zu.[42] Für die Enthaftung des ausscheidenden Gesellschafters hat der BGH hingegen – ungeachtet der insoweit nach dem Wortlaut des § 160 Abs. 1 S. 2 bestehenden Abhängigkeit des Fristbeginns von der Eintragung des Ausscheidens – die **positive Kenntnis** des Gläubigers der Eintragung gleichgestellt und die Enthaftungsfrist auch unabhängig von der Eintragung des Ausscheidens laufen lassen.[43] Die diesbezüglich angeführten Erwägungen sind nicht nur überzeugend;[44] sie beanspruchen vielmehr auch im Rahmen des § 159 Geltung.[45] Sowohl im Rahmen des § 160 als auch im Rahmen des § 159 hat die Eintragung nur deklaratorische Bedeutung (§ 143 Rn 28 ff). Dies allein schließt es zwar nicht aus, der Eintragung für den Lauf der Sonderverjährung oder – im Falle des § 160 – der Haftungsausschlussfrist konstitutive Bedeutung zuzusprechen. Entscheidend ist indes, dass §§ 159 Abs. 2, 160 Abs. 1 S. 2, soweit sie den Beginn der Frist an die Eintragung knüpfen, die Gesellschafter der Notwendigkeit entheben wollen, alle Gläubiger einzeln in Kenntnis hinsichtlich der Auflösung zu setzen.[46] Beginnt danach die Frist schon mit der infolge der Eintragung eröffneten Möglichkeit der Kenntnisnahme zu laufen, so muss anderweitig erlangte positive Kenntnis den Lauf der Frist **erst recht** in Gang setzen.[47]

b) **Fälligkeit.** Wird der Anspruch des Gläubigers gegen die Gesellschaft erst nach der Eintragung (Rn 16 f) fällig, so soll nach § 159 Abs. 3 auch die Sonderverjährung erst mit dem Zeitpunkt der Fälligkeit beginnen. Dadurch soll dem Grundsatz der §§ 199 Abs. 1 Nr. 1, 200 S. 1 BGB Rechnung getragen werden, wonach die Verjährung erst mit Fälligkeit der Forderung beginnt und der Gläubiger vor Eintritt der Fälligkeit seiner Forderung nicht gehalten ist, verjährungshemmende Maßnahmen zu ergreifen. Vor diesem Hintergrund sprechen gute Gründe für die Annahme, dass es, abweichend von dem Wortlaut des § 159 Abs. 3, für den Beginn der Sonderverjährung auf die Fälligkeit der gegen den Gesellschafter gerichteten Forderung aus §§ 128, 130, 171 f, 176 ankommt. Grundsätzlich deckt sich dieser Zeitpunkt zwar mit demjenigen der Fälligkeit der gegen die Gesellschaft gerichteten Forderung (§ 128 Rn 26). Anders verhält es sich aber in dem Fall, dass der Gesellschafter die eigene Einrede der fehlenden Fälligkeit hat (§ 160 Rn 24; allg. dazu § 129 Rn 17 ff). Die Verlagerung des Beginns der Verjährung auf den Zeitpunkt der 18

[42] In diesem Sinne bereits ROHGE 5, 82; 8, 248; ferner Voraufl. Rn 17 (*Habersack*); MünchKommHGB/*K. Schmidt* Rn 29; Ebenroth/Boujong/Joost/Strohn/*Hillmann* Rn 12; Baumbach/*Hopt* Rn 6. Zur davon abweichenden Rechtslage bei der Gesellschaft bürgerlichen Rechts s. Rn 5.

[43] BGHZ 174, 7 (Tz. 13 ff) = ZIP 2007, 2262 = NZG 2007, 941 im Anschluss an *Altmeppen* NJW 2000, 2529 (2530 ff) und MünchKommHGB/*K. Schmidt* § 160 Rn 27; für Übertragbarkeit dieser Rechtsprechung auf § 159 auch Röhricht/v. Westphalen/*v. Gerkan/Haas* Rn 11; s. ferner OLG Dresden NZG 2001, 664 (667).

[44] Dem BGH zust. auch *Wertenbruch* NZG 2008, 216 ff; Röhricht/v. Westphalen/*v. Gerkan/Haas* Rn 11, § 160 Rn 11; Nachw. zur Gegenansicht s. in Fn 42.

[45] So auch Röhricht/v. Westphalen/*v. Gerkan/Haas* Rn 11; **aA** MünchKommHGB/*K. Schmidt* Rn 29, der sich schon vor BGHZ 174, 7 für den Beginn der Enthaftung nach § 160 ausgesprochen, im Rahmen des § 159 indes am Erfordernis der Eintragung festgehalten hat.

[46] So für § 160 Abs. 1 S. 2 zutr. BGHZ 174, 7 (Tz. 18) = ZIP 2007, 2262 = NZG 2007, 941.

[47] Zum kenntnisabhängigen Beginn der Frist bei der – nicht registrierten – GbR s. MünchKommBGB/*Ulmer/Schäfer* § 736 Rn 30; zu § 159 a.F. bereits BGHZ 117, 168 (178 f) = NJW 1992, 1615.

Fälligkeit gilt im Übrigen unabhängig davon, ob der Anspruch **vor oder nach Auflösung der Gesellschaft begründet** worden ist.[48] Von Abs. 3 werden somit etwa Teilansprüche aus vor der Auflösung begründeten und nach der Auflösung erfüllten Dauerschuldverhältnissen, aber auch Neuverbindlichkeiten (Rn 14) erfasst. Für die durch den Insolvenzverwalter der Gesellschaft (Rn 6) begründeten Masseverbindlichkeiten im Sinne des § 55 InsO haften die Gesellschafter allerdings nicht persönlich; es haftet vielmehr allein die Insolvenzmasse und damit das Gesellschaftsvermögen.[49] – Die Fälligkeit des Anspruchs beurteilt sich nach allgemeinen Grundsätzen.

3. Hemmung und Neubeginn (Abs. 4)

19 a) **Grundlagen.** Nach der – dem § 160 a.F. entsprechenden (Rn 2) – Vorschrift des § 159 Abs. 4 wirken der Neubeginn der Verjährung und ihre Hemmung nach § 204 BGB gegenüber der aufgelösten Gesellschaft[50] auch gegenüber denjenigen Gesellschaftern, die der Gesellschaft zur Zeit der Auflösung angehört haben. Der Zweck der Vorschrift erschließt sich aus dem Zusammenspiel des § 159 Abs. 1 mit §§ 128, 129 Abs. 1.[51] Während nämlich vor Auflösung der Gesellschaft kein Anlass besteht, einer gegen die Gesellschaft gerichteten Maßnahme, die zur Hemmung oder zum Neubeginn der Verjährung führt, auch hinsichtlich der eigenen (also nicht abgeleiteten, s. Rn 15; § 129, 6 f) Verjährungseinrede des Gesellschafters Wirkungen zuzusprechen (§ 129, 7),[52] soll sich dies mit Auflösung der Gesellschaft und der damit verbundenen Versilberung und Verteilung des Gesellschaftsvermögens ändern. Ergreift der Gläubiger verjährungssichernde Maßnahmen gegenüber der aufgelösten Gesellschaft, so ist es dem Gesellschafter zwar schon nach § 129 Abs. 1 versagt, die abgeleitete Einrede der Verjährung zu erheben (§ 129 Rn 7). Die eigene Einrede der Sonderverjährung (Rn 15) könnte ihm indes ohne sein Zutun nicht genommen werden, so dass sich der Gläubiger mit Auflösung der Gesellschaft veranlasst sähe, allein **zum Zwecke der Hemmung oder des Neubeginns der Verjährung Klage** gegen den Gesellschafter zu erheben oder gegen diesen zu vollstrecken, will er nicht Gefahr laufen, dass sich sein Anspruch gegen die Gesellschaft als nicht durchsetzbar erweist (Rn 1), zwischenzeitlich aber die Fünfjahresfrist des § 159 Abs. 1 verstrichen ist. Zur Vermeidung solcher Klagen erstreckt deshalb § 159 Abs. 4 in Abweichung von den vor Auflösung geltenden Grundsätzen (§ 129 Rn 7) die Wirkungen der Hemmung oder des Neubeginns der Verjährung der Gesellschaftsschuld nach §§ 204,

---

[48] RGZ 10, 42 (46); MünchKommHGB/*K. Schmidt* Rn 29; Ebenroth/Boujong/Joost/Strohn/*Hillmann* Rn 13; Heymann/*Sonnenschein/Weitemeyer* § 159 n.F. Rn 6.

[49] So bereits *Sieveking* Die Haftung des Gemeinschuldners für Masseansprüche (1937) S. 38 ff; s. ferner *K. Schmidt* ZHR 152 (1988), 105 (112 ff).

[50] Zur Geltung des § 160 a.F. (= § 159 Abs. 4, s. Rn 2) bei einer dem Konkurs- bzw. Insolvenzverwalter gegenüber vorgenommenen Maßnahme der Hemmung s. BGH NJW 1982, 2443; ZIP 1983, 822 (823).

[51] **AA** MünchKommHGB/*K. Schmidt* Rn 32; *ders.* ZHR 152 (1988), 105 (120 f): § 159 Abs. 4 (= § 160 a.F.) erläutere nur den § 156 dahin gehend, dass die Akzessorietät auch im Auflösungsstadium uneingeschränkt fortbesteht. Gerade dies ist freilich nicht der Fall. § 159 Abs. 4 weicht vielmehr von der Rechtslage vor Auflösung ab, betrifft aber die eigene Einrede des Gesellschafters und damit nicht die (sich auf abgeleitete Einreden beziehende) Vorschrift des § 129 Abs. 1.

[52] **AA** die ganz hM, s. § 129 Rn 7 mN in Fn 13; s. ferner RG JW 1938, 1173 (betr. § 159 a.F., s. Rn 2): ausgeschiedener Gesellschafter verliert nicht Einrede der Sonderverjährung dadurch, dass vor seinem Ausscheiden Gesellschaftsschuld rechtskräftig festgestellt wird (zur Rechtslage bei rechtskräftiger Feststellung der Gesellschafterschuld s. Rn 15).

212 BGB auch insoweit auf das Verhältnis des Gläubigers zum Gesellschafter, als es um die eigene Einrede aus § 159 Abs. 1 geht. Zur Rechtslage bei Ausscheiden eines Gesellschafters s. Rn 9, 14, 23; § 129 Rn 15; § 160 Rn 36.

Vorbehaltlich des § 159 Abs. 4 beurteilen sich die Verjährung und deren Hemmung und Neubeginn, aber auch die Rechtskraftwirkungen nach allgemeinen Grundsätzen (§ 129 Rn 6 ff, 10 ff). Insbesondere ist § 159 Abs. 4, seinem Normzweck entsprechend (Rn 19), auf gegen den Gesellschafter gerichtete Maßnahmen der Hemmung oder des Neubeginns der Verjährung nicht entsprechend anwendbar.[53] Auch nach Auflösung hindert also eine Maßnahme der Hemmung oder des Neubeginns der Verjährung der **gegen den Gesellschafter gerichteten Forderung** nicht die Verjährung der Gesellschaftsschuld (§ 129 Rn 8). Grundsätzlich kann deshalb der Gesellschafter, nachdem der Gläubiger ihm gegenüber die Verjährung gehemmt hat, einwenden, dass die gegen die Gesellschaft gerichtete Forderung zwischenzeitlich verjährt sei.[54] Anderes gilt nur bei Vermögenslosigkeit der Gesellschaft (§ 129 Rn 8) sowie bei rechtskräftiger Verurteilung des Gesellschafters und nachfolgender Verjährung der gegen die Gesellschaft gerichteten Forderung (§ 129 Rn 9). Zur Rechtslage bei Ausscheiden eines Gesellschafters s. Rn 9, 14, 23; § 129 Rn 15; § 160 Rn 16 ff. 20

b) **Voraussetzungen.** Sollen die Rechtsfolgen des § 159 Abs. 4 eintreten (Rn 23 f), so bedarf es zunächst einer **gegen die Gesellschaft** gerichteten Maßnahme der **Hemmung** oder des **Neubeginns** der Verjährung **nach §§ 204, 212 BGB.**[55] Andere als die in § 204 BGB genannten verjährungshemmenden Maßnahmen werden von § 159 Abs. 4 zwar nicht erfasst.[56] Soweit § 159 Abs. 4 anwendbar ist, steht es der Wirkungserstreckung allerdings nicht dagegen, dass die Maßnahme auf einer Handlung der Gesellschaft beruht, etwa einem in ihrem Namen abgegebenen Anerkenntnis im Sinne des § 212 Abs. 1 Nr. 1 BGB.[57] Die verjährungshindernde Wirkung muss allerdings **nach Auflösung** (aber vor Vollbeendigung, s. § 145 Rn 9; § 155 Rn 34 f) der Gesellschaft eingetreten sein. Vor Auflösung bewirkte Maßnahmen der Hemmung oder des Neubeginns entfalten deshalb keine Wirkungen gegenüber den Gesellschaftern;[58] es bewendet in diesem Fall vielmehr bei den allgemeinen Grundsätzen (Rn 19; § 129 Rn 6 ff). Entgegen der hM[59] gilt dies auch, wenn die Verjährung der gegen die Gesellschaft gerichteten Forderung im Zeitpunkt der Auflösung bereits gehemmt war. Sofern nicht der Gläubiger verjährungshindernde Maßnahmen auch gegenüber den Gesellschaftern einleitet, beginnt deshalb zugunsten der Gesellschafter die Sonderverjährung nach Maßgabe des § 159 Abs. 1 bis 3 zu laufen. 21

---

[53] MünchKommHGB/*K. Schmidt* Rn 34; Ebenroth/Boujong/Joost/Strohn/*Hillmann* Rn 14, 16.

[54] **AA** die hM, s. § 129 Rn 8 mN in Fn 15.

[55] Vgl. zu § 204 Abs. 1 Nr. 10 BGB BAG NJOZ 2003, 1506 (1510 f).

[56] Ebenroth/Boujong/Joost/Strohn/*Hillmann* Rn 14; Koller/Roth/Morck/*Koller* Rn 4; speziell zu den finanzbehördlichen Maßnahmen der Verjährungsverhinderung *K. Schmidt/Schneider* BB 2003, 1961 (1969); dazu auch BFH DStRE 2000, 45 ff.

[57] Vgl. MünchKommHGB/*K. Schmidt* Rn 34; Röhricht/v. Westphalen/*v. Gerkan/Haas* Rn 14.

[58] **AA** die hM, s. § 129 Rn 7, ferner MünchKommHGB/*K. Schmidt* Rn 33; *ders./Schneider* BB 2003, 1961 (1969); Koller/Roth/Morck/*Koller* Rn 4; Ebenroth/Boujong/Joost/Strohn/*Hillmann* Rn 14; § 160 Rn 12; Röhricht/v. Westphalen/*v. Gerkan/Haas* Rn 16.

[59] Vgl. § 129 Rn 7, ferner MünchKommHGB/*K. Schmidt* Rn 33; Röhricht/v. Westphalen/*v. Gerkan/Haas* Rn 16.

22 Des Weiteren setzt § 159 Abs. 4 voraus, dass die Gesellschaftsschuld, deren Verjährung verhindert werden soll, im Zeitpunkt der verjährungshindernden Maßnahme **noch nicht verjährt** war.[60] Andernfalls können sich die Gesellschaft und – auf der Grundlage des § 129 Abs. 1 – die Gesellschafter auf den Eintritt der Verjährung berufen. Allerdings können die Liquidatoren nach § 149 S. 2 mit Wirkung gegenüber der Gesellschaft die bereits verjährte Schuld neu begründen (§ 149 Rn 43 ff). In diesem Fall verjähren die Ansprüche gegen die Gesellschafter binnen fünf Jahren nach Fälligkeit (Rn 18); die nach Neubegründung der Verbindlichkeit, aber vor Ablauf der Frist des § 159 Abs. 1 erfolgte verjährungshindernde Maßnahme gegenüber der aufgelösten Gesellschaft ist dann nach § 159 Abs. 4 zu beurteilen.[61] Eine gegenüber der Gesellschaft eingetretene verjährungshindernde Maßnahme wirkt schließlich gegen die Gesellschafter nur unter der Voraussetzung, dass im Zeitpunkt ihrer Vornahme die gegen den Gesellschafter laufende Verjährung – sei es die vor Auflösung geltende Verjährung (Rn 15; § 129 Rn 6) oder diejenige des § 159 Abs. 1 – noch nicht vollendet war.[62] § 159 Abs. 4 setzt also voraus, dass die Hemmung oder der Neubeginn vor Verjährung der Gesellschaftsschuld und vor Ablauf der Frist des § 159 Abs. 1 eintritt.

23 c) **Rechtsfolgen.** Mit Hemmung oder Neubeginn der Verjährung gegenüber der Gesellschaft ist den Gesellschaftern zunächst die abgeleitete Verjährungseinrede genommen. Dies folgt allerdings bereits aus § 129 Abs. 1 und ist in § 159 Abs. 4 nicht geregelt (Rn 19; § 129 Rn 7). Gegenstand des § 159 ist vielmehr die eigene Einrede der Verjährung; auch sie kann unter den Voraussetzungen des Abs. 4 (Rn 21 f) nicht mehr geltend gemacht werden. Während aber die verjährungshindernde Wirkung bezüglich der abgeleiteten Einrede der Verjährung grundsätzlich (s. aber § 129 Rn 15) von sämtlichen nach §§ 128, 130, 171 f, 176 haftenden Gesellschaftern hinzunehmen ist, tritt die Rechtsfolge des § 159 Abs. 4, d.h. die **Erstreckung der verjährungshindernden Wirkung auf die eigene Einrede der Verjährung**, nur gegenüber denjenigen Gesellschaftern ein, die der Gesellschaft „zur Zeit der Auflösung" angehört haben. Vor der Auflösung ausgeschiedene Gesellschafter unterliegen deshalb nicht dem § 159 Abs. 4; ihre Rechtslage beurteilt sich nach §§ 129 Abs. 1, 160 (Rn 9). Was dagegen diejenigen Gesellschafter betrifft, die erst nach Auflösung der Gesellschaft Mitglied geworden sind, so kommen sie hinsichtlich ihrer Haftung in den Genuss der Sonderverjährung; dem Normzweck des § 159 Abs. 4 entsprechend (Rn 19) haben sie deshalb auch verjährungshindernde Maßnahmen gegenüber der Gesellschaft gegen sich gelten zu lassen.[63] Anderes hat schließlich hinsichtlich derjenigen Gesellschafter zu gelten, die zwar nach Auflösung, aber vor Vornahme der verjährungshindernden Maßnahme ausgeschieden sind (Rn 9, 14). Ihnen kommt zwar die Sonderverjährung nach § 159 Abs. 1 zugute; als ausgeschiedene Gesellschafter haben sie jedoch keinen Einfluss auf die Gesellschaft und brauchen sich deshalb gegen die Gesellschaft gerichtete Maßnahmen der Verjährungshinderung nicht entgegenhalten zu lassen (vgl. § 129 Rn 15).[64]

---

60 BGH NJW 1982, 2443; Röhricht/v. Westphalen/*v. Gerkan/Haas* Rn 15; Heymann/*Sonnenschein/Weitemeyer* § 159 n.F. Rn 8; Baumbach/*Hopt* Rn 9.

61 3. Aufl. § 160 Rn 5 (*Schilling*); *A. Hueck* OHG § 33.5 (S. 528 Fn 12).

62 3. Aufl. § 160 Rn 5 (*Schilling*); *A. Hueck* OHG § 33.5 (S. 528); Heymann/*Sonnenschein/Weitemeyer* § 159 n.F. Rn 8.

63 So auch 3. Aufl. § 160 Rn 8 (*Schilling*); *A. Hueck* OHG § 33.3 (S. 527 Fn 11); MünchKommHGB/*K. Schmidt* 36.

64 So auch MünchKommHGB/*K. Schmidt* Rn 36.

Auch die Vorschrift des § 159 Abs. 4 bezieht sich nur auf die Haftung der Gesellschafter aus §§ 128, 130, 171 f 176 (Rn 12 ff). Soweit die Gesellschafter aus einem anderen Rechtsgrund haften, bedarf es deshalb zur Hemmung und zum Neubeginn der Verjährung einer gegen sie gerichteten Maßnahme. Was schließlich die Rechtsfolgen der Hemmung und des Neubeginns der Verjährung betrifft, so bestimmen sie sich auch im Falle des § 159 Abs. 4 nach §§ 209, 212 Abs. 1 BGB. Danach beginnt die Verjährung im Falle des Neubeginns erneut. Unter den Voraussetzungen des § 159 Abs. 1 (Rn 5 ff, 12 ff) beträgt die Verjährungsfrist gegenüber den Gesellschaftern **erneut fünf Jahre**, beginnend mit dem auf das Anerkenntnis oder die Vollstreckungshandlung folgenden Tag.[65] Im Falle der Hemmung wir der Zeitraum, während dessen die Verjährung gehemmt ist, nach § 209 BGB in die Verjährungsfrist nicht eingerechnet. Von § 159 Abs. 4 nicht berührt wird das Recht des Gesellschafters, sich nach §§ 129 Abs. 1, 159 Abs. 1 Hs. 2 auf eine kürzere Verjährung der gegen die Gesellschaft gerichteten Forderung zu berufen (Rn 15). 24

§ 160

(1) [1]Scheidet ein Gesellschafter aus der Gesellschaft aus, so haftet er für ihre bis dahin begründeten Verbindlichkeiten, wenn sie vor Ablauf von fünf Jahren nach dem Ausscheiden fällig und daraus Ansprüche gegen ihn in einer in § 197 Abs. 1 Nr. 3 bis 5 des Bürgerlichen Gesetzbuchs bezeichneten Art festgestellt sind oder eine gerichtliche oder behördliche Vollstreckungshandlung vorgenommen oder beantragt wird; bei öffentlich-rechtlichen Verbindlichkeiten genügt der Erlaß eines Verwaltungsakts. [2]Die Frist beginnt mit dem Ende des Tages, an dem das Ausscheiden in das Handelsregister des für den Sitz der Gesellschaft zuständigen Gerichts eingetragen wird. [3]Die für die Verjährung geltenden §§ 204, 206, 210, 211 und 212 Abs. 2 und 3 des Bürgerlichen Gesetzbuches sind entsprechend anzuwenden.

(2) Einer Feststellung in einer in § 197 Abs. 1 Nr. 3 bis 5 des Bürgerlichen Gesetzbuchs bezeichneten Art bedarf es nicht, soweit der Gesellschafter den Anspruch schriftlich anerkannt hat.

(3) [1]Wird ein Gesellschafter Kommanditist, so sind für die Begrenzung seiner Haftung für die im Zeitpunkt der Eintragung der Änderung in das Handelsregister begründeten Verbindlichkeiten die Absätze 1 und 2 entsprechend anzuwenden. [2]Dies gilt auch, wenn er in der Gesellschaft oder einem ihr als Gesellschafter angehörenden Unternehmen geschäftsführend tätig wird. [3]Seine Haftung als Kommanditist bleibt unberührt.

Schrifttum: Vgl. die Nachw. zu §§ 128, 159.

---

[65] RGZ 70, 323 (325); 74, 63 (64); 3. Aufl. § 160 Rn 10 (*Schilling*); Röhricht/v. Westphalen/*v. Gerkan*/*Haas* Rn 16.

Übersicht

I. Einführung

1 **1. Inhalt und Zweck der Vorschrift.** Nach § 160 Abs. 1 haftet der Gesellschafter, nachdem er aus der Gesellschaft ausgeschieden ist, für die bis dahin begründeten Gesellschaftsverbindlichkeiten nur, wenn diese vor Ablauf von fünf Jahren nach dem Ausscheiden fällig und daraus Ansprüche gegen ihn nach Maßgabe des § 197 Abs. 1 Nr. 3 bis 5 festgestellt oder gerichtlich oder durch Erlass eines Verwaltungsaktes geltend gemacht sind. Entsprechendes gilt nach § 160 Abs. 3 S. 1 und 2 bei Umwandlung der Mitgliedschaft eines unbeschränkt haftenden Gesellschafters in diejenige eines Kommanditisten; nach § 160 Abs. 3 S. 3 bleibt die Haftung dieses Gesellschafters nach §§ 171 ff allerdings unberührt. Einer Feststellung oder Geltendmachung im Sinne der Abs. 1 und 3 bedarf es nach Abs. 2 nicht, soweit der Gesellschafter den Anspruch schriftlich anerkannt hat. Die Vorschrift des § 160 ist vor dem Hintergrund zu sehen, dass das Ausscheiden aus der Gesellschaft (Rn 4) und die Umwandlung der Mitgliedschaft des Komplementärs in diejenige eines Kommanditisten die unbeschränkte Haftung für die bis dahin begründeten Gesellschaftsverbindlichkeiten unberührt lassen. Die Forthaftung des Gesellschafters ist denn auch in § 160 vorausgesetzt; sie folgt aus § 128, bei Ausscheiden eines Kommanditisten aus §§ 171 f, 176 (Rn 8, 15). Indes zeigt sich insbesondere im Zusammenhang mit vor dem Ausscheiden oder dem Wechsel in die Kommanditistenstellung begründeten Dauerschuldverhältnissen, dass der Gesellschafter ein berechtigtes Interesse an einer Begrenzung seiner Forthaftung hat. Nach §§ 128, 171 f, 176 hätte nämlich der Gesellschafter auch für die erst nach seinem Ausscheiden fällig werden Einzelforderungen aus solchen Dauerschuldverhältnissen einzustehen, obschon er nunmehr weder Einfluss auf die Gesellschaft nehmen kann noch an deren Erträgen partizipiert. Die Vorschrift des § 160 trägt diesem Interesse dadurch Rechnung, dass sie unter bestimmten Voraussetzungen die **Enthaftung**, also das Freiwerden des Gesellschafters von seiner persönlichen Haf-

tung aus §§ 128, 130, 171 f, 176 anordnet (Rn 2, 14). § 160 begründet also eine **rechtsvernichtende Einwendung** des Gesellschafters.[1] Soweit der ausgeschiedene oder in die Kommanditistenstellung gerückte Gesellschafter hingegen der Nachhaftung unterliegt, unterliegt diese in der Insolvenz der Gesellschaft dem **§ 93 InsO** (§ 128 Rn 75).

2. **Gesetzesgeschichte.** Die §§ 159, 160 sind durch das **Nachhaftungsbegrenzungsgesetz vom 18. März 1994**[2] dahin gehend geändert worden, dass die Rechtslage bei Auflösung der Gesellschaft nunmehr in § 159, diejenige bei Ausscheiden eines Gesellschafters dagegen in § 160 geregelt ist (§ 159 Rn 2). Auch in der Sache hat § 160 weitreichende Änderungen erfahren. Während nach § 159 a.F. auch dem ausgeschiedenen Gesellschafter nur eine Sonderverjährung von fünf Jahren zugute kam und diese, ebenso wie nach § 159 Abs. 2 und 3 n.F. im Fall der Auflösung (§ 159 Rn 16 ff), erst mit Fälligkeit der gegen die Gesellschaft gerichteten Forderung des Gläubigers begann, wird der Gesellschafter nach § 160 n.F. mit Ablauf von fünf Jahren nach Eintragung der Rechtsänderung von seiner Haftung befreit. Eine Änderung hat sich somit zunächst insoweit ergeben, als die Haftung des Gesellschafters einer Ausschlussfrist unterliegt. Vor allem aber beginnt diese Ausschlussfrist mit der Eintragung der Rechtsänderung und damit unabhängig von der Fälligkeit der gegen die Gesellschaft gerichteten Forderung. Die dem § 159 a.F. immanenten Schwächen, die letztlich darauf zurückzuführen waren, dass einerseits die Gesellschaft ungeachtet des Ausscheidens eines ihrer Mitglieder als werbende fortbesteht und es deshalb nicht zur Beendigung der in ihrem Namen begründeten Dauerschuldverhältnisse kommt (s. dazu § 149 Rn 13 f), andererseits der Lauf der Sonderverjährung die Fälligkeit des Einzelanspruchs voraussetzt (§ 159 Rn 18), sind somit durch die Neuregelung behoben: Der Gesellschafter kommt definitiv mit Ablauf von fünf Jahren in den Genuss der Enthaftung, sofern er nicht zuvor durch den Gläubiger wegen eines fälligen Anspruchs in Anspruch genommen wird. Für den Bereich der Dauerschuldverhältnisse hatte allerdings bereits die höchstrichterliche Rechtsprechung im Wege der **teleologischen Reduktion des § 159 a.F.** für die grundsätzliche Enthaftung des ausgeschiedenen Gesellschafters nach Ablauf von fünf Jahren gesorgt (Rn 39 ff). Die wesentliche Bedeutung der Neuregelung besteht deshalb in zahlreichen Detailkorrekturen und Klarstellungen (Rn 42) – hervorzuheben sind der umfassende, nicht auf Dauerschuldverhältnisse beschränkte Ansatz, die Vorschrift des Abs. 3 S. 2 betreffend den geschäftsleitenden Kommanditisten (Rn 14) und die Ablehnung der verschiedentlich (freilich zu Unrecht) befürworteten Kombination von Enthaftungs- und Verjährungslösung[3] (Rn 20 f, 25, 28, 46) –, vor allem aber in der dem Interesse an Haftungsklarheit förderlichen Kodifizierung des Enthaftungskonzepts und der Erstreckung desselben auf §§ 26, 28, §§ 45, 133, 224 UmwG (§ 159 Rn 2, 10 f). § 160 enthält nunmehr eine abschließende Regelung; ein Rückgriff auf die zu § 159 a.F. ergangene Rechtsprechung (Rn 39 ff) ist ausgeschlossen (Rn 34). Im weiteren Verlauf ist § 160 durch Art. 5 Abs. 16 Nr. 1, 2 des **Schuldrechtsmodernisierungsgesetzes** vom 26.11.2001[4] an die Neuregelung des Verjährungsrechts angepasst worden (Rn 18, 26 ff). 2

---

[1] *Reichold* NJW 1994, 1617 (1619); *Steinbeck* WM 1996, 2041 (2043); *Mattheus/Schwab* ZGR 2008, 65 (101 f); MünchKommHGB/*K. Schmidt* Rn 1; Koller/Roth/Morck/*Koller* Rn 1.

[2] BGBl. I, 560; s. ferner die Hinweise in § 159 Fn 2.

[3] Dafür namentlich *K. Schmidt* DB 1990, 2357 (2359 f); *Lieb* GmbH-Rdsch. 1992, 561 (564 ff); zu Recht ablehnend *Ulmer* BB 1983, 1865 (1866, 1871); *Ulmer/Timmann* ZIP 1992, 1 (3); *Büscher/Klusmann* ZIP 1992, 11 (15).

[4] BGBl. I S. 3138; zu Übergangsvorschriften zum neuen Verjährungsrecht s. Art. 229 § 6 EGBGB.

3 In rechtspolitischer Hinsicht bezweckt die durch das Nachhaftungsbegrenzungsgesetz eingeführte Enthaftungslösung, die Attraktivität der auf den Betrieb **mittelständischer Unternehmen** zugeschnittenen Rechtsformen des HGB zu steigern: Die auf der Grundlage des § 159 a.F. drohende, durch die Rechtsprechung freilich weitgehend behobene Gefahr einer Endloshaftung (Rn 39 ff) soll definitiv beseitigt und durch eine klare und verlässliche Enthaftungslösung ersetzt werden. Dadurch wiederum soll der Mittelstand von dem Zwang befreit werden, entweder von vornherein die Rechtsform einer Kapitalgesellschaft oder einer atypischen Personengesellschaft zu wählen (s. dazu noch Rn 14) oder von dem Versprechen **betrieblicher Altersversorgung** abzusehen (speziell dazu Rn 11, 47 f).[5] Mag auch der Gesetzgeber aus gutem Grund vom Erlass einer auf Dauerschuldverhältnisse zugeschnittenen Sonderregelung abgesehen haben,[6] so darf doch nicht verkannt werden, dass es vor allem die aus bestehenden Arbeitsverhältnissen und Pensionszusagen resultierenden Verpflichtungen waren, die unter Geltung des § 159 a.F. erhebliche, durch die Rechtsprechung (Rn 2, 39 ff) freilich deutlich geminderte Nachhaftungsrisiken mit sich brachten.

4 **3. Anwendungsbereich.** Die Vorschrift des § 160 regelt das Erlöschen der Haftung des ausgeschiedenen Gesellschafters; ihr Anwendungsbereich deckt sich demnach mit demjenigen der §§ 128, 171 f. Neben der **OHG** unterliegen mithin auch die **KG und** die **KGaA** dem § 160 (§ 159 Rn 5). Erfasst werden insoweit das Ausscheiden des unbeschränkt haftenden Gesellschafters und die Umwandlung der Mitgliedschaft eines solchen Gesellschafters in die eines Kommanditisten, aber auch das Ausscheiden des Kommanditisten; insoweit ist es auch unerheblich, ob der Kommanditist nach §§ 171, 172 Abs. 4 auf die Haftsumme beschränkt oder nach § 176 und damit unbeschränkt haftet (Rn 8, 15, 20).[7] Des Weiteren bestimmen §§ 10 Abs. 2 PartGG, 736 Abs. 2 BGB, dass § 160 bei Ausscheiden eines Mitglieds aus der **Partnerschaft** oder **Gesellschaft bürgerlichen Rechts** entsprechende Anwendung findet.[8] Die Rechtslage bei Ausscheiden aus der **EWIV** (vor § 145 Rn 9; § 128 Rn 5) hat dagegen in Art. 34, 37 Abs. 1 EWIV-VO eine dem § 159 a.F. (Rn 1 f; § 159 Rn 2) entsprechende Regelung erfahren. Danach haftet zwar das ausgeschiedene Mitglied für die vor seinem Ausscheiden begründeten Verbindlichkeiten fort, doch unterliegt seine Haftung einer Verjährung von fünf Jahren, beginnend mit der Bekanntmachung seines Ausscheidens gem. Art. 8 EWIV-VO. Da der Lauf der Verjährung erst mit Fälligkeit des Anspruchs beginnt (Rn 2), sieht sich deshalb das ausgeschiedene Mitglied der Gefahr einer Endloshaftung für die vor seinem Ausscheiden begründeten Dauerschuldverhältnisse ausgesetzt. Dem Schutzzweck des Art. 37

---

[5] Begr. RegE, BT-Drucks. 12/1868 S. 7; s. ferner *Seibert* DB 1994, 461; näher zum Aspekt der betrieblichen Altersversorgung *Langohr-Plato* MDR 1996, 325 ff.

[6] Für eine allgemeine Regelung bereits der RegE (Fn 3); dagegen sodann der Bundesrat in seiner Stellungnahme, BR-Drucks. 446/91 S. 12; dagegen wiederum Beschlussempfehlung und Bericht des Rechtsausschusses, BT-Drucks. 12/6569 S. 12; näher dazu *Ulmer/Timmann* ZIP 1992, 1 (4 ff).

[7] Ausdrücklich Begr. RegE, BT-Drucks. 12/1868 S. 8; s. ferner MünchKommHGB/*K. Schmidt* Rn 21; Röhricht/v. Westphalen/*v. Gerkan/Haas* Rn 8; Heymann/*Sonnenschein/Weitemeyer* Rn 5; zur Rechtslage bei zuvor erfolgtem Formwechsel der KG in eine Kapitalgesellschaft s. *Bärwaldt/Schabacker* NJW 1998, 1909 ff.

[8] Eingefügt durch Art. 4 NachhaftungsbegrenzungsG (Fn 2); näher dazu, insbes. zur Maßgeblichkeit des Fristbeginns mit Kenntnis des Gläubigers hinsichtlich des Ausscheidens MünchKommBGB/*Ulmer/Schäfer* § 736 Rn 21 ff; dazu auch BGHZ 174, 7 (Tz. 17) = ZIP 2007, 2262 = NZG 2007, 941; zuvor bereits BGHZ 117, 168 (178 f) = NJW 1992, 1615: analoge Anwendung des § 159 a.F.

Abs. 1 EWIV-VO entsprechend wird man deshalb die zu § 159 a.F. entwickelten Grundsätze zum Schutz des ausgeschiedenen OHG-Gesellschafters (Rn 39 ff) heranzuziehen haben.

4. **Verhältnis zu anderen Vorschriften.** § 160 findet neben **§ 159** Anwendung. Von Bedeutung ist dies insbesondere für den Fall, dass der Gesellschafter aus der aufgelösten Gesellschaft ausscheidet (§ 159 Rn 8 f). Was das Verhältnis des § 160 zu **§§ 45, 133, 224 UmwG** betrifft, so kann sich aus den Vorschriften des UmwG eine Vorverlagerung des Enthaftungszeitpunkts ergeben (§ 159 Rn 11). 5

5. **Zwingende Geltung.** Was die Frage der Abdingbarkeit des § 160 betrifft, so besteht Einvernehmen darüber, dass eine Vereinbarung der Gesellschafter untereinander oder zwischen dem Gesellschafter und der Gesellschaft an der Geltung des § 160 nichts zu ändern vermag; sieht man von der Möglichkeit eines Vertrags zugunsten Dritter ab, so kann die Haftung des ausgeschiedenen Gesellschafters vielmehr allenfalls durch Vereinbarung mit dem Gläubiger abweichend von § 160 ausgestaltet werden (§ 128 Rn 15 f; § 159 Rn 4). Ebenfalls eindeutig ist die Bestimmung des § 160 Abs. 2, wonach es einer gerichtlichen Geltendmachung im Sinne des Abs. 1 nicht bedarf, soweit der Gesellschafter den Anspruch schriftlich anerkannt hat. Im Übrigen ist die Frage der Abdingbarkeit des § 160 umstritten. Die hM bejaht den dispositiven Charakter,[9] wobei sie sich überwiegend auf die **Entstehungsgeschichte des § 160** beruft. In der Tat sah der Regierungsentwurf die Aufnahme eines S. 4 in § 160 Abs. 1 vor, dem zufolge die Frist für die Geltendmachung durch schriftliche Vereinbarung zwischen Gläubiger und ausscheidendem Gesellschafter um einen bestimmten Zeitraum oder bis zu einem kalendermäßig bestimmten Zeitpunkt verlängert werden können sollte, wenn die Verbindlichkeit später als vier Jahre nach der Eintragung des Ausscheidens fällig wird.[10] Ausweislich der Entwurfsbegründung sollten durch diese Vorschrift die mit der strengen Fristenregelung verbundenen Härten gemildert und Vergleichsverhandlungen auch noch unmittelbar vor Ablauf der Fünfjahresfrist ermöglicht werden.[11] Auf Empfehlung des Rechtsausschusses ist diese Bestimmung nicht Gesetz geworden. Zur Begründung hat der Rechtsausschuss darauf verwiesen, dass eine Einschränkung (!) der Vertragsfreiheit, wie sie in § 160 Abs. 1 S. 4 der Entwurfsfassung vorgesehen war, nicht notwendig erscheine. Die fünfjährige Enthaftungsfrist unterliege vielmehr grundsätzlich der Disposition von Gläubiger und ausscheidendem Gesellschafter, so dass im Hinblick auf § 311 Abs. 1 BGB eine ausdrückliche Normierung nicht erforderlich sei.[12] 6

Scheint somit nach dem Willen des Gesetzgebers eine von § 160 abweichende Vereinbarung, darunter insbesondere eine Verlängerung der Enthaftungsfrist, möglich zu sein, so sind doch Zweifel an der Richtigkeit dieses Ergebnisses angebracht. Diese rühren daher, dass der Regierungsentwurf aus der Sicht des Rechtsausschusses eine nicht nur über- 7

---

[9] So namentlich *Seibert* DB 1994, 461 (462); *Reichold* NJW 1994, 1617 (1619); *Kollbach* GmbH-Rdsch. 1994, 164 (165); *Siems/Maaß* WM 2000, 2328 (2332 ff); *K. Schmidt* Gesellschaftsrecht § 51 II 2e; MünchKommHGB/*ders.* Rn 16; Röhricht/v. Westphalen/*v. Gerkan/Haas* Rn 16; Ebenroth/Boujong/Joost/Strohn/*Hillmann* Rn 19; Heymann/*Sonnenschein/Weitemeyer* Rn 23; Baumbach/*Hopt* Rn 8; Koller/Roth/Morck/*Koller* Rn 4; wohl auch *Ulmer/Timmann* ZIP 1992, 1 (11); **aA** *Leverenz* ZHR 160 (1996), 75 ff; zu § 45 UmwG *H. Schmidt* in: Lutter (Hrsg.) UmwG, 3. Aufl. 2004, § 45 Rn 24.

[10] RegE, BT-Drucks. 12/1868 S. 8.

[11] Begr. RegE, BT-Drucks. 12/1868 S. 8.

[12] BT-Drucks. 12/6569 S. 12.

flüssige, sondern zudem die Vertragsfreiheit übermäßig einschränkende, weil Prolongationsabreden nur unter bestimmten Voraussetzungen erlaubende Regelung enthalten hat. Gerade dies erscheint allerdings als unzutreffend. Berücksichtigt man nämlich, dass § 160 eine gesetzliche **Ausschlussfrist** enthält (Rn 18 ff), solche Fristen aber im Allgemeinen und vorbehaltlich einer anderweitigen gesetzlichen Regelung zwingenden Charakter haben,[13] so erweist sich die Prämisse des Rechtsausschusses als unzutreffend. Ganz offensichtlich ging es aber dem Rechtsausschuss allein darum, der vermeintlichen Unvereinbarkeit des Regierungsentwurfs mit dem Grundsatz der Vertragsfreiheit Rechnung zu tragen; nicht dagegen wollte der Rechtsausschuss einer von allgemeinen Grundsätzen abweichenden Sonderregelung das Wort reden. Mag § 202 BGB auch Vereinbarungen über die Verjährung grundsätzlich zulassen (§ 159 Rn 4), so folgt daraus nichts in Bezug auf Ausschlussfristen im Allgemeinen und diejenige des § 160 Abs. 1 im Besonderen;[14] dem entspricht es im Übrigen, dass § 160 Abs. 1 S. 3 die Vorschrift des § 202 BGB nicht für entsprechend anwendbar erklärt (Rn 18). Nach allem hat es bei den allgemeinen Grundsätzen und damit bei dem zwingenden Charakter der Ausschlussfrist des § 160 zu bewenden[15]. Soll der ausgeschiedene Gesellschafter auch noch nach Ablauf von fünf Jahren in Anspruch genommen werden können, so bedarf es dazu einer Vereinbarung mit dem Gläubiger, der zufolge die Haftung des Gesellschafters für die Verbindlichkeit der Gesellschaft auf eine **vertragliche Grundlage** gestellt wird; in Betracht kommt etwa die Übernahme einer Bürgschaft oder der Beitritt zur Gesellschaftsschuld (Rn 8; § 128 Rn 82 ff). Die (unwirksame) Vereinbarung einer von § 160 abweichenden Ausschlussfrist lässt sich freilich nicht ohne weiteres im Sinne einer rechtsgeschäftlich begründeten Haftung des Gesellschafters auslegen. Von der Abbedingung der fünfjährigen Enthaftungsfrist ist im Übrigen der Verzicht des Gläubigers auf die Nachhaftung des ausgeschiedenen Gesellschafters zu unterscheiden; er beurteilt sich nach § 397 BGB und ist ungeachtet des zwingenden Charakters der Ausschlussfrist des § 160 Abs. 1 S. 1 zulässig.[16]

II. Gegenstand der Enthaftung

8 **1. Haftung aus §§ 128, 130, 171 f, 176.** Die in § 160 Abs. 1 vorgesehene Enthaftung bezieht sich auf die Gesellschafterhaftung nach §§ 128, 130, 171, 176 (Rn 4, 20 f). Voraussetzung ist also das Bestehen einer Gesellschaftsschuld, für die der ausgeschiedene Gesellschafter nach §§ 128, 130, 171 f, 176 einzustehen hat; auf die Ausführungen in § 159 Rn 12 wird verwiesen. Von § 160 nicht erfasst ist die auf Verwirklichung eines **eigenen Haftungstatbestands** beruhende Verpflichtung des Gesellschafters gegenüber den Gesellschaftsgläubigern, etwa aus Bürgschaft oder Delikt (Rn 10). Sie unterliegt den allgemeinen Bestimmungen des Bürgerlichen Rechts und des Handelsrechts, darunter insbesondere den Verjährungsvorschriften der §§ 195 ff BGB; eine Enthaftung nach § 160 kommt insoweit nicht in Betracht (Rn 7; § 159 Rn 13; § 128 Rn 14, 81 ff).

---

[13] Vgl. BGH NJW 1975, 1171; OLG Celle WM 1975, 652 (654); MünchKommBGB/*Grothe* Vor § 194 Rn 12 mwN.

[14] Vgl. MünchKommBGB/*Grothe* Vor § 194 Rn 12.

[15] So auch die in Fn 9 genannten Gegenstimmen.

[16] Vgl. auch BGHZ 142, 324 (325 ff) = NJW 2000, 208.

2. Altverbindlichkeiten

a) **Maßgeblicher Zeitpunkt.** Die Forthaftung des ausgeschiedenen Gesellschafters beschränkt sich auf die sog. Altverbindlichkeiten, also diejenigen Gesellschaftsschulden, die im Zeitpunkt seines Ausscheidens (bzw. des dem Ausscheiden gleichstehenden Tatbestands, Rn 13 ff) begründet waren. Maßgebender Zeitpunkt für die Bestimmung des Kreises der Altverbindlichkeiten ist somit derjenige, in dem das **Ausscheiden** (Rn 12 ff) **wirksam** geworden und damit die Stellung als unbeschränkt haftender Gesellschafter entfallen ist (näher dazu § 128 Rn 60). Vom Zeitpunkt des Wirksamwerdens des Ausscheidens zu unterscheiden ist der Zeitpunkt, in dem die Fünfjahresfrist beginnt. Gemäß § 160 Abs. 1 S. 2 ist dies stets, also auch in den Fällen, in denen die Eintragung nur deklaratorische Bedeutung hat (§ 128 Rn 60), das Ende des Tages, an dem das Ausscheiden des Gesellschafters in das **Handelsregister** eingetragen wird (Rn 16 f); der Eintragung steht die positive Kenntnis des Gläubigers hinsichtlich des Ausscheidens gleich (Rn 16). Nach wirksamem Ausscheiden, aber vor Eintragung oder Kenntniserlangung begründete Verbindlichkeiten sind deshalb Neuverbindlichkeiten, für die der ausgeschiedene Gesellschafter an sich auch nicht nach Maßgabe des § 160 haftet. Doch kann sich die Haftung insoweit aus **§ 15 Abs. 1** oder aus konkret veranlasstem Rechtsschein (§ 128 Rn 7 f) ergeben; in diesem Fall sind auch diese Verbindlichkeiten als Altverbindlichkeiten anzusehen (§ 128 Rn 61). Entsprechendes gilt für die innerhalb der Schonfrist des **§ 15 Abs. 2 S. 2** begründeten Verbindlichkeiten. 9

b) **Begründung der Verbindlichkeit.** Nach § 160 Abs. 1 haftet der ausgeschiedene Gesellschafter nur für die bis zu seinem Ausscheiden (Rn 12 ff) begründeten Verbindlichkeiten. Für die Abgrenzung zwischen Alt- und Neuverbindlichkeiten (Rn 9) kommt es deshalb darauf an, ob in dem maßgeblichen Zeitpunkt (Rn 9) bereits der **Rechtsgrund für** den betreffenden **Anspruch gegen die Gesellschaft gelegt** war.[17] Unerheblich sind dagegen die Entstehung und die Fälligkeit des Anspruchs, bei einem gegenseitigen Vertrag des Weiteren die Erbringung der Gegenleistung durch den Gläubiger (§ 128 Rn 63 ff). Zu den Altverbindlichkeiten zählen deshalb auch nach dem Ausscheiden des Gesellschafters entstandene Verpflichtungen der Gesellschaft aus vor dem Ausscheiden (Rn 12 ff) begründeten Arbeits- und sonstigen **Dauerschuldverhältnissen** (§ 128 Rn 65). Entsprechendes gilt für vor dem Ausscheiden begründete **Deliktsschulden** der Gesellschaft (§ 128 Rn 69); soweit der Gesellschafter hierfür nach §§ 128, 130, 171 f, 176 (und nicht aufgrund der Verwirklichung des Deliktstatbestands in seiner eigenen Person, s. Rn 8) einzustehen hat (§ 128 Rn 10), kommt ihm die Enthaftung nach § 160 zugute.[18] – Wegen sämtlicher Einzelheiten wird auf die Ausführungen in § 128 Rn 63 ff verwiesen. 10

Was **Betriebsrentenansprüche** und vergleichbare Versorgungszusagen betrifft, so hat der Gesellschafter innerhalb der Frist des § 160 insoweit einzustehen, als die anspruchs- 11

---

[17] Näher dazu § 128 Rn 63 ff; s. ferner RGZ 140, 1 (14); BGHZ 55, 267 (269 f) = NJW 1971, 1268; BGH NJW 1986, 1690; BAGE 63, 260 = WM 1990, 1466; BGHZ 150, 373 (374 ff) = ZIP 2002, 1251 (betr. Mietvertrag mit Verlängerungsoption; **aA** noch KG NZG 2001, 164); BAG NJW 1992, 3255; BFH DB 1986, 2419; MünchKommHGB/*K. Schmidt* § 128 Rn 49 f; Röhricht/v. Westphalen/*v. Gerkan/Haas* Rn 9 mit § 128 Rn 27 ff; Baumbach/*Hopt* § 128 Rn 29; **aA** *Honsell/Harrer* ZIP 1986, 341 (344 ff); *Moll/Hottgenroth* RdA 1994, 223 (224 ff); sympathisierend Heymann/*Emmerich* § 128 Rn 50.

[18] S. bereits § 159 Rn 13; ferner MünchKommHGB/*K. Schmidt* Rn 25; *Medicus* FS Lutter S. 891, 897 ff; **aA** – für kenntnisabhängige Sonderverjährung (im Rahmen des § 160) – *Hardt* ZIP 1999, 1541 ff.

begründende Vereinbarung vor seinem Ausscheiden getroffen worden ist;[19] darüber hinaus muss die Anwartschaft vor dem Ausscheiden des Gesellschafters unverfallbar geworden sein.[20] Besonderheiten gelten bei Insolvenz der Gesellschaft (§ 145 Rn 52 ff). Nach § 45 InsO kommt es in diesem Fall nämlich zu einer Kapitalisierung der – zumeist auf den Pensionssicherungsverein übergegangenen – Betriebsrentenansprüche. Werden die Ansprüche innerhalb der Frist des § 160 festgestellt (Rn 18 f, 26), so hat der Gesellschafter, der Rechtslage bei Nichteintritt der Insolvenz und dem Schutzzweck des § 160 (Rn 1 ff) entsprechend, nur für den Teil des kapitalisierten Betrags einzustehen, der auf die Zeit bis zum Ablauf der Frist des Abs. 1 entfällt. Hinsichtlich des Teils des kapitalisierten Betrags, der auf den Zeitraum nach Ablauf der Fünfjahresfrist des Abs. 1 entfällt, steht dem Gesellschafter dagegen der Einwand der Enthaftung zu.[21] **Sozialplanverbindlichkeiten** schließlich unterliegen der Nachhaftung nur unter der Voraussetzung, dass der Sozialplan vor dem Ausscheiden begründet worden ist;[22] auf die Begründung des Arbeitsverhältnisses kommt es insoweit also nicht an.

III. Enthaftungsbegründender Tatbestand

12 **1. Ausscheiden.** Der Tatbestand des Ausscheidens aus der Gesellschaft wird zunächst durch **Austritt** (§ 105 Rn 289 f) oder **Ausschließung** gem. § 140 bewirkt. In beiden Fällen geht die Mitgliedschaft des Ausgeschiedenen ersatzlos unter (§ 105 Rn 279 f). Entsprechendes gilt bei Verwirklichung eines der Tatbestände des § **131 Abs. 3.** Bei der **Anteilsübertragung** (§ 105 Rn 291 ff) kommt es dagegen zum Übergang der Mitgliedschaft auf den Erwerber, der sodann nach § 130 auch für die Altverbindlichkeiten haftet. Was die Person des Veräußerers betrifft, so geht er der Mitgliedschaft verlustig. Er scheidet mit anderen Worten aus der Gesellschaft aus[23] und kommt somit in den Genuss der Enthaftung nach § 160 (§ 128 Rn 56). Austritt, Ausschließung und Anteilsübertragung bedürfen zwar zu ihrer Wirksamkeit nicht der Eintragung. Unterbleibt aber die Eintragung, so gelangt § 15 Abs. 1 zur Anwendung (Rn 9). Kommt es dagegen zur Eintragung, so läuft die Schonfrist des § 15 Abs. 2 S. 2.

13 **2. Umwandlung der Komplementär- in eine Kommanditistenbeteiligung.** Nach § 160 Abs. 3 steht die Umwandlung der Mitgliedschaft eines OHG-Gesellschafters[24] oder Komplementärs in diejenige eines Kommanditisten dem Ausscheiden gleich.[25] Der bislang

---

[19] Vgl. BGHZ 87, 286 (289 ff) = NJW 1983, 2254; BGH NJW 1983, 2256 (2558); NJW 1983, 2940 (2941 ff); BGHZ 108, 330 (339 ff); BAG NZG 2007, 860 (863 ff); OLG Hamm NZG 2008, 101 (102); näher dazu *Langohr-Plato* MDR 1996, 325 ff; *Moll/Hottgenroth* RdA 1994, 223 ff; zum alten Recht *Reichold* passim, insbes. S. 187 ff.

[20] Zutr. *Moll/Hottgenroth* RdA 1994, 223 (228 f); zu §§ 159, 160 a.F. *Binz* GmbH-Rdsch. 1978, 145 (148); *Jürgens* DB 1992, 1629 (1630); **aA** (zu §§ 159, 160 a.F.) BAG ZIP 1990, 534 (536); *Hüffer* BB 1978, 454 (458).

[21] Zutr. *Kollbach* GmbH-Rdsch. 1994, 164 (167 f); ihm zust. auch *Lieb* GmbH-Rdsch. 1994, 657 (664); offengelassen von BAG ZIP 1990, 534, 536 (betr. §§ 159, 160 a.F.).

[22] So zu Recht BAG ZIP 1992, 1554 mit Anm. *Reichold.*

[23] Wohl allg. M., s. bereits 3. Aufl. § 159 Rn 22 (*Schilling*); ferner MünchKommHGB/*K. Schmidt* Rn 24; Ebenroth/Boujong/Joost/Strohn/*Hillmann* Rn 5.

[24] Mit ihr geht die Umwandlung der OHG in eine KG einher, s. § 105 Rn 52 (*Schäfer*).

[25] Zur entsprechenden Rechtslage nach §§ 159, 160 a.F. s. BGHZ 78, 114 = NJW 1981, 175; BGH NJW 1983, 2940; BGHZ 108, 330 (340) = NJW 1990, 49.

unbeschränkt haftende Gesellschafter kommt somit hinsichtlich der Altverbindlichkeiten, d.h. der bis zur Umwandlung der Mitgliedschaft begründeten Verbindlichkeiten (Rn 10 f), in den Genuss der Enthaftung nach § 160 Abs. 1. Soweit § 160 Abs. 3 S. 1 seinem Wortlaut nach auf die im Zeitpunkt der Eintragung begründeten Verbindlichkeiten abstellt, handelt es sich ersichtlich um ein Redaktionsversehen: Die Vorschrift will die sich nach allgemeinen Grundsätzen ergebende Haftung des Gesellschafters einschränken, würde diese indes ausweiten, wollte man ihr entnehmen, der vormalige Vollhafter würde in jedem Fall für die zwischen der Aufgabe der Komplementärstellung und der Eintragung dieser Rechtsänderung begründeten Verbindlichkeiten unbeschränkt haften.[26] Richtig ist vielmehr, dass der Eintritt der Haftungsbeschränkung unter dem Vorbehalt des § 15 Abs. 1, Abs. 2 S. 2 steht (Rn 9).[27] § 160 Abs. 3 S. 3 stellt zudem klar, dass die **Haftung als Kommanditist** durch den Eintritt der Enthaftung nicht berührt wird. Nach § 173 erstreckt sich diese Haftung auch auf die Altverbindlichkeiten.

Die unbeschränkte Haftung für Altverbindlichkeiten entfällt nach § 160 Abs. 3 S. 2 **14**
i.V.m. § 160 Abs. 1 auch dann, wenn der Kommanditist in der KG oder in einem ihr als Gesellschafter angehörenden Unternehmen **geschäftsführend tätig** wird. Gedacht ist insbesondere an den Fall, dass die Gesellschaft in eine GmbH & Co. KG „umgewandelt“ (§ 105 Rn 52) wird und der – nunmehr die Stellung eines Kommanditisten innehabende – Gesellschafter die Geschäfte der Komplementär-GmbH führt. Der Gesetzgeber (Rn 2) hat sich mit der Vorschrift des § 160 Abs. 3 S. 2 ausdrücklich von der abweichenden Rechtsprechung des BGH und des BAG zu § 159 a.F. distanziert.[28] Nach dieser Rechtsprechung sollten nämlich die Sonderverjährung des § 159 a.F. und die rechtsfortbildend entwickelten Grundsätze über die Enthaftung des ausgeschiedenen Gesellschafters (Rn 39 ff) nicht zur Anwendung gelangen, wenn sich der Ausgeschiedene nicht wirklich von dem Unternehmen gelöst, sondern weiterhin die Geschicke desselben bestimmt und somit Einfluss auf die Begründung von Neuverbindlichkeiten hatte.[29] Indem der Gesetzgeber die Enthaftung auch dem geschäftsführenden Kommanditisten zugebilligt hat, hat er zugleich dem Schutzzweck des § 160 einen von § 159 a.F. abweichenden Akzent verliehen. Nunmehr bedarf es keiner Preisgabe des unternehmerischen Einflusses, um in den Genuss der Enthaftung zu kommen; maßgebend ist vielmehr allein die – nach außen verlautbarte (Rn 9, 13) oder dem Gläubiger anderweitig bekannt gewordene – Umwandlung der Mitgliedschaft in diejenige eines Kommanditisten.

Nicht vom Wortlaut des § 160 Abs. 1 erfasst wird der Fall, dass ein nach § 176 unbe- **15**
schränkt haftender **Kommanditist eingetragen** wird. Denn in den Fällen des § 176 ist der Gesellschafter auch unabhängig von seiner Eintragung Kommanditist, so dass es mit der Eintragung nicht zu einer Umwandlung der Mitgliedschaft kommt; allein aus Gründen des Gläubigerschutzes kann er sich nicht auf die Haftungsbeschränkung berufen. Die mit der Eintragung verbundene Änderung des Haftungsstatuts verlangt jedoch nach einer

---

[26] Näher *Bormann* NZG 2004, 751 (752 ff); so im Ergebnis bereits Voraufl. Rn 13; ferner *Seibert* DB 1994, 461 (462); **aA** *Mattheus/Schwab* ZGR 2008, 65 (102 ff).

[27] Zur Unanwendbarkeit des § 176 Abs. 2 s. BGHZ 66, 98 (101) = NJW 1976, 848; Voraufl. § 176 Rn 22 (*Schilling*).

[28] Begr. RegE, BT-Drucks. 12/1868 S. 9.

[29] BGHZ 78, 114 (118) = NJW 1981, 175; BGH NJW 1983, 2256; NJW 1983, 2940 (2943); BAGE 42, 312 (323 f) = NJW 1983, 2283; BAGE 63, 260 (264); BAG ZIP 1990, 534 = DB 1990, 938; **aA** bereits Schlegelberger/*K. Schmidt* § 159 Rn 19 f; *Priester/K. Schmidt* ZIP 1984, 1064 ff; *Lieb* ZGR 1985, 146 ff; *Wiesner* ZIP 1983, 1036 f; *Reichold* S. 198 ff mwN.

entsprechenden Anwendung des § 160 Abs. 3.[30] Die „Umwandlung" der Stellung des OHG-Gesellschafters oder Komplementärs in diejenige eines **stillen Gesellschafters** erfolgt dagegen durch Austritt im Sinne des § 160 Abs. 1 (Rn 12) und Neubegründung eines stillen Gesellschaftsverhältnisses zwischen dem Ausgeschiedenen und der Gesellschaft.

IV. Enthaftung

1. Frist

16 a) **Dauer, Beginn und Ende.** Nach § 160 Abs. 1 S. 1, Abs. 3 S. 1 wird der Gesellschafter mit Ablauf einer Frist von **fünf Jahren** von seiner Haftung aus §§ 128, 130, 171 f, 176 befreit, sofern nicht zuvor der fällige Anspruch des Gläubigers nach Maßgabe des § 197 Abs. 1 Nr. 3 bis 5 BGB festgestellt oder im Vollstreckungswege geltend gemacht wird (Rn 18 f, 26 ff). Die Haftung des ausgeschiedenen Gesellschafters ist damit derjenigen eines Zeitbürgen im Sinne des § 777 BGB vergleichbar. Die Frist beginnt nach § 160 Abs. 1 S. 2, Abs. 3 S. 1 mit dem Ende des Tages, an dem das Ausscheiden (Rn 12) oder die Umwandlung der Mitgliedschaft (Rn 13 ff) in das Handelsregister des für den Sitz der Gesellschaft zuständigen Gerichts (§ 106 Rn 11) **eingetragen** wird. Der Lauf der Frist beginnt nach § 187 Abs. 2 S. 1 BGB mit dem auf die Eintragung folgenden Tag.[31] Nach § 188 Abs. 2 BGB endet deshalb die Frist mit Ablauf des Tages, der durch sein Datum dem Tag des Fristbeginns vorhergeht[32]; die Vorschrift des § 193 BGB findet Anwendung. Nach bis in das Jahr 2007 hinein ganz herrschender und auch noch in der Voraufl. (Rn 16) vertretener Ansicht bildete die Eintragung ein Tatbestandserfordernis für den Beginn der Frist; ihr sollte insoweit rechtserzeugende Wirkung zukommen.[33] Der BGH hat dem widersprochen und – ungeachtet der nach dem Wortlaut des § 160 Abs. 1 S. 2 bestehenden Abhängigkeit des Fristbeginns von der Eintragung des Ausscheidens – die **positive Kenntnis** des Gläubigers der Eintragung gleichgestellt, mithin die Enthaftungsfrist auch unabhängig von der Eintragung des Ausscheidens laufen lassen.[34] Dem ist zu folgen (s. bereits § 159 Rn 17). Sowohl im Rahmen des § 160 als auch im Rahmen des § 159 hat die Eintragung nur deklaratorische Bedeutung (§ 143 Rn 28 ff). Dies allein schließt es zwar nicht aus, der Eintragung für den Lauf der Haftungsausschlussfrist konstitutive Bedeutung zuzusprechen. Entscheidend ist indes, dass § 160 Abs. 1 S. 2, soweit

---

30 Zu § 159 a.F. bereits BGHZ 78, 114 (117) = NJW 1981, 175; BGH WM 1983, 703; WM 1983, 1039 = NJW 1983, 2813; WM 1986, 1280 (1281); Voraufl. § 176 Rn 9 (*Schilling*).

31 *Kainz* DStR 1994, 620 (621).

32 Im Ergebnis auch Heymann/*Sonnenschein*/*Weitemeyer* Rn 15 (Beginn der Frist mit der Eintragung und damit nach § 187 Abs. 1 BGB, Ende der Frist nach § 188 Abs. 2, 1. Fall BGB) und MünchKommHGB/*K. Schmidt* Rn 26 (Beginn der Frist gem. § 187 Abs. 1 BGB mit dem Tag, der auf die Eintragung folgt, Ende der Frist nach § 188 Abs. 2, 2. Fall BGB).

33 In diesem Sinne bereits ROHGE 5, 82; 8, 248; ferner OLG Hamm NZI 584, 589; Voraufl. Rn 16 (*Habersack*); Ebenroth/Boujong/Joost/Strohn/*Hillmann* Rn 9; Baumbach/*Hopt* (33. Aufl.) Rn 5; Röhricht/v. Westphalen/*v. Gerkan* (2. Aufl.) Rn 11; Heymann/Sonnenschein/*Weitemeyer* Rn 14; Koller/Roth/Morck/*Koller* Rn 4; *Hofmeister* NJW 2003, 93 ff; *ders.* Die Entwicklung des Gesellschafterwechsels vom ALR bis zum ADHGB (2002) S. 166 ff; offengelassen von BAG NJW 2004, 3287 (3288); Nachw. zu Gegenstimmen s. in nachfolgender Fn.

34 BGHZ 174, 7 (Tz. 13. ff) = ZIP 2007, 2262 = NZG 2007, 941 im Anschluss an *Altmeppen* NJW 2000, 2529 (2530 ff) und MünchKommHGB/*K. Schmidt* Rn 27; dem BGH zust. auch Röhricht/v. Westphalen/*v. Gerkan*/*Haas* Rn 11; *Wertenbruch* NZG 2008, 216 ff.

er den Beginn der Frist an die Eintragung knüpft, den ausscheidenden Gesellschafter der Notwendigkeit entheben will, alle Gläubiger einzeln in Kenntnis hinsichtlich des Ausscheidens zu setzen.[35] Beginnt danach die Frist schon mit der infolge der Eintragung eröffneten Möglichkeit der Kenntnisnahme zu laufen, so muss anderweitig erlangte positive Kenntnis den Lauf der Frist **erst recht** in Gang setzen. Dies gilt zumal angesichts der das Ausscheiden aus der GbR regelnden Parallelvorschrift des § 736 Abs. 2 BGB, die schon in Ermangelung einer Registrierung der GbR nicht an die Eintragung anknüpfen kann und deshalb generell auf Kenntnis des Gläubigers abstellt.[36] An der noch in der Voraufl. (Rn 16) vertretenen Gegenansicht wird nicht festgehalten.

Wie die Eintragung ist auch der **Ablauf der Frist** keine unabdingbare Voraussetzung für den Eintritt der Enthaftung. Kann der Anspruch des Gläubigers gegen den Gesellschafter nicht vor Ablauf der Fünfjahresfrist fällig werden (Rn 24 f), so tritt vielmehr Enthaftung bereits mit der Eintragung des Ausscheidens (oder der ihr entsprechenden Kenntnis des Gläubigers) ein.[37] Insoweit ist von Bedeutung, dass ein Verzicht der Gesellschaft auf die Einrede der fehlenden Fälligkeit nicht zu Lasten des ausgeschiedenen Gesellschafters wirkt (§ 129 Rn 15); Entsprechendes gilt – bezogen auf die unbeschränkte Haftung aus § 128 – in den Fällen des § 160 Abs. 3 (Rn 13 ff). Selbstverständlich bewendet es bei dem Erfordernis des Ablaufs der Fünfjahresfrist, soweit Ansprüche, die an sich erst nach Ablauf von fünf Jahren fällig werden, durch außergewöhnliche Umstände (etwa durch Kündigung nach §§ 490, 314 BGB) innerhalb der Frist fällig werden können.[38] Soweit allerdings fristgemäße Fälligkeit unter jedem denkbaren Gesichtspunkt ausgeschlossen ist (wie dies etwa bei Dauerschuldverhältnissen der Fall sein kann), spricht nichts gegen die Annahme einer mit Eintragung des Ausscheidens (oder entsprechender Kenntnis des Gläubigers) einsetzenden Enthaftung. **17**

b) **Hemmung und Neubeginn.** Nach Abs. 1 S. 3 sollen die für die Hemmung und den Neubeginn der Verjährung geltenden Vorschriften der §§ 204, 206, 210, 211 und 212 Abs. 2, 3 BGB auf die Ausschlussfrist des Abs. 1 S. 1 (Rn 2, 7, 20 f) entsprechende Anwendung finden. Der Gesetzgeber hat damit die – von der herkömmlichen, in dieser Allgemeinheit freilich nicht zutreffenden Ansicht[39] verneinte – Frage, ob und inwieweit die Bestimmungen über die Hemmung und den Neubeginn der Verjährung auf Ausschlussfristen anwendbar sind, für den Anwendungsbereich des § 160 klar entschieden.[40] **18**

---

35 BGHZ 174, 7 (Tz 18) = ZIP 2007, 2262 = NZG 2007, 941; zu § 159 a.F. s. auch BGH NJW 1983, 2258 (2259), wonach sich der ausgeschiedene Gesellschafter auch dann auf den Lauf der Sonderverjährung berufen konnte, wenn zwar nicht das Ausscheiden, wohl aber die Auflösung der Gesellschaft oder die Eröffnung des Insolvenzverfahrens eingetragen war.

36 Näher dazu MünchKommBGB/*Ulmer*/*Schäfer* § 736 Rn 27; zu § 159 a.F. bereits BGHZ 117, 168 (178 f) = NJW 1992, 1615.

37 So auch *Seibert* DB 1994, 461; *Lieb* GmbH-Rdsch. 1992, 561 (564); Röhricht/v. Westphalen/*v. Gerkan*/*Haas* Rn 11; **aA** Ebenroth/Boujong/Joost/Strohn/*Hillmann* Rn, 17; MünchKommHGB/*K. Schmidt* Rn 31.

38 Dies zu den Bedenken von *K. Schmidt* und *Hillmann*, jew. aaO (vorige Fn); in diesem Sinne auch *v. Gerkan*/*Haas* (vorige Fn).

39 Eingehend dazu *Spiro* Die Begrenzung privater Rechte durch Verjährungs-, Verwirkungs- und Fatalfristen (1975) § 397 (S. 1030 ff); MünchKommBGB/*Grothe* vor § 194 Rn 10 f mwN; aus der Rechtsprechung insbes. RGZ 88, 294 (296); 102, 339 (341); s. ferner BGHZ 43, 235 (237); 53, 270 (272); 112, 95 (101).

40 Es handelt sich keineswegs um eine rechtlich unmögliche Anordnung des Gesetzgebers, s. *Ulmer*/*Timmann* ZIP 1992, 1 (9); s. ferner *Spiro* aaO (vorige Fn).

Zugleich hat er die hier vertretene Ansicht, dass die Ausschlussfrist des Abs. 1. S. 1 zwingenden Charakters ist (Rn 6 f), dadurch bestätigt, dass er § 202 BGB nicht in den Katalog der anwendbaren Vorschriften des Verjährungsrechts aufgenommen hat. Der Reformgesetzgeber hat im Übrigen an der Möglichkeit der Hemmung der Enthaftung durch **Rechtsverfolgung** nach Maßgabe des § 204 BGB festgehalten, obgleich § 160 Abs. 1 S. 1 in der Fassung durch das Schuldrechtsmodernisierungsgesetz (Rn 2, 26) zur Vermeidung der Enthaftung die Feststellung des Anspruchs in einer in § 197 Abs. 1 Nr. 3 bis 5 BGB bezeichneten Art verlangt (Rn 26 ff).

19 Was zunächst die Vorschriften der §§ **204, 206 BGB** betrifft, so ist bei Vorliegen ihrer Voraussetzungen[41] die Zeit der Hemmung bei der Fristberechnung (Rn 16 f) nicht zu berücksichtigen. Insoweit wird also in § 160 Abs. 1 S. 3 sowohl auf die Voraussetzungen als auch auf die – in § 209 BGB geregelten – Rechtsfolgen dieser Vorschriften Bezug genommen. Hinzu kommen die in §§ **210, 211 BGB** geregelten Fälle der Ablaufhemmung. Was dagegen die Bezugnahme auf § **212 Abs. 2 und 3 BGB** anbelangt, so soll mit ihr nur verhindert werden, dass der Gläubiger durch vollstreckungsweise Geltendmachung seines Anspruchs den Eintritt der Enthaftung auch dann vermeiden kann, wenn er sodann die Vollstreckung nicht weiterverfolgt oder die Voraussetzungen der Vollstreckung nicht vorliegen.[42] § 160 Abs. 1 S. 3 knüpft damit an die nach § 160 Abs. 1 S. 1 bestehende Möglichkeit der Abwendung der Enthaftung durch Vollstreckungshandlung oder Vollstreckungsantrag an (Rn 28) und regelt durch Verweis auf § 212 Abs. 2, 3 BGB die insoweit geltenden Voraussetzungen für den Erhalt des Anspruchs.[43] Die Rechtsfolgen einer vollstreckungsweisen Geltendmachung des Anspruchs sind dagegen nicht in dem – in § 160 Abs. 1 S. 3 bewusst nicht in Bezug genommenen – § 212 Abs. 1 BGB, sondern in § 160 Abs. 1 S. 1 geregelt, und zwar dahin gehend, dass dem ausgeschiedenen Gesellschafter der **Einwand der Enthaftung genommen** ist (s. noch Rn 28). § 160 Abs. 1 S. 3 i.V.m. § 212 Abs. 2 und 3 BGB bestimmen also zusammengenommen, dass Enthaftung auch dann eintritt, wenn der Gläubiger zwar Vollstreckungsmaßnahmen einleitet, diese aber aufgehoben oder nicht weiterverfolgt werden, oder umgekehrt, dass die Enthaftung durch Vollstreckungshandlung oder -antrag nur dann abgewendet werden kann, wenn diese nicht nur vorläufiger Natur im Sinne des §§ 212 Abs. 2, 3 BGB ist. Hingegen beginnt, wenn die Enthaftung nach § 160 Abs. 1 S. 1 abgewendet worden ist, nicht etwa eine neue Fünfjahresfrist zu laufen.[44] Der Gesellschafter kann dann vielmehr nach Maßgabe der allgemeinen Vorschriften und damit innerhalb der Verjährungsfrist in Anspruch genommen werden. Letztere beurteilt sich nach §§ 195 ff BGB; erst mit Feststellung des Anspruchs gem. § 197 Abs. 1 Nr. 3 bis 5 BGB, nicht dagegen schon mit vollstreckungsweiser Geltendmachung kommt der Gläubiger in den Genuss der dreißigjährigen Verjährung (Rn 30).

---

[41] Wegen sämtlicher Einzelheiten wird auf die einschlägigen Kommentierungen des Verjährungsrechts verwiesen; s. ferner *Maier-Reimer* DB 2002, 1818 (1819 f) – Zur Unanwendbarkeit des § 203 BGB s. bereits Voraufl. Rn 19 mit Fn 35 (betr. § 211 BGB a.F).

[42] Vgl. noch Rn 28, ferner in Bezug auf §§ 212 ff BGB a.F. Begr. RegE, BT-Drucks. 12/1868 S. 8, 9.

[43] Zutr. *Ulmer/Timmann* ZIP 1992, 1 (9).

[44] Vgl. *Ulmer/Timmann* ZIP 1992, 1 (9); zu § 1002 Abs. 2 BGB a.F. auch *Staudinger/Gursky* (13. Bearbeitung, 1993) § 1002 Rn 7; **aA** Ebenroth/Boujong/Joost/Strohn/*Hillmann* Rn 13.

2. Rechtsfolgen

a) **Außenverhältnis.** Vorbehaltlich der Abwendung der Enthaftungswirkung durch den Gläubiger (Rn 24 ff) wird der ausgeschiedene Gesellschafter (Rn 12) mit Ablauf der Fünfjahresfrist des § 160 Abs. 1 von seiner Haftung für Altverbindlichkeiten (Rn 9 ff) befreit. Die Rechtsfolge des § 160 Abs. 1 besteht also in dem **Erlöschen** aller bei Ausscheiden begründeten Ansprüche der Gläubiger gegen den ausgeschiedenen Gesellschafter, soweit diese Ansprüche auf §§ 128, 130, 171 f, 176 gründen (Rn 4, 8) und entweder erst nach Ablauf der Fünfjahresfrist fällig werden oder zwar innerhalb dieser Frist fällig werden, innerhalb der Frist indes weder Feststellung nach § 197 Abs. 1 Nr. 3 bis 5 BGB noch Vollstreckung erfolgt ist. Die Fünfjahresfrist ist demnach keine Verjährungsfrist, sondern eine **Ausschlussfrist** (Rn 2, 7, 18). An sie schließt sich auch keine Verjährungsfrist an (Rn 2, 28). Was das Erlöschen der unbeschränkten Haftung des Kommanditisten aus § 176 betrifft, so ergibt sie sich im Fall des Ausscheidens (Rn 12) unmittelbar aus § 160 Abs. 1; einer analogen Anwendung dieser Vorschrift, wie sie im Fall der Eintragung des Kommanditisten zu befürworten ist (Rn 15), bedarf es insoweit nicht. Mit der Haftung des Gesellschafters erlöschen auch etwaige akzessorische **Sicherheiten**, soweit diese für die Schuld des Gesellschafters und nicht für diejenige der Gesellschaft bestellt wurden;[45] nichtakzessorische Sicherheiten sind vom Gläubiger freizugeben. **20**

In den Fällen des § 160 Abs. 3, d.h. bei Umwandlung der Mitgliedschaft eines unbeschränkt haftenden Gesellschafters in diejenige eines Kommanditisten (Rn 13 ff), wird der Gesellschafter von seiner Haftung aus § 128 befreit. Sowohl für die Altverbindlichkeiten als auch für die Neuverbindlichkeiten haftet er sodann als **Kommanditist** und damit nach Maßgabe der §§ 171 f (Rn 13). Für die Anwendung des § 176 ist dagegen in den Fällen des § 160 Abs. 3 schon deshalb kein Raum, weil die Fünfjahresfrist grundsätzlich erst mit Eintragung des Gesellschafters als Kommanditist zu laufen beginnt, der Tatbestand des § 176 insoweit also nicht vorliegen kann. Fehlt es an der Eintragung und hat der Gläubiger Kenntnis davon, dass der Gesellschafter nur noch Kommanditist ist, so beginnt die Fünfjahresfrist zwar gleichfalls zu laufen (Rn 16); die unbeschränkte Haftung des Kommanditisten ist dann indes gleichfalls ausgeschlossen (§ 176 Abs. 2, Abs. 1 S. 1 und dazu Voraufl. § 176 Rn 25). Für die Schuld des Gesellschafters bestellte Sicherheiten können vom Gläubiger zur Sicherung etwaiger Ansprüche aus §§ 171 f herangezogen werden. **21**

b) **Innenverhältnis.** Der Enthaftung nach § 160 Abs. 1 kommt auch Bedeutung für das Innenverhältnis der Gesellschafter untereinander zu. Mit Eintritt der Enthaftungswirkung sind nämlich grundsätzlich auch **Regressansprüche** eines vom Gläubiger in Anspruch genommenen Gesellschafters gegen[46] den ausgeschiedenen Gesellschafter ausgeschlossen. Dies gilt uneingeschränkt, wenn die Inanspruchnahme des weiterhin der Gesellschaft angehörenden, nunmehr Regress nehmenden Gesellschafters **nach Ablauf der Fünfjahresfrist** erfolgt. Ein auf §§ 774, 412, 401 BGB und damit auf eine cessio legis des Anspruchs des Gläubigers gegen den ausgeschiedenen Gesellschafter gestützter Anspruch (dazu § 128 Rn 48 f) kommt in diesem Fall schon deshalb nicht in Betracht, weil der Anspruch des Gläubigers gegen den ausgeschiedenen Gesellschafter bereits erloschen war und es somit an einem Gegenstand der cessio legis fehlt. Aber auch ein Anspruch aus § 426 Abs. 1 BGB (§ 128 Rn 48 f) scheidet aus, ist doch der ausgeschiedene Gesellschafter mit **22**

---

[45] Heymann/*Sonnenschein*/*Weitemeyer* Rn 18; s. ferner § 159 Rn 13.

[46] Zum Rückgriff des ausgeschiedenen Gesellschafters s. dagegen Rn 37.

Eintritt der Enthaftungswirkung nicht mehr Gesamtschuldner im Sinne des § 128 S. 1 i.V.m. § 426 BGB (dazu § 128 Rn 24 f). In den Fällen des § 160 Abs. 3 schließlich kann der Gesellschafter mit Ablauf der Fünfjahresfrist nur noch als Kommanditist und damit nach Maßgabe der §§ 171 f auf Ausgleich in Anspruch genommen werden (Rn 13, 21).[47]

23 Erfolgt dagegen die Inanspruchnahme des nunmehr Regress nehmenden Gesellschafters **vor Enthaftung** des ausgeschiedenen Gesellschafters, so ist zu unterscheiden. Was zunächst den im Wege der cessio legis (§ 128 Rn 48 f) erworbenen Anspruch gegen den ausgeschiedenen, aber nachhaftenden Gesellschafter betrifft, so wird der Lauf der Frist durch die Inanspruchnahme des anderen Gesellschafters nicht gehemmt; auch tritt Neubeginn nicht ein. Der Regress nehmende Gesellschafter kann den auf ihn übergegangenen Anspruch aus §§ 128, 130, 171 f, 176 mithin nur in den Grenzen des § 160 verfolgen. Anderes gilt dagegen hinsichtlich des Anspruchs aus § 426 Abs. 1 BGB (§ 128 Rn 48 f). Er folgt aus dem – im Zeitpunkt der Inanspruchnahme noch bestehenden – Gesamtschuldverhältnis (§ 128 Rn 24 f) und unterliegt der allgemeinen Verjährung;[48] § 160 findet insoweit keine Anwendung (s. Rn 8, 20 f). Ist allerdings die Gesellschaftsschuld bei Bemessung des **Abfindungsanspruchs** des ausgeschiedenen Gesellschafters berücksichtigt worden, so kommt ein Rückgriff ohnehin nicht mehr in Betracht, mag er auf cessio legis oder auf § 426 Abs. 1 BGB gestützt sein (§ 128 Rn 51). Anderes gilt wiederum in den Fällen des § 160 Abs. 3 (Rn 22).

3. Abwendung

24 a) **Fällige Forderung.** Nach § 160 Abs. 1 S. 1, Abs. 3 S. 1 kann der Gläubiger den Eintritt der Enthaftung dadurch abwenden, dass seine Forderung vor Ablauf von fünf Jahren fällig und entweder nach § 197 Abs. 1 Nr. 3 bis 5 BGB festgestellt oder im Vollstreckungswege – im Fall öffentlich-rechtlicher Forderungen auch durch Verwaltungsakt – geltend gemacht wird (Rn 26 ff). Was zunächst das Erfordernis der Fälligkeit der Forderung betrifft, so bezieht es sich auf die Forderung **gegen den Gesellschafter**, nicht dagegen auf diejenige gegen die Gesellschaft. Dies ist in den Fällen von Bedeutung, in denen dem Gesellschafter die **persönliche Einrede** der Stundung zusteht, die gegen ihn gerichtete Forderung also erst nach der gegen die Gesellschaft gerichteten fällig wird (§ 129 Rn 17 ff). Wird dagegen die Fälligkeit der gegen die Gesellschaft gerichteten Forderung hinausgeschoben, so kommt dies nach § 129 Abs. 1 auch dem ausgeschiedenen Gesellschafter zugute (§ 129 Rn 15). Vorbehaltlich der Existenz persönlicher Einreden werden deshalb die Forderung gegen die Gesellschaft und diejenige gegen den Gesellschafter zur gleichen Zeit fällig (§ 128 Rn 26).

25 Die Fälligkeit der Forderung bestimmt sich nach allgemeinen Grundsätzen. Hat der Gläubiger weder mit der Gesellschaft noch mit dem Gesellschafter eine Fälligkeitsabrede getroffen und enthält auch das Gesetz keine besondere Fälligkeitsregelung, so bewendet es bei § 271 Abs. 1 BGB und damit bei der sofortigen Fälligkeit. Unerheblich ist, ob die Fälligkeit **vor oder nach dem Ausscheiden** des Gesellschafters eintritt. Maßgebend ist vielmehr allein, dass die Forderung innerhalb der Fünfjahresfrist fällig wird. Der Eintritt der Fälligkeit innerhalb der Frist des § 160 ist damit notwendige, aber nicht hinreichende Voraussetzung für die Abwendung der Enthaftung. Sie erhält somit dem Gläubiger die

---

[47] Vgl. OLG Koblenz NJW-RR 1995, 486.

[48] Allg. zum Verhältnis zwischen dem Anspruch aus § 426 Abs. 1 BGB und der im Wege der cessio legis nach § 426 Abs. 2 BGB erworbenen Forderung MünchKommBGB/*Bydlinski* § 426 Rn 38 f; s. ferner § 159 Rn 12.

Möglichkeit der Inanspruchnahme des ausgeschiedenen Gesellschafters, kann aber nicht ihrerseits durch Feststellung der Forderung innerhalb der Frist oder Vollstreckung ersetzt werden (Rn 28). Insoweit unterscheidet sich die Rechtslage von derjenigen nach § 159 a.F., dem zufolge die fünfjährige Sonderverjährung erst mit Fälligkeit der Forderung zu laufen begann (Rn 2). Dem Schutzzweck des § 160 entsprechend (Rn 2), steht ein **pactum de non petendo** der Stundung gleich.[49]

b) Feststellung der Forderung. Vorbehaltlich der Abgabe eines Anerkenntnisses (Rn 31 ff) setzt die Abwendung der Enthaftung des Weiteren voraus, dass der Anspruch gegen den ausgeschiedenen Gesellschafter vor Ablauf der Fünfjahresfrist in einer in § 197 Abs. 1 Nr. 3 bis 5 BGB bezeichneten Weise festgestellt wird; der Feststellung stehen die Vollstreckung, der Vollstreckungsantrag und der Erlass eines Verwaltungsakts gleich (Rn 29). Das Erfordernis der Feststellung (nebst der Möglichkeit der Substitution durch Vollstreckung) ist durch das Schuldrechtsmodernisierungsgesetz (Rn 2) eingeführt worden und an die Stelle der nach der ursprünglichen Fassung des § 160 HGB noch genügenden **gerichtlichen Geltendmachung** getreten (Voraufl. Rn 26 f); Letztere ist seitdem nach Abs. 1 S. 3 i.V.m. § 204 BGB insoweit bedeutsam, als sie **hemmende Wirkung** entfaltet (Rn 18 f). Die Feststellung muss sich, dem Gegenstand der Enthaftung entsprechend (Rn 8), auf den Anspruch des Gläubigers aus §§ 128, 130, 171 f, 176 beziehen. Der Eintritt der Enthaftung wird im Übrigen nur abgewendet, **soweit** der Anspruch des Gläubigers festgestellt wird. Die Feststellung nur eines Teils der Forderung führt also auch dann zur Enthaftung des Gesellschafters hinsichtlich des nicht festgestellten Teils der Forderung, wenn dieser vor Ablauf der Fünfjahresfrist fällig wird.[50] Entsprechendes gilt bei einem Teilanerkenntnis im Sinne des Abs. 2 (Rn 31 ff). Die rechtskräftige Feststellung nach § 197 Abs. 1 Nr. 3 BGB kann nicht nur durch Urteil eines ordentlichen Gerichts, sondern auch durch Schiedsspruch oder Vollstreckungsbescheid erfolgen;[51] es muss sich nicht um ein Leistungsurteil handeln.[52] Ein zwar vollstreckbares, aber nicht rechtskräftiges Urteil genügt hingegen ebenso wenig wie ein Urteil, das den Anspruch nur dem Grunde nach feststellt.[53] Nicht erforderlich ist, dass die Feststellung nach Ausscheiden erfolgt ist; die Enthaftung wird vielmehr auch durch eine vor Ausscheiden erwirkte (oder eingeleitete) Feststellung vermieden.[54] 26

Die Feststellung des Anspruchs kann auch **vor Fälligkeit** erfolgen.[55] Auch in diesem Fall wird der Eintritt der Enthaftung freilich nur unter der Voraussetzung abgewendet, dass der Anspruch vor Ablauf der Fünfjahresfrist fällig wird (Rn 27). Zu einer Geltendmachung seiner noch nicht fälligen, aber innerhalb der Frist des § 160 Abs. 1 S. 1 fällig werdenden Forderung kann sich der Gläubiger insbesondere dann veranlasst sehen, wenn die Fälligkeit unmittelbar vor Ablauf der Fünfjahresfrist eintritt. Dies ist Folge des Umstands, dass nach § 160 die Enthaftung unmittelbar mit Fristablauf eintritt, der Ge- 27

[49] So zu § 45 UmwG auch Lutter/*H. Schmidt* (Fn 9), § 45 Rn 15. Zur Rechtsnatur des pactum de non petendo – Ausschluss der Geltendmachung trotz Fälligkeit – s. MünchKommBGB/*Krüger* § 271 Rn 18.

[50] Zu § 45 UmwG überzeugend Lutter/*H. Schmidt* (Fn 9) § 45 Rn 16; s. ferner BGHZ 151, 1 (3 f).

[51] MünchKommHGB/*K. Schmidt* Rn 34; Ebenroth/Boujong/Joost/Strohn/*Hillmann* Rn 12.

[52] Koller/Roth/Morck/*Koller* Rn 4.

[53] MünchKommHGB/*K. Schmidt* Rn 34.

[54] *K. Schmidt/Schneider* BB 2003, 1961 (1963 f); MünchKommHGB/*K. Schmidt* Rn 34; Koller/Roth/Morck/*Koller* Rn 4; **aA** *Maier-Reimer* DB 2002, 1818 (1820 f).

[55] Ebenroth/Boujong/Joost/Strohn/Hillmann Rn 11; Röhricht/v. Westphalen/*v. Gerkan/Haas* Rn 13; *Ulmer/Timmann* ZIP 1992, 1 (9).

setzgeber also auf eine Kombination von Enthaftungs- und Verjährungsfrist verzichtet hat (Rn 2, 20). Ist der Gesellschafter in diesem Fall nicht zur Abgabe eines Anerkenntnisses bereit (Rn 31 ff), so kann der Gläubiger nicht nur auf Feststellung der Haftung des ausgeschiedenen Gesellschafters oder auf künftige Leistung klagen. Er kann vielmehr auch, ohne die Abweisung seiner Klage als unbegründet befürchten zu müssen, gewöhnliche Leistungsklage erheben, sofern nur Fälligkeit bei Schluss der mündlichen Verhandlung gegeben ist[56]. Mit Feststellung unterliegt der Anspruch der dreißigjährigen Verjährungsfrist (Rn 30).

28 c) **Vollstreckungshandlung oder -antrag.** Die Enthaftung kann nicht nur durch Feststellung gemäß § 197 Abs. 1 Nr. 3 bis 5 BGB, sondern auch durch Vornahme oder Beantragung einer gerichtlichen oder behördlichen Vollstreckungsmaßnahme abgewendet werden. Diese durch das Schuldrechtsmodernisierungsgesetz (Rn 2) geschaffene Möglichkeit nimmt auf § 212 Abs. 1 Nr. 2 BGB Bezug und ist im Zusammenhang damit zu sehen, dass die Möglichkeit, die Enthaftung durch gerichtliche Geltendmachung abzuwenden, entfallen ist (Rn 26); sie soll deshalb insbesondere bei Vorliegen eines zwar vollstreckbaren, aber nicht rechtskräftigen Titels die Abwendung der Enthaftung ermöglichen. Auch insoweit kommt es nicht darauf an, dass der Titel nach dem Ausscheiden des Gesellschafters erwirkt worden ist.[57] Die Vollstreckungshandlung (oder der entsprechende Antrag) hat nicht etwa zur Folge, dass eine neue Fünfjahresfrist zu laufen beginnt (Rn 19). Vorbehaltlich des § 212 Abs. 2, 3 BGB (Rn 19) hat er vielmehr allein zur Folge, dass die Enthaftung abgewendet wird und der Gesellschafter deshalb nach allgemeinen Grundsätzen in Anspruch genommen werden kann (Rn 19, 30). Vollstreckungshandlung und -antrag erübrigen sich im Falle des § 160 Abs. 2 (Rn 29, 31).

29 d) **Verwaltungsakt.** Bei öffentlich-rechtlichen Verbindlichkeiten kann nach § 160 Abs. 1 S. 1 Hs. 2 die Enthaftung auch durch **Erlass eines Verwaltungsakts** abgewendet werden. Die Voraussetzungen für den Erlass des Verwaltungsakts bestimmen sich nach den einschlägigen Vorschriften des öffentlichen Rechts, darunter insbesondere den §§ 35 ff, 43 ff VwVfG. Vorbehaltlich der Nichtigkeit nach § 44 VwVfG ist es im Übrigen unerheblich, ob der Verwaltungsakt erlassen werden durfte, sofern er nur der Geltendmachung eines öffentlich-rechtlichen Anspruchs dient.[58] Wird der Verwaltungsakt aufgehoben oder zurückgenommen, so findet gemäß § 160 Abs. 1 S. 3 auch insoweit die Vorschrift des § 212 Abs. 2 BGB entsprechende Anwendung; mit Ablauf der Fünfjahresfrist tritt also Enthaftung ein (Rn 19).[59] Die Bestandskraft des Verwaltungsakts hat nach § 53 Abs. 2 S. 1 VwVfG zur Folge, dass der geltend gemachte Anspruch erst nach 30 Jahren verjährt, und steht damit der Feststellung gemäß § 197 Abs. 1 Nr. 3 BGB gleich (Rn 27, 30). Nach § 160 Abs. 2 bedarf es der Geltendmachung durch Verwaltungsakt nicht, soweit der Gesellschafter den öffentlich-rechtlichen Anspruch schriftlich anerkannt hat (Rn 31 ff); ist nämlich eine Feststellung des Anspruchs gemäß § 197 Abs. 1 Nr. 3 bis 5 BGB entbehrlich, so erübrigt es sich auch, diese Feststellung durch Vollstreckungsmaßnahme

---

[56] So zu Recht *Ulmer/Timmann* ZIP 1992, 1 (9) mwN.

[57] Vgl. bereits Rn 26, ferner MünchKommHGB/*K. Schmidt* Rn 35; Koller/Roth/Morck/*Koller* Rn 4; **aA** *Maier-Reimer* DB 2002, 1818 (1820 f).

[58] MünchKommHGB/*K. Schmidt* Rn 36; *ders./Schneider* BB 2003, 1961 (1963).

[59] **AA** *K. Schmidt/Schneider* BB 2003, 1961, 1963 (§ 204 Abs. 1 Nr. 1 BGB); Stelkens/Bonk/*Sachs* VwVfG, 7. Aufl. 2008, § 53 Rn 49 (§ 53 Abs. 1 S. 2 VwVfG).

oder Verwaltungsakt zu substituieren.[60] Dem Gläubiger bleibt es schließlich unbenommen, seinen Anspruch gerichtlich geltend zu machen und die Enthaftung nach Maßgabe des § 160 Abs. 1 S. 1 Hs. 1, S. 3 abzuwenden.

e) **Folgen der Abwendung.** Mit Fälligkeit (Rn 24 f) und Feststellung (Rn 26 f), Vollstreckung (Rn 19, 28) oder Erlass eines Verwaltungsakts (Rn 29) innerhalb der Fünfjahresfrist hat der Gläubiger den Einwand der Enthaftung abgewendet. Der ausgeschiedene Gesellschafter kann sodann nach Maßgabe der **allgemeinen Vorschriften** in Anspruch genommen werden (Rn 19). Mündet die Geltendmachung des Anspruchs in eine rechtskräftige Feststellung des Anspruchs, so verjährt deshalb der Anspruch nach § **197 Abs. 1 Nr. 3 BGB** erst in 30 Jahren.[61] **30**

f) **Schriftliches Anerkenntnis.** Nach Abs. 2 ist eine Feststellung in einer in § 197 Abs. 1 Nr. 3 bis 5 BGB bestimmten Art – und damit auch eine Vollstreckungshandlung, ein Vollstreckungsantrag oder der Erlass eines Verwaltungsaktes (Rn 29) – nicht erforderlich, soweit der Gesellschafter den Anspruch schriftlich anerkannt hat. Dadurch soll vermieden werden, dass der Gläubiger zum Zwecke der Aufrechterhaltung der Haftung Klage erheben oder dieser gleichstehende Maßnahmen (Rn 27, 29) ergreifen muss, obschon sein Anspruch gegen den ausgeschiedenen Gesellschafter außer Streit steht.[62] Das Anerkenntnis macht allein die Geltendmachung des Anspruchs (Rn 26 ff) entbehrlich; das Erfordernis der **Fälligkeit** innerhalb der Frist des § 160 Abs. 1 (Rn 24 f) wird also durch Abs. 2 nicht berührt. Ein über Abs. 2 hinausgehender Verzicht auf die Einrede der fehlenden Fälligkeit ist allerdings sowohl hinsichtlich der persönlichen Einrede der Stundung (Rn 24; § 129 Rn 17 ff) als auch hinsichtlich der entsprechenden abgeleiteten Einrede (§ 129 Rn 4 ff) möglich (§ 129 Rn 16). Das Anerkenntnis kann nach, aber auch **vor dem Ausscheiden** aus der Gesellschaft abgegeben werden; in Betracht kommt insbesondere die Abgabe eines Anerkenntnisses bei Begründung der Gesellschaftsschuld. Ein **Teilanerkenntnis** ersetzt die Geltendmachung nur in Höhe des anerkannten Teils; im Übrigen obliegt es dem Gläubiger, seinen Anspruch geltend zu machen. **31**

Aus Gründen der Rechtssicherheit[63] bedarf das Anerkenntnis der **schriftlichen Form.** Die Frage der entsprechenden Anwendung des § 350 auf den persönlich haftenden Gesellschafter (§ 105 Rn 77 ff) erübrigt sich damit für den Anwendungsbereich des § 160 Abs. 2. Seiner Rechtsnatur nach entspricht das Anerkenntnis demjenigen im Sinne des § 212 Abs. 1 Nr. 1 BGB. Im Unterschied zu § 212 Abs. 1 Nr. 1 BGB lässt zwar § 160 Abs. 2 ein konkludent erklärtes Anerkenntnis, etwa durch Abschlags- oder Zinszahlung, nicht genügen. Auch das Anerkenntnis im Sinne des § 160 Abs. 2 ist aber tatsächliche Handlung;[64] es bedarf deshalb nicht der Annahme durch den Gläubiger.[65] Die **Rechtsfolge** des Anerkenntnisses im Sinne des Abs. 2 besteht denn auch, die Fälligkeit der Forderung des Gläubigers vor Ablauf der Fünfjahresfrist vorausgesetzt (Rn 24 f, 31), ausschließlich in der Entkräftung des Einwands der Enthaftung. Das Anerkenntnis begründet demnach keinen vertraglichen Anspruch des Gläubigers; es sichert ihm allein den Fortbestand seiner Ansprüche aus §§ 128, 130, 171 f, 176 (Rn 8). **32**

[60] Im Ergebnis wie hier MünchKommHGB/*K. Schmidt* Rn 37; zu § 45 UmwG auch Lutter/*H. Schmidt* (Fn 9) § 45 Rn 20.

[61] Vgl. bereits RG JW 1938, 1173; BGH WM 1981, 875; 3. Aufl. § 159 Rn 18 (*Schilling*); ferner Voraufl. Rn 30.

[62] Begr. RegE, BT-Drucks. 12/1868 S. 9.

[63] Stellungnahme des Bundesrates, BT-Drucks. 12/1868 S. 13; Bericht des Rechtsausschusses, BT-Drucks. 12/6569 S. 12.

[64] Dazu BGHZ 58, 103, 104.

[65] MünchKommHGB/*K. Schmidt* Rn 38; Ebenroth/Boujong/Joost/Strohn/*Hillmann* Rn 15; Heymann/*Sonnenschein*/*Weitemeyer* Rn 13.

33 Dem Gesellschafter bleibt es unbenommen, den Gläubiger durch ein **vertragliches Schuldanerkenntnis**, einen Schuldbeitritt oder Abschluss eines Bürgschaftsvertrags zu sichern. Diese Möglichkeit kommt sowohl vor als auch nach Ablauf der Fünfjahresfrist in Betracht; unerheblich ist auch, ob die Voraussetzungen des § 160 Abs. 2 vorliegen, insbesondere, ob die Forderung aus §§ 128, 130, 171 f, 176 binnen fünf Jahren fällig wird. Die Rechtsfolgen einer solchen Vereinbarung unterscheiden sich von denjenigen eines Anerkenntnisses im Sinne des § 160 Abs. 2 (Rn 32): Die Verpflichtung des Gesellschafters ist rechtsgeschäftlicher Natur und unterliegt, was Wirksamkeitsvoraussetzungen, Verjährung und Regress betrifft, den einschlägigen Vorschriften des Bürgerlichen Rechts (Rn 7, 8; § 159 Rn 13; § 128 Rn 82 ff). Auf etwaige – akzessorische und nichtakzessorische – Sicherheiten, die für die Schuld des Gesellschafters aus §§ 128, 130, 171 f, 176 bestellt worden sind, kann der Gläubiger wegen seines vertraglichen Anspruchs gegen den Gesellschafter nur im Fall einer entsprechenden Abrede mit dem Sicherungsgeber zurückgreifen. Ein innerhalb der Fünfjahresfrist abgegebenes, auf eine innerhalb dieser Frist fällig werdende Forderung bezogenes Anerkenntnis ist im Zweifel nur ein solches im Sinne des § 160 Abs. 2.

34 **4. Abschließende Regelung.** § 160 enthält eine abschließende Regelung der Voraussetzungen und Rechtsfolgen der Enthaftung. Auf die zu §§ 159, 160 a.F. entwickelten Grundsätze (Rn 39 ff) kann deshalb auch nicht insoweit zurückgegriffen werden, als diese für den ausgeschiedenen Gesellschafter günstiger sind (s. bereits § 159 Rn 12). Insbesondere ein Rückgriff auf die sog. **„Kündigungstheorie"**, wonach die Haftung im Fall von Dauerschuldverhältnissen auf Ansprüche aus dem Zeitraum bis zur ersten auf das Ausscheiden folgenden Kündigungsmöglichkeit des Gläubigers beschränkt ist (Rn 40), kommt schon deshalb nicht in Betracht, weil andernfalls die vom Gesetzgeber des § 160 bewusst und aus gutem Grund abgelehnte (Rn 3) Unterscheidung zwischen Dauerschuldverhältnissen und sonstigen Rechtsverhältnissen wieder eingeführt würde.[66] Umgekehrt findet § 160 auch in den Fällen Anwendung, in denen die „Kündigungstheorie" nicht zu einer Enthaftung nach § 159 a.F. geführt hätte; davon betroffen sind insbesondere Ansprüche aus **Arbeitsverhältnissen** (Rn 40).[67] Von § 160 unberührt bleibt allerdings die Einrede der Verjährung (Rn 36).

V. Haftung und Regress des ausgeschiedenen Gesellschafters

35 **1. Haftung.** Soweit der ausgeschiedene Gesellschafter nach § 160 für die Alt- und nach § 15 für die Neuverbindlichkeiten der Gesellschaft einzustehen hat (Rn 9 ff), entspricht seine Außenhaftung aus §§ 128, 130, 171 f, 176 grundsätzlich derjenigen bei bestehender Mitgliedschaft (§ 128, 54).[68] Dies gilt sowohl hinsichtlich der Voraussetzun-

---

66 BGHZ 142, 324 (330 ff) = NJW 2000, 208; BAG NJW 2004, 3287 (3288); OLG Dresden NJW-RR 1997, 162 (163 f) = ZIP 1996, 1868 (1870 f); LAG Düsseldorf ZIP 2001, 758; MünchKommHGB/*K. Schmidt* Rn 9; Röhricht/v. Westphalen/*v. Gerkan/Haas* Rn 7; Ebenroth/Boujong/Joost/Strohn/*Hillmann* Rn 4; *Armbrüster* DZWiR 1997, 55 (58); *Seibert* DB 1994, 461; *Siems/Maaß* WM 2000, 2328 (2331 f); **aA** *Altmeppen* NJW 2000, 2529 (2534 f); *Emde* GmbHR 1999, 1287 (1290 f).

67 Vgl. BAG NJW 1978, 391 (392). Näher dazu im Zusammenhang mit einem bestehenden Kontrahierungszwang *Armbrüster* DZWiR 1997, 55 (58 f); s. dazu aber auch BGHZ 70, 132, 136 (Geltung der „Kündigungstheorie").

68 MünchKommHGB/*K. Schmidt* § 129 Rn 15 f; Heymann/*Emmerich* § 129 Rn 10.

gen (§ 128 Rn 7 ff) als auch hinsichtlich der Rechtsnatur und der Ausgestaltung der Haftung; auch der ausgeschiedene Gesellschafter haftet mithin **akzessorisch** (§ 128 Rn 20 ff, 27 ff) und **primär** (§ 128 Rn 26). Was die **Einwendungen** des ausgeschiedenen Gesellschafters betrifft, so stehen auch ihm neben seinen eigenen, darunter insbesondere denjenigen aus §§ 159, 160 (Rn 5, 36; § 159 Rn 8 f), die aus dem Rechtsverhältnis der Gesellschaft zum Gläubiger abgeleiteten Einwendungen im Sinne des § 129 Abs. 1 bis 3 zu. Auch § 129 Abs. 4 findet zugunsten des ausgeschiedenen Gesellschafters Anwendung.

Der ausgeschiedene Gesellschafter kann sich deshalb vor Eintritt der Enthaftung nicht nur auf die eigene Einrede der Verjährung (§ 129 Rn 6; § 159 Rn 8 f), sondern auch auf die **Verjährung** des gegen die Gesellschaft gerichteten Anspruchs berufen. Die Erhebung der Klage gegen die Gesellschaft führt auch nach hM nicht zur Verjährungshemmung gegenüber dem ausgeschiedenen Gesellschafter (§ 129 Rn 15; allg. dazu § 129 Rn 7). Umgekehrt bleibt es dem in Anspruch genommenen ausgeschiedenen Gesellschafter unbenommen, sich auf die zwischenzeitlich eingetretene Verjährung der Gesellschaftsschuld zu berufen (§ 129 Rn 8); dies ändert sich erst mit **rechtskräftiger Verurteilung** des ausgeschiedenen Gesellschafters (Rn 30; § 129 Rn 9). Die Rechtskraft eines gegen die Gesellschaft ergangenen Urteils wirkt ebenso wenig zu Lasten des ausgeschiedenen Gesellschafters wie ein **Einwendungsverzicht** der Gesellschaft (§ 129 Rn 15). **36**

2. Regress. Der ausgeschiedene Gesellschafter kann nach § 105 Abs. 3, § 738 Abs. 1 S. 2 BGB von der Gesellschaft **Freistellung** von sämtlichen Altverbindlichkeiten verlangen, ohne dass es darauf ankommt, dass seine Inanspruchnahme bevorsteht oder auch nur abzusehen ist (§ 128 Rn 42, dort auch zur Rechtslage bei Umwandlung der Mitgliedschaft in diejenige eines Kommanditisten). Dem entspricht es, dass die Altverbindlichkeiten bei der Bemessung des Abfindungsanspruchs berücksichtigt werden (Rn 23). Kommt es gleichwohl zur Inanspruchnahme des ausgeschiedenen Gesellschafters, so erlangt dieser nach § 105 Abs. 3, § 738 Abs. 1 S. 2 BGB einen **Erstattungsanspruch** gegen die Gesellschaft (§ 128 Rn 45). Darüber hinaus geht die Forderung des Gläubigers gegen die Gesellschaft im Wege der **cessio legis** auf den ausgeschiedenen Gesellschafter über (§ 128 Rn 46). Was den Rückgriff bei den Gesellschaftern betrifft, so hat der ausgeschiedene Gesellschafter sowohl den Ausgleichsanspruch aus § 426 Abs. 1 S. 1 BGB also auch die cessio legis gem. §§ 412, 401 BGB (§ 128 Rn 50).[69] Die genannten Ansprüche hat der ausgeschiedene Gesellschafter auch in dem Fall, dass er ein Anerkenntnis im Sinne des § 160 Abs. 2 (Rn 31 ff) abgibt. – Zu Regressansprüchen gegen den ausgeschiedenen Gesellschafter s. Rn 22 f, zum Regress des ausgeschiedenen Gesellschafters bei einem anderen ausgeschiedenen Gesellschafter s. § 128 Rn 51. **37**

VI. Übergangsregelung

1. Überblick. Mit dem Inkrafttreten des Nachhaftungsbegrenzungsgesetzes am 26.3. 1994 hat sich die Rechtslage bei Ausscheiden aus der Gesellschaft erheblich geändert (Rn 2 f, 34). Anders als im Fall der Auflösung (§ 159 Rn 2) musste deshalb der Gesetzgeber insbesondere den Fall bedenken, dass zwar Ausscheiden und Eintragung nach In- **38**

---

[69] Näher dazu *Habersack* AcP 198 (1998), 152 ff.

krafttreten der Neuregelung erfolgt sind, die Verbindlichkeit, für die der ausgeschiedene Gesellschafter einzustehen hat, aber vor dem Inkrafttreten begründet worden ist. Insbesondere für diesen Sachverhalt hat der Gesetzgeber in Art. 35 f EGHGB eine überaus differenzierende Übergangsregelung getroffen. Was den Fall betrifft, dass das Ausscheiden und die Eintragung desselben vor dem Inkrafttreten der Neuregelung erfolgt sind, so lässt sich den Art. 35 f EGHGB entnehmen, dass es insoweit grundsätzlich bei dem alten Recht bewendet (Rn 44, 47 ff). Namentlich im Hinblick auf vor dem 26.3.1994 begründete Dauerschuldverhältnisse kommt deshalb dem alten Recht auch weiterhin Bedeutung zu; es soll deshalb im Folgenden skizziert werden (Rn 39).[70]

39 **2. Die Rechtslage unter Geltung der §§ 159, 160 a.F. im Überblick.** Bis zu ihrer Änderung durch das Nachhaftungsbegrenzungsgesetz (Rn 2) enthielten die §§ 159, 160 einen einheitlichen, Auflösung und Ausscheiden gleichermaßen erfassenden Tatbestand der **Sonderverjährung**. Für den Fall der Auflösung hat es das Nachhaftungsbegrenzungsgesetz bei der bisherigen Rechtslage bewenden lassen; es hat lediglich den § 160 a.F. als neuen Absatz 4 in § 159 eingestellt. Bis zum 26.3.1994 haftete somit der ausgeschiedene Gesellschafter nach Maßgabe der Erläuterungen zu § 159. Ansprüche gegen den ausgeschiedenen Gesellschafter verjährten mithin in fünf Jahren. Verjährungsbeginn war die Eintragung des Ausscheidens, bei Fälligkeit des Anspruchs nach Eintragung des Ausscheidens der **Zeitpunkt der Fälligkeit** (§ 159 Rn 16 ff). Die Nachhaftung setzte auch nach altem Recht lediglich voraus, dass die Forderung des Gläubigers vor dem Ausscheiden des Gesellschafters begründet worden war, so dass der Gesellschafter insbesondere für Verbindlichkeiten aus vor diesem Zeitpunkt zustande gekommenen Dauerschuldverhältnissen einzustehen hatte. Unter Berücksichtigung des auf den Zeitpunkt der Fälligkeit des Einzelanspruchs hinausgeschobenen Verjährungsbeginns begründete dies die **Gefahr einer Endloshaftung** des ausgeschiedenen Gesellschafters (s. bereits Rn 2).

40 Der BGH hat dieser Gefahr zunächst durch Rückgriff auf die von *A. Hueck*[71] begründete **„Kündigungstheorie"** zu begegnen versucht (Rn 34).[72] Diese – auf die fehlende Schutzbedürftigkeit des von einer Kündigung absehenden Gläubigers abstellende – Rechtsprechung war jedoch nicht geeignet, die Problematik der Nachhaftung für Ansprüche aus Dauerschuldverhältnissen im Allgemeinen und für Gehalts- und Betriebsrentenansprüche der Arbeitnehmer der Gesellschaft im Besonderen (Rn 3) befriedend zu bewältigen. Jedenfalls hat es das BAG unter Zustimmung des BGH abgelehnt, die Kündigungstheorie auf Arbeitsverhältnisse anzuwenden und dadurch den Arbeitnehmer vor die Wahl zwischen der ordentlichen Kündigung und dem Verzicht auf die Nachhaftung des ausgeschiedenen Gesellschafters zu stellen.[73] Soweit schließlich Betriebsrentenansprüche aufgrund bereits beendeter Arbeitsverhältnisse in Frage standen, kam eine Kündigung ohnehin nicht in Betracht. Die aus Sicht des ausgeschiedenen Gesellschafters besonders gefährlichen Altverbindlichkeiten wurden also von der „Kündigungstheorie" gerade nicht erfasst.

---

[70] Eingehende Darstellung bei *K. Schmidt* Gesellschaftsrecht, 2. Aufl., § 51 II 2; Schlegelberger/*K. Schmidt* § 159 Rn 33 ff.

[71] Recht der OHG, § 29 II 4 (S. 449); ihm folgend 3. Aufl. § 128 Rn 53 (*R. Fischer*); *Hadding* ZGR 1973, 137 (153); *Kornblum* Die Haftung der Gesellschafter für Verbindlichkeiten von Personengesellschaften (1972) S. 177 f.

[72] BGHZ 70, 132 (136) = NJW 1978, 636.

[73] BAG NJW 1978, 391 (392); zustimmend sodann BGHZ 87, 286 (292) = NJW 1983, 2254.

Unter Rückgriff auf Überlegungen von *Ulmer/Wiesner*[74] haben sich sodann BGH[75] und BAG[76] – in Ergänzung der „Kündigungstheorie“[77] (Rn 40) und unter Ablehnung weitergehender, die entsprechende Anwendung des § 613a BGB befürwortender Vorschläge[78] – für die **Enthaftung** des ausgeschiedenen Gesellschafters ausgesprochen, soweit Ansprüche aus Dauerschuldverhältnissen betroffen waren, die erst nach fünf Jahren fällig wurden, nachdem das Ausscheiden im Handelsregister eingetragen worden war. Bis zuletzt umstritten blieb zwar, ob die innerhalb der Frist von fünf Jahren fällig werdenden Ansprüche einer Sonderverjährung von weiteren fünf Jahren unterliegen sollten oder ob – wie nunmehr in § 160 geregelt (Rn 20 f, 28) – es sich um eine reine Enthaftungsfrist handelte (Rn 2). Jedenfalls stand fest, dass der ausgeschiedene Gesellschafter für Ansprüche aus vor seinem Ausscheiden begründeten **Dauerschuldverhältnissen** nur insoweit haftete, als diese Ansprüche vor Ablauf der – mit Eintragung des Ausscheidens beginnenden – Fünfjahresfrist fällig wurden. Allerdings hat die Rechtsprechung den Eintritt der Enthaftung davon abhängig gemacht, dass der Gesellschafter aus der Gesellschaft ausscheidet, d.h. seine Mitgliedschaft verliert (Rn 12), oder aber die Rolle eines nicht geschäftsführenden Kommanditisten einnimmt. Bei Umwandlung der Mitgliedschaft eines unbeschränkt haftenden Gesellschafters in diejenige eines die **Geschäfte der KG oder einer ihrer Gesellschafter führenden Kommanditisten** sollte es dagegen bei der Endloshaftung bewenden (Rn 14). 41

Die **Unterschiede** zwischen dem neuen Recht und der Rechtslage vor Inkrafttreten des Nachhaftungsbegrenzungsgesetzes sind also durchaus beträchtlich. Erstens enthält § 160 eine umfassende, nicht auf Dauerschuldverhältnisse beschränkte Enthaftungsregel. Zweitens stellt § 160 klar, dass es sich bei der Fünfjahresfrist um eine reine Ausschlussfrist handelt, die innerhalb von fünf Jahren nach Eintragung des Ausscheidens fällig werdenden Ansprüche also nicht zusätzlich einer fünfjährigen Sonderverjährung unterliegen. Drittens kommt die Enthaftung nach § 160 Abs. 3 S. 2 auch dem Gesellschafter zugute, der nach Umwandlung seiner Mitgliedschaft in diejenige eines Kommanditisten geschäftsführend tätig wird. Viertens schließlich konkretisiert § 160 Abs. 1 S. 1, 3, Abs. 2 die Anforderungen an die – die Enthaftung abwendende – Geltendmachung des Anspruchs durch den Gläubiger (Rn 19, 26 ff, 31 ff). 42

3. Das Übergangsrecht im Einzelnen

a) Inhalt und Systematik der Art. 35, 36 EGHGB. Die Vorschriften der Art. 35, 36 EGHGB stellen nicht nur auf den Zeitpunkt der Begründung der Verbindlichkeit und denjenigen der Eintragung des Ausscheidens ab. Sie unterscheiden vielmehr auch nach der Art der jeweiligen Verbindlichkeit. Während Art. 35 EGHBG den **Grundtatbestand** enthält, sieht Art. 36 EGHGB Sonderbestimmungen für Ansprüche aus **Arbeitsverhältnissen** vor. Die Vorschriften lauten wie folgt: 43

---

[74] ZHR 144 (1980), 393 (398 ff); s. ferner *Ulmer* BB 1983, 1865 ff.

[75] BGHZ 87, 286 = NJW 1983, 2254; BGH NJW 1983, 2256; 1983, 2940.

[76] BAG NJW 1983, 2283 = ZIP 1983, 715; ZIP 1987, 1474 (1477); s. ferner die Nachw. in Fn 17, 19.

[77] BGHZ 87, 286 (291 f) = NJW 1983, 2254; kritisch *Lieb* ZGR 1985, 124 (132 f).

[78] BGHZ 87, 286 (295) = NJW 1983, 2254; BAG NJW 1978, 391; NJW 1983, 2283; *Lieb* ZGR 1985, 124 (136); für entsprechende Anwendung des § 613a BGB *Ulmer* BB 1983, 1865 (1869); *Wiesner* ZIP 1983, 1032 (1035 f); *Ulmer/Wiesner* ZHR 144 (1980), 393 (417).

Artikel 35

§ 160 des Handelsgesetzbuches in der ab dem 26. März 1994 geltenden Fassung ist auf vor diesem Datum entstandene Verbindlichkeiten anzuwenden, wenn

1. das Ausscheiden des Gesellschafters oder sein Wechsel in die Rechtsstellung eines Kommanditisten nach dem 26. März 1994 in das Handelsregister eingetragen wird und
2. die Verbindlichkeiten nicht später als vier Jahre nach der Eintragung fällig werden.

Auf später fällig werdende Verbindlichkeiten im Sinne des Satzes 1 ist das bisher geltende Recht mit der Maßgabe anwendbar, daß die Verjährungsfrist ein Jahr beträgt.

Artikel 36

(1) Abweichend von Artikel 35 gilt § 160 Abs. 3 Satz 2 des Handelsgesetzbuches auch für Verbindlichkeiten im Sinne des Artikels 35 Satz 2, wenn diese aus fortbestehenden Arbeitsverhältnissen entstanden sind. Dies gilt auch dann, wenn der Wechsel in der Rechtsstellung des Gesellschafters bereits vor dem 26. März 1994 stattgefunden hat, mit der Maßgabe, daß dieser Wechsel mit dem 26. März 1994 als in das Handelsregister eingetragen gilt.

(2) Die Enthaftung nach Absatz 1 gilt nicht für Ansprüche auf Arbeitsentgelt, für die der Arbeitnehmer bei Zahlungsunfähigkeit der Gesellschaft keinen Anspruch auf Insolvenzgeld hat. Insoweit bleibt es bei dem bisher anwendbaren Recht.

44 b) **Nicht ausdrücklich geregelte Konstellationen.** In Art. 35 EGHGB nicht besonders hervorgehoben ist zunächst der Fall, dass die Eintragung des Ausscheidens und die „Entstehung" der Verbindlichkeit vor dem 26.3.1994 erfolgt sind. Vorbehaltlich des Art. 36 EGHBG betreffend Arbeitsverhältnisse (Rn 47 ff) gilt dann uneingeschränkt das alte Recht (Rn 39 ff).[79] Was das Tatbestandsmerkmal der **„Entstehung" der Verbindlichkeit** betrifft, so ist davon auszugehen, dass sich dieses mit dem Merkmal der „Begründung" der Verbindlichkeit deckt.[80] Auch im Rahmen des Übergangsrechts kommt es mithin entscheidend auf den Zeitpunkt des Vertragsschlusses, nicht dagegen auf den Eintritt der Fälligkeit an (Rn 10 f), so dass es sich insbesondere bei den nach Ausscheiden fällig werdenden Einzelansprüchen aus Dauerschuldverhältnissen, deren Rechtsgrund bereits bei Eintragung des Ausscheidens gelegt war, um Altverbindlichkeiten handelt.[81] Umgekehrt gilt § 160 n.F, wenn die Begründung der Verbindlichkeit und die Eintragung des Ausscheidens nach dem 26.3.1994 erfolgt sind.

45 c) **Der Grundtatbestand des Art. 35 EGHGB.** Vor dem 26.3.1994 „entstandene" (Rn 44) Verbindlichkeiten unterliegen nach Art. 35 S. 1 EGHGB dem neuen Recht, wenn zwar das Ausscheiden des Gesellschafters oder die Umwandlung seiner Mitgliedschaft erst nach diesem Zeitpunkt eingetragen wird, die Verbindlichkeiten aber nicht später als vier Jahre nach der Eintragung fällig werden. Dadurch ist sichergestellt, dass dem Gläubiger zumindest noch ein Jahr verbleibt, um seine fällige Forderung geltend zu machen und die **Enthaftung** nach § 160 n.F. abzuwenden.[82] Später, d.h. nach Ablauf der Vier-

---

79 Begr. RegE, BT-Drucks. 12/1868 S. 10.

80 Zutr. *Lieb* GmbH-Rdsch. 1994, 657 (660); ohne nähere Erörterung auch Koller/Roth/Morck/*Koller* Rn 5; *K. Schmidt* Gesellschaftsrecht § 51 II 4a; für § 37 Abs. 1 EGHGB BAG NZG 2007, 860 (863 f); **aA** *Moll/Hottengroth* RdA 1994, 223 (230 f).

81 Vgl. die Nachw. in Fn 80, ferner BAG NJW 2004, 3287 f.

82 Vgl. Begr. RegE, BT-Drucks. 12/1868 S. 10; ferner BAG NJW 2004, 3287 (3288); *Kollbach* GmbH-Rdsch. 1994, 164 (167); *Lieb* GmbH-Rdsch. 1994, 657 (658); *Seibert* DB 1994, 461 (464); zur Fortgeltung des Art. 35 EGHGB nach Änderung des § 160 durch das Schuldrechtsmodernisierungsgesetz (Rn 2) s. OLG Hamm NZG 2008, 101 f.

jahresfrist fällig werdende Verbindlichkeiten unterliegen dagegen nach Art. 35 S. 2 EGHGB dem alten Recht. Zu diesem gehören auch die für Dauerschuldverhältnisse entwickelten Grundsätze (Rn 39 ff); vorbehaltlich des Art. 36 EGHGB (Rn 47 ff) hat es deshalb auch für das Übergangsrecht dabei zu bewenden, dass der **geschäftsführende Kommanditist** nicht in den Genuss der Nachhaftungsbegrenzung kommt (Rn 14, 41).[83]

Soweit es nach Art. 35 EGHGB bei dem alten Recht bewendet (Rn 45), soll dieses mit der Maßgabe gelten, dass „die Verjährungsfrist" ein Jahr beträgt. Unproblematisch ist dies für Verbindlichkeiten aus „einfachen" Schuldverhältnissen: Mit Eintritt der Fälligkeit beginnt die **Sonderverjährung**, die allerdings im Unterschied zu § 159 a.F. nicht fünf Jahre, sondern nur ein Jahr beträgt. Fraglich ist dagegen, ob die Anordnung einjähriger Sonderverjährung auch für Ansprüche aus Dauerschuldverhältnissen Geltung beansprucht.[84] Dies beurteilt sich danach, ob sich unter Geltung des § 159 a.F. der Enthaftung noch eine Sonderverjährung anschloss oder ob es – in Übereinstimmung mit § 160 n.F. (Rn 20 f, 28) – mit Ablauf der Fünfjahresfrist zum Erlöschen der bis dahin fällig gewordenen Verbindlichkeiten kam (Rn 2, 41). Wollte man für das alte Recht eine Kombination von Enthaftung und anschließender Sonderverjährung annehmen, so beliefe sich letztere auf ein Jahr. Geht man dagegen zutreffend auch für das alte Recht von einer reinen Enthaftungsfrist aus, so kommt der Einjahresfrist des Art. 35 S. 2 EGHGB für Ansprüche aus Dauerschuldverhältnissen keine Bedeutung zu. Es tritt dann vielmehr spätestens mit Ablauf der Fünfjahresfrist Enthaftung ein (Rn 41), so dass der wesentliche Unterschied zur Rechtslage nach § 160 n.F. in der Forthaftung des geschäftsführenden Kommanditisten besteht (Rn 14, 41, 45; s. ferner Rn 47 ff). 46

d) Ansprüche aus Arbeitsverhältnissen

aa) **Art. 36 Abs. 1 EGHGB.** Für Ansprüche aus fortbestehenden Arbeitsverhältnissen hat der Gesetzgeber in Art. 36 EGHGB eine von dem Grundtatbestand des Art. 35 EGHGB abweichende Bestimmung getroffen. Diese basiert auf der Überlegung, dass bei anderweitiger Absicherung der Gläubiger, also der Arbeitnehmer, weitergehende Enthaftungsmöglichkeiten eingeführt werden können, ohne die Interessen dieser Gläubiger wesentlich zu beeinträchtigten (Rn 49). Was den sachlichen Anwendungsbereich betrifft, so muss es sich nach dem Wortlaut der Vorschrift um Ansprüche aus „fortbestehenden Arbeitsverhältnissen" handeln. **Ruhegeldzusagen** gegenüber bereits ausgeschiedenen Arbeitnehmern scheinen deshalb von der Vorschrift nicht erfasst zu sein;[85] die Folge wäre, dass der geschäftsführende Kommanditist für diese Verbindlichkeiten ohne zeitliche Begrenzung einzustehen hätte (Rn 14, 41 f). Indes sind Sachgründe für eine entsprechende Differenzierung – Enthaftung für Ansprüche aktiver Arbeitnehmer einerseits, Endloshaftung für Ruhegeldansprüche bereits ausgeschiedener[86] Arbeitnehmer andererseits – nicht ersichtlich; jedenfalls lässt sich der Entstehungsgeschichte des Nachhaftungsbegrenzungsgesetzes kein Hinweis auf die mit der Beschränkung auf Ansprüche aus „fortbestehenden Arbeitsverhältnissen" verfolgten Absichten des Gesetzgebers entnehmen. Vor dem Hintergrund, dass es nicht zuletzt die mit Ruhegeldzusagen verbundenen Haftungsrisiken 47

[83] *Seibert* DB 1994, 461 (464); *Kollbach* GmbH-Rdsch. 1994, 164 (167).

[84] Verneint von *Seibert* DB 1994, 461 (464); bejaht von *Lieb* GmbH-Rdsch. 1994, 657 (659); s. ferner OLG Hamm NZG 2008, 101 (102).

[85] So denn auch *Reichold* NJW 1994, 1617 (1621); zu § 37 Abs. 2 EGHGB BAG NZG 2007, 860 (864 f) mwN; dagegen zu Recht *Lieb* GmbH-Rdsch. 1994, 657 (661 f).

[86] Ruhegeldansprüche aktiver Arbeitnehmer sind von der Regelung erfasst, s. den Hinweis auf § 7 Abs. 1 und 2 BetrAVG in Begr. RegE, BT-Drucks. 12/1868, S. 11 linke Spalte.

waren, die den Gesetzgeber zum Erlass des Nachhaftungsbegrenzungsgesetzes bewogen haben (Rn 3), sprechen deshalb gute Gründe für die Einbeziehung auch dieser Ansprüche in den Anwendungsbereich des Art. 36 Abs. 1 EGHGB.[87]

48 Die Vorschrift des Art. 36 EGHGB bezieht sich ausschließlich auf **§ 160 Abs. 3 S. 2**, also auf den Fall, dass der unbeschränkt haftende Gesellschafter seine Mitgliedschaft in diejenige eines Kommanditisten umwandelt und die Geschäfte der Gesellschaft führt (Rn 14). Im Einzelnen gilt nach Art. 36 Abs. 1 S. 1 EGHGB die Vorschrift des § 160 Abs. 3 S. 2 auch in den Fällen des Art. 35 S. 2 EGHGB (Rn 45 f), also dann, wenn der Wechsel in die Kommanditistenstellung nach dem 26.3.1994 eingetragen worden ist, die Verbindlichkeiten aber erst nach Ablauf der Vierjahresfrist des Art. 35 S. 1 Nr. 2 EGHGB fällig werden. Art. 36 Abs. 1 S. 2 EGHGB bestimmt darüber hinaus, dass § 160 Abs. 3 S. 2 selbst dann gilt, wenn der Wechsel in die Kommanditistenstellung vor dem 26.3.1994 eingetragen worden ist; der Wechsel soll dann mit dem 26.3.1994 als eingetragen gelten. Während also Art. 36 Abs. 1 S. 1 EGHGB die Rechtsfolgen eines „echten" Übergangssachverhalts – Inkrafttreten der Neuregelung zwischen Begründung des Arbeitsverhältnisses und Eintragung der Statusänderung – betrifft, findet nach Art. 36 Abs. 1 S. 2 EGHGB die neue Vorschrift des § 160 Abs. 3 S. 2 auf einen Sachverhalt Anwendung, der allgemeinen Grundsätzen zufolge nach dem alten Recht zu beurteilen wäre (Rn 44). In beiden Fällen soll der geschäftsführende Kommanditist in den Genuss der Enthaftung nach § 160 Abs. 3 S. 2 kommen, wobei allerdings bei einer vor dem Inkrafttreten der Neuregelung eingetragenen Statusänderung, d.h. im Fall des Art. 36 Abs. 1 S. 2 EGHGB, die Fünfjahresfrist des § 160 Abs. 1 gleichwohl erst mit dem Zeitpunkt des Inkrafttretens beginnt, der Kommanditist also im Ergebnis länger als fünf Jahre forthaftet.[88] Für beide Fälle gilt, dass der geschäftsführende Kommanditist nach Maßgabe des § 160 n.F. enthaftet wird, während sich die Enthaftung eines unter gleichen Umständen ausscheidenden Gesellschafters ebenso wie diejenige eines Gesellschafters, der Kommanditist wird, ohne die Geschäfte zu führen, nach § 159 a.F. und dem Richterrecht (Rn 39 ff) beurteilt. Dies erscheint nur unter der Prämisse vertretbar, dass sich auch nach dem alten Recht der fünfjährigen Enthaftungsfrist nicht noch eine entsprechende Verjährungsfrist anschließt (Rn 2, 28, 46).[89]

49 **bb) Art. 36 Abs. 2 EGHGB.** Nach Art. 36 Abs. 2 EGHGB bewendet es für Ansprüche auf Arbeitsentgelt, für die der Arbeitnehmer bei Zahlungsunfähigkeit der Gesellschaft keinen Anspruch auf Insolvenzgeld hat, bei dem alten Recht und damit bei der **Forthaftung des geschäftsführenden Kommanditisten** für sämtliche vor der Statusänderung begründeten Verbindlichkeiten (Rn 14, 41 f). Da nämlich die Arbeitnehmer insoweit nicht anderweit abgesichert sind, entfällt der Grund für eine über Art. 35 EGHGB (Rn 45 f) hinausgehende Enthaftung des Kommanditisten. Schutzvorschriften im Sinne des Art. 36 Abs. 2 EGHGB, bei deren Anwendbarkeit der geschäftsführende Kommanditist enthaftet wird, sind insbesondere die §§ 183 ff SGB III, §§ 123 f InsO und § 7 BetrAVG.

---

[87] Überzeugend *Lieb* GmbH-Rdsch. 1994, 657 (661 f).

[88] Zu den Gründen s. Begr. RegE, BT-Drucks. 12/1868, S. 11 rechte Spalte.

[89] So auch *Lieb* GmbH-Rdsch. 657, 661, der sich zu § 159 a.F. für eine Kombination von Enthaftung und Verjährung ausspricht (s. Fn 3) und deshalb konsequenterweise die Vorschrift des Art. 36 Abs. 1 EGHGB auch auf den ausscheidenden Gesellschafter und den nichtgeschäftsführenden Kommanditisten erstrecken will.

Sachregister

Die fetten Zahlen verweisen auf die Paragraphen, Vor = Vorbemerkung, die mageren Zahlen verweisen auf die Randnummern